MW00560868

Miller & Levine

Biología

Kenneth R. Miller, Ph.D.
Profesor de Biología, Brown University
Providence, Rhode Island

Joseph S. Levine, Ph.D.
Escritor científico y productor
Concord, Massachusetts

Boston, Massachusetts • Chandler, Arizona • Glenview, Illinois • Upper Saddle River, New Jersey

Print Components

Student Edition

Teacher's Edition

Study Workbook A

Study Workbook A, Teacher's Edition

Study Workbook B: Reading Foundations

Study Workbook B: Reading Foundations, Teacher's Edition

Laboratory Manual A

Laboratory Manual A, Teacher's Edition

Laboratory Manual B: Skill Foundations

Laboratory Manual B: Skill Foundations, Teacher's Edition

Probeware Lab Manual with CD-ROM

Assessment Program

Transparencies

Technology Components

Biology.com

Untamed Science® Video Series: BioAdventures DVD

Classroom Resources DVD-ROM

ExamView® CD-ROM

Virtual BioLab DVD-ROM with Lab Manual

Miller & Levine Biology iBook

English Language Learners

Teacher's ELL Handbook

Multilingual Glossary

Spanish Components

Spanish Student Edition (with online Spanish audio)

Spanish Teacher's Guide

Spanish Study Workbook

Photographs Every effort has been made to secure permission and provide appropriate credit for photographic material. The publisher deeply regrets any omission and pledges to correct errors called to its attention in subsequent editions. Unless otherwise acknowledged, all photographs are the property of Pearson Education, Inc.

Credits appear on pages R–0 to R–2, which constitute an extension of this copyright page.

ISBN-13: 978-0-13-368720-0

ISBN-10: 0-13-368720-1

9 10 V057 17 16 15

Autores

Kenneth R. Miller creció en Rahway, Nueva Jersey, asistió a escuelas públicas locales y se graduó en Rahway High School en 1966. Estudió en Brown University con una beca y se graduó con honores. Recibió una beca para estudios de posgrado de la Ley Nacional para la Defensa de la Educación y obtuvo un Doctorado en Biología en University of Colorado. Miller es profesor de biología en Brown University, en Providence, Rhode Island, donde imparte cursos de biología general y celular.

La especialidad de investigación de Miller es la estructura de las membranas biológicas. Ha publicado más de 70 artículos en publicaciones como *CELL*, *Nature* y *Scientific American*. También ha escrito los populares libros *Finding Darwin's God* y *Only a Theory.* Es miembro de la Asociación Americana para el Desarrollo de la Ciencia.

Miller vive con su esposa, Jody, en una pequeña granja de Rehoboth, Massachusetts. Tiene dos hijas, una es bióloga especializada en la vida silvestre y la otra es profesora de historia de una preparatoria. Miller participa en competencias de natación de nivel *masters* y arbitra partidos de *softball* universitarios y de preparatoria.

Joseph S. Levine nació en Mount Vernon, Nueva York, donde asistió a escuelas públicas. Obtuvo una Licenciatura en Ciencias Biológicas en Tufts University, una Maestría en el Programa Marino de Boston University y un Doctorado en Harvard University. Sus investigaciones se han publicado en revistas científicas que abarcan desde *Science* hasta *Scientific American* y en varios libros académicos. Ha enseñado introducción a la Biología, Ecología, Biología marina, Neurobiología y biología del arrecife de coral en Boston College y en el Programa Marino de Boston University. También colaboró como instructor de un curso de biología para profesores de secundaria titulado "Bosques tropicales y Arrecifes" en la Organización para Estudios Tropicales de Costa Rica.

Después de recibir la beca Macy para la Difusión del Periodismo Científico de WGBH-TV, Levine se dedicó a mejorar el conocimiento científico del público en general. Sus populares escritos científicos han aparecido en cinco libros comerciales y en revistas como *Smithsonian, GEO* y *Natural History*. Ha producido programas científicos para la Radio Pública Nacional y ha diseñado exhibiciones para proyectos de acuarios estatales en Texas, Nueva Jersey y Florida. Desde 1987, Levine se ha desempeñado como consejero científico para WGBH del programa NOVA incluyendo *Judgement Day*, y en proyectos como las películas de cine IMAX *Cocos: Island of Sharks* y *Coral Reef Adventure.* También se ha desempeñado como editor científico de las series de PBS *The Secret of Life* y *The Evolution Project.*

Levine y su familia viven en Concord, Massachusetts, a poca distancia del estanque Walden de Thoreau.

Cambiando el mundo de la enseñanza de la biología

Biología de Miller y Levine ofrece a los educadores una oportunidad sin precedentes para satisfacer las necesidades de los salones de clases actuales de una manera nueva y fresca con:

- **Investigaciones integradas** en todas las lecciones
- **Materiales visuales atractivos** que realzan la instrucción
- **La siguiente generación de enseñanza digital** elaborada para estudiantes del siglo XXI
- **Instrucción diferenciada y contenido accesible** para todos los tipos y niveles de estudiantes

Profundizar la comprensión a través de la investigación

29 Comportamiento animal

La gran idea — Evolución

P: ¿Cómo interactúan los animales entre sí y con su medio ambiente?

BIOLOGY.com Search Chapter 29 GO • Flash Cards

Biología de Miller y Levine promueve el descubrimiento basado en la investigación al pedir a los estudiantes que piensen como científicos mediante una variedad de principios organizados y secciones características.

¿Qué es La gran idea?

Las grandes ideas identifican los temas fundamentales y recurrentes de la biología. Busca el logotipo de La gran idea en cada lección para organizar los conceptos que unifican el capítulo.

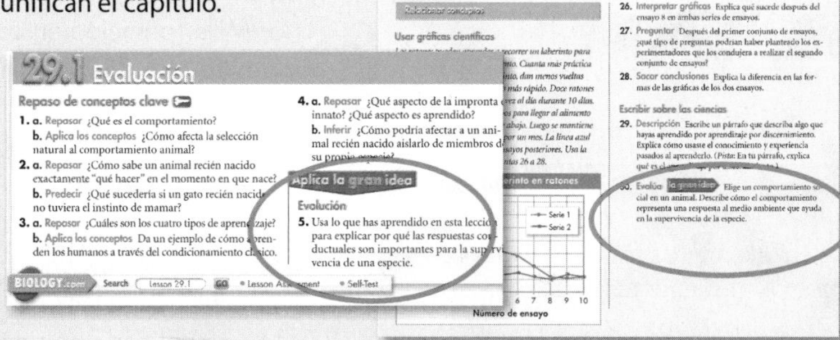

29.1 Evaluación

Repaso de conceptos clave

1. a. Repasar ¿Qué es el comportamiento?
   b. Aplica los conceptos ¿Cómo afecta la selección natural al comportamiento animal?
2. a. Repasar ¿Cómo sabe un animal recién nacido exactamente "qué hacer" en el momento en que nace?
   b. Predecir ¿Qué sucedería si un gato recién nacido no tuviera el instinto de mamar?
3. a. Repasar ¿Cuáles son los cuatro tipos de aprendizaje?
   b. Aplica los conceptos Da un ejemplo de cómo aprenden los humanos a través del condicionamiento clásico.
4. a. Repasar ¿Qué aspecto de la impronta es innato? ¿Qué aspecto es aprendido?
   b. Inferir ¿Cómo podría afectar a un animal recién nacido aislarlo de miembros de su propia especie?

Aplica la gran idea

Evolución

5. Usa lo que has aprendido en esta lección para explicar por qué las respuestas conductuales son importantes para la supervivencia de una especie.

BIOLOGY.com Search Lesson 29.1 GO • Lesson Assessment • Self-Test

Usar gráficas científicas

26. Interpretar gráficas Explica qué sucede después del ensayo 8 en ambas series de ensayos.
27. Preguntar Después del primer conjunto de ensayos, ¿qué tipo de preguntas podrían haber planteado los experimentadores que los condujera a realizar el segundo conjunto de ensayos?
28. Sacar conclusiones Explica la diferencia en las formas de las gráficas de los dos ensayos.

Escribir sobre las ciencias

29. Descripción Escribe un párrafo que describa algo que hayas aprendido por aprendizaje por discernimiento. Explica cómo usaste el conocimiento y experiencia pasados al aprenderlo.
30. Evalúa la gran idea Elige un comportamiento social en un animal. Describe cómo el comportamiento representa una respuesta al medio ambiente que ayuda en la supervivencia de la especie.

Trabajar de manera práctica

Las **Actividades rápidas de laboratorio** son una manera atractiva de reflexionar sobre los conceptos de cada capítulo. Con la sección **Analizar datos** puedes practicar con datos reales, una de las herramientas que los científicos usan en sus investigaciones.

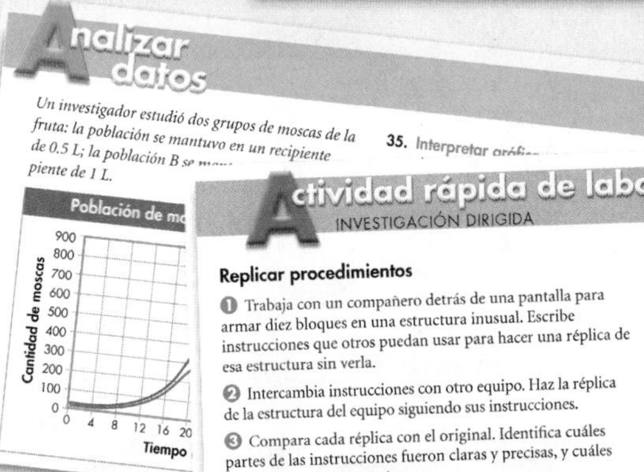

Analizar datos

Un investigador estudió dos grupos de moscas de la fruta: la población se mantuvo en un recipiente de 0.5 L; la población B se ... piente de 1 L.

35. Interpretar gráf...

Actividad rápida de laboratorio

INVESTIGACIÓN DIRIGIDA

Replicar procedimientos

1. Trabaja con un compañero detrás de una pantalla para armar diez bloques en una estructura inusual. Escribe instrucciones que otros puedan usar para hacer una réplica de esa estructura sin verla.
2. Intercambia instrucciones con otro equipo. Haz la réplica de la estructura del equipo siguiendo sus instrucciones.
3. Compara cada réplica con el original. Identifica cuáles partes de las instrucciones fueron claras y precisas, y cuáles fueron poco claras o erróneas.

Analizar y concluir

1. Evaluar ¿Cómo podrías haber escrito mejores instrucciones?
2. Inferir ¿Por qué es importante que los científicos escriban procedimientos que se puedan replicar?

MISTERIO DEL CAPÍTULO

MUERTE POR... ¿AGUA?

Michelle era una joven saludable de 25 años que participaba en su primer maratón. El clima caliente y húmedo había provocado que todos los corredores sudaran copiosamente, por lo que Michelle se aseguró de tomar agua en cada oportunidad. Poco a poco, empezó a sentirse débil y confundida. Al final del maratón, Michelle llegó tambaleándose a un módulo de atención médica. Quejándose de dolor de cabeza y náusea se desplomó en el suelo. Los voluntarios con rapidez le dieron agua para la deshidratación. En unos minutos, su condición física empeoró y la llevaron de emergencia al hospital en donde sufrió una convulsión y entró en coma. ¿Por qué empeoró la condición de Michelle al ser tratada con agua? A medida que leas este capítulo, busca información que te ayude a predecir cómo fue que el agua provocó la enfermedad de Michelle. Luego, resuelve el

resuelve el MISTERIO del CAPÍTULO

MUERTE POR... ¿AGUA?

En el transcurso del maratón, Michelle tomó suficiente agua pero no repuso las sales que había eliminado al sudar. Esto provocó que su sangre se volviera hipotónica y que las células en su encéfalo (y en todo su cuerpo) se inflamaran por la presión osmótica.

Conforme la sangre de Michelle se diluía, las células de su encéfalo enviaron señales químicas a sus riñones para que cesaran de eliminar el cloruro de sodio y otras sales de su flujo sanguíneo. Sin embargo, mientras Michelle continuaba sudando, seguía perdiendo sales a través de la piel.

Al final de la carrera, Michelle ya había perdido una gran cantidad de sal y minerales. Bebió tanta agua que la homeostasis se colapsó y sus células se dañaron debido a una presión osmótica irregular.

Cuando llevaron a Michelle al hospital, los doctores descubrieron que sufría de hiponatremia o intoxicación por agua. Si este padecimiento no se atiende, puede ocasionar la muerte.

1. Relacionar causa y efecto Cuando una persona suda, el fluido corporal sufre de pérdida de agua y soluciones llamadas electrolitos. Michelle bebió mucha agua, pero no repuso los electrolitos que había perdido. ¿Qué efecto tuvo esto en sus

Continúa explorando el mundo

Cada capítulo comienza y termina con un **Misterio del capítulo** que requiere que los estudiantes exploren un misterio relacionado con La gran idea del capítulo. En cada capítulo, el equipo de Untamed Science® le da vida al concepto principal del misterio con un video, en inglés, centrado en la aplicación del concepto en el mundo.

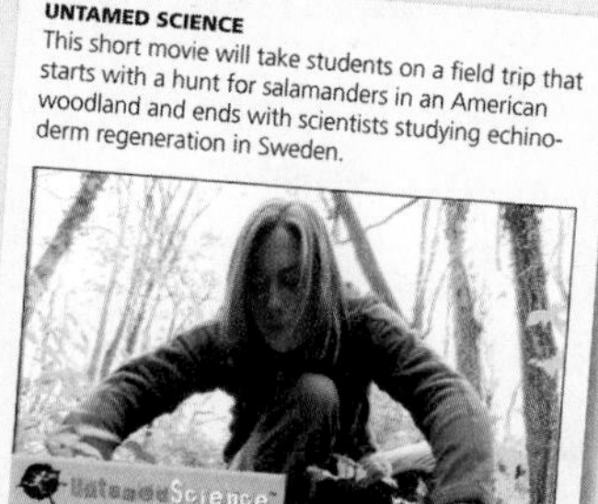

UNTAMED SCIENCE

This short movie will take students on a field trip that starts with a hunt for salamanders in an American woodland and ends with scientists studying echinoderm regeneration in Sweden.

El material visual mejora la enseñanza

Los materiales visuales educativos impresionantes incluidos en cada capítulo son una manera única de ilustrar la ciencia.

Las **Analogías visuales** ofrecen una forma de relacionar los conceptos clave con elementos de la vida cotidiana de los estudiantes. Los **Resúmenes visuales** vinculan los conceptos clave de una manera gráfica clara y fácil de seguir. La **Guía visual de diversidad de los seres vivos** con formato de revista ofrece una manera única de descubrir los principales organismos de la Tierra con características clave, hábitats, conductas y otros detalles importantes.

El apoyo al estudiante garantiza su éxito

Los estudiantes desarrollan y aprenden de diferentes maneras y a diferentes ritmos. El contenido accesible presentado en diversos formatos ofrece opciones para el aprendizaje. El programa de *Biología de Miller y Levine* enseña de manera que todos los estudiantes participen y tengan éxito, mediante atractivos relatos e imágenes llamativas, cuadernos de trabajo y laboratorios nivelados y amplio apoyo en Biology.com

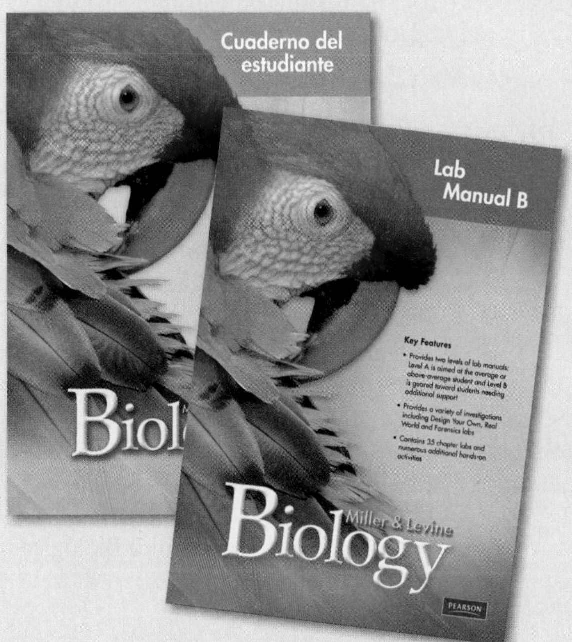

Biology.com: Tu hábitat en línea

Biology.com representa la última generación de enseñanza digital y ofrece lecciones digitales, animaciones interactivas, simulaciones, ediciones completas del estudiante y el profesor en línea, un exhaustivo centro para profesores, y evaluaciones. Todo en un solo lugar.

Biology.com integra lo último en enseñanza digital con conceptos clave del texto para darle vida a la biología ¡en tu salón de clases!

BIOLOGY.com Search Lesson 22.4 GO • Art Review

Consultores/Revisores

Grant Wiggins, Ed.D, es co-autor, junto a Jay McTighe, de *Understanding by Design, 2nd Edition* (ASCD 2005). Su método de diseño instruccional les ofrece a los maestros un enfoque estructurado del diseño curricular, la evaluación y la enseñanza según el cual el objetivo de la enseñanza va más allá de cubrir el contenido y se concentra en asegurar la comprensión.

La gran idea **Las grandes ideas** son uno de los componentes principales del método de Understanding by Design® en *Biología de Miller y Levine.* Las Grandes ideas, como La base celular de la vida, establecen un marco conceptual para el programa. Cada capítulo de la edición del estudiante ofrece oportunidades para establecer vínculos con las Grandes ideas. Ya que la metodología de Understanding by Design® es por naturaleza un instrumento de enseñanza, la Edición del profesor contiene aplicaciones adicionales de esta filosofía.

Jim Cummins es catedrático y Presidente de Investigaciones del Departamento de Planes de Estudio, Enseñanza y Aprendizaje del Instituto de Ontario para Estudios en la Enseñanza de la Universidad de Toronto, Canadá. Su investigación se centra en el desarrollo de la alfabetización en las escuelas multilingües y en el papel de la tecnología en la promoción del lenguaje y el desarrollo de la alfabetización.

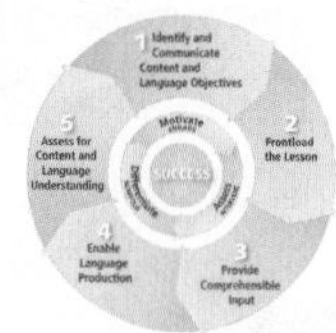

Los materiales del programa de *Biología de Miller y Levine* incorporan principios esenciales basados en investigaciones y usan la estructura de *Into/Through/Beyond* (en/a través/más allá) del Dr. Cummins. Hallará amplio apoyo a la enseñanza de estudiantes de inglés como segundo idioma (ELL, por sus siglas en inglés) en la edición del profesor, el manual de ELL del profesor, el glosario multilingüe y los componentes en español de este programa.

Revisores de contenido

Lily Chen
Profesora asociada
Departamento de Biología
San Francisco State University
San Francisco, CA

Elizabeth Coolidge-Stolz, MD
Escritora/Editora Ciencias Médicas/De la vida
North Reading, MA

Elizabeth A. De Stasio, Ph.D.
Raymond H. Herzog
Profesora de Ciencias
Profesora Asociada de Biología
Lawrence University
Appleton, WI

Jennifer C. Drew, Ph.D.
Conferencista/Científica
University of Florida
Kennedy Space Center, FL

Donna H. Duckworth, Ph.D.
Profesora Emérita
Facultad de Medicina
University of Florida
Gainesville, FL

Alan Gishlick, Ph.D.
Profesor Asistente
Gustavus Adolphus College
St. Peter, MN

Deborah L. Gumucio, Ph.D.
Profesora
Departamento de Biología Celular y del Desarrollo
University of Michigan
Ann Arbor, MI

Janet Lanza, Ph.D.
Profesora de Biología
University of Arkansas at Little Rock
Little Rock, AR

Charles F. Lytle, Ph.D.
Profesor de Zoología
North Carolina State University
Raleigh, NC

Martha Newsome, DDS
Instructora Adjunta de Biología
Cy-Fair College, Fairbanks Center
Houston, TX

Jan A. Pechenik, Ph.D.
Profesora de Biología
Tufts University
Medford, MA

Imara Y. Perera, Ph.D.
Asistente de Investigación, Profesora
Departamento de Biología Vegetal
North Carolina State University
Raleigh, NC

Daniel M. Raben, Ph.D.
Profesor
Departamento de Química Biológica
Johns Hopkins University
Baltimore, MD

Megan Rokop, Ph.D.
Directora del
Programa de Alcance Educativo
Broad Institute of MIT and Harvard
Cambridge, MA

Gerald P. Sanders
Ex Instructor de Biología
Grossmont College
Julian, CA

Ronald Sass, Ph.D.
Profesor Emérito
Rice University
Houston, TX

Linda Silveira, Ph.D.
Profesora
University of Redlands
Redlands, CA

Richard K. Stucky, Ph.D.
Curador de Paleontología y Evolución
Denver Museum of Nature and Science
Denver, CO

Robert Thornton, Ph.D.
Conferencista Emérito Sénior
Departamento de Biología Celular
Facultad de Ciencias Biológicas
University of California at Davis
Davis, CA

Edward J. Zalisko, Ph.D.
Profesor de Biología
Blackburn College
Carlinville, IL

Conferencista ESL

Nancy Vincent Montgomery, Ed.D.
Southern Methodist University
Dallas, TX

Revisores de bachillerato

Christine Bill
Sayreville War Memorial High School
Parlin, NJ

Jean T. (Caye) Boone
Central Gwinnett High School
Lawrenceville, GA

Samuel J. Clifford, Ph.D.
Profesor de Biología
Round Rock High School
Round Rock, TX

Jennifer Collins, M.A.
South County Secondary School
Lorton, VA

Roy Connor, M.S.
Jefe del Departamento de Ciencias
Muncie Central High School
Muncie, IN

Norm Dahm, Jr.
Belleville East High School
Belleville, IL

Cora Nadine Dickson
Presidenta del Departamento de Ciencias
Jersey Village High School
Cypress Fairbanks ISD
Houston, TX

Dennis M. Dudley
Presidente/Profesor del Departamento de Ciencias
Shaler Area High School
Pittsburgh, PA

Mary K. Dulko
Sharon High School
Sharon, MA

Erica Everett, M.A.T., M.Ed.
Presidenta del Departamento de Ciencias
Manchester-Essex Regional High School
Manchester, MA

Heather M. Gannon
Elisabeth Ann Johnson High School
Mt. Morris, MI

Virginia Glasscock
Profesora de Ciencias
California High School
Whittier, CA

Ruth Gleicher
Profesora de Biología
Niles West High School
Skokie, IL

Lance Goodlock
Profesor de Biología
Presidente del Departamento de Ciencias
Sturgis High School
Sturgis, MI

W. Tony Heiting, Ph.D.
Supervisor Estatal de Ciencias (jubilado)
Departamento de Educación de Iowa
Panora, IA

Patricia Anne Johnson, M.S.
Profesora de Biología
Ridgewood High School
Ridgewood, NJ

Judith Decherd Jones, M.A.T.
Ciencias NBCT AYA
East Chapel Hill High School
Chapel Hill, NC

Shellie Jones
Profesora de Ciencias
California High School
Whittier, CA

Michelle Lauria, M.A.T.
Profesora de Biología
Hopkinton High School
Hopkinton, MA

Kimberly Lewis
Presidenta del Departamento de Ciencias
Wellston High School
Wellston, OH

Consultores *(continuación)*

Lenora Lewis
Profesora
Creekview High School
Canton, GA

JoAnn Lindell-Overton, M.Ed.
Supervisora de Ciencias de Secundaria
Escuelas Públicas de Chesapeake
Chesapeake, VA

Lender Luce
H.W. Byers High School
Holly Springs, MS

Molly J. Markey, Ph.D.
Profesora de Ciencias
Newton Country Day School of the Sacred Heart
Newton, MA

Rebecca McLelland-Crawley
Profesora de Ciencias Biológicas
Piscataway, NJ

Mark L. Mettert, M.S. Ed.
Presidente del Departamento de Ciencias
New Haven High School
New Haven, IN

Jane Parker
Lewisville High School North
Lewisville, TX

Ian Pearce
Educador
Austin, TX

Jim Peters
Profesor de Recursos Científicos
Escuelas Públicas de Carroll County
Westminster, MD

Michelle Phillips, M.A.T.
Ciencias de Secundaria: Profesora de Educación en Ciencias
Jordan High School
Durham, NC

Randy E. Phillips
Profesor de Ciencias/Presidente de Departamento
Green Bay East High School
Green Bay, WI

Nancy Richey
Educadora
Longmont, CO

Linda Roberson
Presidenta del Departamento
Jenks Freshman Academy
Jenks, OK

Sharon D. Spencer
Directora Asistente
Bronx Center for Science and Math
Bronx, NY

Stephen David Wright, M.S.
Profesor de Biología
Escuelas Públicas de Montgomery County
Columbia, MD

Alan W. Zimroth, M.S.
Profesor de Ciencias/Presidente de Departamento
Hialeah-Miami Lakes High School
Hialeah, FL

Contenido

BIOLOGY.com • Onda digital. Descubre lo que está pasando en Biology.com.

BIOLOGY.com • Onda digital. Descubre lo que está pasando en Biology.com.

BIOLOGY.com • Onda digital. Descubre lo que está pasando en Biology.com.

UNIDAD 6

De los microorganismos a las plantas 571 a 726

UNIDAD 7 Animales 727 a 858

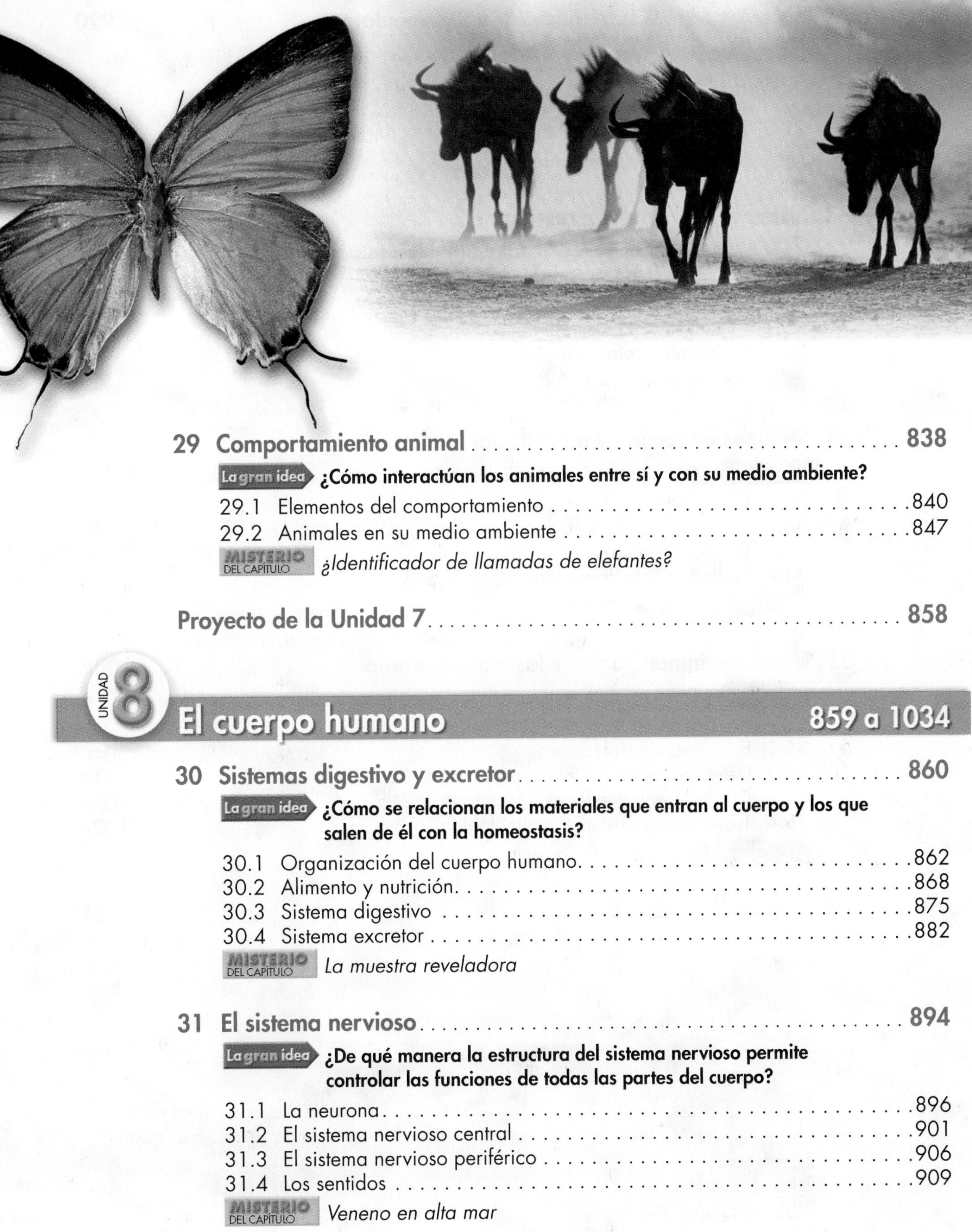

BIOLOGY.com • Onda digital. Descubre lo que está pasando en Biology.com.

Guía visual: Diversidad de los seres vivos DSV•1 a DSV•64

Práctica de laboratorio y actividades

Actividad rápida de laboratorio

Laboratorio: diseña una actividad

Laboratorio forense

Laboratorio del mundo real

Laboratorio de destrezas científicas

Analizar datos

Secciones especiales

Analogías visuales

Tecnología y biología

La biología y la historia

Profesiones en biología

La biología y la sociedad

Estimado estudiante:

Bienvenido a nuestro mundo: el siempre fascinante mundo de la biología.

Imagino que alguno está pensando: "¿Fascinante? Sí, claro. Absolutamente." Bueno, danos a nosotros y a la biología la oportunidad de demostrarte que el estudio del mundo natural en realidad es más emocionante, fascinante e importante para ti de lo que pensabas. De hecho, actualmente la biología es más importante en nuestra vida diaria de lo que jamás lo había sido.

¿Por qué? Por tres palabras: "Nosotros somos uno". Esto no lo digo de manera "sensiblera" o de la "Nueva Era". "Nosotros" incluye a todas las formas de vida de la Tierra. Y "somos uno" significa que todos estamos mucho más vinculados y de más maneras diferentes de lo que nadie había imaginado hasta hace poco.

Tanto nuestro "hardware" (las estructuras corporales) como nuestro "software" (las instrucciones genéticas y los procesos bioquímicos que programan las funciones corporales) son increíblemente semejantes a los de otros seres vivos. Las instrucciones genéticas de nuestro cuerpo están escritas en el mismo código universal que las instrucciones de las bacterias y las palmeras. A medida que los biólogos "leen" y estudian ese código, descubren procesos asombrosamente semejantes en todos nosotros. Esa es la razón por la que los investigadores médicos pueden aprender acerca de las enfermedades humanas que te afectan a ti o a tu familia al estudiar no sólo a los simios, cerdos y ratones, sino incluso las levaduras. Nosotros somos uno a nivel molecular.

Todos los organismos interactúan entre sí y con el medio ambiente para tejer la red de la vida de nuestro planeta. Los organismos producen los bosques pluviales, los arrecifes de coral, las praderas, los pantanos, las granjas y las ciudades. También interactuamos con los vientos y las corrientes oceánicas que vinculan nuestro planeta. La actividad humana está cambiando los medios ambientes locales y globales de maneras que todavía no llegamos a comprender... y eso afecta nuestra capacidad de producir alimentos y protegernos de las enfermedades. Ecológicamente hablando, el resto de la vida en la Tierra y nosotros somos uno.

Todos los organismos evolucionan en el transcurso del tiempo, adaptándose a sus alrededores. Si los seres humanos alteramos el medio ambiente, otros organismos responden a esa alteración. Cuando usamos antibióticos contra las bacterias, ellas desarrollan una resistencia a nuestros medicamentos. Si usamos pesticidas contra los insectos, ellos se hacen inmunes a nuestros venenos. Nosotros somos uno en nuestra capacidad para evolucionar con el tiempo.

Esos son los tipos de conexiones que hallarás en este libro. Microscópicas. Enormes. Entretenidas. Amenazantes. Pero siempre fascinantes. Es por eso que, sin importar la actitud que tengas hacia la biología, creemos que te llevarás grandes sorpresas!

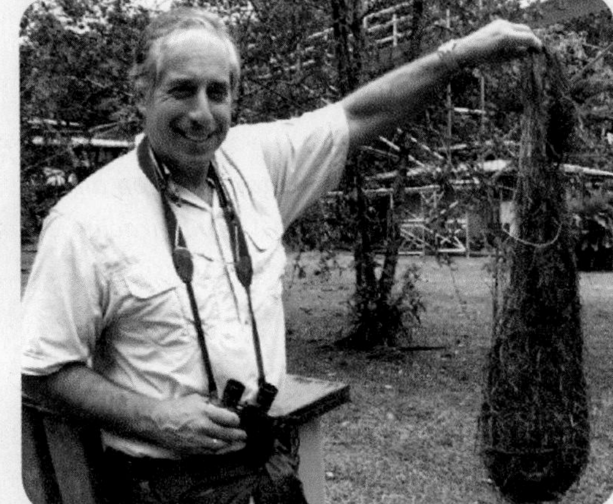

Sinceramente,

Joe Levine

Estimado estudiante:

La biología es una de las materias que estudiarás este año, pero espero que comprendas desde las primeras páginas de este libro que es mucho más que sólo una "asignatura". La biología es lo que hace que un águila vuele, una flor florezca o una oruga se convierta en mariposa. Es el estudio de nosotros mismos: de la manera en que nuestro cuerpo crece, cambia y responde al mundo exterior así como el estudio de nuestro planeta, un mundo que se transforma por las acciones de los seres vivos. Por supuesto que ya sabes algo de esto. Pero hay algo más..., algo que se podría considerar como un "secreto" que hace que la biología sea única.

Ese secreto es que vives en el momento preciso. En toda la historia de la humanidad, nunca se había presentado un momento como el actual, en el que estamos tan cerca del umbral que responde a las preguntas más fundamentales de la naturaleza de la vida. Tú perteneces a la primera generación de estudiantes que pueden leer el genoma humano casi de la misma manera en que tus padres pudieron leer un libro o un periódico. Eres uno de los primeros estudiantes que crecerán en un mundo que tiene la oportunidad de usar esa información para el beneficio de la humanidad y de los primeros en llevar la carga de usar ese conocimiento sabiamente.

Si todo esto suena como una pesada carga, lo es. Pero también hay otra razón por la que escribimos este libro y esperamos que no sea un secreto. ¡La ciencia es divertida! Los biólogos no son un montón de tipos serios de mediana edad y cara sombría con batas de laboratorio que sólo piensan en el trabajo. De hecho, casi todas las personas que conocemos que trabajan en la ciencia te dirán honestamente y con una amplia sonrisa en su rostro, que tienen los mejores trabajos del mundo. Dirán que no hay nada que se compare con la emoción de realizar un trabajo científico y que la belleza y variedad de la vida hacen que cada día sea una nueva aventura.

Estamos de acuerdo y esperamos que recuerdes algo de esto a medida que comienzas el estudio de la biología. No necesitas una bata, un título, ni un laboratorio para ser un científico. Lo que necesitas es una mente inquisidora, paciencia para observar cuidadosamente la naturaleza y una buena disposición para averiguar las cosas. Hemos llenado este libro con algunos de los descubrimientos más importantes y recientes sobre los seres vivos, pero esperamos haberlo llenado también con algo más: nuestro asombro, nuestra admiración y nuestro deleite sobre la variedad misma de la vida. ¡Ven y disfruta el viaje!

Sinceramente,

Ken Miller

UNIDAD 1

La naturaleza de la vida

Capítulos

1 Las ciencias biológicas

2 La química de la vida

PRESENTAR las grandes ideas

- **La ciencia como fuente de conocimientos**
- **Materia y energía**

"La ciencia es una 'fuente de conocimientos', una forma de explicar el mundo natural a través de observaciones, preguntas y experimentos. Pero la ciencia no es sólo la compilación de datos viejos, prensados entre las páginas de este libro como flores del baile de graduación en un anuario escolar. La ciencia es una historia de aventuras viviente, que pretende comprender a los humanos y el mundo que nos rodea. Esta historia comienza con la relación entre la materia que forma nuestros cuerpos y la energía que impulsa los procesos vitales."

Joe Levine

1 Las ciencias biológicas

La gran idea: La ciencia como fuente de conocimientos

P: ¿Qué función tiene la ciencia en el estudio de la vida?

Los paleontólogos son biólogos que estudian la vida antigua. Estos estudiantes están trabajando en el laboratorio de dinosaurios de la Academia de Ciencias Naturales de Filadelfia. Al usar destrezas científicas como la observación y la inferencia, los científicos pueden aprender cómo vivían los animales antiguos.

BIOLOGY.com Search Chapter 1 GO • Flash Cards

EN ESTE CAPÍTULO:

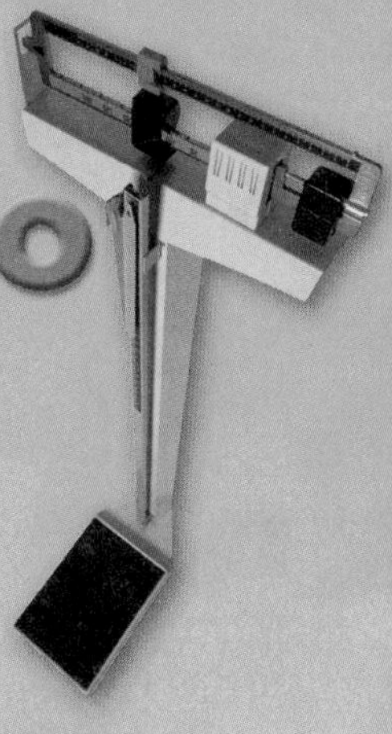

MISTERIO DEL CAPÍTULO

ALTURA POR RECETA MÉDICA

Un doctor inyecta una sustancia química en el cuerpo de un niño de ocho años llamado David. Este niño sano no muestra signos de enfermedad. La "condición" por la que recibe tratamiento es bastante común: David es de baja estatura para su edad. El medicamento que le están aplicando es la hormona del crecimiento humano, o HCH.

La HCH, junto con los genes y la dieta, controla el crecimiento durante la infancia. Las personas que producen poca o ninguna HCH son anormalmente bajas de estatura y pueden tener otros problemas de salud relacionados. Pero David tiene niveles normales de HCH. Él es bajo de estatura simplemente porque sus padres son personas sanas de baja estatura.

Pero si David no está enfermo, ¿por qué su doctor receta HCH? ¿De dónde proviene la HCH medicinal? ¿Es segura? ¿Qué dice este caso sobre la ciencia y la sociedad? A medida que leas este capítulo, busca pistas sobre la naturaleza de la ciencia, el papel de la tecnología en nuestro mundo moderno y la relación entre la ciencia y la sociedad. Luego, resuelve el misterio.

Continúa explorando el mundo.

Hallar la solución al misterio de la hormona del crecimiento sólo es el principio. Emprende un viaje de campo en video con los genios ecologistas de *Untamed Science* para ver adónde conduce este misterio.

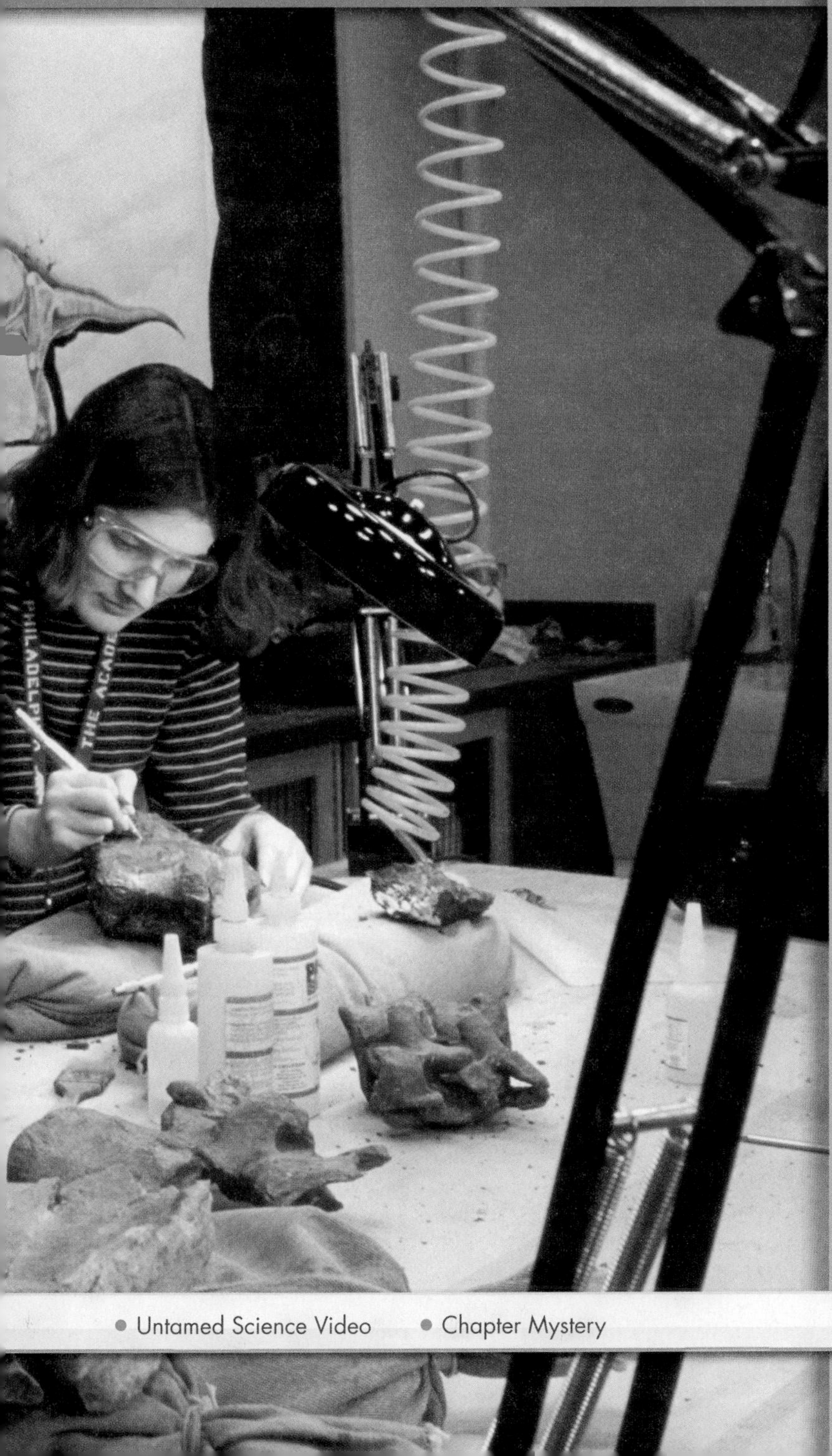

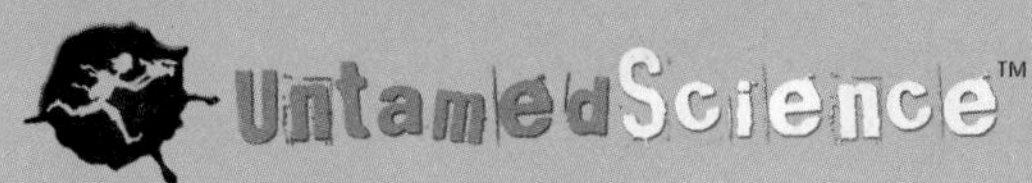

- Untamed Science Video
- Chapter Mystery

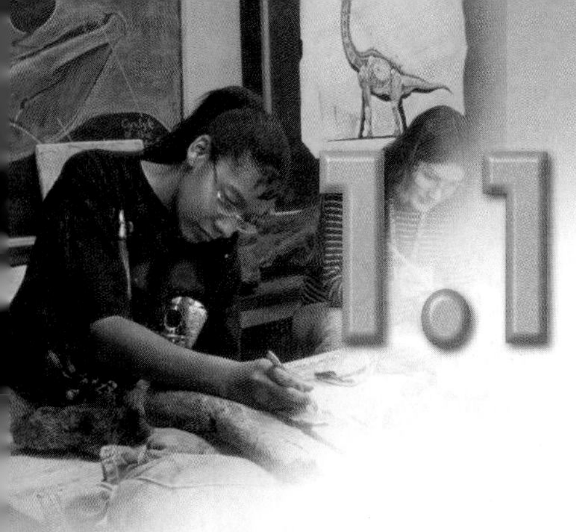

1.1 ¿Qué es la ciencia?

Preguntas clave

¿Cuáles son los objetivos de la ciencia?

¿Qué procedimientos son la esencia del método científico?

Vocabulario

ciencia • observación • inferencia • hipótesis • experimento controlado • variable independiente • variable dependiente • grupo de control • datos

Tomar notas

Diagrama de flujo A medida que leas, haz un diagrama de flujo que muestre los pasos que usan los científicos para responder preguntas sobre el mundo natural.

PIÉNSALO Hace mucho tiempo, alguien miró a su alrededor y se preguntó: ¿De dónde vienen las plantas y los animales? ¿Cómo llegué a existir? Desde entonces, los humanos han tratado de responder estas interrogantes en formas diferentes. Algunas formas de explicar el mundo han permanecido iguales a lo largo del tiempo. La ciencia, sin embargo, siempre está cambiando.

Qué es y qué no es la ciencia

¿Cuáles son los objetivos de la ciencia?

Este libro contiene muchos hechos e ideas sobre los seres vivos. Muchos de estos hechos son importantes, ¡y serás examinado sobre ellos! Pero no deberías pensar que la biología, o cualquier ciencia, es sólo una colección de hechos inmutables. Por una parte, puedes estar seguro que algunos "hechos" presentados en este libro cambiarán pronto, si es que no han cambiado ya. Es más, la ciencia no es una colección de creencias inmutables sobre el mundo. Las ideas científicas están abiertas a comprobación, discusión y revisión. Así, algunas ideas presentadas en este libro también cambiarán.

Estas afirmaciones pueden intrigarte. Si los "hechos" y las ideas en la ciencia cambian, ¿por qué deberíamos molestarnos en aprenderlos? Y si la ciencia no es una lista de hechos ni una colección de creencias inmutables, ¿qué es?

ILUSTRACIÓN 1–1 Estudio del mundo natural ¿Cómo se comunican los geladas (una especie de mono cinocéfalo en peligro de extinción)? ¿Qué tan lejos viajan? ¿Cómo les afectan los cambios ambientales? Los investigadores pueden usar la ciencia para responder a estas preguntas.

La ciencia como fuente de conocimiento La **ciencia** es un método organizado para reunir y analizar evidencia sobre el mundo natural. Es una forma de observar, una forma de pensar y "una forma de conocer" acerca del mundo. En otras palabras, la ciencia es un *proceso,* no una "cosa". La palabra *ciencia* también se refiere al cuerpo de conocimiento que los estudios científicos han reunido a lo largo de los años.

Varias características distinguen a la ciencia de otros esfuerzos humanos. Primero, la ciencia sólo se ocupa del mundo natural. Los esfuerzos científicos nunca se interesan, de ninguna manera, en fenómenos sobrenaturales de ninguna clase. Segundo, los científicos reúnen y ordenan información de una manera organizada, buscando patrones y conexiones ente sucesos. Tercero, los científicos proponen explicaciones basadas en evidencia y no en creencias. Luego ponen a prueba esas explicaciones con más evidencia.

ILUSTRACIÓN 1–2 La ciencia en acción Este biólogo registra información sobre focas monje del Mediterráneo.

Los objetivos de la ciencia El conocimiento científico incluye la visión de que el universo físico es un sistema compuesto de partes y procesos que interactúan. Desde una perspectiva científica, todos los objetos del universo, y todas las interacciones entre ellos, están regidos por leyes naturales universales. Las mismas leyes naturales se aplican tanto a los objetos o sucesos grandes como a los pequeños.

Aristóteles y otros filósofos griegos fueron de los primeros en tratar de ver al universo de esta manera. Pretendían explicar el mundo que los rodeaba en función de sucesos y procesos que podían observar. Los científicos modernos continúan esa tradición. **Un objetivo de la ciencia es proporcionar explicaciones naturales para sucesos en el mundo natural. La ciencia también pretende usar esas explicaciones para comprender patrones en la naturaleza y hacer predicciones útiles sobre sucesos naturales.**

Ciencia, cambio e incertidumbre A lo largo de los siglos, los científicos han reunido una cantidad enorme de información sobre el mundo natural. El conocimiento científico nos ayuda a curar enfermedades, colocar en órbita satélites y enviar comunicaciones electrónicas instantáneas. Pero, a pesar de todo lo que sabemos, gran parte de la naturaleza sigue siendo un misterio. Es un misterio porque la ciencia nunca permanece quieta; casi todos los descubrimientos científicos importantes plantean más interrogantes que respuestas. Con frecuencia, la investigación produce sorpresas que apuntan a los estudios futuros en direcciones nuevas e inesperadas. Este cambio constante no significa que la ciencia ha fallado. Por el contrario, muestra que la ciencia continúa avanzando.

Es por esto que el aprendizaje de la ciencia significa más que sólo comprender lo que sabemos. También significa comprender lo que no conocemos. Puede sorprenderte oír esto, pero la ciencia rara vez "demuestra" algo en términos absolutos. Los científicos esperan la mejor comprensión del mundo natural que los métodos actuales pueden revelar. ¡La incertidumbre es parte del proceso científico y parte de lo que hace emocionante a la ciencia! Por suerte, como aprenderás en capítulos posteriores, la ciencia nos ha permitido desarrollar la comprensión suficiente para hacer predicciones útiles sobre el mundo natural.

En tu cuaderno *Explica con tus propias palabras por qué hay incertidumbre en la ciencia.*

DESARROLLAR el vocabulario

ORIGEN DE LAS PALABRAS La palabra **ciencia** se deriva de la palabra en latín *scientia,* que significa "conocimiento". La ciencia representa el conocimiento que se ha reunido a lo largo del tiempo.

Método científico: el corazón de la ciencia

¿Qué procedimientos son la esencia del método científico?

Podrías pensar que la ciencia es un proceso misterioso, usado sólo por ciertas personas bajo circunstancias especiales. Pero eso no es cierto, porque tú usas el razonamiento científico todo el tiempo. Supón que el auto de tu familia no enciende. ¿Qué haces? Usas lo que sabes sobre autos para poner a prueba ideas. Al principio, podrías pensar que la batería se agotó. Así que pruebas esa idea girando la llave en la ignición. Si el motor de arranque funciona pero el motor no enciende, rechazas la idea de la batería agotada. Podrías suponer a continuación que el auto se quedó sin gasolina. Un vistazo al indicador de gasolina prueba esa idea. Una y otra vez, aplicas el razonamiento científico hasta que el problema se resuelve, ¡o hasta que se te agotan las ideas y llamas a un mecánico!

Los científicos enfocan la investigación más o menos en la misma forma. No hay un "método científico" único preestablecido. Sin embargo, hay un estilo general de investigación que podemos llamar metodología de la investigación científica. **La metodología de la investigación científica consiste en observar y formular preguntas, hacer inferencias y proponer hipótesis, realizar experimentos controlados, reunir y analizar datos y sacar conclusiones.** La **ilustración 1–3** muestra cómo un equipo de investigación usó el método científico en su estudio de las marismas salinas de Nueva Inglaterra.

ILUSTRACIÓN 1–3 Experimento en una marisma salina Las marismas salinas son ambientes costeros que con frecuencia están donde los ríos se encuentran con el mar. Los investigadores hicieron una observación interesante en la forma en que crecen los pastos de las marismas. Entonces, aplicaron el método científico para responder a preguntas que surgieron de su observación.

Observar y formular preguntas Las investigaciones científicas comienzan con la **observación,** el acto de notar y describir sucesos o procesos de una manera cuidadosa y ordenada. Por supuesto, la observación científica implica más que sólo mirar las cosas. Un buen científico puede, como lo planteó el filósofo Arthur Schopenhauer: "Pensar en algo en lo que nadie ha pensado todavía, mientras mira algo que todos ven." Esa clase de observación conduce a preguntas que nadie había planteado antes.

OBSERVAR Y FORMULAR PREGUNTAS

Ubicación A

Los investigadores observaron que el pasto de las marismas crece más alto en algunos lugares que en otros. Esta observación condujo a una pregunta: *¿Por qué los pastos de las marismas crecen a alturas diferentes en lugares diferentes?*

INFERIR Y PROPONER HIPÓTESIS

Los investigadores infirieron que algo limita el crecimiento del pasto en algunos lugares. Podría ser un factor ambiental: temperatura, luz solar, agua o nutrientes. Basados en su conocimiento, propusieron una hipótesis: *El crecimiento del pasto de las marismas está limitado por el nitrógeno disponible.*

Inferir y proponer una hipótesis Después de formular preguntas, los científicos usan más observaciones para hacer inferencias. Una **inferencia** es una interpretación lógica basada en conocimientos previos de los científicos. La inferencia, combinada con una imaginación creativa, puede conducir a una hipótesis. Una **hipótesis** es una explicación científica de una serie de observaciones que se puede poner a prueba para confirmarla o refutarla.

Diseñar experimentos controlados Probar una hipótesis científica con frecuencia implica diseñar un experimento que siga la pista de varios factores que pueden cambiar, es decir, variables. Ejemplos de variables son temperatura, luz, tiempo y disponibilidad de nutrientes. Siempre que sea posible, una hipótesis debe probarse por medio de un experimento en el que se modifica sólo una variable. Las demás variables deberán mantenerse sin cambios, o controladas. Este tipo de experimento se llama **experimento controlado.**

▶ ***Control de variables*** ¿Por qué es importante controlar variables? La razón es que si en un experimento se cambian diversas variables, los investigadores no pueden decir con facilidad cuál variable es responsable de cualesquier resultados que observen. La variable que se cambia de manera deliberada se llama **variable independiente** (también llamada variable manipulada). La variable que está siendo observada y cambia en respuesta a la variable independiente se llama **variable dependiente** (también llamada variable de respuesta).

▶ ***Grupos de control y experimental*** Por lo común, un experimento se divide en grupos de control y experimental. El **grupo de control** se expone a las mismas condiciones del grupo experimental menos a una variable independiente. Los científicos siempre tratan de reproducir o replicar sus observaciones. Por consiguiente, establecen varios conjuntos de grupos de control y experimental, en lugar de un solo par.

En tu cuaderno *¿Cuál es la diferencia entre una observación y una inferencia? Nombra tres ejemplos de cada una.*

DISEÑAR EXPERIMENTOS CONTROLADOS

Los investigadores seleccionaron terrenos similares de pasto de marisma. Todos los terrenos tenían una densidad de plantas, tipo de suelo, aporte de agua dulce y altura sobre el nivel promedio de la marea similares. Los terrenos se dividieron en grupos de control y experimental.

Los investigadores agregaron fertilizante con nitrógeno (la variable independiente) a los terrenos experimentales. Luego observaron el crecimiento del paso de marisma (la variable dependiente) tanto en los terrenos experimentales como en los de control.

PISTA DEL MISTERIO

Describe un experimento controlado que pueda diseñarse para probar la hipótesis de que suministrar HCH extra ayuda a los niños a crecer más altos. ¿Qué cuestiones éticas puedes imaginar para realmente llevar a cabo un estudio así?

Reunir y analizar datos Los científicos llevan registros detallados de las observaciones experimentales, al juntar información llamada **datos.** Hay dos tipos principales de datos. Los datos cuantitativos son números obtenidos al contar o medir. En el experimento del pasto de marisma, los datos cuantitativos podrían incluir la cantidad de plantas por terreno, la longitud, el ancho y el peso de cada brizna de pasto, etc. Los datos cualitativos son descriptivos e implican características que por lo general no pueden contarse. Los datos cualitativos en el experimento del pasto de marisma podrían incluir notas sobre objetos extraños en los terrenos de muestra o información sobre si el paso crecía vertical o de lado.

▶ ***Herramientas de investigación*** Los científicos eligen herramientas apropiadas para reunir y analizar datos. Las herramientas pueden variar de dispositivos simples como cintas para medir y calculadoras a equipo complejo como máquinas que miden el contenido de nitrógeno en las plantas y el suelo. Las tablas y gráficas también son herramientas que ayudan a los científicos a organizar sus datos. En el pasado, los datos se registraban a mano, con frecuencia en libretas o diarios personales. Hoy en día, los investigadores por lo común introducen los datos en computadoras, las cuales facilitan la organización y análisis de los datos. Ahora, muchas clases de datos se reúnen en forma directa mediante equipo controlado por computadora.

▶ ***Fuentes de error*** Los investigadores deben ser cuidadosos para evitar errores al reunir y analizar datos. Las herramientas para medir el tamaño y peso de los pastos de marisma, por ejemplo, tienen una precisión limitada. El análisis de datos y el tamaño de las muestras deben elegirse con cuidado. En los estudios médicos, el grupo experimental y el de control deben ser bastante grandes. ¿Por qué? Porque siempre hay variaciones entre los individuos de cada grupo. Entre mayor es la muestra, los investigadores pueden analizar de manera más confiable esa variación y evaluar las diferencias entre el grupo experimental y el de control.

ILUSTRACIÓN 1-3 Continuación

REUNIR Y ANALIZAR DATOS

Grupo de control

Los investigadores tomaron muestras de todos los terrenos a lo largo de la temporada de crecimiento. Midieron las tasas de crecimiento y tamaños de las plantas, y analizaron la composición química de las hojas vivas.

SACAR CONCLUSIONES

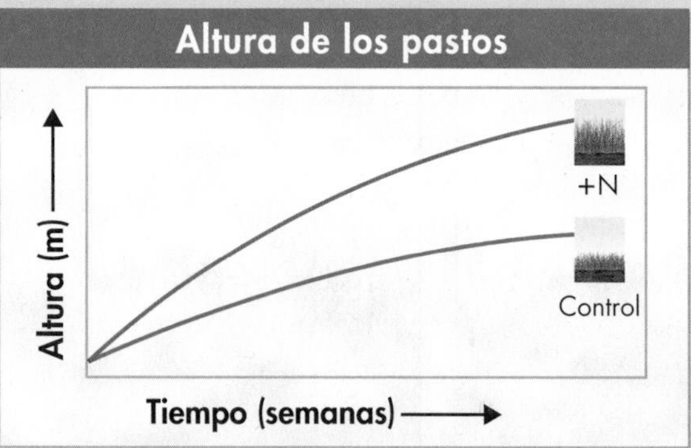

Los datos de todos los terrenos se compararon y evaluaron con pruebas estadísticas. El análisis de datos confirmó que los pastos de marisma en los terrenos experimentales con nitrógeno adicional, de hecho, crecieron más altos y más grandes que los de control. La hipótesis y sus predicciones se confirmaron.

Sacar conclusiones Los científicos usan los datos experimentales como evidencia para confirmar, refutar o revisar la hipótesis que se esté probando, y para sacar una conclusión válida. Las hipótesis con frecuencia no se confirman o refutan por completo con una serie de experimentos. Más bien, datos nuevos pueden indicar que los investigadores tienen la idea general correcta pero están equivocados sobre algunos detalles. En ese caso, la hipótesis original se vuelve a evaluar y reformular; se hacen predicciones nuevas y se diseñan experimentos nuevos. Esos experimentos nuevos podrían sugerir cambios en el tratamiento experimental o en un mejor control de más variables. Como muestra la **ilustración 1–4,** con frecuencia es necesario dar muchas vueltas por este ciclo antes de confirmar una hipótesis final y sacar conclusiones.

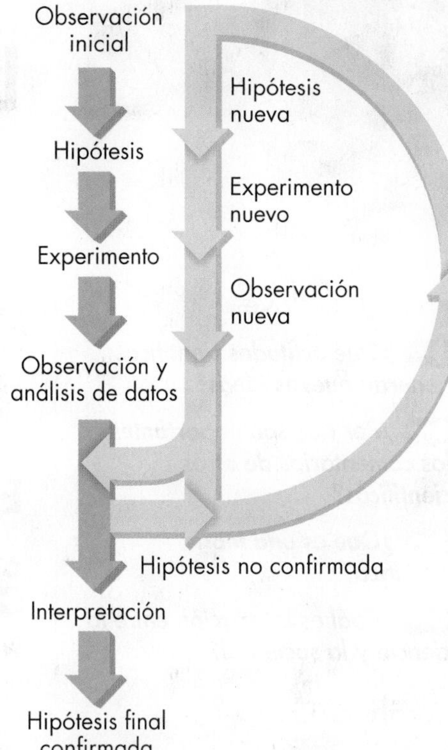

ILUSTRACIÓN 1–4 La revisión de las hipótesis En el curso de una investigación, hipótesis posible que haya que revisar y rehacer varias veces los experimentos.

Cuando no son posibles los experimentos No siempre es posible probar una hipótesis con un experimento. En algunos de estos casos, los investigadores conciben hipótesis que pueden probarse por medio de observaciones. Los investigadores del comportamiento animal, por ejemplo, tal vez quieran aprender cómo interactúan grupos de animales en su hábitat natural. Investigar esta clase de comportamiento natural requiere observaciones de campo que perturben a los animales lo menos posible. Cuando los investigadores analizan datos de estas observaciones, pueden idear hipótesis que pueden probarse en formas diferentes.

A veces, la ética impide ciertos tipos de experimentos, en especial en sujetos humanos. Por ejemplo, los investigadores médicos que sospechan que una sustancia química causa cáncer, no expondrían de manera intencional a las personas a esa sustancia. En cambio, buscan voluntarios que ya se hayan expuesto a ella. Para los controles, estudian personas que no se han expuesto a dicha sustancia. Los investigadores aún tratan de controlar tantas variables como sea posible. Así podrían excluir voluntarios con problemas de salud graves o condiciones genéticas conocidas. Los investigadores siempre tratan de estudiar grupos grandes de sujetos para que las diferencias genéticas individuales no produzcan resultados engañosos.

1.1 Evaluación

Repaso de conceptos clave

1. a. Repasar ¿Qué es la ciencia?

b. Explicar ¿Con qué tipos de conocimiento sobre el mundo natural ha contribuido la ciencia?

c. Formar una opinión ¿Crees que a los científicos algún día se les agotarán los objetos de estudio? Explica tu razonamiento.

2. a. Repasar ¿Cuáles son los pasos del método científico?

b. Explicar ¿Por qué son tan importantes las hipótesis para los experimentos controlados?

ESCRIBIR SOBRE LAS CIENCIAS

Escritura creativa

3. Hace cientos de años, las observaciones parecían indicar que algunos seres vivos podían aparecer de pronto: aparecían gusanos en la carne; se encontraban ratones en el grano; y salían escarabajos del estiércol de vaca. Eso llevó a la idea incorrecta de la generación espontánea: idea de que la vida podía surgir de la materia inerte. Escribe un párrafo para una revista de historia donde evalúes la hipótesis de la generación espontánea. ¿Por qué parecía lógica en esa época? ¿Qué evidencia se pasó por alto o se ignoró?

BIOLOGY.com Search Lesson 1.1  GO • Self-Test • Lesson Assessment • Art Review

La ciencia en contexto

Preguntas clave

¿Qué actitudes científicas generan nuevas ideas?

¿Por qué son importantes los comentarios de otros científicos?

¿Qué es una teoría científica?

¿Cuál es la relación entre la ciencia y la sociedad?

Vocabulario

teoría • parcialidad

Tomar notas

Vistazo al material visual Antes de leer, estudia la **ilustración 1–10.** Mientras lees, usa la ilustración para describir el papel de la ciencia en la sociedad.

PIÉNSALO El método científico es el corazón de la ciencia. Pero ese "corazón" vital sólo es parte del "cuerpo" completo de la ciencia. La ciencia y los científicos operan en el contexto de la comunidad científica y la sociedad en general.

Exploración y descubrimiento: ¿de dónde vienen las ideas?

¿Qué actitudes científicas generan nuevas ideas?

El método científico se relaciona estrechamente con la exploración y el descubrimiento, como se muestra en la **ilustración 1–5.** Recuerda que el método científico comienza con observaciones y preguntas. Pero, para empezar, ¿de dónde vienen esas observaciones y preguntas? Pueden estar inspiradas por actitudes científicas, problemas prácticos y tecnología nueva.

Actitudes científicas Los buenos científicos comparten actitudes científicas, o hábitos mentales, que los llevan a la exploración y el descubrimiento. **Las nuevas ideas de los científicos surgen de la curiosidad, el escepticismo, el hecho de tener la mente abierta y la creatividad.**

▶ ***Curiosidad*** Un investigador curioso, por ejemplo, puede ver una marisma salina y preguntar de inmediato: "¿Qué es esa planta? ¿Por qué crece aquí?" Con frecuencia, los resultados de estudios previos también despiertan la curiosidad y conducen a nuevas preguntas.

▶ ***Escepticismo*** Los buenos científicos son escépticos, lo que significa que cuestionan las ideas e hipótesis existentes, y se rehúsan a aceptar explicaciones sin evidencia. Los científicos que están en desacuerdo con las hipótesis diseñan experimentos para probarlas. Los partidarios de hipótesis también realizan pruebas rigurosas de sus ideas para confirmarlas y para abordar cualquier pregunta válida que se formule.

▶ ***Tener la mente abierta*** Los científicos deben tener la mente abierta, es decir, deben estar dispuestos a aceptar ideas diferentes que pueden no estar de acuerdo con sus hipótesis.

▶ ***Creatividad*** Los investigadores también necesitan diseñar en forma creativa experimentos que produzcan datos precisos.

ILUSTRACIÓN 1–5 El proceso de la ciencia Como indican las flechas, los diferentes aspectos de la ciencia están interconectados; esto hace que el proceso de la ciencia sea dinámico, flexible e impredecible.

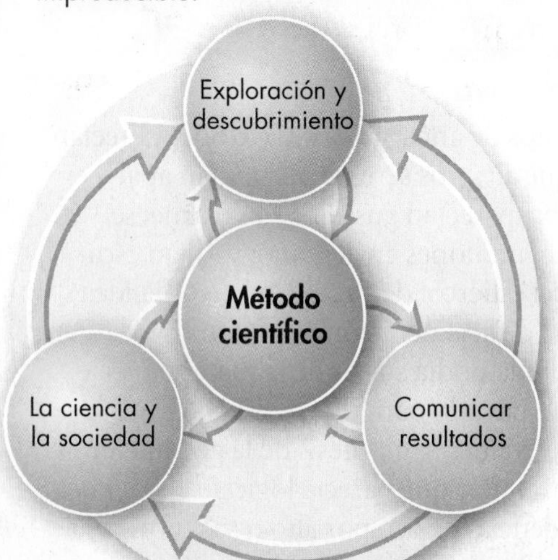

Adaptado de *Understanding Science,* UC Berkeley, Museo de Paleontología

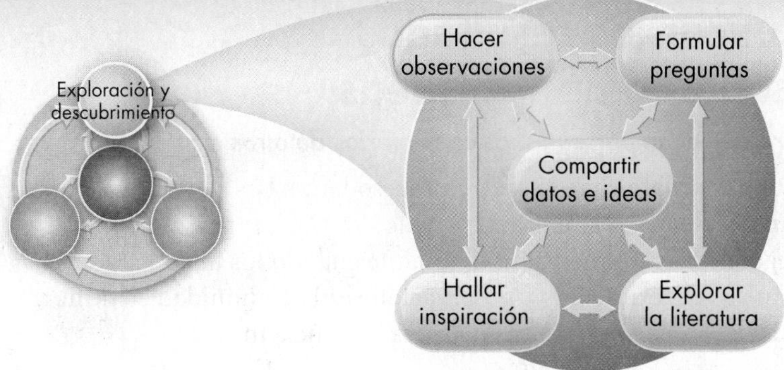

Adaptado de *Understanding Science*, UC Berkeley, Museo de Paleontología

ILUSTRACIÓN 1–6 Exploración y descubrimiento Las ideas en la ciencia pueden surgir de muchas formas: de la simple curiosidad o de la necesidad de resolver un problema particular. Los científicos con frecuencia comienzan las investigaciones haciendo observaciones, formulando preguntas, hablando con colegas y leyendo sobre experimentos previos.

Problemas prácticos En ocasiones, las ideas para las investigaciones científicas surgen de problemas prácticos. Las marismas salinas, por ejemplo, desempeñan funciones vitales en la vida de muchos organismos importantes para la ecología y el comercio, como aprenderás en la siguiente unidad. Pero están bajo una intensa presión por el desarrollo industrial y de vivienda. ¿Deberían las marismas protegerse del desarrollo? Si se construyen casas o granjas nuevas cerca de marismas salinas, ¿se pueden diseñar para proteger las marismas? Estos asuntos y problemas prácticos inspiran preguntas, hipótesis y experimentos científicos.

El papel de la tecnología La tecnología, la ciencia y la sociedad están relacionadas estrechamente. Los descubrimientos en un campo de la ciencia pueden llevar al desarrollo de tecnologías nuevas. Esas tecnologías, a su vez, conducen a los científicos de otros campos a formular preguntas nuevas o a reunir datos en formas nuevas. Por ejemplo, el desarrollo de un nuevo equipo portátil para reunir datos en forma remota permite a los investigadores de campo supervisar las condiciones ambientales las 24 horas, en varios lugares a la vez. Esta capacidad permite a los investigadores proponer y probar hipótesis nuevas. Los avances tecnológicos también pueden tener impactos grandes en la vida diaria. En el campo de la genética y la biotecnología, por ejemplo, ahora es posible producir en forma masiva sustancias complejas, como vitaminas, antibióticos y hormonas, que antes sólo estaban disponibles de manera natural.

PISTA DEL MISTERIO

¿Cómo afecta a la vida humana la capacidad para producir HCH artificial?

En tu cuaderno *Describe una situación donde te muestres escéptico ante un "hecho" que hayas visto u oído.*

ILUSTRACIÓN 1–7 Ideas de problemas prácticos Las personas que viven en una franja de tierra como la de Murrells Inlet, Carolina del Sur, pueden enfrentar inundaciones y otros problemas. **Preguntar** ***¿Cuáles son algunas preguntas científicas que pueden surgir de una situación como ésta?***

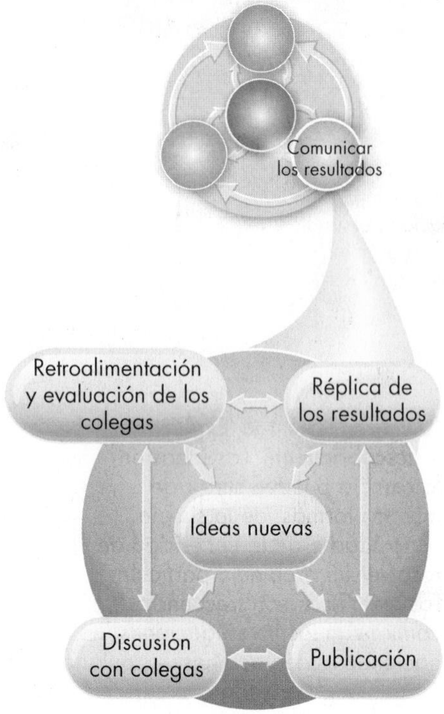

Adaptado de *Understanding Science,* UC Berkeley, Museo de Paleontología

ILUSTRACIÓN 1–8 Comunicar los resultados La comunicación es una parte importante de la ciencia. Los científicos revisan y evalúan el trabajo de otros científicos para asegurar la precisión. Los resultados de un estudio pueden conducir a ideas nuevas y a más estudios.

Comunicar los resultados: repasar y compartir ideas

¿Por qué son importantes los comentarios de otros científicos?

Reunir y analizar datos puede ser un proceso largo. Los científicos pueden enfocarse intensamente en un solo estudio por meses o incluso años. Luego, llega el momento emocionante cuando los investigadores comunican sus experimentos y observaciones a la comunidad científica. Comunicar y compartir ideas es vital para la ciencia moderna.

Comentarios de otros científicos Los científicos comparten sus hallazgos con la comunidad científica al publicar artículos que otros científicos revisan. Durante esta revisión, expertos anónimos e independientes evalúan los estudios científicos. **Al publicar en revistas científicas artículos evaluados por colegas, los investigadores pueden compartir ideas y poner a prueba y evaluar el trabajo de otros científicos.** Los artículos científicos son como versiones de altos vuelos de tus informes de laboratorio de escuela secundaria. Tienen detalles sobre las condiciones experimentales, controles, datos, análisis y conclusiones. Los revisores los leen buscando descuidos, influencias injustificadas, fraude o errores en las técnicas o el razonamiento. Proporcionan evaluación experta del trabajo para asegurar que se cumplen los estándares más altos de calidad. La evaluación por parte de colegas no garantiza que un trabajo sea correcto, pero certifica que el trabajo cumple los estándares establecidos por la comunidad científica.

Compartir conocimiento e ideas nuevas Al publicar una investigación, entra en el mercado dinámico de ideas científicas, como muestra la **ilustración 1–8.** ¿Cómo encajan los nuevos hallazgos en la comprensión científica existente? Quizá provoca nuevas interrogantes. Por ejemplo, saber que el nitrógeno limita el crecimiento de los pastos de marismas salinas sugiere otras hipótesis: ¿El crecimiento de otras plantas en el mismo hábitat también está limitado por el nitrógeno? ¿Qué pasa con el crecimiento de plantas diferentes en ambientes similares, como el pantano de mangle de la **ilustración 1–9?** Estas preguntas lógicas e importantes conducen a hipótesis nuevas que deben confirmarse independientemente a través de experimentos controlados.

En tu cuaderno *Predice qué podría suceder si un artículo se publica sin pasar por la evaluación por parte de colegas.*

ILUSTRACIÓN 1–9 Pantano de mangle En las áreas tropicales, los pantanos de mangle son los equivalentes ecológicos de las marismas salinas templadas. Los resultados del experimento de marismas salinas sugieren que el nitrógeno podría ser un nutriente limitante para los mangles y otras plantas en estos hábitats similares. **Diseña un experimento** ***¿Cómo probarías esta hipótesis?***

Actividad rápida de laboratorio

INVESTIGACIÓN DIRIGIDA

Replicar procedimientos

❶ Trabaja con un compañero detrás de una pantalla para armar diez bloques en una estructura inusual. Escribe instrucciones que otros puedan usar para hacer una réplica de esa estructura sin verla.

❷ Intercambia instrucciones con otro equipo. Haz la réplica de la estructura del equipo siguiendo sus instrucciones.

❸ Compara cada réplica con el original. Identifica cuáles partes de las instrucciones fueron claras y precisas, y cuáles fueron poco claras o erróneas.

Analizar y concluir

1. **Evaluar** ¿Cómo podrías haber escrito mejores instrucciones?
2. **Inferir** ¿Por qué es importante que los científicos escriban procedimientos que se puedan replicar?

Teorías científicas

¿Qué es una teoría científica?

La evidencia de muchos estudios científicos puede apoyar varias hipótesis relacionadas en una forma que inspira a los investigadores a proponer una **teoría** científica que junte esas hipótesis. Al leer este libro, con frecuencia encontrarás términos que serán nuevos para ti porque sólo se usan en la ciencia. Pero la palabra *teoría* se usa tanto en la ciencia como en la vida cotidiana. Es importante comprender que el significado que le das a la palabra *teoría* en la vida diaria es muy diferente de su significado en la ciencia. Cuando dices: "Tengo una teoría", tal vez quieres decir: "Tengo una corazonada". Cuando una amiga dice: "Ésa sólo es una teoría", tal vez quiere decir: "La gente no está demasiado segura sobre esa idea". En esas mismas situaciones, es probable que un científico use la palabra *hipótesis*. Pero cuando los científicos hablan sobre la teoría gravitacional o la teoría evolutiva, se refieren a algo muy diferente de *corazonada* o *hipótesis*.

En la ciencia, la palabra *teoría* se refiere a una explicación sometida a prueba que unifica una amplia gama de observaciones e hipótesis y que permite que los científicos hagan predicciones precisas de situaciones nuevas. Por ejemplo, las primeras observaciones e hipótesis de Charles Darwin sobre el cambio en la naturaleza a lo largo del tiempo, crecieron y se expandieron por años antes que las reuniera en una teoría de la evolución por selección natural. Hoy en día, la teoría evolutiva es el principio central de organización de toda la ciencia biológica y biomédica. Hace una gama tan amplia de predicciones sobre los organismos, desde las bacterias hasta las ballenas y los humanos, que se menciona a lo largo de este libro.

Una teoría útil que se ha probado en forma minuciosa y confirmada por muchas líneas de evidencia puede volverse la opinión **dominante** entre la mayoría de los científicos, pero ninguna teoría se considera la verdad absoluta. La ciencia está en constante cambio; mientras se va descubriendo evidencia nueva, una teoría se puede repasar o sustituir con explicaciones más útiles.

DESARROLLAR el vocabulario

VOCABULARIO ACADÉMICO El adjetivo **dominante** significa "tener la mayor autoridad o influencia". Después de que una idea se ha comprobado de manera minuciosa, se ha confirmado en repetidas ocasiones y se ha aceptado por mayoría en la comunidad científica, puede convertirse en la explicación dominante para un fenómeno particular.

La ciencia y la sociedad

¿Cuál es la relación entre la ciencia y la sociedad?

Haz una lista de cosas relacionadas con la salud que necesites comprender para proteger tu vida y la de gente cercana a ti. Tu lista puede incluir drogas y alcohol, tabaquismo y enfermedad pulmonar, SIDA, cáncer y enfermedad cardiaca. Otros temas se enfocan en cuestiones sociales y el medio ambiente. ¿Cuánta información contenida en tus genes debería mantenerse privada? ¿Las comunidades deberían producir electricidad usando combustibles fósiles, energía nuclear, energía solar, energía eólica o presas hidroeléctricas? ¿Cómo deberían eliminarse los desechos químicos?

Todas estas interrogantes requieren información científica para responderlas, y muchas han inspirado investigaciones importantes. Pero la ciencia, por sí misma, no puede responder ninguna de estas preguntas. Estas cuestiones involucran a la sociedad en la que vivimos, nuestra economía y nuestras leyes y principios morales. **Usar la ciencia implica entender su contexto en la sociedad y también sus limitaciones.** La **ilustración 1–10** muestra el papel de la ciencia en la sociedad.

ILUSTRACIÓN 1–10 La ciencia y la sociedad La ciencia influye en la sociedad y es influida por la sociedad. La investigadora de abajo hace pruebas a mariscos en busca de toxinas que puedan envenenar a los humanos. **Opinar** ***¿Los mariscos deberían examinarse en forma rutinaria en busca de toxinas?***

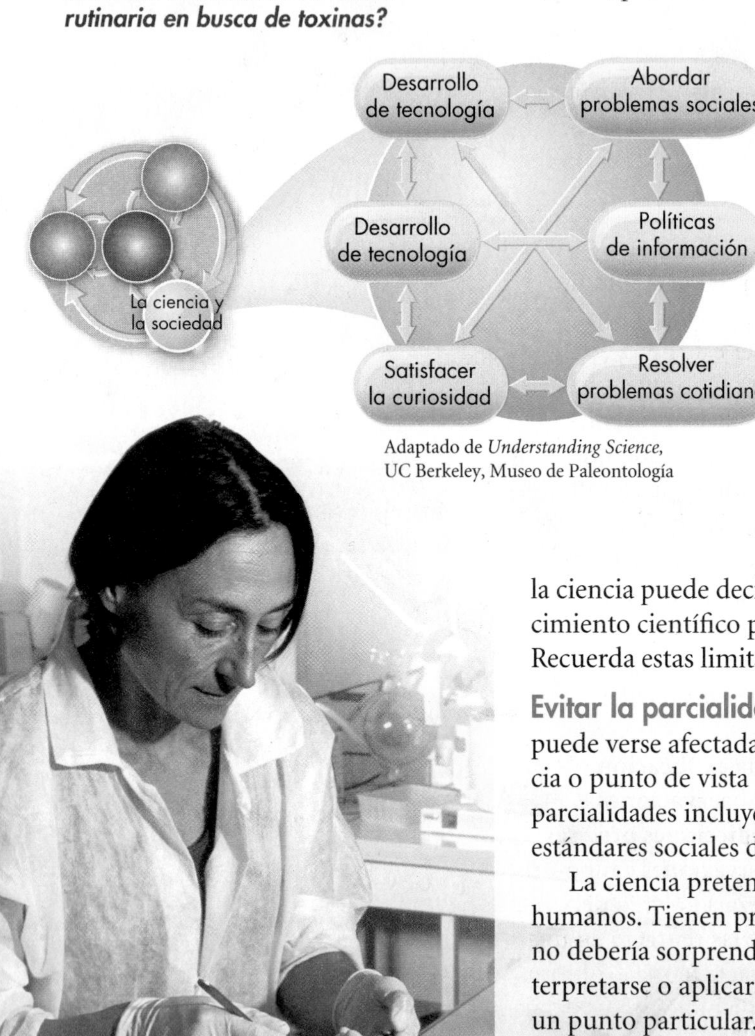

Adaptado de *Understanding Science*, UC Berkeley, Museo de Paleontología

Ciencia, ética y moralidad

Cuando los científicos explican "por qué" sucede algo, su explicación implica sólo fenómenos naturales. La ciencia pura no incluye puntos de vista éticos o morales. Por ejemplo, los biólogos tratan de explicar en términos científicos qué es la vida, cómo opera la vida y cómo ha cambiado la vida con el tiempo. Pero la ciencia no puede responder preguntas sobre por qué existe la vida o cuál es el significado de la vida. Del mismo modo, la ciencia puede decirnos cómo puede aplicarse la tecnología y el conocimiento científico pero no si debería aplicarse en formas particulares. Recuerda estas limitaciones cuando estudies y evalúes la ciencia.

Evitar la parcialidad

La forma en que la ciencia se aplica en la sociedad puede verse afectada por la parcialidad. Una **parcialidad** es una preferencia o punto de vista particular que es personal y no científico. Ejemplos de parcialidades incluyen el gusto personal, preferencias por alguien o algo, y estándares sociales de belleza.

La ciencia pretende ser objetiva, pero los científicos también son humanos. Tienen preferencias, aversiones y parcialidades ocasionales. Así, no debería sorprenderte descubrir que los datos científicos pueden malinterpretarse o aplicarse mal por aquellos científicos que desean demostrar un punto particular. Las recomendaciones hechas por científicos con parcialidades personales pueden ser en interés del público o no. Pero si muchos de nosotros comprendemos la ciencia, podemos ayudar a asegurar que la ciencia se aplique en formas que beneficien a la humanidad.

Comprender y usar la ciencia La ciencia seguirá cambiando en tanto los humanos sigan preguntándose sobre la naturaleza. Te invitamos a unirte a nosotros en esa maravilla y exploración mientras lees este libro. Piensa en este texto, no como una enciclopedia, sino como una "guía para el usuario" para el estudio de la vida. No sólo memorices los hechos e ideas científicos actuales. ¡Y por favor no los *creas!* En cambio, trata de *comprender* cómo desarrollaron los científicos esas ideas. Trata de ver el pensamiento detrás de los experimentos que describimos. Trata de plantear la clase de preguntas que hacen los científicos.

Si aprendes a pensar como los científicos, comprenderás el proceso de la ciencia y estarás cómodo en un mundo que seguirá cambiando a lo largo de tu vida. Comprender la ciencia te ayudará a tomar decisiones complejas que también involucran costumbres culturales, valores y estándares éticos.

Además, comprender la biología te ayudará a ver que podemos predecir las consecuencias de nuestras acciones y adoptar un papel activo para dirigir nuestro futuro y el del planeta. En nuestra sociedad, los científicos hacen recomendaciones sobre decisiones importantes de política pública, pero no toman las decisiones. ¿Quién las toma? Los ciudadanos de nuestra democracia lo hacen. En unos cuantos años, podrás ejercer tu derecho al voto y así influir en las políticas públicas con las boletas electorales que emites y los mensajes que envías a los funcionarios públicos. Por eso es importante que comprendas cómo funciona la ciencia y aprecies tanto su poder como sus limitaciones.

ILUSTRACIÓN 1–11 Uso de la ciencia en la vida cotidiana Estos estudiantes voluntarios están plantando mangles como parte de un proyecto de restauración de un manglar.

1.2 Evaluación

Repaso de conceptos clave

1. a. Repasar Enumera las actitudes que llevan a los científicos a explorar y descubrir.

b. Explicar ¿Qué significa describir a un científico como escéptico? ¿Por qué el escepticismo es una cualidad importante en un científico?

2. a. Repasar ¿Qué son los comentarios de otros científicos?

b. Aplica los conceptos Un anuncio afirma que los estudios de una nueva bebida deportiva muestran que estimula la energía. Descubres que ningún resultado del estudio ha sido evaluado por colegas. ¿Qué les dirías a los consumidores que están considerando comprar este producto?

3. a. Repasar ¿Qué es una teoría científica?

b. Comparar y contrastar ¿Cómo difiere el uso de la palabra *teoría* en la ciencia y en la vida diaria?

4. a. Repasar ¿Cómo se relaciona el uso de la ciencia con su contexto en la sociedad?

b. Explicar Describe algunas de las limitaciones de la ciencia.

c. Aplica los conceptos Un estudio muestra que un pesticida nuevo es seguro para su uso en cultivos alimenticios. El investigador que condujo el estudio trabaja para la compañía de pesticidas. ¿Qué parcialidades potenciales pueden haber afectado el estudio?

Aplica la gran idea

La ciencia como fuente de conocimientos

5. Explica con tus propias palabras por qué la ciencia se considera una "fuente de conocimientos".

BIOLOGY.com Search Lesson 1.2 GO • Self-Test • Lesson Assessment

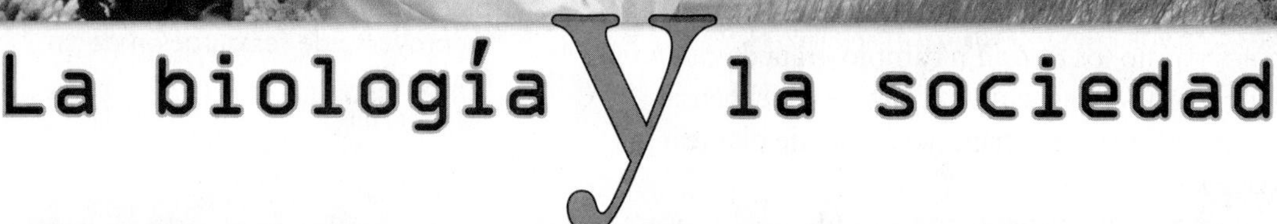

La biología y la sociedad

¿Quién debería financiar los estudios de seguridad de los productos?

La biología es importante en la investigación, desarrollo y producción de alimentos, medicinas y otros artículos. Las compañías que hacen estos artículos se benefician al vender productos confiables y útiles. Por ejemplo, la industria del plástico proporciona muchos productos de uso diario.

Pero a veces surgen interrogantes sobre la seguridad del producto. El bisfenol A (BPA), por ejemplo, es una sustancia presente en los plásticos duros. Esos plásticos se usan para hacer biberones, botellas de agua reutilizables y recubrimientos de latas para alimento y refrescos. ¿Es seguro el BPA? Este tipo de pregunta puede plantearse como una hipótesis científica para probarla. Pero, ¿quién hace la prueba? ¿Quién financia los estudios y analiza los resultados?

Idealmente, científicos independientes prueban la seguridad y utilidad de los productos. Así, las personas que reúnen y analizan datos pueden ser objetivas, no ganan al exagerar los efectos positivos de los productos ni pierden al señalar cualquier riesgo. Sin embargo, las compañías privadas contratan a científicos para desarrollar o probar sus productos.

A menudo, los resultados de las pruebas son claros: un producto es seguro o no lo es. Según estos resultados, la Administración de Alimentos y Medicamentos (FDA, por sus siglas en inglés) u otra agencia de gobierno hace recomendaciones para proteger y promover la salud pública. A veces, sin embargo, los resultados son difíciles de interpretar.

Se han realizado más de 100 estudios sobre el BPA, algunos financiados por el gobierno y otros por la industria del plástico. La mayoría de los estudios independientes encontró que dosis bajas de BPA podían tener efectos negativos en animales de laboratorio. Algunos estudios, la mayoría financiados por la industria del plástico, concluyó que el BPA es seguro. En este caso, la FDA declaró que el BPA es seguro. Cuando el asunto de la seguridad del BPA llegó a los medios de comunicación, comenzaron las investigaciones del gobierno. Así, ¿quién debería patrocinar los estudios de seguridad de los productos?

Puntos de vista

Las organizaciones independientes deberían financiar los estudios de seguridad Los científicos que realizan estudios de seguridad no deberían tener afiliación con industrias privadas, porque el conflicto de intereses parece inevitable. Una compañía, como un fabricante de BPA, se beneficiaría si su producto es declarado seguro. Más bien, las pruebas de seguridad deberían ser financiadas por organizaciones como universidades y agencias gubernamentales, que deberían ser lo más independientes posible. Así, las recomendaciones para la salud pública pueden ser imparciales.

Las industrias privadas deberían financiar los estudios de seguridad ¡Existen muchísimos productos! ¿Quién pagaría a los científicos para probarlos todos? Hay demasiados productos que podrían ser útiles y valiosos en desarrollo por la industria privada para que el gobierno les dé seguimiento y los pruebe adecuadamente con fondos públicos. Es en el mejor interés de una compañía producir productos seguros, así que estaría inclinada a mantener estándares altos y realizar pruebas rigurosas.

Investiga y decide

1. Analizar los puntos de vista Para tomar una buena decisión, investiga la controversia sobre el BPA en Internet y otros recursos. Compara esta situación con la historia de los estudios de seguridad sobre el tabaco y el teflón.

2. Formar una opinión ¿Las industrias privadas deberían pagar a científicos para que realicen sus estudios de seguridad de productos? ¿Cómo abordarías el tema de la parcialidad posible al interpretar los resultados?

1.3 Estudio de la vida

PIÉNSALO Piensa en las historias nuevas importantes y emocionantes que hayas visto u oído. La gripe aviar se disemina alrededor del mundo, mata a miles de aves y amenaza con una epidemia humana. Los usuarios de ciertas drogas ilegales sufren daño permanente del cerebro y otras partes del sistema nervioso. Surgen informes sobre esfuerzos para clonar células humanas a fin de obtener órganos nuevos para reemplazar aquellos perdidos por enfermedad o lesión. Éstas y otras historias involucran a la biología, la ciencia que emplea el método científico para estudiar a los seres vivos. (La palabra griega *bios* significa "vida" y *-logos* significa "estudio de".)

Preguntas clave

¿Qué características comparten todos los seres vivos?

¿Cuáles son los temas centrales de la biología?

¿Cómo difieren en su enfoque para estudiar la vida los diferentes campos de la biología?

¿Cuál es la importancia del sistema métrico en la ciencia?

Vocabulario

biología • ADN • estímulo • reproducción sexual • reproducción asexual • homeostasis • metabolismo • biósfera

Tomar notas

Mapa de conceptos Mientras lees, haz un mapa de conceptos de las grandes ideas de la biología.

Características de los seres vivos

¿Qué características comparten todos los seres vivos?

La **biología** es el estudio de la vida. Pero, ¿qué es la vida? ¿Qué distingue a los seres vivos de la materia inerte? Para tu sorpresa, no es tan simple como describir qué hace que algo esté vivo. Ninguna característica aislada es suficiente para describir a un ser vivo. Además, algunas cosas inanimadas comparten uno o más rasgos con los organismos. Por ejemplo, tanto una luciérnaga como el fuego emiten luz, y cada uno se mueve en su propia forma. Los juguetes mecánicos, los autos y las nubes (que no están vivos) se mueven, mientras los hongos y los árboles (que están vivos) permanecen en un lugar. Para mayor complicación, algunas cosas, como los virus, existen en el límite entre los organismos y las cosas inanimadas.

A pesar de estas dificultades, podemos enumerar características que la mayoría de los seres vivos tienen en común. **Los seres vivos están formados por unidades básicas llamadas células, se basan en un código genético universal, obtienen y usan sustancias y energía, crecen y se desarrollan, se reproducen, responden a su medio ambiente, mantienen un ambiente interno estable y cambian a lo largo del tiempo.**

ILUSTRACIÓN 1–12 ¿Está viva? Los peces están vivos pero, ¿y la estructura colorida que está sobre ellos? ¿Está viva? Sí, lo está. La estructura en forma de cornamenta es el animal marino coral cuerno de ciervo. Los corales tienen todas las características comunes de los seres vivos.

RESUMEN VISUAL

LAS CARACTERÍSTICAS DE LOS SERES VIVOS

ILUSTRACIÓN 1–13 Los manzanos comparten ciertas características con otros seres vivos.
Comparar y contrastar ***¿En qué se parecen el manzano y el césped que crece debajo? ¿En qué se diferencian?***

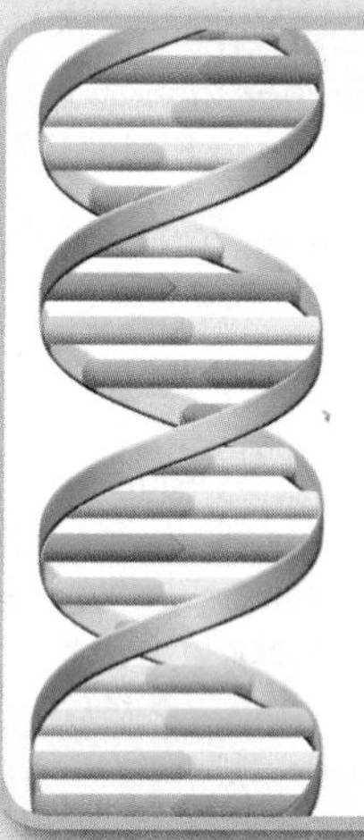

Los seres vivos se basan en un código genético universal. Todos los organismos almacenan la información compleja que necesitan para vivir, crecer y reproducirse en un código genético escrito en una molécula llamada **ADN.** Esta información se copia y transmite de los padres a su descendencia. Con algunas variaciones menores, el código genético de la vida es casi idéntico en todos los organismos de la Tierra.

◀ *El crecimiento, forma y estructura de un manzano están determinados por información en su ADN.*

Los seres vivos crecen y se desarrollan. Todo organismo tiene un patrón particular de crecimiento y desarrollo. En el desarrollo, un solo huevo fecundado se divide una y otra vez. Conforme se dividen estas células, se diferencian, lo cual significa que comienzan a verse diferente y a realizar funciones distintas.

◀ *Un manzano se desarrolla de una semilla diminuta.*

Los seres vivos responden a su ambiente. Los organismos detectan y responden a estímulos del ambiente. Un **estímulo** es una señal a la que responde un organismo.

▼ *Algunas plantas producen sustancias químicas desagradables que repelen a las orugas que comen sus hojas.*

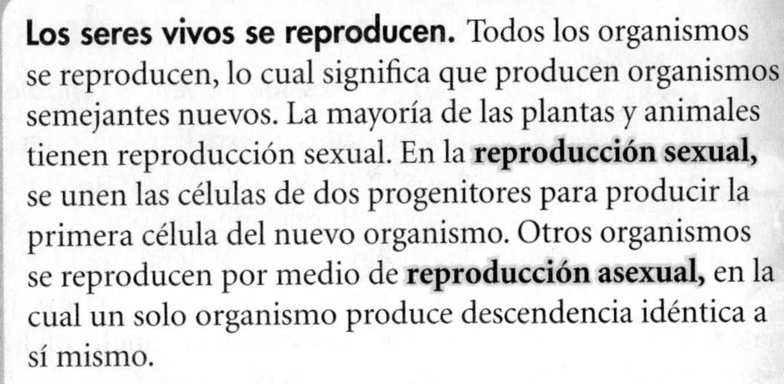

Los seres vivos se reproducen. Todos los organismos se reproducen, lo cual significa que producen organismos semejantes nuevos. La mayoría de las plantas y animales tienen reproducción sexual. En la **reproducción sexual,** se unen las células de dos progenitores para producir la primera célula del nuevo organismo. Otros organismos se reproducen por medio de **reproducción asexual,** en la cual un solo organismo produce descendencia idéntica a sí mismo.

► *Las flores bellas son parte del ciclo de reproducción sexual del manzano.*

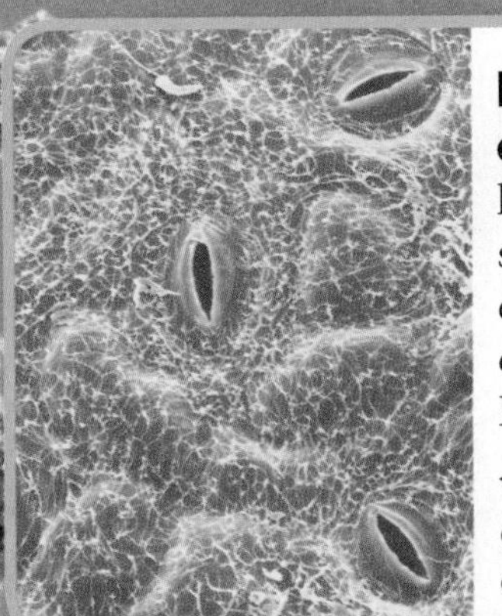

Los seres vivos mantienen un ambiente interno estable. Todos los organismos necesitan mantener su ambiente interno relativamente estable, aun cuando las condiciones externas cambien en forma drástica. Esta condición se llama **homeostasis.**

◄ *Estas células especializadas ayudan a las hojas a regular los gases que entran y salen de la planta.*

Los seres vivos obtienen y usan sustancias y energía. Todos los organismos deben asimilar sustancias y energía para crecer, desarrollarse y reproducirse. La combinación de reacciones químicas a través de las cuales un organismo acumula o descompone sustancias se llama **metabolismo.**

► *Varias reacciones metabólicas ocurren en las hojas.*

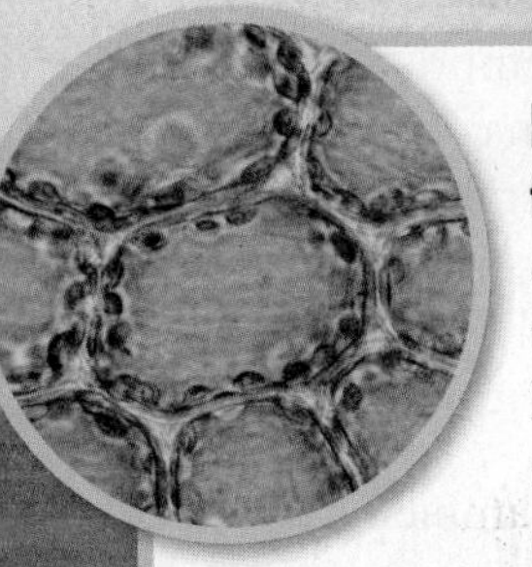

Los seres vivos están formados por células. Los organismos están compuestos por una o más células, las unidades más pequeñas consideradas vivas por completo. Las células pueden crecer, responder a su medio y reproducirse. A pesar de su tamaño pequeño, las células son complejas y altamente organizadas.

▲ *Una sola rama de un manzano contiene millones de células.*

Tomados como grupo, los seres vivos evolucionan. A lo largo de generaciones, los grupos de organismos evolucionan, o cambian con el tiempo. El cambio evolutivo relaciona todas las formas de vida con un origen común hace más de 3.5 mil millones de años. La evidencia de esta historia compartida se encuentra en todos los aspectos de los organismos vivos y fósiles, desde las características físicas y las estructuras de las proteínas hasta las secuencias de información en el ADN.

► *Señales de una de las primeras plantas terrestres, Cooksonia, se preservan en rocas de más de 400 millones de años de antigüedad.*

¿Qué tiene una dieta?

La gráfica circular muestra la dieta del gibón de siamang, un tipo de primate del bosque tropical del sudeste de Asia.

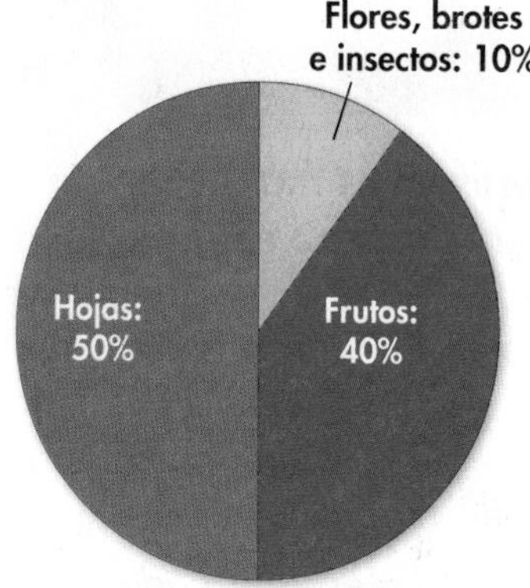

Analizar y concluir

1. Interpretar gráficas ¿De cuáles partes de las plantas dependen más los gibones siamang como una fuente de su sustancia y energía?

2. Predecir ¿Cómo serían afectados los gibones si los bosques tropicales en que viven fueran talados?

Grandes ideas de la biología

¿Cuáles son los temas centrales de la biología?

Las unidades de este libro parecen cubrir diferentes temas. Pero te vamos a contar un secreto. Así no funciona la biología. Todas las ciencias biológicas están relacionadas por temas y métodos de estudio que trascienden las disciplinas. Estas "grandes ideas" se superponen y entrelazan, y surgen una y otra vez a lo largo del libro. También notarás que varias de estas grandes ideas se superponen con las características de la vida o la naturaleza de la ciencia.

El estudio de la biología gira alrededor de varias grandes ideas que se entrelazan: la base celular de la vida; información y herencia; sustancia y energía; crecimiento, desarrollo y reproducción; homeostasis; evolución; estructura y función; unidad y diversidad de la vida; interdependencia en la naturaleza; y la ciencia como fuente de conocimientos.

La gran idea **La base celular de la vida** Los seres vivos están formados por células. Muchos tienen una sola célula; se llaman organismos unicelulares. Las plantas y los animales son pluricelulares. Las células de los organismos multicelulares exhiben muchos tamaños, formas y funciones diferentes. El cuerpo humano tiene 200 ó más tipos de células diferentes.

La gran idea **Información y herencia** Los seres vivos se basan en un código genético universal. La información codificada en el ADN forma una cadena ininterrumpida que se remonta a unos 3.5 mil millones de años. No obstante, el ADN dentro de tus células en este momento pueden influir en tu futuro: tu riesgo de contraer cáncer, la cantidad de colesterol en tu sangre y el color del cabello de tus hijos.

La gran idea **Sustancia y energía** Los seres vivos obtienen y usan sustancias y energía. La vida necesita sustancias que sirven como nutrientes para formar estructuras corporales, y energía que abastece los procesos de la vida. Algunos organismos, como las plantas, obtienen energía de la luz solar y toman nutrientes del aire, agua y suelo. Otros organismos, incluyendo la mayoría de los animales, comen plantas u otros animales para obtener nutrientes y energía. La necesidad de sustancias y energía relaciona a todos los seres vivos de la Tierra en una red de relaciones interdependientes.

La gran idea **Crecimiento, desarrollo y reproducción** Todos los seres vivos se reproducen. Los individuos recién producidos casi siempre son más pequeños que los adultos, de modo que crecen y se desarrollan conforme maduran. Durante el crecimiento y desarrollo, las células generalizadas por lo común se vuelven cada vez más diferentes y especializadas para funciones particulares. Las células especializadas forman tejidos, como el cerebro, los músculos y los órganos digestivos, que sirven para diversas funciones.

La gran idea **Homeostasis** Los seres vivos mantienen un ambiente interno relativamente estable, un proceso conocido como homeostasis. Para la mayoría de los organismos, cualquier desajuste de la homeostasis puede tener consecuencias graves o incluso fatales.

En tu cuaderno *Describe qué sucede a nivel celular mientras un bebé crece y se desarrolla.*

La gran idea **Evolución** Tomados como un grupo, los seres vivos evolucionan. El cambio evolutivo relaciona todas las formas de vida con un origen común de hace más de 3.5 mil millones de años. La evidencia de esta historia compartida se encuentra en todos los aspectos de los organismos vivos y fósiles, desde características físicas hasta las estructuras de proteínas y las secuencias de información en el ADN. La teoría evolutiva es el principio central de organización de todas las ciencias biológicas y biomédicas.

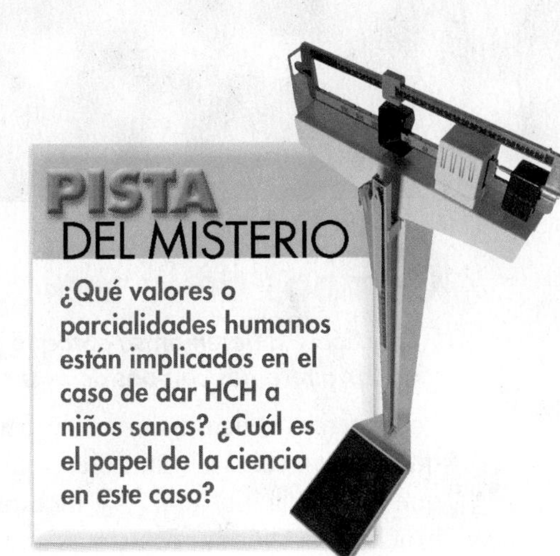

PISTA DEL MISTERIO

¿Qué valores o parcialidades humanos están implicados en el caso de dar HCH a niños sanos? ¿Cuál es el papel de la ciencia en este caso?

La gran idea **Estructura y función** Cada grupo importante de organismos ha evolucionado su propio "equipo de herramientas" de partes del cuerpo particulares, una colección de estructuras evolucionadas que hacen posibles ciertas funciones. Desde capturar alimento para digerirlo, y desde reproducirse hasta respirar, los organismos usan estructuras que han evolucionado en formas diferentes conforme las especies se han adaptado a vivir en ambientes diferentes. Las estructuras de las alas, por ejemplo, permiten volar a las aves y los insectos. Las estructuras de las patas permiten a los caballos galopar y a los canguros, saltar.

La gran idea **Unidad y diversidad de la vida** Aunque la vida adopta una variedad de formas casi increíble, todos los seres vivos son fundamentalmente semejantes a nivel molecular. Todos los organismos están compuestos por un conjunto común de moléculas basadas en el carbono, almacenan información en un código genético común y usan proteínas para formar sus estructuras y llevar a cabo sus funciones. Una gran contribución de la teoría evolutiva es que explica tanto esta unidad de la vida como su diversidad.

La gran idea **Interdependencia en la naturaleza** Todas las formas de vida en la Tierra están conectadas en una **biósfera,** que literalmente significa "planeta vivo." Dentro de la biósfera, los organismos están relacionados entre sí y con la tierra, agua y aire que los rodea. Las relaciones entre los organismos y sus ambientes dependen del ciclo de la materia y el flujo de energía. La vida humana y las economías de las sociedades humanas también requieren materia y energía, de modo que la vida humana depende en forma directa de la naturaleza.

La gran idea **La ciencia como fuente de conocimientos** La ciencia no es una lista de hechos, sino "una fuente de conocimientos". El trabajo de la ciencia es usar las observaciones, preguntas y experimentos para explicar el mundo natural en función de fuerzas y sucesos naturales. La investigación científica exitosa revela reglas y patrones que pueden explicar y predecir al menos algunos sucesos de la naturaleza. La ciencia nos permite emprender acciones que afectan los sucesos en el mundo que nos rodea. Para asegurar que el conocimiento científico se usa para beneficio de la sociedad, todos nosotros debemos comprender la naturaleza de la ciencia: sus fortalezas, sus limitaciones y sus interacciones con nuestra cultura.

ILUSTRACIÓN 1–14 Diferente pero semejante
El tucán de pico multicolor es claramente diferente de la planta en la que se posa. No obstante, los dos organismos son semejantes fundamentalmente a nivel molecular. La unidad y diversidad de la vida es un tema importante en la biología.

Campos de la Biología

¿Cómo difieren en su enfoque para estudiar la vida los diferentes campos de la biología?

Los sistemas vivientes varían de grupos de moléculas que forman células hasta colecciones de organismos que forman la biósfera. **La biología incluye muchos campos superpuestos que usan herramientas distintas para estudiar la vida desde el nivel de las moléculas hasta el planeta entero.** Aquí le daremos un vistazo a unas cuantas de las ramas más pequeñas y más grandes de la biología.

Ecología global La vida en la Tierra está moldeada por patrones de tiempo y procesos en la atmósfera tan grandes que apenas estamos comenzando a comprenderlos. También estamos aprendiendo que las actividades de los organismos vivos, incluyendo a los humanos, afectan profundamente tanto a la atmósfera como al clima. Los humanos ahora mueven más materia y usan más energía que cualquier otra especie multicelular en la Tierra. Los estudios ecológicos en todo el mundo, auxiliados por tecnología de satélites y supercomputadoras, nos están permitiendo aprender sobre nuestro impacto global, el cual afecta a toda la vida en la Tierra.

▶ *Estos científicos en Brasil toman datos para comprender cómo los factores ambientales afectan el crecimiento de los árboles.*

Biotecnología Este campo, creado por la revolución molecular, se basa en nuestra capacidad para "editar" y reescribir el código genético; en cierto sentido, rediseñar el mundo viviente sobre pedido. Pronto podemos aprender a corregir o reemplazar genes dañados que causan enfermedades heredadas. Otra investigación busca manipular genéticamente a las bacterias para limpiar desechos tóxicos. La biotecnología también plantea enormes interrogantes éticas, legales y sociales. ¿Osaremos manipular la información biológica fundamental que nos hace humanos?

▶ *Un biólogo de plantas analiza plantas de arroz modificadas genéticamente.*

Construir el árbol de la vida Los biólogos han descubierto e identificado cerca de 1.8 millones de clases diferentes de organismos vivos. Esto puede parecer una cantidad increíble, pero los investigadores estiman que más o menos entre 2 y 100 millones más de formas de vida están esperando ser descubiertas alrededor del mundo, desde cuevas profundas bajo la superficie, a bosques tropicales, a arrecifes de coral y las profundidades del mar. Identificar y catalogar todas estas formas de vida es suficiente trabajo por sí solo, pero los biólogos pretenden hacer mucho más. Desean combinar la información genética más reciente con tecnología de cómputo para organizar todos los seres vivos en un solo "Árbol de la vida" universal, y poner los resultados en la Web en una forma a la que cualquiera pueda tener acceso.

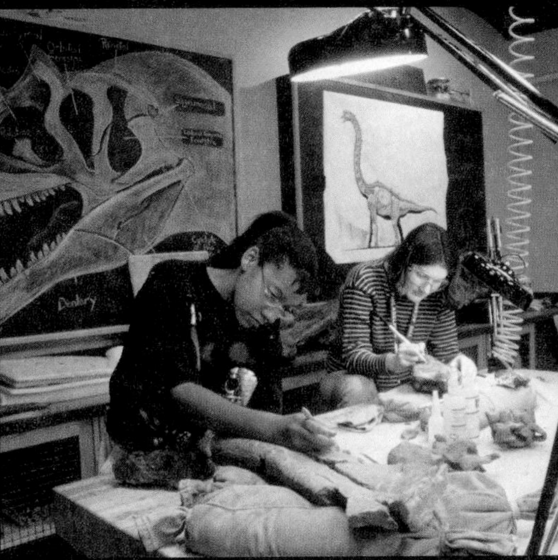

▶ *Los paleontólogos estudian los huesos fosilizados de dinosaurios.*

Ecología y evolución de enfermedades infecciosas El VIH, la gripe aviar y las bacterias resistentes a los fármacos parecen haber aparecido de la nada, pero la ciencia detrás de sus historias muestra que las relaciones entre los huéspedes y los patógenos son dinámicas y en constante cambio. Los organismos que causan la enfermedad humana tienen su propia ecología, la cual incluye a nuestros cuerpos, las medicinas que tomamos y nuestras interacciones entre nosotros y con el ambiente. Con el tiempo, los organismos que causan enfermedades se enfrascan en una "carrera armamentista evolutiva" con los humanos que crea desafíos constantes para la salud pública alrededor del mundo. Comprender estas interacciones es crucial para salvaguardar nuestro futuro.

▶ *Un entomólogo (centro) y otros investigadores inspeccionan trampas para mosquitos colocadas alrededor de una zona situada entre un vecindario y un área donde se reproducen mosquitos en la Florida.*

Genómica y biología molecular Estos campos se enfocan en estudios del ADN y otras moléculas dentro de las células. La "revolución molecular" de la década de 1980 creó el campo de la genómica, la cual ahora está observando las series completas de código de ADN contenidos en una amplia gama de organismos. Los análisis por computadora cada vez más potentes permiten a los investigadores comparar bases de datos enormes de información genética en una búsqueda fascinante de claves para los misterios del crecimiento, desarrollo, envejecimiento, cáncer y la historia de la vida en la Tierra.

▶ *Una bióloga molecular analiza una secuencia de ADN.*

Desarrollo de investigaciones biológicas

¿Cuál es la importancia del sistema métrico en la ciencia?

Durante tu estudio de la biología, tendrás la oportunidad de realizar investigaciones científicas. Los biólogos, como otros científicos, se basan en un sistema de medición común y practican procedimientos de seguridad cuando realizan estudios. Mientras estudias y experimentas, te familiarizarás con los procedimientos de medición científica y de seguridad.

Medición científica Dado que los investigadores necesitan replicar los experimentos de otros y muchos experimentos requieren reunir datos cuantitativos, los científicos necesitan un sistema común de medición. **La mayoría de los científicos usan el sistema métrico cuando reúnen datos y desarrollan experimentos.** El sistema métrico es un sistema decimal de medición cuyas unidades se basan en ciertos estándares físicos y tienen escalas en múltiplos de 10. Una versión revisada del sistema métrico original se llama Sistema Internacional de Unidades, o SI. La abreviatura *SI* viene del francés *Le Système International d'Unités.*

Dado que el sistema métrico se basa en múltiplos de 10, es fácil de usar. Notarás en la **ilustración 1–15** que la unidad básica de longitud, el metro, puede multiplicarse o dividirse para medir objetos y distancias mucho mayores o menores que un metro. El mismo proceso se puede usar para medir volumen y masa. Puedes aprender más sobre el sistema métrico en el Apéndice B.

DESARROLLAR el vocabulario

PREFIJOS El prefijo del SI *mili* significa "milésimo". Por tanto, 1 milímetro es una milésima de un metro, y 1 miligramo es una milésima de un gramo.

Unidades métricas comunes

Longitud	Masa
1 metro = 100 centímetros (cm) 1 metro = 1000 milímetros (mm) 1000 metros = 1 kilómetro (km)	1 kilogramo (kg) = 1000 gramos (g) 1 gramo = 1000 miligramos (mg) 1000 kilogramos = 1 tonelada métrica (t)
Volumen	**Temperatura**
1 litro (L) = 1000 mililitros (mL) 1 litro = 1000 centímetros cúbicos (cm^3)	0 °C = punto de congelación del agua 100 °C = punto de ebullición del agua

ILUSTRACIÓN 1–15 El sistema métrico Los científicos por lo general usan el sistema métrico en su trabajo. Este sistema es fácil de usar porque se basa en múltiplos de 10. Este pingüino en China ha sido amaestrado para subirse a la balanza a fin de poderlo pesar. **Predecir** ***¿Qué unidad de medición usarías para expresar la masa del pingüino?***

Seguridad Los científicos que trabajan en un laboratorio o en el campo reciben capacitación para usar procedimientos seguros al realizar investigaciones. En el laboratorio se puede trabajar con llamas o calentadores, electricidad, sustancias químicas, líquidos calientes, instrumentos filosos y objetos frágiles de vidrio. El trabajo de laboratorio y el trabajo de campo pueden implicar contacto con organismos vivos o muertos, no sólo plantas que pueden ser tóxicas y animales venenosos sino también mosquitos transmisores de enfermedades y agua contaminada con microorganismos peligrosos.

Cuando trabajas en el laboratorio de biología, también debes seguir prácticas seguras. La preparación es la clave para garantizar la seguridad durante las actividades científicas. Antes de realizar cualquier actividad en este curso, estudia las reglas de seguridad del Apéndice B. Antes de comenzar cada actividad, lee todos los pasos y asegúrate de comprender el procedimiento entero, incluyendo cualquier precaución de seguridad.

La regla de seguridad más importante es seguir siempre las instrucciones de tu maestro y las indicaciones de este libro. Siempre que tengas dudas sobre cualquier parte de la actividad, pide una explicación a tu maestro. Y es posible que entres en contacto con organismos que no puedes ver, es esencial que te laves las manos muy bien después de cada actividad científica. Recuerda que eres responsable de tu seguridad y la de tu maestro y compañeros de clase. Si estás trabajando con animales vivos, también eres responsable de su seguridad.

ILUSTRACIÓN 1–16 Seguridad científica Es importante usar ropa protectora apropiada mientras trabajas en un laboratorio.

1.3 Evaluación

Repaso de conceptos clave

1. a. Repasar Enumera las características que definen la vida.

b. Aplica los conceptos Supón que tienes hambre, así que tomas una ciruela que ves en un frutero. Explica cómo están implicados tanto estímulos externos como internos en tu acción.

2. a. Repasar ¿Cuáles son los temas en biología que surgen una y otra vez?

b. Predecir Supón que descubres un organismo nuevo. ¿Qué esperarías ver si lo estudiaras bajo un microscopio?

3. a. Repasar ¿En qué niveles los biólogos estudian la vida?

b. Clasificar Un investigador estudia por qué los sapos están desapareciendo de su ambiente natural. ¿En qué campo de la biología cae la investigación?

4. a. Repasar ¿Por qué los científicos usan un sistema común de medición?

b. Relacionar causa y efecto Supón que dos científicos intentan realizar un experimento usando sustancias químicas peligrosas. ¿Cómo podría afectar su seguridad no usar una medición común?

PROBLEMA DE PRÁCTICA

5. En un experimento, necesitas 250 gramos de tierra para cada una de 10 muestras de plantas. ¿Cuántos kilogramos de tierra necesitas en total? **MATEMÁTICAS**

BIOLOGY.com Search Lesson 1.3  • Data Analysis • Self-Test • Lesson Assessment

Laboratorio de destrezas científicas

INVESTIGACIÓN DIRIGIDA

Preparación para el laboratorio: usar el microscopio para estimar tamaño

Problema ¿Cómo puedes usar un microscopio para estimar el tamaño de un objeto?

Materiales microscopio compuesto, regla de plástico transparente de 15 cm, portaobjetos preparado de la raíz o tallo de una planta, portaobjetos preparado de bacterias

Manual de laboratorio Laboratorio del Capítulo 1

Enfoque en las destrezas Observar, medir, calcular, predecir

Conectar con la gran idea La ciencia proporciona una forma de conocer el mundo. El uso de tecnología para recopilar datos es una parte central de la ciencia moderna. En la biología, el microscopio compuesto es una herramienta vital. Puedes observar objetos que son demasiado diminutos para verlos a simple vista. Estos objetos incluyen células, las cuales son la base de toda la vida.

En este laboratorio explorarás otro uso importante del microscopio. Lo usarás para estimar el tamaño de las células.

Preguntas preliminares

a. Explicar ¿Cómo ayudó la invención del microscopio a los científicos a conocer el mundo natural?

b. Explicar ¿Cómo puede ayudar un microscopio a un científico a usar el método científico?

c. Inferir Indica un hecho importante sobre la vida que los científicos no conocerían sin microscopios. *Pista:* Repasa las características de los seres vivos.

Preguntas previas al laboratorio

Examina el procedimiento en el manual de laboratorio.

1. Repasar ¿Qué lentes proporcionan más amplificación: un lente de potencia baja o un lente de potencia alta? ¿Cuáles lentes proporcionan el campo de visión más grande?
2. Usar analogías Un fotógrafo puede tomar vistas amplias y acercamientos de la misma escena. ¿En qué se parecen estas vistas a los lentes de potencia baja y los de potencia alta de un microscopio? ¿Cuál es una ventaja de cada vista?
3. Calcular Ocho células caben a lo largo de un campo visual de 160 μm. ¿Cuál es el ancho de cada célula? MATEMÁTICAS
4. Predecir ¿Qué célula crees que es más grande, una célula vegetal o una célula bacteriana? Explica tu respuesta.

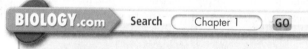

BIOLOGY.com Search Chapter 1 GO

Visita el Capítulo 1 en línea para hacer una autoevaluación del capítulo y para buscar actividades que apoyan tu aprendizaje.

Untamed Science Video Prepárate para algunas respuestas sorprendentes cuando el equipo de *Untamed Science* sale a las calles a hacer preguntas básicas sobre la ciencia y la biología.

Art in Motion Aprende sobre los pasos que siguen los científicos para resolver problemas. ¡Cambia las variables y observa qué sucede!

Art Review Repasa tu comprensión de los diversos pasos de los procesos experimentales.

InterActive Art Diseña tu propio experimento para probar los experimentos de generación espontánea de Redi y Pasteur.

Data Analysis Investiga las diferentes estrategias que usan los científicos para la medición.

1 Guía de estudio

La gran idea La ciencia como fuente de conocimientos

Al aplicar el método científico, los biólogos pueden responder preguntas que surgen en el estudio de la vida.

1.1 ¿Qué es la ciencia?

Un objetivo de la ciencia es proporcionar explicaciones naturales para sucesos en el mundo natural. La ciencia también pretende usar esas explicaciones para comprender patrones en la naturaleza y hacer predicciones útiles sobre sucesos naturales.

La metodología de la investigación científica consiste en observar y formular preguntas, hacer inferencias y proponer hipótesis, realizar experimentos controlados, reunir y analizar datos y sacar conclusiones.

ciencia (5)
observación (6)
inferencia (7)
hipótesis (7)
experimento controlado (7)
variable independiente (7)
variable dependiente (7)
grupo de control (7)
datos (8)

1.2 La ciencia en contexto

Las nuevas ideas de los científicos surgen de la curiosidad, el escepticismo, el hecho de tener la mente abierta y la creatividad.

Al publicar artículos evaluados por colegas en las revistas científicas, los investigadores pueden compartir ideas y poner a prueba y evaluar el trabajo de otros científicos.

En la ciencia, la palabra *teoría* se refiere a una explicación sometida a prueba que unifica una amplia gama de observaciones e hipótesis y que permite que los científicos hagan predicciones precisas de situaciones nuevas.

Usar la ciencia implica entender su contexto en la sociedad y también sus limitaciones.

teoría (13)
parcialidad (14)

1.3 Estudio de la vida

Los seres vivos están formados por unidades básicas llamadas células, se basan en un código genético universal, obtienen y usan sustancias y energía, crecen y se desarrollan, se reproducen, responden a su medio ambiente, mantienen un ambiente interno estable y cambian a lo largo del tiempo.

El estudio de la biología gira alrededor de varias grandes ideas que se entrelazan: la base celular de la vida; información y herencia; sustancia y energía; crecimiento, desarrollo y reproducción; homeostasis; evolución; estructura y función; unidad y diversidad de la vida; interdependencia en la naturaleza; y la ciencia como fuente de conocimiento.

La biología incluye muchos campos superpuestos que usan herramientas distintas para estudiar la vida desde el nivel de las moléculas hasta el planeta entero.

La mayoría de los científicos usan el sistema métrico cuando reúnen datos y desarrollan experimentos.

biología (17)
ADN (18)
estímulo (18)
reproducción sexual (19)
reproducción asexual (19)
homeostasis (19)
metabolismo (19)
biósfera (21)

Razonamiento visual Usa la información de este capítulo para completar el siguiente mapa de conceptos:

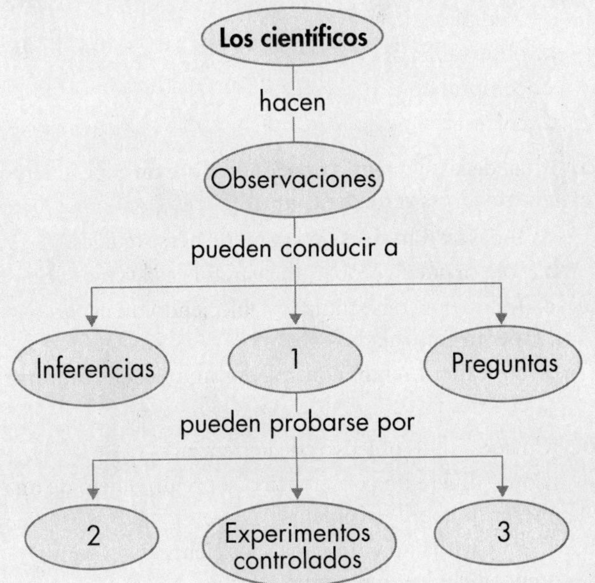

1 Evaluación

1.1 ¿Qué es la ciencia?

Comprender conceptos clave

1. ¿Cuál de las siguientes oraciones sobre la imagen que se muestra NO es una observación?
   a. El insecto tiene tres patas en el lado izquierdo.
   b. El insecto tiene un patrón en el lomo.
   c. El patrón del insecto indica que es venenoso.
   d. El insecto es verde, blanco y negro.

2. La oración "El gusano tiene 2 centímetros de largo" es un(a)
   a. observación.
   b. teoría.
   c. inferencia.
   d. hipótesis.
3. Una inferencia es
   a. lo mismo que una observación.
   b. una interpretación lógica de una observación.
   c. una afirmación que implica números.
   d. una forma de evitar la parcialidad.
4. Para ser útil en la ciencia, una hipótesis debe ser
   a. medible.
   b. observable.
   c. comprobable.
   d. correcta.
5. ¿Cuál de las siguientes oraciones sobre un experimento controlado es verdadera?
   a. Todas las variables deben mantenerse iguales.
   b. Sólo se puede probar una variable a la vez.
   c. Todo se puede estudiar estableciendo un experimento controlado.
   d. Los experimentos controlados no pueden realizarse en seres vivos.
6. ¿Cuáles son los objetivos de la ciencia?
7. ¿Cómo difiere una observación sobre un objeto de una inferencia sobre ese objeto?
8. ¿Cómo ayuda una hipótesis a los científicos a comprender el mundo natural?
9. ¿Por qué tiene sentido para los científicos probar sólo una variable a la vez en un experimento?
10. Distingue entre un grupo experimental y un grupo de control.
11. ¿Qué pasos están implicados en sacar una conclusión?
12. ¿Cómo puede ser más informativa una gráfica de datos que una tabla de los mismos datos?

Razonamiento crítico

13. **Diseña un experimento** Sugiere un experimento para mostrar si un alimento es mejor que otro para acelerar el crecimiento de un animal.
14. **Controlar variables** Explica por qué no puedes sacar una conclusión sobre el efecto de una variable en una investigación cuando las otras variables clave no están controladas.

1.2 La ciencia en contexto

Comprender conceptos clave

15. Una actitud escéptica en la ciencia
    a. impide que los científicos acepten ideas nuevas.
    b. alienta a los científicos a aceptar con facilidad ideas nuevas.
    c. significa que una idea nueva se aceptará sólo si está confirmada por evidencia.
    d. carece de importancia.
16. En la ciencia, el propósito de la evaluación por parte de colegas es asegurar que
    a. toda la investigación científica sea financiada.
    b. los resultados de los experimentos son correctos.
    c. se publiquen todos los resultados científicos.
    d. los resultados publicados satisfacen los estándares establecidos por la comunidad científica.
17. Una teoría científica es
    a. lo mismo que una hipótesis.
    b. una explicación comprobada que unifica una amplia gama de observaciones.
    c. lo mismo que la conclusión de un experimento.
    d. el primer paso en un experimento controlado.
18. ¿Por qué son útiles las teorías científicas?
19. ¿Por qué las teorías no se consideran verdades absolutas?

Razonamiento crítico

20. **Evaluar** ¿Por qué es engañoso describir la ciencia como una colección de hechos?
21. **Proponer una solución** ¿Cómo te ayudaría tener una actitud científica en tus actividades cotidianas, por ejemplo, al tratar de aprender una destreza nueva?
22. **Realizar una evaluación de colegas** Si fueras uno de los revisores anónimos de un artículo enviado para su publicación, ¿qué criterios usarías para determinar si el artículo debería publicarse o no?

1.3 Estudio de la vida

Comprender conceptos clave

23. El proceso en el cual dos células de diferentes progenitores se unen para producir la primera célula de un organismo nuevo se llama
    a. homeostasis.
    b. desarrollo.
    c. reproducción asexual.
    d. reproducción sexual.
24. El proceso por el cual los organismos mantienen sus condiciones internas relativamente estables se llama
    a. metabolismo.
    b. un genoma.
    c. evolución.
    d. homeostasis.
25. ¿En qué se parecen los organismos unicelulares y multicelulares? ¿En qué son diferentes?
26. Da un ejemplo de cambios que tienen lugar cuando se diferencian las células en un organismo multicelular.
27. Da tres ejemplos de estímulos a los que responde un ave.

Razonamiento crítico

28. **Medir** Usa una regla para hallar la longitud y ancho precisos de este libro en milímetros.
29. **Interpretar material visual** Cada uno de los siguientes símbolos de seguridad podrían aparecer en una actividad de laboratorio en este libro. Describe qué representa cada símbolo. (*Pista:* Consulta el Apéndice B.)

resuelve el MISTERIO del CAPÍTULO

ALTURA POR RECETA MÉDICA

Aunque los estudios científicos no han demostrado que el tratamiento con HCH incremente de manera significativa la estatura adulta, sugieren que HCH extra puede ayudar a algunos niños de baja estatura a crecer más altos más pronto. Los padres que se enteran de esta posibilidad pueden desear el tratamiento para sus hijos. El doctor de David prescribió HCH para evitar críticas por no presentarlo como una opción.

Esta situación es nueva. Hace muchos años, la HCH sólo podía obtenerse de cadáveres, y se recetaba sólo a personas con problemas médicos graves. Luego, la ingeniería genética hizo posible producir en masa HCH artificial segura para uso médico: medicina segura para personas enfermas.

Sin embargo, muchas personas que son más bajas que el promedio con frecuencia enfrentan prejuicios en nuestra sociedad. Esto llevó a las compañías farmacéuticas a comenzar a comercializar la HCH para padres de niños sanos de baja estatura. El mensaje: "¡Ayude a su hijo a crecer más alto!"

Como ilustra el caso de David, la ciencia tiene el potencial poderoso de cambiar vidas, pero el conocimiento científico nuevo y los avances pueden plantear más interrogantes que respuestas. Sólo porque la ciencia hace algo *posible*, ¿esto significa que es *correcto* hacerlo? Esta pregunta es difícil de responder. Cuando consideremos cómo debería aplicarse la ciencia, debemos considerar tanto sus limitaciones como su contexto en la sociedad.

1. **Relacionar causa y efecto** Busca en la Internet los datos más recientes sobre el tratamiento con HCH de niños sanos. ¿Qué efecto tiene el tratamiento temprano con HCH en la estatura adulta?
2. **Predecir** La HCH estaba entre los primeros productos de la revolución de la biotecnología. Muchos más están proyectados. Conforme se vuelven disponibles productos que podrían cambiar otros rasgos heredados, ¿qué desafíos aguardan a la sociedad?
3. **Conectar con la gran idea** ¿Por qué sería importante para los científicos comunicar claramente los resultados de los estudios de la HCH? ¿Cómo podrían beneficiarse los padres si comprendieran la ciencia que hay detrás de los resultados?

Relacionar conceptos

Usar gráficas científicas

Las siguientes gráficas muestran el tamaño de cuatro poblaciones diferentes durante un intervalo de tiempo. Usa las gráficas para responder a las preguntas 30 a 32.

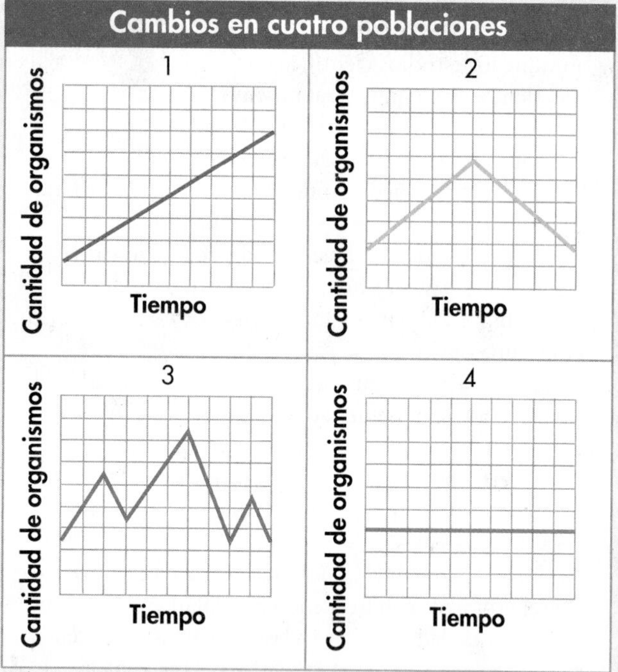

30. Analizar datos Escribe una oración que resuma lo que muestra cada gráfica.

31. Interpretar gráficas Antes de usar cualquiera de las gráficas para hacer comparaciones directas entre las poblaciones, ¿qué información adicional sería necesaria?

32. Comparar y contrastar Las gráficas de sucesos completamente diferentes pueden tener la misma apariencia. Selecciona una de las gráficas y explica cómo la forma de la gráfica podría aplicarse a una serie diferente de sucesos.

Escribir sobre las ciencias

33. Explicación Supón que tienes un gato de mascota y deseas determinar qué tipo de alimento para gatos prefiere. Escribe una explicación de cómo podrías usar el método científico para determinar la respuesta. (*Pista*: Antes de comenzar a escribir, enumera los pasos que podrías seguir y luego ordénalos comenzando con el primer paso.)

34. Evalúa la gran idea Muchas personas agregan fertilizante a sus plantas domésticas y de jardín. Haz una hipótesis sobre si los fertilizantes en realidad ayudan al crecimiento de las plantas. Luego, diseña un experimento para probar tu hipótesis. Incluye en tu plan qué variable probarás y qué variables controlarás.

Analizar datos

Un investigador estudió dos grupos de moscas de la fruta: la población se mantuvo en un recipiente de 0.5 L; la población B se mantuvo en un recipiente de 1 L.

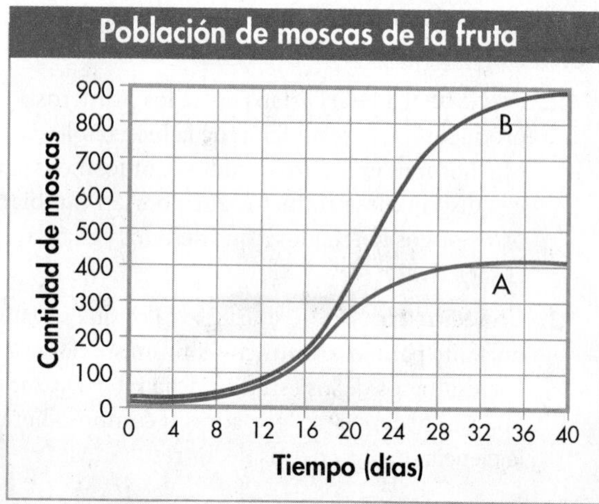

35. Interpretar gráficas La variable independiente en el experimento controlado fue

a. la cantidad de moscas.
b. la cantidad de grupos estudiados.
c. la cantidad de días.
d. el tamaño de los contenedores.

36. Inferir ¿Cuál de las siguientes es una inferencia lógica basada en el contenido de la gráfica?

a. Las moscas del grupo B estaban más sanas que las del grupo A.
b. Una población de moscas con más espacio disponible crecerá más que una población con menos espacio.
c. Si el grupo B se observó por 40 días más, el tamaño de la población sería el doble.
d. En 40 días más, el tamaño de ambas poblaciones disminuiría a la misma velocidad.

Preparación para exámenes estandarizados

Selección múltiple

1. Para asegurar que un trabajo científico está libre de parcialidad y cumple con los estándares establecidos por la comunidad científica, el trabajo de un grupo de investigación se somete a evaluación de colegas que son
   A expertos científicos anónimos.
   B el público general.
   C los amigos de los investigadores.
   D los legisladores.

2. ¿Cuáles de las siguientes características NO la comparte un caballo y la hierba que come?
   A usa energía
   B responde a un estímulo
   C se mueve de un lugar a otro
   D ambiente interno estable

3. ¿Cuál de las siguientes oraciones sobre una teoría científica NO es verdadera?
   A Tiene el mismo significado en la ciencia que en la vida diaria.
   B Permite a los científicos hacer predicciones precisas sobre situaciones nuevas.
   C Las teorías científicas relacionan muchas hipótesis.
   D Se basa en un cuerpo de evidencia grande.

4. Un observador de aves ve un ave inusual en un comedero. Toma notas cuidadosas sobre el color, forma y otras características físicas del ave y luego va a un libro de referencia para ver si puede identificar la especie. ¿Qué aspecto del razonamiento científico es más evidente en esta situación?
   A observación
   B inferencia
   C proponer hipótesis
   D experimentación controlada

5. A diferencia de la reproducción sexual, la reproducción asexual implica
   A dos células.
   B dos padres.
   C un padre.
   D Un ser no vivo.

6. Un metro es igual a
   A 1000 milímetros.
   B 1 milímetro.
   C 10 kilómetros.
   D 1 mililitro.

Preguntas 7 y 8

Una vez al mes, la propietaria de una mascota registró la masa de su cachorro en una tabla. Cuando el cachorro tenía 3 meses de edad, empezó a alimentarlo con un "alimento especial para mascotas" que vio anunciado en televisión.

Cambio en la masa de un cachorro con el tiempo

Edad (meses)	Masa al inicio del mes (kg)	Cambio de masa por mes (kg)
2	5	—
3	8	+3
4	13	+5

7. Según la tabla, ¿cuál oración es verdadera?
   A La masa del cachorro aumentó al mismo ritmo en cada mes mostrado.
   B La masa del cachorro era menor que 5 kg al inicio de la nueva dieta.
   C El cachorro aumentó 5 kg entre los 3 y los 4 meses de edad.
   D El cachorro había aumentado 13 kg como resultado de la nueva dieta.

8. Todas las afirmaciones siguientes sobre el estudio de la propietaria de la mascota son verdaderas EXCEPTO
   A La propietaria usó el sistema métrico.
   B La propietaria registró datos.
   C La propietaria podría graficar los datos.
   D La propietaria realizó un experimento controlado.

Respuesta de desarrollo

9. Explica cómo funciona un experimento controlado.

Si tienes dificultades con...

la pregunta	1	2	3	4	5	6	7	8	9
Ver la lección	1.2	1.3	1.2	1.1	1.3	1.3	1.1	1.1	1.1

2 La química de la vida

Materia y energía

P: ¿Cuáles son los principios químicos básicos que afectan a los seres vivos?

BIOLOGY.com Search Chapter 2 GO • Flash Cards

EN ESTE CAPÍTULO:

- 2.1 Naturaleza de la materia
- 2.2 Propiedades del agua
- 2.3 Compuestos de carbono
- 2.4 Reacciones químicas y enzimas

El agua está atrapada en el hielo en las islas Svalbara de Noruega, hogar del oso polar. Incluso en un ambiente tan extremo, los organismos son capaces de obtener la materia y energía que necesitan para sobrevivir.

• Untamed Science Video • Chapter Mystery

MISTERIO DEL CAPÍTULO

EL PEZ ESPECTRO

La mayoría de los peces, al igual que tú y otros vertebrados, tienen sangre roja. Los glóbulos rojos transportan oxígeno, un gas esencial para la vida. El color rojo de los glóbulos proviene de una proteína que enlaza al oxígeno llamada hemoglobina.

Pero un número muy pequeño de peces no tienen estas células. Su sangre es clara, casi transparente. Como viven en las frías aguas antárticas y tienen una apariencia fantasmagórica, son apodados "peces de hielo". ¿Cómo se las arreglan estos animales para sobrevivir sin glóbulos rojos?

A medida que leas este capítulo, busca pistas que te ayuden a explicar la característica inusual del pez de hielo. Piensa en la química que podría estar implicada. Luego, resuelve el misterio.

Continúa explorando el mundo.
Hallar la solución al misterio de los peces sólo es el principio. Emprende un viaje de campo en video con los genios ecologistas de *Untamed Science* para ver adónde conduce este misterio.

2.1 Naturaleza de la materia

Preguntas clave

¿Qué tres partículas subatómicas forman átomos?

¿En qué se parecen todos los isótopos de un elemento?

¿En qué se diferencian los compuestos de los elementos que los componen?

¿Cuáles son los tipos principales de enlaces químicos?

Vocabulario

átomo • núcleo • electrón • elemento • isótopo • compuesto • enlace iónico • ión • enlace covalente • molécula • fuerzas de van der Waals

Tomar notas

Esquema Antes de leer, haz un esquema de los encabezados principales de la lección. A medida que leas, llénalo con las ideas principales y detalles de apoyo bajo cada encabezado.

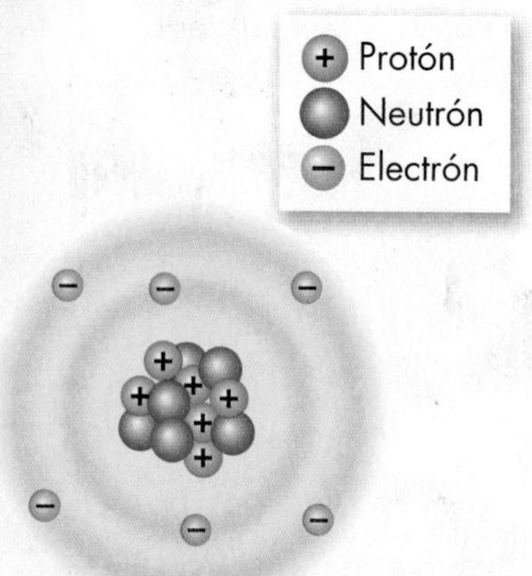

ILUSTRACIÓN 2–1 Un átomo de carbono

PIÉNSALO ¿De qué estás hecho? Así como los edificios están hechos de ladrillos, acero, vidrio y madera, los seres vivos están hechos de compuestos químicos. Pero hay más. Cuando respiras, comes o bebes, tu cuerpo usa las sustancias del aire, el alimento y el agua para llevar a cabo reacciones químicas que te mantienen vivo. Si la primera tarea de un arquitecto es comprender los materiales de construcción, entonces, ¿cuál debería ser la primera labor de un biólogo? Evidentemente, debería ser comprender la química de la vida.

Átomos

¿Qué tres partículas subatómicas forman átomos?

El estudio de la química comienza con la unidad básica de la materia, el **átomo.** El concepto del átomo surgió por primera vez del filósofo griego Demócrito hace casi 2500 años. Demócrito hizo una pregunta simple: Si tomas un objeto como una tiza y la rompes por la mitad, ¿ambas mitades todavía son tiza? La respuesta, por supuesto, es sí. Pero, ¿qué sucede si la rompes por la mitad una y otra y otra vez? ¿Puedes continuar dividiendo sin límite, o llega un punto en el que no puedes dividir el fragmento de tiza sin cambiarlo en alguna otra cosa? Demócrito pensó que debía haber un límite. Llamó al fragmento más pequeño átomo, de la palabra griega *atomos,* que significa "incapaz de cortarse".

Los átomos son increíblemente pequeños. Colocados uno al lado del otro, 100 millones de átomos formarían una hilera de sólo 1 centímetro de largo, ¡más o menos el ancho de tu dedo meñique! A pesar de su tamaño extremadamente pequeño, un átomo contiene partículas subatómicas que son aún más pequeñas. La **ilustración 2–1** muestra las partículas subatómicas de un átomo de carbono. **Las partículas subatómicas que forman átomos son protones, neutrones y electrones.**

Protones y neutrones Los protones y neutrones tienen más o menos la misma masa. Sin embargo, los protones son partículas de carga positiva (+) y los neutrones no tienen ninguna carga. Los protones y neutrones están unidos por fuerzas intensas, y forman así el **núcleo,** en el centro del átomo.

Electrones El **electrón** es una partícula de carga negativa (–) con sólo 1/1840 de la masa de un protón. Los electrones están en movimiento constante en el espacio que rodea al núcleo. Son atraídos al núcleo con carga positiva pero permanecen fuera del núcleo debido a la energía de su movimiento. Como los átomos tienen cantidades iguales de electrones y protones, sus cargas positiva y negativa se equilibran, y los átomos son eléctricamente neutros.

Elementos e isótopos

¿En qué se parecen todos los isótopos de un elemento?

Un **elemento** químico es una sustancia pura que consiste por completo de un tipo de átomo. Se conocen más de 100 elementos, pero sólo alrededor de dos docenas se encuentran por lo común en los organismos vivos. Los elementos se representan con símbolos de una o dos letras. Por ejemplo, C representa al carbono, H es hidrógeno, Na es sodio y Hg es mercurio. La cantidad de protones en el núcleo de un elemento se conoce como su número atómico. El número atómico del carbono es 6, es decir, cada átomo de carbono tiene seis protones y, en consecuencia, seis electrones. Mira La tabla periódica en el Apéndice E, la cual muestra los elementos.

Isótopos Los átomos de un elemento pueden tener diferentes números de neutrones. Por ejemplo, aunque todos los átomos de carbono tienen seis protones, algunos tienen seis neutrones, algunos siete, y unos cuantos tienen ocho. Los átomos del mismo elemento que difieren en el número de neutrones que contienen se conocen como **isótopos.** El número total de protones y neutrones en el núcleo de un átomo se denomina número de masa. Los isótopos se identifican por sus números de masa. La **ilustración 2–3** muestra la composición subatómica de los átomos de carbono 12, carbono 13 y carbono 14. El promedio ponderado de las masas de los isótopos de un elemento se denomina masa atómica. "Ponderado" significa que se considera la abundancia de cada isótopo en la naturaleza cuando se calcula el promedio. **Dado que tienen el mismo número de electrones, todos los isótopos de un elemento tienen las mismas propiedades químicas.**

ILUSTRACIÓN 2–2 Gotas de mercurio El mercurio, un elemento metálico blanco plateado, es líquido a temperatura ambiente y forma gotas. Es muy venenoso.

Isótopos de carbono

Isótopo	Número de protones	Número de electrones	Número de neutrones
Carbono 12 (no radiactivo)	6	6	6
Carbono 13 (no radiactivo)	6	6	7
Carbono 14 (radiactivo)	6	6	8

ILUSTRACIÓN 2–3 Isótopos de carbono Todos los isótopos de carbono tienen 6 protones pero diferentes números de neutrones: 6, 7 u 8. Se identifican por el número total de protones y neutrones en el núcleo: carbono 12, carbono 13 y carbono 14. **Clasificar** ***¿Cuál isótopo de carbono es radiactivo?***

Isótopos radiactivos Algunos isótopos son radiactivos, lo que significa que sus núcleos son inestables y se descomponen a una velocidad constante con el tiempo. La radiación que despiden estos isótopos puede ser peligrosa, pero los isótopos radiactivos tienen una diversidad de usos científicos y prácticos importantes.

Los geólogos pueden determinar las edades de rocas y fósiles analizando los isótopos encontrados en ellos. La radiación de ciertos isótopos puede usarse para detectar y tratar el cáncer y matar las bacterias que causan la descomposición de los alimentos. Los isótopos radiactivos también pueden usarse como etiquetas o "trazadores" para seguir los movimientos de sustancias dentro de organismos.

En tu cuaderno *Dibuja un diagrama de un átomo de helio, el cual tiene un número atómico de 2.*

Compuestos químicos

¿En qué formas difieren los compuestos de sus elementos componentes?

En la naturaleza, la mayoría de los elementos se encuentran combinados con otros elementos en compuestos. Un **compuesto** químico es una sustancia formada por la combinación química de dos o más elementos en proporciones definidas. Los científicos muestran la composición de los compuestos con una especie de abreviatura conocida como fórmula química. El agua, que contiene dos átomos de hidrógeno por cada átomo de oxígeno, tiene la fórmula química H_2O. La fórmula para la sal de mesa, NaCl, indica que los elementos que forman la sal de mesa, sodio y cloro, se combinan en una razón de 1 : 1.

Las propiedades físicas y químicas de un compuesto por lo general son muy diferentes de las de los elementos de los que se forma. Por ejemplo, el hidrógeno y el oxígeno, que son gases a temperatura ambiente, pueden combinarse en forma explosiva y formar agua líquida. El sodio es un metal de color plata que es lo bastante suave para cortarlo con un cuchillo. Reacciona explosivamente con el agua. El cloro también es muy reactivo. Es un gas amarillo verdoso y venenoso que se usó en las batallas durante la Primera Guerra Mundial. El cloruro de sodio, la sal de mesa, es un sólido blanco que se disuelve con facilidad en agua. Como sabes, el cloruro de sodio no es venenoso. De hecho, es esencial para la supervivencia de la mayoría de los seres vivos.

DESARROLLAR el vocabulario

PALABRAS RELACIONADAS
El verbo *reaccionar* significa actuar en respuesta a algo. El adjetivo *reactivo* describe la tendencia a responder o reaccionar.

Enlaces químicos

¿Cuáles son los tipos principales de enlaces químicos?

Los átomos en los compuestos se mantienen unidos por varios tipos de enlaces químicos. Gran parte de la química se dedica a comprender cómo y cuándo se forman los enlaces químicos. La formación de enlaces implica a los electrones que rodean cada núcleo atómico. Los electrones que están disponibles para formar enlaces se llaman electrones de valencia. **Los tipos principales de enlaces químicos son los enlaces iónicos y los enlaces covalentes.**

Actividad rápida de laboratorio

INVESTIGACIÓN DIRIGIDA

Representar un compuesto iónico

1. Se te asignará para que representes un átomo de sodio o un átomo de cloruro.
2. Obtén el número apropiado de granos de maíz para representar tus electrones.
3. Busca un compañero con quien puedas formar el compuesto iónico cloruro de sodio: sal de mesa.
4. En la sal de mesa, los iones de sodio y el cloruro, muy compactados, forman una estructura ordenada llamada cristal. Con tus compañeros de clase, trabaja en grupo para hacer un modelo de un cristal de cloruro de sodio.

Analizar y concluir

1. **Relacionar causa y efecto** Describe el intercambio de granos de maíz (electrones) que tuvo lugar mientras formabas el enlace iónico. ¿Qué cargas eléctricas resultaron del intercambio?
2. **Usar modelos** ¿Cómo están ordenados los "iones" en el modelo del cristal? ¿Por qué tus compañeros y tú eligieron esta disposición?

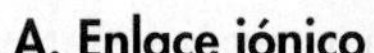

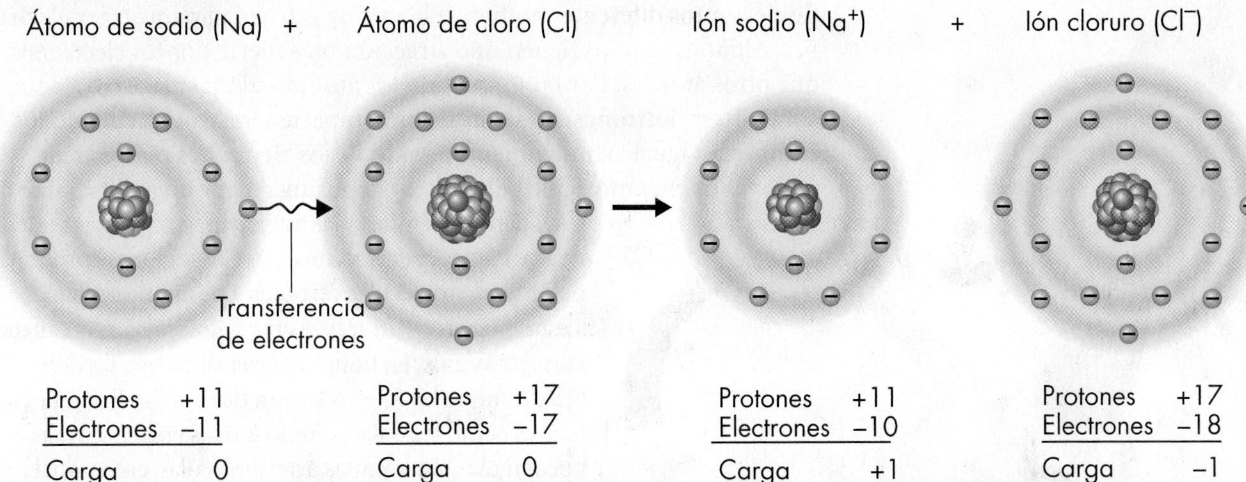

B. Enlace covalente

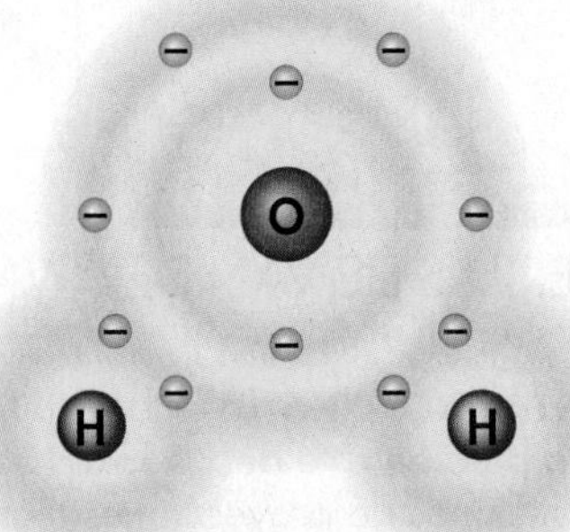

Molécula de agua (H_2O)

ILUSTRACIÓN 2–4 Enlaces iónicos y enlaces covalentes A. El compuesto cloruro de sodio se forma cuando el sodio cede su electrón de valencia al cloro. **B.** En una molécula de agua, cada átomo de hidrógeno comparte dos electrones con el átomo de oxígeno.

Enlaces iónicos Un **enlace iónico** se forma cuando uno o más electrones se transfieren de un átomo a otro. Recuerda que los átomos son eléctricamente neutros porque tienen cantidades iguales de protones y electrones. Un átomo que pierde electrones adquiere carga positiva. Un átomo que gana electrones tiene una carga negativa. Estos átomos con cargas positivas y negativas se conocen como **iones.**

La **ilustración 2–4A** muestra cómo se forman enlaces iónicos entre el sodio y el cloro en la sal de mesa. Un átomo de sodio pierde con facilidad su electrón de valencia y se vuelve un ión de sodio (Na^+). Un átomo de cloro gana con facilidad un electrón y se vuelve un ión cloruro (Cl^-). En un cristal de sal, hay billones de iones de sodio y cloruro. Estos iones con cargas opuestas tienen una atracción fuerte, formando un enlace iónico.

Enlaces covalentes A veces los electrones son compartidos por los átomos en lugar de transferirse. ¿Qué significa compartir electrones? Quiere decir que los electrones móviles en realidad viajan alrededor de los núcleos de ambos átomos, formando un **enlace covalente.** Cuando los átomos comparten dos electrones, el enlace se llama enlace covalente sencillo. A veces los átomos comparten cuatro electrones y forman un enlace doble. En unos pocos casos, los átomos pueden compartir seis electrones, formando un enlace triple. La estructura que resulta cuando se unen los átomos por enlaces covalentes se llama molécula. La **molécula** es la unidad más pequeña de la mayoría de los compuestos. El diagrama de una molécula de agua en la **ilustración 2–4B** muestra que cada átomo de hidrógeno se une a un solitario átomo de oxígeno del agua mediante un enlace covalente sencillo. Cuando se unen átomos del mismo elemento, también forman una molécula. Las moléculas de oxígeno en el aire que respiras consisten de dos átomos de oxígeno unidos por enlaces covalentes.

En tu cuaderno *Describe con tus propias palabras las diferencias entre enlaces iónicos y enlaces covalentes.*

PISTA DEL MISTERIO

Los peces no descomponen las moléculas de agua en sus átomos componentes para obtener oxígeno. Más bien, usan el gas oxígeno disuelto en el agua. ¿Cómo se unen los átomos en una molécula de oxígeno (O_2)?

Fuerzas de van der Waals Debido a sus estructuras, los átomos de elementos diferentes no tienen la misma capacidad para atraer electrones. Algunos átomos tienen una atracción más fuerte por los electrones que otros átomos. Por tanto, cuando los átomos en un enlace covalente comparten electrones, no siempre los comparten igual. Aun cuando los compartan igual, el movimiento rápido de los electrones puede crear regiones en una molécula con una carga positiva o negativa diminuta.

Cuando las moléculas están muy juntas, puede desarrollarse una leve atracción entre las regiones con cargas opuestas de moléculas cercanas. Los químicos llaman a estas fuerzas de atracción entre moléculas **fuerzas de van der Waals,** en honor del científico que las descubrió. Aunque las fuerzas de van der Waals no son tan fuertes como los enlaces iónicos o los enlaces covalentes, pueden mantener juntas a las moléculas, en especial cuando las moléculas son grandes.

MÁS DE CERCA

FUERZAS DE VAN DER WAALS EN ACCIÓN

ILUSTRACIÓN 2–5 La parte inferior de cada pata en este gecko Tokay está cubierta por millones de proyecciones filamentosas diminutas. Las proyecciones están hechas de fibras aún más finas, creando más área superficial para "adherirse" a superficies a nivel molecular. Con esto los geckos trepan y corren por paredes y techos.

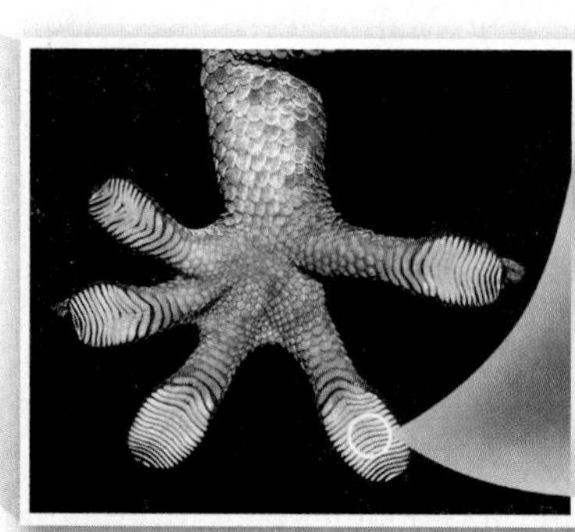

2.1 Evaluación

Repaso de conceptos clave

1. a. **Repasar** Describe la estructura de un átomo.

b. **Inferir** Un átomo de calcio contiene 20 protones. ¿Cuántos electrones tiene?

2. a. **Repasar** ¿Por qué todos los isótopos de un elemento tienen las mismas propiedades químicas?

b. **Comparar y contrastar** Compara la estructura del carbono 12 y el carbono 14.

3. a. **Repasar** ¿Qué es un compuesto?

b. **Aplica los conceptos** Tanto el agua (H_2O) como el peróxido de hidrógeno (H_2O_2) consisten en átomos de hidrógeno y oxígeno. Explica por qué tienen propiedades químicas y físicas diferentes.

4. a. **Repasar** ¿Cuáles son los dos tipos de enlaces que mantienen unidos a los átomos dentro de un compuesto?

b. **Clasificar** Un átomo de potasio pierde con facilidad su electrón de valencia. ¿Qué tipo de enlace formará con un átomo de cloro?

Aplica la gran idea

Materia y energía

5. ¿Por qué crees que es importante que los biólogos comprendan bien la química?

BIOLOGY.com Search Lesson 2.1 GO • Self-Test • Lesson Assessment

Tecnología y BIOLOGÍA

Adhesivo inspirado por la naturaleza

A las personas que tienen geckos como mascotas les fascina la forma en que estos pequeños lagartos pueden trepar por superficies verticales, incluso paredes de vidrio lisas, y luego colgarse de un solo dedo a pesar de la fuerza de gravedad. ¿Cómo lo hacen? No, no tienen alguna especie de pegamento en sus patas y no tienen ventosas. De manera increíble, usan fuerzas de van der Waals.

La pata de un gecko está cubierta por hasta medio millón de proyecciones filamentosas diminutas. Cada proyección se divide además en cientos de fibras diminutas de superficie plana. Este diseño permite a la pata del gecko entrar en contacto con un área extremadamente grande de la pared a nivel molecular. Se forman fuerzas de van der Waals entre las moléculas de la superficie de la pata del gecko y las moléculas de la superficie de la pared. Esto permite que el gecko en realidad equilibre la fuerza de gravedad.

Si funciona para el gecko, ¿por qué no para nosotros? Eso fue lo que pensaron los investigadores en el Instituto de Tecnología de Massachusetts, quienes ahora han usado el mismo principio para producir una venda. Esta nueva venda se adhiere al tejido sólo por fuerzas de van der Waals. Materiales especiales hacen que la venda funcione incluso en superficies húmedas, así que puede usarse para restañar tejidos internos después de una cirugía. Al aprender trucos del gecko, los científicos pueden haber encontrado una forma de curar heridas, e incluso salvar vidas.

ESCRITURA **Supón que eres un doctor que revisa esta nueva venda para ver sus aplicaciones posibles. ¿En qué formas podrías usar una venda así? Presenta tus ideas en una lista.**

La superficie de la venda nueva imita la superficie de la pata del gecko a nivel microscópico.

2.2 Propiedades del agua

Preguntas clave

¿Cómo contribuye la estructura del agua a sus propiedades únicas?

¿Cómo influye la polaridad del agua a sus propiedades como solvente?

¿Por qué es importante para las células amortiguar las soluciones contra cambios rápidos en el pH?

Vocabulario

enlace de hidrógeno • cohesión • adhesión • mezcla • solución • soluto • solvente • suspensión • escala del pH • ácido • base • solución amortiguadora

Tomar notas

Diagrama de Venn A medida que leas, dibuja un diagrama de Venn que muestre las diferencias entre soluciones y suspensiones y las propiedades que comparten.

PIÉNSALO Observando nuestro hermoso planeta, un astronauta en el espacio dijo que si otros seres han visto la Tierra, seguro deben llamarla "el planeta azul". Él se refería, por supuesto, a los océanos de agua que cubren casi tres cuartas partes de la superficie de la Tierra. La presencia misma de agua líquida le dice a un científico que también puede haber vida en ese planeta. ¿Por qué? ¿Por qué la vida misma debería estar tan relacionada con algo tan ordinario que con frecuencia damos por sentado? Las respuestas a estas interrogantes sugieren que hay algo muy especial sobre el agua y su función para los seres vivos.

La molécula de agua

¿Cómo contribuye la estructura del agua a sus propiedades únicas?

El agua es uno de los pocos compuestos que se encuentran en un estado líquido sobre la mayor parte de la superficie terrestre. Como otras moléculas, el agua (H_2O) es neutra. Las cargas positivas en sus 10 protones equilibran las cargas negativas en sus 10 electrones. Sin embargo, la historia no se acaba ahí.

Polaridad Con 8 protones en su núcleo, un átomo de oxígeno tiene una atracción mucho más fuerte por los electrones que un átomo de hidrógeno con su protón único. Por tanto, en cualquier momento, hay una probabilidad mayor de encontrar los electrones compartidos en el agua cerca de su átomo de oxígeno que cerca de sus átomos de hidrógeno. Debido a los ángulos de sus enlaces químicos, el átomo de oxígeno está en un extremo de la molécula y los átomos de hidrógeno están en el otro, como se muestra en la **ilustración 2–6.** Como resultado, el extremo de oxígeno de la molécula tiene una ligera carga negativa y el extremo de hidrógeno de la molécula tiene una ligera carga positiva.

Se dice que una molécula en la cual las cargas están distribuidas en forma desigual es "polar", debido a que la molécula es un poco como un imán con dos polos. Las cargas en una molécula polar se escriben entre paréntesis, (–) ó (+), para mostrar que son más débiles que las cargas en iones como Na^+ y Cl^-.

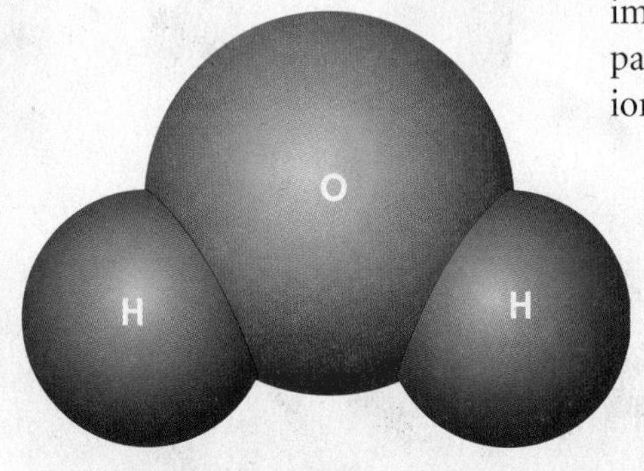

ILUSTRACIÓN 2–6 Una molécula de agua Una molécula de agua es polar debido a que hay una distribución desigual de electrones entre los átomos de oxígeno e hidrógeno. El polo negativo está cerca del átomo de oxígeno y el polo positivo está entre los átomos de hidrógeno.

Enlace de hidrógeno Debido a sus cargas positiva y negativa parciales, las moléculas polares como el agua pueden atraerse entre sí. La atracción entre un átomo de hidrógeno en una molécula de agua y el átomo de oxígeno en otra se conoce como **enlace de hidrógeno.** Los enlaces de hidrógeno no son tan fuertes como los enlaces covalentes o iónicos, y pueden formarse también en otros compuestos. **Debido a que el agua es una molécula polar, es capaz de formar múltiples enlaces de hidrógeno, lo cual explica muchas de las propiedades especiales del agua.**

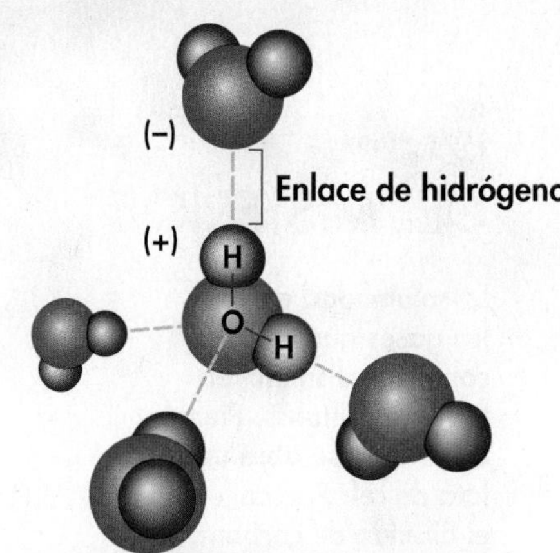

▶ ***Cohesión*** La **cohesión** es una atracción entre moléculas de la misma sustancia. Debido a que una sola molécula de agua puede estar implicada en hasta cuatro enlaces de hidrógeno al mismo tiempo, el agua es extremadamente cohesiva. La cohesión causa que las moléculas de agua se acerquen, razón por la cual las gotas de agua forman goterones en una superficie lisa. La cohesión también produce tensión superficial, explicando por qué algunos insectos y arañas pueden caminar sobre la superficie de un estanque, como se muestra en la **ilustración 2–7.**

ILUSTRACIÓN 2–7 Enlaces de hidrógeno y cohesión Cada molécula de agua puede formar múltiples enlaces de hidrógeno con otras moléculas de agua. La atracción fuerte entre las moléculas de agua produce una fuerza que en ocasiones se llama "tensión superficial" y puede sostener objetos muy livianos, como esta araña balsa. **Aplica los conceptos** ***¿Por qué las moléculas de agua se atraen entre sí?***

▶ ***Adhesión*** Por otra parte, la **adhesión** es una atracción entre moléculas de sustancias diferentes. ¿Alguna vez te han pedido que leas el volumen en un cilindro graduado al nivel del ojo? Como se muestra en la **ilustración 2–8,** la superficie del agua en el cilindro graduado baja ligeramente en el centro debido a que la adhesión entre las moléculas de agua y las moléculas del vidrio es más fuerte que la cohesión entre las moléculas de agua. La adhesión entre el agua y el vidrio también causa que el agua se eleve en un tubo estrecho contra la fuerza de gravedad. Este efecto se llama acción capilar. La acción capilar es una de las fuerzas que extrae el agua de las raíces de una planta y la eleva hasta sus tallos y hojas. La cohesión mantiene la columna de agua unida mientras se eleva.

▶ ***Capacidad térmica*** Otro resultado de los múltiples enlaces de hidrógeno entre las moléculas de agua es que requiere una cantidad grande de energía térmica para que estas moléculas se muevan más rápido, lo cual eleva la temperatura del agua. Por tanto, la capacidad térmica del agua, la cantidad de energía térmica requerida para incrementar su temperatura, es relativamente alta. Esto permite que cuerpos de agua grandes, como los océanos y lagos, absorban cantidades grandes de calor con sólo cambios pequeños en la temperatura. Por tanto, los organismos que viven dentro están protegidos de cambios drásticos en la temperatura. A nivel celular, el agua absorbe el calor producido por los procesos celulares, regulando la temperatura de la célula.

En tu cuaderno *Dibuja un diagrama de un menisco. Rotula dónde ocurren la cohesión y la adhesión.*

ILUSTRACIÓN 2–8 Adhesión La adhesión entre las moléculas de agua y vidrio es responsable de causar que se eleve el agua en estas columnas. La superficie del agua en la columna de vidrio se hunde ligeramente en el centro, formando una curva llamada menisco.

PISTA DEL MISTERIO

La solubilidad de los gases aumenta conforme disminuyen las temperaturas. Piensa en cuando se abre una lata de refresco caliente: el dióxido de carbono disuelto en él burbujea más rápido debido a que el gas es menos soluble a temperaturas calientes. ¿Cómo podría afectar la temperatura de las aguas antárticas a la cantidad de oxígeno disuelto disponible para el pez de hielo?

Soluciones y suspensiones

¿Cómo influye la polaridad del agua en sus propiedades como solvente?

El agua no siempre es pura, con frecuencia se encuentra como parte de una mezcla. Una **mezcla** es un material compuesto de dos o más elementos o compuestos que están mezclados físicamente pero no combinados químicamente. La sal y la pimienta revueltas constituyen una mezcla. Lo mismo sucede con el azúcar y la arena. La atmósfera de la Tierra es una mezcla de nitrógeno, oxígeno, dióxido de carbono y otros gases. Los seres vivos están compuestos en parte por mezclas que incluyen agua. Los dos tipos de mezclas que pueden hacerse con agua son las soluciones y las suspensiones.

Soluciones Si se coloca un cristal de sal de mesa en un vaso de agua caliente, los iones de sodio y cloruro en la superficie del cristal son atraídos hacia las moléculas de agua polar. Los iones se separan del cristal y son rodeados por moléculas de agua, como se ilustra en la **ilustración 2–9.** Los iones se dispersan en forma gradual en el agua, formando un tipo de mezcla llamada solución. Todos los componentes de una **solución** están distribuidos de manera uniforme por toda la solución. En una solución de agua salada, la sal de mesa es el **soluto,** la sustancia que está disuelta. El agua es el **solvente,** la sustancia en la que se disuelve el soluto. **La polaridad del agua le da la capacidad para disolver tanto compuestos iónicos como otras moléculas polares.**

El agua disuelve con facilidad sales, azúcares, minerales, gases e incluso otros solventes como el alcohol. Sin exageración, el agua es el mayor solvente en la Tierra. Pero incluso el agua tiene límites. Cuando una cantidad dada de agua ha disuelto todo el soluto que puede, se dice que la solución está saturada.

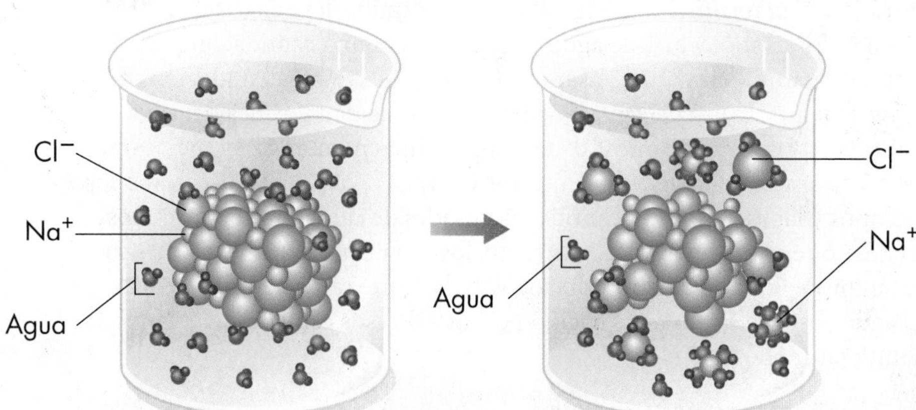

ILUSTRACIÓN 2–9 Una solución salina Cuando un compuesto iónico como el cloruro de sodio se coloca en agua, las moléculas de agua lo rodean y separan los iones positivos y negativos. **Interpretar material visual** ***¿Qué les sucede a los iones de sodio y a los iones de cloruro en la solución?***

Suspensiones Algunos materiales no se disuelven cuando se colocan en agua, sino que se separan en piezas tan pequeñas que no se sedimentan. El movimiento de las moléculas de agua mantienen suspendidas a las partículas pequeñas. Estas mezclas de agua y material no disuelto se conocen como **suspensiones.** Algunos de los fluidos biológicos más importantes son soluciones y suspensiones. La sangre que circula por tu cuerpo es en su mayor parte agua. El agua en la sangre contiene muchos compuestos disueltos. Sin embargo, la sangre también contiene células y otras partículas no disueltas que permanecen en suspensión mientras la sangre circula por el cuerpo.

Ácidos, bases y pH

¿Por qué es importante para las células amortiguar las soluciones contra cambios rápidos en el pH?

Las moléculas de agua en ocasiones se separan para formar iones. Esta reacción puede resumirse con una ecuación química en la cual se usan flechas dobles para mostrar que la reacción puede ocurrir en cualquier dirección.

$$H_2O \rightleftharpoons H^+ + OH^-$$

agua ⇌ ión hidrógeno + ión hidróxido

¿Con cuánta frecuencia sucede esto? En agua pura, alrededor de 1 molécula de agua en 550 millones se separa para formar iones de esta manera. Debido a que el número de iones hidrógeno positivos producidos es igual al número de iones hidróxido producidos, el agua pura es neutra.

La escala del pH Los químicos idearon un sistema de medición llamado **escala del pH** para indicar las concentraciones de iones H^+ en solución. Como muestra la **ilustración 2–10,** la escala del pH va de 0 a 14. En un pH de 7, la concentración de iones H^+ e iones OH^- es igual. El agua pura tiene un pH de 7. Las soluciones con un pH menor que 7 se llaman ácidos debido a que tienen más iones H^+ que iones OH^-. Entre menor es el pH, es mayor la acidez. Las soluciones con un pH mayor que 7 se llaman básicas porque tienen más iones OH^- que iones H^+. Entre mayor es el pH, es más básica la solución. Cada paso en la escala del pH representa un factor de 10. Por ejemplo, un litro de una solución con un pH de 4 tiene 10 veces más iones H^+ que un litro de una solución con un pH de 5.

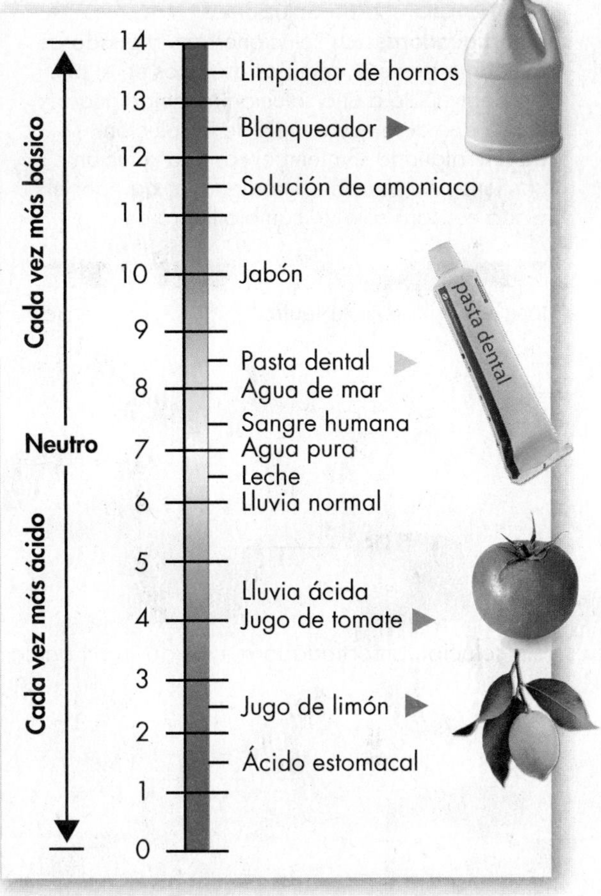

ILUSTRACIÓN 2–10 La escala del pH La concentración de iones H^+ determina si las soluciones son ácidas o básicas. El material más ácido en esta escala del pH es el ácido estomacal. El material más básico en esta escala es el limpiador de hornos.

En tu cuaderno *Ordena estos artículos de menor a mayor acidez: jabón, jugo de limón, leche, lluvia ácida.*

Actividad rápida de laboratorio

INVESTIGACIÓN DIRIGIDA

Alimentos básicos y ácidos

❶ Predice si las muestras de alimentos proporcionadas son ácidas o básicas.

❷ Arranca un pedazo de 2 pulgadas de papel pH para cada muestra que probarás. Coloca estas piezas en una toalla de papel.

❸ Construye una tabla de datos en la que registrarás el nombre y pH de cada muestra de alimento.

❹ Usa un escalpelo para cortar un pedazo de cada sólido. **PRECAUCIÓN:** *Ten cuidado de no cortarte. No ingieras el alimento.* Toca la superficie cortada de cada muestra con un cuadrado de papel pH. Usa una pipeta cuentagotas para colocar una gota de cualquier muestra líquida en un cuadrado de papel pH. Registra el pH de cada muestra en tu tabla de datos.

Analizar y concluir

1. Analizar datos ¿La mayoría de las muestras fueron ácidas o básicas?

2. Evaluar ¿Fue correcta tu predicción?

ILUSTRACIÓN 2–11 Soluciones amortiguadoras Las soluciones amortiguadoras ayudan a prevenir cambios drásticos en el pH. Agregar ácido a una solución no amortiguada causa que disminuya el pH de la solución no amortiguada. Sin embargo, si la solución contiene una solución amortiguada, agregar el ácido causará sólo un cambio ligero en el pH.

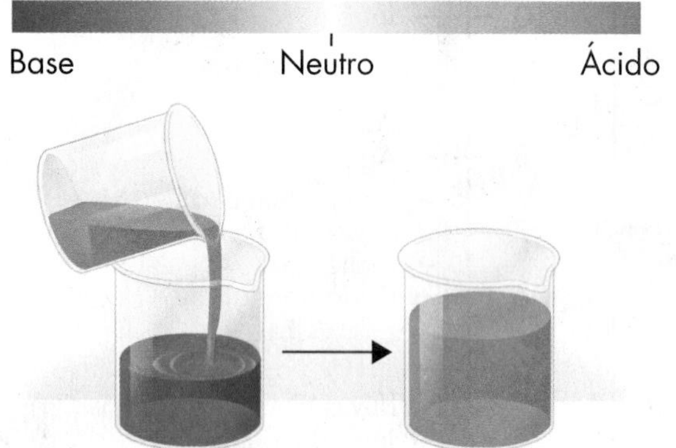

Base sin solución amortiguadora + ácido = pH ácido

Base con solución amortiguadora + ácido = pH básico

Ácidos ¿De dónde provienen todos esos iones H^+ adicionales en una solución de pH bajo? Provienen de los ácidos. Un **ácido** es cualquier compuesto que forme iones H^+ en solución. Las soluciones ácidas contienen concentraciones más altas de iones H^+ que el agua pura y tienen valores de pH menores que 7. Los ácidos fuertes tienden a tener valores de pH que van de 1 a 3. El ácido clorhídrico (HCl) producido por el estómago para ayudar a digerir el alimento es un ácido fuerte.

Bases Una **base** es un compuesto que produce iones hidróxido (OH^-) en solución. Las soluciones básicas, o alcalinas, contienen concentraciones menores de iones H^+ que el agua pura y tienen valores de pH mayores que 7. Las bases fuertes, como la lejía (comúnmente NaOH) usada en la fabricación de jabón, tiende a tener valores de pH que varían de 11 a 14.

Soluciones amortiguadoras El pH de los líquidos dentro de la mayor parte de las células en el cuerpo humano por lo general debe conservarse entre 6.5 y 7.5. Si el pH es menor o mayor, afectará las reacciones químicas que tienen lugar dentro de las células. Por tanto, es importante controlar el pH para mantener la homeostasis. Una de las formas en que los organismos controlan el pH es por medio de compuestos disueltos llamados soluciones amortiguadoras. Las **soluciones amortiguadoras** son ácidos o bases débiles que pueden reaccionar con ácidos o bases fuertes para prevenir cambios bruscos y repentinos en el pH. La sangre, por ejemplo, tiene un pH normal de 7.4. Los cambios repentinos en el pH de la sangre se previenen por lo general con varias soluciones amortiguadoras químicas, como el bicarbonato y los iones fosfato. **Las soluciones amortiguadoras disueltas en los líquidos vitales desempeñan una función importante para mantener la homeostasis en los organismos.**

2.2 Evaluación

Repaso de conceptos clave

1. a. Repasar ¿Qué significa cuando se dice que una molécula es "polar"?

b. Explicar ¿Cómo ocurren los enlaces de hidrógeno entre moléculas de agua?

c. Usar modelos Usa la estructura de una molécula de agua para explicar por qué es polar.

2. a. Repasar ¿Por qué el agua es un buen solvente?

b. Comparar y contrastar ¿Cuál es la diferencia entre una solución y una suspensión?

3. a. Repasar ¿Qué es un ácido? ¿Qué es una base?

b. Explicar El ácido fluoruro de hidrógeno (HF) puede disolverse en agua pura. ¿El pH de la solución será mayor o menor que 7?

c. Inferir Durante el ejercicio, ocurren muchos cambios químicos en el cuerpo, incluyendo un descenso en el pH de la sangre, lo cual puede ser muy grave. ¿Cómo es capaz el cuerpo de enfrentar estos cambios?

ESCRIBIR SOBRE LAS CIENCIAS

Escritura creativa

4. Supón que eres un escritor para una revista de historia natural para niños. El número de este mes presentará insectos. Escribe un párrafo explicando por qué algunos de ellos, como el insecto zapatero, pueden caminar sobre el agua.

BIOLOGY.com Search Lesson 2.2  • Self-Test • Lesson Assessment

2.3 Compuestos de carbono

PIÉNSALO A principios del siglo XIX, muchos químicos llamaban "orgánicos" a los compuestos creados por organismos, creyendo que eran fundamentalmente diferentes de los compuestos en los seres inanimados. En la actualidad comprendemos que los principios que rigen la química de los seres vivos e inanimados son los mismos, pero el término "química orgánica" todavía se usa. Hoy en día, química orgánica significa el estudio de compuestos que contienen enlaces entre átomos de carbono, mientras la química inorgánica es el estudio de todos los otros compuestos.

Preguntas clave

¿Con qué elementos se enlaza el carbono para formar las moléculas de la vida?

¿Cuáles son las funciones de cada uno de los cuatro grupos de macromoléculas?

Vocabulario

monómero • polímero • hidrato de carbono • monosacárido • lípido • ácido nucleico • nucleótido • proteína • aminoácido

Tomar notas

Tabla para comparar y contrastar A medida que leas, haz una tabla que compare y contraste los cuatro grupos de compuestos orgánicos.

La química del carbono

¿Con qué elementos se enlaza el carbono para formar las moléculas de la vida?

¿Por qué es tan interesante el carbono que una rama entera de la química debería reservarse sólo para estudiar los compuestos de carbono? Hay dos razones para esto. Primera, los átomos de carbono tienen cuatro electrones de valencia, lo que les permite formar enlaces covalentes fuertes con muchos otros elementos. **El carbono puede enlazarse con muchos elementos, incluyendo hidrógeno, oxígeno, fósforo, azufre y nitrógeno para formar las moléculas de la vida.** Los organismos vivos están formados por moléculas que consisten de carbono y estos otros elementos.

Aún más importante, un átomo de carbono puede enlazarse con otro, lo cual le da al carbono la capacidad de formar cadenas con una longitud casi ilimitada. Estos enlaces carbono-carbono pueden ser enlaces covalentes sencillos, dobles o triples. Las cadenas de átomos de carbono pueden incluso acercarse a sí mismas para formar anillos, como se muestra en la **ilustración 2–12.** El carbono tiene la capacidad para formar millones de diferentes estructuras grandes y complejas. Ningún otro elemento se acerca siquiera a igualar la versatilidad del carbono.

ILUSTRACIÓN 2–12 Estructuras de carbono El carbono puede formar enlaces sencillos, dobles o triples con otros átomos de carbono. Cada línea entre los átomos en un dibujo molecular representa un enlace covalente. **Observar** ***¿Cuántos enlaces covalentes hay entre los dos átomos de carbono en el acetileno?***

Metano **Acetileno** **Butadieno** **Benceno** **Isooctano**

DESARROLLAR el vocabulario

ORIGEN DE LAS PALABRAS **Monómero** viene de las palabras griegas *monos*, que significa "único", y *meros*, que significa "parte". *Monómero* significa "parte única". El prefijo *poli*, proviene de la palabra griega *polus*, que significa "muchos", así que **polímero** significa "muchas partes".

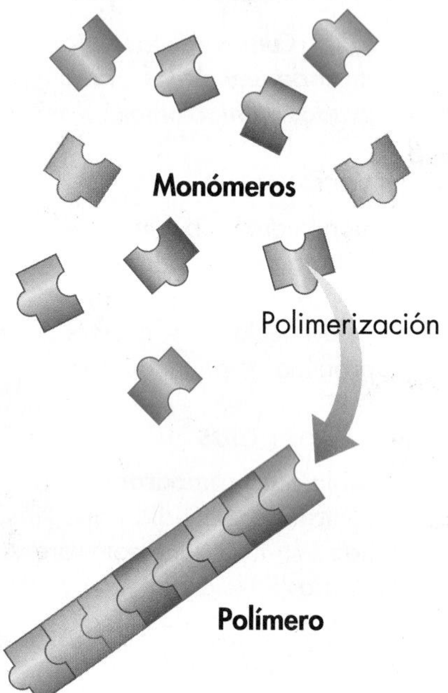

ILUSTRACIÓN 2–13 Polimerización Cuando los monómeros se unen, forman polímeros. **Usar analogías** ***¿En qué se parecen los monómeros y a los eslabones de una cadena?***

ILUSTRACIÓN 2–14 Hidratos de carbono Se forman almidones cuando los azúcares se unen en una cadena larga. Cada vez que se unen dos moléculas de glucosa, se libera una molécula de agua (H_2O) cuando se forma el enlace covalente.

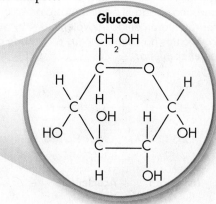

Macromoléculas

¿Cuáles son las funciones de cada uno de los cuatro grupos de macromoléculas?

Muchos de los compuestos orgánicos en las células vivas son tan grandes que se conocen como macromoléculas, lo que significa "moléculas gigantes". Las macromoléculas están formadas por miles o incluso cientos de miles de moléculas más pequeñas.

La mayoría de las macromoléculas se forman por un proceso conocido como polimerización, en la cual se construyen compuestos grandes uniendo otros más pequeños. Las unidades más pequeñas, o **monómeros,** se unen para formar **polímeros.** Los monómeros en un polímero pueden ser idénticos, como los eslabones en la pulsera metálica de un reloj, o los monómeros pueden ser diferentes, como las cuentas en un collar multicolor. La **ilustración 2–13** ilustra el proceso de polimerización.

Los bioquímicos clasifican las macromoléculas presentes en los seres vivos en grupos basados en su composición química. Los cuatro grupos principales de macromoléculas presentes en los seres vivos son hidratos de carbono, lípidos, ácidos nucleicos y proteínas. A medida que lees sobre estas moléculas, compara sus estructuras y funciones.

Hidratos de carbono Los **hidratos de carbono** son compuestos formados por átomos de carbono, hidrógeno y oxígeno, por lo general a una razón de 1 : 2 : 1. **Los seres vivos usan los hidratos de carbono como su principal fuente de energía. Las plantas, algunos animales y otros organismos también usan hidratos de carbono para propósitos estructurales.** La descomposición de azúcares, como la glucosa, suministra energía inmediata para las actividades celulares. Muchos organismos almacenan azúcar extra como hidratos de carbono complejos conocidos como almidones. Como se muestra en la **ilustración 2–14**, los monómeros en los polímeros de almidón son moléculas de azúcar.

▶ ***Azúcares simples*** Las moléculas de azúcar sencillas también se conocen como **monosacáridos.** Además de la glucosa, los monosacáridos incluyen la galactosa, la cual es un componente de la leche, y la fructosa, la cual se encuentra en muchos frutos. El azúcar de mesa ordinaria, sucrosa, consiste de glucosa y fructosa. La sucrosa es un disacárido, un compuesto hecho por la unión de dos azúcares simples.

Almidón

Glucosa

▶ ***Hidratos de carbono complejos*** Las macromoléculas grandes formadas de los monosacáridos se conocen como polisacáridos. Muchos animales almacenan azúcar en exceso en un polisacárido llamado glucógeno, que en ocasiones se denomina "almidón animal". Cuando el nivel de glucosa en la sangre disminuye, el glucógeno se descompone en glucosa, que se libera luego en la sangre. El glucógeno almacenado en tus músculos suministra la energía para la contracción muscular y, por ende, para el movimiento.

Las plantas usan un polisacárido ligeramente diferente, llamado almidón, para almacenar el exceso de azúcar. Las plantas también hacen otro polisacárido importante llamado celulosa. Sin embargo, las fibras de celulosa flexibles dan a las plantas mucha de su fuerza y rigidez. La celulosa es el componente principal de la madera y el papel, ¡así que en realidad estás viendo celulosa mientras lees estas palabras!

Lípidos Los lípidos son un grupo grande y variado de moléculas biológicas que por lo general no son solubles en agua. Los **lípidos** están formados principalmente de átomos de carbono e hidrógeno. Las categorías comunes de lípidos son grasas, aceites y ceras. **Los lípidos pueden usarse para almacenar energía. Algunos lípidos son partes importantes de membranas biológicas y recubrimientos impermeables.** Los esteroides sintetizados por el cuerpo también son lípidos. Muchos esteroides, como las hormonas, sirven como mensajeros químicos.

Muchos lípidos se forman cuando una molécula de glicerol se combina con compuestos llamados ácidos grasos, como se muestra en la **ilustración 2–15**. Si cada átomo de carbono en las cadenas de ácidos grasos de un lípido se une con otro átomo de carbono por un enlace sencillo, se dice que el lípido está saturado. El término *saturado* se usa porque los ácidos grasos contienen el número máximo posible de átomos de hidrógeno.

Si hay al menos un enlace doble carbono-carbono en un ácido graso, se dice que el ácido graso está insaturado. Se dice que los lípidos cuyos ácidos grasos contienen más de un enlace doble son poliinsaturados. Si los términos *saturado* y *poliinsaturado* parecen familiares, es probable que los hayas visto en las etiquetas de los empaques de alimentos. Los lípidos que contienen ácidos grasos insaturados, como el aceite de oliva, tienden a ser líquidos a temperatura ambiente. Otros aceites de cocina, como el aceite de maíz, el aceite de ajonjolí, el aceite de canola y el aceite de cacahuate, contienen lípidos poliinsaturados.

En tu cuaderno *Compara y contrasta las grasas saturadas e insaturadas.*

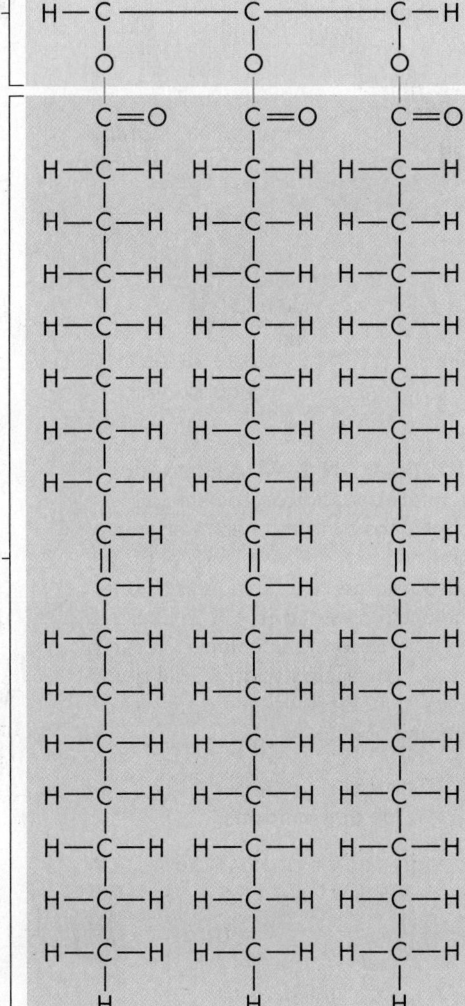

ILUSTRACIÓN 2–15 Lípidos Las moléculas de lípidos están formadas de glicerol y ácidos grasos. Los lípidos líquidos, como el aceite de oliva, contienen principalmente ácidos grasos insaturados.

Comparar los ácidos grasos

La tabla compara cuatro ácidos grasos diferentes. Aunque todos tienen el mismo número de átomos de carbono, sus propiedades varían.

1. **Interpretar datos** ¿Cuál de los cuatro ácidos grasos es saturado? ¿Cuáles son insaturados?

2. **Observar** ¿Cómo cambia el punto de fusión conforme aumenta el número de enlaces dobles de carbono-carbono?

Efecto de los enlaces de carbono en el punto de fusión

Ácido graso	Número de carbonos	Número de enlaces dobles	Punto de fusión (°C)
Ácido esteárico	18	0	69.6
Ácido oleico	18	1	14
Ácido linoleico	18	2	−5
Ácido linoleico	18	3	−11

3. **Inferir** Si la temperatura ambiente es 25 °C, ¿cuál ácido graso es un sólido a temperatura ambiente? ¿Cuál es líquido a temperatura ambiente?

ILUSTRACIÓN 2–16 Ácidos nucleicos Los monómeros que forman un ácido nucleico son nucleótidos. Cada nucleótido tiene un azúcar de 5 carbonos, un grupo fosfato y una base nitrogenada.

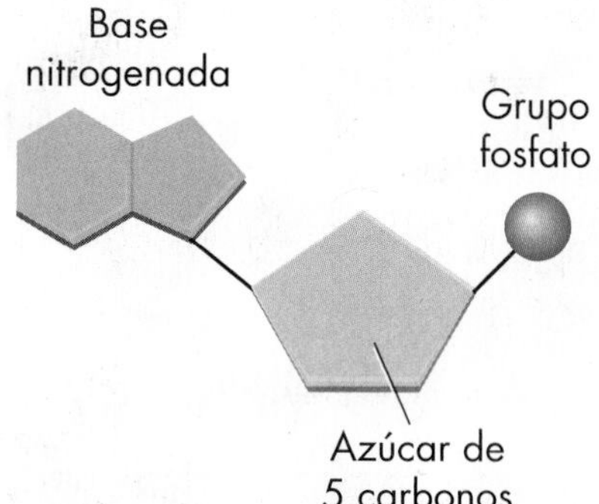

Ácidos nucleicos Los **ácidos nucleicos** son macromoléculas que contienen hidrógeno, oxígeno, nitrógeno, carbono y fósforo. Los ácidos nucleicos son polímeros armados de monómeros individuales conocidos como nucleótidos. Los **nucleótidos** consisten de tres partes: un azúcar de 5 carbonos, un grupo fosfato ($-PO_4$) y una base nitrogenada, como se muestra en la **ilustración 2–16.** Algunos nucleótidos, incluyendo el compuesto conocido como trifosfato de adenosina (ATP), desempeñan funciones importantes en la captura y transferencia de energía química. Los nucleótidos individuales pueden unirse mediante enlaces covalentes para formar un polinucleótido, o ácido nucleico.

Los ácidos nucleicos almacenan y transmiten la información hereditaria, o genética. Hay dos clases de ácidos nucleicos: ácido ribonucleico (ARN) y ácido desoxirribonucleico (ADN). Como sus nombres lo indican, el ARN contiene el azúcar ribosa y el ADN contiene el azúcar desoxirribosa.

Proteína Las **proteínas** son macromoléculas que contienen nitrógeno al igual que carbono, hidrógeno y oxígeno. Las proteínas son polímeros de moléculas llamadas aminoácidos, mostrados en la **ilustración 2–17.** Los **aminoácidos** son compuestos con un grupo amino ($-NH_2$) en un extremo y un grupo carboxilo (–COOH) en el otro extremo. Enlaces covalentes llamados enlaces peptídicos unen los aminoácidos para formar un polipéptido. Una proteína es una molécula funcional construida de uno o más polipéptidos. **Algunas proteínas controlan la velocidad de las reacciones y regulan los procesos celulares. Otras forman estructuras celulares importantes, mientras otras más transportan sustancias adentro o afuera de las células o ayudan a luchar contra las enfermedades.**

ILUSTRACIÓN 2–17 Aminoácidos y enlaces peptídicos Los enlaces peptídicos se forman entre el grupo amino de un aminoácido y el grupo carboxilo de otro aminoácido. Una molécula de agua (H_2O) se libera cuando se forma el enlace. Observa que es la sección variable del grupo R de la molécula la que distingue a un aminoácido de otro.

Estructura general de los aminoácidos

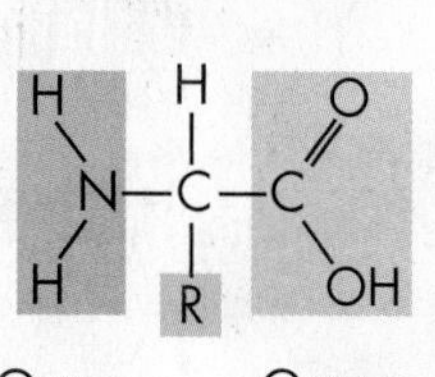

Formación del enlace peptídico

Alanina + Serina → H_2O + Enlace peptídico

▶ ***Estructura y función*** Existen más de 20 aminoácidos diferentes en la naturaleza. Todos son idénticos en las regiones donde pueden unirse por enlaces covalentes. Esta uniformidad permite a cualquier aminoácido unirse con cualquier otro aminoácido, enlazando un grupo amino con un grupo carboxilo. Las proteínas están entre las macromoléculas más diversas, porque los aminoácidos difieren entre sí en la cadena lateral grupo R, que tiene una gama de propiedades. Algunos grupos R son ácidos y otros son básicos. Algunos son polares y otros no polares y algunos incluso tienen estructuras de anillo grandes.

▶ ***Niveles de organización*** Los aminoácidos están ensamblados en cadenas de polipéptidos de acuerdo con instrucciones codificadas en el ADN. Para ayudar a comprender estas moléculas grandes, los científicos describen las proteínas con cuatro niveles de estructura. La estructura primaria de una proteína es la secuencia de sus aminoácidos. La estructura secundaria es el pliegue o espiral de la cadena de polipéptidos. La estructura terciaria es el arreglo tridimensional completo de una cadena de polipéptidos. Se dice que las proteínas con más de una cadena tienen un cuarto nivel de estructura, describiendo la forma en que están ordenados los diferentes polipéptidos unos con respecto a otros. La **ilustración 2–18** muestra estos cuatro niveles de estructura en la hemoglobina, una proteína presente en los glóbulos rojos que ayuda a transportar oxígeno en el torrente sanguíneo. La forma de una proteína se mantiene mediante una variedad de fuerzas, incluidos enlaces iónicos y covalentes, al igual que fuerzas de van der Waals y enlaces de hidrógeno. En la siguiente lección, aprenderás por qué es tan importante la forma de una proteína.

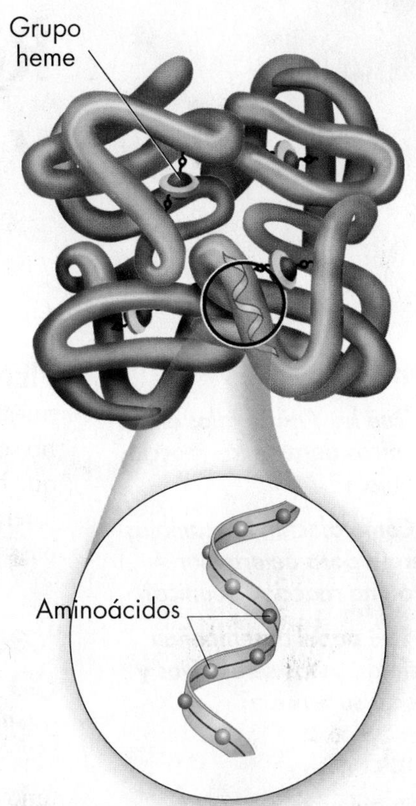

ILUSTRACIÓN 2–18 Estructura de la proteína La proteína hemoglobina consiste de cuatro subunidades. El grupo heme que contiene hierro en el centro de cada subunidad le da a la hemoglobina su color rojo. Una molécula de oxígeno se une fuertemente a cada molécula heme. **Interpretar material visual *¿Cuántos niveles de organización tiene la hemoglobina?***

2.3 Evaluación

Repaso de conceptos clave

1. a. Repasar ¿Cuáles son los elementos principales de la vida?

b. Relacionar causa y efecto ¿Qué propiedades del carbono le permiten formar diferentes estructuras grandes y complejas?

2. a. Repasar Nombra cuatro grupos de compuestos orgánicos presentes en los seres vivos.

b. Explicar Describe al menos una función de cada grupo de compuestos orgánicos.

c. Inferir ¿Por qué las proteínas se consideran polímeros pero los lípidos no?

RAZONAMIENTO VISUAL

3. Una fórmula estructural muestra cómo están ordenados los átomos en un compuesto.

a. Observar ¿Qué átomos constituyen el compuesto anterior?

b. Clasificar ¿A qué clase de macromolécula pertenece el compuesto?

BIOLOGY.com Search Lesson 2.3 GO • Self-Test • Lesson Assessment

2.4 Reacciones químicas y enzimas

Preguntas clave

🔑 ***¿Qué les sucede a los enlaces químicos durante las reacciones químicas?***

🔑 ***¿Cómo afectan los cambios de energía para determinar si ocurrirá una reacción química?***

🔑 ***¿Qué papel desempeñan las enzimas en los seres vivos y qué afecta su función?***

Vocabulario

reacción química • reactante • producto • energía de activación • catalizador • enzima • sustrato

Tomar notas

Mapa de conceptos Mientras lees, haz un mapa de conceptos de las relaciones entre los términos del vocabulario de esta lección.

PIÉNSALO Los seres vivos, como has visto, están formados por compuestos químicos, algunos simples y algunos complejos. Pero la química no sólo es aquello de lo que está formada la vida, la química también es lo que hace la vida. Todo lo que sucede en un organismo, su crecimiento, su interacción con el ambiente, su reproducción e incluso su movimiento, se basa en reacciones químicas.

Reacciones químicas

🔑 ***¿Qué les sucede a los enlaces químicos durante las reacciones químicas?***

Una **reacción química** es un proceso que cambia, o transforma, un conjunto de sustancias químicas en otro. Un principio científico importante es que la masa y la energía se conservan durante las transformaciones químicas. También se aplica a las reacciones químicas que ocurren en los organismos vivos. Algunas reacciones químicas ocurren despacio, como la combinación de hierro y oxígeno para formar un óxido de hierro llamado herrumbre. Otras reacciones ocurren rápido. Los elementos o compuestos que participan en una reacción química se llaman **reactantes.** Los elementos o compuestos producidos por una reacción química se conocen como **productos.** 🔑 **Las reacciones químicas implican cambios en los enlaces químicos que unen a los átomos en compuestos.** En la **ilustración 2–19** se muestra una reacción química importante en tu torrente sanguíneo que permite eliminar el dióxido de carbono del cuerpo.

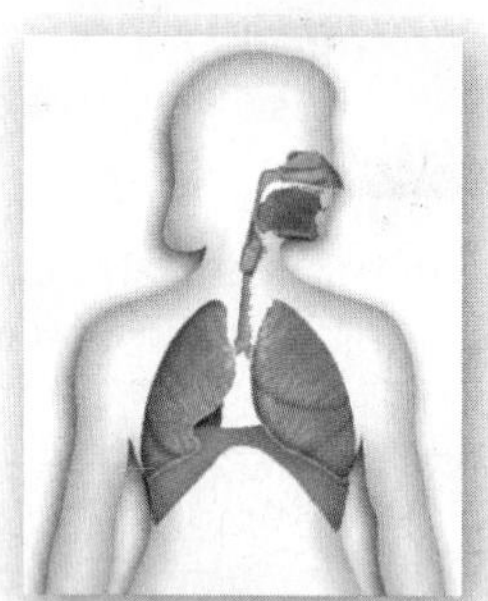

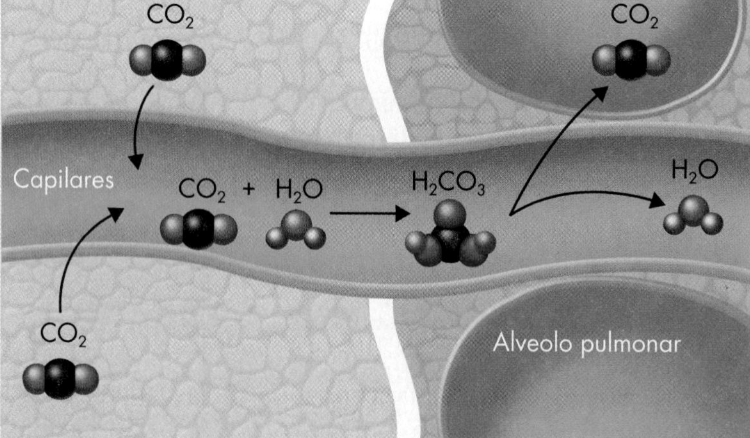

ILUSTRACIÓN 2–19 Dióxido de carbono en el torrente sanguíneo Conforme entra en la sangre, el dióxido de carbono reacciona con agua para producir ácido carbónico (H_2CO_3), que es muy soluble. Esta reacción permite a la sangre llevar el dióxido de carbono a los pulmones. Ahí, la reacción se invierte y produce gas dióxido de carbono, que exhalas.

Energía en las reacciones

¿Cómo afectan los cambios de energía para determinar si ocurrirá una reacción química?

Siempre que se forman o se descomponen los enlaces químicos, se libera o se absorbe energía. Esto significa que las reacciones químicas también implican cambios en la energía.

Cambios en la energía Algunas reacciones químicas liberan energía, y otras reacciones la absorben. Los cambios de energía son un factor importante para determinar si ocurrirá una reacción química. **Las reacciones químicas que liberan energía ocurren con frecuencia por sí solas, o de manera espontánea. Las reacciones químicas que absorben energía no ocurrirán sin una fuente de energía.** Un ejemplo de una reacción liberadora de energía es la combustión del gas hidrógeno, en la que el hidrógeno reacciona con el oxígeno para producir vapor de agua.

$$2H_2 + O_2 \longrightarrow 2H_2O$$

La energía se libera en forma de calor y, en ocasiones, cuando explota el gas hidrógeno, en forma de luz y sonido.

La reacción inversa, en la que el agua se cambia en gas hidrógeno y oxígeno, absorbe tanta energía que por lo general no ocurre por sí sola. De hecho, la única forma práctica de invertir la reacción es pasar una corriente eléctrica a través del agua para descomponer el agua en gas hidrógeno y gas oxígeno. Por tanto, en una dirección la reacción produce energía, y en la otra dirección la reacción requiere energía.

Fuentes de energía A fin de mantenerse vivos, los organismos necesitan llevar a cabo reacciones que requieren energía. Debido a que la materia y la energía se conservan en las reacciones químicas, todo organismo debe tener una fuente de energía para realizar las reacciones químicas. Las plantas obtienen la energía al atrapar y almacenar la luz solar en compuestos ricos en energía. Los animales obtienen su energía cuando consumen plantas u otros animales. Los humanos liberan la energía necesaria para crecer altos, para respirar, pensar e incluso soñar, a través de las reacciones químicas que ocurren cuando metabolizamos, o descomponemos, el alimento digerido.

Energía de activación Las reacciones químicas que liberan energía no siempre ocurren de manera espontánea. Esto es bueno porque si lo hicieran, las páginas de este libro podrían incendiarse. La celulosa en el papel se quema en presencia de oxígeno y libera calor y luz. Sin embargo, el papel se quema sólo si lo enciendes con un cerillo, el cual suministra suficiente energía para hacer que empiece la reacción. Los químicos llaman a la energía que es necesaria para hacer que inicie una reacción **energía de activación.** Como muestra la **ilustración 2–20,** la energía de activación está presente en las reacciones químicas sin importar si la reacción química general libera energía o absorbe energía.

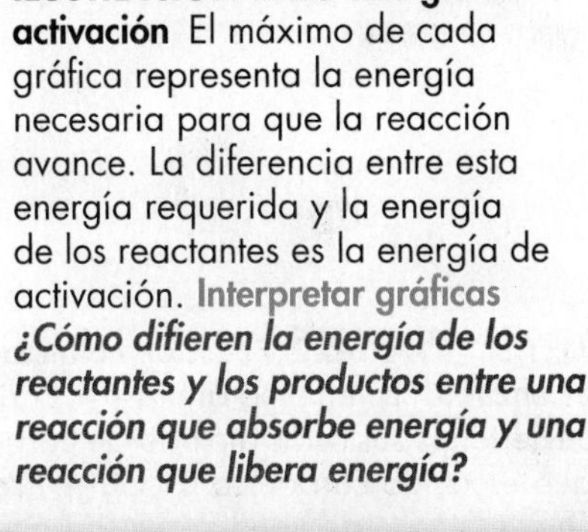

ILUSTRACIÓN 2–20 Energía de activación El máximo de cada gráfica representa la energía necesaria para que la reacción avance. La diferencia entre esta energía requerida y la energía de los reactantes es la energía de activación. **Interpretar gráficas** ***¿Cómo difieren la energía de los reactantes y los productos entre una reacción que absorbe energía y una reacción que libera energía?***

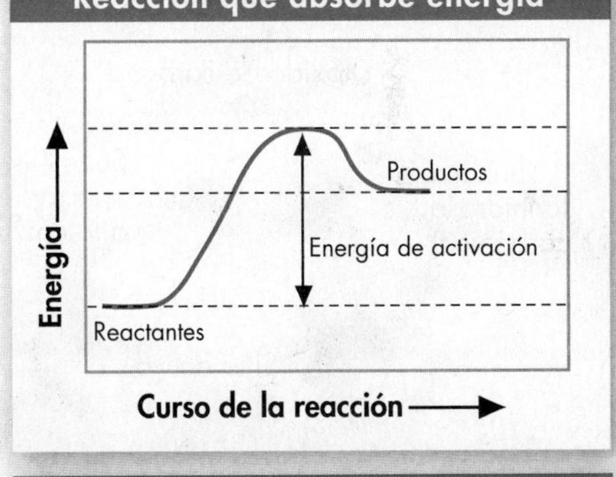

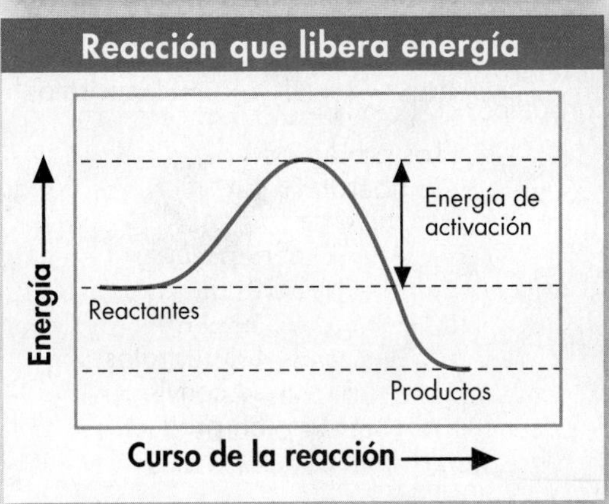

ILUSTRACIÓN 2–21 Efecto de las enzimas Nota cómo la adición de una enzima disminuye la energía de activación en esta reacción. La enzima acelera la reacción.

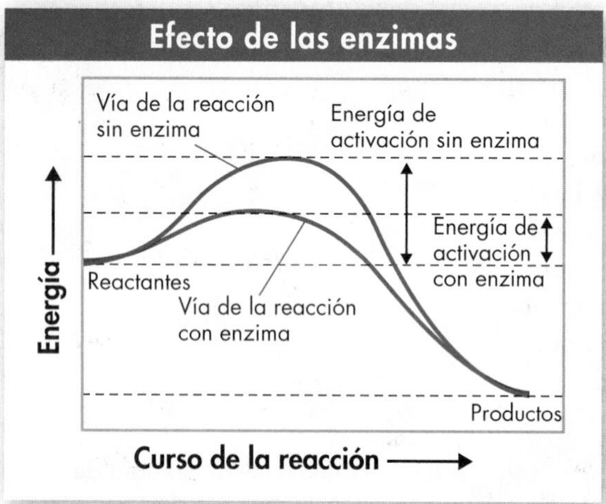

ILUSTRACIÓN 2–22 Reacción catalizada por enzimas La enzima anhidrasa carbónica convierte los sustratos dióxido de carbono y agua en ácido carbónico (H_2CO_3). **Predecir** ***¿Qué le sucede a la anhidrasa carbónica después de que se liberan los productos?***

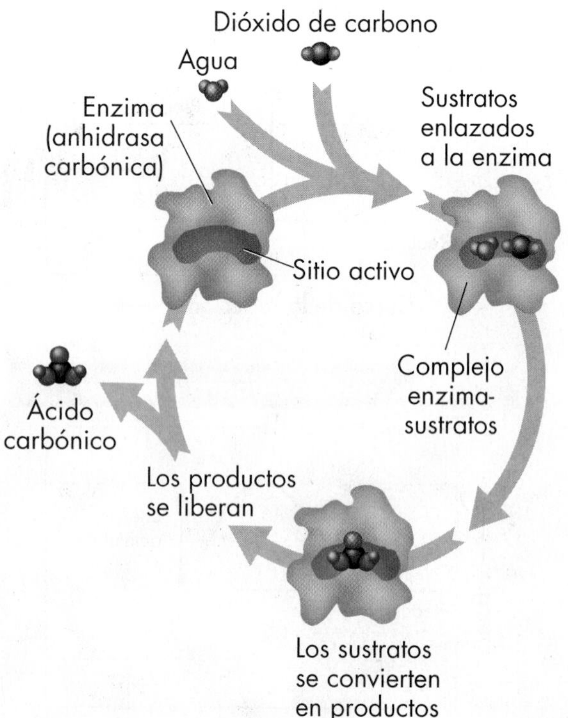

Enzimas

¿Qué papel desempeñan las enzimas en los seres vivos y qué afecta su función?

Algunas reacciones químicas que hacen posible la vida son demasiado lentas o tienen energías de activación que son demasiado altas para hacerlas prácticas para el tejido vivo. Estas reacciones químicas son posibles mediante un proceso que enorgullecería a cualquier químico: las células hacen catalizadores. Un **catalizador** es una sustancia que acelera la velocidad de una reacción química. Los catalizadores funcionan disminuyendo la energía de activación de una reacción.

Catalizadores de la naturaleza Las **enzimas** son proteínas que actúan como catalizadores biológicos. **Las enzimas aceleran las reacciones químicas que se realizan en las células.** Como otros catalizadores, las enzimas actúan disminuyendo las energías de activación, como lo ilustra la gráfica en la **ilustración 2–21.** Disminuir la energía de activación tiene un efecto dramático en lo rápido que se completa la reacción. ¿Qué tan grande es el efecto que tiene? Considera la reacción en la que el dióxido de carbono se combina con agua para producir ácido carbónico.

$$CO_2 + H_2O \longrightarrow H_2CO_3$$

Cuando se le deja sola, esta reacción es tan lenta que el dióxido de carbono podría acumularse en el cuerpo más rápido de lo que el torrente sanguíneo podría eliminarlo. Tu torrente sanguíneo contiene una enzima llamada anhidrasa carbónica que acelera la reacción por un factor de 10 millones. Con la intervención de la anhidrasa carbónica, la reacción tiene lugar de inmediato y el dióxido de carbono se elimina de la sangre con rapidez.

Las enzimas son muy específicas, catalizando por lo general sólo una reacción química. Por esta razón, parte del nombre de una enzima se deriva por lo común de la reacción que cataliza. La anhidrasa carbónica obtiene su nombre debido a que también cataliza la reacción inversa que elimina agua del ácido carbónico.

El complejo enzima-sustrato ¿Cómo hacen su trabajo las enzimas? Para que tenga lugar una reacción química, los reactantes deben colisionar con suficiente energía de modo que los enlaces existentes se rompan y se formen enlaces nuevos. Si los reactantes no tienen suficiente energía, permanecerán sin cambios después de la colisión.

Las enzimas proporcionan un sitio donde los reactantes pueden reunirse para reaccionar. Dicho sitio reduce la energía necesaria para la reacción. Los reactantes de las reacciones catalizadas por enzimas se conocen como **sustratos.** La **ilustración 2–22** proporciona un ejemplo de una reacción catalizada por una enzima.

Los sustratos se unen a un sitio en la enzima llamado sitio activo. El sitio activo y los sustratos tienen formas complementarias. El ajuste es tan preciso que el sitio activo y los sustratos con frecuencia se comparan con una cerradura y una llave, como se muestra en la **ilustración 2–23.**

Regulación de la actividad enzimática Las enzimas desempeñan funciones esenciales en el control de las vías químicas, elaborando materiales que las células necesitan, liberando energía y transfiriendo información. Debido a que son catalizadores para reacciones, las enzimas pueden ser afectadas por cualquier variable que influya a una reacción química. **La temperatura, el pH y las moléculas reguladoras pueden afectar la actividad de las enzimas.**

Muchas enzimas se ven afectadas por cambios en la temperatura. No es sorprendente que aquellas enzimas producidas por células humanas por lo general funcionen mejor a temperaturas cercanas a los 37 °C, la temperatura normal del cuerpo humano. Las enzimas trabajan mejor en ciertas condiciones iónicas y valores de pH. Por ejemplo, la enzima estomacal pepsina, la cual comienza la digestión de las proteínas, funciona mejor bajo condiciones ácidas. Además, las actividades de la mayor parte de las enzimas son reguladas por moléculas que llevan señales químicas dentro de las células, "encendiendo" y "apagando" las enzimas según sea necesario.

PISTA DEL MISTERIO

Las reacciones químicas de los seres vivos, incluyendo las que requieren oxígeno, ocurren más despacio a temperaturas bajas. ¿Cómo afectarían las frías aguas antárticas a la necesidad de oxígeno del pez de hielo?

ANALOGÍA VISUAL

ABRIR ENZIMAS

ILUSTRACIÓN 2–23 Este modelo de relleno de espacios muestra cómo un sustrato se enlaza a un sitio activo en una enzima. El ajuste entre una enzima y sus sustratos es tan específico que se compara con una cerradura y una llave.

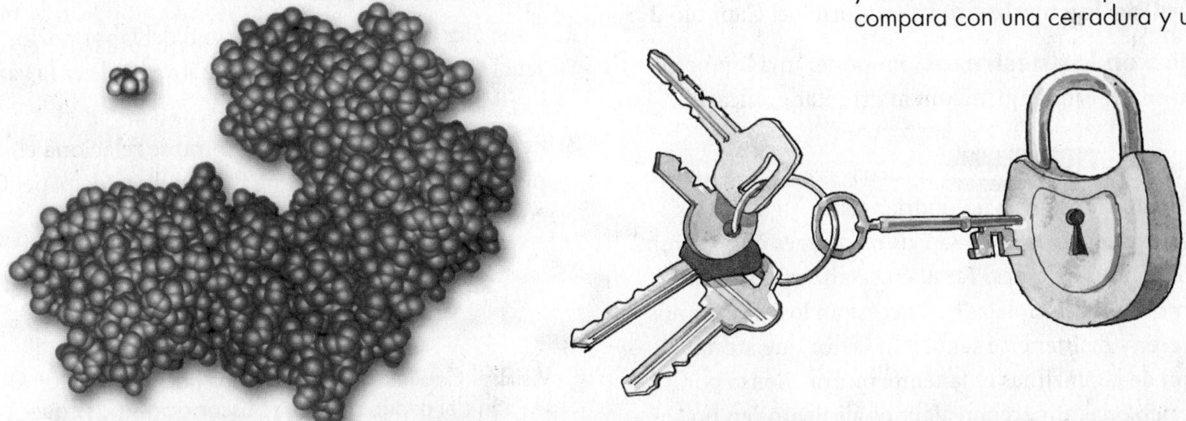

2.4 Evaluación

Repaso de conceptos clave

1. a. Repasar ¿Qué les sucede a los enlaces químicos durante las reacciones químicas?

b. Aplica los conceptos ¿Por qué el derretimiento del hielo no es una reacción química?

2. a. Repasar ¿Qué es la energía de activación?

b. Comparar y contrastar Describe la diferencia entre una reacción espontánea y una que no es espontánea.

3. a. Repasar ¿Qué son las enzimas?

b. Explicar Explica cómo funcionan las enzimas, incluyendo la función del complejo enzima-sustrato.

c. Usar analogías Un cambio del pH puede cambiar la forma de una proteína. ¿Cómo podría afectar un cambio del pH la función de una enzima como la anhidrasa carbónica? (*Pista:* Piensa en la analogía de la cerradura y la llave.)

RAZONAMIENTO VISUAL

4. Haz un modelo que demuestre el ajuste entre una enzima y su sustrato. Muestra tu modelo a un amigo o familiar y explica cómo funcionan las enzimas usando tu modelo.

BIOLOGY.com Search Lesson 2.4  GO • Self-Test • Lesson Assessment • Visual Analogy

Laboratorio: diseña una actividad

INVESTIGACIÓN DIRIGIDA

Preparación para el laboratorio: efecto de la temperatura en las enzimas

Problema ¿Cómo afecta la temperatura a la velocidad de una reacción catalizada por una enzima?

Materiales hígado crudo, fórceps, placa de Petri, pipeta cuentagotas, solución de peróxido de hidrógeno al 1%, cilindro graduado de 25 mL, vaso de precipitados de 50 mL, hígado hecho puré, discos de papel filtro, toallas de papel, cronómetro o reloj con segundero, baños de agua, termómetros, tenazas para vaso de precipitados

Manual de laboratorio Laboratorio del Capítulo 2

Enfoque en las destrezas Proponer una hipótesis, diseñar un experimento, medir, interpretar gráficas

Conectar con la gran idea Muchas reacciones químicas en organismos vivos no podrían tener lugar sin las enzimas. Las enzimas catalizan las reacciones que liberan energía de los nutrientes. También catalizan la síntesis de las moléculas complejas que necesitan los organismos para crecer y mantenerse sanos. Un factor que afecta la acción de las enzimas es la temperatura. Piensa por qué las personas almacenan algunos alimentos en un refrigerador. La temperatura fría limita la capacidad de las enzimas para descomponer, o echar a perder, esos alimentos.

¿Las temperaturas altas tienen el efecto opuesto en las enzimas? ¿Se vuelven cada vez más activas conforme aumenta la temperatura? En este laboratorio, investigarás el efecto de la temperatura en una reacción catalizada por una enzima.

Preguntas preliminares

a. Repasar ¿Por qué muchas reacciones que ocurren en las células requieren enzimas? ¿Cómo aceleran las enzimas las reacciones químicas?

b. Repasar Nombra tres variables que pueden afectar la actividad de las enzimas.

c. Usar analogías Usa huevos y una sartén en una estufa como una analogía para los reactantes y una enzima. Usa la perilla del quemador de la estufa como una analogía de cómo una variable puede afectar la acción de una enzima.

Preguntas previas al laboratorio

Examina el procedimiento en el manual de laboratorio.

1. Relacionar causa y efecto ¿Cómo sabrás que una reacción química está teniendo lugar en la Parte A? ¿Cómo lo sabrás en la Parte B?

2. Controlar variables En la Parte B del laboratorio, ¿cuál variable manipularás? ¿Cuál variable es la variable dependiente?

3. Relacionar causa y efecto ¿Cómo se relaciona el tiempo requerido para que flote el disco de papel filtro con la actividad de la enzima?

BIOLOGY.com
Search
Chapter 2
GO
Visita el Capítulo 2 en línea para hacer una autoevaluación del capítulo y para buscar actividades que apoyan tu aprendizaje.
Untamed Science Observa al equipo de Untamed Science hallar respuestas al misterio de por qué el agua es un compuesto especial.
Art Review Aprende sobre la formación de enlaces iónicos y covalentes.
Art in Motion Mira una animación que muestra el proceso de un cristal de sal disolviéndose en agua.
Data Analysis Analiza datos que explican los efectos fisiológicos del pH bajo y el impacto ecológico de la lluvia ácida.
Visual Analogy Compara las enzimas y los sustratos con una cerradura y una llave.

2 Guía de estudio

La gran idea Materia y energía

Los enlaces químicos unen a las moléculas y los compuestos de los seres vivos. El agua y los compuestos de carbono desempeñan funciones esenciales en los organismos, que llevan a cabo reacciones en sus procesos de la vida diaria.

2.1 Naturaleza de la materia

Las partículas subatómicas que forman los átomos son protones, neutrones y electrones.

Dado que tienen el mismo número de electrones, todos los isótopos de un elemento tienen las mismas propiedades químicas.

Las propiedades físicas y químicas de un compuesto por lo general son muy diferentes de las de los elementos de los que se forma.

Los tipos principales de enlaces químicos son los enlaces iónicos y los enlaces covalentes.

átomo (34)
núcleo (34)
electrón (34)
elemento (35)
isótopo (35)
compuesto (36)
enlace iónico (37)
ión (37)
enlace covalente (37)
molécula (37)
fuerzas de van der Waals (38)

2.2 Propiedades del agua

Debido a que el agua es una molécula polar, es capaz de formar múltiples enlaces de hidrógeno, lo cual explica muchas de las propiedades especiales del agua.

La polaridad del agua le da la capacidad para disolver compuestos iónicos y otras moléculas polares.

Las soluciones amortiguadoras desempeñan una función importante para mantener la homeostasis en los organismos.

enlace de hidrógeno (41)
cohesión (41)
adhesión (41)
mezcla (42)
solución (42)
soluto (42)
solvente (42)
suspensión (42)
escala del pH (43)
ácido (44)
base (44)
solución amortiguadora (44)

2.3 Compuestos de carbono

El carbono puede enlazarse con muchos elementos, incluyendo hidrógeno, oxígeno, fósforo, azufre y nitrógeno para formar las moléculas de la vida.

Los seres vivos usan los hidratos de carbono como su principal fuente de energía. Las plantas, algunos animales y otros organismos también usan hidratos de carbono para propósitos estructurales.

Los lípidos pueden usarse para almacenar energía. Algunos lípidos son partes importantes de las membranas biológicas y recubrimientos impermeables.

Los ácidos nucleicos almacenan y transmiten la información hereditaria, o genética.

Algunas proteínas controlan la velocidad de las reacciones y regulan los procesos celulares. Otras proteínas forman tejidos como huesos y músculos. Otras más transportan materiales o ayudan a luchar contra las enfermedades.

monómero (46)
polímero (46)
hidrato de carbono (46)
monosacárido (46)
lípido (47)
ácido nucleico (48)
nucleótido (48)
proteína (48)
aminoácido (48)

2.4 Reacciones químicas y enzimas

Las reacciones químicas siempre implican cambios en los enlaces químicos que unen a los átomos en compuestos.

Las reacciones químicas que liberan energía con frecuencia ocurren de manera espontánea. Las reacciones químicas que absorben energía no ocurrirán sin una fuente de energía.

Las enzimas aceleran las reacciones químicas que se realizan en las células.

La temperatura, el pH y las moléculas reguladoras pueden afectar la actividad de las enzimas.

reacción química (50)
reactante (50)
producto (50)
energía de activación (51)
catalizador (52)
enzima (52)
sustrato (52)

Razonamiento visual Haz una tabla en la que compares las estructuras y funciones de las siguientes macromoléculas: hidratos de carbono, lípidos, proteínas y ácidos nucleicos.

2 Evaluación

2.1 Naturaleza de la materia

Comprender conceptos clave

1. La partícula cargada positivamente en un átomo se llama
   a. neutrón. c. protón.
   b. ión. d. electrón.

2. Dos o más átomos diferentes se combinan en proporciones definidas en cualquier
   a. símbolo. c. elemento.
   b. isótopo. d. compuesto.

3. Un enlace covalente se forma mediante
   a. transferencia de electrones.
   b. compartir electrones.
   c. ganar electrones.
   d. perder electrones.

4. Explica la relación entre átomos, elementos y compuestos.

5. ¿Qué es un isótopo radiactivo? Describe dos usos científicos de los isótopos radiactivos.

6. Describe cómo se mantienen unidos los átomos en un compuesto.

7. Distingue entre enlaces covalentes sencillos, dobles y triples.

Razonamiento crítico

8. **Usar modelos** Haz un diagrama como el de la **ilustración 2–4** para mostrar cómo el cloro y el hidrógeno forman el compuesto cloruro de hidrógeno, HCl.

9. **Calcular** Un nanómetro (nm) es una milmillonésima de un metro (1 nm = 10^{-9} m). Si 100 millones de átomos forman una fila de 1 cm de longitud, ¿cuál es el diámetro de un átomo en nanómetros? **MATEMÁTICAS**

2.2 Propiedades del agua

Comprender conceptos clave

10. Cuando agitas azúcar y arena juntos en un tubo de ensayo, formas un
    a. compuesto. c. solución.
    b. mezcla. d. suspensión.

11. Un compuesto que produce iones de hidrógeno en solución es un(a)
    a. sal. c. base.
    b. ácido. d. polímero.

12. En comparación con la mayoría de otras sustancias, se necesita mucho calor para elevar la temperatura del agua en una cantidad dada. Esto se debe a que el agua
    a. es un ácido.
    b. forma soluciones con facilidad.
    c. tiene una capacidad calorífica alta.
    d. actúa como una solución amortiguadora.

13. Explica las propiedades de cohesión y adhesión. Da un ejemplo de cada propiedad.

14. ¿Cuál es la relación entre soluciones, solutos y solventes?

15. ¿En qué se diferencian los ácidos y las bases? ¿Cómo difieren sus valores de pH?

Razonamiento crítico

16. **Proponer una solución** El sílice es un material vítreo duro que no se disuelve en agua. Supón que por accidente se mezcla cloruro de sodio con sílice. Describe una forma de eliminar el cloruro de sodio.

17. **Predecir** Como parte del proceso digestivo, el estómago humano produce ácido clorhídrico, HCl. En ocasiones el exceso de ácido causa malestar. En tal caso, una persona podría tomar un antiácido como hidróxido de magnesio, $Mg(OH)_2$. Explica cómo esta sustancia puede reducir la cantidad de ácido en el estómago.

2.3 Compuestos de carbono

Comprender conceptos clave

18. ¿Qué representa la siguiente fórmula?
    a. un azúcar. c. un aminoácido.

```
    H   H   O
    |   |   ||
H — N — C — C — OH
        |
    H — C — H
        |
        H
```

    b. un almidón. d. un ácido graso.

19. Las proteínas son polímeros formados de
    a. lípidos. c. aminoácidos.
    b. hidratos de carbono. d. ácidos nucleicos.

20. Explica la relación entre los monómeros y los polímeros, usando polisacáridos como ejemplo.

21. Identifica tres funciones importantes de las proteínas.

22. Describe las partes de un nucleótido.

Razonamiento crítico

23. **Diseñar un experimento** Sugiere uno o dos experimentos simples para determinar si una sustancia blanca sólida es un lípido o un hidrato de carbono. ¿Qué evidencia necesitarías para apoyar cada hipótesis?

24. **Inferir** Explica qué podría indicar el nombre "hidrato de carbono" sobre la composición química de los azúcares.

2.4 Reacciones químicas y enzimas

Comprender conceptos clave

25. Una enzima acelera una reacción al
    a. disminuir la energía de activación.
    b. elevar la energía de activación.
    c. liberar energía.
    d. absorber energía.

26. En una reacción química, un reactante se une a una enzima en una región conocida como
    a. catalizador.
    b. producto.
    c. sustrato.
    d. sitio activo.

27. Describe los dos tipos de cambio de energía que pueden ocurrir en una reacción química.

28. ¿Qué relación existe entre una enzima y un catalizador?

29. Describe algunos factores que pueden influir en la actividad de las enzimas.

Razonamiento crítico

30. **Inferir** ¿Por qué es importante que las reacciones liberadoras de energía tengan lugar en los organismos vivos?

31. **Predecir** Cambiar la temperatura o el pH puede cambiar la forma de una enzima. Describe cómo cambiar la temperatura o el pH podrían afectar la función de una enzima.

32. **Usar analogías** Explica por qué se usan una cerradura y una llave para describir la forma en que funciona una enzima. Describe cualquier forma en la que la analogía no es perfecta.

resuelve el MISTERIO del CAPÍTULO

EL PEZ ESPECTRO

Las capacidades para enlazar oxígeno de la hemoglobina permiten a la sangre de la mayoría de los peces llevar casi 50 veces el oxígeno que llevaría sin la proteína. La apariencia blanca fantasmagórica del pez antártico de hielo resulta de su sangre clara, sin hemoglobina. Sin embargo, los peces de hielo son capaces de sobrevivir sin hemoglobina gracias a las propiedades del agua a temperaturas bajas.

El oxígeno del aire se disuelve en el agua de mar y proporciona el oxígeno que necesitan los peces para sobrevivir. Los peces absorben oxígeno disuelto directamente a través de sus branquias, de donde pasa al torrente sanguíneo. La solubilidad del oxígeno es mucho mayor a temperaturas bajas. Por tanto, las aguas antárticas son particularmente ricas en oxígeno.

Las branquias grandes, bien desarrolladas, y la piel sin escamas de los peces de hielo les permiten absorber con eficiencia oxígeno del agua. Comparados con peces de sangre roja, los peces de hielo tienen mayor volumen de sangre, sangre menos espesa y corazones más grandes. Así, su sangre puede llevar más oxígeno disuelto y los corazones grandes pueden bombear más rápido sangre menos espesa por el cuerpo. Éstas, otras características físicas y la química del oxígeno en el agua a baja temperatura, permiten al pez de hielo sobrevivir donde muchos otros organismos no pueden.

1. **Relacionar causa y efecto** El pez de hielo produce proteínas anticongelantes para evitar que su sangre se congele; su temperatura corporal permanece debajo de 0 °C. ¿Cómo afecta la temperatura corporal baja la capacidad de la sangre para transportar oxígeno disuelto?

2. **Inferir** Las personas que viven a grandes altitudes por lo general tienen más hemoglobina en su sangre que las personas que viven al nivel del mar. ¿Por qué piensas que es así?

3. **Predecir** Si los océanos antárticos se calentaran, ¿cómo afectaría esto a los peces de hielo?

4. **Conectar con la gran idea** Las reacciones químicas en todos los seres vivos disminuyen a temperaturas bajas. Dado que algunas de las reacciones más importantes en nuestro cuerpo requieren oxígeno, ¿cómo afectarían las temperaturas bajas a la necesidad de oxígeno de los peces de hielo?

Relacionar conceptos

Usar gráficas científicas

La siguiente gráfica muestra la cantidad total de producto de una reacción química realizada a tres temperaturas diferentes. La misma enzima intervino en cada caso. Usa la gráfica para responder a las preguntas 33 a 35.

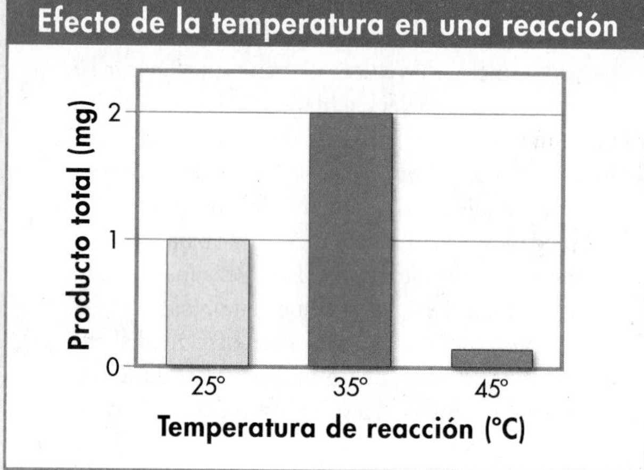

33. Interpretar gráficas ¿A qué temperatura se formó la mayor cantidad de producto?

34. Sacar conclusiones Describe los resultados de cada reacción. ¿Cómo puedes explicar estos resultados?

35. Predecir Una estudiante realiza la misma reacción química a 30 °C. ¿Como cuánto producto puede esperar obtener?

Escribir sobre las ciencias

36. Explicación Escribe un párrafo que incluya lo siguiente: (a) una descripción de las cuatro clases principales de compuestos orgánicos presentes en los seres vivos y (b) una descripción de cómo usa el cuerpo humano estos compuestos orgánicos.

37. Evalúa la gran idea ¿Qué propiedades del carbono le permiten desempeñar una función importante en la química de los seres vivos?

Analizar datos

Un estudiante midió el pH del agua de un estanque pequeño a varios intervalos a lo largo del día. Usa la gráfica para responder a las preguntas 38 y 39.

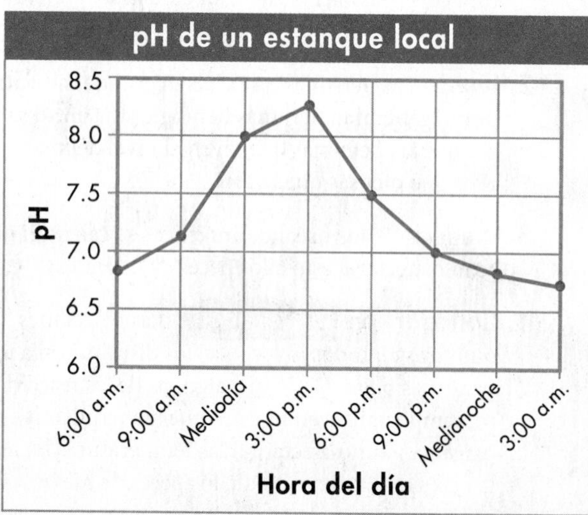

38. Interpretar gráficas ¿A qué hora del día es más ácido el estanque?

a. entre mediodía y las 6:00 p.m.
b. al mediodía
c. entre medianoche y las 6:00 a.m.
d. a las 6:00 p.m.

39. Proponer una hipótesis ¿Cuál de las siguientes es la hipótesis más razonable según los resultados obtenidos?

a. El agua del estanque mantiene un pH constante a lo largo del día.
b. El pH aumenta con el incremento de la luz del día y disminuye con el descenso de la luz del día.
c. Los seres vivos no pueden sobrevivir en este estanque porque las enzimas se destruirán.
d. El pH es mayor en la noche que durante el día.

Preparación para exámenes estandarizados

Selección múltiple

1. Los elementos o compuestos que participan en una reacción química se llaman

A productos.
B catalizadores.
C sitios activos.
D reactantes.

2. Los enlaces químicos que implican la transferencia total de electrones de un átomo o grupo de átomos a otro se llaman

A enlaces covalentes.
B enlaces iónicos.
C enlaces de hidrógeno.
D enlaces de van der Waals.

3. ¿Cuál de las siguientes NO es una molécula orgánica presente en los organismos vivos?

A proteína
B ácido nucleico
C cloruro de sodio
D lípido

4. ¿Qué combinación de partícula y carga es correcta?

A protón: con carga positiva
B electrón: con carga positiva
C neutrón: con carga negativa
D electrón: sin carga

5. ¿En cuál de las siguientes formas se diferencian los isótopos del mismo elemento?

A sólo en el número de neutrones
B sólo en el número de protones
C en los números de neutrones y protones
D en los números de neutrones y en la masa

6. ¿Cuál de las siguientes moléculas está formada por glicerol y ácidos grasos?

A azúcares
B almidones
C lípidos
D ácidos nucleicos

7. Los nucleótidos consisten de un grupo fosfato, una base nitrogenada y un

A ácido graso.
B lípido.
C azúcar de 5 carbonos.
D azúcar de 6 carbonos.

Preguntas 8 y 9

La enzima catalasa acelera la reacción química que cambia el peróxido de hidrógeno en oxígeno y agua.
La cantidad de oxígeno emitida es un indicio de la velocidad de la reacción.

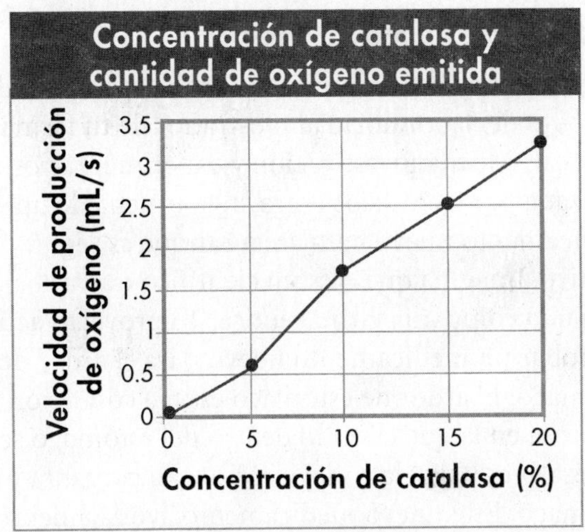

8. Según la gráfica, ¿qué puedes concluir sobre la relación entre la concentración de la enzima y la velocidad de la reacción?

A La velocidad de la reacción disminuye con el aumento de la concentración de la enzima.
B La velocidad de la reacción incrementa con la disminución de la concentración de la enzima.
C La velocidad de la reacción incrementa con el aumento de la concentración de la enzima.
D Las variables son indirectamente proporcionales.

9. ¿Qué concentración de la catalasa producirá la velocidad de reacción más rápida?

A 5%
B 10%
C 15%
D 20%

Respuesta de desarrollo

10. Enumera algunas de las propiedades del agua que la hacen una sustancia única.

Si tienes dificultades con...

la pregunta	1	2	3	4	5	6	7	8	9	10
Ver la lección	2.4	2.1	2.3	2.1	2.1	2.3	2.3	2.4	2.4	2.2

Proyecto de la unidad

Diseñar el experimento

¿Alguna vez te has preguntado cómo llega un medicamento del laboratorio al mostrador de tu farmacia local? Mucha investigación y experimentación realizada por científicos entra en la prueba de un medicamento nuevo para asegurar que es seguro y efectivo. Imagina que eres un científico que trabaja para una compañía farmacéutica. Tu proyecto actual es probar un medicamento nuevo para el ardor de estómago. El ardor de estómago es una condición dolorosa en la que el ácido dentro del estómago se regresa al esófago, la conexión entre tu garganta y el estómago. Este nuevo medicamento ayuda a neutralizar el ácido estomacal para prevenir la irritación.

Tu tarea Diseña *tres* experimentos posibles para probar la seguridad y efectividad del nuevo medicamento para el ardor de estómago. Antes de comenzar, piensa en cómo probarás si el medicamento neutraliza el ácido estomacal. Una vez que hayas escrito tus procedimientos propondrás los experimentos al Consejo Ejecutivo para Investigación y Desarrollo de tu compañía.

Para cada experimento,

- identifica variables independientes y dependientes claras.
- identifica un control.
- propón una hipótesis: predice los resultados que esperarías encontrar si el medicamento funcionara.
- escribe un procedimiento específico que pruebe tu hipótesis.

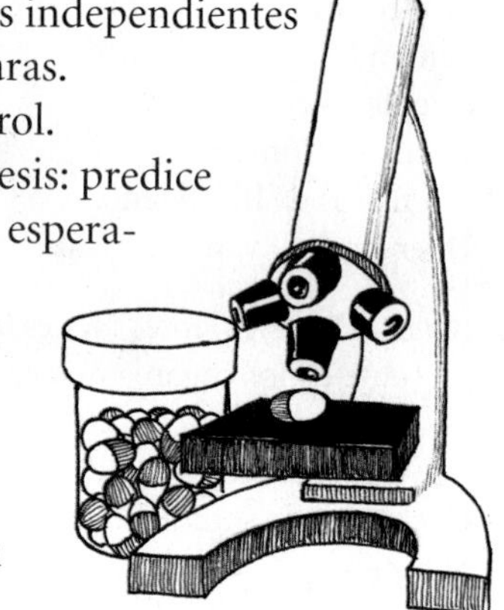

Preguntas de reflexión

1. **Califica tus diseños experimentales usando la escala siguiente. ¿Qué puntuación obtuviste?**
2. **¿Qué hiciste bien en este proyecto?**
3. **¿Qué necesitas mejorar en tus diseños?**
4. **¿Hay algún dilema ético relacionado con tus experimentos? Explica.**

Escala de evaluación

Puntuación	Contenido científico	Calidad de los experimentos
4	Aplica el conocimiento y la comprensión de los conceptos de la unidad en forma correcta y extensa (por ejemplo, la escala del pH) a los diseños experimentales y predicciones.	Los diseños experimentales son inteligentes y prueban en forma efectiva las hipótesis. Las condiciones experimentales están controladas con cuidado y las variables están identificadas en forma correcta.
3	Aplica el conocimiento y la comprensión relevantes de los conceptos de la unidad (por ejemplo, la escala del pH) a los diseños experimentales y predicciones.	Los diseños experimentales son lógicos y prueban las hipótesis. Las condiciones experimentales están controladas y las variables están identificadas en forma correcta.
2	Aplica el conocimiento y la comprensión relevantes de los conceptos de la unidad (por ejemplo, la escala del pH) de manera incompleta a los diseños experimentales y predicciones.	Los diseños experimentales necesitan algunas revisiones, algunas partes son poco claras o no prueban por completo las hipótesis. Las variables y controles necesitan correcciones.
1	No aplica en forma correcta el conocimiento y la comprensión de los conceptos de la unidad (por ejemplo, la escala del pH) a los diseños experimentales y predicciones.	Los diseños experimentales son poco claros y no prueban las hipótesis. Las variables y controles enumerados son incorrectos o están ausentes.

UNIDAD 2

Ecología

Capítulos

PRESENTAR las **grandes ideas**

- **Materia y energía**
- **Interdependencia en la naturaleza**

"La Tierra es un planeta vivo en el que todas las formas de vida están vinculadas entre sí, y con la tierra, el agua y el aire. A través de estos vínculos, la energía fluye y la materia circula en patrones que sostienen la vida, incluyendo a la sociedad humana. Sabemos bastante sobre estos patrones para percatarnos que están cambiando, debido a la actividad humana, en formas que no comprendemos. Nuestro reto es estudiar nuestro impacto en la biósfera y planear para un futuro sano."

Joe Levine

3 La biósfera

Materia y energía, interdependencia en la naturalez

P: ¿Cómo interactúan las partes vivas y las partes inertes de la Tierra y cómo afectan la supervivencia de los organismos?

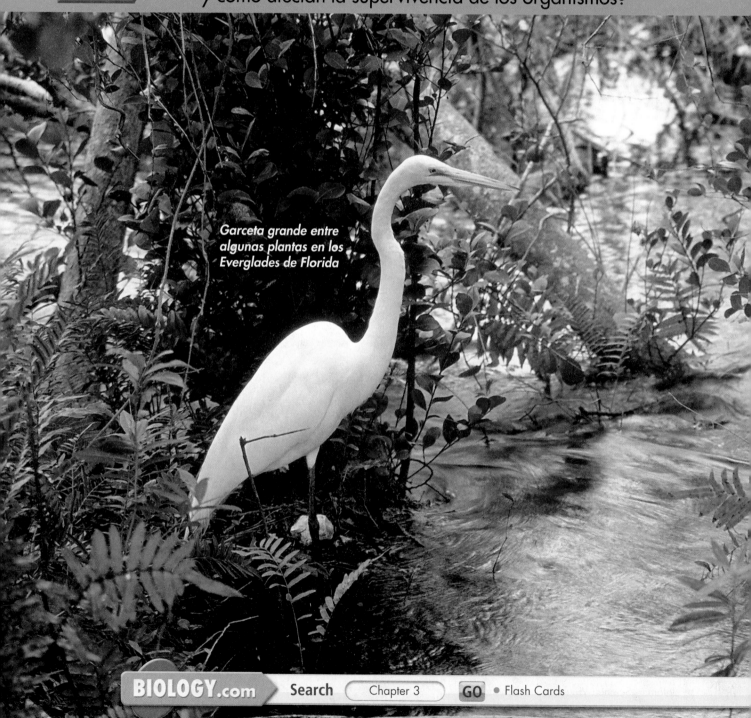

Garceta grande entre algunas plantas en los Everglades de Florida

BIOLOGY.com Search Chapter 3 GO • Flash Cards

EN ESTE CAPÍTULO:

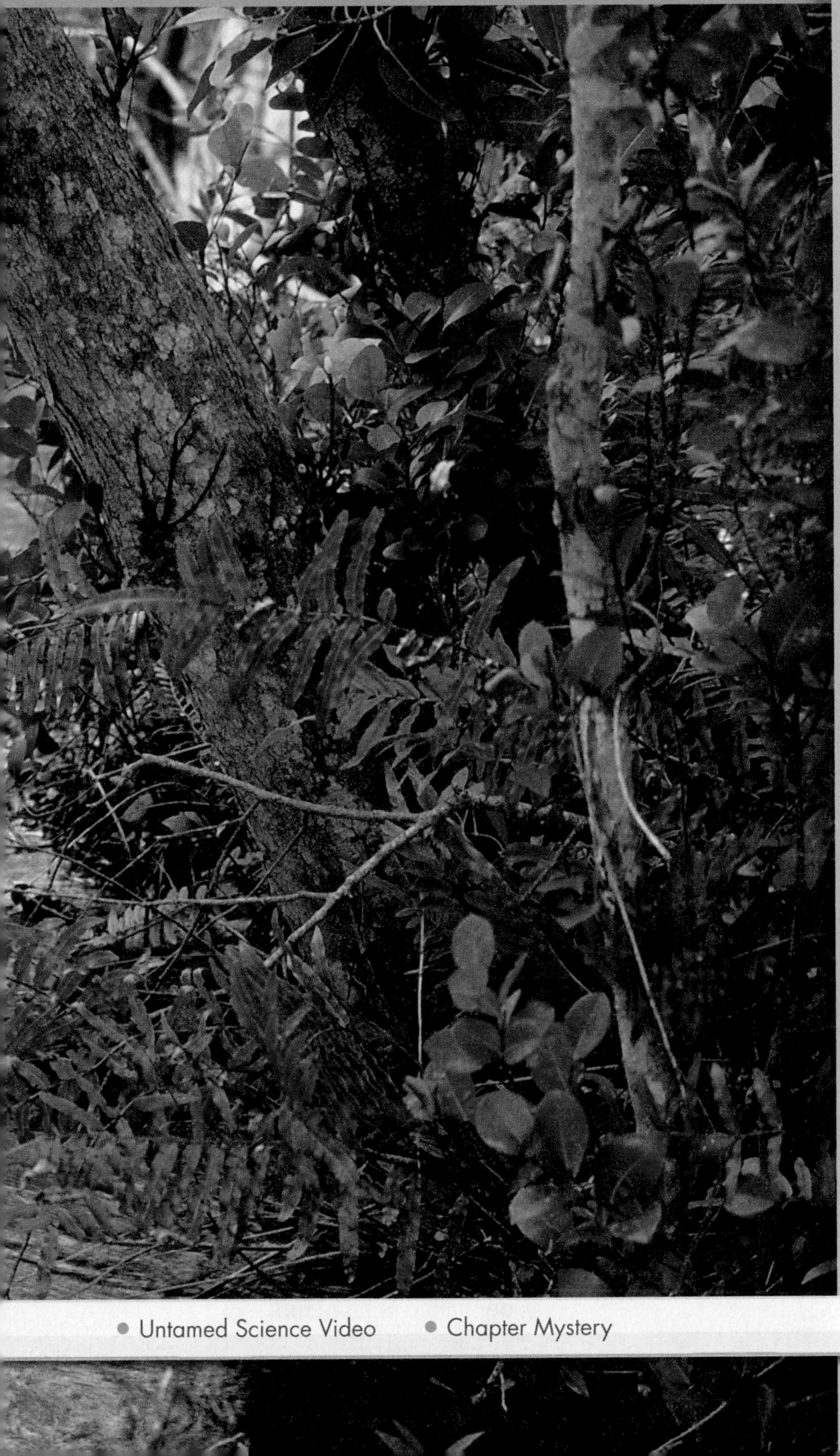

MISTERIO DEL CAPÍTULO

CAMBIOS EN LA BAHÍA

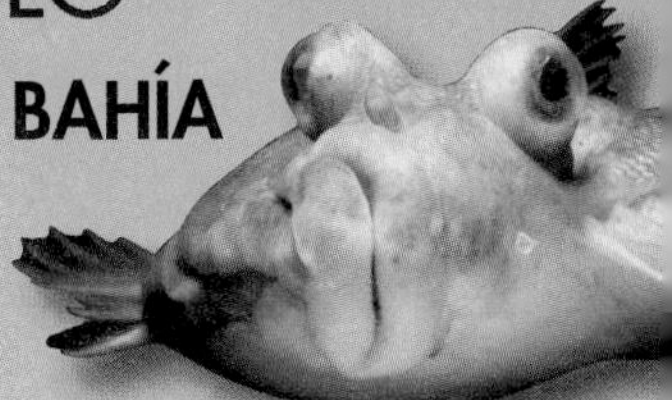

La vida marina en la bahía Narragansett de Rhode Island está cambiando. Una pista para explicar estos cambios viene de los capitanes de los barcos pesqueros que se jactan de pescar anjovas en noviembre, un mes después que esos peces solían dirigirse al sur para el invierno. Las pescas de invierno, sin embargo, no son tan abundantes como lo fueron alguna vez. Estos cambios en las poblaciones de peces coinciden con la desaparición del incremento anual en primavera del crecimiento de plantas y animales. Mientras, los investigadores que trabajan en la bahía reportan cambios extraños en las actividades de las bacterias que viven en el lodo del fondo de la bahía. ¿Qué está sucediendo? Granjas, poblados y ciudades rodean la bahía, pero la influencia humana directa en la bahía no ha cambiado mucho últimamente. Entonces, ¿por qué hay tantos cambios en las poblaciones de plantas y animales de la bahía? ¿Estos cambios podrían estar relacionados con las bacterias que habitan en el lodo? A medida que leas este capítulo, busca pistas que te ayuden a entender las interacciones de plantas, animales y bacterias en la bahía Narragansett. Luego, resuelve el misterio.

Continúa explorando el mundo.

Informarte sobre la bahía Narragansett sólo es el principio. Emprende un viaje de campo en video con los genios ecólogos de *Untamed Science* para ver adónde conduce este misterio.

- Untamed Science Video
- Chapter Mystery

3.1 ¿Qué es la ecología?

Preguntas clave

¿Qué es la ecología?

¿Qué son factores bióticos y abióticos?

¿Qué métodos se usan en los estudios ecológicos?

Vocabulario

biósfera • especie • población • comunidad • ecología • ecosistema • bioma • factor biótico • factor abiótico

Tomar notas

Diagrama de Venn Haz un diagrama de Venn que muestre cómo el ambiente consta de factores bióticos, factores abióticos y algunos componentes que en realidad son una mezcla de ambos. Usa ejemplos de la lección.

PIÉNSALO Lewis Thomas, escritor de temas de ciencia del siglo XX, estaba bastante inspirado por las fotografías de la Tierra tomadas por los astronautas cuando escribió: "Vista desde la Luna, lo sorprendente de la Tierra... es que está viva". Suena bien. Pero, ¿qué significa? ¿Thomas estaba reaccionando a lo verde que es la Tierra? ¿Estaba hablando sobre cómo se puede ver el movimiento de las nubes desde el espacio? ¿Cómo es la Tierra, en sentido científico, un "planeta vivo"? ¿Y cómo la estudiamos?

Estudiar nuestro planeta vivo

¿Qué es la ecología?

Cuando los biólogos desean hablar sobre la vida en una escala global, usan el término *biósfera*. La **biósfera** está compuesta de toda la vida en la Tierra y todas las partes de la Tierra en las que existe vida, incluyendo la tierra, el agua y la atmósfera. La biósfera contiene a todos los organismos, desde las bacterias que viven en el subsuelo hasta los árboles gigantes en los bosques tropicales, las ballenas en los mares polares, las esporas de moho dispersas en el aire y, por supuesto, los humanos. La biósfera se extiende desde alrededor de 8 kilómetros sobre la superficie de la Tierra hasta unos 11 kilómetros debajo de la superficie del océano.

Organismo individual Una **especie** es un grupo de organismos similares que pueden reproducirse y producir una descendencia fértil.

Una **población** es un grupo de individuos de la misma especie que viven en la misma área.

Un conjunto de varias poblaciones que viven juntas en un área definida se denomina **comunidad.**

La ciencia de la ecología Los organismos en la biósfera interactúan entre sí y con sus alrededores, o ambiente. El estudio de estas interacciones se llama **ecología.** **La ecología es el estudio científico de las interacciones entre organismos y entre los organismos y su ambiente físico.** La raíz de la palabra *ecología* es la palabra griega *oikos,* que significa "casa". Así, ecología es el estudio de las "casas" de la naturaleza y los organismos que viven en esas casas.

Las interacciones dentro de la biósfera producen una red de interdependencia entre los organismos y los ambientes en que viven. Los organismos responden a sus ambientes y también pueden cambiarlos, produciendo así una biósfera siempre cambiante, o dinámica.

DESARROLLAR el vocabulario

PREFIJOS El prefijo *inter-* significa "entre". *Interdependencia* es un sustantivo que significa "dependencia entre individuos o cosas". El ambiente físico y los organismos se consideran interdependientes porque los cambios en uno causan cambios en los otros.

Ecología y economía La palabra griega *oikos* también es la raíz de la palabra *economía.* La economía se interesa en las "casas" e interacciones humanas basadas en el dinero o el comercio. Las interacciones entre las "casas" de la naturaleza se basan en la energía y los nutrientes. Como implica su raíz común, la economía y la ecología están vinculadas. Los humanos viven dentro de la biósfera y dependen de procesos ecológicos que les proporcionan cosas esenciales como alimentos y agua potable que pueden comprarse y venderse o negociarse.

Niveles de organización Los ecólogos hacen muchas preguntas sobre los organismos y sus ambientes. Algunos ecólogos se enfocan en la ecología de organismos individuales. Otros tratan de entender cómo las interacciones entre organismos (incluyendo los humanos) influyen en nuestro ambiente global. Los estudios ecológicos pueden enfocarse en los niveles de organización que incluyen los que se muestran en la **ilustración 3–1.**

En tu cuaderno *Dibuja un círculo y rotúlalo "Yo". Luego, dibuja cinco círculos concéntricos y rotula cada uno de ellos con el nivel apropiado de organización. Describe tu población, comunidad, etc.*

ILUSTRACIÓN 3–1 Niveles de organización Las clases de preguntas que pueden hacer los ecólogos sobre el medio ambiente vivo pueden variar, dependiendo del nivel en que trabaje el ecólogo. **Interpretar material visual** ***¿Cuál es la diferencia entre una población y una comunidad?***

Todos los organismos que viven en un lugar, junto con su ambiente físico, forman un **ecosistema.**

Un **bioma** es un grupo de ecosistemas que comparten climas y organismos típicos similares.

Nuestro planeta entero, con todos sus organismos y ambientes físicos, se conoce como la biósfera.

Factores bióticos y abióticos

¿Qué son factores bióticos y abióticos?

Los ecólogos usan la palabra *medio ambiente* para referirse a todas las condiciones, o factores, que rodean a un organismo. Las condiciones ambientales incluyen factores bióticos y factores abióticos, como se muestra en la **ilustración 3–2.**

Factores bióticos **Las influencias biológicas en los organismos se llaman factores bióticos.** Un **factor biótico** es cualquier parte viva del medio ambiente con la que un organismo podría interactuar, incluyendo animales, plantas, hongos y bacterias. Por ejemplo, los factores bióticos que se relacionan con una rana toro podrían incluir las algas que ingiere cuando es renacuajo, los insectos que come cuando es adulto, las garzas que comen ranas toro y otras especies que compiten con las ranas toro por alimento o espacio.

Factores abióticos **Los componentes físicos de un ecosistema se llaman factores abióticos.** Un **factor abiótico** es cualquier parte inanimada del medio ambiente, como la luz solar, el calor, la precipitación, la humedad, el viento o las corrientes de agua, el tipo de suelo, etc. Por ejemplo, una rana toro podría verse afectada por factores abióticos como la disponibilidad de agua, la temperatura y la humedad.

ILUSTRACIÓN 3–2 Factores bióticos y abióticos Como todos los ecosistemas, este estanque se ve afectado por una combinación de factores bióticos y abióticos. Algunos factores ambientales, como el "lodo" alrededor de los bordes del estanque, son una mezcla de componentes bióticos y abióticos. Los factores bióticos y abióticos son dinámicos, es decir, se afectan entre sí de manera constante. Clasificar ***¿Qué factores bióticos son visibles en este ecosistema?***

Factores bióticos y abióticos juntos La diferencia entre los factores bióticos y abióticos puede parecer clara y simple. Pero si reflexionas a fondo, te darás cuenta de que muchos factores físicos pueden verse afectados fuertemente por las actividades de los organismos. Las ranas toro, por ejemplo, pasan el tiempo en el "lodo" suave de las orillas de los estanques. Podrías pensar que este lodo es estrictamente parte del ambiente físico, porque contiene partículas inanimadas de arena y lodo. Pero el lodo de estanque común contiene hojas enmohecidas y otro material vegetal en descomposición producido por árboles y otras plantas que están alrededor del estanque. Este material está en descomposición porque sirve como "alimento" de bacterias y hongos que viven en el lodo.

Desde una visión un poco más amplia, las condiciones "abióticas" alrededor de esa orilla lodosa se ven muy afectadas por organismos vivos. Un dosel frondoso de árboles y arbustos tapa con frecuencia la luz directa del sol en la orilla del estanque y la protegen de los vientos fuertes. De esta manera, los organismos que viven alrededor del estanque afectan fuertemente la cantidad de luz solar que recibe la orilla y el rango de temperaturas que experimenta. Un bosque alrededor de un estanque también afecta la humedad del aire cerca del suelo. Las raíces de los árboles y otras plantas determinan cuánto suelo se mantiene en su lugar y cuánto se deslava al estanque. Incluso ciertas condiciones químicas del suelo que rodea el estanque se ven afectadas por organismos vivos. Si la mayor parte de los árboles cercanos son pinos, sus agujas en descomposición hacen el suelo ácido. Si los árboles cercanos son robles, el suelo será más alcalino. Esta mezcla dinámica de factores bióticos y abióticos moldea todo el ambiente.

PISTA
DEL MISTERIO
¿Cuáles son tres ejemplos de factores abióticos que podrían afectar la vida en la bahía Narragansett?

En tu cuaderno *Explica con tus propias palabras la diferencia entre factores bióticos y abióticos. Da tres ejemplos de cada uno.*

Actividad rápida de laboratorio

INVESTIGACIÓN DIRIGIDA

¿Cómo afectan los factores abióticos a las distintas especies de plantas?

1. Reúne cuatro vasos de papel. Usa un lápiz para hacer tres agujeros en el fondo de cada vaso. Llena dos vasos con cantidades iguales de arena y dos vasos con la misma cantidad de tierra para macetas. **PRECAUCIÓN:** *Lávate bien las manos con agua caliente y jabón después de manipular tierra o plantas.*

2. Planta cinco semillas de arroz en un vaso lleno de arena y cinco semillas de arroz en un vaso lleno de tierra. Planta cinco semillas de centeno en cada uno de los otros dos vasos. Rotula cada vaso con el tipo de semillas y suelo que contienen.

3. Coloca todos los vasos en un lugar cálido y soleado. Cada día durante dos semanas, riega los vasos por igual y registra tus observaciones del crecimiento de las plantas.

Analizar y concluir

1. Analizar datos ¿En qué medio creció mejor el arroz: en arena o en tierra? ¿Cuál fue el mejor medio para el crecimiento del centeno?

2. Inferir La tierra retiene más agua que la arena, lo que ofrece un ambiente más húmedo. ¿Qué puedes inferir de tus observaciones sobre la clase de ambiente que favorece el crecimiento del arroz? ¿Qué clase de ambiente favorece el crecimiento del centeno?

3. Sacar conclusiones ¿Cuál competiría con más éxito en un ambiente seco: el arroz o el centeno? ¿Cuál crecería mejor en un ambiente húmedo?

ILUSTRACIÓN 3–3 **Trabajo de campo de ecología** Los tres enfoques fundamentales para la investigación ecológica implican observar, experimentar y modelar. Este ecólogo está midiendo una tortuga mediterránea.

Métodos ecológicos

¿Qué métodos se usan en los estudios ecológicos?

Algunos ecólogos, como el de la **ilustración 3–3,** usan herramientas de medición para evaluar los cambios en las comunidades de flora y fauna. Otros usan estudios de ADN para identificar bacterias en el lodo de marismas. Otros más usan datos reunidos por satélites para darle seguimiento a las temperaturas de la superficie del océano. **Sin importar sus herramientas, los ecólogos modernos usan tres métodos en su trabajo: observación, experimentación y modelado. Cada uno de estos enfoques se basa en el método científico para guiar la investigación.**

Observación La observación con frecuencia es el primer paso al hacer preguntas ecológicas. Algunas observaciones son simples: ¿Qué especies viven aquí? ¿Cuántos individuos de cada especie hay ahí? Otras observaciones son más complejas: ¿Cómo protege un animal a sus crías de los depredadores? Estos tipos de preguntas pueden formar el primer paso en el diseño de experimentos y modelos.

Experimentación Los experimentos pueden usarse para probar hipótesis. Por ejemplo, un ecólogo puede diseñar un ambiente artificial en un laboratorio o invernadero para ver cómo reaccionan las plantas en crecimiento a diferentes condiciones de temperatura, iluminación o concentración de dióxido de carbono. Otros experimentos alteran con cuidado las condiciones en partes específicas de ecosistemas naturales.

Modelado Muchos sucesos ecológicos, como los efectos del calentamiento global en los ecosistemas, ocurren durante períodos de tiempo tan largos o en distancias tan grandes que son difíciles de estudiar en forma directa. Los ecólogos hacen modelos para entender estos fenómenos. Muchos modelos ecológicos consisten en fórmulas matemáticas basadas en datos reunidos a través de la observación y la experimentación. Además, las observaciones de los ecólogos pueden usarse para probar predicciones basadas en estos modelos.

3.1 Evaluación

Repaso de conceptos clave

1. a. **Repasar** ¿Cuáles son los seis niveles principales de organización, del más pequeño al más grande, que los ecólogos estudian generalmente?
   b. **Aplica los conceptos** Da un ejemplo de dos objetos o actividades en tu vida que sean interdependientes. Explica tu respuesta.
2. a. **Repasar** ¿El clima es un factor biótico o un factor abiótico?
   b. **Comparar y contrastar** ¿Cómo se relacionan los factores bióticos y abióticos? ¿Cuál es la diferencia entre ellos?
3. a. **Repasar** Describe los tres métodos básicos de la investigación ecológica.
   b. **Aplica los conceptos** Da un ejemplo de un fenómeno ecológico que podría estudiarse por modelado. Explica por qué el modelado sería útil.

PROBLEMA DE PRÁCTICA

4. Supón que deseas saber si el agua en cierto arroyo se puede beber. ¿Cuál método o métodos ecológicos usarías en tu investigación? Explica tu razonamiento y haz un esquema de tu procedimiento.

BIOLOGY.com Search Lesson 3.1 GO • Self-Test • Data Analysis • Lesson Assessment

3.2 Energía, productores y consumidores

PIÉNSALO En el centro de toda interacción de un organismo con el ambiente se necesita energía para llevar a cabo los procesos vitales. Las hormigas usan energía para transportar objetos muchas veces mayores que su tamaño. Las aves usan energía para migrar miles de millas. ¡Tú necesitas energía para pararte de la cama en la mañana! ¿De dónde proviene la energía en los sistemas vivos? ¿Cómo se transfiere de un organismo a otro?

Preguntas clave

¿Qué son productores primarios?

¿Cómo obtienen energía y nutrientes los consumidores?

Vocabulario

autótrofo • productor primario • fotosíntesis • quimiosíntesis • heterótrofo • consumidor • carnívoro • herbívoro • carroñero • omnívoro • descomponedor • detritívoro

Tomar notas

Mapa de conceptos A medida que leas, usa las palabras del vocabulario resaltadas para crear un mapa de conceptos que organice la información de esta lección.

DESARROLLAR el vocabulario

PREFIJOS El prefijo *auto-* significa "por sí mismo". La palabra griega *trophikos* significa "alimentar". Por tanto, un **autótrofo** puede describirse como un organismo que "se alimenta solo", es decir, no necesita comer otros organismos para alimentarse.

Productores primarios

¿Qué son productores primarios?

Los sistemas vivos operan gastando energía. Los organismos necesitan energía para el crecimiento, la reproducción y sus propios procesos metabólicos. En resumen, si no hay energía, ¡no hay funciones vitales. No obstante, ningún organismo puede crear energía; los organismos sólo pueden usar energía de otras fuentes. Es probable que sepas que obtienes tu energía de las plantas y animales que comes. Pero, ¿de dónde proviene la energía que hay en tus alimentos? Para la mayoría de la vida en la Tierra, la luz solar es la máxima fuente de energía. Sin embargo, durante las últimas décadas, los investigadores han descubierto que hay otras fuentes de energía para la vida. Para algunos organismos, la energía química almacenada en compuestos químicos inorgánicos sirve como la máxima fuente de energía para los procesos vitales.

Sólo las algas, ciertas bacterias y las plantas, como la de la **ilustración 3–4,** pueden capturar energía de la luz solar o sustancias químicas y convertirla en formas que pueden usar las células vivas. Estos organismos se llaman **autótrofos.** Los autótrofos usan la energía solar o química para producir "alimento" al ensamblar compuestos inorgánicos en moléculas orgánicas complejas. Pero los autótrofos hacen más que alimentarse a sí mismos. Los autótrofos almacenan energía de manera que esté disponible para otros organismos que se los comen. Es por esto que los autótrofos también se llaman **productores primarios.** **Los productores primarios son los primeros productores de compuestos ricos en energía que luego son usados por otros organismos.** Los productores primarios son, por tanto, esenciales para el flujo de energía a través de la biósfera.

ILUSTRACIÓN 3–4 Productores primarios Las plantas obtienen energía de la luz solar y la convierten en nutrientes que a su vez son comidos y usados para obtener energía por animales como esta oruga.

Energía del sol Los productores primarios mejor conocidos y más comunes aprovechan la energía solar a través del proceso de fotosíntesis. La **fotosíntesis** captura la energía de la luz y la usa para llevar a cabo reacciones químicas que convierten el dióxido de carbono y el agua en oxígeno e hidratos de carbono ricos en energía como azúcares y almidones. Este proceso, mostrado en la **ilustración 3–5** (abajo a la izquierda), agrega oxígeno a la atmósfera y elimina el dióxido de carbono. Sin productores fotosintéticos, ¡el aire no contendría suficiente oxígeno para que respiraras! Las plantas son los principales productores fotosintéticos en la tierra. Las algas cumplen esa función en los ecosistemas de agua dulce y en las capas superiores del océano iluminadas por el sol. Las bacterias fotosintéticas, por lo común cianobacterias, son productores primarios importantes en ecosistemas como las planicies de marea y las marismas salinas.

Vida sin luz Hace unos 30 años, los biólogos descubrieron ecosistemas prósperos alrededor de las chimeneas volcánicas en la oscuridad total del suelo oceánico profundo. Ahí no hay luz para la fotosíntesis, así que ¿quiénes o qué eran los productores primarios? La investigación reveló que estos ecosistemas en la profundidad del mar dependían de productores primarios que aprovechan la energía química de moléculas inorgánicas como el sulfuro de hidrógeno. Estos organismos realizan un proceso llamado **quimiosíntesis** en el que se usa energía química para producir hidratos de carbono como se muestra en la **ilustración 3–5** (abajo a la derecha). Sin embargo, los organismos quimiosintéticos no sólo se encuentran en los océanos más profundos y más oscuros. Desde entonces se han descubierto varios tipos de productores quimiosintéticos en más partes de la biósfera de lo que hubiera esperado cualquiera. Algunas bacterias quimiosintéticas viven en ambientes rigurosos, como las chimeneas volcánicas en el fondo del mar o en manantiales termales. Otras viven en marismas mareales a lo largo de la costa.

En tu cuaderno *Explica con tus propias palabras las diferencias y semejanzas entre los productores fotosintéticos y los quimiosintéticos.*

ILUSTRACIÓN 3–5 Fotosíntesis y quimiosíntesis Las plantas usan la energía de la luz solar para realizar el proceso de fotosíntesis. Otros autótrofos, como las sulfobacterias, usan la energía almacenada en enlaces químicos en un proceso llamado quimiosíntesis. En ambos casos se producen hidratos de carbono ricos en energía. **Comparar y contrastar** ***¿En qué se parecen la fotosíntesis y la quimiosíntesis?***

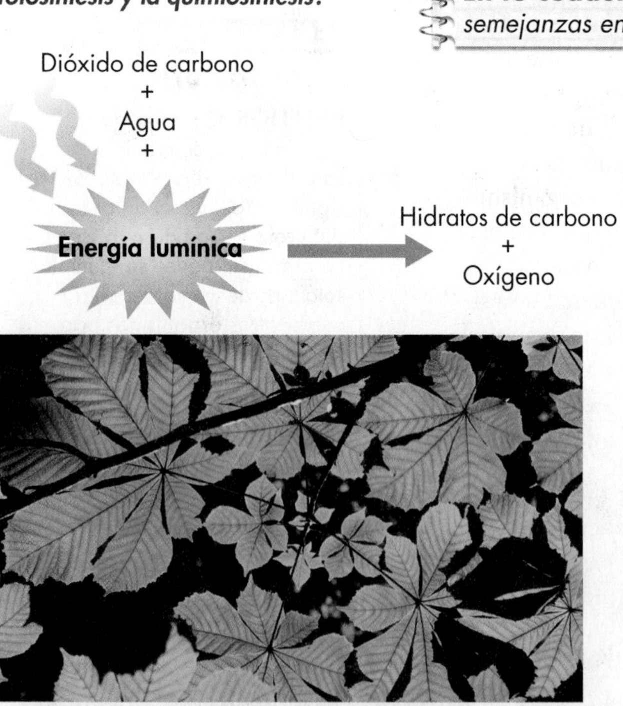

Fotosíntesis

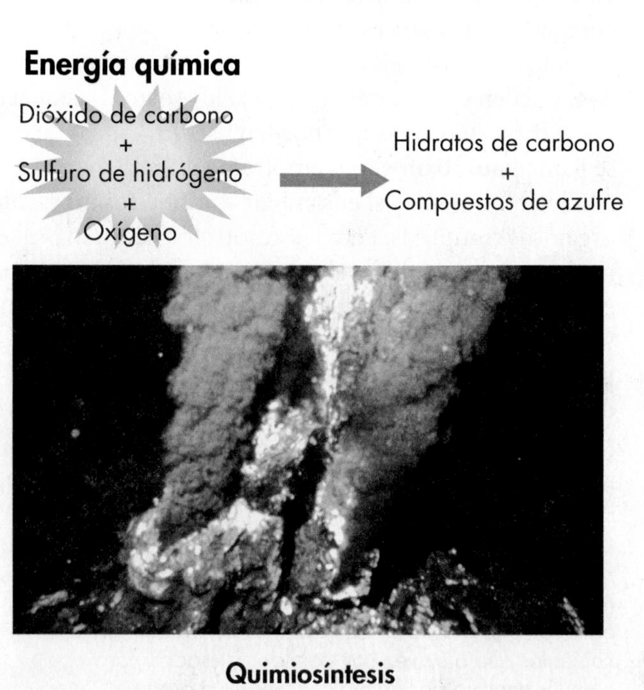

Quimiosíntesis

Consumidores

¿Cómo obtienen energía y nutrientes los consumidores?

Los animales, hongos y muchas bacterias no pueden aprovechar en forma directa la energía del ambiente como lo hacen los productores primarios. Estos organismos, conocidos como **heterótrofos** deben adquirir la energía de otros organismos, ingiriéndolos de una manera u otra. Los heterótrofos también se llaman **consumidores.** **Los organismos que dependen de otros organismos para obtener energía y nutrientes se llaman consumidores.**

Tipos de consumidores Los consumidores se clasifican según las formas en que adquieren energía y nutrientes, como se muestra en la **ilustración 3–6.** Como verás, la definición de *alimento* puede variar bastante entre consumidores.

ILUSTRACIÓN 3–6 Consumidores Los consumidores dependen de otros organismos para obtener energía y nutrientes. El bosque tropical del Amazonas alberga ejemplos de cada tipo de consumidor, como se muestra aquí.

Los **carnívoros** matan y comen a otros animales. Los carnívoros incluyen serpientes, perros, gatos y esta nutria de río gigante. Atrapar y matar a la presa puede ser difícil y requiere energía, pero la carne por lo general es rica en nutrientes y energía y es fácil de digerir.
Los **herbívoros** como esta guacamaya verde obtienen energía y nutrientes comiendo las hojas, raíces, semillas o frutos de las plantas. Los herbívoros comunes incluyen vacas, orugas y ciervos.
Los **omnívoros** son animales cuyas dietas incluyen naturalmente una variedad de alimentos diferentes que por lo general incluyen plantas y animales. Los humanos, osos, cerdos y este coatí de nariz blanca son omnívoros.
Los **carroñeros** son animales que consumen los cadáveres de otros animales que han sido matados por depredadores o han muerto por otras causas. Este zamuro rey es un carroñero.
Los **descomponedores**, como las bacterias y los hongos (como este champiñón) se "alimentan" al descomponer químicamente la materia orgánica. La putrefacción causada por los descomponedores es parte del proceso que produce detritos, fragmentos pequeños de restos muertos y en descomposición de plantas y animales.
Los **detritívoros** como esta lombriz de tierra gigante se alimentan de partículas de detritos, a menudo masticándolos o moliéndolos en trozos aún más pequeños. Muchos tipos de ácaros, caracoles, camarones y cangrejos son detritívoros. Los detritívoros por lo común digieren a los descomponedores que están dentro y sobre las partículas de detritos.

Actividad rápida de laboratorio

INVESTIGACIÓN DIRIGIDA

¿Cómo interactúan los distintos tipos de consumidores?

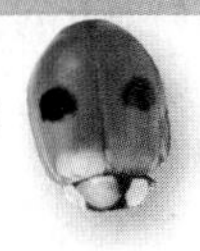

1. Coloca una planta de semillero de frijol en cada uno de dos tarros.
2. Agrega 20 áfidos a un tarro y cubre el tarro con una tela de mosquitero para impedir que los áfidos escapen. Usa una goma para sujetar la tela al tarro.
3. Agrega 20 áfidos y 4 catarinas en el segundo tarro. Cubre el segundo tarro como lo hiciste con el primero.
4. Coloca ambos tarros en un lugar soleado. Observa los tarros cada día por una semana y registra tus observaciones. Riega las plantas según sea necesario.

Analizar y concluir

1. Observar ¿Qué les sucedió a los áfidos y a las plantas en el tarro sin las catarinas? ¿Qué sucedió en el tarro con las catarinas? ¿Cómo puedes explicar esta diferencia?

2. Clasificar Identifica a cada organismo en los tarros como productor o consumidor. Si el organismo es un consumidor, ¿qué clase de consumidor es?

PISTA DEL MISTERIO

Las bacterias son miembros importantes de la comunidad viva en la bahía Narragansett. ¿Cómo piensas que las comunidades de bacterias en el fondo de la bahía podrían estar vinculadas a sus productores y consumidores?

Más allá de las categorías de consumidores Es importante clasificar a los consumidores, pero a veces no se expresa la complejidad real de la naturaleza. Toma a los herbívoros, como ejemplo. Las semillas y frutos por lo general son ricos en energía y nutrientes, y fáciles de digerir. Las hojas por lo general son pobres en nutrientes y son muy difíciles de digerir. Por ello los herbívoros que comen diferentes partes de las plantas a menudo difieren mucho en las formas de obtener y digerir su alimento. Sólo un puñado de aves come hojas, porque el sistema digestivo para manejar las hojas en forma eficiente es pesado y es difícil volar con él.

Es más, los organismos en la naturaleza con frecuencia no permanecen dentro de las categorías ordenadas en que los colocan los ecólogos. Por ejemplo, algunos animales con frecuencia descritos como carnívoros, como las hienas, serán carroñeros si tienen la oportunidad. Muchos animales acuáticos comen una mezcla de algas, trozos de cadáveres de animales y partículas de detritos, ¡incluyendo las heces de otros animales! Así, estas categorías son un buen lugar para empezar a hablar sobre ecosistemas, pero es importante expandir este tema comentando la forma en que la energía y los nutrientes se mueven a través de los ecosistemas.

3.2 Evaluación

Repaso de conceptos clave

1. a. Repasar ¿Cuáles son las dos fuentes primarias de energía que activa a los sistemas vivos?

b. Preguntar Propón una pregunta que un científico podría hacer sobre la variedad de organismos encontrados alrededor de los volcanes en el fondo del mar.

2. a. Repasar Explica cómo obtienen energía los consumidores.

b. Comparar y contrastar ¿En qué difieren los detritívoros de los descomponedores? Proporciona un ejemplo de cada uno.

DESARROLLAR EL VOCABULARIO

3. La palabra *autótrofo* proviene de las palabras griegas *autos*, que significa "por sí mismo", y *trophe*, que significa "alimento o nutrimento". Sabiendo esto, ¿qué crees que signifique la palabra griega *heteros*, como en *heterótrofo*?

BIOLOGY.com Search Lesson 3.2 GO • Self-Test • Lesson Assessment

3.3 Flujo de energía en los ecosistemas

PIÉNSALO ¿Qué le sucede a la energía almacenada en los tejidos corporales cuando un organismo se come a otro? Esa energía pasa del que "sirve de alimento" al que "se alimenta". Ya has aprendido que el flujo de energía a través de un ecosistema siempre comienza con productores primarios ya sea fotosintéticos o quimiosintéticos. ¡A dónde va después depende literalmente de quién se come a quién!

Cadenas alimenticias y redes alimenticias

¿Cómo fluye la energía a través de los ecosistemas?

En todo ecosistema, los productores primarios y los consumidores están vinculados por medio de relaciones de alimentación. A pesar de la gran variedad de relaciones de alimentación en diferentes ecosistemas, la energía siempre fluye de manera similar. **La energía fluye a través de un ecosistema en un solo sentido, de los productores primarios a varios consumidores.**

Cadenas alimenticias Puedes pensar que la energía pasa a través de un ecosistema a lo largo de una cadena alimenticia. Una **cadena alimenticia** es una serie de pasos en que los organismos transfieren energía al alimentarse y al servir de alimento. La longitud de las cadenas alimenticias puede variar. Por ejemplo, en un ecosistema de pradera, un productor primario, como el pasto, sirve de alimento para un herbívoro, como un antílope que pasta. Un carnívoro, como un coyote, se alimenta a su vez con el antílope. En esta cadena de dos pasos, el carnívoro está a sólo dos pasos de distancia del productor primario.

En algunas cadenas alimenticias acuáticas, los productores primarios son una mezcla de algas flotantes llamadas **fitoplancton** y algas adjuntas. Como se muestra en la **ilustración 3–7,** estos productores primarios pueden ser comidos por peces pequeños, como los peces estandarte. Peces más grandes, como la lobina, se comen a los peces pequeños. La lobina es presa de aves zancudas grandes, como la anhinga, la cual puede ser comida al final por un caimán. Hay cuatro pasos en esta cadena alimenticia. Por tanto, el carnívoro de arriba está a cuatro pasos de distancia del productor primario.

Preguntas clave

¿Cómo fluye la energía a través de los ecosistemas?

¿Qué ilustran los tres tipos de pirámide ecológica?

Vocabulario

cadena alimenticia • fitoplancton • red alimenticia • zooplancton • nivel trófico • pirámide ecológica • biomasa

Tomar notas

Vistazo al material visual Antes de leer, observa las **ilustraciones 3–7** y **3–9**. Nota en qué se parecen y en qué se diferencian. Con base en las ilustraciones, escribe definiciones para *cadena alimenticia* y *red alimenticia*.

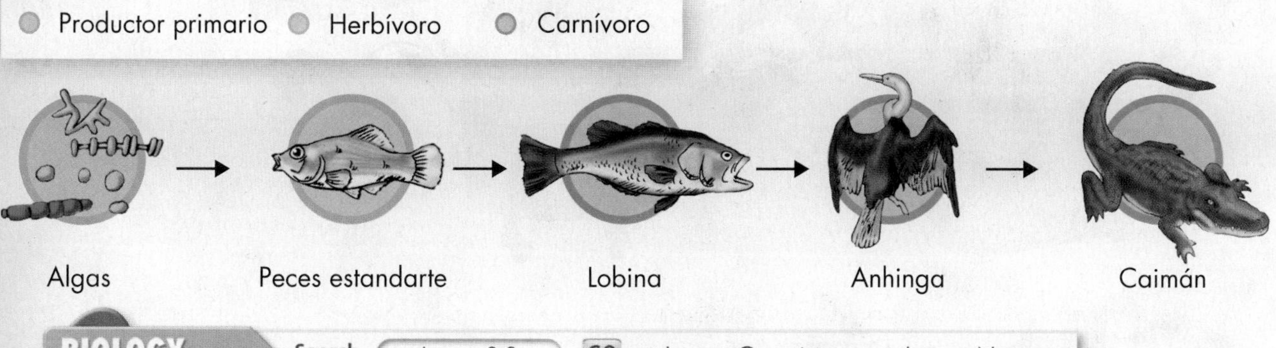

ILUSTRACIÓN 3–7 Cadenas alimenticias Las cadenas alimenticias muestran el flujo en un solo sentido de la energía en un ecosistema. **Aplica los conceptos** ***¿Cuál es la fuente de energía final para esta cadena alimenticia?***

Redes alimenticias En la mayoría de los ecosistemas, las relaciones de alimentación son mucho más complicadas que las relaciones descritas en una sola cadena simple. Una de las razones es que muchos animales comen más de una clase de alimento. Por ejemplo, en la llanura de Serengeti en África, los herbívoros, como cebras, gacelas y búfalos, con frecuencia pastan varias especies diferentes de pastos. ¡Varios depredadores como leones, hienas y leopardos, a su vez, con frecuencia cazan a estos herbívoros! Los ecólogos llaman a esta red de interacciones de alimentación una **red alimenticia.**

▶ ***Cadenas alimenticias dentro de redes alimenticias*** Los Everglades son un complejo ecosistema de pantano en el sur de Florida. Aquí, organismos acuáticos y terrestres interaccionan en muchas relaciones de alimentación que se superponen, las cuales se han simplificado y representado en la **ilustración 3–9.** Comenzando con un productor primario (algas o plantas), ve cuántas rutas diferentes puedes tomar para llegar al caimán, buitre o anhinga. Una ruta, desde las algas hasta el caimán, es la misma cadena alimenticia que viste en la **ilustración 3–7.** De hecho, cada ruta que traces a través de la red alimenticia es una cadena alimenticia. Por tanto, puedes pensar que una red alimenticia vincula todas las cadenas alimenticias en un ecosistema. Date cuenta, sin embargo, que ésta es una representación muy simplificada de esta red alimenticia, en la cual se han dejado fuera muchas especies. Ahora, ¡puedes comenzar a apreciar lo complicadas que son las redes alimenticias!

▶ ***Descomponedores y detritívoros en las redes alimenticias*** Los descomponedores y detritívoros son tan importantes en la mayoría de las redes alimenticias como otros consumidores. Observa de nuevo la red de los Everglades. Aunque el venado de cola blanca, las gallinetas, los mapaches, el camarón de hierba, los cangrejos de río y los peces estandarte se alimentan al menos en parte de productores primarios, la mayoría de los productores mueren sin ser comidos. En la ruta del detrito, los descomponedores **convierten** este material muerto en detritos que son comidos por detritívoros, como los cangrejos de río, los camarones de hierba y los gusanos. Al mismo tiempo, el proceso de descomposición libera nutrientes que los productores primarios pueden usar. Por tanto, los descomponedores reciclan nutrientes en las redes alimenticias como se ve en la **ilustración 3–8.** Sin descomponedores, los nutrientes permanecerían encerrados dentro de los organismos muertos.

DESARROLLAR el vocabulario

VOCABULARIO ACADÉMICO El verbo **convertir** significa "cambiar de una forma a otra". Los descomponedores convierten, o cambian, la materia vegetal muerta en una forma llamada detrito que sirve de alimento para los detritívoros.

En tu cuaderno *Explica cómo se relacionan las cadenas alimenticias y las redes alimenticias.*

ANALOGÍA VISUAL

ILUSTRACIÓN 3–8 El centro de reciclaje de la Tierra Los descomponedores desintegran la materia muerta y en descomposición y liberan nutrientes que productores primarios pueden volver a utilizar. **Usar analogías** ***¿En qué se parecen los descomponedores a un centro de reciclaje de una ciudad?***

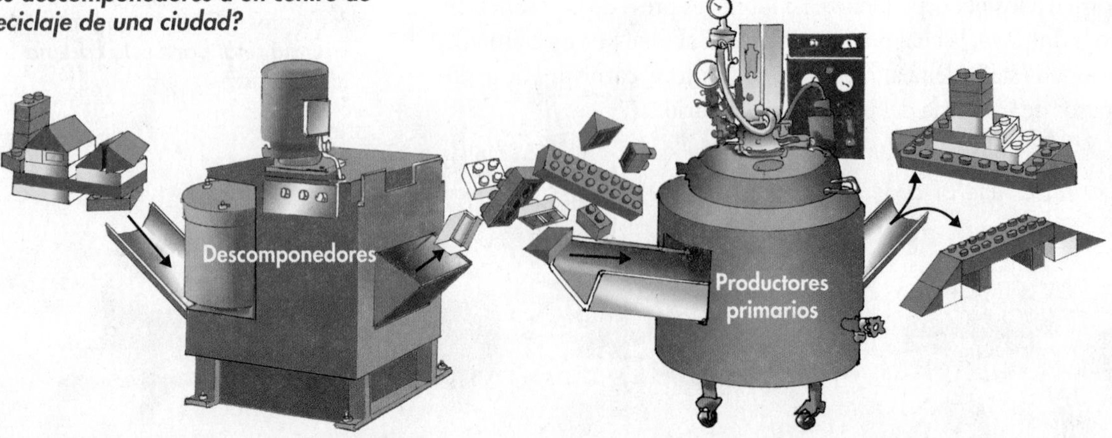

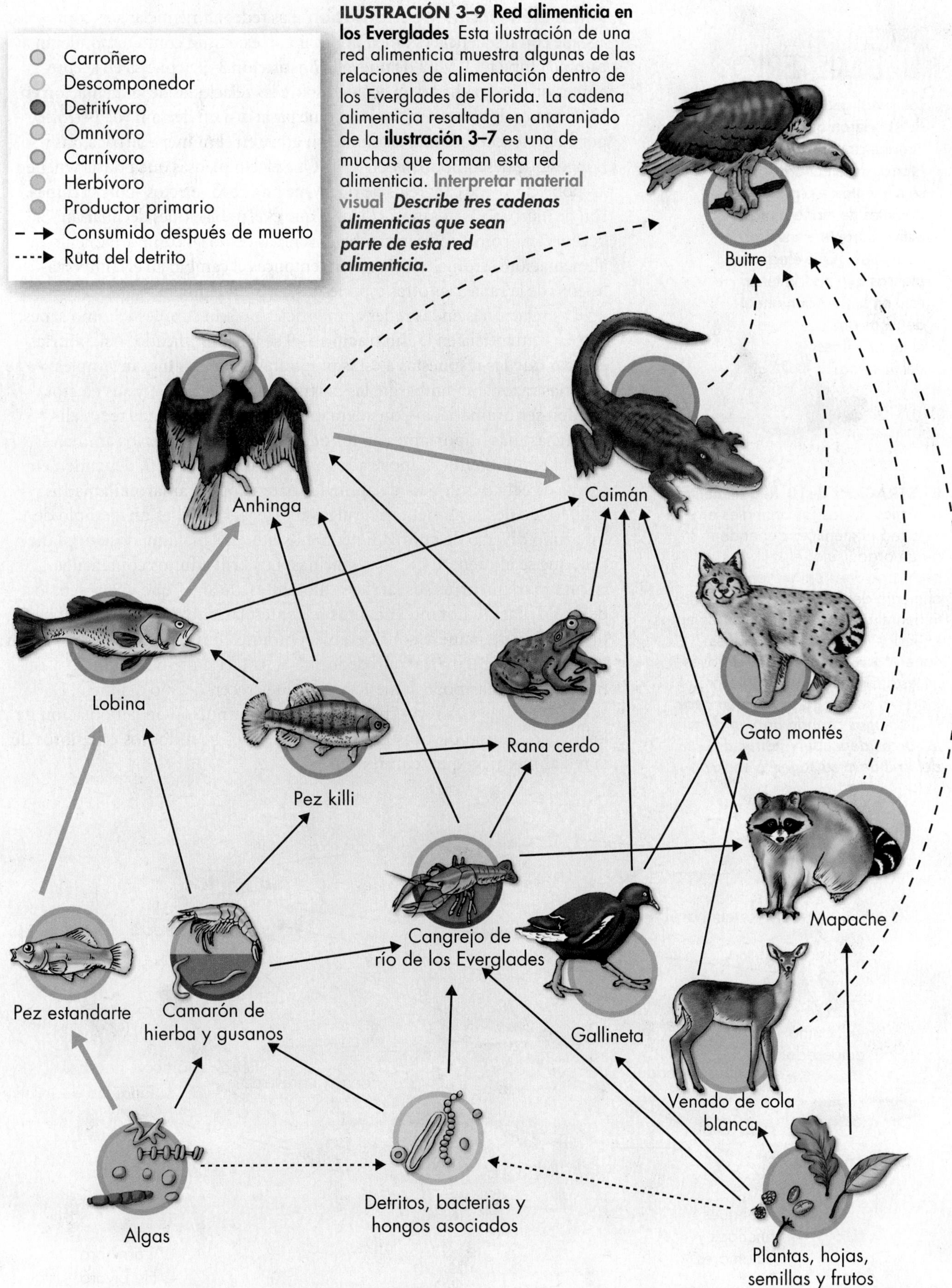

ILUSTRACIÓN 3–9 Red alimenticia en los Everglades Esta ilustración de una red alimenticia muestra algunas de las relaciones de alimentación dentro de los Everglades de Florida. La cadena alimenticia resaltada en anaranjado de la **ilustración 3–7** es una de muchas que forman esta red alimenticia. **Interpretar material visual** ***Describe tres cadenas alimenticias que sean parte de esta red alimenticia.***

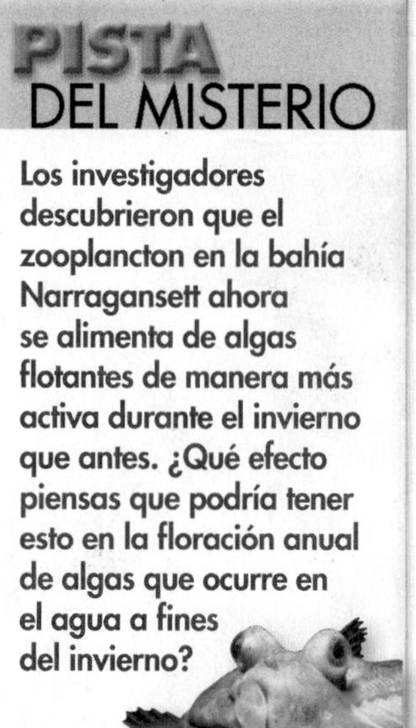

Los investigadores descubrieron que el zooplancton en la bahía Narragansett ahora se alimenta de algas flotantes de manera más activa durante el invierno que antes. ¿Qué efecto piensas que podría tener esto en la floración anual de algas que ocurre en el agua a fines del invierno?

Redes alimenticias y perturbación Las redes alimenticias son complejas, así que con frecuencia es difícil predecir con exactitud cómo responderán al cambio ambiental. Mira de nuevo la **ilustración 3–9,** y piensa en las preguntas que podría hacer un ecólogo sobre las relaciones de alimentación en ella después de una perturbación. ¿Qué pasaría si un derrame de petróleo, por ejemplo, causara una disminución grave en el número de bacterias y hongos que descomponen detritos? ¿Qué efecto piensas que podría tener en las poblaciones de cangrejos de río? ¿Qué hay de los efectos sobre el camarón de hierba y los gusanos? ¿Piensas que esas poblaciones declinarían? Si declinaran, ¿cómo podrían cambiar las ranas cerdo su comportamiento de alimentación? ¿Cómo podría afectar entonces el cambio en el comportamiento de la rana a las otras especies de las que se alimenta la rana?

Las relaciones en las redes alimenticias no son simples y, como sabes, ¡la red alimenticia en la **ilustración 3–9** se ha simplificado! Así, podrías esperar que las respuestas a estas preguntas tampoco fueran simples, y tendrías razón. Sin embargo, las perturbaciones *ocurren,* y sus efectos pueden ser dramáticos. Considera, por ejemplo, una de las redes alimenticias más importantes en los océanos del sur. Todos los animales en esta red alimenticia, mostrados en la **ilustración 3–10,** dependen en forma directa o indirecta de animales parecidos al camarón llamados krill, los cuales se alimentan de algas marinas. El krill es un ejemplo de un grupo diverso de animales pequeños que nadan, llamados **zooplancton,** que se alimentan de algas marinas. Los krill adultos comen algas en alta mar, mientras sus larvas se alimentan de algas que viven debajo del hielo marino flotante. En años recientes, las poblaciones de krill han disminuido de manera considerable. Durante el mismo período, una gran cantidad de hielo marino alrededor de la Antártida se ha derretido. Con menos hielo marino, hay menos algas que crecen debajo del hielo. Dada la estructura de esta red alimenticia, una disminución en la población de krill puede causar descensos en las poblaciones de todos los miembros de la red alimenticia que se muestran.

ILUSTRACIÓN 3–10 Red alimenticia antártica Todos los animales en esta red alimenticia dependen de un organismo: el krill. Las perturbaciones en la fuente de alimento del krill, las algas marinas, tienen el potencial de causar cambios en todas las otras poblaciones conectadas con las algas a través de esta red alimenticia. **Interpretar material visual** ***¿Qué quieren decir los ecólogos cuando hablan de que las orcas dependen*** **indirectamente** ***del krill para su supervivencia?***

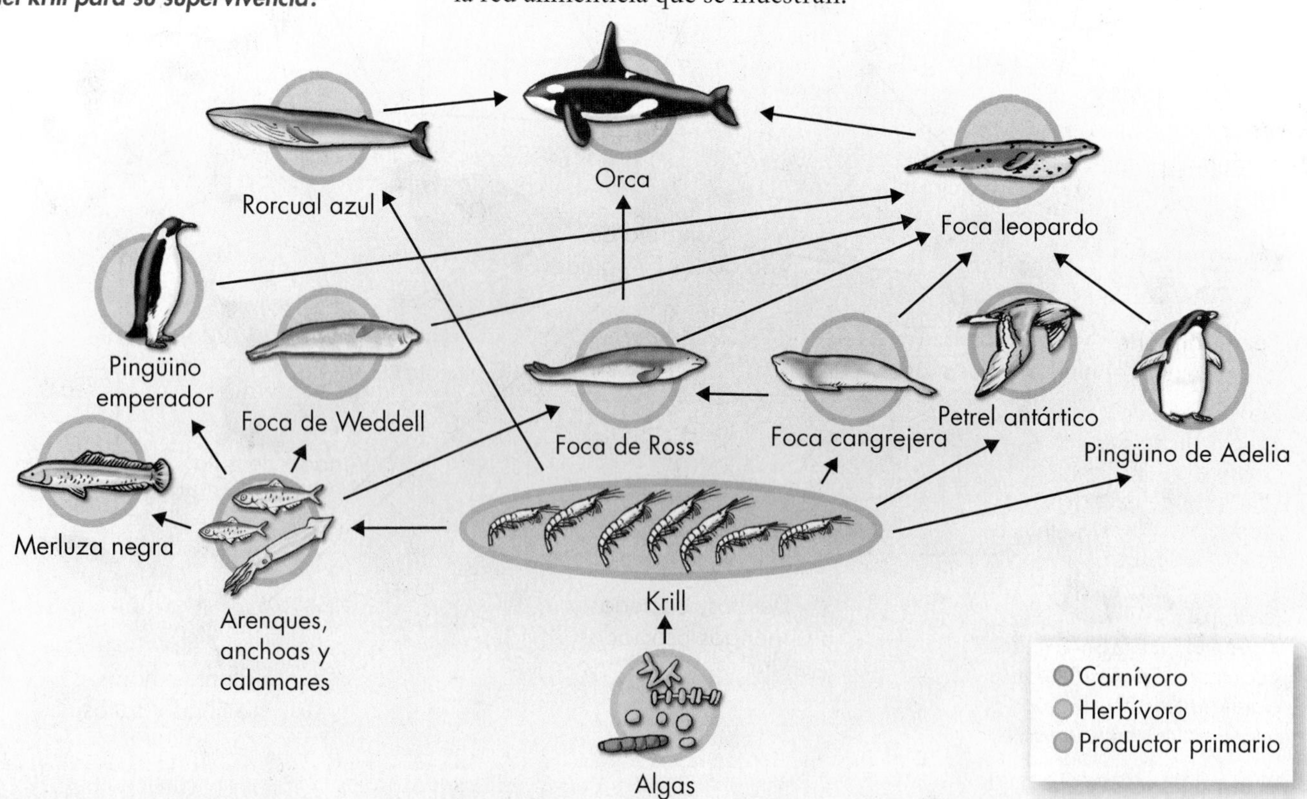

Niveles tróficos y pirámides ecológicas

¿Qué ilustran los tres tipos de pirámide ecológica?

Cada paso en una cadena o red alimenticia se llama **nivel trófico.** Los productores primarios siempre forman el primer nivel trófico. Varios consumidores ocupan cada uno de los otros niveles. Una forma de ilustrar los niveles tróficos en un ecosistema es con una pirámide ecológica. Las **pirámides ecológicas** muestran la cantidad relativa de energía o materia contenida dentro de cada nivel trófico en una cadena o red alimenticia determinada. Hay tres tipos diferentes de pirámides ecológicas: pirámides de energía, pirámides de biomasa y pirámides de números.

En tu cuaderno *Haz una tabla de dos columnas para comparar los tres tipos de pirámides ecológicas.*

Pirámides de energía Desde el punto de vista teórico, no hay límite para el número de niveles tróficos en una red alimenticia o el número de organismos que viven en cada nivel. Pero hay una condición. Sólo una porción pequeña de la energía que pasa por cualquier nivel trófico dado se almacena al final en los cuerpos de los organismos en el siguiente nivel. Esto se debe a que los organismos gastan mucha de la energía que adquieren en procesos vitales, como la respiración, el movimiento, el crecimiento y la reproducción. La mayor parte de la energía restante se libera en el ambiente como calor, un producto secundario de estas actividades. **Las pirámides de energía muestran la cantidad relativa de energía disponible en cada nivel trófico de una cadena alimenticia o red alimenticia.**

La eficiencia de la transferencia de energía de un nivel trófico a otro varía. En promedio, alrededor de 10% de la energía disponible dentro de un nivel trófico se transfiere al siguiente nivel trófico, como se muestra en la **ilustración 3–11.** Por ejemplo, un décimo de la energía solar capturada y almacenada en las hojas de los pastos termina almacenada en los tejidos de vacas y otros rumiantes. Un décimo de *esa* energía (10% del 10%, ó 1% de la cantidad original) queda almacenada en los tejidos de los humanos que comen vacas. Por tanto, entre más niveles existan entre un productor y un consumidor dado, será menor el porcentaje de la energía original de los productores que está disponible para ese consumidor.

Analizar datos

La regla del 10 por ciento

MATEMÁTICAS

Como se muestra en la **ilustración 3–11,** una pirámide de energía es un diagrama que ilustra la transferencia de energía a través de una cadena alimenticia o red alimenticia. En general, sólo 10% de la energía disponible en un nivel se almacena en el nivel superior. Mira la **ilustración 3–11** y responde a las siguientes preguntas.

1. Calcular Si hay 1000 unidades de energía disponibles en el nivel del productor de la pirámide de energía, como cuántas unidades de energía están disponibles en el tercer nivel de consumidor?

2. Interpretar diagramas ¿Cuál es la fuente original de la energía que fluye a través de la mayoría de los ecosistemas? ¿Por qué debe haber un suministro continuo de energía?

3. Inferir ¿Por qué por lo general hay menos organismos en los niveles superiores de una pirámide de energía?

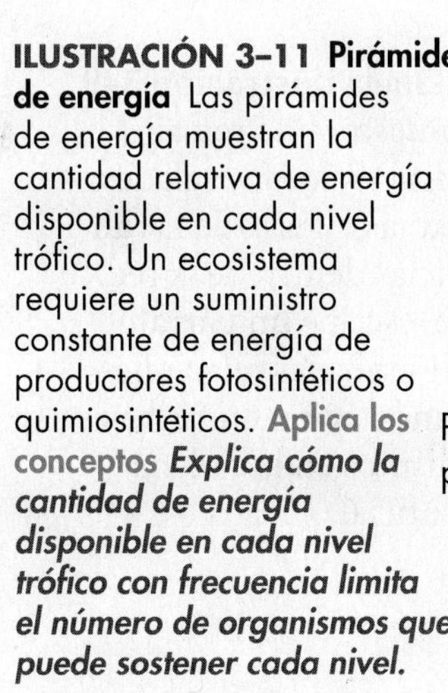

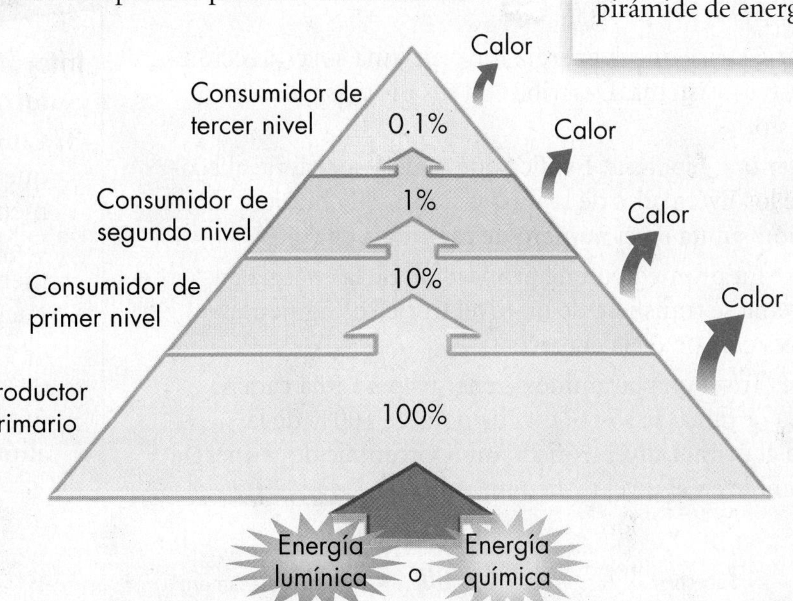

ILUSTRACIÓN 3–11 Pirámide de energía Las pirámides de energía muestran la cantidad relativa de energía disponible en cada nivel trófico. Un ecosistema requiere un suministro constante de energía de productores fotosintéticos o quimiosintéticos. **Aplica los conceptos** ***Explica cómo la cantidad de energía disponible en cada nivel trófico con frecuencia limita el número de organismos que puede sostener cada nivel.***

ILUSTRACIÓN 3–12 Pirámides de biomasa y números En la mayoría de los casos, las pirámides de biomasa y números siguen el mismo patrón general. En el campo representado aquí, hay más productores primarios individuales que consumidores de primer nivel. Del mismo modo, los productores primarios colectivamente tienen más masa. Los mismos patrones se presentan para los consumidores de segundo y tercer nivel. Con cada paso a un nivel trófico superior, la biomasa y los números disminuyen.

Pirámides de biomasa y números La cantidad total de tejido vivo dentro de un nivel trófico dado se conoce como su **biomasa.** La biomasa por lo general se mide en gramos de materia orgánica por unidad de área. La cantidad de biomasa que puede sostener un nivel trófico dado está determinada, en parte, por la cantidad de energía disponible. **Una pirámide de biomasa ilustra la cantidad relativa de materia orgánica viva disponible en cada nivel trófico en un ecosistema.**

Los ecólogos interesados en el número de organismos en cada nivel trófico usan una pirámide de números. **Una pirámide de números muestra el número relativo de organismos individuales en cada nivel trófico en un ecosistema.** En la mayoría de los ecosistemas, la forma de la pirámide de números es parecida a la forma de la pirámide de biomasa para el mismo ecosistema. En esta forma, las cantidades de individuos en cada nivel disminuyen del nivel que está por debajo de él. Para entender este punto con más claridad, imagina que un ecólogo marcó varios metros cuadrados en un campo, y luego pesó y contó a todos los organismos en esa área. El resultado podría verse más o menos como la pirámide en la **ilustración 3–12.**

En algunos casos, los consumidores son menos masivos que los organismos de los que se alimentan. Por ejemplo, miles de insectos pueden comer en un solo árbol e innumerables mosquitos pueden alimentarse de unos cuantos ciervos. El árbol y el ciervo tienen mucha biomasa, pero cada uno representa a un solo organismo. En tales casos, la pirámide de números puede estar invertida, pero la de biomasa puede tener la orientación normal.

3.3 Evaluación

Repaso de conceptos clave

1. a. Repasar Se dice que la energía fluye en "una sola dirección" a través de un ecosistema. Describe con tus propias palabras qué significa esto.

b. Proponer una hipótesis Explica qué podría sucederle al ecosistema de los Everglades de la **ilustración 3–9** si hubiera una disminución súbita en el número de cangrejos de río.

2. a. Repasar En promedio, ¿qué proporción de la energía en un ecosistema se transfiere de un nivel trófico al siguiente? ¿A dónde va el resto de la energía?

b. Calcular Traza una pirámide de energía para una cadena alimenticia de cinco pasos. Si está disponible 100% de la energía en el primer nivel trófico, ¿qué porcentaje de la energía está disponible en el nivel trófico más alto? MATEMÁTICAS

Aplica la gran idea

Interdependencia en la naturaleza

3. Consulta la **ilustración 3–9** que muestra una red alimenticia en los Everglades. Elige una de las cadenas alimenticias dentro de la red. Luego, escribe un párrafo que describa las relaciones de alimentación entre los organismos en la cadena alimenticia.

BIOLOGY.com Search Lesson 3.3 GO • Lesson Assessment • Self-Test

3.4 Los ciclos de la materia

PIÉNSALO Los organismos vivos están compuestos en su mayoría de cuatro elementos: oxígeno, carbono, hidrógeno y nitrógeno. Estos cuatro elementos (y unos cuantos más, como el azufre y el fósforo) son la base de los compuestos más importantes para la vida: agua, hidratos de carbono, lípidos, ácidos nucleicos y proteínas. En resumen, un puñado de elementos se combina para formar los elementos básicos de todos los organismos conocidos. Y sin embargo, los organismos no pueden fabricar estos elementos y no los "gastan". Entonces, ¿de dónde provienen los elementos esenciales? ¿Cómo afecta su disponibilidad a los ecosistemas?

Reciclaje en la biósfera

¿Cómo se mueve la materia a través de la biósfera?

La materia se mueve a través de la biósfera de manera diferente de como se mueve la energía. La energía solar y química es capturada por productores primarios y luego pasa en un solo sentido de un nivel trófico al siguiente, disipándose en el ambiente como calor a lo largo del camino. Pero mientras la energía en forma de luz solar entra constantemente en la biósfera, la Tierra no recibe un suministro constante significativo de materia nueva del espacio. **A diferencia del flujo de energía en un solo sentido, la materia se recicla dentro y entre los ecosistemas.** Los elementos pasan de un organismo a otro y entre partes de la biósfera a través de circuitos cerrados llamados **ciclos biogeoquímicos,** que son impulsados por el flujo de energía como se muestra en la **ilustración 3–13.** Como lo sugiere esa palabra, los ciclos de la materia implican procesos *bio*lógicos, procesos *geo*lógicos y procesos *químicos.* La actividad humana también puede desempeñar una función importante. La materia se transforma a medida que se mueve por estos ciclos. Nunca se crea ni se destruye, sólo cambia.

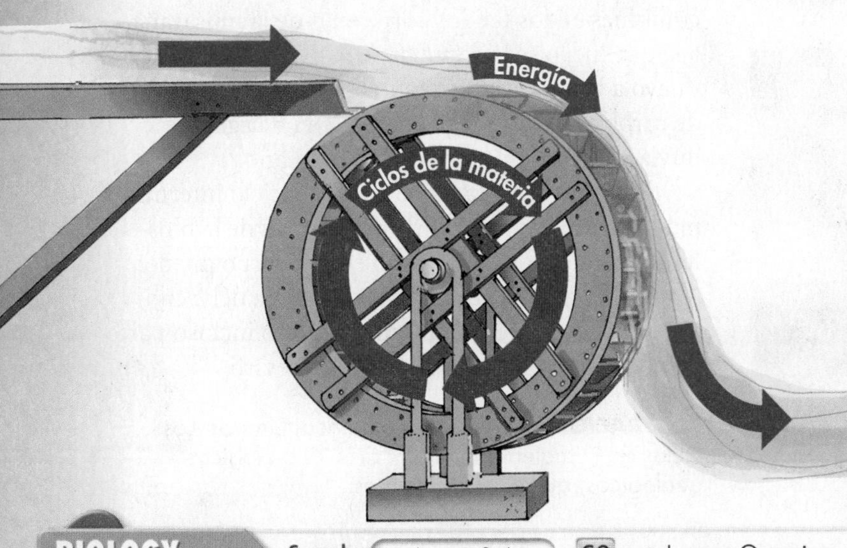

Preguntas clave

- ***¿Cómo se mueve la materia a través de la biósfera?***
- ***¿Cómo circula el agua a través de la biósfera?***
- ***¿Cuál es la importancia de los principales ciclos de nutrientes?***
- ***¿Cómo se relaciona la disponibilidad de nutrientes con la productividad primaria de un ecosistema?***

Vocabulario

ciclo biogeoquímico • nutriente • fijación de nitrógeno • desnitrificación • nutriente limitante

Tomar notas

Esquema Haz un esquema usando los encabezados verde y azul de esta lección. Completa los detalles a medida que leas para organizar la información.

ANALOGÍA VISUAL

ILUSTRACIÓN 3–13 Ciclos de la materia Los nutrientes se reciclan en ciclos biogeoquímicos. Estos ciclos son impulsados por el flujo de energía en un solo sentido por la biósfera. **Usar analogías** ***¿En qué se parece el flujo del agua sobre la rueda hidráulica al flujo de la energía en la biósfera?***

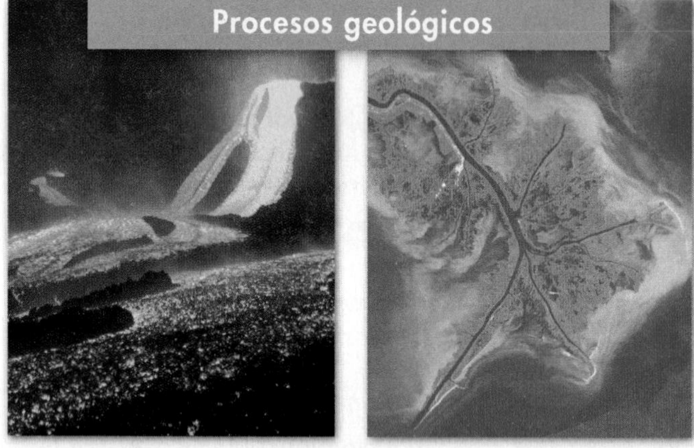

Hay muchas formas en que pueden clasificarse los procesos implicados en los ciclos biogeoquímicos. Aquí, usaremos las siguientes pautas:

▶ ***Procesos biológicos*** Los procesos biológicos consisten en cualquiera y todas las actividades realizadas por los organismos vivos. Estos procesos incluyen comer, respirar, "quemar" el alimento y eliminar productos de desecho.

▶ ***Procesos geológicos*** Los procesos geológicos incluyen erupciones volcánicas, la formación y el rompimiento de rocas, y movimientos importantes de materia dentro y debajo de la superficie de la tierra.

▶ ***Procesos químicos y físicos*** Los procesos químicos y físicos incluyen la formación de nubes y la precipitación, el flujo de agua corriente y la acción de los relámpagos.

▶ ***Actividad humana*** Las actividades humanas que afectan los ciclos de la materia en una escala global incluyen la extracción y quema de combustibles fósiles, la deforestación de terrenos para la construcción y la agricultura, la quema de bosques y la manufactura y uso de fertilizantes.

Estos procesos, mostrados en la **ilustración 3–14,** hacen circular los mismos átomos y moléculas una y otra vez. Imagina, por un momento, que eres un átomo de carbono en una molécula de dióxido de carbono que acaba de salir despedida de un volcán. La hoja de un arbusto de arándano en una cordillera cercana te absorbe durante la fotosíntesis. Te vuelves parte de una molécula de hidrato de carbono en un arándano. Un caribú se come la fruta, y dentro de unas cuantas horas, el cuerpo del animal te desecha. Pronto te traga un escarabajo pelotero, el cual se lo come una musaraña hambrienta. Te combinas en los tejidos corporales de la musaraña, a la que luego se la come un búho. Eres liberado de nuevo a la atmósfera cuando el búho exhala dióxido de carbono, te disuelves en una gota de agua de lluvia y fluyes por un río hasta el océano.

Esto podría ser tan sólo parte del ciclo interminable de un átomo de carbono a través de la biósfera. ¡Los átomos de carbono en tu cuerpo pueden haber sido alguna vez parte de una roca del lecho oceánico, de la cola de un dinosaurio o incluso parte de una figura histórica como Julio César!

ILUSTRACIÓN 3–14 Procesos biogeoquímicos Los ciclos de la materia implican factores biológicos, geológicos, químicos y humanos.

El ciclo del agua

¿Cómo circula el agua a través de la biósfera?

Siempre que ves lluvia o nieve, u observas un río correr, estás presenciando parte del ciclo del agua. **El agua se mueve en forma continua entre los océanos, la atmósfera y la tierra, a veces fuera de los organismos vivos y a veces dentro de ellos.** Como muestra la **ilustración 3–15,** las moléculas de agua por lo común entran en la atmósfera como vapor de agua, un gas, cuando se evapora del océano u otros cuerpos de agua. El agua también puede entrar en la atmósfera al evaporarse de las hojas de las plantas en el proceso de transpiración.

El viento puede transportar el vapor de agua a grandes distancias. Si el aire que lo lleva se enfría, el vapor de agua se condensa en gotitas diminutas que forman nubes. Cuando las gotitas se vuelven lo bastante grandes, caen a la superficie de la Tierra como precipitación en forma de lluvia, nieve, aguanieve o granizo. En tierra, algo de la precipitación fluye a lo largo de la superficie en lo que los científicos llaman escorrentía, hasta que entra en un río o arroyo que la lleva a un océano o lago. La precipitación también puede absorberse en el suelo y entonces se llama agua subterránea. El agua subterránea puede entrar en las plantas a través de sus raíces, o fluir en ríos, arroyos, lagos u océanos. Algo del agua subterránea penetra lo bastante profundo en la tierra para volverse parte de reservas subterráneas. El agua que vuelve a ingresar en la atmósfera a través de la transpiración o evaporación comienza el ciclo de nuevo.

En tu cuaderno *Define cada uno de los siguientes términos y describe cómo se relacionan con el ciclo del agua:* evaporación, transpiración, precipitación *y* escorrentía.

ILUSTRACIÓN 3–15 El ciclo del agua Este diagrama muestra los procesos principales implicados en el ciclo del agua. Los científicos estiman que puede tomarle a una sola molécula de agua hasta 4000 años completar un ciclo. **Interpretar material visual** ***¿Cuáles son las dos formas primarias en las que el agua que cae a la Tierra como precipitación circula a través del ciclo del agua?***

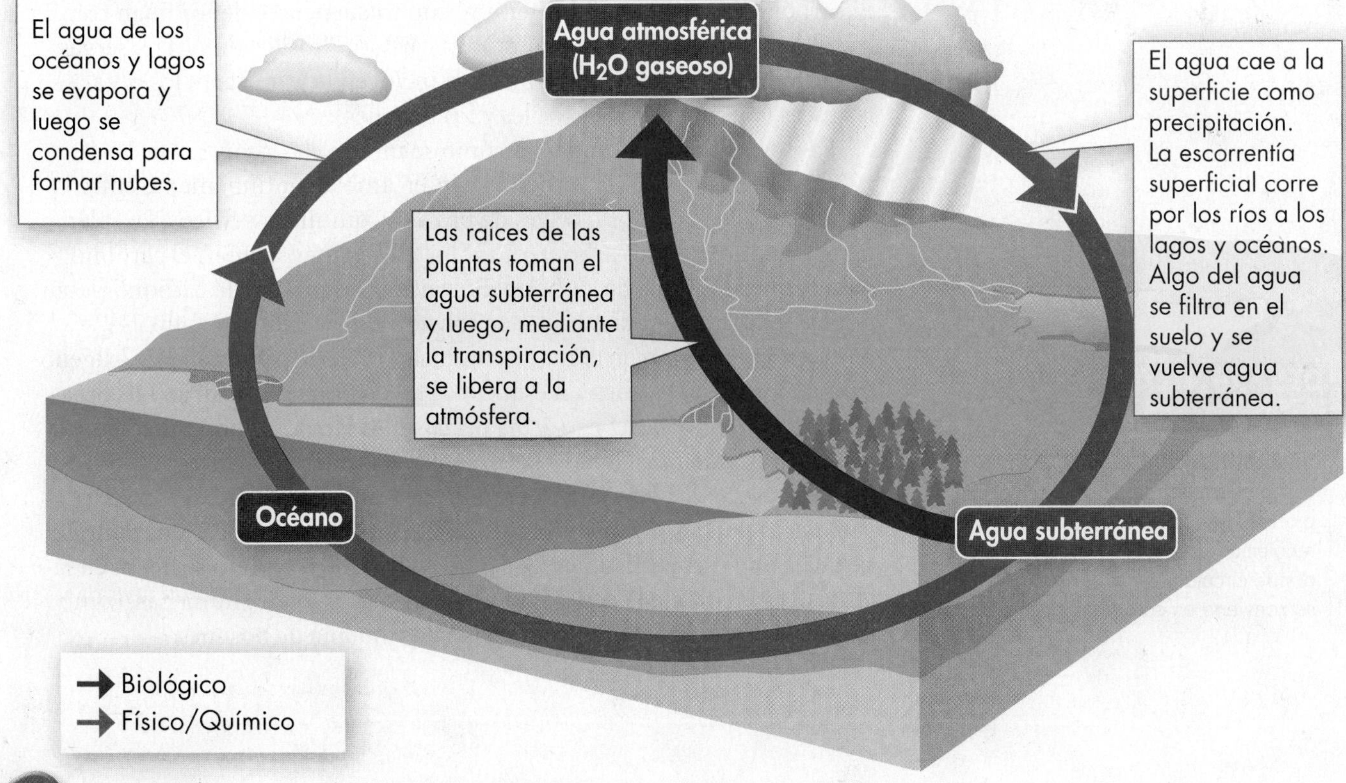
El agua de los océanos y lagos se evapora y luego se condensa para formar nubes.
Agua atmosférica (H_2O gaseoso)
El agua cae a la superficie como precipitación. La escorrentía superficial corre por los ríos a los lagos y océanos. Algo del agua se filtra en el suelo y se vuelve agua subterránea.
Las raíces de las plantas toman el agua subterránea y luego, mediante la transpiración, se libera a la atmósfera.
Océano
Agua subterránea
Biológico
Físico/Químico

ILUSTRACIÓN 3–16 Oxígeno en la biósfera El oxígeno contenido en el dióxido de carbono exhalado por este caballo lo pueden tomar los productores y volver a liberarlo como gas oxígeno. Juntas, la respiración y la fotosíntesis contribuyen al ciclo del oxígeno a través de la biósfera.

Ciclos de nutrientes

¿Cuál es la importancia de los principales ciclos de nutrientes?

Las sustancias químicas que necesita un organismo para sostener la vida se llaman **nutrientes.** **Todo organismo necesita nutrientes para formar tejidos y realizar funciones vitales. Como el agua, los nutrientes pasan a través de los organismos y el ambiente por medio de ciclos biogeoquímicos. Las tres vías, o ciclos que mueven el carbono, nitrógeno y fósforo a través de la biósfera son esenciales en especial para la vida.**

Otro elemento, el oxígeno, participa en partes de los ciclos del carbono, nitrógeno y fósforo al combinarse con estos elementos y circular con ellos a través de partes de sus recorridos. El gas oxígeno en la atmósfera se libera mediante una de las actividades biológicas más importantes de todas: la fotosíntesis. El oxígeno se usa en la respiración de todas las formas de vida pluricelulares, y también de muchos organismos unicelulares.

El ciclo del carbono El carbono es un componente importante de todos los compuestos orgánicos, incluyendo los hidratos de carbono, lípidos, proteínas y ácidos nucleicos. De hecho, el carbono es un ingrediente tan esencial del tejido vivo y los ecosistemas que la vida en la Tierra a menudo se describe como "vida basada en el carbono". El carbono en forma de carbonato de calcio ($CaCO_3$) es un componente importante de muchas clases diferentes de esqueletos de animales y también se encuentra en varias clases de rocas. El carbono y el oxígeno forman el gas dióxido de carbono (CO_2), el cual es un componente importante de la atmósfera y se disuelve en los océanos.

Algunos compuestos que contienen carbono que alguna vez fueron parte de bosques antiguos han sido enterrados y transformados por procesos geológicos en carbón. Los cuerpos de organismos marinos que contienen carbono han sido transformados en petróleo o gas natural. El carbón, el petróleo y el gas natural con frecuencia se denominan combustibles fósiles porque en esencia son carbono "fosilizado". Las reservas importantes de carbono en la biósfera incluyen la atmósfera, los océanos, las rocas, los combustibles fósiles y los bosques.

La **ilustración 3–17** muestra cómo se mueve el carbono a través de la biósfera. El dióxido de carbono se intercambia continuamente entre la atmósfera y los océanos a través de procesos químicos y físicos. Las plantas toman dióxido de carbono durante la fotosíntesis y usan el carbono para formar hidratos de carbono. Entonces los hidratos de carbono pasan por las redes alimenticias hasta los consumidores. Muchos animales, tanto en tierra como en el mar, combinan el carbono con calcio y oxígeno cuando los animales forman esqueletos de carbonato de calcio. Los organismos liberan carbono en forma del gas dióxido de carbono mediante la respiración. Además, cuando los organismos mueren, los descomponedores desintegran los cuerpos, liberando carbono al ambiente. Las fuerzas geológicas pueden convertir el carbono **acumulado** en rocas que contienen carbono o combustibles fósiles. El dióxido de carbono se libera en la atmósfera mediante la actividad volcánica o actividades humanas, como la quema de combustibles fósiles y la tala y quema de bosques.

DESARROLLAR el vocabulario

VOCABULARIO ACADÉMICO El verbo **acumular** significa "recolectar o reunir". El carbono se acumula, o recolecta, en el suelo y en los océanos donde circula entre los organismos o se convierte en combustibles fósiles.

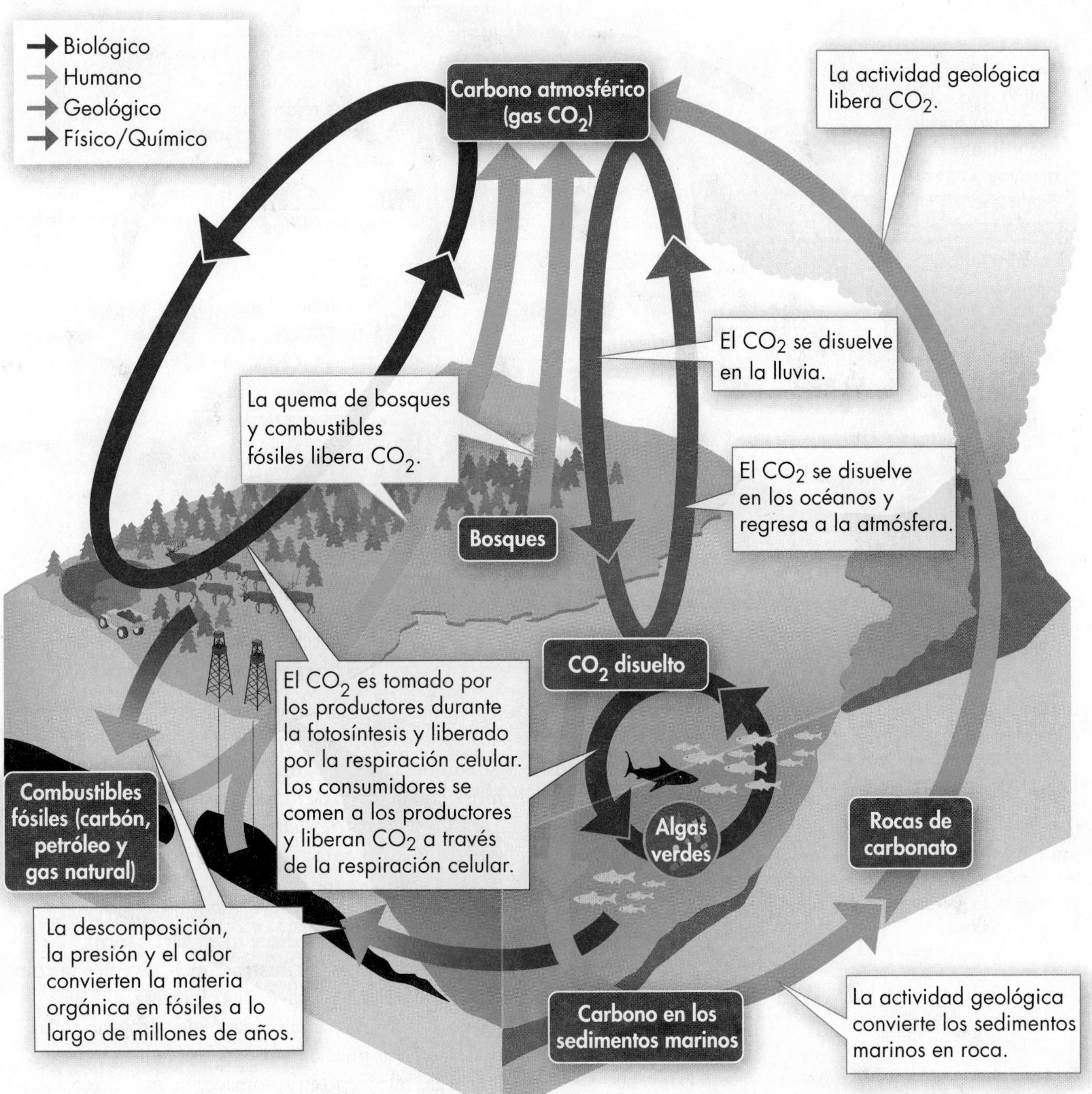
Biológico
Humano
Geológico
Físico/Químico
Carbono atmosférico (gas CO_2)
La actividad geológica libera CO_2.
El CO_2 se disuelve en la lluvia.
La quema de bosques y combustibles fósiles libera CO_2.
El CO_2 se disuelve en los océanos y regresa a la atmósfera.
Bosques
CO_2 disuelto
El CO_2 es tomado por los productores durante la fotosíntesis y liberado por la respiración celular. Los consumidores se comen a los productores y liberan CO_2 a través de la respiración celular.
Combustibles fósiles (carbón, petróleo y gas natural)
Algas verdes
Rocas de carbonato
La descomposición, la presión y el calor convierten la materia orgánica en fósiles a lo largo de millones de años.
Carbono en los sedimentos marinos
La actividad geológica convierte los sedimentos marinos en roca.

ILUSTRACIÓN 3–17 El ciclo del carbono El carbono se encuentra en varias reservas grandes en la biósfera. En la atmósfera, se encuentra como gas dióxido de carbono (CO_2); en los océanos, como dióxido de carbono disuelto; en tierra, en organismos, rocas y suelo; y en el subsuelo, como carbón, petróleo y carbonato de calcio. **Interpretar material visual** ***¿Cuál es uno de los procesos que extrae dióxido de carbono de la atmósfera?***

Los científicos saben mucho sobre los procesos biológicos, geológicos, químicos y humanos que están implicados en el ciclo del carbono, pero aún quedan preguntas importantes. ¿Cuánto carbono se mueve a través de cada vía? ¿Cómo responden los ecosistemas a los cambios en la concentración del dióxido de carbono atmosférico? ¿Cuánto dióxido de carbono puede absorber el océano? Más adelante en esta unidad aprenderás por qué son tan importantes las respuestas a estas interrogantes.

En tu cuaderno *Describe una actividad biológica, una geológica, una química y una humana que esté implicada en el ciclo del carbono.*

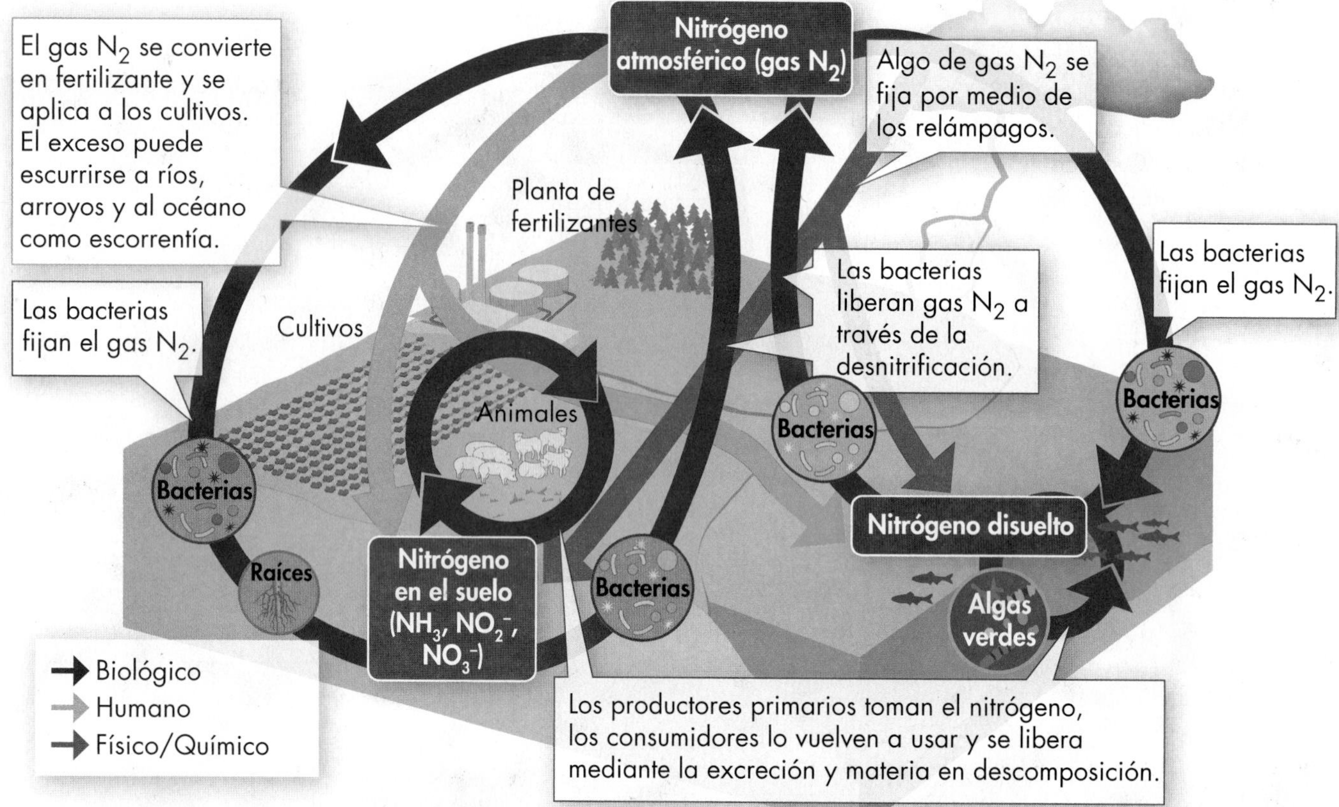
El gas N_2 se convierte en fertilizante y se aplica a los cultivos. El exceso puede escurrirse a ríos, arroyos y al océano como escorrentía.
Nitrógeno atmosférico (gas N_2)
Algo de gas N_2 se fija por medio de los relámpagos.
Planta de fertilizantes
Las bacterias fijan el gas N_2.
Cultivos
Las bacterias liberan gas N_2 a través de la desnitrificación.
Las bacterias fijan el gas N_2.
Animales
Bacterias
Bacterias
Bacterias
Nitrógeno disuelto
Raíces
Nitrógeno en el suelo (NH_3, NO_2^-, NO_3^-)
Bacterias
Algas verdes
Biológico
Humano
Físico/Químico
Los productores primarios toman el nitrógeno, los consumidores lo vuelven a usar y se libera mediante la excreción y materia en descomposición.

ILUSTRACIÓN 3–18 El ciclo del nitrógeno La atmósfera es la reserva más grande de nitrógeno en la biósfera. El nitrógeno también circula a través del suelo y los tejidos de los organismos vivos. **Interpretar material visual** ***¿A través de cuáles dos procesos el gas nitrógeno se convierte en formas que pueden usar los organismos?***

El ciclo del nitrógeno Todos los organismos requieren nitrógeno para hacer aminoácidos, los cuales se usan para formar proteínas, y para hacer ácidos nucleicos, que se combinan para formar ADN y ARN. Muchas formas diferentes de nitrógeno ocurren de manera natural en la biósfera. El gas nitrógeno (N_2) forma 78% de la atmósfera de la Tierra. Las sustancias que contienen nitrógeno como el amoniaco (NH_3), iones de nitrato (NO_3^-) y los iones de nitrito (NO_2^-) se encuentran en el suelo, en los desperdicios producidos por muchos organismos y en materia orgánica muerta y en descomposición. También existe nitrógeno disuelto en varias formas en el océano y otros cuerpos de agua grandes. La **ilustración 3–18** muestra cómo diferentes formas de nitrógeno circulan a través de la biósfera.

Aunque el gas nitrógeno es la forma más abundante de nitrógeno en la Tierra, sólo ciertos tipos de bacterias pueden usar esta forma directamente. Estas bacterias convierten el gas nitrógeno en amoniaco, en un proceso conocido como **fijación de nitrógeno.** Algunas de estas bacterias fijadoras de nitrógeno viven en el suelo y en las raíces de ciertas plantas, como los cacahuates y los chícharos, llamadas leguminosas. Otras bacterias del suelo convierten ese nitrógeno fijado en nitratos y nitritos. Una vez que estas formas de nitrógeno están disponibles, los productores primarios pueden usarlas para hacer proteínas y ácidos nucleicos. Los consumidores se comen a los productores y vuelven a utilizar el nitrógeno para hacer sus propios compuestos que contienen nitrógeno. Los descomponedores liberan nitrógeno de los desechos y organismos muertos como amoniaco, nitratos y nitritos que los productores pueden ocupar de nuevo. Otras bacterias obtienen energía al convertir los nitratos en gas nitrógeno, el cual es liberado en la atmósfera en un proceso llamado **desnitrificación.** Una cantidad relativamente pequeña de gas nitrógeno se convierte en formas que pueden usar los relámpagos en un proceso llamado fijación de nitrógeno atmosférica. Los humanos agregan nitrógeno a la biósfera a través de la manufactura y uso de fertilizantes. La precipitación se lleva con frecuencia el exceso de fertilizante al agua superficial o al agua subterránea.

PISTA DEL MISTERIO

Recientemente, los investigadores descubrieron que los niveles de nitrógeno disuelto en la bahía habían aumentado. Dado que la actividad humana no había cambiado mucho, ¿cuáles organismos en la bahía piensas que podrían ser responsables?

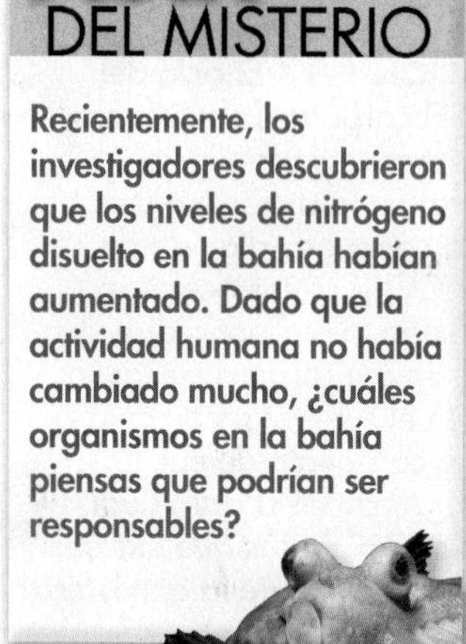

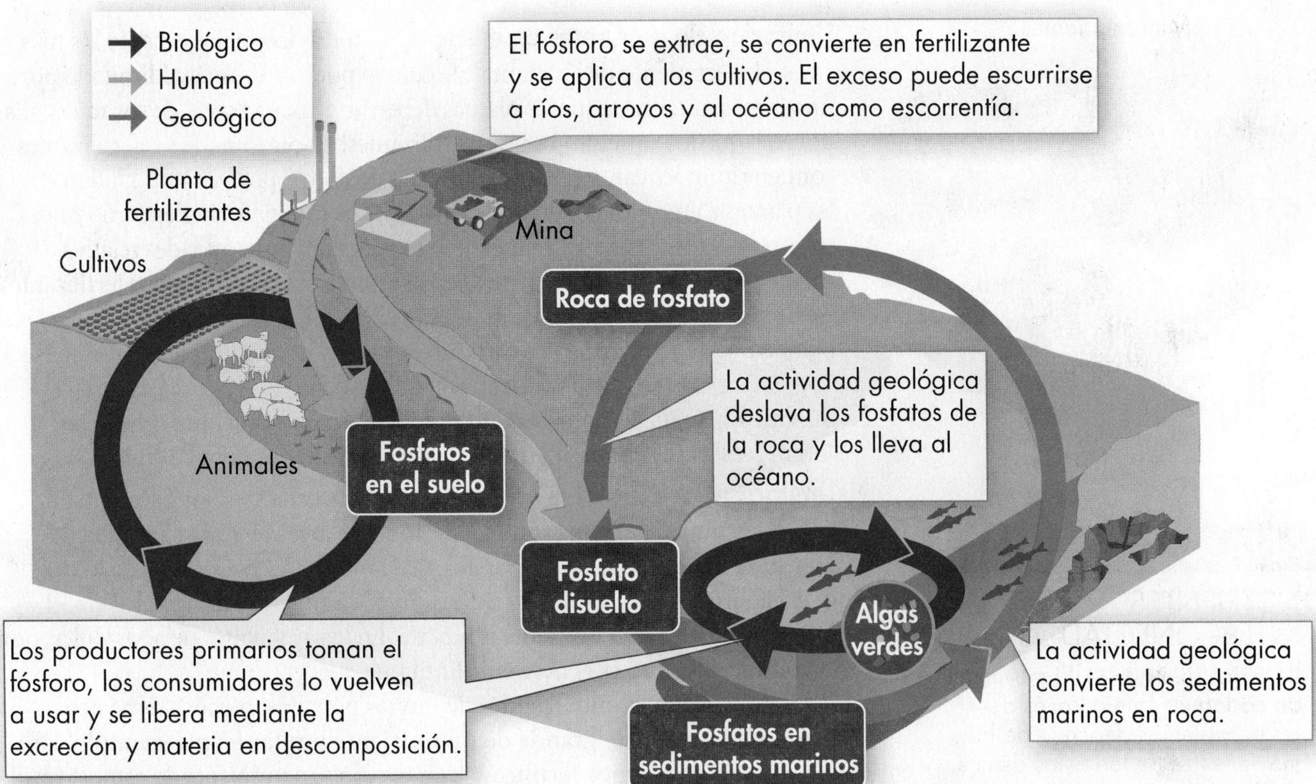

Biológico
Humano
Geológico
El fósforo se extrae, se convierte en fertilizante y se aplica a los cultivos. El exceso puede escurrirse a ríos, arroyos y al océano como escorrentía.
Planta de fertilizantes
Mina
Cultivos
Roca de fosfato
La actividad geológica deslava los fosfatos de la roca y los lleva al océano.
Animales
Fosfatos en el suelo
Fosfato disuelto
Algas verdes
La actividad geológica convierte los sedimentos marinos en roca.
Los productores primarios toman el fósforo, los consumidores lo vuelven a usar y se libera mediante la excreción y materia en descomposición.
Fosfatos en sedimentos marinos

ILUSTRACIÓN 3–19 El ciclo del fósforo El fósforo en la biósfera circula entre la tierra, los sedimentos en el océano y los organismos vivos. A diferencia de otros nutrientes, el fósforo no se encuentra en cantidades significativas en la atmósfera.

El ciclo del fósforo El fósforo es esencial para los organismos vivos porque forma una parte de moléculas vitales como el ADN y el ARN. Aunque el fósforo es de gran importancia biológica, no abunda en la biósfera. A diferencia del carbono, el oxígeno y el nitrógeno, el fósforo no entra en la atmósfera en cantidades significativas. En cambio, el fósforo en forma de fosfato inorgánico permanece sobre todo en la tierra, en la forma de roca de fosfato y minerales en el suelo, y en el océano, como fosfato disuelto y sedimentos de fosfato, como se ve en la **ilustración 3–19.**

Conforme las rocas y sedimentos se desgastan en forma gradual, se libera el fosfato. Algo de fosfato permanece en la tierra y circula entre organismos y el suelo. Las plantas enlazan el fosfato en compuestos orgánicos cuando lo absorben del suelo o el agua. El fosfato orgánico se mueve a través de la red alimenticia, de los productores a los consumidores, y al resto del ecosistema. Otros fosfatos se escurren a ríos y arroyos, donde se disuelven. Este fosfato puede llegar al final al océano, donde organismos marinos lo procesan e incorporan en compuestos biológicos.

Limitación de nutrientes

¿Cómo se relaciona la disponibilidad de nutrientes con la productividad primaria de un ecosistema?

Los ecólogos están interesados con frecuencia en la productividad primaria de un ecosistema: la velocidad con que los productores primarios crean material orgánico. **Si se dispone de luz solar y agua en abundancia, la productividad primaria de un ecosistema puede estar limitada por la disponibilidad de nutrientes.** Si incluso un solo nutriente esencial es escaso, la productividad primaria será limitada. El nutriente cuyo suministro limita la productividad se llama **nutriente limitante.**

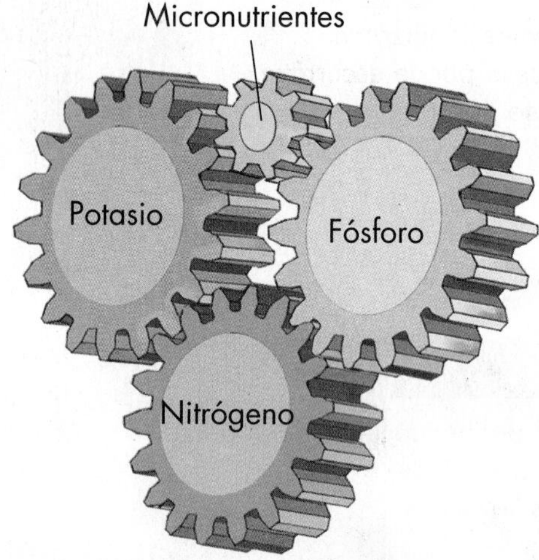

ANALOGÍA VISUAL

NUTRIENTES INTERCONECTADOS

ILUSTRACIÓN 3–20 El movimiento de cada nutriente a través de los ecosistemas depende de los movimientos de todos los demás, debido a que todos son necesarios para que funcionen los sistemas vivos. **Usar analogías** ***Si estos engranajes representaran el ciclo de los nutrientes en el océano, ¿cuál engranaje determinaría por lo común qué tan rápido, o despacio, giran todos los otros engranajes?***

Limitación de nutrientes en el suelo En todos los suelos excepto los más ricos, el crecimiento de las plantas de cultivo por lo común está limitado por uno o más nutrientes que las plantas deben absorber a través de sus raíces. ¡Es por esto que los agricultores usan fertilizantes! La mayoría de los fertilizantes contiene grandes cantidades de nitrógeno, fósforo y potasio, que ayudan a las plantas a crecer mejor en suelos pobres. Los micronutrientes como calcio, magnesio, azufre, hierro y manganeso se necesitan en cantidades relativamente pequeñas, y estos elementos en ocasiones se incluyen en los fertilizantes especializados. (El carbono no se incluye en fertilizantes químicos porque las plantas adquieren dióxido de carbono de la atmósfera durante la fotosíntesis.) Todos los ciclos de nutrientes trabajan juntos como los engranajes de la **ilustración 3–20.** Si cualquier nutriente está escaso, si cualquier rueda se "atora", el sistema entero irá más despacio o se detendrá por completo.

Limitación de nutrientes en ecosistemas acuáticos Los océanos son pobres en nutrientes comparados con muchas áreas terrestres. El agua de mar suele tener sólo 0.00005 por ciento de nitrógeno, ó 1/10,000 de lo que se encuentra en el suelo. En el océano y otros ambientes de agua salada, el nitrógeno suele ser el nutriente limitante. En los ambientes de agua dulce, por lo común el fósforo es el nutriente limitante.

En ocasiones, como después de lluvias fuertes, un ecosistema acuático recibe un aporte grande de un nutriente limitante; por ejemplo, la escorrentía de campos fertilizados en exceso. Cuando sucede esto, el resultado puede ser una floración de algas, un incremento impresionante en la cantidad de algas y otros productores primarios. ¿Por qué la escorrentía de campos fertilizados produce floración de algas? Hay más nutrientes disponibles, de modo que los productores pueden crecer y reproducirse más rápido. Si no hay suficientes consumidores para comer las algas, puede ocurrir una floración de algas, en cuyo caso las algas pueden cubrir la superficie del agua y perturbar el funcionamiento de un ecosistema.

3.4 Evaluación

Repaso de conceptos clave

1. a. Repasar ¿Cómo difiere la forma en que fluye la materia a través de un ecosistema de la forma en que fluye la energía?
b. Aplica los conceptos ¿Cuáles son los cuatro tipos de procesos del ciclo de la materia a través de la biósfera? Da un ejemplo de cada uno.

2. a. Repasar ¿Por cuáles dos procesos circula el agua de la tierra a la atmósfera?
b. Establecer una secuencia Describe una forma en la que el agua del océano puede hacer un ciclo completo a través de la atmósfera y regresar al océano. Incluye los nombres de cada proceso implicado en el ciclo.

3. a. Repasar ¿Por qué necesitan nutrientes los organismos vivos?
b. Predecir Según tu conocimiento del ciclo del carbono, ¿qué piensas que podría suceder si los humanos continuaran talando y quemando grandes áreas de bosques para construir?

4. a. Repasar Explica cómo un nutriente puede ser un factor limitante en un ecosistema.
b. Aplica los conceptos Mira de nuevo los ciclos del nitrógeno y el fósforo (**ilustraciones 3–18** y **3–19**). ¿Cómo se relaciona la escorrentía de fertilizantes con la floración de algas?

ESCRIBIR SOBRE LAS CIENCIAS

Explicación

5. Describe cómo el oxígeno, aunque no tiene un ciclo independiente, se mueve por la biósfera como parte del ciclo del carbono. Describe las diversas formas que adopta el oxígeno.

BIOLOGY.com Search Lesson 3.4  GO • Self-Test • Lesson Assessment • Visual Analogy

Tecnología y BIOLOGÍA

Ecología global desde el espacio

¿Pueden seguirle la pista los ecólogos al crecimiento de las plantas alrededor del mundo? ¿Pueden seguir el cambio de temperatura en los océanos día a día, o la cantidad de hielo polar año tras año? ¡Sí! Los satélites pueden proporcionar estos datos, esenciales para entender la ecología global. Los sensores satelitales pueden programarse para explorar bandas particulares del espectro electromagnético para revelar patrones globales de temperatura, lluvia o la presencia de plantas en tierra o algas en los océanos. Las imágenes en color falso resultantes son hermosas y están llenas de información vital.

Cambios en la cubierta de hielo polar El hielo marino alrededor del Polo Norte se ha estado derritiendo más cada verano desde que los satélites comenzaron a recopilar datos en 1979. La imagen de abajo muestra en blanco la cantidad de hielo restante al final del verano en 2007. La cantidad de hielo en la misma época del año para un año promedio entre 1979 y 2007 se muestra en verde.

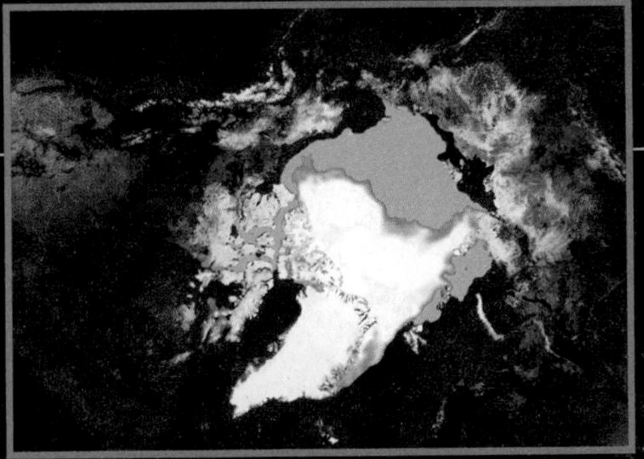

2007 Las áreas blancas muestran la cantidad mínima promedio de cubierta de hielo ártico al final del verano de 2007.
1979 a 2007 Las áreas verdes muestran la cantidad mínima promedio de cubierta de hielo entre 1979 y 2007.

Crecimiento de plantas y algas Estos datos los recopiló el Sea-viewing Wide Field-of-view Sensor (SeaWiFS) de la NASA, programado para observar el color de la luz reflejada. En la imagen se ve qué tan activamente aprovechaban la energía solar para la fotosíntesis las plantas en tierra y las algas en los océanos cuando se tomaron estos datos. Una medición de la fotosíntesis da las tasas de crecimiento y el aporte de energía y nutrientes.

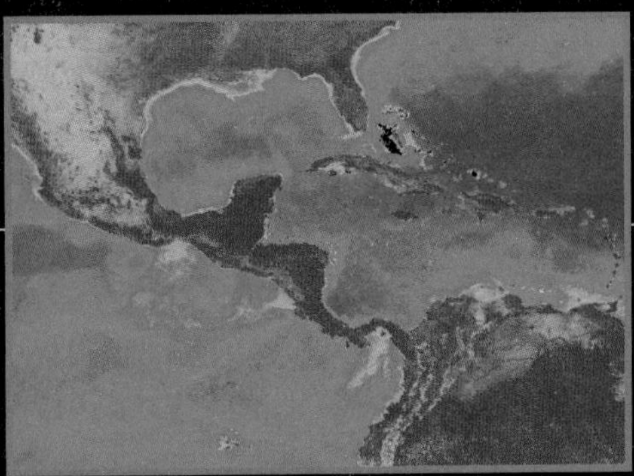

▲
En tierra El verde oscuro indica crecimiento de plantas activo; las áreas amarillas indican desiertos estériles o montañas.
En el mar El azul oscuro indica un crecimiento de algas muy poco activo. El rojo indica el mayor crecimiento activo.

ESCRITURA

Visita el sitio Web del servicio Goddard Space Flight Center Scientific Visualization y selecciona un conjunto de datos satelitales para examinarlos. Escribe un párrafo breve explicando qué aprendiste al ver esos datos.

Laboratorio del mundo real

INVESTIGACIÓN DIRIGIDA

Preparación para el laboratorio: El efecto de fertilizantes en las algas

Problema ¿Cómo afecta el exceso de nutrientes al crecimiento de las algas?

Materiales tubos de ensayo, soporte para tubos de ensayo, bolígrafo marcador para vidrio, pipetas cuentagotas, cultivo de algas, cilindro graduado de 25 mL, agua de manantial, fertilizante para plantas, bolitas de algodón, lámpara para crecimiento

Manual de laboratorio Laboratorio del Capítulo 3

Destrezas Predecir, comparar y contrastar, inferir

Conectar con la gran idea En un ecosistema sano, los nutrientes circulan entre productores primarios, consumidores y descomponedores. El crecimiento de productores primarios está limitado por la disponibilidad de nutrientes. Los humanos pueden incrementar intencionalmente la cantidad de nutrientes en un ecosistema. Por ejemplo, los agricultores pueden agregar fertilizante al suelo en el que crecen los cultivos. Pero la adición de nutrientes a un ecosistema no siempre es planeada. Por ejemplo, la escorrentía del suelo que contiene fertilizante puede fluir a las aguas costeras o a estanques de agua dulce. En este laboratorio, observarás qué sucede cuando a las algas que viven en esas aguas se les proporcionan nutrientes en exceso.

Preguntas preliminares

a. **Repasar** ¿Qué es un nutriente limitante?

b. **Explicar** ¿Por qué los agricultores usan fertilizante?

c. **Clasificar** ¿Qué papel desempeñan las algas en los ecosistemas de agua dulce?

Preguntas previas al laboratorio

Examina el procedimiento en el manual de laboratorio.

1. **Diseñar un experimento** ¿Cuál es la variable independiente en este experimento?
2. **Predecir** Después de cuatro días, ¿cómo podrás decir cuál tubo de ensayo tiene más algas?
3. **Controlar variables** ¿Por qué cultivarás *Chlorella* en agua de manantial en lugar de agua de estanque?

BIOLOGY.com Search Chapter 3 GO

Visita el Capítulo 3 en línea para hacer una autoevaluación del capítulo y para buscar actividades que apoyan tu aprendizaje.

Untamed ScienceVideo Ayuda al equipo de *Untamed Science* a explorar las relaciones de alimentación mientras ponen la pirámide ecológica de cabeza.

Art in Motion Ve un corto de animación que muestra los diferentes niveles de organización.

Art Review Repasa tu comprensión de cuáles organismos son productores y cuáles son consumidores con esta actividad de arrastrar y soltar.

InterActive Art Aumenta tu comprensión del ciclo del agua con esta animación.

Data Analysis Reúne y analiza algunos datos de modo que puedas ver cómo se usan los datos para observar un sitio.

Tutor Tube ¡Obtén alguna aclaración sobre productores y consumidores y aprende cómo el flujo de materia y energía no es lo que puedes pensar!

Visual Analogies Compara un centro de reciclaje con los descomponedores en esta actividad. Compara la limitación de nutrientes con una serie de ruedas dentadas en esta actividad.

3 Guía de estudio

La gran idea Materia y energía, interdependencia en la naturaleza

La biósfera se compone de una mezcla siempre cambiante de componentes vivos e inanimados. Estos componentes interaccionan de manera constante para formar los ambientes en que los organismos luchan por sobrevivir y reproducirse.

3.1 ¿Qué es la ecología?

La ecología es el estudio científico de las interacciones entre organismos y entre los organismos y su ambiente físico.

Las influencias biológicas en los organismos se llaman factores bióticos.

Los componentes físicos de un ecosistema se llaman factores abióticos.

Los ecólogos modernos usan tres métodos en su trabajo: observación, experimentación y modelado. Cada uno de estos enfoques se basa en el método científico para guiar la investigación.

biósfera (64)
especie (64)
población (64)
comunidad (64)
ecología (65)
ecosistema (65)
bioma (65)
factor biótico (66)
factor abiótico (66)

3.2 Energía, productores y consumidores

Los productores primarios son los primeros productores de compuestos ricos en energía que luego son usados por otros organismos.

Los organismos que dependen de otros organismos para obtener energía y nutrientes se llaman consumidores.

autótrofo (69)
productor primario (69)
fotosíntesis (70)
quimiosíntesis (70)
heterótrofo (71)
consumidor (71)
carnívoro (71)
carroñero (71)
omnívoro (71)
descomponedor (71)
detritívoro (71)

3.3 Flujo de energía en los ecosistemas

La energía fluye a través de un ecosistema en un solo sentido, de los productores primarios a varios consumidores.

Las pirámides de energía muestran la cantidad relativa de energía disponible en cada nivel trófico de una cadena alimenticia o red alimenticia. Una pirámide de biomasa ilustra la cantidad relativa de materia orgánica viva disponible en cada nivel trófico de un ecosistema. Una pirámide de números muestra la cantidad relativa de organismos individuales en cada nivel trófico en un ecosistema.

cadena alimenticia (73)
fitoplancton (73)
red alimenticia (74)
zooplancton (76)
nivel trófico (77)
pirámide ecológica (77)
biomasa (78)

3.4 Los ciclos de la materia

A diferencia del flujo de energía en un solo sentido, la materia se recicla dentro y entre los ecosistemas.

El agua se mueve en forma continua entre los océanos, la atmósfera y la tierra, a veces fuera de los organismos vivos y a veces dentro de ellos.

Todo organismo necesita nutrientes para formar tejidos y realizar funciones vitales. Como el agua, los nutrientes pasan por los organismos y el ambiente a través de ciclos biogeoquímicos. Los ciclos del carbono, nitrógeno y fósforo son esenciales en especial para la vida.

Si se dispone de luz solar y agua en abundancia, la productividad primaria de un ecosistema puede estar limitada por la disponibilidad de nutrientes.

ciclo biogeoquímico (79)
nutriente (82)
fijación de nitrógeno (84)
desnitrificación (84)
nutriente limitante (85)

Razonamiento visual Usa la información de este capítulo para completar el siguiente diagrama de flujo:

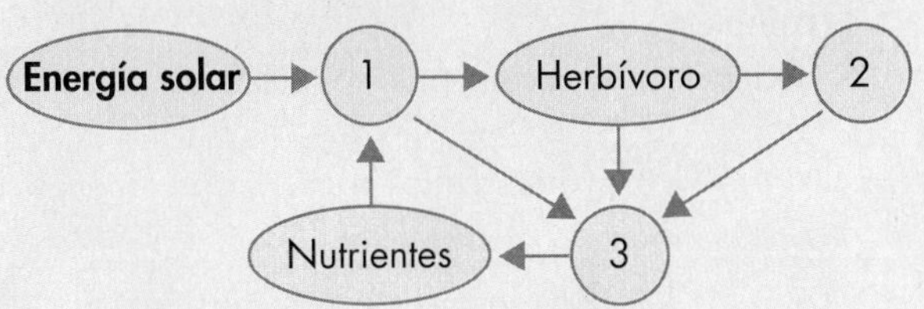

3 Evaluación

3.1 ¿Qué es la ecología?

Comprender conceptos clave

1. Toda la vida en la Tierra existe en
   a. un ecosistema.
   b. un bioma.
   c. la biósfera.
   d. ecología.
2. ¿Cuál término describe a un grupo de especies diferentes que viven juntas en un área definida?
   a. una población
   b. una comunidad
   c. un ecosistema
   d. una biósfera
3. Nombra los diferentes niveles de organización dentro de la biósfera, del más pequeño al más grande.
4. ¿Cómo usan el modelado los ecólogos?
5. Da un ejemplo de cómo un factor biótico podría influir en los organismos en un ecosistema.

Razonamiento crítico

6. **Diseñar un experimento** Los ecólogos han descubierto que las semillas de muchas plantas que crecen en los bosques no pueden germinar a menos que hayan sido expuestas al fuego. Diseña un experimento para probar si una planta particular tiene semillas con este requisito. Incluye tu planteamiento de hipótesis, una descripción de los grupos de control y experimental, y un esquema de tu procedimiento.
7. **Preguntar** Vives cerca de un estanque que has observado por años. Un año notas que el agua está atascada con un crecimiento excesivo de algas verdes. ¿Cuáles son algunas de las preguntas que podrías hacer sobre este crecimiento inusual?

3.2 Energía, productores y consumidores

Comprender conceptos clave

8. Los productores primarios son organismos que
   a. dependen de otros organismos para obtener su energía y suministro de alimento.
   b. consumen restos de plantas y animales y otra materia muerta.
   c. usan la energía que toman del ambiente para convertir moléculas inorgánicas en moléculas orgánicas complejas.
   d. obtienen energía comiendo sólo plantas.
9. ¿Cuál de los siguientes organismos es un descomponedor?

a. 

c. 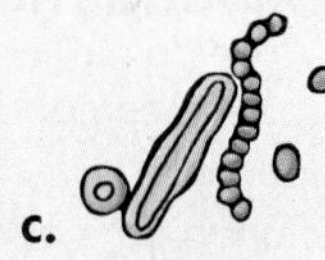

b. 

d. 

10. ¿Cuál de los siguientes describe como obtienen su energía TODOS los consumidores?
    a. directamente del sol
    b. al comer productores primarios
    c. de sustancias químicas inorgánicas como el sulfuro de hidrógeno
    d. al comer organismos que están vivos o que estuvieron vivos alguna vez
11. ¿Qué es la quimiosíntesis?

Razonamiento crítico

12. **Clasificar** Clasifica cada uno de los siguientes como un herbívoro, un carnívoro, un omnívoro o un detritívoro: lombriz de tierra, oso, vaca, caracol, búho, humano.
13. **Proponer una hipótesis** Las personas que exploran cuevas donde hay agua corriente pero no hay luz solar con frecuencia las encuentran pobladas con tipos únicos de peces e insectos. ¿Qué hipótesis puedes proponer para explicar la fuente de energía última para estos organismos?

3.3 Flujo de energía en los ecosistemas

Comprender conceptos clave

14. La serie de pasos en los que un pez grande se come a un pez pequeño que ha comido algas es una
    a. red alimenticia
    b. cadena alimenticia
    c. pirámide de números
    d. pirámide de biomasa
15. La cantidad total de tejido vivo en cada nivel trófico en un ecosistema puede mostrarse en
    a. una pirámide de energía
    b. una pirámide de números
    c. una pirámide de biomasa
    d. un ciclo biogeoquímico

Razonamiento crítico

16. ¿Cuál grupo de organismos se encuentra siempre en la base de una cadena alimenticia o red alimenticia?

17. **Aplica los conceptos** ¿Por qué la transferencia de energía en una cadena alimenticia por lo general es eficiente sólo alrededor de 10 por ciento?

18. **Usar modelos** Describe una cadena alimenticia de la cual tú seas miembro. Puedes dibujar o usar palabras para describir la cadena.

19. **Usar modelos** Crea diagramas de flujo que muestren cuatro cadenas alimenticias diferentes en la red alimenticia que se muestra abajo.

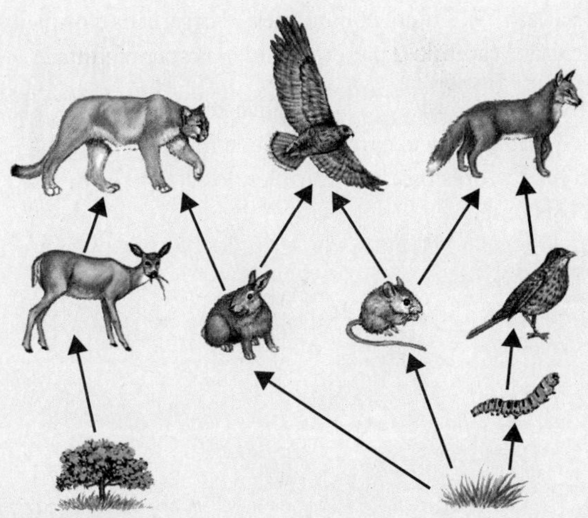

3.4 Los ciclos de la materia

Comprender conceptos clave

20. Los nutrientes se mueven a través de un ecosistema en

a. ciclos biogeoquímicos. **c.** pirámides de energía.
b. ciclos de agua. **d.** pirámides ecológicas.

21. ¿Cuál ciclo biogeoquímico NO incluye una vía importante en la que las sustancias circulen a través de la atmósfera?

a. ciclo del agua **c.** ciclo del nitrógeno
b. ciclo del carbono **d.** ciclo del fósforo

22. Enumera dos formas en las que el agua entra en la atmósfera en el ciclo del agua.

23. Explica el proceso de la fijación del nitrógeno.

24. ¿Qué significa "limitación de nutrientes?

resuelve el MISTERIO del CAPÍTULO

CAMBIOS EN LA BAHÍA

De acuerdo con una hipótesis, la elevación de las temperaturas del agua ha causado la mayor parte de los cambios reportados en la bahía Narragansett. La temperatura de la bahía se ha elevado más de 1.5 °C (3 °F) desde 1960. Este calentamiento alienta a las anjovas a permanecer en la bajía hasta más tarde en el otoño. También permite al camarón de agua templada depredador permanecer en la bahía todo el invierno, alimentándose de las crías de platijas. El agua más caliente también permite al zooplancton alimentarse en forma abundante de algas marinas. Esto elimina la floración de algas de finales del invierno cuya producción primaria se usa para proporcionar carbono orgánico a toda la red alimenticia.

Estos cambios en la red alimenticia, a su vez, parecen estar produciendo variaciones inesperadas en las actividades de las bacterias que transforman el nitrógeno. Cuando la floración de primavera proporcionó carbono orgánico, las bacterias desnitrificaron el agua, liberando nitrógeno en la atmósfera. Ahora, la comunidad bacteriana ha cambiado y de hecho fija nitrógeno, introduciendo más de él en el agua. Todavía no está claro qué significa este cambio para la salud a largo plazo de la bahía y las aguas costeras adyacentes.

1. **Comparar y contrastar** Compara la situación original en la bahía con la situación actual, tomando nota de los cambios tanto en la red alimenticia como en el ciclo del nitrógeno.

2. **Inferir** La bahía Narragansett alberga medusas de mar que prefieren el agua caliente y antes sólo habían estado presentes en verano y principios del otoño. Estas medusas comen huevos de peces, larvas de peces y zooplancton. Si la bahía continúa calentándose, ¿qué crees que le sucedería a la población de medusas en la bahía? ¿Qué podría significar esto para los organismos de los que se alimentan las medusas?

3. **Conectar con la gran idea** Explica cómo el ejemplo de la bahía Narragansett demuestra interconexiones entre los miembros de una red alimenticia y los factores ambientales abióticos. ¿Puedes encontrar estudios similares en otros hábitats acuáticos, como la bahía Chesapeake, los Everglades o el delta del río Mississippi? Explica.

Razonamiento crítico

25. **Proponer una hipótesis** Los ecólogos descubrieron que las truchas estaban muriendo en un arroyo que corría a través de algunas tierras de labranza donde se usaba fertilizante de nitrógeno en los cultivos. ¿Cómo podrías explicar qué sucedió?

26. **Aplica los conceptos** Usa un diagrama de flujo para trazar el flujo de energía en una cadena alimenticia marina simple. Luego, muestra dónde circula el nitrógeno a través de la cadena cuando el carnívoro en el nivel superior muere y se descompone.

Relacionar conceptos

Usar gráficas científicas

La siguiente gráfica muestra el efecto de la lluvia anual en la tasa de productividad primaria en un ecosistema. Usa la gráfica para responder a las preguntas 27 a 29.

27. **Interpretar gráficas** ¿Qué le sucede a la productividad conforme aumenta la lluvia?

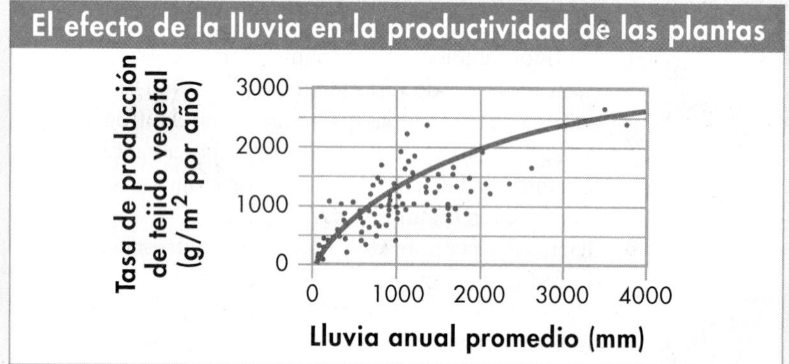

28. **Predecir** ¿Cómo piensas que se vería la gráfica si el eje de *x* se extendiera hasta 6000 mm? Representa tu predicción en una gráfica y explica tu respuesta.

29. **Aplica los conceptos** ¿Qué factores aparte del agua podrían afectar la productividad primaria?

Escribir sobre las ciencias

30. **Explicación** Escribe un párrafo que (1) nombre y defina los niveles de organización que estudia un ecólogo; (2) identifique el nivel que elegirías estudiar si fueras un ecólogo; (3) describa el método o métodos que usarías para estudiar este nivel; y (4) dé una razón para tu elección del método o métodos.

31. **Descripción** Describe cómo los ciclos biogeoquímicos proporcionan a los organismos las materias primas necesarias para sintetizar compuestos orgánicos complejos. Revisa el capítulo 2 para responder a esta pregunta.

32. **Evalúa** la gran idea Explica cómo un elemento como el carbono puede incluirse tanto en los factores bióticos como en los abióticos de un ecosistema.

Analizar datos

Se toman muestras de agua del océano a diferentes profundidades y se mide la cantidad de oxígeno en el agua en cada profundidad. Los resultados se muestran en la tabla.

Concentración de oxígeno

Profundidad de la muestra (m)	Concentración de oxígeno (ppm)
0	7.5
50	7.4
100	7.4
150	4.5
200	3.2
250	3.1
300	2.9

33. **Interpretar tablas** ¿Cuál de las siguientes es la mejor descripción de lo que le sucede a la cantidad de oxígeno disponible conforme llegas más profundo en el océano?
    a. El oxígeno disponible disminuye a una tasa constante.
    b. El oxígeno disponible aumenta a una tasa constante.
    c. El oxígeno disponible se mantiene constante hasta más o menos 100 m, luego disminuye rápidamente.
    d. El oxígeno está disponible en todas las profundidades del océano.

34. **Sacar conclusiones** La luz sólo puede penetrar a una profundidad de entre 50 y 100 m en la mayoría del agua del océano. ¿Qué efecto tiene esto en la concentración de oxígeno en el agua? Explica.

Preparación para exámenes estandarizados

Selección múltiple

1. Un grupo de individuos que pertenecen a una sola especie y que viven juntos en un área definida se denomina

A población.
B ecosistema.
C comunidad.
D bioma.

2. ¿Cuál de las siguientes NO es cierto sobre la materia en la biósfera?

A La materia se recicla en la biósfera.
B Los ciclos biogeoquímicos transforman y vuelven a usar moléculas.
C La cantidad total de materia disminuye con el tiempo.
D El agua y los nutrientes pasan entre los organismos y el ambiente.

3. ¿Cuál es una fuente de energía para los seres vivos de la Tierra?

A sólo la energía eólica
B sólo la luz solar
C la energía eólica y la luz solar
D la luz solar y la energía química

4. ¿Cuál de los siguientes es un productor primario?

A un productor, como las algas
B un carnívoro, como un león
C un omnívoro, como un humano
D un detritívoro, como una lombriz de tierra

5. Las actividades humanas, como la quema de combustibles fósiles, mueven el carbono a través del ciclo del carbono. ¿Cuáles otros procesos participan también en el ciclo del carbono?

A sólo procesos biológicos
B sólo procesos geoquímicos
C sólo procesos químicos
D una combinación de procesos biológicos, geológicos y químicos

6. ¿Cómo se llama a los componentes físicos, o inanimados, de un ecosistema?

A factores abióticos
B condiciones templadas
C factores bióticos
D factores antibióticos

Preguntas 7 y 8

Los diagramas de abajo representan la cantidad de biomasa y la cantidad de organismos en un ecosistema.

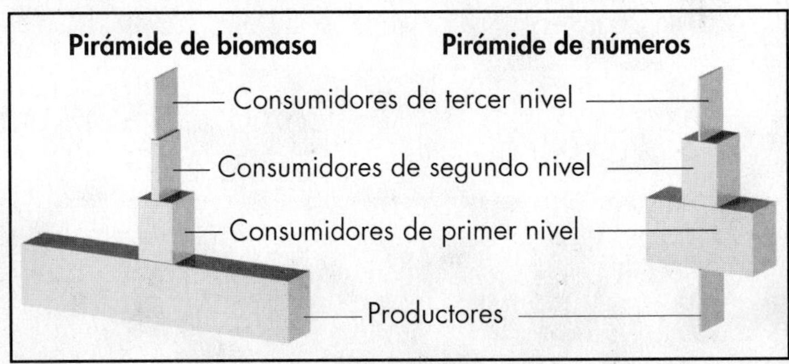

7. ¿Qué puedes concluir sobre el ecosistema de la pirámide de números mostrada?

A Hay más consumidores de primer nivel que productores.
B Hay más consumidores de tercer nivel que consumidores de segundo nivel.
C Hay más productores que consumidores de primer nivel.
D Hay más consumidores de segundo nivel que consumidores de primer nivel.

8. ¿Qué puedes concluir sobre los productores en el ecosistema basado en las dos pirámides mostradas?

A Es probable que los productores en el ecosistema sean organismos muy pequeños.
B No hay productores en el ecosistema.
C Es probable que los productores en el ecosistema sean organismos grandes.
D Los descomponedores en el ecosistema superan en número a los productores en el ecosistema.

Respuesta de desarrollo

9. ¿Qué le sucede a final de cuentas a la mayor parte de la materia en cualquier nivel trófico de una pirámide de biomasa; es decir, la materia que no se pasa al nivel trófico superior?

Si tienes dificultades con...									
la pregunta	1	2	3	4	5	6	7	8	9
Ver la lección	3.1	3.4	3.2	3.2	3.4	3.1	3.3	3.3	3.3

4 Ecosistemas y comunidades

La gran idea

Interdependencia en la naturaleza

P: ¿Cómo afectan los factores abióticos y bióticos a los ecosistemas?

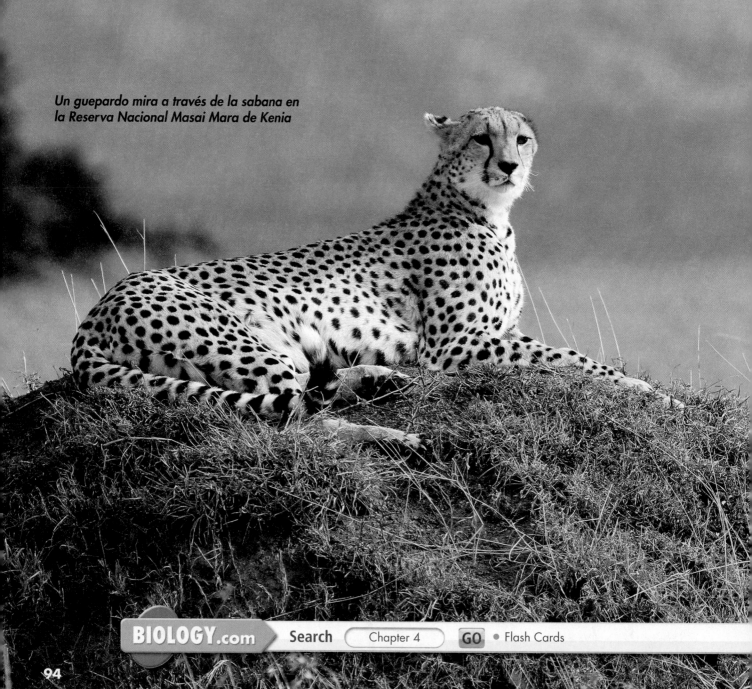

Un guepardo mira a través de la sabana en la Reserva Nacional Masai Mara de Kenia

BIOLOGY.com Search Chapter 4 GO • Flash Cards

EN ESTE CAPÍTULO:

- Untamed Science Video
- Chapter Mystery

MISTERIO DEL CAPÍTULO

EL EFECTO LOBO

Durante la década de 1920, la cacería y la colocación de trampas eliminaron a los lobos del Parque Nacional Yellowstone. Durante décadas, los ecólogos plantearon como hipótesis que la pérdida de lobos (importantes depredadores de ciervos canadienses y de otros animales grandes de pastizales) había modificado el ecosistema del parque. Pero como no había datos previos ni posteriores, era imposible probar esa hipótesis directamente.

Entonces, a mediados de la década de 1990, se volvieron a introducir lobos en Yellowstone. Los investigadores observaron con mucho cuidado los ecosistemas del parque y, efectivamente, el número de ciervos canadienses en partes del parque empezó a descender tal como se había predicho. Pero, de manera impredecible, las comunidades forestales y acuáticas también se han modificado. ¿Podría un "efecto lobo" estar afectando a los organismos en los bosques y riachuelos del parque?

A medida que leas este capítulo, busca relaciones entre los organismos de Yellowstone y su medio ambiente. Después, resuelve el misterio.

Continúa explorando el mundo.

El misterio de los lobos de Yellowstone es sólo el principio. Emprende un viaje de campo en video con los genios ecólogos de *Untamed Science* para ver adónde conduce este misterio.

4.1 Clima

Preguntas clave

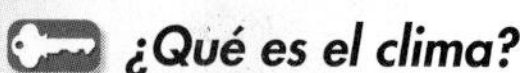 *¿Qué es el clima?*

¿Qué factores determinan el clima global?

Vocabulario

tiempo
clima
microclima
efecto invernadero

Tomar notas

Vistazo al material visual Antes de leer, mira la **ilustración 4–2.** ¿Qué preguntas tienes acerca de este diagrama? Escribe una predicción que relacione esta ilustración con el clima.

DESARROLLAR el vocabulario

PREFIJOS El prefijo *hemi-* en *hemisferio* significa "mitad". El hemisferio norte abarca la mitad norte de la Tierra.

PIÉNSALO Cuando piensas en el clima, podrías pensar en encabezados dramáticos como "¡El huracán Katrina inunda Nueva Orleáns!" o "¡La sequía reseca el sureste!" Pero las grandes tormentas y las sequías estacionales se describen mejor como *tiempo* en lugar de *clima.* Entonces, ¿qué es el clima y cómo difiere del tiempo? ¿De qué manera afectan el clima y el tiempo a los organismos y a los ecosistemas?

El tiempo y el clima

¿Qué es el clima?

Tanto el tiempo como el clima implican variaciones en la temperatura, las precipitaciones y otros factores ambientales. El **tiempo** es la condición diaria de la atmósfera de la Tierra. El tiempo donde vives puede ser claro y soleado un día, y lluvioso y frío al siguiente. El **clima,** por otra parte, se refiere a condiciones promedio durante largos períodos. **El clima de una región se define en base a patrones anuales de temperatura y precipitación.**

Es importante hacer notar que el clima raras veces es uniforme incluso en una misma región. Las condiciones ambientales pueden variar a distancias pequeñas, creando así **microclimas.** Por ejemplo, en el hemisferio norte las partes de los árboles y de los edificios que dan al sur reciben más luz del Sol, por lo que a menudo son más cálidas y más secas que las partes que dan hacia el norte. Es posible que no notemos estas diferencias, pero pueden ser muy importantes para muchos organismos.

Factores que afectan el clima

¿Qué factores determinan el clima global?

Puede ser que una persona que viva en Orlando, Florida, lleve puestos pantalones cortos y camiseta en diciembre, mientras que alguien que viva en Minneapolis, Minnesota, todavía se esté poniendo un abrigo pesado en abril. Rara vez llueve en Phoenix, Arizona, pero con frecuencia llueve en Mobile, Alabama. Evidentemente, todos estos lugares tienen climas diferentes, pero ¿por qué? ¿Qué causa las diferencias en el clima? **El clima global es producido por muchos factores, incluyendo la energía solar retenida en la biósfera, la latitud y el transporte del calor por los vientos y las corrientes oceánicas.**

En tu cuaderno *Describe cómo es el clima donde vives. ¿Qué factores influyen en él?*

La energía solar y el efecto invernadero

La principal fuerza que produce a nuestro clima es la energía solar que llega como luz solar a la superficie de la Tierra. Parte de esa energía se refleja al espacio, y otra parte se absorbe y convierte en calor. Parte de ese calor, a su vez, irradia hacia el espacio y otra parte se retiene en la biósfera. El equilibrio entre el calor que permanece en la biósfera y el que se pierde en el espacio determina la temperatura promedio de la Tierra. Este equilibrio en gran medida es controlado por concentraciones de tres gases que se encuentran en la atmósfera: dióxido de carbono, metano y vapor de agua.

Como se muestra en la **ilustración 4–1,** estos gases, llamados gases del efecto invernadero, funcionan como vidrio en un invernadero permitiendo que la luz visible penetre y reteniendo el calor. Este fenómeno se llama el **efecto invernadero.** Si suben las concentraciones del gas del efecto invernadero, se retiene más calor, de modo que la Tierra se calienta. Sin el efecto invernadero, la Tierra estaría como 30° Celsius más fría de lo que está hoy. Observa que estos tres gases entran y salen de la atmósfera como parte de ciclos nutrientes.

ANALOGÍA VISUAL

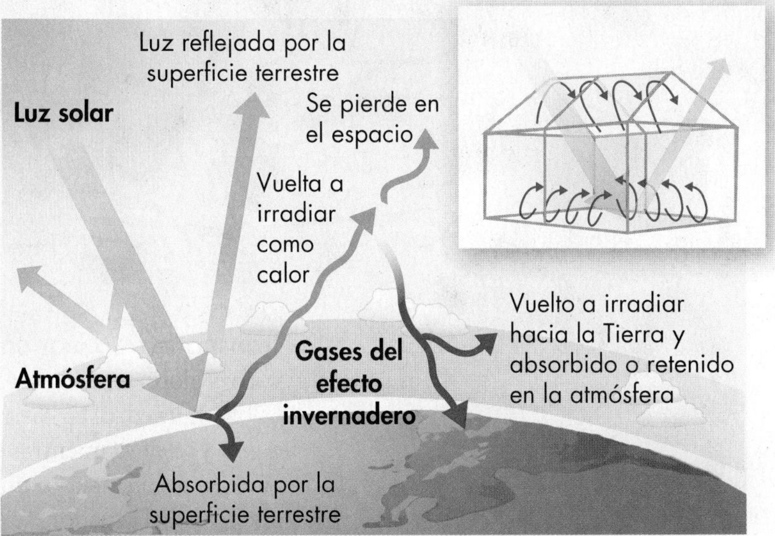

EL EFECTO INVERNADERO

ILUSTRACIÓN 4–1 Los gases del efecto invernadero en la atmósfera permiten que la radiación solar entre en la biósfera y hacen que disminuya la pérdida de calor que se vuelve a irradiar al espacio. **Usar analogías** ***¿Qué parte de un invernadero es análoga a los gases del efecto invernadero en la atmósfera terrestre?***

Latitud y energía solar Cerca del ecuador, la energía solar es intensa ya que el Sol está casi directamente sobre las cabezas de las personas al mediodía todo el año. Por eso las regiones ecuatoriales son por lo general tan cálidas. Como se muestra en la **ilustración 4–2,** la curvatura de la Tierra provoca que se extienda la misma cantidad de energía solar sobre un área mucho más amplia cerca de los polos que cerca del ecuador. Así, las áreas polares de la Tierra reciben anualmente energía solar menos intensa, y por tanto menos calor del Sol. Esta diferencia en la distribución del calor crea tres zonas climáticas diferentes: tropical, templada y polar.

La zona tropical, o el trópico, que incluye al ecuador, se localiza entre los 23.5° de latitud norte y 23.5° de latitud sur. Esta zona recibe la luz solar casi directa todo el año. A uno y otro lado de la zona tropical están las dos zonas templadas, entre los 23.5° y 66.5° de latitud norte y de latitud sur. Las zonas polares se encuentran fuera de las zonas templadas entre los 66.5° y 90° de latitud norte y sur. Las zonas templadas y polares reciben cantidades de energía solar muy diferentes en distintas épocas del año a causa de que el eje de la Tierra está inclinado. Conforme la Tierra se traslada alrededor del Sol, la radiación solar llega a diferentes regiones en ángulos que varían del verano al invierno. El Sol está más bajo en el cielo durante el invierno en las zonas templadas y polares, los días son más cortos y la energía solar es menos intensa.

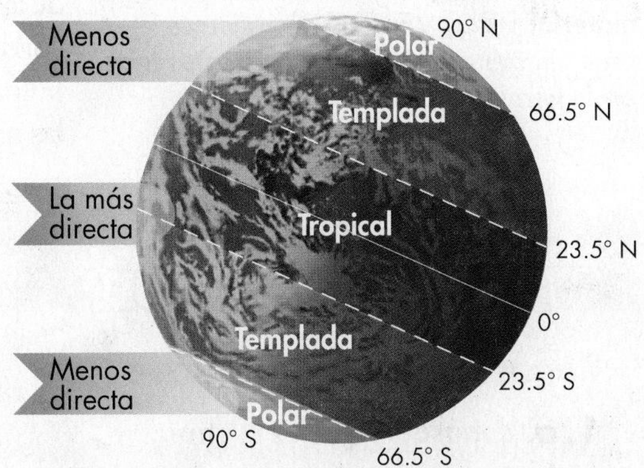

ILUSTRACIÓN 4–2 Zonas climáticas Las zonas climáticas de la Tierra se crean a causa de la distribución desigual del calor solar sobre la superficie terrestre. Las regiones polares reciben menos energía solar por unidad de área, y por tanto menos calor, que las regiones tropicales. La inclinación del eje de la Tierra hace que la distribución de la luz solar cambie durante el transcurso del año.

ILUSTRACIÓN 4–3 Vientos y corrientes Los vientos terrestres (arriba izquierda) y las corrientes oceánicas (arriba derecha) interaccionan para producir patrones climáticos. La trayectoria de los vientos y las corrientes resulta del calentamiento y enfriamiento, la rotación de la Tierra y características geográficas. **Interpretar material visual** ***¿En qué dirección se mueven generalmente las corrientes frías en el hemisferio norte?***

Transporte del calor en la biósfera La distribución desigual del calor en todo el globo terrestre crea corrientes eólicas y oceánicas, que transportan calor y humedad. La Tierra tiene vientos porque el aire caliente es menos denso y se eleva mientras que el aire fresco es más denso y desciende. Así el aire que se calienta por un área caliente de la superficie terrestre (como el aire cerca del ecuador) se eleva. Al elevarse se expande y se propaga hacia el norte y el sur, perdiendo calor en el trayecto. Al enfriarse el aire desciende. Al mismo tiempo, en las regiones más frías, cerca de los polos, el aire frío desciende hacia la superficie terrestre, empujando el aire en la superficie hacia afuera. Este aire se calienta al viajar por la superficie y conforme se calienta, se eleva. Este ascenso y descenso del aire crean vientos, mostrado en la **ilustración 4–3** (arriba a la izquierda). Los vientos transportan calor de las regiones de aire más caliente que se eleva hacia las regiones de aire más fresco que desciende. La rotación de la Tierra hace que los vientos soplen por lo general de oeste a este en las zonas templadas y de este a oeste en el trópico y los polos.

En los océanos ocurren patrones semejantes de calentamiento y enfriamiento. El agua superficial es empujada por los vientos. Estas corrientes oceánicas transportan enormes cantidades de calor. Las corrientes calientes añaden humedad y calor al aire que pasa sobre ellas. Las corrientes frías de la superficie enfrían el aire que pasa sobre ellas. De esta manera, las corrientes de la superficie afectan el tiempo y el clima de masas terrestres cercanas. Las corrientes oceánicas profundas se producen a causa del agua fría cercana a los polos que desciende y corre a lo largo del fondo oceánico. Esta agua se eleva en las regiones calientes mediante un proceso llamado afloramiento.

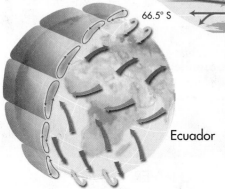

4.1 Evaluación

Repaso de conceptos clave

1. a. Repasar ¿Qué es el clima?

b. Comparar y contrastar ¿Cuál es la diferencia entre clima y tiempo?

c. Inferir Según la **ilustración 4–3,** ¿cuál crees que tiene el clima más frío: la costa oriental o la occidental de África del Sur? ¿Por qué?

2. a. Repasar ¿Cuáles son los principales factores que determinan el clima?

b. Relacionar causa y efecto Explica lo que probablemente ocurriría al clima global si hubiese una disminución dramática de los gases del efecto invernadero retenidos en la atmósfera.

ANALIZAR DATOS

3. Investiga la precipitación (en mm) y la temperatura (en °C) mensuales promedio de Quito, Ecuador, una ciudad que está en el ecuador. Haz una gráfica de barras para los datos de la precipitación. Traza los datos de las temperaturas en una gráfica lineal.

BIOLOGY.com Search Lesson 4.1  GO • Self-Test • Lesson Assessment

4.2 Nichos e interacciones comunitarias

PIÉNSALO Si le preguntas a alguien dónde vive determinado organismo, esa persona podría responder "en un arrecife de coral" o "en el desierto". Estas respuestas equivalen a decir que una persona vive "en Miami" o "en Arizona". La respuesta indica el medio ambiente o la ubicación, pero los ecólogos necesitan mayor información para comprender completamente por qué un organismo vive en determinado lugar y cómo se adapta a su entorno. ¿Qué más necesitan saber?

El nicho

¿Qué es un nicho?

Los organismos ocupan diferentes lugares en parte a causa de que cada especie tiene un rango de condiciones bajo las cuales puede crecer y reproducirse. Estas condiciones ayudan a definir dónde y cómo vive un organismo.

Tolerancia Cada especie tiene su propio rango de **tolerancia,** la capacidad de sobrevivir y reproducirse bajo un rango de circunstancias ambientales, como se muestra en la **ilustración 4–4.** Cuando una condición ambiental, como la temperatura, se extiende en una u otra dirección más allá del rango óptimo de un organismo, el organismo experimenta estrés. ¿Por qué? Porque debe gastar más energía para mantener su homeostasis, y de esta manera le queda menos energía para crecer y reproducirse. Los organismos tienen un límite superior y otro inferior de tolerancia para cada factor ambiental. Más allá de esos límites, el organismo no puede sobrevivir. La tolerancia de una especie para las condiciones ambientales ayuda, entonces, a determinar su "domicilio" o **hábitat,** el lugar general donde vive un organismo.

ILUSTRACIÓN 4–4 Tolerancia Esta gráfica muestra la respuesta de un organismo hipotético a diferentes valores de una sola variable ambiental como la luz solar o la temperatura. En el centro del rango óptimo, es probable que los organismos presenten la mayor abundancia. Se vuelven más difíciles de encontrar en zonas de estrés fisiológico (azul medio) y están ausentes en zonas de intolerancia (azul claro).

Preguntas clave

¿Qué es un nicho?

¿Cómo interviene la competencia en la formación de comunidades?

¿Cómo la depredación y el herbivorismo dan forma a comunidades?

¿Cuáles son tres formas importantes en que los organismos dependen uno de otro?

Vocabulario

tolerancia • hábitat • nicho • recurso • principio de exclusión competitiva • depredación • herbivorismo • especie clave • simbiosis • mutualismo • parasitismo • comensalismo

Tomar notas

Mapa de conceptos Usa las palabras resaltadas del vocabulario para crear un mapa de conceptos que organice la información de esta lección.

Definir el nicho La descripción del "domicilio" de una especie narra sólo parte de su historia. Los ecólogos también estudian la "ocupación" ecológica de una especie: dónde y cómo "hacen su vida". Esta idea de ocupación se incluye en la idea del nicho de un organismo. Un **nicho** no solamente describe lo que hace un organismo sino también cómo interacciona con factores bióticos y abióticos en el medio ambiente. **Un nicho es el rango de condiciones físicas y biológicas en las que una especie vive y la manera en que la especie obtiene lo que necesita para sobrevivir y reproducirse.** Es importante la comprensión de los nichos para poder entender cómo interaccionan los organismos para formar una comunidad.

▶ ***Recursos y el nicho*** El término **recurso** se puede referir a cualquier necesidad de la vida, como agua, nutrientes, luz, alimento o espacio. Para las plantas, los recursos pueden incluir luz solar, agua y nutrientes de la tierra, todos éstos esenciales para la sobrevivencia. Para los animales, los recursos pueden incluir espacio de anidación, refugio, tipos de alimento y lugares para alimentar.

DESARROLLAR el vocabulario

VOCABULARIO ACADÉMICO El sustantivo **aspecto** significa "parte". Hay dos aspectos, o partes, del nicho de un organismo: los aspectos físicos y los aspectos biológicos.

▶ ***Aspectos físicos del nicho*** Parte del nicho de un organismo implica a los factores abióticos que requiere para la sobrevivencia. La mayoría de los anfibios, por ejemplo, pierden y absorben agua a través de su piel, por lo que deben vivir en lugares húmedos. Si un área es demasiado caliente y seca, o demasiado fría durante mucho tiempo, la mayoría de los anfibios no puede sobrevivir.

▶ ***Aspectos biológicos del nicho*** Los aspectos biológicos del nicho de un organismo implican a los factores bióticos que requiere para la sobrevivencia. Cuándo y cómo se reproduce, de qué se alimenta y la manera en que obtiene ese alimento son ejemplos de aspectos biológicos del nicho de un organismo. Las aves en la Isla de Navidad, una isla pequeña en el Océano Índico, por ejemplo, viven todas en el mismo hábitat pero se alimentan de peces de diferentes tamaños y comen en diferentes lugares. Así, cada especie ocupa un nicho distinto.

ILUSTRACIÓN 4–5 Competencia Los animales como estos dos ciervos volantes machos compiten por recursos limitados. **Inferir** ***¿Por qué recurso crees que estén peleando estos dos machos?***

Competencia

¿Cómo interviene la competencia en la formación de comunidades?

Si miras cualquier comunidad, quizás encontrarás más de una clase de organismo tratando de usar varios recursos esenciales. Cuando los organismos tratan de usar el mismo recurso ecológico limitado en el mismo lugar al mismo tiempo, ocurre la competencia. En un bosque, por ejemplo, las raíces de las plantas compiten por agua y nutrientes de la tierra. Animales como los escarabajos que se muestran en la **ilustración 4–5,** compiten por recursos como alimento, apareamiento y lugares para vivir y criar a sus hijos. La competencia puede ocurrir tanto entre miembros de la misma especie (conocida como competencia intraespecífica) así como entre miembros de especies diferentes (conocida como competencia interespecífica).

En tu cuaderno *Mira los escarabajos de la ilustración 4–5. ¿Es éste un ejemplo de competencia intraespecífica o interespecífica? ¿Cómo lo sabes?*

El principio de exclusión competitiva La competencia directa entre especies diferentes casi siempre provoca que haya un ganador y un perdedor, y la especie perdedora se extingue. Una serie de experimentos demostró esto con dos especies de organismos formados por una sola célula. Cuando las especies crecieron en cultivos separados bajo las mismas condiciones, cada una sobrevivió, como se muestra en la **ilustración 4–6.** Pero cuando ambas especies crecieron juntas en el mismo cultivo, una especie superó a la otra. La especie menos competitiva no sobrevivió.

Experimentos como éste, junto con observaciones en la naturaleza, condujeron al descubrimiento de una regla ecológica importante. El **principio de exclusión competitiva** establece que dos especies no pueden ocupar exactamente el mismo nicho en exactamente el mismo hábitat exactamente al mismo tiempo. Si dos especies tratan de ocupar el mismo nicho, una especie será mejor compitiendo por los recursos limitados y finalmente excluirá a la otra especie. Como resultado, si examinamos a las comunidades naturales, raras veces encontraremos especies cuyos nichos coincidan significativamente.

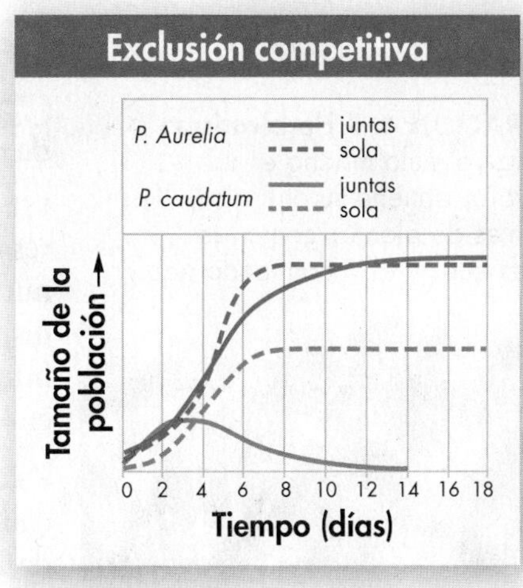

ILUSTRACIÓN 4–6 Exclusión competitiva Las dos especies de paramecios *P. aurelia y P. caudatum* tienen requerimientos semejantes. Cuando crecen en cultivos de manera separada (líneas interrumpidas), ambas poblaciones lo hacen con rapidez y después se estabilizan. Sin embargo, cuando crecen juntas bajo determinadas condiciones (líneas continuas), la especie *P. Aurelia* supera a la especie *P. caudatum* y la conduce a la extinción.

La división de recursos En lugar de competir por recursos similares, las especies normalmente los dividen. Por ejemplo, las tres especies de zarceros de América del Norte que se muestran en la **ilustración 4–7** viven todos en los mismos árboles y se alimentan de insectos. Pero una especie se alimenta las ramas altas, otra en las ramas bajas y otra se alimenta en la parte media. Los recursos usados por estas especies son semejantes y sin embargo son diferentes. Por tanto, cada especie tiene su propio nicho. Esta división de recursos probablemente surgió por competencias del pasado entre las aves. **Mediante la división de los recursos entre especies, la competencia ayuda a determinar el número y los tipos de especies en una comunidad y el nicho que cada especie ocupa.**

ILUSTRACIÓN 4–7 Compartir recursos Cada una de estas especies de zarceros tiene un nicho diferente en su hábitat del árbol de picea. Al alimentarse en diferentes áreas del árbol, las aves evitan competir directamente una con la otra por comida. **Inferir** ***¿Qué ocurriría si dos de las especies de zarceros trataran de ocupar el mismo nicho en el mismo árbol al mismo tiempo?***

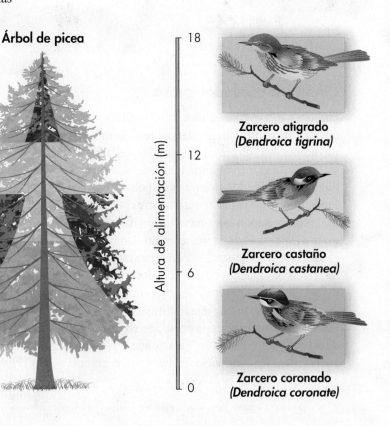

Depredación, herbivorismo y especie clave

¿Cómo intervienen la depredación y el herbivorismo en la formación de comunidades?

ILUSTRACIÓN 4–8 Herbivorismo Este ciervo mulo macho es un herbívoro, obtiene su energía y nutrientes de plantas como las hierbas que se está comiendo aquí.

Prácticamente todos los animales, a causa de que no son productores primarios, deben comer otros organismos para obtener energía y nutrientes. Sin embargo, si un grupo de animales devora toda la comida disponible en el área, ¡ya no tendrá nada qué comer! Es por eso que las interacciones predador-presa y herbívoro-planta son muy importantes en la formación de comunidades.

Relaciones predador-presa Una interacción en la que un animal (el predador) captura a otro animal y se alimenta de éste (la presa) se llama **depredación.** **Los predadores pueden afectar el tamaño de las poblaciones de presas en una comunidad y determinan los lugares donde las presas pueden vivir y alimentarse.** Las aves rapaces, por ejemplo, pueden desempeñar un papel importante en la regulación de los tamaños de la población de ratones, ratones de campo y otros mamíferos pequeños.

Relaciones herbívoro-planta Las interacciones entre herbívoros y plantas, como la que se muestra en la **ilustración 4–8,** son tan importantes como las interacciones entre predadores y presas. Una interacción en la que un animal (el herbívoro) se alimenta de productores (tales como plantas) es llamada **herbivorismo.** **Los herbívoros pueden afectar tanto el tamaño como la distribución de las poblaciones de plantas en una comunidad y condicionan los lugares donde determinadas plantas pueden sobrevivir y crecer.** Los herbívoros, que van desde orugas hasta ciervos canadienses, pueden tener un impacto importante en la sobrevivencia de las plantas. Por ejemplo, poblaciones muy densas de venados de cola blanca están eliminando sus plantas de comida favorita en muchos lugares a lo largo de Estados Unidos.

Analizar datos

Dinámica predador-presa

Las relaciones entre predador y presa con frecuencia están firmemente entrelazadas, sobre todo en un medio donde cada presa tiene un solo predador y viceversa. La gráfica muestra un modelo de computadora idealizado de cambios en poblaciones de predador y presa conforme transcurre el tiempo.

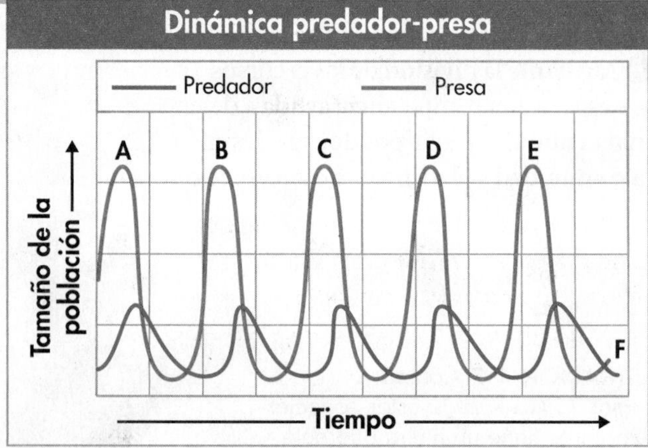

1. Predecir Supón que una infección bacteriana mata a la mayoría de las presas en un punto *B* de la gráfica. ¿De qué manera podría afectar esta situación las curvas de crecimiento del predador y la presa en el punto *C*? ¿Y en el punto *D*?

2. Predecir Supón que una repentina ola de frío extendida destruye a casi la población completa de predadores en el punto *F* de la gráfica. ¿Cómo aparecería el siguiente ciclo de la presa en la gráfica?

3. Relacionar causa y efecto Supón que una infección viral mata a toda la población de presas en el punto *D* de la gráfica. ¿Qué efecto tendría esto en las curvas de crecimiento del predador y la presa en el punto *E*? ¿Qué pasará en años futuros a la población de predadores? ¿De qué manea podrían los ecólogos asegurar la sobrevivencia continua de los predadores en este ecosistema?

Especie clave Los cambios en la población de una especie, o **especie clave,** provocan cambios dramáticos en la estructura de una comunidad. En las aguas frías de la costa del Pacífico en América del Norte, las nutrias marinas devoran grandes cantidades de erizos de mar. Los erizos de mar, a su vez, son herbívoros. Su alimento favorito son las laminariales, algas gigantes que crecen en "bosques" submarinos.

Hace un siglo, la cacería eliminó casi por completo las nutrias marinas. Inesperadamente, el bosque de laminariales casi se desvaneció. ¿Qué ocurrió? Sin las nutrias como predadores, la población de erizos de mar se disparó. Ejércitos de erizos devoraron las laminarias hasta dejar a las rocas desnudas. Sin las laminarias que proveían el hábitat, muchos animales, incluyendo aves marinas, desaparecieron. Las nutrias marinas eran una especie clave en esta comunidad. Después de protegerlas como especie en peligro de extinción, su población empezó a recuperarse. Conforme regresaron las nutrias, las poblaciones de erizos de mar cayeron, y los bosques de laminarias empezaron a crecer nuevamente. Recientemente la población de nutrias marinas ha empezado a disminuir otra vez, y nadie sabe por qué.

En tu cuaderno *No todos los efectos de las especies clave son causados por la depredación. Describe los efectos dramáticos que la construcción de presas de los castores, una especie clave, podrían tener en otros organismos.*

PISTA DEL MISTERIO

Una de las especies de presa favoritas de los lobos en Yellowstone es la del ciervo canadiense. ¿Cómo crees que podría afectar esta relación la habilidad de determinadas *plantas* de crecer en Yellowstone?

Simbiosis

¿Cuáles son tres formas importantes en que los organismos dependen uno de otro?

La convivencia de dos especies se llama **simbiosis,** que significa "vivir juntos". **Los biólogos reconocen tres clases principales de relaciones simbióticas en la naturaleza: mutualismo, parasitismo y comensalismo.**

Mutualismo El aguijón de la anémona de mar captura presas y la protege de los predadores, pero ciertos peces se comen sus tentáculos. El pez payaso es inmune a las picaduras de anémona. Cuando es amenazado por un predador, el pez payaso se refugia profundamente en los tentáculos que matarían a la mayoría de otros peces, como se ve en la **ilustración 4–9.** Pero si alguna especie que come anémonas trata de atacar su habitación, los valientes peces payaso salen y ahuyentan a peces mucho más grandes que ellos. Este tipo de relación que beneficia a ambas especies se conoce como **mutualismo.**

ILUSTRACIÓN 4–9 Mutualismo Los peces payaso viven entre los tentáculos de las anémonas marinas y las protegen ahuyentando a posibles agresores. La anémona marina, a su vez, protege a los peces payaso de sus predadores. **Inferir** ***¿Qué podría ocurrirle a la anémona marina si murieran los peces payaso?***

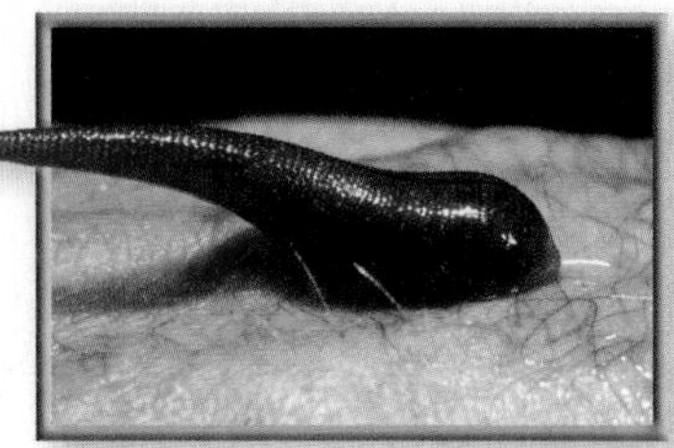

ILUSTRACIÓN 4–10
Parasitismo Esta sanguijuela café se está alimentando de la sangre de su huésped, un ser humano. En una relación parasitaria, el parásito se beneficia mientras que el huésped sufre daño.

Parasitismo Las solitarias viven en los intestinos de los mamíferos, donde absorben grandes cantidades de la comida de sus huéspedes. Las pulgas, las garrapatas, los piojos y las sanguijuelas viven en los cuerpos de los mamíferos, alimentándose de su sangre y piel, como se muestra en la **ilustración 4–10.** Esos son ejemplos de **parasitismo,** relaciones en las que un organismo vive en el interior o encima de otro organismo y le hace daño. El parásito satisface todas sus necesidades nutricionales o parte de éstas a partir del organismo huésped. Por lo general, los parásitos debilitan pero no matan a su huésped, que por lo común es más grande que el parásito.

Comensalismo Los animales marinos pequeños llamados percebes con frecuencia se pegan a la piel de una ballena, como se ve en la **ilustración 4–11.** No se sabe qué brinden estos percebes a la ballena, pero tampoco le causan daño. Sin embargo los percebes se benefician del constante movimiento del agua, que está llena de partículas alimenticias, provocado por el nado de la ballena. Éste es un ejemplo de **comensalismo,** una relación en la que un organismo se beneficia y el otro no recibe beneficio ni perjuicio.

ILUSTRACIÓN 4–11 Comensalismo Los percebes pegados a la piel de esta ballena gris se están alimentando de comida en el agua que pasa sobre ellos conforme la ballena nada. Aunque los percebes evidentemente se benefician de su relación con la ballena, parece que no afectan a la ballena positiva ni negativamente.

4.2 Evaluación

Repaso de conceptos clave

1. a. Repasar ¿Cuál es la diferencia entre un hábitat y un nicho?

b. Usar analogías ¿En qué se parece un nicho a una profesión? En términos ecológicos, describe tu nicho.

2. a. Repasar ¿Qué es competencia? ¿Por qué no pueden competir dos organismos si viven en hábitats diferentes?

b. Interpretar material visual Mira la **ilustración 4–7** y describe cómo han dividido los recursos las tres especies de zarceros. ¿Tiene su propio nicho cada especie de zarcero?

3. a. Repasar ¿Qué es una especie clave?

b. Inferir ¿De qué manera podría conducir una disminución dramática en la vegetación a un decrecimiento en una especie de presas? *(Pista:* Piensa cómo podrían relacionarse en una cadena alimenticia la vegetación, la presa y el predador.)

4. a. Repasar ¿Qué es simbiosis? ¿Cuáles son los tres principales tipos de simbiosis?

b. Explicar Las bacterias que viven en el estómago de una vaca descomponen la celulosa en la pastura, obteniéndose nutrientes en el proceso. ¿Es éste un ejemplo de comensalismo o de mutualismo? Explica tu respuesta.

c. Aplica los conceptos ¿Cuál es la diferencia entre un predador y un parásito? Explica tu respuesta.

DESARROLLAR EL VOCABULARIO

5. El sufijo *–ismo* significa "el acto, práctica o resultado de". Busca el significado de *mutuo* y escribe una definición de *mutualismo.*

BIOLOGY.com Search Lesson 4.2 GO  • Self-Test • Lesson Assessment

Profesiones en BIOLOGÍA

¿Disfrutas del aire libre? Si es así, considera una de estas carreras.

BIÓLOGO MARINO

Los ecosistemas oceánicos cubren más de 70 por ciento de la superficie terrestre. Los biólogos marinos estudian la increíble diversidad de la vida oceánica. Algunos estudian organismos encontrados en profundas zanjas oceánicas para entender cómo sobreviven en condiciones extremas. Otros trabajan en acuarios, donde investigan, educan al público o rehabilitan flora y fauna marinas rescatadas.

GUARDABOSQUE

Para algunas personas, acampar e ir de excursión a las montañas no son sólo actividades recreativas: constituyen un trabajo. Los guardabosques trabajan en parques nacionales, estatales y locales cuidando de la tierra y garantizando la seguridad de los visitantes. Desarrollan tareas diversas, como el mantenimiento de lugares de acampada y ayudando en la búsqueda y el rescate. También tienen la responsabilidad de cuidar de la flora y la fauna de los parques.

FOTÓGRAFO DE LA VIDA SILVESTRE

Los fotógrafos de la vida silvestre la captan "en combate". Sus fotografías se usan en libros, revistas e Internet para educar y entretener al público. Los fotógrafos con éxito deben ser muy observadores, arriesgados y suficientemente pacientes para esperar la fotografía perfecta.

PRIMER PLANO DE PROFESIONES

Dudley Edmondson, fotógrafo de la vida silvestre

Dudley Edmondson empezó la observación de aves a una edad temprana. Al terminar su educación preuniversitaria, empezó a viajar y fotografiar las aves que observaba. Desde entonces ha recorrido completamente Estados Unidos tomando fotografías de todo, desde los paisajes y osos pardos del Parque Yellowstone hasta las mariposas en el jardín trasero de su casa. Con su trabajo espera inspirar a las personas para que viajen y experimenten la naturaleza por sí mismas. Esto, cree, fomentará la responsabilidad para proteger y preservar el ambiente.

"Lo que más me gusta de mi trabajo es la perspectiva única que me da del mundo. Las aves, los insectos y las plantas ignoran por completo cosas como relojes, plazos y tecnología. Cuando se trabaja con seres vivos, trabajas bajo sus condiciones."

ESCRITURA ¿Dónde has visto que se use o se exponga la fotografía de la naturaleza? ¿Cómo ayudan estas fotogafías, o las del señor Edmondson, al público a aprender acerca del mundo natural?

4.3 Sucesión

Preguntas clave

¿Cómo cambian las comunidades con el paso del tiempo?

¿Vuelven los ecosistemas a la "normalidad" después de alguna alteración?

Vocabulario

sucesión ecológica
sucesión primaria
especies pioneras
sucesión secundaria

Tomar notas

Tabla para comparar y contrastar A medida que leas, haz una tabla para comparar la sucesión primaria y secundaria.

PIÉNSALO En 1883, la isla volcánica de Krakatoa en el Océano Índico voló a causa de una erupción. La diminuta isla que quedó era completamente árida. En dos años, las hierbas ya estaban creciendo. Catorce años después, había 49 especies de plantas junto con lagartijas, aves, murciélagos e insectos. Para 1929 había crecido un bosque que contenía 300 especies de plantas. Hoy la isla está cubierta por un bosque tropical maduro. ¿Cómo se recuperó tan rápidamente el ecosistema de la isla?

Sucesión primaria y secundaria

¿Cómo cambian las comunidades con el paso del tiempo?

La historia de Krakatoa después de la erupción es un ejemplo de **sucesión ecológica,** una serie de cambios más o menos previsibles que ocurren en una comunidad con el paso del tiempo. **Los ecosistemas cambian con el paso del tiempo, sobre todo después de alteraciones, conforme algunas especies se extinguen y se instalan nuevas especies.** Durante la sucesión, el número de especies diferentes por lo común presenta incrementos.

Sucesión primaria Las explosiones volcánicas como las que destruyeron Krakatoa en 1883 y la que voló la cima del Monte Saint Helens en el estado de Washington en 1980 pueden crear nuevas tierras o esterilizar áreas existentes. Los glaciares en retirada pueden provocar el mismo efecto, dejando expuestas tras de sí solamente rocas desnudas. La sucesión que empieza en un área sin rastros de una comunidad previa se llama **sucesión primaria.** Se muestra un ejemplo de sucesión primaria en la **ilustración 4–12.**

ILUSTRACIÓN 4–12 Sucesión primaria Esta sucesión se da en superficies recién expuestas. En Glacier Bay, Alaska, un glaciar en retirada expuso roca árida. En más de cien años, una serie de cambios produjo el bosque de cicuta y picea actual. Los cambios continuarán durante siglos.

Las primeras especies en colonizar áreas áridas se llaman **especies pioneras;** se llaman así por los pioneros humanos de aspecto tosco que se asentaron en terrenos yermos. Después de que los piones crearon asentamientos, diferentes tipos de personas con habilidades y requerimientos de vida diversos se trasladaron al área. Las especies pioneras funcionan de maneras semejantes. Un pionero ecológico que crece en roca desnuda es el liquen, una simbiosis mutualista entre un hongo y un alga. Con el paso del tiempo, los líquenes convierten o fijan nitrógeno atmosférico en formas útiles para otros organismos, descomponen la roca y añaden material orgánico para formar el suelo. Determinadas hierbas, como las que colonizaron Krakatoa antes, también son especies pioneras.

Sucesión secundaria A veces, las comunidades actuales no son destruidas completamente por alteraciones. En estas situaciones, en las que una alteración afecta a la comunidad sin destruirla por completo, ocurre una **sucesión secundaria.** La sucesión secundaria avanza más rápido que la sucesión primaria, en parte a causa de que la tierra resiste la alteración. Como resultado, nueva vegetación y la que sobrevive pueden volver a crecer rápidamente. La sucesión secundaria a menudo sigue a un fuego descontrolado, un huracán u otra alteración natural. Pensamos en estos sucesos como desastres, pero muchas especies se adaptan a ellos. Aunque los fuegos forestales queman algunos árboles, por ejemplo, otros árboles son escasos y el fuego puede estimular la germinación de sus semillas. La sucesión secundaria también puede darse después de actividades humanas como tala de árboles y la agricultura. En la **ilustración 4–13** se muestra un ejemplo de sucesión secundaria.

Por qué ocurre la sucesión Todo organismo cambia el medio ambiente en el que vive. Un modelo de sucesión sugiere que a medida que una especie altera su ambiente, a otras especies se les hace más fácil competir por recursos y sobrevivir. Por ejemplo, conforme los líquenes añaden materia orgánica y forman el suelo, los musgos y otras plantas pueden colonizar y crecer. Conforme se sigue acumulando materia orgánica, se trasladan otras especies y cambian todavía más el ambiente. Por ejemplo, a medida que los árboles crecen, sus ramas y hojas producen sombra y temperaturas más frescas más cerca del suelo. Con el paso del tiempo, cada vez más especies pueden encontrar nichos apropiados y sobrevivir.

En tu cuaderno *Resume lo que sucede en la sucesión primaria y en la sucesión secundaria.*

DESARROLLAR el vocabulario

ORIGEN DE LAS PALABRAS El origen de la palabra *sucesión* es la palabra en latín *succedere*, que significa "perseguir". La **sucesión ecológica** implica cambios que ocurren uno después del otro a medida que las especies entran y salen de una comunidad.

ILUSTRACIÓN 4–13 Sucesión secundaria La sucesión secundaria ocurre en áreas alteradas en las que hay rastros (tierra e incluso plantas) de la presencia de ecosistemas anteriores. Esta serie muestra cambios que toman lugar en campos abandonados del Piamonte de las Carolinas. Durante el último siglo, estos campos han experimentado varias etapas y han madurado en bosques de robles. Durante los años venideros continuarán los cambios.

Actividad rápida de laboratorio

INVESTIGACIÓN DIRIGIDA

¿Sucesión exitosa? 

❶ Coloca un puñado de material de plantas seco en un tarro limpio.

❷ Llena el tarro con agua hervida de estanque o con agua estéril de manantial. Determina el pH inicial del agua con papel pH.

❸ Cubre el tarro y colócalo en un área que reciba luz indirecta.

❹ Examina el tarro diariamente durante algunos días.

❺ Cuando el agua en el tarro parezca turbia, prepara portaobjetos con agua para el microscopio de varios niveles del tarro. Usa una pipeta para recoger las muestras.

❻ Examina los portaobjetos bajo el lente objetivo de baja potencia de un microscopio y registra tus observaciones.

Analizar y concluir

1. Inferir ¿Por qué usaste agua hervida o estéril?

2. Inferir ¿De dónde surgieron los organismos que viste?

3. Sacar conclusiones ¿Estaba ocurriendo una sucesión ecológica? Proporciona evidencia para apoyar tu respuesta.

4. Evaluar y revisar Compara tus resultados con los de tus compañeros de clase. ¿Concuerdan? ¿Cómo explicas cualesquier diferencias?

ILUSTRACIÓN 4–14 Recuperación de un desastre natural Estas fotografías muestran el bosque tropical El Yunque, en Puerto Rico, inmediatamente después de la tormenta tropical Jeanne en septiembre de 2004, y de nuevo en mayo de 2007. Aplica los conceptos *¿Qué tipo de sucesión ocurrió en este bosque tropical? ¿Cómo lo sabes?*

Comunidades culminantes

¿Vuelven los ecosistemas a la "normalidad" después de alguna alteración?

Los ecólogos solían pensar que la sucesión en un área determinada siempre tiene lugar bajo las mismas etapas para producir una comunidad culminante específica y estable como el bosque maduro de cicuta y de picea que se está desarrollando en Glacier Bay. Sin embargo, estudios recientes han mostrado que la sucesión no siempre sigue el mismo camino, y que las comunidades culminantes no siempre son uniformes y estables.

La sucesión después de alteraciones naturales Las alteraciones naturales son comunes en muchas comunidades. Los arrecifes de coral sanos y los bosques tropicales se recuperan de tormentas, como se muestra en la **ilustración 4–14.** Los bosques templados y las praderas sanos se recuperan de fuegos descontrolados. **La sucesión secundaria después de alteraciones naturales en ecosistemas sanos a menudo reproduce la comunidad culminante original.** Pero estudios detallados muestran que algunas comunidades culminantes no son uniformes. A menudo se parecen más a edredones de retazos con áreas en variadas etapas de sucesión secundaria después de múltiples alteraciones que tuvieron lugar en diferentes momentos. Algunas comunidades culminantes son alteradas tan frecuentemente que en realidad no pueden denominarse estables.

En tu cuaderno *Describe qué causa la inestabilidad en algunas comunidades culminantes.*

La sucesión después de alteraciones por humanos En América del Norte, los terrenos despejados para la agricultura y luego abandonados experimentan sucesión que restaura la comunidad culminante original. Pero no siempre es así. **Los ecosistemas pueden o no recuperarse de alteraciones extensivas causadas por los humanos.** La tala y agricultura de bosques tropicales, pueden cambiar el microclima y la tierra lo suficiente para impedir que la comunidad original se vuelva a desarrollar.

Estudio de los patrones de sucesión Los ecólogos, como los de la **ilustración 4–15,** estudian la sucesión al comparar diferentes casos y buscando semejanzas y diferencias. Los investigadores que acudieron al monte Saint Helens cuando fue seguro también podrían haber estudiado Krakatoa, pues en ambos lugares, la sucesión primaria se dio en etapas previsibles. Las primeras plantas y animales que llegaron tenían semillas, esporas o etapas adultas que habían viajado largas distancias. Las especies pioneras resistentes ayudaron a estabilizar restos volcánicos sueltos, permitiendo que especies posteriores fuesen acogidas. Los estudios en Krakatoa y el monte Saint Helens confirman que las primeras etapas de la sucesión primaria son lentas, y que la casualidad puede ser importante para determinar qué especies colonizan en diferentes períodos.

ILUSTRACIÓN 4–15 Estudio de la sucesión Estos guardabosques del servicio forestal analizan algunas de las plantas y animales que han regresado al área cercana del monte Saint Helens. El volcán hizo erupción en 1980, dejando sólo terreno yermo a lo largo de kilómetros.

4.3 Evaluación

Repaso de conceptos clave

1. a. **Repasar** ¿Qué efectos producen las especies pioneras en un medio que esté experimentando sucesión primaria?

   b. **Explicar** ¿Por qué las comunidades cambian con el paso del tiempo?

   c. **Aplica los conceptos** Cuando una ballena u otro mamífero marino grande muere y cae al fondo marino, diferentes olas de descomponedores y carroñeros se alimentan del cadáver hasta que no queda nada. ¿Piensas que éste es un ejemplo de sucesión? Explica tu razonamiento.

2. a. **Repasar** ¿Qué es una comunidad culminante?

   b. **Relacionar causa y efecto** ¿Qué tipos de condiciones podrían evitar que una comunidad regresara a su estado previo a las alteraciones?

RAZONAMIENTO VISUAL

3. Mira la siguiente fotografía. Si caminaras a partir de esta duna en línea recta alejándote de la playa, ¿qué tipos de cambios esperarías ver en la vegetación? ¿Qué tipo de sucesión es ésta?

BIOLOGY.com Search Lesson 4.3 GO • Self-Test • Lesson Assessment

4.4 Biomas

Preguntas clave

¿Qué factores abióticos y bióticos caracterizan a los biomas?

¿Qué áreas no se pueden clasificar fácilmente en uno de los principales biomas?

Vocabulario

dosel forestal • sotobosque • caduco • conífera • humus • taiga • permacongelamiento

Tomar notas

Vistazo al material visual Antes de leer, mira la **ilustración 4–18.** Enumera los diferentes biomas. A medida que leas, examina las fotografías y escribe las características principales de cada bioma.

PIÉNSALO ¿Por qué el carácter de las comunidades biológicas varía de un lugar a otro? Por ejemplo, ¿por qué la temperatura de los bosques tropicales templados aumenta en el noroeste del Pacífico, en tanto que las áreas que están al este de las montañas Rocosas son mucho más secas? ¿Cómo es que condiciones semejantes dan forma a ecosistemas de otros lugares?

Los principales biomas

¿Qué factores abióticos y bióticos caracterizan a los biomas?

En la lección 1 aprendiste que la latitud así como el calor que los vientos transportan son dos factores que afectan el clima global. Pero Oregón, Montana y Vermont tienen diferentes climas y comunidades biológicas, aunque están en latitudes semejantes y se ven afectados por los vientos preponderantes que soplan de oeste a este. Esto se debe a que otros factores, como la cercanía de una zona a un océano o cordillera, pueden influir en el clima.

Climas regionales Por ejemplo, Oregón linda con el océano Pacífico. Las corrientes frías del océano que fluyen de norte a sur ocasionan que los veranos en esa región sean más fríos comparados con otros lugares en la misma latitud. De manera semejante, la humedad que transportan los vientos que viajan de oeste a este es impulsada hacia arriba cuando choca contra las montañas Rocosas. Este aire se expande y se enfría, provocando que la humedad del aire se condense y forme nubes. Las nubes arrojan lluvia o nieve, sobre todo en el lado de barlovento de las montañas, es decir, el lado que está frente a los vientos, como se ve en la **ilustración 4–16.** Por tanto, el oeste y el este de Oregón tienen climas regionales muy diferentes y los diferentes climas implican que hay diferentes comunidades animales y vegetales.

ILUSTRACIÓN 4–16 Efecto de las montañas costeras Cuando el aire húmedo del océano se eleva sobre el lado de barlovento de las montañas costeras, se condensa, se enfría y cae como precipitación. Cuando el aire desciende por el lado en dirección del viento éste se expande, se calienta y absorbe la humedad.

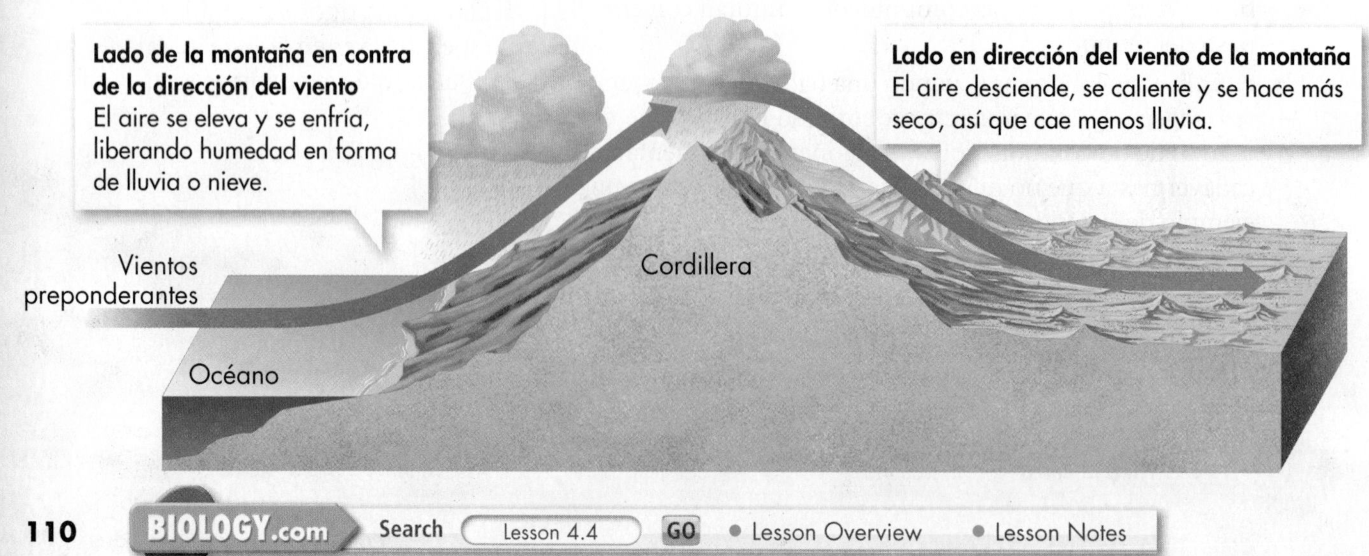
Lado de la montaña en contra de la dirección del viento
El aire se eleva y se enfría, liberando humedad en forma de lluvia o nieve.
Lado en dirección del viento de la montaña
El aire desciende, se caliente y se hace más seco, así que cae menos lluvia.
Vientos preponderantes
Cordillera
Océano

Definir los biomas Los ecólogos clasifican los ecosistemas terrestres de la Tierra en, por lo menos, tres diferentes grupos de comunidades de climas regionales llamados biomas. **Los biomas se describen según sus factores abióticos, como el clima y el tipo de suelo, y sus factores bióticos, como la vida vegetal y animal.** Los principales biomas incluyen: bosque tropical lluvioso, bosque tropical seco, pradera/sabana/estepa tropical, desierto, pradera templada, bosque templado y estepa, bosque templado, bosque de coníferas del noroeste, bosque boreal/taiga y tundra. Cada bioma está asociado con patrones estacionales de temperatura y precipitación que se pueden resumir en una gráfica llamada diagrama climático, como la de la **ilustración 4–17.** Los organismos que viven en cada bioma se caracterizan por las adaptaciones que les permiten vivir y reproducirse exitosamente en el medio ambiente. Las siguientes páginas analizan estas adaptaciones y describen el clima de cada bioma.

La distribución de los principales biomas se muestra en la **ilustración 4–18.** Observa que incluso dentro de un bioma definido, a menudo existe una variación considerable entre las comunidades vegetales y animales. Estas variaciones pueden ser causadas por diferencias en la exposición, elevación o condiciones locales del suelo. Las condiciones locales también pueden cambiar con el tiempo debido a las actividades humanas o a las interacciones de la comunidad que se describen en este capítulo y en el siguiente.

En tu cuaderno *Localiza el lugar donde vives en el mapa del bioma de la ilustración 4–18. ¿En qué bioma vives? ¿Tu clima y medio ambiente parecen ajustarse a la descripción de los biomas de las páginas siguientes?*

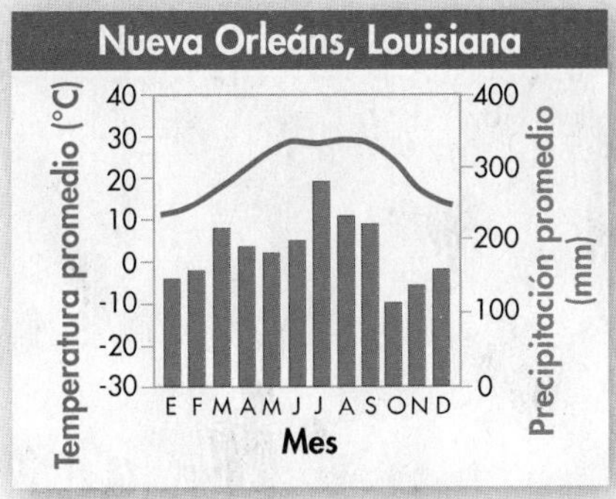

ILUSTRACIÓN 4–17 Diagrama climático Un diagrama climático muestra temperatura y precipitación promedio de un lugar específico durante el año. En esta gráfica y en las que siguen, la temperatura está trazada como una línea roja y las precipitaciones como barras verticales azules.

RESUMEN VISUAL

BIOMAS

ILUSTRACIÓN 4–18 Este mapa muestra las ubicaciones de los principales biomas del mundo. Cada bioma tiene un clima y una comunidad de organismos característicos.

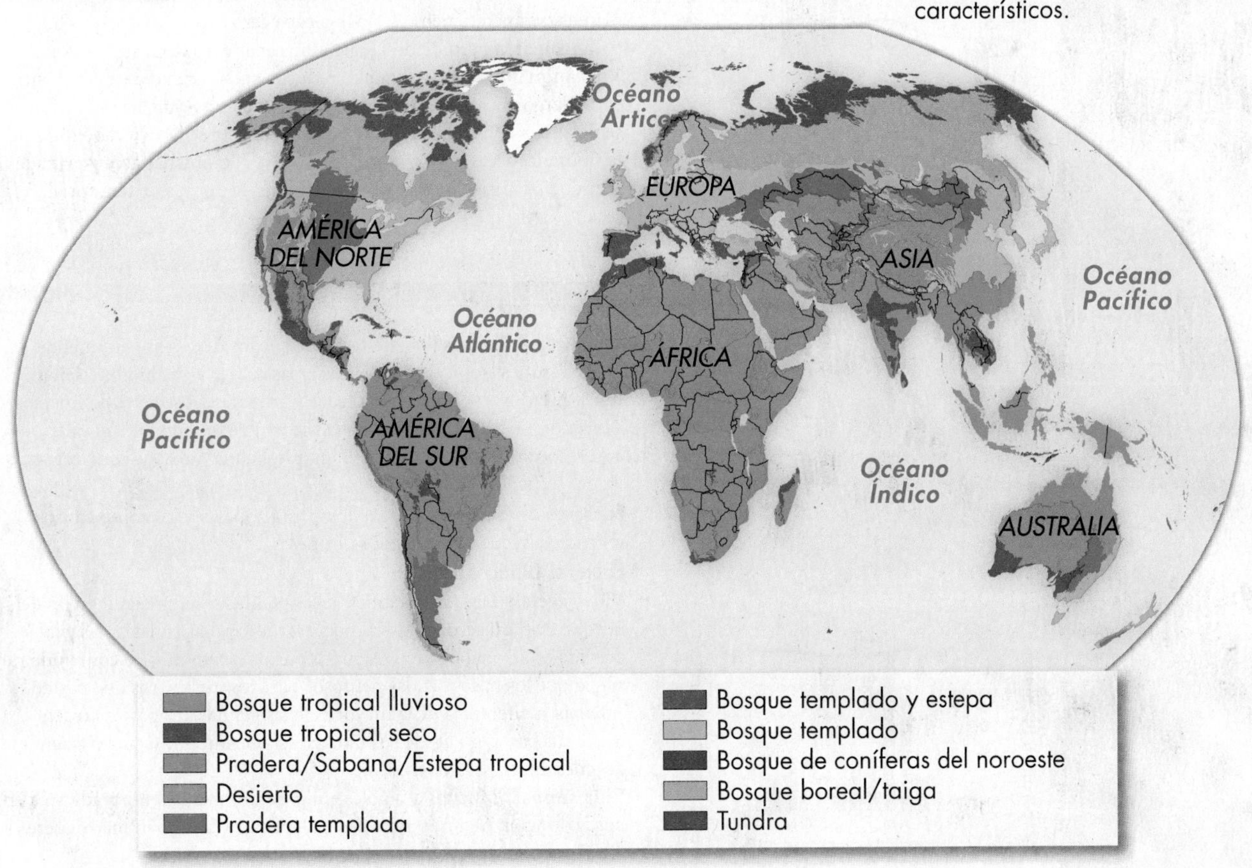

BOSQUE TROPICAL LLUVIOSO

Los bosques tropicales lluviosos son el hogar de más especies que todos los demás biomas juntos. Como sugiere su nombre, en el bosque lluviosos llueve mucho: ¡caen por lo menos 2 metros de lluvia al año! Los árboles altos forman una densa y frondosa cubierta llamada **dosel forestal** que llega a alcanzar los 50 y 80 metros de altura desde el suelo. En la sombra que está bajo el dosel forestal, los árboles más bajos y las enredaderas forman una capa llamada **sotobosque.** La materia orgánica del suelo del bosque se recicla y se vuelve a usar tan rápidamente que el suelo de casi todos los bosques tropicales lluviosos no es muy rico en nutrientes.

- **Factores abióticos** caliente y húmedo todo el año; suelo delgado y con pocos nutrientes sujeto a la erosión.
- **Factores bióticos**

Vida vegetal: Las plantas del sotobosque compiten por la luz del sol, así que casi todas tienen hojas grandes que maximizan la captura de la limitada luz. Los árboles altos que crecen en el suelo plano y con pocos nutrientes a menudo tienen raíces de apuntalamiento para soportarlos. Las plantas epífitas crecen en las ramas de las plantas altas en lugar de en el suelo. Esto permite que las epífitas aprovechen la luz del sol disponible mientras obtienen nutrientes a través de su huésped.

Vida animal: Los animales están activos todo el año. Muchos se camuflan para esconderse de los depredadores; algunos pueden cambiar de color para igualarse a sus alrededores. Los animales que viven en el sotobosque tienen adaptaciones para trepar, saltar y/o volar.

BOSQUE TROPICAL SECO

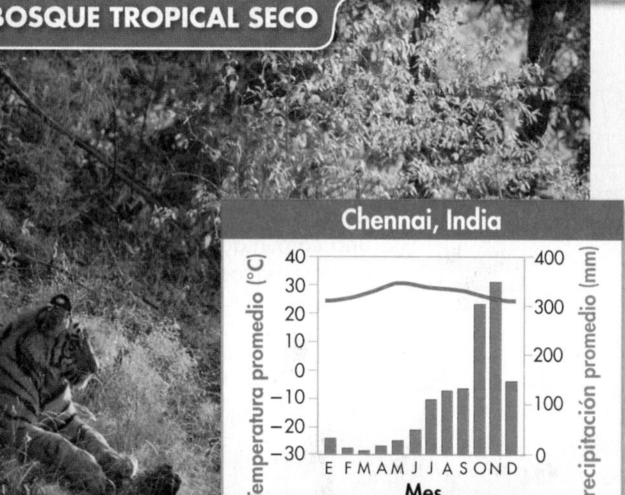

Los bosques tropicales secos crecen en zonas en las que las temporadas de lluvia se alternan con las temporadas secas. En casi todos los lugares, un período prolongado de sequía sigue a un período de lluvias.

- **Factores abióticos** cálido todo el año; temporadas alternas húmedas y secas; suelos ricos en nutrientes sujetos a la erosión
- **Factores bióticos**

Vida vegetal: Las adaptaciones para sobrevivir la temporada seca incluyen la pérdida estacional de las hojas. Las plantas que pierden sus hojas durante una temporada específica se llaman **caducas.** Algunas plantas también tienen una gruesa capa cerosa adicional en sus hojas para reducir la pérdida de agua o almacenar el agua en sus tejidos.

Vida animal: Muchos animales reducen su necesidad de agua al entrar en un largo período de inactividad llamado *estivación.* La estivación es semejante a la hibernación, pero por lo general se lleva a cabo durante temporadas secas. Otros animales, incluyendo muchas aves y primates, se mudan a áreas donde hay agua disponible durante la temporada seca.

PRADERA/SABANA/ ESTEPA TROPICAL

Este bioma recibe más lluvia estacional que los desiertos pero menos que los bosques tropicales secos. Las áreas cubiertas de hierbas tienen árboles aislados y pequeñas arboledas y arbustos. Los suelos compactos, los incendios bastante frecuentes y la acción de los animales grandes, como rinocerontes y elefantes, evitan que algunas áreas se conviertan en bosques secos.

- **Factores abióticos** caluroso; lluvia estacional; suelos compactos; incendios frecuentes iniciados por rayos
- **Factores bióticos**

Vida vegetal: Las adaptaciones de las plantas son semejantes a las del bosque tropical seco, incluyendo cubiertas cerosas en las hojas y la pérdida estacional de éstas. Algunos pastos tienen un alto contenido de silicio que los hace menos apetitosos para los herbívoros que pastan. Además, a diferencia de la mayoría de las plantas, los pastos crecen desde sus bases, no desde sus puntas, así que pueden seguir creciendo después de ser pastados.

Vida animal: Muchos animales emigran durante la temporada seca en busca de agua. Algunos animales más pequeños excavan madrigueras y permanecen aletargados durante la temporada seca.

DESIERTO

Los desiertos obtienen menos de 25 centímetros de precipitación al año, pero fuera de eso varían mucho, dependiendo de su elevación y latitud. Muchos desiertos pasan por cambios extremos en la temperatura diaria que alterna entre fría y caliente.

- **Factores abióticos** poca precipitación; temperaturas variables, suelos ricos en minerales pero con pocas materias orgánicas
- **Factores bióticos**
  Vida vegetal: Muchas plantas, incluyendo los cactus, almacenan agua en sus tejidos y minimizan el área de la superficie de sus hojas para reducir la pérdida de agua. Las espinas de los cactus en realidad son hojas modificadas. Muchas plantas del desierto realizan formas especiales de fotosíntesis para poder abrir los poros de sus hojas sólo durante la noche, lo que les permite conservar la humedad en días calientes y secos.
  Vida animal: Muchos animales del desierto obtienen el agua que necesitan de sus alimentos. Para evitar las horas más calurosas del día, muchos son nocturnos: sólo están activos durante la noche. Sus grandes o alargadas orejas y otras extremidades a menudo tienen muchos vasos sanguíneos cerca de la superficie. Así pierde calor corporal y regula su temperatura.

PRADERA TEMPLADA

Llanuras y praderas con suelos fértiles alguna vez cubrieron amplias zonas de la región central y del medio oeste de Estados Unidos. Los incendios periódicos y el intenso pastoreo de los herbívoros mantuvieron a las comunidades vegetales dominadas por los pastos. Hoy en día, casi todo ha sido convertido en terreno agrícola porque su suelo es rico en nutrientes e ideal para el cultivo.

- **Factores abióticos** veranos templados a calientes; inviernos fríos; precipitación estacional moderada; suelos fértiles; incendios esporádicos
- **Factores bióticos**
  Vida vegetal: Plantas de pradera, sobre todo pastos que crecen desde su base y que son resistentes al pastoreo y al fuego. La dispersión de las semillas por el viento es común en este medio ambiente despejado. La estructura de las raíces y los hábitos de crecimiento de las plantas nativas de la pradera ayudan a establecer y conservar el profundo, rico y fértil mantillo.
  Vida animal: Debido a que las praderas templadas son ambientes tan despejados y expuestos, la depredación es una amenaza constante para los animales pequeños. El camuflaje y la construcción de madrigueras son dos adaptaciones protectoras habituales.

BOSQUE TEMPLADO Y ESTEPA

En los bosques abiertos, las grandes áreas de pastos y flores silvestres, como las amapolas, están intercaladas con robles y otros árboles. Las comunidades que son más estepas que bosques se conocen como chaparrales. Las plantas densas y cortas que contienen aceites inflamables hacen que el fuego sea una amenaza constante.

- **Factores abióticos** veranos secos y calientes; inviernos húmedos y fríos; suelos delgados y con pocos nutrientes; incendios periódicos
- **Factores bióticos**
  Vida vegetal: Las plantas de este bioma se han adaptado a la sequía. Las plantas leñosas del chaparral tienen duras hojas cerosas que resisten la pérdida de agua. La resistencia al fuego también es importante, aunque las semillas de algunas plantas necesitan del fuego para germinar.
  Vida animal: Los animales suelen ser exploradores, lo que significa que llevan dietas variadas de pastos, hojas, arbustos y otras vegetaciones. En la estepa expuesta, el camuflaje es común.

BOSQUE TEMPLADO

Filadelfia, Pensilvania

Temperatura promedio (°C)
Precipitación promedio (mm)
E F M A M J J A S O N D
Mes

Los bosques templados están compuestos principalmente por árboles caducos y coníferos de hojas perennes. Los árboles **coníferos,** o coníferas, producen conos donde se encuentran las semillas y casi todos tienen hojas en forma de aguja, que están cubiertas de una sustancia cerosa que ayuda a reducir la pérdida de agua. Estos bosques tienen inviernos fríos. En el otoño, los árboles caducos pierden sus hojas. En la primavera, pequeñas plantas brotan del suelo y florecen. Los suelos fértiles a menudo son ricos en **humus,** un material que se forma de las hojas y otras materias orgánicas en descomposición.

- **Factores abióticos** inviernos fríos a moderados; veranos templados; precipitación todo el año; suelos fértiles
- **Factores bióticos**

  Vida vegetal: Los árboles caducos pierden sus hojas y entran en un estado de latencia en el invierno. Las coníferas tienen hojas en forma de aguja que minimizan la pérdida de agua con el seco aire invernal.

  Vida animal: Los animales deben sobrellevar un clima cambiante. Algunos hibernan; otros emigran a climas más cálidos. Los animales que no hibernan ni emigran pueden camuflarse para escapar de los depredadores en el invierno, cuando los árboles desnudos los dejan expuestos.

BOSQUE DE CONÍFERAS DEL NOROESTE

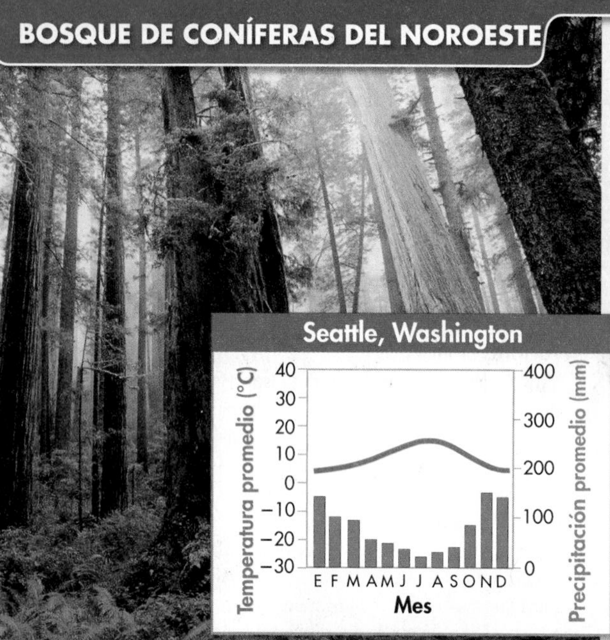

El ligero aire húmedo del océano Pacífico influenciado por las montañas Rocosas proporciona abundante lluvia a este bioma. El bosque incluye una variedad de coníferas, desde secoyas gigantes, piceas, abetos y cicutas, hasta árboles de flores y arbustos como el cerezo silvestre y el rododendro. El musgo a menudo cubre los troncos de los árboles y el suelo del bosque. Debido a su exuberante vegetación, el bosque de coníferas del noroeste a veces es llamado "bosque lluvioso templado".

- **Factores abióticos** temperaturas templadas; precipitaciones abundantes en otoño, invierno y primavera; veranos fríos y secos; suelos rocosos ácidos
- **Factores bióticos**

  Vida vegetal: Debido a la variación estacional de la temperatura, en este bioma hay menos diversidad que en los bosques tropicales lluviosos. Sin embargo, la abundancia de agua y nutrientes fomenta un crecimiento vegetal denso y exuberante. Son habituales las adaptaciones que permiten a las plantas obtener la luz del sol. Los árboles aquí están entre los más altos del mundo.

  Vida animal: El camuflaje permite que los insectos y mamíferos que viven en el suelo eviten la depredación. Muchos animales son exploradores, es decir, llevan una dieta variada, una ventaja en un medio ambiente en el que la vegetación cambia con cada estación.

BOSQUE BOREAL/ TAIGA

Los densos bosques de coníferas de hojas perennes que están a lo largo de la orilla norte de la zona templada se llaman bosques boreales, o **taigas.** Los inviernos son tremendamente fríos, pero los veranos son templados y duran lo suficiente para derretir el suelo. La palabra *boreal* proviene de la palabra griega que designa el "norte", lo que refleja el hecho de que los bosques boreales se presentan casi siempre en la parte norte del hemisferio norte.

- **Factores abióticos** inviernos largos y fríos; veranos templados cortos; precipitación moderada; alta humedad; suelos ácidos y con pocos nutrientes
- **Factores bióticos**

  Vida vegetal: Las coníferas están bien adaptadas al medio ambiente del bosque boreal. Su forma cónica repele la nieve y sus hojas cerosas en forma de aguja impiden la pérdida excesiva de agua. Además, el color verde oscuro de casi todas las coníferas absorbe la energía del calor.

  Vida animal: Permanecer calientes es el mayor desafío para los animales. Casi todos tienen extremidades pequeñas y un aislamiento adicional en forma de grasa o plumas sedosas. Algunos emigran a zonas más cálidas durante el invierno.

TUNDRA

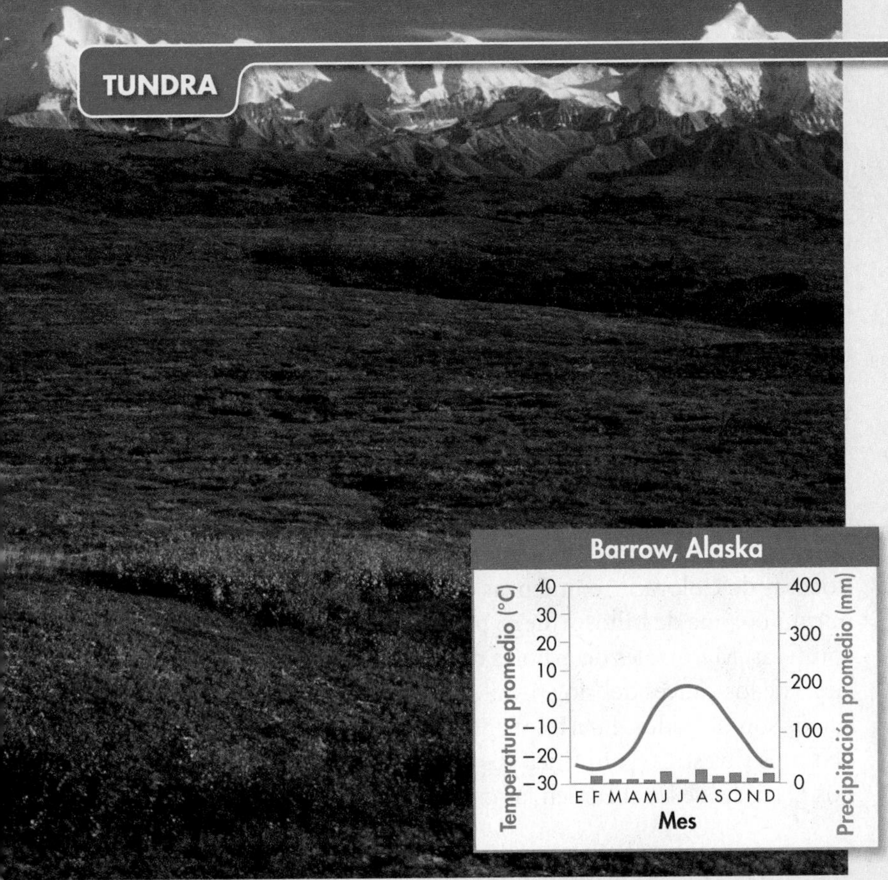

La tundra se caracteriza por su **permacongelamiento,** una capa de subsuelo siempre congelado. Durante la corta temporada del fresco verano, el suelo se derrite a una profundidad de algunos centímetros y queda empapado. En el invierno, la capa superior del suelo se vuelve a congelar. Este ciclo de congelamiento y descongelamiento, que rasga y aplasta las raíces de las plantas, es una de las razones por las que las plantas de la tundra son pequeñas y raquíticas. Las frías temperaturas, los fuertes vientos, la corta temporada de crecimiento y los suelos con poco humus también limitan la altura de las plantas.

- **Factores abióticos** fuertes vientos; poca precipitación; veranos cortos y empapados; oscuros inviernos largos y fríos; suelos poco desarrollados; permacongelamiento
- **Factores bióticos**
  Vida vegetal: Al aferrarse al suelo, los musgos y otras plantas cortas evitan los daños causados por los frecuentes vientos fuertes. Es habitual la dispersión de las semillas por el viento. Muchas plantas se han adaptado a crecer en un suelo con pocos nutrientes. Por ejemplo, las legumbres tienen en sus raíces bacterias que fijan el nitrógeno.
  Vida animal: Muchos animales emigran para evitar los largos y duros inviernos. Los animales que viven en la tundra todo el año muestran adaptaciones como anticongelante natural, pequeñas extremidades que limitan la pérdida de calor y una dieta variada.

Analizar datos

¿Qué bioma?

Un ecólogo recabó información climatológica de dos ubicaciones. La gráfica muestra las temperaturas mensuales promedio de los dos lugares. La precipitación total anual de la Ubicación A es de 273 cm. En la Ubicación B, la precipitación total anual es de 11cm.

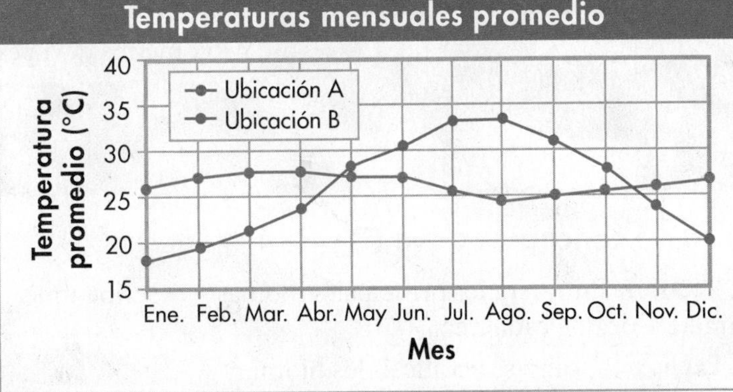

1. Interpretar gráficas ¿Qué variable está trazada en el eje horizontal? ¿Y en el eje vertical?

2. Interpretar gráficas ¿Cómo describirías la temperatura en el transcurso del año de la Ubicación A? ¿Y la de la Ubicación B?

3. Sacar conclusiones Según los datos de precipitaciones y temperaturas, ¿en qué bioma esperarías encontrar cada ubicación? Explica tu respuesta.

4. Analizar datos Investiga la temperatura mensual promedio del año pasado de la ciudad donde vives. Traza los datos. Luego investiga las precipitaciones mensuales de tu ciudad y traza esos datos. Con base en tus resultados, ¿en qué bioma vives? ¿Los datos pronosticaron correctamente el bioma?

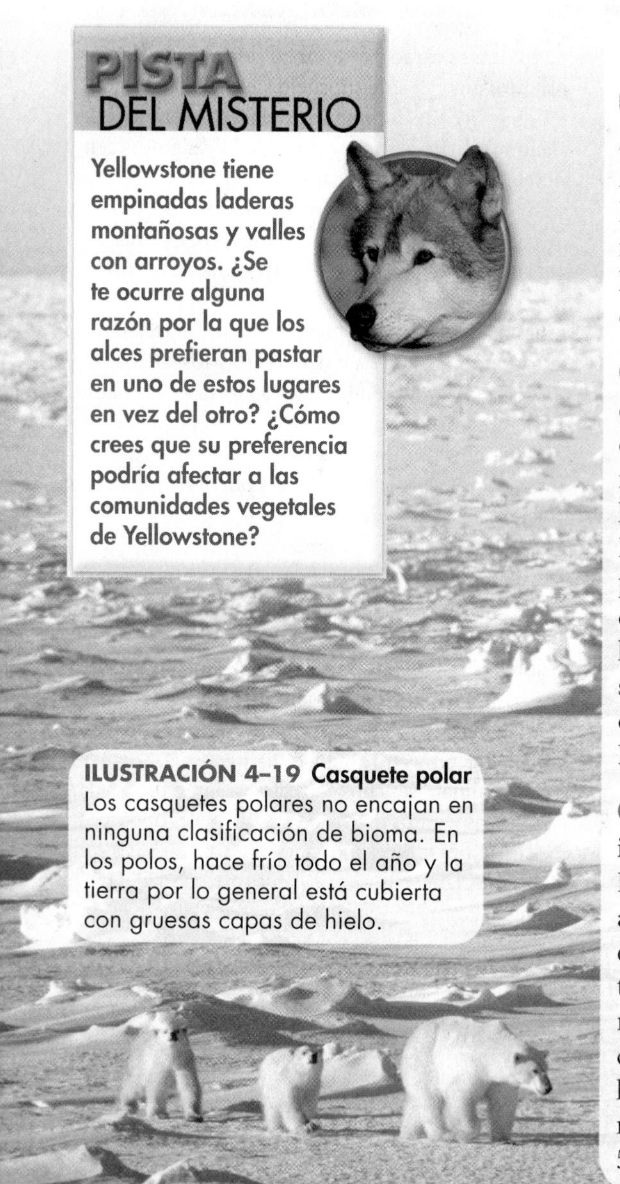

PISTA DEL MISTERIO

Yellowstone tiene empinadas laderas montañosas y valles con arroyos. ¿Se te ocurre alguna razón por la que los alces prefieran pastar en uno de estos lugares en vez del otro? ¿Cómo crees que su preferencia podría afectar a las comunidades vegetales de Yellowstone?

ILUSTRACIÓN 4–19 Casquete polar Los casquetes polares no encajan en ninguna clasificación de bioma. En los polos, hace frío todo el año y la tierra por lo general está cubierta con gruesas capas de hielo.

Otras áreas terrestres

¿Qué áreas no se pueden clasificar fácilmente en uno de los principales biomas?

Algunas zonas terrestres no recaen naturalmente en ninguno de los principales biomas. **Debido a que no se pueden definir fácilmente como una comunidad típica de plantas y animales, las cordilleras y los casquetes polares por lo general no se clasifican en biomas.**

Cordilleras En todos los continentes y en muchos biomas existen cordilleras. En las montañas, las condiciones varían con la elevación. Del valle a la cumbre, la temperatura, las precipitaciones, la exposición al viento y los tipos de suelo cambian y también lo hacen los organismos. Por ejemplo, si escalas las montañas Rocosas de Colorado, comienzas en una pradera. Después pasas por un bosque de pinos y luego por un bosque de piceas y otras coníferas. Matorrales de árboles de álamos y sauces crecen a lo largo de los cauces del río en valles protegidos. Más arriba, los suelos son delgados. Fuertes vientos sacuden los campos abiertos de flores silvestres y raquítica vegetación parecidos a la tundra. Los glaciares se localizan en las cumbres de muchas cordilleras.

Casquetes polares Las regiones polares, como la de la **ilustración 4–19,** lindan con la tundra y son frías todo el año. Hay pocas plantas, aunque en la nieve y el hielo crecen algunas algas. En los lugares en que las rocas y el suelo están expuestos estacionalmente, pueden crecer musgos y líquenes. Los animales típicos son los mamíferos marinos, los insectos y los ácaros. En el norte, donde viven los osos polares, el océano Ártico está cubierto con hielo del mar, a pesar de que cada vez se derrite más hielo en los veranos. En el sur, el continente de la Antártida, habitado por muchas especies de pingüinos, está cubierto por hielo de casi 5 kilómetros de espesor en algunos lugares.

4.4 Evaluación

Repaso de conceptos clave

1. a. **Repasar** Enumera los principales biomas y describe una característica de cada uno.
   b. **Explicar** ¿Cómo se clasifican los biomas?
   c. **Comparar y contrastar** Elige dos biomas muy diferentes. En cada uno, selecciona una planta y un animal que sean habituales. Compara cómo las plantas y los animales se han adaptado a sus biomas.
2. a. **Repasar** ¿Por qué las cordilleras y los casquetes polares no se clasifican como biomas?
   b. **Establecer una secuencia** Imagina que escalas la montaña de un bioma de bosque templado. Describe cómo podría cambiar la vida vegetal a medida que escalas hacia la cumbre.

Aplica la gran idea

Interdependencia en la naturaleza

3. Elige uno de los biomas analizados en esta lección. Luego, dibújalo. Incluye en tu dibujo la vida vegetal y animal característica del bioma. Agrega rótulos para identificar a los organismos y escribe una leyenda que describa el contenido del dibujo.

BIOLOGY.com Search Lesson 4.4  • Self-Test • Lesson Assessment

4.5 Los ecosistemas acuáticos

PIÉNSALO Nosotros llamamos a nuestro planeta "Tierra". Sin embargo, casi tres cuartas partes de su superficie están cubiertas de agua. A pesar de las importantes funciones que desempeñan los ecosistemas acuáticos en la biósfera, sólo comprendemos una parte de muchos de estos ecosistemas. ¿Cómo es la vida submarina?

Condiciones submarinas

¿Qué factores afectan la vida de los ecosistemas acuáticos?

Igual que los organismos que viven en la tierra, los organismos submarinos se ven afectados por una gran variedad de factores ambientales. **Los organismos acuáticos se ven afectados principalmente por la profundidad, temperatura y flujo del agua, así como por la cantidad de nutrientes disueltos en ella.** Debido a que el escurrimiento de la tierra puede afectar algunos de estos factores, la distancia respecto a la orilla también da forma a las comunidades marinas.

Profundidad del agua La profundidad del agua influye mucho en la vida acuática porque la luz del sol penetra a una distancia relativamente corta, como se muestra en la **ilustración 4–20.** La región soleada cerca de la superficie donde ocurre la fotosíntesis se llama **zona fótica.** La zona fótica puede tener hasta 200 metros de profundidad en mares tropicales, pero sólo unos cuantos metros o menos en ríos y pantanos. Las algas fotosintéticas, llamadas fitoplancton, viven en la zona fótica. El zooplancton, diminutos animales que flotan libremente, comen fitoplancton. Este es el primer paso en muchas cadenas alimenticias acuáticas. Bajo la zona fótica se encuentra la oscura **zona afótica,** donde no ocurre la fotosíntesis.

Muchos organismos acuáticos viven en las rocas y sedimentos de los fondos de lagos, arroyos y océanos. Estos organismos se llaman **bentos** y su hábitat es la zona béntica. En las aguas con poca profundidad, pero suficiente para que los bentos estén dentro de la zona fótica, pueden crecer las algas y plantas acuáticas enraizadas. Cuando la zona béntica está por debajo de la zona fótica, los autótrofos quimiosintéticos son los únicos productores primarios.

Preguntas clave

¿Qué factores afectan la vida de los ecosistemas acuáticos?

¿Cuáles son las categorías principales de los ecosistemas de agua dulce?

¿Por qué son importantes los estuarios?

Por lo general, ¿cómo clasifican los ecólogos los ecosistemas marinos?

Vocabulario

zona fótica • zona afótica • bentos • plancton • humedal • estuario

Tomar notas

Tabla para comparar y contrastar A medida que leas, haz una tabla para comparar y contrastar las semejanzas y diferencias que hay entre los principales ecosistemas marinos y de agua dulce.

ILUSTRACIÓN 4–20 La zona fótica En los ecosistemas acuáticos, la luz del sol sólo penetra a una distancia limitada. Sin importar la profundidad de esta zona fótica, es la única área en la que puede ocurrir la fotosíntesis. **Inferir** ***¿Por qué crees que algunas zonas fóticas sólo tienen unos cuantos metros de profundidad y otras tienen hasta 200 metros de profundidad?***

Temperaturas y corrientes Los hábitats acuáticos, igual que los hábitats terrestres, son más cálidos cerca del ecuador y más fríos cerca de los polos. A menudo la temperatura de los hábitats acuáticos también varía según su profundidad. Las partes más profundas de lagos y océanos con frecuencia son más frías que las aguas de su superficie. Las corrientes de los lagos y océanos pueden afectar drásticamente la temperatura del agua porque pueden acarrear agua que es bastante más caliente o fría de lo que sería normal en cualquier latitud, profundidad o distancia de la orilla determinada.

Disponibilidad de nutrientes Como aprendiste en el capítulo 3, los organismos necesitan ciertas sustancias para vivir. Estas sustancias incluyen oxígeno, nitrógeno, potasio y fósforo. El tipo y la disponibilidad de estas sustancias disueltas varían dentro de los cuerpos de agua y entre ellos, e influye mucho en los tipos de organismos que pueden sobrevivir ahí.

Ecosistemas de agua dulce

¿Cuáles son las categorías principales de los ecosistemas de agua dulce?

Sólo el 3 por ciento del agua de la superficie de la Tierra es agua dulce, pero ese pequeño porcentaje proporciona agua potable, alimento y transporte a los organismos terrestres. A menudo, una cadena de arroyos, lagos y ríos comienza en el interior de un continente y fluye a través de varios biomas hasta llegar al mar. **Los ecosistemas de agua dulce se pueden dividir en tres categorías principales: ríos y arroyos; lagos y lagunas; y humedales de agua dulce.** En la **ilustración 4–21** se muestran ejemplos de estos ecosistemas.

PISTA DEL MISTERIO

¿Cómo se puede ver afectada la vida de los arroyos de Yellowstone por la presencia o ausencia de plantas en sus orillas?

Ríos y arroyos Los ríos, arroyos y riachuelos a menudo se originan de fuentes de agua subterránea en las montañas o colinas. Cerca de una fuente, el agua tiene gran cantidad de oxígeno disuelto pero poca vida vegetal. Río abajo, los sedimentos se acumulan y las plantas se establecen. Todavía más abajo de la corriente, el agua puede serpentear lentamente a través de áreas planas. Los animales de muchos ríos y arroyos dependen para alimentarse de las plantas y animales terrestres que viven a lo largo de sus orillas.

En tu cuaderno *¿Qué tipo de adaptaciones esperarías que tuvieran los organismos que viven en un río o arroyo que fluye rápidamente?*

ILUSTRACIÓN 4–21
Ecosistemas de agua dulce y estuarios Los ecosistemas de agua dulce incluyen arroyos, lagos y humedales de agua dulce (ciénagas, pantanos y marismas). Las marismas salinas y los manglares son estuarios, es decir, áreas en las que el agua dulce de los ríos se junta con el agua salada. **Interpretar material visual** ***Según estas fotos, ¿qué dos diferencias hay entre los arroyos y las ciénagas?***

Lagos y lagunas Las cadenas alimenticias de los lagos y lagunas a menudo se basan en una combinación de plancton, y plantas y algas adheridas. El **plancton** es un término general que incluye tanto al fitoplancton como al zooplancton. El agua normalmente fluye dentro y fuera de los lagos y lagunas y circula entre la superficie y los bentos por lo menos durante algunas estaciones. Esta circulación distribuye el calor, el oxígeno y los nutrientes.

Humedales de agua dulce Un **humedal** es un ecosistema en el que el agua cubre el suelo o está presente en la superficie (o cerca de ella) por lo menos parte del año. El agua puede fluir a través de los humedales de agua dulce o permanecer quieta. Los humedales a menudo son ricos en nutrientes y muy productivos, y sirven como zonas de reproducción para muchos organismos. Los de agua dulce desempeñan importantes funciones ambientales: purifican el agua al filtrar los contaminantes y ayudan a evitar las inundaciones al absorber y liberar lentamente grandes cantidades de agua. Los tres tipos principales de humedales de agua dulce son las ciénagas de agua dulce, las marismas de agua dulce y los pantanos de agua dulce. Los humedales de agua salada se llaman estuarios.

Estuarios

¿Por qué son importantes los estuarios?

Un **estuario** es un tipo especial de humedal que se forma en la zona en la que un río se junta con el mar. Los estuarios contienen una mezcla de agua dulce y agua salada y se ven afectados por la subida y la bajada de las mareas del océano. Muchos son poco profundos, lo que significa que llega suficiente luz del sol a los bentos para impulsar la fotosíntesis. Los estuarios sustentan una cantidad asombrosa de biomasas, a pesar de que por lo general contienen menos especies que los ecosistemas de agua dulce o marinos, lo que los hace muy valiosos comercialmente. **Los estuarios sirven como lugares de desove y viveros ecológicos y comerciales para muchas especies de peces y mariscos, incluyendo peces azules, lobinas rayadas, camarones y jaibas.**

Las marismas salinas son estuarios templados con pastos tolerantes a la sal en la línea de marea baja y con hierbas marinas debajo del agua. Una de las marismas salinas más grandes de América rodea la bahía de Chesapeake en Maryland (se muestra abajo). Los manglares son estuarios tropicales con varias especies de árboles tolerantes a la sal. El área de manglares más grande de América está en el Parque Nacional de los Everglades en Florida (se muestra abajo).

Humedal de agua salada: Marisma

Humedal de agua salada: Pantano

Estuario: Marisma salina

Estuario: Manglar

Ecosistemas marinos

Por lo general, ¿cómo clasifican los ecólogos los ecosistemas marinos?

Igual que los biomas que ocupan ciertas latitudes y longitudes, los ecosistemas marinos suelen ocupar áreas específicas dentro del océano. **Los ecólogos por lo general dividen el océano en zonas según su profundidad y distancia de la costa.** Comenzando con la zona menos profunda y más cercana a la tierra, los ecosistemas marinos incluyen la zona intermareal, el océano costero y el océano abierto, como se ve en la **ilustración 4–22.** Dentro de estas zonas viven diferentes comunidades.

En tu cuaderno *¿En qué crees que se diferencian las comunidades de organismos del océano abierto de las de la costa?*

DESARROLLAR el vocabulario

VARIOS SIGNIFICADOS La palabra *sujeto* tiene varios significados, incluyendo "persona desconocida o que no se quiere nombrar" o "materia de estudio". Sin embargo, el verbo *sujetar*, significa "someter" o "exponer". En la rocosa zona intermareal, los organismos están sujetos, o expuestos, a condiciones extremas.

Zona intermareal Los organismos de la zona intermareal están sumergidos en agua salada durante la marea alta y expuestos al aire y la luz del sol durante la marea baja. Por eso están sujetos a cambios de temperatura extremos y regulares, y son golpeados por las olas y corrientes. Hay muchos tipos de comunidades intermareales. Una típica comunidad rocosa intermareal existe en regiones templadas donde las rocas expuestas bordean la costa. Los percebes y las algas marinas se adhieren a las rocas de manera permanente.

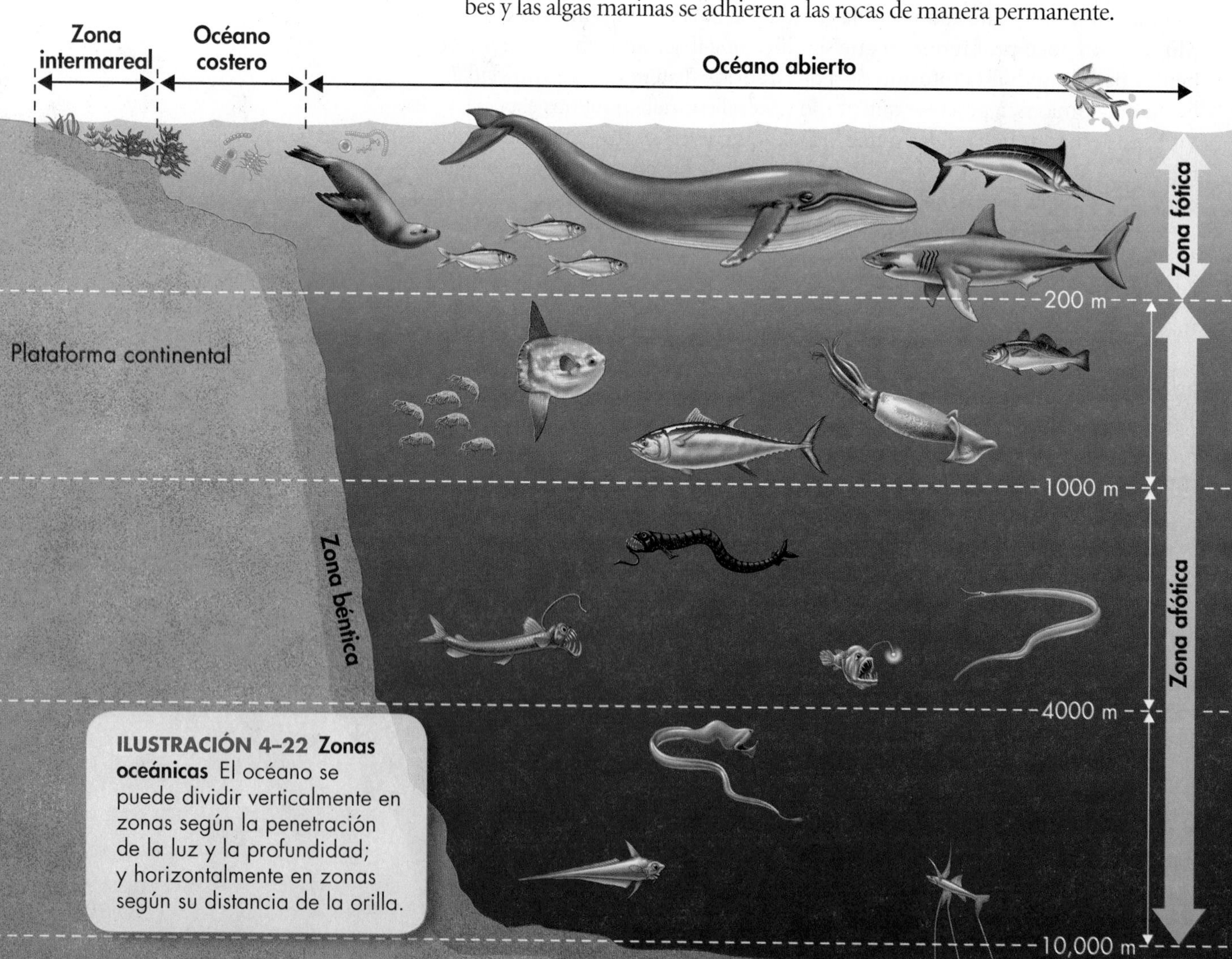

ILUSTRACIÓN 4–22 Zonas oceánicas El océano se puede dividir verticalmente en zonas según la penetración de la luz y la profundidad; y horizontalmente en zonas según su distancia de la orilla.

Océano costero El océano costero se extiende desde la marca de marea baja hasta el borde externo de la plataforma continental: el borde relativamente poco profundo que rodea los continentes. El agua aquí está intensamente iluminada y a menudo tienen nutrientes que le proporciona el escurrimiento del agua dulce que llega de tierra. Como resultado, los océanos costeros suelen ser muy productivos. Los bosques de kelp y los arrecifes de coral son dos comunidades costeras sumamente importantes.

Océano abierto El océano abierto comienza en el borde de la plataforma continental y se extiende hacia afuera. Más del 90 por ciento del área oceánica del mundo se considera océano abierto. La profundidad varía de entre 500 metros a lo largo de los taludes continentales a más de 10,000 metros en las fosas oceánicas. El océano abierto se puede dividir en dos zonas principales según su penetración de luz: la zona fótica y la zona afótica.

▶ ***Zona fótica del océano abierto*** Por lo general el océano abierto contiene bajos niveles de nutrientes y sustenta sólo las especies más pequeñas de fitoplancton. Sin embargo, debido a su enorme área, casi toda la fotosíntesis de la Tierra ocurre en los 100 metros superiores soleados del océano abierto.

▶ ***Zona afótica del océano abierto*** La siempre oscura zona afótica incluye las partes más profundas del océano. Las cadenas alimenticias aquí dependen ya sea de organismos que caen de la zona fótica superior, o de organismos quimiosintéticos. Los organismos de las profundidades del océano, como el pez de la **ilustración 4–23,** están expuestos a temperaturas gélidas, alta presión y oscuridad total. Alguna vez se pensó que los ambientes bénticos de la profundidad del océano carecían casi totalmente de vida, pero ahora se sabe que tienen islas de alta productividad. Las fuentes hidrotermales, que son grietas en el lecho marino por las que fluye agua caliente, sustentan a los productores primarios quimiosintéticos.

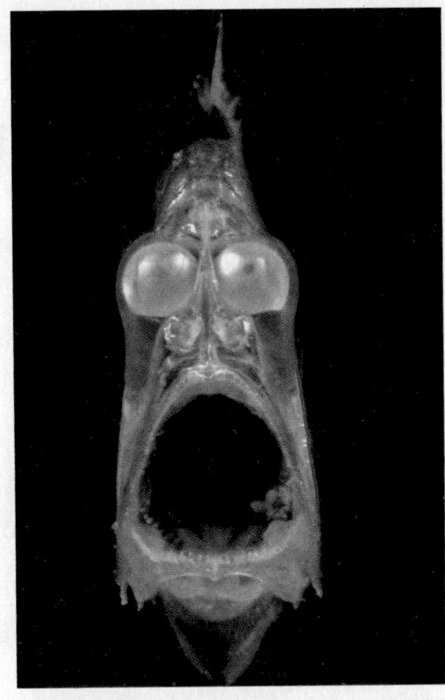

ILUSTRACIÓN 4–23 Criatura de las profundidades Este pez hacha plateado vive en la zona afótica del Golfo de México. **Aplica los conceptos** ***¿Qué tipo de adaptaciones crees que tiene este pez para poder vivir en el duro ambiente de la profundidad del océano?***

4.5 Evaluación

Repaso de conceptos clave

1. a. Repasar ¿Cuáles son los principales factores abióticos que afectan la vida bajo el agua?

c. Comparar y contrastar ¿En qué difiere la vida de la zona afótica de la de la zona fótica?

2. a. Repasar ¿Cuáles son las principales categorías de ecosistemas de agua dulce?

b. Aplica los conceptos ¿Qué es un humedal? ¿Por qué son importantes los humedales?

3. a. Repasar ¿Dónde se localizan los estuarios? ¿Por qué es importante proteger los estuarios?

b. Predecir ¿Cómo podría un dique que está río arriba afectar al estuario que está en la desembocadura del río?

4. a. Repasar Enumera las tres principales zonas ecológicas marinas y dos factores abióticos.

b. Aplica los conceptos Usa la **ilustración 4–22** como guía para dibujar un corte transversal del océano comenzando en una playa y terminando en una fosa oceánica. Rotula la zona intermareal, el océano costero y el océano abierto. Subdivide el océano abierto en zonas fótica y afótica.

ESCRIBIR SOBRE LAS CIENCIAS

Explicación

5. Elige tres ecosistemas acuáticos. Para cada uno, selecciona una planta y un animal y explica cómo se han adaptado a su medio ambiente.

BIOLOGY.com Search Lesson 4.5  • Art Review • Self-Test • Lesson Assessment

Laboratorio del mundo real

INVESTIGACIÓN ABIERTA

Preparación para el laboratorio: Factores abióticos y la supervivencia de plantas

Problema ¿Cómo puedes usar decidir cuáles plantas crecerán muy bien en un jardín?

Materiales mapa de zonas de fortaleza de plantas, catálogos de plantas, papel milimetrado, cinta métrica

Manual de laboratorio Laboratorio del Capítulo 4

Enfoque en las destrezas Clasificar, analizar datos, usar modelos

Conectar con la gran idea ¿Por qué abundan los abedules blancos en Minnesota y no en los Cayos de Florida? ¿Por qué los cocoteros crecen en los Cayos de Florida y no en Minnesota? Dicho de manera sencilla, los abedules no podrían tolerar los cálidos veranos en los Cayos y los cocoteros no podrían tolerar los fríos inviernos en Minnesota. El hábitat de una planta está determinado por su rango de tolerancia a la temperatura y a otros factores abióticos. En otras palabras, los factores abióticos limitan la zona donde determinada planta puede vivir.

En este laboratorio planificarás un jardín para una ubicación específica. Seleccionarás para el jardín plantas que puedan tolerar los factores abióticos de esa ubicación.

Preguntas preliminares

a. Repasar ¿Qué es un factor abiótico? Enumera tres ejemplos distintos al de la temperatura.

b. Repasar ¿Qué tipos de recursos necesitan las plantas?

c. Relacionar causa y efecto Da un ejemplo de una adaptación que ayuda a una planta a sobrevivir en un bioma de precipitaciones bajas.

Preguntas previas al laboratorio

Examina el procedimiento en el manual de laboratorio.

1. Predecir ¿De qué manera te ayudará conocer la zona de fortaleza de las plantas en tu área en la planificación de un jardín?
2. Relacionar causa y efecto ¿Cuál es la relación entre la última helada y la duración de la época de crecimiento?
3. Proponer una hipótesis Una especie de plantas crece bien en una ubicación en un jardín pequeño pero no lo hace igual en otra ubicación. Sugiere una posible razón de esta diferencia.

BIOLOGY.com Search Chapter 4 GO

Visita el Capítulo 4 en línea para hacer una autoevaluación del capítulo y para buscar actividades que apoyan tu aprendizaje.

Untamed Science Video Únete al equipo de *Untamed Science* en su exploración de sucesión después de una erupción volcánica en Hawai.

Visual Analogy Compara la atmósfera de la Tierra con un invernadero.

Data Analysis Examina los datos sobre tolerancia de especies de una zona intermareal y utiliza tu análisis para explicar los patrones de zonificación de especies intermareales.

Art in Motion Mira una animación breve que le da sucesión a la vida.

Art Review Repasa tu comprensión de las zonas oceánicas mediante esta actividad de arrastrar y soltar.

4 Guía de estudio

La gran idea Interdependencia en la naturaleza

El rango de tolerancia de un organismo a la temperatura, a las precipitaciones y a otros factores abióticos ayuda a determinar dónde vive. Los factores bióticos, como la competencia, la depredación y el herbivorismo también ayudan a determinar el hábitat potencial y el nicho de un organismo.

4.1 Clima

El clima de una región se define en base a patrones anuales de temperatura y precipitación.

El clima global es producido por muchos factores, incluyendo la energía solar retenida en la biósfera, la latitud y el transporte de calor por los vientos y las corrientes oceánicas.

tiempo (96)
clima (96)
microclima (96)
efecto invernadero (97)

4.2 Nichos e interacciones comunitarias

Un nicho es el rango de condiciones físicas y biológicas en las que una especie vive y la manera en que la especie obtiene lo que necesita para sobrevivir y reproducirse.

Mediante la división de los recursos entre especies, la competencia ayuda a determinar el número y los tipos de especies en una comunidad y el nicho que cada especie ocupa.

Los predadores pueden afectar el tamaño de las poblaciones de presas en una comunidad y determinar los lugares donde las presas pueden vivir y alimentarse.

Los herbívoros pueden afectar tanto el tamaño como la distribución de las poblaciones de plantas en una comunidad y condicionan los lugares donde determinadas plantas pueden sobrevivir y crecer.

Los biólogos reconocen tres clases principales de relaciones simbióticas en la naturaleza: mutualismo, parasitismo y comensalismo.

tolerancia (99)
hábitat (99)
nicho (100)
recurso (100)
principio de exclusión competitiva (101)
depredación (102)
herbivorismo (102)
especie clave (103)
simbiosis (103)
mutualismo (103)
parasitismo (104)
comensalismo (104)

4.3 Sucesión

Los ecosistemas cambian con el transcurso del tiempo, especialmente después de alteraciones, conforme algunas especies se extinguen y se instalan nuevas especies.

La sucesión secundaria después de alteraciones naturales en ecosistemas sanos a menudo reproduce la comunidad culminante original.

sucesión ecológica (106)
sucesión primaria (106)
especies pioneras (107)
sucesión secundaria (107)

4.4 Biomas

Los biomas se describen según sus factores abióticos, como el clima y el tipo de suelo, y sus factores bióticos, como la vida vegetal y animal.

Debido a que no se pueden definir fácilmente como una comunidad típica de plantas y animales, las cordilleras y los casquetes polares por lo general no se clasifican en biomas.

dosel forestal (112)
sotobosque (112)
caducifolio (112)
coníferas (114)
humus (114)
taiga (114)
permagélido(115)

4.5 Los ecosistemas acuáticos

Los organismos acuáticos se ven afectados principalmente por la profundidad, temperatura y flujo del agua, así como por la cantidad de nutrientes disueltos en ella.

Los ecosistemas de agua dulce se pueden dividir en tres categorías principales: ríos y arroyos; lagos y lagunas; y humedales de agua dulce.

Los estuarios sirven como lugares de desove y viveros ecológicos y comerciales para muchas especies de peces y mariscos.

Los ecólogos por lo general dividen el océano en zonas según su profundidad y distancia de la costa.

zona fótica (117)
zona afótica (117)
bentos (117)
plancton (119)
humedal (119)
estuario (119)

Razonamiento visual Crea un mapa de conceptos que incluya los siguientes términos: *factores abióticos, factores bióticos, interacciones comunitarias, depredación, competencia, simbiosis, nutrientes, ecosistemas, luz y oxígeno.*

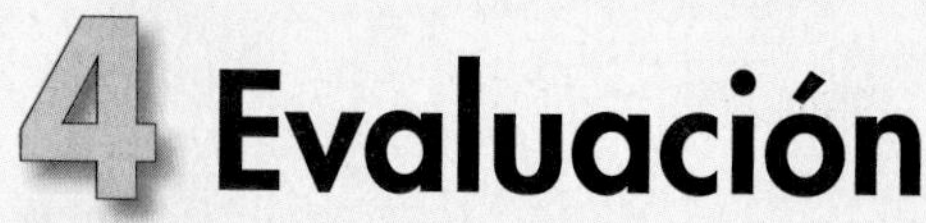

4 Evaluación

4.1 Clima

Comprender conceptos clave

1. Un incremento en el efecto invernadero causa un incremento en
   a. dióxido de carbono. c. oxígeno.
   b. temperatura. d. agua.

2. Un valle pequeño en el que la temperatura media normalmente es más alta que la del campo circundante tiene su propio
   a. tiempo. c. lluvia.
   b. clima. d. microclima.

3. Distingue entre tiempo y clima.

4. Describe los tres factores abióticos primarios que producen las principales zonas climáticas de la Tierra.

Razonamiento crítico

5. **Aplica los conceptos** Según las posiciones relativas del Sol y de la Tierra, explica por qué la Tierra tiene estaciones y zonas climáticas.

6. **Inferir** Una cultivadora de plantas tiene un invernadero en el que cultiva plantas durante el invierno. El invernadero se expone a la luz solar directa y a menudo se vuelve demasiado caluroso para las plantas. La cultivadora pinta el interior de los cristales con pintura blanca caliza, y la temperatura desciende a niveles confortables. Explica por qué funciona este procedimiento.

4.2 Nichos e interacciones comunitarias

Comprender conceptos clave

7. Una relación en la que un organismo se beneficia y otro no recibe beneficio ni perjuicio se llama
   a. parasitismo. c. competencia.
   b. mutualismo. d. comensalismo.

8. La relación entre una garrapata y su huésped es un ejemplo de
   a. mutualismo.
   b. parasitismo.
   c. comensalismo.
   d. sucesión.

9. ¿Cuál es la diferencia entre el hábitat de un organismo y su nicho?

10. ¿En qué consiste el principio de exclusión competitiva?

Razonamiento crítico

11. **Comparar y contrastar** ¿En qué son semejantes la depredación y el parasitismo? ¿En qué son diferentes?

12. **Inferir** La competencia por recursos en un área por lo común es más intensa al interior de una sola especie que entre dos especies diferentes. ¿Cómo explicas esta observación?

13. **Aplica los conceptos** Escribe una descripción de tu nicho en el medio ambiente. Incluye detalles acerca de tu ecosistema así como de factores bióticos y abióticos de tu entorno. Asegúrate de describir tus hábitos alimenticios y cualesquier interacciones que tengas con miembros de otras especies.

4.3 Sucesión

Comprender conceptos clave

14. Los incendios, los huracanes y otras alteraciones naturales pueden dar como resultado
   a. el comensalismo. c. el parasitismo.
   b. la competencia. d. la sucesión.

15. Los primeros organismos que vuelven a poblar determinada área afectada por una erupción volcánica se llaman
   a. especies clave. c. productores primarios.
   b. especies culminantes. d. especies pioneras.

16. ¿Qué tipo de sucesión se lleva a cabo después de que la lava de una erupción volcánica cubre determinada área?

17. Describe dos causas principales de la sucesión ecológica.

Razonamiento crítico

18. **Predecir** Un vendaval en un bosque tira los grandes árboles en un área de éste. Pronto, plantas que aman el sol brotan en el nuevo claro del bosque. ¿Qué tipo de sucesión es ésta? ¿Cómo crees que se verá esta área en 5 años? ¿Y en 50 años?

19. **Relacionar causa y efecto** Explica por qué la sucesión secundaria por lo general se desarrolla más rápido que la sucesión primaria.

4.4 Biomas

Comprender conceptos clave

20. En un bosque tropical, la cubierta densa formada por las copas de árboles altos se llama

a. dosel forestal. **c.** nicho.
b. taiga. **d.** sotobosque.

21. El permagélido caracteriza al bioma llamado

a. taiga. **c.** sabana.
b. bosque boreal. **d.** tundra.

22. ¿Qué es un bioma?

23. ¿Por qué las plantas por lo general son pocas y lejanas en un desierto?

Razonamiento crítico

24. Aplica los conceptos Aunque la cantidad de precipitaciones es baja, la mayoría de las partes de la tundra están muy mojadas durante el verano. ¿Cómo explicarías esta aparente contradicción?

25. Inferir Los árboles caducifolios en bosques secos tropicales pierden agua a través de sus hojas todos los días. Durante los veranos con lluvia adecuada, las hojas permanecen en los árboles. Durante la época seca fría, los árboles tiran sus hojas. En un verano especialmente seco, ¿cómo podría la adaptación de tirar hojas permitir a un árbol tolerar la sequía?

26. Inferir Considera estos dos biomas: (1) la pradera templada, y (2) el bosque y la tierra de arbustos templados. Los coyotes viven en ambos biomas. Describe dos adaptaciones que podrían permitir a los coyotes tolerar las condiciones en ambos biomas.

4.5 Los ecosistemas acuáticos

Comprender conceptos clave

27. Los organismos que viven cerca de o en el fondo oceánico se llaman

a. parásitos. **c.** plancton.
b. bentos. **d.** manglares.

28. ¿Cuál es el significado del término plancton? Nombra los dos tipos de plancton.

29. ¿Cuáles son tres tipos de humedales de agua dulce?

39. ¿En qué se parecen las marismas saladas y los manglares? ¿En qué son diferentes?

resuelve el MISTERIO del CAPÍTULO

EL EFECTO LOBO

La eliminación de los lobos del parque nacional Yellowstone contribuyó al incremento en el número de ciervos canadienses. Estos ciervos pastaron tan intensamente, sobre todo a lo largo de los arroyos, que los plantones y retoños de álamos y sauces, así como de otros árboles, no pudieron crecer. Entre menos árboles había, los castores construían cada vez menos diques y se incrementaban las escorrentías y la erosión. Las redes alimenticias acuáticas se rompieron, afectando a las aves, los peces y otros animales. La reciente reintroducción de los lobos ha causado un decremento en toda la población de ciervos canadienses y parece haber reducido su apacentamiento en determinados arroyos. Tal vez se deba a que los lobos están matando más ciervos, pero también a que éstos han aprendido a permanecer alejados de lugares como márgenes y valles de arroyos, donde los lobos los pueden atacar más fácilmente.

En años recientes, los investigadores han mostrado que la vegetación a las orillas de los arroyos está exhibiendo sucesión secundaria y que los álamos y los sauces están comenzando a crecer de nuevo. Han ocurrido otros cambios numerosos también. Entre menos ciervos canadienses haya, habrá más comida para animales más pequeños. El incremento de las presas pequeñas, a su vez, ha provocado que ingresen diversos predadores a la comunidad. Los cadáveres de animales abandonados por los lobos proporcionan comida a los carroñeros. En pocas palabras, los organismos de cada nivel trófico han sido afectados por los lobos de Yellowstone.

1. Predecir Los lobos y los ciervos canadienses de Yellowstone están conectados mediante una relación predador-presa. Si alguna enfermedad sacudiera a la población de ciervos canadienses, ¿cómo se verían afectados los lobos?

2. Formar una opinión El gobierno federal es dueño de Yellowstone. La reintroducción de lobos ahí enfadó a los ganaderos de los alrededores porque temían que sus animales fuesen cazados. ¿Qué nivel de responsabilidad crees que debieran tener los parques nacionales hacia sus vecinos?

3. Conectar con la gran idea Dibuja una cadena alimenticia que relacione a los lobos, álamos, sauces y ciervos canadienses en Yellowstone. Luego, explica en un párrafo por qué los lobos de Yellowstone son una especie clave.

Razonamiento crítico

31. **Proponer una hipótesis** El océano profundo se encuentra en la zona afótica y es muy frío. Sugiere algunas de las características únicas que permiten a los animales vivir en el océano profundo.
32. **Formar una opinión** Un promotor inmobiliario ha propuesto llenar una marisma salina para crear un centro turístico costero. ¿Qué efectos positivos y negativos tendría esta propuesta en la flora y fauna así como en los lugareños? ¿Apoyarías la propuesta?

Relacionar conceptos

Usar gráficas científicas

En la siguiente tabla se presenta la productividad primaria (medida en gramos de materia orgánica producida por año por metro cuadrado) de varios ecosistemas. Usa la tabla para responder a las preguntas 33 y 34.

Productividad de ecosistemas acuáticos y terrestres

Ecosistema	Productividad primaria promedio
Ecosistemas acuáticos	
Arrecife de coral	2500
Estuario	1800
Océano abierto	125
Ecosistemas terrestres	
Bosque tropical	2200
Sabana tropical	900
Tundra	90

33. **Interpretar tablas** Según la tabla, ¿cuál ecosistema tiene la mayor productividad? Usa lo que sabes para explicar ese hecho.
34. **Inferir** El océano abierto está entre los ecosistemas menos productivos; sin embargo, contribuye en gran medida a la productividad total de la biósfera. ¿Cómo explicas esta paradoja?
35. **Aplica los conceptos** Para cada conjunto de ecosistemas, acuáticos y terrestres, explica cómo pueden los factores abióticos dar cuenta de las diferencias en la productividad primaria vista. Da dos ejemplos.
36. **Inferir** Revisa la descripción del bosque de coníferas del noroeste en la página 114. ¿Crees que su productividad primaria promedio es mayor o menor que la de la sabana tropical? Explica tu respuesta.

Escribir sobre las ciencias

37. **Explicación** Elige uno de los diez biomas principales y escribe una visión general de sus características. Explica de qué manera se interrelacionan los factores abióticos, las plantas comunes y la naturaleza. Apoya tu explicación en ejemplos específicos.
38. **Evalúa** la gran idea ¿De qué manera influyen los factores abióticos en los tipos de organismos que se implican en la sucesión primaria de determinada área después de una erupción volcánica?

Analizar datos

Esta gráfica resume los cambios en el volumen total de hielo en todos los glaciares del mundo desde 1960. Observa que los cambios de volumen en el eje vertical son negativos, lo cual significa una pérdida general de volumen.

39. **Interpretar gráficas** Se perdió el mayor volumen de hielo glacial
    a. entre 1960 y 1970.
    b. entre 1980 y 1990.
    c. entre 1995 y 2000.
    d. antes de 1960.
40. **Relacionar causa y efecto** La explicación más razonable de la pérdida de masa glacial desde 1960 es
    a. un incremento en la productividad total de los océanos del mundo.
    b. un incremento gradual en la temperatura promedio de la Tierra.
    c. un incremento en la cantidad total de hielo en los polos de la Tierra.
    d. un incremento en la producción de energía radiante en el Sol.

Preparación para exámenes estandarizados

Selección múltiple

1. El factor que por lo general tiene el mayor efecto en la determinación del clima de una región es su
A longitud.
B abundancia de especies de plantas.
C distancia del ecuador.
D cercanía a un río.

2. Todos los siguientes son factores abióticos que afectan el clima global, EXCEPTO:
A la latitud.
B la longitud.
C la energía solar.
D las corrientes oceánicas.

3. La manera en que un organismo se gana la vida, incluyendo sus interacciones con factores bióticos y abióticos de su medio, se conoce como
A hábitat del organismo.
B nicho del organismo.
C estilo de vida del organismo.
D bioma del organismo.

4. Si una especie recién introducida llena un nicho que por lo común está ocupado por una especie nativa, las dos especies compiten. Una de las especies puede extinguirse como resultado de
A la exclusión competitiva.
B la depredación.
C el comensalismo.
D el mutualismo.

5. Hay MAYOR probabilidad de encontrar algas fotosintéticas en
A la zona béntica del océano abierto.
B la zona afótica.
C la zona fótica.
D las zanjas oceánicas.

6. El agua en un estuario es
A agua salada solamente.
B pobre en nutrientes.
C agua dulce solamente.
D una mezcla de agua dulce y de agua salada.

7. ¿En qué bioma tienen los organismos la mayor tolerancia a condiciones secas?
A tundra
B desierto
C sabana tropical
D bosque boreal

Preguntas 8 y 9

En la tabla siguiente se muestran los datos mes a mes del clima de la ciudad de Lillehammer, Noruega.

Datos del clima de Lillehammer, Noruega

Mes	Temperatura promedio (°C)	Precipitación promedio (mm)
Ene.	−8.1	38.1
Feb.	−6.2	27.9
Mar.	−3.9	30.5
Abr.	3.3	35.6
Mayo	8.9	45.7
Junio	13.9	63.5
Julio	16.4	81.3
Ags.	14.2	88.9
Sep.	9.5	58.4
Oct.	3.9	63.5
Nov.	−3.8	50.8
Dic.	−6.1	48.3

8. ¿Qué tipo de gráfica sería la más adecuada para mostrar los datos de las precipitaciones en la tabla?
A gráfica de barras
B pictograma
C gráfica circular
D gráfica de dispersión

9. El rango de un conjunto de datos es la diferencia entre el punto más alto y el más bajo. El rango de la temperatura media anual, en °C, para Lillehammer es aproximadamente
A −8.
B 8.5.
C 16.5.
D 24.5.

Respuesta de desarrollo

10. ¿Por qué están los líquenes especialmente bien adaptados para desempeñar el papel de organismos pioneros en una sucesión ecológica?

Si tienes dificultades con...

la pregunta	1	2	3	4	5	6	7	8	9	10
Ver la lección	4.1	4.1	4.2	4.2	4.5	4.5	4.4	4.1	4.1	4.3

5 Poblaciones

La gran idea **Interdependencia en la naturaleza**

P: ¿Qué factores contribuyen a los cambios de las poblaciones?

BIOLOGY.com Search Chapter 5 GO • Flash Cards

EN ESTE CAPÍTULO:

Millones de cangrejos rojos viven en la Isla de Navidad, en el océano Índico. Cada año, cuando toda la población de cangrejos adultos migra del bosque al mar para reproducirse, se hace necesario cerrar las carreteras al tránsito.

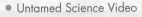

- Untamed Science Video
- Chapter Mystery

MISTERIO DEL CAPÍTULO

UNA PLAGA DE CONEJOS

En 1859, un agricultor australiano soltó en su granja 24 conejos europeos importados de Inglaterra, pensando: "Unos cuantos conejos causarán poco daño y podrían dar un toque hogareño, además de algo para cazar".

Siete años después, el hombre y sus amigos mataron 14,253 conejos. En diez años cazaron más de 2 millones de conejos, ¡sólo en esa granja! Sin embargo, el júbilo de los cazadores pronto se convirtió en desesperación nacional. Aquel "toque hogareño" muy pronto se convirtió en algo más parecido a una enorme manta de color gris. Los millones de conejos devoraron las plantas nativas y casi causaron la extinción de los animales nativos. Además, complicaron terriblemente la vida de los criadores de ovejas y vacas.

Estas lindas y peludas criaturitas no representaban un problema en Inglaterra. Entonces, ¿por qué se convirtieron en una plaga en Australia? ¿Sería posible contenerlas? ¿Cómo? A medida que leas este capítulo, busca pistas sobre los factores que afectan el crecimiento de una población. Luego, resuelve el misterio.

Continúa explorando el mundo.

Hallar la solución al misterio de la población de conejos sólo es el principio. Emprende un viaje de campo en video con los genios ecólogos de *Untamed Science* para ver adónde conduce este misterio.

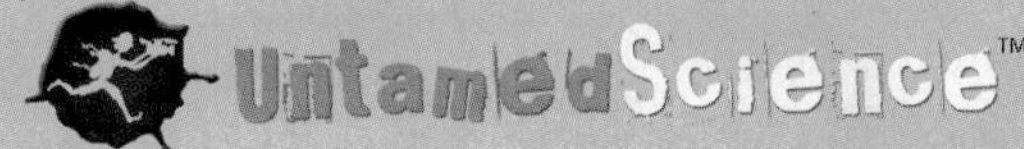

5.1 ¿Cómo crecen las poblaciones?

Preguntas clave

- *¿Cómo estudian las poblaciones los ecólogos?*
- *¿Qué factores afectan el crecimiento de una población?*
- *¿Qué ocurre durante el crecimiento exponencial?*
- *¿Qué es el crecimiento logístico?*

Vocabulario

densidad de población • estructura de edad • inmigración • emigración • crecimiento exponencial • crecimiento logístico • capacidad de carga

Tomar notas

Mapa de conceptos A medida que leas, usa las palabras de vocabulario resaltadas para crear un mapa de conceptos que organice la información de esta lección.

PIÉNSALO En la década de 1950, un piscicultor de Florida lanzó a un canal unas cuantas plantas llamadas Hydrilla verticillata, la cual fue importada de Asia para usarla en acuarios domésticos debido a que es resistente y adaptable. El piscicultor pensó que la hydrilla era inofensiva, pero las pocas plantas que arrojó al agua se reprodujeron con rapidez... y siguieron reproduciéndose. Hoy día, sus retoños sofocan las vías fluviales de toda Florida y muchos otros estados. Sus largos y enmarañados tallos sujetan a las embarcaciones en los ríos e invaden hábitats; las plantas y animales acuáticos nativos están desapareciendo. ¿Por qué se salieron de control esas plantas? ¿Hay forma de deshacerse de ellas?

Entre tanto, los habitantes de Nueva Inglaterra que se ganan la vida con la pesca enfrentan un problema distinto. A pesar del arduo trabajo y sus nuevos equipos, la pesca ha disminuido de manera impresionante. La pesca de bacalao en uno de los últimos años fue de 3048 toneladas métricas, mientras que en 1982 el total fue de 57,200 toneladas métricas, ¡casi 19 veces más! ¿Adónde fueron todos los peces? ¿Es posible hacer algo para incrementar sus poblaciones?

Describir poblaciones

¿Cómo estudian las poblaciones los ecólogos?

A simple vista, la historia de la hydrilla y el bacalao no tienen relación. Una habla del crecimiento incontrolado de las plantas y la otra de la desaparición de peces. Sin embargo, ambas ponen de relieve los tremendos cambios en el tamaño de una población. Recuerda que una población es un grupo de organismos de una misma especie que vive en un área determinada. **Los investigadores estudian la distribución geográfica de una población, así como su densidad y distribución, tasa de crecimiento y estructura de edades.**

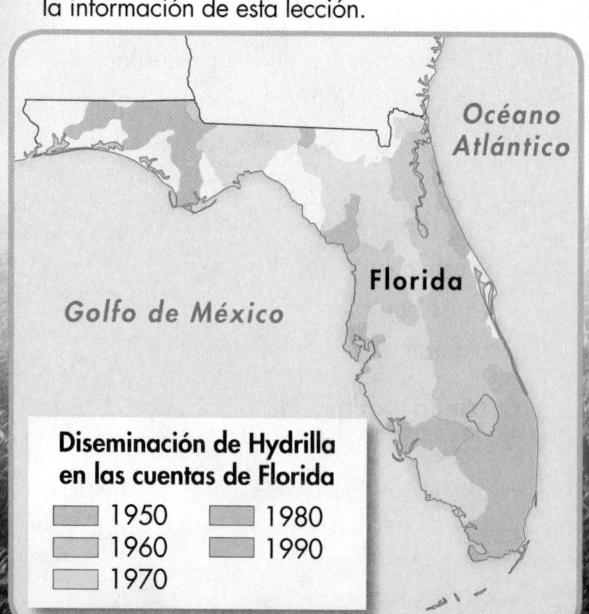

ILUSTRACIÓN 5–1 Hydrilla invasora La planta hydrilla se ha diseminado por casi toda Florida en apenas unas cuantas décadas. Cada año se gastan millones de dólares en esfuerzos para controlar esta hierba acuática.

Distribución geográfica El territorio que ocupa una población se denomina distribución geográfica. El tamaño del área que abarca una población puede variar enormemente, dependiendo de la especie. Por ejemplo, una población bacteriana que fermenta una calabaza puede tener una distribución de menos de un metro cúbico, mientras que la población de bacalao del oeste del Atlántico cubre un territorio desde Groenlandia hasta Carolina del Norte. El territorio natural de una población de *hydrilla* incluye algunas partes del sur de India y Sri Lanka, en tanto que el territorio nativo de otra población de *hydrilla* era Corea. Sin embargo, los humanos han llevado la *hydrilla* a tantas partes que su distribución geográfica incluye todos los continentes, excepto el Antártico, y por ello puede encontrarse en muchos lugares de Estados Unidos.

Densidad y distribución **Densidad de población** se refiere a la cantidad de individuos que hay por unidad de área. Las poblaciones de distintas especies suelen tener densidades muy diferentes. Por ejemplo, una población de patos en un estanque puede tener baja densidad mientras que los peces del mismo estanque pueden tener una mayor densidad. *Distribución* se refiere a cómo están separados entre sí los individuos de una población a lo largo de su territorio; es decir, al azar, uniforme o concentrados principalmente en grupos, como muestra la **ilustración 5–2.**

Tasa de crecimiento La tasa de crecimiento de una población determina si la población aumenta, disminuye o permanece igual. En sus hábitats naturales, las poblaciones de *hydrilla* tienden a conservar el mismo tamaño a través del tiempo, así que tienen una tasa de crecimiento de cero (su tamaño no aumenta ni disminuye). En comparación, la población de *hydrilla* en California tiene una elevada tasa de crecimiento (aumenta su tamaño). Las poblaciones también pueden disminuir de tamaño, como sucede con las poblaciones de bacalao. La población de bacalao tiene una tasa de crecimiento negativa.

Estructura por edad Para entender plenamente una población de plantas o animales, los investigadores necesitan saber más que la cantidad de individuos que la componen. También tienen que conocer la **estructura por edad** de la población; es decir, la cantidad de hembras y machos de cada edad que forman parte de la población. ¿Por qué? Porque la mayoría de las plantas y los animales no pueden reproducirse hasta determinada edad. En el caso de los animales, sólo las hembras pueden producir crías.

A. Al azar

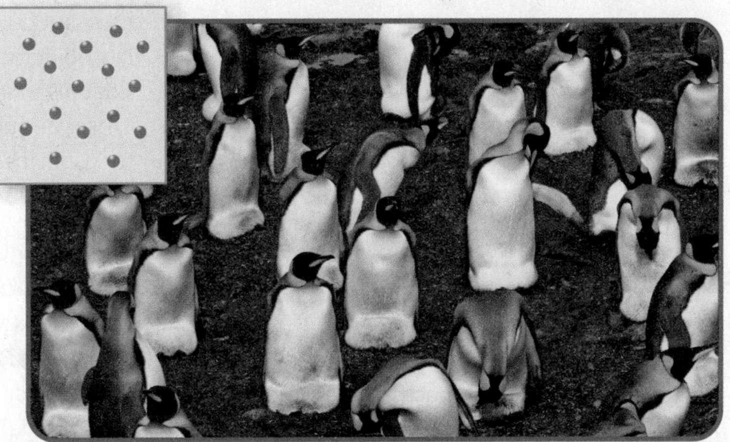

B. Uniforme

C. Agrupado

ILUSTRACIÓN 5–2 Patrones de distribución Los puntos en las ilustraciones insertas representan miembros individuales de una población. **A.** Los altramuces morados crecen al azar en un campo de flores silvestres. **B.** Las poblaciones de pingüino rey muestran un espaciamiento uniforme entre sus individuos. **C.** Los bagres rayados forman apretados grupos.

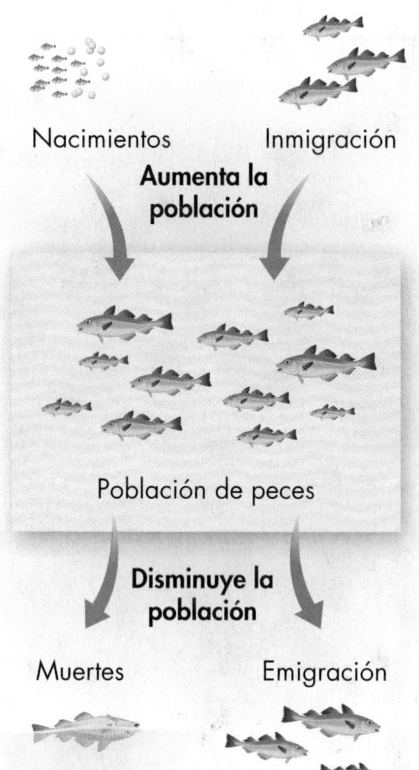

ILUSTRACIÓN 5–3 Factores naturales que afectan el crecimiento de una población de peces La cantidad de peces que eclosiona, muere, entra o sale de la población afecta el crecimiento de la población. **Usar modelos** ***¿Cómo ampliarías este modelo para incluir los efectos de la pesca?***

Crecimiento poblacional

¿Qué factores afectan el crecimiento de una población?

¿Qué hace que una población crezca, se reduzca o permanezca del mismo tamaño? El tamaño de una población aumentará o disminuirá dependiendo de la cantidad de individuos que incrementen o reduzcan su tamaño, como muestra la **ilustración 5–3.** **Los factores que pueden influir en el tamaño de una población son la tasa de natalidad, la tasa de mortalidad y la tasa con que sus individuos entran o salen de la población.**

Tasa de natalidad y tasa de mortalidad Las poblaciones pueden crecer si nacen más individuos de los que mueren en determinado período. Dicho de otra forma, una población puede crecer cuando su tasa de natalidad es más alta que su tasa de mortalidad. Si la tasa de natalidad es igual a la tasa de mortalidad, la población permanece del mismo tamaño. Si la tasa de mortalidad es mayor que la tasa de natalidad, la población se reducirá. Observa que *nacimiento* significa distintas cosas para las diferentes especies. Los leones nacen de manera muy similar a los humanos. Sin embargo, los bacalaos sueltan huevos que, al madurar, se abren o eclosionan produciendo nuevos individuos.

Inmigración y emigración La población puede crecer si los individuos van de un territorio a otro, en un proceso conocido como **inmigración.** Supón que un robledal de un bosque produce una gran cantidad de bellotas un año. La población de ardillas del robledal puede aumentar cuando más ardillas inmigran en busca de comida. Por otra parte, la población puede disminuir de tamaño si los individuos salen del territorio que abarca la población, proceso conocido como **emigración.** Por ejemplo, la escasez de comida o la sobrepoblación pueden ocasionar una emigración. Los animales jóvenes que están llegado a la madurez pueden emigrar del área donde nacieron para buscar pareja o establecer nuevos territorios.

Crecimiento exponencial

¿Qué ocurre durante el crecimiento exponencial?

Si das a una población todo el espacio y alimento que necesita, la proteges de sus depredadores y las enfermedades, y eliminas todos sus productos de desecho, la población crecerá. ¿Por qué? La población aumentará porque los miembros de la población podrán tener crías. Luego de un tiempo, esas crías producirán sus propias crías. Luego, las crías de *esas* crías también tendrán crías. Y así, a lo largo del tiempo, la población crecerá.

Pero, observa que ocurre un fenómeno interesante: el tamaño de cada generación de crías es siempre mayor que el de la generación anterior. Esta situación se conoce como crecimiento exponencial. En el **crecimiento exponencial** cuanto mayor sea el tamaño de la población más rápido será su crecimiento. **En condiciones ideales, con recursos ilimitados, una población crecerá exponencialmente.** Veamos porqué sucede esto bajo distintas circunstancias.

PISTA DEL MISTERIO

¿Qué tipo de crecimiento muestra la población de conejos de Australia? ¿Por qué representa un problema?

Organismos que se reproducen rápidamente Vamos a iniciar un experimento hipotético con una sola bacteria que se divide produciendo dos células cada 20 minutos. Le damos las condiciones ideales y observamos. Luego de 20 minutos, la bacteria se divide y produce dos bacterias. Luego de otros 20 minutos, esas dos bacterias se dividen produciendo cuatro células. Al terminar la primera hora, esas cuatro bacterias se han dividido y producido ocho células.

¿Puedes ver lo que ha ocurrido? Después de tres períodos de 20 minutos, tenemos $2 \times 2 \times 2$, es decir, 8 células. Otra forma de expresar esa cantidad es usando un exponente: 2^3 células. En el transcurso de otra hora (seis períodos de 20 minutos en total), habrá 2^6 células ó 64 bacterias. En apenas una hora más, tendremos 2^9 ó 512. En un día, la población bacteriana habrá crecido a un increíble total de 4,720,000,000,000,000,000,000 individuos. ¿Qué pasaría si este crecimiento continuara con la misma rapidez? En unos cuantos días, ¡la población bacteriana cubriría el planeta!

Si haces una gráfica trazando el tamaño de esta población en el tiempo, obtendrás una curva con forma de J que sube lentamente al principio y después se hace cada vez más rápida, como muestra la **ilustración 5-4.** Si nada interfiere con este tipo de crecimiento, la población se hará cada vez más y más grande, cada vez más y más rápidamente, hasta alcanzar un tamaño infinitamente grande.

Organismos que se reproducen con lentitud Por supuesto, muchos organismos crecen y se reproducen con mucha mayor lentitud que las bacterias. Por ejemplo, una elefanta puede tener sólo una cría cada 2 a 4 años. Los elefantes recién nacidos tardan en madurar alrededor de 10 años. Sin embargo, si el crecimiento exponencial continuara como en la **ilustración 5-4,** el resultado sería imposible. En la improbable situación de que todos los descendientes de una sola pareja de elefantes sobrevivieran y se reprodujeran, ¡al cabo de 750 años habría casi 20 millones de elefantes!

Organismos en ambientes nuevos A veces, cuando un organismo cambia a un nuevo ambiente, su población crece exponencialmente durante un tiempo. Eso es lo que ha ocurrido con la *hydrilla* en Estados Unidos. También sucedió cuando un laboratorio que estaba cerca de Boston soltó accidentalmente unos cuantos ejemplares de una polilla llamada lagarta peluda. En pocos años, esa plaga devoradora de plantas se había diseminado por todo el noreste de Estados Unidos. En años pico, devoraron las hojas de miles de acres de bosque. En algunas partes cubrían el suelo, las aceras y los autos como si fueran sábanas vivas.

En tu cuaderno *Traza la curva de crecimiento de una población de algas que crece exponencialmente.*

DESARROLLAR el vocabulario

PALABRAS RELACIONADAS Un exponente indica la cantidad de veces que un número se multiplica por sí mismo. El adjetivo *exponencial* describe algo que se expresa usando exponentes, como la tasa de crecimiento.

Modelos de crecimiento exponencial

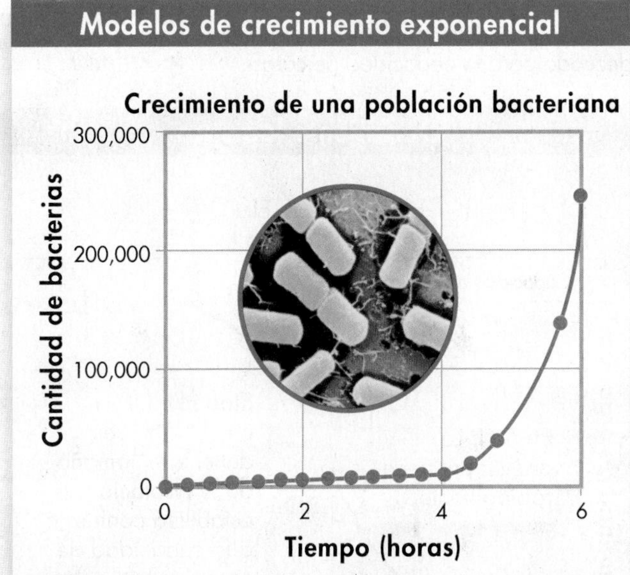

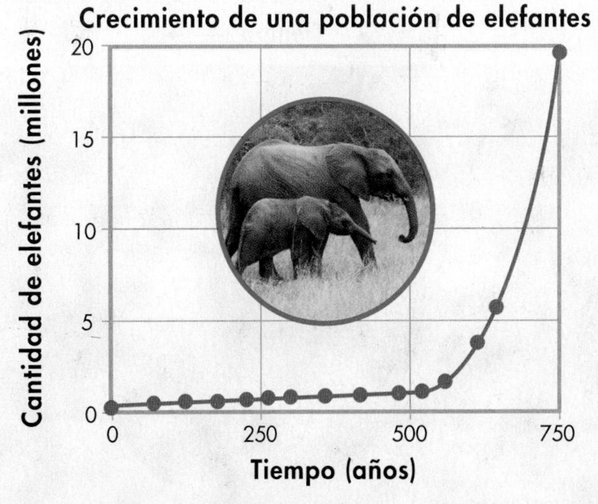

ILUSTRACIÓN 5-4 Crecimiento exponencial En presencia de recursos ilimitados y en ausencia de depredadores y enfermedades, las poblaciones crecen de manera exponencial. Las bacterias, que se reproducen con rapidez, pueden producir enormes poblaciones en cuestión de días. En comparación, los elefantes, que se reproducen lentamente, tardarían algunos cientos de años. Las dos gráficas hipotéticas muestran la curva con forma de J que caracteriza al crecimiento exponencial.

RESUMEN VISUAL

CRECIMIENTO LOGÍSTICO

ILUSTRACIÓN 5–5 Las poblaciones del mundo real, como la de los rinocerontes, suelen mostrar una curva con forma de S, característica del crecimiento logístico. Conforme los recursos empiezan a estar limitados, el crecimiento de la población disminuye o se detiene, alcanzando un nivel adecuado para la capacidad de carga.

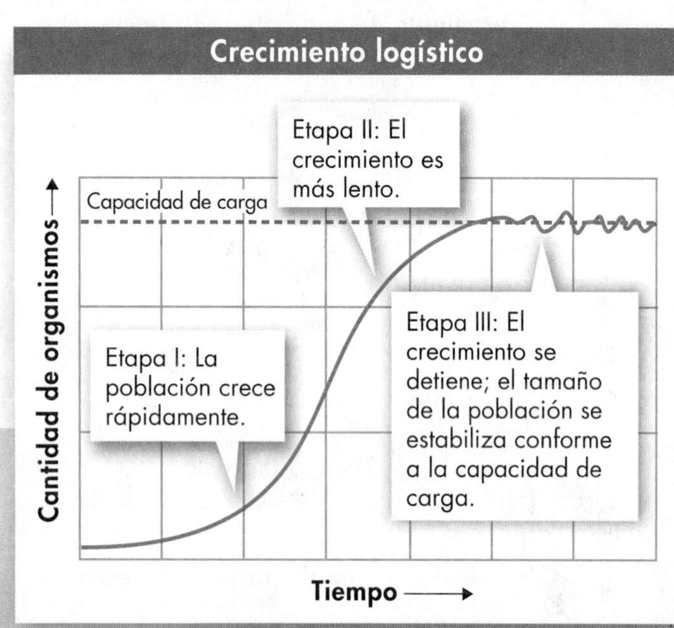
Crecimiento logístico
Etapa II: El crecimiento es más lento.
Capacidad de carga
Etapa I: La población crece rápidamente.
Etapa III: El crecimiento se detiene; el tamaño de la población se estabiliza conforme a la capacidad de carga.
Cantidad de organismos
Tiempo

Crecimiento logístico

¿Qué es el crecimiento logístico?

Nadie se explica esta capacidad de las poblaciones para crecer exponencialmente. Es evidentes que las bacterias, los elefantes, las *hydrilla* y las lagartas peludas no cubren la tierra. Lo cual significa que las poblaciones naturales no crecen mucho tiempo de manera exponencial. Tarde o temprano hay algo (y varios a "algos") que frenan el crecimiento exponencial. ¿Qué sucede?

Etapas de crecimiento Una manera de responder la pregunta es observar el comportamiento de las poblaciones en la naturaleza. Supón que introdujimos unos individuos en un ambiente real. La **ilustración 5–5** muestra las etapas de crecimiento de la población.

▶ ***Etapa 1: Crecimiento exponencial*** Luego de poco tiempo, la población empieza a crecer exponencialmente. En esta etapa, los recursos son ilimitados así que los individuos pueden crecer y reproducirse rápidamente. Mueren pocos individuos y se producen muchos descendientes, así que tanto el tamaño de la población como la tasa de crecimiento aumentan cada vez con mayor rapidez.

▶ ***Etapa 2: El crecimiento se vuelve más lento*** En las poblaciones del mundo real, el crecimiento exponencial no continúa mucho tiempo. En determinado momento, la tasa de crecimiento de la población comienza a detenerse. Esto no significa que disminuya el tamaño de la población. La población sigue creciendo, pero la velocidad del crecimiento es más lenta y en consecuencia, la población aumenta con lentitud.

▶ ***Etapa 3: Se interrumpe el crecimiento*** En cierto momento, la tasa de crecimiento de la población cae a cero: su tamaño alcanza su nivel. Bajo ciertas condiciones, la población permanecerá casi de ese tamaño de manera indefinida.

La curva de crecimiento logístico La curva de la **ilustración 5–5** en forma de S representa el **crecimiento logístico.** **El crecimiento logístico ocurre cuando el crecimiento de una población se reduce y luego se interrumpe, después del crecimiento exponencial.** Muchas poblaciones de plantas y animales siguen este tipo de curva.

¿Cuáles cambios en las características de una población producen un crecimiento logístico? Recuerda que una población crece cuando los organismos que nacen (o ingresan) son más que los organismos que mueren (o la abandonan). Por ello, el crecimiento de una población se reduce por varias razones. El crecimiento puede desacelerarse si la tasa de natalidad de la población se reduce. También puede desacelerarse si la mortalidad aumenta, o si, al mismo tiempo, may menos nacimientos y más muertes. De manera similar, el crecimiento de la población puede reducirse si la tasa de inmigración disminuye, la emigración aumenta o suceden ambas cosas. Como verás en la próxima lección, estas tasas puede cambiar en una población por varios motivos.

Capacidad de carga Cuando las tasas de natalidad y mortalidad son iguales y la emigración es igual a la inmigración, el crecimiento de la población se detiene. La población puede oscilar, pero mantiene un tamaño promedio. Si vuelves a observar la **ilustración 5–5,** verás una línea horizontal interrumpida en la región de la gráfica donde la población alcanza su nivel. El punto donde esa línea interseca el eje *y* representa lo que los ecólogos llaman **capacidad de carga,** la cantidad máxima de individuos de una especie a la que un ambiente puede sostener. Cuando una población alcanza la capacidad de carga de su ambiente, diversos factores intervienen para estabilizarla en ese tamaño.

Reproducción de conejos

Supón que un par de conejos ha tenido seis crías: tres machos y tres hembras. Supón también que ninguna de las crías mueres.

1. Calcular Si cada pareja de conejos se reprodujera sólo una vez, ¿cuántas crías se producirían cada año durante cinco generaciones? MATEMÁTICAS

2. Interpretar gráficas Crea una gráfica para tus datos. Traza el tiempo en el eje *x* y la población en el eje *y*. ¿Qué tipo de crecimiento tiene la población de conejos luego de cinco años?

5.1 Evaluación

Repaso de conceptos clave

1. a. Repasar Enumera cuatro características que sirven para describir una población.

b. Inferir Durante tus viajes por el este de Canadá y Estados Unidos, observas que hay ardillas grises por todas partes. ¿Qué puedes inferir sobre la distribución geográfica de las ardillas grises?

2. a. Repasar ¿Cuáles son los factores naturales que pueden cambiar el tamaño de una población?

b. Relacionar causa y efecto En un jardín se desarrollan más brotes de dientes de león que las plantas arrancadas. ¿Qué crees que sucederá con la población de dientes de león del jardín?

3. a. Repasar ¿Cuándo crecen exponencialmente las poblaciones?

b. Aplica los conceptos ¿Por qué el crecimiento exponencial traza una curva característica con forma de J?

4. a. Repasar ¿Cuál es la forma característica de la curva de crecimiento logístico?

b. Explicar Describe cuándo ocurre el crecimiento logístico.

c. Proponer una hipótesis ¿Qué factores podrían hacer que cambie la capacidad de carga de una población?

PROBLEMA DE PRÁCTICA

5. Supón que estás estudiando una población de girasoles que se desarrolla en un pequeño prado. ¿Cómo determinarías la densidad de población de girasoles en un metro cuadrado del prado y en todo el prado? Describe el procedimiento.

BIOLOGY.com Search Lesson 5.1  • Self-Test • Lesson Assessment

La Biología y la sociedad

¿Cómo se puede combatir los mejillones invasores?

¿Cómo puede un molusco ocasionar millones de dólares de problemas cada año? Te presentamos a los mejillones cebra y quagga. Las especies fueron introducidas en los Grandes Lagos a mediados de la década de 1980, cuando los barcos de Europa Oriental soltaron sus aguas de lastre (agua que llevan dentro para mantener su equilibrio). Cuando alcanzan la edad adulta, estos mejillones se adhieren a las superficies rígidas, incluidas tuberías y cascos de barcos. En unos cuantos años, las dos especies colonizaron toda la región de los Grandes Lagos y se han diseminado en barcos de recreo cuyos propietarios las transportaban sin saberlo. Para el año 2008, 24 estados habían informado de la presencia de los mejillones cebra y se sabía que había mejillones quagga en 14 estados.

¿Por qué los mejillones se han convertido en una plaga? En las vías de navegación de Estados Unidos estos moluscos se escapan de cualquier factor ambiental que controla sus poblaciones en sus hábitats europeos. En consecuencia, las especies introducidas se vuelven invasores cuyo crecimiento exponencial produce enormes poblaciones de altas densidades, ¡en algunas partes hay más de 10,000 por metro cuadrado de agua! Los mejillones se desarrollan en capas de hasta 20 centímetros de espesor y obstruyen las tuberías de plantas de energía y de tratamiento de aguas. También alteran las redes alimentarias acuáticas; filtran tanto plancton del agua que algunas especies de peces nativas mueren de hambre. ¿Qué puede hacerse para controlar especies invasoras como éstas?

Los mejillones cebra obstruyen tuberías que suministran agua.

Puntos de vista

Hay que destruir las especies invasoras Varios grupos proponen eliminar por completo a los mejillones cebra. Algunos ingenieros han desarrollado submarinos robotizados que pueden quitar los mejillones de las tuberías. Los químicos están probando sustancias para destruir o alterar el ciclo vital de los mejillones cebra. Otros científicos agregan esas sustancias a la pintura y los plásticos de las tuberías para evitar que los mejillones se adhieran a las nuevas superficies.

Combatir especies invasoras con el control y la prevención Otros argumentan que retirar físicamente o envenenar químicamente a los mejillones invasores es sólo un control temporal, porque las poblaciones se recuperan de inmediato. Esos esfuerzos de eliminación son, además, increíblemente costosos. Sólo en los Grandes Lagos se gastan, cada año, más de 200 millones de dólares para eliminar a los mejillones cebra y quagga.

Por ello, muchos científicos opinan que no hay manera de eliminar a los mejillones y otras especies invasoras ya establecidas y proponen controlar el crecimiento y evitar que las especies invasoras sean transferidas a nuevas áreas. Una reglamentación podría obligar a los propietarios de barcos a filtrar y limpiar toda el agua de lastre. Entre tanto, continúa la búsqueda de alguna forma de control natural de las poblaciones de mejillones.

Investiga y decide

1. Analizar los puntos de vista Investiga el estado actual de los mejillones invasores y las estrategias para controlar ésta y otras especies acuáticas invasoras. ¿Qué tendencia muestran las poblaciones de mejillones cebra?

2. Formar una opinión ¿Qué controles naturales podrían resolver mejor el problema de los mejillones invasores? ¿Por qué?

5.2 Límites al crecimiento

PIÉNSALO Ahora que ya has visto *cómo* crecen las poblaciones en la naturaleza, podemos analizar *por qué* crecen como lo hacen. Si las poblaciones suelen crecer de manera exponencial, ¿por qué a menudo siguen un patrón de crecimiento logístico? En otras palabras, ¿qué determina la capacidad de carga de un medio ambiente para una especie en particular? Recuerda a la hidrilla. En su natal Asia, las poblaciones de hidrilla aumentan en cantidad hasta que llegan a su capacidad de carga y después el crecimiento de su población se detiene. Pero en Estados Unidos, la hidrilla crece descontroladamente. Lo mismo pasa con las polillas gitanas y muchas otras especies de animales y vegetales introducidas. ¿Por qué una especie que "se porta bien" en un medio ambiente crece sin control en otro?

Preguntas clave

¿Cuáles son los factores que determinan la capacidad de carga?

¿Qué factores limitantes dependen de la densidad de la población?

¿Qué factores limitantes normalmente no dependen de la densidad de la población?

Vocabulario

factor limitante
factor limitante dependiente de la densidad
factor limitante independiente de la densidad

Tomar notas

Esquema Haz un esquema usando los encabezados verdes y azules de esta lección. A medida que leas, anota los detalles para organizar la información.

Factores limitantes

¿Qué factores determinan la capacidad de carga?

Recuerda que la productividad de un ecosistema se puede controlar con un nutriente limitante. Un nutriente limitante es un ejemplo de un concepto ecológico general: un **factor limitante.** En el contexto de las poblaciones, un factor limitante es un factor que controla el crecimiento de la población.

Como se muestra en la **ilustración 5–6,** hay varios tipos de factores limitantes. Algunos, como la competencia, la depredación, el parasitismo y las enfermedades, dependen de la densidad de la población. Otros, incluyendo los desastres naturales y los factores climatológicos inusuales, no dependen de ella. **Ya sea que actúen separados o juntos, los factores limitantes determinan la capacidad de carga del medio ambiente para una especie.** Los factores limitantes mantienen a casi todas las poblaciones naturales en algún punto entre la extinción y la invasión del planeta.

Charles Darwin reconoció la importancia de los factores limitantes en la formación de la historia de la vida en la Tierra. Como aprenderás en la Unidad 5, los factores limitantes que se describen aquí producen las presiones de la selección natural que están en el centro de la teoría de la evolución.

ILUSTRACIÓN 5–6 Factores limitantes Muchos factores diferentes pueden limitar el crecimiento de la población. Algunos de estos factores dependen de la densidad de la población, pero otros no. **Inferir** ***¿Cómo podría cada uno de estos factores aumentar el índice de mortalidad de una población?***

ILUSTRACIÓN 5–7 Competencia Los lobos machos pueden pelear entre sí por el territorio o por el acceso a las compañeras.

Factores limitantes dependientes de la densidad

¿Qué factores limitantes dependen de la densidad de la población?

Los **factores limitantes dependientes de la densidad** tienen fuerza sólo cuando la densidad de la población, es decir, el número de organismos por unidad de superficie, alcanza cierto nivel. Estos factores no afectan tanto a las poblaciones pequeñas y dispersas. **Los factores limitantes dependientes de la densidad incluyen la competencia, la depredación, el herbivorismo, el parasitismo, las enfermedades y el estrés por sobrepoblación.**

Competencia Cuando hay superpoblación, los individuos compiten por alimento, agua, espacio, luz solar y otras necesidades. Algunos individuos obtienen lo suficiente para sobrevivir y reproducirse. Otros tal vez obtienen lo suficiente para vivir, pero no para producir descendencia. Otros mueren por falta de alimento o refugio. Así la competencia disminuye la natalidad, aumentar la mortalidad, o ambos.

La competencia es un factor limitante dependiente de la densidad porque cuantos más individuos vivan en un área, antes agotarán los recursos disponibles. A menudo, el espacio y el alimento están relacionados. Muchos animales que pastan compiten por los territorios donde pueden criar a su descendencia. Los individuos que no controlan un territorio no hallan pareja ni se pueden reproducir.

La competencia también ocurre entre especies diferentes que tratan de usar recursos semejantes. Este tipo de competencia es una importante fuerza detrás del cambio evolutivo.

Depredación y herbivorismo Los efectos de los depredadores en las presas y de los herbívoros en las plantas son dos controles importantes de la población dependiente de la densidad. Un estudio clásico se enfoca en la relación entre los lobos, los alces y las plantas de Isla Royal, una isla del Lago Superior. La gráfica de la **ilustración 5–8** muestra cómo han **fluctuado** las poblaciones de lobos y alces a través de los años. ¿Qué impulsan estos cambios en el tamaño de la población?

▶ ***Relaciones entre la presa y el predador*** En la relación entre la presa y el predador, las dos poblaciones pueden fluctuar a través del tiempo. A veces, la población de alces de Isla Royal crece tanto que son presa fácil para los lobos. Cuando los lobos tienen mucho alimento, su población crece. A medida que ésta aumenta, matan más alces de los que nacen. Esto provoca que la mortalidad de los alces aumente más que su natalidad, así que la población de alces disminuye. A medida que la población de alces disminuye, los lobos comienzan a pasar hambre. La inanición aumenta su tasa de mortalidad y disminuye su tasa de natalidad, así que la población de lobos también disminuye. Cuando sólo quedan algunos predadores, la tasa de mortalidad de los alces disminuye y el ciclo se repite.

En tu cuaderno *Describe las condiciones que provocan la competencia en una población.*

Actividad rápida de laboratorio
INVESTIGACIÓN DIRIGIDA

¿Cómo afecta la competencia al crecimiento?

1. Rotula dos vasos de papel con los números 3 y 15. Haz varios agujeros en la base de cada vaso. Llena dos tercios de cada vaso con tierra para maceta. Siembra 3 semillas de frijol en el vaso 3, y 15 semillas en el vaso 15.
2. Riega los dos vasos de manera que la tierra esté húmeda pero no mojada. Colócalos en un lugar donde reciban luz natural indirecta. Riega los vasos por igual cuando sea necesario.
3. Cuenta los retoños cada tercer día durante dos semanas.

Analizar y concluir

1. **Observar** ¿Qué diferencias observaste entre los dos vasos?

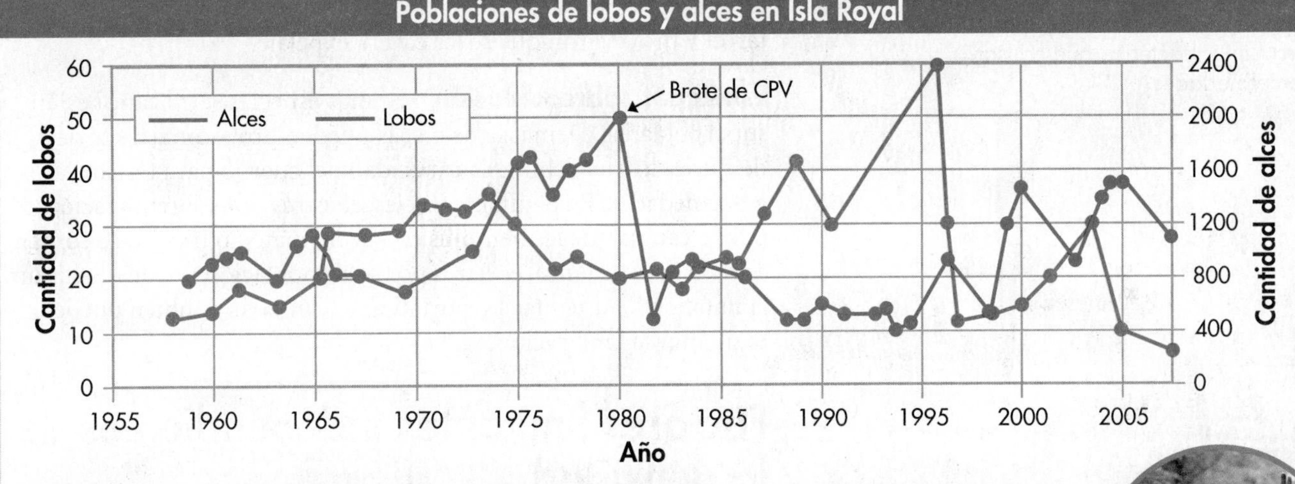

ILUSTRACIÓN 5–8
Poblaciones de alces y lobos en Isla Royal La relación entre los alces y lobos de Isla Royal ilustra cómo la depredación puede afectar el crecimiento de la población. En este caso, la población de alces también se vio afectada por los cambios en el suministro de alimento y la de lobos se vio afectada por un brote de parvovirus canino (CPV).

▶ ***Efectos de los herbívoros*** El herbivorismo también puede contribuir a los cambios en la cantidad de población. Desde la perspectiva de una planta, los herbívoros son predadores. Así que no es de sorprender que las poblaciones de herbívoros y plantas fluctúen en ciclo, igual que las poblaciones de presas y predadores. En algunas partes de Isla Royal, las grandes y densas poblaciones de alces pueden comer tanto abeto balsámico que la población de estas plantas preferidas disminuye. Cuando ésto sucede, los alces sufren por la falta de alimento.

▶ ***Los humanos como predadores*** En algunas situaciones, las actividades humanas limitan las poblaciones. Por ejemplo, los humanos son los principales predadores del bacalao de Nueva Inglaterra. Al atrapar cada vez más peces al año, las flotas pesqueras han aumentado tanto la tasa de mortalidad del bacalao que la tasa de natalidad no puede mantener su ritmo. Como resultado, la población de bacalao ha disminuido. ¿Hay alguna manera de resolver este problema? Piensa en las interacciones entre el predador y la presa. La población de bacalao se puede recuperar si se reduce progresivamente la pesca para disminuir lo suficiente la tasa de mortalidad. Los biólogos estudian la tasa de natalidad y la estructura de edad de la población de bacalao para determinar cuántos peces se pueden atrapar sin amenazar la supervivencia de la población.

DESARROLLAR el vocabulario

VOCABULARIO ACADÉMICO El verbo **fluctuar** significa "subir y bajar como las olas". Una población que fluctúa es inestable: su cantidad aumenta y disminuye de manera irregular.

ILUSTRACIÓN 5–9 Parasitismo Las garrapatas que se alimentan de la sangre de este puerco espín pueden transmitir bacterias que causan enfermedades.

Parasitismo y enfermedades Los organismos parásitos y los que causan enfermedades se alimentan a expensas de sus huéspedes, debilitándolos y a menudo provocándoles enfermedades o la muerte. Por ejemplo, las garrapatas del puerco espín de la **ilustración 5–9** pueden portar enfermedades. El parasitismo y las enfermedades son efectos dependientes de la población porque cuanto más densa es la población huésped, más fácilmente se pueden propagar los parásitos en ella.

Si vuelves a observar la gráfica de la **ilustación 5–8,** podrás notar que alrededor de 1980 la población de lobos se redujo drástica y repentinamente. En ese tiempo, llegó a la isla una enfermedad viral de los lobos. El virus mató a todos excepto a 13 y sólo tres de los sobrevivientes eran hembras. Con la desaparición de los lobos, la población de alces se disparó a 2400. Los superpoblados alces después se infestaron con garrapatas invernales que los debilitaron y provocaron que se les cayera el pelaje.

Estrés por sobrepoblación Algunas especies se pelean si están superpobladas. Demasiadas peleas pueden provocar altos niveles de estrés, lo que debilita la capacidad del cuerpo para resistir las enfermedades. En algunas especies, el estrés por sobrepoblación puede causar que las hembras rechacen, maten o incluso se coman a sus crías. Por tanto, el estrés por sobrepoblación puede disminuir la natalidad, aumentar la mortalidad, o ambos. También puede aumentar la emigración.

Factores limitantes independientes de la densidad

¿Qué factores limitantes normalmente no dependen de la densidad de la población?

Los **factores limitantes independientes de la densidad** afectan a todas las poblaciones de manera semejante, sin importar su tamaño o densidad. **Factores climatológicos inusuales como huracanes, sequías o inundaciones y desastres naturales como incendios actúan como factores limitantes independientes.** Un efecto puede ser el "colapso" de una población. Después del colapso, la población podría volver a aumentar rápidamente o quedarse así por algún tiempo.

Las tormentas casi pueden extinguir a la población de algunas especies. Los trípidos, áfidos y otros insectos que se alimentan de hojas podrían ser arrasados por un fuerte aguacero. Las olas provocadas por los huracanes pueden devastar los arrecifes de coral poco profundos. Los climas extremadamente calurosos o fríos también pueden afectar a la población, sin importar su densidad. Por ejemplo, una grave sequía puede exterminar una gran cantidad de peces en un río, como se muestra en la **ilustración 5–10.**

¿Una verdadera densidad independiente? Sin embargo, a veces los efectos de los supuestos factores independientes de la densidad pueden variar según la densidad de población. Por ejemplo, en Isla Royal, la población de alces creció de manera exponencial durante algún tiempo después de que la población de lobos colapsó. Luego, un invierno tremendamente frío con fuertes nevadas dificultó que hallaran las plantas con las que se alimentaban los alces.

PISTA DEL MISTERIO

¿Qué factores crees que podrían limitar el tamaño de una población de conejos?

Como esta población estaba en una isla, la emigración no era posible, así que los alces se debilitaron y muchos murieron. En este caso, los efectos del mal tiempo en la enorme y densa población fueron mayores de lo que hubieran sido en una población pequeña. (En una población más pequeña, los alces hubieran tenido más alimento porque habría habido menos competencia.) Esto muestra que un factor limitante no siempre actúa *sólo* de manera independiente de la densidad.

Las actividades humanas también pueden producir estrés en las comunidades ecológicas e impiden que puedan recuperarse de un trastorno natural. Aprenderás más sobre esta situación en el capítulo siguiente.

Control de las especies introducidas En el medio ambiente natural de la hidrilla, los factores limitantes dependientes de la densidad de población la mantienen bajo control. Quizá las devoran los insectos que se alimentan de plantas o los peces o las plagas o las enfermedades las debilitan. Pero no hay esos factores limitantes en Estados Unidos. ¡El resultado es un crecimiento descontrolado de la población!

Imponer medidas artificiales de control dependientes de la densidad, como los herbicidas y la eliminación mecánica, sólo ofrece soluciones temporales y muy caras. Los investigadores han dedicado décadas a la búsqueda de predadores naturales y plagas para la hidrilla. La mejor medida hasta ahora parece ser un pez importado llamado carpa herbívora, que devora a la hidrilla. Las carpas herbívoras no son originarias de Estados Unidos. Sólo se pueden usar carpas herbívoras esterilizadas para controlar a la hidrilla. ¿Comprendes por qué?

ILUSTRACIÓN 5–10 Efectos en la población de una grave sequía Peces muertos yacen descompuestos en las orillas del alguna vez caudaloso río Paraná de Manaquiri en Brasil.

5.2 Evaluación

Repaso de conceptos clave

1. a. Repasar ¿Qué es un factor limitante?

c. Aplica los conceptos ¿Cómo afectan los factores limitantes al crecimiento de las poblaciones?

2. a. Repasar Enumera tres factores limitantes dependientes de la densidad.

b. Relacionar causa y efecto ¿Qué relación tienen la competencia y el tamaño de la población?

3. a. Repasar ¿Qué es un factor limitante independiente de la densidad?

b. Aplica los conceptos Proporciona tres ejemplos de factores independientes de la densidad que podrían limitar severamente el crecimiento de una población de murciélagos que vive en una cueva.

Aplica la gran idea

Interdependencia en la naturaleza

4. Estudia los factores que limitan el crecimiento de la población que se muestran en la **ilustración 5–6.** Clasifica cada factor como biótico o abiótico. (*Pista:* Busca información de la lección 3.1 sobre los factores bióticos y abióticos.)

BIOLOGY.com Search Lesson 5.2 GO • Self-Test • Lesson Assessment

5.3 Crecimiento de la población humana

Preguntas clave

¿Cómo ha cambiado el tamaño de la población humana a través del tiempo?

¿Por qué las tasas de crecimiento de población difieren entre países?

Vocabulario

demografía
transición demográfica

Tomar notas

Vistazo al material visual Antes de leer, examina las gráficas de las **ilustraciones 5–11, 5–12** y **5–13.** Escribe preguntas acerca de las gráficas. Luego, a medida que leas, escribe las respuestas a tus preguntas.

DESARROLLAR el vocabulario

VOCABULARIO ACADÉMICO El adverbio **dramáticamente** significa "convincente" o "significativo". Cuando se dice que algo ha cambiado dramáticamente, significa que cambió de una manera sorprendente.

PIÉNSALO ¿Qué tan rápido está creciendo la población humana en el mundo? En Estados Unidos y otros países desarrollados, la tasa de crecimiento de la población es baja. Pero en algunos países desarrollados, la población está creciendo muy rápido. A nivel mundial, cada segundo hay más de cuatro nacimientos de seres humanos. A esta tasa de natalidad, la población humana está en camino de llegar a 9 mil millones de personas en toda tu vida. ¿Qué significa el crecimiento de población humana en el presente y el futuro para nuestra especie y sus interacciones con el resto de la biósfera??

Vistazo histórico

¿El tamaño de la población humana ha cambiado a través del tiempo?

La población humana, como las poblaciones de otros organismos, tiende a aumentar. La tasa de este aumento ha cambiado dramáticamente a través del tiempo. Para la mayoría de la existencia humana, la población ha crecido lentamente debido a que la vida fue dura. Fue difícil encontrar alimentos. Los predadores y las enfermedades eran comunes y amenazaban la vida. Estos factores limitantes mantienen muy altas las tasas de mortalidad humana. Hasta fechas recientes, sólo la mitad de los niños en el mundo sobrevivieron a la edad adulta. Debido a las altas tasas de mortalidad, las familias tenían muchos niños, sólo se aseguraban de que algunos pudieran sobrevivir.

Crecimiento exponencial de la población humana Conforme avanza la civilización, se vuelve más fácil la vida y la población humana comienza a crecer con mayor rapidez. Esta tendencia continuó durante la Revolución Industrial en la década de 1800. Los suministros de alimentos se volvieron más confiables y los productos esenciales se podían enviar alrededor del mundo. Diversos factores, incluyendo la nutrición, las condiciones de salubridad, las medicinas y atención a la salud mejorados, redujeron **dramáticamente** las tasas de mortalidad. Aun así, se conservaron altas las tasas de natalidad en muchas partes del mundo. La combinación de las bajas tasas de mortalidad y las altas tasas de natalidad llevaron a un crecimiento exponencial, como se muestra en la **ilustración 5–11.**

Las predicciones de Malthus Como ya has aprendido, este tipo de crecimiento exponencial no puede continuar de manera infinita. Hace dos siglos, este problema preocupó al economista inglés Thomas Malthus. Malthus sugirió que sólo la guerra, la hambruna y las enfermedades podrían limitar el crecimiento de la población humana. ¿Puedes imaginar lo que sugirió Malthus? Él pensó que las poblaciones humanas serían reguladas por la competencia (guerra), los recursos limitados (hambruna), el parasitismo (enfermedades) y otros factores dependientes de la densidad. El trabajo de Malthus fue de vital importancia para el pensamiento de Charles Darwin.

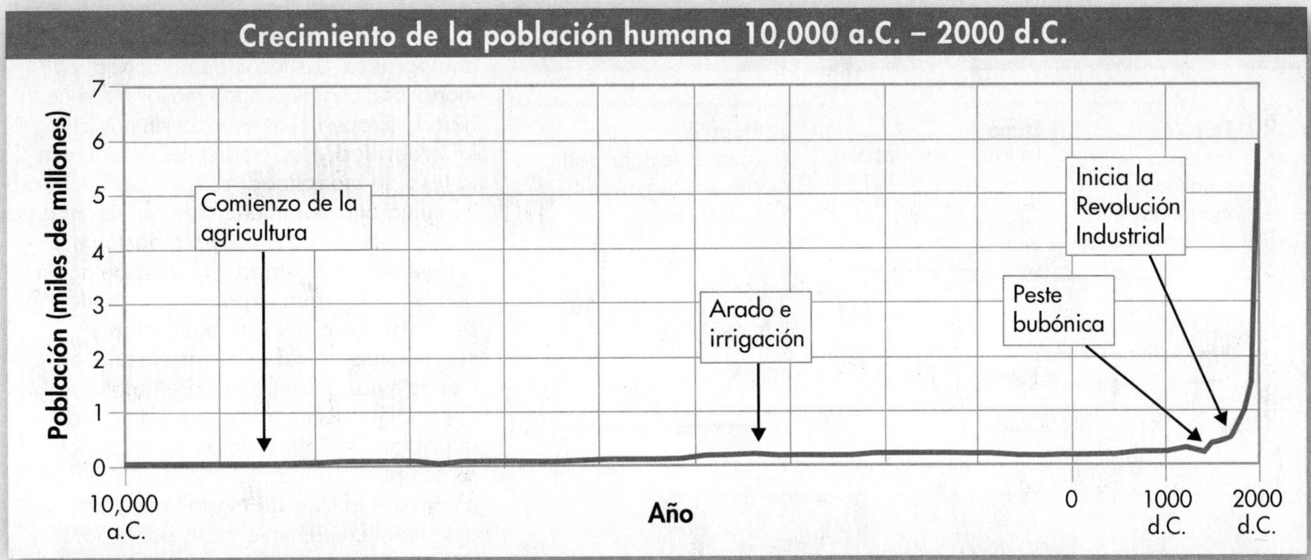

ILUSTRACIÓN 5–11 Crecimiento de la población humana a través del tiempo La población humana creció exponencialmente con los avances en la civilización. El cambio puede ser dramático; estas fotos de Katmandú, Nepal, se tomaron desde la misma posición en 1969 y 1999, ¡con sólo a 30 años de diferencia!

Disminuye el crecimiento de la población a nivel mundial ¿Qué está sucediendo actualmente con el crecimiento de la población humana? El crecimiento exponencial continuó hasta la segunda mitad del Siglo XX. La tasa de crecimiento de la población humana alcanzó un pico entre 1962 y 1963, y después comenzó a caer. El tamaño de la población humana en el mundo todavía crece con rapidez, pero la tasa de crecimiento está disminuyendo.

Tomó 123 años para que la población humana se duplicara de mil millones en 1804 a 2 mil millones en 1927. Después tomó sólo 33 años para que creciera otros mil millones de personas. El tiempo que tomó para que aumentara la población cada mil millones adicionales continuó cayendo hasta 1999, después comenzó, muy lentamente, a elevarse. Hoy en día, toma más tiempo para que la población humana crezca a nivel mundial en mil millones comparado con hace 20 años. ¿Qué está pasando?

Patrones de crecimiento de la población humana

¿Por qué difieren las tasas de crecimiento de la población entre países?

Los científicos han identificado diversos factores sociales y económicos que afectan el crecimiento de la población humana. El estudio científico de las poblaciones humanas se llama **demografía.** La demografía examina las características de las poblaciones humanas e intenta explicar cómo cambian a través del tiempo. **Las tasas de natalidad, las tasas de mortalidad y la estructura de edades de una población ayuda a predecir por qué algunos países tienen tasas de crecimiento mayores mientras que otros países crecen con más lentitud.**

En tu cuaderno *Explica por qué el tamaño de la población humana global puede aumentar mientras disminuye la tasa de crecimiento.*

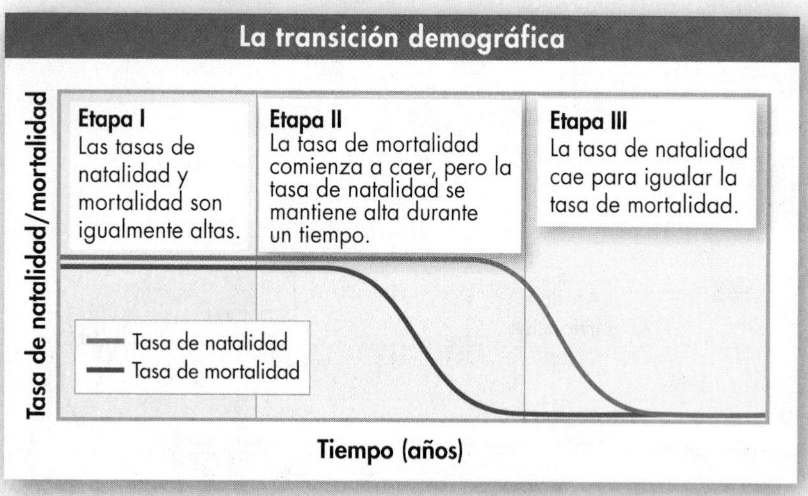

ILUSTRACIÓN 5–12 La transición demográfica Las tasas de natalidad y mortalidad son altas en la mayor parte de la historia (Etapa I). Los avances en nutrición, la salubridad y las medicinas disminuyen la tasa de mortalidad. La tasa de natalidad continúa alta durante un tiempo, de manera que los nacimientos exceden bastante a las defunciones (Etapa III), y la población aumenta en forma exponencial. Conforme se elevan los niveles de educación y condiciones de vida, las familias tienen menos niños y cae la tasa de natalidad (Etapa III) y disminuye el crecimiento de la población. La transición demográfica se completa cuando la tasa de natalidad alcanza a la tasa de mortalidad y se detiene el crecimiento de la población.

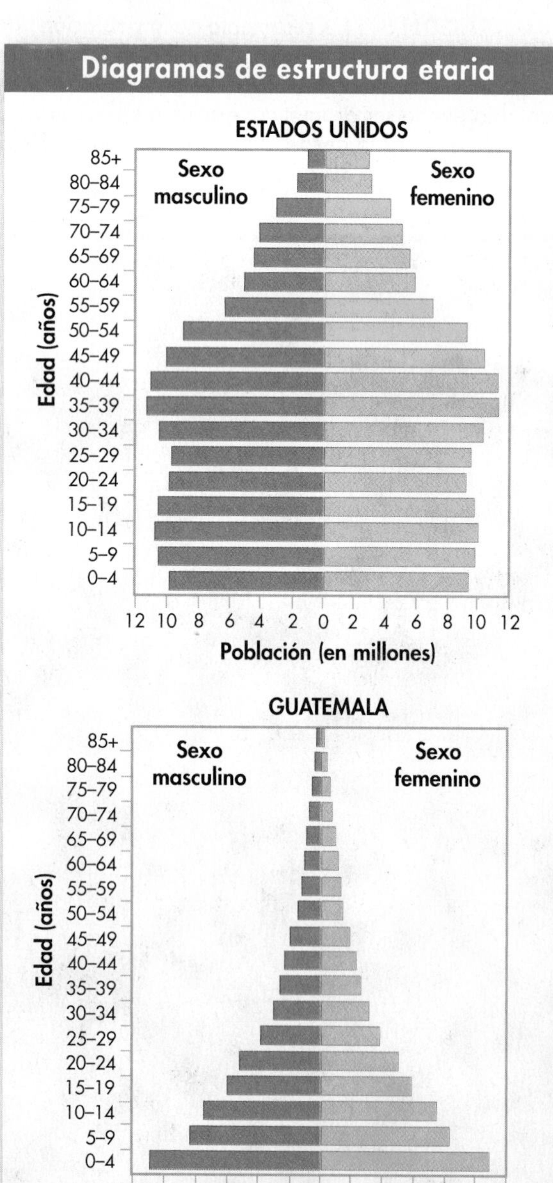

La transición demográfica Las sociedades humanas tuvieron tasas de natalidad y de mortalidad igualmente altas durante la mayor parte de la historia. Pero en el siglo pasado, el crecimiento de la población de Estados Unidos, Japón y la mayor parte de Europa disminuyó en forma dramática. Los demógrafos desarrollaron una hipótesis para explicar este cambio. Según esta hipótesis, esos países completaron la transición demográfica, un cambio dramático de tasas de natalidad y mortalidad altas a tasas de natalidad y mortalidad bajas. La transición demográfica se divide en tres etapas, como se muestra en la **ilustración 5–12.**

A la fecha, Estados Unidos, Japón y Europa ya completaron la **transición demográfica.** Parte de América del Sur, África y Asia están en la Etapa II. (Estados Unidos la pasó entre 1790 y 1910.) Una gran parte del crecimiento actual se da en sólo 10 países, siendo China e India los líderes. A nivel mundial, la población humana todavía crece con rapidez, pero esta tasa está disminuyendo. La curva de crecimiento con forma de J puede estar cambiando a una curva de crecimiento logístico.

Estructura de edad y crecimiento de la población

Para entender el crecimiento de la población de varios países, veamos los diagramas de estructura etaria. La **ilustración 5–13** compara la población de Estados Unidos con la de Guatemala, en América Central. En Estados Unidos hay cantidades casi iguales de personas en cada grupo de edad. Esto predice una tasa de crecimiento bajo pero sostenido para el futuro cercano. En Guatemala, hay más niños pequeños que adolescentes y más adolescentes que adultos. Esta estructura predice una población que se duplicará en alrededor de 30 años.

ILUSTRACIÓN 5–13 Comparación de estructuras etarias Poblaciones de Estados Unidos y Guatemala. Observa la diferencia en las escalas del eje *x*.
Analizar datos ***¿En qué difieren los porcentajes de las poblaciones de 10 a 14 años de edad de los dos países?***

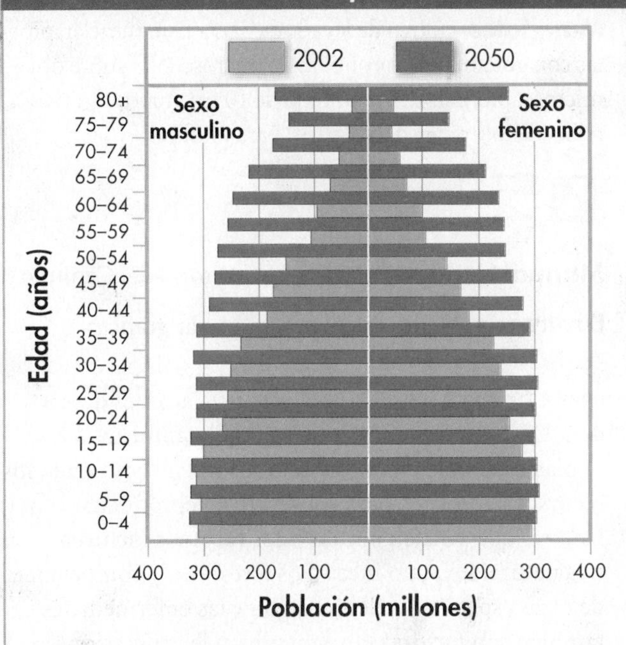

Crecimiento de la población en el futuro Para predecir cómo crecerá la población humana en el mundo, los demógrafos consideran muchos factores, incluyendo la estructura de edad de cada país y los efectos de las enfermedades en las tasas de mortalidad, en especial el SIDA en África y partes de Asia. Las proyecciones actuales sugieren que en 2050 la población mundial alcanzará 9 mil millones de personas. ¿El nivel de población humana estará fuera de una curva de crecimiento logístico y se conservará estable? Esto puede suceder si los países que ahora están creciendo completan con rapidez la transición demográfica.

Los datos actuales sugieren que la población humana mundial crecerá más lentamente durante los siguientes 50 años que lo que creció durante los últimos 50 años. Debido a que la tasa de crecimiento será todavía más alta que cero en 2050, nuestra población continuará creciendo. En el siguiente capítulo, examinaremos el efecto de crecimiento de la población humana en la biósfera.

ILUSTRACIÓN 5–14 Crecimiento de una población Esta gráfica (de la base de datos internacional de la Oficina del Censo de Estados Unidos) muestra una proyección de la estructura de la población mundial en 2050. Al aumentar la población, las ciudades enfrentan retos, como la vivienda. En cada edificio de la foto (Hong Kong) viven miles de personas.

5.3 Evaluación

Repaso de concentos clave

1. a. Repasar Describe la tendencia general de crecimiento de la población humana a través del tiempo.

b. Relacionar causa y efecto ¿Qué factores contribuyeron al patrón de crecimiento que se muestra en la **ilustración 5–11**?

2. a. Repasar ¿Por qué las poblaciones en diferentes países crecen a tasas diferentes?

b. Explicar Describe la transición demográfica y explica cómo podría afectar una tasa de crecimiento de la población de un país.

c. Formar una opinión ¿Los diagramas de edad y estructura son útiles al predecir las tendencias de población en el futuro?

RAZONAMIENTO VISUAL

3. Describe los cambios en la población humana predichos en la **ilustración 5–14.** ¿Cómo piensas que afectarán estos cambios a la sociedad?

BIOLOGY.com Search Lesson 5.3  • Self-Test • Lesson Assessment • Art in Motion

Laboratorio de destrezas científicas

INVESTIGACIÓN DIRIGIDA

Preparación para el laboratorio: Ciclo de crecimiento de la levadura

Problema ¿Qué tipo de crecimiento de población ocurre en un cultivo de levadura?

Materiales cultivo de levadura, barra para mezclar, pipetas con gotero, portalaminillas de microscopio, cubre objetos, microscopio, cilindro graduado de 10 mL, tubos de ensayo, rejilla de tubos de ensayo, papel para graficar

Manual de laboratorio Laboratorio del Capítulo 5

Destrezas Medir, calcular, interpretar gráficas

Conectar con la gran idea Las poblaciones dependen de y están limitadas por, su medio ambiente. Una población puede crecer cuando sus miembros tienen los recursos necesarios para sobrevivir y reproducirse. Los factores que pueden limitar estos recursos incluyen desastres naturales, como incendios forestales, y competencia de otras especies. La depredación y las enfermedades también son factores limitantes para las poblaciones.

En la naturaleza, las poblaciones con frecuencia experimentan ciclos de crecimiento y declive. En esta actividad de laboratorio, investigarás si ocurre un ciclo en las poblaciones de levadura.

Preguntas preliminares

a. Repasar ¿Cuál es la capacidad de carga de una población?

b. Establecer una secuencia Describe brevemente las tres fases del crecimiento logístico.

c. Relacionar causa y efecto Describe dos formas diferentes en que una población podría lograr una tasa de crecimiento de cero.

d. Clasificar Después de dos semanas de días calientes y soleados con muy poca lluvia, las briznas de hierba en un jardín comienzan a marchitarse y morir. ¿Hubo muchos factores que ocasionaron el declive de la población de hierba dependiente de la densidad? Explica.

Preguntas previas al laboratorio

Examina el procedimiento en el manual de laboratorio.

1. Inferir ¿Por qué se usó jugo de toronja para preparar los cultivos de levadura en lugar de agua simple?

2. Proponer una hipótesis ¿Por qué ubicarías las células de levadura en el nivel de energía baja, pero cambiarías a energía alta para contar las células?

3. Calcular Supón que tienes que hacer una dilución de tu cultivo antes de poder contar las células de levadura. Si cuentas 21 células de levadura en la muestra diluida, ¿cuántos años estuvieron las células de levadura en la misma área de una muestra no diluida? MATEMÁTICAS

4. Predecir ¿Qué piensas que sucederá a una población de levadura entre el Día 3 y Día 7? Da razones para tu respuesta.

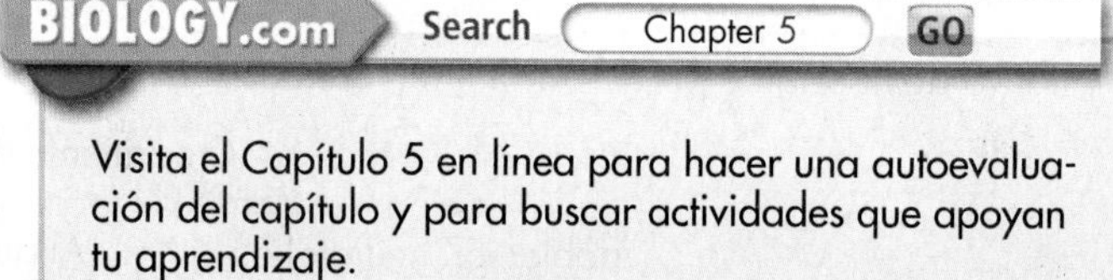

Visita el Capítulo 5 en línea para hacer una autoevaluación del capítulo y para buscar actividades que apoyan tu aprendizaje.

Untamed Science. Únete al equipo de *Untamed Science* ya que aprendieron las últimas técnicas para el conteo de poblaciones.

Art in Motion Mira una animación corta que da vida a los diagramas de edad y estructura.

Art Review Revisa tu comprensión de los factores limitantes con esta actividad de arrastar y soltar.

InterActive Art Manipula factores como tamaño de población inicial, índice de natalidad e índice de mortalidad para ver cómo podría impactar a las poblaciones de alces y lobos a través del tiempo.

Data Analysis Analiza las curvas de crecimiento logístico para hacer predicciones acerca del crecimiento del mejillón cebra.

5 Guía de estudio

La gran idea Interdependencia en la naturaleza

La forma en que cambia una población depende de muchas cosas, incluyendo su estructura de edad, las tasas en que se agregan o eliminan los individuos de la población, y factores en el medio ambiente que limitan su crecimiento.

5.1 ¿Cómo creen las poblaciones?

Los investigadores estudian la distribución geográfica de una población, así como su densidad y distribución, tasa de crecimiento y estructura de edades.

Los factores que pueden influir en el tamaño de una población son la tasa de natalidad, la tasa de mortalidad y la tasa con que sus individuos entran o salen de la población.

En condiciones ideales, con recursos ilimitados, una población crecerá exponencialmente.

El crecimiento logístico ocurre cuando el crecimiento de una población se hace más lento y luego se interrumpe, después de un período de crecimiento exponencial.

densidad de población (131)
estructura de edad (131)
inmigración (132)
emigración (132)
crecimiento exponencial (132)
crecimiento logístico (135)
capacidad de carga (135)

5.2 Límites al crecimiento

Ya sea que actúen separados o juntos, los factores limitantes determinan la capacidad de carga del medio ambiente para una especie.

Los factores limitantes dependientes de la densidad operan fuertemente cuando la densidad de la población alcanza un cierto nivel. Los factores limitantes dependientes de la densidad incluyen la competencia, la depredación, el herviborismo, el parasitismo, las enfermedades y el estrés por sobrepoblación.

Los factores limitantes independientes de la densidad afectan todas las poblaciones de manera similar, no importando el tamaño y densidad de la población. El clima inusual como huracanes, sequías, o inundaciones, y desastres naturales como incendios descontrolados, pueden actuar como factores limitantes independientes de la densidad.

factor limitante (137)
factor limitante dependiente de la densidad (138)
factor limitante independiente de la densidad (140)

5.3 Crecimiento de la población humana

La población humana, como las poblaciones de otros organismos, tiende a aumentar. La tasa de este aumento ha cambiado dramáticamente a través del tiempo.

Las tasas de natalidad, las tasas de mortalidad y la estructura de edades de una población ayuda a predecir por qué algunos países tienen tasas de crecimiento mayores mientras que otros países crecen con más lentitud.

demografía (143)
transición demográfica (144)

Razonamiento visual. Crea una tabla en la que describas las fases de crecimiento logístico.

5 Evaluación

5.1 Cómo crecen las poblaciones

Comprender conceptos clave

1. El número de individuos de una especie única por área unitaria se conoce como:
a. capacidad de carga.
b. crecimiento logístico.
c. densidad de población.
d. tasa de crecimiento de la población.

2. El movimiento de individuos en un área se llama
a. demografía. **c.** inmigración.
b. apacidad de carga. **d.** emigración.

3. El área habitada por una población se conoce como su
a. tasa de crecimiento. **c.** estructura de edad.
b. rango geográfico. **d.** densidad de población.

4. La siguiente gráfica representa
a. capacidad de carga.
b. crecimiento exponencial.
c. crecimiento logístico.
d. estructura de edad.

5. El número máximo de organismos de una especie particular que puede estar soportado por un medio ambiente se llama
a. crecimiento logístico.
b. capacidad de carga.
c. crecimiento exponencial.
d. densidad de población.

6. ¿Cuál es la diferencia entre inmigración y emigración?

7. Dibuja la curva de crecimiento exponencial de una población hipotética.

8. Describe las condiciones bajo las cuales ocurre el crecimiento logístico.

9. ¿Cuál es la capacidad de carga? Da una ejemplo.

Razonamiento crítico

10. **Usar analogías** ¿En qué se parece la capacidad de carga de una calle de la ciudad a la capacidad de carga de un ecosistema?

5.2 Límites al crecimiento

Comprender conceptos clave

11. Un factor limitante que depende del tamaño de la población se llama
a. factor limitante dependiente de la densidad.
b. factor limitante independiente de la densidad.
c. relación predador-presa.
d. relación parasítica.

12. Un ejemplo de un factor limitante independiente de la densidad es
a. depredación. **c.** competencia.
b. huracanes. **d.** parasitismo.

13. ¿Cómo podría el aumento en la cantidad de un nutriente limitante en un estanque afectar a la capacidad de carga del estanque?

14. Describe los efectos a largo plazo de la competencia en poblaciones de dos diferentes especies que compiten por los mismos recursos.

15. Describe cómo una relación predador-presa puede controlar tanto la población del predador como la población de la presa.

16. ¿Cómo sirven los parásitos como un factor limitante dependiente de la densidad?

Razonamiento crítico

17. **Predecir** ¿Qué le pasaría a una población de predadores si hay un aumento repentino en alimentos para la presa? Explica tu respuesta.

18. **Aplica los conceptos** ¿Cómo podría un virus contagioso que ocasiona una enfermedad fatal ser considerado un factor limitante dependiente de la densidad?

19. **Inferir** ¿Un factor limitante independiente de la densidad tendría más de un efecto en el tamaño de la población en un ecosistema grande o en un ecosistema pequeño?

20. **Comparar y contrastar** ¿En qué se parece la relación entre los parásitos y sus huéspedes a una relación predador-presa?

21. **Aplica los conceptos** ¿Cómo afectaría la caída en el nivel de agua de un río a la población de peces que viven en ese río?

5.3 Crecimiento de la población humana

Comprender conceptos clave

22. El estudio científico de las poblaciones humanas se llama
    a. inmigración.
    b. emigración.
    c. transición demográfica.
    d. demografía.

23. La transición demográfica se considera completa cuando
    a. se detiene el crecimiento de la población.
    b. la tasa de natalidad es mayor que la tasa de mortalidad.
    c. la tasa de mortalidad comienza a caer.
    d. la tasa de mortalidad es mayor que la tasa de natalidad.

24. ¿Cómo puedes considerar el hecho de que la población humana ha crecido con mayor rapidez durante los últimos 500 años que en cualquier otro momento en la historia?

25. ¿Cuál es la importancia de la transición demográfica en los estudios de la población humana alrededor del mundo?

26. ¿Cómo la estructura de edad de una población afecta su tasa de crecimiento?

27. ¿Qué factores pensó Thomas Malthus que podrían limitar eventualmente las poblaciones de seres humanos?

Razonamiento crítico

28. **Comparar y contrastar** ¿Qué forma de la curva de crecimiento de la población esperarías ver en un pueblo pequeño compuesto principalmente de ciudadanos mayores? Compara esta curva de crecimiento con la de un pueblo pequeño compuesto de parejas recién casadas cuya edad oscila en los 20 años.

29. **Preguntar** ¿Qué preguntas debería responder un demógrafo para determinar si un país está enfocando la transición demográfica?

resuelve el MISTERIO del CAPÍTULO

UNA PLAGA DE CONEJOS

Australia no tenía una población de conejos nativa cuando llegaron los conejos europeos, de manera que no hay controles dependientes de la densidad para mantener verificados sus números. El medio ambiente nuevo de conejos proporcionó muchas condiciones favorables para su sobrevivencia, incluyendo menos predadores, parásitos y enfermedades. El número pequeño inicial de conejos, los cuales se pueden reproducir rápidamente, se multiplicó pronto en millones.

Los números altos de conejos ocasionaron daños agrícolas y ambientales serios. En un esfuerzo para manejar el problema, se han intentado muchos métodos, incluyendo la colocación de bardas, envenenamiento, la destrucción de madrigueras, y el uso de parásitos y enfermedades. En 1950, un virus de conejos que ocasiona mixomatosis, una enfermedad fatal para los conejos, se introdujo deliberadamente como una forma de control biológico. Mató un sin número de conejos. Pero el virus y los conejos pronto alcanzaron un equilibrio que permitió que co-existieran el huésped y los parásitos y se elevó la población de conejos. Más adelante, se introdujo un nuevo virus que ocasiona una enfermedad hemorrágica en los conejos (RHD), y volvió a caer otra vez la población de conejos. En varios lugares, la recuperación ambiental fue dramática: se recuperaron animales nativos, y los árboles y arbustos nativos aunque ya estaban extintos localmente comenzaron a crecer otra vez. ¡Pero el virus RHD en los conejos alcanzó un nuevo equilibrio y la población de conejos se está elevando otra vez!

1. **Predecir** Las poblaciones de gato montés y zorros (también introducidos en Australia), se han vuelto dependientes de los conejos como presa. ¿Cómo piensa que el gato montés y los zorros pudieran verse afectados por un descenso en la población de conejos?

2. **Conectar con la gran idea** ¿Por qué las personas deben ser precavidas al momento de introducir organismos en ambientes nuevos?

Relacionar conceptos

Usar gráficas científicas

Los siguientes datos reales y proyectados del Departamento de Naciones Unidas para Asuntos Económicos y Sociales, División de Población, muestra cuando la población global alcanzó o alcanzará miles de millones adicionales. Usa la tabla de datos para responder a las preguntas 30 y 31.

Hitos de población a nivel mundial

Población (miles de millones)	Año	Intervalo de tiempo (años)
1	1804	–
2	1927	123
3	1960	33
4	1974	14
5	1987	13
6	1999	12
7	2012	13
8	2027	15
8.9	2050	23

30. Observar ¿Cuándo alcanzó la población del mundo miles de millones de personas? ¿Cuándo se llegó a 6 mil millones de personas?

31. Interpretar tablas Describe la tendencia en el crecimiento de la población a partir de la marca de mil millones de personas.

Escribir sobre las ciencias

32. Explicación Escribe un párrafo sobre la población humana. Incluye las características de una población, los factores que afectan su tamaño y los cambios en el tamaño de la población de hace 500 años a la fecha. Da una proyección de cuán grande podría ser la población en el mundo en el 2050 y cómo la tasa de crecimiento en 2050 podría compararse con la del año 2000. *(Pista: Haz un esquema de tus ideas antes de comenzar a escribir.)*

33. Evalúa la gran idea Elige un organismo específico y explica cómo la población de ese organismo depende de un número de factores que podrían hacer que su tamaño aumente, disminuya o se conserve estable.

Analizar datos

La siguiente gráfica muestra el patrón "prosperidad y decadencia" de elevaciones y caídas regulares en la población de conejos en el sur de Australia. Se indican los puntos en que se introdujeron las diversas medidas de control de población. Usa la gráfica para responder a las preguntas 34 y 35.

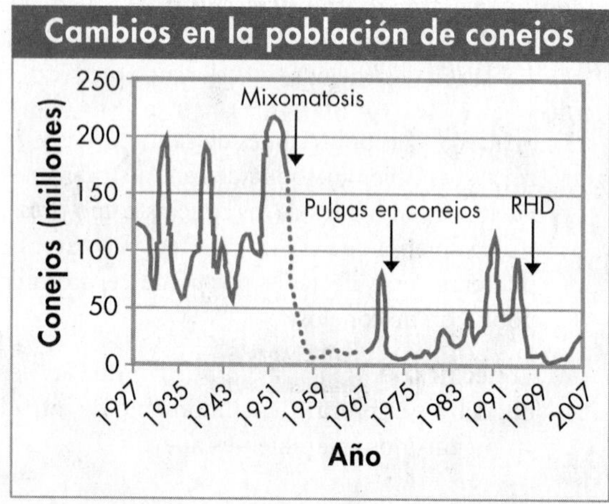

34. Interpretar gráficas ¿En cuál de los siguientes años la densidad de población de conejos en el sur de Australia era más densa?

a. 1936
b. 1952
c. 1975
d. 2000

35. Inferir Las pulgas en los conejos europeos se introdujeron a finales de 1960 para ayudar a extender los efectos de la mixomatosis en la enfermedad de los conejos. ¿Según la gráfica, qué puedes inferir acerca de la población de conejos después de que se introdujeron las pulgas?

a. Aumentó la tasa de natalidad de conejos.
b. Aumentó la tasa de mortalidad de conejos.
c. Disminuyó la tasa de mortalidad de conejos.
d. Las pulgas no tuvieron ningún efecto sobre la población de conejos.

Preparación para exámenes estandarizados

Selección múltiple

1. El movimiento de individuos en un área se llama
   A inmigración.
   B emigración.
   C tasa de crecimiento de la población.
   D densidad de población.

2. Todo lo demás es igual, el tamaño de la población disminuirá si
   A la tasa de crecimiento excede la tasa de mortalidad.
   B la tasa de migración excede la tasa de emigración.
   C la tasa de mortalidad excede la tasa de natalidad.
   D la tasa de natalidad iguala la tasa de mortalidad.

3. ¿Cuál de las siguientes NO es un ejemplo de un factor limitante dependiente de la densidad?
   A desastres naturales. **C** competencia.
   B predador. **D** enfermedad.

4. Para una población como la de Estados Unidos, con una estructura de edad con cantidades casi iguales en cada grupo de edad, se puede predecir que
   A crecerá rápidamente en un período de 30 años y luego se estabilizará.
   B crecerá poco para una generación y después crecerá rápidamente.
   C tendrá una disminución lenta y sostenida durante muchas décadas.
   D mostrará un crecimiento lento y sostenido durante algún tiempo en el futuro.

5. En presencia de recursos ilimitados y en ausencia de enfermedades y depredación, ¿qué podría sucederle a una población de bacterias?
   A crecimiento logístico
   B crecimiento exponencial
   C en peligro de extinción
   D en extinción.

6. ¿Cuál de las siguientes oraciones describe mejor el crecimiento de la población humana?
   A La tasa de crecimiento se mantuvo constante a través del tiempo.
   B El crecimiento continúa aumentando a la misma tasa.
   C El crecimiento ha sido exponencial en los últimos cien años.
   D La tasa de natalidad iguala la tasa de mortalidad.

7. ¿Cuál de los siguientes se refiere a cuando la tasa de natalidad se iguala a la tasa de mortalidad de una población?
   A factor limitante
   B capacidad de carga
   C crecimiento exponencial
   D densidad de población

Preguntas 8 y 9

Usa la siguiente gráfica para responder a las siguientes preguntas.

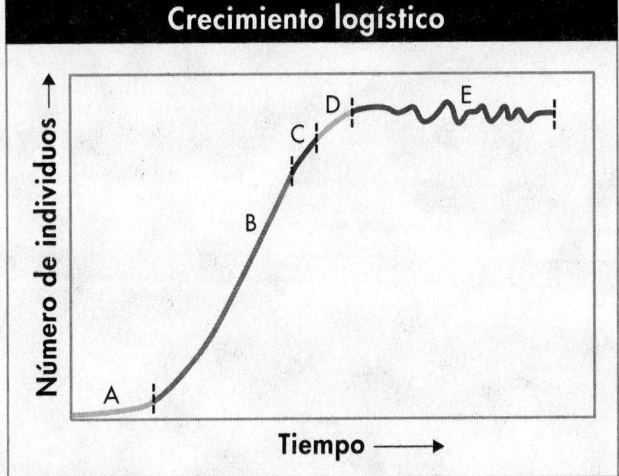

8. ¿Cuál intervalo de tiempo en la gráfica muestra un crecimiento exponencial?
   A D y E **C** C y D
   B A y B **D** sólo E

9. ¿Cuál intervalo de tiempo en la gráfica describe los efectos de los factores limitantes en la población?
   A sólo A **C** C, D y E
   B A y B **D** C y D

Respuesta de desarrollo

10. Cuándo se importa una especie no nativa en un ecosistema nuevo, la población algunas veces se vuelve silvestre. Explica por qué podría ser éste el caso.

Si tienes dificultades con...										
la pregunta	1	2	3	4	5	6	7	8	9	10
Ver la lección	5.1	5.1	5.2	5.3	5.1	5.3	5.1	5.1	5.2	5.2

6 Los seres humanos en la biósfera

La gran idea **Interdependencia en la naturaleza**

P: ¿Cómo afectan las actividades humanas a la ecología local y global?

Visto desde el espacio, son obvias las luces de los asentamientos humanos. Las áreas más brillantes son las áreas más desarrolladas pero no necesariamente las más pobladas. El desarrollo es una manera en la cual los seres humanos, que en la actualidad son más de 6.5 mil millones, han afectado la biósfera.

BIOLOGY.com Search Chapter 6 GO • Flash Cards

EN ESTE CAPÍTULO:

MISTERIO DEL CAPÍTULO

TRASLADO DE LOS *MOÁI*

La Isla de Pascua es una manchita de tierra en el vasto océano Pacífico frente a la costa de Chile con un clima tropical severo. Los isleños originales, que se hacían llamar Rapa Nui, vinieron de Polinesia. Esculpieron cientos de estatuas enormes de piedra llamadas *moái*. Aproximadamente a principios del año 1200 d.C., los Rapa Nui de alguna manera movieron estas misteriosas estatuas, cada una con un peso entre 10 y 14 toneladas, de las canteras a diferentes sitios en la isla. Casi todas las teorías acerca de este proceso sugieren que se necesitaron troncos enormes y fuertes para mover los *moái*. Sin embargo, cuando los europeos desembarcaron en la isla en 1722, no había señales de la existencia de árboles lo suficientemente grandes para proporcionar estos troncos. ¿Qué sucedió? A medida que leas este capítulo, busca pistas sobre las interacciones de los Rapa Nui con el ambiente de la isla. Luego, resuelve el misterio.

Continúa explorando el mundo.
El misterio de cómo movieron los *moáis* es sólo el principio. Emprende un viaje de campo en video con los genios ecólogos de *Untamed Science* para ver adónde conduce este misterio.

- Untamed Science Video
- Chapter Mystery

6.1 Un paisaje cambiante

Preguntas clave

¿De qué manera nuestras actividades diarias afectan al medio ambiente?

¿Cuál es la relación entre el uso de los recursos y el desarrollo sostenible?

Vocabulario

monocultivo
recurso renovable
recurso no renovable
desarrollo sostenible

Tomar notas

Esquema Haz un esquema con los encabezados verdes y azules de esta lección. A medida que leas, complétalo con las palabras, frases e ideas clave de cada encabezado.

PISTA DEL MISTERIO

Los primeros colonizadores de la Isla de Pascua llevaron con ellos árboles de plátano, raíz de taro y pollos, y quizás algunos pequeños mamíferos de "polizones". ¿Qué impacto pudieron haber tenido estos nuevos organismos en los ecosistemas de la isla?

PIÉNSALO Los primeros seres humanos que se asentaron en Hawai llegaron desde Polinesia hace aproximadamente 1600 años. Los habitantes de la isla tenían costumbres que protegían los recursos naturales de su nuevo hogar. Por ejemplo, tenían prohibido pescar ciertos peces durante la estación de desove y por cada cocotero que cortaban, tenían que plantar dos palmeras en su lugar. Pero los hawaianos no trataban a sus islas completamente como reservas naturales. Cortaron árboles para aprovechar las tierras para el cultivo e introdujeron plantas, cerdos, pollos, perros y ratas no nativos. Esta combinación llevo a la extinción de muchas especies nativas de plantas y animales. Aún así, durante siglos los ecosistemas de Hawai suministraron suficiente agua dulce, tierra fértil, peces y otros recursos para que la sociedad fuera autosuficiente. Lo que ocurrió después es una lección de cómo manejar los recursos limitados: una lección que es tan importante hoy en día como lo fue hace más de 1000 años.

El efecto de la actividad humana

¿De qué manera nuestras actividades diarias afectan el medio ambiente?

Hacia finales del siglo XVIII, llegaron a Hawai nuevas olas de colonizadores. Estas personas no parecían entender los límites de los ecosistemas de la isla. Importaron docenas de plantas y animales que se volvieron plagas invasivas. Limpiaron tramos inmensos de bosques para cultivar caña de azúcar, piñas y otras cosechas que requerían mucha agua. Y conforme la población humana de la isla crecía, transformó una tierra intocable en otros usos, incluyendo alojamiento y turismo, como se muestra en la **ilustración 6–1.** El efecto de estas actividades en los ecosistemas de Hawai y en sus habitantes humanos ofrece una ventana a una pregunta importante a nivel mundial: ¿Qué sucede cuando una población humana en crecimiento no maneja de forma adecuada los recursos naturales que son vitales y limitados?

ILUSTRACIÓN 6–1 La lección de Hawai El Valle de Kalalau a lo largo de la costa de Na Pali de Kauai se ve como si no hubiera sido tocado por los humanos. En contraste, la playa de Waikiki en la isla de Oahu está rodeada por áreas urbanizadas destinadas a complejos turísticos.

Vivir en el territorio de la isla Los seres humanos, como todos los seres vivos, dependen de la Tierra para vivir. Y como todos los demás organismos, afectamos nuestro medio ambiente al obtener alimentos, eliminar productos de desecho y construir lugares para vivir. Los efectos de estas actividades pueden ser más obvios en las islas como Hawai debido a su pequeño tamaño. Vivir en una isla también puede concientizar a las personas de los límites de los recursos y la capacidad de carga del área para los humanos, porque cualquier cosa que no esté disponible localmente debe traerse de lejos.

Sin embargo, la mayoría de los que vivimos en continentes grandes, quizá no pensamos en la tierra, el alimento y el agua como recursos limitados. En el pasado, los problemas ambientales eran locales. Siempre había nuevas tierras y fuentes de alimentos y agua. Pero hoy en día la actividad humana ha usado o alterado casi la mitad de toda la tierra que no está cubierta con hielo o nieve. La población mundial puede alcanzar 7 mil millones de personas, y podemos estar llegando a la capacidad de carga de la biósfera para los humanos. **Los seres humanos afectan los medio ambientes globales y regionales a través de la agricultura, el desarrollo y la industria, e inciden en la calidad de los recursos naturales de la Tierra, incluyendo el suelo, el agua y la atmósfera.**

En tu cuaderno *Explica en qué se parece la Tierra a una isla.*

Agricultura La agricultura es uno de los inventos más importantes de la historia humana. Un suministro de alimentos confiable que se puede almacenar permitió a los humanos reunirse en asentamientos que al crecer formaron pueblos y ciudades. Los asentamientos, a su vez, alentaron la civilización moderna: gobierno, leyes, escritura y ciencia. La agricultura moderna ha duplicado la producción de alimentos a nivel mundial durante los últimos 50 años. El **monocultivo** consiste en limpiar grandes áreas de terreno para plantar año tras año un único cultivo altamente productivo, como la soya de la **ilustración 6–2.** El monocultivo permite sembrar, cuidar y cosechar cultivos de manera eficiente con el uso de máquinas. Sin embargo, alimentar a casi 7 mil millones de personas impacta los recursos naturales, como el agua dulce y la tierra fértil. La producción de fertilizantes y la maquinaria agrícola también consumen grandes cantidades de combustibles fósiles.

ILUSTRACIÓN 6–2 Monocultivo Campos de soya dominan este paisaje. **Aplica los conceptos** ***¿Cómo ha ayudado la agricultura a formar la civilización?***

Actividad rápida de laboratorio
INVESTIGACIÓN DIRIGIDA

Reducir, reutilizar, reciclar

❶ Recolecta la basura seca de un día.

❷ Clasifica la basura en artículos que se puedan volver a usar, reciclar o desechar porque no se pueden volver a usar o reciclar.

Analizar y concluir

1. **Analizar datos** Observa la basura que clasificaste. Aproximadamente, ¿qué porcentaje del total representa cada tipo?
2. **Predecir** ¿Qué crees que ocurre con la basura que produces? Piensa por lo menos en tres maneras en que la basura puede impactar a los seres vivos.
3. **Evaluar** Enumera tres formas en que puedes reducir la cantidad de basura que produces.

DESARROLLAR el vocabulario

PREFIJOS El prefijo mono en **monocultivo** significa "uno, solo, único". El monocultivo es la práctica de plantar año tras año un único cultivo productivo.

Desarrollo Como sociedad moderna desarrollada, muchas personas eligen vivir en las ciudades. En Estados Unidos, a medida que los centros urbanos se llenaban de gente, las personas se empezaron a mudar a los suburbios y los urbanizaban. El crecimiento de las ciudades y los suburbios está ligado con el alto estándar de vida que disfrutan los estadounidenses. Pero este desarrollo tiene efectos ambientales. Las comunidades humanas densas producen muchos desperdicios, que si no se desechan en forma adecuada, afectan al aire, al agua y los recursos del suelo. Además, el desarrollo consume tierra de labranza y divide los hábitats naturales en fragmentos.

Crecimiento industrial La Revolución Industrial del siglo XIX transformó la sociedad humana. Hoy en día, la industria y el conocimiento científico nos proporcionan las comodidades de la vida moderna, desde hogares y ropa confortables hasta dispositivos electrónicos para trabajar y jugar. Desde luego, estas comodidades requieren bastante energía para producir y generar más energía. La mayor parte de ésta se obtiene de la quema de combustibles fósiles (carbón, petróleo y gas natural) y eso afecta el medio ambiente. Además, las industrias han tenido la costumbre de eliminar los desechos de la fabricación y de la producción de energía directamente en el aire, el agua y el suelo.

ILUSTRACIÓN 6-3 Servicios de los ecosistemas Hopper Marsh es uno de los humedales controlados por The Wetlands Initiative, una organización dedicada a proteger y restaurar los humedales de Illinois. El área, en un principio drenada para la agricultura en 1900, se muestra en el recuadro antes de su restauración en 2003. Aplica los conceptos ***¿Qué servicios ecológicos proporcionan los humedales?***

Desarrollo sostenible

¿Cuál es la relación entre el uso de los recursos y el desarrollo sostenible?

En el lenguaje de la economía, los bienes son las cosas que se pueden comprar y vender, es decir, las que tienen un valor en términos de dólares y centavos. Los servicios son procesos o acciones que producen bienes. Los bienes y servicios del ecosistema son los bienes y servicios producidos por los ecosistemas que benefician la economía humana.

Bienes y servicios de los ecosistemas Algunos bienes y servicios de los ecosistemas, como el aire que se respira y el agua potable, son tan básicos que con frecuencia los damos por descontado. Los ecosistemas saludables proporcionan muchos bienes y servicios en forma natural y en su mayoría sin costo. Pero si el medio ambiente no puede proporcionarlos, la sociedad debe gastar dinero para producirlos. Por ejemplo, en muchos lugares, los arroyos, ríos, lagos y humedales, como el de la **ilustración 6–3,** proporcionan el agua potable. Pero si se contaminan o dañan las fuentes de agua o los humedales, la calidad del agua puede disminuir. En muchos casos, las ciudades y las poblaciones deben pagar por un tratamiento mecánico o químico que les proporcione agua potable segura.

En tu cuaderno *Describe tres bienes y servicios de los ecosistemas que hayas usado hoy.*

Recursos renovables y no renovables Los bienes y servicios de los ecosistemas se clasifican en renovables o no renovables, como se muestra en la **ilustración 6–4.** Un **recurso renovable** se puede producir o reemplazar mediante el funcionamiento saludable de un ecosistema. Un pino blanco del sur es un ejemplo de un recurso renovable porque puede crecer un árbol nuevo en el lugar ocupado por uno viejo que se muere o se tala. Pero algunos recursos son recursos no renovables porque no se pueden reponer mediante un proceso natural dentro un tiempo razonable. Los combustibles fósiles, como carbón, petróleo y gas natural, son **recursos no renovables** que se formaron de materiales orgánicos enterrados durante millones de años. Cuando se agoten los depósitos existentes, en esencia se agotarán para siempre.

ILUSTRACIÓN 6–4 Recursos naturales Los recursos naturales se clasifican en renovables o no renovables. El viento y el carbón son recursos naturales que pueden suministrar energía. Pero el viento es renovable, en tanto que el carbón, como otros combustibles fósiles, no lo es.

Uso de los recursos sostenibles La ciencia ecológica puede enseñarnos a usar los recursos naturales para satisfacer nuestras necesidades sin causar daños ambientales a largo plazo. El uso razonable de los recursos y con conciencia ambiental se denomina **desarrollo sostenible.** **El desarrollo sostenible satisface las necesidades humanas a la vez que conserva los ecosistemas que producen los recursos naturales.**

¿Cómo debe verse un desarrollo sostenible? No debe causar daños a largo plazo a la tierra, al agua y al clima de los que depende. Debe reducir al mínimo posible su consumo de energía y materiales. El desarrollo sostenible debe ser lo suficientemente flexible para sobrevivir al estrés ambiental, como sequías, inundaciones y olas de calor o de frío. Por último, debe tomar en cuenta los sistemas económicos humanos así como los bienes y servicios de los ecosistemas. Debe hacer más que sólo permitir que sobrevivan las personas. Debe ayudar a mejorar su situación.

6.1 Evaluación

Repaso de conceptos clave

1. a. **Repasar** Enumera los tres tipos principales de actividades humanas que afectaron los medio ambientes regionales y globales. Para cada uno, indica un costo ambiental y un beneficio.
   b. **Relacionar causa y efecto** ¿Cómo podrían las prácticas agrícolas más productivas afectar a la población de una nación en desarrollo? ¿Y a su salud ambiental?
2. a. **Repasar** ¿Qué es el desarrollo sostenible? ¿Cómo podría ayudar a minimizar los impactos negativos de las actividades humanas?
   b. **Explicar** Explica por qué la energía solar es un recurso renovable pero la energía que proviene del petróleo es uno no renovable.
   c. **Aplica los conceptos** Además de filtrar el agua, los humedales controlan las inundaciones al absorber el exceso de agua. Explica cómo debería proporcionar la sociedad estos servicios (a un costo) si un ecosistema no puede.

ESCRIBIR SOBRE LAS CIENCIAS

Descripción

3. ¿Qué señales de crecimiento ves en tu comunidad? Escribe un párrafo que indique cómo este crecimiento podría afectar los ecosistemas locales.

BIOLOGY.com Search Lesson 6.1  • Self-Test • Lesson Assessment

6.2 Uso sabio de los recursos

Preguntas clave

¿Por qué es importante el suelo y cómo lo protegemos?

¿Cuáles son las fuentes principales de contaminación del agua?

¿Cuáles son las formas principales de contaminación del aire?

Vocabulario

desertificación
deforestación
contaminante
bioacumulación
esmog
lluvia ácida

Tomar notas

Mapa de conceptos A medida que leas, haz un mapa de conceptos para organizar la información de esta lección.

PIÉNSALO Nuestra economía se desarrolla sobre el uso de recursos naturales, de manera que no tocarlos no es una opción. Por ejemplo, los humanos necesitamos comer, así que no podemos dejar de cultivar la tierra para la agricultura. Pero los bienes y servicios que suministran los ecosistemas saludables son esenciales para la vida. No se puede cultivar nada en un suelo que ha perdido sus nutrientes debido al cultivo excesivo. Si no manejamos en forma adecuada la agricultura, entonces, algún día podemos perder los recursos naturales de los que dependemos. De manera que, ¿cómo logramos el equilibrio? ¿Cómo obtenemos lo que necesitamos de los ambientes locales y globales sin destruir esos ambientes?

Recursos del suelo

¿Por qué es importante el suelo y cómo lo protegemos?

Cuando piensas en recursos naturales, tal vez el suelo no es algo que se te ocurra. Pero muchos de los objetos con los que a diario estás en contacto dependen de él: desde los granos del cereal de tu desayuno, a la madera que hay en tu casa, hasta las páginas de este libro. **Un suelo saludable sustenta tanto la agricultura como la silvicultura.** Los minerales y la porción rica en nutrientes del suelo se llaman capa superior o mantillo. Una buena capa superior absorbe y mantiene la humedad a la vez que permite que el agua se drene. Es rica en materia orgánica y nutrientes, pero baja en sales. Las buenas capas superiores son el resultado de las interacciones a largo plazo entre el suelo y las plantas que crecen en él.

La capa superior puede ser un recurso renovable si se maneja de forma adecuada, pero puede dañarse o perderse si se maneja mal. Un suelo saludable puede tardar siglos en formarse pero se pierde con gran rapidez. Y la pérdida de suelo fértil puede tener consecuencias graves. Años de manejo deficiente de la agricultura aunado a la sequía severa de la década de 1930, erosionaron gravemente el suelo que alguna vez fue fértil de las Grandes Llanuras. Miles de personas perdieron sus trabajos y hogares. El área se volvió un desierto, o como se le conoce, una "cuenca de polvo", como se ve en la **ilustración 6–5.** ¿Qué ocasiona la erosión de la tierra y cómo podemos evitarla?

ILUSTRACIÓN 6–5 La cuenca de polvo Un rancho en Boise City, Idaho, está a punto de ser impactado por una nube de tierra seca el 15 de abril de 1935.

Erosión del suelo La cuenca de polvo de la década de 1930, fue causada, en parte, por la conversión de tierras de la pradera a tierras de cultivo de manera que el suelo se volvió vulnerable a la erosión. La erosión del suelo es la remoción del suelo mediante agua o viento. A menudo empeora cuando se deja la tierra sin plantar. Cuando no quedan raíces para aguantar el suelo, se inunde con facilidad. Y cuando está muy erosionado, la materia orgánica y los minerales que lo hacen fértil a menudo son arrastrados con el suelo. En algunas partes secas del mundo, una combinación de agricultura, pastoreo excesivo, sequías estacionales y cambio climático pueden convertir la tierra de labranza en un desierto. Este proceso se llama **desertificación** y es lo que sucedió en las Grandes Llanuras en la década de 1930. Cerca de 40 por ciento del suelo mundial está considerado en riesgo de desertificación. La **ilustración 6–6** muestra las áreas vulnerables en América del Norte y Sur.

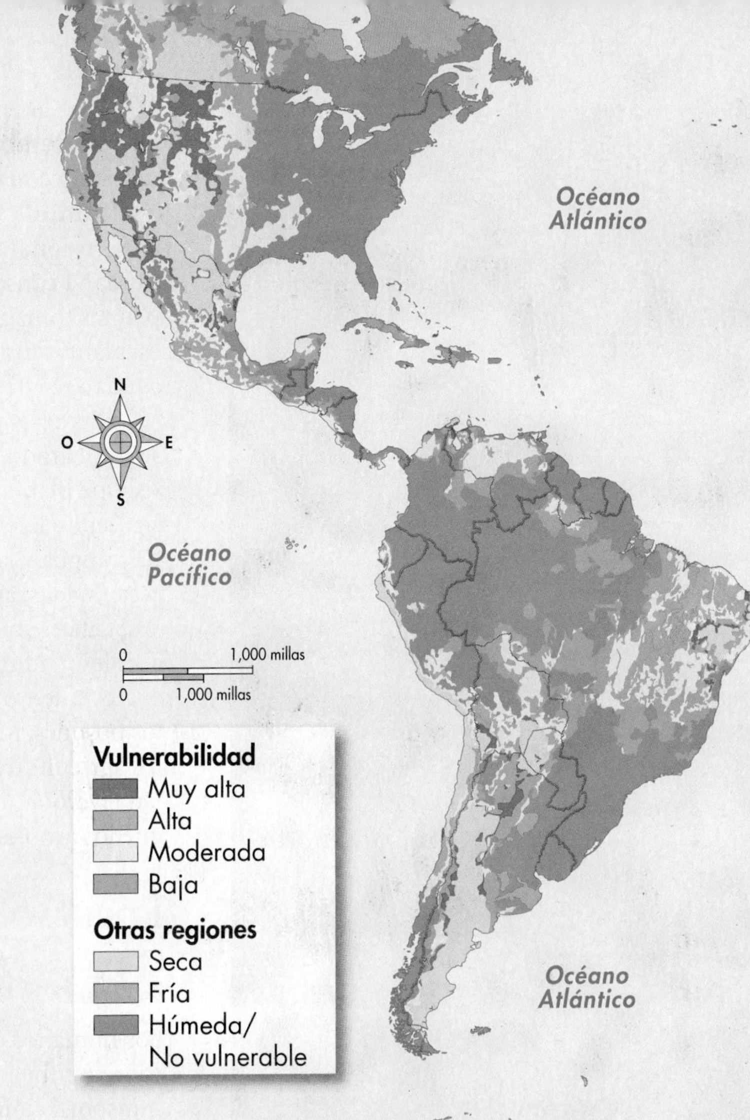

ILUSTRACIÓN 6–6 Riesgo de desertificación El Departamento de Agricultura de Estados Unidos asigna categorías de riesgos de desertificación según el tipo de tierra y el clima. **Interpretar material visual** ***Halla tu ubicación aproximada en el mapa. ¿En qué categoría de riesgo de desertificación se encuentra tu área?***

La **deforestación,** o pérdida de los bosques, también puede afectar el suelo. Los bosques saludables proporcionan madera y también conservan el suelo en su lugar, protegen la calidad del agua dulce, absorben dióxido de carbono y ayudan a moderar el clima local. Por desgracia, más de la mitad de los bosques antiguos del mundo, (bosques que nunca se han talado) ya se perdieron por la deforestación. En algunas áreas templadas, como el este de Estados Unidos, los bosques pueden volver a crecer después de talarlos. Pero se necesitan siglos para producir bosques maduros. En ciertas partes del trópico, los bosques no crecen otra vez después de la tala. Por eso los bosques antiguos suelen considerarse recursos no renovables.

La deforestación puede llevar a una erosión severa, sobre todo en las laderas de la montaña. El pastoreo y el arado después de la deforestación, pueden transformar el suelo local y los microclimas para que no vuelvan a crecer los árboles. Los bosques tropicales lluviosos, por ejemplo, se ven tan exuberantes y ricos que se podría suponer que pueden crecer después de la tala. Por desgracia, la capa superior de estos bosques por lo general es delgada, y la materia orgánica se descompone con gran rapidez bajo el calor y la humedad. Cuando se talan los bosques tropicales lluviosos para obtener madera o para la agricultura, el suelo suele ser útil sólo unos años. Después se vuelven tierras yermas o baldías que evitan el crecimiento nuevo.

En tu cuaderno *Describe la relación entre la agricultura y la calidad del suelo.*

PISTA DEL MISTERIO

Los bosques de palmeras con troncos altos y fuertes y semillas comestibles una vez cubrieron la mayor parte de la Isla de Pascua. ¿Por qué los isleños talarían estos bosques? ¿Qué efecto pudo haber tenido la deforestación?

ILUSTRACIÓN 6–7 Arado de contorno Plantar cosechas de forma paralela a los contornos naturales de la tierra puede ayudar a reducir la erosión del suelo.

Uso sostenible del suelo **Es posible minimizar la erosión del suelo con un buen manejo cuidadoso de la agricultura y la silvicultura.** El suelo desprovisto de vegetación es más vulnerable a la erosión. Dejar tallos y raíces del cultivo del año anterior puede ayudar a conservarlo entre plantaciones. Y dado que las diferentes plantas toman diversos nutrientes del suelo, rotar los cultivos (esto es, plantar distintos cultivos en diferentes estaciones o años), puede ayudar a evitar la erosión y la pérdida de nutrientes.

Alterar la forma de la tierra es otra manera de limitar la erosión. El arado de contorno, que se muestra en la **ilustración 6–7,** supone plantar campos de cultivo a lo largo, en lugar de hacia bajo siguiendo la pendiente de la tierra. Esto puede reducir la escorrentía de agua y la erosión. En forma similar, el cultivo por terrazas escalonadas, ayuda a mantener el agua y el suelo.

¿Cuáles son las opciones para una silvicultura sostenible? Los árboles maduros cosechados en forma selectiva pueden promover el crecimiento de árboles más jóvenes y conservar el ecosistema de los bosques, incluyendo su suelo. En el sureste de Estados Unidos, los agricultores pueden plantar, cosechar y volver a plantar viveros. Un vivero de árboles bien manejado protege la tierra y ocasiona que los árboles mismos sean un recurso renovable.

Recursos de agua dulce

¿Cuáles son las fuentes principales de contaminación del agua?

Los humanos dependen del agua dulce y de sus ecosistemas para conseguir bienes y servicios que incluyen agua potable, industria, transportación, energía y desecho de desperdicios. Algunas de las fincas estadounidenses más productivas dependen de la irrigación, que trae el agua dulce de otras fuentes.

Aunque el agua dulce se puede considerar un recurso renovable, hay fuentes de agua dulce que no lo son. El acuífero Ogallala, por ejemplo, se extiende por ocho estados desde Dakota del Sur hasta Texas. Al acuífero le tomó más de un millón de años reunir el agua y no se reabastece con agua de lluvia. Se está bombeando tanta agua de Ogallala que se espera que se seque dentro de 20 a 40 años. En muchos lugares, los suministros de agua dulce están limitados. Sólo el 3 por ciento del agua de la Tierra es agua dulce y la mayoría está encerrada en el hielo de los polos. Ya que no podemos expandir hasta el infinito nuestro uso de un recurso finito, debemos proteger los ecosistemas que recogen y purifican el agua dulce.

Contaminación del agua Las fuentes de agua dulce pueden verse afectadas por diferentes tipos de contaminación. Un **contaminante** es un material nocivo que puede ingresar en la biósfera. Algunas veces los contaminantes ingresan en los suministros de agua desde una sola fuente, una fábrica o un derrame de petróleo, por ejemplo. Esto se llama contaminación de una fuente puntual. Sin embargo, a menudo los contaminantes ingresan en los suministros de agua desde fuentes muy pequeñas, como la grasa y el aceite que escurre por las calles a causa de la lluvia, o las sustancias químicas liberadas en el aire por fábricas y automóviles. Estos contaminantes se llaman fuentes no puntuales.

Los contaminantes pueden ingresar tanto a los suministros de agua de la superficie como subterránea a los que accedemos con pozos. Una vez que se presentan los contaminantes, puede ser sumamente difícil deshacerce de ellos. **Las fuentes principales de contaminación del agua son las sustancias químicas industriales y agrícolas, las aguas residuales residenciales y fuentes no puntuales.**

▶ ***Sustancias químicas industriales y agrícolas*** Un contaminante industrial es una sustancia orgánica llamada PCB que se usó en la industria hasta la década de 1970. Después de diversos sucesos de contaminación a gran escala, se prohibieron los PCB. Sin embargo, debido a que éstos entran en el lodo y la arena debajo de los cuerpos de agua, puede ser difícil, si no imposible, eliminarlos. Partes de los Grandes Lagos y algunas áreas costeras todavía están contaminadas con PCB. Otros contaminantes industriales nocivos son los metales pesados como cadmio, plomo, mercurio y zinc.

Los monocultivos a gran escala han aumentado el uso de pesticidas e insecticidas. Esas sustancias pueden ingresar al suministro de agua en forma de escorrentías después de lluvias fuertes, o directamente al agua subterránea. Los pesticidas pueden ser contaminantes muy peligrosos. El DDT, que es barato y duradero, controla las plagas y enfermedades agrícolas que portan los mosquitos. Pero cuando ingresa a un suministro de agua, destruye los organismos que dependen de esa agua, en un fenómeno llamado bioacumulación.

La **bioacumulación** ocurre si un contaminante, como DDT, mercurio o un PCB, es recogido por un organismo y no se elimina de su cuerpo. En vez de eso, el contaminante se introduce en los tejidos del cuerpo. Los productores primarios captan un contaminante del ambiente. Los herbívoros que se comen a estos productores concentran y almacenan el compuesto. Las concentraciones de contaminantes en los herbívoros pueden ser más de diez veces los niveles que tenían en los productores. Cuando los carnívoros se comen a los herbívoros, el compuesto se concentra todavía más. Por tanto, la concentración de contaminantes aumenta al pasar a niveles tróficos mayores, donde puede alcanzar 10 millones de veces su concentración original en el ambiente, como se muestra en la **ilustración 6–8.**

Estas concentraciones altas pueden ocasionar problemas graves a la vida silvestre y a los humanos. El uso generalizado de DDT en la década de 1950 amenazó a los pájaros que se alimentaban de peces como pelícanos, águilas pescadoras, halcones y águilas calvas. Esto ocasionó que las hembras pusieran los huevos con cascarones delgados y frágiles, reduciendo las tasas de incubación y ocasionando una drástica disminución en las poblaciones de aves. Desde que en la década de 1970 se prohibió el uso de DDT, las poblaciones de aves se han recuperado. Todavía es un problema el mercurio, que se acumula en el cuerpo del atún y el pez vela.

En tu cuaderno *Explica el proceso de bioacumulación.*

ILUSTRACIÓN 6–8
Bioacumulación En el proceso de bioacumulación, la concentración de un contaminante como el DDT, representado por los puntos anaranjados, se multiplica conforme asciende por la cadena alimenticia de los productores a los consumidores. **Calcular** ***¿Por qué número se multiplica la concentración de DDT en cada nivel trófico sucesivo?*** MATEMÁTICAS

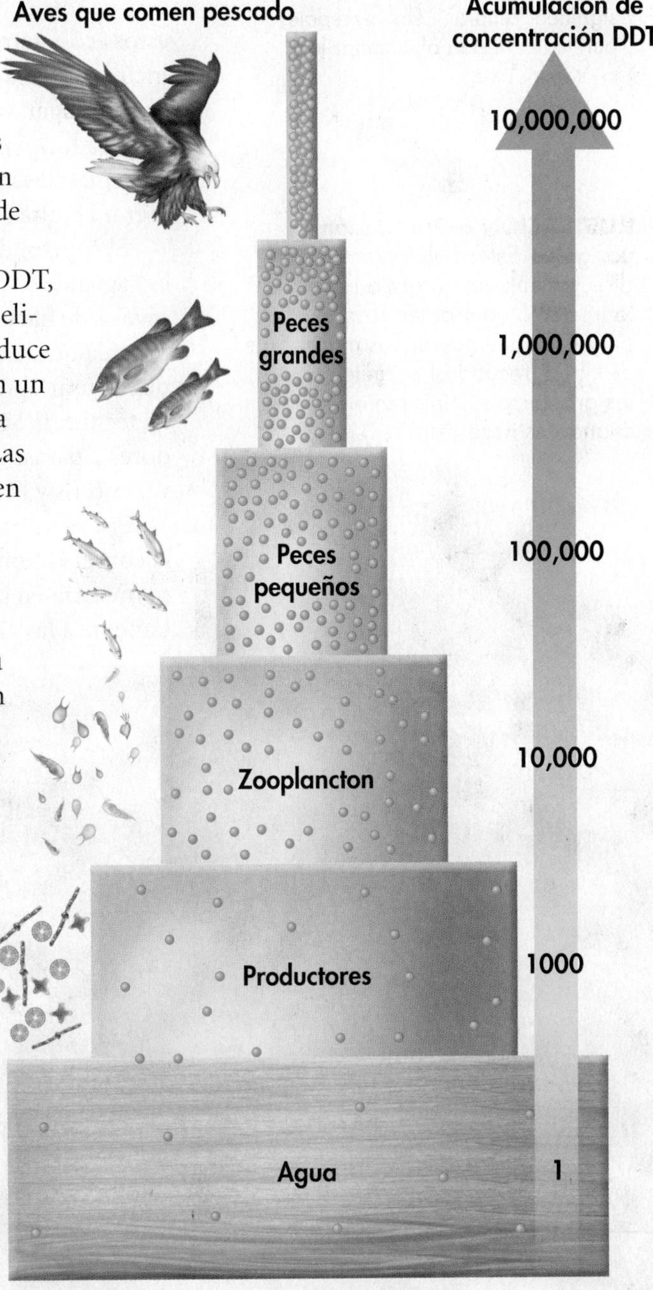

▶ ***Aguas residuales residenciales*** ¿Alguna vez has pensado qué sucede cuando jalas al baño? ¡Estos desperdicios no desaparecen! Se convierten en aguas residuales residenciales. Las aguas residuales no son venenosas, pero contienen mucho nitrógeno y fósforo. Los ecosistemas saludables pueden procesar y absorber cantidades razonables de estos nutrientes. Pero grandes cantidades de aguas residuales pueden estimular la formación de bacterias y algas que le roban el oxígeno al agua. Las áreas con poco oxígeno, llamadas "zonas muertas", pueden aparecer tanto en agua dulce como salada. Las aguas residuales sin procesar contienen también microorganismos que propagan enfermedades.

DESARROLLAR el vocabulario

PALABRAS RELACIONADAS El verbo *purificar* está relacionado con el sustantivo *puro*. *Purificar* significa "limpiar". Los humedales purifican el agua al eliminar los contaminantes.

Calidad sostenible del agua Una clave para el uso sostenible del agua es proteger los sistemas naturales que participan en el ciclo del agua. Por ejemplo, conforme se escurre el agua en un humedal, las plantas de crecimiento denso absorben los nutrientes excesivos y filtran ciertos contaminantes. También los bosques y otras vegetaciones ayudan a purificar el agua que se filtra en el suelo o que se escurre a los ríos y lagos. Proteger estos ecosistemas es parte de la conservación de cuencas. Una cuenca incluye toda la tierra cuya agua subterránea, arroyos y ríos drenan en el mismo lugar, como un lago o río grande. La conservación de una cuenca implica limpiar no solo la contaminación en un área local sino también el agua que desemboca en ella. Se debe considerar la cuenca completa para lograr resultados duraderos.

El control de contaminación puede mejorar directamente la calidad del agua de una cuenca. Tratar las aguas residuales puede disminuir los niveles de bacterias y ayudar a evitar las zonas muertas en los cuerpos de agua que reciben la escorrentía. En algunas situaciones, la agricultura puede usar el manejo de plagas integradas (IPM) en lugar de pesticidas. La técnica IPM incluye el control biológico (es decir, el uso de depredadores y parásitos para regular la plaga de insectos), el uso de rocíos menos venenosos y la rotación de cultivos.

Por supuesto, conservar el agua también es importante. Un ejemplo de la conservación del agua en la agricultura es la irrigación por goteo, que se muestra en la **ilustración 6–9,** que suministra agua gota por gota directamente a las raíces de la planta conforme la va necesitando.

ILUSTRACIÓN 6–9 Irrigación por goteo Estas coles se riegan directamente en la raíz a través de la irrigación por goteo. Los orificios pequeños que hay en las mangueras de agua (recuadro) permiten que los granjeros suministren agua sólo cuando es necesario.

Recursos atmosféricos

¿Cuáles son las formas principales de contaminación del aire?

La atmósfera es un recurso común cuya calidad tiene efectos directos en la salud. ¡Después de todo, la atmósfera proporciona el oxígeno que respiramos¡ Además, el ozono, una forma de oxígeno que se encuentra de manera natural en la atmósfera superior, absorbe la radiación ultravioleta dañina de la luz solar antes de que llegue a la superficie de la Tierra. Es la capa de ozono la que protege nuestra piel de daños que pueden provocar cáncer.

La atmósfera proporciona muchos otros servicios. Por ejemplo, los gases invernadero de la atmósfera, incluyendo dióxido de carbono, metano y vapor de agua, regulan la temperatura global. Como ya sabes, sin el efecto invernadero, la temperatura promedio de la Tierra sería alrededor de 30° Celsius más fría de lo que es ahora.

La atmósfera nunca se "acaba". Así que, clasificarla como un recurso renovable o no renovable no es tan importante como entender de qué manera las actividades humanas afectan la calidad de la atmósfera. En casi toda la historia de la Tierra, la calidad de la atmósfera se ha mantenido de manera natural mediante los ciclos biogeoquímicos. Sin embargo, si alteramos estos ciclos o si sobrecargamos la atmósfera con contaminantes, los efectos sobre su calidad pueden durar mucho tiempo.

Contaminación del aire ¿Qué sucede cuando se reduce la calidad de la atmósfera terrestre? Por un lado, las enfermedades respiratorias como el asma empeoran y las enfermedades de la piel tienden a aumentar. A nivel global, los patrones climáticos pueden verse afectados. ¿Qué ocasiona una calidad de aire deficiente? Los procesos industriales y la quema de combustibles fósiles pueden liberar contaminantes de varios tipos. **Las formas comunes de contaminación del aire incluyen esmog, lluvia ácida, gases invernadero y partículas.**

ILUSTRACIÓN 6–10 Esmog A pesar de cerrar fábricas y restringir el acceso de vehículos a la ciudad, Beijing permaneció bajo una densa manta de esmog justo unos cuantos días antes de los Juegos Olímpicos de 2008. Aplica los conceptos. ***¿Qué componente del esmog es beneficioso cuando es parte de la atmósfera, pero dañino cuando se encuentra a nivel del suelo?***

▶ ***Esmog*** Si vives en una ciudad grande, probablemente hayas visto el **esmog,** una nube café grisácea formada por las reacciones químicas que ocurren entre los contaminantes liberados en el aire por los procesos industriales y los escapes de automóviles. El ozono es un producto de estas reacciones. Aunque el ozono que se eleva en la atmósfera ayuda a proteger la vida terrestre de la radiación ultravioleta, a nivel del suelo, el ozono y otros contaminantes amenazan la salud de las personas, sobre todo a las que tienen enfermedades respiratorias. Muchos atletas que participaron en los Juegos Olímpicos de 2008 en Beijing, China, expresaron su preocupación sobre cómo el intenso esmog, que se ve en la **ilustración 6–10,** podría afectar su desempeño y salud.

En tu cuaderno *Compara y contrasta el recurso de la atmósfera con el recurso del agua dulce.*

Analizar datos

Tendencias de contaminación en Estados Unidos

Cada año, la Agencia de Protección Ambiental Estadounidense (EPA) calcula las emisiones de diversas fuentes. La **ilustración 6–12** muestra las emisiones totales de seis contaminantes comunes graficadas junto con las tendencias en el consumo de energía y uso de autos entre 1980 y 2007. Los valores representan el cambio porcentual total. Por ejemplo, en 1995, las emisiones agregadas cayeron cerca de 30 por ciento de su nivel en 1980.

1. Interpretar datos Describe la tendencia total de las emisiones desde 1980. ¿Es ésto lo que esperarías dadas las tendencias en el consumo de energía y recorridos en autos? Explica tu respuesta.

2. Interpretar datos ¿En qué se diferencia esta gráfica de la que muestra los valores *absolutos* para las emisiones? ¿Esa gráfica empezaría en cero como ésta?

3. Inferir ¿Qué crees que contribuyó a las tendencias que ves en esta gráfica? ¿Por qué la EPA estaría particularmente interesada en estos datos?

▶ ***Lluvia ácida*** Cuando se queman combustibles fósiles en las fábricas y hogares, se liberan compuestos de nitrógeno y azufre. Cuando estos compuestos se combinan con el vapor de agua en el aire, forman ácidos nítrico y sulfúrico. Los ácidos en el aire pueden viajar muchos kilómetros antes de caer como **lluvia ácida.** El vapor acídico del agua también puede afectar los ecosistemas como niebla o nieve. En algunas áreas la lluvia ácida mata plantas cuando daña sus hojas y modifica la composición química del suelo y del agua de la superficie, como lo muestra la **ilustración 6–11.** La precipitación ácida también puede disolver y liberar del suelo mercurio y otros elementos tóxicos que luego entran en otras partes de la biósfera.

ILUSTRACIÓN 6–11 Lluvia ácida La lluvia ácida es el resultado de la transformación química de productos de nitrógeno y azufre que provienen de las actividades humanas. Estas reacciones pueden ocasionar daños a las estatuas de piedra y a la vida vegetal.

En tu cuaderno *Haz un diagrama de flujo que muestre los pasos de la formación de lluvia ácida.*

▶ ***Gases invernadero*** Quemar combustibles fósiles y bosques libera el carbono almacenado a la atmósfera como dióxido de carbono, un gas invernadero. Las prácticas agrícolas, desde la cría de ganado hasta el cultivo de arroz, liberan metano, otro gas invernadero. Aunque algunos gases invernadero son necesarios, cuando se acumulan demasiados en la atmósfera, contribuyen al calentamiento global y al cambio climático.

▶ ***Partículas*** Las partículas son restos microscópicos de ceniza y polvo liberados por algunos procesos industriales y ciertos tipos de motores a diesel. Las muy pequeñas pueden pasar a través de la nariz y boca y entrar en los pulmones, donde ocasionan graves problemas de salud.

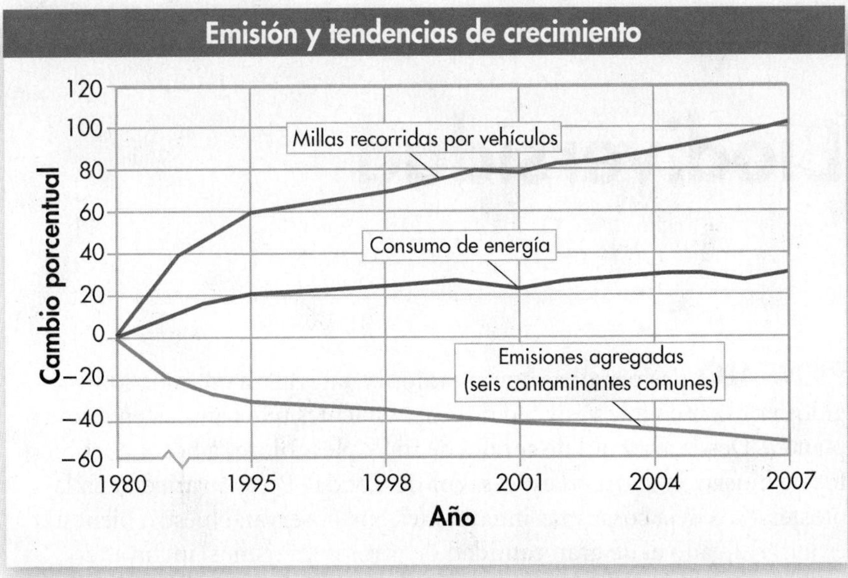

ILUSTRACIÓN 6–12 Tendencias de contaminación del aire Esta gráfica resume los hallazgos de la EPA en el cambio porcentual total de 1980 a 2007 en millas recorridas por vehículos, el consumo de energía y las emisiones combinadas de seis contaminantes comunes: monóxido de carbono, plomo, óxido de nitrógeno, compuestos orgánicos, partículas y dióxido de azufre. **Calcular** ***En 1980, los motociclistas de la región Puget Sound del Estado de Washington viajaron 36.4 millones de millas. Asumiendo que estos motociclistas aumentaran las millas que viajaron a nivel nacional, aproximadamente ¿cuántas millas viajaron en 2007?*** **MATEMÁTICAS**

Calidad sostenible del aire Mejorar la calidad del aire es difícil. El aire no permanece en un lugar y no "pertenece" a nadie. Sin embargo, los estándares de emisiones de autos y aire limpio han mejorado la calidad del aire en algunas regiones y parecen tener un efecto positivo, como se muestra en la **ilustración 6–12.** Esfuerzos como éstos también han mejorado la atmósfera a nivel global. Por ejemplo, en un tiempo todas las gasolinas se enriquecían con plomo, pero éste se liberaba en los vapores del escape y llegaba a la tierra y a los ríos y arroyos. Estados Unidos ha hecho esfuerzos para retirar la gasolina con plomo, de 1973 a 1996 cuando se prohibió su venta. Ahora los niveles de plomo en los suelos, ríos y arroyos de todo el país, han descendido significativamente respecto de los niveles más altos que se tenían antes.

6.2 Evaluación

Repaso de conceptos clave

1. a. Repasar ¿Qué ocasiona la erosión del suelo? ¿Por qué es un problema?

b. Aplica los conceptos ¿Cuáles son las tres formas en las que las industrias de silvicultura y agricultura pueden mejorar el uso sostenible del suelo?

2. a. Repasar ¿De qué manera el agua dulce es un recurso renovable y limitado?

b. Explicar ¿Por qué algunos contaminantes son más nocivos para los organismos de niveles tróficos mayores?

c. Proponer una solución Elige una fuente de contaminación de agua y describe una forma en que podemos reducir su efecto.

3. a. Repasar ¿Qué bienes y servicios ecológicos proporciona la atmósfera?

b. Relacionar causa y efecto ¿Por qué el uso de combustibles fósiles impacta de manera negativa la atmósfera terrestre?

ANALIZAR DATOS

4. Observa la **ilustración 6–8.** Si la concentración de DDT en el zooplancton mide 0.04 partes por millón, ¿cuál es la concentración aproximada de DDT en cada nivel trófico que se muestra? **MATEMÁTICAS**

BIOLOGY.com Search Lesson 6.2 GO • Self-Test • Lesson Assessment

6.3 Biodiversidad

Preguntas clave

¿Por qué es importante la biodiversidad?

¿Cuáles son las amenazas más importantes a la biodiversidad?

¿Cómo conservar la biodiversidad?

Vocabulario

biodiversidad
diversidad de ecosistemas
diversidad de especies
diversidad genética
fragmentación del hábitat
zona de conflicto ecológico

Tomar notas

Vistazo al material visual Antes de leer, observa la **ilustración 6–20.** Escribe tres preguntas acerca del mapa. Al terminar de leer, responde las preguntas.

PIÉNSALO Las personas que amamos la naturaleza estamos sobrecogidos por la increíble variedad de cosas vivientes que comparten nuestro planeta. Desde arrecifes de corales de múltiples colores a bosques cubiertos de musgo, la *variedad* es "el sabor de la vida". Pero la variedad en la biósfera nos deja cosas más interesantes que observar. Nuestro bienestar está muy ligado al de gran cantidad de otros organismos, incluyendo muchos que no son majestuosos ni bellos a nuestros ojos.

El valor de la biodiversidad

¿Por qué es importante la biodiversidad?

La diversidad biológica, o **biodiversidad,** es el total de todas las variaciones basadas en la genética de todos los organismos que hay en la biósfera. Para los biólogos, la biodiversidad es algo precioso que vale la pena conservar por su propio bien. ¿Pero qué tipos de biodiversidad existen, y qué valor ofrecen a la sociedad?

Tipos de biodiversidad La biodiversidad existe en tres niveles: La diversidad de los ecosistemas, la diversidad de las especies y la diversidad genética. La **diversidad de los ecosistemas** se refiere a la variedad de hábitats, comunidades y procesos ecológicos que existen en la biósfera. El número de especies diferentes en la biósfera o en un área en particular se llama **diversidad de especies.** A la fecha, los biólogos ha identificado y nombrado más de 1.8 millones de especies y calculan que por lo menos 30 millones no se descubren todavía. Mucha de esta diversidad existe entre los organismos unicelulares. Pero todavía se encuentran nuevas especies de vertebrados como la serpiente de la **ilustración 6-13.**

La **diversidad genética** puede referirse a la suma total de todas las formas diferentes de información genética que tiene una especie en particular o de todos los organismos en la Tierra. Dentro de cada especie, la diversidad genética se refiere al total de todas las formas diferentes de genes presentes en ella. De muchas maneras, la diversidad genética es el tipo básico de biodiversidad. También es la más difícil de ver y apreciar. Aun así, la diversidad genética es de vital importancia para la supervivencia y evolución de las especies en un mundo cambiante.

ILUSTRACIÓN 6–13 Una nueva especie Esta serpiente delgada, nativa de la isla de Barbados, es una de las muchas especies descubiertas recientemente. Las fotos de la serpiente se publicaron en el año 2008. **Inferir** ***¿Por qué es más probable descubrir una nueva especie de vertebrado en un área tropical que en un desierto?***

Valorar la biodiversidad Como la biodiversidad no se puede tocar, oler, ni comer, muchas personas no la consideran un recurso natural. Pero es uno de los recursos naturales más importantes de la tierra. **Los beneficios de la biodiversidad a la sociedad incluyen contribuciones a la medicina y a la agricultura, así como el suministro de bienes y servicios de los ecosistemas.** Cuando se pierde la biodiversidad, se pierde un valor importante para la biósfera y para la humanidad.

▶ ***Biodiversidad y medicina*** Las especies silvestres son la fuente de muchos medicamentos, incluyendo los analgésicos, como la aspirina, y los antibióticos, como la penicilina. Las sustancias de las especies silvestres se usan para tratar enfermedades como la depresión y el cáncer. Por ejemplo, la dedalera de la **ilustración 6-14**, contiene digitalinas que se usan para tratar enfermedades del corazón. Los compuestos de esta planta se ensamblan de acuerdo a las instrucciones codificadas en los genes. Así que la información genética de las diversas especies es como "una biblioteca natural".

▶ ***Biodiversidad y agricultura*** La diversidad genética es también importante para la agricultura. Muchas plantas de cultivo tienen parientes silvestres, como las papas de la **ilustración 6-15.** Los genes de estas plantas silvestres se pueden usar, a través de la reproducción vegetal o de la ingeniería genética, para transmitir resistencia a las enfermedades o a las plagas u otras características útiles para su cultivo.

▶ ***Biodiversidad y servicios de los ecosistemas*** El número y variedad de especies que hay en un ecosistema puede influenciar la estabilidad, productividad y valor de éste para los seres humanos. Algunas veces la presencia o ausencia de una especie clave, como la nutria de mar de la **ilustración 6-16,** puede cambiar completamente la naturaleza de la vida en un ecosistema. También los ecosistemas saludables y diversos desempeñan una función importante en el mantenimiento de la calidad de la tierra, el agua y el aire.

ILUSTRACIÓN 6–14 Plantas medicinales La digoxina, una droga derivada de los compuestos de digitalina de la planta dedalera, se usa para tratar enfermedades del corazón.

ILUSTRACIÓN 6–15 Diversidad de papas La diversidad genética de papas silvestres de América del Sur se ve en estas variedades. El Centro Internacional de Papas, con sede en Perú, aloja una "biblioteca" de más de 4500 variedades de tubérculos.

ILUSTRACIÓN 6–16 Especie clave La nutria de mar es una especie clave. Cuando se disminuyen, la población de su presa favorita, los erizos, se eleva. Esto produce una disminución dramática en la población de su alimento favorito, las algas marinas.

Amenazas a la biodiversidad

¿Cuáles son las amenazas más importantes a la biodiversidad?

Las especies han evolucionado, cambiado y extinguido desde que se inició la vida. De hecho los científicos estiman que más del 99 por ciento de las especies que han vivido están extintas actualmente. De manera que la extinción no es algo nuevo. Pero hoy en día, las actividades de los seres humanos están ocasionando la ola más grande de extinciones desde que desaparecieron los dinosaurios. La tasa actual de pérdida de especies está llegando a 1000 veces el nivel "típico". Y conforme desaparecen las especies, se pierde la contribución potencial al conocimiento humano que portan en sus genes.

La diversidad de especies está relacionada con la diversidad genética. Entre más diversa genéticamente es una especie, mayores son sus posibilidades de sobrevivir a las alteraciones. De manera que conforme la actividad de los seres humanos reduce la diversidad genética, las especies están en mayor riesgo de extinción. La diversidad de las especies está ligada, a su vez, a la diversidad de los ecosistemas. Por tanto, conforme se dañan los ecosistemas, los organismos que los habitan se vuelven más vulnerables a la extinción.

¿Cómo influyen los seres humanos en la biodiversidad? **Los seres humanos reducen la biodiversidad al alterar los hábitat, con la caza, introduciendo especies invasivas, liberando contaminación en redes alimenticias y contribuyendo al cambio climático.** Los biólogos comparan la pérdida de la biodiversidad con la destrucción de una biblioteca antes de siquiera haber leído los libros.

Hábitats alterados Cuando se eliminan los hábitats naturales para favorecer el desarrollo urbano o agrícola, disminuye el número de especies en ellos y algunas especies pueden extinguirse. Pero los hábitats no necesitan ser destruidos por completo para poner en riesgo a sus especies. Con frecuencia, el desarrollo divide los ecosistemas en partes, un proceso llamado **fragmentación del hábitat,** dejando "islas" de hábitats. Tal vez piensas en las islas como pedazos de tierra rodeados de agua, pero una isla biológica puede ser cualquier parte de un hábitat rodeada por otro diferente como se muestra en la **ilustración 6-17.** Entre más pequeña es un hábitat isla, menos son las especies que pueden vivir ahí y más pequeñas son sus poblaciones. Ambos cambios hacen que los hábitats y las especies se vuelvan más **vulnerables** a otras alteraciones.

PISTA DEL MISTERIO

La Isla de Pascua quizá nunca tuvo la diversidad biológica de Hawai ni de muchas otras islas tropicales. ¿Cómo afectaría esto su capacidad para recuperarse después de una alteración?

DESARROLLAR el vocabulario

VOCABULARIO ACADÉMICO El adjetivo **vulnerable** significa "que puede ser dañado o atacado". Los hábitats fragmentados son más vulnerables o más aptos para ser dañados, que los hábitats no alterados más grandes debido a que contienen menos especies y poblaciones más pequeñas de organismos.

ILUSTRACIÓN 6–17 Fragmentación del hábitat La deforestación para construir complejos habitacionales en Florida ha dado lugar al patrón de "islas" en el bosque que se muestra aquí. La fragmentación del hábitat limita la biodiversidad y el tamaño potencial de las poblaciones.

ILUSTRACIÓN 6–18 Cazados y vendidos como mascotas Estos pericos verdes enjaulados fueron capturados en el bosque tropical del Amazonas y llevados a un mercado en Perú. **Inferir** ***¿Qué impacto crees que tiene la caza de los animales que quedan?***

Caza y demanda de productos de la flora y fauna silvestre Los seres humanos pueden presionar con la caza para que las especies se extingan. En la década de 1800, la caza eliminó al perico y al pichón pasajero de Carolina. Actualmente las especies en peligro de extinción en Estados Unidos están protegidas de la caza, pero ésta todavía amenaza animales raros en África, América del Sur y el Sureste de Asia. Algunos animales, como muchas aves, se cazan para alimento. Otras se cazan para fabricar cueros o pieles de gran valor comercial o debido a que las personas creen que las partes de su cuerpo tienen propiedades medicinales. Otros, como los pericos de la **ilustración 6–18,** se cazan para venderlos como mascotas. Las especies que se cazan se ven afectadas aún más que otras por la fragmentación del hábitat debido a que ésta aumenta el acceso de los cazadores y limita los espacios ocultos disponibles para las presas. La Convención de Comercio Internacional de Especies en Peligro de Extinción (CITES) prohíbe el comercio internacional de productos de una lista de especies en peligro. Desafortunadamente es difícil hacer cumplir las leyes en áreas remotas de la jungla.

Especies introducidas Recuerda que los organismos introducidos a hábitat nuevos pueden volverse invasivos y amenazar la biodiversidad. Por ejemplo, en los Grandes Lagos viven más de 130 especies introducidas, y ahí han cambiado los ecosistemas acuáticos y orillado a las especies nativas casi a la extinción. Un hierbajo europeo, euforbia lechetrezna, infecta millones de hectáreas en las Grandes Llanuras del Norte. En las tierras para pastar, la euforbia lechetrezna desplaza el pasto y otras plantas de alimentos, y su látex lechoso puede enfermar o matar el ganado y los caballos. Cada año, los rancheros y granjeros sufren pérdidas por más de $120 millones debido a esta plaga única.

Contaminación Muchos de los contaminantes descritos en la lección anterior también amenazan la biodiversidad. El DDT por ejemplo, impide que los pájaros pongan huevos sanos. En Estados Unidos, las poblaciones de pelícano café, halcón peregrino y de otras aves disminuyeron drásticamente con el uso generalizado de sustancias químicas. La lluvia ácida estresa los organismos de la tierra y el agua. Los aumentos de dióxido de carbono en la atmósfera se disuelven en los océanos, provocando que éstos sean más ácidos, lo que amenaza la biodiversidad en los arrecifes de coral y en otros ecosistemas marinos.

En tu cuaderno *¿Por qué es dañina el agua ácida para los corales?*

PISTA DEL MISTERIO

Casi todas las cáscaras del coco que los investigadores han encontrado en la Isla de Pascua muestran señales de haber sido roídos por ratas no nativas. Los cocos contienen las semillas de la palma de coco. ¿Qué efecto crees que tuvieron las ratas en la población de palma de coco?

Cambio climático El cambio climático (un tema de la siguiente lección) es una amenaza importante para la biodiversidad. Recuerda que los organismos están adaptados a su medio ambiente y que tienen rangos de tolerancia específicos a la temperatura y a otras condiciones abióticas. Si las condiciones cambian y superan la tolerancia de un organismo, éste debe moverse a una ubicación más adecuada o enfrentará la extinción. Las especies que viven en hábitats fragmentados son particularmente vulnerables al cambio climático debido a que si cambian las condiciones es posible que no puedan moverse fácilmente a un hábitat adecuado. Los cálculos varían con relación a los efectos del cambio climático sobre la biodiversidad. Si las temperaturas globales aumentan 1.5 °C –2.5 °C sobre las temperaturas a finales del siglo XX, 30 por ciento de las especies estudiadas probablemente enfrentarán un riesgo mayor de extinción. Si la temperatura global aumenta más allá de 3.5 °C, es probable que 40 a 70 por ciento de las especies estudiadas enfrenten la extinción.

Conservación de la biodiversidad

¿Cómo conservar la biodiversidad?

¿Qué podemos hacer para proteger la biodiversidad? ¿Debemos enfocarnos en un organismo en particular como la guacamaya escarlata? ¿O debemos intentar salvar un ecosistema completo como el bosque tropical del Amazonas? Debemos hacer ambos. Al mismo tiempo, los esfuerzos de conservación deben tener en cuenta los intereses de los seres humanos. **Para conservar la biodiversidad, debemos proteger las especies individuales, conservar sus hábitats y ecosistemas, y asegurarnos que los vecinos humanos de las áreas protegidas se beneficien de participar en los esfuerzos de conservación.**

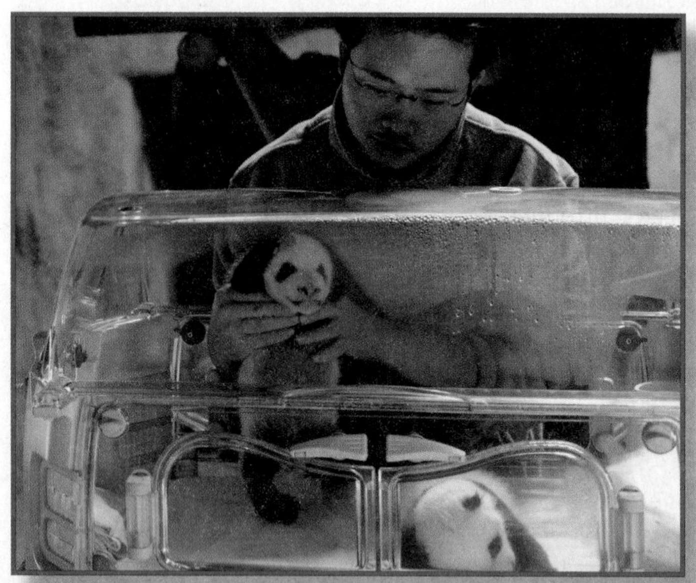

ILUSTRACIÓN 6–19 Salvar una especie individual Los esfuerzos para salvar al panda gigante incluyen un programa completo de reproducción en cautividad y reintroducción. Aquí un especialista de China sostiene a uno de los pandas gemelos que nacieron en el zoológico de Madrid, España. **Aplica los conceptos** ***¿Cómo afecta la reproducción en cautividad a la diversidad genética de una población?***

Protección de especies individuales En el pasado, la mayoría de los esfuerzos de conservación estaban enfocados en especies individuales y parte de este trabajo continúa hoy en día. La Asociación de Zoológicos y Acuarios (AZA), por ejemplo, supervisa los planes de supervivencia de las especies (SSP) diseñado para proteger las especies amenazadas y en peligro de extinción. Una parte clave de estos planes es un programa de reproducción en cautividad. Los miembros de AZA seleccionan y manejan mucho cuidado las parejas de animales para su apareamiento con el fin de asegurar una diversidad genética máxima. La meta final de un SSP es reintroducir individuos a la vida salvaje. La investigación, la educación pública y los programas de reproducción contribuyen a esa meta. El SSP cubre actualmente más de 180 especies, incluyendo al panda gigante que se muestra en la **ilustración 6–19.**

Conservación de hábitats y ecosistemas El impulso principal de los esfuerzos de conservación global hoy en día es proteger no sólo especies individuales sino ecosistemas completos. La meta es conservar las interacciones naturales de muchas especies a la vez. Para este fin, los gobiernos y grupos de conservación trabajan para reservar zonas como parques y reservas. Estados Unidos tiene parques nacionales, bosques u otras áreas protegidas. Se están creando santuarios marinos para proteger los arrecifes de coral y los mamíferos marinos.

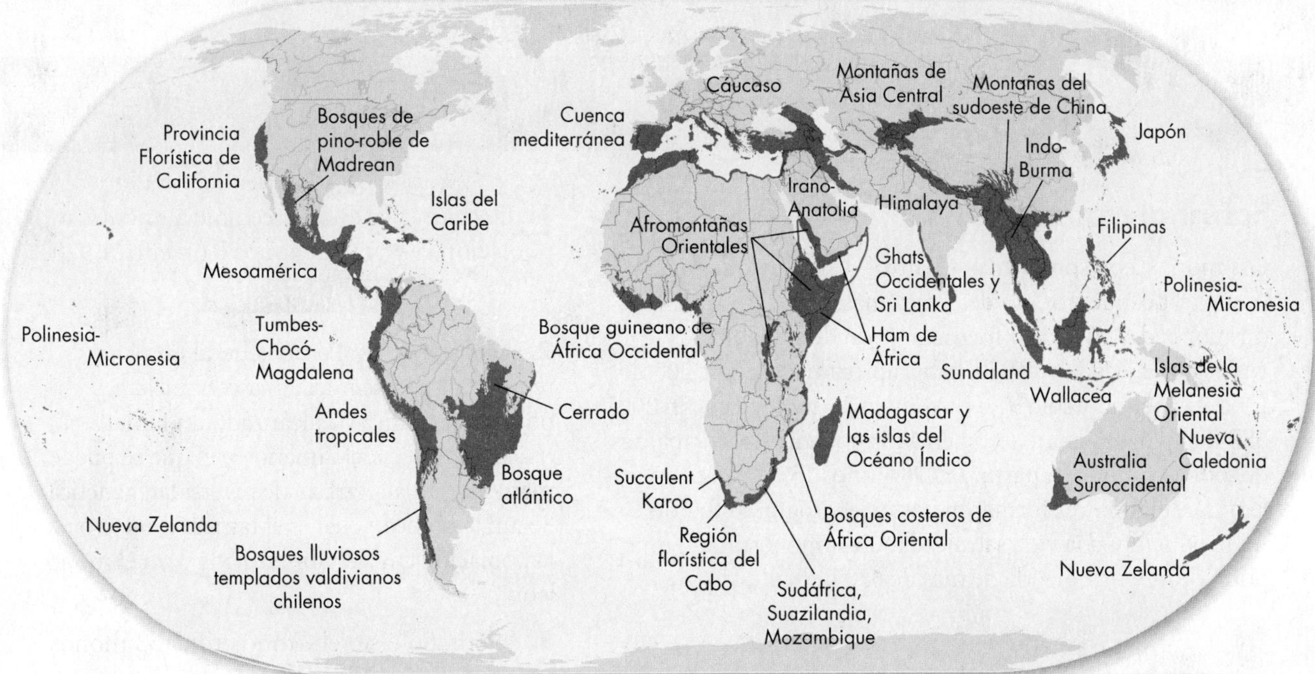

ILUSTRACIÓN 6-20 Zonas de conflicto ecológico La Conservación Internacional clasifica las zonas de conflicto de biodiversidad usando dos criterios. El área (1) debe contener por lo menos 1500 especies de plantas vasculares nativas, y (2) debe haber perdido por lo menos 70 por ciento de su hábitat original. Las 34 zonas de conflicto que se ven aquí cubren solamente el 2.3 por ciento de la superficie de la Tierra, pero contienen más del 50 por ciento de las especies de plantas del mundo y 42 por ciento de sus vertebrados terrestres.

El reto es proteger áreas que sean lo suficientemente grandes y con recursos adecuados para proteger la biodiversidad. Para que la conservación se concentre en los lugares más importantes, los biólogos de conservación han identificado las "zonas de conflicto" ecológico que se muestran en rojo en la **ilustración 6-20.** Una **zona de conflicto ecológico** es un lugar donde hay cantidades importantes de hábitats y especies en peligro de extinción inmediato. Al identificar estas áreas, los ecólogos esperan que los científicos y los gobiernos puedan enfocar sus esfuerzos para salvar tantas especies como sea posible.

Considerar intereses locales Proteger la biodiversidad a menudo exige que los individuos cambien sus hábitos o la forma en que se ganan la vida. Se puede recompensar o incentivar a las personas o comunidades involucradas. El gobierno de Estados Unidos ha ofrecido créditos fiscales a las personas que han instalado paneles solares o comprado automóviles híbridos. Muchas comunidades de África, América Central y Sureste de Asia han reservado tierras para parques nacionales y reservas naturales, como en la **ilustración 6-21,** con el fin de atraer los dólares de los turistas. En algunas comunidades australianas, se pagó a los granjeros para que plantaran árboles a lo largo de los ríos y arroyos como parte de los corredores silvestres que unen los fragmentos de bosques. Los árboles no sólo ayudaron a mejorar la calidad local del agua; también mejoraron la salud de las vacas de los granjeros, ¡que pudieron disfrutar de sombra en los días calurosos!

Los créditos de carbono son una estrategia para que las industrias disminuyan el uso de combustibles fósiles. Las compañías pueden liberar una cierta cantidad de carbono al medio ambiente. Cualquier carbono no usado se vende a un valor de mercado establecido o se cambia con otras compañías. Esta estrategia alienta a las industrias a comprar maquinaria con emisiones más bajas y adoptar prácticas de ahorro de carbono. De esta manera, se limita o se reduce la contaminación sin agregar una carga financiera a la industria involucrada. Esto ayuda a proteger la economía y reduce las pérdidas de biodiversidad provocadas por la contaminación. Estos ejemplos muestran que la conservación tiene que basarse en datos científicos sólidos y beneficiar a las comunidades afectadas.

ILUSTRACIÓN 6-21 Ecoturismo Un elefante de uno de los más de 30 rescatados en el Parque Natural de Elefantes de Tailandia, da un beso a una turista.

Salvar al mono león

Los monos león son primates nativos de las regiones de la costa del bosque tropical del Amazonas. Han sido amenazados por la destrucción y fragmentación de su hábitat. A principios de la década de 1970, había aproximadamente 200 de ellos en libertad y sólo 91 animales en 26 zoológicos. En 2007, SSP incluyó 496 monos león en 145 zoológicos participantes de todo el mundo. A partir de 1984, unos 153 de los monos león que alguna vez formaron parte del programa fueron reintroducidos a la vida salvaje, dando como resultado una población reintroducida de más de 650 individuos.

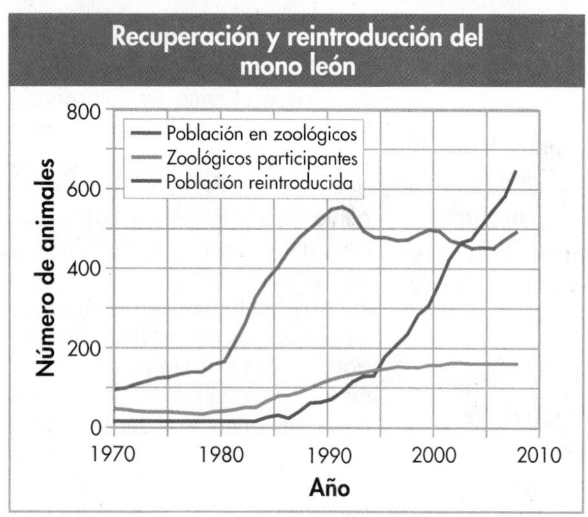

1. Calcular ¿En qué porcentaje aumentó la población cautiva de monos león entre 1970 y 2007? MATEMÁTICAS

2. Analizar datos Por lo general, la reintroducción se inicia una vez que la población cautiva ha alcanzado un tamaño objetivo, es decir, el tamaño en el que se puede mantener un alto grado de diversidad genética. Según la gráfica, ¿cuál es el tamaño objetivo de la población cautiva aproximada para el mono león?

3. Inferir Sólo se reintrodujeron 153 monos león a la vida salvaje. Si hoy en día hay 650 en la población que se reintrodujo, ¿de dónde surgieron los otros 497?

4. Formar una opinión ¿Cuándo las poblaciones de animales salvajes se reducen, ¿crees que deben retirarse de la vida salvaje y ponerse en cautiverio? ¿Por qué?

Adaptado de J.D. Ballou y J. Mickelberg, *International Studbook for Golden Lion Tamarins* (Washington, D.C.: Parque Nacional Zoológico, Smithsonian Institution, 2007). B. Holst et al., *Lion Tamarin Population and Habitat Viability Assessent Workshop 2005, Final* Report (Apple Valley, MN: IUCN/SSC Conservation Breding Specialist Group, 2006.)

6.3 Evaluación

Repaso de conceptos clave

1. a. Repasar Describe los diferentes componentes de la biodiversidad global.

b. Aplica los conceptos ¿Qué beneficios obtiene la sociedad de la biodiversidad?

2. a. Repasar ¿Cuáles son las amenazas principales a la biodiversidad?

b. Relacionar causa y efecto Explica la relación entre el tamaño del hábitat y la diversidad de las especies.

3. a. Repasar ¿Cuál es la meta del plan de supervivencia de las especies?

b. Formar una opinión ¿Crees que la estrategia de zonas de conflicto es buena? Explica tu respuesta.

RAZONAMIENTO VISUAL

4. Vuelve a observar el mapa de biomas de la página 111. Compáralo con el mapa de la **ilustración 6-20.** ¿Hay alguna semejanza entre los biomas a los que pertenecen las zonas de conflicto? Con lo que sabes de biomas, ¿te sorprende lo que has encontrado? Explica tu respuesta.

BIOLOGY.com Search Lesson 6.3 GO • Self-Test • Lesson Assessment

6.4 Enfrentar los desafíos ecológicos

PIÉNSALO Cada año, la EPA otorga hasta diez Premios del Presidente a la Juventud Ambiental. Entre los ganadores pasados había un Eagle Scout de Massachusetts que animó a los pescadores a que dejaran de usar pesas de plomo que contaminaban el agua y envenenaban los organismos, estudiantes del Estado de Washington que redujeron los desechos en su escuela y ahorraron más de medio millón de dólares en el proceso, y un estudiante de Florida que desarrolló un programa de promoción para proteger las tortugas marinas de su localidad. ¿Qué tienen en común estos premiados? Contribuyeron con ideas que protegen el medio ambiente a la vez que satisfacen necesidades presentes y futuras. Este tipo de liderazgo es lo que nos ayuda a trazar un nuevo curso para el futuro.

Preguntas clave

¿Cómo se compara la huella ecológica promedio de Estados Unidos con el promedio mundial?

¿Cómo puede guiarnos la ecología hacia un futuro sostenible?

Vocabulario

huella ecológica
capa de ozono
acuicultura
calentamiento global

Tomar notas

Tabla para comparar y contrastar A medida que leas, haz una tabla para comparar los retos con la capa de ozono, la industria pesquera y el clima global. Anota el problema, las causas y las soluciones.

Huellas ecológicas

¿Cómo se compara la huella ecológica promedio de Estados Unidos con el promedio mundial?

¿Cuál es actualmente nuestro impacto en la biósfera? Para responder a esta pregunta piensa en el tipo y cantidad de recursos que cada uno de nosotros usa. Los ecólogos se refieren al impacto humano en la biósfera usando un concepto llamado huella ecológica. La **huella ecológica** describe el área total de tierra en funcionamiento y los ecosistemas de agua necesarios tanto para proporcionar los recursos al individuo o población que los usa, como para absorber los desechos que generan los individuos o poblaciones y hacer que dichos desechos sean inofensivos. Las huellas ecológicas toman en cuenta la necesidad de suministrar recursos como energía, alimentos, agua y refugio, y de absorber desechos como aguas residuales y gases de invernadero. Los ecólogos usan los cálculos de la huella ecológica para estimar la capacidad de carga de la biósfera para los seres humanos. En la **ilustración 6-22** se muestra la interpretación de un artista de una huella ecológica.

Limitaciones de la huella Los ecólogos hablan de las huellas ecológicas de individuos, países y de la población del mundo. Sin embargo, calcular las cifras reales de las huellas ecológicas es complicado. El concepto es tan nuevo que no hay una forma para calcular el tamaño de la huella que haya sido aceptada universalmente. Lo que es más, las huellas proporcionan solamente una "foto instantánea" de la situación en un momento en particular.

ANALOGÍA VISUAL

HUELLAS ECOLÓGICAS

ILUSTRACIÓN 6–22 La comida que ingieres, las millas que recorres y la electricidad que consumes contribuyen a tu huella ecológica y a la de la población.

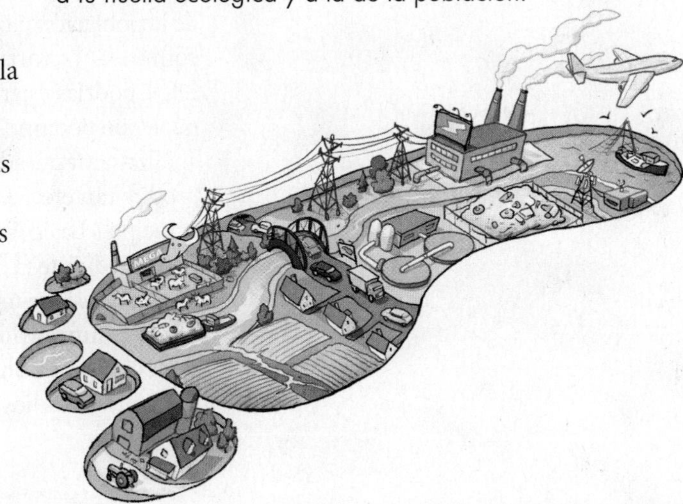

Comparar huellas Aunque es difícil calcular las huellas ecológicas *absolutas*, éstas pueden ser útiles para hacer *comparaciones* entre las diferentes poblaciones, como se muestra en la ilustración 6-23. **Según un conjunto de datos, el estadounidense promedio tiene una huella ecológica más de cuatro veces mayor que el promedio global.** En Estados Unidos, el uso por persona de los recursos es casi del doble que en Inglaterra, más del doble que en Japón y casi seis veces más que en China. Para determinar la huella ecológica de todo un país, los investigadores calculan la huella de un ciudadano típico y después la multiplican por el tamaño de la población.

En tu cuaderno *¿Cómo has contribuido hoy a tu huella ecológica? Da por lo menos diez ejemplos.*

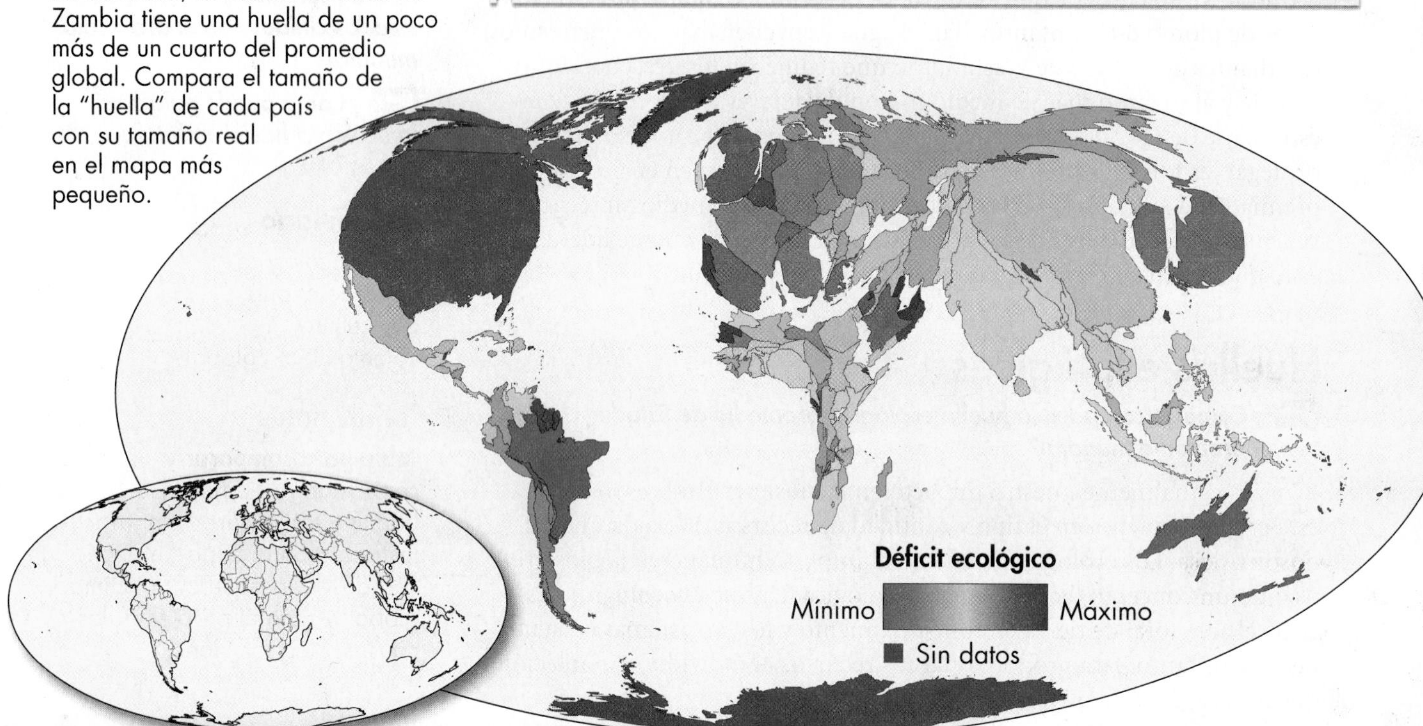

ILUSTRACIÓN 6–23 Huellas relativas Este mapa del mundo muestra cada país en proporción con su huella ecológica. Estados Unidos tiene una huella ecológica del doble que el promedio del mundo. En contraste, la nación africana de Zambia tiene una huella de un poco más de un cuarto del promedio global. Compara el tamaño de la "huella" de cada país con su tamaño real en el mapa más pequeño.

Ecología en acción

¿Cómo puede guiarnos la ecología hacia un futuro sostenible?

El futuro de la biósfera depende de nuestras huellas ecológicas, del crecimiento de la población global y del desarrollo tecnológico. Precisamente ahora es más común oír historias de retos que de éxitos ecológicos. Dado el tamaño de esos retos, podrías estar tentado a rendirte, a sentir que todo empeora y que no hay nada que podamos hacer al respecto. Pero la investigación ecológica reunida, analizada y aplicada adecuadamente puede ayudarnos a tomar decisiones que producirán efectos muy positivos en la condición de los seres humanos. Los principios básicos de la ecología pueden guiarnos hacia un futuro sostenible. **Mediante (1) el reconocimiento de un problema en el medio ambiente, (2) la investigación del problema para determinar su causa y después (3) con la comprensión científica para cambiar nuestro comportamiento, podemos tener un impacto positivo en el medio ambiente global.** Los siguientes estudios de casos ilustran la importancia de estos pasos.

Estudio de caso # 1: Ozono atmosférico

Entre 20 y 50 kilómetros sobre la superficie de la Tierra, la atmósfera contiene una concentración relativamente alta de ozono llamada **capa de ozono.** El ozono a nivel de la tierra es un contaminante, pero la capa natural de ozono absorbe la radiación ultravioleta (UV) dañina de la luz solar. La exposición excesiva a la radiación UV es la causa principal de las quemaduras solares. También puede provocar cáncer, dañar los ojos, y disminuir la resistencia a las enfermedades. Y la radiación intensa de luz UV puede dañar las plantas y algas. Al absorber la luz UV, la capa de ozono sirve como una pantalla solar global.

La siguiente es una historia de éxito ecológico. Durante más de cuatro décadas, la sociedad ha reconocido el problema, identificado su causa y cooperado a nivel internacional para tratar un problema global.

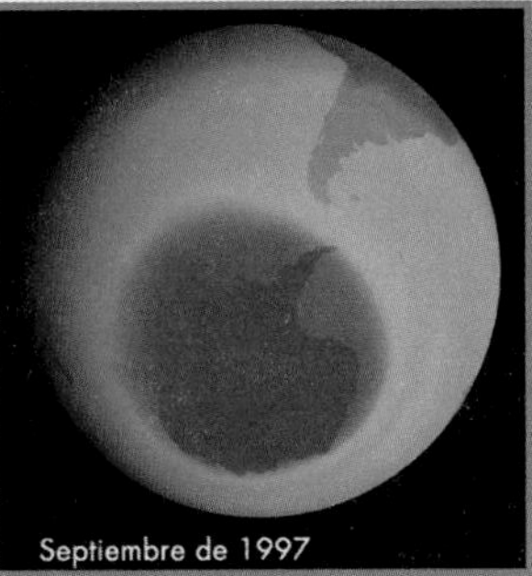

ILUSTRACIÓN 6–24 El ozono que desaparece

ILUSTRACIÓN 6–25 Refrigeradores con CFC

ILUSTRACIÓN 6–26 El descenso de los CFC

1 Reconocer un problema: Un "agujero" en la capa de ozono A principios de la década de 1970, los datos satelitales revelaron que la concentración de ozono sobre la Antártida había disminuido durante el invierno del sur. Un área de menor concentración de ozono se llama generalmente un agujero de ozono. En realidad no es un "agujero" en la atmósfera, desde luego, sino un área donde hay poco ozono. Durante varios años, después de que se descubrió por primera vez el agujero de ozono, éste se hacía más grande y duraba más cada año. La **ilustración 6-24** muestra el avance desde 1981 hasta 1999. El color azul más oscuro de la segunda imagen indica que la capa de ozono ha adelgazado desde 1981.

2 Investigar la causa: Los CFC En 1974, un equipo de investigación encabezado por Mario Molina, F. Sherwood Rowland y Paul J. Crutzen demostró que los gases llamados clorofluorocarbonos (CFC) podían dañar la capa de ozono. Esta investigación ganó para el equipo un Premio Nobel en 1995. Los CFC alguna vez se usaron mucho como propelentes en latas de aerosol; enfriadores en refrigeradores, congeladores y aparatos de aire acondicionado y en la producción de espumas plásticas.

3 Cambiar el comportamiento: Regulación de los CFC Una vez que se publicó la investigación sobre los CFC y fue aceptada por la comunidad científica, el resto fue responsabilidad de los políticos y en este caso, su respuesta fue tremenda. Después de las recomendaciones de los investigadores del ozono, 191 países firmaron un acuerdo importante, el Protocolo de Montreal, que prohibía la mayoría de los usos de los CFC. Debido a que éstos puede permanecer en la atmósfera durante un siglo, sus efectos en la capa de ozono todavía son visibles. Pero los halógenos de los CFC que destruyen el ozono han disminuido continuamente desde 1994, como se muestra en la **ilustración 6-26**, prueba de que su prohibición ha tenido efectos positivos a largo plazo. De hecho, los datos actuales predicen que aunque el agujero de ozono continúa fluctuando de tamaño año con año, debe desaparecer alrededor de la mitad de este siglo.

Estudio de caso #2: Industrias pesqueras en el Atlántico Norte

Desde 1950 hasta 1997, la pesca de mariscos anual en el mundo creció de 19 millones de toneladas a más de 90 millones. Este crecimiento llevó a muchos a creer que el suministro de pescado era un recurso renovable e interminable. Sin embargo, las dramáticas disminuciones recientes en las poblaciones de peces comerciales han demostrado lo contrario. La sociedad todavía está trabajando en este problema.

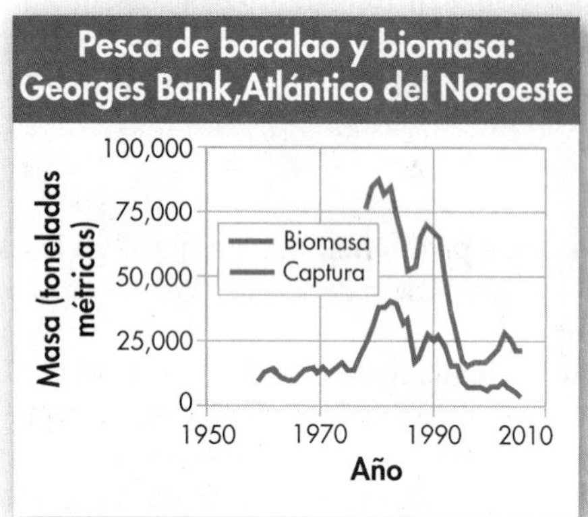

ILUSTRACIÓN 6–27 Disminución del bacalao

ILUSTRACIÓN 6–28 Pesca excesiva

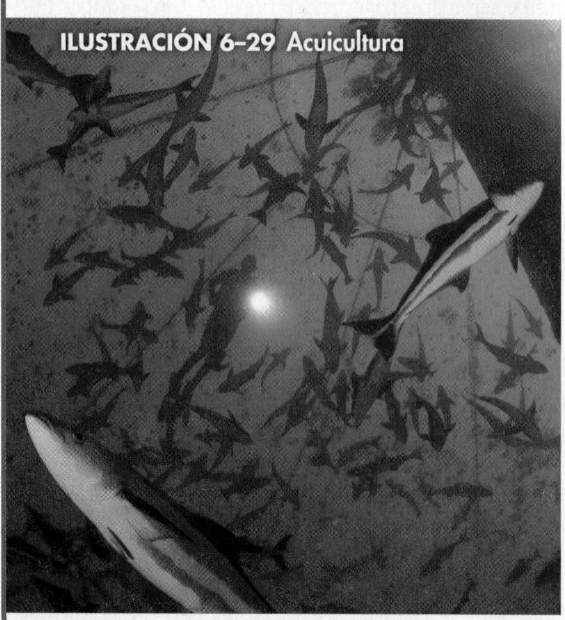

ILUSTRACIÓN 6–29 Acuicultura

1 Reconocer un problema: Más trabajo, menos peces La pesca de bacalao ha estado elevándose y disminuyendo durante el último siglo. Se debe en parte a las variaciones naturales de los océanos. Pero, a menudo, la disminución resulta cuando los botes empiezan a pescar demasiado. Desde la década de 1950 hasta la de 1970, los botes más grandes y los equipos de alta tecnología para la localización de peces ocasionaron una pesca más intensa y eficiente. La pesca aumentó durante un tiempo pero después comenzó a caer. La diferencia fue que la captura de peces continuó cayendo a pesar de los esfuerzos más intensos de pesca de toda la historia. Como se muestra en la **ilustración 6-27**, la masa total de bacalao que se pescó disminuyó significativamente a partir de la década de 1980, debido a la fuerte disminución de la biomasa de bacalao en el océano. No se puede pescar lo que no hay.

2 Investigar la causa: Pesca excesiva Los ecólogos de la industria pesquera reunieron datos sobre la estructura de edad y las tasas de crecimiento. Estos datos mostraron que los poblaciones de peces se estaban agotando. Para la década de 1990, las poblaciones de bacalao y abadejo habían descendido tanto que los investigadores temieron que podrían desaparecer. Como se observa en la **ilustración 6-28**, las disminuciones recientes en la pesca eran el resultado del exceso de pesca. Los peces habían sido capturados más rápidamente que lo que podían reemplazarse por la reproducción. En otras palabras, la mortalidad de las poblaciones comerciales de peces estaban superando la natalidad.

3 Cambiar el comportamiento: Regulación de la industria pesquera El Servicio Nacional de la Industria Pesquera de Estados Unidos usó datos para crear lineamientos para la pesca comercial. Especificaban cuántos peces y de qué tamaño se podían pescar en aguas estadounidenses. En 1996, la Ley de Industrias Pesqueras Sostenibles cerró ciertas áreas hasta que se recuperaran las reservas. Otras áreas se cerraron en forma estacional para permitir que los peces se reprodujeran. Estas regulaciones están ayudando a que se recuperen algunas poblaciones de peces, pero no todas. La **acuicultura**, es decir, la cría de animales acuáticos, ofrece una alternativa para la industria pesquera comercial con daños limitados al medio ambiente si se maneja adecuadamente.

Sin embargo, en términos generales, reestablecer las poblaciones de peces ha sido lento. La cooperación internacional sobre la industria pesquera no ha sido tan buena como lo fue con el ozono. Flotas enormes de otros países continúan pescando en aguas del océano fuera de las aguas territoriales de Estados Unidos. Algunas están reacias a aceptar los esfuerzos de conservación porque las regulaciones que protegen las poblaciones de peces para el futuro ocasionan pérdidas de ingresos y de puestos de trabajo hoy en día. Desde luego, si desaparecen las reservas de peces, el resultado será aún más devastador para la industria pesquera que las prohibiciones temporales. El reto es lograr prácticas sostenibles que aseguren la salud a largo plazo de la industria pesquera con un impacto mínimo a corto plazo sobre ella. Exactamente cómo cumplir con este reto aún es tema de debate.

Estudio de caso #3: Cambio climático

El cambio climático involucra ciclos de materia en la biósfera y todo lo que hacen los seres humanos, desde cortar y quemar bosques hasta la manufactura, el manejo de automóviles y la generación de electricidad. La información actual más confiable disponible sobre este tema proviene del informe 2007 del Panel Intergubernamental sobre el Cambio Climático (IPCC). El IPCC es una organización internacional establecida en 1988 para proporcionar la mejor información científica posible sobre el cambio climático. Los informes del IPCC contienen datos y análisis que han sido acordados y aceptados por 2500 científicos del clima de todo el mundo y por los gobiernos que participan en el estudio.

1 Reconocer un problema: Calentamiento global El informe del IPCC confirma que las temperaturas globales se están elevando. Esto se llama **calentamiento global**. Los vientos y las corrientes oceánicas impulsadas por las diferencias en la temperatura de la biósfera, moldean el clima. No es sorprendente entonces que el informe del IPCC analice también el cambio climático y en los patrones de temperatura, la precipitación pluvial, y otros factores ambientales físicos que pueden resultar del calentamiento global. Las evidencias físicas y biológicas han ayudado a comprender el cambio climático.

- **Evidencia física** La evidencia física del calentamiento global proviene de varias fuentes. Las gráficas de la **ilustración 6-30**, tomadas del informe IPCC 2007, muestran que las temperaturas de la Tierra son cada vez más elevadas, que se está derritiendo el hielo del mar y que los niveles de mar se están elevando. Once de los doce años entre 1995 y 2006 están entre los más calurosos desde el primer registro de temperatura en 1850. Entre 1906 y 2005, la temperatura global promedio se elevó 0.74 °C. Los cambios más importantes ocurren cerca del Círculo Ártico. Las temperaturas promedio en Alaska, por ejemplo, aumentaron 2.4 °C durante los últimos 50 años. Desde 1961, el nivel del mar se ha elevado a una tasa de 1.8 mm cada año porque las aguas más calientes se expanden y derriten los glaciales. Los datos satelitales confirman este hecho.

ILUSTRACIÓN 6-30 Una Tierra que se calienta

A.

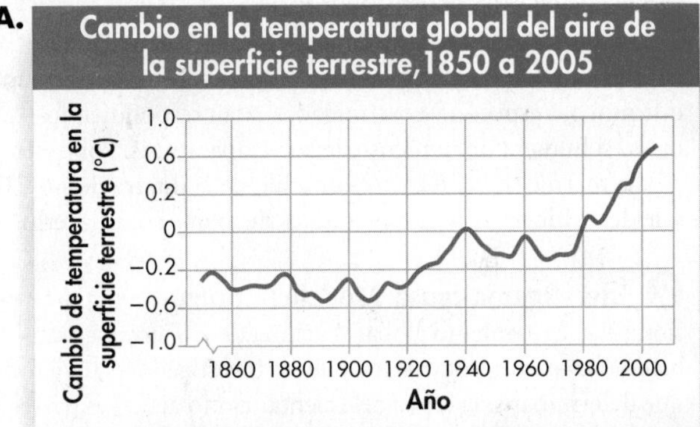

cambio en el promedio de la temperatura 1961 a 1990

B.

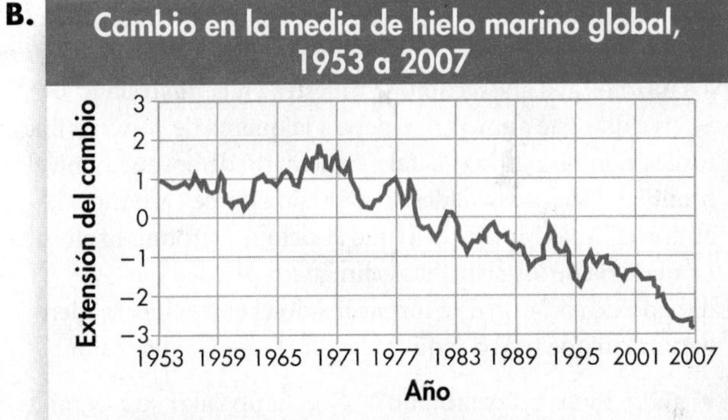

cambio en el promedio de la extensión de hielo marino 1953 a 2007

C.

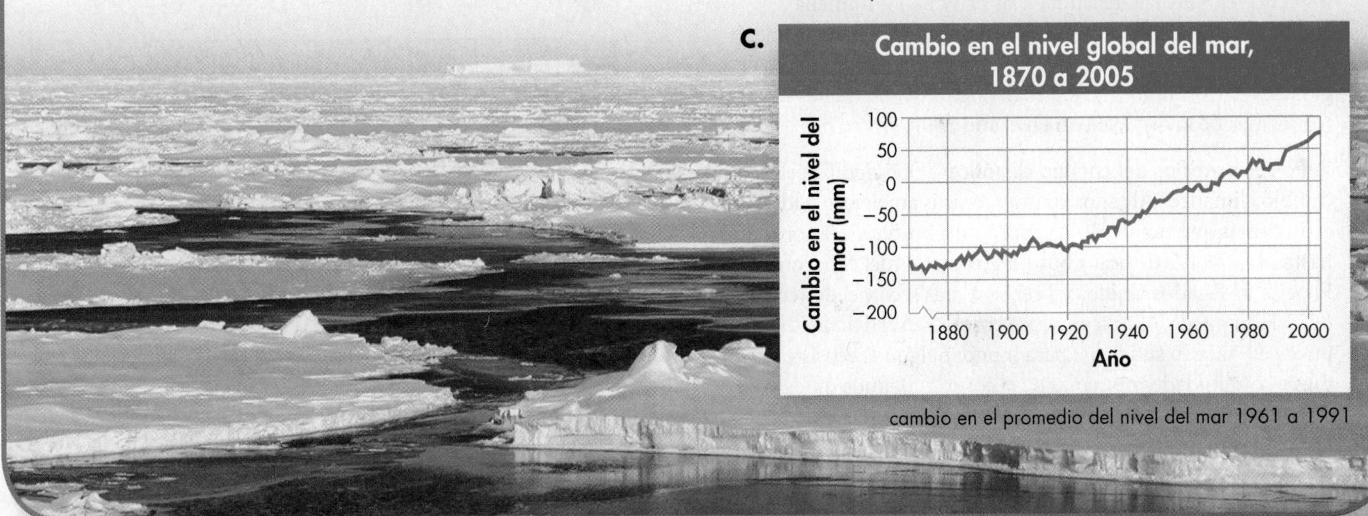

cambio en el promedio del nivel del mar 1961 a 1991

- **Evidencia biológica** Los pequeños cambios en el clima que los humanos apenas notan pueden ser importantes para otros organismos. Recuerda que el rango de cada organismo está determinado por factores como la temperatura, la humedad y la precipitación pluvial. Si cambian estas condiciones, los organismos pueden verse afectados. Por ejemplo, si se eleva la temperatura, los organismos se moverían hacía lugares más fríos lejos del Ecuador y de las tierras bajas más cálidas a altitudes más altas y frías. El florecimiento de las plantas y la reproducción de los animales se ven afectadas por los cambios de estación. Si está ocurriendo el calentamiento, estos organismos deben responder como lo harían si la primavera comenzara más temprano.

El informe del IPCC resume datos de 75 estudios que cubren 1700 especies de plantas y animales. Estos confirman que muchas especies y comunidades están respondiendo como si hubiera un aumento de las temperaturas. Por ejemplo, la marmota de estómago amarillo de la **ilustración 6-31**, sale de su hibernación un mes antes de lo que solía hacerlo.

ILUSTRACIÓN 6-31 Despertando demasiado temprano

2 Investigar la causa: Modelos y preguntas ¿Qué ocasiona el calentamiento global? El clima de la Tierra ha cambiado durante su historia. Así que los investigadores tuvieron que determinar si la causa del calentamiento actual es parte de un ciclo natural, provocado por los seres humanos o por cambios astronómicos y geológicos. Según los informes del IPCC, las concentraciones de dióxido de carbono y otros gases de efecto invernadero han aumentado significativamente durante los últimos 200 años, como se muestra en la **ilustración 6-32.** Se cree que este aumento se debe a la quema de combustibles fósiles, combinado con la tala y quemado de bosques a nivel mundial. Estas actividades añaden dióxido de carbono a la atmósfera más rápido de lo que el ciclo de carbono lo elimina. La mayoría de los científicos climáticos piensan que este dióxido de carbono está fortaleciendo el efecto invernadero natural, lo que provoca que la biósfera retenga más calor.

- **¿Qué tanto ha cambiado?** ¿Qué tanto calor se espera? Para obtener respuestas, los investigadores recurren a modelos complejos acerca del clima y las actividades humanas con base en los datos. Aunque las predicciones están abiertas a debate, el IPCC predice que las temperaturas promedio globales se elevarán para finales del siglo XXI de menos 2 °C a 6.4 °C más de lo que estaban en el año 2000.

- **Posibles efectos del cambio climático** ¿Qué significa el cambio climático? Algunos cambios quizás amenacen a los ecosistemas que van desde la tundra y los bosques del noroeste hasta los arrecifes de oral y bosques tropicales del Amazonas. El oeste de Estados Unidos tal vez será más seco y el desierto del Sahara puede llegar a ser más verde. El nivel del mar puede elevarse lo suficiente para inundar algunos ecosistemas y comunidades humanas de la costa. Y algunos modelos sugieren que partes de América del Norte pueden experimentar más sequías durante la estación de cultivo del verano.

ILUSTRACIÓN 6-32 Gases invernadero

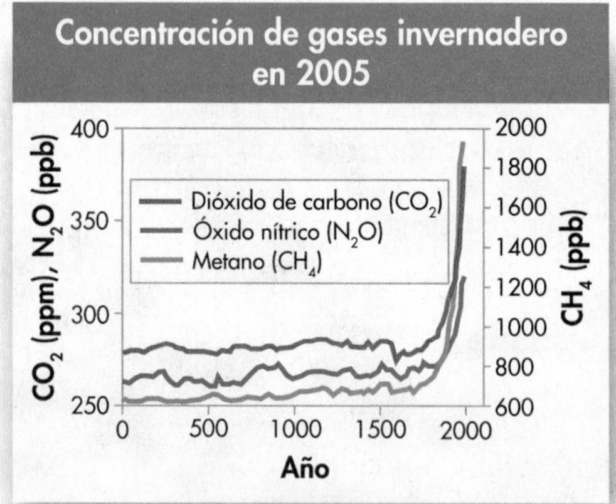

3 Cambiar el comportamiento: Los retos del futuro Has visto cómo la investigación ha dado lugar a acciones que conservan la capa de ozono e intentan reestablecer la industria pesquera. En términos del clima global, hay grandes retos delante de nosotros. Los científicos llevan diciendo durante más de dos décadas que el mundo necesita reconocer la importancia del cambio climático y tomar medidas para minimizar el calentamiento futuro. Los cambios en el comportamiento necesarios para reducir las emisiones de gases invernadero serán muy importantes y requerirán las aportaciones de la economía y de muchos otros campos más allá de la biología. Algunos cambios dependerán de las nuevas tecnologías para la energía renovable y de un uso más eficiente de la energía. Debido a que será difícil cambiar nuestro uso de combustibles fósiles y otros comportamientos, los investigadores continúan reuniendo datos mientras intentan hacer modelos más precisos. Mientras tanto, hemos comenzado a ver el surgimiento de automóviles eléctricos, productos reciclados y edificios ecológicos.

Las naciones del mundo han comenzado a organizar cumbres climáticas internacionales, en las que intentan elaborar convenios para proteger la atmósfera y el clima, ambos problemas realmente globales. Conforme el mundo, y nuestro gobierno, intentan trabajar para superar estos retos, recuerda que el objetivo de la ecología no es predecir desastres ni impedir que las personas disfruten de la vida moderna. El mundo es nuestra isla de vida. Esperemos que la humanidad pueda trabajar para que llegue un día donde la información científica y el ingenio de los seres humanos nos ayuden a alcanzar la meta común de conservar la calidad de vida en la Tierra.

ILUSTRACIÓN 6–33 Pequeños cambios, grandes resultados

6.4 Evaluación

Repaso de conceptos claves

1. a. Repasar ¿Qué son las huellas ecológicas?

b. Aplica los conceptos ¿Cuáles son las limitaciones del modelo de huella ecológica, y cómo pueden usarla mejor los ecólogos?

2. a. Repasar ¿Por qué es tan importante la capa de ozono para los seres vivos?

b. Explicar ¿Cuáles son los tipos principales de pruebas físicas y biológicas del cambio climático?

c. Proponer una solución Sugiere una solución para el problema de la industria pesquera. Tu solución puede ser a nivel internacional, nacional, regional o individual. Explica cómo ayudaría y qué retos ves en implementarla.

Aplica la gran idea

Interdependencia en la naturaleza

3. Consulta el ciclo del carbono de la página 83. Describe cómo quemar muchos combustibles fósiles está afectando a otras reservas de carbono en la biósfera.

BIOLOGY.com Search Lesson 6.4  GO • Self-Test • Lesson Assessment

Laboratorio: diseña una actividad

INVESTIGACIÓN ABIERTA

Preparación para el laboratorio: La lluvia ácida y las semillas

Problema ¿De qué manera la lluvia ácida afecta la germinación de semillas?

Materiales vinagre blanco, agua destilada, tubos de prueba grandes, rejilla de tubos de prueba, lápiz marcador para cristal, cilindro graduado de 25 mL, colorante alimenticio, pipeta, papel para pH, granos secos, toallas de papel, bolsas de plástico con cierre, etiquetas adhesivas, lupa

Manual de laboratorio Laboratorio del Capítulo 6

Enfoque en las destrezas Diseñar un experimento, organizar datos, medir, dibujar gráficas

Conectar con la gran idea Todos los organismos alteran su medio ambiente de alguna manera. Los elefantes arrancan los árboles de raíz, los perros de las praderas cavan túneles y los corales construyen arrecifes. Pero ningún otro organismo tiene tanto impacto en el medio ambiente global como los seres humanos. Una de las formas en que éstos afectan a la ecología global es con la quema de combustibles fósiles. Al quemarlos se produce dióxido de carbono, que se puede acumular en la atmósfera y ocasionar cambios climáticos. Otros productos reaccionan con el agua para formar ácidos nítricos y sulfúricos. La lluvia que contiene estos ácidos puede dañar muchas cosas, incluyendo estatuas de piedra y plantas en crecimiento. En este laboratorio, investigarás el efecto de la lluvia ácida sobre las semillas.

Preguntas preliminares

a. Repasar ¿Para qué sirve una medición a escala del pH?

b. Repasar ¿Qué solución es más ácida: una con un pH de 4.0 ó una con un pH de 5.0? ¿Por qué?

c. Explicar Usa el ciclo del agua para rastrear la ruta que siguen los ácidos que hay en el vapor de agua hasta que llegan a las plantas.

Preguntas previas al laboratorio

Examina el procedimiento en el manual de laboratorio.

1. Diseña un experimento ¿Cuál crees que sea el objetivo de agregar colorante alimenticio al vinagre en la Parte A?

2. Inferir ¿Cómo sabes que ya germinó una semilla?

3. Usar modelos En este laboratorio, ¿qué representan las soluciones?

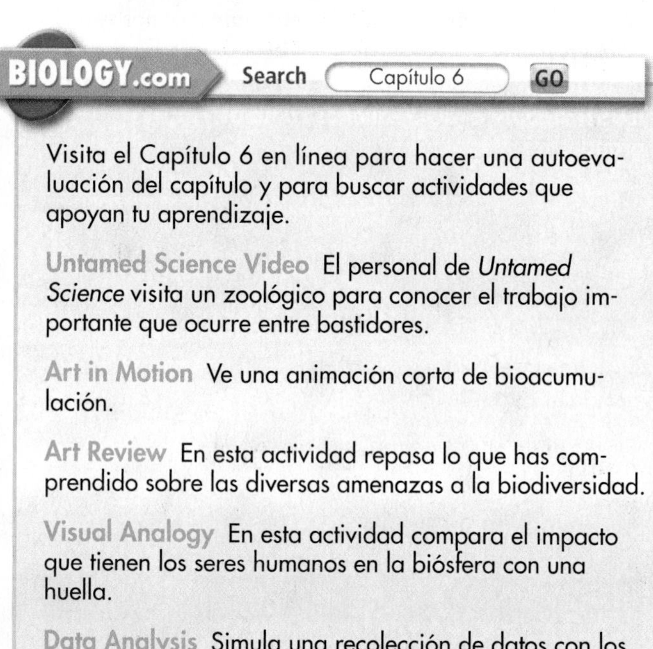

Visita el Capítulo 6 en línea para hacer una autoevaluación del capítulo y para buscar actividades que apoyan tu aprendizaje.

Untamed Science Video El personal de *Untamed Science* visita un zoológico para conocer el trabajo importante que ocurre entre bastidores.

Art in Motion Ve una animación corta de bioacumulación.

Art Review En esta actividad repasa lo que has comprendido sobre las diversas amenazas a la biodiversidad.

Visual Analogy En esta actividad compara el impacto que tienen los seres humanos en la biósfera con una huella.

Data Analysis Simula una recolección de datos con los que comparar dos sitios y aprender cómo calcular un índice de biodiversidad para cuantificar dicha biodiversidad.

6 Guía de estudio

La gran idea Interdependencia en la naturaleza

Los seres humanos afectan los procesos ecológicos naturales a través de la agricultura, desarrollo urbano e industria. Pero las ciencias ecológicas nos dan estrategias para un desarrollo sostenible, formas en que podemos proteger el medio ambiente sin disminuir el avance de los seres humanos.

6.1 Un paisaje cambiante

Los seres humanos afectan los medio ambientes globales y regionales a través de la agricultura, el desarrollo y la industria, de formas que inciden en la calidad de los recursos naturales de la Tierra, incluyendo el suelo, el agua y la atmósfera.

El desarrollo sostenible satisface las necesidades humanas a la vez que conserva los ecosistemas que producen los recursos naturales.

monocultivo (155) recurso no renovable (157)
recurso renovable (157) desarrollo sostenible (157)

6.2 Uso sabio de los recursos

Un suelo saludable sustenta tanto la agricultura como la silvicultura.

Es posible minimizar la erosión del suelo a través de un manejo cuidadoso tanto de la agricultura como de la silvicultura.

Las fuentes principales de contaminación del agua son las sustancias químicas, industriales y agrícolas, las aguas residuales residenciales y fuentes no puntuales.

Las formas comunes de contaminación del aire incluyen esmog, lluvia ácida, gases invernadero y partículas.

desertificación (159) bioacumulación (161)
deforestación (159) esmog (163)
contaminante (160) lluvia ácida (164)

6.3 Biodiversidad

Los beneficios de la biodiversidad a la sociedad incluyen contribuciones a la medicina y a la agricultura, así como el suministro de bienes y servicios de los ecosistemas.

Los seres humanos reducen la biodiversidad al alterar los hábitats, con la caza, introduciendo especies invasivas, liberando contaminación en las redes alimenticias y contribuyendo al cambio climático.

Para conservar la biodiversidad, debemos proteger las especies individuales, conservar sus hábitats y ecosistemas, y asegurarnos que los vecinos humanos de las áreas protegidas se beneficien de participar en los esfuerzos de conservación.

biodiversidad (166)) diversidad genética (166) diversidad de ecosistemas (166) fragmentación del hábitat (168) diversidad de especies (166) zona de conflicto ecológico (171)

6.4 Enfrentar los desafíos ecológicos

Según un conjunto de datos, el estadounidense promedio tiene una huella ecológica más de cuatro veces mayor que el promedio global.

Mediante (1) el reconocimiento de un problema en el medio ambiente, (2) la investigación del problema para determinar su causa y después (3) con la comprensión científica para cambiar nuestro comportamiento, podemos tener un impacto positivo en el medio ambiente global.

huella ecológica (173) acuicultura (176)
capa de ozono (175) calentamiento global (177)

Razonamiento visual

Haz un diagrama de flujo que muestre los pasos de la bioacumulación de DDT. Tu diagrama debe mostrar cómo el DDT se introduce en la red alimenticia y qué efectos tiene en los organismos.

6 Evaluación

6.1 Un paisaje cambiante

Comprender conceptos clave

1. ¿Cuál de las siguientes actividades humanas NO ha tenido un papel importante en la transformación de la biósfera hasta la fecha?

   a. agricultura **c.** desarrollo
   b. industria **d.** acuicultura

2. Un recurso que no puede reabastecerse con facilidad mediante procesos naturales se llama

   a. común. **c.** no renovable.
   b. renovable. **d.** conservado.

3. Describe cómo los colonos hawaianos afectaron de manera negativa las islas después de la década de 1700.

4. Nombra cuatro servicios que proporcionan los ecosistemas a la biósfera.

Razonamiento crítico

5. **Proponer una solución** Traza lineamientos que pueda usar tu clase de biología para desechar su basura que no pertenece al laboratorio en una forma segura, "amigable con el ambiente".

6. **Comparar y contrastar** ¿En qué se parecen los recursos renovables y los no renovables? ¿En qué son diferentes?

7. **Proponer una hipótesis** Los campos de monocultivos por lo general son más grandes y homogéneos ¿Piensas que esto los hace más o menos vulnerables a enfermedades y plagas? Explica.

6.2 Uso sabio de los recursos

Comprender conceptos clave

8. La conversión de un área que alguna vez tuvo un suelo rico en un área con poca o ninguna vegetación se llama

   a. fragmentación. **c.** desertificación.
   b. deforestación. **d.** lluvia ácida.

9. La pérdida de suelo fértil de un área mediante la acción del agua o el viento se llama

   a. lluvia ácida. **c.** desertificación.
   b. erosión. **d.** monocultivo.

10. El concepto de usar los recursos naturales sin agotarlos se llama

    a. conservación.
    b. desarrollo sostenible.
    c. reforestación.
    d. uso exitoso.

11. Examina la siguiente red alimenticia. ¿Cuál de estos organismos debería acumular los niveles más altos de un pesticida?

    a. halcón **c.** rana
    b. conejo **d.** pasto

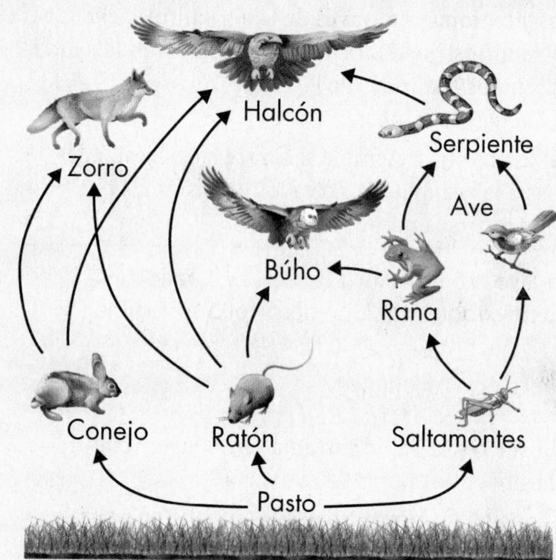

12. ¿Cuál es la diferencia entre la silvicultura sostenible y la deforestación?

13. Identifica algunas de las fuentes comunes de contaminación de agua.

Razonamiento crítico

14. **Diseñar un experimento** ¿Cubrir el suelo con abono o compuestos orgánicos cerca de la base de las plantas puede ayudar a reducir la erosión del suelo? Diseña un experimento para responder a esta pregunta.

15. **Calcular** La concentración de sustancias químicas tóxicas se ha ampliado diez veces en cada nivel trófico. ¿Cuál será la concentración de toxinas en los organismos en el quinto nivel trófico si los productores primarios tienen concentraciones de 40 partes por millón? MATEMÁTICAS

16. **Inferir** ¿Por qué los lagos se han visto afectados por la lluvia ácida a menudo clara y azul?

6.3 Biodiversidad

Comprender conceptos clave

17. Una especie que se introduce en un medio ambiente donde no ha vivido antes se describe como
    a. nativa.
    b. no nativa.
    c. amenazada.
    d. depredatoria.

18. ¿Qué es un fragmento de hábitat?

19. Enumera tres tipos diferentes de biodiversidad que podrían describirse en un bioma determinado.

Razonamiento crítico

20. **Predecir** ¿Cómo piensas que la pérdida de biodiversidad podría afectar en forma negativa a los seres humanos?

21. **Comparar y contrastar** Explica la diferencia entre la diversidad de especies y la diversidad de ecosistemas.

6.4 Enfrentar los desafíos ecológicos

Comprender conceptos claves

22. La quema de combustibles fósiles es la causa directa de cada uno de los siguientes EXCEPTO
    a. la lluvia ácida.
    b. el calentamiento global.
    c. el esmog.
    d. el agujero en la capa de ozono.

23. La incidencia total que tiene una persona en la biósfera puede estar representado por su
    a. contribución al cambio climático.
    b. huella ecológica.
    c. consumo de combustibles fósiles.
    d. producción de dióxido de carbono.

24. Cita tres ejemplos de evidencia física para el calentamiento global.

25. ¿Cuáles son algunos efectos biológicos del cambio climático?

Razonamiento crítico

26. **Relacionar causa y efecto** ¿Por qué no se ha reparado en su totalidad y por sí misma la capa de ozono desde la prohibición generalizada del uso de CFC en 1987?

27. **Aplica los conceptos** Describe algunos de los pasos tomados en contra de los efectos de la pesca excesiva de bacalao en el Atlántico Norte. ¿Por qué la pesca excesiva es un asunto ambiental complejo?

resuelve el MISTERIO del CAPÍTULO

TRASLADO DE LOS *MOÁI*

El medio ambiente de la Isla de Pascua no era tan biológicamente diverso ni tan resistente al daño ecológico como las islas Hawaianas. Los Rapa Nui cortaron palmeras para la agricultura, troncos para mover a los *moái* y para obtener madera para fabricar canoas de pesca. Manejaron mal los campos talados que el suelo fértil fue arrastrado por el agua.

Mientras tanto, las ratas introducidas en la isla se volvieron invasivas. Hordas de roedores destruyeron las plántulas de palmeras, se comieron los cocos y digirieron las semillas de palma antes de que pudieran germinar. Los hawaianos también trajeron ratas a sus islas y las ratas dañaron seriamente las plantas hawaianas nativas. Pero en la mayoría de los diversos bosques de Hawai, algunas especies de plantas no sufrieron daño severo de las ratas y sobrevivieron.

La combinación de la actividad humana y los efectos de las especies invasivas llevaron a la destrucción de virtualmente todos los bosques de la Isla de Pascua. Esta combinación junto con los efectos de un clima extremo, limitó la capacidad de carga de la isla para los seres humanos a partir de ese momento.

1. **Relacionar causa y efecto** ¿Cómo afectó el tamaño pequeño de la isla (alrededor de la mitad del tamaño de Long Island, en Nueva York) el resultado de la deforestación e invasión de plagas?

2. **Comparar y contrastar** Reúne información sobre las diferencias en geografía, clima y diversidad biológica entre Hawai y la Isla de Pascua. ¿Cómo piensas que estas diferencias hicieron que las islas respondieran en forma diferente al asentamiento de seres humanos?

3. **Conectar con la gran idea** Todas las culturas humanas a través de la historia han interactuado con sus medio ambientes. ¿Piensas que la sociedad humana a nivel mundial tiene lecciones que aprender de las experiencias de los Rapa Nui, los hawaianos y otras culturas históricas?

Relacionar conceptos

Usar gráficas científicas

La siguiente gráfica muestra la cantidad de atún rojo que se pescó en Estados Unidos y en el océano Atlántico entre 2002 y 2006. Usa la gráfica para responder a las preguntas 28 y 29.

28. Predecir ¿Qué tendencia esperarías ver en la pesca anual de 2006 a 2007?

29. Proponer una solución ¿Qué recomendaciones harías para ayudar a que la población de atún rojo se recupere dentro de una o dos décadas?

Escribir sobre las ciencias

30. Explicación Escribe un párrafo explicando el valor de los humedales para las sociedades humanas. Incluye el concepto de biodiversidad así como el papel de los humedales en el mantenimiento de recursos de agua para uso humano.

31. Evalúa la gran idea ¿Por qué es importante mantener la diversidad de especies en áreas donde viven seres humanos?

32. Evalúa la gran idea ¿Qué factores ambientales hacen que sea posible tener niveles altos de biodiversidad en la mayoría de las aguas costeras? Consulta el análisis de factores abióticos y bióticos en el capítulo 4 si necesitas ayuda para responder a esta pregunta.

Analizar datos

La siguiente gráfica muestra el número de especies introducidas a los nuevos hábitats en Estados Unidos en el último siglo. Algunas especies se reubicaron en un hábitat nuevo dentro de Estados Unidos mientras otras se importaron de otros países.

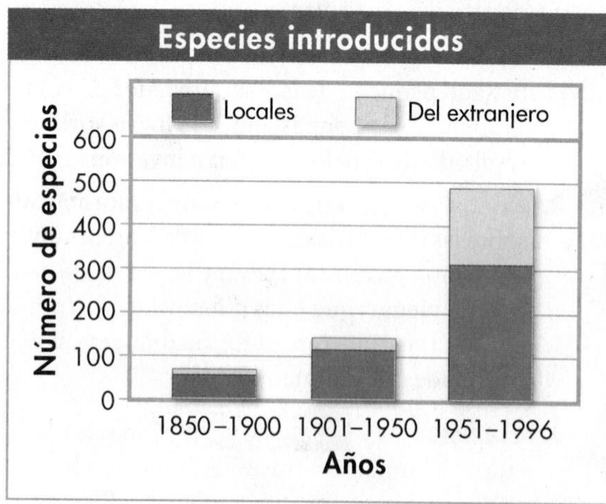

33. Interpretar gráficas De las especies locales y las del extranjero, ¿cuáles mostraron el aumento porcentual más alto entre 1901 y1950 y durante el período de 1951 a 1996?

a. las especies locales
b. las especies del extranjero
c. Ambas aumentaron en la misma cantidad.
d. No hay suficiente información para dar una respuesta.

34. Sacar conclusiones ¿Cuál de las siguientes oraciones acerca de las especies introducidas es tal vez la más real según los datos que se muestran?

a. Las especies introducidas de países del extranjero siempre son más dañinas que las especies reubicadas dentro del país.
b. Todas las especies introducidas se trajeron a este país por accidente.
c. Es probable que el aumento en el número de especies introducidas se deba al aumento de viajes, comercio y comunicación global.
d. El número de especies introducidas es probable que caiga en la siguiente mitad del siglo.

Preparación para exámenes estandarizados

Selección múltiple

1. ¿Cuál de las siguientes oraciones acerca de los recursos renovables es CIERTA?
A Sólo se encuentran en climas tropicales.
B Nunca se pueden agotar.
C Se reemplazan por medios naturales.
D Se regeneran con gran rapidez.

2. ¿Cuál de los siguientes es un recurso renovable?
A viento
B agua dulce
C carbón
D suelo superior

3. ¿Cuál de los siguientes NO es un efecto directo de la deforestación?
A menor productividad del ecosistema
B erosión del suelo
C bioacumulación
D destrucción del hábitat

4. La variedad total de organismos en la biósfera se llama
A biodiversidad.
B diversidad de especies.
C diversidad del ecosistema.
D diversidad genética.

5. El ozono está formado por
A hidrógeno.
B oxígeno.
C nitrógeno.
D cloro.

6. La reducción del ozono en la atmósfera ha sido ocasionada por
A el monocultivo.
B los CFC.
C la expansión suburbana.
D la erosión del suelo.

7. En una cadena alimentaria, las concentraciones de sustancias perjudiciales aumentan en niveles tróficos mayores en un proceso conocido como
A bioacumulación.
B tendencia genética.
C sucesión biológica.
D resistencia a pesticidas.

Preguntas 7 y 8

Las primeras hormigas de fuego llegaron a Estados Unidos en 1918, tal vez en un buque en una travesía de América del Sur a Alabama. Los siguientes mapas muestran la ubicación geográfica de la población de las hormigas de fuego en Estados Unidos en 1953 y 2001.

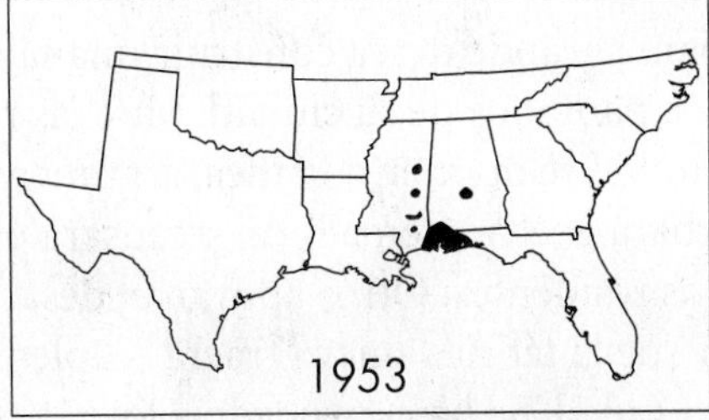

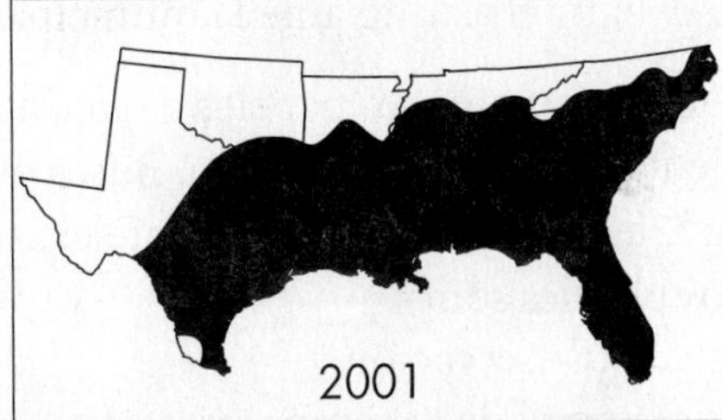

8. ¿Cuál de las siguientes oraciones acerca de las hormigas de fuego en Estados Unidos es CIERTA?
A Se reproducen con gran lentitud.
B Son una especie nativa de Estados Unidos.
C Son una especie invasiva.
D No compiten con otras especies de hormigas.

9. En 2010, es MÁS probable que las hormigas de fuego
A se extendieron a áreas más grandes.
B alcanzaron su capacidad de carga.
C se murieron.
D regresaron a América del Sur.

Respuesta de desarrollo

10. Describe cómo usan los ecólogos el concepto de huella ecológica.

Si tienes dificultades con...

la pregunta	1	2	3	4	5	6	7	8	9	10
Ver la lección	6.1	6.2	6.2	6.3	6.2	6.4	6.2	6.3	6.3	6.4

UNIDAD 2 Ecología

Proyecto de la unidad

Debate sobre el desarrollo

Una compañía grande desea construir una fábrica nueva en los pantanos de tu ciudad. Muchas personas en la ciudad se oponen a la idea, argumentando que perturbará el ecosistema local y causará problemas para los residentes. Otros apoyan el desarrollo, afirmando que la fábrica nueva traerá empleos y dinero a la ciudad. Se ha convocado a los representantes para debatir el asunto ante la municipalidad.

Tu tarea Adopta uno de los papeles de los interesados que se enumeran a continuación. Busca evidencia que apoye ese punto de vista y debate el asunto en clase. Los papeles son

- Ecólogo de conservación
- Director general de la compañía
- Alcalde de la ciudad que apoya el desarrollo
- Residente de la ciudad que vive junto a los pantanos

Asegúrate de

- justificar tus argumentos con información verosímil.
- presentar tus argumentos de una manera clara y convincente.

Preguntas de reflexión

1. **Califica tu desempeño usando la escala siguiente. ¿Qué puntuación obtuviste?**
2. **¿Qué hiciste bien en este proyecto?**
3. **¿Qué necesitas mejorar en tu desempeño?**
4. **Después de escuchar varios puntos de vista del argumento, reúnete con un compañero y discute con cuál posición estás más de acuerdo. Justifica tu opinión.**

Escala de evaluación

Puntuación	Evidencia proporcionada	Calidad del desempeño
4	El estudiante justifica su argumento con información compleja y muy verosímil.	Las ideas se presentan de una manera muy convincente y clara. El estudiante muestra comprensión profunda de los asuntos implicados.
3	El estudiante justifica su argumento con información lógica y verosímil.	Las ideas se presentan de una manera efectiva y clara. El estudiante muestra comprensión sólida de los asuntos implicados.
2	El estudiante proporciona alguna información verosímil, pero otros puntos son débiles o imprecisos.	Algunas ideas se presentan de una manera poco clara. El estudiante muestra comprensión limitada de los asuntos implicados.
1	El estudiante proporciona evidencia en su mayor parte ilógica e inválida para apoyar su argumento.	La mayoría de las ideas se presenta de una manera poco clara. El estudiante muestra comprensión muy limitada de los asuntos implicados.

Las células

UNIDAD 3

Capítulos

PRESENTAR las grandes ideas

- **Base celular de la vida**
- **Homeostasis**
- **Crecimiento, desarrollo y reproducción**

"El Sr. Zong había prometido que sería interesante. Puse una cubierta de vidrio sobre la gota de agua de estanque sucia, y deslicé el portaobjetos bajo mi microscopio. Estaba sorprendido. Criaturas de todas las formas y descripciones nadaban, se deslizaban y se retorcían, cada una de ellas, como explicó mi profesor, una sola célula. Nunca he olvidado el espectáculo de tanta vida abarrotando paquetes tan diminutos, o la maravilla de lo que sucede dentro de una célula viva."

Ken Miller

7 Estructura y función celular

La gran idea

Base celular de la vida, homeostasis

P: ¿Cómo se adaptan las estructuras celulares a sus funciones?

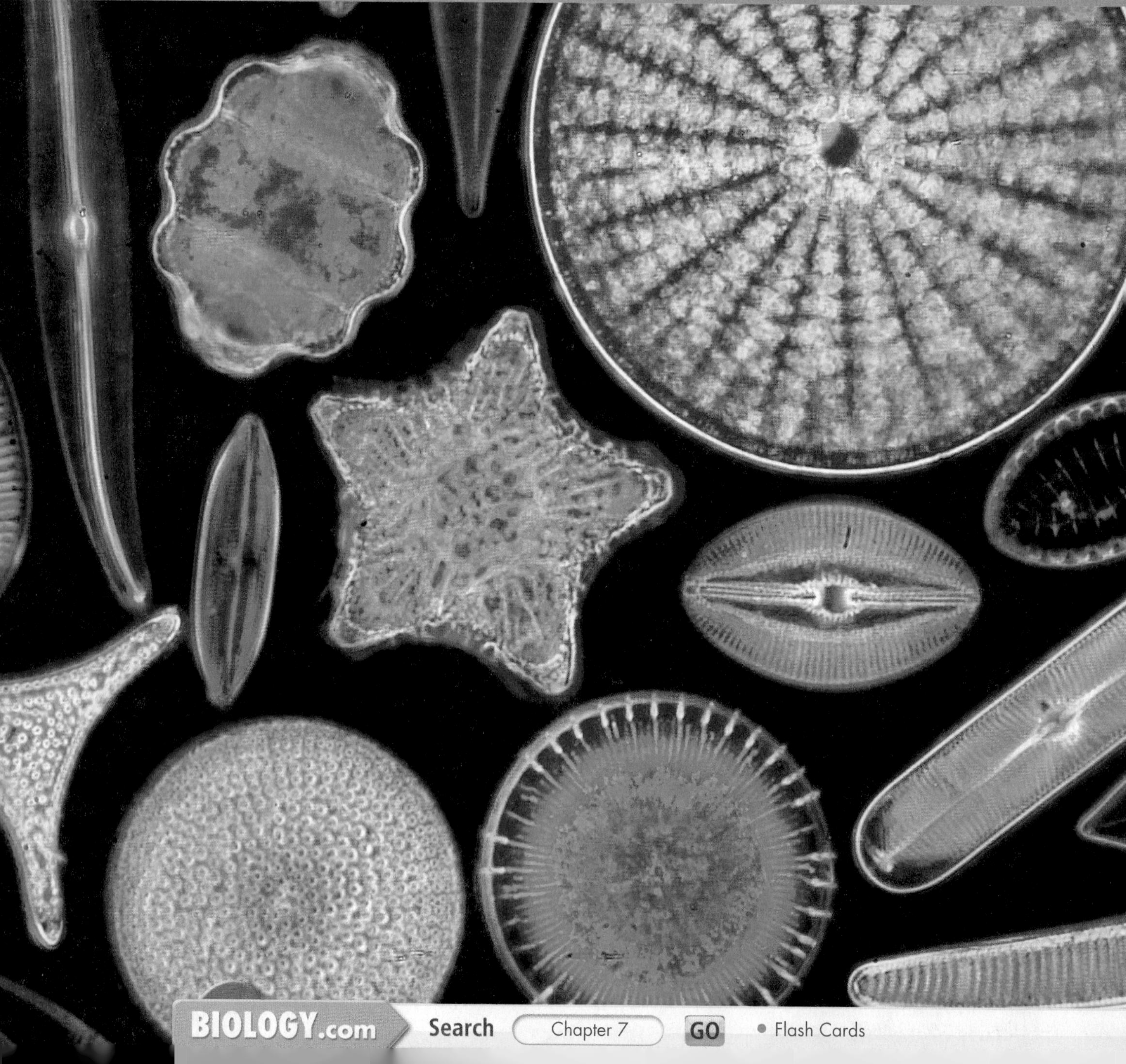

BIOLOGY.com Search Chapter 7 GO • Flash Cards

EN ESTE CAPÍTULO:

- 7.1 La vida es celular
- 7.2 Estructura celular
- 7.3 Transporte celular
- 7.4 Homeostasis y células

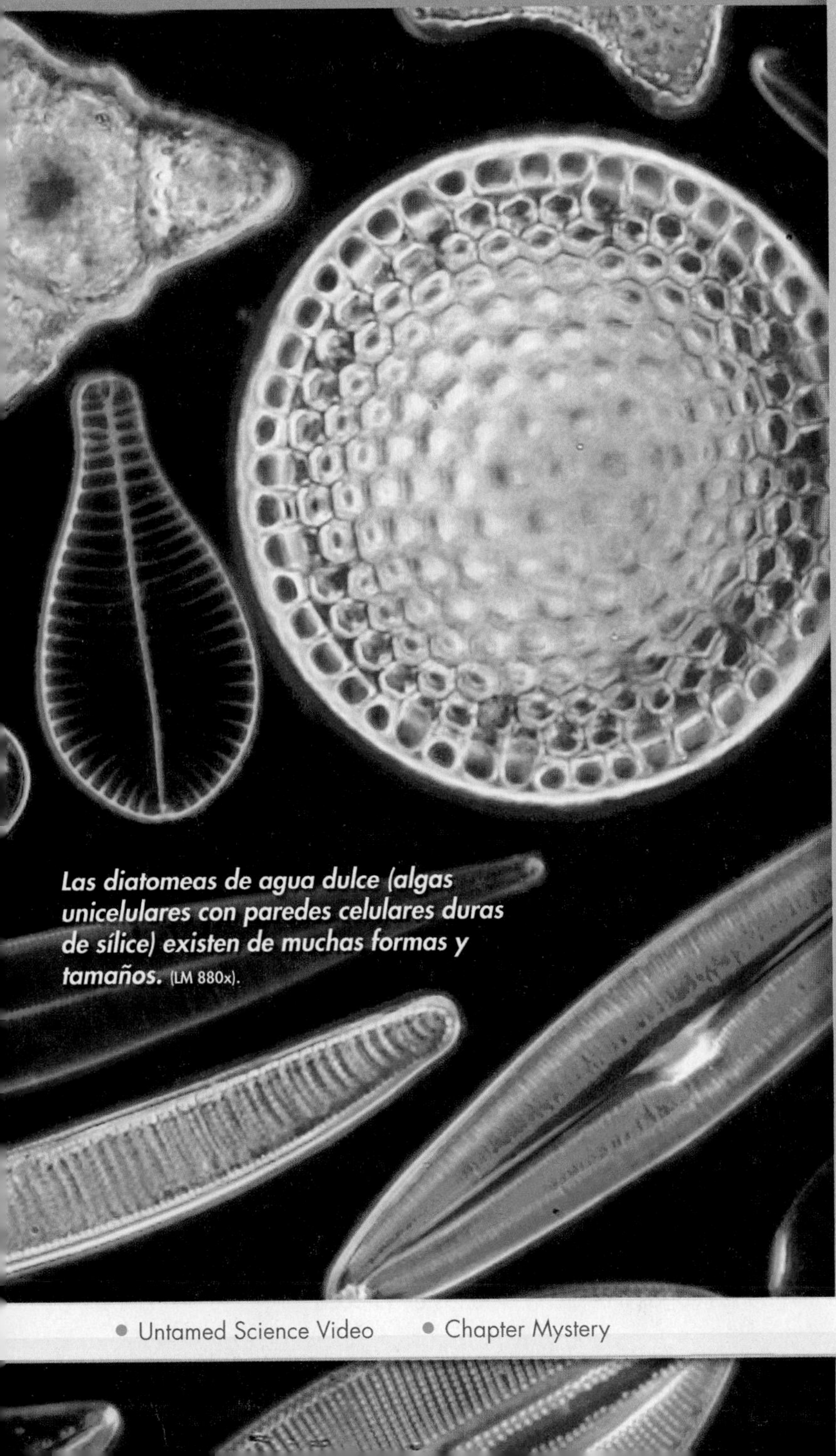

Las diatomeas de agua dulce (algas unicelulares con paredes celulares duras de sílice) existen de muchas formas y tamaños. (LM 880x).

MISTERIO DEL CAPÍTULO

MUERTE POR... ¿AGUA?

Michelle era una joven saludable de 25 años que participaba en su primer maratón. El clima caliente y húmedo había provocado que todos los corredores sudaran copiosamente, por lo que Michelle se aseguró de tomar agua en cada oportunidad. Poco a poco, empezó a sentirse débil y confundida. Al final del maratón, Michelle llegó tambaleándose a un módulo de atención médica. Quejándose de dolor de cabeza y náusea se desplomó en el suelo. Los voluntarios con rapidez le dieron agua para la deshidratación. En unos minutos, su condición física empeoró y la llevaron de emergencia al hospital en donde sufrió una convulsión y entró en coma. ¿Por qué empeoró la condición de Michelle al ser tratada con agua? A medida que leas este capítulo, busca información que te ayude a predecir cómo fue que el agua provocó la enfermedad de Michelle. Luego, resuelve el misterio.

Continúa explorando el mundo.
La enfermedad misteriosa de Michelle es sólo el principio. Emprende un viaje de campo en video con los genios ecólogos de *Untamed Science* para ver adónde conduce este misterio.

- Untamed Science Video
- Chapter Mystery

7.1 La vida es celular

Preguntas clave

¿Qué es la teoría celular?

¿Cómo funcionan los microscopios?

¿En qué se diferencian las células procariotas y eucariotas?

Vocabulario

célula • teoría celular • membrana celular • núcleo • eucariota • procariota

Tomar notas

Esquema Antes de leer, haz un esquema con los encabezados de color verde y azul del texto. A medida que leas, haz anotaciones debajo de estos títulos.

PIÉNSALO ¿Cuál es la parte más pequeña de cualquier ser vivo que aún se considera como "viva"? ¿Está viva una hoja? ¿Qué tal tu dedo gordo? ¿Qué tal una gota de sangre? ¿Podemos seguir dividiendo los seres vivos en partes cada vez más pequeñas, o hay un punto en que el remanente deja de estar vivo? Observarás que sí hay tal límite, la unidad más pequeña de cualquier organismo: la célula.

El descubrimiento de la célula

¿Qué es la teoría celular?

"Ver para creer" es un dicho antiguo. El mejor ejemplo de esto es el descubrimiento de la célula. Si no tuviéramos los instrumentos para poder observar a las células, éstas quedarían escondidas y fuera de la mayor parte de la historia humana. Todo esto cambió con la invención del microscopio, el cual fue un portentoso avance en la tecnología.

Los primeros microscopios A finales del siglo XVI, los fabricantes de lentes en Europa descubrieron que al usar varias lentes de vidrio en conjunto podían amplificar hasta los objetos más pequeños y hacerlos fácilmente visibles. Dentro de poco, ya habían construido uno de los primeros microscopios verdaderos con esas lentes, y así abrieron la puerta al estudio de la biología como la conocemos en la actualidad.

En 1665, el inglés Robert Hooke usó uno de los primeros microscopios compuestos para observar un corte delgado de corcho sin vida, parte de una planta. El corcho, bajo el microscopio pareció estar hecho de miles de cuartos diminutos y vacíos. Hooke los llamó "células" porque le recordaron a las habitaciones diminutas de monasterios, llamadas al igual células. En la actualidad, el término *célula* se usa en biología y sabemos que las células vivas no son cuartos vacíos, más bien contienen un conjunto inmenso de partes operativas con funciones propias.

En Holanda, alrededor de los mismos años, Anton van Leeuwenhoek usó un microscopio de una sola lente para observar agua de estanque y otras cosas. Se asombró al observar que el microscopio reveló un mundo fantástico lleno de organismos vivos diminutos que parecieran estar en todas partes: en el agua que él y sus vecinos bebían e inclusive en su boca. La **ilustración 7–1** muestra dibujos de Leeuwenhoek de organismos en la boca humana, conocidos en la actualidad como bacterias.

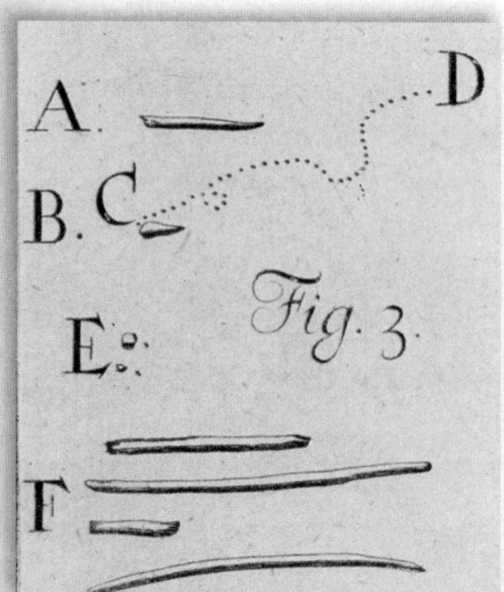

ILUSTRACIÓN 7–1 Primeras imágenes con microscopio Anton van Leeuwenhoek, fue el primero en observar microorganismos vivos con un microscopio simple. Estos dibujos de una de sus cartas muestran bacterias en la boca humana.

La teoría celular Poco después de van Leeuwenhoek, científicos aclararon con sus observaciones que las **células** son las unidades básicas de vida. En 1838, Matthias Schleiden, botánico alemán, concluyó que todas las plantas estaban hechas de células. El año siguiente, Theodor Schwann, biólogo alemán, señaló que los animales están hechos de células. En 1855, Rudolf Virchow, médico alemán, concluyó que las células nuevas sólo pueden reproducirse por la división de células existentes, y así confirmó las sugerencias del alemán Lorenz Oken hechas 50 años antes. Estos descubrimientos, confirmados por varios biólogos, se resumen en la **teoría celular,** un concepto fundamental de la biología. **La teoría celular afirma:**

- **Todos los seres vivos están compuestos de células.**
- **Las células son las unidades básicas de estructura y función de los seres vivos.**
- **Todas las células se producen a partir de otras células.**

Exploración de la célula

¿Cómo funcionan los microscopios?

Como ya sabes, un microscopio produce una imagen amplificada de algo muy pequeño. **La mayoría de los microscopios usan lentes para aumentar la imagen de un objeto enfocando luz o electrones.** Siguiendo los pasos de Hooke, Virchow y de otros, los biólogos modernos todavía usan microscopios para explorar la célula. No obstante, los investigadores de la actualidad usan tecnología más poderosa de lo que se hubiesen imaginado los pioneros de la biología.

Microscopios ópticos y teñido de células El tipo de microscopio que quizá conoces es el microscopio óptico compuesto. Un microscopio óptico común permite que la luz atraviese un espécimen y usa dos lentes para formar una imagen. La primera lente conocida como lente objetivo, que se ubica justo debajo del espécimen, aumenta el tamaño de la imagen del espécimen. La mayoría de los microscopios ópticos tienen diversas lentes objetivo para que el poder de ampliación pueda variar. La segunda lente, llamada lente ocular, amplía la imagen aún más. Desafortunadamente, la luz limita los detalles o la resolución de las imágenes en un microscopio. Como en todas las formas de radiación, las ondas luminosas se defractan o dispersan al pasar a través de la materia; esto hace que los microscopios ópticos generen imágenes claras de objetos con una amplificación de hasta 1000 veces.

Otro problema de la microscopía óptica es que la mayoría de los seres vivos son transparentes. Este problema por lo general se soluciona con el uso de tintes o pigmentos químicos, como se ve en la **ilustración 7–2.** Algunos de estos tintes son tan específicos que sólo revelan ciertos compuestos o estructuras dentro de la célula. Muchas de las diapositivas que examinarás en tu laboratorio de biología estarán teñidas así.

Una variación fuerte de estas técnicas de tinte es la propiedad llamada fluorescencia, en la cual se usan tintes que emiten luz de un color particular al ser observados bajo una longitud de onda de luz específica. Los tintes fluorescentes se pueden adherir a ciertas moléculas y pueden ser visibles con un microscopio fluorescente especial. De hecho, las nuevas técnicas permiten que los científicos diseñen células que adhieren etiquetas de diferentes colores fluorescentes a moléculas específicas conforme se producen. La microscopía fluorescente hace posible ver e identificar la ubicación de estas moléculas e inclusive permite que los científicos las observen desplazarse en una célula viva.

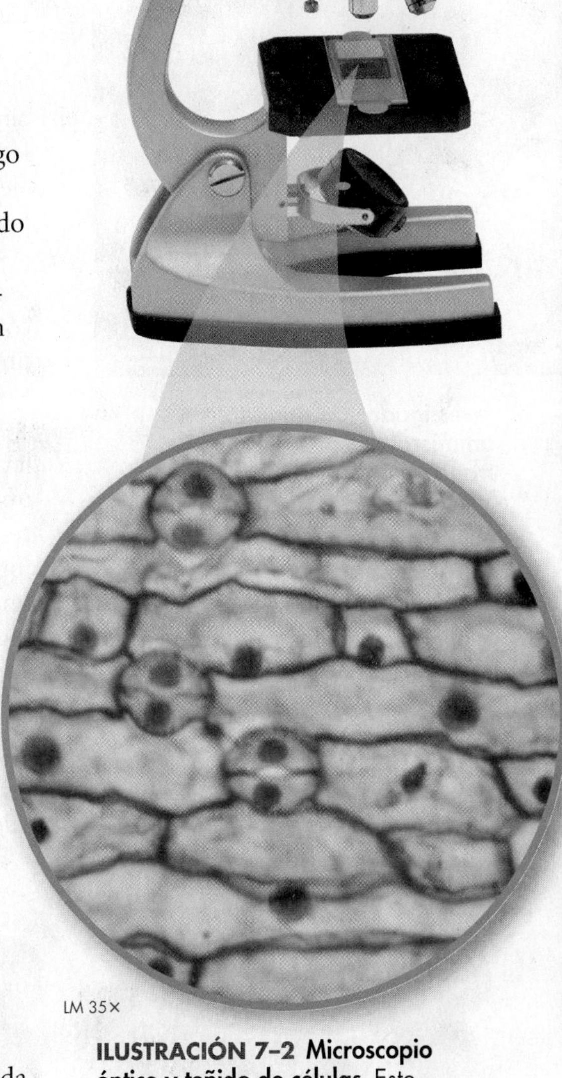

ILUSTRACIÓN 7–2 Microscopio óptico y teñido de células Este espécimen de una cáscara de cebolla se tiñó con un compuesto llamado azul de toluidina. El tinte hace visibles los límites y núcleos de la célula.

Microscopios electrónicos Los microscopios ópticos pueden usarse para ver células y sus estructuras tan pequeñas como 1 millonésima de metro. ¡Verdaderamente pequeñas! ¿Qué sucede si los científicos quieren estudiar algo aún más pequeño que eso, como un virus o molécula de ADN? Para hacerlo, necesitan microscopios electrónicos. Éstos, en lugar de usar luz, utilizan proyecciones de electrones concentradas por campos magnéticos. Los microscopios electrónicos ofrecen una resolución mucho mayor que los microscopios ópticos. Pueden usarse para estudiar estructuras celulares de hasta 1 mil millonésima fracción de un metro.

Hay dos tipos principales de microscopios electrónicos: de transmisión y de exploración. Los microscopios electrónicos de transmisión permiten explorar estructuras celulares y moléculas de proteínas grandes. Sin embargo, como las proyecciones de electrones sólo pueden atravesar muestras delgadas, es necesario cortar las células y tejidos en capas muy finas para examinarlas. Por ello, tales imágenes a menudo parecen ser planas y de dos dimensiones.

En los microscopios electrónicos de exploración, una proyección de electrones en forma de lápiz se proyecta sobre la superficie de un espécimen. Como la imagen se forma en la superficie, no es necesario cortar las muestras en capas delgadas para poder observarlas. El microscopio electrónico de exploración genera sensacionales imágenes tridimensionales de la superficie del espécimen.

Los electrones se dispersan con facilidad por las moléculas en el aire; es necesario colocar las muestras en un vacío para que puedan estudiarse con un microscopio electrónico. Como resultado, los investigadores deben preservar los especímenes por medios químicos. Por tanto, la microscopía electrónica sólo puede usarse para examinar células y tejidos no vivos.

Mira la **ilustración 7–3** que muestra cómo se podrían ver células de levadura bajo un microscopio óptico, un electrónico de transmisión y un electrónico de exploración. Te preguntarás por qué las células parecen ser de colores distintos en cada micrografía. (Una micrografía es una fotografía de un objeto visto a través de un microscopio.) Los colores en una micrografía óptica provienen de las mismas células o de los tintes y pigmentos empleados para resaltarlas. Las micrografías electrónicas son en blanco y negro, debido a que los electrones, a diferencia de la luz, son incoloros. Así que, en ocasiones los científicos agregan un "color falso" a través de técnicas de computadora para destacar algunas estructuras.

Investigador trabajando con un microscopio electrónico de transmisión

ILUSTRACIÓN 7–3 Micrografías Se pueden usar microscopios de diferentes tipos para examinar células. Aquí, las células de levadura se muestran en una micrografía óptica (LM 500x), una micrografía electrónica de transmisión (TEM 4375x) y una micrografía electrónica de exploración (SEM 3750x). **Inferir** ***Si los científicos estudiaran una estructura en la superficie de la levadura, ¿cuál sería el tipo de microscopio que probablemente usarían?***

En tu cuaderno *Examinarás un espécimen. ¿Cuáles dos preguntas harías para determinar el microscopio óptimo a usar?*

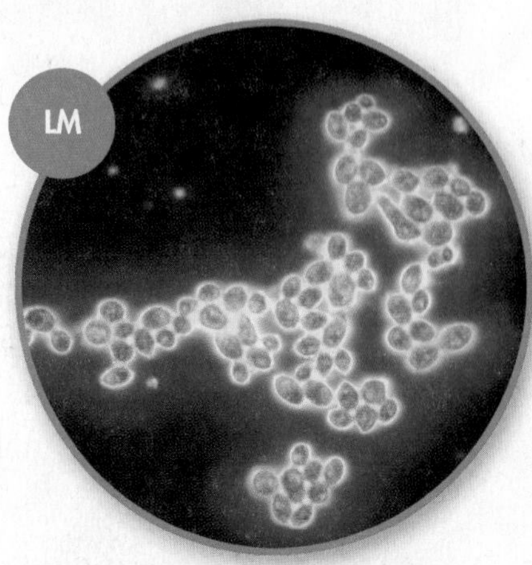

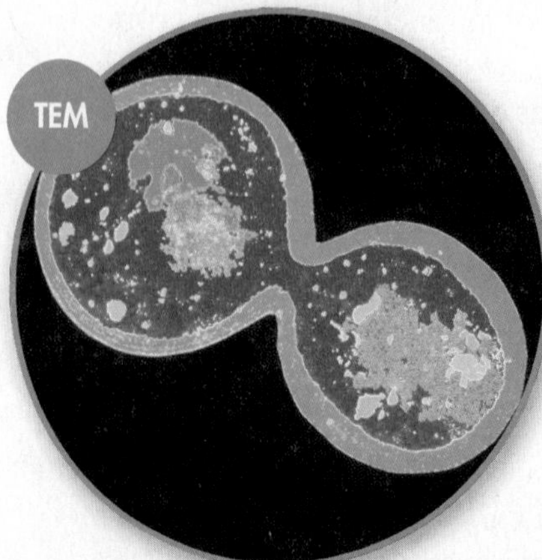

Actividad rápida de laboratorio

INVESTIGACIÓN DIRIGIDA

¿Qué es una célula? 

❶ Mira un portaobjetos con una hoja vegetal o un corte transversal de un tallo a través de un microscopio. Dibuja una o varias células. Anota la descripción de su forma y partes internas.

❷ Repite el paso 1 con portaobjetos de células nerviosas, bacterias y paramecios.

❸ Compara las células y enumera sus características comunes y sus diferencias.

Analizar y concluir

1. Clasificar Clasifica las células que observaste en dos ó más grupos. Explica cuáles características usaste para catalogar cada célula en su grupo.

Procariotas y eucariotas

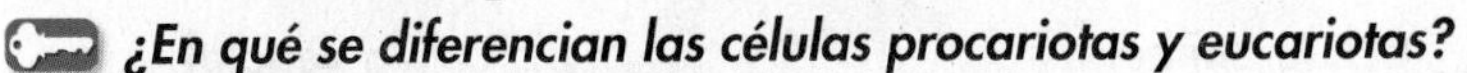

¿En qué se diferencian las células procariotas y eucariotas?

Las células tienen una variedad asombrosa de formas y tamaños, algunas se muestran en la **ilustración 7–4.** Aunque las células comunes miden de 5 a 50 micrómetros de diámetro, las bacterias más pequeñas *micoplasma* miden sólo 0.2 micrómetros, y son tan pequeñas que es muy difícil verlas aún bajo el mejor microscopio óptico. Contrario a la amiba gigante *Chaos chaos,* que puede medir hasta 1000 micrómetros (1 milímetro) de diámetro, tan grande que se puede ver a simple vista como una mancha diminuta en un estanque. Todas las células, en algún momento de sus vidas y aparte de sus diferencias, contienen ADN que es la molécula que contiene la información biológica. Además, todas las células están rodeadas por una barrera flexible y delgada llamada **membrana celular.** (A veces, a la membrana celular se le llama *membrana plasmática* porque muchas células del cuerpo están en contacto directo con la porción líquida de la sangre, el plasma.) Hay otras similitudes que aprenderás en la próxima lección.

Las células se clasifican en dos categorías amplias, dependiendo de si tienen o no un núcleo. El **núcleo** es una estructura grande rodeada por una membrana que contiene el material genético de la célula en forma de ADN y controla muchas de las actividades de la célula. Las **eucariotas** son células que rodean su ADN en núcleos. Las **procariotas** son células que no rodean su ADN en núcleos.

PISTA DEL MISTERIO

En el hospital, se obtuvo y examinó una muestra de la sangre de Michelle. Los glóbulos rojos se veían inflamados. ¿Qué tipo de microscopio se usaría para estudiar la muestra de sangre?

ILUSTRACIÓN 7–4 El tamaño de la célula es relativo El ojo humano puede ver objetos a partir de unos 0.5 mm de tamaño. Pero la mayoría de las células de interés científico son mucho más pequeñas. Con los microscopios se puede observar el mundo celular y subcelular.

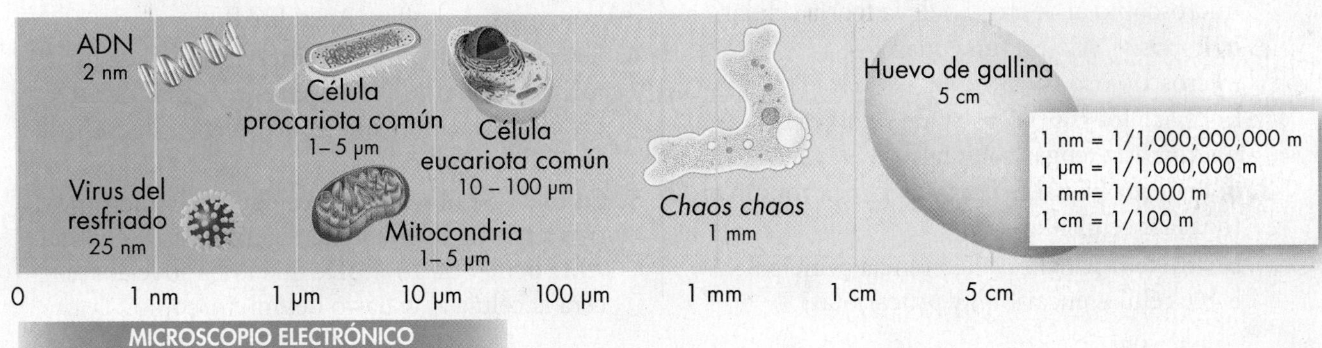

DESARROLLAR el vocabulario

ORIGEN DE LAS PALABRAS La palabra procariota se deriva de la palabra griega *karyon,* que significa "semilla" o núcleo. El prefijo *pro-* significa "antes". Las células procariotas evolucionaron antes de que se desarrollaran los núcleos.

Procariotas En la **ilustración 7–5,** verás que las células procariotas por lo general son más pequeñas y sencillas que las eucariotas, aunque hay excepciones. **Las células procariotas no separan su material genético dentro del núcleo.** Pese a su sencillez, las procariotas realizan cada actividad relacionada con los seres vivos. Crecen, se reproducen, responden al medio ambiente y a veces, se deslizan por superficies o nadan en líquidos. Los organismos que llamamos bacterias son procariotas.

Eucariotas Las células eucariotas por lo general son más grandes y complejas que las células procariotas. La mayoría de las células eucariotas contienen docenas de estructuras y membranas internas y son muy especializadas. **En las células eucariotas, el núcleo separa el material genético del resto de la célula.** Las eucariotas cuentan con una gran variedad, algunas conocidas como "protistas" llevan vidas solitarias como organismos unicelulares; otras forman organismos grandes y multicelulares como las plantas, los animales y los hongos.

ILUSTRACIÓN 7–5 Tipos de células En general, las células eucariotas (las células animales y vegetales) son más complejas que las células procariotas.

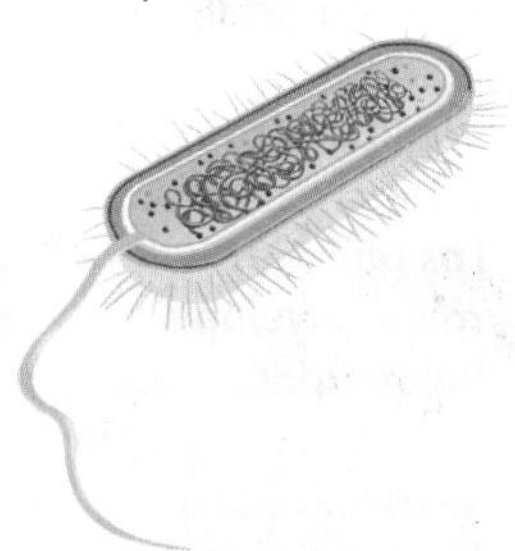

CÉLULA PROCARIOTA

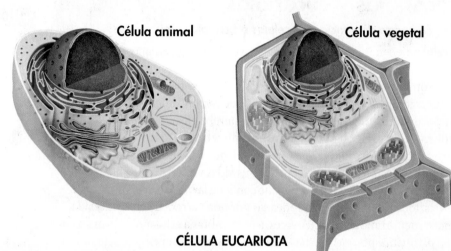

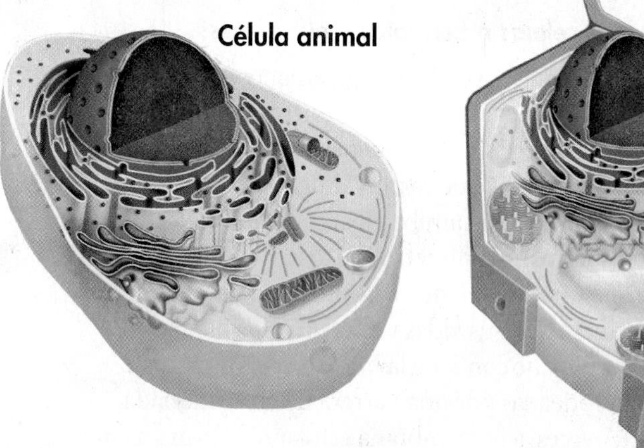

CÉLULA EUCARIOTA

7.1 Evaluación

Repaso de conceptos clave

1. a. Repasar ¿Qué es una célula?
   b. Explicar ¿Cuáles son los tres enunciados que definen la teoría celular?
   c. Inferir ¿Cómo ayudó la invención del microscopio al desarrollo de la teoría celular?
2. a. Repasar ¿Cómo funcionan los microscopios?
   b. Aplica los conceptos ¿Qué significa que una micrografía tenga "color falso"?
3. a. Repasar ¿Cuál es la característica común en todas las células?
   b. Resumir ¿Cuál es la diferencia principal entre células eucariotas y procariotas?

PROBLEMAS DE PRÁCTICA MATEMÁTICAS

Un microscopio óptico puede aumentar las imágenes hasta 1000 veces. Para obtener el cálculo de la amplificación total de un espécimen, debes multiplicar la amplificación de la lente ocular por la amplificación de la lente objetivo. (Para más información acerca de los microscopios, consulta el Apéndice B.)

4. Calcular ¿Cuál es la amplificación total de un microscopio que tiene una lente ocular de 10× de amplificación y una lente objetivo de 50× de amplificación?
5. Calcular Se observa una célula de 10 micrómetros a través de una lente objetivo de 10× y una lente ocular de 10×. ¿De qué tamaño le aparecerá la célula al usuario del microscopio?

BIOLOGY.com Search Lesson 7.1  GO • Self-Test • Lesson Assessment

Profesiones en BIOLOGÍA

Las células son la unidad básica de todas las formas de vida. Si te interesan las células, podrías considerar una de las profesiones que se describen a continuación.

TÉCNICO DE LABORATORIO

¿Te has preguntado qué sucede con la sangre que obtiene tu doctor en tu examen médico anual? Se la entrega a un técnico de laboratorio. Los técnicos de laboratorio realizan procedimientos rutinarios con microscopios, computadoras y otro tipo de instrumentos. Muchos técnicos de laboratorio trabajan en el campo médico donde evalúan y analizan los resultados de las pruebas que realizan.

MICROSCOPISTA

Las imágenes de la **ilustración 7–3** fueron captadas por un microscopista. Un microscopista hace posible el estudio de estructuras tan pequeñas que no pueden verse sin amplificación. Hay una amplia gama de técnicas en la microscopía, incluso la coloración y fluorescencia. Los microscopistas pueden usar estas técnicas para hacer imágenes claras e informativas para los investigadores. Algunas de estas imágenes son tan impactantes que se convirtieron en una forma de arte científico.

PATÓLOGO

Los patólogos son como detectives: reúnen información celular y evidencia de tejido para diagnosticar una enfermedad. Al emplear un conocimiento amplio de las características de las enfermedades y la mejor tecnología disponible, los patólogos analizan las células y los tejidos bajo un microscopio y consultan sus diagnósticos con otros doctores.

ENFOQUE PROFESIONAL

Dra. Tanasa Osborne, patóloga veterinaria

La Dra. Tanasa Osborne estudia osteosarcoma, el tumor de hueso maligno más común en niños y adolescentes. Su investigación en el Instituto Nacional de Salud y el Instituto Nacional de Cáncer se concentra en mejorar los resultados para pacientes cuyo cáncer se esparció de un órgano o sistema a otro. No obstante, la Dra. Osborne no es médica, es veterinaria. A menudo, se usan animales como modelos para estudiar las enfermedades humanas. Por ello, la investigación de la Dra. Osborne contribuye a ambas, a la salud animal y a la humana. Los patólogos veterinarios investigan muchas cuestiones importantes además del cáncer, como el virus del Nilo Occidental, la gripe aviar y otras enfermedades infecciosas emergentes que afectan a humanos y animales por igual.

"Mi formación distintiva me permite abordar la ciencia desde una perspectiva global (o heteroespecífica) y sistemática."

ESCRITURA Explica cómo la investigación de la Dra. Osborne es un ejemplo del efecto que puede tener la ciencia en la sociedad.

7.2 Estructura celular

Preguntas clave

- *¿Cuál es la función del núcleo de la célula?*
- *¿Cuáles son las funciones de las vacuolas, los lisosomas y el citoesqueleto?*
- *¿Qué orgánulos ayudan a crear y transportar las proteínas?*
- *¿Cuáles son las funciones de los cloroplastos y las mitocondrias?*
- *¿Cuál es la función de la membrana celular?*

Vocabulario

citoplasma • orgánulo • vacuola • lisosoma • citoesqueleto • centríolo • ribosoma • retículo endoplasmático • aparato de Golgi • cloroplasto • mitocondria • pared celular • bicapa lipídica • permeabilidad selectiva

Tomar notas

Diagrama de Venn Crea un diagrama de Venn que ilustre las similitudes y diferencias entre las células procariotas y eucariotas.

PIÉNSALO A primera vista, una fábrica es un lugar enigmático. Las máquinas zumban y castañean y las personas se mueven en direcciones diferentes. Tanta actividad puede ocasionar confusión. Sin embargo, si observas con mucho cuidado, lo que a primera vista parece caos empieza a tener sentido. Lo mismo aplica a una célula viva.

Organización celular

¿Cuál es la función del núcleo de la célula?

La célula eucariota es un lugar complejo y ocupado. Pero si observas a las células eucariotas con atención, los patrones empezarán a emerger. Por ejemplo, es muy fácil dividir cada célula en dos partes principales: el núcleo y el citoplasma. El **citoplasma** es la porción de la célula que está en el exterior del núcleo. Como observarás, el núcleo y el citoplasma trabajan juntos en el negocio de la vida. Las células también tienen citoplasma, aunque no tienen núcleo.

En nuestro análisis de la estructura celular, tomamos en cuenta cada componente principal de las células eucariotas, tanto vegetales como animales (algunas de la cuales también se encuentran en las células procariotas). Debido a que muchas de estas estructuras actúan como órganos especializados, se les conoce como **orgánulos,** "órganos pequeños" literalmente. Comprender lo que hace cada orgánulo nos ayudará a entender la célula como un todo. En las páginas 206 y 207 encontrarás un resumen de la estructura celular.

ANALOGÍA VISUAL

LA CÉLULA COMO FÁBRICA VIVA

ILUSTRACIÓN 7–6 La especialización y organización del trabajo y trabajadores ayudan a la productividad de la fábrica. Asimismo, las partes especializadas de una célula contribuyen a la estabilidad general y la supervivencia de la misma.

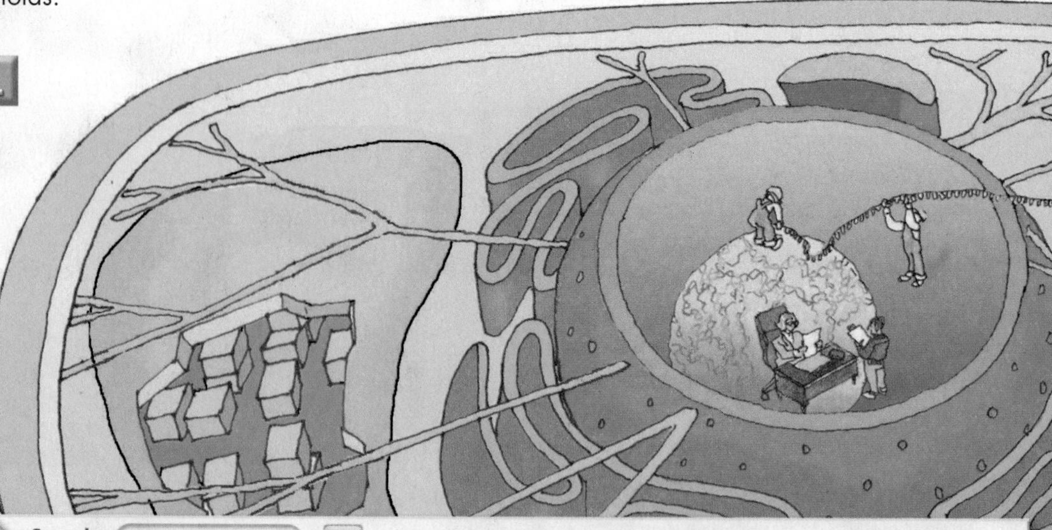

Comparación de la célula con una fábrica La célula eucariota, en cierto modo, es una versión viva de una fábrica (**ilustración 7–6**). Los diversos orgánulos de la célula se pueden comparar con las máquinas especializadas y las líneas de producción de una fábrica. Además, las células, al igual que las fábricas, siguen instrucciones y generan productos. Al observar la organización de la célula, encontraremos varios lugares en los cuales aplica con tanta exactitud esta comparación que nos podrá ayudar a entender cómo funciona una célula.

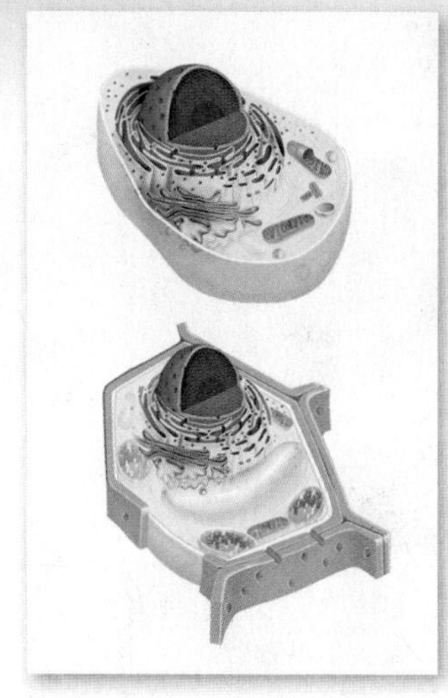

El núcleo De la misma manera que una oficina principal controla una fábrica grande, el núcleo es el centro de control de la célula. **El núcleo contiene casi todo el ADN de la célula y, junto con él, las instrucciones codificadas para crear proteínas y otras moléculas importantes.** Las células procariotas carecen de núcleo, pero sí tienen ADN que contiene el mismo tipo de instrucciones.

El núcleo, que se muestra en la **ilustración 7–7,** está rodeado por una membrana nuclear compuesta de dos membranas. La membrana nuclear está dotada de miles de poros nucleares, los cuales permiten que la sustancia pase hacia adentro y hacia afuera del núcleo. Al igual que en una fábrica en donde los mensajes, las instrucciones y los planos se desplazan hacia adentro y afuera de la oficina principal, un flujo continuo de proteínas, ARN y otras moléculas pasan por los poros nucleares hacia adentro y afuera del resto de la célula.

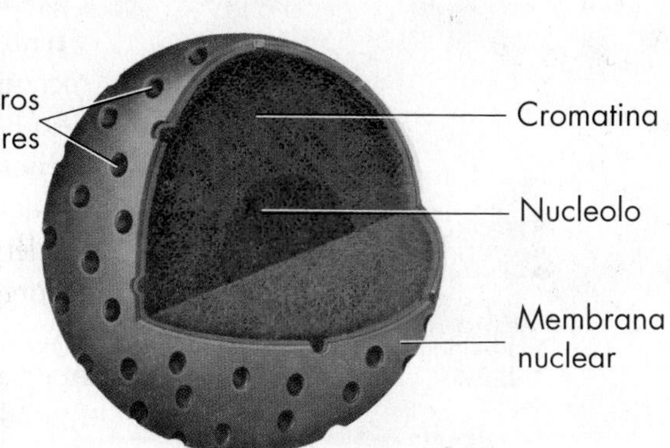

ILUSTRACIÓN 7–7 El núcleo El núcleo controla la mayoría de los procesos de la célula y contiene ADN. La región pequeña y densa del núcleo se conoce como nucleolo.

Los cromosomas, que llevan la información genética, también se encuentran en el núcleo. La mayor parte del tiempo, cromosomas filiformes están esparcidos por todo el núcleo en forma de cromatina, un complejo de ADN ligado a las proteínas. Cuando se divide una célula, sus cromosomas se condensan y se pueden observar bajo un microscopio. Aprenderás más sobre los cromosomas en lecciones posteriores.

La mayoría de los núcleos también contienen una región pequeña y densa conocida como nucleolo. El nucleolo es donde inicia el ensamble de los ribosomas.

En tu cuaderno *Describe la estructura del núcleo. Incluye en tu descripción las palabras envoltura nuclear, poro nuclear, cromatina, cromosomas y nucleolo.*

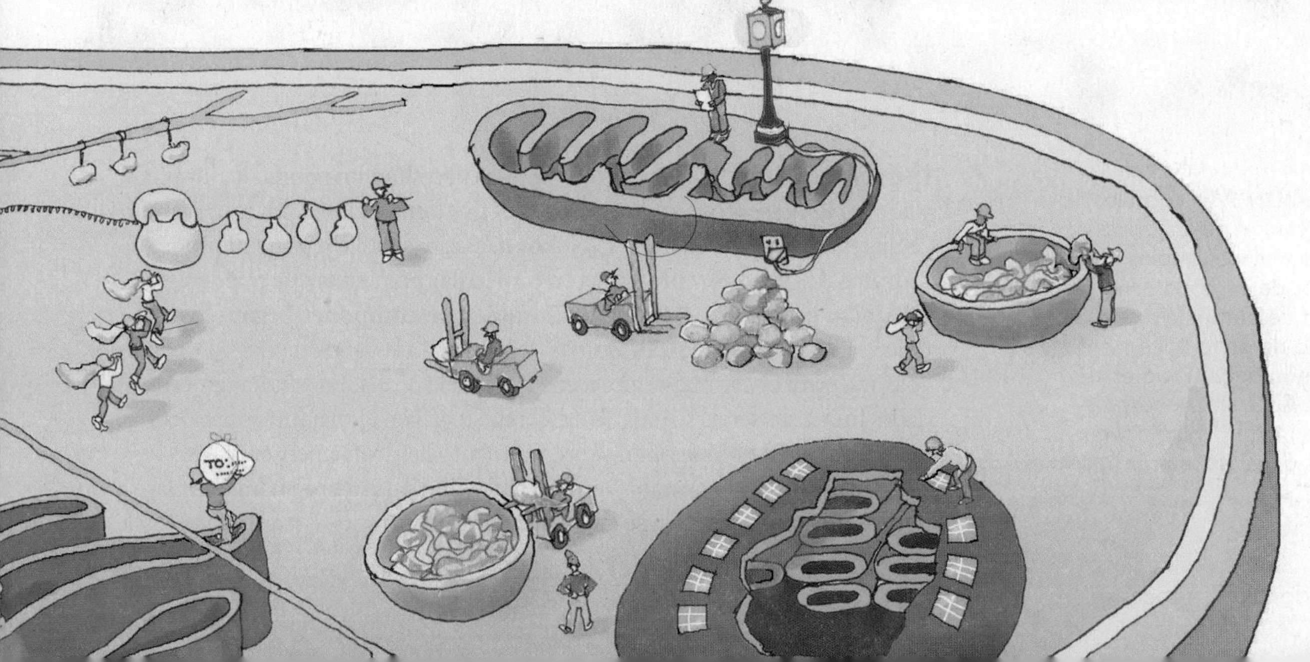

Orgánulos que almacenan, limpian y sostienen la célula

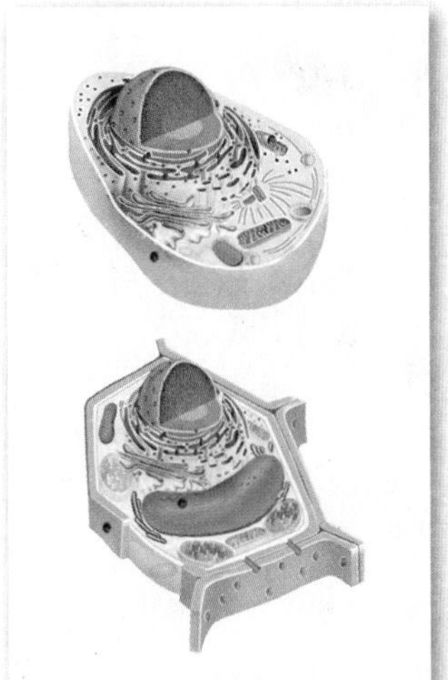

¿Cuáles son las funciones de las vacuolas, los lisosomas y el citoesqueleto?

La mayoría de los orgánulos que están en el exterior del núcleo de una célula eucariota tienen funciones o papeles especiales. Entre ellas están las estructuras llamadas vacuolas, lisosomas y citoesqueleto. Estos orgánulos representan el almacén, el equipo de limpieza y las estructuras de apoyo de la fábrica celular.

Vacuolas y vesículas Toda fábrica, al igual que toda célula, necesita un lugar para almacenar cosas. Muchas células contienen estructuras grandes, en forma de bolsa, rodeadas por membranas llamadas **vacuolas.** **Las vacuolas almacenan sustancias como agua, sales, proteínas e hidratos de carbono.** En la mayoría de las células vegetales, hay una sola vacuola grande y central llena de líquido. La presión de la vacuola central en estas células incrementa su rigidez y permite que las plantas puedan sostener estructuras pesadas como hojas y flores. La **ilustración 7–8** de la izquierda, muestra una vacuola central grande de una célula vegetal común.

Las vacuolas también se encuentran en algunos organismos unicelulares y en ciertos animales. El paramecio de la derecha en la **ilustración 7–8** contiene un orgánulo llamado vacuola contráctil. La vacuola especializada bombea el excedente de agua hacia afuera de la célula mediante contracciones rítmicas. Además, casi todas las células eucariotas contienen estructuras más pequeñas, rodeadas por membranas llamadas vesículas. Las vesículas almacenan y trasladan sustancias entre los orgánulos, hacia y desde la superficie de la célula.

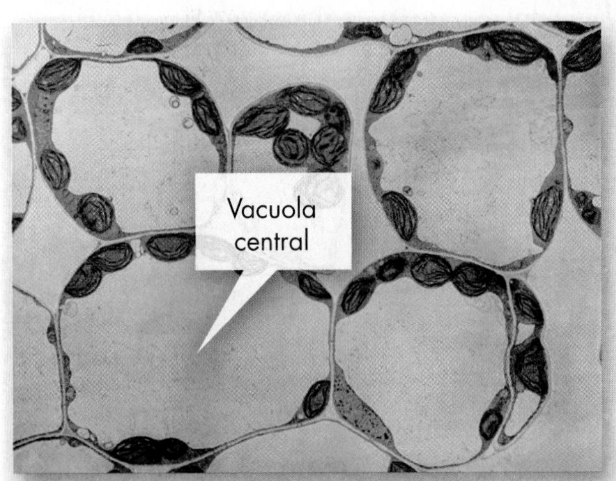

TEM 7000×

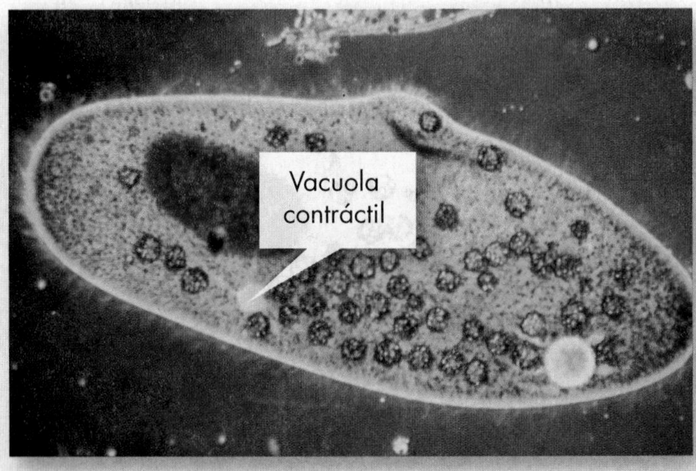

LM 500×

ILUSTRACIÓN 7–8 Vacuolas La vacuola central de las células vegetales almacena sales, proteínas e hidratos de carbono. Una vacuola contráctil de paramecio controla el contenido de agua del organismo bombeando agua hacia el exterior. **Aplica los conceptos** ***¿Cómo apoyan y ayudan las vacuolas a las estructuras vegetales?***

Lisosomas Hasta las fábricas más limpias necesitan un equipo de limpieza y aquí es donde entran los lisosomas. Los **lisosomas** son pequeños orgánulos celulares rellenos de enzimas. **Los lisosomas descomponen lípidos, hidratos de carbono y proteínas en moléculas pequeñas que pueden ser utilizadas por el resto de la célula. También descomponen orgánulos que dejaron de ser útiles.** Los lisosomas desempeñan la función vital de sacar la "basura" para evitar que se almacene y sature la célula. En algunas enfermedades humanas serias se puede relacionar su origen al mal funcionamiento de lisosomas. Los biólogos en algún momento llegaron a pensar que los lisosomas sólo se encontraban en las células animales, pero ahora está claro que los lisosomas también se encuentran en algunos tipos de células vegetales especializadas.

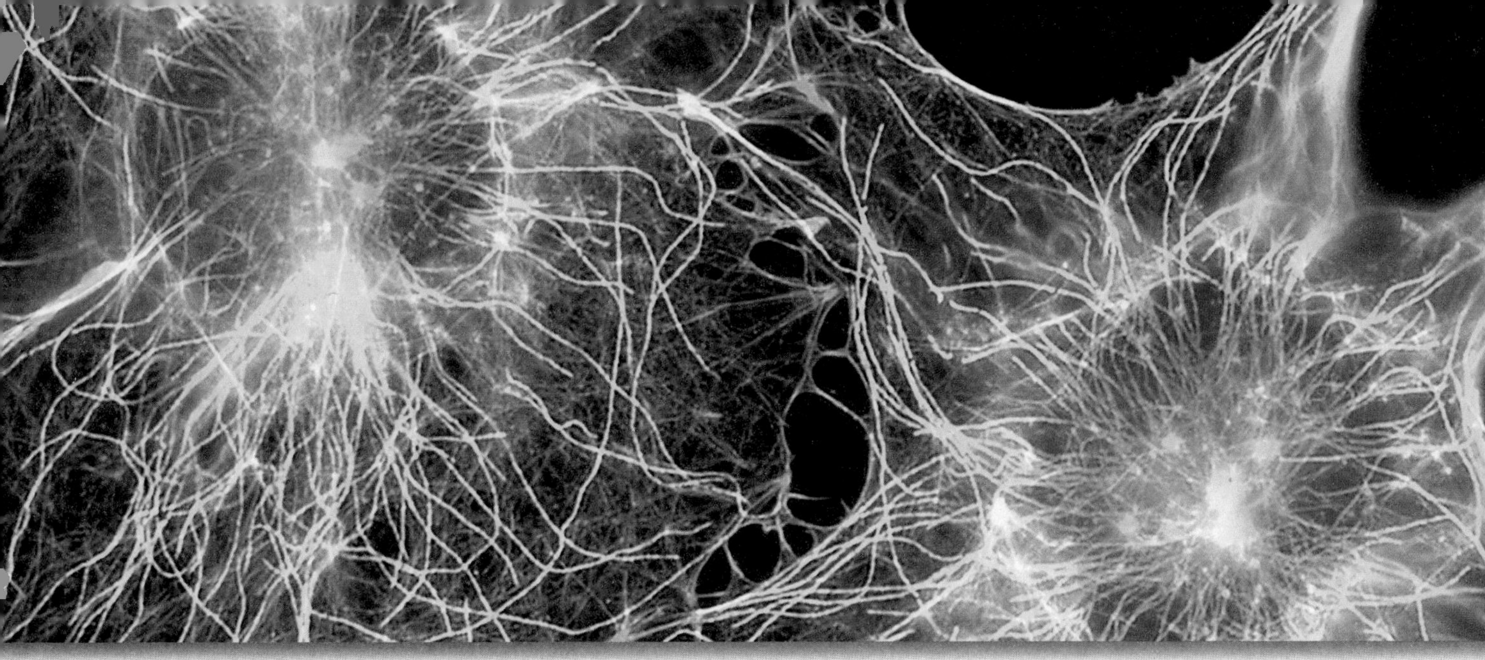

LM 1175×

ILUSTRACIÓN 7–9 Citoesqueleto El citoesqueleto apoya y da forma a la célula y participa de muchas formas en su movimiento. Estas células de tejido fibroblasto conjuntivo fueron tratadas con etiquetas fluorescentes que se unen a ciertos elementos. Los microfilamentos son de color morado pálido, los microtúbulos de amarillo y los núcleos de verde.

El citoesqueleto Como bien sabes, el edificio de una fábrica está sostenido por acero o vigas de cemento y por columnas que detienen sus paredes y techo. La forma y la organización interna de las células eucariotas están determinadas por una red de filamentos proteínicos conocidos como **citoesqueleto.** Ciertas partes del citoesqueleto también ayudan a transportar materiales entre las diferentes partes de la célula, parecido a bandas transportadoras que trasladan materiales de un lado a otro de una fábrica. Los componentes del citoesqueleto pueden también incluir flagelos celulares y cilios. **El citoesqueleto ayuda a la célula a mantener su forma y también participa en el movimiento.** Imágenes fluorescentes como la **ilustración 7–9**, muestran con claridad la complejidad de la red citoesquéletica de una célula. Los microfilamentos (morado pálido) y los microtúbulos (amarillo) son dos de los principales filamentos proteínicos del citoesqueleto.

▶ ***Microfilamentos*** Los microfilamentos son estructuras filiformes compuestas por una proteína llamada actina. Éstos forman redes extensas en algunas células y producen un armazón duro pero flexible que sostiene a la célula. Los microfilamentos también ayudan al movimiento de la célula. El ensamble y desensamble de los microfilamentos son responsables de los movimientos citoplasmáticos que le permiten a la amiba y a otras células arrastrarse por las superficies.

▶ ***Microtúbulos*** Son estructuras huecas compuestas de proteínas conocidas como tubulinas. Su función en muchas células es esencial para mantener la forma de la célula. Los microtúbulos también son importantes en la división celular, donde forman una estructura conocida como huso mitótico que ayuda a separar los cromosomas. En las células animales, los orgánulos llamados centríolos también están formados por tubulinas. Los **centríolos** se localizan cerca del núcleo y ayudan a organizar la división celular. Las células vegetales no tienen centríolos.

Los microtúbulos también ayudan a construir proyecciones desde la superficie de la célula, conocidas como cilios y flagelos, que permiten que las células naden rápidamente a través de líquido. Los microtúbulos en los cilios y los flagelos están organizados en un patrón "9 + 2", como se muestra en la **ilustración 7–10.** En estos orgánulos, los puentes pequeños en forma de cruz entre los microtúbulos usan energía química para ponerse encima de o deslizarse con los microtúbulos, produciendo así movimientos controlados.

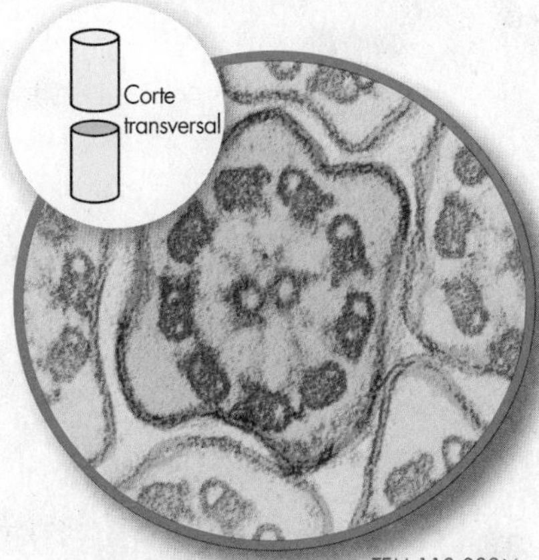

TEM 110,000×

ILUSTRACIÓN 7–10 El Patrón "9 + 2" de microtúbulos En esta micrografía del corte transversal de un cilio, se ve con claridad la configuración 9+2 de los microtúbulos rojos. **Aplica los conceptos** ***¿Cuál es la función de los cilios?***

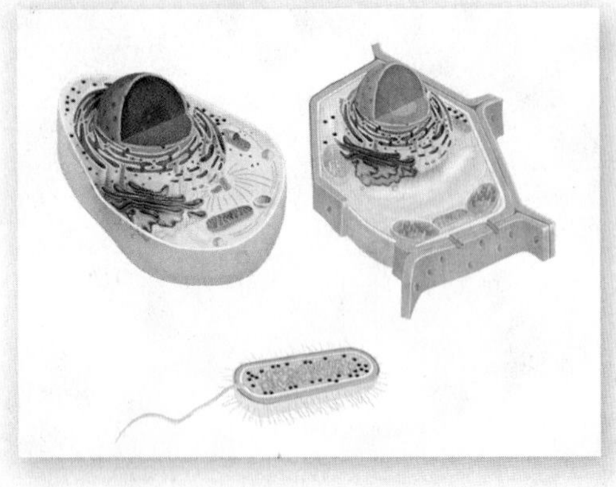

Orgánulos que crean proteínas

¿Qué orgánulos ayudan a crear y transportar las proteínas?

La vida es un proceso dinámico. Los seres vivos siempre están trabajando y construyendo moléculas nuevas de manera continua, en particular las proteínas, que catalizan reacciones químicas y constituyen estructuras importantes de la célula. Las proteínas llevan a cabo muchas de las funciones esenciales de los seres vivos. Por ello, gran parte de la célula se dedica sólo a su producción y distribución. Las proteínas se sintetizan en los ribosomas, a veces junto con el retículo endoplasmático rugoso de las células eucariotas. El proceso de creación de proteínas se resume en la **ilustración 7–11.**

Ribosomas Uno de los trabajos más importantes en la "fábrica" celular es la creación de proteínas. **Las proteínas se ensamblan en los ribosomas.** Los **ribosomas** son pequeñas partículas de ARN y proteína que se hallan en el citoplasma de la célula. Producen proteínas según las instrucciones codificadas del ADN. Cada ribosoma es como una máquina pequeña en una fábrica que produce proteínas según las órdenes de su "jefe" ADN. Las células especialmente activas en la síntesis de proteínas a menudo contienen una gran cantidad de ribosomas.

Retículo endoplasmático Las células eucariotas tienen un sistema de membranas internas conocido como **retículo endoplasmático** o RE. Aquí es donde se ensamblan los componentes lipídicos de la membrana celular, junto con proteínas y otros materiales exportados del interior de la célula.

La parte del RE que participa en la síntesis de proteínas se llama retículo endoplasmático rugoso o RE rugoso. Se llama así por los ribosomas en su superficie. Las proteínas recién creadas abandonan estos ribosomas y se insertan en el RE rugoso donde pueden modificarse químicamente.

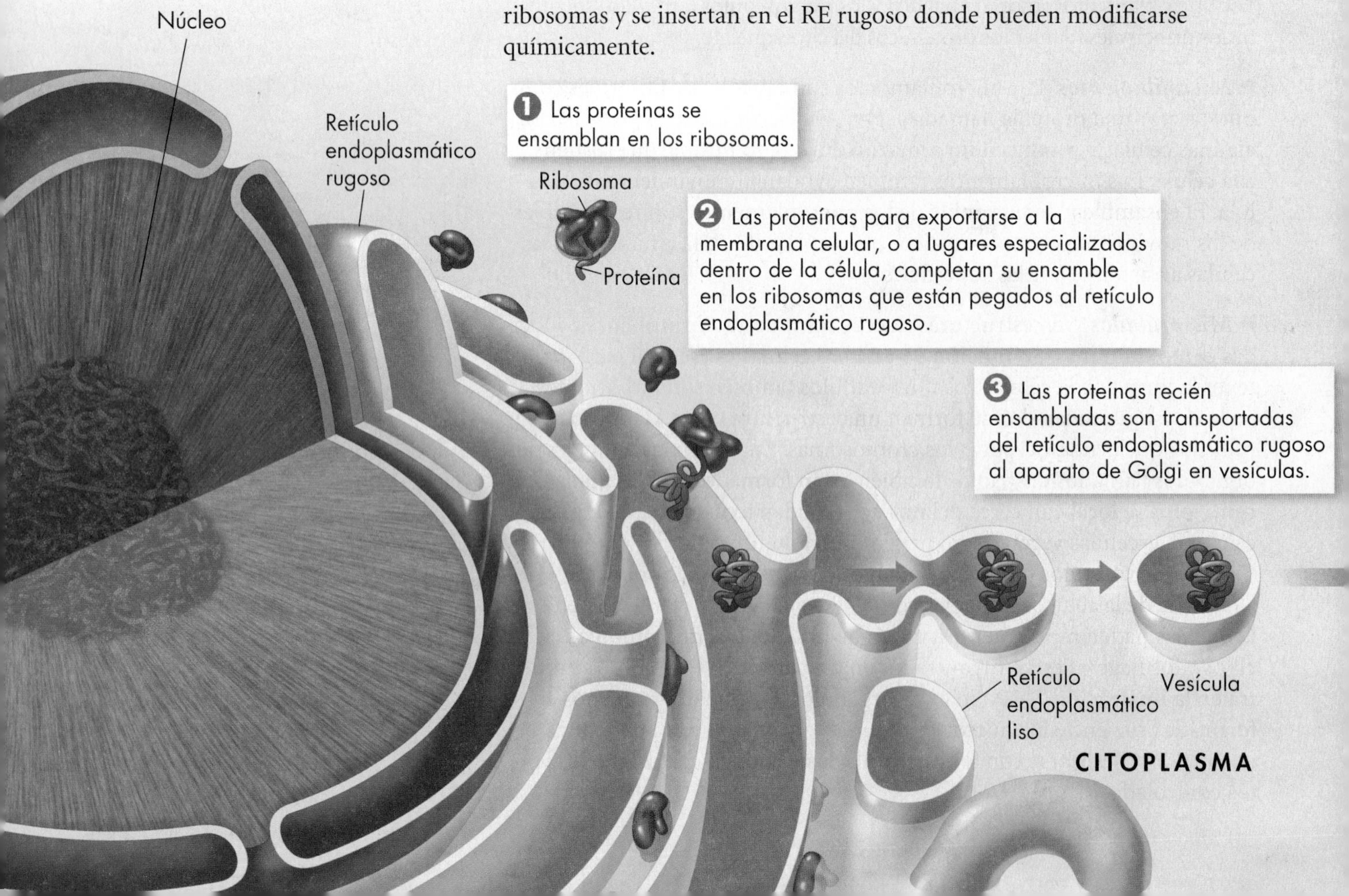

Núcleo

Retículo endoplasmático rugoso

❶ Las proteínas se ensamblan en los ribosomas.

Ribosoma

Proteína

❷ Las proteínas para exportarse a la membrana celular, o a lugares especializados dentro de la célula, completan su ensamble en los ribosomas que están pegados al retículo endoplasmático rugoso.

❸ Las proteínas recién ensambladas son transportadas del retículo endoplasmático rugoso al aparato de Golgi en vesículas.

Retículo endoplasmático liso

Vesícula

CITOPLASMA

Las proteínas creadas en el RE rugoso son las que se liberarán, o secretarán, de la célula al igual que muchas proteínas de membranas y proteínas que se dirigen a los lisosomas y otros lugares especializados dentro de la célula. El RE rugoso es abundante en células que producen grandes cantidades de proteína para exportación. Otras células están hechas de ribosomas "libres", los cuales no están pegados a la membrana.

La otra parte del RE se conoce como retículo endoplasmático liso (RE liso) debido a que los ribosomas no se encuentran en su superficie. En muchas células, el RE liso contiene una colección de enzimas que desempeñan tareas especializadas como la síntesis de los lípidos de la membrana y la desintoxicación de drogas. Las células del hígado, que tienen una importante función en la desintoxicación de drogas, con frecuencia contienen una gran cantidad de RE liso.

Aparato de Golgi En las células eucariotas, las proteínas producidas en el RE rugoso se trasladan a un orgánulo llamado **aparato de Golgi,** que parece un grupo de membranas aplanadas y apiladas. Cuando las proteínas abandonan el RE rugoso, unas "etiquetas de dirección" moleculares las dirigen hacia el destino correcto. Mientras la célula "lee" estas etiquetas, las proteínas se reúnen en diminutas vesículas que salen del RE y las trasladan al aparato de Golgi. **El aparato de Golgi modifica, clasifica y agrupa las proteínas y otras sustancias provenientes del retículo endoplasmático para almacenarlas en la célula o enviarlas fuera de ella.** El aparato de Golgi es como un taller de adaptación en donde se dan los últimos detalles a las proteínas antes de salir de la "fábrica". Las proteínas se envían desde el aparato de Golgi hasta su destino final en el interior o el exterior de la célula.

En tu cuaderno *Haz un diagrama de flujo que muestre cómo se ensamblan las proteínas en la célula.*

RESUMEN VISUAL

CREACIÓN DE PROTEÍNAS

ILUSTRACIÓN 7–11 Los ribosomas junto con el retículo endoplasmático y el aparato de Golgi sintetizan, modifican, compactan y envían proteínas. **Inferir** ***¿Qué puedes inferir acerca de una célula que contiene una cantidad de ribosomas mayor a la acostumbrada?***

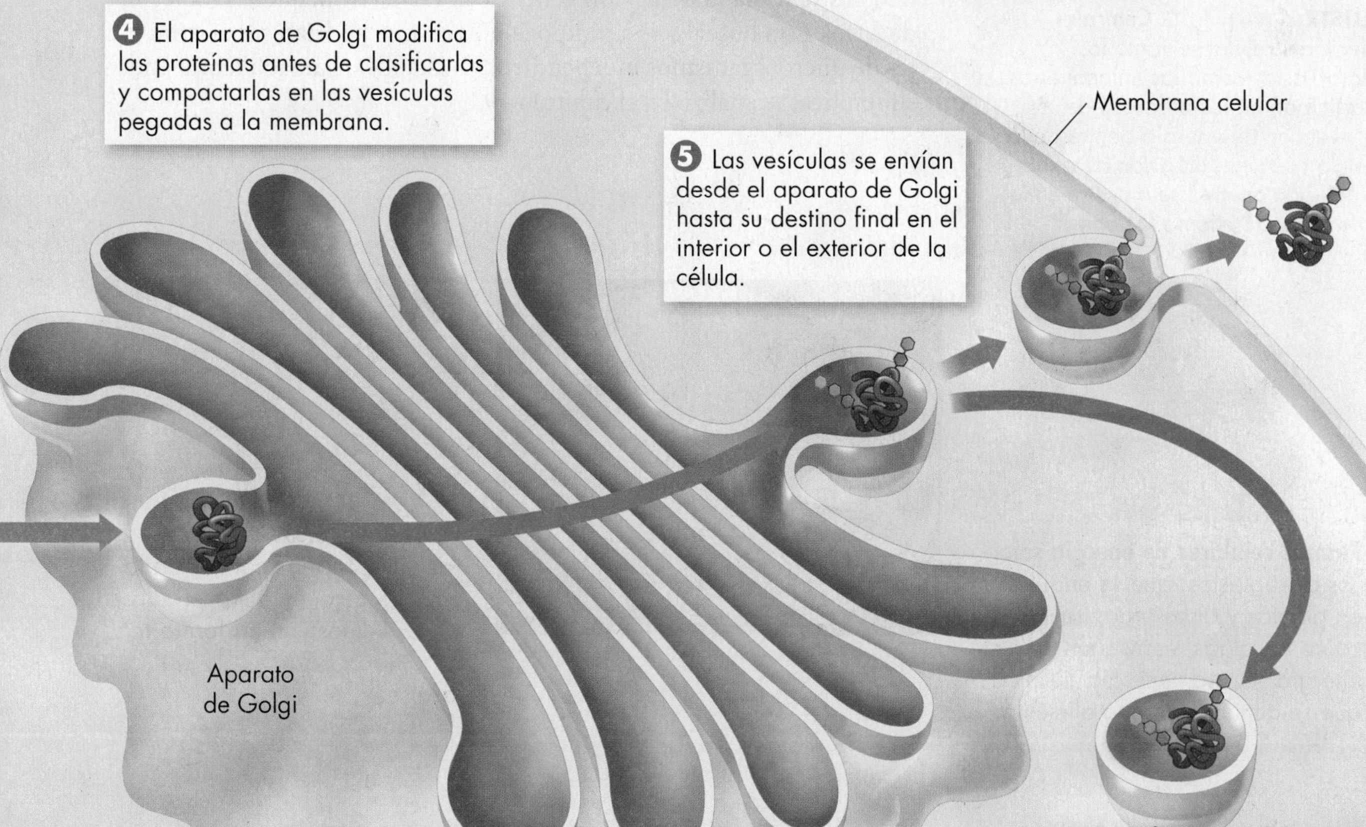

4 El aparato de Golgi modifica las proteínas antes de clasificarlas y compactarlas en las vesículas pegadas a la membrana.
5 Las vesículas se envían desde el aparato de Golgi hasta su destino final en el interior o el exterior de la célula.
Membrana celular
Aparato de Golgi

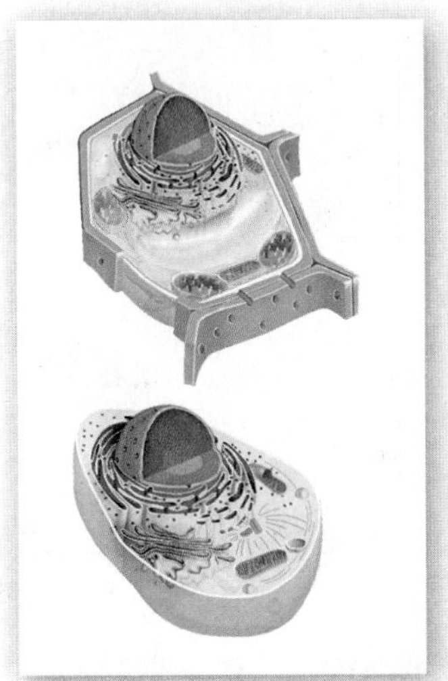

Orgánulos que captan y emiten energía

¿Cuáles son las funciones de los cloroplastos y las mitocondrias?

Todos los seres vivos requieren de una fuente de energía. Las fábricas están conectadas a la compañía de electricidad local pero, ¿cómo obtienen energía las células? La mayoría obtiene su energía de moléculas alimenticias que se crean al usar la energía del sol.

Cloroplastos Las plantas y otros organismos contienen **cloroplastos.** **Los cloroplastos capturan la energía de la luz solar y la convierten en alimento que contiene energía química en un proceso llamado fotosíntesis.** Los cloroplastos están rodeados por dos membranas. Adentro del orgánulo hay unos montones de otras membranas que contienen un pigmento verde llamado clorofila.

Mitocondrias Casi todas las células eucariotas, incluyendo las vegetales, tienen mitocondrias. Las **mitocondrias** son las fuentes de energía de la célula. **Las mitocondrias convierten la energía química almacenada en los alimentos en compuestos más apropiados para que la célula los use.** Al igual que los cloroplastos, dos membranas (una interna y otra externa) rodean a las mitocondrias. La membrana interna está doblada dentro del orgánulo, como se ve en la **ilustración 7–12.**

Uno de los aspectos más interesantes de las mitocondrias es la forma en que se heredan. Casi todas de las mitocondrias en los humanos vienen del citoplasma del óvulo, o célula huevo. Entonces, cuando tus parientes se pongan a discutir acerca de qué lado de la familia es responsable de tus características más sobresalientes, puedes decirles que ¡obtuviste tus mitocondrias de tu mamá!

Otro punto interesante es que los cloroplastos y las mitocondrias contienen su propia información genética en forma de pequeñas moléculas de ADN. Esta observación indujo la idea de que podrían ser descendientes de microorganismos independientes. Esta idea, llamada teoría endosimbiótica, se analiza en el capítulo 19.

ILUSTRACIÓN 7–12 Centrales eléctricas celulares Tanto los cloroplastos como las mitocondrias participan en los procesos de conversión de energía dentro de la célula. **Inferir** ***¿Qué tipo de célula (vegetal o animal) se muestra en la micrografía? ¿Cómo lo sabes?***

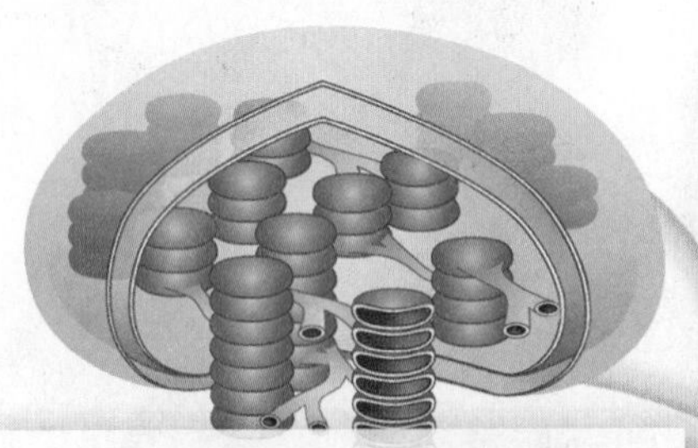

Plantas celulares de energía solar
Los cloroplastos, que se encuentran en plantas y otros organismos como las algas, convierten la energía solar en energía química que se almacena como alimento.

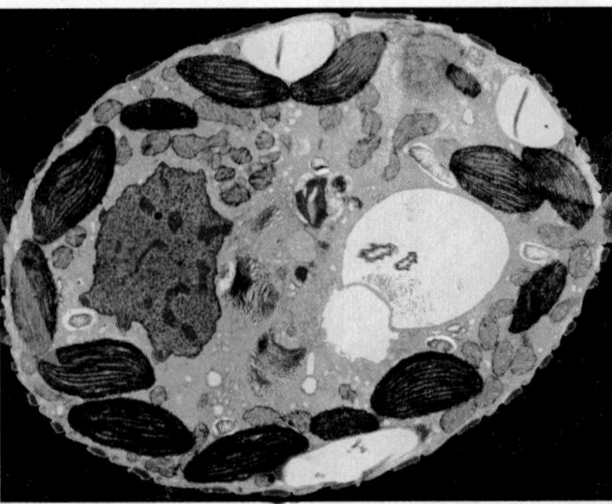

TEM 4500×

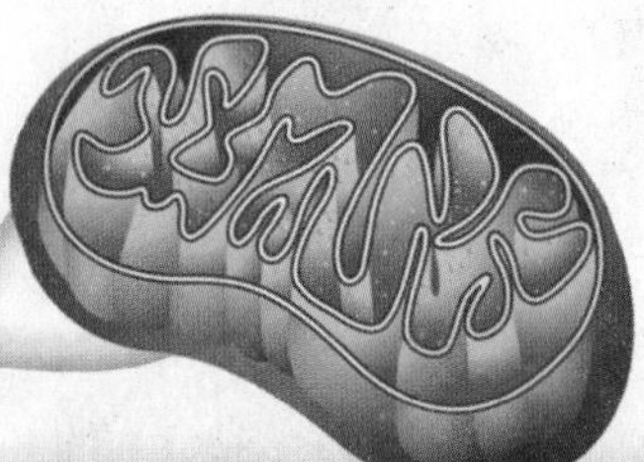

Plantas eléctricas celulares
Las mitocondrias convierten la energía química almacenada en los alimentos en una forma más apropiada para que la célula los use.

Actividad rápida de laboratorio

INVESTIGACIÓN ABIERTA

Hacer un modelo de una célula

❶ Tu grupo va a hacer una representación de una célula vegetal usando todo el salón. Trabaja con un compañero o en equipo pequeño para decidir qué parte de la célula u orgánulo te gustaría hacer. (Usa la **ilustración 7–14** en las páginas 206 y 207 como punto de partida. Esto te dará una idea de los tamaños relativos y posibles posiciones de varias partes de la célula.)

❷ Con materiales de tu elección, haz un modelo tridimensional de la parte de la célula u orgánulo que gustes. Haz el modelo lo más completo y veraz que puedas.

❸ Rotula una ficha con el nombre de la parte de la célula u orgánulo que elegiste y haz una lista de sus características y funciones principales. Coloca la ficha en tu modelo.

❹ Pega tu modelo en un lugar apropiado del salón. Si te es posible, pega tu modelo a otra parte de célula u orgánulo relacionada con la tuya.

Analizar y concluir

1. **Calcular** Asume que una célula vegetal común mide 50 micrómetros de ancho (50×10^{-6} m). Calcula la escala del modelo de tu salón de clase. (*Pista*: Divide el ancho del salón por el ancho de la célula. Asegúrate de usar las mismas unidades.) MATEMÁTICAS
2. **Comparar y contrastar** ¿En qué se parece la parte de célula u orgánulo de tu modelo y la parte de célula u orgánulo real? ¿En qué es diferente?
3. **Evaluar** Describe cómo podrías hacer un mejor modelo según el trabajo que hiciste con este modelo. ¿Qué información nueva mostraría tu modelo mejorado?

Barreras celulares

¿Cuál es la función de la membrana celular?

Una fábrica en funcionamiento necesita techo y paredes para protegerse del ambiente exterior y también como una barrera que mantenga sus productos seguros y fuera de peligro hasta que estén listos para enviarse. Las células tienen necesidades similares y las satisfacen de maneras similares. Como ya aprendiste, todas las células están rodeadas de una barrera conocida como membrana celular. Muchas células, incluyendo las procariotas, también producen una capa resistente de soporte que rodea a la membrana conocida como **pared celular.**

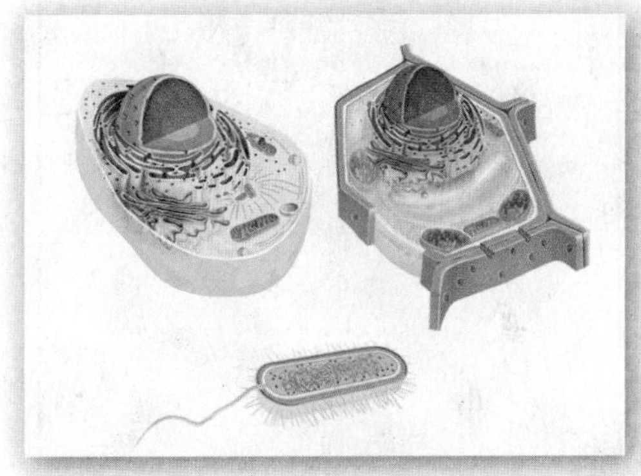

Paredes celulares Muchos organismos tienen paredes celulares además de membranas celulares. La función principal de la pared celular es sostener, dar forma y proteger a la célula. La mayoría de los procariotas y eucariotas tienen paredes celulares. Las células animales no tienen paredes celulares. Las paredes celulares yacen en el exterior de la membrana celular. La mayoría de las paredes celulares son lo suficientemente **porosas** como para permitir que el agua, el oxígeno, el dióxido de carbono y otras sustancias pasen a través de ellas con facilidad.

Las paredes celulares proveen a las plantas de la fortaleza requerida para soportar la fuerza de gravedad. Casi todo el tejido de los árboles y plantas grandes, al que llamamos madera, está constituido de paredes celulares. La fibra celulosa que se usa para el papel, al igual que la madera que se usa para la construcción, proviene de estas paredes. Así que, si estás leyendo estas palabras en una hoja de papel de un libro, sobre un escritorio de madera, estás rodeado de paredes celulares.

DESARROLLAR el vocabulario

VOCABULARIO ACADÉMICO El adjetivo **poroso** significa "permitir que los materiales atraviesen". Una pared celular porosa permite que sustancias como el agua y el oxígeno pasen a través de ella.

Membranas celulares Todas las células contienen membranas celulares, que en la mayoría de los casos están hechas de una hoja de dos capas llamada bicapa lipídica, como se muestra en la **ilustración 7–13**. La **bicapa lipídica** proporciona a las membranas celulares una estructura flexible que forma una barrera fuerte entre la célula y su entorno. **La membrana celular regula lo que entra y sale de la célula y también protege y mantiene la célula.**

▶ ***Las propiedades de los lípidos*** La estructura en capas de las membranas celulares refleja las propiedades químicas de los lípidos que las constituyen. Recordarás que muchos lípidos tienen cadenas de ácidos grasos pegadas a grupos químicos que interactúan fuertemente con el agua. En el lenguaje de un químico, las porciones de ácido graso de este tipo de lípidos son hidrofóbicas u "odian el agua", mientras que el lado opuesto de la célula es hidrofílica o "ama el agua". Cuando estos lípidos (incluyendo los fosfolípidos que son comunes en las células animales) se mezclan con agua, sus "colas" de ácido graso hidrofóbico se aglomeran, mientras que sus "cabezas" hidrofílicas son atraídas por el agua. El resultado es una bicapa lipídica. Como puedes ver en la **ilustración 7-13**, el grupo de las cabezas lipídicas en una bicapa están expuestas en la parte exterior de la célula, mientras que las colas de ácido graso se forman en una capa aceitosa en el interior de la membrana que mantiene al agua afuera.

MÁS DE CERCA

LA MEMBRANA CELULAR

ILUSTRACIÓN 7–13 Toda célula tiene una membrana que regula el movimiento de sustancias. Casi todas las membranas celulares están hechas de una bicapa lipídica en la cual se adhieren las proteínas y los hidratos de carbono. **Aplica los conceptos** ***Explica por qué los lípidos se "autoadhieren" en la bicapa cuando se exponen al agua.***

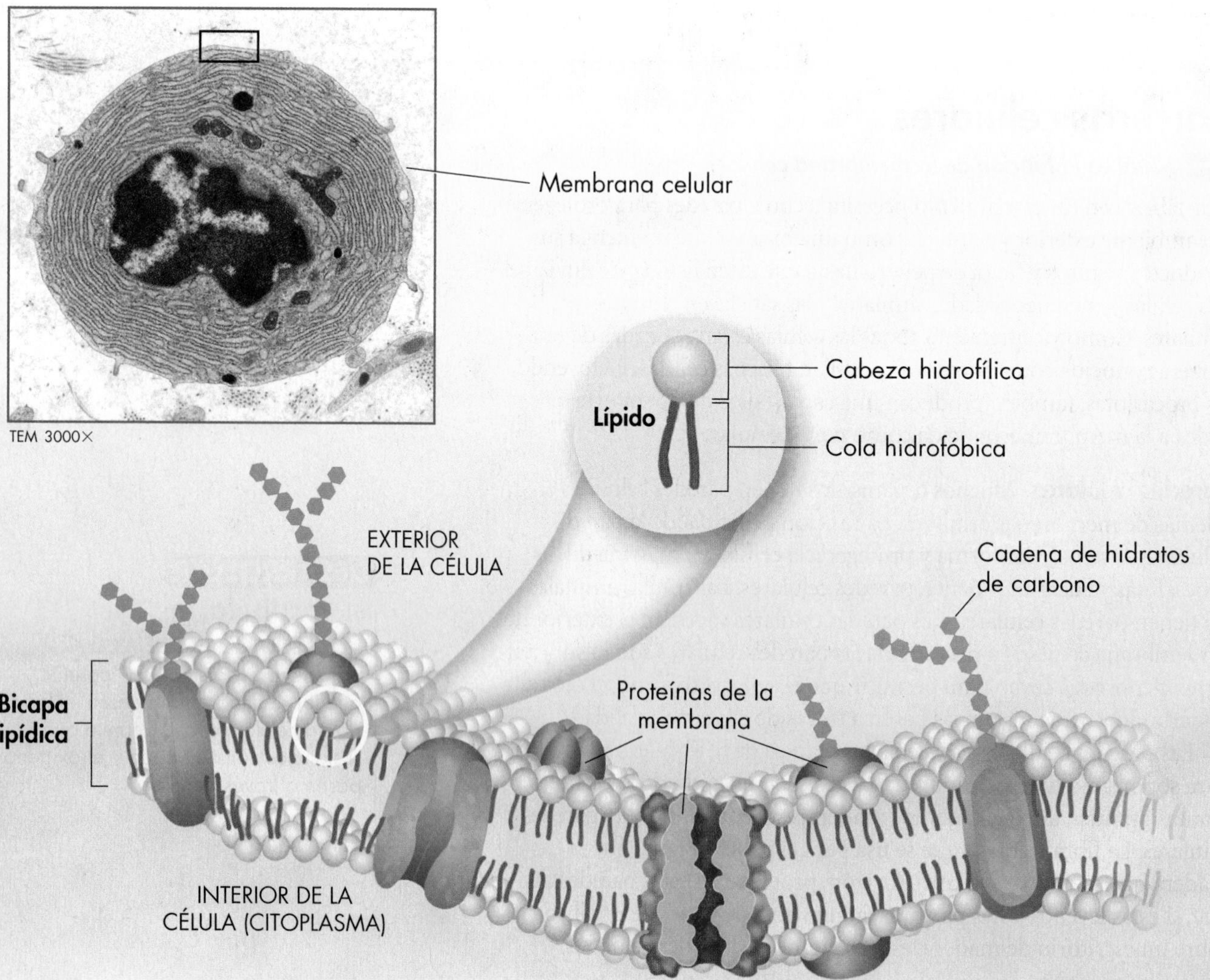

▶ ***El modelo de mosaico fluido*** Las proteínas moleculares están incrustadas en la bicapa lipídica de la mayoría de las membranas celulares. Las moléculas de hidrato de carbono están adheridas a muchas de estas proteínas. Los científicos describen a la membrana celular como "mosaico fluido" debido a que las proteínas incrustadas en la bicapa lipídica pueden moverse a su alrededor y "flotar" entre los lípidos y también porque la membrana celular está constituida por muchos tipos de moléculas. Un mosaico es un tipo de creación artística hecha a base de piezas y pedazos de diferentes colores y materiales. ¿Qué hacen todos estos tipos de moléculas? Podrás observar que algunas de las proteínas forman canales y bombas que ayudan a que las sustancias atraviesen la membrana celular. Muchas de las moléculas de hidratos de carbono actúan como tarjetas químicas de identificación, las cuales permiten que las células se identifiquen entre sí. Algunas proteínas se adhieren directamente al citoesqueleto y permiten que las células respondan ante su ambiente por medio de sus membranas para cambiar de forma o moverse.

Como ya sabes, algunos objetos tienen permiso de entrar y salir de la fábrica y otros no. Lo mismo aplica a las células. A pesar de que muchas sustancias pueden atravesar las membranas biológicas, algunas son muy grandes o muy cargadas para atravesar la bicapa lipídica. Si la sustancia puede atravesar una membrana, entonces la membrana es permeable a ella. Una membrana es impermeable a sustancias que no la pueden atravesar. La mayoría de las membranas biológicas son de **permeabilidad selectiva,** es decir, algunas sustancias pueden pasar a través de ellas y otras no. También se conocen como membranas semipermeables.

7.2 Evaluación

Repaso de conceptos clave

1. a. Repasar ¿Cuáles son las dos partes principales de la célula?
b. Usar analogías ¿En qué se parece la función del núcleo de una célula a la función de un capitán de equipo deportivo?

2. a. Repasar ¿Cuál es la función de los lisosomas?
b. Aplica los conceptos ¿Cómo ayudan las vacuolas contráctiles a mantener el equilibrio del agua?

3. a. Repasar ¿Cuál es la diferencia entre el RE rugoso y el RE liso?
b. Establecer una secuencia Describe los pasos de la síntesis, la agrupación y la exportación de las proteínas en una célula.

4. a. Repasar ¿Cuál es la función de las mitocondrias?
b. Inferir Al examinar una célula desconocida bajo un microscopio descubres que la célula contiene cloroplastos. ¿De qué tipo de organismo provendrá esta célula?

5. a. Repasar ¿Por qué a la membrana celular se le denomina en ocasiones mosaico fluido? ¿Qué parte de la membrana celular actúa como fluido? ¿Y qué la hace parecerse a un mosaico?
b. Explicar ¿Cómo ayudan las propiedades de los lípidos a explicar la estructura de la membrana celular?
c. Inferir ¿Por qué crees que es importante que las membranas celulares tengan permeabilidad selectiva?

RAZONAMIENTO VISUAL

6. Usa las células de la siguiente página como guía y dibuja una célula vegetal y una animal. Después, usa cada una de las palabras del vocabulario de esta lección para rotular tus células.

BIOLOGY.com Search Lesson 7.2 GO • Self-Test • Lesson Assessment

RESUMEN VISUAL

CÉLULAS COMUNES

ILUSTRACIÓN 7–14 Las células eucariotas contienen diversos orgánulos, algunos de los cuales también se encuentran en las células procariotas. En la tabla de la página opuesta, toma en cuenta que aunque las células procariotas carecen de citoesqueletos y cloroplastos, desempeñan sus funciones en otras maneras. **Interpretar material visual** ***¿Qué tienen en común las células procariotas y las células animales? ¿Y las células vegetales?***

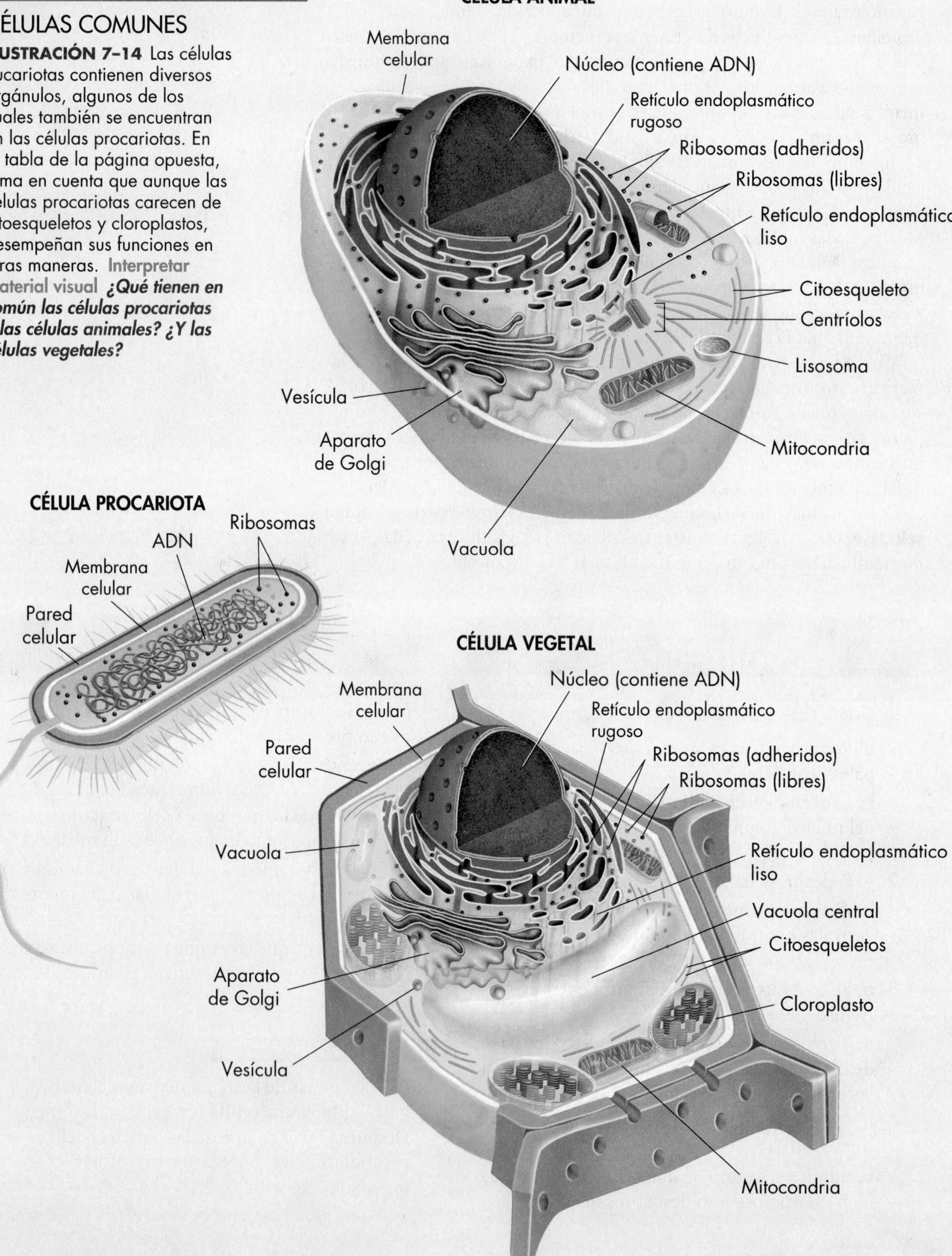

	Estructura	Función	Procariota	Eucariota: Animal	Eucariota: Vegetal
Centro de control celular	Núcleos	Contienen ADN	*ADN de procariota está en citoplasma.*	✓	✓
Orgánulos que almacenan, limpian y sostienen	Vacuolas y vesículas	Almacenan materiales		✓	✓
	Lisosomas	Descomponen y reciclan macromoléculas		✓	✓ (rara vez)
	Citoesqueleto	Mantiene la forma de la célula; mueve partes de la célula; ayuda al movimiento de la célula	*Células procariotas tienen filamentos proteínicos similares a actina y tubulina.*	✓	✓
	Centríolos	Organizan la división celular		✓	
Orgánulos que crean proteínas	Ribosomas	Sintetizan proteínas	✓	✓	✓
	Retículo endoplasmático	Ensambla proteínas y lípidos		✓	✓
	Aparato de Golgi	Modifica, ordena y compacta proteínas y lípidos para almacenarlos o transportarlos fuera de la célula		✓	✓
Orgánulos que capturan y liberan energía	Cloroplastos	Convierten energía solar en energía química almacenada en alimentos	*En algunas células procariotas, la fotosíntesis ocurre junto con las membranas fotosintéticas internas.*		✓
	Mitocondrias	Convierten la energía química almacenada de los alimentos en compuestos que pueden usarse	*Procariotas llevan a cabo estas reacciones en el citoplasma en lugar de en orgánulos especializados.*	✓	✓
Barreras celulares	Pared celular	Da forma, mantiene y protege la célula	✓		✓
	Membrana celular	Regula los materiales que entran y salen de la célula; protege y sostiene a la célula	✓	✓	✓

7.3 Transporte celular

Preguntas clave

¿Qué es el transporte pasivo?

¿Qué es el transporte activo?

Vocabulario

difusión • difusión facilitada • acuaporina • ósmosis • isotónica • hipertónica • hipotónica • presión osmótica

Tomar notas

Tabla para comparar y contrastar A medida que leas, haz una tabla para comparar y contrastar el transporte pasivo y el activo.

PIÉNSALO En la lección anterior, las paredes y membranas celulares se compararon con el techo y las paredes de una fábrica. Cuando piensas en cómo las células desplazan material hacia el interior y el exterior, puede ayudar si te imaginas a la célula como una nación. Antes de aprender algo sobre una nación, es muy importante entender dónde comienza y dónde termina. Los límites de una nación son sus fronteras, y casi todas las naciones intentan regular y controlar los bienes que se mueven por esas fronteras, similares a los contenedores que llegan y salen del puerto de Seattle. Cada célula tiene su propia frontera que separa a la célula de sus alrededores y también determina qué entra y qué sale. ¿Cómo es que una célula puede separarse de su ambiente y aun así permitir que los materiales entren y salgan? Ahí es donde interviene el transporte a través de sus fronteras, es decir, la membrana celular.

PISTA DEL MISTERIO

Michelle, conforme corría, fue sudando y perdiendo sales de su torrente sanguíneo. Y al beber más y más agua en el transcurso de la carrera, disminuyó la concentración de sales y minerales en su sangre. ¿Cómo contribuyó esto a la condición física de Michelle?

Transporte pasivo

¿Qué es el transporte pasivo?

Cada célula viva existe en un ambiente líquido. Una de las funciones más importantes de la membrana celular es mantener la condición interna de la célula relativamente constante. Esto se logra por medio de regular los movimientos de las moléculas que van de un lado a otro de la membrana.

Difusión El citoplasma celular está formado por muchas sustancias diferentes disueltas en agua. Las partículas disueltas se desplazan todo el tiempo en cualquier solución; se estrellan entre sí y tienden a esparcirse al azar. Como consecuencia, las partículas tienden a desplazarse desde un área donde están más concentradas hacia un área donde están menos concentradas. Por ejemplo, cuando agregas azúcar al café o té, las moléculas de azúcar se desplazan fuera de su posición original dentro de los cristales de azúcar y se dispersan a lo largo del líquido caliente. El proceso por el cual las partículas tienden a desplazarse desde un área donde están más concentradas hacia un área donde están menos concentradas se le conoce como **difusión.** Es la fuerza motriz detrás del desplazamiento de muchas sustancias a través de la membrana celular.

¿Qué relación tiene la difusión con la membrana celular? Imagina que una sustancia está presente en concentraciones desiguales en cualquier lado de la membrana celular, como se muestra en la **ilustración 7–15.** Si la sustancia puede atravesar la membrana celular, sus partículas tenderán a desplazarse hacia el área de menor concentración hasta que estén bien distribuidas. Se logra el equilibrio cuando la concentración de la sustancia es igual en ambos lados de la membrana celular.

Incluso cuando se logra el equilibrio, las partículas de una solución continúan desplazándose a través de la membrana en ambos sentidos. Debido a que el mismo número de partículas se trasladan en cada sentido, no hay mayor cambio sustancial en la concentración de alguno de los lados.

La difusión depende del movimiento aleatorio de las partículas. Por tanto, las sustancias se diseminan a través de las membranas sin que la célula requiera el uso de energía adicional. **El movimiento de materiales a través de la membrana celular sin uso de energía celular se llama transporte pasivo.**

ILUSTRACIÓN 7–15
Difusión Difusión es el proceso por el cual las moléculas tienden a desplazarse desde un área donde están más concentradas hacia un área donde están menos concentradas. Este proceso no requiere de energía. **Predecir** ***¿Cómo sería diferente el movimiento de partículas de soluto, como se muestra en esta ilustración, si el área inicial de mayor concentración estuviera en el interior en lugar del exterior de la célula?***

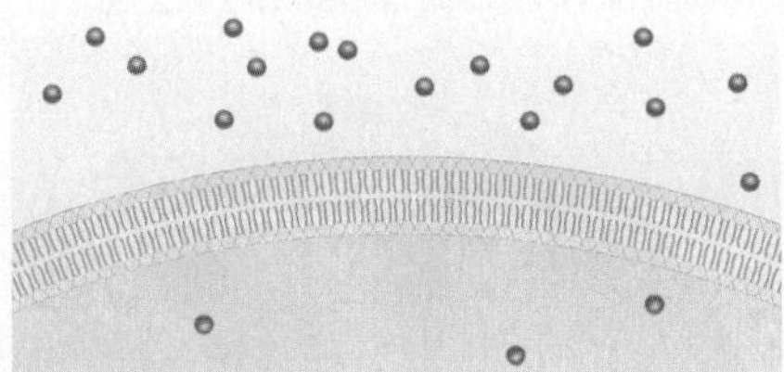
Hay mayor concentración de soluto en un lado de la membrana que en el otro.

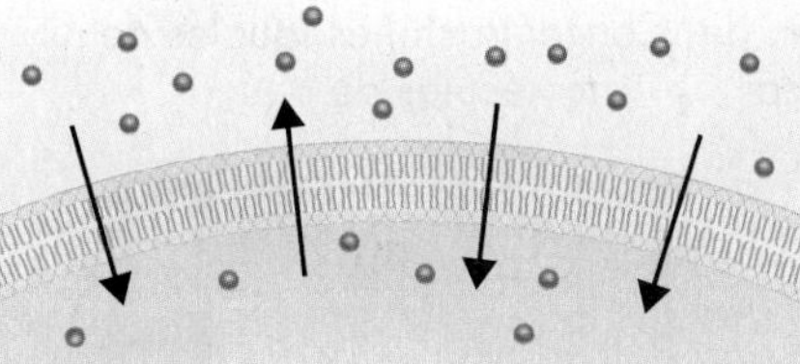
La difusión causa un movimiento sustancial de partículas de soluto del lado de la membrana con mayor concentración hacia el lado con la concentración más baja de soluto.

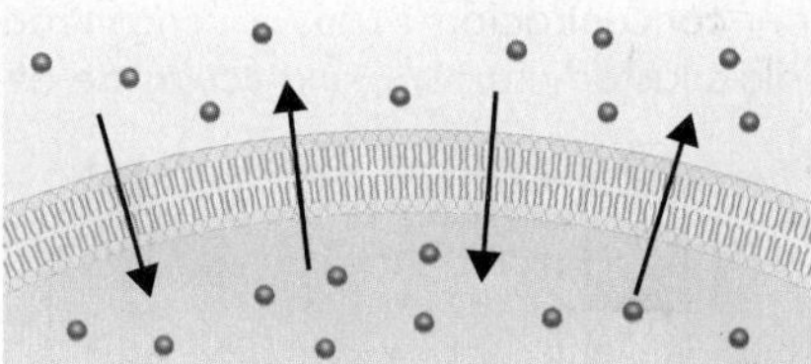
Una vez que se alcanza el equilibrio, las partículas de soluto continúan difundiéndose a través de la membrana en ambas direcciones pero a velocidades aproximadamente iguales, de modo que no hay un cambio sustancial en la concentración de soluto.

Difusión facilitada Puesto que las membranas celulares están construidas alrededor de bicapas lipídicas, las moléculas que las atraviesan con facilidad son pequeñas y sin carga. Estas propiedades les permiten disolverse en el ambiente de la membrana lipídica. Sin embargo, muchos iones como los de Cl^- y moléculas grandes como la glucosa, parecen pasar a través de membranas celulares más rápido de lo que deberían, como si tuvieran un atajo a través de la membrana.

¿Cómo sucede esto? Las proteínas en la membrana celular actúan como portadoras o canales que facilitan el cruce de ciertas moléculas. Por ejemplo, los glóbulos rojos tienen portadores de proteínas que permiten que la glucosa pase a través de ellos en cualquier dirección. La glucosa es la única que puede pasar a través de estos portadores de proteínas. Los canales de la membrana celular facilitan o ayudan a la difusión de glucosa a través de la membrana. Este proceso, en el cual las moléculas que no pueden diseminarse en forma directa a través de la membrana pasan a través de canales especiales de la proteína se le conoce como **difusión facilitada.** Se descubrió que miles de diferentes proteínas permiten que ciertas sustancias atraviesen las membranas celulares. A pesar de que la difusión facilitada es rápida y específica, sigue siendo una difusión, por lo que no requiere de mayor cantidad de energía de la célula.

En tu cuaderno *Explica cómo puedes demostrar la difusión por medio de rociar un aromatizador en un cuarto grande.*

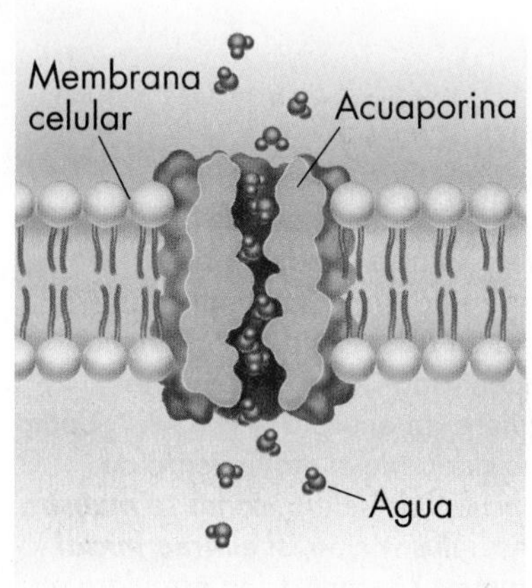

ILUSTRACIÓN 7–16 Una acuaporina

Ósmosis: un ejemplo de difusión facilitada Una sorprendente investigación reciente agregó el agua a la lista de moléculas que ingresan a las células a través de la difusión facilitada. Recuerda que el interior de la bicapa lipídica de la célula es hidrofóbica u "odia el agua". Debido a esto, las moléculas de agua tienen dificultad para pasar a través de la membrana celular. Sin embargo, muchas células contienen proteínas que canalizan el agua en una célula conocidas como **acuaporinas**, como se muestra en la **ilustración 7–16.** El desplazamiento del agua a través de las membranas celulares por medio de la difusión facilitada es un proceso biológico de suma importancia. Este es el proceso de la ósmosis.

La **ósmosis** es la difusión de agua a través de una membrana con permeabilidad selectiva. En el proceso de la ósmosis, al igual que otras formas de difusión, las moléculas se desplazan desde un área de mayor concentración hacia una de menor concentración. La única diferencia es que las moléculas que se desplazan en los casos de la ósmosis son moléculas de agua y no moléculas solutas. El proceso de ósmosis se muestra en la **ilustración 7–17.**

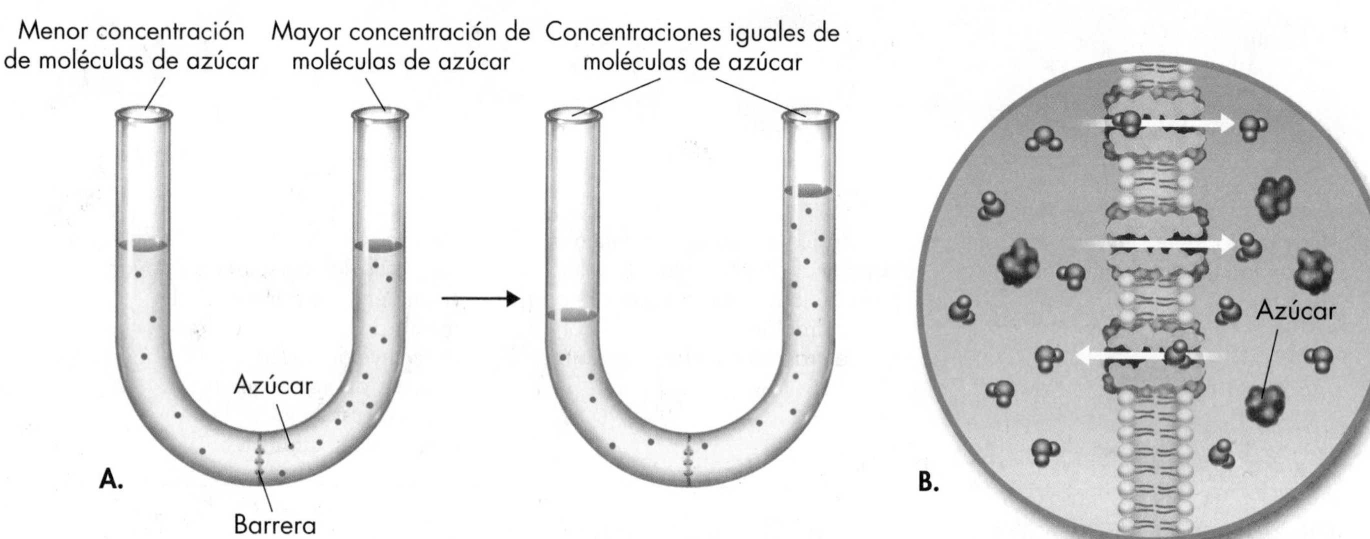

ILUSTRACIÓN 7–17 Ósmosis La ósmosis es una forma de difusión facilitada. **A.** En un experimento de laboratorio, el agua se desplaza a través de una barrera con permeabilidad selectiva desde un área de menor concentración de soluto hacia una de mayor concentración hasta alcanzar el equilibrio. **B.** En la célula, el agua pasa a través de las acuaporinas incrustadas en la membrana celular. A pesar de que el agua se desplaza en ambas direcciones a través de las acuaporinas, hay un movimiento sustancial del agua desde el área de menor concentración de azúcar hacia el área de mayor concentración. **Aplica los conceptos** ***¿El proceso de ósmosis necesita que la célula utilice energía?***

▶ ***Funcionamiento de la ósmosis*** Mira la situación experimental en la **ilustración 7–17A.** La barrera es permeable al agua pero no al azúcar. Esto significa que el agua puede cruzar la barrera en ambos sentidos, pero el azúcar no. Para comenzar, hay más moléculas de azúcar en el lado derecho de la barrera que en el izquierdo. Por tanto, la concentración de agua es menor en el lado derecho, en donde la solución es de azúcar. A pesar de que las moléculas de agua se desplazan en ambos sentidos a través de la membrana, hay un movimiento sustancial de agua hacia la solución concentrada de azúcar.

El agua tenderá a desplazarse a través de la membrana hasta alcanzar el equilibrio. En este punto, las concentraciones de agua y azúcar estarán en ambos lados de la membrana. Cuando esto sucede, ambas soluciones serán **isotónicas,** o de la "misma potencia". Observa que la palabra "potencia" se refiere a la cantidad de soluto, no de agua. Al inicio del experimento, la solución de azúcar más concentrada (lado derecho del tubo) comparada con el lado izquierdo estaba **hipertónica** o "por encima de la potencia". Entonces, la solución diluida de azúcar (lado izquierdo del tubo) comparada con el lado derecho, estaba **hipotónica** o "por debajo de potencia". La **ilustración 7–17B** muestra el funcionamiento de la ósmosis a través de la membrana celular.

Los efectos de la ósmosis en las células

Solución	**Isotónica:** La concentración de solutos es la misma en el interior y el exterior de la célula. Las moléculas de agua se desplazan igual en ambos sentidos.	**Hipertónica:** La solución tiene más concentración de soluto que la célula. Un movimiento sustancial de las moléculas de agua hacia el exterior de la célula causa que la célula se encoja.	**Hipotónica:** La solución tiene menos concentración de soluto que la célula. Un movimiento sustancial de las moléculas de agua hacia el interior de la célula causa que la célula se hinche.
Célula animal	El agua entra y sale	El agua sale	El agua entra
Célula vegetal	Membrana celular Pared celular Vacuola central El agua entra y sale	El agua sale	El agua entra

ILUSTRACIÓN 7–18 Presión osmótica Las moléculas de agua entran y salen de la misma forma de las células colocadas en una solución isotónica. En una solución hipertónica, las células animales al igual que los glóbulos rojos se encojen y las vacuolas centrales de las células vegetales se colapsan. En una solución hipotónica, las células animales se hinchan y estallan. Las vacuolas centrales de las células vegetales también se hinchan y empujan el contenido de una célula contra la pared celular. Predecir ***¿Qué le sucedería a las células de una planta de agua salada, si la planta se pusiera en agua dulce?***

▶ ***Presión osmótica*** Impulsado por las diferencias en la concentración de solutos, el movimiento sustancial del agua hacia el exterior o interior de una célula produce una fuerza conocida como **presión osmótica**. La **ilustración 7–18**, muestra cómo la presión osmótica puede ocasionar que una célula animal en la solución hipertónica se encoja y que una célula en solución hipotónica se hinche. Debido a que las células contienen sales, azúcares, proteínas y otras moléculas disueltas, por lo general son hipertónicas al agua dulce. Como consecuencia, el agua tiende a desplazarse con rapidez hacia una célula rodeada de agua dulce, lo que provoca que se hinche. Con el tiempo, la célula puede estallar como un globo que se infla demasiado. En las células vegetales, la presión osmótica puede causar cambios en el tamaño de la vacuola central, que se encoje o hincha conforme el agua entra o sale de la célula.

Por fortuna, las células en organismos grandes no están en peligro de estallar porque la mayoría de ellas no están en contacto con el agua dulce. Más bien, las células están bañadas en sangre u otros líquidos isotónicos. La concentración de materiales disueltos en estos líquidos isotónicos es apenas igual a la de las mismas células.

¿Qué sucede cuando las células entran en contacto con el agua dulce? Algunas como los huevos de peces y ranas carecen de canalización de agua. Como resultado, el agua se desplaza dentro de ellas tan despacio que la presión osmótica no presenta problema alguno. Otras células, incluyendo las bacterias y las células vegetales, están rodeadas de paredes duras. Estas paredes celulares evitan que las células se expandan, aún bajo una presión osmótica tremenda. Observa la manera en que la célula vegetal en la **ilustración 7–18** mantiene su forma en ambas soluciones, hipertónica e hipotónica, y el glóbulo rojo animal no. Sin embargo, una presión osmótica elevada provoca que las células vegetales sean en extremo vulnerables a sufrir daños en la pared celular.

En tu cuaderno *Explica con tus propias palabras por qué la ósmosis es sólo un caso especial de difusión facilitada.*

Bombeo de proteína
La energía del ATP se usa para bombear moléculas e iones pequeños a través de la membrana celular. La proteínas del transporte activo cambian de forma durante el proceso, uniendo las sustancias que están en un lado de la membrana y liberándolas en el otro lado.

Endocitosis
La membrana forma un bolsillo alrededor de una partícula. Luego el bolsillo se desprende de la parte externa de la membrana celular y forma una vesícula dentro del citoplasma.

Exocitosis
La membrana de la vesícula que rodea al material se fusiona con la membrana celular y obliga a que la célula expulse su contenido.

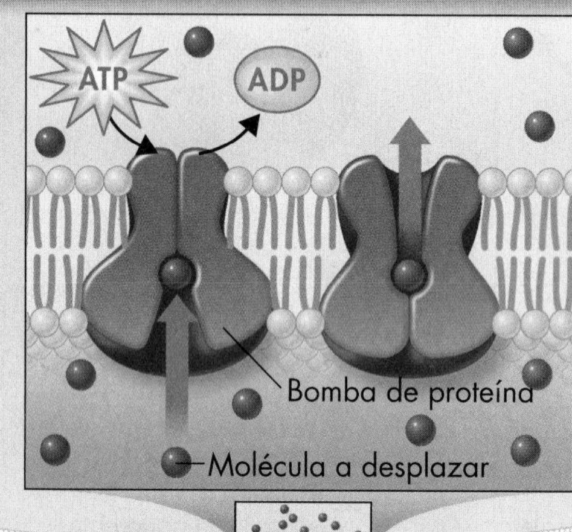

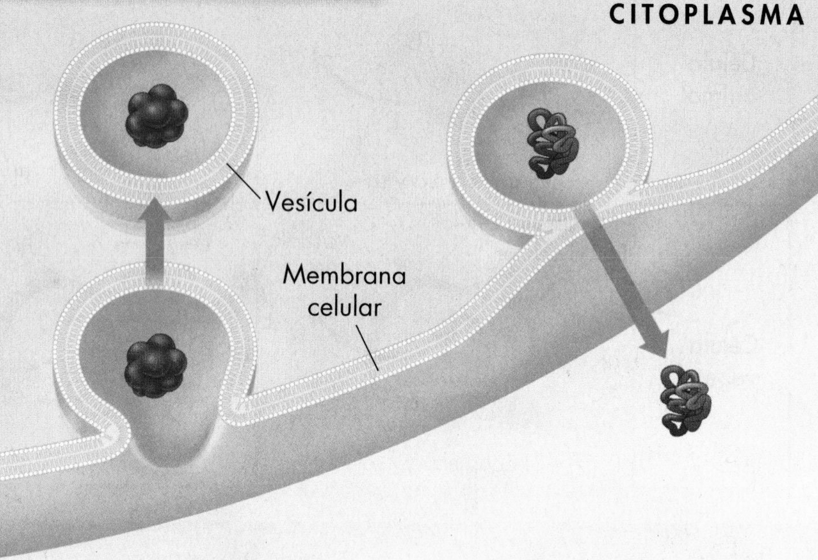

RESUMEN VISUAL

TRANSPORTE ACTIVO

ILUSTRACIÓN 7–19 La célula requiere energía para desplazar las partículas contra el gradiente de la concentración. Comparar y contrastar ***¿Cuáles son las semejanzas y diferencias entre la difusión facilitada y el trasporte activo a través de bombeo de proteína?***

Transporte Activo

¿Qué es el transporte activo?

Aún tan potente como es la difusión, en ocasiones las células tienen que desplazar materiales contra una diferencia de concentración. **El transporte activo es el movimiento de materiales contra una diferencia de concentración y requiere de energía.** El transporte activo de moléculas e iones pequeños a través de una membrana celular por lo general se lleva a cabo por medio de proteínas de transporte (bombas de proteínas) localizadas en la misma membrana. Es posible que las moléculas grandes y los aglomerados de material también se transporten a través de la membrana celular mediante procesos conocidos como endocitosis y exocitosis. El transporte de estos materiales más grandes a veces involucra cambios en la forma de la membrana celular. Los tipos principales de transporte activo se muestran en la **ilustración 7–19.**

Transporte molecular Las proteínas en la membrana que actúan como bombas, desplazan moléculas e iones pequeños a través de membranas. Muchas células usan bombas de proteínas para desplazar calcio, potasio y sodio a través de membranas celulares. Los cambios en la forma de la proteína parecen tener una función importante en el proceso de bombeo. Las células usan una cantidad considerable de energía en sus actividades diarias para sostener este tipo de transporte activo. El uso de energía en estos sistemas permite que las células concentren sustancias en un sitio en particular, incluso si las fuerzas de difusión tendieran a desplazar estas sustancias en sentido opuesto.

Transporte a granel Las moléculas más grandes y hasta aglomerados sólidos de materiales pueden transportarse por medio de los movimientos de la membrana celular conocidos como transporte a granel. El transporte a granel adopta diversas formas, según el tamaño y la forma del material que se mueve hacia el interior o el exterior de la célula.

▶ ***Endocitosis*** Endocitosis es el proceso de llevar material al interior de la célula por medio de invaginación o bolsillos de la membrana celular. Los bolsillos generados se desprenden de la parte externa de la membrana celular y forman una vesícula o vacuola dentro del citoplasma. Las moléculas grandes, los aglomerados de alimento e incluso las células enteras pueden desplazarse de la misma manera.

La fagocitosis es un tipo de endocitosis en el cual extensiones de citoplasma rodean una partícula y la compactan dentro de una vacuola de alimento. La célula entonces la absorbe. Las amebas emplean este método para ingerir comida y los glóbulos blancos usan la fagocitosis para "comer" células dañadas, como se muestra en la **ilustración 7–20**. La absorción de material de esta manera requiere una cantidad considerable de energía y se considera como una forma de transporte activo.

En un proceso similar a la fagocitosis, muchas células toman líquido de su ambiente circundante. Unos bolsillos diminutos se forman a lo largo de la membrana celular, se llenan de líquido y se aprietan para formar vacuolas dentro de la célula. Este tipo de endocitosis se conoce como pinocitosis.

▶ ***Exocitosis*** La exocitosis es el proceso por el cual muchas células liberan una gran cantidad de material. Durante la exocitosis, la membrana de la vacuola que rodea al material se fusiona con la membrana celular y obliga a que la célula expulse su contenido. Un ejemplo de este tipo de transporte activo es la eliminación de agua a través de una vacuola contráctil.

DESARROLLAR el vocabulario

PREFIJOS El prefijo *endo-* en *endocitosis* proviene de una palabra griega que significa "adentro" o "dentro de". El prefijo *exo-* de *exocitosis* significa "externo".

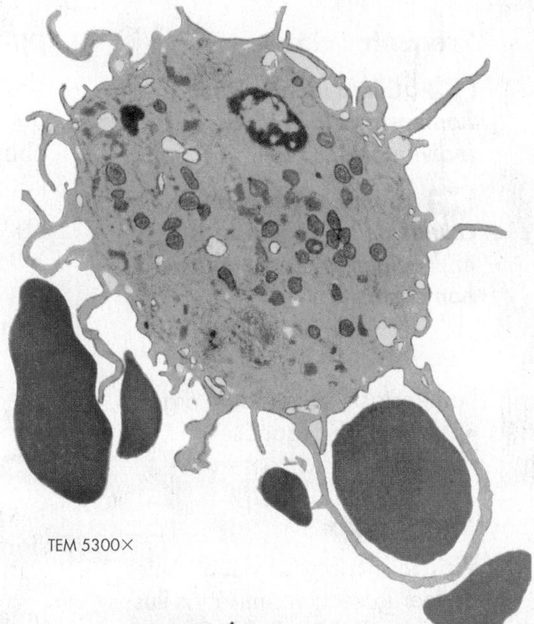

ILUSTRACIÓN 7–20
Endocitosis El glóbulo blanco en esta ilustración absorbe un glóbulo rojo dañado mediante fagocitosis, una forma de endocitosis. Las extensiones o "brazos" de la membrana celular del glóbulo blanco ya rodearon por completo al glóbulo rojo.

7.3 Evaluación

Repaso de conceptos clave

1. a. Repasar ¿Qué sucede durante la difusión?

b. Explicar Describe el proceso de la ósmosis.

c. Comparar y contrastar ¿Cuál es la diferencia entre la difusión y la difusión facilitada?

2. a. Repasar ¿Cuál es la diferencia entre el transporte activo y el transporte pasivo?

b. Explicar Describe los dos tipos principales de transporte.

c. Comparar y contrastar ¿Cuál es la diferencia entre la endocitosis y la exocitosis?

DESARROLLAR EL VOCABULARIO

3. Escribe las definiciones de los prefijos *iso-*, *hiper-* e *hipo-*, basándote en el significado de *isotónico, hipertónico* e *hipotónico*. Luego forma más palabras con estos prefijos (las palabras no necesitan tener los mismo sufijos).

4. El prefijo *fago-*, significa "comer". El prefijo *pino-*, significa "beber". Busca la definición de *–citosis*, y escribe las definiciones de *fagocitosis* y *pinocitosis*.

BIOLOGY.com Search Lesson 7.3  • Self-Test • Lesson Assessment

7.4 Homeostasis y células

Preguntas clave

¿Cómo mantienen la homeostasis las células individuales?

¿Cómo colaboran las células de los organismos multicelulares para mantener la homeostasis?

Vocabulario

homeostasis • tejido • órgano • sistema de órganos • receptor

Tomar notas

Vistazo al material visual Antes de leer la sección, mira las **ilustraciones 7–22** y **7–23**. Después escribe dos preguntas sobre las micrografías. A medida que leas, escribe las respuestas a tus preguntas.

ILUSTRACIÓN 7–21 Vida unicelular Los organismos unicelulares, como este protozoario de agua dulce, deben ser capaces de realizar todas las funciones necesarias para la vida. (SEM 600x)

PIÉNSALO Desde su sencillo inicio, la vida se ha esparcido hasta cada rincón de nuestro planeta, hasta lo más profundo de la tierra y de los mares. La diversidad de la vida es tan maravillosa que quizá tengas que obligarte a recordar que todos los seres vivos están compuestos de células, tienen la misma constitución química básica e inclusive contienen los mismos tipos de orgánulos. Esto no significa que todos los seres vivos son iguales, las diferencias surgen de la manera en que se especializan las células y la manera en que las células se asocian entre sí para formar organismos multicelulares.

La célula como organismo

¿Cómo mantienen la homeostasis las células individuales?

Las células son la unidad básica de todos los organismos, pero en ocasiones, una sola célula constituye el organismo. De hecho, en cuanto a cantidades, los organismos unicelulares dominan la vida en la Tierra. Un organismo unicelular realiza todo lo que se supone que hace un ser vivo. Al igual que otros seres vivos, los organismos unicelulares deben mantener la **homeostasis,** sus condiciones físicas y químicas internas relativamente constantes. **Para mantener la homeostasis, los organismos unicelulares crecen, responden al ambiente, transforman la energía y se reproducen.**

Los organismos unicelulares incluyen tanto a los procariotas como eucariotas. Los procariotas, especialmente las bacterias, son notablemente adaptables. Las bacterias viven en casi todos los lugares, en la tierra, en las hojas, en el océano, en el aire e inclusive dentro del cuerpo humano.

Muchos de los eucariotas, como los protozoarios de la **ilustración 7–21**, también pasan su vida como células individuales. Algunos tipos de algas que contienen cloroplastos y se encuentran en los océanos, lagos y arroyos del mundo son unicelulares. Las levaduras, u hongos unicelulares, también están muy difundidas. Las levaduras tienen una importante función en la descomposición de los nutrientes complejos, para hacerlos disponibles a otros organismos. Las personas usan levaduras para hacer pan y otros alimentos.

No cometas el error de pensar que los organismos unicelulares siempre son simples. La homeostasis sigue siendo una cuestión de importancia para los organismos unicelulares, sean procariotas o eucariotas. Esa célula diminuta en el estanque o en la superficie de tu lápiz necesita encontrar fuentes de energía o alimento para mantener la concentración de agua y de minerales a cierto nivel y para responder con rapidez a los cambios en su ambiente. El mundo microscópico que nos rodea está lleno de organismos unicelulares que mantienen el equilibrio homeostático.

Vida multicelular

¿Cómo colaboran las células de los organismos multicelulares para mantener la homeostasis?

A diferencia de la mayoría de los organismos unicelulares, las células humanas y otros organismos multicelulares no viven por sí solos. Son interdependientes, parecidos a los integrantes de un equipo de béisbol campeón que trabajan en conjunto. En béisbol, cada jugador tiene una posición en particular: lanzador, receptor, jardinero. Y para jugar con eficacia, los jugadores y entrenadores se comunican entre sí a través del envío y recepción de señales. Las células en los organismos multicelulares funcionan de la misma manera. **Las células de los organismos multicelulares se especializan en funciones particulares y se comunican entre sí para mantener la homeostasis.**

Especialización celular Las células de los organismos multicelulares son especializadas, tienen diferentes tipos de células que realizan diferentes funciones. Se especializan en el movimiento, en reaccionar ante el ambiente o en producir sustancias necesarias para el organismo. Sin importar la función de las células especializadas, como las de las **ilustraciones 7–22 y 7–23,** todas contribuyen a la homeostasis en el organismo.

En tu cuaderno *¿En qué parte del cuerpo humano están las células especializadas que producen enzimas digestivas? ¿Por qué?*

DESARROLLAR el vocabulario

PREFIJOS El prefijo *homeo-* en **homeostasis** significa "semejante". Los organismos intentan mantener la homeostasis de manera constante con el propósito de que su interior físico y sus condiciones químicas se conserven constantes a pesar de los cambios en sus ambientes internos y externos.

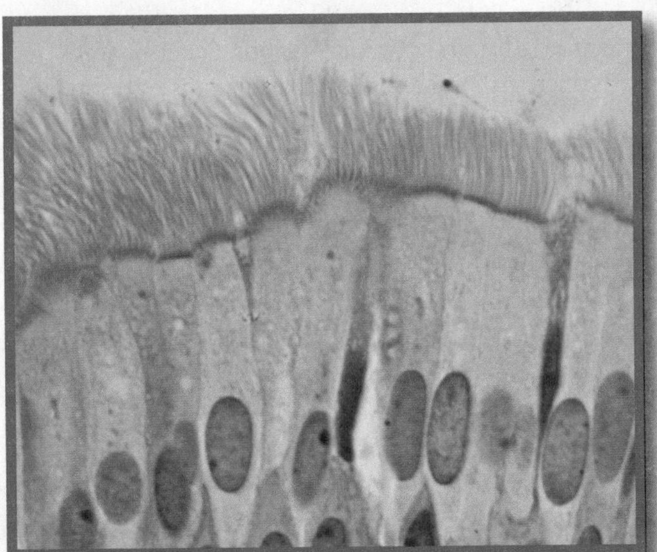

ILUSTRACIÓN 7–22 Células animales especializadas: epitelio de la tráquea humana (LM 1000x)

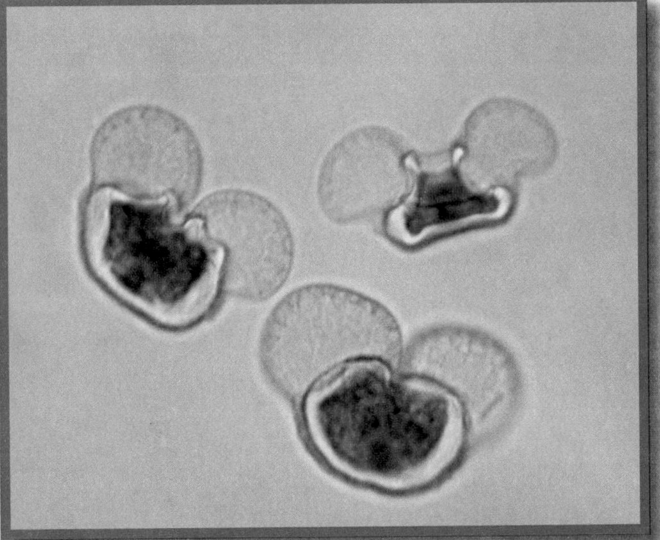

ILUSTRACIÓN 7–23 Células vegetales especializadas: polen de Pino (LM 430x)

▶ ***Células vegetales especializadas*** ¿Cómo puede un pino que literalmente está plantado en un lugar producir un vástago con un árbol que está a cientos de metros de distancia? Por medio de liberar las células más especializadas del mundo: los granos de polen. Los granos de polen son diminutos y ligeros a pesar de sus paredes duras que son necesarias para proteger el interior de las células. Además, los granos de polen del pino tienen alas diminutas que les permiten flotar en la más mínima corriente de aire.

▶ ***Células animales especializadas*** Aún el aire más puro y fresco está sucio porque contiene partículas de polvo, humo y bacterias. ¿Qué es lo que mantiene a estas cosas malignas fuera de nuestros pulmones? Ese es el trabajo de millones de células que funcionan como barrenderos públicos. Las células recubren los conductos de aire superiores y, mientras respiras, trabajan día y noche barriendo mucosidad, desechos y bacterias de tus pulmones. Estas células están llenas de mitocondrias, que producen una fuente estable de ATP que impulsa los cilios ubicados en la superficies superiores para mantener limpios tus pulmones.

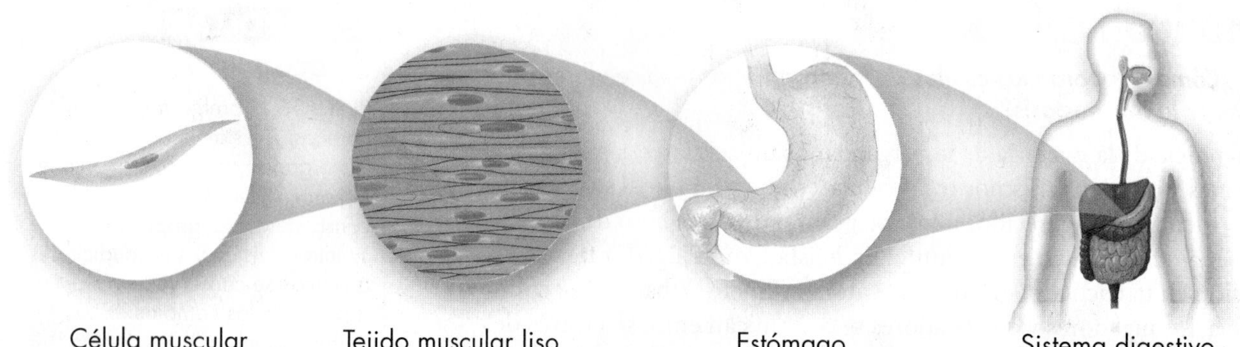

ILUSTRACIÓN 7–24 Niveles de organización Los niveles de organización de un organismo multicelular, del menos al más complejo, son las células, los tejidos, los órganos y los sistemas de órganos.

Niveles de organización Las células especializadas de los organismos multicelulares están organizadas por tejidos, después por órganos y finalmente por sistema de órganos, como se muestra en la **ilustración 7–24**. Un tejido es un grupo de células similares que realizan una función en particular. Muchas de las tareas en el cuerpo son demasiado complicadas como para que un solo tipo de tejido las lleve a cabo. En estos casos, un grupo de tejidos trabajan juntos como **órgano**. Por ejemplo, cada músculo de tu cuerpo es un órgano. Dentro del músculo, hay más que tejido muscular, también hay tejidos nerviosos y conectivos. Cada tipo de tejido desempeña una tarea esencial que ayuda al funcionamiento del órgano. En la mayoría de los casos, un órgano realiza una serie de tareas especializadas. Un grupo de órganos que colaboran para realizar una función específica se llama **sistema de órganos**. Por ejemplo, el estómago, el páncreas y los intestinos trabajan juntos en el sistema digestivo.

Distribución de las mitocondrias en el ratón

Los científicos estudiaron la composición de varios órganos en el ratón. Descubrieron que algunos órganos y tejidos tienen más mitocondrias que otros. Describieron la cantidad de mitocondrias presentes como un porcentaje del volumen total de una célula. Entre más alto es el porcentaje del volumen constituido por mitocondrias, habrá más mitocondrias presentes en las células del órgano. Los datos se muestran en la gráfica.

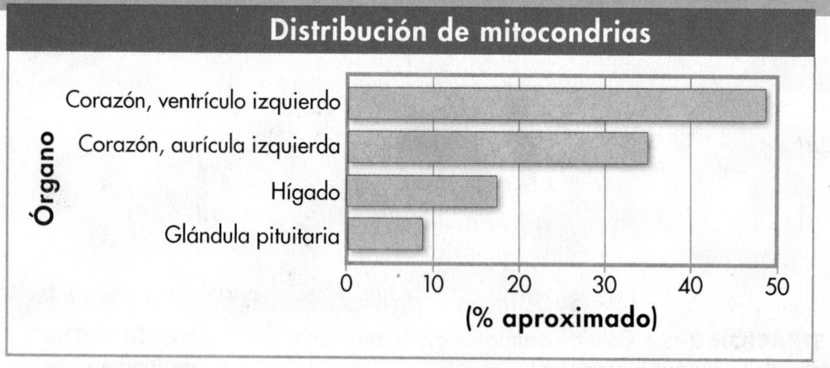

1. **Interpretar gráficas** ¿Qué porcentaje aproximado del volumen de la célula en el hígado del ratón se compone de mitocondrias?
2. **Calcular** ¿Como cuánto más volumen celular compuesto de mitocondrias tiene el ventrículo izquierdo en comparación con la glándula pituitaria? MATEMÁTICAS
3. **Inferir** Hay cuatro espacios huecos en el corazón del ratón: ventrículos izquierdo y derecho, y aurículas izquierda y derecha. Según los datos, ¿cuál de los huecos, el ventrículo izquierdo o la aurícula izquierda, bombea sangre desde el corazón al resto del cuerpo? Explica tu respuesta.

La organización de las células corporales en tejidos, órganos y sistemas de órganos crea una división de trabajo entre ellas que permite que el organismo mantenga la homeostasis. La especialización e interdependencia son atributos admirables de los seres vivos. La apreciación de estas características es un paso importante para comprender la naturaleza de los seres vivos.

Comunicación celular Las células en un organismo grande se comunican por medio de señales químicas que se transmiten de una célula a otra. Estas señales químicas pueden acelerar o bajar la velocidad de las actividades de las células que reciben las señales e inclusive, pueden ocasionar que una célula cambie su actividad de manera drástica.

Ciertas células, incluyendo las del corazón y el hígado, forman conexiones o uniones celulares con las células adyacentes. Algunas de estas uniones, como se muestra en la **ilustración 7–25**, sujetan a las células con firmeza. Otras permiten que las moléculas pequeñas que transmiten señales o mensajes químicos pasen en forma directa de una célula a otra. Para responder a una de estas señales químicas, la célula necesita un **receptor** al cual se le pueda sujetar la molécula mensajera. Algunos receptores están en la membrana celular. Los receptores de otro tipo de señales están dentro del citoplasma. Las señales químicas enviadas por varios tipos de células pueden causar cambios importantes en la actividad celular. Por ejemplo, la señal eléctrica que causa la contracción de las células musculares del corazón inicia en la región del músculo conocida como marcapaso. Los iones trasladan esa señal eléctrica de célula en célula a través de una conexión especial conocida como unión de brecha y permiten que las células musculares del corazón se contraigan al mismo tiempo, en un solo latido. Otras uniones mantienen a las células juntas para que la fuerza de la contracción no desgarre el tejido muscular. Ambos tipos de uniones son esenciales para que el corazón bombee sangre con eficacia.

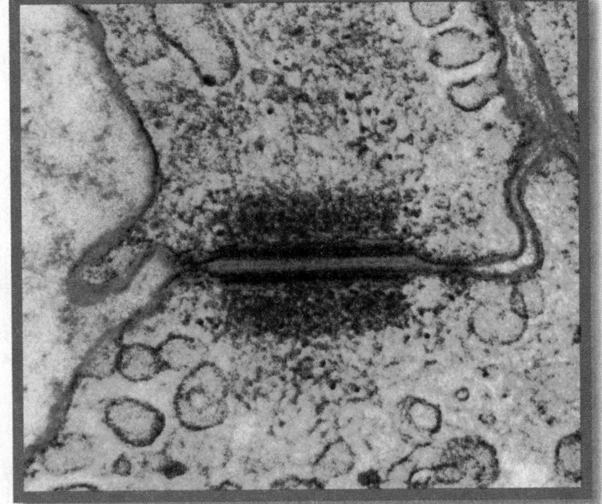

ILUSTRACIÓN 7–25 Uniones celulares Algunas uniones mantienen a las células unidas y en estricta formación como la que se muestra en color marrón en esta micrografía de células capilares en la vejiga natatoria de un pez sapo. [TEM 21,600x].

7.4 Evaluación

Repaso de conceptos clave

1. a. **Repasar** ¿Qué es la homeostasis?
   b. **Explicar** ¿Cómo mantienen la homeostasis los organismos unicelulares?
   c. **Aplica los conceptos** La vacuola contráctil es un orgánulo que se encuentra en el paramecio, un grupo de organismos unicelulares. Las vacuolas contráctiles bombean agua limpia que se acumula en los organismos por ósmosis. Explica como éste es un ejemplo de la forma en que el paramecio mantiene la homeostasis.
2. a. **Repasar** ¿Qué es la especialización celular?
   b. **Explicar** ¿Cómo ayudan las uniones celulares y los receptores a que un organismo mantenga la homeostasis?
   c. **Predecir** Usa la información que ya conoces acerca del movimiento de los músculos para predecir qué tipo de orgánulos son los más comunes en las células musculares.

ESCRIBIR SOBRE LAS CIENCIAS

Descripción

3. Usa un área de tu vida (como la escuela, los deportes o actividades extracurriculares) para establecer una analogía que explique por qué la especialización y la comunicación son necesarias para que tu cuerpo funcione bien.

BIOLOGY.com Search Lesson 7.4  • Self-Test • Lesson Assessment

Laboratorio de destrezas científicas

INVESTIGACIÓN DIRIGIDA

Preparación para el laboratorio: Detectar la difusión

Problema ¿Cómo puedes determinar si los solutos se difunden a través de una membrana?

Materiales tubos de diálisis, tijeras, regla métrica, vasos de precipitado de 250 ml, sujetadores, probetas graduadas de 10 ml, solución de almidón al 1%, solución de yodo, fórceps, solución de glucosa al 15% y tiras reactivas para glucosa.

Manual de laboratorio Laboratorio del Capítulo 7

Enfoque en las destrezas Usar modelos, inferir, comparar y contrastar

Conectar con la gran idea La membrana celular forma una barrera flexible y delgada entre la célula y sus alrededores. De igual forma, regula lo que entra y sale de la célula. La difusión es el proceso responsable del movimiento a través de la membrana celular. Durante este proceso, los solutos se trasladan de un área de alta concentración a otra de baja concentración. El proceso en el cual la molécula que se difunde es de agua se le llama ósmosis. Las proteínas incrustadas en la membrana pueden facilitar la difusión de muchas partículas, inclusive de agua. En este laboratorio, usarás tubos de diálisis para crear un modelo de la difusión de moléculas pequeñas.

Preguntas preliminares

a. Repasar ¿Qué significa que la membrana tiene permeabilidad selectiva?

b. Explicar ¿El movimiento de las moléculas se detiene cuando la concentración de un soluto es igual en ambos lados de la membrana? Explica.

c. Comparar y contrastar ¿Cuál es la diferencia entre transporte pasivo y transporte activo?

Preguntas previas al laboratorio

Examina el procedimiento en el manual de laboratorio.

1. Sacar conclusiones ¿Cómo sabrás si el almidón se desplazó a través de la membrana en la parte A? ¿Cómo sabrás si el yodo se desplazó a través de la membrana?
2. Sacar conclusiones ¿Cómo podrás distinguir si la glucosa se desplazó a través de la membrana en la Parte B?
3. Usar analogías ¿En qué se parecen una malla metálica de ventana (o mosquitero) a una membrana celular?

Visita el capítulo 7 en línea para hacer una autoevaluación del capítulo y para buscar actividades que apoyan tu aprendizaje.

Untamed ScienceVideo Viaja a las profundidades del océano con la tripulación de *Untamed Science* para explorar cómo mantienen los peces la homeóstasis acuática.

Art in Motion Observa una breve animación sobre los diferentes tipos de transporte activo.

Art Review Con esta actividad repasa tu entendimiento de las estructuras celulares de los animales y las plantas.

InterActive Art Usa estas animaciones para entender el proceso de la ósmosis y la difusión.

Data Analysis Analiza los datos que explican el por qué ciertos tipos de células tienen más mitocondrias que otras.

Tutor Tube Escucha sugerencias que te ayudarán a recordar las estructuras de las células.

7 Guía de estudio

La gran idea **Base celular de la vida, homeostasis**

Las células son las unidades básicas de toda forma de vida. Sus estructuras están específicamente adaptadas a su función y al objetivo global de mantener la homeostasis. En los organismos multicelulares, las células pueden especializarse para llevar a cabo una función en particular.

7.1 La vida es celular

La teoría celular afirma que (1) todos los seres vivos están compuestos de células, (2) las células son las unidades básicas de estructura y función de los seres vivos, y (3) todas las células se producen a partir de otras células.

La mayoría de los microscopios usan lentes para aumentar la imagen de un objeto enfocando luz o electrones.

Las células procariotas no separan su material genético dentro del núcleo. En las células eucariotas, el núcleo separa el material genético del resto de la célula.

célula (191)
teoría celular (191)
membrana celular (193)
núcleo (193)
eucariota (193)
procariota (193)

7.2 Estructura celular

El núcleo contiene casi todo el ADN de la célula y, junto con él, las instrucciones codificadas para crear proteínas y otras moléculas importantes.

Las vacuolas almacenan sustancias como agua, sales, proteínas e hidratos de carbono. Los lisosomas descomponen lípidos, hidratos de carbono y proteínas en moléculas pequeñas que pueden ser utilizadas por el resto de la célula. También descomponen orgánulos no útiles. El citoesqueleto ayuda a la célula a mantener su forma y participa en el movimiento.

Las proteínas se ensamblan en los ribosomas.

Las proteínas creadas en el RE rugoso son las que se liberarán, o secretarán, de la célula al igual que muchas proteínas de membranas y proteínas que se dirigen a los lisosomas y otros lugares especializados dentro de la célula. El aparato de Golgi modifica, clasifica y agrupa las proteínas y otras sustancias provenientes del retículo endoplasmático para almacenarlas en la célula o enviarlas fuera de ella.

Los cloroplastos capturan la energía de la luz solar y la convierten en alimento que contiene energía química en un proceso llamado fotosíntesis. Las mitocondrias convierten la energía química almacenada en los alimentos en compuestos más apropiados para que la célula los use.

La membrana celular regula lo que entra y sale de la célula y también protege y mantienen la célula.

citoplasma (196)
orgánulo (196)
vacuola (198)
lisosoma (198)
citoesqueleto (199)
centríolo (199)
ribosoma (200)
retículo endoplasmático (200)
aparato de Golgi (201)
cloroplasto (202)
mitocondrias (202)
pared celular (203)
bicapa lipídica (204)
permeabilidad selectiva (205)

7.3 Transporte celular

El transporte pasivo (incluyendo la difusión y la ósmosis) es el movimiento de materiales a través de la membrana celular sin uso de energía celular.

El transporte activo es el movimiento de materiales contra una diferencia de concentración. El transporte activo requiere de energía.

difusión (208)
difusión facilitada (209)
acuaporina (210)
ósmosis (210)
isotónica (210)
hipertónica (210)
hipotónica (210)
presión osmótica (211)

7.4 Homeostasis y células

Para mantener la homeostasis, los organismos unicelulares crecen, responden al ambiente, transforman la energía y se reproducen.

Las células de los organismos multicelulares se especializan en funciones particulares y se comunican entre sí para mantener la homeostasis.

homeostasis (214)
tejido (216)
órgano (216)
sistema de órganos (216)
receptor (217)

Razonamiento visual Usa los conceptos *difusión, difusión facilitada, ósmosis, transporte activo, endocitosis, fagocitosis, pinocitosis* y *exocitosis* para hacer un mapa de conceptos que describa la forma en que las sustancias se desplazan de una célula a otra.

7 Evaluación

7.1 La vida es celular

Comprender conceptos clave

1. En la mayoría de las células, la estructura que controla sus actividades es
a. la membrana celular. **c.** el nucleolo.
b. el orgánulo. **d.** el núcleo.

2. A pesar de las diferencia de formas y tamaños, en algún momento todas las células tienen ADN y un(a)
a. pared celular. **c.** mitocondria.
b. membrana celular. **d.** núcleo.

3. Lo que distingue a una célula eucariota de una procariota es la presencia de
a. una pared celular. **c.** el ADN.
b. un núcleo. **d.** los ribosomas.

4. Elabora una tabla que resuma las contribuciones de Robert Hooke, Matthias Schleiden, Theodor Schwann y Rudolf Virchow a la teoría celular.

Razonamiento crítico

5. Aplica los conceptos Si quieres observar un organismo vivo, como por ejemplo una amiba, ¿qué tipo de microscopio utilizarías?

6. Comparar y contrastar ¿Cuáles son las similitudes de las células eucariotas y procariotas? ¿Y sus diferencias?

7.2 Estructura celular

Comprender conceptos clave

7. Los cromosomas que transmiten la información genética en las células eucariotas se encuentran en
a. los ribosomas. **c.** el núcleo.
b. los lisosomas. **d.** la membrana celular.

8. Los orgánulos que descomponen los lípidos, los hidratos de carbono y las proteínas en moléculas pequeñas que puede utilizar el resto de la célula se llaman
a. vacuolas. **c.** ribosomas.
b. lisosomas. **d.** microfilamentos.

9. Las membranas celulares consisten principalmente en
a. bicapas lipídicas. **c.** hidratos de carbono.
b. bombeos de proteínas. **d.** proteínas

10. Dibuja un núcleo celular. Nombra y asigna funciones a las siguientes estructuras: cromatina, nucleolo y membrana nuclear.

11. ¿Cuál es la función de un ribosoma?

12. Describe la función del aparato de Golgi.

Razonamiento crítico

13. Inferir El páncreas, un órgano presente en ciertos animales, produce enzimas utilizadas en otras partes del aparato digestivo de los animales, ¿qué tipo de estructura(s) celular(es) pudiera(n) producir esas enzimas? Explica tu respuesta.

14. Clasificar Clasifica cada uno de los elementos que se enlistan a continuación de acuerdo a si su estructura se encuentra sólo en células eucariotas o si se encuentra en células eucariotas y procariotas: membrana celular, mitocondrias, ribosomas, aparato de Golgi, núcleo, citoplasma y ADN.

7.3 Transporte celular

Comprender conceptos clave

15. La difusión de moléculas de agua a través de una membrana con permeabilidad selectiva se le conoce como
a. exocitosis. **c.** endocitosis.
b. fagocitosis. **d.** ósmosis.

16. Una sustancia que se desplaza por medio del transporte pasivo, tiende a
a. alejarse del área de equilibrio.
b. alejarse del área en donde la concentración es menor.
c. alejarse del área en donde la concentración es mayor.
d. acercarse al área en donde la concentración es mayor.

17. Describe el proceso de difusión, incluye una explicación detallada de equilibrio.

18. ¿Cuál es la relación entre la difusión y la ósmosis? ¿Cuál es la única sustancia que experimenta ósmosis?

19. ¿Cuál es la diferencia entre el transporte activo y el pasivo?

Razonamiento crítico

20. Predecir El vaso de precipitados en el siguiente diagrama tiene una membrana con permeabilidad selectiva que separa dos soluciones. Imagina que tanto el agua como la sal pueden pasar con libertad a través de la membrana. Cuando se llegue al equilibrio, ¿cuál de los niveles de líquido se mantendrá igual? Explica.

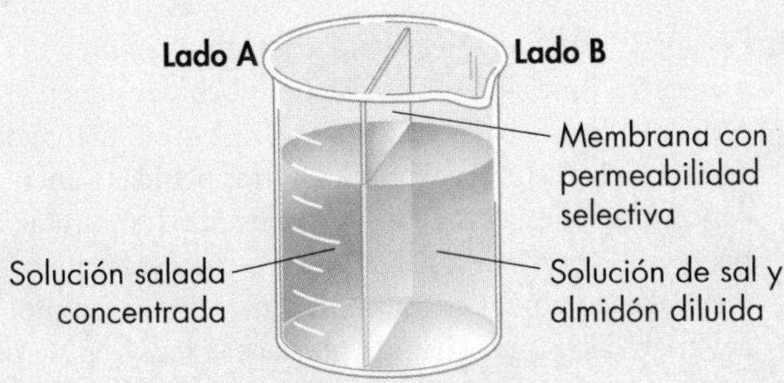

21. Predecir ¿Qué le sucedería a una muestra de tu sangre al ponerla en una solución hipotónica? Explica.

22. Diseña experimentos Te entregaron colorante vegetal y 3 vasos de precipitados. El primer vaso contiene agua a temperatura ambiente, el segundo contiene agua helada y el tercero contiene agua caliente. Diseña un experimento controlado para determinar el efecto de la temperatura en la velocidad de difusión. Debes expresar tu hipótesis.

7.4 Homeostasis y células

Comprender conceptos clave

23. ¿Cuál de las siguientes ideas es cierta para TODOS los organismos unicelulares?
- **a.** Todos son procariotas.
- **b.** Todos son bacterias.
- **c.** Todos se reproducen.
- **d.** Todos tienen un núcleo.

24. Un tejido está compuesto por un grupo de
- **a.** células similares.
- **b.** orgánulos relacionados.
- **c.** sistemas de órganos.
- **d.** órganos relacionados.

25. Explica la relación entre la especialización de la célula, los organismos multicelulares y la homeostasis.

26. Describe la relación entre las células, los tejidos, los órganos y los sistemas de órganos.

resuelve el MISTERIO del CAPÍTULO

MUERTE POR... ¿AGUA?

En el transcurso del maratón, Michelle tomó suficiente agua pero no repuso las sales que había eliminado al sudar. Esto provocó que su sangre se volviera hipotónica y que las células en su encéfalo (y en todo su cuerpo) se inflamaran por la presión osmótica.

Conforme la sangre de Michelle se diluía, las células de su encéfalo enviaron señales químicas a sus riñones para que cesaran de eliminar el cloruro de sodio y otras sales de su flujo sanguíneo. Sin embargo, mientras Michelle continuaba sudando, seguía perdiendo sales a través de la piel.

Al final de la carrera, Michelle ya había perdido una gran cantidad de sal y minerales. Bebió tanta agua que la homeostasis se colapsó y sus células se dañaron debido a una presión osmótica irregular.

Cuando llevaron a Michelle al hospital, los doctores descubrieron que sufría de hiponatremia o intoxicación por agua. Si este padecimiento no se atiende, puede ocasionar la muerte.

1. **Relacionar causa y efecto** Cuando una persona suda, el fluido corporal sufre de pérdida de agua y soluciones llamadas electrolitos. Michelle bebió mucha agua, pero no repuso los electrolitos que había perdido. ¿Qué efecto tuvo esto en sus células?
2. **Inferir** Si Michelle hubiera alternado el agua y una bebida deportiva con electrolitos, ¿su condición física habría sido la misma?
3. **Inferir** ¿Crees que la hiponatremia es el resultado de la ósmosis o del transporte activo? Explica tu razonamiento.
4. **Conectar con la gran idea** Explica la forma en que la hiponatremia trastorna la homeostasis en el cuerpo.

Razonamiento crítico

27. Inferir ¿Las células de la piel contienen más o menos mitocondrias que las células musculares? Explica tu respuesta.

28. Inferir Los marcapasos son dispositivos que ayudan a que las células musculares del corazón mantengan el ritmo constante de sus contracciones. Si una persona necesita un marcapasos, ¿qué indica esto acerca de la capacidad de su corazón para enviar y recibir mensajes químicos?

Relacionar conceptos

Usar gráficas científicas

Usa la gráfica para responder las preguntas 29 a 31.

Tamaños de célula

Célula	Diámetro aproximado
Escherichia coli (bacteria)	0.5–0.8 μm
Eritrocito humano (glóbulo rojo)	6–8 μm
Óvulo humano	100 μm
Saccharomyces cerevisiae (levadura)	5–10 μm
Streptococcus pneumonia (bacteria)	0.5–1.3 μm

29. Clasificar Clasifica cada una de las células enlistadas como procariotas o eucariotas.

30. Comparar y contrastar Compara los tamaños de las células procariotas y las células eucariotas.

31. Inferir El organismo unicelular llamado *chlamydomonas reinhardtii* tiene un diámetro de unos 10 μm. ¿Es un organismo procariota o eucariota? Explica tu respuesta.

Escribir sobre las ciencias

32. Persuasión Diferentes bebidas tienen diferentes concentraciones de solutos. Algunas bebidas tienen concentraciones bajas de soluto y pueden ser fuente de agua para las células corporales. Otras bebidas tienen concentraciones altas de soluto y pueden deshidratar tus células corporales. ¿Crees que las empresas que comercializan bebidas con alta concentración de solutos deberían decir que la bebida satisface la sed?

33. Evalúa la gran idea ¿Cuál es la relación entre el transporte activo y la homeostasis? Proporciona un ejemplo de transporte activo en un organismo y explica la manera en que el organismo utiliza energía para mantener la homeostasis.

Analizar datos

La mayoría de los materiales que entran en la célula pasan a través de la membrana celular por difusión. En general, entre más grande sea la molécula, más tardará en esparcirse a través de la membrana. La gráfica muestra los tamaños de diversas moléculas que se pueden diseminar a través de una bicapa lipídica.

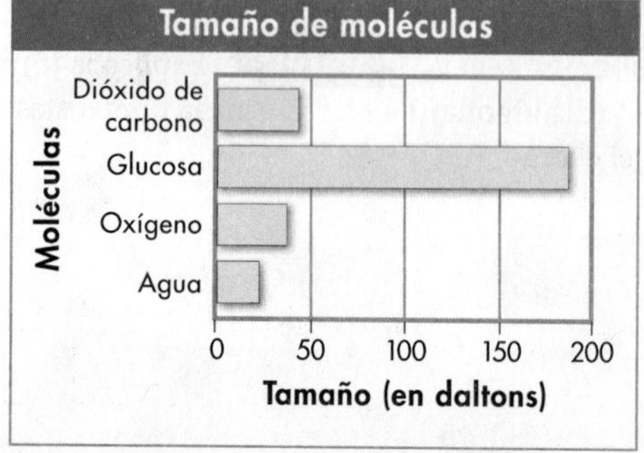

34. Calcular ¿Aproximadamente en qué porcentaje la molécula de dióxido de carbono es menor que la molécula de glucosa? MATEMÁTICAS

a. 25% **b.** 50% **c.** 75% **d.** 100%

35. Formular una hipótesis Según la gráfica, ¿cuál de las siguientes es una hipótesis lógica?

a. Las células contienen más glucosa que oxígeno.

b. Las moléculas de oxígeno se diseminan más rápido a través de la membrana celular que las moléculas de agua.

c. Las moléculas de glucosa deben atravesar la membrana celular por transporte activo.

d. El dióxido de carbono atraviesa la membrana celular más rápido que la glucosa.

Preparación para exámenes estandarizados

Selección múltiple

1. Las células animales tienen todo lo descrito a continuación EXCEPTO
A mitocondrias.
B cloroplastos.
C un núcleo.
D una membrana celular.

2. El núcleo incluye todas las siguientes estructuras EXCEPTO
A el citoplasma.
B la membrana nuclear.
C el ADN.
D un nucléolo.

3. El cerebro humano es un ejemplo de un(a)
A célula.
B tejido.
C órgano.
D sistema de órganos.

4. ¿Qué estructuras celulares están ocasionalmente adheridas al retículo endoplasmático?
A cloroplastos.
B núcleos.
C mitocondrias.
D ribosomas.

5. ¿Qué proceso siempre involucra el movimiento de materiales del interior al exterior de la célula?
A fagocitosis.
B exocitosis.
C endocitosis.
D ósmosis.

6. ¿Cuál de las siguientes es un ejemplo de transporte activo?
A difusión facilitada.
B ósmosis.
C difusión.
D endocitosis.

7. La diferencia entre las células procariotas y eucariotas es que se encuentra(n) presente(s)
A un núcleo.
B material genético en forma de ADN.
C cloroplastos.
D una membrana celular.

Preguntas 8 a 10

En un experimento, se pusieron células vegetales en concentraciones variadas de soluciones de sucrosa y se midió la velocidad a la que absorbieron la sucrosa de la solución. Estos resultados se muestran en la siguiente gráfica.

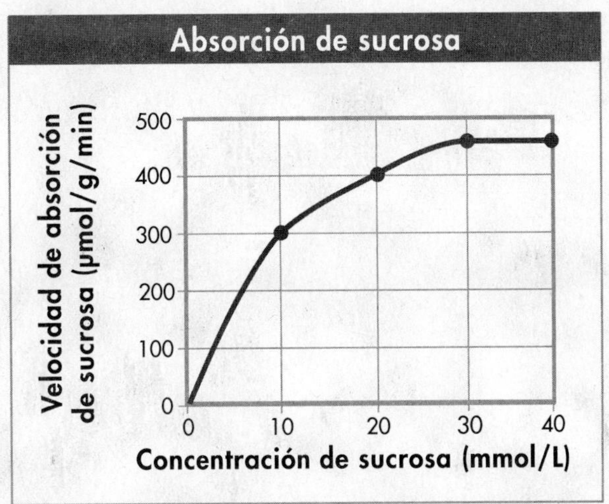

8. En este experimento, lo más probable es que la sucrosa entró a las células por medio de
A endocitosis.
B fagocitosis.
C ósmosis.
D transporte activo.

9. La gráfica muestra que conforme la concentración de sucrosa aumentó de 10 a 30 mmol/L, las células vegetales
A asimilaron la sucrosa lentamente.
B asimilaron la sucrosa rápidamente.
C no lograron asimilar más sucrosa.
D secretaron sucrosa lentamente.

10. Según la gráfica, la velocidad de absorción de sucrosa
A incrementó a una velocidad constante de 0 a 30 mmol/L.
B disminuyó en velocidades variadas de 0 a 30 mmol/L.
C fue menor a 25 mmol/L que a 5 mmol/L.
D fue constante entre 30 y 40 mmol/L.

Respuesta de desarrollo

11. ¿Qué esperarías que sucediera si pones una célula común en agua dulce?

Si tienes dificultades con...

la pregunta	1	2	3	4	5	6	7	8	9	10	11
Ver la lección	7.2	7.2	7.4	7.2	7.3	7.3	7.1	7.3	7.3	7.3	7.3

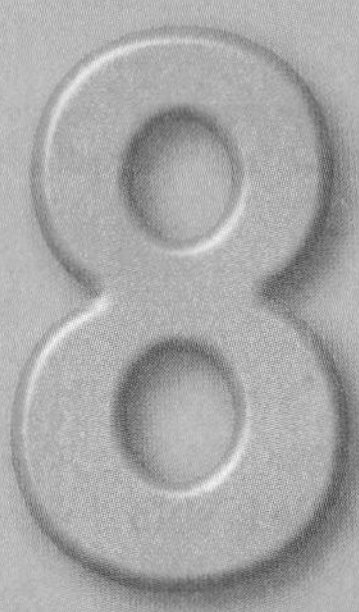

La fotosíntesis

Base celular de la vida

P: ¿Cómo capturan las plantas y otros organismos la energía del sol?

Células de hojas de Egeria densa (Elodea canadensis) (LM 2430×)

BIOLOGY.com Search Chapter 8 GO • Flash Cards

EN ESTE CAPÍTULO:

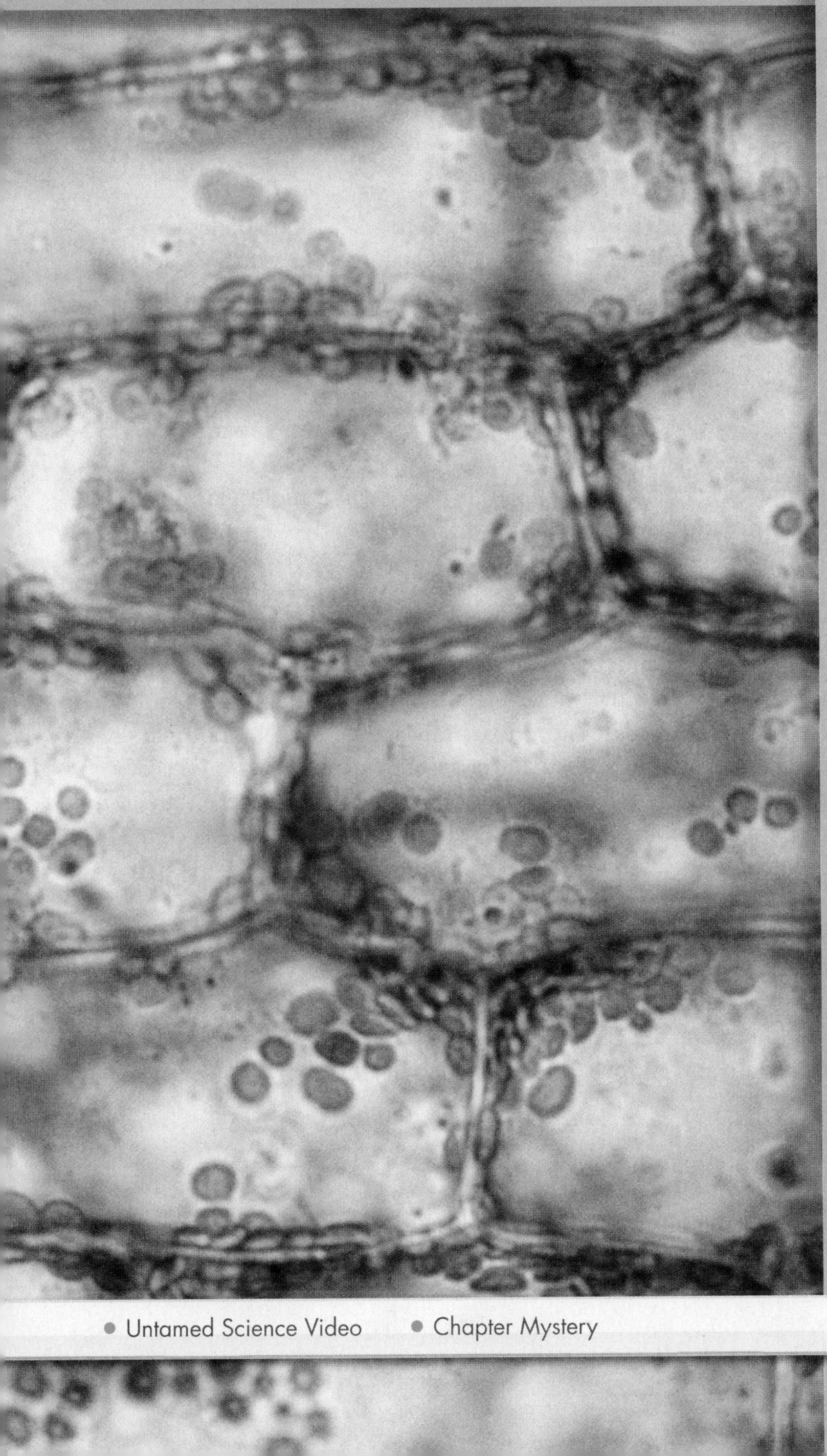

MISTERIO DEL CAPÍTULO

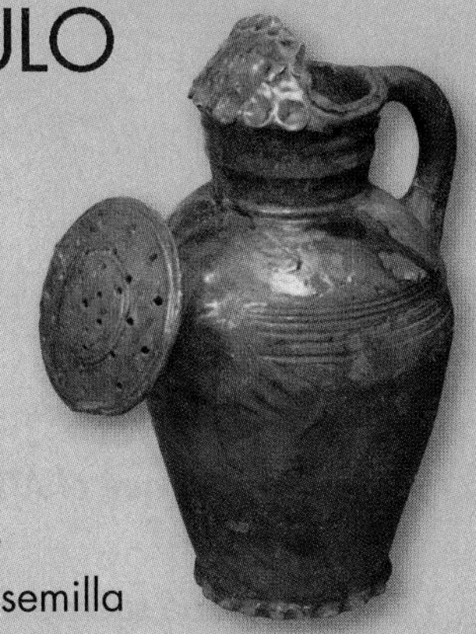

¿DE LA NADA?

Una de las primeras pistas de cómo funciona la fotosíntesis proviene de un estudio simple del crecimiento de las plantas. Cuando una semilla diminuta crece para formar un enorme árbol, ¿de dónde proviene toda esa masa extra? Hace más de 300 años, un médico flamenco llamado Jan van Helmont decidió averiguarlo. Plantó un sauce joven, con una masa de apenas 2 kilogramos, en una maceta con 90 kilogramos de tierra seca. Regó la planta según fue necesario y le permitió crecer bajo la brillante luz del sol. Cinco años más tarde, sacó con cuidado el árbol de la maceta y lo pesó. Tenía una masa de casi 77 kilogramos. ¿De dónde venían los 75 kilogramos adicionales? ¿Del suelo, del agua o tal vez de la nada? A medida que leas este capítulo, busca pistas que te ayuden a descubrir de dónde vino la masa extra del sauce. Luego, resuelve el misterio.

Continúa explorando el mundo. Entender los experimentos de Jan van Helmont sólo es el principio. Emprende un viaje de campo en video con los genios ecólogos de *Untamed Science* para ver adónde conduce este misterio.

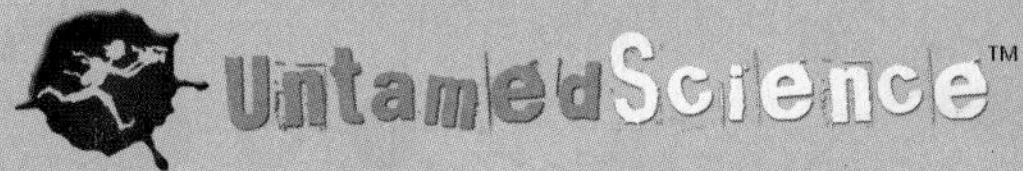

- Untamed Science Video
- Chapter Mystery

8.1 La energía y la vida

Preguntas clave

¿Por qué el ATP es útil para las células?

¿Qué sucede durante el proceso de la fotosíntesis?

Vocabulario

trifosfato de adenosina (ATP) • heterótrofo • autótrofo • fotosíntesis

Tomar notas

Tabla para comparar y contrastar A medida que leas, haz una tabla para comparar los autótrofos con los heterótrofos. Piensa en cómo obtienen energía, e incluye algunos ejemplos de cada uno.

DESARROLLAR el vocabulario

VOCABULARIO ACADÉMICO El verbo **obtener** significa "conseguir" o "adquirir". Los organismos deben obtener energía a fin de llevar a cabo funciones vitales.

PIÉNSALO La homeostasis es un trabajo difícil. Tan sólo para mantenerse vivos, los organismos y sus células deben crecer y desarrollarse, desplazar materiales, formar moléculas nuevas y responder a cambios ambientales. Se necesita mucha energía para realizar todo este trabajo. ¿Qué impulsa tanta actividad, de donde proviene esa potencia?

Energía química y ATP

¿Por qué el ATP es útil para las células?

La energía es la capacidad para trabajar. Casi todas las actividades en la sociedad moderna dependen de la energía. Cuando a un auto se le acaba el combustible o, con más precisión, se le agota la energía química de la gasolina, se detiene. Sin energía eléctrica, las luces, los aparatos y las computadoras dejan de funcionar. Los seres vivos también dependen de la energía. A veces la necesidad de energía se nota con facilidad. Se requiere de mucha energía para jugar futbol u otros deportes. Sin embargo, a veces la necesidad es menos obvia. Incluso cuando duermes, tus células están muy ocupadas en silencio usando energía para formar moléculas nuevas, contraer los músculos y llevar a cabo el transporte activo. En pocas palabras, sin la capacidad de **obtener** y usar energía, la vida deja de existir.

La energía se da en muchas formas, incluyendo la luz, el calor y la electricidad. La energía también puede almacenarse en compuestos químicos. Por ejemplo, cuando enciendes una vela, la cera se derrite, empapa la mecha y se quema. Mientras la vela se quema, se rompen los enlaces químicos entre los átomos de carbono e hidrógeno en la cera. Entonces se forman enlaces nuevos entre estos átomos y el oxígeno, y se produce CO_2 y H_2O (dióxido de carbono y agua). Estos enlaces nuevos están en un estado de energía menor que los enlaces químicos originales de la cera. La energía perdida se libera en forma de calor y luz en el brillo de una flama.

Los seres vivos también usan combustibles químicos. Uno de los compuestos más importantes que usan las células para almacenar y liberar energía es el **trifosfato de adenosina,** que se abrevia ATP. Como se muestra en la **ilustración 8–1,** el ATP consiste de adenina, un azúcar de 5 carbonos llamada ribosa y tres grupos fosfato. Como verás, estos grupos fosfato son la clave de la capacidad del ATP para almacenar y liberar energía.

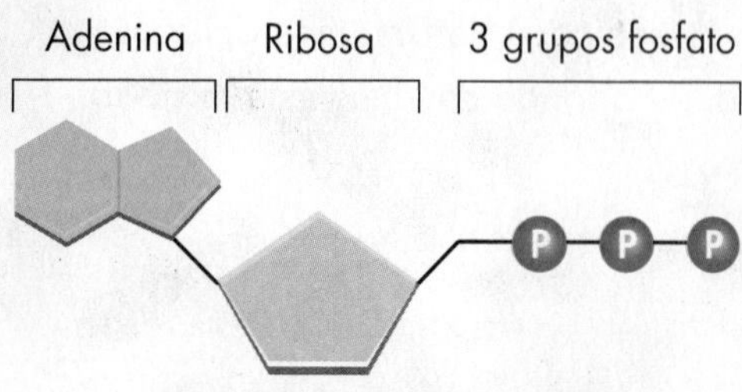

ILUSTRACIÓN 8–1 ATP El ATP es la fuente de energía básica de todos los tipos de células.

Almacenamiento de energía El difosfato de adenosina (ADP) es un compuesto que se ve casi como el ATP, salvo por tener dos grupos fosfato en lugar de tres. Esta diferencia es la clave para la forma en que los seres vivos almacenan energía. Cuando una célula tiene energía disponible, puede almacenar cantidades pequeñas de ella agregando grupos fosfato a las moléculas de ADP, y produciendo así ATP. Como se ve en la **ilustración 8–2**, el ADP es como una batería recargable que da energía a la maquinaria de la célula.

Liberación de energía Las células pueden liberar la energía almacenada en el ATP por la desintegración controlada de los enlaces químicos entre el segundo y tercer grupos fosfato. Debido a que una célula puede agregar o restar estos grupos fosfato, tiene una forma eficiente de almacenar y liberar energía según lo necesite. **El ATP puede liberar y almacenar energía con facilidad al descomponer y volver a formar los enlaces entre sus grupos fosfato. Esta característica del ATP lo hace excepcionalmente útil como una fuente de energía básica para todas las células.**

Uso de energía bioquímica Una forma en que las células usan la energía proporcionada por el ATP es llevar a cabo un transporte activo. Muchas membranas celulares contienen bombas de sodio-potasio, proteínas en la membrana que bombean iones de sodio (Na^+) fuera de la célula e iones de potasio (K^+) dentro de ella. El ATP proporciona la energía que mantiene funcionando esta bomba, y mantiene un cuidadoso equilibrio de iones en ambos lados de la membrana celular. Además, el ATP impulsa el movimiento, proporcionando la energía para las proteínas motoras que contraen los músculos e impulsa el movimiento ondulatorio de cilios y flagelos.

La energía del ATP impulsa otros sucesos importantes en la célula, incluyendo la síntesis de proteínas y las respuestas a señales químicas en la superficie celular. Incluso puede usarse para producir luz. ¡De hecho el parpadeo de una luciérnaga en una noche de verano proviene de una enzima que es alimentada por el ATP!

El ATP es una fuente de energía tan útil que se podría pensar que las células están llenas de ATP para pasar el día, pero no es así. De hecho, la mayor parte de las células sólo tienen una pequeña cantidad de ATP, suficiente para unos cuantos segundos de actividad. ¿Por qué? Aun cuando el ATP es una gran molécula para transferir energía, no es buena para almacenar grandes cantidades de energía por mucho tiempo. Una sola molécula del azúcar glucosa, por ejemplo, almacena más de 90 veces la energía requerida para agregar un grupo fosfato al ADP para producir ATP. Por tanto, es más eficiente para las células disponer sólo de un pequeño suministro de ATP. En cambio, las células pueden regenerar ATP del ADP según sea necesario, usando la energía de alimentos como la glucosa. Como verás, esto es exactamente lo que hacen.

En tu cuaderno *Con respecto a la energía, ¿en qué se parecen el ATP y la glucosa? ¿En qué se diferencian?*

ANALOGÍA VISUAL

EL ATP como batería cargada

FIGURA 8–2 Cuando un grupo fosfato se agrega a una molécula de ADP, se produce ATP. El ADP contiene algo de energía, pero no tanta como el ATP. De esta manera, el ADP es como una batería parcialmente cargada que puede cargarse por completo gracias a la adición de un grupo fosfato. **Usar analogías** ***Explica la diferencia entre los rayos de luz producidos por la linterna "alimentada" por ADP y la linterna "alimentada" por ATP.***

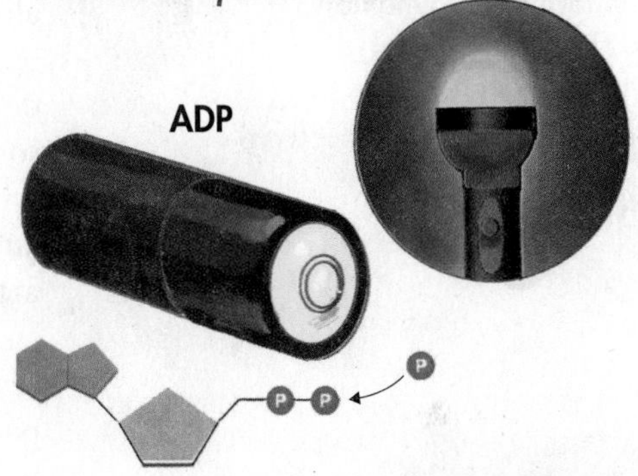

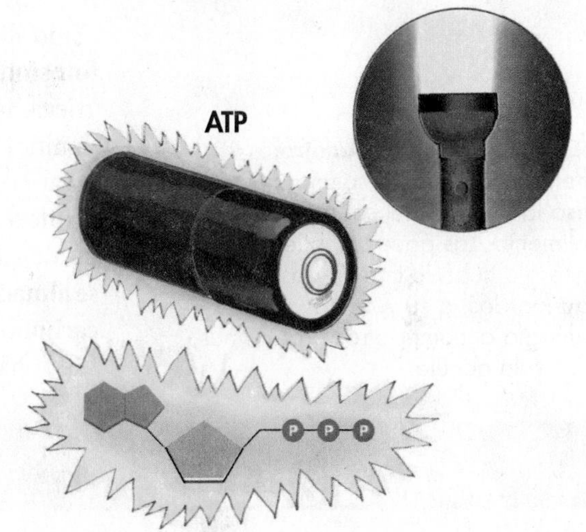

PISTA DEL MISTERIO

Como todas las plantas, el sauce que Van Helmont plantó era un autótrofo. ¿Qué relación tendría su capacidad para aprovechar la energía del sol y almacenarla en forma de alimento con el aumento del tamaño del árbol?

Heterótrofos y autótrofos

¿Qué sucede durante el proceso de la fotosíntesis?

Las células no "nacen" con un suministro de ATP, sino que deben producirlo de alguna manera. ¿De dónde los seres vivos obtienen entonces la energía para producir ATP? La respuesta es que proviene de los compuestos químicos llamados alimento. Los organismos que obtienen alimento mediante el consumo de otros seres vivos se conocen como **heterótrofos**. Algunos heterótrofos obtienen su alimento de plantas, como el pasto. Otros heterótrofos, como el guepardo de la **ilustración 8–3**, obtienen su alimento de las plantas en forma indirecta al alimentarse de animales que las comen. Otros heterótrofos, como los hongos, obtienen alimento al absorber nutrientes de organismos en descomposición.

Sin embargo, originalmente la energía en casi todas las moléculas de alimento proviene del sol. Las plantas, algas y algunas bacterias son capaces de usar la energía lumínica del sol para producir alimento. Los organismos que hacen su propio alimento se llaman **autótrofos**. A final de cuentas, casi toda la vida en la Tierra, incluyéndonos a nosotros mismos, depende de la capacidad de los autótrofos para capturar la energía de la luz solar y almacenarla en las moléculas que forman el alimento. El proceso por el cual los autótrofos usan la luz solar para producir hidratos de carbono altos en energía que pueden usarse como alimento (azúcares y almidones) se conoce como **fotosíntesis**. *Fotosíntesis* proviene de las palabras griegas *photo*, que significa "luz", y *synthesis*, que significa "reunir". Por tanto, fotosíntesis significa "usar luz para reunir algo". **En el proceso de la fotosíntesis, las plantas convierten la energía de la luz solar en energía química que se almacena en los enlaces de hidratos de carbono.** En este capítulo aprenderás cómo funciona este proceso.

ILUSTRACIÓN 8–3 Autótrofos y heterótrofos El pasto, un autótrofo, usa la energía del sol para producir alimento. Las gacelas obtienen su energía cuando comen pasto. Los guepardos, a su vez, obtienen su energía al comer otros organismos, como la gacela.

8.1 Evaluación

Repaso de conceptos clave

1. a. Repasar ¿Qué es el ATP y cuál es su función en la célula?

b. Explicar ¿Cómo la estructura del ATP representa una fuente de energía ideal para la célula?

c. Usar analogías Explica cómo el ADP y el ATP son como una batería. ¿Cuál está "parcialmente cargada" y cuál está "completamente cargada"? ¿Por qué?

2. a. Repasar ¿Cuál es la fuente de energía máxima para las plantas?

b. Explicar ¿Cómo obtienen energía los heterótrofos? ¿En qué se diferencia de la forma en que los autótrofos obtienen su energía?

c. Inferir ¿Por qué los organismos que descomponen la materia, como los hongos, se consideran heterótrofos y no autótrofos?

Aplica la gran idea

Interdependencia en la naturaleza

3. Recuerda que la energía fluye y que los nutrientes circulan a través de la biósfera. ¿Cómo influye el proceso de fotosíntesis en el flujo de energía y en la circulación de nutrientes? Puedes revisar el capítulo 3 para ayudarte a responder esta pregunta.

BIOLOGY.com Search Lesson 8.1  • Lesson Assessment • Self-Test

La biología y LA HISTORIA

Comprender la fotosíntesis **Muchos científicos han contribuido a comprender cómo las plantas realizan la fotosíntesis. Las primeras investigaciones se enfocaron en el proceso general. Más tarde, los investigadores indagaron a detalle las vías químicas**

1650 1700 1750 1800 1850 1900 1950 2000

1643

▲ Después de analizar sus mediciones del consumo de agua de un sauce y el incremento de masa, Jan van Helmont concluye que los árboles obtienen la mayor parte de su masa del agua.

1771

Joseph Priestley experimenta con una campana de cristal, una vela y una planta y concluye que la planta libera oxígeno. ▼

1779

Jan Ingenhousz descubre que las plantas acuáticas producen burbujas de oxígeno en la luz pero no en la oscuridad. Concluye que las plantas necesitan luz solar para producir oxígeno. ▼

1845

Julius Robert Mayer propone que las plantas convierten energía lumínica en energía química.

1948

Melvin Calvin traza la ruta química que sigue el carbono para formar glucosa. Estas reacciones también se conocen como ciclo de Calvin.

1992

Rudolph Marcus gana el premio Nobel de Química por describir el proceso por el cual los electrones se transfieren de una molécula a otra en la cadena de transporte de electrones.

2004

▲ So Iwata y Jim Barber identifican el mecanismo preciso por el cual las moléculas de agua se dividen en el proceso de la fotosíntesis. Su investigación podría aplicarse algún día a tecnologías de fotosíntesis artificial, con el objetivo de producir un suministro barato de gas hidrógeno que pueda usarse como combustible.

ESCRITURA **Usa recursos de la Internet o de la biblioteca para investigar los experimentos realizados por uno de estos científicos. Luego escribe un resumen en que describas cómo contribuyó ese científico a la comprensión moderna de la fotosíntesis.**

8.2 Vistazo a la fotosíntesis

Preguntas clave

¿Qué papel tienen los pigmentos en el proceso de fotosíntesis?

¿Qué son las moléculas transportadoras de electrones?

¿Cuáles son los reactantes y productos de la fotosíntesis?

Vocabulario

pigmento • clorofila • tilacoide • estroma • NADP+ • reacciones dependientes de la luz • reacciones independientes de la luz

Tomar notas

Esquema Haz un esquema con los encabezados en verde y azul de esta lección. Completa los detalles mientras lees para ayudarte a organizar la información.

PIÉNSALO ¿Cómo diseñarías un sistema para capturar la energía de la luz solar y convertirla en una forma útil? Primero tendrías que recolectar esa energía. Tal vez extenderías montones de paneles planos para capturar la luz. Luego podrías recubrir los paneles con compuestos que absorban la luz, ¿pero luego qué? ¿Cómo podrías tomar la energía, atrapada en forma tan breve en estos compuestos químicos, y llevarla a una forma química estable y útil? Resolver estos problemas puede ser la clave para hacer de la energía solar una alternativa de energía práctica. Pero las plantas ya han resuelto todas estas cuestiones en sus propios términos, y quizá podamos aprender uno o dos trucos de ellas.

Clorofila y cloroplastos

¿Qué papel tienen los pigmentos en el proceso de fotosíntesis?

Nuestra vida, y la vida de casi todos los seres vivos en la superficie de la Tierra, se hace posible por el sol y el proceso de la fotosíntesis. Para que ocurra la fotosíntesis, la energía lumínica del sol debe capturarse de alguna manera.

Luz La energía del sol viaja a la Tierra en forma de luz. La luz solar, que nuestros ojos perciben como luz "blanca", en realidad es una mezcla de longitudes de onda diferentes. Muchas de estas longitudes de onda son visibles y forman lo que se conoce como el espectro visible. Nuestros ojos ven las diferentes longitudes de onda del espectro visible como distintos colores: tonos de rojo, anaranjado, amarillo, verde, azul, índigo y violeta.

ILUSTRACIÓN 8–4 Absorción de la luz

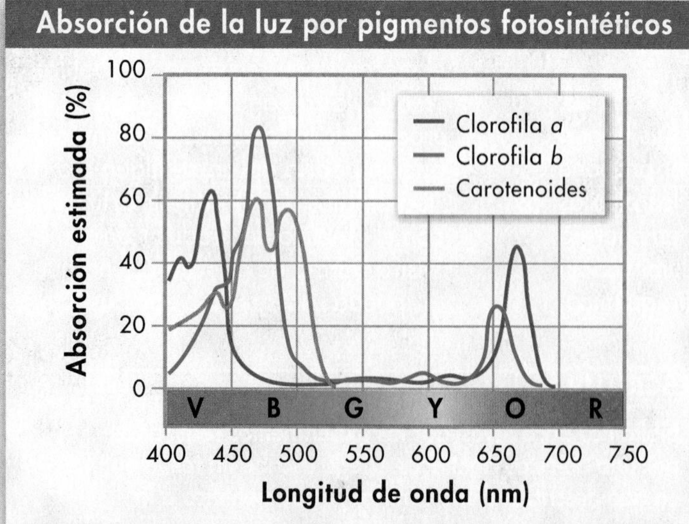

Pigmentos Las plantas recolectan la energía del sol con moléculas que absorben luz llamadas **pigmentos.** **Los organismos fotosintéticos capturan la energía de la luz solar con pigmentos.** El pigmento principal de las plantas es la **clorofila.** Los dos tipos de clorofila encontrados en las plantas, clorofila *a* y clorofila *b*, absorben luz muy bien en las regiones azul-violeta y roja del espectro visible. Sin embargo, la clorofila no absorbe bien la luz en la región verde del espectro como se muestra en la **ilustración 8–4.**

Las hojas reflejan la luz verde, razón por la cual las plantas se ven verdes. Las plantas también tienen pigmentos rojos y anaranjados, como el caroteno que absorbe la luz en otras regiones del espectro. La mayor parte del tiempo, el color verde intenso de la clorofila supera a los pigmentos accesorios, así que no los notamos. Sin embargo, conforme descienden las temperaturas a finales del año, las moléculas de clorofila se desintegran primero, dejando que todos veamos los rojos y anaranjados de los pigmentos accesorios. Los bellos colores del otoño en algunas partes del país son el resultado de este proceso.

Cloroplastos Del capítulo 7 recuerda que en las plantas y otros eucariotas, la fotosíntesis tiene lugar dentro de organelos llamados cloroplastos. Los cloroplastos contienen una abundancia de membranas fotosintéticas en forma de saco llamadas **tilacoides**. Los tilacoides están interconectados y organizados en pilas conocidas como grana (singular: *granum*). Los pigmentos como la clorofila se localizan en las membranas de los tilacoides. La porción líquida del cloroplasto, sin contar los tilacoides, se conoce como **estroma**. La estructura de un cloroplasto típico se muestra en la **ilustración 8–5**.

Recolección de energía ¿Qué tiene de especial la clorofila que la hace importante para la fotosíntesis? La luz es una forma de energía, y cualquier compuesto que absorba luz absorbe energía. La clorofila absorbe la luz visible particularmente bien, y cuando esto ocurre, una fracción grande de esa energía lumínica se transfiere directamente a electrones en la misma molécula de clorofila. Al elevar los niveles de energía de estos electrones, la energía lumínica puede producir un suministro constante de electrones de alta energía, lo cual hace funcionar a la fotosíntesis.

En tu cuaderno *Explica con tus palabras por qué la mayoría de las plantas no crecen bien si se mantienen bajo luz verde.*

MÁS DE CERCA

EL CLOROPLASTO

ILUSTRACIÓN 8–5 En las plantas, la fotosíntesis tiene lugar dentro de los cloroplastos. **Observar** ***¿Cómo están ordenados los tilacoides en el cloroplasto?***

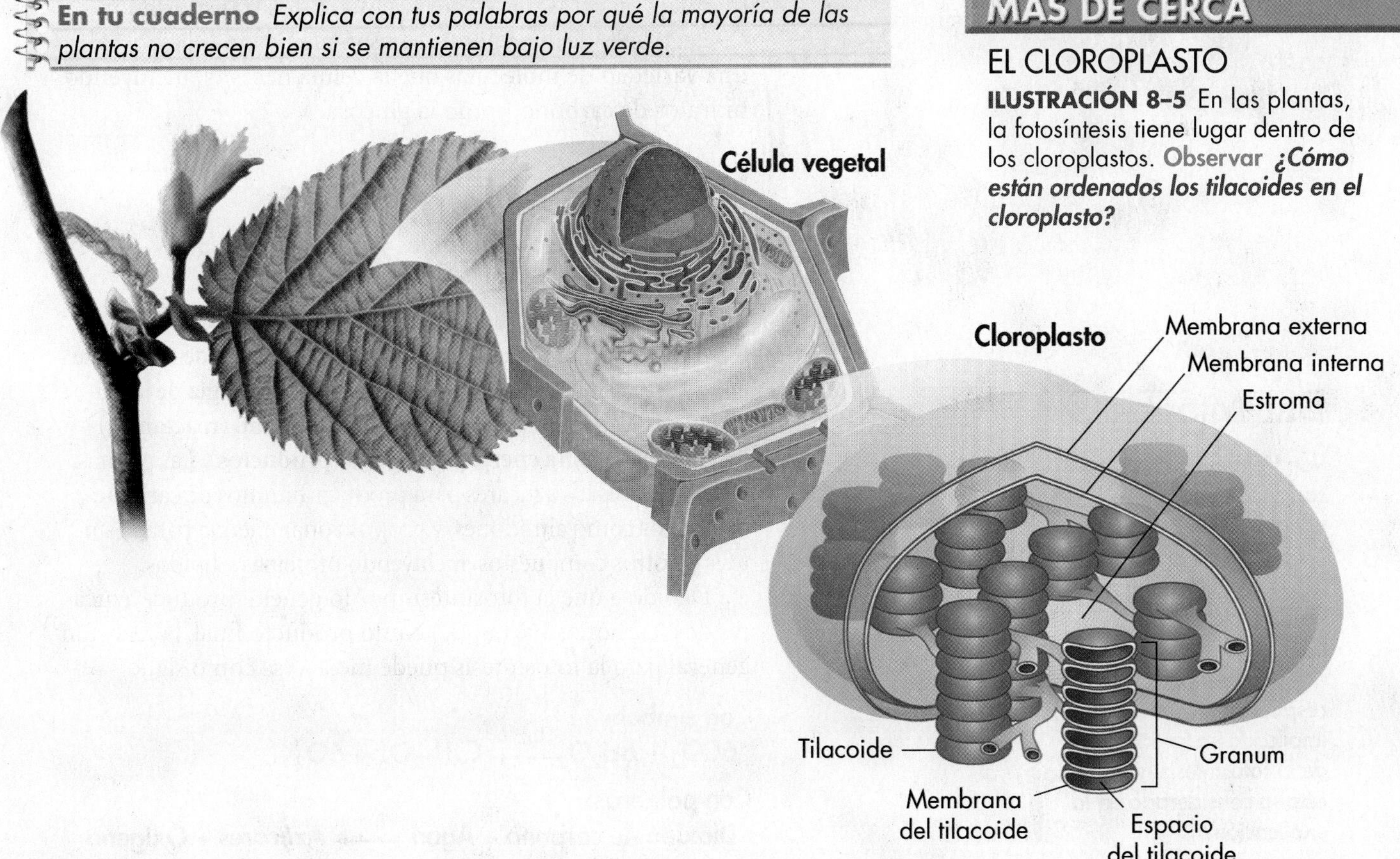

ANALOGÍA VISUAL

CARGA DE ELECTRONES

ILUSTRACIÓN 8–6 El $NADP^+$ es una molécula transportadora que porta pares de electrones (y un ion H^+) en organismos fotosintéticos, similar al uso de un guante para horno para llevar un objeto caliente, como una papa horneada.

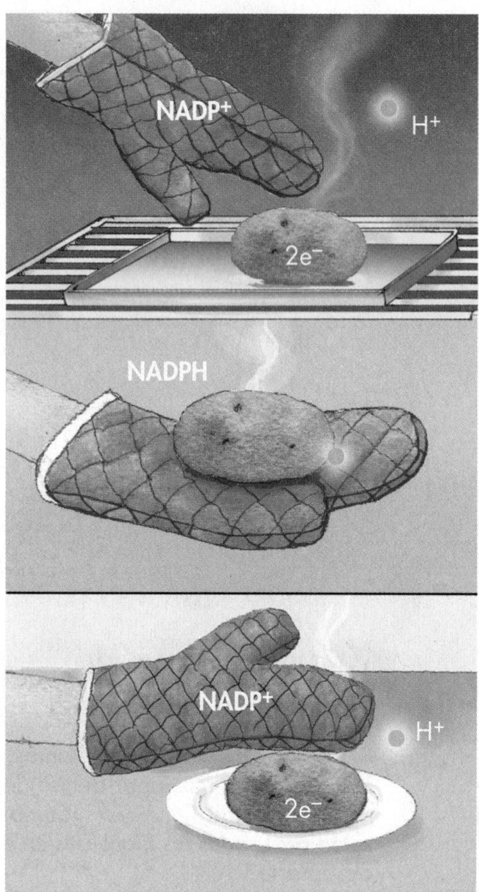

Electrones de alta energía

¿Qué son las moléculas transportadoras de electrones?

En un sentido químico, los electrones de alta energía producidos por la clorofila son muy reactivos y requieren un "transportador" especial. Piensa en un electrón de alta energía como algo parecido a una papa caliente recién salida del horno. Si desearas mover la papa de un lugar a otro, no la tomarías con las manos, sino que usarías un guante para horno y un transportador para moverla, como se muestra en la **ilustración 8–6.** Las células vegetales tratan a los electrones de alta energía de la misma manera. Sólo que en lugar de un guante para horno usan transportadores de electrones para llevar electrones de alta energía de la clorofila a otras moléculas. **Un transportador de electrones es un compuesto que puede aceptar un par de electrones de alta energía y transferirlos, junto con la mayor parte de su energía, a otra molécula.**

Una de estas moléculas transportadoras es un compuesto conocido como **$NADP^+$** (fosfato de dinucleótido de nicotinamida adenina). El nombre es complicado, pero el trabajo que tiene el $NADP^+$ es simple. El $NADP^+$ acepta y conserva 2 electrones de alta energía, junto con un ion hidrógeno (H^+). Esto convierte al $NADP^+$ en NADPH. La conversión de $NADP^+$ en NADPH es una forma en que algo de la energía de la luz solar puede atraparse en forma química. El NADPH puede transportar entonces electrones de alta energía producidos por la absorción de luz en la clorofila hacia reacciones químicas en otras partes de la célula. Estos transportadores de electrones de alta energía se usan para ayudar a construir una variedad de moléculas que la célula necesita, incluyendo hidratos de carbono, como la glucosa.

Vistazo a la fotosíntesis

¿Cuáles son los reactantes y productos de la fotosíntesis?

Muchos pasos están implicados en el proceso de fotosíntesis. Sin embargo, el proceso general de fotosíntesis puede resumirse en un enunciado. **La fotosíntesis usa la energía de la luz solar para convertir agua y dióxido de carbono (reactantes) en azúcares de alta energía y oxígeno (productos).** Las plantas usan entonces los azúcares para producir hidratos de carbono complejos como almidones, y proporcionar energía para la síntesis de otros compuestos, incluyendo proteínas y lípidos.

Debido a que la fotosíntesis por lo general produce azúcares de 6 carbonos ($C_6H_{12}O_6$) como producto final, la reacción general para la fotosíntesis puede mostrarse como sigue:

Con símbolos:

$$6CO_2 + 6H_2O \xrightarrow{\text{luz}} C_6H_{12}O_6 + 6O_2$$

Con palabras:

$$\text{Dióxido de carbono} + \text{Agua} \xrightarrow{\text{luz}} \text{Azúcares} + \text{Oxígeno}$$

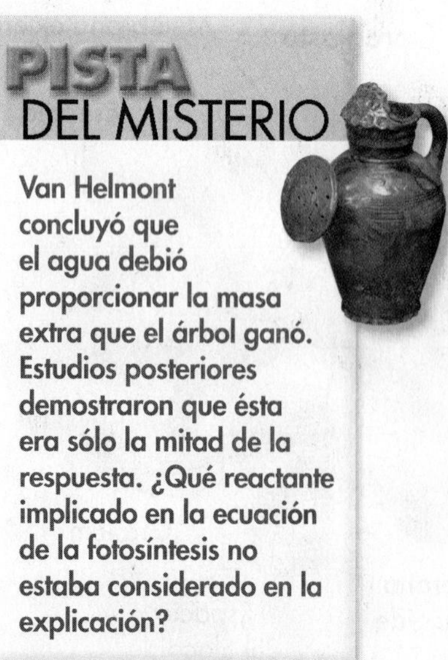

PISTA DEL MISTERIO

Van Helmont concluyó que el agua debió proporcionar la masa extra que el árbol ganó. Estudios posteriores demostraron que ésta era sólo la mitad de la respuesta. ¿Qué reactante implicado en la ecuación de la fotosíntesis no estaba considerado en la explicación?

Reacciones dependientes de la luz Aunque la ecuación para la fotosíntesis parece simple, hay muchos pasos para ir de los reactantes a los productos finales. De hecho, la fotosíntesis en realidad implica dos conjuntos de reacciones. El primero se conoce como **reacciones dependientes de la luz** porque requieren la participación directa de la luz y de pigmentos que la absorban. Las reacciones dependientes de la luz usan energía de la luz solar para producir compuestos ricos en energía como el ATP. Estas reacciones tienen lugar dentro de los tilacoides, de manera específica, en las membranas de los tilacoides, del cloroplasto. Se requiere agua en estas reacciones como fuente de electrones e iones hidrógeno. El oxígeno se libera como un **producto secundario.**

Reacciones independientes de la luz Las plantas absorben dióxido de carbono de la atmósfera y completan el proceso de fotosíntesis produciendo azúcares que contienen carbono y otros hidratos de carbono. Durante las **reacciones independientes de la luz**, las moléculas de ATP y NADPH producidas en las reacciones dependientes de la luz se usan para producir azúcares de alta energía del dióxido de carbono. Como su nombre lo indica, no se requiere luz para dar energía a este tipo de reacciones. Las reacciones independientes de la luz tienen lugar fuera de los tilacoides, es decir, en el estroma.

La relación entre las reacciones dependientes de la luz y las independientes de la luz se muestra en la **ilustración 8–7**. Como puedes ver, los dos conjuntos de reacciones trabajan juntos para capturar la energía de la luz solar y transformarla en compuestos ricos en energía como los hidratos de carbono.

En tu cuaderno *Haz una tabla de dos columnas que muestre las semejanzas y diferencias entre las reacciones dependientes de la luz y las reacciones independientes de la luz en la fotosíntesis.*

DESARROLLAR el vocabulario

VOCABULARIO ACADÉMICO
El término **producto secundario** significa "cualquier cosa producida en el curso de hacer otra". El oxígeno se considera un producto secundario de las reacciones dependientes de la luz de la fotosíntesis debido a que se produce como resultado de la extracción de electrones del agua. Además, a diferencia del ATP y el NADPH, el oxígeno no se usa en la segunda etapa del proceso, que consiste en las reacciones independientes de la luz.

ILUSTRACIÓN 8–7 Las etapas de la fotosíntesis Hay dos etapas de la fotosíntesis: reacciones dependientes de la luz y reacciones independientes de la luz. **Interpretar diagramas** ***¿Qué le sucede al ATP y al NADPH producidos en las reacciones dependientes de la luz?***

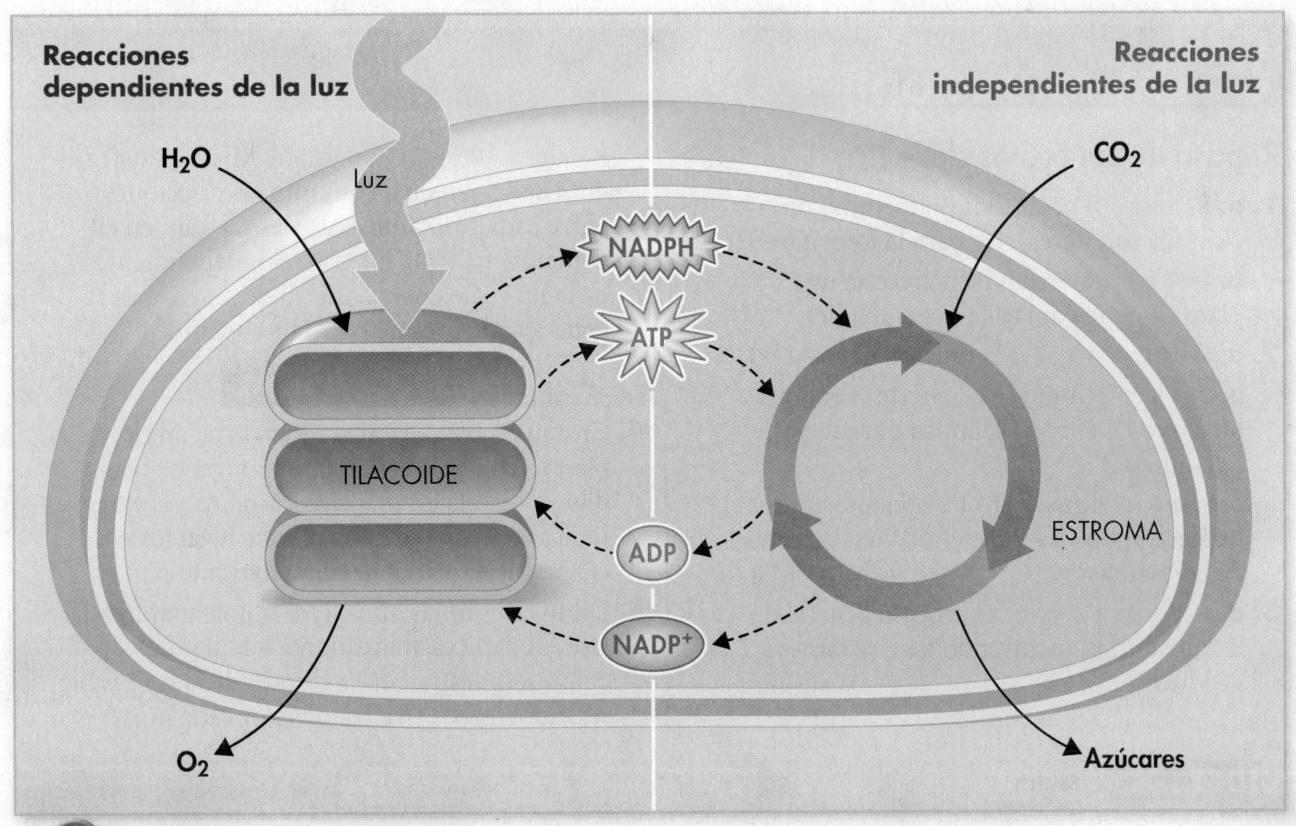

Actividad rápida de laboratorio
INVESTIGACIÓN DIRIGIDA

¿Qué material de desecho se produce durante la fotosíntesis?

❶ Llena un vaso de plástico grande transparente hasta la mitad con una solución de bicarbonato de sodio. Esta solución es una fuente de dióxido de carbono.

❷ Coloca una planta *Elodea* recién cortada (con el tallo cortado hacia el fondo) en un tubo de ensayo grande. Llena el tubo con solución de bicarbonato de sodio. **PRECAUCIÓN:** *Maneja el tubo de ensayo con cuidado.*

❸ Sostén tu dedo sobre la boca del tubo de ensayo. Voltea el tubo de ensayo al revés y bájalo hasta el fondo del vaso. Asegúrate de que no queda aire atrapado en el tubo.

❹ Coloca el vaso bajo una luz brillante.

❺ Después de al menos 20 minutos, observa con cuidado las hojas de *Elodea*. Registra tus observaciones.

Analizar y concluir

1. **Observar** ¿Qué observaste en las hojas de Elodea?
2. **Inferir** ¿Qué sustancia se acumuló en las hojas? ¿Debería considerarse un producto de desecho? Explica.
3. **Aplica los conceptos** ¿Qué organelo de la planta realiza la fotosíntesis y produce el gas?

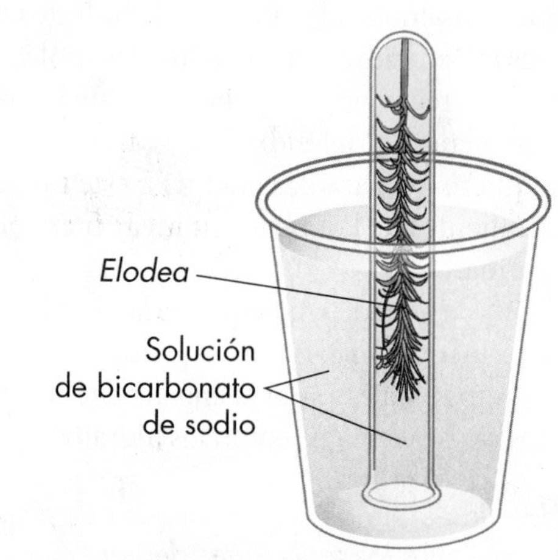

8.2 Evaluación

Repaso de conceptos clave

1. **a. Repasar** ¿Por qué los pigmentos como la clorofila son necesarios para la fotosíntesis?
   b. Predecir ¿Qué tan bien crecería una planta bajo luz amarilla pura? Explica.
2. **a. Repasar** ¿Cuál es la función del NADPH?
   b. Explicar ¿Cómo se convierte la energía lumínica en energía química durante la fotosíntesis?
   c. Inferir ¿Cómo se afectaría la fotosíntesis si hubiera una escasez de $NADP^+$ en las células de las plantas?
3. **a. Repasar** Describe el proceso general de la fotosíntesis, incluyendo los reactantes y productos.
   b. Interpretar material visual Mira la **ilustración 8–7.** ¿En cuál conjunto de reacciones entra cada reactante de la fotosíntesis: en el dependiente de la luz o en el independiente de la luz? ¿De cuál conjunto de reacciones se genera cada producto de la fotosíntesis?

RAZONAMIENTO VISUAL

4. Crea tu propio diagrama rotulado de un cloroplasto. Usando la **ilustración 8–5** como guía, dibuja y rotula los tiracoides, la grana y el estroma. Indica en tu dibujo dónde tienen lugar los dos conjuntos de reacciones de la fotosíntesis.
5. Dibuja dos hojas, una verde y una anaranjada. Usando lápices, marcadores o bolígrafos de colores, muestra cuáles colores de la luz visible son absorbidos y reflejados por cada hoja.

BIOLOGY.com Search Lesson 8.2  • Self-Test • Lesson Assessment

8.3 El proceso de la fotosíntesis

PIÉNSALO ¿Por qué membranas? ¿Por qué los cloroplastos contienen tantas membranas? ¿Las membranas biológicas tienen algo que las hace absolutamente esenciales para el proceso de la fotosíntesis? Como verás, lo tienen. Cuando la mayoría de los pigmentos absorben luz, al final pierden la mayor parte de esa energía en forma de calor. En cierto sentido, el "secreto" del cloroplasto es la forma en que evita tales pérdidas, captando la energía lumínica en forma de electrones de alta energía. En esto, las membranas son la clave; sin ellas, la fotosíntesis simplemente no ocurriría.

Preguntas clave

¿Qué pasa en las reacciones dependientes de la luz?

¿Qué pasa en las reacciones independientes de la luz?

¿Qué factores afectan la fotosíntesis?

Vocabulario

fotosistema • cadena de transporte de electrones • ATP sintasa • ciclo de Calvin

Tomar notas

Diagrama de flujo A medida que leas, haz un diagrama de flujo con los pasos de las reacciones dependientes de la luz.

Reacciones dependientes de la luz: Generación de ATP y NADPH

¿Qué pasa en las reacciones dependientes de la luz?

Recuerda que el proceso de la fotosíntesis incluye dos conjuntos primarios de reacciones: las reacciones dependientes de la luz y las independientes de la luz. Las reacciones dependientes de la luz abarcan los pasos de la fotosíntesis que implican a la luz solar de manera directa. Estas reacciones explican por qué las plantas necesitan luz para crecer. **Las reacciones dependientes de la luz usan energía de la luz solar para producir oxígeno y convertir el ADP y el $NADP^+$ en los portadores de energía ATP y NADPH.**

Las reacciones dependientes de la luz ocurren en los tilacoides de los cloroplastos. Los tilacoides son membranas en forma de sacos con la mayoría de la maquinaria para realizar estas reacciones. Tienen grupos de clorofila y proteínas conocidos como **fotosistemas.** Los fotosistemas, que están rodeados por pigmentos accesorios, son esenciales para las reacciones dependientes de la luz. Absorben luz solar y generan electrones de alta energía que luego pasan a una serie de portadores de electrones incrustados en la membrana del tilacoide. La absorción de luz por los fotosistemas es sólo el inicio de este importante proceso.

ILUSTRACIÓN 8–8 La importancia de la luz Como la mayoría de las plantas, esta planta de arroz necesita luz para crecer. **Aplica los conceptos** ***¿Qué etapa de la fotosíntesis requiere luz?***

ILUSTRACIÓN 8–9 **¿Por qué verde?** El color verde de la mayoría de las plantas se debe a que el pigmento clorofila refleja la luz verde. Los pigmentos captan la energía lumínica durante las reacciones dependientes de la luz de la fotosíntesis.

Fotosistema II Las reacciones dependientes de la luz, que se muestran en la **ilustración 8–10**, comienzan cuando los pigmentos en el fotosistema II absorben luz. (Este primer fotosistema se llama fotosistema II simplemente porque fue descubierto después del fotosistema I.) Los electrones absorben la energía lumínica en los pigmentos que se encuentran dentro del fotosistema II, con lo que se incrementa el nivel de energía de tales electrones. Los electrones de alta energía (e^-) pasan a la cadena de transporte de electrones. Una **cadena de transporte de electrones** es una serie de proteínas portadoras de electrones que trasladan a los electrones de alta energía durante las reacciones que generan ATP.

Mientras la luz continúa brillando, cada vez más electrones de alta energía pasan a la cadena de transporte de electrones. ¿Esto significa que al final la clorofila se queda sin electrones? No. La membrana tilacoide cuenta con un sistema que aporta electrones nuevos a la clorofila y reemplaza los que ha perdido. Estos electrones nuevos provienen de moléculas de agua (H_2O). Las enzimas en la superficie interna del tilacoide descomponen cada molécula de agua en 2 electrones, 2 iones H^+ y 1 átomo de oxígeno. Los 2 electrones reemplazan a los electrones de alta energía perdidos en la cadena de transporte de electrones. Conforme las plantas quitan electrones del agua, el oxígeno se libera en el aire. Esta reacción es la fuente de casi todo el oxígeno en la atmósfera de la Tierra, y es otra forma en la que la fotosíntesis hace posible nuestra vida. Cuando el agua se descompone, los iones hidrógeno liberados se dejan dentro del tilacoide.

En tu cuaderno *Explica con tus palabras por qué los organismos fotosintéticos necesitan agua y luz solar.*

Cadena de transporte de electrones ¿Qué les sucede a los electrones mientras se mueven por la cadena de transporte de electrones? Las proteínas de la cadena utilizan la energía de los electrones para bombear iones H^+ del estroma hacia el espacio tilacoide. Al final de la cadena de transporte de electrones, los electrones en sí pasan a un segundo fotosistema llamado fotosistema I.

Fotosistema I Debido a que algo de la energía se ha usado para bombear iones H^+ a través de la membrana tilacoide, los electrones no contienen tanta energía como la que tenían cuando llegaron al fotosistema I. Los pigmentos en el fotosistema I usan energía de la luz para recargar de energía a los electrones. Al final de una corta segunda cadena de transporte de electrones, las moléculas de $NADP^+$ en el estroma captan los electrones de alta energía, junto con los iones H^+, en la superficie externa de la membrana tilacoide, para convertirse en NADPH. Como verás, este NADPH se vuelve muy importante en las reacciones independientes de la luz de la fotosíntesis.

Movimiento de los iones hidrógeno y formación de ATP Recuerda que en el fotosistema II, los iones hidrógeno comenzaron a acumularse dentro del espacio tilacoide. Algunos se liberaron por la separación del agua al final de la cadena de transporte de electrones. Otros iones hidrógeno fueron "bombeados" hacia adentro del estroma. La acumulación de iones hidrógeno hace que el estroma esté cargado negativamente en relación con el espacio dentro de los tilacoides. Este **gradiente,** es decir, la diferencia de carga y concentración de iones H^+ a través de la membrana, proporciona la energía para formar el ATP.

DESARROLLAR el vocabulario

VOCABULARIO ACADÉMICO El sustantivo **gradiente** se refiere a "un área sobre la cual algo cambia". Hay un gradiente de carga a través de la membrana tilacoide porque hay una carga positiva de un lado y una carga negativa del otro.

Los iones H^+ no pueden cruzar la membrana en forma directa. Sin embargo, la membrana tilacoide contiene una proteína llamada **ATP sintasa** que extiende la membrana y permite que los iones H^+ pasen a través de ella. Impulsados por el gradiente, los iones H^+ pasan a través de la ATP sintasa y la obligan a rotar, casi como el agua que hace girar una turbina en una planta de energía hidroeléctrica. Mientras gira, la ATP sintasa se enlaza al ADP y a un grupo fosfato para producir ATP. Este proceso, conocido como quimiosmosis, permite que el transporte de electrones dependiente de la luz no sólo produzca NADPH (al final de la cadena de transporte de electrones), sino también ATP.

Resumen de las reacciones dependientes de la luz Las reacciones dependientes de la luz producen gas oxígeno y convierten el ADP y el $NADP^+$ en los portadores de energía ATP y NADPH. ¿Qué tan buenos son estos compuestos? Su función en la célula es muy importante: dan la energía necesaria para formar azúcares de alta energía a partir del dióxido de carbono de baja energía.

MÁS DE CERCA

REACCIONES DEPENDIENTES DE LA LUZ

ILUSTRACIÓN 8–10 Las reacciones dependientes de la luz de la fotosíntesis se dan en los tilacoides del cloroplasto. Usan energía de la luz solar para producir ATP, NADPH y oxígeno. **Interpretar material visual** ***¿Cuántas moléculas de NADPH se producen por molécula de agua usada en el transporte de electrones fotosintéticos?***

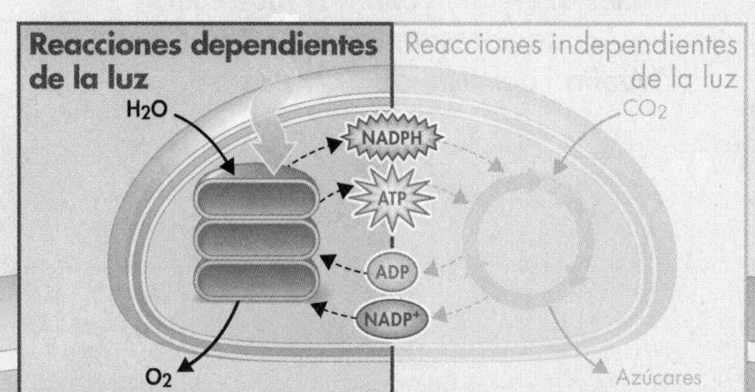

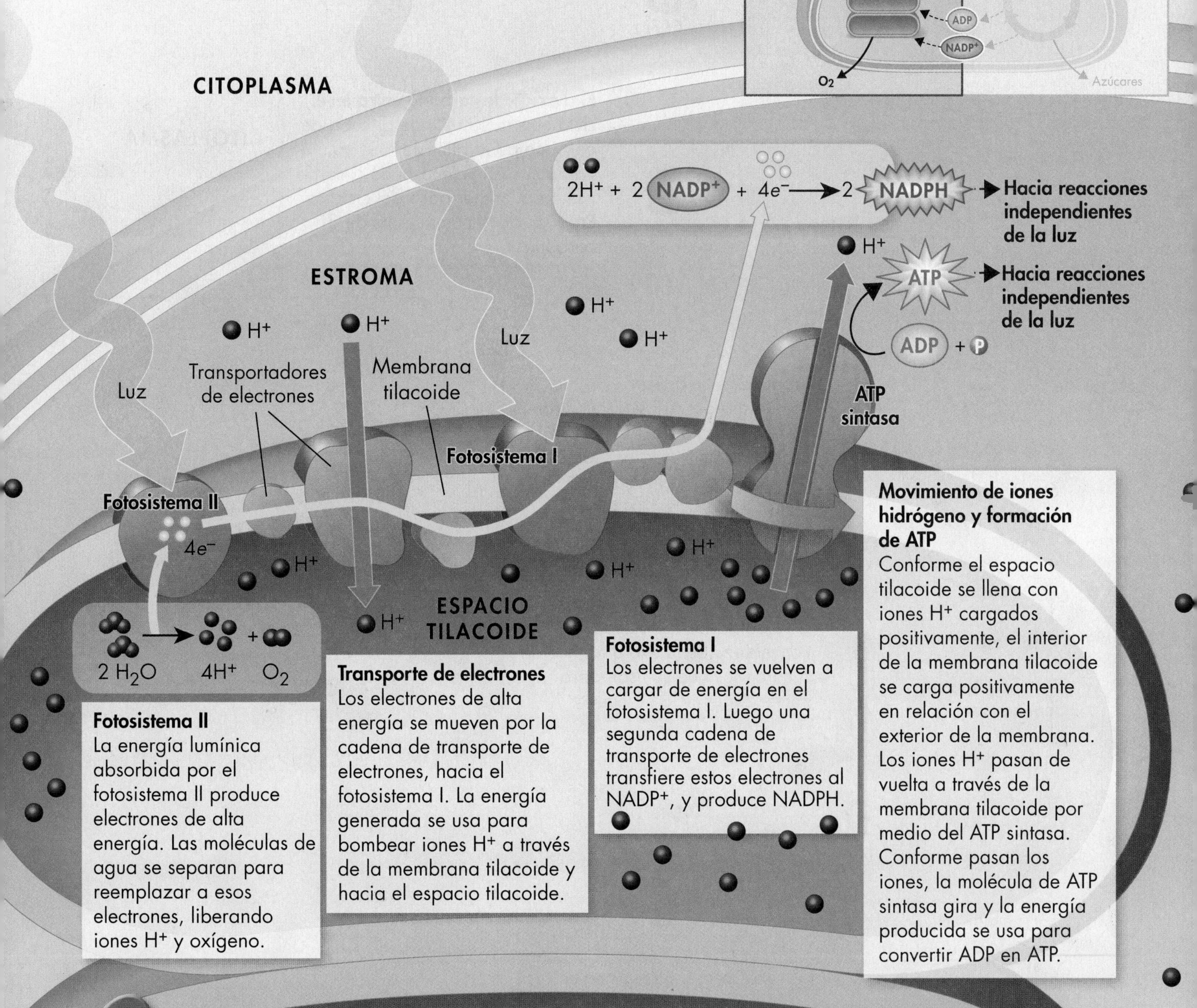

CITOPLASMA

ESTROMA

$2H^+ + 2\ NADP^+ + 4e^- \longrightarrow 2\ NADPH$ → Hacia reacciones independientes de la luz

H^+

ATP → Hacia reacciones independientes de la luz

ADP + P

Luz

Transportadores de electrones

Membrana tilacoide

Fotosistema I

Fotosistema II

ATP sintasa

$4e^-$

ESPACIO TILACOIDE

$2\ H_2O \longrightarrow 4H^+ + O_2$

Fotosistema II
La energía lumínica absorbida por el fotosistema II produce electrones de alta energía. Las moléculas de agua se separan para reemplazar a esos electrones, liberando iones H^+ y oxígeno.

Transporte de electrones
Los electrones de alta energía se mueven por la cadena de transporte de electrones, hacia el fotosistema I. La energía generada se usa para bombear iones H^+ a través de la membrana tilacoide y hacia el espacio tilacoide.

Fotosistema I
Los electrones se vuelven a cargar de energía en el fotosistema I. Luego una segunda cadena de transporte de electrones transfiere estos electrones al $NADP^+$, y produce NADPH.

Movimiento de iones hidrógeno y formación de ATP
Conforme el espacio tilacoide se llena con iones H^+ cargados positivamente, el interior de la membrana tilacoide se carga positivamente en relación con el exterior de la membrana. Los iones H^+ pasan de vuelta a través de la membrana tilacoide por medio del ATP sintasa. Conforme pasan los iones, la molécula de ATP sintasa gira y la energía producida se usa para convertir ADP en ATP.

MÁS DE CERCA

REACCIONES INDEPENDIENTES DE LA LUZ

ILUSTRACIÓN 8–11 Las reacciones independientes de la luz de la fotosíntesis se dan en el estroma del cloroplasto. Usan ATP y NADPH de las reacciones dependientes de la luz para producir azúcares de alta energía como la glucosa. **Interpretar material visual** ***¿Cuántas moléculas de ATP se necesitan para cada "vuelta" del ciclo de Calvin?***

Reacciones independientes de la luz: Producción de azúcares

¿Qué pasa en las reacciones independientes de la luz?

El ATP y el NADPH formados por las reacciones dependientes de la luz tienen abundante energía química, pero no son tan estables para almacenarla por más de unos minutos. Durante las reacciones independientes de la luz, conocidas como **ciclo de Calvin**, las plantas usan la energía que contienen el ATP y el NADPH para formar compuestos de hidratos de carbono de alta energía estables, que pueden almacenarse por un tiempo largo. **Durante las reacciones independientes de la luz, el ATP y el NADPH de las reacciones dependientes de la luz se usan para producir azúcares de alta energía.** El ciclo de Calvin lleva este nombre en honor del científico estadounidense Melvin Calvin, quien dedujo los detalles de este ciclo notable. En la **ilustración 8–11** observa cada paso de este conjunto de reacciones.

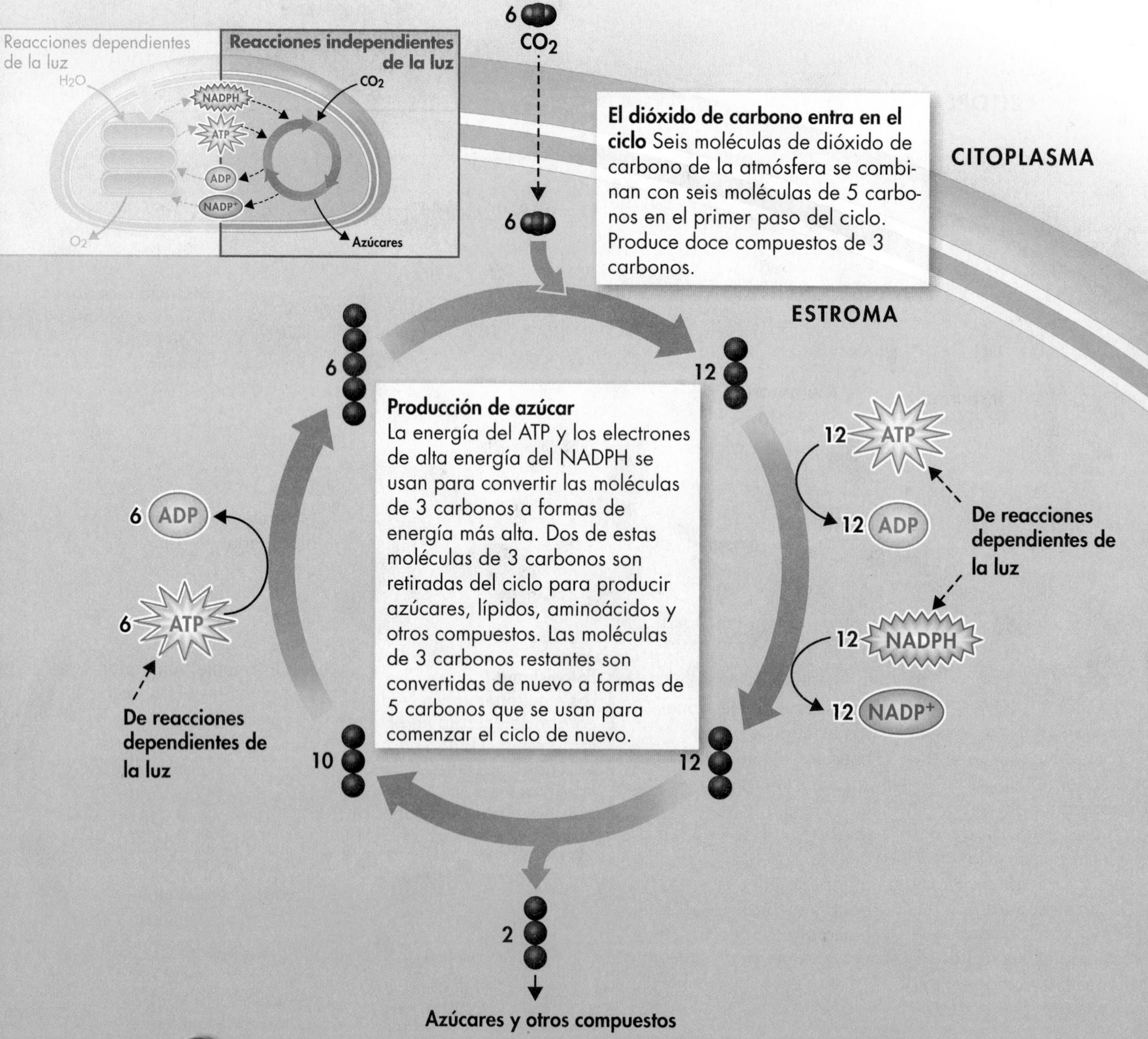

Reacciones dependientes de la luz
Reacciones independientes de la luz
H_2O
NADPH
ATP
ADP
$NADP^+$
CO_2
O_2
Azúcares
6 CO_2
6
El dióxido de carbono entra en el ciclo Seis moléculas de dióxido de carbono de la atmósfera se combinan con seis moléculas de 5 carbonos en el primer paso del ciclo. Produce doce compuestos de 3 carbonos.
CITOPLASMA
ESTROMA
6
12
Producción de azúcar
La energía del ATP y los electrones de alta energía del NADPH se usan para convertir las moléculas de 3 carbonos a formas de energía más alta. Dos de estas moléculas de 3 carbonos son retiradas del ciclo para producir azúcares, lípidos, aminoácidos y otros compuestos. Las moléculas de 3 carbonos restantes son convertidas de nuevo a formas de 5 carbonos que se usan para comenzar el ciclo de nuevo.
12 ATP
12 ADP
De reacciones dependientes de la luz
12 NADPH
12 $NADP^+$
6 ADP
6 ATP
De reacciones dependientes de la luz
10
12
2
Azúcares y otros compuestos

El dióxido de carbono entra al ciclo Las moléculas de dióxido de carbono entran en el ciclo de Calvin desde la atmósfera. Una enzima en el estroma del cloroplasto combina estas moléculas de dióxido de carbono con compuestos de 5 carbonos presentes en el organelo, produciendo compuestos de 3 carbonos que siguen en el ciclo. Por cada 6 moléculas de dióxido de carbono que entran, se producen doce compuestos de 3 carbonos. Otras enzimas en el cloroplasto convierten entonces estos compuestos en formas de energía más alta en el resto del ciclo. Esta energía proviene del ATP y de electrones de alta energía del NADPH.

Producción de azúcar A mitad del ciclo, dos de las doce moléculas de 3 carbonos son eliminadas. Éste es un paso muy especial porque estas moléculas se vuelven las piedras angulares que usa la célula vegetal para producir azúcares, lípidos, aminoácidos y otros compuestos. En otras palabras, este paso en el ciclo de Calvin contribuye a todos los productos necesarios para el metabolismo y el crecimiento de la planta.

Las diez moléculas de 3 carbonos restantes se convierten de nuevo en moléculas de 5 carbonos. Estas moléculas se combinan con seis nuevas moléculas de dióxido de carbono para comenzar el siguiente ciclo.

Resumen del ciclo de Calvin El ciclo de Calvin usa seis moléculas de dióxido de carbono para producir una sola molécula de azúcar de 6 carbonos. La energía para las reacciones que hacen esto posible es suministrada por compuestos producidos en las reacciones dependientes de la luz. Conforme procede la fotosíntesis, el ciclo de Calvin trabaja sin cesar, eliminando dióxido de carbono de la atmósfera y produciendo azúcares ricos en energía. La planta usa los azúcares para satisfacer sus necesidades de energía y para formar macromoléculas necesarias para el crecimiento y desarrollo, incluyendo lípidos, proteínas e hidratos de carbono complejos, como la celulosa. Cuando otros organismos comen plantas, también pueden usar la energía y las materias primas almacenadas en estos compuestos.

Los resultados finales Los dos conjuntos de reacciones fotosintéticas trabajan juntos; las reacciones dependientes de la luz atrapan la energía de la luz solar en forma química, y las reacciones independientes de la luz usan esa energía química para producir azúcares de energía más alta estables a partir de dióxido de carbono y agua. En el proceso, los animales, incluyéndonos a nosotros, obtienen alimento suficiente y una atmósfera llena de oxígeno. Es un buen acuerdo.

PISTA DEL MISTERIO

Melvin Calvin usó átomos de carbono etiquetados radiactivamente en el dióxido de carbono para mostrar qué le sucede al carbono usado en las reacciones independientes de la luz. ¿Dónde termina este carbono?

En tu cuaderno *¿Qué le sucede al $NADP^+$, al ADP y a los azúcares producidos por el ciclo de Calvin?*

Analizar datos

Velocidad de la fotosíntesis

La velocidad de la fotosíntesis en una planta depende en parte de factores ambientales como la temperatura, la cantidad de agua disponible y la intensidad de la luz. La gráfica muestra cómo cambia la velocidad promedio de fotosíntesis entre plantas de sol y plantas de sombra con la intensidad de la luz.

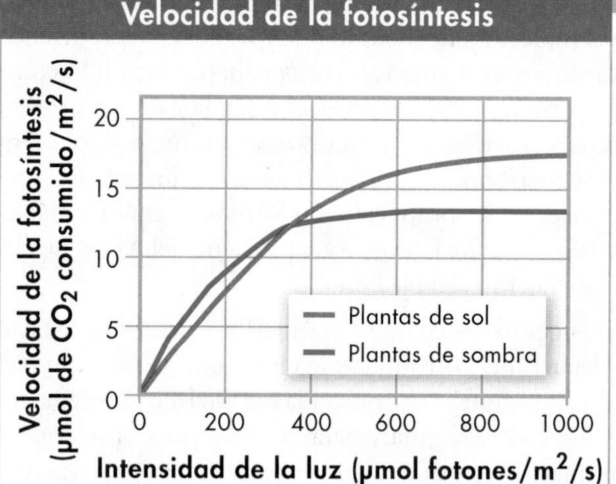

1. Usar tablas y gráficas Cuando la intensidad de la luz es menor que 200 µmol fotones/m^2/s, ¿cuál de las dos tienen mayor velocidad de fotosíntesis: las plantas de sol o las de sombra?

2. Inferir La intensidad de la luz en el desierto de Sonora promedia alrededor de 400 µmol fotones/m^2/s. Según la gráfica, ¿cuál debería ser la velocidad aproximada de fotosíntesis para plantas de sol que crecen ahí?

3. Proponer una hipótesis Supón que trasplantas una planta de sol a un suelo boscoso sombreado que recibe alrededor de 100 µmol fotones/m^2/s. ¿Piensas que esta planta crecerá y se desarrollará? ¿Por qué? ¿Cómo te ayuda la gráfica a responder esta pregunta?

Factores que afectan la fotosíntesis

¿Qué factores afectan la fotosíntesis?

DESARROLLAR el vocabulario

VARIOS SIGNIFICADOS
El sustantivo *intensidad* por lo común se usa para referirse a algo o alguien que es muy emotivo, enfocado o activo. En las ciencias, sin embargo, *intensidad* se refiere a energía. Por tanto, la intensidad de la luz es una medida de la cantidad de energía disponible en la luz. La luz más intensa tiene más energía.

Temperatura, luz y agua Muchos factores influyen en la velocidad de la fotosíntesis. **Entre los factores más importantes que afectan la fotosíntesis están la temperatura, la intensidad de la luz y la disponibilidad de agua.** Las reacciones de la fotosíntesis son posibles por enzimas que funcionan mejor entre 0 °C y 35 °C. Las temperaturas por encima o por debajo de este rango pueden afectar a esas enzimas, disminuyendo la tasa de fotosíntesis. A temperaturas muy bajas, la fotosíntesis puede detenerse por completo.

La intensidad de la luz también afecta la velocidad de la fotosíntesis. Como se esperaba, la intensidad de luz alta incrementa la velocidad de la fotosíntesis. Sin embargo, después que la intensidad de la luz alcanza un cierto nivel, la planta alcanza su velocidad máxima de fotosíntesis.

Debido a que el agua es una de las materias primas de la fotosíntesis, una escasez de agua puede disminuir o incluso detener la fotosíntesis. La pérdida de agua también puede dañar los tejidos de la planta. Para enfrentar estos peligros, las plantas que viven en condiciones secas (como las plantas del desierto y las coníferas) con frecuencia tienen recubrimientos cerosos en sus hojas que reducen la pérdida de agua. También pueden tener adaptaciones bioquímicas que hacen más eficiente la fotosíntesis bajo condiciones secas.

En tu cuaderno *Explica con tus palabras qué función desempeñan las enzimas en reacciones químicas como la fotosíntesis.*

Fotosíntesis bajo condiciones extremas A fin de conservar el agua, la mayoría de las plantas bajo condiciones brillantes y cálidas (del tipo que con frecuencia se encuentra en los trópicos) cierran las pequeñas aberturas en sus hojas que por lo normal admiten dióxido de carbono. Aunque esto evita que las plantas se sequen, causa que el dióxido de carbono dentro de las hojas caiga a niveles muy bajos. En la mayoría de los casos, cuando esto sucede, la fotosíntesis se hace más lenta e incluso se detiene. Sin embargo, algunas plantas se han adaptado a condiciones brillantes y calientes en extremo. Hay dos grupos importantes de estas plantas especializadas: las plantas C4 y las plantas CAM. Las plantas C4 y CAM tienen adaptaciones bioquímicas que minimizan la pérdida de agua mientras todavía permiten que tenga lugar la fotosíntesis bajo la luz solar intensa.

▶ ***Fotosíntesis C4*** Las plantas C4 tienen una vía química especializada que les permite captar niveles muy bajos de dióxido de carbono y pasarlos al ciclo de Calvin. El nombre "planta C4" viene del hecho que el primer compuesto formado en esta vía contiene átomos de 4 carbonos. La vía C4 permite a la fotosíntesis seguir trabajando bajo luz intensa y temperaturas altas, pero requiere energía extra en forma de ATP para funcionar. Los organismos C4 incluyen plantas de cultivo importantes como el maíz, la caña de azúcar y el sorgo.

▶ ***Plantas CAM*** Otras plantas adaptadas a climas secos usan una estrategia diferente para obtener dióxido de carbono mientras minimizan la pérdida de agua. Incluyen a los miembros de la familia Crassulaceae. Debido a que el dióxido de carbono se incorpora en ácidos orgánicos durante la fotosíntesis, el proceso se llama Metabolismo Ácido de las Crasuláceas (CAM, por sus siglas en inglés). Las plantas CAM admiten aire en sus hojas sólo en la noche. En la oscuridad fría, el dióxido de carbono se combina con moléculas existentes para producir ácidos orgánicos, "atrapando" el carbono dentro de las hojas. Durante el día, cuando las hojas están selladas fuertemente para prevenir la pérdida de agua, estos compuestos liberan dióxido de carbono, permitiendo la producción de hidratos de carbono. Las plantas CAM incluyen piñas, muchos cactus del desierto y también las escarchadas de la **ilustración 8–12,** que se plantan cerca de las autopistas de la costa oeste para retardar los incendios y prevenir la erosión.

ILUSTRACIÓN 8–12 Plantas CAM Las plantas como esta escarchada pueden sobrevivir en condiciones secas debido a sus reacciones independientes de la luz modificadas. Al aire sólo se le permite entrar en las hojas por la noche, minimizando la pérdida de agua.

8.3 Evaluación

Repaso de conceptos clave

1. **a. Repasar** Resume lo que sucede durante las reacciones dependientes de la luz.
   b. Establecer una secuencia Ordena las reacciones dependientes de la luz y describe cómo cada paso depende del anterior.
2. **a. Repasar** ¿Qué es el ciclo de Calvin?
   b. Comparar y contrastar Enumera al menos tres diferencias entre las reacciones dependientes de la luz y las independientes de la luz de la fotosíntesis.
3. **a. Repasar** ¿Cuáles son los tres factores primarios que afectan la tasa de la fotosíntesis?
   b. Interpretar gráficas Observa la gráfica en la página 240. ¿Cuáles son las variables independientes y dependientes que se comparan?

DESARROLLAR EL VOCABULARIO

4. El término *hidrato de carbono* viene de *carbono* e *hidrato*. Según la ecuación de la fotosíntesis, ¿qué significa *hidrato*?

BIOLOGY.com Search Lesson 8.3 GO • Lesson Assessment • Self-Test

Laboratorio de destrezas científicas

INVESTIGACIÓN DIRIGIDA

Preparación para el laboratorio: Pigmentos de las plantas y la fotosíntesis

Problema ¿Las hojas rojas tienen los mismos pigmentos que las hojas verdes?

Materiales sujetapapeles, tapones de caucho de un solo agujero, tiras de papel para cromatografía, regla, hojas verdes y rojas, moneda, hoja de papel, tubos de ensayo grandes, soporte para tubos de ensayo, lápiz marcador de vidrio, cilindro graduado de 10 ml, alcohol isopropílico, lápices de colores

Manual de laboratorio Laboratorio del Capítulo 8

Enfoque en las destrezas Predecir, analizar datos, sacar conclusiones

Conectar con la gran idea Casi toda la vida en la Tierra depende, de manera directa o indirecta, de la energía de la luz solar. La fotosíntesis es el proceso en el que se captura la energía lumínica y se convierte en energía química. Se requieren muchas reacciones para esta conversión, que se da en los cloroplastos de las células vegetales. Algunas de las reacciones dependen de la luz y otras no. Los pigmentos vegetales desempeñan una función importante en las reacciones dependientes de la luz. En esta actividad usarás la cromatografía para comparar los pigmentos en las hojas rojas con los de las hojas verdes.

Preguntas preliminares

a. Comparar y contrastar ¿Qué tienen en común los pigmentos vegetales? ¿En qué son diferentes?

b. Repasar ¿Por qué la mayoría de las hojas parecen verdes?

c. Repasar ¿Qué propiedad hace que la clorofila sea tan importante para la fotosíntesis?

Preguntas previas al laboratorio

Revisa el procedimiento en el manual de laboratorio.

1. Diseña un experimento ¿Cuál es el propósito de esta actividad de laboratorio?

2. Controlar variables ¿Cuál es el control en esta actividad de laboratorio?

3. Diseñar un experimento ¿Por qué debes colocar una hoja a unos 2 cm de la parte inferior del papel antes de frotar la hoja con la moneda?

4. Predecir ¿Las hojas rojas contendrán la misma cantidad de clorofila que las hojas verdes? ¿Por qué?

BIOLOGY.com Search Chapter 8 GO

Visita el Capítulo 8 en línea para hacer una autoevaluación del capítulo y para buscar actividades que apoyan tu aprendizaje.

Untamed ScienceVideo Viaja a Panamá con el equipo de *Untamed Science* para descubrir cómo el CO_2 afecta el crecimiento de las plantas.

Data Analysis Observa los datos de color de pigmento en el océano para averiguar cómo las algas marinas fotosintetizan en la luz azul submarina.

Tutor Tube Aprende cómo clasificar los productos y reactantes en las reacciones dependientes de la luz y en las independientes de la luz.

Art Review Enfócate en la membrana tilacoide para repasar tu conocimiento de las reacciones dependientes de la luz.

InterActive Art Reúne los componentes de la fotosíntesis para elaborar una animación.

Art in Motion Observa los pasos de las reacciones dependientes de la luz en movimiento a nivel molecular.

Visual Analogies Compara la producción de ATP con una batería cargada. Nota cómo la cadena de transporte de electrones se parece a pasar una papa caliente.

Guía de estudio

La gran idea Base celular de la vida

La fotosíntesis es el proceso por el cual los organismos convierten la energía lumínica en energía química, que todos los organismos pueden usar, de manera directa o indirecta, para realizar funciones vitales.

8.1 La energía y la vida

El ATP puede liberar y almacenar energía con facilidad al descomponer y volver a formar los enlaces entre sus grupos fosfato. Esta característica del ATP lo hace excepcionalmente útil como una fuente de energía básica para todas las células.

En el proceso de la fotosíntesis, las plantas convierten la energía de la luz solar en energía química que se almacena en los enlaces de hidratos de carbono.

trifosfato de adenosina (ATP) (226)
heterótrofo (228)
autótrofo (228)
fotosíntesis (228)

8.2 Vistazo a la fotosíntesis

Los organismos fotosintéticos capturan la energía de la luz solar con pigmentos.

Un transportador de electrones es un compuesto que puede aceptar un par de electrones de alta energía y transferirlos, junto con la mayor parte de su energía, a otra molécula.

La fotosíntesis usa la energía de la luz solar para convertir agua y dióxido de carbono (reactantes) en azúcares de alta energía y oxígeno (productos).

pigmento (230)
clorofila (230)
tilacoide (231)
estroma (231)
$NADP^+$ (232)
reacciones dependientes de la luz (233)
reacciones independientes de la luz (233)

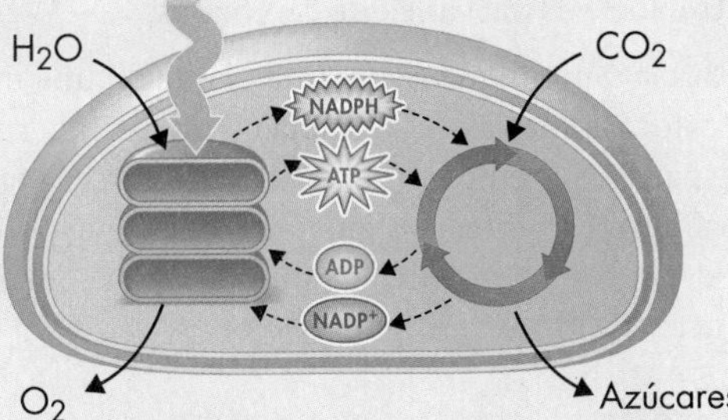

8.3 El proceso de la fotosíntesis

Las reacciones dependientes de la luz usan energía de la luz solar para producir oxígeno y convertir el ADP y el $NADP^+$ en los portadores de energía ATP y NADPH.

Durante las reacciones independientes de la luz, el ATP y el NADPH de las reacciones dependientes de la luz se usan para producir azúcares de alta energía.

Entre los factores más importantes que afectan la fotosíntesis están la temperatura, la intensidad de la luz y la disponibilidad de agua.

fotosistema (235)
cadena de transporte de electrones (236)
ATP sintasa (237)
ciclo de Calvin (238)

Razonamiento visual Usa la información de este capítulo para completar el siguiente diagrama de flujo sobre la fotosíntesis.

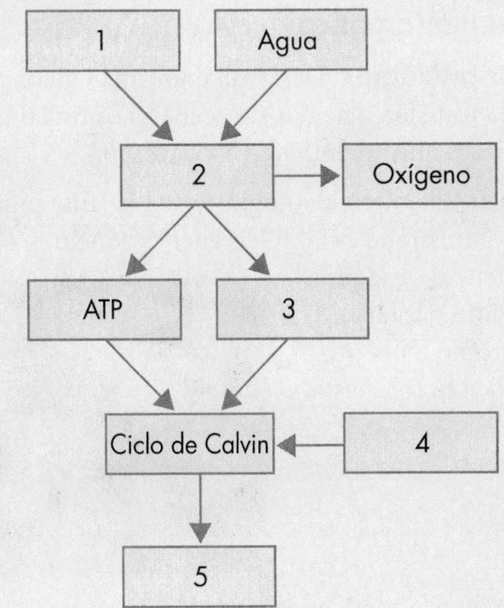

8 Evaluación

8.1 La energía y la vida

Comprender conceptos clave

1. ¿Cuáles de los siguientes son autótrofos?
   a. el venado
   b. las plantas
   c. los leopardos
   d. los hongos

2. El compuesto químico principal que usan los seres vivos para almacenar energía es
   a. ADN.
   b. ATP.
   c. H_2O.
   d. CO_2.

3. La cantidad de energía almacenada en una molécula de ATP comparada con la cantidad almacenada en una molécula de glucosa es
   a. mayor.
   b. menor.
   c. la misma.
   d. variable, dependiendo de las condiciones.

4. Cuando se quema una vela, la energía se libera en forma de
   a. dióxido de carbono y agua.
   b. la sustancia química ATP.
   c. luz y calor.
   d. electricidad y movimiento.

5. ¿En qué se diferencia la forma en que los heterótrofos y los autótrofos obtienen energía?

6. Describe las tres partes de una molécula de ATP.

7. Compara las cantidades de energía almacenadas por el ATP y la glucosa. ¿Qué compuesto usa la célula como fuente de energía inmediata?

Razonamiento crítico

8. **Usar analogías** Desarrolla una analogía para explicar la transferencia de ATP y energía a un compañero de clases que no entienda el concepto.

9. **Inferir** Examina la fotografía de la planta pipa de indio mostrada aquí. ¿Qué puedes concluir sobre la capacidad de la pipa de indio para hacer su propio alimento? Explica tu respuesta.

8.2 Vistazo a la fotosíntesis

Comprender conceptos clave

10. Además de la luz y la clorofila, la fotosíntesis requiere
   a. agua y oxígeno.
   b. agua y azúcares.
   c. oxígeno y dióxido de carbono.
   d. agua y dióxido de carbono.

11. Las hojas de una planta parecen verdes porque la clorofila
   a. refleja la luz azul.
   b. absorbe la luz azul.
   c. refleja la luz verde.
   d. absorbe la luz verde.

12. Escribe la ecuación básica para la fotosíntesis usando los nombres de las sustancias iniciales y finales del proceso.

13. ¿Qué función desempeñan los pigmentos vegetales en el proceso de fotosíntesis?

14. Identifica las estructuras del cloroplasto etiquetadas A, B y C. ¿En cuál o cuáles estructuras ocurren las reacciones dependientes de la luz? ¿En cuál o cuáles estructuras tienen lugar las reacciones independientes de la luz?

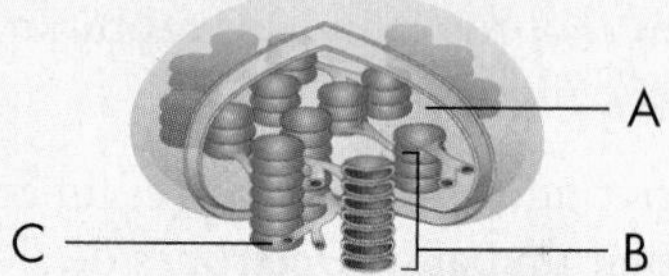

Razonamiento crítico

15. **Proponer una hipótesis** Aunque parecen verdes, algunas hojas de plantas contienen pigmentos amarillos y rojos y también clorofila. En el otoño, esas hojas pueden volverse rojas o amarillas. Explica estos cambios de color.

16. **Diseñar un experimento** Diseña un experimento que use agua de estanque y algas para demostrar la importancia de la energía lumínica en la vida del estanque. Asegúrate de identificar las variables que controlarás y la variable que cambiarás.

17. **Predecir** Supón que riegas una planta en una maceta y la colocas junto a una ventana en un tarro hermético transparente. Predice cómo podría afectarse la tasa de fotosíntesis durante los siguientes días. ¿Qué podría suceder si la planta se dejara ahí por varias semanas? Explica.

8.3 El proceso de la fotosíntesis

Comprender conceptos clave

18. El primer proceso en las reacciones dependientes de la luz de la fotosíntesis es
- **a.** la absorción de luz.
- **b.** el transporte de electrones.
- **c.** la producción de oxígeno.
- **d.** la formación de ATP.

19. ¿Cuál sustancia de las reacciones dependientes de la luz de la fotosíntesis es una fuente de energía para el ciclo de Calvin?
- **a.** ADP
- **b.** NADPH
- **c.** H_2O
- **d.** ácido pirúvico

20. Las reacciones independientes de la luz de la fotosíntesis también se conocen como
- **a.** ciclo de Calvin.
- **b.** ciclo del azúcar.
- **c.** ciclo del carbono.
- **d.** ciclo del ATP.

21. El ATP sintasa en la membrana del cloroplasto produce ATP al utilizar la energía de una alta concentración de
- **a.** clorofila.
- **b.** electrones.
- **c.** iones hidrógeno.
- **d.** NADPH.

22. ¿En qué condiciones, que dañarían a la mayoría de otras plantas, sobreviven las plantas CAM?
- **a.** temperaturas bajas
- **b.** exceso de agua
- **c.** condiciones secas y calientes
- **d.** larga duración de los días

23. Explica la función del $NADP^+$ como un portador de energía en la fotosíntesis.

24. Explica la función del ATP sintasa y describe cómo actúa.

25. Resume los pasos del ciclo de Calvin.

26. Discute tres factores que afectan la velocidad de la fotosíntesis.

Razonamiento crítico

27. Interpretar gráficas Estudia la **ilustración 8–11** en la página 238 y aporta evidencia para la idea de que el ciclo de Calvin no depende de la luz.

28. Aplica los conceptos ¿De qué forma los pasos en el ciclo de Calvin están subordinados a las reacciones dependientes de la luz de la fotosíntesis?

29. Proponer una hipótesis El polvo o las nubes provocadas por erupciones volcánicas o por la contaminación pueden bloquear gran parte de los rayos solares. ¿Cuáles son algunos efectos posibles a corto y largo plazo de esto en la fotosíntesis? ¿Y en otras formas de vida?

resuelve el MISTERIO del CAPÍTULO

¿DE LA NADA?

La mayor parte de las plantas crecen en el suelo, y, como Jan van Helmont, se podría plantear la hipótesis de que ese suelo aporta masa de la planta. Pero, al concluir su experimento con el sauce, Van Helmont descubrió que la masa del suelo no había cambiado en esencia, y que en cambio el árbol había aumentado su masa en casi 75 kilogramos. Van Helmont concluyó que la masa debe haber provenido del agua, porque el agua era lo único que había agregado a lo largo del experimento. Sin embargo, lo que no sabía era que el volumen del árbol estaba formado por carbono y por oxígeno e hidrógeno del agua. Ahora sabemos que la mayor parte de ese carbono proviene del dióxido de carbono en el aire. Por tanto, la masa se acumula de dos fuentes: dióxido de carbono y agua. ¿Qué forma adopta la masa extra? Para responder, piensa en el origen del término *hidrato de carbono,* formado por las palabras *carbono* e *hidrato,* la cual significa "que se combina con agua".

1. Inferir Aunque el suelo no contribuye de manera significativa a la masa de la planta, ¿cómo ayuda a su crecimiento?

2. Inferir Si un científico fuera capaz de medir la masa exacta del dióxido de carbono y el agua que entraron a una planta, así como de los azúcares producidos, ¿las cantidades serían idénticas? ¿Por qué?

3. Aplica los conceptos ¿Qué hacen las plantas con todos los hidratos de carbono que producen por fotosíntesis? (*Pista:* Las células vegetales tienen mitocondria además de cloroplastos. ¿Qué hace la mitocondria?)

4. Conectar con la gran idea Explica cómo los experimentos realizados por Van Helmont y Calvin contribuyeron a que comprendiéramos la forma en que los nutrientes circulan en la biósfera.

Relacionar conceptos

Usar gráficas científicas

Una planta acuática colocada bajo luz brillante emite burbujas de oxígeno. La tabla que sigue contiene los resultados de un experimento en el que la distancia de la luz a la planta cambió. Usa la tabla de datos para responder las preguntas 30 a 33.

Producción de oxígeno

Distancia de la luz (cm)	Burbujas producidas por minuto
10	39
20	22
30	8
40	5

30. Graficar Usa los datos de la tabla para hacer una gráfica lineal. MATEMÁTICAS

31. Interpretar gráficas Describe la tendencia observada. ¿Cuántas burbujas predecirías si la luz se moviera a 50 cm de distancia? Explica.

32. Sacar conclusiones ¿Qué relación existe entre la distancia de la planta a la luz y el número de burbujas producidas? ¿Qué proceso está ocurriendo? Explica tu respuesta.

33. Aplica los conceptos Con base en los resultados de este experimento, explica por qué la mayoría de los productores acuáticos primarios viven en las regiones más altas de los océanos profundos, los lagos y los estanques.

Escribir sobre las ciencias

34. Escritura creativa Imagina que eres un átomo de oxígeno y dos de tus amigos son átomos de hidrógeno. Juntos forman una molécula de agua. Describe los eventos y cambios que les suceden a ti y a tus amigos mientras viajan a través de las reacciones dependientes de la luz y del ciclo de Calvin de la fotosíntesis. Incluye ilustraciones.

35. Evalúa la gran idea En plantas eucariotas, la clorofila se encuentra sólo en los cloroplastos. Explica cómo se relaciona la función de la clorofila con su ubicación específica en la célula.

Analizar datos

En un experimento se sometió a plantas de maíz y de frijol a diferentes concentraciones de dióxido de carbono y se midió la cantidad de CO_2 que las plantas tomaban y usaban para la fotosíntesis. Los datos para las dos plantas se muestran en la gráfica siguiente.

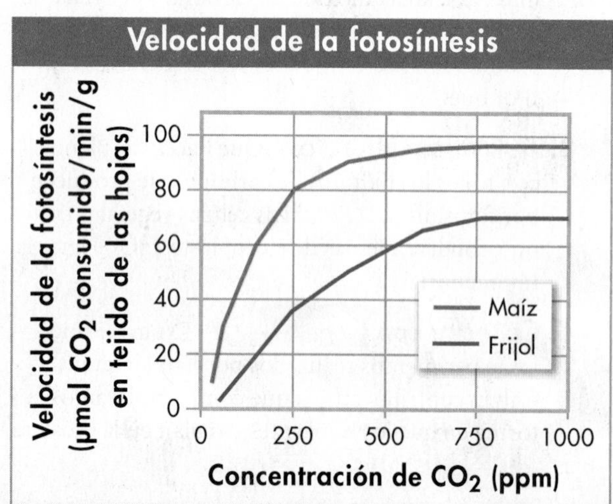

36. Interpretar gráficas ¿En cuál concentración de dióxido de carbono alcanzan las plantas de frijol su tasa máxima de fotosíntesis?

a. alrededor de 50 ppm
b. alrededor de 200 ppm
c. alrededor de 750 ppm
d. 1000 ppm

37. Sacar conclusiones De los datos es posible concluir que

a. los frijoles contienen más clorofila que el maíz.
b. el maíz alcanza su tasa fotosintética máxima a concentraciones menores que los frijoles.
c. los frijoles alcanzan su tasa fotosintética máxima a concentraciones inferiores que el maíz.
d. los frijoles usan el dióxido de carbono de manera más eficiente que el maíz.

Preparación para exámenes estandarizados

Selección múltiple

1. Los autótrofos difieren de los heterótrofos debido a que
- **A** usan oxígeno para quemar el alimento.
- **B** no requieren oxígeno para vivir.
- **C** hacen dióxido de carbono como un producto del uso de alimento.
- **D** hacen su propio alimento a partir de dióxido de carbono y agua.

2. El pigmento principal en las plantas es
- **A** la clorofila.
- **B** el oxígeno.
- **C** el ATP.
- **D** el NADPH.

3. ¿Cuál NO se produce por las reacciones dependientes de la luz de la fotosíntesis?
- **A** el NADPH
- **B** los azúcares
- **C** los iones hidrógeno
- **D** el ATP

4. ¿Cuál resume de manera correcta el proceso de la fotosíntesis?
- **A** $H_2O + CO_2 \xrightarrow{\text{luz}} \text{azúcares} + O_2$
- **B** $\text{Azúcares} + O_2 \xrightarrow{\text{luz}} H_2O + CO_2$
- **C** $H_2O + O_2 \xrightarrow{\text{luz}} \text{azúcares} + CO_2$
- **D** $\text{Azúcares} + CO_2 \xrightarrow{\text{luz}} H_2O + O_2$

5. El color de la luz que es MENOS útil para una planta durante la fotosíntesis es
- **A** rojo.
- **B** azul.
- **C** verde.
- **D** violeta.

6. El primer paso en la fotosíntesis es
- **A** la síntesis del agua.
- **B** la producción de oxígeno.
- **C** la descomposición del dióxido de carbono.
- **D** la absorción de energía lumínica.

7. En una planta común, todos los factores siguientes son necesarios para la fotosíntesis EXCEPTO
- **A** la clorofila.
- **B** la luz.
- **C** el oxígeno.
- **D** el agua.

Preguntas 8 a 10

Se extrajeron varias gotas de pigmento concentrado en hojas de espinaca. Estas gotas se colocaron en la parte inferior de una tira de papel muy absorbente. Después que el extracto se secó, el papel se suspendió de un tubo de ensayo que contenía alcohol, de modo que sólo la punta del papel estuviera sumergida en él. Conforme el alcohol se absorbió y subió por el papel, los diversos pigmentos contenidos en el extracto se separaron de la forma que muestra el diagrama.

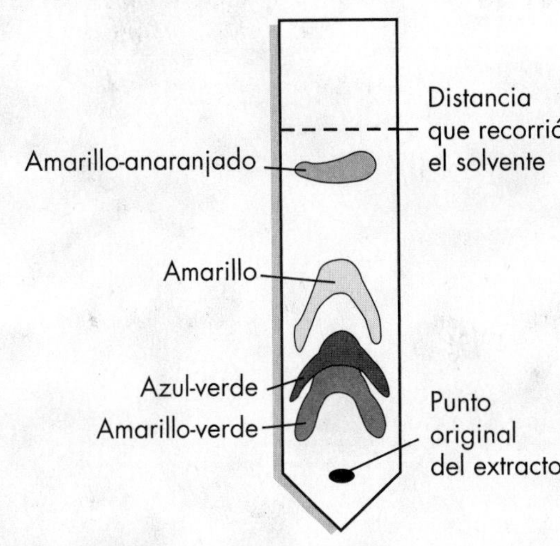

8. ¿Qué pigmento recorrió la distancia más corta?
- **A** amarillo-anaranjado
- **B** amarillo
- **C** azul-verde
- **D** amarillo-verde

9. Una conclusión válida que puede extraerse de esta información es que las hojas de espinaca
- **A** sólo usan la clorofila durante la fotosíntesis.
- **B** contienen varios pigmentos.
- **C** contienen más pigmento anaranjado que pigmento amarillo.
- **D** son amarillo-anaranjado en lugar de verdes.

10. ¿En cuál organelo se encontraría la mayoría de estos pigmentos?
- **A** vacuolas
- **B** centriolos
- **C** mitocondria
- **D** cloroplastos

Respuesta de desarrollo

11. Describe cómo los electrones de alta energía son responsables en última instancia de dirigir las reacciones fotosintéticas.

Si tienes dificultades con...

la pregunta	1	2	3	4	5	6	7	8	9	10	11
Ver la lección	8.1	8.2	8.2	8.2	8.2	8.3	8.3	8.2	8.2	8.2	8.3

Respiración y fermentación celular

La gran idea

Base celular de la vida

P: ¿Cómo obtienen energía los organismos?

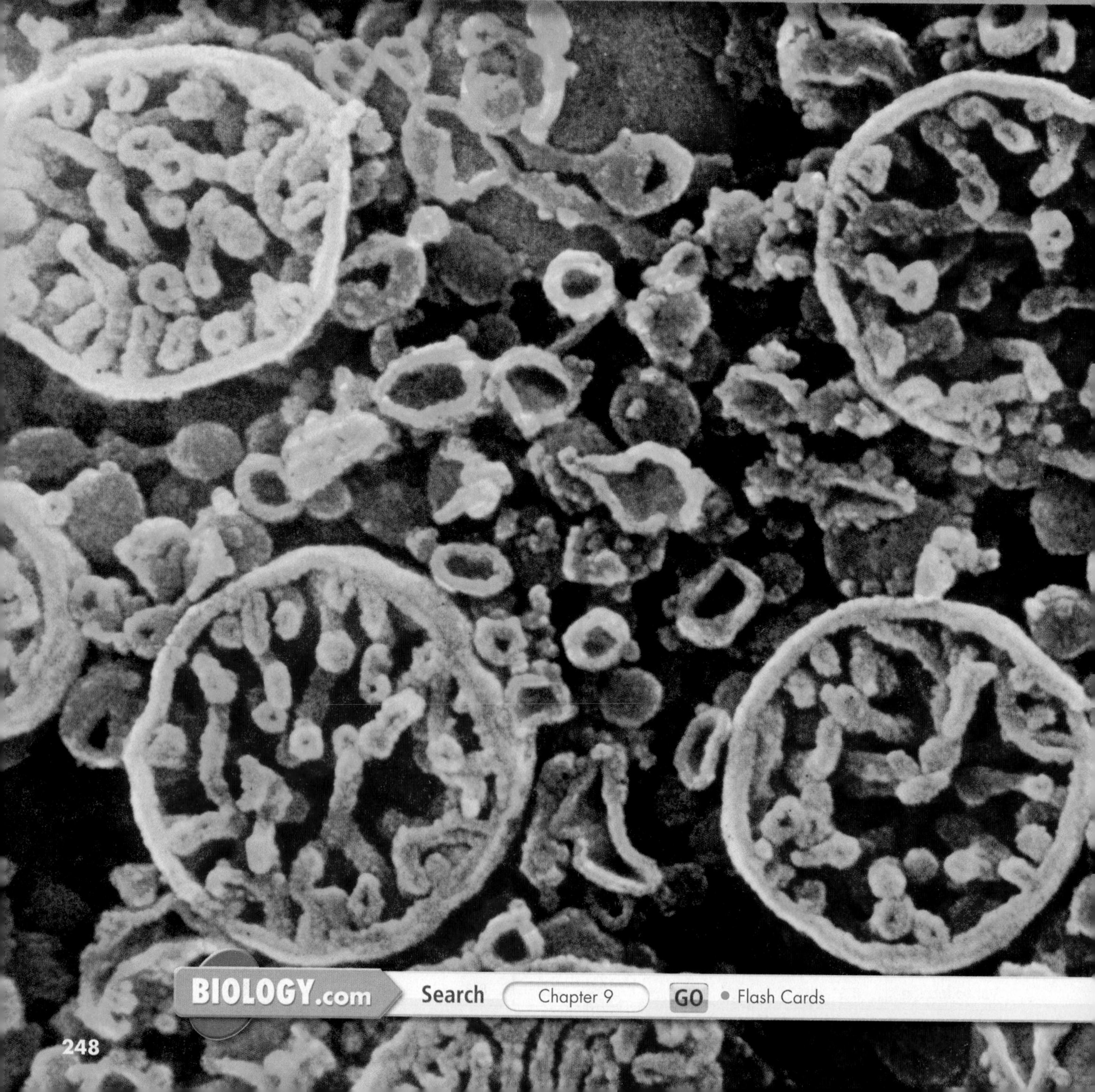

BIOLOGY.com Search Chapter 9 GO • Flash Cards

EN ESTE CAPÍTULO:

- 9.1 Vistazo a la respiración celular
- 9.2 El proceso de respiración celular
- 9.3 Fermentación

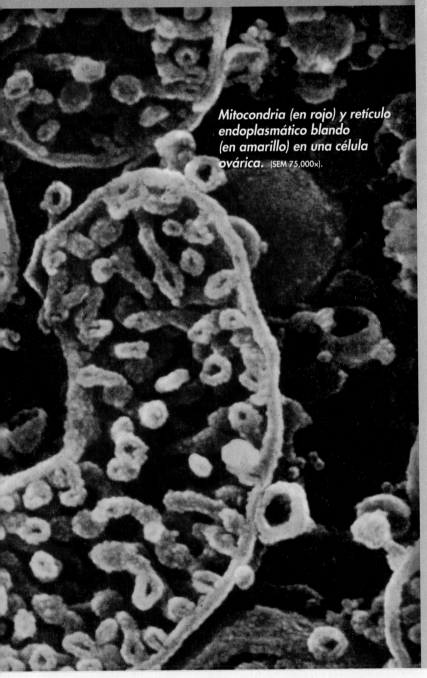

Mitocondria (en rojo) y retículo endoplasmático blando (en amarillo) en una célula ovárica. (SEM 75,000×).

BUCEAR SIN RESPIRAR

Todos estamos familiarizados con la sensación de quedarnos "sin aire". Unos cuantos minutos de ejercicio vigoroso y los humanos se sienten sin aliento. ¿Qué pasaría si no pudieras tomar aire? ¿Y si te piden retener la respiración y luego hacer ejercicio? En poco tiempo te desmayarías por la falta de oxígeno. Esto puede parecer un experimento tonto, pero hay animales que todo el tiempo se ejercitan sin respirar y sin desmayarse: las ballenas. A diferencia de la mayoría de los animales que viven toda su vida en el agua, las ballenas aún dependen del oxígeno que obtienen del aire cuando salen a la superficie. Los cachalotes permanecen dentro del agua 45 minutos o más cuando se sumergen. Algunos científicos sospechan que pueden estar en el agua ¡hasta 90 minutos! ¿Cómo es posible? Sumergirse requiere mucha energía. ¿Cómo pueden estar activas por tanto tiempo con una respiración? Al leer este capítulo, busca pistas. Luego, resuelve el misterio.

Continúa explorando el mundo.
Aprender sobre las ballenas y su extraordinaria capacidad para contener su respiración sólo es el principio. Emprende un viaje de campo en video con los genios ecólogos de *Untamed Science* para ver adónde conduce este misterio.

- Untamed Science Video
- Chapter Mystery

9.1 Vistazo a la respiración celular

Preguntas claves

¿De dónde obtienen energía los organismos?

¿Qué es la respiración celular?

¿Cuál es la relación entre la fotosíntesis y la respiración celular?

Vocabulario

caloría • respiración celular • aeróbico • anaeróbico

Tomar notas

Vistazo al material visual Antes de leer, estudia la **ilustración 9–2** en la página 252. Haz una lista de las preguntas que tengas sobre el diagrama. A medida que leas, escribe las respuestas a esas preguntas.

DESARROLLAR el vocabulario

PREFIJOS El prefijo *macro-* significa "grande" o "alargado". Las macromoléculas están hechas de muchas subunidades moleculares más pequeñas. Los hidratos de carbono, las proteínas y los lípidos son macromoléculas importantes que se encuentran en los seres vivos.

PIÉNSALO Cuando tienes hambre, ¿cómo te sientes? Si eres como la mayoría de las personas, te puedes sentir cansado, un poco mareado y, sobre todo, débil. La debilidad es una sensación provocada por la falta de energía. Te sientes débil cuando tienes hambre porque la comida sirve como fuente de energía. La debilidad es la manera que tiene tu cuerpo de decirte que tus suministros de energía están bajos. Pero, ¿cómo se convierte el alimento en una forma utilizable de energía? Los motores de los autos tienen que quemar gasolina para poder liberar su energía. ¿Nuestros cuerpos queman el alimento del mismo modo que los autos queman la gasolina, o hay algo más?

Energía química y alimento

¿De dónde obtienen energía los organismos?

El alimento proporciona a los seres vivos los elementos químicos básicos que necesitan para crecer y reproducirse. Algunos organismos, como las plantas, son autótrofos: hacen su propio alimento a través de la fotosíntesis. Otros son heterótrofos: dependen de otros organismos para obtener alimento. Las moléculas de alimento contienen energía química que se libera cuando se rompen sus enlaces químicos. **Los organismos obtienen la energía que necesitan del alimento.**

¿Cuánta energía hay en realidad en el alimento? Bastante, aunque varía con el tipo de alimento. La energía almacenada en los alimentos se expresa en unidades de calorías. Una **caloría** es la cantidad de energía necesaria para elevar la temperatura de 1 gramo de agua a 1 grado Celsius. La Caloría (con *C* mayúscula) que se usa en las etiquetas de comida es una kilocaloría, ó 1000 calorías. Las células pueden usar todo tipo de moléculas para alimentarse, incluyendo grasas, proteínas e hidratos de carbono. La energía almacenada en cada una de ellas varía debido a su estructura química, y por tanto difieren sus enlaces para almacenar energía. Por ejemplo, 1 gramo de glucosa de azúcar libera 3811 calorías de energía calorífica cuando se quema. En contraste, 1 gramo de las grasas de triglicéridos de la carne de res libera 8893 calorías de energía calorífica cuando sus enlaces se desintegran. Los hidratos de carbono y las proteínas contienen alrededor de 4000 calorías (4 Calorías) de energía por gramo, y las grasas como 9000 calorías (9 Calorías) por gramo.

Las células, por supuesto, no sólo queman alimento y liberan energía como calor. Descomponen las moléculas de alimento de manera gradual, capturando un poco de energía química en los pasos clave. Así las células usan la energía almacenada en los enlaces químicos de alimentos como la glucosa para producir compuestos como el ATP que da energía directa a las actividades de la célula.

Analizar datos MATEMÁTICAS

Eres lo que comes

Los organismos obtienen energía de los alimentos que comen, pero la energía que contienen los alimentos varía en gran medida. La mayoría de los alimentos contienen una combinación de proteínas, hidratos de carbono y grasas. Un gramo de proteínas o un hidrato de carbono como la glucosa contiene alrededor de 4 Calorías. Un gramo de grasa tiene como 9 Calorías. La tabla muestra la composición aproximada de una porción de algunos alimentos comunes.

Composición de algunos alimentos comunes

Alimento	Proteínas (g)	Hidratos de carbono (g)	Grasas (g)
Manzana, 1 mediana	0	22	0
Tocino, 2 rebanadas	5	0	6
Chocolate, 1 barra	3	23	13
Huevos, 2 enteros	12	0	9
Leche al 2%, 1 taza	8	12	5
Papas fritas, 15 piezas	2	14	10
Pavo asado sin piel, 3 rebanadas	11	3	1

1. **Interpretar datos** Por porción, ¿cuál alimento de la tabla tiene más proteínas? ¿Cuál tiene más hidratos de carbono? ¿Cuál tiene más grasa?
2. **Calcular** ¿Como cuántas Calorías más hay en 2 rebanadas de tocino que en 3 rebanas de pavo asado? ¿Por qué hay una diferencia?
3. **Calcular** Caminar a un paso moderado consume como 300 Calorías por hora. A este ritmo ¿cuántos minutos tendrías que caminar para quemar las Calorías de una barra de chocolate? (*Pista*: Empieza por calcular el número de Calorías que se consumen por minuto cuando caminas.)

Vistazo a la respiración celular

¿Qué es la respiración celular?

Si hay oxígeno disponible, los organismos pueden obtener energía de los alimentos por medio de un proceso llamado **respiración celular.** **La respiración celular es el proceso que libera energía del alimento en presencia de oxígeno.** Aunque la respiración celular involucra docenas de reacciones separadas, un resumen químico general del proceso es notablemente simple:

Con símbolos:

$$6O_2 + C_6H_{12}O_6 \longrightarrow 6CO_2 + 6H_2O + \text{Energía}$$

Con palabras:

Oxígeno + Glucosa ⟶ Dióxido de carbono + Agua + Energía

Como puedes ver, la respiración celular requiere de oxígeno y una molécula de alimento como la glucosa, y libera dióxido de carbono, agua y energía. Sin embargo, no debes malinterpretar la simplicidad de esta ecuación. Si la respiración celular se llevara a cabo en un solo paso, toda la energía de la glucosa se liberaría al mismo tiempo, y la mayor parte se perdería en forma de luz y calor. Es obvio que una célula viva tiene que controlar esa energía. Simplemente no puede empezar un incendio; la célula tiene que liberar la energía química explosiva de las moléculas del alimento poco a poco. Las células necesitan encontrar la manera de capturar esos pequeños fragmentos de energía y usarlos para hacer ATP.

ILUSTRACIÓN 9–1 Liberación controlada La respiración celular implica una serie de reacciones controladas que liberan lentamente la energía almacenada en los alimentos. Si la energía se liberara de manera repentina, la mayor parte se perdería en forma de luz y calor, como cuando los bombones se queman.

En tu cuaderno *¿Las plantas realizan la respiración celular? ¿Qué organelo(s) tienen que te ayuda(n) a determinar la respuesta?*

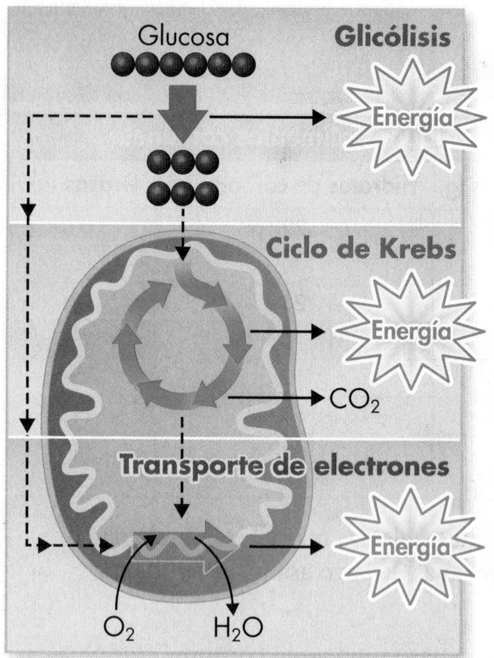

ILUSTRACIÓN 9–2 Las etapas de la respiración celular Existen tres etapas en la respiración celular: la glicólisis, el ciclo de Krebs y la cadena de transporte de electrones. **Interpretar material visual** ***¿Qué etapa(s) de la respiración celular ocurre(n) en la mitocondria?***

Etapas de la respiración celular La respiración celular captura la energía de los alimentos en tres etapas principales: la glicólisis, el ciclo de Krebs y la cadena de transporte de electrones. Aunque las células pueden usar casi cualquier molécula de alimento para obtener energía, nos concentraremos sólo en una como ejemplo, la glucosa de azúcar simple. La glucosa entra primero en un proceso químico llamado glicólisis. Sólo una cantidad pequeña de energía se captura para producir ATP durante esta etapa. De hecho, al final de la glicólisis, alrededor de 90% de la energía química que estaba disponible en la glucosa sigue sin usarse, encerrada en los enlaces químicos de una molécula llamada acido pirúvico.

¿Cómo extrae la célula el resto de esa energía? Primero, el ácido pirúvico entra en la segunda etapa de la respiración celular, el ciclo de Krebs, donde se genera un poco más de energía. Sin embargo, la mayor parte de la energía proviene de la etapa final de la respiración celular, la cadena de transporte de electrones. Esta etapa requiere reactantes de las otras dos etapas del proceso, como se muestra con las líneas punteadas de la **ilustración 9–2.** ¿Cómo extrae la cadena de transporte de electrones tanta energía de estos reactantes? Utiliza uno de los receptores de electrones más poderoso del mundo: el oxígeno.

Oxígeno y energía El oxígeno se requiere al final de la cadena de transporte de electrones. Cada vez que aumenta la demanda de energía de una célula, también aumenta su uso de oxígeno. Como ya sabes, la palabra *respiración* se usa por lo común como sinónimo de *inhalación.* Es por esto que usamos el término *respiración celular* para referirnos a las vías de liberación de energía dentro de la célula. El doble significado de respiración indica una conexión crucial entre las células y los organismos: la mayoría de las vías de liberación de energía dentro de las células requieren oxígeno, y ésta es la razón por la que necesitamos inhalar, para respirar.

Las vías de la respiración celular que requieren oxígeno se conocen como **aeróbicas** ("en el aire"). El ciclo de Krebs y la cadena de transporte de electrones son procesos aeróbicos. Aunque el ciclo de Krebs no requiere oxígeno en forma *directa*, está clasificado como un proceso aeróbico porque no puede trabajar sin la cadena de transporte de electrones que requiere oxígeno. Sin embargo, la glicólisis no requiere oxígeno en forma directa, ni depende de un proceso que lo necesite para llevarse a cabo. Por tanto, se dice que la glicólisis es **anaeróbica** ("sin aire"). Aun cuando la glicólisis es anaeróbica, se considera parte de la respiración celular porque sus productos finales son reactantes clave para las etapas aeróbicas.

Recuerda que las mitocondrias son estructuras de la célula que convierten la energía química almacenada en los alimentos en energía utilizable para la célula. La glicólisis en realidad ocurre en el citoplasma de la célula, pero el ciclo de Krebs y la cadena de transporte de electrones, las cuales generan la mayor parte del ATP durante la respiración celular, se llevan a cabo dentro de la mitocondria. Si no hay oxígeno presente, otra vía anaeróbica, conocida como fermentación, hace posible que la célula mantenga funcionando la glicólisis, generando ATP para dar energía a la actividad celular. Aprenderás más acerca de la fermentación en este capítulo.

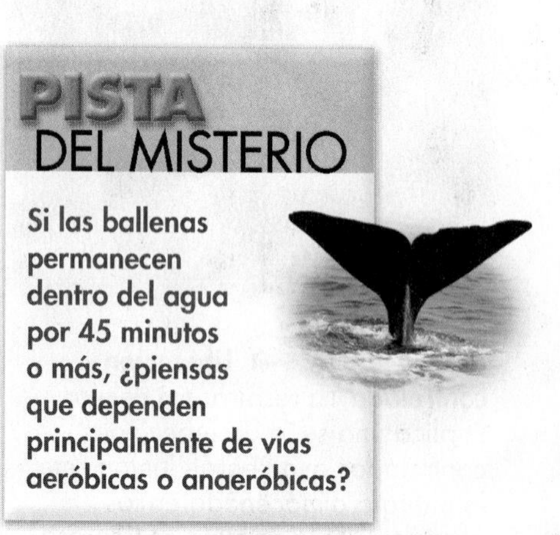

Si las ballenas permanecen dentro del agua por 45 minutos o más, ¿piensas que dependen principalmente de vías aeróbicas o anaeróbicas?

En tu cuaderno *Haz un diagrama de flujo que muestre los diferentes pasos de la respiración celular.*

Comparación de la fotosíntesis y la respiración celular

¿Cuál es la relación entre la fotosíntesis y la respiración celular?

Si casi todos los organismos descomponen los alimentos por el proceso de respiración celular, ¿por qué no se termina el oxígeno de la Tierra? ¿Adónde va todo el dióxido de carbono que se desecha? ¿Cómo se reemplaza toda la energía química almacenada en los alimentos? Conforme sucede, la respiración celular se equilibra mediante otro proceso: la fotosíntesis. La energía en la fotosíntesis y en la respiración celular fluye en direcciones opuestas. Observa la **ilustración 9–3** y piensa en la energía química de los hidratos de carbono como dinero en la cuenta de ahorros de la Tierra. La fotosíntesis es el proceso que "deposita" energía. La respiración celular es el proceso que "retira" energía. Como podrías esperar, la ecuación de la fotosíntesis es el inverso de ecuación de la respiración celular.

En un nivel global, la fotosíntesis y la respiración celular también son opuestas. **La fotosíntesis elimina el dióxido de carbono de la atmósfera, y la respiración celular lo regresa. La fotosíntesis libera oxígeno a la atmósfera, y la respiración celular usa oxígeno para liberar energía del alimento.** La liberación de energía por la respiración celular se lleva a cabo en casi todos los seres vivos: plantas, animales, hongos, protistas y la mayoría de las bacterias. Sin embargo, la captura de energía por medio de la fotosíntesis sólo ocurre en las plantas, las algas y algunas bacterias.

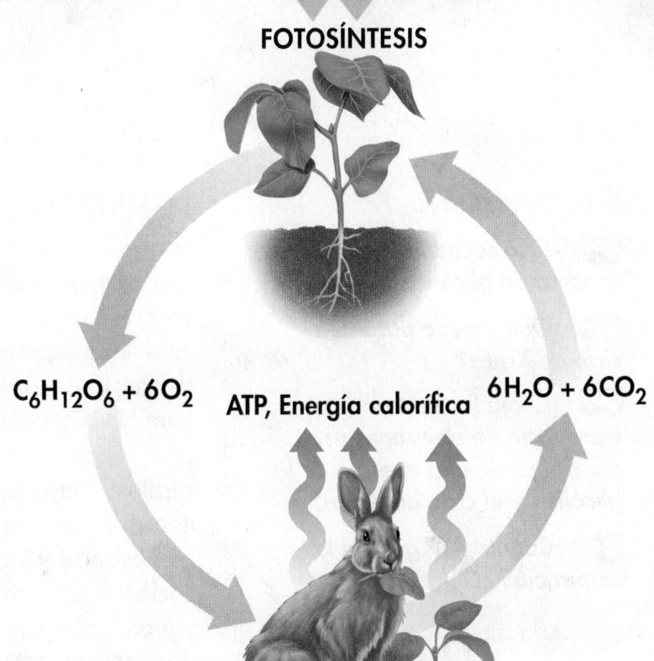

ILUSTRACIÓN 9–3 Procesos opuestos La fotosíntesis y la respiración celular pueden considerarse procesos opuestos. **Comparar y contrastar** ***¿Exactamente en qué difiere la ecuación de la fotosíntesis de la ecuación de la respiración celular?***

9.1 Evaluación

Repaso de conceptos clave

1. a. Repasar ¿Por qué todos los organismos necesitan alimento?

b. Relacionar causa y efecto ¿Por qué las macromoléculas difieren en la cantidad de energía que contienen?

2. a. Repasar Escribe la reacción general de la respiración celular.

b. Aplica los conceptos ¿Cómo mantiene la homeostasis a nivel celular el proceso de respiración celular?

3. a. Repasar ¿De qué maneras la respiración celular y la fotosíntesis son consideradas procesos opuestos?

b. Usar analogías ¿En qué se parece la energía química de la glucosa al dinero en una cuenta de ahorros?

DESARROLLAR EL VOCABULARIO

4. La palabra griega *glukos* significa "dulce", y la palabra en latín *lisis* se refiere al proceso de soltar o descomponer. Escribe una definición de *glicólisis*.

BIOLOGY.com Search Lesson 9.1  • Lesson Assessment • Self-Test • Art in Motion

9.2 El proceso de respiración celular

Preguntas clave

🔑 *¿Qué sucede durante el proceso de glicólisis?*

🔑 *¿Qué sucede durante el ciclo de Krebs?*

🔑 *¿Cómo la cadena de transporte de electrones usa electrones de alta energía de la glicólisis y el ciclo de Krebs?*

🔑 *¿Cuánto ATP genera la respiración celular?*

Vocabulario

glicólisis • NAD$^+$ • ciclo de Krebs • matriz

Tomar notas

Tabla para comparar y contrastar A medida que leas, haz una tabla para comparar y contrastar mostrando la ubicación, los reactantes que inician y los productos finales de la glicólisis, el ciclo de Krebs y la cadena de transporte de electrones. También incluye cuántas moléculas de ATP se producen en cada paso del proceso.

PIÉNSALO ¡La comida se quema! Es cierto, por supuesto, que muchos alimentos comunes (piensa en manzanas, plátanos y carne molida) tienen demasiada agua para poder encenderlas con un cerillo. Sin embargo, los alimentos con poca agua, como azúcar y aceite de cocina, sí se quemarán. De hecho, la harina, que tiene hidratos de carbono y proteínas, es tan inflamable que ha causado varias explosiones, como la de City Flour Mills de Londres en 1872 (por eso no debes almacenar harina sobre una estufa). Hay mucha energía en la comida, pero ¿cómo extrae una célula viva esta energía sin causar un incendio o hacer explotar las cosas?

Glicólisis

🔑 *¿Qué sucede durante el proceso de glicólisis?*

El primer conjunto de reacciones en la respiración celular se conocen como **glicólisis,** una palabra que literalmente significa "romper el azúcar". La glicolisis involucra muchos pasos químicos que transforman la glucosa. El resultado final son 2 moléculas, cada una formada por una molécula de 3 carbonos llamada ácido pirúvico. 🔑 **Durante la glicolisis, 1 molécula de glucosa, un compuesto de 6 carbonos, se transforma en 2 moléculas de ácido pirúvico, un compuesto de 3 carbonos.** Conforme se descomponen y se reacomodan los enlaces en la glucosa, se libera energía. El proceso de glicólisis puede verse en la **ilustración 9–4.**

Producción de ATP Aun cuando el proceso de la glicólisis libera energía, las células necesitan poner otro poco de energía para que las cosas funcionen. Al inicio de la vía, se usan 2 moléculas de ATP. Al principio de este capítulo se compararon la fotosíntesis y la respiración, respectivamente, como un depósito y un retiro en una cuenta de ahorros. Del mismo modo, las 2 moléculas de ATP usadas al inicio de la glicólisis son como una inversión que paga intereses. Para poder ganarse el interés del banco, primero hay que poner dinero en la cuenta. Aunque la célula pone 2 moléculas de ATP en su "cuenta" para que la glicólisis continúe, la glicólisis produce 4 moléculas de ATP. Esto le da a la célula una ganancia neta de 2 moléculas de ATP por cada molécula de glucosa que entra en la glicólisis.

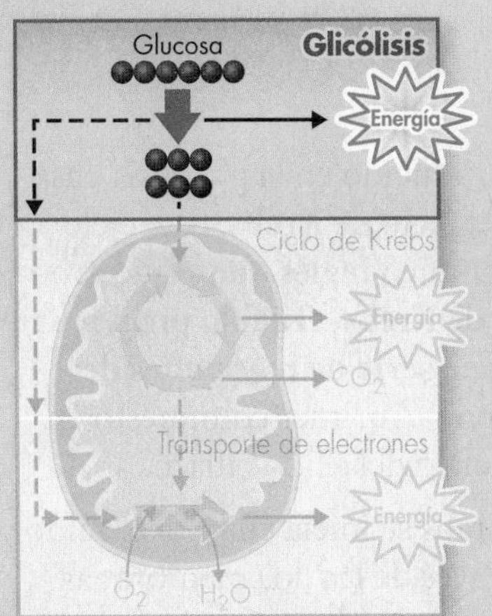

Producción de NADH
Se pasan cuatro electrones de alta energía al portador NAD^+ para producir NADH. El NADH lleva a estos electrones a la cadena de transporte de electrones.

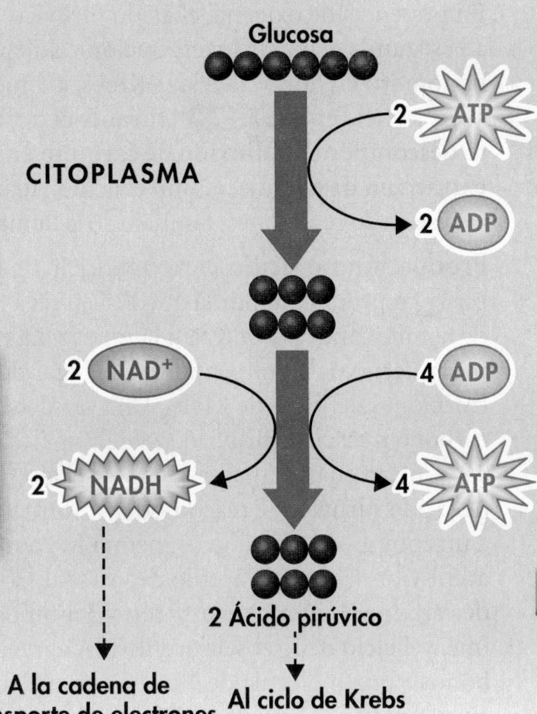

Producción de ATP
Dos moléculas de ATP se "invierten" para que el proceso de glicólisis continúe. En general, se producen 4 moléculas de ATP para obtener una ganancia neta de 2 ATP por molécula de glucosa.

MÁS DE CERCA

GLICÓLISIS

ILUSTRACIÓN 9–4 La glicólisis es la primera etapa de la respiración celular. Durante la glicólisis, la glucosa se descompone en 2 moléculas de ácido pirúvico. Se producen ATP y NADH como parte del proceso. **Interpretar material visual** ***¿Cuántos átomos de carbono hay en la glucosa? ¿Cuántos átomos de carbono hay en cada molécula de acido pirúvico?***

Producción de NADH Una de las reacciones de la glicólisis elimina 4 electrones, ahora en un estado de alta energía, y los pasa a un portador de electrones llamado $\mathbf{NAD^+}$, o dinucleótido de nicotinamida adenina. Como el $NADP^+$ en la fotosíntesis, cada molécula de NAD^+ acepta un par de electrones de alta energía. Esta molécula, ahora conocida como NADH, mantiene a los electrones hasta que pueden transferirse a otras moléculas. Como verás, en presencia de oxígeno, estos electrones de alta energía pueden usarse para producir aún más moléculas de ATP.

Las ventajas de la glicólisis En el proceso de la glicólisis, se **sintetizan** 4 moléculas de ATP a partir de 4 moléculas de ADP. Dado que se usan 2 moléculas de ATP para empezar el proceso, hay una ganancia neta de sólo 2 moléculas de ATP. Aunque la producción de energía en la glicólisis es pequeña, el proceso es tan rápido que las células pueden producir miles de moléculas de ATP en tan sólo unos milisegundos. La velocidad de la glicólisis puede ser una gran ventaja cuando aumenta la demanda de energía de una célula en forma repentina.

Además de la velocidad, otra ventaja de la glicólisis es que el proceso en sí no requiere oxígeno. La glicolisis puede dar energía química rápidamente a las células si no hay oxígeno. Si hay oxígeno, los "productos" del ácido pirúvico y el NADH de la glicolisis se vuelven "insumos" para los otros procesos de la respiración celular.

En tu cuaderno *Describe con tus propias palabras las ventajas de la glicólisis para la célula en función de la producción de energía.*

DESARROLLAR el vocabulario

VOCABULARIO ACADÉMICO El verbo **sintetizar** significa "agrupar todo en uno solo". Por tanto, se sintetiza una molécula de ATP cuando un grupo fosfato se combina con la molécula de ADP, formando un enlace de alta energía.

El ciclo de Krebs

¿Qué sucede durante el ciclo de Krebs?

En presencia de oxígeno, el ácido pirúvico producido en la glicólisis pasa a la segunda etapa de la respiración celular, el **ciclo de Krebs**. Este ciclo se nombró en honor de Hans Krebs, el bioquímico inglés que demostró su existencia en 1937. **Durante el ciclo de Krebs, el ácido pirúvico se descompone en dióxido de carbono en una serie de reacciones de extracción de energía.** Como el ácido cítrico es el primer compuesto en esta serie de reacciones, también se le llama ciclo del ácido cítrico.

Producción de ácido cítrico El ciclo de Krebs se inicia cuando el ácido pirúvico producido por la glicólisis pasa a través de las dos membranas de la mitocondria y entra en la matriz. La **matriz** es el compartimiento más interno de la mitocondria y el lugar donde se llevan a cabo las reacciones del ciclo de Krebs. Una vez dentro de la matriz, 1 átomo de carbono del ácido pirúvico se vuelve parte de una molécula de dióxido de carbono, la cual al final se libera en el aire. Los otros 2 átomos de carbono del ácido pirúvico se reacomodan y forman ácido acético, el cual se une a un compuesto llamado coenzima A. La molécula resultante se llama acetil-CoA. (La parte acetilo de la acetil-CoA está formada por 2 átomos de carbono, 1 átomo de oxígeno y 3 átomos de hidrógeno.) Conforme inicia el ciclo de Krebs, la acetil-CoA agrega el grupo acetilo de 2 carbonos a una molécula de 4 carbonos que ya se encuentra presente en el ciclo, produciendo una molécula de 6 carbonos llamada ácido cítrico.

Extracción de energía Conforme continúa el ciclo, el ácido cítrico se separa en 4 moléculas de carbono, se libera más dióxido de carbono y los electrones se transfieren a los portadores de energía. Sigue las reacciones en la **ilustración 9–5** y verás cómo sucede esto. Primero observa los átomos de 6 carbonos en el ácido cítrico. Uno se retira, luego otro, liberando 2 moléculas de dióxido de carbono y dejando una molécula de 4 carbonos. ¿Por qué el ciclo de Krebs es un "ciclo"? Porque la molécula de 4 carbonos producida en el último paso es la misma molécula que acepta la acetil-CoA en el primer paso. La molécula que se necesita para iniciar las reacciones del ciclo se rehace con cada "vuelta".

Luego, mira el ATP. Por cada vuelta en el ciclo, una molécula de ADP se convierte en una molécula de ATP. Recuerda que la glicólisis produce 2 moléculas de ácido pirúvico de 1 molécula de glucosa. Cada molécula inicial de glucosa produce dos vueltas completas del ciclo de Krebs y, por tanto, 2 moléculas de ATP. Por último, mira los portadores de electrones, NAD^+ y FAD (dinucleótido de flavina adenina). En cinco lugares, los portadores de electrones aceptan un par de electrones de alta energía, cambiando el NAD^+ a NADH y el FAD en $FADH_2$. El FAD y el $FADH_2$ son moléculas similares al NAD^+ y NADH, respectivamente.

¿Qué le sucede a cada uno de estos productos del ciclo de Krebs: dióxido de carbono, ATP y portadores de ATP? El dióxido de carbono no es útil en la célula y se expulsa cada vez que exhalas. Las moléculas de ATP son *muy* útiles y están disponibles de inmediato para dar energía a las actividades celulares. En cuanto a las moléculas transportadoras como el NADH, en presencia de oxígeno, los electrones que contienen se usan para generar grandes cantidades de ATP.

En tu cuaderno *Enumera los portadores de electrones del ciclo de Krebs. Incluye sus nombres antes y después de aceptar electrones.*

PISTA DEL MISTERIO

El impulso de salir a la superficie para respirar cuando se está debajo del agua es una respuesta a la acumulación de CO_2 en la sangre. El ser humano promedio sólo puede contener su respiración alrededor de un minuto. Las ballenas se mantienen bajo el agua por mucho más tiempo. ¿Qué sugiere esto acerca de la tolerancia de las ballenas al CO_2?

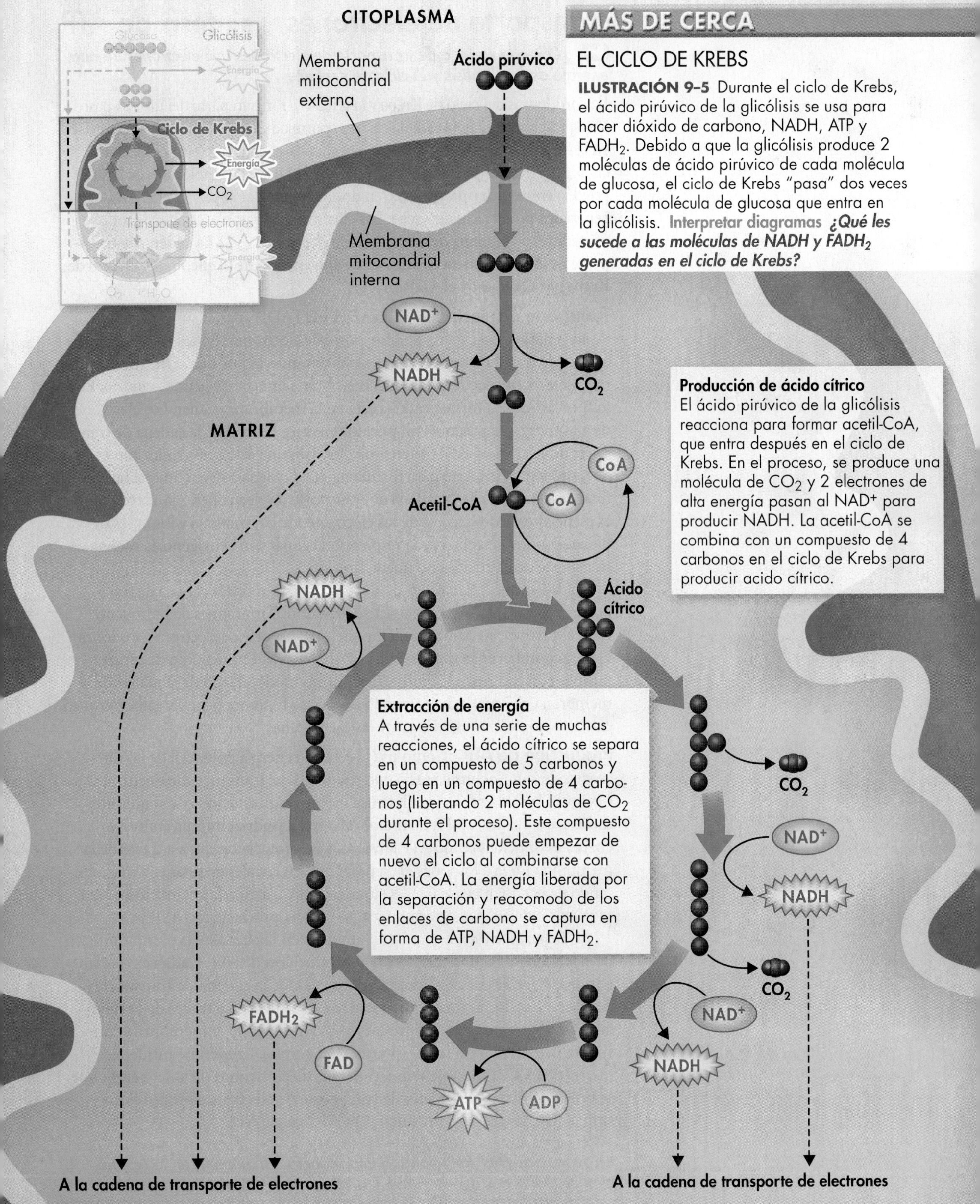

CITOPLASMA

Glucosa
Glicólisis
Energía
Ciclo de Krebs
Energía
CO_2
Transporte de electrones
Energía
O_2
H_2O

Membrana mitocondrial externa

Ácido pirúvico

Membrana mitocondrial interna

MÁS DE CERCA

EL CICLO DE KREBS

ILUSTRACIÓN 9–5 Durante el ciclo de Krebs, el ácido pirúvico de la glicólisis se usa para hacer dióxido de carbono, NADH, ATP y $FADH_2$. Debido a que la glicólisis produce 2 moléculas de ácido pirúvico de cada molécula de glucosa, el ciclo de Krebs "pasa" dos veces por cada molécula de glucosa que entra en la glicólisis. **Interpretar diagramas** ***¿Qué les sucede a las moléculas de NADH y $FADH_2$ generadas en el ciclo de Krebs?***

NAD^+
NADH
CO_2

MATRIZ

CoA
Acetil-CoA
CoA

Producción de ácido cítrico
El ácido pirúvico de la glicólisis reacciona para formar acetil-CoA, que entra después en el ciclo de Krebs. En el proceso, se produce una molécula de CO_2 y 2 electrones de alta energía pasan al NAD^+ para producir NADH. La acetil-CoA se combina con un compuesto de 4 carbonos en el ciclo de Krebs para producir acido cítrico.

NADH
NAD^+
Ácido cítrico

Extracción de energía
A través de una serie de muchas reacciones, el ácido cítrico se separa en un compuesto de 5 carbonos y luego en un compuesto de 4 carbonos (liberando 2 moléculas de CO_2 durante el proceso). Este compuesto de 4 carbonos puede empezar de nuevo el ciclo al combinarse con acetil-CoA. La energía liberada por la separación y reacomodo de los enlaces de carbono se captura en forma de ATP, NADH y $FADH_2$.

CO_2
NAD^+
NADH
CO_2
$FADH_2$
FAD
NAD^+
NADH
ATP
ADP

A la cadena de transporte de electrones

A la cadena de transporte de electrones

Transporte de electrones y síntesis de ATP

¿Cómo la cadena de transporte de electrones usa electrones de alta energía de la glicólisis y el ciclo de Krebs?

Los productos del ciclo de Krebs y la glicólisis forman parte del último paso de la respiración celular, la cadena de transporte de electrones, como se observa en la **ilustración 9–6.** Recuerda que la glicólisis genera electrones de alta energía que se pasan al NAD^+, formando NADH. Estas moléculas de NADH pueden entrar a la mitocondria, en donde se unen al NADH y el $FADH_2$ generados por el ciclo de Krebs. Los electrones se pasan entonces de todos esos portadores a la cadena de transporte de electrones. **La cadena de transporte de electrones usa electrones de alta energía de la glicólisis y el ciclo de Krebs para convertir el ADP en ATP.**

Transporte de electrones El NADH y el $FADH_2$ pasan sus electrones de alta energía a la cadena de transporte de electrones. En los eucariotas, la cadena de transporte de electrones está compuesta por una serie de portadores de electrones localizados en la membrana interna de la mitocondria. En los procariotas, la misma cadena está en la membrana celular. Los electrones de alta energía se pasan de un portador a otro. Al final de la cadena de transporte de electrones está una enzima que combina estos electrones con iones de hidrógeno y oxígeno para formar agua. El oxígeno sirve como el receptor final de electrones de la cadena de transporte de electrones. Así, el oxígeno es esencial para deshacerse de los electrones de baja energía y los iones de hidrógeno, los desechos de la respiración celular. Sin el oxígeno, la cadena de transporte de electrones no puede funcionar.

Cada vez que 2 electrones de alta energía pasan por la cadena de transporte de electrones, su energía se usa para transportar iones de hidrógeno (H^+) a través de la membrana. Durante el transporte de electrones, los iones H^+ se acumulan en el espacio entre las membranas, haciéndolo de carga positiva con relación a la matriz. Del mismo modo, el lado de la matriz de la membrana, del cual se han tomado los iones H^+, ahora tiene carga negativa en comparación con el espacio entre las membranas.

Producción de ATP ¿Cómo usa la célula la energía potencial de las diferencias de carga acumuladas como resultado del transporte de electrones? Como en la fotosíntesis, la célula usa un proceso conocido como quimiosmosis para producir ATP. La membrana mitocondrial interna contiene enzimas conocidas como ATP sintasas. La diferencia de carga a través de la membrana forza a los iones H^+ a pasar por los canales en estas enzimas, causando de hecho que gire la ATP sintasa. Con cada giro, la enzima toma una molécula de ADP y le agrega un grupo fosfato, produciendo ATP.

La belleza de este sistema es la manera en la cual asocia el movimiento de electrones de alta energía con la producción de ATP. Cada vez que un par de electrones de alta energía se mueve por la cadena de transporte de electrones, la energía se usa para mover iones H^+ a través de la membrana. Luego estos iones regresan rápido a través de la membrana con suficiente fuerza para hacer girar la ATP sintasa y generar cantidades enormes de ATP. En promedio, cada par de electrones de alta energía que se mueve por toda la cadena de transporte de electrones proporciona suficiente energía para producir 3 moléculas de ATP.

En tu cuaderno *Relaciona la importancia del oxígeno en la respiración celular y por qué respiras más rápido en un ejercicio intenso.*

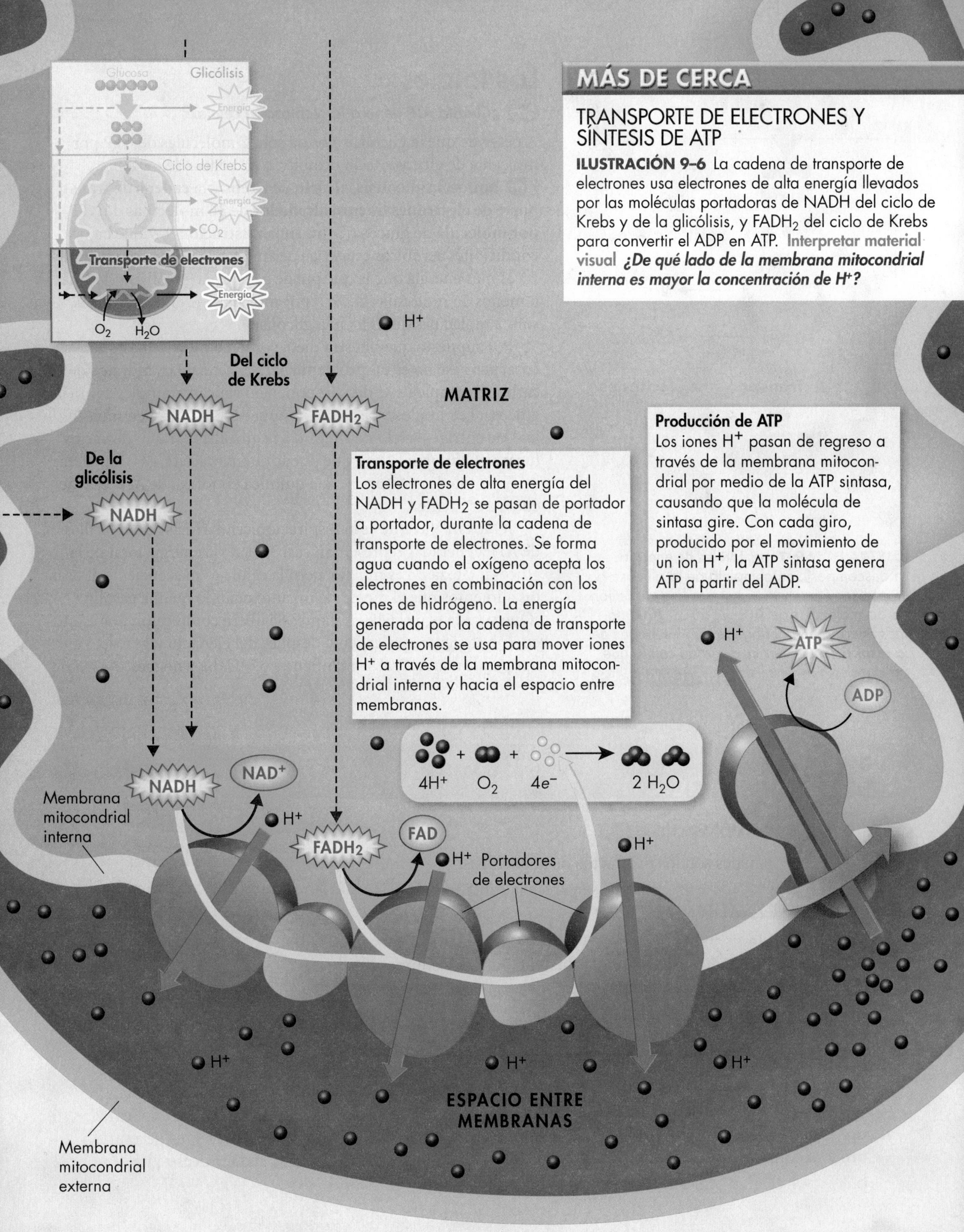

Glucosa
Glicólisis
Energía
Ciclo de Krebs
Energía
CO_2
Transporte de electrones
Energía
O_2
H_2O
Del ciclo de Krebs
NADH
$FADH_2$
MATRIZ
H^+
De la glicólisis
NADH
Transporte de electrones
Los electrones de alta energía del NADH y $FADH_2$ se pasan de portador a portador, durante la cadena de transporte de electrones. Se forma agua cuando el oxígeno acepta los electrones en combinación con los iones de hidrógeno. La energía generada por la cadena de transporte de electrones se usa para mover iones H^+ a través de la membrana mitocondrial interna y hacia el espacio entre membranas.
Producción de ATP
Los iones H^+ pasan de regreso a través de la membrana mitocondrial por medio de la ATP sintasa, causando que la molécula de sintasa gire. Con cada giro, producido por el movimiento de un ion H^+, la ATP sintasa genera ATP a partir del ADP.
H^+
ATP
ADP
$4H^+$ + O_2 + $4e^-$ → 2 H_2O
NADH
NAD^+
H^+
Membrana mitocondrial interna
$FADH_2$
FAD
H^+
Portadores de electrones
H^+
H^+
H^+
H^+
ESPACIO ENTRE MEMBRANAS
Membrana mitocondrial externa
CITOPLASMA

MÁS DE CERCA

TRANSPORTE DE ELECTRONES Y SÍNTESIS DE ATP

ILUSTRACIÓN 9–6 La cadena de transporte de electrones usa electrones de alta energía llevados por las moléculas portadoras de NADH del ciclo de Krebs y de la glicólisis, y $FADH_2$ del ciclo de Krebs para convertir el ADP en ATP. **Interpretar material visual** ***¿De qué lado de la membrana mitocondrial interna es mayor la concentración de H^+?***

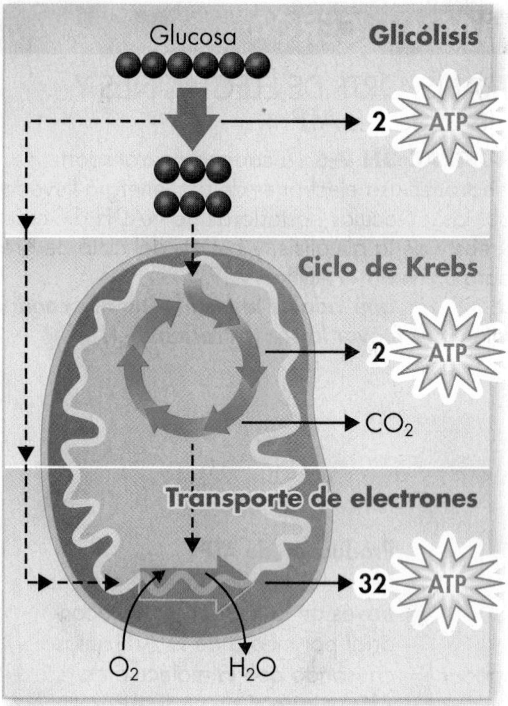

ILUSTRACIÓN 9–7 Los totales de energía La descomposición completa de la glucosa por la respiración celular resulta en la producción de 36 moléculas de ATP. Calcular ***¿Cuánta más energía hay al final de las tres etapas de la respiración celular comparada con la que produce sólo la glicólisis?*** MATEMÁTICAS

Los totales

¿Cuánto ATP genera la respiración celular?

A pesar de que la glicólisis nos da sólo 2 moléculas de ATP por molécula de glucosa, todo cambia en presencia de oxígeno. **Juntos, la glicólisis, el ciclo de Krebs y la cadena de transporte de electrones liberan alrededor de 36 moléculas de ATP por molécula de glucosa.** Mira en la **ilustración 9–7** que bajo condiciones aeróbicas estas vías permiten a la célula producir 18 veces más energía que la que puede generar la glicólisis sola (más o menos 36 moléculas de ATP por molécula de glucosa contra sólo 2 moléculas de ATP en la glicólisis).

Por supuesto que nuestra dieta contiene mucho más que glucosa, pero ése no es un problema para la célula. Los hidratos de carbono complejos se descomponen en azúcares simples como la glucosa. Los lípidos y las proteínas pueden separarse en moléculas que entran al ciclo de Krebs o a la glicólisis, en uno de varios lugares. Como un horno que puede quemar aceite, gas o madera, la célula puede generar energía química en forma de ATP casi de cualquier fuente.

¿Qué tan eficiente es la respiración celular? Las 36 moléculas de ATP generadas representan casi 36% de la energía total de la glucosa. Quizá no es mucho, pero la célula es más eficiente al usar los alimentos que el motor de un auto cuando quema gasolina. ¿Qué sucede con el 64% restante? Se libera como calor, por eso tu cuerpo se siente más caliente después del ejercicio vigoroso, y tu temperatura corporal se mantiene a 37 °C día y noche.

9.2 Evaluación

Repaso de conceptos clave

1. a. Repasar ¿Cuáles son los productos de la glicólisis?
   b. Comparar y contrastar ¿En qué se parece la función del NAD^+ a la del $NADP^+$?
2. a. Repasar ¿Qué le sucede al ácido pirúvico en el ciclo de Krebs?
   b. Interpretar material visual Mira la **ilustración 9–5** y enumera los productos del ciclo de Krebs. ¿Qué le sucede a cada uno?
3. a. Repasar ¿Cómo usa la cadena de transporte de electrones los electrones de alta energía de la glicólisis y el ciclo de Krebs?
   b. Relacionar causa y efecto ¿Cómo usa la célula las diferencias de carga que se acumulan a lo largo de la membrana mitocondrial interna durante la respiración celular?
4. a. Repasar ¿Cuántas moléculas de ATP se producen durante el proceso completo de descomposición de la glucosa?
   b. Usar analogías ¿En qué se parece la célula a un horno?

Aplica la gran idea

Base celular de la vida

5. Como sabes, la respiración celular es un proceso por el cual la célula transforma la energía almacenada en los enlaces de las moléculas de los alimentos en enlaces de ATP. ¿Qué hace el cuerpo con todo el ATP que genera este proceso? Repasa las características de la vida en el capítulo 1 y explica por qué el ATP es necesario para cada proceso vital.

BIOLOGY.com Search Lesson 9.2  GO • Self-Test • Lesson Assessment

La biología y la sociedad

¿Deberían regularse los complementos elaborados con creatina?

El ATP es el compuesto químico que les da a los músculos la energía para contraerse, pero la cantidad de ATP en la mayoría de las células musculares sólo es suficiente para unos segundos de actividad. Sin embargo, las células musculares tienen un truco químico que les permite mantener un esfuerzo máximo por varios segundos más. Agregan grupos fosfato a un compuesto llamado creatina. Cuando se contraen, las células rápidamente transfieren el fosfato de la creatina al ADP, produciendo suficiente ATP para que se mantengan trabajando. El fosfato de creatina en los músculos esqueléticos duplica o triplica de una manera efectiva la cantidad de ATP disponible para un ejercicio intenso.

Si un poco de creatina es bueno, entonces más creatina sería mejor, ¿verdad? Esto es lo que piensan muchos atletas, por eso toman complementos elaborados con creatina. Algunos estudios sugieren que la creatina puede incrementar la capacidad del cuerpo para contraer los músculos de manera más corta y más fuerte. Sin embargo, los críticos indican que efectos secundarios potenciales, como daño al hígado y riñones, son una razón para regular el uso de la creatina.

Como la creatina se origina de manera natural en el cuerpo y en los alimentos, probar su uso es casi imposibles, así que *no* está prohibida en las grandes ligas deportivas. A falta de estudios a largo plazo, la NCAA prohíbe a los entrenadores dar creatina a los atletas universitarios. Algunas escuelas piden prohibirla por completo.

Puntos de vista

Los complementos de creatina no deberían ser regulados Tomada en las dosis recomendadas, la creatina ayuda a formar la fuerza y desempeño muscular. No se ha reportado ningún efecto secundario grave en las personas que siguen las instrucciones en las etiquetas de los envases. Por supuesto, cualquier cosa puede ser dañina cuando se abusa de ella, pero la creatina no debería ser tratada de manera diferente a otras sustancias como la cafeína o el azúcar.

Los complementos de creatina deberían regularse Los científicos saben que el abuso de creatina puede causar problemas graves de salud. Pero aun cuando se usa de manera apropiada, se sabe que provoca algunos problemas, como deshidratación y malestar estomacal. No hay estudios adecuados sobre el uso de la creatina por menores de 18 años, y tampoco de sus efectos a largo plazo. Por ello, los complementos de creatina deberían regularse como los cigarrillos y el alcohol: no se debe vender a menores de 18 años, y las escuelas deberían tener el derecho a regular o prohibir su uso a los atletas.

Investiga y decide

1. Analizar los puntos de vista Aprende más consultando en la bibliotecas o la Internet. Cita los argumentos clave de los partidarios y críticos del uso de la creatina.

2. Formar una opinión ¿Debería regularse la creatina? Investiga escuelas que hayan prohibido su uso. ¿Qué razones dieron? ¿Estás de acuerdo con ellas?

9.3 Fermentación

Preguntas clave

¿Cómo generan energía los organismos cuando no hay oxígeno disponible?

¿Cómo produce ATP el cuerpo durante diferentes etapas del ejercicio?

Vocabulario

fermentación

Tomar notas

Esquema Antes de leer, haz un esquema usando los encabezados verdes y azules en el texto. A medida que leas, escribe notas debajo de cada encabezado.

DESARROLLAR el vocabulario

PALABRAS RELACIONADAS El sustantivo **fermentación** y el verbo *fermentar* son palabras relacionadas. La masa que se empieza a fermentar apenas está comenzando el proceso de fermentación.

PIÉNSALO Somos organismos que respiramos aire y usamos oxígeno para liberar energía química de los alimentos que comemos. Pero, ¿qué pasaría si no hubiera oxígeno alrededor? ¿Qué sucede cuando contienes tu respiración y te sumerges en el agua o usas el oxígeno tan rápido que no lo puedes reemplazar pronto? ¿Tus células simplemente dejan de funcionar? Y, ¿qué hay de los microorganismos que viven en lugares donde no hay oxígeno? ¿Existe una vía que permite a las células extraer energía del alimento en ausencia de oxígeno?

Fermentación

¿Cómo generan energía los organismos cuando no hay oxígeno disponible?

Recuerda que al inicio de este capítulo se dijo que los dos beneficios de la glicólisis son que puede producir ATP rápidamente y que no requiere oxígeno. Sin embargo, cuando una célula genera grandes cantidades de ATP de la glicólisis, tiene problemas. En tan sólo unos segundos, todas las moléculas de NAD^+ disponibles de la célula están llenas de electrones. Sin oxígeno, la cadena de transporte de electrones no funciona, así que no hay lugar para que las moléculas de NADH depositen sus electrones. Por tanto, el NADH no se convierte de vuelta a NAD^+. Sin NAD^+, la célula no puede continuar el proceso de la glicólisis y la producción de ATP se detiene. Ahí es donde entra el proceso de fermentación.

Cuando el oxígeno no está presente, la glicólisis es seguida por una vía que hace posible que continúe produciendo ATP sin oxígeno. El proceso combinado de esta vía y la glicólisis se llama **fermentación.** **En ausencia de oxígeno, la fermentación libera energía de las moléculas de alimento por medio de la producción de ATP.**

Durante la fermentación, las células convierten el NADH a NAD^+ pasando electrones de alta energía de regreso al ácido pirúvico. Esta acción convierte al NADH de vuelta en el portador de electrones NAD^+, permitiendo que la glicólisis produzca un suministro constante de ATP. La fermentación es un proceso anaeróbico que ocurre en el citoplasma de las células. Algunas veces, la glicólisis y la fermentación se denominan respiración anaeróbica. Existen dos formas ligeramente diferentes del proceso: fermentación alcohólica y fermentación del ácido láctico, como se ve en la **ilustración 9–8.**

En tu cuaderno *Haz una tabla para comparar y contrastar la fermentación alcohólica con la fermentación del ácido láctico.*

Fermentación alcohólica Las levaduras y algunos otros microorganismos usan la fermentación alcohólica, la cual produce alcohol etílico y dióxido de carbono. Un resumen de la fermentación alcohólica luego de la glicólisis es:

$$\text{Ácido pirúvico} + \text{NADH} \longrightarrow \text{Alcohol} + CO_2 + NAD^+$$

La fermentación alcohólica se usa para producir bebidas alcohólicas y para elevar la masa del pan. Cuando las células de la levadura en la masa se quedan sin oxígeno, la masa empieza a fermentarse, produciendo pequeñas burbujas de dióxido de carbono. Forman los espacios de aire que ves en una rebanada de pan. La pequeña cantidad de alcohol producida en la masa se evapora cuando el pan está horneado.

Fermentación del ácido láctico La mayoría de los organismos llevan a cabo la fermentación usando una reacción química que convierte el ácido pirúvico en ácido láctico. A diferencia de la fermentación alcohólica, la fermentación del ácido láctico no emite dióxido de carbono. Sin embargo, como la fermentación alcohólica, la fermentación del ácido láctico también regenera el NAD^+ para que la glicólisis pueda continuar. La fermentación del ácido láctico después de la glicólisis puede resumirse de esta manera:

$$\text{Ácido pirúvico} + \text{NADH} \longrightarrow \text{Ácido láctico} + NAD^+$$

Ciertas bacterias que generan ácido láctico como producto de desecho durante la fermentación son importantes para la industria. Por ejemplo, las procariotas se usan en la producción de una amplia variedad de alimentos y bebidas, como el queso, el yogurt, la mantequilla y la crema agria, en los cuales el ácido contribuye con el sabor amargo familiar. Los pepinillos en vinagre, el chucrut y las ensaladas como el kimchi también se producen usando la fermentación del ácido láctico.

Los seres humanos son fermentadores del ácido láctico. Durante breves períodos sin oxígeno, muchas de las células en nuestros cuerpos son capaces de producir ATP por medio de la fermentación del ácido láctico. Las células mejor adaptadas para hacer esto, sin embargo, son las células musculares, las cuales con frecuencia necesitan una gran dotación de ATP para los períodos cortos y rápidos de actividad.

ILUSTRACIÓN 9–8 Fermentación En la fermentación alcohólica, el ácido pirúvico producido por la glicólisis se convierte en alcohol y dióxido de carbono. La fermentación del ácido láctico convierte el ácido pirúvico en ácido láctico. **Comparar y contrastar** ***¿Cuáles reactantes y productos tienen en común los dos tipos de fermentación?***

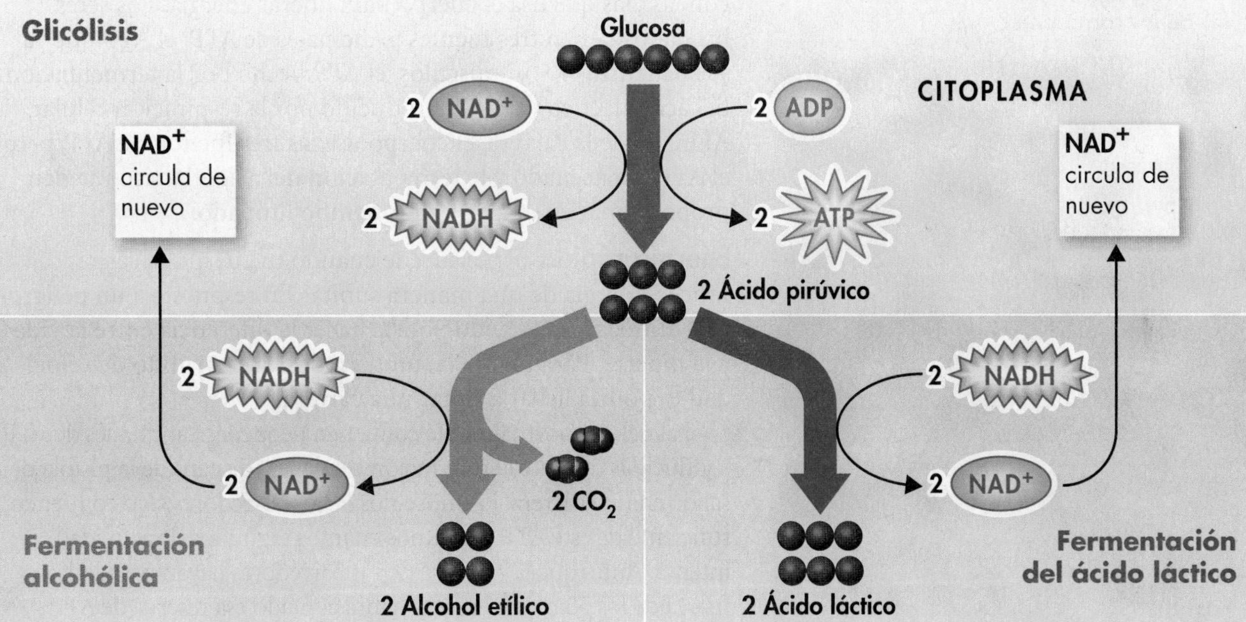

Actividad rápida de laboratorio

INVESTIGACIÓN DIRIGIDA

¿Cómo afecta el ejercicio a la eliminación de desechos de la respiración celular?

1. Rotula como A y B dos tubos de ensayo. Pon 10 mL de agua y unas cuantas gotas de solución de azul de bromotimol en cada tubo de ensayo. El dióxido de carbono causa que el azul de bromotimol se vuelva amarillo o verde.
2. Tu compañero tomará el tiempo en este paso. Cuando diga "ahora" lentamente sopla por un popote al fondo del tubo de ensayo A. **PRECAUCIÓN:** *No inhales por el popote.*
3. Cuando la solución cambie de color, tu compañero deberá de decir "alto" y luego registrar cuánto tiempo tomó el cambio de color.
4. Trota en tu lugar 2 minutos. **PRECAUCIÓN:** *No realices esto si tienes una condición médica que te lo impida. Si sientes que te vas a desmayar o con mareo detente de inmediato y toma asiento.*
5. Repite los pasos 2 a 4 usando el tubo de ensayo B.
6. Intercambia papeles con tu compañero. Repitan los pasos 1 a 5.

Analizar y concluir

1. Analizar datos ¿Como afectó el ejercicio el tiempo que le tomó a la solución cambiar de color?

2. Inferir ¿Qué proceso en tu cuerpo produce dióxido de carbono? ¿Cómo afecta el ejercicio a este proceso?

Energía y ejercicio

¿Cómo produce ATP el cuerpo durante diferentes etapas del ejercicio?

¡Bang! Se dispara la pistola de salida, y los corredores arrancan de sus tacos de salida y corren por la pista, como se ve en la **ilustración 9–9**. El período corto y rápido de energía inicial se desvanece pronto, y los corredores adoptan un paso más estable. Después de que los corredores llegan a la línea final, caminan con lentitud y respiran profundamente para recuperar el aliento.

Veamos qué sucede en cada etapa de la carrera de acuerdo con las vías que usa el cuerpo para liberar energía. Los seres humanos tienen tres fuentes principales de ATP: el ATP que ya se encuentra en los músculos, el ATP hecho por la fermentación del ácido láctico y el ATP producido por la respiración celular. Al inicio de la carrera, el cuerpo usa las tres fuentes de ATP, pero el ATP almacenado y la fermentación del ácido láctico pueden proporcionar energía sólo por tiempo limitado.

Energía rápida ¿Qué sucede cuando tu cuerpo necesita mucha energía de una manera súbita? En respuesta a un peligro repentino, actuar rápido podría hacer la diferencia entre la vida y la muerte. Para un atleta, un período corto y súbito de velocidad lo podría llevar a ganar una carrera.

Las células normalmente contienen pequeñas cantidades de ATP producidas durante la respiración celular. Al disparo de la pistola de salida en una carrera, los músculos de los corredores sólo contienen suficiente de este ATP para unos cuantos segundos de actividad intensa. Antes que la mayoría de los corredores hayan pasado la marca de los 50 metros casi se habrá agotado esa reserva de ATP.

ILUSTRACIÓN 9–9 Ejercicio y energía Durante una carrera, los corredores dependen de la energía proporcionada por el ATP para llegar a la meta. Aplica los conceptos ***Al inicio de una carrera, ¿cuál es la fuente de energía principal para los músculos de los corredores?***

En este punto, las células de los músculos de los corredores producen la mayoría de su ATP por medio de fermentación del ácido láctico, que por lo general suministra suficiente ATP para durar unos 90 segundos. En una carrera de 200 a 300 metros, esto puede ser suficiente para llegar a la meta.

La fermentación produce ácido láctico como producto secundario. Cuando la carrera termina, la única manera de desechar el ácido láctico es por medio de una vía química que requiere oxígeno extra. Por esta razón, podrías pensar en una carrera rápida como la acumulación de una deuda de oxígeno que el corredor debe pagar con bastante respiración rápida después de la carrera. Un esfuerzo intenso que dura 10 ó 20 segundos puede producir una deuda de oxígeno que requiere varios minutos de inhalar y exhalar para pagarse. **Para los períodos cortos y rápidos de energía, el cuerpo usa el ATP que ya está en los músculos al igual que ATP producido por la fermentación de ácido láctico.**

Energía a largo plazo ¿Qué sucede si la carrera es más larga? ¿Cómo genera tu cuerpo el ATP que necesita para correr 2 kilómetros o más, o para jugar futbol más de una hora? **Para ejercicios que superan los 90 segundos, la respiración celular es la única forma de continuar generando un suministro de ATP.** La respiración celular libera energía de manera más lenta que la fermentación, por eso incluso los atletas con buena condición física tienen que mantener su ritmo en una carrera larga o un partido de futbol. Tu cuerpo almacena energía en los músculos y otros tejidos en forma del hidrato de carbono llamado glucógeno. Estas reservas de glucógeno son suficientes para durar 15 ó 20 minutos de actividad. Después de esto, tu cuerpo empieza a descomponer otras moléculas almacenadas, incluyendo grasas, para obtener energía. Por esto, el ejercicio aeróbico como correr, bailar y nadar es benéfico para el control del peso. Algunos organismos, como el oso en la **ilustración 9–10,** tienen energía almacenada en grasas para mantenerlos durante largos períodos de tiempo sin alimento.

PISTA DEL MISTERIO

Las ballenas dependen de la fermentación del ácido láctico para satisfacer su necesidad de energía cuando se sumergen. Si no inhalan para reponer oxígeno, ¿qué hacen con el ácido láctico que produjeron?

ILUSTRACIÓN 9–10 Los animales que hibernan, como este oso pardo en Alemania, dependen de las grasas almacenadas para obtener energía cuando duermen durante el invierno. **Predecir** ***¿Cómo se verá cuando despierte?***

9.3 Evaluación

Repaso de conceptos clave

1. a. Repasar Nombra los dos tipos principales de fermentación.

b. Comparar y contrastar ¿En qué se parecen y diferencian la fermentación alcohólica y la del ácido láctico?

2. a. Repasar ¿Por qué los corredores respiran rápidamente después de una carrera de velocidad?

b. Establecer una secuencia Ordena las fuentes de energía del cuerpo que se usan en una carrera de larga distancia.

PROBLEMA DE PRÁCTICA

3. Abriste una panadería y vendes pan que preparas de acuerdo con la receta secreta de la familia. Desafortunadamente, la mayoría de los clientes encuentran el pan muy pesado. Repasa lo que has aprendido acerca de las reacciones químicas en el capítulo 2 y haz una lista de factores como la temperatura que podrían afectar la reacción de fermentación catalizada por una enzima involucrada en el cocimiento del pan. Predice cómo afectará cada factor la tasa de fermentación y propón una solución para hacer el pan más ligero al agregar más burbujas a la receta familiar del pan.

BIOLOGY.com Search Lesson 9.3 GO • Self-Test • Lesson Assessment • Data Analysis

Laboratorio del mundo real

INVESTIGACIÓN DIRIGIDA

Preparación para el laboratorio: Comparar tasas de fermentación de los azúcares

Problema ¿Cómo afecta el tipo de azúcar a la velocidad de la fermentación?

Materiales computadora, interfaz de sonda, sensor de presión de gas, calientaplatos, vaso de precipitados de 400 mL, termómetro, base y varilla soporte, pinzas para tubo de ensayo, tubo de ensayo mediano, rejilla para tubos de ensayo, solución de azúcar, suspensión de levadura, pipetas, aceite vegetal, tapón de hule con 1 perforación , tubo de plástico con conectores de seguridad.

Manual de laboratorio Laboratorio del Capítulo 9

Enfoque en las destrezas Predecir, medir, analizar datos, inferir

Conectar con la gran idea En la mayoría de las células, las vías que liberan energía del alimento empiezan con la conversión de la glucosa en ácido pirúvico. Este proceso no requiere oxígeno. Sin embargo, cuando el oxígeno está presente, el ácido pirúvico puede reaccionar para formar acetil-CoA, que se usa en la segunda etapa de la respiración celular. En ausencia de oxígeno, el ácido pirúvico puede usarse en una vía anaeróbica. Esta vía alterna de la glucosa al ATP se llama fermentación. En este laboratorio usarás levadura para fermentar azúcares y compararás las velocidades de fermentación.

Preguntas preliminares

a. Repasar ¿Cuál es la importancia del NAD^+ que se produce durante la fermentación del ácido pirúvico?

b. Repasar ¿Qué otros productos se producen además del NAD^+ cuando la levadura fermenta el azúcar?

c. Comparar y contrastar ¿En qué se diferencian los azúcares simples de los disacáridos? (Si es necesario, repasa la lección 2.3 de tu libro de texto.)

d. Usar analogías ¿Qué tienen en común la fermentación y una desviación que los conductores deben usar cuando los caminos están cerrados?

Preguntas previas al laboratorio

Examina el procedimiento en el manual de laboratorio.

1. **Inferir** ¿Por qué crees que vas agregar una capa de aceite vegetal encima de la mezcla de azúcar y levadura?
2. **Relacionar causa y efecto** Explica por qué es posible comparar la velocidad del proceso de fermentación por medio de la medición de la presión de gas en los tubos de ensayo.
3. **Predecir** ¿Cuál de los azúcares piensas que tendrá la velocidad de fermentación más alta, y por qué?

Visita el Capítulo 9 en línea para hacer una autoevaluación del capítulo y para buscar actividades que apoyan tu aprendizaje.

Untamed Science Video Viaja bajo el agua con el equipo de *Untamed Science* para descubrir por qué los mamíferos marinos pueden mantenerse sumergidos por mucho tiempo.

Data Analysis Analiza el papel del ácido láctico en el ejercicio y aprende acerca de sus efectos en el desempeño atlético.

Tutor Tube Mejora tu comprensión de la respiración al seguir en sentido "inverso" una respiración de oxígeno.

Art Review Repasa los componentes del transporte de electrones y la síntesis de ATP.

InterActive Art Observa la glicólisis y el ciclo de Krebs en acción.

Art in Motion Ve cómo la energía y la materia circulan entre la fotosíntesis y la respiración.

9 Guía de estudio

La gran idea Base celular de la vida

Los organismos obtienen la energía que necesitan de la descomposición de las moléculas del alimento por medio de la respiración celular y la fermentación.

9.1 Vistazo a la respiración celular

Los organismos obtienen la energía que necesitan de los alimentos.

La respiración celular es el proceso que libera energía del alimento en presencia de oxígeno.

La fotosíntesis elimina el dióxido de carbono de la atmósfera, y la respiración celular lo regresa. La fotosíntesis libera oxígeno a la atmósfera, y la respiración celular usa oxígeno para liberar energía del alimento.

caloría (250)
respiración celular (251)
aeróbico (252)
anaeróbico (252)

9.2 El proceso de respiración celular

Durante la glicólisis, 1 molécula de glucosa, un compuesto de 6 carbonos, se transforma en 2 moléculas de ácido pirúvico, un compuesto de 3 carbonos.

Durante el ciclo de Krebs, el ácido pirúvico se descompone en dióxido de carbono en una serie de reacciones de extracción de energía.

La cadena de transporte de electrones usa electrones de alta energía de la glicólisis y el ciclo de Krebs para convertir el ADP en ATP.

Juntos, la glicólisis, el ciclo de Krebs y la cadena de transporte de electrones liberan alrededor de 36 moléculas de ATP por molécula de glucosa.

glicólisis (254)
NAD^+ (255)
ciclo de Krebs (256)
matriz (256)

9.3 Fermentación

En ausencia de oxígeno, la fermentación libera energía de las moléculas de alimento por medio de la producción de ATP.

Para los períodos cortos y rápidos de energía, el cuerpo usa el ATP que ya está en los músculos al igual que ATP producido por la fermentación de ácido láctico.

Para ejercicios que superan los 90 segundos, la respiración celular es la única forma de continuar generando un suministro de ATP.

fermentación (262)

Razonamiento visual Usa la información de este capítulo para completar la siguiente tabla para comparar y contrastar la respiración celular y la fermentación:

Comparación de la respiración celular y la fermentación

Característica	Respiración celular	Fermentación
Reactantes iniciales	1	2
Vías involucradas	3	4
Productos finales	5	6
Número de moléculas de ATP producidas	7	8

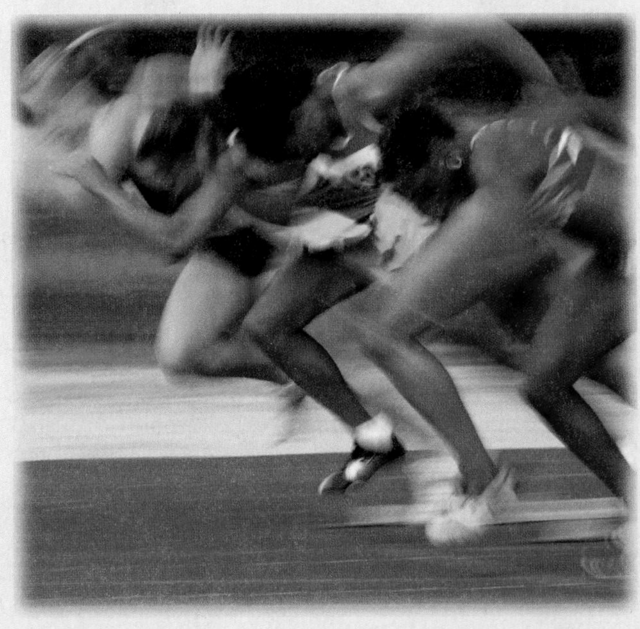

9 Evaluación

9.1 Vistazo a la respiración celular

Comprender conceptos clave

1. Las células usan la energía disponible en los alimentos para formar un compuesto final rico en energía llamado

a. agua. **c.** ATP.
b. glucosa. **d.** ADP.

2. ¿Cuánta energía contiene aproximadamente cada gramo de glucosa?

a. 1 caloría **c.** 4 calorías
b. 1 Caloría **d.** 4 Calorías

3. El proceso que libera la energía de los alimentos en presencia de oxígeno es

a. la síntesis.
b. la respiración celular.
c. la ATP sintasa.
d. la fotosíntesis.

4. El primer paso en la liberación de la energía de la glucosa en la célula se conoce como

a. fermentación. **c.** el ciclo de Krebs.
b. glicólisis. **d.** transporte de electrones.

5. ¿Cuál de los siguientes organismos realiza la respiración celular?

A B C D

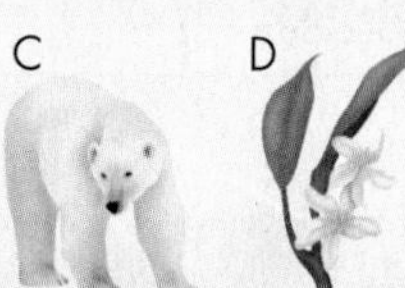

a. sólo C **c.** sólo B y D
b. sólo A y C **d.** todos los anteriores

6. ¿Qué es una caloría? Explica brevemente cómo las células usan una molécula de alta caloría como la glucosa.

7. Escribe una ecuación química para la respiración celular. Identifica las moléculas involucradas.

8. ¿Qué porcentaje de la energía contenida en una molécula de glucosa se captura en los enlaces de ATP al final de la glicólisis?

9. ¿Qué significa que un proceso es "anaeróbico"? ¿Cuál es la parte de la respiración celular que es anaeróbica?

Razonamiento crítico

10. Usar analogías ¿Por qué es una mala analogía comparar la respiración celular con un fuego ardiente?

11. Comparar y contrastar ¿Por qué la respiración celular y la fotosíntesis se consideran reacciones opuestas?

9.2 El proceso de respiración celular

Comprender conceptos clave

12. La ganancia neta de energía de la glicólisis es

a. 4 moléculas de ATP.
b. 2 moléculas de ATP.
c. 8 moléculas de ADP.
d. 3 moléculas de ácido pirúvico.

13. El ciclo de Krebs tiene lugar dentro del o de la

a. cloroplasto. **c.** mitocondria.
b. núcleo. **d.** citoplasma.

14. La cadena de transporte de electrones usa electrones de alta energía del ciclo de Krebs para

a. producir glucosa.
b. mover iones H^+ a través de la membrana mitocondrial interna.
c. convertir acetil-CoA en ácido cítrico.
d. convertir glucosa en ácido pirúvico.

15. ¿Cómo cambia la glucosa durante la glicólisis?

16. ¿Qué es el NAD^+? ¿Por qué es importante?

17. Resume qué sucede durante el ciclo de Krebs. ¿Qué le sucede a los electrones de alta energía generados durante el ciclo de Krebs?

18. ¿Cómo está involucrada la ATP sintasa en hacer que haya energía disponible para la célula?

Razonamiento crítico

19. Comparar y contrastar ¿En qué se parece la función del NAD^+ en la respiración celular al $NADP^+$ en la fotosíntesis?

20. Comparar y contrastar ¿En dónde se encuentra la cadena de transporte de electrones en una célula eucariota? ¿Dónde se encuentra en una célula procariota?

21. Establecer una secuencia Explica cómo se relacionan los productos de la glicólisis y el ciclo de Krebs con la cadena de transporte de electrones. Dibuja un diagrama de flujo que muestre las relaciones entre estos productos y la cadena de transporte de electrones.

22. Usar modelos Dibuja e identifica una mitocondria rodeada por el citoplasma. Indica en dónde ocurren la glicólisis, el ciclo de Krebs y la cadena de transporte de electrones en una célula eucariota.

Comprender conceptos clave

23. Debido a que la fermentación se lleva a cabo en ausencia del oxígeno, se dice que es
a. aeróbica. **c.** cíclica.
b. anaeróbica. **d.** rica en oxígeno.

24. El proceso llevado a cabo por la levadura que causa que la masa del pan se eleve es
a. fermentación alcohólica.
b. fermentación del ácido láctico.
c. respiración celular.
d. mitosis de la levadura.

25. Durante el ejercicio pesado, la acumulación de ácido láctico en las células musculares da como resultado
a. respiración celular. **c.** fermentación.
b. deuda de oxígeno. **d.** el ciclo de Krebs.

26. ¿En qué se parecen la fermentación y la respiración celular?

27. Escribe las ecuaciones para mostrar cómo se compara la fermentación del ácido láctico con la fermentación alcohólica. ¿Qué reactante(s) tienen en común?

Razonamiento crítico

28. Inferir Ciertos tipos de bacterias viven exitosamente en condiciones que carecen de oxígeno. ¿Qué indica este hecho acerca de la manera en que obtienen energía?

29. Inferir Para funcionar apropiadamente, las células de los músculos cardiacos requieren un suministro constante de oxígeno. Después de un infarto, están presentes pequeñas cantidades de ácido láctico. ¿Qué sugiere esta evidencia acerca de la naturaleza de un ataque al corazón?

30. Predecir En ciertos casos, el ejercicio regular causa un aumento en el número de mitocondrias en las células del músculo. ¿Cómo podría esta situación mejorar la capacidad de una persona para realizar actividades que requieran energía?

31. Formular un hipótesis Las células de la levadura pueden llevar a cabo tanto la fermentación como la respiración celular, dependiendo de la presencia o ausencia de oxígeno. ¿En cuál de los casos esperarías que las células de la levadura crecieran más rápido? Explica.

32. Aplica los conceptos Las moléculas de monóxido de carbono (CO) causan que la cadena de transporte de electrones en una mitocondria dejen de enlazarse a un portador de electrones. Usa esta información para explicar por qué el gas de monóxido de carbono mata organismos.

resuelve el MISTERIO del CAPÍTULO

BUCEAR SIN RESPIRAR

Para mantenerse durante intervalos de 45 minutos bajo el agua, las ballenas emplean varios mecanismos especiales. Por ejemplo, la sangre de la ballena es muy tolerante a la acumulación de CO_2 originado en el ciclo de Krebs. Esto permite a las ballenas estar bajo el agua por un período extendido sin iniciar el reflejo de salir a la superficie. Por supuesto que el ciclo de Krebs y el transporte de electrones dependen del oxígeno. Y una vez que se usa el oxígeno, y se usa con rapidez, los músculos de la ballena dependen de la fermentación del ácido láctico para generar energía. En los seres humanos, el ácido láctico causa que disminuya el pH en la sangre. Si la sangre se hace muy ácida, puede ocurrir una condición muy peligrosa llamada acidosis. Los músculos de la ballena son extremadamente tolerantes al ácido láctico. El ácido láctico permanece en los músculos sin causar acidosis. Cuando las ballenas regresan a la superficie después de una inmersión prolongada, inhalan oxígeno que limpia el ácido láctico acumulado.

1. Relacionar causa y efecto ¿Por qué las ballenas tienen sangre que tolera el CO_2?

2. Predecir La mioglobina, una molécula muy similar a la hemoglobina, almacena oxígeno en los músculos. Si te examinaran bajo el microscopio, ¿encontrarían más o menos mioglobina que el promedio en el tejido muscular de las ballenas?

3. Inferir ¿Cómo puede ser una ventaja para las ballenas, como el cachalote, ser capaces de sumergirse en aguas muy profundas?

4. Conectar con la gran idea Cuando nadan cerca de la superficie, las ballenas respiran cada vez que su cabeza sale del agua. ¿Cómo piensas que las vías de energía usadas durante este tipo de nado difieren de las usadas durante inmersiones profundas?

Relacionar conceptos

Usar gráficas científicas

Usa la información nutricional mostrada abajo para responder a las preguntas 33 a 35.

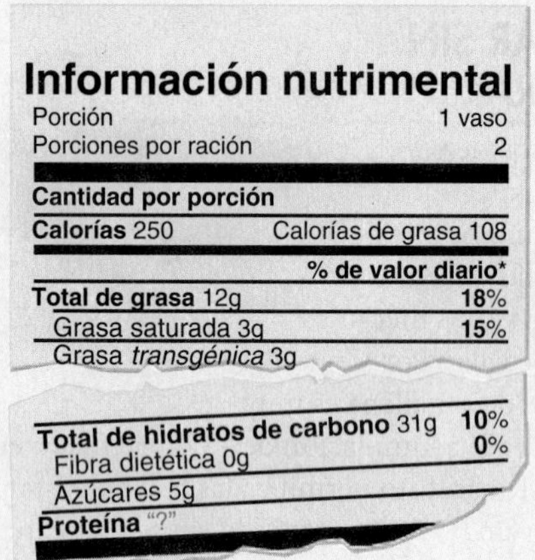

Información nutrimental

Porción	1 vaso
Porciones por ración	2
Cantidad por porción	
Calorías 250	Calorías de grasa 108
	% de valor diario*
Total de grasa 12g	**18%**
Grasa saturada 3g	**15%**
Grasa *transgénica* 3g	
Total de hidratos de carbono 31g	**10%**
Fibra dietética 0g	**0%**
Azúcares 5g	
Proteína "?"	

33. Aplica los conceptos En promedio, ¿cuántas Calorías hay en 1 gramo de un lípido, hidrato de carbono y proteína? ¿Por qué las diferencias?

34. Calcular ¿Cuántos gramos de proteína debe haber para poder justificar el número de Calorías por medida indicado? MATEMÁTICAS

35. Calcular Observa la columna del valor del porcentaje diario en la etiqueta del alimento. El valor del porcentaje diario representa la proporción de un día normal que, en promedio, debe aportar de la categoría enlistada. Por ejemplo, 31 g de hidratos de carbono es aproximadamente 10% del valor diario. Así, la dieta normal de una persona debería contener alrededor de 310 g de hidratos de carbono. ¿Cuántas Calorías representa esto? ¿Qué porcentaje de una dieta normal de 2000 Calorías por día debería provenir por tanto de los hidratos de carbono? MATEMÁTICAS

Escribir sobre las ciencias

36. Explicación Expande la analogía de los depósitos y retiros de dinero que se usó en el capítulo para escribir un párrafo breve que explique la respiración celular. (*Pista:* Piensa en qué "insumos" o depósitos se requieren y qué "productos" o retiros se producen en cada paso.)

37. Evalúa la gran idea Dibuja un esquema que muestre la respiración (inhalación) en un organismo o de un animal entero. Dibuja otro esquema que muestre el proceso general de la respiración celular. ¿Cómo muestran tus esquemas la inhalación y la respiración celular como procesos relacionados?

Analizar datos

El volumen de consumo de oxígeno se midió en litros por minuto (L/min). El científico que reunió los datos estaba interesado en ver cómo se afectaba el volumen de oxígeno inhalado conforme aumentaba el nivel de dificultad del ejercicio (medido en vatios). Los datos se resumen en la siguiente gráfica.

Consumo de oxígeno y dificultad del ejercicio

38. Interpretar gráficas Con base en la gráfica, ¿en qué nivel de dificultad del ejercicio el consumo de oxígeno alcanzó 3 L/min?

a. aproximadamente 100 vatios
b. aproximadamente 200 vatios
c. entre 200 y 300 vatios
d. entre 300 y 400 vatios

39. Formular una hipótesis ¿Cuál de las siguientes es una hipótesis válida que explica la tendencia mostrada en la gráfica?

a. Conforme el ejercicio se hace más difícil, el cuerpo depende cada vez más de la fermentación del ácido láctico.
b. El ejercicio abajo del nivel de 100 vatios no requiere aumentar el consumo de oxígeno.
c. El ejercicio difícil requiere un consumo adicional de oxígeno para generar ATP extra para las células musculares.
d. El cuerpo humano no puede mantener niveles de ejercicio por arriba de 500 vatios.

Preparación para exámenes estandarizados

Selección múltiple

1. ¿Qué materias primas se necesitan para la respiración celular?
A glucosa y dióxido de carbono
B glucosa y oxígeno
C dióxido de carbono y oxígeno
D oxígeno y ácido láctico

2. Durante el ciclo de Krebs
A los iones de hidrógeno y el oxígeno forman agua.
B la célula libera una pequeña cantidad de energía a través de la fermentación.
C cada molécula de glucosa se descompone en 2 moléculas de ácido prúvico.
D el ácido pirúvico se descompone en dióxido de carbono en una serie de reacciones.

3. ¿Qué sustancia se necesita para iniciar el proceso de la glicólisis?
A ATP
B NADP
C ácido pirúvico
D dióxido de carbono

4. En las células eucariotas, la MAYORÍA de la respiración celular se lleva a cabo en
A el núcleo.
B el citoplasma.
C la mitocondria.
D las paredes celulares.

5. ¿Qué sustancia se descompone durante el proceso de la glicólisis?
A carbón
B NAD^+
C glucosa
D ácido pirúvico

6. El cuerpo humano puede usar estas fuentes de energía EXCEPTO
A ATP en los músculos.
B glicólisis.
C fermentación del ácido láctico.
D fermentación alcohólica.

7. ¿Durante la respiración celular, cuál de los siguientes se liberan como productos secundarios?
A CO_2 y O_2
B H_2O y O_2
C O_2 y H_2O
D CO_2 y H_2O

8. ¿Cuál de los siguientes es un proceso anaeróbico?
A ciclo de Krebs
B glicólisis
C fermentación alcohólica
D fermentación del ácido láctico

Preguntas 9 y 10

La gráfica muestra la velocidad del proceso de fermentación alcohólica de la levadura a diferentes temperaturas.

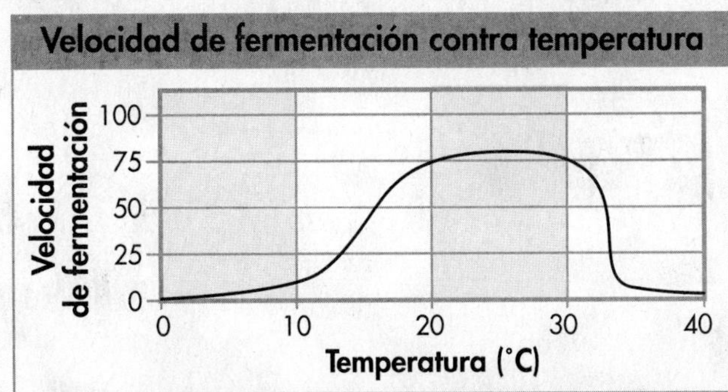

9. Según la gráfica, ¿cuál es la relación entre la velocidad de fermentación y la temperatura?
A La velocidad de fermentación continuamente incrementa conforme aumenta la temperatura.
B La velocidad de fermentación continuamente disminuye conforme aumenta la temperatura.
C La velocidad de fermentación incrementa con la temperatura al principio, y luego rápidamente disminuye.
D La velocidad de fermentación disminuye con la temperatura al principio, y luego rápidamente incrementa.

10. ¿Cuál oración podría explicar los datos mostrados en la gráfica?
A Las moléculas que regulan la fermentación se desempeñan de manera óptima a temperaturas por arriba de 30 °C.
B La levadura empieza a liberar dióxido de carbono a los 30 °C.
C La levadura no puede sobrevivir arriba de los 30 °C.
D Las moléculas que regulan la fermentación se desempeñan de manera óptima a temperaturas por debajo de 30 °C.

Respuesta de desarrollo

11. Explica cómo un velocista obtiene energía durante una carrera de 30 segundos. ¿Es el proceso aeróbico o anaeróbico? ¿Cómo se compara con la manera de obtener energía de un corredor de largas distancias durante una carrera de 5 kilómetros?

Si tienes dificultades con...

la pregunta	1	2	3	4	5	6	7	8	9	10	11
Ver la lección	9.1	9.2	9.2	9.1	9.2	9.3	9.1	9.1	9.3	9.3	9.3

10 Crecimiento y división celular

La gran idea **Crecimiento, desarrollo y reproducción**

P: ¿Cómo puede una célula producir una célula nueva?

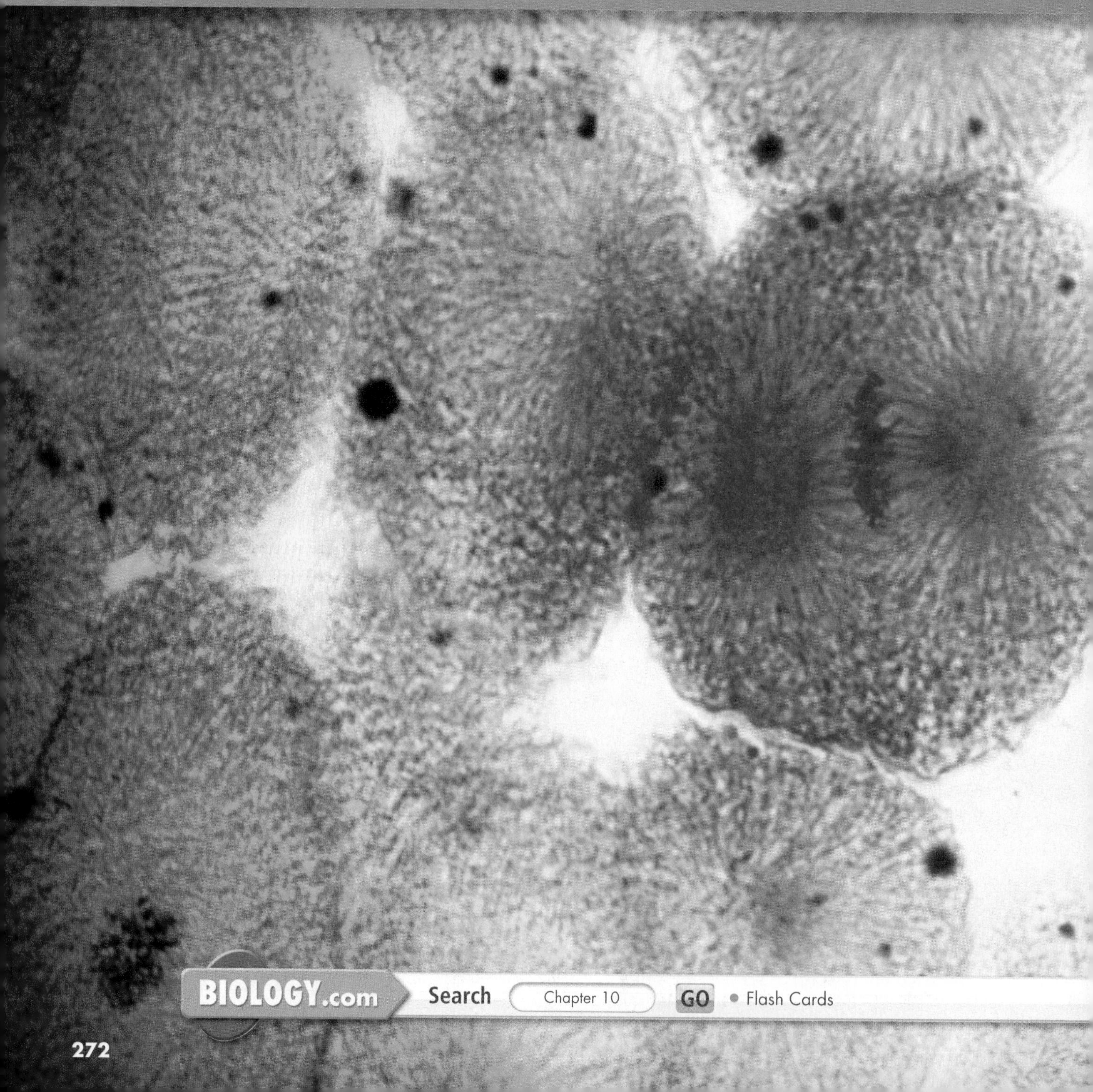

BIOLOGY.com Search Chapter 10 GO • Flash Cards

EN ESTE CAPÍTULO:

Células embrionarias de una blástula de pescado blanco
(UM 1250×)

MISTERIO DEL CAPÍTULO

ACCIDENTE EN LA TIENDA DE MASCOTAS

Julia se asomó al tanque de las salamandras con horror. Es asistente en la tienda de mascotas y colocó por error en el mismo tanque una salamandra pequeña con una grande. Justo cuando se dio cuenta de su error, la salamandra grande atacaba a la pequeña y mordía una de sus extremidades.

Actuando con rapidez, Julia retiró la salamandra herida y la puso en su propio tanque. Estaba segura que moriría antes de que terminara su turno. ¡Pero se equivocó! Los días pasaron... luego las semanas. Cada vez que Julia revisaba a la salamandra, se sorprendía de lo que veía. ¿Cómo reaccionó el cuerpo de la salamandra al perder una extremidad? A medida que leas este capítulo, busca pistas para predecir el destino de la salamandra. Piensa en los procesos celulares que podrían estar relacionados. Luego, resuelve el misterio.

Continúa explorando el mundo. Hallar la solución al misterio de la tienda de mascotas sólo es el principio. Emprende un viaje de campo en video con los genios ecólogos de *Untamed Science* para ver adónde conduce este misterio.

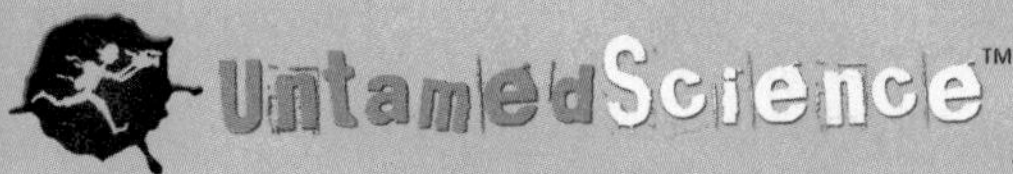

- Untamed Science Video
- Chapter Mystery

10.1 Crecimiento, división y reproducción celular

Preguntas clave

¿Cuáles son algunas dificultades que una célula enfrenta conforme incrementa su tamaño?

¿Cómo se compara la reproducción asexual y sexual?

Vocabulario

división celular
reproducción asexual
reproducción sexual

Tomar notas

Esquema A medida que leas, haz un esquema acerca del crecimiento, división y reproducción celular. Completa las frases o enunciados claves relacionados con cada encabezado.

PIÉNSALO Cuando un ser vivo crece, ¿qué le pasa a sus células? ¿Un organismo se hace más grande porque sus células crecen de tamaño o porque produce más células? En la mayoría de los casos, los seres vivos crecen porque producen más células. ¿Qué requiere el crecimiento para que las células se dividan y se produzcan más células?

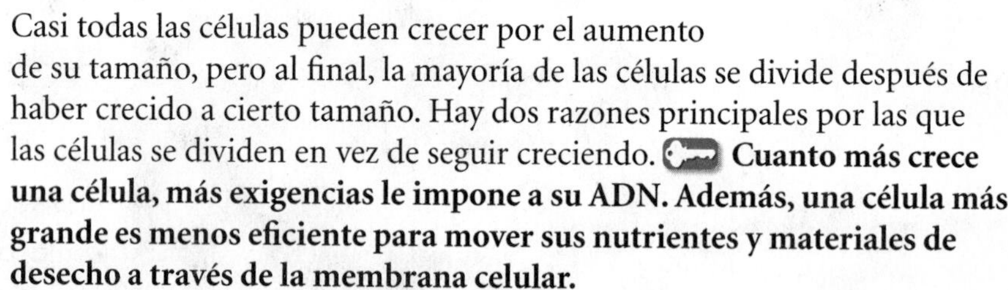

Límites en el tamaño de la célula

¿Cuáles son algunas dificultades que enfrenta una célula conforme incrementa su tamaño?

Casi todas las células pueden crecer por el aumento de su tamaño, pero al final, la mayoría de las células se divide después de haber crecido a cierto tamaño. Hay dos razones principales por las que las células se dividen en vez de seguir creciendo. **Cuanto más crece una célula, más exigencias le impone a su ADN. Además, una célula más grande es menos eficiente para mover sus nutrientes y materiales de desecho a través de la membrana celular.**

"Sobrecarga" de información Las células vivas almacenan información crítica en una molécula conocida como ADN. Conforme la célula crece, esa información se usa para construir las moléculas que se necesitan para el crecimiento de la célula. Pero cuando la célula aumenta su tamaño, su ADN no lo hace. Si una célula creciera demasiado grande, ocurriría una "crisis de información".

Para una mejor comprensión de la sobrecarga de información, compara una célula con un pueblo en crecimiento. Supón que un pueblo pequeño tiene una biblioteca con pocos libros. A medida que más gente llegue al pueblo, la demanda de libros será mayor. A veces, las personas tendrán que esperar para obtener los libros más populares. De manera similar, una célula más grande requerirá más de su "biblioteca" genética. Después de un tiempo, el ADN no será capaz de satisfacer las necesidades de la célula en crecimiento, será tiempo de construir una nueva biblioteca.

Intercambio de materiales Hay otra razón crítica del tamaño limitado de la célula. El alimento, el oxígeno y el agua entran en la célula a través de su membrana celular. Los materiales de desecho salen de la misma manera. La velocidad de este intercambio depende del área superficial de la célula, que es el área total de su membrana celular. La velocidad a la que se usa el alimento y el oxígeno y se producen los materiales de desecho depende del volumen de la célula. Comprender la relación entre el área superficial de la célula y su volumen es la clave para comprender por qué las células deben dividirse en vez de seguir creciendo.

Proporción del área superficial al volumen de las células

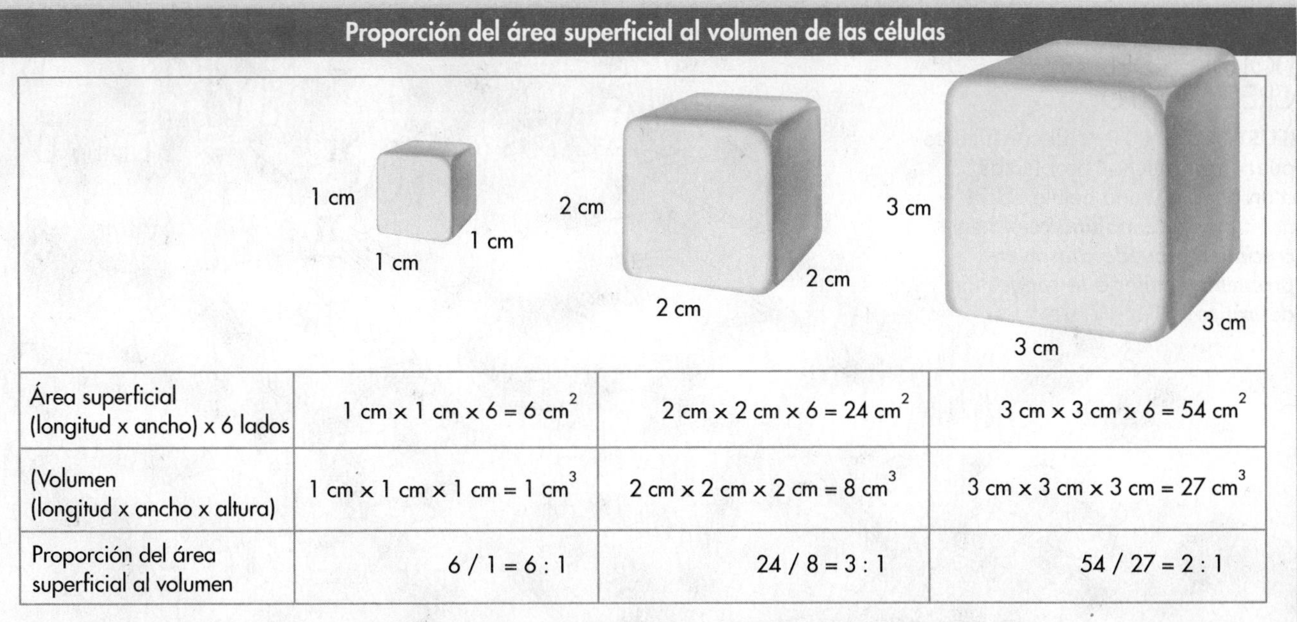

Área superficial (longitud x ancho) x 6 lados	1 cm x 1 cm x 6 = 6 cm^2	2 cm x 2 cm x 6 = 24 cm^2	3 cm x 3 cm x 6 = 54 cm^2
(Volumen (longitud x ancho x altura)	1 cm x 1 cm x 1 cm = 1 cm^3	2 cm x 2 cm x 2 cm = 8 cm^3	3 cm x 3 cm x 3 cm = 27 cm^3
Proporción del área superficial al volumen	6 / 1 = 6 : 1	24 / 8 = 3 : 1	54 / 27 = 2 : 1

ILUSTRACIÓN 10–1 Proporción del área superficial al volumen Conforme la longitud de los lados aumenta, el volumen aumenta más que el área superficial. **Interpretar tablas** ***¿Qué se compara con estas proporciones?***

▶ ***Proporción del área superficial al volumen*** Imagina una célula con forma de cubo, como el que se muestra en la **ilustración 10–1**. Se usa la fórmula del área ($l \times a$) para calcular el área superficial. Se usa la fórmula del volumen ($l \times a \times a$) para calcular la cantidad de espacio que hay dentro. Mediante el uso de una proporción del área superficial al volumen, puedes ver cómo crece el tamaño del área superficial en comparación con su volumen.

Advierte que para una célula con lados que miden 1 cm de longitud, la proporción de área superficial al volumen es de 6/1 ó 6 : 1. Incrementa la longitud de los lados de la célula a 2 cm, y la proporción se convierte 24/8 ó 3 : 1. ¿Qué pasa si la longitud fuera tres veces mayor? La proporción del área superficial al volumen sería 54/27 ó 2 : 1. Fíjate que el área superficial no aumenta tan rápido como el volumen. En una célula en crecimiento, una disminución en la cantidad de la membrana celular disponible origina serios problemas.

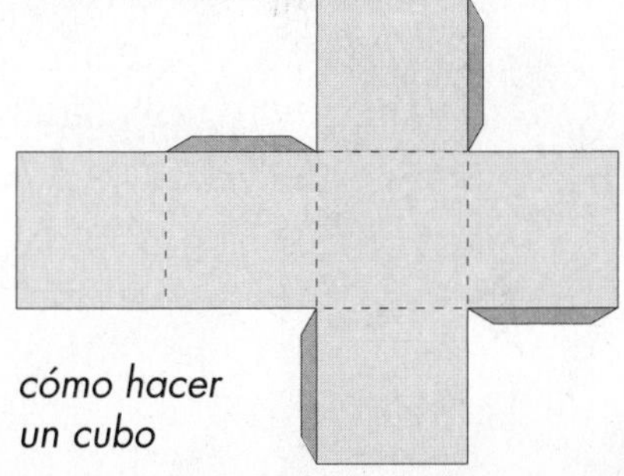

Actividad rápida de laboratorio

INVESTIGACIÓN ABIERTA

Representar la relación entre área superficial y volumen

❶ En un papel cuadriculado para dibujo, haz los patrones para cubos de 6 cm, 5 cm, 4 cm, y 3 cm.

❷ Corta los patrones y dóblalos. Luego usa las pestañas para unir los lados ya sea con cinta adhesiva o pegamento. No pegues el lado superior.

❸ Haz una tabla de datos para comparar el volumen, el área superficial y la proporción del área superficial al volumen de cada cubo.

❹ Usa tus datos para calcular el número de cubos de 3 cm que puedieran caber en el volumen de un cubo de 6 cm. También calcula el área superficial total de los cubos mas pequeños. **MATEMÁTICAS**

Analizar y concluir

1. Repasar Describe la función de la membrana celular y su relación con lo que sucede dentro de una célula.

2. Aplica los conceptos ¿Cómo cambia el área superficial al dividirse una célula grande en otras más pequeñas con el mismo volumen total?

ANALOGÍA VISUAL

DOLORES DEL CRECIMIENTO

ILUSTRACIÓN 10–2 El crecimiento puede dar muchos problemas, a un pueblo y una célula. **Usar analogías** ***¿Cómo una célula en crecimiento puede causar un problema similar a la congestión de tráfico?***

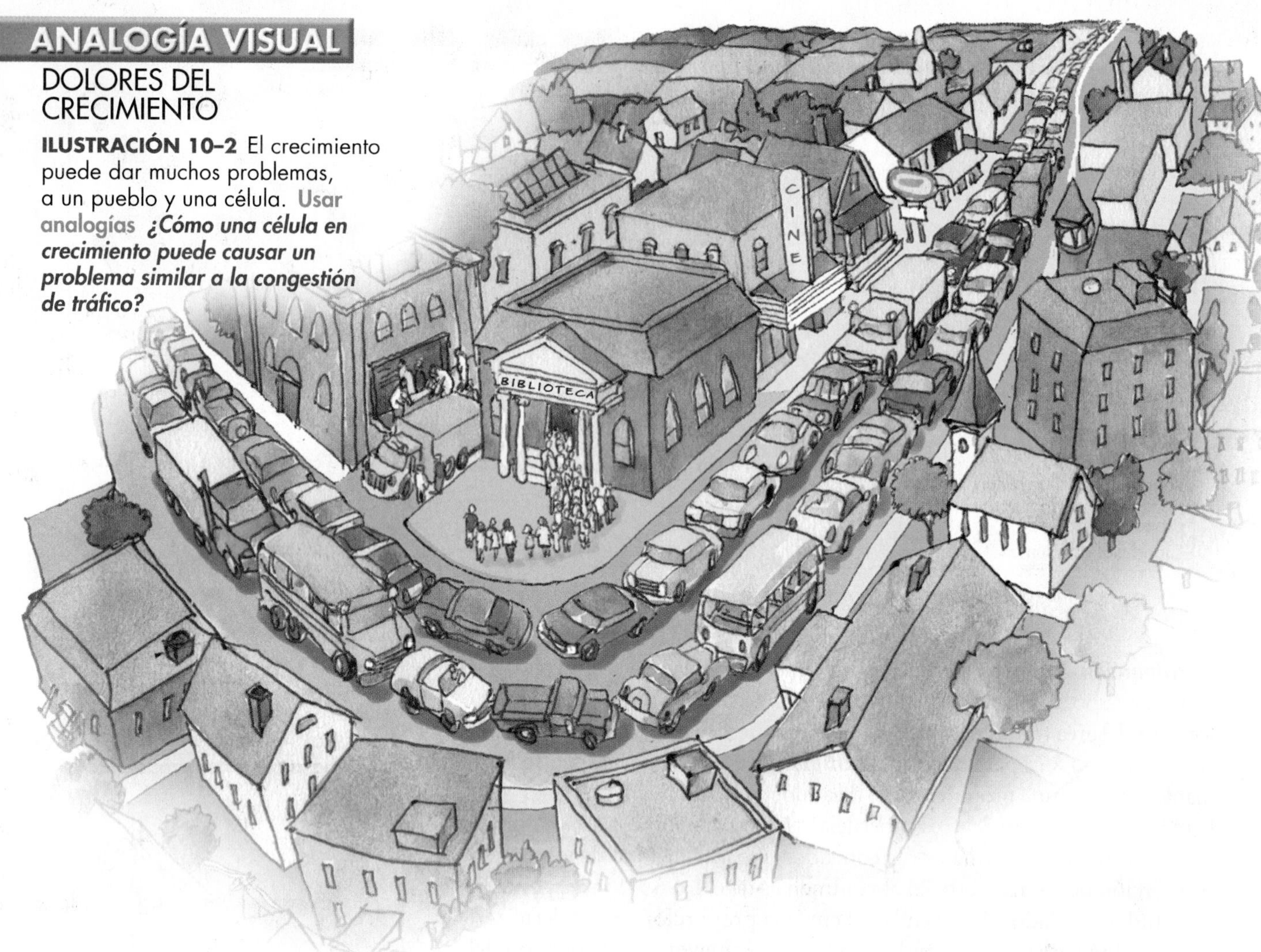

▶ ***Problemas de tráfico*** De regreso a la analogía de un pueblo, supón que el pueblo sólo tiene dos carriles principales que llevan al centro del pueblo. Conforme el pueblo crece, más y más tráfico se aglomera en las calles principales. Y se vuelve más difícil mover bienes hacia dentro y fuera del pueblo.

Una célula que continúa creciendo puede experimentar problemas similares. Si una célula crece demasiado, será más difícil llevar la cantidad de oxígeno y nutrientes suficientes al interior así como eliminar los productos de desecho. Esta es otra razón por la que las células no continúan creciendo aunque el organismo continúe haciéndolo.

División de una célula Antes de que se vuelva demasiado grande, una célula en crecimiento se divide y forma dos células "hijas". Este proceso se llama **división celular.**

Antes de que ocurra la división celular, la célula hace una réplica, o copia todo su ADN. Esta réplica de ADN resuelve el problema de la sobrecarga de información porque cada célula hija obtiene una copia completa de la información genética. La división celular también resuelve el problema del aumento de tamaño, reduciendo el volumen de la célula. La división celular da como resultado un aumento en la proporción del área superficial al volumen de cada célula hija. Esto permite un intercambio eficiente de materiales al interior de la célula.

División y reproducción celular

¿Cómo se compara la reproducción asexual y sexual?

La reproducción, la formación de nuevos individuos, es una de las características más importantes de los seres vivos. Para un organismo compuesto de una sola célula, la división celular puede servir muy bien como una buena forma de reproducción. No tienes que conocer a nadie, cortejar o tratar con rivales. Lo único que debes hacer es dividirte y *presto* ¡hay dos como tú!

ILUSTRACIÓN 10–3 Reproducción asexual La división celular lleva a la reproducción de organismos unicelulares y algunos multicelulares. **Aplica los conceptos** ***¿Qué tienen en común la descendencia de cada uno de estos organismos?***

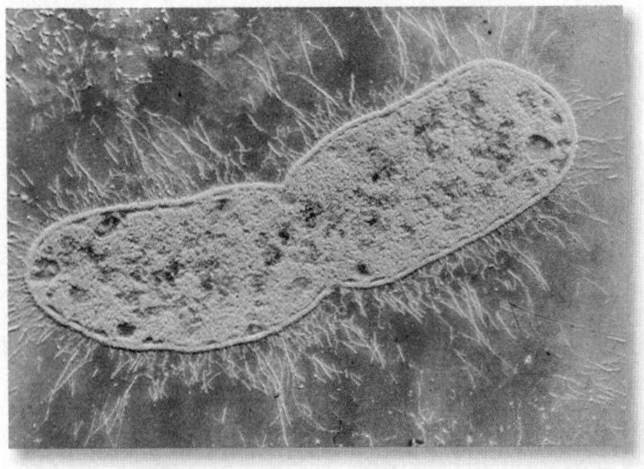

Bacteria
(TEM 32,800×)

Hidra
(LM 25×)

Kalanchoe

Reproducción asexual Para muchos organismos unicelulares, como la bacteria de la **ilustración 10–3,** la división celular es su única forma de reproducción. Los procesos pueden ser relativamente simples, eficientes y efectivos, permitiendo que su población aumente con gran rapidez. En la mayoría de los casos, las dos células producidas por la división celular son genéticamente idénticas a la célula que la originó. Este tipo de reproducción se llama **reproducción asexual.** **La producción de descendencia genéticamente idéntica que involucra a un solo progenitor se conoce como reproducción asexual.**

La reproducción asexual también ocurre en varios organismos multicelulares. El pequeño brote que crece de la hidra al final se separará y se convertirá en un organismo independiente, esto es un ejemplo de la reproducción asexual en un animal. Cada brote o plantita en la punta de las hojas del kalanchoe pueden convertirse en una planta nueva.

Reproducción sexual A diferencia de la reproducción asexual, donde las células se separan para formar un nuevo individuo, la **reproducción sexual** involucra la unión de las células de dos progenitores. La descendencia se produce por la unión de células reproductoras especiales formadas de cada progenitor. **La descendencia que se produce por reproducción sexual hereda algo de la información genética de cada progenitor.** La mayoría de los animales y plantas se reproducen sexualmente, así como algunos organismos unicelulares. Aprenderás más acerca de cómo la división celular produce células reproductoras en el capítulo 11.

DESARROLLAR el vocabulario

PREFIJOS El prefijo *a-* en *asexual* significa "sin". La **reproducción asexual** es la reproducción sin la unión de las células reproductoras.

En tu cuaderno *Usa un diagrama de Venn para comparar la reproducción asexual y sexual.*

Conforme la herida sana, las células corporales de la salamandra se dividen para reparar el daño. ¿De qué manera este tipo de división celular es semejante a la reproducción asexual?

Comparar la reproducción asexual y sexual Puedes observar que cada tipo de reproducción tienen sus ventajas y desventajas cuando ves a cada uno como estrategia de sobrevivencia. Las especies sobreviven debido a la reproducción. Las especies mejor adaptadas a su medio ambiente tienen mayor probabilidad de sobrevivir.

Para los organismos unicelulares, la reproducción asexual es una estrategia de sobrevivencia. Bajo condiciones adecuadas, se reproducen más rápido y tienen mayor posibilidad de sobrevivir que otros organismos que usan los mismos recursos. El hecho de tener descendencia genéticamente idéntica también es una ventaja, siempre y cuando las condiciones permanezcan favorables. Aun así, la falta de diversidad genética se convierte en una desventaja cuando las condiciones cambian de una manera que no se ajusta a las características de su organismo.

La reproducción sexual es otro tipo de estrategia de sobrevivencia. Los procesos para hallar pareja y el crecimiento y desarrollo de la descendencia requieren más tiempo. Esto puede ser una ventaja para las especies que viven en medio ambientes cuyos cambios estacionales afectan las condiciones o la disponibilidad de alimento. La reproducción sexual también proporciona diversidad genética. Si el medio ambiente cambia, algunos descendientes pueden tener la combinación perfecta de características para sobrevivir.

Algunos organismos se reproducen tanto sexual como asexualmente. Los hongos de la levadura, por ejemplo, son eucariotas unicelulares que usan ambas estrategias. Se reproducen asexualmente la mayor parte del tiempo. Sin embargo, bajo ciertas condiciones, entran a su fase sexual. Las diferentes ventajas de cada tipo de reproducción puede ayudar a explicar por qué el mundo de los seres vivos incluye organismos que se reproducen sexualmente, otros que se reproducen asexualmente y muchos que lo hacen de ambas maneras.

10.1 Evaluación

Repaso de conceptos clave

1. a. Repasar Identifica dos razones del crecimiento limitado de una célula.

b. Explicar Al aumentar el tamaño de una célula, qué pasa con su proporción de área superficial a volumen.

c. Aplica los conceptos ¿Por qué es tan importante la proporción de área superficial a volumen de una célula?

2. a. Repasar ¿Qué es la reproducción asexual? ¿Qué es la reproducción sexual?

b. Explicar ¿Qué tipos de organismos se reproducen sexualmente?

c. Resumir ¿Cuáles son las ventajas y desventajas de la reproducción asexual y de la sexual?

RAZONAMIENTO VISUAL | MATEMÁTICAS

3. La fórmula para hallar el área superficial de una esfera, como la de una pelota de béisbol o de baloncesto, es $A = 4\pi r^2$, donde r es el radio. La fórmula para hallar el volumen de una esfera es $V = 4/3\pi r^3$.

a. Calcular Calcula el área superficial y el volumen de una pelota de béisbol y de baloncesto. Luego, escribe la proporción de área superficial a volumen de cada esfera.

b. Inferir Si las pelotas de béisbol y baloncesto fueran células, ¿cuál tiene la mayor proporción de área de la membrana celular a volumen de la célula?

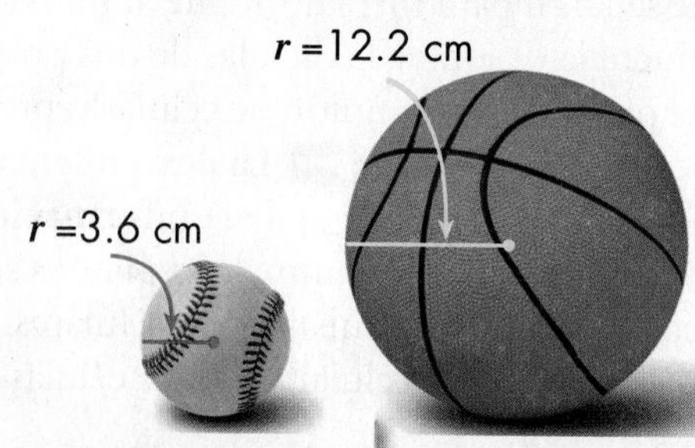

BIOLOGY.com Search Lesson 10.1 GO • Self-Test • Lesson Assessment

10.2 El proceso de la división celular

PIÉNSALO ¿Qué papel tiene la división celular en tu vida? Sabes por experiencia propia que los seres vivos crecen, o aumentan en tamaño, durante etapas particulares de la vida o durante su período de vida. Es obvio que este crecimiento depende de la producción de nuevas células mediante la división celular. Pero, ¿qué sucede cuando terminas de crecer? ¿La división celular simplemente se detiene? Piensa en lo que debe suceder cuando tu cuerpo sana de una herida o de un hueso roto. Y por último, piensa el uso y desgaste diario de las células de tu piel, del sistema digestivo y de la sangre. La división celular también participa en esto.

Preguntas clave

¿Cuál es el papel de los cromosomas en la división celular?

¿Cuáles son los sucesos principales del ciclo celular?

¿Qué ocurre durante las cuatro fases de la mitosis?

¿Cómo las células hijas se separan después de la mitosis?

Vocabulario

cromosoma • cromatina • ciclo celular • interfase • mitosis • citocinesis • profase • centrómero • cromátida • centríolo • metafase • anafase • telofase

Tomar notas

Tabla de dos columnas A medida que leas, haz una tabla de dos columnas. En la columna izquierda, toma notas acerca de lo que sucede en cada etapa del ciclo celular. En la columna derecha, describe cómo se ve el proceso o haz dibujos.

Cromosomas

¿Cuál es el papel de los cromosomas en la división celular?

¿Qué piensas que pasaría si una célula simplemente se dividiera en dos, sin ninguna preparación previa? Los resultados pudieran ser desastrosos, en especial si parte de la información genética esencial de las células terminara sólo en una de las células hijas y no en la otra. Para asegurar que esto no suceda, la célula primero debe hacer una copia completa de su información genética antes de que inicie la división celular.

Incluso una célula pequeña como la bacteria *E. coli* tiene una gran cantidad de información genética en la forma de ADN. La longitud total de la molécula de ADN de esta bacteria es de 1.6 mm, casi 1000 veces más larga que la célula misma. En términos de escala, imagina 300 metros de lazo guardado en una mochila escolar. Las células pueden mantener gran cantidad de moléculas al compactarse con cuidado. La información genética se acomoda en paquetes de ADN conocidos como **cromosomas.**

Cromosomas procariotas Los cromosomas procariotas carecen de núcleo y muchos de los orgánulos se encuentran en los eucariotas. Sus moléculas de ADN se encuentran en el citoplasma junto con la mayoría de los otros contenidos de la célula. La mayor parte de los procariotas contienen un solo cromosoma circular de ADN que contiene toda o casi toda la información genética de la célula.

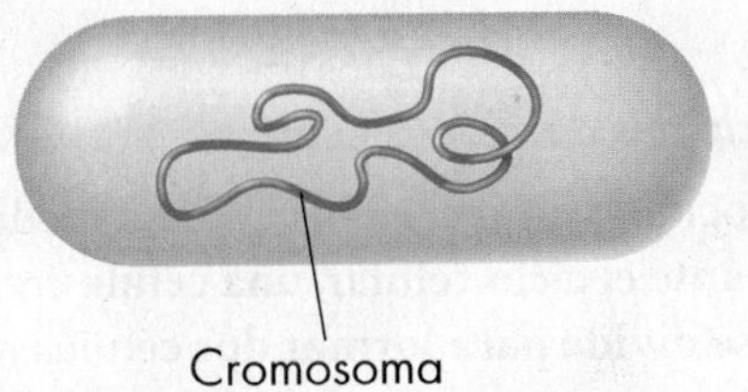

ILUSTRACIÓN 10–4 Cromosoma procariota En la mayoría de los procariotas, un solo cromosoma contiene la mayoría del ADN del organismo.

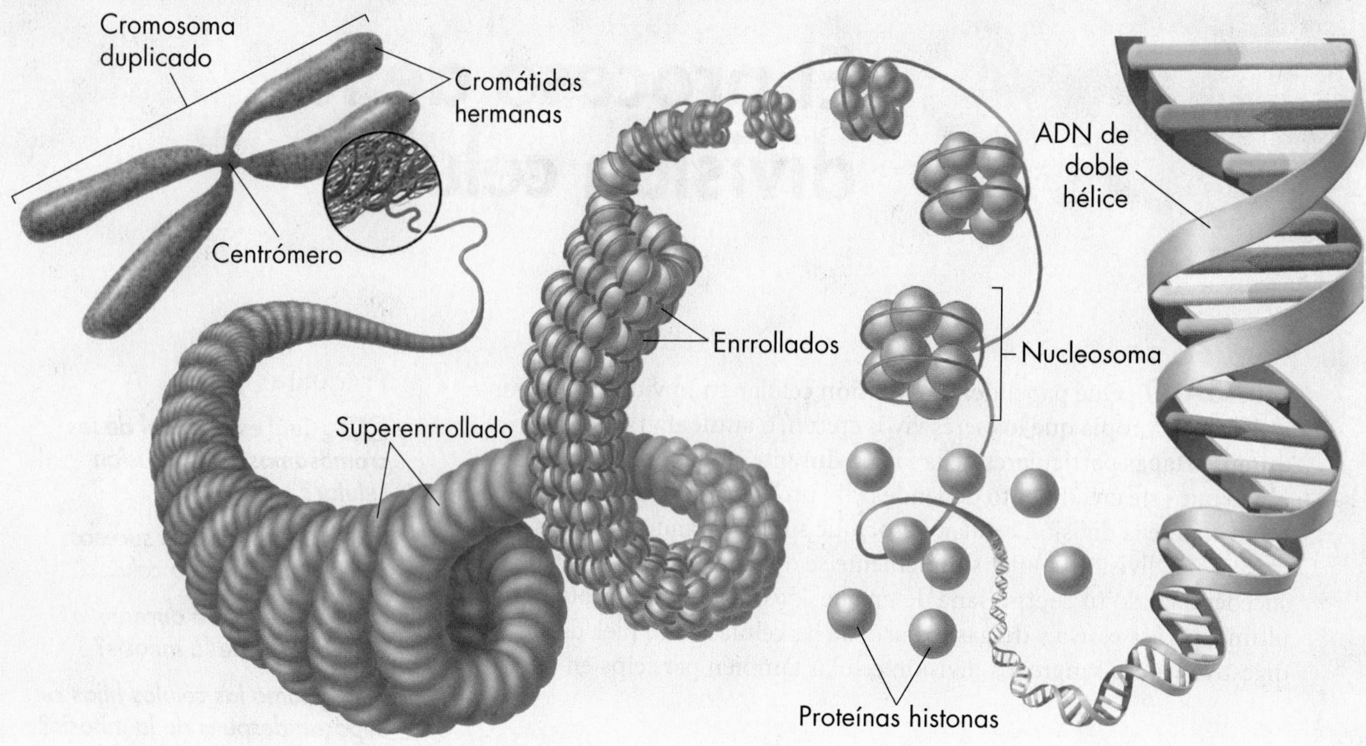

ILUSTRACIÓN 10–5 Cromosoma eucariota Conforme la célula eucariota se prepara para la división, cada cromosoma se enrolla más y más apretado para formar una estructura compacta. **Interpretar material visual** ***¿Cuál lado del diagrama, derecho o izquierdo, muestra las estructuras más pequeñas, y cuál muestra las más grandes?***

Cromosomas eucariotas Las células eucariotas por lo general tienen mucho más ADN que las procariotas y, por tanto, contienen múltiples cromosomas. Por ejemplo, las moscas de la fruta, tienen 8 cromosomas por célula, las células humanas tienen 46 y las células de las zanahorias tienen 18. Los cromosomas de las células eucariotas forman una asociación cercana con las histonas, un tipo de proteína. Este complejo de cromosomas y proteínas se conoce como **cromatina.** El ADN se enrolla de manera compacta alrededor de las histonas y juntos, el ADN y las moléculas de la histona, forman estructuras similares a una cama llamadas nucleosomas. Los nucleosomas se unen en paquetes para formar gruesas hebras, las cuales se condensan aún más durante la división celular. Usualmente la forma del cromosoma que ves en el dibujo es un cromosoma duplicado con una cromatina superenrrollada, como se muestra en la **ilustración 10–5.**

¿Por qué las células van a tales longitudes para compactar su ADN en cromosomas? Una de las principales razones es para asegurar una división igual de ADN cuando la célula se divide. **Los cromosomas hacen posible la separación exacta del ADN durante la división celular.**

En tu cuaderno *Escribe las instrucciones para formar un cromosoma eucariota.*

El ciclo celular

¿Cuáles son los sucesos principales del ciclo celular?

Las células pasan por sucesos conocidos como el **ciclo celular** a medida que crecen y se dividen. **Durante el ciclo celular, una célula crece, se prepara para la división y luego se divide para formar dos células hijas.** Cada célula hija inicia un nuevo ciclo de actividad celular.

El ciclo celular procariota El ciclo celular procariota es un patrón regular de crecimiento, replicación del ADN y división celular que bajo circunstancias ideales se puede llevar a cabo muy rápido. Los investigadores apenas empiezan a comprender la función del ciclo en los procariotas y relativamente se sabe muy poco acerca de estos detalles. Se sabe que la mayoría de las células procariotas inician la replicación, o copia, de sus cromosomas de ADN una vez que han crecido a cierto tamaño. Cuando la replicación del ADN se completa, o está casi completa, la célula se empieza a dividir.

El proceso de la división celular en los procariotas es una forma de reproducción asexual conocida como fisión binaria. Una vez que los cromosomas se han copiado, las dos moléculas de ADN se adhieren a diferentes regiones de la membrana celular. Una red de fibras se forma entre ellas, estirándose de un lado de la célula al otro. Las fibras se contraen y la célula se pellizca hacia adentro, dividiendo al citoplasma y los cromosomas en dos nuevas células. La fisión binaria da como resultado dos células genéticamente idénticas.

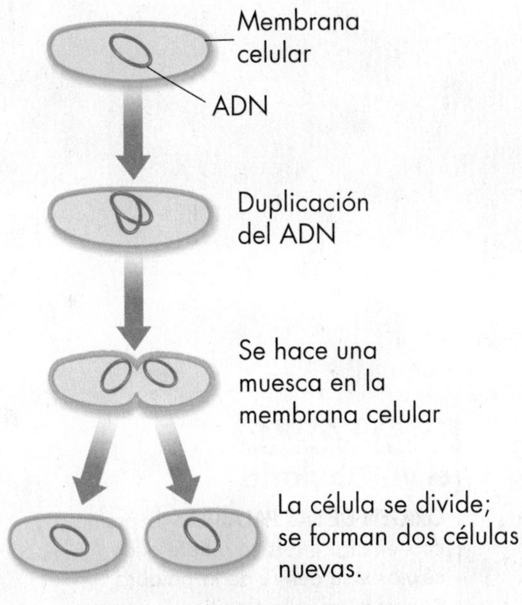

ILUSTRACIÓN 10–6 Fisión binaria La división celular en un organismo unicelular produce dos organismos genéticamente idénticos.

El ciclo celular eucariota A diferencia de las células procariotas, se sabe mucho más del ciclo celular eucariota. Como puedes ver en la **ilustración 10–7,** el ciclo celular eucariota consta de cuatro fases: G1, S, G2 y M. La longitud de cada parte del ciclo celular, y la longitud del ciclo celular completo, varía dependiendo del tipo de célula.

En un tiempo, los biólogos describieron la vida de una célula como una división celular después de otra separadas por un período de crecimiento "intermedio" llamado **interfase.** Ahora sabemos que varias cosas suceden durante el período de la división celular. La interfase se divide en tres partes: G1, S y G2.

▶ ***Fase G_1: crecimiento celular*** La célula realiza la mayoría de su crecimiento durante la fase G_1. En esta fase, la célula aumenta su tamaño y sintetiza las proteínas y orgánulos nuevos. La *G* en G_1 y G_2 significa "intervalo", pero de hecho las fases de G_1 y G_2 son los períodos de crecimiento y actividad intensos.

▶ ***Fase S: replicación del ADN*** A la fase G_1 le sigue la fase S. La *S* significa "síntesis". Durante la fase S, el ADN nuevo se sintetiza cuando los cromosomas se replican. La célula al final de la fase S contiene el doble de ADN de lo que tenía al principio.

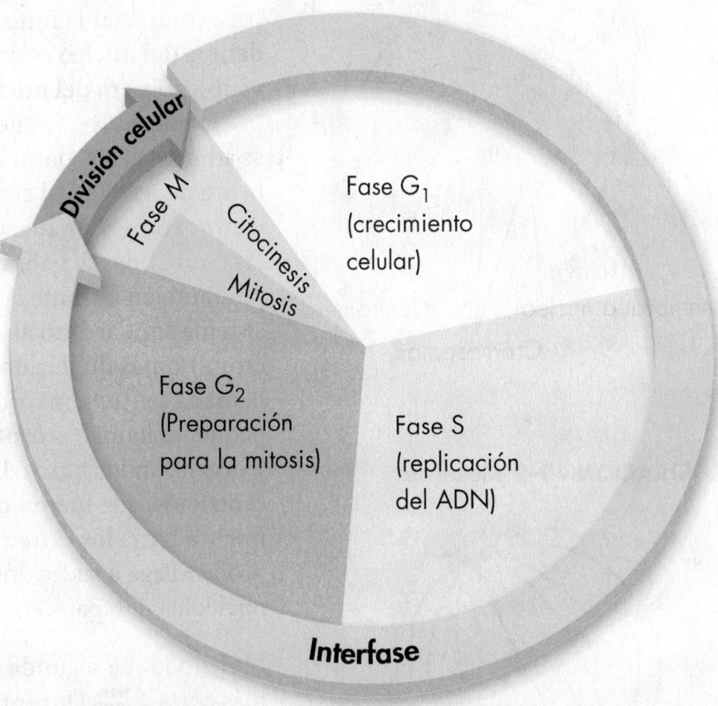

ILUSTRACIÓN 10–7 El ciclo celular Durante el ciclo celular, una célula crece, se prepara para la división y se divide para formar dos células hijas. El ciclo celular incluye cuatro fases: G_1, S, G_2 y M. **Inferir** ***¿Durante cuál fase o fases esperas que la cantidad de ADN en la célula cambie?***

▶ ***Fase G_2: preparación para la división celular*** Cuando la replicación del ADN se encuentra completa, la célula entra a la fase G_2. La G_2 por lo común es la más corta de las tres fases de la interfase. Durante la fase G_2, se producen muchos de sus orgánulos y moléculas requeridos para la división celular. Cuando los sucesos de la fase G_2 se completan, la célula está lista para entrar a la fase M e iniciar el proceso de la división celular.

▶ ***Fase M: división celular*** La fase M del ciclo celular, la cual sigue de la interfase, produce dos células hijas. La fase M toma su nombre del proceso de mitosis. Durante el ciclo celular normal, la interfase puede ser bastante larga. En contraste, el proceso de la división celular por lo común se lleva a cabo muy rápido.

En las eucariotas, la división celular ocurre en dos etapas principales. La primera etapa del proceso, la división del núcleo de la célula, se llama **mitosis.** La segunda etapa, la división del citoplasma, se llama **citocinesis.** En muchas células, las dos etapas pueden traslaparse, de manera que la citocinesis inicia mientras la mitosis se está llevando a cabo.

DESARROLLAR el vocabulario

ORIGEN DE LAS PALABRAS El prefijo *cito-* en **citocinesis** se refiere a las células y se deriva de la palabra griega *kytos*, que significa "un vaso hueco". *Citoplasma* es otra palabra que tiene la misma raíz.

Mitosis

¿Qué ocurre durante las cuatro fases de la mitosis?

Los biólogos dividieron los sucesos de la mitosis en cuatro fases: profase, metafase, anafase y telofase. Dependiendo del tipo de célula, la mitosis puede durar desde unos pocos minutos a varios días. De la **ilustración 10–8** a la **ilustración 10–11** se muestra la mitosis en una célula animal.

ILUSTRACIÓN 10–8 Profase

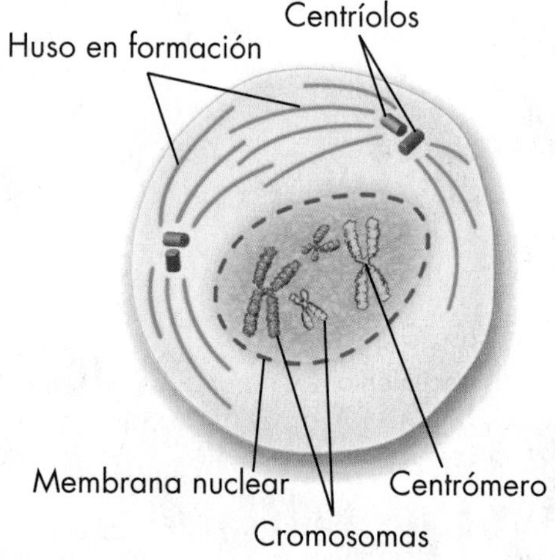

ILUSTRACIÓN 10–9 Metafase

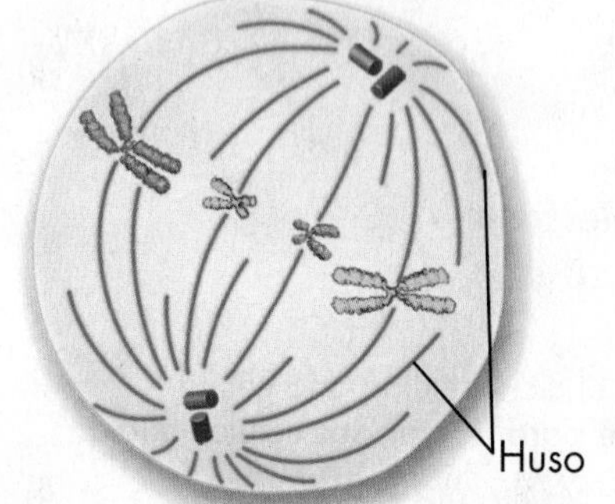

Profase La primera fase de la mitosis es la **profase,** por lo general es la más prolongada y puede tomar la mitad del tiempo total requerido para completar la mitosis. **Durante la profase, el material genético dentro del núcleo se condensa y los cromosomas duplicados se hacen visibles. Fuera del núcleo, se empieza a formar un huso.**

Se pueden ver las hebras duplicadas de la molécula de ADN cuando se adhieren en toda su longitud a una área llamada **centrómero.** Cada hebra de ADN en el cromosoma duplicado se conoce como **cromátida,** o cromátida hermana. Cuando el proceso de la mitosis se ha completado, las cromátidas se habrán separado y dividido en dos nuevas células hijas.

También durante la profase, la célula empieza a formar un huso, un sistema similar a un abanico de microtubos que ayudarán a separar los cromosomas duplicados. Las fibras del huso se extienden de una región llamada centrosoma, donde se encuentran estructuras en pares muy pequeñas llamadas **centríolos.** Las células vegetales carecen de centríolos y organizan los husos directamente desde sus regiones centrosomas. Los centríolos, que fueron duplicados durante la interfase, inician el movimiento hacia los extremos, o polos, opuestos de la célula. Conforme la profase llega a su fin, los cromosomas se enrollan más apretados, los nucleolos desaparecen y la membrana nuclear se rompe.

Metafase La segunda fase de la mitosis, la **metafase,** por lo general es la más corta. **Durante la metafase, los centrómeros de los cromosomas duplicados se alinean en el centro de la célula. Las fibras del huso se conectan al centrómero de cada cromosoma hasta los dos polos del huso.**

Anafase La tercera fase de la mitosis es la **anafase,** que inicia cuando las cromátidas hermanas se separan de repente y empiezan a moverse por separado. Una vez que la anafase inicia, cada cromátida hermana se considera ahora como un cromosoma individual.  **Durante la anafase, los cromosomas se separan y se mueven junto con las fibras del huso hacia los extremos opuestos de la célula.** La anafase llega a su término cuando su movimiento se detiene y los cromosomas se encuentran completamente separados en dos grupos.

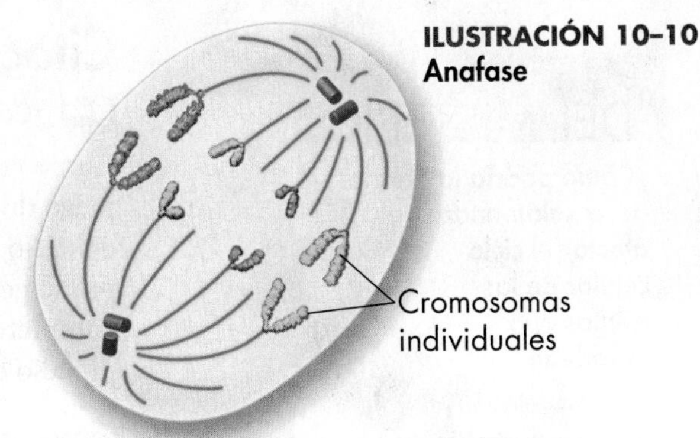

ILUSTRACIÓN 10–10
Anafase

Telofase Después de la anafase está la **telofase,** la cuarta y última fase de la mitosis. **Durante la telofase, los cromosomas que eran distintos y estaban condensados, empiezan a esparcirse dentro de una madeja de cromatina.** Se vuelve a formar una membrana nuclear alrededor de cada racimo de cromosomas. El huso empieza a desenrrollarse y los nucleolos se hacen visibles en cada núcleo hija. La mitosis está completa. Sin embargo, el proceso de la división celular tiene un paso más que dar.

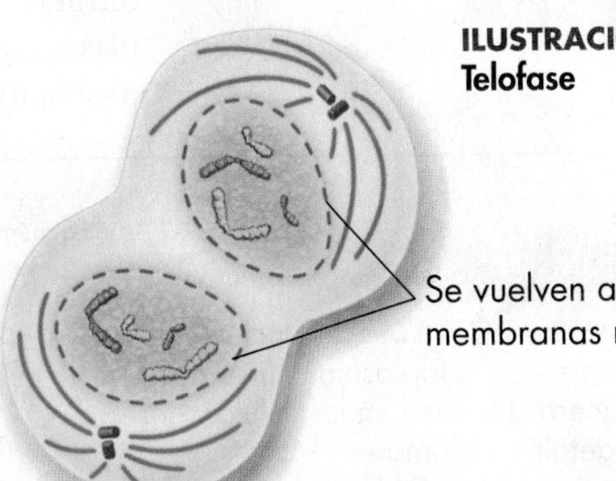

ILUSTRACIÓN 10–11
Telofase

En tu cuaderno *Haz una tabla que enumere la información importante de cada fase de la mitosis.*

Actividad rápida de laboratorio

INVESTIGACIÓN DIRIGIDA

Mitosis en acción

1. Examina bajo el microscopio una raíz de cebolla teñida en un portaobjetos. Observa a baja potencia y ajusta el microscopio hasta que encuentres células parecidas a cajas justo en la punta de la raíz.
2. Cambia el microscopio a alta potencia y ubica las células en proceso de dividirse.
3. Halla y haz un bosquejo de las células que están en cada fase de la mitosis. Rotula cada bosquejo con el nombre de la fase a la que corresponde.

Analizar y concluir

1. Observar ¿En qué fase del ciclo celular estaba la mayoría de las células que observaste? ¿Qué opinas de esto?

2. Sacar conclusiones ¿Qué evidencia observaste que muestra que la mitosis es un proceso continuo y no una serie de sucesos separados?

3. Aplica los conceptos Las células de la raíz se dividen muchas veces conforme la raíz crece más larga y gruesa. Con cada división celular, los cromosomas se dividen en dos células hijas, aun así el número de cromosomas en cada célula no cambia. ¿Qué procesos nos aseguran que el número normal de cromosomas se restaura después de cada división celular?

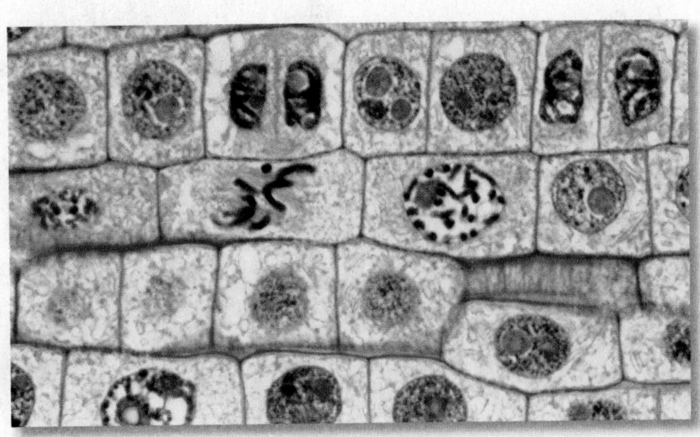

(LM 820×)

Citocinesis

¿Cómo las células hijas se separan después de la mitosis?

Como resultado de la mitosis, se forman dos núcleos, cada uno con un juego duplicado de cromosomas. Lo que falta para completar la fase M del ciclo es la citocinesis, la división del citoplasma mismo. La citocinesis por lo general ocurre al mismo tiempo que la telofase. **La citocinesis completa el proceso de la división celular: divide una célula en dos.** El proceso de citocinesis es diferente en las células vegetales y animales.

Citocinesis en células animales En la mayoría de las células animales, durante la citocinesis la membrana celular se retrae hasta que el citoplasma se estrangula en casi dos parte iguales. Cada parte contiene su propio núcleo y orgánulos citoplasmáticos.

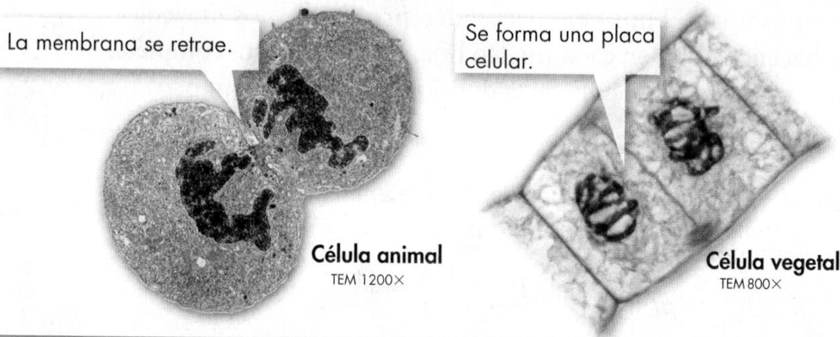

ILUSTRACIÓN 10–12 Citocinesis La división del citoplasma ocurre de manera diferente en las células vegetales y animales. **Sacar conclusiones** ***¿Qué más, aparte del citoplasma, se divide en dos células nuevas durante la citocinesis?***

Citocinesis en células vegetales La citocinesis en las células vegetales procede de diferente manera. La membrana celular no es lo suficientemente flexible para retraerse debido a las paredes celulares rígidas que la rodean. En cambio, una estructura conocida como placa celular se forma a la mitad entre el núcleo dividido. La placa celular poco a poco se desarrolla al interior de la membrana celular que separa las dos células hijas. Se forma una pared celular entre las dos nuevas membranas, completando el proceso.

10.2 Evaluación

Repaso de conceptos clave

1. a. Repasar ¿Qué son los cromosomas?

b. Comparar y contrastar ¿Cómo difiere la estructura de los cromosomas en los procariotas y en los eucariotas?

2. a. Repasar ¿Qué es el ciclo celular?

b. Establecer una secuencia ¿Durante qué fase del ciclo celular se realiza la replicación de cromosomas?

3. a. Repasar ¿Qué pasa durante cada una de las cuatro fases de la mitosis? Escribe una o dos oraciones por cada fase.

b. Predecir ¿Qué predices que pasaría si las fibras del huso se rompieran durante la metafase?

4. a. Repasar ¿Qué es la citocinesis y cuándo ocurre?

b. Comparar y contrastar ¿Cómo difiere la citocinesis en las células vegetales y animales?

ESCRIBIR SOBRE LAS CIENCIAS

Resumen

5. Resume qué sucede durante la interfase. Asegúrate de incluir las tres partes de la interfase. *Pista:* Incluye todos los detalles principales en tu resumen.

BIOLOGY.com Search Lesson 10.2  • Self-Test • Lesson Assessment

RESUMEN VISUAL

MITOSIS

ILUSTRACIÓN 10–13 Aquí se muestran las fases comunes de la mitosis en células eucariotas. Estas micrografías son de un embrión de pescado blanco en desarrollo (LM 415X). **Inferir** ***¿Por qué el tiempo entre lo que le sucede a la membrana nuclear y la actividad del huso mitótico es crítico?***

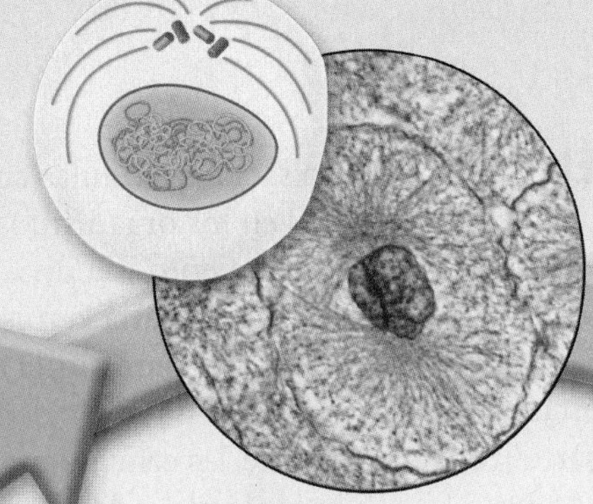

Interfase ▲
La célula crece y replica su ADN y centríolos.

Profase ►
La cromatina se condensa en los cromosomas. Los centríolos se separan y se empieza a formar el huso. La membrana nuclear se rompe.

◄ Citocinesis
El citoplasma se estrangula a la mitad. Cada célula hija tiene un conjunto idéntico de cromosomas duplicado.

Metafase ▼
Los cromosomas se alinean en el centro de la célula. Cada cromosoma está conectado a las fibras del huso en su centrómero.

▼ Telofase
Los cromosomas se aglutinan en los extremos opuestos de la célula y pierden sus formas distintivas. Se forman dos membranas nucleares nuevas.

Anafase ▼
Las cromátidas hermanas se separan en cromosomas individuales y se separan.

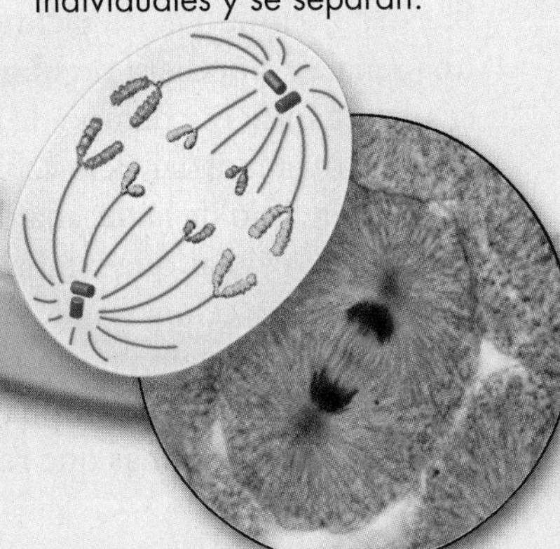

10.3 Regulación del ciclo celular

Preguntas clave

¿Cómo está regulado el ciclo celular?

¿Cómo difieren las células cancerosas de otras células?

Vocabulario

ciclina
factor de crecimiento
apoptosis
cáncer
tumor

Tomar Notas

Mapa de conceptos A medida que leas, haz un mapa de conceptos para organizar la información de esta lección.

DESARROLLAR el vocabulario

VOCABULARIO ACADÉMICO El verbo **regular** significa "controlar o dirigir". Por tanto, una sustancia que regula el ciclo celular de la célula, controla cuándo la célula crece o se divide.

PIÉNSALO ¿Cómo saben las células cuándo dividirse? Un hecho increíble de las células en los organismos multicelulares es el control cuidadoso sobre el crecimiento y la división celular. No todas las células se mueven a través del ciclo celular a la misma velocidad.

Por ejemplo, en el cuerpo humano, la mayoría de las células de los músculos y células nerviosas no se dividen en lo absoluto una vez que se han desarrollado. En contraste, las células de la médula ósea hacen que las células sanguíneas, las células de la piel y del sistema digestivo crezcan y se dividan de manera rápida durante toda la vida. Estas células pueden pasar por el ciclo completo cada ciertas horas. Este proceso proporciona células nuevas para reemplazar aquellas que ya se desgastaron o se rompieron.

Controles en la división celular

¿Cómo está regulado el ciclo celular?

Cuando los científicos desarrollan células en el laboratorio, la mayoría de las células se dividirán hasta entrar en contacto con otras. Una vez que lo hacen, la división y el crecimiento por lo general se detienen. ¿Qué pasaría si las células vecinas se removieran repentinamente del plato de cultivo? Las células restantes empezarían de nuevo a dividirse hasta que de nuevo hagan contacto con otras células. Este simple experimento muestra cómo se pueden activar y desactivar los controles de crecimiento y división celular.

Algo similar sucede dentro del cuerpo. Mira la **ilustración 10–14.** Cuando ocurre una lesión, como una cortadura en la piel o una fractura de hueso, las células de las orillas de la lesión reciben estímulos que las hacen dividirse rápidamente. Se forman células nuevas, iniciando el proceso de curación. Cuando el proceso de curación está por concluir, la velocidad de la división celular disminuye, los controles del crecimiento se restauran y todo regresa a la normalidad.

El descubrimiento de ciclinas Por muchos años, los biólogos buscaron una señal que pudiera **regular** el ciclo celular; algo que le "indicara" a las células cuándo era tiempo de dividirse, de duplicar sus cromosomas o de entrar a otra fase del ciclo celular.

Al principio de la década de 1980, los biólogos descubrieron una proteína en las células que estaba en la fase de mitosis. Cuando inyectaron la proteína a una célula no dividida, se formaba un huso mitótico. Llamaron **ciclina** a esta proteína porque parece que regula el ciclo celular. Desde entonces los investigadores han descubierto una familia de proteínas conocida como ciclinas que regulan los tiempos del ciclo celular en las células eucariotas.

Proteínas reguladoras El descubrimiento de las ciclinas fue sólo el principio. Desde entonces los científicos han identificado docenas de proteínas que también ayudan a regular el ciclo celular. **El ciclo celular está controlado por proteínas reguladoras tanto dentro como fuera de la célula.**

▶ ***Reguladores internos*** El grupo de proteínas reguladoras internas responde a lo que ocurre dentro de la célula. Las proteínas reguladoras internas permiten que el ciclo celular continúe sólo cuando han ocurrido ciertos sucesos dentro de la célula. Por ejemplo, varias proteínas reguladoras se aseguran que la célula no entre a la mitosis hasta que los cromosomas se hayan replicado. Otra proteína reguladora previene que la célula entre a la anafase hasta que las fibras del huso se hayan unido a los cromosomas.

▶ ***Reguladores externos*** Las proteínas que responden a los sucesos fuera de la célula se llaman proteínas reguladoras externas. Estas proteínas dirigen a las células para acelerar o desacelerar el ciclo celular.

Un grupo importante de proteínas reguladoras externas lo componen los factores de crecimiento. Los **factores de crecimiento** estimulan el crecimiento y la división celular. Estas proteínas son clave durante el desarrollo embrionario y la curación de heridas. Otras proteínas reguladoras externas en la superficie de las células vecinas suelen tener un efecto opuesto. Causan que las células desaceleren o detengan su ciclo, y así previenen el crecimiento excesivo de células y que los tejidos corporales se interrumpan unos a otros.

En tu cuaderno *Usa un diagrama de causa y efecto para describir cómo los reguladores internos y externos pueden trabajar juntos para controlar el ciclo celular.*

PISTA DEL MISTERIO

¿Cómo podrían las proteínas reguladoras ayudar a sanar la herida de la salamandra?

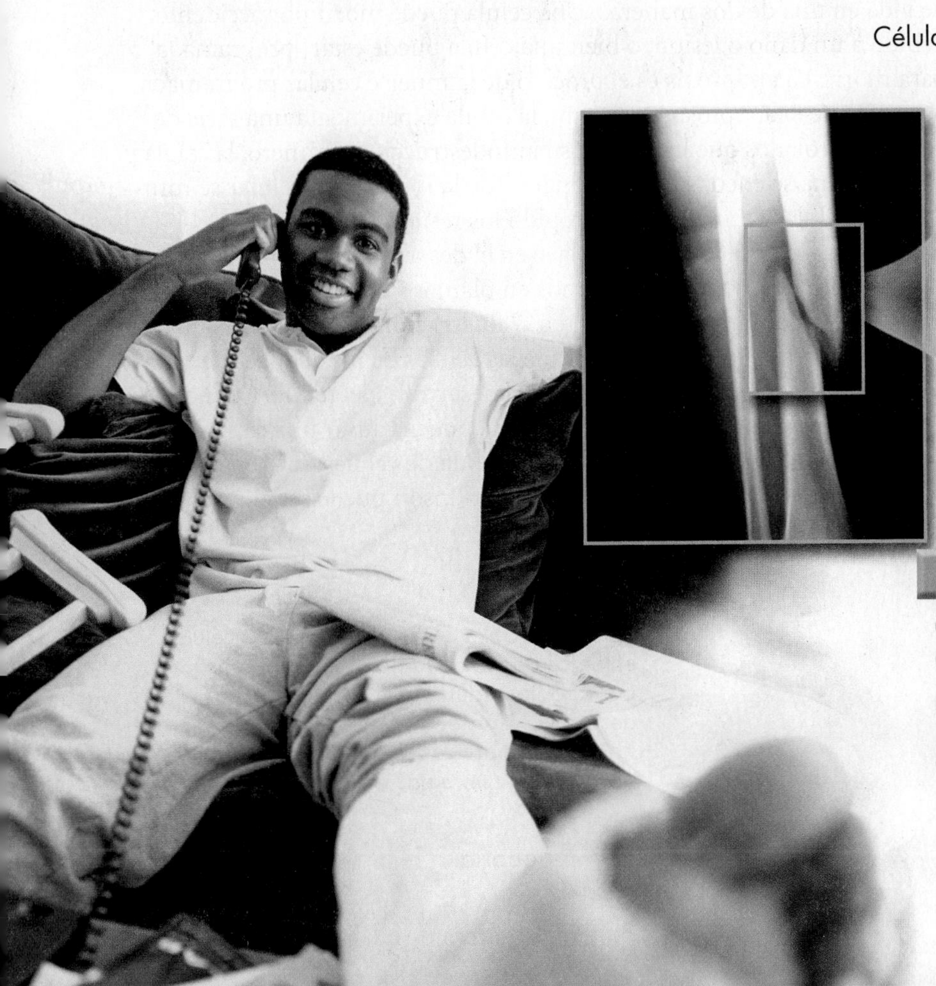

MÁS DE CERCA

CRECIMIENTO Y SANACIÓN CELULAR

ILUSTRACIÓN 10–14 Cuando una persona se fractura un hueso, las células en las orillas de la lesión reciben estímulos para dividirse rápidamente. Las células nuevas que se forman empiezan a sanar la fractura. Conforme el hueso sana, las células dejan de dividirse y crecer.

Analizar datos

Ascenso y caída de las ciclinas

Los científicos midieron los niveles de ciclina en células de huevo de almeja conforme pasaban por sus primeras divisiones mitóticas después de la fecundación. Los datos se muestran en la gráfica.

Las ciclinas se producen y destruyen de manera continua dentro de las células. La producción de ciclina indica a la célula entrar en la mitosis, mientras que la destrucción de ciclina indica a las células dejar de dividirse y entrar en la interfase.

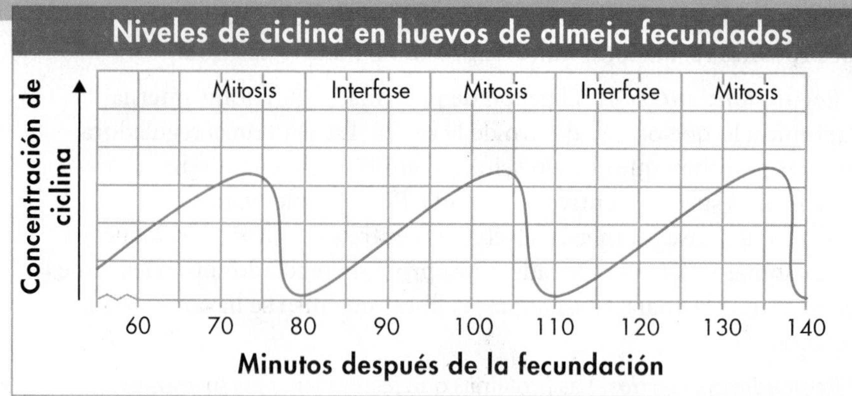

1. **Interpretar gráficas** ¿Cuánto tiempo dura la producción de ciclina durante un ciclo celular común en los huevos de almeja fecundados?

2. **Inferir** ¿En qué parte del ciclo celular inicia la producción de ciclina? ¿Qué tan rápido se destruye?

3. **Predecir** Supón que los reguladores que controlan la producción de ciclina dejan de producirse. ¿Cuáles son los dos resultados posibles?

Apoptosis Así como las células nuevas se producen cada día en un organismo multicelular, muchas otras mueren. Las células terminan su ciclo de vida en una de dos maneras. Una célula puede morir por accidente debido a un daño o lesión, o bien una célula puede estar "programada" para morir. La **apoptosis** es el proceso de la muerte celular programada. Una vez que la apoptosis se dispara, la célula experimenta una serie de pasos controlados que la llevan a su autodestrucción. Primero, la célula y su cromatina se encogen, y luego partes de la membrana celular se rompen. Las células vecinas limpian rápido los restos de las células.

La apoptosis juega un papel clave en el desarrollo ya que da forma a la estructura de los tejidos y órganos en plantas y animales. Por ejemplo, mira las fotos de la pata del ratón en la **ilustración 10-15.** Cada pata está parcialmente formada así porque las células de los dedos de la pata mueren por apoptosis durante el desarrollo del tejido. Cuando la apoptosis no ocurre como debiera, puede causar una cantidad de enfermedades. Por ejemplo, la pérdida de células que se presenta en las enfermedades del SIDA y Parkinson puede ser el resultado de muchas apoptosis.

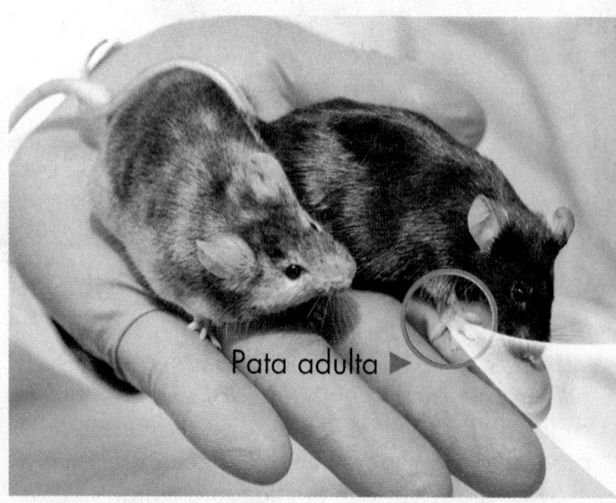

ILUSTRACIÓN 10–15 Apoptosis Las células entre los dedos de la pata del ratón pasan por apoptosis durante una etapa tardía del desarrollo. **Predecir** ***¿De qué manera el patrón de apoptosis es diferente en la pata en desarrollo de un pato?***

◀ Pata embrionaria (TEM 50×)

Cáncer: Crecimiento celular descontrolado

¿Cómo difieren las células cancerosas de otras células?

¿Por qué el crecimiento celular se regula con mucho cuidado? La principal razón puede ser que las consecuencias de un crecimiento descontrolado de células en un organismo multicelular son muy severas. El **cáncer,** un desorden donde las células del cuerpo pierden la capacidad de controlar su crecimiento, es sólo un ejemplo.

Las células cancerosas no responden a las señales que regulan el crecimiento de la mayoría de las células. Como resultado, las células se dividen sin control. Las células del cáncer forman una masa de células llamada **tumor.** Sin embargo, no todos los tumores son cancerosos. Algunos son benignos, o no cancerosos. Un tumor benigno no se disemina al tejido sano u otras partes del cuerpo. Los tumores cancerosos, como el que se muestra en la **ilustración 10–16,** son malignos. Los tumores malignos invaden y destruyen el tejido sano circundante.

Conforme las células del cáncer se diseminan, absorben los nutrientes que necesitan otras células, bloquean las conexiones nerviosas y evitan que los órganos que invaden funcionen bien. El delicado equilibrio del cuerpo se interrumpe y una enfermedad amenaza la vida.

¿Que causa el cáncer? El cáncer es causado por defectos en los genes que regulan el crecimiento y la división celular. Entre las varias fuentes de estos defectos se encuentran: el tabaquismo o masticar tabaco, exposición a la radiación, otros defectos de los genes e incluso infecciones virales. Sin embargo, todos los tipos de cancer tienen algo en común: se ha perdido el control sobre el ciclo celular. Algunas células cancerosas ya no responden a los reguladores del crecimiento externo, mientras otros fallan al producir los reguladores internos que aseguran el crecimiento apropiado.

Un insólito número de células cancerosas tiene un defecto en el gen llamado p53, el cual por lo común detiene el ciclo celular hasta que los cromosomas se han replicado de manera apropiada. Los genes p53 dañados o con defectos causan que las células pierdan la información que se necesita para responder a las señales que normalmente controlan su crecimiento.

En tu cuaderno *Usa una tabla de dos columnas para comparar los controles que regulan el crecimiento celular normal con la falta de controles de las células cancerosas.*

ILUSTRACIÓN 10–16 Crecimiento de células cancerosas Las células normales crecen y se dividen de una manera cuidadosamente controlada. Las células que son cancerosas pierden este control y continúan con el crecimiento y división, produciendo tumores.

1 Una célula se divide de manera anormal.

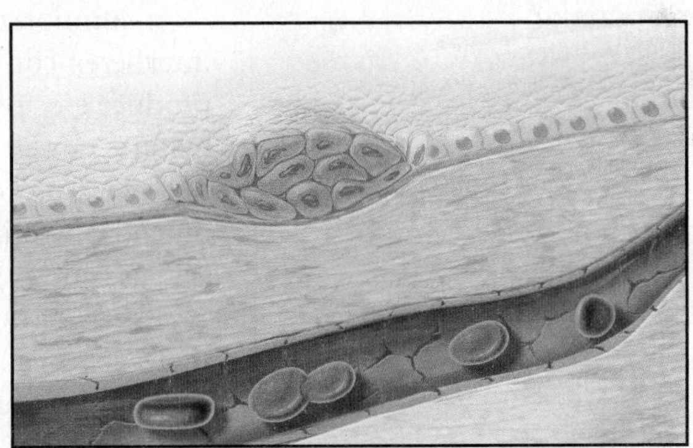

2 Las células cancerosas producen un tumor, que desplaza las células y los tejidos normales.

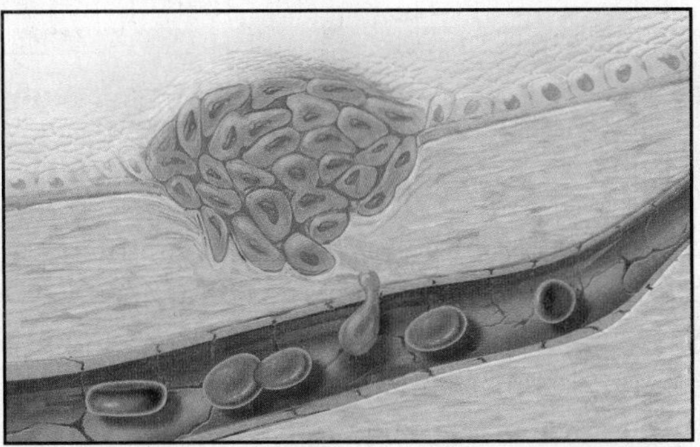

3 Las células cancerosas son particularmente dañinas por su tendencia a diseminarse una vez que han entrado en el torrente sanguíneo o en los vasos linfáticos. Luego, el cáncer se mueve a otras partes del cuerpo y forma tumores secundarios, un proceso llamado metástasis.

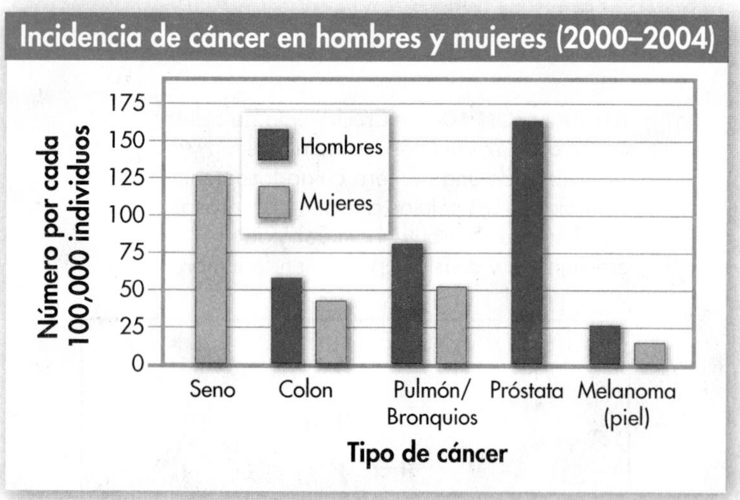

ILUSTRACIÓN 10–17 Incidencia del cáncer El cáncer puede afectar a casi todos los órganos del cuerpo. **Interpretar gráficas** ***¿Cuántos casos de cáncer de seno se reportaron en comparación con el cáncer de próstata en el período mostrado?***

Tratamientos contra el cáncer Cuando se localiza un tumor canceroso, a menudo se puede extirpar por medio de cirugía. El cáncer de piel, la forma más común de la enfermedad, suele trararse de esta manera. Los melanomas, el tipo de cáncer de piel más serio, se pueden extirpar quirúrgicamente, pero sólo si se detectan a tiempo.

Otros tratamientos se basan en el rápido crecimiento de las células, por lo que necesitan copiar el ADN más rápido que las células normales. Esto las hace especialmente vulnerables al daño por radiación. Muchos tumores se pueden tratar de manera efectiva con destellos cuidadosos de radiación.

Los investigadores médicos han trabajado por años para desarrollar compuestos químicos que maten las células cancerosas, o por lo menos que aminoren su crecimiento. El uso de tales compuestos contra el cáncer se conoce como quimioterapia. En los últimos años se han dado grandes avances en la quimioterapia e incluso se ha logrado la cura de algunos tipos de cáncer. Sin embargo, debido a que la mayoría de los compuestos de la quimioterapia atacan rápidamente las células en división, también interfieren con la división celular de las células normales y sanas. Esto produce efectos colaterales serios en muchos pacientes y es una de las razones por las que los científicos están tan interesados en comprender mejor el papel del ciclo celular de las proteínas en el cáncer. El objetivo de muchos investigadores es encontrar maneras muy específicas de marcar células cancerosas para su destrucción sin afectar las células sanas.

El cáncer es una enfermedad seria. Comprender y combatir el cáncer sigue siendo el mayor reto científico, pero los científicos por lo menos saben por dónde empezar. El cáncer es una enfermedad del ciclo celular y conquistar el cáncer requerirá una comprensión más profunda del proceso que controla la división celular.

10.3 Evaluación

Repaso de conceptos clave

1. a. Repasar Nombra los dos tipos de proteínas que regulan el ciclo celular. ¿Cómo funcionan estas proteínas?

b. Proponer una hipótesis Escribe una hipótesis sobre lo que pasaría si se inyectara ciclina a una célula durante la mitosis. ¿Cómo probarías tu hipótesis?

2. a. Repasar ¿Por qué el cáncer es considerado como una enfermedad del ciclo celular?

b. Comparar y contrastar ¿En qué se parece el crecimiento de un tumor y la reparación de una herida en tu rodilla? ¿En qué difieren?

Aplica la gran idea

Crecimiento, desarrollo y reproduccion

3. ¿Por qué piensas que es importante que las células tengan un "sistema de control" para regular los tiempos de la división celular?

BIOLOGY.com Search Lesson 10.3 GO • Self-Test • Lesson Assessment

Tecnología y BIOLOGÍA

Microscopía fluorescente

Imagina que eres capaz de "ver" las proteínas en acción dentro de una célula, o rastrear a las proteínas desde su origen hasta su destino. Los científicos hoy en día pueden realizar todas estas cosas, gracias a los avances en la microscopía fluorescente. Uno de los avances proviene del descubrimiento que la medusa de cristal, propiamente conocida como *Aequorea victoria*, produce una proteína que brilla. Mediante la fusión del gen de esta proteína con otros genes, los científicos pueden etiquetar varias partes de la célula con este material fluorescente. Otras ventajas incluyen el desarrollo de otros rótulos fluorescentes altamente específicos y la invención de microscopios láser muy poderosos. Como lo muestran las imágenes de esta página, la vista es a todas luces sorprendente.

ESCRITURA **Supón que eres un biólogo celular que estudia la división celular y el cáncer. ¿Qué microscopio fluorescente usarías para tu estudio? Describe tus ideas en un párrafo.**

▲ **Observar especímenes etiquetados**
En un microscopio fluorescente, un espécimen está etiquetado con una molécula que brilla bajo una longitud de onda lumínica específica. Los diferentes etiquetadores fluorescentes producen colores diferentes. De esta manera el biólogo puede ver con facilidad la ubicación exacta de una proteína dentro de una célula o un tejido.

▼ **Huso normal**
Los diferentes etiquetadores fluorescentes permiten a los biólogos rastrear cómo se forman las fibras del huso (en verde) y cómo las proteínas ayudan a distribuir los cromosomas (en rojo) de manera uniforme durante la mitosis.

▼ **Huso anormal**
El control del ciclo celular se ha deteriorado, causando huso mitótico anormal para la formación.

10.4 Diferenciación celular

Preguntas clave

¿Cómo se especializan las células para diferentes funciones?

¿Qué son las células troncales?

¿Cuáles son algunos posibles beneficios y cuestiones relacionadas con la investigación de las células troncales?

Vocabulario

embrión • diferenciación • totipotentes • blastocisto • pluripotentes • célula troncal • multipotentes

Tomar notas

Tabla para comparar y contrastar A medida que leas, haz una tabla para comparar la capacidad de los diferentes tipos de células para la diferenciación.

PIÉNSALO El cuerpo humano contiene un estimado de 100,000,000,000,000 (cien billones) de células. Eso es un número impresionante, pero de cierta manera, no es tan grande como podrías pensar. ¿Por qué? Trata de estimar cuántas veces una sola célula se tiene que dividir a través de la mitosis para producir todas estas células. Te sorprendería saber que tan sólo alrededor de 47 ciclos de división celular pueden producir tantas células.

Los resultados de estos 47 ciclos celulares en verdad son impresionantes. El cuerpo humano contiene cientos de diferentes tipos de células y cada una se desarrolla a partir de una sola célula que empieza el proceso. ¿Cómo llegan a ser tan diferentes las células entre sí?

De una célula a muchas

¿Cómo se especializan las células para diferentes funciones?

Cada uno de nosotros empezó la vida como una sola célula. También tu mascota, el gusano de tierra y la petunia de la ventana empezaron así. Estos seres vivos pasan por una etapa de desarrollo en la que son un **embrión,** del cual se produce gradualmente el organismo adulto. Durante el proceso de desarrollo, las células de un organismo se diferencian cada vez más y se especializan para funciones particulares. La **ilustración 10–18** muestra algunas células especializadas de las raíces, los tallos y la hojas de una planta.

ILUSTRACIÓN 10–18 Células vegetales especializadas

Células que transportan materiales

Células que almacenan azúcar

Células que llevan a cabo la fotosíntesis

Definir la diferenciación El proceso por el cual las células se especializan se conoce como **diferenciación.** **Durante el desarrollo de un organismo, las células se diferencian en muchos tipos.** Una célula diferenciada es, literalmente, diferente de la célula embrión que la produjo, y está especializada para realizar ciertas tareas, como contracción, fotosíntesis o protección. Nuestros cuerpos, y los de todos los organismos multicelulares, contienen células altamente diferenciadas que hacen trabajos que necesitamos para permanecer vivos.

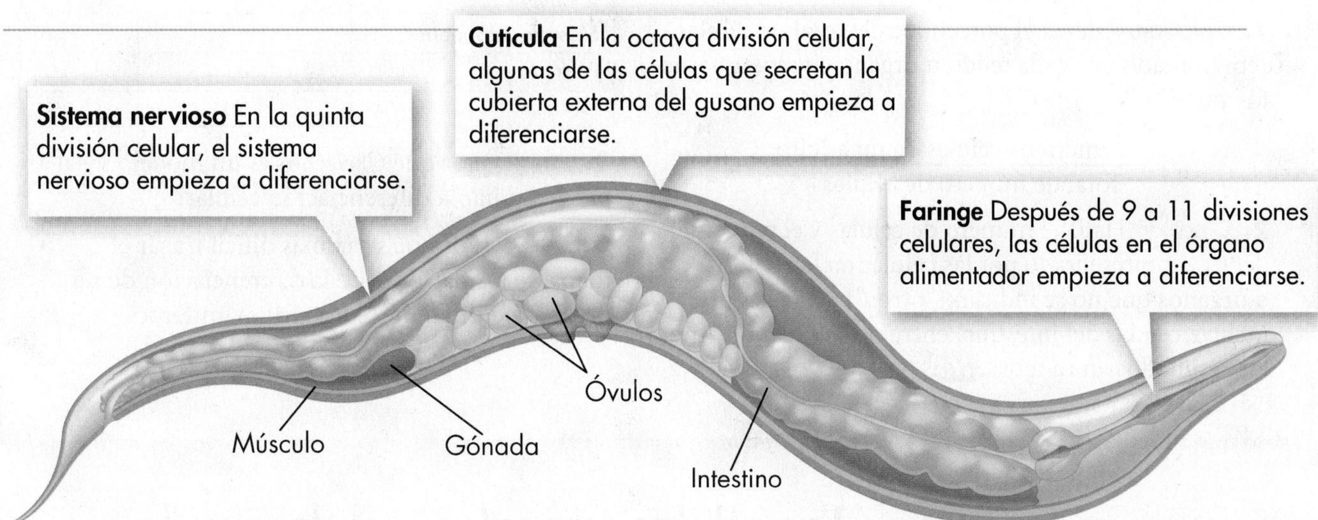

Cutícula En la octava división celular, algunas de las células que secretan la cubierta externa del gusano empieza a diferenciarse.
Sistema nervioso En la quinta división celular, el sistema nervioso empieza a diferenciarse.
Faringe Después de 9 a 11 divisiones celulares, las células en el órgano alimentador empieza a diferenciarse.
Óvulos
Músculo
Gónada
Intestino

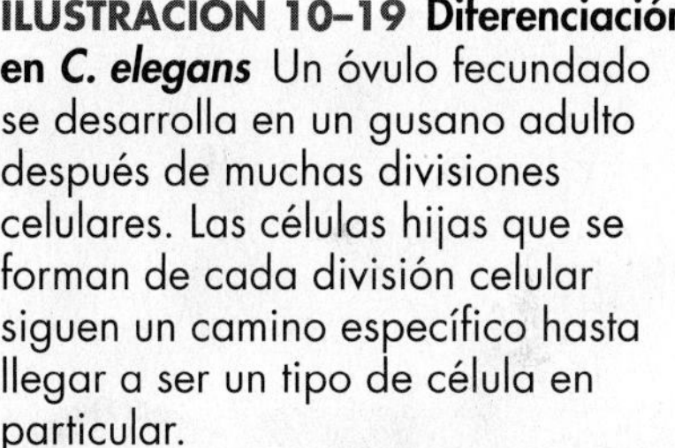

ILUSTRACIÓN 10–19 Diferenciación en *C. elegans* Un óvulo fecundado se desarrolla en un gusano adulto después de muchas divisiones celulares. Las células hijas que se forman de cada división celular siguen un camino específico hasta llegar a ser un tipo de célula en particular.

Mapa de la diferenciación El proceso de diferenciación determina la identidad final de una célula, esto define si va a pasar su vida como una célula nerviosa o como una célula muscular. En algunos organismos, el papel de una célula está rígidamemte determinada en un punto específico durante el proceso del desarrollo. Por ejemplo, en el gusano microscópico *Caenorhabditis elegans*, los biólogos han trazado el mapa del resultado de todas las divisiones celulares desde óvulo fecundado hasta adulto.

El proceso de la diferenciación celular en los *C. elegans* inicia con la primera división y continúa a través del desarrollo embrionario. La **ilustración 10–19** muestra cuando algunas de las células encontradas en el adulto inician a diferenciarse durante el desarrollo. Cada vez que un nuevo gusano se desarrolla, el proceso es el mismo, dando como resultado 959 células con funciones precisas.

Diferenciación en mamíferos Otros organismos, incluyendo los mamíferos como nosotros, pasan por un proceso más flexible en el cual la diferenciación celular está controlada por un número de factores que interactúan con el embrión, muchos de los cuales aún no se comprenden en su totalidad. Pero, lo que sí se sabe, es que las células adultas por lo general alcanzan un punto en el que su diferenciación está completa: cuando ya no se pueden convertir más en otros tipos de células.

En tu cuaderno *Empezando con una sola célula, calcula cuántas células pueden resultar después de 4, 8 y 10 divisiones celulares.*

Diferenciación celular de la lombriz *C. elegans*

La lombriz microscópica adulta *C. elegans* tiene 959 células. La tabla de datos muestra algunos de sus diferentes células. Copia la tabla de datos en tu cuaderno y responde a las siguientes preguntas.

1. Calcular Calcula el porcentaje del total de células representado por cada tejido u órgano citado; usa esta fórmula:

$$\frac{\text{Número de células en un adulto}}{\text{Total de número de células}} \times 100$$

2. Calcular Halla el número de células y el porcentaje del total representado por las células en los tejidos u órganos que no se indican ("otros") . La categoría incluye células del intestino, entre otros órganos. Anota los resultados en tu tabla. MATEMÁTICAS

Tipo de célula	Número de células en el adulto	Porcentaje del total
Cutícula	213	22%
Gónada (excluyendo las células de la línea germinal)	143	
Músuclo mesodermo		
Faringe	81	
Otros	80	

3. Inferir ¿Por qué *C. elegans* es un modelo ideal para estudiar la diferenciación celular?

4. Inferir ¿Por qué sería más difícil trazar el mapa de los patrones de la diferenciación de un organismo diferente, como los mamíferos?

Las células troncales y el desarrollo

¿Qué son las células troncales?

Una de las preguntas más importantes de la biología es: ¿Cómo todos los tipos de células diferenciados y especializados del cuerpo se forman de una sola célula? Los biólogos dicen que tal célula es **totipotente,** literalmente capaz de realizar todo, de desarrollar cualquier tipo de célula en el cuerpo (incluidas las células que forman las membranas del embrión y la placenta). Sólo los óvulos fecundados y las células producidas por la primera división del desarrollo embrionario son en verdad totipotentes. Si hay un "secreto" por el cual la célula empieza el proceso de diferenciación, estas células lo conocen.

Alguna células de las salamandras adultas nunca terminan de diferenciarse. ¿Qué capacidad tienen estas células?

Desarrollo humano Después de casi cuatro días de desarrollo, el embrión humano se forma en un **blastocisto,** una esfera hueca de células con un grupo de células dentro conocido como masa celular interna. Aun en esta etapa temprana, las células del blastocisto han empezado a especializarse. Las células externas forman tejidos que unen al embrión con su madre, mientras que la masa de células internas se convierte en el embrión mismo. Las células de la masa interna se dice que son pluripotentes. La mayoría de las células que son **pluripotentes** se pueden desarrollar en casi todos los tipos de células corporales. No pueden formar los tejidos alrededor del embrión.

En tu cuaderno *Busca las raíces que forman las palabras totipotente, pluripotente y multipotente. ¿Cómo se relacionan las raíces con la capacidad de cada célula para diferenciarse?*

Células troncales **Las células no especializadas que se pueden desarrollar en células diferenciadas se conocen como células troncales.** Como el nombre indica, las **células trocales** están en la base de un ramal "troncal" de desarrollo a partir del cual se forman diferentes tipos de células. Debido a su potencial para desarrollarse en otro tipo de células, las células troncales son la razón de un intenso interés de los investigadores de todo el mundo.

▶ ***Células troncales embrionarias*** Como has visto, las células troncales pluripotentes de la masa celular interna con el tiempo producen todas las células corporales. Las células troncales embrionarias son las células pluripotentes de un embrión en etapa temprana. En 1998, los investigadores de la Universidad de Wisconsin hallaron una manera de generar en cultivo estas células troncales embrionarias. Sus experimentos confirmaron que tales células tienen la capacidad de producir cualquier tipo de célula en el cuerpo humano. De hecho, los científicos han manipulado células troncales embrionarias de ratón para inducir la diferenciación en células nerviosas, células musculares e incluso en espermatozoides y óvulos. Recientemente, el espermatozoide hecho de células troncales embrionarias se usó para generar un ratón vivo.

▶ ***Células troncales adultas*** Por años, los biólogos han sospechado que los organismos adultos también pueden contener algunos tipos de células troncales. Por ejemplo, las células de la sangre y la piel, tienen un tiempo de vida limitado y se deben reemplazar constantemente. Esto sugiere que el cuerpo contiene una base de células troncales de la cual se pueden producir nuevas células sanguíneas y de piel.

Las células troncales adultas son grupos de células que se diferencian para renovar y reemplazar células en el cuerpo adulto. Dado su limitado potencial, las células troncales adultas se conocen como **multipotentes,** esto significa que pueden desarrollar muchos tipos de células diferenciadas. Por lo común, las células troncales de cierto órgano o tejido sólo producen los tipos de células específicos para este tejido. Por ejemplo, las células troncales adultas de la médula ósea se puede desarrollar en diferentes tipos de células sanguíneas, mientras que las células troncales del encéfalo pueden producir neuronas o células nerviosas.

ILUSTRACIÓN 10–20 Células troncales embrionarias Después de la fecundación, el embrión humano se desarrolla en una esfera hueca de células conocida como blastocisto. El cuerpo real del embrión se desarrolla de la masa celular interna, un grupo de células dentro del blastocisto. Dada su capacidad para diferenciarse en cada uno de los muchos tipos de células corporales, estas células se conocen como células troncales embrionarias.

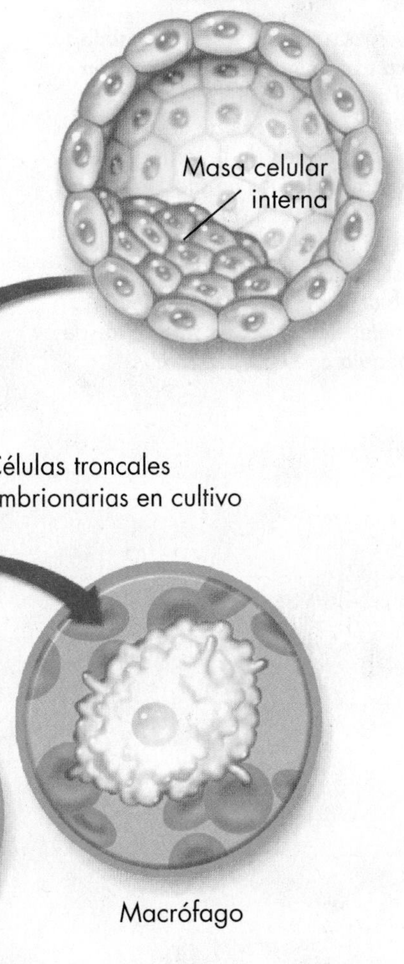

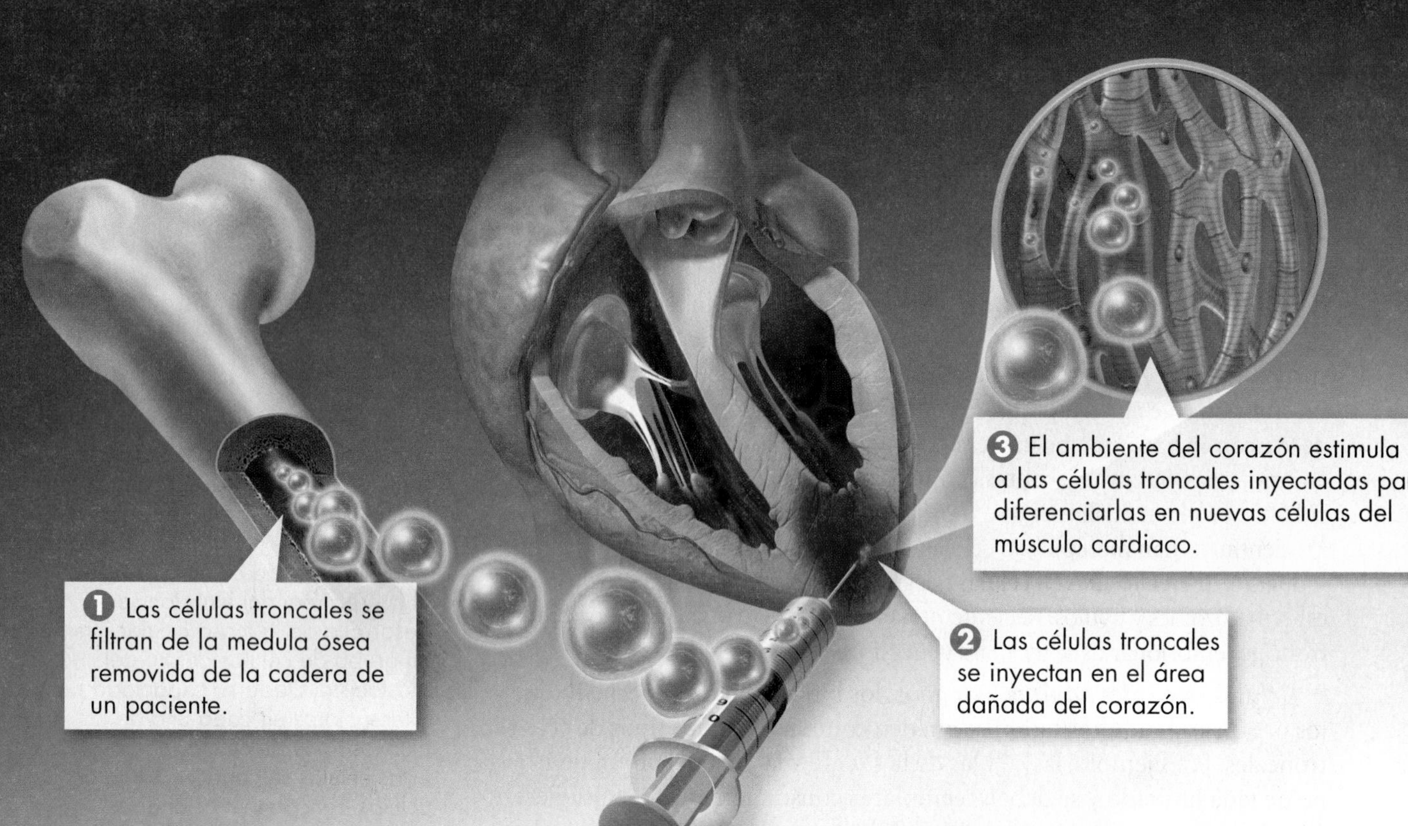

1 Las células troncales se filtran de la medula ósea removida de la cadera de un paciente.
2 Las células troncales se inyectan en el área dañada del corazón.
3 El ambiente del corazón estimula a las células troncales inyectadas par diferenciarlas en nuevas células del músculo cardiaco.

ILUSTRACIÓN 10–21 ¿Un posible futuro tratamiento para el corazón enfermo? La investigación de células troncales puede llevar a nuevas formas de revertir el daño causado por un ataque severo al corazón. El diagrama muestra un método en proceso de investigación. **Inferir** ***¿Cómo podría cambiar el destino de las células troncales después de cambiar las de la médula ósea al corazón?***

Fronteras en la investigación de las células troncales

¿Cuáles son algunos posibles beneficios y cuestiones relacionadas con la investigación de las células troncales?

Comprender cómo las células tienen la capacidad para diferenciarse en muchos tipos de células es un problema importante que la biología aún no ha resuelto. A los científicos les gustaría saber exactamente qué señales le indican a una célula que se especialice y cómo otras células permanecen multipotentes.

Beneficios potenciales La investigación básica de las células troncales toma una prioridad especial al resaltar la importancia que tendría para la salud del ser humano. Hay muchas causas de daño para ciertos tipos de células. Los ataques al corazón destruyen células del músculo cardiaco, las embolias lesionan las células cerebrales y las lesiones en la espina dorsal causan parálisis rompiendo las conexiones entre las células nerviosas. Dado el sufrimiento y la muerte causados por estas condiciones, la expectativa de usar células troncales para reparar tal daño celular ha interesado a los investigadores médicos.

Muchos esperan ver el día cuando el daño causado por un ataque severo al corazón pueda revertirse usando la terapia de células troncales. Experimentos con animales sugieren que varios métodos muestran una promesa de éxito. Un método podría ser inyectar células troncales de la médula ósea del paciente en el área dañada del corazón, como se muestra en la **ilustracion 10–21.** Otro método consiste en inyectar células troncales embrionarias que con el tiempo podrían diferenciarse en nuevas células del músculo del corazón. **Las células troncales ofrecen el beneficio potencial del uso de células sin diferenciar para reparar o reemplazar las células o tejidos muy dañados.**

Problemas éticos Como las células troncales adultas pueden obtenerse directamente del cuerpo de una persona que desee donarlas, la investigación con estas células ha levantado controversia de carácter ético. Este no es el caso de las células troncales embrionarias, que por lo general se obtienen de embriones en etapa temprana.

La mayoría de las técnicas para **recolectar** células troncales embrionarias causa la destrucción de un embrión. Por esta razón, las personas que consideran al embrión como un ser que merece los derechos y protección como cualquier otro ser humano rechazan este tipo de trabajo. Este asunto provoca que destinar fondos del gobierno para la investigación de las células troncales embrionarias sea una situación política importante. Los grupos que buscan la protección de los embriones se oponen a la investigación por considerarla no ética. Otros grupos apoyan tal investigación como esencial para salvar vidas humanas y argumentan que no sería ético restringirla. **La investigación con células troncales embrionarias es controvertida porque los argumentos a favor y en contra implican cuestiones éticas sobre la vida y la muerte.**

Es posible, sin embargo, en un futuro no muy lejano, que estas posturas éticas se resuelvan con una solución tecnológica. Algunos experimentos recientes sugieren que hay maneras de extraer cantidades pequeñas de células troncales de un embrión en etapa temprana, sin dañar al embrión. Otros experimentos han mostrado que es posible "cambiar" un número pequeño de genes que reprogramen las células adultas para que se vean y funcionen como células troncales embrionarias pluripotentes. Dicha técnica terminaría con la necesidad de involucrar embriones. También haría posible adaptar terapias específicas a las necesidades individuales de cada paciente. Enfoques como estos, si tienen éxito, permitirían un avance en las investigaciones que potencialmente salvan vidas, al tiempo que evitan la destrucción de la vida del embrión.

DESARROLLAR el vocabulario

Vocabulario académico La palabra **recolectar** es el acto o proceso de reunir. Los científicos que recolectan células troncales reúnen células.

En tu cuaderno *Haz una tabla de dos columnas con los beneficios y asuntos relacionados con la investigación de las células troncales.*

10.4 Evaluación

Repaso de conceptos clave

1. a. Repasar ¿Qué sucede durante la diferenciación?

b. Aplica los conceptos ¿A qué se refiere el término "trazar el mapa" en el proceso de la diferenciación celular?

2. a. Repasar ¿Qué son las células troncales?

b. Comparar y contrastar ¿En qué se parecen las células troncales embrionarias y las células troncales adultas? ¿En qué se diferencian?

3. a. Repasar Resume los beneficios potenciales y los asuntos implicados en la investigación de las células troncales.

b. Formar una opinión ¿Cómo podrían los avances tecnológicos ayudar a resolver las cuestiones éticas en torno a la investigación de las células troncales?

Aplica la gran idea

La base celular de la vida

4. Usa lo que aprendiste en esta lección para comentar cómo las células se especializan en diferentes funciones. Incluye una explicación de cómo el potencial para la especialización varía con el tipo de célula y cómo varía sobre el período de vida de un organismo.

BIOLOGY.com Search Lesson 10.4  GO • Self-Test • Lesson Assessment

Laboratorio: diseña una actividad

INVESTIGACIÓN ABIERTA

Preparación para el laboratorio: Regeneración en las planarias

Problema ¿Qué tan potentes son las células troncales en las planarias?

Materiales agua potable o de manantial, planarias, cajas de petri, lápiz de cera, fórceps, bisturí, microscopio disector, portaobjetos de vidrio para microscopio, lentes de papel, pipeta, brocha pequeña, regla de plástico transparente

Manual de laboratorio Laboratorio del Capítulo 10

Enfoque en las destrezas Proponer una hipótesis, diseñar un experimento, sacar conclusiones

Conectar con la gran idea Todas las células vienen de células ya existentes. Cuando la mayoría de las células en un organismo multicelular se dividen, éstas producen células iguales a ellas mismas. Sin embargo, algunas células pueden diferenciarse para formar diferentes tipos de células. Estas células permiten al organismo reparar tejido después de una lesión o en algunos casos regenerar partes del cuerpo. En esta actividad de laboratorio investigarás la capacidad de las planarias para regenerar partes del cuerpo.

Preguntas preliminares

a. **Comparar y contrastar** ¿Cuál es la diferencia entre las células troncales totipotentes y las células troncales multipotentes?

b. **Aplica los conceptos** ¿Qué tipo de células troncales permite a tu cuerpo producir células, como las de la piel y las sanguíneas, que constantemente son reemplazadas por el cuerpo?

c. **Aplica los conceptos** ¿Qué tipo de células troncales permite a la salamandra regenerar su cola?

d. **Comparar y contrastar** ¿En qué se parece la regeneración de las partes de cuerpo a la reproducción asexual? ¿En qué se diferencian?

Preguntas previas al laboratorio

Examina el procedimiento en el manual de laboratorio.

1. **Aplica los conceptos** ¿Qué esperarías observar si las células troncales de las planarias fueran totipotentes? ¿Qué esperarías observar si las células troncales fueran multipotentes?
2. **Controlar variables** ¿Qué usarías como un control en tu experimento? Explica por qué necesitas este control.
3. **Inferir** Dos planarias se cortan en diferentes lugares. La regeneración ocurre en una planaria, pero no en la otra. Según estos resultados, ¿que podrías inferir sobre las células troncales de las planarias?

BIOLOGY.com Search Chapter 10 GO

Visita el Capítulo 10 en línea para hacer una autoevaluación del capítulo y buscar actividades que apoyan tu aprendizaje.

Untamed Science Video Viaja con el equipo de *Untamed Science* a un edificio de investigación en Suiza para aprender por qué los científicos están estudiando la regeneración en las estrellas frágiles.

Visual Analogy Compara el crecimiento de una célula con una ciudad en crecimiento para comprender los límites del tamaño de una célula.

Data Analysis Aprende cómo tomar el tiempo del ciclo celular mediante el conteo de células en la mitosis.

Tutor Tube ¿Confundido con la terminología relacionada con el cromosoma? Sintoniza Tutor Tube para descifrar el vocabulario de la cromatina.

Art Review Prueba tu conocimiento de la estructura de un cromosoma eucariota.

InterActive Art Mira las fases de la mitosis en acción.

Art in Motion Mira qué sucede cuando las células cancerosas invaden el tejido normal.

10 Guía de estudio

La gran idea Crecimiento, desarrollo y reproducción

Las células experimentan división celular para producir nuevas células. En las eucariotas, la división celular es parte de un ciclo altamente regulado conocido como el ciclo celular.

10.1 Crecimiento, división y reproducción celular

Cuanto más crece una célula, más exigencias le impone a su ADN. Además, una célula más grande es menos eficiente para mover sus nutrientes y materiales de desecho a través de la membrana celular.

La producción de descendencia genéticamente idéntica que involucra a un solo progenitor se conoce como reproducción asexual.

La descendencia que se produce mediante la reproducción sexual hereda algo de la información genética de cada progenitor.

división celular (276)
reproducción asexual (277)
reproducción sexual (277)

10.2 El proceso de la división celular

Los cromosomas hacen posible la separación exacta del ADN durante la división celular.

Durante el ciclo celular, una célula crece, se prepara para la división y luego se divide para formar dos células hijas.

Durante la profase, el material genético dentro del núcleo se condensa. Durante la metafase, los cromosomas se alinean en el centro de la célula. Durante la anafase, los cromosomas se separan y se mueven junto con las fibras del huso hacia los extremos opuestos de la célula. Durante la telofase, los cromosomas que eran distintos y estaban condensados, empiezan a esparcirse dentro de una madeja de cromatina.

La citocinesis completa el proceso de la división celular: divide una célula en dos.

cromosoma (279)
cromatina (280)
ciclo celular (280)
interfase (281)
mitosis (282)
citocinesis (282)
profase (282)
centrómero (282)
cromátida (282)
centríolo (282)
metafase (282)
anafase (283)
telofase (283)

10.3 Regulación del ciclo celular

El ciclo celular está controlado por proteínas reguladoras tanto dentro como fuera de la célula.

Las células cancerosas no responden a las señales que regulan el crecimiento de la mayoría de las células. Como resultado, las células se dividen sin control.

ciclina (286)
factor de crecimiento (287)
apoptosis (288)
cáncer (289)
tumor (289)

10.4 Diferenciación celular

Durante el desarrollo de un organismo, las células se diferencian en muchos tipos de células.

Las células no especializadas que se pueden desarrollar en células diferenciadas se conocen como células troncales.

Las células troncales ofrecen el beneficio potencial del uso de células sin diferenciar para reparar o reemplazar las células o tejidos muy dañados.

La investigación con células troncales embrionarias es controvertida porque los argumentos a favor y en contra implican cuestiones éticas sobre la vida y la muerte.

embrión (292)
diferenciación (293)
totipotentes (294)
blastocisto (294)
pluripotentes (294)
célula troncal (295)
multipotentes (295)

Razonamiento visual Usa la información de este capítulo para completar el siguiente diagrama circular del ciclo celular:

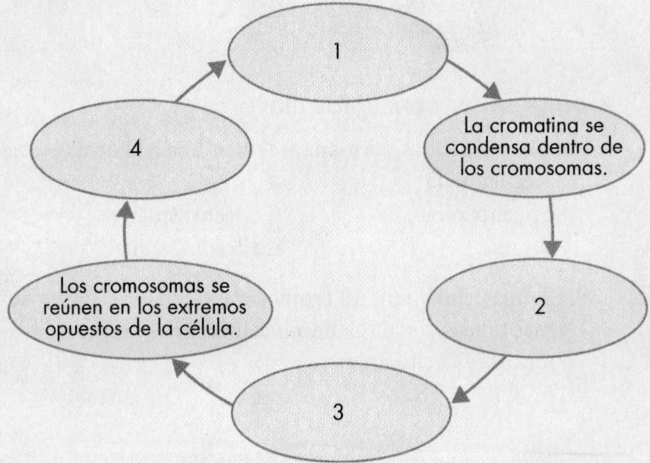
1
La cromatina se condensa dentro de los cromosomas.
2
3
Los cromosomas se reúnen en los extremos opuestos de la célula.
4

10 Evaluación

10.1 Crecimiento, división y reproducción celular

Comprender conceptos clave

1. La velocidad con que entran y salen los materiales de la célula dependen de ________ de la célula.
   a. el volumen.
   b. el peso.
   c. la especificación.
   d. el área superficial.

2. Para que una célula se divida de manera exitosa, primero debe
   a. duplicar su información genética.
   b. disminuir su volumen.
   c. incrementar su número de cromosomas.
   d. disminuir su número de orgánulos.

3. El proceso que incrementa la diversidad genética dentro de una población es
   a. la reproducción asexual.
   b. la reproducción sexual.
   c. la división celular.
   d. la fisión binaria.

4. Describe qué significa cada uno de los siguientes términos: *volumen celular, área superficial de la célula, proporción de área superficial a volumen.*

5. Describe la reproducción asexual y sexual como estrategias de sobrevivencia.

Razonamiento crítico

6. **Calcular** Calcula la proporción de área superficial a volumen de una célula cúbica imaginaria, donde cada lado mide 4 mm de largo. MATEMÁTICAS

7. **Proponer una hipótesis** En un ambiente cambiante, ¿cuáles organismos tienen una ventaja: los que se reproducen asexualmente o los que se reproducen sexualmente? Explica tu respuesta.

10.2 El proceso de la división celular

Comprender conceptos clave

8. Las cromátidas hermanas se unen una a la otra en una área llamada
   a. centríolo.
   b. huso.
   c. centrómero.
   d. cromosoma.

9. Si una célula tiene 12 cromosomas, ¿cuántos cromosomas tendrá cada una de sus células hijas después de la mitosis y la citocinesis?
   a. 4 b. 6 c. 12 d. 24

10. ¿Cuál de estas ilustraciones representa mejor la metafase de la mitosis?

a. 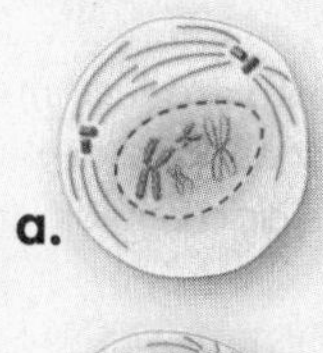

c. 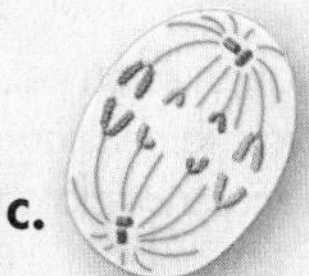

b. 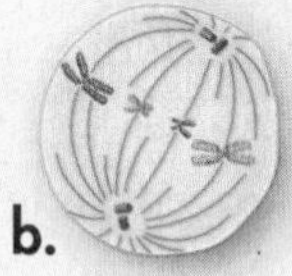

d. 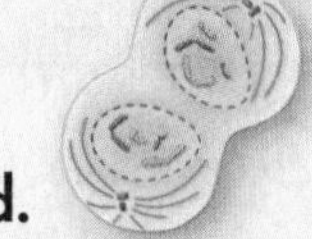

11. En las células vegetales, ¿qué se forma a la mitad entre el núcleo dividido durante la citocinesis?
    a. membrana nuclear
    b. centrómero
    c. membrana celular
    d. placa celular

12. Describe cómo los cromosomas de una célula eucariota cambian conforme la célula se prepara para dividirse.

13. ¿Cuál es la relación entre la interfase y la división celular?

14. Enlista en la secuencia correcta las etapas de la mitosis, y describe qué sucede durante cada etapa: anafase, metafase, profase y telofase.

Razonamiento crítico

15. **Comparar y contrastar** ¿En qué se diferencia el proceso de la división celular en las procariotas y la división celular en las eucariotas?

16. **Proponer una hipótesis** Algunas células tiene varios núcleos dentro de su citoplasma. Considerando los sucesos en un ciclo celular común, ¿cuál fase del ciclo celular no está operando cuando dicha célula se forma?

17. **Comparar y contrastar** Describe las diferencias en la división celular de una célula animal y una célula vegetal.

18. **Relacionar causa y efecto** Las células nerviosas del sistema nervioso humano experimentan la mitosis al azar. Basado en esta información, explica por qué usualmente no ocurre la recuperación completa de lesiones al sistema nervioso.

19. **Aplica los conceptos** Un científico trata células con una sustancia química que previene la síntesis del ADN. ¿En qué etapa del ciclo celular permanecerán estas células?

20. **Intepretar material visual** El diagrama muestra una fase de mitosis. Usa el diagrama para responder a las siguientes preguntas.

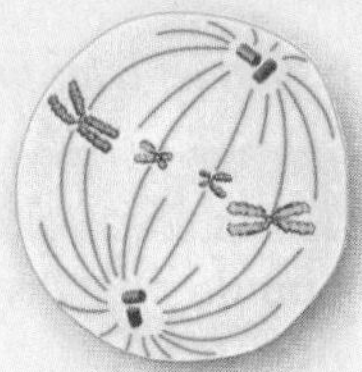

a. Identifica la fase de mitosis mostrada en el diagrama.
b. ¿Es ésta una célula vegetal o animal? ¿Cómo lo sabes?
c. Los cuatro cromosomas que se muestran en el centro de esta célula tienen cada uno dos husos conectados. Explica cómo se comparan los dos husos en el mismo cromosoma en relación a la información genética que portan. En tu respuesta, asegúrate de explicar por qué esto es importante para la célula.

10.3 Regulación del ciclo celular

Comprender conceptos clave

21. Se cree que los tiempos en el ciclo celular de las células eucariotas está controlado por un grupo de proteínas estrechamente relacionadas conocidas como
a. cromátidas. c. centrómeros.
b. ciclinas. d. centríolos.

22. En el ciclo celular, las proteínas reguladoras externas dirigen a las células a
a. acelerar o retrasar el ciclo celular.
b. permanecer sin cambios.
c. iniciar y luego detener el ciclo celular.
d. crecer sin control.

23. Cuando algunas células se quitan del centro de un cultivo de tejido, las células nuevas reemplazarán las células que fueron removidas. Explica.

24. Describe el papel de las ciclinas.

Razonamiento crítico

25. **Comparar y contrastar** ¿En qué se diferencian las células cancerosas de las células no cancerosas? ¿En qué se parecen?

26. **Predecir** Una célula usualmente sufrirá apoptosis si experimenta daño al ADN que pudiera conducir a un tumor. Predice qué sucedería si el gen que controla la apoptosis se daña.

resuelve el MISTERIO del CAPÍTULO

ACCIDENTE EN LA TIENDA DE MASCOTAS

Julia se mantuvo atenta a la salamandra lesionada. Un mes después del accidente, ¡Julia se dio cuenta que una nueva extremidad estaba creciendo y reemplazando a la perdida!

Las salamandras son de los pocos vertebrados que pueden regenerar por completo una extremidad. Examina las ilustraciones que muestran cómo se desarrolla una nueva extremidad. Luego responde a las preguntas.

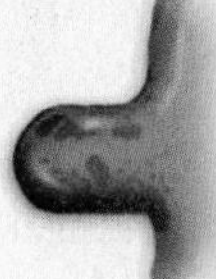

Semana 1: Dediferenciación
Al inicio, las células de la extremidad dañada pasan por una dediferenciación. Durante este proceso, las células como las musculares o nerviosas pierden las características que las hacen especializadas.

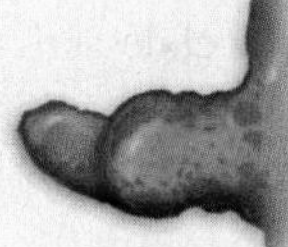

Semana 3: Formación de blastema
Las células dediferenciadas migran al área lesionada y forman un blastema, una masa creciente de células no diferenciadas.

Semana 5: Rediferenciación
Las células en el blastema se rediferencian y forman los tejidos necesarios para que la extremidad madure. La extremidad continuará creciendo hasta alcanzar su tamaño completo.

1. **Relacionar causa y efecto** ¿Por qué es necesaria la dediferenciación de las células de la extremidad de la salamandra antes de la regeneración?
2. **Clasificar** ¿Qué tipo de células piensas que se encuentran en el blastema? Explica.
3. **Conectar con la gran idea** A diferencia de las salamandras, las planarias contienen células no diferenciadas en su cuerpo adulto. ¿En qué podría diferenciarse el proceso de regeneración en las salamandras y en las planarias?

10.4 Diferenciación celular

Comprender conceptos clave

27. Las células de la médula ósea que producen células sanguíneas se clasifican mejor como
a. células troncales embrionarias.
b. células troncales adultas.
c. pluripotentes.
d. células totipotentes.

28. ¿Qué tipo de célula tiene el potencial para desarrollarse en cualquier tipo de célula?
a. totipotente
b. pluripotente
c. multipotente
d. diferenciadas

29. ¿Qué es un blastocisto?

30. ¿Qué es la diferenciación celular y por qué es importante para el desarrollo del organismo?

31. Describe dos maneras en que la tecnología puede resolver las cuestiones éticas relacionadas con la investigación de células troncales.

Razonamiento crítico

32. Relacionar causa y efecto Cuando los investigadores descubrieron cómo hacer células troncales de piel pluripotentes, ¿cómo aplicaron su descubrimiento al tratamiento de pacientes con ataque al corazón?

33. Comparar y contrastar ¿Cómo difieren el desarrollo embrionario y la diferenciación celular en la *C. elegans* de estos mismos procesos en los mamíferos?

Relacionar conceptos

Usar gráficas científicas

Usa la tabla de datos para responder a las preguntas 34 y 35.

Tiempo de vida de varias células humanas

Tipo de célula	Tiempo de vida	División celular
Glóbulos rojos	<120 días	No puede dividirse
Músculo cardiaco (corazón)	Vida larga	No puede dividirse
Músculo suave	Vida larga	Puede dividirse
Neurona (célula nerviosa)	Vida larga	La mayoría no se divide

34. Comparar y contrastar Según los datos, ¿en qué maneras las lesiones al corazón y médula espinal podrían ser similares? ¿En qué se diferencian de las lesiones a un músculo suave?

34. Predecir Si se agregaran células cancerosas a la tabla, predice qué estaría escrito en las columnas Tiempo de vida y División celular. Explica.

Escribir sobre las ciencias

36. Explicación Recuerda lo que aprendiste acerca de las características de la vida en el capítulo 1. Explica cómo la división celular se relaciona con dos o más de estas características.

37. Evalúa la gran idea ¿De qué manera el cáncer es un ejemplo de cómo los cambios en una sola célula pueden afectar la salud de todo el organismo?

Analizar datos

Un científico realizó un experimento para determinar el efecto de la temperatura en la duración del ciclo celular de la cebolla. Sus datos se resumen en la siguiente tabla.

Efecto de la temperatura en la duración del ciclo celular de la cebolla

Temperatura (°C)	Duración del ciclo celular (horas)
10	54.6
15	29.8
20	18.8
25	13.3

38. Interpretar tablas Según los datos de la tabla, ¿en cuánto tiempo esperarías que el ciclo celular estuviera a 5 °C?
a. menos de 13.3 horas
b. más de 54.6 horas
c. entre 29.8 y 54.6 horas
d. alrededor de 20 horas

39. Sacar conclusiones Dado este conjunto de datos, ¿cuál sería una conclusión válida que el científico podría establecer?

Preparación para exámenes estandarizados

Selección múltiple

1. ¿Cuál afirmación es cierta sobre la proporción del área superficial al volumen de una célula?
   A Conforme aumenta el tamaño de una célula, su volumen disminuye.
   B Conforme disminuye el tamaño de una célula, su volumen aumenta.
   C Las células más grandes tendrán una mayor proporción de área superficial al volumen.
   D Las células más pequeñas tendrán una mayor proporción de área superficial al volumen.

2. ¿Cuál de las siguientes NO es una ventaja de la reproducción asexual?
   A es simple y eficiente
   B produce un número grande de descendencia con rapidez
   C aumenta la diversidad genética
   D requiere un progenitor

3. Al principio de la división celular, un cromosoma consiste en dos
   A centrómeros.
   B centríolos.
   C cromátidas.
   D husos.

4. ¿Qué regula la coordinación del ciclo celular en los eucariotas?
   A cromosomas
   B ciclinas
   C nutrientes
   D ADN y ARN

5. El período entre las divisiones celulares se llama
   A interfase.
   B profase.
   C fase G_3.
   D citocinesis.

6. ¿Cuál de los siguientes es CIERTO sobre las células totipotentes?
   A Las células troncales embrionarias son células totipotentes.
   B Las células totipotentes son células diferenciadas.
   C Las células totipotentes pueden diferenciarse en cualquier tipo de célula y tejido.
   D Las células troncales adultas son células totipotentes.

7. Una célula entra en anafase antes que todos sus cromosomas se hayan unido al huso. Esto puede indicar que la célula no está respondiendo a
   A reguladores internos.
   B mitosis.
   C factores de crecimiento.
   D apoptosis.

Preguntas 8 a 10

Las fibras del huso de una célula que se divide fueron etiquetadas con un tinte fluorescente. Al principio de la anafase, se usó un rayo láser para marcar una región de las fibras del huso más o menos a la mitad entre los centríolos y los cromosomas. El rayo láser hizo que el tinte dejara de brillar en esta región, como se muestra en el segundo diagrama. El láser no inhibió la función normal de las fibras.

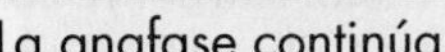

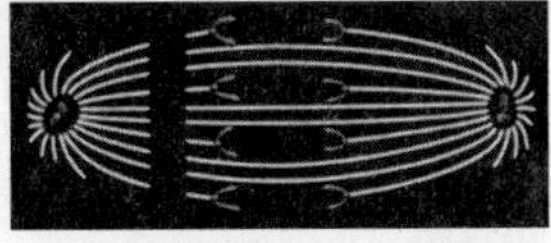

8. Este experimento prueba una hipótesis sobre
   A cómo migran los cromosomas durante la división celular.
   B cómo funcionan los tintes fluorescentes en la célula.
   C el efecto del láser en las células.
   D por qué se dividen las células.

9. El diagrama muestra que los cromosomas se mueven a los polos de la célula conforme las fibras del huso
   A se acortan en el lado del cromosoma de la marca.
   B se alargan en el lado del cromosoma de la marca.
   C se acortan en el lado del centríolo de la marca.
   D se alargan en el lado del centríolo de la marca.

10. Una conclusión válida que puede sacarse de este experimento es que las fibras del huso se rompen
    A en los centríolos.
    B en presencia de un tinte.
    C cuando se marcan con láser.
    D donde están unidas a los cromosomas.

Respuesta de desarrollo

11. Explica por qué es importante la regulación cuidadosa del ciclo celular para los organismos multicelulares.

Si tienes dificultades con...

la pregunta	1	2	3	4	5	6	7	8	9	10	11
Ver la lección	10.1	10.1	10.2	10.3	10.2	10.4	10.3	10.2	10.2	10.2	10.3

Proyecto de la unidad

Célula superheroína

¿Te gusta leer historietas? ¿Alguna vez has diseñado una historieta propia? ¡Aquí está tu oportunidad! Una profesora de bachillerato te ha contactado pidiéndote una historieta sobre células y procesos celulares. Te ha dicho que sus estudiantes están a punto de empezar a estudiar las células y necesitan una buena introducción al tema. Se te ha encargado que elabores el argumento y materiales visuales que les proporcionarán a los estudiantes comprensión básica de la estructura y función celular. Recuerda que a veces una imagen puede valer más que mil palabras, ¡así que sé creativo!

Tu tarea Escribe una historieta sobre una "célula superheroína" para un público de estudiantes de bachillerato.

Asegúrate de

- incorporar conceptos y detalles importantes sobre la estructura y función de varios organelos y procesos celulares.
- proporcionar ideas sobre las formas en que trabajan e interactúan las células con su medio ambiente.
- ser entretenido y creativo.

Preguntas de reflexión

1. **Califica tu proyecto usando la escala siguiente. ¿Qué puntuación obtuviste?**
2. **¿Qué hiciste bien en este proyecto?**
3. **¿Qué necesitas mejorar en tu proyecto?**
4. **Intercambia tu historieta con un compañero de clase y pídele que la lea. ¿Qué le gustó a tu compañero de tu historieta? ¿Qué piensa que podría mejorarse?**

Escala de evaluación

Puntuación	Contenido científico	Calidad de la historieta
4	La historieta incluye detalles precisos sobre las estructuras y funciones de varios organelos y funciones celulares. Proporciona ideas excepcionales sobre cómo una célula funciona e interactúa con su medio ambiente.	La historieta está escrita e ilustrada de manera meditada y creativa.
3	La historieta incluye en su mayoría detalles precisos sobre las estructuras y funciones de organelos y procesos celulares. Proporciona una buena idea sobre cómo una célula funciona e interactúa con su medio ambiente.	La historieta está bien escrita e incluye algo de creatividad. Las ilustraciones son claras.
2	La historieta incluye unos cuantos detalles sobre la estructura y funciones de organelos y procesos celulares, con algunas imprecisiones. Proporciona algunas ideas sobre cómo una célula funciona e interactúa con su medio ambiente.	La historieta necesita algo de edición y podría usar más creatividad. Algunas partes del argumento y las ilustraciones son difíciles de seguir.
1	La historieta incluye información vaga e imprecisa sobre la estructura y funciones de organelos y procesos celulares. Proporciona pocas ideas sobre cómo una célula funciona e interactúa con su medio ambiente.	La historieta necesita una edición considerable e incluye muy poca creatividad. El argumento y las ilustraciones son poco claros.

La genética

UNIDAD 4

Capítulos

PRESENTAR las grandes ideas

- **Información y herencia**
- **Base celular de la vida**
- **La ciencia como fuente de conocimiento**

"¿Te pareces más a tu papá o a tu mamá? Una vez esparcí el ADN de mi hija en un gel de agarosa para identificación. No quedó claro si tenía los ojos de su madre o los míos, pero la mitad de las bandas en el gel eran idénticas a las mías y la otra mitad, desde luego, a las de su madre. Esto me hizo pensar en lo extraordinaria que es en verdad la genética humana. Nuestros genes pueden provenir de nuestros progenitores, pero cada uno de nosotros obtiene una transposición fresca y una combinación completamente nueva de esas cartas genéticas al comienzo de nuestra vida."

Ken Miller

11 Introducción a la genética

La gran idea **Información y herencia**

P: ¿Cómo se transmite la información celular de una generación a otra?

La genética es el estudio de la herencia biológica. Los diferentes colores del pelaje de estos perros Labrador cobrador son un ejemplo de las características hereditarias que los genetistas tratan de entender.

BIOLOGY.com Search Chapter 11 GO • Flash Cards

EN ESTE CAPÍTULO:

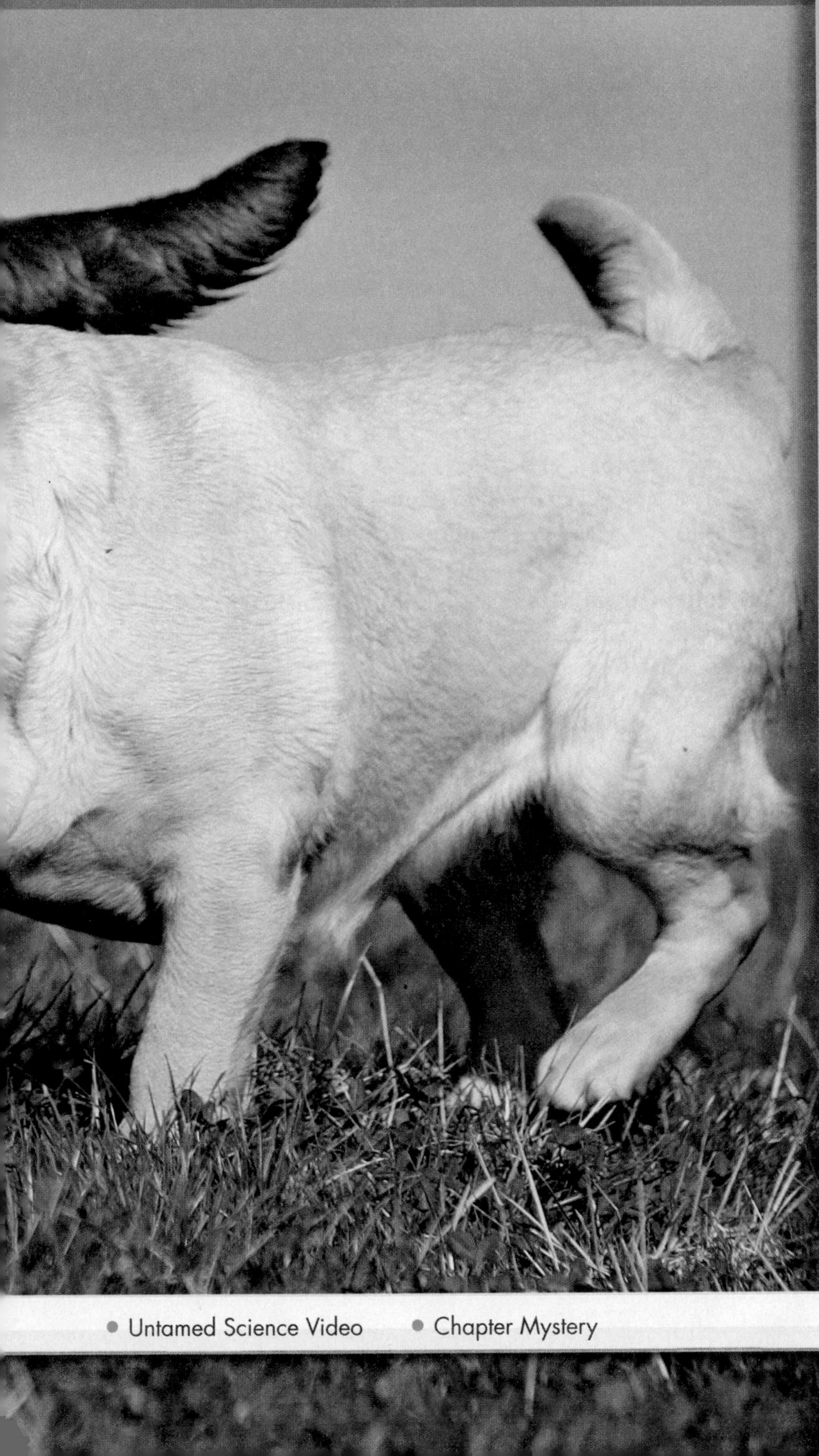

MISTERIO DEL CAPÍTULO

PERIQUITOS VERDES

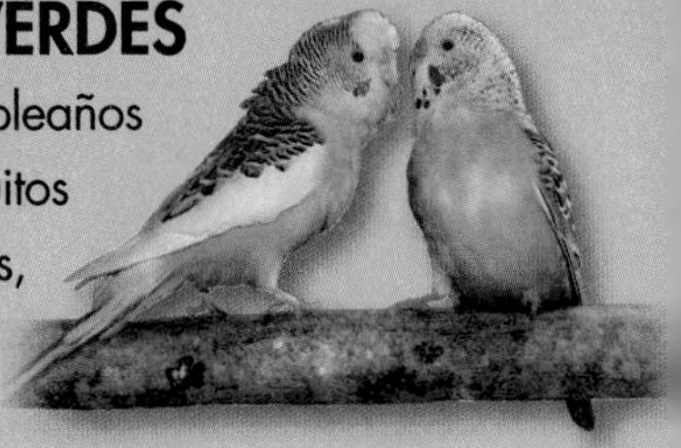

Se acercaba el cumpleaños de Susan. Los periquitos son buenas mascotas, así que los padres de Susan decidieron darle dos pájaros como regalo de cumpleaños. En la tienda de mascotas, seleccionaron dos periquitos verdes saludables, un macho y una hembra. El color favorito de Susan es el verde.

Susan estaba muy contenta con su regalo de cumpleaños. Alimentaba a los pájaros y mantenía su jaula limpia. Pocas semanas después, Susan encontró tres huevos pequeños en el nido de los pájaros. No podía esperar a darle la bienvenida a estos tres nuevos periquitos verdes. Pero, cuando finalmente se incubaron los huevos, Susan estaba asombrada. Ninguno de los periquitos era verde, uno era blanco, otro era azul y el otro era amarillo. ¿Por qué ninguno de ellos era verde? ¿Qué sucedió con el color verde de los padres de los periquitos? A medida que leas este capítulo, busca las pistas que te ayuden a identificar por qué los periquitos tenían un color diferente del de sus padres. Luego, resuelve el misterio.

Continúa explorando el mundo.
Hallar la solución al misterio de los periquitos verdes sólo es el principio. Emprende un viaje de campo en video con los genios ecólogos de *Untamed Science* para ver adónde conduce este misterio.

- Untamed Science Video
- Chapter Mystery

11.1 El trabajo de Gregor Mendel

Preguntas clave

¿De dónde obtiene un organismo sus características únicas?

¿Cómo se distribuyen las diferentes formas de un gen a su descendencia?

Vocabulario

genética • fecundación • rasgo • híbrido • gen • alelo • principio de dominancia • segregación • gameto

Tomar notas

Tabla de dos columnas Antes de leer, divide con una línea una hoja de papel. A la izquierda escribe las ideas principales de esta lección y a la derecha los detalles y ejemplos de apoyo.

PIÉNSALO ¿Qué es una herencia? Para muchas personas, es el dinero o propiedades que les heredan sus parientes fallecidos. Ese tipo de herencia importa, desde luego, pero hay otro tipo que importa aún más. Es algo que cada uno de nosotros recibimos de nuestros padres, una contribución que determina nuestro tipo de sangre, el color de nuestro cabello y mucho más. La mayoría de las personas dejan su dinero y propiedades atrás al hacer un testamento. ¿Pero qué tipo de herencia hace que la cara de una persona sea redonda o su cabello sea rizado?

Los experimentos de Gregor Mendel

¿De dónde obtiene un organismo sus características únicas?

Cada ser vivo (planta o animal, microbio o ser humano) tiene un conjunto de características que hereda de sus padres o parientes. Desde el inicio de la historia documentada, las personas desean entender cómo pasa esa herencia de una generación a otra. La transmisión de las características de un progenitor a su descendencia se llama herencia. El estudio científico de la herencia, conocido como **genética,** es la clave para comprender qué es lo que hace que cada organismo sea único.

El monje austriaco Gregor Mendel fundó la ciencia moderna de la genética. Mendel, que aparece en la **ilustración 11–1,** nació en 1822 en lo que hoy es la República Checa. Después de convertirse en cura, Mendel pasó varios años estudiando ciencias y matemáticas en la Universidad de Viena. Pasó los siguientes 14 años en un monasterio impartiendo clases en preparatoria. Además de su tarea de docencia, Mendel era el encargado del jardín del monasterio. En este sencillo jardín, realizó el trabajo que cambió la biología para siempre.

Mendel realizó su trabajo con guisantes ordinarios, en parte porque son pequeños y fáciles de cultivar. Una sola planta de guisantes puede producir cientos de descendientes. Hoy en día se conoce a los guisantes como "un sistema modelo". Los científicos usan los sistemas modelo porque son fáciles de estudiar y pueden decirnos cómo otros organismos, incluidos los seres humanos, funcionan en realidad. Con los guisantes, Mendel pudo realizar en tan sólo una o dos estaciones de cosecha, los experimentos que habría sido imposible ejecutar con seres humanos y que habría tomado décadas, si no es que siglos, realizarlos con cerdos, caballos y otros animales grandes.

ILUSTRACIÓN 11-1 Gregor Mendel

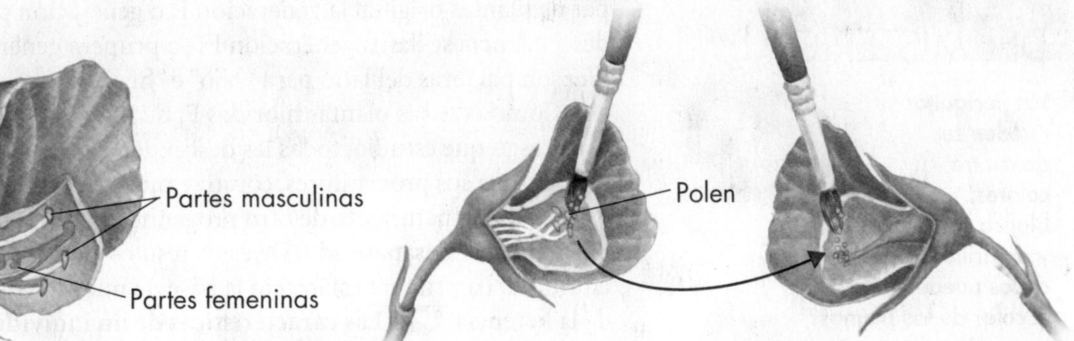

ILUSTRACIÓN 11–2 Polinización cruzada Para la polinización cruzada de las plantas de guisante, Mendel cortó las partes masculinas de una flor y después espolvoreó la parte femenina con polen de otra flor. **Aplica los conceptos** ***¿Cómo evitó este procedimiento la autopolinización?***

El papel de la fecundación Cuando Mendel comenzó sus experimentos, sabía que la parte masculina de cada flor fabrica polen, el cual contiene las células reproductoras masculinas de la planta, llamadas espermatozoides. Asimismo, Mendel sabía que la parte femenina de cada flor produce las células reproductoras llamadas óvulos. Durante la reproducción sexual las células reproductoras masculinas y femeninas se unen en un proceso conocido como **fecundación** para producir una célula nueva. En los guisantes, esta célula nueva se desarrolla en un embrión pequeño que se aloja dentro de una semilla.

Las flores de guisante por lo general se autopolinizan, es decir, los espermatozoides fecundan los óvulos dentro de la misma flor. Una planta que crece de una semilla producida por autopolinización hereda todas sus características de la planta única que la contiene; tiene un solo progenitor.

El jardín del monasterio de Mendel tenía varias cepas de plantas de guisante. Estas plantas eran de "raza pura", es decir, eran de autopolinización y producirían una descendencia idéntica a sí mismas. En otras palabras, los rasgos de cada generación sucesiva serían los mismos. Un **rasgo** es una característica específica, como el color de la semilla o la altura de la planta, de un individuo. Muchos rasgos varían de un individuo a otro. Por ejemplo, una cepa de las semillas de Mendel produjo sólo plantas altas, mientras otra produjo sólo plantas cortas. Una produjo sólo semillas verdes, y otra produjo sólo semillas amarillas.

Para aprender más cómo se determinan estos rasgos, Mendel decidió "cruzar" sus cepas de raza pura, es decir, hizo que una planta se reprodujera con otra planta. Para ello, tenía que evitar la autopolinización, lo cual logró cortando las partes masculinas que contienen el polen de una flor. Después espolvoreó el polen de una planta diferente en la parte femenina de aquella flor, como se muestra en la **ilustración 11–2.** Este proceso, conocido como polinización cruzada, produce una planta que tiene dos progenitores diferentes. La polinización cruzada permitió a Mendel cultivar plantas con rasgos diferentes de los de sus progenitores y después estudiar los resultados.

Mendel estudió siete rasgos diferentes de plantas de guisante. Cada uno tenía dos características contrastantes como el color verde o amarillo de la semilla. Mendel cruzó las plantas con cada una de las siete características contrastantes y después estudió su descendencia. La descendencia del cruce entre progenitores que tienen rasgos diferentes se llama **híbrido.**

En tu cuaderno *Explica con tus propias palabra qué es la fecundación.*

Los periquitos pueden ser de cuatro colores: blanco, verde, azul y amarillo. ¿Cuántos alelos puede haber para el color de las plumas?

Genes y alelos Cuando se realizan cruces genéticos, llamamos a cada par de plantas original la generación P, o generación progenitora. Su descendencia se llama generación F1, o primera generación filial. (*Filius* y *filia* son palabras del latín para "hijo" e "hija".)

¿Cómo eran las plantas híbridas F_1 de Mendel? Para su sorpresa, para cada rasgo que estudió, todas las descendencias tenían características de sólo uno de sus progenitores, como se muestra en la **ilustración 11–3.** En cada cruce, la naturaleza de otro progenitor, con relación a cada rasgo, parecía haber desaparecido. De estos resultados, Mendel llegó a dos conclusiones. La primera estableció la base de nuestro conocimiento actual de la herencia. **Las características de un individuo están determinadas por factores que se transmiten de una generación progenitora a la siguiente.** Hoy en día, los científicos llaman **genes** a los factores que pasan de los progenitores a la descencia.

Cada rasgo estudiado por Mendel se controló mediante un gen único que ocurrió en dos variedades contrastantes. Estas variaciones produjeron expresiones o formas diferentes de cada rasgo. Por ejemplo, el gen para la altura de la planta se presentó en una forma que produjo plantas altas y en otra forma que produjo plantas cortas. Las diferentes formas de un gen se llaman **alelos.**

Alelos dominantes y recesivos La segunda conclusión de Mendel se llama **principio de dominancia.** el cual establece que algunos alelos son dominantes y otros recesivos. Un organismo con por lo menos un alelo dominante para una forma particular de un rasgo, exhibirá esa forma del rasgo. Un organismo con un alelo recesivo para una forma particular de un rasgo, exhibirá esa forma sólo cuando no esté presente el alelo dominante para ese rasgo. En los experimentos de Mendel, el alelo para las plantas altas era dominante y el alelo para las plantas cortas era recesivo. Asimismo, el alelo para las semillas amarillas era dominante sobre el alelo recesivo para las semillas verdes.

ILUSTRACIÓN 11–3 Cruces F_1 de Mendel Cuando Mendel cruzó las plantas con rasgos contrastantes, los híbridos resultantes tenían rasgos de sólo uno de los progenitores.

Siete cruces F_1 de las plantas de guisante de Mendel

	Forma de la semilla	Color de la semilla	Cubierta de la semilla	Forma de la vaina	Color de la vaina	Posición de la flor	Altura de la planta
P	Redonda X Rugosa	Amarillo X Verde	Gris X Blanca	Lisa X Estrecha	Verde X Amarillo	Axial X Terminal	Alta X Corta
F_1	Redonda	Amarillo	Gris	Lisa	Verde	Axial	Alta

Actividad rápida de laboratorio

INVESTIGACIÓN DIRIGIDA

Variación en el salón de clase

1. Copia la tabla de datos en tu cuaderno.
2. Predice si los rasgos enumerados en la tabla se distribuirán de manera equitativa o si habrá más rasgos dominantes que recesivos.
3. Examina sus características, usa un espejo si es necesario. Determina qué rasgos tienes para las características de la A a la E.
4. Entrevista por lo menos a 14 estudiantes para hallar los rasgos que tienen. Anota los números y registra los totales en cada columna.

Encuesta para determinar los rasgos

Carate-rística	Rasgo dominante	Número	Rasgo recesivo	Número
A	Lóbulos separados		Lóbulos pegados	
B	Pelo en los dedos		Sin pelo en los dedos	
C	Con pico de viuda		Sin pico de viuda	
D	Cabello rizado		Cabello lacio	
E	Barbilla partida		Barbilla lisa	

Analizar y concluir

1. Calcular Calcula los porcentajes de cada rasgo de toda tu muestra. ¿Cómo comparas estos números con tu predicción? **MATEMÁTICAS**

2. Proponer una hipótesis ¿Por qué piensas que los rasgos recesivos son más comunes en algunos casos?

En tu cuaderno *Haz un diagrama que explique el principio de dominancia de Mendel.*

Segregación

¿Cómo se distribuyen las diferentes formas de un gen a su descendencia?

Mendel no se detuvo después de cruzar las plantas progenitoras, tenía otra pregunta: ¿los alelos recesivos simplemente desaparecían o todavía estaban presentes en las plantas nuevas? Para averiguarlo, permitió que siete clases de híbridos F_1 se autopolinizaran. La descendencia de un cruce F_1 se llama generación F_2 (segunda generación filial). En efecto, Mendel cruzó la generación F_1 con ella misma para producir la descendencia F_2 como se muestra en la **ilustración 11–4.**

El cruce F_1 Cuando Mendel comparó las plantas F_2, hizo un descubrimiento increíble: los rasgos controlados por los alelos recesivos volvieron a aparecer en la segunda generación. Alrededor de un cuarto de las plantas F_2 mostró los rasgos controlados por los alelos recesivos. ¿Por qué entonces los alelos recesivos que parecían desaparecer en la generación F_1, sólo volvían a aparecer en la generación F_2?

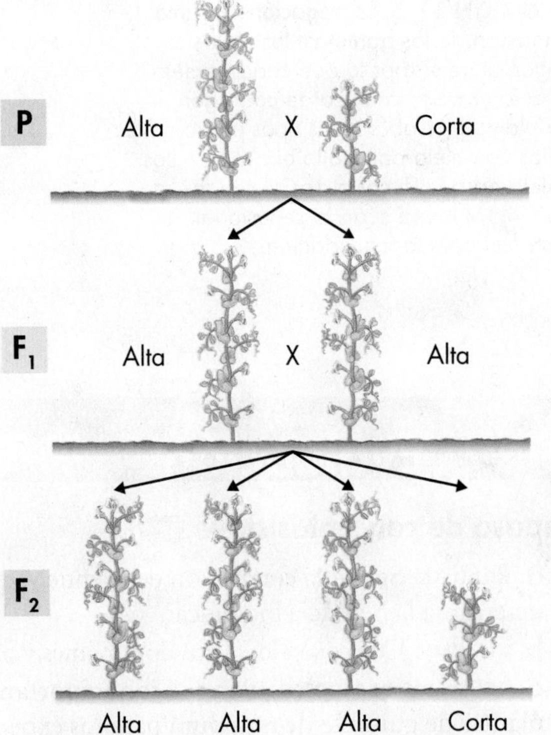

ILUSTRACIÓN 11–4 Resultados del cruce F_1 Cuando las plantas F_1 se reprodujeron por autopolinización, los rasgos controlados por alelos recesivos aparecieron en casi un cuarto de las plantas F_2 de cada cruce. **Calcular** ***¿Qué proporción de las plantas F_2 tenían un rasgo controlado por un alelo dominante?*** **MATEMÁTICAS**

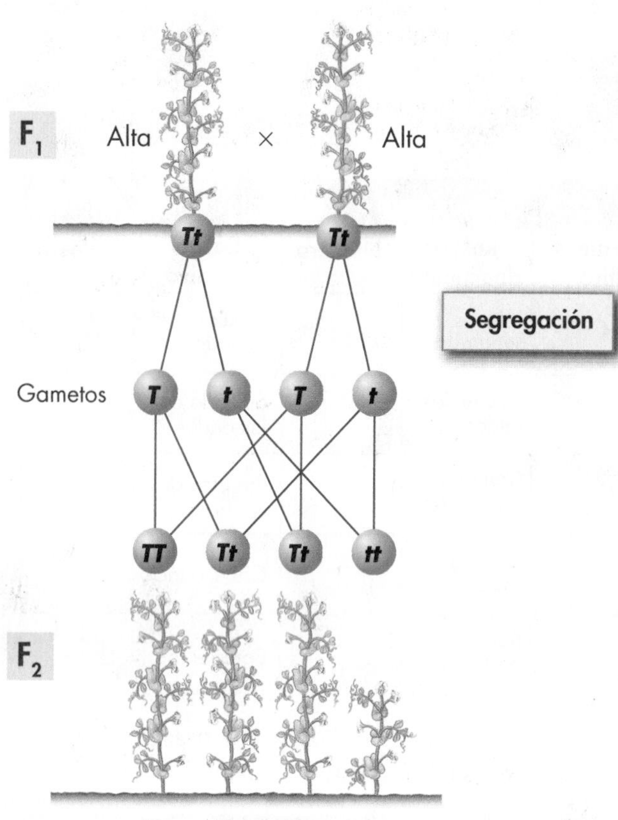

ILUSTRACIÓN 11–5 Segregación Durante la formación de los gametos, los alelos se segregan entre sí, por lo que cada gameto porta sólo una copia única de cada gen. Cada planta F_1 elabora dos tipos de gametos: aquellos con alelo para tallo alto y aquellos con alelo para tallo corto. Los alelos se emparejan otra vez cuando se fusionan los gametos durante la fecundación.

Explicar el cruce F_1 Para comenzar, Mendel asumió que un alelo dominante oculta los alelos recesivos correspondientes en la generación F_1. Sin embargo, los rasgos controlados por los alelos recesivos no se muestran en algunas de las plantas F_2. Esta reaparición indica que, en algún punto, los alelos para el tallo corto se separaron de los alelos para el tallo alto. ¿Cómo ocurrió esta separación o **segregación** de alelos? Mendel sugiere que los alelos para tallo alto y tallo corto en las plantas F_1 debieron segregarse entre sí durante la formación de las células sexuales, o **gametos.** ¿Esta sugerencia tiene sentido?

Segregación

La formación de gametos Asumamos, como Mendel lo habría hecho, que las plantas F_1 heredaron un alelo para tallo alto del progenitor alto y uno para tallo corto del progenitor bajo. Debido a que el alelo para tallo alto es dominante, todas las plantas F_1 son altas. **Durante la formación de gametos, los alelos para cada gen se segregan entre sí, de modo que cada gameto lleva sólo un alelo de cada gen.** Por tanto, cada planta F_1 produce dos clases de gametos: los que tienen alelos para tallo alto y los que tienen alelos para tallo corto.

Mira la **ilustración 11–5** para ver cuántos alelos se separan durante la formación de gametos y después se emparejan otra vez en la generación F_2. Un alelo dominante se representa con una letra mayúscula y un alelo recesivo se representa con una letra minúscula. Ahora podemos ver por qué los rasgos recesivos para altura, *t*, reaparecen en la generación F_2 de Mendel. Cada planta F_1 en el cruce de Mendel produjo dos tipos de gametos: aquellos con alelos para tallo alto y aquellos con alelos para tallo corto. Siempre que un gameto portador del alelo *t* se emparejaba con otro gameto portador del alelo *t* para producir una planta F_2, esa planta era de tallo corto. Cada vez que se emparejaban uno o ambos gametos portadores del alelo *T*, se producía una planta de tallo alto. En otras palabras, la generación F_2 tenía nuevas combinaciones de alelos.

11.1 Evaluación

Repaso de conceptos clave

1. a. **Repasar** Según la conclusión de Mendel, ¿qué determina la herencia biológica?
   b. **Explicar** ¿Cuáles son los alelos dominantes y recesivos?
   c. **Aplica los conceptos** ¿Por qué son importantes las plantas de guisante de raza pura para los experimentos de Mendel?
2. a. **Repasar** ¿Qué es segregación?
   b. **Explicar** ¿Qué les sucede a los alelos entre la generación P y la generación F_2?
   c. **Inferir** ¿Qué evidencia usó Mendel para explicar cómo ocurre la segregación?

RAZONAMIENTO VISUAL

3. Usa un diagrama para explicar los principios de dominancia y segregación de Mendel. Debes mostrar cómo se segregan los alelos durante la formación de gametos.

BIOLOGY.com Search Lesson 11.1  • Self-Test • Lesson Assessment

11.2 Aplicación de los principios de Mendel

PIÉNSALO *En la vida nada es cierto.* Hay bastante sabiduría en los dichos antiguos y la genética es un excelente ejemplo. Si un progenitor porta dos alelos diferentes para cierto gen, no podemos estar seguros cuál de estos alelos lo heredará uno o dos descendientes del progenitor. Sin embargo, piensa cuidadosamente acerca de la naturaleza de la herencia y verás que si bien no podemos predecir el futuro exacto, podemos hacer algo casi tan útil: calcular las posibilidades.

Probabilidad y cuadros de Punnett

¿Cómo podemos usar la probabilidad para predecir los rasgos?

Siempre que Mendel realizaba un cruce con plantas de guisante, las colocaba en categorías de manera cuidadosa y contaba la descendencia. En consecuencia, tenía bastantes datos para analizar. Por ejemplo, siempre que cruzó dos plantas que eran híbridos para la altura del tallo (*Tt*), cerca de tres cuartos de las plantas resultantes eran altas y cerca de un cuarto eran cortas.

Al analizar estos datos Mendel se dio cuenta que podía usar los principios de probabilidad para explicar los resultados de sus cruces genéticos. La **probabilidad** es un concepto que quizás aprendiste en tu clase de matemáticas. Es la posibilidad de que ocurra un suceso dado. Como ejemplo, considera un suceso ordinario como lanzar al aire una moneda. Existen dos resultados posibles de este suceso. La moneda puede caer cara o cruz. La posibilidad, o probabilidad, es igual para cualquier resultado. Por tanto, la probabilidad de que una sola moneda caiga en cara es de 1 en 2. Esto equivale a 1/2 ó 50 por ciento.

Si lanzas una moneda tres veces seguidas, ¿cuál es la probabilidad de que siempre caiga en cara? Cada lanzamiento es un suceso independiente con 1/2 probabilidad de que caiga cara. Por tanto, la probabilidad de que caiga cara tres veces seguidas es:

$$1/2 \times 1/2 \times 1/2 = 1/8$$

Como puedes ver, tienes 1 posibilidad en 8 de obtener cara tres veces seguidas. La multiplicación de probabilidades individuales ilustra un punto importante: los resultados del pasado no afectan los futuros. Sólo porque hayas obtenido cara tres veces seguidas no significa que tienes más posibilidades de obtener cara en el siguiente lanzamiento. La probabilidad de ese lanzamiento sigue siendo de 1/2.

ILUSTRACIÓN 11–6 Probabilidad La probabilidad te permite calcular la posibilidad de que ocurra un suceso particular. La probabilidad de que la moneda caiga en cara es de ½ ó 50 por ciento.

Preguntas clave

¿Cómo podemos usar la probabilidad para predecir los rasgos?

¿Cómo se segregan los alelos cuando está involucrado más de un gen?

¿Qué aportó Mendel a nuestra comprensión de la genética?

Vocabulario

probabilidad • homocigoto • heterocigoto • fenotipo • genotipo • cuadro de Punnett • distribución independiente

Tomar notas

Vistazo al material visual Antes de leer, mira la **ilustración 11–7** e infiere su propósito. Mientras lees, compara tu inferencia con el texto. Al final, revisa tu afirmación o escribe otra.

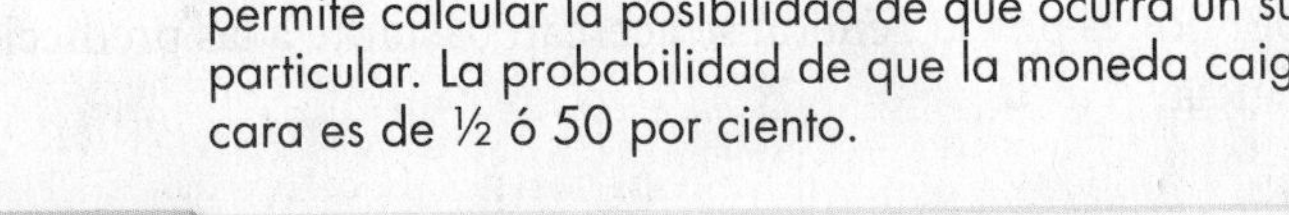

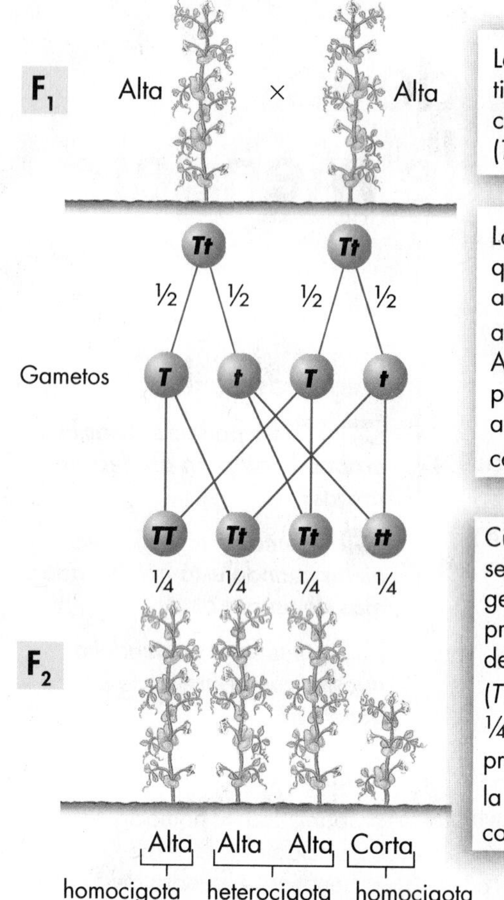

Las dos plantas F_1 tienen los mismos conjuntos de alelos (*Tt*) y son altas.

La probabilidad de que cada gameto adquiera el alelo alto (*T*) es de ½. Asimismo, la probabilidad de adquirir el alelo corto (*t*) es de ½.

Cuando los alelos se emparejan en la generación F_2, la probabilidad de una descendencia alta (*TT* o *Tt*) es de ¼ + ¼ + ¼, ó ¾. La probabilidad de que la descendencia sea corta (*tt*) es de ¼.

ILUSTRACIÓN 11–7 Segregación y probabilidad En estos cruces, las combinaciones de alelos *TT* y *Tt* producen tres plantas de guisante altas, mientras que la combinación de alelos *tt* producen una planta corta. Estas cantidades siguen las leyes de probabilidad. **Predecir** ***Si cruzas una planta TT con una planta Tt, ¿la descendencia será alta o corta?***

Usar la segregación para predecir resultados

La forma en que se segregan los alelos durante la formación de gametos es casi tan aleatoria como lanzar una moneda al aire. Por tanto, se pueden usar los principios de probabilidad para predecir los resultados de los cruces genéticos.

Mira otra vez el cruce F_1 de Mendel, mostrado en la **ilustración 11–7.** Este cruce produjo una mezcla de plantas altas y cortas. ¿Por qué sólo 1/4 de la descendencia fue corta? Veamos, las dos plantas F_1 eran altas. Si cada planta tenía un alelo para tallo alto y un alelo para tallo corto (*Tt*) y si los alelos se segregaban como pensaba Mendel, entonces la 1/2 de los gametos producidos por las plantas portarían el alelo para tallo corto (*t*). Pero el alelo *t* es recesivo, así que la única forma de producir una planta corta (*tt*) es para dos gametos, cada uno portando el alelo *t*, para combinar.

Como el lanzamiento de la moneda, cada gameto F_2 tiene una en dos ó 1/2 posibilidad de portar el alelo *t*. Hay dos gametos, así que la probabilidad de que ambos porten el alelo *t* es de $1/2 \times 1/2 = 1/4$. En otras palabras, alrededor de 1/4 de la descendencia F_2 debe ser corta y las tres cuartas partes restantes deben ser altas. Esta proporción predicha (3 descendientes con rasgo dominante a 1 descendiente con rasgo recesivo), se mostró de manera consistente en los experimentos de Mendel. En cada uno de sus siete cruces, cerca de 3/4 de las plantas mostraron el rasgo controlado por el alelo dominante y cerca de 1 1/4 mostró el rasgo controlado por el alelo recesivo. Se llevó a cabo la segregación según el modelo de Mendel.

Como puedes ver en la generación F_2, no todos los organismos con las mismas características tienen las mismas combinaciones de alelos. Las combinaciones de alelos *TT* y *Tt* produjeron plantas de guisantes altas, pero sólo una de estas combinaciones tenía alelos idénticos. Los organismos con dos alelos idénticos para un gen particular, *TT* o *tt* en este ejemplo, son **homocigotos.** Los organismos con dos alelos diferentes para el mismo gen, como *Tt*, son **heterocigotos.**

Las probabilidades predicen los promedios Las probabilidades predicen el resultado promedio de un gran número de sucesos. Si lanzas una moneda al aire dos veces, tal vez caerá una vez en cara y otra vez en cruz. Pero también podría caer dos veces en cara o dos veces en cruz. Para obtener la proporción 50 : 50 que esperas, tendrías que lanzar la moneda muchas veces. Lo mismo sucede en la genética.

Entre mayor sea el número de descendientes, más cercanos serán los resultados a los valores predichos. Si una generación F_2 contiene sólo tres o cuatro descendientes, podría no coincidir con las proporciones de Mendel. Cuando una generación F_2 contiene cientos o miles de individuos, las proporciones por lo general se acercan bastante a las predicciones de coincidencia.

Genotipo y fenotipo Uno de los discernimientos más revolucionarios de Mendel, surgido directamente de sus observaciones de los cruces F_1 es: cada organismo tiene una composición genética así como un conjunto de características observables. Todas las plantas de guisante altas tenían el mismo **fenotipo,** o rasgos físicos, pero no tenían el mismo **genotipo,** o composición genética. Mira otra vez **ilustración 11–7** y hallarás tres genotipos diferentes entre las plantas F_2: *TT*, *Tt* y *tt*. El genotipo de un organismo se hereda y el fenotipo está determinado en gran medida por el genotipo. Dos organismos pueden compartir el mismo fenotipo pero tener diferente genotipos.

DESARROLLAR el vocabulario

PREFIJOS El prefijo *feno-* en **fenotipo** viene de la palabra griega *phainein*, que significa "mostrar". *Geno-*, el prefijo en **genotipo,** se deriva de la palabra griega *genus*, que significa "raza, tipo".

Uso de cuadros de Punnett Una de las mejores maneras de predecir el resultado de un cruce genético consiste en dibujar una diagrama sencillo conocido como **cuadro de Punnett.**  **Los cuadros de Punnett usan la probabilidad matemática para predecir las combinaciones de genotipos y fenotipos en un cruce genético.** Construir un cuadro de Punnett es muy sencillo. Comienzas con un cuadrado. Después, siguiendo el principio de segregación, todas las posibles combinaciones de alelos en los gametos que produce un progenitor los escribes a lo largo del borde superior del cuadrado. Los otros alelos de los progenitores se segregan a lo largo del borde izquierdo. Después, escribes cada genotipo posible en los cuadros dentro del cuadrado como aparecerían en la generación F_2. La **ilustración 11–8** de la próxima página muestra las instrucciones paso a paso para construir cuadros de Punnett.

En tu cuaderno *Escribe con tus propias palabras las definiciones de los términos* homocigoto, heterocigoto, fenotipo *y* genotipo.

Actividad rápida de laboratorio

INVESTIGACIÓN DIRIGIDA

¿Cómo se heredan los hoyuelos?

1. Escribe los cuatro últimos dígitos de cualquier número telefónico. Estos dígitos aleatorios representan los alelos de un gen que determinan si la persona tendrá hoyuelos. Los dígitos impares representan los alelos para el rasgo dominante de los hoyuelos. Los dígitos pares representan el alelo para el rasgo recesivo de no tener hoyuelos.
2. Usa los primeros dos dígitos para representar un genotipo del padre. Usa los símbolos *D* y *d* para escribir su genotipo como se muestra en el ejemplo.

El genotipo del padre es *dd* (2 dígitos pares).

El genotipo de la madre es *Dd* (1 dígito par y 1 dígito impar).

46 | 38

3. Usa los dos últimos dígitos de la misma manera para hallar el genotipo de la madre. Escribe su genotipo.
4. Usa la **ilustración 11–8** de la próxima página para construir un cuadro de Punnett para el cruce de estos progenitores. Luego, con el cuadro de Punnett, determina la probabilidad que su niño tenga hoyuelos.
5. Determina el promedio porcentual de personas con hoyuelos en tu salón de clase.

Analizar y concluir

1. **Aplica los conceptos** ¿Cómo se compara el promedio de la clase con el resultado de un cruce de dos progenitores heterocigotos?

2. **Sacar conclusiones** ¿Qué porcentaje se espera que tengan hoyuelos si un progenitor es homocigoto para hoyuelos (*DD*) y el otro es heterocigoto (*Dd*)?

RESUMEN VISUAL

CÓMO HACER UN CUADRO DE PUNNETT

ILUSTRACIÓN 11–8 Mediante un cuadro de Punnett puedes determinar las combinaciones de alelos que podrían resultar de una cruce genético.

1 Comienza con los progenitores

Cruce de un factor

Escribe los genotipos de dos organismos que servirán como progenitores en un cruce. En este ejemplo cruzaremos un águila pescadora macho y una hembra, o halieto, que son heterocigotos para picos grandes. Cada uno tiene genotipos *Bb*.

Bb* y *Bb

Cruce de dos factores

En este ejemplo cruzaremos dos plantas de guisante que son heterocigotas para el tamaño (alelos altos y cortos) y para el color de la vaina (alelos verdes y amarillos). Los genotipos de los dos progenitores son *TtGg* y *TtGg*.

TtGg* y *TtGg

2 Calcula los gametos

Cruce de un factor

Determina cuáles alelos se hallarían en todos los gametos posibles que cada progenitor podría producir.

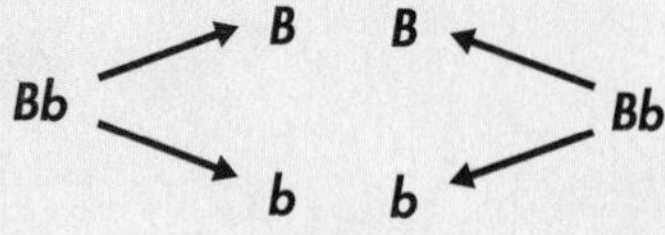

Cruce de dos factores

Determina cuáles alelos hallarías en todos los gametos posibles que cada progenitor podría producir.

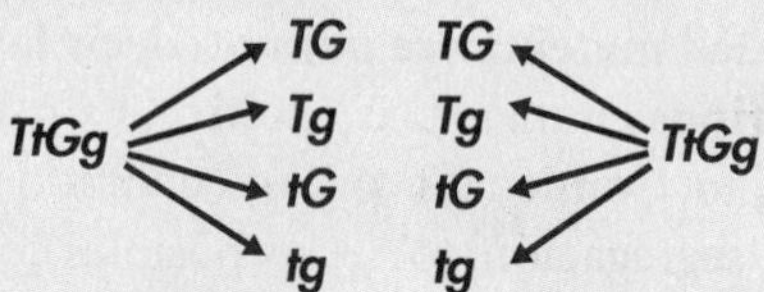

3 Alinéalos

Cruce de un factor

Dibuja una tabla con los cuadros suficientes para cada par de gametos de cada progenitor. En este caso, cada progenitor puede hacer dos tipos diferentes de gametos, *B* y *b*. Ingresa los genotipos de los gametos que producen ambos progenitores en la parte superior y en los lados izquierdos de la tabla.

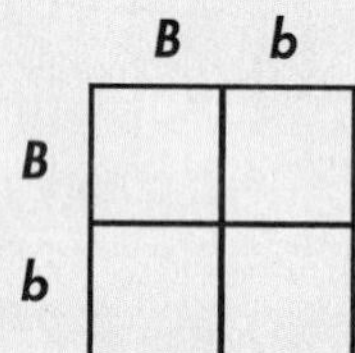

Cruce de dos factores

En este caso, cada progenitor puede producir 4 tipos diferentes de gametos, por lo que la tabla sólo necesita 4 hileras por 4 columnas, ó 16 cuadrados.

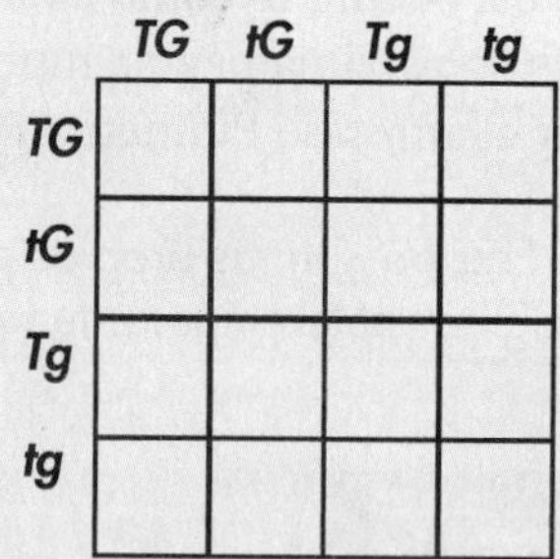

4 Escribe los genotipos nuevos

Cruce de un factor

Llena la tabla combinando los genotipos de los gametos.

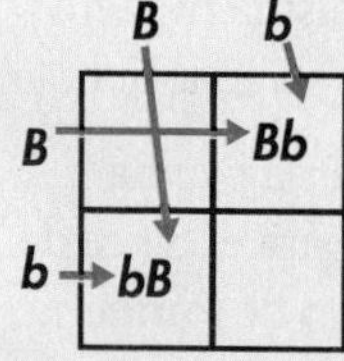

	B	b
B	BB	Bb
b	bB	bb

Cruce de dos factores

Llena la tabla combinando los genotipos de los gametos.

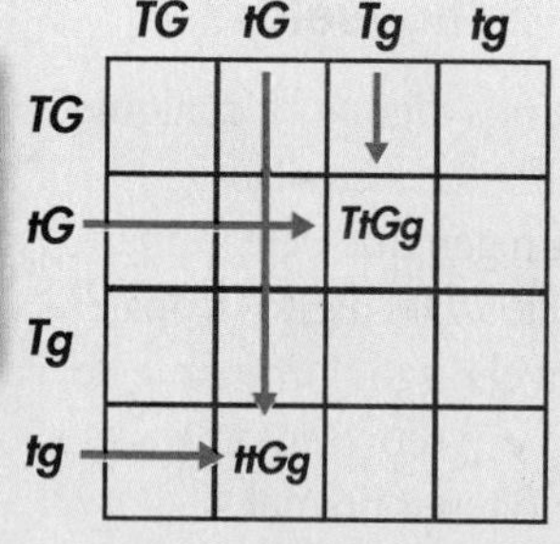

	TG	tG	Tg	tg
TG	TTGG	TtGG	TTGg	TtGg
tG	TtGG	ttGG	TtGg	ttGg
Tg	TTGg	TtGg	TTgg	Ttgg
tg	TtGg	ttGg	Ttgg	ttgg

5 Calcula los resultados

Cruce de un factor

Determina el genotipo y fenotipo de cada descendencia. Calcula el porcentaje de cada uno. En este ejemplo, ¾ de los polluelos tendrán picos grandes pero sólo la mitad serán heterocigotos para este rasgo (*Bb*).

	B	b
B	BB	Bb
b	bB	bb

Cruce de dos factores

En este ejemplo, el color de los cuadrados representa el color de la vaina. Los alelos escritos en negro indican las plantas cortas mientras que los alelos escritos en rojo indican las plantas altas.

	TG	tG	Tg	tg
TG	TTGG	TtGG	TTGg	TtGg
tG	TtGG	ttGG	TtGg	ttGg
Tg	TTGg	TtGg	TTgg	Ttgg
tg	TtGg	ttGg	Ttgg	ttgg

Distribución independiente

¿Cómo se segregan los alelos cuando está involucrado más de un gen?

Después de mostrar que los alelos se segregan durante la formación de gametos, Mendel se preguntó si la segregación de un par de alelos afecta al otro par. Por ejemplo, ¿un gen que determina la forma de la semilla afecta el gen del color de la semilla? Para averiguarlo, Mendel siguió dos tipos diferentes de genes conforme pasaron de una generación a otra. Debido a que esto involucra dos tipos diferentes de genes, el experimento de Mendel se conoce como cruce de dos factores, o cruce "dihíbrido". (Los cruces de un solo gen son cruces "monohíbridos".)

Cruces de dos factores: F_1 En primer lugar, Mendel cruzó plantas de raza pura que produjeron sólo guisantes redondos y amarillos con plantas que produjeron guisantes rugosos y verdes. Los guisantes redondos y amarillos tenían el genotipo *RRYY*, y los guisantes rugosos y verdes tenían el genotipo *rryy*. Todos los descendientes F_1 produjeron guisantes redondos y amarillos. Estos resultados mostraron que los alelos para los guisantes redondos y amarillos son dominantes. Como se muestra en el cuadro de Punnett de la **ilustración 11–9**, el genotipo en cada una de estas plantas F_1 es *RrYy*. En otras palabras, todas las plantas F_1 eran heterocigotas tanto para la forma de la semilla como para el color de la semilla. Este cruce no indicaba si los genes se clasifican o segregan en forma independiente. Sin embargo, proporcionó a las plantas híbridas lo necesario para cosechar la generación F_2.

Cruce de dos factores: F_2 En la segunda parte de este experimento, Mendel cruzó las plantas F_1 para producir los descendientes F_2. Recuerda, cada planta F_1 se formó de la fusión de un gameto que porta los alelos *RY* dominantes con otro gameto que porta los alelos *ry* recesivos. ¿Esto significa que los dos alelos dominantes siempre deben permanecer juntos, o se deben segregar en forma independiente, para que sea posible cualquier combinación de alelos?

En el experimento de Mendel, las plantas F_2 produjeron 556 semillas. Mendel comparó su variación. Observó que 315 de las semillas eran redondas y amarillas, mientras las otras 32 semillas eran rugosas y verdes (los dos fenotipos progenitores). Sin embargo, 209 semillas tenían combinaciones de fenotipos y, por tanto las combinaciones de alelos, que no se encontraron en ninguno de los progenitores. Esto claramente significa que los alelos para la forma de las semillas se segregaron de manera independiente de aquellos para el color de las semillas. Puesto de otra forma, los genes que se segregan de manera independiente (como los genes para la forma y color de la semilla en las plantas de guisante) no influyen en la herencia de otros.

Los resultados experimentales de Mendel estaban muy cerca de la proporción 9 : 3 : 3 : 1 que predice el cuadro de Punnett mostrado en la **ilustración 11–10**. Mendel había descubierto el principio de **distribución independiente.** **El principio de distribución independiente establece que los genes para rasgos diferentes pueden segregarse de manera independiente durante la formación de los gametos.** La distribución independiente ayuda a que se tomen en cuenta las diversas variaciones genéticas que se observan en las plantas, animales y otros organismos, aún cuando tengan los mismos progenitores.

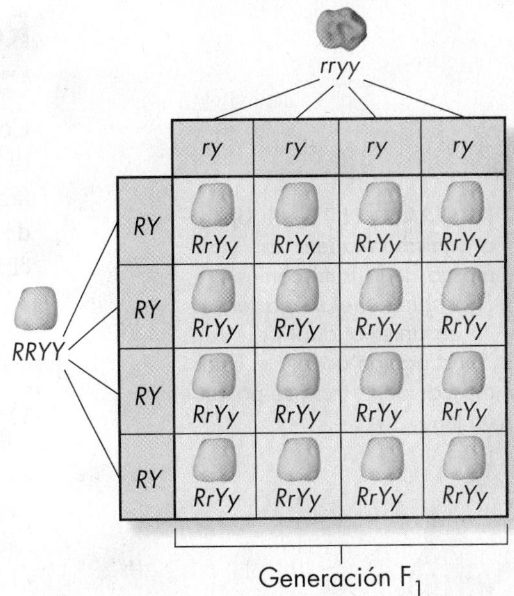

ILUSTRACIÓN 11–9 Cruce de dos factores: F_1 Mendel cruzó plantas que eran heterocigotas dominantes para guisantes redondos y amarillos con plantas que eran homocigotas recesivas para guisantes rugosos y verdes. Toda la descendencia F_1 fue heterocigota dominante para guisantes redondos y amarillos. **Interpretar gráficas** ***¿En qué difiere el genotipo de la descendencia del progenitor homocigoto dominante?***

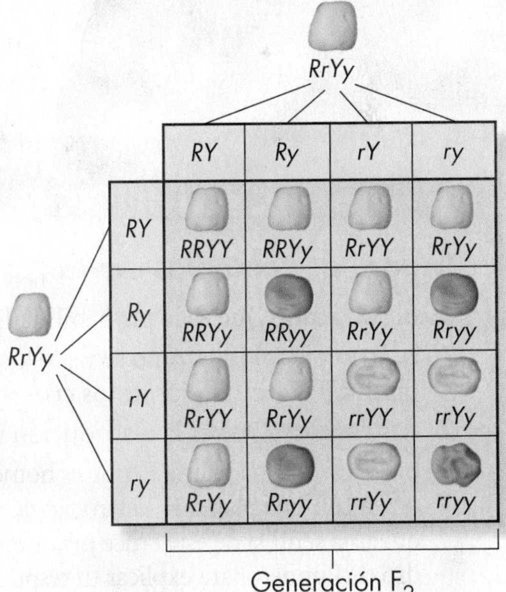

ILUSTRACIÓN 11–10 Cruce de dos factores: F_2 Cuando Mendel cruzó las plantas F_1 que eran heterocigotas dominantes para los guisantes redondos y amarillos, encontró que los alelos se segregaron de manera independiente para producir la generación F_2.

Resumen de los principios de Mendel

¿Qué aportó Mendel a nuestra comprensión de la genética?

Como habrás visto, se pueden observar los principios de segregación y de distribución independiente de Mendel a través de cruces de uno y dos factores. **Los principios de herencia de Mendel, observados a través de patrones de herencia, son la base de la genética moderna.** Estos principios son los siguientes:

- La herencia de las características biológicas está determinada por unidades individuales llamadas genes, que pasan de los progenitores a la descendencia.
- Cuando hay dos o más formas (alelos) del gen para un rasgo único existente, algunos alelos pueden ser dominantes y otros pueden ser recesivos.
- En la mayoría de los organismos que se reproducen sexualmente, cada adulto tiene dos copias de cada gen, uno de cada progenitor. Estos genes se segregan entre sí cuando se forman los gametos.
- Los alelos para los diferentes genes por lo general se segregan de manera independiente entre sí.

Los principios de Mendel no aplican sólo a las plantas. A principios del siglo XX, el genetista estadounidense Thomas Hunt Morgan quería usar un organismo modelo de otro tipo para avanzar en el estudio de la genética. Decidió trabajar con un insecto pequeño, que mantenía sin que nadie lo hubiera invitado en su laboratorio. El insecto era una mosca de la fruta común *Drosophila melanogaster,* mostrado en la **ilustración 11–11.** *Drosophila* puede producir bastantes descendientes, un solo par puede producir cientos de crías. Mucho antes, Morgan y otros biólogos probaron todos los principios de Mendel y aprendieron que también se aplicaban a las moscas y a otros organismos. De hecho, puedes usar los principios básicos de Mendel para estudiar la herencia de los rasgos humanos y calcular la probabilidad de que aparezcan ciertos rasgos en la siguiente generación. En el capítulo 14 aprenderás más acerca de la genética de los seres humanos.

ILUSTRACIÓN 11–11 Un organismo modelo La mosca de la fruta común *Drosophila melanogaster*, es un organismo ideal para la investigación genética. Estas moscas de la fruta se posan en un limón.

11.2 Evaluación

Repaso de conceptos claves

1. a. **Repasar** ¿Qué es la probabilidad?
   b. **Usar modelos** ¿Cómo se usan los cuadros de Punnett para predecir los resultados de los cruces genéticos?
2. a. **Repasar** ¿Qué es la distribución independiente?
   b. **Calcular** Una planta F_1 que es homocigota para el tallo corto se cruza con una planta F_1 heterocigota. ¿Cuál es la probabilidad de que una semilla de este cruce produzca una planta alta? Usa un cuadro de Punnett para explicar tu respuesta y comparar las probables variaciones genéticas en las plantas F_2. MATEMÁTICAS
3. a. **Repasar** ¿Qué aportó Gregor Mendel a nuestra comprensión de los rasgos heredados?
   b. **Aplica los conceptos** ¿Por qué la mosca de la fruta es un organismo ideal para la investigación genética?

Aplica la gran idea

Información y herencia

4. Eres un jardinero ávido. Un día, hallas una planta con flores de lavanda hermosas. Sabiendo que la planta es de autopolinización, cosechas sus semillas y las plantas. De las 106 plantas que crecen, 31 tienen flores blancas. Usa un cuadro de Punnett, para sacar conclusiones de la naturaleza de los alelos para las flores de lavanda.

BIOLOGY.com Search Lesson 11.2  • Self-Test • Lesson Assessment

11.3 Otros patrones de herencia

PIÉNSALO Los principios de Mendel ofrecen un conjunto ordenado de reglas para predecir diversos patrones de herencia. Por desgracia, la biología no es una ciencia ordenada. Hay excepciones a cada regla y excepciones a las excepciones. ¿Qué sucede si un alelo no es completamente dominante sobre el otro? ¿O si un gen tiene diversos alelos?

Preguntas clave

¿Cuáles son algunas excepciones de los principios de Mendel?

¿Cómo influye el ambiente en la forma que los genes determinan los rasgos?

Vocabulario

dominancia incompleta • codominancia • alelos múltiples • rasgo poligénico

Tomar notas

Esquema Haz un esquema usando los encabezados en azul y verde. A medida que leas, haz una lista de los asuntos principales de cada encabezado.

Más allá de los alelos dominantes y recesivos

¿Cuáles son algunas excepciones de los principios de Mendel?

A pesar de la importancia del trabajo de Mendel, hay excepciones importantes para la mayoría de sus principios. Por ejemplo, no todos los genes muestran patrones de herencia simples. En muchos organismos la genética es más complicada porque la mayoría de los genes tienen más de dos alelos. Asimismo, muchos rasgos importantes están controlados por más de un gen. Entender estas excepciones permite a los genetistas predecir cómo se heredan los rasgos más complejos.

Dominancia incompleta

Un cruce entre dos plantas dondiego de noche (*Mirabilis jalapa*) muestra una excepción común a los principios de Mendel. **Algunos alelos no son ni dominantes ni recesivos.** Como se ve en la **ilustración 11–12,** la generación F_1 que viene de un cruce entre *Mirabilis* con flores rojas (*RR*) y otras con flores blancas (*BB*) consiste en flores rosas (*RB*). ¿Cuál alelo es el dominante? Ninguno. Cuando un alelo no es completamente dominante sobre el otro se llama **dominancia incompleta.** En la dominancia incompleta, el fenotipo heterocigoto está de alguna manera entre dos fenotipos homocigotos.

Codominancia

Una situación similar surge de la **codominancia,** en la que claramente se expresan los fenotipos producidos por ambos alelos. Por ejemplo, en ciertas variedades de pollo, el alelo para las plumas negras es codominante con el alelo para las plumas blancas. Los pollos heterocigotos tienen un color que se describe como "armiñado", moteado con plumas blancas y negras. A diferencia de la mezcla de los colores rojo y blanco en los heterocigotos de dondiego de noche, los colores negro y blanco aparecen por separado en los pollos. Muchos genes humanos incluyendo uno para la proteína que controla los niveles de colesterol en la sangre, muestran también codominancia. Las personas con la forma heterocigota de este gen producen dos formas diferentes de proteínas, cada una con un efecto diferente en los niveles de colesterol.

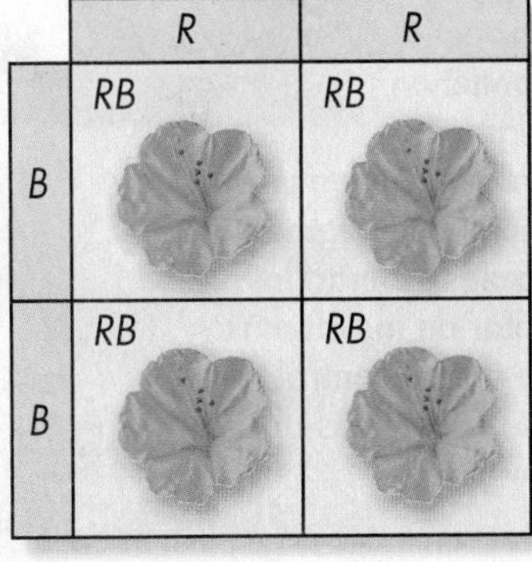

	R	*R*
B	*RB*	*RB*
B	*RB*	*RB*

ILUSTRACIÓN 11–12 Dominancia incompleta En el dondiego de noche, los alelos para las flores rojas y blancas muestran una dominancia incompleta. Las plantas heterocigotas (*RB*) tienen flores rosas, que es una mezcla de los colores rojo y blanco.

Analizar datos

Tipos de sangre humana

En su superficie, los glóbulos rojos portan antígenos, moléculas que pueden desencadenar una reacción inmune. El tipo de sangre humana A porta un antígeno A, el tipo B tiene un antígeno B, el tipo AB tiene ambos antígenos, y el tipo O no porta ninguno. Los genes para estos antígenos tienen tres alelos: A, B y O.

Para que una transfusión tenga éxito, no se debe introducir un antígeno nuevo en el cuerpo del receptor. Por tanto, una persona con tipo de sangre A puede recibir un tipo de sangre O pero no viceversa.

Otro gen controla un segundo tipo de antígeno, el factor Rh. Los individuos con Rh$^+$ llevan este antígeno, mientras otros con Rh$^-$ no lo llevan. Esta gráfica de la población de Estados Unidos muestra el porcentaje de cada tipo de sangre.

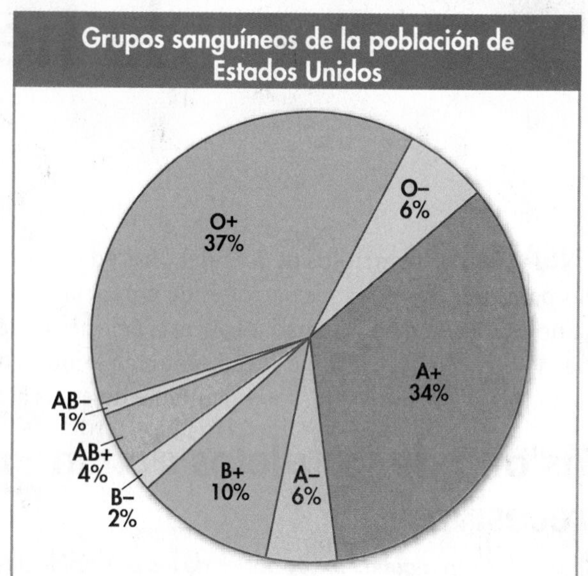

1. **Interpretar gráficas** ¿Qué tipo de sangre compone el mayor porcentaje de la población?

2. **Calcular** ¿Qué porcentaje de la población total de Estados Unidos tiene factor Rh positivo? ¿Qué porcentaje tiene un factor Rh negativo?

3. **Inferir** ¿Qué tipo de sangre tiene el mayor porcentaje para una transfusión? ¿Qué tipo tiene el porcentaje menor de donadores disponibles?

4. **Predecir** ¿Podría una persona con sangre tipo O$^+$ tener dos progenitores con sangre O$^-$? ¿Esa persona podría tener una hija con sangre AB$^+$? Explica tus respuestas.

PISTA DEL MISTERIO

Las plumas verdes en realidad no contienen pigmentos verdes. Tienen una mezcla de pigmentos azules y amarillos. ¿El color de las plumas se puede controlar mediante más de un gen?

Alelos múltiples Nuestros ejemplos describen genes con sólo dos alelos, *a* y *A*. En la naturaleza, estos genes son la excepción a la regla. **Muchos genes existen en varias formas diferentes y, por tanto, se dice que tienen alelos múltiples.** Un gen con más de dos alelos tiene **alelos múltiples.** Desde luego, por lo común un individuo tiene sólo dos copias de cada gen, pero a menudo se encuentran muchos alelos diferentes en una población. Uno de los ejemplos más conocidos es el color del pelaje en los conejos, que está determinado por un gen único que tiene por lo menos cuatro alelos distintos. Los cuatro alelos conocidos muestran un patrón de dominancia simple que puede producir cuatro colores de pelaje. Muchos otros genes tienen alelos múltiples, incluyendo los genes humanos para el tipo de sangre.

Rasgos poligénicos **Muchos rasgos se producen gracias a la interacción de varios genes.** Los rasgos controlados por dos o más genes se llaman **rasgos poligénicos.** *Poligénico* significa "con muchos genes". Por ejemplo, al menos tres genes participan en la elaboración del pigmento rojizo café en los ojos de las moscas de la fruta. Los rasgos poligénicos muestran con frecuencia un amplio rango de fenotipos. La variedad del color en la piel de los humanos ocurre en forma parcial porque quizá más de cuatro genes diferentes controlen este rasgo.

En tu cuaderno *Describe con tus palabras los alelos múltiples y los rasgos poligénicos. ¿En qué se parecen? ¿En qué se diferencian?*

Los genes y el medio ambiente

¿Cómo influye el ambiente en la forma que los genes determinan los rasgos?

Las características de cualquier organismo, ya sea una planta, la mosca de la fruta o un ser humano, no se determinan únicamente por los genes que tal organismo hereda. Los genes proporcionan un plan para el desarrollo, pero la manera como se realice depende también del medio ambiente. Es decir, el fenotipo de un organismo está parcialmente determinado por su genotipo.

Piensa en la mariposa blanca del oeste, *Pontia occidentalis.* Se encuentra en el oeste de América del Norte. Los fanáticos de las mariposas han observado durante años que las mariposas blancas del oeste que nacen en verano tienen en sus alas patrones de color diferentes de los de aquellas que nacen en primavera. Los estudios científicos señalan la razón de ello: las mariposas que nacen en los días más cortos de la primavera tienen más pigmento en sus alas, lo que provoca que estas marcas parezcan más oscuras que las de aquellas que nacen en los días más largos del verano. En otras palabras, el medio ambiente en que se desarrolla la mariposa influye en la expresión de sus genes para la coloración de las alas. **Las condiciones ambientales pueden afectar la expresión génica e influir genéticamente en rasgos determinados.** Un fenotipo real de un individuo está determinado tanto por su medio ambiente como por sus genes.

En el caso de la mariposa blanca del oeste, los cambios en la pigmentación de las alas tienen particular importancia. Para poder volar en forma efectiva, la temperatura corporal de la mariposa debe ser entre 28 °C y 40 °C (alrededor de 84 °F y 104 °F), como se muestra en la **ilustración 11–13.** Ya que los meses de la primavera son más fríos en el oeste, una mayor pigmentación las ayuda a alcanzar la temperatura ideal. En los calurosos meses del verano, una menor pigmentación les permite evitar el sobre calentamiento.

Temperatura ambiental y necesidades de las mariposas		
Temp. necesaria para volar	**Temp. promedio en primavera**	**Temp. promedio en verano**
28 a 40 °C	26.5 °C	34.8 °C

ILUSTRACIÓN 11–13 Temperatura y color de las alas Las mariposas blancas del oeste que nacen en primavera tienen patrones de las alas más oscuros que las que nacen en verano. El color oscuro de las alas las ayuda a aumentar su temperatura corporal. Este rasgo es importante porque las mariposas necesitan alcanzar una cierta temperatura para poder volar. Las mariposas arriba mostradas, de la especie conocida en inglés como *buckeye,* también tienen patrones diferentes en las alas en distintas épocas del año. Estas mariposas son más oscuras en otoño que en verano. Calcular ***¿Qué diferencia hay entre la temperatura mínima que las mariposas blancas del oeste necesitan para volar y la temperatura promedio de la primavera? ¿Aplicarías el mismo cálculo para las mariposas que se desarrollan en el verano?*** MATEMÁTICAS

11.3 Evaluación

Repaso de conceptos claves

1. a. Repasar ¿Qué significa *dominancia incompleta*? Da un ejemplo.

b. Diseña un experimento Diseña un experimento para determinar si las flores rosas de las plantas de petunia son el resultado de una dominancia incompleta.

2. a. Repasar ¿Cuál es la relación entre el medio ambiente y el fenotipo?

b. Inferir ¿Cuál podría ser el resultado de una primavera excepcionalmente calurosa en la pigmentación de las alas de la mariposa blanca del oeste?

PROBLEMA DE PRÁCTICA

3. Plantea un problema a un compañero de clase para que lo resuelva. El problema debe probar la dominancia incompleta, la codominancia, los alelos múltiples o los rasgos poligénicos. Tu problema debe tener una pregunta clave que abarque todo tu trabajo.

BIOLOGY.com Search Lesson 11.3 GO • Self-Test • Lesson Assessment

Profesiones en BIOLOGÍA

Si te gusta aprender genética, tal vez te gustaría continuar con una de estas profesiones.

CIENTÍFICO FORENSE

¿Disfrutas cuando resuelves crucigramas? Eso es lo que hacen los científicos forenses cuando resuelven crímenes. Las agencias locales, estatales y federales contratan científicos forenses para usar los enfoques científicos que apoyan las investigaciones criminales. Los criminalistas son científicos forenses especializados en analizar evidencia física, como cabello, fibras, ADN, huellas dactilares y armas. A menudo se les requiere para declarar en juicios como testigos expertos.

CRIADOR DE PLANTAS

¿Alguna vez te preguntaste cómo las sandías sin semillas llegaron a no tener semillas? Son el producto de un criador de plantas. Los criadores de plantas usan técnicas genéticas para manipular las cosechas. A menudo, el objetivo es lograr una cosecha más útil aumentando la producción o el valor alimenticio. Algunos criadores introducen nuevas características, como resistencia a los pesticidas, para la composición genética de la planta.

GENETISTA DE POBLACIONES

¿Por qué ciertas poblaciones son más susceptibles a ciertas enfermedades? Este es el tipo de pregunta que puede responder un genetista de poblaciones. Su objetivo es descifrar por qué se dan rasgos específicos de grupos definidos de organismos al variar las frecuencias. Los patrones que descubren pueden llevar a comprender cómo cambia la expresión génica a medida que evoluciona la población.

ENFOQUE PROFESIONAL:

Sophia Cleland, genetista de poblaciones y especialista en inmunología

Sophia Cleland, estudiante del Doctorado en Inmunología en la Universidad George Washington, estudia los mecanismos moleculares, celulares y genéticos que contribuyen a enfermedades autoinmunes. Una de las pocas nativas americanas con un posgrado en genética, la señorita Cleland se interesó en enfermedades autoinmunes cuando se dio cuenta que la incidencia de estas enfermedades como artritis reumatoide y lupus, era mucho mayor entre sus comunidades tribales (Lakota-Soiux y Misión India de California) que entre los caucásicos. Observó que estas enfermedades avanzaban más rápido entre estas comunidades que en otros grupos humanos. Esto impulsó a la señorita Cleland a señalar la necesidad de una investigación enfocada en esta área.

"Se requiere un compromiso entre las perspectivas a nivel mundial de grupos tribales indígenas y los enfoques científicos modernos para adquirir conocimientos. Habrá dificultades, pero trabajando juntos con la mente abierta para aprender, obtendremos resultados justos y equilibrados."

ESCRITURA ¿Cómo piensas que puede afectar a una población una alta frecuencia de enfermedades genéticas? Explica.

11.4 Meiosis

PIÉNSALO Al inicio del siglo XX, los genetistas aplicaban los principios de Mendel y se preguntaban dónde podrían estar ubicados los genes. Ellos esperaban que los genes estuvieran en las estructuras intracelulares, ¿pero en *cuáles*? ¿Qué proceso celular intervendría en la segregación y la distribución independiente, como Mendel lo describió?

Número de cromosomas

¿Cuántos juegos de genes se encuentran en la mayoría de los organismos adultos?

En realidad, los principios de Mendel requieren por lo menos dos sucesos. Primero, un organismo con dos progenitores debe heredar una copia única de cada gen de cada progenitor. En segundo lugar, cuando este organismo produce gametos, esos dos juegos de genes deben separarse de manera que cada gameto contenga sólo un juego de genes. Como se ha visto, los cromosomas (esas cadenas de ADN y proteína en el núcleo de la célula), son los portadores de genes. Los genes están colocados en posiciones específicas en los cromosomas.

Células diploide Piensa en la mosca de la fruta que Morgan usó, la *Drosophila*. Una célula corporal en una mosca de la fruta adulta tiene ocho cromosomas, como se ve en la **ilustración 11–14.** Cuatro de estos cromosomas vienen de su progenitor macho y cuatro de su progenitor hembra. Estos dos juegos de cromosomas son **homólogos,** lo que significa que a cada uno de los cuatro cromosomas del progenitor macho le corresponde un cromosoma del progenitor hembra. Una célula que contiene ambos juegos de cromosomas homólogos se dice que es **diploide,** lo que significa "dos juegos". **Las células diploides de la mayoría de los organismos adultos contienen dos juegos completos de cromosomas heredados y dos juegos completos de genes.** El número diploide de cromosomas a veces se representa con el símbolo 2N. Por tanto, para *Drosophila*, el número diploide es 8, que puedes escribirlo como 2N = 8, donde N representa el juego único de cromosomas que se encuentra en los espermatozoides o en los óvulos.

Células haploides Algunas células contienen un juego único de cromosomas y, por tanto, un juego único de genes. Estas células se llaman **haploides,** lo que significa "un juego". Los gametos de los organismos de reproducción sexual, incluidos los de la mosca de la fruta y los guisantes, son haploides. Para los gametos *Drosophila*, el número haploide es 4, que puede escribirse como N = 4.

Preguntas clave

¿Cuántos juegos de genes hay en la mayoría de los organismos adultos?

¿Qué sucesos ocurren en cada fase de la meiosis?

¿En qué difiere la meiosis de la mitosis?

¿Cómo pueden dos alelos de diferentes genes heredarse juntos?

Vocabulario

homólogo • diploide • haploide • meiosis • tétrada • entrecruzamiento • cigoto

Tomar notas

Tabla para comparar y contrastar Antes de leer, compara la tabla y muestra las diferencias entre mitosis y meiosis. Completa la tabla a medida que leas.

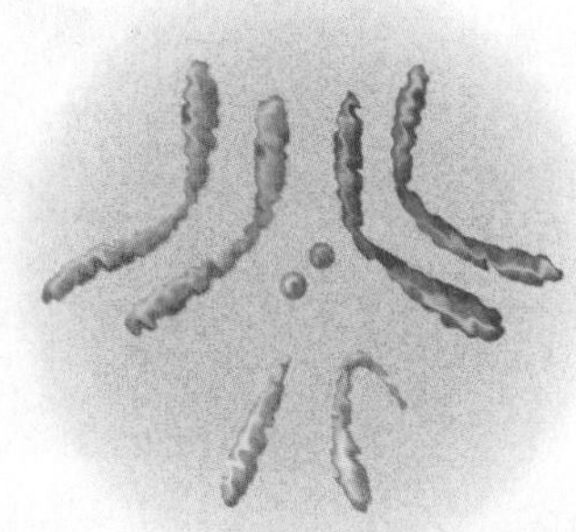

ILUSTRACIÓN 11–14 Cromosomas de la mosca de la fruta Estos cromosomas son de una mosca de la fruta. Cada una de las células corporales de la mosca de la fruta es diploide, y contiene ocho cromosomas.

ILUSTRACIÓN 11–15 Meiosis I Durante la meiosis I, una célula diploide se somete a una serie de sucesos que resultan en la producción de dos células hijas. Ninguna célula hija tiene los mismos juegos de cromosomas de la célula diploide original. **Interpretar gráficas** ***¿Cómo afecta el entrecruzamiento a los alelos en un cromosoma?***

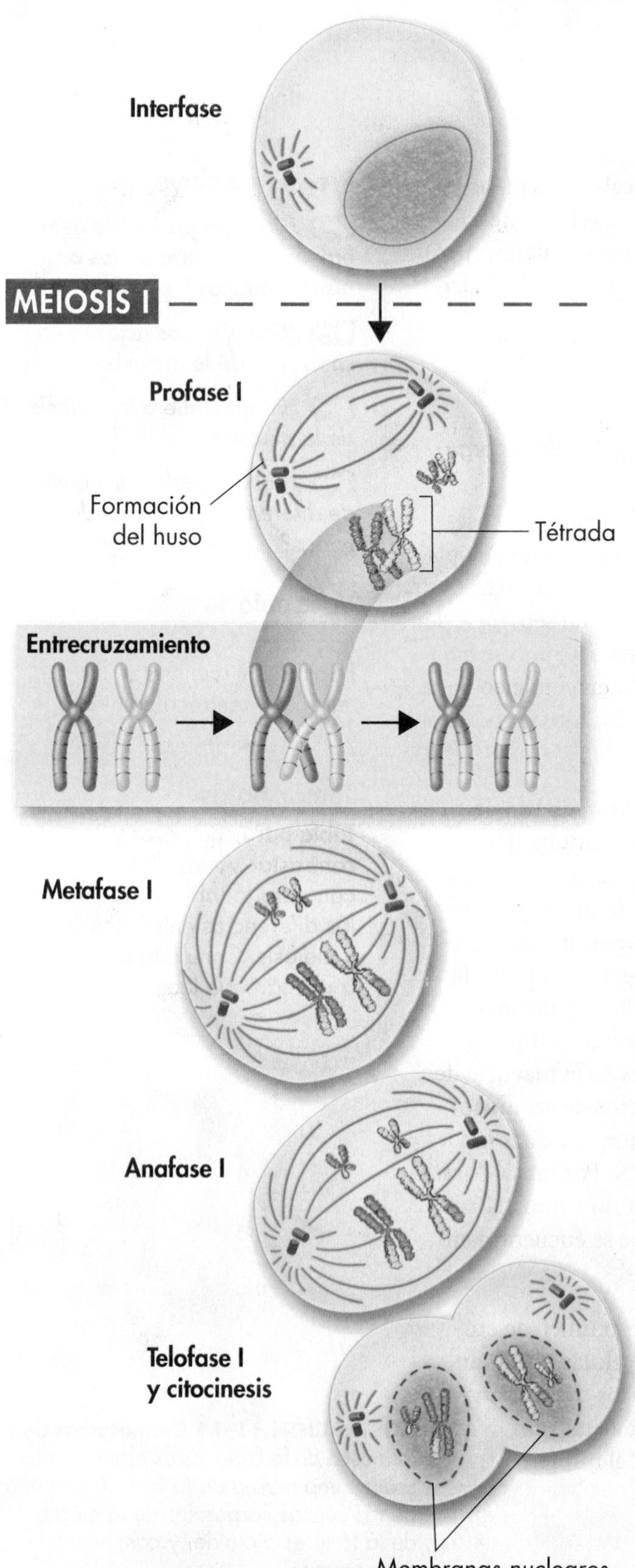

Fases de la meiosis

¿Qué sucesos ocurren en cada fase de la meiosis?

¿Cómo se producen las células gameto haploides (N) a partir de células diploides (2N)? De ahí proviene la meiosis. La **meiosis** es el proceso por el cual el número de cromosomas por célula se reduce a la mitad mediante la separación de los cromosomas homólogos de una célula diploide. Por lo general, la meiosis implica dos divisiones definidas llamadas meiosis I y meiosis II. Al final de la meiosis II, la célula diploide se convierte en cuatro células haploides. Ahora veamos cómo se efectúa la meiosis en una célula que tiene un número diploide de 4 (2N = 4).

Meiosis I Justo antes de la meiosis I, la célula se somete a una ronda de duplicación de cromosomas durante la interfase. Como en la mitosis, analizada en el capítulo 10, cada cromosoma duplicado consta de dos cromátidas idénticas unidas en el centro. Sigue la secuencia en la **ilustración 11–15** conforme lees acerca de meiosis I.

▶ ***Profase I*** Después de la interfase I, la célula comienza a dividirse y los cromosomas se emparejan. **En la profase I de la meiosis, cada cromosoma duplicado forma par con su cromosoma homólogo correspondiente.** Este apareamiento forma una estructura llamada **tétrada,** que contiene cuatro cromátidas. Ya que los cromosomas homólogos forman tétradas, se someten a un proceso llamado **entrecruzamiento.** Primero, las cromátidas de los cromosomas homólogos se cruzan entre sí. Después, las secciones cruzadas de las cromátidas, que contienen alelos, se intercambian. Por tanto, el entrecruzamiento produce combinaciones nuevas de alelos en una célula.

▶ ***Metafase I y anafase I*** Al terminar la profase I, se forma el huso y se fija a cada tétrada. **Durante la metafase I de la meiosis, los pares de cromosomas homólogos se alinean en el centro de la célula.** Conforme se mueve la célula en la anafase I, los pares homólogos de cromosomas se separan. **Durante la anafase I, las fibras del huso jalan de cada par de cromosomas homólogos hacia los extremos opuestos de la célula.**

▶ ***Telofase I y citocinesis*** Cuando se completa la anafase I, el grupo de cromosomas se separa en los extremos opuestos de la célula. **La siguiente fase es la telofase I, en la cual se forma una membrana nuclear alrededor de cada grupo de cromosomas. La citocinesis sigue a la telofase I formando dos células nuevas.**

La meiosis I resulta en dos células llamadas células hijas. Sin embargo, debido a que cada par de cromosomas homólogos se separó, ninguna célula hija tiene los dos juegos completos de cromosomas que habría en una célula diploide. Estos dos juegos se retiran y ordenan casi como un mazo de cartas. Las dos células producidas por la meiosis I tienen juegos de cromosomas y alelos diferentes entre sí y de la célula diploide que entra en la meiosis I.

Meiosis II Las dos células ahora entran a una segunda división meiótica. A diferencia de la primera división, ninguna célula pasa a través de una ronda de duplicación de cromosomas antes de entrar en la meiosis II.

▶ ***Profase II*** **Conforme las células entran en la profase II, sus cromosomas, cada uno con dos cromátidas, se vuelven visibles.** Los cromosomas no se emparejan para formar tétradas, debido a que los pares homólogos ya estaban separados durante la meiosis I.

▶ ***Metafase II, anafase II, telefase II y citocinesis*** Durante la metafase de la meiosis II, los cromosomas se alinean en el centro de cada célula. Conforme la célula entra en la anafase, se separan las cromátidas emparejadas. **Las cuatro fases finales de la meiosis II son similares a las de la meiosis I, pero el resultado son cuatro células hijas haploides.** En el ejemplo mostrado, cada una de las cuatro células hijas producidas en la meiosis II reciben dos cromosomas. Estas cuatro células hijas ahora contienen el número haploide (N): sólo dos cromosomas cada una.

De gametos a cigotos Las células haploides producidas por la meiosis II son los gametos, de gran importancia para la herencia. En los animales macho, estos gametos se llaman espermatozoides. En algunas plantas, los granos de polen contienen las células espermáticas haploide. En los animales hembra, por lo general sólo una de estas células producidas por la meiosis participan en la reproducción. Los gametos hembras se llaman óvulos en los animales y célula ovárica en algunas plantas. Después de fecundado, el óvulo se llama **cigoto.** El cigoto se somete a una división celular mediante la mitosis y al final forma un organismo nuevo.

En tu cuaderno *Describe la diferencia entre meiosis I y meiosis II. ¿Son distintos los resultados finales?*

ILUSTRACIÓN 11–16 Meiosis II La segunda división meiótica se llama meiosis II, y produce cuatro células hijas haploides.

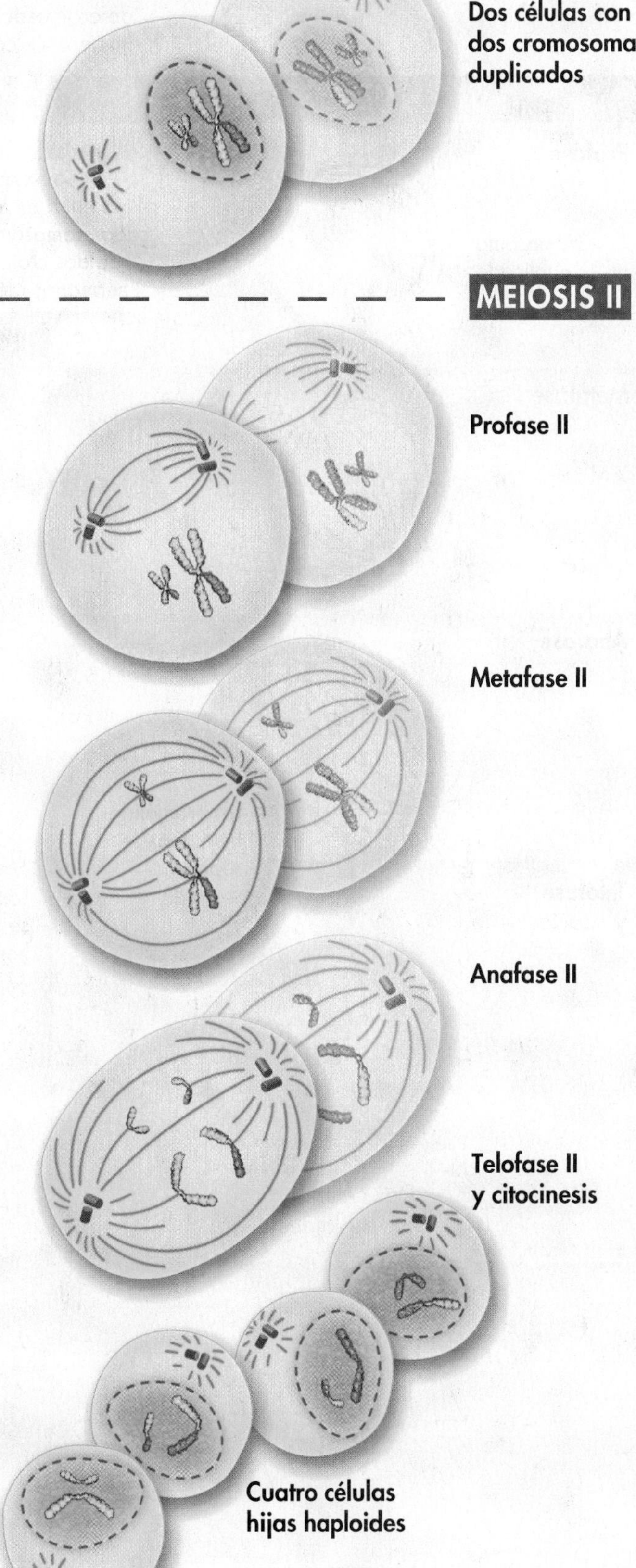

RESUMEN VISUAL

COMPARAR LA MITOSIS Y LA MEIOSIS

ILUSTRACIÓN 11-17 Tanto la mitosis como la meiosis aseguran que las células hereden la información genética. Ambos procesos comienzan después de la interfase, cuando se efectúa la duplicación de cromosomas. Sin embargo, los dos procesos difieren en la separación de cromosomas, en el número de células que se producen y en el número de cromosomas que cada célula contiene.

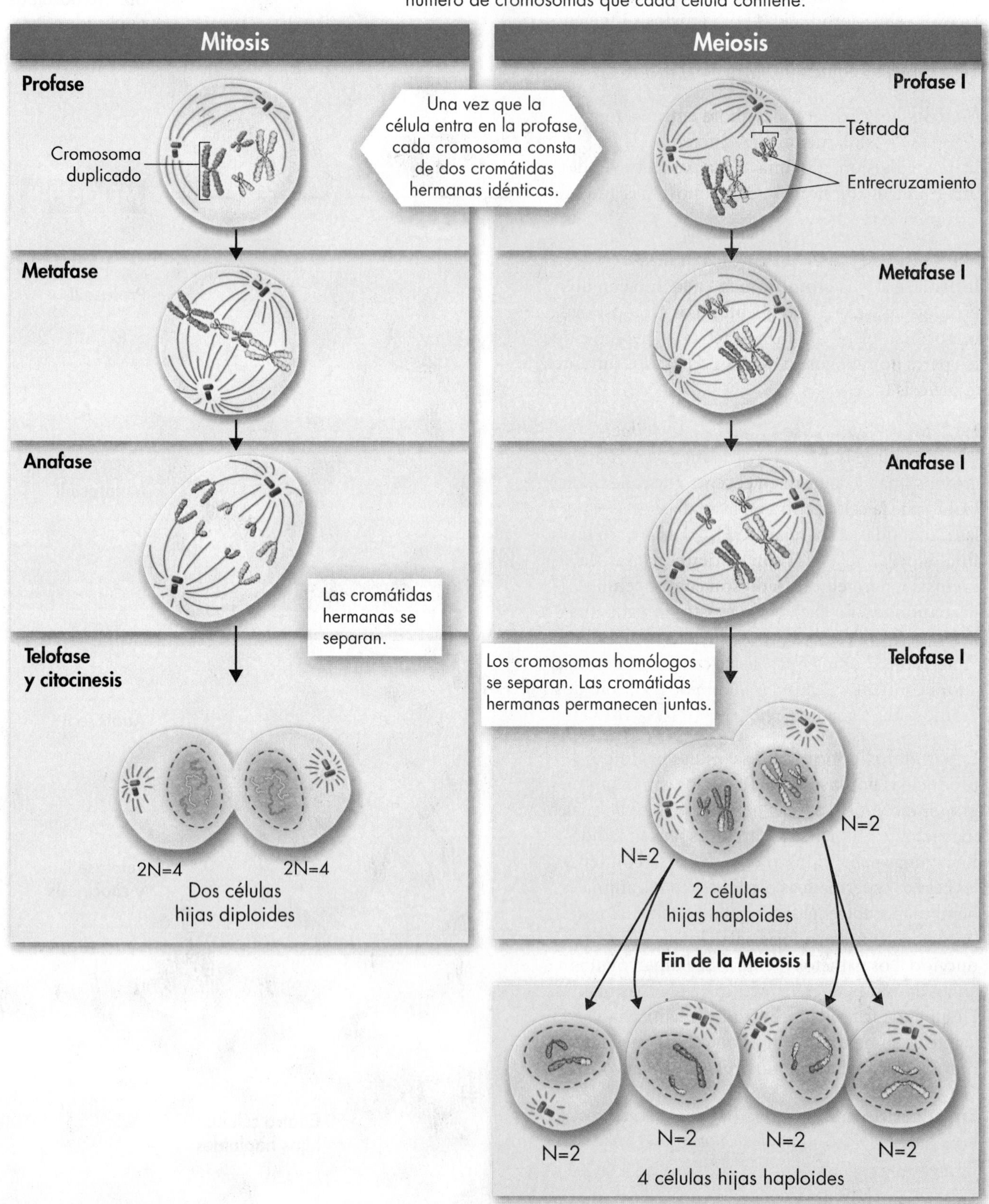

Comparar la meiosis y la mitosis

¿En qué difiere la meiosis de la mitosis?

Las palabras *mitosis* y *meiosis* pueden sonar parecidas, pero se trata de dos procesos muy diferentes, como puedes ver en la **ilustración 11–17.** La mitosis es una forma de reproducción asexual, mientras que la meiosis se encuentra en una etapa temprana de la reproducción sexual. Hay otras tres diferencias entre estos dos procesos.

Duplicación y separación del material genético La mitosis y la meiosis están precedidas por una copia completa, o duplicación, del material genético de los cromosomas. Pero se diferencian drásticamente en los pasos siguientes. **En la mitosis, cuando dos juegos de material genético se separan, cada célula hija recibe un juego completo de cromosomas. En la meiosis, los cromosomas homólogos se alinean y después se mueven para separar las células hijas.** Como resultado, se segregan los dos alelos para cada gen y terminan en células diferentes. La división y la recombinación de genes en la meiosis concluye en una mayor variedad de posibles combinaciones de genes que podrían resultar de la mitosis.

Cambios en el número de cromosomas **Mientras que la mitosis por lo común no cambia el número de cromosomas de la célula original, la meiosis reduce el número de cromosomas a la mitad.** Una célula diploide que entra a la mitosis con ocho cromosomas se divide para producir dos células hijas diploides, cada una con ocho cromosomas. Por otra parte, una célula diploide que entra a la meiosis con ocho cromosomas pasa por dos divisiones meióticas para producir cuatro células gameto haploides, cada una con cuatro cromosomas solamente.

Analizar datos

Calcular los números haploides y diploides

Los números haploides y diploides fueron designados con las notaciones algebraicas N y 2N, respectivamente; puedes calcular cualquier número cuando conoces el otro. Por ejemplo, si el número haploide (N) es 3, el número diploide (2N) es 2 × 3 ó 6. Si el número diploide (2N) es 12, el número haploide (N) es 12/2 ó 6.

La tabla muestra los números haploides o diploides de una variedad de organismos. Copia la tabla en tu cuaderno y complétala. Después, usa la tabla para responder las siguientes preguntas.

Encuesta sobre rasgos

Organismos	Número haploide	Número diploide
Amiba	N=25	
Chimpancé	N=24	
Gusano de tierra	N=18	
Helecho		2N=1010
Hámster	N=22	
Ser humano		2N=46
Cebolla		2N=16

1. Calcular ¿Cuáles son los números haploides para el helecho y la cebolla? MATEMÁTICAS

2. Interpretar datos En la tabla, ¿cuáles números diploide de los organismos son los más cercanos al de un ser humano?

3. Aplica los conceptos ¿Por qué un número diploide siempre es par?

4. Evaluar ¿Cuál de los números haploides y diploides de un organismo es el más sorprendente? ¿Por qué?

Número de divisiones celulares La mitosis es una división celular única, que da por resultado la producción de dos células hijas idénticas. Por otra parte, la meiosis requiere dos rondas de división celular y en la mayoría de los organismos produce un total de cuatro células hijas. **La mitosis produce dos células diploides genéticamente idénticas, mientras que la meiosis produce cuatro células haploides genéticamente diferentes.**

Vínculo genético y mapas genéticos

¿Cómo pueden dos alelos de diferentes genes heredarse juntos?

Si piensas con cuidado acerca de los principios de Mendel sobre la distribución independiente en relación con la meiosis, podría inquietarte una pregunta. Los genes que se ubican en diferentes cromosomas se distribuyen en forma independiente, pero ¿qué pasa con los genes que están ubicados en el mismo cromosoma? ¿No se heredan juntos por lo general?

Vínculo genético La respuesta a esta pregunta es afirmativa, y fue Thomas Hunt Morgan quien la descubrió en 1910. La investigación de Morgan sobre la mosca de la fruta lo llevó al principio del vínculo genético. Después de identificar más de 50 genes *Drosophila*, Morgan descubrió que muchos de éstos parecían estar "vinculados" en formas que, a primera vista, parecían violar el principio de la distribución independiente. Por ejemplo, Morgan usó una mosca con ojos rojizos anaranjados y alas miniatura en una serie de cruces de prueba. Sus resultados mostraron que los genes de estos dos rasgos casi siempre se heredaban juntos. Rara vez los genes se separaban entre sí. Morgan y su equipo observaron tantos genes que se habían heredado juntos que, tiempo atrás, hubieran agrupado todos los genes de la mosca en cuatro grupos de vinculación. Los grupos de vinculación mostraron una distribución independiente, pero todos los genes en un grupo se heredaron juntos. Como se sabe, la *Drosophila* tiene cuatro grupos de vinculación y cuatro pares de cromosomas.

ILUSTRACIÓN 11–18 Mapa genético Este mapa genético muestra la ubicación de una diversidad de genes en el cromosona 2 de la mosca de la fruta. Se nombraron estos genes después de los problemas que ocasionaron los alelos anormales, no después de las estructuras normales. **Interpretar gráficas** ***¿En qué parte del cromosoma se ubica el gen de "ojo violeta"?***

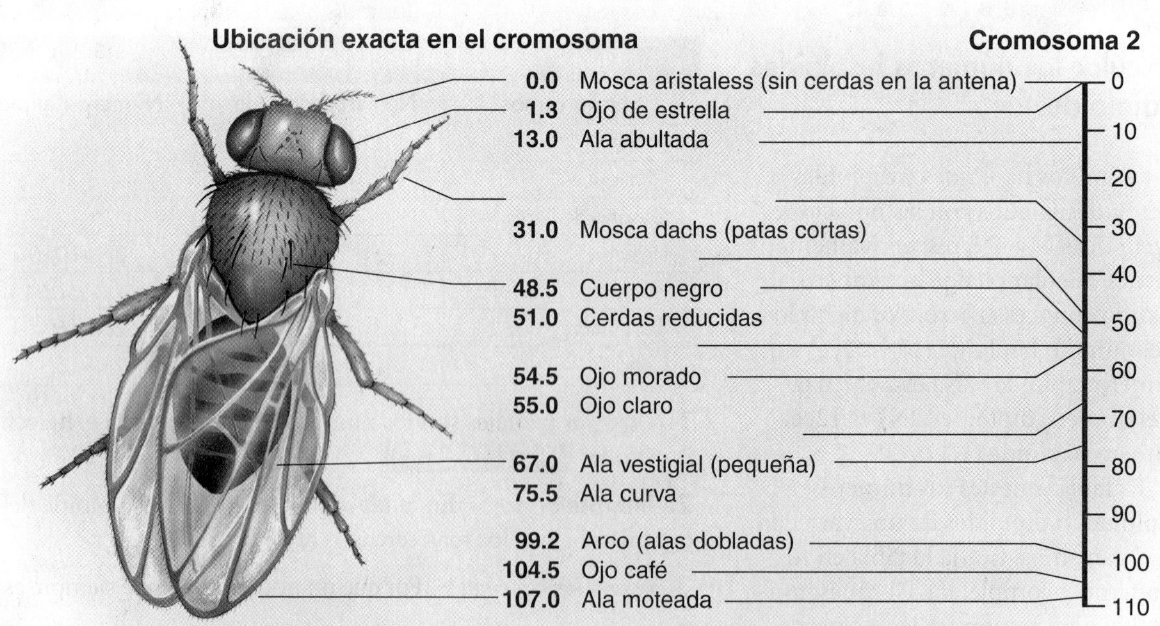

Los hallazgos de Morgan llevan a dos conclusiones importantes. La primera, cada cromosoma es en realidad un grupo de genes vinculados. La segunda, el principio de Mendel de distribución independiente todavía es cierta. Sin embargo, son los cromosomas los que se distribuyen en forma independiente, y no los genes individuales. **Los alelos de genes diferentes tienden a heredarse juntos de una generación a la siguiente cuando éstos se ubican en el mismo cromosoma.**

¿Cómo manejó Mendel el hecho de perder la vinculación genética? Por suerte, o por diseño, varios de los genes que él estudió se encuentran en diferentes cromosomas. Otros están tan separados que presentan distribución independiente.

PISTA DEL MISTERIO

El blanco es el color menos común en los periquitos australianos. ¿Qué sugiere este hecho de los genotipos de ambos progenitores verdes?

Mapa genético En 1911, un estudiante de la Universidad de Columbia trabajaba medio tiempo en el laboratorio de Morgan. Este estudiante, Alfred Sturtevant, se preguntó si la frecuencia de los entrecruzamientos durante la meiosis podría ser una clave para la ubicación de los genes. Sturtevant razonó que entre más se apartaban dos genes en un cromosoma, habría más probabilidades de que ocurriera un entrecruzamiento entre ellos. Si dos genes están lo suficientemente cerca, entonces los entrecruzamientos entre sí serían raros. Si dos genes están muy separados, los entrecruzamientos entre ellos deberían ser más comunes. Mediante este razonamiento, usó la frecuencia de los entrecruzamientos para determinar la distancia entre los genes.

Sturtevant reunió varias notas de laboratorio y los llevó consigo. La siguiente mañana le presentó a Morgan un mapa genético mostrándole las ubicaciones relativas de cada gen conocido, en uno de los cromosomas de la *Drosophila*. Desde entonces se usa el método de Sturtevant para construir mapas genéticos, como el de la **ilustración 11–18.**

11.4 Evaluación

Repaso de conceptos clave

1. a. Repasar Describe los resultados principales de la meiosis.

b. Calcular En las células humanas, 2N = 46. ¿Cuántos cromosomas esperarías hallar en un espermatozoide? ¿Cuántos en un óvulo? MATEMÁTICAS

2. a. Repasar Escribe un resumen de cada fase de la meiosis.

b. Usar analogías Compara los cromosomas de una célula diploide con una colección de zapatos en un clóset. ¿En qué se parecen? ¿En qué podría compararse la colección de zapatos con los cromosomas de una célula haploide?

3. a. Repasar ¿Cuáles son las diferencias de principios entre mitosis y meiosis?

b. Aplica los conceptos ¿Hay diferencias entre las cromátidas hermanas y los pares homólogos de cromosomas? Explica.

4. a. Repasar ¿Cómo se aplica el principio de distribución independiente a los cromosomas?

b. Inferir Si dos genes están en el mismo cromosoma, pero distribuidos en forma independiente, ¿qué te dice esto acerca de cuán juntos están?

Aplica la gran idea

Información y herencia

5. En la reproducción asexual, ocurre la mitosis pero no la meiosis. ¿Qué tipo de reproducción, sexual o asexual, da por resultado una descendencia con mayor variación genética? Explica tu respuesta.

BIOLOGY.com Search Lesson 11.4  • Self-Test • Lesson Assessment

Laboratorio de destrezas científicas

INVESTIGACIÓN DIRIGIDA

Preparación para el laboratorio: Representar la meiosis

Problema ¿Cómo aumenta la meiosis la variación genética?

Materiales cuentas para ensartar, centrómeros magnéticos, hoja grande de papel, lápices de colores, tijeras

Manual de laboratorio Laboratorio del Capítulo 11

Enfoque en las destrezas Usar modelos, establecer una secuencia, sacar conclusiones

Conectar con la gran idea Los rasgos heredados pasan de los progenitores a la descendencia en forma de genes. La descendencia producida por reproducción sexual recibe un juego de genes de cada progenitor cuando se combinan las células reproductivas, o gametos. La meiosis es el proceso por el cual se producen los gametos. Durante la meiosis, se forman nuevas combinaciones de genes cuando los genes se entrecruzan de un cromosoma homólogo a otro. También el intercambio de cromátidas entre gametos es aleatoria. Tanto el entrecruzamiento como el intercambio llevan a una mayor diversidad en los genes de una población.

En esta actividad, harás un modelo de los pasos de la meiosis y registrarás lo que sucede con los alelos conforme se mueven de las células diploides a los gametos haploides.

Preguntas preliminares

a. Repasar ¿Qué son los alelos?

b. Establecer una secuencia ¿Qué sucede durante la profase I de la meiosis? ¿Qué sucede durante la metafase I? ¿Qué sucede durante la anafase I?

c. Comparar y contrastar ¿En qué forma difiere la meiosis de la mitosis?

Preguntas previas al laboratorio

Examina el procedimiento en el manual de laboratorio.

1. **Controlar variables** ¿Por qué debes usar el mismo número de cuentas cuando construyes el segundo cromosoma en el paso I?
2. **Inferir** ¿Por qué se usa el par de cromosomas más grande para representar el entrecruzamiento?
3. **Calcular** Una célula diploide tiene dos pares de cromosomas homólogos. ¿Cuántas combinaciones diferentes de cromosomas puede haber en los gametos? MATEMÁTICAS

BIOLOGY.com Search Chapter 11 GO

Visita el Capítulo 11 en línea para hacer una autoevaluación del capítulo y para buscar actividades que apoyan tu aprendizaje.

Untamed Science Video ¡Viaja al pasado con los exploradores de *Untamed Science* ya que ellos demostraron que Mendel no tenía cerebro de guisante!

Art in Motion Mira una animación corta que da vida al proceso de la meiosis.

Art Review Repasa tu comprensión de los alelos múltiples, la dominancia incompleta y otras excepciones a los principios de Mendel.

InterActive Art Desarrolla tu comprensión de los cuadros de Punnett con esta animación.

Data Analysis Investiga la conexión entre la ubicación de genes y el entrecruzamiento.

Tutor Tube Escucha sugerencias que te ayudarán a recordar lo que sucede con los cromosomas durante la meiosis.

11 Guía de estudio

La gran idea Información y herencia

La información genética pasa de progenitores a hijos durante la meiosis, cuando se unen los dos gametos de los padres. Cada gameto aporta su copia de cada par de cromosomas de los progenitores.

11.1 El trabajo de Gregor Mendel

Las características de un individuo están determinadas por factores que se transmiten de una generación progenitora a la siguiente.

Durante la formación de gametos, los alelos para cada gen se segregan entre sí, de modo que cada gameto lleva sólo un alelo de cada gen.

genética (308)
fecundación (309)
rasgo (309)
híbrido (309)
gen (310)
alelo (310)
principio de dominancia (310)
segregación (312)
gameto (312)

11.2 Aplicación de los principios de Mendel

Los cuadros de Punnett usan la probabilidad matemática para predecir las combinaciones de genotipos y fenotipos en un cruce genético.

El principio de la distribución independiente establece que los genes para rasgos diferentes pueden segregarse de manera independiente durante la formación de los gametos.

Los principios de herencia de Mendel, observados a través de patrones de herencia, son la base de la genética moderna.

probabilidad (313)
homocigoto (314)
heterocigoto (314)
fenotipo (315)
genotipo (315)
cuadro de Punnett (315)
distribución independiente (317)

11.3 Otros patrones de herencia

Algunos alelos no son ni dominantes ni recesivos. Muchos genes existen en varias formas diferentes y, por tanto, se dice que tienen alelos múltiples. Muchos rasgos se producen gracias a la interacción de varios genes.

Las condiciones ambientales pueden afectar la expresión génica e influir genéticamente en rasgos determinados.

dominancia incompleta (319)
codominancia (319)
alelos múltiples (320)
rasgo poligénico (320)

11.4 Meiosis

Las células diploides de la mayoría de los organismos adultos contienen dos juegos completos de cromosomas heredados y dos juegos completos de genes.

En la profase I, los cromosomas duplicados forman pares con sus cromosomas homólogos. En la metafase I, los pares de cromosomas se alinean en el centro de la célula. En la anafase I, los pares de cromosomas se mueven hacia los extremos opuestos de la célula. En la telofase I, se forma una membrana nuclear alrededor de cada grupo de cromosomas. La citocinesis forma entonces dos células nuevas. Conforme las células entran en la profase II, sus cromosomas se vuelven visibles. Las cuatro fases finales de la meiosis II dan por resultado cuatro células hijas haploides.

En la mitosis, cuando dos juegos de material genético se separan, cada célula hija recibe un juego completo de cromosomas. En la meiosis, los cromosomas homólogos se alinean y después se mueven para separar las células hijas. Mientras que la mitosis por lo común no cambia el número de cromosomas de la célula original, la meiosis reduce el número de cromosomas a la mitad. La mitosis produce dos células diploides genéticamente idénticas, mientras que la meiosis produce cuatro células haploides genéticamente diferentes.

Los alelos de genes diferentes tienden a heredarse juntos de una generación a la siguiente cuando éstos se ubican en el mismo cromosoma.

homólogos (323)
diploide (323)
haploide (323)
meiosis (324)
tétrada (324)
entrecruzamiento (324)
cigoto (325)

Razonamiento visual Usa los siguientes términos para crear un mapa de conceptos: *alelos, genes, cromosomas, dominantes, rasgos, recesivos.*

11 Evaluación

11.1 El trabajo de Gregor Mendel

Comprender conceptos claves

1. Las diferentes formas de un gen se llaman

a. híbridos. **c.** alelos.
b. factores dominantes. **d.** factores recesivos.

2. Los organismos que tienen dos alelos idénticos para un rasgo particular se dice que son

a. híbridos. **c.** homocigotos.
b. heterocigotos. **d.** dominante.

3. Mendel tenía muchas cepas de plantas de guisantes de raza pura. ¿Qué significa este término?

4. Explica cómo impidió Mendel que sus plantas de guisantes se autopolinizaran.

Razonamiento crítico

5. Diseña un experimento En los borregos, el alelo para la lana blanca (*A*) es dominante sobre el alelo para la lana negra (*a*). Un carnero es un borrego macho. ¿Cómo determinarías el genotipo para un carnero blanco?

6. Inferir Supón que Mendel cruzó dos plantas de guisante y obtuvo descendencia con tallos altos y bajos. ¿Cuáles podrían haber sido los genotipos de las dos plantas originales? ¿Cuál es el genotipo que pudo *no* estar presente?

11.2 Aplicación de los principios de Mendel

Comprender conceptos clave

7. Un cuadro de Punnett se usa para determinar

a. el resultado probable de un cruce.
b. el resultado real de un cruce.
c. el resultado de dominancia incompleta.
d. el resultado de la meiosis.

8. Las características físicas de un organismo se llaman

a. genética. **c.** genotipo.
b. herencia. **d.** fenotipo.

9. La probabilidad de que al lanzar una moneda dos veces y que las dos veces caiga en cara es de

a. 1. **c.** ¼.
b. ½. **d.** ¾.

10. Enumera los cuatro principios básicos de la genética que descubrió Mendel en sus experimentos. Da una descripción breve de cada principio.

11. En las plantas de guisante, los alelos para las semillas amarillas son dominantes sobre los alelos para las semillas verdes. Predice la proporción genotípica de la descendencia producida por el entrecruzamiento de dos progenitores que son heterocigotos para este rasgo. Dibuja un cuadro de Punnett para ilustrar tu predicción.

Razonamiento crítico

12. Aplica los conceptos En los conejillos de indias, el alelo para una piel áspera (*R*) es dominante sobre el alelo para una piel suave (*r*). Un conejillo de indias heterocigoto (*Rr*) y un conejillo de indias recesivo homocigoto (*rr*) tienen un total de nueve descendientes. El cuadro de Punnett para este cruce muestra un 50 por ciento de posibilidad de que cualquier descendencia en particular tenga una piel suave. Explica cómo es que los nueve descendientes tienen piel suave.

	R	*r*
r	*Rr*	*rr*
r	*Rr*	*rr*

11.3 Otros patrones de herencia

Comprender conceptos clave

13. Una situación en la que un gen tiene más de dos alelos se conoce como

a. dominancia completa. **c.** dominancia poligénica.
b. codominancia. **d.** alelos múltiples.

14. Una planta Mirabilis de flores rosas (RB) se cruza con una Mirabilis de flores blancas (BB). ¿Cuál es la posibilidad de que una semilla de este cruce produzca una planta de flores rojas?

a. 0 **c.** ½
b. 1/4 **d.** 1

15. ¿Cuál es la diferencia entre alelos múltiples y rasgos poligénicos?

16. ¿Por qué los alelos múltiples resultan en muchos fenotipos diferentes para un rasgo?

17. ¿Cuáles son las características de un organismo determinadas sólo por sus genes? Explica.

Razonamiento crítico

18. Interpretar material visual Los genes que controlan el color del pelaje o de las plumas en algunos animales se expresan en forma diferente en el invierno que en el verano. ¿Cómo podría ser benéfica esta diferencia para la perdiz blanca que se muestra aquí?

11.4 Meiosis

Comprender conceptos clave

19. ¿Qué etapa de la meiosis representa la siguiente ilustración?

a. profase I
b. anafase II
c. telofase I
d. metafase I

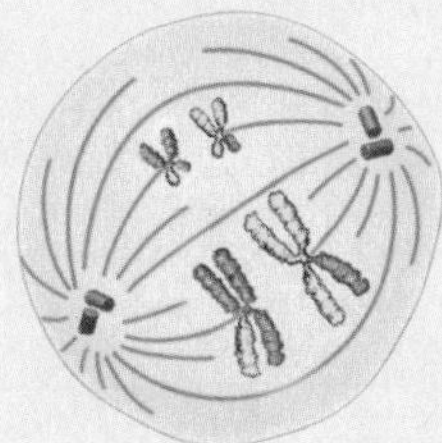

20. A diferencia de la mitosis, la meiosis en los mamíferos macho da por resultado la formación de

a. un gameto haploide.
b. tres gametos diploides.
c. cuatro gametos diploides.
d. cuatro gametos haploides.

21. Un mapa de genes muestra

a. el número de alelos posibles para un gen.
b. las ubicaciones relativas de los genes en un cromosoma.
c. dónde se encuentran los cromosomas en una célula.
d. cómo ocurre el entrecruzamiento.

22. Supón que un organismo tiene el número diploide $2N = 8$. ¿Cuántos cromosomas contienen los gametos de este organismo?

23. Describe el proceso de la meiosis.

24. Explica por qué los cromosomas, no los genes individuales, se distribuyen de mamera independiente.

Razonamiento crítico

25. Comparar y contrastar Compara las fases de la meiosis I con las fases de la meiosis II en términos del número y distribución de cromosomas.

resuelve el MISTERIO del CAPÍTULO

PERIQUITOS VERDES

Después de consultar con el propietario de la tienda de mascotas, Susan se dio cuenta que tenía un regalo raro. Los periquitos blancos no son muy comunes. El propietario de la tienda le dijo a Susan que dos genes controlan el color de las plumas. Un alelo Y dominante da por resultado la producción de un pigmento amarillo. El alelo dominante B controla la producción de melanina. Si el genotipo contiene una Y mayúscula (ya sea YY o Yy) y una B mayúscula, la descendencia será verde. Si el genotipo contiene dos alelos *y* minúscula, y una B mayúscula, la descendencia será azul. Si el genotipo contiene dos *y* minúsculas, y dos *b* minúsculas, la descendencia será blanca.

1. Usar modelos Dibuja un cuadro de Punnett que indique la herencia del pigmento azul.

2. Usar modelos Construye un cuadro de Punnett que explique la herencia de un pigmento blanco.

3. Aplica los conceptos Resuelve le misterio determinando los genotipos y fenotipos de los progenitores y la descendencia.

4. Conectar con la gran idea ¿Qué proporción de colores esperarías que tuviera la descendencia si Susan cruzara su par original de periquitos años después? ¿La descendencia sería verde?

Relacionar conceptos

Usar gráficas científicas

La cubierta de la semilla fue un rasgo que estudió Mendel en las plantas de guisantes. La cubierta de la semilla es lisa o rugosa. Supón que un investigador tiene dos plantas: una que hace semillas lisas y otra que hace semillas rugosas. El investigador cruza las plantas de semillas rugosas con las plantas de semillas lisas y obtiene los siguientes datos. Usa los datos para responder las preguntas 26 a 28.

Resultados del experimento con semillas

Fenotipo	Número de plantas en la generación F_1	
	Esperado	Observado
Semillas lisas		60
Semillas rugosas		72

26. Predecir Mendel sabía que los alelos para las semillas lisas (R) eran dominantes sobre los alelos para las semillas rugosas (r). Si este cruce fue $Rr \times rr$, ¿qué números deberían llenar la columna intermedia?

27. Analizar datos ¿Los datos que observaste son consistentes con la hipótesis de que el cruce es $Rr \times rr$? Explica tu respuesta.

28. Sacar conclusiones ¿Los datos de este experimento por sí solos son suficientes para concluir que los alelos para las semillas lisas son dominantes sobre los alelos para las semillas rugosas? ¿Por qué?

Escribir sobre las ciencias

29. Explicar Escribe una explicación de los alelos dominantes y recesivos que sea apropiada para dar una clase de ciencias a octavo grado. Puedes asumir que estos estudiantes ya conocen el significado de *gen* y *alelo.* (*Pista:* Usa ejemplos para que tu explicación sea clara.)

30. Causa y efecto Explica por qué los alelos para los ojos rojizos anaranjados y las alas miniatura en la *Drosophila* por lo general se heredan juntos. Describe el patrón de herencia que siguen estos alelos e incluye la idea de la vinculación de genes. (*Pista:* Para organizar tus ideas, dibuja un diagrama de causa y efecto que muestre lo que sucede a los dos alelos durante la meiosis.)

31. Evalúa la gran idea Explica por qué los pares de genes que describe Mendel se comportan de manera consistente con el comportamiento de los cromosomas durante la formación de los gametos, la fecundación y la reproducción.

Analizar datos

Un investigador estudió las moscas de la fruta y encontró una mosca mutante con ojos color café. Casi todas las moscas de la fruta en la naturaleza tienen ojos rojos brillantes. Cuando el investigador cruzó la mosca mutante con una mosca de ojos rojos normal, toda la descendencia F_1 tenía ojos rojos. El investigador cruzó entonces dos moscas de ojos rojos F_1 y obtuvo los siguientes resultados en la generación F_2.

Color de ojos en la generación F_2	
Ojos rojos	37
Ojos cafés	14

32. Calcular ¿Cuál es la proporción de moscas de ojos rojos a moscas de ojos cafés? MATEMÁTICAS

a. 1 : 1
b. 1 : 3
c. 3 : 1
d. 4 : 1

33. Sacar conclusiones El alelo para los ojos rojos en las moscas de la fruta es

a. dominante sobre ojos cafés.
b. recesivo para ojos cafés.
c. codominante con el gen de ojos cafés.
d. un alelo múltiple con el gen de ojos cafés y otros.

Preparación para exámenes estandarizados

Selección múltiple

1. ¿Qué le sucede al número de cromosomas durante la meiosis?
A Se duplica.
B Se mantiene igual.
C Se divide.
D Se vuelve diploide.

2. ¿Qué proporción encontró Mendel en su generación F2?
A 3 : 1
B 1 : 3 : 1
C 1 : 2
D 3 : 4

3. ¿En qué fase de la meiosis se reduce el número de cromosomas?
A anafase I
B metafase I
C telofase I
D telofase II

4. Se cruzaron dos plantas con flores rosas. La flor de los descendientes es como sigue: 25% roja, 25% blanca y 50% rosa. ¿Qué patrón de herencia sigue el color de la flor en estas flores?
A dominancia
B alelos múltiples
C dominancia incompleta
D rasgos poligénicos

5. ¿Cuál de los siguientes se usa para construir un mapa genético?
A número de cromosomas
B tasa de mutación
C tasa de meiosis
D tasa de recombinación

6. Los alelos para el mismo rasgo se separan entre sí durante el proceso de
A citocinesis.
B meiosis I.
C meiosis II.
D metafase II.

7. ¿Cuál de los siguientes NO es uno de los principio de Gregor Mendel?
A Los alelos para genes diferentes por lo general se segregan de manera independiente.
B Algunas formas de un gen pueden ser dominantes.
C La herencia de las características está determinada por los factores (genes).
D El entrecruzamiento ocurre durante la meiosis.

Preguntas 8 y 9

Los genes A, B, C y D se ubican en el mismo cromosoma. Después de calcular las frecuencias de recombinación, un estudiante determina que estos genes están separados por las siguientes unidades del mapa: C–D, 25 unidades del mapa; A–B, 12 unidades del mapa; B–D, 20 unidades del mapa; A–C, 17 unidades del mapa.

8. ¿A cuántas unidades del mapa se encuentran los genes A y D?
A. 5
B. 8
C. 10
D. 12.5

9. ¿Cuál mapa genético refleja mejor los datos del estudiante?

A

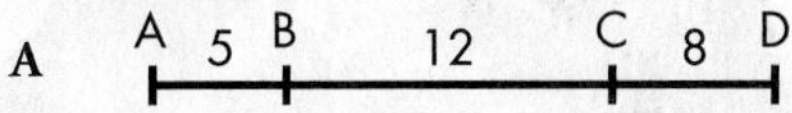

B

A 8 B 20 C 5 D

C

A 8 B 17 C 12 D

D

C 5 B 12 A 8 D

Respuesta de desarrollo

10. Explica por qué la meiosis permite que los organismos mantengan su número de cromosomas de una generación a otra.

Si tienes dificultades con...										
la pregunta	1	2	3	4	5	6	7	8	9	10
Ver la lección	11.4	11.1	11.4	11.3	11.4	11.4	11.2	11.4	11.4	11.4

12 El ADN

Las grandes ideas

Información y herencia, base celular de la vida

P: ¿Cuál es la estructura del ADN y cómo funciona en la herencia genética?

EN ESTE CAPÍTULO:

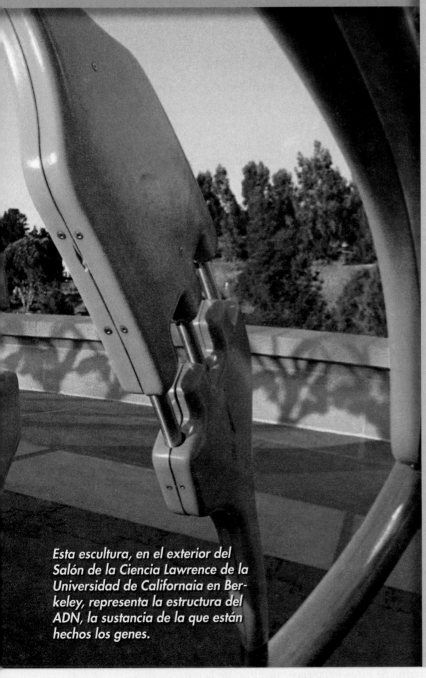

Esta escultura, en el exterior del Salón de la Ciencia Lawrence de la Universidad de Californaia en Berkeley, representa la estructura del ADN, la sustancia de la que están hechos los genes.

- Untamed Science Video
- Chapter Mystery

MISTERIO DEL CAPÍTULO

LUZ ULTRAVIOLETA

"¡Ponte tu crema de protección solar!" Esta frase familiar se escucha en la mayoría de las playas en un día soleado. Es una orden importante, desde luego, pues la luz solar (a pesar de todos sus efectos beneficiosos) puede dañar fácilmente la piel. Las longitudes de onda de la luz solar más peligrosas son las que no podemos ver: la región ultravioleta (UV) del espectro electromagnético. La exposición excesiva a la luz UV no sólo puede dañar las células de la piel, puede causar una forma mortal de cancer de piel que mata a aproximadamente 10,000 estadounidenses cada año. ¿Por qué es tan peligrosa la luz UV? ¿Cómo pueden dañar nuestras células estas longitudes de onda particulares hasta el punto de causar la muerte de células y el cáncer? A medida que leas este capítulo, busca pistas que te ayuden a resolver la cuestión de por qué la luz UV es tan perjudicial para las células de la piel. Luego, resuelve el misterio.

Continúa explorando el mundo.

Encontrar la relación entre la luz UV y el ADN es sólo el principio. Emprende un viaje de campo en video con los genios ecólogos de *Untamed Science* para ver adónde conduce este misterio.

12.1 Identificar la sustancia de los genes

Preguntas clave

🔑 ***¿Qué pistas proporcionó la transformación bacteriana acerca del gen?***

🔑 ***¿Cuál es el papel de los virus bacterianos en la identificación de material genético?***

🔑 ***¿Cuál es el papel del ADN en la herencia?***

Vocabulario

transformación
bacteriófago

Tomar notas

Diagrama de flujo A medida que leas esta sección, haz un diagrama de flujo que muestre cómo llegaron a comprender los científicos la molécula conocida como ADN.

PIÉNSALO ¿Cómo funcionan los genes? Para responder esta pregunta, lo primero que necesitas saber es de qué están hechos los genes. Después de todo, no podrías entender cómo funciona la máquina de un automóvil sin entender de qué está hecha y cómo se ha ensamblado. Así, ¿cómo abordarías la resolución de qué molécula o moléculas constituyen un gen?

Transformación bacteriana

🔑 ***¿Qué pistas proporcionó la transformación bacteriana acerca del gen?***

Durante la primera mitad del siglo XX, los biólogos desarrollaron el campo de la genética hasta el punto en que empezaron a preguntarse acerca de la naturaleza del gen mismo. Para comprender realmente la genética, los científicos se dieron cuenta de que primero tenían que descubrir la naturaleza química del gen. Si se pudiera identificar a la molécula que transporta información genética, sería posible entender cómo los genes realmente controlan las características heredadas de los seres vivos.

Como muchos relatos en ciencias, el descubrimiento de la naturaleza química del gen empezó con un investigador que en realidad estaba buscando otra cosa. En 1928, el científico británico Frederick Griffith estaba tratando de determinar cómo hacían las bacterias que las personas se enfermaran. De manera más específica, Griffith quería aprender cómo ciertos tipos de bacterias producen la enfermedad grave del pulmón conocida como neumonía.

Griffith había aislado de los ratones dos tipos de bacterias muy semejantes. Éstos en realidad eran dos variedades diferentes, o cepas, de la misma especie bacteriana. Ambas cepas crecieron muy bien en caldos de cultivo en el laboratorio de Griffith, pero sólo uno de ellos causaba neumonía. Las bacterias causantes de la enfermedad (la cepa S) se convirtieron en colonias suaves en caldos de cultivo, mientras que las bacterias inofensivas (la cepa R) produjeron colonias con bordes ásperos. La diferencia en su aspecto hizo que las dos cepas fuesen fáciles de distinguir.

Los experimentos de Griffith Cuando Griffith inyectó a ratones con las bacterias causantes de la enfermedad, los ratones contrajeron neumonía y murieron. Los ratones que inyectó con las bacterias inofensivas se mantuvieron sanos. Griffith se preguntó qué hacía que el primer grupo de ratones contrajera neumonía. ¿Quizá las bacterias de la cepa S produjeron una toxina que hace que los ratones se enfermen? Para investigarlo, Griffith realizó los experimentos que se muestran en la **ilustración 12–1.** Primero, tomó un cultivo de la cepa S, calentó las células para matarlas y luego inyectó las bacterias que se murieron con el calor en ratones de laboratorio. Los ratones sobrevivieron, así que la causa de la neumonía no era una toxina de estas bacterias causantes de la enfermedad.

En el siguiente experimento, Griffith mezcló las bacterias de la cepa S que habían muerto con el calor con las bacterias inofensivas de la cepa R. Inyectó esta mezcla en ratones de laboratorio. Por sí mismos, ninguno de los tipos de bacterias habría hecho que se enfermaran los ratones. Sin embargo, para sorpresa de Griffith los ratones inyectados sí adquirieron neumonía y muchos murieron. Cuando examinó los pulmones de estos ratones, encontró que estaban llenos de las bacterias causantes de la enfermedad y no de las bacterias inofensivas. ¿Cómo podría haber pasado eso si las células de la cepa S estaban muertas?

Transformación De alguna manera, las bacterias que habían muerto por el calor transmitieron su capacidad de causar enfermedad a las bacterias inofensivas. Griffith argumentó que cuando mezcló los dos tipos de bacterias se transfirió algún factor químico de las bacterias de la cepa S que habían muerto por el calor a las células vivas de la cepa R. Este compuesto químico, planteó como hipótesis, debía contener información que podría cambiar a las bacterias inofensivas en causantes de la enfermedad. Llamó a este proceso **transformación,** porque un tipo de bacterias (las inofensivas) habían sido cambiadas permanentemente en otro (las causantes de la enfermedad). Como la capacidad de causar enfermedad fue heredada por la descendencia de las bacterias transformadas, Griffith concluyó que el factor de transformación tenía que ser un gen.

En tu cuaderno *Escribe un resumen de los experimentos de Griffith.*

ILUSTRACIÓN 12–1 Los experimentos de Griffith Griffith inyectó a ratones con cuatro muestras diferentes de bacterias. Cuando las inyectó por separado, ni las bacterias causantes de la enfermedad que habían muerto por el calor ni las bacterias vivas inofensivas mataron a los ratones. Sin embargo, las dos cepas inyectadas juntas sí causaron neumonía fatal. A partir de este experimento Griffith infirió que la información genética se podía transferir de una cepa bacteriana a otra. **Inferir** ***¿Por qué analizó Griffith si las bacterias obtenidas de los ratones enfermos en su último experimento producirían colonias suaves o ásperas en una caja de Petri?***

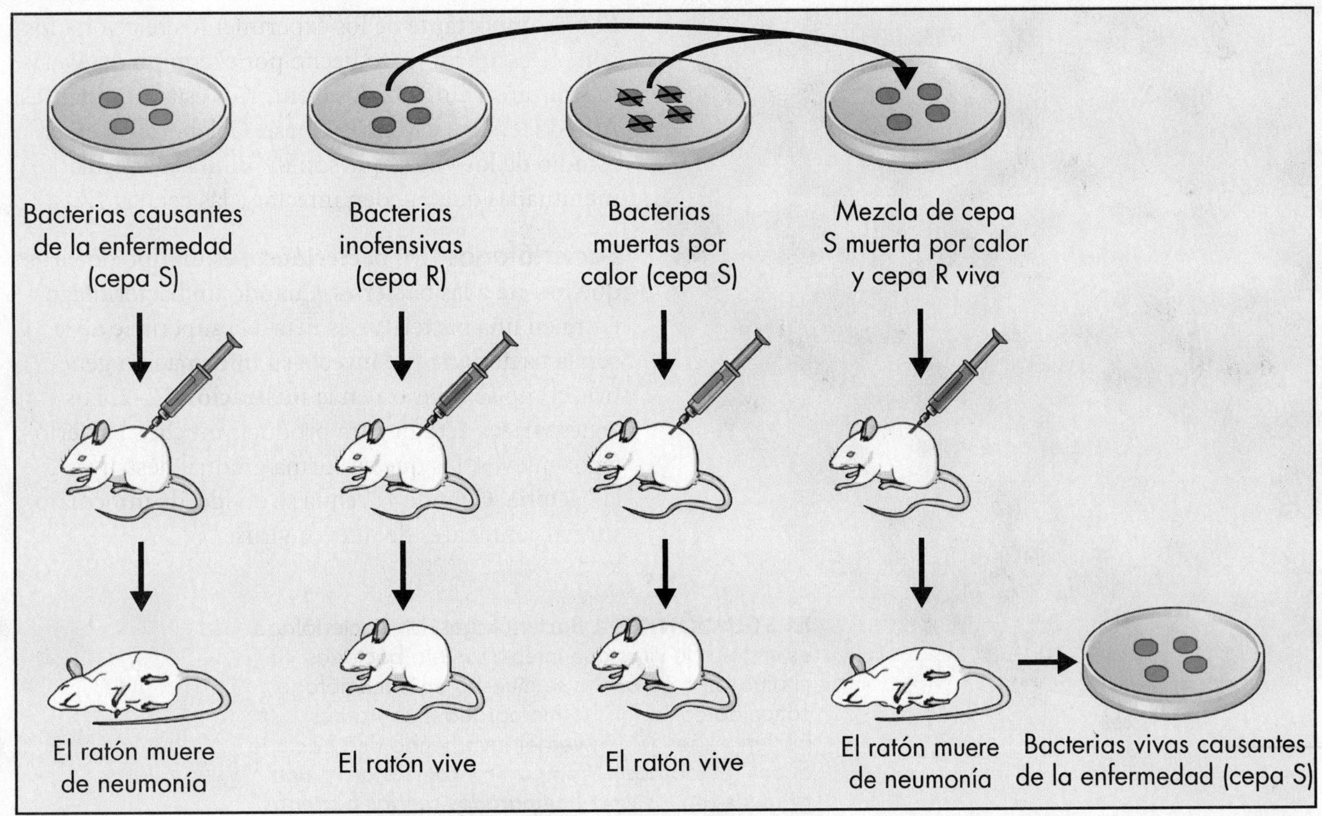

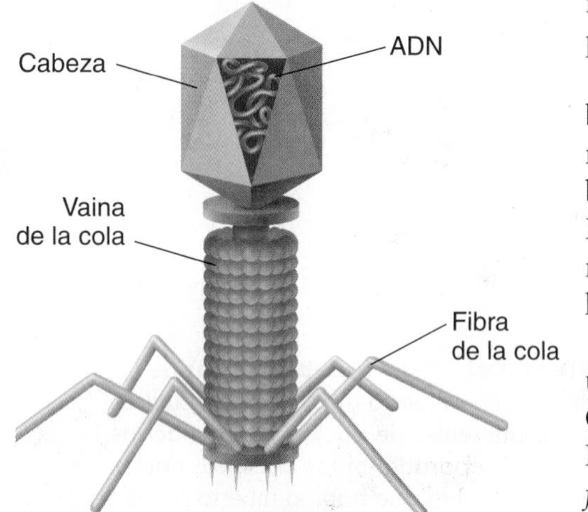

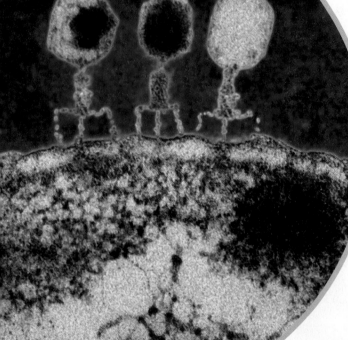

La causa molecular de la transformación En 1944, un grupo de científicos del Instituto Rockefeller en Nueva York decidió repetir el trabajo de Griffith. Conducidos por el biólogo canadiense Oswald Avery, los científicos querían determinar qué molécula de las bacterias que habían muerto por calor era la de mayor importancia para la transformación. Razonaron que si podían encontrar esta molécula particular, podrían revelar la naturaleza química del gen.

Avery y su equipo extrajeron una mezcla de varias moléculas de las bacterias que habían muerto por calor. Con mucho cuidado trataron esta mezcla con enzimas que destruían proteínas, lípidos, hidratos de carbono y algunas otras moléculas, incluyendo el ARN (ácido ribonucleico). De todas formas ocurrió la transformación. Evidentemente, como esas moléculas se habían destruido, ninguna de ellas pudo haber provocado la transformación.

El equipo de Avery repitió el experimento una vez más. Esta vez, usaron enzimas que romperían un ácido nucleico diferente: el ADN. Cuando destruyeron el ADN en la mezcla, no ocurrió la transformación. Había sólo una explicación posible de estos resultados: *El ADN era el factor de transformación.* **Mediante la observación de la transformación bacteriana, Avery y otros científicos descubrieron que el ADN almacena y transmite información genética de una generación de bacterias a la siguiente.**

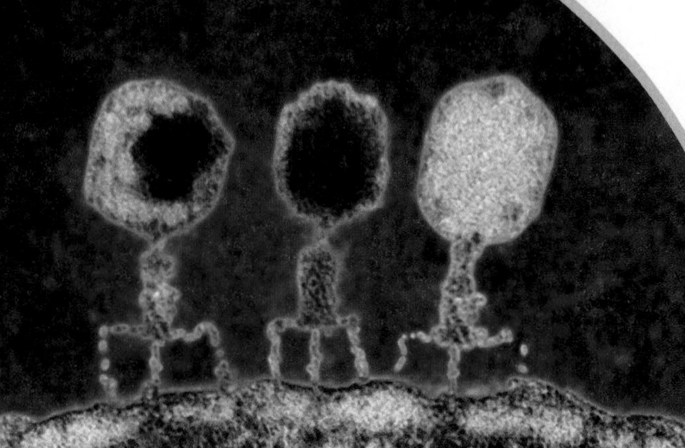

Virus bacterianos

¿Cuál es el papel de los virus bacterianos en la identificación de material genético?

Los científicos son un grupo escéptico. Convencerlos de algo tan importante como la naturaleza química del gen, por lo común toma varios experimentos. El más importante de los experimentos relacionados con el descubrimiento hecho por el equipo de Avery lo realizaron en 1952 dos científicos estadounidenses: Alfred Hershey y Martha Chase. Colaboraron en el estudio de los virus, que son diminutas partículas inanimadas que pueden infectar a las células vivas.

Bacteriófagos Un **bacteriófago** es un tipo de virus que infecta a las bacterias. Cuando un bacteriófago entra en una bacteria, se sujeta a la superficie de la célula bacteriana y le inyecta su información genética, como se muestra en la **ilustración 12–2.** Los genes víricos actúan para producir muchos bacteriófagos nuevos, los que en forma gradual destruyen a la bacteria. Cuando la célula se divide, de inmediato surgen centenares de nuevos virus.

ILUSTRACIÓN 12–2 Bacteriófagos Un bacteriófago es un tipo de virus que infecta y mata bacterias. En el diagrama de arriba se muestra un bacteriófago conocido como T4. La micrografía muestra tres bacteriófagos T2 (en verde) invadiendo una bacteria *E. coli* (en dorado). **Comparar y contrastar** ***¿Cuán grandes son los virus comparados con las bacterias?***

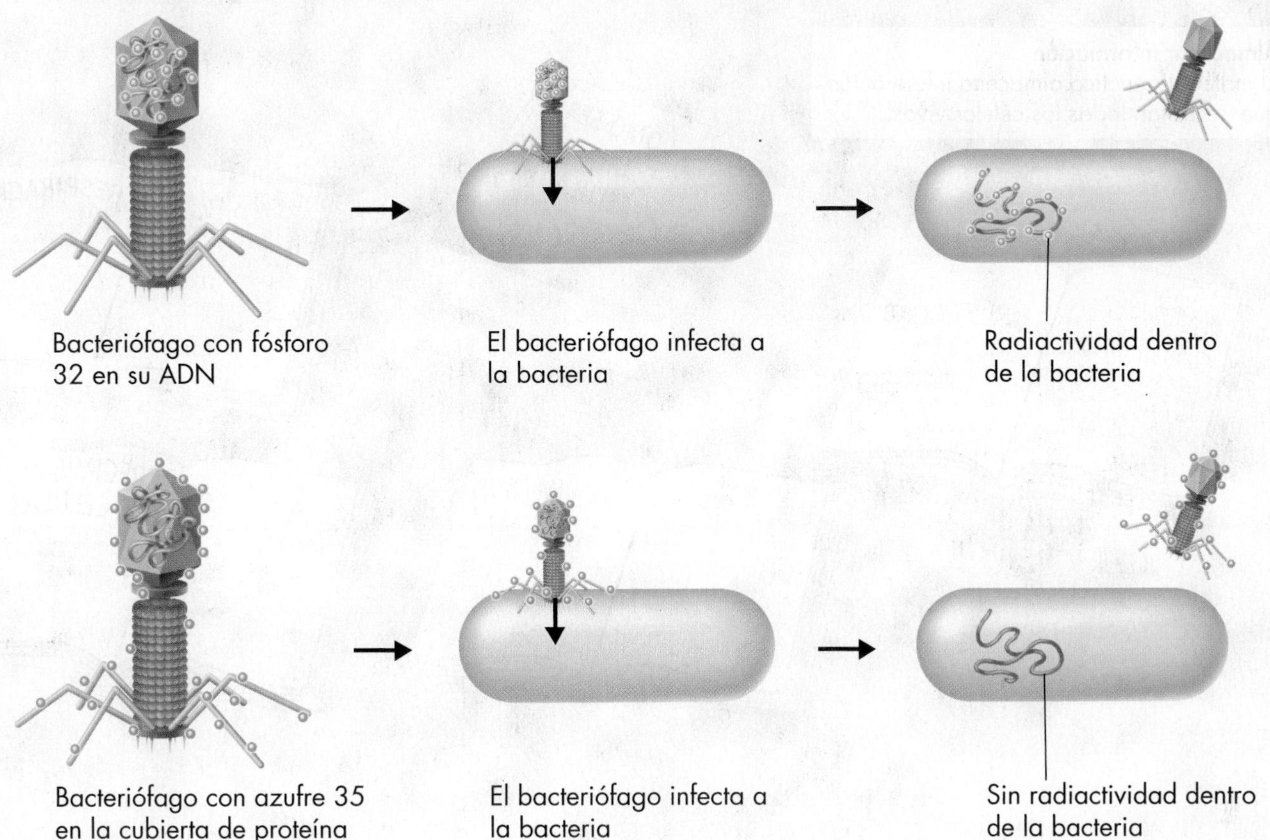

ILUSTRACIÓN 12–3 El experimento Hershey-Chase Alfred Hershey y Martha Chase usaron marcadores de radiactividad diferentes para etiquetar el ADN y las proteínas de bacteriófagos. Los bacteriófagos inyectaban sólo ADN, no proteínas, en las células bacterianas.

El experimento Hershey-Chase Hershey y Chase estudiaron un bacteriófago compuesto de un núcleo de ADN y de una cubierta de proteína. Querían determinar qué parte del virus (la cubierta de proteína o el núcleo de ADN) entraba en la célula bacteriana. Sus resultados apoyarían o refutarían el hallazgo de Avery de que los genes estaban hechos de ADN.

La pareja hizo crecer virus en cultivos que contenían isótopos radiactivos de fósforo 32 (^{32}P) y azufre 35 (^{35}S). Esta fue una estrategia ingeniosa, pues las proteínas casi no contienen fósforo y el ADN no contiene azufre. Por tanto, estas sustancias radiactivas se podían usar como marcadores, permitiendo a los científicos determinar qué moléculas realmente entraban a las bacterias transportando la información genética de los virus. Si encontraban radiactividad de ^{35}S en la bacteria, querría decir que la proteína de la cubierta del virus había sido inyectada en las bacterias. Si encontraban ^{32}P entonces habría sido inyectado el núcleo de ADN.

Los dos científicos mezclaron los virus marcados con células bacterianas. Esperaron unos cuantos minutos para que los virus inyectaran su material genético. Luego separaron los virus de las bacterias y analizaron si las bacterias eran radiactivas. La **ilustración 12–3** muestra los pasos de este experimento. ¿Cuáles fueron los resultados? Casi toda la radiactividad en las bacterias provenía del fósforo (^{32}P), el marcador en el ADN. Hershey y Chase concluyeron que el material genético del bacteriófago efectivamente era ADN, no proteína. **El experimento de Hershey y Chase con bacteriófagos confirmó los resultados de Avery, convenciendo a muchos científicos de que el ADN era el material genético que se encuentra en los genes, no sólo en virus y bacterias, sino en todas las células vivas.**

En tu cuaderno *Identifica las variables independientes y dependientes en el experimento Hershey-Chase y enumera algunas posibles variables de control.*

ANALOGÍA VISUAL

FUNCIONES PRINCIPALES DEL ADN

ILUSTRACIÓN 12–4 Igual que el ADN, el libro en este diagrama contiene instrucciones codificadas para que una célula realice procesos biológicos importantes, por ejemplo, cómo transportar iones. El libro, al igual que el ADN, también puede copiarse y pasarse a la siguiente generación. Estas tres tareas (almacenar, copiar y transmitir información) son también las tres funciones principales del ADN.

El papel del ADN

¿Cuál es el papel del ADN en la herencia?

Podrías pensar que los científicos quedaron satisfechos sabiendo que los genes estaban compuestos de ADN, pero no fue así. En lugar de ello, se preguntaron cómo podía el ADN, u otra molécula, realizar acciones críticas que se sabía hacían los genes. La siguiente era de estudio comenzó con una suposición crucial. **El ADN que compone los genes debe ser capaz de almacenar, copiar y transmitir la información genética de una célula.** Estas tres funciones son análogas a compartir un libro preciado, como se muestra en la **ilustración 12–4.**

Almacenar información El trabajo principal del ADN, como la molécula de la herencia, consiste en almacenar información. De alguna manera, los genes que hacen que una flor sea púrpura deben llevar la información necesaria para producir el pigmento púrpura. Los genes del tipo sanguíneo y el color de los ojos deben poseer la información necesaria para realizar sus trabajos también, y otros genes tienen que hacer incluso más. Los genes controlan patrones de desarrollo, lo cual significa que las instrucciones que causan que una sola célula se desarrolle en un roble, en un erizo de mar o en un perro deben estar escritas de alguna manera en el ADN de cada uno de estos organismos.

Copiar información Antes de que se divida una célula, debe hacer una copia completa de cada uno de sus genes. Para muchos científicos, el aspecto más desconcertante del ADN era cómo podía copiarse. La solución a éste y otros enigmas tuvo que esperar hasta que se conoció la estructura de la molécula de ADN. Pocas semanas después de este descubrimiento, se propuso un mecanismo de copia para el material genético. Aprenderás acerca de este mecanismo más adelante en este capítulo.

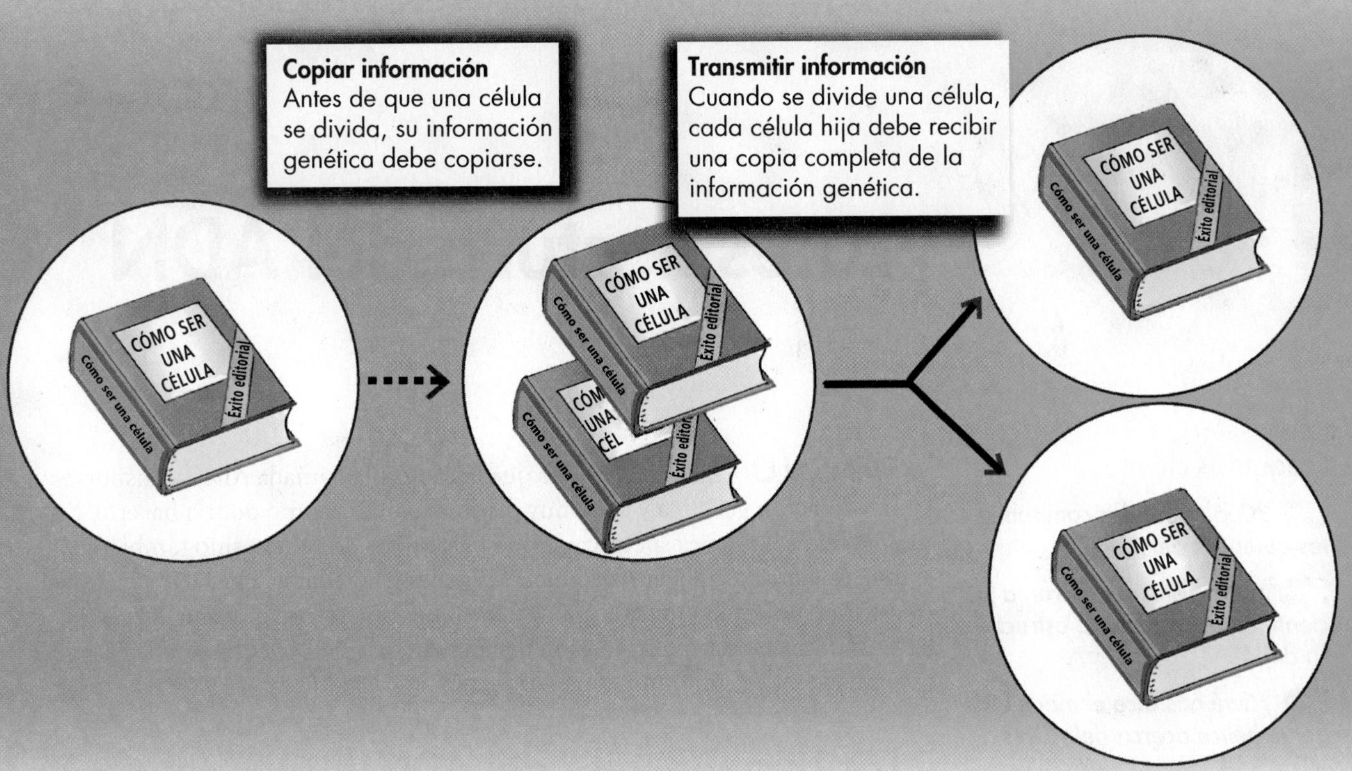

Copiar información
Antes de que una célula se divida, su información genética debe copiarse.
Transmitir información
Cuando se divide una célula, cada célula hija debe recibir una copia completa de la información genética.
CÓMO SER UNA CÉLULA
Cómo ser una célula
Éxito editorial

Transmitir información Según había mostrado el trabajo de Mendel, los genes se transmiten de una generación a la siguiente. Así, las moléculas de ADN deben clasificarse con mucho cuidado y circular durante la división celular. Esa clasificación cuidadosa es especialmente importante durante la formación de células reproductoras en la meiosis. Recuerda que los cromosomas de las células eucariotas contienen genes compuestos de ADN. La pérdida de ADN durante la meiosis podría significar una pérdida de información genética valiosa de una generación a la siguiente.

12.1 Evaluación

Repaso de conceptos clave

1. a. Repasar Enumera las conclusiones que Griffith y Avery obtuvieron de sus experimentos.

b. Identificar variables ¿Cuál fue la variable experimental que Avery usó cuando repitió el trabajo de Griffith?

2. a. Repasar ¿Qué conclusión obtuvieron Hershey y Chase de sus experimentos?

b. Inferir ¿Por qué hicieron crecer virus Hershey y Chase en cultivos que contenían tanto fósforo radiactivo como azufre radiactivo? ¿Qué podría haber ocurrido si sólo hubieran usado una sustancia radiactiva?

3. a. Repasar ¿Cuáles son los tres papeles clave del ADN?

b. Aplica los conceptos ¿Por qué ayudaría almacenar información genética en los genes a explicar por qué los cromosomas se separan con mucho cuidado durante la meiosis?

Aplica la gran idea

La ciencia como fuente de conocimiento

4. Elige a Griffith, Avery o Hershey y Chase, y haz un diagrama de flujo que muestre cómo ese científico o equipo de científicos usó diversos métodos científicos. Identifica cada método. Puedes usar tu diagrama de **Tomar notas** como guía. Si lo necesitas, consulta las descripciones de métodos científicos del capítulo 1.

BIOLOGY.com Search Lesson 12.1 GO • Lesson Assessment • Self-Test

La estructura del ADN

Preguntas clave

🔑 ***¿Cuáles son los componentes químicos del ADN?***

🔑 ***¿Qué pistas ayudaron a los científicos a resolver la estructura del ADN?***

🔑 ***¿Qué nos dice el modelo de doble hélice acerca del ADN?***

Vocabulario

apareamiento de bases

Tomar notas

Esquema A medida que leas esta sección, halla las ideas clave del texto bajo cada encabezado en color verde. Escribe unas pocas palabras clave de cada idea principal. Luego úsalas para resumir la información acerca del ADN.

PISTA DEL MISTERIO

La energía de la luz UV puede activar los electrones en la sustancia absorbente hasta el punto en que los electrones causan cambios químicos. ¿Qué cambios químicos podrían ocurrir en las bases nitrogenadas del ADN?

PIÉNSALO Una cosa es decir que la molécula llamada ADN transporta información genética y otra muy distinta explicar cómo podría hacerlo. El ADN no sólo debe especificar cómo ensamblar proteínas, sino también de qué manera se pueden reproducir los genes y heredarse. El ADN tiene que ser una molécula muy especial, y debe tener una estructura muy especial. Como veremos, la comprensión de la estructura del ADN ha sido la clave para entender cómo funcionan los genes.

Los componentes del ADN

🔑 ***¿Cuáles son los componentes químicos del ADN?***

El ácido desoxirribonucleico, o ADN, efectivamente es una molécula única. 🔑 **El ADN es un ácido nucleico compuesto por nucleótidos unidos en largas hebras o cadenas mediante enlaces covalentes.** Examinemos cada uno de estos componentes con mayor detalle.

Ácidos nucleicos y nucleótidos Como recordarás, los ácidos nucleicos son largas moléculas ligeramente ácidas identificadas originalmente en núcleos celulares. Como muchas otras macromoléculas, los ácidos nucleicos están compuestos por subunidades más pequeñas, unidas para formar largas cadenas. Los nucleótidos son las unidades básicas de los ácidos nucleicos. En la **ilustración 12–5** se muestran los nucleótidos del ADN. Estos nucleótidos están constituidos de tres componentes básicos: un azúcar de 5 carbonos llamada desoxirribosa, un grupo fosfato y una base nitrogenada.

Bases nitrogenadas y enlaces covalentes Las bases nitrogenadas, dicho de manera sencilla, son bases que contienen nitrógeno. El ADN tiene cuatro tipos de bases nitrogenadas: adenina, guanina, citocina y timina. Los biólogos a menudo se refieren a cada uno de los nucleótidos del ADN por la primera letra del nombre de su base: A, G, C y T. Los nucleótidos en una hebra de ADN están unidos mediante enlaces covalentes que se forman entre el azúcar de un nucleótido y el grupo fosfato del siguiente. Las bases nitrogenadas sobresalen a los lados de la cadena de nucleótidos. Los nucleótidos se pueden unir en cualquier orden, lo cual quiere decir que es posible cualquier secuencia de bases. Estas bases, por cierto, tienen una estructura química que las hace especialmente buenas para absorber luz ultravioleta (UV). En realidad, podemos determinar la cantidad de ADN en una solución midiendo la cantidad de luz que absorbe en una longitud de onda de 260 nanómetros (nm), que se encuentra en la región UV del espectro electromagnético.

Si en la **ilustración 12–5** no ves mucho que pudiera explicar las notables propiedades del ADN, no te sorprendas. Entre las décadas de 1940 y 1950, los biólogos más sobresalientes del mundo pensaban en el ADN como poco más que una cadena de nucleótidos. También se desconcertaron. Los cuatro nucleótidos diferentes, como las 27 letras del abecedario, podían ponerse juntos en muchas secuencias diferentes, así que era posible que contuvieran información genética codificada. Sin embargo, lo mismo podía ocurrir con muchas otras moléculas, al menos en principio. Los biólogos se preguntaban si había algo más en la estructura del ADN.

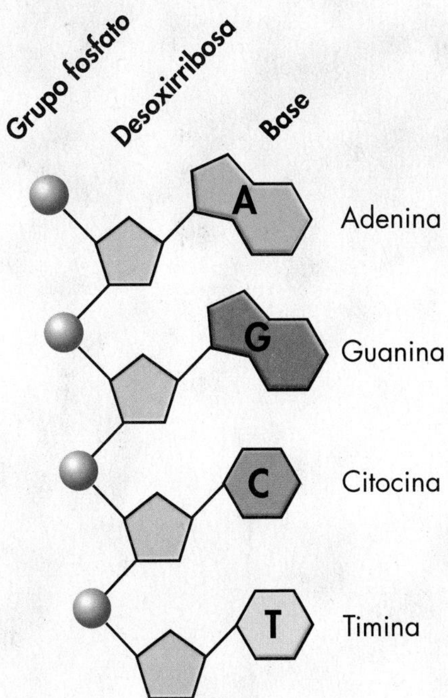

ILUSTRACIÓN 12–5 Nucleótidos de ADN El ADN está compuesto por nucleótidos, cada uno con una molécula de desoxirribosa, un grupo fosfato y una base que contiene nitrógeno. Las cuatro bases son adenina (A), guanina (G), citocina (C) y timina (T). **Interpretar material visual** ***¿Cómo se juntan estos cuatro nucleótidos para formar parte de una cadena de ADN?***

Resolver la estructura del ADN

¿Qué pistas ayudaron a los científicos a resolver la estructura del ADN?

Saber que el ADN está formado de largas cadenas de nucleótidos fue sólo el principio para comprender su estructura. El siguiente paso requirió una comprensión de la manera en que esas cadenas están organizadas en tres dimensiones.

La regla de Chargaff Uno de los hechos desconcertantes acerca del ADN era una curiosa relación entre sus nucleótidos. Años antes, Erwin Chargaff, un bioquímico austriaco-estadounidense, había descubierto que el porcentaje de bases de adenina [A] y de timina [T] son casi iguales en cualquier muestra de ADN. Lo mismo se cumple para los otros dos nucleótidos, guanina [G] y citocina [C]. La observación de que [A] = [T] y [G] = [C] llegó a conocerse como "regla de Chargaff". A pesar de que muestras de ADN de organismos tan diferentes como las bacterias y los seres humanos obedecían esta regla, ni Chargaff ni alguien más tenía la más remota idea de por qué era así.

Analizar datos

Porcentajes de bases

En 1949, Erwin Chargaff descubrió que las cantidades relativas de A y T, y de G y C, casi siempre son iguales. La tabla muestra parte de los datos que reunió Chargaff.

Porcentajes de bases en cinco organismos

Fuente del ADN	A	T	G	C
Estreptococo	29.8	31.6	20.5	18.0
Levadura	31.3	32.9	18.7	17.1
Arenque	27.8	27.5	22.2	22.6
Ser humano	30.9	29.4	19.9	19.8
E.coli	24.7	23.6	26.0	25.7

1. **Interpretar tablas** ¿Qué organismo tiene el mayor porcentaje de adenina?

2. **Calcular** Si una especie tiene 35 por ciento de adenina en su ADN, ¿cuál es el porcentaje de las otras tres bases? MATEMÁTICAS

3. **Sacar conclusiones** ¿Qué sugirió acerca de la relación entre las bases A, T, G y C el descubrimiento de que A y T, y G y C ocurrían en cantidades iguales?

Rosalind Franklin

RESUMEN VISUAL

PISTAS SOBRE LA ESTRUCTURA DEL ADN

ILUSTRACIÓN 12–6 Erwin Chargaff, Rosalind Franklin, James Watson y Francis Crick ayudaron a resolver el enigma de la estructura molecular del ADN. La fotografía de difracción de rayos X de Franklin muestra que la estructura del ADN es helicoidal.

Erwin Chargaff

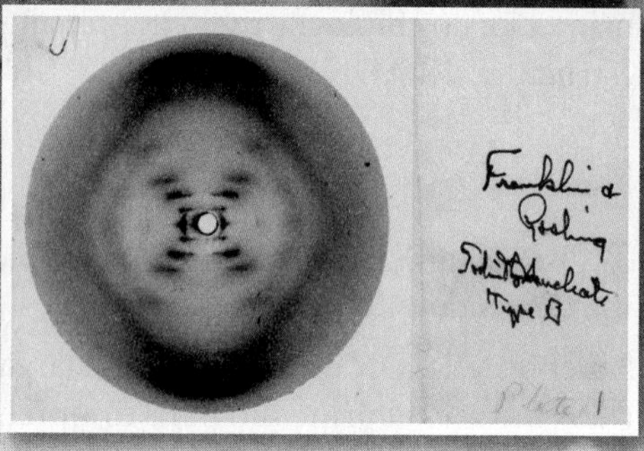

La fotografía de difracción de rayos X de Franklin, mayo de 1952

Los rayos X de Franklin A principios de la década de 1950 la científica británica Rosalind Franklin empezó a estudiar el ADN. Usó una técnica conocida como difracción de rayos X para obtener información acerca de la estructura de la molécula de ADN. Primero, purificó una gran cantidad de ADN y después estiró las fibras del ADN en un tubo delgado de vidrio de modo que la mayoría de las hebras fuesen paralelas. Enseguida apuntó un potente haz de rayos X a las muestras concentradas de ADN y filmó el patrón disperso de rayos X. Franklin trabajó duro para obtener cada vez mejores patrones del ADN hasta que éstos fueron claros. El resultado de su trabajo es la fotografía de rayos X que se muestra en la **ilustración 12–6,** tomada en el verano de 1952.

Por sí mismo, el patrón de rayos X de Franklin no revela la estructura del ADN, pero sí proporciona pistas muy importantes. El patrón en forma de X muestra que las hebras en el ADN están torcidas una alrededor de la otra, como los resortes de metal de un colchón, una forma conocida como hélice. El ángulo de la X sugiere que hay dos hebras en la estructura. Otras pistas sugieren que las bases nitrogenadas están cerca del centro de la molécula de ADN.

El trabajo de Watson y Crick Mientras Franklin continuaba sus investigaciones, James Watson, un biólogo estadounidense, y Francis Crick, un físico británico, también estaban tratando de entender la estructura del ADN. Con cartón y alambre construyeron modelos tridimensionales de la molécula. Torcieron y estiraron los modelos de varias maneras, pero sus esfuerzos óptimos no lograron nada para explicar las propiedades del ADN.

Después, a principios de 1953, se le mostró a Watson una copia del patrón notable de rayos X de Franklin. El efecto fue inmediato. En su libro *La doble hélice,* Watson escribió: "En el instante en que vi la fotografía quedé boquiabierto y mi pulso empezó a acelerarse".

DESARROLLAR el vocabulario

VOCABULARIO ACADÉMICO En bioquímica, el sustantivo **hélice** se refiere a una cadena en forma de espiral extendida de unidades en una proteína, un ácido nucleico u otra molécula grande.

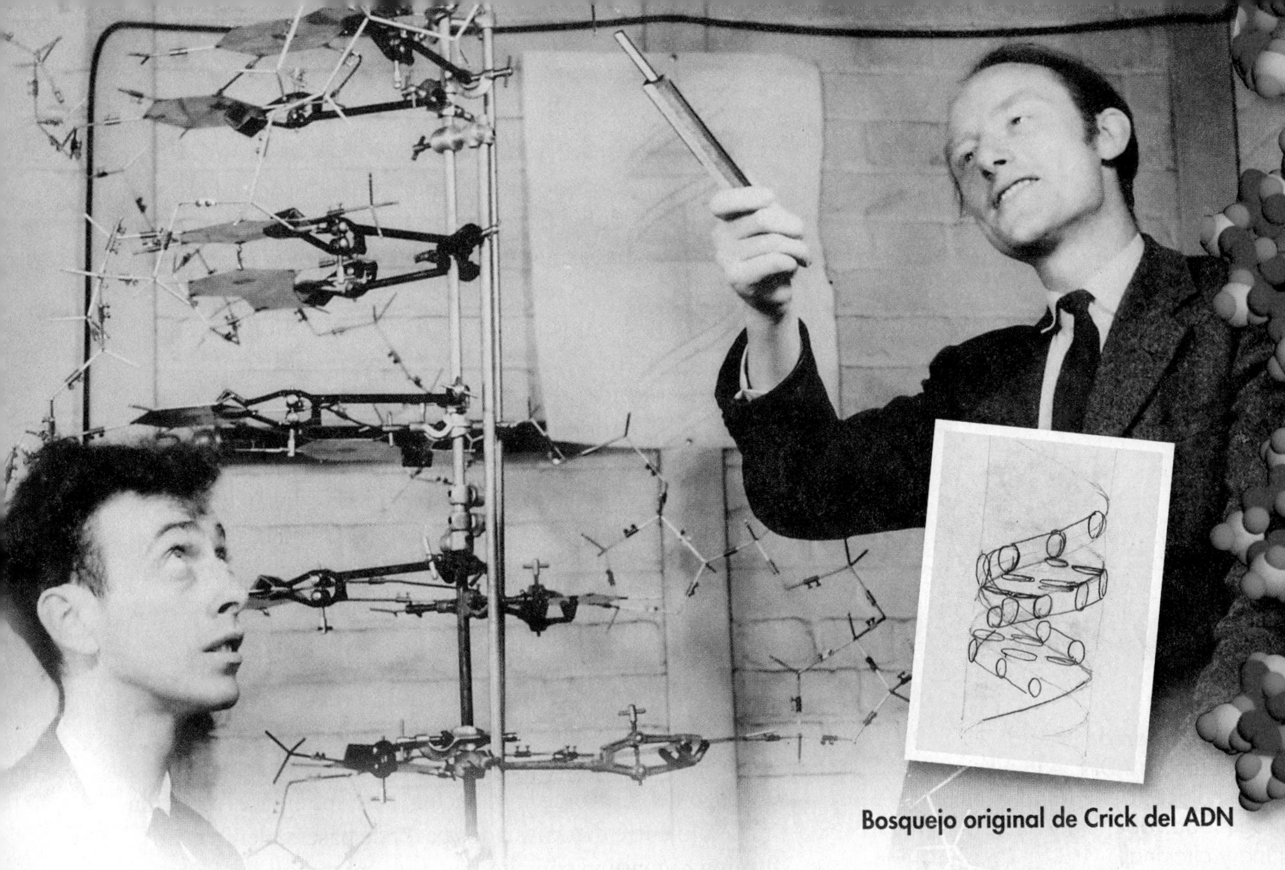

Bosquejo original de Crick del ADN

James Watson, a la izquierda, y Francis Crick con su modelo de una molécula de ADN en 1953

Modelo por computadora del ADN

Las pistas en el patrón de rayos X de Franklin permitieron a Watson y a Crick construir un modelo que explicaba la estructura y las propiedades específicas del ADN. Ambos publicaron sus resultados en un histórico artículo de una sola página en abril de 1953, cuando se publicó también el artículo de Franklin en el que describía su trabajo con rayos X. El gran avance del modelo Watson y Crick del ADN también era una doble hélice, en la que dos hebras de secuencias de nucleótidos estaban enrolladas una en la otra.

El modelo de doble hélice

¿Qué nos dice el modelo de doble hélice acerca del ADN?

Una doble hélice se ve como una escalera torcida. En el modelo de doble hélice del ADN las dos hebras se enredan una alrededor de la otra como escaleras en espiral. Watson y Crick se dieron cuenta de que la doble hélice explicaba el patrón de rayos X de Franklin. Además, explicaba muchas de las propiedades más sobresalientes del ADN. **El modelo de doble hélice explica la regla de Chargaff del apareamiento de bases y cómo es que las dos hebras del ADN se mantienen unidas.** Este modelo puede incluso informarnos de qué manera logra funcionar el ADN como transportador de información genética.

Hebras antiparalelas Uno de los aspectos sorprendentes del modelo de doble hélice es que las dos hebras del ADN siguen direcciones opuestas. En el lenguaje de la bioquímica, estas hebras son "antiparalelas". Esta organización permite a las bases nitrogenadas de ambas hebras establecer contacto en el centro de la molécula. También permite a cada hebra de la doble hélice llevar una secuencia de nucleótidos, organizados casi como letras de un alfabeto de cuatro símbolos.

En tu cuaderno *Dibuja y rotula tu propio modelo de la estructura de doble hélice del ADN.*

PISTA DEL MISTERIO

Las células de nuestra piel se exponen a la luz UV siempre que están a la luz solar directa. ¿Cómo podría esta exposición afectar el apareamiento de bases en el ADN de las células de nuestra piel?

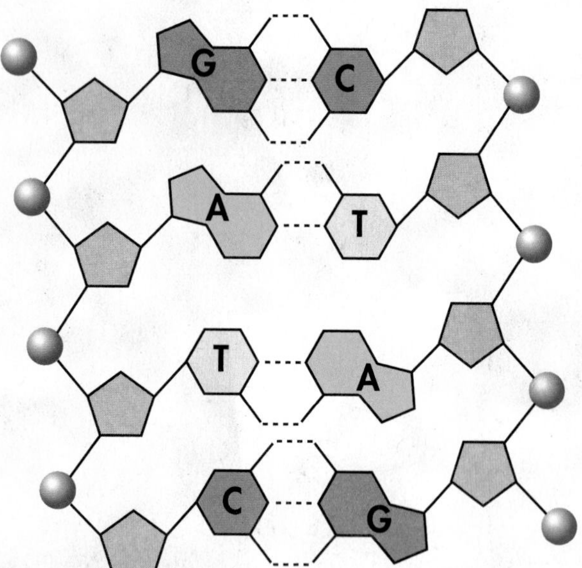

ILUSTRACIÓN 12–7 Apareamiento de bases Las dos hebras de ADN se mantienen unidas mediante enlaces de hidrógeno entre las bases nitrogenadas adenina y timina, y entre guanina y citocina.

Enlaces de hidrógeno Al principio, Watson y Crick no podían explicar qué fuerzas mantenían juntas a las dos hebras de la doble hélice del ADN. Entonces descubrieron que se podían formar enlaces de hidrógeno entre determinadas bases nitrogenadas, los cuales proporcionaban la fuerza justa suficiente para mantener juntas a las dos hebras. Según recordarás, los enlaces de hidrógeno son fuerzas químicas relativamente débiles.

¿Tiene sentido el que una molécula tan importante como el ADN deba mantenerse unida mediante enlaces débiles? En efecto, sí tiene sentido: Si las dos hebras de la hélice se mantuvieran unidas mediante enlaces fuertes, bien podría ser imposible separarlas. Como veremos, la capacidad de las dos hebras para separarse resulta crítica para las funciones del ADN.

Apareamiento de bases El modelo de Watson y Crick mostró que los enlaces de hidrógeno podían crear una correspondencia casi perfecta entre las bases nitrogenadas a lo largo del centro de la molécula. Pero los enlaces se formarían sólo entre determinados pares de bases: adenina con timina, y guanina con citocina. Esta correspondencia casi perfecta entre los nucleótidos A-T y G-C se llama **apareamiento de bases,** y se representa en la **ilustración 12–7.**

Una vez que observaron este proceso, Watson y Crick se dieron cuenta de que el apareamiento de bases explicaba la regla de Chargaff. Dio una razón de por qué [A] = [T] y [G] = [C]. Para cada adenina en una molécula doblemente enrollada de ADN debe haber exactamente una timina. Para cada citocina hay una guanina. La habilidad de su modelo para explicar las observaciones de Chargaff aumentaron la confianza de Watson y Crick de que habían llegado a la conclusión correcta, con la ayuda de Rosalind Franklin.

12.2 Evaluación

Repaso de conceptos clave

1. a. Repasar Enumera los componentes químicos del ADN.
b. Relacionar causa y efecto ¿Por qué son tan esenciales los enlaces de hidrógeno para la estructura del ADN?

2. a. Repasar Describe los descubrimientos que condujeron a hacer el modelo del ADN.
b. Inferir ¿Por qué los científicos tuvieron que usar otras herramientas que no fuesen microscopios para descubrir la estructura del ADN?

3. a. Repasar Describe el modelo de Watson y Crick de la molécula de ADN.
b. Aplica los conceptos ¿Daba cuenta el modelo de Watson y Crick de las cantidades iguales de timina y adenina en el ADN? Explica.

RAZONAMIENTO VISUAL

4. Haz un modelo tridimensional que muestre la estructura de la molécula de ADN. Tu modelo debe incluir los cuatro pares de bases que ayudan a formar la doble hélice.

BIOLOGY.com Search Lesson 12.2  GO • Self-Test • Lesson Assessment

La biología y LA HISTORIA

Descubrir el papel del ADN **Los genes y los principios de la genética se descubrieron antes de que los científicos identificaran las moléculas de las que están constituidos los genes. Con el descubrimiento del ADN, los científicos han podido explicar cómo se reproducen los genes y cómo funcionan.**

1860 1880 1900 1920 1940 1960 1980 2000

1865

Gregor Mendel muestra que las características de los guisantes se transmiten de manera predecible. Su estudio inicia la ciencia de la genética.

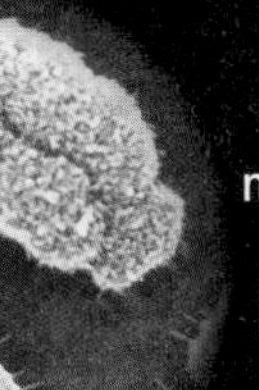

1903

◄ **Walter Sutton** muestra que los cromosomas llevan las unidades de herencia de célula.

1911

Thomas Hunt Morgan ▲ demuestra que los genes están organizados de manera lineal en los cromosomas de la mosca de la fruta.

1928

▼ **Frederick Griffith** descubre que las bacterias contienen una molécula que puede transmitir información genética de una célula a otra.

1944

Oswald Avery, Colin Macleod y Maclyn McCarty muestran que la sustancia que descubrió Griffith es ADN.

1950

Erwin Chargaff analiza la composición básica del ADN en las células. Descubre que las cantidades de adenina y timina casi siempre son iguales y que lo mismo ocurre con la guanina y la citocina.

1952

Alfred Hershey y Martha Chase confirman que el material genético de los virus es ADN y no proteína. **Rosalind Franklin** filma un patrón de difracción de rayos X crítico, demostrando que el ADN tiene la forma de una hélice.

1953

James Watson y Francis Crick publican su modelo de doble hélice del ADN. El modelo fue posible gracias al trabajo de Franklin.

2000

▼ **Craig Venter y Francis Collins** anuncian el bosquejo de la secuencia del ADN del genoma humano en una ceremonia en la Casa Blanca en Washington, D.C. La versión final se publica en 2003.

ESCRITURA **Usa fuentes de la biblioteca o de la Internet para informarte sobre qué trabajó James Watson o Francis Crick luego de descubrir la estructura del ADN. Organiza tus resultados del trabajo del científico y prepara una presentación multimedia para tu grupo.**

Replicación del ADN

Preguntas clave

¿Cuál es el papel de la ADN polimerasa al copiar el ADN?

¿Cómo difiere la replicación de ADN de las células procariotas con la de las células eucariotas?

Vocabulario

replicación
ADN polimerasa
telómero

Tomar notas

Vistazo al material visual Antes de leer, estudia el diagrama de la **ilustración 12–8.** Haz una lista de preguntas acerca de los diagramas. A medida que leas, escribe las respuestas a tus preguntas.

DESARROLLAR el vocabulario

ORIGEN DE LAS PALABRAS
El prefijo *re-* significa "de vuelta" o "nuevamente". *Plicare* es un verbo en latín que quiere decir "plegar". Así, replicar algo es, en esencia, repetirlo, o plegarlo nuevamente.

PIÉNSALO Antes de que se divida una célula, primero debe copiarse su ADN. ¿De qué manera podría hacer posible eso la estructura de doble hélice del ADN? ¿Qué podría ocurrir si uno de los nucleótidos se dañara o alterara químicamente justo antes del proceso de copiarse? ¿Cómo podría alterar esto al ADN heredado por cada célula hija después de la división celular?

Copiar el código

¿Cuál es el papel de la ADN polimerasa al copiar el ADN?

Cuando Watson y Crick descubrieron la estructura del ADN, de inmediato reconocieron un aspecto en verdad sorprendente de ella. El apareamiento de bases en la doble hélice explica cómo puede copiarse el ADN, o replicarse, gracias a que cada base en una secuencia se aparea con una, y sólo una, base en la secuencia opuesta. Por tanto, cada hebra de la doble hélice posee toda la información necesaria para reconstruir la otra mitad mediante el mecanismo de apareamiento de bases. Debido a que cada secuencia se puede usar para formar la otra secuencia, se dice que las secuencias son complementarias.

El proceso de replicación Antes de que se divida una célula, duplica su ADN mediante un proceso de copia llamado **replicación.** Este proceso, que ocurre durante la interfase tardía del ciclo celular, garantiza que cada célula resultante tenga el mismo conjunto completo de moléculas de ADN. Durante la replicación, las moléculas de ADN se separan en dos secuencias y entonces se producen dos nuevas secuencias complementarias siguiendo las reglas del apareamiento de bases. Cada secuencia de la doble hélice de ADN sirve como molde, o modelo, de la nueva secuencia.

En la **ilustración 12–8** se muestra el proceso de replicación de ADN. Las dos secuencias de la doble hélice se han separado, o "abierto", permitiendo que se formen dos bifurcaciones de la replicación. A medida que se forma cada nueva secuencia, se añaden nuevas bases siguiendo las reglas del apareamiento de bases. Si la base en la vieja secuencia es adenina, entonces se añade timina a la nueva secuencia en formación. De la misma manera, la guanina siempre se aparea con la citocina. Por ejemplo, una hebra que tenga la secuencia de bases TACGTT produce una hebra con la secuencia de bases complementaria ATGCAA. El resultado consiste en dos moléculas de ADN idénticas una a la otra así como a la molécula original. Observa que cada molécula de ADN que resulta de la replicación tiene una secuencia original y una secuencia nueva.

En tu cuaderno *Describe con tus propias palabras el proceso de replicación del ADN.*

El papel de las enzimas La replicación del ADN se realiza mediante una serie de enzimas. Estas enzimas primero "abren" una molécula de ADN rompiendo los enlaces de hidrógeno entre pares de bases y desenrollando las dos hebras de la molécula. Cada hebra sirve entonces como molde para la fijación de las bases complementarias. Recordarás que las enzimas son proteínas con funciones altamente específicas. Por esta razón a menudo se denominan según las reacciones que catalizan. La principal enzima implicada en la replicación del ADN se llama **ADN polimerasa.** **La ADN polimerasa es una enzima que une nucleótidos individuales para producir una nueva secuencia de ADN.** Además de producir los enlaces azúcar-fosfato que unen a los nucleótidos, la ADN polimerasa también "corrige pruebas" de cada nueva secuencia de ADN, de manera que cada molécula es una copia casi perfecta de la original.

PISTA
DEL MISTERIO
¿Cómo podrían los cambios inducidos por la luz ultravioleta en las bases afectar el proceso de replicación de ADN?
30
BLOQUEADOR SOLAR

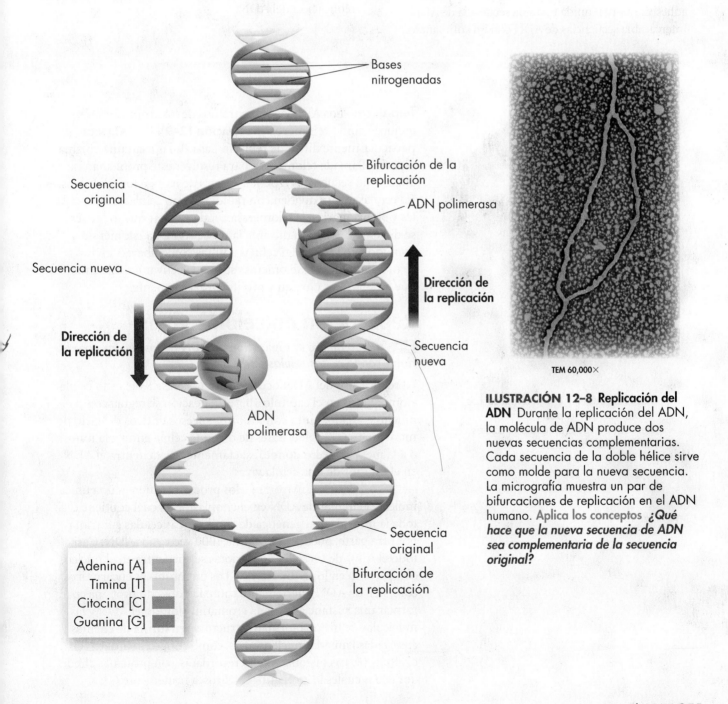

Bases nitrogenadas
Bifurcación de la replicación
Secuencia original
ADN polimerasa
Secuencia nueva
Dirección de la replicación
Dirección de la replicación
Secuencia nueva
ADN polimerasa
Secuencia original
Bifurcación de la replicación
Adenina [A]
Timina [T]
Citocina [C]
Guanina [G]

TEM 60,000×

ILUSTRACIÓN 12–8 Replicación del ADN Durante la replicación del ADN, la molécula de ADN produce dos nuevas secuencias complementarias. Cada secuencia de la doble hélice sirve como molde para la nueva secuencia. La micrografía muestra un par de bifurcaciones de replicación en el ADN humano. **Aplica los conceptos** ***¿Qué hace que la nueva secuencia de ADN sea complementaria de la secuencia original?***

Actividad rápida de laboratorio

INVESTIGACIÓN ABIERTA

Representar la replicación del ADN

1. Recorta cuadrados pequeños de papel blanco y amarillo para representar las moléculas de fosfato y azúcar. Luego recorta tiras pequeñas de papel azul, verde, rojo y anaranjado para representar las cuatro bases nitrogenadas. Haz un conjunto de cinco nucleótidos con las tiras de papel y cinta adhesiva. Si necesitas ayuda, mira de nuevo la **ilustración 12–5.**

2. Con los nucleótidos que construiste, con cinta adhesiva mantén unida una sola secuencia de ADN. Intercambia secuencias de ADN con un compañero.

3. Representa la replicación de ADN creando una secuencia que sea complementaria con la secuencia original de tu compañero.

Analizar y concluir

1. **Usar modelos** ¿La acción de qué enzima representa el mantener juntos con cinta adhesiva los nucleótidos que creaste?
2. **Evaluar** ¿De qué maneras representa con precisión esta actividad de laboratorio la replicación del ADN?

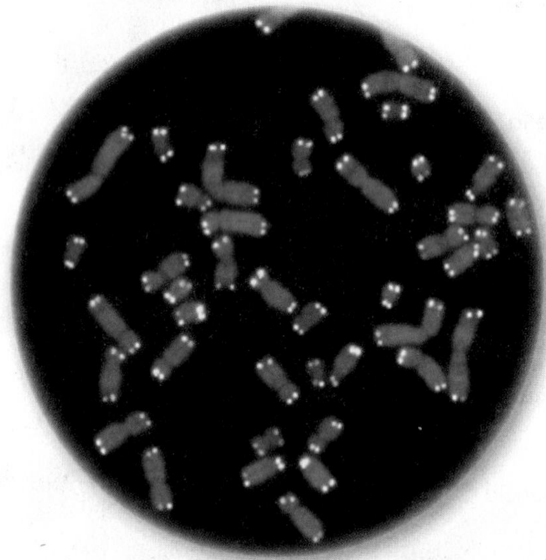

ILUSTRACIÓN 12–9 Telómeros Los telómeros son la parte blanca (teñida) de los cromosomas azules de los seres humanos.

Telómeros Los ADN en los extremos de los cromosomas se conocen como **telómeros** (**ilustración 12–9**). Este ADN es particularmente difícil de replicar. Las células usan una enzima especial, llamada telomerasa, para resolver este problema añadiendo secuencias repetidas cortas de ADN a los telómeros. En células que se dividen con rapidez, como células troncales y embrionarias, la telomerasa ayuda a evitar que los genes se dañen o se pierdan durante la replicación. La telomerasa a menudo se desactiva en células adultas. Sin embargo, en las células del cáncer la telomerasa se puede activar permitiendo que estas células crezcan y proliferen rápidamente.

Replicación en células vivas

¿Cómo difiere la replicación de ADN de las células procariotas con la de las células eucariotas?

La replicación del ADN ocurre durante la fase S del ciclo celular. Como vimos en el capítulo 10, la replicación se regula con mucho cuidado, junto con los otros sucesos críticos del ciclo de modo que se complete antes de que una célula entre a la mitosis o a la meiosis. ¿Pero dónde, exactamente, se encuentra el ADN en el interior de una célula viva?

Las células de la mayoría de los procariotas tienen una única molécula circular de ADN en el citoplasma, la cual contiene casi toda la información genética de la célula. Las células eucariotas, por otra parte, pueden tener hasta 1000 veces más ADN. Casi todo el ADN de las células eucariotas se encuentra en el núcleo, compactado en los cromosomas. Los cromosomas eucarióticos consisten de ADN, fuertemente compactados con proteínas para formar una sustancia llamada cromatina. Juntos, el ADN y las moléculas de histona forman estructuras en forma de cuentas ensartadas llamadas nucleosomas, como se describieron en el capítulo 10. Las histonas, como recordarás, son proteínas alrededor de las cuales la cromatina se enrosca firmemente.

Replicación del ADN procariota En la mayoría de los procariotas, la replicación del ADN no empieza hasta que las proteínas reguladoras se unen a un único punto inicial en el cromosoma. Estas proteínas desencadenan entonces el principio de la fase S, y comienza la replicación de ADN. **La replicación en la mayoría de las células procariotas comienza en un solo punto y continúa en dos direcciones hasta que se copia el cromosoma completo.** Este proceso se muestra en la **ilustración 12–10.** A menudo los dos cromosomas producidos por replicación se fijan a diferentes puntos en el interior de la membrana celular y se separan cuando la célula se divide para formar dos nuevas células.

Replicación del ADN eucariota Los cromosomas eucariotas por lo común son mucho más grandes que los de los procariotas. **En las células eucariotas la replicación puede comenzar en docenas o incluso en cientos de lugares de la molécula de ADN, continuando en ambas direcciones hasta que cada cromosoma se copia por completo.** Aunque determinado número de proteínas revisan el daño químico del ADN o las combinaciones erróneas de pares de bases antes de la replicación, el sistema no es infalible. A veces se replican regiones dañadas de ADN, lo cual da como resultado cambios en las secuencias de bases de ADN que pueden alterar determinados genes y provocar serias consecuencias.

Las dos copias de ADN producidas mediante replicación en cada cromosoma permanecen íntimamente asociadas hasta que la célula entra a la profase de la mitosis. Aquí, los cromosomas se condensan y las dos cromátidas de cada cromosoma se vuelven claramente visibles. Se separan en la anafase de la mitosis, produciendo dos células, cada una con un conjunto completo de genes codificados en ADN.

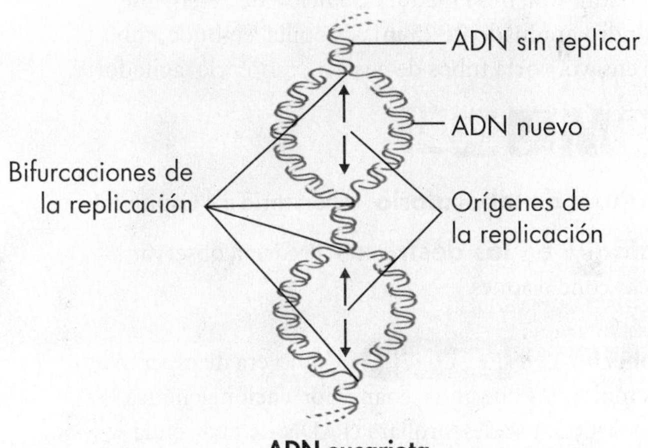

ILUSTRACIÓN 12–10 Diferencias en la replicación del ADN La replicación en la mayoría de las células procariotas (arriba) empieza en un único punto inicial y continúa en dos direcciones hasta que se copia el cromosoma completo. En las células eucariotas (abajo) la replicación procede de múltiples puntos iniciales en cromosomas individuales y termina cuando se copian todos los cromosomas.

12.3 Evaluación

Repaso de conceptos clave

1. a. **Repasar** ¿Cómo se replica el ADN?
   b. **Aplica los conceptos** ¿Cuál es el papel de la ADN polimerasa en la replicación del ADN?
2. a. **Repasar** ¿Dónde y en qué forma se encuentra el ADN procariota? ¿Dónde se encuentra el ADN eucariota?
   b. **Inferir** ¿Cuál podría ser el resultado de que se replicara ADN dañado?

RAZONAMIENTO VISUAL

3. Haz un diagrama de Venn para comparar el proceso de replicación del ADN en procariotas y eucariotas. Compara la ubicación, los pasos y los productos finales del proceso en cada tipo de célula.

BIOLOGY.com Search Lesson 12.3  GO • Lesson Assessment • Self-Test • Art Review

Laboratorio de destrezas científicas

INVESTIGACIÓN GUIADA

Preparación para el laboratorio: Extraer el ADN

Problema ¿Qué propiedades del ADN puedes observar al extraer el ADN de las células?

Materiales bolsa de plástico para congelados autoadhesiva, fresa madura, solución de detergente, cilindro graduado de 25 mL, estopilla, embudo, tubo de ensayo, porta tubos de ensayo, etanol frío, agitador

Manual de laboratorio Laboratorio del Capítulo 12

Enfoque en las destrezas Predecir, observar, sacar conclusiones

Conectar con la gran idea Como era de esperarse, las moléculas que almacenan información genética son largas. Si se desenrollara el ADN de una célula humana, la estructura de doble hélice del ADN sería como de un metro de larga. Si embargo, la mayor parte del ADN de la célula se puede enrollar y compactar firmemente en el interior del pequeño núcleo de la célula. ¿Cómo logran los científicos sacar el ADN del núcleo de manera que se pueda estudiar y analizar? En esta actividad de laboratorio aprenderás que la extracción de ADN de tejidos vivos no es tan difícil como podría pensarse.

Preguntas preliminares

a. Repasar Describe la estructura de una molécula de ADN.

b. Repasar ¿Qué tipo de enlace mantiene juntas a las secuencias de ADN?

c. Aplica los conceptos ¿De qué manera afecta la fuerza de esos enlaces el funcionamiento del ADN?

Preguntas previas al laboratorio

Examina el procedimiento en el manual de laboratorio.

1. Aplica los conceptos ¿Por qué las células de la fresa necesitan ADN?
2. Proponer una hipótesis Si observas el núcleo de una célula bajo un microscopio compuesto, no verás una molécula de ADN. ¿Por qué podrás ver el ADN que extraigas?
3. Predecir Usa lo que sabes del ADN para predecir algunas de sus propiedades físicas.
4. Diseña un experimento ¿Cómo podrías determinar qué porcentaje de la masa de una fresa es ADN?

BIOLOGY.com Search Chapter 12 GO

Visita el Capítulo 12 en línea para hacer una autoevaluación del capítulo y para buscar actividades que apoyan tu aprendizaje.

Untamed Science Video El equipo *Untamed Science CSI* desentraña los secretos del ADN dejados en la escena del crimen.

Art in Motion Mira una animación que recrea los experimentos de Hershey y Chase.

Art Review Repasa tu comprensión de la replicación del ADN procariota y del eucariota.

InterActive Art Arrastra y suelta pares de bases para construir tu propia secuencia de ADN mientras practicas el proceso de replicación del ADN.

Data Analysis Aprende cómo se puede usar el análisis de secuencias de bases de ADN para seguir la pista de la caza furtiva de animales.

Tutor Tube Sintonízate con esta actividad para descubrir pistas que te ayuden a recordar qué bases se aparean.

Visual Analogy Compara la transcripción y la traducción con el proceso de publicar un libro.

12 Guía de estudio

La gran idea Información y herencia, base celular de la vida

El ADN es una molécula de proteína de dos hebras constituida de pares de bases de nucleótidos. El ADN almacena, copia y transmite la información genética en una célula.

12.1 Identificar la sustancia de los genes

Mediante la observación de la transformación bacteriana, Avery y otros científicos descubrieron que el ADN almacena y transmite información genética de una generación de bacterias a la siguiente.

El experimento de Hershey y Chase con bacteriófagos confirmó los resultados de Avery, convenciendo a muchos científicos de que el ADN era el material genético que se encuentra en los genes, no sólo en virus y bacterias, sino en todas las células vivas.

El ADN que compone los genes debe ser capaz de almacenar, copiar y transmitir la información genética de una célula.

transformación (339) **bacteriófago** (340)

12.2 La estructura del ADN

El ADN es un ácido nucleico constituido de nucleótidos unidos en largas hebras o cadenas mediante enlaces covalentes.

Las pistas en el patrón de rayos X de Franklin permitieron a Watson y a Crick hacer un modelo que explicaba la estructura y las propiedades específicas del ADN.

El modelo de doble hélice explica la regla de Chargaff del apareamiento de bases y cómo las dos hebras del ADN se mantienen unidas.

apareamiento de bases (348)

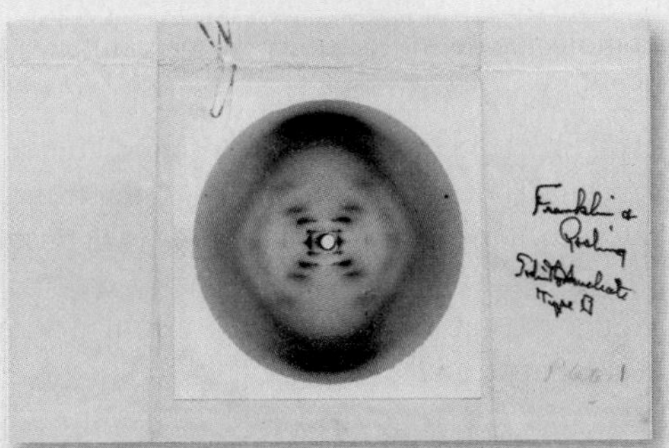

12.3 Replicación del ADN

La ADN polimerasa es una enzima que une nucleótidos individuales para producir una nueva secuencia de ADN.

La replicación en la mayoría de las células procariotas comienza en un solo punto y continúa en dos direcciones hasta que se copia el cromosoma completo.

En las células eucariotas la replicación puede comenzar en docenas o incluso en cientos de lugares de la molécula de ADN, continuando en ambas direcciones hasta que cada cromosoma se copia por completo.

replicación (350) **telómero** (352)
ADN polimerasa (351)

Razonamiento visual Usa la información de este capítulo para completar el siguiente mapa de conceptos sobre la replicación del ADN.

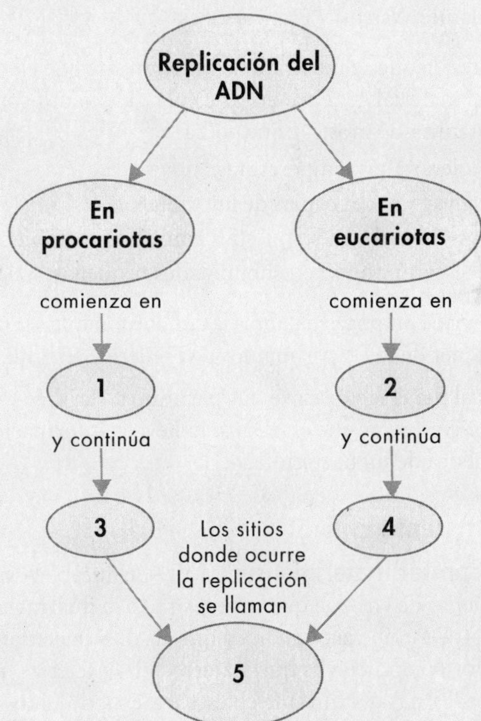

12 Evaluación

12.1 Identificar la sustancia de los genes

Comprender conceptos clave

1. El proceso mediante el cual una cepa de bacteria aparentemente se cambia en otra cepa se llama

a. transcripción. **c.** duplicación.
b. transformación. **d.** replicación.

2. Los bacteriófagos son

a. una forma de bacterias. **c.** espirales de ADN.
b. enzimas. **d.** virus.

3. ¿Cuál de los siguientes científicos usaron marcadores de radiactividad en experimentos para mostrar que el ADN era el material genético en las células?

a. Frederick Griffith
b. Oswald Avery
c. Alfred Hershey y Martha Chase
d. James Watson y Francis Crick

4. Antes de que se mostrara definitivamente que el ADN es el material genético en las células, los científicos tuvieron que mostrar que podía

a. tolerar altas temperaturas.
b. llevar y hacer copias de información.
c. modificarse en respuesta a condiciones ambientales.
d. descomponerse en subunidades pequeñas.

5. Describe en pocas palabras la conclusión que se pudo obtener de los experimentos de Frederick Griffith.

6. ¿Cuál fue el factor clave que permitió a Hershey y Chase mostrar que el ADN sólo lleva la información genética de un bacteriófago?

Razonamiento crítico

7. Intepretar material visual Mira de nuevo el experimento de Griffith que se muestra en la **ilustración 12–1.** Describe la ocasión en que el ADN bacteriano soportó condiciones que mataron a las bacterias. ¿Qué sucedió al ADN durante el resto del experimento?

8. Evaluar Avery y su equipo identificaron al ADN como la molécula responsable de la transformación vista en el experimento de Griffith. ¿Cómo controlaron las variables en su experimento para estar seguros de que sólo el ADN causaba el efecto?

12.2 La estructura del ADN

Comprender conceptos clave

9. Un nucleótido NO contiene

a. un azúcar de 5 carbonos.
b. un aminoácido.
c. una base de nitrógeno.
d. un grupo fosfato.

10. De acuerdo con la regla de Chargaff del apareamiento de bases, ¿cuál de los siguientes es cierto acerca del ADN?

a. A= T y C = G
b. A = C y T = G
c. A = G y T = C
d. A = T = C = G

11. Los enlaces que mantienen juntas a las dos hebras de ADN provienen de

a. la atracción de grupos fosfato entre sí.
b. uniones fuertes entre bases nitrogenadas y la red troncal azúcar-fosfato.
c. enlaces débiles de hidrógeno entre bases nitrogenadas.
d. enlaces de carbono a carbono en la porción de azúcar de los nucleótidos.

12. Describe los componentes y la estructura de un nucleótido de ADN.

13. Explica cómo la regla de Chargaff del apareamiento de bases ayudó a Watson y a Crick a hacer un modelo del ADN.

14. ¿Qué pista importante del trabajo de Rosalind Franklin ayudó a Watson y a Crick a desarrollar su modelo de ADN?

15. ¿Por qué es importante que las dos hebras de ADN sean antiparalelas?

Razonamiento crítico

16. Usar modelos ¿Cómo el modelo de Watson y Crick de la molécula de ADN explicó el apareamiento de bases?

17. Inferir El patrón de rayos X de Rosalind Franklin mostró que la distancia entre las dos redes troncales fosfato-azúcar de la molécula de ADN es la misma a lo largo de toda la molécula. ¿Cómo ayudó esa información a Watson y a Crick para determinar de qué manera se aparean las bases?

Comprender conceptos clave

18. En los procariotas, las moléculas de ADN están en

a. el núcleo. **c.** el citoplasma.
b. los ribosomas. **d.** las histonas.

19. En los eucariotas, casi todo el ADN se encuentra en

a. el núcleo. **c.** el citoplasma.
b. los ribosomas. **d.** las histonas.

20. El diagrama siguiente muestra el proceso del ADN de

a. replicación. **c.** transformación.
b. digestión. **d.** transpiración.

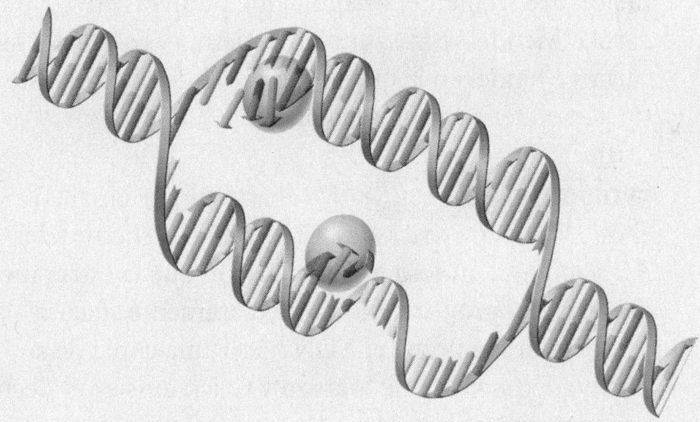

21. La enzima principal implicada en enlazar nucleótidos individuales en las moléculas de ADN es

a. la ADN proteasa. **c.** la carbohidrasa.
b. la ribosa. **d.** la ADN polimerasa.

22. ¿Cuál es el significado del término *apareamiento de bases*? ¿De qué manera interviene el apareamiento de bases en la replicación del ADN?

23. Describe el aspecto del ADN en una célula procariota típica.

24. Explica el proceso de replicación. Cuando se replica una molécula de ADN, ¿cómo son las moléculas nuevas con respecto a la molécula original?

Razonamiento crítico

25. Usar analogías ¿Es el fotocopiado de un documento semejante a la replicación del ADN? Piensa en los materiales originales, en el proceso de copiado y en los productos finales. Explica en qué se parecen los dos procesos. Identifica diferencias importantes.

26. Comparar y contrastar Describe las semejanzas y las diferencias entre la replicación del ADN en células procariotas y en células eucariotas.

resuelve el MISTERIO del CAPÍTULO

LUZ ULTRAVIOLETA

Los nucleótidos en el ADN incluyen las bases nitrogenadas adenina, citocina, guanina y timina (A, C, G y T). La energía de luz UV puede producir cambios químicos en estas bases, dañando la molécula de ADN y produciendo errores cuando se replica el ADN.

1. Predecir Usa tu comprensión de la estructura del ADN para predecir qué tipos de problemas podría causar en la molécula de ADN el exceso de luz UV. ¿De qué manera podrían afectar estos cambios las funciones del ADN?

2. Inferir Todas las células tienen sistemas de enzimas que reparan el daño inducido por luz UV a su ADN. Algunos sistemas celulares bloquean la replicación del ADN si hay problemas de apareamiento de bases en la doble hélice. ¿Por qué son importantes estos sistemas? ¿Cómo podrían funcionar?

3. Relacionar causa y efecto Analiza los efectos que la luz UV podría tener en las células de la piel. ¿Por qué es tan peligrosa la luz UV? ¿Por qué la piel es particularmente vulnerable a ella?

4. Conectar con la gran idea De los seres humanos que heredan defectos genéticos en los sistemas de reparación de su ADN, la incidencia del cáncer de piel es aproximadamente 1000 veces mayor que el promedio. Según esta información, ¿qué puedes inferir acerca del efecto de la luz UV en el ADN?

Relacionar conceptos

Usar gráficas científicas

Un científico estudió el efecto de exponer ADN a varias longitudes de onda de luz ultravioleta. El científico determinó el número de errores de copia hechos después de la exposición a los rayos ultravioletas. La gráfica muestra los resultados. Usa la gráfica para responder las preguntas 27 y 28.

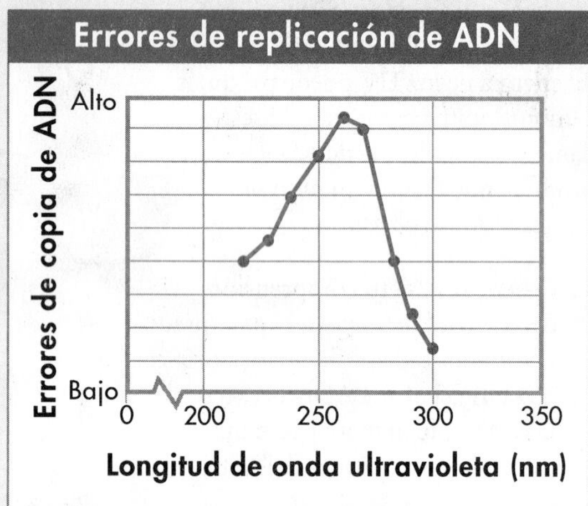

27. Interpretar gráficas ¿A qué longitud de onda ocurren los efectos más dañinos de la luz ultravioleta en la replicación del ADN?

28. Inferir ¿Qué conclusión obtendrías de la gráfica acerca del efecto de la luz ultravioleta en los organismos vivos?

29. Preguntar El ozono es una molécula muy efectiva en la absorción de luz ultravioleta del Sol. La evidencia indica que las actividades de los seres humanos han contribuido a la destrucción del ozono en la atmósfera. ¿Qué preguntas plantearías acerca del efecto de eliminar ozono de la atmósfera?

Escribir sobre las ciencias

30. Explicación Recuerda que Gregor Mendel concluyó que factores, a los que ahora denominamos genes, determinan los rasgos que se transmiten de una generación a la siguiente. Imagina que pudieras enviar una carta a Mendel regresando en el tiempo. Escríbele una carta a Mendel en la que le expliques de qué consiste un gen en términos moleculares.

31. Evalúa la gran idea En el artículo original en el que Watson y Crick describieron la estructura del ADN, en una famosa frase señalaron que la estructura que estaban proponiendo inmediatamente sugería de qué manera podía el ADN hacer una copia de sí mismo. Explica lo que Watson y Crick quisieron decir cuando expresaron esto.

Analizar datos

En la siguiente tabla se muestran los resultados de medir los porcentajes de las cuatro bases en el ADN de varios organismos diferentes. Faltan algunos de los valores en la tabla.

Bases nitrogenadas (%)				
Organismo	**A**	**G**	**T**	**C**
Ser humano		19.9	29.4	
Pollo	28.8			21.5
Bacteria (*S. lutea*)	13.4			

32. Predecir Según la regla de Chargaff, el porcentaje de las bases de adenina en el ADN de seres humanos debiera ser alrededor de

a. 30.9%.
b. 19.9%.
c. 21.5%.
d. 13.4%.

33. Calcular Se esperaría que el valor del porcentaje de las bases de guanina en la bacteria fuese alrededor de

MATEMÁTICAS

a. 13.4%.
b. 28.8%.
c. 36.6%.
d. No hay suficiente información.

34. Predecir Si las dos hebras de ADN de la bacteria se separaran y la composición de bases de sólo una de las hebras estuviese determinada, se podría esperar que

a. la cantidad de A fuese igual a la cantidad de T.
b. la cantidad de C fuese igual a la cantidad de G.
c. la cantidad de A fuese igual a las cantidades de T, C y G.
d. las cuatro bases nitrogenadas tuvieran cualquier valor.

Preparación para exámenes estandarizados

Selección múltiple

1. Durante la replicación, ¿cuál secuencia de nucleótidos se enlazaría con la secuencia de ADN TATGA?

A TATGA
B ATACT
C CACTA
D AGTAT

2. ¿Cuál de los siguientes científicos son responsables del descubrimiento de la transformación bacteriana?

A Watson y Crick
B Avery
C Griffith
D Franklin

3. ¿Cuál de los siguientes NO describe la estructura del ADN?

A doble hélice
B polímero nucleotídico
C contiene pares adenina-guanina
D red troncal azúcar-fosfato

4. ¿Qué mostró el trabajo de Hershey y Chase?

A Que los genes probablemente están hechos de ADN.
B Que los genes probablemente están hechos de proteína.
C Que los virus contienen ADN pero no contienen proteína.
D Que las bacterias contienen ADN pero no contienen proteína.

5. Las dos "redes troncales" de la molécula de ADN consisten de

A adeninas y azúcares.
B fostatos y azúcares.
C adeninas y timinas.
D timinas y azúcares.

6. En cromosomas eucariotas el ADN está firmemente enrollado alrededor de proteínas llamadas

A ADN polimerasas.
B cromatinas.
C histonas.
D nucleótidos.

7. Cuando las células procariotas copian su ADN, la replicación empieza en

A un punto en la molécula de ADN.
B dos puntos en extremos opuestos de la molécula de ADN.
C docenas o cientos de puntos a lo largo de la molécula.
D extremos opuestos de la molécula.

8. En comparación con las células eucariotas, las células procariotas contienen

A cerca de 1000 veces más ADN.
B cerca de una milésima de ADN.
C el doble de ADN.
D la misma cantidad de ADN.

Preguntas 9 y 10

Bajo condiciones ideales, una sola célula bacteriana puede reproducirse cada 20 minutos. En la siguiente gráfica se muestra cómo puede cambiar el número total de células bajo condiciones ideales conforme transcurre el tiempo.

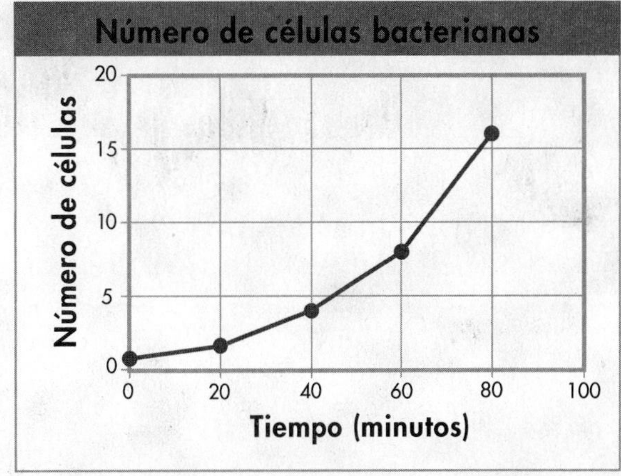

9. ¿Cuántas células hay después de 80 minutos?

A 1
B 2
C 16
D 32

10. Si el ADN de esta bacteria contiene a lo largo 4 millones de pares de bases, ¿cuántas moléculas de A, T, C y G se requieren en total para que la replicación sea exitosa?

A 2 millones
B 4 millones
C 8 millones
D 32 millones

Respuesta de desarrollo

11. Describe de qué manera pueden las células contener tales cantidades enormes de ADN en el pequeño volumen del núcleo celular.

Si tienes dificultades con...											
la pregunta	1	2	3	4	5	6	7	8	9	10	11
Ver la lección	12.3	12.1	12.2	12.1	12.2	12.3	12.3	12.3	12.3	12.3	12.3

13 El ARN y la síntesis de proteínas

La gran idea

Información y herencia

P: ¿Cómo fluye información desde el núcleo celular para dirigir la síntesis de proteínas en el citoplasma?

EN ESTE CAPÍTULO:

- 13.1 ARN
- 13.2 Ribosomas y síntesis de proteínas
- 13.3 Mutaciones
- 13.4 Expresión y regulación genética

Dos tigres de Bengala que exhiben una coloración anormal debida a mutaciones genéticas.

MISTERIO DEL CAPÍTULO

LA MOSCA CON OJOS DE RATÓN

Definitivamente no era una película de ciencia ficción. El animal en el laboratorio era real. Además de tener dos ojos con vista hacia el frente, tenía ojos en sus rodillas y en sus patas traseras. ¡Hasta tenía ojos en la nuca! Y aunque se veía muy extraño, este animal no es un monstruo. Es simplemente una mosca de la fruta con ojos en lugares muy extraños. Estos ojos parecían como los ojos compuestos normales de una mosca, pero los produjo un gen de ratón transplantado en el ADN de la mosca. ¿Cómo puede un gen de ratón producir un par de ojos extra en una mosca?

A medida que leas este capítulo, busca pistas que expliquen cómo un gen que controla comúnmente el crecimiento de los ojos en los ratones, pudiera causar que a una mosca le crecieran ojos en lugares inusuales. Luego, resuelve el misterio.

Continúa explorando el mundo. Hallar la solución al misterio de la mosca con los ojos de ratón sólo es el principio. Emprende un viaje de campo en video con los genios ecólogos de *Untamed Science* para ver adónde conduce este misterio.

- Untamed Science Video
- Chapter Mystery

13.1 ARN

Preguntas clave

¿En qué se diferencia el ARN del ADN?

¿Cómo una célula produce el ARN?

Vocabulario

ARN • ARN mensajero • ARN ribosomal • ARN de transferencia • transcripción • ARN polimerasa • promotor • intrón • exón

Tomar notas

Vistazo al material visual Antes de leer, mira la **ilustración 13–3.** Con base en ella escribe una predicción sobre cómo piensas que una célula produce ARN. Luego, durante tu lectura anota cómo una célula produce ARN. Cuando termines de leer compara tu predicción con tus notas.

PIÉNSALO Sabemos que el ADN es el material genético y también sabemos que la secuencia de las bases de nucleótido en sus hebras, deben llevar algún tipo de código. Para que funcione ese tipo de código, la célula debe ser capaz de entenderlo. ¿Para qué exactamente se codifican esas bases? ¿En dónde está el sistema decodificador en la célula?

La función del ARN

¿En qué se diferencia el ARN del ADN?

Cuando Watson y Crick resolvieron la estructura de doble hélice del ADN, inmediatamente entendieron cómo se copia. Lo único que tenía que hacer una célula era separar las dos hebras y usarlas como base de apareamiento para crear una nueva cadena complementaria. Pero la estructura del ADN por sí misma no explicaba cómo funciona realmente un gen; esta pregunta requería mucha más investigación. La respuesta llegó con el descubrimiento de otro ácido nucleico (el ácido ribonucleico o ARN), el cual se relaciona con la activación del código genético. El **ARN,** al igual que el ADN, es un ácido nucleico que está constituido de una hebra larga de nucleótidos.

En general, los genes contienen instrucciones codificadas de ADN que informan a las células cómo construir proteínas. El primer paso para decodificar esas instrucciones genéticas es copiar parte de la secuencia básica del ADN al ARN. Después, el ARN utiliza estas instrucciones para dirigir la producción de proteínas, las cuales ayudan a determinar las características de los organismos.

Comparación del ARN y el ADN Recuerda que cada nucleótido en el ADN está formado por un azúcar de 5 carbonos, un grupo de fosfatos y una base nitrogenada. Esto es igual para el ARN. **Pero hay tres diferencias importantes entre el ARN y el ADN: (1) el azúcar en el ARN es ribosa en lugar de desoxirribosa, (2) el ARN por lo general tiene una sola hebra y no hebras dobles, y (3) el ARN contiene uracilo en lugar de timina.** Estas diferencias químicas hacen que las enzimas de la célula distingan con facilidad el ADN del ARN.

Puedes comparar las funciones de las moléculas de ADN y de ARN para producir proteínas, con los planos que los constructores usan para levantar un edificio. En este caso, un plan maestro tiene toda la información necesaria para la construcción del edificio. Sin embargo, los constructores nunca se llevan el valioso plan maestro a la localidad donde se realiza la construcción, ya que podría resultar dañado o extraviarse. En cambio, como se muestra en la **ilustración 13-1**, ellos trabajan con copias desechables del plano.

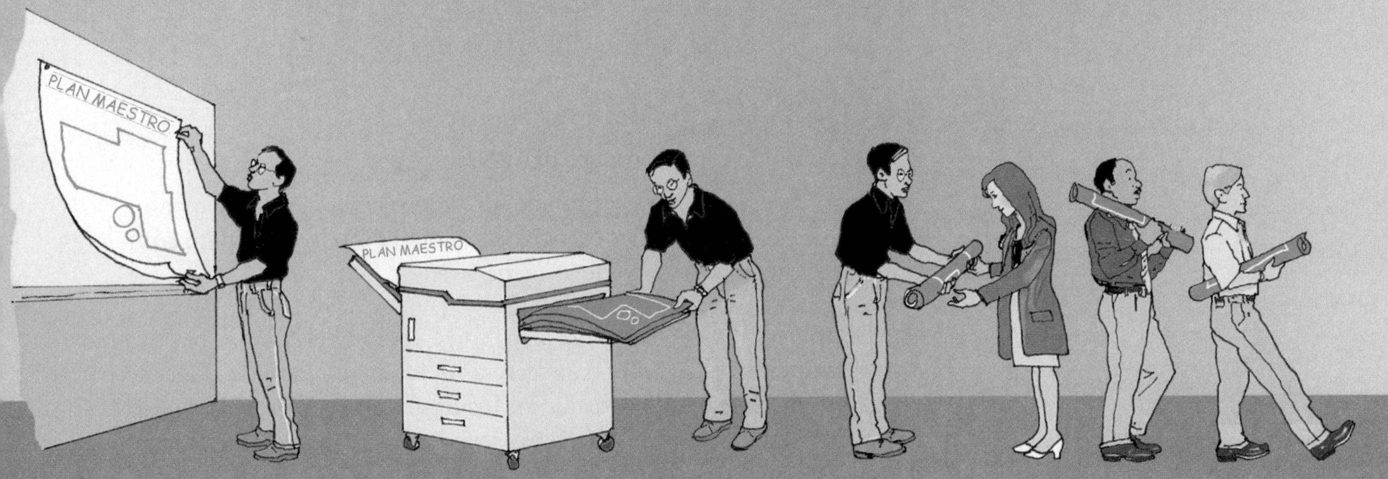

De manera similar, la célula usa el "plan maestro" vital del ADN para preparar "planos" del ARN. La molécula de ADN se mantiene a salvo en el núcleo de la célula, mientras que las moléculas de ARN se van a los ribosomas, que son donde se construyen las proteínas en el citoplasma.

ANALOGÍA VISUAL

PLANES MAESTROS Y PLANOS

ILUSTRACIÓN 13–1 En la dirección de la síntesis de proteínas, las diferentes funciones de las moléculas de ADN y ARN se pueden comparar con dos tipos de planes utilizados por los constructores: los planes maestros y los planos.

Funciones del ARN Podrás pensar que una molécula de ARN es como una copia desechable de un segmento del ADN, un facsímil de un solo gen en funcionamiento. El ARN tiene muchas funciones, pero la mayoría de las moléculas de ARN están involucradas en una tarea: la síntesis de proteínas. El ARN controla el ensamble de aminoácidos en proteínas. Al igual que los obreros, cada tipo de molécula de ARN se especializa en diferentes pasos de esta tarea. La **ilustración 13-2** muestra los tres tipos principales de ARN: el ARN mensajero, el ARN ribosomal y el ARN de transferencia.

▶ ***ARN mensajero*** La mayoría de los genes contienen instrucciones para ensamblar aminoácidos en proteínas. Las moléculas de ARN que llevan copias de estas instrucciones se conocen como **ARN mensajero** (ARNm) y transportan información del ADN a otras partes de la célula.

▶ ***ARN ribosomal*** Las proteínas se ensamblan en ribosomas, pequeños orgánulos compuestos de dos subunidades. Éstas se forman de varias moléculas de **ARN ribosomal** (ARNr) y de casi 80 tipos diferentes de proteínas.

▶ ***ARN de transferencia*** Cuando se forma una proteína, una tercer tipo de molécula de ARN transfiere cada aminoácido al ribosoma tal cual se especifica en los mensajes codificados del ARNm. Estas moléculas se conocen como **ARN de transferencia** (ARNt).

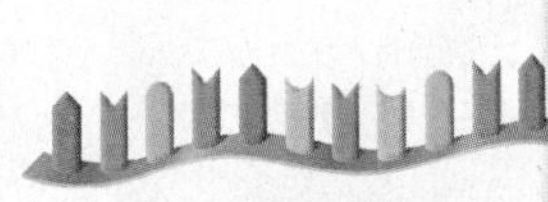

ARN mensajero
Lleva instrucciones del núcleo a los ribosomas en el citoplasma, para la síntesis polipéptida.

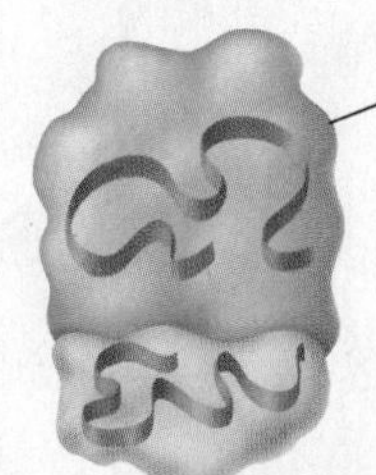

ARN ribosomal
Forma una parte importante de las dos subunidades del ribosoma.

Aminoácidos

ARN de transferencia
Lleva aminoácidos al ribosoma y los hace coincidir con el mensaje codificado de ARNm.

ILUSTRACION 13–2 Tipos de ARN Los tres principales tipos de ARN son el ARN mensajero, el ARN ribosomal y el ARN de transferencia.

Síntesis de ARN

¿Cómo una célula produce el ARN?

La célula invierte grandes cantidades de materia prima y energía para crear moléculas de ARN. Es esencial entender cómo lo hace, para comprender el funcionamiento de los genes.

Transcripción La mayoría del trabajo de creación del ARN se realiza en la **transcripción.** **En la transcripción, los segmentos del ADN sirven como modelo para producir moléculas complementarias de ARN.** Las secuencias de bases del ARN transcrito complementa las secuencias de bases del modelo del ADN.

En los procariotas, las síntesis del ARN y de proteínas se realizan en el citoplasma. En los eucariotas, el ARN se produce en el núcleo de la célula y luego se traslada al citoplasma para la producción de proteína. Aquí nos enfocamos en la transcripción de las células eucariotas.

La transcripción requiere la enzima **ARN polimerasa,** que es similar al ADN polimerasa. El ARN polimerasa se une al ADN durante la transcripción y separa las hebras de ADN. Después, éste usa una hebra de ADN como modelo para ensamblar nucleótidos en una hebra complementaria de ARN, como se muestra en la **ilustración 13-3.** La capacidad para copiar una sola secuencia de ADN en el ARN posibilita que un solo gen produzca cientos o hasta miles de moléculas de ARN.

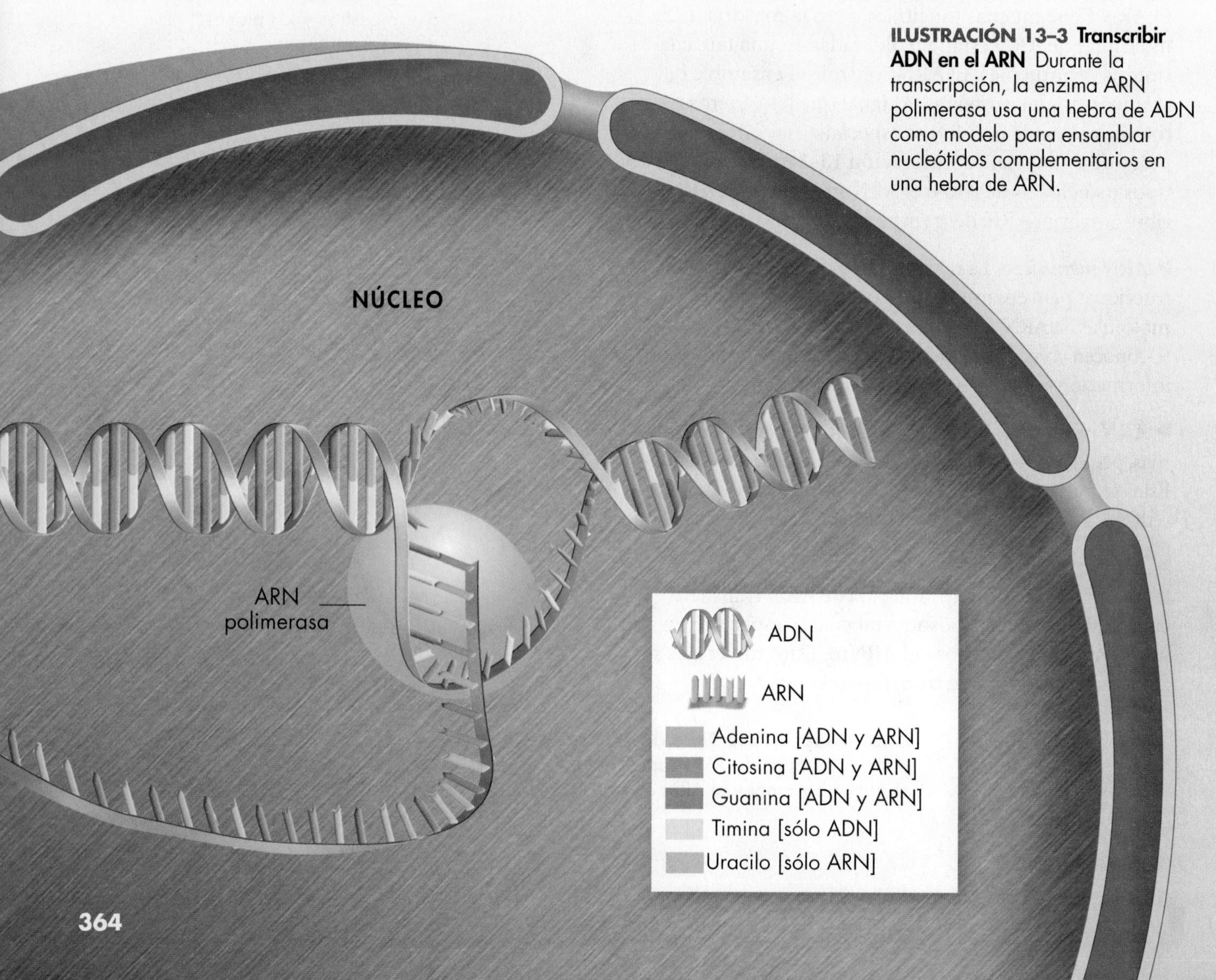

ILUSTRACIÓN 13–3 Transcribir ADN en el ARN Durante la transcripción, la enzima ARN polimerasa usa una hebra de ADN como modelo para ensamblar nucleótidos complementarios en una hebra de ARN.

Promotores ¿Cómo sabe la ARN polimerasa cuándo empezar y cuándo dejar de crear una hebra de ARN? La respuesta es que la ARN polimerasa no se une a cualquier parte del ADN. La enzima se une solamente a **promotores,** que son regiones de ADN con una secuencia de bases específica. Los promotores son señales en la molécula de ADN que le enseñan a la ARN polimerasa cuándo empezar exactamente la producción de ARN. Señales similares en el ADN causan que la transcripción cese cuando se ha completado una molécula nueva de ARN.

Edición del ARN Al igual que un primer borrador de un escritor, las moléculas de ARN a veces requieren editarse un poco antes de estar listas para ser leídas. A estas moléculas de pre-ARNm les cortan piezas antes de que puedan entrar en acción. A los pedazos cortados y desechados se les llama **intrones.** En los eucariotas, los intrones se sacan de las moléculas de pre-ARNm mientras están en el núcleo. Las piezas restantes, conocidas como **exones,** se empalman para formar el ARNm final, como se muestra en la **ilustración 13-4.**

¿Por qué las células usan energía para hacer una gran molécula de ARN y desechar luego parte de ella? Esta es una buena pregunta para la cual los biólogos aún no tienen una respuesta completa. Algunas moléculas de pre-ARNm pueden cortarse y empalmarse en maneras y tejidos diferentes, haciendo posible que un solo gen produzca distintos tipos de ARN. Los intrones y exones también tienen un papel en la evolución al habilitar pequeños cambios en secuencias de ADN, y provocando efectos drásticos en la forma en que los genes afectan la función celular.

ILUSTRACIÓN 13–4 Intrones y exones Antes que muchas de las moléculas de ARNm puedan leerse, se "suprimen" las secciones llamadas intrones. Las piezas restantes, llamadas exones, se empalman, y después se agrega una caperuza y una cola de ARN para formar la molécula final de ARNm.

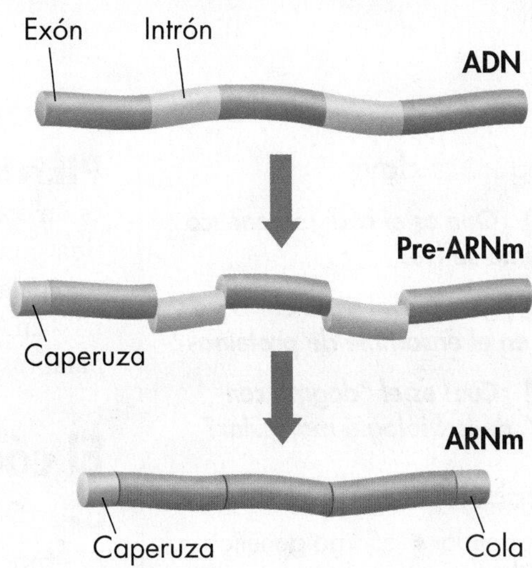

13.1 Evaluación

Repaso de conceptos clave 

1. a. Repasar Describe las tres diferencias principales entre el ARN y el ADN.

b. Explicar Enumera los tres tipos principales de ARN y explica su función.

c. Inferir ¿Por qué es importante que un solo gen pueda producir cientos o miles de las mismas moléculas de ARN?

2. a. Repasar Describe lo que sucede en la transcripción.

b. Predecir ¿Qué piensas que ocurriría si los intrones no se removieran del pre-ARNm?

ESCRIBIR SOBRE LAS CIENCIAS

Escritura creativa

3. Una molécula de ARN busca trabajo en una fábrica de síntesis de proteínas. Te pide que escribas su currículum vítae. Esta molécula aún no está especializada y, con algunos cambios estructurales, pudiera funcionar como ARNm, ARNr o ARNt. El currículum debe reflejar su capacidad para cada tipo de ARN.

BIOLOGY.com Search Lesson 13.1 GO • Self-Test • Lesson Assessment • Art in Motion

13.2 Ribosomas y síntesis de proteínas

Preguntas clave

¿Qué es el código genético y cómo se lee?

¿Qué papel tiene el ribosoma en el ensamble de proteínas?

¿Cuál es el "dogma central" de la biología molecular?

Vocabulario

polipéptido • código genético • codón • traducción • anticodón • expresión génica

Tomar notas

Esquema Antes de leer, escribe los encabezados verdes de esta lección. A medida que leas, haz una lista de los puntos principales y después, escribe un resumen para cada encabezado.

PIÉNSALO ¿Cómo construirías un sistema para leer mensajes que están codificados en genes y transcritos a ARN? ¿Leerías las bases una por una, como si el código fuera un lenguaje de sólo cuatro palabras, o sea una palabra por base? Quizá los leerías de la misma manera que lo hacemos en español, es decir: letras individuales que se combinan para formar palabras.

El código genético

¿Qué es el código genético y cómo se lee?

El primer paso para decodificar mensajes genéticos es transcribir la secuencia de bases nucleótida de ADN a ARN. Esta información transcrita contiene un código para crear proteínas. Aprendiste en el capítulo 2 que las proteínas son creadas por aminoácidos que se unen en cadenas largas llamados **polipéptidos.** Existen hasta 20 diferentes aminoácidos encontrados comúnmente en los polipéptidos.

Los aminoácidos específicos en un polipéptido, y el orden en el cual se unen, determinan las propiedades de las diferentes proteínas. La secuencia de los aminoácidos influye en la forma de la proteína, que a su vez determina su función. ¿Cómo se traduce el orden de las bases en ADN y de las moléculas de ARN en un orden particular de aminoácidos en los polipéptidos?

Como sabes por la lección 13.1, el ARN contiene cuatro bases diferentes: adenina, citosina, guanina y uracilo. De hecho, estas bases forman un "lenguaje" de sólo cuatro "letras": A, C, G y U. A este lenguaje le llamamos el **código genético.** ¿Cómo un código de cuatro letras puede seguir instrucciones de 20 aminoácidos diferentes? **El código genético se lee en grupos de tres "letras" a la vez, para que cada "palabra" sea de tres bases de largo y corresponda a un solo aminoácido.** Cada palabra de "tres letras" en el ARNm se conoce como **codón.** Como se muestra en la **ilustración 13–5,** un codón consta de tres bases consecutivas que especifican un aminoácido individual que se incorpora a la cadena polipéptida.

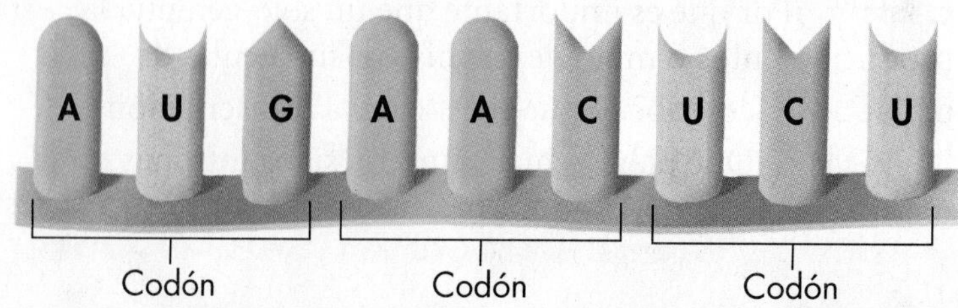

ILUSTRACIÓN 13–5 Codones Un codón es un grupo de tres bases nucleótidas de un ARN mensajero, el cual especifica a un aminoácido en particular. **Observar** ***¿Cuáles son los grupos de tres letras de los codones mostrados aquí?***

Cómo leer los codones Debido a que hay cuatro diferentes bases en el ARN, hay 64 posibles codones de tres bases ($4 \times 4 \times 4 = 64$) en el código genético. La **ilustración 13–6** muestra estas posibles combinaciones. La mayoría de los aminoácidos pueden especificarse gracias a más de un codón. Por ejemplo, seis codones diferentes como UUA, UUG, CUU, CUC, CUA y CUG, especifican a la leucina. Pero un solo codón, UGG, especifica al aminoácido triptófano.

La decodificación de codones es una tarea que se facilita con el uso de una tabla de código genético. Empieza en el centro del círculo con la primera letra del codón y avanza hacia fuera. Sigue avanzando hacia el segundo anillo para encontrar la segunda letra del codón. Encuentra la tercera y última letra dentro del conjunto más pequeño de letras en el tercer anillo. Luego lee el aminoácido en ese sector.

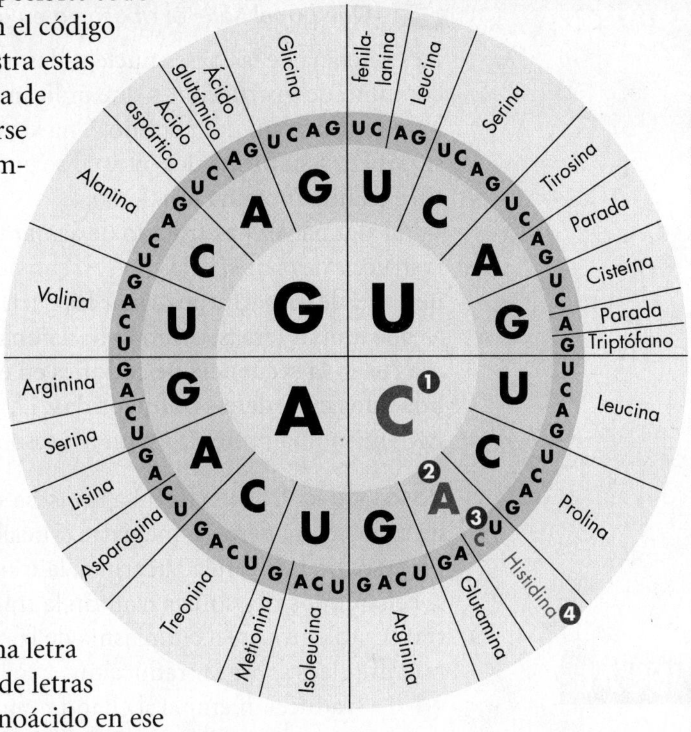

❶ Para decodificar el codón CAC, halla la primera letra en el conjunto de bases en el centro del círculo.

❷ Halla la segunda letra del codón A, en el cuarto "C" de el siguiente anillo.

❸ Halla la tercera letra, la C, en el siguiente anillo, en el grupo "C-A".

❹ Lee el nombre del aminoácido en ese sector (en este caso, histidina).

ILUSTRACIÓN 13–6 Leer codones La tabla muestra el aminoácido al cual corresponden 64 codones. Para leer un codón, empieza por el centro del círculo y continua hacia el exterior.

Codones de inicio y de parada Cualquier mensaje, sea en lenguaje escrito o en el código genético, necesita signos de puntuación. En español, la puntuación nos indica las pausas, las exclamaciones y el inicio y el fin de un enunciado. El código genético también tiene signos de puntuación. Por ejemplo, el código genético de metionina AUG marca el "inicio" del codón para la síntesis de proteínas. Luego del codón de inicio, se lee el ARNm, tres bases a la vez hasta llegar a uno de los tres diferentes codones de "parada", con los cuales se concluye la traducción. En este punto, el polipéptido ya está completo.

Actividad rápida de laboratorio

INVESTIGACIÓN DIRIGIDA

¿Cómo la célula interpreta los codones?

❶ Cierto gen tiene la siguiente secuencia de bases:

GACAAGTCCACAATC

Escribe esta secuencia en un pedazo de papel.

❷ De izquierda a derecha, escribe la secuencia de la molécula de ARNm transcrita de este gen.

❸ Usa la **ilustración 13–6,** para leer los codones de ARN de izquierda a derecha. Después, escribe la secuencia de los aminoácidos del polipéptido.

❹ Repite el paso 2, leyendo la secuencia de la molécula de ARNm de derecha a izquierda.

Analizar y concluir

1. Aplica los conceptos ¿Por qué los pasos 3 y 4 producen polipéptidos diferentes?

2. Inferir ¿Las células por lo general decodifican a los nucleótidos en una sola o en más direcciones?

Traducción

¿Qué papel tiene el ribosoma en el ensamble de proteínas?

La secuencia de las bases nucleótidas en una molécula de ARNm es un conjunto de instrucciones que indican a cuál aminoácido se debe unir para producir un polipéptido. Una vez que el polipéptido esté completo, se dobla en su forma definitiva o se une a otros polipéptidos para convertirse en una proteína funcional.

Si alguna vez haz tratado de armar un juguete complejo, sabrás que las instrucciones por sí solas no son suficientes para realizar la tarea. Primero necesitas leerlas y luego armar las partes. En una célula, el ribosoma lleva a cabo ambas tareas, como lo haría una pequeña fábrica. **Los ribosomas usan la secuencia de codones en el ARNm para ensamblar aminoácidos en cadenas polipéptidas.** La decodificación de un mensaje del ARNm en una proteína, es un proceso conocido como **traducción.**

Pasos de la traducción La transcripción no forma parte del proceso de traducción, pero es una parte crucial. El ARNm transcrito dirige ese proceso. En una célula eucariota, la transcripción sucede en el núcleo de la célula, y los ribosomas realizan la traducción después que el ARNm transcrito entra en el citoplasma de la célula. Mira la **ilustración 13–7** mientras lees sobre la traducción.

Ⓐ La traducción empieza cuando un ribosoma se sujeta a una molécula de ARNm en el citoplasma. Conforme cada codón pasa por el ribosoma, los ARNt llevan aminoácidos correspondientes al ribosoma. Los ribosomas agregan uno por uno estos aminoácidos a la cadena en crecimiento.

RESUMEN VISUAL

TRADUCCIÓN

ILUSTRACIÓN 13–7 Durante la traducción o síntesis de proteínas, la célula usa información del ARN mensajero para producir proteínas.

ARN mensajero

El ARN mensajero se transcribe en el núcleo y después entra al citoplasma.

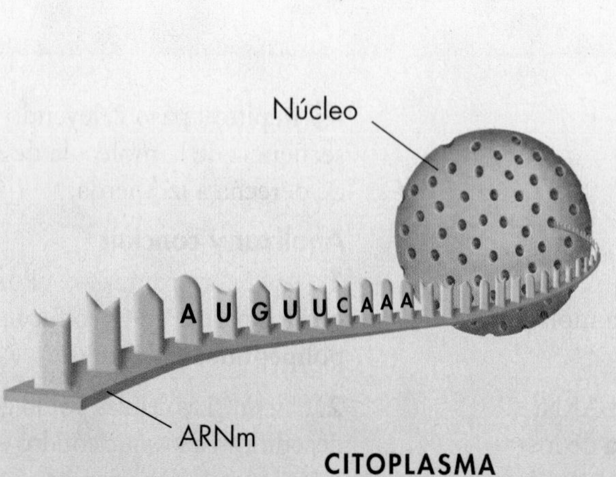

Ⓐ ARN de transferencia

La traducción empieza en AUG, el codón de inicio. Cada transferencia de ARN tiene un anticodón con bases que complementan a las de un codón de ARNm. El ribosoma posiciona al codón de inicio para atraer al anticodón, el cual es parte del ARNt que une a la metionina. El ribosoma también une al codón siguiente con su anticodón.

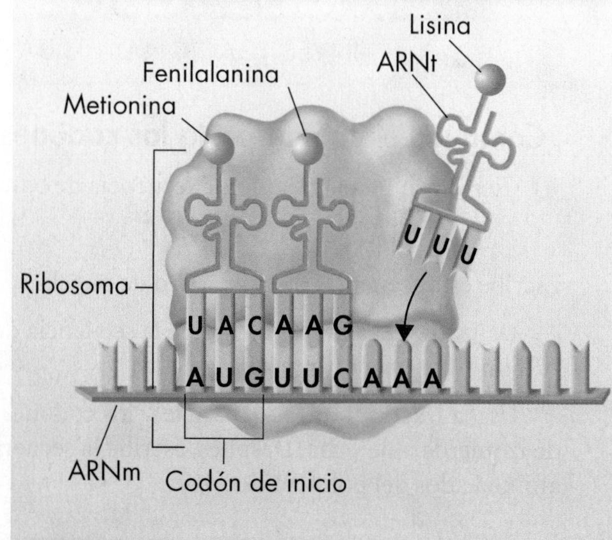

Cada molécula de ARNt lleva un tipo de aminoácido. Además, cada molécula de ARNt tienen tres bases que no están emparejadas llamadas **anticodón** de manera colectiva. Cada anticodón de ARNt es complementario de un codón de ARNm.

En el caso de una molécula de ARNt para metionina, el anticodón es UAC, el cual se empareja con el codón de metionina, AUG. El ribosoma tiene un segundo sitio de unión para una molécula de ARNt del siguiente codón. Si este codón siguiente es UUC, la molécula de ARNt con un anticodón AAG, embona con la molécula de ARNm que está sujeta en el ribosoma. La segunda molécula de ARNt lleva el aminoácido fenilalanina dentro del ribosoma.

B Al igual que un obrero en una línea de ensamble, que pega una parte con otra, el ribosoma ayuda a formar una unión entre el primer aminoácido y el segundo: la metionina y la fenilalanina. Al mismo tiempo, la unión de la primera molécula de ARNt con su aminoácido se rompe. Ese ARNt se mueve a un tercer sitio de unión, por medio del cual sale del ribosoma. Entonces, el ribosoma se mueve al tercer codón, donde el ARNt lo lleva al aminoácido especificado por el tercer codón.

C La cadena polipéptida continúa creciendo hasta que el ribosoma alcanza un codón de parada en la molécula de ARNm. Cuando el ribosoma alcanza un codón de parada, libera tanto al polipéptido recién formado como a la molécula de ARNm, completando así el proceso de traducción.

En tu cuaderno *Resume los tres pasos de la traducción.*

ILUSTRACIÓN 13–8 Modelo molecular de un ribosoma Este modelo muestra el ARN ribosomal y las proteínas asociadas como listones de colores. La subunidad grande es azul, verde y morada. La subunidad pequeña es amarilla y anaranjada. Los tres elementos sólidos del centro son moléculas de ARNt.

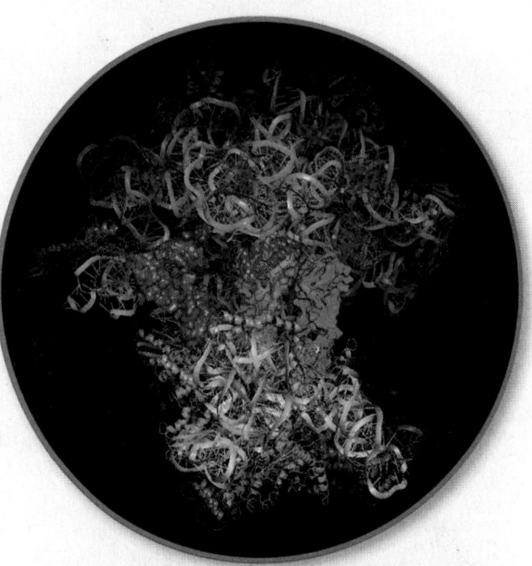

B La "línea de ensamblado" polipéptida
El ribosoma se une a dos aminoácidos, metionina y fenilalanina, y rompe el vínculo entre la metionina y su ARNt. El ARNt flota lejos del ribosoma, permitiendo que el ribosoma se una a otro ARNt. El ribosoma se mueve a lo largo del ARNm, de derecha a izquierda, y une las moléculas nuevas de ARNt con los aminoácidos.

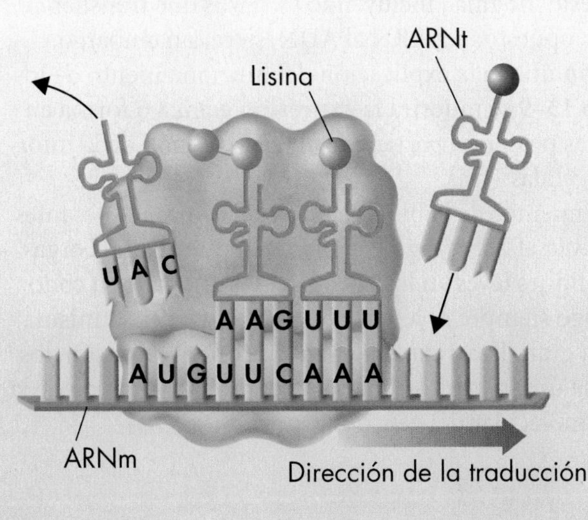

C Los polipéptidos se completan
El proceso continúa hasta que el ribosoma alcance uno de los tres codones de parada. Una vez que el polipéptido está completo, se libera del ribosoma junto con el ARNm.

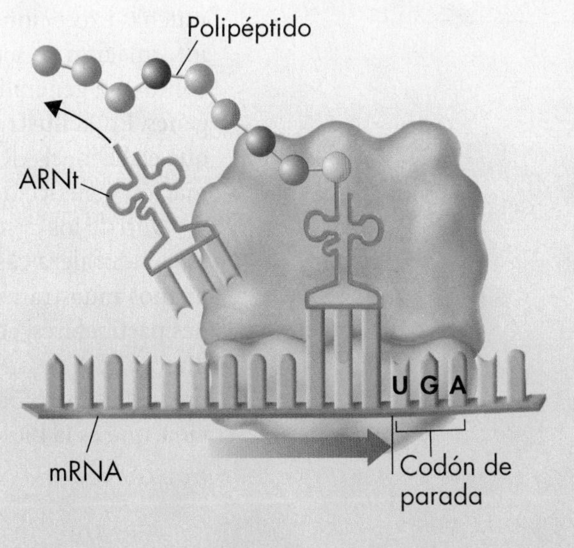

Los papeles del ARNt y el ARNr en la traducción Las tres formas de ARN (ARNm, ARNt y ARNr) se juntan en el ribosoma durante la traducción. La molécula de ARNm portan los mensajes codificados que dirigen el proceso. Las moléculas de ARNt entregan el aminoácido que corresponde exactamente para cada codón en el ARNm. De hecho, las moléculas de ARNt son adaptadores que habilitan al ribosoma para "leer" y traducir los mensajes del ARNm correctamente.

Los ribosomas mismos están compuestos por cerca de 80 proteínas y tres o cuatro diferentes moléculas de ARNr. Estas moléculas de ARNr ayudan a mantener en su lugar las proteínas de ribosomas y a localizar el inicio de un mensaje de ARNm. Hasta pueden portar la reacción química que agrupa aminoácidos.

El base molecular de la herencia

¿Cuál es el "dogma central" de la biología molecular?

Gregor Mendel se sorprendería al saber que la mayoría de los genes sólo contienen instrucciones para ensamblar proteínas. Se preguntaría qué tendrían que ver las proteínas con el color de una flor, la forma de una hoja o el sexo de un recién nacido. La respuesta es: las proteínas tienen todo que ver. Recuerda que muchas de las proteínas son enzimas, las cuales catalizan y regulan reacciones químicas. Un gen que codifica a una enzima para que produzca pigmento puede controlar el color de una flor. Otro gen produce proteínas que regulan patrones de crecimiento de tejido en una hoja. Y otro gen provoca un patrón de desarrollo femenino o masculino en un embrión. En resumen, las proteínas son herramientas microscópicas, diseñadas cada una para construir u operar un componente específico de una célula viva.

¿Qué características del código genético hacen posible que un gen de ratón funcione dentro de las células de una mosca?

Como habrás notado, una vez que los científicos aprendieron que los genes estaban hechos de ADN, en poco tiempo surgió una serie de nuevos descubrimientos. Y luego, con el código genético en la mano, se estableció una nueva rama científica llamada biología molecular. La biología molecular busca explicar a los organismos vivos mediante su estudio molecular, usando moléculas de ADN y ARN. Uno de los primeros descubrimientos se llegó a conocer, casi en broma, como el "dogma central" de la rama. **El dogma central de la biología molecular es que la información se transfiere del ADN al ARN y a la proteína.** Aunque hay muchas excepciones a este "dogma", incluyendo los virus que transfieren información en sentido opuesto: del ARN al ADN, sirve, sin embargo, como una generalización útil en la explicación del funcionamiento de los genes. En la **ilustración 13–9** se muestra la **expresión génica** o forma en que el ADN, el ARN y las proteínas participan en la activación de la información genética de las células vivas.

Uno de los descubrimientos de la biología molecular más interesantes es la naturaleza casi universal del código genético. Aunque algunos organismos muestran variaciones leves en los aminoácidos asignados a codones particulares, el código siempre se lee tres bases a la vez y en la misma dirección. A pesar de su gran diversidad en cuanto a forma y función, los organismos exhiben una unión extraordinaria en el nivel más básico de la vida, que es la biología molecular del gen.

RESUMEN VISUAL

EXPRESION GÉNICA

ILUSTRACIÓN 13–9 El ADN lleva información que especifica los rasgos de un organismo. La célula usa la secuencia de las bases en el ADN como modelo para crear el ARNm. Los codones de ARNm especifican la secuencia de aminoácidos en una proteína. A su vez, las proteínas tienen la función clave de producir los rasgos de un organismo.

13.2 Evaluación

Repaso de conceptos clave

1. a. Repasar ¿Cómo interpreta la célula el código genético?
b. Explicar ¿Qué son codones y anticodones?
c. Aplica los conceptos Usa la tabla de la **ilustración 13–6** para identificar los aminoácidos especificados por los codones: UGG, AAG y UGC.

2. a. Repasar ¿Qué sucede durante la traducción?
b. Comparar y contrastar ¿En qué se diferencia la síntesis de proteínas de la replicación del ADN? (*Pista:* Revisa de nuevo la lección 12.3.)

3. a. Repasar ¿Por qué el código genético se considera universal?
b. Explicar ¿Qué significa el término *expresión génica*?
c. Inferir ¿De qué manera el control de las proteínas en un organismo controla las características del organismo?

Aplica la gran idea

Información y herencia

4. Elige un componente de la traducción y profundiza en él. Por ejemplo, podrías elegir una forma de ARN o un paso del proceso. Después escribe una o más preguntas sobre dicho componente. Selecciona una sola pregunta y úsala para proponer una hipótesis que se pudiera comprobar mediante un experimento.

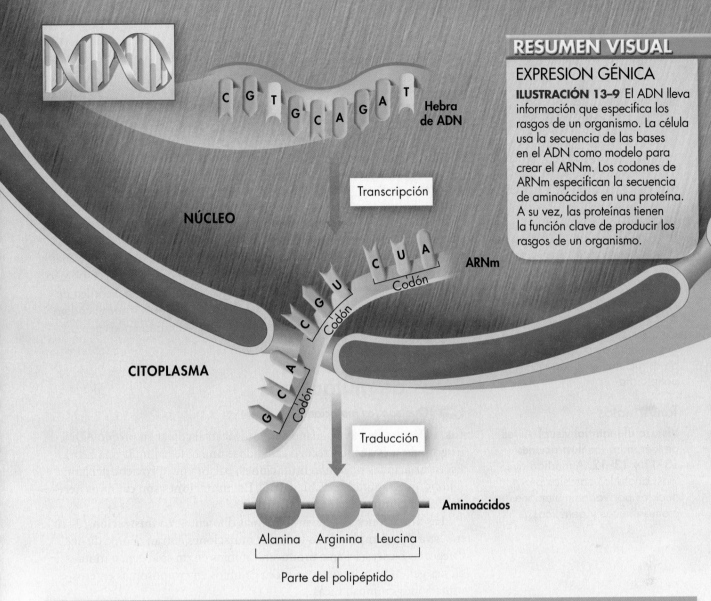

BIOLOGY.com Search Lesson 13.2 GO • Self-Test • Lesson Assessment

13.3 Mutaciones

Preguntas clave

¿Qué son las mutaciones?

¿Cómo afectan las mutaciones a los genes?

Vocabulario

mutación • mutación puntual • mutación de corrimiento de estructura • mutágeno • poliploidía

Tomar notas

Vistazo al material visual Antes de leer, mira las **ilustraciones 13–11** y **13–12.** A medida que leas, anota los cambios producidos por varias mutaciones cromosómicas y genéticas.

PIÉNSALO Como acabamos de ver, la secuencia de las bases en el ADN son como las letras de un mensaje codificado. Pero, ¿qué sucedería si algunas de esas letras cambiaran accidentalmente y alteraran el mensaje? ¿La célula aún podría entender el significado del mensaje? Piensa sobre lo que podría suceder si alguien cambiara al azar unas líneas del código de un programa de tu computadora. Con lo que ya conoces sobre el código genético, ¿qué efectos predices que esos cambios tendrán en los genes y los polipéptidos a los que codifican?

Tipos de mutaciones

¿Qué son las mutaciones?

Las moléculas de vez en cuando se equivocan al copiar su propio ADN, insertando la base incorrecta o saltándose una base al juntar una hebra. Estas variaciones se llaman **mutaciones,** palabra que proviene del latín *mutare*, que significa "cambiar". **Las mutaciones son cambios heredables en la información genética.**

Las mutaciones tienen varias formas diferentes. La **ilustración 13–10** muestra dos ejemplos. Pero todas las mutaciones entran en una de dos categorías básicas: las que producen cambios en un solo gen, o mutaciones genéticas, y las que producen cambios en cromosomas enteros, o mutaciones cromosómicas.

ILUSTRACIÓN 13–10 Mutaciones animal y vegetal

La forma alargada de esta flor la causa una mutación que afecta las regiones crecientes de su tejido.

Una condición genética llamada leucismo causa la pérdida de pigmento del pelaje, de la piel y de los ojos de este león.

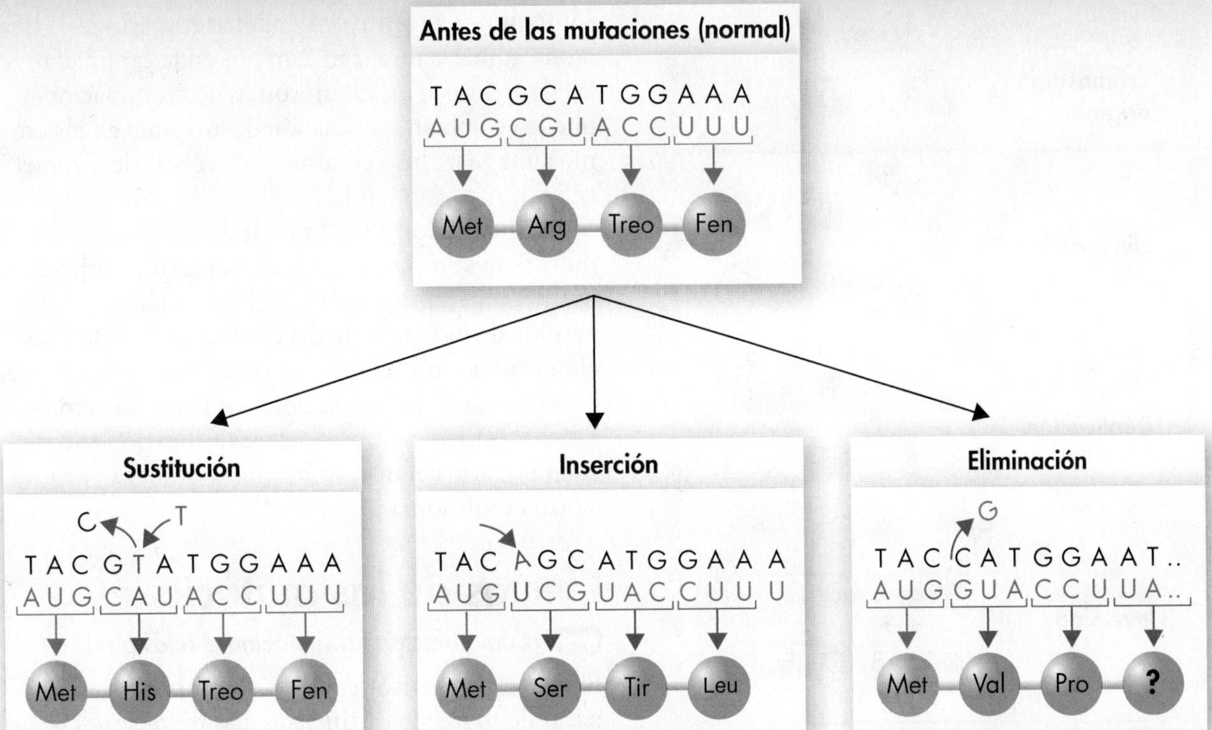

ILUSTRACIÓN 13–11 Mutaciones puntuales Estos diagramas muestran cómo los cambios en un solo nucleótido pueden afectar la secuencia de aminoácidos en las proteínas. **Analizar datos** ***¿Qué tipo de mutaciones afectan a un solo aminoácido en la proteína? ¿Cuál puede afectar a más de uno?***

Mutaciones genéticas Las mutaciones genéticas que incluyen cambios en uno o varios nucleótidos se llaman **mutaciones puntuales** debido a que suceden en un solo punto de la secuencia de ADN. Las mutaciones puntuales incluyen sustituciones, inserciones y eliminaciones, las cuales generalmente ocurren durante la replicación. Si se altera un gen en una célula, la alteración puede pasar a cada célula que se desarrolle de la célula original. Mientras lees, mira la **ilustración 13–11** sobre los diferentes tipos de mutaciones puntuales.

▶ ***Sustituciones*** En una sustitución, una base cambia por otra diferente. Las sustituciones afectan por lo común a un solo aminoácido y en ocasiones no tienen ningún efecto. Por ejemplo, si una mutación cambió un codón de ARNm de CCC a CCA, el codón tendría que especificar el aminoácido prolina. Pero, un cambio en la primera base del codón (durante el cambio de CCC a CCA), sustituiría prolina con el aminoácido treonina.

▶ ***Inserciones y eliminaciones*** Las inserciones y eliminaciones son mutaciones puntuales en las cuales una base se inserta o se elimina de la secuencia de ADN. Los efectos de estos cambios pueden ser drásticos. Recuerda que el código genético se lee de tres en tres bases. Si se agrega o se elimina un nucleótido, las bases seguirán leyéndose en grupos de tres, pero ahora estas agrupaciones se moverán en cada codón siguiente de la mutación.

Las inserciones y eliminaciones también se conocen como **mutaciones de corrimiento de estructura** debido a que desplazan el "marco de lectura" del mensaje genético. Al hacer este movimiento del marco de lectura, las mutaciones de corrimiento de estructura pueden cambiar a cada aminoácido que sigue la mutación puntual, y éstos pueden alterar mucho a una proteína que se vuelve incapaz de realizar sus funciones normales.

En tu cuaderno *Usa un diagrama de causa y efecto para describir los diferentes tipos de mutaciones genéticas.*

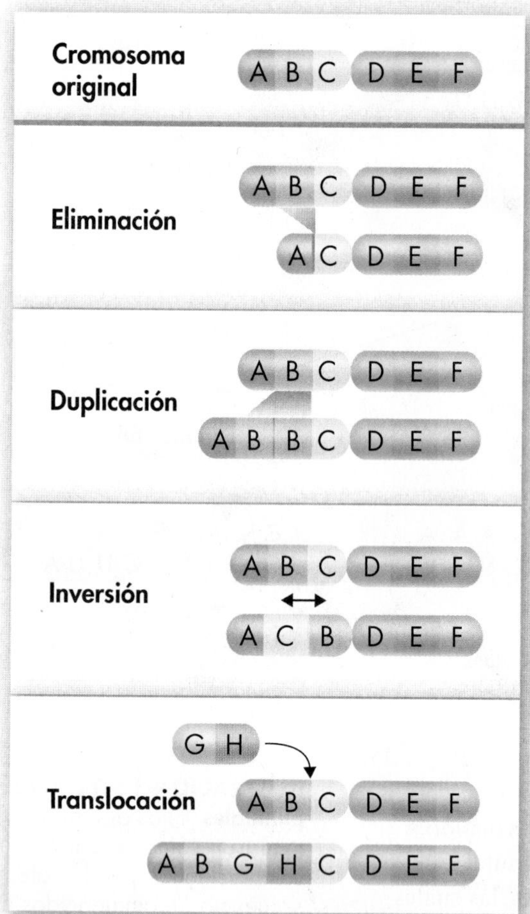

ILUSTRACIÓN 13–12 Mutaciones cromosómicas Cuatro tipos de mutaciones modifican cromosomas enteros. **Usar diagramas** ***¿Cuál es la diferencia entre inversión y translocación?***

Mutaciones cromosómicas Las mutaciones cromosómicas implican cambios en la cantidad o la estructura de los cromosomas. Estas mutaciones pueden cambiar la ubicación de los genes en los cromosomas e incluso el número de copias de algunos genes.

La **ilustración 13–12** muestra cuatro tipos de mutaciones cromosómicas: eliminación, duplicación, inversión y translocación. La eliminación implica la pérdida de todo o parte del cromosoma; la duplicación produce una copia adicional de todo o parte del cromosoma; la inversión pone las partes del cromosoma en orden contrario, y la translocación sucede cuando parte de un cromosoma se despega y se une a otro cromosoma.

Efectos de las mutaciones

¿Cómo afectan las mutaciones a los genes?

El material genético se puede alterar por sucesos naturales o medios artificiales. Las mutaciones resultantes pueden o no afectar a un organismo. Algunas mutaciones que afectan a organismos individuales también pueden afectar a especies y hasta un ecosistema entero.

Muchas mutaciones se producen por errores en los procesos genéticos. Por ejemplo, errores en el proceso de reproducción de ADN generan algunas mutaciones puntuales. La maquinaria celular que reproduce el ADN inserta aproximadamente una base incorrecta de cada 10 millones. Con el tiempo, pequeños cambios en los genes se irán acumulando.

Actividad rápida de laboratorio

INVESTIGACIÓN DIRIGIDA

Representar las mutaciones

Pequeñas mutaciones en el ADN pueden causar grandes cambios en las proteínas que se sintetizan. Al igual que en una palabra, pequeños cambios alteran su significado por completo. Observa la secuencia de palabras siguiente:

gato rato rata rama Roma

Nota que cada palabra difiere de la palabra anterior en una sola letra. Considera estos cambios como "mutaciones puntuales" que afectan el significado de la palabra.

Analizar y concluir

1. **Aplica los conceptos** Empieza con la palabra *gen* y cambia letra por letra hasta crear palabras nuevas. Asegúrate de que cada palabra exista. Escribe al menos cuatro "mutaciones puntuales" de la palabra *gen.*

2. **Aplica los conceptos** Demuestra cómo emplearías estas palabras en un modelo de mutación de corrimiento de estructura. (*Pista:* Lo puedes usar en un enunciado.)

3. **Usar modelos** Usa las palabras de esta oración para hacer un modelo de mutación por sustitución.

Las condiciones ambientales estresantes pueden causar que algunas bacterias aumenten las tasas de mutación. Sin embargo, esto puede beneficiar al organismo, ya que a veces las mutaciones otorgan nuevos rasgos a las bacterias, como la habilidad de alimentarse de una fuente nueva o resistir un envenenamiento del ambiente.

Mutágenos Algunas mutaciones surgen de **mutágenos,** que son agentes químicos o físicos en el ambiente. Los mutágenos químicos incluyen varios pesticidas, algunos alcaloides vegetales naturales, el humo del tabaco y contaminantes ambientales. Entre los mutágenos físicos están algunas formas de radiación electromagnética, como los rayos X y la luz ultravioleta. Si estos agentes interactúan con el ADN pueden producir altas tasas de mutación. A veces las células pueden reparar el daño; pero cuando no lo logran, la secuencia de bases del ADN cambia de forma permanente. Algunos compuestos interfieren con el apareamiento de las bases al incrementar la tasa de error de la replicación del ADN. Otras debilitan el huso del ADN y ocasionan rupturas e inversiones que producen mutaciones cromosómicas.

DESARROLLAR el vocabulario

ORIGEN DE LAS PALABRAS La palabra **mutágeno** proviene del latín y significa "origen del cambio". Los mutágenos cambian la información genética de un organismo.

En tu cuaderno *Haz una tabla para registrar los resultados de las mutaciones favorables y las dañinas. Llénala mientras lees.*

Mutaciones favorables y dañinas Algunas mutaciones no cambian los aminoácidos especificados por un codón, mientras otras pueden alterar una proteína o un cromosoma entero. **Los efectos de las mutaciones en los genes varían mucho. Algunas tienen un efecto muy pequeño, otras ninguno y otras producen variaciones favorables; algunas más desestabilizan negativamente el funcionamiento del gen.** Muchas mutaciones, sino es que todas, son neutrales: tienen muy poco o ningún efecto en la expresión génica o en la función de las proteínas que codifican. Las mutación es negativa o benéfica dependiendo de cómo cambia su ADN y según la situación del organismo. Con frecuencia, las mutaciones se consideran negativas porque desestabilizan el funcionamiento normal de los genes. Sin embargo, los organismos no evolucionarían sin las mutaciones, porque éstas son una fuente de la variación genética de las especies.

▶***Efectos dañinos*** Algunas de las mutaciones más dañinas son las que cambian drásticamente la estructura de la proteína o la actividad del gen. Las proteínas defectuosas que estas mutaciones producen pueden desestabilizar las actividades biológicas normales, dando por resultado un trastorno genético. Por ejemplo, algunos cánceres son producto de mutaciones que causaron el crecimiento desmedido de las células. La enfermedad de células falciformes es un trastorno asociado con cambios en la forma de los glóbulos rojos. Observa sus efectos en la **ilustración 13–13**. Esta anemia la causa una mutación puntual en uno de los polipéptidos encontrados en la hemoglobina, que es la más importante proteína portadora de oxígeno en la sangre. Entre los síntomas del trastorno se encuentran la anemia, el dolor severo, las infecciones frecuentes y el crecimiento atrofiado.

ILUSTRACIÓN 13–13 Efectos de una mutación puntual La enfermedad de células falciformes afecta la forma de los glóbulos rojos. Las células redondas de color "falso" en este SEM son glóbulos rojos normales. Las células en forma de estrella y medialuna son células falciformes. (SEM 1700×)

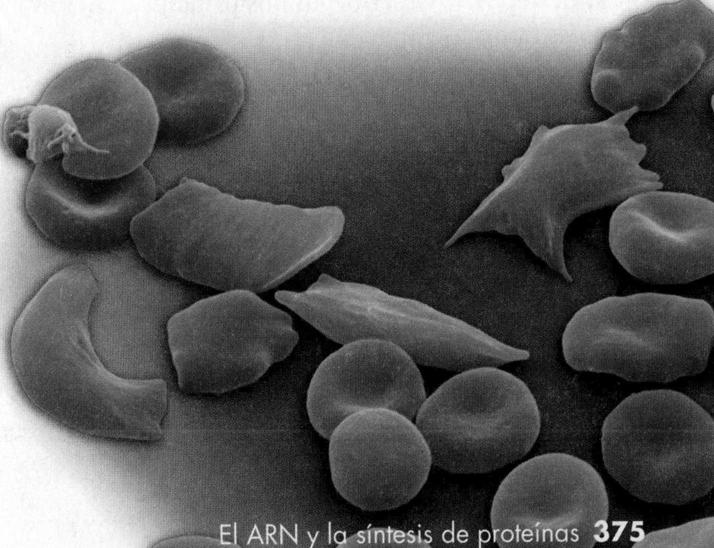

ILUSTRACIÓN 13–14 Plantas poliploides Un tipo de limón sin semilla de Tahití es resultado de poliploidía. Los cambios en la cantidad de ploidía en los cítricos afectan el tamaño y la fortaleza de los árboles, al igual que la calidad y la cantidad de las semillas de su fruta.

▶ ***Efectos benéficos*** Algunas variaciones producidas por mutaciones pueden ser altamente ventajosas para un organismo o una especie. **Las mutaciones a menudo producen proteínas con funciones nuevas o alteradas que son útiles para los organismos o ambientes cambiantes.** Por ejemplo, hay mutaciones que han vuelto resistentes a muchos insectos contra los pesticidas químicos. Otras han hecho que algunos microorganismos se adapten a nuevos químicos en el ambiente.

Durante los últimos 20 años, las mutaciones en el genoma del mosquito han vuelto más resistentes a muchos mosquitos africanos contra los pesticidas químicos usados para controlarlos. Esto es una mala noticia para los humanos, pero favorable para los mosquitos. Las mutaciones benéficas también ocurren en los humanos, como las que incrementan la fuerza y la densidad ósea que ayudan a disminuir fracturas; o las que incrementan la resistencia al VIH, el virus que causa sida.

Los horticultores y criadores de animales por lo general usan las mutaciones "a su favor". Por ejemplo, cuando un grupo entero de cromosomas no logra separarse durante la meiosis, los gametos resultantes pueden producir triploide (3N) o tetraploide (4N) en los organismos. La condición en que un organismo tiene grupos adicionales de cromosomas se llama **poliploidía.** Las plantas poliploides por lo general son más grandes y fuertes que las plantas diploides. Las principales plantas de cultivo, como los plátanos y limones de la **ilustración 13–14,** se han producido de esta manera. La poliploidía también se presenta en cítricos, por lo general mediante mutaciones espontáneas.

En tu cuaderno *Escribe cinco ejemplos de mutaciones. Clasifícalas como neutral, dañina o favorable y explica tu razonamiento.*

13.3 Evaluación

Repaso de conceptos clave

1. a. Repasar Describe los dos principales tipos de mutación.

b. Explicar ¿Qué es la mutación de corrimiento de estructura? Da un ejemplo.

c. Inferir Los efectos de las mutaciones no siempre son visibles. Selecciona una especie y explica la manera en que un biólogo determinaría si ha ocurrido una mutación. ¿Qué tipo de mutación es?

2. a. Repasar Haz una lista de tres efectos de las mutaciones en los genes.

b. Aplica los conceptos ¿Qué importancia tienen las mutaciones para los seres vivos?

RAZONAMIENTO VISUAL

3. Haz una tabla para comparar y contrastar y organiza tus ideas sobre las mutaciones genéticas y cromosómicas. Escribe ahí mismo un párrafo para comparar ambos tipos de mutaciones.

BIOLOGY.com Search Lesson 13.3  • Self-Test • Lesson Assessment

13.4 Expresión y regulación genética

PIÉNSALO Imagina una biblioteca llena de manuales de instrucciones. ¿Alguna vez necesitarías usar todos esos libros al mismo tiempo? Claro que no. Si necesitaras saber cómo arreglar una gotera de un grifo, consultarías sólo el libro de plomería y no el de carpintería. Ahora, imagina una bacteria diminuta como *E. coli*, que tiene más de 4000 genes. La mayoría de sus genes codifican proteínas que hacen de todo: desde construir paredes celulares hasta descomponer alimentos. ¿Crees que *E. coli* usa los más de 4000 volúmenes de su biblioteca genética al mismo tiempo?

Preguntas clave

¿Cómo se regulan los genes en las células procariotas?

¿Cómo se regulan los genes en las células eucariotas?

¿Qué controla el desarrollo de células y tejidos en los organismos multicelulares?

Vocabulario

operón • operador • ARN de interferencia • diferenciación gen homeótico • gen homeobox • gen Hox

Tomar notas

Esquema Antes de leer, usa los títulos de esta lección para hacer un esquema. A medida que leas, anota los subtemas y temas menores; agrega enunciados después de cada subtema que proporcione información clave.

Regulación genética procariota

¿Cómo se regulan los genes en las células procariotas?

Resulta que las bacterias y otros procariotas no necesitan transcribir todos sus genes al mismo tiempo. Para conservar energía y recursos, los procariotas regulan sus actividades usando sólo los genes necesarios para el funcionamiento de la célula. Por ejemplo, sería un desperdicio para una bacteria producir enzimas para crear una molécula que pueda conseguir fácilmente en su ambiente. Al regular la expresión génica, la bacteria responde a cambios en su ambiente, como la presencia o ausencia de nutrientes. ¿Cómo lo hace? **En los procariotas, las proteínas de unión de ADN regulan los genes al controlar la transcripción.** Algunas de estas proteínas reguladoras ayudan a activar los genes y otras, a reprimirlos.

¿Cómo sabe un organismo cuándo activar o desactivar un gen? Una de las claves para la transcripción de genes en la bacteria es la organización de los genes en operones. Un **operón** es un grupo de genes que se regulan juntos. Los genes en un operón comúnmente tienen funciones relacionadas. La *E. coli*, mostrada en la **ilustración 13–15,** provee un claro ejemplo de esto. Los 4288 genes que codifican proteínas en la *E. coli* incluyen una agrupación de tres genes que deben activarse al mismo tiempo antes que la bacteria utilice al azúcar lactosa como alimento. Estos tres genes de lactosa en la *E. coli* se llaman operón *lac*.

ILUSTRACIÓN 13–10
Célula pequeña, muchos genes Esta bacteria *E. coli* ha sido tratada con una enzima que activa su ADN, el cual tiene más de 4000 genes, para esparcirse.

TEM 27,000X

El operón *lac* ¿Por qué es necesario que la *E. coli* tenga la capacidad de activar y reprimir a los operones *lac*? La lactosa es un componente formado de dos azúcares simples: galactosa y glucosa. Para usar la lactosa como alimento, la bacteria debe transportarla a través de su membrana celular y romper el enlace entre la glucosa y la galactosa. Las proteínas codificadas por los genes del operón *lac* realizan estas tareas, lo que significa que si la bacteria crece en un medio donde la lactosa es el único alimento, debe transcribir esos genes y producir esas proteínas. Pero si crece con otra fuente de alimento como la glucosa, no necesitará esas proteínas.

Notablemente, la bacteria pareciera "saber" cuándo se necesitan los productos de estos genes. Cuando la lactosa no está presente, los genes *lac* son desactivados por proteínas que se unen al ADN y bloquean la transcripción.

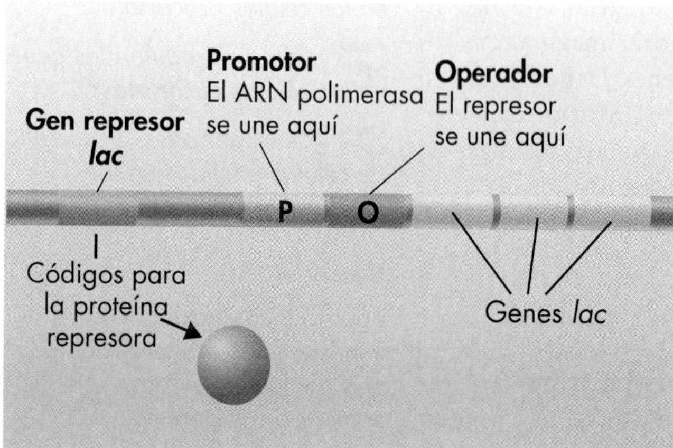

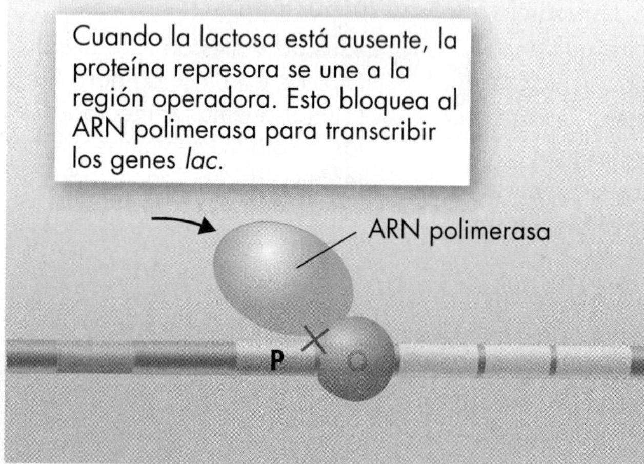

Cuando la lactosa está ausente, la proteína represora se une a la región operadora. Esto bloquea al ARN polimerasa para transcribir los genes *lac*.
ARN polimerasa
P

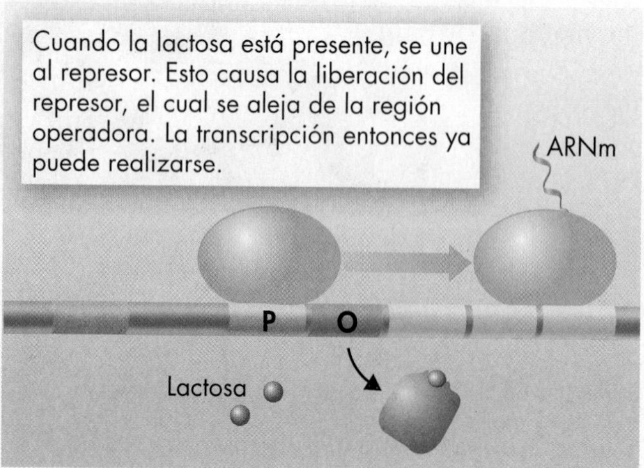

Cuando la lactosa está presente, se une al represor. Esto causa la liberación del represor, el cual se aleja de la región operadora. La transcripción entonces ya puede realizarse.
ARNm
P
O
Lactosa

Promotores y operadores Existen dos regiones reguladoras a un costado de los tres genes operones. El primero es un promotor (P), que es una región específica de un gen en donde el ARN polimerasa puede unirse e iniciar la transcripción. La otra región se llama **operador** (O). La región O es donde la proteína que se une al ADN conocida como represor *lac* puede unirse al ADN.

▶***El represor* lac *bloquea la transcripción*** La **ilustración 13–16** muestra que cuando el represor *lac* se une a la región O, el ARN polimerasa no puede alcanzar al gen *lac* para iniciar la transcripción. De hecho, la unión de la proteína represora "desactiva" al operón mediante la prevención de la transcripción de sus genes.

▶***La lactosa "activa" al operón*** Si la proteína represora siempre está presente, ¿cómo se activan los genes *lac*? Además de su lugar de unión en el ADN, la proteína represora *lac* tiene un lugar para la unión a la lactosa. Cuando la lactosa se agrega al medio, se difunde dentro de la célula y se une al represor *lac*. Esto cambia la forma de la proteína represora de modo que provoca que se desprenda del operador. Cuando el represor ya no está atado a la región O, el ARN polimerasa se une al promotor y transcribe los genes del operón. De esto resulta, en presencia de lactosa, que el operón se active automáticamente.

ILUSTRACIÓN 13–16 Expresión génica en procariotas En la *E. coli*, los genes *lac* son desactivados por represores *lac* y activados por la presencia de lactosa. **Usar analogías** ***¿En qué se parecen la manera en que la lactosa activa y desactiva a los genes y la manera en que el aire frío le indica a un horno cuándo apagarse y encenderse?***

Regulación genética eucariota

¿Cómo se regulan los genes en las células eucariotas?

Los principios generales de la regulación genética en los procariotas también se aplican a los eucariotas, aunque con diferencias. Muchos genes eucariotas se controlan de manera individual y tienen más secuencias reguladoras complejas que las de un sistema represor *lac*.

La **ilustración 13–17** muestra varias características de un gen eucariota común. Una de las más interesantes es la caja TATA, una región corta de ADN de entre 25 y 30 bases que se aparean antes del inicio de un gen con la secuencia TATATA o TATAAA. La caja TATA une a la proteína que ayuda a posicionar al ARN polimerasa, indicando un punto justo antes del inicio del gen.

Factores de la transcripción La expresión génica en las células eucariotas está regulada en varios niveles. Uno de los más críticos es el nivel de la transcripción, por medio de proteínas que se unen al ADN, conocidas como factores de transcripción. **Los factores de transcripción controlan la expresión de los genes en los eucariotas al unir secuencias de ADN en las regiones reguladoras de esos genes.** Algunos factores de transcripción resaltan la transcripción a través de la apertura de cromosomas fuertemente unidos. Otros ayudan a atraer al ARN polimerasa. Aun así, otros bloquean el acceso a ciertos genes, parecido a las proteínas procariotas represoras. En la mayoría de los casos, múltiples factores de transcripción deben unirse antes que el ARN polimerasa sea capaz de unirse a la región promotora e iniciar la transcripción.

Los promotores tienen múltiples sitios para los factores de transcripción, cada uno de los cuales puede influir en la transcripción. Ciertos factores activan decenas de genes al mismo tiempo, cambiando drásticamente los patrones de expresión génica en la célula. Otros factores se forman sólo en respuesta a señales químicas. Por ejemplo, las hormonas esteroides son mensajeros químicos que entran en las células y se unen a proteínas receptoras. Estos "complejos de receptores" actúan entonces como factores de transcripción que se unen al ADN, permitiendo que una sola señal química active múltiples genes. La expresión génica eucariota también se regula mediante otros factores, incluyendo la salida de moléculas de ARNm del núcleo, la estabilidad del ARNm y hasta la descomposición de los productos proteicos de un gen.

En tu cuaderno *Compara la regulación genética en organismos unicelulares con la de organismos multicelulares.*

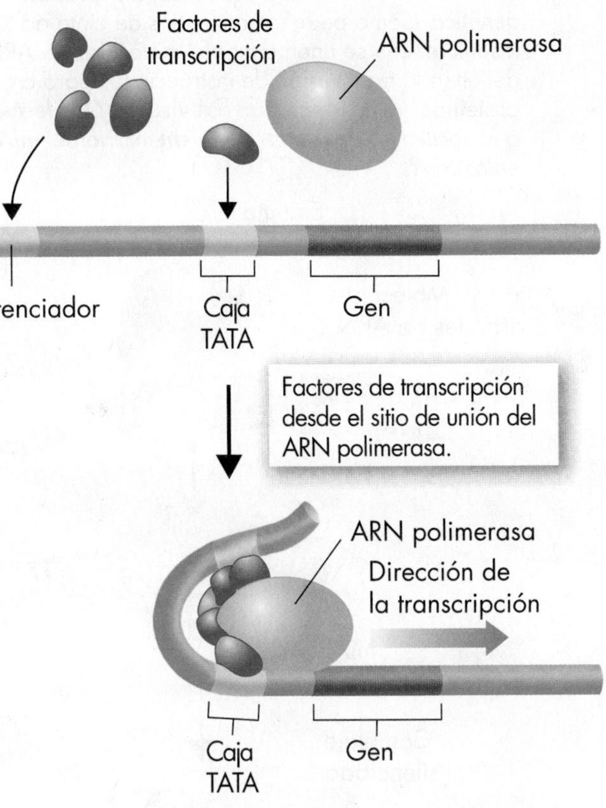

ILUSTRACIÓN 13–17 La caja TATA y la transcripción Muchos genes eucariotas incluyen una región llamada caja TATA, que ayuda al ARN polimerasa a posicionarse.

PISTA DEL MISTERIO

Para que un gen de ratón funcionara dentro de las células de una mosca, los investigadores adhirieron un promotor nuevo a la secuencia del gen. ¿Por qué piensas que lo hicieron?

ILUSTRACIÓN 13–18 Bloqueo de la expresión genética Como pedazos diminutos de cinta adhesiva, los microARN se unen a ciertas moléculas de ARN y detienen la transmisión de instrucciones para crear proteínas. **Interpretar material visual** ***¿Qué le sucede a la secuencia de ARNm complementaria del miARN enlazado?***

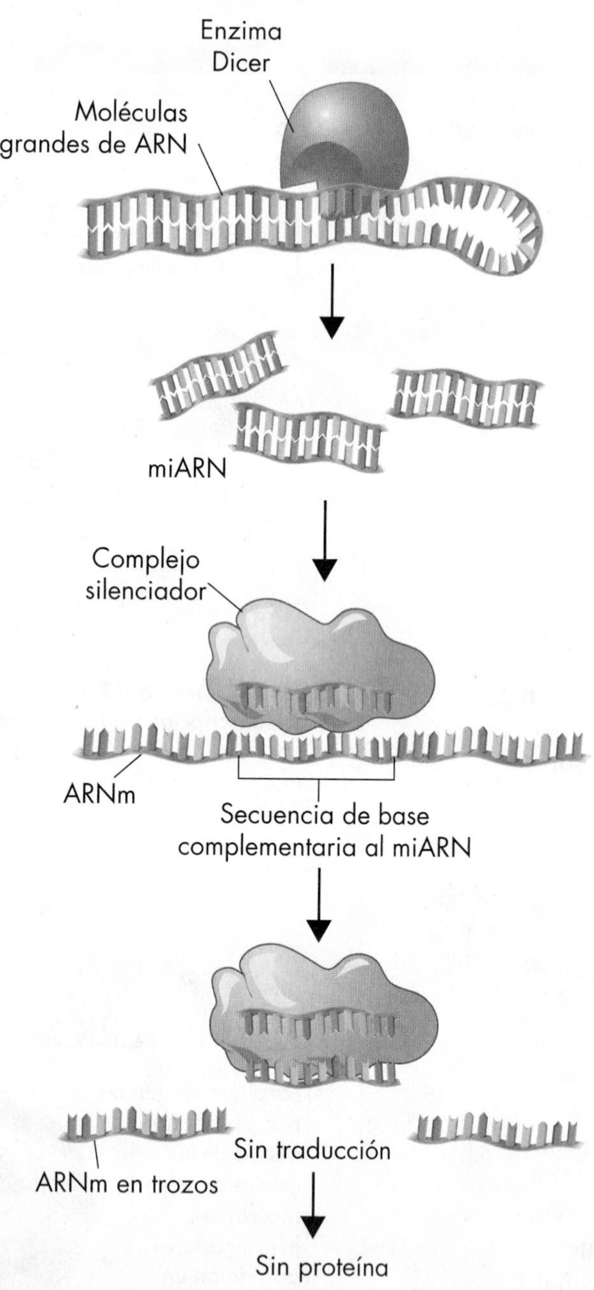

Especialización celular ¿Por qué la regulación genética en los eucariotas es más compleja que en los procariotas? Piensa un momento en la forma en que los genes se expresan en un organismo multicelular. Por ejemplo, los genes que codifican las enzimas del hígado no se expresan en células nerviosas. La queratina, una importante proteína de las células de la piel, no se produce en los glóbulos rojos. La especialización celular requiere la especialización genética, no obstante todas las células en un organismo multicelular llevan el mismo código genético en sus núcleos. La regulación genética compleja en los eucariotas permite la especialización.

ARN de interferencia Durante años, los biólogos se preguntaban por qué las células contienen gran cantidad de pequeñas moléculas de ARN, de sólo algunas docenas de bases de largo y que no pertenecen a ningún grupo principal de ARN (ARNm, ARNt o ARNr). En esta última década, una serie de importantes descubrimientos han demostrado que estas pequeñas moléculas de ARN tienen una función muy poderosa en la regulación de la expresión génica, y lo hacen interfiriendo en el ARNm.

La **ilustración 13–18** muestra pequeñas moléculas que interfieren en el ARN (después que la transcripción las produce), plegadas en bucles de horquilla de doble hebra. La enzima llamada "Dicer" corta o pica estos bucles en microARN (miARN) de aproximadamente 20 pares de base de largo cada uno. Entonces, las dos hebras de los bucles se separan. Después, una de la piezas del miARN se ata a un grupo de proteínas para formar un complejo silenciador. El complejo silenciador se ata y destruye cualquier ARNm que contenga una secuencia complementaria del miARN. De hecho, el miARN se pega a ciertas moléculas de ARNm y frena su transmisión de instrucciones para la creación de proteínas.

El complejo silenciador clausura con eficacia la expresión de aquellos genes cuyo ARNm destruye. El bloqueo de la expresión génica mediante un complejo silenciador de un miARN se conoce como **ARN de interferencia.** Al principio, el ARN de interferencia (ARNi) parecía un suceso inusual en algunas plantas y otras especies. Ahora se sabe que el ARN de interferencia se encuentra en todos los seres vivos y que tiene un papel en el crecimiento y el desarrollo humanos.

Analizar datos

Descubrimiento del ARN de interferencia

En 1998, Andrew Fire y Craig Mello realizaron un experimento que ayudó a explicar el mecanismo del ARN de interferencia. Usaron el ARN de un gen grande llamado unc-22, que codifica una proteína encontrada en células de los músculos. Prepararon pequeños fragmentos de ARNm correspondientes a dos regiones de exones del gen y los inyectaron en los óvulos de una lombriz *C. elegans*. En la tabla podrás ver algunos de los resultados.

Inyecciones de ARNm en óvulos de *C. elegans*

Porción de gen usado para producir ARNm	Hebra inyectada	Resultados en lombriz adulta
Unc-22 (exón 21–22)	Sentido	Normal
	Antisentido	Normal
	Sentido + Antisentido	Espasmo
Unc-22 (exón 27)	Sentido	Normal
	Antisentido	Normal
	Sentido + Antisentido	Espasmo

1. **Sacar conclusiones** ¿Cómo difirió la respuesta de las lombrices adultas a las inyecciones de ARNm de una sola hebra (hebra "sentido"), de hebra complementaria ("antisentido") y de ARN de doble hebra ("sentido + antisentido")?

2. **Proponer una hipótesis** Los espasmos resultan de la falla de las células musculares para controlar sus contracciones. ¿Qué sugiere esto referente a la proteína de unc-22 en algunas lombrices? ¿Cómo probarías tus hipótesis?

3. **Inferir** Los fragmentos inyectados provinieron de dos lugares distintos del gen y eran de sólo unas centenas de bases de largo. El ARN unc-22 tiene miles de bases de largo. ¿Qué sugiere esto sobre los mecanismos del ARN de interferencia?

La promesa de la tecnología del ARNi El descubrimiento del ARNi hizo posible que los investigadores activaran o desactivaran genes a su gusto, tan sólo con la inserción de células de ARN de doble hebra. La enzima Dicer corta este ARN en miARN, el cual activa los complejos silenciadores. Estos complejos bloquean la expresión génica mediante la producción de ARNm complementario al miARN. Por supuesto, dicha tecnología es un medio poderoso para estudiar la expresión génica en un laboratorio. Sin embargo, la tecnología de ARNi también ofrece que los investigadores en el ramo de la medicina logren desactivar la expresión génica de virus y células cancerosas, y proveer nuevos tratamientos y cura para las enfermedades.

Control genético del desarrollo

¿Qué controla el desarrollo de células y tejidos en los organismos multicelulares?

La regulación de la expresión génica es especialmente importante en la formación de la manera en que un organismo multicelular se desarrolla, como el embrión de ratón de la **ilustración 13–19.** Cada tipo de células especializadas en un adulto se originan en el mismo óvulo fecundado. Las células no crecen ni se dividen durante el desarrollo embrionario. Conforme el embrión se desarrolla, los factores de transcripción y los represores regulan diferentes conjuntos de genes. La regulación genética ayuda a que las células sufran una **diferenciación,** que las transforma en células especializadas de estructura y función. El estudio de los genes que controlan el desarrollo y la diferenciación es una de las áreas de la biología más emocionantes en la actualidad.

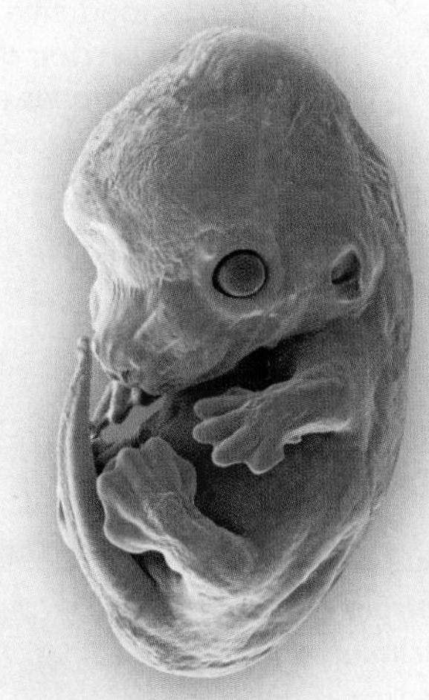

ILUSTRACIÓN 13–19
Diferenciación Esta micrografía electrónica muestra un embrión de ratón que pasa por diferenciación celular 23 días después de la concepción.

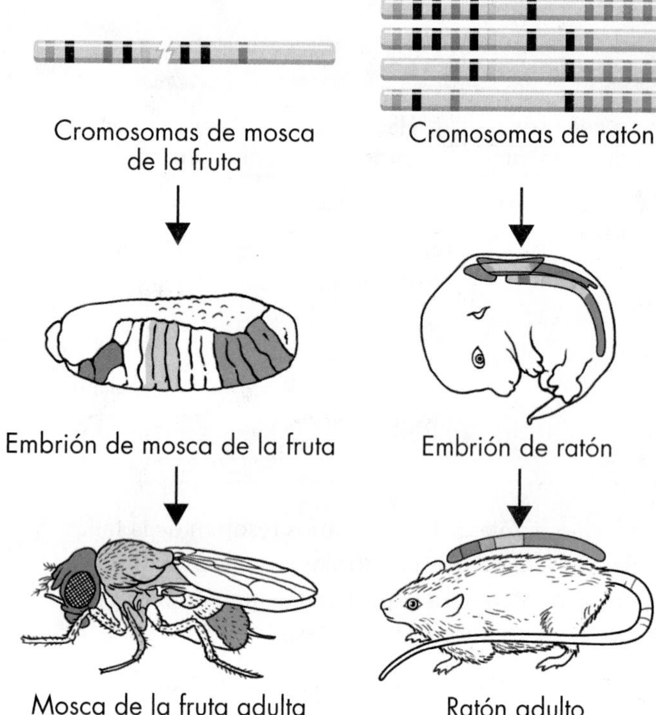

ILUSTRACIÓN 13–20 Genes Hox y desarrollo corporal Una serie de genes Hox a lo largo de un cromosoma determina la estructura básica corporal de las moscas de la fruta. Los ratones tienen genes similares en cuatro cromosomas diferentes. Las áreas de color en la mosca y el ratón muestran las partes aproximadas del cuerpo afectadas por los genes del color correspondiente. **Interpretar material visual** ***¿Qué sección de los cuerpos de las moscas y los ratones está codificada por los genes que se muestran aquí en azul?***

PISTA DEL MISTERIO

¿Qué crees que controla el crecimiento y desarrollo de los ojos en las moscas y los ratones?

Genes homeóticos El biólogo estadounidense Edward B. Lewis fue el primero en demostrar que un grupo específico de genes controla las identidades de las partes del cuerpo en un embrión de mosca de la fruta común. Lewis descubrió que una mutación en uno de estos genes daba como resultado ¡una pata en la cabeza de una mosca en lugar de una antena! El trabajo de Lewis aclaró que los genes conocidos como **genes homeóticos** regulan los órganos que se desarrollan en partes específicas del cuerpo.

Genes homeobox y hox Estudios moleculares de los genes homeóticos demuestran que éstos comparten una secuencia de ADN de 180 bases muy similar, a la que nombraron homeobox. Los **genes homeobox** codifican los factores de transcripción que activan a otros genes importantes en el desarrollo y diferenciación celular. Los genes homeobox se expresan en ciertas regiones del cuerpo y determinan factores como la presencia de alas o de patas.

Los genes homeobox en las moscas, conocidos como **genes Hox** se ubican uno al lado del otro de un solo conjunto como se muestra en la **ilustración 13–20.** Los genes Hox determinan las identidades de cada segmento corporal de una mosca. Están organizados exactamente en el mismo orden en que se expresan: del anterior al posterior. Una mutación en uno de estos genes puede cambiar por completo los órganos que se desarrollan en una parte específica del cuerpo.

De manera extraordinaria existen grupos de genes Hox en el ADN de otros animales, los humanos incluidos. Estos genes se organizan de la misma manera de cabeza a cola. La función de los genes Hox en los humanos parece casi igual a la de las moscas de la fruta: indicar a las células corporales cómo diferenciarse a medida que el cuerpo crece. Esto significa, por supuesto, que casi todos los animales, desde las moscas hasta los mamíferos, comparten las herramientas básicas para la formación de diferentes partes del cuerpo.

La impactante similitud de los genes de control maestro (genes que controlan el desarrollo) tiene una explicación científica sencilla. Los patrones comunes del control genético existen porque todos estos genes son descendientes de los genes de ancestros comunes. **Los genes de control maestro son como interruptores que desencadenan patrones específicos de desarrollo y diferenciación en las células y los tejidos.** Los detalles pueden variar de un organismo a otro, pero los interruptores son casi idénticos. Estudios recientes han demostrado que el mismo gen Hox que detona el desarrollo de manos y pies también está activo en las aletas de algunos peces.

Influencias ambientales Haz visto que la regulación de la expresión génica controla, al menos en parte, a la diferenciación celular. Las condiciones en el ambiente de un organismo también tienen una función. En los procariotas y eucariotas, los factores ambientales como la temperatura, la salinidad y la disponibilidad de nutrientes influyen en la expresión génica. Un ejemplo es que el operón *lac* en la *E. coli* se activa sólo cuando la lactosa es el único recurso alimenticio en el medio ambiente de las bacterias.

La metamorfosis es otro ejemplo bien estudiado de cómo los organismos modifican la expresión génica en respuesta a los cambios en su ambiente. La metamorfosis implica una serie de transformaciones de una etapa de la vida a otra. Esto se regula comúnmente por un buen número de factores externos (ambientales) e internos (hormonales). A medida que los organismos van de la etapa de larva a adulto, sus células corporales se diferencian para formar órganos nuevos. Al mismo tiempo, los órganos viejos se pierden con la muerte celular.

Piensa en la metamorfosis de un renacuajo a rana toro, como se muestra en la **ilustración 13–21.** En condiciones inferiores a las ideales, como sequía, alta densidad de predadores y escasez de alimentos, los renacuajos pueden acelerar su metamorfosis. En otras palabras, la velocidad de la metamorfosis está determinada por varios cambios ambientales que se traducen en cambios hormonales, junto con el funcionamiento de las hormonas a nivel molecular. Otras influencias ambientales son la temperatura y el tamaño de la población.

ILUSTRACIÓN 13–21 Metamorfosis Los factores ambientales afectan la regulación genética. Si el medio ambiente de una rana toro cambia negativamente, sus genes le ordenarán que produzca hormonas que aceleren la transformación del renacuajo (foto superior) a una rana toro adulta (foto inferior).

13.4 Evaluación

Repaso de conceptos clave

1. a. Repasar ¿Cómo se regula el operón *lac*?

b. Explicar ¿Qué es un promotor?

c. Usar analogías Escribe una analogía que demuestre el funcionamiento de un represor *lac*

2. a. Repasar Describe cómo se controla la mayoría de los genes eucariotas.

b. Comparar y contrastar ¿En qué se parece la regulación en los procariotas y eucariotas? ¿En qué se diferencian?

3. a. Repasar ¿Qué genes controlan la diferenciación celular durante el desarrollo?

b. Comparar y contrastar ¿En qué se parecen la manera en que los genes Hox se expresan en ratones y la manera en que se expresan en las moscas de la fruta? ¿En qué se diferencian?

PROBLEMA DE PRÁCTICA

4. Una hormona es una sustancia química que se produce en una parte del cuerpo, viaja por la sangre y afecta a las células en otra parte del cuerpo. Muchas hormonas son proteínas. ¿Cómo la producción de una hormona afectaría la expresión genética en una célula eucariota? Escribe un hipótesis que pueda probarse. (*Pista*: En tu hipótesis incluye a los promotores.)

BIOLOGY.com Search Lesson 13.4  • Self-Test • Lesson Assessment

Laboratorio de destrezas científicas

INVESTIGACIÓN DIRIGIDA

Preparación para el laboratorio: Del ADN a la síntesis de proteínas

Problema ¿Cuáles son los pasos en la creación de la proteína?

Manual de laboratorio Laboratorio del Capítulo 13

Enfoque en las destrezas Usar modelos, establecer una secuencia

Conectar con la gran idea Una de las tareas más importantes en una célula es el ensamble de proteínas de los aminoácidos. Esta tarea siempre se inicia en los ribosomas, localizados en el citoplasma de la célula. Las indicaciones del ensamble de proteínas están almacenadas en las moléculas del ADN. La información se traslada a los ribosomas en una forma de ARN llamada ARN mensajero, o ARNm. En este laboratorio, harás un modelo de la transcripción del ADN y la traducción de ARNm.

Preguntas preliminares

a. **Repasar** La secuencia que aparece a continuación, ¿es de una molécula de ADN o de ARNm? ¿Cómo lo sabes?

CUAAUGCCCUAGGGCACU

b. **Comparar y contrastar** ¿En qué se parecen la transcripción y la traducción? ¿En qué son diferentes?

c. **Establecer una secuencia** Ordena las moléculas descritas a continuación de acuerdo con la manera en que participan en la síntesis de proteínas: aminoácido, ADN, ARNm, ARNt.

Preguntas previas al laboratorio

Examina el procedimiento en el manual de laboratorio.

1. **Establecer una secuencia** Describe brevemente el proceso con que decodificarás los mensajes.

2. **Comparar y contrastar** ¿Qué papel tienen los codones de parada en la síntesis de proteínas? ¿Para qué se usan en los mensajes codificados?

3. **Predecir** ¿Cuáles son las seis letras que no aparecen en los mensajes codificados? Justifica tu respuesta.

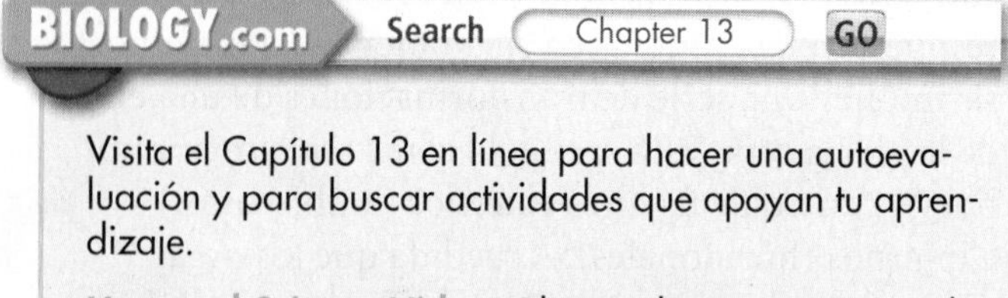

Visita el Capítulo 13 en línea para hacer una autoevaluación y para buscar actividades que apoyan tu aprendizaje.

Untamed Science Video Observa la manera en que los exploradores de *Untamed Science* buscan muestras de mutaciones benéficas para las especies.

Art in Motion Observa cómo se procesa el ARN para crear ARNm.

Art Review Usa la actividad de arrastrar y soltar para revisar tu comprensión de los diferentes tipos de mutaciones.

InterActive Art Usa estas animaciones para desarrollar tu comprensión de la transcripción y la traducción.

Visual Analogy Compara el ADN y el ARN con el plan maestro y los planos de un constructor.

Data Analysis Para identificar qué gen contiene mutación, analiza los resultado del crecimiento de bacterias en el operón *lac*.

Tutor Tube ¡Sintoniza este canal y encuentra la importancia de las proteínas!

13 Guía de estudio

La gran idea Información y herencia

El ARN mensajero, el ARN de transferencia y el ARN ribosomal trabajan juntos en las células procariotas y eucariotas para traducir el código genético del ADN en proteínas funcionales. Estas proteínas, en cambio, dirigen la expresión génica.

13.1 ARN

Las diferencias principales entre el ARN y el ADN son: (1) el azúcar en el ARN es ribosa en lugar de desoxirribosa; (2) el ARN por lo general tiene una sola hebra y no hebras dobles, y (3) el ARN contiene uracilo en lugar de timina.

En la transcripción, los segmentos del ADN sirven como modelo para producir moléculas complementarias de ARN.

ARN (362)
ARN mensajero (363)
ARN ribosomal (363)
ARN de transferencia (363)
transcripción (364)
ARN polimerasa (364)
promotor (365)
intrón (365)
exón (365)

13.2 Ribosomas y síntesis de proteínas

El código genético se lee en grupos de tres "letras" a la vez, para que cada "palabra" sea de tres bases de largo y corresponda a un solo aminoácido.

Los ribosomas usan la secuencia de codones en el ARNm para ensamblar aminoácidos en cadenas polipéptidas.

El dogma central de la biología molecular es que la información se transfiere del ADN al ARN y a la proteína.

polipéptido (366)
código genético (366)
codón (366)
traducción (368)
anticodón (369)
expresión génica (370)

13.3 Mutaciones

Las mutaciones son cambios hereditarios en el material genético.

Los efectos de las mutaciones en los genes varían mucho. Algunas tienen poco o ningún efecto, algunas producen variaciones favorables y otras desestabilizan negativamente el funcionamiento del gen.

Las mutaciones a menudo producen proteínas con funciones nuevas o alteradas que son útiles para los diferentes organismos o ambientes cambiantes.

mutación (372)
mutación puntual (373)
mutación de corrimiento de estructura (373)
mutágeno (375)
poliploidía (376)

13.4 Expresión y regulación genética

En los procariotas, las proteínas de unión de ADN regulan los genes al controlar la transcripción.

Los factores de transcripción controlan la expresión de los genes en los eucariotas al unir secuencias de ADN en las regiones reguladoras de esos genes.

Los genes de control maestro son como interruptores que desencadenan patrones específicos de desarrollo y diferenciación en las células y los tejidos.

operón (377)
operador (378)
ARN de interferencia (380)
diferenciación (381)
gen homeótico (382)
gen homeobox (382)
gen Hox (382)

Razonamiento visual

Usa la información de este capítulo para completar el siguiente diagrama de flujo sobre la síntesis de proteínas:

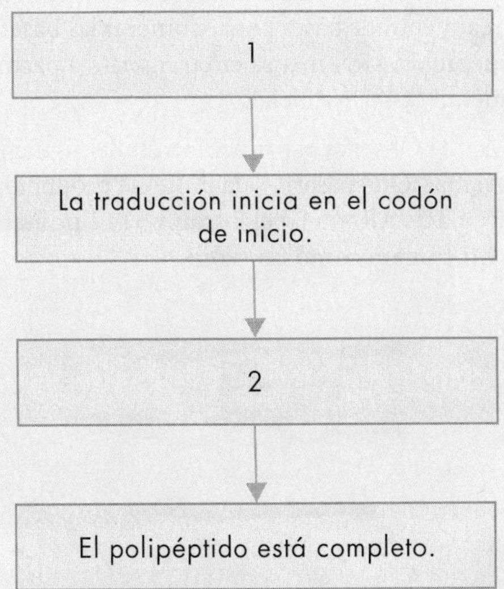

1
La traducción inicia en el codón de inicio.
2
El polipéptido está completo.

13 Evaluación

13.1 ARN

Comprender conceptos clave

1. El proceso por el cual el código genético del ADN se copia a una hebra de ARN se llama

a. traducción. **c.** transformación.
b. transcripción. **d.** replicación.

2. ¿Qué describe al ARN?

a. El ARN por lo común es de doble hebra y contiene la base timina.

b. El ARN por lo común es de una sola hebra y contiene la base uracilo.

c. El ARN es más largo que el ADN y usa cinco bases para codificar la información.

d. El ARN se produce en el núcleo de las células eucariotas y permanece ahí para realizar sus funciones.

3. Describe la función de cada uno de los tres tipos de ARN.

4. ¿Cómo sabe la enzima que produce ARN cuándo iniciar la transcripción del ADN?

5. Compara los intrones con los exones.

Razonamiento crítico

6. Aplica los conceptos Supón que inicias con este filamento de ADN: ACCGTCAC. Usa las reglas de apareamiento de bases para enumerar las bases en un filamento de ARN mensajero transcrito a partir del filamento de ADN inicial.

7. Predecir Observa el primer intrón del siguiente diagrama. ¿Qué pasaría si la proteína producida por la molécula de ARNm en el intrón no se eliminara sino que funcionara como un exón?

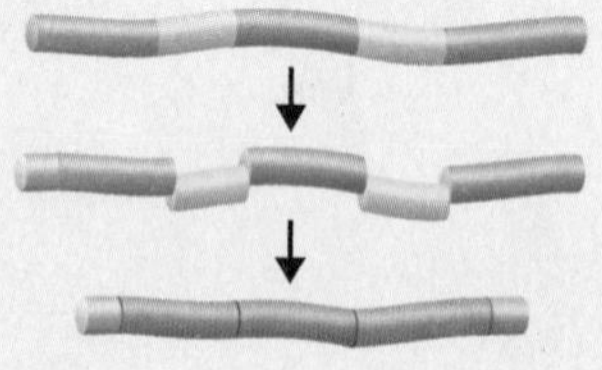

13.2 Ribosomas y síntesis de proteínas

Comprender conceptos clave

8. En un ARN mensajero, cada codón especifica un(a) particular

a. nucleótido. **c.** aminoácido.
b. enzima. **d.** promotor.

9. El número de codones en un código genético es

a. 3. **b.** 4. **c.** 20. **d.** 64.

10. ¿Cuál de los siguientes enunciados sobre el código genético es cierto?

a. Un codón especifica más de un aminoácido.
b. Cada codón especifica un aminoácido diferente.
c. Algunos codones especifican al mismo aminoácido.
d. Algunos codones no tienen ninguna función.

11. El proceso de producción de proteínas en el ribosoma basado en instrucciones del ARN mensajero es la

a. transcripción. **c.** traducción.
b. transformación. **d.** biología molecular.

12. ¿Qué es un codón?

13. ¿Cómo funcionan los anticodones?

14. Si el código en una molécula de ADN de un aminoácido específico es CTA, ¿qué sería el codón del ARN mensajero? ¿Y el codón del ARN de transferencia?

15. Explica por qué si se controlan las proteínas en un organismo se controlan las características del organismo.

Razonamiento crítico

16. Usar analogías La palabra *transcribir* significa "poner por escrito". La palabra *traducir* significa "expresar en otro idioma". Repasa los significados de *transcripción* y *traducción* en genética. ¿Cómo se relaciona el significado técnico de estas palabras con su significado coloquial?

17. Predecir Un investigador identifica la secuencia nucleótida AAC en una hebra larga de ARN dentro del núcleo. En el código genético, AAC es el código del aminoácido asparagina. Cuando un ARN interviene en la síntesis de proteínas, ¿la asparagina necesariamente aparecerá en la proteína? Explica tu respuesta.

13.3 Mutaciones

Comprender conceptos clave

18. Los cambios en las secuencias del ADN que afectan la información genética se conocen como

a. replicaciones. **c.** transformaciones.
b. mutaciones. **d.** traducciones.

19. Una mutación de una sola base en una molécula de ARN mensajero podría transcribir la secuencia de ADN CAGTAT en

a. GTCATA. **c.** GTCUTU.
b. GUCAUA. **d.** GUAAUA.

20. Una sustancia capaz de causar un cambio en el código del ADN de un organismo se llama

a. toxina. **c.** base de nitrógeno.
b. mutágeno. **d.** nucleótido.

21. Nombra y ejemplifica los dos tipos principales de mutaciones. ¿Qué tienen en común? ¿En qué se diferencian?

22. ¿En qué se distingue una mutación por eliminación de una mutación por sustitución?

23. ¿Las mutaciones pueden tener un efecto positivo?

Razonamiento crítico

24. Comparar y contrastar ¿En qué se diferencia el posible impacto de una mutación cromosómica ocurrida durante la meiosis de un suceso similar ocurrido durante la mitosis de una célula corporal ajena a la reproducción?

25. Aplica los conceptos La mutación en el ADN de un organismo cambia una base de la secuencia en la región codificadora de una proteína de CAC a CAT. ¿Cuál es el efecto de la mutación en la proteína final? Explica tu respuesta.

13.4 Expresión y regulación genética

Comprender conceptos clave

26. Un gen expresado

a. funciona como promotor.
b. se transcribe en el ARN.
c. codifica únicamente un aminoácido.
d. está hecho de ARNm.

resuelve el MISTERIO del CAPÍTULO

LA MOSCA CON OJOS DE RATÓN

Hace años, los genetistas descubrieron un gen de la mosca llamado "sin ojos". Las mutaciones que desactivan este gen causan que las moscas se desarrollen sin ojos. Los genetistas descubrieron después un gen de ratón llamado *Pax6*, el cual era homólogo al gen sin ojos. Trasplantar un gen Pax6 activado en una mosca de la fruta puede ocasionar que ésta desarrolle ojos en lugares peculiares. Esto sucede no obstante los ojos del ratón y los de la mosca son muy diferentes. De hecho, la única razón por la que los describimos como "ojos" es porque posibilitan la visión.

¿Cómo puede un gen Pax6 tener la misma función en animales tan diferentes? Quizá inició a principios de la historia de la vida, cuando los ojos eran sólo parches de células sensibles a la luz en la piel de los ancestros comunes a todos los animales. A medida que estos organismos evolucionaron y se diversificaron, los genes de control maestro como Pax6 siguieron trabajando, pero con funciones alteradas. No sólo los insectos comparten muchos genes como los Pax6, sino todos los animales, incluyendo lombrices, erizos de mar y seres humanos.

1. Comparar y contrastar ¿En qué difieren los ojos de la mosca y los del ratón? ¿En qué se parecen?

2. Inferir Los genes Pax6 y sin ojos codifican los factores de transcripción y no partes del ojo mismo. ¿Por qué esto tiene sentido con el efecto del Pax6 cuando se inserta en la mosca?

3. Conectar con la gran idea ¿Qué aspecto del código genético hace posible que un gen de ratón funcione dentro de la célula de una mosca?

27. A un grupo de genes que se regulan juntos se le llama

a. promotor. **c.** intrón.
b. operón. **d.** alelo.

28. Para activar las enzimas digestivas de lactosa de la *E.coli*, la lactosa primero debe

a. unirse al represor.
b. unirse al ADN de la bacteria.
c. separarse del represor.
d. iniciar la síntesis del ARN mensajero.

29. El bloqueo de la expresión génica en eucariotas con hebra de microARN se llama ARN

a. de transcripción. **c.** de interferencia.
b. de traducción. **d.** de digestión.

30. ¿Cómo se controla la expresión génica en los procariotas?

31. ¿Qué significa el término *especialización celular?* ¿Cómo se controla esta especialización?

32. Describe cómo una caja TATA ayuda al ARN polimerasa a posicionarse en la célula eucariota.

33. ¿Qué es una gen homeobox?

Razonamiento crítico

34. Aplica los conceptos El número de secuencias de un promotor de sitios potenciadores y de cajas TATA en los eucariotas hace que la regulación genética de estos organismos sea más compleja que la regulación en los procariotas. ¿Por qué la regulación en los eucariotas es mucho más sofisticada?

Relacionar conceptos

Usar gráficas científicas

Usa la gráfica para responder las preguntas 35 y 36.

Traducción de codón

Aminoácido	Codones de ARNm
Alanina (Ala)	GCA, GCG, GCU, GCC
Valina (Val)	GUA, GUG, GUU, GUC
Leucina (Leu)	CUA, CUG, CUU, CUC, UUA, UUG

35. Relacionar causa y efecto La tabla muestra codones de ARN de tres aminoácidos. ¿Cómo afectaría a la proteína resultante una mutación de sustitución en la tercera posición nucleótida de los codones para alanina y valina?

36. Inferir Los tres aminoácidos mostrados en la tabla tienen propiedades muy similares, aunque no idénticas. ¿Qué mutación de sustitución resultaría al cambiar uno de esos aminoácidos por otro? ¿Cuál sería el resultado?

Escribir sobre las ciencias

37. Explicación En un párrafo explica por qué el efecto de las mutaciones varía ampliamente, desde lo neutral a lo dañino a lo beneficioso.

38. Evalúa la gran idea Explica las funciones de los tres tipos de ARN al tomar la información del ADN y usarla para producir proteínas.

Analizar datos

El ARN es el material genético de muchos virus. Los científicos analizaron el ARN de cuatro tipos de ellos. A continuación, se muestra el contenido de cuatro bases nitrogenadas.

Porcentajes de bases en cuatro virus

Virus	A	U	C	G
A	26.3	29.3	20.6	23.8
B	x	x	17.6	17.5
C	21.9	12.8	34.3	31.1
D	29.8	26.3	18.5	25.3

39. Interpretar gráficas ¿Cuál de estos cuatro tipos de virus es más probable que use un ARN de doble hebra en su material genético?

a. Virus A **c.** Virus C
b. Virus B **d.** Virus D

40. Inferir Los valores aproximados de los dos cuadros marcados con una *x* serían

a. 32.5% A y 32.5% U.
b. 17.5% A y 17.5% U.
c. 26.3% A y 29.3% U.
d. 32.5% A y 17.5% U.

Preparación para exámenes estandarizados

Selección múltiple

1. ¿En qué se diferencia el ARN del ADN?
A El ARN contiene uracilo y desoxirribosa.
B El ARN contiene ribosa y timina.
C El ARN contiene uracilo y ribosa.
D El ARN contiene adenina y ribosa.

2. ¿Cómo se transcribiría la secuencia de ADN GCTATA a ARNm?
A GCUAUA
B CGATAT
C CGAUAU
D GCUTUT

Preguntas 3 y 4
Usa la tabla siguiente para responder las preguntas.

Primera base en palabra clave	A	G	U	C	Tercera base en palabra clave
	Segunda base en palabra clave				
A	Lis	Arg	Ile	Tre	A
A	Lis	Arg	Met	Tre	G
A	Asn	Ser	Ile	Tre	U
A	Asn	Ser	Ile	Tre	C
G	Glu	Gli	Val	Ala	A
G	Glu	Gli	Val	Ala	G
G	Asp	Gli	Val	Ala	U
G	Asp	Gli	Val	Ala	C
U	"Parada"	"Parada"	Leu	Ser	A
U	"Parada"	Trp	Leu	Ser	G
U	Tir	Cis	Fen	Ser	U
U	Tir	Cis	Fen	Ser	C
C	Gln	Arg	Leu	Pro	A
C	Gln	Arg	Leu	Pro	G
C	His	Arg	Leu	Pro	U
C	His	Arg	Leu	Pro	C

3. ¿Cuál de los siguientes codones representa el fin de la traducción?
A CAA
B UGA
C AUC
D CCA

4. ¿Cuál es la cadena de aminoácidos que corresponde a la secuencia nucleótida UCAAGCGUA?
A glu-cis-pro
B glu-asp-"parada"
C tre-arg-met
D ser-ser-val

5. En los eucariotas, las moléculas funcionales de ARN mensajero están hechas de
A exones empalmados después que los exones se han removido.
B intrones empalmados después que los exones se han removido.
C exones empalmados con intrones.
D piezas largas de ARN acortadas por la enzima Dicer.

6. Los promotores son
A genes que codifican proteínas individuales.
B proteínas que se unen al ADN y previenen la transcripción.
C secuencias de ADN que junto a operones regulan la transcripción.
D pequeñas moléculas que se unen con proteínas represoras.

Preguntas 7 y 8
Usa la tabla siguiente para responder las preguntas.

Cromosoma normal	M	N	O	P	Q	R	S	
Mutante 1	M	P	O	N	Q	R	S	
Mutante 2	M	N	N	O	P	Q	R	S

7. El mutante 1 es una
A eliminación.
B translocación.
C inversión.
D duplicación.

8. El mutante 2 es una
A eliminación.
B translocación.
C inversión.
D duplicación.

Respuesta de desarrollo

9. ¿Cuál es la función del sistema represor *lac* en la *E. coli*?

Si tienes dificultades con...

la pregunta	1	2	3	4	5	6	7	8	9
Ver la lección	13.1	13.1	13.2	13.2	13.1	13.1	13.3	13.3	13.4

14 Herencia humana

La gran idea **Información y herencia**

P: ¿Cómo podemos usar la genética para estudiar la herencia humana?

BIOLOGY.com Search Chapter 14 GO • Flash Cards

EN ESTE CAPÍTULO:

- 14.1 Cromosomas humanos
- 14.2 Trastornos genéticos humanos
- 14.3 Estudio del genoma humano

Algo que podemos observar en estos estudiantes es que todos son diferentes. La diversidad de rasgos en la raza humana se debe a una molécula microscópica: el ADN.

- Untamed Science Video
- Chapter Mystery

MISTERIO DEL CAPÍTULO

LA CÉLULA TORCIDA

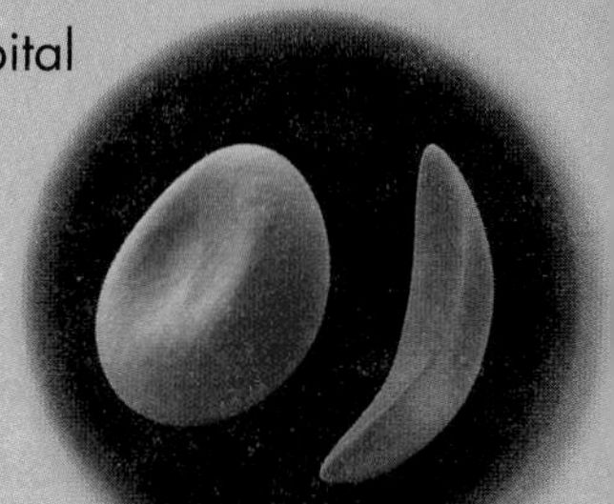

Cuando Eva fue al hospital a visitar a su tío Eli, él estaba pálido y muy cansado. Se quejaba de intensos dolores en los huesos. "Tengo la enfermedad de células falciformes," explicó el tío Eli, casi sin aliento. "Sólo espero que nadie en tu familia la tenga."

Esa noche, Eva consultó la Internet para buscar información sobre el padecimiento de su tío. Vio fotos de glóbulos rojos con forma de "C," en nada parecidos a los glóbulos sanos y normales que tienen forma circular. Eva descubrió que esas células con forma de hoz son rígidas y pegajosas. En los vasos sanguíneos forman aglomeraciones que obstruyen el flujo de la sangre e incluso pueden dañar órganos.

"¿Tendré ese riesgo?", se preguntó Eva. Para averiguarlo, tendría que investigar sus antecedentes familiares, y sus propias células. A medida que leas este capítulo, busca pistas que ayuden a Eva a determinar si podría tener el rasgo de células falciformes. Luego, resuelve el misterio.

Continúa explorando el mundo.
Determinar el riesgo de Eva de tener la enfermedad de células falciformes sólo es el principio. Emprende un viaje de campo en video con los genios ecólogos de *Untamed Science* para ver adónde conduce este misterio.

14.1 Cromosomas humanos

Preguntas clave

🔑 *¿Qué es un cariotipo?*

🔑 ***¿Qué patrones de herencia siguen los rasgos humanos?***

🔑 ***¿Cómo pueden usarse los árboles genealógicos para analizar la herencia humana?***

Vocabulario

genoma • cariotipo • cromosoma sexual • autosoma • gen ligado al sexo • árbol genealógico

Tomar notas

Esquema Antes de leer, haz un esquema de los encabezados principales del capítulo. Al leer, anota las ideas principales y los detalles de apoyo.

PIÉNSALO Si tuvieras que elegir un organismo ideal para estudiar genética, ¿elegirías uno que produjera una descendencia numerosa? ¿Qué tal uno fácil de desarrollar en el laboratorio? ¿Elegirías un organismo de vida corta para realizar varios cruces cada mes? ¿Preferirías todas las anteriores? Sin duda no seleccionarías un organismo que produjera pocos descendientes, tuviera una vida larga y no pudiera desarrollarse en el laboratorio. Sin embargo, ese es justo el organismo que hace falta para estudiar la genética humana. Frente a estas dificultades, resulta increíble que sepamos tanto de la genética humana como sabemos en la actualidad.

Cariotipos

🔑 ***¿ Qué es un cariotipo?***

¿Qué nos hace humanos? Podríamos tratar de responder la pregunta usando un microscopio para ver lo que hay en el interior de una célula humana. Cosa poco sorprendente, la célula humana es muy parecida a las células de otros animales. Para determinar las características singulares del humano, hay que ir hasta las instrucciones genéticas que forman cada nuevo individuo. Para ello, debemos explorar el genoma humano. Un **genoma** es el conjunto de información genética que un organismo lleva en su ADN.

El estudio de cualquier genoma empieza con los cromosomas, esos paquetes de ADN y proteína que se encuentran en los núcleos de las células eucariotas. Para visualizar con claridad los cromosomas humanos, los biólogos celulares fotografían células durante la mitosis, cuando los cromosomas se han condensado por completo y son fáciles de ver. Luego, los científicos recortan los cromosomas de las fotografías y los organizan en una imagen conocida como **cariotipo.** 🔑 **Un cariotipo muestra la totalidad del conjunto diploide de cromosomas agrupados en pares y ordenados por tamaño decreciente.**

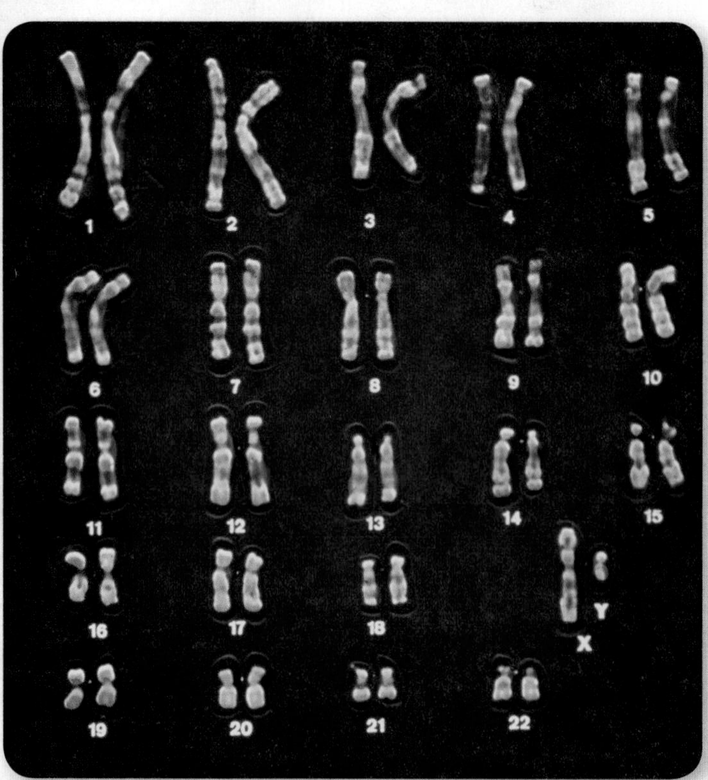

ILUSTRACIÓN 14–1 Un cariotipo humano La célula humana común tiene 23 pares de cromosomas. Estos cromosomas fueron recortados de una fotografía y organizados en forma de cariotipo.

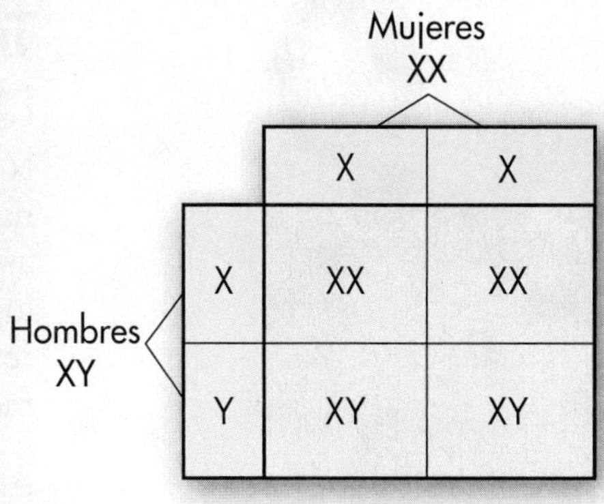

ILUSTRACIÓN 14–2 Proporción de sexos El óvulo humano contiene un solo cromosoma X. Los espermatozoides pueden contener un cromosoma X o un cromosoma Y. Interpretar tablas ***¿Qué sugiere este cuadro de Punnett sobre la proporción de sexos en la población humana?***

El cariotipo de la **ilustración 14–1** se tomó de una célula humana común, que contiene 46 cromosomas organizados en 23 pares. ¿Por qué nuestros cromosomas vienen en pares? Recuerda que iniciamos la vida cuando un espermatozoide haploide, que sólo tiene 23 cromosomas, fecunda un óvulo haploide que también tiene 23 cromosomas. La célula diploide resultante se transforma en un nuevo individuo y contiene los 46 cromosomas, dos juegos de 23 pares.

Cromosomas sexuales Dos de los 46 cromosomas del genoma humano se denominan **cromosomas sexuales,** porque determinan el sexo del individuo. Las mujeres tienen dos copias del cromosoma X. Los hombres tienen un cromosoma X y un cromosoma Y. Como puedes ver en la **ilustración 14–2,** a esto se debe que los nacimientos de niñas y niños obedezcan una proporción de 50 : 50 aproximadamente. Todos los óvulos humanos llevan un cromosoma X (23,X). Sin embargo, la mitad de los espermatozoides llevan un cromosoma X (23,X) y la otra mitad lleva un cromosoma Y (23,Y). Esto garantiza que casi la mitad de los cigotos sean varones y la mitad mujeres.

El cromosoma X tiene más de 1200 genes, algunos de ellos presentados en la **ilustración 14–3.** Observa que el cromosoma humano Y es mucho más pequeño que el cromosoma X y contiene sólo alrededor de 140 genes, en su mayoría relacionados con la determinación sexual masculina y el desarrollo de espermatozoides.

Cromosomas autosómicos Para diferenciarlos de los cromosomas sexuales, los 44 cromosomas humanos restantes reciben el nombre de cromosomas autosómicos o **autosomas.** El genoma humano completo consiste de 46 cromosomas que incluyen 44 autosomas y 2 cromosomas sexuales. Para resumir rápidamente el total de cromosomas que tiene una célula humana, tanto autosomas como cromosomas sexuales, los biólogos usan las expresiones 46,XX para mujeres y 46,XY para hombres.

En tu cuaderno *Describe en qué consiste un cariotipo humano.*

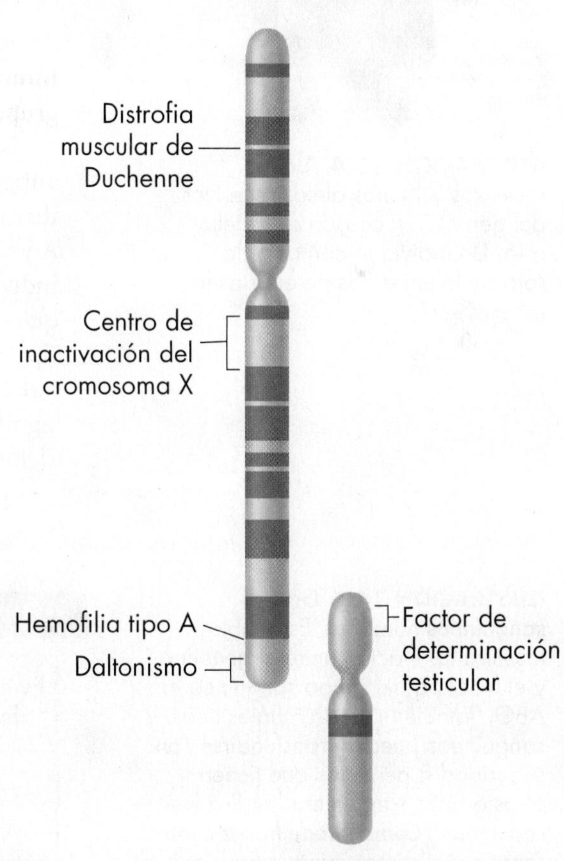

ILUSTRACIÓN 14–3 Cromosomas X e Y El cromosoma Y humano es más pequeño y contiene menos genes que el cromosoma X humano.

ILUSTRACIÓN 14–4 Alelos recesivos Algunos alelos recesivos del gen *MC1R* causan el cabello rojo. Un individuo con cabello rojo suele tener dos de esos alelos recesivos.

Transmisión de rasgos humanos

¿Qué patrones de herencia siguen los rasgos humanos?

No ha sido fácil estudiar nuestra especie usando las técnicas tradicionales de la genética. A pesar de las dificultades, la genética humana ha avanzado rápidamente, sobre todo en los últimos años, gracias a tecnologías moleculares que permiten estudiar el ADN humano. ¿Qué han revelado esos estudios? Los genes humanos siguen los mismos patrones mendelianos de la herencia que los genes de otros organismos.

Alelos dominantes y recesivos **Muchos rasgos humanos siguen un patrón de dominancia simple.** Por ejemplo, un gen conocido como *MC1R* ayuda a determinar el color de la piel y del cabello. Algunos de los alelos recesivos de *MC1R* producen cabello rojo. Un individuo pelirrojo suele tener dos de esos alelos recesivos, pues ha heredado una copia de cada progenitor. Los alelos dominantes para el gen *MC1R* producen cabello de colores más oscuros.

Otro rasgo que manifiesta dominancia simple es el factor Rhesus, o grupo sanguíneo Rh. El alelo del factor Rh tiene dos formas: Rh^+ y Rh^-. Rh^+ es dominante, así que un individuo con los dos alelos (Rh^+/Rh^-) tendrá sangre Rh positiva. La sangre Rh negativa se encuentra en individuos con dos alelos recesivos (Rh^-/ Rh^-).

Alelos codominantes y múltiples **Los alelos de muchos genes humanos muestran una herencia codominante.** Un ejemplo es el grupo sanguíneo ABO, determinado por un gen con tres alelos: I^A, I^B e i. Los alelos I^A e I^B son codominantes. Producen moléculas llamadas antígenos en la superficie de los glóbulos rojos. Como se muestra en la **ilustración 14–5,** los individuos con alelos I^A e I^B producen antígenos A y B, de manera que su sangre es tipo AB. El alelo i es recesivo. Los individuos con alelos I^AI^A o I^Ai sólo producen el antígeno A, de modo que su sangre es tipo A. Los que tienen alelos I^BI^B o I^Bi tienen sangre tipo B. Los homocigotos del alelo i (ii) no producen antígeno y se dice que tienen sangre tipo O. Si un paciente tiene sangre tipo AB negativo, significa que el individuo tiene alelos I^A e I^B para el gen ABO y dos alelos Rh^- del gen Rh.

ILUSTRACIÓN 14–5 Grupos sanguíneos humanos Esta tabla muestra la relación entre el genotipo y el fenotipo del grupo sanguíneo ABO. También muestra cuáles tipos sanguíneos pueden transfundirse con seguridad a personas que tienen otros grupos sanguíneos. Aplica los conceptos ***¿Cómo puede haber cuatro fenotipos distintos aunque haya seis genotipos diferentes?***

Grupos sanguíneos

Fenotipo (tipo de sangre)	Genotipo	Antígeno en el glóbulo rojo	Transfusiones seguras	
			Para	De
A	I^AI^A o I^Ai	A	A, AB	A, O
B	I^BI^B o I^Bi	B	B, AB	B, O
AB	I^AI^B	A y B	AB	A, B, AB, O
O	ii	Ninguno	A, B, AB, O	O

Herencia ligada al sexo **Ya que los cromosomas X e Y determinan el sexo, los genes ubicados en ellos muestran un patrón hereditario llamado ligado al sexo.** Un **gen ligado al sexo** es aquél que se ubica en un cromosoma sexual. Como cabe esperar, los genes del cromosoma Y sólo se encuentran en los varones y se transmiten directamente de padres a hijos. Los genes ubicados en el cromosoma X se presentan en ambos sexos, pero como los varones sólo tienen un cromosoma X, esto conduce a consecuencias muy interesantes.

Por ejemplo, los humanos tenemos tres genes que determinan la visión en colores, todos ellos localizados en el cromosoma X. En los hombres, un alelo defectuoso en alguno de estos genes provoca daltonismo, la incapacidad para distinguir ciertos colores. La forma más común, el daltonismo rojo-verde, se presenta en 1 de cada 12 hombres. Sin embargo, el daltonismo sólo se manifiesta en 1 de cada 200 mujeres. ¿A qué se debe esta diferencia? A fin de que un alelo recesivo, como el de daltonismo, se exprese en una mujer, debe presentarse en las dos copias: uno en cada cromosoma X. Esto significa que el fenotipo recesivo del trastorno genético ligado al sexo tiende a ser mucho más común en hombres que en mujeres.

PISTA DEL MISTERIO

Hace falta que haya dos alelos de células falciformes para producir la enfermedad de células falciformes. Hombres y mujeres desarrollan la enfermedad con la misma frecuencia. ¿Qué indica esto acerca de la ubicación del gen responsable de la enfermedad de células falciformes?

Actividad rápida de laboratorio

INVESTIGACIÓN DIRIGIDA

¿Cómo se transmite el daltonismo?

1. Haz una tabla de datos cuyos encabezados de columnas sean Ensayo, Colores, Sexo del individuo y Cantidad de alelos ligados a X. Luego traza diez filas bajo cada encabezado y escribe números del 1 al 10 en la columna Ensayo. Rotula un vaso de plástico como Madre y otro como Padre.
2. Los frijoles blancos representan los cromosomas X. Usa un marcador negro para poner un punto en 1 frijol blanco, que representara el alelo ligado a X del daltonismo. Deposita el flijol, junto con 1 frijol blanco sin marca, en el vaso marcado Madre.
3. Pon una marca negra en otro frijol blanco. Coloca ese frijol junto con un frijol rojo en el vaso marcado Padre. El frijol rojo representa al cromosoma Y.

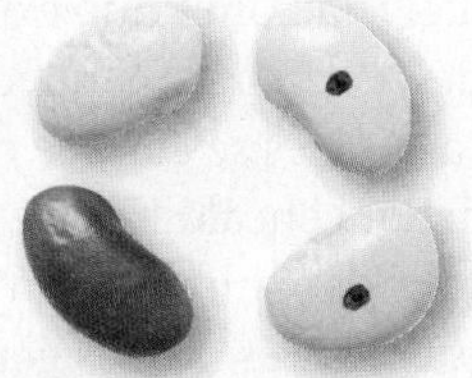

4. Cierra los ojos y toma un frijol de cada vaso para representar cómo cada progenitor contribuye a un cromosoma sexual y un óvulo fecundado.
5. En tu tabla de datos, anota el color de cada frijol y el sexo del individuo que llevará ese par de cromosomas. También anota cuántos alelos ligados a X tiene el individuo. Devuelve los frijoles a los vasos de donde los tomaste.
6. Determina si el individuo tendrá daltonismo.
7. Repite los pasos 4 a 6 hasta obtener un total de 10 pares de frijoles.

Analizar y concluir

1. **Sacar conclusiones** ¿Cómo es que los cromosomas sexuales mantienen más o menos igual la cantidad de hombres y mujeres?
2. **Calcular** Calcula los totales de la clase para cada columna de datos. ¿Cuántas mujeres fueron daltónicas? ¿Cuántos hombres? Explica los resultados. MATEMÁTICAS
3. **Usar modelos** Evalúa tu modelo. ¿Con cuánta precisión representa la transmisión del daltonismo en una población? ¿Por qué?

ILUSTRACIÓN 14–6 Inactivación del cromosoma X Los gatos calicó tienen tres colores. El color de las manchas del pelaje está determinado por un gen del cromosoma X. Las manchas pueden ser anaranjadas o negras, dependiendo del cromosoma X que se inactive en distintos segmentos de su piel.

Inactivación del cromosoma X Si basta con un cromosoma X para las células masculinas, ¿cómo se "ajusta" la célula femenina para acomodar al cromosoma X adicional? La respuesta fue descubierta por la genetista británica Mary Lyon. En la célula femenina, la mayoría de los genes que están en uno de los cromosomas X se inactiva al azar y forma en el núcleo una región densa conocida como cuerpo de Barr. Los cuerpos de Barr no suelen observarse en las células masculinas porque el único cromosoma X que poseen sigue activo.

Este mismo proceso se repite en otros mamíferos. Por ejemplo, los gatos tienen un gen que controla el color de las manchas de su pelaje, el cual se ubica en el cromosoma X. Uno de los cromosomas X puede tener un alelo para manchas anaranjadas y el otro cromosoma X puede tener un alelo para manchas negras. Las células de algunas partes del cuerpo inactivan un cromosoma X. Otras partes del cuerpo inactivan el otro cromosoma X. En consecuencia, el pelaje del gato tiene una mezcla de manchas anaranjadas y negras, como puedes ver en la **ilustración 14–6.** Los gatos machos, que sólo tienen un cromosoma X, obviamente tienen manchas de un solo color. Por tanto, si el pelaje de un gato tiene tres colores (blanco con manchas anaranjadas y negras, por ejemplo), puedes estar casi seguro de que es una hembra.

En tu cuaderno *Escribe y responde tres preguntas para un examen sobre la transmisión de rasgos humanos.*

Árbol genealógico humano

¿Cómo pueden usarse los árboles genealógicos para analizar la herencia humana?

Debido a la complejidad de la genética, ¿cómo podrías determinar si un rasgo fue causado por un alelo dominante o recesivo y si el gen de dicho rasgo es autosómico o ligado al sexo? Como puedes imaginar, la respuesta está en la aplicación de los principios básicos de Mendel sobre la genética.

Para analizar el patrón de herencia que sigue un rasgo en particular, puedes usar una gráfica que muestre las relaciones en una familia, llamada **árbol genealógico.** Un árbol genealógico muestra la presencia o ausencia de un rasgo según las relaciones que existen entre progenitores, hermanos y descendientes. Y puede usarse para cualquier especie. En los animales se conoce como pedigrí.

El árbol genealógico de la **ilustración 14–7** muestra un rasgo humano, un mechón de pelo blanco sobre la frente, que pasa a través de tres generaciones de una familia. El alelo del mechón blanco es dominante. En la parte superior de la gráfica está el abuelo que tuvo el rasgo de mechón blanco. Dos de sus tres hijos heredaron el rasgo. Tres nietos también tienen el rasgo, pero dos no.

DESARROLLAR el vocabulario

ORIGEN DE LAS PALABRAS El término **árbol genealógico,** a veces conocido como *pedigrí,* es una combinación de las palabras latinas *pedem,* que significa "pie" y *gruem,* que significa "grulla". La grulla es un ave acuática de largas patas. En los antiguos manuscritos, la línea de descendencia ancestral se indicaba con un símbolo de tres puntas que semeja la huella de una grulla.

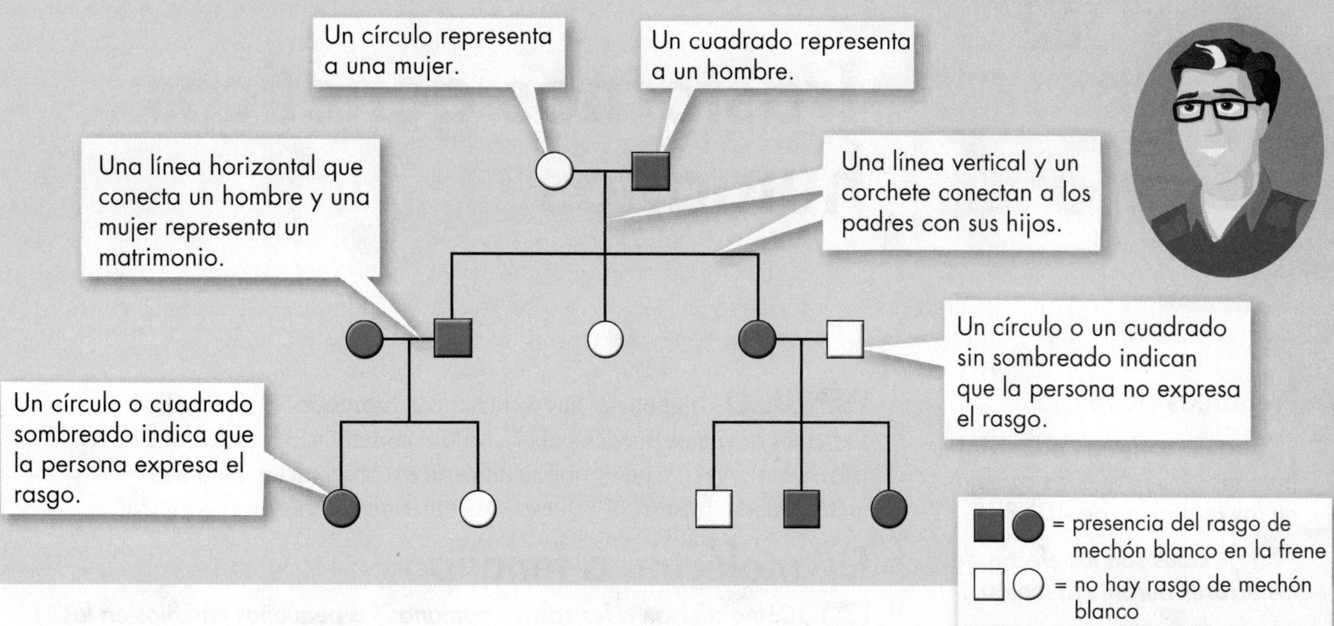

Un círculo representa a una mujer.
Un cuadrado representa a un hombre.
Una línea horizontal que conecta un hombre y una mujer representa un matrimonio.
Una línea vertical y un corchete conectan a los padres con sus hijos.
Un círculo o un cuadrado sin sombreado indican que la persona no expresa el rasgo.
Un círculo o cuadrado sombreado indica que la persona expresa el rasgo.
= presencia del rasgo de mechón blanco en la frene
= no hay rasgo de mechón blanco

ILUSTRACIÓN 14–7 Ejemplo de árbol genealógico Este diagrama muestra lo que representan los símbolos en un árbol genealógico. **Interpretar material visual** ***¿Cuáles son los genotipos de los dos progenitores de la izquierda, en la segunda fila? ¿Cómo lo sabes?***

Al analizar un árbol genealógico, muchas veces podemos inferir el genotipo de los miembros de una familia. Por ejemplo, como el rasgo de mechón blanco en la frente es dominante, todos los miembros de la familia de la **ilustración 14–7** que no tengan ese rasgo deben tener alelos recesivos homocigotos. Uno de los hijos del abuelo no tiene el mechón blanco en la frente, así que el abuelo debe ser heterocigoto para el rasgo.

El análisis del árbol genealógico permite aplicar los principios de la genética mendeliana a las personas. **La información que proporciona el análisis del árbol genealógico permite determinar la naturaleza de los genes y alelos asociados con los rasgos humanos heredados.** Con base en un árbol genealógico, muchas veces puedes determinar si un alelo de un rasgo es dominante o recesivo, autosómico o ligado al sexo.

14.1 Evaluación

Repaso de conceptos clave

1. a. Repasar ¿Qué son los autosomas?

b. Explicar ¿Qué determina que una persona sea hombre o mujer?

c. Proponer una solución ¿Cómo puedes usar los cariotipos para identificar una especie?

2. a. Repasar Explica cómo se heredan los rasgos ligados al sexo.

b. Predecir Si una mujer con sangre tipo O y un hombre con sangre tipo AB tienen hijos, ¿cuáles serán los genotipos posibles de sus hijos?

3. a. Repasar ¿Qué muestra un árbol genealógico?

b. Inferir ¿Por qué es muy poco probable que el cromosoma Y contenga alguno de los genes que son absolutamente imprescindibles para la supervivencia?

RAZONAMIENTO VISUAL

4. Elige una familia y un rasgo que puedas observar a través de tres generaciones; por ejemplo, hoyuelos. Determina cuál miembro de la familia ha tenido el rasgo y cuál no. Luego, haz un árbol genealógico que represente la historia familiar de ese rasgo.

BIOLOGY.com Search Lesson 14.1  • Self-Test • Lesson Assessment

14.2 Trastornos genéticos humanos

Preguntas clave

¿Cómo afectan a los rasgos humanos los pequeños cambios en las moléculas de ADN?

¿Cuáles son los efectos de los errores durante la meiosis?

Vocabulario

no disyunción

Tomar notas

Tabla de dos columnas Antes de leer, has una tabla de dos columnas. En la primera escribe tres preguntas que tengas sobre los trastornos genéticos. A medida que leas, responde tus preguntas en la segunda columna. Cuando hayas terminado, investiga las respuestas de tus preguntas restantes.

PIÉNSALO ¿Alguna vez has escuchado la expresión "es de familia"? Parientes o amigos pueden haber hecho el comentario sobre tu sonrisa o la forma de tus orejas, pero ¿qué significaría esa observación para una enfermedad o trastorno? ¿Qué es, exactamente, un trastorno genético?

De molécula a fenotipo

¿Cómo afectan a los rasgos humanos los pequeños cambios en las moléculas de ADN?

Sabemos que los genes están compuestos de ADN y que interactúan con el ambiente para producir las características individuales de un organismo, lo que conocemos como fenotipo. Sin embargo, cuando un gen no actúa o lo hace indebidamente, puede haber problemas muy graves.

Las técnicas de investigación molecular han demostrado un vínculo directo entre el genotipo y el fenotipo. Por ejemplo, la cerilla que a veces se acumula en el conducto auditivo puede ser de dos tipos: húmeda o seca. Las personas de ascendencia africana y europea suelen producir cerilla húmeda, que es la forma dominante. Los individuos de ascendencia asiática o indígena americana suelen presentar la forma seca, que es recesiva. El responsable es una sola base de ADN en el gen para la proteína transportadora de membrana. Tan sólo una base que cambia de guanina (G) a adenina (A) causa que la proteína produzca cerilla seca en vez de cerilla húmeda.

Muchas veces la relación entre molécula y rasgo, entre genotipo y fenotipo, es así de sencilla y directa. **Los cambios en la secuencia de ADN de un gen pueden cambiar las proteínas alterando sus secuencias de aminoácidos, lo que a su vez afecta directamente el fenotipo de una persona.** En otras palabras, hay una causa molecular para los trastornos genéticos.

Trastornos causados por genes individuales Genes individuales pueden ocasionar miles de trastornos genéticos. Esos cambios suelen afectar proteínas específicas relacionadas con funciones celulares importantes.

▶ ***Enfermedad de células falciformes*** Este trastorno se debe a un alelo defectuoso en la beta globina, uno de los dos polipéptidos de la hemoglobina, que es la proteína transportadora de oxígeno de los glóbulos rojos. El polipéptido defectuoso hace que la hemoglobina se vuelva menos soluble y provoca que las moléculas de hemoglobina se peguen entre sí cuando disminuyen los niveles de oxígeno de la sangre. Las moléculas se apelmazan en largas fibras que hacen que la célula adquiera su característica forma de hoz, a la cual se debe el nombre de la enfermedad.

Las células falciformes son más rígidas que los glóbulos rojos normales y por tanto, tienden a quedar atrapadas en los capilares, que son los vasos sanguíneos más angostos del cuerpo. Si la sangre deja de circular por los capilares, esto puede ocasionar daño en células, tejidos e incluso órganos.

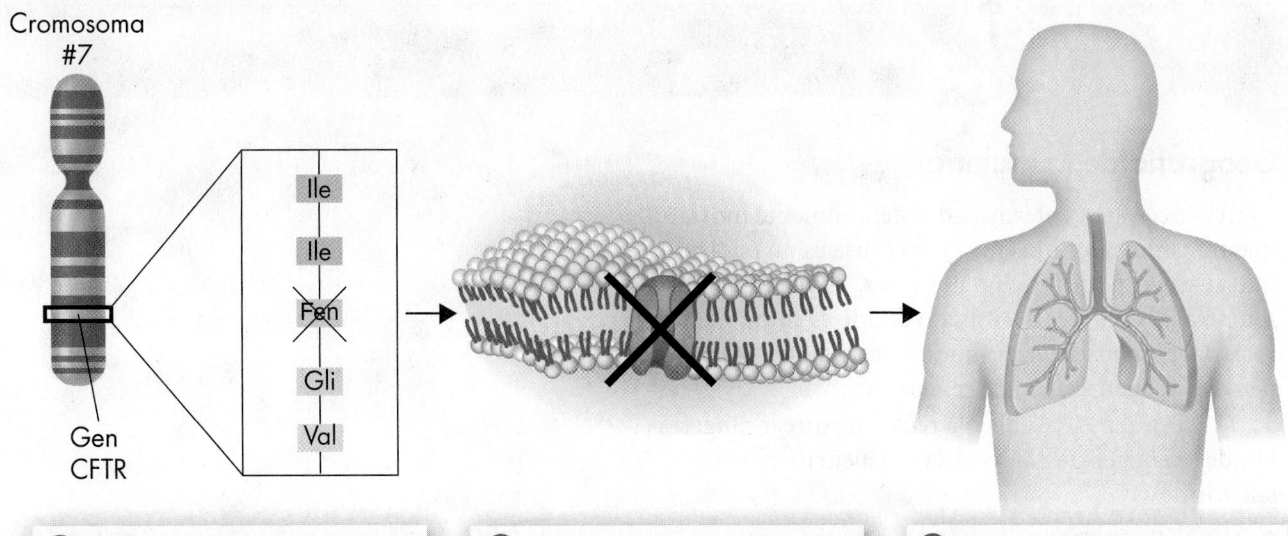

❶ El alelo que causa más comúnmente la fibrosis quística no tiene 3 bases de ADN. Por consiguiente, la proteína CFTR no tiene el aminoácido fenilalanina.

❷ CFTR normal es un canal para iones de cloro en la membrana celular. CFTR anormal no puede transportar iones a través de la membrana celular.

❸ Las células de las vías aéreas no pueden transportar iones de cloro. Esto ocasiona que las vías aéreas se obstruyan con una mucosidad muy espesa.

ILUSTRACIÓN 14–8 Las mutaciones causan fibrosis quística La CF suele deberse a que se borran tres bases del ADN de un mismo gen. En consecuencia, el cuerpo no produce CFTR normal, la proteína que se necesita para transportar iones de cloro. **Inferir** ***¿Por qué la CF no se considera una mutación de corrimiento de estructura?***

▶ ***Fibrosis quística*** Conocida por sus siglas en inglés CF, la fibrosis quística es más común en personas de ascendencia europea. La CF se debe a un cambio genético casi tan insignificante como el alelo de la cerilla. En la mayoría de los casos resulta de la eliminación de sólo tres bases del gen que codifica una proteína llamada regulador de la conductancia de transmembrana de la fibrosis quística (CFTR, por sus siglas en inglés). La CFTR suele permitir que los iones de cloro (Cl^-) atraviesen las membranas celulares. Pero la pérdida de esas bases elimina el aminoácido fenilalanina de la CFTR, ocasionando que la proteína se pliegue incorrectamente y se destruya. Dado que las membranas celulares no pueden transportar los iones de cloro, hay una alteración en el funcionamiento de todo el cuerpo.

Las personas con sólo una copia normal del alelo CF no desarrollan la enfermedad porque pueden producir suficiente CFTR para que sus células funcionen con normalidad. Hacen falta dos copias del alelo defectuoso para provocar el trastorno, de modo que esto significa que el alelo CF es recesivo. Los niños que desarrollan CF tienen graves problemas digestivos y producen una mucosidad espesa y pesada que obstruye sus pulmones y vías aéreas.

▶ ***Enfermedad de Huntington*** La enfermedad de Huntington se debe a un alelo dominante para una proteína en las células cerebrales. El alelo de la enfermedad contiene una larga secuencia de bases donde el codón CAG, que codifica al aminoácido glutamina, se repite una y otra vez, más de 40 veces. A pesar de numerosos estudios, no se ha explicado por completo la causa por la que estas largas secuencias de glutamina provocan la enfermedad. Los síntomas de la enfermedad de Huntington, que incluyen deterioro mental y movimientos incontrolables, no suelen manifestarse sino hasta alcanzar una edad avanzada. Cuanto mayor sea la cantidad de repeticiones del codón, más pronto aparece la enfermedad y más graves son sus síntomas.

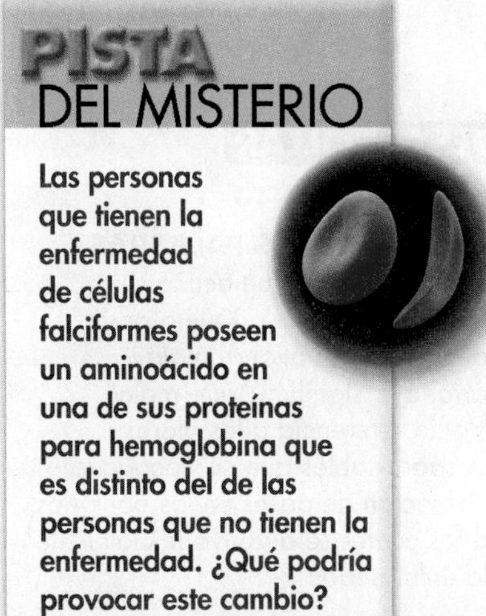

PISTA
DEL MISTERIO
Las personas que tienen la enfermedad de células falciformes poseen un aminoácido en una de sus proteínas para hemoglobina que es distinto del de las personas que no tienen la enfermedad. ¿Qué podría provocar este cambio?

Analizar datos

Geografía de la malaria

La malaria es una enfermedad potencialmente mortal que transmiten los mosquitos. Su causa es un parásito que vive dentro de los glóbulos rojos. El mapa superior muestra las regiones del mundo donde es común la malaria. El mapa inferior muestra las regiones donde las personas tienen el alelo de células flaciformes.

1. Analizar datos ¿Cuál es la relación entre los lugares donde se encuentran la malaria y el alelo de células falciformes?

2. Inferir En 1805, el explorador escocés Mungo Park encabezó una expedición de geógrafos europeos para hallar la fuente del río Níger en África. El viaje inició con un grupo de 45 europeos. Durante la expedición, la mayoría de los hombres murió a causa de la malaria. ¿Por qué crees que sobrevivieron los guías nativos africanos?

3. Proponer una hipótesis Como se ve en el mapa, el alelo de células falciformes no se encuentra en las poblaciones africanas que viven en el sur de África. Propón una explicación para esta discrepancia.

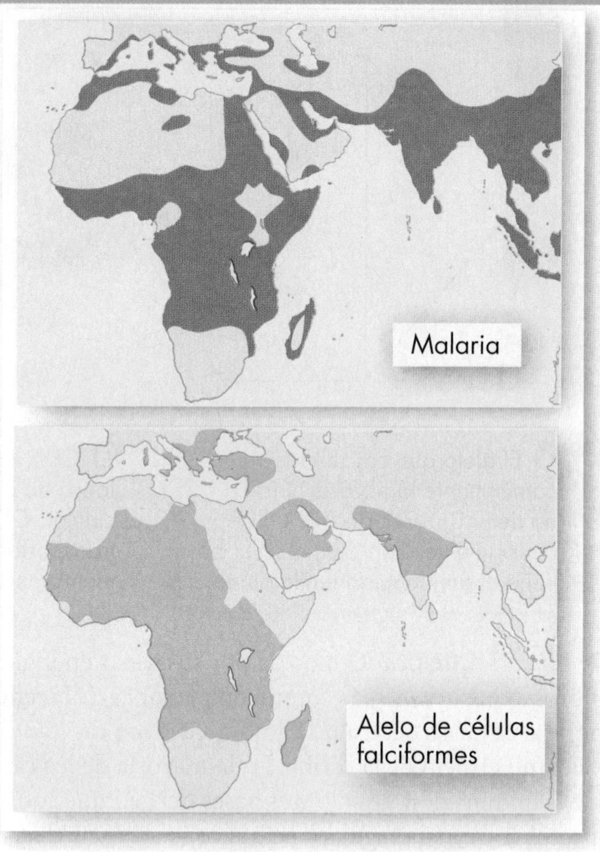

Ventajas genéticas Trastornos como la enfermedad de células falciformes y CF son aún bastante frecuentes en las poblaciones humanas. El alelo de células falciformes en Estados Unidos suele encontrarse en 1 de cada 12 personas de ascendencia africana, mientras que el alelo de CF puede estar presente en 1 de 25 personas con ascendencia europea. ¿Por qué persisten los alelos si pueden ser mortales para los portadores? La respuesta quizá te sorprenda.

La mayoría de los africanos estadounidenses de hoy desciende de poblaciones que vivían originalmente en la región oeste de África Central, donde la malaria es una enfermedad común. La malaria es una infección que transmiten los mosquitos y que provoca un parásito que vive dentro de los glóbulos rojos. Las personas que sólo tienen una copia del alelo para células falciformes suelen ser saludables y también muy resistentes al parásito. Esa resistencia les da una mayor ventaja contra la malaria, que aún en la actualidad cobra más de un millón de vidas cada año.

Hace más de 1000 años, las ciudades de la Europa medieval fueron devastadas por epidemias de fiebre tifoidea. La tifoidea está causada por una bacteria que entra en el organismo a través de las células del aparato digestivo. La proteína que produce el alelo CF ayuda a impedir la entrada de esa bacteria. Los heterocigotos del alelo CF tenían una gran ventaja si vivían en ciudades con malas condiciones sanitarias y agua contaminada, y como también llevaban un alelo normal, esas personas no desarrollaban fibrosis quística.

DESARROLLAR el vocabulario

ORIGEN DE LAS PALABRAS El término *malaria* fue acuñado a mediados del siglo XVIII a partir de una frase italiana, *mala aria*, que significa "aire malo". Hacía referencia a los olores desagradables que provocaba la liberación de gases en los pantanos, a los cuales se atribuyó inicialmente la enfermedad.

Trastornos cromosómicos

¿Cuáles son los efectos de los errores durante la meiosis?

Casi siempre, el proceso de meiosis funciona a la perfección y cada gameto humano recibe exactamente 23 cromosomas. Sin embargo, de vez en cuando algo sale mal. El error más común durante la meiosis ocurre cuando los cromosomas homólogos no se separan. Este error se conoce como **no disyunción,** término que significa "no separación". La **ilustración 14–9** muestra el proceso.

Si ocurre una no disyunción durante la meiosis pueden producirse gametos con una cantidad anormal de cromosomas, lo que conduce a un trastorno por número de cromosomas. Por ejemplo, si dos copias de un cromosoma autosómico no se separan durante la meiosis, el individuo puede nacer con tres copias del mismo cromosoma. Esta alteración se conoce como trisomía, que significa "tres cuerpos". La forma de trisomía más común consiste en tres copias del cromosoma 21 y se conoce como síndrome de Down, el cual suele manifestarse con retraso mental ligero a grave y una alta incidencia de ciertos defectos congénitos o de nacimiento.

La no disyunción de los cromosomas X produce un trastorno llamado síndrome de Turner. Una niña con síndrome de Turner suele heredar sólo un cromosoma X. Las mujeres con síndrome de Turner son estériles, es decir, no pueden reproducirse. Sus órganos sexuales no se desarrollan en forma adecuada durante la pubertad.

En los varones, la no disyunción puede provocar el síndrome de Klinefelter, que se debe a la herencia de un cromosoma X adicional, el cual interfiere con la meiosis y suele impedir que estos individuos se reproduzcan. No se conocen casos de bebés que hayan nacido sin cromosoma X, lo que indica que este cromosoma contiene genes indispensables para la supervivencia y el desarrollo del embrión.

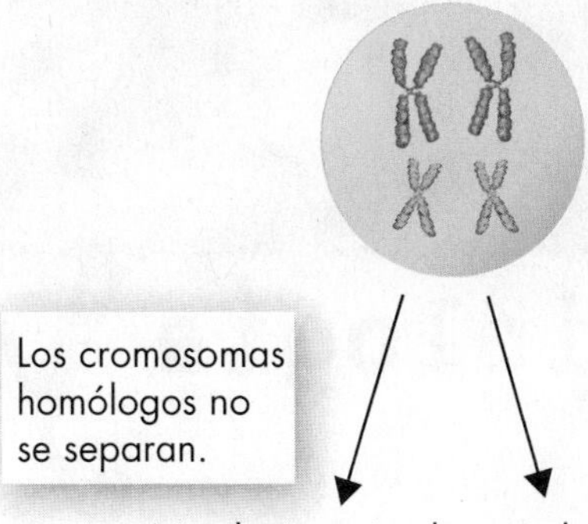

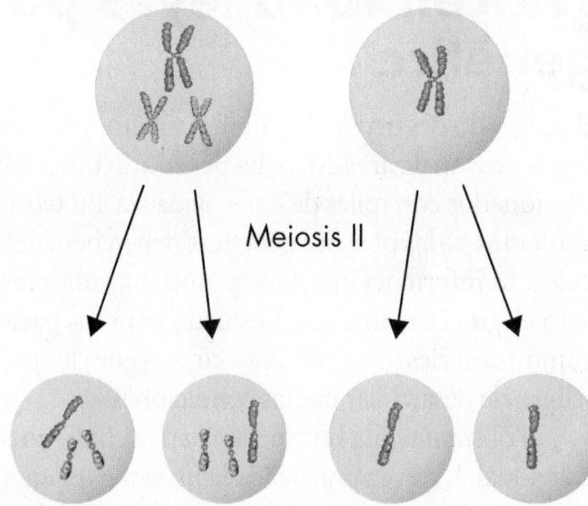

ILUSTRACIÓN 14–9 No disyunción Este defecto de la meiosis ocasiona que los gametos tengan una cantidad anormal de cromosomas. **Aplica los conceptos** ***¿Cuál fase de la meiosis se representa en la primera célula?***

14.2 Evaluación

Repaso de conceptos clave

1. a. Repasar ¿Cómo un pequeño cambio del ADN puede causar un trastorno genético?

b. Inferir ¿Cómo crees que un trastorno como CF apoya la teoría de la evolución?

2. a. Repasar Describe dos trastornos de cromosomas sexuales.

b. Aplica los conceptos ¿Cómo causa la no disyunción un trastorno cromosómico?

ESCRIBIR SOBRE LAS CIENCIAS

Descripción

3. Escribe un párrafo explicando el proceso de no disyunción. (*Pista:* Para organizar tu explicación, crea un diagrama de flujo que muestre las etapas del proceso.)

BIOLOGY.com Search Lesson 14.2  • Self-Test • Lesson Assessment • Art in Motion

La biología y la sociedad

¿Hacen falta leyes para proteger la confidencialidad genética?

El acelerado desarrollo de nuevas herramientas y tecnologías para analizar el ADN ha permitido buscar alelos relacionados con miles de enfermedades. En teoría, los resultados de las pruebas genéticas deben beneficiar a todos. La información genética precisa ayuda a los médicos a elegir el tratamiento adecuado para sus pacientes y minimiza el riesgo de personas cuyos genes les ponen en peligro de desarrollar ciertas condiciones.

No obstante, muchos se plantean la confidencialidad individual. Una vez practicada la prueba, ¿quiénes tienen acceso a la información y cómo pueden usarla? ¿Alguien podría negarse a contratar a una persona porque elevaría sus costos de atención médica? ¿Las compañías de seguros pueden negarse a renovar las pólizas de personas que tienen genes que propician ciertas enfermedades? Éstas no son preguntas hipotéticas. En 2005, los directores de un equipo de baloncesto pidieron a un jugador que se practicara estudios para detectar genes que predisponen a enfermedades cardiacas. Cuando el hombre se negó, negociaron con otro equipo para cambiarlo por otro jugador. El doctor Francis Collins, director del Instituto Nacional para la Investigación del Genoma Humano, ha manifestado la inquietud de que "el público se niegue, por temor, a aprovechar las ventajas de las pruebas genéticas". ¿Tiene razón? ¿Es necesario crear leyes para proteger la información genética o el público debe tener acceso libre a esos datos?

Puntos de vista

La confidencialidad genética no necesita protección legal Hay leyes que protegen a las personas de la discriminación por problemas médicos. Sin embargo, empleadores y compañías de seguros pueden interrogar a los candidatos sobre tabaquismo, alcoholismo o antecedentes de enfermedades. Con esa información, los empleadores pueden tomar decisiones informadas sobre las personas que deben contratar. También permite que las aseguradoras mantengan bajas las tasas de sus clientes más saludables. El acceso libre a la información genética es un derecho del público.

Muchos laboratorios comerciales practican pruebas de ADN humano para detectar enfermedades genéticas.

Las leyes deben proteger la confidencialidad genética

En 2009 entró en vigor la Ley de No Discriminación por Información Genética (GINA, por sus siglas en inglés), la cual brinda importante protección a la privacidad personal. Muchas personas no aprovecharán las ventajas de los adelantos en medicina genética si temen que su información personal pueda usarse para negarles un empleo o un seguro. Necesitamos esas leyes para explotar al máximo los beneficios de la medicina moderna y proteger a individuos sanos de la discriminación genética.

Investiga y decide

1. Analizar los puntos de vista Para tomar una decisión informada, investiga más sobre las pruebas genéticas en una biblioteca o la Internet. Escribe los argumentos principales a favor y en contra. Averigua si tu estado ha propuesto o aprobado leyes para prevenir la discriminación genética.

2. Formar una opinión ¿Debe reglamentarse el acceso y uso de la información genética? ¿Quiénes se beneficiarían de compartir estos datos? ¿Hay alguien que pueda sufrir algún daño? ¿Hay argumentos más válidos que otros? De ser así, ¿cuáles son? Explica tus respuestas.

14.3 Estudio del genoma humano

PIÉNSALO Hace unas pocas décadas, las computadoras eran enormes máquinas que sólo podíamos ver en laboratorios y universidades. Hoy en día, muchos de nosotros vamos diario a la escuela y a trabajar llevando pequeñas y poderosas computadoras. Hace décadas, el genoma humano era completamente desconocido. Hoy podemos ver todo nuestro genoma en la Internet. ¿Cuánto tiempo pasará antes de que el hecho de tener una copia de nuestro propio genoma sea tan común como llevar un teléfono celular en el bolsillo?

Preguntas clave

¿Qué técnicas se usan para estudiar el ADN humano?

¿Cuáles son los objetivos del Proyecto Genoma Humano y qué hemos aprendido hasta ahora?

Vocabulario

enzima restrictiva
electroforesis en gel
bioinformática
genómica

Tomar notas

Vistazo al material visual Antes de leer, da un vistazo a la **ilustración 14–10** y escribe tres preguntas sobre la ilustración. A medida que leas, busca las respuestas a tus preguntas.

Manipulación del ADN

¿Qué técnicas se usan para estudiar el ADN humano?

Desde que se descubrió el código genético, los biólogos han soñado con una época en que pudieran leer las secuencias de ADN del genoma humano. Durante mucho tiempo, aquello pareció imposible: el ADN es una molécula enorme, incluso el cromosoma humano más pequeño contiene cerca de 50 millones de pares de bases. Por supuesto, manipular moléculas así de grandes era demasiado difícil. Pero, a fines de la década de 1960, los científicos descubrieron que podían usar enzimas naturales para analizar el ADN. Gracias a este descubrimiento se desarrollaron muchas herramientas de gran utilidad. **Con el uso de herramientas que cortan, separan y luego replican el ADN base por base, los científicos actuales pueden leer las secuencias de bases del ADN de cualquier célula.** Semejantes técnicas han revolucionado el estudio de la genética de los seres vivos, incluidos los humanos.

Cortar el ADN Los ácidos nucleicos tienen una composición química distinta de otras macromoléculas, como las proteínas y los hidratos de carbono. Esta diferencia permite extraer ADN de células y tejidos con relativa facilidad. Sin embargo, las moléculas de ADN de la mayoría de los organismos son demasiado grandes para analizarlas, así que primero deben cortarse en pedazos pequeños. Muchas bacterias producen enzimas que hacen justo ese trabajo, son las **enzimas restrictivas.** Esas sustancias de gran especificidad cortan incluso la molécula de ADN más grande en pedazos muy precisos llamados fragmentos restrictivos, los cuales tienen una longitud de varios centenares de bases. Cada una de los cientos de enzimas restrictivas conocidas corta el ADN en una secuencia de nucleótidos distinta.

En tu cuaderno *Haz un diagrama de flujo que muestre los procesos que usan los científicos para analizar el ADN.*

Cortar el ADN
Una enzima restrictiva es como una llave que encaja sólo en una cerradura. La enzima restrictiva *Eco*RI sólo puede reconocer la secuencia de bases GAATTC. Corta cada filamento de ADN entre las bases G y A, dejando segmentos colgantes de un filamento con la secuencia AATT. Esos segmentos colgantes se conocen como "extremos pegajosos" porque pueden unirse o "pegarse" a un fragmento de ADN que tenga la secuencia de bases complementaria.

Separar el ADN
La electroforesis en gel se usa para separar fragmentos de ADN. Luego de que la enzima restrictiva los corta, los fragmentos se depositan en pequeños pozos de una placa de gel parecida a una rebanada de gelatina. Una descarga eléctrica las hace desplazarse por el gel. Los fragmentos cortos se mueven más rápido que los fragmentos largos. Al cabo de una o dos horas, todos los fragmentos se separan y cada cual aparece en el gel como una banda.

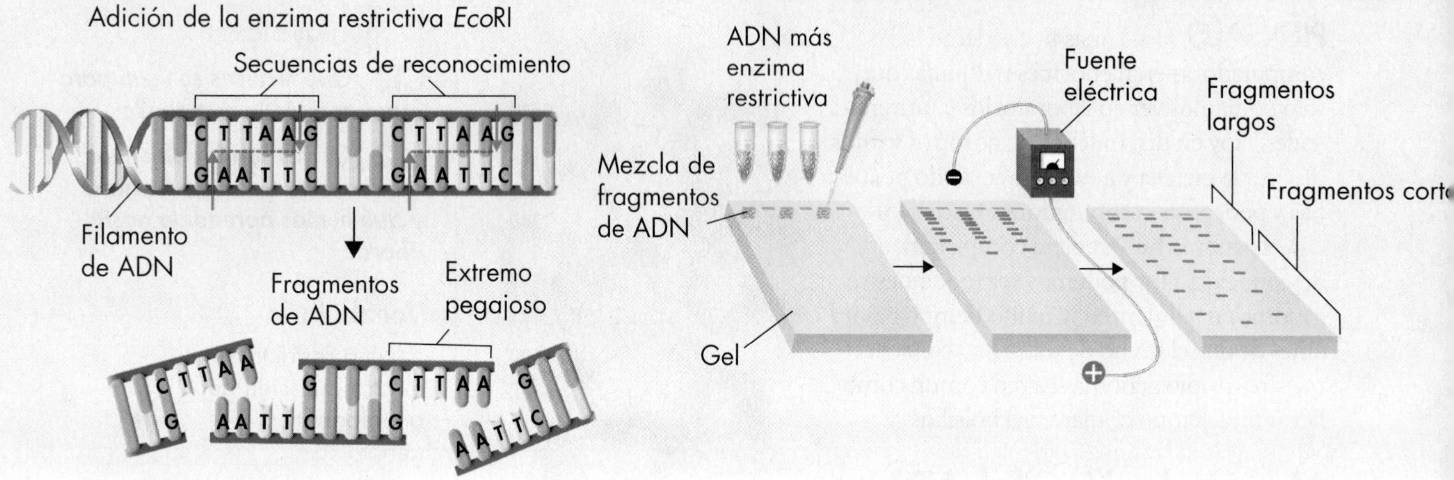

RESUMEN VISUAL

CÓMO MANIPULAN DATOS LOS CIENTÍFICOS

ILUSTRACIÓN 14–10 Mediante herramientas que cortan, separan y replican el ADN, los científicos pueden leer la secuencia de bases del ADN de cualquier célula. Conocer la secuencia del ADN de un organismo nos permite estudiar genes específicos.

Separar el ADN Una vez que las enzimas restrictivas cortaron el ADN, los científicos usan la técnica de **electroforesis en gel** para separar y analizar los fragmentos de distintos tamaños. La **ilustración 14–10** muestra este método sencillo y eficaz. La mezcla de fragmentos de ADN se deposita en un extremo de un gel poroso. Al aplicar una corriente eléctrica al gel, las moléculas de ADN, que tienen carga negativa, se desplazan hacia el extremo positivo del gel. Cuanto más pequeño sea el fragmento, más rápido y lejos se moverá. El resultado es un patrón de bandas que depende del tamaño del fragmento. A continuación se aplican tinciones específicas que se ligan al ADN para hacer visibles las bandas. Después, los investigadores pueden retirar del gel fragmentos restrictivos individuales para estudiarlos mejor.

Lectura del ADN Luego de separar los fragmentos de ADN, los investigadores usan un ingenioso "truco" químico para leerlos o darles una secuencia. Los fragmentos de ADN, de un solo filamento, se colocan en un tubo de ensayo que contiene ADN polimerasa, la enzima que copia el ADN, junto con las cuatro bases de nucleótidos: A, T, G y C. Conforme la enzima actúa, usa el filamento desconocido como si fuera una plantilla para crear un nuevo filamento de ADN. Lo más difícil es que los investigadores también tienen que añadir una pequeña cantidad de bases que han sido marcadas con la tinción química. Cada vez que una base teñida se agrega a un nuevo filamento de ADN, la síntesis del filamento se interrumpe. Cuando concluye la síntesis de ADN, el resultado es una serie de fragmentos de ADN coloreados y de distintas longitudes. Es entonces que los investigadores pueden separar los fragmentos, casi siempre mediante electroforesis. El orden de las bandas coloreadas en el gel revela la secuencia exacta de las bases del ADN. Todo el proceso puede automatizarse y controlarse por computadora, de modo que las máquinas para secuencias de ADN pueden leer miles de bases en cuestión de segundos.

Lectura del ADN
Una pequeña parte de los nucleótidos teñidos se usa para producir un filamento complementario de ADN. Cada vez que un nucleótido marcado se añade al filamento, se interrumpe la replicación del ADN. Debido a que cada base ha sido coloreada con un color distinto, el resultado es una colección de fragmentos de ADN coloreados de distintas longitudes. Cuando se usa la electroforesis en gel para separar los fragmentos, los científicos pueden "leer" la secuencia de ADN directamente del gel.

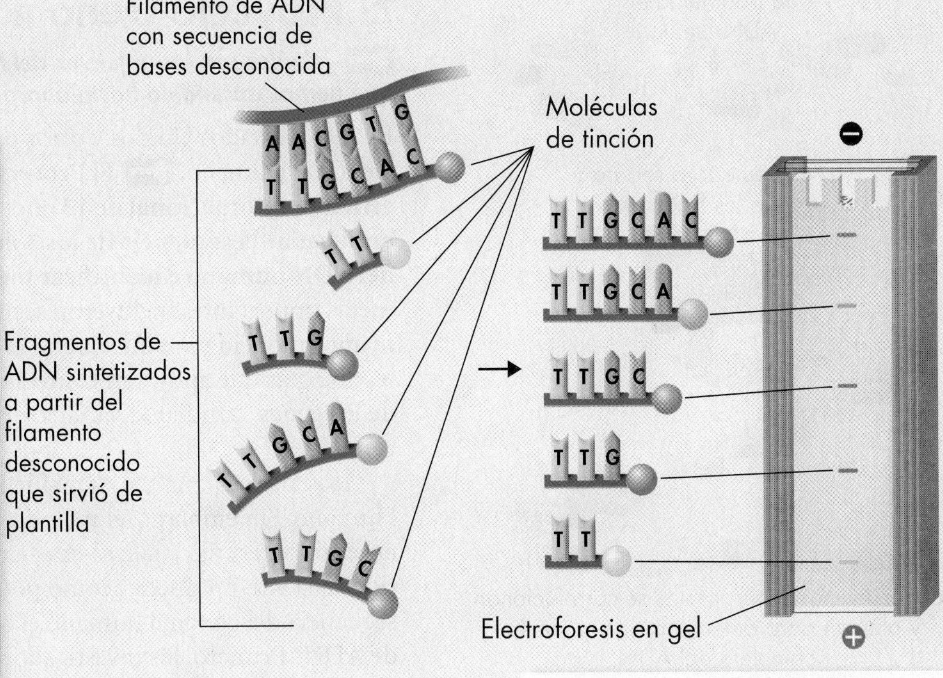

Secuencia de bases "leídas" según el orden de distribución de las bandas del gel, desde abajo: **T G C A C**

Actividad rápida de laboratorio

INVESTIGACIÓN DIRIGIDA

Hacer un modelo de las enzimas restrictivas

1. Escribe una secuencia de ADN de dos filamentos y 50 bases usando las bases A, C, G y T en el orden que quieras. Cuando escribas tu secuencia incluye, por lo menos una vez, cada secuencia que se muestra a continuación.
2. Haz tres copias de tu secuencia de dos filamentos en tres tiras de papel de distinto color.
3. Usa estos dibujos para ver cómo la enzima restrictiva *Eco*RI cortaría tu secuencia de ADN. Usa tijeras para cortar una copia de tu secuencia como lo haría *Eco*RI.

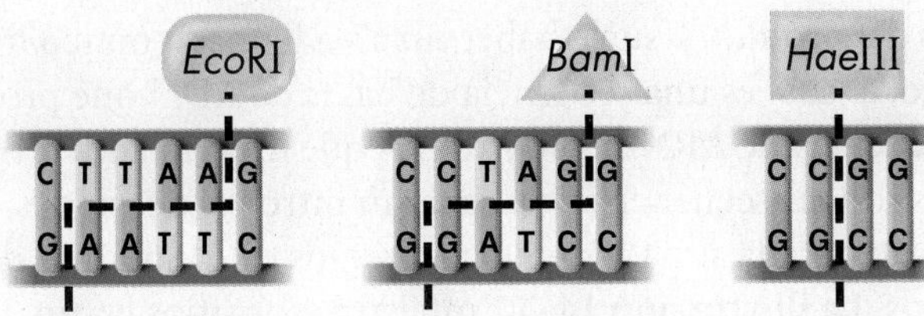

4. Usa el procedimiento del paso 3 para cortar otra copia de tu secuencia como lo haría la enzima restrictiva *Bam*I. Luego, corta la tercera copia como lo haría la enzima restrictiva *Hae*III.
5. Pega el extremo de un filamento de uno de tus fragmentos de ADN con el extremo complementario de un filamento de alguno de tus compañeros de clase. De esta manera formarán una molécula de ADN de dos filamentos.

Analizar y concluir

1. **Observar** ¿Cuál enzima restrictiva fue la que produjo más pedazos? ¿Cuál produjo menos pedazos?
2. **Evaluar** ¿Con cuánta precisión crees que tu modelo representa el proceso real de usar enzimas restrictivas para cortar ADN? (*Pista:* Contrasta la longitud de la secuencia de tu modelo de ADN con la longitud real de una molécula de ADN.)

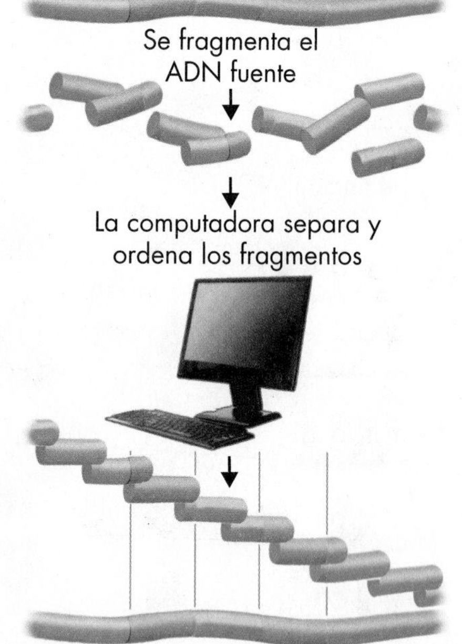
Se fragmenta el ADN fuente
La computadora separa y ordena los fragmentos
Las secuencias superpuestas se correlacionan y alinean para determinar la secuencia completa del ADN.

ILUSTRACIÓN 14–11 Secuencia de escopeta Este método separa rápidamente los fragmentos de ADN superponiendo secuencias de bases.

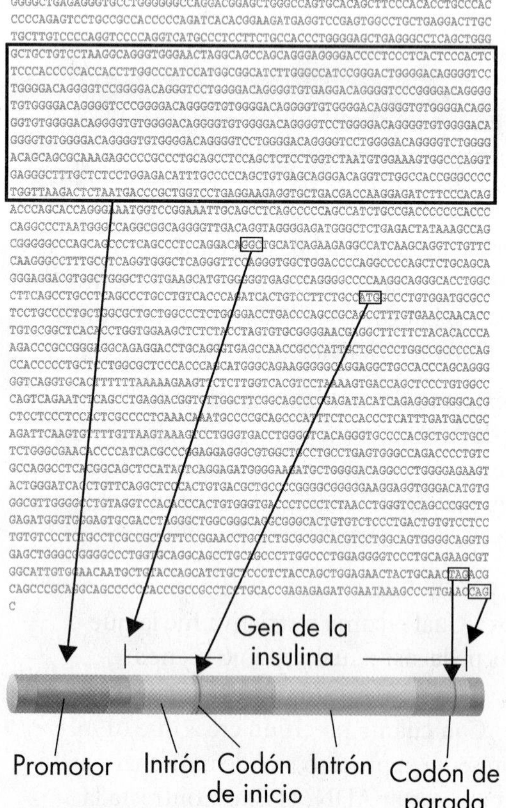
Gen de la insulina
Promotor
Intrón
Codón de inicio
Intrón
Codón de parada

ILUSTRACIÓN 14–12 Localización de un gen Un gen común, como el de la insulina, tiene varias secuencias de ADN que sirven como localizadores. Esas secuencias incluyen el promotor, secuencias entre intrones y exones, y codones de inicio y parada.

El Proyecto Genoma Humano

¿Cuáles son los objetivos del Proyecto Genoma Humano y qué hemos aprendido hasta ahora?

En 1990, Estados Unidos y otros países lanzaron el Proyecto Genoma Humano. **El Proyecto Genoma Humano fue un esfuerzo internacional de 13 años, cuyos principales objetivos eran hallar la secuencia de los 3 mil millones de pares de bases del ADN humano e identificar todos los genes humanos.** Otras metas importantes incluyeron secuenciar los genomas de organismos modelo para interpretar el ADN humano, desarrollar tecnologías que apoyaran la investigación, explorar las funciones de los genes, estudiar la variación humana y capacitar a futuros científicos.

La secuenciación del ADN fue la esencia del Proyecto Genoma Humano. Sin embargo, el método de secuenciación que viste antes sólo permite analizar unos cuantos centenares de nucleótidos a la vez. Entonces, ¿cómo podría hacerse rápidamente la secuencia del genoma humano si contiene una tremenda cantidad de ADN? Primero, los investigadores debían fragmentar todo el genoma en pedazos de tamaño manejable. Al determinar la secuencia de bases en regiones muy separadas de un filamento de ADN, podían usar las regiones como marcadores, como si fueran los marcadores de millas de un camino de miles de millas de longitud. Los marcadores permiten que los investigadores localicen y regresen a ubicaciones específicas del ADN.

Secuenciación e identificación de genes Una vez que los investigadores han marcado los filamentos de ADN, pueden usar la "secuencia de escopeta". Este rápido método consiste en cortar el ADN en fragmentos aleatorios para luego determinar la secuencia de bases de cada uno. Los programas de computadora toman los datos de secuenciación, encuentran áreas que superponen entre los fragmentos y luego juntan los fragmentos conectando las áreas superpuestas. Luego, las computadoras alinean esos fragmentos con respecto de los marcadores conocidos de cada cromosoma, como muestra la **ilustración 14–11.** Todo el proceso se parece a armar un rompecabezas, pero en vez de encontrar las formas correspondientes, las computadoras encuentran las secuencias de bases de ADN.

Leer la secuencia de ADN de un genoma no es lo mismo que entenderla. Gran parte de las investigaciones actuales exploran la enorme cantidad de datos del Proyecto Genoma Humano para buscar genes y las secuencias de ADN que los controlan. Cuando encuentran secuencias llamadas promotoras, sitios de unión del ARN polimerasa, los científicos pueden identificar muchos genes. Poco después del promotor suele haber un área llamada marco de lectura abierto, el cual es una secuencia de bases de ADN que producen una secuencia de ARNm. Otros sitios que ayudan a identificar los genes son las secuencias que separan intrones de exones, y los codones de parada situados en los extremos de los marcos de lectura abiertos. La **ilustración 14–12** muestra esos sitios en un gen común.

Comparar secuencias Si tuvieras que comparar los genomas de dos individuos no emparentados, encontrarías que la mayor parte, aunque no la totalidad, de sus ADN se corresponden base a base. En promedio, una de cada 1200 bases no se corresponden en dos individuos. Los biólogos han denominado estas diferencias de bases como SNPs (se pronuncia "snips"), siglas en inglés de polimorfismo de nucleótido único. Los investigadores han descubierto que ciertos grupos de SNPs estrechamente vinculados pueden presentarse una y otra vez. Esas colecciones de SNPs vinculados se denominan haplotipos, abreviación de genotipos haploides. Para localizar e identificar tantos haplotipos como sea posible en la población humana, se inició el Proyecto Internacional HapMap en 2002. El objeto de este proyecto es proporcionar a los científicos un método rápido para identificar haplotipos relacionados con diversas enfermedades y alteraciones, y preparar el camino para una atención médica más eficaz que permita salvar vidas en el futuro.

Compartir datos El Proyecto Genoma Humano concluyó en 2003. Ahora puedes consultar libremente en la Internet copias de las secuencias de ADN del genoma humano y de muchos otros organismos. El acceso computarizado permite que los investigadores y estudiantes revisen las bases de datos del ADN humano y estudien su secuencia. Cada día esas bases de datos se actualizan con nuevos datos del genoma humano y del genoma de otros organismos.

Una de las áreas de investigación clave del Proyecto Genoma Humano fue el campo de estudio denominado **bioinformática.** La raíz, *informática*, se refiere a la creación, desarrollo y operación de bases de datos y otras herramientas de cómputo para reunir, organizar e interpretar datos. El prefijo *bio-* se refiere a las ciencias de la vida, sobre todo a la biología molecular. Habría sido imposible combinar los diferentes datos del genoma humano sin los sofisticados programas de cómputo que reconocen las secuencias superpuestas y las ubican en el lugar indicado, o sin las inmensas bases de datos donde se almacena y consulta la información. Sin las herramientas de la bioinformática que muestra la **ilustración 14–13,** la enorme riqueza de información obtenida con el Proyecto Genoma Humano de poco habría servido. La bioinformática también ha dado origen a un campo de estudio más especializado llamado **genómica,** el estudio de genomas completos, incluidos los genes y sus funciones.

PISTA DEL MISTERIO

Los científicos pueden detectar el alelo de células falciformes con una prueba para SNPs en los genes de los polipéptidos que componen la hemoglobina. ¿Qué sugiere esto acerca de la mutación de células falciformes?

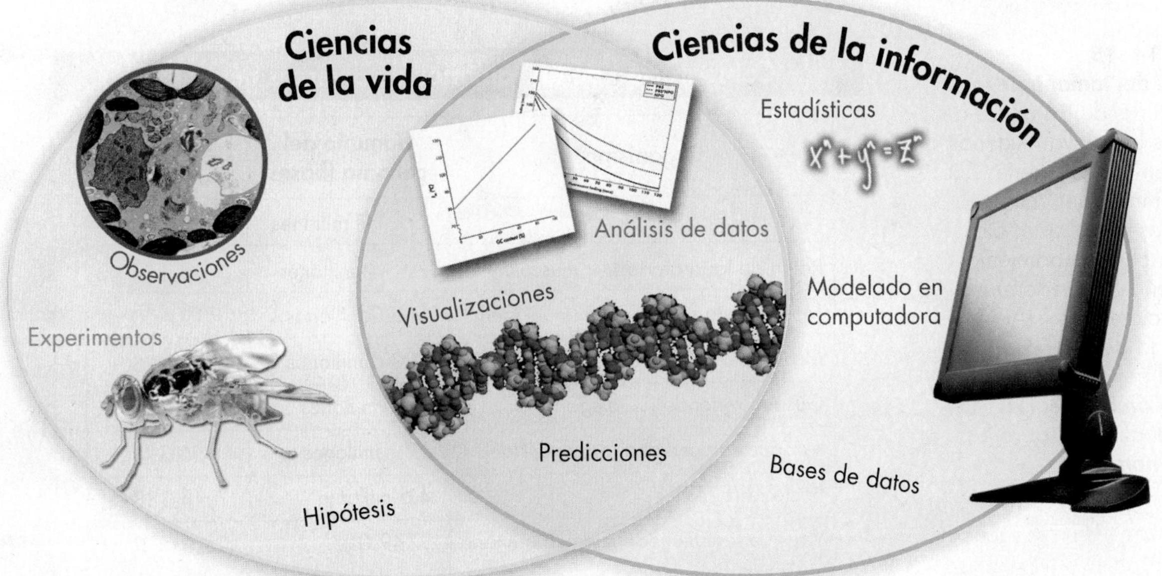

ILUSTRACIÓN 14–13 Bioinformática La bioinformática es un nuevo campo que combina la biología molecular con las ciencias de la información. Es indispensable para estudiar y entender el genoma humano.

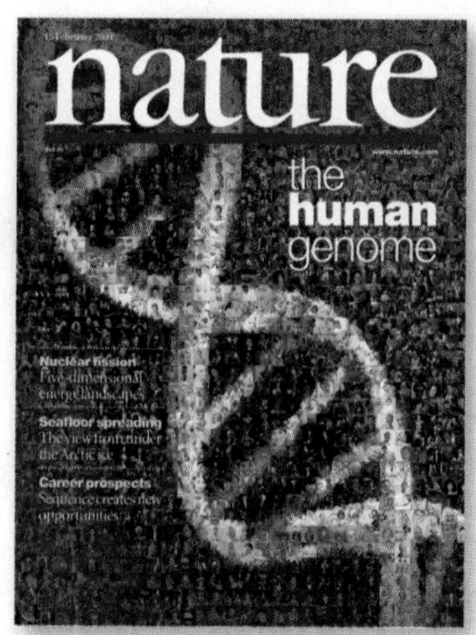

ILUSTRACIÓN 14–14
Anuncios Los primeros detalles del genoma humano aparecieron en febrero de 2001 en dos conocidas publicaciones científicas: *Nature* (aquí mostrada) y *Science.*

Lo que hemos aprendido En junio de 2000, los científicos anunciaron que habían terminado una copia operativa del genoma humano. Los primeros detalles aparecieron en las ediciones de febrero 2001 de las revistas *Nature* y *Science.* La secuencia completa de referencia quedó terminada en abril de 2003, señalando así el fin del Proyecto Genoma Humano, dos años antes de lo esperado. Por coincidencia, ese año también se celebró el quincuagésimo aniversario de la publicación de Watson y Crick sobre la estructura del ADN, la cual dio inicio a la era de la biología molecular.

Además de encontrar que el genoma humano en su forma haploide contiene tres mil millones de bases de nucleótidos, el Proyecto Genoma Humano reveló abundante información interesante y a veces, sorprendente. Por ejemplo, sólo 2 por ciento de nuestro genoma codifica las instrucciones para la síntesis de proteínas y muchos cromosomas contienen grandes áreas donde hay unos cuantos genes. También que casi la mitad de nuestro genoma está formado por secuencias de ADN de virus y otros elementos genéticos contenidos dentro de los cromosomas humanos. Durante el proyecto, los investigadores terminaron los genomas de otros organismos, incluidos algunos seres unicelulares. Descubrieron que más de 40 por ciento de las proteínas codificadas por nuestro genoma tienen gran semejanza con las proteínas de muchos de esos organismos, incluida la mosca de la fruta, los gusanos e incluso las levaduras. La **ilustración 14–15** compara el genoma humano con éstos y otros organismos modelos.

Desde cualquier punto de vista, el Proyecto Genoma Humano ha sido un grandioso logro científico. **El Proyecto Genoma Humano identificó los genes y asoció secuencias particulares de esos genes con numerosas enfermedades y trastornos. También identificó alrededor de tres millones de lugares donde se presentan diferencias de una sola base en el ADN humano.** Esta información podría ayudarnos a encontrar las secuencias de ADN relacionadas con diabetes, cáncer y otros problemas de salud. El Proyecto Genoma Humano también llevó importantes tecnologías al sector privado, incluidas las áreas de agricultura y medicina. De esta manera, el proyecto catalizó a la industria de biotecnología de Estados Unidos y promovió el desarrollo de nuevas aplicaciones médicas.

ILUSTRACIÓN 14–15
Comparaciones del tamaño de los genomas Las cifras de los genes de esta tabla no es definitiva. Algunos cálculos incluyen sólo los genes que codifican proteínas, mientras que otros incluyen los genes que sólo codifican ARN. El descubrimiento del ARN pequeño de interferencia o ARN de silenciamiento (siARN) ha complicado la definición de lo que es un gen. **Proponer una solución** ***¿Cómo buscarías información actualizada sobre los tamaños del genoma?***

Comparación de los tamaños de diversos genomas

Organismo	Tamaño del genoma (bases)	Estimado de genes
Humano (*Homo sapiens*)	3.2 mil millones	25,000
Ratón de laboratorio (*M. musculus*)	2.5 mil millones	24,174
Mosca de la fruta (*D. melanogaster*)	165.0 millones	13,600
Mostaza (*A. thaliana*)	120.0 millones	25,498
Gusano redondo (*C. elegans*)	97.0 millones	19,000
Levadura de cerveza (*S. cerevisiae*)	12.1 millones	6,294
Bacteria (*E. coli*)	4.6 millones	4,288
Virus de la inmunodeficiencia humana (VIH)	9749.0	9

Nuevas interrogantes En su desarrollo, el Proyecto Genoma Humano trató de identificar y responder aspectos éticos, legales y sociales sobre la disponibilidad de datos del genoma humano y sus poderosas tecnologías. Los aspectos tratados, incluidos privacidad, justicia en el uso y acceso a la información genómica, problemas médicos y comercialización, son complejos. Por ejemplo, ¿quién tiene la propiedad y el control de la información genética? ¿La privacidad genética es distinta de la privacidad médica? ¿Quién debe tener acceso a la información genética personal y cómo se usará? Ahora esas preguntas son meras hipótesis, pero no por mucho tiempo. En mayo de 2008, el presidente George Bush firmó la Ley de No Discriminación para la Información Genética, que prohíbe que las compañías de seguros y los empleadores discriminen con base en la información obtenida de las pruebas genéticas. Es posible que muy pronto aparezcan otras leyes de protección.

¿Qué sigue? Se han iniciado ya muchos otros proyectos de secuenciación que se apoyan en poderosas tecnologías de reciente creación. Puedes esperar una base de datos de información cada vez más amplia que contenga los genomas de microbios, animales y plantas. Cada una de ellas ofrecerá sus propios misterios para explorar, por no mencionar el hecho de que todavía no entendemos completamente las funciones de casi 50 por ciento de los genes humanos descubiertos hasta el momento.

El Proyecto Genomas 1000, iniciado en 2008, estudiará los genomas de 1000 personas para producir un catálogo detallado de la variación humana. Los datos obtenidos en este proyecto se usarán en futuros estudios sobre el desarrollo y las enfermedades, y la información quizá revele la pista clave para la investigación exitosa de nuevos medicamentos y terapias que salven vidas humanas y preserven la salud.

Tal vez el reto más importante es entender cómo es que todas las "partes" de la célula (genes, proteínas y muchas otras moléculas) trabajan en conjunto para producir organismos vivos muy complejos. Futuros esfuerzos podrían ahondar nuestra comprensión de los procesos moleculares que subyacen a la vida y puedan influir en la forma como percibimos nuestro sitio en el ecosistema global.

14.3 Evaluación

Repaso de conceptos clave

1. a. **Repasar** ¿Qué hacen los biólogos moleculares para identificar genes en las secuencias de ADN?

   b. **Usar analogías** ¿En qué se parece la secuencia de escopeta a resolver un rompecabezas?

2. a. **Repasar** ¿Qué es el Proyecto Genoma Humano?

   b. **Formar una opinión** Juzga el impacto potencial del Proyecto Genoma Humano en el pensamiento científico y la sociedad. ¿Cómo beneficiaría el proyecto a la humanidad? ¿Qué problemas potenciales podría provocar?

ESCRIBIR SOBRE LAS CIENCIAS

3. Algún día, los científicos podrán usar la genómica y la biología molecular para modificar los rasgos que herede un bebé. ¿Bajo qué circunstancias, si las hay, debería usarse esta capacidad? Escribe un párrafo persuasivo en el que expreses tu opinión. (*Pista:* Usa ejemplos de rasgos específicos para respaldar tus ideas.)

BIOLOGY.com Search Lesson 14.3  • Self-Test • Lesson Assessment

Laboratorio forense

INVESTIGACIÓN DIRIGIDA

Preparación para el laboratorio: Usar el ADN para identificar restos humanos

Problema ¿Qué utilidad tienen los árboles genealógicos para que los científicos identifiquen restos humanos?

Manual de laboratorio Laboratorio del Capítulo 14

Enfoque en las destrezas Analizar datos, sacar conclusiones

Conectar con la gran idea El núcleo no es el único lugar de la célula donde podemos encontrar ADN, también está en las mitocondrias. El ADN mitocondrial o ADNmt se encuentra en pequeños rizos, en vez de en largos filamentos. A diferencia del ADN nuclear, el ADNmt sólo se hereda de la madre. Por ello, excepto cuando hay mutaciones, la secuencia de nucleótidos del ADNmt permanece constante durante muchas generaciones.

Menos de uno por ciento del ADN celular es ADNmt, pero ese porcentaje contiene muchas copias de pequeñas moléculas de ADNmt. Cuando los científicos forenses no pueden obtener una muestra adecuada de ADN nuclear, buscan el ADNmt. Se puede obtener aun de un cuerpo en descomposición o quemado. En esta actividad explorarás cómo se usó el ADNmt para confirmar la identidad de unos huesos que, según los científicos, son de los miembros de la familia Romanov.

Preguntas preliminares

a. **Repasar** ¿Qué es un árbol genealógico?

b. **Explicar** ¿Qué representa un círculo en el árbol genealógico? ¿Y un cuadrado?

c. **Inferir** ¿Cómo sabes que el ADNmt no se separa y se vuelve a combinar durante la meiosis?

Preguntas previas al laboratorio

Examina el procedimiento en el manual de laboratorio.

1. **Inferir** El zar y la zarina tuvieron cinco hijos. ¿Es posible que los siete miembros de la familia tuvieran el mismo ADNmt? Explica tu respuesta.

2. **Predecir** ¿Cuál pariente vivo habría sido más útil para confirmar que los huesos eran de los hijos del zar: un pariente del zar o un pariente de la zarina? ¿Por qué?

Los Romanov gobernaron Rusia durante 300 años hasta que la Revolución Bolchevique de 1918 condujo a la ejecución del zar Nicolás II y su familia.

3. **Inferir** Si dos personas tienen el mismo ADNmt, ¿qué puedes inferir sobre su relación biológica?

BIOLOGY.com Search Chapter 14 GO

Visita el Capítulo 14 en línea para hacer una autoevaluación del capítulo y para buscar actividades que apoyan tu aprendizaje.

Untamed Science Video El equipo de *Untamed Science* identifica los cromosomas que llevan los genes del daltonismo.

Art in Motion Puedes ver una breve animación que explica la no disyunción.

Art Review Repasa tu comprensión de los cariotipos con esta actividad de arrastrar y soltar.

InterActive Art En esta animación aprenderás todo sobre los árboles genealógicos y cómo hacerlos.

Data Analysis Analiza la relación entre el tipo sanguíneo O y una mayor susceptibilidad al cólera.

Tutor Tube ¿Por qué hay veces en que los rasgos "saltan una generación"? Sintoniza este canal para averiguarlo.

14 Guía de estudio

La gran idea Información y herencia

Los humanos tenemos 23 pares de cromosomas, incluido un par de cromosomas sexuales, los cuales siguen los mismos patrones de herencia mendeliana que se observan en otros organismos. Los científicos estudian la herencia humana usando cariotipos, árboles genealógicos y cuadros de Punnett, pero también recurren a las herramientas de la biología molecular y la bioinformática para estudiar el ADN y la expresión genética. El Proyecto Genoma Humano ha revolucionado el estudio de la herencia humana.

14.1 Cromosomas humanos

Un cariotipo muestra la totalidad del conjunto diploide de cromosomas agrupados en pares y ordenados por tamaño decreciente.

Los genes humanos siguen los mismos patrones mendelianos de la herencia que los genes de otros organismos. Muchos rasgos humanos siguen un patrón de dominancia simple. Los alelos de muchos genes humanos muestran una herencia codominante. Ya que los cromosomas X e Y determinan el sexo, los genes situados en ellos muestran un patrón hereditario llamado ligado al sexo.

La información que proporciona el análisis del árbol genealógico permite determinar la naturaleza de los genes y alelos asociados con los rasgos humanos heredados.

genoma (392)
cariotipo (392)
cromosoma sexual (393)
autosoma (393)
gen ligado al sexo (395)
árbol genealógico (396)

14.2 Trastornos genéticos humanos

Los cambios en la secuencia de ADN pueden cambiar las proteínas alterando sus secuencias de aminoácidos, lo que a su vez afecta directamente el fenotipo de una persona.

Si ocurre una no disyunción durante la meiosis pueden producirse gametos con una cantidad anormal de cromosomas, lo que conduce a un trastorno por número de cromosomas.

no disyunción (401)

14.3 Estudio del genoma humano

Con el uso de herramientas que cortan, separan y luego replican el ADN base por base, los científicos actuales pueden leer las secuencias de bases del ADN de cualquier célula.

El Proyecto Genoma Humano fue un esfuerzo internacional de 13 años, cuyos principales objetivos eran hallar las secuencias de los 3 mil millones de pares de bases del ADN humano e identificar todos los genes humanos.

El Proyecto Genoma Humano identificó los genes y asoció secuencias particulares de esos genes con numerosas enfermedades y trastornos. También identificó alrededor de tres millones de lugares donde se presentan diferencias de una sola base en el ADN humano.

enzima restrictiva (403)
electroforesis en gel (404)
bioinformática (407)
genómica (407)

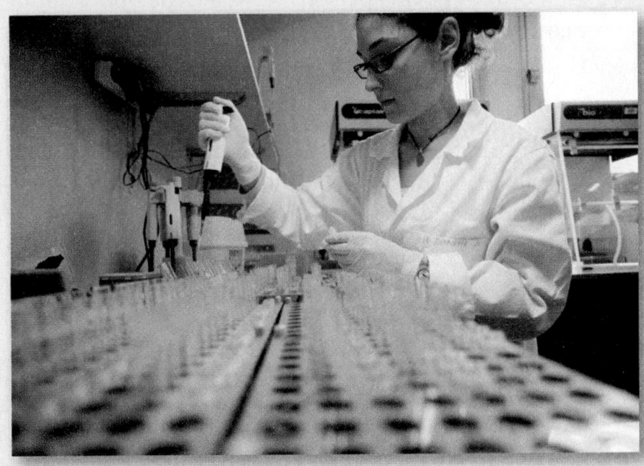

Razonamiento visual

Crea un mapa de conceptos con los siguientes términos: no disyunción, autosomas, cromosomas sexuales, síndrome de Down, síndrome de Turner y síndrome de Klinefelter.

14 Evaluación

14.1 Cromosomas humanos

Comprender conceptos clave

1. Un cigoto diploide humano normal contiene

a. 23 cromosomas. **c.** 44 cromosomas.
b. 46 cromosomas. **d.** cromosomas XXY.

2. Una tabla que sigue la herencia de un rasgo en una familia se llama

a. árbol genealógico. **c.** genoma.
b. cariotipo. **d.** autosoma.

3. Un ejemplo de un rasgo que determinan múltiples alelos es

a. fibrosis quística. **c.** síndrome de Down.
b. grupos sanguíneos ABO. **d.** daltonismo.

4. ¿Cuál es la diferencia entre autosomas y cromosomas sexuales?

5. ¿Es posible que una persona con alelos de tipo sanguíneo I^A e I^B tenga sangre tipo A? Explica tu respuesta. (Consulta la **ilustración 14–5**.)

Razonamiento crítico

6. Predecir ¿Cuáles son los genotipos posibles de los progenitores de un varón que presenta daltonismo?

7. Diseña un experimento El sexo de las moscas de la fruta está determinado por los cromosomas X e Y, igual que en las personas. Los investigadores sospechan que cierta enfermedad está causada por un alelo recesivo en un gen situado en el cromosoma X de las moscas de la fruta. Diseña un experimento para poner a prueba esta hipótesis.

14.2 Trastornos genéticos humanos

Comprender conceptos clave

8. La mutación que consiste en el cambio de un solo par de bases de ADN

a. provocará definitivamente una enfermedad genética.
b. no tendrá efecto alguno en el fenotipo del organismo.
c. producirá un cambio positivo.
d. podría tener algún efecto en el fenotipo del organismo.

9. La fibrosis quística está causada por

a. la no disyunción de un autosoma.
b. un cambio de tres pares de bases del ADN.
c. la no disyunción del cromosoma sexual.
d. todo un gen eliminado en un cromosoma.

10. La malaria es una enfermedad causada por

a. una mutación en un gen.
b. un defecto en los glóbulos rojos.
c. una bacteria que vive en el agua.
d. un parásito que transmiten los mosquitos.

11. Analiza el siguiente cariotipo. Identifica el trastorno cromosómico que representa.

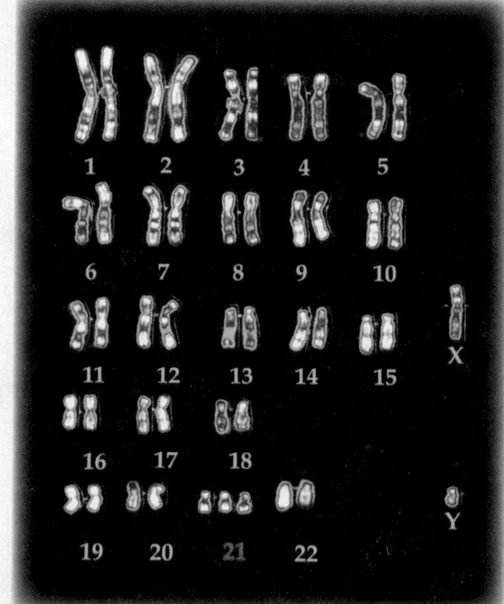

12. ¿Qué es un trastorno cromosómico?

13. Describe dos trastornos de cromosomas sexuales.

Razonamiento crítico

14. Inferir ¿Es posible que un asesor genético use un cariotipo para identificar a un portador de fibrosis quística? Explica.

15. **Interpretar gráficas** ¿Qué puedes inferir sobre la relación entre la edad de la madre y la incidencia de síndrome de Down?

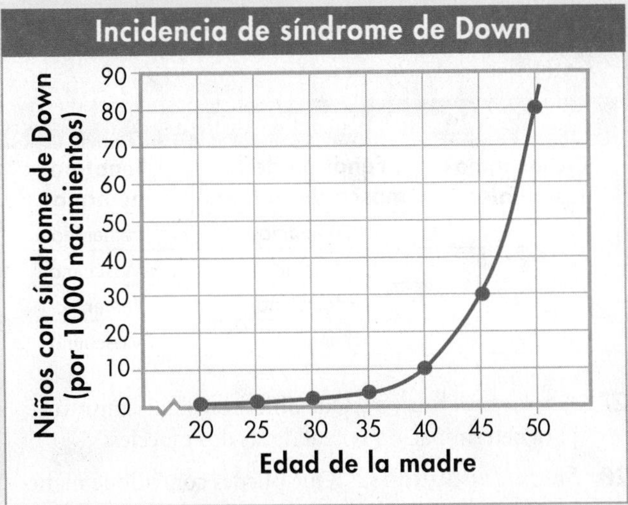

14.3 Estudio del genoma humano

Comprender conceptos clave

16. ¿Cuántos pares de bases de ADN hay, aproximadamente, en el genoma humano?

a. 30,000
b. 3,000,000
c. 300,000,000
d. 3,000,000,000

17. La fracción del genoma humano que efectivamente codifica proteínas es alrededor de

a. 2%.
b. 20%.
c. 98%.
d. 100%.

18. Cortar el ADN en pequeñas partes que pueden unirse en secuencia se realiza mediante

a. enzimas restrictivas.
b. ADN polimerasa.
c. electroforesis en gel.
d. ARN polimerasa.

19. Si haces una secuencia de pequeñas porciones de ADN y luego usas una computadora para encontrar las secuencias superpuestas que dan origen a un mapa de ADN mucho más grande, estás usando

a. genómica.
b. HapMaps.
c. secuencia de escopeta.
d. análisis del marco de lectura abierto.

20. Describe las herramientas y los procesos que usan los científicos para manipular el ADN humano.

21. Explica por qué las enzimas restrictivas son una herramienta útil para hacer secuencias de ADN.

resuelve el MISTERIO del CAPÍTULO

LA CÉLULA TORCIDA

Cuando Eva preguntó por los antecedentes médicos de su familia, descubrió que la madre del tío Eli (su propia abuela) también tuvo la enfermedad de células falciformes, pero el padre del tío Eli no la tuvo. Uno de los cuatro hijos de su tío también tuvo la enfermedad. Sin embargo, el padre de Eva, quien es el único hermano de Eli, no tuvo la enfermedad de células falciformes y tampoco se presentó en la madre de Eva. Los dos hermanos de Eva tampoco mostraron signos de la enfermedad.

1. **Aplica los conceptos** En general, ¿cuál es el patrón de herencia que sigue la enfermedad de células falciformes? Cita las evidencias del capítulo y las pistas que apoyen tu conclusión.

2. **Sacar conclusiones** Según tu respuesta a la pregunta 1, ¿qué puedes concluir sobre la herencia de la enfermedad de células falciformes en la familia de Eva? ¿Cuáles son las probabilidades de que sea portadora del rasgo de células falciformes?

3. **Clasificar** ¿Qué tipo de examen médico debería solicitar Eva para determinar si tiene o no el rasgo de células falciformes? Explica tu respuesta.

4. **Inferir** La enzima restrictiva *Mst*II, que corta el ADN normal en un lugar específico, no reconocerá (y por tanto, tampoco cortará) el ADN que contiene la mutación para células falciformes. Si cortan el ADN del tío Eli con *Mst*II, ¿es posible que los fragmentos restrictivos sean idénticos a los de su hermano, el padre de Eva? Explica.

5. **Enfoque en la gran idea** ¿Cuál(es) técnica(s) sobre las que has leído en este capítulo podrían usarse para realizar el tipo de prueba descrito en la pregunta 4? ¿Cuál técnica podría usarse para analizar los resultados?

22. ¿Qué es polimorfismo de nucleótido único?

23. ¿Qué es bioinformática?

Razonamiento crítico

24. **Sacar conclusiones** Los científicos han investigado la base de datos del genoma humano para detectar posibles secuencias promotoras. ¿Qué es lo que suele encontrarse cerca de una secuencia promotora?

25. **Inferir** ¿Por qué el ADN se mueve hacia el extremo positivo del gel durante la electroforesis en gel?

26. **Observar** La tabla muestra las secuencias de ADN que reconocen cinco diferentes enzimas restrictivas así como la ubicación donde las enzimas realizan el corte. ¿Cuáles enzimas producen fragmentos de ADN con "extremos pegajosos"? ¿Cuál es la característica común de las secuencias que cortan estas enzimas?

Secuencias de ADN que cortan las enzimas

Enzima	Secuencia de reconocimiento
*Alu*I	A G ↓ C T T C ↑ G A
*Hae*III	G G ↓ C C C C ↑ G G
*Bam*HI	G ↓ G A T C C C C T A G ↑ G
*Hind*III	A ↓ A G C T T T T C G A ↑ A
*Eco*RI	G ↓ A A T T C C T T A A ↑ G

Relacionar conceptos

Usar gráficas científicas

Usa los datos de las gráficas para responder las preguntas 27 y 28.

Cromosomas y fenotipos

Cromosomas sexuales	Fenotipo de la mosca de la fruta	Fenotipo humano
XX	Femenino	Femenino
XY	Masculino	Masculino
X	Masculino	Femenino
XXY	Femenino	Masculino

27. **Interpretar tablas** ¿Qué difiere en el mecanismo para determinación sexual de las dos especies?

28. **Sacar conclusiones** ¿Qué puedes concluir de manera lógica sobre los genes de los cromosomas sexuales de las moscas de fruta y los humanos?

Escribir sobre las ciencias

29. **Explicación** Escribe un párrafo que explique cómo se hereda el daltonismo. Describe el padecimiento y explica por qué es mucho más común en varones. (*Pista:* Incia tu párrafo con una oración temática que exprese la idea principal.)

34. **Evalúa** la gran idea Explica la relación entre meiosis y síndrome de Down, síndrome de Turner y síndrome de Klinefelter.

Analizar datos

La hemofilia es un ejemplo de trastorno ligado al sexo. Dos genes del cromosoma X ayudan a controlar la coagulación de la sangre. Un alelo recesivo en alguno de esos dos genes puede producir hemofilia. El árbol genealógico muestra la transmisión de hemofilia a través de tres generaciones de una misma familia.

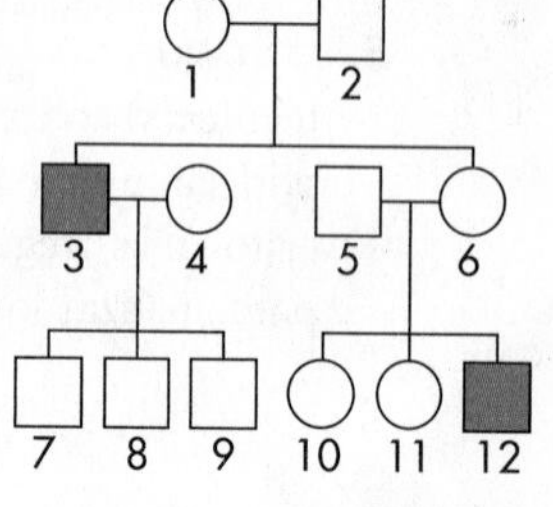

31. **Interpretar diagramas** ¿Cuáles madres son portadoras definitivas del gen?

32. **Aplica los conceptos** ¿Por qué los hijos varones de la Persona 3 no heredaron el rasgo?

33. **Aplica los conceptos** ¿Cómo es posible que la Persona 12 tenga hemofilia si ninguno de sus progenitores tuvo hemofilia?

Preparación para exámenes estandarizados

Selección múltiple

1. ¿Cuál de los siguientes trastornos puede observarse en un cariotipo humano?
A daltonismo
B trisomía 21
C fibrosis quística
D enfermedad de células falciformes

2. ¿Cuál de los siguientes trastornos es resultado directo de una no disyunción?
A enfermedad de células falciformes
B síndrome de Turner
C enfermedad de Huntington
D fibrosis quística

3. Una mujer es homocigota para el tipo de sangre A^-. Un hombre tiene tipo de sangre AB^-. ¿Cuál es la probabilidad de que el hijo de la pareja tenga sangre tipo B^-?
A 0% **C** 75%
B 50% **D** 100%

4. La fibrosis quística es un trastorno genético causado por
A la sustitución de una base única en el gen para la hemoglobina.
B la eliminación de un aminoácido de una proteína del canal de cloruro.
C un gen defectuoso encontrado en el cromosoma X.
D trisomía del cromosoma 21.

5. La técnica usada para separar los filamentos de ADN de diferentes longitudes es
A electroforesis en gel.
B secuencia de escopeta.
C digestión de enzima restrictiva.
D bioinformática.

6. El estudio de genomas enteros, incluidos los genes y sus funciones, se llama
A bioinformática.
B ciencias de la información.
C ciencias de la vida.
D genómica.

7. El ADN puede cortarse en secuencias más cortas por proteínas conocidas como
A haplotipos.
B polimerasas.
C enzimas restrictivas.
D fragmentos restrictivos.

Preguntas 8 y 9

Una estudiante investigó la recurrencia de un nacimiento del pelo en pico de viuda en su familia. Con base en sus entrevistas y observaciones, trazó el árbol genealógico que se muestra.

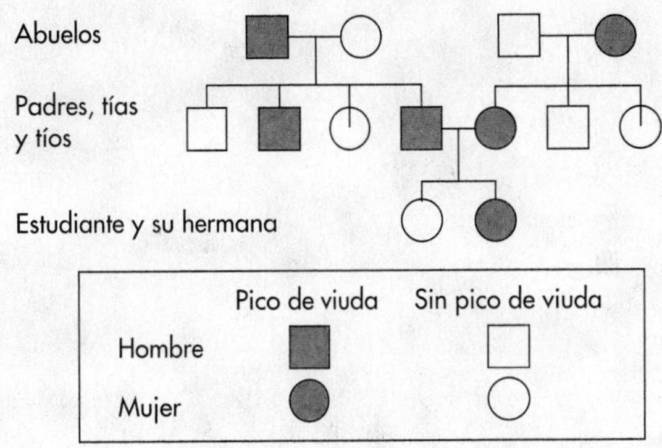

8. ¿Cuál patrón de herencia es consistente con el árbol genealógico?
A herencia ligada al sexo
B dominancia completa
C codominancia
D alelos múltiples

9. ¿Cuáles son los genotipos probables de los padres de la estudiante?
A Madre: *Ww*; Padre: *ww*
B Madre: *ww*; Padre: *ww*
C Madre: *WW*; Padre: *Ww*
D Madre: *Ww*; Padre: *Ww*

Respuesta de desarrollo

10. Explica cómo el gen para la enfermedad de células falciformes, el cual es un gen perjudicial cuando es homocigoto, puede ser benéfico cuando es heterocigoto.

Si tienes dificultades con...

la pregunta	1	2	3	4	5	6	7	8	9	10
Ver la lección	14.1	14.2	14.1	14.2	14.3	14.3	14.3	14.1	14.1	14.2

15 Ingeniería genética

La gran idea **Las ciencias como fuente de conocimiento**

P: ¿Cómo y por qué los científicos manipulan el ADN de las células vivas?

Al clonar células y modificar genes, los científicos en Corea han desarrollado gatos que brillan en color rojo en la oscuridad. El angora turco clonado de la izquierda tiene una proteína fluorescente en las células de su piel. La proteína desprende un brillo rojo cuando se expone a luz ultravioleta. El angora turco ordinario de la derecha carece de la proteína fluorescente roja, así que parece verde bajo la luz ultravioleta.

BIOLOGY.com Search Chapter15 GO • Flash Cards

EN ESTE CAPÍTULO:

MISTERIO DEL CAPÍTULO

CASO DE IDENTIFICACIÓN ERRÓNEA

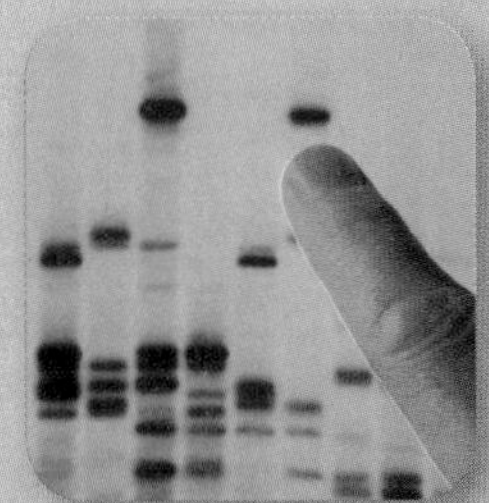

En el verano de 1998, una anciana de Indiana fue asaltada brutalmente. En la oscuridad previa al amanecer, no pudo ver la cara de su asaltante.

Al alba, la policía encontró a un hombre a sólo unas cuantas calles de la casa de la víctima. Estaba inconsciente, sus ropas estaban teñidas de sangre y tenía rasguños en sus antebrazos. El hombre afirmó que se había desmayado después de un pleito de borrachos. No podía recordar qué había sucedido después. El tipo de sangre de las manchas en sus ropas coincidía con el tipo de sangre de la víctima. La policía pensó que tenían a su hombre.

Horas más tarde, la policía supo que tenían al sospechoso equivocado. Reanudaron su búsqueda del verdadero atacante, quien después fue capturado, juzgado y condenado. A medida que leas este capítulo, busca pistas que te ayuden a determinar cómo supo la policía que tenían al sospechoso equivocado. Luego, resuelve el misterio.

Continúa explorando el mundo.
Hallar la solución del caso de identidad equivocada sólo es el principio. Emprende un viaje de campo en video con los genios ecólogos de *Untamed Science* para ver adónde conduce este misterio.

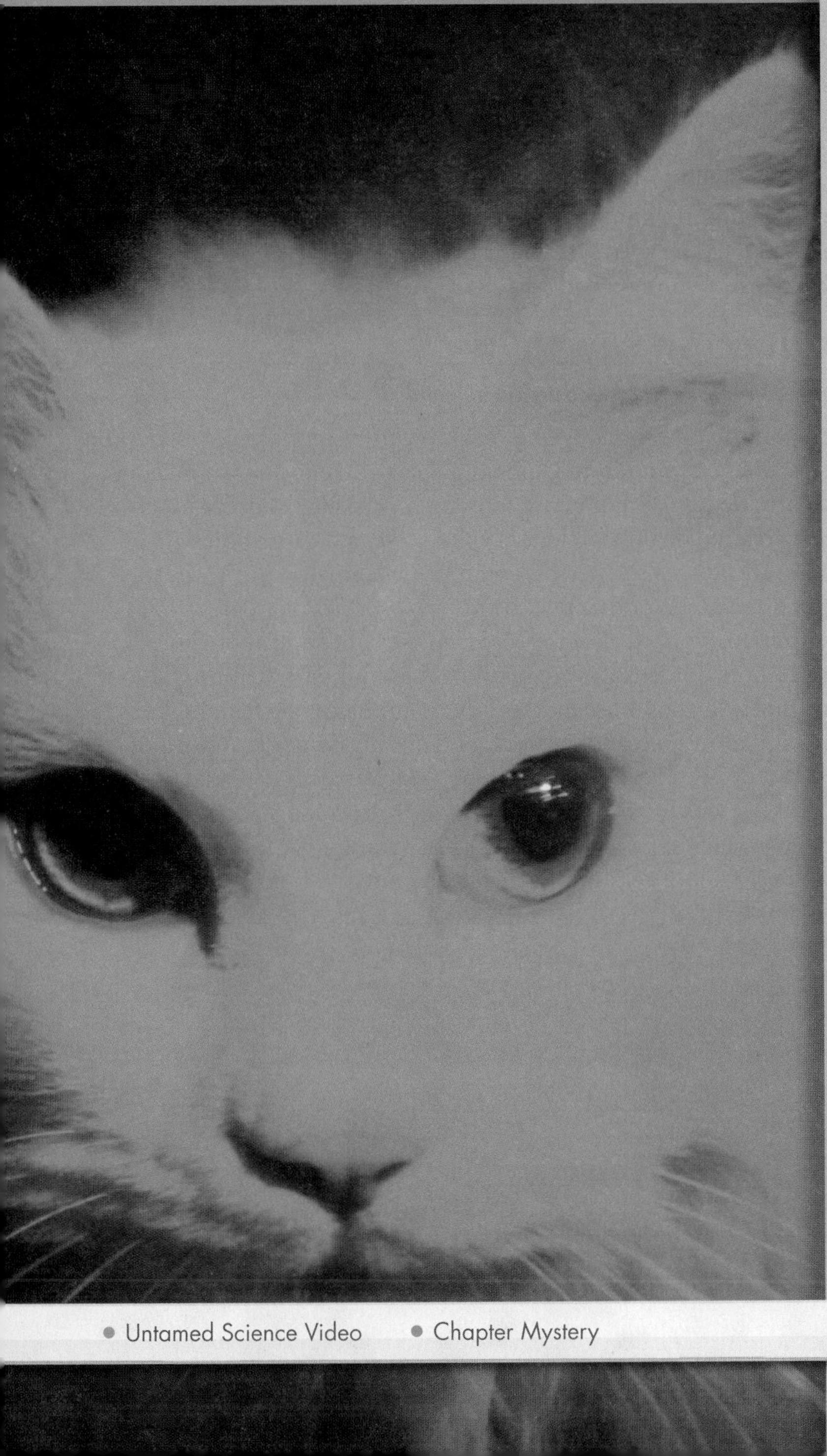

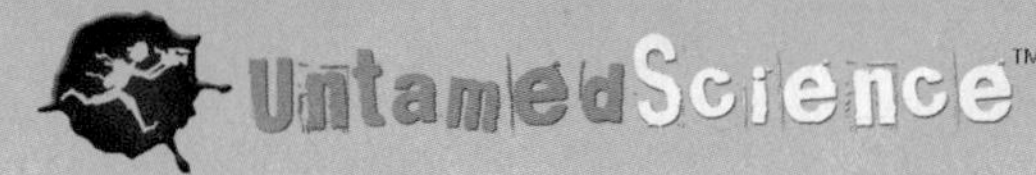

- Untamed Science Video
- Chapter Mystery

15.1 Reproducción selectiva

Preguntas clave

¿Para qué se usa la reproducción selectiva?

¿Cómo incrementan las personas la variación genética?

Vocabulario

reproducción selectiva
hibridación
endogamia
biotecnología

Tomar notas

Esquema Antes de leer esta lección, comienza un esquema. Usa los encabezados en verde de la lección como entradas de primer nivel y los encabezados en azul como entradas de segundo nivel, dejando espacio después de cada entrada. A medida que leas, resume las ideas clave debajo de tus entradas.

PIÉNSALO Has disfrutado de palomitas de maíz en el cine, quizá las has hecho en casa y de seguro las has visto en las tiendas. ¿De dónde vienen? ¿Te sorprendería aprender que las palomitas de maíz son uno de los ejemplos más antiguos de los esfuerzos humanos para seleccionar y mejorar a los organismos vivos para nuestro beneficio? El maíz como lo conocemos fue domesticado al menos hace 6000 años por los indígenas americanos que vivían en México. ¡Un grano diminuto de maíz reventado encontrado en una cueva en Nuevo México tiene más de 5000 años de antigüedad!

Reproducción selectiva

¿Para qué se usa la reproducción selectiva?

Visitas una exposición canina, ¿y qué ves? Los contrastes notables están por todas partes, desde un diminuto Chihuahua hasta un enorme Gran Danés, del pelaje corto de un Labrador cobrador hasta el pelaje rizado de un caniche, del hocico largo de un lebrel hasta el hocico chato de un buldog. Las diferencias entre las razas de perros, como las de la **ilustración 15–1,** son tan grandes que alguien podría pensar que son especies diferentes. No lo son, por supuesto, pero ¿de dónde provienen estas diferencias obvias?

La respuesta es que nosotros lo hicimos. Los humanos hemos criado perros por miles de años, buscando producir animales que sean mejores cazadores, cobradores o compañeros. Lo hemos hecho por la **reproducción selectiva,** donde sólo aquellos con las características deseadas se reproducen. **Los humanos usamos la reproducción selectiva, que aprovecha la variación genética natural, para transmitir los rasgos deseados a la siguiente generación de organismos.**

ILUSTRACIÓN 15–1 Razas de perros Hay más de 150 razas de perros y todavía se están desarrollando muchas razas nuevas.

Por miles de años, hemos producido variedades nuevas de plantas cultivadas y casi todos los animales domésticos, incluyendo caballos, gatos y vacas, al reproducirlos de manera selectiva para obtener rasgos particulares. Mucho antes que los europeos llegaran al Nuevo Mundo, los indígenas americanos tenían teosintle, una hierba silvestre nativa del centro de México, cultivado de manera selectiva para producir maíz, una planta mucho más productiva y nutritiva. La **ilustración 15–2** muestra ambas plantas. El maíz ahora es uno de los cultivos más importantes del mundo. Hay dos métodos comunes de reproducción selectiva: hibridación y endogamia.

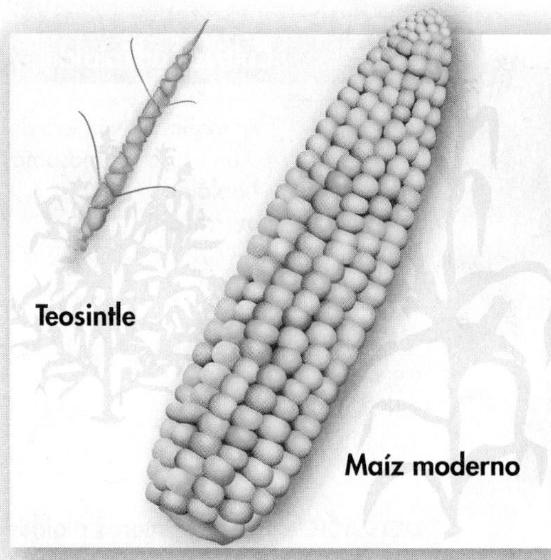

ILUSTRACIÓN 15–2 Maíz del teosintle El maíz moderno fue reproducido selectivamente del teosintle al menos hace 6000 años. Durante su domesticación, el maíz perdió la capacidad de sobrevivir en estado silvestre pero ganó rasgos agrícolas valiosos. Por ejemplo, la cáscara dura que rodeaba el grano desapareció con el tiempo, dejando las hileras de granos de maíz suaves que disfrutamos en la actualidad. **Observar** ***¿Qué otras diferencias puedes ver entre las dos plantas?***

Hibridación El botánico estadounidense Luther Burbank puede haber sido el mayor reproductor selectivo de todos los tiempos. Durante su vida (1849–1926), desarrolló más de 800 variedades de plantas. Como una de sus herramientas, Burbank usó la **hibridación,** el cruce de individuos diferentes para reunir lo mejor de ambos organismos. Los híbridos, los individuos producidos por dichos cruces, con frecuencia son más fuertes que cualquiera de los padres. Muchos de los cruces híbridos de Burbank combinaban la resistencia a las enfermedades de una planta con la capacidad productora de alimento de otra. El resultado fue una nueva línea de plantas que tenía los rasgos que necesitaban los agricultores para incrementar la producción de alimentos. La **ilustración 15–3** muestra un tipo de durazno desarrollado con los métodos de Burbank.

Endogamia Para mantener las características deseables en una línea de organismos, los criadores usan con frecuencia una técnica conocida como endogamia. La **endogamia** es la reproducción continua de individuos con características similares. Las abundantes razas de perros, de los beagles a los caniches, se mantienen usando esta práctica. La endogamia ayuda a asegurar que se preserven las características que hacen única a cada raza. Aunque la endogamia es útil para preservar ciertos rasgos, puede ser riesgosa. La mayoría de los miembros de una raza son genéticamente similares, lo cual aumenta la probabilidad de que un cruce entre dos individuos portará dos alelos recesivos para un defecto genético.

En tu cuaderno *Compara y contrasta la hibridación y la endogamia.*

ILUSTRACIÓN 15–3 Fruta reproducida selectivamente Luther Burbank usó la hibridación, una forma de reproducción selectiva, para desarrollar una variedad de plantas. Estos duraznos July Elberta, *Prunus persica,* están entre sus variedades más exitosas.

Aumento en la variación

¿Cómo incrementan las personas la variación genética?

La reproducción selectiva sería casi imposible sin la amplia variación encontrada en poblaciones naturales de plantas y animales. Pero en ocasiones los criadores desean más variación de la que existe en la naturaleza. **Los criadores pueden incrementar la variación genética en una población al introducir mutaciones, que son la fuente primordial de la diversidad biológica.**

Cuando los científicos manipulan la estructura genética de un organismo, están usando biotecnología. La **biotecnología** es la aplicación de un proceso, invención o método tecnológico a organismos vivos. La reproducción selectiva es una forma de biotecnología importante en la agricultura y la medicina, pero hay muchas otras.

Cultivos poliploides			
Planta	Probable número haploide ancestral	Número de cromosomas	Nivel ploide
Avena doméstica	7	42	6N
Cacahuate	10	40	4N
Caña de azúcar	10	80	8N
Plátano	11	22, 33	2N, 3N
Algodón	13	52	4N

ILUSTRACIÓN 15–4 Números ploides Debido a que las plantas poliploides con frecuencia son más grandes que otras plantas, muchos agricultores cultivan deliberadamente variedades poliploides de cultivos como los que se enumeran arriba. **Interpretar tablas** ***¿Cuál planta ha experimentado los cambios más dramáticos en el número de cromosomas?***

Mutaciones bacterianas Las mutaciones, cambios heredables en el ADN, ocurren de manera espontánea, pero los criadores pueden incrementar la tasa de mutación de un organismo con radiación o sustancias químicas. Muchas mutaciones son perjudiciales para el organismo. Sin embargo, con suerte y perseverancia, los criadores a menudo pueden producir unos cuantos mutantes, individuos con mutaciones, con características útiles que no se encuentran en la población original. Esta técnica ha sido útil en particular con bacterias. Debido a que son pequeñas, millones de bacterias pueden tratarse con radiación o sustancias químicas al mismo tiempo, lo que incrementa las probabilidades de producir un mutante útil. Esta técnica ha permitido a los científicos desarrollar cientos de cepas bacterianas útiles. Por ejemplo, hemos sabido por décadas que ciertas cepas de bacterias que digieren aceite son efectivas para limpiar derrames de petróleo. Hoy en día, los científicos trabajan para producir bacterias que puedan limpiar sustancias radiactivas y contaminación por metales en el ambiente.

Plantas poliploides Los fármacos que impiden la separación de los cromosomas durante la meiosis son muy útiles en la reproducción de plantas. Estos fármacos pueden producir células que tienen muchas veces el número normal de cromosomas. Las plantas que crecen de estas células se llaman poliploides porque tienen muchos conjuntos de cromosomas. La poliploidía por lo general es fatal en animales. Pero, por razones que no son claras, las plantas son mucho mejores para tolerar conjuntos extra de cromosomas. La poliploidía puede producir con rapidez especies nuevas de plantas que son más grandes y más fuertes que sus parientes diploides. Varias plantas de cultivo importantes, incluyendo el plátano y muchas variedades de frutas cítricas, se han producido de esta manera. La **ilustración 15–4** enumera varios ejemplos de plantas poliploides.

15.1 Evaluación

Repaso de conceptos clave

1. a. **Repasar** Da un ejemplo de reproducción selectiva.
   b. **Comparar y contrastar** Supón que eres un genetista que trata de desarrollar un girasol con pétalos rojos y un tallo corto. Al comparar los girasoles que tienes en la mano, ¿qué variaciones genéticas buscarías? ¿Qué clases de plantas seleccionarías para el cruce?
2. a. **Repasar** ¿Cuál es la relación entre variaciones genéticas y mutaciones?
   b. **Explicar** ¿Cómo pueden introducir mutaciones los criadores?
   c. **Sacar conclusiones** ¿Cómo la reproducción selectiva es una forma de biotecnología?

ESCRIBIR SOBRE LAS CIENCIAS

Explicación

3. Escribe un párrafo en el que sugieras formas de alterar genéticamente las plantas para mejorar el suministro de alimentos del mundo. (*Pista:* La primera oración del párrafo deberá expresar la idea principal.)

BIOLOGY.com Search Lesson 15.1  • Self-Test • Lesson Assessment

15.2 ADN recombinante

PIÉNSALO Supón que tienes un juego electrónico que deseas cambiar. Sabiendo que el juego depende de un programa codificado en un microchip de computadora, ¿cómo reescribirías el programa? Primero necesitarías una forma de sacar el programa existente del microchip. Luego tendrías que leer el programa, hacer los cambios que deseas y poner el código modificado de vuelta en el microchip. ¿Qué tiene que ver este escenario con la ingeniería genética? Casi todo.

Copiar el ADN

¿Cómo los científicos copian el ADN de organismos vivos?

Hasta hace poco los criadores de plantas y animales sólo podían trabajar con variaciones que ya existían en la naturaleza. Aun cuando los criadores trataran de agregar variación introduciendo mutaciones, los cambios que producían eran impredecibles. Ahora los ingenieros genéticos pueden transferir ciertos genes a voluntad de un organismo a otro, diseñando seres vivos nuevos para satisfacer necesidades específicas.

Recordarás del capítulo 14 que es relativamente fácil extraer ADN de células y tejidos. El ADN extraído puede cortarse en fragmentos de tamaño manejable usando enzimas restrictivas. Estos fragmentos restrictivos pueden separarse luego según el tamaño usando electroforesis en gel u otra técnica parecida. Esta es la parte fácil. La parte difícil viene a continuación. ¿Cómo encuentras un gen específico?

El problema es enorme. Si fuéramos a cortar el ADN de una bacteria como *E. coli* en fragmentos restrictivos que promediaran 1000 pares de bases de largo, tendríamos 4000 fragmentos restrictivos. En el genoma humano, tendríamos 3 millones de fragmentos restrictivos. ¿Cómo encontramos el ADN de un solo gen entre millones de fragmentos? De alguna manera, es el problema clásico de encontrar una aguja en un pajar, tenemos un montón enorme de paja y sólo una aguja.

En realidad, hay una forma de encontrar una aguja en un pajar. Podemos lanzar la paja frente a un imán potente hasta que algo se adhiera. La paja no se adhiere, pero una aguja hecha de hierro o acero lo hará. Lo creas o no, técnicas similares pueden ayudar a los científicos a identificar genes específicos.

Preguntas clave

¿Cómo los científicos copian el ADN de organismos vivos?

¿Cómo se usa el ADN recombinante?

¿Cómo pueden insertarse los genes de un organismo en otro organismo?

Vocabulario

reacción en cadena de la polimerasa
ADN recombinante
plásmido
marcador genético
transgénico
clon

Tomar notas

Vistazo al material visual Antes de leer, dale un vistazo a la **ilustración 15–7** y escribe cualesquier preguntas que puedas tener sobre la figura. A medida que leas, halla las respuestas a tus preguntas.

PISTA DEL MISTERIO

¿Cómo podrían usarse las enzimas restrictivas para analizar la evidencia de ADN encontrada en el sospechoso?

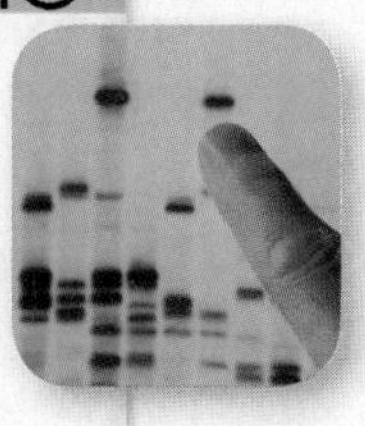

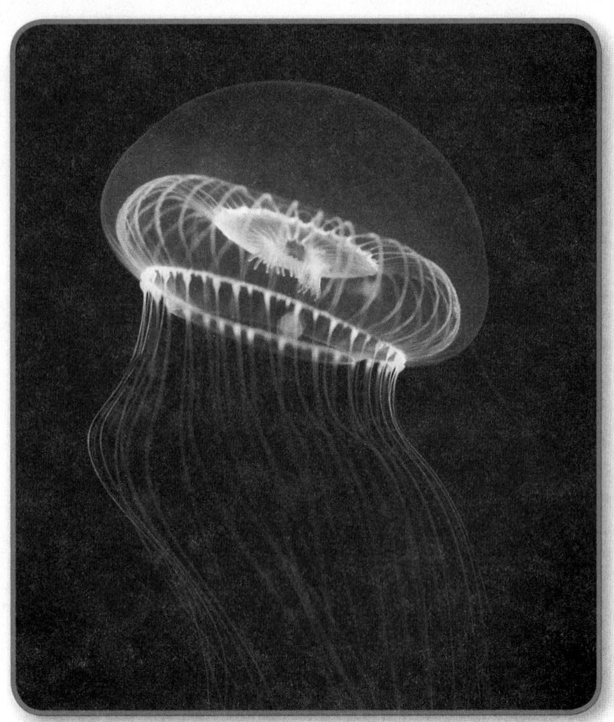

ILUSTRACIÓN 15–5 Un gen fluorescente La medusa del océano Pacífico, *Aequoria victoria,* emite un brillo azulado. Una proteína en la medusa absorbe la luz azul y produce una fluorescencia verde. Esta proteína, llamada GFP, ahora se usa ampliamente en la ingeniería genética.

Hallar genes En 1987, Douglas Prasher, un biólogo del Instituto Oceanográfico Woods Hole en Massachusetts, deseaba encontrar un gen específico en una medusa. El gen que esperaba identificar es el que codifica para una molécula llamada proteína fluorescente verde, o GFP. Esta proteína natural, presente en la medusa mostrada en la **ilustración 15–5,** absorbe energía de la luz y hace que partes de la medusa brillen. Prasher pensaba que la GFP de la medusa podía usarse para reportar cuando se ha hecho una proteína en una célula. Si pudiera vincular de alguna manera la GFP con una proteína específica, sería un poco como anexar una bombilla a esa molécula.

Para hallar el gen GFP, Prasher estudió la secuencia de aminoácidos de parte de la proteína GFP. Al comparar esta secuencia con una tabla de código genético, pudo predecir una secuencia probable de bases de ARNm que se habrían codificado para esta secuencia de aminoácidos. Luego, Prasher usó una secuencia de bases complementaria para "atraer" a un ARNm que concordara con su predicción y se enlazaría con esa secuencia por apareamiento de bases. Luego de explorar una "biblioteca" genética con miles de secuencias de ARNm diferentes de la medusa, encontró una que se unía a la perfección.

Después que Prasher localizó el ARNm que producía GFP, se dispuso a encontrar el gen real. Tomando un gel en el que se había separado fragmentos restrictivos del genoma de la medusa, encontró que uno de los fragmentos se enlazaba fuertemente al ARNm. Ese fragmento contenía el gen real para la GFP, el cual ahora se usa en forma amplia para etiquetar proteínas en células vivas. El método que usó, mostrado en la **ilustración 15–6,** se llama *Southern blot.* Ahora con frecuencia es más rápido y más barato para los científicos buscar genes en bases de datos de computadora donde los genomas completos de muchos organismos están disponibles.

ILUSTRACIÓN 15–6 *Southern blot*
El análisis *Southern blot,* llamado así en honor de su inventor Edwin Southern, es una técnica para hallar secuencias de ADN específicas entre docenas. Una pieza etiquetada de ácido nucleico sirve como una sonda entre los fragmentos de ADN.

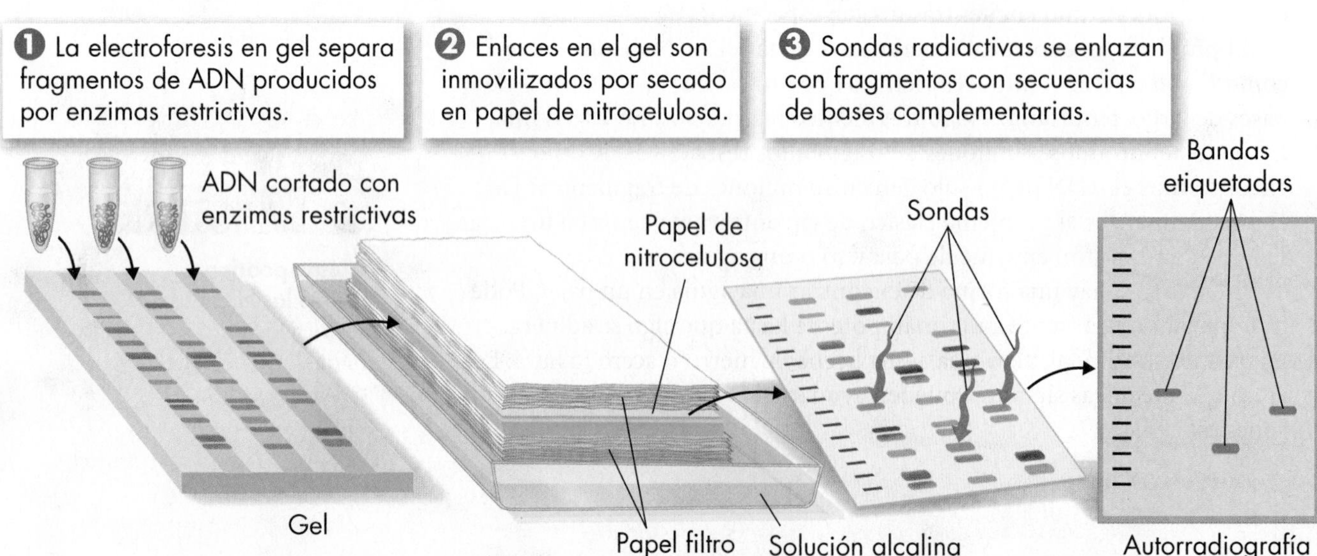

1 La electroforesis en gel separa fragmentos de ADN producidos por enzimas restrictivas.
2 Enlaces en el gel son inmovilizados por secado en papel de nitrocelulosa.
3 Sondas radiactivas se enlazan con fragmentos con secuencias de bases complementarias.
ADN cortado con enzimas restrictivas
Gel
Papel de nitrocelulosa
Papel filtro
Solución alcalina
Sondas
Bandas etiquetadas
Autorradiografía

Reacción en cadena de la polimerasa Una vez que encuentran un gen, los biólogos con frecuencia necesitan hacer muchas copias de él. La técnica de **reacción en cadena de la polimerasa** (PCR, por sus siglas en inglés) les permite hacer exactamente eso. En un extremo de la pieza original de ADN, un biólogo agrega una pieza corta de ADN que complementa una porción de la secuencia. En el otro extremo, el biólogo agrega otra pieza corta del ADN complementario. Estas piezas cortas se conocen como sondas debido a que preparan, o sondean, un lugar para que el ADN polimerasa comience a trabajar.

Como sugiere la **ilustración 15–7**, la idea detrás del uso de las sondas PCR es sorprendentemente simple. **El primer paso del método de la reacción en cadena de la polimerasa para copiar un gen es calentar una pieza de ADN, que separa sus dos hebras. Luego, conforme el ADN se enfría, las sondas se enlazan a las hebras sencillas. A continuación, el ADN polimerasa comienza a copiar la región entre las sondas. Estas copias pueden servir como plantillas para hacer todavía más copias.** De esta manera, apenas unas cuantas docenas de ciclos de replicación pueden producir miles de millones de copias del ADN entre las sondas.

¿Dónde encontró Kary Mullis, la científica estadounidense que inventó la PCR, una enzima de ADN polimerasa que pudiera resistir ciclos repetidos de calentamiento y enfriamiento? Mullis la encontró en una bacteria de los manantiales del Parque Nacional Yellowstone en el noroeste de Estados Unidos, un ejemplo poderoso de la importancia de la biodiversidad para la biotecnología.

En tu cuaderno *Enumera los pasos del método PCR.*

Cambiar el ADN

¿Cómo se usa el ADN recombinante?

Justo cuando comenzaban a aprender cómo leer y analizar las secuencias de ADN, los científicos comenzaron a preguntarse si sería posible cambiar el ADN de una célula viva. Como muchos de ellos se percataron, esta hazaña ya se había logrado décadas antes. ¿Recuerdas los experimentos de Griffith sobre la transformación bacteriana? Durante la transformación, una célula toma ADN del exterior de la célula, y ese ADN agregado se vuelve un componente del propio genoma de la célula. En la actualidad los biólogos entienden que el extracto de bacterias muertas por calor de Griffith contenía fragmentos de ADN. Cuando mezcló esos fragmentos con bacterias vivas, unas cuantas de ellas tomaron las moléculas de ADN, transformándolas y cambiando sus características. Griffith, por supuesto, sólo podía hacer esto con ADN extraído de otras bacterias.

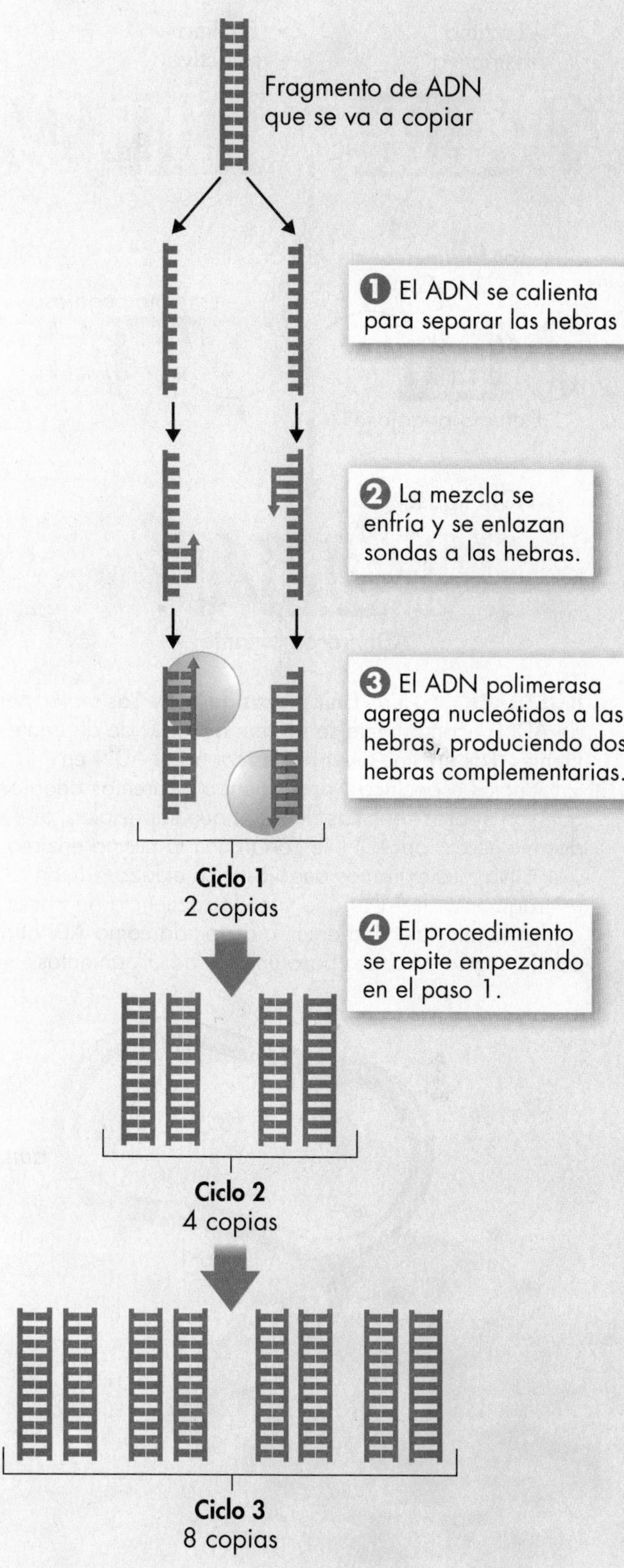

Fragmento de ADN que se va a copiar
1 El ADN se calienta para separar las hebras
2 La mezcla se enfría y se enlazan sondas a las hebras.
3 El ADN polimerasa agrega nucleótidos a las hebras, produciendo dos hebras complementarias.
Ciclo 1
2 copias
4 El procedimiento se repite empezando en el paso 1.
Ciclo 2
4 copias
Ciclo 3
8 copias

ILUSTRACIÓN 15–7 El método PCR La reacción en cadena de la polimerasa se usa para hacer múltiples copias de un gen. Este método es útil en particular cuando sólo se dispone de cantidades diminutas de ADN. **Calcular** ***¿Cuántas copias del fragmento de ADN habrá después de seis ciclos de PCR?*** MATEMÁTICAS

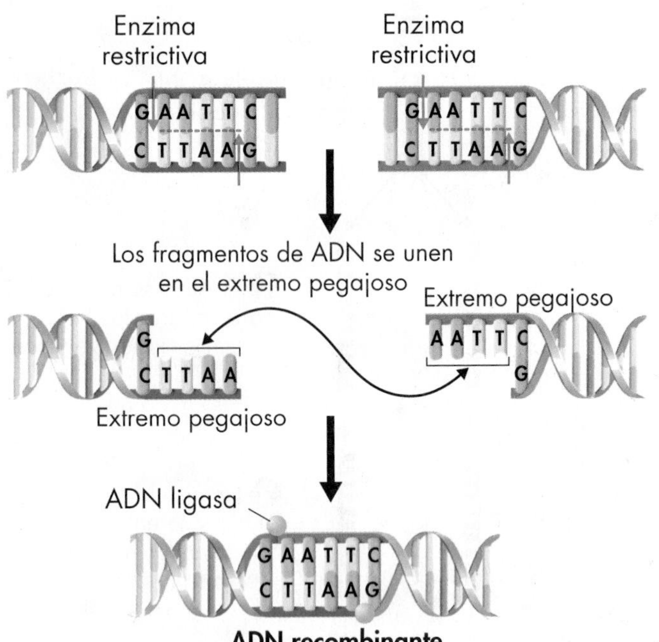

ILUSTRACIÓN 15–8 Unir piezas de ADN Las moléculas de ADN recombinante se forman de ADN de diferentes fuentes. Las enzimas restrictivas cortan el ADN en secuencias específicas, produciendo "extremos pegajosos", que son hebras sencillas de ADN que sobresalen. Si dos moléculas de ADN se cortan con la misma enzima restrictiva, sus extremos pegajosos se enlazarán con un fragmento de ADN que tiene la secuencia de bases complementarias. Una enzima conocida como ADN ligasa puede usarse entonces para unir los dos fragmentos.

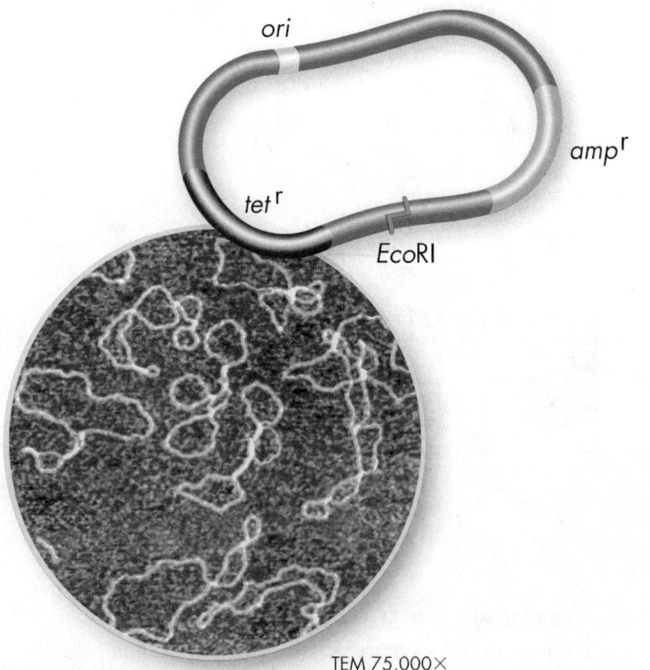

ILUSTRACIÓN 15–9 Mapa de un plásmido Los plásmidos usados para ingeniería genética tienen una señal de inicio de la duplicación, u origen (*ori*) y un sitio de corte de la enzima restrictiva, *Eco*RI y marcadores genéticos, como estos genes de resistencia a los antibióticos *tet*^{r} y *amp*^{r}.

Combinar fragmentos de ADN Con las tecnologías actuales, los científicos pueden producir moléculas de ADN hechas por encargo en el laboratorio y luego insertar esas moléculas, junto con los genes que portan, en células vivas. El primer paso en esta clase de ingeniería genética es construir una secuencia de ADN con el gen o genes que te gustaría insertar en una célula. Máquinas conocidas como sintetizadores de ADN pueden producir piezas cortas de ADN, con una longitud de hasta varios cientos de bases. Estas secuencias sintéticas pueden entonces unirse a secuencias naturales usando ADN ligasa u otras enzimas que unen el ADN. Estas mismas enzimas hacen posible tomar un gen de un organismo y unirlo al ADN de otro organismo, como se muestra en la **ilustración 15–8.** Las moléculas resultantes se llaman **ADN recombinante.** Esta tecnología depende del hecho que cualquier par de secuencias complementarias tiende a enlazarse, aun si cada secuencia proviene de un organismo diferente. **La tecnología del ADN recombinante, unir ADN de dos o más fuentes, hace posible cambiar la composición genética de los organismos vivos.** Al manipular ADN de esta forma, los científicos pueden investigar la estructura y funciones de los genes.

Plásmidos y marcadores genéticos Los científicos que trabajan con ADN recombinante descubrieron pronto que muchas de las moléculas de ADN que trataban de insertar en células anfitrionas simplemente se desvanecían debido a que las células con frecuencia no copian, o duplican, el ADN agregado. Los científicos actuales unen ADN recombinante a otra pieza de ADN que contiene una señal de "inicio" de la réplica. De esta manera, siempre que la célula copia su propio ADN, copia también el ADN recombinante.

Además de sus propios cromosomas grandes, algunas bacterias contienen pequeñas moléculas circulares de ADN conocidas como **plásmidos.** Los plásmidos, como los que se muestran en la **ilustración 15–9,** se usan ampliamente en los estudios de ADN recombinante. Unir ADN a un plásmido, y luego usar el plásmido recombinante para transformar bacterias, produce la duplicación del ADN recién agregado junto con el resto del genoma de la célula.

Los plásmidos también se encuentran en las levaduras, que son eucariotas unicelulares que pueden transformarse también con ADN recombinante. Los biólogos que trabajan con levaduras pueden construir cromosomas artificiales que contienen centrómeros, telómeros y sitios de inicio de la duplicación. Estos cromosomas artificiales simplifican en gran medida el proceso de introducir ADN recombinante en el genoma de la levadura.

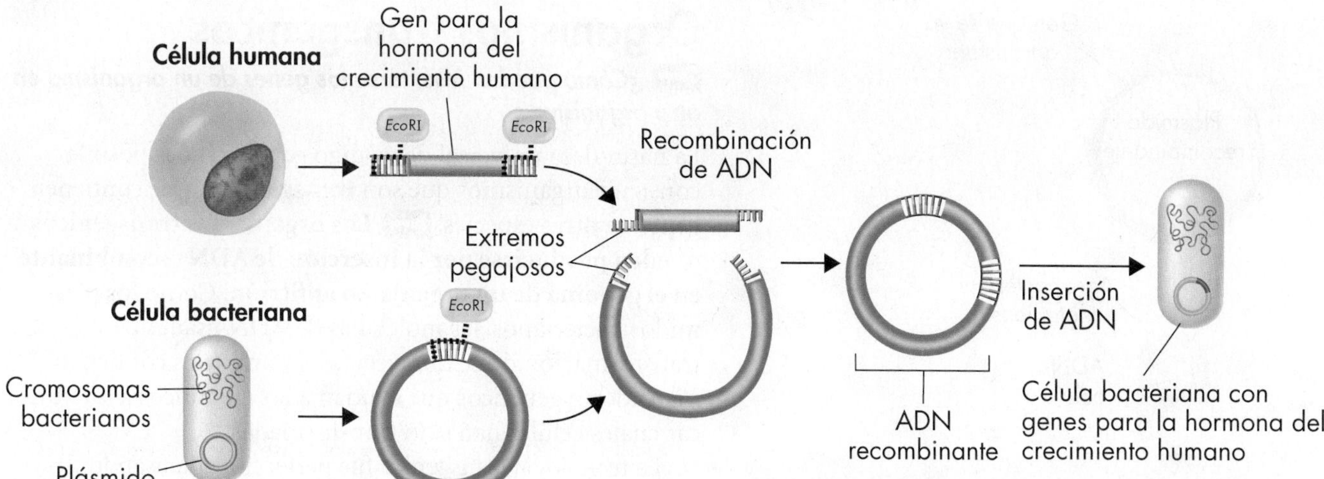

ILUSTRACIÓN 15–10 Transformación del ADN plasmídico Los científicos pueden insertar una pieza de ADN en un plásmido si tanto el plásmido como el ADN al que se dirige han sido cortados por las mismas enzimas restrictivas para crear extremos pegajosos. Con este método, pueden usarse las bacterias para producir la hormona del crecimiento humano. Primero, se inserta un gen humano en ADN bacteriano. Luego, la nueva combinación de genes se regresa a una célula bacteriana, la cual duplica el ADN recombinante una y otra vez. **Inferir** ***¿Por qué podrían desear los científicos copiar el gen para la hormona del crecimiento humano?***

La **ilustración 15–10** muestra cómo pueden transformarse las bacterias usando plásmidos recombinantes. Primero, el ADN que se está usando para la transformación se une a un plásmido. El ADN plasmídico contiene una señal para la duplicación, lo que ayuda a asegurar que si el ADN entra en una célula bacteriana, se duplicará. Además, el plásmido también tiene un marcador genético, como un gen para la resistencia a los antibióticos. Un **marcador genético** es un gen que hace posible distinguir las bacterias que llevan el plásmido de aquellas que no lo portan. Usando marcadores genéticos, los investigadores pueden mezclar plásmidos recombinantes con un cultivo de bacterias, agregar suficiente ADN para transformar sólo una célula en un millón, y aún localizar esa célula única. Después de la transformación, el cultivo se trata con un antibiótico. Sólo sobreviven aquellas células raras que han sido transformadas, porque sólo ellas portan el gen de resistencia.

En tu cuaderno *Escribe un resumen del proceso de transformación del ADN plasmídico.*

Actividad rápida de laboratorio

INVESTIGACIÓN DIRIGIDA

Insertar marcadores genéticos

1. Escribe una secuencia de ADN aleatoria en una tira larga de papel para representar el genoma de un organismo.
2. Pide a un compañero que escriba una secuencia de ADN corta en una tira corta de papel para representar un gen marcador.
3. Usando la gráfica que te dé tu maestro, trabaja con tu compañero para hallar cómo insertar el gen marcador en el genoma.

Analizar y concluir

1. **Aplica los conceptos** ¿Cuál enzima restrictiva usarías? ¿Por qué?

2. **Usar modelos** ¿Qué clase de molécula desarrollarías con tu compañero?

Organismos transgénicos

¿Cómo pueden insertarse los genes de un organismo en otro organismo?

La naturaleza universal del código genético hace posible construir organismos que son **transgénicos,** que contienen genes de otras especies. **Los organismos transgénicos pueden producirse por la inserción de ADN recombinante en el genoma de un organismo anfitrión.** Como los plásmidos bacterianos, las moléculas de ADN usadas para la transformación de células vegetales y animales contienen marcadores genéticos que ayudan a los científicos a identificar cuáles células han sido transformadas.

La tecnología transgénica fue perfeccionada usando ratones en la década de 1980. Ahora los ingenieros genéticos pueden producir plantas, animales y microorganismos transgénicos. Al examinar los rasgos de un organismo modificado genéticamente, es posible aprender sobre la función del gen transferido. Esta capacidad ha contribuido en gran medida a nuestra comprensión de la regulación y expresión genética.

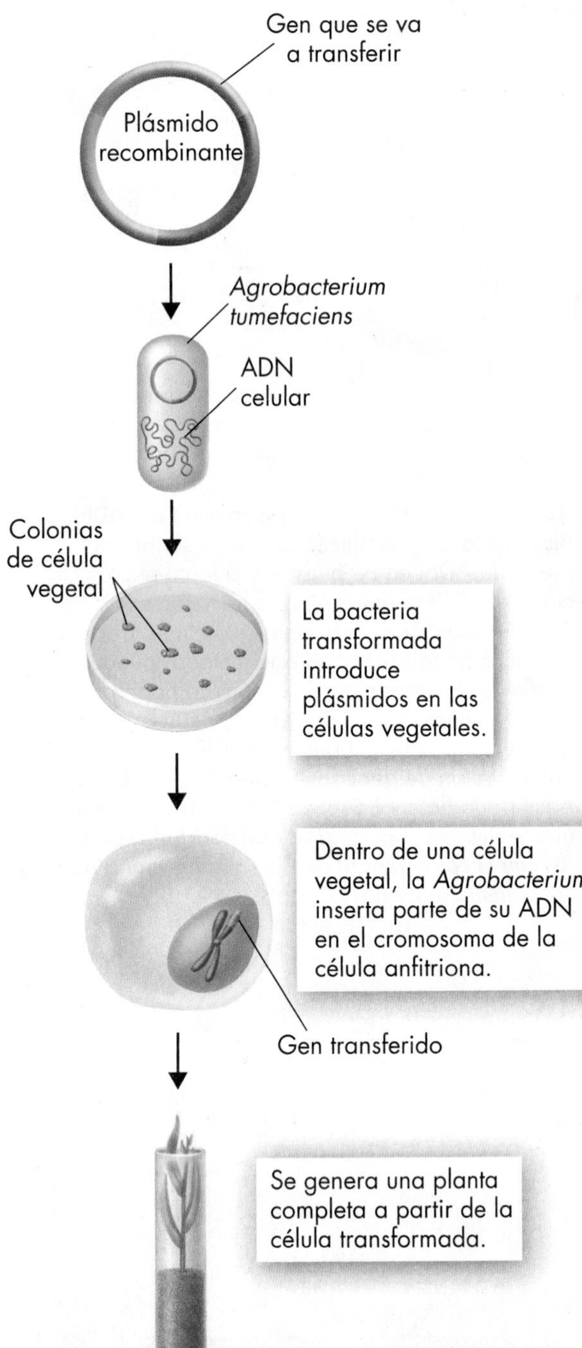
Gen que se va a transferir
Plásmido recombinante
Agrobacterium tumefaciens
ADN celular
Colonias de célula vegetal
La bacteria transformada introduce plásmidos en las células vegetales.
Dentro de una célula vegetal, la Agrobacterium inserta parte de su ADN en el cromosoma de la célula anfitriona.
Gen transferido
Se genera una planta completa a partir de la célula transformada.

ILUSTRACIÓN 15–11 Transformación de una célula vegetal La *Agrobacterium* puede usarse para introducir ADN bacteriano en una célula vegetal. Las células transformadas pueden cultivarse para producir plantas adultas.

Plantas transgénicas Muchas células vegetales pueden transformarse usando *Agrobacterium.* En la naturaleza esta bacteria inserta un pequeño ADN plasmídico que produce tumores en las células de una planta. Los científicos pueden desactivar el gen productor del tumor del plásmido y reemplazarlo con una pieza de ADN recombinante. El plásmido recombinante se puede usar para infectar y transformar células vegetales, como se muestra en la **ilustración 15–11.**

También hay otras formas de producir plantas transgénicas. Al eliminar sus paredes celulares, las células vegetales en cultivo en ocasiones tomarán ADN por sí mismas. El ADN también puede inyectarse en forma directa en algunas células. Si la transformación es exitosa, el ADN recombinante se integra en uno de los cromosomas de la célula de la planta.

Animales transgénicos Los científicos pueden transformar células animales usando algunas de las mismas técnicas para células vegetales. Los óvulos de muchos animales son lo bastante grandes para que se les inyecte ADN en forma directa en el núcleo. Una vez que el ADN está en el núcleo, enzimas que por lo normal son responsables de la reparación y recombinación del ADN pueden ayudar a insertar el ADN extraño en los cromosomas de la célula inyectada.

Recientemente ha sido posible eliminar genes particulares al someter con cuidado a ingeniería las moléculas de ADN que se usan para la transformación. Las moléculas de ADN pueden construirse con dos extremos que a veces se recombinarán con secuencias específicas en el cromosoma anfitrión. Una vez que lo hacen, el gen anfitrión que por lo común está entre esas dos secuencias puede perderse o reemplazarse de manera específica con un gen nuevo. Esta clase de reemplazo de gen ha hecho posible ubicar con exactitud las funciones específicas de genes en muchos organismos, incluyendo ratones.

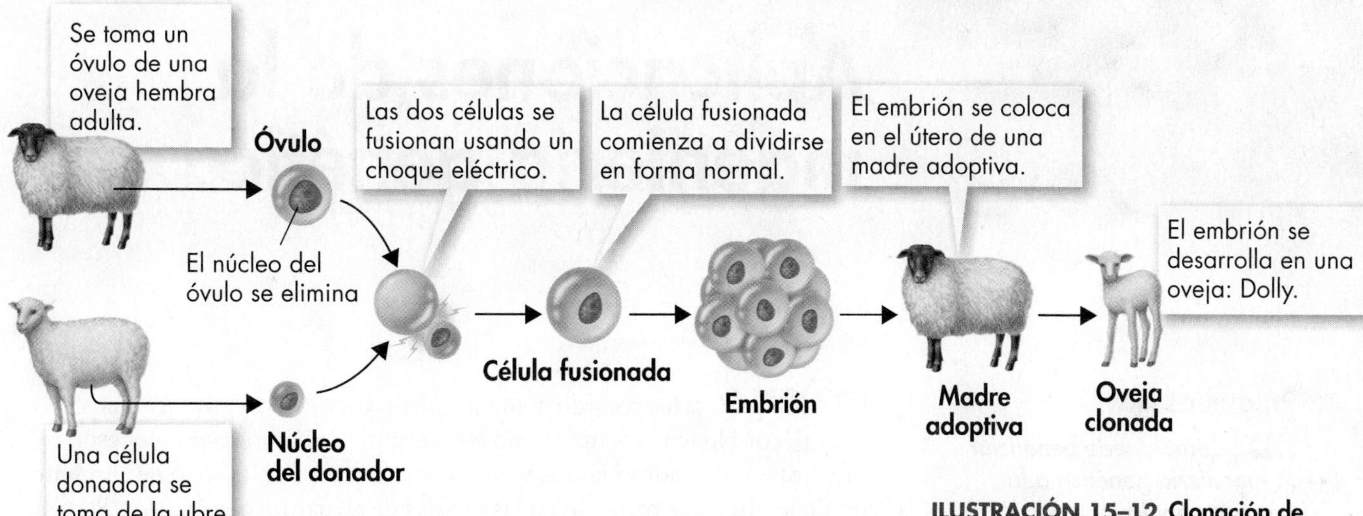

Se toma un óvulo de una oveja hembra adulta.
Óvulo
El núcleo del óvulo se elimina
Las dos células se fusionan usando un choque eléctrico.
La célula fusionada comienza a dividirse en forma normal.
El embrión se coloca en el útero de una madre adoptiva.
El embrión se desarrolla en una oveja: Dolly.
Una célula donadora se toma de la ubre de un adulto.
Núcleo del donador
Célula fusionada
Embrión
Madre adoptiva
Oveja clonada

ILUSTRACIÓN 15–12 Clonación de animales La clonación de animales usa un procedimiento llamado transplante nuclear. El proceso combina un óvulo con un núcleo donador para producir un embrión. **Aplica los conceptos** ***¿Por qué la oveja clonada no se parece a su madre adoptiva?***

Clonación Un **clon** es un miembro de una población de células genéticamente idénticas producidas a partir de una sola célula. Esta técnica usa una sola célula de un organismo adulto para obtener un individuo nuevo genéticamente idéntico al organismo que donó la célula.

Colonias clonadas de bacterias y otros microorganismos son fáciles de obtener, pero esto no siempre sucede con organismos multicelulares, en especial animales. El primer clon de animal fue en 1952 con renacuajos anfibios. En 1997, el científico escocés Ian Wilmut asombró a los biólogos al anunciar que había clonado una oveja, llamada Dolly.

La **ilustración 15–12** muestra los pasos básicos por los que un animal puede ser clonado. Primero, se elimina el núcleo de un óvulo sin fecundar. Luego, el óvulo se fusiona con una célula donadora que contiene un núcleo, tomada de un adulto. El óvulo diploide resultante se desarrolla en un embrión, que se implanta después en la pared uterina de una madre adoptiva, donde se desarrolla hasta el nacimiento. Desde entonces se han producido vacas, cerdos, ratones e incluso gatos clonados usando técnicas similares.

15.2 Evaluación

Repaso de conceptos clave

1. a. Repasar Describe el proceso que usan los científicos para copiar el ADN.

b. Inferir ¿Por qué un científico desearía conocer la secuencia de una molécula de ADN?

2. a. Repasar ¿Cómo usan los científicos el ADN recombinante?

b. Usar analogías ¿En qué se parece la ingeniería genética a la programación por computadora?

3. a. Repasar ¿Qué es un organismo transgénico?

b. Comparar y contrastar Compara la transformación de una célula vegetal y de una célula animal.

PROBLEMA DE PRÁCTICA

4. Diseña un experimento para encontrar una forma de tratar trastornos causados por un solo gen. Plantea tu hipótesis y enumera los pasos que seguirías. (*Pista:* Piensa en los usos del ADN recombinante.)

BIOLOGY.com Search Lesson 15.2  GO • Self-Test • Lesson Assessment

15.3 Aplicaciones de la ingeniería genética

Preguntas clave

¿Cómo puede beneficiar la ingeniería genética a la agricultura y la industria?

¿Cómo puede mejorar la salud humana la tecnología del ADN recombinante?

¿Cómo se usa el ADN para identificar individuos?

Vocabulario

terapia genética o génica
chip de ADN
prueba de ADN
ciencias forenses

Tomar notas

Esquema Haz un esquema de esta lección usando los encabezados verdes y azules. A medida que leas, toma notas sobre las diferentes aplicaciones de la ingeniería genética.

PIÉNSALO ¿Has comido algún alimento modificado genéticamente hace poco? No te preocupes si no estás seguro de cómo responder esta pregunta. En Estados Unidos y muchos otros países, esta clase de alimento no tiene que estar rotulado en las tiendas de abarrotes o mercados. Pero si has comido productos de maíz, papa o soya en cualquiera de tus comidas esta semana, la probabilidad está cerca de 100% de que hayas comido alimentos modificados de alguna manera por medio de ingeniería genética.

Agricultura e industria

¿Cómo puede beneficiar la ingeniería genética a la agricultura y la industria?

Todo lo que comemos y mucho de lo que usamos para vestir viene de organismos vivos. No es sorprendente, entonces, que los investigadores hayan usado la ingeniería genética para tratar de mejorar los productos que obtenemos de las plantas y los animales. **De manera ideal, la modificación genética podría conducir a un alimento mejor, más barato y más nutritivo, al igual que a procesos de manufactura menos perjudiciales.**

Cultivos GM Desde su introducción en 1996, las plantas genéticamente modificadas (GM), como los frijoles de soya en la **ilustración 15–13,** se han vuelto un componente importante de nuestro suministro de alimentos. En 2007, los cultivos GM formaban 92% del frijol de soya, 86% del algodón y 80% del maíz cultivados en Estados Unidos. Un tipo de modificación que ha sido útil en la agricultura, usa genes bacterianos que producen una proteína llamada toxina Bt. Aunque es inofensiva para los humanos y la mayoría de los animales, las enzimas en los sistemas digestivos de insectos convierten la Bt en una forma mortal. Las plantas con el gen Bt, entonces, no tienen que ser rociadas con pesticidas. Además, producen un rendimiento mayor de los cultivos.

La resistencia a los insectos es sólo una de las características útiles que se están manipulando en los cultivos. Otras incluyen resistencia a los herbicidas, sustancias químicas que destruyen las malezas, y resistencia a infecciones virales. Algunas plantas transgénicas pueden producir pronto alimentos que son resistentes a la putrefacción. Se están desarrollando plantas GM que pueden producir plásticos.

ILUSTRACIÓN 15–13 Frijoles de soya GM Los frijoles de soya genéticamente modificados son un cultivo popular en Estados Unidos.

Analizar datos

Cultivos genéticamente modificados en Estados Unidos

Los agricultores estadounidenses han adoptado ampliamente cultivos GM desde su introducción en 1996. El frijol de soya, el algodón y el maíz han sido modificados para tolerar herbicidas y resistir el daño de los insectos. La gráfica de la derecha resume el grado en que fueron adoptados estos cultivos entre 1996 y 2007. Los rasgos modificados mostrados aquí incluyen tolerancia al herbicida (HT) y resistencia a los insectos (Bt).

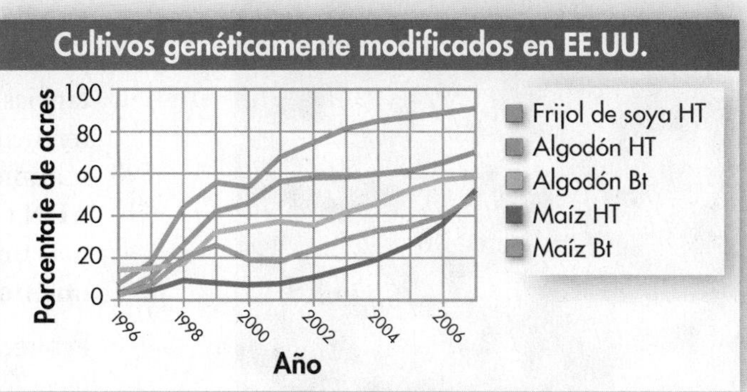

Fuente: U.S. Department of Agriculture Economic Research Service Data Sets

1. **Analizar datos** ¿Cuáles dos cultivos se adoptaron en forma más amplia y con mayor rapidez?

2. **Sacar conclusiones** ¿Por qué piensas que los niveles de adopción disminuyeron en ciertos puntos durante el período?

3. **Predecir** ¿Qué crees que pasará con los frijoles de soya HT y el maíz HT en los próximos años? ¿Por qué? Usa la gráfica para apoyar tu predicción.

4. **Inferir** ¿Por qué piensas que un número creciente de agricultores han elegido plantar cultivos con tolerancia a los herbicidas?

Animales GM Los animales transgénicos también se están volviendo más importantes para nuestro suministro de alimentos. Por ejemplo, alrededor de 30% de la leche en los mercados estadounidenses proviene de vacas que han sido inyectadas con hormonas hechas con técnicas de ADN recombinante para incrementar la producción de leche. Los cerdos pueden modificarse genéticamente para producir carne más magra o niveles altos de ácidos omega 3 saludables. Usando genes de la hormona del crecimiento, los científicos han desarrollado salmón transgénico que crece mucho más rápido que el salmón en estado natural. Este esfuerzo hace práctico criar a estos peces nutritivos en cautiverio en instalaciones de acuacultura que no amenazan a las poblaciones en libertad.

Cuando científicos en Canadá combinaron genes de araña en las células de cabras lactantes, éstas comenzaron a producir seda junto con su leche. Al extraer hebras de polímero de la leche y tejerlas en un hilo, podemos crear un material ligero, resistente y flexible que podría usarse en aplicaciones como uniformes militares, suturas médicas y cuerdas para raquetas de tenis. Los científicos están usando ahora genes humanos para desarrollar leche de cabra antibacteriana.

Los investigadores esperan que la clonación les permita hacer copias de animales transgénicos, lo cual incrementaría el suministro de alimentos e incluso podría ayudar a salvar a especies en peligro de extinción. En 2008, el gobierno de Estados Unidos aprobó la venta de carne y leche de animales clonados. Muchos agricultores y rancheros esperan que la tecnología de clonación les permita duplicar las mejores cualidades de animales premiados sin el tiempo y las complicaciones de la crianza tradicional.

En tu cuaderno *Describe las formas en que los organismos GM pueden beneficiar a la agricultura y la industria.*

ILUSTRACIÓN 15–14 Leche de cabra antibacteriana Los científicos están trabajando para combinar un gen para la lisozima, una proteína antibacteriana encontrada en las lágrimas y en la leche humanas, en el ADN de las cabras. La leche de estas cabras puede ayudar a prevenir infecciones en niños pequeños que la beban. **Aplica los conceptos** ***¿Qué acción esperan los científicos que tendrá el gen de lisozima en las cabras genéticamente modificadas?***

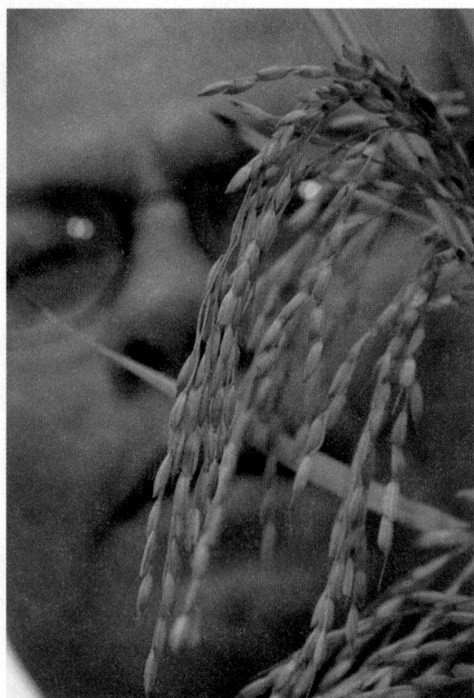

ILUSTRACIÓN 15–15 Arroz rico en proteínas El arroz dorado es una planta GM que contiene cantidades incrementadas de provitamina A, o beta caroteno. Dos genes manipulados en el genoma del arroz ayudan a los granos a producir y acumular beta caroteno. La intensidad del color dorado indica la concentración de beta caroteno en la parte comestible de la semilla de arroz.

Salud y medicina

¿Cómo puede mejorar la salud humana la tecnología del ADN recombinante?

La biotecnología, en su sentido más amplio, siempre ha sido parte de la medicina. Los primeros médicos extraían sustancias de plantas y animales para curar a sus pacientes. La medicina del siglo XX vio el uso de la vacunación para salvar innumerables vidas. **En la actualidad, la tecnología del ADN recombinante es la fuente de algunos de los avances más importantes y emocionantes en la prevención y tratamiento de las enfermedades.**

Prevenir la enfermedad Un desarrollo interesante en la tecnología transgénica es el arroz dorado, mostrado en la **ilustración 15–15.** Este arroz contiene cantidades incrementadas de provitamina A, también conocida como beta caroteno, un nutriente que es esencial para la salud humana. Las deficiencias de provitamina A producen problemas médicos graves, incluyendo la ceguera infantil. Hay esperanzas de que el arroz dorado rico en provitamina A ayude a prevenir estos problemas. Otros científicos están desarrollando plantas y animales transgénicos que producen anticuerpos humanos para luchar contra las enfermedades.

En el futuro, los animales transgénicos pueden proporcionarnos un suministro abundante de nuestras propias proteínas. Varios laboratorios han manipulado ovejas y cerdos transgénicos que producen proteínas humanas en su leche, lo que facilita recolectar y refinar las proteínas. Muchas de estas proteínas pueden usarse en la prevención de enfermedades.

Investigación médica Los animales transgénicos se usan con frecuencia como sujetos de prueba en la investigación médica. En particular pueden simular enfermedades humanas en las están involucrados genes defectuosos. Los científicos usan modelos basados en estas simulaciones para seguir el inicio y progresión de enfermedades y construir pruebas de fármacos nuevos que puedan ser útiles para el tratamiento. Este enfoque se ha usado para desarrollar modelos para trastornos como la enfermedad de Alzheimer y la artritis.

Tratamiento de la enfermedad Cuando se desarrollaron las técnicas de ADN recombinante para las bacterias, los biólogos se percataron casi de inmediato que la tecnología les daba la esperanza de hacer algo que nunca se había hecho antes: hacer proteínas importantes que pudieran prolongar e incluso salvar vidas humanas. Por ejemplo, la hormona del crecimiento humano, usada para tratar pacientes que padecen de enanismo hipofisario, antes era escasa. La hormona del crecimiento humano ahora está disponible en forma amplia debido a que la producen en serie las bacterias recombinantes. Otros productos ahora hechos en bacterias manipuladas genéticamente incluyen la insulina para tratar la diabetes, factores de coagulación sanguínea para hemofílicos, y moléculas que podrían luchar contra el cáncer como la interleucina 2 y el interferón.

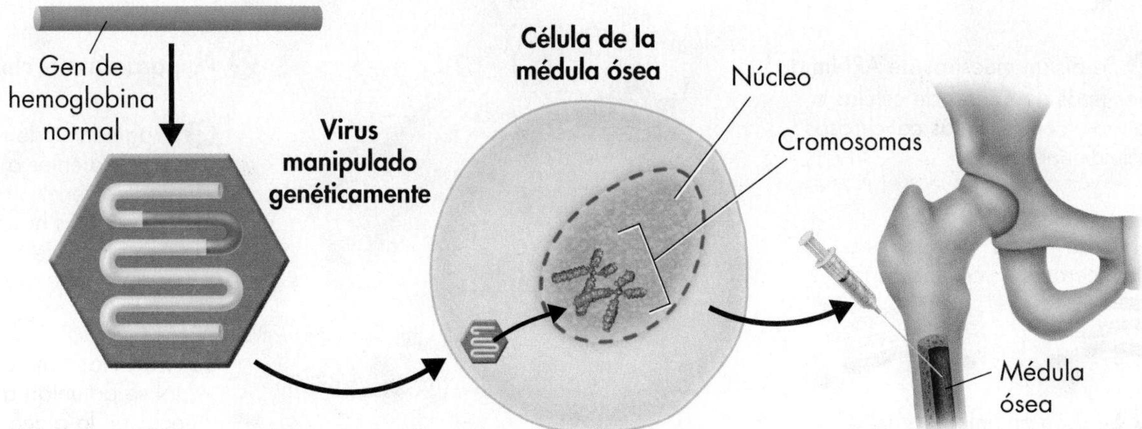

ILUSTRACIÓN 15–16 Cómo puede usarse la terapia genética La terapia genética usa genes normales para agregar o reemplazar genes defectuosos o para aumentar una función normal como la inmunidad. **Interpretar material visual** ***¿Cómo se está usando el virus en este diagrama?***

Si un individuo padece de un gen faltante o defectuoso, ¿podemos reemplazar ese gen con uno sano y arreglar el problema? El campo experimental de la terapia genética intenta responder esta interrogante. La **terapia genética o génica** es el proceso de cambiar un gen para tratar una enfermedad o trastorno médico. En la terapia genética, un gen ausente o defectuoso se reemplaza con un gen que funcione normalmente. Este proceso permite al cuerpo elaborar la proteína o enzima que necesita, lo cual elimina la causa del trastorno.

La idea de usar terapia genética para curar enfermedades surgió de los avances importantes en la biología molecular logrados en los pasados 20 años, incluyendo el Proyecto Genoma Humano. La **ilustración 15–16** muestra una de las formas en que los investigadores han intentado llevar a cabo la terapia genética. Para entregar el gen correcto, o terapéutico, a las células afectadas, o meta, los investigadores manipulan primero un virus que no puede reproducirse ni causar efectos perjudiciales. Colocan ADN que contiene el gen terapéutico en el virus modificado, y luego infectan las células del paciente con él. En teoría el virus insertará el gen sano en la célula meta y corregirá el defecto. El desafío, sin embargo, es entregar un gen que funcione en forma correcta a largo plazo. A pesar de ser promisoria, en la mayoría de los casos la terapia genética sigue siendo un procedimiento experimental de alto riesgo. Para que la terapia genética se vuelva un tratamiento aceptado, necesitamos formas más confiables de insertar genes que funcionen y asegurar que el ADN usado en la terapia no será perjudicial.

Pruebas genéticas Si dos futuros padres sospechan que llevan los alelos para un trastorno genético como la fibrosis quística (CF), ¿cómo podrían comprobarlo con certeza? Debido a que el alelo CF tiene secuencias de ADN ligeramente diferentes de su contraparte normal, las pruebas genéticas que usan sondas de ADN etiquetadas pueden distinguirlo. Como muchas pruebas genéticas, la prueba CF usa secuencias de ADN específicas que detectan las secuencias de base complementarias encontradas en los alelos que causan la enfermedad. Otras pruebas genéticas buscan cambios en sitios de corte de enzimas restrictivas. Algunas usan PCR para detectar diferencias entre las longitudes de alelos normales y anormales. Ahora se dispone de pruebas genéticas para diagnosticar cientos de trastornos.

ILUSTRACIÓN 15–17 Un voluntario valiente La terapia genética puede ser riesgosa. En 1999, Jesse Gelsinger, de 18 años de edad, se ofreció como voluntario para un experimento de terapia genética diseñado para tratar un trastorno genético de su hígado. Él padeció una reacción masiva de los virus usados para transportar los genes a sus células hepáticas, y murió unos pocos días después. El caso de Jesse deja claro que los experimentos con terapia genética deben hacerse con gran precaución.

1 Preparación de la sonda de ADNc

a Se aíslan muestras de ARNm de dos tipos diferentes de células o tejidos, como células cancerosas y células normales.

ARNm de células cancerosas

ARNm de células normales

b Se usan enzimas para preparar moléculas de ADN complementario (ADNc) de ambos grupos de ARNm. Se adjuntan etiquetas fluorescentes contrastantes a ambos grupos de ADNc (rojo para uno, verde para el otro).

ADNc de células cancerosas

ADNc de células normales

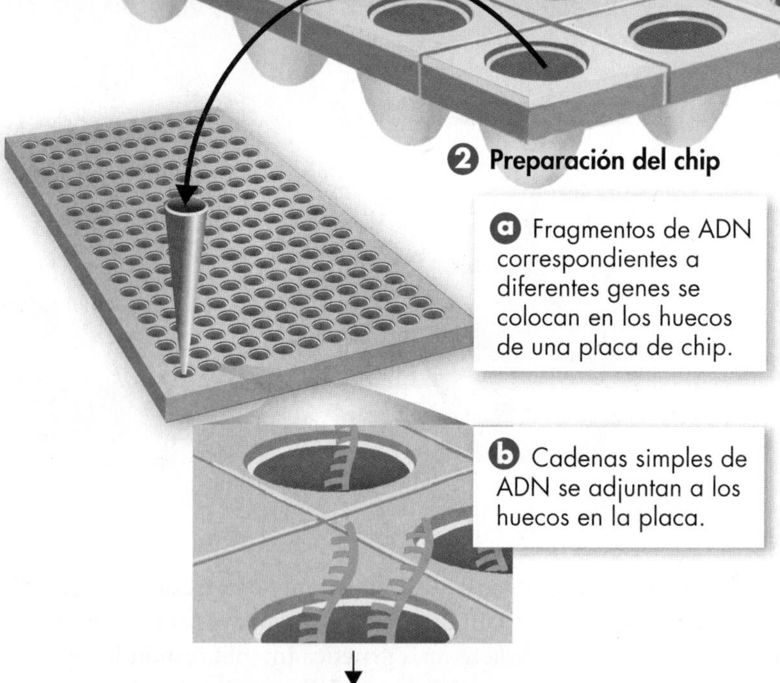

2 Preparación del chip

a Fragmentos de ADN correspondientes a diferentes genes se colocan en los huecos de una placa de chip.

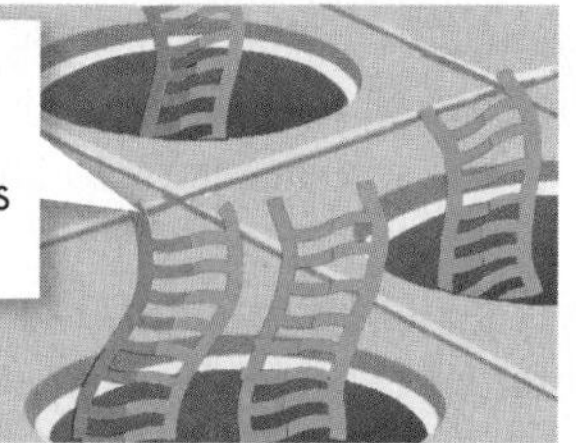

b Cadenas simples de ADN se adjuntan a los huecos en la placa.

3 Combinación de la sonda y las muestras en el chip

Moléculas de ADNc etiquetadas se enlazan a secuencias complementarias en la placa.

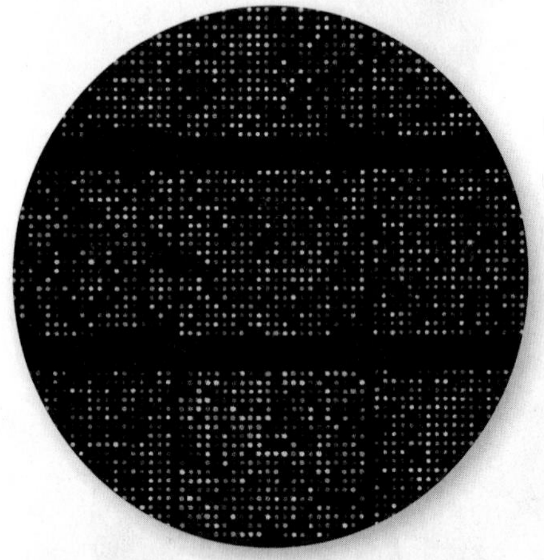

ILUSTRACIÓN 15–18 Analizar la actividad de los genes Los chips de ADN ayudan a los investigadores a explorar las causas genéticas subyacentes de muchas enfermedades humanas.

Examinar genes activos Aun cuando todas las células en el cuerpo humano contienen material genético idéntico, no están activos los mismos genes en todas las células. Al estudiar cuáles genes están activos y cuáles están inactivos en diferentes células, los científicos pueden entender cómo funcionan las células normalmente y qué sucede cuando los genes no funcionan como deberían. En la actualidad, los científicos usan tecnología de **chip de ADN** para estudiar cientos o incluso miles de genes a la vez para entender sus niveles de actividad. Un chip de ADN es un portaobjetos de vidrio o un chip de silicio al que se le han adjuntado fuertemente gotas de ADN de una sola cadena. Por lo común cada gota contiene un fragmento de ADN diferente. Se usan etiquetas de colores diferentes para rotular la fuente del ADN.

Supón, por ejemplo, que deseas comparar los genes expresados de manera anormal en células cancerosas con los genes en células normales del mismo tejido. Después de aislar el ARNm de ambos tipos de células, usarías una enzima para copiar la secuencia de bases del ARNm en ADN de una sola cadena rotulado con colores fluorescentes, rojo para la célula cancerosa y verde para la célula normal. A continuación mezclarías ambas muestras de ADN rotulado y les permitirías competir para enlazarse a las secuencias de ADN complementarias que ya están en el chip. Si la célula cancerosa produce más de una forma particular de ARNm, entonces más moléculas rotuladas en rojo se enlazarán en la gota para ese gen, convirtiéndola en roja. Donde la célula normal produce más ARNm para otro gen, esa gota será verde. Donde no hay diferencia entre los dos tipos de células, la gota será amarilla debido a que contiene ambos colores. La **ilustración 15–18** muestra cómo se construye y usa un chip de ADN.

❶ Los cromosomas contienen muchas regiones con secuencias de ADN repetidas que no codifican para proteínas. Éstas varían de una persona a otra. Aquí, una muestra tiene 12 repeticiones entre los genes A y B, mientras la segunda muestra tiene 9 repeticiones entre los mismos genes.

❷ Se usan enzimas restrictivas para cortar el ADN en fragmentos que contienen genes y repeticiones. Nota que los fragmentos repetidos de estas dos muestras son de largos diferentes.

❸ Los fragmentos de restricción se separan según su tamaño usando electroforesis en gel. Los fragmentos de ADN que contienen repeticiones se etiquetan luego usando sondas radiactivas. Esta etiquetación produce una serie de bandas: la prueba de ADN.

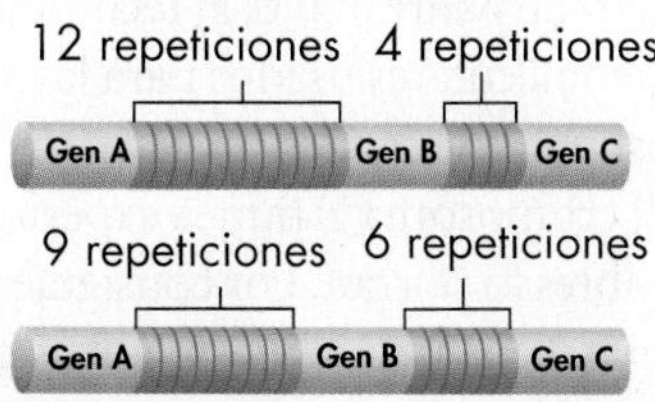

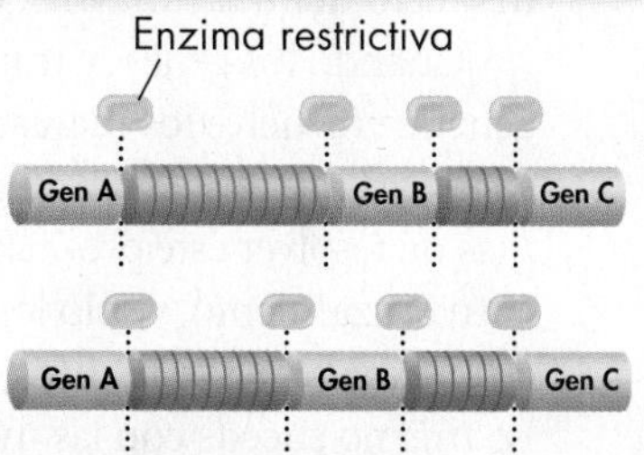

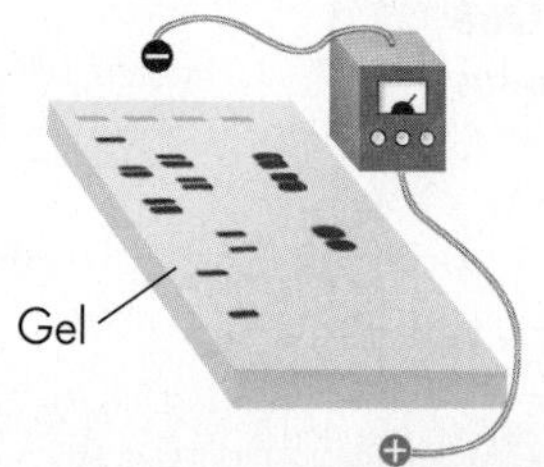

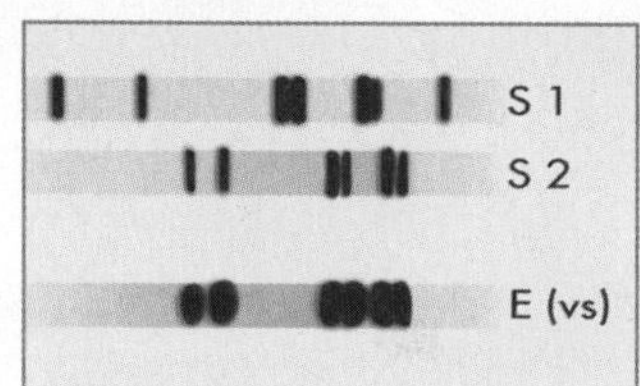

Prueba de ADN

ILUSTRACIÓN 15–19 Identificación de individuos La prueba de ADN puede usarse para determinar la identidad de una persona. Es útil en especial para resolver crímenes. El diagrama de arriba muestra cómo los científicos relacionan la evidencia de ADN de una escena del crimen con dos posibles sospechosos. **Interpretar gráficas** ***¿La prueba de ADN de arriba se relaciona con el sospechoso 1 (S1) o con el sospechoso 2 (S2)? ¿Cómo lo sabes?***

Identificación personal

¿Cómo se usa el ADN para identificar individuos?

La complejidad del genoma humano asegura que ningún individuo es exactamente igual a cualquier otro desde el punto de vista genético, con excepción de los gemelos idénticos, quienes comparten el mismo genoma. La biología molecular ha usado este hecho para desarrollar una herramienta poderosa llamada **prueba de ADN** para usarla en la identificación de individuos. **La prueba de ADN analiza secciones del ADN que pueden tener poca o ninguna función pero que varían ampliamente de un individuo a otro.** Este método se muestra en la **ilustración 15–19**. Primero, enzimas restrictivas cortan una pequeña muestra de ADN humano. A continuación, la electroforesis en gel separa los fragmentos de restricción por tamaño. Luego, una sonda de ADN detecta los fragmentos que tienen regiones muy variables, revelando una serie de bandas de ADN de diversos tamaños. Si se usan suficientes combinaciones de enzimas y sondas, el patrón resultante de bandas puede distinguirse estadísticamente del de cualquier otro individuo en el mundo. Las muestras de ADN pueden obtenerse de la sangre, esperma o tejido, incluso de un cabello si tiene tejido en la raíz.

Ciencias forenses La prueba de ADN se ha usado en Estados Unidos desde finales de la década de 1980. Su precisión y confiabilidad han revolucionado las **ciencias forenses,** el estudio científico de las pruebas en la escena del crimen. La prueba de ADN ha ayudado a resolver crímenes, condenar a criminales e incluso revocar condenas injustas. Hasta la fecha, la evidencia del ADN ha salvado de sentencias de muerte a más de 110 prisioneros condenados injustamente.

El ADN forense también se usa en la conservación de la fauna y la flora. Los elefantes africanos son una especie muy vulnerable. Los cazadores furtivos, que matan a los animales sobre todo por sus preciosos colmillos, han reducido su población en forma dramática. Para detener el tráfico de marfil, los funcionarios africanos usan ahora pruebas de ADN para identificar los rebaños de los que ha sido tomado el marfil del mercado negro.

En tu cuaderno *Describe el proceso de la prueba de ADN.*

PISTA DEL MISTERIO

¿Qué clase de evidencia piensas que reunieron los investigadores en la escena del crimen? ¿Qué clase de pruebas habrían realizado con esta evidencia? ¿Qué habrían mostrado las pruebas antes que el sospechoso fuera liberado?

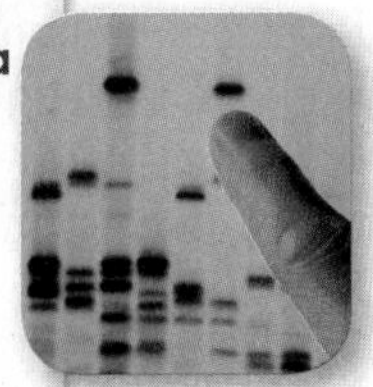

Establecer relaciones En casos de disputas por paternidad, ¿cómo determina el sistema judicial al padre legítimo de un niño? Las pruebas de ADN facilitan encontrar alelos llevados por el niño que no concuerdan con los de la madre. Cualquiera de esos alelos debe provenir del padre biológico del niño, y se mostrarán en su prueba de ADN. La probabilidad de que esos alelos se mostrarán en un hombre seleccionado al azar es menor que 1 en 100,000. Esto significa que la probabilidad de que un hombre dado sea el padre del niño debe ser mayor que 99.99% para confirmar su paternidad.

Cuando los genes se transmiten de padre a hijo, la recombinación genética revuelve los marcadores moleculares usados para la prueba de ADN, así que puede ser difícil rastrear la ascendencia. Hay dos formas de resolver este problema. El cromosoma Y nunca experimenta entrecruzamiento, y sólo los hombres lo portan. Por consiguiente, los cromosomas Y pasan directamente de padre a hijo con pocos cambios. Lo mismo sucede con las moléculas de ADN pequeñas encontradas en la mitocondria. Éstas se transmiten, con muy pocos cambios, de madre a hijo en el citoplasma del óvulo.

Debido a que el ADN mitocondrial se transmite en forma directa de madre a hijo, tu ADN mitocondrial es el mismo que el de tu madre, el cual es igual al de la madre de ella. Esto significa que si dos personas tienen una concordancia exacta en su ADN mitocondrial, entonces hay una probabilidad muy buena de que compartan un antepasado materno común. El análisis del cromosoma Y se ha usado en la misma forma y ha ayudado a los investigadores a dirimir cuestiones históricas antiguas. Una de ellas, ¿el presidente Thomas Jefferson era el padre del hijo de una esclava?, pudo haberse respondido en 1998. Los exámenes de ADN mostraron que los descendientes del hijo de Sally Hemings, una esclava de la finca de Jefferson en Virginia, portaba el cromosoma Y de él. Este resultado sugiere que Jefferson era el padre del niño, aunque la Fundación Thomas Jefferson puso en duda esta conclusión.

15.3 Evaluación

Repaso de conceptos clave

1. a. Repasar Da dos aplicaciones prácticas para las plantas transgénicas y dos para los animales transgénicos.

b. Inferir ¿Qué podría suceder si se introdujeran peces genéticamente modificados en una instalación de acuacultura?

2. a. Repasar Nombra tres usos para la tecnología de ADN recombinante.

b. Aplica los conceptos Las medicinas interactúan con las proteínas del cuerpo. ¿Cómo afectarían las variaciones normales en tus genes a tu respuesta a diferentes medicinas?

3. a. Repasar Enumera los pasos en la prueba de ADN.

b. Inferir ¿Por qué la prueba de ADN es más precisa si las muestras son cortadas con más de una enzima restrictiva?

PROBLEMA DE PRÁCTICA

4. Usando enzimas restrictivas y electroforesis en gel, escribe los pasos de un protocolo en el que pruebes para el alelo de un gen que causa un trastorno genético.

BIOLOGY.com Search Lesson 15.3  • Self-Test • Lesson Assessment

ecnología y BIOLOGÍA

¿Vida artificial?

En 2008, los científicos del Instituto J. Craig Venter en Rockville, Maryland, produjeron un genoma sintético con más de medio millón de pares de bases de ADN. Puede que no pase mucho antes que células artificiales que contengan genomas similares puedan cultivarse en el laboratorio. ¿Cómo? Primero se produce en el laboratorio una molécula completa de ADN, que contenga el conjunto mínimo de la información genética necesaria para mantener viva a una célula. Luego, esa molécula se inserta en una célula viva para reemplazar el ADN de la célula. El resultado es una célula cuyo genoma es sintético. Los científicos esperan que esta técnica ayude a diseñar células para fines específicos, como captar energía solar o manufacturar biocombustibles.

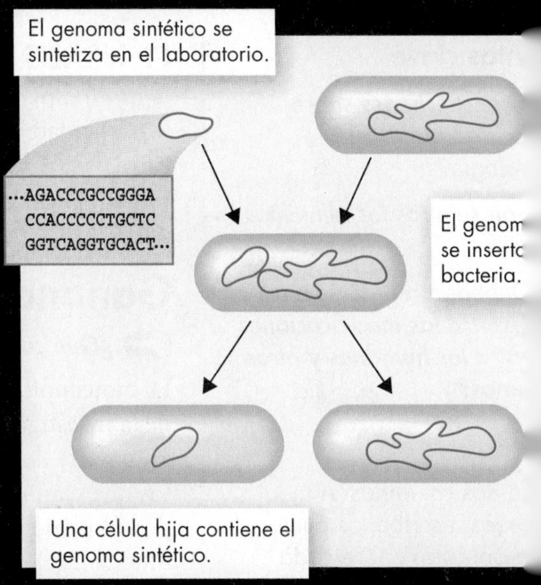

El genoma sintético se sintetiza en el laboratorio.
...AGACCCGCCGGGA
CCACCCCCTGCTC
GGTCAGGTGCACT...
El genom
se inserta
bacteria.
Una célula hija contiene el genoma sintético.

▲ **Sintetizar un genoma**
Una forma de sintetizar vida es reempl genoma de una célula con una molécu ADN artificial. Como resultado, la divis lar puede producir una célula hija que sólo el genoma hecho por el hombre.

ESCRITURA **¿Cuáles son las cuestiones éticas en la producción de organismos sintéticos? Si fueras un científico que trabaja en estos avances, ¿cómo abordarías estas cuestiones? Describe tus ideas en un ensayo.**

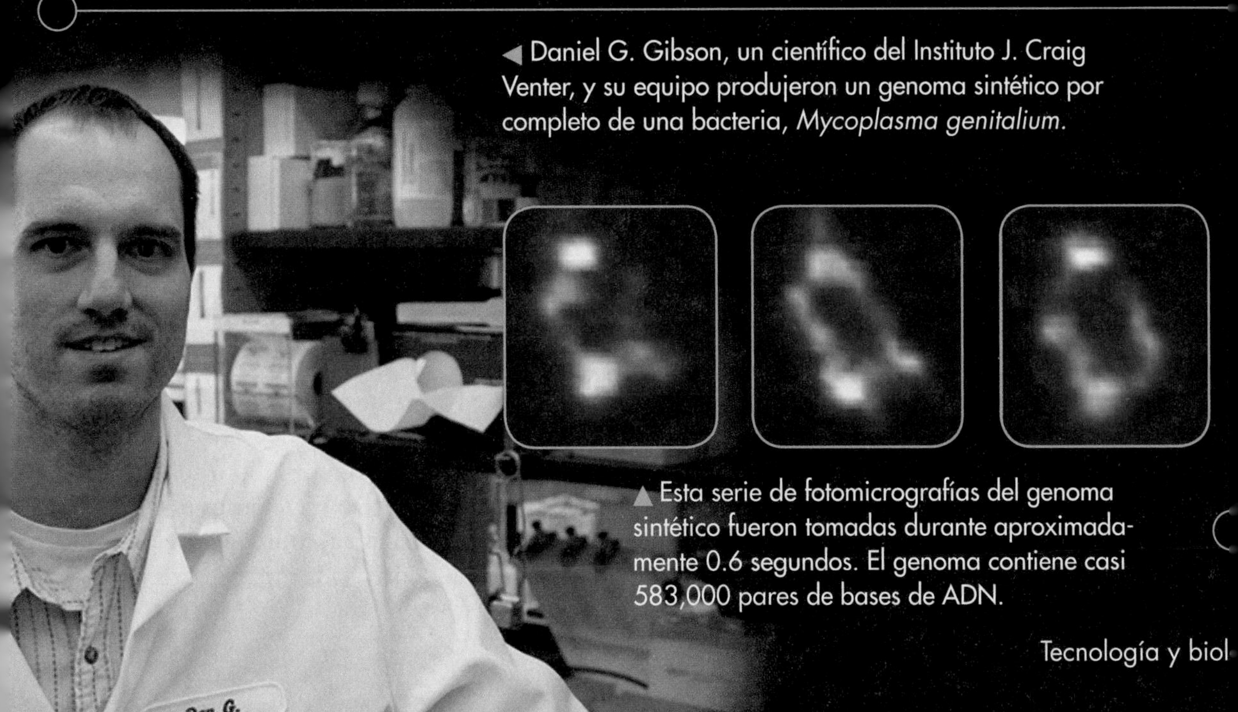

◀ Daniel G. Gibson, un científico del Instituto J. Craig Venter, y su equipo produjeron un genoma sintético por completo de una bacteria, *Mycoplasma genitalium*.

▲ Esta serie de fotomicrografías del genoma sintético fueron tomadas durante aproximadamente 0.6 segundos. El genoma contiene casi 583,000 pares de bases de ADN.

15.4 Ética e impacto de la biotecnología

Preguntas clave

¿Qué cuestiones sobre la privacidad plantea la biotecnología?

¿Son seguros los alimentos GM?

¿Deberían regularse en forma estricta las modificaciones genéticas a los humanos y otros organismos?

Tomar notas

Tabla de dos columnas A medida que leas, escribe los puntos de vista opuestos sobre cada cuestión ética.

PIÉNSALO Hace años una película de ciencia ficción titulada *Gattaca* especuló sobre un mundo futuro en el que la genética determina la capacidad de las personas para tener éxito en la vida. En la película, la escolaridad, los prospectos de trabajo y los derechos legales son determinados con rigidez por un análisis del ADN del individuo el día en que nace. ¿Nos estamos acercando a esta clase de sociedad?

Ganancias y privacidad

¿Qué cuestiones sobre la privacidad plantea la biotecnología?

La biotecnología privada y las compañías farmacéuticas hacen mucha de la investigación que implica a plantas y animales GM. Su meta es en gran parte desarrollar nuevos cultivos, fármacos, pruebas u otros productos que sean rentables. Como la mayoría de los inventores, protegen sus descubrimientos e innovaciones con patentes. Una patente es una herramienta legal que le da a un individuo o a una compañía el derecho exclusivo de obtener ganancias por sus innovaciones por un número de años.

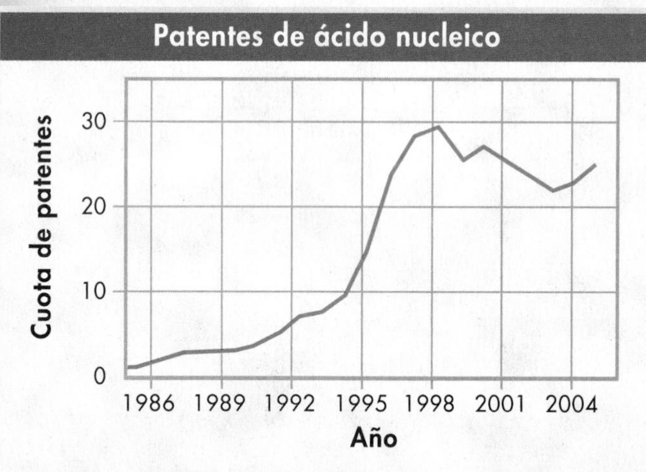

ILUSTRACIÓN 15–20 Patentar los ácidos nucleicos Esta gráfica muestra el aumento en el número de patentes de ácido nucleico entre 1985 y 2005.

Patentar la vida Cuando piensas en patentes, quizá piensas en un inventor protegiendo una máquina o dispositivo nuevo. Pero también pueden patentarse las moléculas y las secuencias de ADN. De hecho, más o menos un quinto de los genes conocidos en el genoma humano ahora están patentados comercialmente. Incluso técnicas de laboratorio como la PCR se han patentado. Cuando un científico desea realizar una prueba PCR, debe pagar una cuota por la licencia para usar este proceso.

La capacidad para patentar pretende estimular el descubrimiento y los avances en la medicina y la industria. Después de todo, los poseedores de patentes tienen una buena probabilidad de cosechar recompensas financieras grandes. En ocasiones, sin embargo, quienes tienen patentes demandan cuotas altas que impiden que otros científicos exploren ciertas líneas de investigación. Esto fue lo que sucedió en el desarrollo del arroz dorado enriquecido con provitamina A, una planta GM descrita en la lección 15.3. Aun después que se desarrolló el arroz, las disputas por las patentes lo mantuvieron lejos de las manos de los agricultores por años.

Ahora considera la información contenida en tu propio genoma. **¿Tienes derechos exclusivos sobre tu ADN? ¿Deberías poder mantener confidencial tu información genética, como los titulares de patentes?** En cuanto a tu ADN, ¿a cuánta privacidad tienes derecho?

Propiedad genética Uno de los sitios más consagrados en Estados Unidos es el que se muestra en la **ilustración 15–21**. Es la Tumba de los Desconocidos en el Cementerio Nacional de Arlington, cerca de Washington, D.C. Ahí están enterrados los restos de soldados estadounidenses no identificados que pelearon en las guerras de nuestra nación. La tumba también sirve como un punto de encuentro para honrar y recordar a aquellos miembros del servicio perdidos en combate cuyos cuerpos nunca fueron recuperados.

La biotecnología ofrece la esperanza de que nunca haya otro soldado desconocido. El ejército de Estados Unidos ahora requiere que todo el personal dé una muestra de ADN cuando comienzan su servicio. Esas muestras de ADN se archivan y se usan, de ser necesario, para identificar los restos de individuos que perecen en cumplimiento del deber. En muchas formas, esta práctica es un consuelo para las familias de militares, quienes pueden tener la seguridad que los restos de un ser querido pueden ser identificados de manera apropiada para enterrarlos.

Pero, ¿qué pasa si el gobierno desea usar la muestra de ADN de un individuo para otro propósito, en una investigación criminal o en una demanda de paternidad? ¿Qué tal si los proveedores de seguros de gastos médicos manejan sus políticas de atención de la salud con base en una predisposición genética a la enfermedad? Por ejemplo, supón que, años después de dar una muestra de ADN, un individuo es retirado del empleo o rechazado para el seguro de salud debido a un defecto genético detectado en la muestra. ¿Este sería un uso justo y razonable de la información genética?

Después de considerar este asunto por años, el Congreso de Estados Unidos aprobó el Decreto de No Discriminación de la Información Genética, la cual se convirtió en ley en 2008. Este decreto protege a los estadounidenses contra la discriminación basada en su información genética. Los médicos y especialistas en ética esperan que esto conducirá a un uso más efectivo de la información genética personal, sin temor del prejuicio en la obtención de seguros de gastos médicos o empleo.

ILUSTRACIÓN 15–21 Identidades desconocidas La Tumba de los Desconocidos en el Cementerio Nacional de Arlington contiene los restos de soldados estadounidenses desconocidos de la Primera y Segunda Guerra Mundial, la Guerra de Corea y, hasta 1998, la Guerra de Vietnam. **Formar una opinión** ***¿Debería usarse la prueba de ADN para identificar los restos de los soldados enterrados ahí? ¿Por qué?***

Seguridad de los transgénicos

¿Son seguros los alimentos GM?

Existe mucha controversia respecto a los alimentos a los que se les ha alterado su ADN por medio de ingeniería genética. La mayor parte de los cultivos GM en la actualidad son cultivados en Estados Unidos, aunque agricultores de todo el mundo han comenzado a hacer lo mismo. ¿Los alimentos de cultivos GM son iguales que los preparados de cultivos obtenidos de manera tradicional?

Ventajas de los alimentos GM Las compañías que producen semillas para cultivos GM dirían que las plantas GM en realidad son mejores y más seguras que otros cultivos. Los agricultores las eligen porque producen mayores rendimientos, reduciendo la cantidad de tierra y energía que deben dedicarse a la agricultura y disminuyendo el costo de los alimentos para todos.

Las plantas GM resistentes a los insectos necesitan poco, o ningún, insecticida para crecer con éxito, reduciendo la posibilidad de que residuos químicos entren en el suministro de alimento y disminuyendo el daño al ambiente. Además, los alimentos GM han estado disponibles ampliamente por más de una década. **Minuciosos estudios de esos alimentos no han proporcionado ningún sustento científico a las preocupaciones sobre su seguridad, y al parecer los alimentos hechos de plantas GM son seguros para comer.**

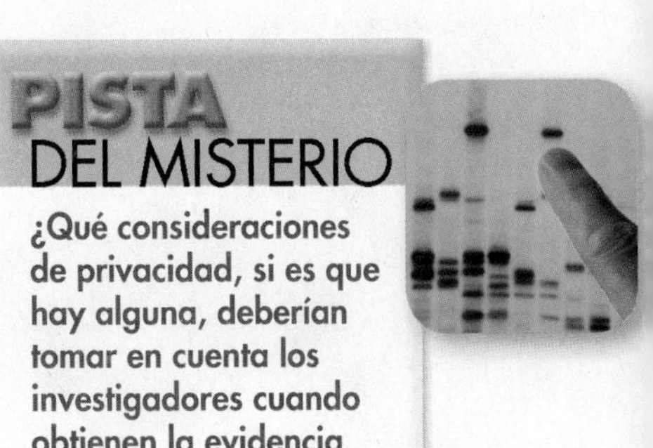

PISTA DEL MISTERIO

¿Qué consideraciones de privacidad, si es que hay alguna, deberían tomar en cuenta los investigadores cuando obtienen la evidencia de ADN?

Actividad rápida de laboratorio
INVESTIGACIÓN DIRIGIDA

Opiniones sobre biotecnología

1. Selecciona tres cuestiones de seguridad, legales o éticas relacionadas con la ingeniería genética.
2. Diseña una encuesta para preguntar a las personas sus opiniones sobre estas cuestiones.
3. Busca 15 personas que respondan tu encuesta.
4. Reúne las encuestas y tabula las respuestas.

Analizar y concluir

1. Analizar datos ¿Todos los que respondieron estuvieron de acuerdo en algún punto? ¿En cuál o cuáles?

2. Sacar conclusiones Si hubieras encuestado a más personas, ¿habrías encontrado más o menos acuerdo en las respuestas? ¿Por qué?

3. Evaluar ¿Qué tan informadas sobre la biotecnología estaban las personas que encuestaste? Si fueras un político o funcionario de gobierno, ¿cómo actuarías según los resultados de tu encuesta?

Desventajas de los alimentos GM Los críticos reconocen algunos beneficios de los alimentos genéticamente modificados, pero también señalan que no se ha hecho ningún estudio a largo plazo de los peligros que podrían presentar. **Aun si el alimento GM en sí no presenta riesgos, hay muchas preocupaciones serias sobre las consecuencias imprevistas que puede tener en la agricultura un cambio a la agricultura y la ganadería GM.** Algunos piensan que la resistencia a los insectos manipulada en plantas GM pueda matar a insectos benéficos. Otros dicen que el uso de plantas resistentes a herbicidas químicos puede conducir al uso excesivo de estos compuestos.

Otra preocupación es que las patentes sobre las semillas GM sean demasiado caras que obliguen a los pequeños agricultores a dejar el negocio, en especial en el mundo en desarrollo. No está claro si estas preocupaciones deberían bloquear el uso más amplio de estas biotecnologías nuevas, pero seguirán siendo controvertidas.

En Estados Unidos, las regulaciones federales actuales tratan por igual a los alimentos GM y a los que no son GM. No se requiere que los alimentos GM pasen pruebas de seguridad especiales antes de entrar al mercado. No se requiere una etiqueta que identifique un producto como GM a menos que sus ingredientes sean muy diferentes de su contraparte convencional. La posibilidad de que la carne de animales GM pueda entrar pronto al suministro de alimentos ha aumentado las preocupaciones sobre la etiquetación. Algunos estados han comenzado a considerar una legislación para requerir la etiquetación de alimentos GM, que informe al consumidor.

En tu cuaderno *Indica ventajas y desventajas de alimentos GM.*

La ética de la nueva biología

¿Deberían regularse en forma estricta las modificaciones genéticas a los humanos y otros organismos?

"Conócete a ti mismo." Los antiguos griegos grabaron en piedra este buen consejo, y ha guiado el comportamiento humano desde entonces. La biotecnología nos ha permitido conocernos cada vez más. Pero conlleva una responsabilidad.

Has visto lo fácil que es mover genes de un organismo a otro. Por ejemplo, puede extraerse el gen GFP de una medusa y dividirse en genes que codifican proteínas celulares importantes. Esta capacidad ha conducido a nuevos descubrimientos significativos sobre la forma en que funcionan las células.

La misma tecnología GFP se usó para crear el pez cebra fluorescente de la **ilustración 15–22**. Estos peces, junto con los ratones, renacuajos, conejos e incluso gatos fluorescentes, han contribuido a nuestra comprensión de las células y las proteínas. Pero la capacidad para alterar las formas de vida para cualquier propósito, científico o no, plantea interrogantes importantes. **Sólo porque tenemos la tecnología para modificar las características de un organismo, ¿se justifica que lo hagamos?**

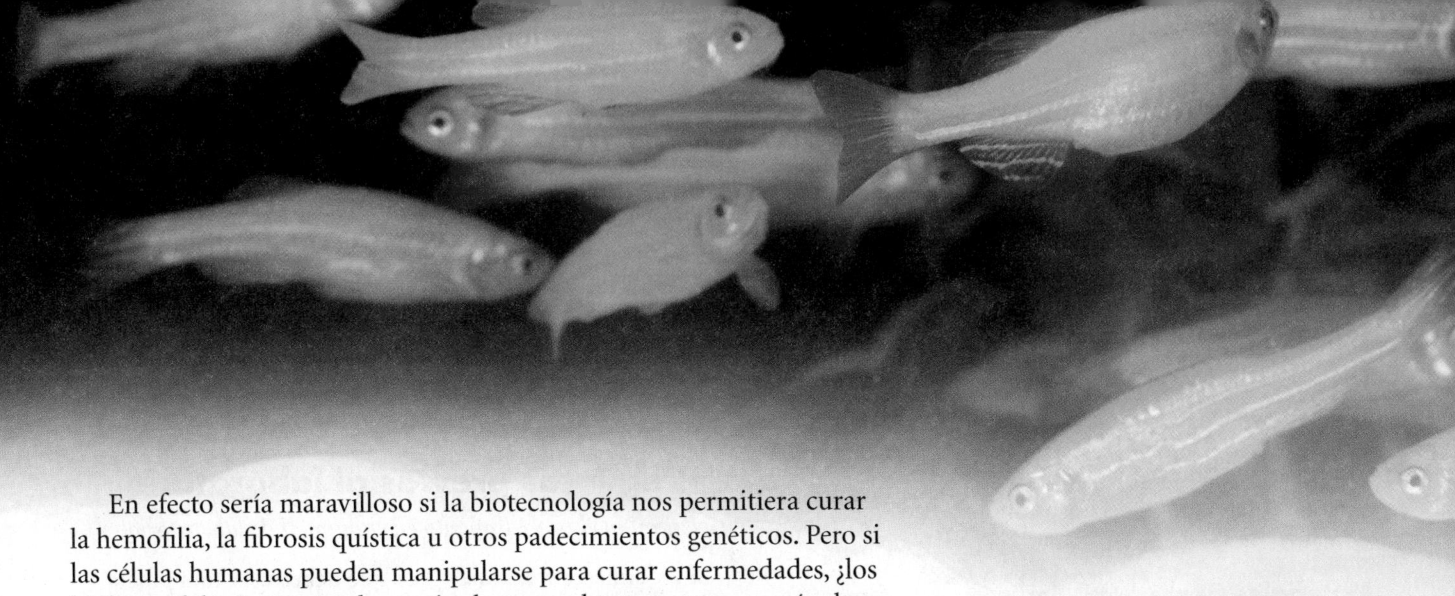

En efecto sería maravilloso si la biotecnología nos permitiera curar la hemofilia, la fibrosis quística u otros padecimientos genéticos. Pero si las células humanas pueden manipularse para curar enfermedades, ¿los biólogos deberían tratar de manipular para obtener personas más altas o cambiar su color de ojos, textura del cabello, sexo, grupo sanguíneo o apariencia? ¿Qué le sucederá a la especie humana cuando tengamos la oportunidad de diseñar nuestros cuerpos o los de nuestros hijos? ¿Cuáles serán las consecuencias si los biólogos desarrollan la capacidad para clonar seres humanos haciendo copias idénticas de sus células? Éstas son las cuestiones con las que debe enfrentarse la sociedad.

El objetivo de la biología es obtener una mejor comprensión de la naturaleza de la vida. Sin embargo, conforme aumenta nuestro conocimiento, también lo hace nuestra capacidad para manipular la genética de los seres vivos, incluyendo a nosotros mismos. En una nación democrática, todos los ciudadanos, no sólo los científicos, son responsables de asegurar que las herramientas que nos ha dado la ciencia se usen con sensatez. Esto significa que deberías estar preparado para ayudar a desarrollar un consenso bien razonado y ético de lo que debería hacerse y lo que no debería hacerse con el genoma humano. De lo contrario, perderíamos el control de dos de nuestros dones más preciados: nuestro intelecto y nuestra humanidad.

ILUSTRACIÓN 15–22 Obtener más comprensión Estos peces cebra fluorescentes fueron criados originalmente para ayudar a los científicos a detectar contaminantes ambientales. En la actualidad, estudiar peces fluorescentes nos ayuda a entender el cáncer y otras enfermedades. Los peces también se venden al público con fines comerciales.

15.4 Evaluación

Repaso de conceptos clave

1. a. **Repasar** ¿Qué es una patente?
   b. **Aplica los conceptos** ¿Cómo podría afectar la biotecnología tu privacidad?
2. a. **Repasar** ¿Qué son los alimentos genéticamente modificados?
   b. **Formar una opinión** ¿Un vegetariano debería preocuparse por comer una planta GM que contiene ADN del gen de un cerdo? Apoya tu respuesta con detalles del texto.
3. a. **Repasar** ¿Cuáles son las principales preocupaciones sobre la ingeniería genética expuestas en esta lección o en el capítulo?
   b. **Preguntar** Escribe tres preguntas específicas sobre las implicaciones éticas, sociales o legales de la ingeniería genética que no aparezcan en esta lección. Por ejemplo, ¿cómo afecta la información genética personal a la autoidentificación?

ESCRIBIR SOBRE LAS CIENCIAS

Persuasión

4. Los biólogos pueden ser capaces algún día de usar la ingeniería genética para alterar los rasgos heredados de un niño. ¿Bajo qué circunstancias, si es que hay alguna, debería usarse esta capacidad? Escribe un párrafo persuasivo expresando tu opinión.

BIOLOGY.com Search Lesson 15.4  • Self-Test • Lesson Assessment

Laboratorio forense

INVESTIGACIÓN DIRIGIDA

Preparación para el laboratorio: Usar el ADN para resolver casos criminales

Problema ¿Cómo pueden usarse muestras de ADN para conectar a un sospechoso con una escena del crimen?

Materiales bloque de gel, cámara de electroforesis, solución amortiguadora, vaso de precipitados de 250 mL, regla métrica, muestras de ADN, micropipetas con émbolo de metal, baterías de 9 voltios, cables eléctricos, bandeja de tinción, tintura para ADN, cilindro graduado de 100 mL, reloj o temporizador

Manual de laboratorio Laboratorio del Capítulo 15

Destrezas Medir, comparar y contrastar, sacar conclusiones

Conectar con la gran idea Los científicos que trabajaron en el Proyecto Genoma Humano tuvieron que desarrollar métodos para secuenciar e identificar genes. Esos métodos se han usado desde entonces para muchas otras aplicaciones. Por ejemplo, las bacterias genéticamente alteradas se usan para producir grandes cantidades de fármacos que salvan vidas. Otro ejemplo es el uso de la evidencia de ADN para resolver crímenes. En esta actividad, prepararás y compararás "huellas", o perfiles, de ADN.

Preguntas preliminares

a. Repasar ¿Qué característica del genoma humano hace que el ADN sea una herramienta poderosa para resolver crímenes?

b. Repasar ¿Qué tienen en común los segmentos de ADN que se usan para hacer perfiles de ADN?

c. Aplica los conceptos Cuando los científicos forenses desean determinar si dos muestras de ADN provienen de la misma persona, analizan más de una sección de ADN. ¿Por qué los resultados serían menos confiables si los científicos compararan sólo una sección de ADN?

Preguntas previas al laboratorio

Examina el procedimiento en el manual de laboratorio.

1. Controlar variables ¿Por qué debes usar una pipeta nueva para cargar cada muestra de ADN?

2. Relacionar causa y efecto ¿Por qué las muestras de ADN se separan en bandas conforme se mueven por el gel?

3. Inferir ¿Por qué se agrega tinte púrpura de seguimiento a las muestras de ADN?

BIOLOGY.com Search Chapter 15 GO

Visita el Capítulo 15 en línea para hacer una autoevaluación del capítulo y para buscar actividades que apoyan tu aprendizaje.

Untamed ScienceVideo La crianza de pichones ayuda al equipo de *Untamed Science* a descubrir los misterios de la ingeniería genética.

Art in Motion Observa un corto de animación que le da vida a la transformación bacteriana.

Art Review Repasa tu comprensión de la prueba de ADN con esta actividad de arrastrar y soltar.

Data Analysis Analiza los datos de nutrición y genéticos sobre deficiencias de nutrientes y los cultivos manipulados genéticamente para mejorar la nutrición.

15 Guía de estudio

La gran idea La ciencia como fuente de conocimiento

La ingeniería genética permite a los científicos manipular los genomas de seres vivos. Los científicos pueden usar bacterias para insertar el ADN de un organismo en otro organismo. El ADN recombinante tiene aplicaciones para la agricultura, la industria, la medicina y las ciencias forenses. Al mismo tiempo, hay cuestiones éticas, legales, de seguridad y sociales que rodean al uso de la ingeniería genética.

15.1 Reproducción selectiva

Los humanos usan la reproducción selectiva, que aprovecha la variación genética natural, para transmitir los rasgos deseados a la siguiente generación de organismos.

Los criadores pueden incrementar la variación genética en una población al introducir mutaciones, que son la fuente primordial de diversidad biológica.

reproducción selectiva (418)
hibridación (419)
endogamia (419)
biotecnología (419)

15.2 ADN recombinante

El primer paso del método de la reacción en cadena de la polimerasa para copiar un gen es calentar una pieza de ADN, que separa sus dos hebras. Luego, conforme el ADN se enfría, las sondas se enlazan a las hebras sencillas. A continuación, el ADN polimerasa comienza a copiar la región entre las sondas. Estas copias pueden servir como plantillas para hacer todavía más copias.

La tecnología del ADN recombinante, unir ADN de dos o más fuentes, hace posible cambiar la composición genética de los organismos vivos.

Los organismos transgénicos pueden producirse por la inserción de ADN recombinante en el genoma de un organismo anfitrión.

reacción en cadena de la polimerasa (423)
ADN recombinante (424)
plásmido (424)
marcador genético (425)
transgénico (426)
clon (427)

15.3 Aplicaciones de la ingeniería genética

De manera ideal, la modificación genética podría conducir a un alimento mejor, más barato y más nutritivo, al igual que a procesos de manufactura menos perjudiciales.

La tecnología del ADN recombinante permite avanzar en la prevención y tratamiento de enfermedades.

La prueba de ADN analiza secciones de ADN que varían ampliamente de un individuo a otro.

terapia genética o génica (431)
chip de ADN (432)
prueba de ADN (433)
ciencias forenses (433)

15.4 Ética e impacto de la biotecnología

¿Deberías poder mantener confidencial tu información genética, como los titulares de patentes?

Minuciosos estudios de los alimentos GM no han proporcionado sustento científico a las preocupaciones sobre su seguridad.

Hay muchas preocupaciones sobre las consecuencias imprevistas que puede tener en la agricultura un cambio a la agricultura y la ganadería GM.

Sólo porque tenemos la tecnología para modificar las características de un organismo, ¿se justifica que lo hagamos?

Razonamiento visual Completa el siguiente mapa de conceptos.

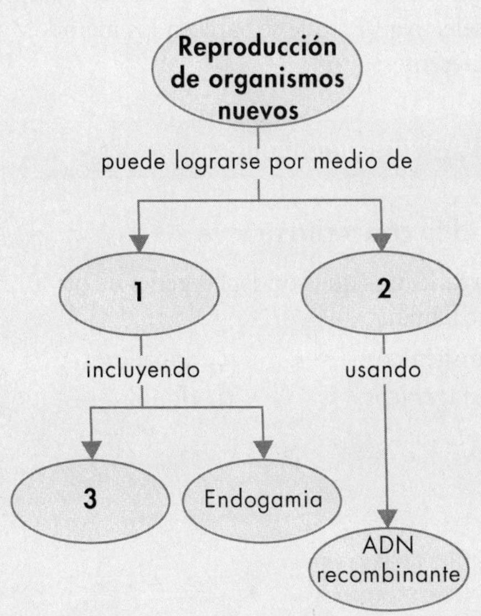

15 Evaluación

15.1 Reproducción selectiva

Comprender conceptos clave

1. Cruzar a individuos distintos para unir sus mejores características se llama
   a. domesticación. c. hibridación.
   b. endogamia. d. poliploidía.

2. Cruzar a individuos con características similares de modo que esas características aparezcan en su descendencia se llama
   a. endogamia. c. recombinación.
   b. hibridación. d. poliploidía.

3. Sacar ventaja de las variaciones que ocurren de manera natural en los organismos para pasar rasgos deseados a generaciones futuras se llama
   a. reproducción selectiva. c. hibridación.
   b. endogamia. d. mutación.

4. ¿Cómo producen los criadores variaciones genéticas que no se encuentran en la naturaleza?

5. ¿Qué es la poliploidía? ¿Cuándo es útil esta condición?

Razonamiento crítico

6. **Proponer una solución** Supón que un productor de plantas tiene un rosal sin espinas con flores rosas sin aroma, un rosal espinoso con flores amarillas de aroma dulce y un rosal espinoso con flores púrpura sin aroma. ¿Cómo podría desarrollar este productor una variedad pura de rosas púrpura sin espinas y de aroma dulce?

7. **Comparar y contrastar** La hibridación y la endogamia son métodos importantes usados en la reproducción selectiva. ¿En qué se parecen los métodos? ¿En qué son diferentes?

15.2 ADN recombinante

Comprender conceptos clave

8. Los organismos que contienen genes de otros organismos se llaman
   a. transgénicos. c. donadores.
   b. mutagénicos. d. clones.

9. ¿Qué proceso se muestra abajo?
   a. clonación
   b. transformación
   c. hibridación
   d. reacción en cadena de la polimerasa

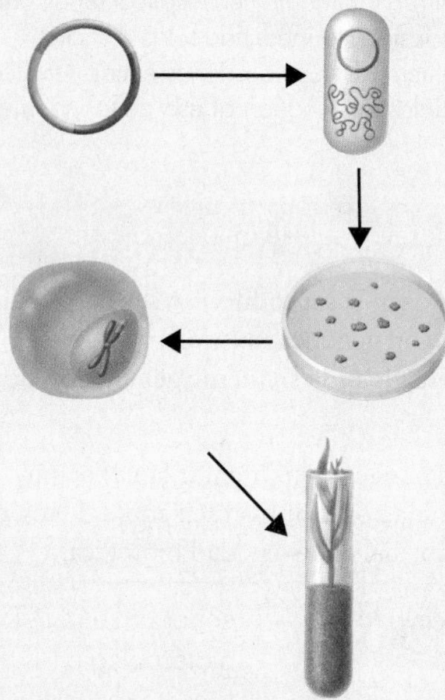

10. Cuando la transformación celular es exitosa, el ADN recombinante
    a. experimenta mutación.
    b. es tratado con antibióticos.
    c. se vuelve parte del genoma de la célula transformada.
    d. se vuelve un núcleo.

11. Las bacterias con frecuencia contienen pequeñas moléculas circulares de ADN conocidas como
    a. clones. c. plásmidos.
    b. cromosomas. d. híbridos.

12. Un miembro de una población de células genéticamente idénticas producido a partir de una sola célula es un
    a. clon. c. mutante.
    b. plásmido. d. secuencia.

13. Describe qué sucede durante una reacción en cadena de la polimerasa.

14. Explica qué son los marcadores genéticos y describe cómo los usan los científicos.

15. ¿En qué difiere una planta transgénica de una planta híbrida?

Razonamiento crítico

16. Aplica los conceptos Describe una o más ventajas de producir insulina y otras proteínas por medio de la ingeniería genética.

17. Aplica los conceptos Las bacterias y los seres humanos son organismos muy diferentes. ¿Por qué a veces es posible combinar su ADN y usar una bacteria para hacer una proteína humana?

15.3 Aplicaciones de la ingeniería genética

Comprender conceptos clave

18. ¿Cuál de las siguientes características se manipula genéticamente con frecuencia en las plantas de cultivo?
- **a.** sabor mejorado
- **b.** resistencia a los herbicidas
- **c.** tiempos más cortos para la cosecha
- **d.** tallos más gruesos

19. Una sustancia que se ha manipulado genéticamente en arroz transgénico tiene el potencial para tratar
- **a.** cáncer.
- **b.** presión arterial alta.
- **c.** deficiencia de vitamina A.
- **d.** malaria.

20. Los médicos pueden examinar en busca de un trastorno genético usando
- **a.** un chip de ADN.
- **b.** PCR.
- **c.** análisis de enzimas restrictivas.
- **d.** secuenciación de ADN.

21. Describe cómo podría usarse un chip de ADN para distinguir células normales de células cancerosas.

22. Describe dos usos importantes para la prueba de ADN.

Razonamiento crítico

23. Inferir Si la médula espinal de un paciente humano fue extirpada, alterada genéticamente y reimplantada, ¿el cambio sería transmitido a los hijos del paciente? Explica tu respuesta.

resuelve el MISTERIO del CAPÍTULO

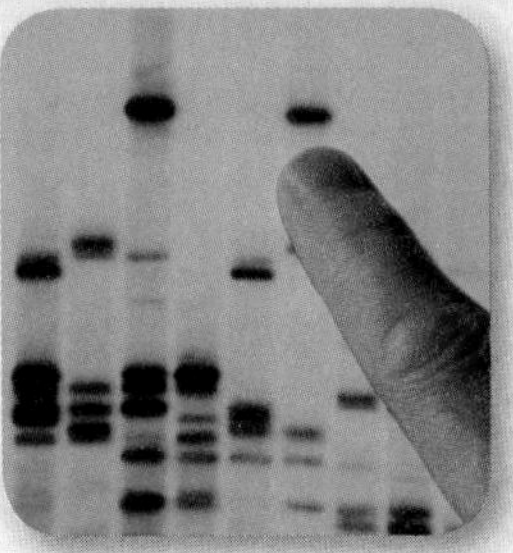

CASO DE IDENTIFICACIÓN ERRÓNEA

El primer sospechoso tuvo suerte. Veinte años antes, habría sido un caso clarísimo. Pero para 1998, la prueba de ADN estaba disponible ampliamente. Después que la policía tuvo en custodia al sospechoso, los científicos forenses examinaron el ADN en las manchas de sangre de su camisa. Dentro de unas pocas horas, sabían que tenían al sospechoso equivocado. En breve, la policía atrapó al verdadero atacante, quien después fue enjuiciado y condenado por el crimen.

1. **Inferir** ¿Cómo determinaron los investigadores que la persona que tenían en custodia no era culpable de este crimen?
2. **Aplica los conceptos** ¿La evidencia de ADN de las manchas de sangre provenía de los glóbulos rojos, los glóbulos blancos o de ambos? Explica tu respuesta.
3. **Predecir** ¿Qué pasaría si el sospechoso inicial estuviera relacionado con la víctima? ¿Habría cambiado el resultado? ¿Por qué?
4. **Conectar con la gran idea** ¿Qué podría haber sucedido si este crimen se hubiera cometido antes que se descubriera la prueba de ADN? Describe la serie de sucesos que podría haber tenido lugar después que la policía atrapó al primer sospechoso.

15.4 Ética e impacto de la biotecnología

Comprender conceptos clave

24. El derecho a obtener ganancias por una tecnología genética nueva está protegido por

- **a.** obtener un derecho de reproducción para el método.
- **b.** descubrir un nuevo gen.
- **c.** obtener una patente.
- **d.** publicar su descripción en una revista.

25. ¿Cuál de los siguientes es más probable que se use en un caso judicial para determinar quién es el padre de un hijo particular?

- **a.** análisis de chip
- **b.** prueba de ADN
- **c.** terapia genética o génica
- **d.** ingeniería genética

26. Da un ejemplo de una desventaja asociada con patentar genes.

27. ¿Cuál es un argumento usado por los críticos de los alimentos genéticamente modificados?

Razonamiento crítico

28. Predecir Enumera tres formas en las que los organismos manipulados genéticamente podrían usarse en el futuro.

29. Evaluar Tus amigos sugieren que la ingeniería genética hace posible que los biólogos produzcan un organismo con cualquier combinación de características, por ejemplo, un animal con el cuerpo de un sapo y las alas de un murciélago. ¿Piensas que ésta es una afirmación razonable? Explica tu respuesta.

Relacionar conceptos

Usar gráficas científicas

Usa la tabla que sigue para responder la pregunta 30.

Enzimas restrictivas de ADN

Enzima	Secuencia de reconocimiento
*Bgl*III	A↓G A T C T T C T A G↑A
*Eco*RI	G↓A A T T C C T T A A↑G
*Hind*III	A↓A G C T T T T C G A↑A

30. Aplica los conceptos Copia la siguiente secuencia de ADN y escribe su cadena complementaria.

ATGAGATCTACGGAATTCTCAAGCTTGAATCG

¿En dónde corta la cadena de ADN cada enzima restrictiva que está en la tabla?

Escribir sobre las ciencias

31. Explicación Tu periódico local ha publicado un editorial contra el uso de la modificación genética. Afirma que la modificación genética todavía es demasiado nueva, y que la reproducción selectiva tradicional puede lograr las mismas cosas que la modificación genética. Escribe una carta al editor apoyando u oponiéndote a esta posición.

32. Evalúa la gran idea Describe en forma breve los pasos principales implicados en la inserción de un gen humano en una bacteria.

Analizar datos

Las preguntas 30 a 35 se refieren al diagrama, el cual muestra los resultados de una prueba de laboratorio criminal.

33. Inferir Describe en forma breve los métodos biotecnológicos que se habrían usado para producir los resultados que se muestran a la derecha.

34. Comparar y contrastar ¿En qué se parecen y en qué difieren las bandas de los jeans y la camisa?

35. Sacar conclusiones Según los resultados mostrados, ¿qué conclusiones podría presentar un fiscal a un jurado durante un juicio penal?

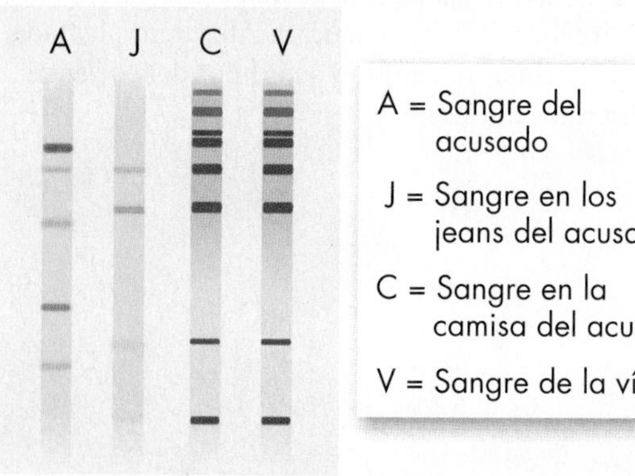

Preparación para exámenes estandarizados

Selección múltiple

1. La poliploidía puede producir de manera instantánea tipos nuevos de organismos que son más grandes y más fuertes que sus parientes diploides en
A animales.
B plantas.
C bacterias.
D hongos.

2. ¿Cuál de las siguientes características NO se aplican a un plásmido?
A hecho de ADN
B encontrado en células bacterianas
C tiene lazos circulares
D se encuentra en células animales

3. Para separar fragmentos de ADN entre sí, los científicos usan
A reacción en cadena de la polimerasa.
B chips de ADN.
C electroforesis en gel.
D enzimas restrictivas.

4. Las enzimas restrictivas cortan las moléculas de ADN
A en nucleótidos individuales.
B en lugares aleatorios.
C en secuencias cortas específicas para cada tipo de enzima.
D en piezas de tamaño igual.

5. La expresión de miles de genes a la vez puede seguirse usando
A reacción en cadena de la polimerasa.
B transformación de plásmidos.
C enzimas restrictivas.
D chips de ADN.

6. Las plantas de cultivo manipuladas genéticamente pueden beneficiar a los agricultores al
A reducir la cantidad de tierra que se requiere para cultivarlas.
B introducir sustancias químicas en el ambiente.
C incrementar la resistencia de un animal a los antibióticos.
D cambiar los genomas de otras plantas de cultivo.

7. Los marcadores genéticos permiten a los científicos
A clonar animales.
B separar cadenas de ADN.
C sintetizar antibióticos.
D identificar células transformadas.

Preguntas 8 y 9

La gráfica que sigue muestra el número de copias precisas de ADN producidas por la reacción en cadena de la polimerasa.

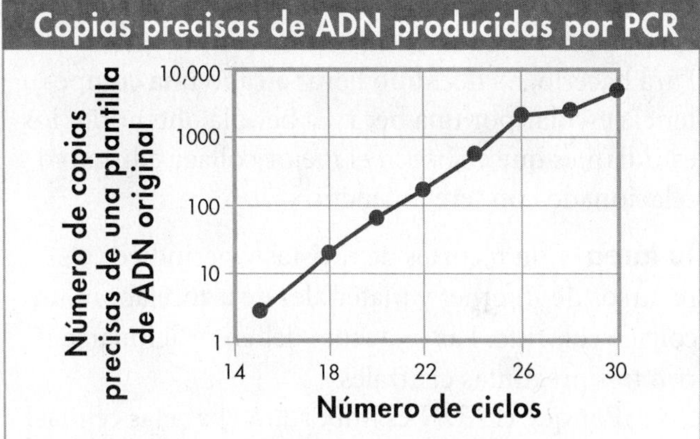

8. ¿Qué puedes concluir sobre los ciclos 18 a 26?
A La PCR produjo copias precisas de la plantilla de ADN a una velocidad exponencial.
B La cantidad de ADN producida por PCR se duplicó con cada ciclo.
C Las copias de ADN producidas por PCR no fueron copias precisas de la plantilla de ADN original.
D La velocidad a la que la PCR produjo copias precisas de la plantilla de ADN disminuyó en ciclos posteriores.

9. Según la gráfica, ¿cuál de los siguientes podría haber sucedido entre los ciclos 26 y 28?
A La PCR dejó de producir copias precisas de la plantilla.
B Aumentó la velocidad de la reacción.
C Toda la plantilla de ADN se agotó.
D Ocurrió una mutación.

Respuesta de desarrollo

10. ¿Por qué las bacterias son capaces de hacer proteínas humanas cuando se inserta un gen humano en ellas con un plásmido?

Si tienes dificultades con...

la pregunta	1	2	3	4	5	6	7	8	9	10
Ver la lección	15.1	15.2	15.2	15.2	15.3	15.4	15.2	15.2	15.2	15.3

Proyecto de la unidad

Collage genético

La genética es un campo de estudio fascinante y cada vez es más importante para la sociedad. Un laboratorio genético de tu ciudad desea aumentar la conciencia pública acerca de la importancia de la genética. Para hacerlo, ha decidido llevar a cabo una competencia escolar por una beca. La beca la obtendrán los estudiantes que elaboren el mejor collage educativo relacionado con temas genéticos.

Tu tarea Con recortes de revistas y periódicos, recursos de Internet y materiales de arte, elabora un collage colorido. Las imágenes deben relacionarse con tres preguntas centrales:

1) ¿Por qué el ADN es importante para las células?
2) ¿Por qué el ADN es importante para ti, como ser humano?
3) ¿Por qué el ADN es importante para la sociedad?

Asegúrate de

- comunicar las respuestas a las preguntas anteriores a través de las imágenes, palabras y frases que elijas.
- diseñar con mucho cuidado tu collage de manera que sea claro y organizado.

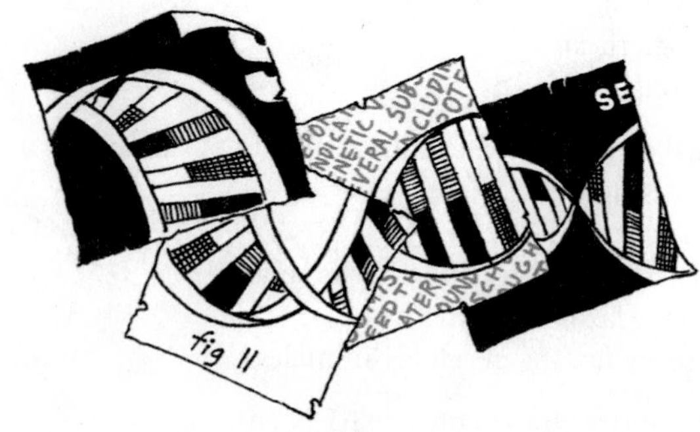

Preguntas de reflexión

1. **Califica tu collage usando la escala siguiente. ¿Qué puntuación obtuviste?**
2. **¿Qué hiciste bien en este proyecto?**
3. **¿Qué necesitas mejorar en tu collage?**
4. **¿Qué podría una persona que no sabe mucho acerca del ADN aprender de tu collage?**

Escala de evaluación

Puntuación	Contenido científico	Calidad del collage
4	El collage incluye varias imágenes importantes y detalladas relacionadas con las tres preguntas centrales. El estudiante demuestra profunda comprensión acerca de los temas genéticos.	El collage es claro, organizado y creativo.
3	El collage incluye importantes imágenes relacionadas con las tres preguntas centrales. El estudiante demuestra comprensión adecuada de los temas genéticos.	El collage está bien diseñado y organizado.
2	El collage carece de algunas ideas importantes o incluye varias ideas intrascendentes. El estudiante demuestra nivel de comprensión limitado de los temas genéticos.	El collage podría estar mejor diseñado y organizado.
1	El collage carece de varias ideas importantes. El estudiante demuestra falta de comprensión significativa.	El collage es poco claro y carece de un diseño sustancial.

Evolución

UNIDAD 5

Capítulos

PRESENTAR las grandes ideas

- **Evolución**
- **Unidad y diversidad de la vida**

"La teoría de la evolución de Darwin mediante la selección natural suele conocerse como 'la idea científica más importante hasta el día de hoy'. La teoría evolutiva ofrece la mejor explicación científica de la unidad y diversidad de la vida. Unifica a todos los seres vivos en un único árbol de la vida y nos recuerda que los seres humanos formamos parte de la naturaleza. Conforme los investigadores exploran los misterios que entraña la evolución, continúan maravillándose del genio y gran visión que tuvo Darwin acerca del mundo natural".

16 La teoría de la evolución de Darwin

La gran idea **Evolución**

P: ¿Qué es la selección natural?

BIOLOGY.com Search Chapter 16 GO • Flash Cards

EN ESTE CAPÍTULO:

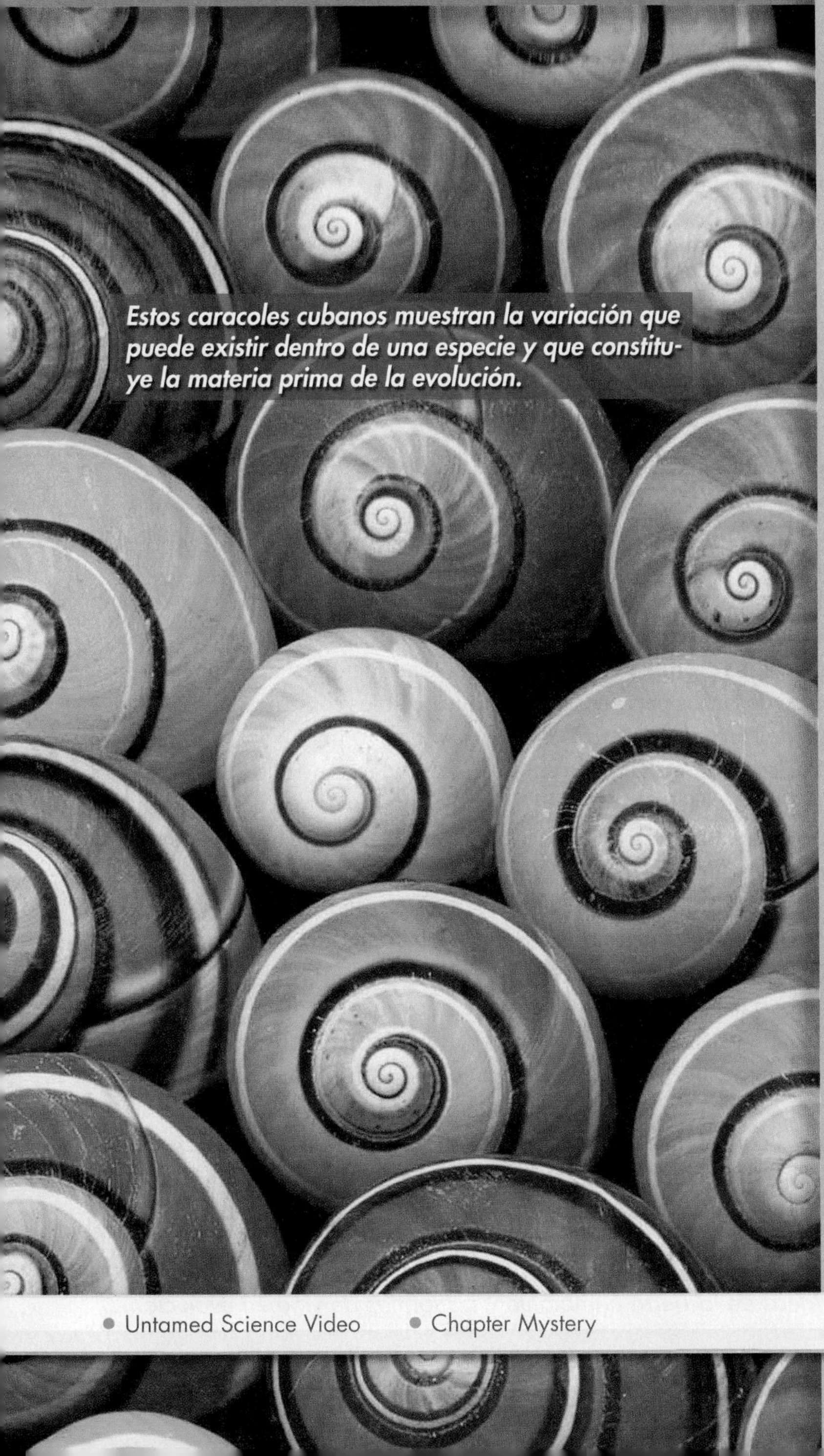

Estos caracoles cubanos muestran la variación que puede existir dentro de una especie y que constituye la materia prima de la evolución.

MISTERIO DEL CAPÍTULO

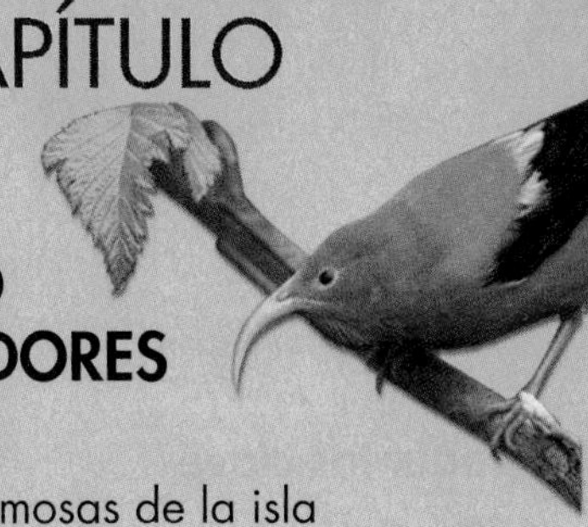

GRAN VARIEDAD DE TREPADORES MIELEROS

Las selvas brumosas de la isla hawaiana de Kauai son hogar de aves que no se encuentran en ningún otro lugar de la Tierra. Si caminas al atardecer, las escucharás antes de verlas. Su canto llena el aire con una bella música. Después, ves un ave roja brillante con alas negras llamada ʻiʻiwi. Observas que usa su pico largo y curvo para extraer el néctar de las flores de los árboles ʻohiʻa.

El ʻiʻiwi es sólo una de varias especies de trepadores mieleros hawaianos, todas ellas relacionadas con los pinzones. Varias se alimentan de néctar, insectos, semillas o frutos. Pero muchas sólo se alimentan de semillas o néctar de las plantas hawaianas.

¿Cómo llegaron estas aves a Hawai? ¿Por qué su dieta se especializó tanto? A medida que leas este capítulo, busca pistas para explicar el número y diversidad de los trepadores mieleros hawaianos. Después, resuelve el misterio.

Continúa explorando el mundo.
Hallar la solución al misterio de los trepadores es sólo el principio. Emprende un viaje de campo en video con los genios ecólogos de *Untamed Science* para ver adónde conduce este misterio.

- Untamed Science Video
- Chapter Mystery

16.1 El viaje de descubrimiento de Darwin

Preguntas clave

¿Cuál fue la contribución de Charles Darwin a la ciencia?

¿Cuáles son los tres patrones de biodiversidad que observó Darwin?

Vocabulario

evolución
fósil

Tomar notas

Vistazo al material visual Antes de leer, observa la **ilustración 16–1.** Resume brevemente la ruta que tomó el *Beagle.*

DESARROLLAR el vocabulario

PALABRAS RELACIONADAS En biología, el sustantivo **evolución** significa "proceso por el que los organismos han cambiado con el tiempo". El verbo *evolucionar* significa "cambiar con el tiempo".

PIÉNSALO Si hubieras conocido al joven Charles Darwin, quizá no habrías pensado que sus ideas cambiarían la forma en que vemos el mundo. De niño, no fue un estudiante estrella. Prefería observar las aves y leer por el placer de estudiar. Su padre alguna vez se quejó: "Serás una desgracia para ti y para toda tu familia". Sin embargo, Charles algún día propondría una de las teorías científicas más importantes de todos los tiempos; lejos de convertirse en la desgracia que su padre alguna vez temió.

Viaje épico de Darwin

¿Cuál fue la contribución de Charles Darwin a la ciencia?

Charles Darwin nació en Inglaterra el 12 de febrero de 1809; el mismo día que Abraham Lincoln. Creció en una época en que la concepción científica del mundo natural estaba cambiando de manera radical. Los geólogos sugerían que la Tierra era muy antigua y que había cambiado con el paso del tiempo. Los biólogos sugerían que la vida en la Tierra también había cambiado. El proceso de cambio con el paso del tiempo se llama **evolución.** **Darwin desarrolló una teoría científica de la evolución biológica que explica cómo evolucionaron los organismos modernos de generación en generación y en el transcurso de largos periodos a partir de ancestros comunes.**

El viaje de Darwin comenzó en 1831, cuando lo invitaron a navegar en el HMS *Beagle* en un viaje de cinco años a lo largo de la ruta que se muestra en la **ilustración 16-1.** El capitán y su tripulación debían trazar el mapa de la línea costera de América del Sur. Darwin planeaba reunir especímenes de plantas y animales. Nadie lo sabía, pero éste sería uno de los viajes más importantes de la historia. ¿Por qué? Porque el viaje del *Beagle* llevó a Darwin a desarrollar lo que se ha pensado que es la mejor idea que alguien haya tenido jamás.

Si crees que la evolución consiste sólo en explicar la historia antigua de la vida, quizá te preguntes por qué es tan importante. Pero el trabajo de Darwin ofrece perspectivas vitales acerca del mundo de hoy, pues muestra la forma en que el mundo vivo cambia constantemente. Estas perspectivas nos ayudan a comprender fenómenos modernos como la resistencia de las bacterias a los medicamentos y las enfermedades que han surgido recientemente como la influenza aviar.

En tu cuaderno *Con lo que sabes de ecología, explica la relación entre las ideas de la Tierra cambiante y las formas de vida en evolución.*

Observaciones a bordo del *Beagle*

¿Cuáles son tres patrones de biodiversidad que observó Darwin?

Coleccionista de insectos y conchas desde su juventud, a Darwin siempre le fascinó la diversidad biológica. Durante su viaje, la variedad y cantidad de diferentes organismos que encontró lo maravilló. En un recorrido de un solo día por la selva brasileña, reunió 68 especies de escarabajos, ¡aunque no buscaba escarabajos en particular!

Darwin llenó sus cuadernos con observaciones de las características y hábitats de las diferentes especies que veía. Pero no se conformó con describir la diversidad biológica. Deseaba explicarla de una forma científica. Mantuvo sus ojos y mente abiertos a patrones más amplios en los cuales pudieran encajar sus observaciones. Conforme viajaba, observó tres patrones claros de diversidad biológica: las especies (1) varían globalmente, (2) varían localmente y (3) varían con el tiempo.

Las especies varían globalmente Darwin visitó una gran variedad de hábitats en los continentes de América del Sur, Australia y África, y anotó sus observaciones. Por ejemplo, encontró aves incapaces de volar y que vivían en el suelo llamados rheas o ñandúes que habitaban en los pastizales de América del Sur. Los rheas se parecen a los avestruces y actúan como ellos. Sin embargo, habitan sólo en América del Sur, y los avestruces únicamente viven en África. Cuando Darwin visitó los pastizales de Australia, encontró otro ave grande que no volaba, el emú. **Darwin observó que especies animales diferentes, pero ecológicamente similares, moraban en hábitats separados, pero ecológicamente similares, por todo el mundo.**

Darwin también observó que los conejos y otras especies que habitaban los pastizales europeos no se hallaban en los pastizales de América del Sur y Australia. Es más, los pastizales australianos albergaban canguros y otros animales que no se encontraban en ningún otro lugar. ¿Qué significaban estos patrones de distribución geográfica? ¿Por qué diferentes aves no voladoras vivían en pastizales similares por toda América del Sur, Australia y África, pero no en el hemisferio norte? ¿Por qué no había conejos en los hábitats australianos que parecían ser ideales para ellos? ¿Y por qué no había canguros en Inglaterra?

Actividad rápida de laboratorio
INVESTIGACIÓN ABIERTA

Viaje de Darwin

1. Con un mapamundi y la **ilustración 16–1**, cuenta el número de líneas de latitud 10° que cruzó el *Beagle*.

2. Usa como referencia el mapa de biomas del capítulo 4 e identifica tres diferentes biomas que Darwin haya visitado durante su viaje.

Analizar y concluir

1. **Inferir** De qué manera la geografía en el viaje de Darwin le dio una mayor exposición a la variabilidad de las especies que la que tuvieron sus colegas científicos de su país natal?

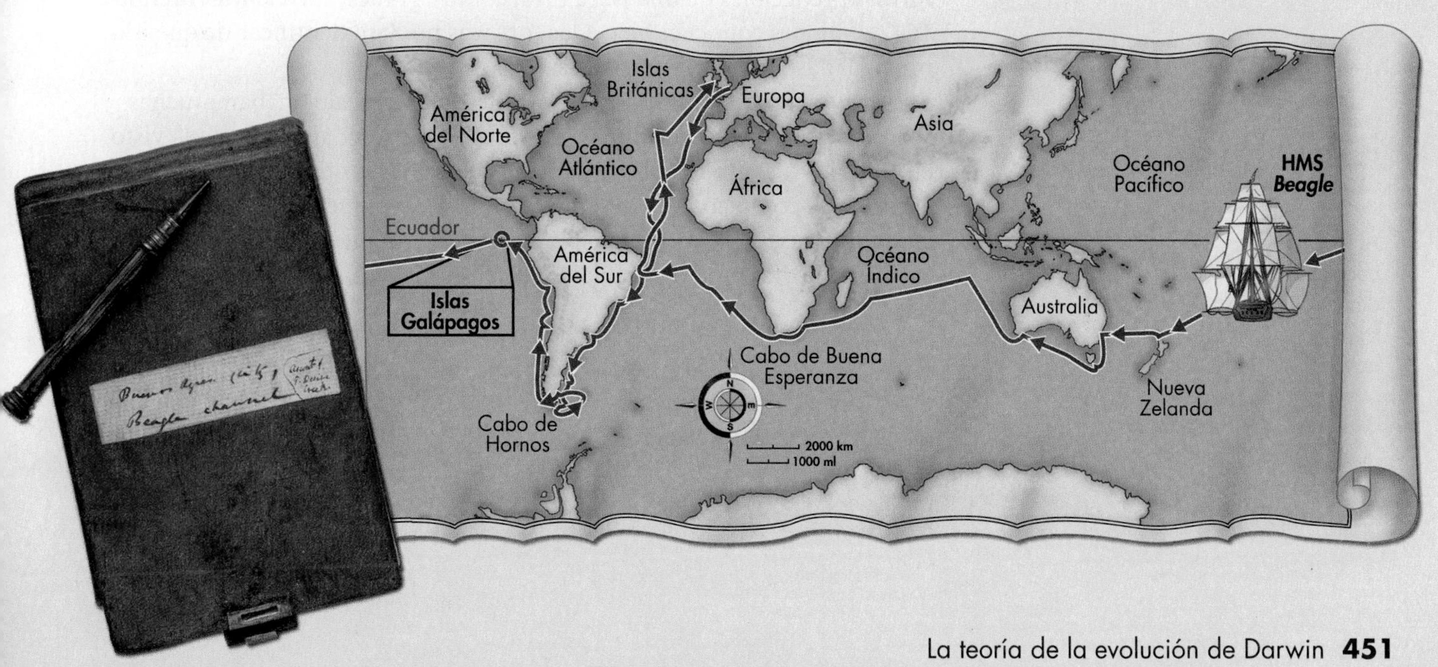

ILUSTRACIÓN 16–1 Viaje de Darwin En un viaje de cinco años a bordo del *Beagle*, Charles Darwin visitó varios continentes e islas remotas. **Sacar conclusiones** ***¿Por qué es revelador que muchas de las paradas del Beagle fueran en regiones tropicales?***

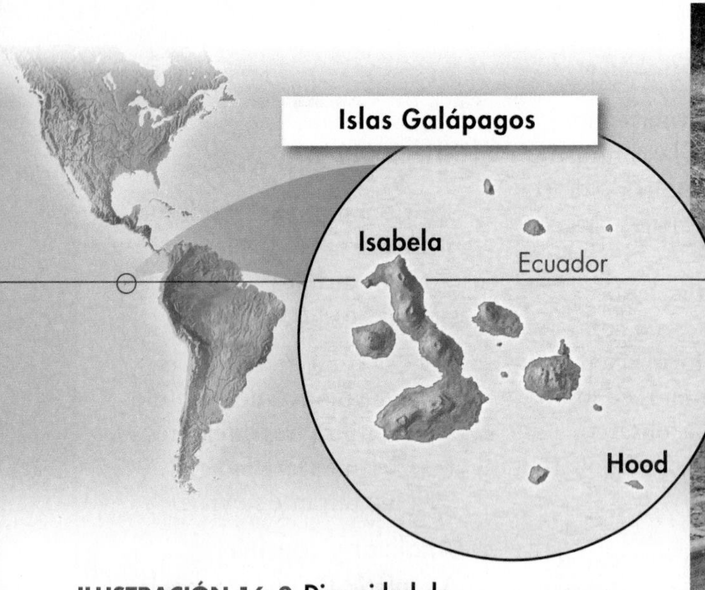

Tortuga de la Isla Isabela
Las tortugas de la Isla Isabela tienen caparazones en forma de domo y cuellos cortos. La vegetación en esta isla es abundante y cercana al suelo.

Tortuga de la Isla Hood
Los caparazones de las tortugas de la Isla Hood son curvos y se abren para dejar al descubierto sus largo cuellos y patas. Esto les permi alcanzar la vegetación alta y dispersa.

ILUSTRACIÓN 16–2 Diversidad de las tortugas La forma del caparazón de las distintas especies de tortugas de las Islas Galápagos corresponde a sus diferentes hábitats. La Isla Isabela tiene altas cumbres, es lluviosa con abundante vegetación. La Isla Hood, en cambio, es plana, árida y con vegetación escasa.

Las especies varían localmente Había otros enigmas. Por ejemplo, Darwin encontró dos especies de ñandúes que habitaban en América del Sur: una en los pastizales de Argentina y la otra en los escabrosos y fríos matorrales del sur. **Darwin observó que las especies animales diferentes, pero relacionadas, solían ocupar diferentes hábitats dentro de un área local.**

Otros ejemplos de variación local provenían de las Islas Galápagos, a unos 1000 kilómetros de la costa del Pacífico sudamericano. Estas islas están muy cerca entre sí, pero tienen diferentes condiciones ecológicas. Algunas albergaban distintas formas de tortugas gigantes. Darwin observó diferencias entre las tortugas pero no les prestó mucha atención. De hecho, como otros viajeros, ¡se comió varias y lanzó sus restos por la borda sin estudiarlos detenidamente! Después, por medio del gobernador de las islas, se enteró de que los caparazones de las tortugas variaban de formas predecibles de una isla a otra, como se muestra en la **ilustración 16–2.** Quienes conocían bien a las tortugas podían identificar de qué isla provenían, sólo con ver su caparazón.

Darwin también observó que las diferentes islas albergaban muchas variedades de arrendajos, todas similares a los arrendajos que había visto en América del Sur. En ellas, también observó varios tipos de pequeñas aves pardas con picos de diferentes formas. Pensó que algunas eran chochines y otras, mirlos. Al principio no consideró que estas pequeñas aves fueran importantes o que tuvieran algo especial.

Al igual que las pequeñas aves pardas de las Galápagos, los trepadores mieleros hawaianos habitan en islas con hábitats ligeramente diferentes. ¿Cómo habrán afectado estos hábitats la evolución de las especies de los trepadores mieleros?

Las especies varían con el tiempo Además de reunir especímenes de especies vivas, también recolectó **fósiles,** que los científicos ya conocían como restos o rastros preservados de organismos antiguos. Algunos no se parecían en nada a los organismos vivos, pero otros sí.

Darwin observó que algunos fósiles de animales extintos eran parecidos a las especies vivas. Un conjunto de fósiles desenterrados por Darwin pertenecieron al gliptodonte, un animal acorazado gigante, extinto hace mucho tiempo. En esas mismas áreas vivía entonces un animal similar: el armadillo. En la **ilustración 16–3** puedes ver que el armadillo parece ser una versión más pequeña del gliptodonte. En relación con los organismos, Darwin afirmó: "No dudo que, de ahora en adelante, esta maravillosa relación en el mismo continente entre los muertos y los vivos, aclarará la aparición y desaparición de los seres orgánicos en la Tierra, más que ninguna otra clase de datos". Entonces, ¿por qué desaparecieron los gliptodontes? ¿Y por qué se parecían a los armadillos?

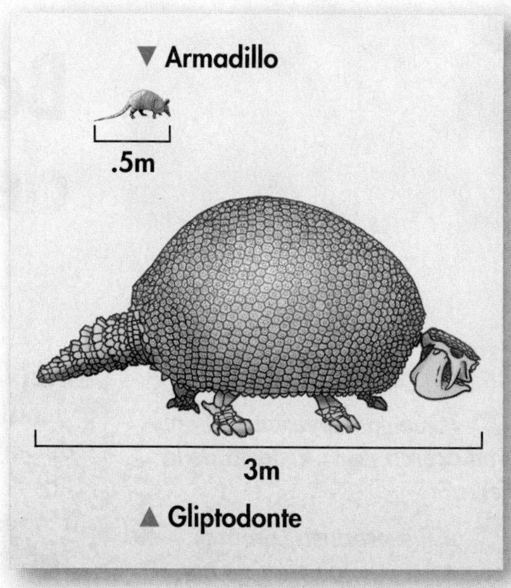

ILUSTRACIÓN 16–3 ¿Organismos relacionados? A pesar de sus claras diferencias, Darwin se preguntó si el armadillo podría estar relacionado con el antiguo gliptodonte. Comparar y contrastar ***¿Qué similitudes y diferencias ves entre estos dos animales?***

Armar las piezas del rompecabezas Durante el viaje de regreso a casa, Darwin reflexionó acerca de los patrones que observó. Los especímenes de plantas y animales que envió a los expertos para su identificación causaron gran revuelo en la comunidad de científicos. ¡Los arrendajos de las Galápagos resultaron pertenecer a tres especies distintas no encontradas en ninguna otra parte! Y las pequeñas aves pardas que Darwin había pensado que eran chochines, mirlos y canarios en realidad eran especies de pinzones. Éstas tampoco se encontraban en ninguna otra parte, a pesar de su parecido con las especies de pinzones de América del Sur. Lo mismo sucedió con las tortugas de las Galápagos, las iguanas marinas y muchas plantas que Darwin reunió en las islas. Darwin estaba asombrado por estos descubrimientos, así que comenzó a cuestionarse si las diferentes especies de las Galápagos podrían haber evolucionado a partir de ancestros sudamericanos. Pasó años investigando activamente y llenando cuadernos con sus ideas de las especies y la evolución. La evidencia sugería que las especies no eran estáticas sino que podían cambiar mediante algún proceso natural.

16.1 Evaluación

Repaso de conceptos clave

1. a. Repasar ¿Qué es la evolución?

b. Aplica los conceptos ¿Qué ideas estaban cambiando entre la comunidad científica en la época de los viajes de Darwin? ¿Cómo pudieron haber influido tales ideas en él?

2. a. Repasar ¿Cuáles son los tres tipos de variaciones entre los organismos que observó Darwin durante el viaje del *Beagle*?

b. Inferir Darwin encontró fósiles de muchos organismos que no se parecían a ninguna especie viva. ¿Cómo pudo esto haber influido su comprensión sobre la diversidad de la vida?

Aplica la gran idea

Interdependencia en la naturaleza

3. Aprendiste que tanto los factores bióticos como los abióticos afectan los ecosistemas. Da algunos ejemplos de cada uno y explica cómo los factores bióticos y los abióticos podrían haber afectado a las tortugas que Darwin observó en las Islas Galápagos.

BIOLOGY.com Search Lesson 16.1  • Self-Test • Lesson Assessment

16.2 Bases del razonamiento de Darwin

Preguntas clave

🔑 *¿Qué concluyeron Hutton y Lyell acerca de la historia de la Tierra?*

🔑 *¿Qué propuso Lamarck acerca de la evolución de las especies?*

🔑 *¿Qué opinaba Malthus del crecimiento de la población?*

🔑 *¿Cómo se usa la variación heredada en la selección artificial?*

Vocabulario

selección artificial

Tomar notas

Esquema Haz un esquema de esta lección usando los encabezados en verde como temas principales y los azules como subtemas. A medida que leas, agrega detalles bajo cada encabezado.

PIÉNSALO Todos los científicos se ven influidos por el trabajo de otros científicos, y Darwin no fue la excepción. El viaje del *Beagle* ocurrió durante uno de los períodos más emocionantes de la historia de la ciencia. Los geólogos, que estudiaban la estructura e historia de la Tierra, hacían nuevas observaciones respecto de las fuerzas que moldearon nuestro planeta. Los naturalistas investigaban las conexiones entre los organismos y su medio ambiente. Éstas y otras formas de pensamiento acerca del mundo natural sentaron las bases sobre las que Darwin desarrollaría sus ideas.

Una Tierra antigua y cambiante

🔑 *¿Qué concluyeron Hutton y Lyell acerca de la historia de la Tierra?*

Muchos europeos contemporáneos a Darwin pensaban que la Tierra tenía sólo unos cuantos miles de años de antigüedad y que no había cambiado mucho desde su origen. Sin embargo, en la época de Darwin, la casi nueva ciencia de la geología presentaba pruebas que sustentaban diferentes ideas acerca de la historia de la Tierra. Los geólogos más famosos, James Hutton y Charles Lyell, plantearon importantes hipótesis basadas en el trabajo de otros investigadores y en pruebas que ellos mismos habían descubierto. 🔑 **Hutton y Lyell concluyeron que la Tierra es extremadamente antigua y que los procesos que la habían cambiado en el pasado eran los mismos que operaban en el presente.** En 1785, Hutton presentó su hipótesis acerca de cómo los procesos geológicos moldearon la Tierra. Lyell, que aprovechó el trabajo de Hutton y otros, publicó en 1830 el primer volumen de su gran obra, *Principios de geología.*

ILUSTRACIÓN 16–4 Rocas antiguas Las capas de roca del Gran Cañón se asentaron en el transcurso de millones de años y lentamente fueron arrastradas por el río, formando un canal.

Hutton y el cambio geológico Hutton reconoció las conexiones entre los diversos **procesos** geológicos y las características geológicas como montañas, valles y capas de roca que parecían dobladas o plegadas. Por ejemplo, observó que ciertas clases de rocas se formaban a partir de lava fundida. También observó que otras, como las que se muestran en la **ilustración 16–4,** se forman muy despacio a medida que se acumulan los sedimentos y quedan comprimidas entre las capas.

Hutton también propuso que las fuerzas bajo la superficie de la Tierra podían empujar hacia arriba las capas de roca, inclinándolas o girándolas en el proceso. A través de largos períodos, esas fuerzas forman cadenas montañosas. Las montañas, a su vez, se desgastan por la lluvia, el viento, el calor y el frío. La mayoría de estos procesos operan de forma muy lenta. Para que estos procesos hayan producido la Tierra como la conocemos, Hutton concluyó que la edad de nuestro planeta debía ser mucho mayor que sólo unos cuantos miles de años. Para explicar su razonamiento, introdujo el concepto de *tiempo profundo*, es decir, la idea de que la historia de nuestro planeta se extiende a un período de tiempo tan largo que es difícil de concebir para la mente humana.

DESARROLLAR el vocabulario

VOCABULARIO ACADÉMICO
El sustantivo proceso significa "serie de acciones o cambios que ocurren de forma definida". Los procesos que dan forma a la Tierra son una serie de acciones geológicas que, entre otras cosas, forman montañas y cavan valles.

***Principios de geología* de Lyell** Lyell argumentó que las leyes de la naturaleza son constantes en el tiempo y que los científicos deben explicar los acontecimientos pasados en términos de los procesos observables en el presente. Esta forma de pensar, llamada *uniformismo*, sostiene que los procesos geológicos que vemos en acción hoy son los mismos que moldearon la Tierra hace millones de años. Los antiguos volcanes lanzaban lava y gases, como los volcanes actuales. En el pasado, los ríos antiguos formaron lentamente canales, como el que se muestra en la **ilustración 16–5,** y cañones, como lo hacen ahora. Las teorías de Lyell, como las de Hutton anteriores a él, se basaban en que debía haber pasado mucho tiempo en la historia del planeta para que se presentaran estos cambios. Al igual que Hutton, Lyell opinaba que la edad de la Tierra era mucho mayor que unos cuantos miles de años. De lo contrario, ¿cómo habría tenido un río el tiempo suficiente para cavar un valle?

Por suerte, Darwin había comenzado a leer los libros de Lyell durante su viaje en el *Beagle*. Ese trabajo le ayudó a apreciar la importancia de un terremoto que presenció en Sudamérica y que fue tan fuerte que lo tiró al suelo. También levantó una franja de la costa rocosa más de 3 metros por encima del mar, en la que quedaron colgados moluscos y otros animales marinos. Tiempo después, Darwin observó fósiles de mamíferos marinos en las montañas a miles de pies por encima del nivel del mar.

Estas experiencias maravillaron a Darwin y a sus compañeros. Pero sólo él las pudo convertir en una idea científica sorprendente: ¡se dio cuenta de que tenía la evidencia de que Lyell estaba en lo cierto! Los acontecimientos geológicos como el terremoto, repetidos muchas veces en muchos años, pudieron poco a poco dar forma a la Cordillera de los Andes en Sudamérica. Las rocas que alguna vez estuvieron debajo del mar pudieron ser impulsadas hacia arriba para convertirse en montañas. Darwin se preguntaba, si la Tierra puede cambiar con el tiempo, ¿la vida también podría hacerlo?

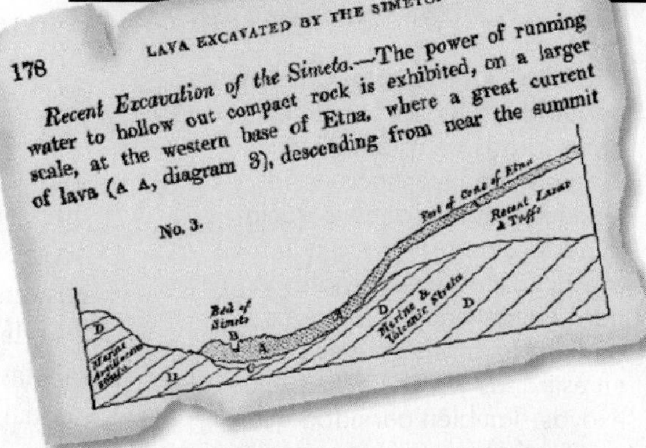

178 LAVA EXCAVATED BY THE SIMETO.

Recent Excavation of the Simeto.—The power of running water to hollow out compact rock is exhibited, on a larger scale, at the western base of Etna, where a great current of lava (A A, diagram 3), descending from near the summit

No. 3.

ILUSTRACIÓN 16–5 Un grabado en madera de *Principios de geología* de Lyell muestra las características geológicas cerca del Monte Etna en Italia. Entre ellas, se encuentra un canal profundo, marcado como "B", formado dentro de un lecho de lava. El canal, que se muestra en la fotografía, se formó gradualmente por el movimiento del agua del Río Simeto.

Hipótesis evolutiva de Lamarck

¿Qué propuso Lamarck acerca de la evolución de las especies?

Darwin no fue el primer científico en sugerir que las características de las especies cambiaban con el tiempo. Durante el siglo XVIII, cada vez más registros fósiles apoyaban la idea de que la vida de alguna manera había evolucionado. Sin embargo, las ideas diferían sólo en cuanto a *cómo* había ocurrido esta evolución. El naturalista francés, Jean-Baptiste Lamarck propuso dos de las primeras hipótesis. **Lamarck sugirió que los organismos cambiaban durante su vida al usar o no selectivamente diversas partes de su cuerpo. También sugirió que los individuos podían transmitir estos rasgos adquiridos a su descendencia, lo que permitía que las especies cambiaran con el tiempo.** Lamarck publicó sus ideas en 1809, el año en que Darwin nació.

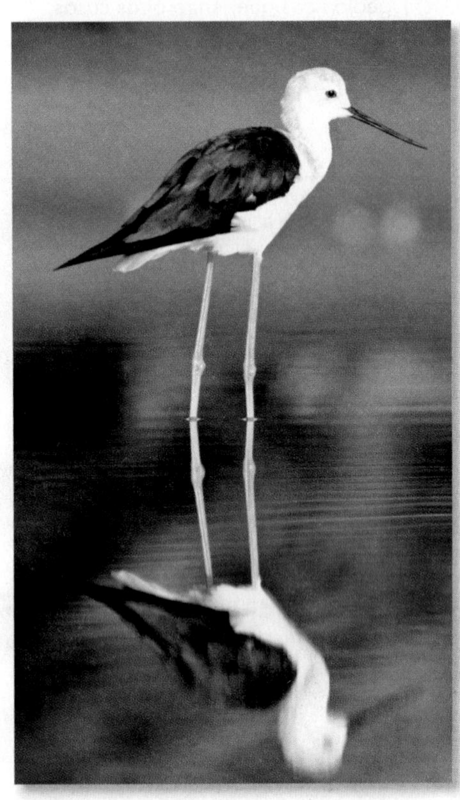

ILUSTRACIÓN 16–6 ¿Características adquiridas? Según Lamarck, las patas largas de esta cigüeñuela común fueron resultado de la tendencia innata del ave hacia la perfección. Afirmaba que si un ave acuática necesita patas largas para cruzar aguas profundas, podía adquirirlas si se esforzaba en estirarlas y usarlas de formas nuevas. También afirmaba que el ave podía transmitir ese rasgo a su descendencia.

Ideas de Lamarck Lamarck propuso que todos los organismos tenían una urgencia innata de ser más complejos y perfectos. En consecuencia, cambian y adquieren características que les ayudan a vivir mejor en su medio ambiente. Pensó que podían cambiar el tamaño o la forma de sus órganos al usar sus cuerpos de nuevas maneras. Según Lamarck, por ejemplo, las patas largas de un ave acuática podrían ser consecuencia de sus cruces por aguas profundas en busca de comida. Conforme el ave intentaba permanecer por encima de la superficie del agua, sus patas crecían un poco más. Las estructuras también cambiarían si no se usaban. Si un ave dejara de usar sus alas para volar, por ejemplo, éstas se volverían más pequeñas. Los rasgos alterados por un organismo individual durante su vida se llaman *características adquiridas*.

Lamarck también sugirió que un ave que adquiría un rasgo, como patas más largas, durante su vida transmitiría ese rasgo a su descendencia, un principio llamado *herencia de características adquiridas*. Por tanto, en el transcurso de unas cuantas generaciones, las aves como la de la **ilustración 16–6** podrían desarrollar patas cada vez más largas.

Evaluación de las hipótesis de Lamarck Hoy sabemos que las hipótesis de Lamarck en parte eran erróneas. Por un lado, los organismos no tienen el impulso innato de ser más perfectos. La evolución no supone que con el tiempo una especie se vuelva "mejor" en cierto sentido, ni que progrese en una dirección predeterminada. También sabemos que los rasgos que los individuos adquieren durante su vida no se pueden heredar a su descendencia. No obstante, Lamarck fue uno de los primeros naturalistas en sugerir que las especies no son estáticas y en tratar de explicar de manera científica la evolución usando los procesos naturales. También reconoció que hay un vínculo entre el medio ambiente de un organismo y sus estructuras corporales. Por tanto, aunque su explicación del cambio evolutivo era incorrecta, su trabajo preparó el camino para biólogos posteriores, como Darwin.

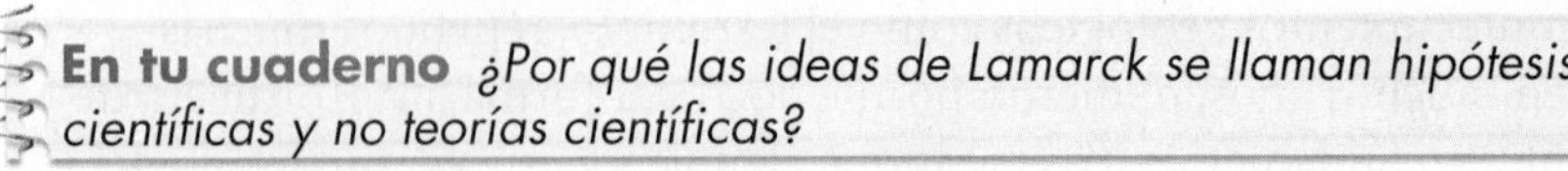

En tu cuaderno *¿Por qué las ideas de Lamarck se llaman hipótesis científicas y no teorías científicas?*

Crecimiento de la población

¿Qué opinaba Malthus del crecimiento de la población?

En 1798, el economista inglés Thomas Malthus observó que el nacimiento de los seres humanos sucedía con mayor rapidez que su muerte, causando sobrepoblación, como lo muestra la **ilustración 16–7.** **Malthus pensó que si la población humana crecía sin freno, no habría suficiente espacio ni alimento para todos.** Sugirió que las fuerzas que trabajan contra el crecimiento de la población incluían la guerra, el hambre y la enfermedad.

Darwin se dio cuenta de que el razonamiento de Malthus era incluso más aplicable a otros organismos que a los seres humanos. Un arce produce miles de semillas cada verano. Una ostra produce millones de huevos cada año. Si todos los descendientes de casi cualquier especie sobrevivieran varias generaciones, inundarían el mundo. Obviamente, esto no sucede. La mayoría de la descendencia muere antes de alcanzar la madurez, y sólo algunos de los sobrevivientes logran reproducirse.

¿Por qué es importante esto? Darwin estaba convencido de que las especies evolucionaban. Pero necesitaba un mecanismo, es decir, una explicación científica basada en un proceso natural, para explicar cómo y por qué ocurría la evolución. Cuando Darwin se dio cuenta de que la mayoría de los organismos no sobrevivía ni se reproducía, se preguntó qué individuos lograban sobrevivir...y por qué.

ILUSTRACIÓN 16–7 Sobrepoblación en Londres Grabado del siglo XIX que muestra las condiciones de hacinamiento en Londres en época de Darwin. **Relacionar causa y efecto** ***Según Malthus, ¿qué pasaría si la población londinense continuara creciendo?***

Selección artificial

¿Cómo se usa la variación heredada en la selección artificial?

Para explicar el cambio en la naturaleza, Darwin estudió el cambio que producían los cultivadores de plantas y criadores de animales, quienes sabían que los organismos individuales varían: algunas plantas producen frutos más grandes o más pequeños que el promedio de su especie, y algunas vacas producen más o menos leche que otras de su rebaño. Por ellas Darwin supo que algunas de estas variaciones se transmitían de los progenitores a su descendencia y se usaban para mejorar los cultivos y el ganado.

Actividad rápida de laboratorio

INVESTIGACIÓN DIRIGIDA

Variación en los pimientos  

1. Consigue un pimiento dulce verde, amarillo, rojo o morado.
2. Rebánalo y cuenta su número de semillas.
3. Compara tus datos con los de otros estudiantes que tengan pimientos de color diferente.

Analizar y concluir

1. Calcular Halla el número promedio (media) de semillas de los pimientos de tu salón de clases. Después determina por cuánto difiere cada pimiento del número promedio. MATEMÁTICAS

2. Preguntar Piensa en los tipos de variaciones entre los organismos que Darwin observó. Si él hubiera visto tus datos, ¿qué preguntas habría hecho?

BIOLOGY.com Search Lesson 16.2  • Art in Motion

ILUSTRACIÓN 16–8 Selección artificial Darwin aplicó la selección artificial en las palomas mensajeras que criaba en su hogar a las afueras de Londres.

Los agricultores seleccionarían sólo los árboles que produjeran los frutos más grandes o las vacas que produjeran la mayor cantidad de leche. Con el tiempo, esta reproducción selectiva produciría más árboles con frutos incluso más grandes y vacas que dieran aún más leche. Darwin llamó a este proceso **selección artificial.** **En la selección artificial, la naturaleza ofrece las variaciones y los seres humanos eligen aquellas que les son útiles.** Darwin puso a prueba la selección natural al criar y cultivar variedades de plantas y de palomas mensajeras, como las de la **ilustración 16–8.**

Darwin no tenía idea de cómo funcionaba la herencia o qué ocasionaba la variación hereditaria. Pero sabía que la variación ocurría en las especies silvestres y en las plantas y animales domesticados. Antes de él, los científicos pensaban que las variaciones entre los individuos en la naturaleza eran simplemente defectos menores. El gran descubrimiento de Darwin consistió en reconocer que la variación natural era muy importante pues ofrecía la materia prima para la evolución. Tenía toda la información que necesitaba. Pudo dar forma a su explicación científica de la evolución y, cuando la publicó, cambió la forma en que las personas entendían el mundo de los seres vivos.

16.2 Evaluación

Repaso de conceptos clave

1. a. Repasar ¿En qué consistían las ideas de Hutton y Lyell acerca de la edad de la Tierra y los procesos que dieron forma al planeta?

b. Aplica los conceptos ¿Cómo explicarían Hutton y Lyell la formación del Gran Cañón?

2. a. Repasar ¿Qué es una característica adquirida? ¿Qué función pensó Lamarck que desempeñaban las características adquiridas en la evolución?

b. Evaluar ¿Qué partes de las hipótesis de Lamarck han demostrado ser erróneas? ¿En qué acertó Lamarck?

3. a. Repasar De acuerdo con Malthus, ¿qué factores limitan el crecimiento de la población humana?

b. Sacar conclusiones ¿Cómo influyó Malthus en Darwin?

4. a. Repasar ¿Qué es la selección artificial?

b. Inferir ¿La selección artificial podría ocurrir sin variación heredada? Explica tu respuesta.

ESCRIBIR SOBRE LAS CIENCIAS

Escritura creativa

5. Imagina que eres Thomas Malthus y estás en el año 1798. Escribe un artículo periodístico en donde expliques tus ideas acerca del impacto de la población creciente sobre la sociedad y el medio ambiente.

BIOLOGY.com Search Lesson 16.2  • Self-Test • Lesson Assessment

La biología y la Historia

Orígenes del pensamiento evolutivo **El trabajo que sentó las bases de la teoría moderna de la evolución se realizó durante los siglos XVIII y XIX. Charles Darwin desarrolló la idea central de la evolución mediante la selección natural, pero otros científicos contemporáneos y anteriores a él influyeron en su forma de pensar.**

1780 1790 1800 1810 1820 1830 1840 1850 186

1785

▼ James Hutton

Propone que las fuerzas geológicas de acción lenta configuran el planeta. Estima que la Tierra tiene millones, no miles, de años de antigüedad.

1798

Thomas Malthus

En su *Ensayo sobre el principio de población*, predice que el crecimiento incontrolado de la población humana rebasará el espacio y alimento necesarios para sostenerlo.

1809

Jean-Baptiste Lamarck

Publica su hipótesis de la herencia de rasgos adquiridos. Las ideas están equivocadas, pero es el único en proponer por primera vez un mecanismo que explicaba cómo cambian los organismos con el paso del tiempo. ▼

1830–1833

Charles Lyell ►

En sus *Principios de geología*, explica que durante largos períodos, los mismos procesos que afectan hoy a la Tierra han moldeado sus características geológicas antiguas.

1831

Charles Darwin

Se embarca a bordo del HMS *Beagle*, en un viaje que le permitiría recabar muchas pruebas sobre las que basó su explicación de la forma en que funciona la evolución. ►

1858

Alfred Russel Wallace

Escribe a Darwin, especulando sobre la evolución mediante la selección natural, con base en sus estudios de la distribución de plantas y animales.

185

Darwin publi *El origen de l especie*

ESCRITURA **Consulta en la biblioteca o Internet más datos acerca de Darwin y Wallace. Después, escribe un diálogo entre ellos dos, que muestre las similitudes en sus carreras y teorías.**

Darwin presenta su caso

Preguntas clave

¿En qué condiciones ocurre la selección natural?

¿Qué sugiere el mecanismo evolutivo ideado por Darwin acerca de las especies vivas y extintas?

Vocabulario

adaptación
aptitud
selección natural

Tomar notas

Vistazo al material visual Antes de leer esta lección, observa la **ilustración 16–10.** Lee la información que ahí se presenta y después escribe tres preguntas que tengas al respecto. A medida que leas, responde tus preguntas.

PIÉNSALO Poco después de leer a Malthus y de pensar en la selección artificial, Darwin desarrolló los principales puntos de su teoría acerca de la selección natural. La mayoría de sus colegas científicos pensaban que sus argumentos eran brillantes y lo alentaron a publicarlos. Pero a pesar de haber escrito todo un trabajo preliminar acerca de sus ideas, lo guardó y no lo publicó sino hasta 20 años después. ¿La razón? Sabía que muchos científicos, entre ellos algunos de sus propios maestros, habían ridiculizado las ideas de Lamarck. También sabía que su propia teoría era igual de radical, así que quiso reunir tanta evidencia como pudiera para apoyar sus ideas antes de publicarlas.

Después, en 1858, Darwin revisó un ensayo de Alfred Russel Wallace, un naturalista inglés que trabajaba en Malasia. Las ideas de Wallace acerca de la evolución eran casi idénticas a las de Darwin. Sin querer ser aventajado, Darwin decidió avanzar en su trabajo. Wallace presentó su ensayo junto con algunas de las observaciones de Darwin en una reunión científica en 1858. Al año siguiente, Darwin publicó su primer trabajo completo sobre la evolución: *El origen de las especies.*

Evolución por selección natural

¿En qué condiciones ocurre la selección natural?

La mayor contribución de Darwin fue describir un proceso de la naturaleza, un mecanismo científico, que pudiera operar como la selección artificial. En *El origen de las especies* combinó sus propios pensamientos con las ideas de Malthus y Lamarck.

Lucha por la existencia Después de leer a Malthus, Darwin se dio cuenta de que si más individuos pudieran sobrevivir, los miembros de una población deberían competir para obtener alimentos, espacios habitables y otras necesidades vitales limitadas. Describió esto como la *lucha por la existencia*. Pero, ¿qué individuos resultan ser los vencedores en esta contienda?

Variación y adaptación Aquí es donde la variación individual desempeña una función vital. Darwin sabía que los individuos tenían variaciones naturales entre sus rasgos heredables. Planteó la hipótesis de que algunas de estas variantes eran más idóneas para vivir en su medio ambiente que otras. Los miembros de las especies depredadoras que son más rápidas o tienen garras más largas o dientes más afilados pueden atrapar más presas. Y los miembros de las especies de caza más rápidos o con mejor capacidad de camuflaje pueden evitar convertirse en presas.

Cualquier característica heredable que incremente la capacidad de un organismo para sobrevivir y reproducirse en su medio ambiente recibe el nombre de **adaptación.** Pueden ser partes o estructuras corporales, como las garras de un tigre; los colores, como los que hacen posible el mimetismo o el camuflaje; o funciones fisiológicas, como la forma en que una planta lleva a cabo la fotosíntesis. Muchas adaptaciones también suponen comportamientos, como las complejas estrategias de evasión que utilizan las especies de presa. Algunos ejemplos de adaptaciones se muestran en la **ilustración 16–9.**

Supervivencia del más apto Darwin, igual que Lamarck, reconoció que debía existir una conexión entre la forma en que un organismo obtiene su sustento y el medio en el que habita. Según él, las diferencias en las adaptaciones afectan la aptitud de un individuo. La **aptitud** describe lo bien que un organismo puede sobrevivir y reproducirse en su medio ambiente.

Los individuos con adaptaciones que se acoplan bien a su medio ambiente pueden sobrevivir y reproducirse, por lo que se dice que tienen una aptitud alta. Los individuos con características que no son las idóneas para su medio ambiente pueden morir sin reproducirse o dejar poca descendencia, por lo que se dice que tienen una aptitud baja. Esta diferencia en los índices de supervivencia y reproducción recibe el nombre de *supervivencia del más apto*. Observa que *supervivencia* aquí significa más que sólo mantenerse con vida. En términos evolutivos, *supervivencia* significa reproducirse y transmitir las adaptaciones a la siguiente generación.

En tu cuaderno *Si un organismo produce mucha descendencia pero ninguno de ellos alcanza la madurez, ¿consideras que ese organismo tiene una aptitud baja o alta? Explica tu respuesta.*

DESARROLLAR el vocabulario

PALABRAS RELACIONADAS El participio *heredado* y el adjetivo *heredable* son palabras relacionados. Los progenitores transmiten sus rasgos heredables a su descendencia. Estos rasgos reciben el nombre de características heredables (o *hereditarias*).

RESUMEN VISUAL

ADAPTACIONES

ILUSTRACIÓN 16–9 Las adaptaciones asumen múltiples formas.

A. La coralillo falsa (parte inferior) presenta mimetismo, una adaptación en la que un organismo copia, o imita, a un organismo más peligroso. Aunque la coralillo falsa es inofensiva, se ve igual a la venenosa coralillo oriental (parte superior), así que los depredadores también la evitan.

B. La coloración del pez escorpión es un ejemplo de camuflaje; una adaptación que permite que un organismo se mimetice con su entorno y evite a los depredadores.

C. En las adaptaciones suelen participar varios sistemas e incluso el comportamiento. Esta grulla exhibe un comportamiento defensivo para espantar al zorro.

RESUMEN VISUAL

SELECCIÓN NATURAL

ILUSTRACIÓN 16–10 Esta población hipotética de saltamontes cambia con el tiempo como consecuencia de la selección natural. **Interpretar material visual** ***En la situación que se muestra aquí, ¿qué características afectan la aptitud de los saltamontes?***

1 Lucha por la existencia Los organismos producen más descendencia que puede sobrevivir. Los saltamontes pueden depositar más de 200 huevecillos a la vez, pero sólo una pequeña fracción de ellos sobrevive para reproducirse.

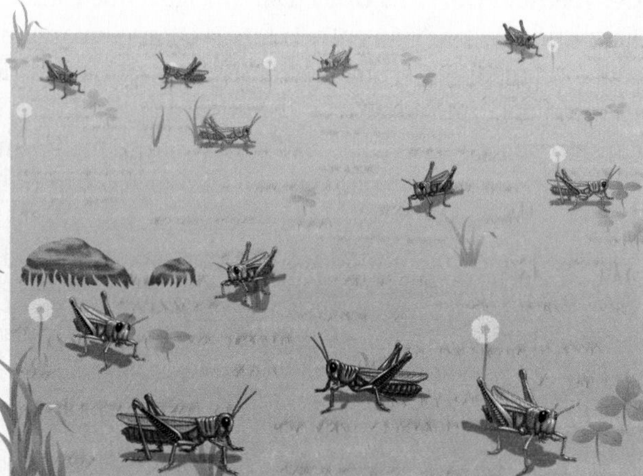

2 Variación y adaptación Una variación en la naturaleza y ciertas variaciones heredables, llamadas adaptaciones, aumentan la probabilidad de que un individuo sobreviva y se reproduzca. En esta población de saltamontes, la variación heredable incluye el color del cuerpo amarillo y verde. La coloración verde es una adaptación: los saltamontes verdes se mimetizan con su medio y son menos visibles para los depredadores.

3 Supervivencia del más apto Debido a que su color verde les sirve para ocultarse de sus depredadores, los saltamontes verdes tienen una aptitud más alta que los amarillos. Esto significa que los verdes sobreviven y se reproducen más que los amarillos en este medio.

4 Selección natural Con el tiempo, los saltamontes verdes se vuelven más comunes que los amarillos en esta población, porque: 1) nacen más saltamontes que pueden sobrevivir, 2) los individuos varían de color y el color es un rasgo heredable y 3) los individuos verdes tienen una mayor aptitud en su medio actual.

Selección natural Darwin llamó a su mecanismo evolutivo *selección natural* debido a sus similitudes con la selección artificial. La **selección natural** es el proceso por el que los organismos con las variaciones más compatibles con su medio ambiente local sobreviven y dejan más descendencia. Tanto en la selección natural como en la artificial, sólo ciertos individuos de una población producen otros. Pero en la selección natural, es el medio ambiente, y no un agricultor o productor, el que influye en la aptitud.

¿Cuándo ocurre la selección natural? **La selección natural ocurre en cualquier situación en la que nacen más individuos de los que pueden sobrevivir (la lucha por la existencia), existe una variación heredable (variación y adaptación) y existe una aptitud variable entre los individuos (supervivencia del más apto).** Los individuos bien adaptados sobreviven y se reproducen. De una generación a otra, las poblaciones cambian conforme mejor se adaptan, o a medida que su medio ambiente cambia. La **ilustración 16–10** es un ejemplo hipotético que muestra el proceso de la selección natural. Observa que ésta actúa sólo sobre los rasgos heredados debido a que son las únicas características que los progenitores pueden transmitir a su descendencia.

La selección natural no "mejora" a los organismos. Las adaptaciones no tienen que ser perfectas, sólo lo suficientemente buenas para que un organismo transfiera sus genes a la siguiente generación. La selección natural tampoco avanza hacia una dirección fija. No existe una forma perfecta de hacer algo, como lo demuestra la **ilustración 16–11.** La selección natural simplemente es un proceso que permite a las especies sobrevivir y reproducirse en un medio ambiente local. Si las condiciones ambientales locales cambian, algunos rasgos que alguna vez fueron adaptativos pueden dejar de ser útiles y otros rasgos se convertirán en adaptativos. Y si las condiciones medioambientales cambian más rápido que lo que una especie se puede adaptar a ellas, es probable que esa especie se extinga. Por supuesto, la selección natural no es el único mecanismo que impulsa la evolución. En el siguiente capítulo estudiarás otros mecanismos evolutivos.

En tu cuaderno *Da al menos dos razones por las que la siguiente oración NO es verdadera: "La meta de la selección natural es producir organismos perfectos".*

¿Cómo puede explicar la selección natural la historia de los trepadores mieleros hawaianos?

ILUSTRACIÓN 16–11 No existe la perfección Entre las plantas de floración han evolucionado diferentes estilos de polinización. El viento poliniza las flores del roble (derecha). Los insectos polinizan las flores del manzano (izquierda). Ninguno de estos dos métodos es "mejor" que el otro. Los dos funcionan lo suficientemente bien para que estas plantas sobrevivan y se reproduzcan en su medio ambiente.

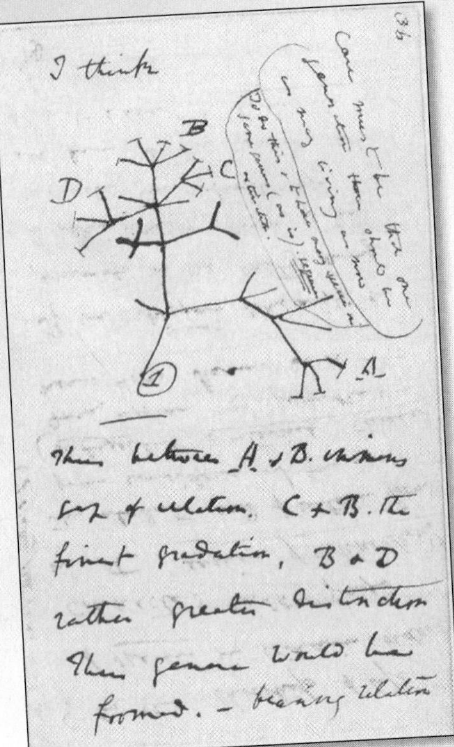

ILUSTRACIÓN 16–12 Descendencia con modificación Esta página de uno de los cuadernos de Darwin muestra el primer árbol evolutivo que se haya trazado. Este bosquejo muestra su explicación de cómo un descendiente con modificación pudo haber producido la diversidad de la vida. Observa que, justo por encima del árbol, Darwin escribió, "Pienso".

Ancestro común

¿Qué sugiere el mecanismo evolutivo ideado por Darwin acerca de las especies vivas y extintas?

La selección natural depende de la capacidad de los organismos para reproducirse, es decir, dejar descendientes. Todo organismo vivo desciende de progenitores que sobrevivieron y se reprodujeron. Esos progenitores descendieron de sus progenitores, y así sucesivamente.

Así como los individuos bien adaptados de una especie sobreviven y se reproducen, las especies bien adaptadas sobreviven con el paso del tiempo. Darwin propuso que, a través de muchas generaciones, la adaptación pudo ocasionar que las especies exitosas evolucionaran hasta dar origen a una nueva especie. También propuso que las especies vivas son descendientes con modificaciones de ancestros comunes, una idea llamada *descendencia con modificación*. Observa que este aspecto de la teoría de Darwin implica que ha habido vida en la Tierra desde hace mucho tiempo, ¡lo suficiente para que se pudiera producir este descendiente con modificación! Ésta es la contribución de Hutton y Lyell a la teoría de Darwin: el tiempo profundo proporcionó el tiempo suficiente para que la selección natural actuara. Como evidencia del descendiente con modificación a través de largos períodos de tiempo, Darwin presentó registros fósiles.

Darwin basó su explicación de la diversidad de la vida en la idea de que las especies cambian con el tiempo. Para ejemplificarla, dibujó el primer árbol evolutivo, mostrado en la **ilustración 16–12.** Este "árbol de pensamiento" sugiere que todos los organismos están relacionados. Si se retrocede en el tiempo, se encontrarán ancestros comunes a los tigres, panteras y chitas. Si se retrocede aún más, se encontrarán ancestros que estos felinos comparten con los perros, los caballos y los murciélagos. Si se retrocede todavía más, se encontrará al ancestro común que todos los mamíferos comparten con las aves, lagartos y peces. Si se retrocede lo suficiente se encontrarán los ancestros comunes de todos los seres vivos. **De acuerdo con el principio del ancestro común, todas las especies, vivas y extintas, descienden de ancestros comunes antiquísimos.** Un único "árbol de la vida" vincula a todos los seres vivos.

16.3 Evaluación

Repaso de conceptos clave

1. a. **Repasar** ¿Qué sucede en el proceso de selección natural?
   b. **Explicar** ¿Por qué los organismos con mayor aptitud por lo general dejan más descendencia que los organismos menos aptos?
   c. **Comparar y contrastar** ¿En qué se parecen la selección natural y la selección artificial? ¿En qué se diferencian?
2. a. **Repasar** ¿Por qué las ideas de Hutton y Lyell fueron importantes para Darwin?
   b. **Aplica los conceptos** ¿Qué muestran los árboles evolutivos? ¿Qué sugiere un árbol de la vida acerca de todas las especies vivas y extintas?

RAZONAMIENTO VISUAL

3. Observa los dientes de un león. ¿De qué forma la estructura de su dentadura es una adaptación?

BIOLOGY.com Search Lesson 16.3  • Self-Test • Lesson Assessment

16.4 Pruebas de la evolución

PIÉNSALO La teoría de Darwin se basaba en supuestos que involucraban muchos campos científicos. En aquella época, los científicos de algunos campos, como la geología, la física, la paleontología, la química y la embriología, no contaban con la tecnología o los conocimientos para poner a prueba las suposiciones de Darwin. Y otros campos, como la genética y la biología molecular, ¡ni siquiera existían! En los 150 años que han transcurrido desde la publicación de *El origen de las especies*, los descubrimientos en todos estos campos han servido como pruebas independientes que han podido comprobar o refutar el trabajo de Darwin. Sorprendentemente, todas las pruebas científicas han confirmado sus ideas básicas acerca de la evolución.

Biogeografía

¿Cómo se relaciona la distribución geográfica actual de las especies con su historia evolutiva?

Darwin reconoció la importancia de los patrones en la distribución de la vida; el tema del campo llamado **biogeografía,** que es el estudio de dónde viven ahora los organismos y dónde vivieron ellos y sus ancestros en el pasado. **Los patrones en la distribución de las especies vivas y fósiles revelan cómo evolucionaron los organismos modernos a partir de sus ancestros.** En la teoría de Darwin existen dos patrones biogeográficos importantes. El primero es un patrón en el que las especies estrechamente relacionadas presentan diferencias en climas ligeramente distintos. El segundo es un patrón en el que las especies con una relación muy distante desarrollan semejanzas en medios muy similares.

Estrechamente relacionadas pero diferentes Para Darwin, la biogeografía de las especies de las Galápagos sugería que las poblaciones insulares evolucionaron de las especies continentales. Con el tiempo, la selección natural en las islas produjo variaciones entre las poblaciones que generaron especies isleñas diferentes pero muy relacionadas.

Relacionadas de manera distante pero similares Por otra parte, los hábitats similares de todo el mundo suelen ser hogar de animales y plantas que sólo mantienen una relación distante entre ellos. Darwin observó que las aves terrestres habitaban pastizales similares en Europa, Australia y África. Las diferencias en las estructuras corporales entre esos animales son evidencia de que evolucionaron de ancestros diferentes. Pero las similitudes entre esos animales demuestran que las presiones similares de la selección ocasionaron que especies con una relación distante desarrollaran adaptaciones similares.

Preguntas clave

- *¿Cómo se relaciona la distribución geográfica actual de las especies con su historia evolutiva?*
- *¿Cómo ayudan los fósiles a documentar la descendencia de las especies modernas a partir de ancestros antiguos?*
- *¿Qué sugieren las estructuras homólogas y las similitudes en el desarrollo embrionario acerca del proceso del cambio evolutivo?*
- *¿Cómo se usa la biología molecular para trazar el desarrollo del proceso evolutivo?*
- *¿Qué muestran las investigaciones recientes sobre los pinzones de las Galápagos acerca de la selección natural?*

Vocabulario

biogeografía
estructura homóloga
estructura análoga
estructura vestigial

Tomar notas

Mapa de conceptos Haz un mapa de conceptos que muestre el tipo de pruebas que apoyan la teoría evolutiva.

PISTA
DEL MISTERIO
¿Cómo ayuda la biogeografía a explicar por qué algunas especies de trepadores mieleros se encuentran sólo en las islas hawaianas?

Edad de la Tierra y fósiles

¿Cómo ayudan los fósiles a documentar la descendencia de las especies modernas a partir de ancestros antiguos?

Dos posibles dificultades de la teoría de Darwin se referían a la edad de la Tierra y a los vacíos en los registros fósiles. Los datos recabados desde la época de Darwin han respondido a estas inquietudes y ofrecido un importante cúmulo de pruebas que apoyan la visión evolutiva de la vida.

Edad de la Tierra La evolución precisa mucho tiempo. Si la vida ha evolucionado, entonces la Tierra debe ser muy antigua. Hutton y Lyell argumentaron que la Tierra era, de hecho, muy vieja, pero la tecnología de su tiempo no podía determinar cuánto. Sin embargo, medio siglo después de que Darwin publicara su teoría, los físicos descubrieron la radioactividad. Los geólogos ahora la usan para establecer la edad de ciertas rocas y fósiles. Este tipo de datos podría haber demostrado que la Tierra era joven; de haber sido así, esto habría bastado para refutar y abandonar las ideas de Darwin. Pero, en lugar de ello, la datación radiactiva indica que la Tierra tiene alrededor de 4500 millones de años de edad, tiempo suficiente para que ocurriera la evolución mediante selección natural.

RESUMEN VISUAL

EVIDENCIA PROPORCIONADA POR LOS FÓSILES

ILUSTRACIÓN 16–13 Recientemente los investigadores encontraron más de 20 fósiles relacionados que documentan la evolución de las ballenas modernas a partir de ancestros que caminaban por tierra. Aquí se muestran varias reconstrucciones basadas en la evidencia fósil, además de los misticetos y odontocetos modernos. **Inferir** ***¿Cuál de los animales mostrados probablemente fue el morador terrestre más reciente?***

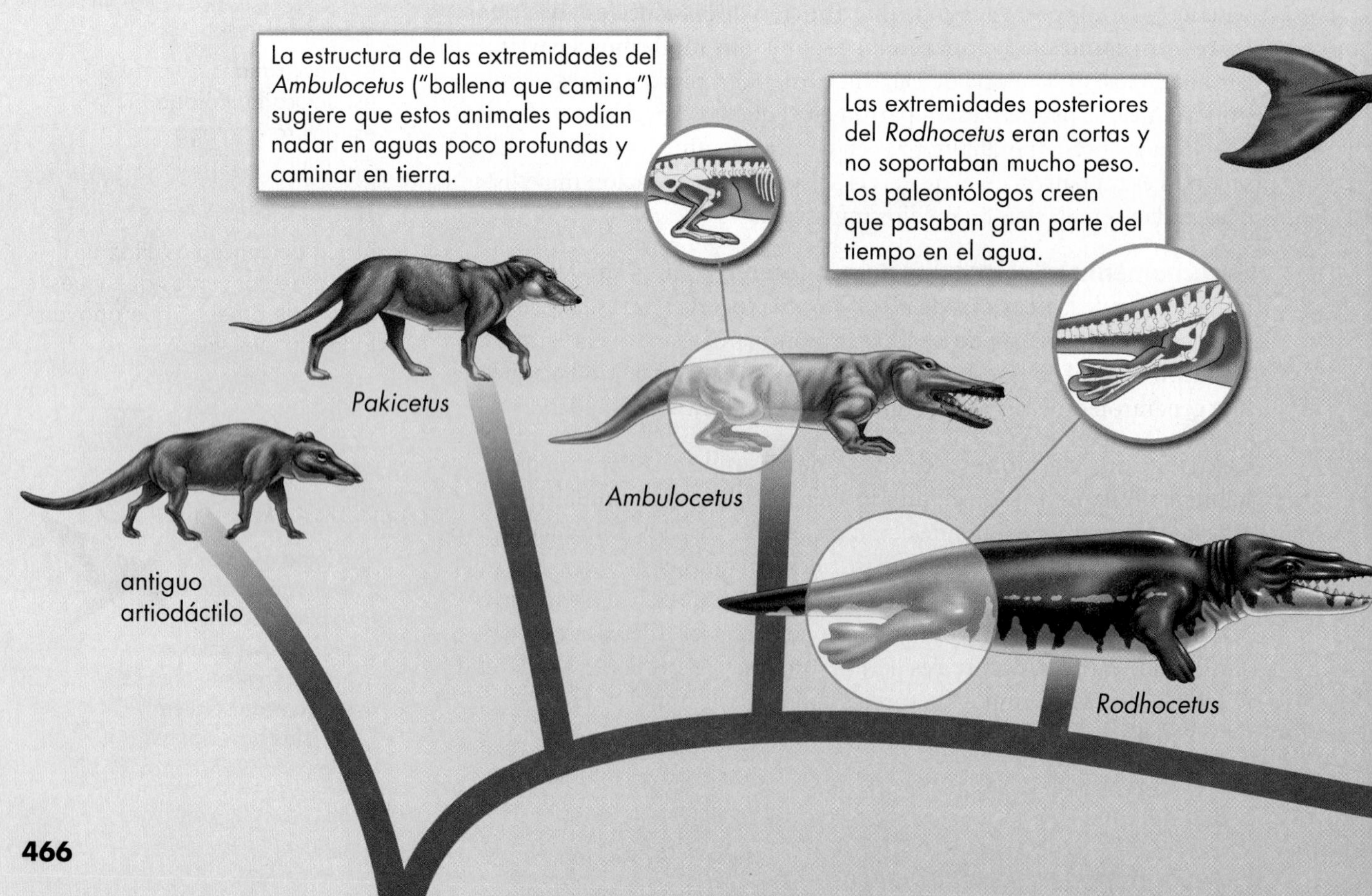

La estructura de las extremidades del *Ambulocetus* ("ballena que camina") sugiere que estos animales podían nadar en aguas poco profundas y caminar en tierra.
Las extremidades posteriores del *Rodhocetus* eran cortas y no soportaban mucho peso. Los paleontólogos creen que pasaban gran parte del tiempo en el agua.
Pakicetus
Ambulocetus
antiguo artiodáctilo
Rodhocetus

Hallazgos fósiles recientes Darwin también tuvo dificultades con lo que él llamó "imperfección del registro geológico". Su estudio de los fósiles lo convenció a él y a otros científicos de que la vida había evolucionado. Pero los paleontólogos de 1859 no habían encontrado suficientes fósiles de formas intermedias de vida para documentar la evolución de las especies modernas a partir de sus ancestros. **Muchos fósiles descubiertos recientemente forman series que trazan la evolución de las especies modernas a partir de ancestros extintos.**

Desde Darwin, los paleontólogos han descubierto cientos de fósiles que documentan etapas intermedias en la evolución de muchos grupos diferentes de especies modernas. Una serie de fósiles recién descubiertos documenta la evolución de las ballenas a partir de antiguos mamíferos terrestres, como lo muestra la **ilustración 16–13.** Otros hallazgos fósiles recientes conectan los puntos entre dinosaurios y aves, y entre peces y animales terrestres tetrápodos. De hecho, se han encontrado tantas formas intermedias que suele ser difícil determinar dónde comienza un grupo y termina el otro. Todos los registros históricos están incompletos y la historia de la vida no es la excepción. No obstante, las pruebas con las que contamos revelan una historia inequívoca de cambio evolutivo.

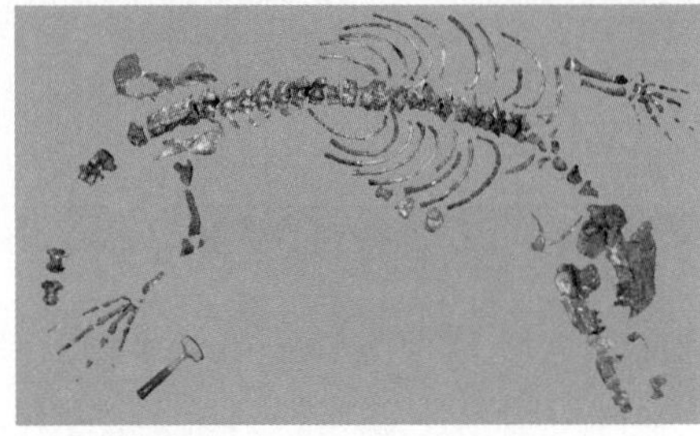

Fósil de la ballena del Eoceno, *Ambulocetus natans* (unos 49 millones de años de antigüedad).

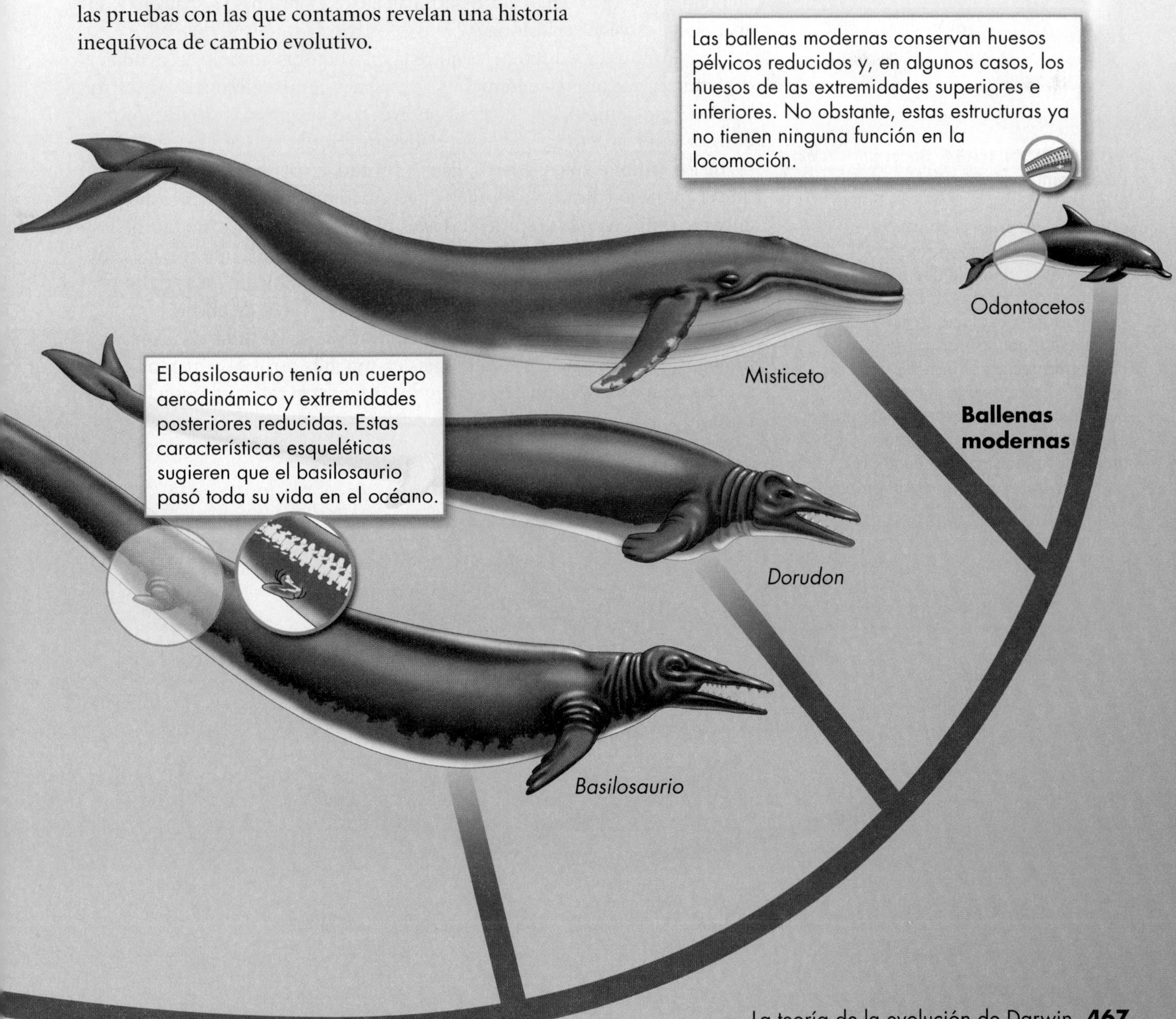

Las ballenas modernas conservan huesos pélvicos reducidos y, en algunos casos, los huesos de las extremidades superiores e inferiores. No obstante, estas estructuras ya no tienen ninguna función en la locomoción.

Odontocetos

Misticeto

Ballenas modernas

El basilosaurio tenía un cuerpo aerodinámico y extremidades posteriores reducidas. Estas características esqueléticas sugieren que el basilosaurio pasó toda su vida en el océano.

Dorudon

Basilosaurio

Comparar anatomía y embriología

¿Qué sugieren las estructuras homólogas y las similitudes en el desarrollo embrionario acerca del proceso del cambio evolutivo?

En la época de Darwin, los científicos habían observado que todas las extremidades vertebradas tenían la misma estructura ósea básica, como se muestra en la **ilustración 16–14.** Sin embargo, algunas especies las usaban para arrastrarse, otras para trepar, otras para correr y otras para volar. ¿Por qué usar las mismas estructuras básicas una y otra vez para propósitos tan diferentes?

Estructuras homólogas Darwin propuso que los animales con estructuras similares evolucionaron a partir de un ancestro común que contaba con una versión básica de esa estructura. Las estructuras que las especies relacionadas comparten y que fueron heredadas por un ancestro común reciben el nombre de **estructuras homólogas.** **La teoría evolutiva explica la existencia de estructuras homólogas adaptadas a diferentes propósitos como una consecuencia del descendiente con modificación a partir de un ancestro común.** Los biólogos constatan si las estructuras son homólogas al estudiar sus detalles anatómicos, la forma en que se desarrollan en los embriones y el patrón de su aparición a través de la historia evolutiva.

Las similitudes y diferencias entre las estructuras homólogas ayudan a determinar qué tan recientemente las especies compartieron un ancestro común. Por ejemplo, los reptiles y las aves comparten más similitudes entre sí con respecto a sus extremidades anteriores, que con respecto a las de los anfibios o mamíferos. Esta similitud, entre muchas otras, indica que el ancestro común de reptiles y aves vivió más recientemente que el ancestro común de los reptiles, las aves y los mamíferos. Por lo tanto, ¡las aves tienen una relación más estrecha con los cocodrilos que con los murciélagos! El ancestro común de todos estos tetrápodos fue un antiguo pez de aletas lobulares que vivió hace más de 380 millones de años.

Las estructuras homólogas no son privativas de los animales. Los biólogos han identificado homologías en muchos otros organismos. Ciertos grupos de plantas, por ejemplo, comparten tallos, raíces y flores homólogos.

DESARROLLAR el vocabulario

ORIGEN DE LAS PALABRAS
La palabra **homólogo** proviene del vocablo griego *homos*, que significa "lo mismo". Las estructuras homólogas pueden no verse exactamente iguales, pero comparten ciertas características y un ancestro común.

ILUSTRACIÓN 16–14 Huesos de extremidades homólogas Los huesos homólogos, como lo indica el código de color, soportan las distintas extremidades anteriores pertenecientes a estos vertebrados modernos. Estas extremidades evolucionaron, con modificaciones, a partir de las extremidades anteriores de un ancestro común cuyos huesos son parecidos a los de un pez antiguo. Si estos animales no hubieran tenido un ancestro común, sería poco probable que compartieran tantas estructuras comunes.

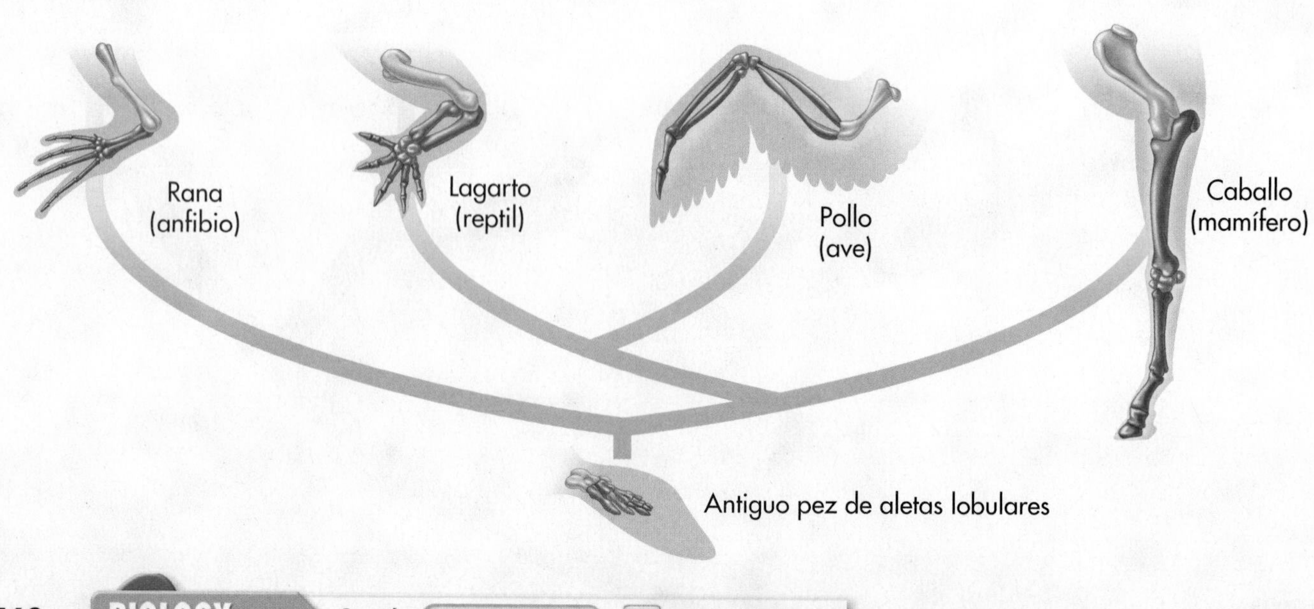

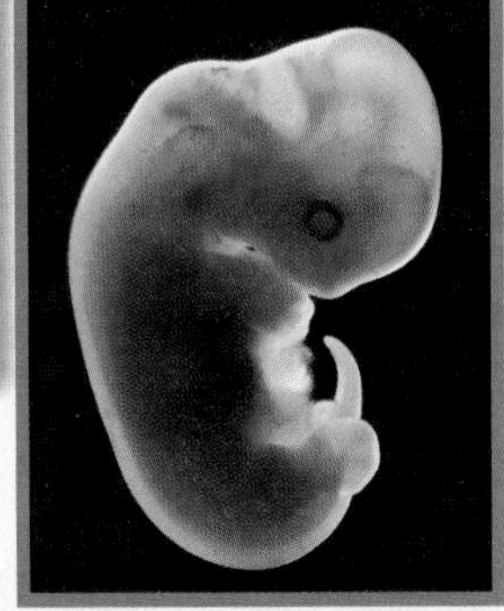

ILUSTRACIÓN 16–15 Órganos vestigiales y embriología **A.** Las alas del cormorán no volador y las patas del eslizón tridáctilo son estructuras vestigiales. **B.** Como las primeras etapas del desarrollo entre los vertebrados son tan similares, sólo un experto podría identificar esta imagen como un embrión de gato. **Inferir** ***Después de observar las patas del eslizón, ¿piensas que sus ancestros tenían patas funcionales? Explica tu respuesta.***

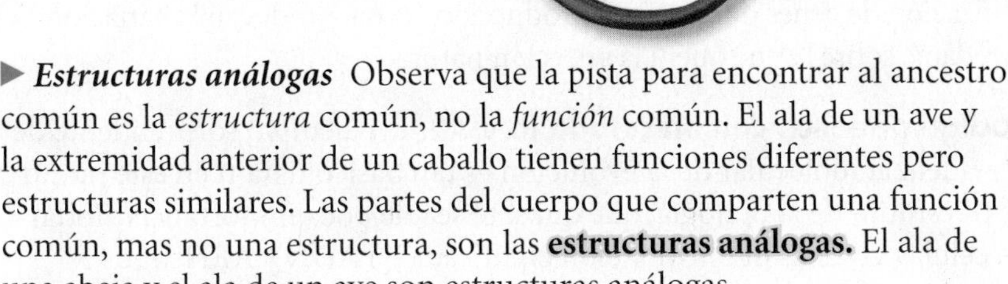

▶ ***Estructuras análogas*** Observa que la pista para encontrar al ancestro común es la *estructura* común, no la *función* común. El ala de un ave y la extremidad anterior de un caballo tienen funciones diferentes pero estructuras similares. Las partes del cuerpo que comparten una función común, mas no una estructura, son las **estructuras análogas.** El ala de una abeja y el ala de un ave son estructuras análogas.

En tu cuaderno *¿Crees que la concha de una almeja y la concha de una langosta sean estructuras análogas u homólogas? Explica.*

▶ ***Estructuras vestigiales*** No todas las estructuras homólogas tienen funciones importantes. Los ancestros heredan las **estructuras vestigiales** pero éstas pierden gran parte o la totalidad de su función original debido a las diferentes presiones de selección que actúan sobre el descendiente. Por ejemplo, el hueso coxal del delfín nariz de botella, que se muestra en la página 467, es una estructura vestigial que en sus ancestros desempeñaba una función para la locomoción terrestre. No obstante, a medida que el linaje cetáceo se adaptó a la vida marítima, esta función se perdió. ¿Por qué los delfines y los organismos de la **ilustración 16–15** conservan estructuras con una función pobre o nula? Una posibilidad es que esa estructura no afecta la aptitud del organismo, y, por lo tanto, la selección natural no actúa para eliminarla.

Embriología Los investigadores observaron hace mucho tiempo que las primeras etapas del desarrollo de muchos animales con espinas dorsales (llamados vertebrados) parecen ser muy similares. Las observaciones recientes evidenciaron que los mismos grupos de células embrionarias se desarrollan en el mismo orden y en patrones similares para producir muchos tejidos y órganos homólogos en los vertebrados. Por ejemplo, a pesar de las muy diferentes formas adultas y funciones de los huesos de las extremidades en la **ilustración 16–14,** todos esos huesos se desarrollan a partir de los mismos grupos de células embrionarias. La teoría evolutiva ofrece la explicación más lógica de estas similitudes en los patrones de desarrollo. **Los patrones similares de desarrollo embrionario ofrecen aún más evidencia de que los organismos han descendido de un ancestro común.**

Darwin se percató de que los patrones similares de desarrollo ofrecían importantes pistas que llevaban a los ancestros de los organismos vivos. Sin embargo, no pudo anticipar la increíble cantidad de pruebas que confirmarían su teoría proveniente del estudio de los genes que controlan el desarrollo; pruebas del campo de la genética y la biología molecular.

Genética y biología molecular

¿Cómo se usa la biología molecular para trazar el desarrollo del proceso evolutivo?

La "información faltante" más problemática para Darwin tenía que ver con la herencia. Él no tenía idea de cómo funcionaba, y le preocupaba mucho que esta falta de conocimiento pudiera ser fatal para su teoría. Sin embargo, da la casualidad de que parte de las pruebas más contundentes que confirman la teoría evolutiva proviene del campo de la genética. Una larga serie de descubrimientos, desde Mendel, Watson y Crick, hasta la genómica, explican cómo funciona la evolución. **A nivel molecular, el código genético universal y las moléculas homólogas ofrecen evidencia de la existencia de un ancestro común.** Por otra parte, ahora se comprende cómo la mutación y la reorganización de genes durante la reproducción sexual producen la variación heredable sobre la que opera la selección natural.

Código genético común a toda la vida Un ejemplo sorprendente de la evidencia molecular de la evolución es tan básico para ti en este punto de tu estudio de la biología, que quizá te sea de poca importancia. Todas las células vivas usan información codificada en ADN y ARN, que se transmite de una generación a otra y dirige la síntesis de proteínas. Este código genético es prácticamente idéntico en casi todos los organismos, incluidas las bacterias, levaduras, plantas, hongos y animales. Ésta es una evidencia contundente de que todos los organismos evolucionaron a partir de ancestros comunes que compartieron también este código.

Moléculas homólogas del gen *Hoxc8*

Las homologías moleculares se pueden usar para inferir relaciones entre los organismos. El siguiente diagrama muestra una pequeña porción del ADN para el mismo gen, el *Hoxc8*, en tres animales: un ratón, una ballena barbada y un pollo.

1. Calcular ¿Qué porcentaje de nucleótidos en el ADN de una ballena barbada son diferentes a los del ratón? (*Sugerencia*: Primero cuenta el número de nucleótidos de ADN en toda la secuencia. Después, cuenta los nucleótidos en el ADN de la ballena que difieren de los del ADN del ratón. Finalmente, divide el número de nucleótidos diferentes entre el número total de nucleótidos y multiplica el resultado por 100.) MATEMÁTICAS

2. Calcular ¿Qué porcentaje de nucleótidos del pollo son diferentes de los del ratón? MATEMÁTICAS

3. Sacar conclusiones ¿Con cuál crees que está más estrechamente relacionado un ratón: con una ballena barbada o con un pollo? Explica tu respuesta.

4. Evaluar ¿Piensas que los científicos pueden usar pequeñas secciones de ADN, como las mostradas aquí, para inferir relaciones evolutivas? ¿Por qué?

Animal	Secuencia de bases en la sección del *Hoxc8*																																						
Ratón	C	A	G	A	A	A	T	G	C	C	A	C	T	T	T	T	A	T	G	G	C	C	C	T	G	T	T	T	G	T	C	T	C	C	C	T	G	C	T	C
Ballena barbada	C	**C**	G	A	A	A	T	G	C	C	**T**	C	T	T	T	T	A	T	G	G	C	**G**	C	T	G	T	T	T	G	T	C	T	C	C	C	T	G	C	**G**	C
Pollo	**A**	A	**A**	A	A	A	T	G	C	C	**G**	C	T	T	T	T	A	**C**	**A**	G	C	**T**	C	T	G	T	T	T	G	T	C	T	C	**T**	C	T	G	C	T	**A**

Moléculas homólogas En época de Darwin, los biólogos sólo podían estudiar las similitudes y diferencias en las estructuras que podían ver. Pero las estructuras corporales físicas no se podían usar para comparar los ratones con las levaduras o las bacterias. Hoy sabemos que la homología no está limitada a las estructuras físicas. Como se muestra en la **ilustración 16–16,** se han encontrado proteínas homólogas en algunos lugares sorprendentes. Las proteínas homólogas comparten grandes similitudes estructurales y químicas. El citocromo c es una proteína homóloga que interviene en la respiración celular. Versiones sorprendentemente similares de ella se encuentran en casi todas las células vivas, desde las células de la levadura del pan hasta las humanas.

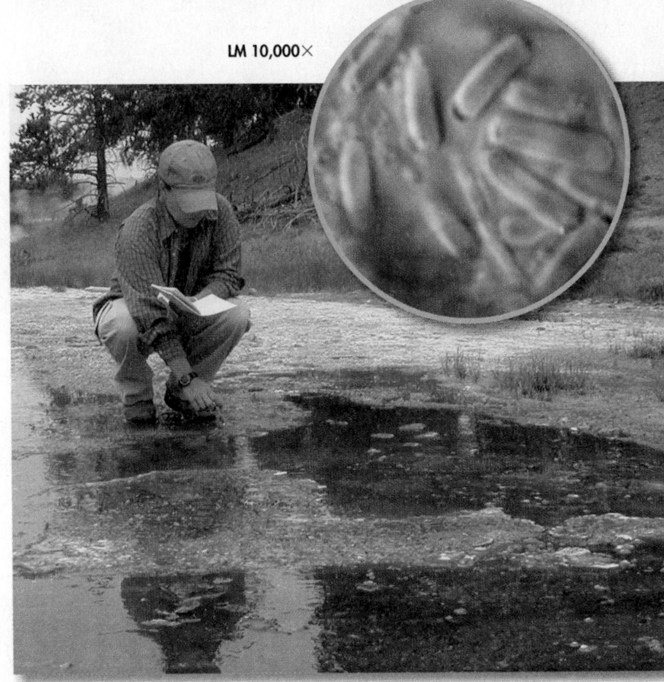

ILUSTRACIÓN 16–16 Genes similares Las bacterias de este manantial viven en agua casi en ebullición, un medio inhabitable para los animales. Incluso sus células parecen diferentes a las células animales. Sin embargo, muchos de sus genes y, por tanto, las proteínas codificadas por esos genes, son similares a los de los animales. Ésta es una prueba más de que todos los organismos comparten un antiguo ancestro común.

Existen muchas otras clases de homologías a nivel molecular. Los genes también pueden ser homólogos, algo lógico dado el código genético que todas las plantas y animales comparten. Un ejemplo asombroso se puede encontrar en un conjunto de genes antiguos que determinan las identidades de las partes del cuerpo. Se conocen como genes Hox y ayudan a determinar el eje integral en el desarrollo embrionario. En los vertebrados, los conjuntos de genes homólogos Hox dirigen el crecimiento de las extremidades posteriores y anteriores. Pequeños cambios en estos genes pueden producir cambios radicales en las estructuras que controlan. Así, cambios relativamente pequeños en el genoma de un organismo pueden producir cambios importantes en su estructura y en la de sus descendientes. Al menos algunos genes Hox homólogos se encuentran en casi todos los animales multicelulares, desde las moscas de la fruta hasta los seres humanos. La explicación de estas profundas similitudes bioquímicas puede encontrarse en la conclusión de Darwin: los organismos vivos evolucionaron a través de su descendencia con modificaciones a partir de un ancestro común.

Poner a prueba la selección natural

¿Qué muestran las investigaciones recientes sobre los pinzones de las Galápagos acerca de la selección natural?

Una forma de reunir pruebas del cambio evolutivo es observar cómo actúa la selección natural. Pero la mayoría de los tipos de cambio evolutivo que hemos estudiado hasta ahora tardaron muchos millones de años en presentarse, lo que dificulta ver realmente el cambio en acción. Sin embargo, algunos tipos de cambio evolutivo se han observado y estudiado de manera repetida en laboratorios y en entornos controlados. Los científicos han diseñado experimentos con organismos, desde bacterias hasta pececillos tropicales, para poner a prueba las teorías de Darwin, y cada vez, los resultados han confirmado sus ideas básicas. Pero uno de los mejores ejemplos de selección natural en acción proviene de las observaciones de animales en su medio ambiente natural y, por fortuna, estas observaciones se enfocaron en los pinzones de las Galápagos.

Hipótesis comprobable Recuerda que cuando Darwin vio por primera vez los pinzones de las Galápagos, pensó que eran chochines, mirlos o cormoranes, debido a que parecían ser muy diferentes entre sí. Una vez que Darwin supo que todos eran pinzones, planteó la hipótesis de que habían descendido de un ancestro común.

ANALOGÍA VISUAL

HERRAMIENTAS DEL PICO DEL PINZÓN

ILUSTRACIÓN 16–17 Los pinzones usan su pico como herramienta para recoger y sostener su alimento. Los distintos tipos de alimento pueden manejarse con mayor facilidad con picos de diferentes tamaños y formas.

Pinzones arborícolas
Platyspiza
Este pinzón vegetariano pela la corteza de las plantas leñosas con un pico diseñado para pinzar y sujetar con fuerza, como un par de tenazas.
Certhidea
Este pinzón se alimenta de pequeños insectos expuestos que recoge de las superficies de las plantas. Su pico delgado, recto y estrecho como pinzas de punta funciona para sostener con firmeza pequeños objetos en la punta.

Pinzones terrestres
Pinaroloxias
Este pinzón se alimenta de insectos, frutos y néctar. Su pico funciona como unas pinzas curvas que sirven para buscar y asir objetos en sus puntas.
Geospiza
Este pinzón se alimenta de semillas grandes y gruesas con un pico que es grueso, fuerte y afilado. Este pico funciona como un cortador de cables de alta resistencia para aplicar presión y fuerza de corte cerca de su base.

Darwin observó que varias especies de pinzones tenían picos de muy diferentes tamaños y formas. Cada especie usaba su pico como una herramienta especializada para recoger y sostener su alimento, como se muestra en la **ilustración 16–17.** Darwin propuso que la selección natural había moldeado los picos de las diferentes poblaciones de aves a medida que se adaptaban para alimentarse de distintos tipos de alimento. Ésa era una hipótesis razonable. Pero, ¿había alguna forma de probarla? Nadie pensó que fuera posible hasta que aparecieron Peter y Rosemary Grant de la Universidad de Princeton.

Los Grant pasaron más de 35 años estudiando los pinzones de las Galápagos. Se dieron cuenta de que la hipótesis de Darwin se basaba en dos supuestos comprobables. Primero, para que el tamaño y la forma de los picos evolucionaran, debía existir suficiente variación heredable en esos rasgos como para constituir la materia prima de la selección natural. Segundo, las diferencias en el tamaño y forma de los picos debían producir diferencias en la aptitud.

Los Grant pusieron a prueba esas hipótesis en el medio ambiente del pinzón terrestre (*Geospiza*) en la isla de Daphne Major, que es lo bastante grande para dar cabida a grandes poblaciones de pinzones, pero lo suficientemente pequeña para permitirles capturar, etiquetar e identificar a casi todos los individuos de la especie.

Durante su estudio, los Grant recapturan periódicamente a las aves. Anotan qué individuos están vivos y cuáles han muerto, cuáles se han reproducido y cuáles no. Registran las características anatómicas de cada individuo como longitud de sus alas, patas y pico, profundidad y color de pico, colores del plumaje y masa total. Los datos que tienen registrados muestran que en realidad hay una gran variación de rasgos heredables entre los pinzones de las Galápagos.

Selección natural Los datos de los Grant han demostrado que los pinzones individuales con picos de diferente tamaño tienen más o menos probabilidades de sobrevivir a las inundaciones estacionales y a las largas sequías. Cuando el alimento escasea en períodos de sequía, las aves con el pico más grande tienen más probabilidad de sobrevivir, como se muestra en la **ilustración 16–18.** En consecuencia, el tamaño promedio del pico en esta población de pinzones ha aumentado de manera radical. **Los Grant han documentado que la selección natural ocurre frecuentemente en las poblaciones de pinzones silvestres y en ocasiones rápidamente.** Los cambios en el abasto de alimento crearon una presión selectiva que ocasionó que las poblaciones de pinzones evolucionaran en cuestión de décadas. Este cambio evolutivo ocurrió mucho más rápido de lo que pensaban los investigadores.

Los Grant no sólo documentaron la selección natural en un medio natural, sus datos confirman también que la competencia y el cambio ambiental promueven la selección natural. Los rasgos que no importan mucho bajo ciertas condiciones ambientales se vuelven adaptativos conforme el medio ambiente cambia durante una sequía. **El trabajo de los Grant muestra que la variación dentro de una especie incrementa la probabilidad de que ésta se adapte y sobreviva a un cambio ambiental.** Sin la variación heredable en los tamaños de los picos, el pinzón terrestre promedio no podría adaptarse a la alimentación de semillas más duras y grandes durante una sequía.

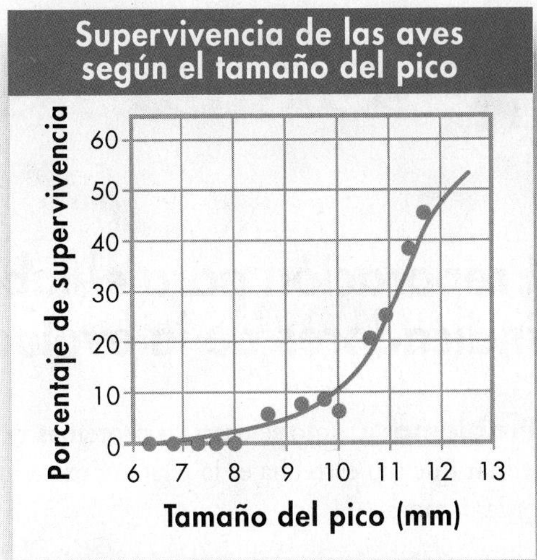

ILUSTRACIÓN 16–18 Supervivencia y tamaño del pico Esta gráfica muestra la tasa de supervivencia de una especie de pinzón terrestre, el pinzón terrestre promedio, *Geospiza fortis*, durante un período de sequía. **Interpretar gráficas** ***¿Qué tendencia muestra esta gráfica?***

Evaluación de la teoría evolutiva Los avances en muchos campos de la biología, y de otras ciencias, han confirmado y ampliado la mayoría de las hipótesis de Darwin. Hoy, la teoría evolutiva, que incluye a la selección natural, ofrece conocimientos vitales para todas las ramas de la biología, desde la investigación de enfermedades infecciosas hasta la ecología. Ésta es la razón por la que la evolución suele considerarse la gran teoría unificadora de las ciencias de la vida.

Al igual que cualquier teoría científica, la teoría evolutiva se revisa de manera constante conforme se reúnen más datos. Los investigadores siguen debatiendo importantes cuestiones como la forma precisa en que surgen nuevas especies y la razón de la extinción de las especies. Y también existe gran incertidumbre en cuanto a cómo comenzó exactamente la vida. No obstante, todas las preguntas que quedan versan sobre *cómo* obra la evolución, no *si* la evolución ocurrió. Para los científicos, la evolución es la clave para comprender el mundo natural.

16.4 Evaluación

Repaso de conceptos clave

1. a. **Repasar** ¿Qué es la biogeografía?
   b. **Relacionar causa y efecto** ¿Por qué a veces las especies con una relación distante en diferentes lugares suelen compartir rasgos similares?
2. a. **Repasar** ¿Por qué los fósiles son una prueba importante de la evolución?
   b. **Interpretar material visual** Usa la **ilustración 16–13** para describir las diferencias entre la ballena misticeta moderna y el *Ambulocetus*.
3. a. **Repasar** ¿Por qué las estructuras vestigiales constituyen una prueba de la evolución?
   b. **Comparar y contrastar** Explica la diferencia entre estructuras homólogas y análogas. ¿Cuáles son más importantes para los biólogos evolutivos? ¿Por qué?
4. a. **Explicar** ¿Cuál es la relación entre los genes Hox y el desarrollo embrionario?
   b. **Sacar conclusiones** Los organismos A y B tienen genes Hox muy similares y sus embriones, en las primeras etapas de desarrollo también son muy similares. ¿Qué indican esas similitudes acerca del ancestro de los organismos A y B?
5. a. **Explicar** ¿Qué hipótesis han sometido a prueba los Grant?
   b. **Sacar conclusiones** ¿Por qué los datos de los Grant muestran que la variación genética es importante en la supervivencia de las especies?

ESCRIBIR SOBRE LAS CIENCIAS

Explicación

6. Con tus palabras, escribe un párrafo que explique la forma en que las pruebas obtenidas desde la época de Darwin han fortalecido sus teorías.

BIOLOGY.com Search Lesson 16.4  GO • Self-Test • Lesson Assessment

Laboratorio de destrezas científicas

INVESTIGACIÓN DIRIGIDA

Preparación para el laboratorio: Secuencias de aminoácidos: indicadores de la evolución

Problema ¿Cómo se usan las proteínas para determinar qué tan estrecha es la relación existente entre los organismos?

Materiales marcador de color claro

Manual de laboratorio Laboratorio del Capítulo 16

Destrezas Analizar datos, gráficas, sacar conclusiones

Conectar con la gran idea Durante años, los científicos que estudiaban la evolución dependían sólo de las diferencias visibles entre los organismos. Después surgió una nueva fuente de pruebas. Los bioquímicos pudieron desentrañar las secuencias de bases en el ADN y los aminoácidos en las proteínas. Los científicos pueden usar estos datos para confirmar las relaciones basadas en la anatomía. También los usan para demostrar que algunas especies que aparentan ser muy diferentes, en realidad guardan una relación más estrecha de lo que se pensaba.

Los biólogos pueden comparar las secuencias de aminoácidos de una proteína perteneciente a dos especies. En general, cuando el número total de diferencias es pequeña, las especies guardan una relación estrecha. Cuando el número es grande, las especies tienen una relación más distante.

En este laboratorio, compararás las secuencias de aminoácidos de una proteína y analizarás los resultados de una comparación similar para otra proteína. Usarás ambos grupos de datos para predecir la relación entre los organismos.

Preguntas preliminares

a. **Repasar** ¿Qué son las moléculas homólogas?

b. **Explicar** ¿Por qué los científicos pueden usar moléculas en lugar de la anatomía para averiguar qué tan estrecha es la relación que guardan entre sí los conejos y las moscas de fruta?

c. **Relacionar causa y efecto** Las secuencias de aminoácidos de las proteínas de dos especies son similares. ¿Qué puedes concluir acerca del ADN de esas especies? ¿Por qué?

Preguntas previas al laboratorio

Examina el procedimiento en el manual de laboratorio.

1. **Predecir** Con base sólo en su anatomía, clasifica a los gorilas, osos, chimpancés y ratones del ancestro común con los humanos del más reciente al menos reciente.

2. **Usar analogías** Le relatas una historia a otra persona quien a su vez se la cuenta a otra y así sucesivamente. Conforme se cuenta una y otra vez, la historia cambia. Con el tiempo, el número de cambios aumenta. ¿En qué se parece este proceso a lo que sucede con el ADN con el paso del tiempo?

3. **Inferir** Se compara la hemoglobina de dos especies. En las secuencias de proteínas largas, existen tres puntos en que los aminoácidos son diferentes. ¿Dónde colocarías al ancestro común de las dos especies en el "árbol de la vida" y por qué?

Visita el Capítulo 16 en línea para hacer una autoevaluación del capítulo y para buscar actividades que apoyan tu aprendizaje.

Untamed Science Video Las islas son medio ambientes ricos para la evolución, como te podrás dar cuenta con el equipo de *Untamed Science.*

Art in Motion Esta animación muestra cómo se acumulan las capas fósiles y después quedan expuestas.

Art Review Repasa las estructuras análogas y homólogas de los vertebrados.

Visual Analogy Observa cómo los diferentes picos de los pinzones funcionan como herramientas.

Data Analysis Recaba datos poblacionales de varias generaciones de saltamontes y después analiza cómo cambió la población debido a la selección natural.

16 Guía de estudio

La gran idea Evolución

La selección natural es un proceso natural por el que la vida evoluciona. Actúa sobre poblaciones cuyos individuos deben luchar por subsistir y que presentan variación heredable en sus rasgos y aptitud variable entre los individuos.

16.1 El viaje de descubrimiento de Darwin

Darwin desarrolló una teoría científica de la evolución biológica que explica cómo evolucionaron los organismos modernos durante largos períodos de tiempo a través de sus descendientes y a partir de ancestros comunes.

Darwin observó que 1) especies animales diferentes, aunque ecológicamente similares, vivían en hábitats separados, pero ecológicamente similares, por todo el mundo; 2) las especies animales diferentes, aunque relacionadas, suelen ocupar diferentes hábitats dentro de un área local; y 3) algunos fósiles de animales extintos eran similares a las especies vivas.

evolución (450) fósil (452)

16.2 Bases del razonamiento de Darwin

Hutton y Lyell concluyeron que la Tierra es extremadamente antigua y que los procesos que la transformaron en el pasado son los mismos que operan en el presente.

Lamarck sugirió que los organismos podían cambiar durante su vida al usar o no selectivamente diferentes partes de su cuerpo. También sugirió que los individuos podían transmitir estos rasgos adquiridos a su descendencia, lo que permitía a las especies cambiar con el paso del tiempo.

Malthus pensaba que si la población humana crecía sin control, no habría suficiente espacio habitable ni alimentos para todos.

En la selección artificial, la naturaleza ofrece las variaciones y los seres humanos eligen aquellas que les sean útiles.

selección artificial (458)

16.3 Darwin presenta su caso

La selección natural ocurre siempre que nacen más individuos que pueden sobrevivir, existe una variación heredable natural y existe aptitud variable entre los individuos.

De acuerdo con el principio del ascendiente común, todas las especies, vivas y extintas, descienden de antiguos ancestros comunes.

adaptación (461) selección natural (463)
aptitud (461)

16.4 Pruebas de la evolución

Los patrones en la distribución de las especies vivas y fósiles indican cómo evolucionaron los organismos modernos a partir de sus ancestros.

Muchos fósiles recién descubiertos forman series que rastrean el desarrollo de la evolución de las especies modernas a partir de ancestros comunes.

La teoría evolutiva explica la existencia de estructuras homólogas adaptadas a diferentes propósitos como consecuencia del descendiente con modificación a partir de un ancestro común.

El código genético universal y las moléculas homólogas constituyen pruebas de la existencia del ancestro común.

Los Grant han documentado que la selección natural se presenta con frecuencia en las poblaciones de pinzones silvestres de las Galápagos y en ocasiones rápidamente, y que la variación dentro de una especie incrementa la probabilidad de que se adapte al cambio ambiental y sobreviva a él.

biogeografía (465) estructura análoga (469)
estructura homóloga (468) estructura vestigial (469)

Razonamiento visual Usa la información de este capítulo para crear un mapa de conceptos que vincule los siguientes términos: *adaptación, selección artificial, biogeografía, camuflaje, Charles Darwin, Charles Lyell, evolución, aptitud, fósil, homología, James Hutton, Jean-Baptiste Lamarck, mimetismo, selección natural y Thomas Malthus.*

16 Evaluación

16.1 El viaje de descubrimiento de Darwin

Comprender conceptos clave

1. ¿Quién observó variaciones en las características de las plantas y animales en diferentes islas de las Galápagos?

a. James Hutton **c.** Charles Darwin
b. Charles Lyell **d.** Thomas Malthus

2. Además de observar organismos vivos, Darwin estudió los restos preservados de organismos antiguos llamados

a. fósiles. **c.** homologías.
b. adaptaciones. **d.** estructuras vestigiales.

3. ¿Qué patrón de variación observó Darwin entre rheas, avestruces y emúes?

4. ¿Qué conexión estableció Darwin entre las tortugas de las Galápagos y su medio ambiente?

Razonamiento crítico

5. Aplica los conceptos Explica qué significa el término *evolución* y pon un ejemplo.

6. Relacionar causa y efecto ¿Por qué el viaje de Darwin a bordo del *Beagle* fue tan importante para que desarrollara su teoría de la selección natural?

7. Inferir ¿Por qué a Darwin le intrigaba el hecho de que no hubiera conejos en Australia?

16.2 Bases del razonamiento de Darwin

Comprender conceptos clave

8. ¿Cuál de las siguientes ideas que propuso Lamarck demostró ser incorrecta?

a. Las características adquiridas pueden heredarse.
b. Todas las especies descienden de otras.
c. Los seres vivos cambian con el tiempo.
d. Existe una relación entre un organismo y su medio ambiente.

9. ¿Cuál de las siguientes opciones usaría un criador de animales para aumentar el número de vacas que dan la mayor cantidad de leche?

a. sobreproducción **c.** características adquiridas
b. aislamiento genético **d.** selección artificial

10. ¿Cuál es la razón de la presencia de fósiles marinos en las cimas montañosas?

11. ¿Cómo influyeron los *Principios de geología* de Lyell en Darwin?

12. Según Malthus, ¿qué factores limitan el crecimiento de la población? ¿Por qué sus ideas aplican mejor a otros organismos que a los seres humanos?

13. ¿Qué es la selección artificial? ¿Cómo influyó este concepto en el pensamiento de Darwin?

Razonamiento crítico

14. Relacionar causa y efecto Un girasol produce muchas semillas. ¿Crecerán todas hasta convertirse en plantas maduras? Explica tu respuesta.

15. Evaluar Explica por qué el trabajo de Lamarck constituye una contribución importante a la ciencia a pesar de que su explicación de la evolución estaba equivocada.

16.3 Darwin presenta su caso

Comprender conceptos clave

16. Una característica heredada que incrementa la capacidad de un organismo para sobrevivir y reproducirse en su medio ambiente específico recibe el nombre de

a. estructura vestigial. **c.** especiación.
b. adaptación. **d.** estructura análoga.

17. Lo bien que un organismo sobrevive y se reproduce en su medio ambiente se puede describir como su

a. aptitud. **c.** descendiente común.
b. homologías. **d.** analogías.

18. ¿Cómo afecta la variación natural en la evolución?

19. Explica el siguiente enunciado: "La descendencia con modificación explica la diversidad de la vida que vemos hoy".

20. Describe las condiciones necesarias para que ocurra la selección natural.

Razonamiento crítico

21. **Aplica los conceptos** ¿Cómo explicaría Darwin las patas largas del ave acuática de la ilustración 16–6? ¿En qué se diferenciaría la explicación de Darwin de la explicación de Lamarck?

22. **Comparar y contrastar** Distingue entre aptitud y adaptación. ¿Cómo se relacionan estos dos conceptos?

23. **Inferir** ¿Cómo explica el proceso de selección natural la diversidad de organismos que Darwin observó en las Islas Galápagos?

24. **Inferir** Muchas especies de aves construyen nidos en los que depositan huevos y crían a sus aves recién nacidas. ¿Cómo podría el comportamiento constructor de nidos ser una adaptación que asegure la aptitud reproductiva?

16.4 Pruebas de la evolución

Comprender conceptos clave

25. Las estructuras que tienen diferentes formas maduras pero que se desarrollan a partir del mismo tejido embrionario se llaman
    - a. análogas.
    - b. adaptaciones.
    - c. homólogas.
    - d. fósiles.

26. Las formas fósiles intermedias son una prueba importante de la evolución pues muestran
    - a. cómo han ido cambiando los organismos con el paso del tiempo.
    - b. cómo se comportaron los animales en su medio ambiente.
    - c. cómo se desarrollan los embriones de los organismos.
    - d. homologías moleculares.

27. ¿Cómo apoya la distribución geográfica de los organismos la teoría de la evolución?

28. ¿Cómo indican las estructuras vestigiales que los organismos actuales son diferentes de sus ancestros antiguos?

29. ¿Qué pruebas ofrecen el ADN y el ARN del ancestro común?

resuelve el MISTERIO del CAPÍTULO

GRAN VARIEDAD DE TREPADORES MIELEROS

El 'i'iwi y otros trepadores mieleros hawaianos guardan muchas semejanzas con los pinzones de las Galápagos. Se trata de especies de aves pequeñas que no se encuentran en ningún otro lugar de la Tierra. Habitan en islas separadas entre sí por grandes extensiones de mar abierto y que están a cientos de millas de distancia del continente más cercano. ¡También son parientes de los pinzones!

Existen más de 20 especies conocidas de trepadores mieleros hawaianos. Al igual que las especies de pinzones de las Galápagos, las de trepadores mieleros guardan una estrecha relación entre ellas. Ésta es una señal de que todas descienden, con modificación, de un ancestro común relativamente reciente. Los expertos piensan que el ancestro colonizó las islas hace 3 ó 4 millones de años. Muchos trepadores mieleros tienen dietas especializadas, que son adaptaciones evolutivas a la vida en las islas particulares que habitan. Hoy, la pérdida de su hábitat ha puesto en peligro a la mayoría de los trepadores mieleros. De hecho, se piensa que muchas especies se extinguirán debido a la colonización humana de sus islas.

1. **Inferir** Supón que un pequeño grupo de aves, no diferentes de los trepadores mieleros modernos, llegaron a una isla hawaiana hace millones de años y después se reprodujeron. ¿Piensas que todos los descendientes habrían permanecido en esa única isla? Explica tu respuesta.

2. **Inferir** ¿Crees que el clima y otras condiciones ambientales son iguales en cualquier parte de las islas hawaianas? ¿Cómo podrían afectar las condiciones ambientales la evolución de las especies de trepadores mieleros?

3. **Proponer una hipótesis** Explica cómo pudieron haber evolucionado las diferentes especies actuales de trepadores mieleros en Hawai a partir de una especie ancestral.

4. **Conectar con la gran idea** ¿Por qué las islas suelen albergar especies que no existen en ninguna otra parte de la Tierra?

Razonamiento crítico

30. Inferir ¿Qué animal, un grillo o un gato, esperarías que tuviera citocromo c más similar al de un perro? Explica tu respuesta.

31. Inferir En todos los animales con espina dorsal, la sangre transporta el oxígeno mediante una molécula llamada hemoglobina. ¿Qué podría indicar esta similitud fisiológica acerca de la historia evolutiva de los vertebrados (animales con espina dorsal)?

32. Aplica los conceptos ¿Crees que algunas especies de víbora podrían tener cadera vestigial y huesos de patas? Explica tu respuesta.

Relacionar conceptos

Usar gráficas científicas

Usa la ilustración siguiente para responder las preguntas 33 y 34.

33. Inferir Con base en lo que puedes ver, ¿qué ratones, los blancos o los pardos, están mejor adaptados a su medio ambiente? Explica tu respuesta.

34. Aplica los conceptos ¿Por qué el color del ratón pardo es una adaptación? ¿Qué otras adaptaciones además del color podrían afectar la capacidad de los ratones para sobrevivir y reproducirse?

Escribir sobre las ciencias

35. Explicación Escribe un párrafo que explique cómo la edad de la Tierra apoya la teoría evolutiva.

36. Resumen Resume las condiciones en las que ocurre la selección natural. Después, describe tres líneas de pruebas que confirmen la teoría de la evolución mediante la selección natural.

37. Evalúa la gran idea Escribe un artículo periodístico acerca de la reunión en la que se presentaron por primera vez las hipótesis evolutivas de Darwin y Wallace. Explica la teoría de la evolución mediante la selección natural para una audiencia que no sepa nada del tema.

38. Evalúa la gran idea Observa de nuevo la **ilustración 16–10** de la página 462. Explica cómo pudieron cambiar las condiciones de manera que el color amarillo se convirtiera en una característica adaptativa. ¿Qué sucedería con los números relativos de saltamontes verdes y amarillos en la población?

Analizar datos

El citocromo c es una pequeña proteína que participa en la respiración celular. La tabla compara el citocromo c de diferentes organismos con el de los chimpancés. La columna izquierda indica el organismo y la derecha, el número de aminoácidos diferentes a los del citocromo c del chimpancé.

Organismo	Número de aminoácidos diferentes del citocromo c del chimpancé
Perro	10
Polilla	24
Pingüino	11
Levadura	38

39. Interpretar datos ¿Cuál de estos organismos es probable que comparta el ancestro común más reciente con los chimpancés?

a. perro
b. polilla
c. pingüino
d. levadura

40. Calcular La estructura primaria del citocromo c contiene 104 aminoácidos. ¿Aproximadamente cuántos de éstos son los mismos en el chimpancé y en la polilla? MATEMÁTICAS

a. 10
b. 24
c. 80
d. 128

Preparación para exámenes estandarizados

Selección múltiple

1. ¿Qué científico formuló la teoría de la evolución a través de la selección natural?
A Charles Darwin
B Thomas Malthus
C James Hutton
D Jean-Baptiste Lamarck

2. Las ideas de Lamarck sobre la evolución estaban equivocadas porque proponían que
A las especies cambian con el tiempo.
B las especies descendían de otras especies.
C las características adquiridas se podían heredar.
D las especies se adaptan a su medio ambiente.

3. Los *Principios de geología* de Lyell influyeron en Darwin porque explicaban cómo
A cambian los organismos con el paso del tiempo.
B ocurren las adaptaciones.
C cambia la superficie terrestre con el paso del tiempo.
D se formaron las Islas Galápagos

4. Cuando un granjero usa a sus mejores ejemplares para la reproducción es ejemplo de
A selección natural.
B selección artificial.
C extinción.
D adaptación.

5. La capacidad de un organismo para sobrevivir y reproducirse en su medio ambiente natural se llama
A selección natural.
B evolución.
C descendiente con modificación.
D aptitud.

6. ¿Cuál es un concepto importante en la teoría de la evolución de Darwin a través de la selección natural?
A descendiente con modificación
B moléculas homólogas
C procesos que cambian la superficie terrestre
D tendencia hacia la perfección

7. ¿Cuál de los siguientes NO ofrece pruebas de la evolución?
A el registro fósil
B la variación natural dentro de una especie
C la distribución geográfica de los seres vivos
D las estructuras homólogas de los organismos vivos

8. El ADN y ARN son pruebas de la evolución porque
A todos los organismos tienen ADN y ARN casi idénticos.
B no existen dos organismos que tengan exactamente el mismo ADN.
C cada codón del ARN especifica sólo un aminoácido.
D en la mayoría de los organismos, los mismos codones especifican los mismos aminoácidos.

9. Las alas de un ave son homólogas a
A la aleta caudal de un pez.
B las garras de un caimán.
C patas anteriores de un perro.
D alas de los mosquitos.

Preguntas 10 y 11

Las aves mostradas abajo son dos de las especies de pinzones que Darwin encontró en las Islas Galápagos.

Pinzón carpintero

Pinzón terrestre grande

10. ¿Qué proceso produjo los diferentes tipos de pico que se muestran?
A selección artificial
B selección natural
C distribución geográfica
D la falta de uso del pico

11. El pinzón terrestre grande obtiene su alimento rompiendo las semillas. Su pico corto y fuerte es un ejemplo de
A la lucha por la existencia.
B la tendencia hacia la perfección.
C una adaptación.
D un órgano vestigial.

Respuesta de desarrollo

12. Compara y contrasta el proceso de selección artificial y el de selección natural.

Si tienes dificultades con...												
la pregunta	1	2	3	4	5	6	7	8	9	10	11	12
Ver la lección	16.1	16.2	16.2	16.2	16.3	16.3	16.4	16.4	16.4	16.3	16.3	16.3

17 Evolución de las poblaciones

La gran idea **Evolución**

P: ¿Cómo evolucionan las poblaciones para formar nuevas especies?

Posadas en una flor, las dos mariposas azules comunes (Polyommatus icarus) parecen ser idénticas. No obstante, si te fijas bien, podrás observar que los patrones de sus alas son ligeramente diferentes. Las variaciones entre los miembros de una población constituyen la materia prima para la evolución y, a veces, para la formación de nuevas especies.

BIOLOGY.com Search Chapter 17 GO • Flash Cards

EN ESTE CAPÍTULO:

- 17.1 Genes y variación
- 17.2 La evolución como cambio genético de las poblaciones
- 17.3 El proceso de especiación
- 17.4 Evolución molecular

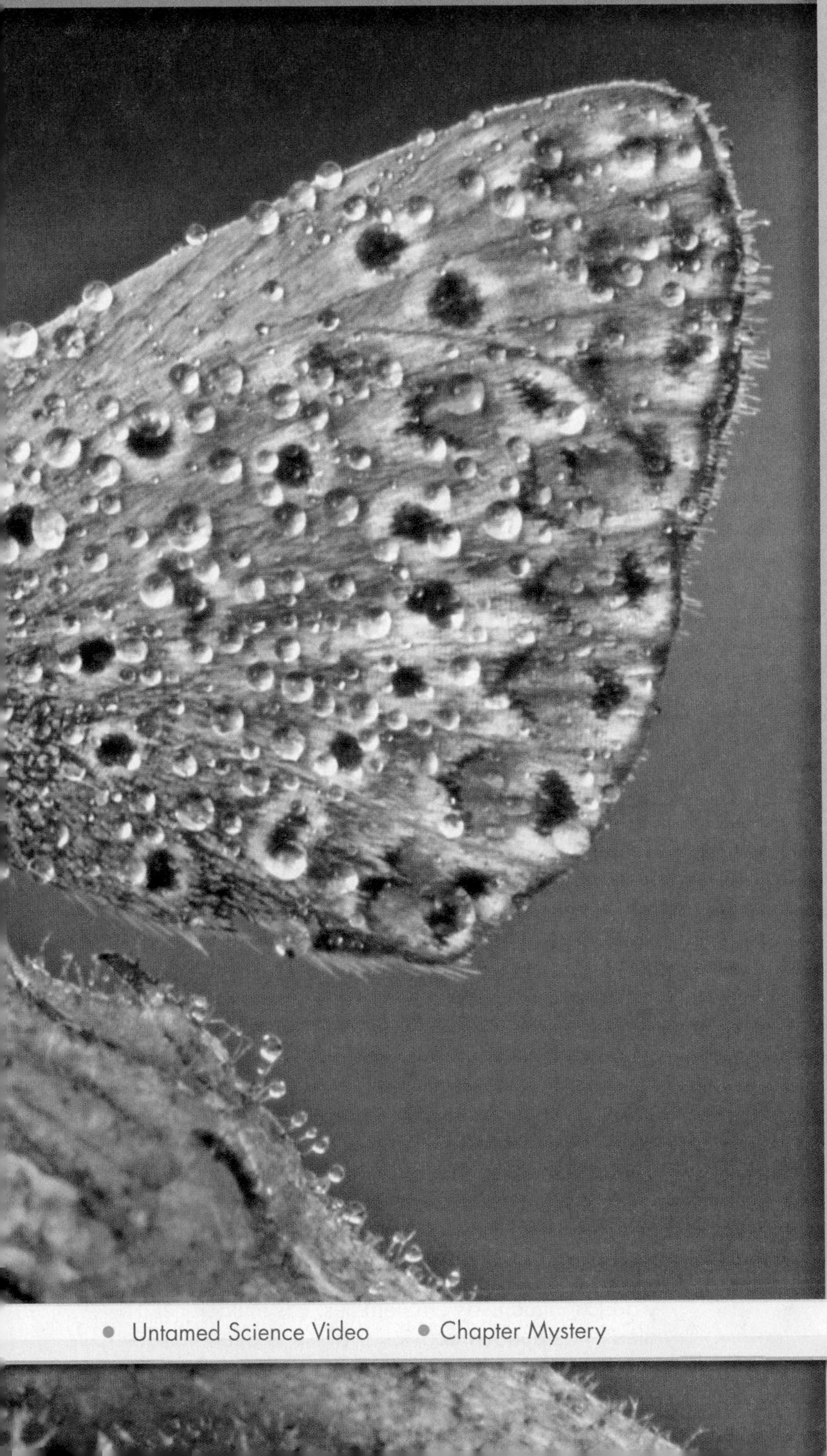

MISTERIO DEL CAPÍTULO

EPIDEMIA

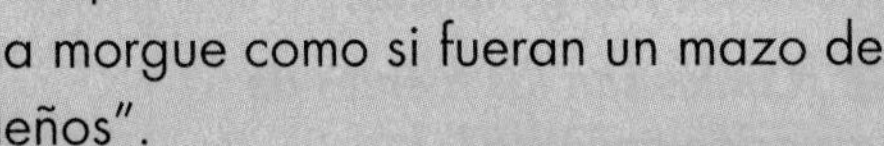

En 1918 se desató una epidemia que mató a más de 40 millones de personas. Un doctor escribió: "Los cadáveres se apilan en torno a la morgue como si fueran un mazo de leños".

¿Cuál fue aquella terrible enfermedad? Fue una variedad del mismo virus de la influenza que ocasiona el "catarro" del que te enfermas una y otra vez. ¿Cómo logró esta cepa de un virus tan común volverse tan letal? ¿Podría aparecer otra vez ese tipo de influenza epidémica mortal?

Las respuestas a esas preguntas explican por qué no es posible hacer una vacuna permanente contra esta enfermedad, como las vacunas contra la varicela y el sarampión. También explican por qué a los encargados de los servicios de salud pública les preocupa tanto la "influenza aviar" de la que quizá hayas escuchado. Conforme leas este capítulo, busca los procesos evolutivos que te ayuden a explicar cómo siempre aparecen nuevas cepas del virus de la influenza. Después, resuelve el misterio.

Continúa explorando el mundo.
Hallar la solución al misterio de las epidemias sólo es el principio. Emprende un viaje de campo en video con los genios ecólogos de *Untamed Science* para ver adónde conduce este misterio.

- Untamed Science Video
- Chapter Mystery

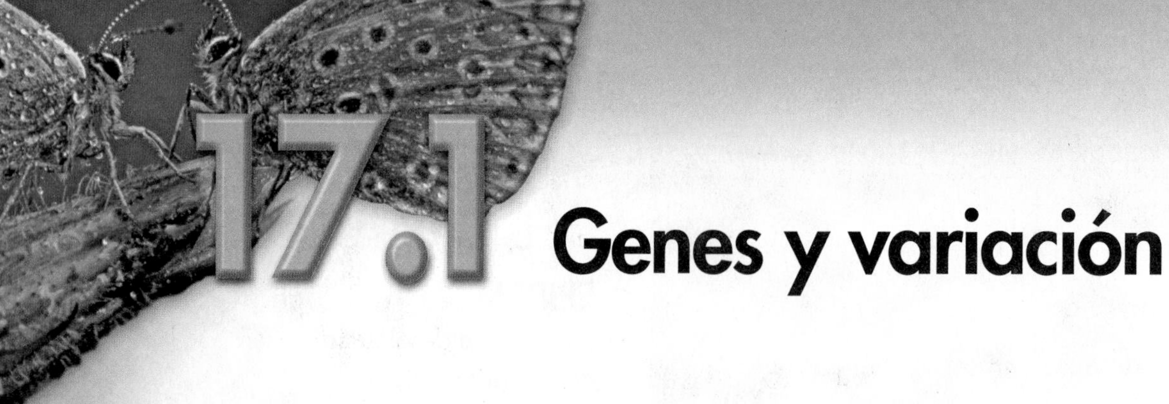

17.1 Genes y variación

Preguntas clave

🔑 ***¿Cómo se define la evolución en términos genéticos?***

🔑 ***¿Cuáles son las fuentes de la variación genética?***

🔑 ***¿Qué determina el número de fenotipos para un rasgo determinado?***

Vocabulario

caudal de genes
frecuencia alélica
rasgo de un único gen (monogénico)
rasgo poligénico

Tomar notas

Mapa de conceptos A medida que leas sobre las fuentes de variación genética, desarrolla un mapa de conceptos para describir las fuentes.

PIÉNSALO Darwin desarrolló su teoría de la selección natural sin saber cómo funcionaba la herencia. Él aún vivía cuando se publicaron los estudios de Mendel sobre la herencia en los guisantes, pero nadie (incluido Darwin) se dio cuenta de la importancia del trabajo. Así que no tenía idea de cómo los rasgos heredables se transmiten de una generación a otra. Lo que es más, aunque Darwin basó su teoría en la variación heredable, no sabía de dónde provenía esa variación. ¿Qué sucedería cuando la genética respondiera estas preguntas?

La genética se une a la teoría evolutiva

🔑 ***¿Cómo se define la evolución en términos genéticos?***

Después de que se redescubriera el trabajo de Mendel alrededor de 1900, el estudio de la genética tuvo un tremendo auge. Los investigadores descubrieron que los genes que transportaban los cromosomas eran los que controlaban los rasgos heredables. Comprendieron cómo los cambios en los genes y cromosomas generan la variación.

Todos estos descubrimientos en genética encajan perfectamente en la teoría evolutiva. La variación es la materia prima de la selección natural y finalmente los científicos podrían estudiar cómo y por qué ocurre. Hoy, se usan técnicas de genética molecular para formular y comprobar muchas hipótesis acerca de la variación heredable y la selección natural. La genética moderna nos permite comprender, mejor que lo que Darwin alguna vez pudo, cómo funciona la evolución.

Genotipo y fenotipo en la evolución Las plantas y animales típicos contienen dos conjuntos de genes, uno aportado por cada progenitor. Las formas específicas de un gen, llamadas alelos, pueden variar de un individuo a otro. El genotipo de un organismo es la combinación particular de alelos que porta, y junto con las condiciones ambientales, produce su fenotipo. El fenotipo incluye todas las características físicas, fisiológicas y conductuales de un organismo, como su color de ojos o estatura. La selección natural actúa directamente sobre el fenotipo, no sobre el genotipo. En otras palabras, la selección natural actúa sobre las características de un organismo, no directamente sobre sus alelos.

ILUSTRACIÓN 17–1 Genes y variación ¿Por qué los miembros de una familia biológica se parecen entre sí y sin embargo se ven tan diferentes? Las similitudes provienen de los genes compartidos. La mayoría de las diferencias provienen de la transposición genética durante la reproducción y de las influencias ambientales. Las mutaciones aleatorias pueden ocasionar algunas diferencias.

¿Cómo funciona? En cualquier población, algunos individuos tienen fenotipos más acordes a su medio ambiente que los de otros. Aquellos con fenotipos más acordes producen más descendencia que los menos acordes. Por tanto, los organismos con una aptitud superior transmiten más copias de sus genes a la siguiente generación.

La selección natural nunca actúa directamente sobre los genes. ¿Por qué? Porque es todo el organismo, no un único gen, el que sobrevive y se reproduce, o muere sin reproducirse.

En tu cuaderno *Describe cómo la selección natural afecta los genotipos al actuar sobre los fenotipos.*

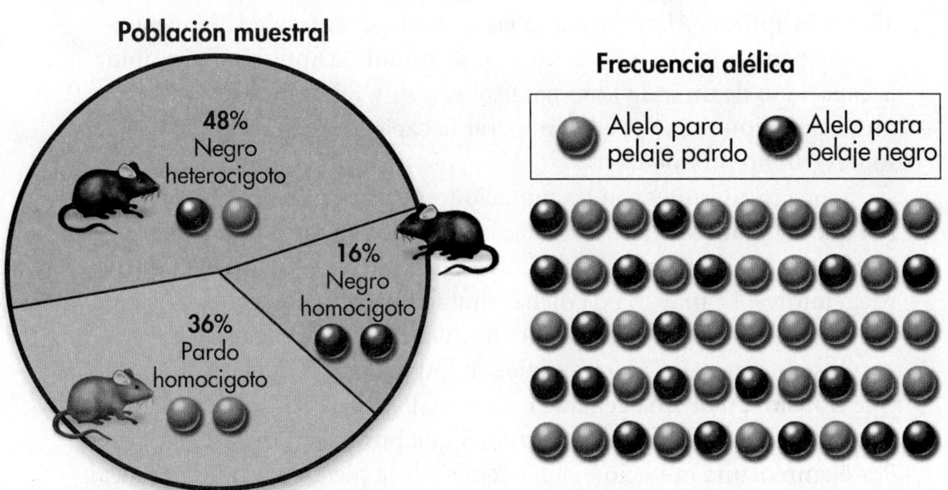

ILUSTRACIÓN 17–2 Alelos en una población Cuando los científicos tratan de determinar si una población está evolucionando, estudian sus frecuencias alélicas. Este diagrama muestra las frecuencias alélicas para el color del pelaje en una población de ratones. **Calcular** ***Aquí, de un total de 50 alelos, 20 alelos son B (negros) y 30 son b (pardos). ¿Cuántos de cada alelo se presentarían en un total de 100 alelos?*** **MATEMÁTICAS**

Poblaciones y caudales de genes En las poblaciones se estudia su variación genética y su evolución. Una población es un grupo de individuos de la misma especie que se aparean y producen descendencia. Como los miembros de una población se aparean, comparten un grupo común de genes llamado **caudal de genes o genético,** que consiste en todos los genes, incluidos todos los alelos diferentes para cada gen, que están presentes en una población.

Los investigadores estudian los caudales genéticos al examinar la cantidad de alelos diferentes que contienen. La **frecuencia alélica** es el número de veces que aparece un alelo en un caudal genético. Por ejemplo, en la población de ratones de la **ilustración 17–2**, la frecuencia alélica del alelo *B* dominante (pelaje negro) es de 40 por ciento, y la frecuencia alélica del alelo recesivo *b* (pelaje pardo) es de 60 por ciento. La frecuencia alélica de un alelo no tiene nada que ver con si el alelo es dominante o recesivo. En esta población de ratones, el alelo recesivo se presenta con mayor frecuencia que el dominante. **La evolución, en términos genéticos, supone un cambio en la frecuencia alélica en una población en el transcurso del tiempo.** Por ejemplo, si la frecuencia del alelo *B* en la **ilustración 17–2** desciende a 30 por ciento, la población está evolucionando. Es importante decir que son las poblaciones, y no los individuos, las que evolucionan. La selección natural opera en organismos individuales, pero los cambios que ocasiona en la frecuencia alélica se muestran en la población como un todo.

DESARROLLAR el vocabulario

VARIOS SIGNIFICADOS Quizá la definición más común del sustantivo *caudal* sea una gran cantidad de agua que mana o corre. Sin embargo, un *caudal* también se puede referir a la abundancia de un recurso. En el caso de un **caudal genético,** el recurso es la información genética.

ILUSTRACIÓN 17–3 Variación genética La variación genética puede producir variaciones visibles en el fenotipo, como granos de diferentes colores en estas mazorcas de maíz. Otros tipos de variación genética, como la resistencia a enfermedades, pueden no ser visibles, aunque sean más importantes para la aptitud evolutiva.

Fuentes de variación genética

¿Cuáles son las fuentes de la variación genética?

La genética nos permite comprender cómo se produce la variación heredable. **Tres fuentes de variación genética son la mutación, la recombinación genética durante la reproducción sexual y la transferencia lateral de genes.**

Mutaciones Una mutación es todo cambio en el material genético de una célula. Algunas mutaciones implican cambios dentro de los genes individuales. Otras implican cambios en trozos más grandes de cromosomas. Y hay unas, llamadas mutaciones neutrales, que no cambian el fenotipo de un organismo.

Las mutaciones que producen cambios en el fenotipo pueden o no afectar la aptitud. Algunas, como las que causan enfermedades genéticas, pueden ser letales. Otras, pueden disminuir la aptitud al disminuir la capacidad de un individuo para sobrevivir y reproducirse. Existen otras mutaciones que pueden mejorar la capacidad de un individuo para sobrevivir y reproducirse.

¿Qué tan comunes son las mutaciones? Estimaciones recientes sugieren que cada uno de nosotros nace con alrededor de 300 mutaciones que hacen que partes de nuestro ADN sean diferentes a las de nuestros progenitores. La mayoría de dichas mutaciones son neutrales. Una o dos son potencialmente dañinas. Algunas pueden ser beneficiosas.

Observa que las mutaciones tienen importancia para la evolución sólo si se transmiten de una generación a otra. Para que eso suceda, deben ocurrir en las células de línea germinal que producen óvulos o esperma. Por ejemplo, una mutación en las células de la piel que produzca un cáncer de piel no letal, no se transmitirá a la siguiente generación.

Recombinación genética en la reproducción sexual Las mutaciones no son la única fuente de variación heredable. Tú no serías exactamente igual que tus padres biológicos, aunque te transmitieran todos sus genes. Es probable que te parezcas aún menos a tus hermanos o hermanas. Sin embargo, no importa qué sientas por tus parientes, los genes mutantes no son la principal causa de que te veas tan diferente a ellos. La mayoría de las diferencias heredables no se deben a las mutaciones, sino a la recombinación genética durante la reproducción sexual. Recuerda que cada cromosoma en un par se mueve de manera independiente durante la meiosis. En los humanos, que tienen 23 pares de cromosomas, ¡este proceso puede producir 8.4 millones de combinaciones genéticas!

El entrecruzamiento es otra forma en que se recombinan los genes. Recuerda que éste ocurre durante la meiosis. En este proceso, los pares de cromosomas suelen intercambiar tramos de ADN al azar. El entrecruzamiento aumenta más el número de nuevos genotipos creados en cada generación. Ahora puedes comprender por qué, en las especies que se reproducen sexualmente, dos hermanos (excepto los gemelos idénticos) nunca se ven exactamente igual. Con toda esa mezcla independiente y entrecruzamiento, es fácil que hayas heredado los ojos de tu madre, la nariz de tu padre y el cabello que combina las cualidades de los dos. También puedes comprender ahora por qué, como lo observó Darwin, los miembros de una especie difieren entre sí.

PISTA DEL MISTERIO

Los genes de los virus de la influenza tienen tasas de mutación muy elevadas. ¿Cómo podría afectar esto la cantidad de variaciones en el caudal genético viral?

En tu cuaderno *¿Qué fuente de variación aporta más diversidad a un caudal genético: la mutación o la reproducción sexual? Explica.*

Transferencia genética lateral Gran parte del tiempo, en la mayoría de los organismos eucariotas, los genes se transmiten sólo de los progenitores a la descendencia (durante la reproducción sexual o asexual). Sin embargo, algunos organismos transmiten genes de un individuo a otro, o incluso de individuos de una especie a otra. Recuerda, por ejemplo, que muchas bacterias intercambian genes en plásmidos, como si los genes fueran tarjetas intercambiables. Esta transmisión de genes de un organismo a otro que no es su descendencia se llama transferencia genética lateral y ocurre entre organismos de la misma especie o de especies diferentes.

La transferencia genética lateral puede aumentar la variación genética en cualquier especie que recoja los "nuevos" genes. Este proceso es importante en la evolución de la resistencia a los antibióticos de las bacterias. La transferencia genética lateral ha sido común e importante en los organismos unicelulares durante la historia de la vida.

Rasgos monogénicos y poligénicos

¿Qué determina el número de fenotipos para un rasgo determinado?

Los genes controlan el fenotipo de formas diferentes. En algunos casos, un único gen controla un rasgo. Otras veces, varios genes interactúan para controlar un rasgo. **El número de fenotipos producido para un rasgo depende de cómo controlen muchos genes ese rasgo.**

Rasgos de un único gen (monogénicos) En la especie de los caracoles que se muestran, algunos tienen bandas oscuras en sus caparazones y otros no. La presencia o ausencia de bandas oscuras es un **rasgo de un único gen (monogénico),** es decir, un rasgo controlado por un solo gen. El gen que controla las bandas tiene dos alelos. El alelo para caparazón sin bandas es dominante sobre el alelo para caparazón con bandas oscuras. Todos los genotipos de este rasgo tienen uno de dos fenotipos: caparazones con bandas o sin bandas. Los rasgos monogénicos tienen sólo dos o tres fenotipos distintos.

La gráfica de barras de la **ilustración 17–4** muestra la frecuencia relativa de fenotipos para este único gen en una población de caracoles. Esta gráfica muestra que la presencia de bandas oscuras en los caparazones puede ser más común en una población que su ausencia. Esto es cierto aún cuando el alelo para los caparazones sin bandas sea dominante. En las poblaciones, las razones fenotípicas están determinadas por la frecuencia alélica en la población así como por si los alelos son dominantes o recesivos.

ILUSTRACIÓN 17–4 Dos fenotipos En esta especie de caracoles, un único gen con dos alelos controla si el caparazón tiene bandas o no. La gráfica muestra los porcentajes, en una población, de caracoles con bandas y sin bandas.

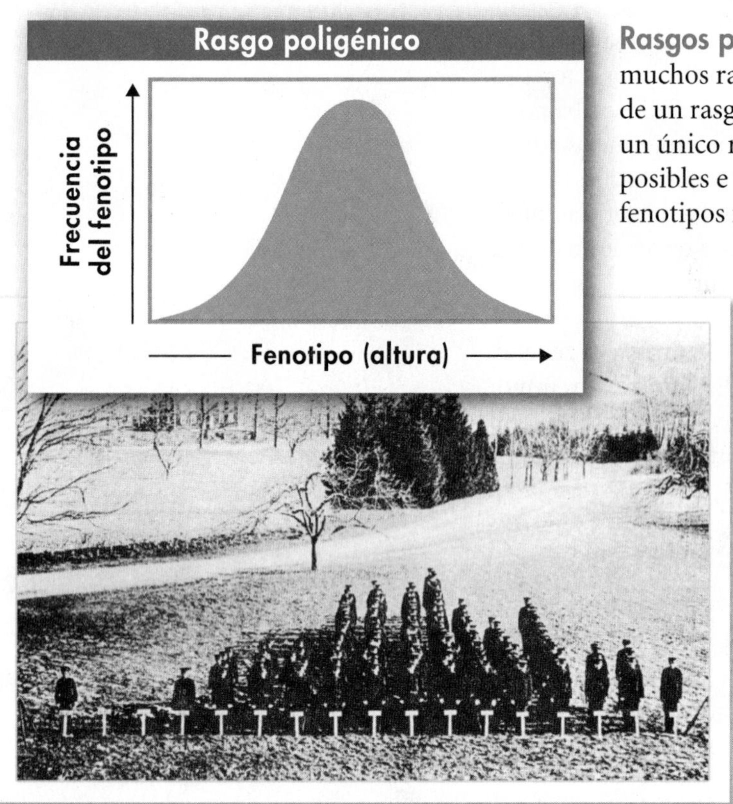

Rasgos poligénicos Cuando dos o más genes controlan muchos rasgos, se llaman **rasgos poligénicos.** Cada gen de un rasgo poligénico suele tener dos o más alelos. Así un único rasgo poligénico suele tener muchos genotipos posibles e incluso fenotipos más diferentes. A menudo tales fenotipos no se distinguen claramente unos de otros.

La estatura en los humanos es un ejemplo de rasgo poligénico. La estatura varía desde muy baja a muy alta y todas las medidas intermedias. Puedes tomar una muestra de la variación fenotípica de este rasgo si mides a todos los estudiantes de tu clase. Después, calcula la estatura promedio para este grupo. Muchos serán más bajos o más altos que el promedio. Sin embargo, algunos serán muy altos o muy bajos. Si graficas el número de individuos de cada estatura, podrás obtener una gráfica similar a la de la **ilustración 17–5.** La forma simétrica parecida a una campana de esta curva es típica de los rasgos poligénicos. Una curva en forma de campana también se llama de distribución normal.

ILUSTRACIÓN 17–5 Rango de fenotipos La gráfica muestra la distribución de fenotipos que se esperaría para un rasgo si muchos genes contribuyeran a él. La fotografía muestra la distribución real de las estaturas en un grupo de hombres jóvenes. **Interpretar gráficas** ***¿Qué indica la forma de la gráfica acerca de la estatura en los humanos?***

17.1 Evaluación

Repaso de conceptos clave

1. a. Repasar Define los términos *caudal genético* y *frecuencia alélica.*

b. Explicar En términos genéticos, ¿qué indica que una población está evolucionando?

c. Predecir Supón que un alelo dominante ocasiona una enfermedad a unas plantas que las suele matar antes de que se puedan reproducir. Con el tiempo, ¿qué podría suceder con la frecuencia de ese alelo en la población?

2. a. Repasar Menciona tres fuentes de variación genética.

b. Explicar ¿De qué forma la recombinación genética resulta en una variación genética?

c. Relacionar causa y efecto ¿Por qué la reproducción sexual ofrece más oportunidades para la variación genética que la reproducción asexual?

3. a. Repasar ¿Qué es un rasgo monogénico? ¿Qué es un rasgo poligénico?

b. Explicar ¿En qué se diferencia el rango de fenotipos para rasgos monogénicos del rango para rasgos poligénicos?

c. Inferir Un cobayo negro y otra blanca se aparean y tienen descendencia. Toda la descendencia es negra. ¿Es probable que el rasgo del color del pelaje sea un rasgo monogénico o poligénico? Explica.

ESCRIBIR SOBRE LAS CIENCIAS

Explicación

4. Explica por qué las mutaciones son importantes en la evolución biológica. (*Pista*: ¿Cómo afecta la mutación a la variación genética?)

BIOLOGY.com Search Lesson 17.1 GO • Self-Test • Lesson Assessment

17.2 La evolución como cambio genético de las poblaciones

PIÉNSALO Desde que el ser humano comenzó a cultivar, ha luchado contra los insectos que se alimentan de sus cultivos. Muchos agricultores usan ahora sustancias químicas llamadas pesticidas para matar los insectos que destruyen los cultivos. Cuando los usaron por primera vez, como el DDT, acabaron con la mayoría de ellos. Pero al cabo de unos años, muchos pesticidas dejaron de funcionar. Hoy, los agricultores sostienen una constante "carrera armamentista" contra los insectos. Los científicos buscan constantemente nuevas sustancias químicas para controlar las plagas que las antiguas ya no pueden controlar. ¿Cómo lograron esto los insectos? Mediante la evolución.

Al principio, los pesticidas matan casi cualquier insecto expuesto a ellos. Pero unos pocos logran sobrevivir. ¿Por qué? Porque las poblaciones de insectos suelen contener suficientes variaciones genéticas entre las que, por casualidad, algunos cuantos individuos son resistentes a un pesticida en particular. Al matar a la mayoría de individuos susceptibles, los agricultores incrementan la aptitud relativa de los pocos resistentes al veneno. Esos insectos sobreviven, se reproducen y transmiten su resistencia a su descendencia. Después de unas cuantas generaciones, los descendientes de los individuos resistentes originales dominan la población.

Para comprender bien cómo se desarrolla la resistencia a un pesticida, hay que conocer la relación entre la selección natural y la genética.

Preguntas clave

🔑 *¿Cómo afecta la selección natural los rasgos monogénicos y poligénicos?*

🔑 *¿Qué es la tendencia genética?*

🔑 *¿Qué condiciones se requieren para mantener el equilibrio genético?*

Vocabulario

selección direccional
selección estabilizadora
selección disruptiva
tendencia genética
efecto de cuello de botella
efecto fundador
equilibrio genético
principio de Hardy-Weinberg
selección sexual

Tomar notas

Vistazo al material visual Antes de leer, observa la **ilustración 17–6.** ¿Qué tendencia evolutiva parece mostrar?

Cómo funciona la selección natural

🔑 ***¿Cómo afecta la selección natural los rasgos monogénicos y poligénicos?***

Los insectos resistentes a los pesticidas tienen un tipo de aptitud que los protege de una sustancia química dañina. En términos genéticos, ¿qué significa *aptitud*? Cada vez que un organismo se reproduce, transmite copias de sus genes a su descendencia. Por tanto, podemos considerar la aptitud evolutiva como la transmisión exitosa de genes a la siguiente generación. Asimismo podemos considerar la adaptación evolutiva como cualquier rasgo controlado genéticamente que aumenta la capacidad de un individuo para transmitir sus alelos.

PISTA DEL MISTERIO

Por lo general, nuestro sistema inmunológico mata o desactiva los virus causantes de enfermedades. ¿Qué sucedería si un virus de la influenza tuviera una mutación que le permitiera escapar de las defensas del cuerpo?

Selección natural en rasgos monogénicos Recuerda que la evolución es cualquier cambio que se presenta con el paso del tiempo en la frecuencia alélica de una población. Este proceso funciona un poco diferente para rasgos monogénicos que para rasgos poligénicos. **La selección natural sobre rasgos monogénicos puede ocasionar cambios en las frecuencias alélicas y, por tanto, cambios en las frecuencias fenotípicas.** Por ejemplo, imagina que una población de lagartijas experimenta mutaciones en el gen que determina el color del cuerpo. El color normal de las lagartijas es café. Las mutaciones producen formas rojas y negras, como se muestra en la **ilustración 17–6.** ¿Qué sucede con los nuevos alelos? Si las lagartijas rojas son más visibles a los depredadores, podrían tener menos probabilidad de sobrevivir y reproducirse. Por tanto, el alelo para la coloración roja quizá no se vuelva común.

Las lagartijas negras, por otra parte, podrían absorber más luz solar y calentarse con más rapidez en los días fríos. Si la temperatura corporal alta permite a las lagartijas moverse con mayor rapidez para alimentarse y evadir a los depredadores, también podría permitirles producir más descendencia que las de color rojo. La frecuencia alélica para el color negro podría aumentar, al igual que la frecuencia del fenotipo negro. Si el cambio de color no tiene efecto sobre la aptitud, el alelo que lo produce no estará sometido a las presiones de la selección natural.

Efecto de las mutaciones de color en la supervivencia de las lagartijas

Población inicial	Generación 10	Generación 20	Generación 30
80%	80%	70%	40%
10%	0%	0%	0%
10%	20%	30%	60%

ILUSTRACIÓN 17–6 Selección sobre un rasgo monogénico La selección natural sobre un rasgo monogénico puede dar lugar a cambios en las frecuencias alélicas y, por tanto, a la evolución. **Interpretar material visual** ***¿Qué ha sucedido para que se produjera la población que se muestra en la Generación 30?***

Selección natural sobre rasgos poligénicos Cuando más de un gen controla los rasgos, los efectos de la selección natural son más complejos. Como estudiaste antes, los rasgos poligénicos, como la estatura, suelen presentar un rango de fenotipos que forma una curva de campana. La aptitud de los individuos puede variar de un extremo de esa curva al otro. Donde la aptitud varía, la selección natural puede actuar. **La selección natural sobre rasgos poligénicos puede afectar la aptitud relativa de los fenotipos y por tanto producir uno de tres tipos de selección: selección direccional, selección estabilizadora o selección disruptiva.** Estos tipos de selección se muestran en la **ilustración 17–7.**

En tu cuaderno *A medida que leas el texto de la siguiente página, resume cada uno de los tres tipos de selección.*

▶ ***Selección direccional*** Cuando los individuos de un extremo de la curva tienen una aptitud superior que los del centro o del otro extremo, ocurre la **selección direccional.** El rango de fenotipos se desplaza porque algunos individuos sobreviven y se reproducen mejor que otros

Considera cómo los recursos limitados, como los alimentos, pueden afectar la aptitud de los individuos. Entre las aves que se alimentan de semillas, como los pinzones de Darwin, las que tengan picos más grandes y gruesos pueden alimentarse con mayor facilidad de semillas más grandes y con cáscara más dura y gruesa. Supón que hay pocas semillas pequeñas y medianas y sólo se pueden encontrar semillas grandes. Para las aves con los picos más grandes sería más fácil alimentarse que para las aves con los picos más pequeños. Por lo tanto, las de picos grandes sobrevivirían y transmitirían mejor sus genes a la siguiente generación. Con el tiempo, el tamaño promedio del pico de la población probablemente aumentaría.

▶ ***Selección estabilizadora*** Cuando los individuos que ocupan el centro de la curva tienen una mayor aptitud que los individuos en cualquier extremo, ocurre la **selección estabilizadora.** Esta situación mantiene el centro de la curva en su posición actual, pero reduce la curva en general.

Por ejemplo, la masa corporal de los bebés humanos al momento de nacer está bajo la influencia de la selección estabilizadora. Es más probable que los bebés muy pequeños sean menos saludables y, por tanto, tienen menos probabilidades de sobrevivir. Los bebés que son mucho más grandes que el promedio tienden a nacer en un parto difícil. Por tanto, la aptitud de estos bebés más grandes y más pequeños es menor que la de los individuos de tamaño promedio.

▶ ***Selección disruptiva*** Cuando los individuos de los extremos tienen una aptitud mayor que los del centro de la curva, ocurre la **selección disruptiva.** Ésta actúa contra los individuos de tipo intermedio. Si la presión de la selección natural es fuerte y dura lo suficiente, esta situación puede ocasionar que una curva se divida en dos. En otras palabras, la selección disruptiva crea dos fenotipos distintos.

Supón que una población de aves habita un área donde las semillas medianas son cada vez menos comunes y las grandes y las pequeñas son más abundantes. Las aves con picos inusualmente grandes o pequeños tendrían mayor aptitud. Como se muestra en la gráfica, la población podría dividirse en dos grupos: uno con picos más pequeños y otro con picos más grandes.

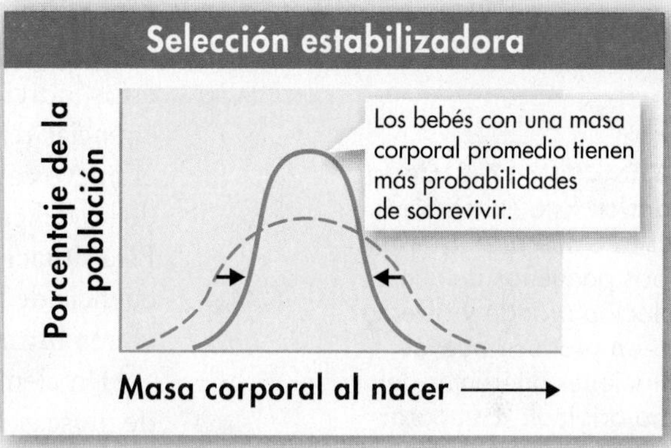

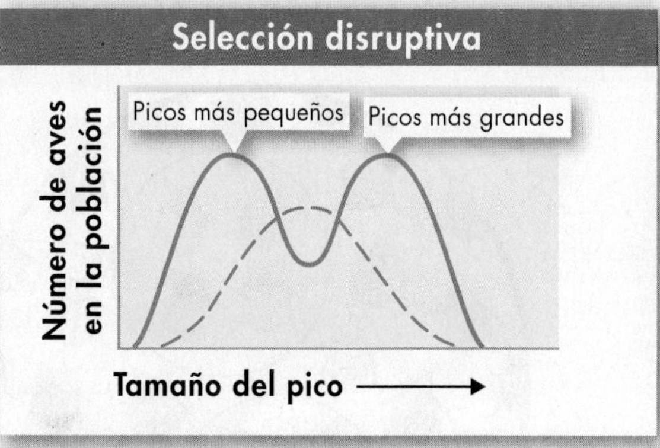

ILUSTRACIÓN 17–7 Selección sobre rasgos poligénicos La selección natural sobre rasgos poligénicos presenta uno de tres patrones: selección direccional, selección estabilizadora o selección disruptiva.

Tendencia genética

¿Qué es la tendencia genética?

La selección natural no es la única fuente de cambio evolutivo. En las poblaciones pequeñas, un alelo puede volverse más o menos común tan sólo por casualidad. **En las poblaciones pequeñas, los individuos que portan un alelo en particular pueden dejar más descendientes que otros individuos, tan sólo por casualidad. Con el tiempo, una serie de sucesos aleatorios pueden ocasionar que el alelo se vuelva más o menos común dentro de una población.** Este tipo de cambio **aleatorio** en la frecuencia alélica se denomina **tendencia genética.**

DESARROLLAR el vocabulario

VOCABULARIO ACADÉMICO El adjetivo **aleatorio** significa "carente de un patrón" o "que ocurre por casualidad". Un cambio aleatorio es un cambio que sucede por casualidad.

Cuellos de botella genéticos En ocasiones, un desastre, como una enfermedad, puede matar a muchos individuos dentro de una población. Tan sólo por casualidad, el caudal genético de una población más pequeña puede tener frecuencias alélicas diferentes de las del caudal genético original. Si la población reducida después crece, sus alelos serán diferentes en frecuencia con respecto a los de la población original. El **efecto cuello de botella** es un cambio en la frecuencia alélica que resulta cuando el tamaño de una población se reduce drásticamente. Un efecto cuello de botella grave puede reducir radicalmente la diversidad genética de una población.

Efecto fundador La tendencia genética ocurre también cuando algunos individuos colonizan un nuevo hábitat. Simplemente por casualidad, estos individuos fundadores pueden portar alelos diferentes en sus frecuencias relativas con respecto a los de la población principal. Por tanto, el nuevo caudal genético comenzaría con frecuencias alélicas diferentes de las del caudal genético parental, como lo muestra la **ilustración 17–8.** Esta situación, en la cual las frecuencias alélicas cambian como consecuencia de la migración de un subgrupo pequeño de una población, es el **efecto fundador.**

Un ejemplo del efecto fundador es la evolución de cientos de especies de moscas de la fruta en las islas hawaianas. Todas ellas descendieron de la misma población continental. Pero las especies de las distintas islas tienen frecuencias alélicas diferentes de las especies originales.

ILUSTRACIÓN 17–8 Efecto fundador Esta ilustración muestra cómo dos grupos pequeños de una población grande y diversa podrían producir nuevas poblaciones diferentes del grupo original. **Comparar y contrastar** ***Explica por qué las dos poblaciones de descendientes son tan diferentes entre ellas.***

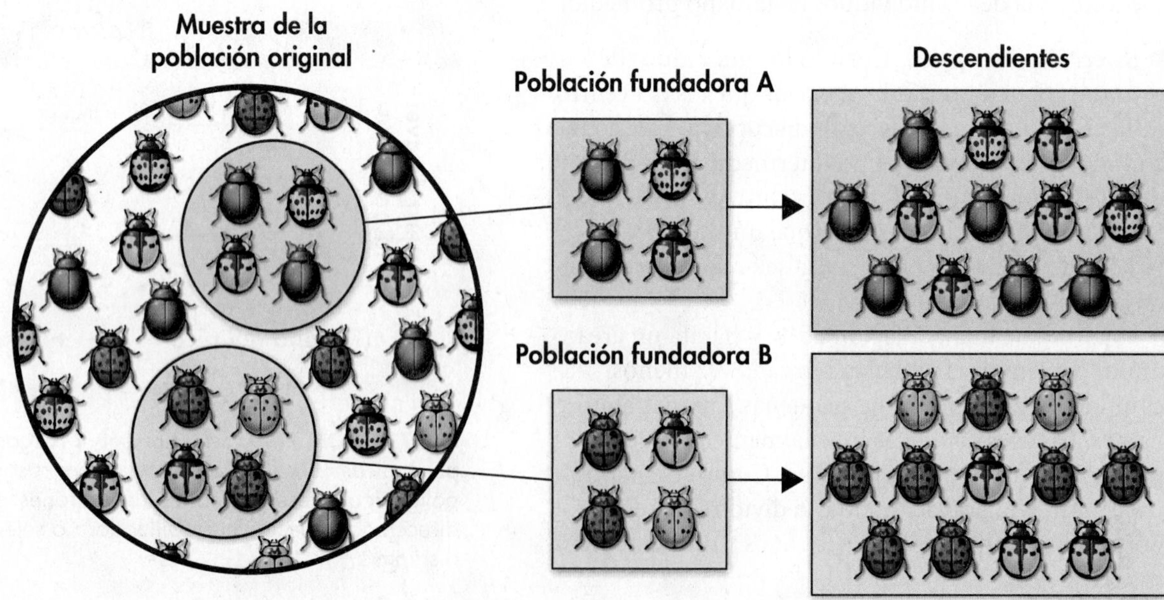

MATEMÁTICAS

Frecuencia alélica

El principio de Hardy-Weinberg se puede usar para predecir las frecuencias de ciertos genotipos si conoces la frecuencia de los demás genotipos.

Imagina, por ejemplo, que sabes de una enfermedad genética, controlada por dos alelos *S* y *s*, y que siguen la regla de la dominancia simple en un solo locus. La enfermedad afecta sólo a individuos recesivos homocigotos. (El fenotipo heterocigoto no muestra síntomas.) La población que estás estudiando tiene un tamaño de 10,000 y hay 36 individuos afectados por la enfermedad. Con esta información, usa las ecuaciones Hardy-Weinberg para responder las siguientes preguntas.

1. **Calcular** ¿Cuáles son las frecuencias de los alelos *S* y *s*?
2. **Calcular** ¿Cuáles son las frecuencias de los genotipos *SS*, *Ss* y *ss*?
3. **Calcular** ¿Qué porcentaje total de personas probablemente porte el alelo *s*, sin importar que lo sepan o no?

Evolución frente a equilibrio genético

¿Qué condiciones se requieren para mantener el equilibrio genético?

Una forma de comprender cómo y por qué evolucionan las poblaciones es imaginar un modelo de una población hipotética que no evolucione. Si una población no evoluciona, las frecuencias alélicas en su caudal genético no cambian, lo que significa que la población está en **equilibrio genético.**

Reproducción sexual y frecuencia alélica La transposición genética durante la reproducción sexual produce muchas combinaciones genéticas. Pero hace un siglo, los investigadores se dieron cuenta de que la meiosis y la fecundación, por sí mismas, no cambian las frecuencias alélicas. Así que, hipotéticamente, una población de organismos que se reproducen sexualmente podría permanecer en equilibrio genético.

Principio de Hardy-Weinberg El **principio de Hardy-Weinberg** afirma que las frecuencias alélicas de una población permanecen constantes a menos que uno o más factores cambien esas frecuencias. El principio de Hardy-Weinberg hace predicciones parecidas a cuadros de Punnett, pero para poblaciones, no para individuos. Supón que existen dos alelos para un gen: *A* (dominante) y *a* (recesivo). Cruzar estos alelos puede producir tres genotipos posibles: *AA*, *Aa* y *aa*. Las frecuencias de genotipos en la población se pueden predecir con estas ecuaciones, donde p y q son las frecuencias de los alelos dominantes y recesivos:

Con símbolos:

$$p^2 + 2pq + q^2 = 1 \text{ y } p + q = 1$$

Con palabras:

(frecuencia de *AA*) + (frecuencia de *Aa*) + (frecuencia de *aa*) = 100% y (frecuencia de *A*) + (frecuencia de *a*) = 100%

Supón que, en una generación, la frecuencia del alelo *A* es de 40 por ciento ($p = 0.40$) y la frecuencia del alelo *a* es de 60 por ciento ($q = 0.60$).

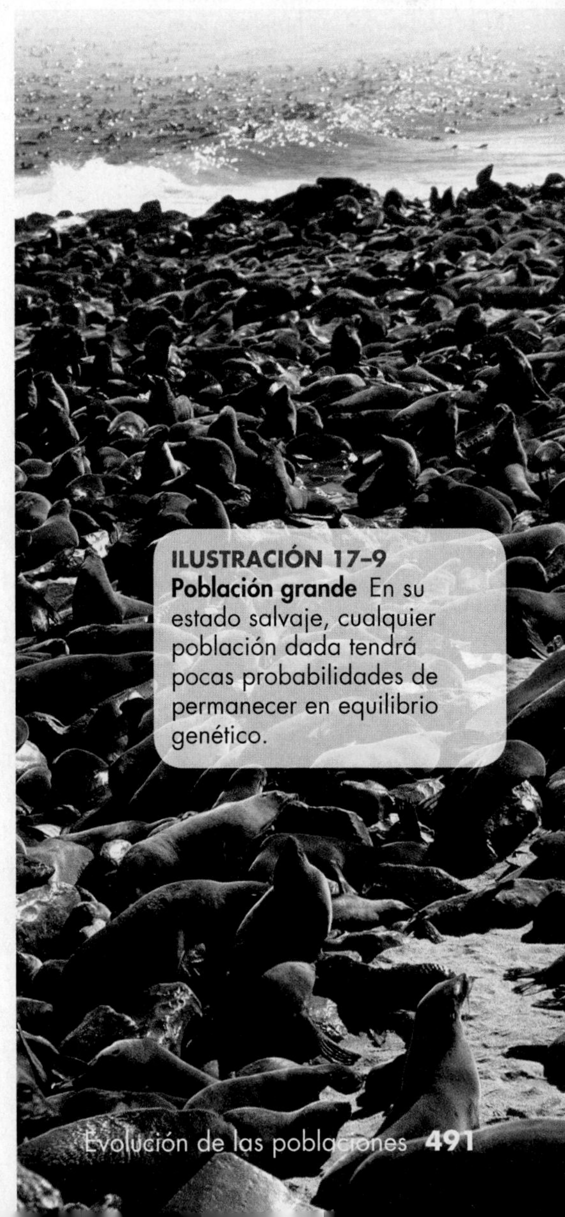

ILUSTRACIÓN 17–9
Población grande En su estado salvaje, cualquier población dada tendrá pocas probabilidades de permanecer en equilibrio genético.

ILUSTRACIÓN 17–10 Elegir pareja El apareamiento aleatorio es una condición necesaria para mantener el equilibrio genético dentro de una población. Sin embargo, en muchas especies, el apareamiento no es aleatorio. Los pavo reales hembra, por ejemplo, eligen pareja con base en características físicas como una cola con plumas brillantes. Éste es un ejemplo clásico de selección sexual.

Si esta población está en equilibrio genético, las posibilidades de que un individuo de la siguiente generación tenga un genotipo *AA* serían de 16% ($p^2 = 0.40^2 = 0.16$ ó 16%). La probabilidad de que tenga un genotipo *aa* sería de 36% ($q^2 = 0.60^2 = 0.36$). La probabilidad del genotipo *Aa* sería 48% ($2pq = 2\ (0.40)\ (0.60) = 0.48$). Si la población no muestra estas frecuencias fenotípicas predichas, la evolución estará ocurriendo. **El principio de Hardy-Weinberg predice que hay cinco condiciones que pueden perturbar el equilibrio genético y ocasionar la evolución: 1) apareamiento no aleatorio; 2) tamaño pequeño de la población y 3) inmigración o emigración; 4) mutaciones ó 5) selección natural.**

▶ ***Apareamiento no aleatorio*** En equilibrio genético, los individuos deben aparearse con otros individuos al azar. Pero en muchas especies, los individuos eligen a su pareja según los rasgos heredables, como tamaño, fuerza o coloración, una práctica conocida como **selección sexual.** Cuando se da selección sexual, los genes de los rasgos que se eligen o no, no se encuentran en equilibrio.

▶ ***Tamaño pequeño de la población*** La tendencia genética no suele tener efectos importantes en las poblaciones grandes, pero puede afectar mucho a las poblaciones pequeñas. Por tanto, el cambio evolutivo debido a la tendencia genética sucede con mayor facilidad en poblaciones pequeñas.

▶ ***Inmigración o emigración*** Los individuos que se unen a una población pueden introducir nuevos alelos al caudal genético, y los individuos que se van pueden eliminar alelos. Por tanto, cualquier movimiento de individuos hacia o fuera de una población puede perturbar el equilibrio genético.

▶ ***Mutaciones*** Las mutaciones pueden introducir nuevos alelos en un caudal genético, cambiando por tanto las frecuencias alélicas y ocasionando la evolución.

▶ ***Selección natural*** Si diferentes genotipos tienen diferente aptitud, se perturbará el equilibrio genético y habrá evolución.

Observa que una o más de estas condiciones suele presentarse en poblaciones reales. Esto significa que, en la mayoría de las especies, la mayor parte del tiempo, hay evolución.

17.2 Evaluación

Repaso de conceptos clave

1. a. Repasar ¿Cómo afecta la selección natural a un rasgo monogénico?

b. Comparar y contrastar Compara la selección direccional y la selección disruptiva.

2. a. Repasar Define tendencia genética.

b. Relacionar causa y efecto ¿Cómo puede el efecto fundador ocasionar cambios en un caudal genético?

3. a. Repasar ¿Qué cinco condiciones son necesarias para mantener el equilibrio genético?

b. Inferir ¿Por qué el equilibrio genético es poco común en las poblaciones reales?

Aplica la gran idea

Evolución

4. ¿Crees que las poblaciones se mantienen en equilibrio genético después de que el medio ambiente ha cambiado significativamente? Explica tu respuesta.

BIOLOGY.com Search Lesson 17.2 GO • Self-Test • Lesson Assessment

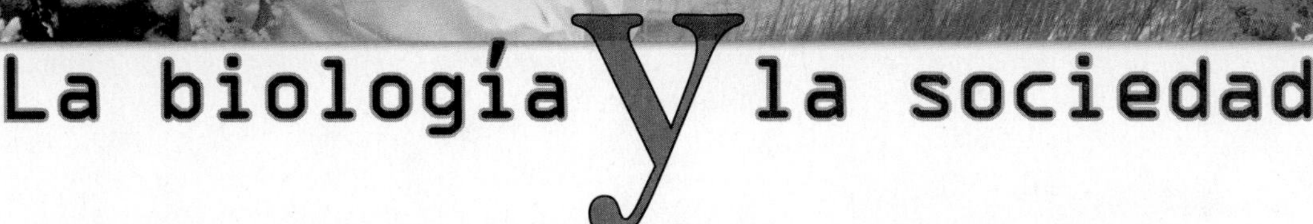

¿Se debe limitar el uso de antibióticos?

La selección natural y la evolución no sólo estudian fósiles y pinzones. Muchas bacterias causantes de enfermedades están desarrollando resistencia a los antibióticos, es decir, medicamentos diseñados para matarlas o interferir con su crecimiento.

Durante tu vida, siempre ha habido antibióticos efectivos. Así que quizá te sea difícil imaginar cómo era la vida antes del descubrimiento de los antibióticos. No era agradable. Durante la década de 1930, no era raro que la mitad de todos los niños de una familia murieran de infecciones bacterianas, que hoy consideramos triviales.

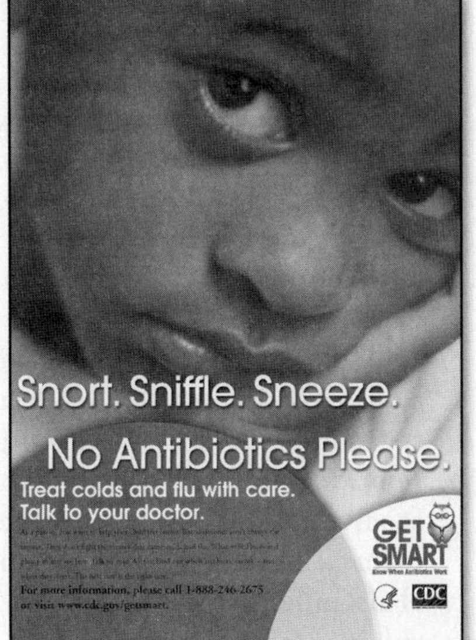

Cuando se desarrollaron los antibióticos, de inmediato se convirtieron en una de las mejores armas de la medicina. Salvaron miles de vidas durante la Segunda Guerra Mundial al controlar las infecciones bacterianas en los soldados heridos. Poco después, muchas enfermedades bacterianas, como la neumonía, ya no fueron ninguna amenaza. Por eso a los antibióticos se les conocía como las "balas mágicas" y los "medicamentos maravilla". Pero la magia se esfuma conforme las bacterias evolucionan.

Las poblaciones de bacterias siempre han contenido algunos individuos con mutaciones que les permiten destruir, inactivar o eliminar los antibióticos. Pero esos individuos no tenían una aptitud superior, así que esos alelos mutantes no se difundieron.

Después, los médicos comenzaron a prescribir antibióticos sin control, y los agricultores comenzaron a suministrar antibióticos con los alimentos a los animales de granja para impedir infecciones. Como consecuencia, los antibióticos se convirtieron en una parte habitual del medio ambiente de las bacterias.

En este nuevo ambiente, los individuos con alelos de resistencia tienen una aptitud superior, así que estos alelos aumentan su frecuencia. Además, los alelos de resistencia se pueden transferir de una especie bacteriana a otra en los plásmidos. Por tanto, las bacterias causantes de enfermedades pueden obtener resistencia de cepas inocuas.

Muchas bacterias, incluidas las que ocasionan la tuberculosis y ciertas formas de infecciones por estafilococos, están desarrollando resistencia no sólo a un antibiótico, sino a casi todos los medicamentos conocidos. Muchos médicos están aterrados. Temen la pérdida de una de las armas vitales contra las enfermedades bacterianas. En vista de este problema, ¿deben acaso los gobiernos limitar el uso de antibióticos?

Puntos de vista

Limitar el uso de antibióticos Algunas personas creen que el peligro de una epidemia bacterial incurable es tan alto que el gobierno debería tomar medidas. Los médicos prescriben en exceso antibióticos, porque los pacientes los piden. La industria ganadera usará antibióticos hasta que la obliguen a no hacerlo.

No limitar el uso Otras personas creen que los médicos y la industria ganadera deben ser libres de hallar la mejor solución. Los investigadores desarrollan constantemente nuevos fármacos. Algunos de ellos pueden reservarse sólo para uso humano.

Investiga y decide

1. Analizar los puntos de vista Entérate más sobre este tema consultando en la biblioteca y la Internet. Después, menciona las ventajas y desventajas de limitar el uso de antibióticos.

2. Formar una opinión ¿Se deben limitar los antibióticos? ¿Las regulaciones serían más adecuadas en ciertas situaciones que en otras?

17.3 El proceso de especiación

Preguntas clave

🔑 ***¿Qué tipos de aislamiento ocasionan la formación de nuevas especies?***

🔑 ***¿Qué hipótesis actual existe acerca de la especiación de los pinzones de las Galápagos?***

Vocabulario

especie
especiación
aislamiento reproductor
aislamiento conductual
aislamiento geográfico
aislamiento temporal

Tomar notas

Tabla para comparar y contrastar En una tabla para comparar y contrastar describe los tres mecanismos de aislamiento reproductor.

PIÉNSALO ¿Cómo se convierte una especie en dos? La selección natural y la tendencia genética pueden cambiar las frecuencias alélicas, lo que a su vez ocasiona que la población evolucione. Pero un cambio en la frecuencia alélica, por sí mismo, no ocasiona el desarrollo de una nueva especie.

Mecanismos de aislamiento

🔑 ***¿Qué tipos de aislamiento ocasionan la formación de nuevas especies?***

Los biólogos definen una **especie** como una población o grupo de poblaciones cuyos miembros pueden aparearse y producir descendencia fértil. Entonces, ¿qué debe pasar para que una especie se divida o dé origen a una nueva? La formación de una nueva especie se llama **especiación.**

El apareamiento vincula genéticamente a los miembros de una especie. Cualquier cambio genético puede difundirse por toda la población con el paso del tiempo. Pero, ¿qué sucede si algunos miembros de la población dejan de aparearse con otros miembros? El caudal genético se puede dividir. Una vez que la población se ha dividido en dos grupos, los cambios en uno de esos caudales genéticos no se pueden difundir al otro. Debido a que estas dos poblaciones dejan de aparearse, se presenta el **aislamiento reproductor.** 🔑 **Cuando las poblaciones presentan un aislamiento reproductor, pueden evolucionar hasta convertirse en dos especies separadas. El aislamiento reproductor puede desarrollarse de diferentes formas, incluido el aislamiento conductual, el aislamiento geográfico y el aislamiento temporal.**

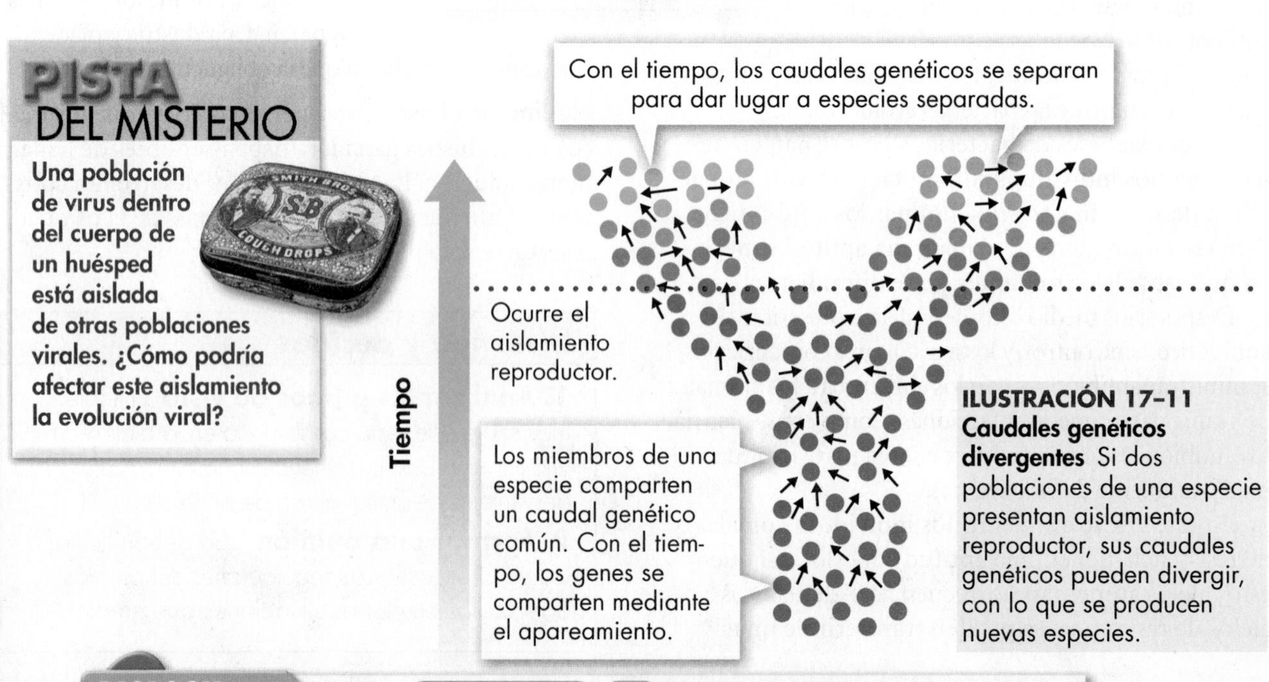

PISTA DEL MISTERIO
Una población de virus dentro del cuerpo de un huésped está aislada de otras poblaciones virales. ¿Cómo podría afectar este aislamiento la evolución viral?
SMITH BROS
SB
COUGH DROPS
Con el tiempo, los caudales genéticos se separan para dar lugar a especies separadas.
Ocurre el aislamiento reproductor.
Tiempo
Los miembros de una especie comparten un caudal genético común. Con el tiempo, los genes se comparten mediante el apareamiento.

ILUSTRACIÓN 17–11 Caudales genéticos divergentes Si dos poblaciones de una especie presentan aislamiento reproductor, sus caudales genéticos pueden divergir, con lo que se producen nuevas especies.

Aislamiento conductual Supón que dos poblaciones capaces de aparearse, desarrollan diferencias en sus rituales de cortejo u otros comportamientos; entonces, puede ocurrir el **aislamiento conductual.** Por ejemplo, las loicas orientales y occidentales son aves similares que suelen coincidir en los mismos hábitats. Pero, los miembros de las dos especies no se aparean entre ellos, en parte porque usan diferentes cantos para atraer pareja. Las loicas orientales no responden a los cantos de las occidentales, y viceversa.

Aislamiento geográfico Cuando dos poblaciones quedan separadas por barreras geográficas como ríos, montañas o cuerpos de agua, ocurre el **aislamiento geográfico.** Por ejemplo, la ardilla de Abert de la **ilustración 17–12,** vive en el sudoeste. Hace unos 10,000 años, una pequeña población de ardillas quedó aislada en la cuenca norte del Gran Cañón. Se formaron caudales genéticos separados. Los cambios genéticos que aparecieron en un grupo no se transmitieron al otro. La selección natural y la tendencia genética operaron por separado en cada grupo y ocasionaron la formación de una subespecie distinta, la ardilla de Kaibab. Las ardillas de Abert y de Kaibab son muy similares, lo que indica que están estrechamente relacionadas. Sin embargo, la de Kaibab tiene muchas diferencias con respecto a la de Abert, como el color del pelaje.

Las barreras geográficas no siempre garantizan el aislamiento. Las inundaciones, por ejemplo, pueden unir lagos antes separados, lo que permite que las poblaciones de peces se mezclen. Si esas poblaciones se aparean, aún seguirán siendo una sola especie. También, una barrera geográfica puede separar a cierto grupo de organismos pero no a otros. Un gran río puede mantener apartadas a las ardillas y otros pequeños roedores, pero probablemente no aislará a las poblaciones de aves.

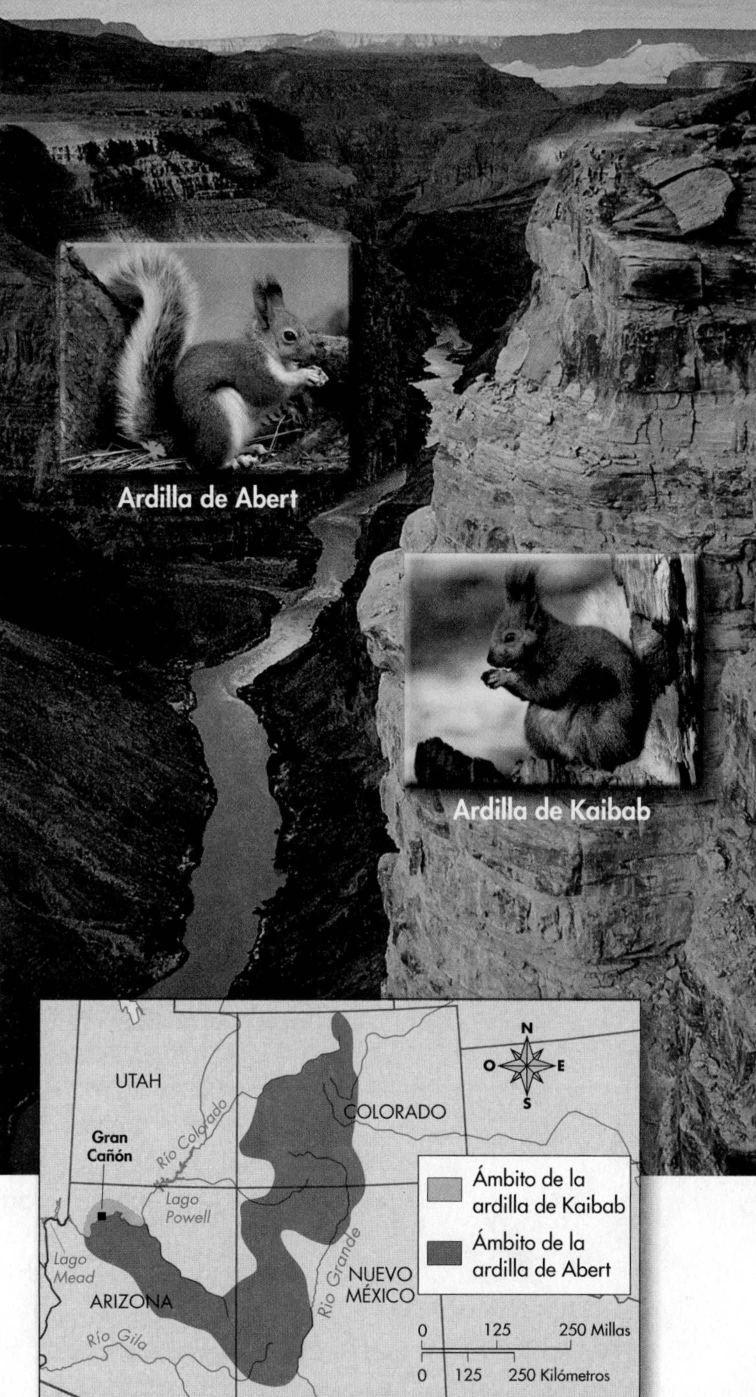

ILUSTRACIÓN 17–12 Aislamiento geográfico La ardilla de Abert y la de Kaibab son subespecies distintas que forman parte de una misma especie. Sus caudales genéticos están separados. **Interpretar material visual** ***¿Qué barrera geográfica separa a las dos poblaciones de ardillas?***

Aislamiento temporal Un tercer mecanismo de aislamiento, conocido como **aislamiento temporal,** sucede cuando dos o más especies se reproducen en épocas diferentes. Por ejemplo, supón que tres especies similares de orquídeas habitan en el mismo bosque tropical. Cada especie tiene flores que duran sólo un día y que se deben polinizar ese día para producir semillas. Como las especies florecen en diferentes días, no se pueden polinizar unas a otras.

En tu cuaderno *Explica cómo el aislamiento temporal puede ocasionar la especiación.*

Especiación en los pinzones de Darwin

¿Qué hipótesis actual existe acerca de la especiación de los pinzones de las Galápagos?

Recuerda que Peter y Rosemary Grant pasaron años en las islas Galápagos estudiando los cambios en las poblaciones de pinzones. Los Grant midieron y registraron las características anatómicas como la longitud del pico de los pinzones terrestres promedio. Gráficamente, muchas de las características tenían distribuciones en forma de campana típicas de los rasgos poligénicos. A medida que las condiciones del medio ambiente cambiaban, los Grant documentaron la selección direccional de los rasgos. Cuando la sequía azotó la isla de Daphne Major, los pinzones con los picos más grandes capaces de romper las semillas más gruesas, sobrevivieron y se reprodujeron con mayor frecuencia que los demás. A través de muchas generaciones, la proporción de pinzones de picos grandes se incrementó.

Ahora podemos combinar estos estudios realizados por los Grant con los conceptos evolutivos para formular una hipótesis que responda la pregunta: ¿De qué manera el efecto fundador y la selección natural produjeron el aislamiento reproductor que pudo haber provocado la especiación entre los pinzones de las Galápagos? **De acuerdo con esta hipótesis, la especiación en los pinzones de las Galápagos ocurrió debido a la fundación de una población nueva, al aislamiento geográfico, a los cambios en el caudal genético de la nueva población, al aislamiento conductual y a la competencia ecológica.**

ILUSTRACIÓN 17–13

Los fundadores llegan Hace muchos años, algunos pinzones de Sudamérica, la especie M, llegaron a una de las islas Galápagos, como se muestra en la **ilustración 17–13.** Estas aves pudieron haberse perdido o ser desviadas de su curso por el viento durante una tormenta. Una vez en la isla, sobrevivieron y se reprodujeron. Debido al efecto fundador, las frecuencias alélicas de esta población fundadora de pinzones pudieron haber diferido de las frecuencias alélicas de la población sudamericana original.

ILUSTRACIÓN 17–14

Aislamiento geográfico El medio ambiente de la isla era diferente del sudamericano. Una combinación entre el efecto fundador, el aislamiento geográfico y la selección natural permitió a la población de pinzones de la isla evolucionar y convertirse en una nueva especie: la especie A. Después, unas cuantas aves de la especie A cruzaron a otra isla. Como estas aves no suelen volar sobre mar abierto, rara vez pasaban de una isla a otra. Las poblaciones de pinzones de las dos islas quedaron geográficamente aisladas entre sí y dejaron de compartir un caudal genético común.

ILUSTRACIÓN 17–15

Cambios en los caudales genéticos Con el tiempo, las poblaciones de cada isla se adaptaron a su medio ambiente local. Quizá las plantas de la primera isla producían semillas pequeñas y de cáscara delgada, mientras que las plantas en la segunda isla pudieron haber producido semillas más grandes y duras. En la segunda isla, la selección direccional favoreció a individuos con picos más grandes y pesados. Estas aves podían romper y comer con mayor facilidad las semillas grandes. Por tanto, las aves con picos grandes habrían sido más aptas para sobrevivir en la segunda isla. Con el tiempo, la selección natural habría ocasionado que la población evolucionara hasta tener picos más grandes, lo que daría paso a una población distinta, la B, caracterizada por un nuevo fenotipo.

Aislamiento conductual Ahora, imagina que unas cuantas aves de la segunda isla regresan a la primera isla. ¿La población de aves A se apareará con la población de aves B? Probablemente no. Estos pinzones eligen a sus parejas con sumo cuidado. Durante el cortejo, inspeccionan a detalle el pico de su pareja potencial. Los pinzones prefieren aparearse con aves que tienen el mismo pico que ellos. Las aves con pico grande prefieren aparearse con otras de pico grande, y las de pico pequeño prefieren aparearse con las de pico pequeño. Como las poblaciones de las dos islas han desarrollado picos de tamaños diferentes, es probable que no se apareen entre ellas.

Por tanto, las diferencias en el tamaño del pico, aunadas a la conducta de apareamiento, podrían ocasionar el aislamiento reproductor. Los caudales genéticos de las dos poblaciones de aves permanecen aislados, aun cuando los individuos vivan en el mismo lugar. Ahora las poblaciones son dos especies distintas.

ILUSTRACIÓN 17–16

Competencia y evolución continua Mientras estas dos nuevas especies habiten juntas en la misma isla, competirán por la obtención de las semillas. Durante la época de sequía, las aves más diferentes de las demás tendrán mayor aptitud. Esto se debe a que cuanto más especializadas sean las aves, menos competencia tendrán para obtener ciertas clases de semillas y otros alimentos. Con el tiempo, las especies evolucionarán de manera que se maximicen las diferencias entre ellas. Las aves de la especie B de la primera isla, podrían evolucionar para convertirse en una nueva especie, la C.

La combinación de procesos como el aislamiento geográfico en diferentes islas, el cambio genético y el aislamiento conductual, podría repetirse una y otra vez por la cadena de las Galápagos. En el curso de muchas generaciones, el proceso pudo haber producido las 13 especies diferentes de pinzones que se encuentran ahí en la actualidad.

ILUSTRACIÓN 17–17

En tu cuaderno *Explica la forma en que la selección natural y el aislamiento conductual pudieron haber provocado el aislamiento reproductor en los pinzones de Darwin.*

17.3 Evaluación

Repaso de conceptos clave

1. **a. Repasar** ¿Qué es el aislamiento geográfico?
   b. Predecir Un lago recién formado divide la población de una especie de escarabajos en dos grupos. ¿Qué otros factores además del aislamiento podrían ocasionar que los dos grupos se convirtieran en especies separadas?
2. **a. Repasar** ¿Qué tipos de aislamiento reproductor pudieron haber sido importantes en la especiación de los pinzones de las Galápagos? Explica.
   b. Aplica los conceptos Explica cómo pudo haber evolucionado el pinzón arborícola vegetariano, que se alimenta de frutos.

DESARROLLAR EL VOCABULARIO

3. *Temporal* proviene del vocablo latino *tempus*, que significa "tiempo." ¿Cómo explicas que el tiempo sea un factor en el aislamiento temporal?
4. *Aislamiento* se relaciona con el vocablo latino *insula*, que significa "isla". Después de leer sobre los mecanismos de aislamiento en esta lección, ¿consideras que el origen común de estas dos palabras tiene sentido? Explica tu respuesta.

BIOLOGY.com Search Lesson 17.3  • Self-Test • Lesson Assessment

Evolución molecular

Preguntas clave

¿Qué son los relojes moleculares?

¿De dónde provienen los nuevos genes?

¿Cuántos genes Hox participan en el cambio evolutivo?

Vocabulario

reloj molecular

Tomar notas

Esquema A medida que leas, haz un esquema de esta lección. Usa los encabezados en verde como temas principales y los azules como subtemas.

DESARROLLAR el vocabulario

VOCABULARIO ACADÉMICO

La palabra **secuencia** significa "el orden en el que las partes se unen". La secuencia de ADN es el orden en que sus moléculas están organizadas.

PIÉNSALO Recuerda que el genoma de un organismo es todo su conjunto de información genética. Miles de proyectos en progreso analizan los genomas de organismos, desde los de los virus hasta los de los humanos. Esos análisis nos permiten estudiar la evolución a nivel molecular. Al comparar las secuencias de ADN de todos estos organismos, con frecuencia se pueden resolver importantes acertijos evolutivos. Por ejemplo, las pruebas de ADN pueden indicar cómo se relacionan entre sí dos especies, aunque sus estructuras corporales no ofrezcan pista alguna.

Determinar el tiempo en la división del linaje: relojes moleculares

¿Qué son los relojes moleculares?

Cuando los investigadores usan un reloj molecular, comparan tramos de ADN para determinar el paso del tiempo evolutivo. **Un reloj molecular emplea las tasas de mutación en el ADN para estimar el momento en que dos especies han evolucionado de manera independiente.**

Mutaciones neutrales como "tictacs"

Para comprender los relojes moleculares, piensa en los antiguos relojes de péndulo que marcan el tiempo mediante un péndulo oscilante. Un reloj molecular también depende de un proceso repetitivo para marcar el tiempo: la mutación. Como has aprendido hasta ahora, las mutaciones simples ocurren todo el tiempo, ocasionando ligeros cambios en la **secuencia** de ADN. Algunas mutaciones tienen un efecto positivo o negativo importante sobre el fenotipo de un organismo. Estos tipos de mutaciones están sometidas a la poderosa presión de la selección natural.

Sin embargo, muchas otras no tienen efecto alguno sobre el fenotipo. Estas mutaciones neutrales tienden a acumularse en el ADN de las diferentes especies aproximadamente a la misma velocidad. Los investigadores pueden comparar tales secuencias de ADN en dos especies. La comparación puede revelar cuántas mutaciones han ocurrido de manera independiente en cada grupo, como se muestra en la **ilustración 17–18.** Cuantas más diferencias haya entre las secuencias de ADN de las dos especies, más tiempo habrá transcurrido desde que las dos especies compartieron un ancestro común.

En tu cuaderno *¿Qué tipo de mutación, neutral o negativa, será más probable que persista con el paso del tiempo en una población? Explica.*

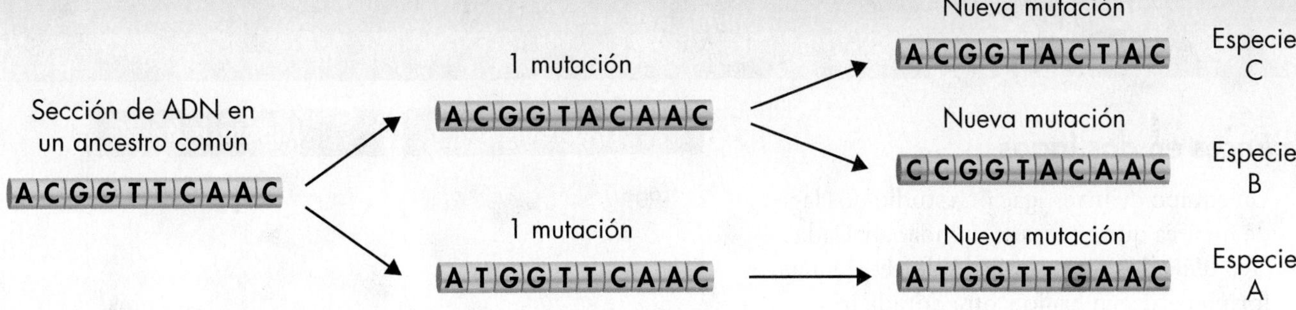

ILUSTRACIÓN 17–18 Reloj molecular Al comparar las secuencias de ADN de dos o más especies, los biólogos pueden estimar desde hace cuánto tiempo las especies han estado separadas. **Analizar datos** ***¿Qué pruebas indican que la especie C está más relacionada con la especie B que con la especie A?***

Calibrar el reloj El uso de relojes moleculares no es fácil, pues en un genoma no existe un único reloj molecular. Existen muchos diferentes, cada uno con "tictacs" a diferentes velocidades. Esto se debe a que algunos genes acumulan mutaciones con mayor rapidez que otros. Estos diferentes relojes permiten a los investigadores determinar el tiempo de diferentes acontecimientos evolutivos. Piensa en un reloj convencional. Si quieres medir el tiempo de un acontecimiento breve, usarás el segundero. Si quieres medir un acontecimiento más largo, usarás el minutero o el horario. De la misma forma, los investigadores eligen un reloj molecular diferente para comparar a los grandes monos que para estimar cuándo compartieron un ancestro común los mamíferos y los peces.

Los investigadores verifican la precisión de los relojes moleculares al tratar de estimar la frecuencia con la que ocurren las mutaciones. En otras palabras, estiman con cuánta frecuencia el reloj elegido hace "tic-tac". Para ello, comparan el número de mutaciones en un gen particular en especies cuya edad se ha determinado con otros métodos.

Duplicación de genes

¿De dónde provienen los genes?

¿De dónde aparecieron los aproximadamente 25,000 genes activos del genoma humano? Es probable que los genes modernos desciendan de un número mucho menor de genes en las primeras formas de vida. Pero, ¿cómo ocurrió? **Una forma en que los nuevos genes evolucionan es mediante la duplicación (y después la modificación) de genes existentes.**

Copia de genes La mayoría de los organismos portan varias copias de diferentes genes. Algunas veces portan dos copias del mismo gen. Otras, puede haber miles de copias. ¿De dónde provienen esas copias adicionales de genes y qué les sucede?

Recuerda que los cromosomas homólogos intercambian ADN durante la meiosis en un proceso llamado entrecruzamiento. En ocasiones éste implica un intercambio desigual de ADN. En otras palabras, un cromosoma del par obtiene ADN adicional, que puede portar parte de un gen, un gen completo o un tramo mayor de cromosoma. Algunas veces, de maneras diferentes, se puede duplicar un genoma completo.

Analizar datos

Peces en dos lagos

Un equipo de investigación estudió dos lagos de un área que a veces se inundaban. Cada lago tenía dos tipos similares de peces: una forma parda sin brillo y otra dorada iridiscente. El equipo buscaba la relación entre los peces, y consideraron las dos hipótesis de la derecha.

1. Interpretar material visual Estudia los dos diagramas. ¿Qué indica la hipótesis A acerca de la ascendencia de los peces en el Lago 1 y el Lago 2? ¿Qué indica la hipótesis B?

2. Comparar y contrastar De acuerdo con las dos hipótesis, ¿cuál es la diferencia clave en la forma en que los peces pardos y dorados pudieron haberse formado?

Hipótesis A

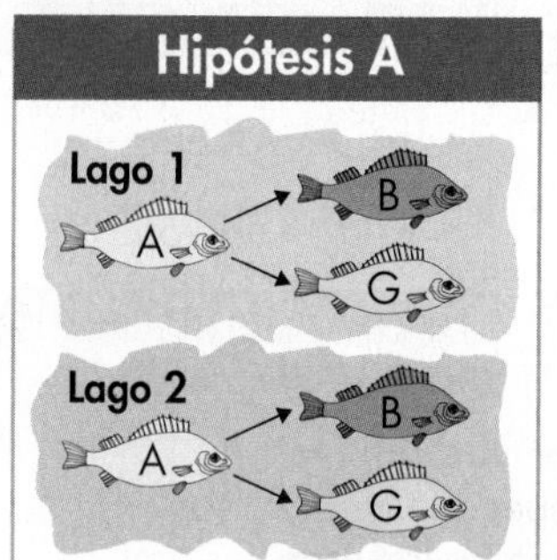

Hipótesis B

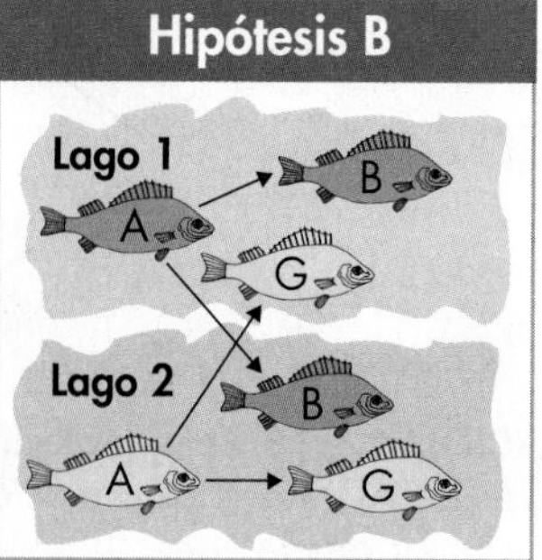

A = Ancestro posible
B = Forma contemporánea parda
G = Forma dorada contemporánea
→ Muestra posible línea de descendencia

3. Sacar conclusiones Un análisis de ADN mostró que los peces pardos y dorados del Lago 1 están más estrechamente relacionados. ¿Qué evidencia confirma esta hipótesis?

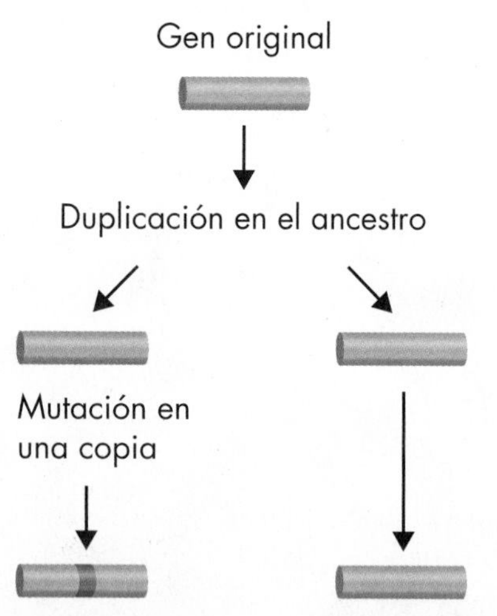

ILUSTRACIÓN 17–19 Duplicación de genes En este diagrama, primero se duplica un gen, después uno de los dos genes resultantes experimenta una mutación.

Genes duplicados evolucionan ¿Por qué es tan importante la duplicación de genes? Piensa en usar una computadora para escribir un ensayo para tu clase de inglés. Después, quieres mandar una nueva versión del ensayo a tu periódico escolar. Así que haces una copia adicional del archivo original y la editas para el periódico.

Los genes duplicados funcionan de forma similar. En ocasiones, las copias adicionales del gen experimentan mutaciones que cambian su función. El gen original sigue por ahí, tal como la copia original de tu ensayo de inglés. Por tanto, los nuevos genes pueden evolucionar sin afectar la función o producto del gen original. **La ilustración 17–19** muestra cómo sucede esto.

Familias de genes Las copias múltiples de un gen duplicado se pueden convertir en un grupo de genes relacionados llamados familias de genes. Los miembros de una familia de genes suelen producir proteínas similares pero ligeramente diferentes. Tu cuerpo, por ejemplo, produce una cantidad de moléculas que transportan oxígeno. Varios de estos compuestos, llamados globinas, son hemoglobinas. La familia de genes de globina que las produce, evolucionó después de la duplicación de genes, a partir de un único gen de globina ancestral. Parte de la investigación más importante sobre la evolución se enfoca en otra familia de genes: los genes Hox.

Genes de desarrollo y planos corporales

¿Cuántos genes Hox participan en el cambio evolutivo?

Una excitante nueva área de investigación es apodada "evo-devo" pues estudia la relación entre la evolución y desarrollo embriológico. El mismo Darwin tuvo el presentimiento de que los cambios en el crecimiento embrionario podía transformar la forma y tamaño del cuerpo adulto. Los investigadores estudian ahora cómo los pequeños cambios en la actividad del gen Hox pueden producir los tipos de cambios evolutivos que se ven en los registros fósiles.

Genes Hox y evolución Como leíste en el capítulo 13, los genes Hox determinan qué partes de un embrión desarrollarán brazos, piernas o alas. También controlan el tamaño y forma de esas estructuras. De hecho, los genes Hox homólogos moldean el cuerpo de animales tan diferentes como los de los insectos y los de los humanos, ¡incluso esos animales compartieron un ancestro común hace no menos de 500 millones de años!

Los cambios pequeños en la actividad de los genes Hox durante el desarrollo embriológico pueden producir grandes cambios en los animales adultos. Por ejemplo, los insectos y crustáceos se relacionan con ancestros comunes antiguos que tenían docenas de patas. Los crustáceos actuales, como el camarón y las langostas, aún tienen un gran número de pares de patas, pero los insectos tienen sólo 3 pares. ¿Qué sucedió con esas patas adicionales? Estudios recientes han demostrado que las mutaciones en un único gen Hox, conocido como *Ubx*, suspende el crecimiento de las patas en las regiones abdominales de los insectos. Por tanto, un cambio en un gen Hox explica una diferencia evolutiva relevante entre dos importantes grupos animales.

El momento oportuno lo es todo Cada parte de un embrión comienza a crecer en cierto momento, lo hace por un tiempo específico y deja de crecer en otro momento específico. Los pequeños cambios en los momentos de inicio e interrupción pueden marcar una gran diferencia en los organismos. Por ejemplo, los pequeños cambios en estos momentos pueden hacer la diferencia entre dedos largos y delgados y dedos del pie cortos y gruesos. ¡No es de sorprender que la "evo-devo" sea una de las áreas más excitantes dentro de la biología evolutiva!

ILUSTRACIÓN 17–20 Cambio en un gen Hox Los insectos como las moscas de la fruta y los crustáceos como las artemias descienden de un ancestro común que tenía muchas patas. Debido a las mutaciones en la actividad de un único gen Hox que se presentaron hace millones de años, los insectos modernos tienen menos patas que los crustáceos modernos. En la ilustración, las patas de la mosca de la fruta y las patas de la artemia son del mismo color (rojo), debido a que una variante del mismo gen Hox, *Ubx*, dirige el desarrollo de las patas de ambos animales.

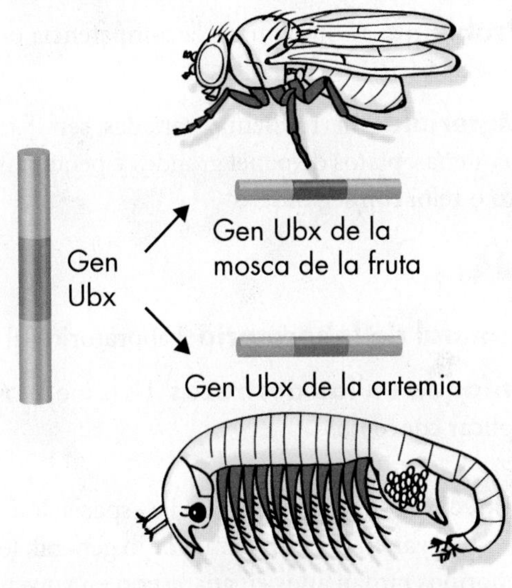

17.4 Evaluación

Repaso de conceptos clave

1. a. Repasar ¿Qué es un reloj molecular?

b. Explicar ¿Por qué los relojes moleculares usan mutaciones que no tienen efecto alguno sobre el fenotipo?

2. a. Repasar ¿Cómo puede el entrecruzamiento producir la duplicación genética?

b. Explicar Describe cómo se lleva a cabo la duplicación de genes.

c. Relacionar causa y efecto ¿Por qué la duplicación de genes es importante en la evolución?

3. a. Repasar Usa la evolución del plano corporal de los insectos para explicar la importancia de los genes Hox en la evolución.

b. Inferir En la evolución, ¿por qué los pequeños cambios en los genes Hox tuvieron tan gran impacto?

RAZONAMIENTO VISUAL

4. Las bandas coloreadas en los siguientes diagramas representan mutaciones en el segmento de ADN en las especies A, B y C. De las tres especies, probablemente dos compartan el ancestro común más reciente, ¿cuáles?

Especie A	Especie B	Especie C
C	C	C
T	G	T
A	A	A
A	G	G
C	C	C
G	G	G
T	T	T
T	T	C
G	A	G
C	C	C

BIOLOGY.com Search Lesson 17.4  GO • Self-Test • Lesson Assessment

Laboratorio de destrezas científicas

INVESTIGACIÓN DIRIGIDA

Preparación para el laboratorio: Competir por los recursos

Problema ¿Cómo puede la competencia ocasionar la especiación?

Materiales herramientas variadas, semillas grandes y pequeñas, platos de papel grandes y pequeños, cronómetro o reloj con segundero

Manual de laboratorio Laboratorio del Capítulo 17

Enfoque en las destrezas Usar modelos, predecir, aplicar conceptos

Conectar con la gran idea La especiación no es fácil de observar en la naturaleza. Por lo general, los nuevos fenotipos tardan años en aparecer o en volverse lo bastante comunes como para ser percibidos. Por otra parte, en un medio ambiente complejo puede ser difícil rastrearlos. Para los científicos que desean estudiar la especiación, las islas constituyen un medio ambiente ideal.

Peter y Rosemary Grant pasaron años estudiando los pinzones de las Islas Galápagos. Midieron y registraron los rasgos y las dietas de cientos de aves. En un año de severa sequía, los Grant observaron la selección natural en acción, pues los alimentos escaseaban. En esta actividad harás un modelo de la variación en los picos de las aves y su dieta para demostrar el impacto de la competencia en la supervivencia y la especiación.

Preguntas preliminares

a. **Explicar** ¿Qué es la especiación?

b. **Relacionar causa y efecto** ¿Cómo ocasionó el aislamiento geográfico la especiación entre los pinzones de las Galápagos?

c. **Comparar y contrastar** ¿En qué se diferencia una adaptación de otros rasgos heredados?

Preguntas previas al laboratorio

Examina el procedimiento en el manual de laboratorio.

1. **Usar modelos** En este laboratorio, ¿qué representan los diferentes tipos de herramientas?
2. **Predecir** ¿Qué herramientas crees que funcionarán mejor para recoger semillas pequeñas? ¿Y para recoger semillas grandes?
3. **Diseñar y experimentar** ¿Por qué el tiempo que tienes para recolectar semillas será limitado?

BIOLOGY.com Search Chapter 17 GO

Visita el Capítulo 17 en línea para hacer una autoevaluación del capítulo y para buscar actividades que apoyan tu aprendizaje.

Untamed Science Video Escala los acantilados de Hawai con el equipo de *Untamed Science* y descubre la forma en que el aislamiento geográfico puede ocasionar una nueva especie.

Data Analysis Descubre qué les sucedió a los pinzones de las Galápagos durante una sequía al comparar los datos sobre ellos y sus fuentes de alimento.

Art Review Repasa tu comprensión de los alelos y de las frecuencias alélicas en una población.

Art in Motion Observa cómo los diferentes tipos de selección cambian los tipos de individuos que constituyen una población.

17 Guía de estudio

La gran idea Evolución

Puede surgir una nueva especie cuando una población se divide en dos grupos que quedan aislados uno del otro. Los caudales genéticos de los dos grupos pueden volverse tan diferentes que los grupos dejan de aparearse entre ellos.

17.1 Genes y variación

La evolución es un cambio en la frecuencia alélica de una población a través del tiempo.

Tres fuentes de variación genética son la mutación, la recombinación genética durante la reproducción sexual y la transferencia genética lateral.

El número de fenotipos que se produce para un rasgo depende de cuántos genes controlen ese rasgo.

caudal genético (483)
frecuencia alélica (483)
rasgo monogénico (485)
rasgo poligénico (486)

17.2 La evolución como cambio genético de las poblaciones

La selección natural sobre rasgos monogénicos puede producir cambios en las frecuencias alélicas y, por tanto, cambios en las frecuencias fenotípicas.

La selección natural sobre rasgos poligénicos puede afectar la aptitud relativa de los fenotipos y, por tanto, producir uno de los tres tipos de selección: selección direccional, selección estabilizadora o selección disruptiva.

En las poblaciones pequeñas y sólo por casualidad, los individuos que portan un alelo particular pueden dejar más descendientes que otros individuos. Con el tiempo, una serie de sucesos fortuitos pueden ocasionar que un alelo se vuelva más o menos común en una población.

El principio de Hardy-Weinberg predice que cinco condiciones pueden perturbar el equilibrio genético y ocasionar la evolución: 1) apareamiento no aleatorio; 2) tamaño poblacional pequeño y 3) inmigración o emigración; 4) mutaciones ó 5) selección natural.

selección direccional (489)
selección estabilizadora (489)
selección disruptiva (489)
tendencia genética (490)
efecto cuello de botella (490)
efecto fundador (490)
equilibrio genético (491)
principio de Hardy-Weinberg (491)
selección sexual (492)

17.3 El proceso de especiación

Cuando las poblaciones presentan un aislamiento reproductor, pueden evolucionar hasta convertirse en dos especies separadas. Este aislamiento puede desarrollarse de muchas formas, como el conductual, el geográfico y el temporal.

Lo más probable es que la especiación en los pinzones de las Galápagos fuera producto de la fundación de una nueva población, el aislamiento geográfico, los cambios en el caudal genético de la nueva población, el aislamiento conductual y la competencia ecológica.

especie (494)
especiación (494)
aislamiento reproductor (494)
aislamiento conductual (494)
aislamiento geográfico (495)
aislamiento temporal (495)

17.4 Evolución molecular

Un reloj molecular usa las tasas de mutación del ADN para estimar el lapso de tiempo en que dos especies han evolucionado independientemente.

Una forma en que los nuevos genes evolucionan es a través de la duplicación, y después la modificación, de los genes existentes.

Los pequeños cambios en la actividad de los genes Hox durante el desarrollo embrionario pueden producir grandes cambios en los animales adultos.

reloj molecular (498)

Razonamiento visual

Construye un mapa de conceptos en el que expliques las fuentes de variación genética.

17 Evaluación

17.1 Genes y variación

Comprender conceptos clave

1. La información genética combinada de todos los individuos de una población particular forma un
a. caudal genético.
b. nicho.
c. fenotipo.
d. población.

2. Las mutaciones que mejoran la capacidad de un individuo para sobrevivir y reproducirse son
a. dañinas.
b. neutrales.
c. beneficiosas.
d. cromosómicas.

3. Los rasgos, como la estatura humana, que son controlados por más de un gen se conocen como
a. rasgos monogénicos.
b. rasgos poligénicos.
c. rasgos recesivos.
d. rasgos dominantes.

4. Explica qué significa el término *frecuencia alélica*. Incluye un ejemplo que ilustre tu respuesta.

5. Explica por qué la reproducción sexual es fuente de variación genética.

6. Explica qué determina el número de fenotipos para un rasgo determinado.

7. ¿Qué es la *transferencia genética lateral*?

8. Define la evolución en términos genéticos.

Razonamiento crítico

9. Comparar y contrastar ¿Qué tipo de mutación tiene más posibilidad de afectar la evolución de una población: una mutación en una célula corporal o una mutación en un óvulo? Explica.

10. Aplica los conceptos Explica cómo se relaciona la selección natural con los fenotipos y genotipos.

11. Aplica los conceptos Explica cómo se relaciona la selección natural con individuos y poblaciones.

12. Relacionar causa y efecto ¿Cómo afecta la recombinación genética a la variación genética?

17.2 La evolución como cambio genético de las poblaciones

Comprender conceptos clave

13. El tipo de selección en la que individuos de tamaño promedio tienen una aptitud mayor que los individuos pequeños o grandes se llama
a. selección disruptiva.
b. selección estabilizadora.
c. selección direccional.
d. selección neutral.

14. Si el color del pelaje de una población de conejos es un rasgo poligénico, ¿qué proceso pudo haber producido la siguiente gráfica?

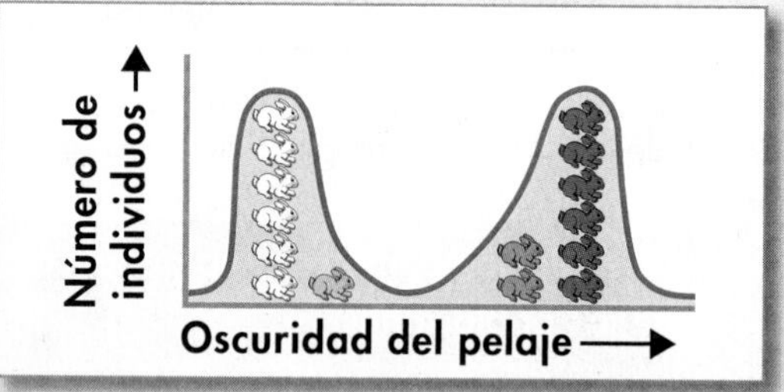

a. selección disruptiva
b. selección estabilizadora
c. selección direccional
d. equilibrio genético

15. Un cambio aleatorio en la frecuencia alélica de una población pequeña es
a. un caudal genético.
b. una tendencia genética.
c. una variación.
d. la aptitud.

16. ¿Qué es la *aptitud* en términos genéticos?

17. ¿En qué se diferencia la selección estabilizadora de la selección disruptiva?

18. ¿Qué es el equilibrio genético? ¿En qué tipo de situaciones es probable que ocurra?

Razonamiento crítico

19. Comparar y contrastar Distingue entre las formas en que la selección natural afecta a los rasgos monogénicos y las formas en que afecta a los rasgos poligénicos. ¿Cómo se alteran las frecuencias fenotípicas en cada caso?

20. Inferir En cierta población de plantas, el tamaño de las flores es un rasgo poligénico. ¿Qué tipo de selección tenderá a ocurrir si las condiciones ambientales favorecen a las flores pequeñas?

21. **Inferir** Una carretera construida a través de una selva divide una población de ranas en dos grandes grupos. Las frecuencias alélicas de los dos grupos son idénticas. ¿Ocurrió una tendencia genética? ¿Por qué?

22. **Proponer una hipótesis** El DDT es un insecticida que se usó por primera vez en la década de 1940 para matar mosquitos y detener la propagación de la malaria. Conforme el tiempo transcurrió, las personas comenzaron a observar que el DDT perdía eficacia. Explica, en términos genéticos, por qué los mosquitos se volvieron resistentes al pesticida.

17.3 El proceso de especiación

Comprender conceptos clave

23. El aislamiento temporal ocurre cuando dos poblaciones diferentes
    a. desarrollan diferentes comportamientos de apareamiento.
    b. quedan geográficamente separadas.
    c. se reproducen en diferentes momentos.
    d. se aparean.

24. Cuando dos poblaciones dejan de aparearse entre ellas, ¿cuál es el resultado?
    a. equilibrio genético
    b. aislamiento reproductor
    c. selección estabilizadora
    d. selección artificial

25. Explica cómo pudieron haber evolucionado las diferentes especies de pinzones de Galápagos.

Razonamiento crítico

26. **Relacionar causa y efecto** Explica por qué por lo general debe ocurrir un aislamiento reproductor antes de que una población se divida en dos especies distintas.

27. **Proponer una hipótesis** Un botánico identifica dos especies distintas de violetas que crecen en un campo, como lo muestra la parte izquierda de la siguiente ilustración. En ese campo también hay muchos otros tipos de violetas que, aunque son un tanto similares a las dos especies conocidas, parecen ser nuevas especies. Desarrolla una hipótesis que explique cómo pudieron haberse originado las nuevas especies.

Viola pedatifida

Viola sagittata

Otras violetas

resuelve el MISTERIO del CAPÍTULO

EPIDEMIA

Los genes de los virus de la influenza mutan con frecuencia, y diferentes cepas pueden intercambiar genes si infectan al mismo huésped al mismo tiempo. Estas características producen una diversidad genética que permite que el virus evolucione.

Los virus de la influenza también experimentan la selección natural. Piensa en tu cuerpo como el medio ambiente de los virus. Nuestro sistema inmunológico los ataca al "reconocer" las proteínas de su superficie. Los virus cuyas proteínas nuestro cuerpo puede reconocer y destruir, tienen una aptitud baja; los que no puede reconocer tienen una aptitud superior.

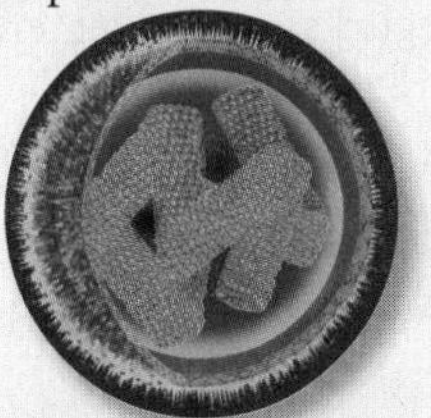

Virus de la influenza

La evolución viral produce regularmente proteínas superficiales un tanto diferentes que nuestro sistema inmunológico no puede reconocer de inmediato. Estas cepas evaden el sistema inmunológico el tiempo suficiente para enfermar a las personas. Esta es la causa de que todos los inviernos te puedas enfermar de gripe y de que cada año deban producirse nuevas vacunas contra la influenza.

Pero ahora como antes, la evolución de la influenza produce "disfraces" moleculares radicalmente nuevos que nuestro sistema inmunológico es *completamente* incapaz de reconocer. Estos pueden ser letales, como la cepa de 1918. Si una cepa como esa apareciera hoy, podría matar a muchas personas. Ésta es la razón de que los investigadores estén tan preocupados por la "influenza aviar", una cepa que puede transmitirse de las aves, como los pollos, a los humanos.

1. **Conectar con la gran idea** Explica por qué la mutación y la selección natural hacen que sea necesario desarrollar nuevas vacunas contra la influenza cada año.
2. **Inferir** Las personas no necesitan recibir una vacuna nueva contra el sarampión cada año. ¿Qué sugiere esto acerca de la diferencia entre los virus de la influenza y el virus del sarampión?
3. **Aplica los conceptos** ¿Se te ocurre algún otro problema de salud pública que se relacione directamente con el cambio evolutivo?

17.4 Evolución molecular

Razonamiento crítico

28. Un grupo de genes relacionados producto de la duplicación y modificación de un único gen se llama

a. caudal genético.
b. reloj molecular.
c. transferencia genética lateral.
d. familia de genes.

29. Cada "tictac" de un reloj molecular es la ocurrencia de

a. la tendencia genética.
b. el entrecruzamiento.
c. la mutación de ADN.
d. la mitosis.

30. ¿Cómo obtienen los cromosomas una copia adicional de un gen durante la meiosis?

31. ¿Qué son las mutaciones neutrales?

32. ¿Qué es el estudio de "evo-devo" y cómo se relaciona con la evolución?

Razonamiento crítico

33. Preguntar ¿Qué tipos de preguntas probablemente harían los científicos que estudian la evolución de los genes Hox?

34. Aplica los conceptos Describe la relación entre tiempo evolutivo y la similitud de genes en dos especies.

Relacionar conceptos

Usar gráficas científicas

Usa la tabla de datos para responder las preguntas 35 y 36.

Frecuencia alélica

Año	Frecuencia del alelo *B*	Frecuencia del alelo *b*
1910	0.81	0.19
1930	0.49	0.51
1950	0.25	0.75
1970	0.10	0.90

35. Interpretar tablas Describe la tendencia mostrada por los datos de la tabla.

36. Proponer una hipótesis ¿Qué podría explicar la tendencia que muestran los datos?

Escribir sobre las ciencias

37. Explicación Explica el proceso que pudo haber ocasionado que las moscas de la fruta tengan menos patas que sus ancestros.

38. Evalúa la gran idea En ocasiones, los biólogos dicen que "la evolución es ecología a través del tiempo". Explica esta afirmación.

Analizar datos

La gráfica muestra los datos de la longitud de los picos de tres especies de pinzones. Se presenta el porcentaje de individuos en cada categoría de longitud de picos.

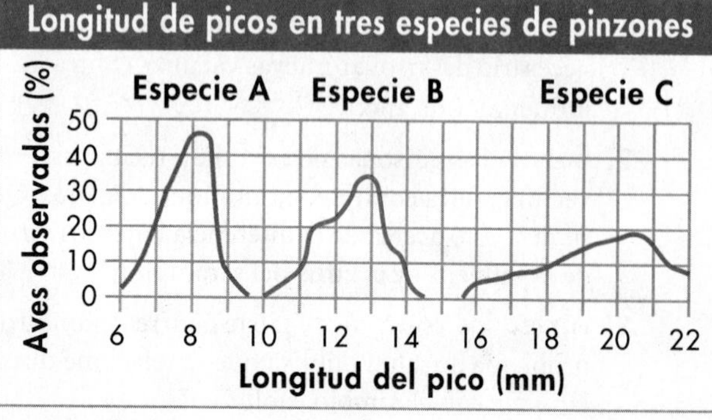

39. Interpretar gráficas ¿Cuál es el pico más corto observado en la especie A?

a. 3 mm
b. 6 mm
c. 9 mm
d. 12 mm

40. Analizar datos ¿Cuál de las siguientes es una interpretación lógica de los datos?

a. La especie B se alimenta de las semillas más pequeñas.
b. Aproximadamente 50 por ciento de la especie C se alimenta de las semillas que tienen 20 mm de longitud.
c. La especie C se alimenta de las semillas más largas.
d. Las tres especies se alimentan de semillas del mismo tamaño.

Preparación para exámenes estandarizados

Selección múltiple

1. ¿Cuál de las siguientes condiciones es la que MÁS probabilidades tiene de generar cambios en las frecuencias alélicas de una población?
- **A** apareamiento aleatorio
- **B** tamaño pequeño de la población
- **C** ausencia de migraciones dentro o fuera de una población
- **D** ausencia de selección natural

2. Las mutaciones y la recombinación genética que ocurre durante la reproducción sexual son fuentes de
- **A** variación genética.
- **B** selección estabilizadora.
- **C** equilibrio genético.
- **D** tendencia genética.

3. En una población de lagartijas, la más pequeña y la más grande son más fáciles de cazar que las de tamaño mediano. ¿Qué tipo de selección natural es la que MÁS probablemente ocurre en esta situación?
- **A** tendencia genética
- **B** selección sexual
- **C** selección estabilizadora
- **D** selección direccional

4. Las poblaciones de bacterias resistentes a antibióticos son consecuencia del proceso de
- **A** selección natural.
- **B** aislamiento temporal.
- **C** tendencia genética.
- **D** selección artificial.

5. Si las especies A y B tienen genes y proteínas muy similares, ¿qué es lo más probable?
- **A** Las especies A y B comparten un ancestro común relativamente reciente.
- **B** La especie A evolucionó con independencia de la especie B durante un largo período.
- **C** La especie A es más joven que la especie B.
- **D** La especie A es más antigua que la especie B.

6. Cuando dos especies se reproducen en momentos diferentes, la situación se llama
- **A** tendencia genética.
- **B** selección temporal
- **C** aislamiento temporal.
- **D** transferencia lateral de genes.

7. El tiempo que dos taxones han evolucionado de manera separada se puede estimar
- **A** con la tendencia genética.
- **B** con la duplicación de genes.
- **C** con un reloj molecular.
- **D** con genes Hox.

Preguntas 8 y 9
Las siguientes gráficas muestran los cambios en el color de los cangrejos en una playa.

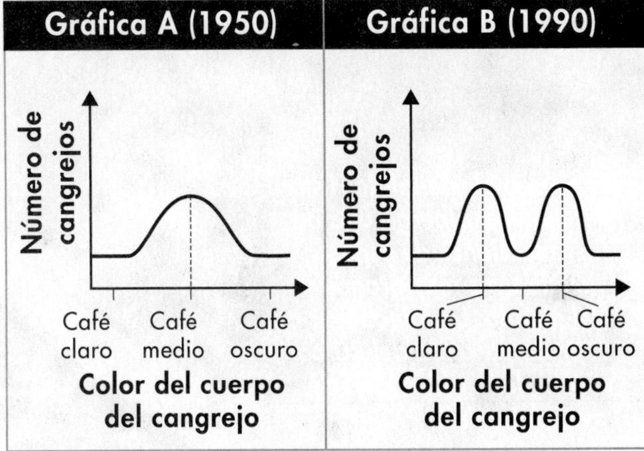

8. ¿Qué proceso ocurrió durante el período de 40 años?
- **A** selección artificial
- **B** selección direccional
- **C** selección estabilizadora
- **D** selección disruptiva

9. ¿Cuál de los siguientes es lo que MÁS probablemente causó el cambio en la distribución?
- **A** La llegada de un nuevo depredador que prefería los cangrejos color café oscuro.
- **B** La llegada de un nuevo depredador que prefería los cangrejos color café claro.
- **C** Un cambio en el color de la playa hizo que los cangrejos color café medio fueran menos visibles a los depredadores.
- **D** Un cambio en el color de la playa hizo que los cangrejos color café medio fueran los más visibles a los depredadores.

Respuesta de desarrollo

10. ¿De qué manera la evolución cambia la frecuencia alélica relativa en un caudal genético? ¿Por qué sucede esto?

Si tienes dificultades con...

la pregunta	1	2	3	4	5	6	7	8	9	10
Ver la lección	17.3	17.1	17.2	17.2	17.4	17.3	17.4	17.2	17.2	17.1

18 La clasificación

La gran idea: Unidad y diversidad de la vida

P: ¿Por qué los biólogos clasifican a los seres vivos?

El Museo Nacional de Historia Natural alberga una de las colecciones de especies de aves más grande del mundo. La colección representa cerca del 80 por ciento de la diversidad de aves del mundo.

BIOLOGY.com Search Chapter 18 GO • Flash Cards

EN ESTE CAPÍTULO:

- Untamed Science Video
- Chapter Mystery

MISTERIO DEL CAPÍTULO

ENTRE OSOS

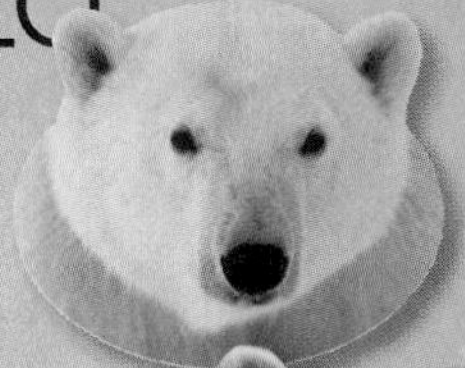

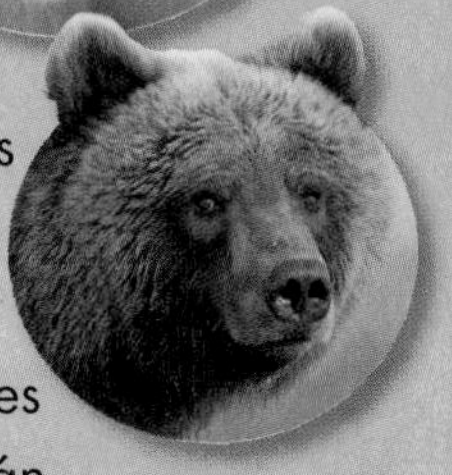

Si observaras a simple vista a un oso polar y a un oso pardo, probablemente nunca dudarías de que son miembros de especies diferentes. Los osos polares son mucho más grandes que los pardos y sus patas están adaptadas para nadar largas distancias y caminar en la nieve y el hielo. Su piel blanca los camufla, pero el pelaje de los osos pardos es, bueno, pardo, y sus patas no están adaptadas para el agua.

Está claro que los osos polares y los pardos son muy diferentes físicamente. Pero, ¿las características físicas cuentan toda la historia? Recuerda la definición de *especie:* "un grupo de organismos similares que pueden reproducirse y producir descendencia fértil". Bueno, los osos polares y los osos pardos pueden aparearse y producir descendientes fértiles. Entonces, deben ser miembros de la misma especie. Pero, ¿lo son? A medida que leas este capítulo, busca pistas sobre si los osos polares son una especie separada. Luego, resuelve el misterio.

Continúa explorando el mundo.
Hallar la solución al misterio de la clasificación científica sólo es el principio. Emprende un viaje de campo en video con los genios ecólogos de *Untamed Science* para ver adónde conduce este misterio.

UntamedScience™

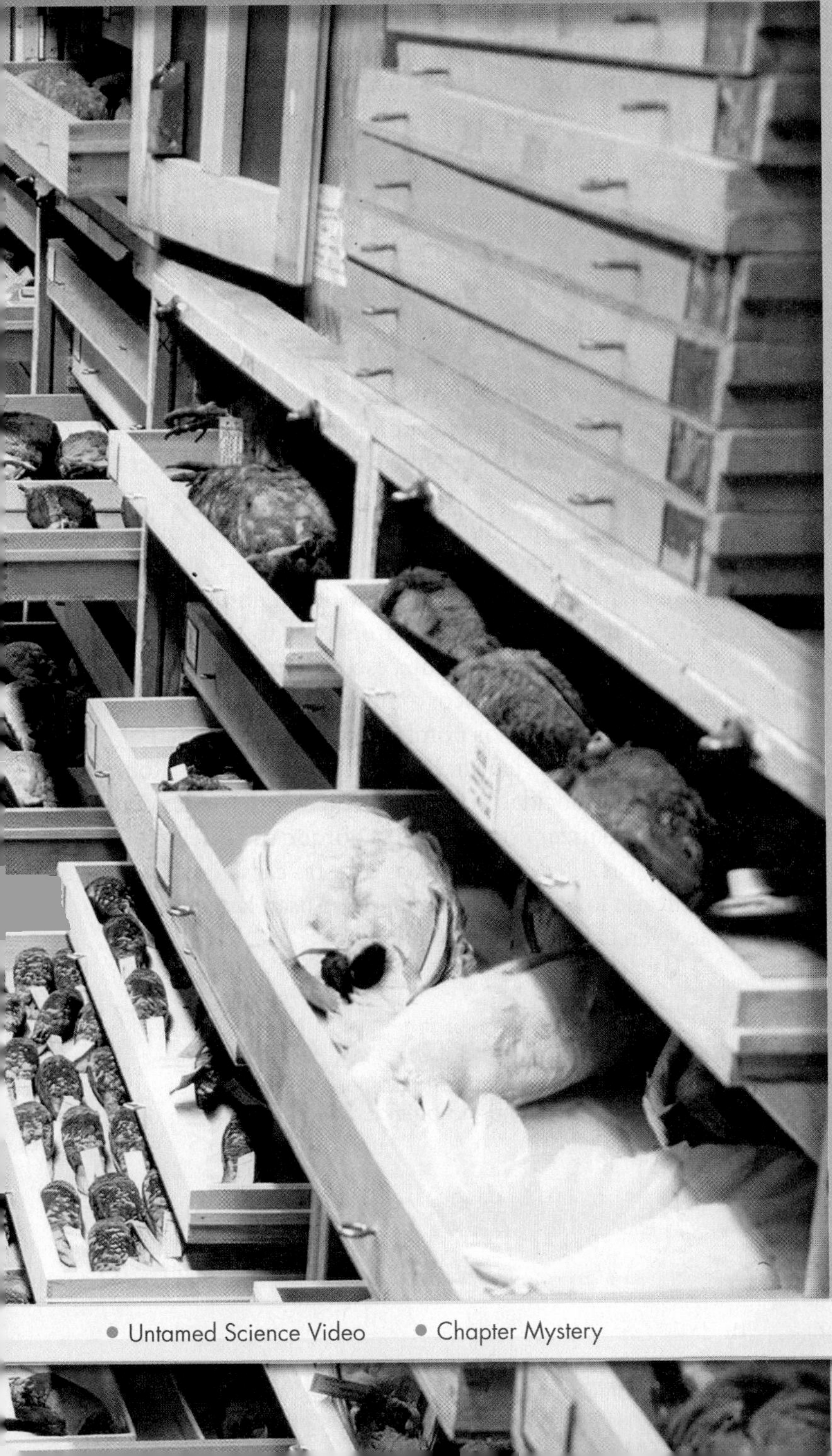

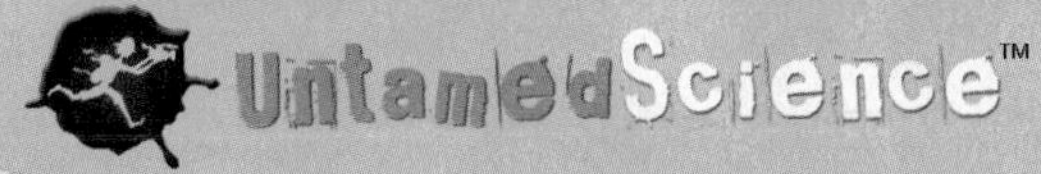

18.1 Hallar un orden en la diversidad

Preguntas clave

¿Cuáles son las metas de la nomenclatura binaria y de la sistemática?

¿Cómo agrupó Linneo a las especies en taxones más grandes?

Vocabulario

nomenclatura binaria • género • sistemática • taxón • familia • orden • clase • filo • reino

Tomar notas

Vistazo al material visual Antes de leer, estudia la **ilustración 18–5.** Fíjate en todos los niveles de clasificación. A medida que leas, vuelve a consultar la ilustración.

PIÉNSALO Los científicos han tratado de identificar, nombrar y hallar el orden de la diversidad de la vida durante mucho tiempo. El primer sistema científico para nombrar y agrupar los organismos se estableció mucho antes de la época de Darwin. En décadas recientes, los biólogos han completado una conversión del antiguo sistema de nombres y clasificaciones en una estrategia más reciente que se basa en la teoría evolutiva.

Asignar nombres científicos

¿Cuáles son las metas de la nomenclatura binaria y la sistemática?

El primer paso para comprender y estudiar la diversidad es describir y nombrar a cada especie. Para que sea útil, cada nombre científico debe referirse a una sola y única especie, y todos deben usar ese mismo nombre para ella. Pero, ¿qué tipo de nombre se debe usar? Los nombres comunes pueden ser confusos, porque varían entre los idiomas y los países. Por ejemplo, el animal de la **ilustración 18–1** se puede llamar puma, pantera o león. Además, las diferentes especies pueden compartir un nombre común. En el Reino Unido, la palabra *buitre* se refiere a un águila, en tanto que en Estados Unidos, *buitre* se refiere a un ave rapaz.

En el siglo XVIII, los científicos europeos reconocieron que estos nombres comunes eran confusos, así que acordaron asignar nombres en latín o griego a cada especie. Lamentablemente, eso no ayudó a aclarar la confusión. Los primeros nombres científicos a menudo describían a las especies muy detalladamente, así que los nombres podían ser largos. Por ejemplo, la traducción del nombre científico de un árbol podía ser "Roble con hojas muy divididas sin vellocidad en su parte inferior ni bordes dentados". Era muy difícil estandarizar estos nombres porque cada científico se enfocaba en características diferentes. Muchas de estas características aún sirven para identificar a los organismos cuando se usan las claves dicotómicas, como se ve en la **ilustración 18–2.**

ILUSTRACIÓN 18–1 Nombres comunes Tal vez reconozcas a este animal como un puma, una pantera o un león, los nombres comunes del mismo animal. Su nombre científico es *Felis concolor.*

USAR UNA CLAVE DICOTÓMICA

ILUSTRACIÓN 18–2 Las claves dicotómicas se usan para identificar a los organismos. Consisten en un conjunto de pares de oraciones o preguntas que describen las posibles características alternas de un organismo. Por lo general describen la presencia o ausencia de características o estructuras visibles. Cada conjunto de opciones está organizado de manera que cada paso produce un subconjunto más pequeño.

Imagina que hallas una hoja que quieres identificar. La hoja se ve como la de la derecha. Usa la clave para identificarla.

Paso	Características de la hoja	Árbol
1a	Hoja compuesta (hojas divididas en folíolos). . . ve al Paso 2	
1b	Hoja simple (hoja no dividida en folíolos) . . . ve al Paso 4	
2a	Todos los folíolos sujetos en un punto central	Castaño de indias
2b	Folíolos sujetos en varios puntos centrales . . . ve al Paso 3	
3a	Folíolos estrechos con puntas afiladas	Pacana
3b	Folíolos ovalados con puntas redondas	Acacia blanca
4a	Venas ramificadas a partir de un punto central . . . ve al Paso 5	
4b	Venas ramificadas a partir de la vena intermedia en medio de la hoja . . . ve al Paso 6	
5a	Hoja en forma de corazón	Árbol de Judas
5b	Hoja en forma de estrella	Liquidámbar
6a	Hoja con bordes irregulares	Abedul
6b	Hoja con bordes lisos	Magnolia

Debido a que tu hoja es una hoja simple, ve al Paso 4.

Sigue leyendo las oraciones hasta que determines la identidad de tu hoja.

Debido a que tu hoja tiene bordes irregulares, determinas que es de un abedul

PISTA DEL MISTERIO

Los osos polares y los pardos se cruzan y producen híbridos fértiles en los zoológicos, pero muy raramente se cruzan en la naturaleza. ¿Qué crees que quiere decir esto sobre la relación que existe entre ellos?

Nomenclatura binaria En la década de 1730, el botánico sueco Carlos Linneo desarrolló un sistema de nombres de dos palabras llamado **nomenclatura binaria.** **En ella se asigna a cada especie un nombre científico que consta de dos partes.** Se escribe en cursiva. La primera palabra comienza con letra mayúscula y la segunda con minúscula.

El oso polar de la **ilustración 18–3** se llama *Ursus maritimus.* La primera parte del nombre, *Ursus,* es el género al que pertenece el organismo. Un **género** es un grupo de especies semejantes. El género *Ursus* contiene otras cinco especies de osos, incluyendo el *Ursus arctos,* el oso pardo.

La segunda parte del nombre científico, en estos ejemplos *maritimus* o *arctos,* es específico de cada especie. Recuerda que una especie se define en general como un grupo de individuos capaces de cruzarse y producir descendencia fértil. El nombre de la especie a menudo es la descripción de un rasgo importante o del hábitat del organismo. La palabra latina *maritimus,* se refiere al mar, porque los osos polares a menudo viven en los bancos de hielo que flotan en el mar.

En tu cuaderno *La palabra* binario *significa "que tiene dos nombres". ¿Cómo aplica este significado a la nomenclatura binaria?*

ILUSTRACIÓN 18–3 Nomenclatura binaria El nombre científico del oso polar es *Ursus maritimus,* que significa "oso marino". El nombre científico del arce rojo es *Acer rubrum.* El género *Acer* consiste en todos los árboles de arce. La especie *rubrum* describe el color rojo del arce.

Clasificar especies en grupos más grandes Además de nombrar a los organismos, los biólogos también tratan de organizar, o clasificar, a las especies vivas y fósiles en grupos más grandes que tengan un significado biológico. En un sistema de clasificación útil, los organismos de un grupo específico se parecen más entre sí que a los de otros grupos. La ciencia de nombrar y agrupar a los organismos se llama **sistemática.** **Su meta es organizar a los seres vivos en grupos que tengan un significado biológico.** Los biólogos a menudo llaman a estos grupos **taxones.**

Aunque no te percates de ello, tú usas sistemas de clasificación todo el tiempo. Por ejemplo, tal vez hablas sobre "maestros" o "mecánicos." A veces te refieres a grupos más pequeños y específicos, como "maestros de biología" o "mecánicos de autos". Al hacerlo, te refieres a estos grupos usando nombres y características que son comúnmente aceptados y que muchas personas comprenden. De la misma manera, cuando escuchas la palabra *ave,* de inmediato piensas en un animal con alas y plumas.

Actividad rápida de laboratorio

INVESTIGACIÓN DIRIGIDA

Clasificar las frutas 

1. Consigue cinco frutas diferentes.
2. Usa un cuchillo para abrir cada fruta y examinar su estructura. **PRECAUCIÓN:** *Ten cuidado con los instrumentos filosos. No comas las frutas.*

3. Elabora una tabla con cinco filas y cuatro columnas. Rotula cada fila con el nombre de cada fruta.
4. Examina las frutas y elige cuatro características que te ayuden a distinguirlas. Rotula las columnas de tu tabla con los nombres de estas características.
5. Anota en la tabla una descripción de cada fruta.

Analizar y concluir

1. Clasificar Con base en tu tabla, ¿qué frutas se parecen más entre sí?

El sistema de clasificación de Linneo

¿Cómo agrupó Linneo a las especies en taxones más grandes?

Además de crear el sistema de nomenclatura binaria, Linneo también desarrolló un sistema de clasificación que organizaba a las especies en taxones que formaban una jerarquía o conjunto de categorías ordenadas. Su sistema original sólo tenía cuatro niveles. **Con el tiempo, el sistema de clasificación original de Linneo se amplió para incluir siete taxones jerárquicos: especie, género, familia, orden, clase, filo y reino.**

Ya hemos analizado las dos categorías más pequeñas, la especie y el género. Ahora vamos a ir subiendo hasta llegar a la categoría de reino, mientras examinamos cómo se clasifican los camellos. El nombre científico de un camello con dos jorobas es *Camelus bactrianus.* (Bactria era un antiguo país de Asia.) Como puedes ver en la **ilustración 18–5,** el género *Camelus* también incluye a otra especie, el *Camelus dromedarius,* o dromedario, que sólo tiene una joroba. Para decidir cómo colocar a los organismos en estos taxones más grandes, Linneo agrupó a las especies según sus semejanzas y diferencias anatómicas.

ILUSTRACIÓN 18–4 Carlos Linneo

▶ ***Familia*** La llama sudamericana se parece un poco a los camellos bactrianos y a los dromedarios. Pero la llama es más parecida a otras especies sudamericanas que a los camellos europeos y asiáticos. Por tanto, las llamas están colocadas en un género diferente, el *Lama;* el nombre de su especie es *Lama glama.* Varios géneros que comparten muchas semejanzas, como *Camelus* y *Lama,* se agrupan en una categoría más grande, la **familia,** en este caso, los camélidos.

▶ ***Orden*** Las familias estrechamente relacionadas se agrupan en la siguiente categoría más grande: el **orden.** Los camellos y las llamas (familia Camélidos) están agrupados con otras familias de animales, incluyendo el venado (familia Cérvidos) y el ganado (familia Bóvidos), en el orden Artiodáctilos, animales ungulados con un número par de dedos en cada pata.

DESARROLLAR el vocabulario

VARIOS SIGNIFICADOS Las palabras **familia, orden, clase** y **reino** tienen diferentes significados en la biología y en el uso común. Por ejemplo, en la sistemática, una *familia* es un grupo de géneros. En el uso común, una *familia* es un grupo de personas que están emparentadas. Usa un diccionario para hallar los significados comunes de *orden, clase* y *reino.*

▶ ***Clase*** A su vez, las órdenes semejantes se agrupan en la siguiente categoría más grande, la **clase.** El orden Artiodáctilos está colocado en la clase Mamíferos, que incluye a todos los animales que tienen sangre caliente, pelo corporal y producen leche para sus crías.

▶ ***Filo*** Las clases se agrupan en **filos.** Un filo incluye a organismos que son diferentes pero que comparten características importantes. La clase Mamíferos está agrupada con las aves (clase Aves), los reptiles (clase Reptiles), los anfibios (clase Anfibios) y todas las clases de peces del filo Cordados. Estos organismos comparten importantes características en sus planos corporales, entre ellas un cordón nervioso a lo largo de la espalda.

▶ ***Reino*** La categoría taxonómica más grande y global de Linneo es el **reino.** Todos los animales multicelulares están dentro del reino Animal.

ILUSTRACIÓN 18–5 De especies a reino Esta ilustración muestra cómo está agrupado el camello bactriano, *Camelus bactrianus,* dentro de cada categoría taxonómica. Sólo se ilustran algunos organismos representativos de cada taxón sobre el nivel del género. **Interpretar material visual** ***¿A qué filo pertenece el Camelus bactrianus?***

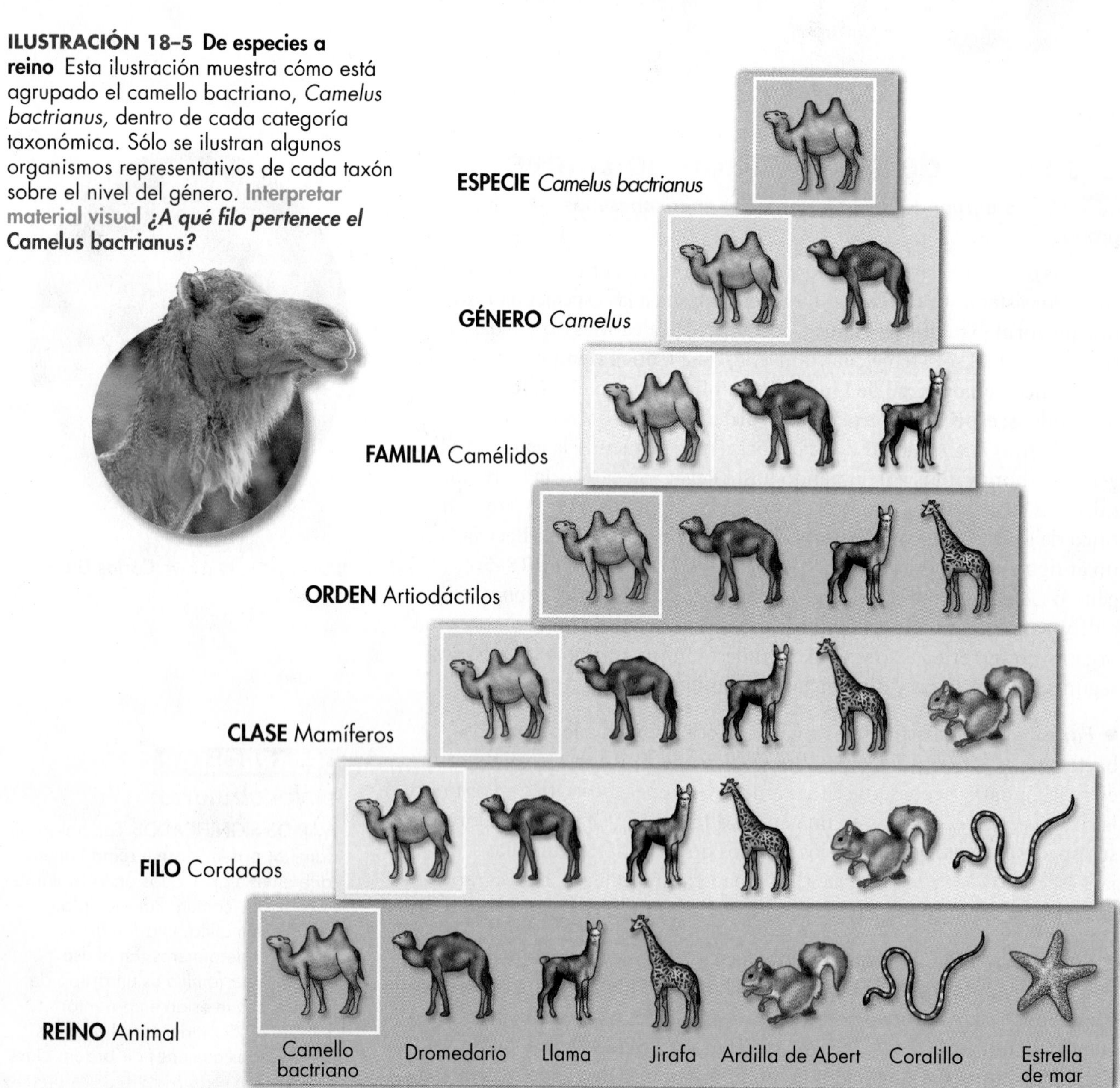

Problemas con la clasificación tradicional En cierto sentido, los miembros de una especie determinan qué organismos pertenecen a ella cuando deciden con quién se aparean y producen descendientes fértiles. Por consiguiente existe una definición "natural" de las especies. Por otro lado, los investigadores definen las categorías de Linneo que siguen del nivel de especie. Debido a que, en el transcurso del tiempo, los sistemáticos han enfatizado una variedad de características, algunos de estos grupos se han definido de maneras diferentes en diferentes épocas.

Por ejemplo, la estrategia de Linneo de clasificar los organismos según sus semejanzas y diferencias visibles parece simple al principio. Pero, ¿cómo deciden los científicos qué semejanzas y diferencias son las más importantes? Por ejemplo, si vivieras en la época de Linneo, ¿cómo habrías clasificado a los animales de la **ilustración 18–6**? Los percebes adultos y las lapas viven adheridos a rocas y tienen conchas parecidas. Los cangrejos adultos no se parecen en nada a los percebes ni a las lapas. Según estas características, ¿colocarías juntos a las lapas y a los percebes y a los cangrejos en un grupo diferente? A medida que los biólogos intentaban clasificar más organismos, este tipo de preguntas surgían con frecuencia.

Linneo era un buen científico y eligió cuidadosamente sus características. Muchos de estos grupos todavía son válidos en los esquemas de clasificación modernos. Pero Linneo trabajó más de un siglo antes de que Darwin publicara sus ideas sobre la descendencia con modificaciones. Los sistemáticos modernos aplican las ideas de clasificación de Darwin y tratan de ver más allá de simples semejanzas y diferencias para plantear preguntas sobre las relaciones evolutivas. Linneo agrupó a los organismos estrictamente según sus semejanzas y diferencias. Los científicos actuales tratan de asignar las especies a un grupo más grande para que reflejen la estrecha relación entre sus miembros.

ILUSTRACIÓN 18–6 Percebes, lapas y cangrejos Cuando las especies se clasifican según rasgos fácilmente observados pueden surgir problemas. Analiza detenidamente las lapas (arriba), los percebes (abajo) y los cangrejos (izquierda). Observa sus semejanzas y diferencias. **Comparar y contrastar** ***¿Qué animales se ven más parecidos? ¿Por qué?***

18.1 Evaluación

Repaso de conceptos clave

1. a. Repasar Identifica dos metas de la sistemática.

b. Explicar ¿Por qué los nombres comunes de los organismos, como *margarita* o *león*, a menudo causan problemas a los científicos?

c. Clasificar El nombre científico del arce de azúcar es *Acer saccharum.* ¿Qué designa cada parte del nombre?

2. a. Repasar Menciona las categorías del sistema de clasificación de Linneo, comenzando con la más pequeña.

b. Explicar ¿En qué grupo de organismos están más estrechamente asociados sus miembros: en todos los organismos del mismo reino o en todos los organismos del mismo orden? Explica tu respuesta.

c. Aplica los conceptos ¿Qué quieren decir los científicos cuando dicen que la especie es la única categoría "natural" de clasificación?

Aplica la gran idea

Unidad y diversidad de la vida

3. ¿Qué categoría tiene mayor significado biológico: todas las aves cafés o todas las aves que descienden de un ancestro parecido a un halcón? ¿Por qué?

BIOLOGY.com Search Lesson 18.1  • Self-Test • Lesson Assessment

18.2 La clasificación evolutiva moderna

Preguntas clave

¿Cuál es la meta de la clasificación evolutiva?

¿Qué es un cladograma?

¿Cómo se usan las secuencias de ADN en la clasificación?

Vocabulario

filogenia • clado • grupo monofilético • cladograma • carácter derivado

Tomar notas

Esquema Haz un esquema de esta lección usando los encabezados en verde como temas principales y los encabezados en azul como subtemas. A medida que leas agrega detalles bajo cada encabezado.

DESARROLLAR el vocabulario

ORIGEN DE LAS PALABRAS La palabra **cladograma** se deriva de dos palabras griegas: *klados*, que significa "rama" y *gramma*, que significa "algo que se escribe o dibuja". Un cladograma es un diagrama evolutivo con un patrón de ramificación.

PIÉNSALO Las ideas de Darwin sobre un "árbol de la vida" sugieren una nueva manera de clasificar a los organismos, no sólo según sus semejanzas y diferencias, sino según sus relaciones evolutivas. Bajo este sistema, los taxones están organizados según lo estrechamente que estén relacionados. Cuando los organismos se vuelven a ordenar de esta manera, algunas de las antiguas categorías de Linneo pierden su validez. Por ejemplo, la clase de los reptiles de Linneo no es válida a menos que incluya a las aves, lo que significa que ¡las aves son reptiles! Y no sólo son reptiles, sino que también ¡son dinosaurios! ¿Te preguntas por qué? Para comprenderlo, debemos analizar cómo funciona la clasificación evolutiva.

Clasificación evolutiva

¿Cuál es la meta de la clasificación evolutiva?

El concepto del descendiente con modificaciones condujo a la **filogenia:** el estudio de la manera en que los organismos vivos y extintos están relacionados entre sí. A su vez, los avances en la filogenia condujeron a la sistemática filogenética. **La meta de la sistemática filogenética, o clasificación evolutiva, es agrupar a las especies en categorías más grandes que reflejen las líneas de descendencia evolutiva, en lugar de las semejanzas y diferencias globales.**

Ancestros comunes La sistemática filogenética coloca a los organismos en taxones más altos cuyos miembros están más estrechamente relacionados entre sí que con miembros de cualquier otro grupo. Cuanto más grande es un taxón, hace más tiempo que sus miembros compartieron un ancestro común. Esto se aplica hasta en los taxones más grandes.

Clados Clasificar a los organismos según estas reglas los coloca en grupos llamados clados. Un **clado** es un grupo de especies que incluye a un único ancestro común y a todos sus descendientes, vivos y extintos. ¿En qué difieren los clados de los taxones de Linneo? Un clado debe ser un grupo monofilético. Un **grupo monofilético** incluye a un único ancestro común y a *todos* sus descendientes.

Algunos grupos de organismos que se definieron antes de la clasificación evolutiva son monofiléticos. Sin embargo, otros son parafiléticos, lo que significa que el grupo incluye a un ancestro común pero excluye a uno o más grupos de descendientes. Estos grupos no tienen validez en la clasificación evolutiva.

En tu cuaderno *Explica con tus propias palabras, qué hace que un clado sea monofilético o parafilético.*

Cladogramas

¿Qué es un cladograma?

La clasificación evolutiva moderna usa un método llamado análisis cladístico, que compara cuidadosamente rasgos seleccionados para determinar el orden en que los grupos de organismos se ramificaron de sus ancestros comunes. Esta información se usa después para relacionar los clados en un diagrama llamado **cladograma.** **Un cladograma relaciona grupos de organismos y muestra cómo sus líneas evolutivas, o linajes, se ramificaron a partir de ancestros comunes.**

Elaborar cladogramas Para entender cómo se elaboran los cladogramas, piensa en el proceso de especiación. Un suceso de especiación, en el que una especie ancestral se divide en dos nuevas especies, es la base de cada punto de ramificación, o nodo, del cladograma. El nodo representa el último punto en el que los dos nuevos linajes compartieron un ancestro común. Como se muestra en la parte 1 de la **ilustración 18–7,** un nodo divide un linaje en dos líneas separadas de ascendencia evolutiva.

Cada nodo representa el último punto en el que las especies del linaje que están arriba de él compartieron un ancestro común. El fondo, o "raíz", del cladograma, representa el ancestro común que compartieron todos los organismos del cladograma. Sus patrones de ramificación indican los grados de parentesco que hay entre los organismos. Observa la parte 2 de la **ilustración 18–7.** Debido a que los linajes 3 y 4 comparten un ancestro común más recientemente entre ellos que con el linaje 2, sabes que los linajes 3 y 4 están relacionados más estrechamente entre ellos que cualquiera de ellos con el linaje 2. Lo mismo sucede con los linajes 2, 3 y 4. En términos de ascendencia, están más estrechamente relacionados entre ellos que cualquiera de ellos con el linaje 1. Observa el cladograma que se muestra en la parte 3 de la **ilustración 18–7.** ¿Te sorprende que los anfibios estén más estrechamente relacionados con los mamíferos que con los peces de aletas rayadas? Cuando se trata de la ascendencia, ¡es verdad!

ILUSTRACIÓN 18–7 Elaborar un cladograma Un cladograma muestra los grados relativos de parentesco que hay entre los linajes.

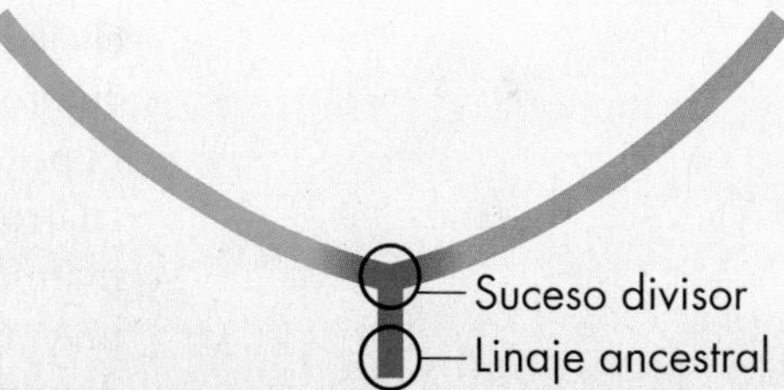

1 Los cladogramas son diagramas que muestran cómo se dividen las líneas evolutivas, o linajes, en el transcurso del tiempo. Este diagrama muestra un único linaje ancestral dividiéndose en dos. El punto de división del cladograma se llama "nodo".

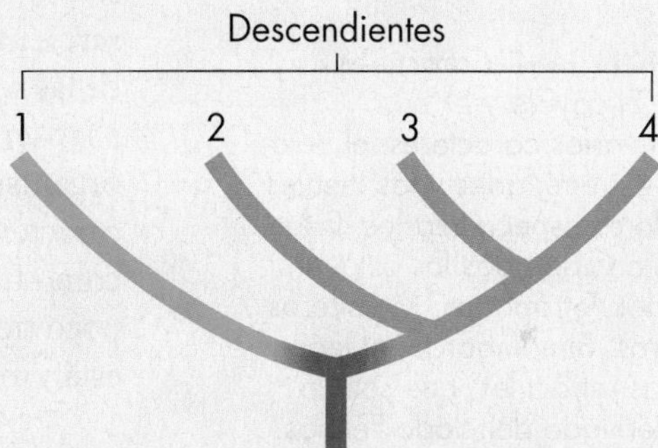

2 Qué tan recientemente compartieron los linajes un ancestro común refleja lo relacionados que están entre sí. Aquí, los linajes 3 y 4 están más estrechamente relacionados entre sí que cualquiera de ellos con cualquier otro linaje.

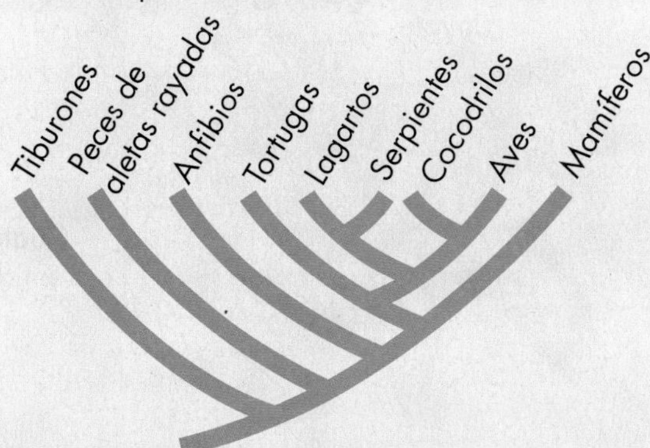

3 Este cladograma muestra las relaciones evolutivas entre los vertebrados, animales con espina dorsal.

Caracteres derivados En contaste con la taxonomía de Linneo, cuando el análisis cladístico asigna organismos a los clados se fija en ciertos tipos de caracteres, llamados caracteres derivados. Un **carácter derivado** es un rasgo que surgió en el ancestro común más reciente de un linaje específico y fue transmitido a sus descendientes.

Si un carácter es derivado o no depende del nivel en el que se agrupan los organismos. Es decir, la **ilustración 18–8** muestra varios rasgos que comparten los coyotes y los leones, miembros del clado Carnívoros. Las cuatro extremidades son un carácter derivado de todo el clado Tetrápodos porque el ancestro común de todos ellos tenía cuatro extremidades y este rasgo se transmitió a sus descendientes. El pelo es un carácter derivado del clado Mamíferos. Pero en ellos, las cuatro extremidades *no* son un carácter derivado, si lo fuera sólo los mamíferos tendrían ese rasgo. Ni las cuatro extremidades ni el pelo son un carácter derivado del clado Carnívoros. Sin embargo, los dientes desgarradores especializados sí lo son. ¿Qué hay con las garras retráctiles? Este rasgo se halla en los leones pero no en los coyotes. Por tanto, las garras retráctiles son un carácter derivado del clado Félidos, también conocidos como gatos.

Perder rasgos Observa arriba que las cuatro extremidades son un carácter derivado del clado Tetrápodos. Pero, ¿y las serpientes? Las serpientes definitivamente son reptiles, que son tetrápodos. ¡Pero las serpientes no tienen cuatro extremidades! Sin embargo, los *ancestros* de las serpientes sí las tenían. En algún lugar del linaje que dio lugar a las serpientes modernas, se perdió el rasgo. Dado que los grupos de organismos vagamente relacionados a veces pueden perder el mismo carácter, los sistemáticos son cautelosos al usar la *ausencia* de un rasgo como un carácter en sus análisis. Después de todo, las ballenas tampoco tienen cuatro extremidades, pero las serpientes definitivamente están más relacionadas con otros reptiles que con las ballenas.

ILUSTRACIÓN 18–8 Caracteres derivados El coyote y el león comparten varios caracteres: el pelo, las cuatro extremidades y los dientes desgarradores especializados. Estos caracteres compartidos los colocan en los clados Tetrápodos, Mamíferos y Carnívoros. Sin embargo, el león tiene garras retráctiles, que son un carácter derivado del clado Félidos.

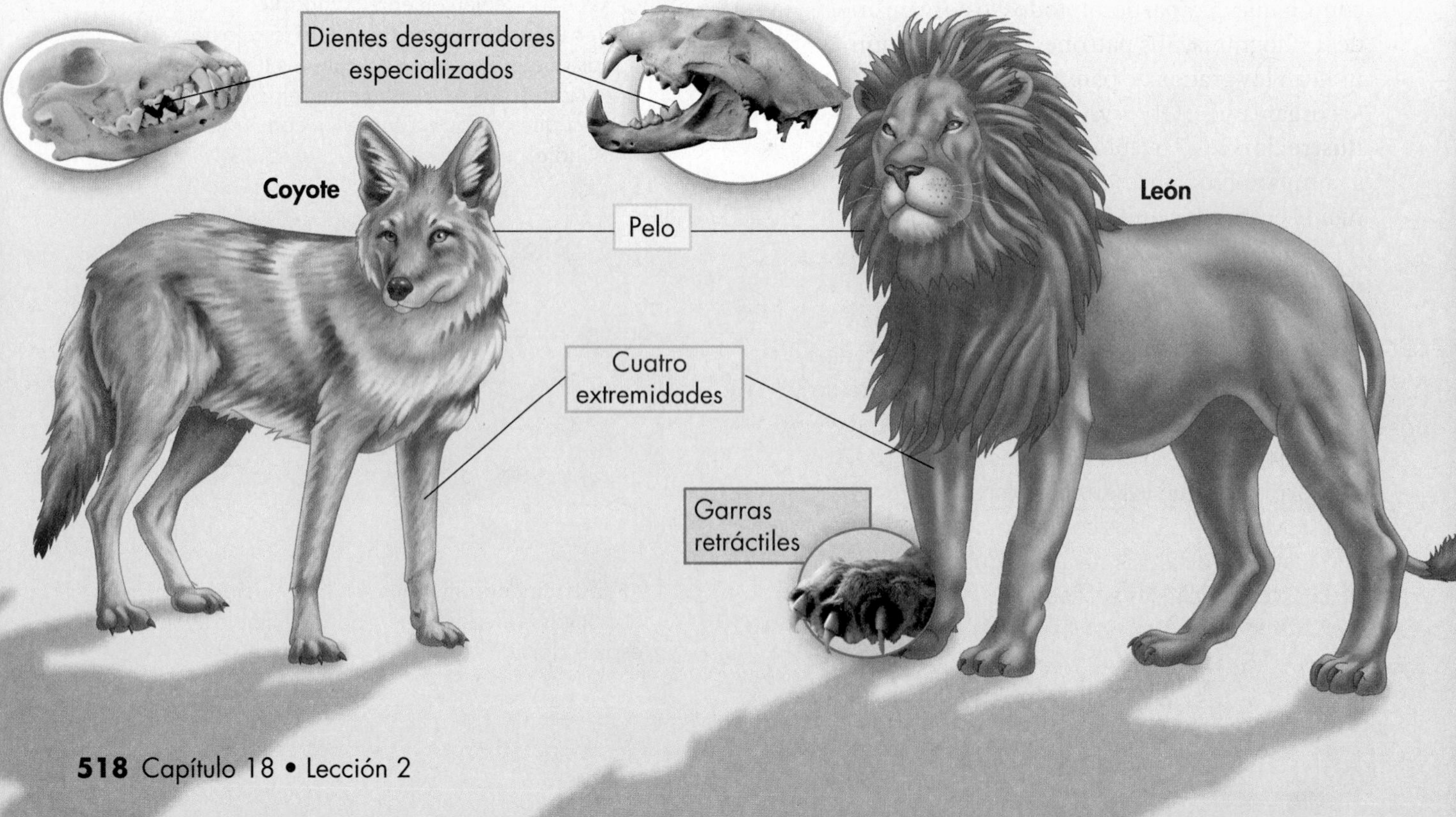

RESUMEN VISUAL

INTERPRETAR UN CLADOGRAMA

ILUSTRACIÓN 18–9 Este cladograma muestra la evolución de los gatos. Todos los organismos de un clado comparten caracteres derivados. Los clados más pequeños están anidados dentro de los más grandes. **Interpretar material visual** ***En este cladograma, ¿para qué clado es el huevo amniótico un carácter derivado?***

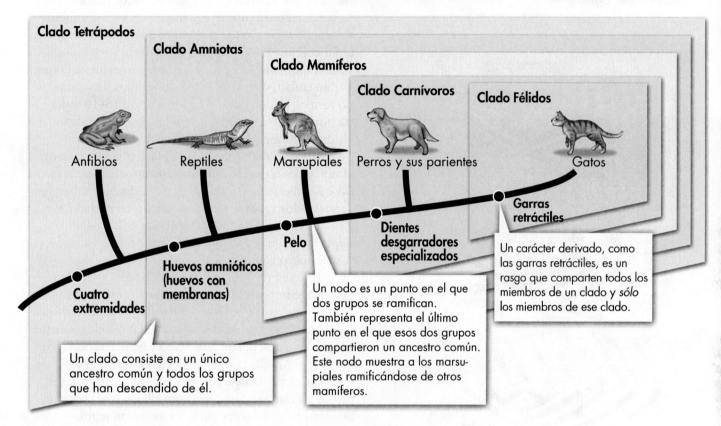

Clado Tetrápodos

Clado Amniotas

Clado Mamíferos

Clado Carnívoros

Clado Félidos

Anfibios

Reptiles

Marsupiales

Perros y sus parientes

Gatos

Cuatro extremidades

Huevos amnióticos (huevos con membranas)

Pelo

Dientes desgarradores especializados

Garras retráctiles

Un clado consiste en un único ancestro común y todos los grupos que han descendido de él.

Un nodo es un punto en el que dos grupos se ramifican. También representa el último punto en el que esos dos grupos compartieron un ancestro común. Este nodo muestra a los marsupiales ramificándose de otros mamíferos.

Un carácter derivado, como las garras retráctiles, es un rasgo que comparten todos los miembros de un clado y *sólo* los miembros de ese clado.

Interpretar cladogramas Ahora podemos reunir esta información para "leer" el cladograma. La **ilustración 18–9** muestra una filogenia simplificada de la familia de los gatos. El nodo más bajo representa el último ancestro común de todos los animales de cuatro extremidades, miembros del clado Tetrápodos. Las bifurcaciones de este cladograma muestran el orden en el que varios grupos se ramificaron del linaje de los tetrápodos en el transcurso de la evolución. Las posiciones de los diversos caracteres en el cladograma reflejan el orden en el que esas características surgieron en este linaje. En el linaje que conduce a los gatos, por ejemplo, los dientes desgarradores especializados evolucionaron antes que las garras retráctiles. Además, cada carácter derivado, mencionado a lo largo del tronco principal del cladograma, define a un clado. Por ejemplo, el pelo es un carácter definido del clado Mamíferos. Las garras retráctiles son un carácter derivado que sólo comparte el clado Félidos. Los caracteres derivados que están en el cladograma "más abajo" que el punto de ramificación de un clado no se derivan para ese clado específico. Por ejemplo, el pelo no es un carácter derivado del clado Carnívoros.

En tu cuaderno *Menciona los caracteres derivados de la* ***ilustración 18–9*** *y explica qué grupos del cladograma tienen esos caracteres.*

ILUSTRACIÓN 18–10 ¿Clado o no? Un clado incluye a una especie ancestral y a todos sus descendientes. La clase Reptiles de Linneo no es un clado porque no incluye a las aves modernas. Al omitir a este grupo la clase es parafilética. Pero los clados Reptiles y Aves, son monofiléticos, clados válidos. Aplica los conceptos ***¿Un grupo que incluyera a todo el clado Reptiles y a los anfibios sería monofilético o parafilético? Explica.***

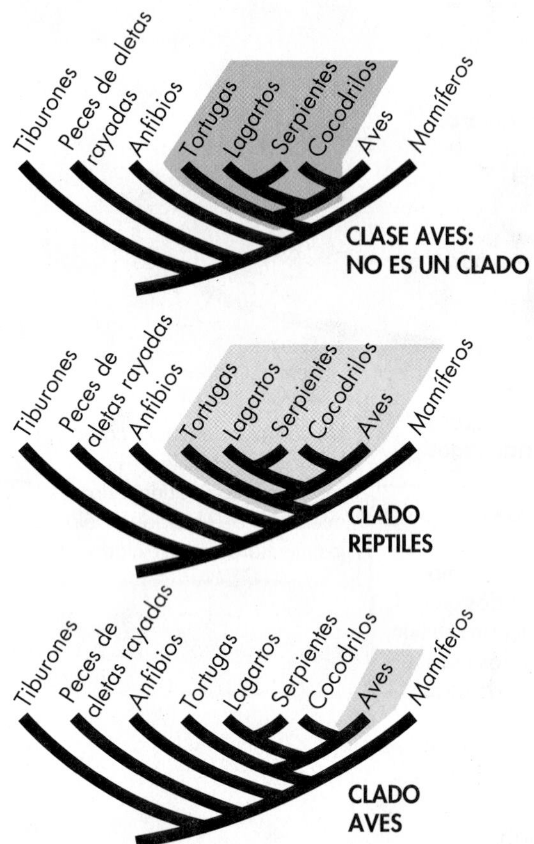

Clados y grupos taxonómicos tradicionales

¿Cuáles de las agrupaciones de Linneo forman clados y cuáles no? Recuerda que un verdadero clado debe ser monofilético, es decir, contiene una especie ancestral y a *todos* sus descendientes, y no puede omitir a ninguno. Tampoco puede incluir ninguna especie que no sea descendiente de ese ancestro original. El análisis cladístico muestra que muchos grupos taxonómicos tradicionales forman clados válidos. Por ejemplo, la clase Mamíferos de Linneo corresponde al clado Mamíferos (mostrado en la **ilustración 18–9**). Sus miembros incluyen a todos los vertebrados con pelo y otras características importantes.

Sin embargo, en otros casos los grupos tradicionales no forman clados válidos. La **ilustración 18–10** muestra por qué. Hoy en día, los reptiles descienden de un ancestro común. Pero las aves, que tradicionalmente no se consideraban parte de la clase Reptiles de Linneo, también descienden del mismo ancestro. Entonces, la clase Reptiles, sin las aves, no es un clado. Sin embargo, varios clados válidos *sí* incluyen a las aves: el clado Aves (las aves en sí), el clado Dinosaurios y el clado llamado Reptiles. Entonces, ¿es correcto llamar reptiles a las aves? ¡Un biólogo evolutivo diría que sí!

Tal vez te preguntes: clase Reptiles, clado Reptiles, ¿a quién le importa? Pero los nombres no son tan importantes como los conceptos que hay detrás de la clasificación. Los biólogos evolutivos buscan las relaciones entre los grupos y descubren cómo cada uno se relaciona con los demás. Así que la siguiente ocasión que veas a un ave, no es tan importante que pienses en ella como miembro de un clado o clase, piensa en ella no sólo como un ave, sino también como un dinosaurio, un reptil, un tetrápodo y un cordado.

Actividad rápida de laboratorio

INVESTIGACIÓN DIRIGIDA

Construir un cladograma

1. Identifica el organismo de la tabla que está menos relacionado con los otros.
2. Usa la información de la tabla para elaborar un cladograma de estos animales.

Caracteres derivados de los organismos

Organismo	Carácter derivado		
	Espina dorsal	Extremidades	Pelo
Lombriz de tierra	Ausente	Ausente	Ausente
Trucha	Presente	Ausente	Ausente
Lagarto	Presente	Presente	Ausente
Ser humano	Presente	Presente	Presente

Analizar y concluir

1. Interpretar tablas ¿Qué rasgo separa a los animales menos relacionados de los demás?

2. Aplica los conceptos ¿Tienes suficiente información para determinar dónde se debe colocar una rana en el cladograma? Explica tu respuesta.

3. Sacar conclusiones ¿Tu cladograma indica que los lagartos y los seres humanos comparten un ancestro común más reciente que cualquiera de los dos con una lombriz de tierra? Explica.

El ADN en la clasificación

¿Cómo se usan las secuencias de ADN en la clasificación?

Los ejemplos del análisis cladístico que hemos analizado hasta ahora se basan en gran medida en características físicas como esqueletos y dientes. Pero la meta de la sistemática moderna es comprender las relaciones evolutivas de toda la vida en la Tierra, de bacterias a plantas hasta caracoles y simios. ¿Cómo podemos concebir hipótesis sobre los ancestros comunes de organismos que parecen no tener semejanzas físicas?

Los genes como caracteres derivados Recuerda que todos los organismos portan información genética en su ADN transmitida de generaciones anteriores. Una amplia gama de organismos comparten varios genes y muestran importantes homologías que se pueden usar para determinar las relaciones evolutivas. Por ejemplo, todas las células eucariotas tiene mitocondrias y todas las mitocondrias tienen sus propios genes. Como los genes mutan en el transcurso del tiempo, los genes compartidos contienen diferencias que se pueden tratar como caracteres derivados en el análisis cladístico. Por esta razón, las semejanzas y diferencias en el ADN se pueden usar para desarrollar hipótesis sobre las relaciones evolutivas. **En general, cuantos más caracteres derivados compartan dos especies, más recientemente compartieron un ancestro común y más estrechamente están relacionadas en términos evolutivos.**

Nuevas técnicas sugieren nuevos árboles El uso de caracteres de ADN en el análisis cladístico ha ayudado a que los árboles evolutivos sean más precisos. Por ejemplo, considera las aves de la **ilustración 18–11.** El alimoche sombrío (un tipo de buitre africano) de la fotografía superior se parece mucho al buitre americano de la de en medio. Ambos fueron clasificados tradicionalmente en el clado Halcones. Pero los buitres americanos muestran una conducta peculiar: cuando se sobrecalientan, orinan en sus patas y dependen de la evaporación para enfriarlas. Las cigüeñas comparten esta conducta, en tanto que los alimoches sombríos y otros buitres africanos no. ¿Podría ser la conducta una pista para la relación real que hay entre estas aves?

Los biólogos resolvieron el misterio al analizar el ADN de las tres especies. El análisis molecular mostró que el ADN de los buitres americanos es más semejante al de las cigüeñas que al de los buitres africanos. Por tanto, las pruebas de ADN sugieren que los buitres americanos comparten con las cigüeñas un ancestro más reciente que con los buitres africanos. El análisis molecular es una poderosa herramienta que los taxonomistas usan ahora de manera rutinaria para complementar los datos de la anatomía y responder preguntas como éstas.

ILUSTRACIÓN 18–11 El ADN y la clasificación Los científicos usan las semejanzas en la configuración genética de los organismos para determinar su clasificación. Por lo común los buitres africanos y los buitres americanos se clasificaban juntos en la familia de los halcones. Pero el análisis de ADN sugiere que los buitres americanos en realidad están más estrechamente relacionados con las cigüeñas.

PISTA DEL MISTERIO

Las comparaciones de ADN muestran que algunas poblaciones de osos pardos están más estrechamente relacionadas con los osos polares que con otros osos pardos. ¿Qué significa esto para la clasificación de los osos polares?

A menudo, los científicos usan pruebas de ADN cuando los rasgos anatómicos no pueden proporcionar respuestas claras por sí solos. Los pandas gigantes y los pandas rojos, por ejemplo, han causado muchos problemas a los taxonomistas. Estas dos especies comparten semejanzas anatómicas tanto con los osos como con los mapaches y ambos tienen huesos de la muñeca muy peculiares que funcionan como los pulgares humanos. El análisis de ADN reveló que los pandas gigantes comparten un ancestro común más reciente con los osos que con los mapaches. Sin embargo, el ADN coloca a los pandas rojos fuera del clado de los osos. Así que los pandas se han vuelto a clasificar y se han colocado con otros osos en el clado Úrsidos, como se muestra en la **ilustración 18–12.** ¿Qué ocurrió con el panda rojo? Ahora está colocado en un clado diferente que también incluye a los mapaches y a otros organismos como focas y comadrejas.

ILUSTRACIÓN 18–12 Clasificación de los pandas Los biólogos solían clasificar juntos al panda rojo y al panda gigante. Sin embargo, el análisis cladístico usando ADN sugiere que el panda gigante comparte un ancestro común más reciente con los osos que con los pandas rojos o con los mapaches.

18.2 Evaluación

Repaso de conceptos clave

1. a. **Explicar** ¿En qué se diferencia la clasificación evolutiva de la tradicional?

   b. **Aplica los conceptos** Para un taxonomista evolutivo, ¿qué determina si dos especies están en el mismo género?

2. a. **Explicar** ¿Qué es un carácter derivado?

   b. **Interpretar diagramas** A lo largo de un linaje, ¿qué indican las ubicaciones de los caracteres derivados en un cladograma? En tu respuesta, usa ejemplos de la **ilustración 18–9.**

3. a. **Repasar** ¿Cómo usan los taxonomistas las secuencias de ADN de las especies para determinar qué tan estrechamente están relacionadas dos especies?

   b. **Relacionar causa y efecto** Explica por qué ha cambiado la clasificación de los buitres americanos.

RAZONAMIENTO VISUAL

4. Examina el cladograma.

   a. **Interpretar diagramas** ¿Qué grupos: X e Y, o X, Y y Z, tienen el ancestro común más reciente?

   b. **Inferir** ¿Qué especies: X e Y, o X y Z, comparten más caracteres derivados?

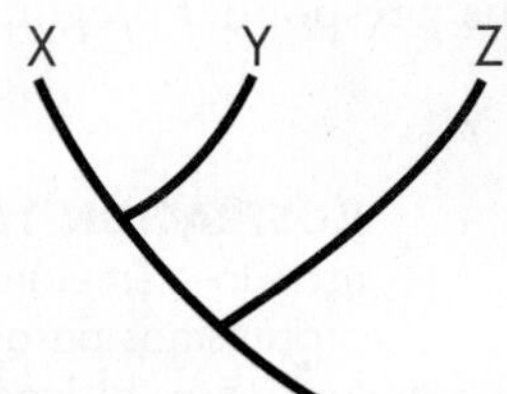

BIOLOGY.com Search Lesson 18.2 GO  • Self-Test • Lesson Assessment

18.3 Elaboración del árbol de la vida

PIÉNSALO El proceso de identificar y nombrar a todos los organismos conocidos, vivos y extintos, es un enorme paso para alcanzar la meta de la sistemática. Sin embargo, nombrar a los organismos es sólo una parte del trabajo. El desafío real es agrupar todo, desde las bacterias y los dinosaurios hasta las ballenas azules, de manera que reflejen sus relaciones evolutivas. Con los años, nueva información y nuevas maneras de estudiar a los organismos han producido importantes cambios en el esquema original de Linneo para organizar a los seres vivos.

Preguntas clave

¿Cuáles son los seis reinos de la vida como están identificados actualmente?

¿Qué muestra el árbol de la vida?

Vocabulario

dominio • Bacterias • Arqueas • *Eukarya* (Eucariontes)

Tomar notas

Mapa de conceptos A medida que leas, traza un mapa de conceptos para describir las características de los tres dominios.

Cambiar las ideas sobre los reinos

¿Cuáles son los seis reinos de la vida como están identificados actualmente?

En la época de Linneo, las únicas diferencias conocidas entre los seres vivos eran las características fundamentales que separaban a los animales de las plantas. Los animales eran organismos que se movían de un lugar a otro y que usaban el alimento como energía. Las plantas eran organismos verdes que por lo general no se movían y obtenían su energía del sol.

A medida que los biólogos aprendían más sobre el mundo natural, se percataron de que los dos reinos de Linneo, Animales y Plantas, no reflejaban toda la diversidad de la vida. Los sistemas de clasificación han cambiado drásticamente desde aquella época, como se muestra en la **ilustración 18–13.** Y las hipótesis sobre las relaciones entre los organismos siguen cambiando a medida que se reúnen nuevos datos.

Reinos de la vida siglo XVIII a 1990

Primera introducción	Nombres de los reinos					
Siglo XVIII	Plantas					Animales
Finales del siglo XIX	Protistas			Plantas		Animales
Década de 1950	Móneras		Protistas	Hongos	Plantas	Animales
Década de 1990	Eubacterias	Arqueabacterias	Protistas	Hongos	Plantas	Animales

ILUSTRACIÓN 18–13 De dos a seis reinos Este diagrama muestra algunas de las maneras en que los organismos se han clasificado en reinos desde el siglo XVIII.

Comparar los dominios

La tabla de la **ilustración 18–14** compara los tres dominios y los seis reinos. Usa la información de la tabla para responder las siguientes preguntas.

1. Interpretar tablas ¿Qué reino tiene células que carecen de paredes celulares?

2. Interpretar tablas ¿Qué dominio contiene organismos multicelulares?

3. Comparar y contrastar Con base en la información de la tabla, ¿en qué se parecen los miembros del dominio Arqueas a los del dominio Bacterias? ¿En qué se parecen los organismos del dominio Arqueas a los del dominio Eucariontes?

Cinco reinos A medida que los investigadores comenzaron a estudiar los microorganismos, descubrieron que los organismos unicelulares eran bastante diferentes de las plantas y los animales. Al principio, todos los microorganismos estaban colocados en su propio reino, llamado Protista. Después, las levaduras y los mohos, junto con los hongos, fueron colocados en otro: los Hongos.

Más tarde, los científicos se percataron de que las bacterias carecían de los núcleos, mitocondrias y cloroplastos hallados en otras formas de vida. Todos los procariotas (bacterias) fueron colocados en otro nuevo reino, el de los Móneras. Los organismos eucariotas unicelulares permanecieron en el reino Protista. Este proceso produjo cinco reinos: Móneras, Protistas, Hongos, Plantas y Animales.

Seis reinos Para la década de 1990, los investigadores habían descubierto bastante sobre la genética y la bioquímica de las bacterias. Esos conocimientos pusieron en claro que los organismos del reino Móneras eran en realidad dos grupos diferentes tanto genética como bioquímicamente. Como resultado, los móneras fueron divididos en dos reinos, las Eubacterias y las Arqueabacterias, aumentando el número total de reinos a seis. **El sistema de clasificación de seis reinos incluye a los reinos de Eubacterias, Arqueabacterias, Protistas, Hongos, Plantas y Animales.** Este sistema se muestra en la última fila de la **ilustración 18–13** de la página anterior.

ILUSTRACIÓN 18–14 Tres dominios Actualmente, los organismos se agrupan en tres dominios y seis reinos. Esta tabla resume las características clave que se usan para clasificar los organismos en estos principales grupos taxonómicos.

Clasificación de los seres vivos

DOMINIO	Bacterias	Arqueas	Eucariontes			
REINO	Eubacterias	Arqueabacterias	"Protistas"	Hongos	Plantas	Animales
TIPO DE CÉLULA	Procariotas	Procariotas	Eucariotas	Eucariotas	Eucariotas	Eucariotas
ESTRUCTURAS CELULARES	Paredes celulares con peptidoglicano	Paredes celulares sin peptidoglicano	Paredes celulares de celulosa en algunos; otros tienen cloroplastos	Paredes celulares con quitina	Paredes celulares de celulosa; cloroplastos	Sin paredes celulares ni cloroplastos
NÚMERO DE CÉLULAS	Unicelulares	Unicelulares	Casi todos unicelulares; algunos coloniales; algunos multicelulares	Casi todos multicelulares; algunos unicelulares	Casi todos multicelulares; algunos algas verdes unicelulares	Multicelulares
FORMA DE NUTRICIÓN	Autótrofos o heterótrofos	Autótrofos o heterótrofos	Autótrofos o heterótrofos	Heterótrofos	Autótrofos	Heterótrofos
EJEMPLOS	Estreptococos, *Escherichia coli*	Metanógenos, halófilos	Amebas, paramecios, mohos mucilaginosos, kelp gigante	Hongos, levaduras	Musgos, helechos, plantas con flores	Esponjas, gusanos, insectos, peces, mamíferos

Tres dominios El análisis genómico ha revelado que los dos principales grupos procariotas son incluso más diferentes entre sí y de los eucariotas, de lo que antes se pensaba. Así que los biólogos establecieron una nueva categoría taxonómica: el dominio. Un **dominio** es una categoría más grande e inclusiva que el reino. Bajo este sistema hay tres dominios: dominio Bacterias (que corresponde al reino Eubacterias); dominio Arqueas (que corresponde al reino Arqueabacterias); y dominio Eucariontes (reinos Hongos, Plantas, Animales y "Protistas").

¿Por qué ponemos comillas alrededor del antiguo reino de los Protistas? Bueno, los científicos ahora reconocen que es un grupo parafilético. Esto significa que no hay manera de poner a todos los eucariotas unicelulares en un clado que contenga a un único ancestro común, a todos sus descendientes y sólo a esos descendientes. Como sólo los grupos monofiléticos son válidos bajo la clasificación evolutiva, usamos comillas para mostrar que éste no es un clado verdadero. La **ilustración 18–14** muestra un resumen del sistema de los tres dominios.

El árbol de toda la vida

¿Qué muestra el árbol de la vida?

Recuerda que la clasificación evolutiva moderna es una ciencia que cambia rápidamente y tiene una difícil meta: presentar todas las formas de vida en un solo árbol evolutivo. A medida que los biólogos evolutivos estudian las relaciones entre los taxones, regularmente cambian no sólo la manera en que están agrupados los organismos, sino también algunas veces los nombres de los grupos. Recuerda que los cladogramas son las presentaciones visuales de las hipótesis sobre las relaciones y no hechos invariables. **El árbol de la vida muestra las hipótesis vigentes sobre las relaciones evolutivas entre los taxones dentro de los tres dominios de la vida.**

Dominio Bacterias Los miembros del dominio **Bacterias** son unicelulares y procariotas. Sus células tienen paredes gruesas y rígidas que rodean una membrana celular. Las paredes celulares contienen una sustancia conocida como peptidoglicano. Estas bacterias son ecológicamente diversas y varían desde organismos terrestres de vida independiente hasta mortales parásitos. Algunos realizan la fotosíntesis y otros no. Algunos necesitan oxígeno para sobrevivir y otros mueren debido a él. Este dominio corresponde al reino Eubacterias.

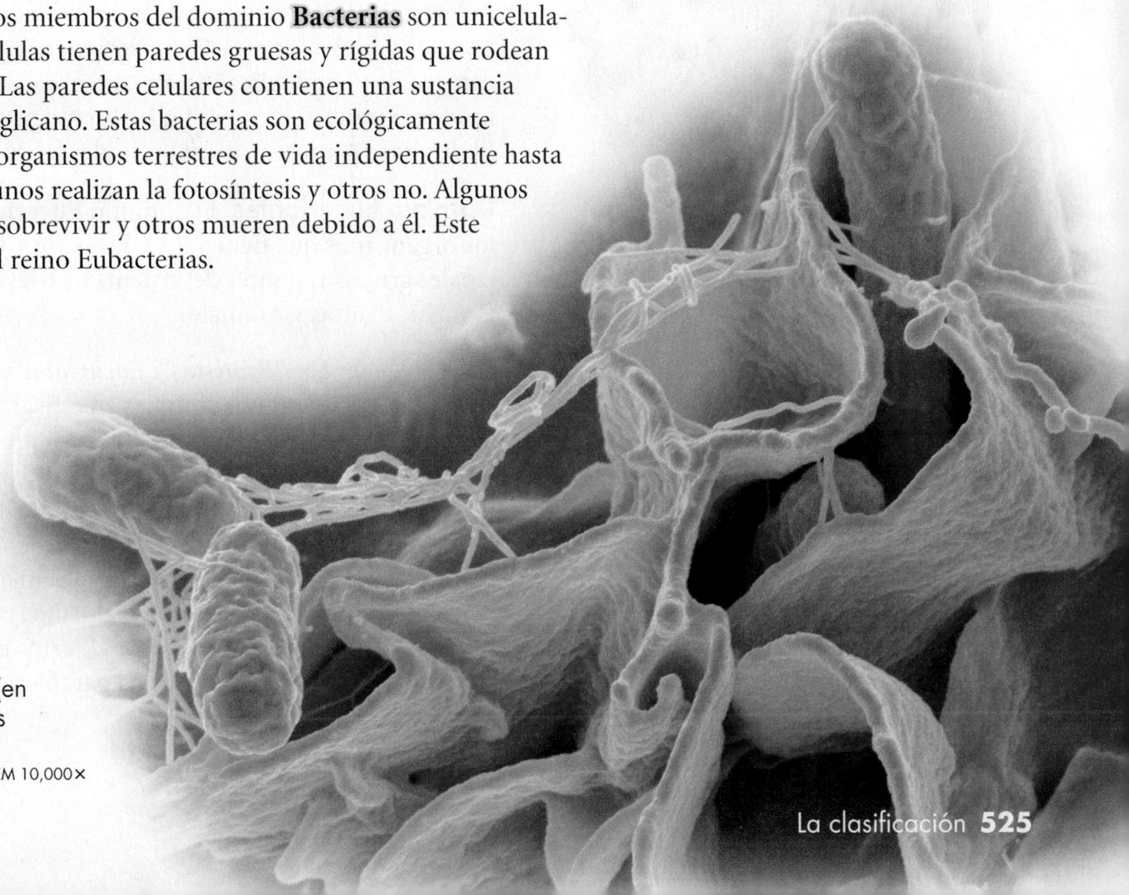

ILUSTRACIÓN 18–15
Salmonella typhimurium (en verde) invadiendo células epiteliales humanas.
SEM 10,000×

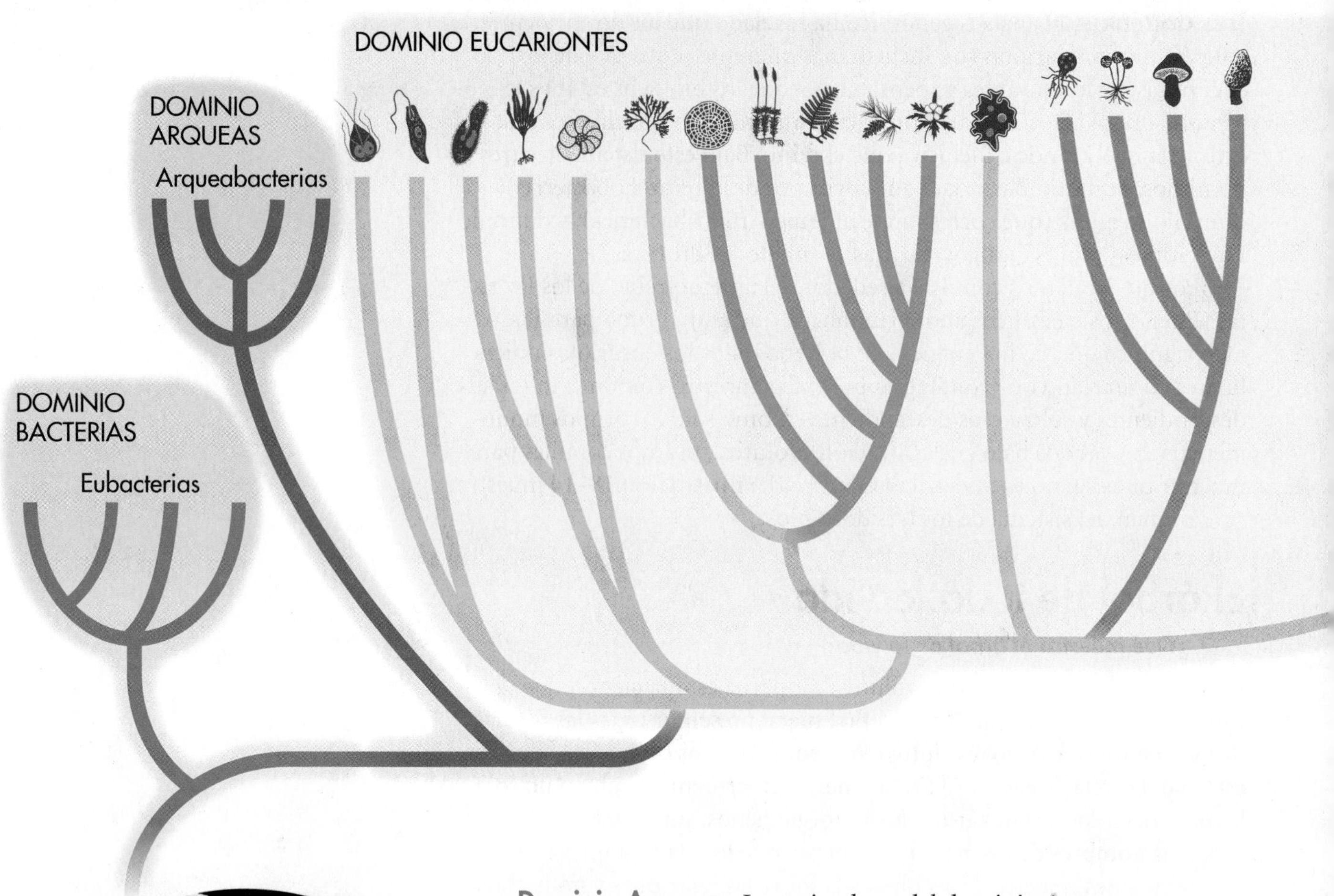

DOMINIO EUCARIONTES

DOMINIO ARQUEAS

Arqueabacterias

DOMINIO BACTERIAS

Eubacterias

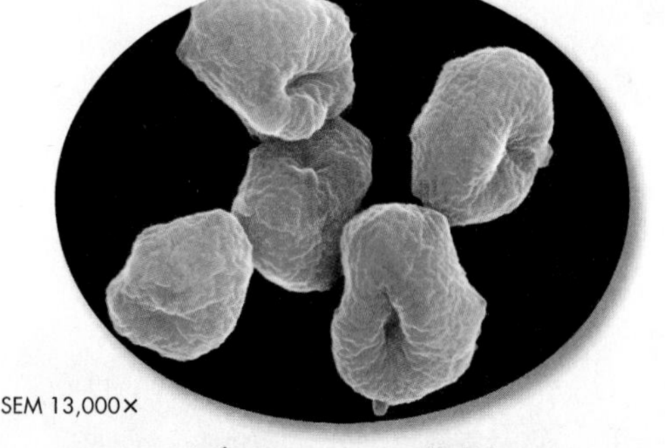

SEM 13,000×

ILUSTRACIÓN 18–16 ***Sulfolobus*** Este miembro del dominio Arqueas se halla en las fuentes termales y se desarrolla en ambientes ácidos y sulfurosos.

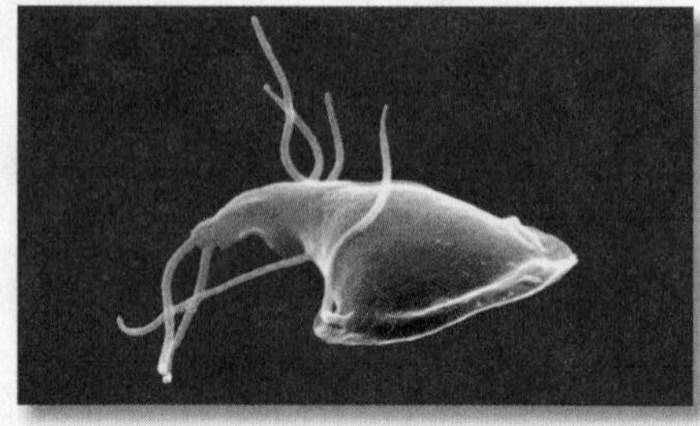

LM 900×

ILUSTRACIÓN 18–17 "Protistas" Los "Protistas" pueden vivir prácticamente en cualquier lugar. Esta *Giardia* es un ciliado de agua dulce.

Dominio Arqueas Los miembros del dominio **Arqueas,** que también son unicelulares y procariotas, viven en algunos de los medio ambientes más extremos que puedas imaginar: fuentes termales volcánicas, agua salada y lodo orgánico negro, todos totalmente carentes de oxígeno. Así que muchas de estas bacterias sólo pueden sobrevivir en ausencia del oxígeno. Sus paredes celulares carecen de peptidoglicano y sus membranas celulares contienen lípidos extraños que no se hallan en ningún otro organismo. El dominio Arqueas corresponde al reino Arqueabacterias.

Dominio Eucariontes El dominio **Eucariontes** consiste en todos los organismos que tienen un núcleo. Consta de los cuatro principales grupos restantes del sistema de los seis reinos: "Protistas", Hongos, Plantas y Animales.

▶ ***Los "Protistas": Eucariotas unicelulares*** Recuerda que usamos comillas en este grupo para indicar que es un grupo parafilético. Aunque algunas personas todavía usan el nombre "protistas" para referirse a estos organismos, los científicos que trabajan con ellos han sabido por años que no forman un clado válido. La **ilustración 18–18** refleja el análisis cladístico vigente, que divide a estos organismos en por lo menos cinco clados. Las posiciones de estos grupos en el cladograma reflejan su naturaleza parafilética.

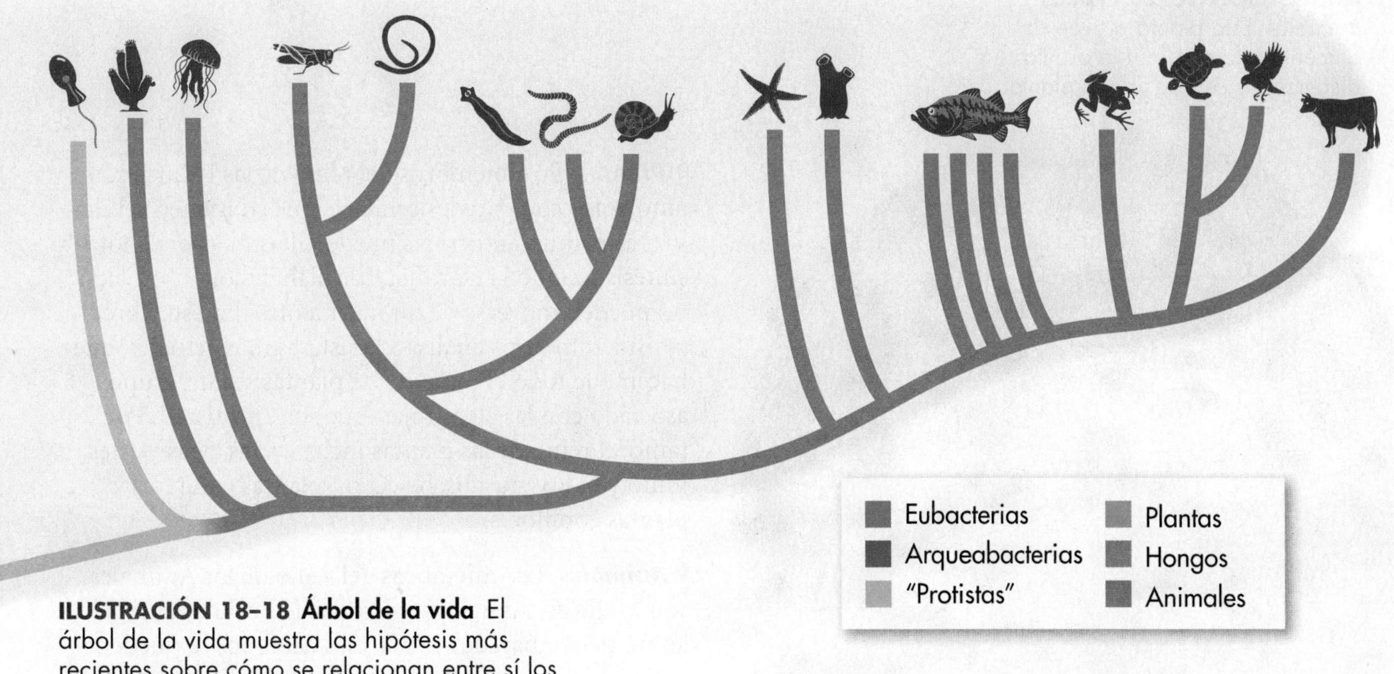

ILUSTRACIÓN 18–18 Árbol de la vida El árbol de la vida muestra las hipótesis más recientes sobre cómo se relacionan entre sí los principales grupos de organismos. Observa que se muestran tanto las denominaciones del dominio como del reino. **Clasificar** ***¿Cuál de los seis reinos contiene organismos que no están todos en el mismo clado?***

Cada grupo de "eucariotas antes conocidos como protistas" está separado y comparte ancestros comunes cercanos con otros grupos, en lugar de entre sí. Casi todos son unicelulares, pero un grupo, las algas pardas, son multicelulares. Unos son fotosintéticos y otros, heterótrofos. Algunos muestran características más parecidas a las de las plantas, los hongos o los animales.

▶ ***Hongos*** Los miembros del reino de los Hongos son heterótrofos con paredes celulares con quitina. La mayoría se alimenta de materia orgánica muerta o en descomposición. A diferencia de otros heterótrofos, los hongos secretan enzimas digestivas en su fuente de alimento. Después de que las enzimas digestivas han descompuesto el alimento en moléculas más pequeñas, los hongos las absorben en sus cuerpos. Los champiñones y otros hongos reconocibles son multicelulares. Algunos hongos, por ejemplo las levaduras, son unicelulares.

En tu cuaderno *Explica por qué el reino Protista no es válido en la clasificación evolutiva.*

ILUSTRACIÓN 18–19 Damasco gelatinoso

ILUSTRACIÓN 18–20 Plantas y animales Esta planta provee de alimento a la ardilla y la ardilla dispersa las semillas de la planta.

▶***Plantas*** Los miembros del reino de las Plantas son autótrofos con paredes celulares que contienen celulosa. Las plantas autótrofas pueden llevar a cabo la fotosíntesis usando la clorofila. Las plantas son inmóviles: no pueden moverse de un lugar a otro. En este libro, consideramos los análisis cladísticos más actuales, que hacen que todo el reino de las plantas sea un grupo asociado con las algas rojas, que son "protistas". Por tanto, el reino de las plantas incluye a las algas verdes, junto con los musgos, helechos, plantas coníferas y plantas con flores.

▶***Animales*** Los miembros del reino de los Animales son multicelulares y heterótrofos. Las células animales no tienen paredes celulares. Casi todos se pueden mover, por lo menos en alguna parte de su ciclo de vida. Como verás en capítulos posteriores, existe una increíble diversidad dentro del reino de los animales y muchas de sus especies existen en casi todo el planeta.

18.3 Evaluación

Repaso de conceptos clave

1. a. Repasar ¿Cuáles son los seis reinos de la vida según la clasificación actual?

b. Explicar ¿Por qué la sistemática estableció el dominio?

c. Clasificar ¿Qué eran los móneras? ¿Por qué la sistemática los dividió en dos reinos?

2. a. Repasar ¿Cuáles son los tres dominios de la vida?

b. Explicar ¿Por qué se usan comillas para describir el reino "Protistas"?

c. Predecir ¿Crees que el cladograma del árbol de la vida siempre permanecerá igual que en la **ilustración 18–18**? Explica tu respuesta.

ANALIZAR DATOS

3. La tabla compara algunas de las características moleculares de los organismos de los tres dominios.

a. Interpretar tablas ¿Qué dominios tienen lípidos no ramificados en sus membranas celulares?

b. Interpretar tablas ¿Qué dominio sólo tiene un tipo de ARN polimerasa?

c. Analizar datos Con base en esta tabla, ¿en qué se diferencian las arqueas de las bacterias?

Característica molecular	Dominio		
	Bacterias	Arqueas	Eucariontes
Intrones (secciones de genes que no se codifican)	Raros	A veces presentes	Presentes
ARN polimerasa	Un tipo	Varios tipos	Varios tipos
Histonas halladas con el ADN	Ausentes	Presentes	Presentes
Lípidos en la membrana celular	No ramificados	Algunos ramificados	No ramificados

BIOLOGY.com Search Lesson 18.3  • Self-Test • Lesson Assessment

Tecnología y BIOLOGÍA

Códigos de barras de los seres vivos

Hasta hace poco, la clasificación había sido un proceso que llevaba mucho tiempo. Un nuevo proyecto espera hacer que la identificación de las especies sea tan simple como escanear un código de barras en el supermercado. Este proceso combina la secuencia del ADN con las computadoras miniatura, el procesamiento de datos e Internet.

Para que esto funcione, los investigadores eligieron un segmento de ADN que todos los animales portan, el gen mitocondrial citocromo oxidasa (CO1). (Para las plantas probablemente se usará un gen del cloroplasto.) Cada base de la secuencia de ADN del CO1 se muestra como una barra codificada por colores, facilitando el descubrimiento de las diferencias entre los códigos de barras de dos especímenes. Los resultados se almacenan en una base de datos.

Las especies estrechamente relacionadas tienen códigos de barras semejantes. Las que no lo están tienen códigos de barras muy diferentes.

En el futuro, un investigador podrá tomar una diminuta muestra de tejido o pelo, analizarla usando un aparato portátil y obtener un informe sobre las coincidencias más cercanas. Las versiones recientes de este programa incluso usan mapas para mostrar los lugares en que especímenes similares han sido recolectados anteriormente.

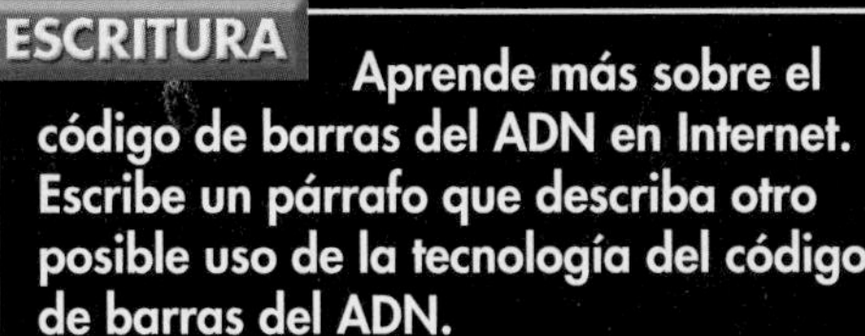

ESCRITURA **Aprende más sobre el código de barras del ADN en Internet. Escribe un párrafo que describa otro posible uso de la tecnología del código de barras del ADN.**

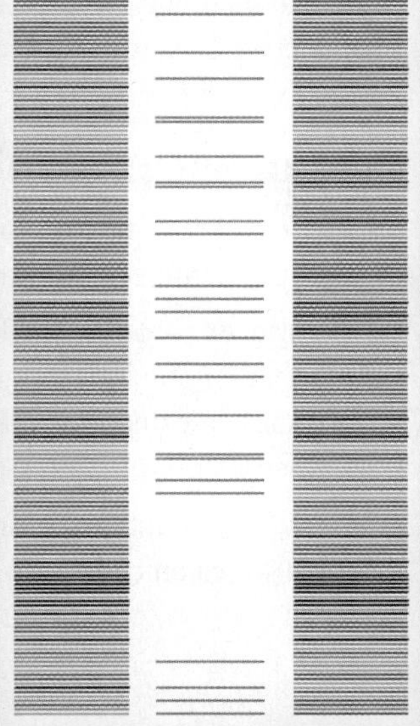

▶ El código de barras de la izquierda es del tordo ermitaño y el de la derecha es del petirrojo americano. Las diferencias entre los dos códigos, mostradas como barras en la columna de en medio, muestran la distancia genética que hay entre las dos especies.

▶ **Tordo ermitaño**

▶ **Petirrojo americano**

Laboratorio: diseña una actividad

INVESTIGACIÓN ABIERTA

Preparación para el laboratorio: La clave dicotómica

Problema ¿Puedes construir una clave dicotómica que se pueda usar para identificar organismos?

Materiales materiales de referencia

Manual de laboratorio Laboratorio del Capítulo 18

Enfoque en las destrezas Observar, clasificar, comparar y contrastar, establecer una secuencia

Conectar con la gran idea Dada la enorme variedad de vida que hay en la Tierra, ni siquiera los expertos pueden identificar a todos los organismos que observan. Para eso, tanto ellos como los aficionados usan las claves dicotómicas. Estas claves se basan en la apariencia de los organismos. Una clave es una serie de pares de oraciones. Los lectores seleccionan la oración que describe mejor a un organismo en cada paso hasta que el organismo es identificado y nombrado. En este laboratorio, practicarás el uso de una clave dicotómica. Luego construirás tu propia clave para un grupo de organismos.

Preguntas preliminares

a. **Repasar** ¿Por qué los biólogos prefieren identificar a un organismo por su nombre científico?

b. **Comparar y contrastar** Explica en qué difiere la manera en que los biólogos modernos agrupan a las especies en categorías más grandes, del sistema que Linneo usó.

c. **Repasar** ¿Cuántas opciones proporciona una clave dicotómica en cada paso?

Preguntas previas al laboratorio

Examina el procedimiento en el manual de laboratorio.

1. **Observar** Menciona los tres diferentes rasgos físicos que se usan en la clave dicotómica del tiburón.
2. **Clasificar** ¿Todos los tiburones que tratarás de identificar pertenecen al mismo género? Explica tu respuesta.
3. **Aplica los conceptos** Después de que hagas una lista de los rasgos físicos que puedes usar en tu clave dicotómica, ¿cómo decidirás qué rasgo elegir en el primer paso?

Visita el Capítulo 18 en línea para hacer una autoevaluación del capítulo y para buscar actividades que apoyan tu aprendizaje.

Untamed Science Video Únete al equipo de *Untamed Science* para averiguar cómo están clasificados los organismos.

Art in Motion Observa una animación breve que explica cómo usar una clave dicotómica.

Art Review ¿Qué tanto sabes sobre las características de los tres dominios? Evalúate en esta actividad.

InterActive Art Aumenta tu comprensión sobre los cladogramas con esta animación.

Data Analysis Investiga los problemas que suponen hallar una pareja para el Solitario George: el único miembro vivo de su especie tortugas Galápagos.

18 Guía de estudio

La gran idea: Unidad y diversidad de la vida

La meta de los biólogos que clasifican los organismos es construir un árbol de la vida que muestre cómo se relacionan entre sí todos los organismos.

18.1 Hallar un orden en la diversidad

En la nomenclatura binaria, se asigna a cada especie un nombre científico que consta de dos partes.

La meta de la sistemática es organizar a los seres vivos en grupos que tengan un significado biológico.

Con el tiempo, el sistema de clasificación original de Linneo se amplió para incluir siete taxones jerárquicos: especie, género, familia, orden, clase, filo y reino.

nomenclatura binaria (512)
género (512)
sistemática (512)
taxón (512)
familia (513)
orden (513)
clase (514)
filo (514)
reino (514)

18.2 La clasificación evolutiva moderna

La meta de la sistemática filogenética, o clasificación evolutiva, es agrupar las especies en categorías más grandes que reflejen las líneas de descendencia evolutiva, en lugar de las semejanzas y diferencias globales.

Un cladograma relaciona grupos de organismos y muestra cómo sus líneas evolutivas, o linajes, se ramificaron de ancestros comunes.

En general, cuantos más caracteres derivados compartan dos especies, más recientemente compartieron un ancestro común y más estrechamente están relacionadas en términos evolutivos.

filogenia (516)
clado (516)
grupo monofilético (517)
cladograma (517)
carácter derivado (518)

18.3 Elaboración del árbol de la vida

El sistema de clasificación de seis reinos incluye a los reinos de Eubacterias, Arqueabacterias, Protistas, Hongos, Plantas y Animales.

El árbol de la vida muestra las hipótesis vigentes sobre las relaciones evolutivas entre los taxones dentro de los tres dominios de la vida.

La mayoría de los científicos usan el sistema métrico cuando reúnen datos y desarrollan experimentos.

dominio (525)
Bacterias (525)
Arqueas (526)
Eucariontes (526)

Razonamiento visual Usa la información de este capítulo para completar el siguiente diagrama de Venn que compara los miembros del reino de las Plantas y de los Hongos.

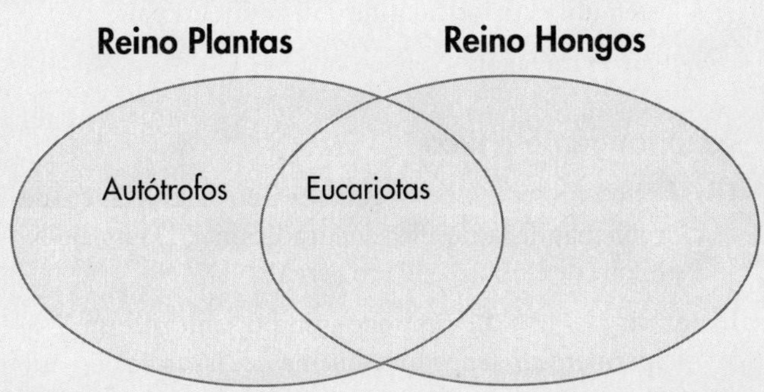

18 Evaluación

18.1 Hallar un orden en la diversidad

Comprender conceptos clave

1. La ciencia que nombra y agrupa los organismos se llama
a. anatomía. **c.** botánica.
b. sistemática. **d.** paleontología.

2. Considerando sólo su nombre, sabes que el *Rhizopus nigricans* debe ser
a. una planta. **c.** del género *Nigricans.*
b. un animal. **d.** del género *Rhizopus.*

3. Un sistema de clasificación útil NO
a. muestra las relaciones.
b. revela las tendencias evolutivas.
c. usa diferentes nombres científicos para el mismo organismo.
d. cambia el taxón de un organismo con base en nuevos datos.

4. En el sistema de clasificación de organismos de Linneo, los órdenes se agrupan juntos en
a. clases. **c.** familias.
b. especies. **d.** géneros.

5. La categoría taxonómica más grande e inclusiva de Linneo es el
a. reino. **c.** filo.
b. orden. **d.** dominio.

6. ¿Por qué los biólogos asignan a cada organismo un nombre aceptado universalmente?

7. ¿Por qué es la especie la única categoría de Linneo definida "de forma natural"?

8. ¿Qué características de la nomenclatura binaria la hacen útil para los científicos de todos los países?

9. ¿Qué es un taxón?

Razonamiento crítico

10. Aplica los conceptos ¿Cuál es uno de los principales problemas de la clasificación tradicional? Da un ejemplo que demuestre este problema.

11. Usar analogías ¿Por qué es importante que un supermercado tenga un esquema de clasificación para mostrar los alimentos que vende?

12. Clasificar Los diagramas de Venn se pueden usar para elaborar modelos de esquemas de clasificación jerárquica. A continuación se muestra uno. Están representados cuatro grupos con regiones circulares: A, B, C y D. Cada región representa una colección de organismos o miembros de un nivel taxonómico. Las regiones que se superponen, o intersecan, comparten miembros comunes. Las que no se superponen no tienen miembros en común. Usa los siguientes términos para rotular las regiones mostradas en el diagrama: *reino Animales, filo Cordados, clase Insectos y clase Mamíferos.*

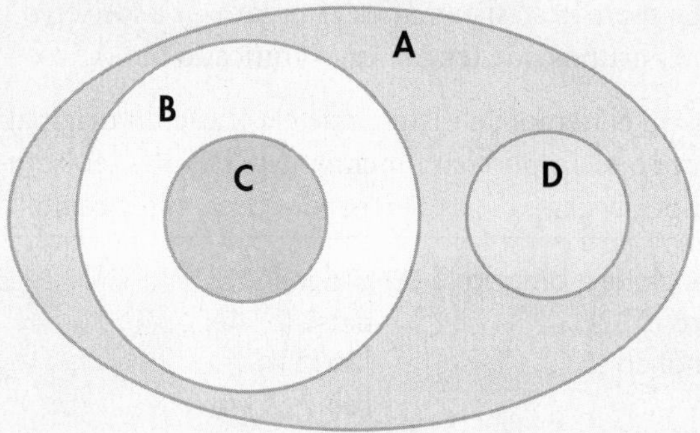

18.2 La clasificación evolutiva moderna

Comprender conceptos clave

13. Un grupo que está limitado a un ancestro común y a todos sus descendientes se llama
a. taxón. **c.** árbol de la vida.
b. filogenia. d. grupo monofilético.

14. Un rasgo específico que se usa para elaborar un cladograma se llama
a. taxón. **c.** clado.
b. característica estructural. **d.** carácter derivado.

15. Una rama de un cladograma que consiste en un único ancestro común y todos sus descendientes se llama
a. cladística. **c.** clado.
b. reino. **d.** clase.

16. ¿Qué representa cada nodo individual de un cladograma?

17. ¿Por qué las diferencias en el ADN mitocondrial se pueden usar como caracteres derivados?

18. ¿Qué es la filogenia?

Razonamiento crítico

19. Aplica los conceptos Tanto las serpientes como los gusanos son tubulares, sin patas. ¿Cómo determinarías si la semejanza de su forma significa que comparten un ancestro común reciente?

20. Preguntar ¿Qué preguntas plantearía Linneo para determinar una clasificación? ¿Y un sistemático moderno?

21. Aplica los conceptos Eres un biólogo que busca nuevas especies en la jungla del Amazonas. Hallas dos de escarabajos, el escarabajo A y el escarabajo B, que se parecen mucho entre sí pero que tienen algunas manchas diferentes en sus alas. Además, tanto el A como el B se parecen al C, una especie que ya ha sido identificada. ¿Cómo se podrían usar las semejanzas del ADN para determinar si el escarabajo A y el B están más estrechamente relacionados entre sí o con el C?

22. Inferir ¿Qué relación existe entre la selección natural y la filogenia?

23. Aplica los conceptos Explica por qué el pelo es un carácter derivado del clado Mamíferos pero el hecho de tener cuatro extremidades no lo es. ¿De qué clado es un carácter derivado el hecho de tener cuatro extremidades?

18.3 Elaboración del árbol de la vida

Comprender conceptos clave

24. Los tres dominios son

a. Animales, Plantas y Arqueabacterias.
b. Plantas, Hongos y Eubacterias.
c. Bacterias, Arqueas y Eucariontes.
d. Protistas, Bacterias y Animales.

25. ¿Cuál de los siguientes reinos incluye sólo heterótrofos?

a. Protistas
b. Hongos
c. Plantas
d. Eubacterias

26. ¿En qué se diferencian los dominios y los reinos?

27. ¿Qué características se usan para colocar a un organismo en el dominio Bacterias?

resuelve el MISTERIO del CAPÍTULO

ENTRE OSOS

Casi todos los biólogos clasifican al oso polar, *Ursus maritimus*, como una especie separada del oso pardo, *Ursus arctos*. Los dientes, la forma corporal, el metabolismo y la conducta de los osos polares son muy diferentes de los de los pardos. Pero los sistemáticos ahora cuestionan esa clasificación.

¿Son los osos polares y los pardos dos especies distintas? La respuesta depende de lo que sea una *especie*. Su definición común es "un grupo de organismos similares que pueden reproducirse y producir una descendencia fértil". Los osos polares y los pardos pueden, de hecho, cruzarse y producir descendencia fértil. Sin embargo, en el medio ambiente natural, casi nunca lo hacen.

La pregunta se complica con el análisis de ADN. Hay diferentes poblaciones de osos pardos con configuraciones genéticas un tanto diferentes. El análisis de ADN ha mostrado que algunas poblaciones de osos pardos están más estrechamente relacionadas con los polares de lo que lo están con otras poblaciones de pardos. Según el análisis de ADN, si los osos polares son de hecho una especie separada, los pardos por sí mismos no forman un clado único.

1. Clasificar Menciona las pruebas que apoyan la clasificación de los osos polares y los pardos en dos diferentes especies. Luego, menciona las que indican que ambos pertenecen a la misma especie.

2. Inferir ¿Qué pruebas indican que diferentes poblaciones de osos pardos pertenecen a diferentes clados?

3. Conectar con la gran idea ¿Crees que la definición clásica de *especie* "un grupo de organismos similares que pueden reproducirse y producir una descendencia fértil" sigue siendo adecuada? ¿Por qué?

28. ¿Qué dominio consiste en procariotas cuyas paredes celulares carecen de peptidoglicano?

29. Describe los cuatro reinos que constituyen el dominio Eucariontes.

30. ¿Qué característica(s) distingue(n) al reino Hongos del reino Eubacterias?

31. ¿Qué tratan de mostrar las ramas del árbol de la vida?

Razonamiento crítico

32. **Clasificar** En lo que se refiere al análisis cladístico, ¿por qué es un problema colocar a todos los miembros del reino de los Protistas en el mismo clado?

33. **Clasificar** Estudia las descripciones de los siguientes organismos y colócalos en el reino correcto.

Organismo A: Multicelular, eucariota sin paredes celulares.

Organismo B: Sus paredes celulares carecen de peptidoglicano y sus membranas celulares contienen ciertos lípidos que no se hallan en ningún otro organismo. Vive en un medio ambiente extremo y sólo sobrevive en ausencia del oxígeno.

Organismo C: Eucariota unicelular con paredes celulares de quitina.

Relacionar conceptos

Usar gráficas científicas

El siguiente cladograma muestra las relaciones entre tres grupos imaginarios de organismos: los grupos A, B y C. Usa el cladograma para responder las preguntas 34 a 36.

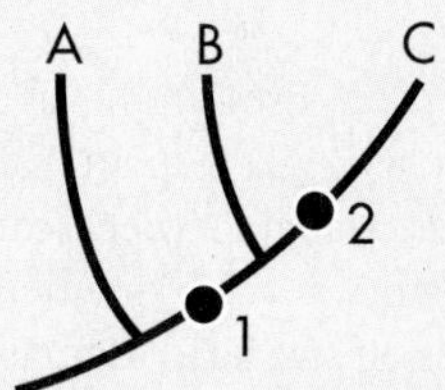

34. **Interpretar material visual** ¿Qué grupos comparten el carácter derivado 1?

35. **Aplica los conceptos** ¿Qué representa el nodo, o bifurcación, entre los grupos B y C?

36. **Aplica los conceptos** ¿Qué grupo se ramifica primero de los otros grupos?

Escribir sobre las ciencias

37. **Explicación** Escribe una explicación breve sobre la manera en que los taxonomistas usan las semejanzas y diferencias del ADN para clasificar los organismos e inferir las relaciones evolutivas. (*Pista:* Usa un ejemplo específico para aclarar tu explicación.)

38. **Evalúa** la gran idea Explica qué es el árbol de la vida y qué representan sus diferentes partes. También explica por qué el árbol de la vida probablemente cambiará. (*Pista*: Cuando expliques lo que representan las diferentes partes, usa los términos *base* y *ramas*.)

Usa la tabla para responder las preguntas 39 a 41.

	Tortuga	Lamprea	Rana	Pez	Gato
Pelo	No	No	No	No	Sí
Huevo amniótico	Sí	No	No	No	Sí
Cuatro extremidades	Sí	No	Sí	No	Sí
Mandíbula	Sí	No	Sí	Sí	Sí
Vértebras	Sí	Sí	Sí	Sí	Sí

39. **Interpretar tablas** La primera columna enumera los caracteres derivados que se pueden usar para elaborar un cladograma de los vertebrados. ¿Qué característica comparten casi todos los organismos? ¿Qué característica es compartida por menos organismos?

40. **Establecer una secuencia** Con la información dada, coloca a los animales en secuencia del que más recientemente evolucionó al más antiguo.

41. **Sacar conclusiones** De los siguientes pares: lamprea-tortuga, pez-gato y rana-tortuga, ¿cuáles están más estrechamente relacionados?

Preparación para exámenes estandarizados

Selección múltiple

1. ¿Cuál de las siguientes NO es una característica del sistema de clasificación de organismos de Linneo?
   - A un nombre de dos partes
   - B un nombre de múltiples partes que describe varios rasgos
   - C un nombre que identifica el género de un organismo
   - D un nombre que incluye el identificador de especie de un organismo

2. ¿En cuál de los siguientes incisos están en orden correcto las categorías de Linneo?
   - A filo, reino, especie
   - B género, orden, familia
   - C reino, filo, clase
   - D orden, clase, familia

3. En el sistema de clasificación de organismos de seis reinos, ¿qué reinos contienen organismos unicelulares?
   - A Sólo Eubacterias
   - B Sólo Eubacterias y "Protistas"
   - C Sólo Arqueabacterias
   - D Eubacterias, Arqueabacterias, Plantas y "Protistas"

4. Si las especies A y B tienen genes muy similares, ¿cuál de las siguientes oraciones probablemente es verdadera?
   - A La especie A y la especie B compartieron un ancestro común hace relativamente poco tiempo.
   - B La especie A evolucionó de manera independiente de la especie B durante un largo período de tiempo.
   - C La especie A y la especie B son la misma especie.
   - D La especie A es más antigua que la especie B.

5. El taxón llamado Eucariontes es un
   - A orden.
   - B filo.
   - C reino.
   - D dominio.

6. Los miembros del reino "Protistas" se clasifican en
   - A dos dominios.
   - B tres dominios.
   - C tres especies.
   - D tres reinos.

Preguntas 7 a 9

El siguiente cladograma muestra las relaciones evolutivas que existen entre cuatro grupos de plantas.

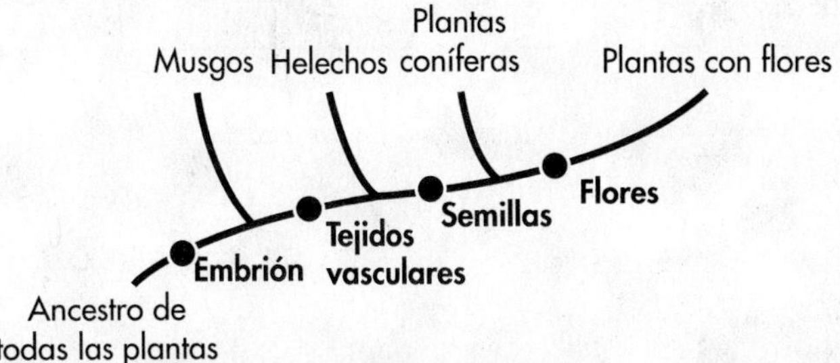

7. Considerándolos de manera individual, ¿cuáles de los siguientes grupos NO forman un clado?
   - A las plantas coníferas y las plantas con flores
   - B los helechos, las coníferas y las plantas con flores
   - C los musgos y los helechos
   - D los musgos, los helechos, las plantas coníferas y las plantas con flores

8. ¿Cuáles de los siguientes grupos comparten al ancestro común más reciente?
   - A las plantas coníferas y las plantas con flores
   - B los musgos y los helechos
   - C los musgos y las plantas con flores
   - D los helechos y las plantas con flores

9. ¿Qué carácter derivado apareció primero en el transcurso de la evolución de las plantas?
   - A semillas
   - B flores
   - C embrión
   - D tejidos vasculares

Respuesta de desarrollo

10. ¿Por qué los biólogos han cambiado muchas de las clasificaciones originales de organismos de Linneo?

Si tienes dificultades con...

la pregunta	1	2	3	4	5	6	7	8	9	10
Ver la lección	18.1	18.1	18.3	18.2	18.3	18.3	18.2	18.2	18.2	18.2

19 La historia de la vida

La gran idea

Evolución

P: ¿Cómo comprenden los biólogos la historia de la vida en la Tierra por medio de los fósiles?

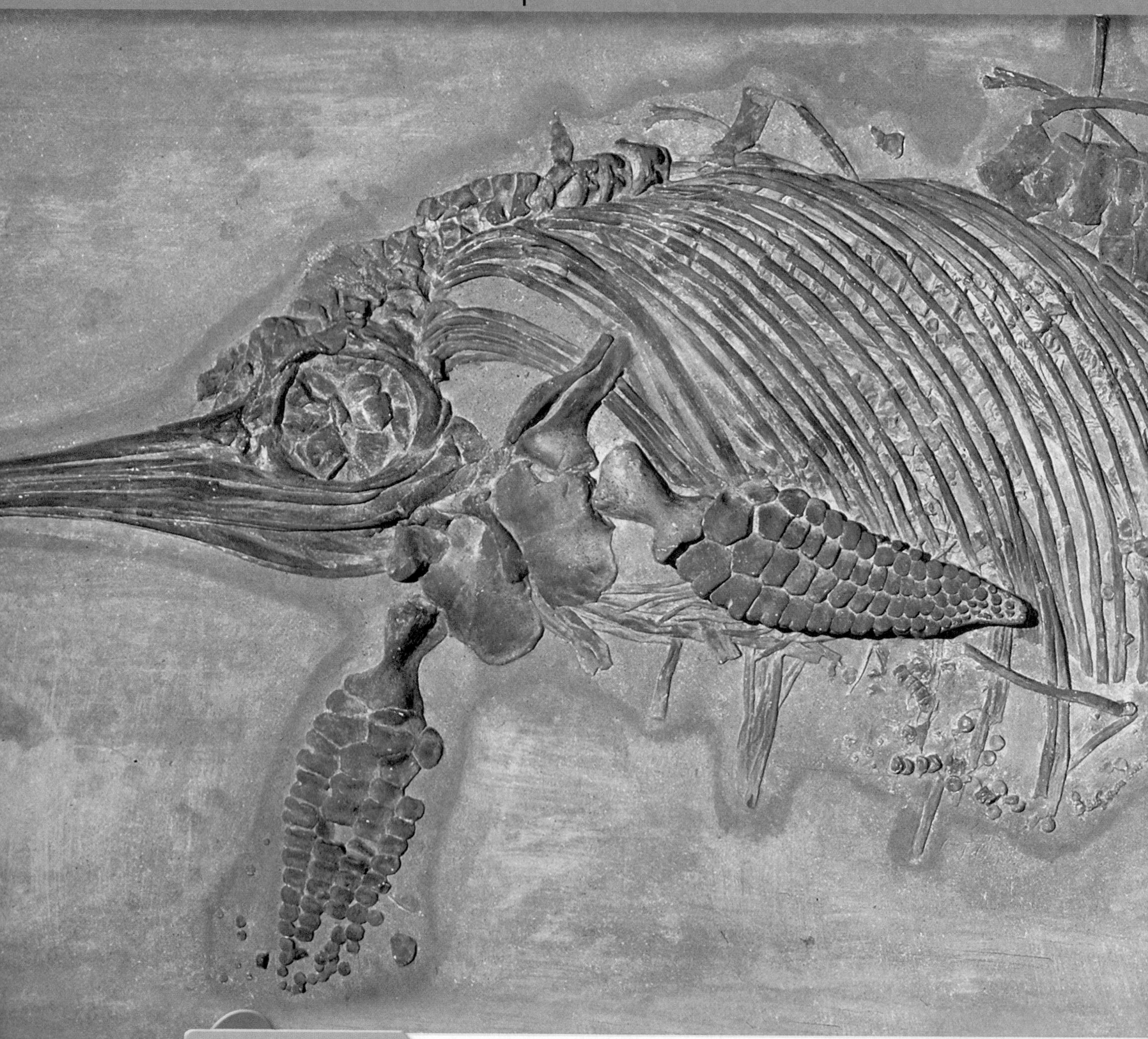

BIOLOGY.com Search Chapter 19 GO • Flash Cards

EN ESTE CAPÍTULO:

- 19.1 Registro fósil
- 19.2 Patrones y procesos de la evolución
- 19.3 Inicio de la historia de la Tierra

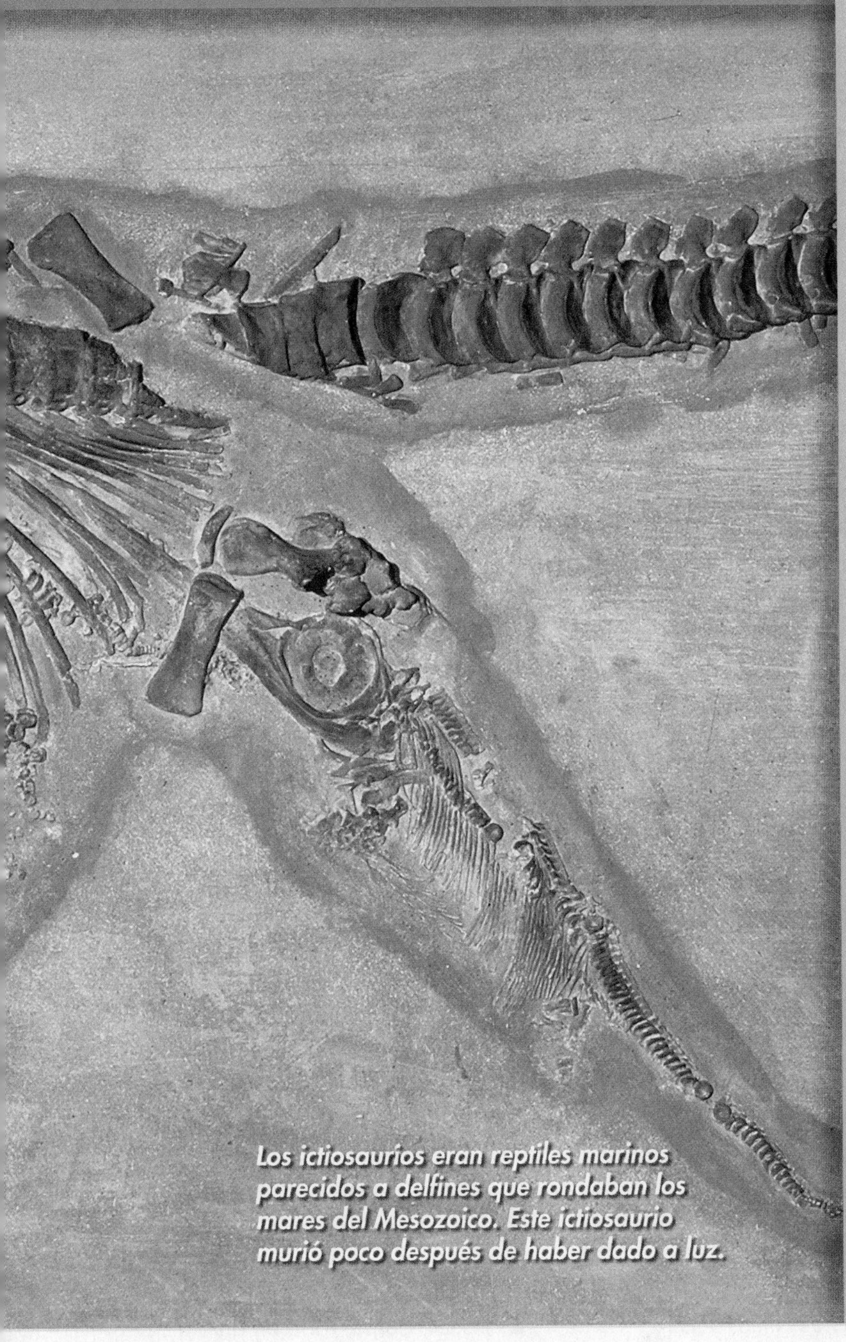

Los ictiosaurios eran reptiles marinos parecidos a delfines que rondaban los mares del Mesozoico. Este ictiosaurio murió poco después de haber dado a luz.

- Untamed Science Video
- Chapter Mystery

MISTERIO DEL CAPÍTULO

MUERTE EN EL PÉRMICO

Hace más de 250 millones de años, durante el período Pérmico, la vida en la Tierra estuvo más cerca que nunca de desaparecer. La extinción pérmica puede ser la muerte más misteriosa en la historia del mundo. Lo que pasó entonces mató a más del 55 por ciento de todas las familias de la Tierra, incluyendo a casi 96 por ciento de las especies marinas y 70 por ciento de las vertebradas terrestres. Se necesitaron millones de años para restaurar los dañados ecosistemas antiguos.

Los investigadores una vez pensaron que esta "muerte masiva" ocurrió durante un largo período de tiempo. Pero los nuevos datos fósiles sugieren que ocurrió en no más de 200,000 años y posiblemente hasta menos. En términos geológicos, es poco tiempo. A medida que leas este capítulo, busca pistas sobre lo que pudo haber matado a tantas diferentes formas de vida. Luego, resuelve el misterio.

Continúa explorando el mundo.

Hallar la solución a este misterio sólo es el principio. Emprende un viaje de campo en video con los genios ecólogos de *Untamed Science* para ver adónde conduce este misterio.

19.1 Registro fósil

Preguntas clave

¿Qué revelan los fósiles sobre la vida antigua?

¿Cómo datamos los sucesos de la historia de la Tierra?

¿Cómo se estableció la escala de tiempo geológico y cuáles son sus divisiones principales?

¿De qué manera se han afectado mutuamente el medio ambiente y los seres vivos para formar la historia de la vida en la Tierra?

Vocabulario

extinto • paleontólogo • datación relativa • fósil guía • datación radiométrica • vida media • escala de tiempo geológico • era • período • tectónica de placas

Tomar notas

Esquema Haz un esquema de esta lección usando los encabezados en verde y azul. A medida que leas, completa los detalles para organizar la información.

PIÉNSALO Los fósiles, restos conservados o vestigios de la vida antigua, son tesoros invaluables. Cuentan la historia de las luchas de vida y muerte y de misteriosos mundos perdidos en la noche de los tiempos. Son la historia de la vida terrestre llamada registro fósil. ¿Cómo nos pueden ayudar los fósiles a comprender la historia de la vida?

Los fósiles y la vida antigua

¿Qué revelan los fósiles sobre la vida antigua?

Los fósiles son la fuente de información más importante sobre las especies extintas. Una especie **extinta** es una que ha desaparecido. Los fósiles varían mucho en tamaño, tipo y grado de conservación y se forman sólo bajo ciertas condiciones. Por cada organismo que se conservó como fósil, muchos murieron sin dejar rastro, así que el registro fósil no está completo.

Tipos de fósiles Los fósiles pueden ser muy grandes y estar perfectamente conservados como animales enteros, con piel, pelo, escamas o plumas. También pueden ser tan pequeños como las bacterias, embriones en desarrollo o granos de polen. Muchos fósiles son sólo fragmentos de un organismo: dientes, pedazos de mandíbula o partes de una hoja. A veces un organismo deja huellas fósiles: moldes de huellas, madrigueras, rastros o incluso excrementos. A pesar de que casi todos los se conservaron en roca sedimentaria, algunos lo hicieron de otras maneras, como el insecto que se muestra en la **ilustración 19–1.**

ILUSTRACIÓN 19–1 Diversidad de fósiles Existen diferentes tipos de fósiles. Un fósil puede ser un solo hueso, algunas huellas o un organismo completo.

▲ Huellas de dimetrodon

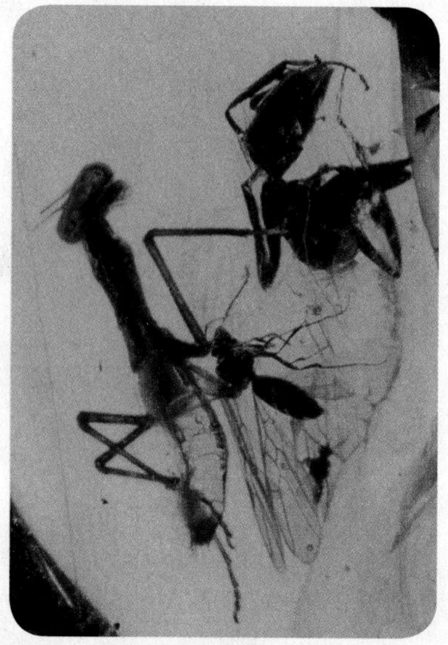

▲ Insecto conservado en ámbar

Fósiles en rocas sedimentarias Casi todos los fósiles se conservaron en roca sedimentaria. La **ilustración 19–2** muestra cómo. ❶ La roca sedimentaria por lo general se forma cuando pequeñas partículas de arena, limo, arcilla o lodo de cal se asientan en el fondo de un río, lago, océano u otro cuerpo de agua. También se puede formar de las arenas compactadas del desierto. ❷ A medida que los sedimentos se asientan, entierran a los organismos muertos que se han hundido al fondo. Si sus restos quedan enterrados relativamente rápido, tal vez no sean esparcidos por los carroñeros. Por lo general, las estructuras suaves del cuerpo se descomponen rápidamente después de morir, dejando sólo madera, conchas, huesos o dientes. Estas estructuras duras se pueden conservar si se saturan o reemplazan con compuestos minerales. Sin embargo, a veces los organismos quedan enterrados tan rápido que los tejidos suaves quedan protegidos de la descomposición aeróbica. Cuando esto sucede, los fósiles pueden conservar marcas increíblemente detalladas de animales de cuerpo suave y estructuras como la piel o las plumas.

❸ A medida que el sedimento se sigue acumulando en el transcurso del tiempo, los restos se van enterrando más profundamente. A través de muchos años, la presión del agua gradualmente comprime las capas inferiores y ésta, junto con la actividad química, puede convertir los sedimentos en rocas.

Lo que pueden revelar los fósiles A pesar de que el registro fósil está incompleto, contiene una enorme cantidad de información para los **paleontólogos,** investigadores que estudian los fósiles para aprender sobre la vida antigua. **En el registro fósil, los paleontólogos aprenden sobre la estructura de los organismos antiguos, su medio ambiente y su forma de vida.** Al comparar las estructuras corporales de los fósiles, por ejemplo la espina dorsal, con las estructuras corporales de los organismos vivos, los investigadores pueden inferir relaciones evolutivas y formar hipótesis sobre cómo han evolucionado las estructuras corporales y las especies. Las estructuras óseas y las huellas pueden indicar cómo se movían los animales. Las hojas y el polen fosilizados de plantas sugieren si un área era un pantano, un lago, un bosque o un desierto. Y si se hallan juntos diferentes tipos de fósiles, los investigadores a veces pueden reconstruir ecosistemas antiguos completos.

En tu cuaderno *Haz un diagrama de flujo que explique cómo se pueden fosilizar los restos de un caracol en la roca sedimentaria.*

Pez fósil *Diplomystus dentatus* (de hace 50 millones de años)

DESARROLLAR el vocabulario

ORIGEN DE LAS PALABRAS Las palabras paleontología y **paleontólogo** se derivan de la palabra griega palaios, que significa "antiguo". Un paleontólogo estudia los restos de la vida antigua.

❶ El agua transporta pequeñas partículas de roca a lagos y mares.

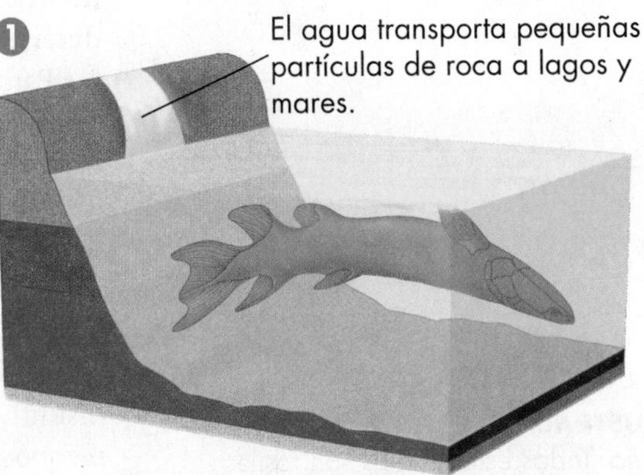

❷ Los organismos muertos quedan enterrados bajo capas de sedimento, que forman nuevas rocas.

❸ Los restos conservados pueden ser descubiertos y estudiados más tarde.

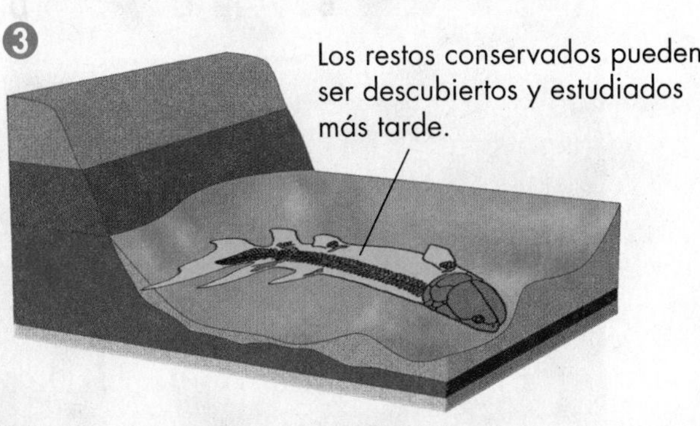

ILUSTRACIÓN 19–2 Formación de un fósil Casi todos los fósiles, como el pez que se muestra aquí, se forman en roca sedimentaria. **Interpretar fotografías** ***¿Qué parte del pez se ha conservado como fósil?***

Datar la historia de la Tierra

¿Cómo datamos los sucesos de la historia de la Tierra?

El registro fósil no sería tan útil si no tuviera una escala de tiempo que indicara cuándo ocurrieron los sucesos. Los investigadores usan varias técnicas para datar las rocas y los fósiles.

Datación relativa Debido a que la roca sedimentaria se forma como capas de sedimento que descansan sobre sedimentos existentes, las capas inferiores de roca sedimentaria y los fósiles que contienen, por lo general son más antiguos que las superiores. La **datación relativa** coloca a las capas de roca y sus fósiles en una secuencia temporal, como lo muestra la **ilustración 19–3.** **La datación relativa permite a los paleontólogos determinar si un fósil es más o menos antiguo que otros fósiles.**

Para establecer las edades relativas de las capas de roca y sus fósiles, los científicos usan fósiles guía. Los **fósiles guía** son fósiles distintivos que se usan para establecer y comparar las edades relativas de las capas de roca y los fósiles que contienen. Un fósil guía útil debe reconocerse fácilmente y se debe hallar sólo en algunas capas de roca (lo que significa que un organismo sólo vivió durante un corto período de tiempo), aunque estas capas se hallen en muchos lugares (lo que significa que el organismo estaba ampliamente distribuido). Los trilobites, un gran grupo de organismos marinos distintivos, a menudo se usan como fósiles guía. Hay más de 15,000 especies reconocidas de trilobites. Juntos, se pueden usar para establecer las dataciones relativas de capas de roca que abarcan casi 300 millones de años.

Datación radiométrica La datación relativa es importante, pero no informa sobre la edad absoluta de un fósil en años. Una manera de datar las rocas y los fósiles es la **datación radiométrica,** que depende de isótopos radiactivos, que se desintegran, o descomponen, en isótopos estables a una velocidad constante. Una **vida media** es el período de tiempo requerido para que se desintegre la mitad de los átomos radiactivos de una muestra. Después de una vida media, la mitad de los átomos radiactivos originales se ha desintegrado, como se muestra en la **ilustración 19–4.**

ILUSTRACIÓN 19–3 Fósiles guía Todos estos fósiles son fósiles guía. Si el mismo fósil guía se halla en dos capas de roca muy separadas, las capas de roca probablemente tienen una edad semejante. Sacar conclusiones ***Usando los fósiles guía mostrados, determina qué capas de roca "faltan" en cada ubicación. Pueden faltar porque nunca se formaron o se erosionaron.***

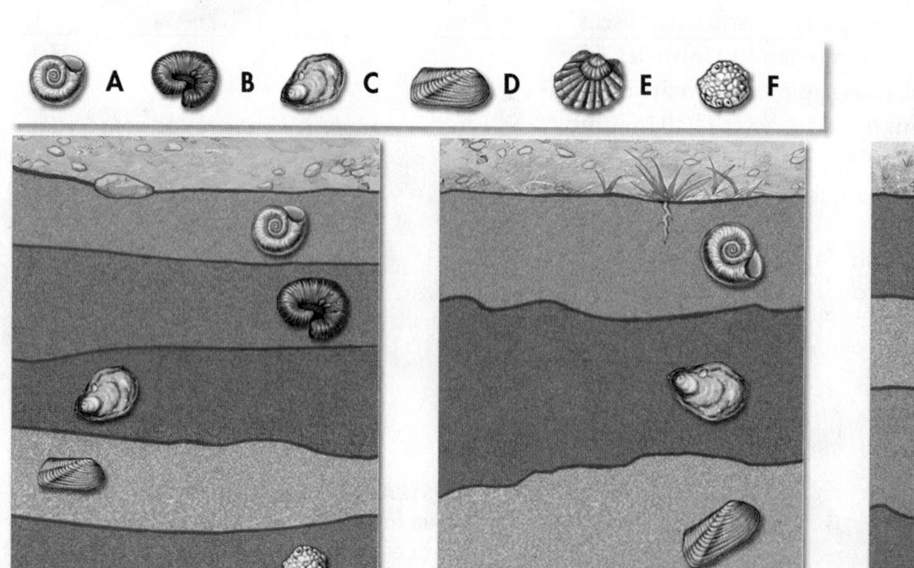

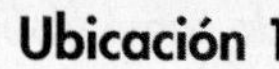

Después de otra vida media, la otra mitad de los átomos radiactivos restantes se habrá desintegrado. **La datación radiométrica usa la relación de isótopos radiactivos a isótopos estables para calcular la edad de una muestra.**

Los diferentes isótopos radiactivos se desintegran a diferentes velocidades, así que tienen diferentes vidas medias. Para datar fósiles recientes, se usan elementos con vidas medias cortas. Los elementos con vidas medias largas se usan para datar fósiles más antiguos. Para comprender esto, piensa en los eventos deportivos cronometrados. Para una carrera de 50 yardas, un entrenador depende del segundero de rápido movimiento del cronómetro. Para cronometrar un maratón, también son importantes las manecillas de movimiento lento de las horas y los minutos.

Para determinar las edades de las rocas y los fósiles se usan diferentes isótopos radiactivos. Un isótopo conocido como carbono 14 es muy útil para datar directamente los organismos que vivieron en un pasado reciente. El carbono 14 se produce a un ritmo constante en la atmósfera superior, así que el aire normalmente contiene una diminuta cantidad de éste, además de carbono 12, una forma no radiactiva mucho más común y estable. Las plantas absorben carbono 14 cuando absorben el dióxido de carbono durante la fotosíntesis y los animales lo adquieren cuando se alimentan de plantas o de otros animales. Cuando el organismo muere, ya no puede absorber este isótopo, así que su edad se puede determinar según la cantidad de carbono 14 que queda en tejidos como huesos, pelo o madera. El carbono 14 tiene una vida media de aproximadamente 5730 años, así que su uso está limitado a organismos que vivieron en los últimos 60,000 años.

Los fósiles más antiguos se pueden datar indirectamente al datar las capas de roca en las que se hallaron. Para ello se usan isótopos con vidas medias mucho más largas, incluyendo al potasio 40 (vida media: 1.26 mil millones de años, como se muestra en la **ilustración 19–4**), al uranio 238 (4.5 mil millones de años) y al rubidio 87 (48.8 mil millones de años). Por muchos años, los geólogos han combinado éstos y otros métodos de isótopos para realizar cálculos cada vez más precisos de las edades de las formaciones geológicas. Estos estudios han ofrecido pruebas físicas directas de las edades de los fósiles guía que se usan para identificar los primeros períodos de la Tierra.

En tu cuaderno *Explica por qué el carbono 14 no se puede usar para calcular la edad de fósiles muy antiguos.*

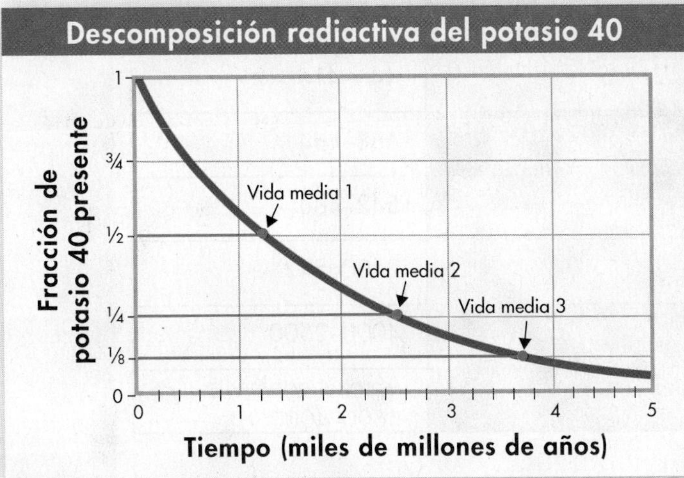

ILUSTRACIÓN 19–4 Descomposición radiactiva Una vida media es el período de tiempo requerido para que se desintegre la mitad de los átomos radiactivos de una muestra. La vida media del potasio 40 es de 1.26 mil millones de años.

Actividad rápida de laboratorio
INVESTIGACIÓN DIRIGIDA

Representar la vida media

1. Elabora una tabla de datos o una hoja de cálculo con dos columnas y cinco filas. Rotula las columnas Número de tiradas y Número de cuadrados devueltos. Toma una hoja de papel y recorta 100 cuadrados de 1 cm. Escribe una *X* en cada uno y colócalos en un vaso.
2. Revuelve los cuadrados en el vaso y tíralos sobre una superficie.
3. Quita todos los cuadrados en los que se vea la *X*. Cuenta los que quedan y vuélvelos a poner en el vaso.
4. Repite los pasos 2 y 3 hasta que queden cinco cuadrados o menos. Haz una gráfica de tus resultados con el número de tiradas en el eje de *x* y el número de cuadrados que quedan después de cada tirada en el eje de *y*.

Analizar y concluir

1. Analizar datos ¿En cuántas tiradas eliminaste la mitad de los cuadrados? ¿Y para eliminar tres cuartos de los cuadrados?

2. Calcular Si cada tirada representa un año, ¿cuál es la vida media de los cuadrados? MATEMÁTICAS

Escala de tiempo geológico

¿Cómo se estableció la escala de tiempo geológico y cuáles son sus divisiones principales?

Los geólogos y paleontólogos han elaborado una línea cronológica de la historia de la Tierra llamada **escala de tiempo geológico.** Su versión más reciente se muestra en la **ilustración 19–5.** **La escala de tiempo geológico se basa en la datación relativa y en la absoluta. Las divisiones principales de la escala de tiempo geológico son los eones, las eras y los períodos.**

Establecer la escala de tiempo Al estudiar las capas de rocas y los fósiles guía, los primeros paleontólogos ordenaron las rocas y los fósiles de la Tierra según su edad relativa. Conforme trabajaban, notaron importantes cambios en el registro fósil en los límites de ciertas capas de roca. Los geólogos usaron estos límites para determinar dónde acababa una división de tiempo geológico y comenzaba la siguiente. Años más tarde, usaron técnicas de datación radiométrica para asignar edades específicas a las diversas capas de roca. Esta escala de tiempo se prueba, verifica y ajusta de manera constante.

ILUSTRACIÓN 19–5 Escala de tiempo geológico Las divisiones básicas de la escala de tiempo geológico son los eones, las eras y los períodos. El tiempo Precámbrico fue el nombre que originalmente se dio a toda la historia de la Tierra antes del eón Fanerozoico. Observa que el Paleógeno y el Neógeno a veces son llamados período Terciario. Sin embargo, este término por lo general se considera anticuado.

Escala de tiempo geológico

	Eón	Era	Período	Tiempo (millones de años atrás)
	Fanerozoico	Cenozoico	Cuaternario	1.8–presente
	Fanerozoico	Cenozoico	Neógeno	23–1.8
	Fanerozoico	Cenozoico	Paleógeno	65.5–23
	Fanerozoico	Mesozoico	Cretácico	146–65.5
	Fanerozoico	Mesozoico	Jurásico	200–146
	Fanerozoico	Mesozoico	Triásico	251–200
	Fanerozoico	Paleozoico	Pérmico	299–251
	Fanerozoico	Paleozoico	Carbonífero	359–299
	Fanerozoico	Paleozoico	Devónico	416–359
	Fanerozoico	Paleozoico	Silúrico	444–416
	Fanerozoico	Paleozoico	Ordovícico	488–444
	Fanerozoico	Paleozoico	Cámbrico	542–488
Tiempo precámbrico	Proterozoico			2500–542
Tiempo precámbrico	Arcaico			4000–2500
Tiempo precámbrico	Hadeico			Aproximadamente 4600–4000

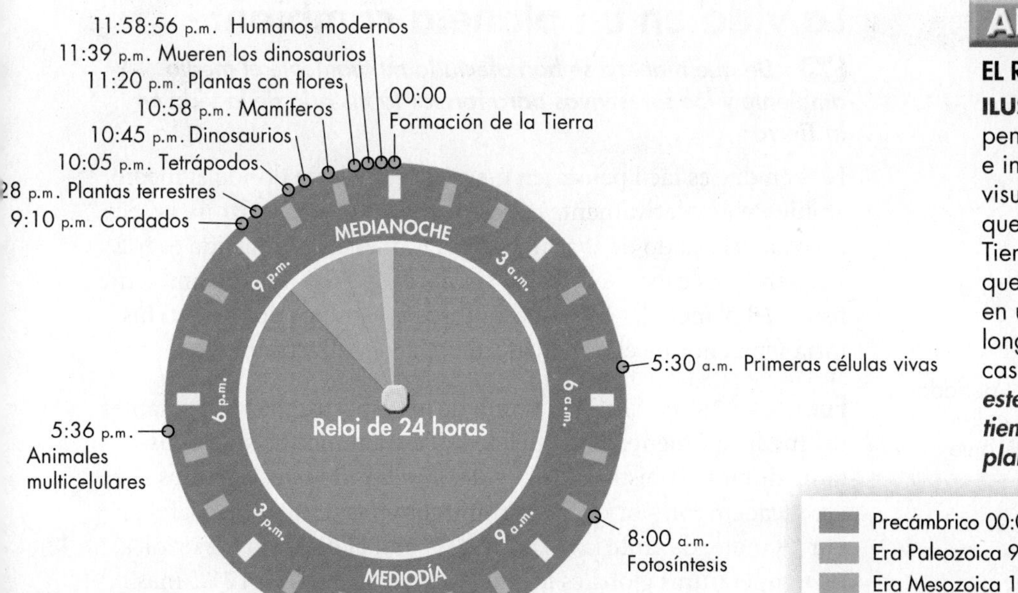

ANALOGÍA VISUAL

EL RELOJ DEL TIEMPO GEOLÓGICO

ILUSTRACIÓN 19–6 Puede ser difícil pensar en términos de miles de millones e incluso de millones de años. Para visualizar el enorme lapso de tiempo que transcurrió desde que se formó la Tierra, observa este reloj de 24 horas que condensa la historia de la Tierra en un período de 24 horas. Observa la longitud relativa del tiempo Precámbrico: casi 22 horas. **Usar analogías** ***Según este modelo, ¿aproximadamente en qué tiempo apareció la vida? ¿Y las primeras plantas? ¿Y los primeros humanos?***

Divisiones de la escala de tiempo geológico Las divisiones del tiempo geológico tienen diferente duración. Por ejemplo, el período Cámbrico comenzó hace 542 millones de años y continuó hasta hace 488 millones de años, es decir, duró 54 millones de años. El período Cretácico duró 80 millones de años.

Los geólogos ahora reconocen cuatro eones. El eón Hadeico, en el que se formaron las primeras rocas y abarca desde la formación de la Tierra hasta hace aproximadamente 4 mil millones de años. El eón Arcaico, en el que apareció la vida, seguido del Hadeico. El eón Proterozoico comenzó hace 2.5 mil millones de años y duró hasta hace 542 millones de años. El eón Fanerozoico comenzó al final del Proterozoico y continúa hasta el presente.

Los eones están divididos en **eras.** Por ejemplo, el eón Fanerozoico está dividido en las eras Paleozoica, Mesozoica y Cenozoica. Y las eras están subdivididas en **períodos,** que varían desde casi 100 millones de años hasta menos de 2 millones de años. Por ejemplo, la era Paleozoica está dividida en seis períodos, incluyendo al período Pérmico.

Nombrar las divisiones Las divisiones de la escala de tiempo geológico fueron nombradas de diferentes maneras. Por ejemplo, el período Cámbrico se nombró en honor a Cambria, el antiguo nombre de Gales, donde se identificaron rocas de ese tiempo por primera vez. El período Carbonífero ("que contiene carbono") se llama así por los enormes depósitos de carbón que se formaron durante ese tiempo.

Los geólogos comenzaron a nombrar las divisiones de la escala de tiempo antes de que se hubiera identificado alguna roca más antigua que las del período Cámbrico. Por esta razón, todo el tiempo geológico antes del Cámbrico se llamó simplemente tiempo Precámbrico. Sin embargo, el tiempo Precámbrico en realidad cubre aproximadamente el 90 por ciento de la historia de la Tierra, como se muestra en la **ilustración 19–6.**

PISTA DEL MISTERIO

Los paleontólogos descubrieron drásticos cambios en el registro fósil al final del período Pérmico. ¿Qué métodos crees que usaron para datar que ese cambio ocurrió hace 251 millones de años?

ILUSTRACIÓN 19-7 La cara cambiante de la Tierra Durante los últimos 225 millones de años, la cara de la Tierra ha cambiado drásticamente.

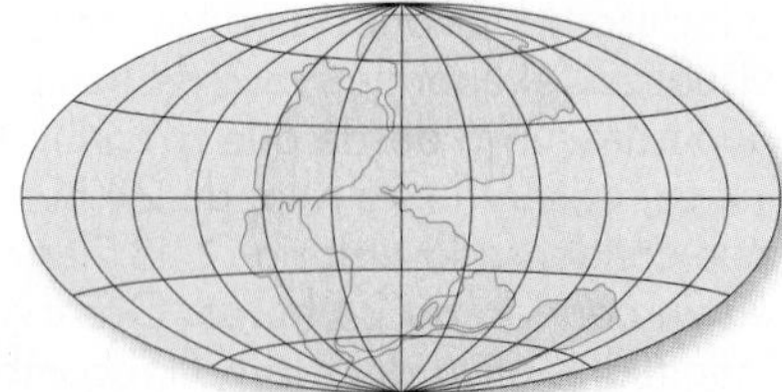

Final del período Pérmico Al final del período Pérmico, los continentes de la Tierra colisionaron para formar una masa continental gigante llamada Pangea.

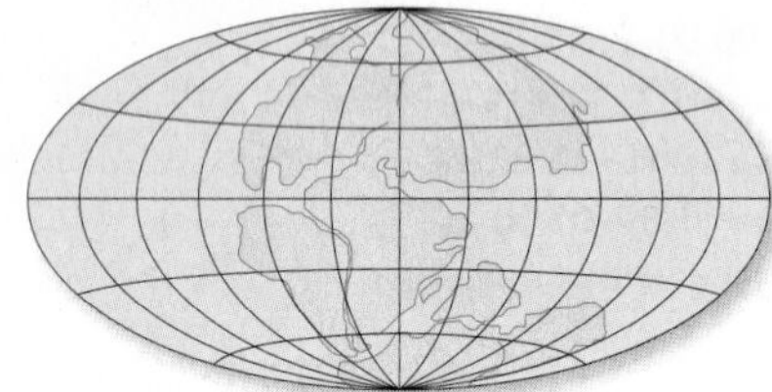

Período Triásico Durante el período Triásico, Pangea comenzó a separarse y a formar continentes separados.

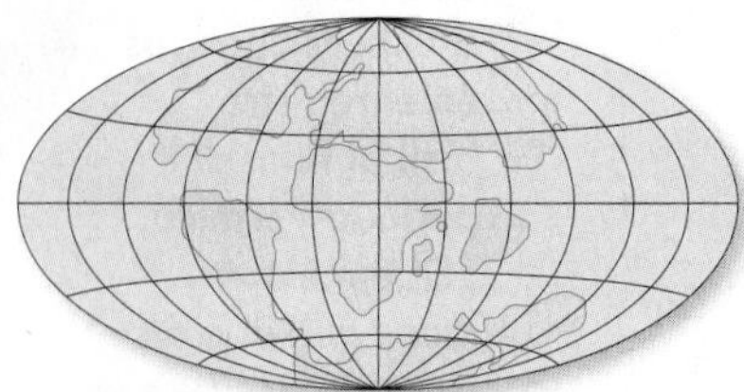

Final del período Cretácico Para el final del período Cretácico, los continentes que conocemos ahora comenzaron a separarse.

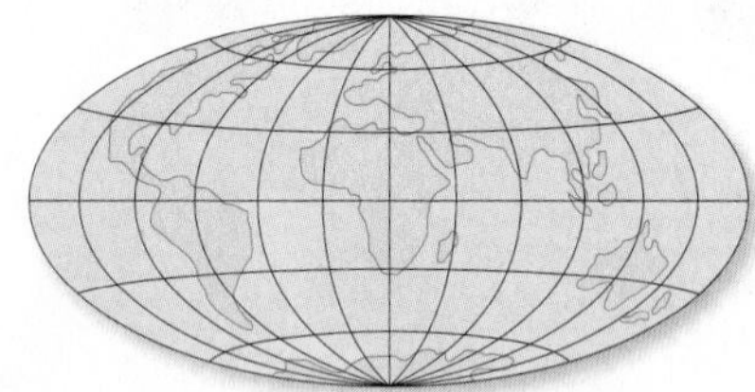

Presente

La vida en un planeta cambiante

¿De qué manera se han afectado mutuamente el medio ambiente y los seres vivos para formar la historia de la vida en la Tierra?

Hoy en día, es fácil pensar en lugares de la Tierra donde el medio ambiente es relativamente constante año con año. Arizona es seco, la costa del estado de Washington es húmeda, la Antártida es fría y el Sahara es caliente. Pero no siempre fue así. El medio ambiente físico del planeta ha sufrido asombrosos cambios durante su historia y muchos de ellos han afectado la vida drásticamente.

Fuerzas físicas El clima es uno de los aspectos más importantes del medio ambiente físico y el de la Tierra nunca ha sido constante durante la historia de la vida. Muchos de estos cambios se desencadenaron por cambios mínimos en la temperatura global. Por ejemplo, durante la "ola de calor" global de la era Mesozoica, las temperaturas globales promedio eran sólo 6 °C a 12 °C más altas de lo que lo fueron en el siglo XX. Durante la gran edad del hielo, que azotó a todo el planeta hace apenas 10,000 años, las temperaturas sólo eran 5 °C más frías de lo que son ahora. Sin embargo, estos cambios en la temperatura han tenido efectos trascendentales en los seres vivos.

Las fuerzas geológicas también han transformado la vida en la Tierra, formando montañas e incluso moviendo continentes completos. Recuerda que los climas locales están influenciados por las interacciones del viento y las corrientes oceánicas con características geológicas como montañas y planos. Las fuerzas volcánicas han alterado los paisajes de gran parte de la Tierra, e incluso han producido islas completas que proporcionan nuevos hábitats. Las islas hawaianas, hogar de muchas especies vegetales y animales excepcionales, son un ejemplo perfecto de cómo las islas volcánicas pueden alterar el curso de la evolución. **La formación de montañas, la apertura de costas, el cambio en el clima y las fuerzas geológicas han alterado los hábitats de los organismos vivos en repetidas ocasiones durante la historia de la Tierra.**

A largo plazo, el proceso de la deriva continental ha producido cambios aún más drásticos en el paisaje biológico de la Tierra. Como se muestra en la **ilustración 19–7,** los continentes han colisionado para formar "súper continentes" y después se han vuelto a separar, cambiando profundamente el flujo de las corrientes oceánicas. La deriva continental también ha afectado la distribución de fósiles y organismos vivos en todo el mundo. Por ejemplo, los continentes de África y Sudamérica ahora están separados por el océano Atlántico. Pero en África y Sudamérica se han hallado fósiles de *Mesosaurus,* un reptil acuático. Su presencia en ambos continentes refleja el hecho de que ambos estuvieron unidos en una época. La teoría de la **tectónica de placas** explica estos movimientos como una consecuencia del lento movimiento de las "placas" sólidas, apenas 3 cm al año, sobre el manto de la Tierra.

Las fuerzas del espacio también han alterado el medio ambiente físico de la Tierra. Existen sólidas pruebas de que en el pasado cometas y meteoros se estrellaron muchas veces en ella. Algunos de estos impactos fueron tan violentos que produjeron suficiente polvo y escombros en la atmósfera para causar, o contribuir a las extinciones mundiales de organismos terrestres y acuáticos.

Fuerzas biológicas A pesar de que pensamos que la vida reacciona al medio ambiente físico de la Tierra, en muchos casos ella desempeña un papel importante en la formación del medio ambiente. Los depósitos de hierro en las rocas sedimentarias antiguas indican que los primeros océanos de la Tierra contenían grandes cantidades de hierro soluble y poco oxígeno. Los primeros organismos fotosintéticos comenzaron a absorber dióxido de carbono y a liberar grandes cantidades de oxígeno. Nuestro planeta nunca ha sido el mismo desde entonces. La Tierra se enfriaba a medida que los niveles de dióxido de carbono disminuían. El contenido de hierro de los océanos disminuyó, a medida que los iones hierro reaccionaban con el oxígeno para formar compuestos insolubles que se asentaban en el lecho marino. Estos cambios afectaron el clima y la química del océano de muchas maneras. **Las acciones de los organismos vivos en el transcurso del tiempo han cambiado las condiciones de la tierra, el agua y la atmósfera de nuestro planeta.**

Incluso hoy, los organismos forman los paisajes al producir tierra a partir de rocas y arena. Plantas, animales y microorganismos son participantes activos en los ciclos de elementos clave: carbono, nitrógeno y oxígeno. La Tierra es un planeta vivo y su medio ambiente físico refleja este hecho.

19.1 Evaluación

Repaso de conceptos clave

1. a. Explicar ¿Qué puede aprender un paleontólogo de los fósiles?

b. Relacionar causa y efecto ¿Por qué se han fosilizado tan pocos organismos?

2. a. Repasar ¿De qué dos maneras los geólogos determinan la edad de los fósiles?

b. Sacar conclusiones Desde Darwin, se han hallado muchos más fósiles que nos dan un registro más completo de la historia de la vida. ¿Cómo puede esta información hacer que la datación relativa sea más precisa?

3. a. Explicar ¿Cómo se relacionan las eras y los períodos?

b. Interpretar material visual Usa la **ilustración 19–5** para determinar cuándo comenzó el período Silúrico y cuánto duró.

4. a. Repasar Describe tres procesos que hayan afectado la historia de la vida en la Tierra.

b. Relacionar causa y efecto Describe dos efectos de la deriva continental en los organismos.

RAZONAMIENTO VISUAL

5. Observa el fósil de murciélago de la siguiente fotografía. Descríbelo. ¿Qué puedes inferir sobre cómo se movía el organismo? Explica tu respuesta.

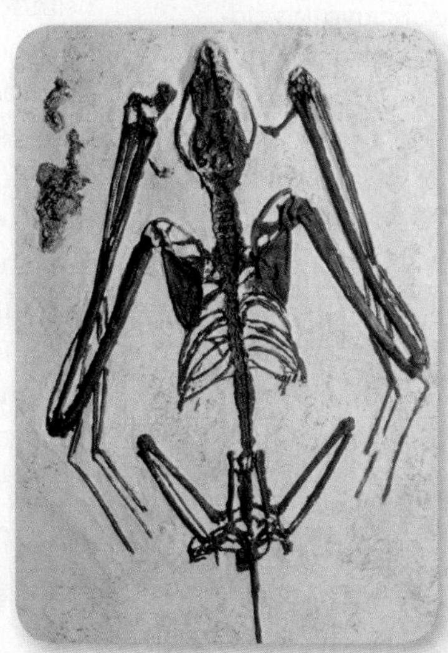

BIOLOGY.com Search Lesson 19.1 GO • Self-Test • Lesson Assessment

19.2 Patrones y procesos de la evolución

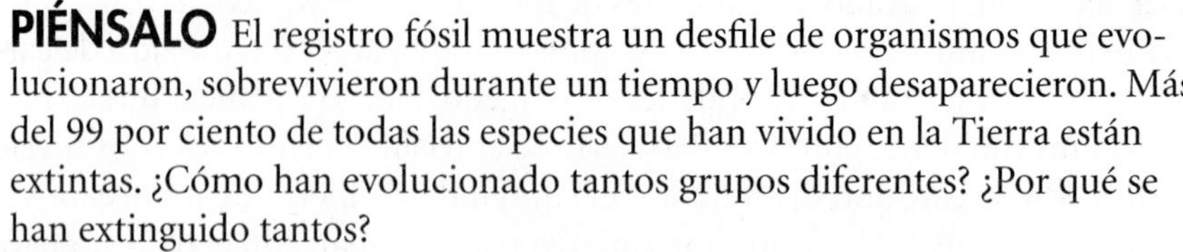

Preguntas clave

🔑 *¿Qué procesos influyen en la supervivencia o extinción de las especies y los clados?*

🔑 *¿Qué tan rápido ocurre la evolución?*

🔑 *¿Cuáles son los dos patrones de la macroevolución?*

🔑 *¿Qué características evolutivas son típicas de las especies en coevolución?*

Vocabulario

patrones de macroevolución
extinción de fondo
extinción masiva
gradualismo
equilibrio interrumpido
radiación adaptativa
evolución convergente
coevolución

Tomar notas

Mapa de conceptos A medida que leas, traza un mapa de conceptos que incluya los patrones de macroevolución que se muestran en esta lección.

ILUSTRACIÓN 19–8 Paleontólogos trabajando La cubierta blanca protege a los fósiles hasta que son trasladados a un museo.

PIÉNSALO El registro fósil muestra un desfile de organismos que evolucionaron, sobrevivieron durante un tiempo y luego desaparecieron. Más del 99 por ciento de todas las especies que han vivido en la Tierra están extintas. ¿Cómo han evolucionado tantos grupos diferentes? ¿Por qué se han extinguido tantos?

Especiación y extinción

🔑 ***¿Qué procesos influyen en la supervivencia o extinción de las especies y los clados?***

El estudio de la historia de la vida deja muy en claro que ésta ha cambiado muchas veces en el transcurso del tiempo. Muchos de esos cambios ocurrieron dentro de las especies, pero otros ocurrieron en clados más grandes y durante períodos más largos. Estas grandes transformaciones en anatomía, filogenia, ecología y comportamiento, que por lo regular ocurren en clados más grandes y no en una sola especie, se conocen como **patrones de macroevolución.** Las formas en que surgen nuevas especies por medio de la especiación y en que las especies desaparecen por la extinción, están entre los patrones de macroevolución más simples. La aparición, crecimiento y extinción de clados grandes, como los de los dinosaurios, los mamíferos o las plantas con flores son ejemplos de patrones de macroevolución más grandes.

Macroevolución y cladística Los paleontólogos estudian los fósiles para conocer los patrones de la macroevolución y la historia de la vida. Parte de este proceso supone la clasificación de los fósiles y ésto se realiza usando las mismas técnicas cladísticas, basadas en caracteres derivados, que se usan para clasificar las especies vivas. En algunos casos, los fósiles se colocan en clados que contienen sólo organismos extintos. En otros casos, se clasifican en clados que incluyen organismos vivos.

Recuerda que los cladogramas ilustran las hipótesis sobre qué tan estrechamente están relacionados los organismos. Plantear la hipótesis de que una especie fósil está *relacionada* con una especie viva no es lo mismo que afirmar que el organismo extinto es un *ancestro* directo de esa (o cualquier otra) especie viva. Por ejemplo, la **ilustración 19–9** no sugiere que ninguna de las especies extintas mostradas sean ancestros directos de las aves modernas. En su lugar, esas especies extintas se muestran como una serie de especies que descendieron, en el transcurso del tiempo, de una línea de ancestros comunes.

En tu cuaderno *Explica qué es la macroevolución y cómo los fósiles pueden mostrar las tendencias de la macroevolución.*

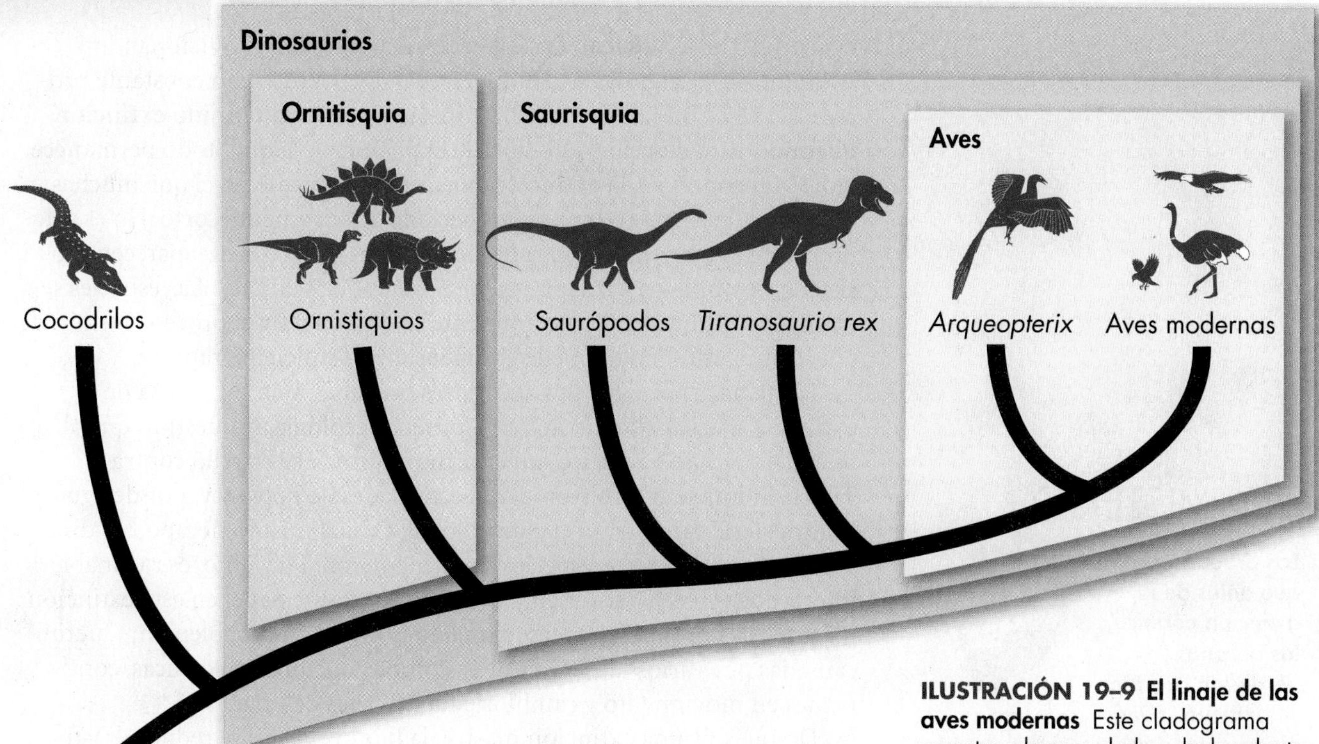

ILUSTRACIÓN 19–9 El linaje de las aves modernas Este cladograma muestra algunos de los clados dentro del clado más grande de los Reptiles. Observa que el clado Dinosaurios hoy está representado por las aves modernas. Clasificar ***¿Cuáles son los dos clados principales de los dinosaurios?***

Adaptación y extinción En la historia de la vida, los organismos han enfrentado cambios en sus medios ambientes. Al cambiar las condiciones ambientales, los procesos del cambio evolutivo permiten que algunas especies se adapten a las nuevas condiciones y prosperen. Las que no se pueden adaptar se extinguen. Lo que es interesante, es que las velocidades en las que aparece una especie, se adapta y se extingue varían entre los clados y entre los períodos de tiempo geológico.

¿Por qué algunos clados produjeron muchas especies que lograron sobrevivir durante largos períodos de tiempo, en tanto que otros sólo dieron origen a unas pocas especies que se extinguieron? Los paleontólogos han tratado de responder esta pregunta estudiando los patrones de macroevolución de la especiación y extinción de diferentes clados en el transcurso del tiempo.

Una manera de pensar en este proceso es considerar la diversidad de las especies. La aparición de nuevas especies con características diferentes puede servir como "materia prima" para el cambio macroevolutivo de un clado a través de largos períodos. En algunos casos, cuanto más variadas son las especies de un clado específico, más probabilidades tiene éste de sobrevivir el cambio ambiental. Esto se parece a la manera en que la variación genética sirve como materia prima para el cambio evolutivo en las poblaciones de las especies. **Si la tasa de especiación de un clado es igual o mayor que su tasa de extinción, éste seguirá existiendo. Si la tasa de extinción de un clado es mayor que su tasa de especiación, éste al final se extinguirá.**

El clado Reptiles (una parte se muestra en la **ilustración 19–9**) es un ejemplo de un clado bastante exitoso. No sólo incluye organismos vivos como serpientes, lagartos, tortugas y cocodrilos, sino también dinosaurios que prosperaron durante decenas de millones de años. Como ya sabes, casi todas las especies del clado Dinosaurios están extintas. Pero el clado en sí sobrevivió, porque produjo grupos de nuevas especies que se adaptaron a las condiciones cambiantes, como el de las aves.

Patrones de extinción Las especies siempre están evolucionando y compitiendo, y algunas se extinguen debido al lento pero constante proceso de selección natural. Los paleontólogos usan el término **extinción de fondo** para describir este tipo de extinción en la que "todo permanece igual". En contraste, la **extinción masiva** es un suceso en el que muchas especies se extinguen durante un período relativamente corto. No es sólo un pequeño aumento en la extinción de fondo. En ella desaparecen ecosistemas completos y colapsan redes alimenticias enteras. Las especies se extinguen porque su medio ambiente se desintegra y el proceso común de selección natural no lo puede compensar con suficiente rapidez.

Hasta hace poco, los investigadores buscaban una sola causa de la extinción masiva. Por ejemplo, las pruebas geológicas muestran que al final del período Cretácico, un enorme asteroide se estrelló contra la Tierra. El impacto arrojó enormes cantidades de polvo y vapor de agua a la atmósfera, cambiando el clima global. Casi al mismo tiempo, los dinosaurios y muchas otras especies se extinguieron. Por tanto, es razonable inferir que el asteroide desempeñó un importante papel en esta extinción masiva. No obstante, muchas extinciones masivas probablemente fueron causadas por varios factores juntos, como erupciones volcánicas, continentes en movimiento *y* cambios en los niveles del mar.

Después de una extinción masiva, la biodiversidad se reduce drásticamente. Pero no todo es malo para todos los organismos. La extinción ofrece nuevas oportunidades a los sobrevivientes. Y a medida que la especiación y la adaptación producen nuevas especies para llenar los nichos vacíos, la biodiversidad se recupera. Pero esta recuperación toma mucho tiempo: entre 5 y 10 millones de años. Algunos grupos de organismos sobreviven a la extinción masiva, otros no.

PISTA DEL MISTERIO

Las pruebas indican que antes de la extinción pérmica, los océanos perdieron casi todo su oxígeno. ¿Qué efecto crees que tuvo la pérdida del oxígeno en la mayoría de los organismos?

Analizar datos

Extinciones a través del tiempo

La gráfica muestra cómo ha cambiado la velocidad de la extinción con el paso del tiempo. Estudia la gráfica y luego responde las preguntas.

1. **Interpretar gráficas** ¿Qué se traza en el eje de *y*?
2. **Analizar datos** ¿Qué extinción masiva acabó con el mayor porcentaje de géneros?
3. **Sacar conclusiones** Describe el patrón global de extinción que muestra la gráfica.
4. **Inferir** ¿En qué pruebas probablemente se basa la gráfica?

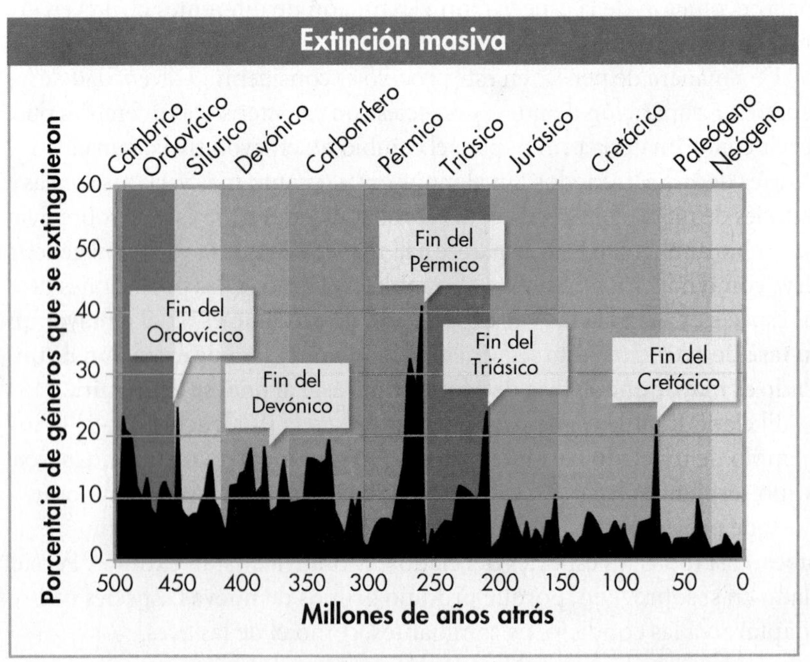

Velocidad de la evolución

¿Qué tan rápido ocurre la evolución?

¿Qué tan rápido ocurre la evolución? ¿Ocurre siempre a la misma velocidad? **Las pruebas muestran que la evolución a menudo ha avanzado a diferentes velocidades para los diferentes organismos en diferentes épocas durante la larga historia de la vida en la Tierra.** En la **ilustración 19–10** se muestran dos modelos de evolución: el gradualismo y el equilibrio interrumpido.

Gradualismo Darwin estaba impresionado por el ritmo lento y constante del cambio geológico. Sugirió que la evolución también debía ser lenta y constante, una idea conocida como **gradualismo.** El registro fósil muestra que muchos organismos efectivamente han cambiado gradualmente en el transcurso del tiempo.

Equilibrio interrumpido Sin embargo, numerosos ejemplos del registro fósil indican que el patrón de cambio lento y constante no siempre aplica. Por ejemplo, la estructura de los cangrejos bayoneta ha cambiado muy poco desde la época en que aparecieron en el registro fósil. Con mucha frecuencia se dice que estas especies están en un estado de equilibrio. Esto significa que sus estructuras no cambian mucho a pesar de que siguen evolucionando genéticamente.

De vez en cuando ocurre algo que trastorna este equilibrio en algunas especies. El **equilibrio interrumpido** es el término que se usa para describir un equilibrio que es interrumpido por breves períodos de cambios más rápidos. (Recuerda que aquí se usa la palabra *rápido* en relación con la escala de tiempo geológico. Para los geólogos, ¡un cambio rápido puede durar miles de años!) El registro fósil revela períodos de cambios relativamente rápidos en grupos específicos de organismos. De hecho, algunos biólogos sugieren que casi todas las especies surgen durante estos períodos de cambios rápidos.

Evolución rápida después del equilibrio Existen varias razones por las que la evolución puede avanzar a diferentes velocidades para diferentes organismos en diferentes épocas. La evolución rápida puede ocurrir después de que una población pequeña queda aislada de la población principal. Esta población pequeña puede evolucionar más rápido que la grande porque los cambios genéticos se extienden más rápidamente entre menos individuos. La evolución rápida también ocurre cuando un grupo pequeño de organismos emigra a un nuevo medio ambiente. Eso sucedió con los pinzones de las Islas Galápagos. Además, las extinciones masivas abren muchos nichos ecológicos, creando nuevas oportunidades de supervivencia para esos organismos. Entonces, no es de sorprender que los grupos de los que sobreviven las extinciones masivas evolucionen rápidamente durante algunos millones de años después de una extinción.

En tu cuaderno *Describe con tus propias palabras el gradualismo y el equilibrio interrumpido.*

ILUSTRACIÓN 19–10 Modelos de evolución Los biólogos han considerado dos patrones diferentes para la velocidad de la evolución: el gradualismo y el equilibrio interrumpido. Estas ilustraciones han sido simplificadas para mostrar la tendencia general de cada modelo. **Interpretar material visual** ***¿Cómo ilustran los diagramas a estos dos modelos?***

Gradualismo

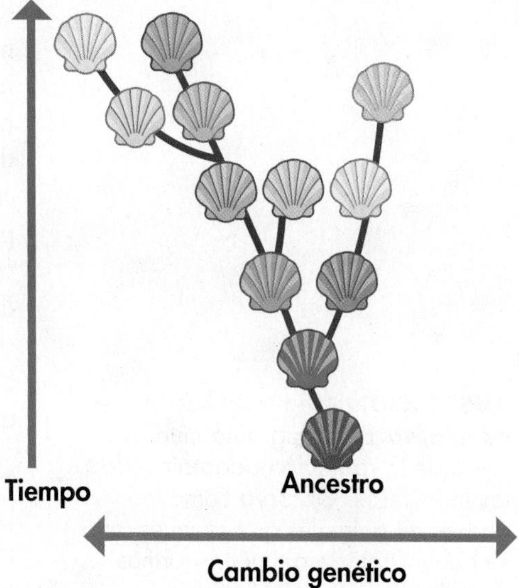

El gradualismo implica un cambio lento y constante en una línea de descendencia específica.

Equilibrio interrumpido

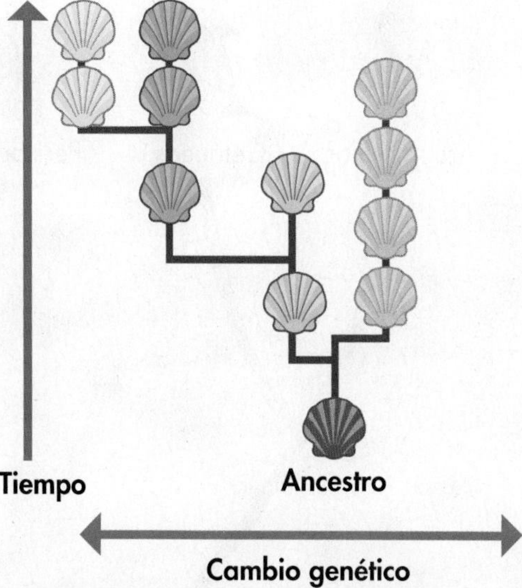

El equilibrio interrumpido implica períodos estables interrumpidos por cambios rápidos.

Radiación adaptativa y evolución convergente

¿Cuáles son los dos patrones de la macroevolución?

Cuando los paleontólogos estudian el registro fósil, buscan patrones. **Dos importantes patrones de macroevolución son la radiación adaptativa y la evolución convergente.** Como verás, Darwin observó ambos mientras estaba a bordo del *Beagle.*

Radiación adaptativa Los estudios de los fósiles y los seres vivos a menudo muestran que una única especie o pequeños grupos de ellas se han diversificado en el transcurso del tiempo en un clado que contiene muchas especies. Éstas muestran variaciones en el plano corporal ancestral del grupo y a menudo ocupan diferentes nichos ecológicos. Estas diferencias son el producto de un proceso evolutivo llamado **radiación adaptativa** por el que una sola especie o un grupo pequeño de especies evoluciona en un período relativamente corto y da lugar a diferentes seres que viven de diferentes maneras. Puede ocurrir cuando las especies emigran a un nuevo medio ambiente o cuando la extinción despoja a uno de un gran número de habitantes. Además, una especie puede evolucionar una nueva característica que le permita beneficiarse de un medio ambiente no aprovechado.

▶ ***Radiaciones adaptativas en el registro fósil*** Los dinosaurios, una de las muchas espectaculares radiaciones adaptativas de los reptiles, prosperaron durante casi 150 millones de años durante el Mesozoico. El registro fósil documenta que en el apogeo de los dinosaurios, los mamíferos se diversificaron pero seguían siendo pocos. Sin embargo, después de la extinción de la mayoría de los dinosaurios, comenzó una radiación adaptativa de los mamíferos. Esa radiación, parte de la cual se muestra en la **ilustración 19–11,** produjo la gran diversidad de mamíferos de la era Cenozoica.

ILUSTRACIÓN 19–11 Radiación adaptativa Este diagrama muestra parte de la radiación adaptativa de los mamíferos. Observa cómo los grupos de animales que se muestran se han adaptado a muchas formas de vida diferentes, incluyendo dos grupos que se convirtieron en acuáticos. **Interpretar material visual** ***Según este diagrama, ¿qué grupo de mamíferos está más estrechamente relacionado con los elefantes? ¿Esto te sorprende? Explica tu respuesta.***

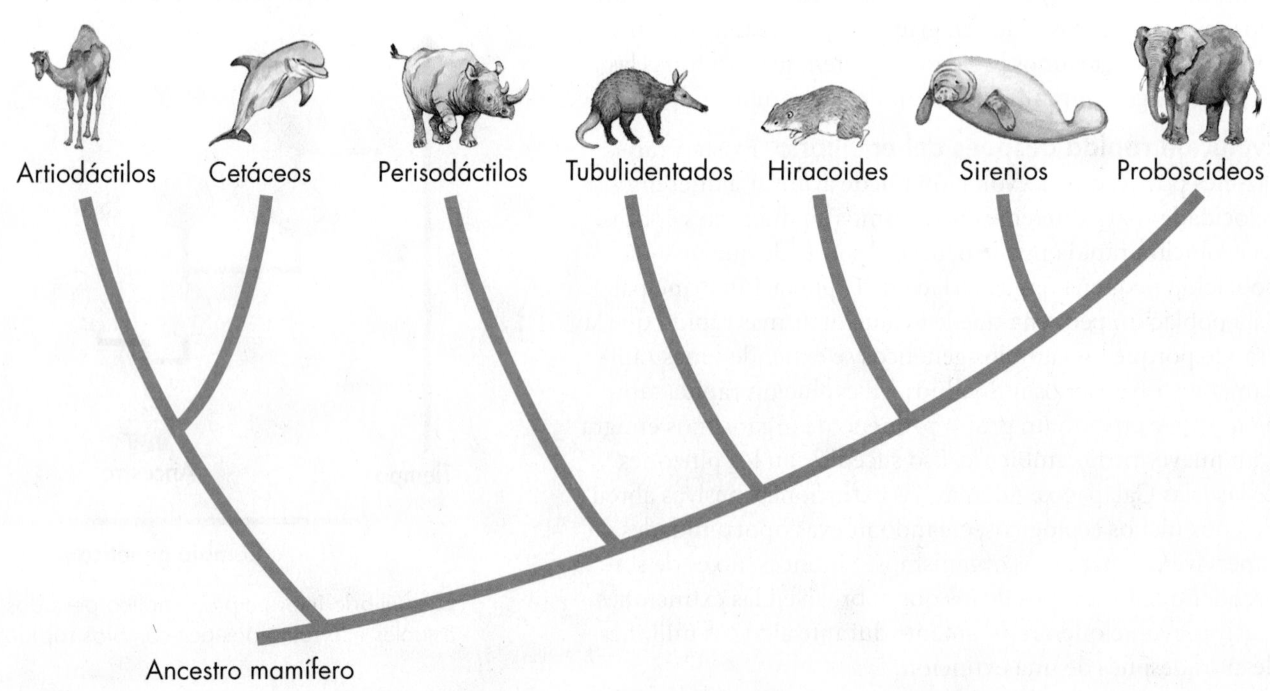

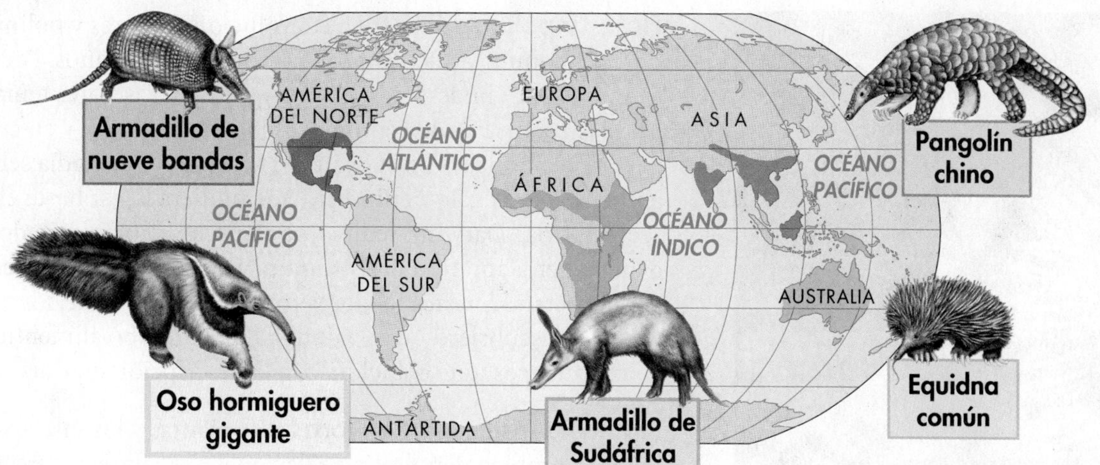

ILUSTRACIÓN 19–12 Evolución convergente Los mamíferos que se alimentan de hormigas y termitas evolucionaron de manera independiente cinco veces. A pesar de que cada especie es única, cada una ha evolucionado poderosas garras frontales, un hocico largo y sin pelo y una lengua cubierta de saliva pegajosa. Estas adaptaciones son útiles para atrapar y comer insectos.

▶ ***Radiaciones adaptativas modernas*** Los pinzones de las Islas Galápagos y los trepadores mieleros hawaianos son dos ejemplos de radiaciones adaptativas en organismos modernos. En ambos casos, numerosas especies evolucionaron de una sola especie fundadora. Tanto los pinzones como los trepadores mieleros evolucionaron diferentes picos y comportamientos que les permitieron comer diferentes tipos de alimentos.

Evolución convergente A veces, los grupos de organismos evolucionan en diferentes lugares o diferentes épocas, pero en medios ambientes semejantes. Estos organismos comienzan con diferentes estructuras en las que la selección natural puede funcionar. Pero enfrentan presiones semejantes en la selección. En estas situaciones, la selección natural puede moldear diferentes estructuras corporales de manera que realicen funciones similares. Debido a que realizan funciones similares, estas estructuras corporales pueden verse diferentes. La evolución produce estructuras y características semejantes en organismos lejanamente relacionados a través del proceso de **evolución convergente,** que ha ocurrido a menudo tanto en plantas como en animales. Por ejemplo, los mamíferos que se alimentan de hormigas y termitas evolucionaron no una, sino cinco veces, en las diferentes regiones que se muestran en la **ilustración 19–12.** ¿Recuerdas cómo Darwin observó asombrosas semejanzas entre aves de pradera grandes y lejanamente relacionadas? Los emúes, los ñandúes y los avestruces son otro ejemplo de la evolución convergente.

Coevolución

¿Qué características evolutivas son típicas de las especies en coevolución?

A veces las historias de la vida de dos o más especies están tan estrechamente relacionadas que evolucionan juntas. Por ejemplo, muchas plantas con flores sólo se pueden reproducir si sus flores atraen a especies polinizadoras específicas. A su vez, los polinizadores dependen de las flores de ciertas plantas para obtener alimento en forma de polen o néctar. El proceso por el que dos especies evolucionan en respuesta a cambios mutuos en el transcurso del tiempo se llama **coevolución.** **Las relaciones que existen entre los organismos en coevolución a menudo se vuelven tan específicas que ninguno de los dos puede sobrevivir sin el otro. Por tanto, un cambio evolutivo en un organismo, por lo general es seguido por un cambio en el otro organismo.**

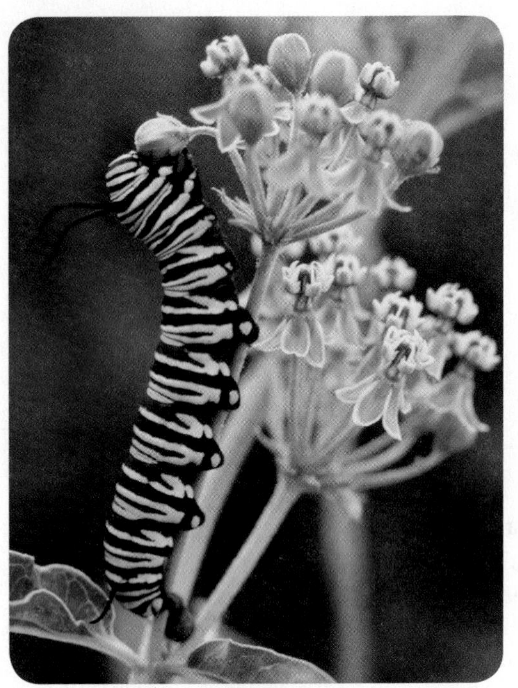

ILUSTRACIÓN 19–13 Plantas e insectos herbívoros Las plantas de algodoncillo producen sustancias químicas tóxicas. Pero las orugas monarca no sólo pueden tolerar esta toxina, sino también almacenarla en sus tejidos corporales para usarla como defensa contra *sus* depredadores.

Flores y polinizadores La coevolución de flores y polinizadores es común y puede producir resultados extraños. Por ejemplo, Darwin descubrió una orquídea cuyas flores tenían una larga estructura de 40 centímetros llamada espolón y en cuya parte inferior había un suministro de néctar, que podía servir de alimento para cualquier insecto que pudiera llegar hasta él. Pero, ¿cuál podría? Darwin predijo que algún insecto polinizador debía tener algún tipo de estructura alimenticia que pudiera llegar al néctar. Él nunca lo vio. Pero 40 años más tarde, los investigadores descubrieron una palomilla con un tubo alimenticio de 40 centímetros ¡que coincidía con la descripción de Darwin!

Plantas e insectos herbívoros Las plantas y los insectos herbívoros también demuestran relaciones coevolutivas cercanas, aunque menos "amistosas". Los insectos se han alimentado de las plantas con flores desde que surgieron ambos grupos. Con el tiempo, muchas plantas evolucionaron complejos venenosos o de mal sabor para desalentar a los insectos de comerlas. Algunos de estos venenos naturales tan poderosos son compuestos desarrollados por las plantas en respuesta a los ataques de insectos. Pero una vez que las plantas comenzaron a producir venenos, la selección natural de los insectos herbívoros favoreció las variantes que pudieran alterar, desactivar o eliminar esos venenos. El tiempo, y de nuevo, un grupo de insectos, como la oruga de la **ilustración 19–13,** evolucionaron una manera de manejar los venenos específicos producidos por ciertos grupos de plantas.

19.2 Evaluación

Repaso de conceptos clave

1. a. **Repasar** ¿Cómo afecta la variación de un clado a la probabilidad de sobrevivir un cambio ambiental?
   b. **Comparar y contrastar** ¿En qué se diferencia la extinción masiva de la extinción de fondo?
2. a. **Repasar** Explica en qué se diferencia el equilibrio interrumpido del gradualismo.
   b. **Relacionar causa y efecto** ¿Por qué la evolución se acelera cuando un grupo pequeño de organismos emigra a un nuevo medio ambiente?
3. a. **Repasar** ¿Qué es la radiación adaptativa?
   b. **Relacionar causa y efecto** ¿Cuándo podría la radiación adaptativa dar origen a la evolución convergente?
4. a. **Repasar** ¿Qué es la coevolución?
   b. **Aplica los conceptos** Describe un ejemplo de la coevolución.

Aplica la gran idea

Evolución

5. ¿Qué papel desempeña el medio ambiente en la evolución convergente?

BIOLOGY.com Search Lesson 19.2 GO  • Self-Test • Lesson Assessment

19.3 Inicio de la historia de la Tierra

PIÉNSALO ¿Cómo se originó la vida en la Tierra? ¿Cuáles fueron las primeras formas de vida? ¿Cómo interactuaba la vida con la biósfera? La investigación del origen de la vida es un campo dinámico. Pero a pesar de que algunas hipótesis actuales probablemente cambiarán, nuestro entendimiento sobre otros aspectos de la historia está aumentando.

Preguntas clave

¿Qué hipótesis plantean los científicos sobre las primeras etapas de la Tierra y el origen de la vida?

¿Qué teoría explica el origen de las células eucariotas?

¿Qué importancia evolutiva tiene la reproducción sexual?

Vocabulario

teoría endosimbiótica

Tomar notas

Diagrama de flujo Elabora un diagrama de flujo que muestre que las hipótesis que plantean los científicos son los pasos principales desde el origen de la Tierra hasta la aparición de las células eucariotas.

Los misterios de los orígenes de la vida

¿Qué hipótesis plantean los científicos sobre las primeras etapas de la Tierra y el origen de la vida?

Las pruebas astronómicas y geológicas sugieren que la Tierra se formó a medida que residuos cósmicos colisionaban contra ella. Mientras el planeta era joven, fue golpeado por enormes objetos y se derritió. Durante millones de años, una violenta actividad volcánica sacudió su corteza. Cometas y asteroides bombardeaban su superficie. Hace como 4.2 mil millones de años, el planeta se enfrió lo suficiente para que se formaran rocas sólidas, el agua se condensara y cayera como lluvia y se formaran los océanos.

Este joven planeta era muy diferente de la Tierra actual. **La primera atmósfera de la Tierra contenía poco o nada de oxígeno. Estaba compuesta principalmente por dióxido de carbono, vapor de agua y nitrógeno, con menores cantidades de monóxido de carbono, sulfuro de hidrógeno y cianuro de hidrógeno.** Si hubieras estado ahí, ¡unas pocas inhalaciones te hubieran matado! Debido a los gases de la atmósfera, es probable que el cielo fuera de color rosa y naranja. Y debido a que los océanos contenían mucho hierro disuelto, probablemente eran de color pardo. Esta era la Tierra en la que la vida comenzó.

ILUSTRACIÓN 19–14 El inicio de la Tierra Violentas erupciones volcánicas ayudaron a formar el inicio de la historia de la Tierra.

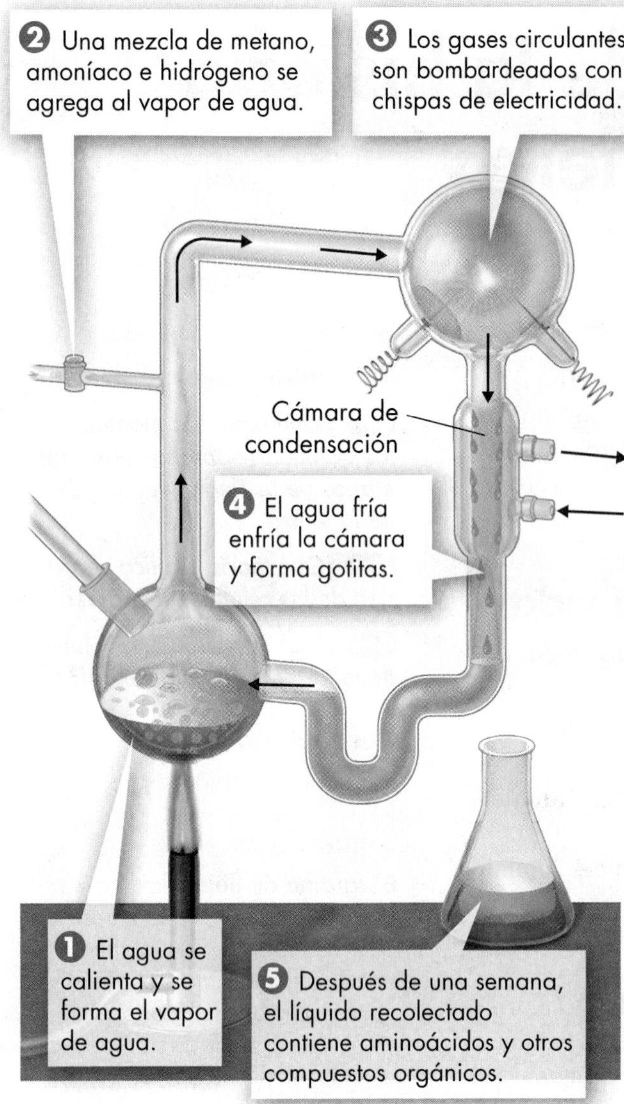

2 Una mezcla de metano, amoníaco e hidrógeno se agrega al vapor de agua.
3 Los gases circulantes son bombardeados con chispas de electricidad.
Cámara de condensación
4 El agua fría enfría la cámara y forma gotitas.
1 El agua se calienta y se forma el vapor de agua.
5 Después de una semana, el líquido recolectado contiene aminoácidos y otros compuestos orgánicos.

ILUSTRACIÓN 19–15 Experimento de Miller y Urey Miller y Urey produjeron aminoácidos, que se requieren para producir las proteínas, al pasar chispas por una mezcla de hidrógeno, metano, amoníaco y vapor de agua. Las pruebas ahora sugieren que la composición de la primera atmósfera de la Tierra era diferente de la de su experimento de 1953. Sin embargo, experimentos más recientes con diferentes mezclas de gases han producido resultados semejantes.

Las primeras moléculas orgánicas ¿Se podrían ensamblar moléculas orgánicas bajo las condiciones del inicio de la Tierra? En 1953, los químicos Stanley Miller y Harold Urey trataron de responder esa pregunta. Llenaron un matraz estéril con agua, para simular los océanos y lo hirvieron. Al vapor del agua le agregaron metano, amoníaco e hidrógeno para simular lo que pensaban había sido la composición de la primera atmósfera de la Tierra. Luego, como se muestra en la **ilustración 19–15,** pasaron los gases por electrodos, que simulaban los relámpagos. Después, pasaron los gases por una cámara de condensación, donde agua fría los enfriaba, produciendo la formación de gotas. El líquido circuló a través del aparato experimental durante una semana. Los resultados fueron espectaculares: se produjeron 21 aminoácidos, los elementos básicos de las proteínas. **El experimento de Miller y Urey sugería la manera en que pudieron haber surgido las mezclas de los compuestos orgánicos requeridos para la vida a partir de compuestos más simples de una Tierra primitiva.**

Ahora sabemos que las ideas de Miller y Urey sobre la composición de la primera atmósfera eran incorrectas. Pero nuevos experimentos basados en ideas actuales sobre ella también han producido compuestos orgánicos. De hecho, en 1995, una de las mezclas más precisas de Miller produjo citosina y uracilo, dos bases halladas en el ARN.

Formación de microesferas Un cocido de moléculas orgánicas está muy lejos de ser una célula viva y el salto de la no vida a la vida es el mayor vacío en las hipótesis científicas sobre las primeras etapas de la historia de la vida. Las pruebas geológicas sugieren que durante el eón Arcaico, 200 a 300 millones de años después de que la Tierra se enfrió lo suficiente para mantener al agua en estado líquido, eran comunes las células parecidas a bacterias. ¿Cómo se originaron estas células?

Bajo ciertas condiciones, las moléculas orgánicas grandes forman diminutas burbujas llamadas microesferas proteinoides. Las microesferas no son células, pero tienen algunas características de los sistemas vivos. Al igual que las células, tienen membranas con permeabilidad selectiva por las que el agua puede pasar. Las microesferas también tienen formas simples de almacenar y liberar energía. Varias hipótesis sugieren que estructuras similares a las microesferas proteinoides adquirieron las características de las células vivas hace aproximadamente 3.8 mil millones de años.

Evolución del ARN y el ADN Otra pregunta sin responder es el origen del ARN y el ADN. Recuerda que las células son controladas por la información almacenada en el ADN, que es transcrito en ARN y luego traducido en proteínas. ¿Cómo pudo haber evolucionado esta compleja maquinaria bioquímica?

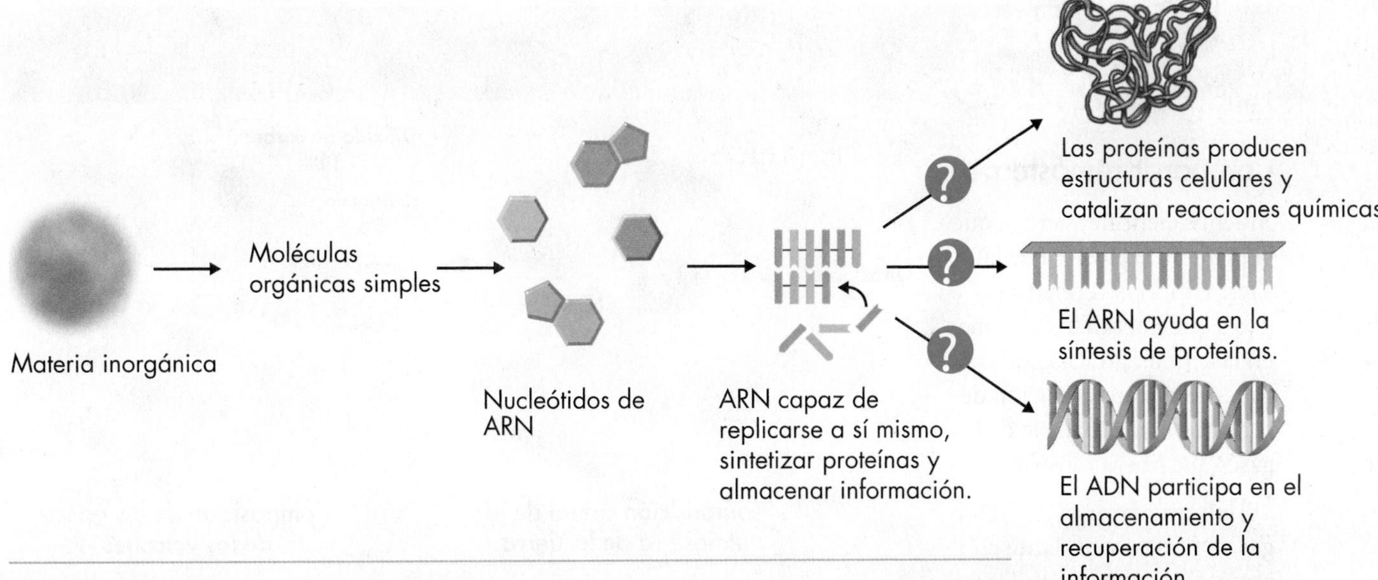
Materia inorgánica
Moléculas orgánicas simples
Nucleótidos de ARN
ARN capaz de replicarse a sí mismo, sintetizar proteínas y almacenar información.
Las proteínas producen estructuras celulares y catalizan reacciones químicas.
El ARN ayuda en la síntesis de proteínas.
El ADN participa en el almacenamiento y recuperación de la información.

ILUSTRACIÓN 19–16 Origen del ARN y el ADN La hipótesis del "mundo del ARN" sobre el origen de la vida sugiere que el ARN evolucionó antes que el ADN. Los científicos todavía no han demostrado las etapas posteriores de este proceso en el entorno del laboratorio. **Interpretar material visual** ***¿Cómo habría almacenado el ARN la información genética?***

Los científicos todavía no resuelven este misterio, pero los biólogos moleculares han generado intrigantes hipótesis. Varios experimentos que simulaban las condiciones del inicio de la Tierra sugieren que a partir de moléculas más simples se pudieron haber formado pequeñas secuencias de ARN. ¿Por qué es esto interesante? Porque ahora sabemos que, bajo las condiciones adecuadas, algunas secuencias de ARN ayudan a replicar el ADN. Otras secuencias procesan el ARN mensajero después de la transcripción. Otras catalizan las reacciones químicas y algunas moléculas de ARN incluso crecen y se replican. **La hipótesis del "mundo del ARN" propone que el ARN existió por sí mismo antes que el ADN. A partir de este sistema simple basado en el ARN, varios pasos podrían haber conducido a la síntesis de proteínas dirigida por el ADN.** Esta hipótesis, mostrada en la **ilustración 19–16,** todavía se está probando.

Producción de oxígeno libre Se han hallado fósiles microscópicos o microfósiles de procariotas parecidos a bacterias, en rocas arcaicas de más de 3.5 mil millones de años. Esas primeras formas de vida evolucionaron sin oxígeno porque en esa época la atmósfera de la Tierra contenía muy poco de ese gas altamente reactivo.

Al principio del eón Proterozoico, las bacterias fotosintéticas se volvieron muy comunes. Hace 2.2 mil millones de años, estos organismos produjeron mucho oxígeno. Al principio, el oxígeno combinado con el hierro de los océanos, produjo óxido de hierro, o herrumbre, que no es soluble en agua y se hundía hasta el lecho marino, formando grandes bandas de hierro que son la fuente de casi todo el mineral de hierro que se extrae en la actualidad. Sin hierro, los océanos cambiaron de color, de pardo a azul verdoso.

Después, el gas oxígeno comenzó a acumularse en la atmósfera, se formó la capa de ozono y los cielos adquirieron su actual tono azul. Durante varios cientos de millones de años, las concentraciones de oxígeno aumentaron hasta llegar a los niveles actuales. De alguna manera, este aumento originó la primera crisis global de "contaminación". Para las primeras células, que evolucionaban sin oxígeno, ¡este gas reactivo era un veneno mortal! El aumento del oxígeno en la atmósfera extinguió algunas de las primeras formas de vida. Sin embargo, otros organismos desarrollaron nuevos caminos metabólicos que usaban oxígeno para respirar. También desarrollaron formas de protegerse de las poderosas aptitudes reactivas del oxígeno.

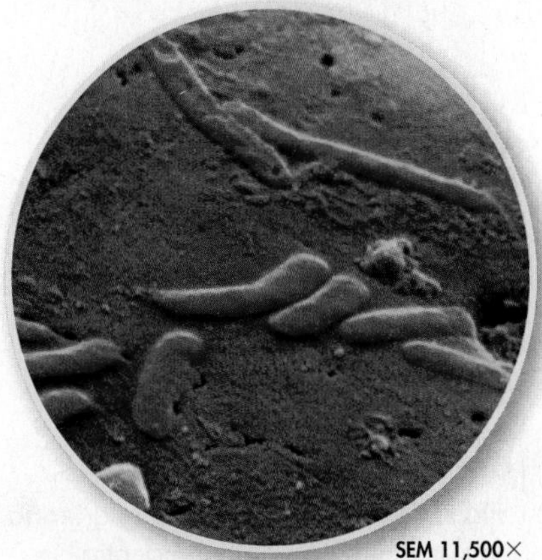
SEM 11,500×

ILUSTRACIÓN 19–17 Bacterias fosilizadas Las bacterias fosilizadas son las primeras pruebas de la vida en la Tierra. Estas células bacterianas en forma de barra (rojas) se ven calcificadas en la concha de un protozoario unicelular.

Analizar datos

Comparar atmósferas

Muchos científicos creen que la primera atmósfera de la Tierra pudo parecerse a los gases que liberan los volcanes en la actualidad. Las gráficas muestran la composición de la atmósfera actual y la de los gases que liberan los volcanes.

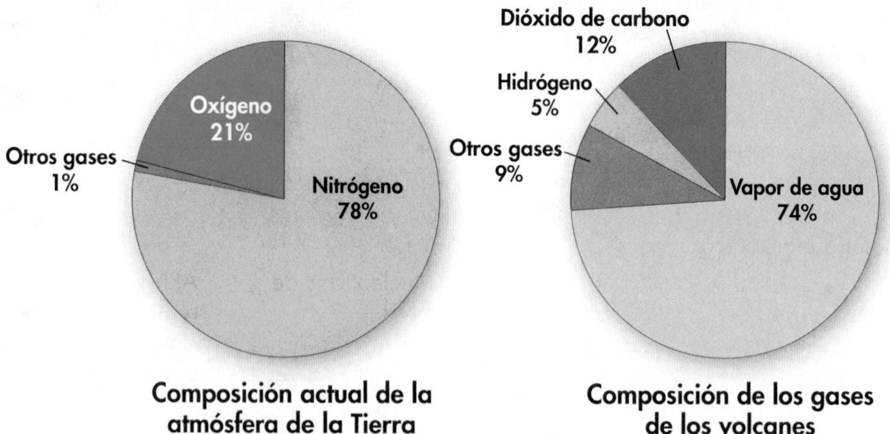

1. Interpretar gráficas ¿Qué gas es el más abundante en la atmósfera actual de la Tierra? ¿Qué porcentaje de ese gas pudo haber estado presente en la primera atmósfera?

2. Interpretar gráficas ¿Qué gas fue probablemente el más abundante en la primera atmósfera?

3. Inferir ¿De dónde es probable que surgiera el agua de los océanos actuales?

Origen de las células eucariotas

¿Qué teoría explica el origen de las células eucariotas?

Uno de los sucesos más importantes en la historia de la vida fue la evolución de células eucariotas a partir de otras procariotas. Recuerda que las células eucariotas tienen núcleos y las procariotas no. Las eucariotas también tienen organelos complejos y prácticamente todas tienen mitocondrias y tanto las plantas como las algas tienen también cloroplastos. ¿Cómo evolucionaron estas células complejas?

Teoría endosimbiótica Los investigadores plantearon la hipótesis de que hace aproximadamente 2 mil millones de años, algunos procariotas antiguos comenzaron a evolucionar membranas celulares internas. Estos procariotas fueron los ancestros de los organismos eucariotas. Luego, según la **teoría endosimbiótica,** las células procariotas entraron en esos eucariotas ancestros. Estos invasores no infectaban a sus huéspedes, como lo harían los parásitos, y las células huéspedes no los digerían, como hubieran digerido a sus presas. En su lugar, los pequeños procariotas comenzaron a vivir dentro de las células más grandes, como se muestra en la **ilustración 19–18.**

La teoría endosimbiótica propone que en el transcurso del tiempo evolucionó una relación simbiótica entre las células eucariotas primitivas y las células procariotas que estaban dentro de ellas. Esta idea fue propuesta hace más de un siglo. En esa época, los microscopistas observaron que las membranas de las mitocondrias y los cloroplastos se parecían a las membranas celulares de los procariotas que vivían libremente. Esta observación produjo dos hipótesis relacionadas.

DESARROLLAR el vocabulario

PREFIJOS El prefijo *endo-* de la **teoría endosimbiótica** significa "dentro" o "interno". La teoría endosimbiótica implica una relación simbiótica entre las células eucariotas y los procariotas que están dentro de ellas.

Una hipótesis propone que las mitocondrias evolucionaron de procariotas endosimbióticos que podían usar oxígeno para generar ATP alto en energía. Dentro de las células eucariotas primitivas, estos procariotas generadores de energía evolucionaron en mitocondrias que ahora estimulan las células de todos los organismos multicelulares. Las mitocondrias permitieron a las células metabolizar el oxígeno libre que había en la atmósfera. Sin esta capacidad, las células hubieran muerto.

Otra hipótesis propone que los cloroplastos evolucionaron de procariotas endosimbióticos que podían realizar la fotosíntesis. Con el paso del tiempo, estos procariotas fotosintéticos evolucionaron dentro de células eucariotas en los cloroplastos de plantas y algas.

Pruebas modernas En la década de 1960, Lynn Margulis de la Universidad de Boston reunió pruebas que apoyaban la teoría endosimbiótica. Las observaciones de Margulis fueron primero que las mitocondrias y los cloroplastos contenían ADN semejante al ADN bacteriano. Segundo, que las mitocondrias y los cloroplastos tenían ribosomas cuyo tamaño y estructura se asemejaban mucho a los de las bacterias. Y tercero, que las mitocondrias y los cloroplastos, como las bacterias, se reproducían por fisión binaria cuando las células que los contienen se dividen por mitosis. Por tanto, mitocondrias y cloroplastos comparten muchas de las características de las bacterias que viven libremente. Estas semejanzas proporcionaron sólidas pruebas de un ancestro común entre las bacterias que viven libremente y los organelos de las células eucariotas vivas.

En tu cuaderno *Describe dos hipótesis relacionadas con la teoría endosimbiótica.*

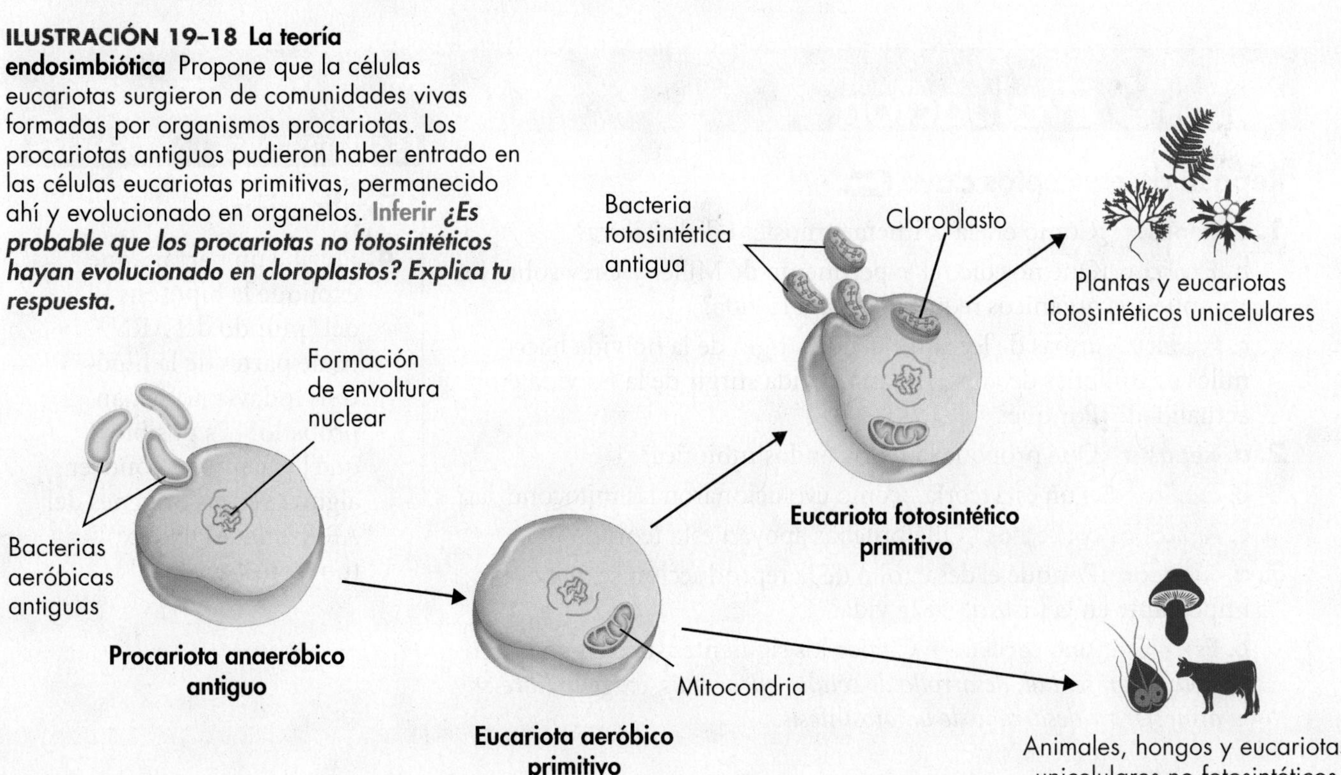

ILUSTRACIÓN 19–18 La teoría endosimbiótica Propone que la células eucariotas surgieron de comunidades vivas formadas por organismos procariotas. Los procariotas antiguos pudieron haber entrado en las células eucariotas primitivas, permanecido ahí y evolucionado en organelos. **Inferir** ***¿Es probable que los procariotas no fotosintéticos hayan evolucionado en cloroplastos? Explica tu respuesta.***

Reproducción sexual y multicelularidad

¿Qué importancia evolutiva tiene la reproducción sexual?

Poco después de su aparición, las células eucariotas comenzaron a reproducirse sexualmente. **El desarrollo de la reproducción sexual aceleró el cambio evolutivo porque ésta aumenta la variación genética.**

Importancia de la reproducción sexual Cuando los procariotas se reproducen asexualmente, duplican su material genético y lo transmiten a las células hijas. Este proceso es eficaz, pero produce células hijas cuyos genomas duplican el genoma de su progenitor. La variación genética está restringida básicamente a las mutaciones en el ADN.

En contraste, cuando las eucariotas se reproducen sexualmente, su descendencia recibe material genético de ambos progenitores. La meiosis y la fecundación mezclan una y otra vez los genes, generando mucha diversidad genética. Esa es la razón por la que la descendencia de los organismos de reproducción sexual nunca son idénticos a sus progenitores ni a sus hermanos (exceptuando a los gemelos idénticos). Cuanta más variación se herede, mas "materia prima" tiene la selección natural para trabajar. La variación genética aumenta la probabilidad de que una población se adapte a las condiciones ambientales nuevas o cambiantes.

Multicelularidad Los organismos multicelulares se desarrollaron cientos de millones de años después de la evolución de la reproducción sexual. Los primeros organismos multicelulares sufrieron una serie de radiaciones adaptativas, que dieron como resultado una gran diversidad.

19.3 Evaluación

Repaso de conceptos clave

1. a. **Repasar** ¿Cómo era la primera atmósfera de la Tierra?
   b. **Explicar** ¿Qué nos dice el experimento de Miller y Urey sobre los compuestos orgánicos requeridos para la vida?
   c. **Predecir** Acabas de leer que la vida surgió de la no vida hace miles de millones de años. ¿Podría la vida surgir de la no vida en la actualidad? ¿Por qué?
2. a. **Repasar** ¿Qué propone la teoría endosimbiótica?
   b. **Explicar** Según esta teoría, ¿cómo evolucionaron las mitocondrias?
   c. **Aplica los conceptos** ¿Qué pruebas apoyan esta teoría?
3. a. **Repasar** ¿Por qué el desarrollo de la reproducción sexual es tan importante en la historia de la vida?
   b. **Establecer una secuencia** Coloca los siguientes sucesos en orden: *reproducción sexual, desarrollo de células eucariotas, oxígeno libre en la atmósfera y desarrollo de la fotosíntesis.*

ESCRIBIR SOBRE LAS CIENCIAS

Explicación

4. Escribe un párrafo que explique la hipótesis del "mundo del ARN". ¿Qué partes de la hipótesis todavía no se han probado? ¿Es posible que lleguemos a conocer alguna vez los orígenes del ARN y del ADN? Explica tu respuesta.

BIOLOGY.com Search Lesson 19.3  • Self-Test • Lesson Assessment

Profesiones en BIOLOGÍA

Más del 99 por ciento de las especies que alguna vez vivieron están ahora extintas. Si te interesa el estudio de vidas pasadas, quizá debas considerar alguna de las siguientes profesiones:

PREPARADOR DE FÓSILES

Si crees lo que ves en las películas, los fósiles por lo general se hallan perfectamente conservados e intactos. Pero la verdad es que casi siempre se hallan revueltos y recubiertos de rocas. Con microscopios y delicadas herramientas manuales, los preparadores de fósiles remueven los fósiles de las rocas que los rodean. Los preparadores reconstruyen cuidadosamente las piezas dañadas y registran información sobre la posición del fósil y la composición de las rocas.

GUÍA DE MUSEO

Los guías de museo son educadores. Pero en lugar de usar libros para enseñar, usan las exposiciones de los museos. Por ejemplo, un guía del museo de historia natural puede tener acceso a fósiles que las personas puedan tocar y manipular. Los guías de museo también realizan demostraciones e imparten charlas informales.

PALEONTÓLOGO

Los paleontólogos estudian la vida antigua y extinta. Sin embargo, no todo se trata de fósiles. Hoy en día, los paleontólogos usan desde la bioquímica hasta la representación por computadora para comprender las relaciones evolutivas que existen entre los organismos. A veces también usan animales vivos para estudiar el movimiento, el comportamiento o el desarrollo.

ENFOQUE PROFESIONAL:

Dra. Kristi Curry Rogers, curadora de paleontología, Museo de Ciencias de Minnesota

El trabajo de la Dra. Curry Rogers es grande, muy grande. Es una paleontóloga que estudia cómo crecían los dinosaurios saurópodos gigantes de cuello largo. ¿Cómo se puede estudiar la manera en que creció un animal extinto hace más de 65 millones de años? Al estudiar su estructura ósea microscópica, la Dra. Curry Rogers puede calcular cuánto tiempo le tomó al animal alcanzar su tamaño completo. Este tipo de investigación puede ayudar a los científicos a comprender cómo regulaban los dinosaurios su temperatura corporal. Además de las preguntas sobre el crecimiento de los saurópodos, la Dra. Curry Rogers también investiga las relaciones entre los diferentes saurópodos.

"A diferencia de muchos chicos que sólo atraviesan por una 'etapa en la que aman a los fósiles', ¡yo nunca la superé!"

ESCRITURA Elige una de estas profesiones y explica su importancia para comprender la historia de la vida.

EÓN FANEROZOICO

ERA PALEOZOICA

Período Cámbrico | Período Ordovícico | Período Silúrico

Período Cámbrico

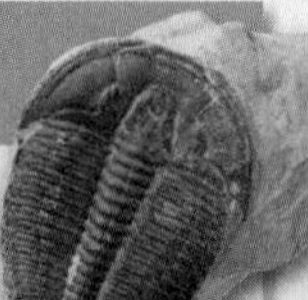

▲ *Elrathia*

En este período, la vida multicelular experimentó una gran radiación adaptativa, la explosión cámbrica. Muchas especies quedaron fosilizadas porque los organismos desarrollaron partes corporales duras (caparazones y exoesqueletos). Los continentes se movían creando enormes hábitats marinos poco profundos. Aparecieron los peces sin mandíbula. El Cámbrico terminó con una extinción masiva; desapareció 30% de los animales.

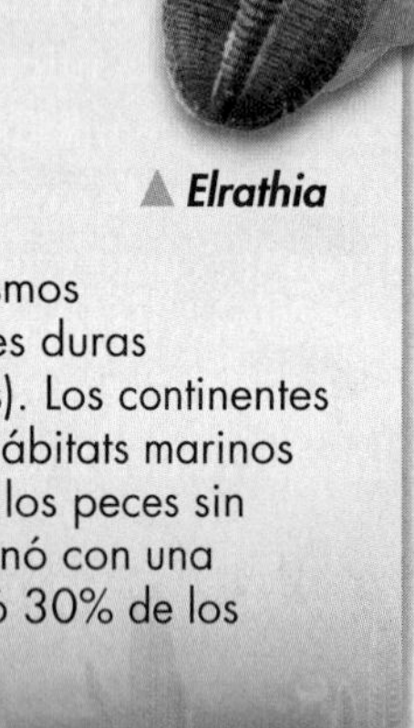

Período Silúrico

▲ **Fósil de lirio marino**

En este período, surgieron áreas terrestres que drenaron los mares poco profundos, creando hábitats tropicales húmedos. Los peces sin mandíbula sufrieron una extensa radiación y aparecieron los primeros con verdaderas mandíbulas. Las primeras plantas terrestres multicelulares evolucionaron de ancestros acuáticos. Los artrópodos fueron los primeros animales en vivir en la tierra.

▲ ***Cephalaspis* (pez sin mandíbula parecido a las rayas)**

▼ ***Stenaster* (primera estrella de mar)**

***Pleurocysities* (primeros equinodermos)** ▼

Período Ordovícico

Los océanos inundaron enormes áreas de tierra, creando más hábitats marinos poco profundos. Los grupos de animales que sobrevivieron a la extinción cámbrica sufrieron drásticas radiaciones adaptativas, que generaron una gran diversidad en el filo animal principal. Los invertebrados dominaban los mares. Los primeros vertebrados evolucionaron coberturas óseas.

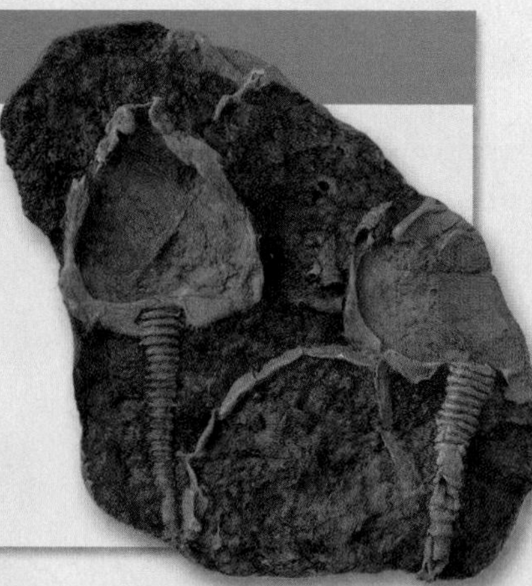

Período Devónico | Período Carbonífero | Período Pérmico

Período Devónico

En este período, los invertebrados y vertebrados prosperaron en los mares. Los peces desarrollaron mandíbulas, esqueletos óseos y escamas. Los tiburones comenzaron su radiación adaptativa. Ciertos grupos de peces desarrollaron aletas parecidas a patas y algunos evolucionaron en los primeros anfibios. Algunas plantas terrestres, como los helechos, se adaptaron a áreas más secas. Aparecen los insectos.

◀ Helecho fósil del período Carbonífero

Período Pérmico

En este período, los invertebrados, vertebrados y plantas terrestres siguieron expandiéndose por los continentes. Los reptiles experimentaron la primera de muchas importantes radiaciones adaptativas, origen de los ancestros de los reptiles modernos, los dinosaurios y los mamíferos. Este período terminó con la mayor extinción masiva. Más del 50% de animales terrestres y más de 95% de especies marinas se extinguieron.

▲ Crinoide

Uno de los primeros anfibios ▼

Período Carbonífero

En este período, la formación de montañas creó una amplia gama de hábitats, desde tierras bajas pantanosas hasta áreas de tierras altas más secas. Helechos gigantes, licopodios y colas de caballo formaron extensos bosques pantanosos. Los anfibios, los insectos y las plantas terrestres sufrieron importantes radiaciones adaptativas. Los insectos con alas evolucionaron en muchas formas, incluyendo enormes libélulas y cucarachas. Para los primeros vertebrados, los insectos eran alimento; para las plantas, eran depredadores. Los primeros reptiles evolucionaron de anfibios antiguos.

EÓN FANEROZOICO

ERA MESOZOICA

Período Triásico | Período Jurásico | Período Cretácico

Período Triásico

En este período, los peces, insectos, reptiles y plantas con conos que sobrevivieron, evolucionaron rápidamente. Hace casi 225 millones de años, evolucionaron los primeros dinosaurios. Los primeros mamíferos evolucionaron a finales del Triásico. Eran muy pequeños, del tamaño de un ratón o musaraña.

▲ Cola de caballo viva

▲ Fósil de cola de caballo

Período Jurásico

En este período, los dinosaurios se convirtieron en los animales terrestres más diversos. Ellos "reinaron" durante casi 150 millones de años, pero diferentes tipos vivieron en diferentes épocas. Un linaje de dinosaurios desarrolló plumas y a la larga condujo a las aves modernas. El *Archaeopteryx*, el primer fósil emplumado descubierto, evolucionó durante esta época.

◀ Fósil de Pterodáctilo

Período Cretácico

En este período, el *Tiranosaurio rex* deambulaba por la tierra, mientras los reptiles y las aves volaban por los cielos. Las tortugas, los cocodrilos y otros reptiles ahora extintos como los plesiosaurios nadaban en los mares entre peces e invertebrados. Surgieron frondosos árboles, arbustos y plantas con flores que experimentaron radiaciones adaptativas. El Cretácico terminó con otra extinción masiva. Más de la mitad de los grupos de plantas y animales desaparecieron, incluyendo a todos los dinosaurios excepto los ancestros de las aves modernas.

▲ *T. rex*

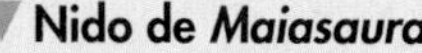

▼ Nido de *Maiasaura*

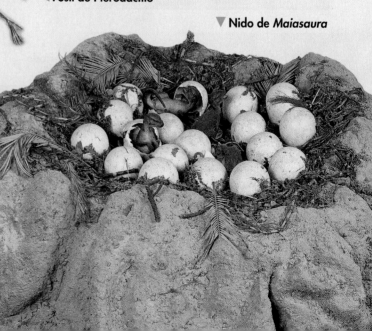

ERA CENOZOICA

Período Paleógeno | **Período Neógeno** | **Período Cuaternario**

Período Paleógeno

En este período, los climas cambiaron de cálidos y húmedos a fríos y secos. Las plantas con flores, los pastos y los insectos prosperaron. Después de la extinción de los dinosaurios y los reptiles marinos gigantes, los mamíferos sufrieron una importante radiación adaptativa. Conforme los climas cambiaban, los bosques eran reemplazados por bosques abiertos y praderas. Los mamíferos grandes, ancestros del ganado, los venados, las ovejas y otros animales de pastoreo, evolucionaron y se extendieron por las praderas. En el mar, las primeras ballenas evolucionaron.

▲ Uno de los primeros mamíferos

Período Neógeno

En este período, la colisión de los continentes elevó las cordilleras modernas, como los Alpes de Europa y las Montañas Rocosas, Cascadas y Sierras Nevadas de Norteamérica. Conforme se elevaban, el hielo y la nieve se acumulaban en las elevaciones altas y en el Ártico. La disminución de los niveles del mar y la colisión de los continentes crearon conexiones entre Norteamérica y Sudamérica y entre África, Europa y Asia. Esto provocó grandes movimientos de animales terrestres entre continentes. El clima todavía era frío y seco y las praderas se expandían. Los animales de pastoreo modernos seguían en coevolución con los pastos, evolucionando tractos digestivos especializados para poder comer el duro tejido con pocos nutrientes del pasto.

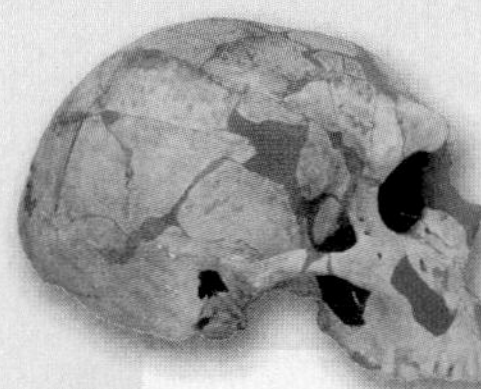

◀ Cráneo de Neandertal

Período Cuaternario

En este período, la Tierra se enfrió. Una serie de edades del hielo hizo que los gruesos glaciares avanzaran y otras partes de Europa y Norteamérica se replegaran. Había tanta agua congelada en los glaciares que los niveles del mar disminuyeron más de 100 metros. Luego, hace 20,000 años, el clima de la Tierra comenzó a calentarse. Durante miles de años, los glaciares se derritieron y los niveles del mar aumentaron. En los océanos prosperaron las algas, los corales, los moluscos, los peces y los mamíferos. Insectos y aves compartían los cielos. Los mamíferos terrestres, como murciélagos, gatos, perros, ganado y mamuts, eran comunes. Hace de 6 a 7 millones de años, un grupo de mamíferos comenzó una radiación adaptativa que condujo a los ancestros y parientes cercanos de los seres humanos modernos.

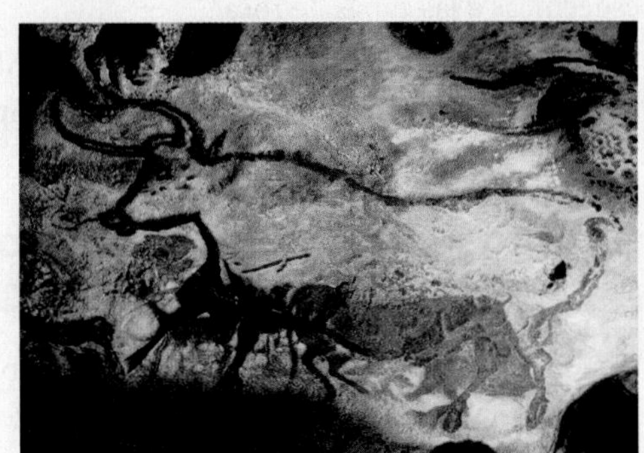

▲ Pintura rupestre

Laboratorio forense

INVESTIGACIÓN DIRIGIDA

Preparación para el laboratorio: Usar los fósiles guía

Problema ¿Cómo se pueden usar los fósiles para determinar las edades relativas de las capas de roca?

Materiales tijeras

Manual de laboratorio Laboratorio del Capítulo 19

Enfoque en las destrezas Interpretar material visual, establecer una secuencia, sacar conclusiones

Conectar con la gran idea Cuando los detectives trabajan en un caso, buscan cosas que tienen un sello de tiempo, como infracciones por mal estacionamiento y recibos de tarjetas de crédito. Estas cosas pueden ayudarles a reconstruir una secuencia de sucesos. Los sucesos relacionados con un crimen por lo general ocurren en un período de tiempo relativamente corto. En contraste, los sucesos que estudian los paleontólogos ocurrieron durante millones de años. Colocarlos en el orden adecuado puede ser desafiante. Las pistas que usa un paleontólogo para establecer la secuencia de los sucesos de la historia de la vida son los fósiles enterrados en capas de roca. En esta actividad, usarás fósiles para ordenar las capas de roca, de la más antigua a la más reciente.

Preguntas preliminares

a. **Repasar** ¿Qué es un fósil? ¿Cuáles son las características de un buen fósil guía?

b. **Explicar** ¿Qué características de la descomposición radiactiva permiten a los científicos asignar edades específicas a las capas de roca?

c. **Clasificar** ¿Cómo ayudan los fósiles a los geólogos a decidir dónde termina una división del tiempo geológico y comienza otra?

Preguntas previas al laboratorio

Examina el procedimiento en el manual de laboratorio.

1. **Organizar datos** Después de recortar los dibujos de las capas de roca, ¿cómo comenzarás el proceso de clasificar las capas según su edad?

2. **Inferir** *Desmatosuchus* era un pariente del cocodrilo que vivió sólo durante el período Triásico. Las colas de caballo son plantas que aparecieron en el Triásico y todavía existen. ¿Cuál de estos organismos podría ser más útil como fósil guía para el período Triásico? ¿Por qué?

3. **Usar analogías** Luke halló una caja de fotografías rotulada 1970–1995. Las fotografías muestran a su extensa familia, pero no tienen fechas. Luke sabe que su abuela murió en 1985 y su tío nació en 1975. La hermana de Luke nació en 1990. ¿Cómo puede usar Luke esta información para clasificar las fotografías en cuatro pilas? ¿En qué se parecen los parientes de Luke a los fósiles guía?

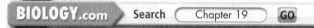

Visita el Capítulo 19 en línea para hacer una autoevaluación del capítulo y para buscar actividades que apoyan tu aprendizaje.

Untamed Science Video Remóntate en el tiempo con el equipo de *Untamed Science* para averiguar qué revelan los fósiles.

Art in Motion Observa una animación breve que muestra cómo se forman los fósiles.

Art Review Repasa tu comprensión de la composición de la atmósfera de la Tierra en sus primeras etapas al compararla con su composición actual.

Visual Analogy Compara el tiempo geológico con un reloj de 24 horas.

Data Analysis Correlaciona los datos de los sucesos de la extinción con otros tipos de datos para identificar las causas probables de la extinción.

19 Guía de estudio

La gran idea Evolución

Los paleontólogos usan fósiles para conocer las estructuras y los medios ambientes de organismos antiguos. Los fósiles también proporcionan pistas sobre los sucesos que ocurrieron durante la historia de la Tierra.

19.1 Registro fósil

En el registro fósil, los paleontólogos aprenden sobre la estructura de los organismos antiguos, su medio ambiente y sus formas de vida.

La datación relativa permite a los paleontólogos determinar si un fósil es más o menos antiguo que otros fósiles. La datación radiométrica usa la relación de isótopos radiactivos a isótopos estables para calcular la edad de una muestra.

La escala de tiempo geológico se basa en la datación relativa y en la datación absoluta. Las divisiones principales de la escala de tiempo geológico son los eones, las eras y los períodos.

La formación de montañas, la apertura de costas, el cambio en el clima y las fuerzas geológicas han alterado los hábitats de los organismos vivos en repetidas ocasiones durante la historia de la Tierra. A su vez, las acciones de los organismos vivos en el transcurso del tiempo han cambiado las condiciones de la tierra, el agua y la atmósfera del planeta Tierra.

extinto (538)
paleontólogo (539)
datación relativa (540)
fósil guía (540)
datación radiométrica (540)
vida media (540)
escala de tiempo geológico (542)
era (542)
período (543)
tectónica de placas (544)

19.2 Patrones y procesos de la evolución

Si la tasa de especiación de un clado es igual o mayor que su tasa de extinción, éste seguirá existiendo. Si la tasa de extinción de un clado es mayor que su tasa de especiación, éste al final se extinguirá.

Las pruebas muestran que la evolución a menudo ha avanzado a diferentes velocidades para los diferentes organismos en diferentes épocas durante la larga historia de la vida en la Tierra.

Dos patrones importantes de macroevolución son la radiación adaptativa y la evolución convergente. La primera ocurre cuando una sola especie o un grupo pequeño de especies evoluciona, en un período de tiempo relativamente corto, y da lugar a diferentes seres que viven de diversas maneras. La segunda, cuando organismos no relacionados evolucionan de manera similar.

Las relaciones que existen entre dos organismos en coevolución a menudo se vuelven tan específicas que ninguno de ellos puede sobrevivir sin el otro. Por tanto, un cambio evolutivo en uno por lo general es seguido de un cambio en el otro.

patrones de macroevolución (546)
extinción de fondo (548)
extinción masiva (548)
gradualismo (549)
equilibrio interrumpido (549)
radiación adaptativa (550)
evolución convergente (551)
coevolución (551)

19.3 Inicio de la historia de la Tierra

La primera atmósfera de la Tierra contenía poco o nada de oxígeno. Estaba compuesta principalmente por dióxido de carbono, vapor de agua y nitrógeno, con menores cantidades de monóxido de carbono, sulfuro de hidrógeno y cianuro de hidrógeno.

El experimento de Miller y Urey sugería la manera en que pudieron haber surgido las mezclas de los compuestos orgánicos requeridos para la vida a partir de compuestos más simples de la Tierra primitiva.

La hipótesis del "mundo del ARN" propone que éste existió por sí mismo antes del ADN. A partir de este sistema simple basado en el ARN, varios pasos pudieron haber originado la síntesis de proteínas dirigida por el ADN.

La teoría endosimbiótica propone que en el transcurso del tiempo se desarrolló una relación simbiótica entre las células eucariotas primitivas y las células procariotas que estaban dentro de ellas.

El desarrollo de la reproducción sexual aceleró el cambio evolutivo porque aumenta la variación genética.

teoría endosimbiótica (556)

Razonamiento visual Haz una tabla para comparar las eras Paleozoica, Mesozoica y Cenozoica. Incluye los períodos aproximados de cada una e identifica los organismos característicos.

19 Evaluación

19.1 Registro fósil

Comprender conceptos clave

1. Los científicos que se especializan en el estudio de los fósiles se llaman
a. biólogos. **c.** zoólogos.
b. paleontólogos. **d.** geólogos.

2. La roca sedimentaria por lo general se forma cuando capas de pequeñas partículas se comprimen
a. en la atmósfera. **c.** en las montañas.
b. en un campo nevado. **d.** bajo el agua.

3. El uso del C-14 para analizar las capas de roca
a. es un método para calcular la edad absoluta.
b. es un método para calcular la edad relativa.
c. sólo se puede aplicar en capas de roca muy antiguas.
d. es imposible porque las capas de roca no contienen carbono.

4. La vida media es el tiempo requerido para que la mitad de los átomos de una muestra radiactiva
a. se desintegre. **c.** se expanda.
b. se duplique. **d.** se genere.

5. Según la teoría de la tectónica de placas,
a. el clima de la Tierra ha cambiado muchas veces.
b. los continentes de la Tierra se mueven muy lentamente.
c. la evolución ocurre a diferentes velocidades.
d. asteroides gigantes se estrellaron contra la Tierra en el pasado.

6. ¿Cómo permite la datación relativa que los paleontólogos calculen la edad de un fósil?

7. Explica cómo se usa la radiactividad para datar las rocas.

8. ¿Qué es la escala de tiempo geológico y cómo se desarrolló?

9. ¿Cómo han afectado las actividades de los organismos al medio ambiente de la Tierra?

Razonamiento crítico

10. Calcular La vida media del carbono 14 es de 5730 años. ¿Qué edad tiene un fósil que contiene 1/16 de la cantidad de carbono 14 que contienen los organismos vivos? Explica tus cálculos. MATEMÁTICAS

11. Aplica los conceptos Los biólogos evolutivos dicen que hay una buena razón para explicar los vacíos en el registro fósil. ¿Puedes explicar por qué algunos animales y plantas extintos nunca se fosilizaron?

19.2 Patrones y procesos de la evolución

Comprender conceptos clave

12. El proceso que produce las estructuras que se ven similares en grupos de organismos no relacionados es la
a. radiación adaptativa. **c.** evolución convergente.
b. coevolución. **d.** extinción masiva.

13. El término general de los cambios evolutivos a gran escala que ocurren en largos períodos de tiempo se llama
a. macroevolución. **c.** evolución convergente.
b. coevolución. **d.** tiempo geológico.

14. Los cladogramas que están basados en el registro fósil siempre muestran
a. a los organismos que son ancestros directos de otros.
b. las relaciones que están basadas en características derivadas compartidas.
c. que los clados se componen solamente por especies extintas.
d. las edades relativas de los organismos del clado.

15. Explica y da un ejemplo del proceso de radiación adaptativa.

16. Explica el modelo de evolución conocido como equilibrio interrumpido.

17. Usa un ejemplo para explicar el concepto de coevolución.

Razonamiento crítico

18. Inferir Los cambios geológicos importantes a menudo van de la mano de extinciones masivas. ¿Por qué crees que ocurre esto?

19. Aplica los conceptos ¿Por qué es más probable que ocurra la evolución rápida en una población pequeña que se ha separado de la población principal?

20. Aplica los conceptos ¿Qué función desempeña la selección natural en la radiación adaptativa? ¿Cómo conducen estos procesos a la diversidad?

19.3 Inicio de la historia de la Tierra

Comprender conceptos clave

21. La primera atmósfera de la Tierra contenía poco o nada de
a. vapor de agua. **c.** nitrógeno.
b. dióxido de carbono. **d.** oxígeno.

22. En su experimento que representaba las condiciones de la Tierra antigua, Miller y Urey usaron chispas eléctricas para simular
a. la temperatura. **c.** los gases atmosféricos.
b. la luz solar. **d.** los relámpagos.

23. Los perfiles de las células antiguas que están tan bien conservados que se pueden identificar como procariotas se llaman
a. microfósiles. **c.** autótrofos.
b. heterótrofos. **d.** fototróficos.

24. ¿Qué hipótesis han planteado los científicos para explicar la primera atmósfera de la Tierra y la manera en que se formaron los océanos?

25. El siguiente diagrama muestra el aparato que Miller y Urey usaron en su experimento. Explica con qué representaban el agua y los gases, y lo que esperaban lograr.

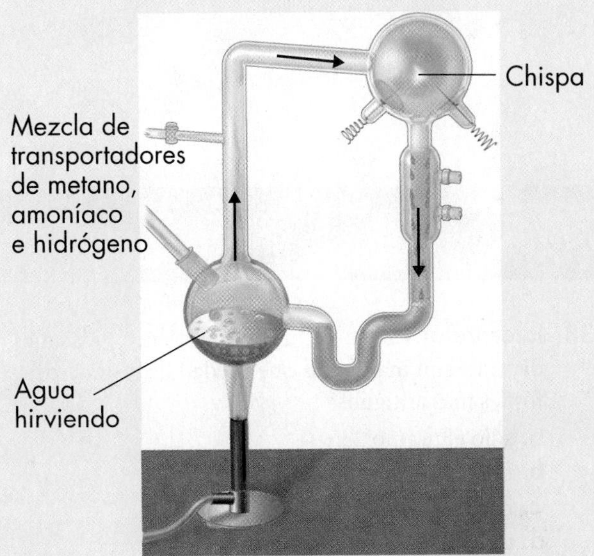

26. ¿En qué se parecen las microesferas proteinoides a las células vivas?

27. ¿Cómo afectó a la evolución de la vida la adición del oxígeno a la atmósfera de la Tierra?

28. Según la teoría endosimbiótica, ¿cómo se originaron las mitocondrias?

resuelve el MISTERIO del CAPÍTULO

MUERTE EN EL PÉRMICO

¡No es fácil resolver el misterio de una muerte que ocurrió hace 250 millones de años! Recientemente, los científicos han estudiado la química de las rocas pérmicas y los cambios en el registro fósil. Algunos determinaron que enormes y duraderas erupciones volcánicas en Siberia arrojaron dióxido de carbono a la atmósfera, provocando un cambio masivo en el clima global. Esto produjo mucho estrés ambiental para las especies y los ecosistemas.

Otros investigadores usaron análisis geológicos para mostrar que los niveles del oxígeno atmosférico bajaron hasta casi la mitad de como están ahora. Enormes partes de los océanos perdieron todo su oxígeno y, por ello, los animales terrestres que vivían cerca del nivel del mar luchaban por respirar, como lo harías si estuvieras en la cumbre del Monte Everest.

Por último, existen pruebas de que ¡un asteroide chocó contra la Tierra! Hasta el día de hoy, los paleontólogos siguen probando teorías irreconciliables que tratan de explicar cuáles de los sucesos que ocurrieron en esa época provocaron la extinción masiva. Pero estas hipótesis cambian constantemente y probablemente ya han cambiado desde que terminamos de escribir este libro.

1. **Comparar y contrastar** ¿Cómo se comparan las hipótesis actuales sobre la extinción pérmica con la teoría predominante sobre la extinción cretácica?
2. **Proponer una hipótesis** Con la información de este libro, sugiere una explicación para la extinción masiva del Pérmico.
3. **Preguntar** ¿Qué preguntas podrías plantear para averiguar si tu hipótesis es correcta? ¿Qué pruebas responderían esas preguntas?
4. **Conectar con la gran idea** ¿Qué funciones han desempeñado las extinciones masivas en la historia de la vida?

Razonamiento crítico

29. Usar modelos ¿Qué parte del aparato de Miller y Urey representa la lluvia? ¿Qué importante función desempeñaría ésta en la evolución química?

30. Relacionar causa y efecto ¿De qué manera crees que las células que absorbieron los ancestros de las mitocondrias y los cloroplastos se beneficiaron con esta relación?

Relacionar conceptos

Usar gráficas científicas

El siguiente diagrama muestra capas de roca de dos lugares diferentes. Usa el diagrama para responder las preguntas 31 y 32.

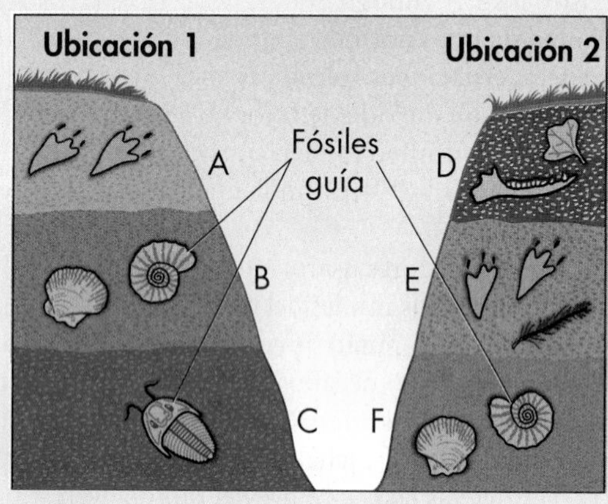

31. ¿Qué fósiles probablemente son más antiguos, los de la capa A o los de la C? ¿Cómo lo sabes?

32. ¿Qué capa de roca de la ubicación 2 probablemente tiene la misma edad que la capa C de la ubicación 1? ¿Cómo lo sabes?

33. ¿Cuáles son las características de un fósil guía útil?

Escribir sobre las ciencias

34. Explicación Escribe un párrafo que compare las condiciones de las primeras etapas de la Tierra con las de la Tierra moderna.

35. Descripción Usa como ejemplo la forma corporal de los tiburones, los delfines y los pingüinos para explicar la evolución convergente.

36. Evalúa la gran idea Explica de qué manera la formación de roca sedimentaria proporciona a los paleontólogos información sobre la secuencia en la que las formas de vida aparecieron en la Tierra.

37. Evalúa la gran idea Cuando describían su teoría sobre el equilibrio interrumpido, Stephen Jay Gould y Niles Eldredge a menudo usaban el lema "la estabilidad es información". Estabilidad es otra palabra para equilibrio. Explica lo que querían decir.

Analizar datos

La siguiente tabla compara la vida media de varios átomos radiactivos. Usa la tabla para responder las preguntas 38 y 39.

Isótopo y producto de emisión	Vida media (años)
Rubidio 87 ⟶ Estroncio 87	48.8 mil millones
Torio 232 ⟶ Plomo 208	14.0 mil millones
Uranio 235 ⟶ Plomo 207	704.0 millones
Uranio 238 ⟶ Plomo 206	4.5 mil millones

38. Interpretar tablas ¿Qué átomos tienen vidas medias que son más largas que la edad de los microfósiles más antiguos?

a. sólo el uranio 235
b. torio 232, rubidio 87 y uranio 235
c. rubidio 87, torio 232 y uranio 238
d. uranio 235 y rubidio 87

39. Aplica los conceptos El plomo 207 se halla sólo en rocas que contienen también uranio 235. El análisis de una muestra revela que tiene tres veces más átomos de plomo 207 que de uranio 235. ¿Cuántas vidas medias han transcurrido desde que se formó esta roca?

a. una **b.** dos **c.** tres **d.** cuatro

Preparación para exámenes estandarizados

Selección múltiple

1. Los fósiles guía útiles se hallan
- A en un área pequeña durante un corto período de tiempo.
- B en un área pequeña durante un largo período de tiempo.
- C en un área grande durante un corto período de tiempo.
- D en un área grande durante un largo período de tiempo.

2. ¿Qué ocurre si la tasa de extinción de un clado es mayor que su tasa de especiación?
- A El clado al final se extinguirá.
- B El clado seguirá existiendo.
- C Las especies del clado se harán más variadas.
- D El número de especies del clado permanecerá igual.

3. ¿Cuál de las siguientes oraciones es una prueba de la teoría endosimbiótica?
- A Las mitocondrias y los cloroplastos contienen ADN semejante al ADN bacteriano.
- B Las mitocondrias y los cloroplastos tienen funciones semejantes en la célula.
- C Las mitocondrias y los cloroplastos no tienen ADN propio.
- D Las mitocondrias y los cloroplastos pueden vivir de manera independiente cuando son sacados de la célula eucariota.

4. El carbono 14 NO es útil en la datación de la mayoría de los fósiles porque
- A tiene una vida media muy larga.
- B tiene una vida media muy corta.
- C casi todos los organismos contienen más potasio que carbono.
- D sólo se halla en ciertas capas de roca.

5. El movimiento de los continentes ha desempeñado una importante función en la evolución porque
- A los continentes se mueven con rapidez y algunos organismos no se pueden ajustar.
- B sin el movimiento de los continentes, no habría agua en la Tierra.
- C el movimiento de los continentes ha provocado que los medios ambientes cambien.
- D todas las extinciones masivas son el resultado de la deriva continental.

Preguntas 6 y 7

La gráfica muestra la desintegración de isótopos radiactivos. Usa la información de la gráfica para responder las siguientes preguntas.

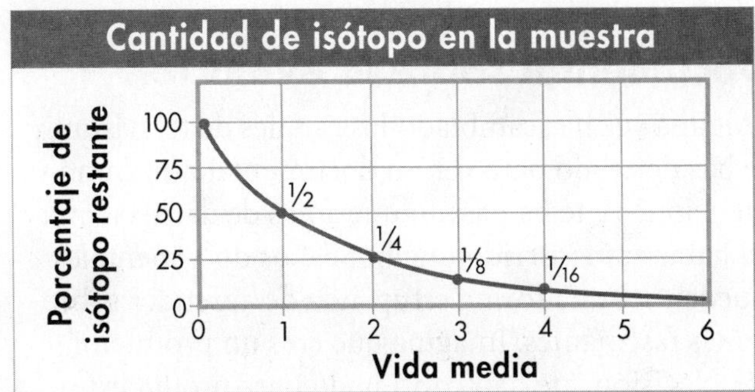

6. La vida media del torio 230 es de 75,000 años. ¿Cuánto tiempo tardarán en desintegrarse $\frac{7}{8}$ de la cantidad original de torio 230 de una muestra?
- A 75,000 años
- B 225,000 años
- C 25,000 años
- D 150,000 años

7. La vida media del potasio 40 es de casi 1.3 mil millones de años. Después de que hayan pasado cuatro vidas medias, ¿cuánto quedará de la muestra original?
- A $\frac{1}{16}$
- B $\frac{1}{16} \times 1300$ millones de gramos
- C $\frac{1}{4}$
- D $\frac{1}{4} \times 1300$ millones de gramos

Respuesta de desarrollo

8. ¿De qué manera el proceso por el que se forma la roca sedimentaria permite a los científicos determinar las edades relativas de los fósiles?

Si tienes dificultades con...								
la pregunta	1	2	3	4	5	6	7	8
Ver la lección	19.1	19.2	19.3	19.1	19.1	19.1	19.1	19.1

Proyecto de la unidad

Documental sobre la evolución

¿Alguna vez has cambiado los canales de televisión y te has detenido para ver un documental que llamó tu atención? ¿Y te ha pasado que antes de darte cuenta ya había transcurrido una hora? Los documentales pueden ser una forma estupenda de aprender sobre temas fascinantes. Imagina que eres un productor de televisión y te han contratado para producir un documental sobre la evolución para una estación de televisión pública. Tu audiencia objetivo es el público en general.

Tu tarea Escribe un guión para un segmento de 5 a 10 minutos para un documental sobre la evolución y preséntalo ante tu clase.

Asegúrate de

- analizar las pruebas de la evolución y de aportar ejemplos específicos al respecto.
- presentar la información de manera clara y atractiva.
- explicar por qué las ideas equivocadas listadas abajo *no* son verdaderas:

1) La evolución ocasiona que los organismos mejoren: la vida ha mejorado con el paso del tiempo.
2) La evolución no es observable o comprobable.
3) Los vacíos en el registro fósil refutan la evolución.

4) La selección natural implica a organismos que "intentan" adaptarse.
5) La selección natural es la única forma que tienen las poblaciones de cambiar con el paso del tiempo.

Preguntas de reflexión

1. **Califica tu documental usando la escala siguiente. ¿Qué puntuación obtuviste?**
2. **¿Qué hiciste bien en este proyecto?**
3. **¿Qué necesitas mejorar?**
4. **¿Qué crees que un miembro del público en general aprendería de tu documental?**

Escala de evaluación

Puntuación	Contenido científico	Calidad del guión del documental
4	El documental ofrece pruebas precisas de la evolución y corrige con claridad varias ideas equivocadas.	La información se presenta de forma clara, organizada y atractiva.
3	El documental ofrece algunas pruebas precisas de la evolución e intenta corregir las ideas equivocadas.	La información se presenta de forma clara, organizada, pero podría ser más atractiva.
2	El documental ofrece pocas pruebas de la evolución y no corrige bien las ideas equivocadas.	La información podría presentarse con mayor claridad. El guión necesita editarse.
1	El documental no ofrece pruebas de la evolución ni intenta corregir las ideas equivocadas.	La información se presenta de forma desorganizada y confusa. El guión necesita gran trabajo de edición.

De los microorganismos a las plantas

UNIDAD 6

Capítulos

PRESENTAR las grandes ideas

- **Unidad y diversidad de la vida**
- **Estructura y función**
- **Crecimiento, desarrollo y reproducción**
- **La base celular de la vida**
- **Interdependencia en la naturaleza**

“En los deportes, el jugador más valioso (el MVP, por sus siglas en inglés) es la persona que más contribuye al éxito de un equipo. ¿Qué organismos son los MVP de la vida? Por supuesto no son los seres humanos: podríamos desaparecer de este planeta y otras formas de vida seguirían existiendo sin ningún problema. Las verdaderas estrellas de la vida en la Tierra, sus MVP, son sus microorganismos, hongos y plantas. Casi nunca notamos a estas superestrellas, a menos que miremos muy de cerca, pero sin ellas no podríamos vivir.”

Ken Miller

20 Virus y procariotas

La gran idea **Base celular de la vida**

P: ¿Están compuestos por células vivas los microbios que nos causan enfermedades?

Colonias de bacterias E. coli

BIOLOGY.com Search Chapter 20 GO • Flash Cards

EN ESTE CAPÍTULO:

- 20.1 Virus
- 20.2 Procariotas
- 20.3 Enfermedades causadas por bacterias y virus

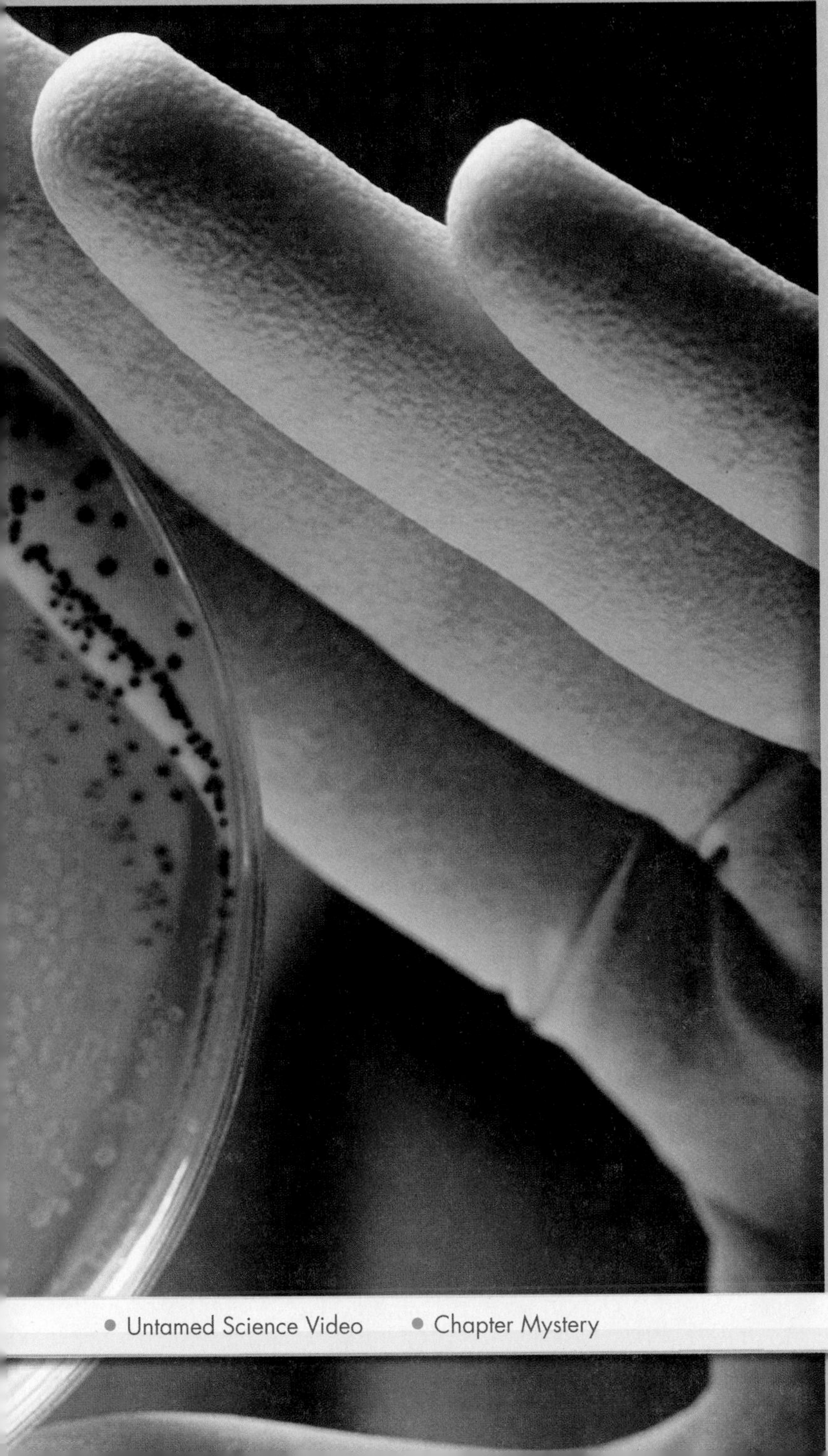

MISTERIO DEL CAPÍTULO

LAS VACAS LOCAS

En 1986, algo extraño comenzó a sucederle al ganado en la Gran Bretaña. Sin previo aviso, los animales comenzaron a actuar de manera extraña, y perdían el control de sus movimientos, se tambaleaban y tropezaban, y al final morían. Los granjeros observaban que la enfermedad llamada de "las vacas locas" se extendía entre su ganado, sin que pudieran hacer nada. La enfermedad afectó a más de 30 000 reses en 1991.

Los estudios en los cerebros de las reses muertas por la enfermedad mostraron que grandes áreas de los cerebros de los animales habían sido destruidas. Bajo el microscopio, los agujeros en el tejido del cerebro le daban un aspecto de esponja. Debido a esto, se le dio a la enfermedad el nombre de encefalopatía espongiforme bovina (EEB). Pero la causa de la enfermedad era un misterio. A medida que leas este capítulo, busca pistas que expliquen al culpable de esta enfermedad. Luego resuelve el misterio.

Continúa explorando el mundo.
Hallar la causa de esta enfermedad sólo es el principio. Emprende un viaje de campo en video con los genios ecólogos de *Untamed Science* para explorar el otro lado de la historia: verás que no todos los microbios son "malos".

- Untamed Science Video
- Chapter Mystery

20.1 Virus

Preguntas clave

¿Cómo se reproducen los virus?

¿Qué sucede después de que un virus infecta a una célula?

Vocabulario

virus
cápsida
bacteriófago
infección lítica
infección lisógena
profago
retrovirus

Tomar notas

Diagrama de Venn Haz un diagrama de Venn en el que registres las semejanzas y diferencias entre los virus y las células. Complétalo conforme avanzas en la lectura.

PIÉNSALO Imagina que se te ha presentado un gran enigma. Los granjeros han comenzado a perder su valioso cultivo de tabaco por una enfermedad de la planta que aparece primero en las hojas poniéndolas amarillas. Al final, las hojas se marchitan y se caen, matando a la planta. Para determinar qué está causando la enfermedad, tú tomas hojas de una planta enferma y las machacas para producir un extracto líquido, y luego viertes unas cuantas gotas de ese líquido en las hojas de las plantas sanas. Unos días después, donde pusiste las gotas, las hojas se ponen amarillas.

Usas un microscopio óptico para buscar un germen que podría causar la enfermedad, pero no ves ninguno. De hecho, cuando se filtra el líquido hasta de las más diminutas células, éste sigue provocando que se enfermen. Formulas la hipótesis de que el líquido debe contener agentes causantes de la enfermedad, tan pequeños que no son visibles bajo el microscopio y que pueden pasar a través de un filtro. Aunque no puedes ver las diminutas partículas que provocan la enfermedad, estás seguro de que están ahí. ¿Qué harías? ¿Cómo enfrentarías lo invisible?

El descubrimiento de los virus

¿Cómo se reproducen los virus?

Si piensas que podrías haber realizado la investigación descrita, ¡felicitaciones! Estás siguiendo los pasos de un biólogo ruso de 28 años de edad, Dmitri Ivanovski. En 1892, Ivanovski demostró que la causa de esta enfermedad particular de las plantas, llamada enfermedad del mosaico del tabaco, se encontraba en el líquido extraído de plantas infectadas. Pero no podía determinar el culpable.

Descubrimiento de los virus En 1897, el científico holandés Martinus Beijerinck sugirió que unas partículas diminutas en el jugo causaban esa enfermedad, y las nombró *virus,* palabra derivada del latín que significa "veneno". Luego, en 1935, el bioquímico estadounidense Wendell Stanley aisló cristales del virus del mosaico del tabaco. Los organismos vivos no se cristalizan, así que Stanley infirió que los virus no estaban realmente vivos, conclusión que los biólogos aún reconocen como válida en la actualidad. Un **virus** es una partícula inanimada formada de proteínas, ácidos nucleicos y en ocasiones lípidos. **Los virus sólo pueden reproducirse cuando infectan a células vivas.**

PISTA DEL MISTERIO

Científicos ingleses investigaron con cuidado las historias veterinarias de 169 reses con EEB. A todas ellas se les había dado alimento enriquecido con proteína de carne y harina de huesos de ganado sacrificado. ¿Cómo pudo esta práctica diseminar una enfermedad?

Estructura y composición Los virus difieren ampliamente en función de su tamaño y estructura, como puedes ver en la **ilustración 20–1.** La mayoría de los virus son tan pequeños que sólo pueden verse con la ayuda de un microscopio electrónico potente. La capa de proteína que rodea a un virus se llama **cápsida.** Algunos virus, como el virus de la influenza, tienen además una membrana adicional que rodea a la cápsida. Los virus más simples sólo contienen unos cuantos genes, mientras que los más complejos pueden tener cientos de genes.

Para entrar en una célula anfitriona, la mayoría de los virus tienen proteínas en su membrana superficial o cápsida que se enlazan con proteínas receptoras en la célula. En cualquier caso, las proteínas "engañan" a la célula o a veces sólo a su material genético para que aloje al virus. Una vez en la célula, los genes virales se expresan finalmente y pueden destruir a la célula.

Debido a que los virus deben enlazarse precisamente con las proteínas de la superficie de la célula anfitriona y luego usan el sistema genético del anfitrión, la mayoría de los virus infectan sólo a un tipo muy específico de célula. Los virus vegetales infectan a células de las plantas; la mayoría de los virus animales sólo infectan a especies animales relacionadas; los virus bacterianos sólo infectan a ciertos tipos de bacterias. Los virus que infectan bacterias se llaman **bacteriófagos,** lo cual significa literalmente "comedores de bacterias".

Bacteriófago T4

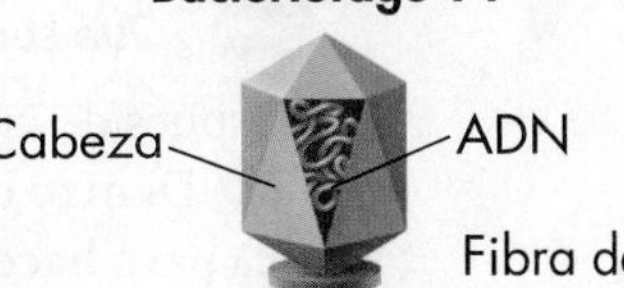
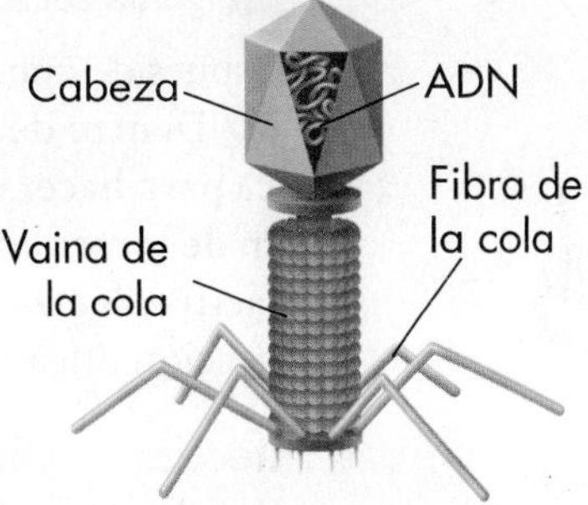

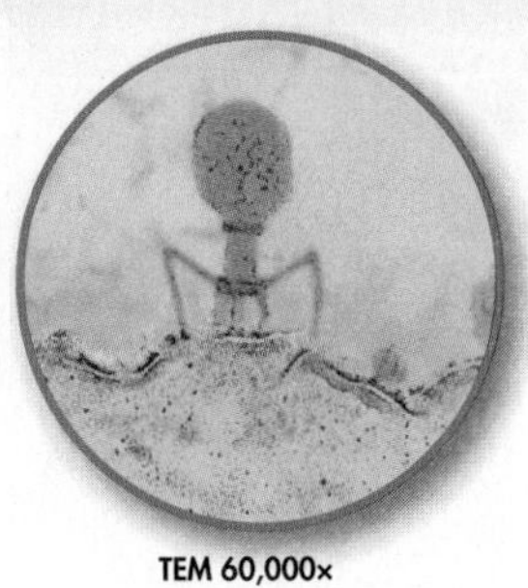

Virus del mosaico del tabaco

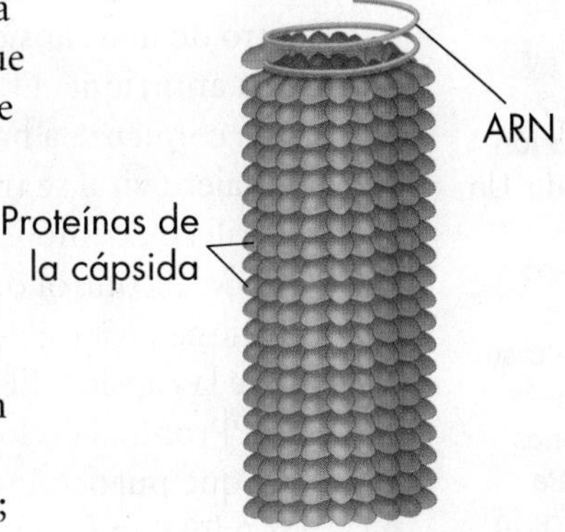

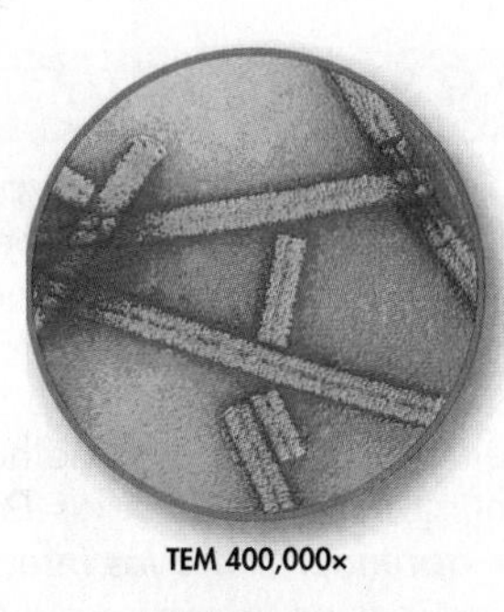

Virus de la influenza

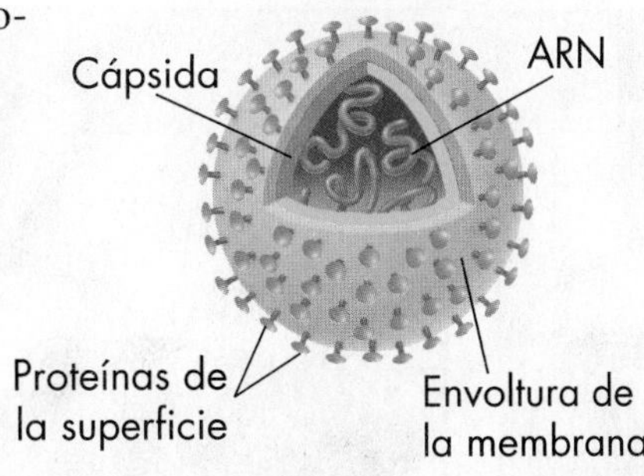

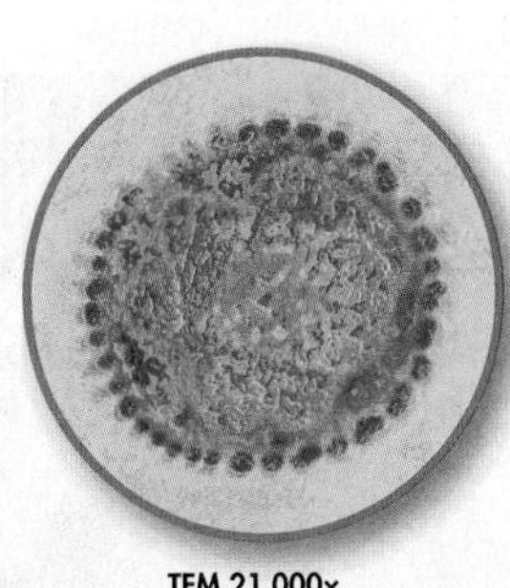

ILUSTRACIÓN 20–1 Diversidad de las formas virales Los virus se dan en una amplia variedad de tamaños y formas. Aquí se muestran tres tipos de virus. **Interpretar diagramas** ***¿Qué clase de ácido nucleico tiene cada tipo de virus?***

Actividad rápida de laboratorio

INVESTIGACIÓN DIRIGIDA

¿Cómo difieren las estructuras de los virus?

1. Haz modelos de dos de los virus mostrados en la **ilustración 20–1.**
2. Rotula las partes de cada uno de tus modelos de virus.
3. Mide y registra la longitud de cada uno de tus modelos de virus en centímetros. Convierte la longitud de cada modelo en nanómetros, usando la fórmula 1 cm = 10 millones nm. MATEMÁTICAS
4. Mide el largo de cada virus que modelaste. Divide la longitud de cada modelo por la longitud del virus real para determinar cuánto es mayor cada modelo que el virus que representa. MATEMÁTICAS

Analizar y concluir

1. **Usar modelos** ¿Qué partes de tus modelos están en todos los virus?
2. **Sacar conclusiones** ¿Qué partes de uno o de todos tus modelos se encuentran sólo en algunos virus?
3. **Calcular** ¿Cuántas veces tus modelos son más grandes que los virus que representan? MATEMÁTICAS

Infecciones virales

¿Qué sucede después de que un virus infecta a una célula?

Después de que un virus entra en una célula anfitriona, ¿qué sucede? **Dentro de las células vivas, los virus usan su información genética para hacer múltiples copias de sí mismos. Algunos virus se duplican de inmediato, mientras otros persisten inicialmente en un estado inactivo dentro del anfitrión.** Estos dos patrones de infección se llaman infección lítica e infección lisógena.

Infecciones líticas

En una **infección lítica,** un virus entra en una célula bacteriana, hace copias de sí mismo y causa que la célula estalle, o se lise. El virus *T4* es un ejemplo de un bacteriófago que causa una infección de esa manera. El bacteriófago *T4* tiene un núcleo de ADN dentro de una cápsida de proteína que se enlaza a la superficie de una célula anfitriona. El virus inyecta su ADN en la célula, y entonces la célula comienza a hacer ARN mensajero de los genes virales. El ARN mensajero viral se traduce en proteínas virales que actúan como una cuadrilla de demolición, destruyendo el ADN de la célula.

Bajo el control de los genes virales, el sistema metabólico de la célula anfitriona crea miles de copias del ácido nucleico viral y de las proteínas de la cápsida. El ADN viral se ensambla en nuevas partículas de virus. Pronto, la célula infectada se lisa y libera cientos de partículas de virus que pueden infectar a otras células. A su manera, un virus lítico es parecido a un forajido en el salvaje oeste de la frontera estadounidense, como se observa en la **ilustración 20–2.**

ANALOGÍA VISUAL

ILUSTRACIÓN 20–2 Comparación entre un virus lítico y un forajido Un virus lítico se parece a lo que ocurría en el salvaje oeste de la frontera estadounidense en cuanto a las demandas que el virus le hace a su anfitrión. Usar analogías ***Después de aprender sobre las infecciones lisógenas en la página siguiente, modifica esta historia para hacerla análoga con un ciclo lisogénico.***

Primero, el forajido elimina a la autoridad existente en el poblado. **En la infección lítica, el ADN de la célula anfitriona es destrozado.**

A continuación, el forajido demanda a los pobladores locales que le entreguen equipo nuevo. **En la infección lítica, los virus usan a la célula anfitriona para producir ADN viral y proteínas virales.**

Por último, el forajido forma una banda que abandona el pueblo para atacar poblados nuevos. **En la infección lítica, la célula anfitriona estalla, liberando cientos de partículas de virus.**

Infección lisógena Algunos virus bacterianos, incluyendo al bacteriófago *lambda,* causan una **infección lisógena,** en la cual una célula anfitriona no es tomada de inmediato. En cambio, el ácido nucleico viral se inserta en el ADN de la célula anfitriona, donde se copia junto con el ADN anfitrión sin dañar al anfitrión. El ADN viral se multiplica conforme se multiplican las células anfitrionas. De esta manera queda infectada cada generación de células hijas derivadas de la célula anfitriona original.

El ADN bacteriófago que se incrusta en el ADN anfitrión bacteriano se llama **profago.** El profago puede permanecer como parte del ADN de la célula anfitriona por muchas generaciones. Las influencias del ambiente, incluyendo la radiación, el calor y ciertas sustancias químicas, hacen que el profago se active. Entonces se desprende del ADN de la célula anfitriona y dirige la síntesis de nuevas partículas virales. La infección lisógena se convierte ahora en una infección lítica activa, como se muestra en la **ilustración 20–3.**

Los detalles de la infección viral en las células eucariotas difieren en muchas formas de la infección viral de bacterias por bacteriófagos. Pero en su mayoría, los patrones básicos de infección en animales y otras eucariotas son parecidos a las infecciones lítica y lisógena de las bacterias.

En tu cuaderno *Describe cómo una infección lisógena puede convertirse en una infección lítica.*

DESARROLLAR el vocabulario

ORIGEN DE LAS PALABRAS
El adjetivo *lítico,* el verbo *lisar* y el prefijo *liso-* provienen de la palabra griega *lýsis,* que significa "descomposición".

ILUSTRACIÓN 20–3 Comparación de dos tipos de infección bacteriófaga Los virus que infectan a las bacterias, llamados bacteriófagos, pueden infectar a las células de dos formas: infección lítica o infección lisógena.

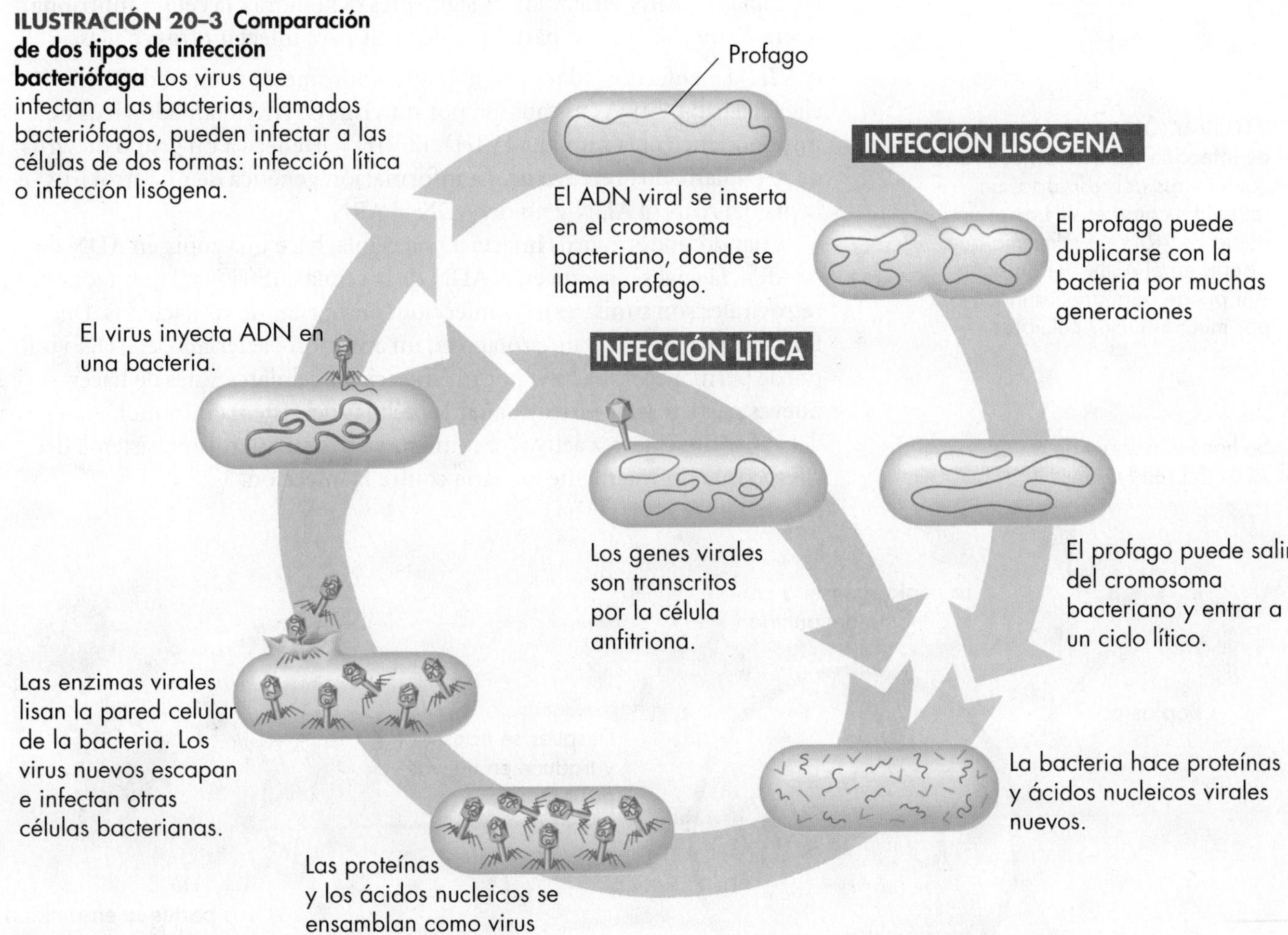

Profago
INFECCIÓN LISÓGENA
El ADN viral se inserta en el cromosoma bacteriano, donde se llama profago.
El profago puede duplicarse con la bacteria por muchas generaciones
El virus inyecta ADN en una bacteria.
INFECCIÓN LÍTICA
Los genes virales son transcritos por la célula anfitriona.
El profago puede salir del cromosoma bacteriano y entrar a un ciclo lítico.
Las enzimas virales lisan la pared celular de la bacteria. Los virus nuevos escapan e infectan otras células bacterianas.
La bacteria hace proteínas y ácidos nucleicos virales nuevos.
Las proteínas y los ácidos nucleicos se ensamblan como virus nuevos.

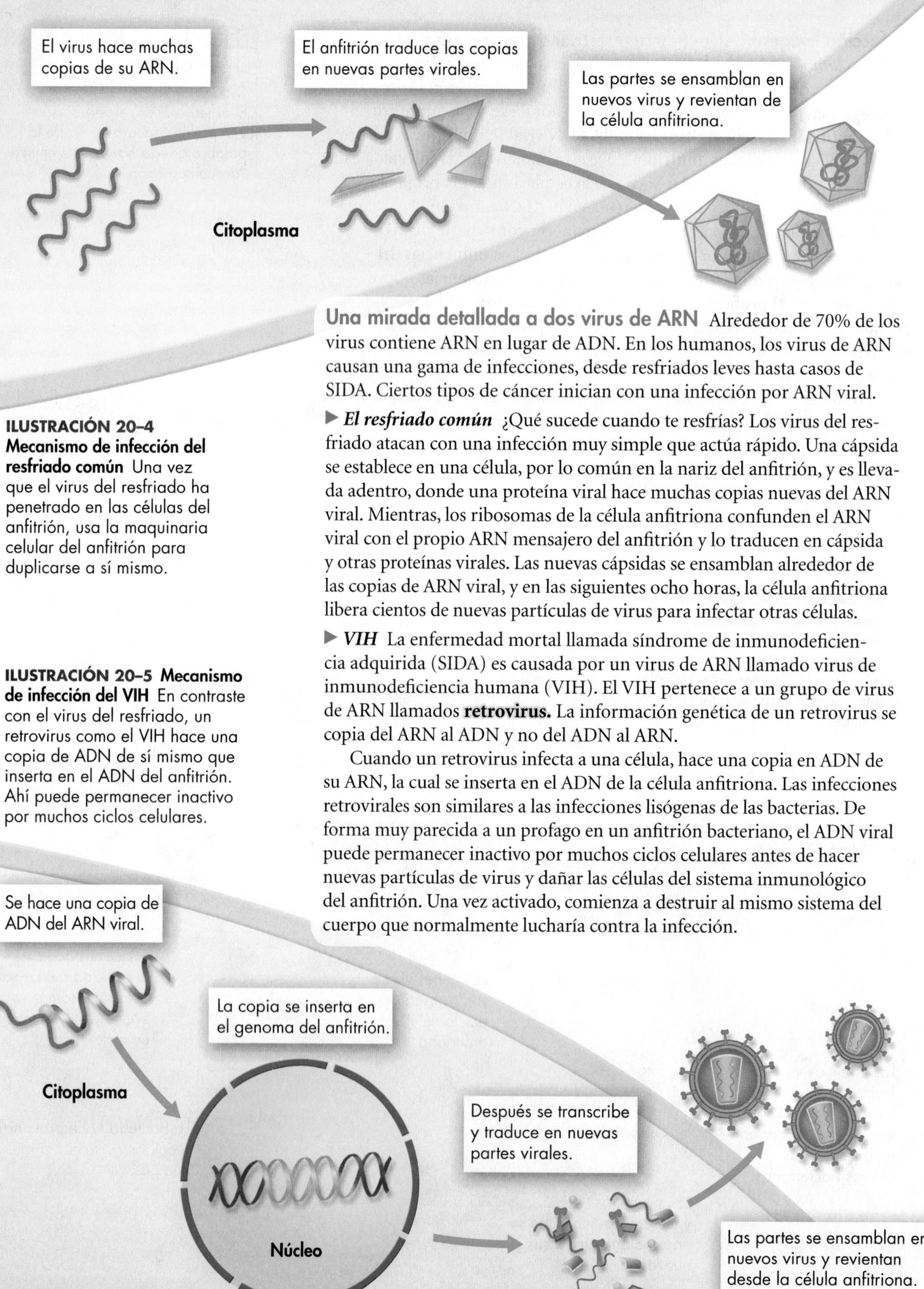

El virus hace muchas copias de su ARN.
El anfitrión traduce las copias en nuevas partes virales.
Las partes se ensamblan en nuevos virus y revientan de la célula anfitriona.
Citoplasma
Se hace una copia de ADN del ARN viral.
La copia se inserta en el genoma del anfitrión.
Citoplasma
Después se transcribe y traduce en nuevas partes virales.
Núcleo
Las partes se ensamblan en nuevos virus y revientan desde la célula anfitriona.

ILUSTRACIÓN 20–4 Mecanismo de infección del resfriado común Una vez que el virus del resfriado ha penetrado en las células del anfitrión, usa la maquinaria celular del anfitrión para duplicarse a sí mismo.

ILUSTRACIÓN 20–5 Mecanismo de infección del VIH En contraste con el virus del resfriado, un retrovirus como el VIH hace una copia de ADN de sí mismo que inserta en el ADN del anfitrión. Ahí puede permanecer inactivo por muchos ciclos celulares.

Una mirada detallada a dos virus de ARN Alrededor de 70% de los virus contiene ARN en lugar de ADN. En los humanos, los virus de ARN causan una gama de infecciones, desde resfriados leves hasta casos de SIDA. Ciertos tipos de cáncer inician con una infección por ARN viral.

▶ ***El resfriado común*** ¿Qué sucede cuando te resfrías? Los virus del resfriado atacan con una infección muy simple que actúa rápido. Una cápsida se establece en una célula, por lo común en la nariz del anfitrión, y es llevada adentro, donde una proteína viral hace muchas copias nuevas del ARN viral. Mientras, los ribosomas de la célula anfitriona confunden el ARN viral con el propio ARN mensajero del anfitrión y lo traducen en cápsida y otras proteínas virales. Las nuevas cápsidas se ensamblan alrededor de las copias de ARN viral, y en las siguientes ocho horas, la célula anfitriona libera cientos de nuevas partículas de virus para infectar otras células.

▶ ***VIH*** La enfermedad mortal llamada síndrome de inmunodeficiencia adquirida (SIDA) es causada por un virus de ARN llamado virus de inmunodeficiencia humana (VIH). El VIH pertenece a un grupo de virus de ARN llamados **retrovirus.** La información genética de un retrovirus se copia del ARN al ADN y no del ADN al ARN.

Cuando un retrovirus infecta a una célula, hace una copia en ADN de su ARN, la cual se inserta en el ADN de la célula anfitriona. Las infecciones retrovirales son similares a las infecciones lisógenas de las bacterias. De forma muy parecida a un profago en un anfitrión bacteriano, el ADN viral puede permanecer inactivo por muchos ciclos celulares antes de hacer nuevas partículas de virus y dañar las células del sistema inmunológico del anfitrión. Una vez activado, comienza a destruir al mismo sistema del cuerpo que normalmente lucharía contra la infección.

Virus y células

Característica	Virus	Célula
Estructura	ADN o ARN en cápsida, algunos con envoltura	Membrana celular, citoplasma; las eucariotas también contienen núcleo y muchos organelos
Reproducción	Sólo dentro de una célula anfitriona	División celular independiente, ya sea asexual o sexual
Código genético	ADN o ARN	ADN
Crecimiento y desarrollo	No	Sí; en organismos pluricelulares, las células aumentan en número y se diferencian
Obtención y uso de energía	No	Sí
Respuesta al ambiente	No	Sí
Cambio con el tiempo	Sí	Sí

ILUSTRACIÓN 20–6 Comparación de virus y células Las diferencias entre virus y células se enumeran en esta tabla. **Formar una opinión** ***Con base en esta información, ¿clasificarías a los virus como vivos o como inanimados? Explica.***

Virus y células Los virus deben infectar células vivas para crecer y reproducirse, sacando ventaja de los nutrientes y la maquinaria celular de sus anfitriones. Esto significa que todos los virus son parásitos. Los parásitos dependen por completo de otros organismos vivos para su existencia y los dañan en el proceso.

A pesar de que no están vivos, los virus tienen muchas características de los seres vivos. Después de infectar células vivas, los virus pueden reproducirse, regular la expresión de genes e incluso evolucionar. Algunas de las diferencias principales entre las células y los virus se resumen en la **ilustración 20–6.**

Aunque los virus son más pequeños y simples que las células más pequeñas, es poco probable que fueran los primeros organismos. Como los virus dependen de los organismos vivos, es más probable que los virus se hayan desarrollado después de las células vivas. De hecho, los primeros virus pueden haber evolucionado del material genético de las células vivas. Los virus han continuado evolucionando, junto con las células que infectan, por miles de millones de años.

Cuando los científicos inyectaron extractos de tejido cerebral de vacas infectadas con EEB en ratones, éstos la desarrollaron. Los extractos indujeron EEB aun cuando no contuvieran ácidos nucleicos (ARN o ADN). ¿Podría ser un virus la causa de la EEB?

20.1 Evaluación

Repaso de conceptos clave

1. a. Repasar ¿De qué dependen los virus para su reproducción?

b. Comparar y contrastar ¿En qué se diferencia la reproducción viral de la de organismos basados en células?

2. a. Repasar Describe cada una de las dos vías que pueden seguir los virus una vez que han entrado en una célula.

b. Comparar y contrastar ¿En qué se parecen la infección lítica y la lisógena? ¿En qué son diferentes?

Aplica la gran idea

Estructura y función

3. Compara la estructura de un virus con la de una célula procariota y la de una célula eucariota. Usa un organizador gráfico de tu elección para organizar la información. Puedes ir al capítulo 7, donde se exponen a detalle las estructuras celulares.

BIOLOGY.com Search Lesson 20.1  • Self-Test • Lesson Assessment

20.2 Procariotas

Preguntas clave

¿Cómo se clasifican los procariotas?

¿Cómo varían los procariotas en su estructura y función?

¿Qué funciones desempeñan los procariotas en el mundo viviente?

Vocabulario

procariota
bacilo
coco
espirilo
fisión binaria
endospora
conjugación

Tomar notas

Vistazo al material visual Mira la **ilustración 20–9**. Describe con tus palabras las tres formas de los procariotas que se muestran.

Para más información sobre la diversidad de las bacterias y arqueas, ve a la Guía visual. **DOL•6–DOL•9.**

PIÉNSALO Imagina pasar toda tu vida como miembro de la que crees es la única familia en tu calle. Entonces, una mañana, abres la puerta y descubres casas a todo tu alrededor. Ves vecinos que cuidan sus jardines y niños camino a la escuela. ¿De dónde vino toda la gente? ¿Qué pasaría si la respuesta resultara ser que siempre habían estado ahí, sólo que no los habías visto? ¿Cómo verías el cambio del mundo? La aparición repentina de los nuevos vecinos causaría una gran conmoción.

Cuando se inventó el microscopio, los humanos sufrieron una conmoción parecida. De pronto, ¡la calle estaba atestada! Lejos de estar solos, compartimos cada rincón de nuestro mundo con microorganismos. Incluso algo que parece limpio, como un cepillo de dientes, puede estar cubierto con una capa de bacterias.

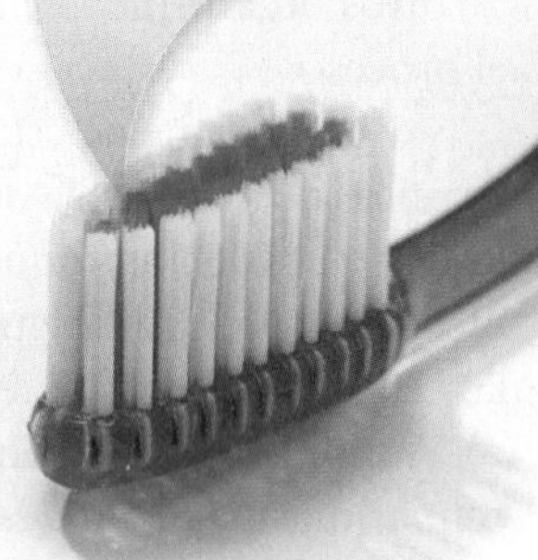

Clasificación de los procariotas

¿Cómo se clasifican los procariotas?

La vida microscópica cubre casi cada centímetro cuadrado de la Tierra. Los más pequeños y más abundantes de estos organismos son los **procariotas,** organismos unicelulares que carecen de núcleo. Los procariotas tienen ADN, como las otras células, pero su ADN no se encuentra en una envoltura nuclear ligada a la membrana como en los eucariotas. El ADN de los procariotas se localiza en el citoplasma. Por muchos años, la mayoría de los procariotas fueron llamados simplemente "bacterias". Ahora sabemos, sin embargo, que la clasificación de los procariotas es más compleja.

Hasta hace poco, todos los procariotas se colocaban en un solo reino. Sin embargo, más recientemente los biólogos han dividido a los procariotas en dos grupos muy distintos: bacterias y arqueas. Estos grupos son tan diferentes entre sí como lo son ambos de los eucariotas. Por tanto, los biólogos ahora consideran a cada grupo de procariotas como un dominio separado. **Los procariotas se clasifican en Bacteria o Arqueas, dos de los tres dominios de la vida.** Eucaria es el tercer dominio. El dominio de las bacterias corresponde al reino Eubacterias. El dominio de las arqueas corresponde al reino Arqueobacterias.

ILUSTRACIÓN 20–7 Estructura bacteriana común Una bacteria como la *E. coli* tiene la estructura básica de la mayoría de los procariotas. La *E. coli* también tiene una membrana externa compuesta por lípidos. Esta membrana externa no está presente en todas las bacterias. La micrografía muestra a una *E. coli* que experimenta una fisión binaria, con los pili visibles.

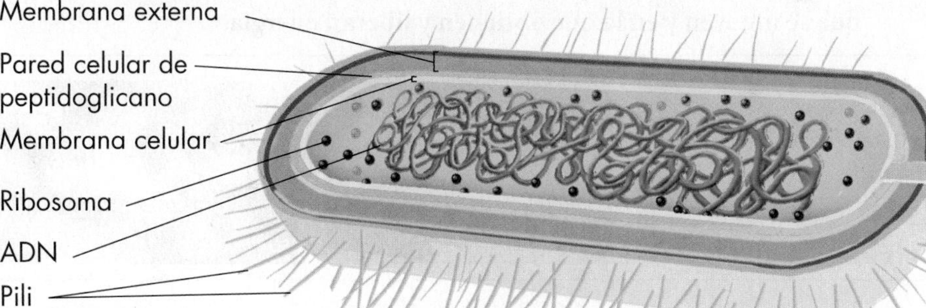

Bacterias El más grande de los dos dominios de procariotas es el Bacteria. Las bacterias incluyen una amplia gama de organismos con estilos de vida tan diferentes que los biólogos no se ponen de acuerdo con exactitud en cuántos filos son necesarios para clasificar a este grupo. Las bacterias viven casi en todas partes. Viven en agua dulce, en agua salada, en tierra, y sobre y dentro del cuerpo humano y en otros eucariotas. La **ilustración 20–7** muestra un diagrama de la *Escherichia coli*, una bacteria común que vive en el intestino humano.

Las bacterias por lo general están rodeadas por una pared celular que protege a la célula de lesiones y determina su forma. Las paredes celulares de las bacterias contienen peptidoglicanos, un polímero de azúcares y aminoácidos que rodea a la membrana celular. Algunas bacterias, como la *E. coli*, tienen una segunda membrana fuera de la pared de peptidoglicanos que hace a la célula especialmente resistente al daño. Además, algunos procariotas tienen flagelos que usan para moverse, o pili (singular: pilus), los cuales sirven a la *E. coli* principalmente para anclar la bacteria a una superficie o a otra bacteria.

ILUSTRACIÓN 20–8 Hábitat de arqueas Este manantial termal en Nueva Zelanda rebosa de arqueas que prosperan en temperaturas extremadamente calientes.

Arqueas Bajo un microscopio, las arqueas se ven similares a las bacterias. Ambas son igual de pequeñas, carecen de núcleo y tienen paredes celulares, pero presentan diferencias importantes. Por ejemplo, las paredes de las arqueas carecen de peptidoglicanos, y sus membranas contienen lípidos diferentes. Además, las secuencias de ADN de genes clave de arqueas se parecen más a las de los eucariotas que a las de las bacterias. Basados en éstas y otras observaciones, los científicos han concluido que las arqueas y los eucariotas se relacionan más estrechamente que con las bacterias.

Muchas arqueas viven en ambientes rigurosos en extremo. Un grupo de arqueas produce gas metano y vive en ambientes con poco o nada de oxígeno, como el lodo espeso y el tracto digestivo de los animales. Otras arqueas viven en ambientes extremadamente salados, como el Gran Lago Salado, en Utah, o en manantiales termales donde la temperatura se acerca al punto de ebullición del agua.

En tu cuaderno *Haz un diagrama de Venn para comparar y contrastar las características de las bacterias y las arqueas.*

Estructura y función

¿Cómo varían los procariotas en su estructura y función?

Debido a que los procariotas son tan pequeños, parece difícil distinguirlos. **Los procariotas varían en su tamaño y forma, en la manera en que se mueven y en la que obtienen y liberan energía.**

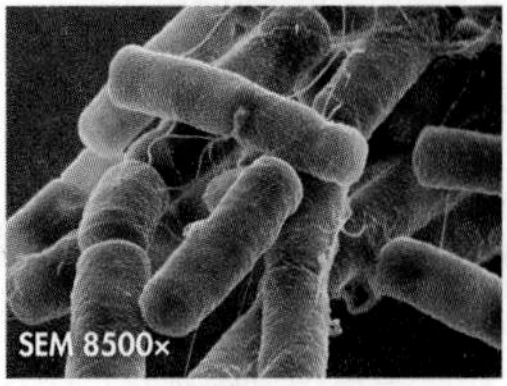

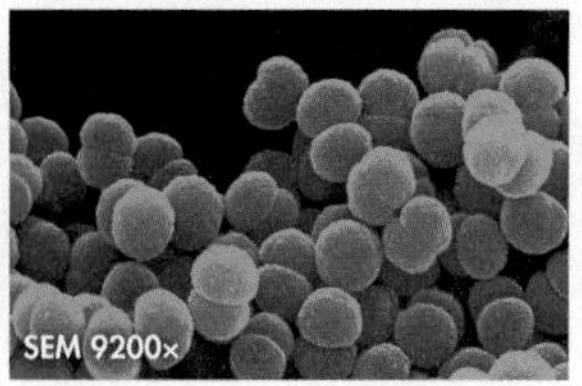

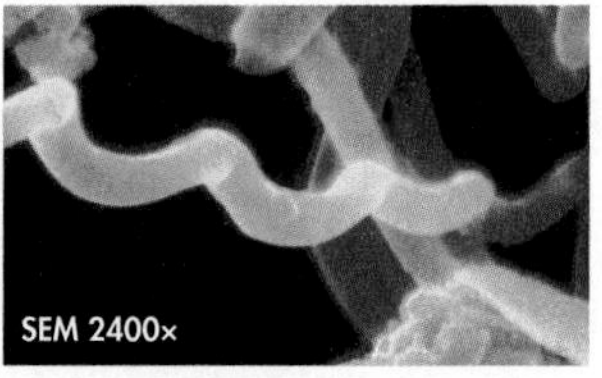

ILUSTRACIÓN 20–9 Formas procariotas Los procariotas por lo general tienen una de estas tres formas básicas: bacilos (izquierda), cocos (en medio) o espirilos (derecha).

Tamaño, forma y movimiento Los procariotas varían en tamaño de 1 a 5 micrómetros, lo que los hace mucho más pequeños que la mayoría de las células eucariotas, y tienen una variedad de formas, como se muestra en la **ilustración 20–9.** Los procariotas en forma de bastón se llaman **bacilos.** Los procariotas esféricos se llaman **cocos.** Los procariotas en forma espiral y de tirabuzón se llaman **espirilos.** También se puede distinguir a los procariotas por su movimiento. Algunos procariotas no se mueven en absoluto. Otros se impulsan por flagelos. Algunos más se deslizan lentamente a lo largo de una capa de material baboso que secretan.

Nutrición y metabolismo Como todos los organismos, los procariotas necesitan un suministro de energía química, la cual almacenan en forma de moléculas de combustible como azúcares. La energía se libera de estas moléculas de combustible durante la respiración celular, la fermentación o ambas. Las diversas formas en que los procariotas obtienen y liberan energía se resumen en la **ilustración 20–10.** Nota que algunas especies son capaces de cambiar su método de captación o liberación de energía, según las condiciones de su ambiente.

ILUSTRACIÓN 20–10 Captación y liberación de energía por procariotas Los procariotas varían en la forma en que obtienen energía y cómo la liberan. **Interpretar tablas** ***¿Cuál es el término para un procariota que sólo usa la luz como fuente de energía?***

Captación de energía por procariotas

Modo de nutrición	Cómo capta la energía	Hábitat	Ejemplo
Heterótrofo o "comedor de otros"	Toma moléculas orgánicas del ambiente o de otros organismos para usarlas como energía y suministro de carbono	Amplia gama de ambientes	*Clostridium*
Fotoheterótrofo o "comedor de luz y de otros"	Como los heterótrofos básicos, pero también usa energía lumínica	Donde abunda la luz	*Rhodobacter, Chloroflexus*
Fotoautótrofo o "autoalimentador de luz"	Usa energía lumínica para convertir CO_2 en compuestos de carbono	Donde abunda la luz	*Anabaena*
Quimioautótrofo o "autoalimentador químico"	Usa la energía liberada por reacciones químicas que incluyen amoniaco, sulfuro de hidrógeno, etc.	En ambientes químicamente severos u oscuros: en las profundidades del océano, en lodo espeso, en el tracto digestivo de animales, en manantiales termales hirvientes	*Nitrobacter* TEM 3000×

Crecimiento, reproducción y recombinación Cuando un procariota ha crecido tanto que casi ha doblado su tamaño, duplica su ADN y se divide a la mitad, produciendo dos células idénticas. Este tipo de reproducción se llama **fisión binaria.** Debido a que la fisión binaria no implica el intercambio o la recombinación de información genética, es una forma de reproducción asexual. Cuando las condiciones son favorables, los procariotas pueden crecer y dividirse a velocidades sorprendentes. ¡Algunos se dividen una vez cada 20 minutos!

Cuando las condiciones de crecimiento se vuelven desfavorables, muchas células procariotas forman una **endospora,** es decir, una pared interna gruesa que encierra al ADN y una porción del citoplasma. Las endosporas pueden permanecer inactivas por meses o incluso años. La capacidad para formar endosporas posibilita que algunos procariotas sobrevivan en condiciones muy severas. La bacteria *Bacillus anthracis,* que causa la enfermedad del ántrax, es una de esas bacterias.

Como en cualquier organismo, las adaptaciones que incrementan la supervivencia y la reproducción de un procariota particular se favorecen. Recuerda que en organismos que se reproducen sexualmente, los genes se revuelven y recombinan durante la meiosis. Pero los procariotas se reproducen en forma asexual. Entonces, ¿cómo evolucionan sus poblaciones?

▶ ***Mutación*** Es una de las formas principales en que evolucionan los procariotas. Recuerda del capítulo 13 que las mutaciones son cambios aleatorios en el ADN en todos los organismos. En los procariotas, las células hijas producidas por fisión binaria heredan las mutaciones.

▶ ***Conjugación*** Muchos procariotas intercambian información genética por un proceso llamado conjugación. Durante la **conjugación,** se forma un puente hueco entre dos células bacterianas, y el material genético, por lo general en forma de plásmido, se mueve de una célula a la otra. Muchos plásmidos llevan genes que permiten a las bacterias sobrevivir en ambientes nuevos o resistir a los antibióticos que de otra manera podrían resultar fatales. Esta transferencia de información genética incrementa la diversidad genética en poblaciones de procariotas.

ILUSTRACIÓN 20–11
Formación de endosporas

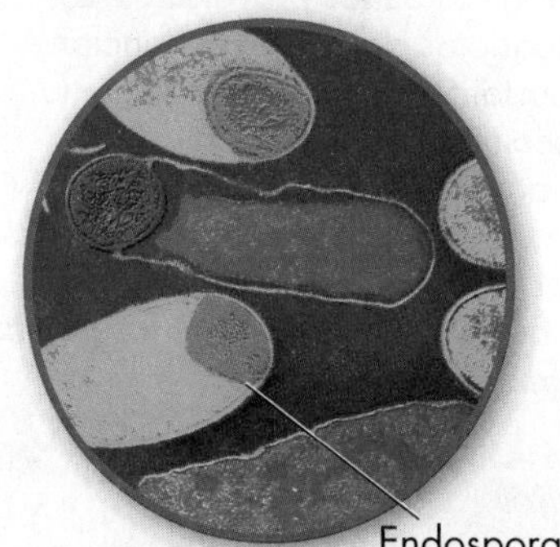

ILUSTRACIÓN 20–12
Conjugación

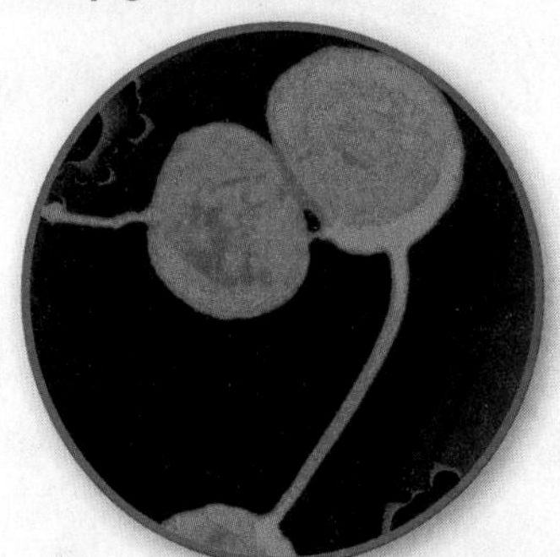

Liberación de energía por procariotas

Modo de metabolismo	Cómo se libera la energía	Hábitat	Ejemplo
Aerobio obligado o que "requiere oxígeno"	Respiración celular; debe tener listo el suministro de O_2 para liberar energía combustible	Ambientes ricos en oxígeno, como cerca de la superficie del agua o en los pulmones de animales	*Mycobacterium tuberculosis*: en ocasiones se encuentra en pulmones humanos
Anaerobio obligado o que "requiere ausencia de oxígeno"	Fermentación; muere en presencia del oxígeno	◀ Ambientes que carecen de O_2, como el suelo profundo, los intestinos de animales o recipientes herméticos	*Clostridium botulinum*: en ocasiones se encuentra en alimentos enlatados esterilizados de manera inapropiada, y causa envenenamiento del alimento
Anaerobio facultativo o que "sobrevive sin oxígeno cuando es necesario"	Puede usar respiración celular o fermentación, según sea necesario	Ambientes ricos o pobres en oxígeno	*E. coli*: vive aeróbicamente en el drenaje y anaeróbicamente en el intestino grueso humano

La importancia de los procariotas

¿Qué funciones desempeñan los procariotas en el mundo vivo?

Quizá recuerdes a los actores estelares en la última película que viste, pero ¿alguna vez te has detenido a considerar si existirían las películas sin los cientos de trabajadores que nunca aparecen en pantalla? Los procariotas son como esos trabajadores que no se ven. **Los procariotas son esenciales para mantener cada aspecto del equilibrio ecológico del mundo vivo. Además, algunas especies tienen usos específicos en la industria humana.** En la **ilustración 20–13** se muestran tres funciones que los procariotas desempeñan en el ambiente.

Descomponedores Todo ser vivo depende de un suministro de materias primas para su supervivencia. Si estos materiales no se recuperaran cuando los organismos mueren, la vida no podría continuar. Al ayudar a la disgregación o descomposición de los organismos muertos, los procariotas suministran materias primas y ayudan por tanto a mantener el equilibrio en el ambiente. Los descomponedores bacterianos también son esenciales para el tratamiento industrial de drenajes, pues ayudan a producir agua purificada y sustancias químicas que pueden usarse como fertilizantes.

Productores Los procariotas fotosintéticos están entre los productores más importantes en el planeta. Es probable que la diminuta cianobacteria *Prochlorococcus* sea el organismo fotosintético más abundante en el mundo. Esta especie por sí sola puede dar cuenta de más de la mitad de la producción primaria en el océano abierto. Las cadenas alimenticias en todas partes dependen de los procariotas como productores de alimento y biomasa.

MÁS DE CERCA

ILUSTRACIÓN 20–13 Funciones ecológicas de los procariotas Los procariotas desempeñan funciones importantes en el ambiente como descomponedores, productores y fijadores de nitrógeno. **Aplicar conceptos** ***¿Cómo se llama el tipo de relación ecológica que se da entre las bacterias* Rhizobium *y las plantas leguminosas?***

Las bacterias del género *Rhizobium* con frecuencia viven en forma simbiótica dentro de nódulos unidos a las raíces de leguminosas, como el trébol, donde convierten el nitrógeno atmosférico en una sustancia utilizable por las plantas.

SEM 2200×

Las cianobacterias del género *Anabaena* forman cadenas filamentosas en estanques y otros ambientes acuáticos, donde realizan la fotosíntesis.

LM 700×

Las bacterias llamadas actinomicetos están presentes en el suelo y en material vegetal podrido como los troncos caídos, donde descomponen moléculas orgánicas complejas en moléculas más simples.

SEM 2500×

Fijadores de nitrógeno Todos los organismos necesitan nitrógeno para elaborar proteínas y otras moléculas. Pero aunque el gas nitrógeno (N_2) forma 80% de la atmósfera de la Tierra, sólo unos cuantos organismos, todos ellos procariotas, pueden convertir el N_2 en formas útiles. El proceso de fijación de nitrógeno convierte el gas nitrógeno en amoniaco (NH_3). Entonces el amoniaco puede convertirse en nitratos que la planta usa, o unirse a aminoácidos que todos los organismos usan. Las bacterias y arqueas que fijan el nitrógeno proporcionan 90% del nitrógeno usado por otros organismos; el resto viene de compuestos con nitrógeno de la erosión de las rocas. Algo se forma cuando los relámpagos combinan oxígeno y nitrógeno en la atmósfera.

Algunas plantas incluso tienen relaciones simbióticas con procariotas fijadores de nitrógeno. La bacteria *Rhizobium* crece en nódulos, en las raíces de plantas leguminosas como el trébol y el frijol de soya. Las bacterias *Rhizobium* dentro de estos nódulos convierten nitrógeno del aire en los compuestos de nitrógeno esenciales para el crecimiento de la planta. ¡Estas plantas tienen una fábrica de fertilizante en sus raíces!

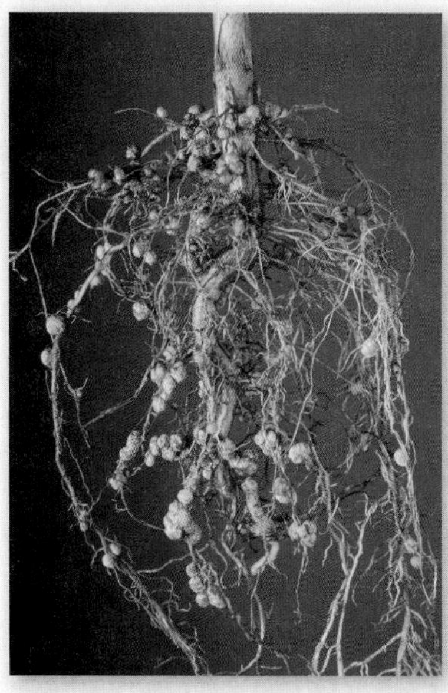

ILUSTRACIÓN 20–14
Rhizobium Estos nódulos en la raíz del frijol de soya contienen bacterias *Rhizobium*.

En tu cuaderno *Haz un esquema de tres funciones importantes de los procariotas en el ambiente. Ofrece detalles de cada función.*

Usos humanos de los procariotas Los procariotas, en especial las bacterias, se usan en la producción de una amplia variedad de alimentos y otros productos comerciales. Por ejemplo, la bacteria *Lactobacillus* produce yogur. Algunas bacterias incluso pueden digerir petróleo y eliminar del agua productos de desecho y venenos producidos por el hombre. Otros se usan para sintetizar fármacos y sustancias químicas mediante técnicas de ingeniería genética.

Los biólogos continúan descubriendo nuevos usos para los procariotas. Por ejemplo, las bacterias y arqueas adaptadas a ambientes extremos son una fuente rica de enzimas estables al calor que pueden usarse en medicina, producción de alimentos y química industrial.

20.2 Evaluación

Repaso de conceptos clave

1. a. Repasar ¿Cuáles son los dos dominios de la vida que sólo incluyen procariotas?

b. Interpretar diagramas Repasa la **ilustración 20–7.** ¿Qué característica de la pared celular es propia de las bacterias pero no de las arqueas?

2. a. Repasar ¿Cómo difieren entre sí los procariotas?

b. Evaluar Repasa la **ilustración 20–10.** ¿Cuál categoría de procariotas es más flexible respecto de las fuentes de energía que puede usar? Explica.

3. a. Repasar Enumera tres funciones ecológicas de los procariotas.

b. Explicar ¿Por qué las bacterias que fijan el nitrógeno son tan importantes?

c. Aplica los conceptos Muchos agricultores practican la "rotación de cultivos", plantando un campo con maíz un año y con frijol de soya el año siguiente. ¿Por qué hacen esto?

ESCRIBIR SOBRE LAS CIENCIAS

Descripción

4. Supón que se descubre una especie bacteriana nueva que tiene forma esférica, sobrevive la sequía formando una pared externa gruesa y no puede sobrevivir sin oxígeno. Describe esta especie para un público de científicos, usando el vocabulario de esta lección.

BIOLOGY.com Search  Lesson 20.2 GO • Self-Test • Lesson Assessment

20.3 Enfermedades causadas por bacterias y virus

Preguntas clave

¿Cómo causan enfermedades las bacterias?

¿Cómo causan enfermedades los virus?

¿Por qué están surgiendo enfermedades particularmente amenazadoras para los seres humanos?

Vocabulario

patógeno • vacuna • antibiótico • enfermedad incipiente • prión

Tomar notas

Esquema Haz un esquema con los encabezados en verde y azul de esta lección. Completa los detalles a medida que avanzas en la lectura.

PISTA DEL MISTERIO

Las sustancias de la carne y la harina de huesos que se agregan a la alimentación del ganado en Gran Bretaña se esterilizan a altas temperaturas (superiores a 100 °C) durante su procesamiento. ¿Qué sugiere esto sobre la posibilidad de que las bacterias son la causa de la EEB?

PIÉNSALO Compartimos este planeta con procariotas y virus, y la mayor parte del tiempo no estamos conscientes de nuestras relaciones con ellos. Con frecuencia, estas relaciones son muy benéficas pero a veces compartir simplemente no funciona, y el resultado es una enfermedad.

Enfermedades bacterianas

¿Cómo causan enfermedades las bacterias?

Los agentes que causan enfermedades se llaman **patógenos.** Aunque los patógenos pueden provenir de cualquier grupo taxonómico, las bacterias y los virus son los más comunes. Todos los patógenos procariotas que se conocen en la actualidad son bacterias. Por ello, la exposición aquí se restringe a bacterias patógenas, y excluye a las arqueas. Sin embargo, en el futuro los científicos podrían descubrir que algunas arqueas están asociadas con enfermedades.

El químico francés Louis Pasteur fue el primero en mostrar de manera convincente que las bacterias causan enfermedades. Pasteur ayudó a establecer lo que se conoce como la *teoría germinal de las enfermedades infecciosas* cuando mostró que las bacterias eran responsables de diversas enfermedades en seres humanos y animales.

Mecanismos de la enfermedad Las bacterias producen enfermedades en dos formas generales. **Las bacterias causan enfermedades al destruir células vivas o al liberar sustancias químicas que alteran la homeostasis.** Algunas bacterias destruyen en forma directa las células y los tejidos vivos del organismo infectado, mientras que otras causan daño a los tejidos al provocar una respuesta del sistema inmunológico. Otras bacterias liberan toxinas (venenos) que interfieren con la actividad normal del anfitrión. La **ilustración 20–15** enumera algunas enfermedades humanas comunes causadas por las bacterias.

▶ ***Daño al tejido del anfitrión*** Un ejemplo de un patógeno bacteriano que daña al tejido anfitrión es la bacteria que causa la tuberculosis. Este patógeno se inhala hasta los pulmones, donde su crecimiento desencadena una respuesta inmunológica que puede destruir grandes áreas de tejido. La bacteria también puede entrar en un vaso sanguíneo y viajar a otros sitios en el cuerpo, causando un daño similar.

▶ ***Liberación de toxinas*** Las bacterias que producen toxinas incluyen las especies que causan difteria y las responsables de una forma mortal de envenenamiento de los alimentos conocida como botulismo. La difteria se ha eliminado en gran medida en los países desarrollados gracias a la vacunación, pero algunos brotes de botulismo aún cobran muchas vidas.

Algunas enfermedades bacterianas humanas

Enfermedad	Efecto en el cuerpo	Transmisión
Enfermedad de Lyme	Erupción en la piel con anillo de color rojo en el sitio de la picadura de la garrapata, fiebre, fatiga, dolor de cabeza	Las garrapatas transmiten la bacteria *Borrelia burgdorferi.* ▶
Tétanos	Trismo, rigidez en cuello y abdomen, dificultad para tragar, fiebre, presión sanguínea elevada, espasmos musculares graves	Las bacterias entran en el cuerpo a través de una cortadura en la piel.
Tuberculosis	Fatiga, pérdida de peso, fiebre, sudores nocturnos, escalofríos, pérdida del apetito, esputo sanguinolento de los pulmones	Se inhalan partículas de bacterias.
Meningitis bacteriana	Fiebre alta, dolor de cabeza, rigidez en el cuello, náusea, fatiga	Las bacterias se diseminan en gotitas respiratorias causadas al toser y estornudar, y mediante el contacto cercano o prolongado con alguien infectado con meningitis
Faringitis estreptocócica	Fiebre, garganta irritada, dolor de cabeza, fatiga, náusea	Contacto directo con el moco de una persona infectada o contacto directo con heridas o cortadas infectadas en la piel

SEM 7300×

ILUSTRACIÓN 20–15 Enfermedades bacterianas humanas comunes Algunas enfermedades bacterianas comunes se muestran en la tabla de arriba. **Inferir** ***¿Por qué los brotes de meningitis bacteriana a veces aparecen en los dormitorios de los colegios?***

Control de las bacterias Aunque la mayoría de las bacterias son inofensivas, e incluso varias son benéficas, los riesgos cotidianos de que cualquier persona adquiera una infección bacteriana son lo bastante grandes como para justificar los esfuerzos de controlar el crecimiento bacteriano. Existen varios métodos de control.

▶ ***Eliminación física*** Lavarse las manos u otras superficies con agua corriente y jabón no mata a los patógenos, pero ayuda a desalojar bacterias y virus.

▶ ***Desinfectantes*** Se pueden usar soluciones químicas para matar bacterias y limpiar baños, cocinas, cuartos de hospital y otros lugares, donde pueden desarrollarse las bacterias.

▶ ***Almacenamiento de alimentos*** Las temperaturas bajas, como las que hay dentro de un refrigerador, alentan el crecimiento de bacterias y mantienen más frescos la mayoría de los alimentos por un período más largo del que es posible a temperatura ambiente.

▶ ***Procesamiento de alimentos*** Hervir, freír o cocer al vapor puede esterilizar muchas clases de alimentos, pues la temperatura del alimento aumenta hasta un punto en que las bacterias mueren.

▶ ***Esterilización por calor*** La esterilización de objetos, como el instrumental médico, a temperaturas muy por encima de los 100 °C puede prevenir el crecimiento de bacterias potencialmente peligrosas. La mayoría de las bacterias no pueden sobrevivir en esas temperaturas.

En tu cuaderno *Relaciona tu vida cotidiana con los métodos enumerados para controlar las bacterias. ¿Cuáles métodos has usado esta semana? Da detalles.*

ILUSTRACIÓN 20–16
Defensa contra patógenos
Lavarse las manos es una de las formas más simples, baratas y efectivas de prevenir enfermedades.

Prevenir enfermedades bacterianas Muchas enfermedades bacterianas pueden prevenirse estimulando el sistema inmunológico del cuerpo con vacunas. Una **vacuna** es una preparación de patógenos debilitados o muertos o toxinas desactivadas. Cuando se inyecta en el cuerpo, una vacuna provoca que el cuerpo produzca inmunidad a una enfermedad específica. La inmunidad es la capacidad del cuerpo para destruir patógenos o toxinas desactivadas.

Tratar enfermedades bacterianas Pueden usarse diversos fármacos para atacar una infección bacteriana, incluidos **antibióticos,** como la penicilina y la tetraciclina, que bloquean el crecimiento y la reproducción de las bacterias. Los antibióticos afectan a las proteínas o a los procesos celulares específicos de las células bacterianas. Así no dañan las células del anfitrión.

Enfermedades virales

¿Cómo causan enfermedades los virus?

Como las bacterias, los virus producen enfermedades al afectar la homeostasis normal del cuerpo. La **ilustración 20–17** enumera algunas enfermedades humanas comunes causadas por virus. Los virus también producen enfermedades graves en animales y plantas.

Mecanismos de la enfermedad En muchas infecciones virales, los virus atacan y destruyen ciertas células en el cuerpo y provocan los síntomas asociados con la enfermedad. El poliovirus, por ejemplo, destruye células del sistema nervioso y produce parálisis. Otros virus causan que las células infectadas cambien sus patrones de crecimiento y desarrollo, lo que a veces termina en cáncer. **Los virus causan enfermedades mediante la destrucción directa de células vivas o afectando procesos celulares en formas que alteran la homeostasis.**

ILUSTRACIÓN 20–17 Enfermedades virales humanas comunes Algunas enfermedades virales comunes se muestran en la tabla de abajo. **Interpretar tablas** ***¿Cuáles virus pueden causar cáncer?***

Algunas enfermedades virales humanas

Enfermedad	Efecto en el cuerpo	Transmisión
Resfriado común	Estornudos, garganta irritada, fiebre, dolor de cabeza, dolores musculares	Contacto con objetos contaminados; inhalación de gotitas
Influenza	Dolores corporales, fiebre, garganta irritada, dolor de cabeza, tos seca, fatiga, congestión nasal	Los virus de la influenza se diseminan en gotitas respiratorias expulsadas al toser y estornudar
Sida (VIH)	Se destruyen las células T colaboradoras, necesarias para el funcionamiento normal del sistema inmunológico	Contacto sexual; contacto con sangre o fluidos corporales contaminados; puede transmitirse a los bebés durante el parto o durante el amamantamiento.
Varicela	Erupciones en forma de ampollas en la piel	Partículas del virus se diseminan en gotitas respiratorias al toser y estornudar; muy contagiosa
Hepatitis B	Ictericia, fatiga, dolor abdominal, náusea, vómito, dolor en las articulaciones	Contacto con sangre o fluidos corporales contaminados
Virus del Nilo Occidental	Fiebre, dolor de cabeza, dolor corporal	Picadura de un mosquito infectado ▶
Virus del papiloma humano (VPH)	Verrugas genitales o anales, también cáncer cervical, de pene o de ano.	Contacto sexual

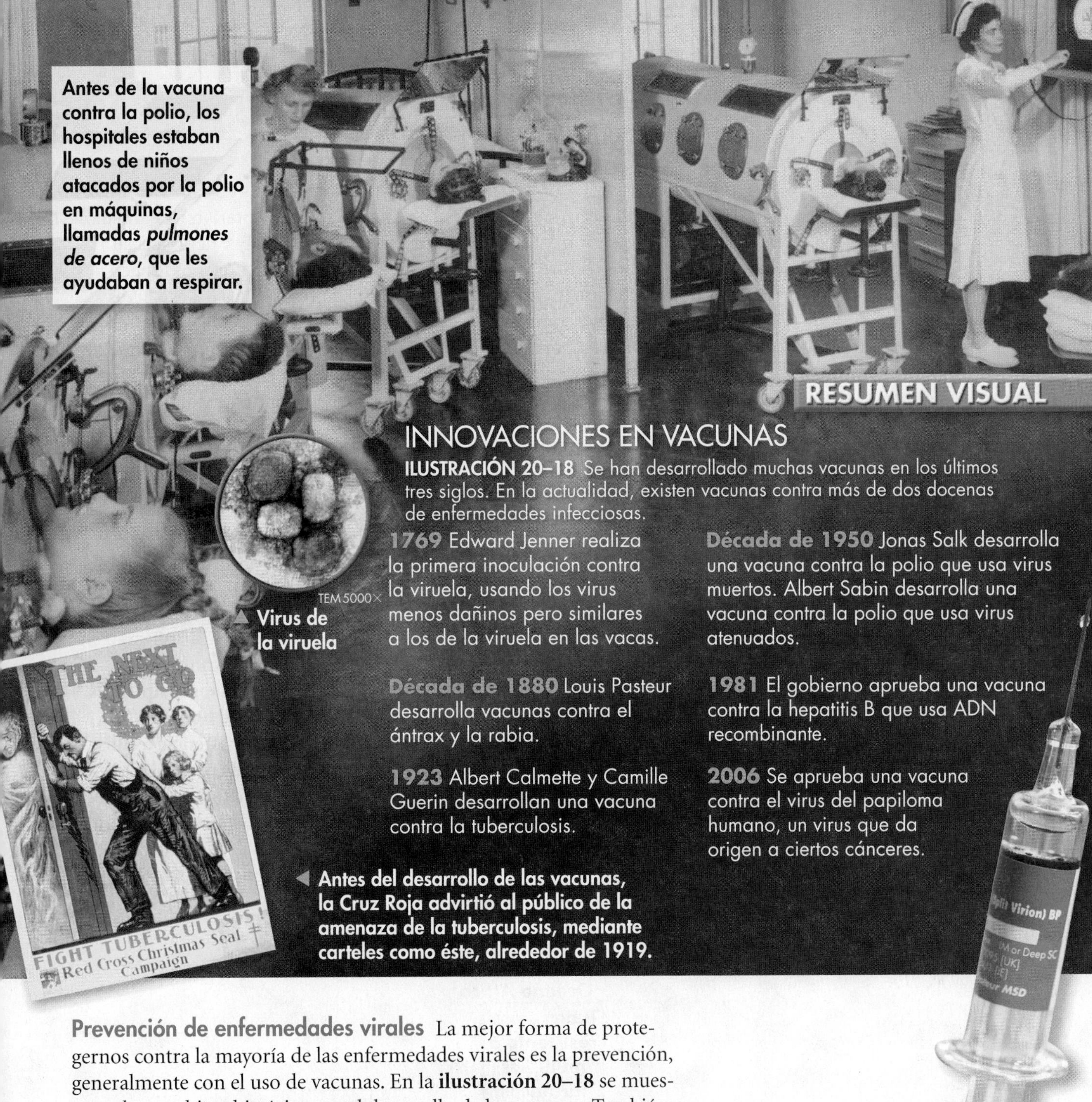
THE NEXT TO GO
FIGHT TUBERCULOSIS!
Red Cross Christmas Seal Campaign
RESUMEN VISUAL

Antes de la vacuna contra la polio, los hospitales estaban llenos de niños atacados por la polio en máquinas, llamadas *pulmones de acero*, que les ayudaban a respirar.

TEM 5000×

▲ Virus de la viruela

INNOVACIONES EN VACUNAS

ILUSTRACIÓN 20–18 Se han desarrollado muchas vacunas en los últimos tres siglos. En la actualidad, existen vacunas contra más de dos docenas de enfermedades infecciosas.

1769 Edward Jenner realiza la primera inoculación contra la viruela, usando los virus menos dañinos pero similares a los de la viruela en las vacas.

Década de 1880 Louis Pasteur desarrolla vacunas contra el ántrax y la rabia.

1923 Albert Calmette y Camille Guerin desarrollan una vacuna contra la tuberculosis.

Década de 1950 Jonas Salk desarrolla una vacuna contra la polio que usa virus muertos. Albert Sabin desarrolla una vacuna contra la polio que usa virus atenuados.

1981 El gobierno aprueba una vacuna contra la hepatitis B que usa ADN recombinante.

2006 Se aprueba una vacuna contra el virus del papiloma humano, un virus que da origen a ciertos cánceres.

◄ **Antes del desarrollo de las vacunas, la Cruz Roja advirtió al público de la amenaza de la tuberculosis, mediante carteles como éste, alrededor de 1919.**

Prevención de enfermedades virales La mejor forma de protegernos contra la mayoría de las enfermedades virales es la prevención, generalmente con el uso de vacunas. En la **ilustración 20–18** se muestran algunos hitos históricos en el desarrollo de las vacunas. También es importante la higiene personal. Estudios recientes muestran que los virus del resfriado y la influenza con frecuencia se transmiten por contacto de mano a boca. Las formas efectivas para ayudar a prevenir la infección incluyen lavarte las manos con frecuencia, evitar el contacto con individuos enfermos, y toser o estornudar en un pañuelo o en tu manga, no en tus manos.

Tratar las enfermedades virales A diferencia de las enfermedades bacterianas, las enfermedades virales no pueden tratarse con antibióticos. En años recientes, sin embargo, se ha hecho un progreso limitado en el desarrollo de un puñado de fármacos antivirales que atacan a enzimas virales específicas que las células anfitrionas no tienen. Estos tratamientos incluyen un medicamento antiviral que puede acelerar la recuperación del virus de la influenza, y otros que ayudan a prolongar la vida de las personas infectadas con VIH.

Enfermedades incipientes

¿Por qué están surgiendo enfermedades particularmente amenazadoras para los seres humanos?

Si los virus y las bacterias patógenos fueran incapaces de cambiar con el tiempo, es decir, si no pudieran evolucionar, representarían una amenaza mucho menor que la que implican en la actualidad. Por desgracia, el corto tiempo entre generaciones sucesivas de estos patógenos les permite evolucionar con rapidez, en especial en respuesta a los esfuerzos humanos para controlarlos. Una enfermedad desconocida que aparece en una población por primera vez o una enfermedad bien conocida que de pronto se vuelve más difícil de controlar se llama **enfermedad incipiente.**

La **ilustración 20–19** muestra ubicaciones mundiales donde han aparecido enfermedades incipientes en años recientes. Los cambios en el estilo de vida y en el comercio han hecho que las enfermedades incipientes sean una amenaza mayor. Los viajes a alta velocidad implican que una persona puede moverse al otro lado del mundo en un día. Cantidades enormes de alimentos y bienes de consumo se embarcan ahora entre regiones del mundo que antes tenían poco contacto entre sí. Esto pone a las poblaciones humanas que antes estaban aisladas por océanos y cadenas montañosas en contacto estrecho con partes más desarrolladas del mundo. La diseminación rápida de nuevas enfermedades es un riesgo en cada viaje y cada embarque de alimentos o mercancías.

Los patógenos que causan enfermedades incipientes son amenazadores, en particular para la salud humana porque la población tiene poca o ninguna resistencia a ellos, y porque aún deben desarrollarse métodos de control. Debido a su aparición súbita y a la resistencia a los métodos de control existentes, las enfermedades incipientes preocupan de manera particular. Una comprensión más profunda de las funciones de las estructuras moleculares y la genética de bacterias y virus será una clave para defendernos contra ellos.

ILUSTRACIÓN 20–19 Enfermedades incipientes En años recientes, han aparecido enfermedades nuevas como el síndrome respiratorio agudo severo (SRAS) en Asia. Al mismo tiempo han vuelto algunas enfermedades que se pensaban controladas. Ambos ejemplos se clasifican como enfermedades incipientes. **Interpretar gráficas** ***¿Cuáles enfermedades incipientes se encontraron en África?***

Analizar datos

Aumento de SARM

La infección por *Staphylococcus aureus* resistente a la meticilina (SARM) puede diseminarse muy rápido en hospitales y asilos de ancianos. La tabla de la derecha muestra la incidencia de infecciones de SARM en hospitales de Estados Unidos durante un período de 13 años.

1. Hacer gráficas Prepara una gráfica de línea que muestre el número de infecciones de SARM en hospitales de Estados Unidos a lo largo del tiempo. Describe la tendencia mostrada.

2. Calcular ¿En qué porcentaje se incrementaron las infecciones de SARM en hospitales de Estados Unidos entre 1995 y 2005? MATEMÁTICAS

3. Sacar conclusiones Un estudio en 2007 reportó que la estancia hospitalaria promedio en Estados Unidos era de 4.6 días, mientras que la del paciente infectado con SARM era de 10 días. Si la tendencia mostrada por los datos anteriores continúa, ¿qué efecto tendrán las infecciones de SARM en los costos hospitalarios futuros?

Incidencia de SARM

Año	Casos reportados en hospitales
1993	1900
1995	38,100
1997	69,800
1999	108,600
2001	175,000
2003	248,300
2005	368,600

"Supermicrobios" Cuando la penicilina se introdujo por primera vez en la década de 1940, un antibiótico derivado de hongos se vio como un fármaco milagroso. Los pacientes que padecían de infecciones que amenazaban su vida eran curados casi de inmediato por este nuevo y potente fármaco. La conquista de las enfermedades bacterianas parecía estar a la vista. Sin embargo, en el lapso de unas cuantas décadas, la penicilina perdió gran parte de su efectividad, como ha sucedido con otros antibióticos más actuales. La culpable es la evolución.

El uso extendido de los antibióticos ha llevado a un proceso de selección natural que favorece la resistencia a estos fármacos poderosos. Los médicos ahora deben luchar contra "supermicrobios", que son resistentes a grupos enteros de antibióticos y que de una bacteria a otra transfieren genes resistentes a los fármacos por medio de la conjugación.

Una forma especialmente peligrosa de resistencia a múltiples fármacos ha aparecido en fechas recientes en una bacteria común. El *Staphylococcus aureus* resistente a la meticilina, conocido como SARM, puede causar infecciones difíciles de controlar. Las infecciones de la piel por SARM pueden diseminarse por contacto cercano, lo que incluye compartir artículos personales como toallas y equipo deportivo, y con frecuencia se extiende en hospitales donde la bacteria del SARM puede infectar heridas quirúrgicas y diseminarse de un paciente a otro.

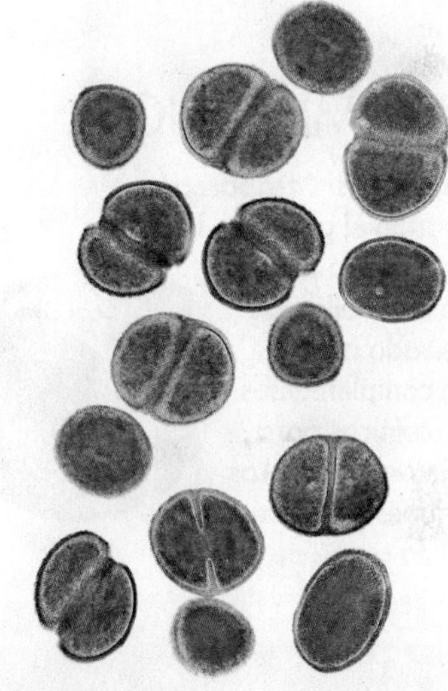

ILUSTRACIÓN 20–20 SARM El *S. aureus* resistente a la meticilina es una bacteria resistente a la meticilina y a otros antibióticos comunes.

Virus nuevos Debido a que los virus se duplican tan rápido, su estructura genética puede cambiar con rapidez, lo que en ocasiones permite que un virus salte de una especie anfitriona a otra. Los investigadores tienen evidencia de que así se originó el virus que causa el sida, que pasó de primates no humanos a humanos.

Los funcionarios de salud pública están preocupados en especial por el virus de la influenza. La mezcla de genes entre diferentes virus de influenza que infectan poblaciones de aves salvajes y domésticas ha conducido al surgimiento de una "influenza aviar", que se parece a las versiones humanas más mortales de la influenza. En casos aislados, la influenza aviar ha infectado a seres humanos, y los funcionarios de salud advierten que en el futuro es posible un "salto" a la población humana.

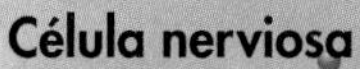
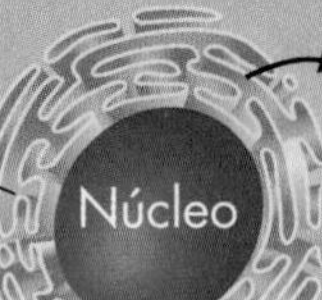

1 Las células nerviosas elaboran proteínas priones normales.

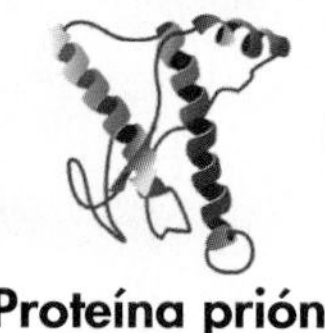

2 Las proteínas priones con plegamiento anómalo surgen por mutación espontánea o son introducidas en la dieta.

3 Las proteínas priones con plegamiento anómalo causan que las proteínas priones normales se plieguen en forma anómala.

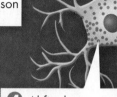

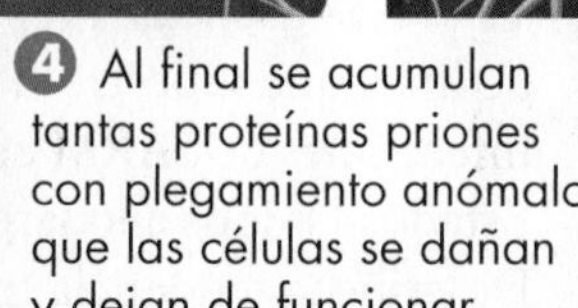

4 Al final se acumulan tantas proteínas priones con plegamiento anómalo que las células se dañan y dejan de funcionar.

ILUSTRACIÓN 20–21 Mecanismo de infección por prión Los priones son proteínas mal plegadas en el cerebro que causan una reacción en cadena de plegamiento anómalo en otras proteínas normales con las que entran en contacto, obstruyendo al final el tejido cerebral y causando la enfermedad.

PISTA DEL MISTERIO

La EEB casi desapareció cuando el gobierno inglés prohibió la práctica de usar tejido de ganado molido en complementos proteínicos para alimentación. ¿Los priones podrían ser la causa de la EEB?

Priones En 1972, el científico estadounidense Stanley Prusiner se interesó en la tembladera, una enfermedad infecciosa en las ovejas, de causa desconocida. Al principio, sospechó de un virus, pero los experimentos revelaron grupos de partículas diminutas de proteínas en los cerebros de las ovejas infectadas. Prusiner las llamó **priones,** "partículas de proteínas infecciosas". Aunque los priones se descubrieron primero en ovejas, muchos animales, incluyendo los humanos, pueden infectarse con ellos. Los priones se forman cuando ciertas proteínas encontradas en células normales se pliegan de manera inapropiada. Los priones en realidad ayudan a este plegamiento anómalo, lo que produce más priones y daña las células en el sistema nervioso, como se muestra en la **ilustración 20–21.**

20.3 Evaluación

Repaso de conceptos clave

1. a. Repasar Describe cómo las bacterias causan enfermedades.

b. Relacionar causa y efecto ¿Las vacunas son efectivas antes o después de la infección? Explica.

2. a. Repasar ¿Cómo pueden causar enfermedades los virus?

b. Comparar y contrastar ¿En qué se diferencian el tratamiento de las enfermedades virales y el de las enfermedades bacterianas?

3. a. Repasar ¿Por qué son preocupantes las enfermedades incipientes?

b. Explicar ¿Por qué los "supermicrobios" son difíciles de controlar?

c. Proponer una solución ¿Qué acciones podría emprender tu escuela para combatir la evolución de "supermicrobios"? Explica cómo tales acciones podrían tener un impacto.

DESARROLLAR EL VOCABULARIO

4. Investiga los orígenes de la palabra *vacuna.* ¿De qué idioma proviene y por qué?

BIOLOGY.com Search Lesson 20.3 GO • Self-Test • Lesson Assessment • Art in Motion

La biología y la sociedad

¿Debería haber más vacunas obligatorias?

En la primera década del siglo XIX, la difteria era el azote de los niños estadounidenses. Cada invierno, decenas de miles de niños enfermaban con fiebre y garganta irritada causados por esta bacteria que se transporta en el aire y causó miles de muertes. Pero quizá tú no hayas oído hablar de ella, y de seguro no has tenido que preocuparte al respecto. Sólo se han registrado cinco casos de difteria en Estados Unidos desde el año 2000. La razón es la vacunación. En 1920 se introdujo una vacuna contra esta enfermedad y ahora se aplica obligatoriamente a los estadounidenses en edad escolar. Como resultado, la difteria es una de varias enfermedades, incluyendo la polio, que casi han desaparecido de nuestra sociedad.

Las directrices médicas exigen la vacunación contra al menos 14 enfermedades infantiles. Se han introducido vacunas nuevas contra enfermedades que por lo general no son fatales, como la varicela. Algunas autoridades incluso han sugerido que todos deberían vacunarse también contra bacterias y virus que podrían usarse en una guerra bacteriológica, incluyendo el ántrax y la viruela. ¿Deberían aplicarse todas estas vacunas a todos los estudiantes?

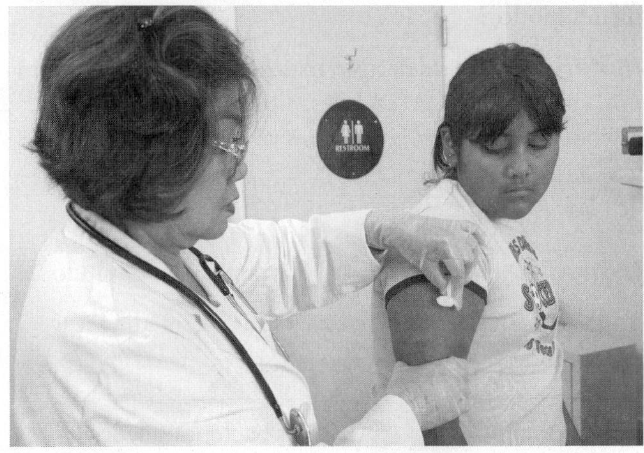

Esta niña recibe una vacuna antes de ingresar a su vida escolar.

Puntos de vista

Ampliar la cartilla obligatoria Las enfermedades infecciosas se diseminan de una persona a otra. Cuando funcionan de manera apropiada, las vacunas estimulan el sistema inmunológico no sólo del individuo vacunado sino también, de manera indirecta, de aquellos que no hayan sido inmunizados. Esto ayuda a mejorar la salud pública, ya sea que una enfermedad específica amenace la vida o no. Además, la vacunación contra los agentes de una guerra bacteriológica inutiliza a estas potenciales armas terroristas.

Limitar las vacunas obligatorias Sin duda, tiene sentido vacunarse contra un limitado número de enfermedades mortales e incapacitantes como la difteria y la polio. Sin embargo, toda vacuna implica un riesgo de que el niño vacunado experimente reacciones adversas. Algunas reacciones a las vacunas incluso pueden ser graves.

Ahora más niños padecen complicaciones por la vacuna de la polio que por la enfermedad en sí. La vacuna contra la viruela fue descontinuada a principios de la década de los setenta debido a las muertes producidas por la vacuna. Los estudiantes no deberían ser vacunados contra enfermedades que representan riesgos para la vida ni contra hipotéticas amenazas de una guerra bacteriológica.

Investiga y decide

1. Analizar los puntos de vista Investiga las enfermedades contra las que actualmente se requiere vacunación para ingresar a la escuela en tu estado. ¿Cuáles serían los riesgos y beneficios de ampliar el número de vacunas que se aplican? ¿Y cuáles serían los efectos de limitar el número de vacunas obligatorias a sólo unas cuantas?

2. Formar una opinión Compara los resultados de tu investigación con las declaraciones públicas de las dependencias gubernamentales de Estados Unidos. Haz una lista de las vacunas que deberían ser obligatorias para todos los estudiantes de tu escuela y prepárate para defender tu opinión.

Laboratorio del mundo real

INVESTIGACIÓN DIRIGIDA

Preparación para el laboratorio: Controlar el crecimiento de las bacterias

Problema ¿Cómo puedes determinar la efectividad de un antibiótico?

Materiales placas de agar, marcador, cultivos bacterianos, cuentas de vidrio estériles, pipetas estériles, pinzas, discos de antibiótico, cinta adhesiva opaca, regla métrica

Manual de laboratorio Laboratorio del Capítulo 20

Enfoque en las destrezas Observar, medir, sacar conclusiones

Conectar con la gran idea Las bacterias pueden encontrarse sobre el cuerpo humano y dentro de él. La mayoría de estas bacterias son inofensivas y algunas incluso son benéficas para los seres humanos. Pero otras pueden causar enfermedades. Estos patógenos necesitan controlarse. La eliminación física de bacterias por medio del lavado de las manos es uno de los métodos de control más efectivos. El almacenamiento y la preparación apropiados de los alimentos también son importantes, al igual que las vacunas que se han desarrollado para ayudar al cuerpo a formar inmunidad a enfermedades bacterianas específicas.

¿Qué sucede si una persona desarrolla una infección bacteriana? Los doctores usarán fármacos como los antibióticos para combatir la infección. Estos fármacos están diseñados para matar las bacterias y no las células humanas. En esta práctica de laboratorio compararás la capacidad de dos antibióticos para controlar el crecimiento de dos tipos diferentes de bacterias.

Preguntas preliminares

a. Repasar ¿Qué le sucede a la célula de una bacteria después de que casi ha duplicado su tamaño? ¿Cómo se llama este proceso?

b. Explicar ¿Cómo se incrementa la diversidad genética en las poblaciones de bacterias?

c. Repasar ¿Cuáles son las dos formas generales en que las bacterias pueden causar enfermedades?

Preguntas previas al laboratorio

Examina el procedimiento en el manual de laboratorio.

1. Relacionar causa y efecto ¿Cómo sabes que un antibiótico es capaz de controlar el crecimiento de las bacterias?
2. Diseñar un experimento ¿Por qué es importante dejar espacio entre los discos de las placas de agar?
3. Controlar variables ¿Por qué debes evitar el contacto directo entre tus manos y los discos de antibiótico?

BIOLOGY.com Search Chapter 20 GO

Visita el Capítulo 20 en línea para hacer una autoevaluación del capítulo y para buscar actividades que apoyan tu aprendizaje.

Untamed Science Video Únete al equipo de *Untamed Science* cuando encienden los microscopios para observar las bacterias y todas las formas en que son buenas para nosotros.

Art in Motion Observa un corto de animación de una infección por priones y ve cómo las proteínas con plegamientos anómalos interactúan con proteínas normales.

Art Review Repasa tu comprensión de la estructura y clasificación de los procariotas.

InterActive Art Repasa tu comprensión de los ciclos lítico y lisógeno.

Data Analysis Analiza los datos sobre el SARM e identifica si el aumento en la prevalencia se debe a un incremento en la diseminación, la virulencia o simplemente a un aumento en la precisión de los diagnósticos.

Visual Analogy Compara a un forajido del viejo oeste que se apodera de un pueblo con una infección lítica.

20 Guía de estudio

La gran idea Base celular de la vida

Los virus son partículas inanimadas que se reproducen al infectar células. Generar inmunidad contra la infección con vacunas preventivas es clave para defenderse contra las enfermedades virales. Las bacterias y arqueas son procariotas que desempeñan muchas funciones importantes en el ecosistema. Las infecciones bacterianas se tratan con medicamentos que afectan la estructura o la función celular de los procariotas.

20.1 Virus

Los virus sólo pueden reproducirse cuando infectan a células vivas.

Dentro de las células vivas, los virus usan su información genética para hacer múltiples copias de sí mismos. Algunos virus se duplican de inmediato, mientras otros persisten inicialmente en un estado inactivo dentro del anfitrión.

virus (574)
cápsida (575)
bacteriófago (575)
infección lítica (576)
infección lisógena (577)
profago (577)
retrovirus (578)

20.2 Procariotas

Los procariotas se clasifican en Bacterias o Arqueas, dos de los tres dominios de la vida.

Los procariotas varían en su tamaño y forma, en la manera en que se mueven y en la que obtienen y liberan energía.

Los procariotas son esenciales para mantener cada aspecto del equilibrio ecológico del mundo vivo. Además, algunas especies tienen usos específicos en la industria humana.

procariota (580)
bacilo (582)
coco (582)
espirilo (582)
fisión binaria (583)
endospora (583)
conjugación (583)

20.3 Enfermedades causadas por bacterias y virus

Las bacterias causan enfermedades al destruir células vivas o al liberar sustancias químicas que alteran la homeostasis.

Los virus causan enfermedades mediante la destrucción directa de células vivas o afectando procesos celulares en formas que alteran la homeostasis.

Los patógenos que causan enfermedades incipientes son amenazadores, en particular para la salud humana porque la población tiene poca o ninguna resistencia a ellos, y porque aún deben desarrollarse métodos de control.

patógeno (586)
vacuna (588)
antibiótico (588)
enfermedad incipiente (590)
prión (592)

THE NEXT TO GO
FIGHT TUBERCULOSIS!
Red Cross Christmas Seal Campaign

Razonamiento visual

Un folioscopio consiste en una serie de hojas con dibujos secuenciales, los cuales, cuando se pasan rápidamente, parecen moverse. Crea una película en un folioscopio de una infección lítica. Asegúrate de mostrar lo que le sucede al bacteriófago en cada paso. Intercambia folioscopios con otro estudiante, mira su película y escribe una reseña.

20 Evaluación

20.1 Virus

Comprender conceptos clave

1. Las partículas formadas por proteínas, ácidos nucleicos y a veces lípidos, y que sólo se reproducen mediante la infección de células vivas se llaman
a. bacterias.
b. cápsidas.
c. profagos.
d. virus.

2. La estructura "A" de este diagrama de un virus se llama
a. genoma viral.
b. envoltura de ARN.
c. cápsida.
d. membrana nuclear.

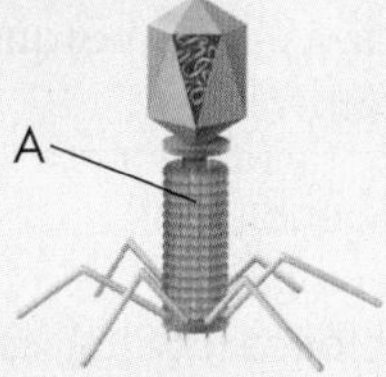

3. Los virus que contienen ARN como información genética son los
a. bacteriófagos.
b. retrovirus.
c. cápsidas.
d. profagos.

4. ¿Qué características comunes tienen todos los virus?

5. ¿Por qué son importantes las proteínas del cápsida para el funcionamiento del virus?

6. Describe la secuencia de eventos que ocurren durante una infección lítica.

7. Explica qué es un profago.

Razonamiento crítico

8. Comparar y contrastar Desde el punto de vista del mecanismo de infección, ¿en qué se diferencia un virus del resfriado del VIH?

9. Predecir Explica la forma en que una mutación en una célula bacteriana la ayudaría a volverse resistente a una infección por un bacteriófago.

10. Aplica los conceptos Explica cómo puede diseminarse un virus en una población bacteriana durante la fase lisógena de una infección.

20.2 Procariotas

Comprender conceptos clave

11. Los procariotas son diferentes del resto de los organismos porque sus células
a. carecen de núcleo.
b. tienen organelos.
c. tienen paredes celulares.
d. carecen de ácidos nucleicos.

12. Los procariotas que prosperan en ambientes libres de oxígeno se llaman
a. aerobios. **c.** anaerobios.
b. retrovirus. **d.** heterótrofos.

13. ¿Cuál de estas micrografías muestra bacterias tipo bacilo?

a. 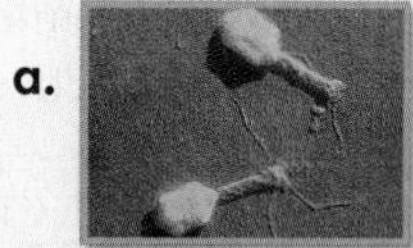

c. 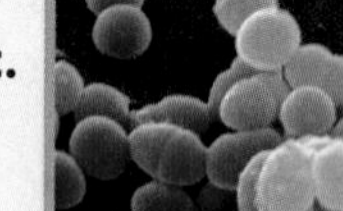

b. 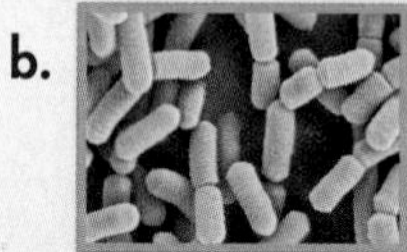

d. 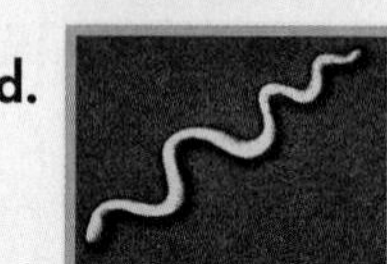

14. Los procariotas se reproducen asexualmente por
a. fisión binaria. **c.** conjugación.
b. endosporas. **d.** mutación.

15. El proceso de convertir nitrógeno en algo que las plantas puedan usar se conoce como
a. formación de nitrógeno.
b. amonificación del nitrógeno.
c. descomposición del nitrógeno.
d. fijación del nitrógeno.

16. ¿Cuáles son las dos características principales de los procariotas?

17. Describe las tres formas celulares principales de los procariotas.

18. Describe dos métodos por los que se mueven los procariotas.

Razonamiento crítico

19. Predecir Supón que ciertas bacterias pierden la capacidad de fijar nitrógeno. ¿Cómo afectaría esto a otros organismos en su ecosistema?

20. Aplica los conceptos ¿Por qué no se descomponen alimentos como el arroz crudo y las pasas?

21. **Proponer una hipótesis** Las bacterias que viven en los dientes producen el ácido que causa las caries. ¿Por qué quienes no se cepillan los dientes con regularidad tienen más caries que quienes sí lo hacen?

22. **Clasificar** Un científico encuentra un organismo nuevo pero no está seguro a cuál dominio pertenece. El organismo es unicelular, tiene una pared celular que contiene peptidoglicano, tiene una molécula de ADN circular y carece de núcleo. Con base en estas características, ¿a cuál dominio pertenece?

23. **Comparar y contrastar** Explica la manera en que el resultado de la fisión binaria difiere tanto del resultado de la formación de endosporas como del resultado de la conjugación.

20.3 Enfermedades causadas por bacterias y virus

Comprender conceptos clave

24. Los organismos causantes de enfermedades se conocen como
    a. cocos.
    b. bacterias.
    c. patógenos.
    d. arqueas.

25. ¿A cuál de estos científicos se debe el desarrollo de la teoría germinal de las enfermedades?
    a. Ivanovski
    b. Beijerinck
    c. Pasteur
    d. Darwin

26. En general, los virus causan enfermedades por
    a. liberar toxinas.
    b. infectar y luego destruir las células.
    c. provocar mutaciones en el ADN de la célula anfitriona.
    d. destruir los glóbulos rojos.

27. ¿Cuál de los fármacos siguientes sirve para tratar enfermedades bacterianas pero NO para enfermedades virales?
    a. vacunas
    b. antibióticos
    c. antivirales
    d. la aspirina

28. ¿Cuál es la mejor forma para que las personas se protejan contra la mayoría de las enfermedades virales?

29. Enumera tres formas diferentes de controlar el crecimiento bacteriano.

30. ¿Qué significa el término *enfermedad incipiente*? Da tres ejemplos de enfermedades incipientes en América del Norte.

31. ¿Cómo causan enfermedades los priones con plegamiento anómalo?

resuelve el MISTERIO del CAPÍTULO

LAS VACAS LOCAS

La enfermedad de las "vacas locas" apareció en 1986 en Gran Bretaña y se extendió con rapidez entre los rebaños de ganado. Una enfermedad similar, conocida como ECJv (variante de la enfermedad de Creutzfeldt-Jacob), causó la muerte de decenas de personas que la padecieron. La enfermedad casi desapareció cuando el gobierno prohibió el tejido de res molido en complementos alimenticios con proteína.

Ahora parece claro que la enfermedad de las "vacas locas" y la ECJv fueron causadas por priones en la carne y el tejido cerebral de ganado infectado. Cuando estos priones entraron en el suministro de alimento, la infección logró extenderse a otras reses, y a los seres humanos que comieron carne de animales infectados. Los funcionarios en Europa y Estados Unidos instituyeron controles nuevos en la producción de la carne con el fin de prevenir más brotes de esta enfermedad basada en priones.

1. **Inferir** El rápido aumento de EEB entre 1986 y 1991 terminó cuando las autoridades inglesas prohibieron el uso de carne y harina de huesos en complementos alimenticios para el ganado. ¿Cómo apoya esto la hipótesis de que a la EEB la causan priones?

2. **Aplica los conceptos** ¿Por qué la mayoría de los científicos concluyó que ni virus ni bacterias causaban la EEB?

3. **Conectar con la gran idea** Los priones son proteínas, no organismos. Sin embargo, comparten características con la vida basada en células. ¿Cuáles son? Explica.

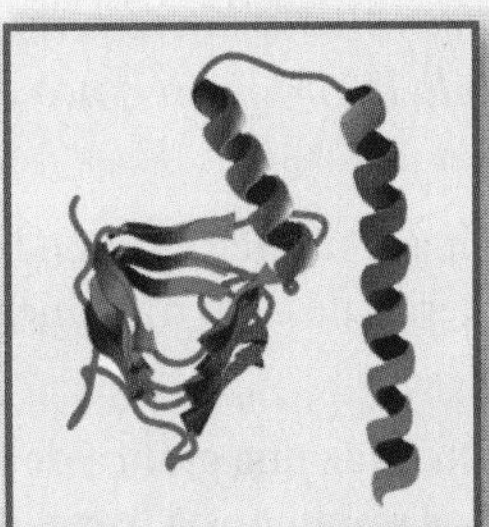

◄ Prión con plegamiento anómalo

Razonamiento crítico

32. Aplica los conceptos ¿Qué ventajas tiene la eliminación física de microbios infecciosos mediante el lavado de las manos sobre el uso de desinfectantes? Explica.

33. Predecir ¿Los antibióticos serían efectivos para tratar un brote de influenza aviar? Explica.

34. Algunos biólogos realizaron un experimento para determinar la efectividad de varios antibióticos contra una determinada cepa de bacterias. Se colocaron cuatro discos, cada uno empapado en un antibiótico diferente, en una placa de petri donde crecían las bacterias. Los resultados se resumen a continuación.

Efectos de antibióticos

Antibiótico	Observación después de una semana
A	Crecimiento retardado por 6 mm de diámetro
B	Crecimiento no retardado
C	Crecimiento no retardado
D	Crecimiento retardado por 2 mm de diámetro

a. Analizar datos ¿Cuáles antibióticos fueron los menos efectivos para retardar el crecimiento de las bacterias? Explica tu respuesta usando los datos del experimento.

b. Inferir ¿Cuál antibiótico podría ser el tratamiento más efectivo para una infección causada por esta cepa de bacterias? Explica tu respuesta usando los datos del experimento.

Relacionar conceptos

Usar gráficas científicas

Las bacterias E. coli *pueden cultivarse en agar en una placa de petri, enturbiando la superficie entera y formando un "césped" bacteriano. La fotografía muestra un césped sobre el cual se ha vertido una solución que contiene partículas de bacteriófagos.*

35. Interpretar material visual ¿Cuál es la explicación más razonable para las pequeñas áreas circulares claras en el césped bacteriano?

36. Proponer una hipótesis Supón que tocaste con la punta de una varilla de vidrio una de las áreas claras y luego tocaste de nuevo la superficie de una placa de petri con un césped fresco de *E. coli*. ¿Qué le sucedería al césped de bacterias nuevo después de varios días?

Escribir sobre las ciencias

31. Explicación Escribe un artículo científico titulado "Bacterias en la biósfera" para el periódico local. Explica las funciones ambientales de las bacterias.

32. Evalúa la gran idea Compara la reproducción de los virus con la de los procariotas.

Analizar datos

La tabla muestra el número de colonias de bacterias que crecieron después de que la mano de una persona se limpió con una bola de algodón estéril y ésta se frotó sobre una placa de petri con un medio de cultivo bacteriano. La tabla compara el crecimiento bacteriano después de haber tratado la mano en cinco formas diferentes.

Tratamiento de la mano	Ensayo 1: número de colonias	Ensayo 2: número de colonias
Sin lavar	247	210
Enjuagada con agua caliente	190	220
Lavada con jabón y agua caliente	21	15
Enjuagada con alcohol y secada con aire	3	0

39. Calcular Determina el número promedio de colonias de bacterias de cada tratamiento. MATEMÁTICAS

40. Hacer una gráfica Haz una gráfica de barras para mostrar los resultados del experimento. Señala ahí los promedios que acabas de calcular.

41. Analizar datos De acuerdo con los datos, ¿cuál es el método más efectivo para prevenir la transferencia de bacterias por contacto con las manos?

42. Sacar conclusiones ¿Cuál es la explicación más lógica de la forma en que funciona el alcohol?

Preparación para exámenes estandarizados

Selección múltiple

1. Un tipo de virus que infecta a las células bacterianas se llama
A cápsida.
B prión.
C bacteriófago.
D retrovirus.

2. Las células procariotas que tienen una forma esférica se llaman
A cocos.
B metanógenos.
C espirilos.
D bacilos.

3. ¿Qué es un cápsida?
A ADN viral que se inserta en el ADN de un anfitrión
B una capa de proteína que rodea a un virus
C un tipo de virus de las plantas
D una bacteria en forma de bastón

4. ¿Cuál de los elementos siguientes NO se usa para identificar procariotas específicos?
A un tipo de ácido nucleico
B la forma
C el movimiento
D la fuente de energía

5. ¿Cuál método NO se usa para proteger los alimentos contra microorganismos?
A la calefacción
B la congelación
C la esterilización
D la vacunación

6. ¿Qué enfermedad es causada por una bacteria?
A el sida
B la polio
C la difteria
D el resfriado común

7. ¿Cuál proceso se usa para el intercambio de información genética entre dos células bacterianas?
A la formación de endosporas
B el ciclo lisógeno
C la conjugación
D la fisión binaria

8. Todas las bacterias se clasifican como
A eucariotas.
B protistas.
C arqueas.
D procariotas.

Preguntas 9 y 10

Usa la gráfica para responder.

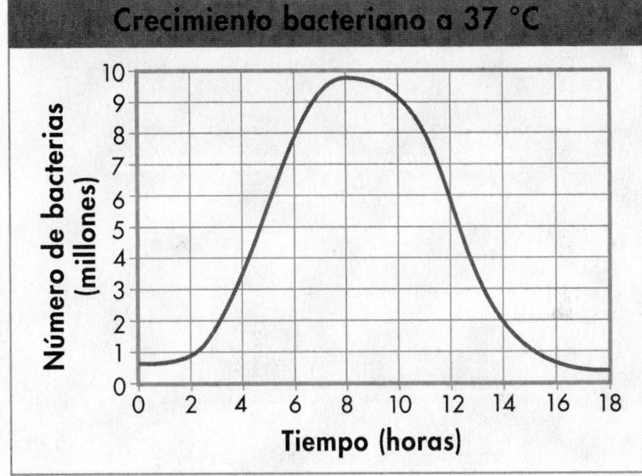

9. ¿En qué intervalo de la gráfica se incrementa el número de bacterias vivas a la mayor velocidad?
A entre las horas 2 y 4
B entre las horas 4 y 6
C entre las horas 6 y 8
D entre las horas 10 y 12

10. ¿Cuál es la razón más probable para la disminución de las bacterias?
A La temperatura del cultivo bacteriano era demasiado alta después de 8 horas.
B Las bacterias dejaron de reproducirse después de 8 horas.
C Se agregaron más nutrientes al cultivo a intervalos regulares.
D Los productos de desecho de las bacterias se acumularon en la solución de nutrientes.

Respuesta de desarrollo

11. Explica por qué los antibióticos sirven para tratar enfermedades bacterianas pero no enfermedades virales.

Si tienes dificultades con...

la pregunta	1	2	3	4	5	6	7	8	9	10	11
Ver la lección	20.1	20.2	20.1	20.2	20.3	20.3	20.2	20.2	20.2	20.2	20.3

21 Protistas y hongos

La gran idea **Interdependencia en la naturaleza**

P: ¿Cómo afectan los protistas y hongos la homeostasis de otros organismos y ecosistemas?

Reyezuelo sencillo posado en ramas cubiertas de líquenes.

BIOLOGY.com Search Chapter 21 GO • Flash Cards

EN ESTE CAPÍTULO:

- 21.1 Clasificación de protistas: la saga continúa
- 21.2 Estructura y función de los protistas
- 21.3 La ecología de los protistas
- 21.4 Los hongos

MISTERIO DEL CAPÍTULO

"UNA PLAGA DE CARÁCTER EXTRAÑO"

En las primeras décadas del siglo XIX, Irlanda se volvió muy dependiente del cultivo de la papa. Las papas son nutritivas y fáciles de cultivar, y crecían en el suelo húmedo y el clima lluvioso de la Isla Esmeralda. Los agricultores comenzaron a cultivar papas como la fuente primaria de alimento para ellos y sus familias.

Luego, durante el verano de 1845, comenzó a suceder algo extraño. Una revista llamada *The Gardener's Chronicle* informó que "una plaga de carácter inusual" estaba atacando a las papas. Por toda Irlanda, las papas comenzaron a pudrirse y a ponerse negras. Para principios del siglo XX, el hambre y la emigración redujeron a la mitad la población de Irlanda, mientras el principal cultivo alimenticio de la isla se pudría en los campos. Conforme leas este capítulo, busca pistas que te ayuden a identificar qué causó la plaga de las papas.

Continúa explorando el mundo. Hallar la solución a este misterio sólo es el principio. Emprende un viaje de campo en video con los genios ecólogos de *Untamed Science* para ver adónde conduce este misterio.

- Untamed Science Video
- Chapter Mystery

21.1 Clasificación de protistas: la saga continúa

Preguntas clave

¿Qué son los protistas?

¿Cómo se relacionan los protistas con otros eucariotas?

Tomar notas

Vistazo al material visual Mira los nombres de los organismos en la **ilustración 21–2.** ¿Alguno de los organismos te es familiar? Plantea dos preguntas sobre este diagrama.

ILUSTRACIÓN 21–1 Diversidad extrema de los protistas Los protistas varían en gran medida en tamaño, forma y función. Aquí hay varios ejemplos.

PIÉNSALO Algunos de los organismos a los que llamamos "protistas" viven tranquilamente en el fondo de estanques poco profundos, absorbiendo la energía de la luz solar. Otros nadan con vigor en busca de presas diminutas. Algunos brillan como diamantes en aguas costeras, y otros vagan en el torrente sanguíneo humano, destruyendo las células de la sangre y matando casi a un millón de personas al año, la mayoría niños. ¿Qué clase de vida es ésta, capaz de tal belleza y tal destrucción?

Los primeros eucariotas

¿Qué son los protistas?

Hace más de mil millones de años apareció una nueva forma de organismo en la Tierra. Pistas sutiles en los fósiles microscópicos de estas células individuales los señalan como los primeros eucariotas. Los eucariotas unicelulares todavía están con nosotros en la actualidad y con frecuencia son llamados "protistas", nombre que significa "primero". Tradicionalmente, a los protistas se les clasifica como miembros del reino Protista. **Los protistas son eucariotas que no son miembros de los reinos vegetal, animal u hongos.**

Aunque la mayoría de los protistas son unicelulares, varios no lo son. Los protistas más grandes (algas pardas llamadas kelp) contienen millones de células dispuestas en tejidos diferenciados. Se consideran protistas debido a que se relacionan de manera más estrecha con ciertos protistas unicelulares que con miembros de cualquier otro reino. El kelp y varios otros protistas se muestran en la **ilustración 21–1.**

En tu cuaderno *Piensa en las cosas que definen a un grupo. ¿Qué piensas que define a los protistas como un grupo?*

◀ Las nutrias se envuelven en kelp gigante, una especie de protista multicelular, para evitar que el mar las arrastre mientras duermen.

Actividad rápida de laboratorio

INVESTIGACIÓN DIRIGIDA

¿Qué son los protistas? 

1. Coloca una gota de agua con una variedad de microorganismos en un portaobjetos para microscopio. Agrega una gota de metilcelulosa y coloca una cubierta de vidrio. Observa bajo el microscopio con poco y mucho aumento.

2. Anota tus observaciones dibujando y rotulando cada tipo de organismo.

3. Haz una tabla donde enumeres cada tipo de organismo observado y sus características.

Analizar y concluir

1. **Observar** Describe el movimiento y las estructuras involucradas en la producción de ese movimiento de cualquier organismo que se mueva.

2. **Sacar conclusiones** ¿Observaste alguna estructura que piensas que se relaciona con la recolección de alimento o la reproducción? Explica por qué lo piensas.

3. **Clasificar** ¿Alguno de estos organismos es bacteria, planta o animal? Explica tu respuesta.

El dilema "protista" En años recientes, ávidos de aprender lo que revelan sobre la historia de la vida, los biólogos han estudiado muy de cerca estos eucariotas. Descubrieron que los "protistas" exhiben un grado mucho mayor de diversidad que cualquier otro reino eucariota. Además encontraron que muchos de estos organismos están relacionados mucho más estrechamente con miembros de otros reinos eucariotas que con otros "protistas".

Este hallazgo ha creado un dilema. Por definición, los miembros de un reino vivo como las plantas o los animales, deberían ser más parecidos entre sí que con los miembros de otros reinos. Esto no sucede con los protistas, lo que significa que se necesita una reclasificación; los biólogos continúan debatiendo la mejor forma de hacerlo.

En el pasado, los científicos clasificaron a los protistas en tres grupos: protistas parecidos a plantas, protistas parecidos a animales y protistas parecidos a hongos. Esta solución simple comenzó a fallar conforme los biólogos aprendieron que muchos protistas no entran en ninguno de estos grupos. Para empeorar las cosas, descubrieron que muchos de los protistas parecidos a hongos y animales son tan semejantes que pertenecen a un solo grupo, y no se dividen. Es evidente que ahora se necesita una forma nueva de pensar acerca de los "protistas".

En una cierta etapa de su ciclo de vida, los protistas llamados mohos del fango se agregan en colonias como ésta. (SEM 15×). ▼

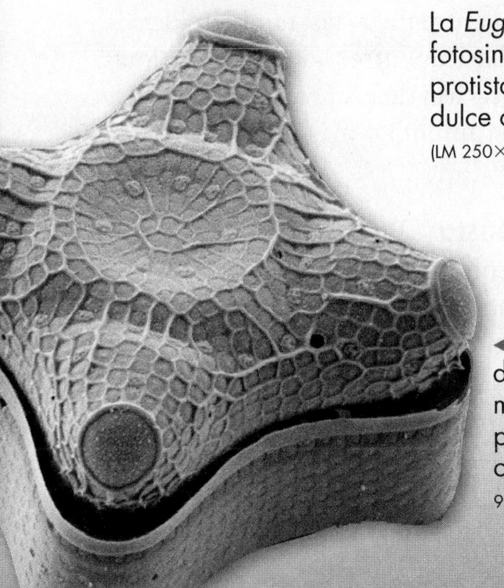

La *Euglena* móvil y fotosintética es un protistas de agua dulce común. (LM 250×). ▶

◀ Las conchas de las diatomeas, protistas marinos microscópicos, presentan patrones complejos. (par izquierdo: SEM 960×; derecha: SEM 270×).

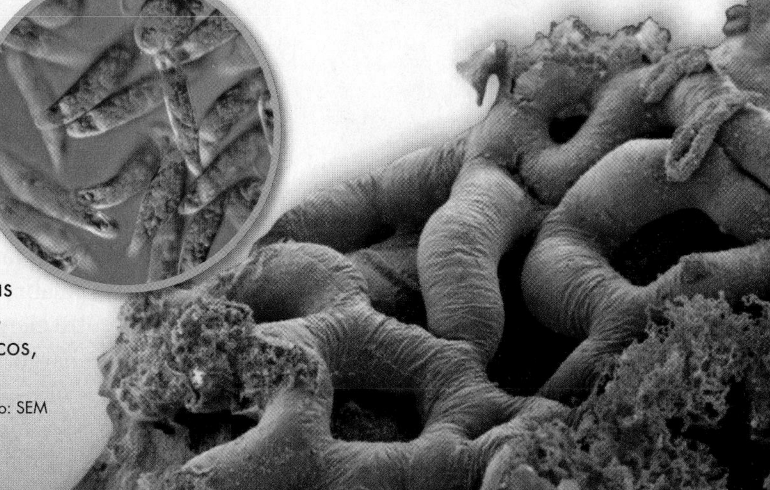

La *Euglena* se clasifica como un excavado.

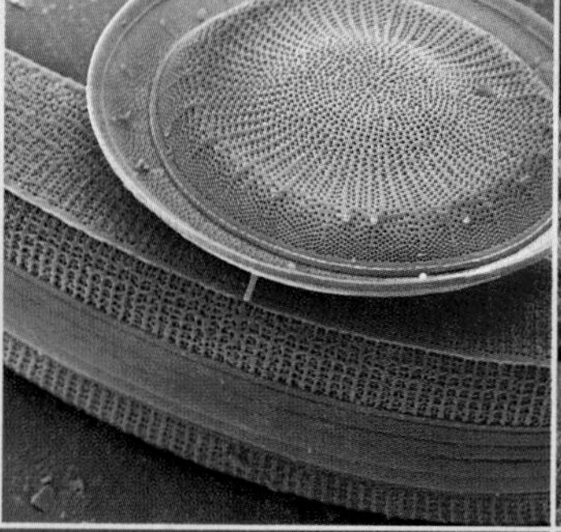
Las algas pardas y las diatomeas son ejemplos de Chromalveolata.

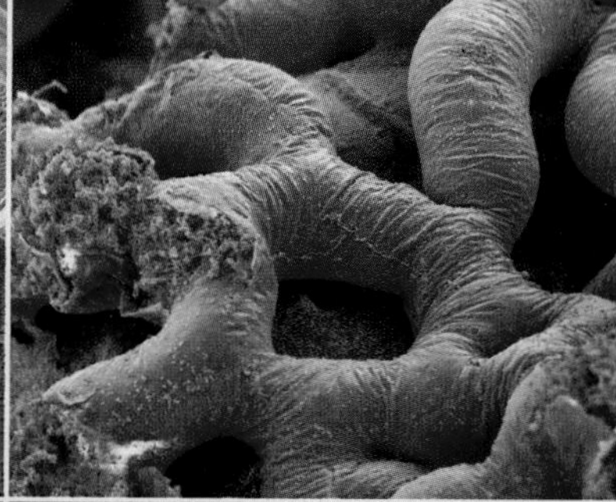
Los mohos del fango se clasifican con los Amoebozoa.

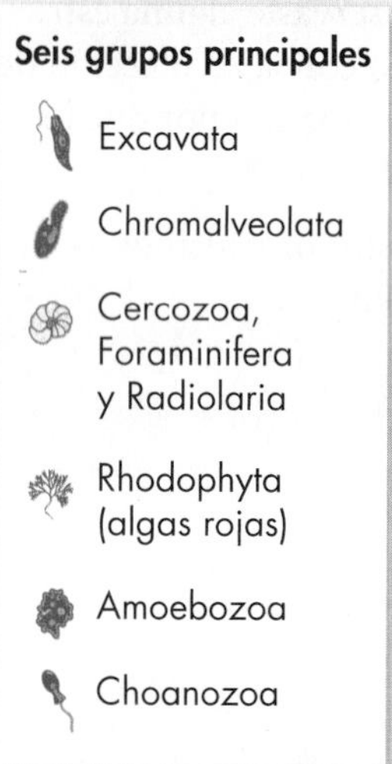

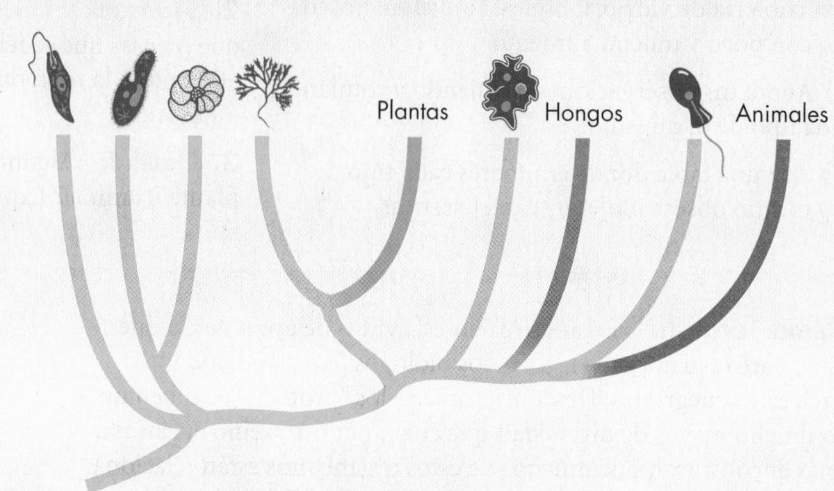

ILUSTRACIÓN 21–2 Clasificación de los protistas: un trabajo en progreso Este cladograma representa una comprensión de las relaciones de protistas apoyadas en investigación actual. **Interpretar diagramas** ***¿Cuál grupo de "protistas" se relaciona de manera más estrecha con las plantas? ¿Cuál se relaciona de manera más estrecha con los animales? ¿Y con los hongos?***

Para más detalles sobre la diversidad de los protistas, consulta la Guía visual. **DOL•10–DOL•15**

¿Múltiples reinos? Los estudios más recientes de los protistas los dividen en seis clados principales, mostrados en la **ilustración 21–2,** cada uno de los cuales podría considerarse un reino por derecho propio. ¿Dónde dejaría esto a los reinos vegetal, animal y hongos? De manera sorprendente, entran muy bien en estos seis clados, y tanto los animales como los hongos en realidad provienen de los mismos antepasados protistas.

En cierta forma, esto era de esperarse. Los protistas fueron los primeros eucariotas, y la evolución ha tenido mucho más tiempo para desarrollar diferencias entre los protistas que entre eucariotas evolucionados más recientemente, como las plantas y los animales. En otras palabras, al hallar las divisiones fundamentales entre protistas, también identificamos las diferencias más básicas entre todos los eucariotas. Es de esperarse que la clasificación de los protistas cambie de nuevo conforme los biólogos aprendan más de los genomas de estos notables organismos.

Lo que hoy significa "protista" En la actualidad, los biólogos que arman lo que con frecuencia se llama "árbol de la vida" favorecen la clasificación que se muestra arriba. Pero la palabra "protista" sigue siendo de uso tan común, incluso entre científicos, que la usamos aquí. Ten en cuenta, sin embargo, que los "protistas" no son un solo reino sino una colección de organismos que incluye varios clados distintos, por lo que a veces el término está entre comillas.

Protistas: antepasados y descendientes

¿Cómo se relacionan los protistas con otros eucariotas?

Los protistas fueron los primeros eucariotas. ¿Cómo se relacionan con otros organismos eucariotas en la actualidad? Por muy tentador que pudiera ser buscar entre los protistas vivos para encontrar a los antepasados de las primeras plantas o los primeros hongos, sería un error científico hacerlo. La razón, por supuesto, es que los protistas que viven en la actualidad han pasado por un proceso de evolución tan extenso como el que produjo al resto de los organismos vivos.

Los fósiles microscópicos de células eucariotas, como el mostrado en la **ilustración 21–3,** se han encontrado en rocas de hasta 1.5 mil millones de años de antigüedad. La evidencia genética y de fósiles indica que los eucariotas evolucionaron de los procariotas y se relacionan de manera más estrecha con las Archaea del presente que con las Bacterias. La división actual entre Archaea y Eucarionte puede haberse dado hace 2.5 mil millones de años. Desde esa época, los protistas se han diversificado en unas 300,000 especies en todos los rincones del planeta.

La mayoría de los principales grupos protistas han permanecido siendo unicelulares, pero dos han producido organismos multicelulares. Es de los antepasados de estos grupos que surgieron plantas, animales y hongos.

Los protistas actuales incluyen grupos cuyos antepasados estuvieron entre los últimos que se separaron de los organismos que dieron lugar a plantas, animales y hongos. Las raíces de toda la diversidad de eucariotas, desde las plantas hasta los animales y los hongos, se encuentran entre los antepasados de los organismos a los que llamamos protistas.

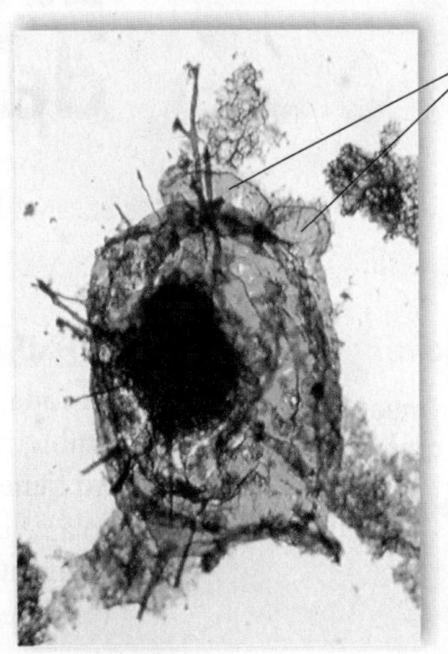

ILUSTRACIÓN 21–3 Fósil de uno de los primeros eucariotas Este fósil de *Tappania plana* de 1.5 mil millones de años indicó a los científicos que los antiguos eucariotas ya tenían las estructuras citoesqueléticas características de los protistas actuales. Se ha propuesto la hipótesis de que las proyecciones bulbosas en la célula funcionaban en la reproducción asexual. (LM 285×)

21.1 Evaluación

Repaso de conceptos clave

1. a. **Repasar** ¿Qué es un protista?
   b. **Comparar y contrastar** Compara la clasificación actual de los protistas con la antigua.
2. a. **Repasar** ¿Qué reinos surgen de antepasados protistas?
   b. **Aplica los conceptos** ¿Por qué es equivocado tratar de encontrar a nuestro antepasado eucariota más antiguo entre los protistas modernos?

RAZONAMIENTO VISUAL

3. Compara la **ilustración 21–2** con el árbol de la vida presentado en el capítulo 18. ¿Qué simplificación hace la **ilustración 21–2?** ¿Cómo podría malinterpretarse esta simplificación? Explica tu respuesta con lo que sabes del capítulo 18 sobre cómo se elaboran los cladogramas.

BIOLOGY.com Search Lesson 21.1  • Self-Test • Lesson Assessment

21.2 Estructura y función de los protistas

Preguntas clave

¿Cómo se mueven los protistas en el ambiente?

¿Cómo se reproducen los protistas?

Vocabulario

seudópodo • cilio • flagelo • espora • conjugación • alternancia de generaciones • esporangio

Tomar notas

Tabla para comparar y contrastar A medida que leas, haz una tabla para comparar las diferentes formas en que se mueven los protistas.

DESARROLLAR el vocabulario

RAÍCES GRIEGAS La palabra **seudópodo** viene de las raíces griegas *pseudos,* que significa "falso", y *podo,* que significa "pie".

PIÉNSALO Nuestros cuerpos están repletos de sistemas especializados de toda clase. Los sistemas de órganos nos ayudan a movernos, sentir el ambiente, digerir el alimento e incluso reproducirnos. Pero los protistas no tienen estos sistemas; ellos hacen todo dentro de los límites de una sola célula. Imagina cómo habrían tenido que ser esas células para triunfar en la lucha interminable por la vida en la Tierra. Los protistas que vemos en la actualidad son ganadores en esa lucha.

Cómo se mueven los protistas

¿Cómo se mueven los protistas en el ambiente?

Antes que dieran lugar a eucariotas multicelulares, los protistas evolucionaron en cada forma de movimiento celular conocida. **Algunos protistas se mueven cambiando su forma celular y algunos mediante organelos especializados. Otros protistas no se mueven en forma activa pero los transportan el viento, el agua u otros organismos.**

Movimiento ameboide Muchos protistas unicelulares se mueven cambiando su forma, un proceso que utiliza proyecciones citoplasmáticas conocidas como **seudópodos.** Los protistas más conocidos con esta forma de movimiento son las amebas. En la **ilustración 21–4** puedes ver cómo el citoplasma de la ameba ondea hacia el seudópodo y el resto de la célula lo sigue. Este tipo de locomoción se llama movimiento ameboide y se encuentra en muchos protistas. Es propulsado por una proteína citoesquelética llamada actina. La actina también se encuentra en las células musculares de los animales, donde desempeña una función importante en la contracción muscular.

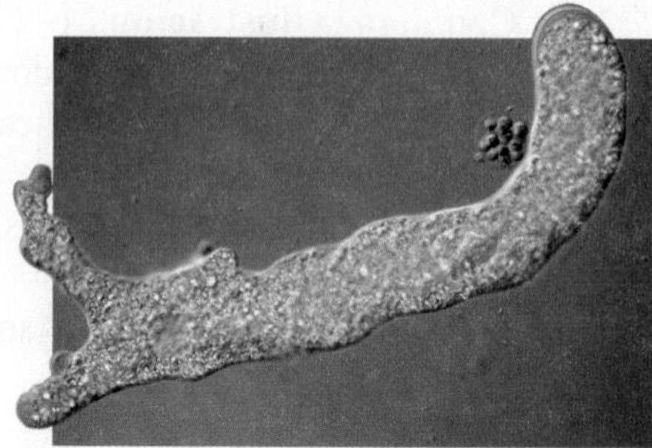

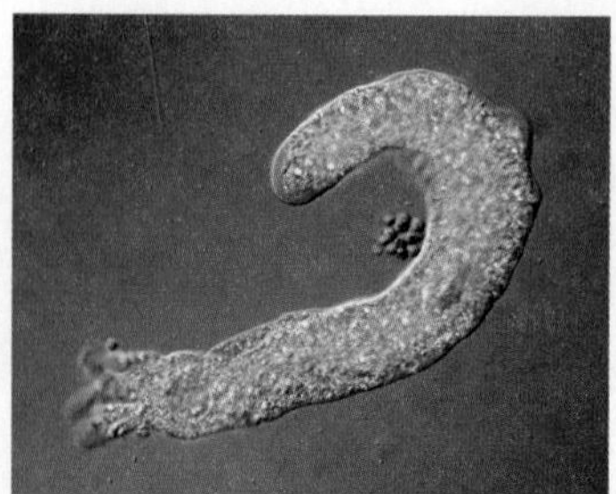

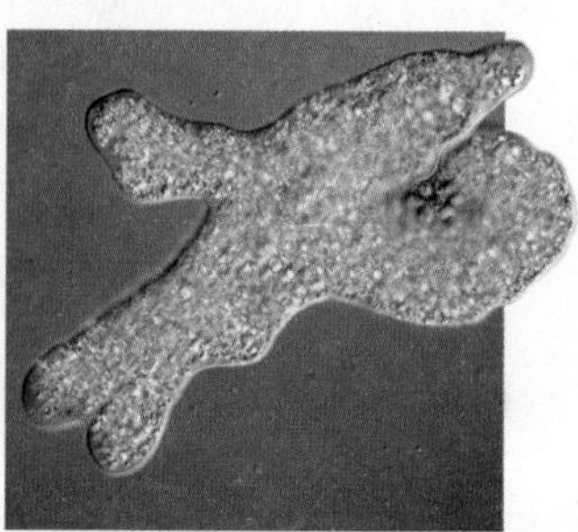

ILUSTRACIÓN 21–4 Movimiento ameboide Una ameba se mueve extendiendo primero un seudópodo lejos de su cuerpo. Luego el citoplasma del organismo ondea hacia el seudópodo. Las amebas también usan seudópodos para rodear e ingerir presas, como este grupo de células de algas verdes. (LM 220×)

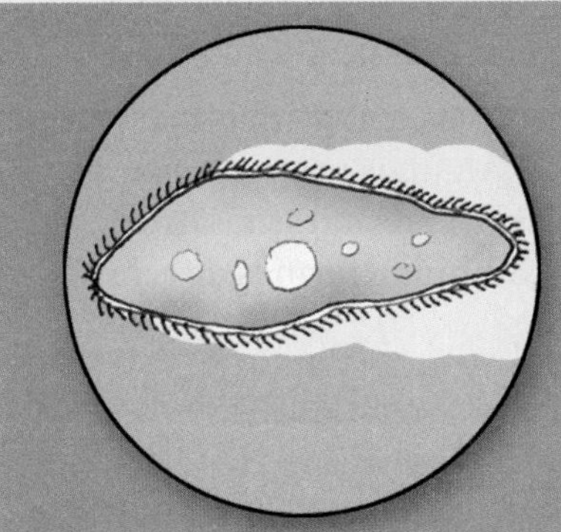

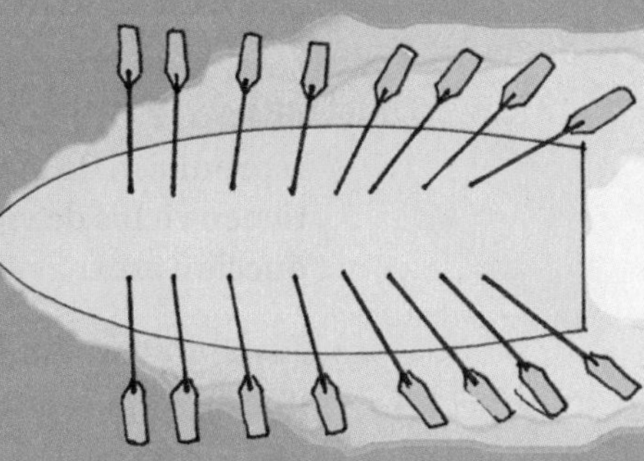

El movimiento por cilios es análogo a los remos que propulsan hacia delante un bote de remos grande a través del agua.

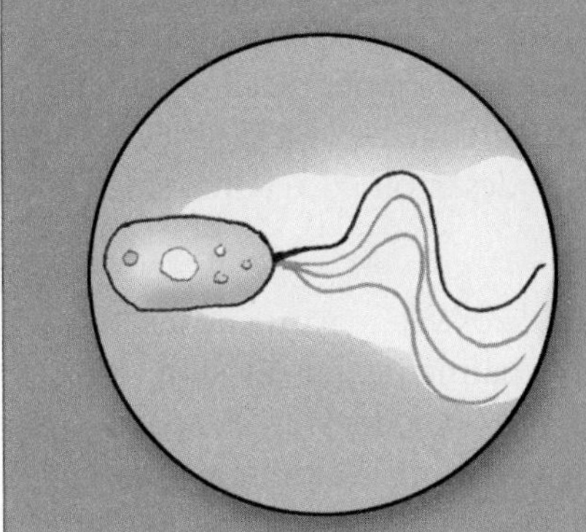

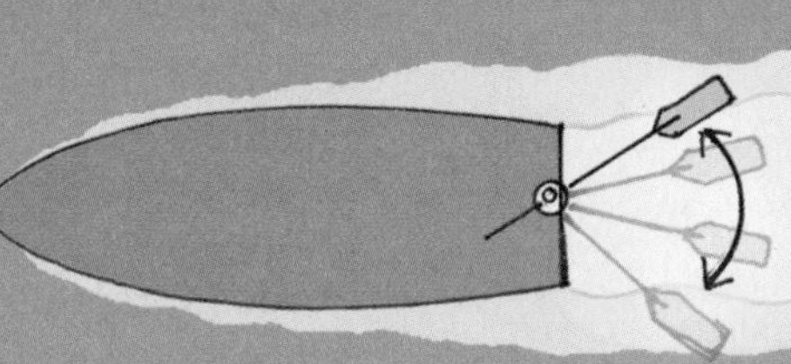

El movimiento por un flagelo es análogo al de un solo remo largo que va de un lado a otro en la parte posterior de un bote, propulsándolo hacia delante.

ANALOGÍA VISUAL

POR QUÉ LAS CÉLULAS SE MUEVEN COMO BARCOS

ILUSTRACIÓN 21–5 El movimiento hacia delante que cilios y flagelos proporcionan se parece a dos formas en que los remos impulsan un bote.

Cilios y flagelos Muchos protistas se mueven mediante cilios y flagelos, estructuras que se sostienen con microtúbulos. Los cilios y los flagelos tienen estructuras internas casi idénticas, pero producen movimiento celular de manera diferente. Los **cilios** son cortos y numerosos y se mueven como remos en un bote. Los **flagelos** son relativamente largos y por lo general sólo cuentan con uno o dos por célula. Algunos flagelos giran como propulsores diminutos, pero la mayor parte producen un movimiento en forma de onda de la base a la punta. Compara estos dos tipos de movimiento en la **ilustración 21–5.** Los protistas que se mueven usando cilios se conocen como *ciliados* y los que se mueven con flagelos se llaman *flagelados.*

Movimiento pasivo Puede sorprenderte aprender que algunos de los protistas más importantes no son capaces de moverse y que dependen de las corrientes de aire o agua y de otros organismos para transportarse. Estos protistas forman células reproductoras llamadas **esporas** que pueden entrar en las células de otros organismos y vivir como parásitos. Los protistas que forman esporas incluyen el *Plasmodium,* al que los mosquitos transportan y causa malaria, y el *Cryptosporidium,* que se disemina mediante la ingestión de agua contaminada y provoca una enfermedad intestinal grave.

En tu cuaderno *Busca las raíces etimológicas de las palabras cilios y flagelos, y explica por escrito cómo cada término se relaciona con su raíz.*

PISTA DEL MISTERIO

El cultivo de la papa irlandesa se propagaba cortando los pequeños brotes en las papas, llamados ojos, y guardándolos para la siembra del año siguiente. Esto produjo campos enteros de papas genéticamente idénticas. ¿Cómo piensas que esta práctica podría haber contribuido a la diseminación de la plaga?

BIOLOGY.com Search Lesson 21.2 GO • Visual Analogy

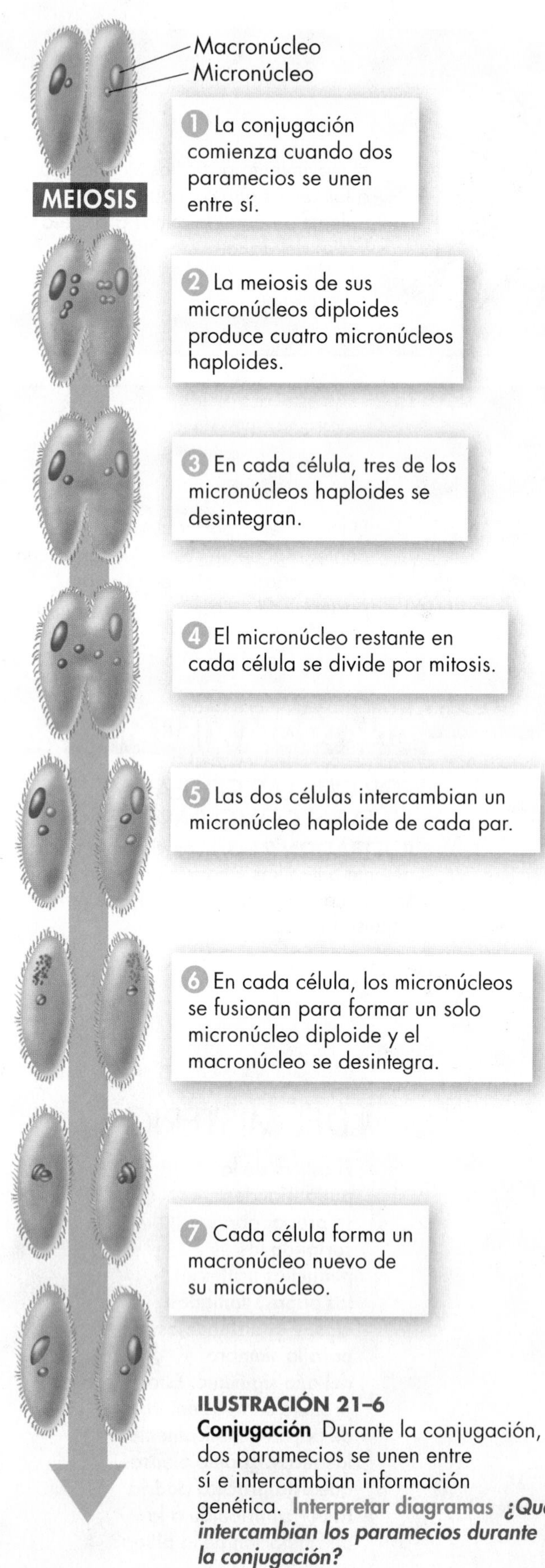

Macronúcleo
Micronúcleo
MEIOSIS
1 La conjugación comienza cuando dos paramecios se unen entre sí.
2 La meiosis de sus micronúcleos diploides produce cuatro micronúcleos haploides.
3 En cada célula, tres de los micronúcleos haploides se desintegran.
4 El micronúcleo restante en cada célula se divide por mitosis.
5 Las dos células intercambian un micronúcleo haploide de cada par.
6 En cada célula, los micronúcleos se fusionan para formar un solo micronúcleo diploide y el macronúcleo se desintegra.
7 Cada célula forma un macronúcleo nuevo de su micronúcleo.

ILUSTRACIÓN 21–6
Conjugación Durante la conjugación, dos paramecios se unen entre sí e intercambian información genética. **Interpretar diagramas** ***¿Qué intercambian los paramecios durante la conjugación?***

Reproducción de los protistas

¿Cómo se reproducen los protistas?

La increíble variedad de protistas se refleja en sus diversos ciclos de vida. **Algunos protistas se reproducen de manera asexual por mitosis. Otros tienen ciclos de vida que combinan formas de reproducción asexual y sexual.**

División celular Las amebas se reproducen por mitosis, duplicando su material genético y dividiéndose luego en dos células genéticamente idénticas. La mayoría de otros protistas tienen fases en su ciclo de vida en que también producen nuevos individuos por mitosis. La mitosis permite a los protistas reproducirse con rapidez, en especial en condiciones ideales, pero produce células genéticamente idénticas a la célula madre, por lo que limita el desarrollo de la diversidad genética.

Conjugación Los paramecios y la mayoría de los ciliados se reproducen asexualmente por división celular mitótica. Sin embargo, bajo tensión, los paramecios pueden rehacerse mediante la **conjugación,** proceso en que dos organismos intercambian material genético, como se muestra en la **ilustración 21–6.** Después de conjugarse, las células se reproducen por mitosis.

El *Paramecium* tiene dos tipos de núcleos: un macronúcleo y uno o más micronúcleos de menor tamaño. El micronúcleo es como una biblioteca cerrada donde los libros no circulan, y se guarda una "copia de reserva" de cada gen en la célula. El macronúcleo se parece más a una biblioteca pública, con múltiples copias de los genes que la célula usa en sus actividades cotidianas.

La conjugación no es un tipo de reproducción debido a que no se forman individuos nuevos. Sin embargo, es un proceso sexual que usa la meiosis para producir combinaciones nuevas de la información genética. En una población grande, la conjugación ayuda a producir y mantener la diversidad genética, materia prima de la evolución.

Reproducción sexual Muchos protistas tienen ciclos de vida sexuales complejos en los que alternan entre una fase diploide y una haploide, proceso conocido como **alternancia de generaciones.** Un ejemplo es el ciclo de vida de un tipo de protista conocido como moho de agua. Los mohos de agua, u oomicetos, prosperan gracias a materia orgánica muerta y en descomposición en el agua o como parásitos de plantas sobre la tierra.

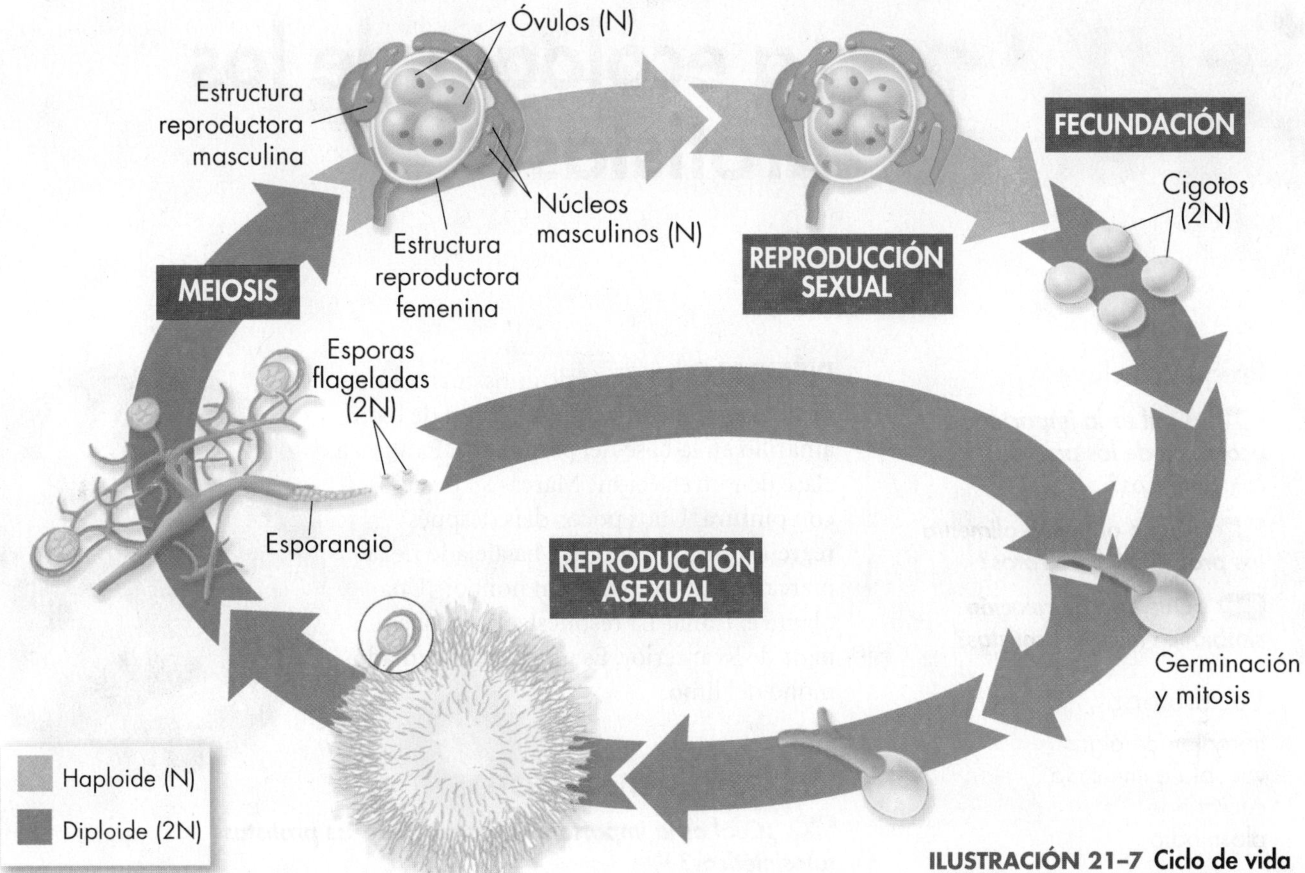

Óvulos (N)
Estructura reproductora masculina
Núcleos masculinos (N)
Estructura reproductora femenina
MEIOSIS
REPRODUCCIÓN SEXUAL
FECUNDACIÓN
Cigotos (2N)
Esporas flageladas (2N)
Esporangio
REPRODUCCIÓN ASEXUAL
Germinación y mitosis
Haploide (N)
Diploide (2N)

ILUSTRACIÓN 21–7 Ciclo de vida del moho de agua Los mohos de agua se reproducen tanto de manera asexual como sexual.

En la **ilustración 21–7** se muestra el ciclo de vida de un moho de agua. Los mohos de agua llegan a ser filamentos ramificados largos consistentes en muchas células formadas por división celular mitótica. Los mohos de agua, y muchos otros protistas, se reproducen asexualmente produciendo esporas en una estructura llamada **esporangio.** En los mohos de agua las esporas son flageladas. Los mohos de agua también se reproducen sexualmente al experimentar meiosis y formar estructuras masculinas y femeninas. Estas estructuras producen núcleos haploides que se fusionan durante la fecundación, formando un cigoto que comienza un ciclo de vida nuevo.

21.2 Evaluación

Repaso de conceptos clave

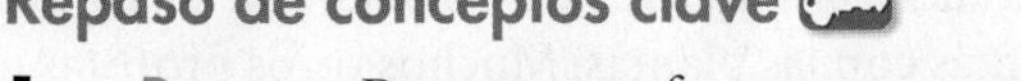

1. a. Repasar Resume tres formas en que se mueven los protistas.

b. Comparar y contrastar ¿En qué se diferencia el movimiento por medio de flagelos del movimiento por medio de cilios?

2. a. Repasar Describe cómo se reproducen los protistas.

b. Explicar ¿Cómo la conjugación produce diversidad genética en una población de *Paramecium*?

c. Comparar y contrastar ¿Cómo difiere un macronúcleo en función de un micronúcleo?

Aplica la gran idea

Información y herencia

3. Compara los procesos asexuales y sexuales en los paramecios. Incluye los términos *mitosis* y *meiosis*. Consulta los capítulos 10 y 11 para repasar la mitosis y la meiosis

BIOLOGY.com Search Lesson 21.2  • Self-Test • Lesson Assessment

21.3 La ecología de los protistas

Preguntas clave

¿Cuál es la importancia ecológica de los protistas fotosintéticos?

¿Cómo obtienen alimento los protistas heterótrofos?

¿Qué tipo de relación simbiótica incluye protistas?

Vocabulario

floración de algas
vacuola alimenticia
citofaringe
plasmodio

Tomar notas

Esquema Echa un vistazo a los encabezados de esta lección para hacer un esquema de las diferentes formas en que los protistas obtienen energía. Completa tu esquema con ejemplos específicos a medida que leas.

PIÉNSALO Después de unos cuantos días de lluvia, notas un pequeño punto de lodo amarillo en la base del pasto alto. ¿Es alguna clase de putrefacción? Marcas su posición con pintura. Unos pocos días después regresas, y ha crecido y se ha alejado de la marca. ¿Es un animal? ¿Un hongo? ¿Una planta extraña? La respuesta correcta es nada de lo anterior. Es un protista llamado moho del limo.

Protistas autótrofos

¿Cuál es la importancia ecológica de los protistas fotosintéticos?

Si has visto una capa de suciedad verdosa que crece a lo largo de las riberas de un estanque o quizá en los bordes de una alberca con mal mantenimiento, podrías haberla llamado "algas" sin pensar. Tal vez no te hayas dado cuenta en ese momento de que muchos de los organismos en esa suciedad eran, de hecho, protistas.

Diversidad Los biólogos se percataron desde hace mucho que los organismos llamados por lo común "algas" en realidad pertenecen a muchos grupos diferentes. Algunos (las cianobacterias) son procariotas, algunos (las algas verdes) pertenecen al reino vegetal y algunos son protistas. Los protistas fotosintéticos incluyen muchas especies de fitoplancton y de algas rojas y pardas, así como euglenas y dinoflagelados. Estos organismos comparten un estilo de vida autótrofo, marcado por la capacidad de usar la energía de la luz para hacer una fuente alimenticia de hidratos de carbono.

Podrías pensar que todos los protistas fotosintéticos se relacionan de manera estrecha con las plantas, pero no es así. De hecho, son las algas rojas las que se relacionan más con las plantas. Muchos otros protistas fotosintéticos se relacionan más de cerca con protistas que no son fotosintéticos. En algunos casos, ciertas especies de un grupo han perdido los cloroplastos. En otros casos la endosimbiosis agregó un cloroplasto a algunas especies, pero no a sus parientes.

En tu cuaderno *Dale un vistazo a la página siguiente. Luego, haz una tabla de cuatro columnas usando los títulos destacados. Usa la tabla para registrar tus notas a medida que leas.*

Funciones ecológicas Los protistas fotosintéticos desempeñan funciones ecológicas importantes en la Tierra. **La posición de los protistas fotosintéticos en la base de la cadena alimenticia hace posible mucha de la diversidad de la vida acuática.** Algunos ejemplos de funciones ecológicas desempeñadas por protistas fotosintéticos se muestran en la **ilustración 21–8.**

▶ ***Alimentar a los peces y las ballenas*** Los protistas fotosintéticos forman una porción grande de fitoplancton, pequeños organismos fotosintéticos de flotación libre que se encuentran cerca de la superficie de océanos y lagos. Alrededor de la mitad de la fotosíntesis que tiene lugar en la Tierra la realiza el fitoplancton, el cual proporciona una fuente directa de nutrición para organismos tan diversos como los camarones y las ballenas barbadas. Y son una fuente indirecta de nutrición para los humanos. Cuando comes atún, estás comiendo peces que se alimentaron de peces más pequeños que se alimentaron de animales aún más pequeños que se alimentaron de protistas fotosintéticos.

▶ ***Sostén para los arrecifes de coral*** Los arrecifes de coral, que se encuentran en aguas oceánicas cálidas a lo largo del mundo, proporcionan alimento y abrigo a grandes cantidades de peces y otros organismos. Las algas protistas conocidas como zooxantelas proporcionan la mayor parte de las necesidades de energía del coral gracias a la fotosíntesis. Al nutrir a los animales de coral, estas algas ayudan a mantener el equilibrio del ecosistema del coral. Las algas rojas coralinas también ayudan a proporcionar carbonato de calcio para estabilizar a los arrecifes de coral que crecen.

▶ ***Proveer refugio*** El protista más grande conocido es el kelp gigante, una alga parda que puede crecer hasta más de 60 metros de largo. Los bosques de kelp proporcionan refugio para muchas especies marinas, y el kelp en sí es una fuente de alimento para los erizos de mar. Otra alga parda, llamada *Sargassum* forma enormes alfombras flotantes de muchos kilómetros de largo en un área del océano Atlántico, cerca de Bermudas, conocida como el Mar de los Sargazos.

▶ ***Reciclaje de desechos*** Muchos protistas crecen con rapidez en regiones donde se descarga el drenaje, donde desempeñan una función vital en el reciclaje de materiales de desecho. Sin embargo, cuando la cantidad de desecho es excesiva, poblaciones de protistas, como la *Euglena*, pueden crecer en cantidades enormes y crear una **floración de algas.** Las floraciones de algas pueden trastornar la homeostasis del ecosistema. Por ejemplo, una floración de algas en un estanque o lago agota los nutrientes del agua y la descomposición de los protistas muertos puede robarle oxígeno al agua, causando que mueran los peces e invertebrados. En otro ejemplo, floraciones de protistas marinos llamados dinoflagelados crean lo que se conoce como marea roja. La acumulación de toxinas producidas por estos protistas puede envenenar a peces y mariscos.

ILUSTRACIÓN 21–8 Funciones ecológicas de los protistas Los protistas fotosintéticos desempeñan muchas funciones en el ambiente. **Aplica los conceptos** ***¿Cuál de estos ejemplos trastorna la homeostasis del ecosistema?***

DESARROLLAR el vocabulario

SIGNIFICADOS MÚLTIPLES El nombre *Amoeba* se refiere a un género particular de protistas, pero también se usa en forma genérica (en español, con minúsculas y sin cursivas) para nombrar a "cualquier protista que se mueva usando seudópodos", incluyendo la forma unicelular de los mohos del limo.

LM 230×

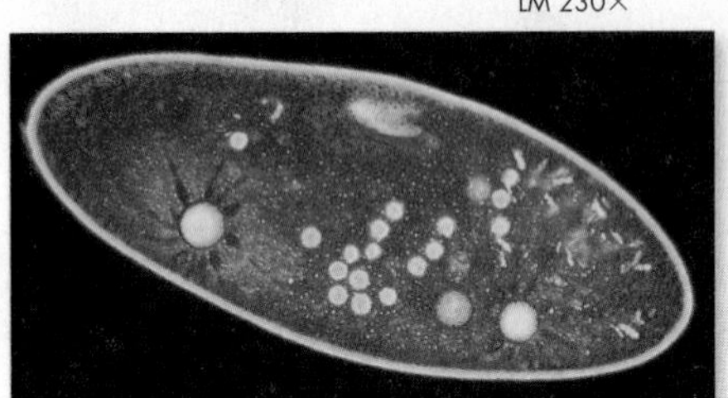

Protistas heterótrofos

¿Cómo obtienen alimento los protistas heterótrofos?

Muchos protistas son heterótrofos: obtienen alimento de otros organismos vivos. **Algunos protistas heterótrofos envuelven y digieren su alimento, mientras otros viven absorbiendo moléculas del ambiente.**

Amebas Las amebas pueden capturar y digerir su alimento, rodeando una célula o partícula y luego llevándola a su interior para formar una vacuola alimenticia. Una **vacuola alimenticia** es una cavidad pequeña en el citoplasma que almacena alimento de manera temporal. Una vez dentro de la célula, el material es digerido con rapidez, y los nutrientes pasan al resto de la célula. Los materiales de desecho no digeribles permanecen dentro de la vacuola hasta que ésta los libera de la célula.

Ciliados El *Paramecium* y otros ciliados usan sus cilios para barrer partículas de alimento hacia la **citofaringe,** una hendidura a un lado del organismo, como se muestra en la **ilustración 21–9.** Las partículas son atrapadas en la citofaringe y obligadas a entrar en las vacuolas alimenticias que se forman en su base. Las vacuolas alimenticias entran en el citoplasma y al final se fusionan con los lisosomas, los cuales contienen enzimas digestivas. Los materiales de desecho se vacían en el ambiente cuando la vacuola alimenticia se fusiona con una región de la membrana celular llamada citoprocto.

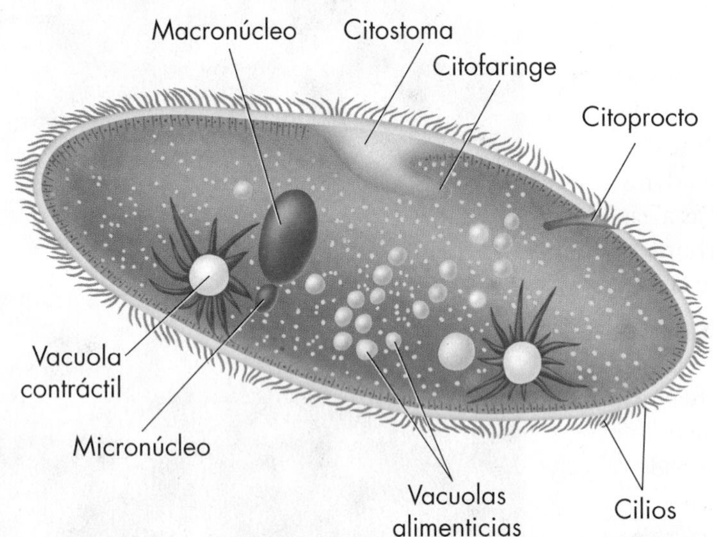

ILUSTRACIÓN 21–9 Estructuras de alimentación del *Paramecium* Los cilios que recubren la citofaringe mueven el alimento hacia el interior del organismo. Ahí se envuelve a las partículas de alimento y se forman vacuolas alimenticias.

Actividad rápida de laboratorio

INVESTIGACIÓN DIRIGIDA

¿Cómo come el paramecio?

1. Usa dos pipetas gotero para colocar una gota de cultivo de paramecios y una gota de cultivo de *Chlorella* en un portaobjetos para microscopio.
2. Usa un palillo de dientes para transferir unos cuantos gránulos de tintura carmín a ambas gotas en el portaobjetos. Cúbrelo para que se mezclen las gotas.
3. Coloca el portaobjetos en la platina del microscopio y usa el objetivo de baja potencia para localizar varios paramecios.
4. Usa el objetivo de alta potencia para observar el contenido y el comportamiento de los paramecios.

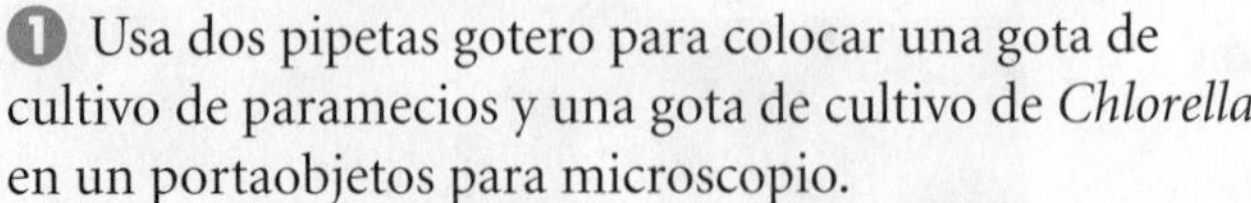

Analizar y concluir

1. **Observar** ¿Dónde se acumulan las células de *Chlorella* y los gránulos de tintura de carmín?
2. **Inferir** ¿Por qué piensas que ocurre esta acumulación de células y gránulos de tintura?
3. **Proponer una hipótesis** ¿Qué proceso en los paramecios piensas que produjo este cambio?

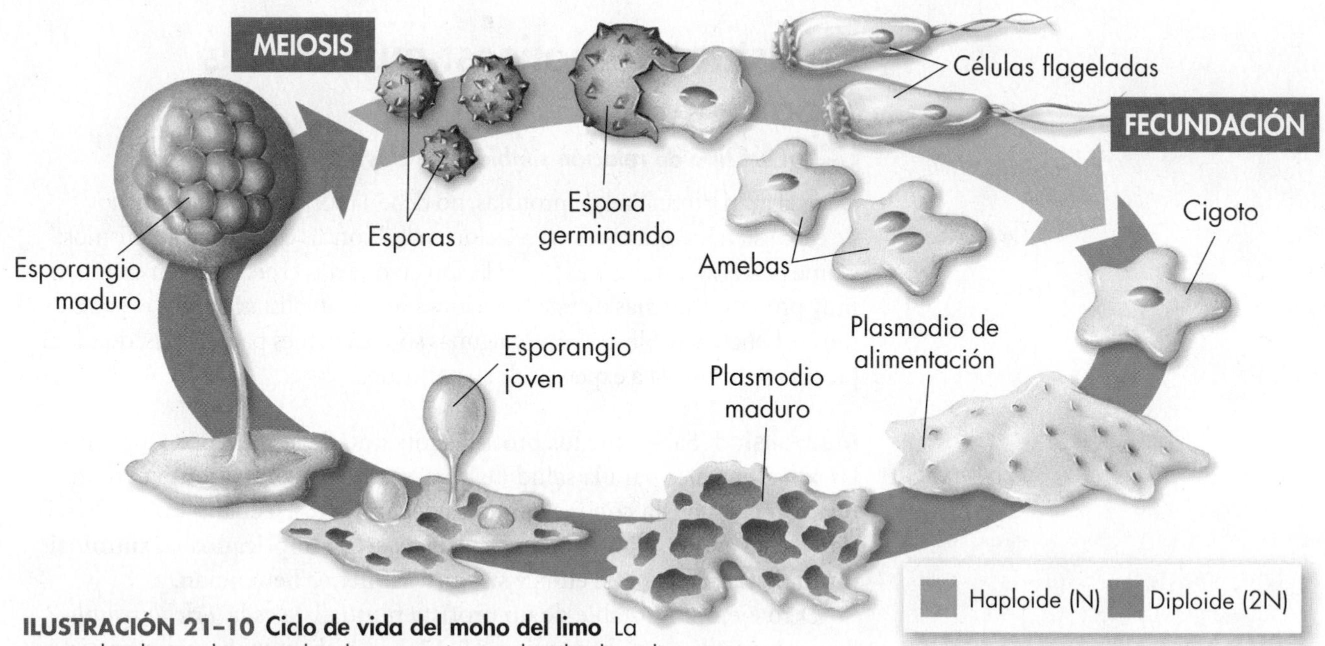

ILUSTRACIÓN 21–10 Ciclo de vida del moho del limo La etapa de plasmodio para la alimentación en el ciclo de vida del moho del limo es una colección de muchos organismos tipo amebas; en algunas especies, estos organismos están dentro de una membrana celular única. El plasmodio al final produce esporangios, que experimentan meiosis y producen esporas haploides. Las esporas crecen como células tipo ameba o flagelados. Las células flageladas se fusionan entonces para producir cigotos diploides que repiten el ciclo.

Mohos del limo Otro tipo de protista heterotrófico es un moho del limo, que prospera en materia orgánica en descomposición. Los mohos del limo se encuentran en lugares húmedos y ricos en materia orgánica, como el suelo de un bosque o una pila de composta en un patio trasero. Los mohos del limo desempeñan funciones esenciales en el reciclaje de nutrientes en un ecosistema.

En una etapa en su ciclo de vida, mostrado en la **ilustración 21–10,** los mohos del limo existen como una colección de células individuales tipo amebas. Con el tiempo éstas se suman para formar una estructura grande, **plasmodio,** que puede continuar moviéndose. El plasmodio al final desarrolla esporangios, donde la meiosis produce esporas haploides para continuar el ciclo.

Protistas que absorben Algunos protistas sobreviven absorbiendo moléculas que otros organismos han liberado al ambiente. Los mohos de agua, como el de la **ilustración 21–11,** crecen en plantas y animales muertos o en descomposición, absorbiendo moléculas de alimento por sus paredes de celulosa y membranas celulares. Si has visto pelusa blanca creciendo en la superficie de un pez muerto en el agua, has visto a los mohos de agua en acción.

PISTA DEL MISTERIO

Los nutrientes de las papas infectadas por la plaga de las papas introducen el organismo de la plaga a través de sus paredes celulares. ¿Qué organismo descrito se alimenta de manera similar?

ILUSTRACIÓN 21–11 Moho de agua Esta carpa dorada muerta está cubierta con el moho de agua común *Saprolegnia.* **Comparar y contrastar** ***Compara cómo obtienen alimento un moho de agua y un paramecio.***

Protistas simbióticos: mutualistas y parásitos

¿Qué tipo de relación simbiótica incluye protistas?

Dada la gran diversidad de protistas, no debería sorprender que muchos de ellos estén involucrados en relaciones simbióticas con otros organismos. Como sabes, la simbiosis es una relación en que dos especies viven en forma muy próxima. Muchas de estas relaciones son mutualistas: ambos organismos se benefician. Sin embargo, algunas son relaciones parasitarias, donde el protista se beneficia a expensas de su anfitrión.

Mutualistas Sabes que los protistas fotosintéticos llamados zooxantelas son esenciales para la salud de los arrecifes de coral. Mantienen una relación mutualista con los animales del arrecife, los cuales no sobrevivirían sin su ayuda. **Muchos protistas están implicados en simbiosis mutualistas, en las que ellos y sus anfitriones se benefician.**

Otro ejemplo notable de un protista mutualista es la *Trichonympha,* que se muestra en la **ilustración 21–12.** La *Trichonympha* es un protista flagelado que vive dentro del sistema digestivo de varias especies de termitas y les permite digerir la madera. Las termitas no tienen enzimas para descomponer la celulosa de la madera. Entonces, ¿cómo digieren la celulosa? En cierto sentido, no lo hacen: la *Trichonympha* lo hace por ellas.

La *Trichonympha* y otros organismos en el intestino de la termita elaboran una enzima llamada celulasa que descompone los enlaces químicos de la celulosa, posibilitando que las termitas digieran la madera. Con la ayuda de sus socios protistas, las termitas pueden seguir masticando y digiriendo toda la madera que pueden comer.

UN PROTISTA MUTUALISTA

ILUSTRACIÓN 21–12 La *Trichonympha* es un protista que vive en el sistema digestivo de las termitas y digiere la madera. Las enzimas digestivas que el protista produce descomponen las partículas de madera, que puedes ver dentro del cuerpo del protista. **Predecir** ***¿Qué le sucedería a una termita si muriera su colonia de Trichonympha?***

▼ ***Trichonympha* dentro del intestino de una termita** (LM 250X)

◄ **Colonia de termitas en un tronco podrido**

ILUSTRACIÓN 21–13 Parásitos protistas que el agua transporta Los suministros de agua contaminados por heces de animales o humanos pueden diseminar parásitos protistas, causando brotes graves y a veces mortales de enfermedades intestinales.

▲ La *Entamoeba* causa la enfermedad de disentería amebiana. Las amebas viven en los intestinos, donde absorben alimento del anfitrión. Atacan la pared intestinal (que se muestra arriba), destruyen partes de ella y causan un sangrado grave.

(SEM 2500×)

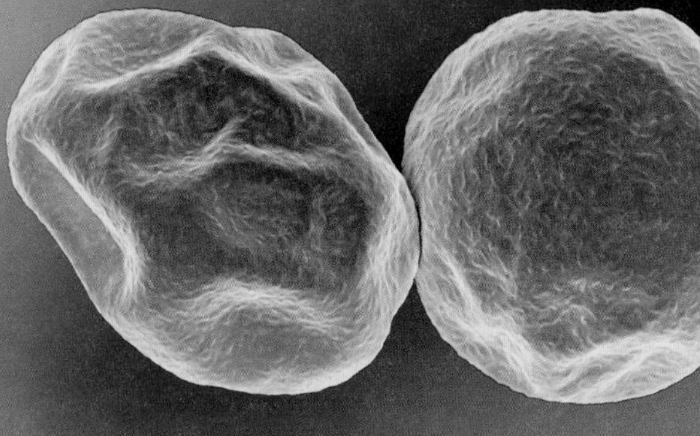

▶ El protista flagelado *Giardia* causa diarrea grave y problemas del sistema digestivo. Incluso los arroyos cristalinos pueden estar contaminados con *Giardia*, la cual produce quistes duros que sólo pueden matarse hirviendo el agua perfectamente o agregando yodo al agua.

(SEM 1500×)

▲ El *Cryptosporidium* es resistente a los compuestos de cloro que se usan con frecuencia para desinfectar el agua para beber y por tanto representa una amenaza especial para los sistemas de aguas públicos. En 2008, un brote en Utah enfermó a más de 2000 personas.

(SEM 16,000×)

Parásitos y enfermedad Por desgracia para los humanos y algunos otros organismos, los protistas causan diversas enfermedades muy graves. **Los protistas parásitos son responsables de algunas de las enfermedades más mortales del mundo, incluyendo varias clases de enfermedades intestinales debilitantes, la enfermedad del sueño africana y la malaria.**

▶ ***Enfermedades intestinales*** Los protistas que el agua transporta se encuentran en arroyos, lagos y océanos. La mayoría causan poco daño a los humanos, pero algunos de estos organismos, como los de la **ilustración 21–13,** son parásitos que causan problemas graves.

▶ ***Enfermedad del sueño africana*** Los protistas flagelados del género *Trypanosoma* causan la enfermedad del sueño africana. Los tripanosomas se diseminan de persona a persona por la picadura de la mosca tsetsé. Destruyen las células sanguíneas e infectan otros tejidos del cuerpo, incluyendo las células nerviosas. El daño severo al sistema nervioso causa que algunos individuos pierdan la conciencia y caigan en un sueño profundo y en ocasiones fatal, de lo cual obtiene su nombre la enfermedad. Para los trabajadores de la salud en África, representa una meta importante controlar la mosca tsetsé y el protista patógeno que éste disemina.

En tu cuaderno *¿Cómo usan los protistas parásitos el movimiento pasivo para diseminar la enfermedad? Da ejemplos.*

ILUSTRACIÓN 21–14
Ciclo de vida del *Plasmodium* El parásito que causa la malaria, *Plasmodium*, requiere dos anfitriones para completar su ciclo de vida: un mosquito *Anopheles* y un humano.

1 Un mosquito *Anopheles* hembra pica a un humano infectado con malaria y recoge gametos de *Plasmodium*.

2 La fecundación ocurre en el tracto digestivo del mosquito, y esporozoitos del *Plasmodium* se desarrollan.

3 El mosquito infectado pica a otro humano, transmitiendo los esporozoitos a través de su saliva al torrente sanguíneo humano.

Esporozoitos del *Plasmodium*

Hígado

4 4 Dentro del cuerpo humano, los esporozoitos infectan las células del hígado, se desarrollan como merozoitos y luego infectan a los glóbulos rojos.

Merozoitos

Glóbulos rojos

5 Los glóbulos rojos infectados estallan, causando los síntomas de la malaria en el anfitrión humano. Algunos de los merozoitos liberados forman gametos.

▶ ***Malaria*** La malaria es una de las enfermedades infecciosas más graves del mundo. Más de un millón de personas mueren de malaria cada año, muchas de ellas niños. La malaria es causada por *Plasmodium,* un protista formador de esporas que la hembra del mosquito *Anopheles* transporta. El ciclo de vida del *Plasmodium* se muestra en la **ilustración 21–14.**

21.3 Evaluación

Repaso de conceptos clave

1. a. **Repasar** Da cuatro ejemplos de protistas fotosintéticos.
   b. **Predecir** ¿Cómo cambiarían las cadenas alimenticias del océano en ausencia de protistas fotosintéticos?
2. a. **Repasar** Describe cómo obtienen alimento las amebas, los ciliados y los mohos de agua.
   b. **Comparar y contrastar** En los protistas, ¿cómo se diferencia envolver el alimento de absorberlo?
3. a. **Repasar** Da dos ejemplos de mutualismo y parasitismo que incluya protistas.
   b. **Explicar** ¿Por cuál par de métodos los protistas parásitos diseminan la enfermedad?
   c. **Formar una opinión** ¿Por qué las enfermedades causadas por protistas están más extendidas en las áreas tropicales del mundo?

ESCRIBIR SOBRE LAS CIENCIAS

Escritura creativa

4. Usa la biblioteca o la Internet para investigar el número de floraciones de algas en la costa de California durante los últimos diez años. Asegúrate de anotar las causas, los tipos de protistas identificados y los efectos en la flora y la fauna y las personas. Presenta tus descubrimientos a la clase como un informe de investigación imparcial.

BIOLOGY.com Search Lesson 21.3  • Self-Test • Lesson Assessment

Tecnología y BIOLOGÍA

Tecnología sencilla contra un parásito avanzado

La malaria es una de las enfermedades infecciosas más graves del mundo, y cobra la vida de un niño cada 30 segundos, día y noche. La enfermedad la causa un protista formador de esporas, *Plasmodium falciparum,* al que transporta el mosquito *Anopheles.* Los esfuerzos por producir vacunas contra la enfermedad han mostrado algunas promesas, pero incluso las mejores hasta la fecha sólo proporcionan una protección marginal. Para empeorar las cosas, los fármacos que antes mantenían controlada la enfermedad, incluyendo la cloroquina, casi son inútiles ahora. En la mayoría de las regiones del mundo, el parásito ha desarrollado resistencia a estos fármacos.

La investigación de la enfermedad continúa, y los científicos ahora han elaborado el genoma completo tanto del parásito como del mosquito que lo transporta. La esperanza es que una mejor comprensión de la genética de la enfermedad permitirá a los científicos crear armas de alta tecnología contra este asesino. De manera sorprendente, sin embargo, uno de los enfoques más prometedores involucra un arma de tecnología sencilla: mosquiteros.

La mayoría de las infecciones por malaria son resultado de picaduras de mosquito que ocurren cuando las personas duermen. Los estudios han mostrado que cuando la mayoría de los residentes de una aldea duermen bajo mosquiteros tratados con insecticida, los mosquitos comienzan a morir, y disminuye la probabilidad de la infección de malaria. El costo de los mosquiteros, más o menos diez dólares, es notablemente pequeño cuando se compara con el costo en vidas humanas y en la pérdida de productividad. Pero se calcula que serían necesarios 250 millones de mosquiteros para proteger a las poblaciones en riesgo de esta enfermedad. Muchas instituciones de caridad ahora están incluyendo los mosquiteros en sus peticiones para recaudar fondos.

ESCRITURA **Visita varios sitios web de organizaciones antimalaria. Luego, describe cómo los mosquiteros, una propuesta de tecnología sencilla, podrían combinarse de manera efectiva con vacunas y fármacos antimalaria y otras propuestas de alta tecnología.**

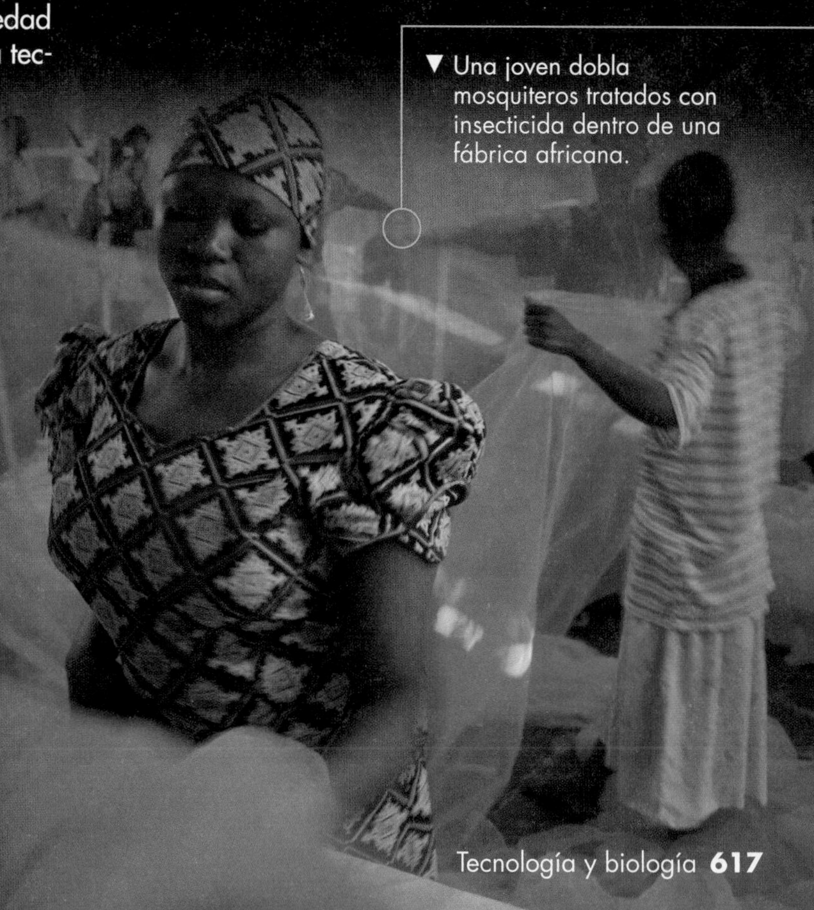

▼ Una joven dobla mosquiteros tratados con insecticida dentro de una fábrica africana.

21.4 Los hongos

Preguntas clave

🔑 ***¿Cuáles son las características básicas de los hongos?***

🔑 ***¿Cómo afectan los hongos la homeostasis en otros organismos y en el ambiente?***

Vocabulario

quitina • hifa • cuerpo fructífero • micelio • liquen • micorriza

Tomar notas

Mapa de conceptos A medida que leas, haz un mapa de conceptos que muestre las relaciones de los hongos con otros organismos en su ambiente.

PIÉNSALO ¿Cuál es el organismo más grande en esta foto? A primera vista podrías decir que el árbol, pero de hecho el organismo más grande es un hongo. El único rastro de él es el anillo de champiñones en el pasto posterior a una breve lluvia.

Los champiñones sólo son las estructuras reproductoras de un organismo mucho más grande. La mayor parte de la masa del hongo está bajo la tierra y abarca al menos el ancho del anillo de champiñones, ¡y se extiende más de 2 metros hacia abajo! Hace cientos de años, algunas culturas creían que estos anillos de champiñones marcaban puntos donde las hadas bailaban en círculos en las noches cálidas de verano. En la actualidad, las personas aún les llaman anillos de hadas.

¿Qué son los hongos?

🔑 ***¿Cuáles son las características básicas de los hongos?***

Como el anillo de champiñones, muchos hongos crecen en la tierra. Esto llevó alguna vez a los científicos a clasificarlos como plantas no fotosintéticas. Pero no son plantas. En lugar de realizar la fotosíntesis, los hongos producen enzimas potentes que digieren el alimento fuera de sus cuerpos. Luego absorben las pequeñas moléculas liberadas por las enzimas. Muchos hongos se alimentan absorbiendo nutrientes de materia en descomposición en el suelo. Otros viven como parásitos, absorbiendo nutrientes de los cuerpos de sus anfitriones.

Otra característica que define a los hongos es la composición de sus paredes celulares, las cuales contienen quitina. La **quitina** es un polímero hecho de azúcares modificadas que también se encuentran en el esqueleto externo de los insectos. La presencia de quitina es una de varias características que muestran que los hongos se relacionan de manera más estrecha con los animales que con las plantas. 🔑 **Los hongos son eucariotas heterótrofos con paredes celulares que contienen quitina.**

ILUSTRACIÓN 21–15
Peziza escarlata

Estructura y función En general hay dos patrones de crecimiento entre los hongos. Las levaduras son hongos diminutos que viven la mayor parte de su vida como células individuales. Los champiñones y otros hongos crecen de mucho mayor tamaño, con sus cuerpos de células que forman filamentos ramificados delgados y largos llamados **hifas,** que se muestran en la **ilustración 21–16.** En la mayoría de los hongos, los septos dividen a la hifa en compartimentos que parecen células, cada uno de los cuales contiene uno o dos núcleos. En los septos hay aberturas a través de las cuales el citoplasma y los organelos como la mitocondria pueden moverse.

Lo que reconoces como un champiñón es en realidad el **cuerpo fructífero** o estructura reproductora del hongo. El cuerpo fructífero crece del **micelio,** la masa de hifas ramificadas debajo del suelo. Los grupos de champiñones con frecuencia son parte del mismo micelio, lo que significa que en realidad son parte del mismo organismo.

Algunos micelios viven por muchos años y crecen muy grandes. El micelio del hongo en el suelo en un anillo de hadas ha crecido tan grande que ha agotado todos los nutrientes cerca de su centro. Crece y produce cuerpos fructíferos, los champiñones, sólo en sus bordes, donde entra en contacto con el suelo fresco y sus abundantes nutrientes.

DEL MISTERIO

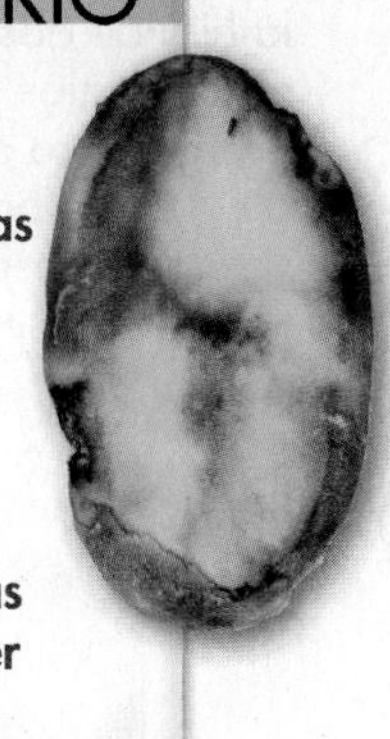

El examen microscópico del tejido de las papas infectadas reveló una red de hifas que invadían las células de la planta. ¿El organismo que las arruina podría ser un hongo?

En tu cuaderno *¿Cómo difieren los hongos de otros organismos multicelulares?*

ILUSTRACIÓN 21–16 Estructura de un champiñón El cuerpo de un champiñón en realidad es su estructura reproductora, también llamada cuerpo fructífero. La porción principal del organismo es el micelio, el cual crece bajo la tierra.

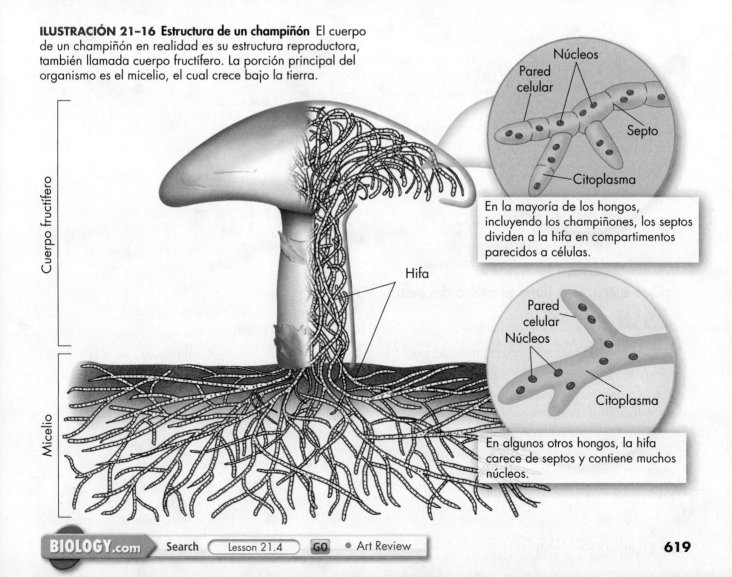

Cuerpo fructífero

Micelio

Hifa

Núcleos

Pared celular

Septo

Citoplasma

En la mayoría de los hongos, incluyendo los champiñones, los septos dividen a la hifa en compartimentos parecidos a células.

Pared celular

Núcleos

Citoplasma

En algunos otros hongos, la hifa carece de septos y contiene muchos núcleos.

ILUSTRACIÓN 21–17 Ciclo de vida del moho del pan Durante la reproducción sexual del moho del pan negro *Rhizopus stolonifer*, la hifa de dos tipos sexuales diferentes forma gametangios. Los gametangios se fusionan y se forman cigotos dentro de un cigosporo. El cigosporo desarrolla una pared gruesa y puede permanecer aletargado por períodos prolongados. El cigosporo al final germina, y surge un esporangio. El esporangio se reproduce asexualmente, liberando esporas haploides producidas por meiosis.

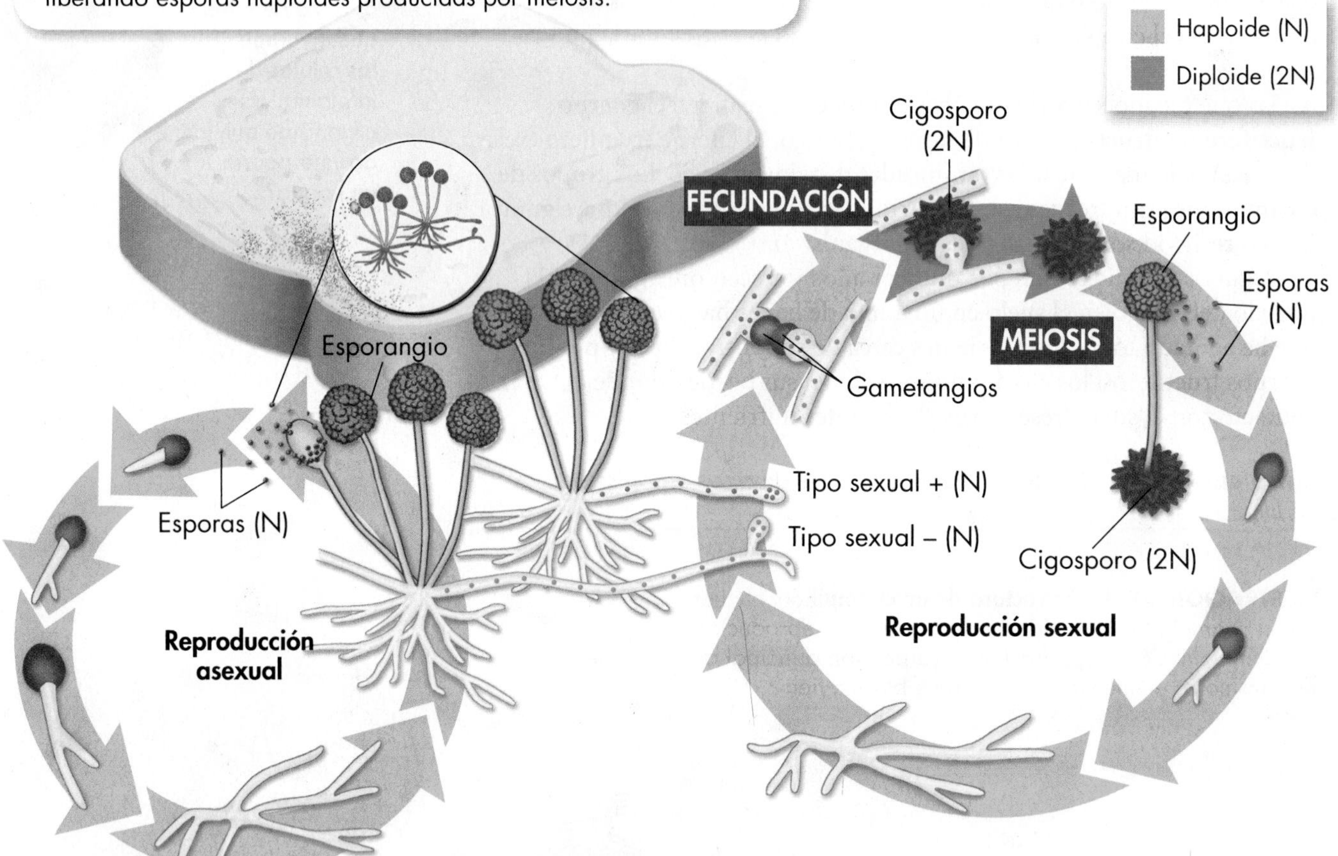

Actividad rápida de laboratorio

INVESTIGACIÓN DIRIGIDA

¿Qué estructura tiene el moho del pan?

❶ Toca la negra área vellosa de un moho del pan con 2 cm de cinta transparente, por el lado adhesivo.

❷ Pega con suavidad la cinta en un portaobjetos de vidrio. Observa el portaobjetos bajo el microscopio compuesto. Dibuja lo que observas.

❸ Regresa todos los portaobjetos a tu maestro para que los deseche de manera apropiada y lávate las manos antes de salir del laboratorio.

Analizar y concluir

1. Observar Describe las estructuras que observaste en el moho del pan.

2. Formar una hipótesis ¿Cuál piensas que es la función de las estructuras redondas? ¿Por qué podría ser ventajoso para una sola masa de moho del pan producir tantas estructuras redondas?

3. Inferir ¿Cómo ayudan tus observaciones a explicar por qué aparece moho en los alimentos aun en cocinas muy limpias?

Reproducción Los hongos pueden reproducirse asexualmente, sobre todo liberando esporas que están adaptadas para viajar en el aire y el agua. El simple rompimiento de una hifa o la germinación de una célula pueden servir también para la reproducción asexual.

La mayoría de los hongos también pueden reproducirse sexualmente. La **ilustración 21–17** muestra el ciclo de vida de un tipo de moho del pan, un hongo llamado *Rhizopus stolonifer.* La reproducción sexual en los hongos con frecuencia implica dos tipos sexuales diferentes. En el *Rhizopus,* como en la mayoría de los hongos, los gametos de ambos tipos sexuales son más o menos del mismo tamaño y por lo general no se llaman masculino y femenino. En cambio, un tipo sexual se llama "+" (más) y el otro "–" (menos). Cuando las hifas de tipos sexuales opuestos se encuentran, empiezan el proceso de reproducción sexual fusionándose, juntando núcleos + y – en la misma célula. Los núcleos + y – forman pares que se dividen al mismo tiempo conforme crece el micelio. Muchos de los núcleos que formaron parejas se fusionan para formar núcleos cigotos diploides, los cuales pasan por la meiosis para hacer esporas haploides. Cada espora tiene una combinación diferente de genes progenitores, y cada una puede formar un micelio nuevo.

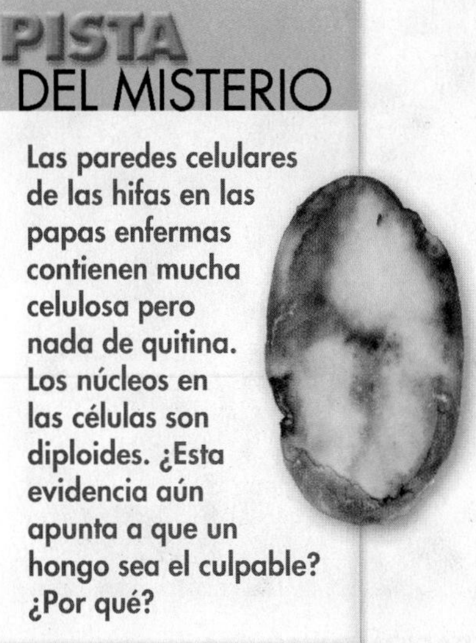

PISTA DEL MISTERIO

Las paredes celulares de las hifas en las papas enfermas contienen mucha celulosa pero nada de quitina. Los núcleos en las células son diploides. ¿Esta evidencia aún apunta a que un hongo sea el culpable? ¿Por qué?

Diversidad de los hongos Se conocen más de 100,000 especies de hongos. Por supuesto, todas comparten las características que las definen como hongos, pero difieren entre sí en formas importantes. Los biólogos han usado estas semejanzas y diferencias, junto con comparaciones del ADN, para colocar a los hongos en varios grupos distintos. Los grupos principales de hongos difieren entre sí en sus estructuras reproductivas, como se resume en la **ilustración 21–18.**

Para más detalles sobre la diversidad de los hongos, consulta la Guía visual **DOL•16–DOL•19**

ILUSTRACIÓN 21–18 Los principales filos de los hongos La tabla resume las diferencias fundamentales entre los cuatro filos principales de hongos. **Inferir** ***¿Esperarías encontrar quitridios en hábitats acuáticos o terrestres? Explica tu respuesta.***

Los filos principales de los hongos

Filo	Características distintivas	Ejemplos
Basidiomiceto (hongos con maza)	Esporas sexuales que se encuentran en una célula en forma de maza llamada basidio	Champiñones, cuesco de lobo, estrella de tierra, hongos repisa, hongos gelatinosos, roya
Ascomiceto (hongos en saco)	Esporas sexuales que se encuentran en una estructura parecida a un saco llamada asca	Colmenillas, trufas, especies *Penicillium*, levaduras
Cigomicota (mohos comunes)	Cigosporo duro producido durante la reproducción sexual que puede permanecer aletargado por períodos prolongados	*Rhizopus stolonifer* (moho del pan negro), mohos encontrados en fresas podridas y otras frutas suaves, micorriza asociada con las raíces de las plantas
Quitridiomicota (quitridios)	Sólo hongos con esporas flageladas	Muchas especies son descomponedores que se encuentran en lagos y suelo húmedo

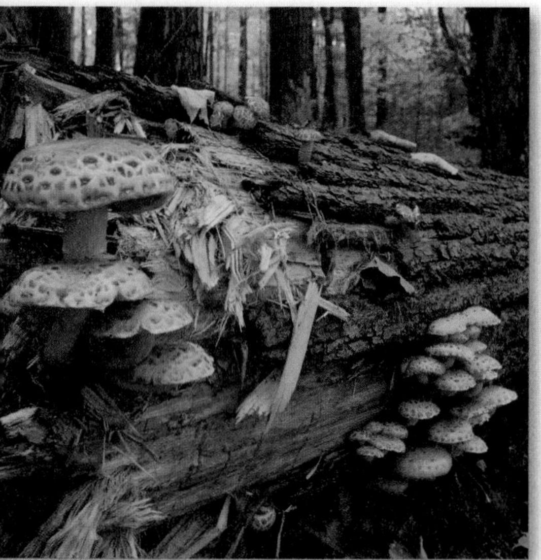

ILUSTRACIÓN 21–19 Campeones de la descomposición Los micelios de estos champiñones han liberado enzimas que descomponen los tejidos del tronco en descomposición.

La ecología de los hongos

¿Cómo afectan los hongos la homeostasis de otros organismos y en el ambiente?

Los hongos desempeñan una función esencial en el mantenimiento del equilibrio en casi todos los ecosistemas. Pero algunas especies causan enfermedades en plantas y animales.

Descomposición Muchos hongos se alimentan liberando enzimas digestivas que descomponen hojas, frutas y otro material orgánico en moléculas simples. Luego estas moléculas se difunden en el hongo. Los micelios del hongo producen enzimas digestivas que aceleran la descomposición de desechos y organismos muertos. Muchos organismos, en especial las plantas, extraen microelementos y nutrientes importantes del suelo. Si estos materiales no se reincorporaran, el suelo se agotaría con rapidez, y la Tierra se volvería estéril y sin vida. **Los hongos son los campeones de la descomposición. Muchas especies ayudan a los ecosistemas a mantener la homeostasis al descomponer organismos muertos y reciclar elementos y nutrientes esenciales.**

Parasitismo Así como muchos hongos son útiles, otros pueden infectar plantas y animales. **Los hongos parásitos pueden causar enfermedades graves en plantas y animales al trastornar la homeostasis.**

▶ ***Enfermedades de las plantas*** Varios hongos parásitos causan enfermedades que amenazan los cultivos alimenticios. La roya negra, por ejemplo, destruye los granos de maíz y la roya del trigo afecta a uno de los cultivos más importantes de América del Norte. Algunos mildiús, que infectan una amplia variedad de plantas, también son hongos. Las enfermedades por hongos son responsables por la pérdida de aproximadamente 15% de los cultivos en regiones templadas del mundo y más aún de los cultivos que se siembran en áreas tropicales.

ILUSTRACIÓN 21–20 Hongos parásitos La roya negra infesta los granos de una planta de maíz, reduciendo la producción de la cosecha del agricultor (izquierda). Una polilla cae víctima del hongo *Cordyceps* (derecha).

▶ ***Enfermedades de animales*** Las enfermedades por hongos también afectan a insectos, ranas y mamíferos. Un ejemplo mortal lo causa un hongo del género *Cordyceps*. Este hongo infecta a los saltamontes en los bosques tropicales de Costa Rica. Esporas microscópicas se alojan en el saltamontes, donde germinan y producen enzimas que lentamente penetran el duro esqueleto externo del insecto. Las esporas se multiplican en el cuerpo del insecto, digiriendo todas sus células y tejidos hasta que el insecto muere. Para completar el proceso de digestión, se desarrollan hifas, que rodean el exoesqueleto en descomposición en una red de material fúngico. Las estructuras reproductivas, que producirán más esporas y diseminarán la infección, surgen entonces de los restos del saltamontes.

Los hongos parásitos pueden infectar también a los humanos. El hongo que causa el pie de atleta forma un micelio en las capas externas de la piel, que produce una ulceración inflamada roja de la cual pueden diseminarse las esporas de una persona a otra. La levadura *Candida albicans* también puede trastornar el equilibrio en el cuerpo humano. Es responsable de infecciones vaginales por levaduras y de aftas, infecciones de la boca. Por lo general, la *Candida* se controla por competencia con bacterias y por el sistema inmunológico del cuerpo. Este equilibrio puede alterarse por el uso de antibióticos, que matan las bacterias, o por daños al sistema inmunológico.

Líquenes Las relaciones estrechas que forman los hongos con miembros de otras especies no siempre son de naturaleza parasitaria. **Algunos hongos forman asociaciones mutualistas con organismos fotosintéticos en las que ambos socios se benefician.** Por ejemplo, un **liquen** es una asociación simbiótica entre un hongo y un organismo fotosintético. El organismo fotosintético es un alga verde o cianobacterias, o ambos. La **ilustración 21–21** muestra la estructura de un liquen.

Los líquenes son muy resistentes a la sequía y al frío. Por tanto pueden crecer en lugares donde pocos organismos pueden sobrevivir, en las rocas desnudas y secas en los desiertos y en las cimas de las montañas. Los líquenes son capaces de sobrevivir en estos ambientes rigurosos debido a la relación entre los dos organismos socios. El alga verde o cianobacterias realiza la fotosíntesis, proporcionándole al hongo una fuente de energía. El hongo, a su vez, le proporciona agua y minerales al alga verde o cianobacterias. Además, las hifas densamente apretadas protegen las delicadas células verdes de la luz solar intensa.

Los líquenes con frecuencia son los primeros organismos en entrar en ambientes estériles, rompiendo en forma gradual las rocas en que crecen. De esta manera, los líquenes ayudan en las primeras etapas de la formación del suelo. Los líquenes también son notablemente sensibles a la contaminación del aire. Están entre los primeros organismos en ser afectados cuando se deteriora la calidad del aire.

En tu cuaderno *Resume tres funciones de los hongos en el medio ambiente. Compara estas funciones con las de los protistas.*

ILUSTRACIÓN 21–21 Dentro de un liquen La capa superior protectora de un liquen está formada por hifas fúngicas densamente apretadas. Debajo de éstas hay capas de algas verdes o cianobacterias e hifas entrelazadas con holgura. La capa inferior contiene proyecciones pequeñas que unen el liquen a una roca o un árbol. **Inferir** ***¿Cómo ayudan los líquenes en la formación del suelo?***

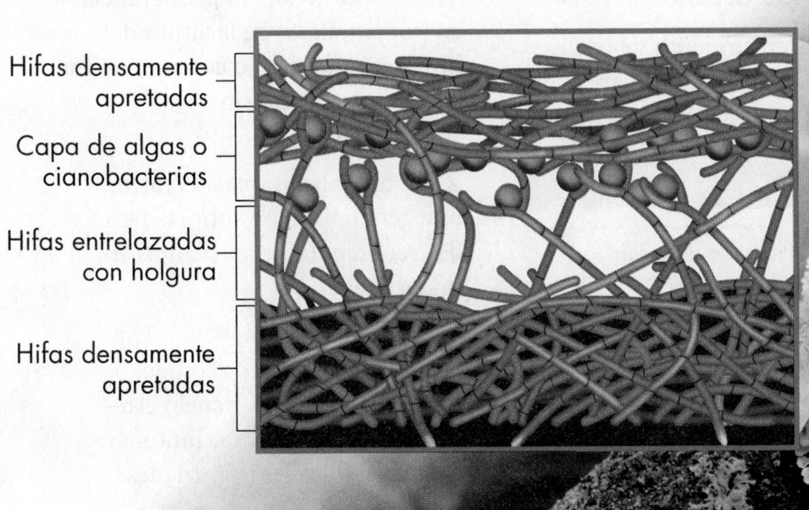

Micorriza Los hongos también forman relaciones mutualistas con las raíces de las plantas. Casi la mitad de los tejidos de los árboles están ocultos bajo la tierra en masas de raíces enredadas. Estas raíces están entrelazadas en una sociedad con una red aún más grande de micelios fúngicos. Estas asociaciones simbióticas de raíces de plantas y hongos se llaman **micorrizas.**

Los científicos han sabido de esta sociedad por años, pero investigaciones recientes muestran que es más común y más importante de lo que se pensaba antes. Los investigadores calculan ahora que entre 80 y 90 por ciento de todas las especies de plantas forman micorrizas con hongos. Las hifas de los hongos forman una red asociada con las raíces de las plantas que se extiende por el suelo. Las hifas recolectan agua y minerales y los llevan a las raíces, incrementando en gran medida el área superficial efectiva del sistema de raíces. Además, los hongos sueltan enzimas que liberan nutrientes en el suelo. Las plantas a su vez le proporcionan a los hongos los productos de la fotosíntesis.

La presencia de las micorrizas es esencial para el crecimiento de muchas plantas. Las semillas de las orquídeas, por ejemplo, no pueden germinar en ausencia de hongos micorrizales. Muchos árboles no pueden sobrevivir sin simbiontes fúngicos. Es interesante que la sociedad entre planta y hongo no termina con una sola planta. Las raíces de cada planta están conectadas con redes micorrizales que conectan muchas plantas. Lo que es más asombroso es que estas redes parecen conectar plantas de diferentes especies.

DESARROLLAR el vocabulario

PALABRAS RELACIONADAS *Simbiosis* es un sustantivo para la condición de dos organismos distintos que viven juntos en una asociación muy cercana. *Simbiótico* es un adjetivo que se refiere a una simbiosis. *Simbionte* es un sustantivo que nombra a un organismo que está en una relación simbiótica, en especial al miembro más pequeño del par.

En tu cuaderno *Haz un diagrama que ilustre el flujo de materiales entre un hongo y una planta en una simbiosis micorrizal.*

Micorrizas y el crecimiento de los árboles

La gráfica que sigue ilustra las tasas de crecimiento de tres especies de árboles, dos individuos de cada especie. Un árbol de cada especie creció con micorrizas y uno, sin micorrizas.

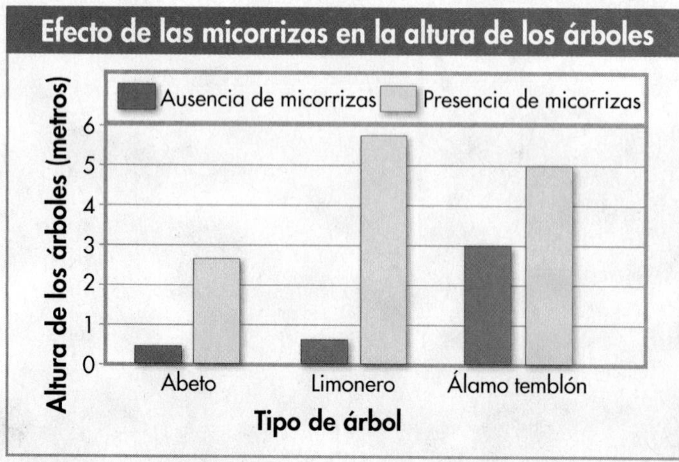

1. **Calcular** ¿Cuál es la diferencia en porcentaje entre la altura del limonero que creció con micorrizas y la del que creció sin ellas? **MATEMÁTICAS**

2. **Sacar conclusiones** Plantea una generalización sobre la tasa de crecimiento de las plantas con micorrizas.

3. **Proponer una hipótesis** Un cultivador de cítricos comenzó recientemente a usar suelo esterilizado para replantar limoneros a fin de reducir enfermedades. Pero muchos de los árboles están muriendo en el suelo nuevo. Propón una hipótesis para explicar esta observación.

ILUSTRACIÓN 21–22 Investigación micorrizal Suzanne Simard, de la Universidad de Columbia Británica, estudia los efectos de las micorrizas en los abedules y otras especies de árboles. Aplica los conceptos ***¿Qué tipo de relación simbiótica ejemplifican las micorrizas?***

▲ Aparato de la Dra. Simard para medir el movimiento del carbono entre especies de árboles

Micorrizas en las raíces de un abeto Douglas

Un experimento reciente mostró que los átomos de carbono de un árbol con frecuencia terminan en otro árbol cercano. En un experimento que usó isótopos para rastrear el movimiento del carbono, la ecóloga Suzanne Simard, mostrada en la **ilustración 21–22,** encontró que los hongos micorrizales transferían carbono de los abedules americanos que crecen bajo el sol, a los abetos Douglas que crecen en la sombra. Como resultado, los abetos privados de sol prosperaron, básicamente al ser "alimentados" con carbono de los abedules. Los hallazgos de Simard sugieren que las plantas y sus hongos asociados pueden estar evolucionando como parte de una sociedad ecológica.

21.4 Evaluación

Repaso de conceptos clave

1. a. Repasar Identifica las características comunes a todos los hongos.

b. Explicar ¿Cuál es la estructura del cuerpo de un hongo común?

c. Aplica los conceptos Se examinaron tejidos de varios champiñones reunidos cerca de la base de un árbol y se encontró que eran genéticamente idénticas. ¿Cómo podrías explicar esto?

2. a. Repasar Describe cuatro formas en que los hongos afectan la homeostasis en otros organismos y en el ambiente.

b. Aplica los conceptos Resume la función de los hongos para mantener la homeostasis en un ecosistema de bosque.

Aplica la gran idea

Estructura y función

3. Las bacterias y los hongos son descomponedores. ¿Qué características comparten que les permiten funcionar en este papel ecológico? Usa la información de la lección 20.2 para responder esta pregunta.

BIOLOGY.com Search Lesson 21.4  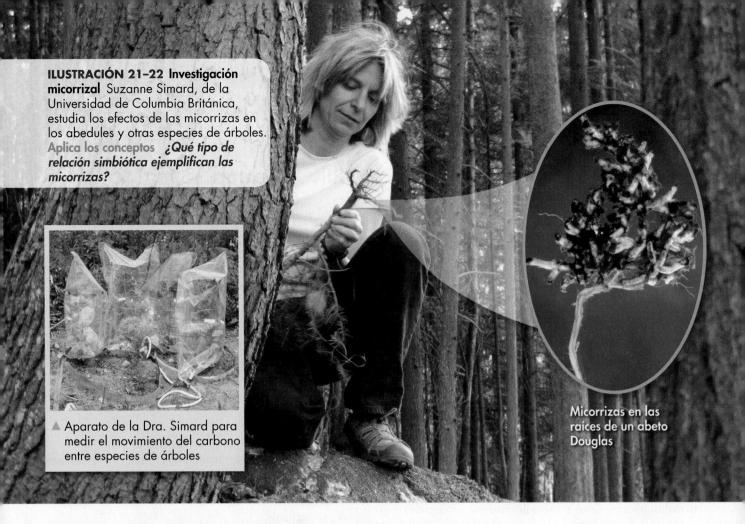 GO • Self-Test • Lesson Assessment

Laboratorio: diseña una actividad

INVESTIGACIÓN DIRIGIDA

Preparación para el laboratorio: Cultivar champiñones

Problema ¿Cómo afecta la cantidad de luz disponible el crecimiento de los champiñones?

Materiales equipos de cultivo de champiñones, botella atomizadora con agua, regla

Manual de laboratorio Laboratorio del Capítulo 21

Destrezas Plantear una hipótesis, diseñar un experimento, organizar datos

Conectar con la gran idea Los hongos desempeñan una función esencial en el mantenimiento de la homeostasis en los ecosistemas. Muchos hongos aceleran la descomposición de organismos muertos y ayudan a reciclar nutrientes. Algunos hongos forman relaciones simbióticas con plantas. Estos hongos llevan agua y minerales a las raíces de las plantas. A su vez, las plantas les suministran azúcares a los hongos. ¿Los hongos crecen mejor en algunos ambientes que en otros? En este laboratorio investigarás cómo afecta la cantidad de luz al crecimiento y la reproducción de una especie de hongos con maza.

Preguntas preliminares

a. Repasar ¿Qué son los hongos?

b. Repasar Describe la estructura general de un champiñón.

c. Explicar ¿Cómo obtienen nutrientes los hongos que no están en una relación simbiótica?

Preguntas previas al laboratorio

Examina el procedimiento en el manual de laboratorio.

1. Inferir ¿Dónde obtienen los nutrientes que necesitan para crecer y reproducirse los champiñones?
2. Relacionar causa y efecto ¿Por qué tienes que esperar alrededor de diez días para observar los champiñones?
3. Aplica los conceptos Los champiñones que cultivarás son de una variedad que se vende en las tiendas de alimentos. ¿Por qué las instrucciones te advierten que no ingieras los champiñones?

BIOLOGY.com Search Chapter 21 

Visita el Capítulo 21 en línea para hacer una autoevaluación del capítulo y para buscar actividades que apoyan tu aprendizaje.

Untamed Science Video Dale una mirada al fascinante mundo de los champiñones a través de la lente del equipo de *Untamed Science.*

Art in Motion Mira un corto de animación que muestra el ciclo de vida del plasmodio y cómo el mosquito *Anopheles* transmite la malaria.

Art Review Repasa tu comprensión de las diferentes estructuras de un champiñón.

InterActive Art Investiga las estructuras de una ameba y un paramecio.

Data Analysis Aprende cómo pueden usarse microfósiles para aprender sobre las condiciones y los cambios en océanos antiguos.

Visual Analogy Compara la forma en que se mueven los botes de remos con el movimiento de los flagelos y cilios en una célula.

21 Guía de estudio

La gran idea Interdependencia en la naturaleza

Algunas especies de protistas y hongos, en especial en su función como fotosintetizadores y descomponedores, son esenciales para mantener el equilibrio en los ecosistemas. Pero ciertas especies trastornan la homeostasis en los organismos al causar enfermedades en varias plantas y animales, incluyendo los humanos.

21.1 Clasificación de protistas: la saga continúa

Los protistas son eucariotas que no son miembros de los reinos vegetal, animal u hongos.

Los protistas actuales incluyen grupos cuyos antepasados estuvieron entre los últimos que se separaron de los organismos que dieron lugar a plantas, animales y hongos.

21.2 Estructura y función de los protistas

Algunos protistas se mueven cambiando su forma celular, y algunos se mueven por medio de organelos especializados. Otros protistas no se mueven en forma activa pero los transportan el viento, el agua u otros organismos.

Algunos protistas se reproducen de manera asexual por mitosis. Otros tienen ciclos de vida que combinan formas de reproducción asexual y sexual.

seudópodo (606)
cilio (607)
flagelo (607)
espora (607)
conjugación (608)
alternancia de generaciones (608)
esporangio (609)

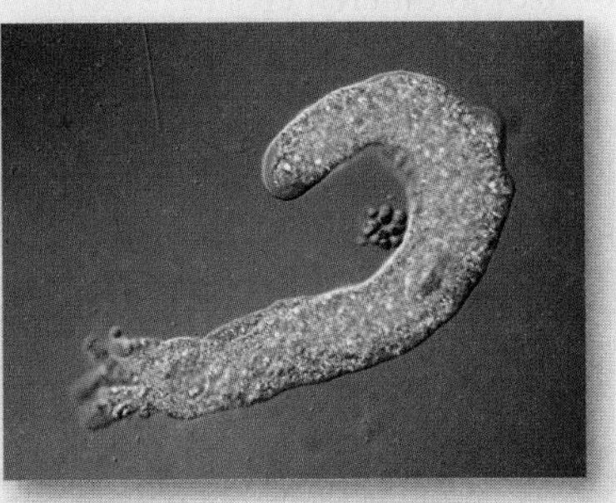

21.3 La ecología de los protistas

La posición de los protistas fotosintéticos en la base de la cadena alimenticia hace posible mucha de la diversidad de la vida acuática.

Algunos protistas heterótrofos envuelven y digieren su alimento, mientras otros viven absorbiendo moléculas del ambiente.

Muchos protistas están implicados en simbiosis mutualistas, en las que ellos y sus anfitriones se benefician.

Los protistas parásitos son responsables de algunas de las enfermedades más mortales del mundo, incluyendo varias clases de enfermedades intestinales debilitantes, la enfermedad del sueño africana y la malaria.

floración de algas (611)
vacuola alimenticia (612)
citofaringe (612)
plasmodio (613)

21.4 Los hongos

Los hongos son eucariotas heterótrofos con paredes celulares que contienen quitina.

Los hongos son los campeones de la descomposición. Muchas especies ayudan a los ecosistemas a mantener la homeostasis al descomponer organismos muertos y reciclar elementos y nutrientes esenciales.

Los hongos parásitos pueden causar enfermedades graves en plantas y animales al trastornar la homeostasis.

Algunos hongos forman asociaciones mutualistas con organismos fotosintéticos en las que ambos socios se benefician.

quitina (618)
hifa (619)
cuerpo fructífero (619)
micelio (619)
liquen (623)
micorriza (624)

Razonamiento visual Haz un mapa de conceptos que ilustre las diversas formas en que los protistas se mueven, se reproducen y obtienen alimento.

21 Evaluación

21.1 Clasificación de protistas

Comprender conceptos clave

1. ¿Cuál de las siguientes descripciones se aplica a la mayoría de los protistas?
   a. procariotas unicelulares
   b. procariotas multicelulares
   c. eucariotas unicelulares
   d. eucariotas multicelulares

2. El registro fósil muestra que los primeros eucariotas pueden haber aparecido en la Tierra
   a. hace más de 4 mil millones de años.
   b. hace más de mil millones de años.
   c. hace como 500 millones de años.
   d. hace como 100 millones de años.

3. ¿Cuál de las siguientes afirmaciones es más precisa?
   a. Los protistas están relacionados en forma más estrecha entre sí que con otros organismos en otros reinos.
   b. Los protistas son los descendientes directos de las bacterias.
   c. La clasificación de los protistas es un trabajo en progreso.
   d. Los científicos están debatiendo entre dos esquemas de clasificación para los protistas.

4. ¿Cuál es el problema con la clasificación tradicional de los protistas en grupos de los parecidos a plantas, los parecidos a animales y los parecidos a hongos?

5. ¿Por qué los científicos piensan que todas las plantas, los animales y los hongos modernos pueden rastrearse hasta antepasados protistas?

Razonamiento crítico

6. **Aplica los conceptos** En una época, se clasificaba a los seres vivos como animales si se movían o ingerían alimentos y como plantas si no se movían ni ingerían alimentos. ¿Por qué es difícil clasificar a los protistas con estos criterios?

7. **Usar analogías** Quizá en tu casa haya un "cajón de cachivaches", es decir, uno lleno de llaves, ligas, bolígrafos, cordeles, reglas y otros artículos que no son fáciles de clasificar. ¿En qué se parece el reino protista a ese "cajón de cachivaches" y por qué piensas que a los científicos les gustaría cambiar esa situación?

21.2 Estructura y función de los protistas

Comprender conceptos clave

8. ¿Cuál de estas afirmaciones NO es cierta respecto de las amebas?
   a. Se reproducen por mitosis.
   b. Se mueven usando seudópodos.
   c. Tienen una membrana celular rígida.
   d. La proteína actina propulsa su movimiento.

9. ¿Cuál de los siguientes protistas se mueve por medio de cilios?

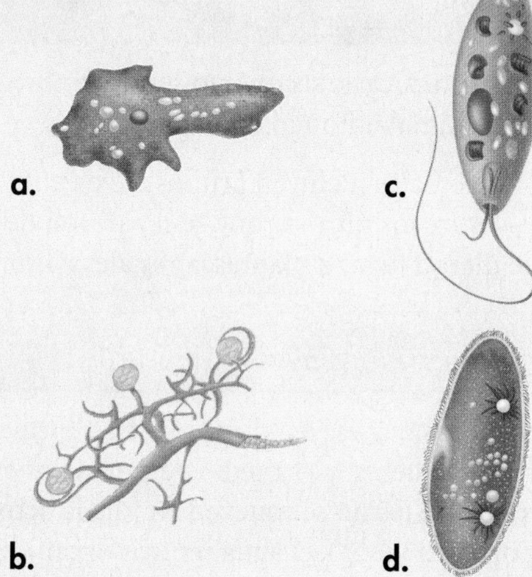

10. La alternancia de generaciones es el proceso de alternar entre
    a. mitosis y meiosis.
    b. reproducción asexual y sexual.
    c. estructuras reproductoras masculinas y femeninas.
    d. fases diploides y haploides.

11. ¿Qué función realizan los cilios y los flagelos en los protistas? ¿Cómo difieren en su estructura?

12. Resume el proceso de conjugación. ¿La conjugación es una forma de reproducción? Explica.

Razonamiento crítico

13. **Aplica los conceptos** Algunos protistas no pueden moverse por sí solos. ¿Qué generalización puedes hacer sobre la forma en que sobreviven estos organismos?

14. **Inferir** ¿Cómo piensas que la capacidad de alternar entre reproducción asexual y sexual ha ayudado a la evolución de los mohos de agua y a muchos otros protistas?

Comprender conceptos clave

15. ¿Cuál de las siguientes afirmaciones sobre los protistas fotosintéticos es más precisa?
- **a.** La mayoría de los protistas fotosintéticos son heterótrofos.
- **b.** Todos los protistas fotosintéticos están relacionados en forma estrecha con las plantas.
- **c.** Los organismos fotosintéticos pequeños cerca de la superficie del océano se llaman fitoplancton.
- **d.** El kelp gigante desempeña una función importante en la formación de arrecifes de coral.

16. Los mohos del limo se encuentran sobre todo en
- **a.** océanos.
- **b.** materia orgánica en descomposición.
- **c.** arroyos que se mueven rápido.
- **d.** desiertos.

17. La enfermedad del sueño africana es causada por
- **a.** *Trypanosoma.*
- **b.** *Plasmodium.*
- **c.** *Trichonympha.*
- **d.** *Amoeba.*

18. Describe la naturaleza de la relación entre una termita y los protistas que viven en su intestino.

19. ¿Cómo los insectos transmiten la malaria?

Razonamiento crítico

20. **Proponer una hipótesis** Un científico observa que las termitas que se alimentan con un cierto antibiótico mueren de inanición después de unos cuantos días. El científico también nota que el antibiótico afecta a ciertos protistas que viven dentro del intestino de la termita en forma peculiar. Aunque los protistas continúan prosperando, una cierta clase de estructura desaparece de su citoplasma. Desarrolla una hipótesis para explicar estas observaciones.

21. **Inferir** Los mohos del limo producen esporangios y esporas sólo cuando el alimento es escaso. ¿Por qué piensas que es así? ¿Qué ventajas obtienen los mohos del limo con esto?

22. **Predecir** Los agujeros en la capa de ozono de la Tierra pueden incrementar la cantidad de radiación que llega a la superficie del océano. Si esta radiación afecta el crecimiento del fitoplancton, ¿cuáles piensas que serían las consecuencias a largo plazo para la atmósfera de la Tierra? Explica tu respuesta.

23. **Inferir** Examina el ciclo de vida del *Plasmodium* que se muestra en la **ilustración 21–14.** Según la ilustración, ¿piensas que la malaria podría transmitirse a través de una transfusión de sangre? ¿Por qué?

resuelve el MISTERIO del CAPÍTULO

"UNA PLAGA DE CARÁCTER EXTRAÑO"

En Irlanda en la década de 1840, las condiciones eran las adecuadas para la diseminación rápida y devastadora de la plaga de la papa. La papa se había vuelto un cultivo básico, la fuente principal de alimento para la población irlandesa. La enfermedad persistió de un año a otro debido a que la nueva cosecha era sembrada con ojos de papa guardados de la cosecha del año anterior. Los cultivos genéticamente idénticos no ofrecían resistencia a la plaga.

¿Qué pistas a lo largo del capítulo apuntan hacia la identidad del culpable? Algunas de las características más notorias, compartidas por mohos de agua y hongos, son la presencia de hifas y la obtención de alimento mediante la absorción por sus paredes celulares. La pista final, sin embargo, es reveladora: las células del culpable carecen de quitina y las hifas son diploides. Estos rasgos eliminan la opción de los hongos. El organismo que causa la plaga es un moho de agua, el protista *Phytophthora*, que significa literalmente "comedor de plantas".

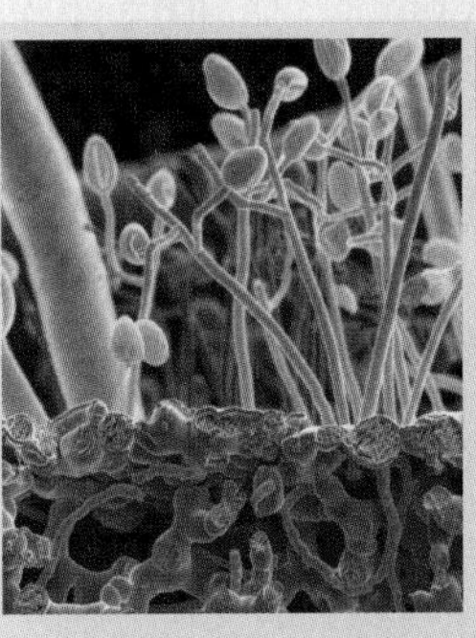

Hifas de *Phytophthora* invadiendo una papa (SEM 100×)

1. **Relacionar causa y efecto** Observadores en Irlanda notaron que el clima que precedió al verano de 1845 fue inusualmente húmedo y frío. ¿Cómo podrían haber favorecido las condiciones del clima en 1845 el ciclo de vida de este organismo?

2. **Inferir** Los científicos creen ahora que la *Phytophthora* llegó con algunos lotes de papas de América del Sur. ¿Por qué el mismo organismo no había causado una destrucción tan extendida ahí?

3. **Conectar con la gran idea** En la década de 1840, un observador comentó que las papas estaban creciendo en forma tan extensa en Irlanda que formaban "un dosel continuo de hojas". En Estados Unidos apareció la misma enfermedad varios años antes, pero no causó una hambruna extensa. ¿Por qué?

21.4 Los hongos

Comprender conceptos clave

24. ¿Cuál de las siguientes afirmaciones sobre los hongos es falsa?
- **a.** Todos los hongos son unicelulares.
- **b.** Todos los hongos tienen paredes celulares.
- **c.** Todos los hongos son eucariotas.
- **d.** Todos los hongos son heterótrofos.

25. Una relación simbiótica entre un hongo y un alga verde o una cianobacteria es un(a)
- **a.** micorriza.
- **b.** cuerpo fructífero.
- **c.** liquen.
- **d.** champiñón.

26. ¿En qué se parecen las paredes celulares de los hongos al exoesqueleto de los insectos?

27. Distingue entre los términos *hifa* y *micelio.*

28. ¿Cuál es la importancia evolutiva de las micorrizas?

Razonamiento crítico

29. **Comparar y contrastar** Tanto los hongos como los humanos son heterótrofos. Compara la forma en que los hongos obtienen alimento con la forma en que lo hacen los humanos.

30. **Proponer una hipótesis** El antibiótico penicilina es una secreción natural de una cierta clase de hongo, un moho verde llamado *Penicillium.* La penicilina mata las bacterias. ¿Por qué piensas que una especie de moho ha desarrollado una forma de matar bacterias?

Relacionar conceptos

Usar gráficas científicas

Esta fotografía muestra una comparación entre plantas de maíz cultivadas sin micorrizas (izquierda) y plantas de la misma edad cultivadas con micorrizas. Usa la fotografía para responder las preguntas 31 y 32.

31. **Comparar y contrastar** ¿Cuál planta de maíz muestra un crecimiento más robusto?

32. **Relacionar causa y efecto** ¿Cuál es la explicación más probable para los resultados?

Escribir sobre las ciencias

33. **Explicación** Escribe un párrafo que explique cómo los hongos mantienen o trastornan el equilibrio de un ecosistema. Usa ejemplos de los hongos descritos en este capítulo. (*Pista:* Crea una tabla que te ayude a organizar tus ideas antes de comenzar a escribir.)

34. **Evalúa** la gran idea Elige uno de los protistas de los que se ha hablado en este capítulo y explica cómo su presencia y su actividad influyen en otras especies.

Analizar datos

Usa la gráfica para responder.

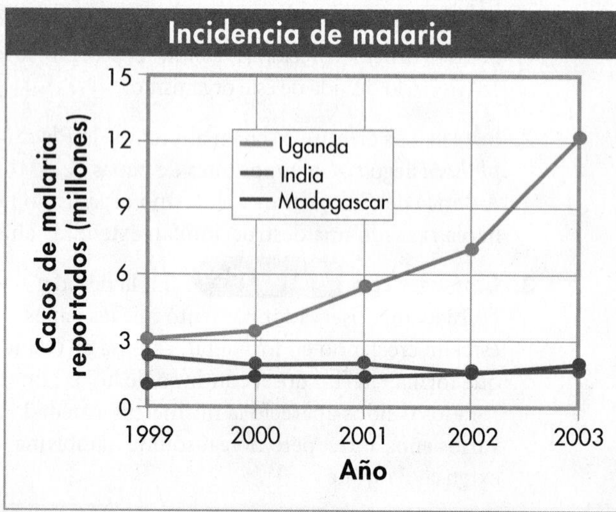

35. **Interpretar gráficas** ¿Cuál afirmación describe mejor la tendencia mostrada en la gráfica?
- **a.** Globalmente, los casos de malaria están en aumento.
- **b.** Los casos de malaria disminuyeron en India durante el período de cinco años mostrado.
- **c.** En 2003, Uganda tenía cuatros veces más casos de malaria que Madagascar.
- **d.** Los cambios anuales en la precipitación pluvial explican los patrones vistos en los datos.

36. **Calcular** ¿Más o menos en qué porcentaje aumentó el número de casos de malaria en Uganda entre 1999 y 2003? MATEMÁTICAS
- **a.** 50%
- **b.** 100%
- **c.** 300%
- **d.** 1000%

Preparación para exámenes estandarizados

Selección múltiple

1. Las siguientes son características de algunos protistas, EXCEPTO
A peptidoglicano en las paredes celulares.
B un núcleo unido a la membrana.
C flagelos.
D cilios.

2. La estructura que ayuda a la *Amoeba* a moverse y alimentarse es
A el flagelo.
B los cilios.
C la vacuola alimenticia.
D el seudópodo.

3. En los protistas, el proceso de conjugación
A está vinculado con la fotosíntesis.
B resulta en un intercambio de algún material genético.
C produce descendencia que es genéticamente idéntica al progenitor.
D disminuye la diversidad genética de una población.

4. ¿Cuál de las siguientes afirmaciones sobre los mohos del limo es falsa?
A Los mohos del limo son eucariotas.
B Los mohos del limo desempeñan una parte importante en el reciclaje de nutrientes.
C Los mohos del limo son multicelulares en algún momento durante su ciclo de vida.
D Los mohos del limo son protistas fotosintéticos.

5. Las floraciones de algas pueden ser causadas por
A paramecios.
B líquenes.
C dinoflagelados.
D *Trychonympha.*

6. La alternancia de generaciones describe MEJOR la reproducción sexual en
A *Paramecium.*
B mohos de agua.
C *Amoeba.*
D levaduras.

7. El hidrato de carbono primario encontrado en las paredes celulares de los hongos es
A quitina.
B actina.
C celulosa.
D almidón.

Preguntas 8 a 10

Las uvas maduras están cubiertas con una película grisácea, o floración, que contiene levaduras y en ocasiones otros microorganismos. Un grupo de estudiantes preparó tres tubos de ensayo de uvas frescas machacadas. Calentaron dos de los tubos de ensayo hasta el punto de ebullición y luego las enfriaron. Inocularon uno de estos tubos de ensayo con levadura viva, incubaron los tres tubos de ensayo a 30 °C por 48 horas y luego examinaron los tubos de ensayo en busca de señales de fermentación, un olor a alcohol y burbujas. Sus datos se resumen en la tabla que sigue.

Evidencia de fermentación

Contenido del tubo de ensayo	Olor a alcohol (sí o no)	Burbujas (sí o no)
Uva molida sin calentar	sí	sí
Uva molida hervida	no	no
Uva molida hervida inoculada con levadura	sí	sí

8. ¿Cuál es la variable independiente en la investigación de los estudiantes?
A la presencia de levadura viva
B un olor a alcohol
C burbujas
D tiempo

9. ¿Cuál es la variable dependiente en la investigación de los estudiantes?
A sólo un olor a alcohol
B ebullición
C un olor a alcohol y la presencia de burbujas
D la levadura en el tubo de ensayo hervido

10. ¿Qué puedes concluir con base en los resultados de los estudiantes?
A Las uvas molidas hervidas no inoculadas no parecen fermentar en un período de 48 horas.
B Las uvas molidas hervidas que contienen levadura viva experimentan fermentación.
C Las uvas molidas no se fermentan a menos que se les agregue levadura viva.
D Tanto A como B son correctas.

Respuesta de desarrollo

11. ¿Cómo se benefician de la relación cada uno de los socios en la simbiosis del liquen?

Si tienes dificultades con...

la pregunta	1	2	3	4	5	6	7	8	9	10	11
Ver la lección	21.2	21.2	21.2	21.3	21.3	21.2	21.4	21.4	21.4	21.4	21.4

22 Introducción a las plantas

La gran idea: Unidad y diversidad de la vida

P: ¿Cuáles son los cinco grupos principales de plantas y cómo se han adaptado cuatro de estos grupos a la vida en la tierra?

Un prado alpino brinda forraje a ciervos y otros herbívoros.

BIOLOGY.com Search Chapter 22 GO • Flash Cards

EN ESTE CAPÍTULO:

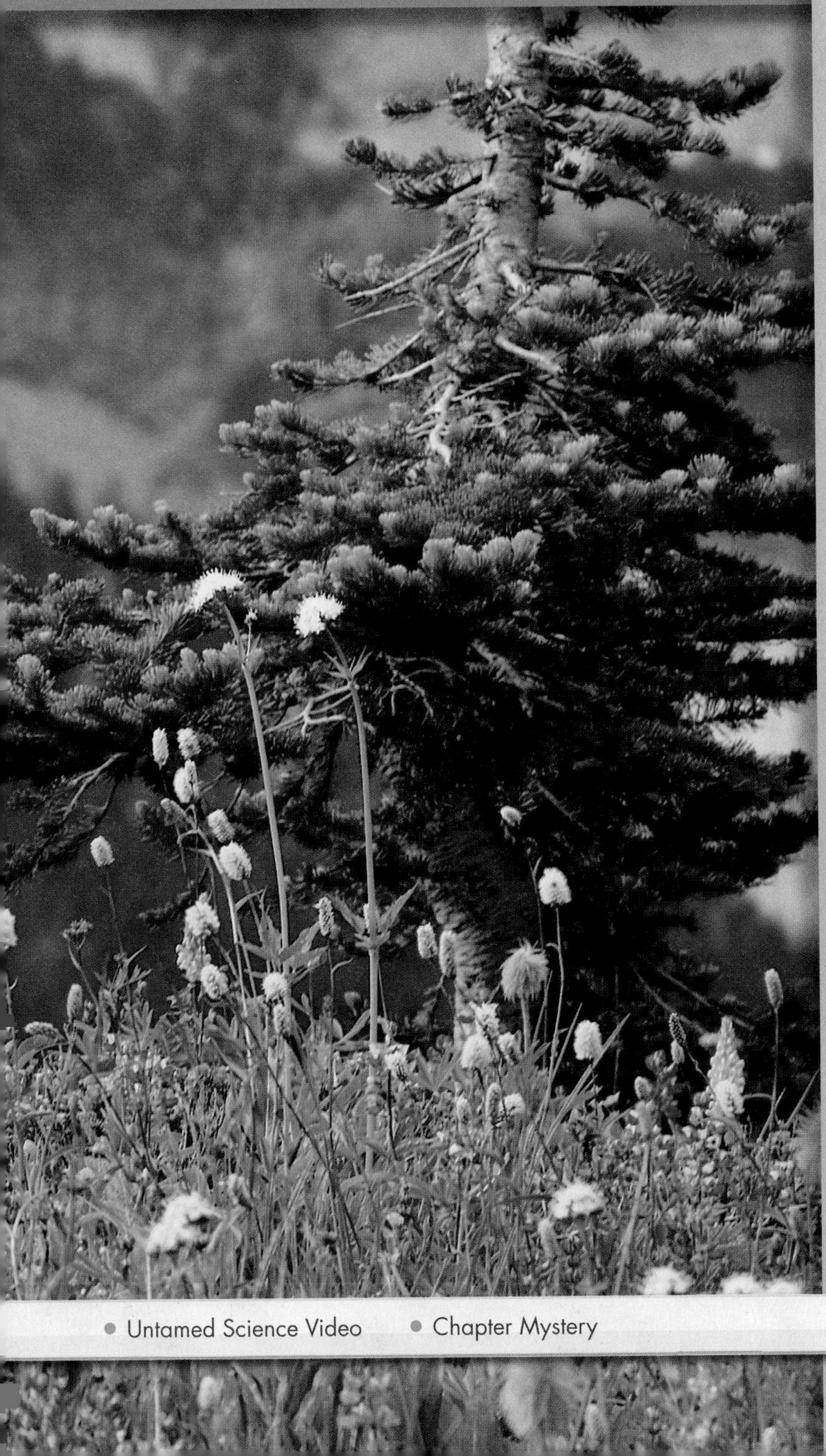

MISTERIO DEL CAPÍTULO

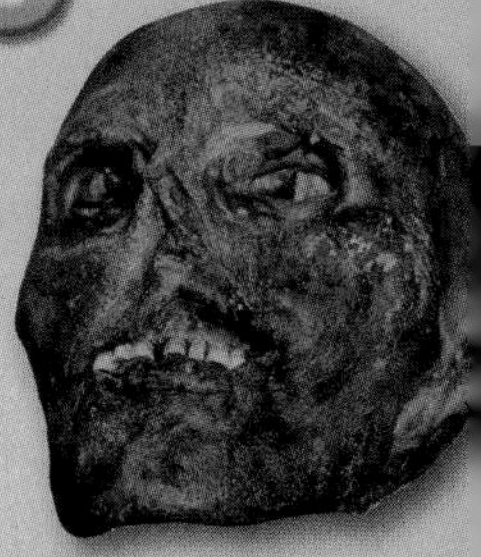

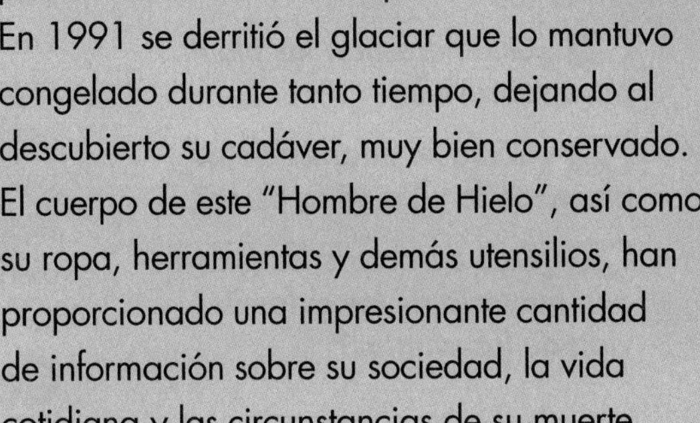

CUENTACUENTOS DE LA EDAD DE PIEDRA

Hace unos 5300 años, un hombre murió en un apartado paso montañoso de los Alpes. En 1991 se derritió el glaciar que lo mantuvo congelado durante tanto tiempo, dejando al descubierto su cadáver, muy bien conservado. El cuerpo de este "Hombre de Hielo", así como su ropa, herramientas y demás utensilios, han proporcionado una impresionante cantidad de información sobre su sociedad, la vida cotidiana y las circunstancias de su muerte.

Algunas de las evidencias más interesantes descubiertas con el Hombre de Hielo provienen de la materia vegetal. Él llevaba consigo un recipiente para almacenar hecho con corteza de abedul, así como un arco de madera y un carcaj. Los científicos también encontraron varias especies de polen de árboles en el aparato digestivo del Hombre de Hielo, que posiblemente ingirió de manera accidental cuando el polen que flotaba en el viento se posó en su comida. ¿Qué podrían revelar estas y otras pistas botánicas acerca del Hombre de Hielo? A medida que leas este capítulo, busca pistas que te ayuden a resolver el misterio del Hombre de Hielo.

Continúa explorando el mundo.
El Hombre de Hielo usaba las plantas de una manera lógica para su época. Emprende un viaje de campo en video con los genios ecólogos de *Untamed Science* para ver adónde ha llegado la humanidad en su comprensión de lo que ofrecen las plantas.

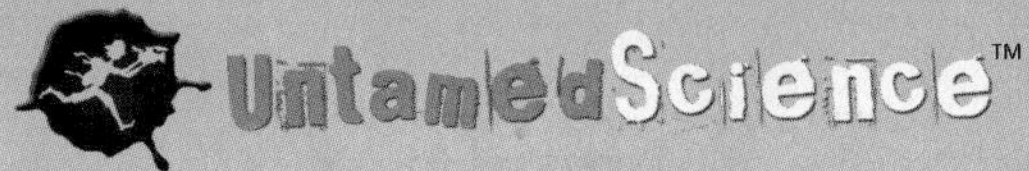

- Untamed Science Video
- Chapter Mystery

22.1 ¿Qué es una planta?

Preguntas clave

¿Qué necesitan las plantas para sobrevivir?

¿Cómo se adaptaron las plantas a la vida en la tierra?

¿Qué característica define a la mayoría de los ciclos de vida de las plantas?

Vocabulario

alternancia de generaciones • esporofito • gametofito

Tomar notas

Vistazo al material visual Echa un vistazo a la **ilustración 22–4** y enumera los cinco principales grupos de plantas. Por cada grupo, haz una lista que incluya todas las características o ejemplos específicos que ya conozcas.

PIÉNSALO ¿De qué color es la vida? Los seres vivos pueden ser casi de cualquier color. Pero imagina que vives en un lugar con tal abundancia de vida que los organismos vivos obstruyen el paso de la luz del sol. Ahora, ¿cuál es el color que ves? Si imaginaste un espeso bosque o una exuberante selva, entonces sólo habrá un color que llene el paisaje de tu mente: el verde, el color de las plantas. Las plantas se han adaptado perfectamente a tantos ambientes distintos que dominan la mayor parte de la superficie de nuestro planeta.

Características de la plantas

¿Qué necesitan las plantas para sobrevivir?

¿Qué son las plantas? Sin duda conoces muchos ejemplos, como árboles, arbustos y hierbas. Pero ¿sabías que los musgos y los helechos también son tipos de plantas? Desde hace algunos años, los biólogos también reclasificaron a las algas como plantas (antes se consideraba que las algas verdes eran protistas). ¿Qué características comparten todos estos organismos?

El reino vegetal Las plantas se han clasificado tradicionalmente como miembros del reino *Plantae.* Son eucariotas con paredes celulares que contienen celulosa y realizan la fotosíntesis usando clorofila *a* y *b*. Aunque la mayoría son autótrofas, hay algunas parásitas o saprófitas.

ILUSTRACIÓN 22–1 Diagrama de una célula vegetal Las hojas de las plantas son verdes debido a los pigmentos fotosintéticos clorofila *a* y *b*, que están en los cloroplastos.

Actividad rápida de laboratorio

INVESTIGACIÓN DIRIGIDA

¿Son iguales todas las plantas? 

1. El maestro te entregará tres plantas, una regla y una lupa.
2. Identifica las partes principales de cada planta. Mide la altura de las plantas y el tamaño de sus partes.
3. Usa la lupa para estudiar detenidamente las plantas. Anota tus observaciones.

Analizar y concluir

1. Comparar y contrastar ¿Qué patrones y simetrías observas en las tres plantas? ¿En qué se parecen? ¿En qué difieren?

2. Inferir ¿Qué sugiere la forma de las estructuras de las plantas acerca de sus funciones?

3. Clasificar Usa tus observaciones para clasificar las tres plantas en dos grupos basado sólo en sus características exteriores. Explica tus argumentos para clasificarlas en esos grupos.

Lo que necesitan las plantas La tarea más difícil de las plantas es sobrevivir en tierra firme como organismos estáticos. Para ello, han desarrollado numerosas adaptaciones que les han permitido tener éxito. **La vida de las plantas gira en torno a las necesidades de luz solar, intercambio de gases, agua y minerales.** La **ilustración 22–2** muestra estas necesidades básicas.

▶ ***Luz solar*** Las plantas usan la energía de la luz solar para llevar a cabo la fotosíntesis. En consecuencia, cada planta presenta adaptaciones que han sido determinadas por la necesidad de captar luz solar. Los órganos fotosintéticos de las plantas, como sus hojas, suelen ser amplios y planos, y están dispuestos en el tallo de manera que permiten maximizar la absorción de luz.

▶ ***Intercambio de gases*** Las plantas necesitan oxígeno para la respiración celular, y también dióxido de carbono para llevar a cabo la fotosíntesis. Asimismo, necesitan liberar el exceso de oxígeno formado durante la fotosíntesis. Las plantas deben intercambiar estos gases con la atmósfera y el suelo sin perder demasiada agua por evaporación.

▶ ***Agua y minerales*** En días calurosos, las plantas pueden perder mucha agua en el aire, del mismo modo que nosotros sudamos cuando tenemos calor. Además, el agua es una de las materias primas para la fotosíntesis, de modo que se consume cuando brilla el sol. Por ello, las plantas terrestres han modificado estructuras que limitan la pérdida de agua y la rapidez de captación del agua que hay en el suelo.

Conforme absorben agua, las plantas también asimilan minerales, que son nutrientes del suelo indispensables para el crecimiento de las plantas. Muchas plantas poseen tejidos especializados que conducen agua y nutrientes del suelo hacia la parte superior de la planta, y distribuyen los productos de la fotosíntesis por todo el cuerpo de la planta. Las plantas más simples llevan a cabo estos procesos por difusión.

En tu cuaderno *Describe las necesidades básicas de las plantas. Bajo cada encabezado, anota los detalles de apoyo.*

ILUSTRACIÓN 22–2 Necesidades básicas de una planta Todas las plantas tienen las mismas necesidades básicas: luz solar, un medio para intercambiar gases con el aire circundante, agua y minerales. **Observar** ***¿Por dónde entran el agua y los minerales a la planta?***

ILUSTRACIÓN 22–3 Una planta fosilizada Uno de los primeros fósiles de plantas vasculares es *Cooksonia.* Este fósil muestra tallos ramificados que tenían estructuras reproductoras en sus puntas.

Historia y evolución de las plantas

¿Cómo se adaptaron las plantas a la vida en la tierra?

Las plantas de tierra firme no existieron durante la mayor parte de la historia de nuestro planeta. La vida se concentraba en los océanos, lagos y arroyos. Aunque los organismos procariotas fotosintéticos aumentaban la concentración de oxígeno en la atmósfera terrestre y proporcionaban alimento a plantas y microorganismos, todavía no aparecían plantas verdaderas en el planeta.

Orígenes acuáticos Los registros fósiles indican que los antepasados de las plantas terrestres modernas eran organismos acuáticos parecidos a las algas verdes de la actualidad. Casi todos esos eucariotas fotosintéticos eran unicelulares, aunque algunos estaban formados por múltiples células. Al principio, muchos biólogos dudaban de que las algas verdes debieran incluirse en el reino que abarca a organismos tan grandes y complejos como los robles y las orquídeas. Pero ahora es evidente que las algas verdes poseen paredes celulares y pigmentos fotosintéticos idénticos a los de las plantas. También tienen ciclos reproductivos parecidos. Por último, el estudio de sus genomas indica que están tan estrechamente emparentadas con otras plantas que deben considerarse miembros del reino vegetal.

Las primeras plantas terrestres Se han hallado esporas fósiles de plantas terrestres en rocas de hasta 475 millones de años de antigüedad, aunque no se han encontrado fósiles de las plantas mismas de ese período. El registro sitúa los primeros fósiles de plantas terrestres unos 50 millones de años más tarde. Carentes de hojas y raíces, aquellas plantas alcanzaban unos pocos centímetros de altura. Su principal desafío era obtener agua, y lo resolvían creciendo muy cerca del suelo en lugares húmedos. Los fósiles también indican que las primeras plantas terrestres verdaderas dependían en gran medida del agua para llevar a cabo sus ciclos de vida. **Con el tiempo, las demandas de la vida en tierra firme favorecieron la evolución de plantas más resistentes a los rayos de sol que las secaban, con mayor capacidad para conservar agua y mejor adaptadas para reproducirse sin agua.**

Para más información sobre la diversidad de las plantas, consulta la Guía visual: DOL•20–DOL•26

ILUSTRACIÓN 22–4 Principales grupos de plantas En la actualidad existen cinco grupos principales de plantas. **Interpretar diagramas** ***¿Con el antepasado de qué grupos de plantas evolucionaron las primeras semillas?***

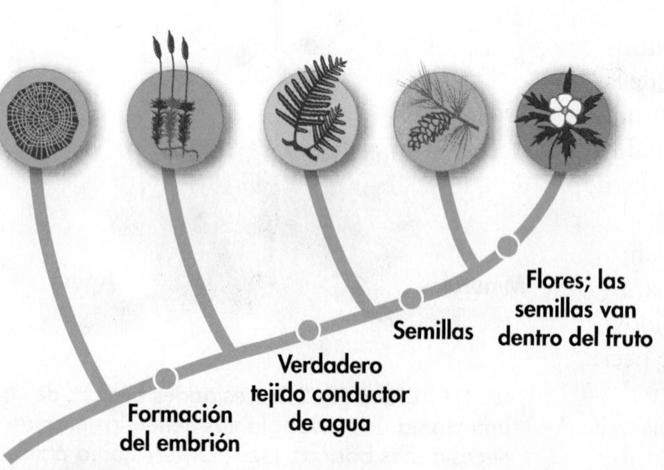

La aparición de las plantas terrestres cambió el resto de la vida en la Tierra. Conforme los nuevos organismos colonizaban el suelo, modificaron el ambiente de modo que esto permitió la evolución de nuevas especies. Surgieron nuevos ecosistemas y la materia orgánica comenzó a formar tierra.

Varios grupos de plantas evolucionaron de las primeras plantas que incursionaron en tierra firme. Un grupo dio origen a los musgos. Otra línea dio paso a los helechos, las plantas que producen piñas y las plantas que florecen. Todos estos grupos de plantas viven actualmente y con éxito en tierra firme, pero han evolucionado y desarrollado adaptaciones muy distintas para adecuarse a la gran variedad de ambientes terrestres.

Un vistazo al reino vegetal Los botánicos dividen el reino vegetal en cinco grupos principales, basándose en cuatro características muy importantes: formación de embrión, tejidos especializados para conducir agua, semillas y flores. La **ilustración 22–4** muestra la relación que guardan entre sí los distintos grupos. Las plantas que forman embrión suelen denominarse como "plantas terrestres", aunque algunas de ellas viven actualmente en ambientes acuáticos. Para clasificar las plantas en grupos más pequeños dentro de las ramas principales, los botánicos comparan las secuencias de ADN de las diversas especies.

PISTA DEL MISTERIO

Los científicos extrajeron altas concentraciones de clorofila de las hojas de arce que fueron halladas con el Hombre de Hielo. ¿Cómo podría usarse esta evidencia para determinar la estación en que murió?

En tu cuaderno *Según la información de la* ***ilustración 22–4****, identifica la característica más importante que comparte un helecho con una planta que florece.*

El ciclo de vida de las plantas

¿Qué característica define a la mayoría de los ciclos de vida de las plantas?

Las plantas terrestres tienen un ciclo de vida sexual muy particular que las diferencia del resto de los organismos vivos. **El ciclo de vida de las plantas terrestres tiene dos fases alternas, una fase diploide (2N) y una fase haploide (N). El cambio de haploide a diploide se conoce como alternancia de generaciones.**

La fase diploide multicelular (2N) también se conoce como fase de **esporofito,** y es en la que la planta produce esporas. La fase haploide multicelular (N) se denomina fase de **gametofito** y es cuando la planta produce gametos. Recuerda que en el capítulo 11 aprendiste que los organismos haploides (N) sólo poseen un juego de cromosomas en el núcleo de sus células, en tanto que los organismos diploides tienen dos juegos de cromosomas.

Puedes seguir las etapas básicas del ciclo de vida en la **ilustración 22–5,** empezando desde la parte superior. Un esporofito produce esporas haploides durante la meiosis. Esas esporas crecen convirtiéndose en estructuras multicelulares denominadas gametofitos. Cada gametofito produce células reproductoras llamadas gametos, células espermáticas y óvulos. Durante la fecundación, un espermatozoide y un óvulo se fusionan para producir un cigoto diploide. El cigoto se transforma en un nuevo esporofito y el ciclo se inicia nuevamente.

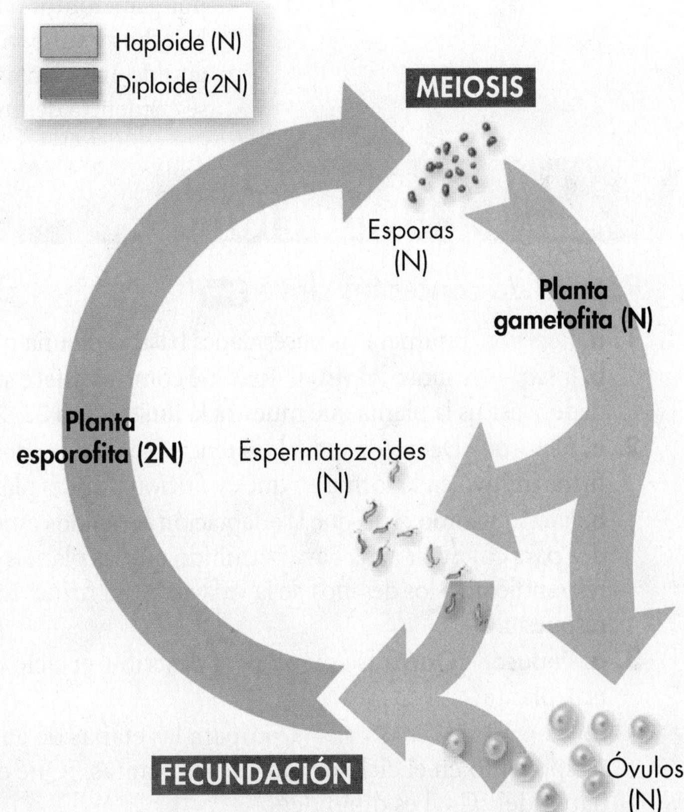

ILUSTRACIÓN 22–5 El ciclo de vida de una planta Casi todas las plantas tienen un ciclo de vida con alternancia de generaciones, es decir, la fase haploide de gametofito se alterna con la fase diploide de esporofito.

ILUSTRACIÓN 22–6 Tendencias en la evolución de las plantas Una tendencia importante en la evolución de las plantas es la disminución del tamaño del gametofito y el aumento de tamaño del esporofito. **Interpretar material visual** ***¿Cómo difiere el tamaño relativo de las etapas haploide y diploide entre musgos y plantas con semilla?***

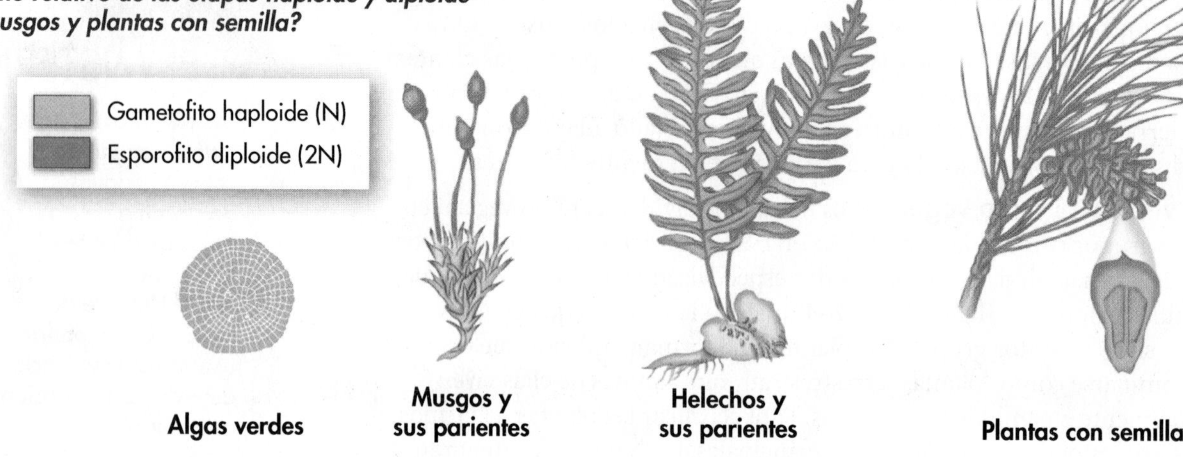

La **ilustración 22–6** muestra una tendencia importante en la evolución de las plantas: la disminución del tamaño del gametofito y el aumento de tamaño del esporofito. Aunque muchas algas verdes tienen una etapa de esporofito diploide, hay algunas que no la presentan; sus únicos cuerpos multicelulares son gametofitos. Los musgos y sus parientes están formados por gametofitos relativamente grandes y esporofitos más pequeños. Los helechos y sus parientes tienen un gametofito pequeño y un esporofito más grande. Las plantas con semilla tienen un gametofito aún más pequeño, que se encuentra dentro de los tejidos del esporofito.

22.1 Evaluación

Repaso de conceptos clave

1. a. Repasar Enumera las necesidades básicas de una planta.
b. Interpretar material visual Resume cómo satisface sus necesidades básicas la planta que muestra la **ilustración 22–2.**

2. a. Repasar ¿De qué manera la carencia relativa de agua en tierra firme influyó en la forma en que evolucionaron las plantas?
b. Inferir ¿Cómo crees que la adaptación de tejidos especializados para conducir agua haya permitido que las plantas terrestres respondieran a los desafíos de la vida en tierra firme? Explica tu respuesta.

3. a. Repasar ¿Qué frase se usa para describir el ciclo de vida de una planta?
b. Comparar y contrastar Compara las etapas de gametofito y esporofito en el ciclo de vida de las plantas. ¿Qué etapa es haploide? ¿Cuál es diploide?

ANALIZAR DATOS

Usa la gráfica circular de la **ilustración 22–4** para responder las siguientes preguntas.

4. Calcular ¿Qué porcentaje de todas las plantas son plantas que florecen? MATEMÁTICAS

5. Interpretar gráficas ¿Cuál es el segundo grupo más grande de plantas?

6. Preguntar Según los datos de la gráfica, ¿qué pregunta harías sobre la evolución de las plantas?

BIOLOGY.com Search Lesson 22.1  • Lesson Assessment • Self-Test

22.2 Plantas sin semilla

PIÉNSALO A menudo pensamos que las plantas nacen de semillas. Pero hay muchas plantas, como musgos, helechos y algas verdes, que no producen semilla alguna. ¿Cómo logran reproducirse y crecer sin semillas?

Algas verdes

¿Cuáles son las características de las algas verdes?

¿En qué piensas cuando escuchas la palabra *algas*? Seguro te viene a la mente la imagen de las algas marinas, ya que éstas son las formas más comunes de algas y el singular de la palabra, *alga*, viene del latín y significa justamente "alga marina". Según la acepción que le damos actualmente al término, las algas no son un grupo único de organismos. Los biólogos aplican el nombre a cualquier eucariota fotosintética que no sea una planta terrestre. En consecuencia, algunas algas se clasifican como protistas y otras como plantas. Y las algas agrupadas con otras plantas son las que se denominan *algas verdes*. DOL•21

Las primeras plantas Los vestigios fósiles sugieren que las algas verdes fueron las primeras plantas y que aparecieron en la Tierra antes de que las plantas ocuparan tierra firme. De hecho, las formaciones fósiles del Período Cámbrico, que datan de hace más de 550 millones de años, revelan que hubo grandes extensiones de algas verdes.

Las algas verdes comparten muchas características de otras plantas más grandes y complejas, incluidos sus pigmentos fotosintéticos y la composición de su pared celular. **Las algas verdes son principalmente acuáticas. Se encuentran en aguas saladas y dulces, y en algunas partes húmedas de tierra firme.** Puesto que la mayoría de las algas verdes son unicelulares o filamentos ramificados, están en contacto directo con el agua donde crecen. Pueden absorber la humedad y los nutrientes directamente de su entorno. Por tanto, las algas verdes no tienen los tejidos especializados de otras plantas.

Preguntas clave

- ***¿Cuáles son las características de las algas verdes?***
- ***¿Qué factor limita el tamaño de las briofitas?***
- ***¿Cuál es la importancia del tejido vascular?***

Vocabulario

briofita • tejido vascular • arquegonio • anteridio • esporangio • traqueofita • traqueido • xilema • floema

Tomar notas

Diagrama de Venn Haz un diagrama de Venn en el que anotes las semejanzas y diferencias entre los tres principales grupos de plantas sin semilla. Respóndelo conforme leas la lección.

ILUSTRACIÓN 22-7 Primeras plantas y animales Hace unos 500 millones de años, durante el Período Cámbrico Medio, las algas verdes primitivas compartieron el fondo marino con corales y esponjas.

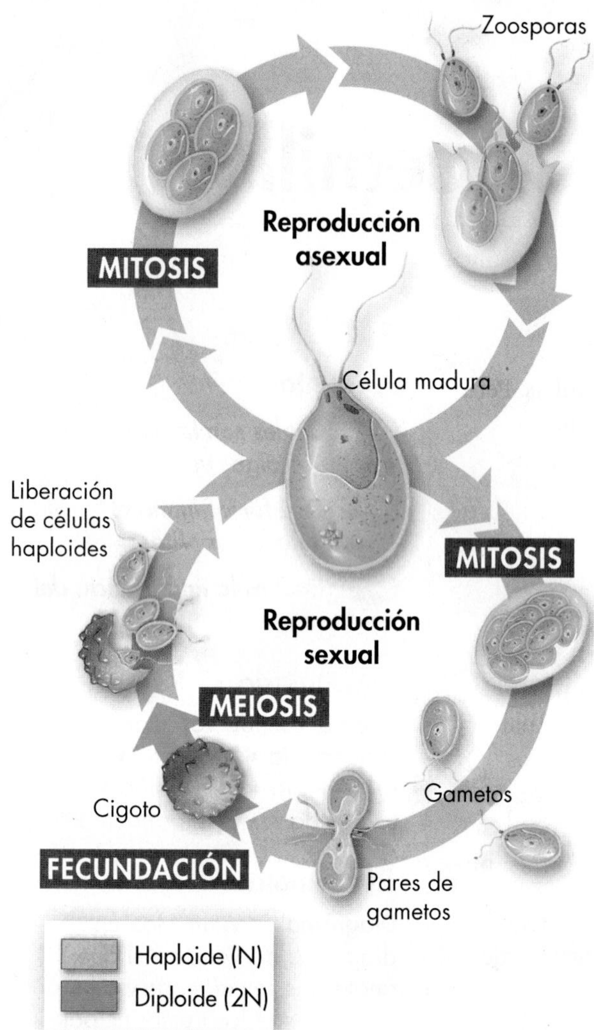

ILUSTRACIÓN 22–8 Si las condiciones ambientales cambian, el alga verde *Chlamydomonas* cambia de una etapa de reproducción asexual a una sexual. **Interpretar material visual** ***¿Qué forma de reproducción incluye a un organismo diploide que puede sobrevivir en condiciones extremas?***

Ciclo de vida Del mismo modo que las plantas, muchas algas verdes tienen ciclos de vida que cambian entre las fases haploide y diploide. Sin embargo, algunas algas verdes no alternan entre haploide y diploide en cada generación. Tomemos el caso de un alga verde unicelular llamada *Chlamydomonas*. Puede permanecer en etapa haploide durante varias generaciones. Siempre que las condiciones de vida sean adecuadas, la célula haploide se reproduce asexualmente por mitosis, como muestra la parte superior de la **ilustración 22–8.**

Si las condiciones ambientales son desfavorables, *Chlamydomonas* cambia a una etapa de reproducción sexual. La célula libera gametos que se fusionan en un cigoto diploide, o sea, el esporofito. El cigoto tiene una gruesa pared protectora que permite la supervivencia aun en condiciones de congelación o extrema aridez que, de lo contrario, acabarían con la planta. Cuando las condiciones vuelven a ser favorables, el cigoto empieza a crecer. Se divide por meiosis para producir cuatro células haploides flageladas. Entonces, las células haploides se alejan nadando, maduran y se reproducen sexualmente.

En tu cuaderno *Describe una ventaja general de un organismo que puede cambiar su forma de reproducción bajo distintas condiciones ambientales.*

Multicelularidad Muchas algas verdes forman colonias, lo que sugiere la manera en que evolucionaron las primeras plantas multicelulares. La **ilustración 22–9** muestra dos ejemplos de algas coloniales. A la izquierda se encuentra el alga de agua dulce *Spirogyra*, que forma colonias alargadas y delgadas llamadas filamentos. Las células de la colonia se apilan como latas de refresco colocadas extremo con extremo. Las colonias de *Volvox* que puedes ver a la derecha son más complejas que las de *Spirogyra* y pueden contener desde 500 hasta 50,000 células organizadas de manera que forman esferas huecas.

Las células de una colonia de *Volvox* se conectan entre sí mediante hebras de citoplasma, lo que permite que se comuniquen. Cuando la colonia se desplaza, las células en su interior "jalan" con sus flagelos y las células del otro lado de la colonia "empujan". Aunque casi todas las células de una colonia de *Volvox* son idénticas, hay algunas especializadas para la reproducción que producen gametos. Como *Volvox* muestra cierta especialización celular, está justo entre el límite de la vida colonial y la multicelular.

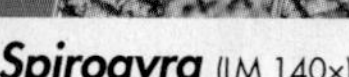
Spirogyra (LM 140×)

Volvox (LM 50×)

ILUSTRACIÓN 22–9
Algas verdes multicelulares

Musgos y otras briofitas

¿Qué factor limita el tamaño de las briofitas?

El húmedo suelo de los bosques más fríos de Estados Unidos está cubierto por un manto verde. Cuando caminas, el suelo casi parece una alfombra suave y esponjosa. Pero si observas detenidamente, verás que la alfombra boscosa está compuesta de plantas cortas y blandas llamadas musgos. Los musgos poseen una ligera cubierta cerosa que les ayuda a resistir la deshidratación, así como delgados filamentos denominados rizoides, los cuales anclan las plantas a la tierra. Los rizoides también absorben agua y minerales de la tierra circundante. La **ilustración 22–10** muestra la estructura de un musgo típico.

Los musgos pertenecen a un grupo de plantas conocido como **briofitas.** A diferencia de las algas, las briofitas tienen órganos reproductores especializados envueltos en otras células no reproductoras. Las briofitas muestran un grado de especialización celular superior al de las algas verdes, y se cuentan entre las primeras plantas que colonizaron tierra firme. Además de los musgos, las briofitas incluyen otros dos grupos conocidos como ceratófilos y hepáticas. Cada uno de los tres grupos suele considerarse un filo independiente. DOL•22

DESARROLLAR el vocabulario

SUFIJOS Los sufijos *–fita* y *–fito* provienen del término griego *phyton* que significa "planta".

Por qué son pequeñas las briofitas Las briofitas suelen hallarse en lugares húmedos donde abunda el agua, y con razón. La mayoría de las plantas transporta agua en un tejido especializado que se conoce como **tejido vascular,** el cual contiene tubos endurecidos con una sustancia llamada lignina. Sin embargo, las briofitas no producen lignina y, por tanto, no tienen un tejido vascular verdadero. **Las briofitas son pequeñas porque carecen de tejido vascular.** No pueden hacer que el agua suba más allá de un metro del suelo. Como carecen de paredes celulares endurecidas con lignina, tampoco pueden desarrollar un cuerpo alargado que resista la atracción de la gravedad. Estos factores limitan la altura de las briofitas y las restringen a los ambientes muy húmedos.

Ciclo de vida Como cualquier planta, las briofitas muestran alternancia de generaciones. En las briofitas, el gametofito es la etapa dominante y más reconocible de su ciclo de vida. Asimismo, el gametofito es la etapa que lleva a cabo la mayor parte de la fotosíntesis de esta planta. El esporofito depende del gametofito para obtener agua y nutrientes.

Las briofitas producen células espermáticas que nadan usando flagelos. Para que la fecundación tenga éxito, estas células espermáticas deben liberarse en un ambiente donde haya suficiente agua para que naden hacia un óvulo. Debido a su dependencia del agua para reproducirse, las briofitas tienen que vivir en hábitats donde haya agua durante una parte del año.

ILUSTRACIÓN 22–10 Estructura del musgo El gametofito es la etapa dominante y mejor conocida del ciclo de vida de las briofitas, y también es la forma que realiza la fotosíntesis.

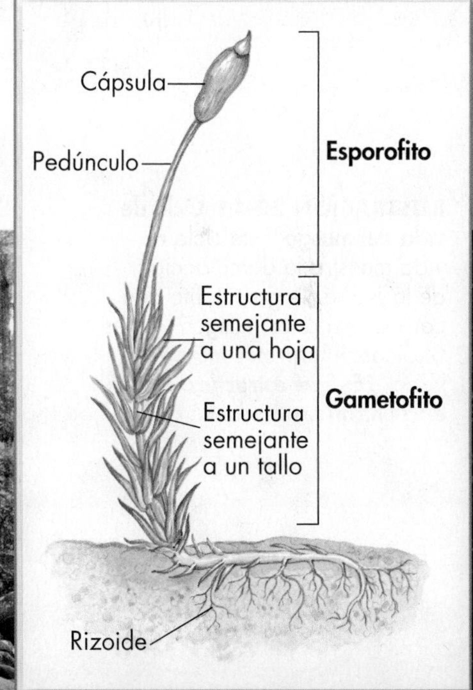

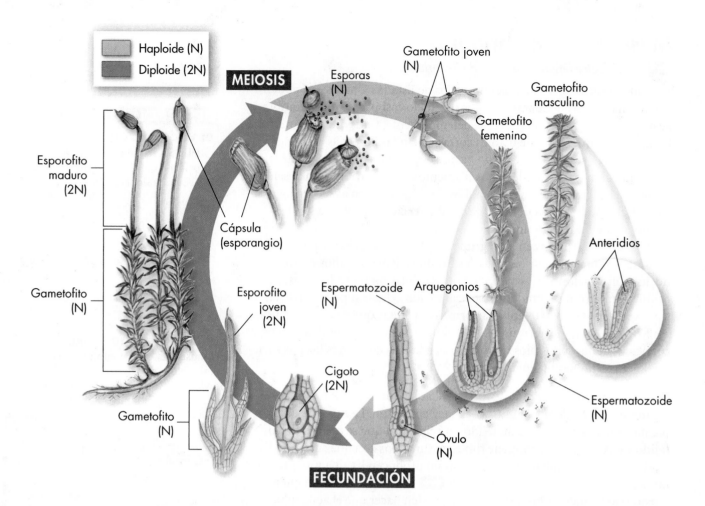

Haploide (N)
Diploide (2N)
MEIOSIS
Esporas (N)
Gametofito joven (N)
Gametofito masculino
Gametofito femenino
Esporofito maduro (2N)
Cápsula (esporangio)
Anteridios
Gametofito (N)
Esporofito joven (2N)
Espermatozoide (N)
Arquegonios
Cigoto (2N)
Espermatozoide (N)
Gametofito (N)
Óvulo (N)
FECUNDACIÓN

ILUSTRACIÓN 22–11 Ciclo de vida del musgo Este ciclo de vida muestra la dominancia de la etapa de gametofito que caracteriza a los musgos y otras briofitas. **Interpretar material visual** ***¿En qué estructura se encuentran los óvulos?***

▶ ***Gametofito*** Cuando una espora de musgo cae en un lugar húmedo, germina y crece convirtiéndose en una maraña de filamentos verdes. La **ilustración 22–11** muestra el ciclo de vida del musgo típico. Al crecer su gametofito joven, forma rizoides que se extienden bajo tierra y brotes que suben al aire. Estos brotes crecen hasta convertirse en las conocidas plantas de musgo verde.

Los gametos se forman en las estructuras reproductoras que están en las puntas de los gametofitos. Algunas especies de briofitas producen óvulos y espermatozoides en la misma planta, en tanto que otras producen los gametos en plantas distintas. Los óvulos se producen en los **arquegonios.** Los espermatozoides se producen en los **anteridios.** Espermatozoides y óvulos se fusionan para producir un cigoto diploide.

▶ ***Esporofito*** El cigoto inicia la etapa de esporofito del ciclo de vida. Se transforma en un embrión multicelular que crece dentro del cuerpo del gametofito y depende de esa estructura para obtener agua y nutrientes. A la larga, el esporofito emerge del gametofito y desarrolla un largo pedúnculo que termina en una cápsula parecida a un salero. La cápsula de esporas se denomina **esporangio.** Dentro de la cápsula, las esporas haploides se producen por meiosis. Cuando la cápsula madura, se abre y las esporas haploides se dispersan por el viento para empezar de nuevo el ciclo de vida.

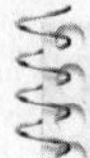

En tu cuaderno *Clasifica cada una de las siguientes estructuras como* gametofito *o* esporofito: *esporangio, espora, arquegonio, cigoto.*

Plantas vasculares

¿Cuál es la importancia del tejido vascular?

Durante millones de años, las primeras plantas no alcanzaban más de un metro de altura ya que carecían de tejido vascular. Luego, hace 420 millones de años, ocurrió algo insólito. Las pequeñas plantas terrestres, semejantes a musgos, de pronto se encontraron acompañadas de plantas más altas, algunas del tamaño de pequeños árboles. ¿Qué sucedió? Los vestigios fósiles revelan que estas nuevas plantas fueron las primeras en desarrollar un sistema de transporte basado en un tejido vascular verdadero. El tejido vascular transporta agua y nutrientes con mucha más eficacia que cualquier tejido propio de las briofitas. Con la evolución del tejido vascular, las plantas pudieron elevarse del suelo.

Evolución de un sistema de transporte Las plantas vasculares también se conocen como **traqueofitas,** debido a que poseen un tipo de célula especializada en la conducción de agua. Esas células, llamadas **traqueidos,** tienen forma de tubos huecos con gruesas paredes celulares recubiertas de lignina, como puedes ver en la **ilustración 22–12.** Los traqueidos fueron una de las grandes innovaciones evolutivas del reino vegetal.

Los traqueidos se encuentran en el **xilema,** el tejido que hace subir agua de las raíces hacia todas las partes de la planta. Los traqueidos se conectan de extremo a extremo como una cadena de latas. Las aberturas entre cada traqueido, conocidas como fosas, permiten que el agua se desplace por la planta con más eficacia que mediante la difusión.

Las plantas vasculares también cuentan con un segundo tejido de transporte llamado floema. El **floema** transporta soluciones de nutrientes y carbohidratos que se producen durante la fotosíntesis. Igual que el xilema, las principales células del floema son largas y están especializadas en desplazar líquidos por todo el cuerpo de la planta. **Los tejidos vasculares (el xilema y floema) permiten que las plantas vasculares desplacen líquidos a través de sus cuerpos venciendo la fuerza de gravedad.**

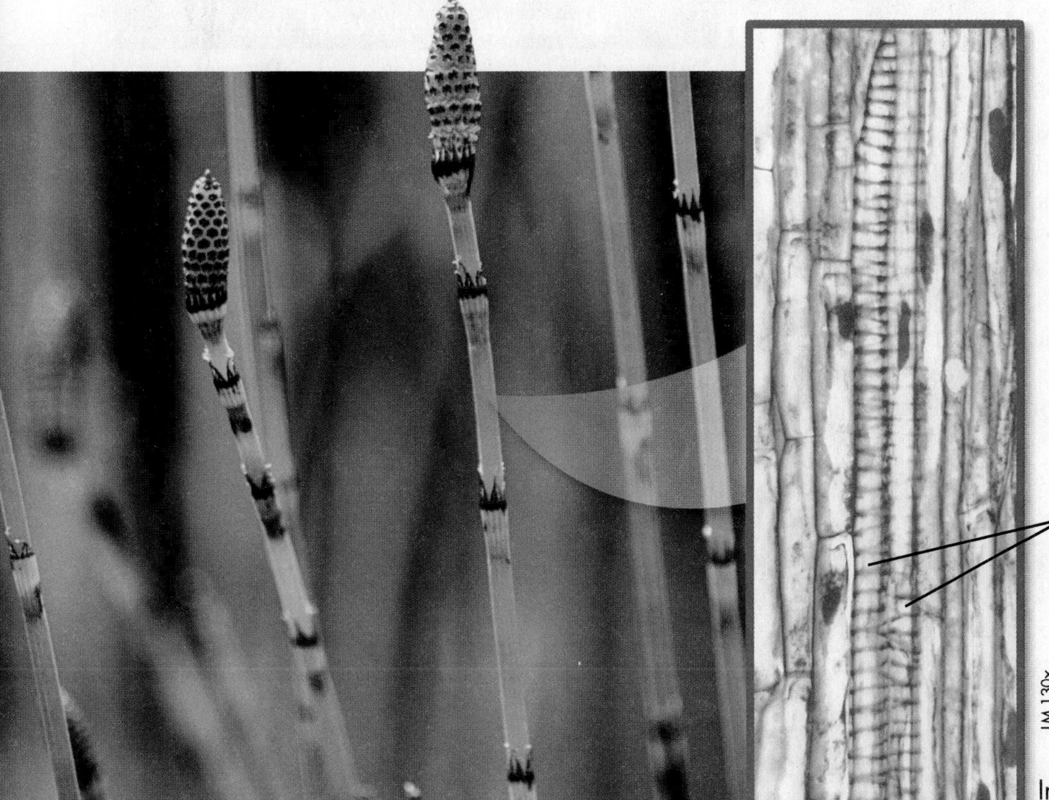

MÁS DE CERCA

TEJIDO VASCULAR

ILUSTRACIÓN 22–12 Las equisetáceas son algunas de las plantas más primitivas que tienen un tejido vascular especializado. La micrografía de la derecha muestra una vista muy amplificada de los traqueidos. Alrededor de ellos puedes ver los anillos reforzadores de lignina.

ILUSTRACIÓN 22–13 Estructura del helecho Los helechos se reconocen fácilmente por sus hojas frágiles llamadas frondas. Antes de que la fronda se extienda, se le denomina espiral.

Plantas vasculares sin semillas Aunque las traqueofitas incluyen a todas las plantas que producen semillas, también encontramos tejido vascular en muchos grupos de plantas que no producen semillas. Entre las actuales plantas vasculares sin semillas hay tres filos comúnmente conocidos como licopodios, equisetáceas y helechos. DOL•23

Las plantas sin semilla más numerosas son los helechos. En la actualidad hay más de 11,000 especies. Los helechos, como el de la **ilustración 22–13,** tienen tejidos vasculares verdaderos, fuertes raíces, tallos rastreros o subterráneos denominados rizomas, y grandes hojas que reciben el nombre de frondas. Los helechos prosperan en áreas que reciben poca luz. Son más abundantes en hábitats húmedos o al menos estacionalmente húmedos.

Ciclo de vida Las grandes plantas conocidas como helechos son, en realidad, esporofitos diploides. El ciclo de vida del helecho se muestra en la **ilustración 22–14.** Los helechos y otras plantas vasculares tienen un ciclo de vida en el que el esporofito diploide es la etapa dominante.

Durante el ciclo de vida de los helechos, las esporas se desarrollan como delgados gametofitos haploides con forma de corazón. Aunque diminuto, el gametofito crece independientemente del esporofito. Igual que en las briofitas, las células espermáticas y los óvulos se producen en los gametofitos situados en los anteridios y arquegonios, respectivamente.

La fecundación requiere, por lo menos, de una delgada capa de agua, para que el espermatozoide pueda nadar hasta los óvulos. El cigoto diploide que se produce durante la fecundación empieza a desarrollarse inmediatamente para dar origen a un nuevo esporofito. Conforme madura el esporofito, las esporas haploides comienzan a aparecer en la cara interior de las frondas, en los esporangios, y así se repite el ciclo de vida.

Analizar datos

Control de los helechos

Dennstaedtia punctilobula es un helecho que crece en el suelo boscoso y a menudo roba espacio a los retoños de los árboles, entorpeciendo también los esfuerzos de recuperación de los árboles luego de la tala o de otros trabajos forestales. A fin de entender mejor a los helechos, los científicos han medido la cantidad de esporas viables por centímetro cuadrado de suelo en distintos lugares dentro de una parcela de plantas de helecho. Contaron las esporas del suelo en julio, cuando los helechos empezaban a crecer; y otra vez en noviembre, cuando los helechos soltaron sus esporas.

1. Hacer gráficas Introduce los datos de la tabla en una gráfica lineal comparando la cantidad de esporas por centímetro cuadrado con la distancia respecto a la parcela. Usa distintos colores para los puntos a fin de representar los datos de dispersión antes y después.

Número de esporas en el suelo

Distancia de la parcela (metros)	Antes de dispersarse (jul)	Después de dispersarse (nov)
0	14	54
2	16	18
4	5	9
10	10	17
50	2	7

2. Calcular ¿Qué porcentaje de esporas se hallaron, antes de la dispersión, a una distancia de 4 metros de las plantas progenitoras? MATEMÁTICAS

3. Interpretar gráficas ¿Consideras que la cantidad de esporas fue mayor antes o después de la dispersión? Explica.

4. Sacar conclusiones ¿Crees que si cortaran los grupos de helechos más próximos ayudarían a evitar que invadieran parcelas de bosque que acaban de ser taladas? Explica tu razonamiento con base en los datos.

ILUSTRACIÓN 22–14 Ciclo de vida del helecho Durante el ciclo de vida del helecho, la etapa dominante y más reconocible es el esporofito diploide. **Interpretar material visual** ***¿Las esporas son haploides o diploides?***

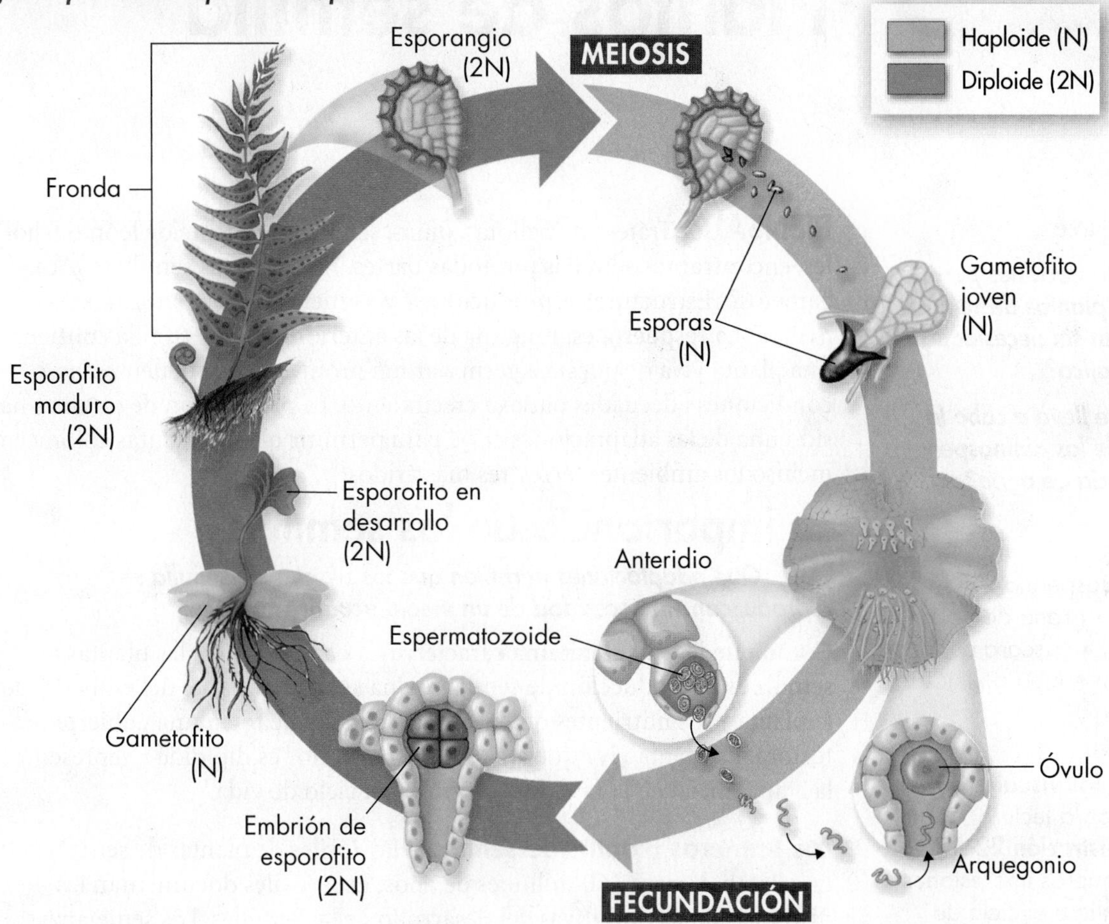

22.2 Evaluación

Repaso de conceptos clave

1. a. Repasar ¿En qué tipo de ambiente se encuentran las algas verdes?

b. Comparar y contrastar ¿Cuáles son las semejanzas y las diferencias entre las algas verdes y las demás plantas?

2. a. Repasar ¿Por qué son pequeñas las briofitas?

b. Aplica los conceptos ¿Por qué el agua es esencial para el ciclo de vida de una briofita?

3. a. Repasar ¿Qué función permiten los tejidos vasculares?

b. Inferir El tamaño de las plantas aumentó de manera importante con la evolución del tejido vascular. ¿Cómo podrían relacionarse estos dos acontecimientos?

DESARROLLAR EL VOCABULARIO

4. Busca en la lección todos los términos que terminen en *-fito* (recuerda que el sufijo *-fito* significa "planta"). Luego, identifica cada prefijo que vaya unido a *-fito*. Por último, escribe la traducción de cada prefijo que hayas identificado. ¿Cuáles traducciones te ayudarán a recordar el significado de cada palabra? Explica por qué.

BIOLOGY.com Search Lesson 22.2 GO • Lesson Assessment • Self-Test

22.3 Plantas de semilla

Preguntas clave

¿Qué adaptaciones permiten que las plantas de semilla se reproduzcan sin necesidad de un medio acuático?

¿Cómo se lleva a cabo la fecundación de las gimnospermas en ausencia de agua?

Vocabulario

semilla • gimnosperma • angiosperma • grano de polen • polinización • cáscara de la semilla • óvulo • tubo polínico

Tomar notas

Examinar ayudas visuales
Antes de iniciar la lectura, da un vistazo a la **ilustración 22–17** y escribe tus primeras impresiones sobre cómo difiere el ciclo de vida del pino con respecto del ciclo de vida de los helechos.

DESARROLLAR el vocabulario

ORIGEN DE LAS PALABRAS El prefijo *gimno-* procede de la palabra griega *gymnos*, que significa "desnudo". El prefijo *angio-* deriva del vocablo griego *angeion* que significa "vaso, vehículo". El sufijo *–sperma* significa "semilla".

PIÉNSALO Trátese de bellotas, piñas, semillas de diente de león o frijoles, encontramos semillas por todas partes. ¿Qué son las semillas? ¿Acaso gametos? ¿Estructuras reproductoras? ¿Contienen espermatozoides u óvulos? La respuesta es: ninguna de las anteriores. Cada semilla contiene una planta viva dispuesta a germinar tan pronto como encuentre las condiciones adecuadas para su crecimiento. La producción de semillas ha sido una de las adaptaciones clave para permitir que las plantas colonicen incluso los ambientes terrestres más áridos.

La importancia de las semillas

¿Qué adaptaciones permiten que las plantas de semilla se reproduzcan sin necesidad de un medio acuático?

Como puedes imaginar, una característica común a toda las plantas de semilla es la producción de semillas. Una **semilla** consiste del embrión de la planta y los nutrientes que necesita, todo envuelto en una cubierta protectora. La planta viva que alberga en su interior es diploide y representa la etapa inicial en la fase de esporofito del ciclo de vida.

Las primeras plantas de semilla Hay fósiles de plantas de semillas que datan de hace 360 millones de años. Esos fósiles documentan las distintas etapas evolutivas del desarrollo de las semillas. Las semejanzas de sus secuencias de ADN con las planas modernas son prueba de que las plantas de semilla actuales descienden de antepasados comunes.

El registro fósil indica que los antepasados de las plantas de semilla desarrollaron nuevas adaptaciones que les permitieron sobrevivir en muchos ambientes de tierra firme. A diferencia de los musgos y helechos, las plantas de semilla no necesitan una superficie de agua para fecundar sus gametos. **Las adaptaciones que permiten que las plantas de semilla se reproduzcan sin necesidad de un medio acuático incluyen un proceso reproductivo que se lleva a cabo en las piñas o las flores, la transferencia de espermatozoides por polinización y la protección del embrión en las semillas.**

Piñas y flores Los gametofitos masculinos y femeninos de las plantas de semilla crecen y maduran directamente dentro del esporofito. Los gametofitos suelen desarrollarse en estructuras reproductoras denominadas piñas y flores. De hecho, las plantas de semilla se subdividen en dos grupos según las estructuras reproductoras que tengan. Casi todas las **gimnospermas** producen sus semillas directamente en las escamas de las piñas. Las plantas que florecen o **angiospermas** producen semillas en las flores, en un tejido que las protege. **La ilustración 22–15** compara las estructuras reproductoras de gimnospermas y angiospermas.

REPRODUCCIÓN DE LAS PLANTAS DE SEMILLA

RESUMEN VISUAL

ILUSTRACIÓN 22–15 Los dos principales grupos de plantas de semilla pueden diferenciarse por sus estructuras reproductoras. Interpretar material visual ***¿Cómo difiere la ubicación de las semillas en desarrollo de los dos grupos?***

GIMNOSPERMAS

Piñas
Las piñas masculinas producen gametofitos masculinos (granos de polen).

Las piñas femeninas produce gametofitos femeninos.

Polen
El viento transporta el polen a las semillas de las piñas.

Semillas
Las piñas femeninas producen semillas en las superficies internas de las escamas.

ANGIOSPERMAS

Flores
Casi todas las flores producen tanto gametófitos masculinos (granos de polen) como gametotifos femeninos en la misma flor. Algunas especies tienen flores masculinas y femeninas diferentes.

Ovario

Polen
El viento distribuye el polen de algunas especies. Pero en muchas otras, los animales llevan el polen directamente a las flores.

Semillas
El ovario se desarrolla y se convierte en un fruto que protege las semillas.

Polen Todo el gametofito masculino de las plantas de semilla se encuentra dentro de una estructura minúscula llamada **grano de polen.** Los espermatozoides que produce este gametofito no nadan en el agua para fecundar los óvulos. Por el contrario, los granos de polen llegan a la estructura reproductora femenina arrastrados por el viento o en el cuerpo de diversos animales, como los insectos. La transferencia de polen de la estructura reproductora masculina a la femenina se conoce como **polinización.**

Semillas Luego de la fecundación, el cigoto que se encuentra dentro de la semilla se desarrolla convirtiéndose en una planta diminuta, el esporofito embrionario. El embrión puede permanecer en este estado durante semanas, meses o incluso años. Una resistente **cáscara de semilla** envuelve y protege al embrión, e impide que se seque el contenido de la semilla. Las plantas pueden sobrevivir largos períodos de intenso frío, calor extremo o sequía. El embrión empieza a crecer cuando las condiciones vuelven a ser apropiadas; lo hace consumiendo los nutrientes almacenados hasta que puede llevar a cabo la fotosíntesis por sí solo.

En tu cuaderno *Haz un diagrama de Venn para anotar las características comunes y distintivas de gimnospermas y angiospermas.*

DEL MISTERIO

Las muestras obtenidas del aparato digestivo del Hombre de Hielo contenían polen de una especie de planta que crece en distintas altitudes. ¿Cómo puede usarse esta evidencia para reconstruir los movimientos del Hombre de Hielo durante su último día de vida?

El ciclo de vida de una gimnosperma

¿Cómo se lleva a cabo la fecundación de las gimnospermas en ausencia de agua?

La palabra *gimnosperma* significa "semilla desnuda". El nombre pone de relieve el hecho de que las gimnospermas producen semillas que quedan expuestas en las escamas de las piñas. Las gimnospermas modernas incluyen plantas relativamente raras como las cicadas y los gingkos, así como plantas mucho más abundantes conocidas como coníferas, que incluyen a los pinos y abetos. DOL•24–DOL•25

ILUSTRACIÓN 22–16 Piña polínica Esta piña polínica de un pino está soltando su polen, el cual viajará en el viento hasta las piñas seminales.

Piñas polínicas y piñas seminales La reproducción de las coníferas ocurre en las piñas, las cuales son producidas por el esporofito maduro. Las coníferas forman dos tipos de piñas: las piñas polínicas y las piñas seminales. Las piñas polínicas, también llamadas piñas masculinas, producen granos de polen. No obstante su minúsculo tamaño, el grano de polen representa toda la etapa de gametofito masculino del ciclo de vida de una gimnosperma. Uno de los núcleos haploides del grano de polen se dividirá después para producir dos núcleos espermáticos.

Las piñas más conocidas son las femeninas y producen los gametofitos femeninos. Las piñas seminales suelen ser mucho más grandes que las piñas polínicas. Cerca de la base de cada escama de las piñas seminales se encuentran dos **óvulos,** las estructuras donde se desarrollan los gametofitos femeninos. Durante la meiosis, dentro de los óvulos se producen células haploides que crecen y se dividen produciendo los gametofitos femeninos. Estos gametofitos pueden contener cientos o miles de células. Cuando madura, cada gametofito contiene óvulos grandes que ya están listos para que los núcleos de los espermatozoides los fecunden.

Polinización y fecundación El ciclo de vida de las coníferas suele durar dos años. La **ilustración 22–17** muestra el ciclo de vida de un pino. El ciclo suele comenzar en la primavera, cuando las piñas masculinas sueltan gran cantidad de granos de polen que vuelan con el viento. Algunos granos llegan a las piñas femeninas. Una vez allí, los granos de polen se pegan a una secreción viscosa de las escamas de la piña femenina y son arrastrados al interior, hasta el óvulo. **En las gimnospermas, la transferencia directa del polen a la piña femenina permite que ocurra la fecundación sin necesidad de un medio acuático.**

Desarrollo dentro de las semillas Si el grano de polen cae cerca de un óvulo, el grano se abre y empieza a desarrollar una estructura llamada **tubo polínico,** la cual contiene dos núcleos espermáticos haploides. Cuando el tubo polínico llega al gametofito femenino recién desarrollado, un núcleo espermático se desintegra y el otro fecunda al óvulo que se encuentra dentro del gametofito femenino. La fecundación da origen a un cigoto diploide, el cual se transforma en embrión, el nuevo esporofito. A continuación, el embrión queda envuelto formando una semilla. La semilla ya está lista para que el viento la disperse y dé origen a una nueva planta.

PISTA DEL MISTERIO

Junto al Hombre de Hielo se encontró un arco a medio terminar hecho con madera de conífera. El cuerpo no tenía oras armas para cacería o defensa personal. ¿Cómo crees que haya muerto?

En tu cuaderno *Haz un diagrama de flujo para anotar los pasos que conducen a la fecundación de una gimnosperma.*

ILUSTRACIÓN 22–17 El ciclo de vida del pino Durante el ciclo de vida del pino y otras gimnospermas, los árboles esporofitos maduros producen piñas masculinas y femeninas que contienen los gametofitos. **Secuencia** ***¿Por qué la etapa de esporofito se inicia inmediatamente después de la fecundación?***

Haploide (N)
Diploide (2N)
Piña seminal
Escama de la piña
Célula diploide
Óvulo
Óvulos
MEIOSIS
Cuatro células haploides
Piña polínica
Granos de polen (N) (gametofitos masculinos)
Gametofito femenino (N)
Óvulos
Núcleo espermático descargado
Tubo polínico
FECUNDACIÓN
Esporofito maduro
Plántula
Semilla germinada
Semilla
Tejido del gametofito (N)
Embrión (2N)
Cigoto (2N) (nuevo esporofito)

22.3 Evaluación

Repaso de conceptos clave

1. a. Repasar Enumera tres adaptaciones de las plantas de semilla que les han permitido reproducirse sin necesidad de un medio acuático.

b. Aplica los conceptos La polinización es un proceso que sólo ocurre en las plantas de semilla. ¿Qué proceso de las plantas sin semilla es análogo a la polinización?

2. a. Repasar Describe la fecundación en una gimnosperma.

b. Clasificar Haz una tabla con dos columnas, rotuladas como "haploide" y "diploide", y anota en la columna correcta cada una de las siguientes estructuras del ciclo de vida del pino: tubo polínico, piña seminal, embrión, óvulo, plántula.

ESCRIBIR SOBRE LAS CIENCIAS

Escritura creativa

3. Diseña y escribe un anuncio promocionando semillas. Tu público objetivo, es decir los clientes, son plantas sin semillas. Incluye información sobre cómo las semillas harían más fácil sus vidas.

BIOLOGY.com Search Lesson 22.3  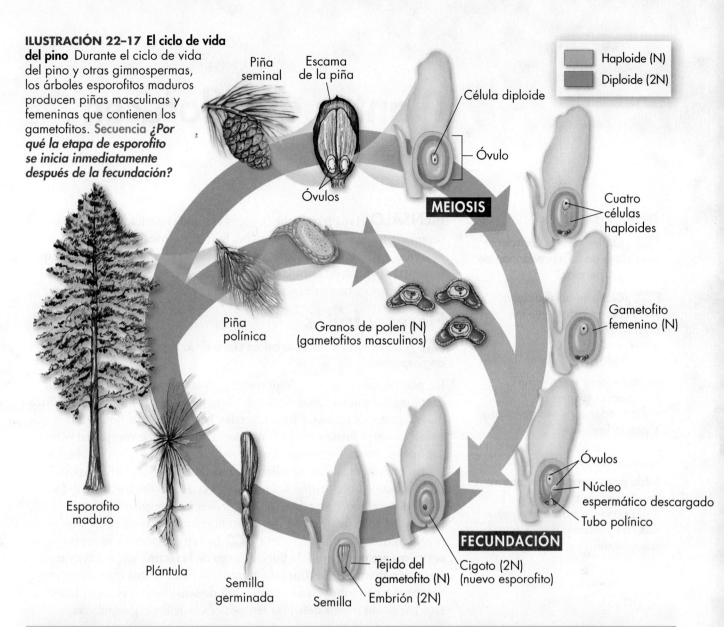 GO • Lesson Assessment • Self-Test • Art in Motion

22.4 Plantas que florecen

Preguntas clave

¿Cuáles son las características clave de la reproducción de las angiospermas?

¿Cómo se han categorizado convenientemente las angiospermas?

Vocabulario

ovario • fruto • cotiledón • monocotiledónea • dicotiledónea • planta leñosa • planta herbácea

Tomar notas

Tabla para comparar y contrastar A medida que leas usa una tabla para contrastar tres métodos comúnmente usados para categorizar a las angiospermas.

PIÉNSALO Hay plantas que florecen por todas partes. Dominan la superficie terrestre y son, con mucho, los organismos más abundantes del reino vegetal. Y sin embargo, su evolución es mucho más reciente que la de otras plantas de semilla. ¿Qué características permitieron que estas plantas se apoderasen de la Tierra? ¿Cuáles son los secretos de su éxito?

Flores y frutos

¿Cuáles son las características clave de la reproducción de las angiospermas?

Las plantas que florecen o angiospermas aparecieron durante el Período Cretáceo, hace unos 135 millones de años, de modo que son los miembros más recientes de todos los filos vegetales. Las plantas que florecen se originaron en tierra firme y muy pronto dominaron la vida vegetal del planeta. Las angiospermas componen la gran mayoría de las especies de plantas.

Las angiospermas desarrollan órganos reproductores muy especiales que llamamos flores, como la que puedes ven en la **ilustración 22–18.** Las flores contienen **ovarios,** que envuelven y protegen a las semillas. La presencia del ovario es lo que da su nombre a estas especies: *angiosperma* significa "semilla envuelta". **Las angiospermas se reproducen sexualmente por medio de flores. Luego de la fecundación, los ovarios que están dentro de las flores se transforman en frutos que envuelven, protegen y contribuyen a la dispersión de semillas.** En el capítulo 24 estudiarás con mayor detalle la reproducción de las angiospermas.

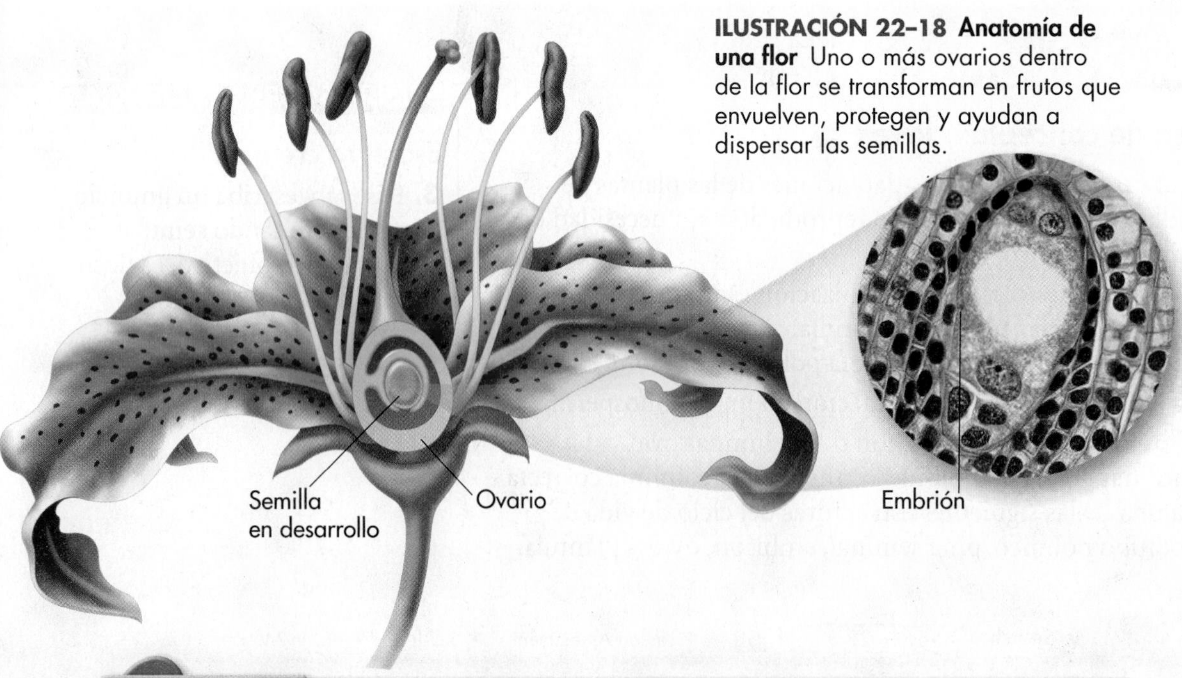

ILUSTRACIÓN 22–18 Anatomía de una flor Uno o más ovarios dentro de la flor se transforman en frutos que envuelven, protegen y ayudan a dispersar las semillas.

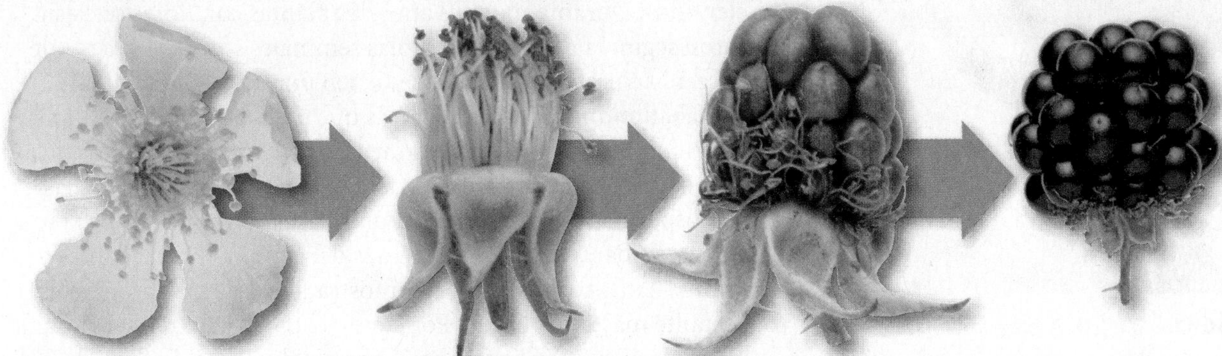

Ventajas de las flores En general, las flores son una ventaja evolutiva para las plantas porque atraen animales como abejas, mariposas o colibríes. Esos animales (atraídos por el color, el aroma o incluso la forma de una flor) transportan polen al marcharse. Como estos animales van directamente de flor en flor, pueden depositar el polen en la siguiente flor que visiten. Este medio de polinización es mucho más eficaz que la polinización del viento que ocurre en la mayoría de las gimnospermas.

ILUSTRACIÓN 22–19
De flor a fruto Después de la polinización y la fecundación, los numerosos ovarios de la flor de zarzamora se transforman en un racimo de muchos frutos.

Ventajas del fruto Luego de la polinización, el ovario evoluciona hasta convertirse en fruto. La **ilustración 22–19** muestra el desarrollo de una zarzamora, de flor a fruto. El **fruto** de la angiosperma es una estructura que contiene uno o más ovarios maduros. La pared de la fruta ayuda a dispersar las semillas de su interior, alejándolas de la planta madre.

Veamos qué sucede cuando un animal come un fruto carnoso, como una baya. Las semillas del fruto entran en el aparato digestivo del animal. Cuando esas semillas salen finalmente del aparato digestivo, listas para germinar, el animal muchas veces ha recorrido varios kilómetros. Gracias al fruto, las plantas que florecen aumentan el territorio que habitan, diseminando sus semillas en cientos de kilómetros cuadrados. El fruto, característica exclusiva de las angiospermas, es otra razón del éxito de estas plantas.

En tu cuaderno *Resume la función de flores y frutos en la reproducción de las angiospermas.*

Actividad rápida de laboratorio

INVESTIGACIÓN DIRIGIDA

¿Qué formas pueden tener los frutos?

❶ Usa una lupa de mano para observar diversos frutos. Anota o dibuja tus observaciones.

❷ Coloca cada fruto en una caja de Petri y usa un bisturí para disecarlo. **PRECAUCIÓN:** *Ten cuidado al manipular instrumentos cortantes.*

❸ Localiza las semillas dentro de cada fruto.

Analizar y concluir

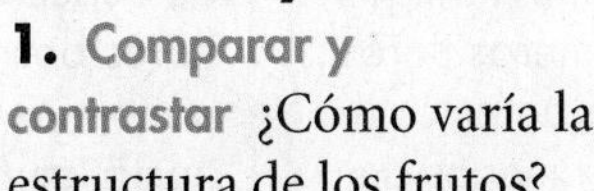

1. Comparar y contrastar ¿Cómo varía la estructura de los frutos?

2. Inferir Por cada fruto, infiere cómo influye su estructura en su función; cómo podría contribuir a la dispersión de semillas. Explica.

ILUSTRACIÓN 22–20 *Archaefructus*

Clasificación de las angiospermas La gran variedad de angiospermas ha dificultado particularmente su clasificación científica. Durante muchos años, las plantas con flores se clasificaron según la cantidad de "hojas seminales" o **cotiledones** que poseen sus embriones. Las que tienen una sola hoja seminal se llamaban **monocotiledóneas.** Las que tienen dos hojas seminales se denominaban **dicotiledóneas.** En alguna época, estos dos grupos se consideraban clases del filo angiosperma, y todas las angiospermas se distribuían en una clase u otra.

Sin embargo, estudios recientes del genoma de las plantas y nuevos hallazgos fósiles han demostrado que la clasificación es bastante más complicada. Por ejemplo, en 2002 se descubrió una planta fósil extraordinaria en el noreste de China. El fósil, llamado *Archaefructus* (significa "fruto antiguo"), es la planta más antigua que tiene órganos reproductores parecidos a los de las flores modernas. Es incluso más antiguo que las actuales monocotiledóneas y dicotiledóneas, de modo que no puede catalogarse en ninguna de esas clases.

Otras evidencias recientes sugieren que *Amborella*, planta que sólo se encuentra en la isla de Nueva Caledonia, en el Pacífico, pertenece a otro linaje vegetal muy antiguo. La información obtenida con el descubrimiento de *Amborella* condujo a los científicos a situar otras plantas, como los lirios acuáticos, muy cerca de la base de la evolución de las angiospermas.

La **ilustración 22–21** resume una versión moderna de la clasificación de las angiospermas. Ahora, sitúa a las monocotiledóneas en un mismo grupo, pero coloca a las dicotiledóneas en una infinidad de categorías específicas y diferentes. Esto significa que ya no podemos usar el término *dicotiledónea* para clasificar estas plantas. Pero podemos usarlo para describir muchas características estructurales de las plantas, como lo usamos en este libro.

pp. 1060–1063

DESARROLLAR el vocabulario

PREFIJOS El prefijo *mono-* significa "uno", en tanto que el prefijo *di-* significa "dos". Un embrión de **monocotiledónea** tiene un solo cotiledón, mientras que el embrión de una **dicotiledónea** tiene dos cotiledones.

ILUSTRACIÓN 22–21 Clados de angiospermas Estas imágenes representan los cinco principales clados de las angiospermas. Los científicos siguen tratando de encontrar las relaciones entre estos grupos.

Clado *Amborella*
Sólo existe una especie de ésta rama, la más antigua de las angiospermas. Sus partes florales tienen un segmento espiral.

Clado lirio acuático
Los lirios acuáticos componen otro grupo muy antiguo. Las primeras flores de lirio acuático medían menos de 1 cm de diámetro, lo que contrasta mucho con las grandes y lucidoras flores modernas.

Clado *Magnoliidae*
Este clado incluye una gran variedad de especies, desde flores bastante pequeñas y simples hasta las Magnolia que ves aquí, que alcanza el tamaño de un plato.

Monocotiledóneas
Este clado abarca casi 20 por ciento de las angiospermas. Las monocotiledóneas incluyen varias especies de cultivo importantes, como arroz, maíz y trigo, además de orquídeas, lirios e írises.

Eudicotiledóneas
Casi 75 por ciento de las angiospermas son eudicotiledóneas. Este clado es casi tan antiguo como las propias angiospermas. A lo largo de su historia, las eudicotiledóneas se han diversificado enormemente en varias ocasiones.

Diversidad de las angiospermas

¿Cómo se han categorizado convenientemente las angiospermas?

Aunque la clasificación científica es útil para reflejar las relaciones evolutivas entre las distintas plantas que florecen, quienes trabajan con ellas (agricultores, jardineros y silvicultores) tienden a categorizar las angiospermas usando métodos más convenientes. **Las angiospermas suelen agruparse según la cantidad de sus hojas seminales, la fortaleza y composición de sus tallos, y la cantidad de temporadas de crecimiento que viven.** Estas categorías pueden superponerse: un iris es una planta no leñosa, con una sola hoja seminal y de larga vida.

Monocotiledóneas y dicotiledóneas Como puedes ver en la **ilustración 22–22**, las angiospermas reciben el nombre de monocotiledóneas o dicotiledóneas según la cantidad de hojas seminales o cotiledones que producen. Aunque ya no se usan estos términos para su clasificación científica, siguen siendo útiles. Las monocotiledóneas y las dicotiledóneas difieren en características como la distribución del tejido vascular de sus tallos, raíces, y hojas, y en la cantidad de pétalos de cada flor. Las monocotiledóneas incluyen plantas como maíz, trigo, lirios, orquídeas y palmas. Las hierbas monocotiledóneas (sobre todo trigo, maíz y arroz) tienen la importante distinción de haber sido las primeras plantas cultivadas en cantidades masivas para producir alimento. Las dicotiledóneas incluyen rosas, tréboles, tomates, robles y margaritas.

PISTA DEL MISTERIO

En el aparato digestivo del Hombre de Hielo hallaron fragmentos de trigo cultivado. ¿Qué hicieron los científicos para confirmar que era una monocotiledónea? ¿Cómo crees que supieron que se trataba de una variedad cultivada, en vez de silvestre?

Características de monocotiledóneas y dicotiledóneas

	Semillas	Hojas	Flores	Tallos	Raíces
Monocotiledóneas	Un cotiledón	Venas paralelas	Las partes florales suelen ser múltiplos de 3	Haces vasculares dispersos por todo el tallo	Raíces fibrosas
Dicotiledóneas	Dos cotiledones	Venas ramificadas	Las partes florales suelen ser múltiplos de 4 ó 5	Haces vasculares organizados en un anillo	Raíz principal única

ILUSTRACIÓN 22–22 Comparación de monocotiledóneas y dicotiledóneas Esta tabla compara las características de monocotiledóneas y dicotiledóneas. **Interpretar tablas** ***¿Cómo suelen diferir las flores de monocotiledóneas y dicotiledóneas?***

Plantas leñosas y herbáceas Las plantas que florecen también pueden dividirse en grupos basados en las características de sus tallos. Una de las características más notables e importantes del tallo es que sea leñoso o no. Las **plantas leñosas** están compuestas esencialmente de células con gruesas paredes celulares que sostienen el cuerpo de la planta. Las plantas leñosas incluyen árboles, arbustos y enredaderas. Los arbustos suelen ser más pequeños que los árboles y las enredaderas tienen tallos largos y flexibles.

Los tallos lisos y no leñosos son típicos de las **plantas herbáceas.** Las plantas herbáceas no producen madera durante su crecimiento, como el diente de león, las zinias, las petunias y los girasoles.

Comparación de plantas por su duración

Categoría	Duración				Características	Ejemplos
	Año 1	Año 2	Año 3	Año 4		
Anuales					• Crecen de semilla hasta alcanzar su madurez, florecen, producen semillas y mueren en una sola temporada de crecimiento	Caléndulas, petunias, pensamientos, zinias, tomates, trigo, pepinos
Bienales					• Año 1: Germinan y desarrollan tallos muy cortos, y a veces hojas • Año 2: Desarrollan nuevos tallos y hojas, florecen, producen semillas y luego mueren	Perejil, apio, malvas, dedaleras
Perennes					• La mayoría tiene tallos leñosos. • Algunas, con tallos herbáceos mueren en invierno y se reemplazan en primavera.	Peonías, muchas hierbas, palmeras, arces, madreselvas, espárragos

ILUSTRACIÓN 22–23 Comparación de plantas por su duración Las categorías basadas en la duración de la vida de una planta incluyen anuales, bienales y perennes. **Interpretar tablas** ***¿Cuál planta que florecen termina su ciclo vital en un año?***

Anuales, bienales y perennes Si alguna vez has cultivado un jardín, sabrás que muchas plantas que florecen crecen, producen flores y mueren el mismo año. Otros tipos de plantas siguen creciendo año con año. La duración de la vida de las plantas depende de una combinación de factores genéticos y ambientales. Muchas plantas de larga vida siguen creciendo a pesar de las fluctuaciones ambientales anuales. Sin embargo, las condiciones ambientales extremosas pueden acortar la vida de otras plantas. La **ilustración 22–23** resume las características de las tres categorías de plantas según su duración: anuales, bienales y perennes.

22.4 Evaluación

Repaso de conceptos clave

1. a. Repasar ¿Cuáles estructuras reproductoras son exclusivas de las angiospermas? Describe brevemente la función de cada una.

b. Proponer una hipótesis ¿Qué es más probable que dispersen los animales: las semillas de una angiosperma o las semillas de una gimnosperma? Explica tu razonamiento.

2. a. Repasar ¿Cuáles son los tres métodos comunes para categorizar a las angiospermas?

b. Explicar ¿Cómo difieren esos métodos con respecto de los métodos de clasificación científica?

c. Formar una opinión ¿Consideras útil o erróneo categorizar a las angiospermas de maneras que no reflejen sus relaciones evolutivas? Defiende tu opinión.

RAZONAMIENTO VISUAL

3. Prepara una exhibición para comparar dos plantas específicas: una monocotiledónea y una dicotiledónea. Tu exhibición debe incluir fotografías o dibujos de las plantas, y un breve resumen escrito de las diferencias básicas entre ambos tipos de angiospermas.

BIOLOGY.com Search Lesson 22.4  GO • Lesson Assessment • Self-Test

Profesiones en BIOLOGÍA

Además de proporcionar oxígeno, las plantas son fuente de alimento, fibra y belleza. Si te gusta trabajar con las plantas, tal vez debas tomar en cuenta alguna de las siguientes carreras.

AGRICULTOR

Los agricultores cultivan y cosechan comida. Casi 20 por ciento de toda la superficie terrestre de Estados Unidos se utiliza para desarrollar cultivos como maíz, soja, trigo y cebada. Los agricultores deben preparar sus tierras para sembrar y toman decisiones sobre el uso de fertilizantes, la rotación de cultivos y la resistencia a las plagas.

PATÓLOGO BOTÁNICO

Igual que los animales, las plantas necesitan doctores. Los patólogos botánicos son especialistas en salud vegetal. Las enfermedades de las plantas pueden tener tremendas consecuencias económicas. Por ejemplo, entre 1990 y 2000, una enfermedad micótica (causada por hongos) destruyó 2.6 mil millones de dólares de la cosecha de trigo de Estados Unidos. Apoyados en la microbiología, la ciencia del suelo, la biología celular, la genética y la bioquímica, los patólogos botánicos diagnostican y tratan enfermedades de las plantas.

ILUSTRADOR BOTÁNICO

Los ilustradores botánicos proporcionan medios visuales para que las personas entiendan y aprecien mejor la biología. Gracias a su trabajo en museos, al aire libre, en un jardín botánico o en sus propias casas, crean imágenes de plantas y organismos que dependen de ellas. Sus ilustraciones se usan como guías, libros de texto o exhibiciones museográficas.

ENFOQUE PROFESIONAL:

Marya C. Roddis, Ilustradora botánica y educadora

Marya Roddis usa su talento como ilustradora botánica para generar entusiasmo por el mundo natural. Nieta de un etnobotánico (un profesional que estudia la forma como las personas usan las plantas), la señorita Roddis ha enseñado a muchos a apreciar el valor y la importancia de todos los seres vivos. A través de talleres y actividades extracurriculares con niños de su localidad, la señorita Roddis fomenta la capacidad para observar su medio ambiente y comunicar lo que encuentran. Con estos esfuerzos educativos y sus ilustraciones, el objetivo de la señorita Roddis es usar el arte como herramienta para que los estudiantes no tengan que estudiar en ambientes tradicionales.

"La ilustración es parte natural del estudio de la biología. El minucioso trabajo para crear los dibujos puede conducir al éxito en todas las áreas de la labor científica"

ESCRITURA Elige un tema de biología estudiado hasta aquí (como ecología, células o evolución) y explica cómo las ilustraciones te ayudaron a comprender el material.

Laboratorio del mundo real

INVESTIGACIÓN ABIERTA

Preparación para el laboratorio: Explorar la diversidad de las plantas

Problema ¿Cuántos tipos distintos de plantas hay en un ecosistema pequeño?

Materiales cuaderno, guantes protectores, cinta métrica, pinzas, tijeras, bolsas de plástico pequeñas, etiquetas, lupa de mano, guías de campo para plantas, cámara (opcional)

Manual de laboratorio Laboratorio del Capítulo 22

Enfoque en las destrezas Observar, medir, clasificar, inferir

Conectar con la gran idea En la Tierra hay más de 290,000 especies conocidas de planta, desde minúsculas algas verdes hasta helechos de enormes hojas e imponentes secoyas. ¿Qué tienen en común estas especies? Todas necesitan luz, dióxido de carbono, oxígeno, agua y minerales para sobrevivir. Sin embargo, las especies de plantas varían en cuanto a la forma como obtienen y conservan recursos.

Las plantas poseen adaptaciones que les permiten tener éxito en distintos hábitats. Por ello, no encontrarás las 290,000 especies de plantas en tu comunidad. Sin embargo, seguramente encontrarás una gran variedad de plantas. En este laboratorio investigarás un pequeño ecosistema e identificarás todas las especies de plantas posibles.

Preguntas preliminares

a. **Repasar** ¿Qué características usan los botánicos para dividir al reino vegetal en cinco grupos principales?

b. **Comparar y contrastar** Compara los factores abióticos y bióticos de un ecosistema.

c. **Aplica los conceptos** Supón que un ecosistema incluye un arroyo o estanque. ¿Incluirías esa parte del ecosistema en tu estudio de las plantas? Explica tu respuesta.

Preguntas previas al laboratorio

Repasa el procedimiento en el manual de laboratorio.

1. **Diseña un experimento** ¿Cuáles son algunas de las formas como puedes asegurarte de estudiar todas las plantas de tu ecosistema?
2. **Clasificar** ¿Qué deberías hacer si no estás seguro de que un organismo sea una planta?
3. **Inferir** ¿Por qué querrías usar una guía de campo regional en vez de una guía de campo nacional para identificar tus plantas?

BIOLOGY.com Search Chapter 22 GO

Visita el Capítulo 22 en línea para hacer una autoevaluación del capítulo y para buscar actividades que apoyan tu aprendizaje.

Untamed Science Video Los biólogos de *Untamed Science* entrevistan a expertos en botánica para conocer más de las sustancias químicas curativas que se fabrican a partir de las plantas.

Data Analysis Investiga al helecho común para determinar si existe una relación entre él y el cáncer de estómago.

Tutor Tube ¿Esta planta es hembra? Compara animales y plantas para entender la reproducción de las plantas.

Art Review Averigua si puedes distinguir entre monocotiledóneas y dicotiledóneas.

InterActive Art Repasa y compara los ciclos vitales de plantas vasculares y no vasculares.

Art in Motion Sigue el proceso de polinización y fecundación de un pino para ver cómo se forma el embrión de una planta.

22 Guía de estudio

La gran idea Unidad y diversidad de la vida

Los cinco principales grupos de plantas son algas verdes, briofitas, plantas vasculares sin semilla, gimnospermas y angiospermas. Con el tiempo, las plantas han adquirido adaptaciones que han permitido su éxito en tierra firme.

22.1 ¿Qué es una planta?

La vida de las plantas gira en torno a las necesidades de luz solar, intercambio de gases, agua y minerales.

Con el tiempo, las demandas de la vida en tierra firme favorecieron la evolución de plantas más resistentes a los rayos de sol que las secaban, con mayor capacidad para conservar agua y mejor adaptadas para reproducirse sin agua.

El ciclo de vida de las plantas terrestres tiene dos fases alternas, una fase diploide (2N) y una fase haploide (N). El cambio de haploide a diploide es lo que se conoce como alternancia de generaciones.

alternancia de generaciones (637)
esporofito (637)
gametofito (637)

22.2 Plantas sin semilla

Las algas verdes son principalmente acuáticas. Se encuentran en aguas saladas y dulces, y en algunas partes húmedas de tierra firme.

Las briofitas son pequeñas porque carecen de tejido vascular.

Los tejidos vasculares (el xilema y el floema) permiten que las plantas vasculares desplacen líquidos a través de sus cuerpos venciendo la fuerza de gravedad.

briofita (641)
tejido vascular (641)
arquegonio (642)
anteridio (642)
esporangio (642)
traqueófita (643)
traqueido (643)
xilema (643)
floema (643)

22.3 Plantas de semilla

Las adaptaciones que permiten que las plantas de semilla se reproduzcan sin necesidad de un medio acuático incluyen un proceso reproductivo que se lleva a cabo en las piñas o las flores, la transferencia de espermatozoides por polinización y la protección del embrión en las semillas.

En las gimnospermas, la transferencia directa del polen a la piña femenina permite que ocurra la fecundación sin necesidad de un medio acuático.

semilla (646)
gimnosperma (646)
angiosperma (646)
grano de polen (647)
polinización (647)
cáscara de la semilla (647)
óvulo (648)
tubo polínico (648)

22.4 Plantas que florecen

Las angiospermas se reproducen sexualmente por medio de flores. Luego de la fecundación, los ovarios que están dentro de las flores se transforman en frutos que envuelven, protegen y contribuyen a la dispersión de semillas.

Las angiospermas suelen agruparse según la cantidad de sus hojas seminales, la fortaleza y composición de sus tallos, y la cantidad de temporadas de crecimiento que viven.

ovario (650)
fruto (651)
cotiledón (652)
monocotiledónea (652)
dicotiledónea (652)
planta leñosa (653)
planta herbácea (653)

Razonamiento visual Copia y completa la siguiente tabla con información del capítulo. Responde "sí" o "no" en cada espacio en blanco.

Comparación de los principales grupos de plantas

	¿Tejido vascular?	¿Esporofito dominante?	¿Semillas?
Algas verdes	no	1. ______	2. ______
Briofitas	3. ______	no	4. ______
Plantas vasculares sin semilla	5. ______	6. ______	no
Gimnospermas	7. ______	8. ______	9. ______
Angiospermas	sí	10. ______	sí

22 Evaluación

22.1 ¿Qué es una planta?

Comprender conceptos clave

1. ¿Cuál de las siguientes NO es una característica de las plantas?
a. células eucariotas
b. paredes celulares que contienen quitina
c. estructura multicelular
d. clorofila

2. Es muy probable que las primeras plantas hayan evolucionado a partir de
a. protistas.
b. algas verdes.
c. musgos.
d. algas rojas.

3. Los dos gases que deben intercambiar las plantas son
a. oxígeno y nitrógeno.
b. dióxido de carbono y nitrógeno.
c. oxígeno y dióxido de carbono.
d. dióxido de carbono y monóxido de carbono.

4. Los recientes cambios en la clasificación del reino vegetal se basan en
a. estudios que comparan secuencias de ADN.
b. la comparación de sus estructuras físicas.
c. las diferencias y semejanzas de sus ciclos vitales.
d. el hecho de que las plantas usen o no semillas para reproducirse.

5. Escribe el término que designa el proceso que verás a continuación. Luego describe lo que significa el término.

6. Enumera las características que usan los biólogos para distinguir entre los principales grupos de plantas.

Razonamiento crítico

7. **Inferir** Como indica su nombre, el cacto barril tiene forma de barril y carece de hojas. Con base en las necesidades básicas de las plantas, explica porqué esta forma es una ventaja para una planta que sobrevive donde hay muy poca disponibilidad de agua.

8. **Sacar conclusiones** Si lo único que sabes de una planta en particular es que vive virtualmente toda su vida como un organismo multicelular haploide, ¿qué podrías concluir sobre el tipo de planta que es?

22.2 Plantas sin semilla

Comprender conceptos clave

9. En condiciones favorables, el alga verde *Chalmydomonas* se reproduce formando un
a. cigoto haploide.
b. esporofito multicelular.
c. cigoto diploide.
d. gametofito multicelular.

10. La etapa dominante de un musgo es el (la)
a. esporofito.
b. protonema.
c. arquegonio.
d. gametofito.

11. El agua asciende de las raíces a todas las partes de una planta vascular mediante
a. sus paredes celulares.
b. el floema.
c. la cutícula.
d. el xilema.

12. Las hojas de los helechos reciben el nombre de
a. soros.
b. frondas.
c. rizomas.
d. esporas.

13. Da dos ejemplos de algas verdes coloniales y describe brevemente su estructura.

14. Describe dos formas como la falta de lignina limita la altura de las briofitas.

15. En el ciclo de vida de un musgo, ¿cuáles son las condiciones ambientales necesarias para la fecundación?

16. ¿Qué es un esporangio?

17. ¿Qué son los traqueidos? ¿Cuál es su función en una planta vascular?

18. ¿Cuál fue la importancia de la capacidad de producir lignina para la evolución de las plantas?

19. Compara la estructura y función de rizomas, rizoides y raíces.

20. Describe un gametofito de helecho.

Razonamiento crítico

21. **Comparar y contrastar** Los musgos son plantas pequeñas, pero los helechos pueden alcanzar el tamaño de pequeños árboles. Explica a qué se debe esto.

22. **Aplica los conceptos** Un amigo tuyo vive en una de las regiones desérticas de Nuevo México y quiere cultivar un jardín de briofitas. ¿Cuáles son las condiciones ambientales que tu amigo tendría que proporcionar para que el jardín tenga éxito?

Comprender conceptos clave

23. Todas las siguientes son características de las gimnospermas EXCEPTO
- **a.** tejido vascular.
- **b.** semillas.
- **c.** piñas.
- **d.** flores.

24. Las estructuras reproductoras masculinas de las plantas de semilla se denominan
- **a.** espermatozoides.
- **b.** óvulos.
- **c.** granos de polen.
- **d.** esporofitos.

25. Las estructuras del pino que contienen los gametofitos se conocen como
- **a.** flores.
- **b.** esporangios.
- **c.** soros.
- **d.** piñas.

26. La estructura verde del diagrama se llama
- **a.** embrión.
- **b.** cáscara de la semilla.
- **c.** espora.
- **d.** alimento almacenado.

27. ¿Cuál es la función de la cáscara de la semilla?

28. ¿Cómo difieren las semillas de las gimnospermas de las semillas de las angiospermas?

29. ¿Qué adaptaciones reproductivas permiten que las coníferas vivan en ambientes secos?

Razonamiento crítico

30. Comparar y contrastar Describe las principales semejanzas y diferencias entre gimnospermas y angiospermas.

31. Inferir Durante la era de los dinosaurios, la gran mayoría de las plantas terrestres eran helechos y musgos. En la actualidad, la gran mayoría son plantas de semilla. Explica este cambio fundamentando tus argumentos en las necesidades básicas de las plantas.

32. Aplica los conceptos Explica la estructura y función de una piña seminífera y una piña polínica. Explica sus respectivas funciones en la reproducción.

CUENTACUENTOS DE LA EDAD DE PIEDRA

La historia del Hombre de Hielo evoluciona continuamente a la vez que analizan nuevas evidencias. Sin embargo, hasta ahora, las plantas halladas con él han revelado mucho. La abundancia de clorofila en las hojas de arce y las especies de polen de su aparato digestivo apuntan a que murió a fines de la primavera. Las capas de polen bien diferenciadas en su aparato digestivo sugieren que el Hombre de Hielo cambió su elevación notablemente en varias ocasiones, durante su último día de vida.

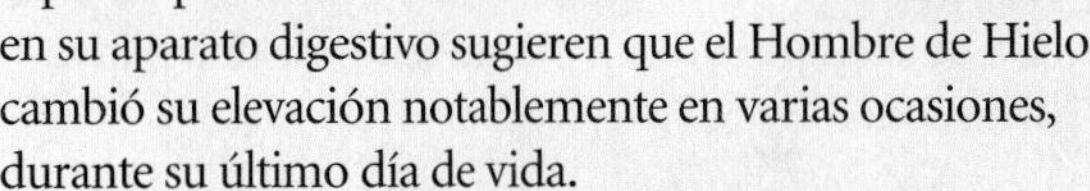

El arco a medio terminar sugiere que el viaje del Hombre de Hielo a las montañas no había sido planificado. ¿Acaso trataba de escapar de un enemigo? Es posible porque, de hecho, varios años después de encontrar el arco, una tomografía computarizada reveló que el Hombre de Hielo tenía una punta de flecha de piedra encajada bajo la escápula del hombro izquierdo, así como la gran herida cortante que la punta de flecha hizo en una arteria importante.

¿Y qué podemos concluir de su sociedad? El trigo primitivo de su aparato digestivo y otros granos intactos hallados en su ropa indican que su sociedad practicaba uno de los primeros métodos agrícolas.

1. Aplica los conceptos Un racimo de musgo fue hallado entre las pertenencias del Hombre de Hielo. Algunos científicos han adelantado la hipótesis de que el Hombre de Hielo usó el musgo del mismo modo que nosotros usamos el papel desechable o las toallas de papel en la actualidad. ¿Qué propiedades del musgo habrían permitido esta unción? ¿Por qué esta adaptación es necesaria para los musgos. *Pista:* ¿Cuál es el tejido de que carecen y que está presente en otras plantas?

2. Comunicar Escribe una carta a un amigo resumiendo la información proporcionada por las evidencias vegetales halladas con el Hombre de Hielo.

3. Conectar con la gran idea El polen y las semillas son las evidencias vegetales más confiables de un sitio arqueológico así como en las modernas escenas de un crimen, ya que son duraderas. Relaciona esta propiedad con la estructura y función de las plantas vivas.

22.4 Plantas que florecen

Comprender conceptos clave

33. En las angiospermas, la semilla madura se encuentra envuelta en una estructura llamada

a. piña. **c.** fruto.
b. flor. **d.** cotiledón.

34. Una planta que tiene un ciclo de vida de dos años es una

a. dicotiledónea.
b. monocotiledónea.
c. bienal.
d. perenne.

35. ¿Cómo contribuye el fruto a la diseminación de semillas?

36. ¿Cómo difiere el patrón de las venas de una hoja de monocotiledónea del patrón de venas de una hoja dicotiledónea? Dibuja un ejemplo de cada hoja.

37. Da un ejemplo de una planta leñosa y una planta herbácea.

38. ¿Cómo difiere la duración de una planta anual y una planta perenne?

Razonamiento crítico

39. Comparar y contrastar Describe los métodos de reproducción y desarrollo de los cinco principales grupos de plantas. Incluye información sobre el tamaño de las plantas maduras.

40. Comparar y contrastar Compara el tamaño y la función de los gametofitos de briofitas, helechos y plantas de semilla.

Relacionar conceptos

Usar gráficas científicas

41. Clasificar Estudia la fotografía de la flor. ¿Crees que la planta es monocotiledónea o dicotiledónea? Explica tu respuesta.

Escribir sobre las ciencias

42. Explicación Elige un grupo de plantas vasculares sin semilla y otro grupo de plantas de semilla. Luego escribe un párrafo contrastando la reproducción de los dos grupos.

43. Evalúa la gran idea A simple vista, un roble y una cebra tienen casi ninguna semejanza. Describe las características que tienen en común. ¿Cuáles son las características del roble que le distinguen de otros reinos de seres vivos?

Analizar datos

El dueño de una casa ha notado que el musgo está desarrollándose en su patio trasero y quiere entender las condiciones que ocasionan que el musgo crezca en el sitio donde antes había hierba. La mitad del terreno está en sombras todo el año y la otra mitad recibe luz solar directa. La tabla resume sus observaciones

Crecimiento del musgo en el sol y la sombra

	Año					
	2003	2004	2005	2006	2007	2008
Área de musgo al sol (m^2)	0	0	1	2	1	1
Área de musgo a la sombra (m^2)	0	2	5	7	6	9

44. Interpretar tablas Por la información de la tabla, es evidente que el musgo crece mejor en áreas protegidas del sol. Si uno de los años de la tabla tuvo una precipitación inferior al promedio, ¿cuál creerías que fue ese año, con base en la información proporcionada?

45. Proponer una hipótesis ¿Qué hipótesis sobre la diferencia entre las áreas sombreadas y soleadas explicaría el crecimiento de musgo observado?

Preparación para exámenes estandarizados

Selección múltiple

1. ¿Cuál de los siguientes es un requerimiento básico para las plantas?
A luz solar
B dióxido de carbono
C agua
D todas las anteriores

2. Las frondas de los helechos representan cuál etapa de la alternancia de generaciones.
A esporofito
B gametofito femenino
C gametofito masculino
D cigoto

3. ¿Cuál de las siguientes NO es una característica de las dicotiledóneas?
A venas ramificadas
B raíz principal única
C venas paralelas
D dos cotiledones

4. ¿Cuál de las siguientes es una estructura relacionada con las gimnospermas?
A flor
B piña
C fruto
D semilla encerrada

5. El ovario de la planta madura también se conoce como
A gimnosperma.
B grano de polen.
C fruto.
D cotiledón.

6. Las plantas cultivadas como alimento son eminentemente
A gimnospermas
B plantas leñosas.
C angiospermas.
D briofitas.

Preguntas 7 a 9

Un grupo de estudiantes ha puesto un retoño de conífera en un recipiente con agua. Midieron la cantidad de oxígeno despedida durante un período de tiempo específico para determinar la velocidad de la fotosíntesis. Modificaron la temperatura del agua del recipiente usando una cubeta de hielo y una placa caliente. La siguiente gráfica resume los datos obtenidos.

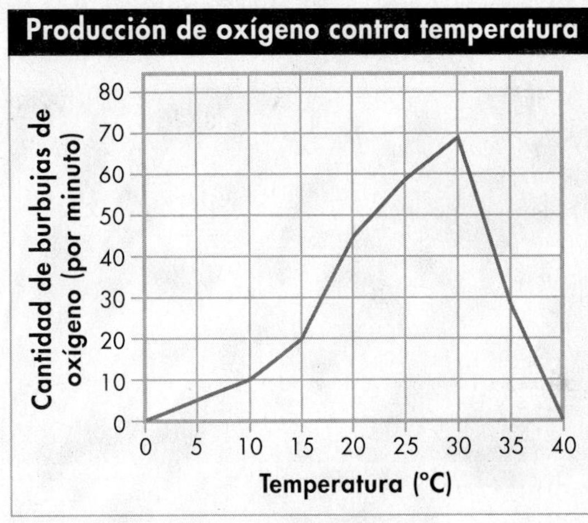

7. ¿Cuál es la variable independiente?
A intensidad de la luz
B temperatura
C burbujas de oxígeno
D velocidad de la fotosíntesis

8. ¿Cuál(es) variable(s) debieron mantener constante(s) los estudiantes?
A tipo de planta
B temperatura
C intensidad de la luz
D tipo de planta e intensidad de la luz

9. ¿Qué puedes concluir a partir de los datos?
A A mayor temperatura, mayor producción de burbujas de oxígeno.
B Hay una temperatura óptima para la fotosíntesis en esta especie de conífera.
C Todas las plantas son más eficaces a 30 °C.
D A menor temperatura, mayor producción de burbujas de oxígeno.

Respuesta de desarrollo

10. Explica por qué las semillas son una adaptación importante para el éxito de las plantas en la Tierra.

Si tienes dificultades con...

la pregunta	1	2	3	4	5	6	7	8	9	10
Ver la lección	22.1	22.2	22.4	22.3	22.4	22.4	22.3	22.3	22.3	22.3

23 Estructura y función de las plantas

La gran idea: Estructura y función

P: ¿En qué sistemas están organizados las células, los tejidos y los órganos para realizar las funciones básicas de las plantas con semilla?

BIOLOGY.com Search Chapter 23 GO • Flash Cards

EN ESTE CAPÍTULO:

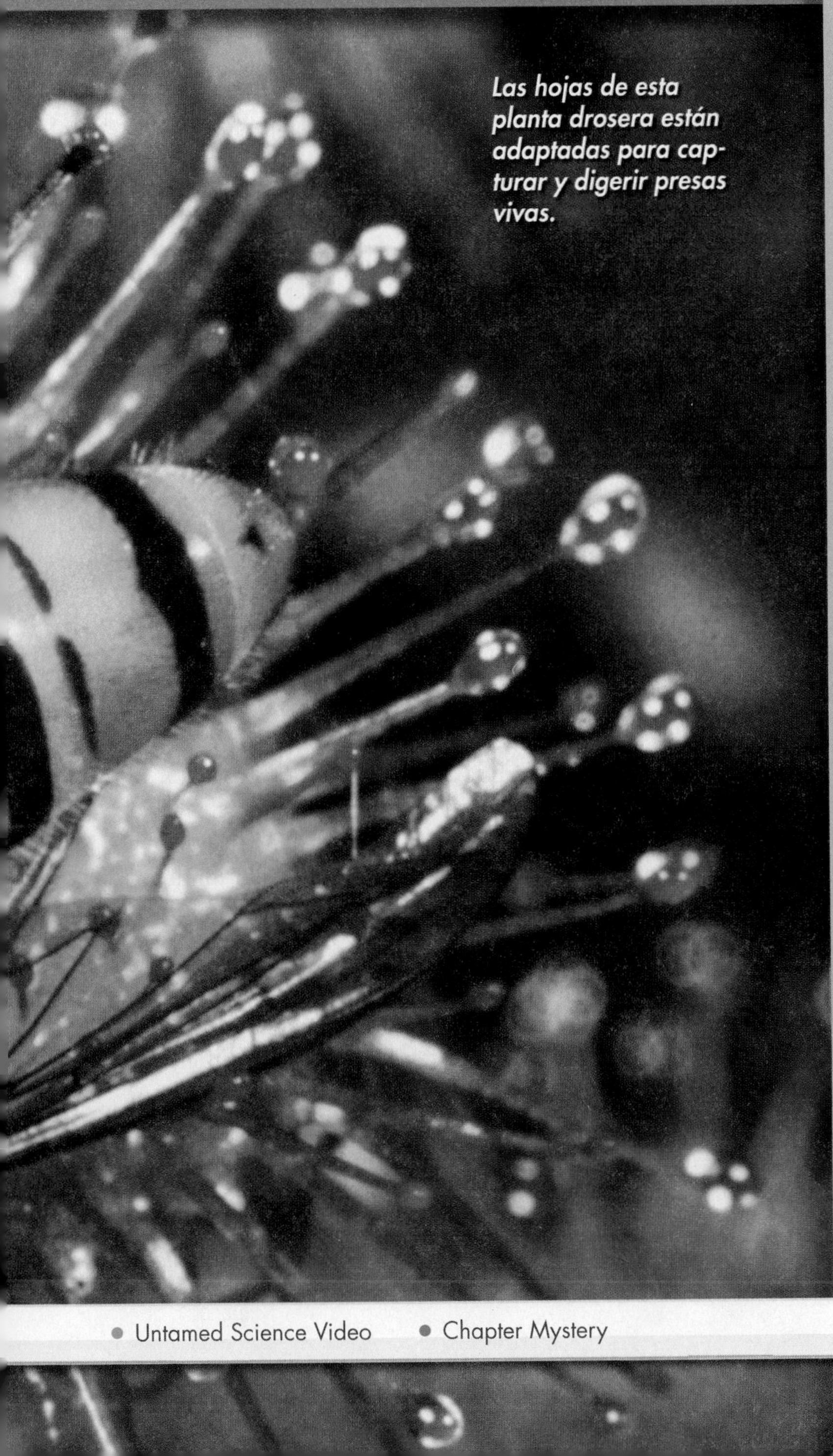

Las hojas de esta planta drosera están adaptadas para capturar y digerir presas vivas.

MISTERIO DEL CAPÍTULO

EL ÁRBOL HUECO

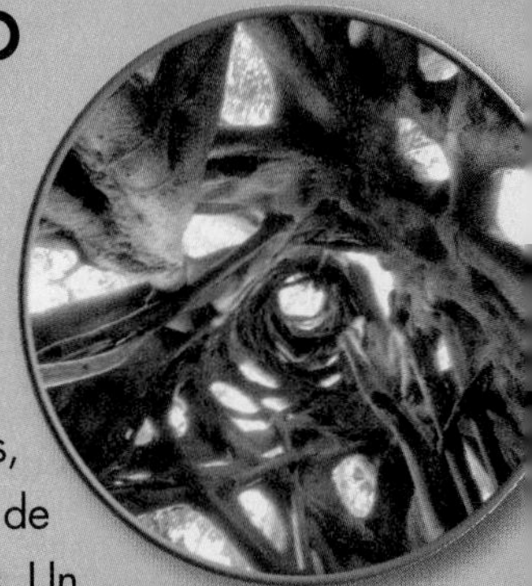

Conforme caminas en un bosque tropical de Centroamérica en una tarde llena de vapor durante el último día de tus vacaciones tropicales, observas gran cantidad de plantas y animales raros. Un mono llama desde un árbol lejano, y una densa niebla cubre el paisaje. Entonces te tropiezas en una raíz y miras hacia arriba. Un inmenso árbol está ante ti. Su tronco parece estar compuesto de muchas ramas leñosas entretejidas. Al acercarte más, nerviosamente deslizas tu cabeza a través de uno de los huecos más grandes y miras exactamente hacia arriba. En el interior, descubres que el árbol está completamente hueco.

Este árbol, una especie de higo, efectivamente es raro. ¿Qué le ocurrió al interior del árbol? ¿Y cómo creció el árbol tan alto si no tiene centro? A medida que leas este capítulo, busca pistas que expliquen la estructura de esta planta extraña. Después, resuelve el misterio.

Continúa explorando el mundo. Hallar la solución al misterio del árbol hueco sólo es el principio. Emprende un viaje de campo en video con los genios ecólogos de *Untamed Science* para ver adónde conduce este misterio.

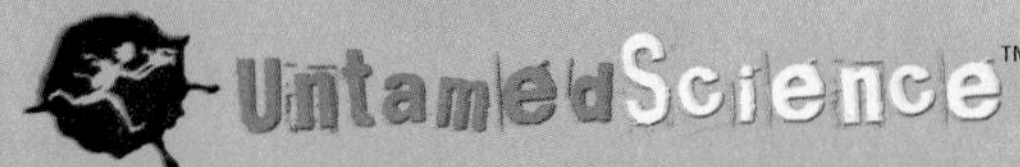

- Untamed Science Video
- Chapter Mystery

23.1 Tejidos especializados de las plantas

Preguntas clave

¿Cuáles son los tres órganos principales de las plantas con semilla?

¿Cuáles son las funciones primarias de los principales sistemas de tejidos de las plantas con semilla?

¿Cómo difieren los meristemos de otros tejidos de las plantas?

Vocabulario

epidermis • lignina • elementos de vasos • elemento de tubos cribosos • célula acompañante • parénquima • colénquima • esclerénquima • meristemo • meristemo apical

Tomar notas

Mapa de conceptos A media que leas, haz un mapa de conceptos para organizar la información de esta lección.

PISTA DEL MISTERIO

Las "ramas" de la higuera enredadas en realidad no son tallos. ¿Qué son?

PIÉNSALO ¿Te has preguntado algunas vez si las plantas están vivas de verdad? Comparadas con los animales, las plantas no parecen hacer mucho. Si miras en lo profundo del interior de una planta viva, desaparece la primera impresión de inactividad. En su lugar, hallarás un organismo ocupado y complejo. Las plantas transportan materiales, crecen, se reparan a sí mismas y constantemente responden al medio ambiente. Es posible que actúen a un ritmo que nos puede parecer lento, pero sus células y tejidos trabajan juntos de maneras notablemente eficaces.

Estructura de las plantas con semilla

¿Cuáles son los tres órganos principales de las plantas con semilla?

Las células de una planta con semilla están organizadas en diferentes tejidos, órganos y sistemas. **Los tres órganos principales de las plantas con semilla son las raíces, los tallos y las hojas.** Los órganos se comunican por sistemas que recorren la planta; producen, almacenan y transportan sustancias nutritivas, a la vez que dan soporte físico y protección.

Raíces Las raíces sujetan a las plantas en el suelo, manteniendo la tierra en su lugar y evitando la erosión. Los sistemas de raíces a menudo trabajan con las bacterias y los hongos del suelo en relaciones de mutualismo que ayudan a las raíces a absorber el agua y a disolver los nutrientes. Las raíces transportan estos materiales al resto de la planta, almacenan comida y mantienen a las plantas erguidas contra fuerzas como el viento y la lluvia.

Tallos Los tallos de la planta le proporcionan un sistema de soporte a su cuerpo, un sistema de transporte que lleva los nutrientes y un sistema defensivo que la protege contra los depredadores y las enfermedades. Los tallos también producen hojas y órganos reproductores como flores. Sea cual sea el tamaño de un tallo, su sistema de soporte debe ser bastante fuerte para que no se caigan las hojas y las ramas. El sistema de transporte del tallo contiene tejidos que suben el agua desde las raíces hasta las hojas, y llevan los productos de la fotosíntesis desde las hojas de regreso a las raíces.

Hojas Las hojas son los principales órganos fotosintéticos de la planta. Las superficies anchas y planas de muchas hojas aumentan la cantidad de luz solar que absorben las plantas. Las hojas también exponen muchos tejidos a la sequedad del aire y, por tanto, tienen adaptaciones que protegen a la planta contra la pérdida de agua. Los poros regulables en las hojas ayudan a conservar el agua y a la vez permiten que entren a la hoja y salgan de ella el oxígeno y el dióxido de carbono.

En tu cuaderno *Relaciona los tres órganos principales de las plantas con las necesidades básicas de éstas descritas en la lección 22.1.*

Actividad rápida de laboratorio

INVESTIGACIÓN GUIADA

¿Qué partes de las plantas comemos?

1. Examina una cebolla, una papa y una alcachofa. Anota tus observaciones y haz esquemas rotulados.
PRECAUCIÓN: *No te comas estos vegetales.*

2. Usa tus observaciones para clasificar cada vegetal como raíz, tallo, hoja u otra parte de la planta.

Analizar y concluir

1. **Clasificar** ¿Cómo clasificaste a la cebolla? Explica qué características usaste para tomar esta decisión.

2. **Inferir** ¿Cómo clasificaste a la papa? ¿Cómo se relaciona su estructura con su función?

3. **Inferir** ¿Cómo clasificaste a la alcachofa? ¿Qué información ofrece su estructura interna acerca de su función?

Sistemas de tejidos de las plantas

¿Cuáles son las funciones primarias de los principales sistemas de tejidos de las plantas con semilla?

Tanto en las raíces como en los tallos y las hojas de las plantas hay sistemas especializados de tejidos, mostrados en la **ilustración 23–1.** Las plantas tienen tres sistemas de tejidos principales: el dérmico, el vascular y el fundamental. El tejido dérmico cubre a una planta casi como la piel te cubre a ti. El tejido vascular forma un sistema de células como tubería que ayuda a soportar a la planta y sirve como su "flujo sanguíneo", transportando agua y nutrientes. El tejido fundamental produce y almacena comida. Enseguida verás cómo se comparan las células de uno a otro de estos sistemas.

Tejido dérmico El tejido dérmico en las plantas jóvenes consiste de una sola capa de células llamada **epidermis.** Las superficies exteriores de las células epidérmicas a menudo están cubiertas de una gruesa capa cerosa llamada cutícula, que protege contra la pérdida de agua. Algunas células epidérmicas tienen diminutas proyecciones conocidas como tricomas que ayudan a proteger la hoja y pueden darle una apariencia crespa. **El tejido dérmico es la cubierta protectora externa de una planta.**

En las plantas más viejas el tejido dérmico puede tener muchas capas celulares y estar cubierto de corteza. En las raíces, el tejido dérmico incluye células pilíferas radicales que ayudan a absorber el agua.

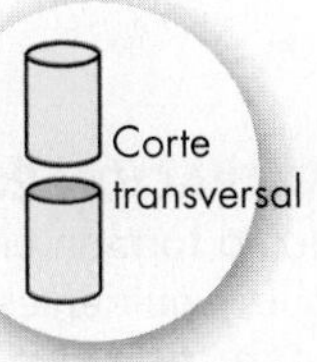

ILUSTRACIÓN 23–1 Órganos principales de las plantas Estos cortes transversales de los principales órganos de las plantas con semilla muestran que los tres órganos contienen tejido dérmico, tejido vascular y tejido fundamental. **Interpretar material visual** ***¿Qué tipo de tejido se encuentra en el centro de una raíz?***

Tejido vascular Los dos tipos de tejido vascular son el xilema, un tejido conductor de agua, y el floema, un tejido que lleva nutrientes disueltos. Como puedes ver en la **ilustración 23–2,** tanto el xilema como el floema consisten de largas células delgadas que se conectan casi como secciones tubulares. **El tejido vascular sostiene el cuerpo de la planta y transporta el agua y los nutrientes a través de toda la planta.**

▶***Xilema: Traqueidas*** Todas las plantas con semilla tienen células de xilema llamadas traqueidas. Recuerda que en el capítulo 22 se describió que las traqueidas son largas y delgadas, con resistentes paredes celulares que ayudan a sostener la planta. A medida que maduran, las traqueidas mueren, dejando sólo sus paredes celulares. Estas paredes contienen **lignina,** una molécula compleja resistente al agua y dota a la madera de gran parte de su resistencia. Las aberturas en las paredes conectan a células vecinas y permiten que el agua fluya de una célula a otra. Las regiones más delgadas de la pared permiten que el agua se difunda de las traqueidas al tejido fundamental circundante. Estas adaptaciones permiten que las traqueidas lleven agua a través de toda la planta y la distribuyan en los tejidos que la necesitan.

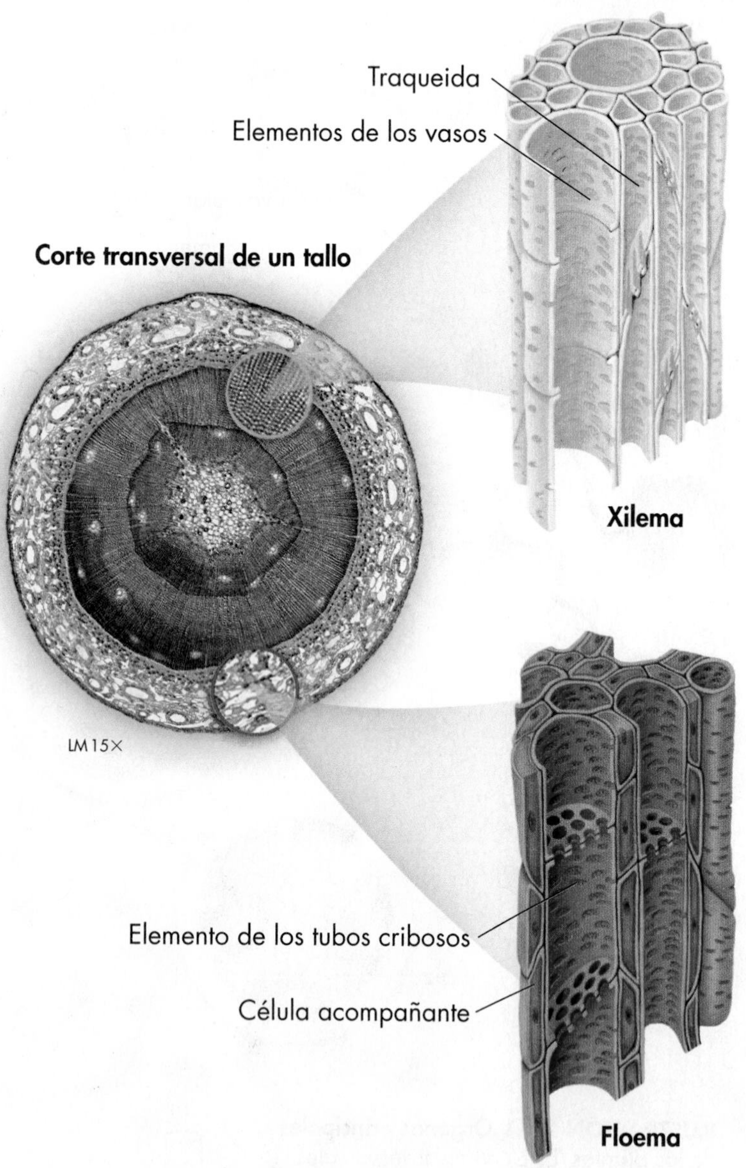

ILUSTRACIÓN 23–2 Tejido vascular El xilema y el floema forman el sistema de transporte vascular que lleva agua y nutrientes a través de una planta. **Comparar y contrastar** ***¿En qué se parecen las traqueidas y los elementos de los tubos cribosos? ¿En qué se diferencian?***

▶***Xilema: Elementos de los vasos*** Además de las traqueidas, las angiospermas poseen una forma secundaria de tejido del xilema llamada **elementos de los vasos.** Éstos son más anchos que las traqueidas y están acomodados de extremo a extremo, uno sobre el otro, como una pila de latas de estaño. Después de que maduran y mueren, las paredes celulares de ambos extremos se quedan con aberturas como cortadas, por las que puede pasar libremente el agua. En algunos elementos de los vasos, desaparecen por completo las paredes de los extremos produciendo un tubo continuo.

▶***Floema: Elementos de tubos cribosos*** De manera distinta a las células del xilema, las células del floema están vivas en su madurez. Las principales células del floema son los **elementos de los tubos cribosos,** que están acomodados de extremo a extremo, formando tubos cribosos. Las paredes de los extremos de los elementos de los tubos cribosos tienen muchos agujeros pequeños a través de los cuales pasan los nutrientes de una célula a otra en un fluído acuoso. A medida que los elementos de los tubos cribosos maduran, pierden sus núcleos y la mayoría de otros organelos. Los organelos que quedan se ciñen al interior de la pared celular y se mantienen vivos gracias a células acompañantes.

▶***Floema: Células acompañantes*** Las células que rodean a los elementos de los tubos cribosos se llaman **células acompañantes.** Estas células conservan sus núcleos y otros organelos durante toda su vida. Las células acompañantes apoyan a las células del floema y auxilian en el movimiento de las sustancias que entran y salen del floema.

Tejido fundamental El tejido fundamental de las plantas no es dérmico ni vascular. **El tejido fundamental produce y almacena azúcares y ayuda al soporte físico de la planta.** El tejido fundamental también es una parte importante de los alimentos de nuestra mesa. Las partes comestibles de plantas como papas, cucurbitáceas y espárragos en su mayoría son tejido fundamental. La mayor parte de tejido fundamental consiste de **parénquima.** Las células de parénquima tienen una pared celular delgada y una vacuola central grande rodeada de una delgada capa de citoplasma. En las hojas, estas células contienen muchos cloroplastos y es el sitio de la mayor parte de la fotosíntesis de una planta.

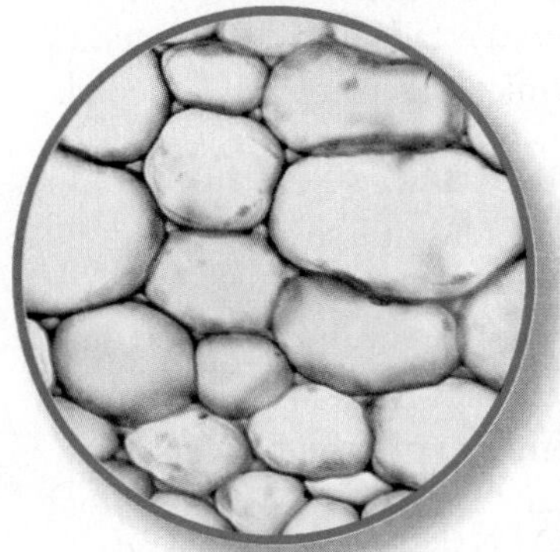

Parénquima
Paredes celulares delgadas

Colénquima
Paredes celulares más gruesas

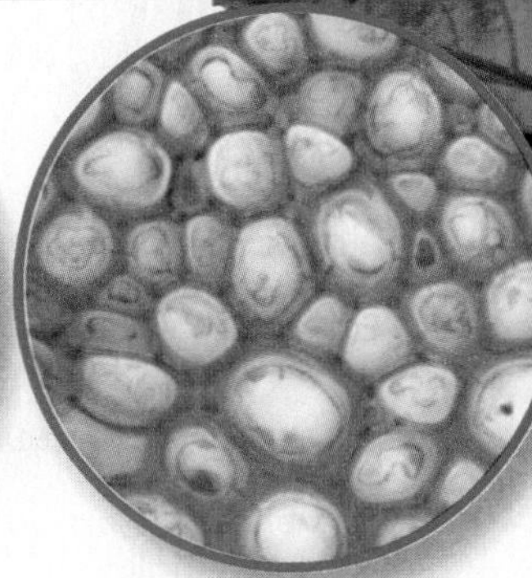

Esclerénquima
Las paredes celulares más gruesas

ILUSTRACIÓN 23–3 Tejido fundamental Estas micrografías muestran cómo varían en grosor tres tipos de tejido fundamental encontrados en el tallo de un girasol [LM 250X].

El tejido fundamental también puede contener dos tipos de células con paredes celulares más gruesas. Las células del colénquima tienen paredes celulares fuertes y flexibles que dan soporte a los órganos de la planta. Las cadenas de tales células componen los familiares tallos de apio. Las células del esclerénquima tienen paredes celulares extremadamente gruesas y rígidas que hacen que el tejido fundamental sea resistente y fuerte, como el de las cáscaras de semillas. Las fibras del esclerénquima se usan para hacer hilo de cáñamo, y la última vez que usaste un cascanueces para abrir una nuez, ¡atravesaste esclerénquima verdaderamente resistente!

En tu cuaderno *En una tabla de tres columnas resume información acerca de los tres principales sistemas de tejidos de las plantas.*

Crecimiento de las plantas y meristemos

¿Cómo difieren los meristemos de otros tejidos de las plantas?

Cuando alcanzan la edad adulta, la mayoría de los animales dejan de crecer. No ocurre así con la mayoría de las plantas. Hasta los árboles más antiguos producen hojas nuevas y órganos reproductores nuevos cada año, casi como si permanecieran "por siempre jóvenes". ¿Cómo lo hacen? Los secretos del crecimiento de las plantas están en los **meristemos,** tejidos que, en un sentido, efectivamente permanecen jóvenes. **Los meristemos son regiones de células no especializadas donde la mitosis produce nuevas células que están listas para la diferenciación.** Los meristemos están en lugares de las plantas en los que éstas muestran crecimiento rápido, como las puntas de los tallos y las raíces. Las células no diferenciadas que producen son muy parecidas a las células troncales de los animales.

PISTA DEL MISTERIO

Las semillas de esta especie de higo germinan en lo alto, en las ramas de otros árboles del bosque, llamados huéspedes. Las raíces crecen hacia abajo, a través del aire.

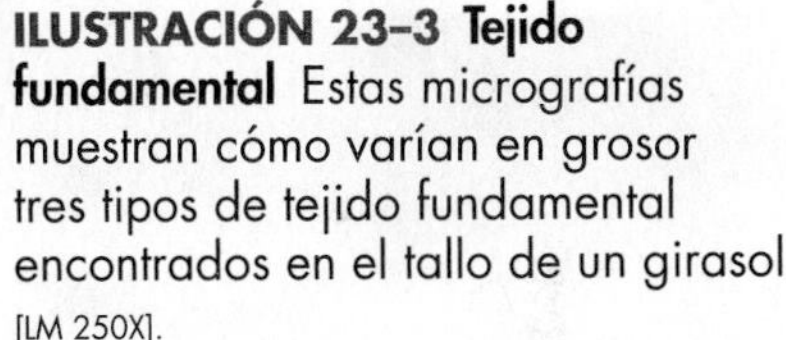

DESARROLLAR el vocabulario

PALABRAS RELACIONADAS *Ápice* y *apical* son palabras relacionadas. *Ápice* es un sustantivo que se refiere a un extremo, o una punta, reducido o puntiagudo; *apical* es un adjetivo que describe algo relacionado con, o localizado en, el ápice.

Meristemos apicales Dado que la punta de un tallo o de una raíz se conoce como ápice, los meristemos en estas regiones de la planta que crecen rápidamente se llaman **meristemos apicales.** Las células no especializadas que se producen en los meristemos apicales se dividen rápidamente a medida que los tallos y las raíces aumentan su longitud. En la **ilustración 23–4** se muestran ejemplos de meristemos apicales de tallo y de raíz.

Al principio, las nuevas células que son empujadas hacia el exterior de los meristemos se ven muy parecidas: son células no especializadas y tienen paredes celulares delgadas. Gradualmente, se desarrollan en células maduras con estructuras y funciones especializadas. Este proceso se llama diferenciación. Conforme las células se diferencian, producen cada uno de los sistemas de tejidos de la planta: dérmico, vascular y fundamental.

Los meristemos y el desarrollo de las flores Las células altamente especializadas que se encuentran en conos y flores (los órganos reproductores de las plantas con semilla), también se producen en los meristemos. El desarrollo de las flores o de los conos empieza cuando el patrón de expresión del gen cambia en el meristemo apical de un tallo. Estos cambios transforman al meristemo de una planta que da flores en un meristemo floral. Los meristemos florales producen los tejidos de las flores, los cuales incluyen los órganos reproductores de la planta así como los pétalos llenos de colorido que los rodean.

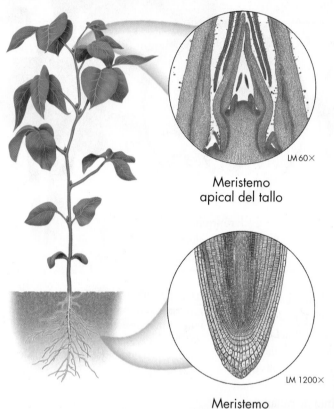

LM 60×

Meristemo apical del tallo

LM 1200×

Meristemo apical de la raíz

ILUSTRACIÓN 23–4 Meristemos apicales Los meristemos apicales se encuentran en las puntas en crecimiento de los tallos y de las raíces. En estos meristemos, mediante mitosis se producen células no especializadas.

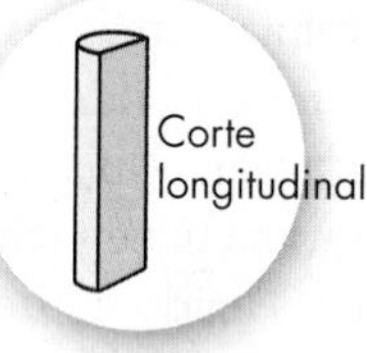

23.1 Evaluación

Repaso de conceptos clave

1. **a. Repasar** ¿Cuáles son los tres órganos principales de las plantas con semilla?
   b. Interpretar diagramas En la **ilustración 23–1,** ¿cómo se parece la estructura de los tres órganos de las plantas?
2. **a. Repasar** ¿Cuáles son los tres sistemas de tejidos?
   b. Comparar y contrastar ¿Cómo difieren las funciones principales de los sistemas de tejidos de una planta?
3. **a. Repasar** ¿Cuál es la función de los meristemos?
   b. Proponer una hipótesis ¿Cómo los meristemos explican la regeneración de las plantas luego de ser podadas?

Aplica la gran idea

Estructura y función

4. Quizá sabes algo del sistema circulatorio humano. Con base en esto, escribe un párrafo para comparar y contrastar la estructura y función del sistema vascular de una planta con el sistema circulatorio humano. (*Pista:* Muestra en qué se parecen y diferencian.)

BIOLOGY.com Search Lesson 23.1  • Lesson Assessment • Self-Test

23.2 Las raíces

PIÉNSALO ¿Puedes adivinar cuán grande es el sistema de raíces de una planta común? Prepárate para una sorpresa si piensas que las raíces son pequeñas e insignificantes. En un estudio de 1937 de una sola planta de centeno, el botánico Howard Dittmer mostró que la longitud de todas las derivaciones del sistema de raíces en la planta de centeno era asombrosamente de 623 kilómetros (387 millas). El área superficial de estas raíces era de más de 600 metros cuadrados, ¡130 veces mayor que las áreas juntas de sus tallos y sus hojas!

Estructura y crecimiento de la raíz

¿Cuáles son los principales tejidos en una raíz madura?

Una vez que la semilla empieza a germinar, extiende su primera raíz para obtener agua y nutrientes del suelo. Pronto se diversifican otras raíces a partir de esta primera raíz, añadiendo longitud y área superficial al sistema de raíces. El rápido crecimiento celular empuja en el suelo las puntas de las raíces en desarrollo. Las nuevas raíces proporcionan materias primas a los tallos y hojas en desarrollo antes de que surjan del suelo.

Tipos de sistemas de raíz Los dos principales tipos de raíces son los sistemas de raíz primaria y los sistemas de raíz fibrosa, mostrados en la **ilustración 23–5.** Los sistemas de raíz primaria se hallan principalmente en las dicotiledóneas. Los sistemas de raíz fibrosa se hallan principalmente en las monocotiledóneas. Recuerda del capítulo 22 que las monocotiledóneas y las dicotiledóneas son dos categorías de plantas con flores.

▶ ***Sistema de raíz primaria*** En algunas plantas, la raíz primaria crece larga y gruesa y da origen a raíces diversificadas más pequeñas. Las raíces primarias de los árboles de roble y de nogal americano crecen tan largas que pueden alcanzar el agua a varios metros hacia abajo. Las zanahorias, los dientes de león y los betabeles tienen raíces primarias cortas y gruesas que almacenan azúcares y almidones.

▶ ***Sistema de raíz fibrosa*** En otras plantas, como hierbas, el sistema empieza con una raíz primaria, la cual pronto es reemplazada por muchas raíces diversificadas del mismo tamaño que crecen por separado de la base de la ramificación. Estas raíces fibrosas se ramifican a tal longitud que ni una sola raíz crece más que las otras. Los sistemas extensivos de raíces fibrosas producidos por muchas plantas ayudan a prevenir que la capa superficial del suelo sea arrastrada por lluvia fuerte.

ILUSTRACIÓN 23–5 Una comparación de dos sistemas de raíces Los dientes de león tienen un sistema de raíz primaria (a la izquierda), mientras que las hierbas tienen un sistema de raíz fibrosa (a la derecha).

Preguntas clave

¿Cuáles son los principales tejidos en una raíz madura?

¿Cuáles son las diferentes funciones de las raíces?

Vocabulario

pelo radical • corteza • endodermis • cilindro vascular • cofia • banda de Caspary

Tomar notas

Esquema Antes de leer, usa los encabezados de la lección para hacer un esquema de las raíces de las plantas. A medida que leas, escribe frases bajo cada encabezado con información clave.

MÁS DE CERCA

ANATOMÍA DE UNA RAÎZ

ILUSTRACIÓN 23–6 Una raíz consiste de un cilindro vascular central rodeado de tejido fundamental y la epidermis.

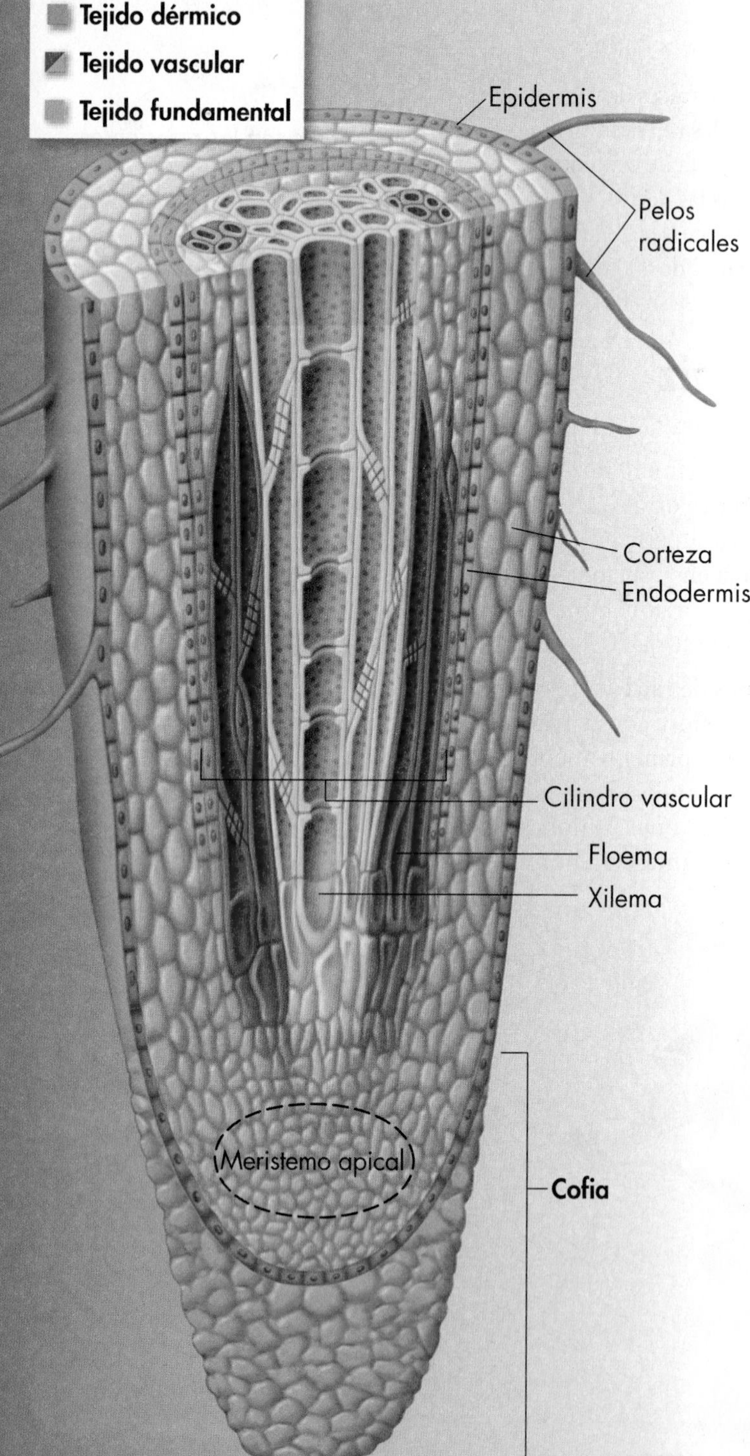

Anatomía de una raíz Las raíces contienen células de los tres sistemas de tejidos (dérmico, vascular y fundamental), como se muestra en la **ilustración 23–6. Una raíz madura tiene una capa externa, llamada epidermis, y también contiene tejido vascular y una gran área de tejido fundamental.** El sistema de raíces desempeña un papel central en el transporte de agua y de minerales. Las células y los tejidos de una raíz están especializados para llevar a cabo estas funciones.

▶ ***Tejido dérmico: Epidermis*** La epidermis de la raíz realiza la función de protección y a la vez la de absorción. Su superficie está cubierta con delgadas proyecciones celulares llamadas **pelos radicales.** Estos pelos penetran los espacios entre partículas del suelo y producen una gran área superficial que permite la entrada de agua y minerales.

▶ ***Tejido fundamental*** Exactamente en el interior de la epidermis hay una región de tejido fundamental llamada **corteza.** El agua y los minerales pasan de la epidermis hacia el centro de la raíz a través de la corteza. La corteza también almacena los productos de la fotosíntesis, como el almidón.

Una capa de tejido fundamental conocida como **endodermis** rodea por completo al cilindro vascular. La endodermis desempeña un papel esencial en el paso del agua y los minerales al centro de la raíz.

▶ ***Tejido vascular*** En el centro de la raíz, juntos el xilema y el floema componen una región llamada **cilindro vascular.** Las raíces de dicotiledóneas, como la que se muestra a la izquierda, tienen una columna central de células de xilema.

▶ ***Meristemo apical*** Las raíces aumentan su longitud cuando los meristemos apicales producen nuevas células cerca de las puntas de la raíz. La punta de la raíz está cubierta por una **cofia** dura que protege al frágil meristemo conforme la punta de la raíz busca su camino a la fuerza a través del suelo. Conforme crece la raíz, su cofia secreta una sustancia resbaladiza que facilita el avance por el suelo. Las células en la punta misma de la cofia se fragmentan constantemente, y el meristemo añade de manera continua nuevas células a la cofia.

En tu cuaderno *Relaciona el papel de la cofia con el de la capa externa de tu piel, la cual pierde células muertas a una tasa de miles de millones de células por día.*

Funciones de la raíz

¿Cuáles son las diferentes funciones de las raíces?

¿Cómo aborda una raíz el trabajo de absorber agua y minerales de la tierra? Aunque pareciera hacerlo, el agua no se "sumerge" simplemente de la tierra a la raíz. La planta gasta energía para absorber el agua. **Las raíces sostienen a la planta, la anclan al suelo y almacenan alimento; asimismo, absorben agua y nutrientes disueltos en el suelo.**

Asimilación de nutrientes de las plantas Una comprensión del suelo ayuda a explicar cómo funcionan las raíces de las plantas. El suelo es una mezcla compleja de arena, limo, arcilla, aire y trozos de tejidos de animales y plantas en descomposición. En diferentes lugares, el suelo contiene cantidades variables de estos ingredientes. El suelo arenoso, por ejemplo, está compuesto de partículas grandes que retienen pocos nutrientes, mientras que los suelos de limo y arcilla finamente texturizados del Medio Oeste y el sudeste de Estados Unidos son ricos en nutrientes. Los ingredientes definen el suelo y en gran medida determinan los tipos de plantas que pueden crecer en él.

Para crecer, florecer y producir semillas, las plantas requieren de una variedad de nutrientes inorgánicos además de dióxido de carbono y agua. Los nutrientes que se necesitan en las mayores cantidades son nitrógeno, fósforo, potasio, magnesio, azufre y calcio. Las funciones de estos nutrientes esenciales en una planta se describen en la **ilustración 23–7.**

También son igual de importantes pequeñas cantidades de otros nutrientes, llamados elementos de traza, como hierro, zinc, molibdeno, boro, cobre, manganeso y cloro. Aunque son muy importantes, cantidades excesivas de cualquiera de estos nutrientes en el suelo también pueden ser venenosas para las plantas.

PISTA DEL MISTERIO

Hasta que sus raíces llegan al suelo que está abajo, ¿cómo podría obtener nutrientes el plantón de la higuera?

Nutrientes esenciales de la planta

Nutriente (Símbolo químico)	Algunos papeles de la planta	Resultado de su carencia
Nitrógeno (N)	• Crecimiento y color apropiado de la hoja • Síntesis de aminoácidos, proteínas, ácidos nucleicos y clorofila	• Crecimiento esmirriado de la planta • Hojas amarillas pálidas ▶
Fósforo (P)	• Síntesis de ADN • Desarrollo de raíces, tallos, flores y semillas	• Pobre producción de flores • Crecimiento esmirriado
Potasio (K)	• Síntesis de proteínas e hidratos de carbono • Desarrollo de raíces, tallos y flores • Resistencia al frío y a las enfermedades	• Tallos débiles • Raíces esmirriadas • Las orillas de las hojas se tornan cafés ▶
Magnesio (Mg)	• Síntesis de clorofila	• Tallos delgados • Hojas pálidas con manchas rojizas
Calcio (Ca)	• Crecimiento y división celular • Estructura de la pared celular • Transporte celular • Acción enzimática	• Crecimiento esmirriado • Hojas rizadas ▶

ILUSTRACIÓN 23–7 Nutrientes importantes de las plantas El suelo contiene varios nutrientes esenciales para el crecimiento de las plantas. **Interpretar tablas** ***Si notas que una planta se está volviendo más pálida y más amarilla, ¿qué nutriente podría estarle faltando?***

Transporte activo de nutrientes disueltos Las membranas celulares de los pelos radicales y de otras células en la epidermis de la raíz contienen proteínas de transporte activo. Como sabes, el transporte activo es un proceso que usa la energía del ATP para llevar iones y otros materiales a través de las membranas. El transporte activo lleva los iones de minerales de nutrientes disueltos del suelo a la planta. La elevada concentración de iones de minerales en las células de las plantas provoca que las moléculas del agua entren a la planta mediante ósmosis.

el vocabulario

VOCABULARIO ACADÉMICO
El término ***acumular*** significa aumentar gradualmente en cantidad o número.

Paso del agua mediante ósmosis Es posible que recuerdes que la ósmosis es el paso del agua a través de una membrana hacia un área en la que la concentración de material disuelto es elevada. El uso del transporte activo para **acumular** iones de minerales del suelo permite a las células de la epidermis radicular crear condiciones bajo las cuales la ósmosis hace que el agua "siga" a esos iones y fluya a la raíz. Nota que la raíz en realidad no bombea el agua. Pero al bombear iones de minerales a sus propias células, el resultado final es casi el mismo: el agua pasa de la epidermis a través de la corteza hacia el cilindro vascular, como se muestra en la **ilustración 23–8.**

Paso hacia el cilindro vascular Enseguida, el agua y los minerales disueltos pasan el borde interior de la corteza y se dirigen hacia el cilindro vascular. El cilindro mismo está cubierto de una capa de células de la corteza conocida como endodermis. Cada célula de la endodermis tiene forma de un ladrillo. Las paredes celulares donde coinciden estas células forman una zona especial a prueba de agua llamada **banda de Caspary;** la mayor parte del tiempo el agua se puede difundir a través de las paredes celulares, pero no en esta zona especial. La banda es casi como una capa de cemento a prueba de agua entre los ladrillos de una pared. Imagina muchos de estos ladrillos colocados bordo con bordo con este cemento a prueba de agua rodeando a cada uno de ellos para construir un cilindro. La única manera en que el agua y los nutrientes disueltos podrían penetrar al cilindro sería a través de los ladrillos mismos.

ILUSTRACIÓN 23–8 Paso del agua a una raíz Una raíz absorbe del suelo agua y nutrientes disueltos. **Intepretar material visual** ***¿Cuál es la función de la banda de Caspary?***

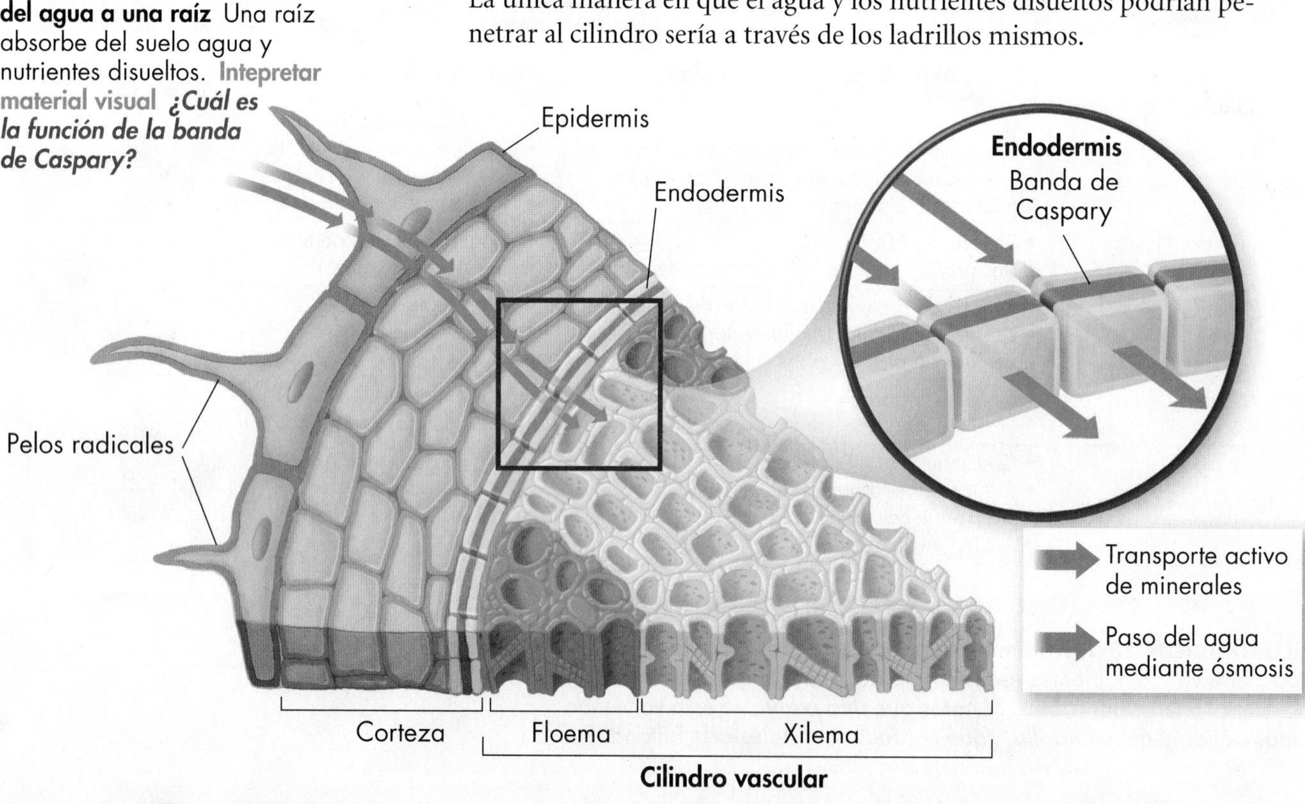

La banda de Caspary cerosa forza al agua y a los minerales a pasar por las membranas celulares de la endodermis y no entre las células. Esto permite a la endodermis filtrar y controlar el agua así como disolver los nutrientes que entran al cilindro vascular. Más importante aún, la banda de Caspary garantiza que valiosos nutrientes no se filtrarán hacia el exterior. Como resultado, hay un paso en un solo sentido para el agua y los nutrientes al interior del cilindro vascular.

Presión de la raíz ¿Por qué "necesitan" las plantas un sistema que garantice el paso en un solo sentido del agua y los minerales? Es mediante ese sistema que la planta genera suficiente presión para acarrear el agua del suelo hacia su cuerpo. A medida que los minerales se bombean al interior del cilindro vascular, cada vez entra más agua mediante ósmosis, produciendo una presión fuerte. Si no se contuviera la presión, las raíces se expanderían conforme se llenaran de agua.

En lugar de ello, el agua contenida en la banda de Caspary sólo tiene un lugar a dónde ir: arriba. La presión de la raíz, producida en el interior del cilindro mediante transporte activo, forza el agua a través del cilindro vascular y hacia el xilema. Conforme pasa más agua de la corteza al cilindro vascular, mayor cantidad de ésta en el xilema es forzada hacia arriba en el tallo a través de la raíz. En la **ilustración 23–9** se ve la presión en una raíz de zanahoria.

La presión en la raíz es el inicio del movimiento del agua a través del sistema vascular de toda la planta. Pero sólo es el inicio. Cuando hayas aprendido sobre tallos y hojas, verás cómo se transporta el agua y otros materiales por toda la planta.

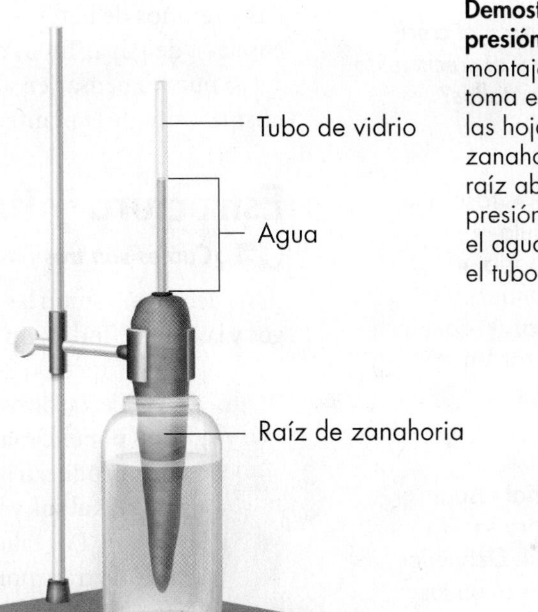

ILUSTRACIÓN 23–9 Demostración de la presión de la raíz En este montaje, un tubo de vidrio toma el lugar del tallo y las hojas de la planta de zanahoria. Conforme la raíz absorbe el agua, la presión de la raíz forza el agua hacia arriba en el tubo.

23.2 Evaluación

Repaso de conceptos clave

1. a. **Repasar** ¿Cómo están distribuidos los tejidos en una raíz?
   b. **Comparar y contrastar** ¿Cómo difieren la estructura de las células en el sistema de transporte de una raíz y la de las células que componen la epidermis?
2. a. **Repasar** Describe las principales funciones de las raíces.
   b. **Explicar** ¿Cómo está implicada la ósmosis en la absorción de agua y minerales?
   c. **Aplica los conceptos** ¿Por qué es importante que la endodermis de la raíz permita el paso de materiales en un solo sentido?

RAZONAMIENTO VISUAL

3. Haz un diagrama para mostrar cómo absorben agua y nutrientes las raíces. Rotula el diagrama y escribe descripciones breves de los procesos que se muestren.

BIOLOGY.com Search Lesson 23.2  • Lesson Assessment • Self-Test

23.3 Los tallos

Preguntas clave

🔑 *¿Cuáles son tres funciones principales de los tallos?*

🔑 *¿Cómo ocurren el crecimiento primario y el crecimiento secundario en los tallos?*

Vocabulario

nódulo • brote • fascículo vascular • médula • crecimiento primario • crecimiento secundario • cambium vascular • cambium de corcho • duramen • albura • corteza

Tomar notas

Vistazo al material visual Antes de leer, mira la **ilustración 23–14.** Define los términos familiares con tus propias palabras, y enumera los que no conozcas. Revisa y modifica tus definiciones a medida que leas.

PIÉNSALO Mientras estás en la barra de ensaladas durante el almuerzo, notas una variedad intrigante de opciones. Después de preparar tu ensalada básica, decides ponerle encima algunas castañas de agua en rebanadas y retoños de bambú. Luego te sirves aparte algunos espárragos con ensalada de papa. Todas estas cosas deliciosas son de plantas, desde luego, ¿pero puedes pensar en algo más que las vincule? Todas provienen de la misma parte de la planta. ¿Tienes idea de qué parte?

Estructura y función del tallo

🔑 *¿Cuáles son tres funciones principales de los tallos?*

¿Qué tienen en común las castañas de agua, los retoños de bambú, los espárragos y las papas? Todos son tipos de tallos. Los tallos varían en tamaño, forma y método de desarrollo. Algunos crecen completamente bajo tierra; otros crecen alto en el aire. 🔑 **Los tallos que crecen por encima del suelo tienen varias funciones importantes: producen hojas, ramas y flores; mantienen las hojas expuestas al sol, y transportan sustancias a través de la planta.**

Los tallos constituyen una parte esencial de los sistemas de transporte de agua y minerales en la planta. El xilema y el floema forman tubos continuos desde las raíces hasta las hojas a través de los tallos. Estos tejidos vasculares conectan todas las partes de la planta permitiendo que el agua, los nutrientes y otros compuestos circulen por la planta. En muchas plantas los tallos también funcionan en el almacenamiento y ayudan en el proceso de la fotosíntesis.

ILUSTRACIÓN 23–10 Tallos de los cactus Los cactus del desierto tienen tallos verdes gruesos que realizan la fotosíntesis y están adaptados para almacenar agua.

Anatomía de un tallo Los tallos tienen los tres sistemas de tejidos de una planta: dérmico, vascular y fundamental. Los tallos están rodeados de una capa de células epidérmicas que tienen paredes celulares gruesas y una cubierta cerosa protectora. Los tallos en desarrollo contienen distintos **nódulos,** a los que están sujetas las hojas, como se muestra en la **ilustración 23–11.** Se encuentran pequeños brotes donde están sujetas las hojas a los nódulos. Los brotes contienen meristemos apicales que pueden producir nuevos tallos y hojas. En plantas grandes, los tallos desarrollan tejido leñoso que ayuda a sostener las hojas y las flores.

ILUSTRACIÓN 23–11
Anatomía de un tallo
Los tallos producen hojas a partir de sus nódulos y nuevas ramas de sus brotes. Mantienen a las hojas expuestas a la luz solar, realizando la fotosíntesis.

Brote
Nódulo
Nódulo

Patrones de fascículos vasculares La disposición de tejidos en un tallo difiere entre las plantas con semilla. En las monocotiledóneas, conglomerados de tejido de xilema y de floema, llamados **fascículos vasculares,** están dispersos en todo el tallo. En la mayoría de las dicotiledóneas y las gimnospermas, los fascículos vasculares están dispuestos en un cilindro o anillo. Para una comparación de tallos de monocotiledóneas y dicotiledóneas, mira la **ilustración 23–12.**

ILUSTRACIÓN 23–12 Comparación de monocotiledóneas y dicotiledóneas Estos cortes transversales de un tallo de monocotiledónea y de uno de dicotiledónea muestran sus semejanzas y diferencias. **Observar** ***¿Cómo difiere la disposición de los fascículos vasculares?***

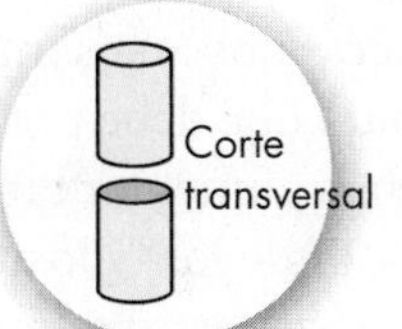

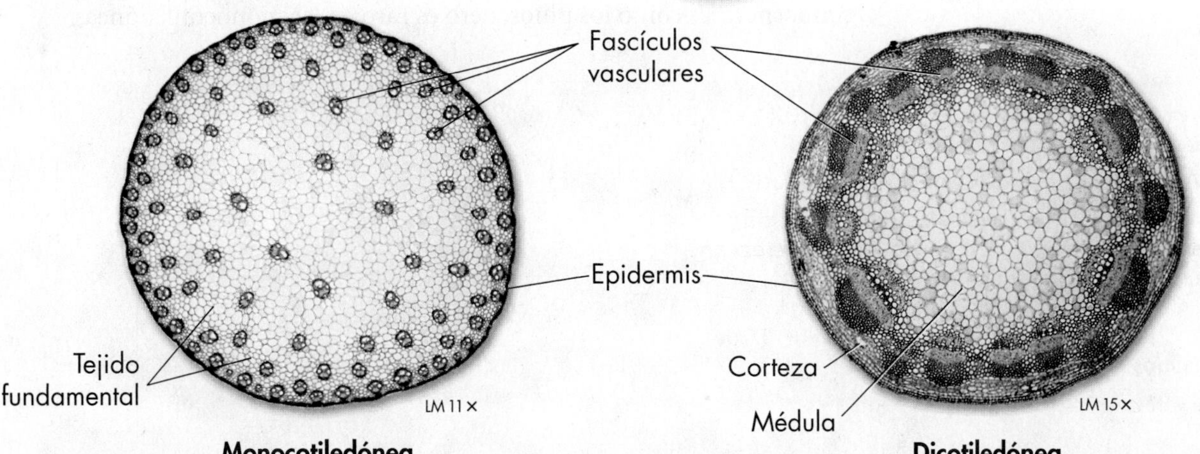

▶ ***Tallos de monocotiledóneas*** El corte transversal de un tallo joven de una monocotiledónea muestra claramente los tres sistemas de tejidos. El tallo tiene una epidermis distinta, la cual incluye tejido fundamental y una serie de fascículos vasculares. En las monocotiledóneas, los fascículos vasculares están dispersos en todo el tejido fundamental. El tejido fundamental es bastante uniforme y consiste principalmente de células de parénquima.

▶ ***Tallos de dicotiledóneas*** Los tallos jóvenes de dicotiledóneas tienen fascículos vasculares también, pero por lo común están dispuestos en un patrón organizado parecido a un anillo. Las células de parénquima en el interior del anillo de tejido vascular se conocen como **médula,** mientras que las que están afuera forman la corteza del tallo. Estos patrones de tejido relativamente sencillos se vuelven más complejos a medida que la planta crece más y el tallo aumenta de diámetro.

En tu cuaderno *Haz un diagrama de Venn en el que registres semejanzas y diferencias en la estructura del tallo de las monocotiledóneas y el de las dicotiledóneas.*

PISTA DEL MISTERIO

Conforme crece la higuera, sus raíces por encima de la tierra crecen tanto en longitud como en grosor, y se envuelven por completo alrededor el tronco del huésped. ¿Cómo podría afectar esto al huésped?

Crecimiento de los tallos

¿Cómo ocurren el crecimiento primario y el crecimiento secundario en los tallos?

Las plantas crecen diferente que los animales. Las vacas tienen cuatro patas, las hormigas tienen seis y las arañas tienen ocho; pero las rosas y los tomates no tienen un número de hojas y ramas. El crecimiento de la mayoría de las plantas no está determinado de manera precisa, pero sigue estando cuidadosamente controlado y regulado. Dependiendo de la especie, el crecimiento de las plantas sigue patrones generales que producen el tamaño y la forma característicos de la planta adulta.

Crecimiento primario El crecimiento de nuevas células producido por los meristemos apicales de las raíces y los tallos añade longitud a la planta. Este patrón de crecimiento, en los extremos de una planta, se llama **crecimiento primario.** El aumento de la longitud causado por el crecimiento primario de un año a otro se muestra en la **ilustración 23–13.** **El crecimiento primario de los tallos es el resultado del alargamiento de las células producidas en el meristemo apical. Se lleva a cabo en todas las plantas con semilla.**

Crecimiento secundario Conforme una planta se hace más grande, las raíces y los tallos más viejos tienen más masa que debe sostenerse y más fluido que debe pasar a través de sus tejidos vasculares. Como resultado, deben aumentar tanto en grosor como en longitud. Este incremento en el grosor de los tallos y las raíces se conoce como **crecimiento secundario.** El crecimiento secundario es muy común entre las dicotiledóneas y las gimnospermas como los pinos, pero es raro en las monocotiledóneas.

RESUMEN VISUAL

CRECIMIENTO PRIMARIO Y SECUNDARIO

ILUSTRACIÓN 23–13 Las nuevas células producidas por el meristemo apical provocan que los tallos crezcan en longitud (crecimiento primario). Mientras tanto, el cambium vascular aumenta la anchura del tallo (crecimiento secundario). **Interpretar diagramas** ***¿Qué tipos de tejidos forma el cambium vascular?***

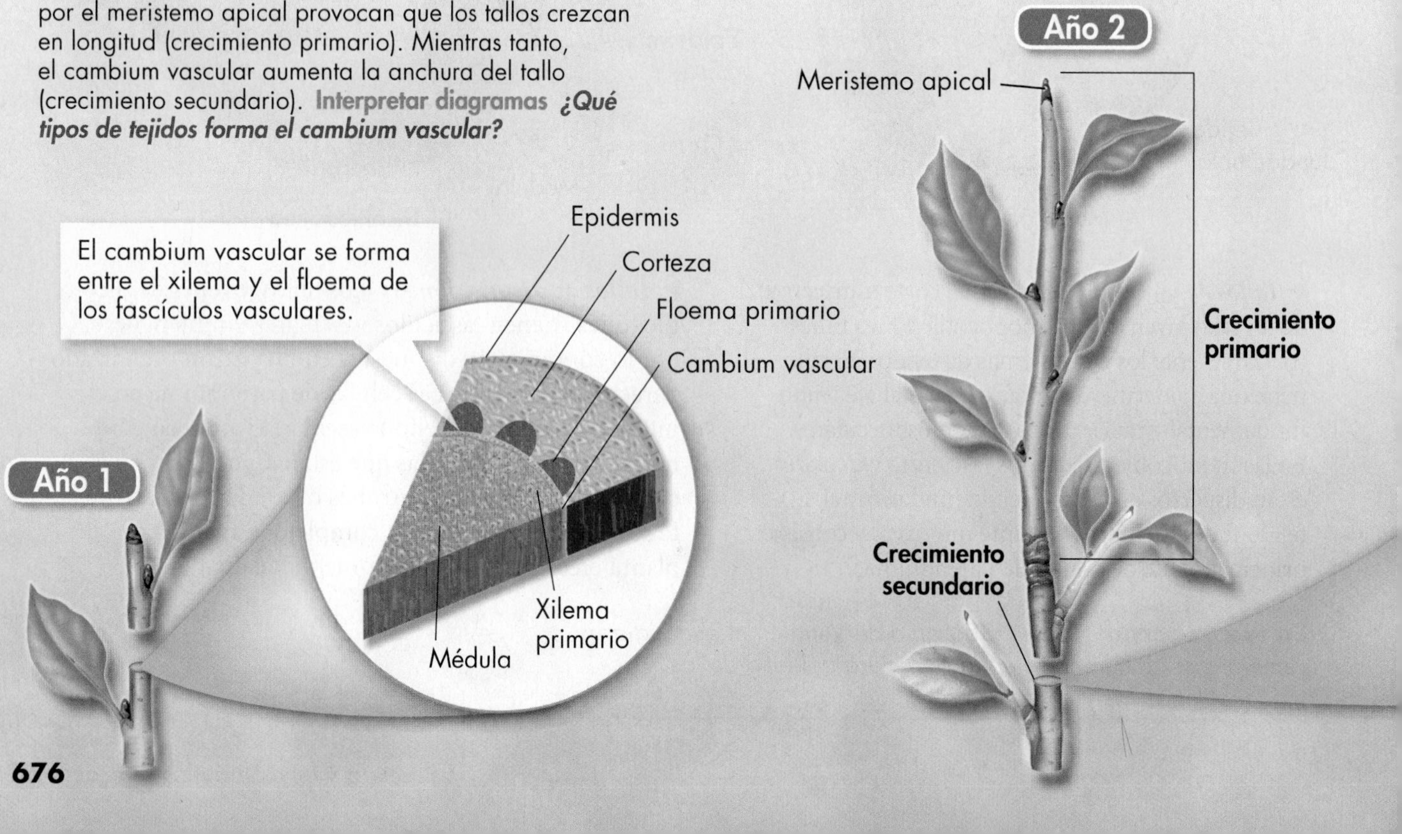

A diferencia de las monocotiledóneas, la mayoría de las dicotiledóneas tienen meristemos en los tallos y las raíces, los cuales pueden producir verdadero crecimiento secundario. Esto permite a muchas dicotiledóneas crecer a grandes alturas gracias a que el aumento en anchura soporta el peso adicional. Además de mostrar el crecimiento primario, en la **ilustración 23–13** se ejemplifica el patrón de crecimiento secundario en un tallo de dicotiledónea.

En las coníferas y dicotiledóneas, el crecimiento secundario ocurre en meristemos llamados cambium vascular y cambium de corcho. El **cambium vascular** produce tejidos vasculares y aumenta el grosor de los tallos con el tiempo. El **cambium de corcho** produce la cubierta externa de los tallos. Tipos semejantes de tejido de cambium permite crecer a las raíces. La adición de tejido nuevo en estas capas de cambium incrementa el grosor de los tallos y las raíces.

Crecimiento a partir del cambium vascular En un tallo joven de dicotiledónea, están dispuestos en un anillo fascículos de xilema y floema. Una vez que empieza el crecimiento secundario, aparece el cambium vascular como una capa delgada cilíndrica de células entre conglomerados de tejido vascular. Este nuevo meristemo se forma entre el xilema y el floema de cada fascículo vascular. Las divisiones en el cambium vascular dan lugar a nuevas capas de xilema y floema. Como resultado, el tallo se vuelve más ancho. Cada año el cambium continúa produciendo nuevas capas de tejido vascular, provocando que el tallo sea cada vez más grueso.

En tu cuaderno *Enumera en sucesión todos los tejidos que se encuentran en un tallo maduro leñoso. Empieza del centro y avanza hacia el exterior.*

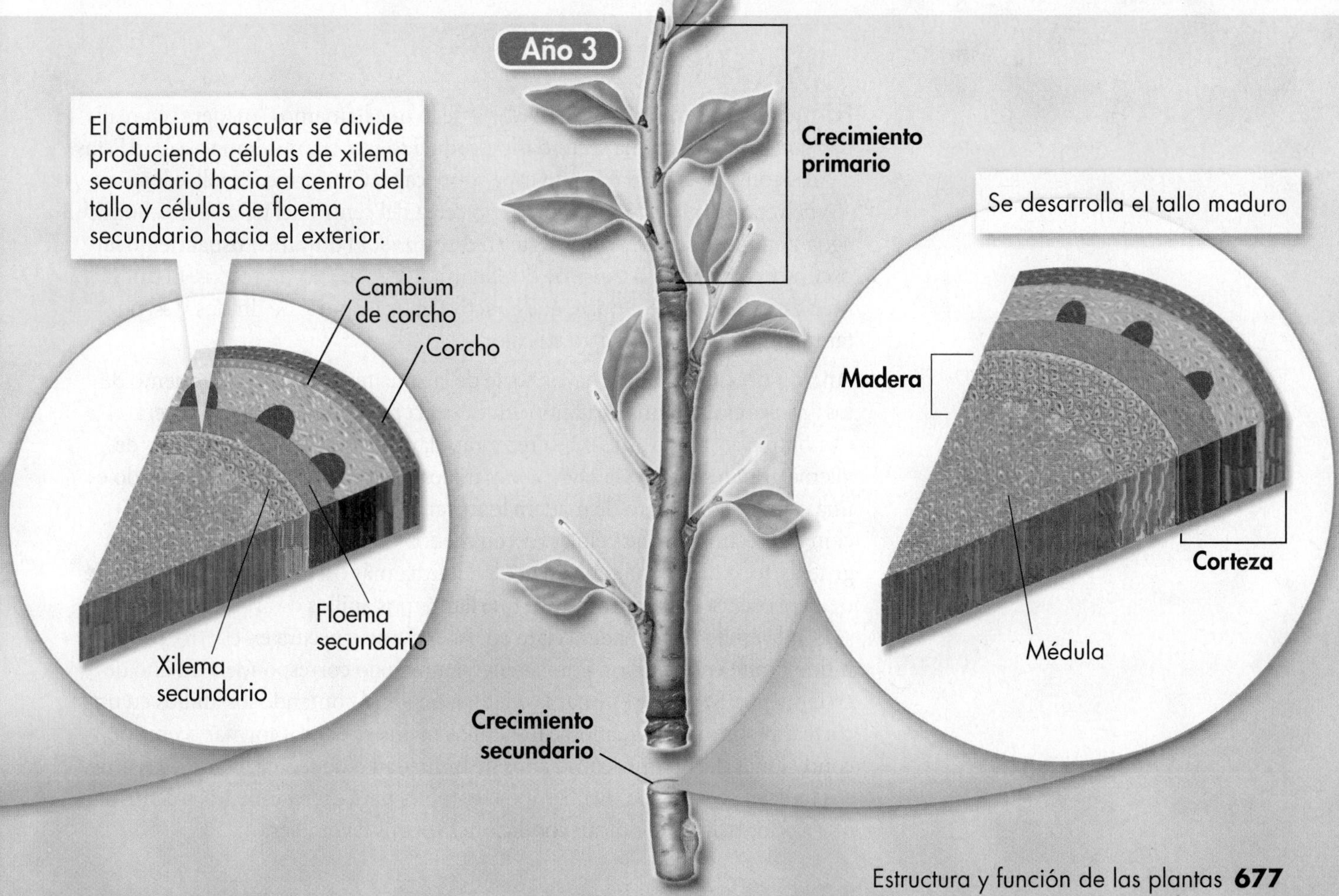

Leer la historia de un árbol

El análisis de los anillos de un árbol puede ayudar a determinar información acerca del árbol y del medio ambiente en el que creció. La edad de un árbol se puede medir contando sus anillos de crecimiento, cada anillo se produce durante un año de crecimiento. Las condiciones específicas del ambiente para cada año de crecimiento se pueden inferir mediante el examen de la anchura relativa y el color de cada anillo. Usa la fotografía a la izquierda para responder las preguntas.

1. **Calcular** ¿Como cuántos años tenía este árbol cuando se cortó? MATEMÁTICAS
2. **Inferir** Cada una de las áreas A y B se produjo durante cuatro años de crecimiento, pero tienen diferentes anchuras. ¿Qué condiciones climáticas causaron esta diferencia?
3. **Interpretar material visual** El área en C está ennegrecida a causa de un incendio que aparentemente afectó sólo un lado del árbol. Describe cómo creció el árbol después de este incendio.

Formación de madera La mayoría de lo que llamamos "madera" en realidad son capas de xilema secundario producido por el cambium vascular. Estas células construyen año tras año capa sobre capa. Conforme los tallos leñosos se vuelven más gruesos, el xilema viejo cerca del centro del tallo ya no conduce agua y en lugar de ello se convierte en **duramen.** El duramen usualmente se oscurece con la edad a causa de que acumula depósitos coloreados. El duramen está rodeado de **albura,** que es activa en transporte de fluidos y es, por tanto, usualmente más ligera en color.

Anillos de árbol En la mayor parte de la zona templada, el crecimiento de los árboles es estacional. Cuando empieza el crecimiento en la primavera, el cambium vascular comienza a crecer rápidamente, produciendo células de xilema grandes y de color claro con paredes celulares delgadas. El resultado es una capa de color claro de madera temprana. A medida que avanza la estación de crecimiento, las células crecen menos y tienen paredes celulares más gruesas, formando una capa de madera tardía más oscura. Esta alternancia de madera oscura y clara produce lo que llamamos anillos de árbol.

Cada anillo tiene madera clara en un extremo y oscura en el otro, con un nítido límite entre anillos. Por lo general, un anillo corresponde a un año de crecimiento. Se puede estimar la edad de un árbol contando los anillos en un corte transversal. El tamaño de los anillos incluso puede informar acerca de condiciones del tiempo, como años de humedad o de sequía. Los anillos gruesos indican condiciones del tiempo favorables para el crecimiento, mientras que anillos delgados indican condiciones menos favorables.

ILUSTRACIÓN 23–14 Formación de madera y corteza Este diagrama muestra las capas de madera y corteza en un árbol maduro que ha pasado por varios años de crecimiento secundario. **Clasificar** ***¿Cuáles dos tejidos son meristemos?***

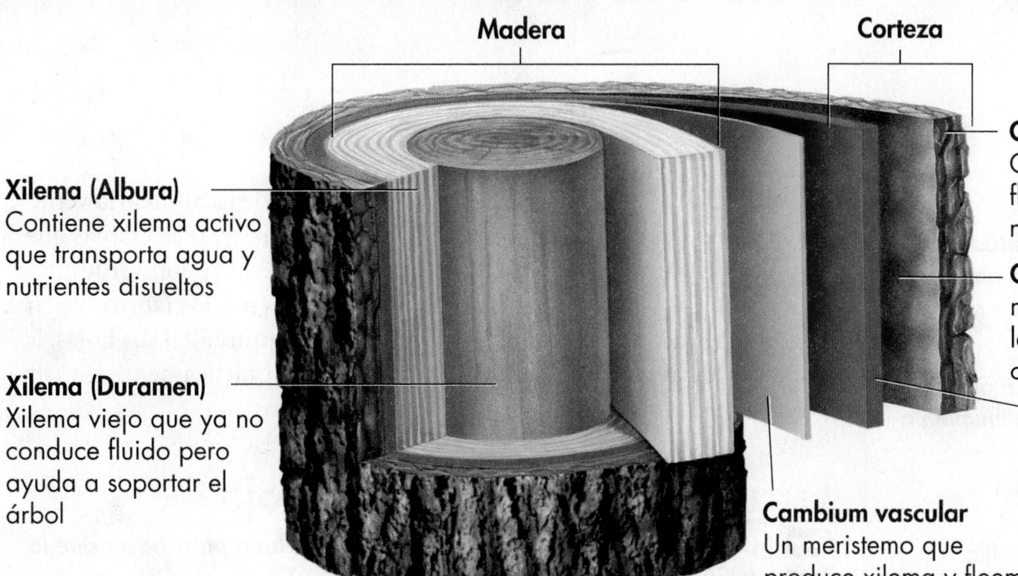

Madera
Corteza
Xilema (Albura)
Contiene xilema activo que transporta agua y nutrientes disueltos
Xilema (Duramen)
Xilema viejo que ya no conduce fluido pero ayuda a soportar el árbol
Corcho
Contiene floema que ya no funciona
Cambium de corcho
meristemo que produce la capa protectora de corcho
Floema
tejido vascular que transporta azúcares producidos mediante fotosíntesis
Cambium vascular
Un meristemo que produce xilema y floema nuevos, incrementando la anchura del tallo

Formación de corteza En un tallo maduro, todos los tejidos fuera del cambium vascular son la **corteza,** como se ve en la **ilustración 23–14.** Estos tejidos incluyen floema, el cambium de corcho y el corcho. Conforme se expande un árbol en su anchura, la capa de floema también crece. Esto puede provocar que los tejidos más viejos se agrieten y se fragmenten conforme el tallo los estira. El cambium de corcho rodea la corteza y produce una capa protectora gruesa e impermeable que evita la pérdida de agua. Conforme el tallo aumenta de tamaño, las capas exteriores de corteza muerta a menudo se fracturan y se desconchan del árbol.

23.3 Evaluación

Repaso de conceptos clave

1. a. Repasar ¿Cuáles son tres funciones importantes de los tallos?
b. Explicar ¿Cómo difiere la disposición de los fascículos vasculares en tallos monopodiales de la de ramificaciones dicotómicas?
c. Aplica los conceptos ¿Cómo se relacionan las funciones de un tallo con las funciones de las raíces y las hojas de una planta?

2. a. Repasar Define el crecimiento primario y el crecimiento secundario.
b. Explicar ¿Cuál meristemo está implicado en el crecimiento primario? ¿Cuáles están implicados en el crecimiento secundario? Explica los papeles que desempeñan.
c. Predecir Describe lo que le ocurriría a un árbol joven que al paso del tiempo pudiera volverse más alto pero no más grueso.

ESCRIBIR SOBRE LAS CIENCIAS

Escritura creativa

3. Imagina que eres lo suficientemente pequeño como para entrar en una planta dicotiledónea a través de su sistema de raíces. Describe lo que verías al viajar por el interior de una planta y uno de sus tallos. Incluye ilustraciones. (*Pista:* Revisa las ilustraciones en este capítulo para obtener ideas.)

BIOLOGY.com Search Lesson 23.3 GO • Lesson Assessment • Self-Test 

23.4 Las hojas

Preguntas clave

¿Cómo está adaptada la estructura de una hoja para hacer que la fotosíntesis sea más eficaz?

¿Qué papel desempeñan los estomas en el mantenimiento de la homeostasis?

Vocabulario

limbo • pecíolo • mesófilo • mesófilo en empalizada • mesófilo esponjoso • estoma • transpiración • célula oclusiva

Tomar notas

Vistazo al material visual Antes de leer la lección, mira la **ilustración 23–15**. Localiza los tres sistemas de tejidos principales e infiere cuál sistema de tejidos compone a los nervios de la hoja.

PISTA DEL MISTERIO

Las hojas y los tallos maduros de la higuera obstruyen la luz solar al huésped. ¿De qué manera podría afectar esto la fotosíntesis en el huésped?

PIÉNSALO Estos días se escucha mucho acerca de la "industria verde"; por ejemplo, biocombustibles y reciclaje de materiales. ¿Pero sabías que los sitios de producción más importantes en la Tierra ya son verdes? Son las hojas de las plantas. En cierto sentido, las hojas son los fabricantes más importantes del mundo. Al usar la energía que capturan en sus hojas, las plantas fabrican azúcares, almidones y aceites que prácticamente alimentan a todos los animales de la tierra, incluidos nosotros.

Estructura y función de la hoja

¿Cómo está adaptada la estructura de una hoja para hacer que la fotosíntesis sea más eficaz?

Recuerda del capítulo 8 que la fotosíntesis usa dióxido de carbono y agua para producir azúcares y oxígeno. Las hojas, por tanto, deben tener una manera de obtener dióxido de carbono y agua, así como de distribuir los productos finales **La estructura de una hoja está optimizada para absorber luz y llevar a cabo la fotosíntesis.**

Anatomía de una hoja Para acumular luz solar, la mayoría de las hojas tienen una parte delgada y plana llamada **limbo.** La forma plana de un limbo de hoja maximiza la cantidad de luz que ésta puede absorber. El limbo está sujetado al tallo por un pedúnculo llamado **pecíolo.** Como las raíces y los tallos, las hojas tienen una cubierta externa de tejido dérmico y regiones internas de tejidos fundamental y vascular, como se muestra en la **ilustración 23–15.**

▶ ***Tejido dérmico*** Las hojas están cubiertas en sus superficies superior e inferior por epidermis. La epidermis de las hojas está compuesta de una capa de células formadas irregularmente con gruesas paredes externas que resisten el desgarro. La epidermis de casi todas las hojas también está cubierta por una cutícula cerosa. La cutícula es una barrera a prueba de agua que protege los tejidos y limita la pérdida de agua por la evaporación.

▶ ***Tejido vascular*** Los tejidos vasculares de una hoja están conectados directamente a los tejidos vasculares de los tallos, convirtiéndolos en parte del sistema de transporte de fluidos de la planta. Los tejidos de xilema y floema están agrupados en haces llamados venas de la hoja, que van del tallo hasta la hoja.

▶ ***Tejido fundamental*** El área entre las venas de la hoja está llena de tejido fundamental especializado conocido como **mesófilo,** que es donde ocurre la fotosíntesis. Los azúcares producidos en el mesófilo pasan a las venas de la hoja, donde entran a los tubos cribosos de floema para ser transportados al resto de la planta.

MÁS DE CERCA

ANATOMÍA DE UNA HOJA

ILUSTRACIÓN 23–15 Las hojas absorben luz y llevan a cabo la mayor parte de la fotosíntesis en una planta. Comparar y contrastar ***Compara la estructura de los dos tipos de células de mesófilo en una hoja.***

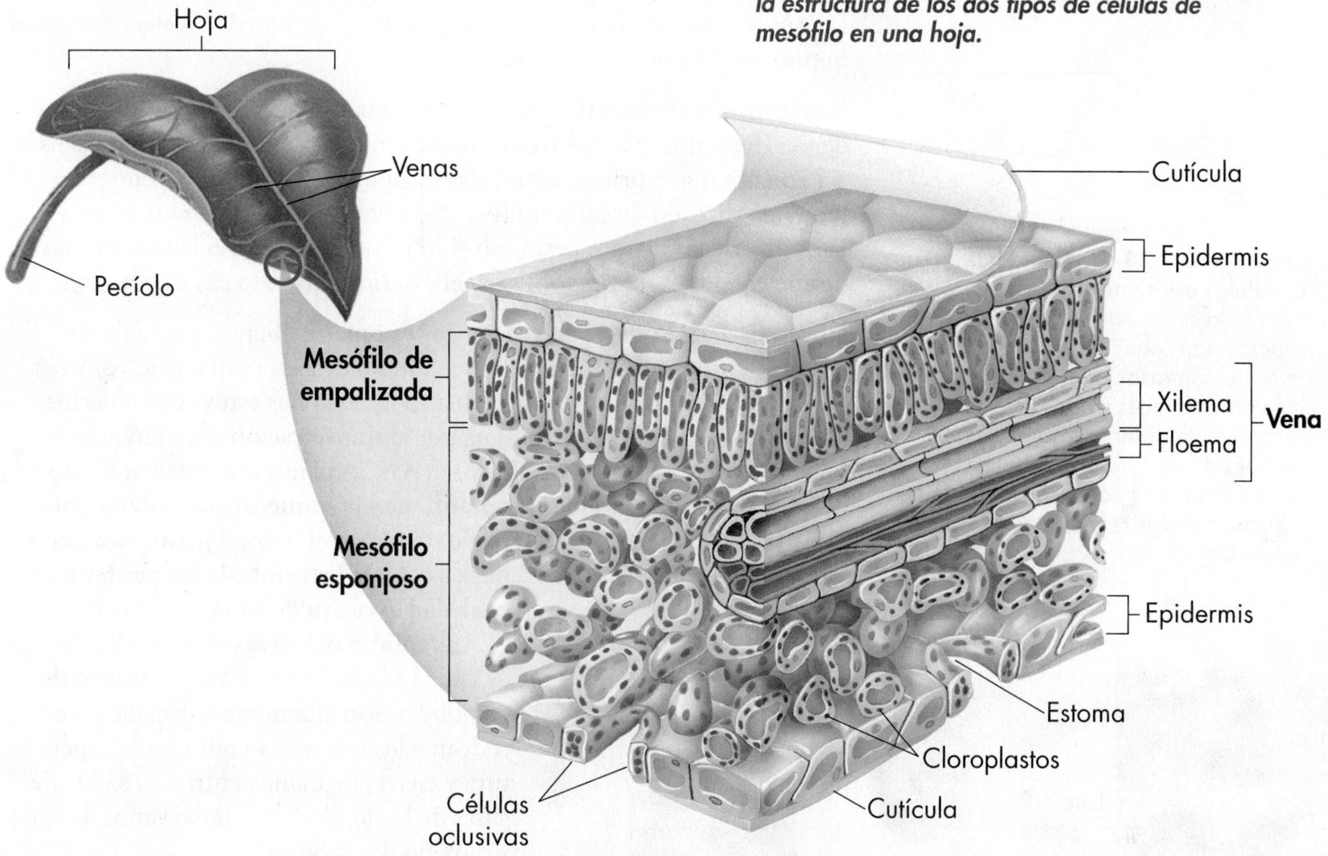

Fotosíntesis El tejido de mesófilo en la mayoría de las hojas está altamente especializado para la fotosíntesis. Debajo de la epidermis superior hay una capa de células llamada **mesófilo de empalizada,** que contiene células unidas de manera compacta y absorben luz que entra a la hoja. Debajo de la capa de mesófilo de empalizada hay un tejido flojo llamado **mesófilo esponjoso,** el cual tiene muchos espacios de aire entre las células. Estos espacios de aire se conectan al exterior a través de los **estomas.** Los estomas son pequeñas aberturas en la epidermis que permiten que el dióxido de carbono, el agua y el oxígeno se difundan dentro y fuera de la hoja.

Transpiración Las paredes celulares de mesófilo se mantienen húmedas para que los gases puedan entrar y salir de las células con facilidad. La conveniencia de este rasgo característico es que el agua se evapora de estas superficies y se pierde en la atmósfera. La **transpiración** es la pérdida de agua a través de las hojas. Esta agua que se pierde puede ser remplazada por agua introducida en la hoja a través de los elementos de vasos de xilema en el tejido vascular. La transpiración ayuda a refrescar las hojas en los días calurosos, pero también puede amenazar la sobrevivencia de la hoja si el agua escasea.

En tu cuaderno *Haz una tabla de dos columnas con las estructuras encontradas en un corte transversal de una hoja y describe sus funciones.*

DESARROLLAR el vocabulario

ORIGEN DE LAS PALABRAS Mesófilo proviene de dos palabras griegas: *meso,* que significa "en medio", y *phyllon,* que significa "hoja". **Estoma** proviene de la palabra griega *stoma* y significa "boca".

Intercambio de gases y homeostasis

¿Qué papel desempeñan los estomas en el mantenimiento de la homeostasis?

No podrías pensar que las plantas "respiran" como los animales, pero también necesitan intercambiar gases con la atmósfera. Incluso pueden sofocarse por la falta de oxígeno, lo que ocurre durante inundaciones extensivas. El control del intercambio de gas de una planta es uno de los elementos más importantes de su homeostasis.

Intercambio de gases Las hojas asimilan dióxido de carbono y despiden oxígeno durante la fotosíntesis. Cuando las células de las plantas usan el alimento que fabrican, las células respiran, asimilando oxígeno y despidiendo dióxido de carbono (exactamente como lo hacen los animales). Las hojas de las plantas permiten el intercambio de gases entre espacios de aire en el mesófilo esponjoso y el exterior abriendo sus estomas.

Homeostasis Podría parecer que los estomas debieran estar abiertos todo el tiempo, permitiendo el intercambio de gases y que la fotosíntesis ocurriera con rapidez. Pero no es así. Si los estomas estuviesen abiertos todo el tiempo, la pérdida de agua por la transpiración sería tan grande que pocas plantas podrían sobrevivir. Así, las plantas mantienen un tipo de equilibrio. **Las plantas mantienen la homeostasis al dejar abiertos los estomas el tiempo justo para que se lleve a cabo la fotosíntesis sin perder una cantidad excesiva de agua.**

Las **células oclusivas** en la epidermis de cada hoja son la clave para este acto de equilibrio. Son altamente especializadas; rodean a los estomas y controlan su apertura y cierre; regulan la entrada y salida de gases de los tejidos de la hoja: vapor de agua y dióxido de carbono.

Los estomas se abren y cierran en respuesta a los cambios de la presión del agua en el interior de las células oclusivas, como se ve en la **ilustración 23–16.** Cuando el agua es abundante, fluye al interior de la hoja, incrementando la presión del agua en las células oclusivas, que abren entonces los estomas. Las delgadas paredes exteriores de las células son forzadas a tomar una forma curva, que jala las gruesas paredes interiores de las células oclusivas separándolas y abre el estoma. El dióxido de carbono puede entrar por el estoma, y se pierde agua mediante la transpiración.

Cuando escasea el agua, ocurre lo contrario: la presión del agua en el interior de las células oclusivas disminuye, las paredes se juntan y se cierra el estoma. Esto reduce la pérdida de agua limitando la transpiración.

ILUSTRACIÓN 23–16 Cómo funcionan las células oclusivas Las plantas regulan la apertura y el cierre de sus estomas para equilibrar la pérdida de agua con tasas de fotosíntesis. La fotografía muestra dos estomas parcialmente abiertos sobre la parte inferior de una hoja de camelia (SEM 1500X). **Observar *¿Cómo se relaciona la estructura de las células oclusivas con su función?***

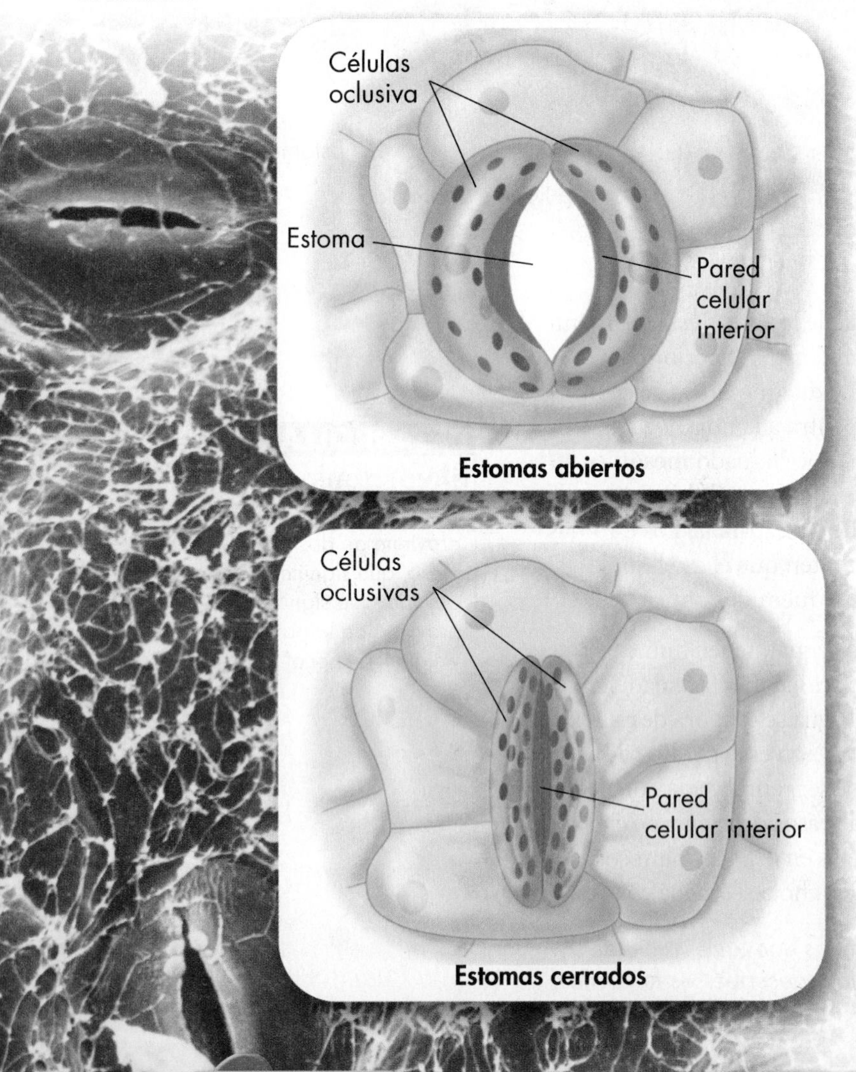

Actividad rápida de laboratorio

INVESTIGACIÓN DIRIGIDA

Examinar los estomas 

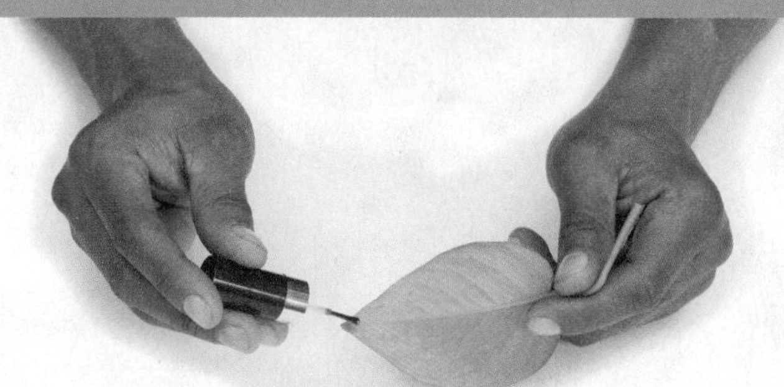

1. Pide a tu maestro diferentes tipos de hojas.
2. Extiende una cubierta gruesa de brillo para uñas transparente sobre la parte inferior de cada hoja.
3. Espera 10 minutos hasta que se seque completamente el brillo.
4. Pega una tira de cinta adhesiva transparente al brillo y suavemente despégala quitando el brillo seco.
5. Pega la cinta adhesiva con el brillo sobre un portaobjetos limpio para examinarlo al microscopio bajo una lente de 400X.
6. Para cada hoja, mueve el portaobjetos del microscopio de modo que puedas contar los estomas desde tres campos visuales distintos.

Analizar y concluir

1. **Calcular** ¿Cuál es el promedio de estomas por centímetro cuadrado en cada hoja? MATEMÁTICAS
2. **Graficar** Haz una gráfica en la que se comparen estos promedios.
3. **Proponer una hipótesis** ¿Qué podría explicar las diferencias en la densidad de estomas entre plantas? Escribe una hipótesis.

En general, los estomas están abiertos durante el día, cuando está activa la fotosíntesis, y cerrados en la noche, cuando su apertura sólo conduciría a la pérdida de agua. Sin embargo, los estomas pueden estar cerrados incluso cuando hay luz solar brillante, bajo condiciones secas de calor en las que la conservación del agua es un asunto de vida o muerte. Las células oclusivas responden a condiciones ambientales, como el viento y la temperatura, ayudando a mantener la homeostasis de una hoja.

Transpiración y marchitamiento La presión osmótica mantiene rígidos o duros a los tallos y las hojas de una planta. Altas tasas de transpiración pueden conducir al marchitamiento. El marchitamiento resulta de la pérdida de agua, y por tanto de presión, en las células de una planta. Sin esta presión interna para apoyarlas, las paredes celulares de la planta se doblan hacia adentro, y las hojas y los tallos de la planta se marchitan. Cuando se marchita una hoja, se cierran sus estomas. Como resultado, la transpiración disminuye significativamente. Así, el marchitamiento ayuda a la planta a ahorrar agua.

ILUSTRACIÓN 23–17 Marchitamiento Una planta se puede marchitar cuando escasea el agua.

En tu cuaderno *Haz una lista de moléculas que se intercambian a través de los estomas. ¿Cuáles principalmente entran a la hoja? ¿Cuáles principalmente salen de la hoja?*

ADAPTACIONES DE LAS HOJAS

ILUSTRACIÓN 23–18 Las plantas que se muestran aquí crecen en diferentes biomas. Las hojas de estas plantas tienen adaptaciones a las condiciones secas o de pocos nutrientes en las que viven.

◀ Sarracenia La hoja de una sarracenia se modifica para atraer y después digerir insectos y otras presas pequeñas. Estas plantas por lo general viven en suelos pobres en nutrientes y dependen de presas animales como fuente de nitrógeno.

▼ Roca viva Las dos hojas de una roca viva están adaptadas para condiciones cálidas y secas. Están redondeadas, lo cual minimiza la exposición de sus superficies al aire. También tienen pocos estomas.

Árbol de picea Las angostas hojas de un árbol de picea contienen una epidermis cerosa así como estomas hundidos bajo la superficie de la hoja. Estas adaptaciones reducen la pérdida de agua de las hojas. ▶

Cactus Las hojas de cactus en realidad son espinas no fotosintéticas que la protegen de los herbívoros; la mayor parte de la fotosíntesis de esta planta se lleva a cabo en sus tallos. ▼

23.4 Evaluación

Repaso de conceptos clave

1. a. Repasar Describe cómo está adaptada la estructura de una hoja para hacer que la fotosíntesis sea más eficaz.

b. Explicar ¿Qué papel desempeña el mesófilo de empalizada?

c. Proponer una hipótesis Las hojas de las plantas de los desiertos suelen tener dos o más capas de mesófilo de empalizada en lugar de una, como la mayoría de las hojas. ¿Cómo podría favorecer a una planta del desierto esta estructura modificada?

2. a. Repasar ¿Cómo ayudan los estomas a que las plantas mantengan la homeostasis?

b. Predecir ¿Los estomas están abiertos o cerrados en un día caluroso?

DESARROLLAR EL VOCABULARIO

3. *Esponjoso* y *de empalizada* son adjetivos que describen dos tipos específicos de mesófilo. Busca en un diccionario otros contextos en los que se usen. Explica por qué son palabras apropiadas para los tipos de mesófilo que describen.

BIOLOGY.com Search Lesson 23.4  • Self-Test • Lesson Assessment

23.5 El transporte en las plantas

PIÉNSALO Observa un árbol alto. Tal vez hay uno afuera de tu escuela que tenga 15 metros de altura o hasta más. Piensa en cuánto trabajo se requeriría para llevar agua hasta la punta de ese árbol. Ahora piensa en una secoya, que tiene cien metros de altura. ¿Cómo llega el agua hasta su punta?

Preguntas clave

¿Qué fuerzas importantes transportan agua en una planta?

¿Qué conduce la circulación del fluido a través del tejido de floema en una planta?

Vocabulario

adhesión • acción capilar • hipótesis de flujo de presión

Tomar notas

Tabla para comparar y contrastar A medida que leas, haz una tabla para comparar y contrastar las funciones del xilema y el floema.

Transporte de agua

¿Qué fuerzas importantes transportan agua en una planta?

Recuerda que el transporte activo y la presión de la raíz hacen que el agua entre del suelo a las raíces de la planta. La presión creada por el agua que entra a los tejidos de una raíz puede empujar el agua hacia arriba en el tallo de una planta. Sin embargo, esta presión no ejerce la fuerza suficiente para elevar el agua en los árboles. Otras fuerzas son mucho más importantes.

Transpiración La fuerza más importante en el transporte de agua viene de la evaporación del agua de las hojas en la transpiración. Al evaporarse el agua por los estomas abiertos, las paredes celulares del interior de la hoja se resecan. Las paredes celulares tienen celulosa, que se usa para hacer toallas de papel que atraen con mucha fuerza el agua. Asimismo las paredes celulares secas atraen agua de células más profundas del interior de la hoja; extendiéndose al tejido vascular de modo que el agua sube por el xilema.

¿Qué tan importante es el arrastre de la transpiración? En un día caluroso, incluso un árbol pequeño pude perder hasta 100 litros de agua por la transpiración. Entre más cálido y seco sea el aire y más ventoso sea el día, mayor será la pérdida de agua. Así la planta hace subir más agua desde las raíces. La **ilustración 23–19** muestra una analogía del arrastre de la transpiración.

ANALOGÍA VISUAL

ARRASTRE DE LA TRANSPIRACIÓN

ILUSTRACIÓN 23–19 Imagina una cadena de payasos de circo atados y trepando una escalera alta. Cuando el primer payaso alcanza la cima de la escalera se cae, jalando a los payasos atrás de él hacia arriba. De igual forma, la cadena de moléculas de agua en una planta se extiende desde las hojas hasta las raíces. A medida que las moléculas se salen de las hojas mediante la transpiración, arrastran a las moléculas que les siguen.

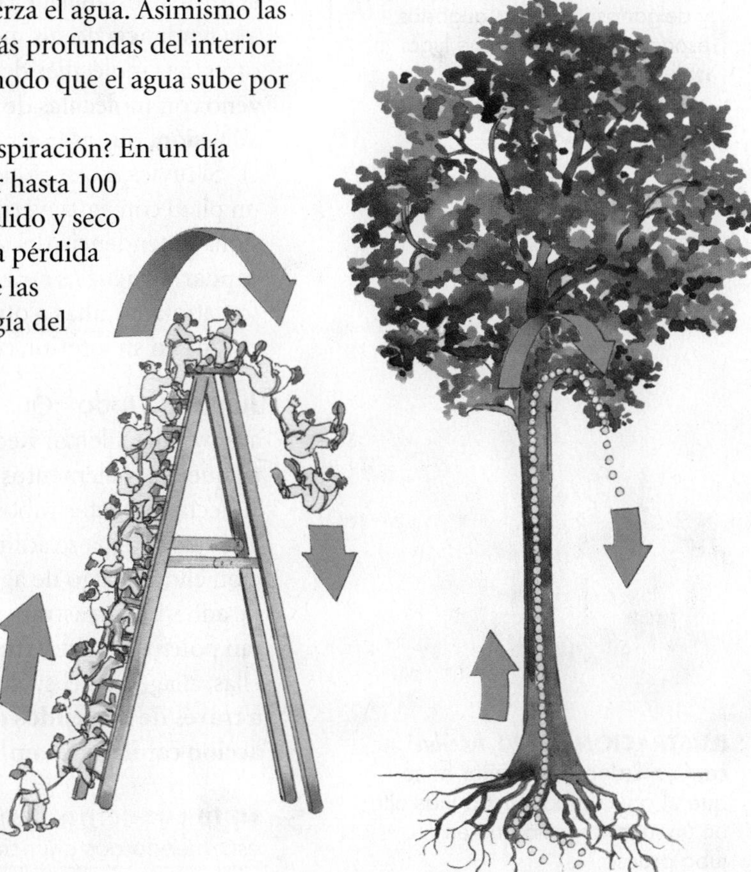

Actividad rápida de laboratorio

INVESTIGACIÓN DIRIGIDA

¿Cuál es el papel de las hojas en la transpiración?

❶ Con un bisturí, quita 1 cm de la parte de abajo de tres rabos de apio. **PRECAUCIÓN:** *Usa el bisturí con cuidado.*

❷ Quita las hojas de un rabo. Usa una torunda para aplicar vaselina en ambas caras de todas las hojas de otro rabo. Coloca los tres rabos en un contenedor de plástico con 200 mL de agua y varias gotas de colorante de alimentos.

❸ Coloca el contenedor de plástico en un lugar soleado. Observa el apio al final de la clase y al día siguiente. Registra tus observaciones cada día.

Analizar y concluir

1. Observar ¿En cuál rabo subió más el agua coloreada? ¿En cuál menos?

2. Inferir ¿Qué efecto tuvo la vaselina en la transpiración? ¿Qué parte de la hoja afectó la vaselina?

3. Sacar conclusiones ¿Cómo están implicadas las hojas en la transpiración?

DESARROLLAR el vocabulario

ORIGEN DE LAS PALABRAS La palabra *capilar* proviene del latín y significa "pelo". Los pelos son largos y delgados, como los angostos espacios en los que tiene lugar la **acción capilar.**

Cómo arrastran el agua hacia arriba las paredes célulares Para arrastrar agua hacia arriba, las plantas se aprovechan de algunas de las propiedades físicas más interesantes del agua. Las moléculas de agua se atraen unas a otras mediante una fuerza llamada cohesión. Recuerda del capítulo 2 que la cohesión es la atracción de unas moléculas con otras de la misma sustancia. La cohesión del agua es particularmente fuerte gracias a la tendencia de sus moléculas a formar enlaces de hidrógeno unas con otras. Las moléculas de agua también pueden formar enlaces de hidrógeno con moléculas de otras sustancias. Esto resulta de una fuerza llamada **adhesión,** que es la atracción entre moléculas de distintas sustancias.

Si tuvieras que colocar tubos de vidrio vacíos de diversos diámetros en un plato con agua, verías en acción tanto a la cohesión como a la adhesión. La tendencia del agua a subir por un tubo delgado se llama **acción capilar.** El agua es atraída a las paredes del tubo, y las moléculas de agua son atraíadas unas a otras. Entre más delgado sea el tubo, más alto subirá el agua en su interior, como se muestra en la **ilustración 23–20.**

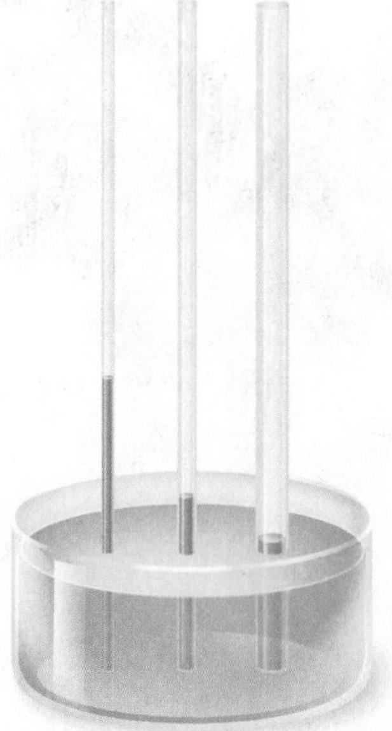

ILUSTRACIÓN 23–20 Acción capilar La acción capilar hace que el agua suba mucho más alto en un tubo angosto que en un tubo grueso.

Juntando todo ¿Qué tiene que ver la acción capilar con el paso del agua a través del xilema? Recuerda que el tejido de xilema está compuesto de traqueidas y elementos de los vasos que forman muchos tubos huecos conectados. Estos tubos están forrados con paredes celulares de celulosa, a la cual el agua se adhiere muy fuertemente. Así, cuando la transpiración elimina algo de agua de las paredes expuestas, las intensas fuerzas de adhesión arrastran agua del interior mojado de la hoja. Ese arrastre es tan potente que se extiende incluso a las puntas de las raíces y, a través de ellas, al agua en el suelo.  **Las principales fuerzas que llevan el agua a través de los tejidos de xilema de una planta son la transpiración y la acción capilar en combinación.**

En tu cuaderno *Distingue los términos* cohesión *y* adhesión *escribiendo dos enunciados en los que uses estos términos.*

Transporte de nutrientes

🔑 ***¿Qué conduce la circulación del fluido a través del tejido de floema en una planta?***

¿Cómo se transportan los azúcares en el floema? La explicación se llama **hipótesis de flujo de presión,** mostrada en la **ilustración 23–21.** A diferencia de las células del xilema, las células de tubos cribosos en el floema permanecen vivas. ❶ El transporte activo lleva azúcares al interior del tubo criboso desde los tejidos circundantes. ❷ Por ósmosis, el agua sigue creando presión en el tubo en la fuente de los azúcares. ❸ Si otra región necesita azúcares, se sacan activamente del tubo por bombeo y entran a los tejidos circundantes. Por ósmosis, el agua abandona el tubo, reduciendo la presión en esos lugares del tubo. El resultado es un flujo rico en nutrientes que se lleva por presión de las fuentes de azúcar (células fuente) a los lugares en que se usan o se almacenan los azúcares (células receptoras). 🔑 **Los cambios en la concentración de nutrientes dirigen el movimieto de fluidos a través del tejido del floema en las direcciones que satisfacen las necesidades nutricionales de la planta.**

El sistema del flujo de presión da a la planta una gran flexibilidad de respuesta a los cambios estacionales. Durante el crecimiento, los azúcares de las hojas van hacia frutos en proceso de maduración o hacia las raíces para su almacenamiento. Al acercarse la estación de crecimiento a su fin, la planta deja caer sus frutos y almacena nutrientes en las raíces. Al acercarse la primavera, señales químicas estimulan a las células de floema en las raíces a que bombeen azúcares de regreso a la savia del floema. Entonces el sistema de flujo de presión sube estos azúcares a los tallos y hojas para un crecimiento rápido.

ILUSTRACIÓN 23–21 Hipótesis del flujo de presión El diagrama muestra la circulación de los azúcares según se explica mediante la hipótesis del flujo de presión. **Relacionar causa y efecto** ***¿Cómo afecta la circulación de azúcares a la circulación del agua?***

23.5 Evaluación

Repaso de conceptos clave 🔑

1. a. Repasar ¿Cuáles son las dos fuerzas responsables de 90% del flujo del agua hacia arriba a través de una planta?

b. Predecir Si los estomas de una planta se cierran en un día caluroso y seco, ¿cómo podría afectar esto la tasa de fotosíntesis de la planta?

2. a. Repasar ¿Cuál es la hipótesis que explica la circulación de fluido a través del floema en una planta?

b. Comparar y contrastar Contrasta los papeles que desempeñan el transporte activo y el pasivo en la circulación del floema.

Aplica la gran idea

Homeostasis

3. Explica cómo la circulación de los azúcares en el floema contribuye a la homeostasis en una planta.

BIOLOGY.com Search Lesson 23.5  • Lesson Assessment • Self-Test

Laboratorio: diseña una actividad

INVESTIGACION GUIADA

Preparación para el laboratorio: Identificar zonas de crecimiento en las raíces

Problema ¿En dónde ocurre el crecimiento en las raíces de plantas?

Materiales Vaso de precipitados de 150 mL, toallas de papel, semillas grandes de frijol, plato de Petri, cinta adhesiva (de pintor), regla graduada (en cm), marcador permanente de punto fino

Manual de laboratorio Laboratorio del Capítulo 23

Enfoque en las destrezas Diseñar un experimento, medir, organizar datos, analizar datos

Conectar con la gran idea Un sistema de raíces de una planta absorbe nutrientes, almacena alimento y da soporte al resto de la planta. Conforme crece una planta, el sistema de raíces debe poder absorber más nutrientes, almacenar más alimento y dar más soporte. Así, el crecimiento en el sistema de raíces debe ir a la par con el crecimiento de las otras partes de una planta. ¿En qué parte de la raíz ocurre el crecimiento que hace que aumente la longitud de la raíz? En esta actividad de laboratorio diseñarás un experimento para responder esta pregunta.

Preguntas preliminares

a. Repasar ¿Cuáles son los tres órganos principales de las plantas con semilla?

b. Comparar y contrastar ¿Cuáles son las funciones principales de los tejidos dérmico, vascular y fundamental?

c. Repasar ¿Qué son los meristemos?

Preguntas previas al laboratorio

Examina el procedimiento en el manual de laboratorio.

1. Predecir Se marca una raíz en dos puntos de su longitud. ¿Qué le pasará a la distancia entre estas marcas si la raíz se hace más larga sólo cerca de la punta? ¿Qué pasará si el crecimiento ocurre de manera uniforme a lo largo de toda la longitud de la raíz?
2. Diseña un experimento El procedimiento en la Parte A te pide que uses cuatro semillas. ¿Por qué mejor no usar dos?
3. Diseña un experimento ¿Cómo seguirás el rastro de cuál plantón es cuál?

Visita el Capítulo 23 en línea para hacer una autoevaluación del capítulo y para buscar actividades que apoyan tu aprendizaje.

Untamed Science Video El equipo de *Untamed Science* te lleva a varios lugares exóticos para ver estructuras y adaptaciones de plantas excepcionales.

Data Analysis Investiga cómo "respiran" las plantas a través de los estomas conforme cambian las condiciones.

Tutor Tube Sintoniza este canal para ver cómo el crecimiento de tejido nuevo hace más altas a las plantas.

Art Review Prueba tus conocimientos sobre las estructuras de la hoja.

Art in Motion Ve cómo absorben nutrientes y moléculas de agua las raíces de las plantas.

Visual Analogy Compara el movimiento de los payasos subiendo una escalera con las moléculas de agua que son arrastradas hacia arriba en un árbol.

23 Guía de estudio

La gran idea Estructura y función

Los órganos principales de una planta (raíces, tallos y hojas) contienen sistemas de tejido dérmico, vascular y fundamental que llevan a cabo las funciones básicas de una planta. Estas funciones incluyen protección, transporte y fotosíntesis.

23.1 Tejidos especializados de las plantas

Los tres órganos principales de las plantas con semilla son las raíces, los tallos y las hojas.

El tejido dérmico es la cubierta protectora externa de una planta. El tejido vascular sostiene el cuerpo de la planta y transporta el agua y los nutrientes a través de toda la planta. El tejido fundamental produce y almacena azúcares y ayuda al soporte físico de la planta.

Los meristemos son regiones de células no especializadas donde la mitosis produce nuevas células que están listas para la diferenciación.

epidermis (665)
lignina (666)
elemento de vasos (666)
elemento de tubos cribosos (666)
célula acompañante (666)
parénquima (667)
colénquima (667)
esclerénquima (667)
meristemo (667)
meristemo apical (668)

23.2 Las raíces

Una raíz madura tiene una capa externa, llamada epidermis, y también contiene tejido vascular y una gran área de tejido fundamental.

Las raíces sostienen a la planta, la anclan al suelo y almacenan alimento; asimismo, absorben agua y nutrientes disueltos en el suelo.

pelo radical (670)
corteza (670)
endodermis (670)
cilindro vascular (670)
cofia (670)
banda de Caspary (672)

23.3 Los tallos

Los tallos que crecen por encima del suelo tienen varias funciones importantes: producen hojas, ramas y flores; mantienen las hojas expuestas al sol, y transportan sustancias a través de la planta.

El crecimiento primario de los tallos es el resultado del alargamiento de las células producidas en el meristemo apical. Se lleva a cabo en todas las plantas con semilla.

En las coníferas y dicotiledóneas el crecimiento secundario ocurre en meristemos llamados cambium vascular y cambium de corcho.

nódulo (675)
brote (675)
fascículo vascular (675)
médula (675)
crecimiento primario (676)
crecimiento secundario (676)
cambium vascular (677)
cambium de corcho (677)
duramen (678)
albura (678)
corteza (679)

23.4 Las hojas

La estructura de una hoja está optimizada para absorber luz y llevar a cabo la fotosíntesis.

Las plantas mantienen la homeostasis al dejar abiertos los estomas el tiempo justo para realizar la fotosíntesis sin perder una cantidad excesiva de agua.

limbo (680)
pecíolo (680)
mesófilo (680)
mesófilo en empalizada (681)
mesófilo esponjoso (681)
estoma (681)
transpiración (681)
célula oclusiva (682)

23.5 El transporte en las plantas

Las principales fuerzas que llevan el agua a través de los tejidos de xilema de una planta son la transpiración y la capilaridad en combinación.

Los cambios en la concentración de nutrientes dirigen el movimiento de fluidos a través del tejido del floema en las direcciones que satisfacen las necesidades nutricionales de la planta.

adhesión (686)
acción capilar (686)
hipótesis del flujo de presión (687)

Razonamiento visual Haz un diagrama de flujo de los tejidos por los que pasa el agua, desde donde entra a una planta en la raíz hasta que sale de la planta por las hojas. Usa los siguientes términos en tu diagrama de flujo: *epidermis, corteza, endodermis, xilema* y *estomas.*

23 Evaluación

23.1 Tejidos especializados de las plantas

Comprender conceptos clave

1. El órgano de la planta que sostiene el cuerpo de ésta y lleva nutrientes entre diferentes partes de la planta es
   a. la raíz.
   b. el tallo.
   c. la hoja.
   d. la flor.

2. ¿Qué tipo de tejido de la planta se encontraría SÓLO en las áreas marcadas con un círculo en la planta que se muestra en la ilustración?
   a. tejido de meristemo
   b. tejido vascular
   c. tejido dérmico
   d. tejido fundamental

3. Las traqueidas y los elementos de vasos componen
   a. el floema.
   b. los tricomas.
   c. el xilema.
   d. el meristemo.

4. El floema funciona primariamente en
   a. el transporte de agua.
   b. el crecimiento de la raíz.
   c. el transporte de productos de la fotosíntesis.
   d. el aumento del grosor del tallo.

5. ¿Cuál es la diferencia principal entre las células del xilema maduro y las del floema maduro?

6. ¿Cuáles son las tres funciones principales de las hojas?

Razonamiento crítico

7. **Comparar y contrastar** ¿Cuáles son las semejanzas y las diferencias en los tejidos dérmicos de las raíces y las hojas?

8. **Usar analogías** ¿Qué tan precisa es la siguiente analogía para describir el crecimiento de las plantas?

Los meristemos apicales hacen que la planta crezca de manera similar al crecimiento de un edificio de oficinas de gran altura durante su construcción.

23.2 Las raíces

Comprender conceptos clave

9. ¿Cuál o cuáles de los siguientes están en las raíces?
   a. sólo tejido vascular
   b. sólo tejido fundamental
   c. sólo tejido dérmico y tejido vascular
   d. tejidos dérmico, vascular y fundamental

10. Conforme una raíz en crecimiento avanza por el suelo, el delicado meristemo apical está protegido por
    a. una cofia.
    b. el xilema.
    c. la corteza.
    d. pelos radicales.

11. ¿Cuál de los siguientes es un elemento de traza que absorben las raíces?
    a. nitrógeno
    b. fósforo
    c. zinc
    d. potasio

12. La parte impermeable que está en las paredes celulares de la endodermis es
    a. el cambium vascular.
    b. el cilindro vascular.
    c. la banda de Caspary.
    d. la corteza.

13. ¿De qué manera son importantes los pelos radicales para las plantas?

14. ¿Cuáles son los principales tipos de materiales que obtienen del suelo las plantas a través de sus raíces?

15. ¿Qué causa la presión de la raíz y cuál es la función de esta presión para la planta?

Razonamiento crítico

16. **Predecir** ¿Cómo se vería afectada la función de la raíz de una planta si le hiciera falta la banda de Caspary?

17. **Proponer una hipótesis** Mientras trasplantas una planta de interior a una maceta más grande, notas que las raíces han estado muy apretadas en la vieja maceta. Durante unas pocas semanas después, el crecimiento y toda la apariencia de la planta mejoran en forma notable. Desarrolla una hipótesis que explique esta observación.

23.3 Los tallos

Comprender conceptos clave

18. Los aumentos en el grosor de los tallos resulta del tejido nuevo que produce
    a. el cambium vascular.
    b. el mesófilo.
    c. el meristemo apical.
    d. el tejido fundamental.

19. La mayor parte del transporte de agua en los tallos tiene lugar en
   a. el duramen.
   b. la médula.
   c. el floema.
   d. la albura.

20. ¿De qué tipo de tejido se desarrolla la corteza?

21. ¿Cuál es la diferencia primaria entre los tallos de monocotiledóneas y los de dicotiledóneas?

Razonamiento crítico

22. **Inferir** Si un compañero de clase te diera un portaobjetos mostrando una sección transversal de una dicotiledónea, ¿cómo sabrías si era de una raíz o de un tallo?

23. **Diseña un experimento** ¿Qué relación esperarías entre el período de vida de una planta y su capacidad para experimentar crecimiento secundario? ¿Qué datos podrías reunir? Describe un experimento para reunir los datos.

24. **Aplica los conceptos** En el arte de los bonsai, los jardineros mantienen a los árboles pequeños mediante el corte de las raíces y de las puntas de las ramas. Sin embargo, el tronco del árbol sigue incrementando su grosor. ¿Cómo explicas el crecimiento continuo del grosor del tronco?

23.4 Las hojas

Comprender conceptos clave

25. La mayor parte de la actividad fotosintética de una hoja tiene lugar en
   a. los fascículos vasculares.
   b. la cutícula cerosa y la epidermis.
   c. el mesófilo en empalizada y el esponjoso.
   d. las células oclusivas y los estomas.

26. Los estomas se abren y se cierran en respuesta a la presión del agua en
   a. las células radiculares.
   b. las paredes celulares.
   c. las células oclusivas.
   d. el xilema.

27. ¿Cuál es la función de las capas de epidermis y de cutícula en una hoja?

28. ¿Qué necesidades de la planta se satisfacen mediante el control de la apertura y el cierre de los estomas?

Razonamiento crítico

29. **Comparar y contrastar** Compara las maneras en que se adaptan a sus respectivos biomas un cactus y una conífera.

30. **Relacionar causa y efecto** Los estomas de una planta están abiertos temprano en un día de verano cuando el aire es fresco y húmedo. Por la tarde, cuando el aire es caliente y seco, los estomas se cierran. Explica esta observación.

resuelve el MISTERIO del CAPÍTULO

EL ÁRBOL HUECO

La vida de una higuera estranguladora comienza con una semilla pegajosa depositada en una rama alta de un árbol por algún animal, como un ave o un mono. Al principio, el crecimiento es lento a causa de que las raíces tienen acceso sólo a los pocos nutrientes disueltos que se encuentran en el agua de lluvia y en la basura de hojas que se juntan en las grietas de las ramas del huésped. Pero después de que las primeras raíces crecen hacia abajo del tronco del huésped y entran a la tierra, la tasa de crecimiento de la higuera aumenta rápidamente. Estas raíces se enredan y se injertan juntas, demoliendo la corteza del huésped y constriñendo la circulación de los nutrientes en el interior del floema.

Además, las ramas y las hojas de la higuera finalmente crecen más altas que el huésped, atajándole el sol a éste. Esto hace que la fotosíntesis en el huésped sea menos eficaz. Bajo la tierra, las raíces de la higuera compiten con las raíces del huésped por los nutrientes limitados del suelo.

Este triple golpe (estrangulación, competencia por luz y competencia por los nutrientes) por lo común mata al huésped. De esta manera queda un árbol de higuera "hueco" impresionante.

1. **Usar analogías** Un científico ha descrito a la higuera estranguladora como un "pulpo vegetal". Explica cómo se relaciona esta analogía con los hábitos de la higuera estranguladora.

2. **Predecir** Las plantas que germinan y crecen sobre otras plantas se llaman epifitas. ¿En qué bioma crees que son más comunes las epifitas?

3. **Conectar con la gran idea** ¿En qué difiere la estructura de la higuera estranguladora de la de la "planta típica" que estudiaste en este capítulo? Compara las ventajas y desventajas de una planta del bosque tropical que germina en el suelo con las de una que germina por encima del suelo.

23.5 El transporte en las plantas

Comprender conceptos clave

31. La subida del agua en una planta alta depende de la capilaridad y
a. de la ósmosis.
b. de la evaporación.
c. del transporte de nutrientes.
d. del arrastre de la transpiración.

32. La hipótesis del flujo de presión explica
a. la circulación del agua en el xilema.
b. la circulación del agua y los nutrientes en el floema.
c. la circulación del agua y los nutrientes en el xilema.
d. la circulación del agua en el floema.

33. La atracción entre moléculas de agua y otras sustancias se conoce como
a. adhesión.
b. acción capilar.
c. transpiración.
d. cohesión.

34. ¿Cuál es la función principal del floema?

35. ¿Qué son las células fuente y las células receptoras?

Razonamiento crítico

36. Relacionar causa y efecto ¿Cuándo sería el arrastre de la transpiración más intenso: en un día caluroso y húmedo o en un día caluroso y seco? Explica.

37. Aplica los conceptos ¿Por qué los arces son sangrados por su azúcar en la temprana primavera y no durante el verano o el otoño?

Relacionar conceptos

Usar gráficas científicas

Usa la grafica para responder las preguntas 38 a 40.

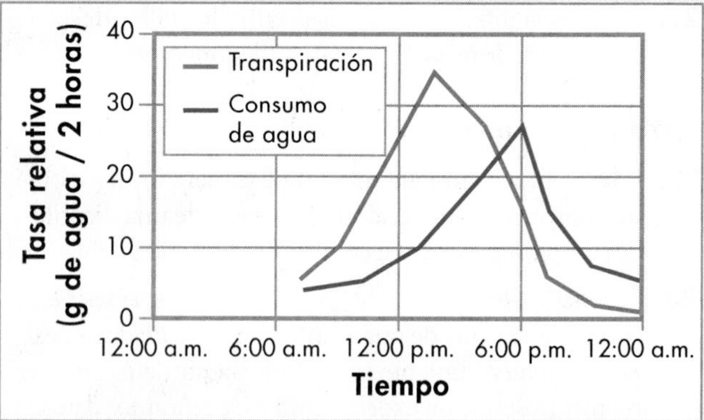

38. Analizar datos ¿Durante qué período se pierde la mayor cantidad de agua a través de la transpiración?

39. Analizar datos ¿Como cuántos gramos (g) de agua se pierden cada dos horas cuando la curva de transpiración está en su punto máximo?

40. Sacar conclusiones ¿Cuál es la relación entre la transpiración y el consumo de agua?

Escribir sobre las ciencias

41. Explicación Explica cómo las células en el tejido vascular de una raíz están especializadas para el transporte de agua y minerales.

42. Evalúa la gran idea Describe cómo diferentes tipos de tejido en una hoja trabajan en conjunto para apoyar el funcionamiento de un órgano de una planta.

Analizar datos

Una científica selecciona un solo abedul de tres años para estudiar los patrones de crecimiento. Pone un clavo en el tronco 1.0 m por encima del nivel del suelo. En intervalos durante los siguientes 15 años mide la altura del árbol y su circunferencia en el punto donde sobresale el clavo. Registra los resultados, los cuales se muestran aquí.

Edad del árbol (años)	Altura del árbol (m)	Altura del clavo (m)	Circunferencia del árbol (cm)
3	2.1	1.0	9.0
8	4.5	1.0	15.0
13	8.0	1.0	26.0
18	9.0	1.0	29.5

43. Interpretar tablas ¿En qué intervalo de tiempo fue mayor el crecimiento del árbol?
a. 0 a 3 años
b. 3 a 8 años
c. 8 a 13 años
d. 13 a 18 años

44. Calcular ¿Cuál fue el promedio de crecimiento del árbol en altura desde la germinación hasta la edad de 18 años?
a. 0.2 metro por año
b. 0.5 metro por año
c. 1.0 metro por año
d. 2.0 metros por año

Preparación para exámenes estandarizados

Selección múltiple

1. ¿Cuál de los siguientes tipos de células NO se encuentra en el tejido vascular de una planta?
A traqueida
B elemento de vasos
C célula oclusiva
D célula acompañante

2. ¿En qué lugar de una planta la mitosis produce nuevas células?
A meristemos
B cloroplastos
C mesófilo
D duramen

3. ¿Qué tejidos componen la corteza?
A floema
B corcho
C cambium soberógeno
D todos los anteriores

4. ¿Cuál NO es un factor en la circulación del agua a través de los tejidos vasculares de una planta?
A transpiración
B capilaridad
C presión osmótica
D meristemos

5. Todos los siguientes conducen fluidos en una planta, EXCEPTO
A el duramen
B la albura
C el floema
D el xilema

6. ¿En dónde ocurre la mayor parte de la fotosíntesis en una planta?
A estomas
B células oclusivas
C cambium vascular
D tejido de mesófilo

7. ¿Cuál de las siguientes estructuras impide el flujo de agua de regreso hacia la corteza de la raíz?
A mesófilo en empalizada
B cofia
C cambium
D banda de Caspary

8. ¿Cuál de las siguientes plantas tiene un sistema de raíces fibrosas?
A diente de león
B betabel
C rábano
D hierba

Preguntas 9 y 10

Una estudiante comparó el promedio de estomas en la parte superior y en la parte inferior de las hojas de diferentes plantas. Resumió sus datos en la siguiente tabla.

Promedio de estomas (por mm cuadrado)

Planta	Caras superiores de las hojas	Caras inferiores de las hojas
Calabaza	29	275
Tomate	12	122
Frijol	40	288

9. ¿Qué generalización se puede hacer con base en los datos?
A Todas las plantas tienen más estomas en la cara superior de sus hojas que en la cara inferior.
B Las plantas tienen menos estomas en la cara superior de sus hojas que en la cara inferior.
C Algunas plantas tienen más estomas en la cara superior de sus hojas que en la cara inferior.
D El número de estomas es el mismo de una a otra planta.

10. Las calabazas, los tomates y los frijoles crecen todos a la luz directa del sol. Suponiendo que las plantas reciben suficiente agua, los estomas en la cara inferior de sus hojas
A siempre están cerrados.
B normalmente están bloqueados con polvo.
C es improbable que se cierren en la noche.
D permanecen abiertos durante las horas del día.

Respuesta de desarrollo

11. Contrasta las funciones del xilema y del floema.

Si tienes dificultades con...

la pregunta	1	2	3	4	5	6	7	8	9	10	11
Ver la lección	23.1	23.1	23.3	23.5	23.3	23.4	23.2	23.2	23.4	23.4	23.5

24 Reproducción y respuestas de las plantas

La gran idea **Crecimiento, desarrollo y reproducción**

P: ¿Cómo afectan los cambios del medio ambiente la reproducción, desarrollo y crecimiento de las plantas?

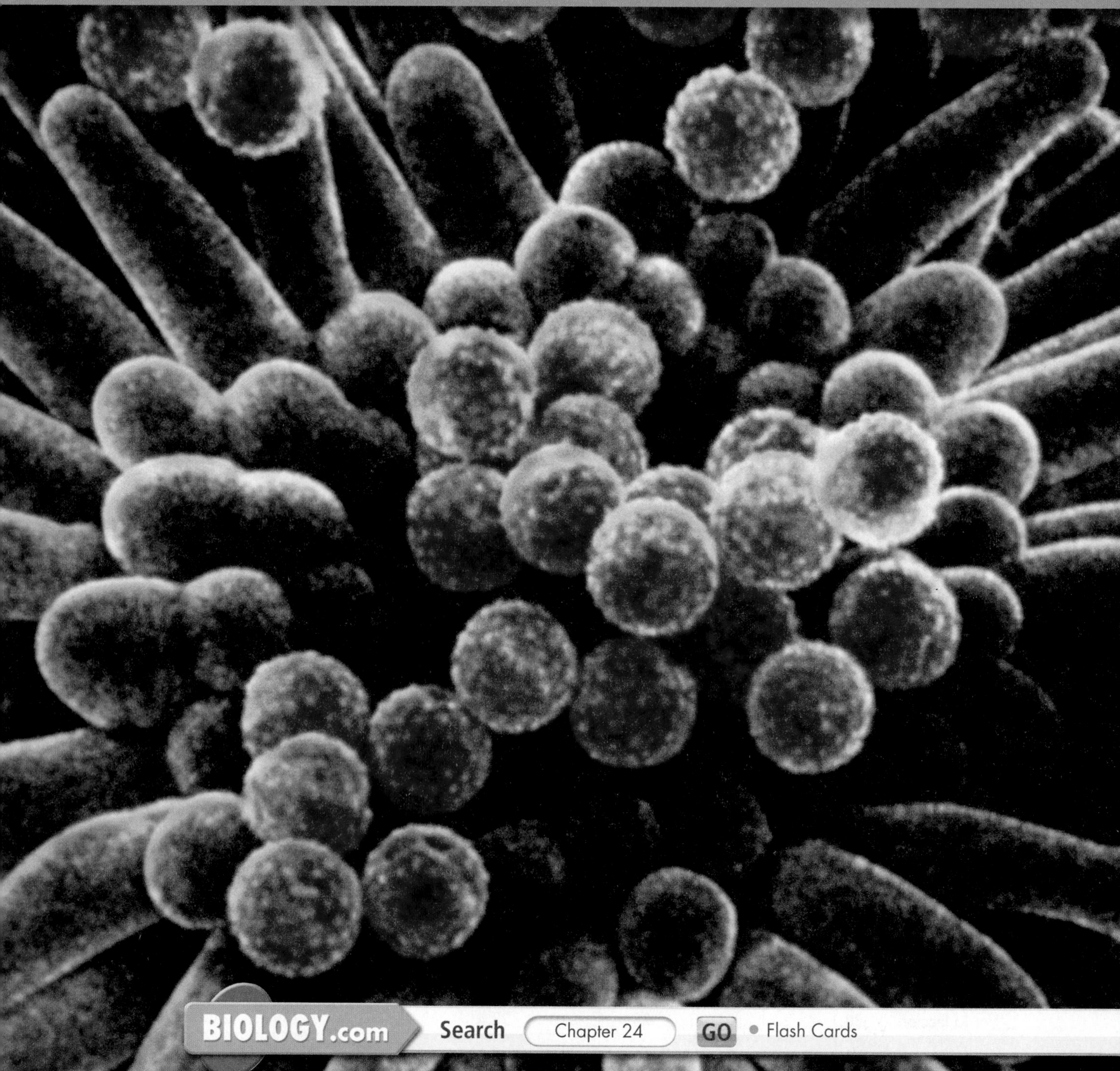

EN ESTE CAPÍTULO:

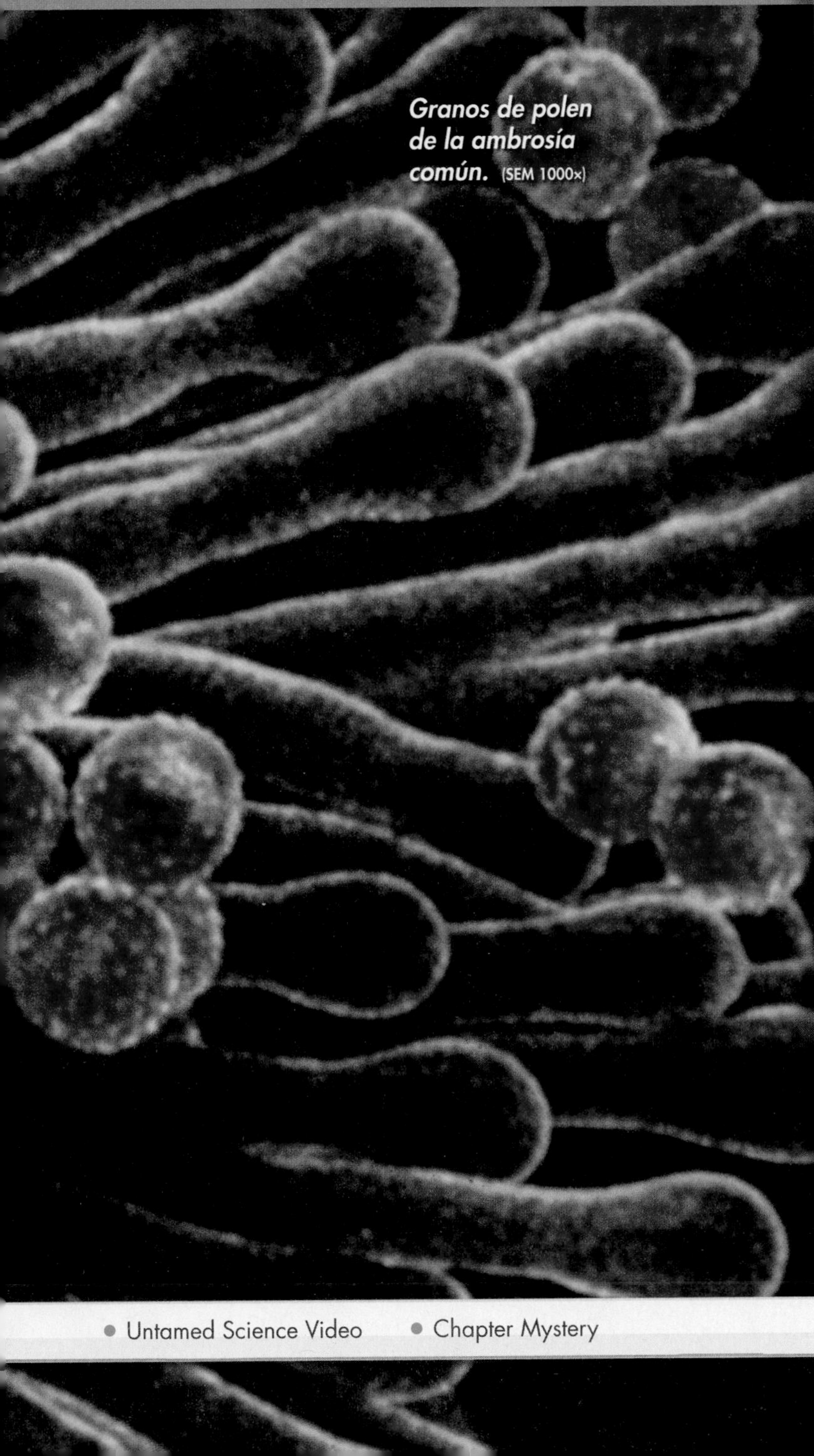

Granos de polen de la ambrosía común. (SEM 1000×)

MISTERIO DEL CAPÍTULO

LIMONES VERDES

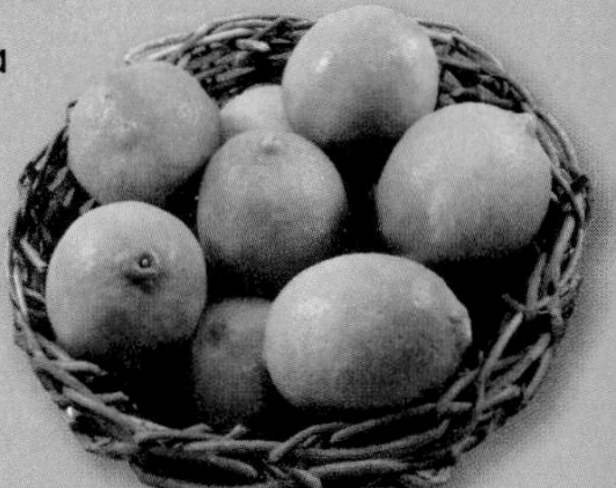

Durante muchos años, un almacén de California había almacenado limones verdes recién cortados antes de despacharlos al mercado. Los administradores del almacén sabían que los limones tomarían un color amarillo maduro y estarían listos para salir al mercado cinco días después de haber llegado. O eso creían. Un año, por razones de seguridad, decidieron reemplazar los calentadores de queroseno del almacén por otros eléctricos modernos. Después, para su asombro, cuando comenzaron a empacar la primera remesa de limones de cinco días de antigüedad, tuvieron que detenerse. Las frutas que querían despachar todavía tenían un color verde muy inmaduro. ¿Qué había ocurrido? A medida que leas el capítulo, busca pistas que proporcionen información sobre el caso de los limones verdes. Resuelve el misterio.

Continúa explorando el mundo.
Hallar la solución al misterio de los limones verdes sólo es el principio. Emprende un viaje de campo en video con los genios ecólogos de *Untamed Science* para ver adónde conduce este misterio.

- Untamed Science Video
- Chapter Mystery

24.1 Reproducción de las plantas que florecen

Preguntas clave

- *¿Qué son las flores?*
- *¿En qué se diferencia la fecundación de las angiospermas de la de otras plantas?*
- *¿Qué es la reproducción vegetativa?*

Vocabulario

estambre • antera • carpelo • estigma • pistilo • saco embrionario • doble fecundación • endospermo • reproducción vegetativa • injerto

Tomar notas

Tabla de dos columnas Haz una tabla de dos columnas con los títulos: *Gametofito masculino* y *Gametofito femenino.* A medida que leas, toma notas de las características de cada tipo de gametofito.

PIÉNSALO ¿Qué hace que una flor sea hermosa? La simetría de sus pétalos, la riqueza de sus colores y a veces, su fragancia. Pero, en realidad, ¿qué hay detrás de toda esta belleza? La respuesta es, tan sólo, la reproducción sexual de las angiospermas. Para una planta, el único propósito de una flor es reunir a los gametos para reproducirse y proteger al cigoto y al embrión que se originan.

La estructura de las flores

¿Qué son las flores?

Tal vez creas que las flores son objetos decorativos que iluminan nuestro mundo y, en efecto, lo son. Sin embargo, la presencia de tantas flores en el mundo es una prueba visible de algo más: el asombroso éxito evolutivo de las angiospermas, o plantas que florecen. La estructura de una flor típica de las angiospermas se muestra en la **ilustración 21–1.** **Las flores son órganos reproductores que están compuestos por cuatro tipos diferentes de hojas especializadas: los sépalos, los pétalos, los estambres y los carpelos.**

Sépalos y pétalos El círculo externo de las partes de la flor contiene los sépalos. En muchas plantas, los sépalos son verdes y se parecen mucho a las hojas comunes. Encierran al brote antes de que se abra y protegen la flor mientras se desarrolla. Los pétalos, que a menudo son de colores brillantes, se hallan justo dentro de los sépalos. Sus colores, cantidad y formas atraen a los insectos y a otros polinizadores hacia la flor.

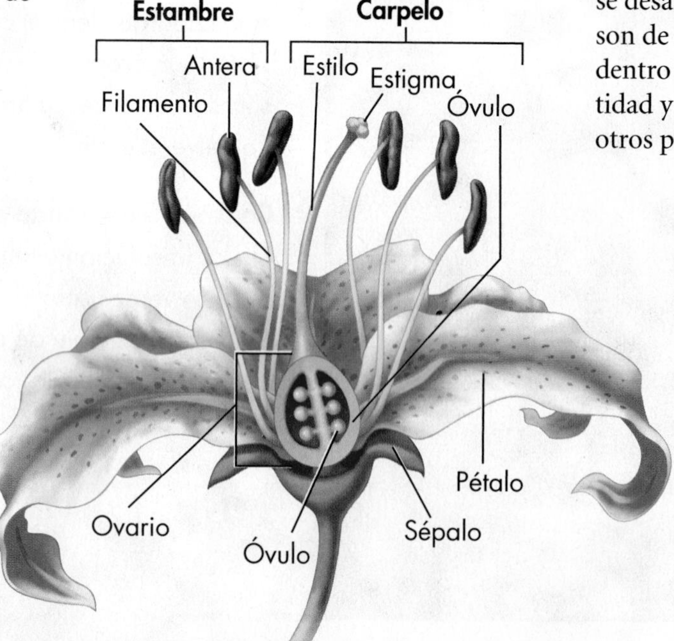

ILUSTRACIÓN 24–1 Las partes de la flor Este diagrama muestra las partes de una flor típica. Sin embargo, las flores de algunas angiospermas no tienen todas las partes que se muestran aquí.

Estambres Dentro del anillo de pétalos están las estructuras que producen los gametofitos masculinos y femeninos. Los **estambres** son las partes masculinas de la flor. Cada uno consiste en un tallo llamado filamento con una antera en su punta. Las **anteras** son las estructuras en las que se producen los granos de polen, los gametofitos masculinos. En casi todas las especies de angiospermas, las flores tienen varios estambres. Si frotas en tu mano las anteras de una flor, se podría pegar a tu piel un polvo anaranjado amarillento. Este polvo está compuesto por miles de granos de polen.

Carpelos Las partes internas de la flor son los carpelos. Los **carpelos** producen y protegen a los gametofitos femeninos y después, a las semillas. Cada carpelo tiene una base amplia que forma un ovario que contiene uno o más óvulos donde se producen los gametofitos femeninos. El diámetro del carpelo se estrecha en un tallo llamado estilo. En su punta hay una parte pegajosa o muy liviana conocida como **estigma,** especializada en capturar al polen. Los botánicos a veces llaman **pistilo** a un solo carpelo o a varios carpelos fusionados.

En tu cuaderno *Haz una tabla de dos columnas rotuladas* Masculino *y* Femenino. *Luego escribe y define las estructuras que componen una flor en la columna adecuada.*

Variedad entre las flores Las flores varían enormemente en forma, color y tamaño, como se ve en la **ilustración 24–2.** Una planta con flores típica produce gametofitos masculinos y femeninos. Pero en algunas especies éstos se producen en diferentes plantas. En algunas especies, muchas flores crecen unidas para formar una estructura compuesta que se ve como una sola flor, como el encaje de la Reina Ana de la derecha.

ILUSTRACIÓN 24–2 Variedad entre las flores La estructura de las flores varía mucho. **Proponer una hipótesis** ***¿Por qué podría ser una ventaja para una planta tener muchas flores agrupadas en una sola estructura?***

◀ **Iris** Las estructuras colgantes parecidas a pétalos en realidad son sépalos modificados. La banda velluda amarilla que sale del centro guía a las abejas y a otros polinizadores hacia las partes masculinas y femeninas del interior de la flor.

Encaje de la Reina Ana Algunas estructuras parecidas a flores en realidad son grupos de muchas flores individuales. ▶

Flor de la pasión Algunas flores tienen estambres y pistilos que se pueden contar fácilmente. En esta espectacular flor, cinco estambres descansan bajo tres pistilos. ▼

Rosa silvestre Esta flor tiene muchos estambres que rodean a un apretado grupo de carpelos en el centro. ▶

Actividad rápida de laboratorio

INVESTIGACIÓN DIRIGIDA

¿Cuál es la estructura de una flor?

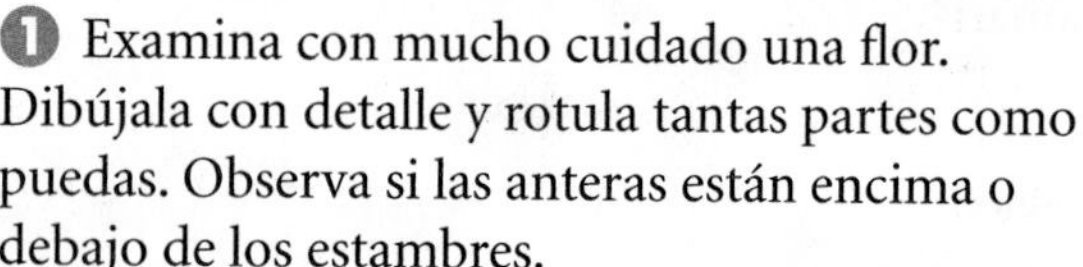

❶ Examina con mucho cuidado una flor. Dibújala con detalle y rotula tantas partes como puedas. Observa si las anteras están encima o debajo de los estambres.

❷ Quita una antera y colócala en un portaobjetos. Mientras la sostienes con un fórceps, usa el escalpelo para hacerla uno o más cortes delgados. **PRECAUCIÓN:** *Ten cuidado con las herramientas afiladas. Coloca el portaobjetos en una superficie plana antes de empezar a cortar.*

❸ Coloca los cortes en el portaobjetos del microscopio, agrega una gota de agua y pon encima la cubierta de vidrio. Observa los cortes con el microscopio a una potencia baja. Haz un dibujo rotulado de tus observaciones.

❹ Repite los pasos 2 y 3 con el ovario.

Analizar y concluir

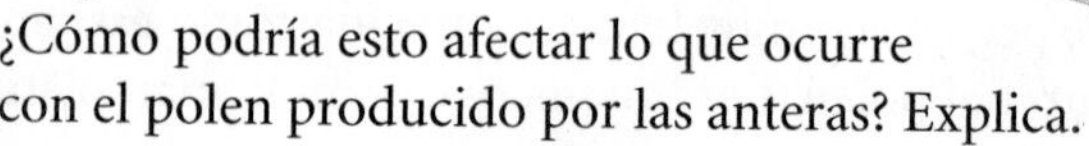

1. Observar ¿Las anteras de esta flor se localizan encima o debajo del estigma? ¿Cómo podría esto afectar lo que ocurre con el polen producido por las anteras? Explica.

2. Aplica los conceptos ¿Qué estructuras identificaste en la antera? ¿Cuál es la función de estas estructuras?

3. Aplica los conceptos ¿Qué estructuras identificaste en el ovario? ¿Cuál es la función de estas estructuras?

4. Sacar conclusiones ¿Qué partes de la flor se convertirán en semillas? ¿Cuáles en frutas?

El ciclo de vida de las angiospermas

¿En qué se diferencia la fecundación de las angiospermas de la de otras plantas?

Igual que otras plantas, las angiospermas tienen un ciclo de vida que muestra una alternancia de generaciones entre una fase esporofita diploide y una etapa gametofita haploide. Recuerda que en las plantas vasculares, incluyendo helechos y gimnospermas, la planta esporofita es mucho más grande que la gametofita. Esta tendencia continúa en las angiospermas, en las que los gametofitos masculinos y femeninos viven dentro de los tejidos de la esporofita.

Desarrollo de los gametofitos masculinos Los gametofitos masculinos, o granos de polen, se desarrollan dentro de las anteras. Este proceso se muestra en la parte superior de la **ilustración 24–3.** Primero, la meiosis produce cuatro esporas haploides. Cada espora se somete a una división mitótica para producir dos núcleos haploides de un solo grano de polen. Los dos núcleos están rodeados por una gruesa pared que protege al gametofito masculino de la resequedad y el daño cuando es liberado. Los granos de polen dejan de crecer hasta que son liberados de la antera y caen en un estigma.

En tu cuaderno *Haz un diagrama de flujo que registre las etapas del desarrollo del gametofito masculino de una angiosperma.*

Desarrollo de los gametofitos femeninos Mientras se forman los gametofitos masculinos, los gametofitos femeninos se desarrollan dentro de los carpelos de la flor. Los óvulos, las futuras semillas, están envueltos en un ovario protector, que después será el fruto.

¿Cómo se forman los gametofitos femeninos? Como se ve en la **ilustración 24–3**, una sola célula diploide se somete a la meiosis para producir cuatro células haploides, de las que tres se desintegran. La que queda se somete a la mitosis, produciendo ocho núcleos. Estos ocho núcleos y la membrana que los rodea se llaman **saco embrionario.** Está dentro del óvulo y constituye el gametofito femenino de una planta con flores.

Después se forman las paredes celulares alrededor de seis de los ocho núcleos. Uno de los ocho, el que está cerca de la base del gametofito, es el núcleo del óvulo: el gameto femenino. Si se fecunda, este óvulo se fusionará con el gameto masculino para convertirse en el cigoto que crecerá en una nueva planta esporofita.

MÁS DE CERCA

EL DESARROLLO DE LOS GAMETOFITOS

ILUSTRACIÓN 24–3 Los diagramas muestran el desarrollo del gametofito masculino dentro de la antera y el del gametofito femenino dentro de un solo óvulo. **Interpretar material visual** ***En cada caso, masculino y femenino, ¿qué proceso celular produce la primera célula haploide?***

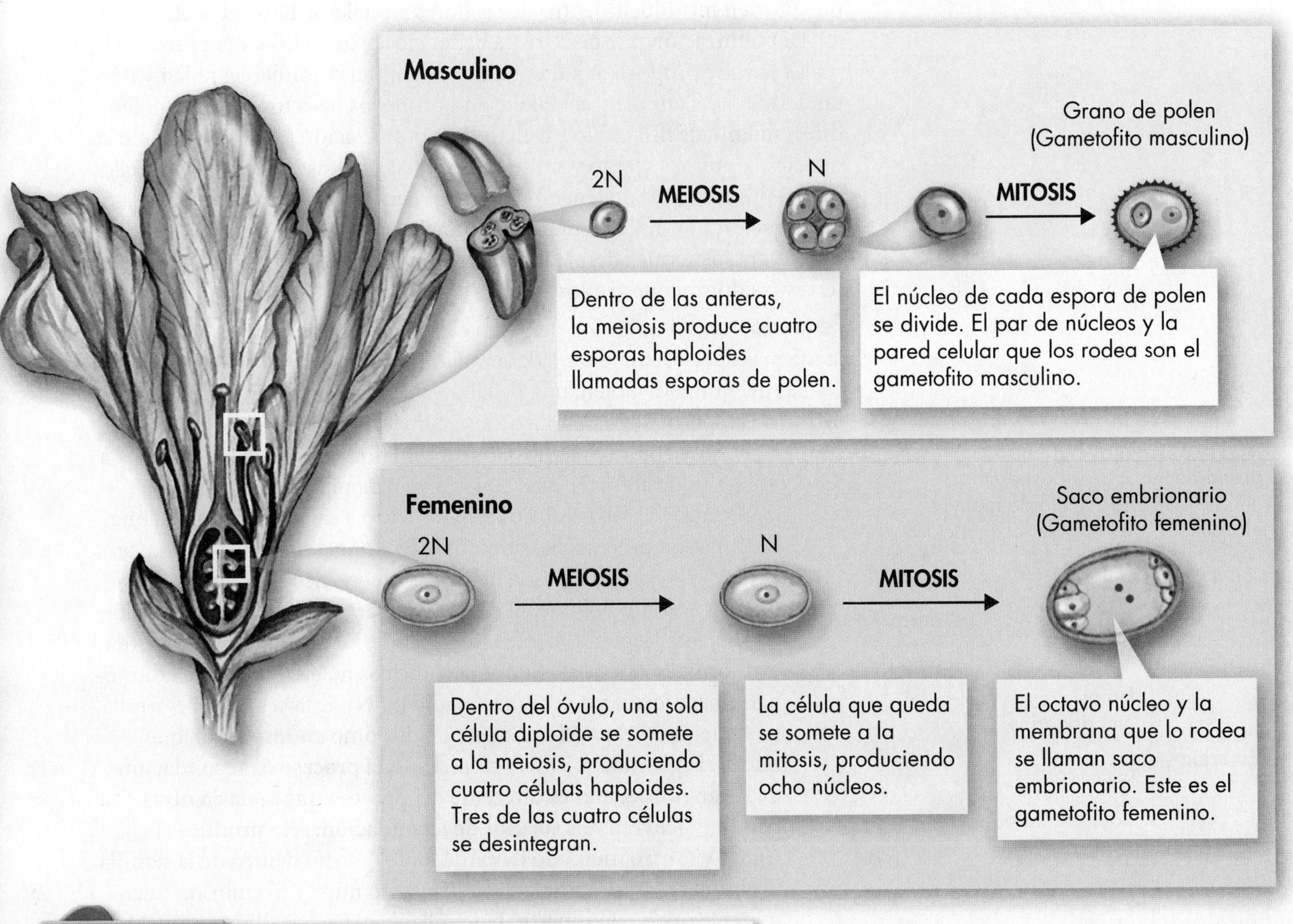
Masculino
Grano de polen
(Gametofito masculino)
2N
MEIOSIS
N
MITOSIS
Dentro de las anteras, la meiosis produce cuatro esporas haploides llamadas esporas de polen.
El núcleo de cada espora de polen se divide. El par de núcleos y la pared celular que los rodea son el gametofito masculino.
Femenino
Saco embrionario
(Gametofito femenino)
2N
MEIOSIS
N
MITOSIS
Dentro del óvulo, una sola célula diploide se somete a la meiosis, produciendo cuatro células haploides. Tres de las cuatro células se desintegran.
La célula que queda se somete a la mitosis, produciendo ocho núcleos.
El octavo núcleo y la membrana que lo rodea se llaman saco embrionario. Este es el gametofito femenino.

ILUSTRACIÓN 24–4
Polinización La apariencia de una flor a menudo indica cómo se poliniza. Las flores del roble (izquierda) son típicas flores polinizadas por el viento porque son pequeñas y no muy llamativas, pero producen grandes cantidades de polen. En contraste, muchas flores polinizadas por animales son grandes y de colores brillantes (derecha).

DESARROLLAR el vocabulario

PALABRAS RELACIONADAS Varias palabras se derivan de la palabra *polen*. La *polinización* es la transferencia de polen de una flor a otra. Un *polinizador* es un animal que transporta el polen.

Polinización La polinización es la transferencia del polen a las partes femeninas de la flor. Algunas angiospermas son polinizadas por el viento, pero la mayoría lo son por los animales (principalmente insectos, aves y murciélagos) que transportan el polen de una flor a otra. Debido a que la polinización por el viento es menos eficaz que la polinización por los animales, las plantas polinizadas por él, como el roble de la **ilustración 24–4,** dependen del clima favorable y de una increíble cantidad de granos de polen para obtenerlo de una planta a otra. Las plantas polinizadas por animales tienen varias adaptaciones, como colores brillantes y néctar dulce, para atraerlos y recompensarlos. Éstos, a su vez, han evolucionado formas corporales que les permiten alcanzar el profundo néctar que está dentro de ciertas flores. Por ejemplo, los colibríes tienen picos largos y delgados que pueden introducir dentro de las flores para llegar hasta el néctar.

La polinización por insectos es beneficiosa para ellos y para otros animales porque proporciona una fuente de alimento confiable: polen y néctar. Las plantas también se benefician porque los insectos llevan el polen directamente de flor en flor. Este tipo de polinización es más eficaz que la que lleva a cabo el viento y proporciona a las plantas polinizadas por ellos mayor probabilidad de tener éxito en su reproducción. La eficacia de la polinización por insectos puede ser una de las principales razones por las que las angiospermas desplazaron a las gimnospermas como las plantas terrestres dominantes en los últimos 130 millones de años.

Fecundación Si un grano de polen cae en el estigma de una flor de la misma especie, comienza a desarrollar un tubo de polen. De las dos células del grano de polen, una de ellas, la célula "generativa", se divide y forma dos espermatozoides. La otra se convierte en el tubo de polen que contiene un núcleo tubular y los dos espermatozoides, y que luego llega a ser el estilo, donde al final llega al ovario y entra un óvulo.

ILUSTRACIÓN 24–5 Dentro de un grano de maíz El endospermo y el embrión de una semilla de maíz son el resultado de la doble fecundación.

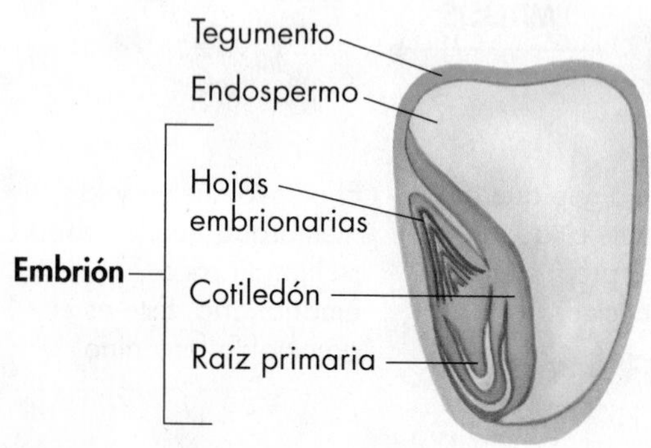

Dentro del saco embrionario, se llevan a cabo dos fecundaciones distintas, un proceso llamado **doble fecundación.** Primera, uno de los núcleos espermáticos se fusiona con el núcleo del óvulo para producir un cigoto diploide. El cigoto se desarrolla en el nuevo embrión de la planta. Segunda, el otro núcleo espermático hace algo en verdad extraordinario: se fusiona con dos núcleos polares en el saco embrionario para formar una célula triploide (3N). Esta célula se desarrolla en un tejido rico en alimento conocido como **endospermo,** que nutre a la plántula mientras crece. **El proceso de fecundación de las angiospermas es diferente del proceso que se da en otras plantas. Ocurren dos sucesos de fecundación: uno produce al cigoto y el otro un tejido llamado endospermo dentro de la semilla.** El abundante suministro del endospermo nutrirá al embrión mientras crece, como lo muestra la semilla de maíz de la **ilustración 24–5.**

RESUMEN VISUAL

CICLO DE VIDA DE LAS ANGIOSPERMAS

ILUSTRACIÓN 24–6 En el ciclo de vida de una angiosperma típica, las semillas en desarrollo de una flor son nutridas y protegidas dentro del ovario. Relacionar causa y efecto ***¿Qué par de estructuras son el resultado de la fecundación?***

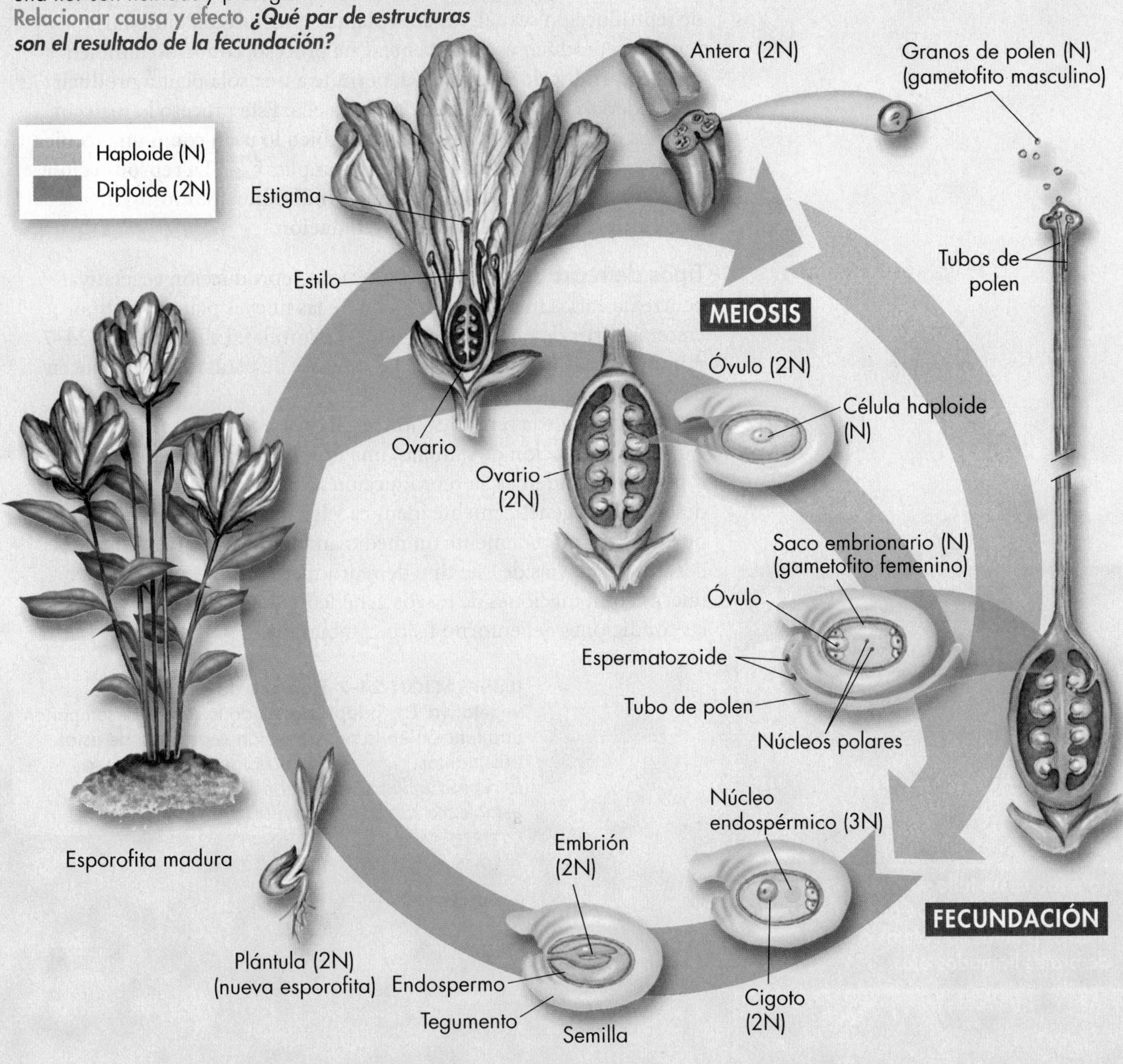

La doble fecundación puede ser otra de las razones por las que las angiospermas han sobrevivido tan bien. Al usar el endospermo para almacenar el alimento, las plantas que florecen gastan muy poca energía en la producción de semillas desde los óvulos hasta que se lleva a cabo la doble fecundación. La energía ahorrada se puede usar para producir muchas semillas más. La **ilustración 24–6** resume el ciclo de vida de una angiosperma típica.

En tu cuaderno *Haz un esquema que detalle las características clave de la reproducción de las angiospermas.*

Reproducción vegetativa

¿Qué es la reproducción vegetativa?

A pesar de que las angiospermas son mejor conocidas por sus patrones de reproducción sexual, muchas plantas que florecen también se pueden reproducir asexualmente. Este proceso, conocido también como **reproducción vegetativa,** permite a una sola planta producir descendencia genéticamente idéntica a ella. Este proceso lo realizan muchas plantas y los horticultores también lo usan como una técnica para producir muchas copias de un ejemplar. **La reproducción vegetativa es la formación de nuevos individuos por mitosis. No requiere gametos, flores ni fecundación.**

Tipos de reproducción vegetativa La reproducción vegetativa ocurre de varias maneras. Por ejemplo, las nuevas plantas podrían crecer a partir de raíces, hojas, tallos o plántulas. La **ilustración 24–7** muestra varias maneras en que las especies de plantas se reproducen de manera vegetativa.

Debido a que la reproducción vegetativa no implica la polinización ni la formación de semillas, una única planta se puede reproducir rápidamente. Además, la reproducción asexual le permite producir descendencia genéticamente idéntica y los individuos bien adaptados pueden llenar rápidamente un medio ambiente favorable. Una de las desventajas obvias de este tipo de reproducción es que no produce nuevas combinaciones de rasgos genéticos, que podrían ser valiosas si las condiciones del entorno físico cambiaran.

ILUSTRACIÓN 24–7 Ejemplos de reproducción vegetativa Las adaptaciones de los tallos desempeñan una función en la reproducción vegetativa de estas tres plantas. Aplica los conceptos ***Describe cómo la reproducción sexual permite que una planta se establezca rápidamente en un área nueva.***

▲ La papa es un tallo subterráneo llamado tubérculo que puede desarrollar nuevas plantas completas a partir de brotes llamados *ojos.*

▲ Las plantas de la fresa producen largos tallos laterales llamados estolones. Los nódulos que descansan en el suelo producen raíces, hojas y tallos erguidos.

El nopal y muchas otras especies de cactus se pueden reproducir al dejar caer secciones de sus tallos. Los pequeños individuos que crecen en la base de los adultos más grandes son, de hecho, clones.

ILUSTRACIÓN 24–8
Injertos Cuando comienza a echar brotes, la rama de un árbol de limón se injerta en la rama de un árbol de naranjo. Meses después, la rama madura porta frutas de limón. Los injertos permiten que una sola planta porte más de una especie de frutas.

Propagación de las plantas Los horticultores a menudo se benefician de la reproducción vegetativa. Para propagar plantas con características deseadas, los horticultores usan esquejes o injertos para producir muchas copias idénticas de una planta o para producir descendencia de plantas sin semilla.

Una de las maneras más simples de reproducir las plantas de manera vegetativa es con esquejes. Un cultivador corta un largo tallo de la planta que tenga varios brotes con tejido del meristemo, y después lo entierra parcialmente en el suelo o en una mezcla especial de nutrientes que fomenta la formación de las raíces.

El **injerto** es un método de propagación usado para reproducir plantas sin semilla y variedades de plantas leñosas que no se pueden propagar con esquejes. Para hacer el injerto, se corta un pedazo de tallo o un brote lateral de la planta progenitora y se sujeta a otra planta, como se muestra en la **ilustración 24–8.** El injerto funciona sólo cuando las dos plantas están relacionadas estrechamente, como cuando se injerta un brote de un limonero en un naranjo. El injerto funciona mejor cuando las plantas están aletargadas, así las heridas por el corte sanan antes de iniciar el nuevo crecimiento.

PISTA DEL MISTERIO

Que los limones crezcan o no en una rama injertada no afecta su programa de maduración. Más bien, una cierta variable que cambió después de que se cosecharan los limones contribuyó al fracaso de su maduración. ¿Cuál pudo haber sido esa causa?

24.1 Evaluación

Repaso de conceptos clave

1. a. Repasar Nombra y describe cuatro tipos de hojas especializadas que componen una flor.

b. Clasificar ¿Qué estructuras de la flor son los órganos sexuales masculinos? ¿Y los femeninos?

2. a. Repasar Describe las características de la fecundación de las angiospermas.

b. Explicar ¿En qué se diferencia la fecundación de las angiospermas de la fecundación de otros tipos de plantas?

c. Aplica los conceptos Relaciona las características de la reproducción de las angiospermas con el éxito de su supervivencia.

3. a. Repasar Define la reproducción vegetativa.

b. Comparar y contrastar Compara las ventajas y desventajas de la reproducción sexual frente a la reproducción asexual de las plantas con flores.

RAZONAMIENTO VISUAL

4. Repasa el ciclo de vida del alga verde *Chlamydomonas* de la lección 22.2. Haz una tabla que compare y contraste la alternancia de generaciones en las plantas con flores y en la *Chlamydomonas.* Incluye la etapa (haploide o diploide) dominante de cada ciclo de vida del organismo y cuándo ocurre la meiosis.

BIOLOGY.com Search Lesson 24.1  • Lesson Assessment • Self-Test

24.2 Frutos y semillas

Preguntas clave

¿Cómo se forman los frutos?

¿Cómo se dispersan las semillas?

¿Qué factores influyen en la latencia y la germinación de las semillas?

Vocabulario

letargo
germinación

Tomar notas

Diagrama de flujo Haz un diagrama de flujo que muestre el proceso de germinación y los factores que influyen en él. Indica las diferencias entre las monocotiledóneas y las dicotiledóneas.

PIÉNSALO ¿Qué son los frutos y para qué les sirven a las plantas que las producen? ¿Te sorprendería saber que, desde el punto de vista biológico, si comes una mazorca de maíz y frijoles en realidad estás comiendo frutos? ¿Alguna vez te has preguntado por qué las plantas se "molestan" en recubrir sus semillas con sabrosos y carnosos frutos como los que producen las manzanas, las naranjas y las uvas? Te daremos una pista: tú y todos los animales que disfrutan de ellos, están siendo usados. Las plantas pueden ser más listas de lo que crees.

Desarrollo de semillas y frutos

¿Cómo se forman los frutos?

El desarrollo de la semilla, que protege y nutre al embrión de la planta, contribuye en gran medida al éxito de las plantas en la tierra. La semilla *angiosperma,* que está recubierta por el fruto, fue incluso una mejor adaptación. Como verás, al ayudar a la semilla a estar en la mejor ubicación posible para comenzar su nueva vida, los frutos de inmediato se vieron favorecidos por la selección natural.

Cuando termina la fecundación de una angiosperma, los nutrientes fluyen al tejido de la flor y mantienen el desarrollo del embrión en crecimiento que está dentro de la semilla. **A medida que las semillas angiospermas maduran, las paredes del ovario se engrosan para formar un fruto que encierra a las semillas en desarrollo.** Un fruto es tan sólo un ovario angiospermo maduro que por lo general contiene semillas. Una excepción son los frutos desarrollados comercialmente que se cultivan en forma selectiva para no contener semillas, como algunas variedades de uvas. Algunos ejemplos de estos frutos se muestran en la **ilustración 24–9.**

El término *fruto* se aplica a las cosas dulces que por lo general creemos que son frutas, como las manzanas, las uvas y las fresas. Sin embargo, alimentos como los guisantes, el maíz, los frijoles, el arroz, los pepinos y los tomates, que comúnmente llamamos vegetales, también son frutas.

La pared del ovario que rodea a un fruto simple puede ser carnosa, como en las uvas y los tomates, o dura y seca, como la cáscara que rodea a los maníes. (Los maníes son las semillas.)

ILUSTRACIÓN 24–9 Variedad entre los frutos Al igual que las flores de las que se desarrollan, la estructura de los frutos varía. Observar *¿Cuál de estos ejemplos es un fruto seco?*

En tu cuaderno *Escribe diez "vegetales" que se te ocurran y pon una marca de verificación junto a los que creas que son frutos. Explica por qué.*

Dispersión de las semillas

¿Cómo se dispersan las semillas?

¿Para qué sirven los frutos carnosos y por qué los ha favorecido la selección natural? No están ahí para nutrir a la plántula, el endospermo hace eso. Entonces, ¿por qué estas plantas tienen semillas que están envueltas en una capa adicional de tejido rico en nutrientes? Parece inútil, pero en términos evolutivos, tiene toda la lógica del mundo.

Piensa en las moras silvestres de los bosques de América del Norte. Cada semilla está encerrada en un dulce y jugoso fruto, que lo hace un sabroso alimento para los animales. ¿De qué sirve tanta dulzura si se lo comen? Bueno, aunque no lo creas, ese es exactamente su propósito.

ILUSTRACIÓN 24–10 Mecanismos de dispersión de las semillas Un Ampelis europeo come deliciosas moras (izquierda) y más tarde dispersará las semillas en sus heces. Los frutos como paracaídas del diente de león son llevadas muy lejos por el viento (en medio). El fruto flotante del coco puede dispersar sus semillas sobre grandes distancias de agua (derecha).

Dispersión por animales Los animales a menudo se comen las semillas de muchas plantas, sobre todo las recubiertas por frutos carnosos y dulces. Sus duros revestimientos les permiten pasar intactas por el sistema digestivo del animal. Después germinan en las heces del animal. Estos frutos nutren al animal y ayudan a las plantas a dispersar sus semillas, a menudo hacia zonas donde hay menos competencia con las plantas progenitoras. **Las semillas encerradas en frutos nutritivos y carnosos por lo general son dispersadas por animales.** En la **ilustración 24–10** se muestran tres mecanismos de dispersión de semillas.

Los animales también dispersan muchos frutos secos, pero no necesariamente al comerlos. Los frutos secos a veces tienen abrojos o ganchos que se adhieren a la piel de los animales, y éstos los transportan.

Dispersión por viento y agua Los animales no son el único medio de esparcir las semillas, ya que éstas también tienen adaptaciones para que el viento y el agua las disperse. **Las semillas dispersadas por el viento o el agua por lo común están encerradas en frutos livianos que les permiten ser transportados en el aire o en frutos boyantes que les permiten flotar en la superficie del agua.** Así, la semilla del diente de león se adhiere a un fruto seco que tiene una estructura parecida a un paracaídas. Esta adaptación permite que la planta se deslice a considerables distancias de la planta progenitora. Algunas semillas, como las del coco, se dispersan por el agua. Los frutos del coco pueden flotar en el agua del mar durante muchas semanas, lo que permite a las semillas llegar a islas remotas y colonizarlas.

La temperatura y la germinación de semillas

La *Arisaema dracontium,* o "dragón verde", es una planta que crece desde el sur de Estados Unidos hasta Canadá. La gráfica muestra la velocidad de germinación de las semillas de *Arisaema* recolectadas de dos ubicaciones y almacenadas en dos temperaturas diferentes.

1. Interpretar gráficas ¿Qué efecto tiene el frío en la germinación de las semillas de Ontario? ¿Cómo afecta a las semillas de Luisiana?

2. Proponer una hipótesis Cómo se explican las velocidades de germinación de las semillas en cuanto a su adaptación al clima local.

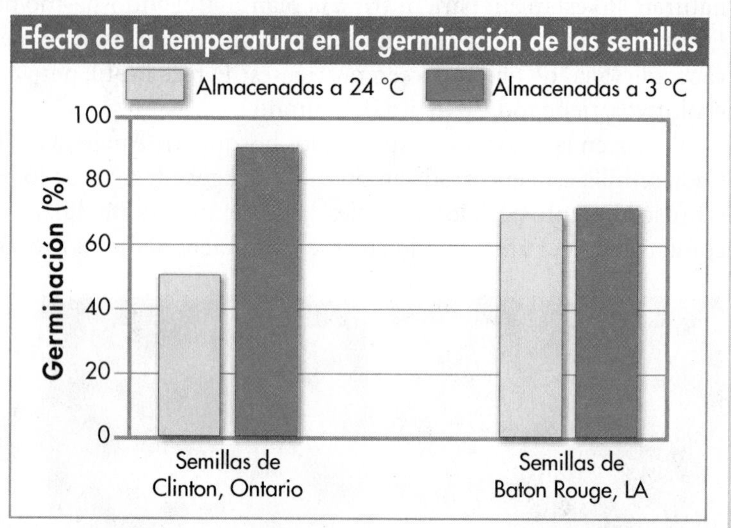

DESARROLLAR el vocabulario

ORIGEN DE LAS PALABRAS La palabra **latencia** se deriva de la palabra en latín *dormire,* que significa "dormir".

Latencia y germinación de las semillas

¿Qué factores influyen en la latencia y la germinación de las semillas?

Algunas semillas retoñan tan rápido que prácticamente son plantas instantáneas. Las semillas del frijol son un buen ejemplo. Con cantidades de agua y calor adecuadas, una semilla madura de frijol retoña muy rápido y se torna en una planta verde. Pero muchas semillas no crecen cuando maduran. En lugar de esto, entran en un período de **latencia,** donde el embrión está vivo pero no crece. Su duración varía en las diferentes especies. La **germinación** es la reanudación del crecimiento del embrión de la planta. **Los factores ambientales, como la temperatura y la humedad, pueden provocar que una semilla termine su latencia y comience a germinar.**

Cómo germinan las semillas Antes de germinar, las semillas absorben agua. El agua absorbida provoca que los tejidos que almacenan el alimento se hinchen, reventando la cubierta de la semilla. A través de la cubierta reventada, la joven raíz surge y comienza a crecer. El retoño, la parte de la planta que crece sobre el suelo, sale después.

La función de los cotiledones Los cotiledones son las primeras hojas de las plantas que florecen. Su trabajo es almacenar los nutrientes y después transferirlos al embrión en crecimiento a medida que la semilla germina. La **ilustración 24–11** compara la germinación de las monocotiledóneas con la de las dicotiledóneas. Las monocotiledóneas tienen un solo cotiledón, que por lo general permanece bajo tierra mientras pasa los nutrientes a la joven planta. El retoño monocotiledóneo en crecimiento surge de la tierra protegido por una vaina. En las dicotiledóneas, que tienen dos cotiledones, no hay una vaina que proteja la punta de la joven planta. En su lugar, el extremo superior del retoño se dobla para formar un gancho que abre su camino a través de la tierra. Esto protege a la delicada punta de la planta, que se endereza a medida que brota hacia la luz solar. En algunas especies, los cotiledones aparecen sobre el suelo a medida que la planta brota, en tanto que en otras, como en la arveja de jardín, los cotiledones permanecen bajo la tierra.

PISTA DEL MISTERIO

¿Qué variables del entorno de los limones pudieron haber cambiado cuando se comenzó a usar la calefacción eléctrica? Comienza a escribir una lista de las variables que afectan el desarrollo de las semillas y la maduración de los frutos. A medida que leas el capítulo, aumenta tu lista.

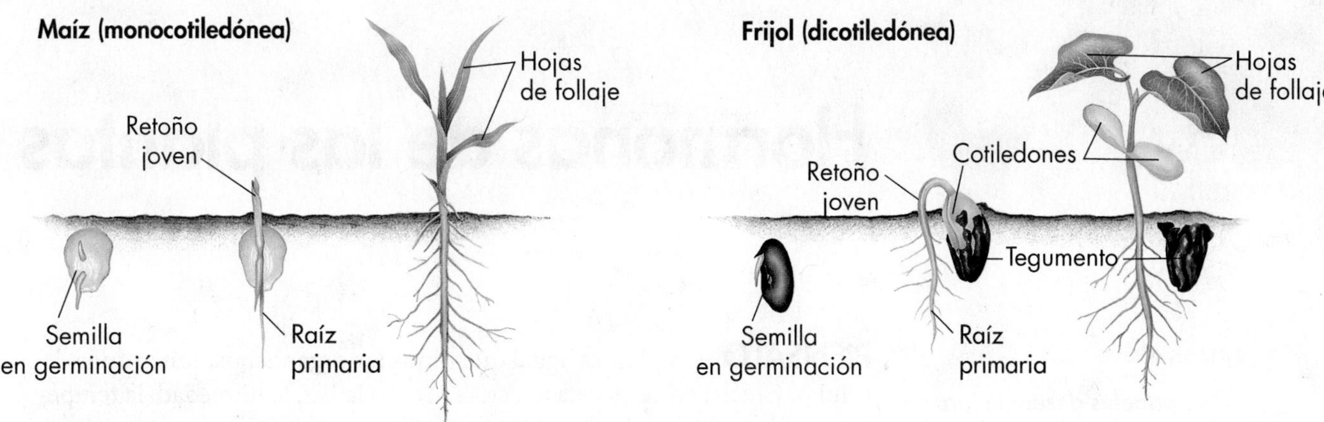

ILUSTRACIÓN 24–11 Germinación: una comparación La plántula monocotiledónea del maíz (izquierda) crece erguida, protegida por una vaina de tejido que rodea a las hojas en desarrollo. En contraste, el frijol de jardín (derecha), forma un gancho con su tallo que delicadamente jala a los nuevos tejidos vegetales a través de la tierra. **Predecir** ***¿Qué le podría ocurrir a una plántula en germinación que no tuviera estas adaptaciones?***

Ventajas de la latencia La latencia de las semillas puede presentar diversas adaptaciones. Una de ellas es que puede permitir la dispersión a largas distancias. Y también permite que las semillas germinen bajo condiciones de crecimiento ideales. Las de casi todas las plantas templadas, por ejemplo, germinan en la primavera, cuando las condiciones para el crecimiento son mejores. Algunas especies requieren un período de temperaturas frías en el que las semillas están aletargadas antes de comenzar su crecimiento. Éstas pueden sobrevivir fácilmente el frío del invierno, pero muchas plantas verdes jóvenes no. El período de frío que se requiere dura lo suficiente para que las semillas no germinen hasta que la peligrosa temporada invernal haya terminado.

A veces, sólo condiciones ambientales extremas pueden poner fin a la latencia de las semillas. Por ejemplo, algunos pinos producen semillas en conos que permanecen sellados hasta que las altas temperaturas generadas por los incendios forestales provocan que los conos se abran. Las altas temperaturas activan y liberan las semillas, permitiendo que las plantas reformen rápidamente el bosque después de un incendio.

24.2 Evaluación

Repaso de conceptos clave

1. a. **Repasar** Describe cómo se forman los frutos.
   b. **Inferir** ¿La calabaza es un fruto? Describe las pruebas que usaste para inferirlo.
2. a. **Repasar** Describe dos métodos de la dispersión de las semillas.
   b. **Preguntar** Se ha descubierto una nueva especie de angiosperma. ¿Qué preguntas plantearías antes de predecir cómo se dispersan sus semillas? Explica las razones que tuviste para las preguntas que planteaste.
3. a. **Repasar** Resume los factores ambientales que afectan la germinación de las semillas.
   b. **Explicar** ¿Por qué el hecho de permanecer en latencia antes de germinar es adaptativo en algunas semillas?
   c. **Aplica los conceptos** Las semillas de un pino obispo germinan sólo después de haber estado expuestas al calor extremo de un incendio forestal. Evalúa la importancia de esta adaptación estructural.

ESCRIBIR SOBRE LAS CIENCIAS

Escritura creativa

4. Imagina que escribes un libro para niños sobre las semillas y estás en el capítulo de la dispersión. Escribe sobre uno de los párrafos que tratan la dispersión por el viento. *Pista:* Incluye detalles atractivos para niños de ocho años.

BIOLOGY.com Search Lesson 24.2  GO • Lesson Assessment • Self-Test

24.3 Hormonas de las plantas

Preguntas clave

¿Qué papeles desempeñan las hormonas vegetales?

¿Cuáles son algunos ejemplos de estímulos ambientales a los que responden las plantas?

¿Cómo responden las plantas a los cambios estacionales?

Vocabulario

hormona • célula objetivo • receptor • auxina • dominancia apical • citoquinina • giberelina • ácido abscísico • etileno • tropismo • fototropismo • gravitropismo • tigmotropismo • fotoperiodismo

Tomar notas

Mapa de conceptos
A medida que leas, traza un mapa de conceptos que resuma los efectos de las diferentes hormonas en el crecimiento de una planta.

PIÉNSALO Las plantas, igual que todos los organismos, son grupos de células. Crecen en respuesta a factores como la luz, la humedad, la temperatura y la gravedad. Pero, ¿cómo "saben" las raíces que deben crecer hacia abajo y los tallos que deben hacerlo hacia arriba? ¿Cómo determinan los tejidos de la planta cuál es la época del año adecuada para florecer? En resumen, ¿cómo pueden trabajar los grupos de células de la planta como un único organismo? ¿Hay algo que transporte mensajes entre las células?

Hormonas

¿Qué papeles desempeñan las hormonas vegetales?

Las **hormonas** son señales químicas que producen los organismos vivos y que afectan el crecimiento, la actividad y el desarrollo de las células y de los tejidos. En las plantas, pueden actuar en las mismas células en las que se producen, o viajar a diferentes células y tejidos. Esto contrasta con las hormonas *animales,* que por lo general actúan en un lugar lejano a las células que las producen.

Las hormonas vegetales funcionan como señales para controlar el desarrollo de las células, los tejidos y los órganos. También coordinan las respuestas al medio ambiente. Las dos funciones encajan bien, porque las plantas responden al medio ambiente principalmente al cambiar su desarrollo.

En la **ilustración 24–12** se muestran los pasos de un mecanismo de la acción hormonal de las plantas. En este caso, la hormona se mueve por la planta de donde es producida a donde desencadena su respuesta.

ILUSTRACIÓN 24–12 Hormonas y desarrollo de las flores En algunas especies, las células productoras de hormonas de una flor madura liberan a las hormonas que viajan a los brotes de las flores e inhiben su desarrollo. Cuando la flor madura termina de florecer, la producción de la hormona inhibidora disminuye y el brote de la flor puede comenzar su floración.

Cómo actúan las hormonas Las células de un organismo que son afectadas por una hormona específica se llaman **células objetivo.** Para responder a una hormona, una célula debe contener **receptores** de hormonas, por lo general proteínas, a las que sus moléculas se puedan unir. La respuesta que se origine depende de qué tipos de receptores estén presentes en la célula objetivo. Un tipo de receptor podría alterar el metabolismo; otro podría acelerar el crecimiento y un tercer tipo, inhibir la división celular. Por tanto, según los receptores que estén presentes, cierta hormona podría afectar a las raíces de diferente manera que a los tallos o a las flores, y sus efectos podrían cambiar a medida que los órganos en desarrollo agregan o eliminan receptores. Las células sin receptores por lo general no se ven afectadas por las hormonas.

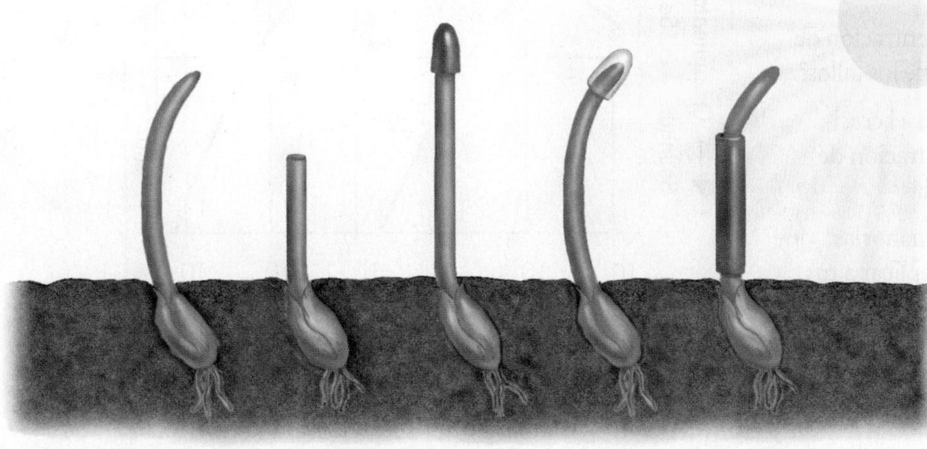

ILUSTRACIÓN 24–13 De qué manera las plantas detectan la luz Los Darwin realizaron experimentos controlados para determinar qué región de la planta detectaba la luz. Cuando eliminaban la punta de la plántula o colocaban una tapa opaca sobre ella, observaban que la planta no se inclinaba hacia la luz. Pero cuando colocaban una tapa transparente en la punta o una funda opaca alrededor de la base, observaban una inclinación semejante a la mostrada en el control. **Controlar variables** ***¿Qué variable controlaron los Darwin para comparar los resultados de las plántulas que tenían una tapa transparente con las que no tenían tapa?***

Auxinas El primer paso para el descubrimiento de las hormonas vegetales se realizó hace un siglo y lo llevó a cabo un científico que ya conoces. En 1880, Charles Darwin y su hijo Francis publicaron los resultados de una serie de experimentos que exploraban los mecanismos que estaban detrás de la tendencia de las plántulas del pasto a inclinarse hacia la luz mientras crecían.

Los resultados de sus experimentos, mostrados en la **ilustración 24–13,** sugerían que la punta de la plántula de alguna manera detecta la luz. Los Darwin plantearon la hipótesis de que la punta produce una sustancia que regula el crecimiento celular. Más de cuarenta años después, se identificaron las sustancias reguladoras producidas por las puntas de las plantas en crecimiento y se llamaron *auxinas.* Las **auxinas** estimulan el alargamiento celular y el crecimiento de nuevas raíces, además de desempeñar otras funciones. Se producen en el meristemo apical del retoño y son transportadas al resto de la planta.

▶ ***Auxinas y alargamiento celular*** Uno de los efectos de las auxinas es estimular el alargamiento celular, como se muestra en la **ilustración 24–14.** En el experimento de los Darwin, cuando la luz llega a un lado del retoño, las auxinas se acumulan en la parte sombreada. Este cambio en la concentración estimula el alargamiento de las células que están en el lado oscuro. Como resultado, el retoño se dobla lejos de la parte sombreada y hacia la luz.

ILUSTRACIÓN 24–14 Auxinas y alargamiento celular Las células se alargan más en el lado sombreado del retoño, donde hay una mayor concentración de auxinas.

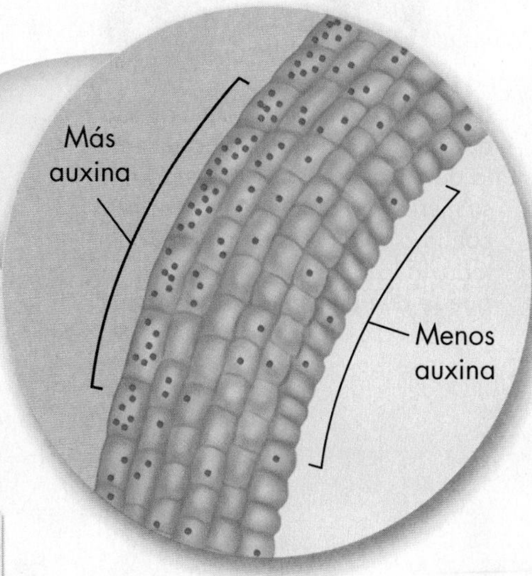

En tu cuaderno *Revisa la **ilustración 24–13.** Describe cómo los resultados de los Darwin los llevaron a concluir que la punta de la plántula detectaba la luz.*

Analizar datos

Auxinas y el crecimiento de las plantas

Esta gráfica muestra los resultados de algunos experimentos en los que se cultivaron zanahorias en presencia de diferentes concentraciones de auxinas. La línea azul muestra los efectos en el crecimiento de la raíz. La línea roja muestra los efectos en el crecimiento del tallo.

1. **Interpretar gráficas** ¿Con qué concentración de auxina se estimula más el crecimiento de los tallos?

2. **Interpretar gráficas** ¿De qué manera el crecimiento de las raíces debido a la concentración de auxina afecta a que los tallos crezcan más?

3. **Inferir** Si fueras un cultivador de zanahorias, ¿qué concentración de auxina tendrías que aplicar a tus campos para producir zanahorias más grandes?

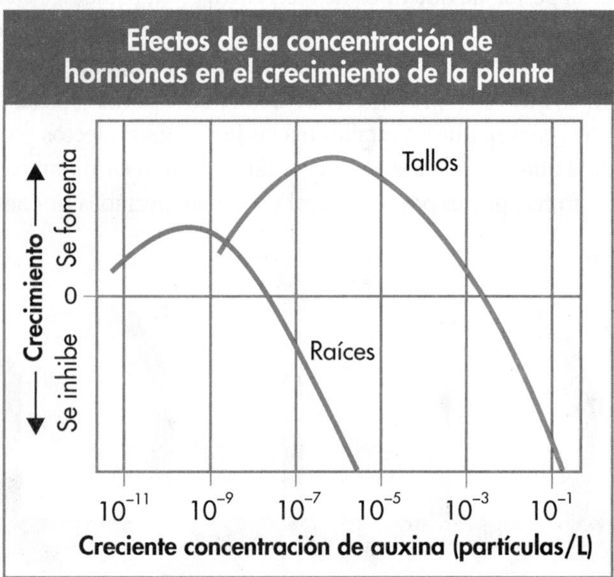

ILUSTRACIÓN 24–15 Dominancia apical A la planta de albahaca de la derecha le ha sido eliminado su meristemo apical, en contraste con la planta de la izquierda, que todavía lo tiene. **Observar** ***¿En qué se diferencian las dos plantas?***

► ***Auxinas y ramificación*** Las auxinas también regulan la división celular de los meristemos. A medida que la longitud del tallo aumenta, éste produce brotes laterales. Como tal vez hayas observado, los brotes que están cerca del ápice crecen más lentamente que los que están cerca de la base de la planta. La razón de este retraso es que el crecimiento de los brotes laterales es inhibido por las auxinas. Debido a que éstas salen del meristemo apical, cuanto más cerca esté un brote de la punta del tallo, más se inhibe. Este fenómeno se llama **dominancia apical.** Si cortas la punta de una planta, los brotes laterales comienzan a crecer más rápido y la planta se hace más espesa. Esto se debe a que se ha eliminado el meristemo apical, la fuente de las auxinas inhibidoras del crecimiento.

Citoquininas

Las **citoquininas** son hormonas vegetales que se producen en las raíces en crecimiento y en los frutos y semillas en desarrollo. Estimulan la división celular, interactúan con las auxinas para ayudar a equilibrar el crecimiento de la raíz y del retoño, y estimulan la regeneración de los tejidos dañados por heridas. También retardan el envejecimiento de las hojas y desempeñan importantes funciones en las primeras etapas del crecimiento de la planta.

Las citoquininas a menudo producen efectos opuestos a los de las auxinas. Por ejemplo, las puntas de las raíces producen las citoquininas y las envían a los retoños; las puntas de los retoños producen las auxinas y las envían a las raíces. Este intercambio de señales puede restablecer los órganos perdidos y mantener en equilibrio el crecimiento de la raíz y del retoño. Las auxinas estimulan la iniciación de nuevas raíces e inhiben la iniciación y el crecimiento de nuevas puntas en los retoños. Las citoquininas hacen lo opuesto. Así que si se corta un árbol, el tronco a menudo producirá nuevos retoños porque se han eliminado las auxinas y las citoquininas se acumulan cerca del corte.

En tu cuaderno *Haz una tabla de 2×2 rotulada* Retoño *y* Raíz *en las columnas y* Auxinas *y* Toxinas *en las filas. Luego, escribe los efectos de estas hormonas.*

Giberelinas Durante muchos años, los granjeros japoneses sabían de una enfermedad que debilitaba a las plantas del arroz provocando que crecieran inusitadamente altas. Las plantas se doblaban y producían muy pocos granos de arroz. Los granjeros la llamaban enfermedad de la "plántula tonta". En 1926, el biólogo japonés Eiichi Kurosawa descubrió que un hongo, el *Gibberella fujikuroi,* producía este extraordinario crecimiento. Sus experimentos mostraron que el hongo producía una sustancia que fomentaba el crecimiento.

De hecho, las sustancias químicas producidas por el hongo imitaban a las hormonas producidas de manera natural por las plantas. Estas hormonas, llamadas **giberelinas,** estimulan el crecimiento y pueden provocar drásticos aumentos en el tamaño, sobre todo de tallos y frutos.

Ácido abscísico Las giberelinas también interactúan con otra hormona, el ácido abscísico, para controlar la latencia de la semilla. El **ácido abscísico** inhibe la división celular, deteniendo así el crecimiento.

Recuerda que la latencia de las semillas permite al embrión descansar hasta que las condiciones para su crecimiento sean adecuadas. Cuando termina el desarrollo de la semilla, el ácido abscísico detiene su crecimiento y coloca al embrión en un estado de letargo, que descansa hasta que los sucesos ambientales cambian el equilibrio de las hormonas. Estos sucesos pueden ser fuertes lluvias de primavera que arrastran en sus corrientes al ácido abscísico. (Las giberelinas no son arrastradas tan fácilmente.) Sin el efecto contrario del ácido abscísico, las giberelinas pueden emitir la señal de germinación.

El ácido abscísico y las giberelinas tienen efectos opuestos, muy parecidos a los de las auxinas y las citoquininas. **Los efectos opuestos de las hormonas vegetales contribuyen al equilibrio necesario para la homeostasis.**

Etileno Una de las hormonas vegetales más interesantes, el etileno, es en realidad un gas. Los tejidos de los frutos liberan pequeñas cantidades de la hormona **etileno,** que estimula su maduración. El etileno también desempeña una función en el sellado y eliminación de órganos que ya no son necesarios. Por ejemplo, los pétalos se caen después de que las flores han sido polinizadas, las hojas se caen en el otoño y los frutos se caen cuando han madurado. En cada caso, el etileno indica a las células en la base de la estructura que se sellen del resto de la planta al depositar materiales impermeables en sus paredes.

PISTA DEL MISTERIO

Las lámparas de queroseno emiten dióxido de carbono y etileno mientras arden, los calentadores eléctricos no. ¿Podría este hecho explicar el retraso en la maduración de los limones?

Resumen de las hormonas de las plantas

Hormona	Algunos de sus efectos	Se hallan en
Auxinas	Promover el alargamiento celular y la dominancia apical; estimular el crecimiento de nuevas raíces	Se producen en el meristemo apical del retoño y se transportan a otras partes
Citoquininas	Estimular la división celular; afectar el crecimiento de las raíces y la diferenciación; pueden trabajar en oposición a las auxinas	Las raíces en crecimiento
Giberelinas	Estimular el crecimiento; influir en varios procesos del desarrollo; fomentar la germinación	Los meristemos del retoño, la raíz y el embrión de la semilla
Ácido abscísico	Inhibir la división celular; fomentar la latencia de las semillas	Las yemas terminales; las semillas
Etileno	Estimular la maduración de los frutos; provocar que las plantas se sellen y eliminen los órganos innecesarios, como las hojas en el otoño	Los tejidos de los frutos; las hojas y flores envejecidas

ILUSTRACIÓN 24–16 Resumen de las hormonas vegetales Esta tabla muestra algunos de los efectos de las principales hormonas vegetales y el lugar en el que se pueden hallar en el cuerpo de la planta. **Interpretar tablas** ***Menciona dos pares de hormonas que funcionan en oposición entre sí.***

Tropismos y movimientos rápidos

¿Cuáles son algunos ejemplos de estímulos ambientales a los que responden las plantas?

Igual que todos los seres vivos, las plantas necesitan el poder del movimiento para sobrellevar su medio ambiente. Los movimientos de muchas plantas son lentos, pero algunos son tan rápidos que incluso los animales no pueden mantener su paso.

DESARROLLAR el vocabulario

ORIGEN DE LAS PALABRAS La palabra **tropismo** se deriva de una palabra griega que significa "girar".

Tropismos Los sensores de las plantas que detectan los estímulos ambientales indican a los órganos en alargamiento que cambien la orientación de su crecimiento. Estas respuestas del crecimiento se llaman **tropismos.** **Las plantas responden a estímulos ambientales como la luz, la gravedad y el tacto.**

ILUSTRACIÓN 24–17 Tres tropismos

▶ ***Luz*** La tendencia de una planta a crecer hacia la fuente de luz se llama **fototropismo.** Esta respuesta puede ser tan rápida que las plántulas jóvenes cambian su orientación en cuestión de horas. Recuerda que los cambios en la concentración de la auxina son los responsables del fototropismo. Los experimentos han mostrado que las auxinas emigran hacia los tejidos sombreados, quizá debido a los cambios en la permeabilidad de la membrana en respuesta a la luz.

▶ ***Gravedad*** Las auxinas también afectan el **gravitropismo,** la respuesta de la planta a la gravedad. Por razones aún no comprendidas, las auxinas emigran a las partes bajas de las raíces y los tallos horizontales. En los tallos horizontales, la migración provoca que el tallo se doble hacia arriba. Sin embargo, en las raíces horizontales, provoca que las raíces se doblen hacia abajo.

▶ ***Tacto*** Algunas plantas incluso responden al tacto, un proceso llamado **tigmotropismo.** Las parras y las enredaderas muestran el tigmotropismo cuando hallan un objeto y se envuelven alrededor de él. Otras plantas, como la vid, tienen crecimientos adicionales llamados zarcillos, que surgen cerca de la base de la hoja y se enredan fuertemente alrededor de cualquier objeto que hallen.

ILUSTRACIÓN 24–18 Movimiento rápido Esta planta de mimosa responde al tacto doblando rápidamente sus hojas hacia adentro. Esta respuesta es producida por una disminución en la presión osmótica de las células que están cerca de la base de cada folíolo. **Inferir** ***¿Qué valor adaptativo podría tener esta respuesta?***

Movimientos rápidos Las respuestas de algunas plantas son tan rápidas que sería un error llamarlas tropismos. La **ilustración 24–18** muestra lo que ocurre si tocas una hoja de *Mimosa pudica*, llamada apropiadamente la "planta sensible". En sólo dos o tres segundos, sus dos folíolos se doblan por completo. La planta carnívora Venus atrapamoscas también demuestra una respuesta rápida. Cuando un insecto aterriza en la hoja del atrapamoscas, dispara las células sensoriales que están en la hoja y que envían señales eléctricas de una célula a otra. La combinación de los cambios en la presión osmótica y la expansión de las paredes celulares provoca que la hoja se cierre a presión, atrapando dentro al insecto.

Respuesta a las estaciones

¿Cómo responden las plantas a los cambios estacionales?

"Cada cosa a su tiempo". En ningún lugar es esto más evidente que en los ciclos regulares del crecimiento de las plantas. Año con año, algunas plantas florecen en la primavera, otras en el verano y otras incluso en el otoño. Plantas como el crisantemo y la flor de Pascua florecen cuando los días son cortos y por eso se les llama plantas de día corto. Las plantas como la espinaca y los lirios florecen cuando los días son largos y por eso se les conoce como plantas de día largo.

Fotoperíodo y floración ¿Cómo pueden estas plantas coordinar su floración con tanta exactitud? A principios de la década de 1920, los científicos descubrieron que las plantas del tabaco florecían según su fotoperíodo, el número de horas de luz y oscuridad que reciben. Otras investigaciones revelaron que muchas otras plantas también responden a fotoperíodos cambiantes, una respuesta llamada **fotoperiodismo.** Este tipo de respuesta se resume en la **ilustración 24–19.** **El fotoperiodismo es un factor importante en la coordinación de las actividades estacionales como la floración y el crecimiento.**

Poco después se descubrió que un pigmento vegetal llamado fitocromo es el responsable de las respuestas de las plantas al fotoperíodo. El fitocromo absorbe la luz roja y activa varias vías de señalización dentro de las células vegetales. A través de mecanismos que aún no se comprenden totalmente, las plantas responden a los cambios regulares de estas vías. Estos cambios determinan los patrones de sus diversas respuestas.

ILUSTRACIÓN 24–19 Efectos del fotoperíodo Los cambios en el fotoperíodo pueden afectar la coordinación estacional de la floración. **Formar una opinión** ***¿Los nombres "planta de día corto" y "planta de día largo" son los mejores para clasificar a estas plantas o sería mejor llamarlas según sus respuestas a la duración de la noche? Explica tu razonamiento.***

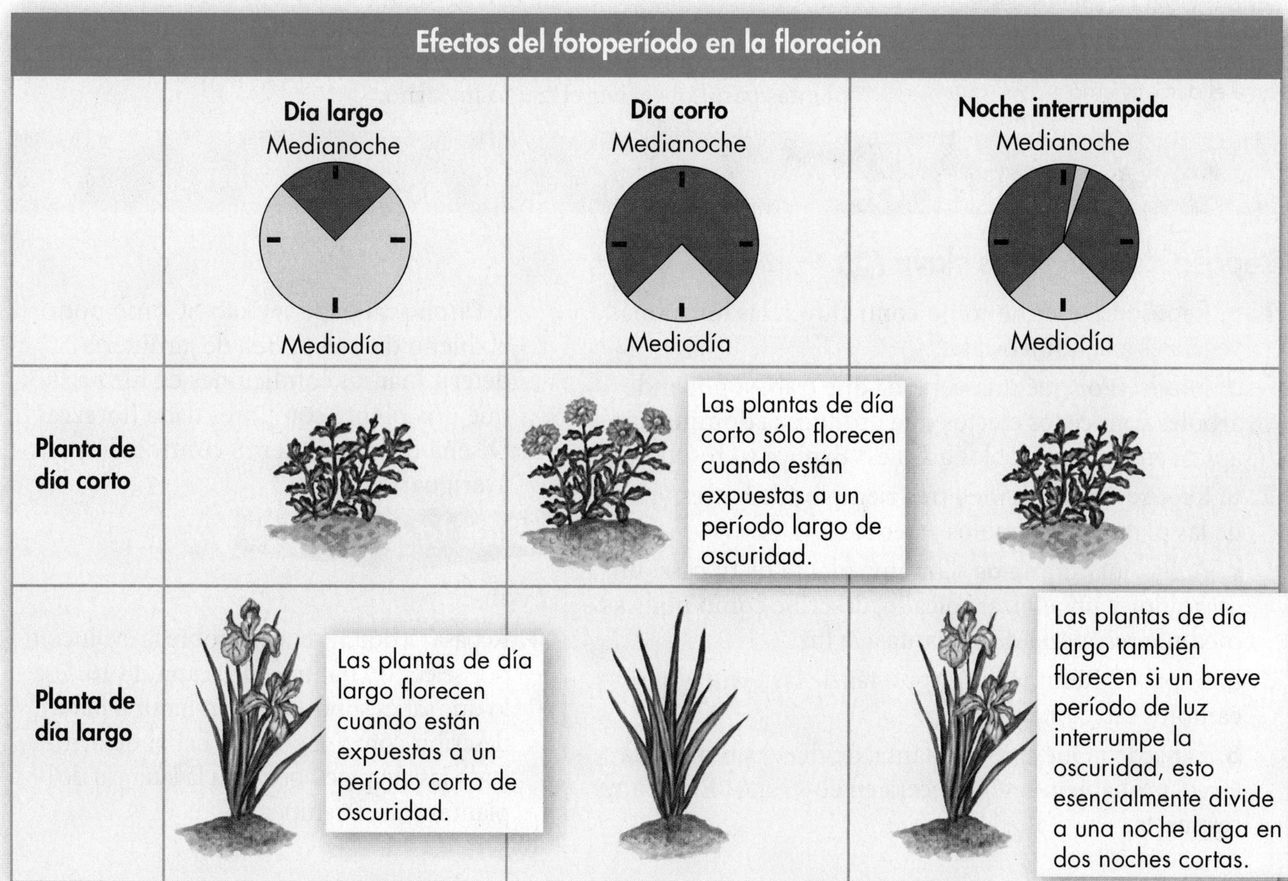

Efectos del fotoperíodo en la floración
Día largo
Medianoche
Mediodía
Día corto
Medianoche
Mediodía
Noche interrumpida
Medianoche
Mediodía
Planta de día corto
Las plantas de día corto sólo florecen cuando están expuestas a un período largo de oscuridad.
Planta de día largo
Las plantas de día largo florecen cuando están expuestas a un período corto de oscuridad.
Las plantas de día largo también florecen si un breve período de luz interrumpe la oscuridad, esto esencialmente divide a una noche larga en dos noches cortas.

Latencia invernal El fitocromo también regula los cambios en la actividad que prepara a muchas plantas para la latencia a medida que se acerca el invierno. Recuerda que la latencia es el período en el que la actividad y el crecimiento de un organismo disminuyen o se detienen. **A medida que se acerca el clima frío, las plantas caducifolias desactivan las vías fotosintéticas, transportan materiales de las hojas a las raíces y sellan las hojas del resto de la planta.**

▶ ***Pérdida de hojas*** En las regiones templadas, muchas plantas con flores pierden sus hojas durante los meses más fríos. Al final de verano, el fitocromo de las hojas absorbe menos luz a medida que los días se acortan y las noches se alargan. La producción de auxinas disminuye, pero la de etileno aumenta. El cambio en las cantidades relativas de estas dos hormonas comienza una serie de sucesos que gradualmente cierran a la hoja.

A medida que la clorofila se descompone, otros pigmentos que siempre han estado presentes, incluyendo a los carotenoides amarillos y anaranjados se hacen visibles por primera vez. Los rojos brillantes vienen de los pigmentos de la antocianina recién producidos.

▶ ***Cambios en los meristemos*** Las hormonas también producen importantes cambios en los meristemos apicales. En lugar de seguir produciendo hojas, los meristemos producen gruesas y serosas escamas que forman una capa protectora alrededor de los nuevos brotes de las hojas. Encerrada en esta capa de escamas, la yema terminal puede sobrevivir a los días más fríos del invierno. Al comienzo de esta estación, los tejidos del xilema y del floema se llenan de iones y compuestos orgánicos. La solución producida actúa como el anticongelante de un auto y evita que la savia del árbol se congele. Este es uno de los diversos mecanismos que usan las plantas para sobrevivir el crudo invierno.

ILUSTRACIÓN 24–20 Adaptaciones para el invierno En otoño, la hojas suspenden la fotosíntesis y caen de los árboles caducifolios. Mientras tanto, los meristemos de las puntas de las ramas producen escamas gruesas y cerosas que cubren y protegen al nuevo tallo y a los brotes de las hojas durante el duro invierno.

24.3 Evaluación

Repaso de conceptos clave

1. a. Repasar Describe cómo contribuyen las hormonas vegetales a la homeostasis.

b. Inferir ¿Por qué una persona que trabaja podando árboles conoce los efectos que produce la dominancia apical en la forma de los arboles? Explica tu respuesta.

c. Diseña un experimento ¿Cómo podría el dueño de una tienda de jardinería determinar las condiciones de luz para que una planta con flores dada florezca? Diseña un experimento controlado para averiguarlo.

2. a. Repasar Proporciona tres ejemplos de las respuestas de las plantas a estímulos externos.

b. Aplica los conceptos Con una planta de tu casa, un marcador y un alféizar soleado, describe cómo podrías medir la respuesta de la planta a la luz.

3. a. Repasar Resume las respuestas de las plantas a los cambios estacionales.

b. Explicar ¿Qué tipo de planta, de día corto o de día largo, probablemente florecerá en el verano? Explica tu respuesta.

Aplica la gran idea

Evolución

4. Repasa lo que aprendiste sobre la evolución por selección natural en el capítulo 16. Usa lo que sabes sobre selección natural para describir cómo se podrían haber desarrollado las adaptaciones para la latencia de las plantas con el tiempo.

BIOLOGY.com Search Lesson 24.3  • Lesson Assessment • Self-Test

24.4 Plantas y humanos

PIÉNSALO Un paseo por la sección de productos alimenticios de una tienda de comestibles te convencerá de la importancia de las plantas. Incluso una tienda mediana tiene productos hechos con cientos de diferentes especies de plantas. Pero, ¿cuáles son las más importantes? ¿Hay plantas sin las que no podríamos vivir?

Agricultura

¿Qué cultivos son el principal suministro de alimento de los seres humanos?

La importancia de la agricultura (el cultivo sistemático de plantas) debería ser obvia, incluso para los que vivimos en áreas urbanas y rara vez visitamos una granja. La agricultura moderna es la base sobre la que está construida la sociedad humana. América del Norte tiene algunas de las tierras cultivables más ricas y productivas del mundo. Como resultado, los granjeros de Estados Unidos y Canadá producen tantos alimentos que pueden alimentar a millones de personas de todo el mundo así como a sus propios ciudadanos.

Patrones mundiales Muchos eruditos remontan el inicio de la civilización humana hasta el cultivo de las plantas para cosechar. Las pruebas sugieren que la agricultura se desarrolló de manera separada en muchas partes del mundo hace como 10,000 a 12,000 años. Una vez que las personas descubrieron cómo cultivar las plantas para alimentarse, la siembra y la cosecha las mantenía en un lugar durante gran parte del año, lo que condujo directamente al establecimiento de las instituciones sociales. Incluso hoy en día, la agricultura es la ocupación principal de más seres humanos que cualquier otra actividad.

Miles de plantas diferentes, casi todas angiospermas, se cultivan como alimento en diversas partes del mundo. Sin embargo, a pesar de esta diversidad, gran parte de la sociedad humana depende sólo de unas cuantas. **En todo el mundo, casi todas las personas dependen del cultivo de plantas, como arroz, trigo, soya y maíz, para la mayoría de su suministro de alimento.** Estos mismos cultivos también se usan para alimentar al ganado.

Preguntas clave

¿Qué cultivos son el principal suministro de alimento de los seres humanos?

¿Cuáles son algunos ejemplos de los beneficios, además de los alimentos, que los humanos obtienen de las plantas?

Vocabulario

revolución verde

Tomar notas

Vistazo al material visual Examina la **ilustración 24–24.** Identifica qué plantas proporcionaron las materias primas de los productos que se muestran en las fotografías. Luego, escribe una lista de otros productos que creas que provienen de las plantas.

ILUSTRACIÓN 24–21 Las plantas y la agricultura El arroz es un cultivo básico en China y en muchos países del sureste de Asia.

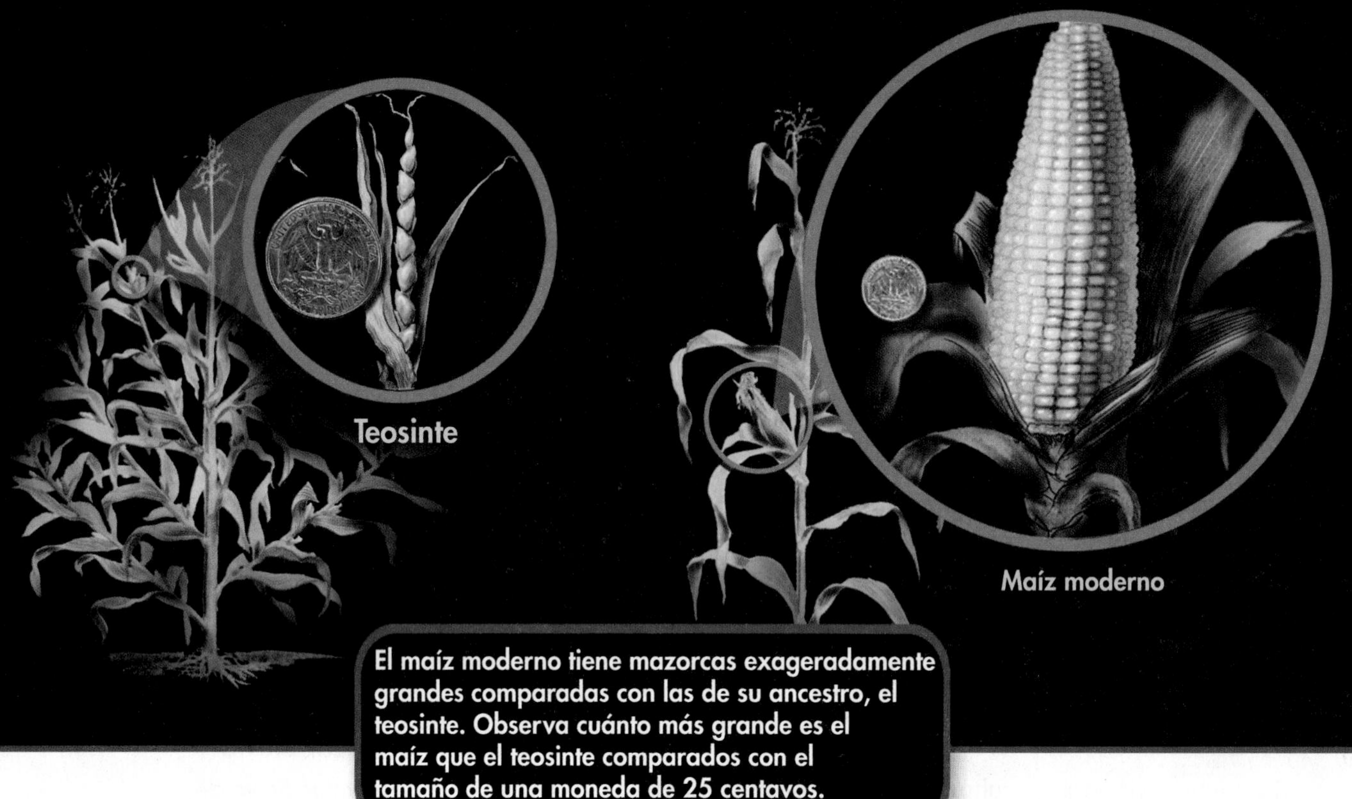

Teosinte
Maíz moderno
El maíz moderno tiene mazorcas exageradamente grandes comparadas con las de su ancestro, el teosinte. Observa cuánto más grande es el maíz que el teosinte comparados con el tamaño de una moneda de 25 centavos.

ILUSTRACIÓN 24–22 De hierba silvestre a cosecha básica La reproducción selectiva de una hierba silvestre llamada teosinte hace aproximadamente 8000 años dio lugar al desarrollo del maíz y a la mazorca moderna.

Tal vez nunca lo hayas considerado así, pero el alimento que comemos de la cosecha de casi todas las plantas se obtiene de sus semillas. Para su nutrición, casi toda la humanidad depende del endospermo de algunas especies de hierbas cuidadosamente cultivadas. El patrón en Estados Unidos sigue esta tendencia. Alrededor de 80 por ciento de todas las tierras cultivables de Estados Unidos se usa para cultivar sólo cuatro cosechas: trigo, maíz, soya y heno. De estos cultivos, tres se derivan de hierbas: el trigo, el maíz y el heno.

Nuevas plantas El descubrimiento e introducción de nuevos cultivos con frecuencia han cambiado la historia humana. Antes de ser descubiertas en las Américas, muchos cultivos importantes, incluyendo maíz, maní y papas, eran desconocidas en Europa. La introducción de estas plantas cambió muy rápido la agricultura europea. Por ejemplo, pensamos que las papas hervidas son un alimento básico tradicional de la cocina alemana e irlandesa, pero hace 400 años, las papas eran un artículo nuevo en las dietas de los europeos.

La eficacia de la agricultura se ha mejorado por medio de la reproducción selectiva de las plantas de cultivo y las mejoras en las técnicas agrícolas. Recuerda que en el capítulo 15 estudiaste cómo la reproducción selectiva es un método para mejorar las especies al permitir que sólo los organismos con ciertos rasgos produzcan la siguiente generación. Por ejemplo, el maíz que cultivaban los indios americanos fue desarrollado más de 8000 años atrás a partir del teosinte, una hierba silvestre hallada en México. La reproducción selectiva posterior ha producido el maíz moderno. Los cambios provocados por la reproducción selectiva pueden ser muy drásticos, como se muestra en la **ilustración 24–22.**

En épocas más recientes, otros cultivos familiares han sido el resultado de la reproducción selectiva. Las remolachas azucareras, la fuente del azúcar más refinado de Estados Unidos, fueron producidas a partir de la remolacha común de jardín usando la reproducción selectiva. Plantas tan diferentes como la col, el brócoli y las coles de Bruselas se han desarrollado de una sola especie de mostaza silvestre.

Desde 1980, la cantidad de maíz cultivado en Estados Unidos ha aumentado drásticamente.

Producción anual de maíz en Estados Unidos

Bushels por acre: 50, 75, 100, 125, 150, 175, 200

Año: 1980, 1990, 2000, 2010

Cambios en la agricultura Entre 1950 y 1970, un esfuerzo mundial para combatir el hambre y la desnutrición produjo drásticas mejoras en las técnicas agrícolas y la producción de cosechas. Este esfuerzo se llamó **revolución verde** porque aumentó en gran medida el suministro mundial de alimento. Sus tecnologías permitieron que muchos países terminaran su escasez crónica de alimento y, en algunos casos, se convirtieran en exportadores de alimentos excedentes.

En el corazón de la revolución verde estaba el uso de variedades altamente productivas de semillas y fertilizantes. Durante miles de años, los granjeros han agregado nutrientes esenciales en forma de fertilizantes naturales como el estiércol animal. A pesar de que algunos continúan usando estos métodos tradicionales, muchos usan fertilizantes artificiales.

Los fertilizantes están etiquetados con tres números que reflejan el porcentaje por peso de tres elementos: nitrógeno (N), fósforo (P) y potasio (K). Una bolsa de fertilizante de jardín etiquetada "20-10-5" tiene 20 por ciento de nitrógeno, 10 por ciento de fósforo y 5 por ciento de potasio por peso.

Los fertilizantes y los pesticidas se deben usar con mucho cuidado. La fertilización excesiva puede matar los cultivos si se aplica una concentración muy alta de sales al suelo. El uso intensivo de fertilizantes también puede afectar al agua subterránea. Cuando se usan grandes cantidades de fertilizantes que contienen nitrógeno y fósforo cerca de humedales y arroyos, el escurrimiento de los campos puede contaminar al agua. Los pesticidas químicos también representan un riesgo para la salud. Son venenos y pueden dañar la vida silvestre y dejar peligrosos residuos químicos en los alimentos.

En tu cuaderno *Escribe un párrafo que resuma los riesgos y los beneficios de las prácticas agrícolas modernas.*

ILUSTRACIÓN 24–23 Leer las etiquetas de los fertilizantes En las etiquetas de los fertilizantes por lo común aparecen tres números. **Aplica los conceptos** ***Describe qué significan los números de esta etiqueta.***

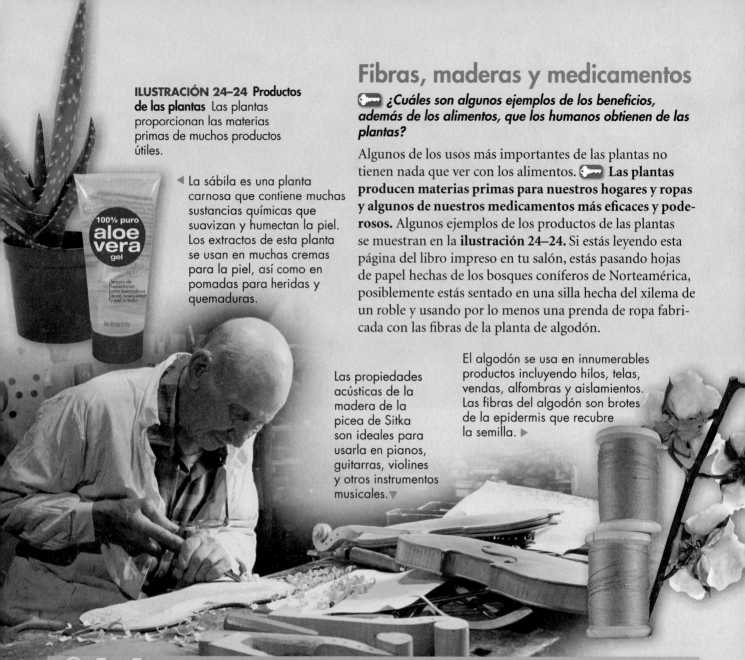

ILUSTRACIÓN 24–24 Productos de las plantas Las plantas proporcionan las materias primas de muchos productos útiles.

◀ La sábila es una planta carnosa que contiene muchas sustancias químicas que suavizan y humectan la piel. Los extractos de esta planta se usan en muchas cremas para la piel, así como en pomadas para heridas y quemaduras.

Las propiedades acústicas de la madera de la picea de Sitka son ideales para usarla en pianos, guitarras, violines y otros instrumentos musicales. ▼

El algodón se usa en innumerables productos incluyendo hilos, telas, vendas, alfombras y aislamientos. Las fibras del algodón son brotes de la epidermis que recubre la semilla. ▶

Fibras, maderas y medicamentos

¿Cuáles son algunos ejemplos de los beneficios, además de los alimentos, que los humanos obtienen de las plantas?

Algunos de los usos más importantes de las plantas no tienen nada que ver con los alimentos. **Las plantas producen materias primas para nuestros hogares y ropas y algunos de nuestros medicamentos más eficaces y poderosos.** Algunos ejemplos de los productos de las plantas se muestran en la **ilustración 24–24.** Si estás leyendo esta página del libro impreso en tu salón, estás pasando hojas de papel hechas de los bosques coníferos de Norteamérica, posiblemente estás sentado en una silla hecha del xilema de un roble y usando por lo menos una prenda de ropa fabricada con las fibras de la planta de algodón.

24.4 Evaluación

Repaso de conceptos clave

1. a. **Repasar** Menciona cuatro cultivos que constituyan la base del suministro mundial de alimento.
   b. **Relacionar causa y efecto** Describe cómo se usó la reproducción selectiva para desarrollar el maíz a partir de una hierba ancestral que se veía muy diferente.
2. a. **Repasar** Además de los alimentos, ¿qué otros productos importantes se desarrollan de las plantas?
   b. **Inferir** ¿Qué efecto podría tener la extinción de las especies vegetales en el desarrollo de las drogas terapéuticas?

ANALIZAR DATOS

Usa la gráfica de la **ilustración 24–22** para responder las siguientes preguntas.

3. **Calcular** ¿Por cuánto aumentó la cantidad de maíz producido por acre en las tierras de labranza entre 1985 y 2005? MATEMÁTICAS
4. **Interpretar gráficas** ¿Cómo describirías la tendencia global de los datos?
5. **Predecir** ¿Qué factores crees que podrían influir en la producción de maíz de la próxima década?

BIOLOGY.com Search Lesson 24.4  GO • Self-Test • Lesson Assessment • Data Analysis

La biología y LA HISTORIA

La evolución de la agricultura **Hace más de 10,000 años, los humanos comenzaron una transición gradual y pasaron de ser sociedades cazadoras a civilizaciones que dependían de los cultivos, muchas de las cuales se siguen cultivando actualmente.**

7500 7000 6500 6000 5500 5000 4500 4000

8000 a.C.

En el Medio Oriente se empieza a cultivar trigo. Este cambio de recolectar una cosecha silvestre a cultivarla, contribuye al surgimiento de una de las primeras civilizaciones del Medio Oriente.

7000 a.C.

▲ Los chiles y los aguacates se convierten en adiciones importantes en las dietas de los mesoamericanos. Los chiles se usan para sazonar los alimentos y los aguacates proporcionan vitaminas y aceites.

5500 a.C.

▲ Se cultiva cebada en el valle del Nilo, en Egipto. Unos 2000 años más tarde, las poblaciones agrícolas quedan unidas en todo el valle del Nilo y la cultura egipcia florece.

5000 a.C.

Los pueblos del centro de México cultivan un grano llamado maíz. Las primeras mazorcas miden sólo una pulgada de largo y tienen unas pocas decenas de granos. El ancestro del maíz era una hierba silvestre llamada teosinte.

4500 a.C.

El cultivo de arroz se establece en el sur de China, el sureste de Asia y el norte de la India. Se extiende desde estas regiones y el arroz se convierte más tarde en una importante exportación china.

3500 a.C.

La papa se cultiva en las montañas de los Andes sudamericanos. Los primeros granjeros andinos al final producen cientos de variedades al cultivarlas en terrazas irrigadas construidas en las pendientes de las montañas. ▼

ESCRITURA **El control de los principales cultivos tuvo un enorme impacto en el crecimiento de las civilizaciones. Elige un de los cultivos estudiados arriba e investiga cómo contribuyó al avance de la civilización y cultura de la región analizada. Luego desarrolla un cartel que resuma tus hallazgos en palabras, imágenes y otras gráficas.**

Laboratorio del mundo real

INVESTIGACIÓN DIRIGIDA

Preparación para el laboratorio: El efecto de las hormonas de las plantas en las hojas

Problema ¿Cómo afecta una hormona vegetal a la pérdida de las hojas?

Materiales planta con hojas, cinta adhesiva, marcador permanente, tijeras, cordel, palillo de dientes, pasta de auxina, recipiente o bandeja de plástico

Manual de laboratorio Laboratorio del Capítulo 24

Enfoque en las destrezas Observar, sacar conclusiones, aplicar conceptos

Conectar con la gran idea Una planta puede florecer en respuesta a un cambio en las horas de luz del día, o puede dejar de crecer en respuesta a temperaturas más frías. Estas respuestas a los cambios en el medio ambiente son coordinadas por las hormonas vegetales, que regulan el desarrollo de la planta. Una hormona puede estimular el crecimiento de las raíces, la germinación de las semillas o la maduración de los frutos. Puede inhibir la división celular o fomentar la latencia de las semillas o las plantas. En esta actividad, investigarás el efecto que tiene una hormona vegetal en la pérdida de las hojas.

Preguntas preliminares

a. **Explicar** ¿Responden todas las células de la planta a todas las hormonas vegetales? ¿Por qué?

b. **Explicar** ¿Qué es el fotoperíodo? ¿Y la latencia? ¿Cómo están relacionados?

c. **Repasar** En el otoño, ¿qué ocurre con la producción de auxina y etileno en las hojas de las plantas que florecen?

Preguntas previas al laboratorio

Examina el procedimiento en el manual de laboratorio.

1. **Usar material visual** Dibuja una hoja simple. Rotula el limbo y el pecíolo.
2. **Controlar variables** ¿Cuál es el control en este experimento?
3. **Inferir** ¿Cómo se mueven las auxinas de la pasta a la base del pecíolo?

Search Chapter 24 GO

Visita el Capítulo 24 en línea para hacer una autoevaluación del capítulo y para buscar actividades que apoyan tu aprendizaje.

Untamed Science Video Usando la videografía del lapso del tiempo, el equipo de *Untamed Science* revela cómo se mueven las plantas en respuesta a varios estímulos.

Art in Motion Observa cómo la meiosis y la mitosis producen óvulos y polen en las angiospermas.

Art Review Repasa las estructuras de la flor.

InterActive Art Cambia la longitud del día y mira cómo afecta tanto a las plantas de día corto como a las de día largo.

Data Analysis Analiza la energía potencial de los combustibles que provienen de diferentes plantas y diferentes partes de las plantas.

24 Guía de estudio

La gran idea Crecimiento, desarrollo y reproducción

Las plantas se reproducen, desarrollan y crecen en respuesta a pistas del medio ambiente como la luz, la temperatura y la humedad. La planta produce hormonas para regular sus respuestas al cambio.

24.1 Reproducción de las plantas que florecen

Las flores son órganos reproductores que están compuestos por cuatro tipos diferentes de hojas especializadas: los sépalos, los pétalos, los estambres y los carpelos.

El proceso de fecundación de las angiospermas es diferente del proceso que se da en otras plantas. Ocurren dos sucesos de fecundación: uno produce al cigoto y el otro un tejido llamado endospermo dentro de la semilla.

La reproducción vegetativa es la formación de nuevos individuos por mitosis. No requiere gametos, flores ni fecundación.

estambre (697)
antera (697)
carpelo (697)
estigma (697)
pistilo (697)
saco embrionario (699)
doble fecundación (700)
endospermo (700)
reproducción vegetativa (702)
injerto (703)

24.2 Frutos y semillas

A medida que la semillas angiospermas maduran, las paredes del ovario se engrosan para formar un fruto que encierra a las semillas en desarrollo.

Las semillas encerradas en frutos nutritivos y carnosos por lo general son dispersadas por animales.

Las semillas dispersadas por el viento o el agua por lo común están encerradas en frutos livianos que les permiten ser transportados en el aire o en frutos boyantes que les permiten flotar en la superficie del agua.

Los factores ambientales, como la temperatura y la humedad, pueden provocar que una semilla termine su latencia y comience a germinar.

letargo (706)
germinación (706)

24.3 Hormonas de las plantas

Las hormonas vegetales funcionan como señales para controlar el desarrollo de las células, los tejidos y los órganos. También coordinan las respuestas al medio ambiente.

Los efectos opuestos de las hormonas vegetales contribuyen al equilibrio necesario para la homeostasis.

Las plantas responden a estímulos ambientales como la luz, la gravedad y el tacto.

El fotoperiodismo es un factor importante en la coordinación de las actividades estacionales como la floración y el crecimiento.

A medida que se acerca el clima frío, las plantas caducifolias desactivan las vías fotosintéticas, transportan materiales de las hojas a las raíces y sellan las hojas del resto de la planta.

hormona (708)
célula objetivo (709)
receptor (709)
auxina (709)
dominancia apical (710)
citoquinina (710)
giberelina (711)
ácido abscísico (711)
etileno (711)
tropismo (712)
fototropismo (712)
gravitropismo (712)
tigmotropismo (712)
fotoperiodismo (713)

24.4 Plantas y humanos

En todo el mundo, casi todas las personas dependen del cultivo de plantas, para la mayoría de su suministro de alimento.

Las plantas producen materias primas para nuestros hogares y ropas y algunos de nuestros medicamentos más eficaces y poderosos.

revolución verde (717)

Razonamiento visual Haz un mapa de conceptos que incluya los principales conceptos de las cuatro lecciones de este capítulo. Aquí se muestra el ejemplo de un mapa de la lección 24.1.

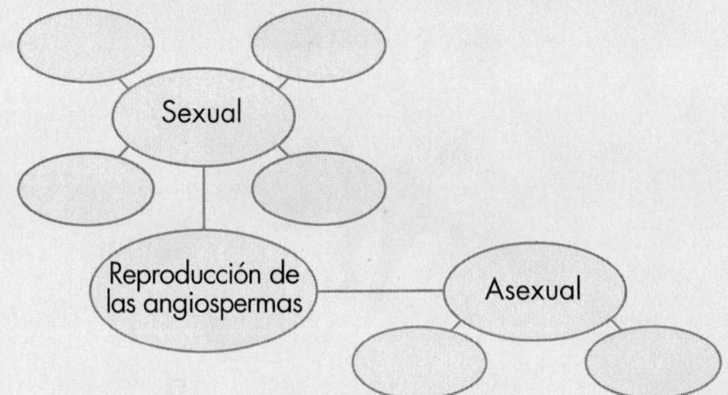

24 Evaluación

24.1 Reproducción de las plantas que florecen

Comprender conceptos clave

1. En las angiospermas, las estructuras que producen el gametofito masculino se llaman
a. anteras.
b. sépalos.
c. tubos de polen.
d. estigmas.

2. La polinización ocurre cuando el polen cae en
a. el estilo.
b. el estigma.
c. el filamento.
d. la antera.

3. El proceso por el que una única planta produce mucha descendencia genéticamente idéntica a ella es
a. la reproducción sexual.
b. la agricultura.
c. la latencia.
d. la reproducción vegetativa.

4. ¿Qué es un carpelo? ¿Dónde está ubicado en una flor típica?

5. Describe por lo menos dos maneras en que el polen se transfiere de una planta a otra.

6. ¿Cuáles son los productos de la doble fecundación? Descríbelos.

Razonamiento crítico

7. Interpretar material visual El siguiente diagrama muestra las partes de una flor típica.
a. ¿Dentro de qué estructura se produce el polen?
b. ¿Cuál es la estructura representada por A? ¿Cuál es su función?
c. ¿En qué estructura se desarrollan las semillas?
d. ¿Cuál es el nombre de la estructura G?

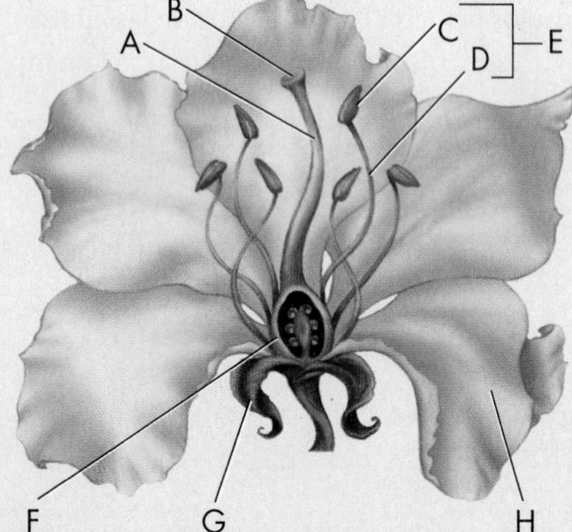

24.2 Frutos y semillas

Comprender conceptos clave

8. La espesa pared del ovario de una planta puede unirse a otras partes de la flor para convertirse en
a. el fruto.
b. la semilla.
c. el endospermo.
d. el cotiledón.

9. El período en el que el embrión está vivo pero no crece se llama
a. fecundación.
b. crecimiento vegetativo.
c. latencia.
d. germinación.

10. Proporciona ejemplos de la dispersión de semillas por animales, viento y agua.

11. ¿Cuál es la función de la latencia?

Razonamiento crítico

12. Predecir Algunas plantas forman flores que producen estambres pero no carpelos. ¿Se podría formar un fruto de una de estas flores? Explica tu respuesta

13. Inferir Las semillas del lupino, una planta ártica, pueden permanecer aletargadas durante miles de años. ¿Por qué este rasgo podría ser importante para una planta en un medio ambiente ártico?

14. Diseña un experimento Un amigo sugiere que las semillas no necesitan los cotiledones para crecer. Tú argumentas que los cotiledones son importantes para las semillas. Diseña un experimento controlado que muestre el efecto que tiene la eliminación de los cotiledones en el crecimiento de la semilla.

24.3 Hormonas de las plantas

Comprender conceptos clave

15. Las señales químicas de las plantas que afectan el crecimiento, la actividad y el desarrollo de las células y los tejidos se llaman
a. hormonas.
b. enzimas.
c. auxinas.
d. fitocromos.

16. Las sustancias que estimulan la división celular y provocan que las semillas aletargadas germinen son
a. las giberelinas.
b. las auxinas.
c. las citoquininas.
d. los fitocromos.

17. El fotoperíodo es una medida de
   a. el nivel del agua.
   b. la duración del día.
   c. la gravedad.
   d. los nutrientes.

18. Explica cómo actúan las auxinas en oposición a las citoquininas.

19. ¿Qué es un tropismo? Da un ejemplo de uno que afecte a los tallos de las plantas y de otro que afecte a las raíces.

20. Describe dos diferentes maneras en las que una planta puede responder a los cambios en el fotoperíodo.

21. Describe lo que ocurre con las plantas caducifolias durante la latencia de invierno.

Razonamiento crítico

22. **Proponer una hipótesis** Describe el tigmotropismo de una planta específica y propón una hipótesis sobre cómo beneficia a la planta.

23. **Inferir** La espinaca es una planta de día largo que crece mejor cuando la noche dura 10 horas o menos. ¿Por qué por lo general no crece en regiones cercanas al ecuador?

24.4 Plantas y humanos

Comprender conceptos clave

24. Los primeros indicios de la agricultura humana ocurrieron hace alrededor de
   a. 1000 años.
   b. 10,000 años.
   c. 100,000 años.
   d. 1,000,000 de años.

25. Casi todo el alimento vegetal de los seres humanos proviene de plantas
   a. gimnospermas.
   b. perenes.
   c. angiospermas.
   d. coníferas.

26. Da un ejemplo de una planta que hayas comido en las últimas 24 horas que creas que es el producto de la reproducción selectiva. Explica por qué lo crees.

Razonamiento crítico

27. **Inferir** La mayoría del alimento vegetal de los seres humanos proviene de las semillas, que constituyen sólo una pequeña parte del cuerpo de la planta. Explica cómo es esto posible.

28. **Comparar y contrastar** Compara y contrasta los beneficios y los peligros de usar pesticidas y fertilizantes para cultivar los alimentos.

29. **Proponer una hipótesis** Propón una hipótesis que explique por qué las plantas son buenas fuentes de medicamentos.

resuelve el MISTERIO del CAPÍTULO

LIMONES VERDES

Para resolver el misterio sobre por qué los limones no maduraron, los cultivadores recordaron una historia del siglo XIX. En esa época, era habitual usar en las grandes ciudades faroles de gas. Algunos años después de que se instalaron esos faroles, los habitantes de la ciudad notaron que los árboles que crecían cerca de ellos habían desarrollado tallos gruesos y cortos y habían perdido sus hojas mucho antes de lo debido. Era como si los niveles hormonales de los árboles hubieran sido afectados. Y, de hecho, sus niveles habían cambiado. Uno de los componentes del gas usado en las luces era el etileno.

Recuerda que en la lección 24.3 estudiaste que uno de los efectos del etileno es estimular la maduración de las frutas. No importa si es producido por la planta o externamente, como en el caso de los calentadores de queroseno. Debido a que el etileno es un gas, se puede difundir a través del aire, las paredes celulares y las membranas de la planta y sus frutas. Cuando esa fuente de etileno fue eliminada de los limones recolectados (cuando los calentadores eléctricos reemplazaron a los de queroseno), se eliminó también el estímulo de maduración y los limones permanecieron verdes.

1. **Relacionar causa y efecto** Los tomates colocados en bolsas de papel junto a las manzanas maduran mucho más rápido que los que se dejan al aire libre. ¿Qué sugiere esto sobre los efectos de las manzanas maduras en los tomates verdes?

2. **Proponer una solución** ¿Cómo podrían los granjeros, transportadores y comerciantes de productos alimenticios aprovechar los efectos del etileno?

3. **Conectar con la gran idea** Estudios recientes han revelado que las hormonas gaseosas están implicadas en una respuesta de todo el sistema de las plantas contra los ataques de herbívoros como las orugas. ¿Cuáles podrían ser los beneficios de una hormona gaseosa en esta situación?

Relacionar conceptos

Usar gráficas científicas

Recuerda que las respuestas del crecimiento de la planta a los estímulos externos se llaman *tropismos*. Un tropismo es positivo si la planta afectada crece hacia el estímulo. La respuesta es negativa si la planta crece alejándose del estímulo. El experimento siguiente tiene el propósito de probar el efecto del gravitropismo en el crecimiento de la planta. La conclusión sacada del experimento fue que los tallos de la planta crecieron hacia arriba debido al gravitropismo negativo. Usa el diagrama para responder a las preguntas 30 a 33.

30. **Interpretar material visual** Describe los tres montajes experimentales y el resultado de cada uno.
31. **Proponer una hipótesis** ¿Cuál fue la hipótesis probable de este experimento?
32. **Interpretar material visual** De los montajes experimentales mostrados, ¿cuál fue la hipótesis que se probó con éxito? Explica tu respuesta.
33. **Evaluar y reformular** Indica qué tipos de cambios harías para mejorar este diseño experimental.

Escribir sobre las ciencias

34. **Explicación** A veces, las personas cultivan plantas en los alféizares. Los libros de plantas de casa a menudo aconsejan girarlas un cuarto de vuelta una semana sí y otra no. Escribe un párrafo que explique por qué es buena idea girarlas. (*Pista:* Asegúrate de incluir una explicación de los tropismos en tu respuesta.)
35. **Evalúa la gran idea** Explica por qué las flores son la clave del éxito evolutivo de las angiospermas.

Analizar datos

En un experimento de laboratorio, se arrojaron frutos de cinco tipos diferentes de árboles desde una altura de 4 metros y se midieron los tiempos que les tomó llegar al suelo. Supón que por cada segundo que cae el fruto, se aleja 1.5 metros del árbol progenitor.

Tipo de fruta contra tiempo de dispersión

Tipo de árbol	Tiempo promedio para que la semilla caiga 4 m
Arce noruego	5.2
Arce plateado	4.9
Fresno	3.1
Nogal blanco	0.9
Roble rojo	0.9

36. **Sacar conclusiones** Con base en los datos y las ilustraciones de las estructuras de los frutos, ¿cuál de las siguientes es la conclusión más razonable?
    a. Las semillas aladas transportan más nutrientes para el embrión en desarrollo que las semillas sin alas.
    b. El viento no es muy eficaz para alejar las semillas de la planta progenitora.
    c. Las bellotas tienen mayor probabilidad de germinar si caen cerca de la planta progenitora.
    d. El roble rojo y el nogal dependen de otros factores que no son el viento para lograr la dispersión.
37. **Analizar datos** Con el mismo viento, ¿qué tipo de fruto tiene más probabilidad de ser transportado más lejos del árbol progenitor?
    a. Roble rojo
    b. Arce plateado
    c. Arce noruego
    d. Fresno

Preparación para exámenes estandarizados

Selección múltiple

1. ¿En qué parte de la flor se producen los granos de polen?
A sépalos **C** anteras
B carpelos **D** ovario

2. ¿Qué parte de la flor se desarrolla en un fruto?
A tubo de polen **C** estigma
B sépalos **D** ovario

3. ¿Cuál de estas estructuras de la flor incluye a todas las demás?
A estilo **C** estigma
B carpelo **D** ovario

4. La madreselva trompeta tiene flores rojas tubulares, largas y delgadas. ¿Cuál es su medio de polinización más probable?
A el viento
B el agua
C las abejas
D los colibríes

5. Todos los siguientes son frutos, EXCEPTO
A el tomate.
B el maíz.
C la papa.
D el pepino.

6. Las semillas que están encerradas en frutos grandes y carnosos por lo general son dispersadas por
A los animales.
B el agua.
C el viento.
D la descomposición.

7. ¿Cuál de las siguientes produce la maduración del fruto?
A auxina
B citoquinina
C etileno
D giberelina

8. ¿Cuál es un ejemplo del tigmotropismo?
A un cambio en el color de la hoja
B las enredaderas
C la floración
D el fotoperíodo

Preguntas 9 y 10

La siguiente imagen resume los resultados de un experimento.

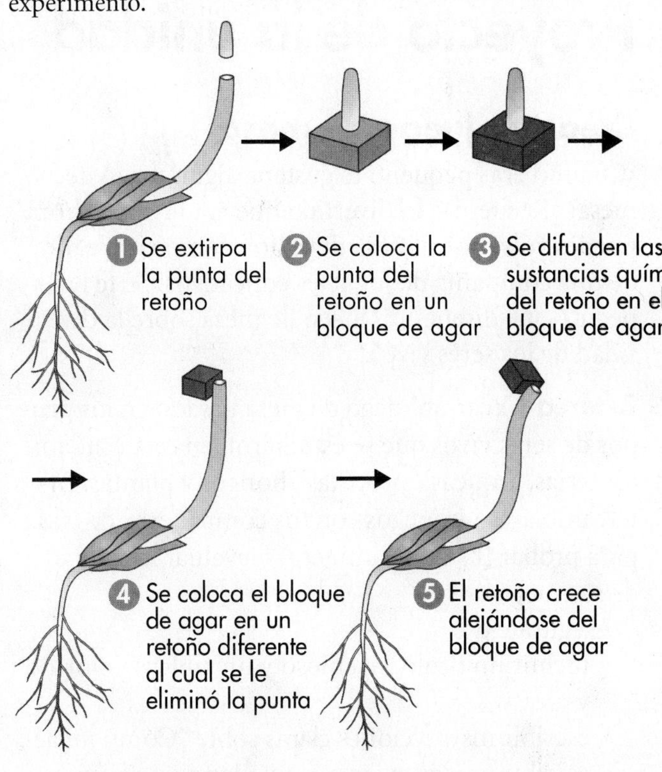

1 Se extirpa la punta del retoño
2 Se coloca la punta del retoño en un bloque de agar
3 Se difunden las sustancias químicas del retoño en el bloque de agar
4 Se coloca el bloque de agar en un retoño diferente al cual se le eliminó la punta
5 El retoño crece alejándose del bloque de agar

9. ¿Qué se puede concluir de los resultados de este experimento?
A Las hormonas se producen en las puntas en crecimiento de las raíces de las plantas.
B Las plantas crecen hacia el sol debido a los compuestos que producen sus tallos.
C Los bloques de agar contienen una variedad de compuestos vegetales.
D Los compuestos que se producen en las puntas de los retoños pueden provocar que los tallos se doblen.

10. Aplica lo que sabes sobre determinadas hormonas vegetales para explicar los resultados.

Respuesta de desarrollo

11. Describe por qué la latencia de las semillas es una valiosa adaptación que ha ayudado a explicar el éxito evolutivo de las plantas con semillas.

Si tienes dificultades con...

la pregunta	1	2	3	4	5	6	7	8	9	10	11
Ver la lección	24.1	24.2	24.1	24.1	24.2	24.2	24.3	24.3	24.3	24.3	24.2

Proyecto de la unidad

Crear un juego de mesa

¿Cuando eras pequeño te gustaba algún juego de mesa? ¿Recuerdas lo divertido que era jugar? ¡Ahora puedes volver a vivir esa diversión como empleado de una compañía de juguetes educativos! Se te ha pedido que diseñes un juego de mesa sobre la diversidad de los seres vivos.

Tu tarea Crear un juego de mesa basado en los grupos de seres vivos que se estudiaron en esta unidad: bacterias, arqueas, "protistas", hongos y plantas. Intercambiarás los juegos con tus compañeros de clase para probar tus conocimientos y evaluar la calidad de sus juegos.

Asegúrate de

- incluir un título ingenioso y un tablero colorido y creativo.
- escribir instrucciones claras sobre "Cómo jugar".
- escribir preguntas que se puedan responder relacionadas con los grupos de organismos que has aprendido.
- diseñar el juego de manera que la victoria dependa del dominio del material de esta unidad.

Preguntas de reflexión

1. **Califica tu juego usando la escala siguiente. ¿Qué puntuación obtuviste?**
2. **¿Qué hiciste bien en este proyecto?**
3. **¿Qué debes mejorar?**
4. **¿Qué aspectos te gustaron del juego de otro grupo? ¿Por qué?**
5. **Después de jugarlo, ¿en qué temas saliste bien? ¿Qué temas debes estudiar más?**

Escala de evaluación

Puntuación	Contenido científico	Calidad del juego
4	El juego incluye preguntas desafiantes, pero que se pueden responder, sobre todos los grupos estudiados en la unidad. Ganar el juego depende de lo bien que el jugador conozca el material.	El juego está muy bien diseñado y es creativo. Las instrucciones sobre "Cómo jugar" son claras y fáciles de seguir.
3	El juego incluye preguntas que se pueden responder sobre todos los grupos estudiados en la unidad. Ganar el juego depende del dominio del material del jugador .	El juego está diseñado eficazmente. Las instrucciones sobre "Cómo jugar" se pueden seguir.
2	El juego incluye algunas preguntas que se pueden responder, pero otras son confusas o imposibles de responder. Ganar el juego no necesariamente depende del dominio del material del jugador .	El diseño del juego se podría mejorar. Las instrucciones sobre "Cómo jugar" son difíciles de seguir.
1	Muchas preguntas son vagas o imposibles de responder. Ganar el juego no depende del dominio del material del jugador.	El diseño del juego muestra poca planeación. Las instrucciones sobre "Cómo jugar" son imposibles de seguir.

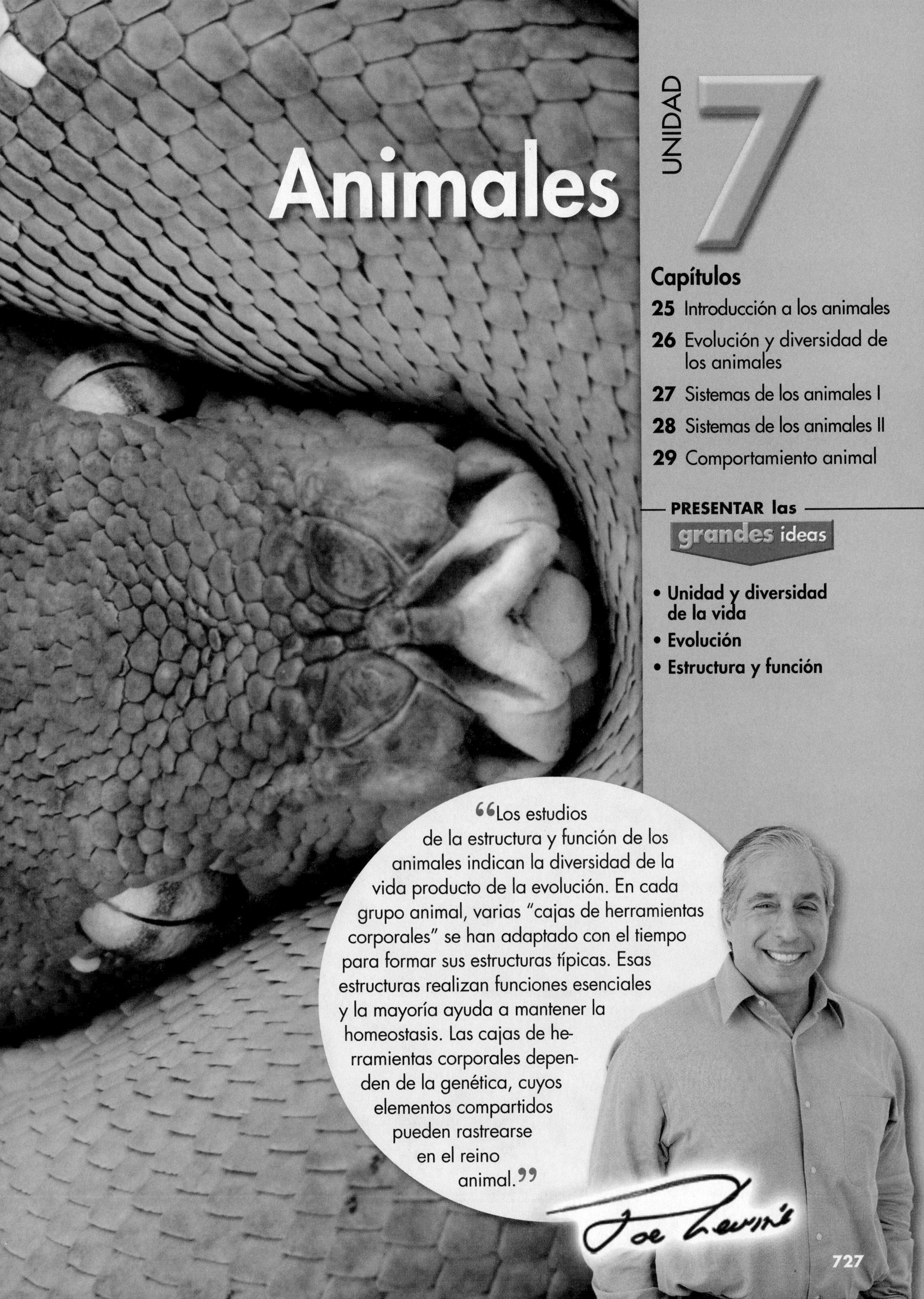

Animales

UNIDAD 7

Capítulos

PRESENTAR las grandes ideas

- **Unidad y diversidad de la vida**
- **Evolución**
- **Estructura y función**

"Los estudios de la estructura y función de los animales indican la diversidad de la vida producto de la evolución. En cada grupo animal, varias "cajas de herramientas corporales" se han adaptado con el tiempo para formar sus estructuras típicas. Esas estructuras realizan funciones esenciales y la mayoría ayuda a mantener la homeostasis. Las cajas de herramientas corporales dependen de la genética, cuyos elementos compartidos pueden rastrearse en el reino animal."

25 Introducción a los animales

La gran idea **Unidad y diversidad de la vida**

P: ¿Qué características y rasgos definen a los animales?

BIOLOGY.com Search Chapter 25 GO • Flash Cards

EN ESTE CAPÍTULO:

- 25.1 ¿Qué es un animal?
- 25.2 Planos corporales de los animales y evolución

A pesar de que se ven muy diferentes, los cientos de especies animales que componen y viven cerca de los arrecifes de coral comparten características comunes de todos los animales.

- Untamed Science Video
- Chapter Mystery

MISTERIO DEL CAPÍTULO

UN DÍA EN LA PLAYA

En un cálido día de octubre de Massachusetts, comenzaron a sonar los teléfonos de las oficinas de playa, acuarios e incluso los de emergencia. Las playas cercanas a Boston estaban cubiertas de una gruesa y brillante capa de légamo gelatinoso. Las personas que paseaban cerca de la orilla estaban perplejas y preocupadas. Algunas pensaron que había ocurrido un derrame de petróleo, pero la policía y el departamento de bomberos verificaron que eso no era petróleo.

Las masas viscosas seguían siendo arrastradas por la corriente hasta las costas. Las personas notaron que algunas de las masas pegajosas parecían latir y estar vivas. Cuando las analizaron, los investigadores notaron que la baba estaba compuesta por pequeños bichos, todos transparentes y del tamaño de una uña. Pero, ¿qué eran? A medida que leas este capítulo, busca pistas para poder determinar lo que era esa baba.

Continúa explorando el mundo.

Hallar la solución al misterio de la baba sólo es el principio. Emprende un viaje de campo en video con los genios ecólogos de *Untamed Science* para ver adónde conduce este misterio.

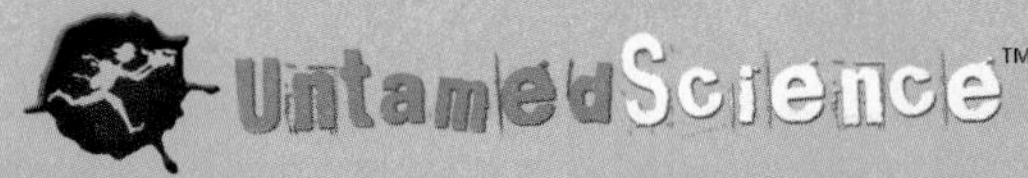

25.1 ¿Qué es un animal?

Preguntas clave

¿Qué características comparten todos los animales?

¿Qué características distinguen a los invertebrados y a los cordados?

¿Qué funciones esenciales deben realizar los animales para sobrevivir?

Vocabulario

invertebrado
cordado
notocordio
hendidura branquial faríngea
vertebrado
retroalimentación inhibidora

Tomar notas

Esquema A medida que leas, haz un esquema de las características de los animales.

Para más información sobre la diversidad de los animales, consulta la Guía visual.
DOL•30–DOL•64

PIÉNSALO Un águila pescadora vuela en círculos por encima de una marisma salina en busca de una presa. De repente se zambulle, extendiendo sus garras afiladas como navajas. Con un triunfante silbido, atrapa un pez para llevarlo a sus crías. En el fondo de la bahía, los gusanos excavan bajo las rocas tapizadas de esponjas anaranjadas. En el aire, los mosquitos revolotean, buscando sangre para alimentarse. Todos estos diferentes habitantes de las costas del Atlántico son animales.

Características de los animales

¿Qué características comparten todos los animales?

Todos los miembros del reino animal comparten ciertas características. Todos son heterótrofos y obtienen sus nutrientes y energía consumiendo a otros organismos. Los animales también son multicelulares; sus cuerpos están compuestos por muchas células eucariotas que contienen un núcleo y organelos unidos a membranas. A diferencia de las células de las algas, los hongos y las plantas, las células de los animales carecen de paredes celulares. **Los animales, miembros del reino Animalia, son organismos eucariotas, heterótrofos y multicelulares cuyas células carecen de paredes celulares.**

Tipos de animales

¿Qué características distinguen a los invertebrados y a los cordados?

La diversidad de los animales es tan abundante y sus diferencias son tan grandes que tendríamos que dividir a estos organismos en grupos incluso para empezar a hablar de ellos. A menudo se clasifican en dos amplias categorías: los invertebrados y los cordados.

Invertebrados Más del 95 por ciento de las especies animales son llamadas de manera informal **invertebrados.** **Los invertebrados son todos los animales que carecen de espina dorsal o columna vertebral.** Debido a que esta categoría reúne a todos los organismos que *carecen* de una característica, en lugar de aquellos que *comparten* una, los "invertebrados" no forman un clado ni ningún otro tipo de categoría verdadera del sistema de clasificación biológica. Incluyen por lo menos 33 filos, que son los grupos taxonómicos de animales más grandes. Entre los invertebrados están las estrellas de mar, los gusanos, las medusas y los insectos. Varían en tamaño desde los ácaros del polvo hasta los calamares gigantes de más de 14 metros de largo. DOL•31–DOL•45.

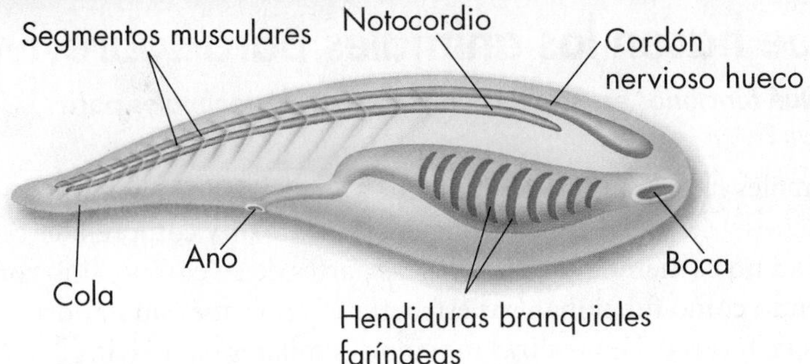

ILUSTRACIÓN 25–1 Características de los cordados Todos los cordados tienen un cordón nervioso dorsal hueco; un notocordio; hendiduras branquiales faríngeas y una cola postanal. Algunos poseen todos estos rasgos cuando son adultos; otros sólo cuando son embriones.

Cordados Menos del 5 por ciento de las especies animales son **cordados,** miembros del clado comúnmente conocido como filo Cordados. **Todos los cordados presentan cuatro características por lo menos en una etapa de su vida: un cordón nervioso dorsal hueco; un notocordio; una cola que se extiende más allá del ano; y hendiduras branquiales faríngeas.** Como puedes ver en la **ilustración 25–1,** el cordón nervioso hueco se extiende a lo largo de la parte dorsal (espalda) del cuerpo. Los nervios se ramifican de este cordón en intervalos. El **notocordio** es una larga varilla de soporte que se extiende por todo el cuerpo justo debajo del cordón nervioso. Casi todos los cordados lo tienen sólo cuando son embriones. En algún momento de su vida, todos tienen una cola postanal. Las **hendiduras branquiales faríngeas** son pares de estructuras que están en la zona de la garganta, también llamada faringe. En algunos cordados, como los peces, se desarrollan hendiduras que conectan las hendiduras branquiales faríngeas con el exterior del cuerpo. Las hendiduras branquiales faríngeas pueden desarrollarse en branquias que se usan para el intercambio de gases.

El filo Cordados incluye a algunos extraños animales acuáticos conocidos como cordados no vertebrados, porque carecen de vértebras. Sin embargo, casi todos los cordados desarrollan una espina dorsal o columna vertebral, formada por huesos llamados vértebras. Los cordados con espina dorsal se llaman **vertebrados.** Los vertebrados incluyen a peces, anfibios, reptiles, aves y mamíferos. DOL•46–DOL•64

PISTA DEL MISTERIO

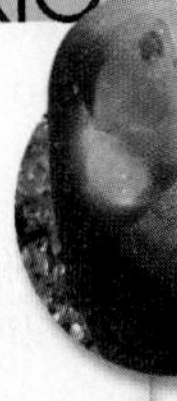

Los científicos verificaron que los organismos eran animales jóvenes que tenían una varilla rígida que se extendía a lo largo de la cola. ¿Qué te sugiere esto sobre los viscosos bichos?

ILUSTRACIÓN 25–2 Invertebrados y cordados Estos dos animales tienen cuerpos velludos con alas y ambos pueden volar, pero sus semejanzas terminan ahí. Las mariposas son insectos, que son invertebrados, y los murciélagos son mamíferos, que son cordados. **Clasificar** ***Los murciélagos tienen espina dorsal. ¿En cuál de los dos grupos principales de cordados los clasificarías?***

Actividad rápida de laboratorio
INVESTIGACIÓN ABIERTA

Cómo comen las hidras

1 Tu maestro te proporciona una hidra y una *Daphnia*, un pequeño invertebrado acuático. Usando una pipeta gotero, coloca suavemente a la hidra en un portaobjetos excavado.

2 Deja que la hidra se adapte a su entorno durante 5 a 10 minutos.

3 Con tu gotero, agrega una *Daphnia* al portaobjetos.

4 Observa a la hidra bajo el microscopio.

Analizar y concluir

1. **Observar** ¿Qué ocurre cuando se agrega la *Daphnia* al mismo portaobjetos donde está la hidra?

2. **Sacar conclusiones** ¿Cómo le ayudan sus tentáculos a la hidra a mantener la homeostasis?

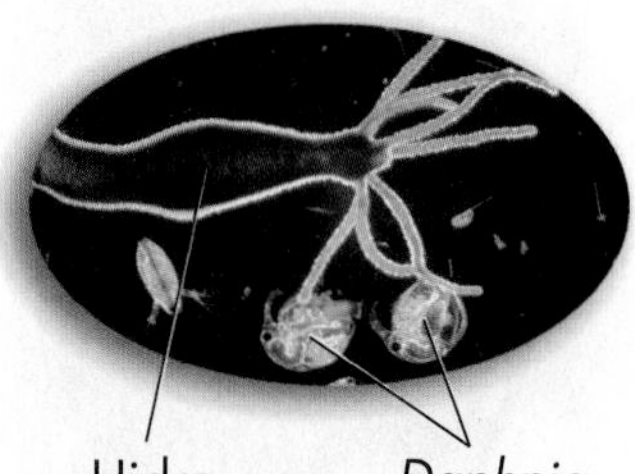

3. **Preguntar** Formula dos preguntas sobre la manera en que la hidra sobrevive en su entorno.

Lo que hacen los animales para sobrevivir

¿Qué funciones esenciales deben realizar los animales para sobrevivir?

Los animales muestran una apabullante variedad de formas corporales, tamaños y colores. La mejor manera de estudiar y comprender esta diversidad no es memorizando todas las partes de su cuerpo, sino comprendiendo cómo funcionan sus estructuras y por qué. Sin importar su apariencia, todos deben realizar funciones similares para vivir. **Igual que todos los organismos, los animales deben mantener la homeostasis al reunir y responder a la información, obtener y distribuir el oxígeno y los nutrientes, y recolectar y eliminar dióxido de carbono y otros desechos. También se reproducen.** Los sistemas corporales que realizan estas funciones están muy relacionados. En el transcurso del tiempo, los miembros de los diferentes filos de animales han desarrollado estructuras corporales muy diferentes que realizan estas funciones esenciales. Las estudiarás con más detalle en los capítulos 27 y 28.

Mantener la homeostasis Recuerda que todos los organismos deben mantener relativamente estable su entorno interno, un proceso conocido como mantenimiento de la homeostasis. En los animales, el mantenimiento de la homeostasis es la función más importante de todos los sistemas corporales. Por ejemplo, casi todos los reptiles, aves y mamíferos no pueden excretar muy bien el exceso de sal. Los que cazan o se alimentan en agua salada, como la iguana marina de la **ilustración 25–3,** tienen adaptaciones que les permiten eliminar la sal de sus cuerpos.

La homeostasis a menudo se mantiene por medio de la **retroalimentación inhibidora,** o retroalimentación negativa, que es un sistema en el que el producto o resultado de un proceso limita al proceso mismo. Por ejemplo, si tu casa se enfría demasiado, el termostato enciende la calefacción. A medida que la casa se calienta, el termostato apaga la calefacción. El termostato de tu cuerpo funciona igual. Si te da mucho frío, tiemblas, y la actividad muscular genera calor. Si te da mucho calor, sudas, lo que te ayuda a perder calor.

En esta unidad, aprenderás sobre los sistemas corporales de varios grupos de animales. Verás cómo han desarrollado diferentes maneras de asegurar que sus sistemas corporales permanezcan equilibrados.

ILUSTRACIÓN 25–3 Homeostasis Las iguanas marinas son reptiles que se alimentan en agua salada. Los sistemas excretores de los reptiles no están adaptados para procesar el agua salada. Así que estos reptiles mantienen la homeostasis al estornudar una combinación de sal y mucosidad nasal que podríamos llamar "mucosidad salada", que a veces cubre sus abultadas cabezas y espinosos cuellos, como puedes ver en esta fotografía.

SISTEMA NERVIOSO
Los receptores sensoriales reúnen información.
RECEPTORES SENSORIALES
Indicios sonoros, fragantes y visuales
Las interneuronas procesan información y determinan la respuesta necesaria.
NEURONAS
SISTEMAS NERVIOSO Y MÚSCULOESQUELÉTICO
El sistema nervioso estimula los músculos.
MÚSCULOS
NEURONAS
El cerebro coordina la acción muscular de la respuesta de huída.

ILUSTRACIÓN 25–4 Reunir y responder a la información Los sistemas nervioso y muscular trabajan juntos para producir una respuesta. **Predecir** ***¿Podría un animal con un sistema nervioso defectuoso producir una respuesta muscular adecuada ante un depredador? Explica tu respuesta.***

Reunir y responder a la información Los animales complejos, como los mamíferos, usan varios sistemas corporales relacionados para responder a los sucesos de su entorno, como se muestra en la **ilustración 25–4.** El sistema nervioso reúne información usando células llamadas receptores que responden al sonido, la luz, las sustancias químicas y otros estímulos. Otras células nerviosas reúnen y procesan esa información y determinan cómo responder. Algunos invertebrados sólo tienen una red de células nerviosas poco precisa, sin un verdadero centro. Otros invertebrados y la mayoría de los cordados tienen grandes cantidades de células nerviosas concentradas en un cerebro.

Los animales a menudo responden a la información procesada en su sistema nervioso produciendo movimientos. El tejido muscular genera fuerza al acortarse cuando es estimulado por el sistema nervioso. Los músculos trabajan juntos con algún tipo de estructura de soporte llamada esqueleto para conformar el sistema musculoesquelético. Algunos invertebrados, como las lombrices de tierra, tienen esqueletos flexibles que funcionan usando la presión de fluidos. Los insectos y otros invertebrados tienen esqueletos externos. Los huesos de los vertebrados forman un esqueleto interno. Por ejemplo, el duro caparazón de la langosta es un esqueleto externo, en tanto que tus huesos son parte de tu esqueleto interno.

En tu cuaderno *Haz un diagrama de flujo que muestre los sucesos de la* ***ilustración 25–4*** *en orden cronológico.*

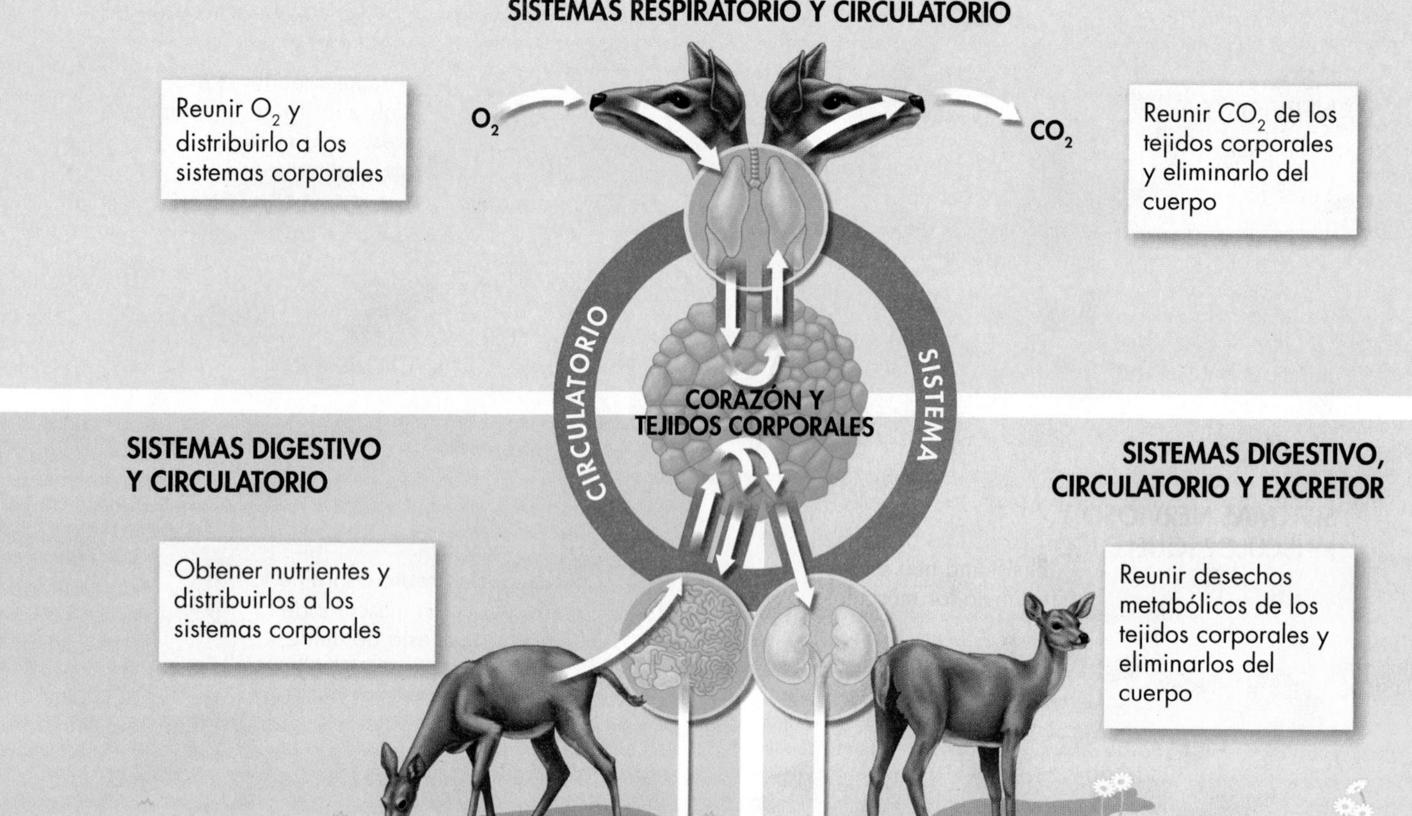

RESUMEN VISUAL

MOVIMIENTO DE MATERIALES DENTRO, ALREDEDOR Y FUERA DEL CUERPO

ILUSTRACIÓN 25–5 Las estructuras de los sistemas respiratorio, digestivo y excretor de los animales deben trabajar junto con las del sistema circulatorio.

Obtener y distribuir oxígeno y nutrientes Todos los animales deben respirar para obtener oxígeno. Los pequeños que viven en el agua o en lugares húmedos pueden "respirar" cuando el oxígeno se difunde a través de su piel. Los más grandes usan un sistema respiratorio basado en uno de muchos tipos diferentes de branquias, pulmones o vías respiratorias. Además, todos deben alimentarse para obtener nutrientes. Casi todos tienen un sistema digestivo que obtiene el alimento y lo descompone en formas que las células puedan usar.

Después de obtener el oxígeno y los nutrientes, los animales deben transportarlos a las células de todo el cuerpo. Para muchos, la tarea de transportar el oxígeno y los nutrientes requiere algún tipo de sistema circulatorio. Por tanto, las estructuras y funciones de los sistemas respiratorio y digestivo deben trabajar junto con el sistema circulatorio, como se muestra en la **ilustración 25–5.** En los vertebrados, incluyendo a los seres humanos, el sistema circulatorio es muy importante para el suministro de oxígeno y nutrientes. Por ejemplo, el tejido cerebral de los seres humanos comienza a morir en segundos si su suministro de sangre es interrumpido por un derrame cerebral.

Reunir y eliminar CO_2 y otros desechos Los procesos metabólicos de los animales generan dióxido de carbono y otros productos de desecho. Algunos de esos productos de desecho contienen nitrógeno, a menudo en forma de amoníaco. Tanto el dióxido de carbono como el amoníaco son tóxicos en concentraciones altas. Por tanto, estos desechos deben ser excretados, o eliminados, del cuerpo.

Muchos animales eliminan el dióxido de carbono simplemente usando su sistema respiratorio. Sin embargo, casi todos los animales complejos tienen un sistema de órganos especializado, el sistema excretor, para eliminar otros desechos, como el amoníaco. Este sistema concentra o procesa estos desechos y los expele inmediatamente o los almacena antes de eliminarlos.

Antes de que los productos de desecho puedan ser eliminados del cuerpo, primero deben ser recolectados por las células de todos los tejidos corporales y luego entregados a los sistemas respiratorio o excretor. A menudo es necesario algún tipo de sistema circulatorio para realizar estas funciones. Así que la recolección y eliminación de desechos requiere interacciones estrechas entre las estructuras y funciones de tres sistemas corporales, como se muestra en la **ilustración 25–5** de la página anterior.

Reproducción Casi todos los animales se reproducen sexualmente al producir gametos haploides. La reproducción sexual ayuda a crear y mantener la diversidad genética, que aumenta la capacidad de las especies para evolucionar y adaptarse a medida que su medio ambiente cambia. Muchos invertebrados y algunos vertebrados también se pueden reproducir asexualmente. La reproducción asexual por lo general produce descendencia genéticamente idéntica al progenitor. Esto permite a los animales aumentar su cantidad rápidamente, pero no genera diversidad genética.

ILUSTRACIÓN 25–6
Reproducción Igual que muchos vertebrados, esta rana pigmea marsupial cuida a sus crías mientras se desarrollan. A diferencia de la mayoría de los animales, ¡ella lleva sus huevos en la espalda!

25.1 Evaluación

Repaso de conceptos clave

1. a. **Repasar** ¿Qué características comparten todos los animales?
   b. **Clasificar** Una compañera de clase observa a un organismo unicelular bajo el microscopio. Te pregunta si es un animal. ¿Qué le dirías y por qué?
2. a. **Repasar** ¿Cuál es la característica que define a los invertebrados? ¿Cuáles son cuatro características de los cordados?
   b. **Explicar** ¿Por qué sería improbable encontrar un notocordio en un cordado adulto?
   c. **Comparar y contrastar** ¿En qué se diferencian los vertebrados de otros cordados?
3. a. **Repasar** Describe las funciones esenciales que realizan los animales.
   b. **Explicar** ¿Por qué se deben eliminar del cuerpo del animal los productos de desecho que producen los procesos metabólicos?
   c. **Establecer una secuencia** ¿Qué sistema corporal entrega los productos de desecho a los sistemas respiratorio y excretor?

RAZONAMIENTO VISUAL

4. Haz una tabla de dos columnas que enumere las maneras en que los animales reúnen y responden a la información. En la primera columna, escribe cada función. En la segunda, incluye un dibujo, fotografía o recorte de una estructura que realice esa función.

BIOLOGY.com Search Lesson 25.1 GO • Self-Test • Lesson Assessment

Profesiones en BIOLOGÍA

¿Estás interesado en una profesión que trabaje con los animales? Si es así, tal vez te interese una de las siguientes.

CURADOR DE ZOOLÓGICO

Cuando piensas en un trabajador de zoológico, quizás imaginas a un cuidador alimentando a los animales, ¿cierto? ¡Pero los guardianes no son las únicas personas que trabajan allí! Los curadores de zoológico deben supervisar una parte específica del trabajo del lugar. Hay muchos diferentes tipos de curadores, incluyendo curadores investigadores, curadores de animales y curadores conservadores. Cada uno contribuye a la misión del zoológico de proteger y conservar la vida silvestre.

APICULTOR

Más de un cuarto de la dieta de los estadounidenses proviene de los alimentos vegetales que son polinizados por las abejas. Los apicultores se ocupan del mantenimiento de las colmenas y son por consiguiente una parte vital del negocio de la agricultura. Los granjeros alquilan abejas para polinizar cosechas de almendras, manzanas, duraznos, soya y muchos tipos de bayas. Los apicultores también usan sus colmenas para producir cera de abeja y miel.

BIÓLOGO DE INVERTEBRADOS

Más del 95 por ciento de los animales carecen de espina dorsal. Desde los corales hasta las arañas, nemátodos y estrellas de mar, ¡su variedad es asombrosa! Los biólogos pueden estudiar el comportamiento, evolución, ecología o anatomía de los invertebrados. Con tantas especies para elegir, las investigaciones son tan variadas como los animales.

ENFOQUE PROFESIONAL:

Dra. Scottie Yvette Henderson, bióloga de invertebrados

Las extrañas y diversas criaturas del océano inspiran a la Dra. Scottie Henderson, una profesora de biología de la Universidad de Puget Sound en Tacoma, Washington. Sus investigaciones actuales se enfocan en los diminutos cangrejos, potencialmente parasitarios, que infestan a una almeja llamada *Nuttallia obscurata.* La Dra. Henderson y sus colegas analizan las interacciones entre la almeja y el cangrejo para comprender mejor la naturaleza de su relación simbiótica. Algunas pruebas señalan el parasitismo, pero la relación podría ser comensal. Sin embargo, nada es más importante para la Dra. Henderson que mantener a sus estudiantes interesados y emocionados con la ciencia.

"Observa por un momento el mundo que te rodea. ¡La biología es emocionante! Hay tantas preguntas sin responder… y tantas preguntas que esperan ser planteadas."

ESCRITURA Supón que eres uno de los estudiantes de la Dra. Henderson. ¿Qué pregunta le plantearías sobre sus investigaciones? Explica por qué te interesa ese aspecto.

25.2 Planos corporales de los animales y evolución

PIÉNSALO Por lo general, los animales vivos actuales se formaron mediante dos procesos: el desarrollo de un individuo multicelular a partir de un único óvulo fecundado y la evolución de una especie moderna de sus ancestros a lo largo de millones de años. La historia de los cambios evolutivos en las estructuras corporales animales se conoce desde hace años. Hoy en día, las investigaciones revelan la manera en que los cambios en los genes que controlan el desarrollo embrionario se relacionan con la evolución de las estructuras corporales. Este campo de investigación, a menudo llamado "evo-devo" es una de las áreas más novedosas de la biología actual.

Preguntas clave

¿Cuáles son algunas características de los planos corporales de los animales?

¿Cómo se definen los filos animales?

Vocabulario

simetría radial • simetría bilateral • endodermo • mesodermo • ectodermo • celoma • pseudoceloma • cigoto • blástula • protostoma • deuterostoma • cefalización

Tomar notas

Mapa de conceptos Traza un mapa de conceptos que muestre las diferentes características de los planos corporales animales y los diferentes tipos de cada característica.

Características de los planos corporales

¿Cuáles son algunas características de los planos corporales de los animales?

Un estudio del reino de los animales se enfoca en la manera en que las estructuras corporales y los sistemas animales realizan las funciones esenciales de la vida. Cada filo animal tiene una organización de estructuras corporales específicas que a menudo se llaman planos corporales. **Las características de los planos corporales animales incluyen niveles de organización, simetría corporal, diferenciación de capas germinales, formación de cavidades corporales, patrones de desarrollo embrionario, segmentación, cefalización y formación de extremidades.**

Niveles de organización A medida que las primeras células de la mayoría de los animales se desarrollan, se diferencian en células especializadas organizadas en tejidos. Recuerda que un tejido es un grupo de células que realizan una función similar. Los animales por lo general tienen varios tipos de tejidos, incluyendo epiteliales, musculares, conectivos y nerviosos. Los epiteliales cubren las superficies corporales, tanto internas como externas. Por ejemplo, las células epiteliales que recubren las superficies de los pulmones tienen estructuras planas y delgadas por las que los gases se pueden difundir fácilmente.

Los tejidos se combinan durante el crecimiento y el desarrollo para formar órganos. Éstos trabajan juntos para constituir sistemas que realizan funciones complejas. Por ejemplo, tu sistema digestivo incluye tejidos y órganos como tus labios, boca, estómago, intestinos y ano.

ILUSTRACIÓN 25–7 Simetría corporal Los animales con simetría radial tienen partes corporales que se extienden desde un punto central. Los animales con simetría bilateral tienen extremos anterior y posterior diferenciados y lados derecho e izquierdo.

Simetría radial

Planos de simetría

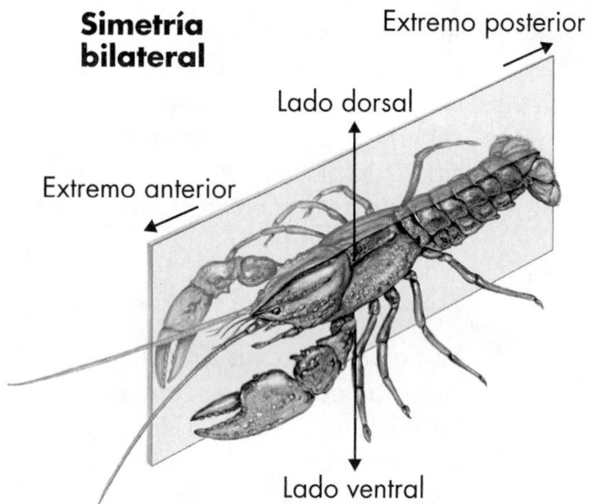

Simetría corporal El cuerpo de casi todos los animales presentan algún tipo de simetría. Algunos, como las anémonas de mar de la **ilustración 25–7,** tienen partes corporales que se extienden del centro hacia afuera, como los radios de la rueda de una bicicleta. Estos animales muestran **simetría radial,** en la que se pueden trazar cualquier número de planos imaginarios a través del centro del cuerpo y dividirlo en mitades iguales. Los grupos animales más exitosos muestran **simetría bilateral,** en la que un único plano imaginario divide el cuerpo en los lados izquierdo y derecho que son imágenes idénticas. Los animales con simetría bilateral tienen definidos un extremo frontal o anterior y un extremo trasero o posterior. Los bilateralmente simétricos también tienen un lado superior o dorsal y un lado inferior o ventral. Cuando montas a caballo, montas su lado dorsal.

Diferenciación de capas germinales Durante el desarrollo embrionario, las células de casi todos los embriones animales se diferencian en tres capas llamadas capas germinales. Las células del **endodermo,** o capa germinal interna, se desarrollan en el recubrimiento del tracto digestivo y en la mayoría del sistema respiratorio. Las del **mesodermo,** o capa intermedia, dan origen a los músculos y a la mayor parte de los sistemas circulatorio, reproductivo y excretor. El **ectodermo,** o capa externa, produce los órganos sensoriales, los nervios y la capa externa de la piel.

Formación de la cavidad corporal Casi todos los animales tienen algún tipo de cavidad corporal: un espacio lleno de fluido entre el tracto digestivo y la pared corporal. La cavidad corporal proporciona el espacio donde los órganos internos pueden estar suspendidos y el espacio para que crezcan. Por ejemplo, tu estómago y otros órganos digestivos están suspendidos en tu cavidad corporal. Los filos de los animales más complejos tienen un **celoma** verdadero, una cavidad corporal que se desarrolla dentro del mesodermo y está completamente recubierta de un tejido derivado de él. Algunos invertebrados sólo tienen una capa primitiva parecida a una gelatina entre el ectodermo y el endodermo. Otros carecen por completo de cavidad corporal y se llaman acelomados. Otros grupos tienen un **pseudoceloma,** que está parcialmente recubierto de mesodermo. La **ilustración 25–8** resume las estructuras de los tejidos de animales con y sin celomas.

ILUSTRACIÓN 25–8 Cavidades corporales Los acelomados carecen de un celoma entre su pared corporal y su cavidad digestiva. Los pseudocelomados tienen cavidades corporales parcialmente recubiertas con tejidos del mesodermo.

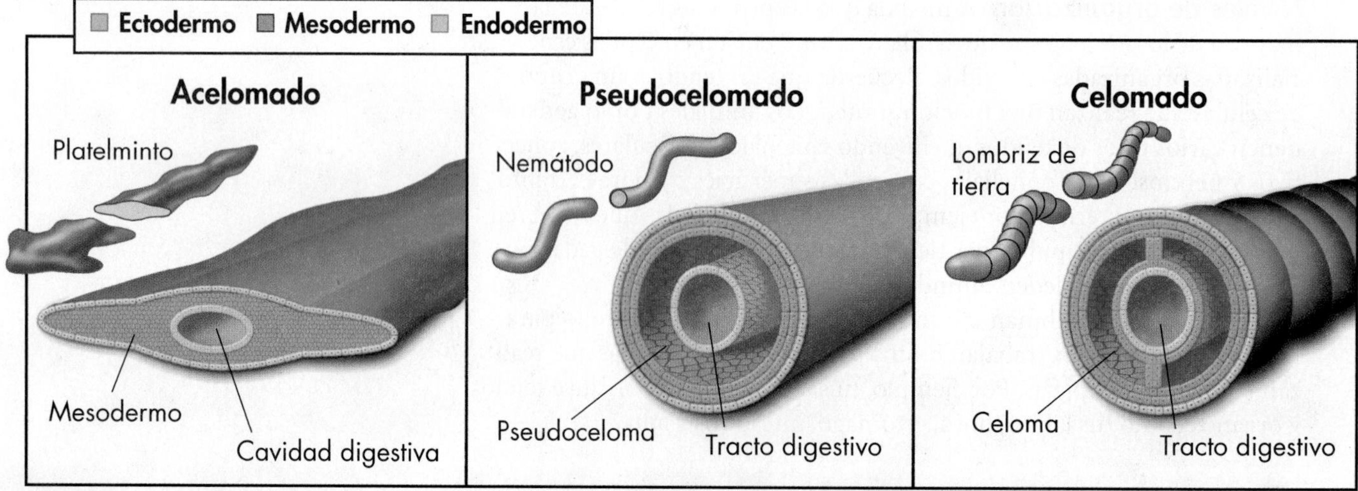

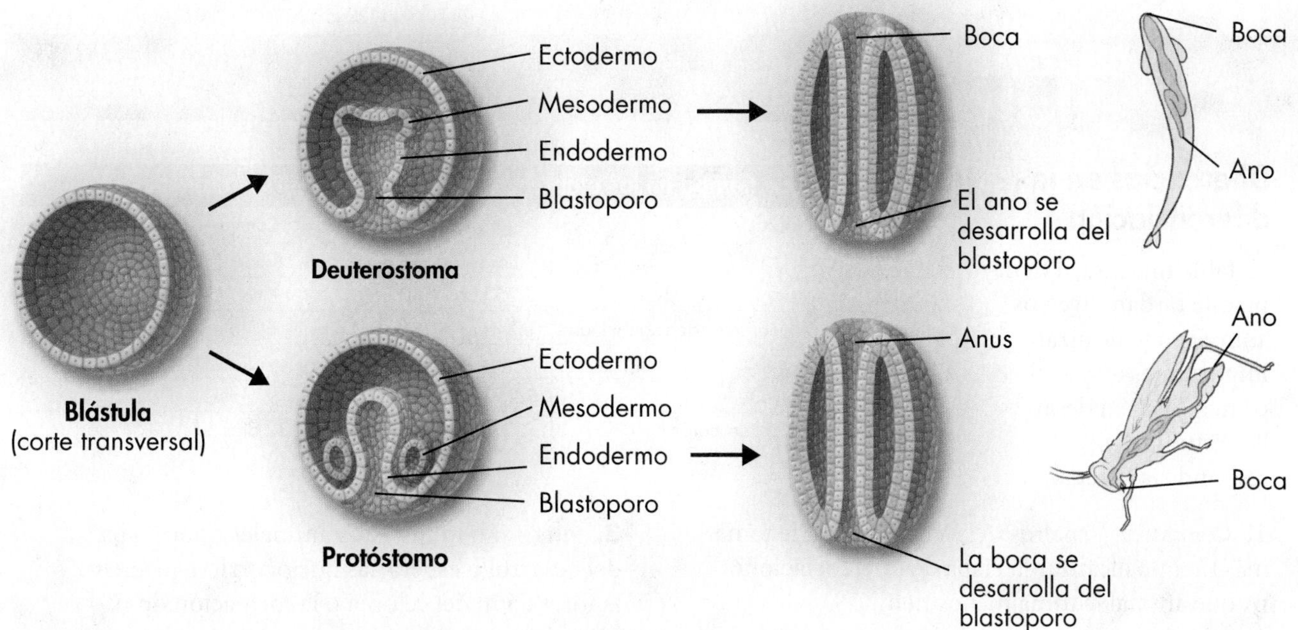

ILUSTRACIÓN 25–9 Formación de la blástula y el blastoporo Durante las primeras etapas del desarrollo del embrión animal, se forma una esfera de células hueca llamada blástula, en la que se forma una abertura llamada blastoporo. En los deuterostomas, como los peces, el blastoporo forma el ano. En los protostomas, como los saltamontes, forma la boca.

Patrones de desarrollo embrionario Todos los animales que se reproducen sexualmente comienzan su vida como un **cigoto** o un óvulo fecundado. A medida que éste comienza a desarrollarse, forma una **blástula,** una esfera de células hueca parecida a un globo inflado. Mientras ésta se desarrolla, se dobla sobre sí misma, como si estuvieras sosteniendo el globo y oprimiendo tus pulgares hacia su centro. Este doblez convierte a la esfera de células en una estructura alargada con un tubo que se extiende de un extremo al otro y que se convierte en el tracto digestivo, como se muestra en la **ilustración 25–9**.

Primero, este tracto digestivo sólo tiene una abertura hacia el exterior, llamada blastoporo. Sin embargo, un tracto digestivo eficaz necesita dos aberturas: una boca por la que entren los alimentos y un ano por el que salgan los desechos. En filos que son **protostomas,** el blastoporo se convierte en la boca. En ellos, incluyendo a la mayoría de los invertebrados, el ano se desarrolla en el extremo opuesto del tubo. En filos que son **deuterostomas,** el blastoporo se convierte en el ano y la boca se forma de la segunda abertura que se desarrolla. Los cordados y los equinodermos son deuterostomas. Esta semejanza en el desarrollo es una de varias características que indican que los equinodermos están muy relacionados con los cordados.

Segmentación: partes repetidas A medida que muchos animales bilateralmente simétricos se desarrollan, sus cuerpos se dividen en varias partes repetidas, o segmentos. Se dice que presentan segmentación. Los animales segmentados, como los gusanos, los insectos y los vertebrados, normalmente tienen por lo menos algunas partes corporales internas y externas que se repiten en ambos lados del cuerpo. La simetría bilateral y la segmentación se hallan juntas en muchos de los grupos animales más exitosos.

La segmentación ha sido importante en la evolución animal debido a la manera en que los genes controlan la producción y el crecimiento de los segmentos corporales. Si un organismo presenta segmentación, las mutaciones simples pueden provocar cambios en el número de sus segmentos corporales. Los diferentes segmentos también se pueden especializar, como tener una cabeza o extremidades especializadas.

Diferencias en la diferenciación

La tabla muestra el tiempo que tardan diversos animales en alcanzar importantes etapas al principio de su desarrollo. Estudia la tabla y responde las preguntas.

Variaciones de tiempo en las etapas de desarrollo de diversos animales

Etapa	Pollo	Hámster	Conejo	Macaco de la India
2 células	3 horas	16 horas	8 horas	24 horas
4 células	3.25 horas	40 horas	11 horas	36 horas
Se comienzan a formar tres capas germinales	1.5 días	6.5 a 7 días	6.5 días	19 días
Se diferencian tres capas germinales	3 días	8 días	9 días	25 días
Formación de la yema terminal	3.25 días	8.5 días	9.5 días	26 días
Nacimiento/Salida del cascarón	22 días	16 días	32 días	164 días

1. Comparar y contrastar ¿A qué animal le toma más tiempo alcanzar la etapa de diferenciación? ¿A qué animal le toma menos tiempo?

2. Calcular ¿Cuánto tiempo más le toma a un cigoto del macaco de la India alcanzar la etapa de 4 células de lo que le toma a un cigoto del pollo? MATEMÁTICAS

3. Inferir En todos estos animales, ¿qué etapa del desarrollo esperarías que ocurriera primero: la formación del celoma o la formación de la blástula?

DESARROLLAR el vocabulario

SUFIJOS La palabra **cefalización** tiene dos sufijos: *-iza*, que significa "hacer de" y *–ación*, que significa "el proceso de". Cuando estos sufijos se añaden a la raíz de la palabra *cefal-*, que significa "cabeza", la nueva palabra significa, "el proceso de hacer una cabeza".

Cefalización: formación de la cabeza Los animales con simetría bilateral típica presentan **cefalización,** es decir, la concentración de los órganos sensoriales y de las células nerviosas en su extremo anterior. Este extremo anterior a menudo es tan diferente del resto del cuerpo que se llama cabeza. Los grupos animales más exitosos, incluyendo artrópodos y vertebrados, presentan una pronunciada cefalización.

Un examen detallado de los embriones de insectos y vertebrados muestra que sus cabezas se forman por la fusión y especialización de varios segmentos corporales durante su desarrollo. A medida que esos segmentos se fusionan, sus partes internas y externas se combinan de manera que concentran a los órganos sensoriales, como los ojos, en la cabeza. Las células nerviosas que procesan la información y "deciden" lo que el animal debe hacer también se concentran en la cabeza. No es de sorprender que los animales con cabeza por lo general se muevan en una dirección en la que la cabeza "va adelante". Esto sucede para que la concentración de los órganos sensoriales y las células nerviosas tenga el primer contacto con las nuevas partes del medio ambiente.

Formación de extremidades: patas, aletas y alas Los animales segmentados bilateralmente simétricos por lo general tienen apéndices externos en ambos lados del cuerpo. Estos apéndices varían de simples grupos de cerdas en algunos gusanos, a patas articuladas en las arañas, alas en las libélulas y una amplia variedad de extremidades, incluyendo alas de aves, aletas de delfines y brazos de monos. Estos tipos tan diferentes de apéndices han evolucionado varias veces y muchas veces se han perdido en varios grupos animales.

En tu cuaderno *Explica con tus propias palabras por qué los animales con cabeza suelen moverse en una dirección en la que la "cabeza va adelante".*

RESUMEN VISUAL

PLANOS CORPORALES

ILUSTRACIÓN 25–10 Los planos corporales de los invertebrados y los cordados modernos sugieren la evolución de un ancestro común.

	Esponjas	Cnidarios	Artrópodos	Nemátodos	Platelmintos
Niveles de organización	Células especializadas	Células especializadas, tejidos	Células especializadas, tejidos, órganos	Células especializadas, tejidos, órganos	Células especializadas, tejidos, órganos
Simetría corporal	Ausente	Radial	Bilateral	Bilateral	Bilateral
Capas germinales	Ausente	Dos	Tres	Tres	Tres
Cavidad corporal	–	Acelomado	Celoma verdadero	Pseudoceloma	Acelomado
Desarrollo embrionario	–	–	Protostoma	Protostoma	Protostoma
Segmentación	Ausente	Ausente	Presente	Ausente	Ausente
Cefalización	Ausente	Ausente	Presente	Presente	Presente

	Anélidos	Moluscos	Equinodermos	Cordados
Niveles de organización	Células especializadas, tejidos, órganos	Células especializadas, tejidos, órganos	Células especializadas, tejidos, órganos	Células especializadas, tejidos, órganos
Simetría corporal	Bilateral	Bilateral	Radial (de adultos)	Bilateral
Capas germinales	Tres	Tres	Tres	Tres
Cavidad corporal	Celoma verdadero	Celoma verdadero	Celoma verdadero	Celoma verdadero
Desarrollo embrionario	Protostoma	Protostoma	Deuterostoma	Deuterostoma
Segmentación	Presente	Ausente	Ausente	Presente
Cefalización	Presente	Presente	Ausente (de adultos)	Presente

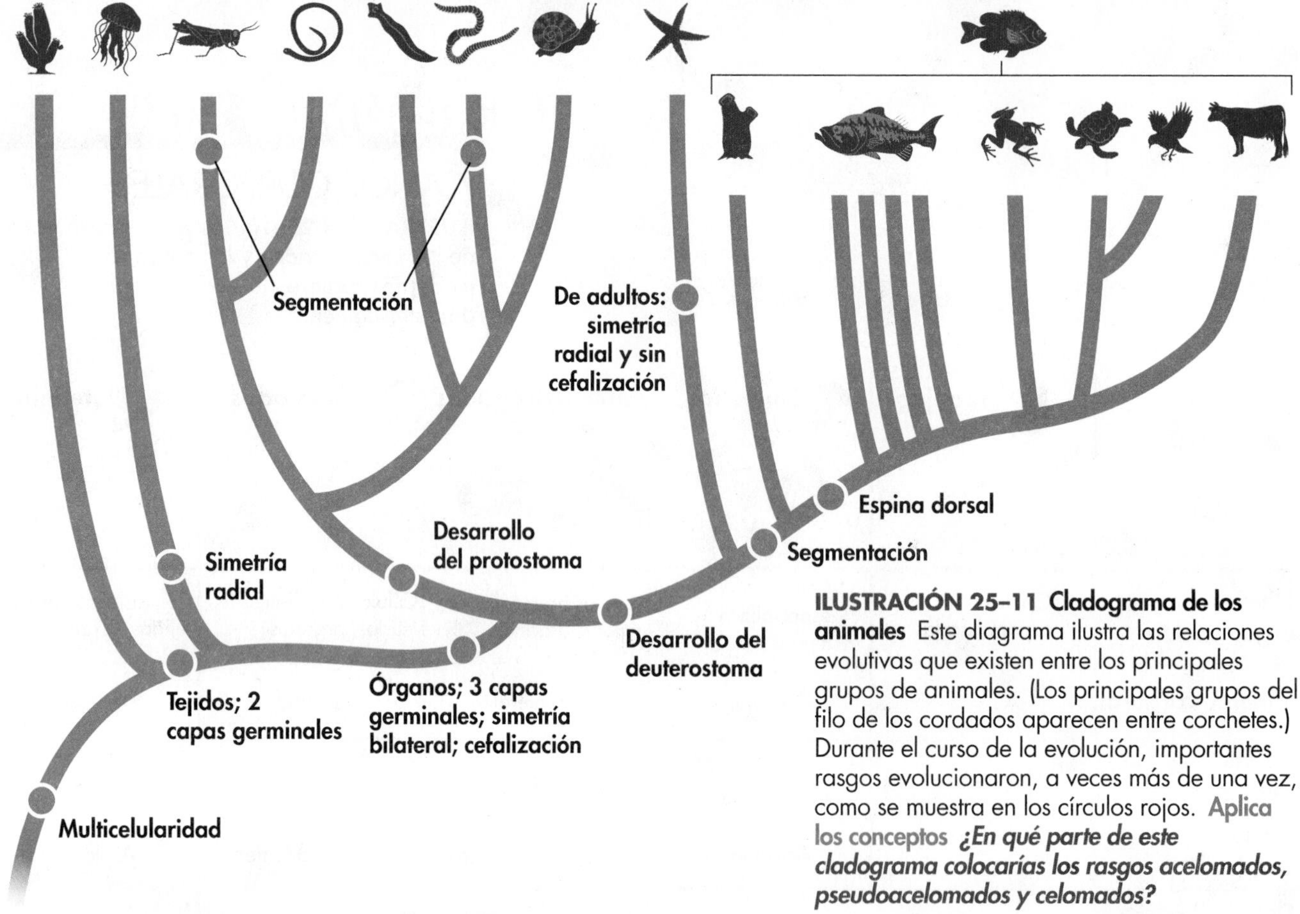

ILUSTRACIÓN 25–11 Cladograma de los animales Este diagrama ilustra las relaciones evolutivas que existen entre los principales grupos de animales. (Los principales grupos del filo de los cordados aparecen entre corchetes.) Durante el curso de la evolución, importantes rasgos evolucionaron, a veces más de una vez, como se muestra en los círculos rojos. **Aplica los conceptos** ***¿En qué parte de este cladograma colocarías los rasgos acelomados, pseudoacelomados y celomados?***

El cladograma de los animales

¿Cómo se definen los filos animales?

Las características de los planos corporales animales que acabas de estudiar proporcionan información para elaborar el cladograma, o árbol filogenético, de los animales. Recuerda que la historia evolutiva presentada en un cladograma representa un conjunto de hipótesis evolutivas basadas en las características de las especies vivas, las pruebas del registro fósil y los estudios genómicos comparativos. El cladograma de la **ilustración 25–11** presenta lo que sabemos hasta ahora de las relaciones entre los filos animales. **Por lo general, los filos animales se definen según los planos corporales adultos y los patrones de desarrollo embriológico.** Por ejemplo, el filo Artrópodos se define por un plano corporal que incluye simetría bilateral, segmentación, cefalización, un esqueleto externo y patas articuladas.

Diferencias entre los filos El cladograma de los animales indica la secuencia en que evolucionaron importantes características de los planos corporales. Cada filo tiene una combinación específica de rasgos antiguos heredados de sus ancestros y de otros nuevos hallados sólo en un filo en particular. Es tentador pensar que un cladograma es una historia sobre las "mejoras" de un filo al siguiente en el transcurso del tiempo. Pero no es así. Los complicados sistemas corporales de los vertebrados no necesariamente son mejores que los sistemas "más simples" de los invertebrados. Cualquier sistema de los animales vivos funciona lo suficientemente bien para que sobrevivan y se reproduzcan. Por ejemplo, casi todos los cerebros de los cordados son más complejos que los de los platelmintos. Pero los de los platelmintos obviamente funcionan lo suficientemente bien para que éstos sobrevivan como grupo.

PISTA DEL MISTERIO

Las criaturas misteriosas son deuterostomas. Sus larvas tienen simetría bilateral, un cordón nervioso hueco dorsal y hendiduras branquiales faríngeas, pero no tienen espina dorsal. ¿En qué parte del cladograma deben ir?

Cambios dentro de los filos: temas y variaciones Dentro de cada filo, los diferentes grupos representan las diferentes variaciones de los planos corporales básicos que han evolucionado con el tiempo. Por ejemplo, los vertebrados terrestres por lo general tienen cuatro extremidades. Muchos, como las ranas, caminan (o saltan) sobre cuatro extremidades que llamamos "patas". Entre las aves, las extremidades anteriores han evolucionado en alas y en muchos primates, en lo que llamamos "brazos". Tanto las alas como los brazos evolucionaron a través de cambios en la extremidad anterior vertebrada estándar.

ILUSTRACIÓN 25–12 Variaciones en las extremidades Las aves han evolucionado extremidades frontales especializadas como alas, y las ranas han evolucionado cuatro "patas".

Experimentos evolutivos Hasta cierto punto, se podría considerar que los planos corporales de cada filo son "experimentos" evolutivos, en los que un conjunto específico de estructuras corporales realiza las funciones esenciales. La aparición de un organismo representa el comienzo de este "experimento". Las primeras versiones de la mayoría de los planos corporales animales se establecieron hace cientos de millones de años, como lo estudiarás en el siguiente capítulo. Desde ese momento, la historia evolutiva de cada filo ha mostrado variaciones en el plano corporal a medida que las especies se han adaptado a los cambios en las condiciones. Si los cambios han permitido que los miembros de un filo sobrevivan y se reproduzcan, el filo sigue existiendo. Si el plano corporal no ha funcionado bien en el transcurso del tiempo, los miembros de ese filo, o grupos específicos dentro de él, se han extinguido.

25.2 Evaluación

Repaso de conceptos clave

1. a. **Repasar** Escribe las ocho características de los planos corporales animales.

   b. **Inferir** ¿En qué se parece la embriología de los equinodermos a la de los vertebrados? ¿Qué podría indicar esta semejanza sobre su relación evolutiva?

2. a. **Repasar** ¿Qué par de características definen al filo animal?

   b. **Relacionar causa y efecto** ¿Qué le ocurre a un filo con el tiempo si su plano corporal no permite que sus miembros sobrevivan y se reproduzcan?

ESCRIBIR SOBRE LAS CIENCIAS

Descripción

3. Explica la descripción de un plano corporal como un "experimento" evolutivo. En tu explicación, describe la diferencia que existe entre los planos corporales exitosos y fallidos según sus diferentes resultados.

BIOLOGY.com Search Lesson 25.2 GO • Self-Test • Lesson Assessment 

Laboratorio de destrezas científicas

INVESTIGACIÓN DIRIGIDA

Preparación para el laboratorio: Comparar planos corporales de los invertebrados

Problema ¿Qué características se pueden usar para clasificar a los invertebrados?

Materiales microscopio compuesto; portaobjetos preparados con cortes transversales de un cnidario, un nemátodo y una lombriz de tierra; lápices de colores rojo, azul y amarillo

Manual de laboratorio Laboratorio del Capítulo 25

Enfoque en las destrezas Observar, clasificar, comparar y contrastar

Conectar con la gran idea Todos los miembros del reino Animalia comparten un conjunto de características que los definen como animales. Sin embargo, la diversidad dentro de este reino es enorme. Por ejemplo, muchos tienen una espina dorsal, pero otros no. Algunos tienen simetría radial, y otros no. En este laboratorio, usarás cortes transversales conservados para comparar los planos corporales de tres invertebrados. Prestarás especial atención a las capas germinales y a las cavidades corporales.

Preguntas preliminares

a. Repasar Describe tres características que compartan todos los animales.

b. Repasar ¿Cuáles son las tres capas germinales y a qué estructuras dan origen?

c. Explicar ¿Cuál es la función de una cavidad corporal?

Preguntas previas al laboratorio

Examina el procedimiento en el manual de laboratorio.

1. Comparar y contrastar ¿Qué dos características de los planos corporales animales compararás en este laboratorio?

2. Aplica los conceptos ¿Dónde buscarás los tejidos que se forman a partir de la capa del ectodermo?

3. Inferir ¿Una hidra es más pequeña, más grande o aproximadamente del mismo tamaño que un nemátodo? Basa tu respuesta en el procedimiento de este laboratorio.

BIOLOGY.com Search Chapter 25 GO

Visita el Capítulo 25 en línea para hacer una autoevaluación del capítulo y buscar actividades que apoyan tu aprendizaje.

Untamed Science Video Aprende cómo determinan los científicos que un organismo es un animal mientras el equipo de *Untamed Science* visita un complejo de investigación en Coconut Island.

Art in Motion Observa una animación que muestra las diferencias en las primeras etapas del desarrollo protóstomo y deuteróstomo.

Art Review Repasa lo que has comprendido de la simetría corporal con esta actividad de arrastrar y soltar.

Data Analysis Compara al *Trichoplax* con otros animales para que aprecies lo difícil que es clasificar a los animales.

Guía de estudio

La gran idea Unidad y diversidad de la vida

Los animales son organismos eucariotas heterótrofos multicelulares, cuyas células carecen de paredes celulares.

25.1 ¿Qué es un animal?

Los animales, miembros del reino Animalia, son organismos eucariotas, heterótrofos y multicelulares cuyas células carecen de paredes celulares.

Los invertebrados son todos los animales que carecen de espina dorsal o columna vertebral.

Todos los cordados presentan cuatro características durante por lo menos una etapa de su vida: un cordón nervioso dorsal hueco; un notocordio; una cola que se extiende más allá del ano; y hendiduras branquiales faríngeas.

Igual que todos los organismos, los animales deben mantener la homeostasis al reunir y responder a la información, obtener y distribuir el oxígeno y los nutrientes, y recolectar y eliminar dióxido de carbono y otros desechos. También se reproducen.

invertebrado (730)
cordado (731)
notocordio (731)
hendidura branquial faríngea (731)
vertebrado (731)
retroalimentación inhibidora (732)

25.2 Planos corporales de los animales y evolución

Las características de los planos corporales animales incluyen niveles de organización, simetría corporal, diferenciación de capas germinales, formación de cavidades corporales, patrones de desarrollo embrionario, segmentación, cefalización y formación de extremidades.

Por lo general, los filos animales se definen según los planos corporales adultos y los patrones de desarrollo embriológico.

simetría radial (738)
simetría bilateral (738)
endodermo (738)
mesodermo (738)
ectodermo (738)
celoma (738)
pseudoceloma (738)
cigoto (739)
blástula (739)
protostoma (739)
deuterostoma (739)
cefalización (740)

Razonamiento visual Usa la información de este capítulo para completar el siguiente mapa de conceptos.

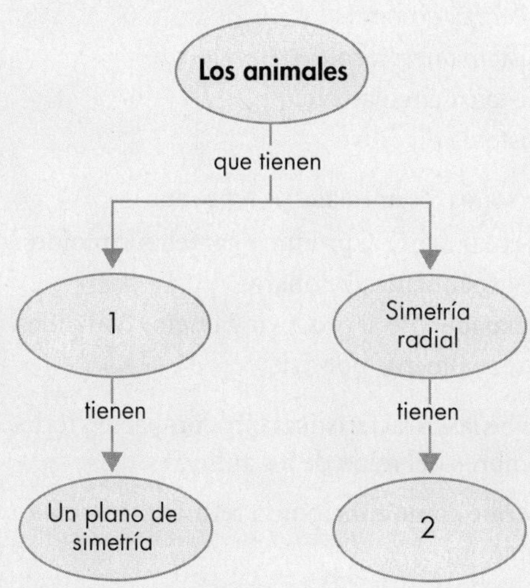

25 Evaluación

25.1 ¿Qué es un animal?

Comprender conceptos clave

1. Un eucariota heterótrofo multicelular cuyas células carecen de paredes celulares es
   a. un protista. c. un animal.
   b. un virus. d. una planta.

2. ¿Cuál de las siguientes es una característica de todos los cordados que no se halla en los invertebrados?
   a. un notocordio
   b. cuatro patas
   c. un sistema circulatorio
   d. un exoesqueleto

3. El proceso por el que los animales absorben oxígeno y emiten dióxido de carbono se llama
   a. respuesta. c. respiración.
   b. reproducción. d. excreción.

4. Los animales que tienen una espina dorsal, también llamada columna vertebral, se conocen como
   a. invertebrados. c. homeostasis.
   b. procariotas. d. vertebrados.

5. La tarea de recolectar los materiales de desecho de las células corporales de los animales complejos y entregarlos a los órganos que los liberarán del cuerpo es realizada por el
   a. sistema excretor.
   b. sistema nervioso.
   d. sistema circulatorio.
   c. sistema digestivo.

6. Casi todos los animales se reproducen
   a. sexualmente al producir gametos diploides.
   b. asexualmente al clonarse.
   c. sexualmente al producir gametos haploides.
   d. asexualmente por fisión.

7. Escribe las características que comparten todos los miembros del reino de los animales.

8. Describe cómo funciona la retroalimentación inhibidora.

9. Explica por qué la palabra *invertebrado* puede ser útil, pero no es una categoría verdadera del sistema de clasificación.

10. ¿Qué sistemas corporales comienzan a funcionar cuando un mapache descubre que un cubo de basura es una fuente de alimento y lo derriba para hallarlo?

Razonamiento crítico

11. **Clasificar** ¿Qué características distinguen a los cordados vertebrados de los invertebrados?

12. **Aplica los conceptos** ¿De qué manera los sistemas digestivo y respiratorio dependen del sistema circulatorio para realizar las funciones de obtener nutrientes y eliminar desechos?

13. **Comparar y contrastar** ¿En qué se diferencia la manera en que los animales eliminan el dióxido de carbono de la manera en que eliminan el amoníaco?

14. **Relacionar causa y efecto** Describe de manera general cómo reaccionan los sistemas nervioso y musculoesquelético de un conejo cuando ve a un depredador como un coyote.

25.2 Planos corporales animales y su evolución

Comprender conceptos clave

15. Muchos animales tienen simetría corporal con extremos anteriores y posteriores diferentes. Este tipo de simetría es
   a. radial. c. circular.
   b. bilateral. d. dorsal.

16. El siguiente embrión en desarrollo es un __?__ un grupo que incluye a los __?__.

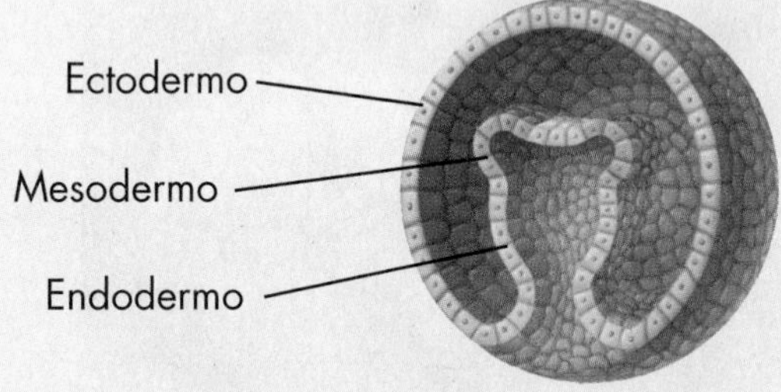

   a. protostoma; invertebrados que no sean equinodermos
   b. protostoma; vertebrados
   c. deuterostoma; equinodermos y cordados
   d. deuterostoma; invertebrados

17. Un animal cuya boca se forma del blastoporo es
   a. deuterostoma. c. protostoma.
   b. endodermo. d. mesodermo.

18. La concentración de órganos sensoriales y células nerviosas en el extremo anterior del cuerpo se conoce como

a. fecundación
b. cefalización
c. simetría
d. multicelularidad

19. ¿Cuál de los siguientes animales presenta simetría radial?

a. nemátodo
b. pez
c. insecto
d. anémona de mar

20. ¿Qué capa germinal produce los nervios y los órganos sensoriales de los animales?

a. ectodermo
b. endodermo
c. mesodermo
d. peridermo

21. Casi todos los cordados que viven en la tierra tienen

a. dos extremidades.
b. cuatro extremidades.
c. seis extremidades.
d. ocho extremidades.

22. ¿Qué es un acelomado?

23. Describe la principal diferencia en el desarrollo que distingue a los protostomas de los deuterostomas.

24. ¿Qué es una blástula?

25. Escribe las tres capas germinales.

26. Menciona dos características del plano corporal que comparten todos los artrópodos y vertebrados.

27. ¿Cuál es una de las mayores ventajas de la cefalización?

Razonamiento crítico

28. **Aplica los conceptos** ¿Por qué la simetría bilateral es un importante desarrollo en la evolución de los animales?

29. **Establecer una secuencia** Clasifica los siguientes desarrollos en el orden en que aparecieron durante la evolución: tejidos, desarrollo deuteróstomo, multicelularidad, desarrollo protóstomo.

30. **Proponer una hipótesis** Los animales con simetría radial, como las anémonas de mar, carecen de cefalización, en tanto que los animales con simetría bilateral sí la tienen. Plantea una hipótesis que explique esta observación.

31. **Inferir** ¿Por qué sería inexacto declarar que el cladograma de los animales muestra las mejoras en los planos corporales que han ocurrido en el transcurso del tiempo?

resuelve el MISTERIO del CAPÍTULO

UN DÍA EN LA PLAYA

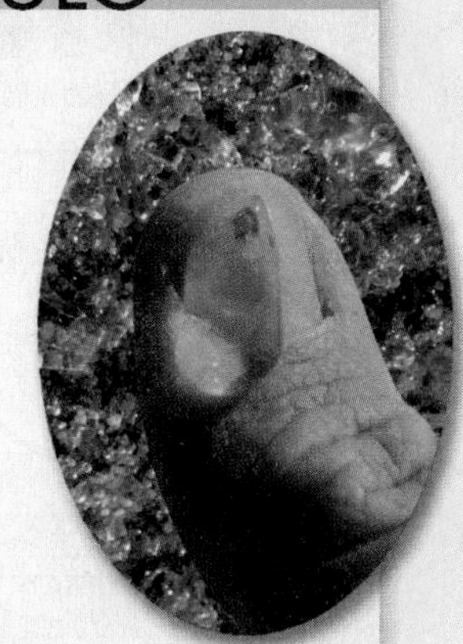

A pesar de que casi nadie había visto nunca criaturas como éstas, los biólogos no tuvieron problema para identificarlas. Eran salpas, descendientes de los miembros más antiguos del filo Cordados. Las salpas pertenecen a un grupo de cordados llamados tunicados. De adultos, casi todos viven adheridos a rocas en el lecho marino. Las salpas son extrañas entre los tunicados: los adultos nadan libremente. Bombean agua por sus bocas y la expulsan por su otro extremo, alimentándose e impulsándose por el agua al mismo tiempo. Por lo general se hallan en la superficie de los mares tropicales, pero pueden ser transportadas al norte por la Corriente del Golfo y a veces son arrastradas por las tormentas hasta las playas.

1. **Comparar y contrastar** ¿En qué se diferencian las salpas de las medusas?

2. **Conectar con** la gran idea Usa la Internet para investigar las salpas y otros tunicados. Explica por qué estos animales de apariencia peculiar están clasificados en el filo Cordados.

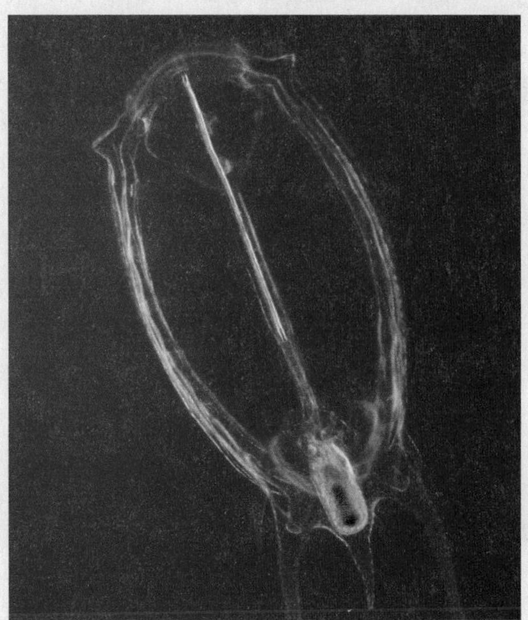

Relacionar conceptos

Usar gráficas científicas

Usa la gráfica para responder a las preguntas 32 a 34.

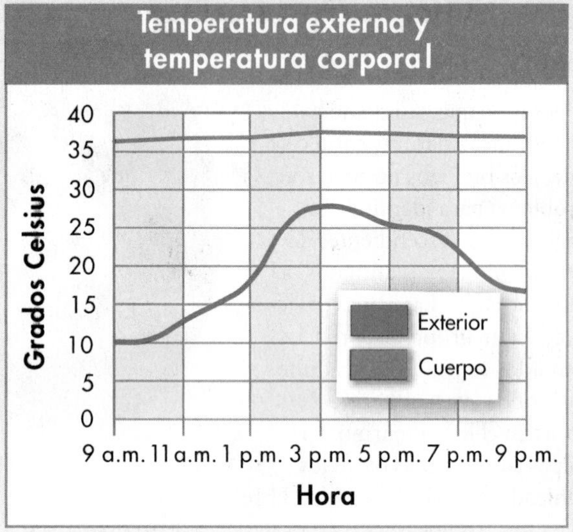

32. Interpretar gráficas ¿A qué hora del día la temperatura corporal se acerca más al medio ambiente externo?

33. Sacar conclusiones ¿Cuál es la relación entre la temperatura corporal y la temperatura del medio ambiente?

34. Inferir ¿Cómo explicas la forma de la gráfica para la temperatura corporal?

Escribe sobre las ciencias

35. Explicación Habla sobre la manera en que la cefalización y la segmentación han ayudado a los animales a lograr su gran diversidad.

36. Evalúa la gran idea Si te dieran un pequeño organismo vivo, ¿cómo tratarías de determinar si es un animal?

El sistema digestivo humano convierte el alimento en glucosa, un azúcar que el cuerpo puede usar como energía. Los siguientes datos fueron rcopilados al tomar una muestra de sangre de una persona a diferentes horas del día y medir el volumen relativo de glucosa en su sangre.

Hora del día	Cantidad de glucosa (mg/100 mL)
9 a.m.	102
10 a.m.	98
11 a.m.	130
12 mediodía	115
1 p.m.	103
2 p.m.	100
3 p.m.	102

37. Interpretar tablas ¿Durante qué intervalo de tiempo es más probable que esta persona haya comido?

a. 9 a.m. a 10 a.m.
b. 10 a.m. a 11 a.m.
c. 1 p.m. a 2 p.m.
d. 2 p.m. a 3 p.m.

38. Inferir ¿Cuál de los valores de la tabla esperarías que se acercara más al valor de la homeostasis para la cantidad de glucosa en la sangre?

39. Aplica los conceptos Explica la manera en que la retroalimentación inhibidora podría estar implicada en los cambios en los niveles de glucosa en la sangre.

Preparación para exámenes estandarizados

Selección múltiple

1. ¿Cuál de los siguientes es un tipo de tejido que aparece en casi todos los animales durante su desarrollo?
- **A** endodermo
- **B** mesodermo
- **C** ectodermo
- **D** todos los anteriores

2. ¿Cuál de las siguientes NO es una característica de los animales?
- **A** la capacidad de producir su propio alimento
- **B** la capacidad de moverse
- **C** las células eucariotas
- **D** las células que carecen de paredes celulares

3. Una esfera de células hueca que se forma después de que el cigoto se divide se llama
- **A** celoma.
- **B** protostoma.
- **C** deuterostoma.
- **D** blástula.

4. ¿Qué tendencia NO ocurrió durante la evolución de los invertebrados?
- **A** la especialización de las células
- **B** el desarrollo de un notocordio
- **C** la simetría bilateral
- **D** la cefalización

5. ¿Cuál es una función del sistema excretor?
- **A** suministrar oxígeno y nutrientes a las células
- **B** eliminar los desechos metabólicos del cuerpo
- **C** recopilar información del medio ambiente
- **D** descomponer el alimento

6. A menudo los animales responden a la información que procesa su sistema nervioso al moverse, usando su
- **A** sistema circulatorio.
- **B** sistema excretor.
- **C** sistema músculoesquelético.
- **D** sistema digestivo.

7. La concentración de tejido nervioso y órganos en un extremo del cuerpo se llama
- **A** cefalización.
- **B** segmentación.
- **C** simetría corporal.
- **D** redes nerviosas.

Preguntas 8 y 9

Un estudiante de biología tiene dos muestras de lombrices de tierra en un poco de tierra, como se muestra abajo. Sabe que, debido a que la temperatura corporal de las lombrices cambia con el medio ambiente, las de la muestra A tienen una temperatura corporal más alta que las de la muestra B. El estudiante usa un microscopio estereoscópico para contar el número de pulsaciones por minuto de las tres lombrices de cada muestra.

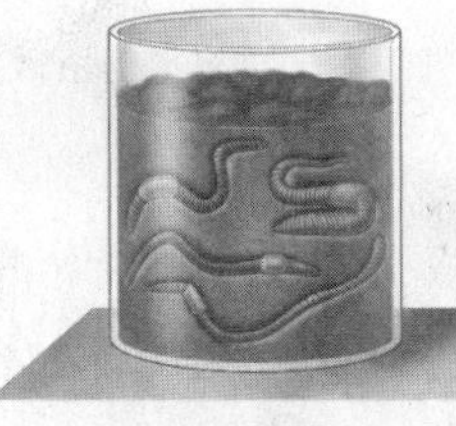

Muestra A:
En la temperatura del medio ambiente del suelo de las lombrices

Muestra B:
En agua helada

8. Observa las dos muestras del estudiante. ¿Qué puedes concluir?
- **A** La muestra A es el control.
- **B** La muestra B es el control.
- **C** Cualquier muestra puede servir como control.
- **D** Este no es un experimento controlado.

9. El estudiante descubre que las lombrices de la muestra A tienen un ritmo cardíaco más rápido que las de la muestra B. ¿Qué hipótesis podrías formar con base en esta observación?
- **A** Las lombrices de la muestra A están más saludables que las de la muestra B.
- **B** La disminución de la temperatura corporal es la responsable del aumento del ritmo cardíaco.
- **C** No hay una relación entre la temperatura corporal y el ritmo cardíaco.
- **D** La disminución de la temperatura corporal es la responsable de la disminución del ritmo cardíaco.

Respuesta de desarrollo

10. ¿Qué características distinguen a los invertebrados de los cordados no vertebrados?

Si tienes dificultades con...

la pregunta	1	2	3	4	5	6	7	8	9	10
Ver la lección	25.2	25.1	25.2	25.2	25.1	25.1	25.2	25.1	25.1	25.1

26 Evolución y diversidad de los animales

La gran idea

Evolución

P: ¿Cómo han evolucionado los animales de sus formas anteriores a través de la evolución?

BIOLOGY.com Search Chapter 26 GO • Flash Cards

EN ESTE CAPÍTULO:

- 26.1 Evolución y diversidad de los invertebrados
- 26.2 Evolución y diversidad de los cordados
- 26.3 Evolución de los primates

El esqueleto óseo de esta serpiente toro revela su relación evolutiva con otros vertebrados.

• Untamed Science Video • Chapter Mystery

MISTERIO DEL CAPÍTULO

BÚSQUEDA DE FÓSILES

A Josh y Pedro les sonaba como un excelente viaje de verano: la caza de fósiles. La pasarían al aire libre y el viaje se vería impresionante en sus formularios de solicitud para entrar a la universidad. Pero, ¿a dónde debían ir? Y, ¿quién los guiaría? A sus padres les agradaba la idea, en tanto permanecieran dentro de Estados Unidos. A los dos chicos les gustaban los dinosaurios y los mamíferos extintos, pero para este viaje, Josh quería buscar a los *primeros* animales. Por otro lado, Pedro amaba tanto a su periquito que quería buscar a los ancestros de las aves. Pero, ¿dónde podrían hallar estos fósiles?... ¿Habría buenos sitios que estuvieran lo bastante cerca para satisfacer a sus padres?

Se percataron de que debían averiguar en qué períodos vivieron sus animales objetivo. Luego, tenían que averiguar dónde podrían hallar rocas de las edades adecuadas. A medida que leas este capítulo, busca pistas sobre los períodos de tiempo geológico en que los animales objetivo de Josh y Pedro pudieran haber vivido y dónde podrían hallar estos dos chicos sus fósiles. Luego, resuelve el misterio.

Continúa explorando el mundo.
Descubrir hacia dónde los llevará la "Búsqueda de fósiles" a Josh y Pedro sólo es el principio. Emprende un viaje de campo en video con los genios ecólogos de *Untamed Science* para ver adónde conduce este misterio.

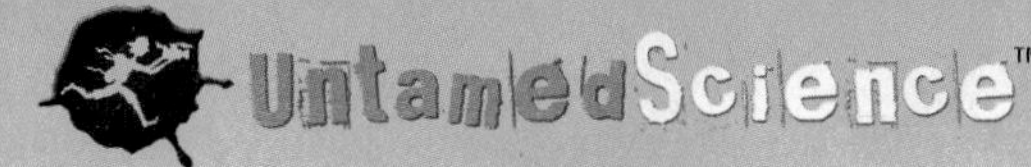

26.1 Evolución y diversidad de los invertebrados

Preguntas clave

¿Cuándo evolucionaron los primeros animales?

¿Qué ilustra el cladograma de los invertebrados no cordados?

Vocabulario

apéndice
larva
trocófora

Tomar notas

Vistazo al material visual Antes de leer, examina el cladograma de los invertebrados de la **ilustración 26–3.** Toma notas sobre las preguntas que tengas y trata de responderlas a medida que leas.

Para más información sobre diversidad de los animales, consulta la Guía visual.

DOL•30–DOL•64

PIÉNSALO Los orígenes de los primeros animales están rodeados de misterio. Desde la época de Darwin, los paleontólogos han sabido, con base en las pruebas fósiles, que muchos filos multicelulares modernos aparecieron durante un breve período geológico llamado "explosión cámbrica", entre 530 y 515 millones de años atrás. ¿Cómo evolucionaron tan rápido tantos tipos de animales? ¿De qué formas más simples pudieron haber evolucionado? Hasta hace poco se habían hallado pocos fósiles anteriores al período Cámbrico, así que no había manera de responder estas preguntas. Luego, en las últimas décadas, varios descubrimientos revolucionaron nuestra comprensión sobre las primeras etapas de la evolución animal.

Orígenes de los invertebrados

¿Cuándo evolucionaron los primeros animales?

Durante aproximadamente 3 mil millones de años después de que evolucionaran las primeras células procariotas, todos los procariotas y eucariotas eran unicelulares. No se sabe cuándo los primeros animales multicelulares evolucionaron a partir de eucariotas unicelulares. Varios tipos de datos apoyan la hipótesis de que los animales evolucionaron de ancestros que compartían con organismos llamados coanoflagelados. Éstos por lo general son eucariotas unicelulares, pero a veces crecen en colonias y comparten características con las esponjas, los animales multicelulares más simples.

Rastros de los primeros animales Nuestras pruebas más antiguas de la vida multicelular provienen de fósiles microscópicos descubiertos recientemente y que tienen alrededor de 600 millones de años de edad. Los primeros animales eran diminutos y de cuerpo blando, así que existen pocos cuerpos fosilizados. Sin embargo, estudios recientes han revelado fósiles de óvulos y embriones increíblemente bien conservados, como el embrión de la **ilustración 26–1.** Se han identificado otros fósiles de este período, como partes de esponjas y animales semejantes a las medusas. Los paleontólogos también han identificado lo que llaman "rastros fósiles" de este período. Éstos son huellas y madrigueras hechas por animales cuyas partes corporales no se fosilizaron. **Estas pruebas fósiles indican que los primeros animales comenzaron a evolucionar mucho antes de la explosión cámbrica.**

ILUSTRACIÓN 26–1 Pruebas fósiles Fósiles como el embrión de 565 millones de años de edad de la izquierda están entre los tesoros más raros y valiosos que puede producir el agotador trabajo de la caza de microfósiles. (SEM 100×)

La fauna de Ediacara Algunos de los descubrimientos más emocionantes e importantes de la vida animal anterior al período Cámbrico provienen de los fósiles de las colinas Ediacara de Australia. Estos extraños fósiles, que datan de hace aproximadamente 565 a 544 millones de años, han intrigado a los paleontólogos durante años. Los planos corporales que muestran son diferentes de los de cualquier ser vivo actual. Muestran pocas pruebas de especialización de células, tejidos u órganos y no se organizan en un extremo frontal y otro posterior. Algunos podrían haber tenido algas fotosintéticas viviendo dentro de sus cuerpos. Otros eran segmentados y tenían simetría bilateral. Otros parecen estar relacionados con invertebrados como las medusas y los gusanos. Muchos eran planos y vivían en el fondo de mares poco profundos.

¿Qué tan antiguas deben ser las rocas para poder contener fósiles de los primeros animales conocidos?

La explosión cámbrica Los fósiles del período Cámbrico, que comenzó hace aproximadamente 542 millones de años, muestran una imagen fascinante de la vida invertebrada. Dos importantes sitios de fósiles cámbricos se hallan en Chengjiang, China, y en el Esquisto de Burgess en Canadá. Revelan que durante un período de 10 a 15 millones de años, los animales evolucionaron planos corporales complejos, incluyendo células, tejidos y órganos especializados. Muchos tenían simetría corporal, segmentación, un extremo frontal y otro posterior, y **apéndices,** es decir, estructuras como patas o antenas que sobresalían de su cuerpo. Algunos animales cámbricos también habían desarrollado caparazones, esqueletos y otras partes corporales duras, las que suelen persistir mucho tiempo después de que el organismo muere, así que tienen más probabilidad de quedar fosilizadas.

Se han identificado varios fósiles cámbricos como miembros antiguos del filo moderno de los invertebrados, por ejemplo, el artrópodo *Marrella* de la **ilustración 26–2.** Sin embargo, algunos de los primeros fósiles cámbricos representan grupos extintos tan peculiares ¡que nadie sabe qué pensar de ellos! Otros animales cámbricos parecen ser los primeros cordados. Para el final del período Cámbrico, todos los planos corporales básicos de los filos modernos se habían establecido. Los cambios evolutivos posteriores, que produjeron las estructuras corporales más familiares de los animales modernos, supusieron importantes variaciones de estos planos corporales básicos.

Diversidad de los invertebrados modernos Hoy en día, los invertebrados son los animales más abundantes de la Tierra. Viven en casi todos los ecosistemas, participan en casi todas las redes alimenticias y exceden en gran número a los famosos "animales superiores", como los reptiles y los mamíferos.

ILUSTRACIÓN 26–2 Animales cámbricos Este fósil de *Marrella splendens* del período Cámbrico fue hallado en el Esquisto de Burgess en Canadá. La ilustración muestra cómo se pudo haber visto la *Marrella* y otros animales del Esquisto de Burgess. **Inferir** ***¿Por qué los científicos tienen datos más detallados de los animales cámbricos que de los precámbricos?***

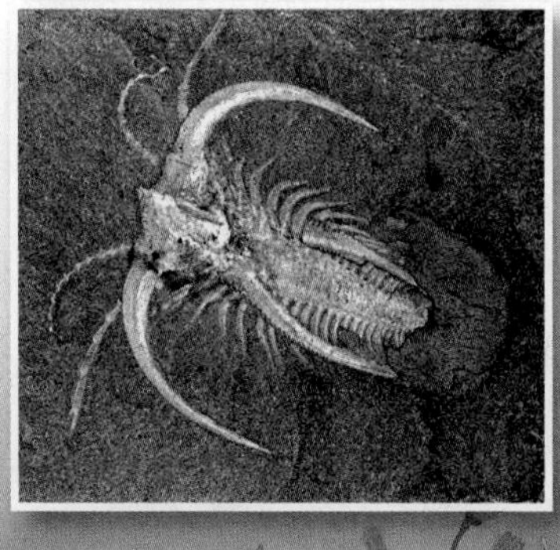

Olenoides
Wiwaxia
Marrella
Anomalocaris
Pirania

ILUSTRACIÓN 26–3 Cladograma de los invertebrados no cordados Este diagrama muestra las hipótesis vigentes sobre las relaciones evolutivas que existen entre los principales grupos de animales. En el transcurso de la evolución que produjo a estos diferentes grupos se desarrollaron importantes rasgos. Éstos se indican con círculos rojos (nodos). Observa que no se muestran los cordados invertebrados, que estudiarás en la siguiente lección. Asimismo, observa que los invertebrados no cordados no forman un clado.

Invertebrados no cordados

¿Qué ilustra el cladograma de los invertebrados no cordados?

Los grupos de invertebrados vivos se muestran en la **ilustración 26–3.** **El cladograma de los invertebrados no cordados presenta las hipótesis vigentes sobre las relaciones evolutivas que existen entre los principales grupos de invertebrados modernos. También indica la secuencia en la que evolucionaron algunas características importantes.** Estas características incluyen la simetría corporal, la cefalización, la segmentación y la formación de un celoma. Muchas de estas características evolucionaron en los animales cámbricos.

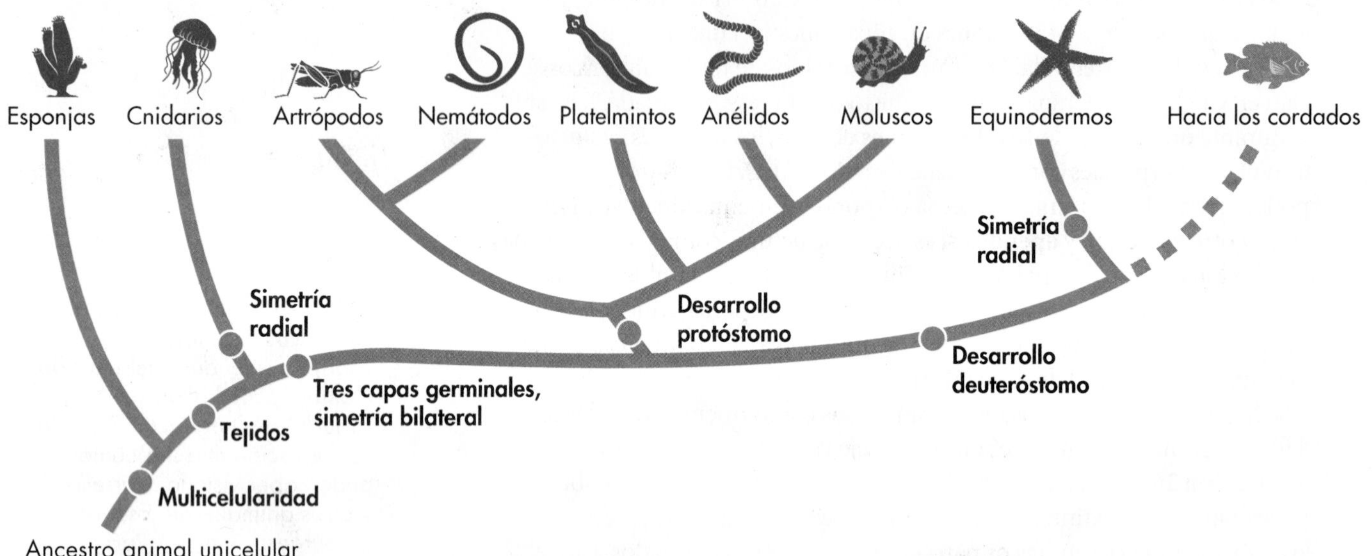

INVERTEBRADO	FILO	DESCRIPCIÓN
 **Esponjas** 	Las esponjas son miembros del filo Poríferos, que en latín significa "que tiene poros" y que refleja el hecho de que poseen diminutas aberturas, o poros, por todo su cuerpo.	Las esponjas están clasificadas como animales porque son multicelulares, heterótrofos, carecen de paredes celulares y contienen algunas células especializadas. Son los miembros más antiguos del reino Animales y están entre los organismos más simples que se colocan en el clado Metazoarios, con todos los demás animales multicelulares. DOL•31
Cnidarios 	Las medusas, los abanicos de mar, las anémonas de mar, las hidras y los corales son miembros del filo Cnidarios.	Los cnidarios son animales acuáticos, carnívoros, de cuerpo blando y simetría radial que tienen tentáculos espinosos acomodados en círculos alrededor de sus bocas. Algunos tienen esqueletos, como los corales. Son los animales más simples con simetría corporal y tejidos especializados. Algunos viven como individuos independientes y otros en colonias de muchos individuos. DOL•32–DOL•33

INVERTEBRADO	FILO	DESCRIPCIÓN
Artrópodos 	Los miembros del filo Artrópodos incluyen a las arañas, centípodos, insectos y crustáceos, como los cangrejos. *Arthron* significa "articulación" en griego y *podos* significa "pata".	Los artrópodos tienen cuerpos divididos en segmentos, un esqueleto externo duro llamado exoesqueleto, cefalización y apéndices articulados. Aparecieron en el mar hace unos 600 millones de años y desde entonces han colonizado los hábitats de agua dulce, tierra y aire. Se han identificado por lo menos un millón de especies, ¡más del triple de la cantidad de todas las demás especies animales combinadas! DOL•34–DOL•37
Nemátodos (gusanos redondos) 	Los miembros del filo Nemátodos varían en tamaño desde longitudes microscópicas hasta 1 metro de largo.	Los nemátodos, o gusanos redondos, son gusanos no segmentados con pseudocelomas, tejidos especializados, sistemas de órganos y tractos digestivos con dos aberturas: boca y ano. Algunos viven libremente y habitan el suelo o diversos hábitats acuáticos. Otros son parásitos que infectan a una enorme variedad de plantas y animales, incluyendo a los seres humanos. Una vez se pensó que los nemátodos estaban muy relacionados con los platelmintos, anélidos y moluscos, pero se ha descubierto que están más relacionados con los artrópodos. DOL•38
Platelmintos 	El filo de los Platelmintos contiene a los gusanos planos.	Los platelmintos son gusanos planos, blandos, no segmentados, con sistemas de tejidos y órganos internos. Son los animales más simples que tienen tres capas germinales embrionarias, simetría bilateral y cefalización. Casi todos no miden más de algunos milímetros de espesor. No tienen celomas. DOL•39
Anélidos 	El filo Anélidos incluye a las lombrices de tierra, algunos gusanos marinos de apariencia exótica y a las sanguijuelas parásitas chupasangre.	Los anélidos son gusanos con cuerpos segmentados y un celoma verdadero recubierto con tejido derivado del mesodermo. El nombre anélido se deriva de la palabra en latín *annellus,* que significa "pequeño anillo". Su nombre se refiere a la apariencia parecida a un anillo de sus segmentos corporales. DOL•40–DOL•41

INVERTEBRADO	FILO	DESCRIPCIÓN
Moluscos 	El filo Moluscos incluye a los caracoles, las babosas, las almejas, los calamares y los pulpos.	Los moluscos son animales de cuerpo blando que por lo general tienen una concha interna o externa. Igual que los anélidos, tienen celomas verdaderos rodeados de mesodermo. También tienen sistemas complejos de órganos. ¿Por qué animales tan diferentes en apariencia, como los caracoles, las almejas y los calamares, están en el mismo filo? Una respuesta está en la conducta de sus **larvas,** o etapas inmaduras. Muchos moluscos tienen una etapa larvaria de nado libre llamada **trocófora.** La trocófora también es una característica de muchos anélidos, lo que indica que éstos y los moluscos están estrechamente relacionados. DOL•42–DOL•43
Equinodermos 	El filo Equinodermos incluye a las estrellas de mar, los erizos de mar y los erizos de mar con forma de disco y todos viven en el mar. *Equino* significa "espinoso" en griego y *dermis* significa "piel" en latín.	Los equinodermos tienen piel espinosa y un esqueleto interno. También poseen un sistema vascular acuífero: una red de tubos llenos de agua que incluyen estructuras de succión parecidas a tazas llamadas pies ambulacrales, que usan para caminar o agarrar a las presas. Casi todos los equinodermos adultos presentan simetría radial de cinco partes. Su piel se extiende sobre un esqueleto interno compuesto por placas de carbonato de calcio. A pesar de que la simetría radial es una característica de los animales más simples, como los cnidarios, los equinodermos están más estrechamente relacionados con los seres humanos y otros cordados porque son deuteróstomos. DOL•44–DOL•45

26.1 Evaluación

Repaso de conceptos clave

1. a. Repasar ¿Cuál fue la explosión cámbrica?

b. Explicar ¿Cuándo indican las pruebas fósiles que evolucionaron los primeros animales?

c. Relacionar causa y efecto ¿Qué par de características de los primeros animales explican la escasez de fósiles animales más antiguos que del período Cámbrico?

2. a. Repasar ¿Qué es un cladograma?

b. Explicar ¿Qué muestra el cladograma de los invertebrados?

c. Establecer una secuencia ¿Qué característica del plano corporal evolucionó primero: la simetría radial o el desarrollo deuteróstomo?

RAZONAMIENTO VISUAL

3. Diseña un "nuevo" invertebrado. Crea una ilustración en la que indiques las características de su plano corporal. Luego, muestra su lugar en el cladograma de los invertebrados y escribe una leyenda que explique cómo sus características te ayudaron a decidir a qué lugar pertenece.

BIOLOGY.com Search Lesson 26.1  • Lesson Assessment • Self-Test

26.2 Evolución y diversidad de los cordados

PIÉNSALO A simple vista, los peces, anfibios, reptiles, aves y mamíferos parecen ser muy diferentes. Algunos tienen plumas, otros aletas. Algunos vuelan, otros nadan o se arrastran. Sin embargo, todos son miembros del filo en el que nos clasificamos los seres humanos: el filo Cordados.

Orígenes de los cordados

¿Cuáles son los cordados más antiguos?

Los cordados son los animales que mejor conocemos porque por lo general son grandes (en lo que se refiere a los animales), a menudo notorios y nos parecen hermosos, impresionantes, lindos o aterradores. Algunos son nuestras mascotas y a otros los usamos como alimento y fuente de proteínas. ¿Cómo surgieron todas estas diversas formas?

Los primeros cordados ¿Cómo eran los primeros cordados? **Los estudios embriológicos sugieren que los cordados más antiguos estaban relacionados con los ancestros de los equinodermos.** Los abundantes depósitos fósiles del Cámbrico que registran la historia de los invertebrados también incluyen fósiles de algunos de los primeros cordados, como *Pikaia,* que se muestra en la **ilustración 26–4.** Cuando se descubrió el *Pikaia,* se pensó que era un gusano. Luego los científicos determinaron que tenía un notocordio y pares de músculos acomodados en series, igual que los de los cordados modernos simples. En 1999, los lechos fósiles de finales del período Cámbrico arrojaron especímenes de *Myllokunmingia,* el primer vertebrado conocido. Estos fósiles muestran músculos acomodados en series, rastros de aletas, conjuntos de branquias plumosas, una cabeza con pares de órganos sensoriales y un cráneo y estructuras esqueléticas probablemente de **cartílago,** que es un tejido conectivo resistente, más suave y flexible que los huesos. Sostiene a todo o a parte del cuerpo de un vertebrado. En los seres humanos, sostiene la nariz y las orejas.

Diversidad en los cordados modernos Los cordados modernos son muy diversos. Son seis grupos: uno de cordados invertebrados y cinco de vertebrados: peces, anfibios, reptiles, aves y mamíferos. Aproximadamente 99 por ciento de todas las especies de cordados modernos son vertebrados. Entre ellos, los peces son por mucho el grupo más grande. Aun así, hoy en día, las especies de cordados son sólo una pequeña fracción de la cantidad total que han existido en el transcurso del tiempo. DOL•46–DOL•64

Preguntas clave

¿Cuáles son los cordados más antiguos?

¿Qué podemos aprender al estudiar el cladograma de los cordados?

Vocabulario

cartílago
tetrápodo

Tomar notas

Diagrama de Venn Traza un diagrama de Venn que compare y contraste a los cordados no vertebrados con los cordados vertebrados.

ILUSTRACIÓN 26–4 ***Pikaia,* uno de los primeros cordados** *Pikaia* es el primer cordado conocido en el registro fósil. **Clasificar** ***¿Qué características de los cordados posee Pikaia?***

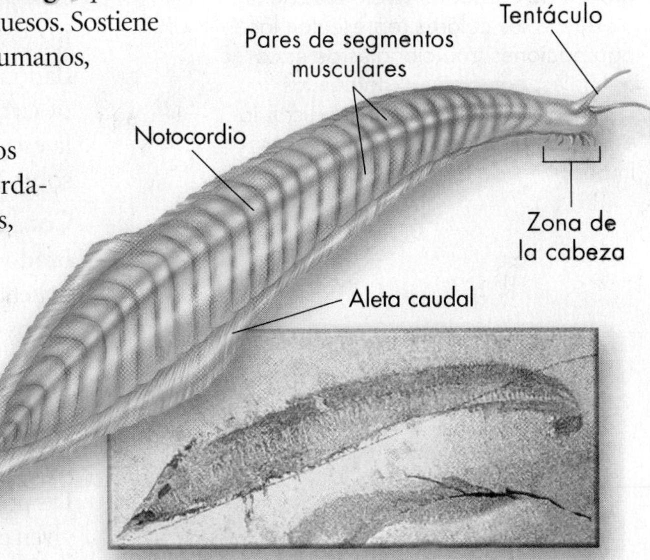

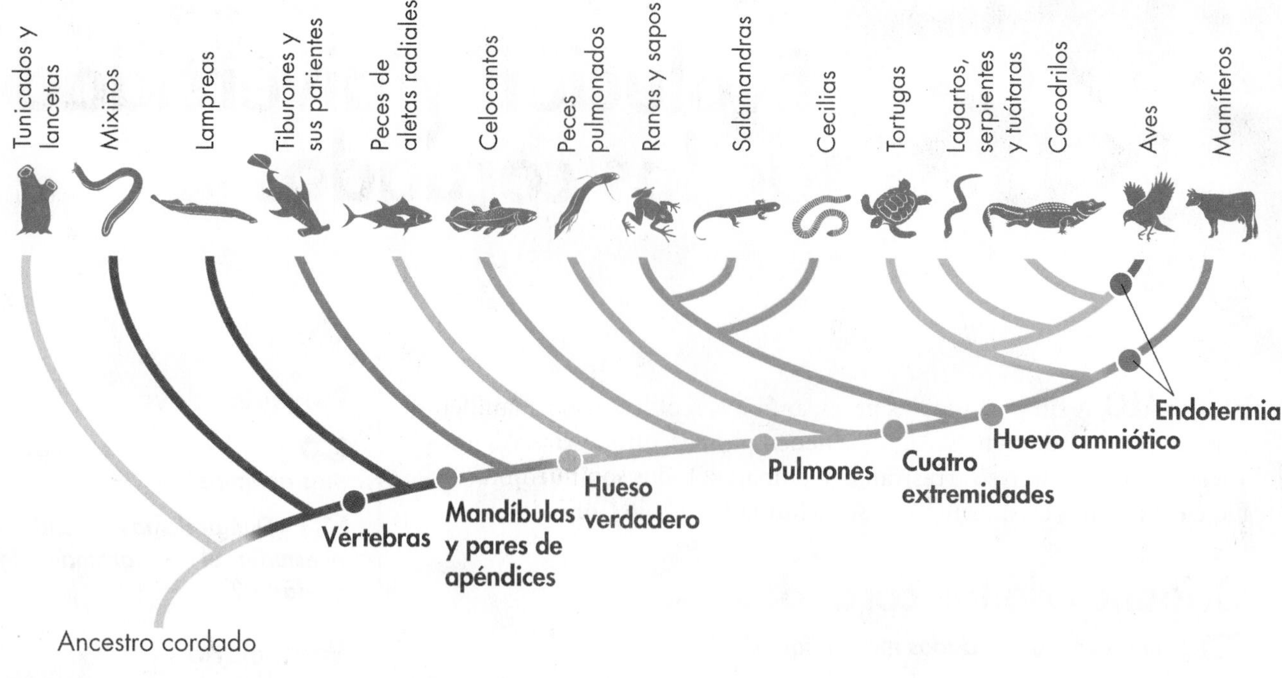

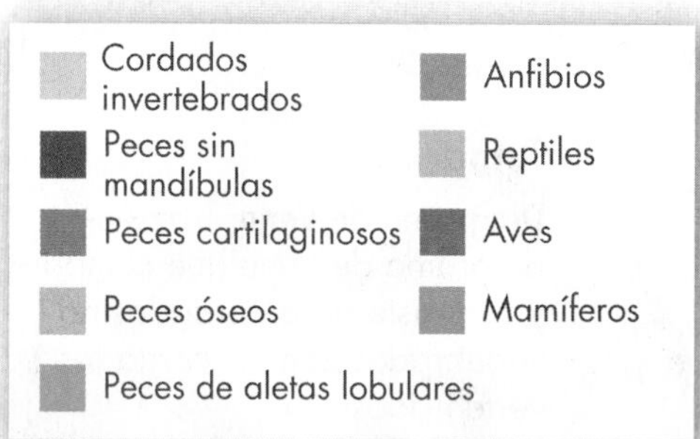

ILUSTRACIÓN 26–5 Cladograma de los cordados El filo Cordados incluye tanto a los cordados vertebrados como a los invertebrados. Todos los grupos (clados) comparten un ancestro invertebrado común. Este cladograma muestra las hipótesis vigentes sobre las relaciones evolutivas que existen entre los grupos de cordados vivos. Las líneas de diferentes colores representan las agrupaciones tradicionales de estos animales, como se enlistan en las claves. Los círculos (nodos) indican la evolución de algunas adaptaciones importantes de los cordados.

Cladograma de los cordados

¿Qué podemos aprender al estudiar el cladograma de los cordados?

Las estructuras corporales duras de muchos cordados se fosilizan bien, así que hay un excelente registro fósil de la historia evolutiva de los cordados. **El cladograma de los cordados presenta las hipótesis vigentes sobre las relaciones que existen entre sus grupos. También muestra en qué puntos evolucionaron importantes características de los vertebrados, como las mandíbulas y las extremidades.** El cladograma de los cordados se muestra en la **ilustración 26–5.**

Los círculos (nodos) del cladograma representan la aparición de ciertas características adaptativas durante la evolución de los cordados. Cada vez que evolucionaba una nueva adaptación en los ancestros cordados, ocurría una importante radiación adaptativa. Por ejemplo, una notable adaptación fue el desarrollo de mandíbulas, que pusieron en marcha la radiación adaptativa de los peces con mandíbulas, que constituye ahora el grupo cordado más diverso. Otras adaptaciones importantes incluyen el desarrollo de huesos verdaderos y pares de apéndices. Consulta la escala de tiempo geológico del capítulo 19 a medida que lees sobre la historia evolutiva de los cordados.

Cordados invertebrados Dos grupos de cordados invertebrados carecen de espina dorsal: los tunicados y las lancetas. Las pruebas fósiles del período Cámbrico sugieren que los ancestros de los cordados invertebrados vivos se ramificaron de los ancestros de los vertebrados hace más de 550 millones de años.

Los tunicados adultos (subfilo Urocordados) se parecen más a las esponjas que a nosotros. No tienen notocordio ni cola. Pero sus formas larvarias tienen todas las características clave de los cordados. Las pequeñas lancetas parecidas a peces (subfilo Cefalocordados) viven en el arenoso fondo del océano. DOL•46–DOL•47

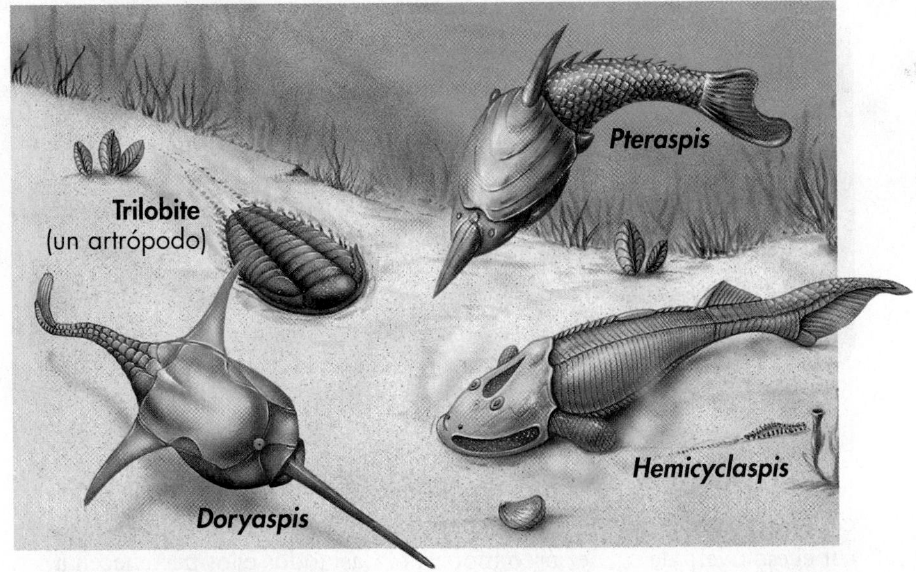

ILUSTRACIÓN 26–6 Peces sin mandíbulas antiguos Los peces sin mandíbulas antiguos, algunos de los cuales estaban acorazados, como los que se muestran aquí, vivieron durante el período Devónico temprano. Debido a que carecían de mandíbulas, su capacidad para alimentarse y defenderse era muy limitada. Sin embargo, sus pares de aletas controlaban sus movimientos y su linaje condujo a los mixinos y las lampreas actuales.

Peces sin mandíbulas Los primeros peces aparecieron en el registro fósil a finales del período Cámbrico, hace aproximadamente 510 millones de años. Estas criaturas de apariencia extraña no tenían mandíbulas ni dientes verdaderos y sus esqueletos eran de cartílago. Durante los períodos Ordovícico y Silúrico, atravesaron por una importante radiación adaptativa. Los productos de esta radiación reinaron en los mares durante el período Devónico, también llamado la era de los peces. Algunos peces acorazados sin mandíbulas, como los de la **ilustración 26–6,** se extinguieron al final del Devónico, hace aproximadamente 360 millones de años. Otros dos clados antiguos de peces sin mandíbulas dieron origen a los dos clados, a veces llamados clases, de peces sin mandíbulas modernos: las lampreas y los mixinos. **DOL•48–DOL•51**

Tanto las lampreas como los mixinos carecen de vértebras y tienen notocordios de adultos. (Pero tienen partes de lo que se podría llamar un cráneo, que es una de las razones por las que todavía se clasifican como vertebrados.) Las lampreas son filtradoras de alimento, como las larvas y los parásitos cuando son adultas. El cuerpo de los mixinos es de color gris rosáceo, parecido al de los gusanos, secreta increíbles cantidades de baba y ¡se envuelve en nudos!

Tiburones y sus parientes Otros peces antiguos desarrollaron una revolucionaria adaptación para alimentarse: las mandíbulas. Éstas sostienen dientes y músculos, lo que hace posible que muerdan y mastiquen plantas y otros animales.

Los primeros peces también evolucionaron pares de aletas pectorales (anteriores) y pélvicas (posteriores). Estas aletas estaban sujetas a cinturas, que son estructuras de soporte de cartílago o hueso. Los pares de aletas controlaban mejor los movimientos corporales, en tanto que las aletas caudales y los poderosos músculos proporcionaban un mayor empuje.

Estas adaptaciones produjeron la radiación adaptativa de la clase Condrictios: tiburones y rayas. La palabra en griego *chondros* significa "cartílago", el tejido que conforma los esqueletos de estos peces "cartilaginosos". Existen cientos de especies modernas de tiburones y rayas que varían desde depredadores carnívoros, como el gran tiburón blanco de la **ilustración 26–7,** hasta tímidos alimentadores de plancton.

En tu cuaderno *¿De qué manera la evolución de los pares de aletas ayudó a los primeros peces a tener éxito en su medio ambiente?*

ILUSTRACIÓN 26–7 Mandíbulas A pesar de que aproximadamente 360 millones de años separan al *Dunkleosteus* (fósil superior) del gran tiburón blanco actual (imagen inferior), es fácil notar la importante adaptación que tienen en común: las mandíbulas. ¡Pero el *Dunkleosteus* podría haber partido a la mitad a "Tiburón" de un mordisco! **Preguntas** ***¿Qué le preguntarías a un investigador sobre el Dunkleosteus?***

ILUSTRACIÓN 26–8 Peces óseos Los peces óseos, como la perca a la que una vez perteneció este esqueleto, tienen esqueletos de hueso verdadero.
Comparar y contrastar ***Escribe dos diferencias entre los peces óseos y los peces de la ilustración 26–6.***

Peces óseos Otro grupo de peces antiguos evolucionó esqueletos de tejido duro calcificado llamado hueso verdadero. Esto produjo la radiación de la clase Osteictios: los peces óseos. En la **ilustración 26–8** puedes ver el esqueleto de un pez óseo moderno. Casi todos ellos pertenecen a un enorme grupo llamado peces de aletas radiales.

▶ ***Peces de aletas radiales*** Los peces de aletas radiales son vertebrados con esqueletos de hueso verdadero; casi todos tienen pares de aletas, escamas y branquias. El nombre "aletas radiales" se refiere a los rayos óseos que están conectados por una capa de piel para formar las aletas. Las aletas radiales sostienen la piel, igual que los delgados alambres de un abanico soportan su tela. Casi todos los peces que conoces, como las anguilas, los peces de colores y los bagres son peces de aletas radiales.

▶ ***Peces de aletas lobulares*** Los peces de aletas lobulares son un grupo diferente de los peces óseos que evolucionaron aletas carnosas sostenidas por huesos más grandes y sólidos. Entre los pocos peces modernos que descienden de estos peces están los peces pulmonares y los celacantos. Otro grupo de peces de aletas lobulares antiguos evolucionó en los ancestros de los vertebrados de cuatro extremidades, o **tetrápodos.**

RESUMEN VISUAL

DE ALETAS A PATAS

ILUSTRACIÓN 26–9 El cladograma muestra algunos de los grupos de animales que evolucionaron las patas de los tetrápodos a partir de las aletas de los antiguos peces óseos. Todos los grupos de animales que se ilustran están extintos.

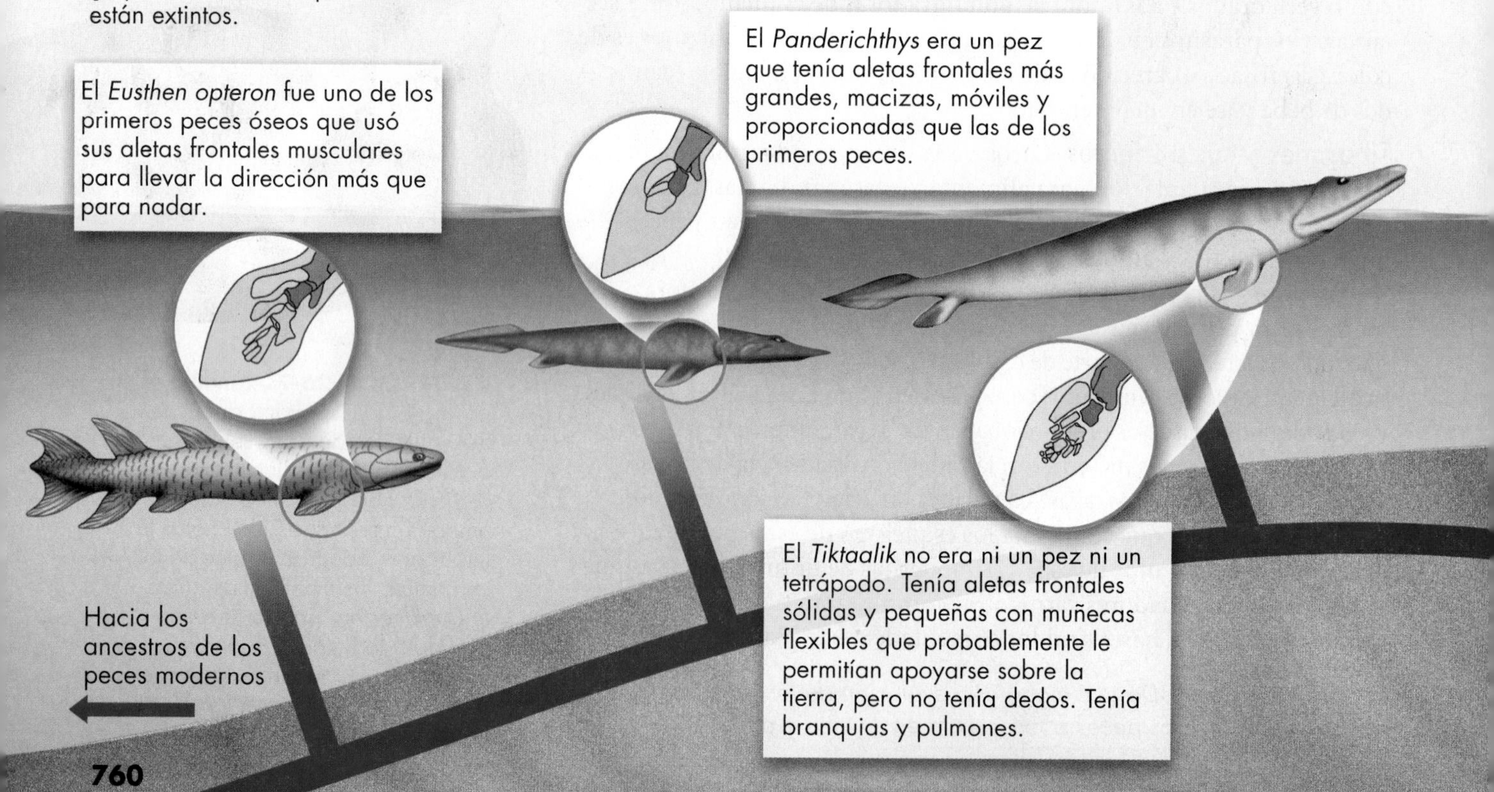

El *Eusthen opteron* fue uno de los primeros peces óseos que usó sus aletas frontales musculares para llevar la dirección más que para nadar.

El *Panderichthys* era un pez que tenía aletas frontales más grandes, macizas, móviles y proporcionadas que las de los primeros peces.

El *Tiktaalik* no era ni un pez ni un tetrápodo. Tenía aletas frontales sólidas y pequeñas con muñecas flexibles que probablemente le permitían apoyarse sobre la tierra, pero no tenía dedos. Tenía branquias y pulmones.

Hacia los ancestros de los peces modernos

Anfibios La palabra *anfibio* significa "doble vida" y se refiere al hecho de que estos animales viven en el agua cuando son larvas y en la tierra cuando son adultos. Son vertebrados que también, con algunas excepciones, necesitan agua para su reproducción, respiran con pulmones cuando son adultos, tienen piel húmeda con glándulas mucosas y carecen de escamas y garras. DOL•52–DOL•53

DESARROLLAR el vocabulario

ORIGEN DE LAS PALABRAS La palabra **tetrápodo** se deriva de las palabras en griego "tetra", que significa *cuatro,* y "podos" que significa *pata.*

▶ ***El excepcional "pezápodo"*** La historia general de las primeras etapas de la evolución de los anfibios se ha conocido durante años. Varios fósiles indican que algunas líneas de los peces de aletas lobulares evolucionaron apéndices cada vez más macizos, parecidos a las extremidades de los tetrápodos. Sin embargo, en años recientes se ha descubierto una serie de espectaculares fósiles de transición que documentan en detalle la transformación esquelética de aletas lobulares a extremidades, como se muestra en la **ilustración 26–9.** Uno de los hallazgos más interesantes es el del *Tiktaalik,* el fósil que se muestra en la **ilustración 26–10.** Es un animal con tantas mezclas de las características de los peces y los tetrápodos que sus descubridores se refirieron a él informalmente como un "pezápodo": parte pez, parte tetrápodo.

ILUSTRACIÓN 26–10 *Tiktaalik,* el pezápodo El fósil *Tiktaalik,* de 375 millones de años de edad fue descubierto en 2004 en Canadá. Se considera un fósil de transición porque muestra características tanto de los tetrápodos como de los peces de los que evolucionó: aletas *con* huesos de muñecas, branquias *y* pulmones. *Tiktaalik* podía nadar y respirar bajo el agua como un pez, o arrastrarse y respirar fuera del agua como un tetrápodo, así que sus descubridores lo llamaron "pezápodo".

▶ ***Adaptaciones terrestres*** Por supuesto, la vida en la tierra requiere más que tener patas para arrastrarse. Los primeros anfibios también evolucionaron maneras de respirar aire y de protegerse contra la deshidratación, como verás en los capítulos 27 y 28. Estas adaptaciones produjeron otra radiación adaptativa. Los anfibios se convirtieron en los vertebrados dominantes del templado y pantanoso período Carbonífero, hace aproximadamente 259 a 300 millones de años. Pero su éxito no duró. Los cambios climáticos provocaron que muchos hábitats bajos y pantanosos desaparecieran. Casi todos los grupos de anfibios se habían extinguido para el final del período Pérmico, hace unos 250 millones de años. Sólo tres órdenes de anfibios sobreviven actualmente: las ranas y los sapos, las salamandras y los cecilias.

En tu cuaderno *Explica cómo los cambios climáticos del período Pérmico pudieron haber causado el declive de los anfibios.*

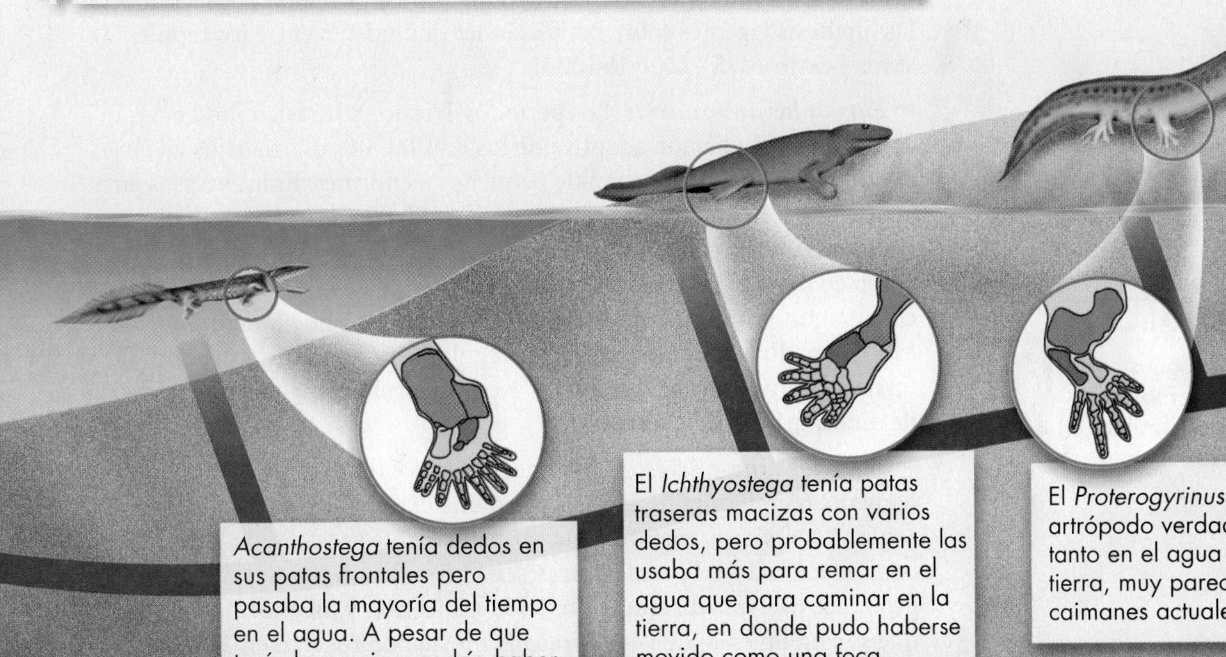

Hacia los ancestros de los tetrápodos modernos
Acanthostega tenía dedos en sus patas frontales pero pasaba la mayoría del tiempo en el agua. A pesar de que tenía branquias, podría haber usado sus extremidades para apoyarse fuera del agua con poco oxígeno y poder respirar aire con sus pulmones.
El *Ichthyostega* tenía patas traseras macizas con varios dedos, pero probablemente las usaba más para remar en el agua que para caminar en la tierra, en donde pudo haberse movido como una foca.
El *Proterogyrinus* era un artrópodo verdadero y ágil tanto en el agua como en la tierra, muy parecido a los caimanes actuales.

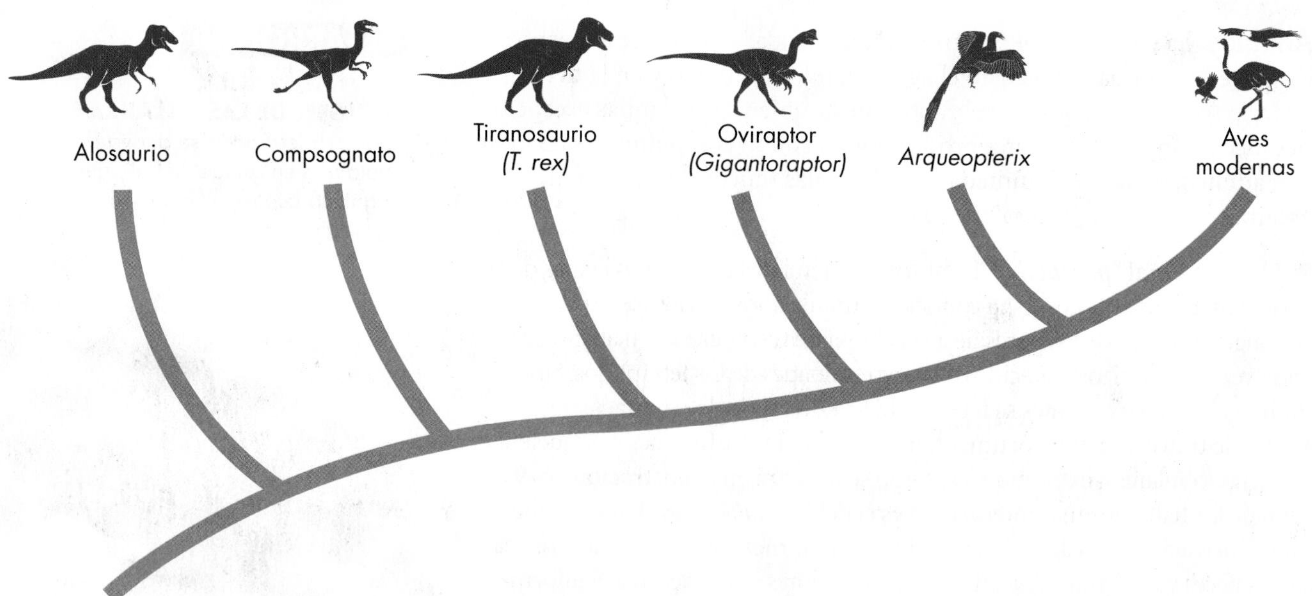

ILUSTRACIÓN 26–11 Evolución de reptiles y aves El diagrama muestra las hipótesis vigentes sobre las relaciones evolutivas que existen entre los reptiles vivos y extintos. Ninguno de los grupos mostrados son ancestros directos de los reptiles ni de las aves modernos.

Reptiles Los reptiles, que evolucionaron de los anfibios antiguos, fueron los primeros vertebrados que evolucionaron adaptaciones para condiciones más secas. Un reptil es un vertebrado con piel seca y escamosa, pulmones bien desarrollados, extremidades fuertes y huevos con cascarón que no se desarrollan en el agua. Los reptiles vivos están representados por cuatro grupos: los lagartos y las serpientes, los cocodrilos, las tortugas y los tuátaras.

El primer fósil de reptil conocido se remonta al período Carbonífero, hace 350 millones de años. Cuando terminó ese período y comenzó el Pérmico, el clima de la Tierra se hizo más frío y menos húmedo. Muchos lagos y pantanos se secaron. Bajo estas condiciones más secas, comenzó la primera gran radiación adaptativa de los reptiles. Para el final del período Pérmico, hace unos 250 millones de años, deambulaban por la Tierra una gran variedad de reptiles. El cladograma de la **ilustración 26–11** muestra las hipótesis vigentes sobre las relaciones que existen entre los reptiles vivos y extintos. **DOL•54–DOL•55**

▶ ***Entran los dinosaurios*** Los períodos Triásico y Jurásico presenciaron una gran radiación adaptativa de los reptiles. Los dinosaurios vivían en todo el mundo y variaban de pequeños a enormes. Eran diversos en apariencia y en hábitos: algunos, como los *Plateosaurios,* comían plantas frondosas; otros, como los *Coelophisis,* eran carnívoros. El *Maiasaurio* con pico de pato vivía en grupos familiares y cuidaba de sus huevos y crías. Algunos dinosaurios incluso tenían plumas, que pudieron haber evolucionado como una manera de regular la temperatura corporal. El linaje evolutivo que dio lugar a las aves modernas provino de un grupo de dinosaurios emplumados.

PISTA DEL MISTERIO

¿Qué tan antiguas deben ser las rocas para contener fósiles de los ancestros de las aves?

▶ ***Salen los dinosaurios*** Al final del período Cretácico hace aproximadamente 66 millones de años, ocurrió una extinción masiva mundial. Según las hipótesis vigentes, ésta probablemente fue causada por una combinación de desastres naturales, incluyendo erupciones volcánicas generalizadas, una disminución del nivel del mar y un enorme asteroide que se estrelló en lo que es ahora la Península de Yucatán en México. Esa colisión produjo incendios forestales y nubes de polvo. Después de esos sucesos, los dinosaurios, junto con muchos otros grupos de animales y plantas, se extinguieron tanto de la tierra como del mar.

Aves Las aves actuales son muy diversas. Las aves son reptiles que regulan su temperatura corporal interna. Tienen una cubierta exterior de plumas; huesos fuertes pero livianos; dos patas cubiertas con escamas que usan para caminar o para pararse sobre las cosas; y extremidades frontales modificadas en alas. DOL•56–DOL•59

▶ ***Raíces de las aves*** Si alguna vez deseaste que los dinosaurios todavía existieran, ¡tienes suerte! Fósiles recientemente descubiertos apoyan con fuerza la hipótesis de que las aves evolucionaron de un grupo de dinosaurios. Los primeros fósiles parecidos a aves que se descubrieron fueron los de *Arqueopterix*, de finales del período Jurásico, hace aproximadamente 150 millones de años. Se parecía tanto a los pequeños dinosaurios corredores que podría ser clasificado como un dinosaurio, excepto por sus muy evolucionadas plumas. En la **ilustración 26–12** puedes ver un fósil y la idea de un artista del *Arqueopterix*. Series completas de descubrimientos recientes de aves antiguas bien conservadas y dinosaurios emplumados han ayudado a "atar cabos" entre las aves modernas y sus ancestros dinosaurios.

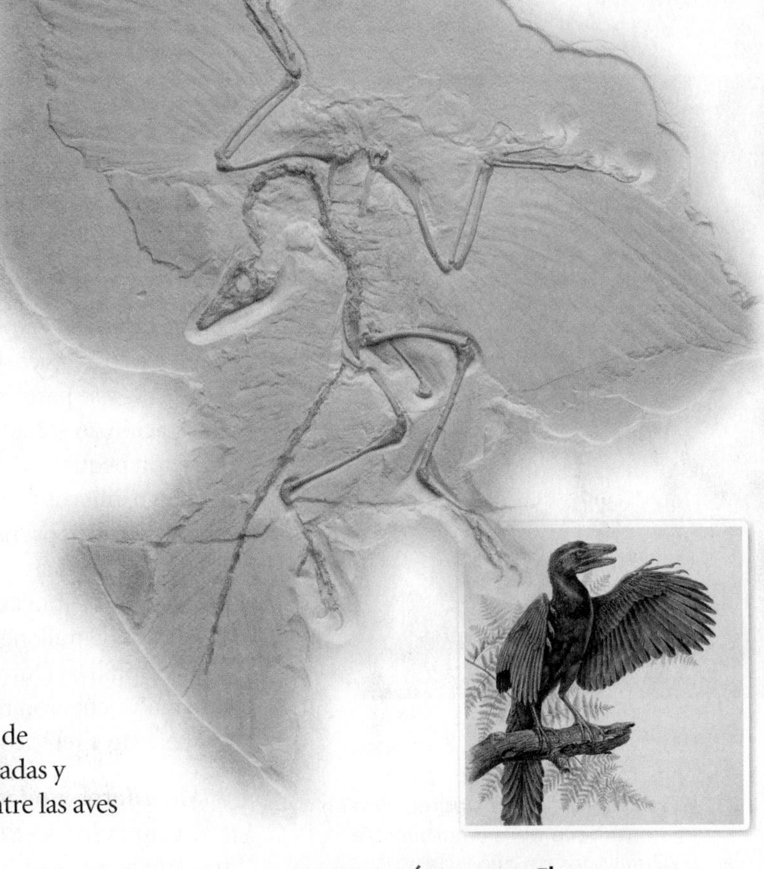

ILUSTRACIÓN 26–12 El *Arqueopterix,* una de las primeras aves El *Arqueopterix,* mostrada como fósil y como la idea de un artista, era un ave que exhibía características de dinosaurios (dientes, cola ósea) y de aves (plumas remeras). Debido al peso de sus dientes, de su cola ósea y de su pequeño esternón, quizá no podía volar muy bien.

▶ ***Clasificación de las aves*** Como recordarás, un clado es una rama de un cladograma que incluye a un único ancestro común y a todos sus descendientes. Si vuelves a mirar la **ilustración 26–11,** verás que si reconociéramos a las aves como descendientes de los dinosaurios, provocaríamos un cambio en su clasificación. Las aves modernas, la clase tradicional Aves, forman un clado dentro del clado que contiene a los dinosaurios. Y debido a que el clado que contiene a los dinosaurios es parte de un clado más grade de reptiles, las aves modernas también son reptiles. Sin embargo, la clase tradicional Reptiles, que incluye a los reptiles vivos y a los dinosaurios pero *no* a las aves, no es un clado.

Evolución de las plumas

La información de la tabla muestra la evolución de las plumas en algunos grupos de dinosaurios que precedieron a las aves modernas.

Grupo (por orden alfabético)	Estado de las plumas
Alosaurio	Ninguno
Arqueopterix	Plumas remeras
Compsognato	Plumas parecidas a pelos
Oviraptores	Plumas verdaderas
Tiranosaurio	Plumas ramificadas

1. Organizar datos Recuerda lo que aprendiste sobre dibujar cladogramas en el capítulo 18 y usa la información para colocar estos rasgos de manera correcta en la **ilustración 26–11.** (Vuelve a dibujar el cladograma en tu cuaderno.)

2. Sacar conclusiones ¿Qué tipo de plumas esperarías que poseyeran las aves modernas?

ILUSTRACIÓN 26–13 Parecida a los primeros mamíferos Los primeros mamíferos aparecieron en la Tierra hace aproximadamente 220 millones de años. Se podrían haber parecido a esta musaraña arborícola moderna y probablemente comían insectos.

Mamíferos Los miembros de la clase tradicional Mamíferos incluyen alrededor de 5000 especies que varían en tamaño: desde ratones hasta ballenas. Sus características específicas incluyen glándulas mamarias en las hembras (que producen leche para alimentar a las crías) y pelos. Los mamíferos también respiran aire, tienen un corazón de cuatro cámaras y regulan su temperatura corporal interna. DOL•60–DOL•64

▶ ***Los primeros mamíferos*** Los mamíferos verdaderos aparecieron al final del período Triásico, hace aproximadamente 220 millones de años. Eran muy pequeños y se parecían a las musarañas arborícolas modernas, como la de la **ilustración 26–13**. Mientras los dinosaurios reinaron, los mamíferos permanecieron pequeños y tal vez eran activos casi siempre durante la noche. Sin embargo, nuevos fósiles y análisis de ADN sugieren que los primeros miembros de los grupos modernos de mamíferos, incluyendo a los primates, los roedores y los mamíferos ungulados, evolucionaron durante este período. Después de la gran extinción de los dinosaurios al final del período Cretácico, hace unos 65 millones de años, los mamíferos atravesaron una larga radiación adaptativa. Durante millones de años, se diversificaron, aumentaron su tamaño y ocuparon muchos nichos. La era Cenozoica, que comenzó al final del período Cretácico, es comúnmente denominada la edad de los mamíferos.

▶ ***Mamíferos modernos*** Para principios de la era Cenozoica habían evolucionado tres principales grupos de mamíferos: los monotremas, los marsupiales y los placentarios. Estos tres grupos difieren en su forma de reproducción y desarrollo.

Hoy en día, sólo existen cinco especies de monotremas que ponen huevos, incluyendo al ornitorrinco, y todas viven en Australia y Nueva Guinea. Los marsupiales, que incluyen a los canguros, los koalas y los tejones australianos, dan a luz crías vivas que por lo general completan su desarrollo en una bolsa externa. Los mamíferos placentarios, que incluyen a casi todos los mamíferos que conoces, tienen embriones que se desarrollan mientras están dentro de la madre. Después del nacimiento, casi todos los mamíferos placentarios cuidan a sus crías y las amamantan para proporcionarles alimento.

26.2 Evaluación

Repaso de conceptos clave

1. a. Repasar Menciona el grupo de animales cuyos ancestros estaban relacionados con los primeros cordados.

b. Comparar y contrastar ¿Por qué los científicos clasifican al *Pikaia* como un cordado en vez de como un gusano?

2. a. Repasar ¿Qué par de aspectos de la historia evolutiva muestra el cladograma de los cordados?

b. Explicar ¿En qué se diferencian los cordados invertebrados de otros cordados?

c. Interpretar material visual Según la **ilustración 26–5**, ¿qué característica de los cordados evolucionó primero: la endotermia o los pulmones?

Aplica la gran idea

Evolución

3. Recuerda lo que aprendiste sobre la evolución de las plantas en el capítulo 22. Con base en los cambios evolutivos mostrados en los cladogramas de las páginas 363 y 758, identifica las primeras adaptaciones importantes que permitieron que las plantas y los cordados vivieran en la tierra. ¿En qué se parecen las adaptaciones de los cordados a las de las plantas para vivir en la tierra?

BIOLOGY.com Search Lesson 26.2 GO • Lesson Assessment • Self-Test

26.3 Evolución de los primates

PIÉNSALO Carlos Linneo colocó a nuestra especie, *Homo sapiens,* en un orden que llamó Primates, que en latín significa "primero". Pero, ¿en qué son "primeros" los primates? Cuando aparecieron, pocas cosas los distinguían de los demás mamíferos, aparte de una creciente capacidad para usar sus ojos junto con sus extremidades frontales. Sin embargo, a medida que evolucionaron, otras características comenzaron a hacerse relevantes.

Preguntas clave

¿Qué características comparten todos los primates?

¿Cuáles son los principales grupos evolutivos de los primates?

¿Qué adaptaciones permitieron que las especies posteriores de homínidos caminaran erguidas?

¿Cuál es el razonamiento científico vigente sobre el género Homo?

Vocabulario

visión binocular • antropoide • cola prensil • hominoide • homínido • bípedo • pulgar oponible

Tomar notas

Esquema Antes de leer, haz un esquema de esta lección. A medida que leas, agrégale detalles.

¿Qué es un primate?

¿Qué características comparten todos los primates?

Los primates, incluyendo a los lémures, los monos y los simios, comparten varias adaptaciones para vivir en los árboles. **En general, un primate es un mamífero con dedos relativamente largos en manos y pies, uñas en lugar de garras, brazos que pueden girar alrededor de hombros articulados, una clavícula fuerte, visión binocular y un cerebro bien desarrollado.** El lémur de la **ilustración 26–14** muestra muchas de estas características. DOL•64

Dedos en las manos y en los pies, y hombros Por lo general, los primates tienen cinco dedos flexibles en cada mano o pie que pueden doblar para agarrar objetos con firmeza y precisión. Esto permite que muchos corran por las ramas de los árboles y se cuelguen con facilidad de ellas. Además, casi todos tienen pulgares y dedos gordos que se pueden mover contra los otros dedos. Esto les permite a muchos sostener firmemente los objetos con las manos o los pies. Sus brazos están bien adaptados para trepar porque pueden girar en amplios círculos alrededor de una fuerte articulación del hombro sujeta a una sólida clavícula.

Visión binocular Muchos primates tienen un rostro amplio en el que ambos ojos miran hacia el frente con campos de visión superpuestos. Esta estructura facial les proporciona una excelente **visión binocular,** que es la capacidad de combinar las imágenes visuales de ambos ojos, proporcionando profundidad en la percepción y una vista tridimensional del mundo. Esto es útil para calcular la ubicación de las ramas de los árboles de las que se cuelgan.

Cerebro bien desarrollado En los primates, la parte "pensante" del cerebro es grande e intrincada. Este cerebro bien desarrollado permite comportamientos más complejos que los hallados en muchos otros mamíferos. Por ejemplo, muchas especies de primates crean elaborados sistemas sociales que incluyen familias extensas, adopción de huérfanos e incluso guerras entre tropas rivales.

ILUSTRACIÓN 26–14
Primate Este lémur presenta varias características de los primates: tiene dedos flexibles en manos y pies, brazos que pueden girar en amplios círculos alrededor de la articulación del hombro y ojos que miran al frente y permiten una visión binocular.

Actividad rápida de laboratorio
INVESTIGACIÓN GUIADA

Visión binocular

1 Arroja una pelota de papel a tu compañero. Él debe tratar de atraparla con una mano. Anota si la atrapó.

2 Ahora pide a tu compañero que cierre un ojo. Repite el Paso 1.

Analizar y concluir

1. **Usar tablas y gráficas** Intercambia tus resultados con otros grupos. Traza una gráfica de barras con los datos de la clase que compare los resultados que obtuvieron con los ojos abiertos y con uno cerrado.
2. **Sacar conclusiones** ¿Para qué les sirve a los primates la visión binocular?

Evolución de los primates

¿Cuáles son los principales grupos evolutivos de los primates?

Los seres humanos y otros primates evolucionaron de un ancestro común que vivió hace más de 65 millones de años. Se ha propuesto un fósil recientemente descubierto, el *Carpolestes,* que vivió hace 56 millones de años en Wyoming, como un ejemplo del primer primate. Al principio de su historia, los primates se dividieron en dos grupos. **Los de uno de estos grupos se parecían muy poco a los monos típicos. Este grupo contiene a los lémures y a los loris. El otro grupo incluye a los tarseros y a los antropoides, el grupo que incluye a los monos, los grandes simios y los seres humanos.** Mientras lees sobre las relaciones evolutivas que existen entre estos grupos, consulta la **ilustración 26–15.**

Lémures y loris Con pocas excepciones, los lémures y los loris son primates nocturnos pequeños con grandes ojos adaptados para ver en la oscuridad. Muchos tienen hocicos largos. Los miembros vivos incluyen a los gálagos de África, los lémures de Madagascar y los loris de Asia.

Tarseros y antropoides Los primates que están más estrechamente relacionados con los seres humanos que con los lémures pertenecen a un grupo diferente, y sus miembros tienen rostros más amplios y orificios nasales muy separados. Este grupo incluye a los tarseros de Asia y a los antropoides. Los **antropoides,** o primates parecidos a humanos, incluyen a los monos, los grandes simios y los seres humanos. Los antropoides se dividieron en dos grupos hace aproximadamente 45 millones de años, a medida que los continentes en que vivían se separaron.

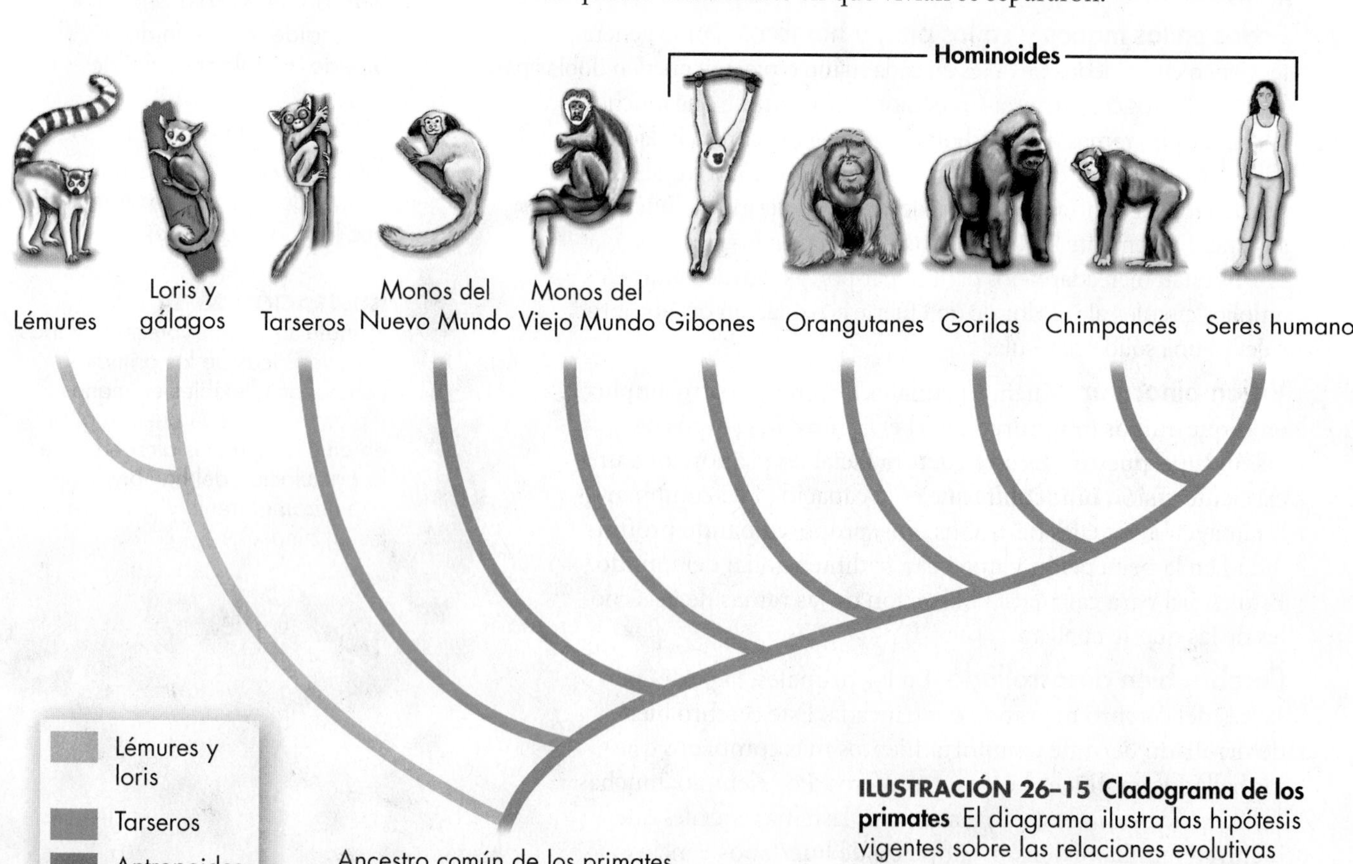

ILUSTRACIÓN 26–15 Cladograma de los primates El diagrama ilustra las hipótesis vigentes sobre las relaciones evolutivas que existen entre los primates modernos.

► ***Monos del Nuevo Mundo*** Los miembros de una rama antropoide, los monos del Nuevo Mundo, se hallan en Centroamérica y Sudamérica. (Los europeos usaban el término *Nuevo Mundo* para referirse a América del Norte y del Sur.) Los miembros de este grupo, como los monos ardilla y monos araña, viven casi todo el tiempo en los árboles. Tienen brazos largos y flexibles para colgarse entre las ramas. También tienen una larga **cola prensil** que puede enrollarse con fuerza alrededor de las ramas y que les sirve como una "quinta mano".

► ***Monos del Viejo Mundo y grandes simios*** La otra rama antropoide, que evolucionó en África y Asia, incluye a los monos del Viejo Mundo y a los grandes simios. Los monos del Viejo Mundo, como los langures y los macacos, pasan su tiempo en los árboles pero carecen de colas prensiles. Los grandes simios, también llamados **hominoides,** incluyen a los gibones, orangutanes, gorilas, chimpancés y seres humanos. Análisis recientes de ADN confirman que, entre los grandes simios, los chimpancés son los parientes más cercanos a los seres humanos.

Evolución de los homínidos

¿Qué adaptaciones permitieron que las especies posteriores de homínidos caminaran erguidas?

Hace 6 ó 7 millones de años, el linaje que dio lugar a los humanos se ramificó del linaje que condujo a los chimpancés. Los hominoides del linaje que dio lugar a los humanos se llaman **homínidos,** e incluyen a los seres humanos modernos y a todas las demás especies relacionadas más estrechamente con nosotros que con los chimpancés. Los homínidos evolucionaron la capacidad de caminar erguidos, pulgares oponibles y grandes cerebros. La **ilustración 26–16** muestra algunas de las diferencias entre los esqueletos de los seres humanos modernos y los de los hominoides, como los gorilas. **El cráneo, cuello, columna vertebral, huesos coxales y huesos de las piernas de las primeras especies de homínidos cambiaron su forma para permitir que las especies posteriores caminaran erguidas.** La evolución de esta locomoción **bípeda,** o en dos pies, fue muy importante porque liberó ambas manos para poder usar herramientas. Mientras tanto, la mano de los homínidos evolucionó un **pulgar oponible** que podía tocar las puntas de los dedos, permitiendo así agarrar objetos y usar herramientas.

Los homínidos también desarrollaron cerebros mucho más grandes. Los de los chimpancés, nuestros parientes vivos más cercanos, varían en volumen de 280 a 450 centímetros cúbicos. Los del *Homo sapiens,* ¡varían en tamaño de 1200 a 1600 centímetros cúbicos! Casi toda la diferencia en el tamaño del cerebro proviene de un cerebro radicalmente expandido.

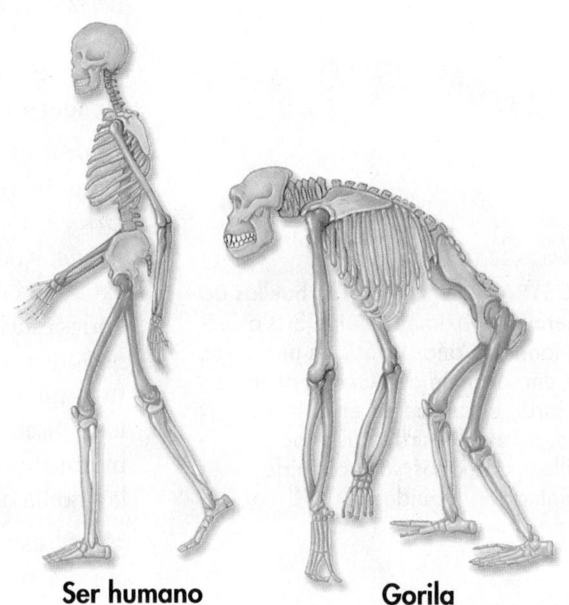

Comparación del esqueleto de los seres humanos y de los gorilas		
Característica	**Ser humano**	**Gorila**
Cráneo	Encima de la columna en forma de S	Encima de la columna en forma de C
Médula espinal	Sale de la parte inferior del cráneo	Sale cerca de la parte posterior del cráneo
Brazos y manos	Brazos más cortos que las piernas; las manos no tocan el suelo al caminar	Brazos más largos que las patas; las manos tocan el suelo al caminar
Pelvis	En forma de tazón	Larga y estrecha
Fémures	Con ángulo hacia adentro directamente abajo del cuerpo	Con ángulo alejado de la pelvis

ILUSTRACIÓN 26–16 Comparación de hominoides Los homínidos modernos caminan erguidos en dos piernas; los gorilas usan sus cuatro extremidades. El diagrama muestra muchas de las características esqueléticas que permiten a los homínidos caminar erguidos. **Comparar y contrastar** ***Según la tabla y las ilustraciones, ¿cuáles son las otras diferencias que existen entre los seres humanos y los gorilas?***

Nuevos descubrimientos y nuevas preguntas El estudio de los ancestros humanos es emocionante y cambia constantemente. Desde la década de 1990, nuevos descubrimientos en África han duplicado el número de especies conocidas de homínidos. Estos descubrimientos también duplicaron el tiempo del registro fósil sobre los homínidos conocidos, de 3.5 millones a 7 millones de años, un tiempo que se acerca mucho al momento en el que los estudios de ADN sugieren que se dividió el linaje que dio lugar a los humanos del linaje que condujo a los chimpancés. Estos nuevos datos han mejorado el panorama del pasado de nuestra especie. Las preguntas sobre cómo están relacionados los fósiles homínidos entre sí y con los seres humanos siguen sin respuesta. De hecho, este campo cambia tan rápidamente que todo lo que podemos presentar aquí son muestras de las hipótesis vigentes.

Parientes frente a ancestros Casi todos los paleontólogos concuerdan en que el registro fósil homínido incluye siete géneros: *Sahelanthropus, Orrorin, Ardipithecus, Australopithecus, Paranthropus, Kenyantropus* y *Homo,* y por lo menos 20 especies. Estos diversos fósiles homínidos se extienden en el tiempo hasta hace aproximadamente 7 millones de años. Todas estas especies son *parientes* de los seres humanos modernos, pero no todos son sus *ancestros.* Para comprender esta distinción, piensa en tu familia. Tus parientes pueden incluir tías, tíos, primos, padres, abuelos y bisabuelos. Todos son tus parientes, pero sólo tus padres, abuelos y bisabuelos son tus ancestros. Distinguir a los parientes de los ancestros de la familia de los homínidos es un desafío continuo.

ILUSTRACIÓN 26–17 Las huellas de Laetoli Aproximadamente 3.8 a 3.6 millones de años atrás, los miembros de una especie de *Australopithecus* dejaron estas huellas en Laetoli, Tanzania. Muestran que, hace millones de años, los homínidos caminaban erguidos.

¿Cuál es el homínido más antiguo? En el año 2002, los paleontólogos que trabajaban en el norte y centro de África descubrieron un cráneo fósil de aproximadamente 7 millones de años de edad. Este fósil, llamado *Sahelanthropus,* es un millón de años más antiguo que cualquier homínido conocido. Tenía un cerebro de aproximadamente el mismo tamaño que el de los chimpancés modernos, pero su rostro, más amplio y corto, se parecía más al de los humanos. Los científicos aún debaten si este fósil representa a un homínido.

Australopithecus Algunos fósiles de las primeras especies homínidas parecen pertenecer al linaje que dio lugar a los seres humanos modernos, en tanto que otros formaron ramas que se separan de la línea homínida principal. Un primer grupo de homínidos, del género *Australopithecus,* vivió desde hace aproximadamente 4 millones de años hasta hace aproximadamente 1.5 millones de años. Eran simios bípedos, pero sus esqueletos sugieren que pasaban por lo menos un tiempo en los árboles. La estructura de sus dientes sugiere una dieta rica en frutas.

La más conocida de estas especies es el *Australopithecus afarensis,* que vivió entre 4 a 2.5 millones de años atrás. Las huellas que parecen humanas de la **ilustración 26–17**, de aproximadamente 3.6 millones de años de antigüedad, probablemente pertenecieron a miembros de esta especie. Los fósiles del *A. afarensis* indican que la especie tenía un cerebro pequeño, así que las huellas muestran que los homínidos caminaban bípedamente mucho antes de que evolucionaran los cerebros grandes. Otros fósiles de este género indican que los machos eran mucho más grandes que las hembras. En la **ilustración 26–18** puedes ver las ideas de un artista sobre una hembra joven y un macho joven de *A. afarensis.*

En tu cuaderno *Según las pruebas de ADN, ¿hace cuánto tiempo que el linaje humano se separó del de los chimpancés?*

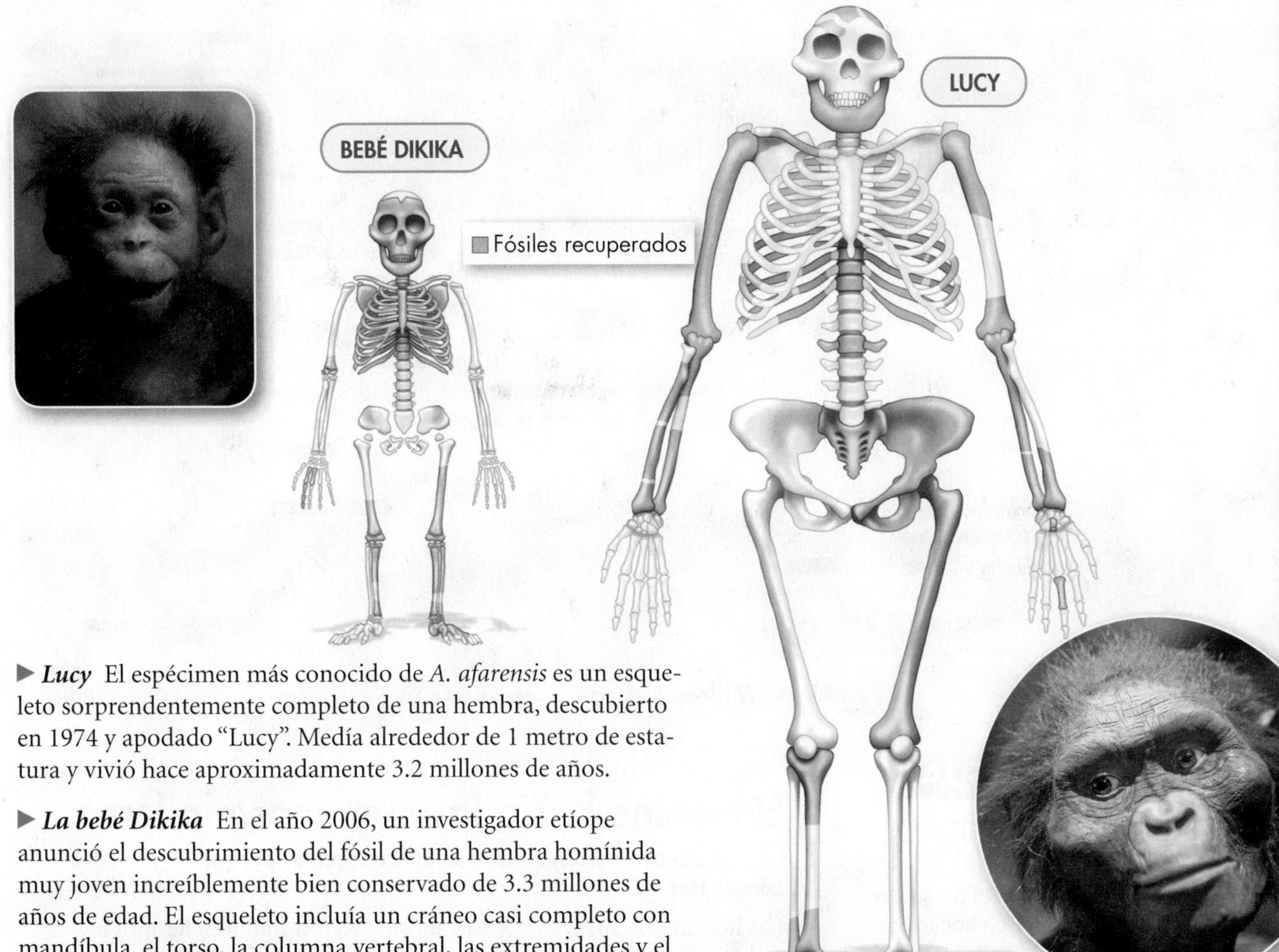

▶ ***Lucy*** El espécimen más conocido de *A. afarensis* es un esqueleto sorprendentemente completo de una hembra, descubierto en 1974 y apodado "Lucy". Medía alrededor de 1 metro de estatura y vivió hace aproximadamente 3.2 millones de años.

▶ ***La bebé Dikika*** En el año 2006, un investigador etíope anunció el descubrimiento del fósil de una hembra homínida muy joven increíblemente bien conservado de 3.3 millones de años de edad. El esqueleto incluía un cráneo casi completo con mandíbula, el torso, la columna vertebral, las extremidades y el pie izquierdo. Este fósil fue asignado a *A. afarensis*, la misma especie de Lucy, y apodado "bebé Dikika", en honor a la región de África donde se descubrió. Los huesos de las piernas confirmaron que la bebé Dikika caminaba bípedamente, y los de su brazo y hombro sugieren que hubiera sido una mejor escaladora que los seres humanos modernos. Los investigadores seguirán extrayendo información de estos huesos durante años.

Paranthropus Tres especies más recientes, que crecieron hasta tener el tamaño de un jugador de futbol americano bien alimentado, han sido colocadas en su propio género, *Paranthropus*. Estas especies de *Paranthropus* tenían enormes muelas trituradoras. Sus dietas probablemente incluían alimentos vegetales burdos y fibrosos, como los que comen los gorilas modernos. Los paleontólogos ahora colocan a *Paranthropus* en una rama estancada separada de nuestro árbol genealógico.

Relaciones entre los homínidos Los investigadores una vez pensaron que la evolución humana se llevó a cabo en pasos relativamente simples en los que la especie homínida, en el transcurso del tiempo, se comenzó a parecer cada vez más a los seres humanos. Pero ahora está claro que una serie de radiaciones adaptativas de los homínidos produjeron varias especies cuyas relaciones son difíciles de determinar. Como resultado, lo que alguna vez parecía un simple "árbol genealógico" de los homínidos con un solo tronco principal ahora parece un arbusto con muchos troncos.

ILUSTRACIÓN 26–18 Lucy y la bebé Dikika "Lucy" y la "bebé Dikika" son los apodos de dos fósiles muy importantes del homínido *A. afarensis*. Lucy es el esqueleto parcial de una hembra adulta. La bebé Dikika es el fósil más completo que se ha hallado de esta especie. Estos dos fósiles fueron descubiertos a sólo 6 millas de distancia entre sí en Etiopía. **Interpretar material visual** ***Según los fósiles recuperados, ¿en qué forma del rostro esperarías que los científicos confiaran más: en la de la bebé Dikika o en la de Lucy?***

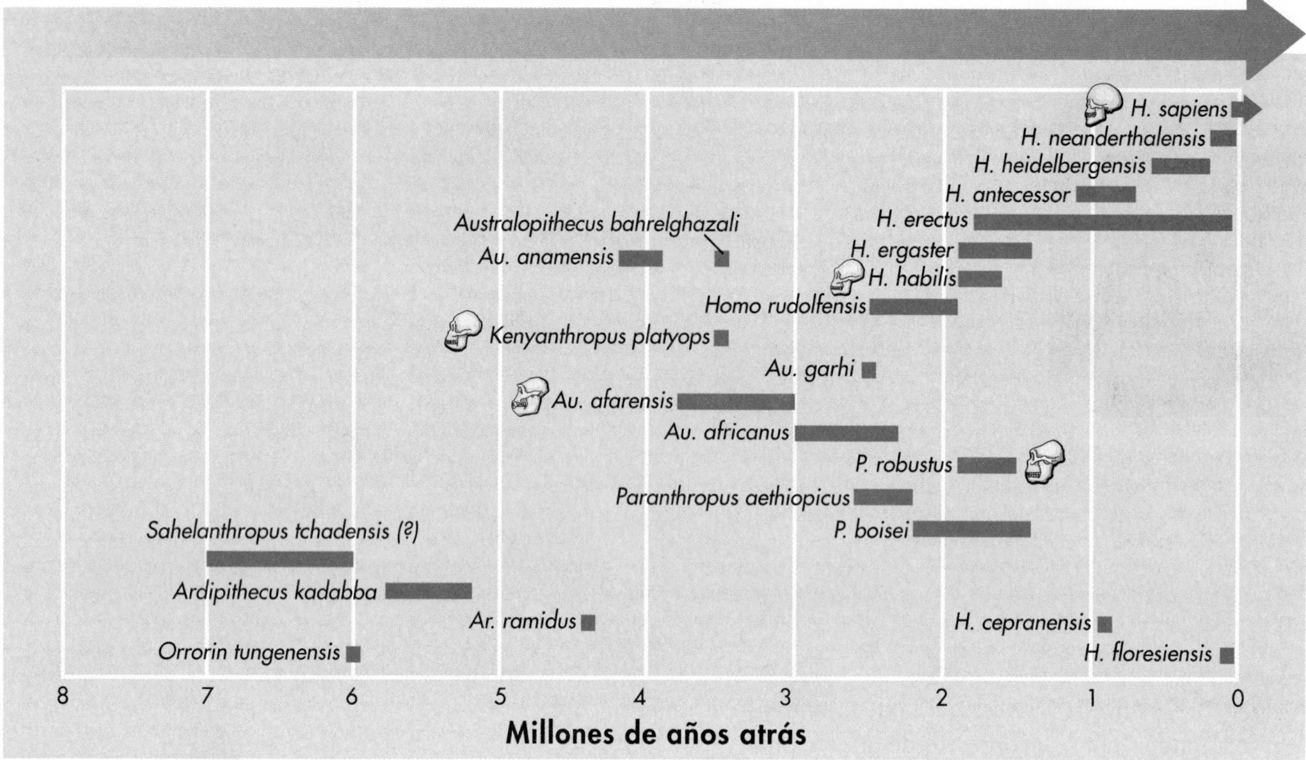

RESUMEN VISUAL

LÍNEA CRONOLÓGICA DE LOS HOMÍNIDOS

ILUSTRACIÓN 26–19 El diagrama muestra las especies de homínidos conocidas por los fósiles y los lapsos en los que probablemente existió cada especie. Estos lapsos pueden cambiar a medida que los paleontólogos reúnen nuevos datos. En este escrito, varias hipótesis opuestas presentan diferentes ideas sobre la manera en que las especies se relacionan entre sí y con el *Homo sapiens.* Hasta ahora, no existe una única hipótesis aceptada universalmente, así que presentamos estos datos como una línea cronológica, en vez de como un cladograma. El registro fósil muestra que la evolución de los homínidos no avanzó en línea recta a lo largo de una transformación simple de una especie a otra. Más bien, una serie de radiaciones adaptativas produjeron varias especies, muchas de las cuales muestran una mezcla confusa de rasgos primitivos y modernos. **Interpretar gráficas** ***Según esta línea cronológica, ¿qué especies del género*** **Homo** ***vivieron al mismo tiempo?***

El camino hacia los humanos modernos

¿Cuál es el razonamiento científico vigente sobre el género **Homo?**

Los homínidos analizados hasta ahora vivieron millones de años antes que los seres humanos modernos. **Muchas especies de nuestro género existieron antes de que apareciera el *Homo sapiens.* Además, al menos tres especies de *Homo* existieron al mismo tiempo que los primeros seres humanos.** Los paleontólogos aún no comprenden totalmente las relaciones entre las especies de nuestro propio género.

El género *Homo* Hace unos 2 millones de años, apareció un nuevo grupo de homínidos. Varios de estos fósiles se parecen tanto a los huesos de los humanos modernos que han sido clasificados en el género *Homo.* Un conjunto de fósiles de este período se halló junto con herramientas hechas de piedra y hueso, así que fue llamado *Homo habilis,* que significa "hombre habilidoso". Los primeros fósiles que casi todos los investigadores concuerdan en asignar al género *Homo* se llaman *Homo ergaster.* El *H. ergaster* era más grande que el *H. habilis* y tenía un cerebro más grande y orificios nasales orientados hacia abajo parecidos a los de los humanos modernos. El *Homo rudolfensis* apareció antes que el *H. ergaster,* pero algunos investigadores lo clasificaron en el género *Australopithecus* en vez de en el *Homo.*

Surgimiento en África, pero ¿cuándo y quién? Los investigadores concuerdan en que nuestro género se originó en África y emigró de ahí para poblar el mundo. Pero muchas preguntas permanecen sin respuesta. ¿Cuándo salieron los homínidos de África? ¿Salió más de una especie? ¿Cuáles de esas especies fueron ancestros de los seres humanos y cuáles eran sólo parientes? En la **ilustración 26–20** puedes consultar algunas de las hipótesis vigentes.

▶ ***Los primeros en salir*** Las pruebas fósiles y moleculares sugieren que algunos homínidos salieron de África mucho antes de que el *Homo sapiens* evolucionara. También parece que varias especies de *Homo* realizaron el viaje en oleadas. De nuevo, los investigadores difieren en la identidad de los diversos fósiles, pero concuerdan en que los homínidos comenzaron a emigrar de África hace por lo menos 1.8 millones de años. Los restos homínidos de ese período fueron hallados en la República de Georgia, que está al norte de Turquía y lejos de África. Algunos investigadores que han examinado esos restos argumentan que podrían pertenecer a una especie de *Homo* con un cerebro más pequeño, el *Homo habilis*.

▶ **Homo erectus *en Asia*** Según algunos investigadores, grupos de *Homo erectus* salieron de África y viajaron hasta la India y a través de China hacia el sureste de Asia. De hecho, algunos de los especímenes conocidos más antiguos de *H. erectus* fueron descubiertos en la isla de Java, Indonesia. Esto sugiere que estos antiguos trotamundos se extendieron muy rápido una vez que salieron de África. Estas poblaciones de *H. erectus* siguieron sobreviviendo y evolucionando a través de Asia durante 1.5 millones de años.

▶ ***El primer* Homo sapiens** Los paleontólogos han debatido durante mucho tiempo el lugar y la fecha en que surgió el *Homo sapiens*. La hipótesis llamada modelo multirregional sugiere que, en varias partes del mundo, los seres humanos modernos evolucionaron de manera independiente de poblaciones ampliamente separadas de *H. erectus*. Otra hipótesis, el modelo de "surgimiento en África", propone que los seres humanos modernos evolucionaron en África hace aproximadamente 200,000 años, emigraron de allí por el Medio Oriente y reemplazaron a los descendientes de las primeras especies de homínidos.

Recientemente, los biólogos moleculares analizaron el ADN mitocondrial de seres humanos vivos de todo el mundo para determinar cuándo compartieron por última vez a un ancestro común. La fecha calculada del ancestro común africano es de hace entre 200,000 y 150,000 años. Datos más recientes de ADN sugieren que un pequeño subconjunto de esos ancestros africanos salió del noreste de África entre 65,000 y 50,000 años atrás para colonizar el mundo. Esos datos apoyan sólidamente el modelo de surgimiento en África.

DESARROLLAR el vocabulario

VARIOS SIGNIFICADOS La palabra *sapiente* significa "sabio". También se usa como un adjetivo para referirse al *Homo sapiens*.

ILUSTRACIÓN 26–20 Surgimiento en África Los datos muestran que los parientes y ancestros de los seres humanos modernos salieron de África en oleadas. Pero, ¿cuándo y qué tan lejos viajaron? Al comparar el ADN mitocondrial de seres humanos vivos y seguir estudiando el registro fósil, los científicos esperan mejorar nuestra comprensión de la compleja historia del *Homo sapiens*. (Nota: Los cráneos del mapa no indican que se hallaron cráneos en cada ubicación.)

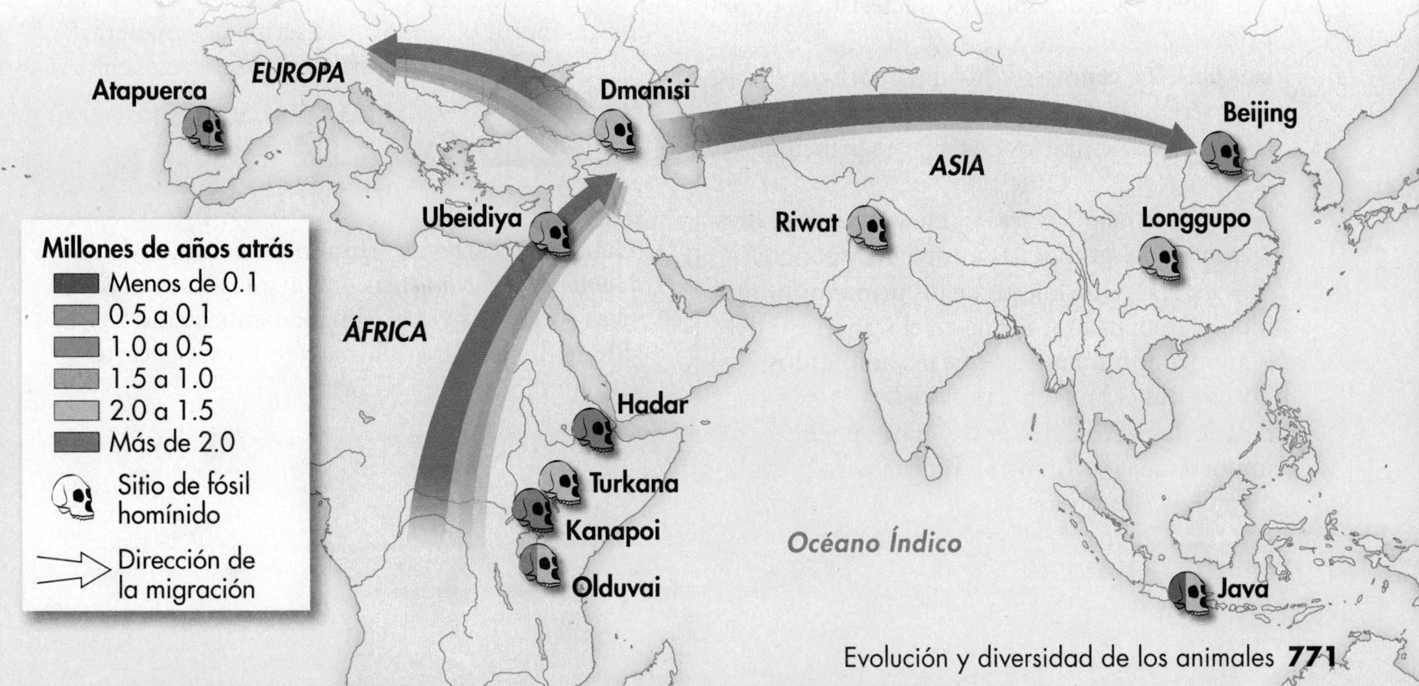

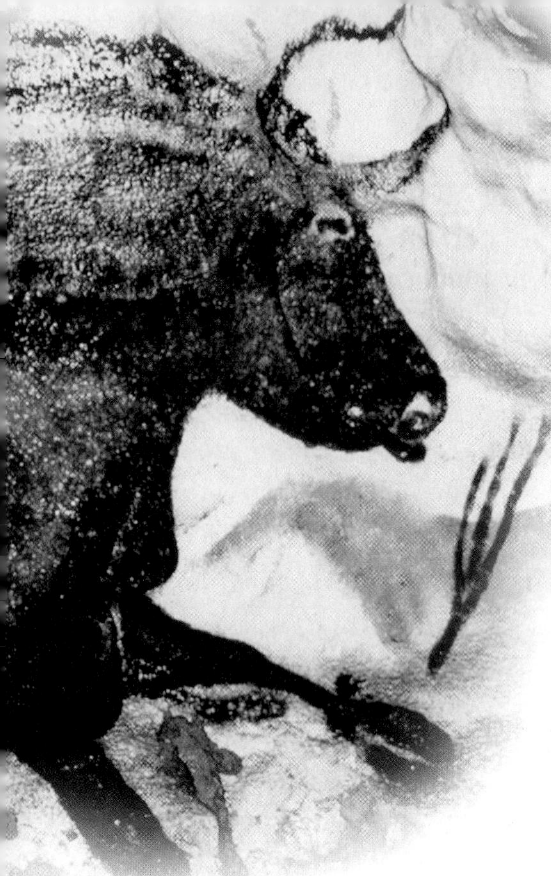

ILUSTRACIÓN 26–21 Arte cromañón Esta antigua pintura rupestre de Francia muestra las excepcionales capacidades artísticas de los cromañones. **Inferir** ***¿Cómo podrían estar relacionadas estas imágenes pintadas con la manera en que vivían estos primeros humanos?***

Seres humanos modernos En la historia de los seres humanos modernos durante los últimos 200,000 años participan dos especies principales del género *Homo.*

▶ **Homo neanderthalensis** Los neandertales florecieron en Europa y el oeste de Asia hace aproximadamente 200,000 años. Las pruebas sugieren que hacían herramientas de piedra, vivían en grupos sociales complejos, dominaban el uso del fuego y eran excelentes cazadores. Enterraban a sus muertos en rituales simples. Sobrevivieron en zonas de Europa hasta hace aproximadamente 28,000 a 24,000 años.

▶ **Homo sapiens** ***modernos*** Los *Homo sapiens* anatómicamente modernos, cuyos esqueletos se veían como los de los seres humanos actuales, llegaron al Medio Oriente desde África hace aproximadamente 100,000 años. Hace alrededor de 50,000 años, las poblaciones de *H. sapiens* usaban nuevas tecnologías para fabricar cuchillas de piedra más sofisticadas. También comenzaron a hacer herramientas muy elaboradas con huesos y cornamentas. Produjeron espectaculares pinturas rupestres y enterraron a sus muertos en intrincados rituales. En otras palabras, estas personas, incluyendo el grupo conocido como cromañones, comenzaron a comportarse como seres humanos modernos.

Cuando los *H. sapiens* llegaron al Medio Oriente, hallaron a los neandertales que vivían ahí. Los neandertales y los *H. sapiens* convivieron en el Medio Oriente durante aproximadamente 50,000 años. Grupos de seres humanos modernos se mudaron a Europa entre 40,000 y 32,000 años atrás. Ahí, los *H. sapiens* también coexistieron al lado de los neandertales durante varios miles de años. Sin embargo, durante los últimos 24,000, nuestra especie ha sido el único homínido en la Tierra. ¿Por qué desaparecieron los neandertales? ¿Se cruzaron con los *H. sapiens*? Nadie lo sabe con certeza. Lo que sí sabemos es que nuestra especie, el *Homo sapiens,* es el único miembro superviviente del una vez grande y diverso clado de los homínidos.

26.3 Evaluación

Repaso de conceptos clave

1. a. Repasar ¿Cuáles son las características de los primates?

b. Aplica los conceptos ¿Cómo benefician estas características a los primates?

2. a. Repasar Escribe los dos grupos principales de primates.

b. Establecer una secuencia ¿En qué punto se dividieron los dos grupos de antropoides y por qué?

3. a. Repasar ¿Qué huesos de los primeros homínidos cambiaron su forma en el transcurso del tiempo, permitiendo así que los homínidos posteriores caminaran erguidos?

b. Relacionar causa y efecto ¿Por qué fue importante la locomoción bípeda para la evolución de los homínidos?

4. a. Repasar ¿Qué par de especies se consideran humanas?

b. Comparar y contrastar Escribe dos maneras en que el *Homo neanderthalensis* se diferencia del *Homo sapiens.*

ESCRIBIR SOBRE LAS CIENCIAS

Escritura creativa

5. Elabora un cartel de "Homínido perdido" de un *Homo neanderthalensis.* Incluye sus características conocidas y aproximadamente cuándo y dónde fue visto por última vez. Ilustra el cartel con un dibujo o un recorte.

BIOLOGY.com Search Lesson 26.3 GO • Lesson Assessment • Self-Test

La biología y LA HISTORIA

Buscadores de fósiles humanos **El estudio de los orígenes humanos es la emocionante búsqueda de nuestro pasado. Reconstruir esta complicada historia requiere de la destreza de muchos científicos.**

1855 1885 1915 1945 1955 1975 2005 2035

1868
Edouard Lartet
Henry Christy

El geólogo francés Lartet y el banquero inglés Christy desentierran varios esqueletos humanos antiguos en un abrigo rocoso llamado Cromañón en Francia. Estos fósiles homínidos son los primeros en ser clasificados como *Homo sapiens.*

1924
Raymond Dart

Dart, anatomista australiano, halla uno de los primeros fósiles homínidos, el cráneo casi completo de un niño, en Sudáfrica. Este espécimen fue colocado en un nuevo género llamado *Australopithecus.*

1974
Donald Johanson

Un paleontólogo estadounidense y su equipo hallan 40 por ciento de un esqueleto de *Australopithecus*, que llaman Lucy, en la región de Afar, Etiopía. El esqueleto tiene aproximadamente 3.2 millones de años de edad.

2001
Meave Leakey

Nature publica el descubrimiento, realizado por Meave Leakey, de un cráneo de 3.5 a 3.2 millones de años de antigüedad que podría ser otro antepasado de los seres humanos, aparte del *Australopithecus.*

1886
Marcel de Puydt
Max Lohest

De Puydt y Lohest describen dos esqueletos neandertales hallados en una cueva de Bélgica. Su detallada descripción revela que los neandertales eran una forma humana extinta, no una forma anormal del ser humano moderno.

1978
Mary Leakey

Mary Leakey, antropóloga británica, descubre un conjunto de huellas fósiles homínidas de 3.6 millones de años en Laetoli, Tanzania. Las huellas proporcionan pruebas de que los primeros homínidos caminaban erguidos en dos piernas.

2002
Ahounta Djimdoumalbaye

Djimdoumalbaye, estudiante universitario de Chad, descubre el cráneo del que podría ser el homínido más antiguo conocido, *Sahelanthropus tchadensis.*

2006
Zeresenay Alemseged

Zeresenay, paleoantropólogo etíope, anuncia su descubrimiento del esqueleto fosilizado de un homínido joven en la región de Dikika, Etiopía. Éste es el ejemplo más completo de un *A. afarensis* jamás descubierto y tiene aproximadamente 3.3 millones de años de edad.

ESCRITURA **Usa los recursos de la biblioteca o de la Internet que te sugiera tu maestro para investigar uno de estos descubrimientos. Presenta tu investigación en un cartel con imágenes y leyendas.**

Laboratorio forense

INVESTIGACIÓN DIRIGIDA

Preparación para el laboratorio: Investigar los fósiles homínidos

Problema ¿Qué puede revelar la comparación de cráneos y manos sobre la evolución de los seres humanos?

Materiales regla métrica, transportador

Manual de laboratorio Laboratorio del Capítulo 26

Enfoque en las destrezas Medir, analizar datos, comparar y contrastar

Conectar con la gran idea Para aprender sobre la evolución de los seres humanos, los científicos estudian tanto a sus parientes cercanos como a sus posibles ancestros. Los fósiles de los ancestros son raros y los esqueletos completos lo son aún más. Sin embargo, los científicos han obtenido valiosa información de los fósiles que se han hallado. En este laboratorio, realizarás las mediciones que los paleontólogos hacen después de hallar un fósil. Luego, usarás tus datos para hacer inferencias sobre la evolución humana.

Preguntas preliminares

a. **Repasar** ¿Qué son los hominoides? ¿Y los homínidos?

b. **Explicar** Usa los ejemplos de chimpancés y seres humanos para explicar la diferencia que existe entre los parientes y los ancestros evolutivos.

c. **Comparar y contrastar** ¿Qué diferencia existe entre la locomoción de los seres humanos y la de los chimpancés?

Preguntas previas al laboratorio

Examina el procedimiento en el manual de laboratorio.

1. **Usar modelos** ¿Qué usarías en lugar de cráneos y manos reales para hacer tus mediciones?

2. **Interpretar material visual** Las cavidades óseas del cráneo que protegen los ojos se llaman órbitas o cuencas. En los cráneos, ¿qué mide la línea AC? ¿Y la BC?

3. **Usar analogías** Las tallas de los zapatos, como 9A y 11E (ó 9 estrecho y 11 extra ancho) son un ejemplo de índice. ¿Qué par de medidas se comparan en un índice de zapatos?

BIOLOGY.com Search Chapter 26 GO

Visita el Capítulo 26 en línea para hacer una autoevaluación del capítulo y para buscar actividades que apoyan tu aprendizaje.

Untamed Science Video Únete al equipo de *Untamed Science* mientras hablan con expertos en insectos para comprender mejor por qué existen más de un millón de especies de insectos.

Art Review Repasa lo que has entendido de los diferentes hominoides.

InterActive Art Elabora un cladograma de los invertebrados.

Data Analysis Compara los datos del fósil *H. floresiensis* con los del *H. sapiens* moderno y determina si son especies separadas.

26 Guía de estudio

La gran idea Evolución

Los invertebrados y los cordados comparten estructuras comunes que enfatizan que todos los animales descendieron, con modificaciones, de ancestros comunes.

26.1 Evolución y diversidad de los invertebrados

Estas pruebas fósiles indican que los primeros animales comenzaron a evolucionar mucho antes de la explosión cámbrica.

El cladograma de los invertebrados no cordados presenta las hipótesis vigentes sobre las relaciones evolutivas que existen entre los principales grupos de invertebrados modernos. También indica la secuencia en la que evolucionaron algunas características importantes.

apéndice (753)
larva (756)
trocófora (756)

26.2 Evolución y diversidad de los cordados

Los estudios embriológicos sugieren que la mayoría de los cordados más antiguos estaban relacionados con los ancestros de los equinodermos.

El cladograma de los cordados presenta las hipótesis vigentes sobre las relaciones que existen entre sus grupos. También muestra en qué puntos evolucionaron importantes características de los vertebrados, como las mandíbulas y las extremidades.

cartílago (757)
tetrápodo (760)

26.3 Evolución de los primates

Un primate es un mamífero que tiene dedos relativamente largos en manos y pies, uñas en lugar de garras, brazos que pueden girar alrededor de hombros articulados, una clavícula fuerte, visión binocular y un cerebro bien desarrollado.

Los primates de uno de estos grupos se parecen muy poco a los monos típicos. Contiene a los lémures y a los loris. El otro grupo incluye a los tarseros y a los antropoides, el grupo de los monos, los grandes simios y los seres humanos.

El cráneo, cuello, columna vertebral, huesos coxales y huesos de las piernas de las primeras especies de homínidos cambiaron su forma para permitir que las especies posteriores caminaran erguidas.

Muchas especies de nuestro género existieron antes de que apareciera la nuestra, el *Homo sapiens.* Además, por lo menos otras tres especies de *Homo* existieron al mismo tiempo que los primeros seres humanos.

visión binocular (765)
antropoide (766)
cola prensil (767)
hominoide (767)
homínido (767)
bípedo (767)
pulgar oponible (767)

Razonamiento visual Usa la información de este capítulo para completar el siguiente mapa de conceptos.

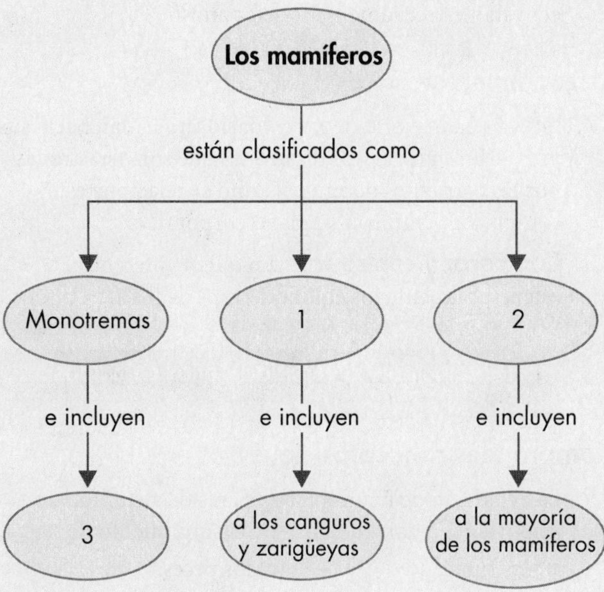

26 Evaluación

26.1 Evolución y diversidad de los invertebrados

Comprender conceptos clave

1. Los ancestros de los filos de muchos animales modernos aparecieron durante
   a. el período de Burgess.
   b. el período Cámbrico.
   c. la era Precámbrica
   d. el período Ediacárico.
2. Los animales del filo Poríferos incluyen
   a. cordados.
   c. esponjas.
   b. estrellas de mar.
   d. anémonas de mar.
3. Casi todos los equinodermos adultos presentan
   a. simetría bilateral.
   b. simetría superior e inferior.
   c. simetría radial.
   d. ninguna simetría.
4. De los siguientes grupos, ¿cuál contiene, por mucho, el mayor número de especies?
   a. artrópodos
   c. moluscos
   b. anélidos
   d. equinodermos
5. ¿Qué características del plano corporal evolucionaron los animales cámbricos durante 10 a 15 millones de años?
6. ¿Qué pruebas existen de que los anélidos y los moluscos están estrechamente relacionados?

Razonamiento crítico

7. **Inferir** La mayoría de los cnidarios no nadan hacia sus presas. En su lugar, capturan a las que son arrastradas por las corrientes de agua. ¿Cómo se relaciona este comportamiento con su plano corporal?
8. **Comparar y contrastar** ¿En qué se diferencian estructuralmente los equinodermos de los artrópodos?

26.2 Evolución y diversidad de los cordados

Comprender conceptos clave

9. La evolución de mandíbulas y pares de aletas fue un importante desarrollo durante el surgimiento de
   a. los tunicados.
   c. los peces.
   b. las lancetas.
   d. los anfibios.
10. Examina los siguientes diagramas. ¿Cuál de ellos es un pez cartilaginoso con mandíbulas?

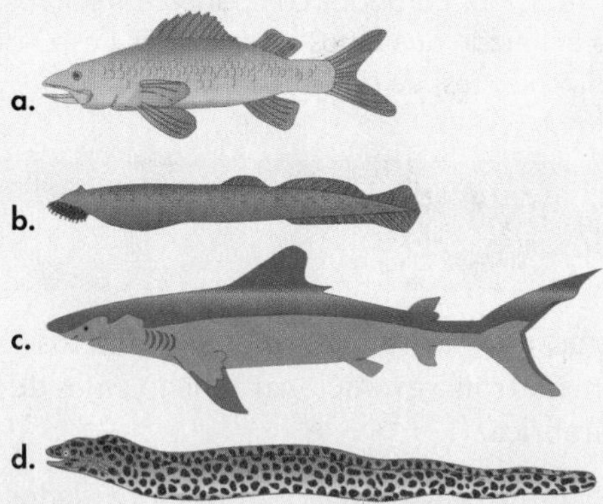

11. ¿Qué adaptación NO es característica de los reptiles?
    a. piel escamosa
    c. branquias
    b. huevo con cascarón
    d. pulmones
12. Los dinosaurios se extinguieron al final del
    a. período Cretácico.
    c. período Carbonífero.
    b. período Triásico.
    d. período Pérmico.
13. La característica más importante que separa las aves de otros animales vivos es la presencia de
    a. huesos huecos.
    c. dos patas.
    b. plumas.
    d. alas.
14. ¿Cuál de los siguientes es un mamífero placentario?
    a. ornitorrinco
    c. canguro
    b. ballena
    d. koala
15. ¿Cuáles son los dos grupos importantes de peces que evolucionaron de los primeros peces con mandíbulas y aún sobreviven en la actualidad?
16. ¿Qué adaptación permite a las aves vivir en medios ambientes más fríos que en los que viven la mayoría de los reptiles?
17. Describe cómo obtienen sus nutrientes las crías de los mamíferos monotremas, marsupiales y placentarios.

Razonamiento crítico

18. **Aplica los conceptos** ¿Qué característica anatómica de los cordados invertebrados sugiere que, en lo que se refiere a las relaciones evolutivas, estos animales están más estrechamente relacionados con los vertebrados que con otros grupos de animales?

Comprender conceptos clave

19. Los antropoides incluyen a los monos y a los
  a. lémures. **c.** tarseros.
  b. loris. **d.** seres humanos.

20. ¿Cuál de las siguientes es una característica específica de los primates?
  a. el vello corporal
  b. la rotación de la articulación del hombro
  c. el notocordio
  d. la capacidad de controlar la temperatura corporal

21. ¿Cuántas especies de homínidos existen actualmente?
  a. una **c.** nueve
  b. dos **d.** doce

22. Los primeros homínidos aparecieron en el registro fósil
  a. hace aproximadamente 30,000 años.
  b. hace aproximadamente 100,000 años.
  c. entre 6 y 7 millones de años.
  d. hace aproximadamente 120 millones de años.

23. ¿Qué característica anatómica permite la visión binocular en los primates?

24. Describe las adaptaciones que hacen que algunos primates puedan vivir en los árboles.

25. Escribe las características específicas de los homínidos. Da un ejemplo de uno.

Razonamiento crítico

26. Interpretar fotografías Escribe tres características de los primates que muestra el mono de la fotografía.

resuelve el MISTERIO del CAPÍTULO

BÚSQUEDA DE FÓSILES

Josh enfrentaba grandes obstáculos. "Sus" fósiles tendrían aproximadamente 600 millones de años de antigüedad. Descubrió que hay pocos lugares en los que rocas tan antiguas no hayan sido destruidas por la actividad geológica. Los sitios más conocidos están en China y Australia, ninguno en Estados Unidos. Pedro recibió mejores noticias. Los reptiles relacionados con los ancestros de las aves vivieron más o menos al mismo tiempo que sus dinosaurios favoritos, durante el período Cretácico. Hay varios lugares en los que se han hallado fósiles de esa edad, incluyendo el área de Green River en Utah. Como a los dos chicos les gustan los dinosaurios, ¡se unieron a la expedición para adolescentes de los Cuidadores de la Tierra a Green River para buscar a los ancestros de las aves!

1. Inferir ¿Por qué es más difícil hallar fósiles del eón Proterozoico, en el que vivieron los primeros animales conocidos, que fósiles del período Cretácico, en el que vivieron los ancestros de las aves? (*Pista:* Mira la siguiente gráfica.)

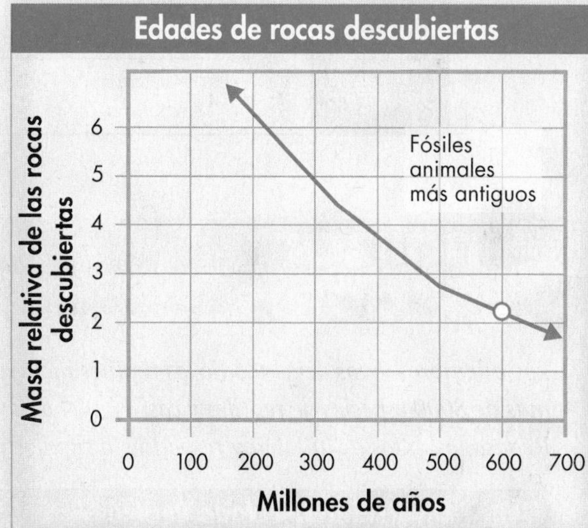

2. Conectar con la gran idea Comenzando en la página Web de los Cuidadores de la Tierra, busca en Internet las expediciones para cazar fósiles a las que podrías unirte.

Relacionar conceptos

Usar gráficas científicas

La siguiente tabla muestra los números relativos de especies de cuatro grupos de vertebrados en el transcurso del tiempo. El grosor de cada banda muestra el número relativo de especies que hay en ese grupo. Usa la tabla para responder a las preguntas 27 a 30.

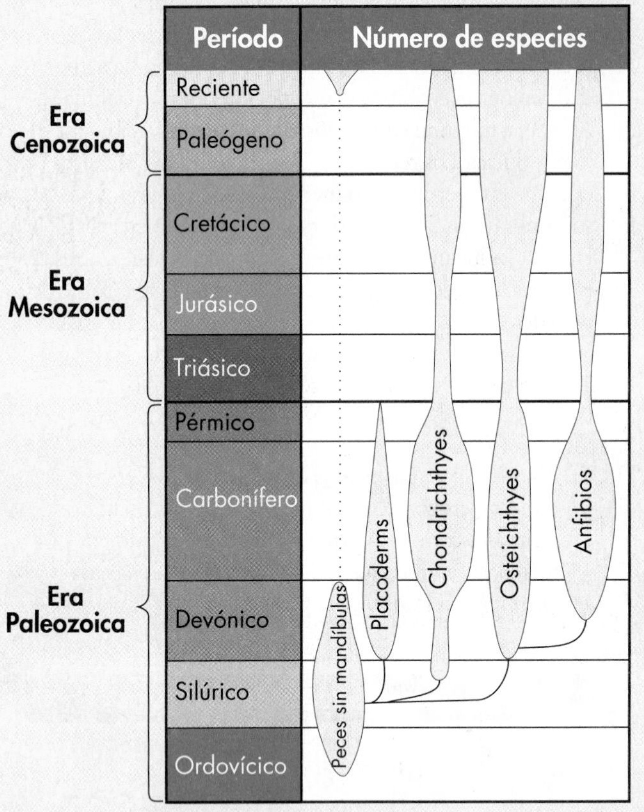

27. Comparar y contrastar ¿En qué se parece este tipo de diagrama al cladograma tradicional? ¿Qué información adicional se puede obtener de él?

28. Interpretar material visual ¿Cuál de los grupos mostrados tiene actualmente el mayor número de especies?

29. Inferir Los arqueosaurios son un grupo de reptiles que incluye a los dinosaurios, pterosaurios, cocodrilos modernos y aves. ¿Por qué crees que en este diagrama las aves se muestran separadas de los otros arqueosaurios?

30. Aplica los conceptos Describe la tendencia de cada grupo mostrado desde el comienzo del Mesozoico a la fecha. ¿Qué grupos se vieron afectados por la extinción masiva que ocurrió al final del Mesozoico? ¿Qué grupos han experimentado radiaciones adaptativas?

Escribir sobre las ciencias

31. Explicación Escribe un párrafo en el que describas, con tus propias palabras, cómo eran los primeros animales.

32. Descripción En un párrafo, describe con tus propias palabras cuándo se extinguieron los dinosaurios y qué eventos contribuyeron a su extinción.

33. Explicación ¿Por qué es importante calcular la edad de un fósil homínido, así como analizar sus características estructurales?

34. Evalúa la gran idea La vida en la Tierra comenzó en el agua. ¿Cuáles fueron algunas de las principales adaptaciones que evolucionaron los animales para poder sobrevivir fuera del agua?

Los miembros vivos del clado de los reptiles incluyen más de 8000 especies de reptiles y casi 10,000 de aves. Repasa los datos de la tabla y responde lo siguiente.

Diversidad del clado Reptiles

Grupo	Número calculado de especies
Lagartos y serpientes	8400
Tortugas	310
Cocodrilos	23
Tuátaras	2
Aves	10,000

35. Hacer una gráfica Haz una gráfica circular que presente los datos de la tabla.

36. Evaluar ¿Cuál fue tu mayor desafío para representar los datos en una gráfica circular?

37. Analizar datos Considera otros métodos para trazar los datos. ¿Qué tipo de gráfica podría representar estos datos de una manera más útil?

38. Hacer una gráfica Haz una gráfica de estos datos usando un método que consideres más útil para un lector o explica por qué ninguno lo sería.

Preparación para exámenes estandarizados

Selección múltiple

1. ¿Cuál de los siguientes NO es un molusco?
A sanguijuela
B calamar
C almeja
D caracol

2. ¿Cuál de los siguientes grupos de invertebrados tiene un cuerpo segmentado?
A los platelmintos
B los nemátodos
C los cnidarios
D los anélidos

3. Todos los animales tienen alguna forma de simetría corporal EXCEPTO
A las esponjas.
B las medusas.
C los gusanos.
D los artrópodos.

4. ¿Cuál de los siguientes grupos se puede clasificar como cordados no vertebrados?
A las esponjas
B los tunicados
C los peces
D todos los anteriores

5. Muchos científicos piensan que las aves evolucionaron de
A los reptiles parecidos a mamíferos.
B los anfibios.
C los mamíferos.
D los dinosaurios.

6. ¿Cuál de las siguientes NO es una característica de los reptiles?
A la piel escamosa
B los huevos con cascarones
C los pulmones
D las glándulas mamarias

7. ¿Cuál de los siguientes son hominoides?
A todos los mamíferos
B todos los primates
C sólo los seres humanos
D todos los grandes simios

8. ¿Cuándo aparecieron los primeros mamíferos verdaderos?
A en el período Cretácico
B en el período Triásico
C en la era Cenozoica
C en el período Carbonífero

Preguntas 9 a 11 Consulta el siguiente cladograma.

9. ¿Qué característica comparten los seres humanos, los ualabíes y las truchas?
A la placenta
B el notocordio
C las cuatro extremidades
D las glándulas mamarias

10. ¿Qué animales tienen la relación evolutiva más estrecha, como se muestra en el cladograma?
A los seres humanos y los ualabíes
B los seres humanos y los lagartos
C los seres humanos y las lampreas
D los seres humanos y las truchas

11. Una conclusión válida de este cladograma es que
A las salamandras, las truchas y las lampreas tienen una columna vertebral.
B las cuatro extremidades aparecieron en la evolución de los vertebrados antes que el notocordio.
C los seres humanos y las lampreas comparten un ancestro común.
D las glándulas mamarias aparecieron en la evolución de los vertebrados después que la placenta.

Respuesta de desarrollo

12. ¿Qué diferencia hay entre un hominoide y un homínido?

Si tienes dificultades con...

la pregunta	1	2	3	4	5	6	7	8	9	10	11	12
Ver la lección	26.1	26.1	26.1	26.2	26.2	26.2	26.3	26.2	26.2	26.2	26.2	26.3

27 Sistemas de los animales I

La gran idea

Estructura y función

P: ¿De qué manera las estructuras de los animales les permiten obtener los materiales esenciales y eliminar los desechos?

EN ESTE CAPÍTULO:

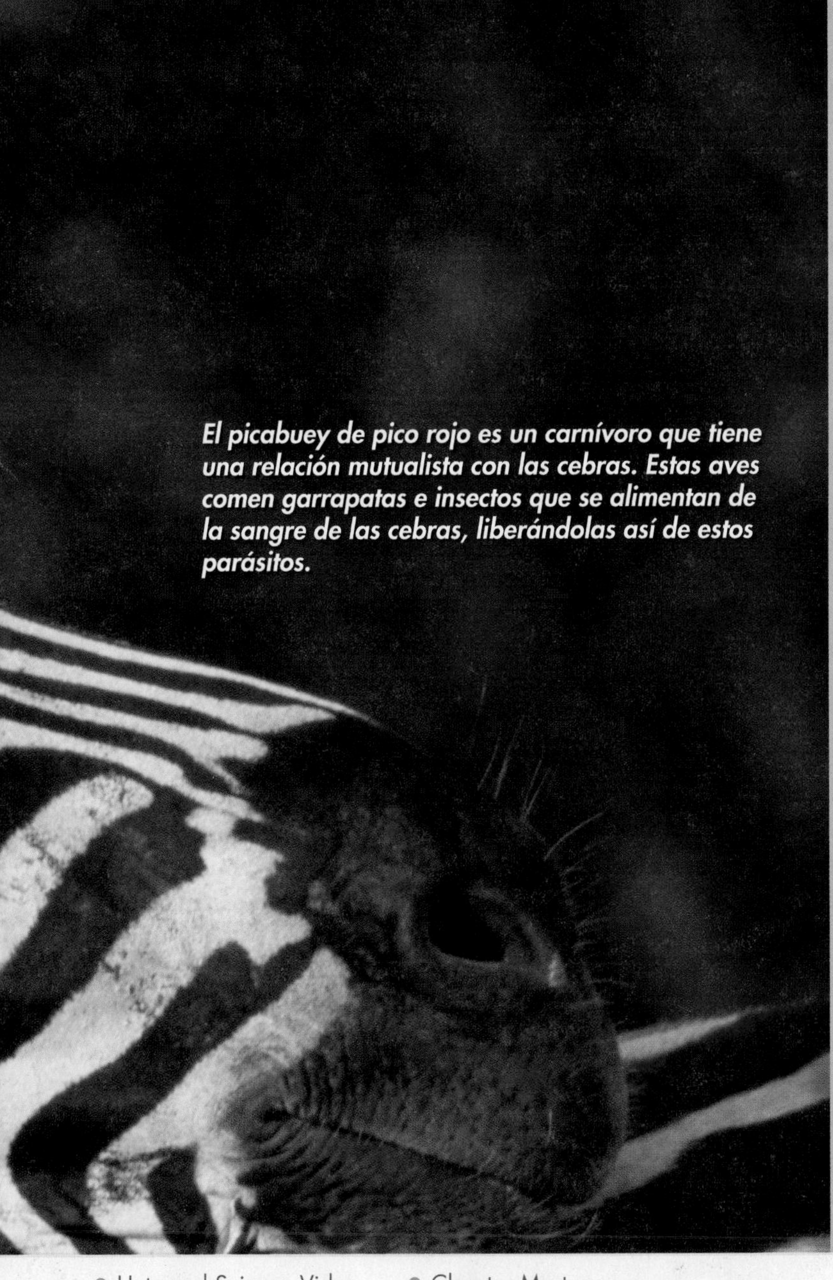

El picabuey de pico rojo es un carnívoro que tiene una relación mutualista con las cebras. Estas aves comen garrapatas e insectos que se alimentan de la sangre de las cebras, liberándolas así de estos parásitos.

- Untamed Science Video
- Chapter Mystery

MISTERIO DEL CAPÍTULO

(AL BORDE DE) LA MUERTE POR AGUA SALADA

Todo comenzó como una aventura. Unos compañeros de la universidad quisieron experimentar su propia versión del programa "Survivor" ("Sobreviviente"). Durante unas vacaciones de verano, los llevaron a una isla tropical desierta con un mínimo de suministros. Volverían a recogerlos luego de unos cuantos días.

La isla era calurosa y árida, y se dieron cuenta de que no tenían agua dulce. Sabían que podían obtener agua de los cocos para mantenerse hidratados, pero un miembro del grupo no soportaba el sabor de los cocos y pensó que podría hidratarse bebiendo agua salada. Al principio no hubo problemas, aunque estaba más sediento que sus amigos. Luego, tuvo náuseas y comenzó a debilitarse. Su estado empeoró rápido y al poco tiempo estaba gravemente enfermo: mareos, dolor de cabeza e incapacidad para concentrarse. Sus amigos se asustaron. ¿Qué le ocurría? A medida que leas este capítulo, busca pistas que expliquen las causas de la enfermedad de este explorador novato. Luego, resuelve el misterio.

Continúa explorando el mundo.
Averiguar qué le ocurrió al experimentador de la supervivencia sólo es el principio. Emprende un viaje de campo en video con los genios ecólogos de *Untamed Science* para ver adónde conduce este misterio.

27.1 Alimentación y digestión

Preguntas clave

¿Cómo obtienen alimento los animales?

¿Cómo se realiza la digestión en los animales?

¿Cómo se han adaptado las partes bucales a las diferentes dietas?

Vocabulario

digestión intracelular • digestión extracelular • cavidad gastrovascular • aparato digestivo • rumen

Tomar notas

Esquema Antes de leer, usa los encabezados de esta lección para hacer un esquema de la forma en que los animales obtienen y digieren alimento. A medida que leas, agrega detalles a tu esquema.

PIÉNSALO Desde los insectos que succionan nuestra sangre hasta el bisonte que se alimenta de hierbas de la pradera y las ballenas azules que comen plancton, todos los animales son seres heterótrofos que obtienen energía y nutrientes del alimento. De hecho, las adaptaciones para los distintos estilos de alimentación son, en gran medida, uno de los mayores atractivos de los animales.

Obtención de alimento

¿Cómo obtienen alimento los animales?

Según un viejo adagio, uno es lo que come. Para los animales, habría que decir: "uno parece y actúa según lo que come y cómo come". Lo inverso también es cierto: el tipo y la forma de los alimentos dependen de la apariencia y el comportamiento. Para saber si esto es cierto, comparemos las distintas maneras en que los animales obtienen alimento, como verás en la **ilustración 27–1**.

Filtradores de alimento Los animales que se alimentan por filtración "cuelan" el alimento que flota en el agua. **La mayoría de los filtradores de alimento capturan algas y pequeños animales usando branquias modificadas u otras estructuras semejantes a redes que filtran los alimentos del agua.** Muchos filtradores invertebrados son organismos pequeños o coloniales como gusanos y esponjas, que pasan su vida adulta en un mismo lugar. Muchos filtradores vertebrados, como el tiburón ballena y la ballena azul, son enormes y se alimentan mientras nadan.

Detritívoros El detrito está compuesto de materia vegetal o animal en descomposición. **Los detritívoros se alimentan de detrito y muchas veces obtienen nutrientes adicionales de bacterias, algas y otros microorganismos que crecen en ellos o en sus alrededores.** Desde las lombrices de tierra hasta una gran variedad de gusanos y crustáceos de hábitats acuáticos, los detritívoros son elementos indispensables de muchos ecosistemas.

Carnívoros **Los carnívoros comen otros animales.** Los mamíferos carnívoros, como los lobos, usan dientes, garras, velocidad o estrategias de caza por sorpresa para derribar a sus presas. Tal vez no conozcas mucho de los invertebrados carnívoros, pero seguramente te parecerían aterradores si fueran más grandes. Algunos cnidarios paralizan a sus presas con dardos cargados de veneno, en tanto que las arañas inmovilizan a sus víctimas con colmillos venenosos.

Herbívoros **Los herbívoros comen plantas o partes de ellas en hábitats terrestres o acuáticos.** Algunos, como las langostas y el ganado, comen hojas, ¡cosa nada fácil para sobrevivir! Las hojas no proporcionan un alto contenido nutricional, son difíciles de digerir y pueden ser venenosas o desgastar los dientes. Otros herbívoros, como aves y mamíferos, se especializan en el consumo de semillas o frutos que, en comparación con las hojas, suelen ser ricos en energía.

Simbiontes nutricionales Recuerda que la simbiosis consiste en la dependencia que una especie tiene de otra. Así, los simbiontes son organismos que participan en la simbiosis. **Muchos animales dependen de la simbiosis para satisfacer sus necesidades nutricionales.**

▶ ***Simbiontes parasíticos*** Los parásitos viven dentro o sobre el organismo huésped, se alimentan de sus tejidos, sangre y líquidos corporales. Algunos parásitos son sólo una molestia, pero muchos causan graves enfermedades a los humanos, el ganado y los cultivos. Millones de personas tienen gusanos parasíticos redondos y planos, sobre todo en los trópicos.

▶ ***Simbiontes mutualistas*** Los dos participantes de una relación mutualista se benefician. Los corales que construyen arrecifes obtienen casi toda su energía de las algas simbiontes que viven en sus tejidos. Éstas atrapan la luz solar, reciclan nutrientes y los ayudan a depositar sus esqueletos de carbonato de calcio. A su vez, las algas obtienen nutrientes de los desechos coralinos y están protegidas de sus devoradores. Los animales que comen madera u hojas también dependen de simbiontes microbianos en su organismo para digerir la celulosa.

DESARROLLAR el vocabulario

ORIGEN DE LAS PALABRAS El sufijo *-voro* deriva del verbo latino *vorare*, que significa "devorar".

ILUSTRACIÓN 27-1 Obtención de alimento La orca, las babosas marinas, los percebes y los camarones limpiadores obtienen alimento de distintas maneras.

Carnivore – Orca

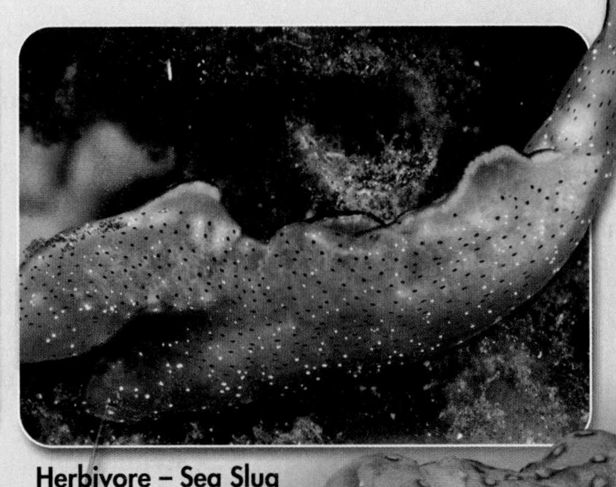
Herbivore – Sea Slug

Filter Feeders – Barnacles

Detritivore – Cleaner Shrimp

Analizar datos

Digestión de proteínas

Un científico realizó un experimento para determinar cuánto tiempo necesitaba cierto carnívoro para digerir la proteína animal. Puso varios pedazos de clara de huevo cocida (proteína animal) en un tubo de ensayo que contenía ácido clorhídrico, agua y la enzima pepsina, que digiere las proteínas. La gráfica muestra la velocidad con que la clara de huevo fue "digerida" en un período de 24 horas.

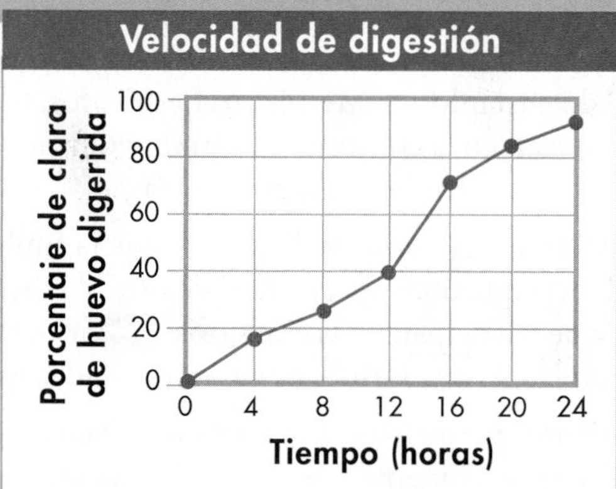

1. Interpretar gráficas Describe la tendencia de la cantidad de proteína digerida a lo largo del tiempo.

2. Analizar datos ¿Más o menos cuántas horas fueron necesarias para digerir la mitad de la proteína?

3. Sacar conclusiones ¿Cómo esperarías que cambiara la velocidad de digestión de la carne en un animal cuyo aparato digestivo produce menos pepsina?

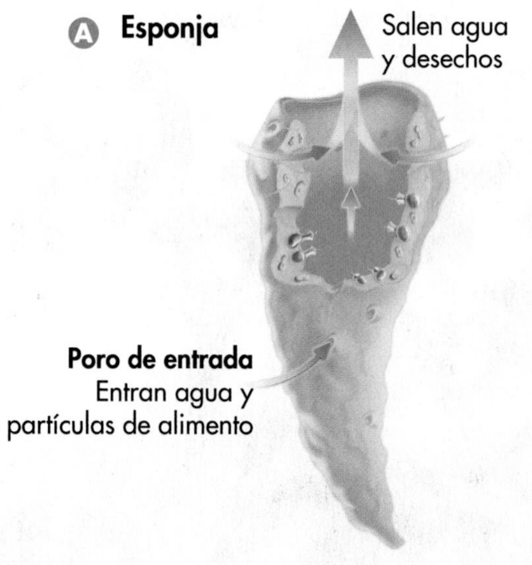

Procesar los alimentos

¿Cómo se realiza la digestión en los animales?

Obtener comida es sólo el primer paso. Después, la comida debe descomponerse o digerirse para ser asimilada y proporcionar energía y nutrientes a los tejidos del cuerpo. **Algunos invertebrados descomponen los alimentos principalmente por digestión intracelular, pero muchos animales usan la digestión extracelular para descomponerlos.** En la **ilustración 27–2** puedes ver diferentes sistemas digestivos.

Digestión intracelular Los animales han desarrollado diferentes formas de digerir y asimilar la comida. Los más simples, como las esponjas, digieren los alimentos dentro de células especializadas que, por difusión, pasan los nutrientes hacia otras células. Este proceso se conoce como **digestión intracelular.**

Digestión extracelular Los animales más complejos usan la **digestión extracelular,** que es el proceso por el cual los alimentos se descomponen fuera de las células del aparato digestivo y después se absorben.

▶ ***Cavidades gastrovasculares*** Dentro del cuerpo de algunos animales hay unos espacios cuyos tejidos llevan a cabo las funciones digestiva y circulatoria. Ciertos invertebrados, como los cnidarios, poseen una **cavidad gastrovascular** que consiste en un orificio único por el cual ingieren la comida y expulsan los desechos. Algunas células que recubren la cavidad segregan enzimas y absorben el alimento digerido. Otras células rodean las partículas de alimento y las digieren en vacuolas. Después, los nutrientes se transportan a las células de todo el cuerpo.

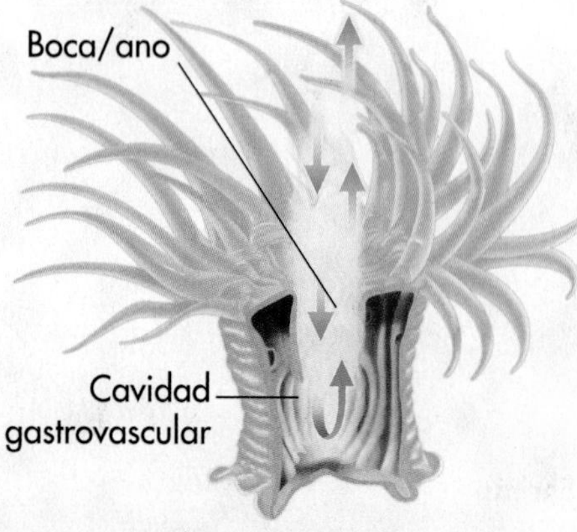

▶ ***Aparatos digestivos*** Muchos invertebrados y todos los vertebrados, como las aves, digieren el alimento en un tubo llamado **aparato digestivo,** que tiene dos orificios. La comida se desplaza en una dirección y entra al cuerpo por la boca. Los desechos salen por el ano.

Los aparatos digestivos unidireccionales suelen tener estructuras especializadas, como un estómago e intestino, que se encargan de las distintas tareas de procesar el alimento que pasa por ellas. Imagina que el aparato digestivo es una especie de "cadena de desmontaje" que descompone la comida paso a paso. En algunos animales, la boca segrega enzimas digestivas que dan inicio a la digestión química del alimento. Luego, la digestión mecánica inicia en unas partes bucales especializadas o en un órgano muscular, a veces llamado molleja, estructuras que rompen los alimentos en pedazos pequeños. Después, la digestión química inicia o continúa en un estómago que segrega enzimas digestivas. La descomposición química prosigue en los intestinos, a veces con la ayuda de secreciones de otros órganos, como el hígado o el páncreas. Los intestinos también absorben los nutrientes que se producen durante la digestión.

▶ ***Eliminación de desechos sólidos*** A pesar de la eficacia de los procesos animales para fragmentar alimentos y extraer nutrientes, siempre queda algún residuo de materiales que no pueden digerirse. Estos desechos sólidos, llamados heces, salen por el orificio digestivo o por el ano.

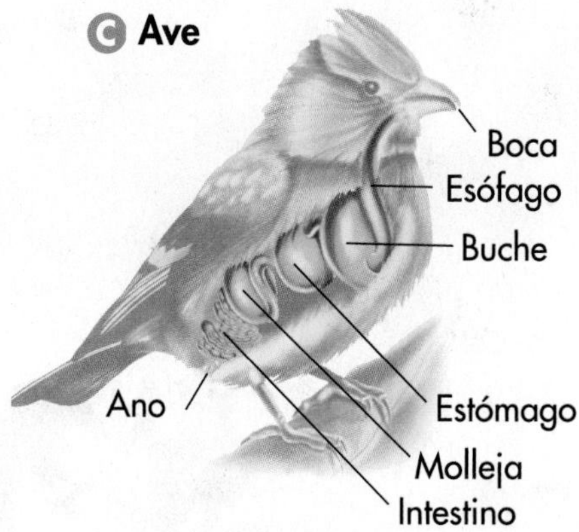

ILUSTRACIÓN 27–2 Digerir alimentos Los animales tienen diferentes estructuras digestivas que cumplen distintas funciones. (A) La esponja (página anterior) tiene un orificio digestivo y usa la digestión intracelular para procesar su comida. (B) El cnidario (página anterior) procesa los alimentos por digestión extracelular, que se lleva a cabo en la cavidad gastrovascular. (C) El ave tiene un aparato digestivo unidireccional con dos orificios.

Especializaciones para diferentes dietas

¿Cómo se han adaptado las partes bucales a las diferentes dietas?

Las partes bucales y los aparatos digestivos de los animales han experimentado adaptaciones para responder a las características físicas y químicas de los distintos alimentos, como puedes ver en la **ilustración 27–3.** Para dar un vistazo a estas especializaciones, analizaremos las adaptaciones para dos tipos de alimentos que tienen propiedades físicas y químicas muy distintas: la carne y las hojas vegetales.

Partes bucales especializadas Los carnívoros y los herbívoros poseen partes bucales muy distintas. Las diferencias se relacionan con las distintas propiedades físicas de la carne y las hojas.

ANALOGÍA VISUAL

DIENTES ESPECIALIZADOS

ILUSTRACIÓN 27–3 Partes bucales Los animales tienen mandíbulas y dientes especializados que están bien adaptados a sus dietas.

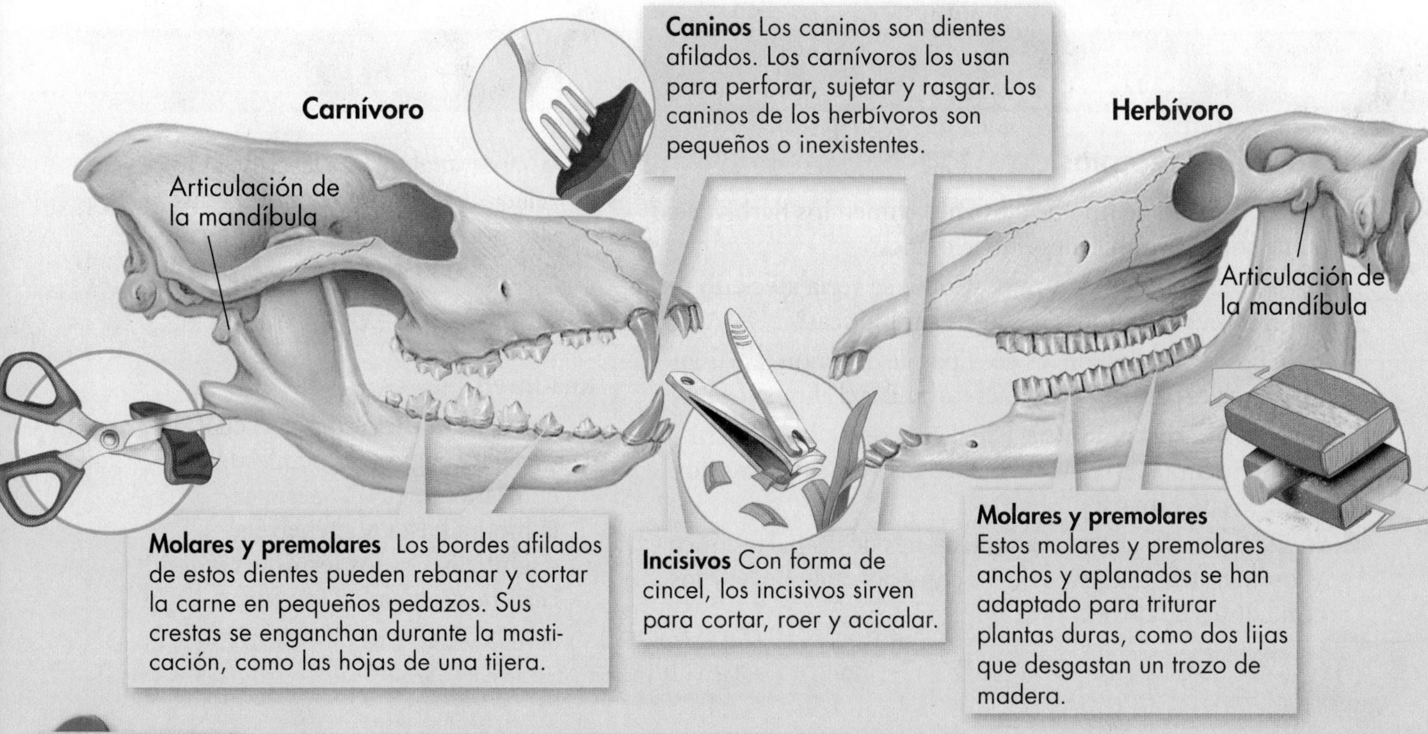

Carnívoro
Herbívoro
Articulación de la mandíbula
Articulación de la mandíbula
Caninos Los caninos son dientes afilados. Los carnívoros los usan para perforar, sujetar y rasgar. Los caninos de los herbívoros son pequeños o inexistentes.
Molares y premolares Los bordes afilados de estos dientes pueden rebanar y cortar la carne en pequeños pedazos. Sus crestas se enganchan durante la masticación, como las hojas de una tijera.
Incisivos Con forma de cincel, los incisivos sirven para cortar, roer y acicalar.
Molares y premolares Estos molares y premolares anchos y aplanados se han adaptado para triturar plantas duras, como dos lijas que desgastan un trozo de madera.

▶ *Comer carne* 🔑 **Los carnívoros suelen tener partes bucales afiladas u otras estructuras que les permiten capturar el alimento, sujetarlo y "rebanarlo y cortarlo" en pequeños trozos.** Los mamíferos carnívoros, como los lobos, poseen dientes afilados para sujetar, rasgar y rebanar alimentos, como si fueran cuchillos o tijeras. Los huesos y músculos de sus mandíbulas están adaptados para movimientos ascendentes y descendentes que rompen la carne en pequeños trozos.

ILUSTRACIÓN 27–4 Comer hojas de plantas Los dientes y las mandíbulas de los herbívoros, como los caballos, están adaptados para jalar, rallar y triturar hojas vegetales.

▶ *Comer hojas* 🔑 **Las partes bucales de los herbívoros están adaptadas para rallar o triturar.** Para digerir tejidos vegetales, los herbívoros tienen que romper la pared celular y extraer el contenido. Para ello, muchos invertebrados herbívoros, desde moluscos hasta insectos, poseen partes bucales que trituran y pulverizan los tejidos vegetales. Los mamíferos herbívoros, como el caballo de la **ilustración 27–4,** tienen dientes frontales y labios musculosos adaptados para sujetar y arrancar hojas, así como molares aplanados que trituran las hojas hasta formar una pulpa. Los huesos y músculos de las mandíbulas de los mamíferos herbívoros también se han adaptado para movimientos laterales de "trituración".

Aparatos digestivos especializados Los carnívoros invertebrados y vertebrados tienen un aparato digestivo corto que produce enzimas que aceleran la digestión de la carne y la mayoría de las células de los tejidos animales.

Sin embargo, ningún animal produce enzimas digestivas que descompongan la celulosa del tejido vegetal. Para este fin, el aparato digestivo de algunos herbívoros tiene intestinos muy largos o bolsas especializadas que albergan simbiontes microbianos que digieren la celulosa. Por ejemplo, el esófago de los bovinos cuenta con una prolongación semejante a una bolsa, llamada **rumen,** donde hay bacterias simbióticas que digieren la celulosa. Los animales con rúmenes o rumiantes regurgitan el alimento parcialmente digerido en el rumen, vuelven a masticarlo y lo degluten otra vez. Este proceso de conoce como "rumiar".

27.1 Evaluación

Repaso de conceptos clave 🔑

1. **a. Repasar** ¿Qué tipo de alimento comen los herbívoros? ¿Qué son los simbiontes nutricionales?
   b. Relacionar causa y efecto ¿Cómo se vería afectado un coral si murieran todas sus algas simbióticas?
2. **a. Repasar** ¿Cuáles son los dos tipos de digestión que usan los animales para descomponer y asimilar el alimento?
   b. Comparar y contrastar ¿Cuál es la principal diferencia estructural entre las cavidades gastrovasculares y los aparatos digestivos?
3. **a. Repasar** Describe las adaptaciones de las partes bucales y los aparatos digestivos de los comedores de hojas y los comedores de carne.
   b. Usar analogías Describe la relación entre un rumiante y sus simbiontes microbianos en términos de "trabajo de equipo".

ESCRIBIR SOBRE LAS CIENCIAS

Resumen

4. Describe el proceso por el cual una vaca digiere pasto, desde el momento en que arranca la hierba hasta que vuelve a deglutirla. Usa los términos *molar, rumen, simbionte* y *rumiar.*

BIOLOGY.com Search Lesson 27.1 GO • Self-Test • Lesson Assessment

27.2 Respiración

PIÉNSALO Todos los tejidos animales requieren oxígeno para respirar y desechan dióxido de carbono. Por esa razón, todos los animales deben obtener oxígeno del ambiente y liberar dióxido de carbono. En otras palabras todos los animales necesitan "respirar". Los humanos podemos ahogarnos porque nuestros pulmones no son capaces de obtener el oxígeno necesario del agua. En contraste, casi todos los peces tienen el problema contrario: sus branquias no funcionan fuera del agua. ¿Cómo se han adaptado a sus funciones los distintos aparatos respiratorios?

Preguntas clave

¿Qué características comparten las estructuras respiratorias de todos los animales?

¿Cómo respiran los animales acuáticos?

¿Qué estructuras respiratorias permiten que los animales terrestres respiren?

Vocabulario

branquia • pulmón • alveolo

Tomar notas

Mapa de conceptos Haz un mapa de conceptos que muestre las características de las estructuras pulmonares de los vertebrados.

Intercambio de gases

¿Qué características comparten las estructuras respiratorias de todos los animales?

A pesar de las cosas maravillosas que hacen las células, ninguna puede bombear oxígeno o dióxido de carbono a través de las membranas. Sin embargo, para respirar, todos los animales tienen que intercambiar oxígeno y dióxido de carbono con el ambiente que les rodea. ¿Cómo lo hacen? Los animales han modificado sus estructuras respiratorias que facilitan el desplazamiento de esos gases, por difusión pasiva, en la dirección indicada.

Difusión de gases y membranas Como recuerdas, las sustancias se difunden de un área de mayor concentración a otra de menor concentración. Los gases se difunden con mayor eficacia a través de una membrana delgada, húmeda y permeable a los gases. Cuanto más grande es la superficie de la membrana, mayor es la difusión, lo mismo sucede con una toalla de papel rugosa, que absorbe más agua que una toalla lisa. Estos principios físicos establecen requisitos que el aparato respiratorio debe cumplir, de una u otra manera.

Requisitos para la respiración Debido al comportamiento de los gases, todos los aparatos respiratorios comparten ciertas características básicas. **Las estructuras respiratorias proporcionan una amplia superficie húmeda y con permeabilidad selectiva. También mantienen una diferencia en las concentraciones relativas de oxígeno y dióxido de carbono en ambos lados de la membrana respiratoria, promoviendo así la difusión.**

ILUSTRACIÓN 27–5 Requisitos para la respiración Como las superficies respiratorias son húmedas, el aire exhalado contiene mucha humedad. Esta humedad que se exhala se condensa como "niebla" cuando el aire exterior es frío.

Opérculo El agua que lleva dióxido de carbono se bombea por el opérculo o cubierta de las branquias.
Filamentos de las branquias
El agua se bombea por miles de filamentos como hilos, que están llenos de capilares. Los filamentos de las branquias toman el oxígeno del agua y liberan dióxido de carbono.
Boca
Una bomba muscular introduce agua por la boca y la empuja hacia atrás, por las branquias.

ILUSTRACIÓN 27–6 Respiración con branquias Muchos animales acuáticos, como los peces, respiran con branquias, que son membranas delgadas con permeabilidad selectiva. Conforme el agua pasa por las branquias, se realiza el intercambio gaseoso dentro de los capilares de las branquias.

Superficies respiratorias de los animales acuáticos

¿Cómo respiran los animales acuáticos?

Algunos invertebrados acuáticos, como los cnidarios y algunos platelmintos, son relativamente pequeños y poseen cuerpos de delgadas paredes cuyas superficies exteriores están siempre mojadas. Recurren a la difusión de oxígeno y dióxido de carbono por toda la cubierta del cuerpo. Unos cuantos cordados acuáticos como las lancetas, algunos anfibios y ciertas serpientes marinas intercambian gases utilizando diversos grados de difusión por toda la superficie corporal.

En animales más grandes y activos, la respiración cutánea no es suficiente. **Muchos invertebrados acuáticos y la mayoría de los cordados acuáticos, salvo reptiles o mamíferos, intercambian gases a través de branquias.** Como puedes ver en la **ilustración 27–6,** las **branquias** son estructuras que parecen plumas y dejan expuesta al agua un área grande de una membrana delgada con permeabilidad selectiva. Dentro de sus membranas hay una red de diminutos vasos sanguíneos de paredes muy delgadas llamados capilares. Muchos animales, incluidos peces y moluscos acuáticos, bombean agua sobre sus branquias mientras la sangre fluye en su interior. Esto mantiene una diferencia en la concentración de oxígeno y dióxido de carbono que favorece la difusión. **Los reptiles y mamíferos acuáticos, como las ballenas, respiran con pulmones y deben contener la respiración cuando están bajo el agua.** Los **pulmones** son órganos que intercambian oxígeno y dióxido de carbono entre la sangre y el aire. Pronto aprenderás más sobre los pulmones.

Actividad rápida de laboratorio

INVESTIGACIÓN DIRIGIDA

Respiración de almejas y cangrejos de río

1. *No toques la almeja o el cangrejo.* Deposita una gota de colorante vegetal en el agua, cerca de los sifones de la almeja. Observa qué sucede con el colorante.

2. Deposita una gota de colorante vegetal en el agua, cerca del centro del cangrejo. **PRECAUCIÓN:** *No acerques tus dedos a sus tenazas.* Observa qué sucede con el colorante.

Analizar y concluir

1. Observar Describe lo que sucedió con el colorante en el paso 1. ¿Cómo se desplaza el agua a través de las branquias de la almeja?

2. Inferir ¿Cuál es la principal defensa de la almeja? ¿Cómo se relaciona la ubicación de los sifones con su medio de defensa?

3. Comparar y contrastar ¿Qué sucedió en el paso 2? Compara el flujo de agua a través de las branquias de la almeja y el cangrejo.

4. Inferir A diferencia de muchos otros artrópodos, los cangrejos tienen branquias. ¿Por qué necesitan branquias los cangrejos?

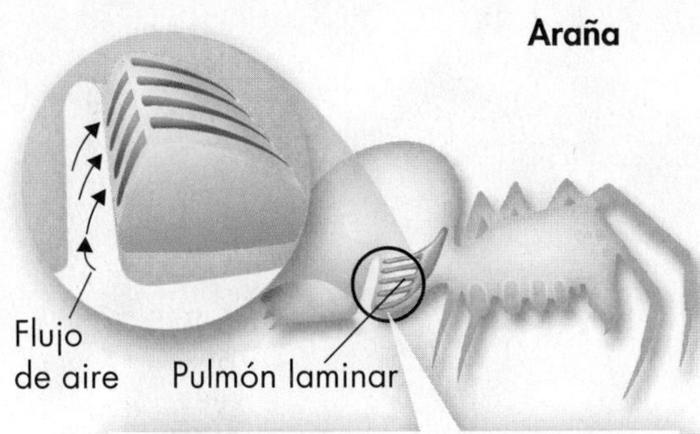

Las arañas respiran por medio de órganos llamados pulmones laminares, organizados en capas paralelas de tejidos muy delgados llenos de vasos sanguíneos.

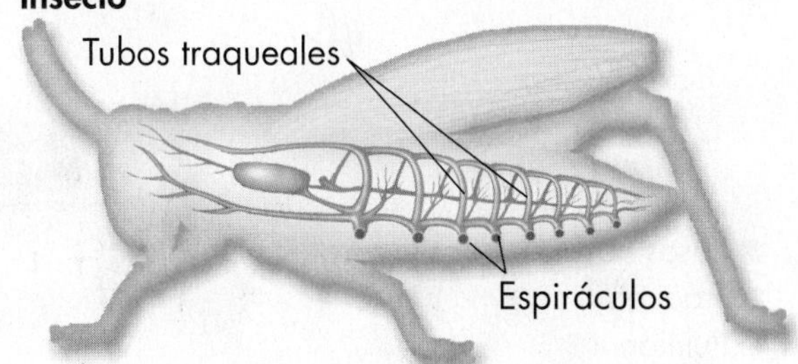

La mayoría de los insectos posee un sistema de tubos traqueales que se extiende por todo el cuerpo. El aire entra y sale del sistema por aberturas de la superficie corporal, llamadas espiráculos. En algunos insectos, el oxígeno y el dióxido de carbono se difunden por el sistema traqueal, entrando y saliendo de los líquidos corporales. En otros, los movimientos del cuerpo bombean el aire dentro y fuera del sistema traqueal.

ILUSTRACIÓN 27–7 Estructuras respiratorias de los invertebrados terrestres Los invertebrados terrestres tienen una gran variedad de estructuras respiratorias que incluyen piel, cavidades del manto, pulmones laminares y tubos traqueales. Para funcionar adecuadamente, estas estructuras deben mantenerse húmedas aun en las condiciones más áridas.

Superficies respiratorias de los animales terrestres

¿Qué estructuras respiratorias permiten que los animales terrestres respiren?

Como es de suponer, los animales terrestres enfrentan un reto distinto al de los animales acuáticos, pues tienen que mantener húmedas sus membranas respiratorias aun en los ambientes más áridos.

Superficies respiratorias de los invertebrados terrestres La gran diversidad de formas corporales en los invertebrados terrestres revela distintas estrategias de respiración. **Las estructuras respiratorias de los invertebrados terrestres incluyen piel, cavidades del manto, pulmones laminares y tubos traqueales.** Algunos invertebrados terrestres, como las lombrices de tierra, viven en ambientes húmedos y pueden respirar por la piel, siempre que ésta se mantenga húmeda. Otros, como los caracoles terrestres, llevan a cabo la respiración en la cavidad del manto, que está recubierta de tejido húmedo y vasos sanguíneos. Insectos y arañas poseen sistemas respiratorios más complejos, como puedes ver en la **ilustración 27–7.**

Estructura pulmonar de los vertebrados Los vertebrados terrestres presentan gran variedad de adaptaciones respiratorias. **Sin embargo, todos los vertebrados terrestres (reptiles, aves, mamíferos y las etapas terrestres de la mayoría de los anfibios) respiran con pulmones.** Aunque su estructura pulmonar puede ser distinta, los procesos de inhalar y exhalar aire son similares. La inhalación introduce aire rico en oxígeno a la tráquea o vía aérea y lo conduce a los pulmones. Dentro de los pulmones, el oxígeno se difunde hacia la sangre por los capilares pulmonares. A la vez, el dióxido de carbono se difunde fuera de los capilares hacia los pulmones. Por último, se exhala el aire carente de oxígeno.

En tu cuaderno *¿Cómo crees que respiran los delfines: con branquias o con pulmones? Explica tu respuesta.*

DESARROLLAR el vocabulario

VARIOS SIGNIFICADOS El término biológico *respiración* tiene significados diferentes, aunque relacionados. En los animales se refiere al intercambio de gases, la captación de oxígeno y liberación de gases de desecho, o a la *respiración celular*, proceso mediante el cual la célula libera energía descomponiendo partículas de alimento en presencia de oxígeno. Como la respiración celular requiere oxígeno, ambos procesos se relacionan.

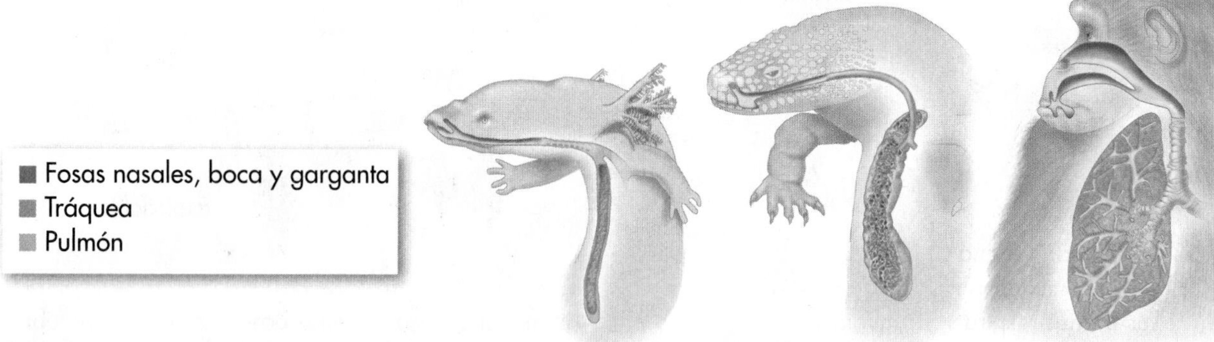

ILUSTRACIÓN 27–8 Pulmones Los vertebrados terrestres respiran con pulmones. Los pulmones con mayor superficie pueden captar más oxígeno y liberar más dióxido de carbono. Los mamíferos tienen la mayor superficie pulmonar de todos los animales. **Inferir** ***¿Por qué los mamíferos necesitan una gran superficie para procesar el oxígeno?***

▶ ***Pulmones de anfibios, reptiles y mamíferos*** El área interna de los pulmones va aumentando de anfibios a reptiles y de éstos a mamíferos, como puedes ver en la **ilustración 27–8.** El pulmón de anfibio es apenas una bolsa llena de pliegues. Los del reptil suelen estar divididos en cámaras que incrementan el área para el intercambio de gases. Los pulmones de los mamíferos tienen muchas ramificaciones y su volumen está completamente ocupado por estructuras como burbujas llamadas **alveolos.** Éstos proporcionan una enorme área para el intercambio de gases. La estructura pulmonar de los mamíferos les permite captar las grandes cantidades de oxígeno necesarias para su elevada tasa metabólica. Sin embargo, en estos pulmones y en los del resto de los vertebrados, el aire entra y sale por un mismo conducto traqueal. Por ello, siempre queda en los pulmones algo de aire viciado y con poco oxígeno. En los humanos, ese aire viciado representa alrededor de un tercio del aire inhalado en una respiración normal.

▶ ***Pulmones de las aves*** La estructura de los pulmones de las aves permite que el aire circule en una sola dirección, y así no queda aire viciado. El sistema respiratorio de las aves tiene un peculiar sistema de tubos y bolsas de aire que permite la circulación de aire en una sola dirección. Por tanto las superficies para el intercambio gaseoso están siempre en contacto con aire fresco. Este eficaz intercambio permite a las aves obtener oxígeno para contraer sus músculos de vuelo a una gran altitud y durante períodos prolongados.

27.2 Evaluación

Repaso de conceptos clave

1. a. Repasar ¿En qué se parecen las estructuras respiratorias de todos los animales?

b. Aplica los conceptos Explica la importancia de que las superficies respiratorias estén húmedas con permeabilidad selectiva.

2. a. Repasar ¿Qué animales acuáticos respiran con branquias? ¿Cuáles con pulmones?

b. Relacionar causa y efecto ¿Por qué algunos animales bombean agua sobre sus branquias?

3. a. Repasar ¿Cómo respiran los invertebrados y los vertebrados terrestres?

b. Interpretar material visual Contrasta la estructura pulmonar de anfibios, reptiles y mamíferos, como en la **ilustración 27–8.**

ESCRIBIR SOBRE LAS CIENCIAS

Descripción

4. Describe los hechos que ocurren durante la respiración de un mamífero, incluyendo la ruta del aire a través de los pulmones.

BIOLOGY.com Search Lesson 27.2 GO • Self-Test • Lesson Assessment

27.3 Circulación

PIÉNSALO Por la boca, el alimento pasa al interior de tu cuerpo y el aparato digestivo lo descompone. Pero, ¿cómo llegan los nutrientes y la energía a las células de tu cuerpo? ¿Cómo pasa el oxígeno de tus pulmones al cerebro y el resto del cuerpo? ¿Cómo se eliminan el dióxido de carbono y los demás desechos que genera tu cuerpo? Aunque algunos animales acuáticos cuyos cuerpos están conformados por pocas células dependen sólo de la difusión para transportar materiales, la mayoría de los animales depende de un sistema circulatorio.

Preguntas clave

¿Cómo se comparan los sistemas circulatorios abierto y cerrado?

¿Cómo se comparan los patrones de circulación de los vertebrados?

Vocabulario

corazón
sistema circulatorio abierto
sistema circulatorio cerrado
aurícula
ventrículo

Tomar notas

Diagrama de ciclo A medida que leas, haz un diagrama de ciclo que muestre la secuencia de cinco etapas en la cual la sangre es bombeada por un sistema circulatorio de dos circuitos.

Sistemas circulatorios abierto y cerrado

¿Cómo se comparan los sistemas circulatorios abierto y cerrado?

Muchos animales desplazan sangre por su cuerpo usando uno o más corazones. El **corazón** es un órgano muscular hueco que bombea sangre por todo el cuerpo y forma parte de un sistema circulatorio abierto o cerrado.

Sistemas circulatorios abiertos Los artrópodos y la mayoría de los moluscos tienen **sistemas circulatorios abiertos,** como el de la **ilustración 27–9.** **En el sistema circulatorio abierto, mientras la sangre viaja por el cuerpo, está contenida sólo parcialmente en un sistema de vasos sanguíneos.** Uno o más corazones u órganos cardiacos bombean la sangre por vasos que confluyen en un sistema de senos o cavidades esponjosas. Allí, la sangre entra en contacto directo con los tejidos del cuerpo, después se recoge en otro conjunto de senos y al final regresa al corazón.

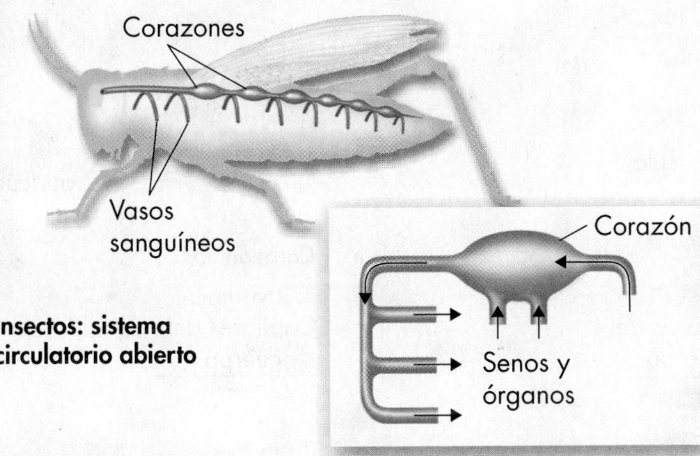

ILUSTRACIÓN 27–9 Sistema circulatorio abierto En el sistema circulatorio abierto, la sangre no queda siempre contenida en los vasos sanguíneos. Por ejemplo, los saltamontes tienen sistemas circulatorios abiertos en los que la sangre sale de los vasos y se desplaza por los senos antes de volver al corazón.

ILUSTRACIÓN 27–10 Sistema circulatorio cerrado Los anélidos, como la lombriz de tierra y muchos animales más complejos, tienen sistemas circulatorios cerrados. La sangre permanece dentro de los vasos del sistema circulatorio cerrado.

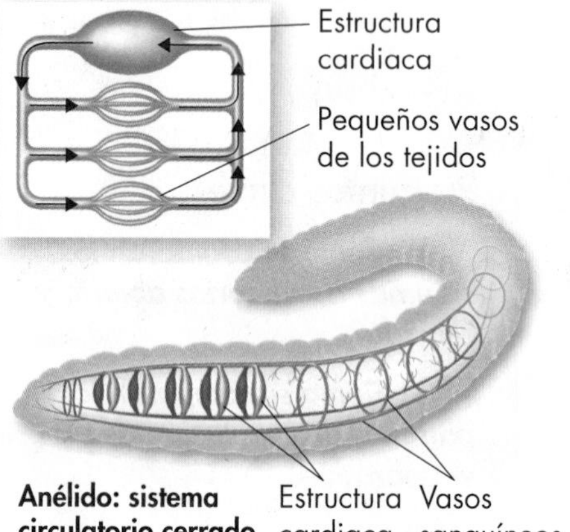

Sistemas circulatorios cerrados Muchos invertebrados más grandes y activos, incluidos los anélidos y algunos moluscos, así como todos los vertebrados poseen **sistemas circulatorios cerrados** como el que muestra la **ilustración 27–10.** **En un sistema circulatorio cerrado, la sangre circula siempre dentro de vasos sanguíneos que se extienden por todo el cuerpo.** El corazón u órgano cardiaco impulsa la sangre por esos vasos. Los nutrientes y el oxígeno llegan a los tejidos del cuerpo por difusión a través de las delgadas paredes de los vasos sanguíneos más pequeños, llamados capilares. La sangre que circula siempre dentro de los vasos sanguíneos puede bombearse a mayor presión y, por consiguiente, circula con mayor eficacia que la sangre de los sistemas abiertos.

Circulación de circuito único y doble

¿Cómo se comparan los patrones de circulación de los vertebrados?

Con la evolución, los cordados desarrollaron sistemas orgánicos más complejos y canales más eficaces para el transporte interno. La **ilustración 27–11** muestra muchos tipos de sistemas circulatorios de los vertebrados.

Circulación de circuito único **La mayoría de los vertebrados con branquias tiene un sistema circulatorio de circuito único en el que una bomba impulsa la sangre a todo el cuerpo, siguiendo una sola dirección.** Por ejemplo, el corazón de los peces tiene dos cámaras: una aurícula y un ventrículo. La **aurícula** recibe la sangre que llega del cuerpo. El **ventrículo** bombea la sangre fuera del corazón hacia las branquias. La sangre oxigenada viaja de las branquias al resto del cuerpo y regresa, sin oxígeno, a la aurícula.

DESARROLLAR el vocabulario

VARIOS SIGNIFICADOS La palabra **aurícula** tiene varios significados distintos, aunque paralelos. En inglés la aurícula recibe el nombre de *atrium*, término latino que designa un gran salón de recepción. Pero en biología denota una cámara por donde la sangre entra al corazón.

Circulación de circuito doble Conforme los vertebrados terrestres evolucionaron volviéndose más grandes y activos, sus redes capilares se hicieron más extensas. En consecuencia, usar una sola bomba para impulsar la sangre por todo el sistema habría sido cada vez más difícil. Sin embargo, el problema se solucionó conforme el linaje de los vertebrados evolucionó en reptiles, aves y mamíferos. **La mayoría de los vertebrados que usan pulmones para respirar tienen un sistema circulatorio de dos circuitos y dos bombas.**

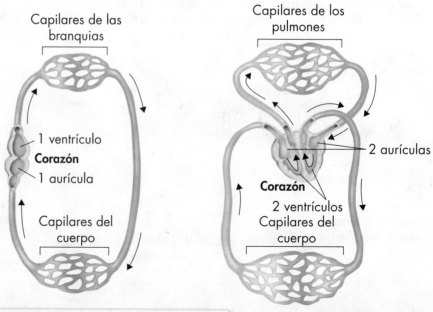

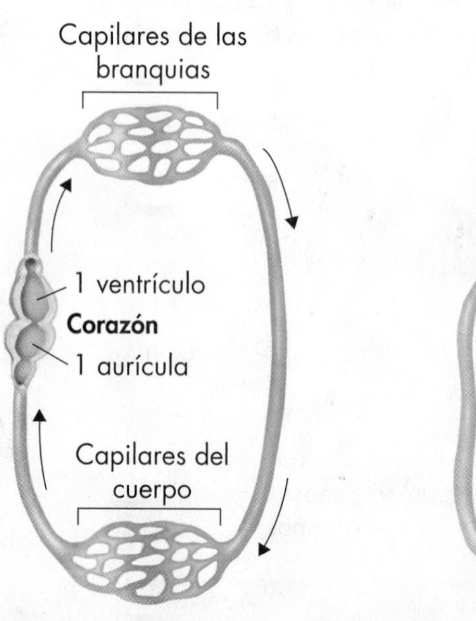

ILUSTRACIÓN 27–11 Circulación de circuito único y doble La mayoría de los vertebrados que respira con branquias tiene un sistema circulatorio de circuito único que impulsa la sangre por todo el cuerpo siguiendo una sola dirección (izquierda). Los vertebrados que respiran con pulmones tienen un sistema de doble circuito (derecha). (En los diagramas de los sistemas circulatorios animales, los vasos sanguíneos que llevan sangre oxigenada son de color rojo, y los vasos que llevan sangre pobre en oxígeno son azules.)

El primer circuito, impulsado por un lado del corazón, empuja la sangre desoxigenada desde el corazón hacia los pulmones. Luego de que la sangre capta oxígeno (y desecha dióxido de carbono) en los pulmones, regresa al corazón. A continuación, el otro lado del corazón bombea esa sangre oxigenada a través de un segundo circuito circulatorio hacia el resto del cuerpo. La sangre pobre en oxígeno del cuerpo regresa al corazón y el ciclo se repite.

Evolución de las cámaras cardiacas de los mamíferos Los corazones de cuatro cámaras, como los de los mamíferos modernos, son en realidad dos bombas independientes que trabajan una junto a la otra. Sin embargo, ¿de dónde salió la segunda bomba? Durante la evolución de los cordados, surgieron separaciones que dividieron las dos cámaras originales en cuatro cavidades. Estas separaciones transformaron una bomba en dos bombas paralelas. Las separaciones también permitieron apartar la sangre oxigenada de la sangre pobre en oxígeno. Podemos darnos una idea de la evolución de estas separaciones si echamos un vistazo a otros vertebrados modernos.

Los corazones de los anfibios tienen tres cámaras: dos aurículas y un ventrículo. La aurícula izquierda recibe sangre oxigenada de los pulmones. La aurícula derecha recibe sangre desoxigenada del cuerpo. Las dos aurículas vacían su sangre en el ventrículo. Allí se mezclan la sangre oxigenada y la desoxigenada. Sin embargo, la estructura interna del ventrículo dirige el flujo de sangre de manera que la mayor parte de la sangre pobre en oxígeno llegue a los pulmones y la mayor parte de la sangre oxigenada circule hacia el resto del cuerpo.

El corazón de los reptiles también suele tener tres cámaras. No obstante, la mayoría tiene una separación parcial en el ventrículo. Debido a esta separación, se reduce aún más la mezcla de sangre oxigenada y desoxigenada que ocurre en los anfibios.

PISTA DEL MISTERIO

La sangre humana tiene apenas un tercio de la salinidad del agua de mar. Necesita circular por capilares muy pequeños. ¿Qué pasaría si disminuyera excesivamente el contenido de agua de la sangre de una persona?

ILUSTRACIÓN 27–12 Corazón de reptil Bajo la piel acorazada de este cocodrilo palpita un corazón de dos aurículas y un ventrículo.

27.3 Evaluación

Repaso de conceptos clave

1. a. **Repasar** Describe un sistema circulatorio abierto y un sistema circulatorio cerrado.
   b. **Explicar** ¿Qué animales tienden a tener cada tipo de sistema circulatorio?
   c. **Relacionar causa y efecto** ¿Qué beneficios aporta un sistema circulatorio cerrado a un animal grande y activo?
2. a. **Repasar** ¿Cuáles son los dos distintos patrones de circulación que se observan en los vertebrados?
   b. **Comparar y contrastar** ¿Cuál es la principal diferencia estructural entre los vertebrados con un sistema circulatorio de un circuito y los que tienen sistemas circulatorios de dos circuitos?

Aplica la gran idea

Estructura y función

3. ¿Crees que los vertebrados grandes y activos habrían tenido éxito si no hubieran evolucionado los sistemas circulatorios cerrados? Explica tu razonamiento.

BIOLOGY.com Search Lesson 27.3  • Self-Test • Lesson Assessment

27.4 Excreción

Preguntas clave

¿Qué hacen los animales con los desechos nitrogenados?

¿Cómo eliminan sus desechos los animales acuáticos?

¿Cómo eliminan sus desechos los animales terrestres y conservan agua al mismo tiempo?

Vocabulario

excreción • riñón • nefridio • túbulos de Malpigio

Tomar notas

Vistazo al material visual Anota tres preguntas sobre la **ilustración 27–15.** Mientras lees, trata de responderlas.

PIÉNSALO Si reflexionas en las tres primeras lecciones de este capítulo, te darás cuenta de que falta algo. Hemos hablado de la manera en que los aparatos respiratorios obtienen oxígeno y desechan dióxido de carbono. También hemos analizado la forma en que los animales obtienen y digieren alimentos, y eliminan el material que no pueden digerir. Sin embargo, la respiración celular genera otro tipo de desperdicios que se liberan en los líquidos corporales y es necesario eliminar del cuerpo. ¿Cuáles son esos desperdicios y cómo se deshacen de ellos los animales?

El problema del amonio

¿Qué hacen los animales con los desechos nitrogenados?

Cuando las células descomponen las proteínas liberan desperdicios que contienen nitrógeno o nitrogenados: amonio. Y eso crea un problema, ¡porque el amonio es venenoso! Incluso concentraciones moderadas de la sustancia pueden matar a la mayoría de las células. Los sistemas animales resuelven el conflicto mediante uno de dos mecanismos. **Los animales eliminan rápidamente el amonio del cuerpo o bien lo convierten en otros compuestos nitrogenados menos tóxicos.** La eliminación de desechos metabólicos, como el amonio, se denomina **excreción.** Algunos animales pequeños en ambientes acuosos eliminan el amonio de sus cuerpos difundiéndolo hacia el exterior por la piel. La mayoría de los animales más grandes, e incluso algunos pequeños de ambientes secos, poseen aparatos excretores que procesan el amonio y lo eliminan del organismo.

ILUSTRACIÓN 27–13
Amonio Algunos animales acuáticos, como este platelminto cebra, expulsan el amonio tan pronto como lo producen.

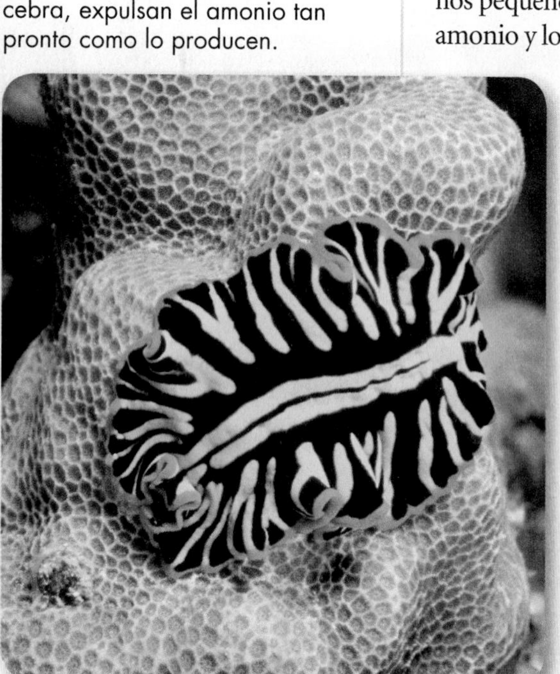

Almacenamiento de desechos nitrogenados Los animales que no pueden desechar continuamente el amonio conforme se produce han desarrollado métodos para retener o "almacenar" los desechos nitrogenados hasta que pueden eliminarlos. En la mayoría de los casos, el amonio no puede almacenarse en los líquidos corporales porque es excesivamente tóxico. Insectos, reptiles y aves resuelven el problema transformándolo en una sustancia blanca y pegajosa llamada ácido úrico, el cual puedes ver en la **ilustración 27–14.** El ácido úrico es mucho menos tóxico que el amonio y menos soluble en agua. Por su parte, los mamíferos y algunos anfibios convierten el amonio en un compuesto nitrogenado diferente: la urea. Igual que el ácido úrico, la urea es menos tóxica que el amonio, pero a diferencia del ácido úrico, es altamente soluble en agua.

Mantener el equilibrio hídrico Para deshacerse de cualquier tipo de desecho nitrogenado hace falta agua. Por ello, los aparatos excretores son de vital importancia para mantener el equilibrio adecuado de agua en la sangre y los tejidos del cuerpo. En algunos casos, el sistema excretor elimina el exceso de agua junto con los desechos nitrogenados. En otros, elimina los desechos nitrogenados y conserva agua al mismo tiempo. Muchos animales tienen **riñones** que separan los desechos y el exceso de agua en la sangre. Esos desechos y el agua forman un líquido llamado orina.

Los riñones realizan esta función a pesar de tener una grave limitante: ninguna célula viva puede bombear agua activamente a través de una membrana. Sin embargo, los riñones tienen que separar el agua de los productos de desecho. Tal vez recuerdes que las células pueden bombear iones a través de sus membranas. Pues las células de los riñones bombean iones de sal para crear gradientes osmóticos. Así, el agua "sigue" a esos iones y sale pasivamente por ósmosis. Este proceso es muy útil, pero los riñones tienen una debilidad: por lo general no pueden excretar el exceso de sal.

En tu cuaderno *Explica cómo los riñones eliminan el exceso de agua de la sangre.*

ILUSTRACIÓN 27–14 Otros compuestos nitrogenados Los animales grandes o terrestres pueden convertir el amonio en ácido úrico y excretarlo como guano blanco y pegajoso, como hacen estas gaviotas, o bien convierten el amonio en urea y lo eliminan, diluido en forma de orina.

Como casi todos los animales terrestres, los seres humanos han desarrollado riñones diseñados para conservar sal en vez de eliminarla. ¿Cómo crees que esta propiedad haya ocasionado el problema del "superviviente" enfermo?

Excreción en los animales acuáticos

¿Cómo eliminan sus desechos los animales acuáticos?

Los animales acuáticos tienen una ventaja para eliminar los desechos nitrogenados, debido a que se encuentran rodeados de agua. **En general, los animales acuáticos dejan que el amonio se difunda fuera de sus cuerpos hacia el agua circundante, la cual diluye el amonio y lo arrastra.** No obstante, los animales acuáticos todavía tienen que superar algunos desafíos de la excreción. Muchos de ellos necesitan eliminar agua de sus cuerpos o, por el contrario, conservarla dependiendo de si viven en agua dulce o salada. Los tejidos excretores de los animales acuáticos están resumidos en la **ilustración 27–15,** en la siguiente página.

Agua dulce

Los cuerpos de los animales de agua dulce, como los peces, contienen una mayor concentración de sal que el agua en que viven.

El agua entra por ósmosis, sobre todo por las branquias. La sal se difunde al exterior. Si no excretaran agua, ¡parecerían globos de agua con ojos!

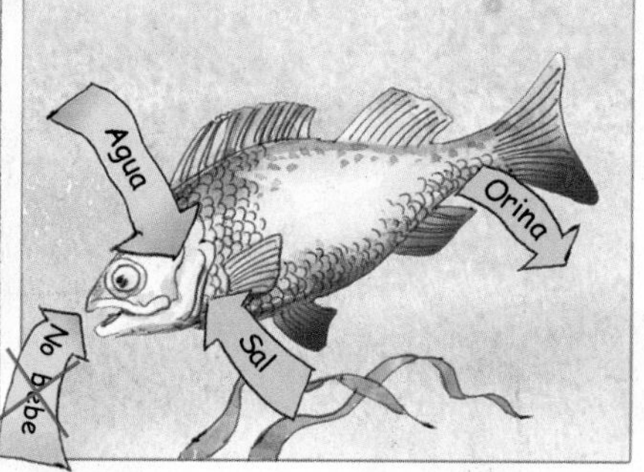

Así que excretan agua por los riñones, que producen abundante orina acuosa. No beben y bombean sal activamente a través de sus branquias.

Agua salada

Los animales de agua salada contienen una menor concentración de sal que el agua en que viven.

Pierden agua por ósmosis y la sal se difunde al interior. Si no conservaran agua y eliminaran sal, se secarían como hojas muertas.

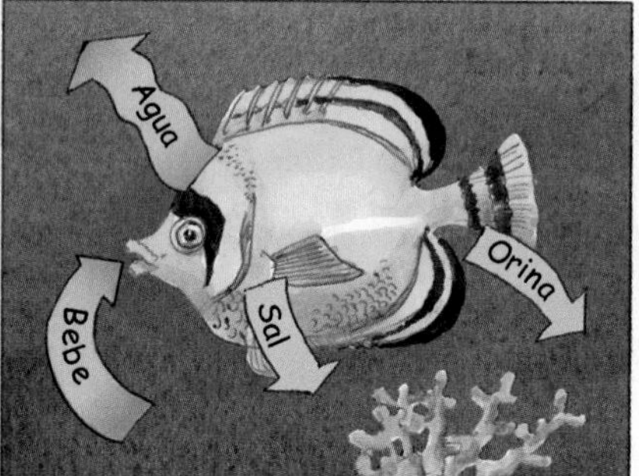

Así que conservan agua produciendo muy poca orina concentrada. Beben y bombean activamente sal fuera de sus cuerpos a través de las branquias.

ANALOGÍA VISUAL

LA EXCRECIÓN DE LOS ANIMALES ACUÁTICOS

ILUSTRACIÓN 27–15 Todos los animales deben eliminar amonio de sus cuerpos y mantener un equilibrio adecuado de agua. Los animales de agua dulce y agua salada enfrentan retos muy distintos en este sentido. **Interpretar material visual** ***¿Cuáles son los dos métodos por los cuales los peces de agua dulce evitan parecer "globos de agua con ojos"?***

Animales de agua dulce Muchos invertebrados de agua dulce pierden amonio en el ambiente por simple difusión a través de la piel. Muchos peces y anfibios de agua dulce eliminan amonio por difusión a través de las mismas membranas branquiales que utilizan para respirar.

La situación es más complicada para algunos invertebrados de agua dulce y la mayoría de los peces de agua dulce. La concentración de agua en sus ambientes es mayor que la concentración de agua en sus líquidos corporales. De tal manera, el agua se desplaza pasivamente, por ósmosis, al interior de sus cuerpos y la sal sale por difusión. A fin de conservar el equilibrio hídrico, los platelmintos poseen células especializadas llamadas células flamígeras que eliminan el exceso de agua de los líquidos corporales. Esa agua viaja por conductos excretores y sale por los poros de la piel. Los anfibios y los peces de agua dulce suelen excretar el exceso de agua en orina muy diluida. También bombean sal activamente al interior del cuerpo a través de sus branquias.

Animales de agua salada Los invertebrados y vertebrados marinos suelen eliminar amonio por difusión a través de las superficies corporales o las membranas branquiales. Los líquidos corporales de muchos invertebrados marinos tienen concentraciones de agua similares a la del agua salada que los rodea. Por esa razón, estos animales tienen menos dificultades que los invertebrados de agua dulce para mantener el equilibrio hídrico. Sin embargo, los peces de agua salada tienden a perder agua en el ambiente debido a que sus cuerpos son menos salados que el agua donde viven. Estos animales excretan sal activamente a través de sus branquias. Los riñones también producen pequeñas cantidades de una orina muy concentrada, para conservar agua.

Excreción en los animales terrestres

¿Cómo eliminan sus desechos los animales terrestres y conservan agua al mismo tiempo?

Los animales terrestres también enfrentan problemas. En ambientes secos, pueden perder grandes cantidades de agua a través de las membranas respiratorias, que deben mantenerse húmedas. Además, tienen que eliminar desechos nitrogenados de una manera que los obliga a desechar agua, aunque no puedan beberla. La **ilustración 27–16** muestra los sistemas excretores de algunos animales terrestres.

Invertebrados terrestres **Algunos invertebrados terrestres, incluidos anélidos y moluscos, producen orina en los nefridios.** Los **nefridios** son estructuras excretoras tubulares que filtran el líquido corporal. En general, el líquido corporal entra en ellos a través de aberturas llamadas nefrostomas y se concentra cada vez más conforme avanza por los conductos. La orina sale del cuerpo a través de poros excretores. **Otros invertebrados terrestres, como insectos y arácnidos, convierten el amonio en ácido úrico.** Los desechos nitrogenados, como el ácido úrico, salen de los líquidos corporales mediante estructuras llamadas **túbulos de Malpigio,** los cuales concentran tales desechos y los combinan con los digestivos que viajan por el intestino. Conforme se absorbe el agua que contienen, estos desechos forman cristales que producen una pasta espesa que sale del cuerpo por el ano. Esa pasta contiene muy poca agua, de modo que el proceso minimiza la pérdida de líquido.

Vertebrados terrestres La excreción de los vertebrados terrestres se lleva a cabo principalmente en los riñones. **Los mamíferos y anfibios terrestres convierten el amonio en urea, la cual se excreta en la orina. La mayoría de los reptiles y las aves convierte el amonio en ácido úrico.** Reptiles y aves pasan el ácido úrico a través de tubos que conducen a una cavidad que también recibe los desechos digestivos del intestino. Las paredes de esta cavidad absorben la mayor parte del agua de los desechos, ocasionando que el ácido úrico se separe en forma de cristales blancos. El resultado es una pasta blanca y espesa que sin duda conoces como “excremento de pájaro”.

Excreción de agua y nitrógeno

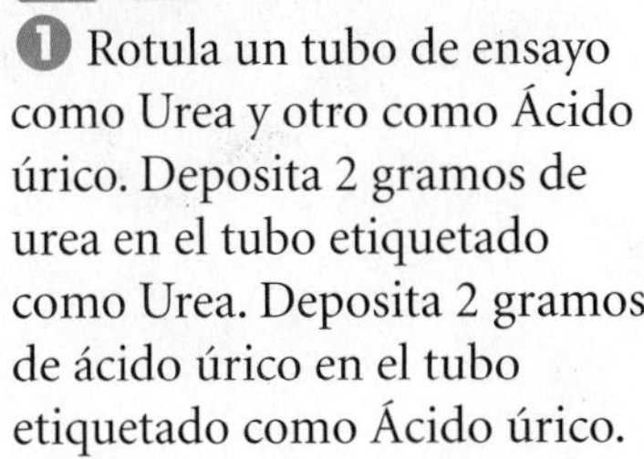

❶ Rotula un tubo de ensayo como Urea y otro como Ácido úrico. Deposita 2 gramos de urea en el tubo etiquetado como Urea. Deposita 2 gramos de ácido úrico en el tubo etiquetado como Ácido úrico.

❷ Agrega a cada tubo 15 ml de agua. Coloca el tapón y sacude los tubos durante 3 minutos.

❸ Observa cada tubo. Anota tus observaciones.

Analizar y concluir

1. Observar ¿Qué sustancia, urea o ácido úrico, es menos soluble en agua? Explica.

2. Inferir Los reptiles excretan desechos nitrogenados en forma de ácido úrico. ¿Cómo es que esta adaptación les permite sobrevivir en tierra firme?

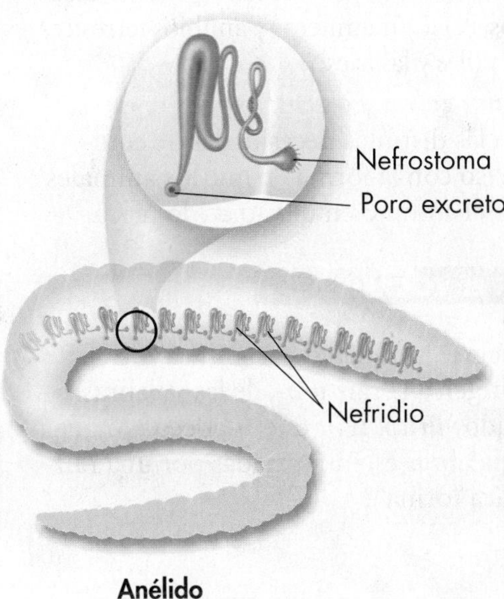

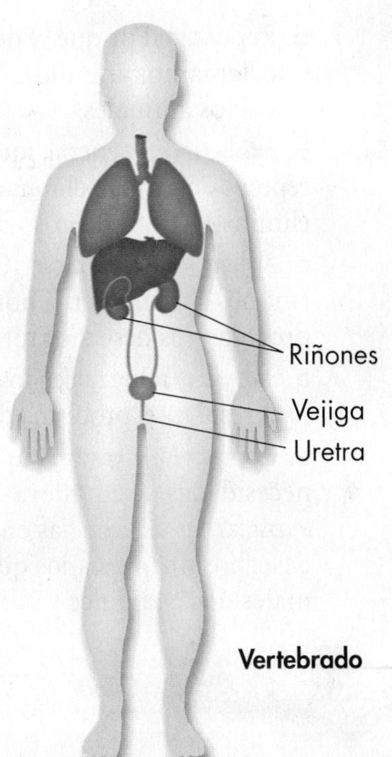

ILUSTRACIÓN 27–16 Excreción en los animales terrestres Algunos invertebrados terrestres, como los anélidos, eliminan el amonio de sus cuerpos excretando la orina que producen sus nefridios (izquierda). Algunos insectos y arácnidos tienen túbulos de Malpigio, los cuales absorben ácido úrico de los líquidos corporales y lo combinan con los desechos digestivos (arriba). En los vertebrados, como los seres humanos, la excreción ocurre principalmente en los riñones (derecha).

Adaptaciones para ambientes extremosos Los riñones de la mayoría de los vertebrados terrestres son órganos asombrosos, pero la forma en que funcionan tiene limitaciones. Por ejemplo, los riñones de casi todos los vertebrados no pueden excretar sal concentrada. Por eso la mayoría no puede sobrevivir bebiendo agua de mar. Toda esa sal adicional abrumaría a los riñones y el animal moriría deshidratado. Algunos reptiles y aves marinos, como el petrel de la **ilustración 27–17**, han desarrollado glándulas especializadas en sus cabezas que excretan soluciones de sal muy concentradas. Otra adaptación excretora notable es la de la rata almizclera marsupial del desierto en el suroeste de Estados Unidos. ¡Sus riñones producen una orina 25 veces más concentrada que su sangre! Además, sus intestinos tienen tal capacidad para absorber agua que sus heces están casi secas.

ILUSTRACIÓN 27–17 Adaptaciones para la excreción Algunos animales terrestres que pasan mucho tiempo en el agua salada, como este petrel, tienen adaptaciones especiales para deshacerse del exceso de sal. Esta ave, que caza peces en el mar, posee glándulas especiales en las fosas nasales que separan la sal del agua que deglute y excretan la sal como un líquido espeso y pegajoso.

27.4 Evaluación

Repaso de conceptos clave

1. a. **Repasar** ¿Por qué el desecho metabólico que llamamos amonio es un problema para todos los animales?
   b. **Explicar** En general, ¿qué hacen los insectos, reptiles y aves para eliminar amonio? ¿Cómo lo eliminan los mamíferos y algunos anfibios?
   c. **Aplica los conceptos** ¿Cómo contribuyen los riñones a mantener la homeostasis mientras procesan los desechos nitrogenados?
2. a. **Repasar** ¿Qué hacen los animales acuáticos para resolver el problema del amonio?
   b. **Comparar y contrastar** ¿Cómo las distintas necesidades de equilibrio hídrico permiten explicar las diferencias en la excreción de desechos nitrogenados que hay entre los animales de agua dulce y salada?
3. a. **Repasar** ¿Cómo excretan los desechos nitrogenados (a) los anélidos y moluscos (b) los insectos y arácnidos, (c) los mamíferos y anfibios terrestres y (d) los reptiles y las aves?
   b. **Relacionar causa y efecto** Explica cómo se relacionan las distintas necesidades de equilibrio hídrico con la forma en que los animales convierten el amonio en urea o ácido úrico.

DESARROLLAR EL VOCABULARIO

4. La palabra griega *ouron*, que significa "orina", ha dado origen a la raíz *uro-*, de las palabras *urea* y (ácido) *úrico*. ¿Por qué es adecuado que estas dos palabras estén formadas por una raíz que significa "orina"?

BIOLOGY.com Search Lesson 27.4  GO • Self-Test • Lesson Assessment

ecnología y BIOLOGÍA

Riñones artificiales

Cientos de miles de personas padecen insuficiencia enal. Los riñones eliminan desechos de la sangre y al mismo tiempo conservan compuestos vitales, de modo que si tus riñones fallan, puedes morir envenenado por tus propios desechos nitrogenados. Debido a la enorme importancia de la función enal, los investigadores trabajan continuamente en mejorar sus reemplazos.

Las técnicas modernas han salvado vidas, pero no son las ideales. Técnicas como la diálisis renal artificial desvían la sangre del paciente a través de un sistema de tubos extraordinariamente delgados que, mientras extraen los desechos, retienen y eliminan ambién algunas células sanguíneas y proteínas que son importantes y hay que reponerlas al paciente por vía intravenosa.

El doctor H. David Humes, de la Universidad de Michigan, inventó una técnica que podría acabar con este problema. Su estrategia combina el método descrito con lo último en biotecnología para producir lo que llama un dispositivo de asistencia enal o RAD (por sus siglas en inglés). Los tubos minúsculos (de color azul en la ilustración de la derecha) están forrados de una matriz (en color amarillo) en la que pueden desarrollarse células vivas. Los tubitos forrados de matriz se "siembran" con células de riñones que fueron donados para rasplantes, pero no se utilizaron. Si se cuidan debidamente, estas células renales pueden desarrollar una capa gruesa (en color rosado) y cubrir completamente el interior de la matriz.

ESCRITURA **Si tienes la posibilidad, entrevista a una persona que se haya sometido a diálisis renal y haz cinco preguntas sobre su experiencia. Transcribe tu entrevista e incluye una breve introducción al tema. Si no puedes hacer la entrevista, lee artículos sobre la experiencia de la diálisis renal y escribe un**

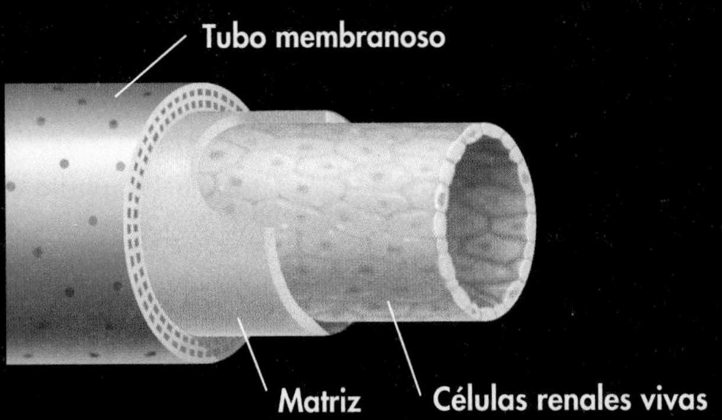

Durante el tratamiento, el líquido que normalmente se desecha pasa por el interior de estos tubos, mientras que la sangre del paciente circula por el otro lado. Las células renales vivas actúan en el líquido de desecho, devuelven a la sangre compuestos valiosos como glucosa y agregan sustancias importantes que producen los riñones sanos. Los investigadores esperan que un día esta técnica mejore las vidas de las personas que padecen insuficiencia renal.

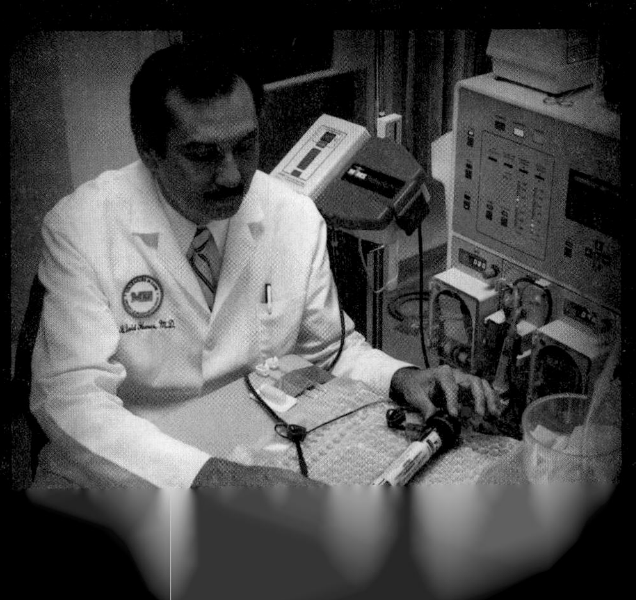

Laboratorio de destrezas científicas

INVESTIGACIÓN DIRIGIDA

Preparación para el laboratorio: Anatomía de un calamar

Problema ¿Qué estructuras usa el calamar para obtener nutrientes y eliminar desechos?

Materiales calamar, bandeja de disección, lupa, fórceps, tijeras de disección, alfileres de disección, sonda de disección

Manual de laboratorio Laboratorio del Capítulo 27

Enfoque en las destrezas Observar, inferir, establecer una secuencia, sacar conclusiones

Conectar con la gran idea Todos los animales obtienen alimento consumiendo otros organismos. Todos necesitan un medio para digerir el alimento y la mayoría requiere una vía para hacer circular los nutrientes asimilados hacia las células del cuerpo. Asimismo, deben absorber oxígeno del ambiente para la respiración celular. Por último, deben eliminar los desechos de su cuerpo.

Hay muchas formas de satisfacer estas necesidades. A menudo, los diferentes hábitats requieren distintas estructuras. Por ejemplo, un animal que debe obtener oxígeno del aire no tiene las mismas estructuras respiratorias que uno que lo obtiene del agua. En este laboratorio disecarás un calamar y observarás las partes de sus sistemas corporales.

Preguntas preliminares

a. **Comparar y contrastar** ¿En qué se diferencian la cavidad gastrovascular y el aparato digestivo?

b. **Repasar** ¿Qué proceso se lleva a cabo en todas las estructuras respiratorias?

c. **Comparar y contrastar** ¿Cuál es la diferencia entre un sistema circulatorio abierto y uno cerrado?

Preguntas previas al laboratorio

Examina el procedimiento en el manual de laboratorio.

1. **Interpretar material visual** ¿Qué estructura puedes usar para distinguir entre la cara ventral y la cara dorsal de un calamar?
2. **Inferir** ¿Por qué es importante levantar el manto mientras lo cortas?
3. **Predecir** ¿Cuál esperarías que fuera el aspecto de las branquias y por qué?

BIOLOGY.com Search Chapter 27 GO

Visita el Capítulo 27 en línea para hacer una autoevaluación del capítulo y para buscar actividades que apoyan tu aprendizaje.

Untamed Science Video Haz un cuidadoso viaje con el equipo de *Untamed Science* mientras enfrentas a los osos para conocer más de sus adaptaciones.

Art in Motion ¿Qué sucede cuando los peces de agua dulce y salada excretan agua o sal? Descúbrelo viendo esta animación.

Art Review En esta actividad podrás repasar lo que sabes de los distintos tipos de sistemas respiratorios.

InterActive Art Observa esta comparación de los sistemas circulatorios de uno y dos circuitos.

Data Analysis Investiga la relación entre tamaño corporal, estructura traqueal y cantidad de oxígeno atmosférico para entender por qué los insectos del Paleozoico eran más grandes que los insectos actuales.

Visual Analogy Observa la estructura y función de los distintos tipos de dientes y compáralos con objetos comunes.

27 Guía de estudio

La gran idea Estructura y función

El sistema circulatorio lleva a las células los nutrientes del aparato digestivo y el oxígeno del aparato respiratorio. Después transporta los desechos celulares al sistema excretor y lleva dióxido de carbono al aparato respiratorio.

27.1 Alimentación y digestión

Los filtradores de alimento capturan algas y pequeños animales usando branquias modificadas o estructuras semejantes a redes que filtran los alimentos que flotan en el agua. Los detritívoros se alimentan de detritos. Los carnívoros comen otros animales y los herbívoros, plantas o sus partes. Los simbiontes nutricionales dependen de la simbiosis.

Algunos invertebrados descomponen los alimentos principalmente por digestión intracelular, pero muchos animales usan la digestión extracelular.

Los carnívoros suelen tener partes bucales afiladas u otras estructuras que les permiten capturar el alimento, sujetarlo y cortarlo en pequeños trozos. Los herbívoros con frecuencia poseen pequeñas piezas para rallar o triturar.

digestión intracelular (784)
digestión extracelular (784)
cavidad gastrovascular (784)
aparato digestivo (784)
rumen (786)

27.2 Respiración

Las estructuras respiratorias proporcionan una amplia superficie húmeda, una membrana con permeabilidad selectiva y mantienen una diferencia en las concentraciones de oxígeno y dióxido de carbono en ambos lados de la membrana respiratoria, promoviendo la difusión.

Muchos invertebrados acuáticos y la mayoría de los cordados acuáticos, salvo reptiles o mamíferos, intercambian gases a través de las branquias. Reptiles y mamíferos acuáticos, como las ballenas, respiran con pulmones y mantienen la respiración debajo del agua.

Las estructuras respiratorias de los invertebrados terrestres incluyen piel, cavidades del manto, pulmones laminares y tubos traqueales. Los vertebrados terrestres respiran con pulmones.

branquia (788) pulmón (788) alveolo (790)

27.3 Circulación

En el sistema circulatorio abierto, la sangre está contenida sólo parcialmente dentro de los vasos sanguíneos. En un sistema circulatorio cerrado, la sangre circula siempre dentro de vasos sanguíneos.

La mayoría de los vertebrados con branquias tienen un sistema circulatorio de circuito único en el que una bomba impulsa la sangre por todo el cuerpo en una sola dirección. La mayoría de los vertebrados que usan pulmones para respirar tienen un sistema circulatorio de dos circuitos y dos bombas.

corazón (791)
sistema circulatorio abierto (791)
sistema circulatorio cerrado (792)
aurícula (792)
ventrículo (792)

27.4 Excreción

Los animales eliminan rápidamente el amonio del cuerpo o lo convierten en otros compuestos nitrogenados menos tóxicos.

Los animales acuáticos dejan que el amonio se difunda fuera de sus cuerpos hacia el agua circundante.

Algunos invertebrados terrestres, incluidos anélidos y moluscos, producen orina en los nefridios. Otros invertebrados terrestres, como insectos y arácnidos, convierten el amonio en ácido úrico. Los mamíferos y anfibios terrestres convierten el amonio en urea. La mayoría de los reptiles y las aves convierte el amonio en ácido úrico.

excreción (794)
riñón (795)
nefridio (797)
túbulos de Malpigio (797)

Razonamiento visual Completa la siguiente tabla de los distintos tipos de animales y sus diferentes estructuras respiratorias.

Tipo de animal	Invertebrados acuáticos	2	Vertebrados terrestres	4
Estructuras respiratorias	1	Reptiles y mamíferos: pulmones; Otros: branquias	3	Pulmones

27 Evaluación

27.1 Alimentación y digestión

Comprender conceptos clave

1. Un animal que depende principalmente de la digestión intracelular es la
a. esponja. **c.** libélula.
b. almeja. **d.** lombriz de tierra.

2. Los animales que obtienen alimento ingiriendo materia vegetal o animal en descomposición se llaman
a. herbívoros. **c.** detritívoros.
b. carnívoros. **d.** filtradores de alimento.

3. Las algas que viven en los cuerpos de los corales que forman arrecifes son
a. simbiontes parásitos.
b. simbiontes mutualistas.
c. ocupantes que no afectan a los animales coralinos.
d. consumidas como alimento por los animales coralinos.

4. Compara los procesos de la digestión intracelular y la digestión extracelular.

5. Describe las diferencias entre los caninos y los molares de los mamíferos herbívoros y carnívoros.

6. ¿Cómo obtienen comida los filtradores de alimento vertebrados?

Razonamiento crítico

7. Clasificar Estás estudiando un animal que tiene aparato digestivo. ¿Dirías que este animal practica la digestión intracelular o la digestión extracelular? Explica tu respuesta.

8. Preguntar Los colibríes consumen alimentos de gran contenido energético, como el néctar. Muchos patos comen alimentos con menos energía, como hojas. ¿Qué preguntas plantearías para descubrir más sobre la dieta de una especie de aves y sus necesidades de energía?

27.2 Respiración

Comprender conceptos clave

9. La mayoría de los insectos terrestres respira usando una red de estructuras llamada
a. branquias.
b. tubos traqueales.
c. branquias laminares.
d. pulmones laminares.

10. Para que ocurra el intercambio de oxígeno y dióxido de carbono, las superficies respiratorias de los animales deben permanecer
a. frías. **c.** calientes.
b. secas. **d.** húmedas.

11. La mayoría de los peces intercambia gases bombeando agua de su boca
a. sobre las branquias.
b. a través de los pulmones.
c. sobre las aurículas.
d. a través del esófago.

12. Describe dos tipos de estructuras respiratorias que poseen los invertebrados terrestres.

13. ¿Qué estructuras respiratorias tienen todos los vertebrados terrestres?

14. ¿Con qué estructuras respiran los reptiles y mamíferos acuáticos? ¿Qué inconveniente causan esas estructuras cuando se encuentran debajo del agua?

Razonamiento crítico

15. Predecir Las lombrices de tierra suelen salir de sus madrigueras durante una lluvia abundante. ¿Qué le ocurriría a una lombriz si no regresara a su madriguera cuando el suelo se ha secado?

16. Inferir Los caracoles terrestres tienen una estructura respiratoria llamada cavidad del manto, que está cubierta de moco. ¿Cuál podría ser la función de ese moco?

27.3 Circulación

Comprender conceptos clave

17. La mayoría de los artrópodos tienen
a. ningún sistema circulatorio.
b. un sistema circulatorio abierto.
c. un sistema circulatorio cerrado.
d. branquias cutáneas.

18. En el sistema circulatorio cerrado, la sangre
a. entra en contacto directo con los tejidos.
b. permanece dentro de los vasos sanguíneos.
c. se vacía en los senos.
d. no transporta oxígeno.

19. La mayoría de los cordados que usan branquias para respirar tienen un
   a. sistema circulatorio de doble circuito.
   b. pulmón accesorio.
   c. sistema circulatorio de un circuito.
   d. corazón de cuatro cámaras.

20. ¿Cómo interactúan los aparatos circulatorio y respiratorio en las branquias de los animales acuáticos?

21. Describe el aparato circulatorio de un mamífero como abierto o cerrado, determina la cantidad de circuitos y también la cantidad de cámaras cardiacas.

22. Compara la circulación de un circuito y la circulación de circuito doble.

Razonamiento crítico

23. **Interpretar gráficas** Los siguientes diagramas representan dos tipos de aparatos circulatorios.

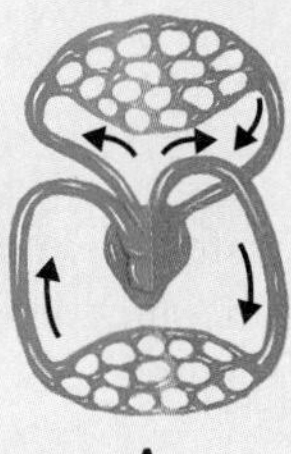

A

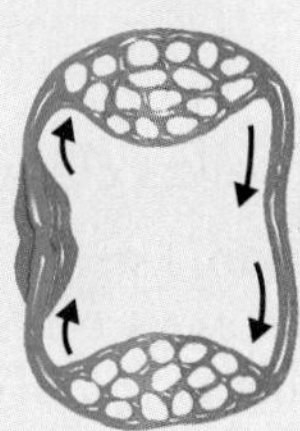

B

   a. ¿Qué diagrama ilustra un corazón con sangre que contiene dióxido de carbono y poco oxígeno?
   b. ¿Qué diagrama muestra un aparato circulatorio con un corazón de cuatro cámaras?

24. **Aplica los conceptos** ¿Cómo colaboran los aparatos respiratorio y circulatorio de un pez para mantener la homeostasis de todo el cuerpo?

27.4 Excreción

Comprender conceptos clave

25. La composición y los niveles de líquidos corporales de los mamíferos están controlados por
   a. pulmones.
   b. riñones.
   c. intestino.
   d. corazón.

26. La eliminación de los desechos metabólicos del cuerpo se conoce como
   a. excreción.
   b. circulación.
   c. respiración.
   d. digestión.

27. ¿Por qué la mayoría de los animales transforman el amonio en urea o ácido úrico?

resuelve el MISTERIO del CAPÍTULO

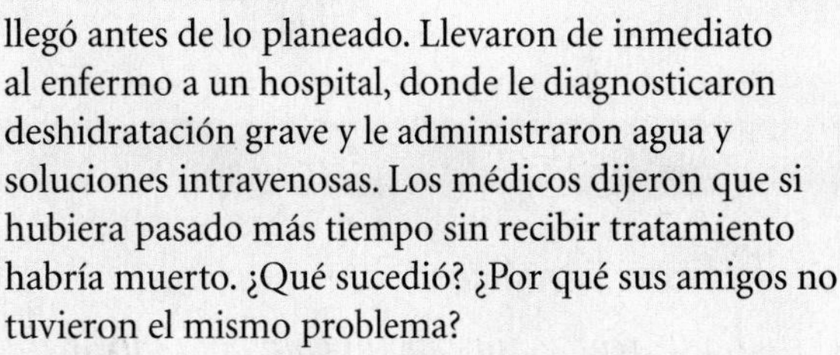

(AL BORDE DE) LA MUERTE POR AGUA SALADA

Por suerte, el grupo de rescate organizado por los "sobrevivientes" llegó antes de lo planeado. Llevaron de inmediato al enfermo a un hospital, donde le diagnosticaron deshidratación grave y le administraron agua y soluciones intravenosas. Los médicos dijeron que si hubiera pasado más tiempo sin recibir tratamiento habría muerto. ¿Qué sucedió? ¿Por qué sus amigos no tuvieron el mismo problema?

Como los navegantes saben desde hace siglos, los humanos no pueden beber agua salada, ni por corto tiempo. ¿Por qué *no podemos* beber agua de mar?

Como el agua de mar es más salada que la sangre humana y que nuestros líquidos corporales, consumirla introduce un exceso de sal en el cuerpo. Los riñones humanos no pueden producir orina con tales concentraciones de sal, ni por tanto eliminarla. Así que los riñones se fuerzan a producir y excretar una orina con más agua que la cantidad de agua salada consumida. Esto reduce el contenido de agua al grado de que la sangre se vuelve, literalmente, más espesa y difícil de impulsar a través de las delgadas redes capilares. Las células y los tejidos comienzan a deshidratarse y esto puede ocasionar una insuficiencia renal mortal.

1. **Comparar y contrastar** Aunque el miembro del grupo que bebió agua salada enfermó de gravedad, los otros integrantes del equipo también experimentaron cierto desequilibrio hídrico. ¿Qué ocurría en sus aparatos circulatorio y excretor, y por qué su problema no fue igual de grave?

2. **Proponer una solución** Si quedaras varado en una isla donde no hubiera agua dulce, ¿cuál sería tu plan para conseguirla?

3. **Conectar con** la gran idea Aunque los seres humanos no podemos beber agua salada y tampoco podemos vivir sin agua dulce, muchas aves y reptiles marinos pueden hacer una o ambas cosas. Conéctate con la Web para investigar las distintas estrategias que utilizan otros animales para regular el contenido de sal y el equilibrio hídrico.

28. ¿Cuál es la diferencia entre la función renal de los peces de agua fresca y los peces de agua salada?

Razonamiento crítico

29. **Inferir** Los aparatos excretores de los invertebrados terrestres, como la lombriz de tierra, transforman el amonio en sustancias menos tóxicas. Explica por qué este cambio es innecesario en los invertebrados acuáticos pequeños, como los platelmintos.

30. **Aplica los conceptos** De todos los desechos nitrogenados que eliminan los animales, el ácido úrico es el que requiere de menos agua para su excreción. ¿Por qué la producción de ácido úrico es una ventaja para los animales que viven en tierra firme?

Relacionar conceptos

Usar gráficas científicas

Un estudiante realiza un experimento para medir el efecto de la cafeína en el corazón de un pequeño crustáceo de estanque llamado Daphnia. El corazón del animal es visible a través de su caparazón transparente. Con la ayuda de un microscopio de disección, el estudiante cuenta los latidos por minuto antes y después de añadir cantidades cada vez más grandes de café al agua en que flota el animal. Cada punto de la gráfica que puedes ver arriba, a la derecha, representa el promedio de cinco ensayos. Utiliza la gráfica para responder las preguntas 31 y 32.

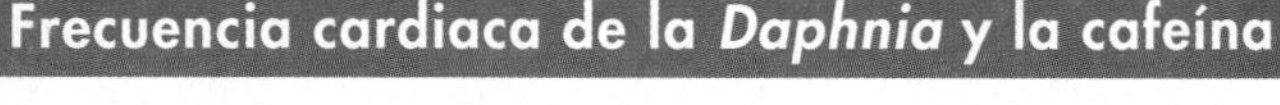

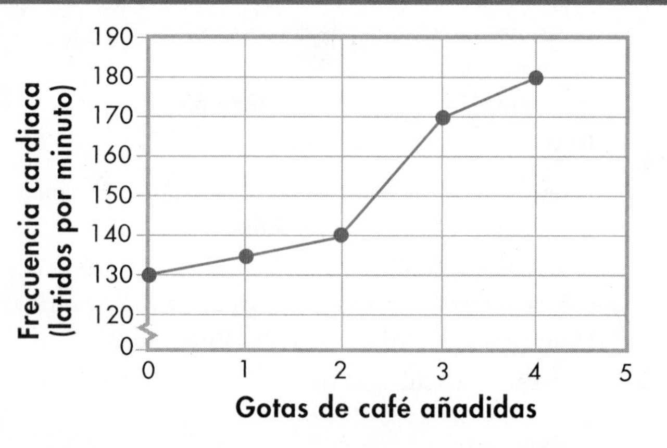

31. **Interpretar gráficas** Describe el efecto de la cafeína en la frecuencia cardiaca de la *Daphnia*.

32. **Predecir** ¿Cuál sería tu predicción sobre el efecto de cinco o más gotas de café en la frecuencia cardiaca de la *Daphnia*?

Escribir sobre las ciencias

33. **Explicación** Escribe un párrafo donde compares y contrastes las estructuras y funciones del corazón de un pez con el corazón de un mamífero.

34. **Evalúa** la gran idea Explica por qué un aparato digestivo es más eficiente que una cavidad gastrovascular para ingerir y procesar los alimentos que consume un animal grande.

Analizar datos

Una investigadora realizó un experimento para ver cómo la temperatura del aire afecta la velocidad con que una serpiente caza su comida. La experimentadora puso una serpiente a una distancia fija del alimento y anotó la temperatura del aire. Luego, anotó el tiempo que tardaba la serpiente en alcanzar la comida. Repitió el experimento cuatro veces. En cada ocasión, la experimentadora cambió la temperatura del aire. La información obtenida se muestra a la derecha.

35. **Interpretar tablas** ¿A qué temperatura alcanzó la serpiente el alimento con más rapidez?

36. **Analizar datos** ¿Cómo cambió el tiempo para alcanzar la comida conforme aumentaba la temperatura?

37. **Sacar conclusiones** A partir de los datos, ¿qué puedes concluir acerca de la relación entre la capacidad de la serpiente para cazar y la temperatura?

Efecto de la temperatura en la velocidad de caza de una serpiente

Temperatura (°C)	Tiempo (segundos)
4	51
10	50
15	43
21	37
27	35

Preparación para exámenes estandarizados

Selección múltiple

1. Los animales que viven sobre otros animales y se alimentan de sus tejidos corporales se denominan
A parásitos.
B carnívoros.
C herbívoros
D detritívoros.

2. Examinar los dientes de un animal puede proporcionar información acerca de
A si practica la digestión intracelular o extracelular.
B si es un filtrador de alimento o un detritívoro.
C si es un simbionte nutricional.
D si es herbívoro o carnívoro.

3. El movimiento de oxígeno y dióxido de carbono a través de una superficie respiratoria requiere
A que la superficie respiratoria se encuentre húmeda.
B transporte activo por parte de las células de la superficie respiratoria.
C alveolos.
D la misma concentración de gases en ambos lados de la membrana.

4. En un sistema circulatorio abierto, la sangre
A está siempre contenida dentro de los vasos sanguíneos.
B circula alrededor de los tejidos del cuerpo.
C intercambia gases con los alveolos pulmonares.
D no es necesaria para intercambiar gases con las células del cuerpo.

5. En los cordados con corazones de cuatro cámaras, hay
A un sistema circulatorio de circuito único.
B mezcla de sangre oxigenada y desoxigenada.
C una separación parcial en el ventrículo.
D la sangre oxigenada no se mezcla con la desoxigenada.

6. La mayoría de los reptiles excreta sus desechos en forma de
A urea.
B amonio.
C ácido úrico.
D toxinas.

7. ¿Cuál es la función del aparato excretor?
A proporcionar oxígeno y nutrientes a las células
B eliminar los desechos metabólicos del cuerpo
C intercambiar oxígeno y dióxido de carbono con el ambiente
D descomponer el alimento

Preguntas 8 y 9

Una estudiante de biología está investigando la relación entre el chirrido de los grillos y la temperatura del aire. La joven atrapa un grillo y lo deposita en un frasco. Deja el frasco en el exterior y cada día cuenta la cantidad de chirridos durante un período de 15 segundos. Al mismo tiempo, anota la temperatura exterior cerca del grillo. Sus datos para un período de 5 días aparecen en la siguiente tabla.

Temperatura y chirrido del grillo

Día	Cantidad de chirridos en 15 segundos	Temperatura exterior (°C)
Lunes	31	23
Martes	20	16
Miércoles	12	11
Jueves	29	21
Viernes	25	19

8. ¿A cuál de las siguientes temperaturas sería más probable que el grillo chirriara 9 veces en 15 segundos?
A 10 °C
B 18 °C
C 0 °C
D 25 °C

9. ¿Qué puede concluir la estudiante a partir de este experimento?
A Los grillos no pueden chirriar más de 31 veces en 15 segundos.
B La cantidad de chirridos se reduce conforme disminuye la temperatura.
C La cantidad de chirridos aumenta conforme disminuye la temperatura.
D No hay relación entre la temperatura y la cantidad de chirridos del grillo.

Respuesta de desarrollo

10. ¿Qué tipos de vertebrados tienen una circulación de doble circuito y cuáles tienen circulación de circuito único?

Si tienes dificultades con...

la pregunta	1	2	3	4	5	6	7	8	9	10
Ver la lección	27.1	27.1	27.2	27.3	27.3	27.4	27.4	27.3	27.3	27.3

28 Sistemas de los animales II

La gran idea

Estructura y función

P: ¿De qué manera los sistemas corporales de los animales les permiten recabar información acerca de sus medio ambientes y responder de forma adecuada?

BIOLOGY.com Search Chapter 28 GO • Flash Cards

EN ESTE CAPÍTULO:

Sus densos plumones y el calor compartido entre estos jóvenes pingüinos agrupados les ayudan a mantenerse calientes.

MISTERIO DEL CAPÍTULO

¡ES IGUAL A SU MAMÁ!

Era diciembre de 2001 y los empleados de la exposición de tiburones en el Zoológico Henry Doorly en Omaha, Nebraska, acababan de descubrir que uno de sus tiburones cornuda había parido a una hembra de tiburón cornuda. Estaban impresionados; durante tres años, sólo habían tenido tres tiburones cornuda en ese estanque, y todos eran hembras.

Se sabe que algunos tiburones hembras, incluyendo los tiburones cornuda, que están emparentados con los tiburones martillo, almacenan esperma para una fecundación posterior. ¿Esto explica cómo quedó preñada la tiburón? A medida que leas este capítulo, busca pistas que te ayuden a explicar cómo quedó preñada la madre del tiburón cornuda bebé. Además, piensa en la forma en que se reproducen los tiburones por lo común y el efecto de ese proceso en el material genético de su descendencia. Luego, resuelve el misterio.

Continúa explorando el mundo. Hallar la solución a lo que sucedió en el estanque de los tiburones sólo es el principio. Emprende un viaje de campo en video con los genios ecólogos de *Untamed Science* para ver adónde conduce este misterio.

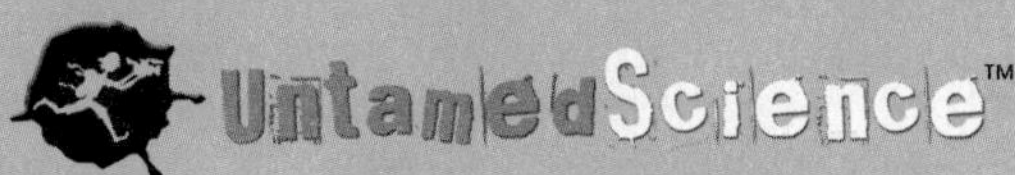

- Untamed Science Video
- Chapter Mystery

28.1 Respuesta

Preguntas clave

¿Cómo responden los animales a su entorno?

¿Cuáles son las tendencias en la evolución del sistema nervioso?

¿Cuáles son algunos sistemas sensoriales en los animales?

Vocabulario

neurona • estímulo • neurona sensorial • interneurona • respuesta • neurona motora • ganglio • cerebro • cerebelo

Tomar notas

Vistazo al material visual
Antes de leer, echa un vistazo al diagrama de los circuitos neurales en la **ilustración 28–1.** Toma nota de las preguntas que tengas sobre él y trata de responderlas a medida que leas.

PIÉNSALO Imagina que estás en uno de tus lugares favoritos: una playa o la cancha de basquetbol. Piensa cómo se sienten el sol y el viento en tu cara o lo bien que se siente hacer una canasta limpia. Ahora piensa en la forma en que experimentas ese lugar. Recopilas información sobre tus alrededores a través de sentidos como la visión y la audición. Tu sistema nervioso recaba esta información. Tu encéfalo decide cómo responder a ella. Lo mismo sucede con todos los animales, aunque las estructuras que realizan estas funciones varían de un filo a otro.

Cómo responden los animales

¿Cómo responden los animales a su entorno?

Los animales deben responder a menudo a sucesos o condiciones ambientales en segundos, o incluso fracciones diminutas de un segundo. En ocasiones necesitan conseguir alimento. Otras veces, necesitan escapar de depredadores. La mayoría de los animales han desarrollado sistemas nerviosos especializados que les permiten responder a lo que ocurre a su alrededor. Los sistemas nerviosos están compuestos por células nerviosas especializadas o **neuronas.** La estructura de las neuronas les permite recibir y transmitir información. Al trabajar juntas, las neuronas adquieren información de sus alrededores, la interpretan y luego "deciden" qué hacer al respecto.

Detectar estímulos La información en el ambiente que causa que un organismo reaccione se llama **estímulo.** Las sustancias químicas en el aire o el agua pueden estimular al sistema nervioso. La luz o el calor también pueden servir como un estímulo. El timbre de tu teléfono la noche de un viernes es un estímulo al cual quizá respondas de inmediato.

La capacidad de los animales para detectar estímulos depende de células especializadas llamadas **neuronas sensoriales.** Cada tipo de neurona sensorial responde a un estímulo particular como la luz, el calor o las sustancias químicas. Los humanos comparten muchos tipos de células sensoriales con otros animales. Por esto, muchos animales reaccionan a estímulos que los humanos notan, incluyendo la luz, el sabor, el olor, la temperatura, el sonido, el agua, la gravedad y la presión. Pero muchos animales tienen tipos de células sensoriales de las que carecen los humanos. Ésta es una razón por la que algunos animales responden a estímulos que los humanos no pueden detectar, como corrientes eléctricas muy débiles o el campo magnético de la Tierra.

Procesar información Cuando las neuronas sensoriales detectan un estímulo, transmiten información sobre él a otras células nerviosas. Esas neuronas, las cuales por lo común pasan la información a otras neuronas, se llaman **interneuronas,** como se muestra en la **ilustración 28–1.** Las interneuronas procesan información y determinan cómo responde un animal a los estímulos.

¿Un olor particular significa alimento . . . o peligro? ¿El ambiente está demasiado cálido o frío, o está bien? El número de interneuronas de un animal, y las formas en que éstas procesan la información, determinan qué tan flexible y complejo puede ser el comportamiento de un animal.

Algunos invertebrados, como los cnidarios y los gusanos, tienen muy pocas interneuronas. Estos animales son capaces sólo de respuestas simples a los estímulos. Pueden nadar hacia la luz o hacia un estímulo químico que señala alimento. Los vertebrados tienen sistemas nerviosos más desarrollados con cantidades mayores de interneuronas. El encéfalo está formado por muchas de estas interneuronas. Por esto el comportamiento de los vertebrados puede ser más complejo que el de la mayoría de los invertebrados.

Responder Una reacción específica a un estímulo se llama **respuesta.** Por ejemplo, despertarte al escuchar la alarma es una respuesta. **Cuando un animal responde a un estímulo, los sistemas corporales, incluyendo los sistemas nervioso y muscular, trabajan juntos para generar una respuesta.** Las respuestas a muchos estímulos las dirige el sistema nervioso. Sin embargo, esas respuestas por lo general las realizan células o tejidos que no son células nerviosas. La decisión de un león de embestir a una presa, como la de la **ilustración 28–2**, la realizan células musculares que producen el movimiento. En este caso, las células nerviosas llamadas **neuronas motoras** llevan "instrucciones" de las interneuronas a los músculos. Otros sistemas corporales pueden ejecutar otras respuestas al ambiente, como los sistemas respiratorio y circulatorio.

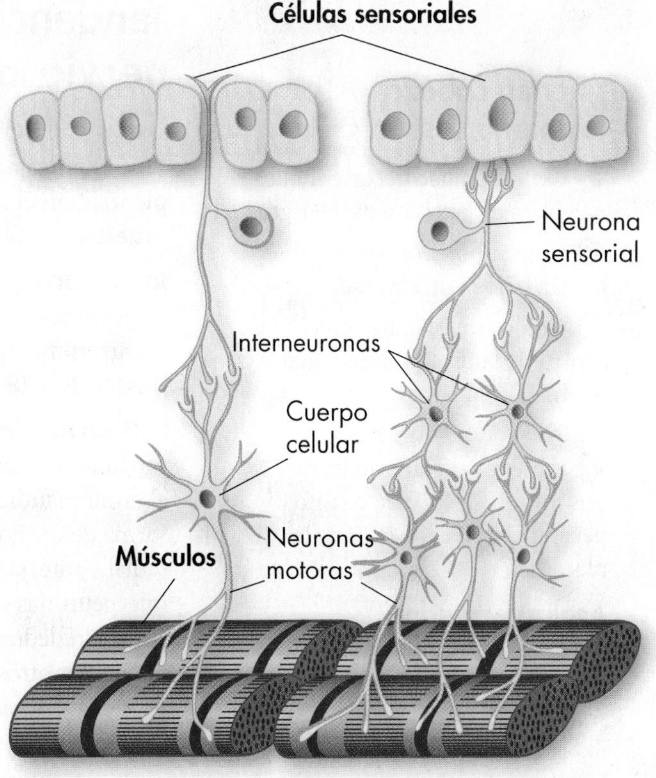

ILUSTRACIÓN 28–1 Circuitos neurales En algunos circuitos neurales, las neuronas sensoriales se conectan con neuronas motoras en formas que permiten respuestas rápidas pero simples (izquierda). En otros, las células sensoriales especializadas se conectan con neuronas sensoriales, las cuales se conectan con interneuronas que a su vez se conectan con neuronas motoras (derecha). Entre más complejo es un circuito, más complejas son las respuestas del animal a los estímulos.

ILUSTRACIÓN 28–2 Respuesta Los mamíferos, como la leona y la cebra aquí mostradas, tienen órganos sensoriales complejos y muchas interneuronas. Por tanto, estos animales pueden procesar y responder a la información en formas complejas. Los leones acechan y persiguen a su presa, y las cebras tratan de evadir a sus atacantes.

Actividad rápida de laboratorio
INVESTIGACIÓN DIRIGIDA

¿Tienen cabeza los planarios?

❶ Cubre la mitad del exterior de una placa de petri con papel negro.

❷ Coloca una hoja de papel blanca bajo la otra mitad.

❸ Coloca un planario en el centro de la placa y agrega agua de manantial para mantenerlo húmedo.

❹ Observa al planario por dos minutos. Registra cuánto permanece en cada lado de la placa.

Analizar y concluir

1. **Proponer una hipótesis** Cuando el planario se movió, ¿uno de sus extremos siempre iba adelante? Plantea una hipótesis que explique tu observación.

Tendencias en la evolución del sistema nervioso

¿Cuáles son las tendencias en la evolución del sistema nervioso?

Los sistemas nerviosos varían en gran medida en organización y complejidad en el reino animal. **Los sistemas nerviosos de los animales muestran diferentes grados de cefalización y especialización.**

Invertebrados Los sistemas nerviosos de los invertebrados varían desde colecciones simples de células nerviosas a organizaciones complejas que incluyen muchas interneuronas. Puedes ver algunos ejemplos en la **ilustración 28–3.**

▶ ***Redes nerviosas, cordones nerviosos y ganglios*** Los cnidarios, como las medusas, tienen sistemas nerviosos simples llamados redes nerviosas. Como el nombre indica, las redes nerviosas consisten en neuronas conectadas en forma de red con pocas especializaciones. En otros invertebrados simétricos radialmente, por ejemplo equinodermos como las estrellas de mar, algunas interneuronas se agrupan en nervios o cordones nerviosos que forman un anillo alrededor de las bocas de los animales y se extienden a lo largo de sus brazos. En otros invertebrados, varias interneuronas se agrupan en estructuras pequeñas llamadas **ganglios,** donde las interneuronas se conectan entre sí.

▶ ***"Cabezas"*** Como aprendiste en el capítulo 25, los animales bilateralmente simétricos con frecuencia muestran una cefalización o concentración de neuronas sensoriales e interneuronas en una "cabeza". Ciertos platelmintos y nematodos muestran alguna cefalización. Algunos moluscos cefalópodos y muchos artrópodos muestran grados mayores de cefalización. En estos animales, las interneuronas forman ganglios en diferentes lugares. Por lo común, los ganglios más grandes se localizan en la región de la cabeza y se llaman ganglios cerebrales.

▶ ***Encéfalos*** En algunas especies, los ganglios cerebrales están organizados en una estructura llamada encéfalo. Los encéfalos de algunos cefalópodos, como los pulpos, permiten un comportamiento complejo, lo que incluye varias formas de aprendizaje.

ILUSTRACIÓN 28–3 Sistemas nerviosos de invertebrados Los sistemas nerviosos de los invertebrados tienen grados diferentes de cefalización y especialización. Los platelmintos tienen sistemas nerviosos centralizados con ganglios pequeños en sus cabezas. Los cnidarios tienen una red nerviosa que, pese a su simplicidad, son buenos depredadores (recuadro). Los artrópodos y los moluscos cefalópodos tienen un encéfalo y órganos sensoriales especializados.

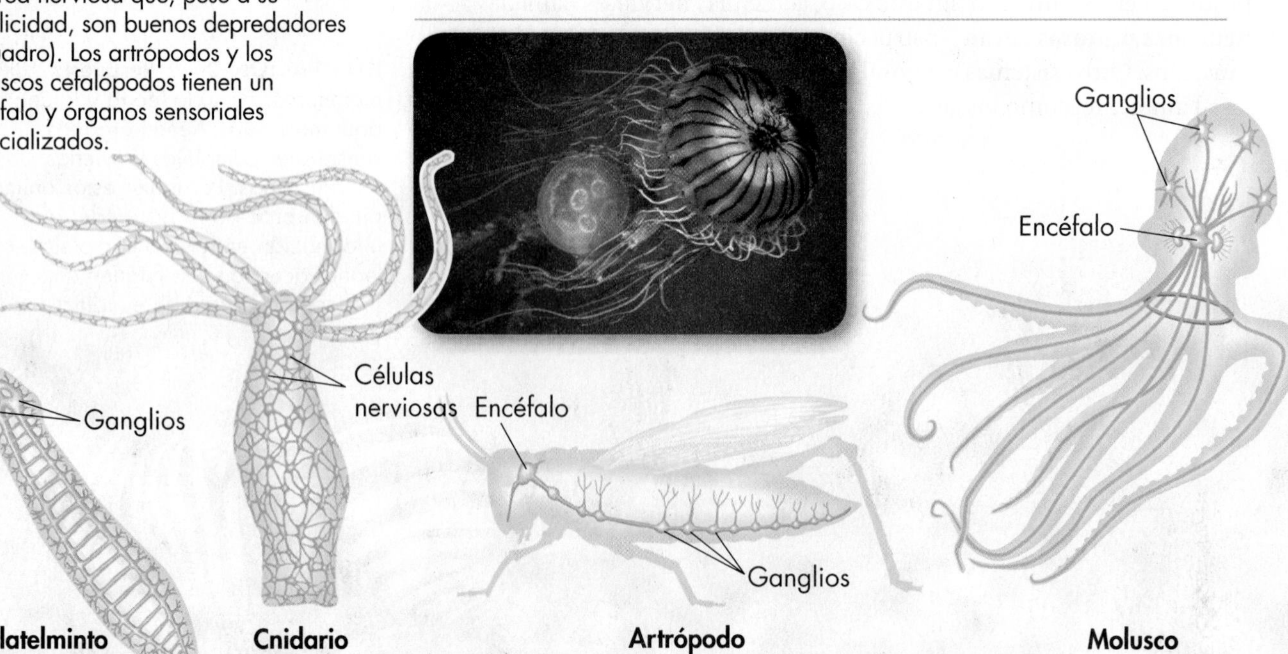

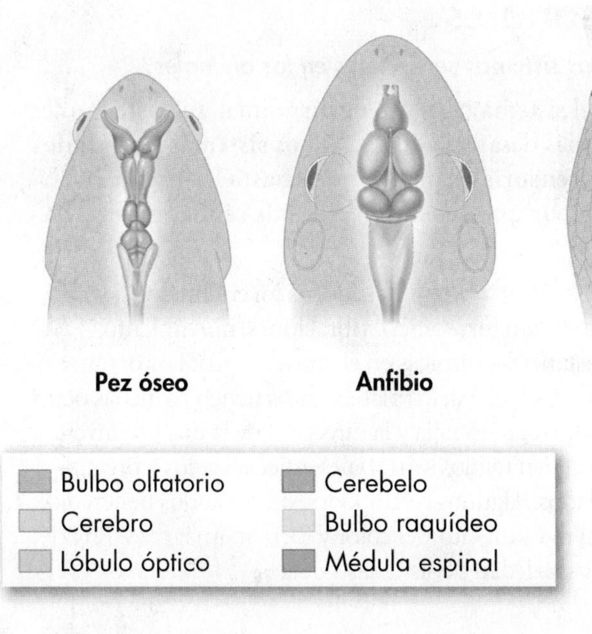
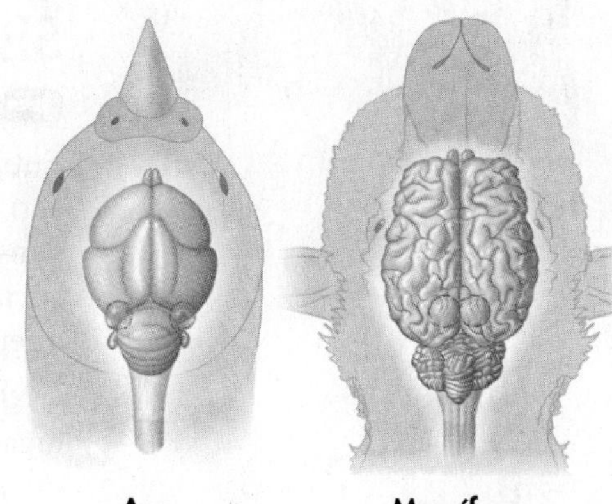

ILUSTRACIÓN 28–4 Encéfalos de vertebrados El cerebro y el cerebelo de los mamíferos es de un tamaño mayor que los de los peces. En los peces, anfibios y reptiles, el cerebro o región "pensante" es relativamente pequeña. En aves y mamíferos, en especial en los primates, el cerebro es mucho más grande y puede contener pliegues que incrementan su superficie. El cerebelo también está más desarrollado en las aves y los mamíferos.

Cordados Los cordados que no son vertebrados y no tienen "cabeza" como los vertebrados cuando son adultos tienen un ganglio cerebral. Los vertebrados, por otro lado, muestran un alto grado de cefalización y tienen sistemas nerviosos muy desarrollados. Los encéfalos de los vertebrados están formados por muchas interneuronas dentro del cráneo. Estas interneuronas están conectadas entre sí y con neuronas sensoriales y motoras en la cabeza y en otras partes del cuerpo. El encéfalo humano contiene más de 100 mil millones de células nerviosas, cada una de las cuales envía señales hasta otras 1000 células nerviosas y recibe señales de otras 10,000.

▶ ***Partes del encéfalo de los vertebrados*** Las regiones del encéfalo de los vertebrados incluyen el cerebro, el cerebelo, el bulbo raquídeo, los lóbulos ópticos y los bulbos olfatorios. El **cerebro** es la región "pensante" del encéfalo. Recibe e interpreta información sensorial y determina una respuesta. El cerebro también participa en el aprendizaje, la memoria y el pensamiento consciente. El **cerebelo** coordina el movimiento y controla el equilibrio, mientras que el bulbo raquídeo controla el funcionamiento de muchos órganos internos. Los lóbulos ópticos están involucrados en la visión y los bulbos olfatorios participan en el sentido del olfato. Los encéfalos de los vertebrados están conectados al resto del cuerpo por una colección gruesa de nervios llamados médula espinal, la cual corre a través de un tubo en la columna vertebral.

▶ ***Evolución del encéfalo de los vertebrados*** La evolución del encéfalo en los vertebrados sigue la tendencia de un incremento en el tamaño y la complejidad, que va desde los peces a las aves y los mamíferos, pasando por anfibios y reptiles. La **ilustración 28–4** muestra cómo aumentan el tamaño y la complejidad del cerebro y el cerebelo.

En tu cuaderno *Crea una figura retórica que explique, en función de otro objeto, cómo los pliegues del cerebro de los mamíferos aumentan su superficie.*

ILUSTRACIÓN 28–5 No hay otro cerebro igual Los encéfalos de algunas especies de paros carboneros son tan complejos que la parte responsable de recordar ubicaciones se hace más grande cuando el ave almacena alimento en el otoño. Cuando llega el invierno, el pequeño pájaro es más capaz de encontrar sus cientos de lugares de almacenamiento. (En primavera, su encéfalo regresa al tamaño normal.) **Inferir** ***¿Cuál de las seis partes principales del encéfalo del paro carbonero crece en otoño?***

Sistemas sensoriales

¿Cuáles son algunos sistemas sensoriales en los animales?

Entre más complejo es el sistema nervioso de un animal, sus sistemas sensoriales tienden a estar más desarrollados. **Los sistemas sensoriales van desde las neuronas sensoriales individuales hasta los órganos sensoriales que contienen neuronas sensoriales y otras células que ayudan a reunir información.**

Órganos sensoriales de invertebrados Muchos invertebrados tienen órganos sensoriales que detectan luz, sonido, vibraciones, movimiento, orientación corporal y sustancias químicas en el aire o el agua. Los órganos sensoriales varían en complejidad. Así, los platelmintos tienen manchas oculares simples que sólo detectan la presencia y la dirección de la luz. Los invertebrados más cefalizados tienen tejidos sensoriales especializados y órganos sensoriales bien desarrollados. Algunos cefalópodos y artrópodos tienen ojos complejos que detectan el movimiento y el color y forman imágenes. En la **ilustración 28–6** se ve una variedad de sistemas visuales.

ILUSTRACIÓN 28–6 Ojos de invertebrados Los órganos sensoriales de los invertebrados, como los ojos que se muestran en las fotos, varían en gran medida en estructura y complejidad.

Planario

Mancha ocular: Algunos animales tienen manchas oculares, grupos de células que detectan cambios en la cantidad de luz (LM 50X).

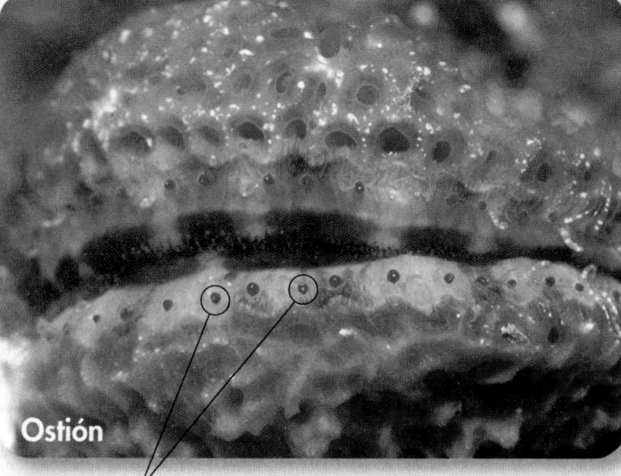

Ojo simple: Los 40 ó 60 ojos simples de un ostión no forman imágenes. Sin embargo, detectan el movimiento tan bien como para permitirle escapar de sus depredadores.

Ojo compuesto: Los ojos compuestos de los artrópodos están formados por muchos lentes que detectan cambios mínimos en el movimiento y color, pero producen imágenes menos detalladas que el ojo humano.

Ojo complejo: Los pulpos y calamares tienen ojos tan complejos como los peces y los humanos, aunque sus estructuras difieren.

Órganos sensoriales de los cordados Los cordados no vertebrados tienen pocos órganos sensoriales especializados. En los tunicados, las células sensoriales dentro y sobre los sifones y otras áreas internas ayudan a controlar la cantidad de agua que pasa a través de la faringe. Los anfioxos tienen un ganglio cerebral con un par de manchas oculares que detectan la luz.

En contraste, la mayoría de los vertebrados tienen órganos sensoriales muy evolucionados. Muchos vertebrados tienen los órganos del gusto, el olfato y la audición muy sensibles. Algunos tiburones pueden sentir una gota de sangre en medio de 100 litros de agua. Y aunque todos los oídos de los mamíferos tienen las mismas partes básicas, difieren en su capacidad para detectar el sonido, como verás en la **ilustración 28–7.** De hecho, los murciélagos y los delfines pueden encontrar objetos en su ambiente mediante el eco de sus propios sonidos de alta frecuencia. Muchas especies de peces, anfibios, reptiles, aves y mamíferos tienen visión a color tan buena o mejor que la de los humanos.

Algunas especies, como ciertos peces y el ornitorrinco, detectan leves corrientes eléctricas en el agua. Animales como los tiburones usan este "sentido de la electricidad" para navegar mediante la detección de corrientes eléctricas en el mar, causadas por el campo magnético de la Tierra. Otros "peces eléctricos" crean sus propias corrientes eléctricas y usan los pulsos eléctricos para comunicarse en forma muy parecida a la de los animales que usan el sonido. Muchas especies que detectan corrientes eléctricas usan esta capacidad para rastrear presas en aguas turbias y oscuras. Algunas aves detectan el campo magnético de la Tierra de manera directa, esto les permite volar grandes distancias durante su migración.

Animal	Rango de audición (Hz)
Rana arborícola	50–4000
Canario	250–8000
Perro	67–45,000
Murciélago	2000–110,000
Humano	30–23,000
Elefante	16–12,000
Delfín nariz de botella	75–150,000

ILUSTRACIÓN 28–7 Audición en vertebrados Los sentidos humanos no necesariamente son superiores a los de otros animales. **Interpretar tablas** ***¿Podrías escuchar el tono más alto que un perro puede oír? Explica.***

28.1 Evaluación

Repaso de conceptos clave 

1. a. Repasar Enumera tres sistemas corporales que trabajen juntos para crear una respuesta a un estímulo.

b. Explicar ¿Cuál es la función de una neurona motora?

c. Establecer una secuencia ¿Cuál es la secuencia correcta de las funciones de la interneurona, la neurona motora, la neurona sensorial y el músculo en su respuesta a los estímulos?

2. a. Repasar ¿Cuáles son dos variaciones de los sistemas nerviosos de los grupos animales?

b. Comparar y contrastar Describe el grado de cefalización de cnidarios, platelmintos, pulpos y vertebrados.

3. a. Repasar Da un ejemplo de un animal con un sistema sensorial muy simple y un ejemplo de uno con un sistema sensorial complejo.

b. Inferir ¿Cuál es la relación entre la complejidad del sistema nervioso de un animal y la de su sistema sensorial?

ESCRIBIR SOBRE LAS CIENCIAS

Explicación

4. Los ojos compuestos de los insectos detectan mejor el movimiento que los detalles. ¿Por qué sería más importante para un insecto poder detectar el movimiento que ver finos detalles? (*Pista:* Considera el tamaño de un insecto en relación con sus depredadores.)

BIOLOGY.com Search Lesson 28.1 GO • Self-Test • Lesson Assessment

28.2 Movimiento y soporte

Preguntas clave

¿Cuáles son los tres tipos de esqueletos?

¿De qué manera los músculos hacen posible el movimiento?

Vocabulario

esqueleto hidrostático • exoesqueleto • muda • endoesqueleto • articulación • ligamento • tendón

Tomar notas

Tabla para comparar y contrastar A medida que leas, haz una tabla para comparar los tres tipos de esqueletos.

PIÉNSALO Mientras una libélula vuela sobre un arroyo, una trucha salta fuera del agua para atraparla. Una lombriz se retuerce en un lecho de hojas cercano. Un halcón cae en picada desde lo alto y caza un ratón que corre en el campo. Todos estos invertebrados y vertebrados enfrentan desafíos similares mientras se mueven en el aire, el agua o la tierra. Para moverse, los animales usan estructuras diferentes que funcionan en formas parecidas.

Tipos de esqueletos

¿Cuáles son los tres tipos de esqueletos?

Para moverse con eficiencia, todos los animales deben hacer dos cosas. Primero deben generar fuerza física. Luego deben aplicar esa fuerza contra el aire, el agua o la tierra a fin de empujarse o arrastrarse.

Soporte esquelético La capacidad de un animal para moverse con eficiencia mejora gracias a las partes rígidas del cuerpo. Las patas empujan contra el suelo. Las alas de las aves empujan contra el aire, y las aletas aplican fuerza contra el agua. Cada una de estas partes del cuerpo se sostiene en algún esqueleto. **Los animales tienen tres clases principales de sistemas esqueléticos: esqueletos hidrostáticos, exoesqueletos y endoesqueletos.**

▶ ***Esqueletos hidrostáticos*** Algunos invertebrados, como los cnidarios y los anélidos, tienen esqueletos hidrostáticos. El **esqueleto hidrostático** de un cnidario como la hidra, por ejemplo, consiste en líquidos contenidos en una cavidad gastrovascular que puede alterar la forma corporal del animal en forma drástica al trabajar con células contráctiles en su pared celular. Cuando una hidra cierra su boca y se constriñen las células que rodean la pared de su cuerpo, el animal se alarga y sus tentáculos se extienden, como se ve en la foto izquierda de la **ilustración 28–8.** Debido a que el agua no se comprime, constreñir la cavidad alarga al animal, de forma parecida a un globo de agua al que se aprieta. Una hidra con frecuencia se queda en esta posición por horas, esperando que una presa pase nadando. Cuando se la perturba, su boca se abre, permitiendo que el agua fluya hacia fuera, y las células longitudinales de la pared de su cuerpo se contraen, acortando el cuerpo, como se observa a la derecha, en la **ilustración 28–8.**

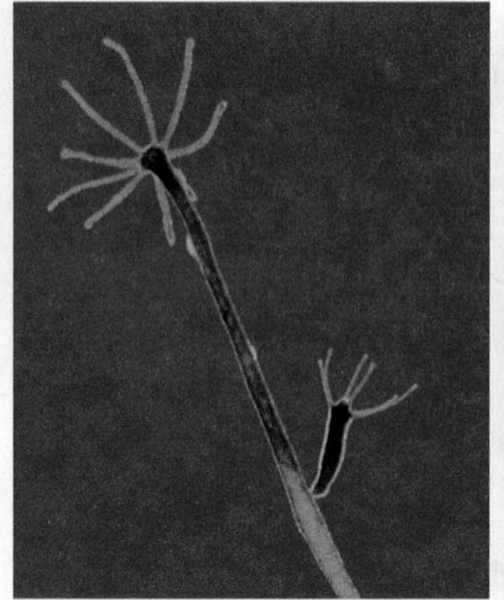

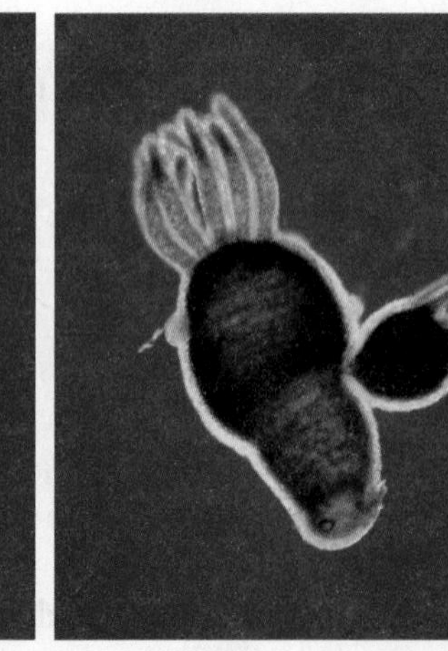

ILUSTRACIÓN 28–8 Esqueleto hidrostático Algunos invertebrados, como esta hidra, tienen esqueletos hidrostáticos. Cuando una hidra cierra su boca, el agua atrapada en su cuerpo causa que se alargue (izquierda). Cuando abre su boca de nuevo, el agua se libera y se reduce (derecha).

▶ ***Exoesqueletos*** Muchos artrópodos tienen exoesqueletos, al igual que la mayoría de los moluscos, como los caracoles y las almejas. El **exoesqueleto,** o esqueleto externo, es una cubierta corporal dura hecha de un hidrato de carbono complejo llamado quitina. La mayoría de los moluscos tienen exoesqueletos, o caparazones, hechos de carbonato de calcio.

Los exoesqueletos articulados permiten a diferentes artrópodos nadar, volar, cavar, caminar, arrastrarse y saltar. También proporcionan cubiertas herméticas que les permiten vivir en los lugares más secos en la Tierra. Un exoesqueleto también ofrece protección física de los depredadores, como sabrás si has intentado quebrar el caparazón de un cangrejo o una langosta o has visto un molusco ocultarse en el suyo. Los moluscos con caparazones de dos partes se llaman bivalvos. Los bivalvos, como las almejas, cierran sus caparazones para evitar secarse.

Pero los exoesqueletos tienen desventajas. Un esqueleto externo representa un problema cuando el animal al que pertenece necesita crecer. Para aumentar de tamaño, los artrópodos rompen su exoesqueleto y generan uno nuevo en un proceso llamado **muda,** mostrado en la **ilustración 28–9.** Los exoesqueletos también son relativamente pesados. Entre más grandes son los artrópodos, sus esqueletos se vuelven más pesados en proporción a su peso corporal, por lo que ciertos monstruos de ciencia ficción nunca podrían existir. El peso de una araña del tamaño de un elefante haría colapsar sus patas.

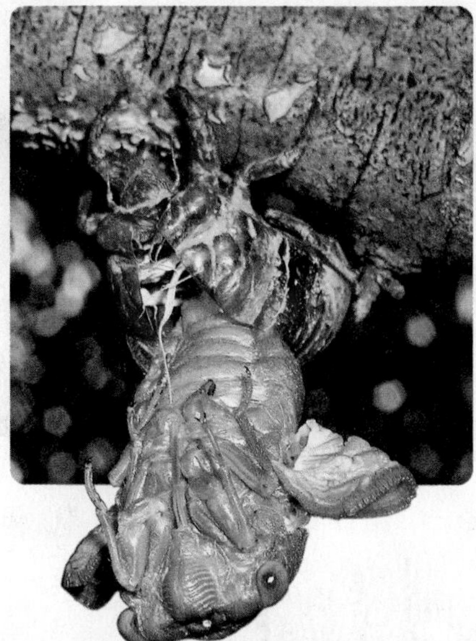

ILUSTRACIÓN 28–9 Exoesqueleto A los artrópodos como esta cigarra les "quedan chicos" sus exoesqueletos de manera periódica, por lo que deben romperlos y formar nuevos. **Inferir** ***¿Por qué la muda podría ser una inconveniencia peligrosa?***

▶ ***Endoesqueletos*** Los equinodermos y vertebrados tienen endoesqueletos. Un **endoesqueleto** es un sistema de soporte estructural dentro del cuerpo. Las estrellas de mar y otros equinodermos tienen un endoesqueleto hecho de placas calcificadas, como se ve en la **ilustración 28–10.** Estas placas esqueléticas sostienen y protegen a los equinodermos, y les proporcionan una textura desigual.

Los vertebrados tienen un endoesqueleto de cartílago o de una combinación de cartílago y hueso. Los tiburones y algunos otros peces tienen esqueletos hechos casi enteramente de cartílago. En otros vertebrados, la mayor parte del esqueleto es hueso. Los vertebrados de cuatro patas también tienen estructuras llamadas cinturones de las extremidades, estos las sostienen, y le permiten al animal moverse.

ILUSTRACIÓN 28–10
Endoesqueleto ¡No todos los endoesqueletos se ven como el tuyo! Algunos invertebrados, incluyendo los equinodermos como esta estrella de mar, tienen rígidos soportes corporales internos. Sin embargo, estos soportes no son de hueso.

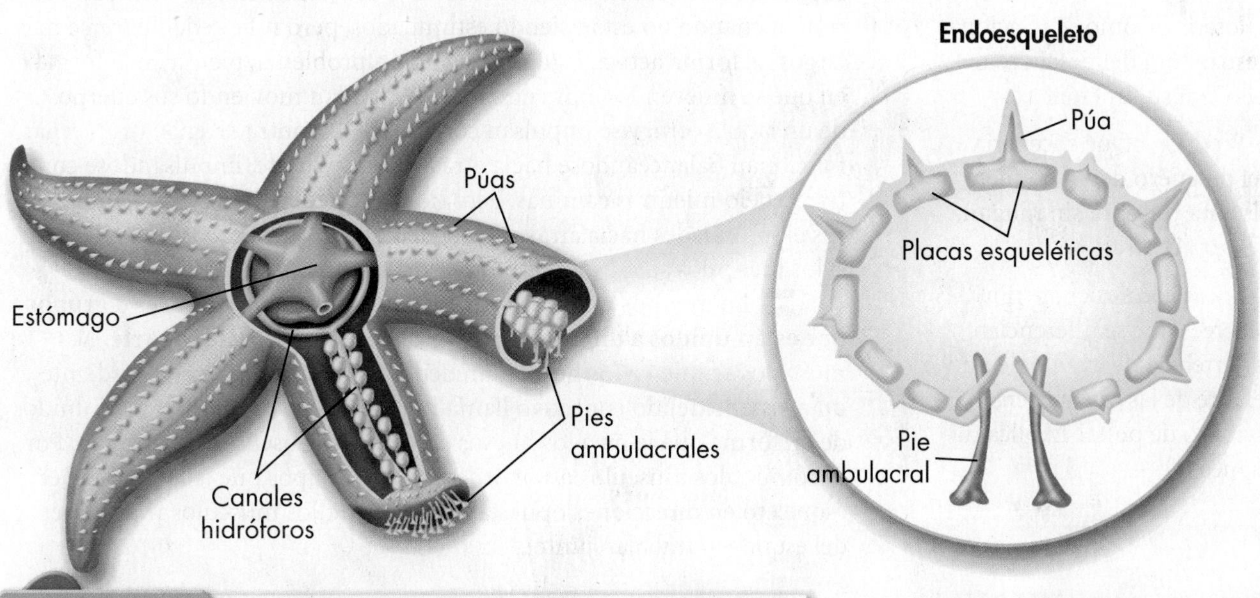

ILUSTRACIÓN 28–11
Esqueleto de vertebrado El esqueleto de un vertebrado común, como el de este delfín, se forma de hueso en su mayor parte.

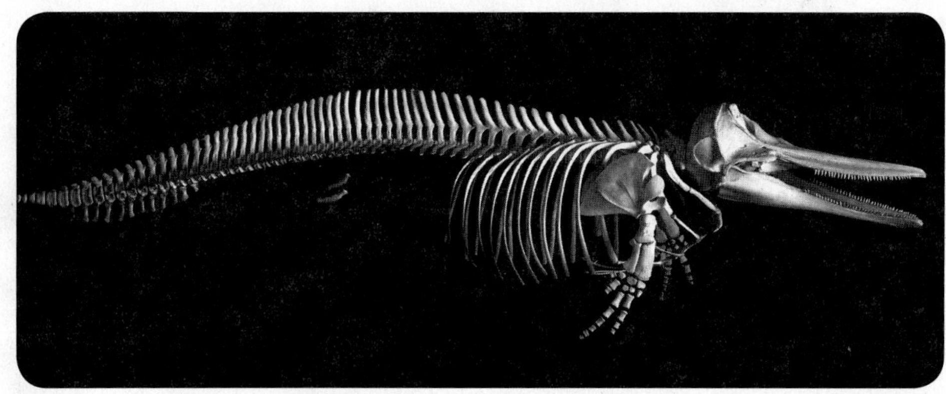

La evolución ha producido una amplia gama de variaciones del endoesqueleto de los vertebrados que les permiten nadar, volar, cavar, caminar, arrastrarse o saltar, pero todos proporcionan un soporte fuerte y ligero. Debido a que un esqueleto interno no rodea al cuerpo, no protege a un animal en la forma en que lo hace un exoesqueleto; pero por otra parte, un esqueleto interno crece conforme el animal lo hace, de modo que éste no necesita mudar. Dado que los endoesqueletos son livianos en relación con los cuerpos que sostienen, incluso los vertebrados terrestres alcanzan grandes tamaños.

Articulaciones Si el esqueleto rígido de un animal fuera de una sola pieza o sus partes estuvieran unidas en forma rígida, el animal no podría moverse. Los artrópodos y vertebrados pueden moverse porque sus esqueletos están divididos en muchas partes que se conectan mediante **articulaciones.** Las articulaciones son lugares donde las partes de un esqueleto se unen de forma que puedan moverse. En los vertebrados, los huesos están conectados en las articulaciones por tejidos conectivos fuertes llamados **ligamentos.** La mayor parte de las articulaciones se forman de una combinación de ligamentos, cartílago y un líquido que lubrica la articulación y permite a los huesos moverse sin fricciones dolorosas.

Actividad rápida de laboratorio
INVESTIGACIÓN DIRIGIDA

¿Qué adaptaciones tienen los vertebrados?

1. Tu maestro te proporcionará un pescuezo de pollo. Dobla el pescuezo hacia atrás y hacia delante y de un lado al otro.
2. Inserta una sonda de disección en la abertura de la parte superior del pescuezo. ¿Qué observas? **PRECAUCIÓN:** *Ten cuidado con los instrumentos filosos.*

Analizar y concluir

1. **Inferir** ¿Cómo se relaciona la estructura del pescuezo del pollo con su función?
2. **Predecir** ¿Qué sucedería si el pescuezo del pollo fuera sólo una vértebra sin ninguna abertura central?
3. **Sacar conclusiones** ¿En qué crees que se diferencian las vértebras del cuello de un elefante de las que hay en el pescuezo de pollo? Explica tu respuesta.

Músculos y movimiento

¿De qué manera los músculos hacen posible el movimiento?

Los músculos son tejidos especializados que, al ser estimulados, producen fuerza física mediante una contracción o acortamiento. Los músculos se relajan cuando no están siendo estimulados, pero no pueden hacerse más largos de forma activa. Esto representa un problema; piensa en la forma en que se mueven los animales: los peces nadan moviendo sus cuerpos de un lado a otro, y se impulsan con sus aletas contra el agua; tus piernas funcionan balanceándose hacia atrás y hacia delante, impulsándose contra el suelo mientras caminas. Pero, ¿cómo pueden los animales mover sus extremidades hacia atrás y hacia delante o contra el agua o la tierra si los músculos sólo generan fuerza en una dirección?

En muchos animales, los músculos trabajan en pares o grupos que están unidos a diferentes partes de un esqueleto de soporte. Los músculos se unen a los huesos alrededor de las articulaciones mediante un resistente tejido conectivo llamado **tendón.** Los tendones están unidos de tal forma que jalan a los huesos cuando los músculos se contraen. Por lo común, los músculos están ordenados en grupos que jalan partes del esqueleto en direcciones opuestas: así es como los músculos y las partes del esqueleto trabajan juntos.

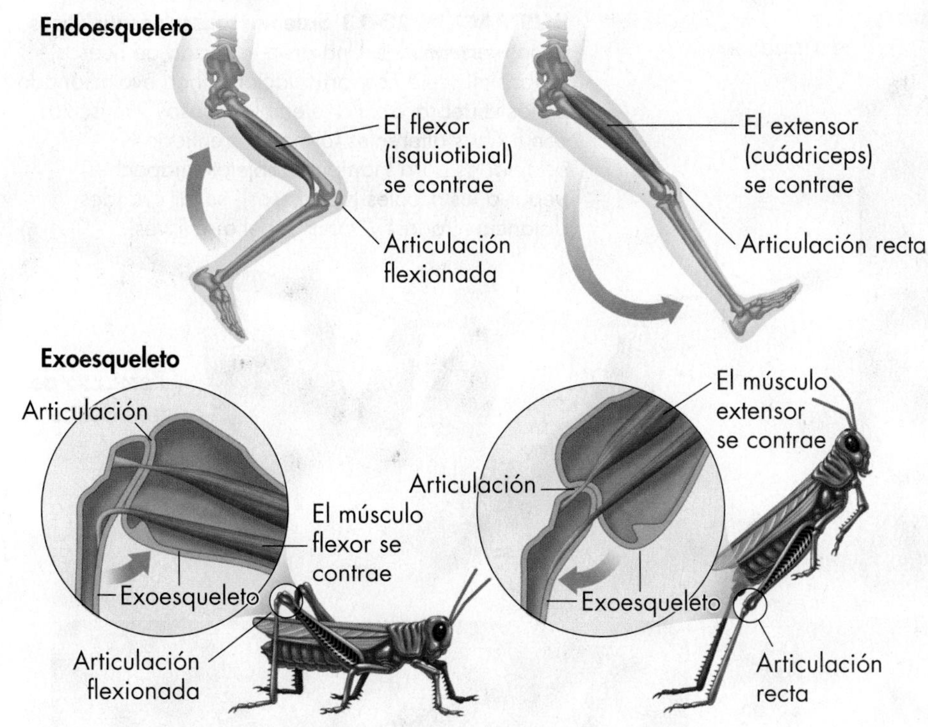

ILUSTRACIÓN 28–12 Músculos y articulaciones Los diagramas muestran cómo trabajan los músculos con un endoesqueleto de vertebrado y un exoesqueleto de artrópodo para doblar y enderezar articulaciones. **Comparar y contrastar** ***¿A qué estructura están unidos los músculos del artrópodo? ¿A qué estructura están unidos los músculos del vertebrado?***

Movimiento Los músculos de los artrópodos están unidos al interior del exoesqueleto. Los músculos de los vertebrados están unidos alrededor de la parte externa de los huesos. En ambos casos, pares o grupos diferentes de músculos jalan las articulaciones en direcciones diferentes. Como puedes ver en la **ilustración 28–12,** cuando un grupo de músculos se contrae, dobla o flexiona a la articulación. Cuando el primer grupo se relaja y el segundo grupo se contrae, la articulación se endereza.

Sistemas musculares y esqueléticos de los vertebrados En los vertebrados se ha desarrollado una variedad sorprendente de complejas combinaciones de huesos, grupos musculares y articulaciones. En muchos peces y serpientes, los músculos están ordenados en bloques opuestos a los lados de la columna vertebral. Estos bloques musculares se contraen en ondas que recorren todo el cuerpo, doblándose primero hacia un lado y luego hacia el otro. Conforme estas ondas recorren el cuerpo, van generando empuje. Las extremidades de muchos anfibios y reptiles modernos sobresalen a los lados del cuerpo, como si estuvieran haciendo flexiones. Si observas a estos animales moverse, verás que muchos usan los movimientos de costado de su columna vertebral para mover sus extremidades hacia delante y hacia atrás.

La mayoría de los mamíferos se paran con sus patas rectas bajo ellos, ya sea que caminen en dos o en cuatro. Las extremidades de los mamíferos han evolucionado en formas que les permiten diversas clases de movimiento, como puedes ver en la **ilustración 28–13** en la página siguiente. Las formas y posiciones relativas de huesos y músculos y las formas de las articulaciones están vinculadas en forma estrecha con las funciones que desempeñan. Las extremidades especializadas para correr a gran velocidad o saltar grandes distancias tienen huesos, músculos y articulaciones con formas muy diferentes a las extremidades adaptadas para volar, nadar o manipular objetos. De hecho, los paleontólogos pueden reconstruir los hábitos de animales extintos mediante el estudio de las articulaciones de huesos fósiles y de los lugares donde alguna vez se unieron tendones y ligamentos.

◀ **Mapache**

ILUSTRACIÓN 28–13 Sistemas musculoesqueléticos de los vertebrados Una gran variedad de huesos, grupos musculares y articulaciones han evolucionado en los vertebrados. Por ejemplo, huesos y músculos con formas diferentes forman extremidades adaptadas para manipular objetos (mapaches), trepar a los árboles (perezosos), saltar grandes distancias (ranas) y volar por el aire (aves).

◀ **Perezoso de tres dedos**

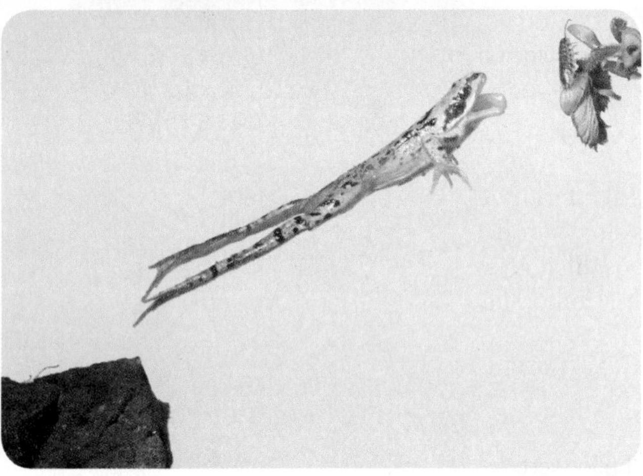

▲ **Rana arborícola**

▲ **Halcón de Harris**

28.2 Evaluación

Repaso de conceptos clave

1. a. Repasar ¿Qué estructuras corporales generan fuerza? ¿Con qué otra estructura funcionan éstas para posibilitar el movimiento?

b. Inferir ¿Por qué los animales terrestres más grandes son vertebrados?

2. a. Repasar ¿Qué características son comunes en los esqueletos de todos los vertebrados?

b. Proponer una hipótesis Supón que encuentras un fósil de vertebrado que muestra una estructura de articulaciones con relaciones de músculos y tendones similares a los de una ardilla. ¿Para qué movimientos predecirías que estaba mejor adaptado el animal?

Aplica la gran idea

Estructura y función

3. Crea un modelo de una articulación de vertebrado o invertebrado. Asegúrate que los músculos estén unidos a las mismas estructuras esqueléticas que un animal real posee, y que los músculos y la estructura esquelética permitan que la articulación se doble y se flexione.

BIOLOGY.com Search Lesson 28.2 GO • Self-Test • Lesson Assessment

28.3 Reproducción

PIÉNSALO La reproducción sexual puede ser peligrosa. Sólo pregúntale a un macho de mantis religiosa, el cual puede ser devorado por su pareja. O un pavo real macho, cuyo éxito al cortejar a una hembra depende de que le crezca una cola enorme que le dificulta escapar de los depredadores. O un pingüino emperador macho, que incuba un huevo por meses en el hielo antártico a temperaturas muy por debajo de cero. O un ciervo hembra, que carga el peso siempre creciente de su cría en desarrollo durante siete meses, mientras huye de depredadores como los coyotes, y busca alimento para sí misma y para el pequeño. No obstante, la mayoría de las especies animales participan en la reproducción sexual al menos durante una parte de su ciclo de vida. ¿Por qué?

Preguntas clave

¿Cómo se comparan la reproducción asexual y la sexual en los animales?

¿En qué se diferencia la fecundación interna de la externa?

¿Dónde se desarrollan los embriones?

¿Cómo están adaptados los vertebrados terrestres a la reproducción en tierra?

Vocabulario

ovíparo • ovovivíparo • vivíparo • placenta • metamorfosis • ninfa • pupa • huevo amniótico • glándula mamaria

Tomar notas

Esquema Antes de leer, haz un esquema sobre la reproducción animal con los encabezados y conceptos clave de esta lección. A medida que leas, agrégale detalles.

Reproducción asexual y sexual

¿Cómo se comparan la reproducción asexual y la sexual en los animales? Muchos invertebrados y algunos cordados pueden reproducirse asexualmente.

Reproducción asexual Los animales se reproducen asexualmente en muchas formas. Algunos cnidarios se dividen en dos. Algunos animales se reproducen por gemación, que produce nuevos individuos como excrecencias de la pared corporal. Las hembras de algunas especies, como la lagartija cola de látigo de la **ilustración 28–14,** pueden reproducirse asexualmente al producir huevos que se desarrollan sin fecundarse. Este proceso se llama partenogénesis, produce descendencia que porta ADN heredado sólo de la madre y ocurre en algunos crustáceos e insectos, y muy rara vez en vertebrados.

La reproducción asexual sólo requiere un progenitor, de modo que los individuos en condiciones ambientales favorables pueden reproducirse con rapidez. Pero en vista de que la descendencia producida de manera asexual sólo porta el ADN de un solo progenitor, tiene menos diversidad genética que la descendencia producida en forma sexual. La falta de diversidad genética puede ser una desventaja para una población si su ambiente cambia.

ILUSTRACIÓN 28–14
Partenogénesis Algunas especies de lagartija cola de látigo se reproducen sólo por partenogénesis. **Inferir** ***Describe el grado de diversidad genética en estas especies de lagartija cola de látigo.***

PISTA DEL MISTERIO

Cuando los investigadores analizaron el ADN del tiburón bebé encontraron que era homocigoto para todos los rasgos que examinaron, incluyendo dos rasgos extraños. ¿Por qué esto era inusual?

Reproducción sexual Recordarás del capítulo 11 que la reproducción sexual implica meiosis, el proceso que produce células reproductivas haploides o gametos. Los gametos llevan la mitad del número de cromosomas que se encuentran en las células del cuerpo. Por lo común, los machos producen gametos pequeños llamados espermatozoides, los cuales nadan. Las hembras producen gametos más grandes llamados óvulos, los cuales no nadan. Cuando los gametos haploides se unen durante la fecundación, producen un cigoto que contiene el número diploide de cromosomas.

La reproducción sexual mantiene la diversidad genética en una población al crear individuos con nuevas combinaciones de genes. Debido a que la diversidad genética es la materia prima de la selección natural, las poblaciones que se reproducen sexualmente son más capaces de evolucionar y adaptarse a condiciones ambientales cambiantes. Por otra parte, la reproducción sexual requiere dos individuos de sexo diferente. Así, la densidad de una población debe ser lo bastante alta para permitir que las parejas se encuentren.

En la mayoría de las especies animales que se reproducen sexualmente, cada individuo es macho o hembra. Sin embargo, entre los anélidos, moluscos y peces, algunas especies son hermafroditas, lo que significa que algunos individuos pueden ser tanto machos como hembras o pueden cambiar de sexo. En algunas especies, los individuos pueden producir óvulos y espermatozoides al mismo tiempo. Por lo general, estos animales no fecundan sus propios óvulos, sino que intercambian espermatozoides con otro individuo. Algunas especies, como el pez payaso de la **ilustración 28–15** pueden cambiar de sexo conforme maduran.

ILUSTRACIÓN 28–15
Hermafroditas En esta especie de pez payaso, *Amphiprion percula,* todos los individuos nacen machos y cambian a hembra cuando crecen. En algunas otras especies hermafroditas, los individuos nacen hembras y cambian a macho cuando crecen, o son de ambos sexos al mismo tiempo.

Ciclos reproductivos Varios invertebrados tienen ciclos de vida que alternan la reproducción sexual y la asexual. Los gusanos parásitos y los cnidarios alternan formas que se reproducen sexualmente y formas que se reproducen asexualmente.

Los gusanos parásitos como los esquistosomas maduran en el cuerpo de una persona infectada, se reproducen sexualmente y liberan embriones que salen del cuerpo en las heces. Si los embriones llegan a agua dulce, se desarrollan como larvas e infectan caracoles, en los que se reproducen de manera asexual. Luego se liberan las larvas, listas para infectar a otra persona.

Muchos cnidarios alternan dos formas corporales: pólipos que crecen de manera individual o en colonias, y medusas que nadan libremente en el agua. El ciclo de vida de una medusa común, *Aurelia,* se muestra en la **ilustración 28–16.** En estas medusas, los pólipos producen medusas en forma asexual por gemación. Las medusas se reproducen entonces de manera sexual produciendo óvulos y espermatozoides que se liberan en el agua. Después de la fecundación, el cigoto resultante crece como una larva que nada libremente. Con el tiempo, la larva se une a una superficie dura y se desarrolla como un pólipo que puede continuar el ciclo.

En tu cuaderno *Explica por qué una especie genéticamente diversa puede adaptarse con más facilidad a la enfermedad y al cambio.*

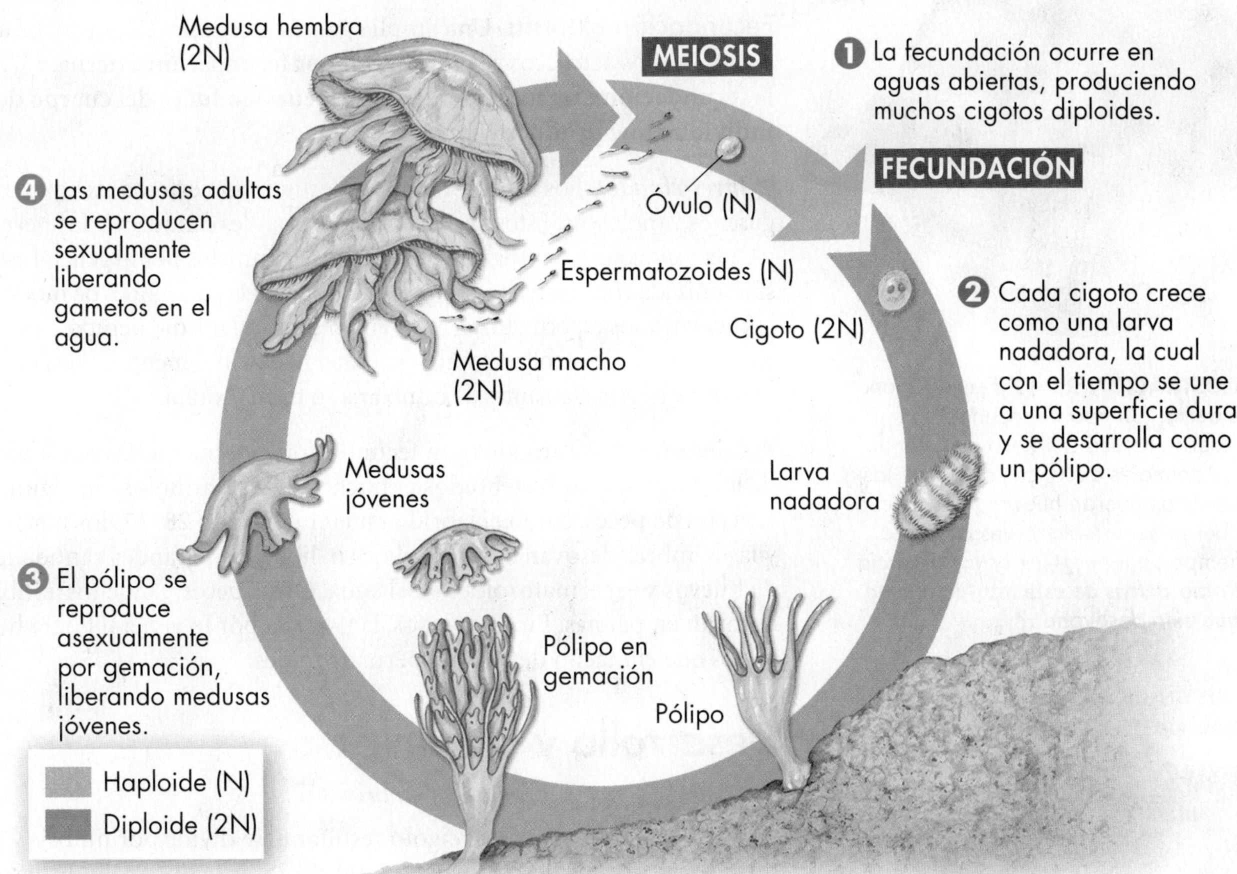
Medusa hembra
(2N)
MEIOSIS
1 La fecundación ocurre en aguas abiertas, produciendo muchos cigotos diploides.
FECUNDACIÓN
4 Las medusas adultas se reproducen sexualmente liberando gametos en el agua.
Óvulo (N)
Espermatozoides (N)
Cigoto (2N)
2 Cada cigoto crece como una larva nadadora, la cual con el tiempo se une a una superficie dura y se desarrolla como un pólipo.
Medusa macho
(2N)
Medusas jóvenes
Larva nadadora
3 El pólipo se reproduce asexualmente por gemación, liberando medusas jóvenes.
Pólipo en gemación
Pólipo
Haploide (N)
Diploide (2N)

ILUSTRACIÓN 28–16 Ciclos reproductivos alternantes El ciclo reproductivo de la medusa *Aurelia* alterna la reproducción asexual y sexual. Las medusas producen sexualmente un cigoto que crece para formar una larva, que se desarrolla como un pólipo que presenta gemación y se reproduce asexualmente. El pólipo libera una medusa.

Fecundación interna y externa

¿En qué se diferencia la fecundación interna de la externa?

En la reproducción sexual, los óvulos y los espermatozoides se unen dentro o fuera del cuerpo del individuo que produce al óvulo. Estas alternativas se llaman respectivamente fecundación interna y externa.

Fecundación interna Muchos animales acuáticos y casi todos los animales terrestres se reproducen por fecundación interna. **Durante la fecundación interna, los óvulos se fecundan dentro del cuerpo del individuo productor del óvulo.**

▶ ***Invertebrados*** Los invertebrados que se reproducen por fecundación interna varían en complejidad desde esponjas hasta arácnidos. Los huevos de las esponjas y otros animales acuáticos se fertilizan al tomar del agua circundante espermatozoides que otros de su especie liberan. En muchas especies de artrópodos, los machos depositan espermatozoides dentro del cuerpo de la hembra durante el apareamiento.

▶ ***Cordados*** Algunos peces y anfibios, y todos los reptiles, las aves y los mamíferos, se reproducen por fecundación interna. En algunas especies de anfibios, los machos depositan "paquetes de espermatozoides" en el ambiente circundante, las hembras toman entonces estos paquetes y los llevan dentro de su cuerpo. En muchas otras especies de cordados, los machos tienen un órgano sexual externo que deposita espermatozoides dentro de la hembra durante el apareamiento.

PISTA
DEL MISTERIO

Ninguna de las hembras en el estanque había tenido contacto con un macho por tres años, mucho antes que estuvieran lo bastante maduras para reproducirse. Y nunca se había sabido que las hembras de tiburón cornuda almacenaran espermatozoides por más de cinco meses. Entonces, ¿qué sucedió?

ILUSTRACIÓN 28–17 Fecundación externa Un tipo de fecundación externa resulta del desove. Cuando los animales acuáticos desovan, las hembras liberan huevos y los machos liberan espermatozoides al mismo tiempo. **Inferir** ***¿Qué es la sustancia turbia detrás de este lábrido macho que está desovando?***

ILUSTRACIÓN 28–18 Desarrollo del embrión

Petirrojo: ovíparo

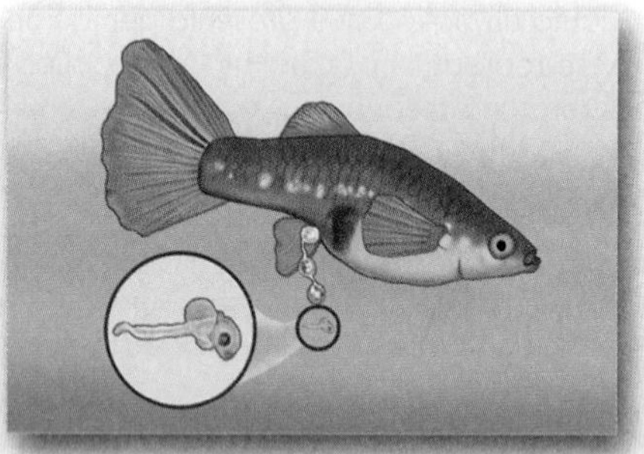

Guppy: ovovivíparo

Caballo: vivíparo

Fecundación externa Una amplia gama de especies de invertebrados y vertebrados acuáticos se reproducen por fecundación externa. **En la fecundación externa, los huevos se fecundan fuera del cuerpo del individuo que produce al huevo.**

▶ ***Invertebrados*** Los invertebrados con fecundación externa incluyen corales, gusanos y moluscos. Estos animales liberan grandes cantidades de huevos y espermatozoides en el agua. La liberación de gametos por lo general está sincronizada con las mareas, las fases de la luna o las estaciones de modo que los huevos y los espermatozoides están presentes al mismo tiempo. Los huevos fecundados se desarrollan como larvas que nadan libremente y que por lo común se desarrollan antes de cambiar a su forma adulta.

▶ ***Cordados*** Los cordados con fecundación externa incluyen a la mayoría de los cordados no vertebrados y muchos peces y anfibios. En algunas especies de peces, como el lábrido en la **ilustración 28–17,** los machos y las hembras desovan en un cardumen, liberando grandes cantidades de huevos y espermatozoides en el agua. Otros peces y muchos anfibios desovan en parejas. En estos casos, la hembra por lo general libera huevos en los que el macho deposita espermatozoides.

Desarrollo y crecimiento

¿Dónde se desarrollan los embriones?

Al fecundarse los huevos, el cigoto resultante se divide por mitosis y se diferencia como se describió en el capítulo 25. Este desarrollo ocurre en circunstancias diferentes, en especies distintas. El cuidado y protección dados a los embriones en desarrollo también varía.

¿Dónde se desarrollan los embriones? Los embriones se desarrollan ya sea dentro o fuera del cuerpo de un progenitor en varias formas. **Los animales pueden ser ovíparos, ovovivíparos o vivíparos.**

▶ ***Especies ovíparas*** Las especies **ovíparas** son aquellas en que los embriones se desarrollan en huevos fuera de los cuerpos de los progenitores. La mayoría de los invertebrados, muchos peces y anfibios, la mayoría de los reptiles, todas las aves y unos cuantos mamíferos raros son ovíparos.

▶ ***Especies ovovivíparas*** En las especies **ovovivíparas,** los embriones se desarrollan dentro del cuerpo de la madre, pero dependen por completo del saco vitelino de sus huevos; las crías no reciben ningún nutriente adicional de la madre. Salen del cascarón dentro del cuerpo de la madre o se liberan inmediatamente antes de salir del cascarón. Las crías nadan de manera libre poco después de salir del cascarón. Los guppy y otros peces en su familia, junto con algunas especies de tiburón, son ovovivíparos.

▶ ***Especies vivíparas*** Las especies **vivíparas** son aquellas en que los embriones obtienen nutrientes del cuerpo de la madre durante el desarrollo. La viviparidad ocurre en la mayoría de los mamíferos y en algunos insectos, tiburones, peces teleósteos, anfibios y reptiles. En los insectos vivíparos, y en algunos tiburones y anfibios, las crías se nutren de secreciones producidas en el tracto reproductivo de la madre. En los mamíferos placentarios, las crías se nutren de la **placenta,** un órgano especializado que permite el intercambio de gases respiratorios, nutrientes y desechos entre la madre y su cría en desarrollo.

Cómo se desarrollan las crías La mayoría de los mamíferos recién nacidos y las aves y reptiles recién salidos del cascarón parecen adultos en miniatura. Las proporciones del cuerpo infantil son diferentes de las de los adultos, y los recién nacidos tienen más o menos pelo, piel o plumas que los adultos. Pero es obvio que una serpiente recién salida del cascarón no va a crecer para ser algo completamente diferente, como un águila.

Para muchos otros grupos de animales, sin embargo, esto no es tan claro. Conforme se desarrolla la mayoría de los invertebrados, los cordados no vertebrados, los peces y los anfibios, experimentan metamorfosis. La **metamorfosis** es un proceso de desarrollo que conduce a cambios impresionantes en la forma y el aspecto.

▶ ***Invertebrados acuáticos*** Muchos invertebrados acuáticos tienen una etapa larvaria, en la cual no se parecen en nada a un adulto. Estas larvas con frecuencia nadan o se dejan ir a la deriva en aguas abiertas antes de experimentar la metamorfosis y asumir su forma adulta. Los miembros de algunos filos, como los cnidarios, tienen una sola etapa larvaria. Otros grupos, como los crustáceos, pueden pasar por varias etapas larvarias antes de verse como adultos en miniatura.

▶ ***Invertebrados terrestres*** Los insectos pueden experimentar uno de dos tipos de metamorfosis. Algunos insectos, como los saltamontes, experimentan una metamorfosis gradual o incompleta, como se muestra en la **ilustración 28–19.** Las formas inmaduras, o **ninfas,** se parecen a los adultos, pero carecen de órganos sexuales funcionales y algunas estructuras de los adultos como las alas. Conforme mudan varias veces y crecen, las ninfas adquieren de manera gradual estructuras adultas.

Otros insectos, como las mariposas, experimentan una metamorfosis completa. Las larvas de estos animales no se parecen nada a sus progenitores, y se alimentan en formas diferentes. Las larvas mudan y crecen, pero cambian poco en apariencia. Luego experimentan una muda final y cambian a una **pupa,** la etapa en que una larva de insecto se desarrolla en un adulto. Durante esta etapa, el cuerpo entero se remodela ¡por dentro y por fuera! El adulto que surge parece un animal diferente por completo. No permitas que tu familiaridad con las orugas y las mariposas disminuya tu asombro por este cambio; si los vertebrados terrestres pasaran por esta clase de metamorfosis, una larva que parece una serpiente podría, de hecho, convertirse en un águila.

ILUSTRACIÓN 28–19 Metamorfosis de insectos Los insectos por lo general experimentan metamorfosis durante su crecimiento y desarrollo. La chinche (izquierda) experimenta una metamorfosis incompleta, en que las ninfas se parecen a los adultos. La catarina (derecha) experimenta una metamorfosis completa. La larva en desarrollo y la pupa se ven diferentes por completo del adulto.

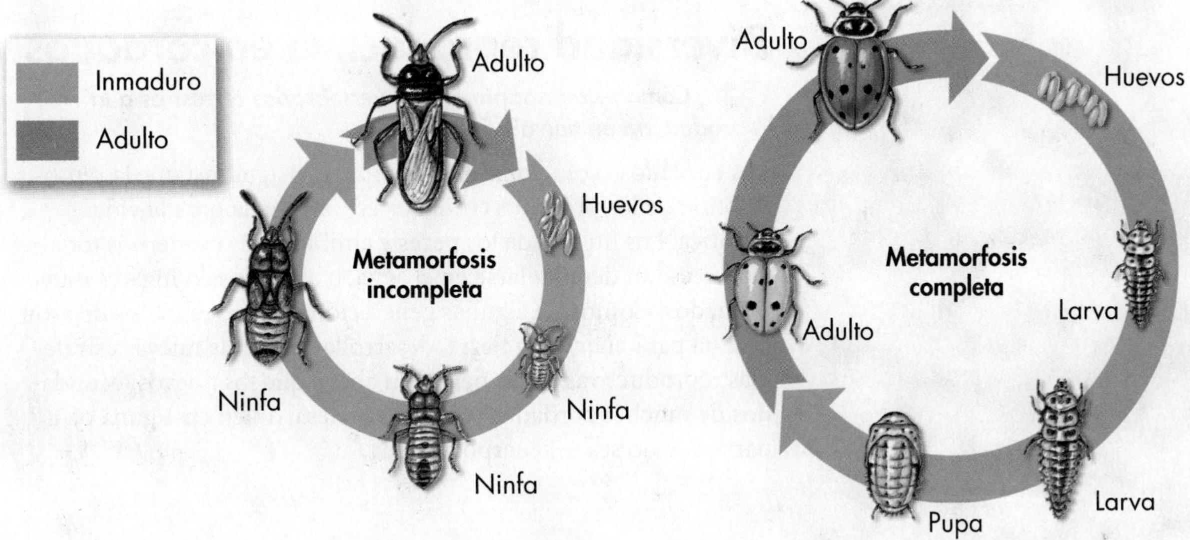

ILUSTRACIÓN 28–20 Metamorfosis de anfibios Los anfibios por lo común comienzan su vida en el agua y se metamorfosean en adultos que viven en tierra. Los renacuajos de rana, como el de la foto, comienzan con aletas, branquias y una cola y maduran en adultos que tienen patas, pulmones y carecen de cola.

El control de la metamorfosis en los artrópodos se logra por medio de hormonas. Recordarás que las hormonas son químicos que se producen en un órgano de un organismo y afectan a otros tejidos y órganos. En los insectos que experimentan metamorfosis completa, los niveles altos de una hormona juvenil mantienen al insecto en su forma larvaria. Conforme el insecto madura, su producción de la hormona juvenil disminuye. Al final, la concentración de hormona juvenil cae por debajo de un umbral determinado. La siguiente vez que el insecto muda, se vuelve una pupa. Cuando no se produce la hormona juvenil, el insecto experimenta una muda de pupa a adulto.

▶ ***Anfibios*** Los anfibios por lo común experimentan una metamorfosis que las hormonas controlan. Esta metamorfosis cambia a los anfibios de crías acuáticas a adultos terrestres. Los renacuajos, como los de la **ilustración 28–20,** son un tipo de larvas de anfibio.

En tu cuaderno *¿Qué sustancias químicas controlan la metamorfosis en artrópodos y anfibios?*

Cuidado de las crías El cuidado de los animales por sus crías va de ningún cuidado en absoluto hasta años de crianza. La mayoría de los invertebrados acuáticos y muchos peces y anfibios liberan grandes cantidades de huevos a los que ignoran por completo. Esta estrategia reproductiva tiene éxito en circunstancias que favorecen a poblaciones que se dispersan y crecen con rapidez.

Pero otros animales cuidan a sus crías. Algunos anfibios incuban a las crías en su boca, en su lomo ¡o incluso en su estómago! Las aves y los mamíferos por lo general cuidan a sus crías. El cuidado materno es una característica importante de los mamíferos, y el lazo entre la madre y la cría con frecuencia es muy estrecho, como lo demuestran los pandas de la **ilustración 28–21.** Los machos de varias especies también ayudan a cuidar a los pequeños. El cuidado paterno ayuda a las crías a sobrevivir en ambientes saturados y competitivos. Por lo común, las especies que proporcionan un cuidado paterno intensivo o a largo plazo paren menos crías que las que no lo ofrecen.

ILUSTRACIÓN 28–21 Cuidado de las crías El cuidado intensivo a largo plazo de las crías es una característica de los mamíferos, como la madre panda en la foto. Un cachorro de panda en su hábitat natural permanecerá con su madre hasta 18 meses mientras ella lo protege y le enseña cómo ser un panda.

Diversidad reproductiva en cordados

¿Cómo están adaptados los vertebrados terrestres a la reproducción en tierra?

Los cordados evolucionaron primero en el agua, así que la reproducción de los primeros cordados era adecuada para la vida acuática. Los huevos de los peces y anfibios más modernos todavía necesitan desarrollarse en el agua, o al menos en lugares muy húmedos. Conforme algunas generaciones de vertebrados dejaron el agua para vivir en la tierra, desarrollaron varias nuevas estrategias reproductivas. Éstas permiten ahora que los huevos fecundados de muchos cordados terrestres se desarrollen en alguna otra parte que no sea un cuerpo de agua.

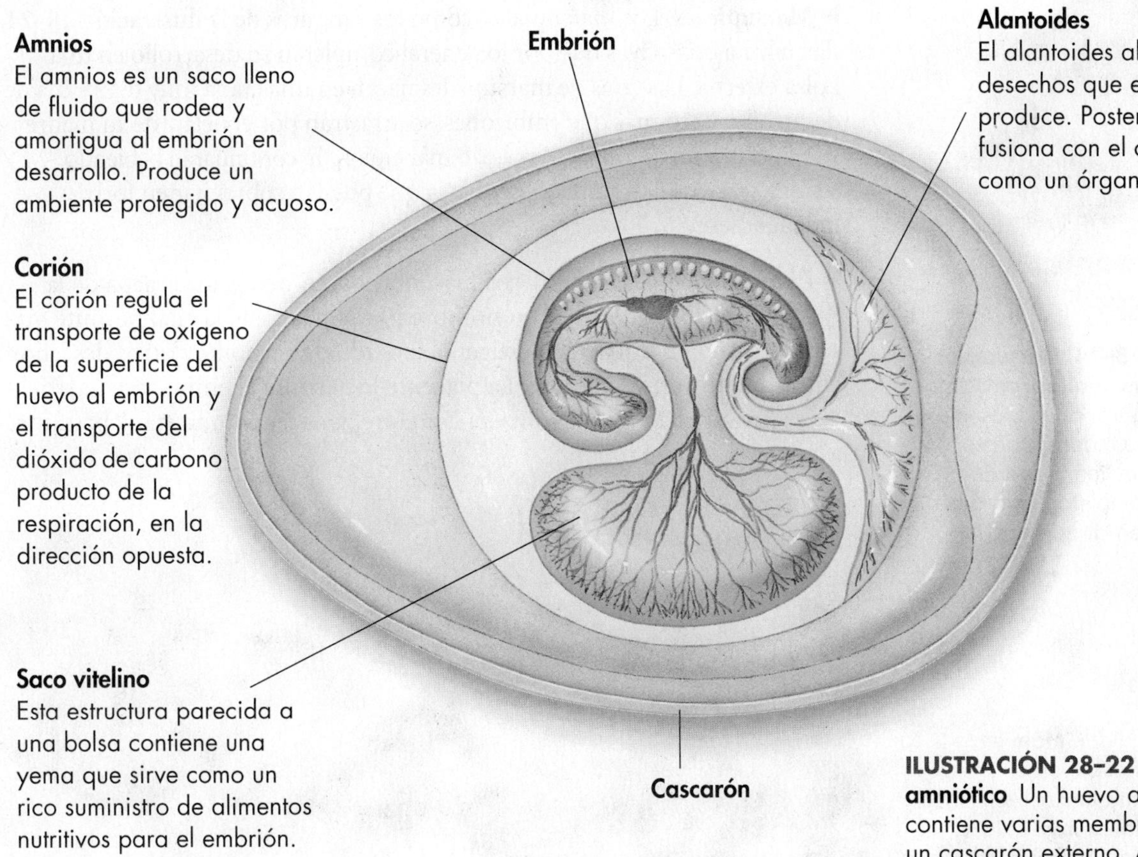

Amnios
El amnios es un saco lleno de fluido que rodea y amortigua al embrión en desarrollo. Produce un ambiente protegido y acuoso.
Embrión
Alantoides
El alantoides almacena los desechos que el embrión produce. Posteriormente se fusiona con el corión y sirve como un órgano respiratorio.
Corión
El corión regula el transporte de oxígeno de la superficie del huevo al embrión y el transporte del dióxido de carbono producto de la respiración, en la dirección opuesta.
Saco vitelino
Esta estructura parecida a una bolsa contiene una yema que sirve como un rico suministro de alimentos nutritivos para el embrión.
Cascarón

ILUSTRACIÓN 28–22 Huevo amniótico Un huevo amniótico contiene varias membranas y un cascarón externo. Aunque es impermeable, el cascarón es poroso, lo que permite que los gases pasen a través de él. El cascarón de un huevo de reptil por lo general es suave y coriáceo, mientras el cascarón de un huevo de ave es duro y quebradizo.

El huevo amniótico **Los reptiles, las aves y algunos mamíferos han desarrollado huevos amnióticos en los que un embrión puede desarrollarse fuera del cuerpo de su madre, y fuera del agua, sin secarse.** El **huevo amniótico** recibe su nombre por el amnios, una de cuatro membranas que rodean al embrión en desarrollo. Las membranas del huevo amniótico; amnios, saco vitelino, corión y alantoides, junto con su cascarón, proporcionan un ambiente protegido en el que un embrión puede desarrollarse fuera del agua. Puedes aprender sobre las funciones de las membranas en la **ilustración 28–22.** El huevo amniótico es una de las adaptaciones más importantes de los vertebrados a la vida en la tierra.

Estrategias reproductivas de los mamíferos Los mamíferos han desarrollado varias adaptaciones para reproducirse y cuidar de sus crías. **Los tres grupos de mamíferos, monotremas, marsupiales y placentarios, difieren mucho en sus formas de reproducción y desarrollo, pero todos alimentan a sus crías con leche materna.**

▶ ***Monotremas*** La reproducción en los monotremas, como el equidna en la **ilustración 21–23,** combina rasgos de reptiles y mamíferos. Como un reptil, un monotrema hembra deposita huevos amnióticos de cascarón suave que se incuban fuera de su cuerpo. Los huevos eclosionan más o menos en diez días. Pero como otros mamíferos, las crías de monotremas se alimentan con leche producida por las **glándulas mamarias** de la madre. Los monotremas hembra secretan leche, no a través de pezones bien desarrollados como otros mamíferos, sino a través de poros en la superficie del abdomen.

ILUSTRACIÓN 28–23 Monotremas Existen sólo cinco especies de monotremas, cuatro de las cuales son equidnas espinosos similares a éste. Los monotremas ponen huevos pero, como todos los mamíferos, alimentan a sus crías con leche que la madre produce.

ILUSTRACIÓN 28–24 Marsupiales Las crías de marsupiales, como este *joey* (bebé canguro) que se asoma en la bolsa de su madre, nacen en una etapa muy temprana de desarrollo. Lo completan criándose en la bolsa materna.

▶ ***Marsupiales*** Los marsupiales, como los canguros de la **ilustración 28–24,** dan a luz a crías vivas que por lo general completan su desarrollo en una bolsa externa. Las crías de marsupiales nacen en una etapa muy temprana de desarrollo. Poco más que embriones, se arrastran por el pelaje de su madre y se sujetan a un pezón en su bolsa, o marsupio. Ahí continuarán bebiendo leche y creciendo durante meses hasta que puedan sobrevivir en forma independiente.

▶ ***Placentarios*** Los mamíferos placentarios, como las focas arpa de la **ilustración 28–25,** reciben su nombre por la placenta, la cual permite que se intercambien nutrientes, oxígeno, dióxido de carbono y otros desechos entre el embrión y la madre. La placenta le permite al embrión desarrollarse por largo tiempo dentro de la madre, y nacer en una etapa bastante avanzada de desarrollo.

ILUSTRACIÓN 28–25 Mamíferos placentarios Los mamíferos placentarios, como las focas arpa, se alimentan a través de la placenta antes de nacer y de la leche de su madre después que nacen.

28.3 Evaluación

Repaso de conceptos clave

1. a. Repasar Compara la reproducción asexual y la reproducción sexual en función de la diversidad genética que resulta de cada una.

b. Inferir ¿Por qué la reproducción sexual, en oposición a la reproducción asexual, podría producir una población más capaz de sobrevivir a la enfermedad o a los cambios ambientales?

2. a. Repasar Define los dos tipos de fecundación.

b. Predecir ¿Por qué esperarías que las especies con fecundación externa se reproduzcan en el agua?

3. a. Repasar Define las tres formas en que se desarrollan los embriones.

b. Comparar y contrastar ¿Cuál es la diferencia entre una ninfa y una pupa?

4. a. Repasar ¿Qué estructura permite a reptiles y aves reproducirse fuera del agua?

b. Interpretar material visual Describe con tus propias palabras las funciones de dos de las membranas que se muestran en la **ilustración 28–22.**

ESCRIBIR SOBRE LAS CIENCIAS

Escritura creativa

5. Escribe un anuncio para un huevo amniótico. Dibuja y rotula las partes del huevo, incluyendo cada una de las membranas y el cascarón. Describe el propósito de cada estructura y por qué es ideal para su función.

BIOLOGY.com Search Lesson 28.3  • Self-Test • Lesson Assessment

28.4 Homeostasis

PIÉNSALO Un rebaño de ñus camina lenta y pesadamente a través de la llanura africana del Serengueti. La tierra está seca, de modo que se dirigen hacia pastos más verdes. Se mueven en forma mecánica, sus pasos usan la menor cantidad de energía posible. Sin alimento en sus barrigas, sus cuerpos movilizan la energía almacenada en depósitos de grasa para su distribución a los tejidos corporales. Entre los abrevaderos, sus cuerpos conservan agua produciendo la menor cantidad de orina posible. Todos sus sistemas corporales trabajan en un esfuerzo conjunto para sobrevivir este difícil viaje.

Preguntas clave

¿Por qué la interdependencia de los sistemas corporales es esencial?

¿Cómo controlan los animales su temperatura corporal?

Vocabulario

glándula endocrina • ectotermo • endotermo

Tomar notas

Diagrama de Venn Dibuja un diagrama de Venn para comparar las estrategias de control de temperatura de ectotermos y endotermos.

Interrelación de los sistemas corporales

¿Por qué la interdependencia de los sistemas corporales es esencial?

La homeostasis, o control de las condiciones internas, es esencial para la supervivencia de un organismo. Las células cerebrales del ñu, como las de los humanos, deben mantenerse a una temperatura estable y deben contar con un flujo constante de glucosa para que tengan energía, aun cuando el animal está bajo estrés. Deben estar bañadas en una concentración constante de agua y limpiarse de los desechos metabólicos. Estas condiciones no deben cambiar durante sequías, inundaciones, hambrunas, calor o frío. La falla de la homeostasis, incluso por unos cuantos minutos, conduciría a una lesión cerebral permanente o la muerte.

Has aprendido sobre los sistemas digestivo, respiratorio, circulatorio, excretor, nervioso, muscular y esquelético por separado. Pero todos estos sistemas están interconectados. **Todos los sistemas corporales trabajan juntos para mantener la homeostasis.** En la mayoría de los animales, los sistemas respiratorio y digestivo serían inútiles sin un sistema circulatorio que distribuya oxígeno y nutrientes. Del mismo modo, el sistema excretor necesita un sistema circulatorio para recolectar dióxido de carbono y desechos de nitrógeno de los tejidos corporales y llevarlos a los pulmones y a los órganos excretores. Los músculos no funcionarían sin un sistema nervioso que los dirija ni un sistema esquelético que los sostenga.

Además de los sistemas de órganos sobre los que ya has aprendido, ahora aprenderás sobre otros sistemas corporales, aquellos que combaten las enfermedades, producen y liberan controles químicos y manejan la temperatura corporal, todo para asegurar la homeostasis.

ILUSTRACIÓN 28–26 Interrelación de los sistemas corporales Todos los sistemas corporales deben trabajar juntos para mantener vivos a los animales estresados, como estos ñus migrantes.

Combatir las enfermedades El ambiente controlado dentro del cuerpo de un animal es un sitio cómodo para invasores hostiles tanto como para las propias células. La mayor parte de los ambientes contienen microorganismos causantes de enfermedades, o patógenos, que pueden sacar ventaja de los suministros constantes de oxígeno y nutrientes previstos para los tejidos corporales. Si los patógenos entran al cuerpo y crecen, pueden trastornar la homeostasis y causar enfermedades.

La mayoría de los animales tienen un sistema inmunológico que puede distinguir entre "sí mismo" y "otro". Una vez que el sistema inmunológico descubre a "otros" en el cuerpo, ataca a los invasores y trabaja para restaurar la homeostasis. Tu cuerpo experimenta este proceso en forma regular, en cualquier momento en que te resfrías o combates cualquier clase de infección. Durante el proceso, puedes presentar fiebre y sentir otros efectos de la batalla que se libra dentro de tu cuerpo.

DESARROLLAR el vocabulario

ORIGEN DE LAS PALABRAS No todas las hormonas las producen las glándulas endocrinas. La eritropoyetina es liberada por los riñones; ella provoca que el cuerpo elabore más glóbulos rojos, los cuales transportan oxígeno a todo el cuerpo. Si observas las palabras griegas que forman *eritropoyetina, erythros,* que significa "rojo", y *poiesis,* que significa "elaboración", la función de la hormona ya no es una sorpresa.

Controles químicos Los vertebrados, como los ñus migrantes, junto con los artrópodos y muchos otros invertebrados, regulan muchos procesos corporales usando un sistema de controles químicos. Las **glándulas endocrinas** son parte de ese sistema. Regulan las actividades del cuerpo mediante la liberación de hormonas en la sangre. La sangre y otros líquidos corporales transportan las hormonas a los órganos. Algunas hormonas, como has aprendido, controlan el crecimiento, el desarrollo y la metamorfosis en los insectos.

Los mamíferos, como otros vertebrados, tienen glándulas que son parte de un sistema endocrino. Algunas hormonas controlan la forma en que el cuerpo almacena energía o la moviliza, como en el caso de los ñus. Otras hormonas regulan la cantidad de agua en el cuerpo y la cantidad de calcio en los huesos.

Analizar datos

Comparar los ectotermos y endotermos

La gráfica muestra las temperaturas internas del cuerpo que varios ectotermos y endotermos mantienen a diferentes temperaturas ambientales.

1. Interpretar gráficas Cuando la temperatura ambiental está entre 0 °C y 10 °C, ¿qué animal tiene la temperatura corporal más alta? ¿Cuál tiene la temperatura corporal más baja?

2. Inferir ¿Cuáles animales representados en la gráfica son ectotermos? ¿Cuáles son endotermos? Explica tus respuestas.

Control de la temperatura en cordados

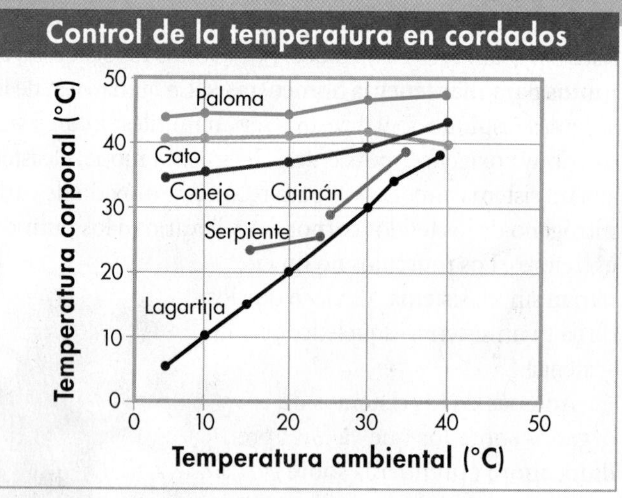

3. Predecir Si estos animales vivieran en tu área, ¿esperarías que todos estuvieran igual de activos durante todo el año? Si no es así, ¿por qué?

Control de la temperatura corporal

¿Cómo controlan los animales su temperatura corporal?

El control de la temperatura corporal es importante para mantener la homeostasis, en particular donde la temperatura varía mucho, según la hora del día o las estaciones. ¿Por qué el control de la temperatura es tan importante? Porque muchas funciones corporales están influidas por la temperatura. Por ejemplo, los músculos no pueden operar si están demasiado fríos o demasiado calientes. Los músculos fríos se contraen despacio, haciendo que un animal reaccione con lentitud; por otra parte, si los músculos se calientan demasiado, pueden cansarse con facilidad.

El control de la temperatura corporal requiere tres componentes: una fuente de calor, una forma de conservarlo cuando sea necesario y un método para eliminar el exceso. Un animal puede describirse como ectotermo o endotermo dependiendo de las estructuras y los comportamientos que les permiten controlar su temperatura corporal.

ILUSTRACIÓN 28–27 Ectotermo Esta lagartija hocico de pala, un ectotermo, vive en el desierto del Namib, en África, uno de los lugares más calientes de la Tierra. Regula su temperatura corporal elevándose, es decir, separando su cuerpo de la arena caliente mediante una especie de flexión. **Inferir** ***¿Qué es más probable: que esta acción eleve o que disminuya la temperatura corporal? Explica.***

Ectotermos En las mañanas soleadas y frías, las lagartijas disfrutan del sol; esto no significa que sean perezosas. Un lagartija es un **ectotermo,** un animal cuya regulación de la temperatura corporal depende en su mayor parte de las fuentes de calor fuera de su cuerpo. **La mayoría de los reptiles, invertebrados, peces y anfibios son ectotermos que regulan su temperatura corporal principalmente absorbiendo calor del ambiente o perdiendo calor.**

Los ectotermos tienen tasas metabólicas relativamente bajas cuando están en reposo, así que sus cuerpos no generan mucho calor. Cuando están activos, sus músculos generan calor, del mismo modo en que lo hacen tus músculos. Sin embargo, la mayoría de los ectotermos carecen de un aislamiento corporal efectivo, de manera que su calor corporal se pierde con facilidad en el ambiente. Por esto, los ectotermos se calientan asoleándose. También tienen que regular su temperatura corporal en condiciones cálidas. La lagartija de la **ilustración 28–27** está "elevándose" del suelo para enfriarse. Los ectotermos también usan con frecuencia madrigueras subterráneas, donde las temperaturas son menos extremas. En días soleados y calurosos, podrían buscar refugio en una madriguera que esté más fría que la superficie de la tierra; en noches frías, esas mismas madrigueras son más calientes que la superficie, permitiendo al animal conservar algo de calor corporal.

En tu cuaderno *Explica con tus propias palabras por qué la expresión sangre fría es una forma incorrecta de describir a un ectotermo.*

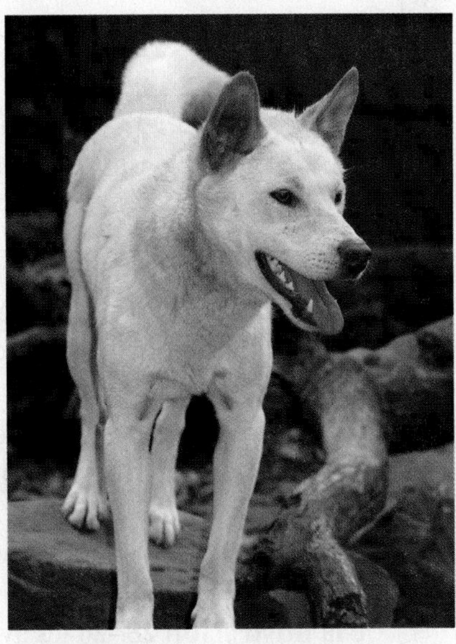

ILUSTRACIÓN 28–28
Endotermo Muchos endotermos, como este dingo, jadean cuando están muy calientes. El jadeo permite que el aire evapore algo de la humedad en la boca y en el tracto respiratorio, ricos ambos en vasos sanguíneos, y enfríe la sangre.

Endotermos Un **endotermo** es un animal que, al menos en parte, regula su temperatura corporal usando el calor que su cuerpo genera. **Los endotermos, como las aves y los mamíferos, tienen tasas metabólicas altas que generan calor, aun cuando estén en reposo.** Las aves conservan el calor corporal principalmente con plumas aislantes, como el plumón esponjoso. Los mamíferos usan combinaciones de grasa corporal y pelo para aislarse. Algunas aves y la mayoría de los mamíferos pueden deshacerse del exceso de calor jadeando, como lo hace el dingo de la **ilustración 28–28.** Los humanos sudan para reducir su temperatura corporal. Conforme el sudor se evapora, se elimina calor de la piel y de la sangre de los capilares debajo de la piel; así, la sangre pierde calor a medida que fluye a través de los capilares fríos.

ILUSTRACIÓN 28–29 Aislamiento endotérmico Al igual que algunos dinosaurios antepasados suyos, las aves modernas como este cardenal norteño usan plumas para mantenerse calientes. Cuando un ave se enfría, su plumón denso y esponjoso se levanta y forma espacios junto a la piel en que el calor corporal queda atrapado.

Comparación de ectotermos y endotermos La ectotermia y la endotermia tienen ventajas y desventajas en diferentes situaciones. Los endotermos se mueven con facilidad durante las noches o en temporadas frías debido a que generan y conservan el calor corporal. Así es como viven en la tundra los bueyes almizcleros y las orcas nadan en los mares polares. Pero la alta tasa metabólica que genera este calor requiere mucho combustible. La cantidad de alimento necesario para mantener viva a una sola vaca sería suficiente para alimentar a diez lagartos de su tamaño.

Los animales ectotérmicos necesitan mucho menos alimento que los endotermos de tamaño similar. En ambientes donde las temperaturas permanecen cálidas y bastante constantes, la ectotermia es una estrategia de energía más eficiente. Pero los ectotermos grandes están en problemas si hace mucho frío por la noche o por largos periodos. Se requiere mucho tiempo para que un animal grande se caliente bajo el sol después de una noche fría. Ésta es una razón por la que la mayoría de los lagartos y los anfibios grandes viven en áreas tropicales o subtropicales.

Evolución del control de la temperatura Hay pocas dudas de que los primeros vertebrados terrestres eran ectotermos. Pero continúan las interrogantes acerca de cuándo y con cuánta frecuencia evolucionó la endotermia. Aunque los reptiles modernos son ectotermos, una gran cantidad de evidencia sugiere que al menos algunos dinosaurios eran endotermos. Se han descubierto recientemente muchos fósiles de dinosaurios emplumados, lo que sugiere que estos animales, como el ave moderna de la **ilustración 21–29,** usaban plumas para su aislamiento. La evidencia actual sugiere que la endotermia se desarrolló al menos dos veces entre los vertebrados. Una vez a lo largo de generaciones de reptiles antiguos, hasta llegar a las aves, y otra vez a lo largo de generaciones de reptiles antiguos hasta llegar a los mamíferos.

28.4 Evaluación

Repaso de conceptos clave

1. **a. Repasar** ¿Cómo el sistema inmunológico y las glándulas endócrinas ayudan a mantener la homeostasis?

   b. Explicar Da un ejemplo de cómo múltiples sistemas corporales funcionan juntos para mantener la homeostasis.

   c. Aplica los conceptos Describe cómo los sistemas circulatorio y endócrino de los ñus migrantes de la **ilustración 28–26** les ayudan a mantener la homeostasis.

2. **a. Repasar** Define ectotermo. Define endotermo.

   b. Explicar ¿Por qué un endotermo debe comer más alimento que un ectotermo del mismo tamaño?

   c. Proponer una hipótesis ¿Cómo las aves y los mamíferos podrían haber desarrollado formas diferentes de aislar sus cuerpos?

RAZONAMIENTO VISUAL

3. Haz una tabla para comparar la ectotermia con la endotermia. Incluye formas de control de la temperatura corporal, tasas relativas de metabolismo, cantidades relativas de alimento ingerido, ventajas, desventajas y ejemplos de animales con cada método de regulación de la temperatura.

BIOLOGY.com Search Lesson 28.4  GO • Self-Test • Lesson Assessment

La biología y la sociedad

¿Salir corriendo?

El entrenador de futbol soccer de Miami estaba disgustado, el equipo de Denver *iba* arriba en la liga, Sus jugadores estaban bien entrenados pero, aún así, varios se derrumbaban por la fatiga en el segundo tiempo. Él sabía que "la ciudad de una milla de altitud" tenía un apodo apropiado: su aire era menos denso que al que estaban acostumbrados sus jugadores. Pero había volado hasta ahí con su equipo tres días antes. ¿Por qué eso no ayudó? Decidió hacer algunas investigaciones.

Descubrió que la menor densidad del aire en Denver significa que cada inhalación tiene 15% menos oxígeno que el que tiene al nivel del mar. Esto significa que hay menos oxígeno que llevar a los pulmones y de la sangre a los músculos. Menos oxígeno disminuye el rendimiento de los músculos que trabajan por largos periodos. El cuerpo puede adaptarse a la altitud, pero le toma alrededor de una semana, así que su estrategia de llegar tres días antes fue insuficiente.

La adaptación a una gran altitud incluye un incremento en la capacidad de los pulmones para llevar oxígeno a la sangre, al igual que una mejora en la capacidad de las células musculares para usar el oxígeno. También aumenta la producción de glóbulos rojos activos, estimulada por una baja disponibilidad de oxígeno. De modo que las personas que viven o entrenan a grandes alturas tienen una ventaja sobre los habitantes de las planicies. Esta información ayuda a explicar por qué los corredores de lugares como Nairobi, Kenya (a 5450 pies de altitud), compiten tan bien en pruebas de resistencia.

El entrenamiento a gran altitud no debería restringirse Varios regímenes de entrenamiento usan legalmente los efectos de la altitud para maximizar el rendimiento. Algunos entrenadores hacen que sus jugadores vivan o entrenen a gran altitud; otros jugadores duermen en tiendas especiales cuyo aire contiene menos oxígeno. Así que incluso equipos que viven en altitudes bajas pueden imitar los efectos de la gran altitud en su entrenamiento. Estas técnicas causan un incremento natural en la producción de la hormona eritropoyetina (EPO) en el cuerpo, la cual estimula la producción de glóbulos rojos que transportan oxígeno.

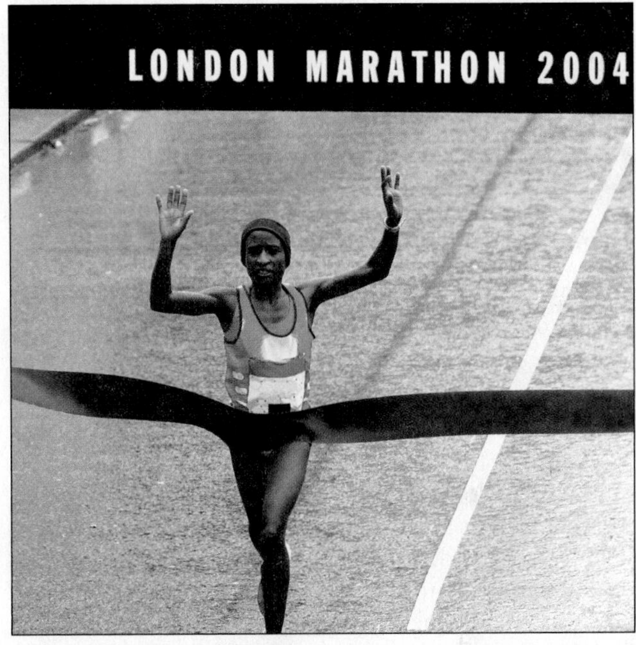

Los maratonistas de élite, como este corredor keniano, con frecuencia viven o entrenan en áreas de gran altitud.

El entrenamiento a gran altitud debería restringirse La inyección de EPO extra durante el entrenamiento (un método biotecnológico de lo que se llama "dopaje con sangre") es ilegal. Los regímenes de entrenamiento a gran altitud son sólo una forma "natural" de lograr exactamente lo que hace el dopaje con sangre. Es injusto y quizá hasta peligroso.

Investiga y decide

1. Analizar los puntos de vista Investiga en la Internet el entrenamiento a gran altitud y el "dopaje con sangre". Compara y contrasta los efectos de los regímenes de entrenamiento a gran altitud con los efectos del dopaje con sangre.

2. Formar una opinión ¿Las regulaciones actuales son justas para los atletas de estados y países de poca altitud?

Laboratorio del mundo real

INVESTIGACIÓN ABIERTA

Preparación para el laboratorio: Comparar huesos de pájaros y mamíferos

Problema ¿La densidad de los huesos de un animal se relaciona con la forma en que se mueve?

Materiales cortes transversales de huesos de pollo, pato y res; lupa; huesos pequeños de pollo, pato y res; balanza

Manual de laboratorio Laboratorio del Capítulo 28

Enfoque en las destrezas Plantear una hipótesis, diseñar un experimento, medir

Conectar con la gran idea Para moverse, un animal debe generar fuerza física y aplicarla contra el aire, el agua o la tierra. La fuerza se genera por la contracción de los músculos. En los vertebrados, los músculos están unidos a los huesos. Las articulaciones que conectan los huesos se doblan o se enderezan cuando grupos de músculos se contraen. Hay un vínculo estrecho entre la estructura de los sistemas esquelético y muscular de un animal y la forma en que se mueve. En este laboratorio investigarás si hay un vínculo similar entre la densidad de los huesos y la forma en que se mueve un animal.

Preguntas preliminares

a. Repasar ¿Qué tipo de esqueleto tienen los vertebrados? Escribe una ventaja de este tipo de esqueleto.

b. Explicar ¿Por qué se necesitan pares de músculos o dos grupos diferentes de músculos para doblar y estirar una articulación?

c. Aplica los conceptos ¿Por qué piensas que los humanos sólo tienen cuatro huesos en cada brazo y cada hombro, pero 27 huesos en cada muñeca y mano? *Pista:* Compara el movimiento de tu brazo y tu mano cuando te abotonas una camisa.

Preguntas previas al laboratorio

Examina el procedimiento en el manual de laboratorio.

1. Comparar y contrastar Compara el tipo de datos que recolectarás en la Parte A con el tipo de datos que recolectarás en la Parte B.
2. Predecir ¿De qué manera la observación de cortes transversales en los huesos te ayudará a plantear una hipótesis de la densidad relativa de los huesos?
3. Diseña un experimento ¿Necesitarás usar muestras con la misma masa en la Parte B? ¿Por qué?

BIOLOGY.com Search Chapter 28 GO

Visita el Capítulo 28 en línea para hacer una autoevaluación del capítulo y para buscar actividades que apoyan tu aprendizaje.

Untamed ScienceVideo Únete al equipo de *Untamed Science* mientras entrevista a expertos para aprender más sobre cómo se determina el sexo de la descendencia en algunos animales.

Art in Motion Observa una animación que muestra el movimiento de las articulaciones en exoesqueletos y endoesqueletos.

Art Review Repasa tu comprensión de los encéfalos de los vertebrados.

InterActive Art Observa la estructura y la función del sistema vascular acuífero en una estrella de mar.

Data Analysis Investiga algunas de las formas en que sobreviven los mamíferos en temperaturas frías.

28 Guía de estudio

La gran idea Estructura y función

Los sistemas nerviosos recolectan y procesan información del ambiente y coordinan las respuestas de los sistemas muscular, endócrino, inmunológico y reproductor, de modo que los animales puedan mantener la homeostasis y reproducirse.

28.1 Respuesta

Cuando un animal responde a un estímulo, los sistemas corporales trabajan juntos para generar una respuesta.

Los sistemas nerviosos de los animales muestran grados diferentes de cefalización y especialización.

Los sistemas sensoriales abarcan desde neuronas sensoriales individuales hasta órganos sensoriales.

neurona (808)
estímulo (808)
neurona sensorial (808)
interneurona (809)
respuesta (809)
neurona motora (809)
ganglio (810)
cerebro (811)
cerebelo (811)

28.2 Movimiento y soporte

Los animales tienen tres clases principales de sistemas esqueléticos: esqueletos hidrostáticos, exoesqueletos y endoesqueletos.

En muchos animales, los músculos trabajan juntos en pares o grupos que están unidos a diferentes partes de un esqueleto de soporte.

esqueleto hidrostático (814)
exoesqueleto (815)
muda (815)
endoesqueleto (815)
articulación (816)
ligamento (816)
tendón (816)

28.3 Reproducción

La reproducción asexual sólo requiere un progenitor, de modo que los individuos pueden reproducirse con rapidez. Pero las crías producidas asexualmente tienen menos diversidad genética que la descendencia producida sexualmente. La reproducción sexual mantiene la diversidad genética en una población al crear individuos con nuevas combinaciones de genes.

Durante la fecundación interna, los huevos se fecundan dentro del cuerpo del individuo que los produce. Durante la fecundación externa, los huevos se fecundan fuera del cuerpo.

Los animales pueden ser ovíparos, ovovivíparos o vivíparos.

Los reptiles, las aves y algunos mamíferos han desarrollado huevos amnióticos en los que un embrión puede desarrollarse sin secarse. Los mamíferos difieren mucho en sus formas de reproducción y desarrollo, pero todos alimentan a sus crías con leche materna.

ovíparo (822)
ovovivíparo (822)
vivíparo (822)
placenta (822)
metamorfosis (823)
ninfa (823)
pupa (823)
huevo amniótico (825)
glándula mamaria (825)

28.4 Homeostasis

Todos los sistemas corporales trabajan juntos para mantener la homeostasis.

La mayoría de los reptiles, invertebrados, peces y anfibios son ectotermos porque regulan la temperatura corporal principalmente captando o liberando calor ambiental. Los endotermos, como las aves y los mamíferos, tienen tasas metabólicas altas que generan calor, aun cuando están en reposo.

glándula endócrina (828)
ectotermo (829)
endotermo (829)

Razonamiento visual

Completa el siguiente mapa de conceptos.

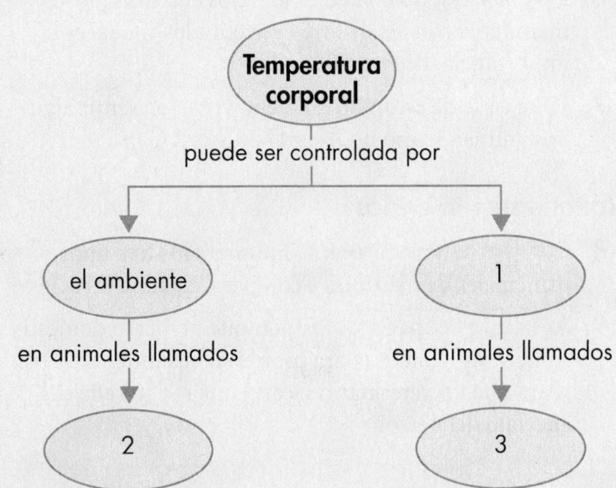

28 Evaluación

28.1 Respuesta

Comprender conceptos clave

1. La información que un organismo recibe del ambiente y causa que responda se llama
   a. respuesta.
   b. estímulo.
   c. reacción.
   d. disparador.
2. Los sistemas nerviosos más simples se llaman
   a. cefalópodos.
   b. neuronas motoras.
   c. redes nerviosas.
   d. neuronas sensoriales.
3. En los vertebrados, la parte del encéfalo que coordina los movimientos corporales es el
   a. lóbulo olfatorio.
   b. lóbulo óptico.
   c. cerebro.
   d. cerebelo.
4. ¿A cuáles estructuras apuntan las flechas en este diagrama?

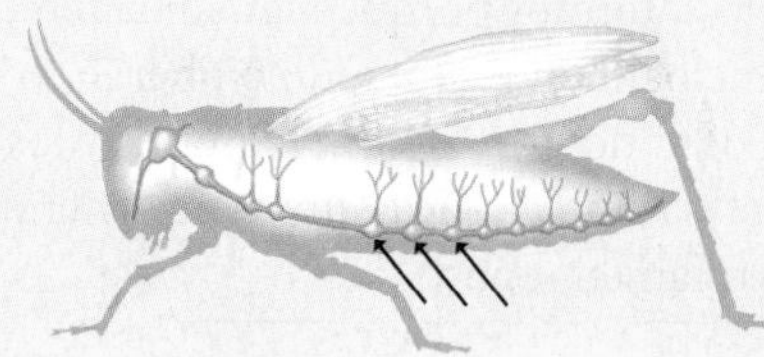

   a. ganglios
   b. encéfalos
   c. redes nerviosas
   d. neuronas motoras
5. ¿Cuáles dos tendencias importantes en la evolución del sistema nervioso muestran los invertebrados?
6. En general, ¿cómo se comparan los encéfalos de los mamíferos con los de otros vertebrados? ¿Cuál es la importancia de esta diferencia?
7. ¿Qué clase de estímulo ambiental pueden sentir algunos animales pero no los humanos?

Razonamiento crítico

8. **Comparar y contrastar** Enumera los tres tipos principales de neuronas y compara sus funciones.
9. **Aplica los conceptos** Supón que un perro doméstico tiene dificultades para coordinar sus movimientos. ¿Para qué un veterinario sacaría una radiografía del encéfalo del perro?

28.2 Movimiento y soporte

Comprender conceptos clave

10. ¿Cuál de los siguientes animales usa un esqueleto hidrostático para moverse?
    a. artrópodo
    b. esponja
    c. pez
    d. anélido
11. El exoesqueleto de un artrópodo ejecuta todas las funciones siguientes excepto
    a. producción de gametos.
    b. protección de órganos internos.
    c. soporte del cuerpo del animal.
    d. prevención de la pérdida de agua corporal.
12. Los vertebrados tienen endoesqueletos hechos de
    a. quitina.
    b. cartílago y/o hueso.
    c. carbonato de calcio.
    d. sólo hueso.
13. Los músculos generan fuerza
    a. sólo cuando se alargan.
    b. sólo cuando se acortan.
    c. cuando se alargan o acortan.
    d. todo el tiempo.
14. ¿Cómo funcionan los músculos de un pez cuando nada?

Razonamiento crítico

15. **Comparar y contrastar** Enumera dos ventajas y dos desventajas de los exoesqueletos y los endoesqueletos.
16. **Aplica los conceptos** Los diagramas siguientes muestran un tipo de sistema esquelético que se encuentra en invertebrados. ¿Cuál es el nombre de este tipo de esqueleto? Describe cómo funciona.

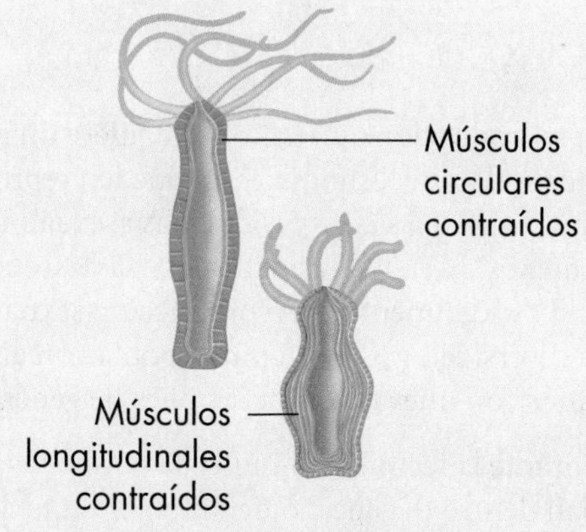

28.3 Reproducción

Comprender conceptos clave

17. Los animales individuales que producen tanto espermatozoides como óvulos se llaman

a. gametos. **c.** fragmentos.
b. hermafroditas. **d.** brotes.

18. Una especie que pone huevos que se desarrollan fuera del cuerpo de la madre es

a. ovípara. **c.** ovovivípara.
b. vivípara. **d.** novípara.

19. En los mamíferos hembra, ¿cuál estructura produce leche para alimentar a las crías?

a. riñón **c.** glándula mamaria
b. pupa **d.** placenta

20. ¿Cuáles de los siguientes mamíferos NO son placentarios?

a. focas **c.** carnívoros
b. marsupiales **d.** primates

21. Describe el ciclo de vida de un cnidario común. Asegúrate de incluir la alternancia de la forma de pólipo con la forma de medusa.

22. Compara la fecundación interna con la externa.

23. ¿Qué ventaja de supervivencia brinda la placenta a los mamíferos?

Razonamiento crítico

24. Comparar y contrastar Describe las diferencias entre un mamífero placentario recién nacido y un marsupial recién nacido.

25. Inferir Muchos mamíferos cuidan a sus crías por períodos prolongados. Este comportamiento de los progenitores no los ayuda a sobrevivir. ¿Por qué entonces el cuidado paterno extendido podría haberse seleccionado en forma natural en estas especies?

28.4 Homeostasis

Comprender conceptos clave

26. El control de las condiciones internas de un animal se llama

a. homeostasis. **c.** endotermia.
b. ectotermia. **d.** reactividad.

resuelve el MISTERIO del CAPÍTULO

¡ES IGUAL A SU MAMÁ!

En mayo de 2007, los investigadores publicaron sus conclusiones. El tiburón cornuda bebé había sido producido por un proceso llamado partenogénesis automictica, en el cual el óvulo no fecundado de la madre se divide y los elementos resultantes se fusionan para formar un cigoto con dos conjuntos de cromosomas idénticos. (Ver abajo.) Por esta razón el tiburón bebé era homocigoto para todos los rasgos y tenía dos conjuntos idénticos de alelos.

Este fue el primer caso registrado de partenogénesis en un pez cartilaginoso. Ahora se ha observado en insectos y, aunque en raras ocasiones, en todos los vertebrados excepto los mamíferos.

Fecundación normal

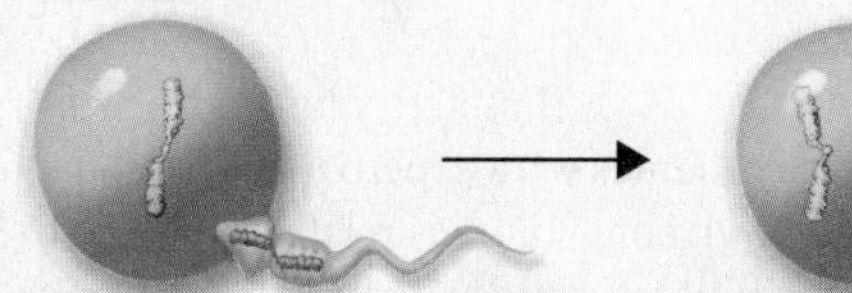

Al óvulo lo fecundan los espermatozoides.

El tiburón bebé tiene un conjunto de cromosomas de cada progenitor.

Partenogénesis automictica.

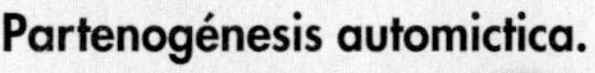

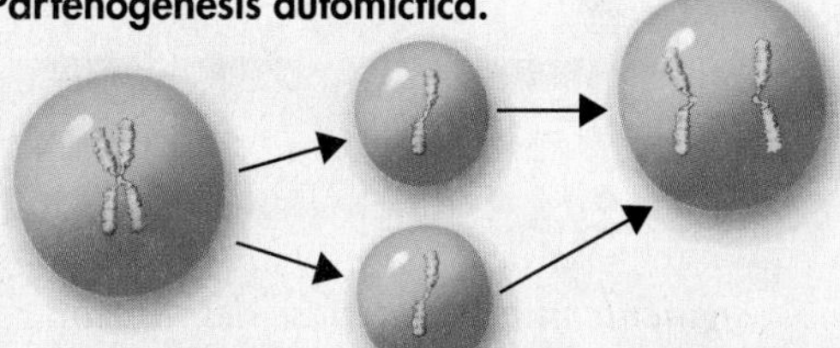

El óvulo se duplica y divide su material genético

Las células nuevas se combinan. El tiburón bebé tiene dos conjuntos de cromosomas idénticos, ambos de la madre.

Hembra Macho

1. Conectar con la gran idea Explica por qué el tiburón bebé *no* era un clon, o copia genética exacta, de su madre (suponiendo que la madre fue concebida por reproducción sexual).

27. La fuente principal de calor para un ectotermo es
- **a.** su alta tasa de metabolismo.
- **b.** el ambiente.
- **c.** su propio cuerpo.
- **d.** su alimento.

28. Los endotermos
- **a.** controlan la temperatura corporal por medio del comportamiento.
- **b.** controlan la temperatura corporal desde adentro.
- **c.** obtienen calor desde fuera de sus cuerpos.
- **d.** tienen tasas de metabolismo relativamente bajas.

29. ¿Cómo ayudan las glándulas endócrinas a regular las actividades corporales?

30. ¿Cuál es la función del sistema inmunológico?

31. Explica las ventajas y desventajas de la ectotermia y la endotermia.

32. ¿Qué sugiere la evidencia actual sobre la evolución de la endotermia?

Razonamiento crítico

33. Aplica los conceptos ¿Cuáles son los dos sistemas corporales que interactúan para llevar hormonas a los órganos que ellos afectan? Describe cómo ocurre esta interacción.

34. Proponer una hipótesis Las aves y los mamíferos viven en biomas calientes y fríos, pero la mayoría de los reptiles y anfibios viven en biomas relativamente cálidos. Plantea una hipótesis que explique esta diferencia.

Relacionar conceptos

Usar gráficas científicas

Usa el diagrama para responder las preguntas 35 y 36.

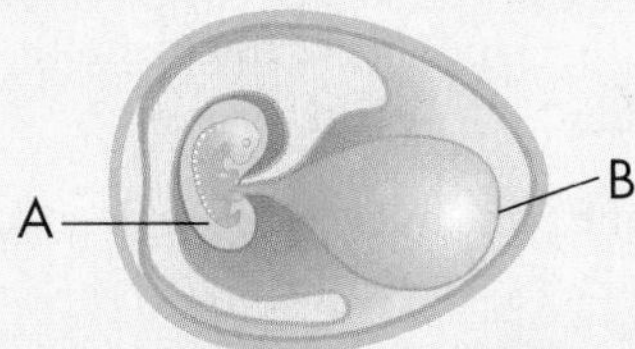

35. Interpretar material visual ¿Cuál es la función de la membrana rotulada con la letra A?

36. Inferir ¿Cuál es la membrana B? ¿Cuál es la función de la estructura que ella rodea?

Escribir sobre las ciencias

37. Explicación Escribe un párrafo en el que compares el encéfalo de un pez con el de un mamífero. En tu párrafo identifica las partes principales del encéfalo y compara sus estructuras y funciones en ambos animales. (*Pista:* Antes de escribir, haz un diagrama de Venn para comparar los dos encéfalos.)

38. Evalúa la gran idea Da un ejemplo de la forma en que el sistema nervioso de un ectotermo podría iniciar un comportamiento que ayudaría al animal a regular su temperatura interna.

Analizar datos

La tabla siguiente muestra la masa del corazón como un porcentaje de la masa corporal total para los humanos y tres tipos de aves.

Corazón	Porcentaje de la masa corporal total
Humano	0.42
Buitre	0.57
Gorrión	1.68
Colibrí	2.37

39. Interpretar tablas ¿Qué animal tiene el corazón más grande en proporción a su masa corporal?

40. Sacar conclusiones Según los datos, ¿qué conclusión general puedes sacar sobre los tamaños relativos del corazón de los humanos y las aves?

41. Proponer una hipótesis Plantea una hipótesis que explique tu conclusión. (*Pista*: Considera las diferentes necesidades de energía de humanos y aves.)

Preparación exámenes estandarizados

Selección múltiple

1. ¿Qué parte del encéfalo de un vertebrado es la región "pensante"?
A bulbo olfatorio
B cerebelo
C cerebro
D bulbo raquídeo

2. Las neuronas que reciben y envían información desde y hacia otras neuronas se llaman
A ganglios.
B neuronas motoras.
C neuronas sensoriales.
D interneuronas.

3. El esqueleto de un tiburón está compuesto principalmente de
A hueso.
B vértebras.
C cartílago.
D tendones.

4. Las articulaciones entre los huesos del esqueleto humano se mantienen unidas principalmente por
A tendones.
B músculos.
C ligamentos.
D piel.

5. En especies ovíparas, los embriones
A se desarrollan en forma interna.
B obtienen nutrientes directamente del cuerpo de la madre.
C obtienen nutrientes del ambiente externo.
D se desarrollan fuera del cuerpo.

6. La mayoría de los animales se reproducen sexualmente produciendo
A yemas.
B clones.
C gametos haploides.
D gametos diploides.

7. Mantener la homeostasis en organismos pluricelulares requiere
A un corazón que funcione de manera apropiada.
B un sistema nervioso.
C hormonas.
D todos los sistemas corporales trabajando juntos.

8. ¿Cuáles de los siguientes tipos de animales son endotérmicos?
A peces y anfibios
B mamíferos y aves
C reptiles y mamíferos
D todos los vertebrados

Preguntas 9 y 10

Estudia la ilustración del encéfalo de un reptil y responde.

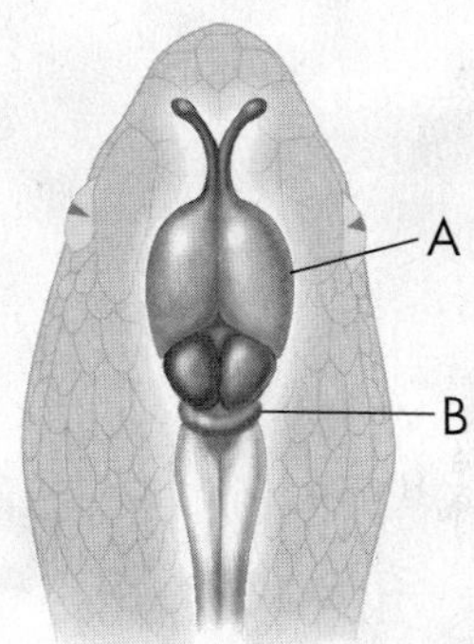

9. ¿Cuál es el nombre de la estructura rotulada con la letra A?
A cerebro
B lóbulo óptico
C cerebelo
D bulbo olfatorio

10. ¿Cuáles son algunas funciones de la estructura rotulada con la letra B?
A visión
B control de las funciones de los órganos internos
C conexión del encéfalo con el resto del cuerpo
D coordinación del movimiento y control del equilibrio

Respuesta de desarrollo

11. ¿Por qué los músculos no pueden funcionar en forma individual?

Si tienes dificultades con...											
la pregunta	1	2	3	4	5	6	7	8	9	10	11
Ver la lección	28.1	28.1	28.2	28.2	28.3	28.3	28.4	28.4	28.1	28.1	28.2

29 Comportamiento animal

La gran idea

Evolución

P: ¿Cómo interactúan los animales entre sí y con su medio ambiente?

Lobos grises peleando

EN ESTE CAPÍTULO:

- 29.1 Elementos del comportamiento
- 29.2 Animales en su medio ambiente

• Untamed Science Video • Chapter Mystery

MISTERIO DEL CAPÍTULO

¿IDENTIFICADOR DE LLAMADAS DE ELEFANTES?

En una tarde cálida y polvorienta en el Parque Nacional Etosha en África, un grupo de elefantes se aproxima a un abrevadero. Comienzan a beber y a salpicar a su alrededor. De pronto, se quedan inmóviles. Uno coloca su trompa plana en el suelo, con la punta señalando hacia sus patas. Pronto, los elefantes se agrupan a la defensiva, empujando a las pequeñas crías hacia el centro del grupo. Algunos colocan peso sobre la parte frontal de sus patas, lo más cercano a pararse sobre las puntas de la pata como pueden hacerlo los elefantes. La mayoría mantiene sus enormes orejas aplanadas contra sus cabezas. Pronto, se alejan del abrevadero arrastrando las patas nerviosamente, permaneciendo en formación defensiva. Los observadores humanos cercanos no pueden ver ni oír nada que pudiera haber alarmado al grupo. ¿Qué están haciendo estos animales y por qué? A medida que leas este capítulo, busca pistas que expliquen el comportamiento de este grupo de elefantes. Luego, resuelve el misterio.

Continúa explorando el mundo.

Hallar la solución al misterio del identificador de llamadas de elefantes sólo es el principio. Emprende un viaje de campo en video con los genios ecólogos de *Untamed Science* para ver adónde conduce este misterio.

29.1 Elementos del comportamiento

Preguntas clave

🔑 ***¿Cuál es la importancia del comportamiento en la evolución de las especies de animales?***

🔑 ***¿Qué es un comportamiento innato?***

🔑 ***¿Cuáles son los tipos principales de aprendizaje?***

🔑 ***¿Cómo surgen muchos comportamientos complejos?***

Vocabulario

comportamiento • comportamiento innato • aprendizaje • habituación • condicionamiento clásico • condicionamiento operante • aprendizaje por discernimiento • impronta

Tomar notas

Mapa de conceptos A medida que leas, haz un mapa de conceptos para organizar la información de esta sección.

PISTA DEL MISTERIO

Los investigadores han observado que los elefantes que viven en otros lugares exhiben comportamientos similares a los de los elefantes en el abrevadero. ¿Qué sugiere esto sobre la importancia de estos comportamientos?

PIÉNSALO En una mesa en un restaurante en la costa caribeña, un joven turista come una hamburguesa, sin percatarse que está siendo observado . . . por una iguana. El lagarto se acerca, luciendo peligroso. El niño lo descubre y, con un grito de temor, salta sobre su silla. Pero la iguana no está interesada en los dedos de los pies humanos. Este lagarto, una especie tímida que vive en los árboles, es vegetariano. Se va derecho a las papas fritas que el niño, en su pánico, tiró al suelo. ¿Qué es tan interesante en esta escena? Estas iguanas por lo común no se acercan a los humanos. Y no son conocidas por ser más inteligentes que, digamos, los perros o los gatos. Pero esta iguana macho particular ha aprendido que acercarse a los humanos puede significar tener un acceso fácil al alimento.

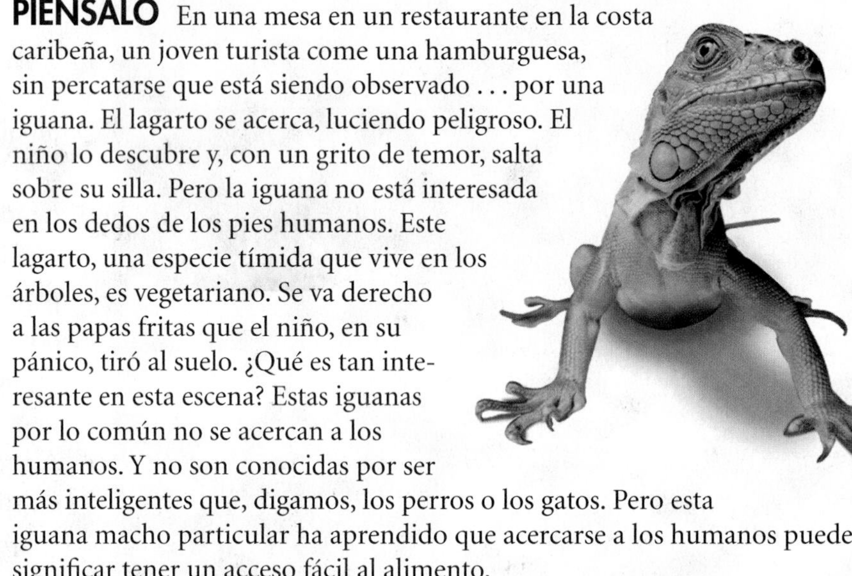

Comportamiento y evolución

🔑 ***¿Cuál es la importancia del comportamiento en la evolución de las especies de animales?***

La actividad de esta iguana hambrienta es sólo un ejemplo del **comportamiento,** el cual por lo general se define como la forma en que un organismo reacciona ante los estímulos en su medio ambiente. Algunos comportamientos son tan simples como un perro que voltea su cabeza y para sus orejas en respuesta a un ruido. Otros comportamientos pueden ser bastante complejos. Por ejemplo, algunos animales lavan ciertos alimentos antes de ingerirlos. Por lo general, los comportamientos se llevan a cabo cuando un animal detecta y responde a una clase de estímulo en su medio ambiente. Sin embargo, la forma en que un animal responde a un estímulo con frecuencia depende de su condición interna. Si nuestra amiga la iguana no hubiera estado hambrienta, por ejemplo, ¡es probable que hubiera guardado su distancia del niño y sus papas fritas!

Muchos comportamientos son esenciales para la supervivencia. Para sobrevivir y reproducirse, los animales deben ser capaces de encontrar y atrapar alimento, seleccionar hábitats, evitar depredadores y encontrar pareja. Por tanto, los comportamientos que hacen posible estas actividades son tan vitales para la supervivencia y reproducción como cualquier característica física, como los dientes o las garras.

Has aprendido cómo los rasgos físicos están moldeados por las instrucciones codificadas en el genoma de un organismo. El sistema nervioso, que hace posible los comportamientos, es influido claramente por los genes. Así, no debería sorprenderte saber que algunos comportamientos también son influidos por los genes y, por tanto, pueden heredarse. Es por esto que ciertos comportamientos pueden evolucionar bajo la influencia de la selección natural, como sucede con los rasgos físicos. Por ejemplo, los genes que codifican el comportamiento de la polilla de la **ilustración 29–1** le ayudan a escapar de los depredadores. **Si un comportamiento influido por los genes incrementa la aptitud de un individuo, ese comportamiento tenderá a extenderse en una población. A lo largo de muchas generaciones, varias clases de comportamientos adaptativos pueden desempeñar funciones centrales en la supervivencia de poblaciones y especies.**

En tu cuaderno *Explica con tus propias palabras cómo puede evolucionar el comportamiento animal por medio de la selección natural.*

ILUSTRACIÓN 29–1 Exhibición antidepredadora Las polillas del género *Automeris* por lo común descansan con sus alas frontales sobre sus alas traseras (izquierda). Si es perturbada, la polilla moverá sus alas frontales para exponer un patrón circular llamativo en sus alas traseras (derecha). Este comportamiento puede ahuyentar a los depredadores que confunden el patrón de las alas traseras de la polilla con los ojos de un búho depredador como el gran búho cornudo. **Inferir** ***Dado que la polilla exhibe este patrón de alas y no se aleja volando cuando enfrenta a un depredador, predice dos características del depredador típico de la polilla.***

Comportamiento innato

¿Qué es un comportamiento innato?

¿Por qué las aves recién salidas del cascarón piden alimento momentos después de haber nacido? ¿Cómo sabe una araña tejer su telaraña? Estos animales exhiben **comportamientos innatos,** también llamados instintos. **Los comportamientos innatos aparecen en forma completamente funcional la primera vez que se ejecutan, aun cuando el animal no haya tenido experiencia previa con los estímulos a los que responde.** La succión o acto de mamar de un mamífero recién nacido es un ejemplo clásico de un comportamiento innato simple. Otros comportamientos innatos, como el tejido de una telaraña por una araña o la construcción de nidos colgantes por aves tejedoras, pueden ser bastante complejos. Todos los comportamientos innatos dependen de patrones de actividad del sistema nervioso que se desarrollan a través de interacciones complejas entre los genes y el medio ambiente. Los biólogos todavía no entienden por completo cómo ocurren estas interacciones, pero es obvia la utilidad de los comportamientos innatos. Les permiten a los animales ejecutar ciertas tareas esenciales para la supervivencia sin necesidad de experiencia.

Comportamiento aprendido

¿Cuáles son los tipos principales de aprendizaje?

Si todos los comportamientos fueran innatos, los animales se verían en dificultades para adaptarse a los cambios impredecibles en su medio ambiente. (Y si todo el comportamiento fuera innato, ¡no estarías leyendo este libro!) Muchos animales complejos viven en ambientes impredecibles, donde su aptitud puede depender de comportamientos que puedan alterarse como resultado de la experiencia. La adquisición de cambios en el comportamiento durante la vida se llama **aprendizaje.**

Muchos animales tienen la capacidad de aprender. Los organismos con sistemas nerviosos simples, como las estrellas de mar, los camarones y la mayoría de otros invertebrados, sólo pueden aprender en raras ocasiones. Entre unos cuantos invertebrados, y muchos cordados, el aprendizaje es común y ocurre bajo una amplia gama de circunstancias. En los animales que cuidan a sus crías, por ejemplo, la descendencia puede aprender comportamientos de sus progenitores o de otros cuidadores. El chimpancé de la **ilustración 29–2** exhibe un comportamiento aprendido complejo: usar una herramienta para recolectar alimento. Los científicos han identificado varias formas diferentes de aprendizaje. **Los cuatro tipos principales de aprendizaje son habituación, condicionamiento clásico, condicionamiento operante y aprendizaje por discernimiento.**

ILUSTRACIÓN 29–2 Comportamiento aprendido Este chimpancé está usando una vara como una herramienta para "pescar" termitas en su nido.

Habituación El tipo más simple de aprendizaje es la habituación. La **habituación** es un proceso por el que un animal disminuye o cesa su respuesta a un estímulo repetitivo que ni recompensa ni daña al animal. Con frecuencia, aprender a ignorar un estímulo que no ofrece ni una recompensa ni una amenaza puede permitir a un individuo invertir su tiempo y energía de manera más eficiente. Considera a la gusana roja común, un invertebrado que ha mostrado ser capaz de aprendizaje simple. Este animal vive en un tubo arenoso que abandona para alimentarse. Si pasa una sombra por lo alto, la gusana se retirará de manera instantánea a la seguridad de su madriguera. No obstante, si pasan sombras repetidas dentro de un intervalo corto, esta respuesta disminuye con rapidez. Cuando la gusana ha aprendido que la sombra no es alimento ni amenaza, dejará de responder. En este punto la gusana se ha habituado al estímulo. En la **ilustración 29–3,** puedes ver aves que se han habituado al estímulo de los autos que pasan.

ILUSTRACIÓN 29–3 Habituación Las aves al lado de un camino vuelan cuando se aproxima un auto (izquierda). Después que han pasado muchos autos y no las han dañado, estas aves (derecha) se han habituado a los autos, y ya no vuelan cuando se aproxima uno.

Condicionamiento clásico Una tarde te sientas a comer una clase de alimento que no habías probado antes. Pero poco después que comienzas a comer, te enfermas por un virus estomacal. Te sientes mejor al día siguiente, pero cuando tus padres te presentan las sobras del mismo alimento, te sientes enfermo otra vez. Desde ese momento, siempre que hueles ese alimento particular, te dan náuseas. Éste es un ejemplo de condicionamiento clásico. El **condicionamiento clásico** es una forma de aprendizaje en la que un determinado estímulo llega a producir una respuesta particular, por lo general a través de la asociación con una experiencia positiva o negativa. En este caso, el estímulo es el olor de ese alimento particular, y la respuesta es la náusea. El alimento no te enfermó, pero has sido condicionado a asociar el olor de ese alimento con la enfermedad.

El condicionamiento clásico se describió por primera vez alrededor de 1900 por el fisiólogo ruso Iván Pavlov, quien estudiaba las respuestas de los perros al alimento. Pavlov notó primero que los perros salivaban como una respuesta innata al alimento. Luego Pavlov descubrió que si siempre hacía sonar una campana cuando le ofrecía alimento, un perro salivaría siempre que escuchara una campana, aun si no estaba presente el alimento. El experimento de Pavlov produjo salivación (una respuesta) en reacción a una campana (un estímulo) asociada con el alimento.

Condicionamiento operante El condicionamiento se usa con frecuencia para entrenar animales. El **condicionamiento operante** ocurre cuando un animal aprende a comportarse en cierta forma mediante la práctica repetida, para recibir una recompensa o evitar un castigo. El condicionamiento operante se describió por primera vez en la década de 1940 por el psicólogo estadounidense B. F. Skinner. Skinner inventó un procedimiento de prueba que usaba una caja llamada "caja de Skinner", la cual contiene un botón o palanca de color que entrega una recompensa de alimento cuando se oprime. Después que un animal es recompensado varias veces, aprende que obtiene alimento siempre que oprime el botón o palanca. En este punto, el animal ha aprendido por condicionamiento operante cómo obtener alimento. La **ilustración 29–4,** muestra cómo puede entrenarse un perro para que toque una campana para que lo dejen salir de la casa.

En ocasiones el condicionamiento operante se describe como una forma de aprendizaje por ensayo y error. El aprendizaje por ensayo y error comienza con un comportamiento aleatorio que es recompensado en un suceso llamado ensayo. La mayoría de los ensayos resultan en errores, pero ocasionalmente un ensayo conducirá a una recompensa o un castigo.

Aprendizaje por discernimiento La forma más complicada de aprendizaje es el aprendizaje por discernimiento, o razonamiento. El **aprendizaje por discernimiento** ocurre cuando un animal aplica algo que ya ha aprendido a una situación nueva, sin un período de ensayo y error. Por ejemplo, si te ponen un problema de matemáticas nuevo en un examen, puedes aplicar principios que ya has aprendido en clase para resolver el problema. El aprendizaje por discernimiento es común entre los humanos y algunos otros primates. En un experimento, un chimpancé hambriento usó aprendizaje por discernimiento para resolver cómo alcanzar una penca de plátanos que colgaban sobre su cabeza. Apiló algunas cajas y trepó hasta arriba de la pila. En contraste, si un perro enreda accidentalmente su correa alrededor de un árbol, por lo general el perro es incapaz de resolver cómo liberarse.

ILUSTRACIÓN 29–4
Condicionamiento operante Un perro roza al azar con su rabo una campana que cuelga del pomo de una puerta (arriba). El dueño responde abriendo la puerta para dejar salir al perro (en medio). Después que ha ocurrido varias veces la secuencia de "tocar la campana; abrir la puerta", el perro ha aprendido a tocar la campana cuando desea salir (abajo).

ILUSTRACIÓN 29–5 Impronta en la naturaleza Esta grulla canadiense bebé se ha improntado de su madre y la seguirá en su vuelo.

Comportamientos complejos

¿Cómo surgen muchos comportamientos complejos?

Aunque los comportamientos pueden aprenderse, con frecuencia implican componentes innatos significativos. **Muchos comportamientos complejos combinan comportamiento innato con aprendizaje.** Las crías de gorrión blanco coronado, por ejemplo, tienen una capacidad innata para reconocer el canto de su propia especie y distinguirlo de los cantos de otras especies. Sin embargo, para cantar el canto completo específico de su especie, los pájaros jóvenes deben escuchar cantar a los adultos.

Otro ejemplo de comportamiento con componentes innatos y aprendidos se llama impronta. Algunos animales, como las aves, reconocen y siguen al primer objeto móvil que vean durante un tiempo crítico al inicio de su vida. Este proceso se llama **impronta.** ¿Cómo implica la impronta tanto comportamiento innato como aprendido? Las aves jóvenes tienen un impulso innato de seguir al primer objeto móvil que vean. Pero no nacen sabiendo cómo se verá ese objeto, de modo que deben aprender de la experiencia a qué seguir. Por lo general, las aves como las grullas se improntan de su madre, como se muestra en la **ilustración 29–5**.

Actividad rápida de laboratorio

INVESTIGACIÓN DIRIGIDA

¿Qué tipo de aprendizaje es la práctica?

1. Traza líneas rectas en un pedazo de papel para dividirlo en varias secciones de diferentes tamaños y formas. Luego, corta el papel en secciones a lo largo de esas líneas.
2. Revuelve las piezas y luego tómale el tiempo a otro estudiante mientras trata de rearmar las piezas. Anota cuánto le toma al estudiante hacer esta tarea.
3. Repite el paso 2 tres veces. Haz una gráfica que muestre cómo cambió el tiempo necesario para armar el rompecabezas con la práctica repetida.

Analizar y concluir

1. Analizar datos Explica la forma de tu gráfica. ¿Cómo cambió el tiempo necesario para volver a armar las piezas con los ensayos repetidos?

2. Sacar conclusiones ¿Qué clase de aprendizaje se exhibió en esta actividad? ¿Fue habituación, condicionamiento clásico, condicionamiento operante o alguna otra clase de aprendizaje? Explica tu respuesta.

Una vez que ha ocurrido la impronta, el comportamiento queda fijado. En ocasiones, el objeto fijado de la impronta se muestra más adelante en la vida. Cuando los gansos bebés maduran, por ejemplo, buscan parejas que se parezcan al individuo del que se improntaron cuando eran pequeños. En la naturaleza, éste casi siempre es su madre, y por consiguiente un miembro de su propia especie. Cuando los humanos se involucran, son posibles cosas raras. Un investigador arregló que unos gansos bebés se improntaran de él. Fue divertido observar a estas aves siguiéndolo a todas partes. Divertido, es decir, hasta que las aves maduraron, ¡y comenzaron a cortejar al investigador! En ocasiones los experimentos han causado incluso que las aves se improntenen objetos como el títere que la persona lleva puesto en la **ilustración 29–6.**

ILUSTRACIÓN 29–6 Impronta en cautiverio Estas grullas recién nacidas criadas en cautiverio se han improntado de un títere en forma de ave de cabeza roja que un investigador lleva puesto en la mano. Más tarde, ese títere se usa para introducir a estas aves en la naturaleza guiándolas a lo largo de una ruta de migración que por lo común aprenderían siguiendo a sus padres.

La impronta no tiene que implicar la visión. Los animales pueden improntarse de sonidos, olores o cualesquiera otras pistas sensoriales. El salmón recién nacido, por ejemplo, se impronta del olor del arroyo en el que nació. Luego los salmones jóvenes se dirigen al mar. Años después, cuando madura, el salmón recuerda el olor de su arroyo natal y regresa ahí para desovar.

29.1 Evaluación

Repaso de conceptos clave

1. a. Repasar ¿Qué es el comportamiento?

b. Aplica los conceptos ¿Cómo afecta la selección natural al comportamiento animal?

2. a. Repasar ¿Cómo sabe un animal recién nacido exactamente "qué hacer" en el momento en que nace?

b. Predecir ¿Qué sucedería si un gato recién nacido no tuviera el instinto de mamar?

3. a. Repasar ¿Cuáles son los cuatro tipos de aprendizaje?

b. Aplica los conceptos Da un ejemplo de cómo aprenden los humanos a través del condicionamiento clásico.

4. a. Repasar ¿Qué aspecto de la impronta es innato? ¿Qué aspecto es aprendido?

b. Inferir ¿Cómo podría afectar a un animal recién nacido aislarlo de miembros de su propia especie?

Aplica la gran idea

Evolución

5. Usa lo que has aprendido en esta lección para explicar por qué las respuestas conductuales son importantes para la supervivencia de una especie.

BIOLOGY.com Search Lesson 29.1  • Lesson Assessment • Self-Test

La biología y la sociedad

¿Se deben mantener los mamíferos marinos en cautiverio?

Muchos tipos de mamíferos marinos, incluyendo los delfines, las orcas y las focas, se mantienen en cautiverio en exhibiciones con propósitos educativos, de entretenimiento y de investigación. No obstante, hay un fuerte debate sobre si la exhibición pública de estos animales es ética. ¿Debería prohibirse la captura de mamíferos marinos para su exhibición pública?

Puntos de vista

El cautiverio debería prohibirse Algunas personas sienten que no se justifica capturar y entrenar mamíferos marinos con propósitos meramente de entretenimiento. Creen que debido a que los mamíferos marinos son sociables por naturaleza, con lazos familiares fuertes, no son adecuados para capturarlos o confinarlos. A estas personas les preocupa que el proceso de captura trastorne a los grupos sociales.

Aquellos que se oponen al cautiverio de los mamíferos marinos también argumentan que ese confinamiento coloca a los animales en una situación poco natural, monótona, limitada y poco saludable. En libertad, las ballenas y los delfines viajan distancias largas y se sumergen mucho más profundo que en un tanque de exhibición poco profundo. También se dice que la interacción humana con mamíferos marinos cautivos eleva el riesgo de transmitir enfermedades a los animales.

El cautiverio debería permitirse Otras personas creen que tenemos la obligación de transmitir conocimiento del mundo natural al público exhibiendo animales y educándonos acerca de ellos. La información obtenida al observar animales cautivos e interactuar con ellos puede ser útil para manejar sus poblaciones en libertad. Muchas personas argumentan que los efectos adversos del cautiverio son superados con creces por los beneficios de la conservación, un aumento en el aprecio de los humanos por los animales y el avance del conocimiento científico. También hay evidencia de que las interacciones humanas con delfines cautivos pueden ayudar a las personas con discapacidades, como el autismo.

Investiga y decide

1. Analizar los puntos de vista Para tomar una decisión informada, aprende más sobre este asunto consultando recursos en la biblioteca o en la Internet. Luego, enumera las opciones para la educación, entretenimiento e investigación que impliquen mamíferos marinos. ¿Cuáles son los beneficios? ¿Cuáles son los costos?

2. Formar una opinión ¿Se deben mantener los mamíferos en cautiverio? ¿Hay algunos casos en los que el cautiverio es una buena solución y otros casos en los que no lo es? Explica.

29.2 Animales en su medio ambiente

PIÉNSALO Mientras el crepúsculo cae en un arrecife de coral, sus habitantes actúan como viajeros suburbanos de Nueva York durante la hora pico de la tarde: trabajadores diurnos, cuyos "trabajos" implican alimentarse cerca del arrecife, se dirigen a casa. Algunos forman líneas y crean embotellamientos de tráfico mientras se apresuran para colocarse en "edificios de departamentos": grietas, hendiduras y cuevas en el arrecife donde descansarán hasta el amanecer. Por un tiempo, los depredadores del crepúsculo amenazan a cualesquier peces diurnos rezagados desorientados por la penumbra. Entonces surge el turno nocturno. Estas criaturas de la oscuridad pueden tener enormes ojos de mirada fija, o ninguno en absoluto. Se apoderan de la metrópolis de coral por la noche. Al amanecer, el ciclo se invierte. Las criaturas de la noche desaparecen, y comienza la jornada laboral.

Preguntas clave

¿Cómo afectan los cambios ambientales al comportamiento animal?

¿Cómo los comportamientos sociales incrementan la aptitud evolutiva de un animal?

¿Cómo se comunican los animales con otros en su medio ambiente?

Vocabulario

ritmo circadiano • migración • cortejo • territorio • agresión • sociedad • selección de parentesco • comunicación • lenguaje

Tomar notas

Esquema Antes de leer, usa los encabezados de esta lección para hacer un esquema sobre los animales en su medio ambiente. A medida que leas, agrega detalles a tu esquema.

Ciclos conductuales

¿Cómo afectan los cambios ambientales al comportamiento animal?

El cambio diario en los arrecifes de coral es un ejemplo de los ciclos regulares de la naturaleza. **Muchos animales responden a cambios periódicos del medio ambiente con ciclos de comportamiento diarios o estacionales.** Los ciclos conductuales que ocurren diario, como los del arrecife de coral, se llaman **ritmos circadianos.** Tú duermes de noche y asistes a la escuela durante el día en otro ejemplo de un ritmo circadiano.

Otros ciclos son estacionales. En regiones templadas y polares, muchas especies están activas en primavera, verano y otoño, pero entran en un estado de letargo, o somnolencia, en el invierno, llamado hibernación. Esto le permite sobrevivir períodos en que el alimento y otros recursos pueden no estar disponibles.

Otro tipo de comportamiento estacional es la **migración,** el movimiento estacional de un medio ambiente a otro. Muchas especies de animales migran, con frecuencia distancias enormes. La **ilustración 29–7** muestra la migración larga de las tortugas verdes marinas. La migración permite a los animales sacar ventaja de las condiciones ambientales favorables. Por ejemplo, muchos pájaros cantores viven en regiones tropicales donde las temperaturas son moderadas y el alimento está disponible durante los inviernos norteños. Cuando estas aves vuelan al norte en la primavera, sacan ventaja del alimento estacionalmente abundante y encuentran espacio para anidar y criar a sus polluelos.

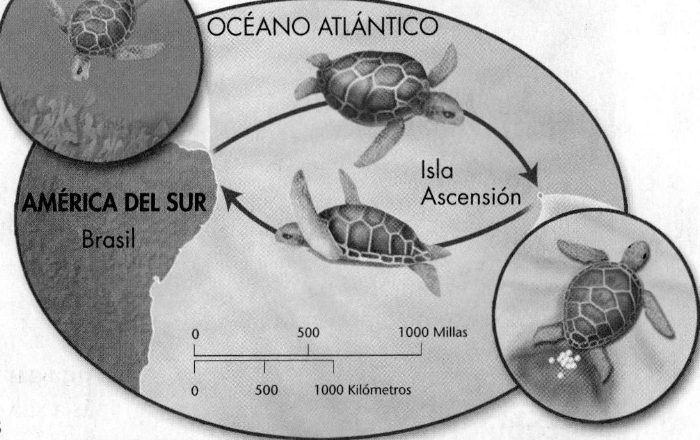

ILUSTRACIÓN 29–7 Comportamiento estacional de las tortugas verdes marinas Cada año, las tortugas verdes marinas migran de un lado a otro entre sus zonas de alimentación en la costa de Brasil y sus zonas de anidación en la isla Ascensión.

ILUSTRACIÓN 29–8 Tipos de comportamiento social
Comportamientos sociales como el cortejo y marcar el territorio ayudan a definir los grupos sociales.

▲ Los alcatraces realizan un ritual de cortejo.

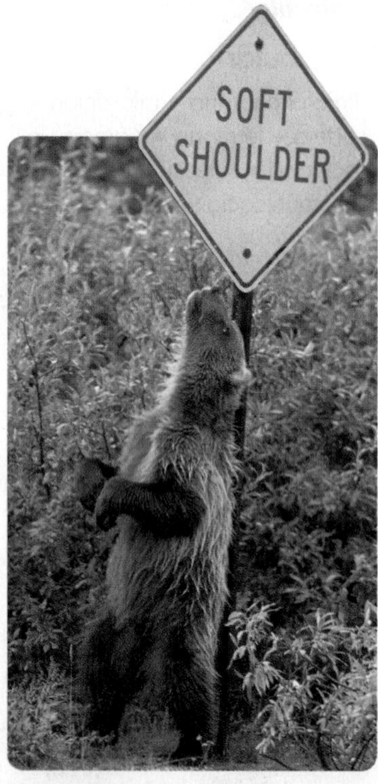

▲ Un oso pardo marca su territorio con su pelaje y aroma.

DESARROLLAR el vocabulario

ORIGEN DE LAS PALABRAS El adjetivo *social* se relaciona con las palabras en latín *socialis,* que significa "social", y *societas,* que significa "compañía". Los animales que son sociales pasan la mayor parte de su tiempo en un grupo.

Comportamiento social

¿Cómo los comportamientos sociales incrementan la aptitud evolutiva de un animal?

Siempre que las aves cantan, los borregos cimarrones se dan topetazos o los chimpancés se acicalan entre sí, se están ocupando en el comportamiento social. Los comportamientos sociales incluyen cortejo, territorialidad, agresión y la formación de sociedades. **Elegir parejas, defenderse o reclamar territorios o recursos, y formar grupos sociales puede incrementar la aptitud evolutiva.**

Cortejo Para las especies animales que se reproducen sexualmente, la supervivencia evolutiva requiere que los individuos localicen y se apareen con otro miembro de su especie al menos una vez. El **cortejo** es el comportamiento en el que los miembros de un sexo (por lo general machos) anuncian su disposición a aparearse, y los miembros del sexo opuesto (por lo general hembras) eligen cuál pareja aceptarán. Por lo común, los machos envían señales, sonidos, exhibiciones visuales o sustancias químicas, que atraen a las hembras. La vibración musical de una rana arborícola, por ejemplo, es una llamada de apareamiento.

En algunas especies, el cortejo implica una serie complicada de comportamientos llamados rituales. Un ritual es una serie de comportamientos ejecutados de la misma manera por todos los miembros de una población con el propósito de comunicarse. La mayoría de los rituales consiste en señales y respuestas específicas que continúan hasta que ocurre el apareamiento. Por ejemplo, los alcatraces comunes establecen lazos "apuntando con el pico", entrelazan sus cuellos mientras apuntan sus picos hacia el cielo, un comportamiento que puedes ver en la **ilustración 29–8.**

Territorialidad y agresión Muchos animales se comportan en formas que previenen que otros individuos usen recursos limitados. Con frecuencia, estos animales ocupan un área específica, o **territorio,** que defienden contra competidores. Los territorios por lo general contienen recursos, como alimento, agua, sitios de anidación, refugios y parejas potenciales, los cuales son necesarios para la supervivencia y reproducción. Si un rival entra en un territorio, el "propietario" del territorio lo ataca en un esfuerzo por alejar al rival. Los osos pardos con frecuencia marcarán sus territorios con su pelaje y aroma al rascar sus lomos sobre superficies duras, como árboles o postes de señales.

Mientras compiten por recursos, los animales también pueden mostrar **agresión,** comportamientos amenazadores para ejercer dominio sobre otro. Las peleas entre leones marinos machos por territorio y "harenes" de hembras pueden dejar ensangrentados a ambos rivales.

Sociedades animales Una **sociedad** animal es un grupo de animales de la misma especie que interactúan en forma estrecha y con frecuencia cooperan. Los mamíferos forman muchos tipos de sociedades, las cuales ofrecen una gama de ventajas. Las cebras y otros rumiantes, por ejemplo, están más a salvo de los depredadores cuando son parte de un grupo que cuando están solos. Las sociedades también pueden mejorar la capacidad de los animales para cazar, proteger su territorio, defender a sus crías o pelear con rivales. En las jaurías de licaones o perros salvajes africanos, por ejemplo, las hembras adultas se turnan para proteger a todos los cachorros de la jauría, mientras los otros adultos cazan su presa. Los macacos, babuinos y otras sociedades de primates cazan juntos, viajan en busca de territorios nuevos e interactúan con sociedades vecinas.

Los miembros de una sociedad con frecuencia están relacionados entre sí. Las manadas de elefantes, por ejemplo, consisten en madres, tías y sus crías. (Los machos son expulsados cuando alcanzan la pubertad.) La teoría de la **selección de parentesco** sostiene que ayudar a los parientes puede mejorar la aptitud evolutiva de un individuo debido a que los individuos relacionados comparten una proporción grande de sus genes. Entonces, ayudar a un pariente a sobrevivir aumenta la probabilidad de que los genes que un individuo comparte con ese pariente pasarán a la descendencia.

Los ejemplos más extremos de parentesco, y las sociedades animales más complejas (aparte de las humanas), son los insectos sociales como hormigas, abejas y avispas. En sus colonias, todos cooperan para construir nidos complejos. En una colonia de hormigas, como la de la **ilustración 29–9,** todas las obreras son hembras con un parentesco muy cercano, así que comparten una proporción grande de los genes de las demás. Como también son estériles, ayudan a su "madre" (la reina) a reproducirse y criar a sus "hermanas" (otras obreras). Las hormigas macho sólo funcionan para fecundar a la reina.

PISTA DEL MISTERIO

Cuando son amenazados por depredadores, los elefantes adultos en una manada forman un círculo defensivo alrededor de los miembros más jóvenes. ¿Qué puede haber desencadenado este comportamiento en los elefantes en el abrevadero?

ILUSTRACIÓN 29–9 Una sociedad de hormigas En una sociedad de hormigas cortadoras coloradas, sólo una reina se reproduce. Las demás hormigas realizan otras tareas.

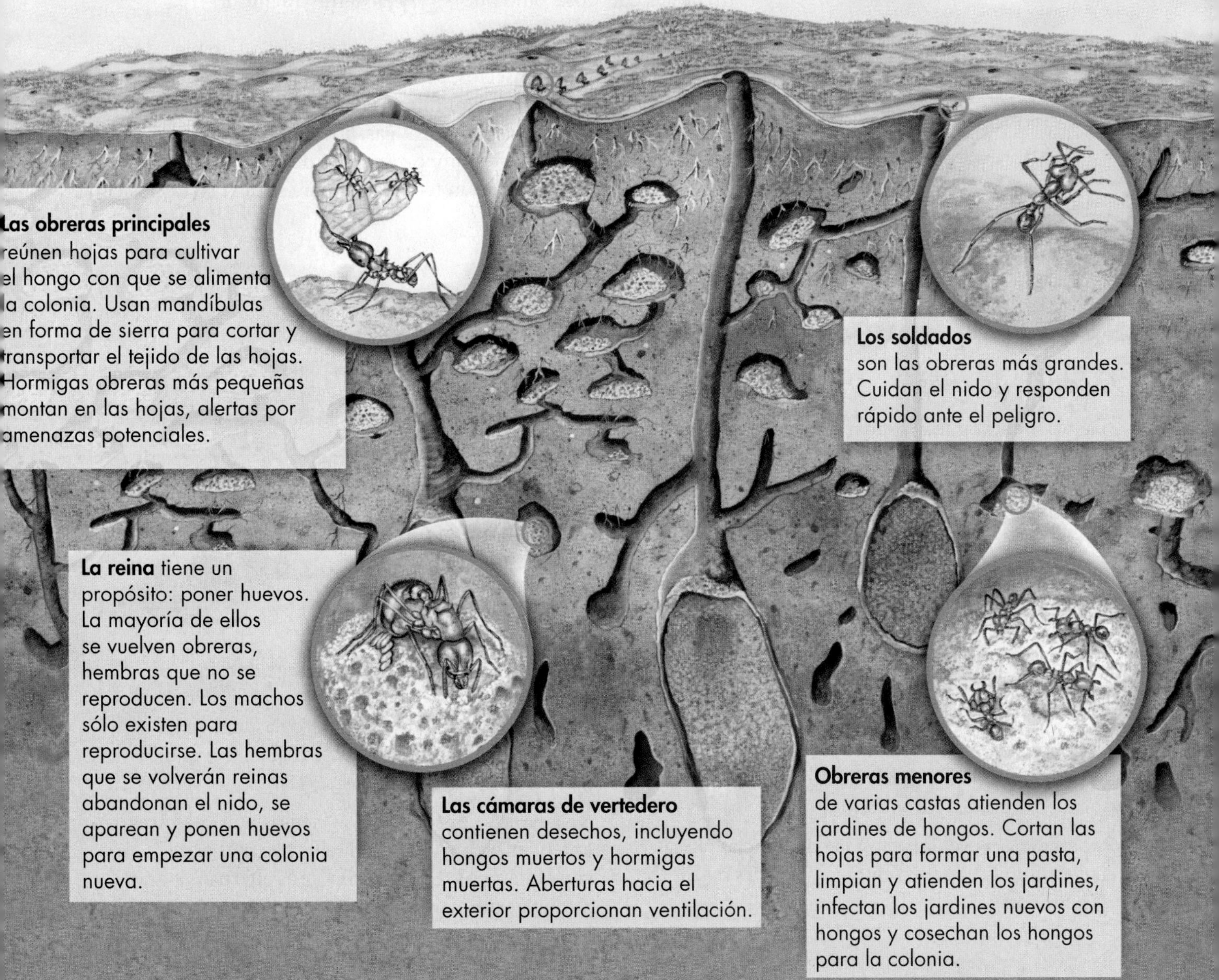

Las obreras principales reúnen hojas para cultivar el hongo con que se alimenta la colonia. Usan mandíbulas en forma de sierra para cortar y transportar el tejido de las hojas. Hormigas obreras más pequeñas montan en las hojas, alertas por amenazas potenciales.

Los soldados son las obreras más grandes. Cuidan el nido y responden rápido ante el peligro.

La reina tiene un propósito: poner huevos. La mayoría de ellos se vuelven obreras, hembras que no se reproducen. Los machos sólo existen para reproducirse. Las hembras que se volverán reinas abandonan el nido, se aparean y ponen huevos para empezar una colonia nueva.

Las cámaras de vertedero contienen desechos, incluyendo hongos muertos y hormigas muertas. Aberturas hacia el exterior proporcionan ventilación.

Obreras menores de varias castas atienden los jardines de hongos. Cortan las hojas para formar una pasta, limpian y atienden los jardines, infectan los jardines nuevos con hongos y cosechan los hongos para la colonia.

ILUSTRACIÓN 29–10 Tipos de comunicación Diferentes animales dependen de diferentes métodos de comunicación para hacer que su mensaje se entienda. Las luciérnagas, por ejemplo, destellan una luz generada dentro de sus cuerpos para atraer parejas.

Comunicación

¿Cómo se comunican los animales con otros en su medio ambiente?

Debido a que el comportamiento social implica a más de un individuo, requiere **comunicación,** la transmisión de información de un organismo a otro. **Los animales pueden usar una variedad de señales para comunicarse entre sí. Algunos animales también son capaces de usar lenguaje.** Las técnicas específicas que usan los animales depende de los tipos de estímulos que pueden detectar sus sentidos.

Señales visuales Muchos animales tienen ojos que sienten las formas y los colores al menos tan bien como lo hacen los humanos, y con frecuencia usan señales visuales. Por ejemplo, los calamares, los cuales tienen ojos grandes, cambian su color para transmitir una variedad de señales. En muchas especies de animales, los machos y las hembras tienen patrones de color diferentes, y los machos usan exhibiciones de color para anunciar su disposición para aparearse. Algunos animales, como las luciérnagas, incluso envían señales usando luz generada dentro de sus cuerpos, como puedes ver en la **ilustración 29–10.**

Señales químicas Los animales con sentidos del olfato bien desarrollados, incluyendo insectos, peces y muchos mamíferos, pueden comunicarse con sustancias químicas. Por ejemplo, algunos animales, incluyendo lampreas, abejas y hormigas, liberan feromonas, mensajeros químicos que afectan el comportamiento de otros individuos de la misma especie, para marcar un territorio o para señalar su disposición para aparearse.

Analizar datos

Cuidado de crías

¿La experiencia puede ayudar a los animales aparte de los humanos a aprender a cuidar mejor a sus crías? Los datos de la derecha son de estudios de campo de un ave marina, la pardela cola corta. Cada pareja sólo produce un huevo al año. Si ese huevo se rompe o si el polluelo muere, el huevo no se reemplaza. La gráfica muestra el porcentaje de huevos que se desarrollan como crías que pueden volar solas, con relación a la experiencia de reproducción de los progenitores. Esta razón se llama éxito reproductivo.

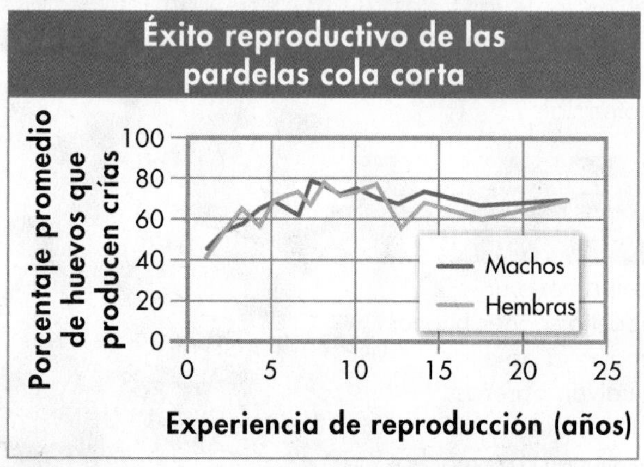

1. Interpretar tablas ¿Cuál es la tasa de éxito aproximada de una pardela hembra con cinco años de experiencia de reproducción?

2. Comparar y contrastar ¿Hay diferencias obvias en el éxito reproductivo entre las pardelas machos y las hembras?

3. Sacar conclusiones ¿Las pardelas más viejas tienen mejor éxito reproductivo que las aves más jóvenes? Explica tu respuesta.

4. Proponer una hipótesis ¿Piensas que estas aves aprenden a criar a sus polluelos con más éxito con el tiempo? ¿Hay una hipótesis alternativa que pudiera explicar estos datos?

Señales sonoras La mayoría de las especies animales que tienen capacidades vocales y un buen sentido de la audición se comunican usando el sonido. Algunos han evolucionado sistemas de comunicación complejos. Los delfines se comunican en el océano usando señales sonoras. Los delfines nariz de botella tienen su propio silbido de "firma" único que, de manera sorprendente, funciona para informar a otros quién está enviando la comunicación. Los elefantes también hacen sonidos distintivos, tanto con su aparato vocal como con sus patas, que pueden identificarlos. Los elefantes, y algunos otros animales, pueden enviar mensajes que el receptor siente en lugar de oír.

Lenguaje La forma más complicada de comunicación es el lenguaje. El **lenguaje** es un sistema de comunicación que combina sonidos, símbolos y gestos de acuerdo con reglas sobre la secuencia y significado, como la gramática y la sintaxis. Muchos animales, incluyendo elefantes, primates y delfines como los de la **ilustración 29–11,** tienen sistemas de comunicación complejos. Algunos incluso parecen tener "palabras", llamadas con significados específicos como "leones merodeando". Muchas especies, incluyendo las abejas melíferas, transmiten información compleja usando varias clases de señales. Sin embargo, al parecer los animales no entrenados no usan las reglas de gramática y sintaxis que usamos para definir el lenguaje humano.

ILUSTRACIÓN 29–11
Lenguaje Los delfines parecen tener un lenguaje propio.

En tu cuaderno *Distingue entre señales sonoras y lenguaje.*

29.2 Evaluación

Repaso de conceptos clave

1. a. Repasar Nombra dos formas en las que el comportamiento animal se relaciona con ciclos ambientales.

b. Aplica los conceptos Los viajeros que cruzan los husos horarios con frecuencia experimentan lo que se conoce como desfase horario, el cual incluye fatiga y trastorno de los patrones de sueño. ¿Cómo puedes explicar esta condición?

2. a. Repasar Enumera tres tipos de comportamiento social.

b. Relacionar causa y efecto ¿Cómo pertenecer a una sociedad aumenta la aptitud evolutiva de los individuos en la sociedad?

3. a. Repasar ¿Cuáles son las principales formas de comunicación entre los animales?

b. Sacar conclusiones Supón que descubres un tipo nuevo de animal que es muy diferente en apariencia de otros animales que has visto. ¿Observar los órganos de los sentidos de este animal podría ayudarte a entender si se comunica y cómo lo hace?

Aplica la gran idea

Evolución

4. Explica dos formas en que el comportamiento social de un animal puede influir en su aptitud evolutiva.

BIOLOGY.com Search Lesson 29.2  • Self-Test • Lesson Assessment • Art Review

Laboratorio: diseña una actividad

INVESTIGACIÓN ABIERTA

Preparación para el laboratorio: Huellas de termita

Problema ¿Cómo puedes determinar el tipo de estímulo que desencadena una respuesta particular?

Materiales cajas de petri, papel, tijeras, termitas, pinceles pequeños, fórceps, bolígrafos, bolígrafos de punta deslizable y bolígrafos de punta de fieltro

Manual de laboratorio Laboratorio del Capítulo 29

Enfoque en las destrezas Predecir, proponer una hipótesis, diseñar un experimento, sacar conclusiones

Conectar con la gran idea Los animales reaccionan a su medio ambiente mientras buscan alimento, evitan depredadores y buscan una pareja. La supervivencia de una especie puede depender de estos comportamientos. Algunos comportamientos son heredados y evolucionan con el tiempo debido a la selección natural. A lo largo de muchas generaciones, los comportamientos que ayudan a los animales a sobrevivir se diseminan en una población. Los comportamientos que no son adaptativos se vuelven menos comunes. En este laboratorio observarás un comportamiento heredado de las termitas. Luego diseñarás un experimento para determinar el tipo de estímulo que desencadena el comportamiento.

Preguntas preliminares

a. Repasar ¿Cómo se define por lo general un comportamiento?

b. Explicar ¿Cómo ayudan los comportamientos innatos, o instintos, a sobrevivir a los animales?

c. Inferir Ves a una hormiga caminar por el suelo. Un minuto después, ves a otra hormiga caminar por la misma línea exacta. ¿Qué tipo de comunicación piensas que se está dando?

Preguntas previas al laboratorio

Examina el procedimiento en el manual de laboratorio.

1. Controlar variables ¿Por qué piensas que las instrucciones te piden trazar una figura del número ocho en lugar de una línea recta?

2. Sacar conclusiones ¿Cómo decidirás si una termita tiene una reacción positiva, una reacción negativa o ninguna reacción ante un estímulo?

3. Predecir Lee las páginas 850 y 851 de tu libro de texto. ¿Cuáles de las señales descritas podría ser un estímulo para la termita en esta actividad? Explica tu respuesta.

Visita el Capítulo 29 en línea para hacer una autoevaluación del capítulo y para buscar actividades que apoyan tu aprendizaje.

Untamed Science Video Mira cómo las tecnologías más recientes ayudan a los exploradores de *Untamed Science* a seguirle la pista a los movimientos de diferentes animales.

Data Analysis Mira cómo los investigadores mejoran la comprensión del comportamiento de migración de los animales al mejorar la tecnología para reunir datos.

Tutor Tube ¿Instinto? Clasifica términos del comportamiento cotidianos y científicos.

Art Review Identifica las estrategias de comunicación de los animales.

Art in Motion Observa el comportamiento social en una población.

29 Guía de estudio

La gran idea Estructura y función

El comportamiento animal puede ser innato, aprendido o una combinación de ambos. El comportamiento de un animal se ve afectado por otros organismos y por cambios en su medio ambiente.

29.1 Elementos del comportamiento

Si un comportamiento que es influido por los genes incrementa la aptitud de un individuo, ese comportamiento tenderá a extenderse en una población. A lo largo de muchas generaciones, varias clases de comportamientos adaptativos pueden desempeñar funciones centrales en la supervivencia de poblaciones y especies.

Los comportamientos innatos aparecen en forma completamente funcional la primera vez que se ejecutan, aun cuando el animal no haya tenido experiencia previa con los estímulos a los que responde. Los comportamientos innatos también se llaman instintos.

Los cuatro tipos principales de aprendizaje son habituación, condicionamiento clásico, condicionamiento operante y aprendizaje por discernimiento.

Muchos comportamientos complejos combinan comportamiento innato con aprendizaje.

comportamiento (840)
comportamiento innato (841)
aprendizaje (842)
habituación (842)
condicionamiento clásico (843)
condicionamiento operante (843)
aprendizaje por discernimiento (843)
impronta (844)

29.2 Animales en su medio ambiente

Muchos animales responden a cambios periódicos del medio ambiente con ciclos de comportamiento diarios o estacionales.

Elegir parejas, defenderse o reclamar territorios o recursos, y formar grupos sociales puede incrementar la aptitud evolutiva.

Los animales pueden usar una variedad de señales para comunicarse entre sí. Algunos animales también son capaces de usar lenguaje.

ritmo circadiano (847)
migración (847)
cortejo (848)
territorio (848)
agresión (848)
sociedad (848)
selección de parentesco (849)
comunicación (850)
lenguaje (851)

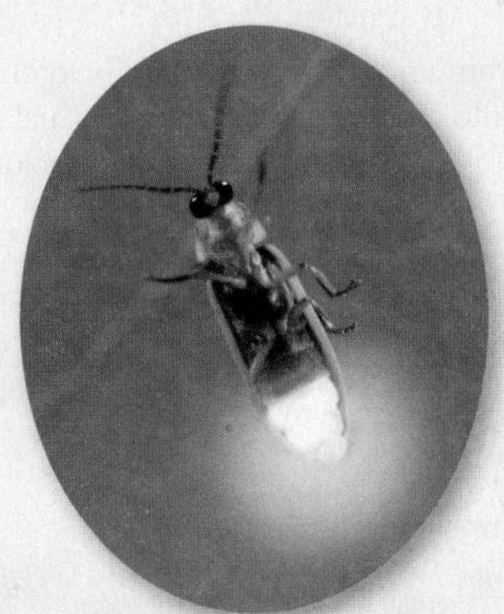

Razonamiento visual Usa la información de este capítulo para completar el siguiente mapa de conceptos:

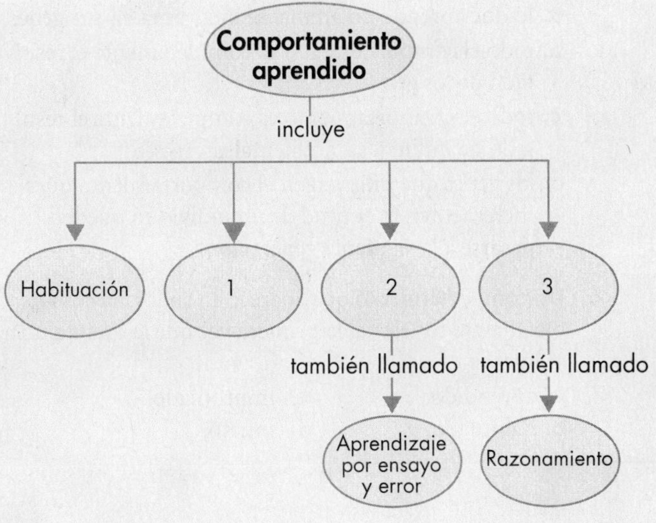

29 Evaluación

29.1 Elementos del comportamiento

Comprender conceptos clave

1. La forma en que un organismo reacciona a los estímulos de su medio ambiente se llama

a. comportamiento. **c.** condicionamiento.
b. aprendizaje. **d.** impronta.

2. Una disminución en la respuesta a un estímulo que no recompensa ni daña a un animal se llama

a. instinto.
b. condicionamiento operante.
c. habituación.
d. condicionamiento clásico.

3. El aprendizaje por discernimiento es común entre

a. perros. **c.** aves e insectos.
b. primates. **d.** sólo aves.

4. Muchos comportamientos complejos combinan comportamiento innato con aprendizaje. ¿Cuál de estos comportamientos se muestra a continuación?

a. aprendizaje por discernimiento
b. impronta
c. condicionamiento clásico
d. condicionamiento operante

5. El comportamiento animal puede evolucionar por selección natural porque

a. lo que aprende un animal se incorpora en sus genes.
b. todo el comportamiento es completamente el resultado de los genes.
c. todo el comportamiento es completamente el resultado de influencias ambientales.
d. los genes que influyen en el comportamiento que incrementan la aptitud de un individuo pueden pasarse a la siguiente generación.

6. Un comportamiento que aparece en su forma completamente funcional la primera vez que la ejecuta un animal es

a. aprendido. **c.** improntado.
b. habituado. **d.** innato.

7. Describe un ejemplo de un estímulo y una respuesta correspondiente en el comportamiento animal.

8. ¿Cuál es la función del encéfalo en la respuesta de un animal a un estímulo?

9. ¿Cómo puede contribuir la habituación a la supervivencia de un animal?

10. Describe el experimento de Pavlov. ¿Cómo se llama este tipo de aprendizaje?

11. ¿Qué es el condicionamiento operante?

Razonamiento crítico

12. **Inferir** Un bebé sonríe cuando su madre se acerca. Con frecuencia, al bebé se le levanta y abraza como resultado de sonreír. Explica qué tipo de aprendizaje está mostrando el bebé.

13. **Aplica los conceptos** Explica cómo la capacidad de un caballo de carreras para ganar carreras es una combinación de comportamientos heredados y aprendidos.

14. **Preguntar** Elige una clase de animal que te sea familiar. Piensa en tres preguntas que podrías hacer sobre su comportamiento. Luego describe las observaciones que necesitarías hacer para responder las preguntas.

29.2 Animales en su medio ambiente

Comprender conceptos clave

15. Un comportamiento amenazador con el que un animal ejerce dominio sobre otro es

a. migración. **c.** habituación.
b. cortejo. **d.** agresión.

16. Cada año, un ave llamada candelita americana viaja desde su hogar de invierno en América del Sur hasta su área de anidación en Nueva York. Este comportamiento se llama

a. migración. **c.** impronta.
b. comptencia. **d.** cortejo.

17. ¿Cuál de los siguientes NO es un tipo de comportamiento social?

a. condicionamiento operante
b. territorialidad
c. cazar en manada
d. cortejo

18. Un sistema de comunicación que usa sonidos, símbolos o gestos significativos de acuerdo con reglas específicas se llama

   a. comportamiento. c. competencia.
   b. lenguaje. d. firma.

19. Debido a la construcción de una carretera que pasa por un bosque, muchos de los animales que vivían ahí tuvieron que mudarse a un área boscosa diferente. ¿Su movimiento es un ejemplo de migración? Explica tu respuesta.

20. Identifica dos formas en las que el comportamiento social puede beneficiar a un animal.

21. Explica cómo se relacionan la agresión y el comportamiento territorial.

22. ¿Qué son las feromonas? Da un ejemplo de cómo se usan.

23. ¿Qué es la selección de parentesco?

Razonamiento crítico

24. **Interpretar gráficas** Cuando las temperaturas son bajas y el alimento es escaso, algunos mamíferos entran en un estado de somnolencia. La somnolencia es una adaptación ahorradora de energía en la que el metabolismo disminuye y, por tanto, la temperatura corporal desciende. Esta gráfica da seguimiento a la temperatura corporal de una ardilla de tierra durante el transcurso de un año.

   a. Describe el patrón que observas.
   b. ¿Qué puedes inferir sobre el comportamiento de la ardilla en diferentes momentos del año?

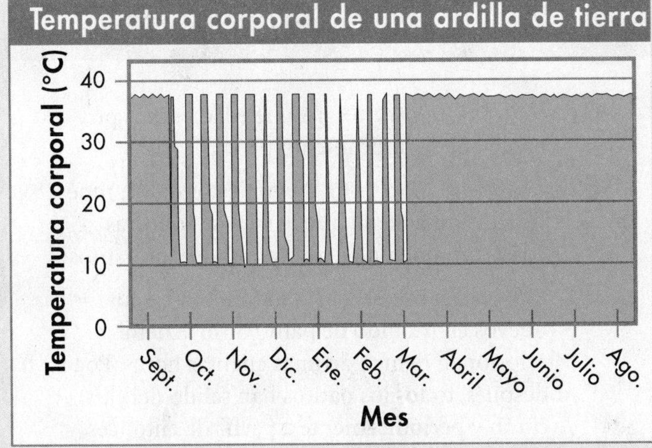

25. **Proponer una hipótesis** Aunque los miembros de muchas especies animales deriven beneficios de vivir en grupos sociales, los miembros de otras especies viven solos. ¿Cuáles podrían ser algunas de las ventajas de vivir en solitario?

resuelve el MISTERIO del CAPÍTULO

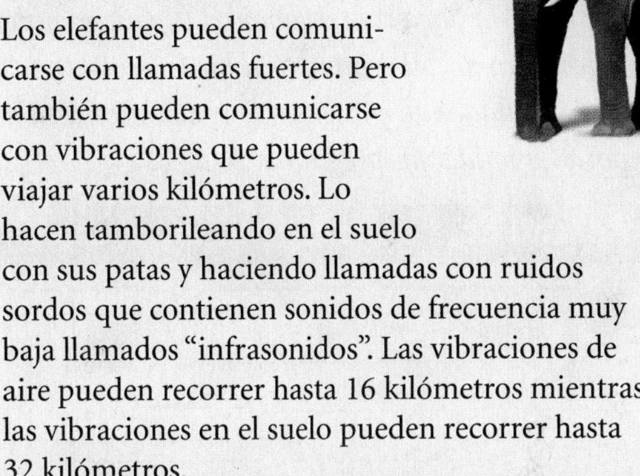

¿IDENTIFICADOR DE LLAMADAS DE ELEFANTES?

Los elefantes pueden comunicarse con llamadas fuertes. Pero también pueden comunicarse con vibraciones que pueden viajar varios kilómetros. Lo hacen tamborileando en el suelo con sus patas y haciendo llamadas con ruidos sordos que contienen sonidos de frecuencia muy baja llamados "infrasonidos". Las vibraciones de aire pueden recorrer hasta 16 kilómetros mientras las vibraciones en el suelo pueden recorrer hasta 32 kilómetros.

Los elefantes detectan estas vibraciones con almohadillas especializadas de grasa en sus patas y células receptoras en sus patas y trompas. Al permanecer inmóviles y presionar sus patas y trompas contra el suelo, los elefantes son capaces de sentir las vibraciones. Patrones particulares de vibraciones incluso pueden identificar a individuos, ¡como identificadores de llamadas de elefantes!

Las vibraciones pueden contener saludos, ubicaciones de alimento y advertencias de peligro. Los elefantes en el abrevadero habían detectado un mensaje de otra manada de elefantes muy lejana: "¡Advertencia! ¡Leones!"

1. **Comparar y contrastar** ¿Cómo se comparan las vibraciones en el suelo con los sonidos transportados por el aire como un medio de comunicación a larga distancia?

2. **Proponer una hipótesis** Cuando los investigadores reproducen sonidos y vibraciones de grupos de elefantes que viven lejos de Etosha, los elefantes en Etosha no siempre reaccionan. ¿Por qué podría ser así?

3. **Conectar con** la gran idea ¿Cómo afectan las respuestas de los elefantes a las vibraciones de baja frecuencia en su medio ambiente a su supervivencia?

Relacionar conceptos

Usar gráficas científicas

Los ratones pueden aprender a recorrer un laberinto para hallar una recompensa de alimento. Cuanta más práctica adquieren para recorrer el laberinto, dan menos vueltas equivocadas y llegan al alimento más rápido. Doce ratones se pusieron en un laberinto una vez al día durante 10 días. Se calculó la media de sus tiempos para llegar al alimento y se graficó como la línea roja de abajo. Luego se mantiene a los ratones fuera del laberinto por un mes. La línea azul muestra los resultados de esos ensayos posteriores. Usa la gráfica para responder las preguntas 26 a 28.

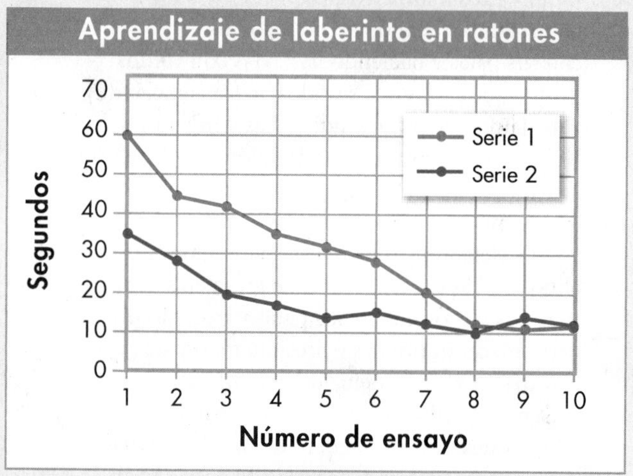

26. **Interpretar gráficas** Explica qué sucede después del ensayo 8 en ambas series de ensayos.
27. **Preguntar** Después del primer conjunto de ensayos, ¿qué tipo de preguntas podrían haber planteado los experimentadores que los condujera a realizar el segundo conjunto de ensayos?
28. **Sacar conclusiones** Explica la diferencia en las formas de las gráficas de los dos ensayos.

Escribir sobre las ciencias

29. **Descripción** Escribe un párrafo que describa algo que hayas aprendido por aprendizaje por discernimiento. Explica cómo usaste el conocimiento y experiencia pasados al aprenderlo. (*Pista*: En tu párrafo, explica qué es el aprendizaje por discernimiento.)
30. **Evalúa** **la gran idea** Elige un comportamiento social en un animal. Describe cómo el comportamiento representa una respuesta al medio ambiente que ayuda en la supervivencia de la especie.

Analizar datos

Un investigador encontró que la probabilidad de que un patito se impronte depende de su edad. Después de salir del cascarón, los patitos se mantuvieron aislados diferentes intervalos de tiempo y luego se colocaron con un pato adulto. Los datos de la impronta aparecen en esta tabla.

Edad (en horas)	Porcentaje de improntas exitosas
2	0
6	0
12	15
15	50
18	20
24	0
28	0

31. **Interpretar tablas** ¿A qué edad es más probable que se impronte un patito?
32. **Sacar conclusiones** Según estos datos, ¿qué conclusión general puede sacarse sobre las edades en que pueden improntarse los patitos?
33. **Inferir** En un escenario natural, todos los huevos en un nido de pato por lo general eclosionan dentro de unas cuantas horas. Poco después, todos los patitos han salido del cascarón y periódicamente a partir de entonces, la mamá pata conduce a todos a una fuente de alimento y luego regresa al nido para descansar. Dada esta situación, ¿cuáles patitos tienen más probabilidad de improntarse de su madre?

Preparación para exámenes estandarizados

Selección múltiple

1. Una rata que aprende a oprimir un botón para obtener alimento está exhibiendo
- A aprendizaje por discernimiento.
- B condicionamiento operante.
- C condicionamiento clásico.
- D habituación.

2. Un perro que siempre saliva al sonar una campana está exhibiendo
- A aprendizaje por discernimiento.
- B condicionamiento operante.
- C condicionamiento clásico.
- D habituación.

3. Un chimpancé que apila cajas para alcanzar un plátano que cuelga del techo está mostrando
- A aprendizaje por discernimiento.
- B condicionamiento operante.
- C condicionamiento clásico.
- D habituación.

4. Un ave que deja de responder a una llamada de advertencia repetida cuando la llamada no es seguida por un ataque está mostrando
- A aprendizaje por discernimiento.
- B condicionamiento operante.
- C condicionamiento clásico.
- D habituación.

5. ¿Qué clase de comportamiento NO implica aprendizaje?
- A habituación
- B ensayo y error
- C impronta
- D instinto

6. Un pez espinoso macho atacará a los espinosos de vientre rojo y a modelos de peces que tengan la parte inferior roja. No atacará a machos o modelos que carezcan de un vientre rojo. ¿Qué puedes concluir del comportamiento del espinoso?
- A El estímulo para un ataque es un vientre rojo.
- B El estímulo para un ataque es la agresión.
- C El estímulo para un ataque es la presencia de un pez con aletas rojas.
- D El estímulo para un ataque es la presencia de un modelo de pez.

7. ¿Cuál de los siguientes NO es un comportamiento innato?
- A un perro viendo su plato de comida
- B un mamífero bebé mamando leche
- C un gusano alejándose de la luz brillante
- D una araña tejiendo su telaraña

Preguntas 8 y 9

Una investigadora observó a carricerines comunes durante la temporada de reproducción. Graficó el número de cantos diferentes que entona un ave macho comparado con el tiempo que le tomó aparearse con una pareja. La gráfica muestra sus datos.

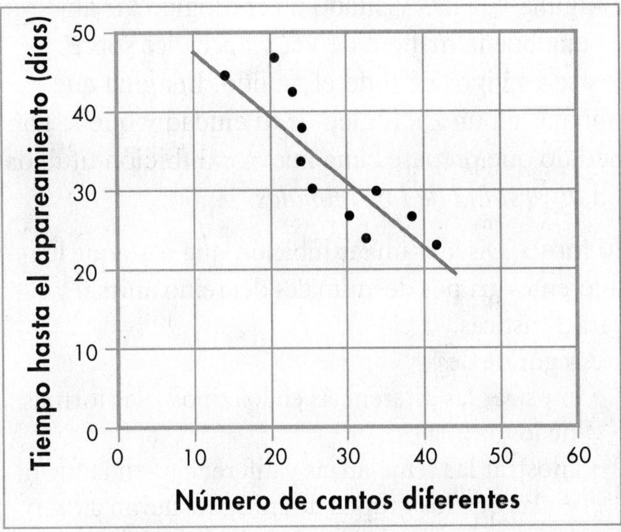

8. La investigadora trataba de averiguar si hay una correlación entre
- A el número de cantos de un ave macho y el número de crías.
- B el número de cantos de un ave macho y su atractivo para las hembras.
- C la edad de un macho y cuándo se aparea.
- D la edad de una hembra y cuándo se aparea.

9. ¿Qué puedes concluir con base en la gráfica?
- A Los machos prefieren a las hembras que no cantan.
- B Las hembras prefieren a los machos que no cantan.
- C Los machos prefieren a las hembras con un número mayor de cantos.
- D Las hembras prefieren a los machos con un número mayor de cantos.

Respuesta de desarrollo

10. ¿Cómo beneficia a un animal defender un territorio específico?

Si tienes dificultades con...

la pregunta	1	2	3	4	5	6	7	8	9	10
Ver la lección	29.1	29.1	29.1	29.1	29.1	29.1	29.1	29.2	29.2	29.2

UNIDAD 7

Animales

Proyecto de la unidad

Exhibición del zoológico

¿Alguna vez has visitado un zoológico? Ir ahí es una buena manera de ver y aprender sobre los seres vivos de todo el mundo. Imagina que trabajas en un zoológico de tu ciudad y que te han pedido que prepares una nueva exhibición titulada *La diversidad de los animales*.

Tu tarea Diseñar una exhibición que destaque los diferentes grupos de animales del reino animal y sus características.

Asegúrate de

- mostrar las diferencias en los tipos y las formas de los animales.
- mostrar las semejanzas y diferencias en la forma en las que los grupos de animales llevan a cabo los procesos básicos de la vida (circulación, respiración, excreción, movimiento, respuesta, alimentación).
- diseñar la exhibición para que sea clara y atractiva.

Preguntas de reflexión

1. **Califica tu exhibición usando la escala siguiente. ¿Qué puntuación obtuviste?**
2. **¿Qué hiciste bien en este proyecto?**
3. **¿Qué debes mejorar?**
4. **¿Qué aspectos te gustaron de la exhibición de otro grupo? ¿Por qué?**

Escala de evaluación

Puntuación	Contenido científico	Calidad de la exhibición
4	La exhibición revela perfecta comprensión de los animales y de la manera en que llevan a cabo sus procesos vitales.	La exhibición está bien organizada y es educativa y atractiva para los visitantes.
3	La exhibición revela comprensión adecuada de los animales y de la manera en que llevan a cabo sus procesos vitales.	La exhibición está organizada y es clara, pero podría ser más atractiva para los visitantes.
2	La exhibición revela comprensión limitada de los animales y de la manera en que llevan a cabo sus procesos vitales.	La exhibición necesita mejorar su claridad y organización. Es un tanto atractiva.
1	La exhibición revela un claro malentendido sobre los animales y de la manera en que llevan a cabo sus procesos vitales.	La exhibición es muy confusa y está desorganizada. No es atractiva.

El cuerpo humano

UNIDAD 8

Capítulos

PRESENTAR las grandes ideas

- **Homeostasis**
- **Estructura y función**

"¿Alguna vez has pensado en el trabajo colectivo que implica atarte el zapato? Tus ojos localizan los cordones. Tus músculos, huesos y nervios coordinan una intrincada serie de maniobras para jalarlos y atar el nudo. Internamente, tus pulmones y torrente sanguíneo trabajan constantemente para llevar oxígeno y combustible químico a músculos y nervios. El cuerpo es una máquina increíble, pero lo más extraordinario es la manera en que sus sistemas y órganos trabajan juntos."

30 Sistemas digestivo y excretor

La gran idea

Homeostasis

P: ¿Cómo se relacionan los materiales que entran al cuerpo y los que salen de él con la homeostasis?

Los vendedores de alimentos exhiben sus mercancías en un mercado flotante en el lago Dal en el norte de India.

BIOLOGY.com Search Chapter 30 GO • Flash Cards

EN ESTE CAPÍTULO:

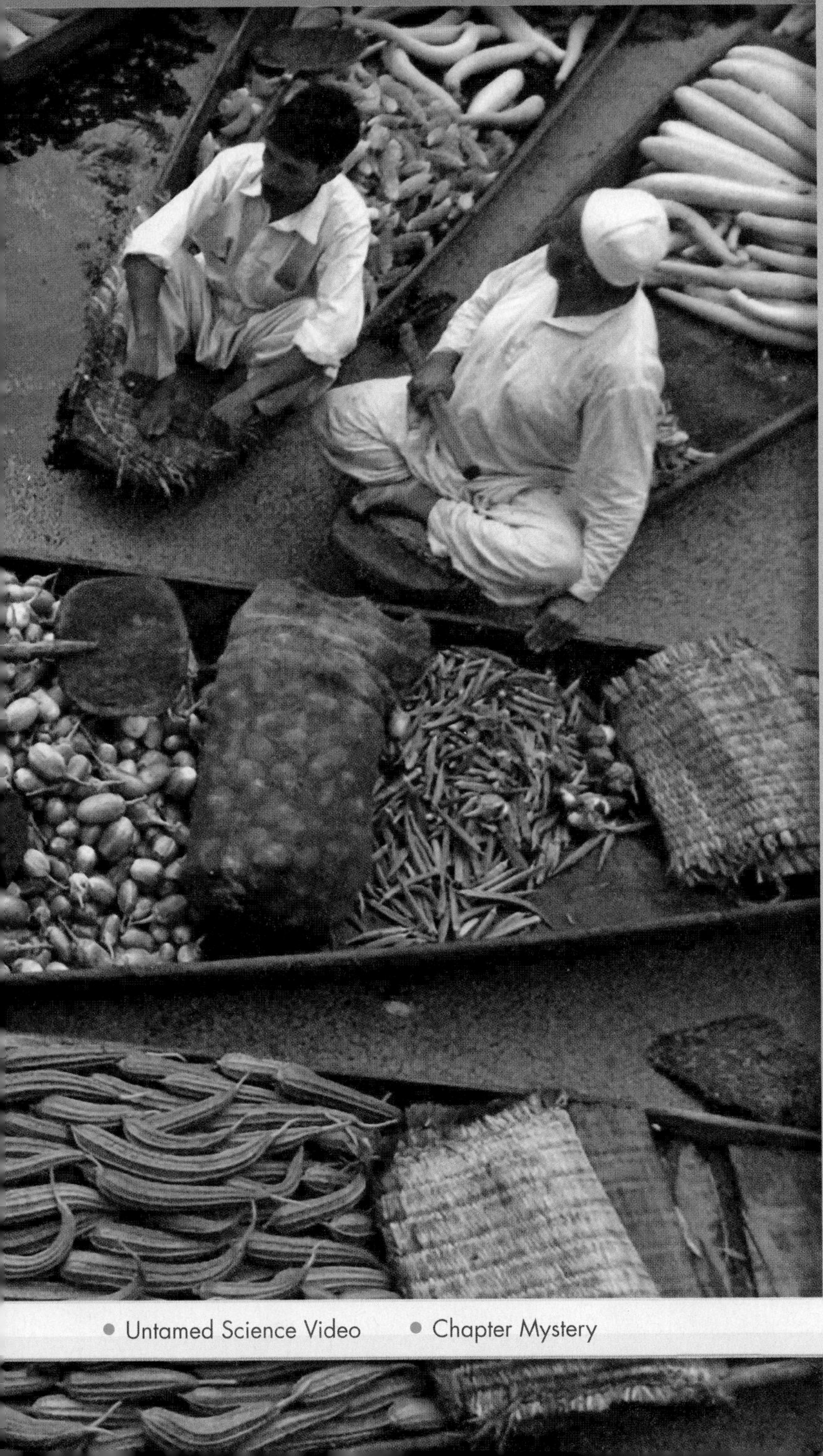

MISTERIO DEL CAPÍTULO

LA MUESTRA REVELADORA

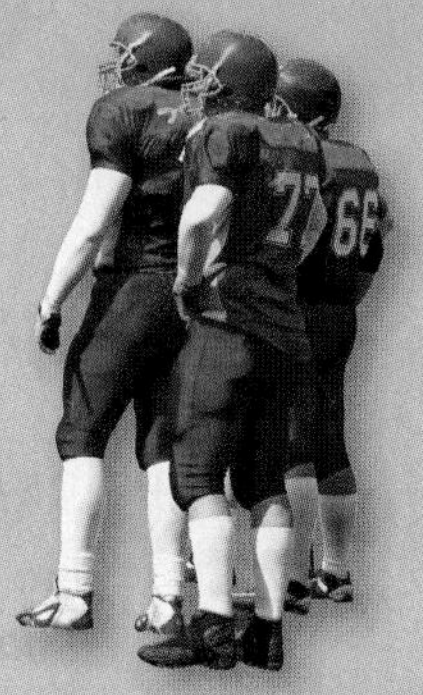

El primer día de la práctica de futbol del verano, se pidió a todos los jugadores que se practicaran un reconocimiento médico. A cada estudiante se le entregó un vaso de plástico y se les dijo que se dirigieran al baño. "Por favor entréguenme una muestra", solicitó el médico. Los atletas no tenían idea de cuánto podía saberse sobre su salud y comportamiento con una pequeña muestra de orina.

Luego de entregar sus muestras, Philip y Sam fueron enviados a casa y se les dijo que bebieran mucha agua antes de la práctica del día siguiente. Al día siguiente, se le dijo a Andrew que viera a su médico familiar porque podía tener diabetes. Varios días después, otro estudiante fue expulsado del equipo por violar la bien conocida política antidrogas de la escuela. ¿Cómo se obtuvo toda esta información de una muestra de orina? A medida que leas este capítulo, busca pistas que te ayuden a descubrir lo que puede saberse sobre el cuerpo con sólo examinar lo que sale de él. Resuelve el misterio.

Continúa explorando el mundo.

Hallar la solución al misterio de la muestra reveladora sólo es el principio. Emprende un viaje de campo en video con los genios ecólogos de *Untamed Science* para ver adónde conduce este misterio.

- Untamed Science Video
- Chapter Mystery

30.1 Organización del cuerpo humano

Preguntas clave

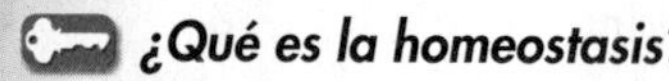

¿Cómo está organizado el cuerpo humano?

¿Qué es la homeostasis?

Vocabulario

tejido epitelial
tejido conectivo
tejido nervioso
tejido muscular
homeostasis
inhibición de la retroalimentación

Tomar notas

Vistazo al material visual Examina la **ilustración 30–2.** Para cada sistema, describe cómo piensas que interactúa con al menos otro sistema.

PIÉNSALO El bateador pega una rola hacia el parador en corto, quien la fildea limpiamente y lanza la pelota hacia tu posición, primera base. En un solo movimiento, extiendes tu guante, atrapas la pelota y extiendes tu pie para tocar el borde de la base. Una eliminación fácil, una jugada rutinaria. Pero piensa cuántos sistemas de tu cuerpo están involucrados en hacer este tipo de jugada de "rutina". ¿Cómo funcionan todos juntos?

Organización del cuerpo

¿Cómo está organizado el cuerpo humano?

Cada célula en el cuerpo humano es una unidad independiente y una parte interdependiente de una comunidad más grande: el organismo entero. Para completar una jugada ganadora, una jugadora en primera base tiene que usar sus ojos para ver la pelota y usar su cerebro para calcular cómo colocar su cuerpo. Con el soporte de sus huesos, los músculos mueven su cuerpo a primera base. Mientras, los pulmones de la jugadora absorben oxígeno, que es llevado a las células por la sangre para usarlo durante la respiración celular. Su cerebro supervisa la ubicación de la pelota y envía señales que guían su mano enguantada para hacer la atrapada.

¿Cómo pueden tantas células y partes individuales trabajar juntas de manera tan eficiente? Una forma de responder esta pregunta es estudiar la organización del cuerpo humano. **Los niveles de organización en el cuerpo incluyen células, tejidos, órganos y sistemas de órganos.** En cada nivel de organización, estas partes del cuerpo trabajan juntas para llevar a cabo las principales funciones del cuerpo.

Células Una célula es la unidad básica de estructura y función en los seres vivos. Como aprendiste en el capítulo 7, las células individuales en organismos pluricelulares tienden a ser especializadas. Las células especializadas, como las células óseas, células hemáticas y células musculares, están adaptadas en forma única para ejecutar una función particular.

Tejidos Un grupo de células que ejecutan una función única se llama tejido. Hay cuatro tipos básicos de tejido en el cuerpo humano: epitelial, conectivo, nervioso y muscular. La **ilustración 30–1** muestra ejemplos de cada tipo de tejido.

	Tejido epitelial	Tejido conectivo	Tejido nervioso	Tejido muscular
FUNCIONES	Protección, absorción y excreción de materiales	Unión del tejido epitelial a las estructuras, soporte y transporte de sustancias	Recepción y transmisión de impulsos nerviosos	Movimientos voluntarios e involuntarios
UBICACIÓN	Piel, recubrimiento del sistema digestivo, ciertas glándulas	Bajo la piel, rodeando órganos, sangre, huesos	Encéfalo, médula espinal y nervios	Músculos esqueléticos, músculos que rodean el tracto digestivo y vasos sanguíneos, el corazón

LM 65×

LM 280×

SEM 295×

LM 275×

ILUSTRACIÓN 30–1 Tipos de tejidos Los cuatro tipos principales de tejidos en el cuerpo humano son tejido epitelial, tejido conectivo, tejido nervioso y tejido muscular. **Predecir** ***¿Cuál órgano puede no contener todos los cuatro tipos de tejido?***

▶ ***Tejido epitelial*** El tejido que cubre el interior y el exterior de las superficies corporales se llama **tejido epitelial.** Tu piel y el recubrimiento de tu estómago son ejemplos de tejido epitelial.

▶ ***Tejido conectivo*** Un tipo de tejido que proporciona sostén para el cuerpo y conecta sus partes es el **tejido conectivo.** Este tipo de tejido incluye las células adiposas, las células óseas e incluso las células hemáticas. Muchas células de tejido conectivo producen colágeno, una proteína larga parecida a una fibra dura que es la proteína más común en el cuerpo. El colágeno le da fuerza y elasticidad a los tejidos, ayudándoles a conservar su forma incluso bajo presión.

▶ ***Tejido nervioso*** Los impulsos nerviosos son transmitidos a todo el cuerpo por **tejido nervioso.** Las neuronas, las células que transportan estos impulsos, y las células gliales, las cuales rodean y protegen a las neuronas, son ejemplos de tejido nervioso.

▶ ***Tejido muscular*** Los movimientos del cuerpo son posibles debido al **tejido muscular.** Algunos músculos son responsables de los movimientos que tú controlas, como los músculos que mueven tus brazos y piernas. Otros músculos son responsables de movimientos que tú no puedes controlar, como los músculos diminutos que controlan el tamaño de la pupila en el ojo.

Órganos Un grupo de tipos diferentes de tejidos que trabajan juntos para realizar una sola función o varias funciones relacionadas se llama órgano. El ojo es un órgano formado por tejido epitelial, tejido nervioso, tejido muscular y tejido conectivo. Por muy diferentes que sean estos tejidos, trabajan todos juntos para realizar una sola función: ver.

Sistemas de órganos Un sistema de órganos es un grupo de órganos que realizan funciones relacionadas estrechamente. Por ejemplo, el encéfalo y la médula espinal son órganos del sistema nervioso. Los sistemas de órganos interactúan para mantener la homeostasis en el cuerpo en conjunto. Los sistemas de órganos, junto con sus estructuras y funciones principales, se muestran en la página siguiente.

RESUMEN VISUAL

SISTEMAS CORPORALES HUMANOS

ILUSTRACIÓN 30–2 Aunque cada uno de los sistemas de órganos mostrados aquí tienen un conjunto diferente de funciones, todos trabajan juntos, como un todo, para mantener la homeostasis.

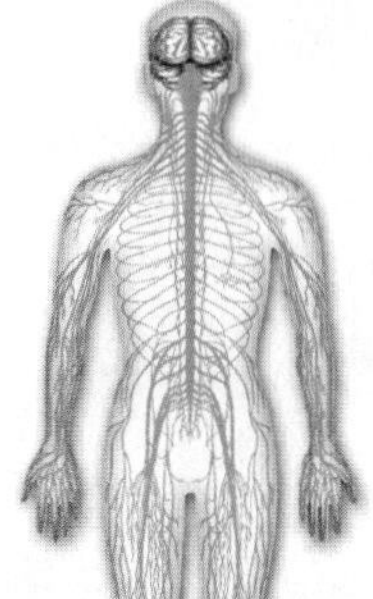
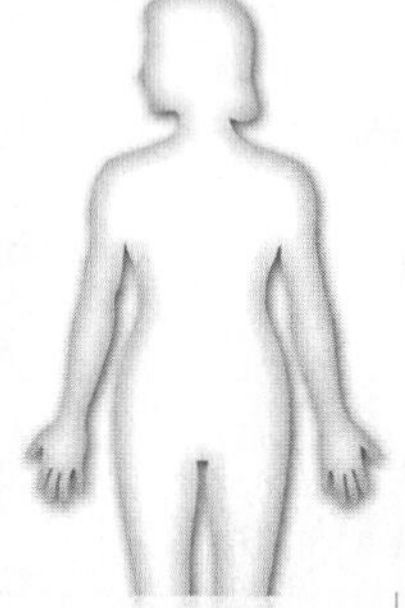
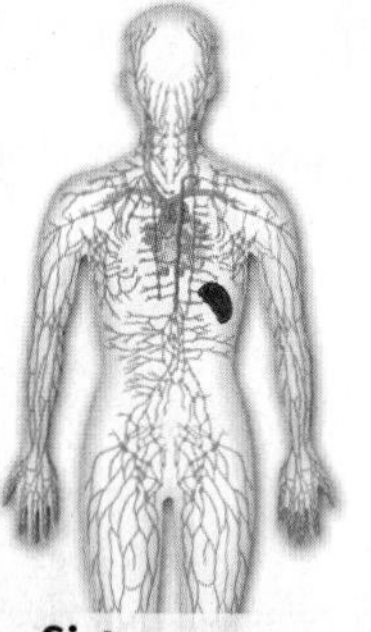
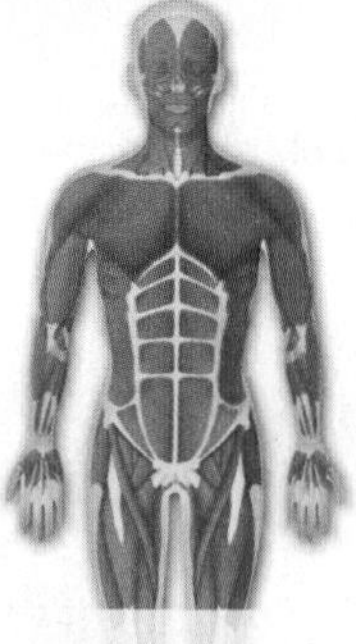
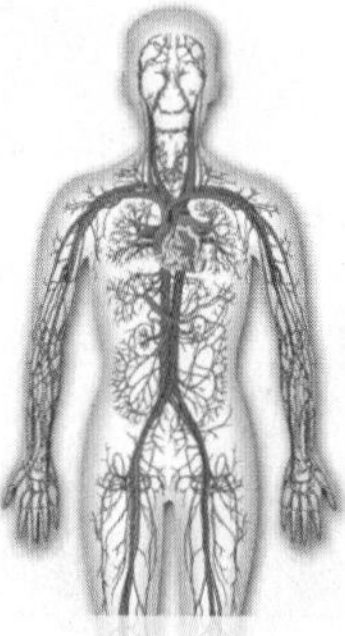
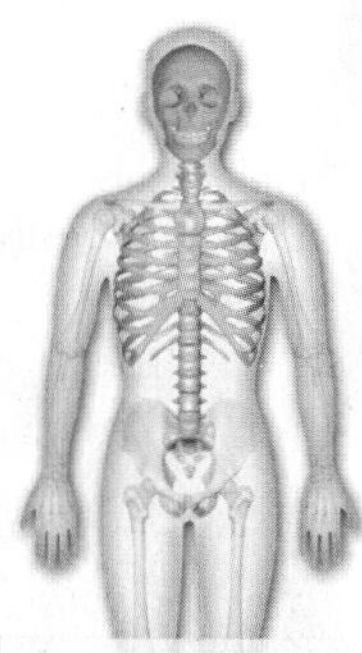

	Sistema nervioso	Sistema tegumentario	Sistemas inmunológico/ linfático	Sistema muscular	Sistema circulatorio	Sistema esquelético
ESTRUCTURAS	Encéfalo, médula espinal, nervios	Piel, cabello, uñas, glándulas sudoríparas y sebáceas	Glóbulos blancos, timo, bazo, nódulos linfáticos, vasos linfáticos	Músculo esquelético, músculos lisos, músculo cardiaco	Corazón, vasos sanguíneos, sangre	Huesos, cartílago, ligamentos, tendones
FUNCIONES	Reconoce y coordina la respuesta del cuerpo a los cambios en el medio ambiente interno y externo	Protege contra las infecciones, las lesiones y la radiación ultravioleta del sol; ayuda a regular la temperatura corporal	Ayuda a proteger al cuerpo de las enfermedades; recolecta el líquido perdido de los vasos sanguíneos y lo regresa al sistema circulatorio	Trabaja con el sistema esquelético para producir movimiento voluntario; ayuda a la circulación de la sangre y a mover el alimento por el sistema digestivo	Transporta oxígeno, nutrientes y hormonas a las células; combate las infecciones; elimina los desechos celulares; ayuda a regular la temperatura corporal	Sostiene al cuerpo; protege a los órganos internos; permite el movimiento; almacena reservas de minerales; contiene células que producen células hemáticas

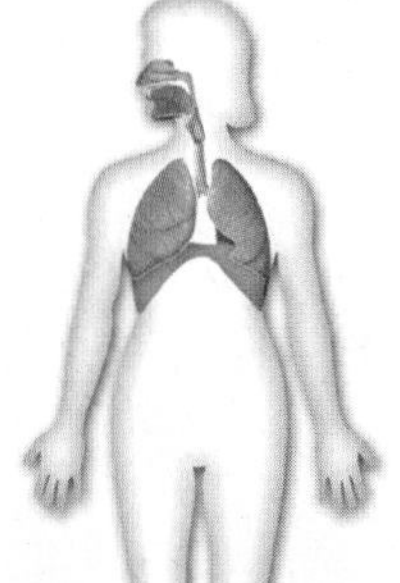
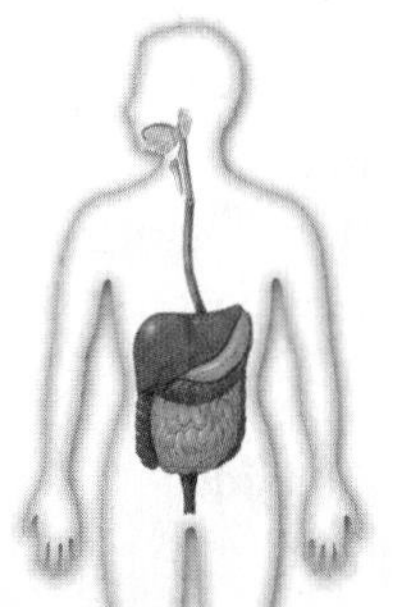
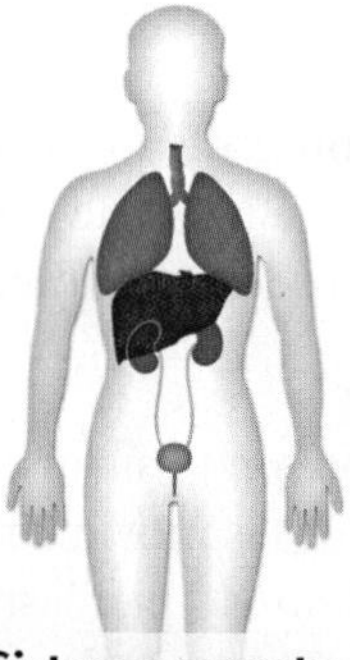
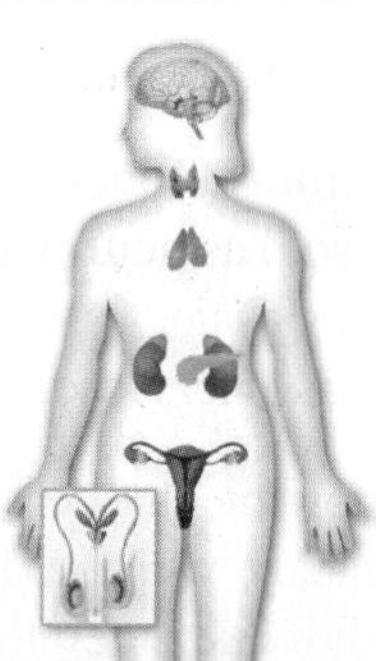
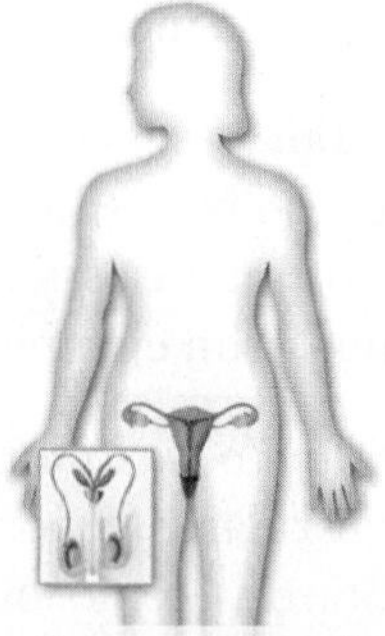

	Sistema respiratorio	Sistema digestivo	Sistema excretor	Sistema endocrino	Sistema reproductor
ESTRUCTURAS	Nariz, faringe, laringe, tráquea, bronquios, bronquiolos, pulmones	Boca, faringe, esófago, estómago, intestino delgado y grueso, recto	Piel, pulmones, hígado, riñones, uréteres, vejiga urinaria, uretra	Hipotálamo, pituitaria, tiroides, paratiroides, glándulas suprarrenales, páncreas, ovarios (en mujeres), testículos (en hombres)	Testículos, epidídimo, conductos deferentes, uretra y pene (en hombres); ovarios, trompas de Falopio, útero, vagina (en mujeres)
FUNCIONES	Aporta el oxígeno necesario para la respiración celular y elimina el exceso de dióxido de carbono del cuerpo	Desintegra el alimento; absorbe nutrientes; elimina desechos	Elimina productos de desecho del cuerpo	Controla el crecimiento, el desarrollo y el metabolismo; mantiene la homeostasis	Produce gametos; en las mujeres, nutre y protege al embrión en desarrollo

Homeostasis

¿Qué es la homeostasis?

Algunas cosas son fáciles de observar. Cuando corres o nadas o incluso escribes la respuesta a una pregunta de examen, puedes ver tu cuerpo en funcionamiento. Pero tras bambalinas, los sistemas de tu cuerpo están trabajando en forma constante para hacer algo que es difícil de ver y que pocas personas aprecian: mantener un ambiente interno estable y controlado. Este ambiente estable se llama **homeostasis,** que significa "posición similar". **La homeostasis describe las condiciones físicas y químicas internas relativamente constantes que mantienen los organismos a pesar de los cambios en el medio interno y externo.** La homeostasis puede no ser obvia pero, para un organismo vivo, es literalmente una cuestión de vida o muerte.

Inhibición de la retroalimentación Si alguna vez has observado a alguien conducir un auto por un camino relativamente recto, puedes haber notado cómo la persona mueve constantemente el volante a la izquierda o a la derecha, ajustando la dirección para mantener el vehículo en medio del carril. En cierto sentido, también es así como funcionan los sistemas del cuerpo; mantienen las condiciones internas dentro de un determinado rango, y no permiten que se vayan demasiado hacia un lado o hacia el otro.

▶ ***Un ejemplo inanimado*** Una forma de entender la homeostasis es observar un sistema inanimado que mantiene en forma automática las condiciones dentro de un determinado rango como un sistema de calefacción doméstico. En la mayor parte de los hogares, el calor es suministrado por una caldera que quema aceite o gas natural. Cuando la temperatura dentro de la casa desciende por debajo de un punto establecido, un termostato enciende la caldera. El calor producido por la caldera calienta la casa. Cuando la temperatura se eleva por encima del punto establecido, el termostato apaga la caldera, manteniendo la temperatura dentro de un rango reducido.

Se dice que un sistema como éste es controlado por inhibición de la retroalimentación. La **inhibición de la retroalimentación,** o retroalimentación negativa, es el proceso en que un estímulo produce una respuesta que se opone al estímulo original. La **ilustración 30–3** resume el proceso de **inhibición** de la retroalimentación en un sistema de calefacción doméstico. Cuando se enciende la caldera, produce calor que cambia el ambiente de la casa al elevar la temperatura del aire. Este cambio "retroalimenta" entonces para "inhibir" la operación de la caldera. Llega un momento en que el calor de la caldera eleva la temperatura hasta desencadenar una señal de retroalimentación que apaga la caldera. Los sistemas controlados por inhibición de la retroalimentación por lo general son muy estables.

En tu cuaderno *Describe otro ejemplo de un sistema inanimado que requiera ajuste constante.*

La temperatura de la habitación desciende

El termostato detecta el cambio de temperatura y enciende o apaga el sistema de calefacción

APAGADO

ENCENDIDO

La temperatura de la habitación aumenta

ILUSTRACIÓN 30–3 Inhibición de la retroalimentación Un sistema de calefacción doméstico usa un ciclo de retroalimentación para mantener un ambiente confortable y estable dentro de una casa. **Interpretar diagramas** ***¿Cuál es el estímulo en este ciclo de retroalimentación?***

DESARROLLAR el vocabulario

VOCABULARIO ACADÉMICO

El sustantivo **inhibición** significa "el acto de bloquear la acción de". Por tanto, inhibición de la retroalimentación se refiere a una respuesta que bloquea más acciones de un estímulo.

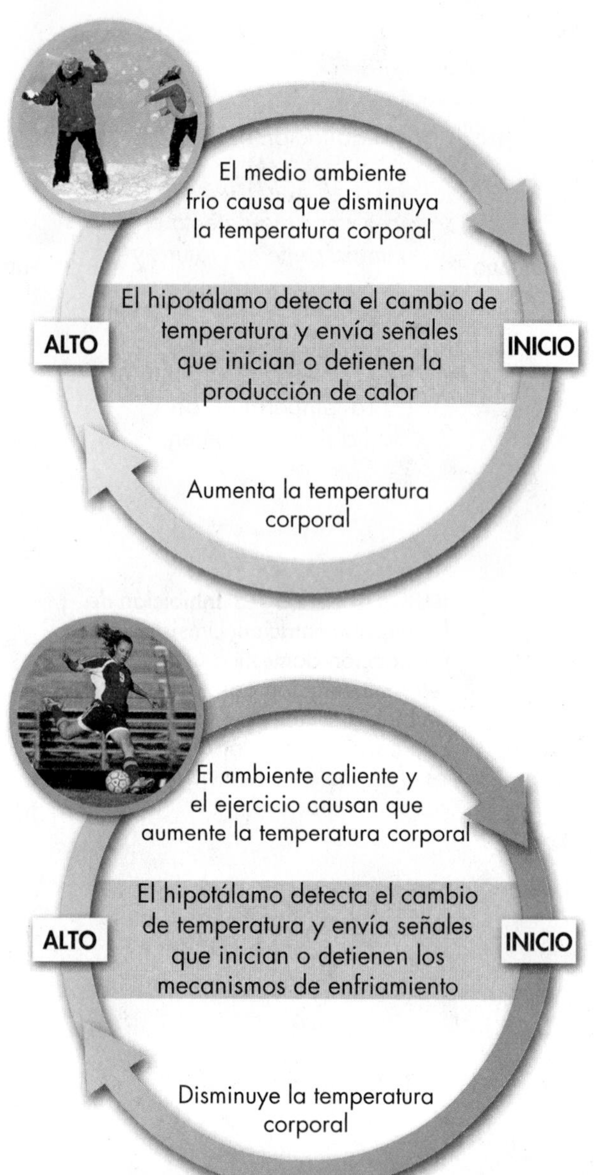
El medio ambiente
frío causa que disminuya
la temperatura corporal
El hipotálamo detecta el cambio de
temperatura y envía señales
que inician o detienen la
producción de calor
ALTO
INICIO
Aumenta la temperatura
corporal
El ambiente caliente y
el ejercicio causan que
aumente la temperatura corporal
El hipotálamo detecta el cambio
de temperatura y envía señales
que inician o detienen los
mecanismos de enfriamiento
ALTO
INICIO
Disminuye la temperatura
corporal

ILUSTRACIÓN 30–4 Control de la temperatura corporal En el cuerpo humano, la temperatura es controlada por medio de varios mecanismos de inhibición de la retroalimentación. **Inferir** ***¿Por qué piensas que moverte en un día frío te ayuda a mantenerte caliente?***

▶ ***Un ejemplo viviente*** ¿Los sistemas biológicos podrían lograr la homeostasis por medio de la inhibición de la retroalimentación? Por supuesto; todo lo que se necesita es un sistema que regule algún aspecto del medio ambiente celular y que responda a la retroalimentación de sus propias actividades encendiéndose o apagándose según sea necesario. Tales mecanismos son muy comunes, no sólo en el cuerpo humano, sino en todas las formas de vida.

Un ejemplo es el mantenimiento de la temperatura corporal. El cuerpo regula la temperatura mediante un mecanismo que es notablemente parecido al del sistema de calefacción doméstico. Puedes seguir la regulación de la temperatura corporal en la **ilustración 30–4.** Una parte del encéfalo llamado hipotálamo contiene células nerviosas que supervisan tanto la temperatura de la piel en la superficie del cuerpo como la temperatura de los órganos en el interior del cuerpo.

Si las células nerviosas sienten que la temperatura interna ha descendido muy por debajo de 37 °C, el hipotálamo produce sustancias químicas que les indican a las células en todo el cuerpo que aceleren sus actividades. El calor producido por este incremento en la actividad, en especial en la respiración celular, causa un aumento gradual en la temperatura corporal, lo cual es detectado por las células nerviosas en el hipotálamo.

¿Alguna vez has tenido tanto frío que comienzas a temblar? Si la temperatura de tu cuerpo desciende muy por debajo de su rango normal, el hipotálamo libera sustancias químicas que les indican a los músculos que están justo debajo de la superficie de la piel que se contraigan involuntariamente, que "tiemblen". Estas contracciones musculares liberan calor, lo cual ayuda a la temperatura corporal a elevarse hacia el rango normal.

Si la temperatura corporal se eleva más de 37 °C, el hipotálamo desacelera las actividades celulares para reducir la producción de calor. Por eso puedes sentirte cansado y lento en un día caluroso. El cuerpo también responde a las temperaturas altas produciendo sudor, el cual ayuda a enfriar la superficie del cuerpo por evaporación.

Actividad rápida de laboratorio

INVESTIGACIÓN ABIERTA

Cómo mantener la temperatura 

Recibirás un termómetro y tres vasos de precipitados con agua a las siguientes temperaturas: 25 °C, 35 °C y 40 °C. Desarrolla un método para mantener la temperatura del agua a 35 °C dentro de un grado por un período de quince minutos. Puedes usar el contenido de los otros dos vasos de precipitados.

Analizar y concluir

1. **Comparar y contrastar** Compara este experimento con lo que sucede en tu propio cuerpo durante la regulación de la temperatura.
2. **Interpretar material visual** Haz un ciclo de retroalimentación similar a los de la **ilustración 30–4** que muestre cómo estuvo implicada la inhibición de la retroalimentación en esta actividad.

El hígado y la homeostasis Técnicamente, el hígado es parte del sistema digestivo porque produce bilis, la cual ayuda en la digestión de las grasas. Sin embargo, también es justo decir que el hígado es uno de los órganos más importantes del cuerpo para la homeostasis.

Por ejemplo, cuando las proteínas son desintegradas para obtener energía, se produce amoniaco, un subproducto tóxico. El hígado convierte rápidamente el amoniaco en urea, que es mucho menos tóxica. Los riñones, como leerás un poco más adelante, eliminan entonces la urea de la sangre. El hígado también convierte muchas sustancias peligrosas, incluyendo algunas drogas, en compuestos que pueden eliminarse del cuerpo en forma segura.

Una de las funciones más importantes del hígado implica regular el nivel de una sustancia que consideramos como algo por completo inofensivo, el azúcar simple, la glucosa. La glucosa se obtiene de los alimentos que ingerimos, y las células la toman de la sangre para usarla como una fuente de energía para sus actividades cotidianas. Naturalmente, justo después de una comida, mientras el cuerpo absorbe las moléculas de alimento, el nivel de glucosa en la sangre comienza a elevarse. Ahí es donde entra en acción el hígado. Al retirar glucosa de la sangre, impide que se eleve demasiado su nivel. Conforme el cuerpo usa glucosa para obtener energía, el hígado libera la glucosa almacenada para evitar que el nivel del azúcar disminuya demasiado.

La función del hígado de mantener los niveles de glucosa en la sangre dentro de un determinado rango es crítica. Muy poca glucosa, y las células del sistema nervioso se alentarían hasta el punto en que podrías perder la conciencia y desmayarte. Por otra parte, demasiada glucosa daña en forma gradual las células en los ojos, riñones, corazón e incluso en el sistema inmunológico. Los niveles de glucosa anormalmente altos se asocian con una enfermedad llamada diabetes. Con la diabetes, ocurren cambios en las células del páncreas o del cuerpo que afectan su capacidad para absorber glucosa. La diabetes, uno de los problemas de salud que más rápido ha crecido en el mundo desarrollado, es el resultado desafortunado de la falla de la homeostasis con respecto a los niveles de glucosa en la sangre.

PISTA DEL MISTERIO

La prueba de laboratorio de la muestra de orina de Andrew mostró una cantidad anormal de cierta sustancia. ¿Qué sustancia piensas que fue?

30.1 Evaluación

Repaso de conceptos clave

1. a. Repasar ¿Cuáles son los cuatro tipos de tejidos?

b. Explicar Describe la función de tres sistemas de órganos descritos en la **ilustración 30–2.**

c. Clasificar Compara las características de dos tipos de tejidos. Identifica partes del cuerpo que contengan estos tipos de tejidos.

2. a. Repasar ¿Qué es la homeostasis?

b. Explicar ¿Cuáles son dos funciones del hígado en el mantenimiento de la homeostasis?

c. Aplica los conceptos ¿Piensas que las sensaciones de hambre y saciedad son un ejemplo de inhibición de la retroalimentación? Explica.

RAZONAMIENTO VISUAL

3. Traza un diagrama de Venn para relacionar los cuatro niveles básicos de organización en el cuerpo humano. Proporciona al menos tres ejemplos para cada nivel de organización. *Pista:* Tu diagrama de Venn deberá tener una estructura anidada. Un conjunto de ejemplos podría ser las células de la piel, el tejido epitelial, la piel y el sistema tegumentario.

BIOLOGY.com Search Lesson 30.1 GO • Self-Test • Lesson Assessment

30.2 Alimento y nutrición

Preguntas clave

¿Por qué necesitamos comer?

¿Qué nutrientes necesita tu cuerpo?

¿Qué se quiere decir con el término "dieta balanceada"?

Vocabulario

Caloría
hidrato de carbono
grasa
proteína
vitamina
mineral

Tomar notas

Esquema Antes de leer, haz un esquema de los principales encabezados de la lección. A medida que leas, incluye las ideas principales y los detalles de apoyo para cada encabezado.

PIÉNSALO Cuando sientes hambre, ¿cómo describirías la sensación? ¿Te sientes lleno de energía y listo para continuar? ¿O te sientes débil y un poco perezoso? ¿Por qué? ¿Qué nos dicen estas sensaciones sobre el propósito del alimento en el cuerpo?

Alimento y energía

¿Por qué necesitamos comer?

¿Alguna vez te has preguntado por qué necesitas alimento? La respuesta más obvia es energía. Necesitas energía para subir escaleras, levantar libros, correr e incluso pensar. Del mismo modo en que un auto necesita gasolina, tu cuerpo necesita combustible, y el alimento es ese combustible. **Las moléculas en el alimento contienen energía química que las células usan para producir ATP. El alimento también suministra materias primas que tu cuerpo necesita para formar y reparar tejidos.**

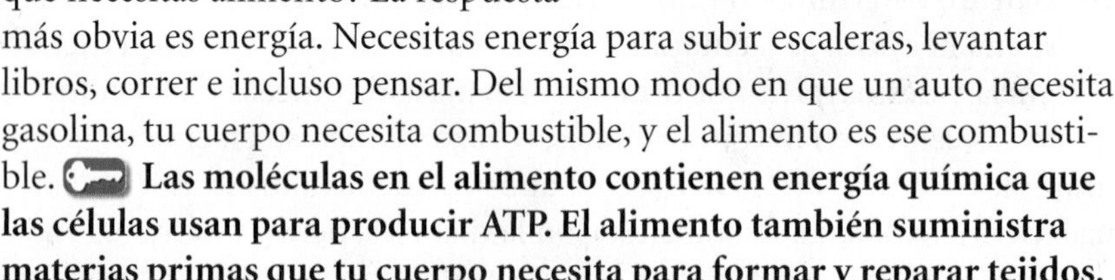

Energía La energía disponible en el alimento puede medirse en un laboratorio de una manera sorprendentemente simple: ¡quemándola! Cuando se quema el alimento, la mayor parte de la energía que contiene se convierte en calor, el cual se mide en términos de calorías. Una caloría es la cantidad de calor necesaria para elevar la temperatura de 1 gramo de agua en 1 grado Celsius. Las "Calorías" de las que has escuchado respecto al alimento son Calorías dietéticas, escritas con una *C* mayúscula. Una **Caloría** dietética es igual a 1000 calorías, ó 1 kilocaloría (kcal). Como recordarás, la energía almacenada en las moléculas de alimento es liberada durante la respiración celular y usada para producir las moléculas de ATP que suministran potencia para las actividades celulares.

Materias primas Las vías químicas, incluyendo la respiración celular, pueden extraer energía de casi cualquier tipo de alimento. Entonces, ¿por qué importa cuáles alimentos ingieres? La importancia radica en que el alimento también suministra las materias primas usadas para formar y reparar tejidos corporales. Algunas de estas materias primas son necesarias para hacer enzimas, los lípidos en las membranas celulares e incluso ADN. De hecho, los alimentos contienen al menos 45 sustancias que el cuerpo necesita pero que no puede fabricar. Una dieta sana asegura que tu cuerpo reciba todas esas sustancias que requiere.

En tu cuaderno *Haz una tabla con información sobre los nutrientes. Para cada nutriente, incluye alimentos en los que se encuentra y describe su función en el cuerpo.*

Nutrientes

¿Qué nutrientes necesita tu cuerpo?

Los nutrientes son sustancias en el alimento que suministran la energía y las materias primas que tu cuerpo usa para su crecimiento, reparación y mantenimiento. **Los nutrientes que el cuerpo necesita incluyen agua, hidratos de carbono, grasas, proteínas, vitaminas y minerales.**

Agua El nutriente más importante es el agua. Toda célula en el cuerpo humano necesita agua porque muchos de los procesos corporales, incluyendo las reacciones químicas, tienen lugar en agua. El agua forma la mayor parte de la sangre, el líquido extracelular y otros fluidos corporales. En días calurosos o cuando tomas parte en un ejercicio agotador, las glándulas sudoríparas eliminan agua de tus tejidos y la liberan como sudor en la superficie de tu cuerpo. El agua también se pierde del cuerpo en la orina y con cada aliento que exhalas.

Los humanos necesitan beber al menos 1 litro de líquido cada día. Si no se toma suficiente agua para reemplazar la que se pierde, puede ocurrir una deshidratación. La deshidratación conduce a problemas con muchos sistemas corporales, y bajo condiciones extremas puede ser fatal.

Hidratos de carbono Los **hidratos de carbono** simples y complejos son una fuente de energía importante para el cuerpo. La **ilustración 30–5** muestra algunos de los alimentos que contienen hidratos de carbono. Los azúcares encontrados en frutas, miel y caña de azúcar son hidratos de carbono simples, o monosacáridos y disacáridos. Los almidones que se encuentran en los cereales, papas y vegetales son hidratos de carbono complejos, o polisacáridos. El sistema digestivo descompone los almidones en azúcares simples. Estas moléculas son absorbidas en la sangre y transportadas a las células a lo largo de todo el cuerpo. El exceso de azúcar en la sangre es convertida en glucógeno, el cual es almacenado en el hígado y en los músculos esqueléticos; el azúcar también puede ser convertida y almacenada como grasa corporal.

Los panes de cereales integrales, el salvado y muchas frutas y vegetales contienen celulosa, un hidrato de carbono complejo, con frecuencia llamado fibra. Aunque el sistema digestivo humano no puede descomponer la celulosa, necesitas fibra en tu dieta. El bulto suministrado por la fibra ayuda a los músculos a mover el alimento y los desechos a través de tu sistema digestivo. La fibra también puede tener otros beneficios, como reducir el riesgo de enfermedad cardiaca y de diabetes tipo II.

PISTA DEL MISTERIO

Las muestras de Philip y Sam fueron de un amarillo muy oscuro. Ningún muchacho bebió agua antes de la práctica o durante ella. ¿Por qué piensas que fueron enviados a su casa?

La leche es uno de los pocos alimentos no vegetales que es una fuente rica de hidratos de carbono.

Las frutas contienen azúcares simples y fibra.

Los productos de cereales integrales contienen más fibra que los cereales procesados.

ILUSTRACIÓN 30–5 Hidratos de carbono Las pastas y los cereales también son alimentos ricos en hidratos de carbono. Los hidratos de carbono simples no tienen que ser digeridos o descompuestos. Los hidratos de carbono complejos, como los que se encuentran en los cereales integrales, deben descomponerse antes que puedan ser usados por el cuerpo. **Inferir** ***¿Cuál tipo de hidrato de carbono, simple o complejo, le proporciona rápido energía al cuerpo?***

DESARROLLAR el vocabulario

PREFIJOS El prefijo *poli-* es la palabra griega para "muchos". Las grasas poliinsaturadas contienen más de un enlace doble. El prefijo *mono-* significa "único". Las grasas monoinsaturadas, como el aceite de oliva, sólo contienen un enlace doble.

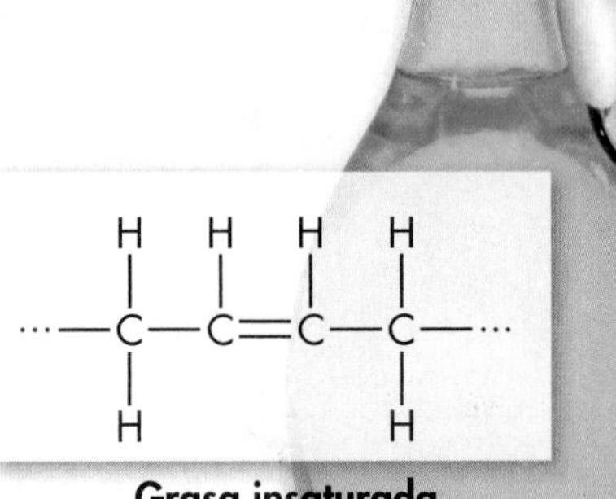

Grasa insaturada

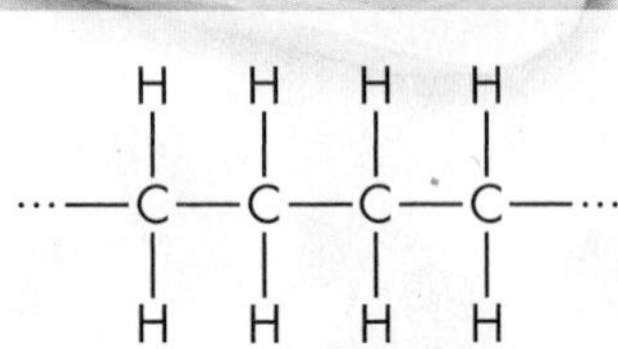

Grasa saturada

ILUSTRACIÓN 30–6 Grasas A temperatura ambiente, la mayoría de las grasas saturadas son sólidas y la mayoría de las grasas insaturadas son líquidas. Las grasas saturadas se han vinculado con muchos problemas de salud. Consumir cantidades limitadas de grasas insaturadas, como las que se encuentran en los aguacates y en el aceite de oliva, puede tener algunos beneficios.

Grasas A pesar de la mala reputación que la palabra "grasa" tiene en nuestra sociedad, las grasas o lípidos son parte importante de una dieta sana. Las **grasas** ayudan al cuerpo a absorber vitaminas liposolubles y son parte de las membranas celulares, células nerviosas y ciertas hormonas. Los depósitos de grasa protegen y aíslan a los órganos del cuerpo y son una fuente de energía almacenada.

Las grasas por lo general se forman cuando una molécula de glicerol se combina con ácidos grasos. Algunos, llamados ácidos grasos esenciales, no se elaboran en el cuerpo y son necesarios para muchas de las funciones de la grasa. Según la estructura de sus cadenas de ácidos grasos, las grasas se clasifican en saturadas o insaturadas. Cuando sólo hay enlaces sencillos entre los átomos de carbono en los ácidos grasos, cada átomo tiene el mayor número de átomos de hidrógeno y es grasa saturada. La mayoría de estas grasas, como la mantequilla, son sólidas a temperatura ambiente.

Las grasas insaturadas tienen uno o más enlaces dobles entre los átomos de carbono, y, por tanto, menos átomos de hidrógeno en sus ácidos grasos. Por lo general, estas grasas son líquidas a temperatura ambiente. Como muchos aceites vegetales tienen más de un enlace doble, se llaman poliinsaturados.

Los fabricantes de alimentos con frecuencia modifican las grasas insaturadas en los aceites vegetales agregándoles hidrógeno. Estas grasas procesadas se llaman grasas trans. Las grasas trans son sólidas a temperatura ambiente y tienen una caducidad más larga que las grasas insaturadas. Sin embargo, estudios recientes sugieren que las grasas trans pueden asociarse con afecciones de salud graves, incluyendo enfermedades cardiacas.

Proteínas Las **proteínas** tienen una gran variedad de funciones en el cuerpo. Suministran materias primas para el crecimiento y reparación de estructuras como la piel y los músculos. Forman muchas de las enzimas que controlan la química celular. Las proteínas también tienen funciones reguladoras y de transporte; la hormona insulina es una proteína que regula el nivel de azúcar en la sangre y la hemoglobina, una proteína que se encuentra en los glóbulos rojos, ayuda a transportar oxígeno. Las proteínas también pueden usarse como fuentes de energía cuando escasean otros nutrientes, como los hidratos de carbono y las grasas.

Las proteínas son polímeros de aminoácidos. El cuerpo es capaz de sintetizar sólo 12 de los 20 aminoácidos usados para hacer proteínas. Los otros ocho, llamados aminoácidos esenciales, deben obtenerse de los alimentos. La carne, el pescado, los huevos y la leche, por lo general contienen los ocho aminoácidos esenciales. Los alimentos derivados de las plantas, como cereales y frijoles, no los contienen. Quienes no comen productos animales deben ingerir alimentos vegetales, como frijoles y arroz, para obtener todos los aminoácidos esenciales.

Vitaminas Las moléculas orgánicas que el cuerpo necesita en cantidades muy pequeñas se llaman **vitaminas.** El cuerpo las necesita para las reacciones químicas. Si las proteínas, grasas e hidratos de carbono son los ladrillos del cuerpo, las vitaminas son las herramientas que los unen. La **ilustración 30–7,** indica que la mayoría de las vitaminas se obtienen del alimento. Pero las bacterias en el intestino grueso pueden sintetizar vitaminas K y B_{12}.

Hay dos tipos de vitaminas: liposolubles e hidrosolubles. Las vitaminas liposolubles A, D, E y K pueden almacenarse en los tejidos grasos del cuerpo. El cuerpo puede acumular depósitos pequeños de estas vitaminas para uso futuro. Las vitaminas hidrosolubles, las cuales incluyen a la vitamina C y las vitaminas B, se disuelven en agua y no pueden almacenarse en el cuerpo. Por tanto, deben incluirse en los alimentos que ingieres cada día.

Una dieta que carece de ciertas vitaminas puede tener consecuencias graves de salud. Comer alimentos variados suministrará los requerimientos diarios de vitaminas. Dosis grandes de vitaminas no benefician. El exceso de vitaminas A, D y K puede ser tóxico.

ILUSTRACIÓN 30–7 Vitaminas
Esta tabla enumera las fuentes de alimento y funciones de 14 vitaminas esenciales. Las vitaminas liposolubles se enumeran en los primeros cuatro renglones. **Interpretar tablas** ***¿Cuál es la función de la vitamina K?***

Vitaminas

Vitamina	Fuentes	Función
A (retinol)	Vegetales amarillos, anaranjados y verde oscuro; productos lácteos fortificados	Importante para el crecimiento de las células de la piel; importante para la visión nocturna
D (calciferol)	Aceites de pescado, huevos; elaborada por la piel cuando se expone a la luz solar; agregada a productos lácteos	Promueve el crecimiento óseo; incrementa la absorción de calcio y fósforo
E (tocoferol)	Vegetales de hoja verde, semillas, aceites vegetales	Antioxidante; previene el daño celular
K	Vegetales de hoja verde; elaborada por bacterias que viven en el intestino humano	Necesaria para la coagulación normal de la sangre
B_1 (tiamina)	Cereales integrales, puerco, legumbres, leche	Metabolismo de los hidratos de carbono
B_2 (riboflavina)	Productos lácteos, carnes, vegetales, cereales integrales	Crecimiento; metabolismo de la energía
Niacina	Hígado, leche, cereales enteros, frutos secos, carnes, leguminosas	Importante en el metabolismo de la energía
B_6 (piridoxina)	Cereales integrales, carnes, vegetales	Importante para el metabolismo de los aminoácidos
Ácido pantoténico	Carnes, productos lácteos, cereales integrales	Necesario para el metabolismo de la energía
Ácido fólico	Leguminosas, frutos secos, vegetales de hoja verde, naranjas, brócoli, chícharos, cereales fortificados	Implicado en el metabolismo del ácido nucleico; previene defectos del tubo neural
B_{12} (cianocobalamina)	Carnes, huevos, productos lácteos, cereales enriquecidos	Implicada en el metabolismo del ácido nucleico; maduración de los glóbulos rojos
C (ácido ascórbico)	Frutas cítricas, tomates, pimientos rojos o verdes, brócoli, col, fresas	Mantiene los cartílagos y huesos; antioxidante; mejora la absorción del hierro; importante para encías sanas y la curación de heridas
Biotina	Leguminosas, vegetales, carne	Coenzima en la síntesis de grasas; formación de glucógeno; metabolismo de aminoácidos
Colina	Yema de huevo, hígado, cereales, leguminosas	Parte de los fosfolípidos y los neurotransmisores

Minerales importantes

Mineral	Fuentes	Función
Calcio	Productos lácteos, salmón, col rizada, tofu, acelgas, leguminosas	Formación de huesos y dientes; coagulación de la sangre; función nerviosa y muscular
Fósforo	Productos lácteos, carnes, aves, cereales	Formación de huesos y dientes; equilibrio ácido-básico
Hierro	Carnes, huevos, leguminosas, cereales integrales, vegetales de hoja verde, frutas deshidratadas	Componente de la hemoglobina y de los transportadores de electrones usados en el metabolismo de la energía
Cloro	Sal de mesa, alimentos procesados	Equilibrio ácido-básico; formación de jugo gástrico
Sodio	Sal de mesa, alimentos procesados	Equilibrio ácido-básico; equilibrio del agua; función nerviosa y muscular
Potasio	Carnes, productos lácteos, frutas y vegetales, cereales	Equilibrio ácido-básico; equilibrio del agua; función nerviosa y muscular
Magnesio	Cereales integrales, vegetales de hoja verde	Activación de enzimas en la síntesis de proteínas
Flúor	Agua potable fluorada, té, mariscos	Mantenimiento de la estructura de huesos y dientes
Yodo	Mariscos, productos lácteos, sal yodada	Componente de las hormonas tiroideas
Cinc	Carnes, mariscos, cereales	Componente de ciertas enzimas digestivas

ILUSTRACIÓN 30–8 Minerales Una dieta saludable debería incluir cantidades pequeñas de ciertos minerales para mantener un cuerpo sano. **Inferir** ***¿Por qué piensas que algunas ciudades y poblados agregan fluoruro a sus suministros de agua?***

Minerales Los nutrientes inorgánicos que necesita el cuerpo, por lo general en cantidades pequeñas, se llaman **minerales.** La **ilustración 30–8** enumera algunos de los minerales que el cuerpo necesita. El calcio, por ejemplo, se requiere para producir el fosfato de calcio que forma los huesos y los dientes. El hierro es necesario para hacer hemoglobina, la proteína transportadora de oxígeno en los glóbulos rojos. Es necesario un suministro constante de minerales en la dieta para reemplazar los que se pierden en el sudor, la orina y los desechos digestivos.

Nutrición y una dieta balanceada

¿Qué se quiere decir con el término "dieta balanceada"?

La ciencia de la nutrición, el estudio del alimento y sus efectos en el cuerpo, trata de determinar cómo ayuda el alimento al cuerpo a satisfacer todas sus variadas necesidades. Debido al trabajo de los nutriólogos, se han desarrollado muchas herramientas para ayudar a las personas a planear dietas saludables. **Una dieta balanceada proporciona nutrientes en cantidades adecuadas y energía suficiente para que una persona mantenga un peso saludable.**

Balancear tu dieta Las etiquetas de información nutricional pueden usarse para elegir alimentos saludables. Éstas proporcionan información general sobre nutrición al igual que información específica sobre el producto; pueden usarse para determinar si estás consumiendo suficiente de algunas de las vitaminas y minerales importantes.

En tu cuaderno *Enumera siete tipos de información sobre un alimento en su etiqueta de información nutricional.*

Nota en la etiqueta de información nutricional que se muestra en la **ilustración 30–9** que la grasa contiene alrededor de 9 Calorías por gramo, mientras que los hidratos de carbono y las proteínas contienen 4 Calorías por gramo. ¿Por qué la diferencia? Los átomos de carbono en las grasas por lo general tienen más enlaces C-H (carbono a hidrógeno) que los átomos de carbono en los hidratos de carbono o las proteínas. Oxidar estos enlaces C-H libera una gran cantidad de energía. Debido a esto, oxidar un gramo de grasa libera más energía que oxidar un gramo de proteína o hidrato de carbono, lo que les da a las grasas un mayor valor energético en Calorías por gramo.

Cuando se usan etiquetas información nutricional, es importante recordar que el porcentaje de los valores diarios se basa en una dieta de 2000 Calorías. Sin embargo, las necesidades de nutrientes son afectadas por la edad, el género y el estilo de vida. El requerimiento diario de energía de un adolescente de tamaño promedio que hace ejercicio en forma regular es de alrededor de 2200 Calorías para las mujeres y alrededor de 2800 Calorías para los hombres. Las personas que son más activas que el promedio tienen necesidades de energía mayores. Cuando una persona deja de crecer o se vuelve menos activa, disminuye el requerimiento de energía.

INFORMACIÓN NUTRICIONAL

Porción	1 taza (30 g)
Porciones por empaque	10
Cantidad por porción	
Calorías 110	Calorías por grasa 17
	% del valor diario recomendado*
Grasa total 2 g	3%
Grasa saturada 0 g	0%
Grasas *"trans"* 0.5 g	
Colesterol 0 mg	0%
Sodio 280 mg	12%
Total de hidratos de carbono 22 g	7%
Fibra dietética 3 g	12%
Azúcares 1 g	
Proteínas 3 g	

Vitamina A	10%	• Vitamina C	20%
Calcio	4%	• Hierro	45%

Los porcentajes de valores diarios se basan en una dieta de 2,000 Calorías. Sus valores diarios pueden ser mayores o menores según su necesidad de calorías:

	Calorías	2,000	2,500
Grasa total	Menos de	65 g	80 g
Grasa sat.	Menos de	20 g	25 g
Colesterol	Menos de	300 mg	300 mg
Sodio	Menos de	2,400 mg	2,400 mg
Total de hidratos de carbono		300 g	375 g
Fibra		25 g	30 g

Calorías por gramo:
Grasa • Hidrato de carbono • Proteína

Ingredientes: granos de avena enteros, azúcar, sal, maíz molido, fibra de avena, suero seco, miel, almendras

ILUSTRACIÓN 30–9 Etiqueta de productos alimenticios Leer las etiquetas de productos alimenticios puede ayudarte a seguirle la pista a cuántas Calorías consumes en un día y si estás satisfaciendo tus requerimientos de nutrientes importantes.

Mantener un peso saludable Los estilos de vida inactivos y la dieta alta en Calorías han sido factores contribuyentes a la tasa creciente de obesidad en Estados Unidos durante las últimas décadas. Hacer ejercicio alrededor de 30 minutos al día e ingerir una dieta balanceada puede ayudar a mantener un peso saludable. La actividad física regular ayuda a mantener un peso saludable al quemar el exceso de Calorías. Otros beneficios de la actividad física incluyen el fortalecimiento del corazón, los huesos y los músculos.

La American Heart Association recomienda una dieta con un máximo de 30% de Calorías de la grasa, de las cuales sólo 7% deberían ser de grasas saturadas y 1% de grasas trans. Es importante controlar la ingestión de grasas por varias razones. Los alimentos que contienen una gran cantidad de cualquier tipo de grasa son altos en Calorías. Una dieta alta en grasas saturadas y grasas trans incrementa el riesgo de desarrollar enfermedad cardiaca, diabetes tipo II o ambas.

30.2 Evaluación

Repaso de conceptos clave

1. a. Repasar ¿Cuáles son las dos razones por las que los humanos necesitan comer?
b. Inferir Se dice que los alimentos que contienen muchas Calorías pero pocas materias primas contienen Calorías vacías. ¿Qué piensas que significa la frase *Calorías vacías*?

2. a. Repasar Enumera seis nutrientes que necesite el cuerpo.
b. Comparar y contrastar ¿En qué se parecen las grasas saturadas y las insaturadas? ¿En qué se diferencian?

3. a. Repasar ¿Cómo pueden usarse las etiquetas de información nutricional para planear una dieta balanceada?
b. Calcular Una porción de un alimento particular contiene 16 g de hidratos de carbono, 2 g de proteína y 10 g de grasas. ¿Como cuántas Calorías contiene? MATEMÁTICAS

ANALIZAR DATOS

Mira la **ilustración 30–9** y responde las preguntas.

4. a. Calcular Si comieras 2 tazas de este producto, ¿cuántos gramos de grasa comerías? ¿Cuántas Calorías totales comerías? MATEMÁTICAS
b. Evaluar El empaque de este producto anuncia que contiene 0 g de grasas trans. ¿Esto significa que el producto no contiene grasas trans? Explica.

BIOLOGY.com Search Lesson 30.2  • Lesson Assessment • Self-Test

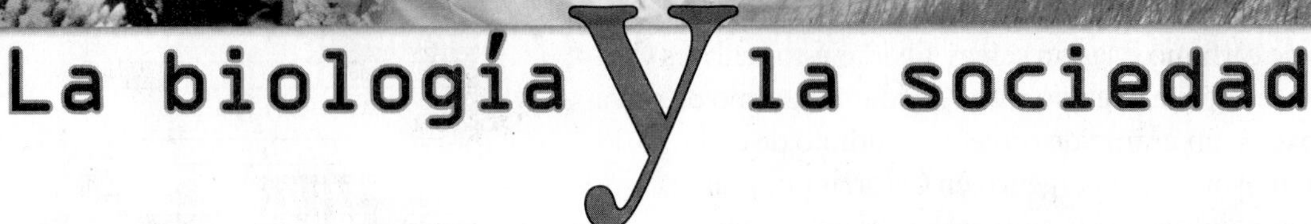

La biología y la sociedad

¿Quién es responsable por la obesidad en los Estados Unidos?

Conforme se reemplazan los vagones antiguos del metro y se construyen nuevos estadios deportivos, una tendencia es obvia: los asientos son mucho más grandes de lo que solían ser. Por ejemplo, en el viejo estadio de los Pacers, de Indiana, los asientos tenían 18 pulgadas de ancho. En el estadio nuevo, los asientos *más pequeños* tienen 21 pulgadas de ancho. Los anunciantes trataban de vender que los asientos eran más cómodos. Pero la realidad es que los asientos más grandes son necesarios porque los estadounidenses se han vuelto más gordos.

Desde finales de la década de 1970 hasta principios de la década de 2000, el porcentaje de adultos obesos en Estados Unidos se incrementó de 15 % a 32.9%. Durante el mismo período, el porcentaje de adolescentes (de entre 12 y 19 años) que tenían sobrepeso aumentó más del triple, de 5 % a 17.4%. Esta tendencia no muestra señales de cambiar.

Las causas para lo que se ha llamado "epidemia de obesidad" parecen evidentes: un estilo de vida de dietas altas en Calorías y falta de ejercicio. Pero las soluciones no son tan obvias. Muchos gobiernos estatales y locales han tratado de controlar la epidemia eliminando alimentos altos en Calorías de las escuelas. Algunas personas apoyan estos esfuerzos, pero otras creen que el gobierno está invadiendo demasiado la vida personal. ¿El gobierno debería desempeñar un papel en la lucha contra la obesidad al controlar los alimentos que se sirven en las escuelas?

Puntos de vista

El gobierno debe tomar medidas La obesidad incrementa el riesgo de presión arterial alta, diabetes tipo II, apoplejía, artritis y algunos tipos de cáncer. Un aumento en las tasas de estas enfermedades ejercería demasiada presión en el sistema de salud y afectaría la economía al reducir el número de adultos sanos en la fuerza laboral.

Es probable que los niños con sobrepeso se vuelvan adultos obesos. Las escuelas deberían desempeñar un papel activo para limitar la exposición de los estudiantes a alimentos altos en Calorías que no son nutritivos.

Muchas escuelas a lo largo del país han reemplazado las máquinas expendedoras automáticas que ofrecían refrescos y otras bebidas azucaradas con otras que sólo ofrecen agua, leche o jugo 100% natural.

El gobierno no tiene injerencia La elección de alimentos es una decisión personal. Mantener alimentos que no son saludables fuera de la escuela no preparará a los estudiantes para tomar decisiones sanas en el mundo real. Los padres y educadores deberían enseñar a los niños cómo hacer elecciones saludables, en vez de sólo controlar sus opciones.

Investiga y decide

1. Evaluar Analiza los cambios que se han propuesto o se han hecho recientemente en tu escuela para abordar la epidemia de obesidad. ¿Se han eliminado algunos alimentos de la cafetería? ¿Han cambiado las ofertas en las máquinas expendedoras automáticas? Explica.

2. Formar una opinión ¿Piensas que los cambios recientes en el menú de tu escuela, si los ha habido, son cambios positivos? ¿Deberían hacerse más? ¿O deberían hacerse menos? Explica.

30.3 Sistema digestivo

PIÉNSALO Cuando tienes hambre, todo tu cuerpo necesita alimento. Pero el único sistema en el cuerpo por el que entra en realidad el alimento es el sistema digestivo. ¿Cómo llega el alimento al resto del cuerpo después del proceso de digestión?

Preguntas clave

¿Cuáles son las funciones del sistema digestivo?

¿Qué ocurre durante la digestión?

¿Cómo se absorben los nutrientes y se eliminan los desechos?

Vocabulario

digestión mecánica • digestión química • amilasa • esófago • peristalsis • estómago • pepsina • quimo • intestino delgado • vellosidades intestinales • intestino grueso

Tomar notas

Diagrama de flujo Haz un diagrama de flujo que muestre la ruta que sigue el alimento a través del sistema digestivo.

Funciones del sistema digestivo

¿Cuáles son las funciones del sistema digestivo?

La necesidad de alimento les presenta al menos dos desafíos a todos los animales. El primero es cómo obtenerlo. Una vez que un animal ha capturado o recolectado su alimento, su cuerpo enfrenta un desafío nuevo: cómo convertir el alimento en moléculas útiles. En los humanos y muchos otros animales, ésta es la labor del sistema digestivo. **El sistema digestivo convierte el alimento en moléculas pequeñas que pueden ser usadas por las células del cuerpo. El sistema digestivo procesa el alimento en cuatro fases: ingestión, digestión, absorción y eliminación.**

Ingestión Por supuesto, el primer paso en la digestión es introducir alimento en el sistema. La ingestión, como se llama este proceso, es la acción de poner alimento en tu boca, la abertura al tracto digestivo.

Digestión Conforme pasa el alimento por el sistema digestivo, es descompuesto en dos formas, por digestión mecánica y química. La **digestión mecánica** es la descomposición física de piezas grandes de alimento en piezas más pequeñas. Éstas pueden ser tragadas y quedar accesibles a las enzimas digestivas. En la **digestión química,** las enzimas descomponen el alimento en moléculas pequeñas que el cuerpo puede usar.

Absorción Una vez que el alimento ha sido descompuesto en moléculas pequeñas, puede ser absorbido por las células en el intestino delgado. De ahí, las moléculas pasan al sistema circulatorio, el cual las transporta a todo el cuerpo.

Eliminación El sistema digestivo no puede digerir y absorber todas las sustancias de los alimentos que entran al cuerpo. Algunos materiales, como la celulosa, recorren el intestino grueso y son eliminadas del cuerpo como heces.

ILUSTRACIÓN 30–10
El sistema digestivo

El proceso de digestión

¿Qué ocurre durante la digestión?

ILUSTRACIÓN 30–11 **La boca** La digestión comienza en la boca, donde la lengua, los dientes y la saliva forman con el alimento una masa húmeda que puede tragarse. Inferir ***¿Cómo reflejan los dientes humanos una dieta omnívora?***

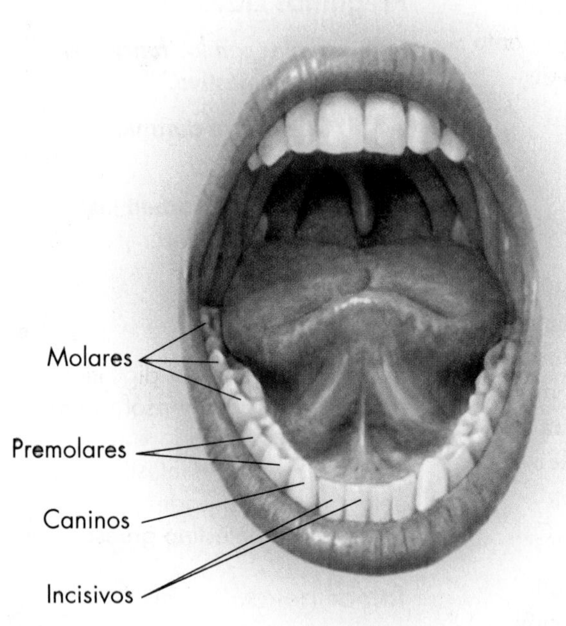

El sistema digestivo humano, como los de otros cordados, está construido alrededor de un canal alimentario, un tubo de sentido único que pasa a través del cuerpo. **Durante la digestión, el alimento viaja a través de la boca, el esófago, el estómago y el intestino delgado. La digestión mecánica y la digestión química son los dos procesos por los cuales el alimento se reduce a moléculas que pueden absorberse.** Ambos comienzan en la boca.

La boca Cuando llevas un bocado de alimento a tu boca, comienza el trabajo del sistema digestivo. Los dientes y la saliva empiezan a trabajar primero en tu alimento. La masticación comienza el proceso de digestión mecánica. La digestión química inicia cuando las enzimas digestivas en la saliva comienzan la descomposición de hidratos de carbono complejos en moléculas más pequeñas.

▶ ***Dientes*** Los dientes, mostrados en la **ilustración 30–11,** están anclados en los huesos de la quijada. La superficie de los dientes está protegida por un recubrimiento de esmalte mineralizado. Los dientes hacen gran parte del trabajo mecánico de la digestión. Los incisivos, caninos y premolares cortan y desgarran el alimento; los molares muelen y prensan el alimento para formar una pasta fina que puede tragarse. Mientras, tu lengua mueve el alimento para que entre en contacto con tus dientes.

▶ ***Saliva*** Mientras los dientes cortan y muelen el alimento, las glándulas salivales secretan saliva, la cual humedece el alimento y facilita su masticación. La liberación de saliva está bajo el control del sistema nervioso y puede ser desencadenada por el aroma del alimento, en especial cuando tienes hambre.

La saliva no sólo facilita el paso del alimento a través del sistema digestivo sino también comienza el proceso de digestión química. La saliva contiene una enzima llamada **amilasa** que empieza a descomponer los enlaces químicos en los almidones, formando azúcares. Si masticas lo suficiente un alimento rico en almidón, como una galleta salada, comenzará a saber dulce, ese es el resultado del trabajo de la amilasa para descomponer los almidones en azúcares. La saliva también contiene lisozima, una enzima que combate las infecciones al digerir las paredes celulares de muchas bacterias que pueden entrar en la boca con el alimento.

Una vez que es masticado el alimento, las acciones combinadas de la lengua y los músculos de la garganta empujan la masa de alimento, llamada bolo alimenticio, por la garganta. Cuando tragas, el bolo alimenticio entra primero al área en la parte posterior de la garganta llamada faringe. Cuando ocurre esto, un colgajo de tejido conectivo llamado epiglotis cierra la abertura de la tráquea. Esta acción impide que el alimento entre a las vías aéreas hacia los pulmones mientras pasa por la faringe y llega al esófago.

DESARROLLAR el vocabulario

ORIGEN DE LAS PALABRAS
El prefijo *amil-* se refiere al almidón y tiene un origen tanto griego (*amylon*) como latino (*amylum*). El sufijo–*asa* se usa por lo común para indicar que una sustancia es una enzima. La **amilasa** es una enzima que actúa sobre el almidón.

En tu cuaderno *Explica con tus propias palabras dos funciones protectoras de la boca y la garganta.*

El esófago De la garganta, el bolo pasa por un tubo llamado **esófago** hacia el estómago. Podrías pensar que la gravedad hace bajar el alimento por el esófago, pero esto no es correcto. De hecho, puedes tragar bastante bien con gravedad cero, como lo hacen los astronautas, o incluso mientras estás parado de cabeza. La razón es que las contracciones de músculos lisos, conocida como **peristalsis,** proporciona la fuerza que mueve el alimento a través del esófago hacia el estómago. La peristalsis en el esófago se muestra en la **ilustración 30–12.**

Después que el alimento entra en el estómago, un anillo grueso de músculo llamado esfínter del cardias o gastroesofágico cierra el esófago. Esto impide que el contenido del estómago se regrese. Comer en exceso o beber demasiada cafeína puede causar un reflujo de ácido estomacal hacia el esófago. El resultado es una sensación de ardor en el centro del pecho conocida como ardor de estomago. El ardor de estómago persistente puede causar un daño grave al esófago y es una razón para visitar al médico.

ILUSTRACIÓN 30–12 Peristalsis Los músculos en las paredes del esófago se contraen en ondas. Cada onda empuja la masa de alimento masticada, o bolo alimenticio, frente a ella. Al final, el bolo es empujado hasta el estómago.

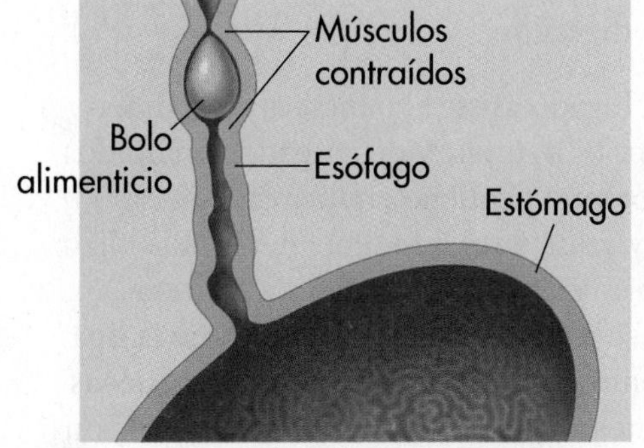

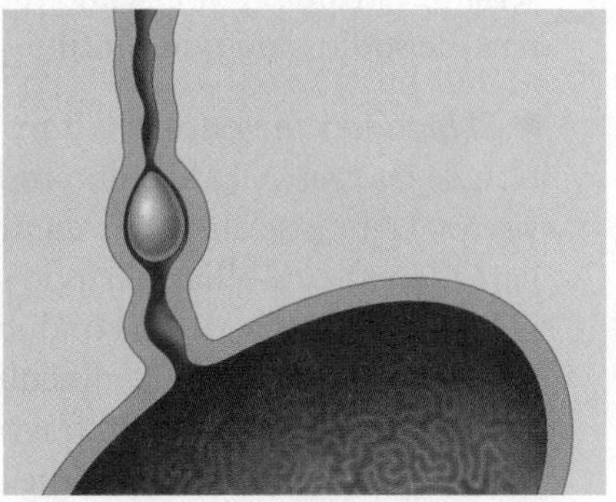

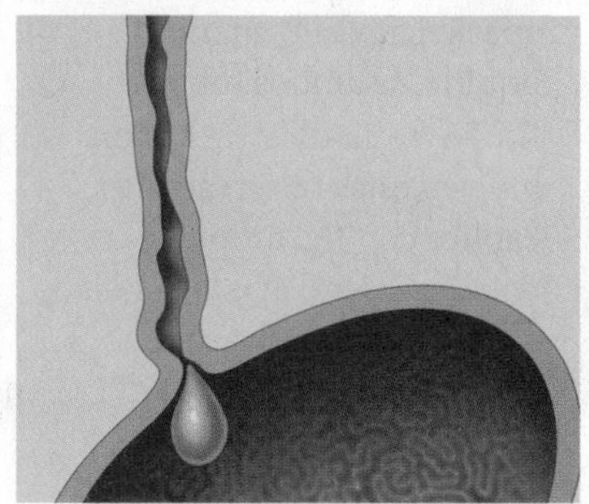

Digestión química en el estómago El **estómago** es un saco muscular grande que continúa la digestión química y mecánica del alimento. El recubrimiento del estómago contiene millones de glándulas gástricas microscópicas que liberan muchas sustancias en el estómago. Algunas de estas glándulas producen ácido clorhídrico, otras liberan una enzima llamada pepsina que es activada y funciona mejor en condiciones ácidas. La **pepsina** descompone las proteínas en fragmentos de polipéptidos más pequeños.

Otra glándula del estómago produce moco, un líquido que lubrica y protege la pared estomacal. Si esta capa protectora falla, los ácidos pueden erosionar el recubrimiento del estómago y causar una llaga llamada úlcera péptica. Por años, los médicos pensaron que la causa principal de las úlceras era demasiado ácido en el estómago. Recetaban medicamentos que reducían los síntomas pero no curaban las úlceras. Desde entonces los científicos han descubierto que la mayor parte de las úlceras pépticas son el resultado de una infección por la bacteria *Helicobacter pylori.* La mayor parte de las úlceras pépticas pueden curarse ahora con antibióticos que matan a la bacteria.

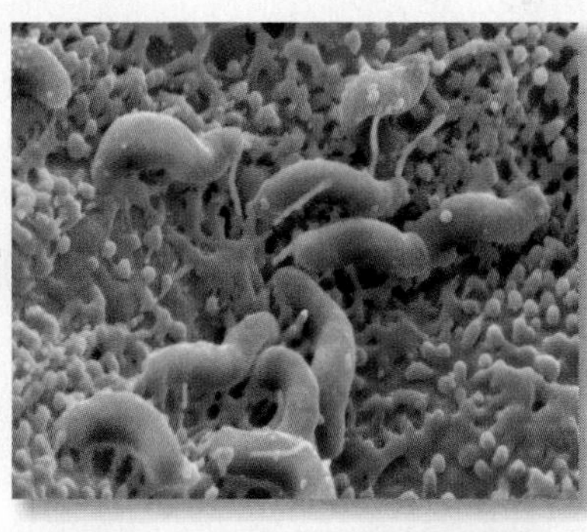

ILUSTRACIÓN 30–13 *Helicobacter pylori* Después de muchos años de culpar a factores del estilo de vida por las úlceras, investigadores descubrieron que estas bacterias son la causa. *H. pylori* se entierran en la pared estomacal y causan inflamación (SEM 6800X).

Digestión mecánica en el estómago Contracciones alternadas de las tres capas de músculo liso del estómago agitan y mezclan por completo el alimento tragado. El proceso de agitación causa una descomposición mayor de los trozos de alimento deglutido y permite a las enzimas un mayor acceso a él. De manera gradual, se produce una mezcla con una consistencia parecida a la avena llamada **quimo.** Después de una hora o dos, se abre el píloro, que se localiza entre el estómago y el intestino delgado, y el quimo comienza a chorrear hacia el intestino delgado.

BIOLOGY.com Search Lesson 30.3 GO • Art in Motion

Actividad rápida de laboratorio
INVESTIGACIÓN DIRIGIDA

Representar la acción de la bilis

❶ Agrega 10 ml de agua y 2 gotas de aceite de oliva en dos tubos de ensayo.

❷ Agrega 3 ml de una solución de jabón líquido al 5% en un tubo de ensayo.

❸ Agita el contenido de ambos tubos de ensayo. Registra tus observaciones.

Analizar y concluir

1. Observar Describe la apariencia del contenido líquido de ambos tubos.

2. Sacar conclusiones Con base en estas observaciones, explica con tus propias palabras cómo ayuda la bilis a la digestión de las grasas.

Digestión en el intestino delgado La mayor parte de la digestión química y la absorción del alimento que ingieres ocurre en el intestino delgado. Cuando el quimo es empujado a través del píloro, entra en el duodeno. El duodeno es la primera parte del **intestino delgado,** y es donde casi todas las enzimas digestivas entran en el intestino. Conforme el quimo entra en el duodeno desde el estómago, se mezcla con enzimas y líquidos digestivos del páncreas, el hígado e incluso del recubrimiento del mismo duodeno. El páncreas y el hígado se muestran en la **ilustración 30–15.**

▶ ***Páncreas*** Justo detrás del estómago está el páncreas, una glándula que tiene tres funciones importantes. Una de ellas es producir hormonas que regulan los niveles de azúcar en la sangre. Dentro del sistema digestivo, el páncreas tiene otras dos funciones. Produce enzimas que descomponen los hidratos de carbono, proteínas, lípidos y ácidos nucleicos; y produce también bicarbonato de sodio, una base que neutraliza con rapidez el ácido estomacal conforme entra el quimo en el duodeno. Las enzimas producidas por el páncreas, a diferencia de las producidas en el estómago, serían destruidas por el ácido fuerte, y por tanto es necesario el bicarbonato de sodio para que continúe la digestión.

▶ ***El hígado y la vesícula biliar*** El hígado asiste al páncreas en la digestión de las grasas. El hígado produce bilis, un líquido cargado con lípidos y sales. La bilis se almacena en un órgano pequeño en forma de bolsa llamado vesícula biliar. Cuando hay grasa en el duodeno, la vesícula biliar libera bilis a través de un conducto en el intestino delgado. Las grasas tienden a juntarse, lo que dificulta su digestión por enzimas como la lipasa. La bilis descompone los fragmentos de grasa en gotitas más pequeñas que se dispersan en el ambiente acuoso del intestino delgado. Esta acción posibilita que las enzimas lleguen a las gotitas de grasa más pequeñas y las descompongan.

En tu cuaderno *Resume las dos funciones del páncreas en la digestión de grasas.*

ILUSTRACIÓN 30–14 Efectos de las enzimas digestivas Las enzimas digestivas aceleran la descomposición de los alimentos y hacen que los nutrientes estén disponibles para el cuerpo. Interpretar tablas ***¿En qué parte del cuerpo comienza la digestión de los hidratos de carbono?***

Efectos de las enzimas digestivas

Sitio activo	Enzima	Efecto en el alimento
Boca	Amilasa salival	Descompone almidones en disacáridos
Estómago	Pepsina	Descompone proteínas en péptidos grandes
Intestino delgado (liberada por el páncreas)	Amilasa pancreática	Continúa la descomposición del almidón
	Tripsina	Continúa la descomposición de proteínas
	Lipasa	Descompone la grasa
Intestino delgado	Maltasa, sacarasa, lactasa	Descomponen los disacáridos restantes en monosacáridos
	Peptidasa	Descompone dipéptidos en aminoácidos

EL SISTEMA DIGESTIVO

RESUMEN VISUAL

ILUSTRACIÓN 30–15 El alimento viaja a través de muchos órganos conforme se descompone en nutrientes que tu cuerpo puede usar. El tiempo necesario para que cada órgano realice su función varía según el tipo de alimento consumido.

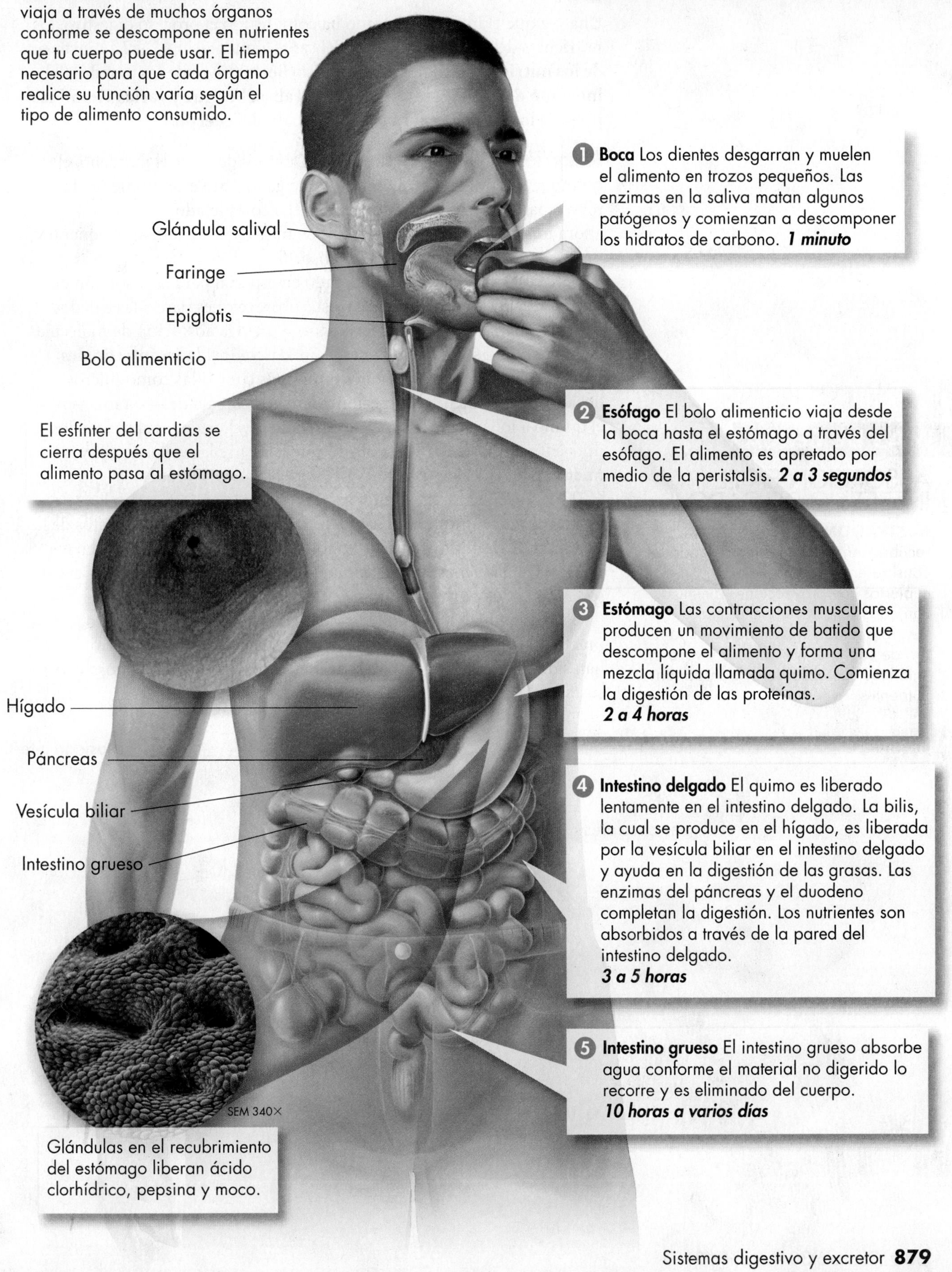

Glándula salival

Faringe

Epiglotis

Bolo alimenticio

El esfínter del cardias se cierra después que el alimento pasa al estómago.

Hígado

Páncreas

Vesícula biliar

Intestino grueso

SEM 340×

Glándulas en el recubrimiento del estómago liberan ácido clorhídrico, pepsina y moco.

1 **Boca** Los dientes desgarran y muelen el alimento en trozos pequeños. Las enzimas en la saliva matan algunos patógenos y comienzan a descomponer los hidratos de carbono. ***1 minuto***

2 **Esófago** El bolo alimenticio viaja desde la boca hasta el estómago a través del esófago. El alimento es apretado por medio de la peristalsis. ***2 a 3 segundos***

3 **Estómago** Las contracciones musculares producen un movimiento de batido que descompone el alimento y forma una mezcla líquida llamada quimo. Comienza la digestión de las proteínas. ***2 a 4 horas***

4 **Intestino delgado** El quimo es liberado lentamente en el intestino delgado. La bilis, la cual se produce en el hígado, es liberada por la vesícula biliar en el intestino delgado y ayuda en la digestión de las grasas. Las enzimas del páncreas y el duodeno completan la digestión. Los nutrientes son absorbidos a través de la pared del intestino delgado. ***3 a 5 horas***

5 **Intestino grueso** El intestino grueso absorbe agua conforme el material no digerido lo recorre y es eliminado del cuerpo. ***10 horas a varios días***

Absorción y eliminación

¿Cómo se absorben los nutrientes y se eliminan los desechos?

Una vez que el intestino delgado ha completado el proceso digestivo, los nutrientes deben ser absorbidos del canal alimentario. **La mayoría de los nutrientes del alimento se absorben a través de las paredes del intestino delgado. El intestino grueso absorbe agua y varias vitaminas y prepara los desechos para su eliminación del cuerpo.**

Absorción del intestino delgado Después de dejar el duodeno, el quimo pasa por el resto del intestino delgado. Para este momento, la mayor parte de la digestión química se ha completado. El quimo es ahora una mezcla rica de moléculas de nutrientes de tamaño pequeño y mediano que están listas para ser absorbidas.

El intestino delgado está adaptado en especial para la absorción de nutrientes. Su superficie plegada y sus proyecciones parecidas a dedos proporcionan un área superficial enorme para la absorción de moléculas de nutrientes. Estas proyecciones, llamadas **vellosidades intestinales,** están cubiertas con proyecciones diminutas conocidas como microvellosidades. Conforme contracciones lentas en forma de onda mueven el quimo a lo largo de la superficie, las microvellosidades absorben los nutrientes. En la **ilustración 30–16** pueden verse las vellosidades y las microvellosidades.

Las moléculas de nutrientes son absorbidas con rapidez en las células que recubren al intestino delgado. La mayor parte de los productos de la digestión de los hidratos de carbono y proteínas son absorbidos en los capilares en las vellosidades. La mayor parte de las grasas y ácidos grasos son absorbidos por vasos linfáticos.

Para cuando el quimo está listo para dejar el intestino delgado, prácticamente carece de nutrientes. Las moléculas orgánicas complejas han sido digeridas y absorbidas, dejando atrás sólo agua, celulosa y otras sustancias indigeribles.

MÁS DE CERCA

ABSORCIÓN EN EL INTESTINO DELGADO

ILUSTRACIÓN 30–16 El recubrimiento del intestino delgado consiste en pliegues que están cubiertos con proyecciones diminutas llamadas vellosidades intestinales. Dentro de cada vellosidad hay una red de capilares sanguíneos y vasos linfáticos que absorben y transportan nutrientes.

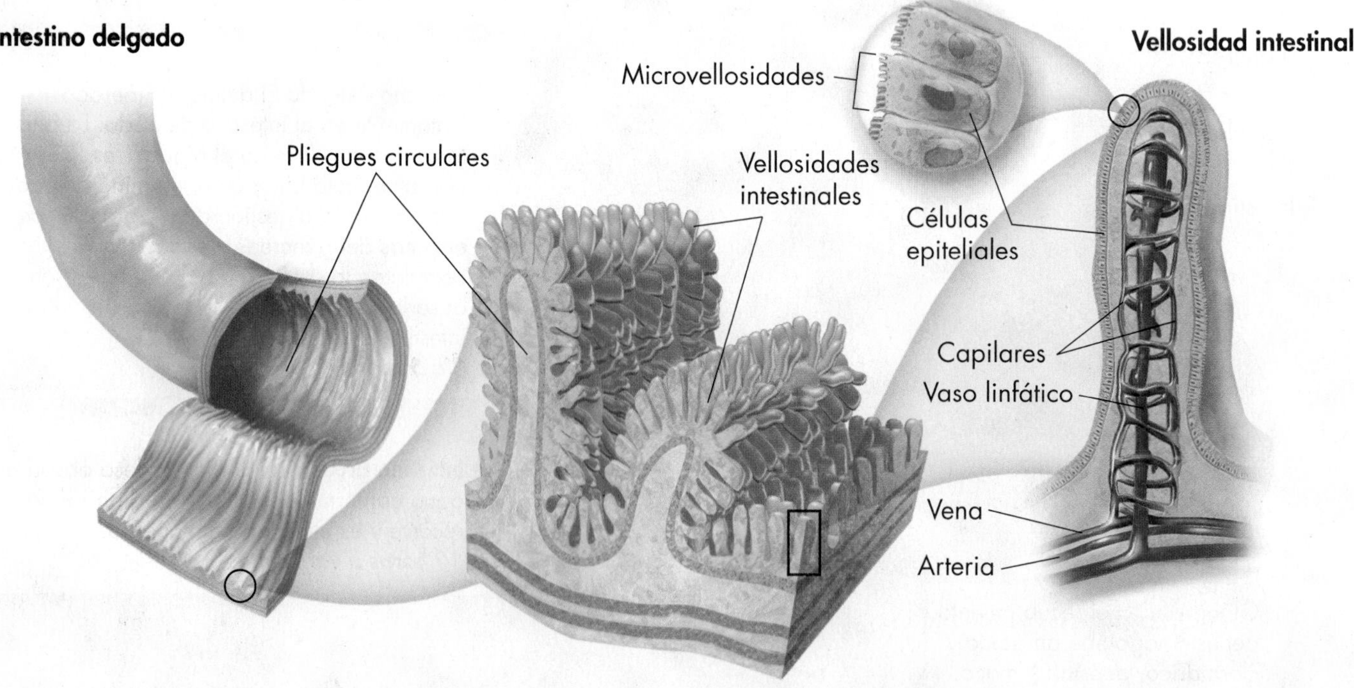

Cuando el material deja el intestino delgado y entra en el intestino grueso, pasa por un órgano pequeño en forma de saco llamado apéndice. En algunos mamíferos, el apéndice procesa la celulosa y otros materiales. La única ocasión en que los humanos notan su apéndice es cuando se obstruye y se inflama, causando apendicitis. El remedio para la apendicitis es extirpar el órgano infectado por medio de cirugía, lo más rápido posible, antes que pueda romperse o abrirse.

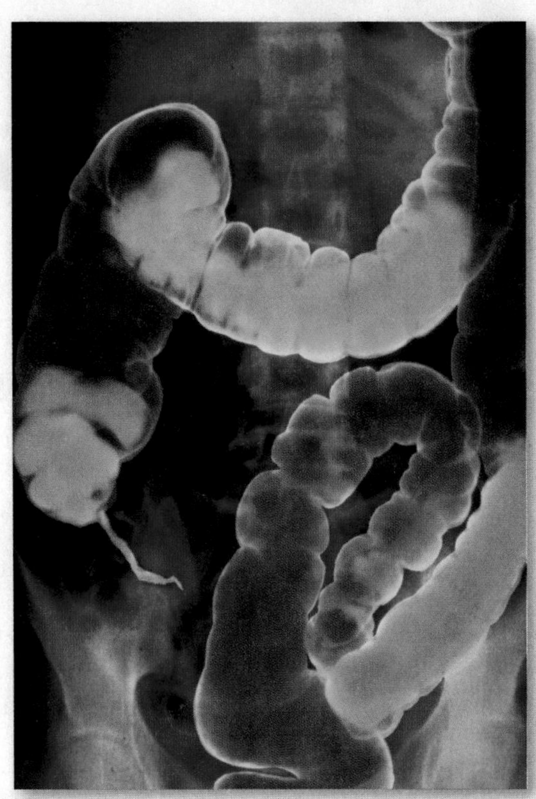

ILUSTRACIÓN 30–17 **El intestino grueso** Esta radiografía muestra el intestino grueso y su contenido.

Absorción desde el intestino grueso Cuando el quimo deja el intestino delgado, entra en el **intestino grueso,** o colon. El intestino grueso en realidad es mucho más corto que el intestino delgado y obtiene su nombre debido a su diámetro, el cual es mucho mayor que el del intestino delgado. La función principal del intestino grueso es eliminar agua del material no digerido que quedó. El agua es absorbida rápidamente a través de la pared del intestino grueso, dejando atrás los materiales no digeridos. Las abundantes colonias de bacterias presentes en el intestino grueso producen compuestos que el cuerpo es capaz de absorber y usar, incluyendo vitamina K. Cuando se administran dosis grandes de antibióticos para combatir una infección, pueden destruir estas bacterias, y puede ocurrir una deficiencia de vitamina K.

Eliminación El material de desecho concentrado, las heces, que queda después que la mayor parte del agua ha sido absorbida, pasa al recto y es eliminado del cuerpo a través del ano. Cuando sucede algo que interfiere con la eliminación de agua por el intestino grueso, por lo general te das cuenta de inmediato. Si no se absorbe suficiente agua, ocurre una condición conocida como diarrea. Si se absorbe demasiada agua de los materiales no digeridos, ocurre una condición conocida como estreñimiento.

30.3 Evaluación

Repaso de conceptos clave

1. a. Repasar Explica la función del sistema digestivo.
b. Comparar y contrastar ¿Cuál es la diferencia entre la digestión mecánica y la digestión química?

2. a. Repasar Enumera las estructuras que recorre el alimento durante la digestión y da la función de cada una.
b. Relacionar causa y efecto Algunas personas tienen un trastorno en el que los músculos de su estómago no pueden contraerse y batir el alimento. ¿Qué efecto piensas que tiene esto en la cantidad de tiempo que permanece el alimento en el estómago?

3. a. Repasar Explica cómo se absorben los nutrientes.
b. Aplica los conceptos ¿Qué impacto tienen los pliegues y las vellosidades del intestino delgado en la absorción?

Aplica la gran idea

Materia y energía

4. ¿Cómo se vería afectada la velocidad de la digestión si los diversos órganos y glándulas no liberaran enzimas? *Pista:* Quizá quieras remitirte al capítulo 2 para repasar la acción de las enzimas.

BIOLOGY.com Search Lesson 30.3  • Self-Test • Lesson Assessment

30.4 Sistema excretor

Preguntas clave

¿Cuál es la función principal de las estructuras del sistema excretor?

¿Cómo limpian la sangre los riñones?

¿Cómo ayudan los riñones a mantener la homeostasis?

Vocabulario

excreción
uréter
vejiga urinaria
uretra
nefrona
filtración
glomérulo
cápsula de Bowman
reabsorción
asa de Henle

Tomar notas

Vistazo al material visual Mira la **ilustración 30–19**. ¿Qué revela esta ilustración acerca de las funciones importantes de los riñones?

PIÉNSALO Es un día caluroso y has estado sediento por horas. Por fin tienes la oportunidad de entrar, y bebes de un trago más de un litro de agua. El agua sabe sensacional, pero mientras bebes, comienzas a preguntarte. ¿A dónde va toda esa agua? ¿Tan solo se diluirá en tu sangre, o hay algo en tu cuerpo que se asegura que todo se mantenga en equilibrio?

Estructuras del sistema excretor

¿Cuál es la función principal de las estructuras del sistema excretor?

La química del cuerpo humano es algo maravilloso. Un sistema intrincado de pesos y contrapesos controla todo desde tu presión sanguínea hasta tu temperatura corporal. Los nutrientes son absorbidos, almacenados y liberados cuidadosamente cuando son necesarios. Sin embargo, todo sistema viviente, incluyendo el cuerpo humano, genera productos químicos de desecho, algunos de los cuales son tan tóxicos que causarían la muerte si no fueran eliminados.

Por ejemplo, como una consecuencia normal de estar viva, toda célula en el cuerpo produce compuestos de desecho, incluyendo exceso de sales y dióxido de carbono. El amoniaco, uno de los más tóxicos de estos compuestos de desecho, es producido cuando los aminoácidos de las proteínas se usan para obtener energía. El amoniaco es convertido en un compuesto menos tóxico llamado urea, pero éste, también debe ser eliminado del cuerpo. El proceso por el cual se eliminan estos desechos metabólicos para mantener la homeostasis se llama **excreción.** La excreción es una parte de los muchos procesos que mantienen la homeostasis.

El sistema excretor, que incluye la piel, los pulmones, el hígado y los riñones, excreta desechos metabólicos del cuerpo. Los uréteres, la vejiga urinaria y la uretra también están implicados en la excreción. La **ilustración 30–18** muestra los principales órganos de excreción.

En tu cuaderno *Haz una tabla de dos columnas con los órganos de excreción en la primera columna y su función en la segunda columna.*

La piel La piel excreta el exceso de agua, sales y una pequeña cantidad de urea en el sudor. Al liberar sudor en cantidades muy pequeñas, este proceso elimina desechos aun cuando puedas pensar que no estás sudando.

Los pulmones La sangre transporta dióxido de carbono, un producto de desecho de la respiración celular, de las células del cuerpo a los pulmones. Cuando exhalas, tus pulmones excretan dióxido de carbono y cantidades pequeñas de vapor de agua.

El hígado El hígado desempeña muchas funciones importantes en la excreción. Como hemos visto, una de sus actividades principales es la conversión de desechos de nitrógeno potencialmente peligrosos, un producto de la descomposición de las proteínas, en urea menos tóxica. La urea, la cual es muy soluble, es transportada entonces en la sangre hasta los riñones para su eliminación del cuerpo.

Los riñones Los órganos principales de la excreción son los riñones, un par de órganos del tamaño de un puño localizados a cada lado de la columna vertebral cerca de la espalda baja. A través de un proceso complejo de filtración, los riñones eliminan el exceso de agua, urea y desechos metabólicos de la sangre. Los riñones producen y excretan un producto de desecho conocido como orina. Los **uréteres** transportan la orina de los riñones a la **vejiga urinaria,** donde es almacenada hasta que es liberada a través de la **uretra.**

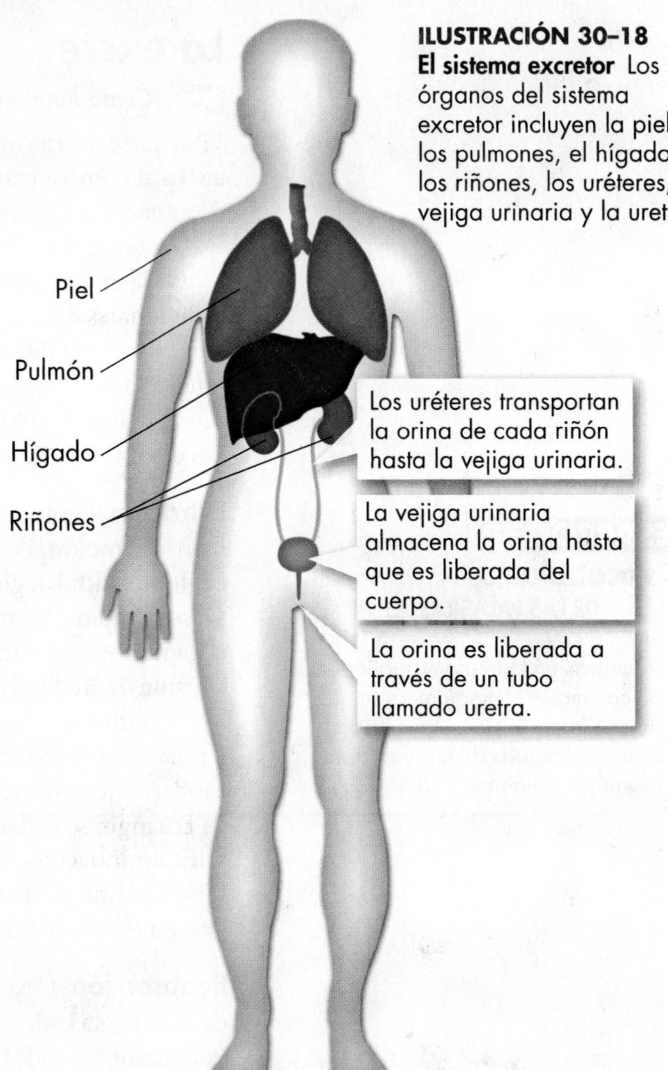

Piel
Pulmón
Hígado
Riñones
Los uréteres transportan la orina de cada riñón hasta la vejiga urinaria.
La vejiga urinaria almacena la orina hasta que es liberada del cuerpo.
La orina es liberada a través de un tubo llamado uretra.

ILUSTRACIÓN 30–18
El sistema excretor Los órganos del sistema excretor incluyen la piel, los pulmones, el hígado, los riñones, los uréteres, la vejiga urinaria y la uretra.

Analizar datos

Composición de la orina

Los riñones son filtros selectivos. Cuando la sangre pasa a través de ellos, la urea, otras impurezas y el exceso de sales son eliminadas de la sangre. Pero sustancias importantes como agua, proteínas y glucosa permanecen en circulación. Los productos de desecho recolectados son excretados en la orina. Las concentraciones de ciertas sustancias en la sangre comparadas con su concentración en la orina revelan el importante trabajo de los riñones.

Concentraciones de sustancias seleccionadas en la sangre y en la orina

Substancia	Concentración promedio en la sangre (g/mL)	Concentración promedio en la orina (g/mL)
Calcio	0.01	0.02
Glucosa	0.10	0.00
Potasio	0.02	0.20
Sodio	0.32	0.60
Urea	0.03	2.00

1. Interpretar datos ¿Cuáles sustancias enumeradas tienen las mayores y menores concentraciones en la sangre? ¿Cuáles sustancias tienen las mayores y menores concentraciones en la orina?

2. Calcular ¿Como cuántas veces está más concentrada la urea en la orina que en la sangre? **MATEMÁTICAS**

3. Inferir Recuerda que la urea es un producto secundario de la descomposición de los aminoácidos. ¿Cómo podría variar la concentración de urea en la sangre y la orina como resultado de dietas altas en proteína? Explica.

La excreción y los riñones

¿Cómo limpian la sangre los riñones?

¿Qué hace un riñón? **Conforme la sangre cargada de desechos entra al riñón a través de la arteria renal, el riñón elimina urea, exceso de agua y minerales y otros productos de desecho.** La sangre filtrada y limpia sale del riñón a través de la vena renal y regresa a la circulación.

Cada riñón contiene casi un millón de unidades de procesamiento individuales llamadas **nefronas.** En estas nefronas es donde tiene lugar la mayor parte del trabajo del riñón: se filtran las impurezas, se recolectan los desechos y la sangre purificada es devuelta a la circulación. La purificación de la sangre en los riñones es compleja e implica dos procesos distintos: filtración y reabsorción.

DESARROLLAR el vocabulario

ORIGEN DE LAS PALABRAS La palabra **glomérulo** se deriva de las palabras en latín *glomus,* que significa "madeja", y *glomerare,* que significa "formar en una bola". Los capilares retorcidos de un glomérulo se asemejan a una madeja.

Filtración Pasar un líquido o gas por un filtro para eliminar desechos se llama **filtración.** La filtración de la sangre tiene lugar principalmente en el **glomérulo.** Un glomérulo es una red pequeña pero densa de capilares (vasos sanguíneos muy pequeños) encajonada en el extremo superior de cada nefrona por una estructura hueca en forma de taza llamada **cápsula de Bowman.** En la **ilustración 30–19** se muestra un glomérulo.

Debido a que la sangre está bajo presión y las paredes de los capilares y la cápsula de Bowman son permeables, gran parte del líquido de los capilares fluye hacia la cápsula de Bowman. Al material que se ha filtrado de la sangre se le llama filtrado. El filtrado contiene agua, urea, glucosa, sales, aminoácidos y algunas vitaminas. Las sustancias grandes en la sangre, como proteínas y células hemáticas, son demasiado grandes para pasar a través de las paredes capilares.

Reabsorción Casi 180 litros de filtrado pasan de la sangre a los túbulos de la nefrona cada día. Esto equivale a 90 botellas de 2 litros de refresco. Por suerte, no todos esos 180 litros son excretados. De hecho, casi todo el material que entra en la cápsula de Bowman regresa a la sangre. El proceso por el cual el agua y las sustancias disueltas son devueltas a la sangre se llama **reabsorción.**

Diversos materiales, incluyendo sales, vitaminas, aminoácidos, grasas y glucosa, son eliminados del filtrado por transporte activo y reabsorbidos por los capilares. Debido a que el agua sigue a estos materiales por ósmosis, en realidad casi 99% del agua que entra a la cápsula de Bowman es reabsorbida en la sangre. En efecto, el riñón tira primero casi todo y luego toma de vuelta sólo lo que el cuerpo necesita. Así es como el riñón es capaz de eliminar drogas y compuestos tóxicos de la sangre, incluso sustancias químicas que el cuerpo nunca había visto antes.

Una sección del túbulo de la nefrona llamada **asa de Henle** es responsable de conservar agua y minimizar el volumen del filtrado. El material de desecho, ahora llamado orina, que queda en el túbulo es vaciado en un ducto recolector.

PISTA DEL MISTERIO

La droga ilegal tomada por uno de los atletas contenía un compuesto sintético que nunca se encuentra en la naturaleza. ¿Cómo separó su cuerpo el compuesto de su sangre y lo eliminó en la orina?

Excreción de orina Desde los conductos recolectores, la orina fluye hasta el uréter de cada riñón. Los uréteres llevan la orina a la vejiga urinaria para su almacenamiento hasta que la orina salga del cuerpo a través de la uretra.

MÁS DE CERCA

ESTRUCTURA Y FUNCIÓN DE LOS RIÑONES

ILUSTRACIÓN 30–19 Los riñones están formados por nefronas. La sangre entra en la nefrona, donde son filtradas las impurezas y son vaciadas en el conducto recolector. La sangre purificada sale de la nefrona a través de una vena. **Interpretar material visual** ***Enumera en orden las estructuras a través de las cuales fluye la sangre en un riñón.***

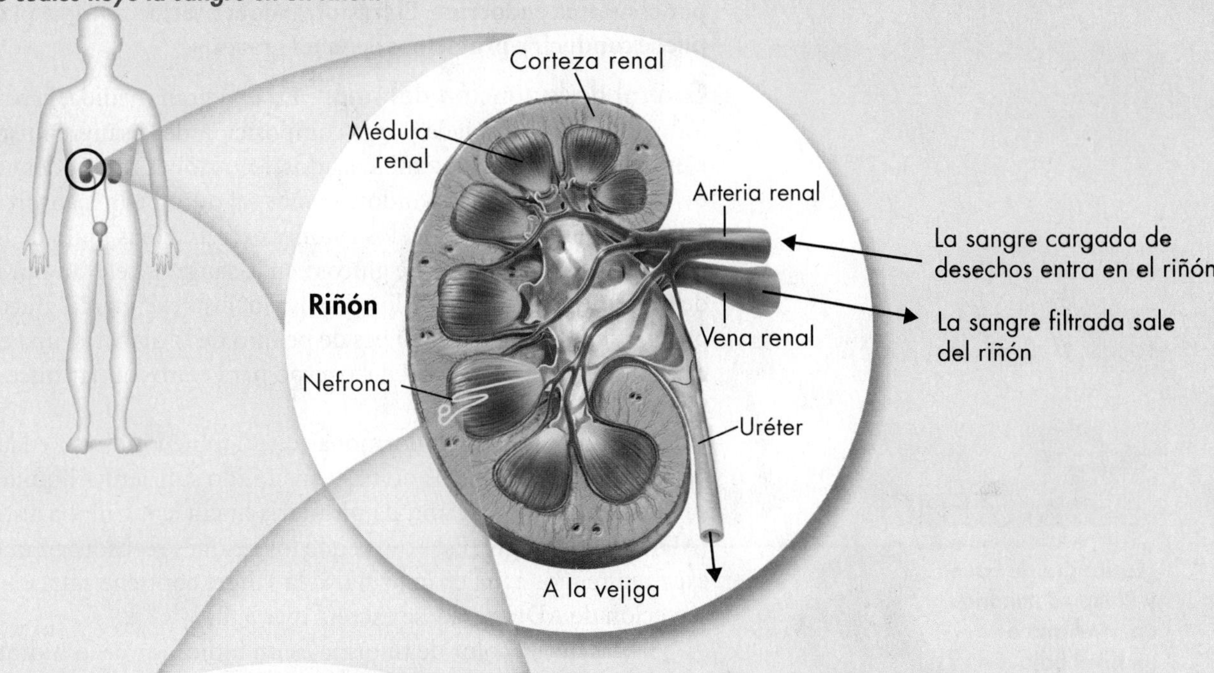

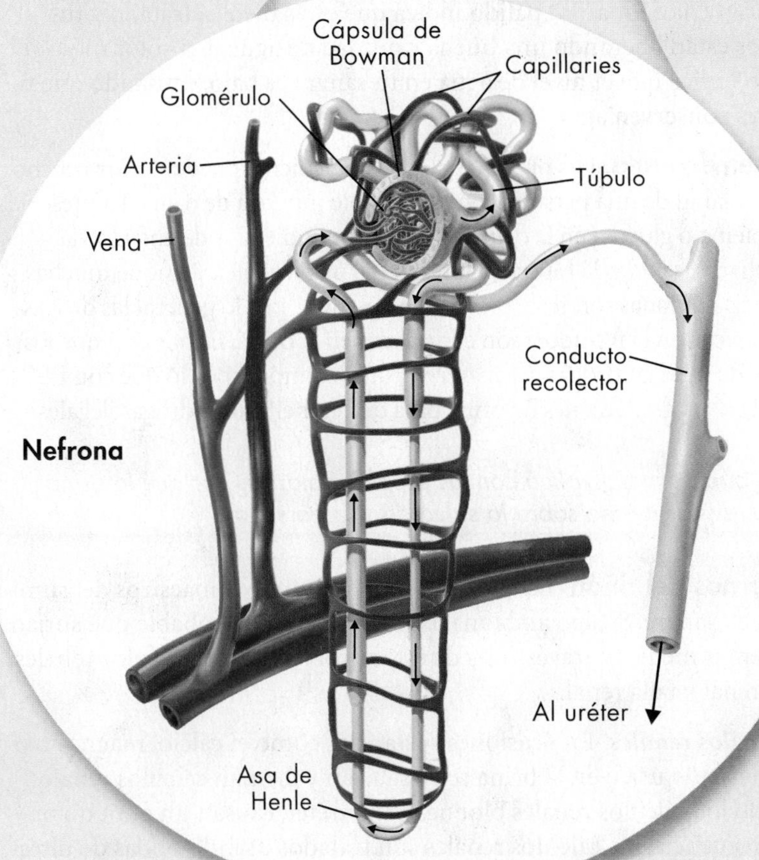

1 Filtración La sangre entra a una nefrona a través de un capilar. Desde el glomérulo, el filtrado fluye dentro del túbulo. Las células hemáticas y las sustancias grandes se quedan en el capilar.

2 Reabsorción Conforme el filtrado se mueve a través del túbulo, el agua y muchas otras sustancias que son importantes para el cuerpo son reabsorbidas por las paredes de los capilares y reincorporadas en la sangre.

3 Excreción de orina Una vez que el agua y otras sustancias importantes son recuperadas por la sangre, el filtrado es llamado orina. Los conductos recolectores juntan la orina y la transportan al uréter.

Los riñones y la homeostasis

¿Cómo ayudan los riñones a mantener la homeostasis?

Los riñones desempeñan una función importante en el mantenimiento de la homeostasis. Además de eliminar desechos, los riñones también regulan el contenido de agua de la sangre y mantienen su pH. **Los riñones responden en forma directa a la composición de la sangre. También son influidos por el sistema endocrino. El trastorno de la función apropiada del riñón puede conducir a problemas de salud graves.**

Control de la función del riñón En una gran medida, la actividad de los riñones es controlada por la composición de la sangre misma. Por ejemplo, si ingieres alimentos salados, los riñones responderán al exceso de sal en tu sangre regresándole menos sal durante la reabsorción. Si la sangre es demasiado ácida, los riñones excretan más iones de hidrógeno en la orina. Si tus niveles de glucosa en la sangre se elevan por encima de un punto determinado, los riñones incluso excretarán glucosa en la orina. Ésta es una de las señales de peligro de la diabetes, una enfermedad causada por la incapacidad del cuerpo para controlar la concentración de glucosa en la sangre.

PISTA
DEL MISTERIO
¿La sangre de Sam y Philip contendría un nivel alto o un nivel bajo de ADH?

Las glándulas liberan hormonas que también influyen en la función del riñón. Por ejemplo, si no has consumido suficientes líquidos o si has sudado en exceso, tu glándula pituitaria libera la hormona antidiurética (ADH) en tu sangre. Ésta causa que los riñones reabsorban más agua y excreten menos agua en la orina. Si la sangre contiene agua en exceso, la secreción de ADH cesa y se excreta más agua.

¿Sabías que el color de tu orina es un indicador de lo hidratado que estás? Un color amarillo pálido indica que estás bien hidratado y tus riñones están liberando una buena cantidad de agua. Un color más oscuro indica que el nivel de agua en tu sangre es bajo, causando que tus riñones conserven agua.

Examen de orina Los profesionales de la medicina pueden saber mucho sobre la salud de una persona con una simple muestra de orina. La presencia de proteína o glucosa en la orina puede ser un indicador de enfermedades peligrosas como la hipertensión arterial o la diabetes. Aunque muchas sustancias filtradas son reabsorbidas en la sangre, por lo general las drogas permanecen en el filtrado y son eliminadas en la orina. Es por esto que los efectos de muchas drogas desaparecen con el tiempo y por lo que con frecuencia se usan exámenes de orina para detectar el uso de drogas ilegales.

En tu cuaderno *Explica con tus propias palabras por qué la orina puede revelar mucho sobre la salud de una persona.*

Trastornos del riñón Los riñones son los químicos maestros del suministro de sangre. Si algo anda mal en los riñones, es probable que surjan problemas médicos graves. Tres de estos problemas son cálculos renales, daño renal y falla renal.

▶ ***Cálculos renales*** En ocasiones sustancias como el calcio, magnesio o sales de ácido úrico en la orina se cristalizan y forman cálculos renales. Cuando los cálculos renales bloquean un uréter, causan un gran dolor. Con frecuencia, los cálculos renales son tratados usando ondas de ultrasonido; estas ondas pulverizan los cálculos en fragmentos más pequeños, los cuales son eliminados con la orina.

▶ ***Daño renal*** Muchas enfermedades, lesiones y exposición a sustancias peligrosas pueden conducir a un daño en la función renal. Pero la mayor parte de los casos de daño renal en Estados Unidos se relacionan con la hipertensión arterial y la diabetes. La presión sanguínea excesiva daña el delicado mecanismo de filtrado. Los niveles altos de azúcar en la sangre causan que los riñones filtren más sangre que lo normal; con el tiempo, los túbulos se debilitan, y los riñones pueden fallar en satisfacer las demandas que se le imponen.

▶ ***Falla renal*** Cuando los riñones ya no pueden limpiar la sangre y mantener un estado de homeostasis en el cuerpo, se dice que una persona tiene falla renal. Un paciente con falla renal debe recibir diálisis o someterse a un transplante de riñón como se muestra en la **ilustración 30–20.**

Durante la diálisis, una máquina lleva a cabo la función de los riñones. La sangre del paciente es bombeada a través de la máquina, limpiada y bombeada de regreso al cuerpo. Aunque el procedimiento es indoloro, requiere mucho tiempo. La mayoría de los pacientes reciben tratamientos de diálisis tres veces a la semana durante alrededor de cuatro horas cada vez. Para prevenir la acumulación de líquido y materiales perjudiciales entre tratamientos, los pacientes deben restringir su ingestión de líquidos y comer alimentos bajos en potasio, fósforo y sal.

En el transplante, un paciente recibe un riñón y uréter de un donador compatible. Por suerte para el donador, una persona puede sobrevivir con un solo riñón sano.

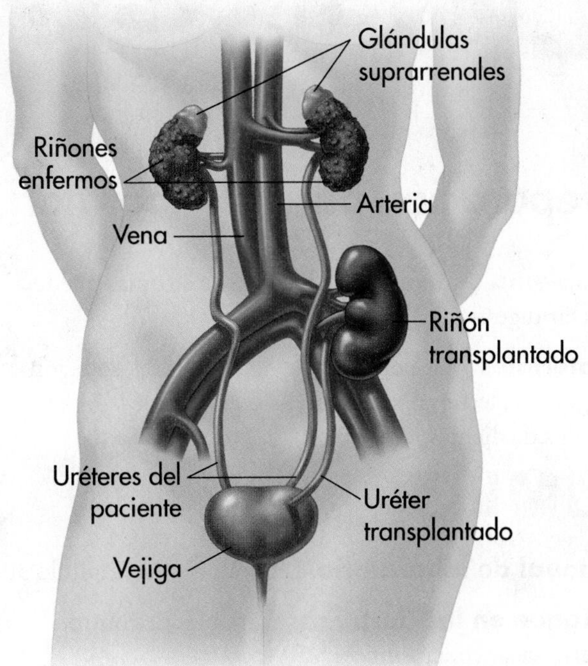

ILUSTRACIÓN 30–20 Transplante de riñón
A menos que los riñones enfermos del paciente estén causando alguna infección o hipertensión arterial, se dejan en su lugar cuando se transplanta un riñón y un uréter sanos de un donador.

30.4 Evaluación

Repaso de conceptos clave

1. a. Repasar Enumera los órganos que están involucrados en la excreción.

b. Clasificar ¿Por qué es importante la excreción para la homeostasis?

2. a. Repasar ¿Qué sustancias eliminan los riñones de la sangre?

b. Establecer una secuencia Explica qué sucede durante la filtración, reabsorción y excreción de orina.

3. a. Repasar Describe cómo los riñones ayudan a mantener el equilibrio del agua.

b. Aplica los conceptos ¿Por qué piensas que las proteínas y la glucosa en la orina son señales de daño renal?

DESARROLLAR EL VOCABULARIO

4. Dos palabras que con frecuencia se usan de manera indistinta son *excreción* y *secreción.* Sin embargo, tienen significados distintos. Una excreción por lo general es un producto de desecho del metabolismo que es expulsada de un organismo. Una secreción es una sustancia útil que es liberada dentro o fuera de un organismo. Nombra un ejemplo de una excreción y de una secreción a partir de esta lección.

BIOLOGY.com Search Lesson 30.4 GO • Lesson Assessment • Self-Test

Laboratorio del mundo real

INVESTIGACIÓN DIRIGIDA

Preparación para el laboratorio: Digestión de productos lácteos

Problema ¿Cómo una deficiencia de enzimas puede afectar digestión?

Materiales placa de pocillos, hoja de papel, solución de glucosa, leche, auxiliar para la digestión de la leche, palillos de dientes, tiras de prueba para glucosa

Manual de laboratorio Laboratorio del Capítulo 30

Enfoque en las destrezas Variables de control, inferir, sacar conclusiones

Conectar con la gran idea El alimento es tanto una fuente de materias primas como una fuente de energía para tu cuerpo. Primero el alimento debe pasar a través de tu sistema digestivo, donde procesos mecánicos y químicos descomponen el alimento en moléculas más pequeñas. Las enzimas desempeñan una función esencial en la digestión química. Se necesitan diferentes enzimas para digerir proteínas, grasas e hidratos de carbono. En este laboratorio explorarás la función de las enzimas en la digestión de la leche y otros productos lácteos.

Preguntas preliminares

a. Repasar ¿Qué es una enzima? ¿Por qué son necesarias las enzimas para mantener la homeostasis?

b. Repasar ¿En dónde entra la mayor parte de las enzimas digestivas en el sistema digestivo?

c. Comparar y contrastar Usa la glucosa y la sucrosa para explicar la diferencia entre un monosacárido y un disacárido.

Preguntas previas al laboratorio

Examina el procedimiento en el manual de laboratorio.

1. Diseña un experimento ¿Cuál es el propósito de la solución de glucosa?
2. Controlar variables ¿Cuál es el control en este laboratorio?
3. Comunicar Lee las instrucciones en el paquete de tiras de prueba para glucosa. Luego, describe brevemente cómo examinarás tus muestras para determinar la presencia de glucosa.

Visita el Capítulo 30 en línea para hacer una autoevaluación del capítulo y para buscar actividades que apoyan tu aprendizaje.

Untamed Science Video Tápate la nariz mientras te unes a los exploradores de *Untamed Science* para aprender qué pueden descubrir los científicos sobre los animales al investigar sus heces.

Data Analysis Usa datos de nutrientes para planear un almuerzo que satisfaga tus propios requerimientos personales.

Tutor Tube Sintoniza este canal para ver otra perspectiva sobre cómo funciona la homeostasis en el cuerpo humano.

Art Review Repasa tu comprensión de los sistemas del cuerpo humano.

Art in Motion Observa en acción la peristalsis en el esófago.

30 Guía de estudio

La gran idea Homeostasis

Los alimentos que comes proporcionan energía y materiales a las células. Las excreciones contienen los desechos producidos como resultado de las actividades celulares. La homeostasis requiere un equilibrio apropiado de estos insumos y productos.

30.1 Organización del cuerpo humano

Los niveles de organización en el cuerpo incluyen células, tejidos, órganos y sistemas de órganos.

La homeostasis describe las condiciones físicas y químicas internas relativamente constantes que mantienen los organismos a pesar de los cambios en el medio interno y externo.

tejido epitelial (863)
tejido conectivo (863)
tejido nervioso (863)
tejido muscular (863)
homeostasis (865)
inhibición de la retroalimentación (865)

30.2 Alimento y nutrición

Las moléculas en el alimento contienen energía química que las células usan para producir ATP. El alimento también suministra materias primas que tu cuerpo necesita para formar y reparar tejidos.

Los nutrientes que el cuerpo necesita incluyen agua, hidratos de carbono, grasas, proteínas, vitaminas y minerales.

Una dieta balanceada proporciona nutrientes en cantidades adecuadas y energía suficiente para que una persona mantenga un peso saludable.

Caloría (868)
hidrato de carbono (869)
grasa (870)
proteína (870)
vitamina (871)
mineral (872)

30.3 Sistema digestivo

El sistema digestivo convierte el alimento en moléculas pequeñas que pueden ser usadas por las células del cuerpo. El sistema digestivo procesa el alimento en cuatro fases: ingestión, digestión, absorción y eliminación.

Durante la digestión, el alimento viaja a través de la boca, el esófago, el estómago y el intestino delgado. La digestión mecánica y la digestión química son los dos procesos por los cuales el alimento se reduce a moléculas que pueden absorberse.

La mayoría de los nutrientes del alimento se absorben a través de las paredes del intestino delgado. El intestino grueso absorbe agua y varias vitaminas y prepara los desechos para su eliminación del cuerpo.

digestión mecánica (875)
digestión química (875)
amilasa (876)
esófago (877)
peristalsis (877)
estómago (877)
pepsina (877)
quimo (877)
intestino delgado (877)
vellosidades intestinales (880)
intestino grueso (881)

30.4 Sistema excretor

El sistema excretor, que incluye la piel, los pulmones, el hígado y los riñones, excreta desechos metabólicos del cuerpo.

Conforme la sangre cargada de desechos entra al riñón a través de la arteria renal, el riñón elimina urea, exceso de agua y minerales y otros productos de desecho.

Los riñones responden en forma directa a la composición de la sangre. También son influidos por el sistema endocrino. El trastorno de la función apropiada del riñón puede conducir a problemas de salud graves.

excreción (882)
uréter (883)
vejiga urinaria (883)
uretra (883)
nefrona (884)
filtración (884)
glomérulo (884)
cápsula de Bowman (884)
reabsorción (884)
asa de Henle (884)

Razonamiento visual

Haz un diagrama de flujo que muestre la ruta de una molécula de glucosa a través de una nefrona sana.

30 Evaluación

30.1 Organización del cuerpo humano

Comprender conceptos clave

1. El tipo de tejido que cubre el cuerpo, recubre superficies internas y forma glándulas es
   a. tejido muscular. **c.** tejido epitelial.
   b. tejido conectivo. **d.** tejido nervioso.
2. El proceso de mantener un medio ambiente interno relativamente constante a pesar de los cambios en el medio ambiente externo se llama
   a. regulación. **c.** sinapsis.
   b. homeostasis. **d.** estimulación.
3. ¿Qué tienen en común todos los tipos de tejido?
   a. Todos están hechos de tejido conectivo.
   b. Todos están hechos de células.
   c. Todos se encuentran en todos los órganos.
   d. Todos están hechos de órganos.
4. ¿Por qué es importante para un organismo mantener la homeostasis?
5. Nombra los cuatro tipos de tejido y describe una característica de cada uno.

Razonamiento crítico

6. **Clasificar** ¿Clasificarías a la sangre como una célula, un tejido o un órgano? Explica.
7. **Predecir** Las infecciones pueden conducir a una respuesta inmunológica que produce una fiebre alta. Considerando lo que has aprendido sobre la acción de las enzimas, predice qué puede suceder si la temperatura corporal de una persona permanece anormalmente alta.

30.2 Alimento y nutrición

Comprender conceptos clave

8. La energía en el alimento es medida en
   a. ATP. **c.** Calorías.
   b. grasas. **d.** disacáridos.
9. Los nutrientes inorgánicos que necesita tu cuerpo, por lo general en cantidades pequeñas, se llaman
   a. vitaminas. **c.** proteínas.
   b. minerales. **d.** aminoácidos.
10. ¿Cuáles nutrientes le proporcionan energía al cuerpo?
11. Nombra tres formas en que las proteínas son importantes para el cuerpo.

Razonamiento crítico

12. **Inferir** Muchos de los fabricantes de alimentos han reemplazado las grasas trans en sus alimentos con otros tipos de grasas que pueden no tener el mismo nivel de riesgo de enfermedad cardiaca. Algunos nutriólogos temen que las personas pensarán que alimentos como las papas fritas, las donas y las galletas son saludables si no están hechas con grasas trans. Explica por qué aún así estos alimentos no son opciones saludables.
13. **Calcular** Si una persona consumió 2000 Calorías mientras seguía la dieta típica, ¿cuántas más de estas Calorías provendrían de grasa saturada que si estuviera siguiendo la dieta recomendada? **MATEMÁTICAS**

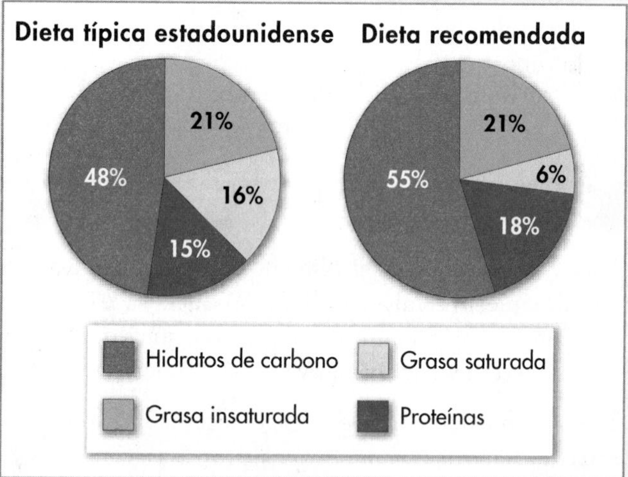

   a. 320 **c.** 120
   b. 200 **d.** 100

30.3 Sistema digestivo

Comprender conceptos clave

14. ¿Dónde comienza la digestión mecánica?
    a. el esófago
    b. el intestino grueso
    c. la boca
    d. el intestino delgado
15. Una enzima en la saliva que puede descomponer los enlaces químicos en el almidón es
    a. pepsina. **c.** amilasa.
    b. bilis. **d.** quimo.

16. Explica por qué el alimento tragado por lo normal no entra en las vías aéreas que conducen a los pulmones.

17. ¿Cuál es la importancia de las enzimas durante la digestión?

18. Describe las funciones del páncreas.

19. ¿Cómo está adaptada la estructura de las vellosidades intestinales a su función?

Razonamiento crítico

20. **Inferir** Los individuos a los que se les ha extirpado parte de su estómago, o incluso todo, pueden sobrevivir si se alimentan con alimentos predigeridos. ¿Estos individuos podrían sobrevivir también sin un intestino delgado? Explica.

21. **Predecir** Supón que tu doctor te recetó un antibiótico que mató a todas las bacterias en tu cuerpo. ¿Qué efecto tendría esto en tu sistema digestivo?

30.4 Sistema excretor

Comprender conceptos clave

22. ¿Cuál de los siguientes es la unidad funcional básica en un riñón?
    a. nefrona
    b. glomérulo
    c. cápsula de Bowman
    d. asa de Henle

23. La orina es excretada del cuerpo a través de
    a. el uréter.
    b. la vejiga urinaria.
    c. la uretra.
    d. la vena renal.

24. ¿Cuál es la función de la piel en la excreción?

25. ¿Qué materiales son filtrados de la sangre en el riñón? ¿Qué materiales no dejan el torrente sanguíneo?

26. ¿Cómo se controla la actividad reguladora del agua del riñón?

Razonamiento crítico

27. **Aplica los conceptos** Explica por qué la falla renal puede ser una condición fatal.

28. **Inferir** Cuando hay demasiado líquido en la sangre, el corazón debe bombear más fuerte. Los diuréticos son sustancias que estimulan a los riñones para eliminar más líquido del cuerpo. ¿Por qué piensas que se usan los diuréticos para tratar la hipertensión arterial?

resuelve el MISTERIO del CAPÍTULO

LA MUESTRA REVELADORA

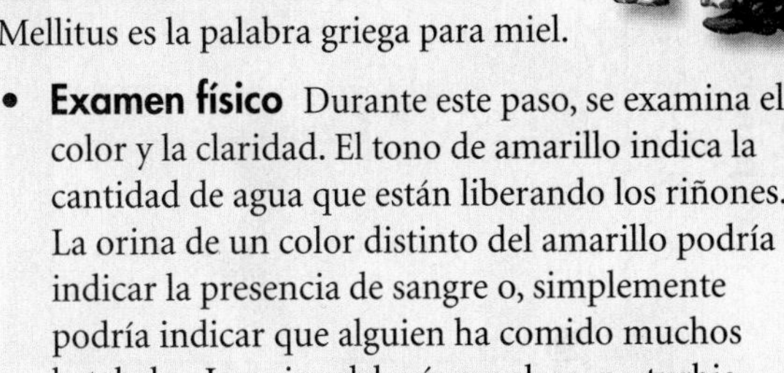

Por siglos, las personas han usado la orina para hallar pistas de la salud y la enfermedad. Los griegos, por ejemplo, sabían que los diabéticos tenían un exceso de azúcar en su orina y llamaron a la enfermedad *diabetes mellitus*. Mellitus es la palabra griega para miel.

- **Examen físico** Durante este paso, se examina el color y la claridad. El tono de amarillo indica la cantidad de agua que están liberando los riñones. La orina de un color distinto del amarillo podría indicar la presencia de sangre o, simplemente podría indicar que alguien ha comido muchos betabeles. La orina debería ser clara, no turbia.
- **Examen microscópico** La presencia de moco, glóbulos blancos o microorganismos en la orina indica una posible infección. La orina turbia también puede ser causada por cristales, los cuales podrían indicar cálculos renales o un problema metabólico.
- **Examen químico** Pueden realizarse cientos de pruebas químicas en la orina. Se usan varillas químicas que cambian de color en presencia de otras sustancias químicas. Estas pruebas pueden revelar mucho sobre la función del riñón, la función del hígado y la homeostasis general en el cuerpo.

1. **Inferir** ¿Cómo revela tanto la orina sobre la salud del cuerpo humano?

2. **Formar una opinión** La mayoría de las pruebas de orina para detectar drogas que se realizan en las escuelas no examinan para alcohol o tabaco. ¿Por qué piensas que es así? ¿Estás de acuerdo o en desacuerdo? Explica.

3. **Conectar con la gran idea** Las cetonas son un producto de la descomposición de la grasa para obtener energía. Las cetonas en la orina pueden ser un indicador de diabetes. ¿Por qué piensas que es así?

Relacionar conceptos

Usar gráficas científicas

Las secreciones pancreáticas contienen bicarbonato de sodio y enzimas. La gráfica muestra las secreciones del páncreas en respuesta a tres sustancias diferentes en el quimo. Usa la gráfica para responder las preguntas 29 y 30.

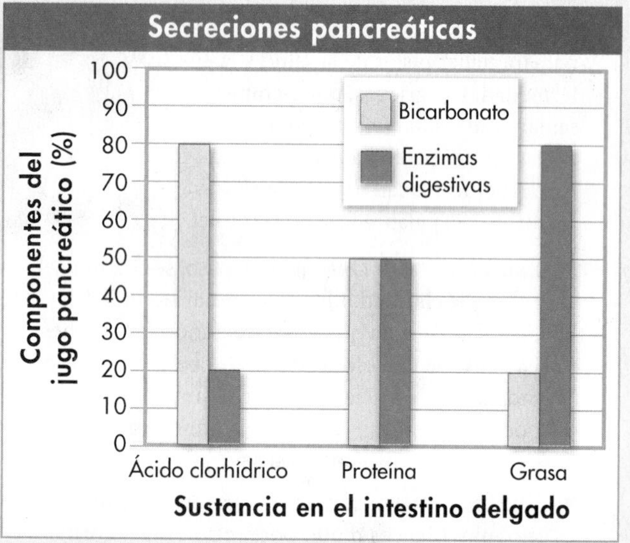

29. Interpretar gráficas Cada par de barras representa la respuesta del páncreas a una variable diferente. ¿Cuáles son las tres variables?

30. Analizar datos Compara la composición de las secreciones pancreáticas en presencia de ácido clorhídrico y grasa.

Escribir sobre las ciencias

31. Escritura creativa Un taller de televisión para niños desea explicar el proceso de la digestión a sus pequeños espectadores. Se te pide que escribas un guión que describa el recorrido de una hamburguesa y un bollo a través del sistema digestivo. Escribe un esquema de tu guión, incluyendo información sobre lo que le sucede a diferentes nutrientes en cada parte del sistema digestivo.

30. Evalúa la gran idea Usando la **ilustración 30–2,** elige cinco sistemas corporales que estén implicados en el mantenimiento de la homeostasis en tu cuerpo mientras respondes estas preguntas de evaluación. Explica cómo trabajan juntos estos cinco sistemas corporales.

Analizar datos

MyPyramid clasifica el alimento en seis categorías: cereales, vegetales, frutas, leche, carne y frijoles, y aceites. Pueden encontrarse planes de alimentación personalizados en mypyramid.gov. Esta pirámide contiene recomendaciones diarias para Ryan, un varón de 15 años de edad que pesa 140 libras, mide 5 pies 7 pulgadas de estatura y es físicamente activo alrededor de 30 a 60 minutos al día.

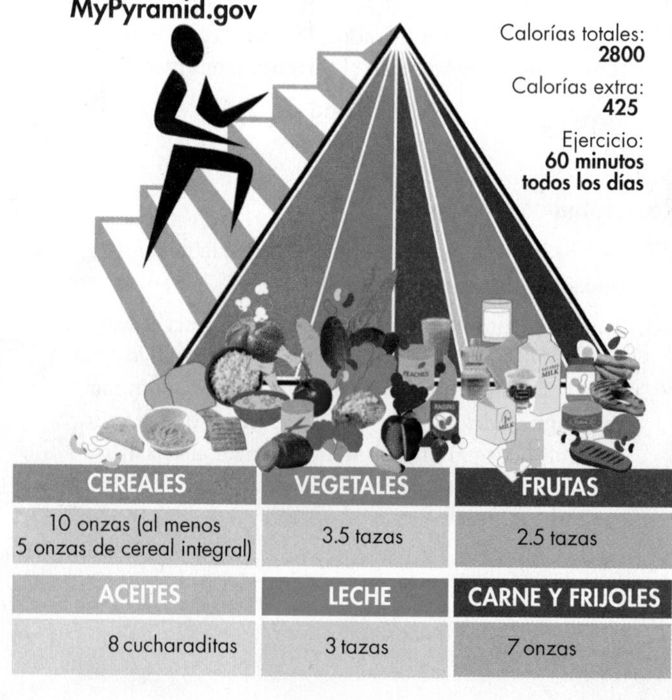

33. Predecir Si Ryan se volviera menos activo, ¿qué le sucedería al número de Calorías extra que podría consumir? Explica.

34. Inferir Para que Ryan satisfaga sus requerimientos de cereales, ¿cuál grupo de alimentos sería su MEJOR elección en un solo día?

a. cereal endulzado, pasta, pan blanco
b. bagel de cereal integral, una dona y pasta
c. cereal integral, papas fritas y pan de cereal integral
d. avena, pan de cereal integral y un camote

Preparación para exámenes estandarizados

Selección múltiple

1. ¿Cuál de los siguientes NO es un tipo de tejido en el cuerpo humano?
A epitelial
B conectivo
C intersticial
D nervioso

2. Cada uno de los siguientes contribuye en el proceso de digestión EXCEPTO
A los dientes.
B la saliva.
C el estómago.
D el riñón.

3. En el cuerpo humano, el ácido clorhídrico es responsable del pH bajo del contenido de
A el riñón.
B la vesícula biliar.
C el estómago.
D el hígado.

4. ¿Cuál NO es una función de los riñones?
A eliminación de productos de desecho de la sangre
B mantenimiento del pH de la sangre
C regulación del contenido de agua de la sangre
D excreción de dióxido de carbono

5. La función principal del sistema digestivo es
A descomponer moléculas grandes en moléculas más pequeñas.
B excretar oxígeno y dióxido de carbono.
C sintetizar minerales y vitaminas necesarias para un cuerpo sano.
D eliminar productos de desecho de la sangre.

6. En los riñones, tanto sustancias útiles como desechos se extraen de la sangre por
A reabsorción.
B excreción.
C diálisis.
D filtración.

7. ¿Cuál de las siguientes NO es una función de las grasas en el cuerpo?
A Los depósitos de grasa actúan como aislamiento.
B Son componentes de las membranas celulares.
C Ayudan con la absorción de vitaminas liposolubles.
D Son hormonas y enzimas.

Preguntas 8 y 9

Un estudiante está investigando el efecto de la temperatura en la acción de una enzima en el líquido estomacal. La enzima digiere proteínas. Se implementó una investigación usando cinco tubos de ensayo idénticos. Cada tubo contenía 40 mL de líquido estomacal y 20 mm de tubo de vidrio relleno con gelatina. Cada tubo fue sometido a una temperatura diferente. Después de 48 horas, se midió en milímetros la cantidad de gelatina digerida en cada tubo. Los resultados para los cinco tubos de ensayo se muestran en la tabla.

Efecto de la temperatura en la acción de la enzima

Tubo de ensayo	Temperatura (°C)	Cantidad de digestión después de 48 horas
1	2	0.0 mm
2	10	3.0 mm
3	22	4.5 mm
4	37	8.0 mm
5	100	0.0 mm

8. ¿Cuál es la variable manipulada (independiente) en esta investigación?
A líquido gástrico
B longitud del tubo de vidrio
C temperatura
D tiempo

9. Se preparó otro tubo de ensayo que era idéntico a los otros tubos de ensayo y se colocó a una temperatura de 15 °C por 48 horas. ¿Qué cantidad de digestión esperarías que ocurriera en este tubo de ensayo?
A menos de 3.0 mm
B entre 3.0 mm y 4.5 mm
C entre 4.5 mm y 8.0 mm
D más de 8.0 mm

Respuesta de desarrollo

10. Las dietas de moda que se jactan de una pérdida de peso rápida con frecuencia se vuelven populares. Muchas de estas dietas implican comer sólo una variedad limitada de alimentos. Explica por qué estas dietas son una forma poco saludable de perder peso.

Si tienes dificultades con...

la pregunta	1	2	3	4	5	6	7	8	9	10
Ver la lección	30.1	30.3	30.3	30.4	30.3	30.4	30.2	30.3	30.3	30.2

31 El sistema nervioso

La gran idea

Estructura y función

P: ¿De qué manera la estructura del sistema nervioso permite controlar las funciones de todas las partes del cuerpo?

BIOLOGY.com Search Chapter 31 GO • Flash Cards

EN ESTE CAPÍTULO:

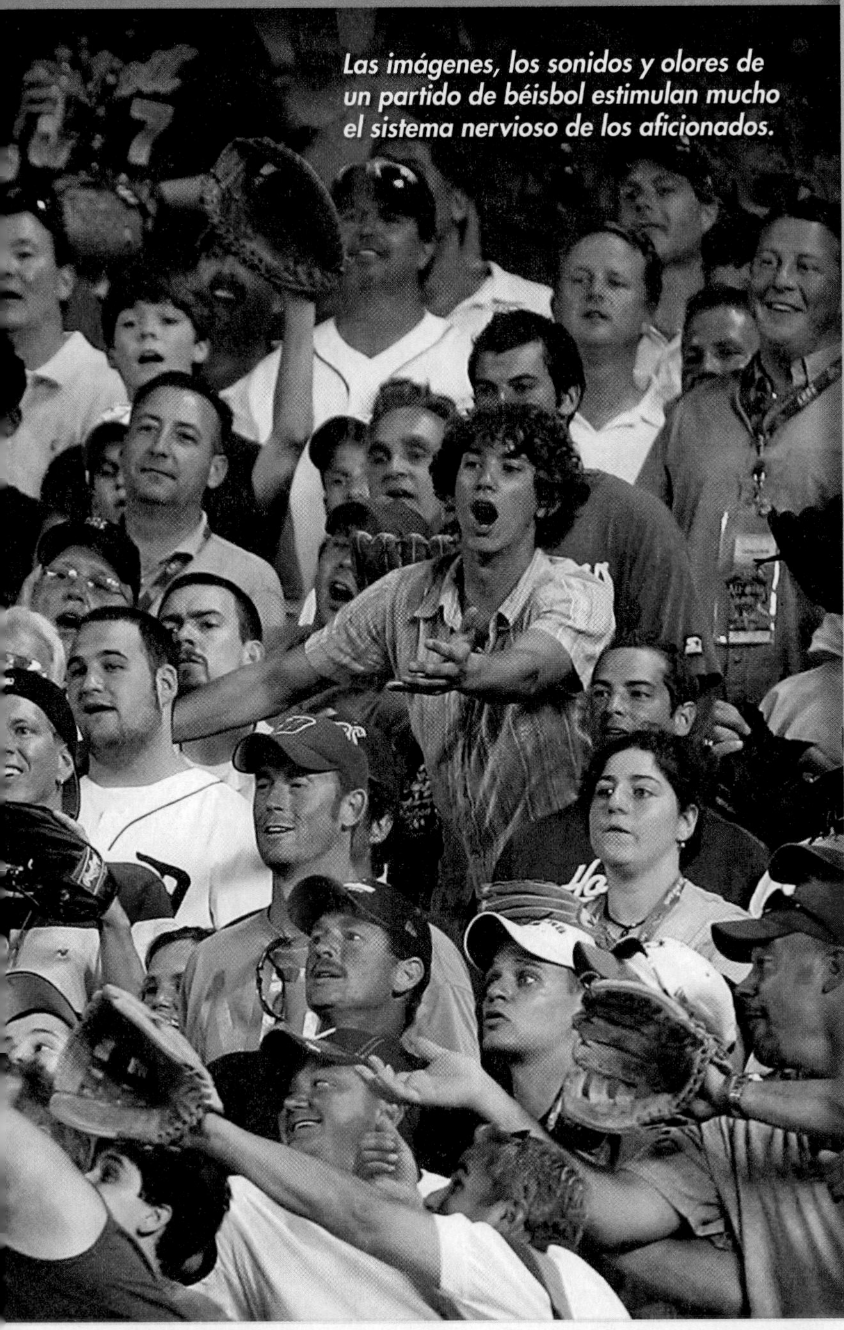

Las imágenes, los sonidos y olores de un partido de béisbol estimulan mucho el sistema nervioso de los aficionados.

- Untamed Science Video
- Chapter Mystery

MISTERIO DEL CAPÍTULO

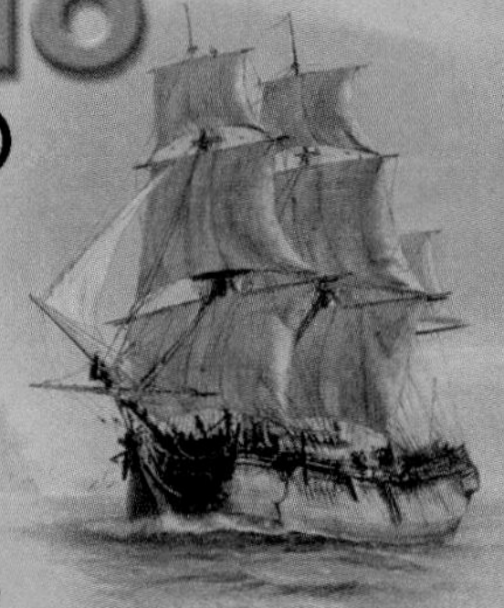

VENENO EN ALTA MAR

En la segunda mitad del siglo XVIII, el capitán James Cook dirigió varios viajes de descubrimiento que partían de Gran Bretñaha hacia el Pacífico Sur. Si bien obtuvo riquezas de las nuevas tierras, el hallazgo de nuevos animales no siempre conllevó experiencias gratas.

El 7 de septiembre de 1774 fue un día muy especial para el *HMS Resolution*. El carnicero de la tripulación murió de una caída, hubo un eclipse solar y el encargado del embarque de mercancía intercambió tela por un pescado fresco. Aunque sólo comió unos cuantos bocados del pescado, en cuestión de horas el capitán sintió una "extraordinaria debilidad" en las extremidades, perdió por completo el sentido del tacto y dejó de percibir el peso de los objetos. Los hombres que comieron de aquel pescado tardaron once días en recuperarse. Un cerdo y un perro que comieron restos del pescado murieron la mañana siguiente.

A medida que leas este capítulo, busca pistas que te ayuden a explicar por qué el consumo de aquel pescado tuvo consecuencias letales.

Continúa explorando el mundo. Hallar la solución a este misterio sólo es el principio. Emprende un viaje de campo en video con los genios ecólogos de *Untamed Science* para ver adónde conduce este misterio.

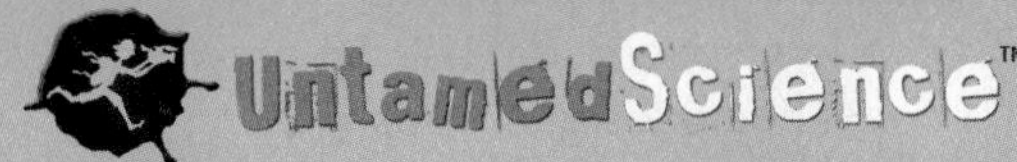

31.1 La neurona

Preguntas clave

🔑 ***¿Cuáles son las funciones del sistema nervioso?***

🔑 ***¿Cuál es la función de las neuronas?***

🔑 ***¿Cómo se inicia el impulso nervioso?***

Vocabulario

sistema nervioso periférico • sistema nervioso central • cuerpo celular • dendrita • axón • vaina de mielina • potencial de reposo • potencial de acción • umbral • sinapsis • neurotransmisor

Tomar notas

Esquema Antes de leer, haz un esquema con los encabezados en verde y azul. A medida que leas, incluye los subtemas. Después agrega frases u oraciones con información clave.

PIÉNSALO Todos somos conscientes del mundo que nos rodea. ¿Cómo conocemos ese mundo? ¿Cómo sabemos en realidad lo que sucede fuera de nuestros cuerpos? Cuando abriste este libro en esta página, ¿cómo llegaron a tu mente las palabras que estás leyendo en este momento? Las respuestas a todas estas preguntas se encuentran en el sistema nervioso.

Funciones del sistema nervioso

🔑 ***¿Cuáles son las funciones del sistema nervioso?***

El sistema nervioso es nuestra ventana al mundo. 🔑 **El sistema nervioso recoge información del ambiente interno y externo del cuerpo, procesa la información y responde a ella.** Estas funciones se efectúan en el sistema nervioso periférico y el sistema nervioso central. El **sistema nervioso periférico,** que consta de nervios y células de sostén, recoge información del ambiente externo e interno del cuerpo. El **sistema nervioso central,** compuesto por el encéfalo y la médula espinal, procesa la información y genera una respuesta que se envía a través del sistema nervioso periférico hacia la parte del cuerpo requerida.

Piensa en lo que sucede cuando registras tu mochila para encontrar un lápiz. Tu sistema nervioso central recibe información de los objetos que tocas. Tu encéfalo procesa la información y determina que el primer objeto que has tocado es demasiado cuadrado para ser un lápiz. A continuación, tu encéfalo envía mensajes a los músculos de tu mano, a través del sistema nervioso periférico, ordenándoles que sigan buscando.

Imagina los miles de millones de mensajes que recorren todo tu cuerpo en cierto momento. Los mensajes pueden indicar que rías al oír un buen chiste o le dicen a tu encéfalo que hace frío. Esos mensajes permiten que los distintos órganos del cuerpo trabajen en conjunto y respondan a las condiciones del mundo que te rodea. ¿Cómo ocurre esta comunicación?

Sistema nervioso periférico
Recoge información y la envía al sistema nervioso central

↓ Entrada

Sistema nervioso central
Procesa la información y produce una respuesta

↓ Salida

Sistema nervioso periférico
Lleva la respuesta del sistema nervioso central hacia las glándulas y los músculos

ILUSTRACIÓN 31–1 Flujo de información en el sistema nervioso

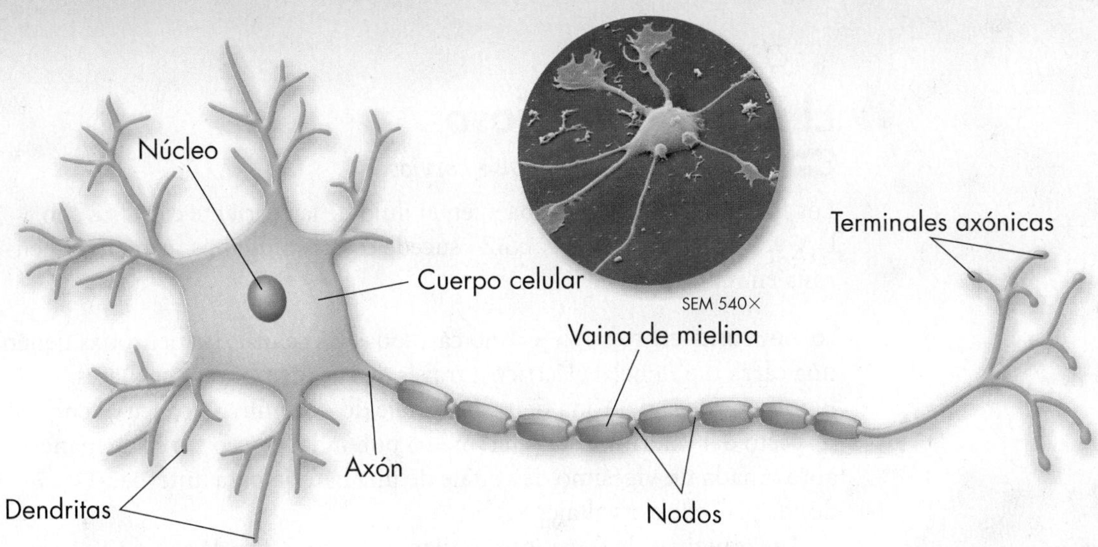

ILUSTRACIÓN 31–2 La neurona El sistema nervioso controla y coordina las funciones de todo el cuerpo. La unidad básica del sistema nervioso es la neurona.

Neuronas

¿Cuál es la función de las neuronas?

Los mensajes que se transmiten por el sistema nervioso son señales eléctricas llamadas impulsos. **Los impulsos del sistema nervioso son transmitidos por células denominadas neuronas.**

Tipos de neuronas Podemos clasificar las neuronas en tres tipos, según la dirección en que viajan los impulsos. Las neuronas sensoriales llevan impulsos de los órganos de los sentidos, como los ojos y oídos, hacia la médula espinal y el encéfalo. Las neuronas motoras llevan impulsos del encéfalo y la médula espinal hacia los músculos y las glándulas. Las interneuronas realizan un trabajo de alto nivel: procesan la información de las neuronas sensoriales y envían órdenes a otras interneuronas o neuronas motoras.

Estructura de las neuronas Aunque las neuronas son de muchas formas y tamaños, todas comparten ciertas características. Como puedes ver en la **ilustración 31–2,** la parte más grande de una neurona común es el **cuerpo celular,** que contiene al núcleo y gran parte del citoplasma.

Del cuerpo celular parten unas extensiones ramificadas llamadas dendritas. Las **dendritas** reciben los impulsos de otras neuronas y transmiten esos impulsos al cuerpo celular. La fibra larga que transporta impulsos fuera del cuerpo celular se conoce como **axón.** El axón termina en una serie de pequeños abultamientos llamados terminales axónicas. Las neuronas pueden tener docenas de dendritas, pero casi siempre poseen un axón único. En la mayoría de los animales, los axones y las dendritas de las distintas neuronas se encuentran agrupadas en manojos de fibras llamados nervios. Algunos nervios contienen fibras de sólo unas cuantas neuronas, pero otras contienen cientos y hasta miles de neuronas.

El axón de algunas neuronas está envuelto en una membrana aislante conocida como **vaina de mielina.** La vaina de mielina que rodea un axón único y largo tiene también varios espacios intermedios llamados nodos, y es allí donde la membrana del axón se encuentra expuesta. Conforme un impulso se desplaza por el axón, salta de un nodo a otro. Esta característica permite que el impulso viaje más rápidamente que si lo hiciera a través de un axón sin vaina de mielina.

En tu cuaderno *Haz una tabla de dos columnas. En una columna escribe las estructuras de la neurona y en la otra anota sus funciones.*

DESARROLLAR el vocabulario

VARIOS SIGNIFICADOS La palabra *terminal* puede funcionar como sustantivo o como adjetivo. Como sustantivo, puede referirse a un lugar por donde entra la información a una computadora, o a una estación donde personas o artículos se desplazan de un lugar a otro. Como adjetivo, la palabra *terminal* describe algo que es imposible de rescatar o que está situado al final de una estructura.

El impulso nervioso

¿Cómo se inicia el impulso nervioso?

Los impulsos nerviosos se parecen al flujo de la corriente eléctrica a lo largo de un cable. Para ver cómo sucede esto, estudiemos primero la neurona en reposo.

La neurona en reposo Como casi todas las células, las neuronas tienen una carga o potencial eléctrico a través de sus membranas celulares. El interior de la neurona tiene un voltaje de –70 milivoltios (mV) con respecto del exterior. Esta diferencia o **potencial de reposo** es de manera aproximada un vigésimo de voltaje de una batería para linterna. ¿De dónde procede ese voltaje?

Las proteínas de transporte activo bombean iones de sodio (Na^+) al exterior de la célula e introducen iones de potasio (K^+), como muestra la **ilustración 31–3.** Debido a que los dos iones tienen carga positiva, esto por sí solo no produce un potencial a través de la membrana. Sin embargo, las proteínas de canal de potasio sin compuerta facilitan que los iones K^+ y Na^+ se difundan a través de la membrana. Como dentro de la célula hay una mayor concentración de iones K^+ gracias al transporte activo, ocurre un movimiento neto de iones K^+ de carga positiva fuera de la célula. En consecuencia, el interior adquiere una carga negativa con respecto del exterior y así se produce el potencial de reposo.

PISTA DEL MISTERIO

La toxina hallada en el pescado se une a los canales de sodio que tienen compuertas e impiden el flujo de iones Na^+ al interior de la célula. ¿Cómo crees que esto habría afectado el movimiento de los músculos?

El impulso en movimiento La neurona permanece en estado de reposo hasta que recibe un estímulo bastante fuerte como para iniciar un impulso nervioso. **El impulso nervioso se inicia cuando una neurona recibe el estímulo de otra neurona o del ambiente.** Una vez iniciado, el impulso viaja rápidamente por el axón, alejándose del cuerpo celular y hacia las terminales axónicas. En los axones mielinizados, el impulso se desplaza aún más rápido porque salta de un nodo al siguiente.

¿Qué sucede realmente durante el impulso? Como puedes ver en la **ilustración 31–5,** el impulso es, por sí mismo, una inversión repentina del potencial de reposo. La membrana celular de la neurona contiene cientos de canales de iones "con compuertas". En el extremo anterior del impulso, se abren las puertas de los canales de sodio permitiendo que los iones Na^+ de carga positiva fluyan hacia la célula. Temporalmente, el interior de la membrana se vuelve más positivo que el exterior, invirtiendo el potencial de reposo. A esta inversión de cargas, de más negativa a más positiva, se le llama impulso nervioso o **potencial de acción.**

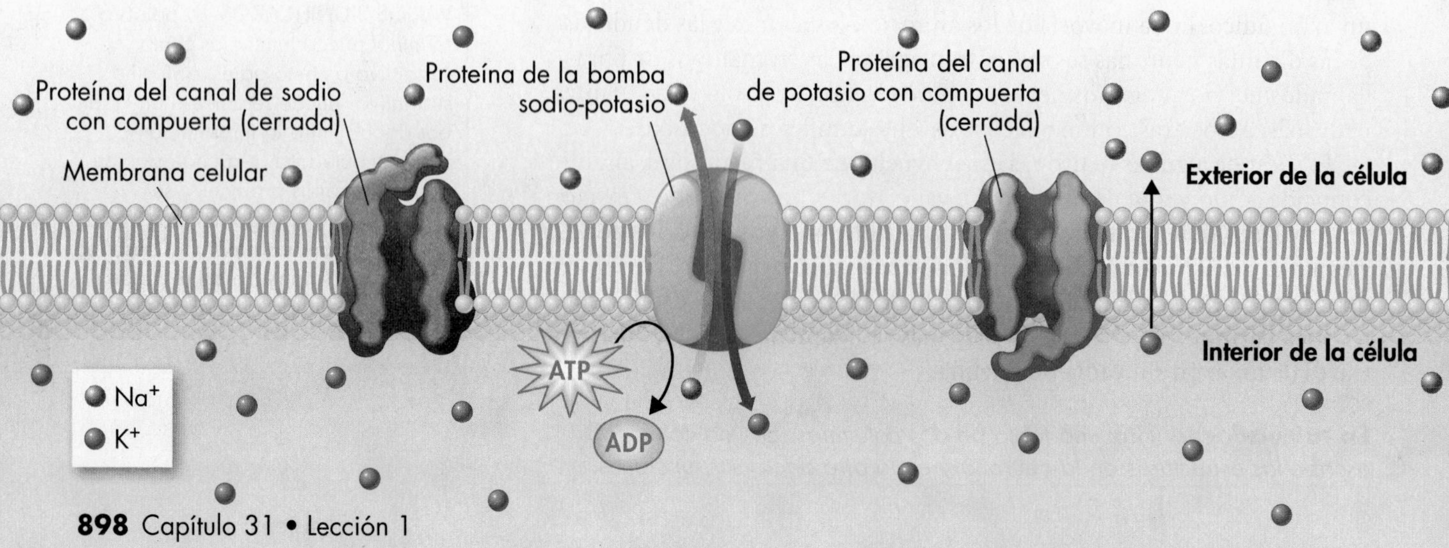

ILUSTRACIÓN 31–3 La neurona en reposo La bomba sodio-potasio de la membrana celular de la neurona usa ATP para bombear iones de Na^+ fuera de la célula e introducir iones K^+. Una pequeña cantidad de iones K^+ se difunde fuera de la célula (mediante canales sin compuerta), pero los canales con compuerta impiden que los iones Na^+ fluyan al interior de la neurona en reposo. **Aplica los conceptos** ***¿La acción de la bomba sodio-potasio es un ejemplo de difusión o de transporte activo? Explica.***

REACCIÓN EN CADENA

ILUSTRACIÓN 31–4 Con el impulso suficiente, la caída de una ficha de dominó ocasiona que la siguiente caiga. El potencial de acción se desplaza a través de la neurona de una manera similar. Usar analogías ***Compara y contrasta el potencial de acción que viaja por un axón con la caída de una fila de fichas de dominó.***

Cuando pasa el impulso, las compuertas de sodio se cierran y las compuertas de los canales de potasio se abren permitiendo que salgan los iones K^+. Esto restaura el potencial de modo que la neurona otra vez se cargue negativamente al interior. Durante todo el proceso, la bomba de sodio-potasio sigue funcionando para que el axón esté siempre listo para más potenciales de acción.

El impulso nervioso es autopropagado; es decir, el flujo de iones de la punta del impulso ocasiona que se abran los canales de sodio que están por delante. Esto permite que el impulso se desplace rápidamente por el axón. Podríamos comparar el flujo de un impulso con la caída de una fila de fichas de dominó. Conforme cae cada ficha de dominó, se ocasiona la caída de la siguiente ficha.

En tu cuaderno *Resume con tus palabras lo que sucede en la membrana de una neurona cuando está en reposo y durante el potencial de acción.*

Umbral No todos los estímulos provocan un impulso. El nivel mínimo requerido para que un estímulo provoque un impulso en una neurona es lo que se llama **umbral.** Si el estímulo es más débil que el umbral, no se provoca un impulso. El impulso nervioso es una respuesta de "todo o nada", es decir, el estímulo produce un impulso o no lo produce.

El principio de umbral también se ejemplifica con la fila de dominó. Si tocas muy suavemente la primera ficha, ésta puede no moverse. Un toque más fuerte puede ocasionar que la ficha se balancee adelante y atrás, pero sin caer. Un golpe con suficiente fuerza para hacer que la primera ficha caiga sobre la segunda e inicie la caída de toda la hilera, es equivalente a un estímulo de umbral.

Si todos los potenciales de acción tienen la misma fuerza, ¿cómo podemos determinar si un estímulo, como el tacto o el dolor, tiene suficiente fuerza o es demasiado débil? El encéfalo determina la intensidad a partir de la frecuencia de los potenciales de acción. Un estímulo débil puede producir tres o cuatro potenciales de acción por segundo, mientras que uno fuerte puede generar hasta 100 por segundo. Si por accidente golpeas tu dedo con un martillo, ¡los potenciales de acción correrán como locos!

ILUSTRACIÓN 31–5 El impulso en movimiento Una vez que el impulso inicia, continúa su recorrido por el axón hasta llegar al extremo. En un axón con vaina de mielina, el impulso salta de nodo a nodo.

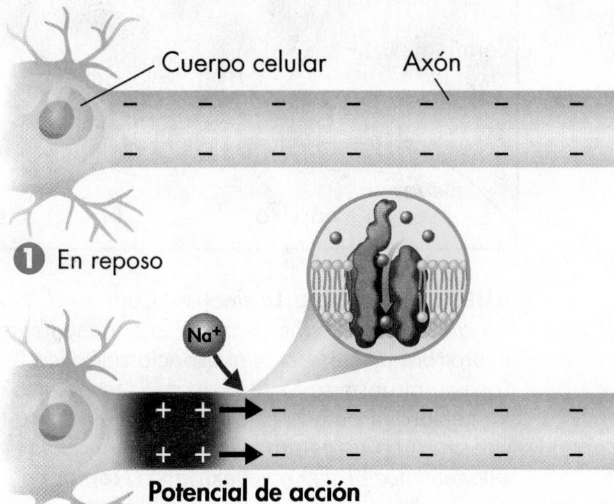

❶ En reposo

❷ Al frente del impulso, las compuertas de los canales de sodio se abren. Los iones Na^+ fluyen al interior de la célula, invirtiendo el potencial entre la membrana celular y su entorno. Esta inversión acelerada de la carga se denomina potencial de acción.

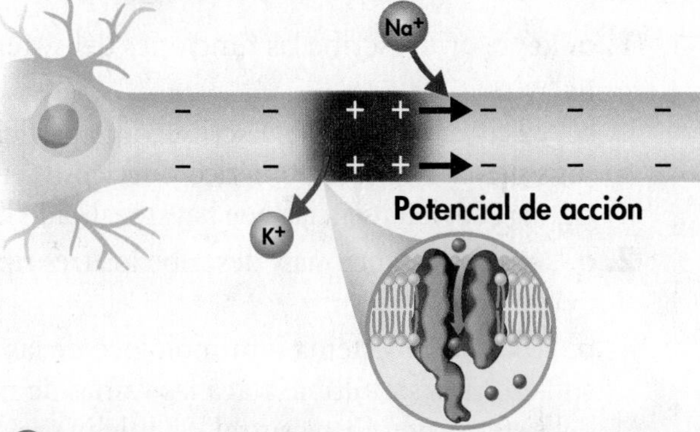

❸ Conforme el potencial de acción pasa, las compuertas de los canales de potasio se abren permitiendo que los iones K^+ fluyan hacia fuera y restablezcan el potencial de reposo en el interior del axón.

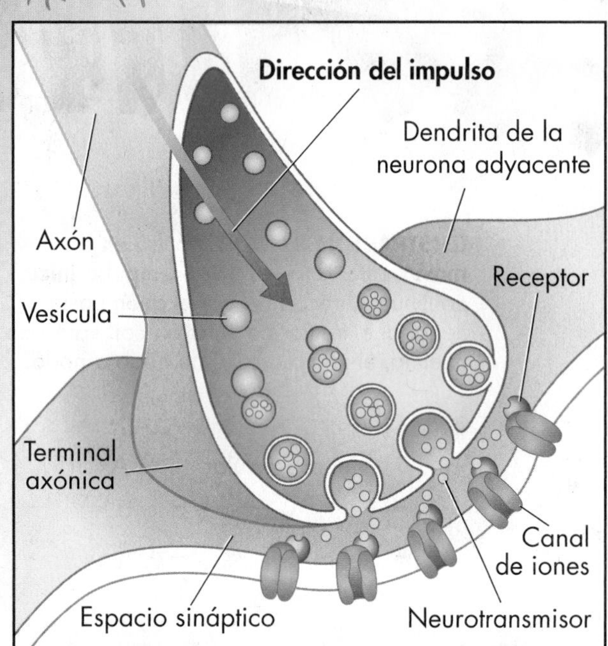

ILUSTRACIÓN 31–6 La sinapsis Cuando el impulso llega al final del axón de una neurona, se liberan neurotransmisores hacia el espacio sináptico. Los neurotransmisores se ligan a los receptores de la membrana de una célula adyacente. **Aplica los conceptos** ***¿Cuáles son los tres tipos de células que pueden encontrarse en el extremo receptor de un impulso?***

La sinapsis El impulso llega finalmente al extremo de la neurona, donde se encuentra una terminal axónica, la cual puede transmitir el impulso a otra célula. Por ejemplo, una neurona motora puede pasar el impulso a una célula muscular ocasionando que se contraiga. El punto en el cual la neurona transfiere el impulso a otra célula se denomina **sinapsis.** Como puedes ver en la **ilustración 31–6,** la terminal axónica está separada de la célula adyacente mediante un espacio sináptico.

La terminal axónica de la sinapsis contiene minúsculas vesículas llenas de neurotransmisores. Los **neurotransmisores** son sustancias químicas que transmiten un impulso a través de la sinapsis hacia otra célula. Cuando el impulso llega a la sinapsis, el axón libera neurotransmisores que se difunden por el espacio sináptico y se ligan a los receptores de la membrana de la célula que recibirá el impulso. Esa unión abre canales de iones en la membrana de la célula receptora. Si el estímulo supera el umbral de la célula, entonces se inicia un nuevo impulso.

Cuando han terminado su tarea, los neurotransmisores se desprenden de los receptores de la superficie celular. Luego se descomponen gracias a unas enzimas del espacio sináptico, o la terminal axónica los capta y recicla.

31.1 Evaluación

Repaso de conceptos clave

1. a. Repasar Describe las funciones del sistema nervioso.

b. Aplica los conceptos Describe cómo participaron tus sistemas nervioso periférico y nervioso central en alguna actividad sencilla que hayas realizado hoy.

2. a. Repasar Menciona y describe los tres tipos de neuronas.

b. Predecir El sistema inmunológico de las personas con esclerosis múltiple ataca las vainas de mielina del sistema nervioso central. La mielina se descompone y puede dejar una cicatriz. ¿Cómo crees que esto afectaría a la transmisión de señales del sistema nervioso central?

3. a. Repasar ¿Qué sucede cuando una neurona recibe el estímulo de otra neurona?

b. Inferir ¿Cómo es posible que varíe la intensidad del dolor que sientes si todo estímulo provoca una respuesta de "todo o nada"?

RAZONAMIENTO VISUAL

4. Haz un diagrama de flujo que muestre lo que ocurre cuando un impulso nervioso viaja de una neurona a otra. Incluye todos los detalles posibles. Usa tu diagrama para explicar este proceso a un compañero.

BIOLOGY.com Search Lesson 31.1  GO • Self-Test • Lesson Assessment

31.2 El sistema nervioso central

PIÉNSALO ¿Quién manda? El sistema nervioso central contiene miles de millones de neuronas; cada una es capaz de transmitir impulsos y enviar mensajes. ¿Qué impide que envíen impulsos a cualquier parte y que actúen como una muchedumbre sin control? ¿Existe alguna fuente de orden en este complejo sistema, un lugar centralizado que procese la información, tome las decisiones y mantenga el orden?

Preguntas clave

¿En qué parte del sistema nervioso se procesa la información?

¿Cómo afectan las drogas los cambios del encéfalo y provocan adicción?

Vocabulario

reflejo • cerebro • corteza cerebral • tálamo • hipotálamo • cerebelo • tallo cerebral • dopamina

Tomar notas

Mapa de conceptos A medida que leas, haz un mapa de conceptos con la relación de las estructuras del sistema nervioso central.

El encéfalo y la médula espinal

¿En qué parte del sistema nervioso se procesa la información?

El encéfalo es el punto de control del sistema nervioso central. **Cada uno de los principales componentes del encéfalo (cerebro, cerebelo y tallo cerebral) tiene la tarea de procesar y comunicar información.** Igual que la unidad de procesamiento central de una computadora, la tarea principal del encéfalo es procesar la información. En la **ilustración 31–8,** encontrarás detalles sobre las principales regiones del encéfalo.

Aunque la mayoría de los órganos del cuerpo trabaja para mantener la homeostasis, el encéfalo experimenta cambios constantes debido a sus interacciones con el ambiente. La experiencia sensorial cambia muchos de los patrones de las conexiones neuronales del encéfalo, y las células del tallo cerebral producen nuevas neuronas durante toda la vida. Muchas de esas nuevas células se originan en regiones relacionadas con los procesos de memoria y aprendizaje. Lejos de permanecer siempre igual, el encéfalo, que es muy flexible, responde y cambia constantemente en respuesta al mundo que lo rodea.

La mayoría de las neuronas que entran y salen del encéfalo se encuentran en un grupo de neuronas y otros tipos de células que componen lo que llamamos la médula espinal. **La médula espinal es la principal vía de comunicación entre el encéfalo y el resto del cuerpo.** La médula espinal es como una gran línea telefónica que conduce miles de señales simultáneas entre los sistemas nerviosos central y periférico. En la médula espinal hay 31 pares de nervios espinales que se ramifican y conectan al encéfalo con las distintas partes del cuerpo. Ciertos tipos de información, incluidos muchos reflejos, se procesan directamente en la médula espinal. Un **reflejo** es una respuesta rápida y automática a un estímulo. Un ejemplo de reflejo es la rapidez con que retiras la mano al pincharte con un alfiler.

En tu cuaderno *Haz una tabla de tres columnas con las principales estructuras del encéfalo descritas en la **ilustración 31–8;** incluye sus funciones y cómo interactúan, al menos con otra estructura del encéfalo.*

ILUSTRACIÓN 31–7 El sistema nervioso central El sistema nervioso central consta de encéfalo y médula espinal.

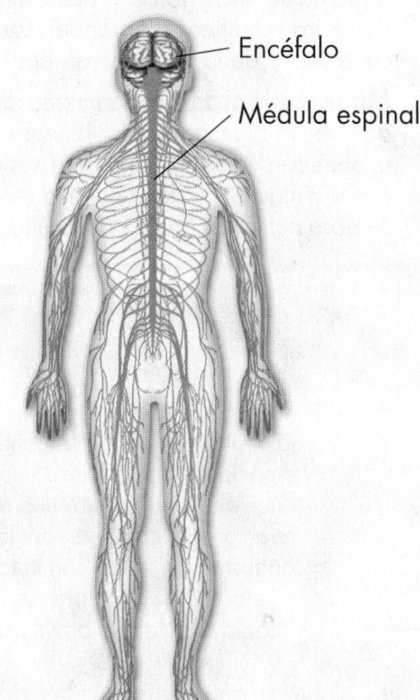

RESUMEN VISUAL

EL ENCÉFALO

ILUSTRACIÓN 31–8 El encéfalo contiene miles de millones de neuronas y otros tejidos de sostén que a cada instante procesan, transmiten y responden a una cantidad inimaginable de información. **Inferir** ***¿Cuál es la estructura del encéfalo que probablemente filtre la información que viaja por la médula espinal hasta el encéfalo?***

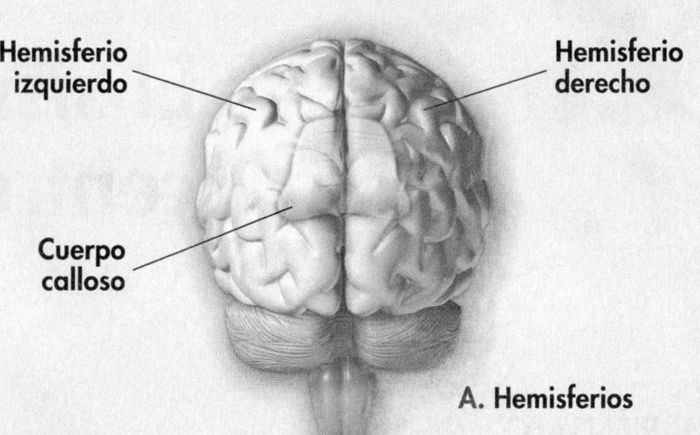

A. Hemisferios

Cerebro

El cerebro es la región más grande del encéfalo humano. El **cerebro** está a cargo de las actividades voluntarias o conscientes del cuerpo. También es el asiento de la inteligencia, el aprendizaje y el raciocinio.

Hemisferios Como puedes ver en la **ilustración 31–8A** (vista posterior del encéfalo), hay un profundo surco que divide al cerebro en dos hemisferios: izquierdo y derecho. Los hemisferios se conectan mediante una banda de tejido denominada cuerpo calloso. Lo más interesante es que cada hemisferio controla la parte contraria del cuerpo. Las sensaciones del lado izquierdo del cuerpo van al hemisferio derecho, y las del lado derecho del cuerpo van al hemisferio izquierdo. Las órdenes para mover los músculos se envían del mismo modo.

Como muestra la **ilustración 31–8B,** cada hemisferio está dividido en regiones llamadas lóbulos. Los cuatro lóbulos reciben el nombre de los huesos craneales que los cubren. Cada uno de esos lóbulos está relacionado con distintas funciones.

Corteza cerebral El cerebro tiene dos capas. La capa exterior se llama **corteza cerebral** y está compuesta de cuerpos celulares muy compactados entre sí para formar lo que se conoce como materia gris. La corteza cerebral procesa información de los órganos de los sentidos y controla los movimientos del cuerpo. También se encarga de procesar los pensamientos y las capacidades para planificar y aprender. Los pliegues y surcos de la superficie exterior de la corteza cerebral aumentan mucho su superficie.

Materia blanca La capa interna del cerebro recibe el nombre de materia blanca. El color blanquecino se debe a los grupos de axones con vainas de mielina. Esos axones pueden estar conectados con distintas áreas de la corteza cerebral, o bien pueden conectar el cerebro con otras áreas del encéfalo, como el tallo cerebral.

Sistema límbico

Varias funciones importantes se han relacionado con muchas de las estructuras que componen el sistema límbico, entre ellas las emociones, la conducta y la memoria. Por ejemplo, muy adentro del encéfalo se encuentra una región llamada amígdala, la cual se ha relacionado con el aprendizaje emocional, es decir, el temor y la angustia, así como con la formación de recuerdos a largo plazo. El sistema límbico también se asocia con el centro de placer del encéfalo, la región que provoca sensaciones de satisfacción y bienestar.

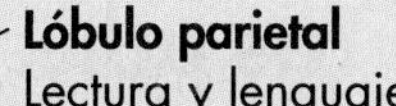

B. Lóbulos

Tálamo e hipotálamo

El tálamo y el hipotálamo se sitúan entre el tallo cerebral y el cerebro. El **tálamo** recibe mensajes de los receptores sensoriales dispersos por todo el cuerpo y luego transmite la información a la región del cerebro adecuada para que sea procesada después. Justo por debajo del tálamo se encuentra el hipotálamo. El **hipotálamo** es el centro de control del reconocimiento y el análisis de sensaciones como hambre, sed, fatiga, ira y temperatura corporal. El hipotálamo también contribuye a coordinar los sistemas nervioso y endocrino.

Cerebelo

La segunda región más grande del encéfalo es el **cerebelo.** El cerebelo recibe toda la información sobre la posición de los músculos y huesos, así como otra información sensorial. Aunque las órdenes para mover los músculos proceden de la corteza cerebral, la información sensorial permite que el cerebelo coordine y equilibre las acciones de los músculos. De esta manera, el cuerpo se mueve con elegancia y eficiencia.

Cuando inicias cualquier actividad nueva para la que necesites coordinar tus músculos, como golpear una pelota de golf o enhebrar una aguja, el cerebelo es el que en realidad aprende los movimientos necesarios y luego coordina la acción de infinidad de músculos individuales cada vez que repites el movimiento.

Tallo cerebral

El **tallo cerebral** conecta el encéfalo y la médula espinal. Se sitúa justo por debajo del cerebelo y consta de tres regiones: el mesencéfalo, el puente de Varolio y el bulbo raquídeo. Cada una de estas regiones regula el flujo de información entre el encéfalo y el resto del cuerpo. Algunas de las funciones corporales más importantes (la regulación de la presión sanguínea, la frecuencia cardiaca, la respiración y la deglución) se controlan en el tallo cerebral. El tallo cerebral mantiene funcionando tu cuerpo aun cuando hayas perdido la conciencia durante el sueño o a consecuencia de alguna lesión.

ILUSTRACIÓN 31–9 Las drogas y la sociedad El daño al encéfalo es sólo una de las consecuencias que las drogas causan. Por ejemplo, el abuso del alcohol en Estados Unidos tiene un costo anual de casi 185 mil millones de dólares en gastos de atención médica, servicios de tratamiento, daños a propiedades y pérdida de productividad.

Las adicciones y el encéfalo

¿Cómo afectan las drogas los cambios del encéfalo y provocan adicción?

Las sinapsis permiten que el encéfalo transfiera mensajes de una célula a otra, realice el trabajo consciente de pensar y las tareas menos conscientes de generar emociones y sentimientos. ¿Puedes adivinar lo que sucedería si una sustancia química cambiara el funcionamiento de las sinapsis? Si piensas que esas sustancias cambian la conducta, tienes razón.

Casi todas las sustancias que causan adicción, como las drogas ilegales como heroína, metanfetamina y cocaína, y las drogas legales como tabaco y alcohol, afectan las sinapsis encefálicas. Aunque la composición química de cada sustancia es distinta, todas producen cambios en un grupo específico de sinapsis. Esas sinapsis usan el neurotransmisor **dopamina** y están relacionadas con los centros encefálicos del placer y la recompensa.

Cuando realizamos una actividad que nos causa placer, como comer algo sabroso o recibir elogios de un amigo, las neuronas del hipotálamo y el sistema límbico liberan dopamina. Las moléculas de dopamina estimulan otras neuronas a través de las sinapsis y provocan la sensación de placer y bienestar.

Las drogas que causan adicción tienen distintos efectos en las sinapsis de dopamina. La metanfetamina libera un torrente de dopamina que provoca un estado de "bienestar" instantáneo. La cocaína prolonga el tiempo en que la dopamina permanece en la región sináptica, intensificando el placer e inhibiendo el dolor. Las drogas derivadas del opio, como la heroína, estimulan los receptores de otras regiones del encéfalo y provocan la liberación de dopamina. La nicotina, sustancia adictiva del tabaco, así como el alcohol, sustancia adictiva más usada en Estados Unidos, también provocan una mayor liberación de dopamina.

El encéfalo responde a los niveles excesivos de dopamina reduciendo la cantidad de receptores disponibles al neurotransmisor. En consecuencia, las actividades normales dejan de producir la sensación de placer que antes provocaban. Los adictos suelen sentirse deprimidos o enfermos sin sus drogas. Además, como hay menos receptores disponibles, cada vez se necesitan mayores cantidades de tabaco, alcohol y drogas ilegales para producir la misma sensación de bienestar. El resultado es una espiral de adicción cada vez más profunda y difícil de romper.

31.2 Evaluación

Repaso de conceptos clave

1. a. **Repasar** ¿Cuáles son las tres regiones más importantes del encéfalo?
   b. **Describir** Explica la función de la médula espinal.
   c. **Inferir** ¿Cómo actúan los reflejos para proteger al cuerpo de posibles lesiones?
2. a. **Repasar** Describe tres maneras en que las drogas afectan las sinapsis que usan el neurotransmisor dopamina.
   b. **Aplica los conceptos** ¿Por qué las personas que usan drogas empiezan a consumir cada vez más la sustancia a la que son adictos?

Aplica la gran idea

Homeostasis

3. Explica la función del encéfalo en la homeostasis de todo el cuerpo. ¿En qué difiere la homeostasis del interior del encéfalo de la del cuerpo? ¿En qué deben ser similares?

BIOLOGY.com Search Lesson 31.2  • Self-Test • Lesson Assessment

Tecnología y BIOLOGÍA

Estudio del encéfalo y la adicción

Diversos estudios del Instituto Nacional para el Abuso de Drogas (NIDA, por sus siglas en inglés) han demostrado por qué las drogas que estimulan la dopamina producen un patrón de adicción que resulta muy difícil de romper. El encéfalo es un órgano flexible que responde al ambiente y se adapta continuamente a su química interna. Cuando percibe un incremento en los niveles de dopamina, se adapta reduciendo la cantidad de receptores disponibles para ese neurotransmisor.

Los investigadores de NIDA usaron una poderosa tecnología de imágenes, conocida como tomografía por emisión de positrones (PET, por sus siglas en inglés), para visualizar la densidad de los receptores de dopamina en los encéfalos de personas con alguna adicción; los resultados, mostrados aquí, fueron asombrosos. Los encéfalos de las personas que abusan del alcohol y de sustancias ilegales revelaron concentraciones de receptores de dopamina notoriamente inferiores a los encéfalos de individuos que no usaban esas drogas.

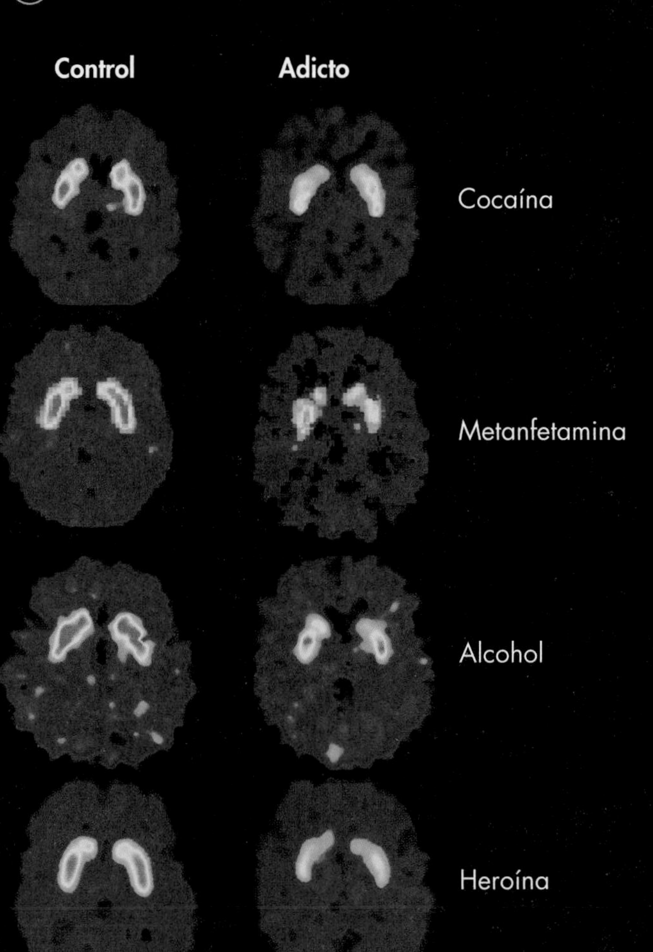

La tomografía por emisión de positrones (PET) permite que los investigadores visualicen moléculas marcadas en el interior del cuerpo. La PET se usa de manera habitual para identificar regiones de actividad celular. A fin de localizar los receptores de dopamina, usan un isótopo de carbono radiactivo para marcar una molécula que se une a los receptores. En pocos minutos, el isótopo emite una partícula subatómica denominada positrón. La ubicación de la partícula se obtiene por los rayos gamma que libera cuando choca con otras partículas. Mediante la detección de miles de emisiones de positrones, las computadoras pueden crear imágenes detalladas que muestran la localización de las moléculas marcadas.

◄En estas imágenes, las áreas de color rojo revelan las zonas con mayor densidad de receptores de dopamina. Las áreas con menor densidad de receptores de dopamina aparecen en color verde.

ESCRITURA **Usa esta información para disuadir a los jóvenes en riesgo de utilizar sustancias adictivas.**

31.3 El sistema nervioso periférico

Preguntas clave

🔑 ***¿Cómo recibe información el sistema nervioso central?***

🔑 ***¿Cómo reciben los músculos y las glándulas la información del sistema nervioso central?***

Vocabulario

sistema nervioso somático
arco reflejo
sistema nervioso autónomo

Tomar notas

Diagrama de flujo A medida que leas, haz un diagrama de flujo de la información entre las divisiones del sistema nervioso periférico y el sistema nervioso central.

PIÉNSALO Todo se resume en la entrada y salida de información. Cualquier computadora sería inútil si no aceptara información del mundo que la rodea. Y sin importar cuán rápidamente realice sus cálculos, ninguno de sus resultados tendrá importancia a menos exista un medio para darlos a conocer. El sistema nervioso central enfrenta los mismos problemas. ¿Puedes adivinar cuáles son los dispositivos para ingresar información y producir resultados?

La división sensorial

🔑 ***¿Cómo recibe información el sistema nervioso central?***

El sistema nervioso periférico está compuesto de todos los nervios y células relacionadas que no se encuentran dentro del encéfalo o la médula espinal. Los nervios craneales salen por orificios del cráneo y estimulan distintas regiones de la cabeza y el cuello. Los nervios espinales estimulan al resto del cuerpo. Los cuerpos celulares de los nervios craneales y espinales están organizados en grupos llamados ganglios.

El sistema nervioso periférico, nuestro vínculo con el mundo exterior, tiene dos divisiones principales: la sensorial y la motora. 🔑 **La división sensorial del sistema nervioso periférico transmite impulsos de los órganos de los sentidos al sistema nervioso central.** La división motora transmite impulsos del sistema nervioso central a los músculos y las glándulas.

Los receptores sensoriales son células que transmiten información sobre los cambios ambientales, tanto internos como externos. Estos cambios se denominan estímulos. Los receptores sensoriales pueden clasificarse según el tipo de estímulo al que responden. La **Ilustración 31–10** muestra las funciones y ubicación de varios tipos de receptores sensoriales. Cuando reciben un estímulo, los receptores sensoriales transmiten impulsos a las neuronas sensoriales. Luego, las neuronas sensoriales transmiten impulsos al sistema nervioso central.

ILUSTRACIÓN 31–10 Receptores sensoriales Los receptores sensoriales responden a estímulos específicos, como luz o sonido, enviando impulsos a las neuronas sensoriales. **Aplica los conceptos** ***Enumera tres tipos de receptores sensoriales que se activen cuando entras en una florería con muchas plantas.***

Receptores sensoriales

Tipo	Responde a	Algunas ubicaciones
Quimiorreceptor	Sustancias químicas	Boca, nariz, vasos sanguíneos
Fotorreceptor	Luz	Ojos
Mecanorreceptor	Tacto, presión, vibraciones y estiramiento	Piel, folículos pilosos, oídos, ligamentos, tendones
Termorreceptor	Cambios de temperatura	Piel, hipotálamo
Algorreceptor	Lesiones de tejidos	Todo el cuerpo

La división motora

¿Cómo reciben los músculos y las glándulas la información del sistema nervioso central?

El sistema nervioso desempeña un papel clave en la conservación de la homeostasis debido a que coordina las actividades de otros sistemas y órganos. Una vez que ha reunido y procesado la información sensorial, el sistema nervioso envía órdenes al resto del cuerpo. **La división motora del sistema nervioso periférico transmite impulsos del sistema nervioso central a los músculos o las glándulas del cuerpo**. Esos mensajes se distribuyen a través de una de dos divisiones: el sistema nervioso somático o el sistema nervioso autónomo.

A juzgar por los síntomas del capitán Cook, ¿cuál crees que fue la parte del sistema nervioso que se vio más afectada por el consumo de apenas una pequeña cantidad del pescado?

Sistema nervioso somático El **sistema nervioso somático** regula las actividades del cuerpo mediante el control consciente, por ejemplo, el movimiento de los músculos esqueléticos. Casi siempre tienes el control de los movimientos de tus músculos esqueléticos, pero cuando tu cuerpo corre peligro, el sistema nervioso central toma el control.

▶***Control voluntario*** Cada vez que levantas un dedo o mueves los dedos de tus pies, utilizas las neuronas motoras del sistema nervioso somático. Los impulsos que se originan en el encéfalo viajan por la médula espinal, donde hacen sinapsis con las dendritas de las neuronas motoras. Los axones de esas neuronas motoras se extienden de la médula espinal y llevan los impulsos directamente a los músculos, ocasionando las contracciones que producen movimientos voluntarios.

▶***Arcos reflejos*** Aunque en general se considera que el sistema nervioso somático está sujeto al control consciente, algunas reacciones del sistema son automáticas. Si pisas accidentalmente una tachuela, tu pierna se levanta incluso antes que puedas percibir el dolor.

Esta respuesta rápida (reflejo) se debe a que los impulsos viajan por una vía llamada **arco reflejo,** la cual está descrita en la **ilustración 31–11.** ❶ En este ejemplo, los receptores sensoriales responden a la sensación de la tachuela y envían un impulso a las neuronas sensoriales. ❷ Las neuronas sensoriales transmiten la información a la médula espinal. ❸ Una interneurona de la médula espinal procesa la información y produce una respuesta. ❹ Una neurona motora lleva los impulsos a su efector, el músculo que la estimuló. ❺ El músculo se contrae y tu pierna se levanta. Entre tanto, los impulsos que llevan información sobre la lesión son transmitidos al encéfalo. Sin embargo, para cuando el encéfalo interpreta el dolor, tu pierna y tu pie ya se han movido. La médula espinal no controla todos los reflejos. Tu encéfalo controla muchos otros reflejos, como parpadear o estornudar, los cuales dependen de otras estructuras que se encuentran en tu cabeza.

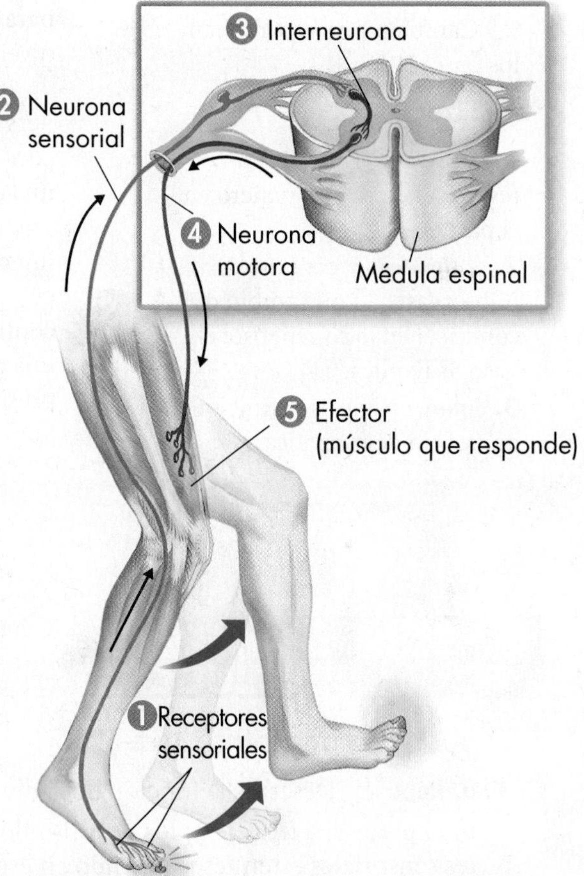

ILUSTRACIÓN 31–11 Arco reflejo Cuando pisas una tachuela, los receptores sensoriales estimulan una neurona sensorial, la cual transmite la señal a una interneurona que se encuentra dentro de la médula espinal. De allí, la señal viaja a una neurona motora que, a su vez, estimula al músculo que levanta tu pierna.

En tu cuaderno *Describe con tus palabras cómo actúa un arco reflejo. Incluye la función de los tres tipos de neuronas.*

Actividad rápida de laboratorio
INVESTIGACIÓN DIRIGIDA

¿Cómo respondes a un estímulo externo? 

1. Pide a tu compañero que se ponga unas gafas de seguridad.
2. Haz una pelota con una hoja de papel que ya no utilices.
3. Observa atentamente los ojos de tu compañero mientras lanzas la pelota hacia su cara.
4. Repite el paso 3, tres veces.
5. Cambien turnos y repitan los pasos 1, 3 y 4.

Analizar y concluir

1. Observar Describe la respuesta de tu compañero en el paso 3.

2. Comparar y contrastar ¿Observaste algún cambio de conducta cuando repetiste el paso 3? Explica.

3. Inferir ¿Cuál es la función del reflejo de parpadear?

Sistema nervioso autónomo El **sistema nervioso autónomo** regula las actividades involuntarias, es decir, aquellas que no están sujetas al control consciente. Por ejemplo, cuando empiezas a correr, el sistema nervioso acelera tu frecuencia cardiaca y el flujo de sangre hacia tus músculos esqueléticos; estimula las glándulas sudoríparas y disminuye la velocidad de contracción de los músculos lisos del aparato digestivo. Es posible que no te des cuenta de estas actividades, pero todas te permiten correr más rápido y por más tiempo.

El sistema nervioso autónomo está dividido en dos partes de igual importancia: el sistema nervioso simpático y el sistema nervioso parasimpático. ¿Por qué hay dos sistemas? En términos generales, los sistemas simpático y parasimpático tienen efectos contrarios en cada órgano donde ejercen su acción. Del mismo modo que un conductor debe tener la capacidad de mover el volante a la izquierda y a la derecha para que el auto no salga del camino, estos dos sistemas producen un nivel de control muy fino que coordina a todos los órganos del cuerpo.

Por ejemplo, la frecuencia cardiaca aumenta gracias al sistema nervioso simpático, pero disminuye por acción del sistema nervioso parasimpático. En general, el sistema simpático prepara al cuerpo para una actividad intensa. Su estimulación provoca que aumente la presión sanguínea, se libere azúcar en la sangre para proporcionar energía, y se interrumpan las actividades que no sean importantes para preparar al cuerpo para la respuesta de "luchar o huir" que el estrés provoca. En contraste, el sistema parasimpático provoca lo que podríamos llamar una respuesta de "reposo y digestión". Reduce la frecuencia cardiaca y la presión sanguínea, y activa la digestión y las vías que permiten almacenar moléculas de energía en los tejidos corporales.

31.3 Evaluación

Repaso de conceptos clave

1. a. Repasar Describe la función de la división sensorial.

b. Explicar Da tres ejemplos de estímulos a los que tus receptores sensoriales estén respondiendo en este momento.

c. Inferir ¿Cuál es el tipo de receptor sensorial que actúa cuando un cambio de presión sanguínea aumenta la fuerza ejercida en tus vasos sanguíneos? Explica.

2. a. Repasar Describe las funciones de las dos partes que forman la división motora del sistema nervioso periférico.

b. Explicar ¿Dirías que un reflejo es parte del sistema nervioso central, del sistema nervioso periférico o de ambos?

c. Aplica los conceptos Describe una situación en la cual esperarías que tu sistema nervioso simpático fuera más activo que tu sistema nervioso parasimpático.

Aplica la gran idea

Estructura y función

3. ¿Cuál parte del sistema nervioso periférico interviene tanto en las conductas innatas como en las conductas aprendidas? Explica. (*Pista*: Revisa la lección 29.1)

BIOLOGY.com Search Lesson 31.3  • Self-Test • Lesson Assessment • Art in Motion

31.4 Los sentidos

PIÉNSALO Vivimos en un mundo de sensaciones. Piensa en todas las experiencias de hoy que sólo puedes describir como algo que sentiste, saboreaste, oliste, oíste o viste. Nuestros sentidos son el vínculo mediante el que experimentamos el mundo que nos rodea y que, muy a menudo, damos por sentado. Reflexiona sólo un momento sobre el color rojo. ¿Cómo describirías a un ciego la sensación de ver lo rojo como lo opuesto del azul o del verde? ¿Cómo describirías el sabor de una manzana a quien jamás ha experimentado sabores? La información que recibimos de nuestros sentidos es casi imposible de describir y, no obstante, la usamos a cada instante del día.

El tacto y los sentidos relacionados

¿Cómo percibe nuestro cuerpo las sensaciones del tacto, la temperatura y el dolor?

Dado que casi todas las regiones de la piel son sensibles al tacto, podemos decir que la piel es nuestro órgano sensorial más grande. **Los diferentes receptores sensoriales del cuerpo responden al tacto, la temperatura y el dolor.** Todos estos receptores se encuentra en tu piel, aunque también hay algunos en otras partes del cuerpo.

Tacto La piel humana contiene por lo menos siete tipos de receptores sensoriales que incluyen varios que responden a distintos niveles de presión. La estimulación de esos receptores crea la sensación del tacto. Pero no todas las partes de tu cuerpo son igual de sensibles al tacto. Como cabe suponer, la piel de tus dedos tiene una densidad mucho mayor de receptores del tacto que la piel de tu espalda.

Temperatura Los termorreceptores son células sensoriales que responden al calor y al frío. Se encuentran distribuidos por toda la piel, y también los encontramos en el hipotálamo, la parte del cerebro que registra la temperatura de la sangre. Hace poco, unos investigadores que estudiaban las proteínas de membrana que perciben el calor, realizaron un descubrimiento interesante. Las sustancias químicas que hacen "picante" al chile verde están relacionadas con esas mismas proteínas.

Dolor Los algorreceptores están dispersos por todo el cuerpo. Algunos de ellos, sobre todo en la piel, responden a lesiones físicas como cortaduras o rasgaduras. Muchos tejidos también tienen algorreceptores que responden a las sustancias químicas liberadas durante una infección o inflamación. Cabe señalar que el cerebro no tiene receptores para el dolor. Por eso los pacientes a menudo permanecen conscientes durante una cirugía cerebral, lo que les permite ir informando al cirujano de las sensaciones que perciben al ser estimuladas diversas partes del cerebro.

Preguntas clave

¿Cómo percibe nuestro cuerpo las sensaciones del tacto, la temperatura y el dolor?

¿En qué se parecen los sentidos del olfato y el gusto?

¿Cómo es que los oídos y el cerebro procesan los sonidos y nos ayudan a mantener el equilibrio?

¿Cómo producen la visión los ojos y el cerebro?

Vocabulario

papila gustativa • cóclea • conductos semicirculares • córnea • iris • pupila • cristalino • retina • bastones • conos

Tomar notas

Vistazo al material visual Antes de leer, da un vistazo a la **ilustración 31–14.** Escribe por lo menos dos preguntas que puedan surgirte sobre la información que ésta proporciona.

PISTA DEL MISTERIO

Con base en los síntomas de Cook, ¿cuál de sus sentidos fue el más afectado por la toxina? Explica tu respuesta.

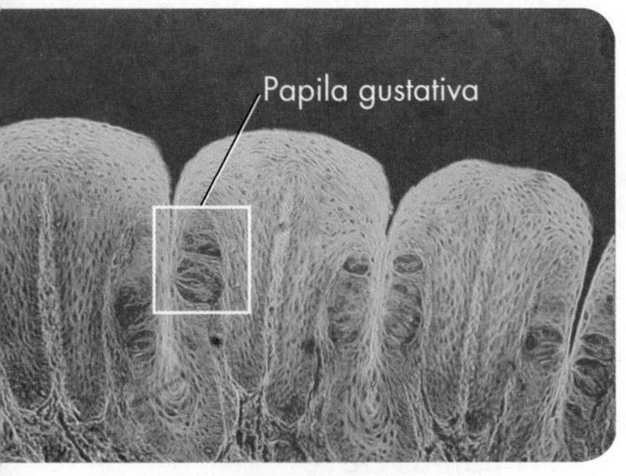

ILUSTRACIÓN 31–12 Papilas gustativas La superficie de la lengua contiene muchas prolongaciones diminutas. Las papilas gustativas recubren la parte superior y los lados de esas prolongaciones (LM 80×).

Oído y olfato

¿En qué se parecen los sentidos del olfato y el gusto?

Tal vez nunca se te haya ocurrido, pero los sentidos del gusto y el olfato consisten en la capacidad de detectar sustancias químicas. La nariz y la boca poseen células llamadas quimiorreceptores, las cuales perciben sustancias químicas y llevan a cabo las funciones de estos dos sentidos. **Las sensaciones de olfato y gusto son resultado de impulsos que los quimiorreceptores envían al cerebro.**

Tu sentido del olfato es capaz de producir miles de sensaciones diferentes. De hecho, mucho de lo que llamamos el "sabor" de los alimentos y bebidas es simplemente su olor. Para comprobarlo, come unos bocados de algún alimento mientras te aprietas la nariz. Descubrirás que mucho del sabor desaparece hasta que sueltas tu nariz y vuelves a respirar libremente.

Los órganos sensoriales que detectan el gusto son las **papilas gustativas.** Casi todas las papilas gustativas se encuentran en la lengua, aunque hay algunas en otras partes de la boca. La **ilustración 31–12** muestra la superficie de la lengua. Las células sensoriales de las papilas gustativas responden a los alimentos salados, amargos, dulces y agrios. Hace poco se identificó un quinto tipo de sensación del gusto, hoy llamada "umami", término que deriva de la palabra japonesa que significa sabroso. Los receptores umami reciben fuertes estímulos del glutamato monosódico (MSG), sustancia que suele añadirse a los patillos asiáticos para acentuar su sabor. También son estimuladas por la carne y el queso, que suelen contener el aminoácido glutamato (o ácido glutámico).

En tu cuaderno *Explica la relación entre el olfato y el gusto.*

Analizar datos

Intensidad del sonido

La intensidad o fuerza del sonido se mide en unidades llamadas decibeles (dB). El umbral para la audición humana es de 0 dB. Por cada incremento de 10 dB, la intensidad del sonido aumenta diez veces. En la gráfica de barras encontrarás los niveles de sonido de varias fuentes sonoras.

Los sonidos intensos pueden dañar permanentemente las células de la cóclea que perciben vibraciones. La exposición a un sonido superior a 80 dB durante varias horas consecutivas puede dañar la audición, igual que la exposición a un sonido de aproximadamente 120 dB tan sólo por unos cuantos segundos.

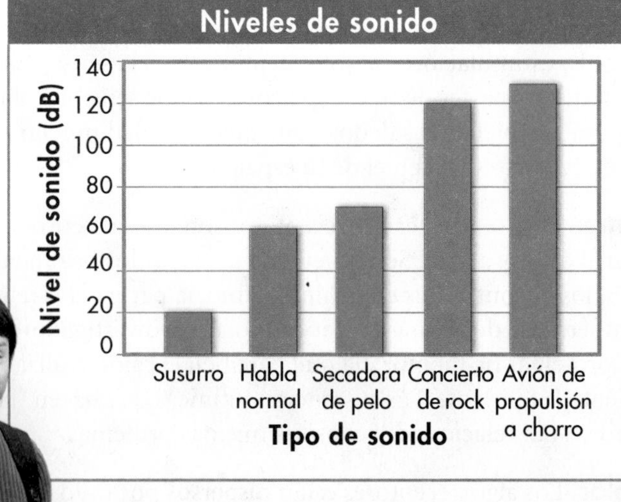

1. Calcular ¿Qué tanto es más intensa el habla normal que el susurro? Explica. MATEMÁTICAS

2. Inferir ¿Por qué crees que el daño auditivo provocado por la exposición repetida a sonidos intensos, como el de un dispositivo musical portátil en volumen alto, puede no revertirse en muchos años?

Oído y equilibrio

¿Cómo es que los oídos y el cerebro procesan los sonidos y nos ayudan a mantener el equilibrio?

El oído humano tiene dos funciones sensoriales de las cuales, por supuesto, una es la audición. La otra función consiste en detectar los cambios de posición debidos al movimiento. **Los mecanorreceptores que se encuentran en ciertas partes del oído transmiten impulsos al cerebro. El cerebro traduce los impulsos en sonidos e información sobre el equilibrio.**

Audición El sonido no es más que vibraciones que se desplazan en el aire que nos rodea. Los oídos son órganos sensoriales que pueden diferenciar entre el timbre y la intensidad de dichas vibraciones. La **ilustración 31–13** muestra la estructura del oído.

Las vibraciones entran en el oído por el conducto auditivo y hacen que vibre el tímpano. Hay tres huesos muy pequeños, llamado martillo, yunque y estribo, los cuales transmiten las vibraciones a una membrana llamada ventana oval. Al llegar allí, las vibraciones crean ondas de presión en el líquido que inunda la **cóclea** del oído interno. La cóclea está recubierta de minúsculas vellosidades que las ondas de presión mueven adelante y atrás. En respuesta, las células vellosas envían impulsos nerviosos al cerebro, que los procesa como sonidos.

Equilibrio Tus oídos contienen estructuras que ayudan al sistema nervioso central a mantener tu balance o equilibrio. Dentro del oído interno, justo por encima de la cóclea, hay tres canales pequeñísimos llamados canales semicirculares porque cada uno forma medio círculo. Los **canales semicirculares** y dos pequeñas bolsitas situadas detrás de ellos registran la posición de tu cuerpo, sobre todo de la cabeza, con respecto de la gravedad.

Los canales semicirculares y las bolsitas están llenas de líquido y recubiertas de células vellosas. Cuando la cabeza cambia de posición, el líquido de los canales hace lo mismo. Esto provoca que el vello de las células vellosas se doble. A su vez, esta acción envía impulsos al cerebro permitiéndole determinar el movimiento y la posición del cuerpo.

ILUSTRACIÓN 31–13 El oído El diagrama muestra las estructuras del oído que transmiten sonidos. La imagen del escaneo con microscopio electrónico (SEM) muestra las células vellosas del oído interno. El movimiento de esas sensibles células vellosas genera impulsos nerviosos que viajan hasta el cerebro a través del nervio coclear. **Predecir** ***¿Por qué la exposición frecuente a ruidos intensos que dañan las células vellosas afectarían el umbral de un individuo para detectar el sonido?***

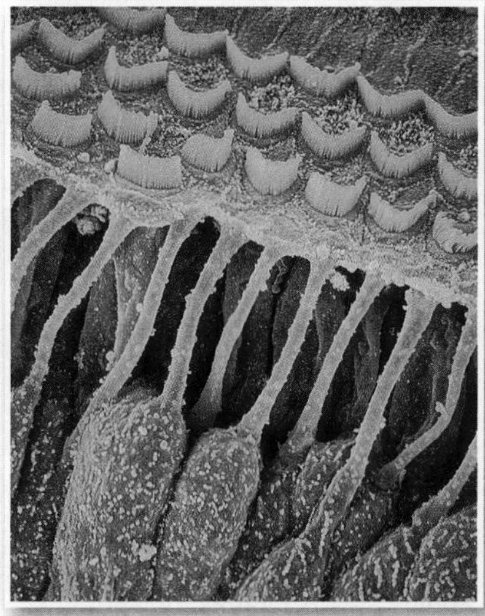

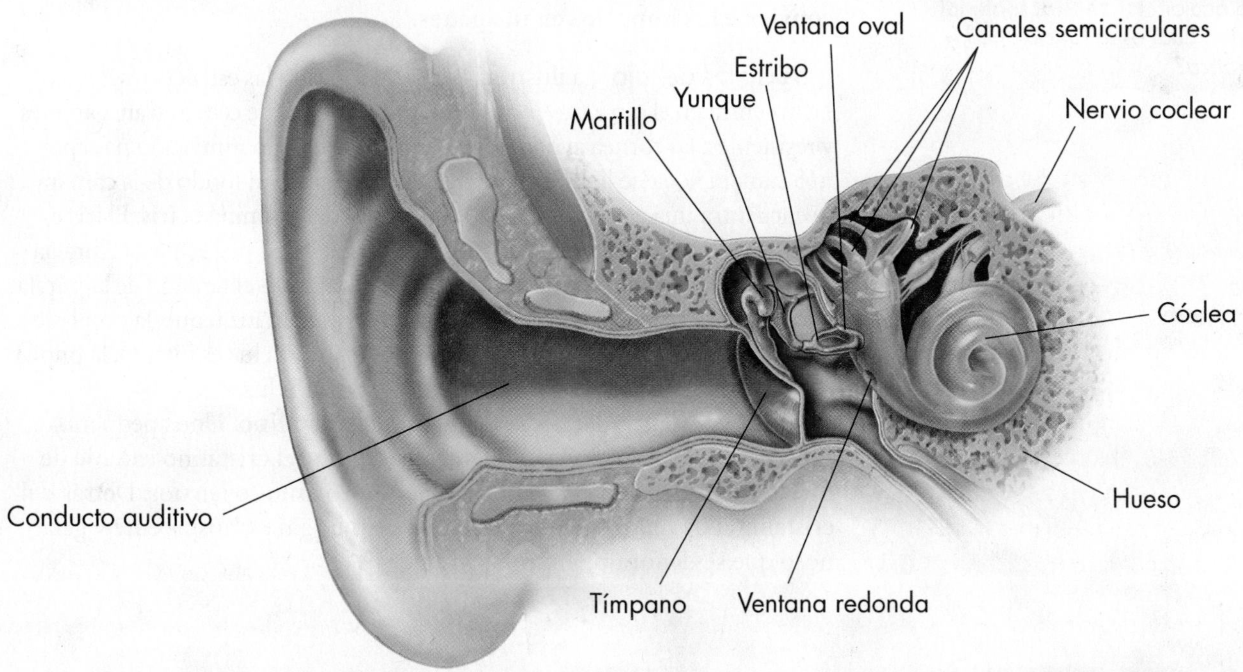

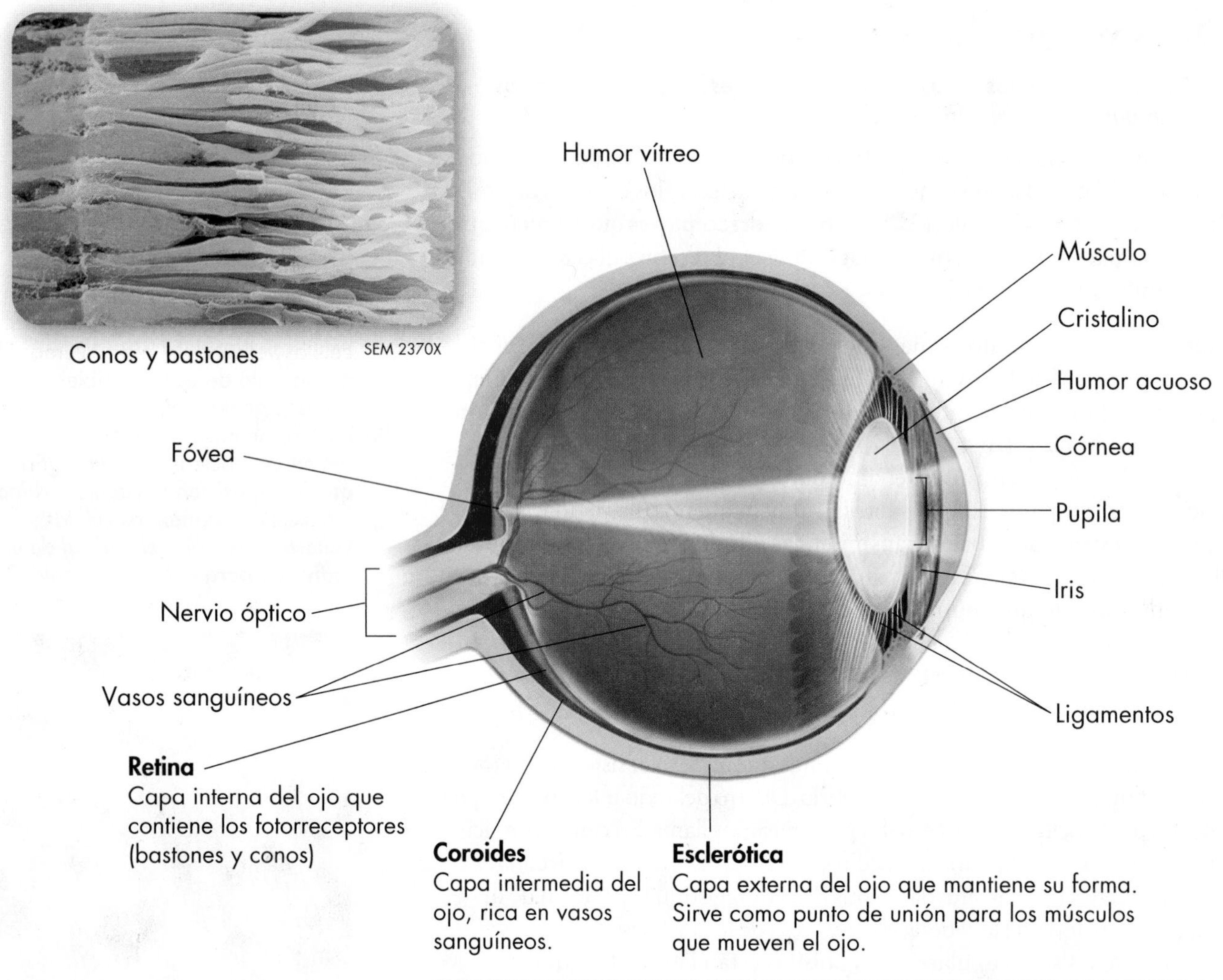

ILUSTRACIÓN 31–14 El ojo Es un órgano sensorial complejo. La esclerótica, el coroides y la retina son tres capas de tejidos que forman la pared interior del globo ocular. **Interpretar material gráfico** ***¿Cuál es la función de la esclerótica?***

¿Cómo producen la visión los ojos y el cerebro?

El mundo que nos rodea está bañado de luz y los órganos sensoriales que usamos para detectar esa luz son los ojos. **La visión se debe a que los fotorreceptores de los ojos transmiten impulsos al cerebro, el cual convierte los impulsos en imágenes.**

Estructuras del ojo La **ilustración 31–14** muestra las estructuras del ojo. La luz entra en el ojo a través de la **córnea,** una capa de células transparentes y resistentes. La córnea ayuda a enfocar la luz, que a continuación pasa por una cámara llena de líquido llamada humor acuoso. Al fondo de la cámara se encuentra una estructura con forma de disco denominada **iris.** El iris es la parte coloreada del ojo. En el centro del iris hay una pequeña abertura llamada **pupila.** Los diminutos músculos del iris ajustan el tamaño de la pupila para regular la cantidad de luz que entra en el ojo. En luz tenue, la pupila se agranda y deja que entre más luz en el ojo. Cuando la luz es intensa, la pupila se hace más pequeña y permite la entrada de menos luz.

Justo por detrás del iris se encuentra el **cristalino.** Unos pequeños músculos adosados a esta estructura hacen que el cristalino cambie de forma y enfoque con claridad los objetos próximos o lejanos. Detrás del cristalino hay una gran cámara llena de un líquido transparente y gelatinoso que se denomina humor vítreo.

Cómo ves El cristalino enfoca la luz en la **retina,** la capa interna del ojo. Los fotorreceptores de la retina están dispuestos como una capa. Éstos convierten la energía luminosa en impulsos nerviosos que llegan al cerebro a través del nervio óptico. Hay dos tipos de fotorreceptores: bastones y conos. Los **bastones** son muy sensibles a la luz, pero no **distinguen** los diferentes colores; sólo nos permiten ver en blanco y negro. En cambio, los **conos** son menos sensibles a la luz, pero responden a los diferentes colores y producen la visión en color. Los conos están concentrados en la fóvea, el sitio donde la visión es más nítida.

Los impulsos recogidos en esta compleja capa de células interconectadas salen del ojo por el nervio óptico, el cual conduce los impulsos a las regiones del cerebro correspondientes. No hay fotorreceptores en el sitio por donde el nervio óptico sale en la parte posterior del ojo, de modo que se produce un punto ciego en una parte de cada imagen que llega al cerebro. Sin embargo, durante el proceso de los impulsos nerviosos, el cerebro introduce información en las partes faltantes del punto ciego.

Si el ojo se limitara a tomar fotografías, las imágenes no tendrían detalles, sino que serían meras imágenes incompletas y borrosas, como las que puedes tomar con una cámara barata. Sin embargo, las imágenes que vemos de nuestro mundo son mucho más detalladas y la razón es la forma sofisticada como el cerebro procesa e interpreta la información visual.

DESARROLLAR el vocabulario

VARIOS SIGNIFICADOS Distinguir puede significar "reconocer la diferencia" o "percibir claramente con un sentido" o "mostrar una diferencia".

En tu cuaderno *Haz un diagrama de flujo con la secuencia del paso de la luz y los impulsos nerviosos desde el ambiente exterior hasta el cerebro.*

31.4 Evaluación

Repaso de conceptos clave

1. a. Repasar ¿Cuáles son los tres tipos de sensaciones a las que responden los receptores de la piel?

b. Predecir ¿Crees que las plantas de tus pies o el dorso de tu cuello tienen la mayor concentración de receptores sensoriales? Explica.

2. a. Repasar ¿Cuáles son los cinco sabores básicos que registran las papilas gustativas?

b. Aplica los conceptos ¿Por qué no puedes percibir el sabor de la comida cuando estás resfriado?

3. a. Repasar ¿Cuáles estructuras del oído recogen información sobre la posición de tu cuerpo?

b. Aplica los conceptos Si das vueltas durante un rato, el líquido de los canales semicirculares también se mueve. ¿Por qué crees que persiste la sensación de que sigues moviéndote cuando te detienes de repente?

4. a. Repasar Identifica la relación entre córnea, pupila, cristalino, retina, nervio óptico y los fotorreceptores del ojo.

b. Inferir Algunas personas padecen de ceguera nocturna. ¿Cuál crees que es el tipo de fotorreceptor que no funciona adecuadamente? Explica.

ESCRIBIR SOBRE LAS CIENCIAS

Escritura creativa

5. Imagina que pierdes el sentido del gusto durante un día. Escribe un ensayo de tres o cuatro párrafos en el que describas cómo se vería afectado tu día con la ausencia de este sentido.

BIOLOGY.com Search Lesson 31.4 GO • Self-Test • Lesson Assessment

Laboratorio del mundo real

INVESTIGACIÓN DIRIGIDA

Preparación para el laboratorio: Prueba para los receptores sensoriales del tacto

Problema ¿Qué factores afectan la capacidad de una persona para percibir una suave presión en la piel?

Materiales broches de papel doblados, regla métrica

Manual de laboratorio Laboratorio Capítulo 31

Enfoque en las destrezas Medir, analizar datos, sacar conclusiones

Conectar con la gran idea Tu sistema nervioso coordina tu respuesta a los estímulos del exterior e interior de tu cuerpo. Los receptores sensoriales responden a los estímulos enviando impulsos a las neuronas sensoriales. Cada receptor puede detectar sólo un tipo de estímulo. Los receptores se clasifican según el tipo de estímulo al que responden. Algunos responden a la luz, otros al dolor, otros a los químicos, etcétera. Los mecanorreceptores son células que responden al tacto, la presión, las vibraciones y el estiramiento.

En este laboratorio investigarás los mecanorreceptores de tu piel que responden a un contacto suave. Compararás la densidad relativa de estos receptores en tres regiones de tu piel. También identificarás otros factores que podrían afectar la respuesta de una persona al contacto.

Preguntas preliminares

a. Repasar ¿Cuál división del sistema nervioso periférico transmite las señales de los receptores de tu piel al encéfalo?

b. Relacionar causa y efecto Menciona dos causas por las que un contacto no produce un impulso nervioso.

c. Inferir Las personas con discapacidad visual utilizan las yemas de sus dedos para leer libros impresos en Braille. En el sistema Braille, cada letra del abecedario está representada por un patrón de puntos particular. ¿Qué características de esos puntos permiten que el lector distinga entre un grupo de puntos y otro?

Preguntas previas al laboratorio

Examina el procedimiento en el manual de laboratorio.

1. Predecir ¿Cuál área tendrá la mayor densidad de receptores para presión suave: las yemas de tus dedos, el dorso de la mano o tu antebrazo?
2. Controlar variables ¿Por qué debes cerrar los ojos mientras tu compañero roza tu piel con un broche de papel doblado?
3. Predecir ¿Crees que tu compañero y tú tendrán la misma densidad de receptores del tacto en determinada región de la piel? Justifica tu predicción.

BIOLOGY.com Search Chapter 31 GO

Visita el Capítulo 31 en línea para hacer una autoevaluación del capítulo y para buscar actividades que apoyan tu aprendizaje.

Untamed Science Video Sujétate bien mientras el equipo de *Untamed Science* te lleva en un rápido recorrido de las formas en que las toxinas afectan al cuerpo.

Data Analysis Investiga la relación entre el color de la comida y la percepción del sabor.

Art Review Repasa tus conocimientos sobre las estructuras de los ojos y los oídos con esta actividad de "arrastrar y soltar".

InterActive Art Observa el recorrido descendente de un impulso que sale de una neurona.

Visual Analogy Compara un potencial de acción que se desplaza por una neurona con una fila de fichas de dominó que caen.

Art in Motion Mira una breve animación de cómo funciona un arco reflejo.

31 Guía de estudio

La gran idea Estructura y función

Una complicada y altamente organizada red de células y tejidos de sostén compone nuestro sistema nervioso. El sistema nervioso nos permite recoger información sobre el mundo, procesarla y producir respuestas.

31.1 La neurona

El sistema nervioso recoge información del ambiente interno y externo del cuerpo, procesa la información y responde a ella.

Los impulsos del sistema nervioso son transmitidos por células denominadas neuronas.

El impulso nervioso se inicia cuando una neurona recibe el estímulo de otra neurona o del ambiente.

sistema nervioso periférico (896)
sistema nervioso central (896)
cuerpo celular (897)
dendrita (897)
axón (897)
vaina de mielina (897)
potencial de reposo (898)
potencial de acción (898)
umbral (899)
sinapsis (900)
neurotransmisor (900)

31.2 El sistema nervioso central

Cada uno de los principales componentes del encéfalo (cerebro, cerebelo y tallo cerebral) tiene la tarea de procesar y comunicar información.

La médula espinal es la principal vía de comunicación entre el encéfalo y el resto del cuerpo.

El encéfalo responde a los niveles excesivos de dopamina, reduciendo la cantidad de receptores disponibles al neurotransmisor. En consecuencia, las actividades normales dejan de producir la sensación de placer que antes provocaban.

reflejo (901)
cerebro (902)
corteza cerebral (902)
tálamo (903)
hipotálamo (903)
cerebelo (903)
tallo cerebral (903)
dopamina (904)

31.3 El sistema nervioso periférico

La división sensorial del sistema nervioso periférico transmite impulsos de los órganos de los sentidos al sistema nervioso central.

La división motora del sistema nervioso periférico transmite impulsos del sistema nervioso central a los músculos o las glándulas del cuerpo. La división motora está dividida en el sistema nervioso somático y el sistema nervioso autónomo.

sistema nervioso somático (907)
arco reflejo (907)
sistema nervioso autónomo (908)

31.4 Los sentidos

Los diferentes receptores sensoriales del cuerpo responden al tacto, la temperatura y el dolor.

Las sensaciones de olfato y gusto son resultado de impulsos que los quimiorreceptores envían al encéfalo.

Los mecanorreceptores que se encuentran en ciertas partes del oído transmiten impulsos al encéfalo. El encéfalo traduce los impulsos en sonidos e información sobre el equilibrio.

La visión se debe a que los fotorreceptores de los ojos transmiten impulsos al encéfalo, el cual convierte los impulsos en imágenes.

papila gustativa (910)
cóclea (911)
conductos semicirculares (911)
córnea (912)
iris (912)
pupila (912)
cristalino (912)
retina (913)
bastones (913)
conos (913)

Razonamiento visual

Haz un organizador gráfico para mostrar la relación entre las distintas divisiones del sistema nervioso.

31 Evaluación

31.1 La neurona

Comprender conceptos clave

1. Las unidades básicas de estructura y función del sistema nervioso son
   a. las neuronas.
   b. los axones.
   c. las dendritas.
   d. los neurotransmisores.

2. En el siguiente diagrama, la letra A señala
   a. la vaina de mielina.
   b. el axón.
   c. la dendrita.
   d. el cuerpo celular.

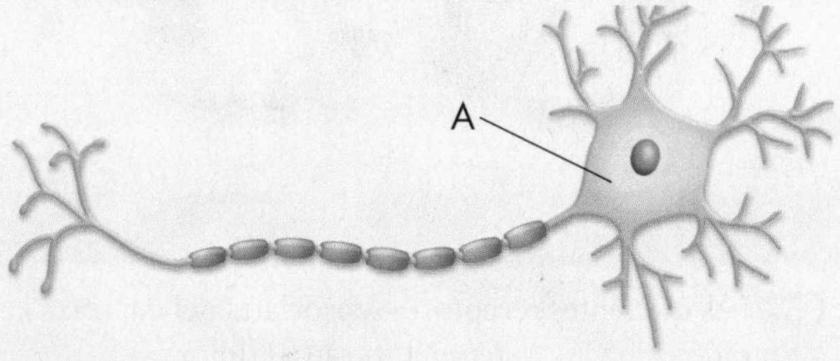

3. El lugar donde la neurona transfiere un impulso a otra célula se llama
   a. sinapsis.
   b. dendrita.
   c. vaina de mielina.
   d. receptor.

4. Nombra los tres tipos de neuronas y describe sus funciones en el sistema nervioso.

5. Describe el movimiento de los iones de sodio y potasio durante el potencial de reposo.

6. ¿Por qué podemos describir el potencial de acción como un efecto de "todo o nada"?

Razonamiento crítico

7. **Inferir** Supón que se ha cortado una parte del axón de modo que queda desconectado del cuerpo celular. ¿Cómo afectaría esto a la transmisión de impulsos?

8. **Usar analogías** ¿En qué se parecen una neurona y un cable de extensión eléctrico? ¿En qué son diferentes?

31.2 El sistema nervioso central

Comprender conceptos clave

9. El sistema nervioso central consiste de
   a. órganos sensoriales.
   b. reflejos.
   c. encéfalo y médula espinal.
   d. neuronas sensoriales y motoras.

10. Las actividades voluntarias o conscientes del cuerpo están controladas principalmente por
    a. el bulbo raquídeo.
    b. el cerebro.
    c. el cerebelo.
    d. el tallo cerebral.

11. Las metanfetaminas son un tipo de droga que afecta al encéfalo porque
    a. causa la liberación de un exceso de dopamina.
    b. bloquea la producción de dopamina.
    c. incrementa el número de receptores de la dopamina.
    d. incrementa el número de sinapsis en el encéfalo.

12. Describe la estructura y función del cerebro.

13. Describe la relación entre el tallo cerebral y la médula espinal.

14. ¿Cómo influye la nicotina en los receptores de dopamina del encéfalo?

Razonamiento crítico

15. **Inferir** Un infarto cerebral se debe a que el flujo sanguíneo hacia una parte del encéfalo se interrumpe a causa de un coágulo o un vaso sanguíneo roto. ¿Qué conclusión podrías sacar sobre la ubicación del daño si la persona tiene dificultades para hablar y no puede mover muchos de los músculos del lado derecho de su cuerpo?

16. **Comparar y contrastar** ¿Cuáles son las semejanzas entre los efectos de la metanfetamina y la cocaína en el encéfalo? ¿Cuáles son sus diferencias?

31.3 El sistema nervioso periférico

Comprender conceptos clave

17. El sistema nervioso simpático y el sistema nervioso parasimpático son divisiones específicas del
    a. sistema nervioso periférico.
    b. sistema nervioso central.
    c. sistema nervioso somático.
    d. sistema nervioso autónomo.

18. Los reflejos son conductas que
   a. sólo incluyen a las neuronas sensoriales.
   b. están controlados por el sistema nervioso autónomo.
   c. están sujetos al control consciente.
   d. ocurren involuntariamente sin control consciente.

19. Describe la ventaja de una respuesta refleja para la supervivencia de un organismo.

20. Enumera las divisiones del sistema nervioso autónomo y describe la función de cada una.

Razonamiento crítico

21. **Diseñar un experimento** Diseña un experimento para determinar cómo se ve afectado el tiempo de reacción con las horas del día. Plantea una hipótesis y escribe el procedimiento. Pide a tu maestro que revise tus notas ates de comenzar el experimento.

22. **Aplica los conceptos** Durante un examen físico de rutina, el médico suele incluir una prueba del reflejo tendinoso de la rodilla. ¿Cuál es la finalidad de esa prueba? ¿Qué podría indicar la ausencia del reflejo?

31.4 Los sentidos

Comprender conceptos clave

23. Los canales semicirculares y las dos pequeñas bolsas situadas detrás de ellos ayudan a mantener
   a. la visión nocturna.
   b. la posición del cuerpo y el equilibrio.
   c. la frecuencia respiratoria.
   d. la temperatura.

24. Los sentidos del gusto y el olfato dependen de receptores sensoriales llamados
   a. fotorreceptores.
   b. quimiorreceptores.
   c. termorreceptores.
   d. mecanorreceptores.

25. La estructura rellena de líquido que se encuentra en el oído y envía información del sonido hacia el encéfalo se conoce como
   a. tímpano.
   b. ventana oval.
   c. estribo
   d. cóclea.

26. Describe la ruta que sigue la luz a través del ojo.

27. ¿Cuáles son las funciones de los bastones y los conos?

28. Describe la ruta que sigue el sonido a través del oído.

29. ¿Cuáles son los cinco sabores básicos?

resuelve el MISTERIO del CAPÍTULO

VENENO EN ALTA MAR

Gracias al boceto realizado por el naturalista de a bordo, Georg Forster, se sospecha que Cook y sus hombres seguramente comieron *Tetraodon lagocephalus sceleratus*, una variedad de pez globo. Las bacterias que viven en el hígado, las gónadas, los intestinos y la piel de este pez producen un veneno llamado tetrodotoxina. El veneno puede permanecer activo incluso después de cocinar la carne a altas temperaturas. La tetrodotoxina se liga y bloquea los canales de sodio con compuertas dependientes de voltaje, sobre todo en el sistema nervioso periférico.

A diferencia de los hombres del barco de Cook, en la actualidad hay expertos cocineros en Japón que reciben capacitación especial para preparar este pescado (a veces llamado tamboril) que contiene la toxina. El patillo, denominado *fugu*, es muy apreciado por los comensales de restaurantes exclusivos. La carne preparada tiene un sabor muy particular y produce una sensación de cosquilleo en la boca y la garganta. La preparación incorrecta del *fugu* puede tener consecuencias graves, incluso la muerte, para quien degusta el platillo.

Es obvio que la tetrodotoxina no envenena al pez que la produce. Los estudios realizados con el genoma de este animal han revelado una mutación en el gen que codifica la estructura de sus proteínas del canal de sodio. La mutación cambia la forma de la superficie del canal e impide que la toxina se ligue a éste.

1. **Inferir** Según la localización de las bacterias del *Tetraodon*, ¿qué métodos debe incluir la preparación del *fugu*?

2. **Aplica los conceptos** Describe con tus palabras, por qué los peces no se afectan con su propia toxina.

3. **Conectar con la gran idea** Algunos investigadores han explorado la posibilidad de usar la tetrodotoxina para el tratamiento de dolores intensos. ¿Por qué podría ser útil la toxina en esos casos? ¿Qué aspectos de seguridad tomarías en cuenta al diseñar un estudio para poner a prueba esta posibilidad?

Razonamiento crítico

30. Inferir ¿Cuál es la ventaja de tener una mayor concentración de receptores del tacto en los dedos de manos y pies, así como en la cara?

31. Interpretar gráficas La siguiente gráfica compara la edad con la distancia en centímetros a la que muchas personas alcanzan a ver claramente un objeto. Describe la tendencia general de la gráfica. ¿A qué edad empieza a cambiar rápidamente la curva? ¿Qué podría explicar este cambio?

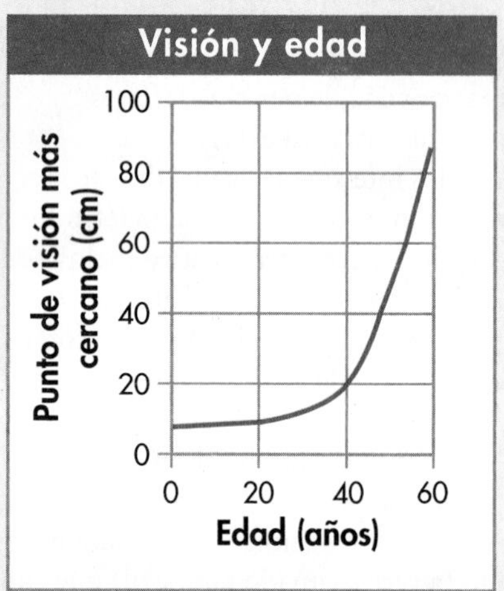

Relacionar conceptos

Usar gráficas científicas

Usa la ilustración para responder las preguntas 32 y 33.

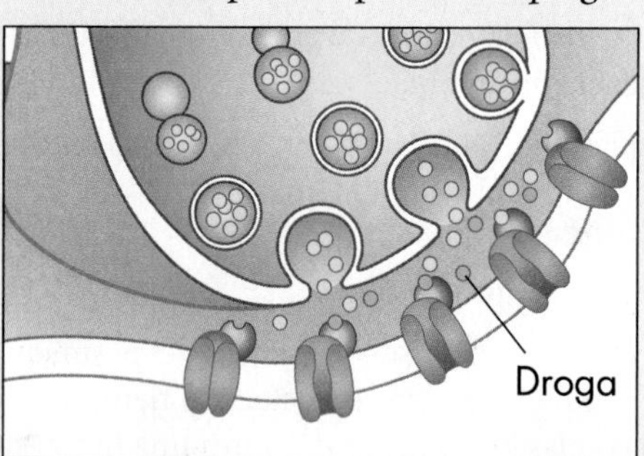

32. Interpretar material visual ¿Dirías que esta ilustración muestra la interferencia de una droga con las enzimas que descomponen un neurotransmisor en la sinapsis, o una droga que imita a un neurotransmisor? Explica tu respuesta.

33. Aplica los conceptos Haz un dibujo de una sinapsis en el que muestres el efecto de una droga que incrementa la secreción de un neurotransmisor.

Escribir sobre las ciencias

34. Explicación Escribe un párrafo que explique cómo las adicciones a las drogas, al alcohol o al tabaco comparten bases en la alteración de la función del sistema nervioso humano.

35. Evalúa la gran idea Describe cómo se relacionan la forma y la estructura de una neurona con su función en el sistema nervioso.

Analizar datos

La gráfica muestra la relación entre el diámetro de una neurona y la velocidad de conducción de un impulso en los axones mielinizados de un mamífero. Usa la gráfica para responder.

36. Interpretar gráficas ¿Qué conclusión puedes sacar de la gráfica acerca de la relación entre la velocidad de conducción de un potencial de acción y el diámetro de un axón?

37. Calcular En el arco reflejo que ocurre al tocar un objeto caliente y retirar la mano, los impulsos deben recorrer una distancia total de 1.5 m aproximadamente. ¿Cuánto tiempo demora en ocurrir el reflejo si las neuronas tienen un diámetro de 5 μm? MATEMÁTICAS

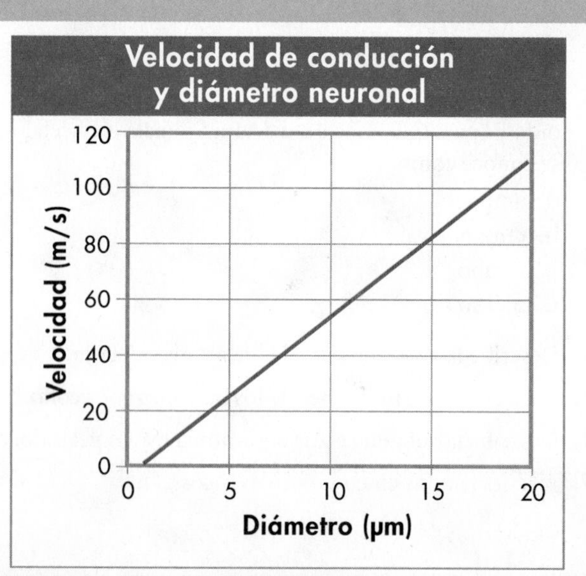

Preparación para exámenes estandarizados

Selección múltiple

1. La parte más grande y prominente del encéfalo humano es el
A cerebro. **C** tálamo.
B cerebelo. **D** tallo cerebral.

2. El punto donde se conectan dos neuronas recibe el nombre de
A umbral. **C** neurotransmisor.
B sinapsis. **D** dendrita.

3. La parte de la neurona que lleva impulsos fuera del cuerpo celular es
A un axón. **C** una vesícula.
B una dendrita. **D** una sinapsis.

4. El nivel de estímulo mínimo capaz de provocar un potencial de acción en una neurona se conoce como
A potencial de reposo. **C** umbral.
B impulso. **D** sinapsis.

5. La parte del encéfalo encargada de recoger información sensorial del cuerpo y transmitirla a los centros cerebrales pertinentes es el
A sistema límbico. **C** cerebelo.
B tálamo. **D** cerebro.

6. La principal función de la médula espinal es
A el aprendizaje emocional y el almacenamiento de recuerdos.
B controlar los movimientos musculares voluntarios.
C el control del movimiento muscular fino.
D vía de comunicación principal entre el encéfalo y el resto del cuerpo.

7. Las actividades involuntarias de todo el cuerpo son responsabilidad primaria de
A el sistema nervioso somático.
B el sistema nervioso autónomo.
C la médula espinal.
D el sistema límbico.

8. La parte del ojo que contiene células fotorreceptoras es
A la córnea. **C** la retina.
B el iris. **D** el nervio óptico.

Preguntas 9 y 10

La concentración sanguínea de alcohol (BAC, por sus siglas en inglés) es una medida de la cantidad de alcohol en cada 100 mL de sangre. En algunos estados de Estados Unidos, si un conductor tiene una BAC de 0.08 por ciento, se considera que está legalmente ebrio. La siguiente tabla presenta una BAC promedio conforme aumenta el consumo de alcohol. Utiliza la información de la tabla para responder.

Concentración de alcohol en sangre (porcentaje)

Copas en una hora	Masa corporal					
	45 kg	54 kg	63 kg	72 kg	81 kg	90 kg
1	0.04	0.03	0.03	0.02	0.02	0.02
2	0.07	0.06	0.05	0.05	0.04	0.04
3	0.11	0.09	0.08	0.07	0.06	0.06
4	0.14	0.12	0.10	0.09	0.08	0.07
5	0.18	0.15	0.13	0.11	0.10	0.09
6	0.21	0.18	0.15	0.14	0.12	0.11
7	0.25	0.21	0.18	0.16	0.14	0.13
8	0.29	0.24	0.21	0.18	0.16	0.14

9. ¿Cuántas copas en una hora ocasionarían que una persona de 63 kg tuviera una BAC de 0.08 por ciento?
A 1 **C** 5
B 3 **D** 7

10. Si una persona de 54 kg ha tomado 3 copas en una hora, ¿cuál sería su porcentaje de BAC?
A 0.06 **C** 0.09
B 0.08 **D** 0.11

Respuesta de desarrollo

11. ¿Cómo trabajan conjuntamente en el cuerpo los sistemas nerviosos simpático y parasimpático?

Si tienes dificultades con...

la pregunta	1	2	3	4	5	6	7	8	9	10	11
Ver la lección	31.2	31.1	31.1	31.1	31.2	31.2	31.3	31.4	31.2	31.2	31.3

Sistemas esquelético, muscular y tegumentario

La gran idea

Estructura y función

P: ¿Qué sistemas forman la estructura del cuerpo humano?

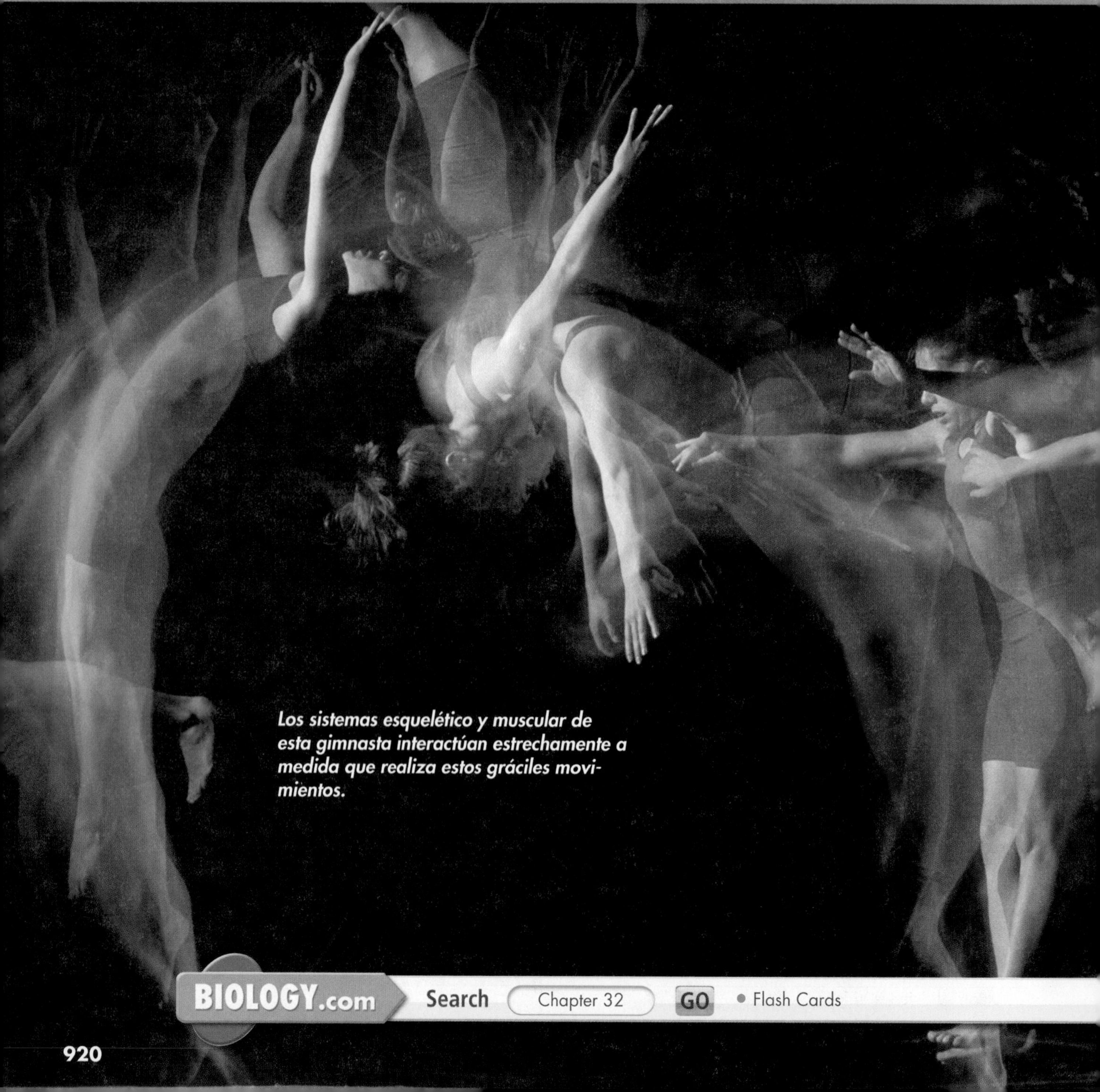

Los sistemas esquelético y muscular de esta gimnasta interactúan estrechamente a medida que realiza estos gráciles movimientos.

BIOLOGY.com Search Chapter 32 GO • Flash Cards

EN ESTE CAPÍTULO:

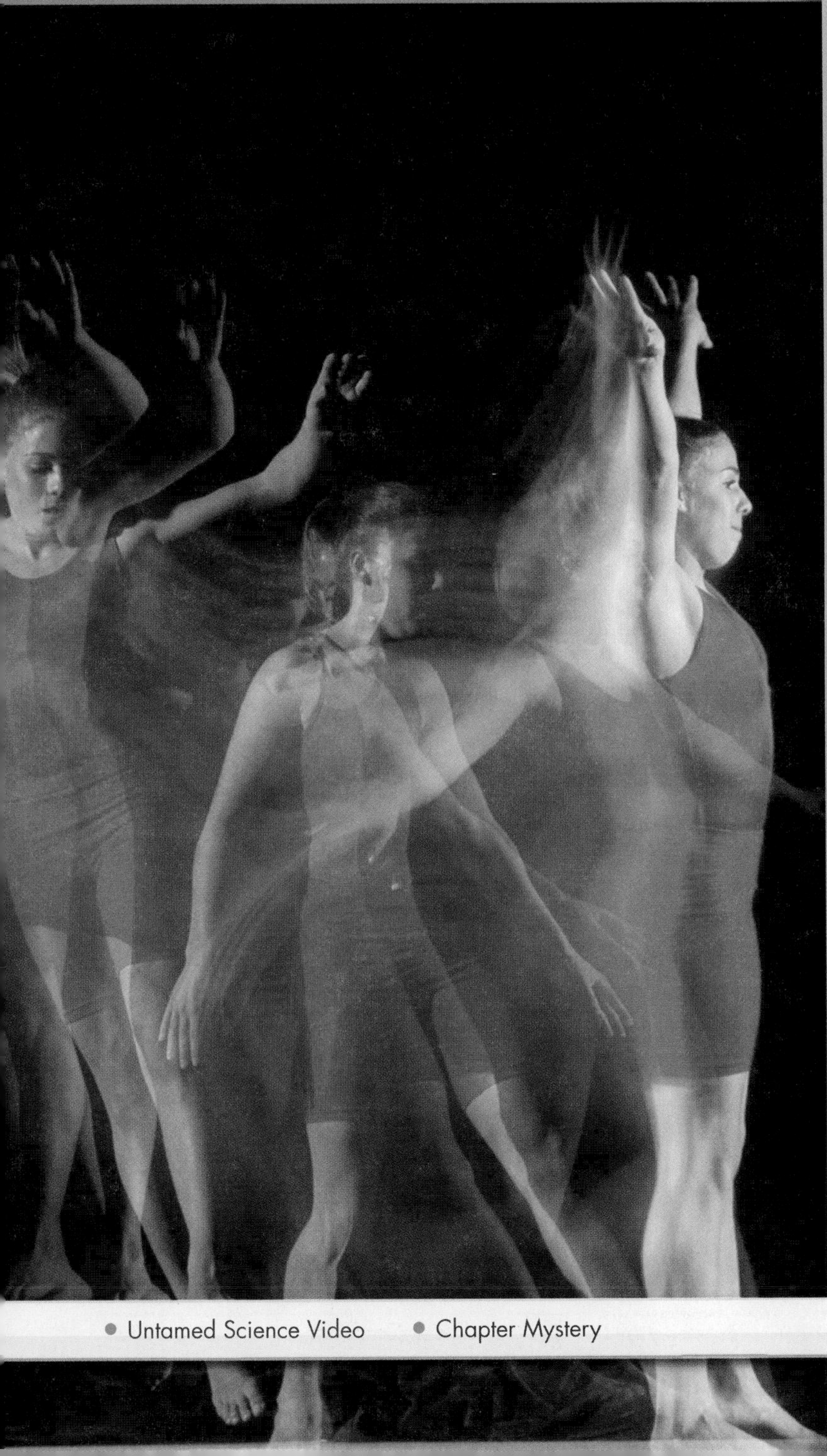

- Untamed Science Video
- Chapter Mystery

MISTERIO DEL CAPÍTULO

DECESO DE UNA ENFERMEDAD

A principios del siglo XX, muchos niños desnutridos que vivían en las ciudades del norte de Estados Unidos y Europa tenían huesos muy blandos y débiles, una enfermedad llamada "raquitismo". A menudo tenían piernas arqueadas, muñecas deformes y otros problemas esqueléticos. Mientras tanto, los niños desnutridos de las ciudades del sur rara vez lo desarrollaban.

En esa época, el raquitismo era un problema de salud que afectaba seriamente a muchos niños que vivían en climas fríos. Nadie conocía su causa ni su cura. Algunas personas afirmaban que tomar dosis regulares de aceite de hígado de bacalao lo curaba, pero muchos consideraban que esto sólo era un remedio de la cultura popular.

Los científicos ansiaban hallar las respuestas. ¿Cuál era la relación entre el raquitismo y el clima del norte? ¿Podría el aceite de hígado de bacalao ser una cura? En el capítulo, busca las pistas que ayudaron a los científicos a desarrollar ideas sobre la causa del raquitismo. Luego, resuelve el misterio.

Continúa explorando el mundo.

Hallar la solución a este misterio sólo es el principio. Emprende un viaje de campo en video con los genios ecólogos de *Untamed Science* para ver adónde conduce este misterio.

32.1 El sistema esquelético

Preguntas clave

¿Cuáles son las funciones del sistema esquelético?

¿Cuál es la estructura de un hueso humano típico?

¿Qué función desempeñan las articulaciones?

Vocabulario

esqueleto axial
esqueleto apendicular
conducto de Havers
médula ósea
cartílago
osificación
osteoblasto
osteocito
osteoclasto
articulación
ligamento

Tomar notas

Esquema Antes de leer, haz un esquema con los encabezados en verde y azul de esta lección. A medida que leas, escribe las ideas principales y los detalles de apoyo de cada encabezado.

PIÉNSALO El esqueleto de un animal es tan duradero que sus huesos a menudo se pueden reconocer durante miles de años después de que el animal haya muerto. De hecho, los huesos son tan duros y fuertes que es fácil imaginarlos como si fueran sólo los soportes rígidos inánimes del resto del cuerpo. Si eso fuera verdad, ¿qué pasaría si uno se rompiera? Como sabes, los huesos rotos pueden sanar. ¿Cómo ocurre eso? ¿Qué te dice eso sobre la naturaleza de nuestro esqueleto?

El esqueleto

¿Cuáles son las funciones del sistema esquelético?

Para mantener su forma, todos los organismos necesitan algún tipo de apoyo estructural. Los unicelulares tienen un citoesqueleto que proporciona apoyo estructural. Los multicelulares tienen citoesqueletos dentro de sus células individuales, pero necesitan un esqueleto que dé soporte a todo el cuerpo. Estos esqueletos incluyen los exoesqueletos externos de los artrópodos y los endoesqueletos internos de los vertebrados.

Estructura del exoesqueleto El esqueleto de un adulto humano tiene 206 huesos. Como puedes ver en la **ilustración 31–1,** algunos de ellos están en el esqueleto axial y otros en el apendicular.

El **esqueleto axial** sostiene el eje central del cuerpo. Consiste en el cráneo, la columna vertebral y la caja torácica. Los huesos de los brazos y piernas, junto con los de la pelvis y el área de los hombros, forman el **esqueleto apendicular.**

Funciones del sistema esquelético El sistema esquelético desempeña muchas funciones importantes. **Sostiene el cuerpo, protege a los órganos internos, ayuda en el movimiento, almacena minerales y es donde se forman los glóbulos rojos.** El sistema esquelético sostiene y da forma al cuerpo igual que un armazón interno de madera sostiene a una casa. Los huesos también protegen a los delicados órganos internos del cuerpo. Por ejemplo, el cráneo forma una concha protectora alrededor del cerebro.

Los huesos proporcionan un sistema de palancas en el que los músculos actúan para producir el movimiento. Las palancas son barras rígidas que se pueden mover alrededor de un punto fijo. Además, los huesos contienen reservas de minerales, principalmente sales de calcio, que son importantes para los procesos corporales. Por último, los glóbulos rojos se producen en el suave tejido de la médula que llena las cavidades de algunos huesos.

En tu cuaderno *Usa una tabla de dos columnas para escribir las funciones que desempeña el sistema esquelético y un ejemplo de cada uno.*

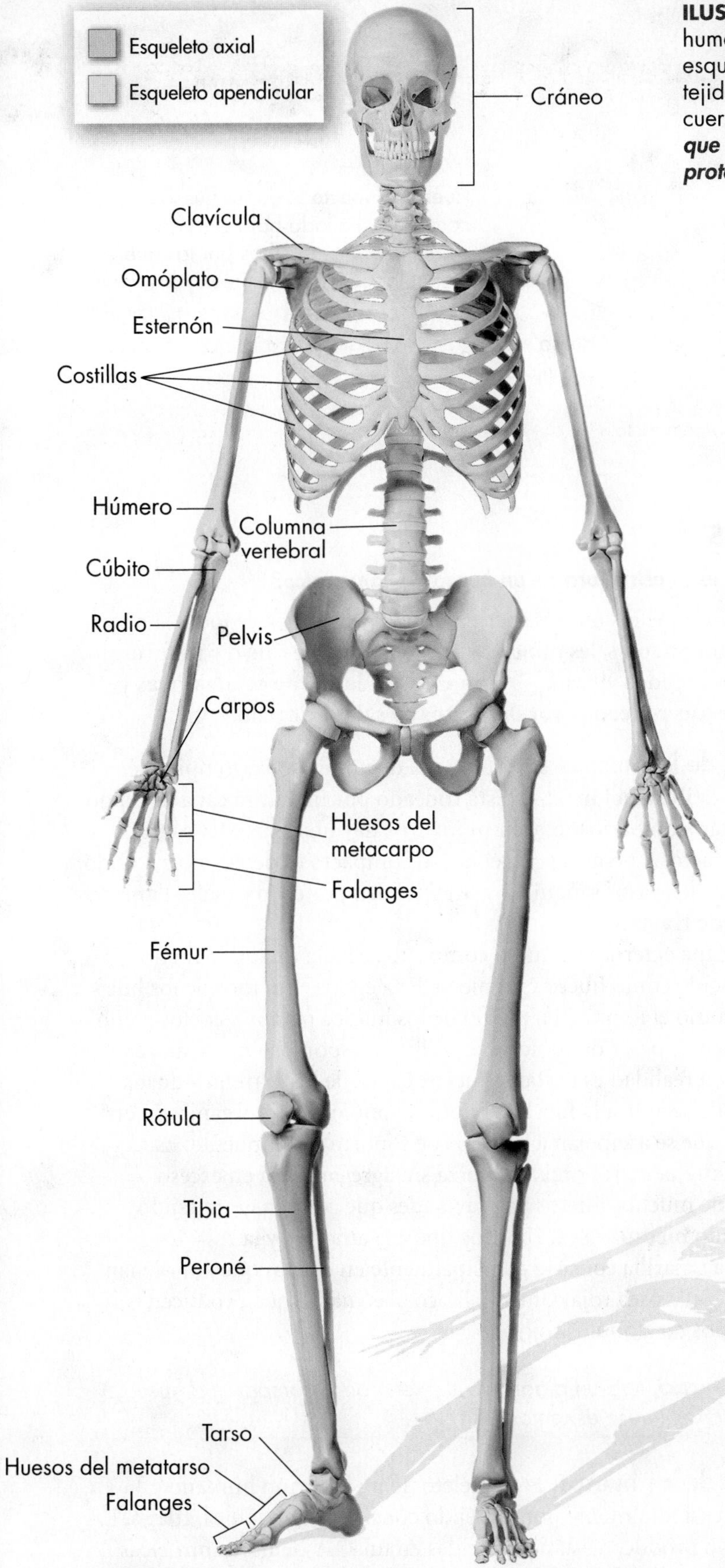

Esqueleto axial
Esqueleto apendicular

Cráneo
Clavícula
Omóplato
Esternón
Costillas
Húmero
Columna vertebral
Cúbito
Radio
Pelvis
Carpos
Huesos del metacarpo
Falanges
Fémur
Rótula
Tibia
Peroné
Tarso
Huesos del metatarso
Falanges

ILUSTRACIÓN 32–1 El esqueleto El esqueleto humano está dividido en el esqueleto axial y el esqueleto apendicular. El esqueleto consiste en tejido vivo que desempeña muchas funciones en el cuerpo. Clasificar ***Menciona una estructura ósea, que no sea la caja torácica, que sea importante para proteger los órganos internos.***

FUNCIONES DEL ESQUELETO

Soporte Los huesos del esqueleto sostienen y dan forma al cuerpo humano.

Protección Los huesos protegen los delicados órganos internos del cuerpo. Por ejemplo, las costillas forman una caja parecida a una canasta alrededor del corazón y los pulmones.

Movimiento Los huesos proporcionan un sistema de palancas en el que los músculos actúan para producir movimiento.

Almacenamiento de minerales Los huesos contienen reservas de minerales, incluyendo calcio, que son importantes para muchos procesos corporales. Cuando los niveles de calcio en sangre son bajos, se liberan algunas reservas de los huesos.

Formación de glóbulos rojos En el tejido suave que llena las cavidades internas de algunos huesos se producen muchos tipos de glóbulos rojos.

ANALOGÍA VISUAL

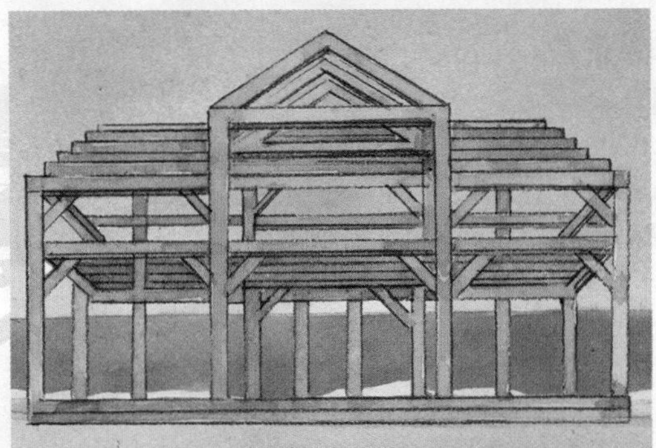

El cuerpo humano colapsaría si no tuviera un esqueleto óseo, igual que le ocurriría a una casa sin su armazón de madera.

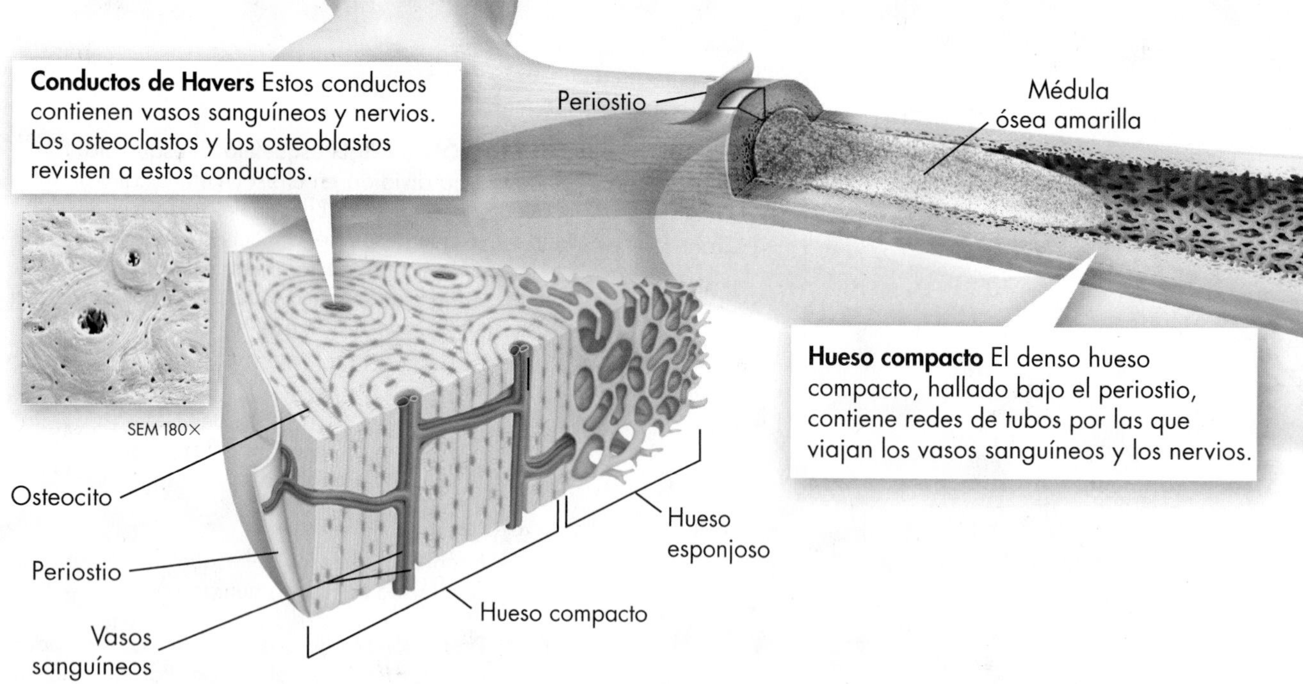
Conductos de Havers Estos conductos contienen vasos sanguíneos y nervios. Los osteoclastos y los osteoblastos revisten a estos conductos.
Periostio
Médula ósea amarilla
Hueso compacto El denso hueso compacto, hallado bajo el periostio, contiene redes de tubos por las que viajan los vasos sanguíneos y los nervios.
SEM 180×
Osteocito
Periostio
Vasos sanguíneos
Hueso esponjoso
Hueso compacto

Actividad rápida de laboratorio
INVESTIGACIÓN DIRIGIDA

Observar la pérdida del calcio

❶ Describe la apariencia y sensación de dos huesos de pollo. Luego, colócalos en tarros separados.

❷ Vierte vinagre en uno de los tarros y agua en el otro hasta cubrir los huesos. Tápalos.

❸ Revisa los tarros por tres días. Anota tus observaciones.

❹ Al tercer día, saca los huesos. Describe su apariencia y sensación.

Analizar y concluir

1. **Comparar y contrastar** ¿En qué se diferencian los dos huesos?

2. **Inferir** El vinagre reacciona con el calcio y lo elimina del hueso. Con base en tus observaciones, ¿qué característica del hueso se puede asociar con el calcio?

Huesos

¿Cuál es la estructura de un hueso humano típico?

Es fácil pensar que los huesos son inanimados. Después de todo, la mayor parte de su masa son sales minerales: principalmente calcio y fósforo. Sin embargo, son tejidos vivos. **Son una sólida red de células vivas y fibras proteicas rodeadas por depósitos de sales de calcio.**

Estructura de los huesos La estructura de un hueso largo típico se muestra en la **ilustración 32–2.** Está rodeado por una dura capa de tejido conectivo llamado periostio, y en su interior hay una gruesa capa de hueso compacto. A pesar de que el hueso compacto es denso, no es sólido. Los nervios y los vasos sanguíneos se extienden por él en canales llamados **conductos de Havers.**

Bajo la capa externa del hueso compacto se halla un tejido menos denso conocido como hueso esponjoso. Está en los extremos de los huesos largos como el fémur y en medio de los huesos planos y cortos como los del cráneo. A pesar de su nombre, el hueso esponjoso no es suave ni esponjoso; en realidad es bastante fuerte. Cerca de los extremos de los huesos donde se aplica la fuerza, el hueso esponjoso está organizado en estructuras que se asemejan a las vigas de soporte de un puente. Esta estructura enrejada proporciona fuerza sin agregar masa en exceso.

Dentro de muchos huesos hay cavidades que contienen un tejido suave llamado **médula ósea.** Hay dos tipos: la amarilla y la roja. La médula ósea amarilla consiste principalmente en células que almacenan grasa. La médula ósea roja contiene las células madre que producen casi todos los tipos de glóbulos rojos.

En tu cuaderno *Usa un diagrama de Venn para comparar el hueso compacto con el hueso esponjoso.*

Desarrollo de los huesos El esqueleto de un embrión humano está compuesto casi totalmente por un tejido conectivo llamado **cartílago.** Las células que lo producen están esparcidas en una red de fibras proteicas que incluyen tanto colágeno duro como elastina flexible.

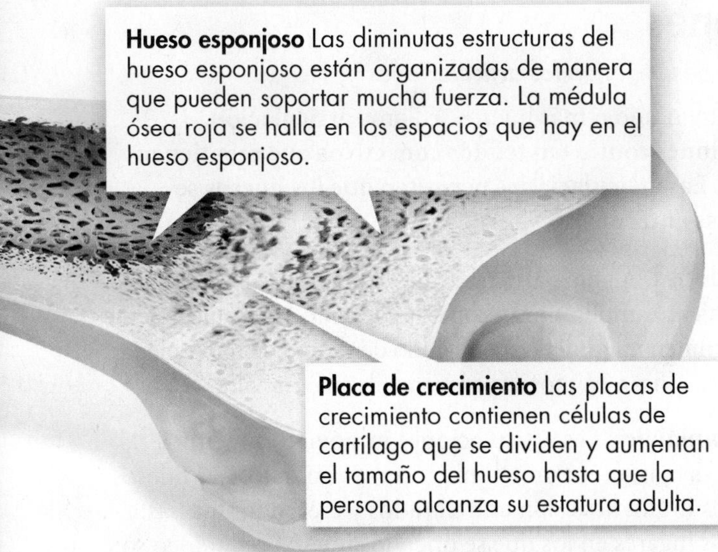

MÁS DE CERCA

ILUSTRACIÓN 32–2 Un hueso largo típico como el fémur contiene hueso esponjoso y hueso compacto. Dentro del hueso compacto están los conductos de Havers, que contienen vasos sanguíneos y nervios. **Inferir** ***¿Qué le podría pasar a un niño que se ha roto un hueso y ha dañado la placa de crecimiento?***

A diferencia del hueso, el cartílago no contiene vasos sanguíneos. Sus células dependen de la difusión de nutrientes de los diminutos vasos sanguíneos de los tejidos circundantes. Debido a que el cartílago es denso y fibroso, puede soportar el peso a pesar de su extrema flexibilidad.

El cartílago gradualmente se reemplaza con hueso en el proceso de formación de los huesos llamado **osificación,** que inicia siete meses antes del nacimiento. El tejido óseo se forma conforme las células **osteoblastos** secretan depósitos minerales que reemplazan al cartílago en los huesos en desarrollo. Cuando el tejido óseo completa su desarrollo, casi todos los osteoblastos maduran en **osteocitos,** que mantienen los minerales en el tejido óseo y fortalecen al hueso en crecimiento.

Muchos huesos largos, incluyendo los de brazos y piernas, tienen placas de crecimiento en sus extremos. El crecimiento del cartílago en estas placas provoca que los huesos se alarguen. Gradualmente, este cartílago es reemplazado por tejido óseo y los huesos se alargan y fortalecen. Al final de la adolescencia o al principio de la edad adulta, las placas de crecimiento se osifican completamente y la persona "deja de crecer". El cartílago permanece en las partes del cuerpo que son flexibles, como la punta de la nariz y la parte externa de las orejas. Como leerás más adelante, el cartílago también amortigua las áreas donde se unen los huesos, como las rodillas.

PISTA DEL MISTERIO
¿Cuál podría ser una de las razones por la que los niños con raquitismo tienen huesos blandos como cartílago que pueden doblarse bajo su propio peso?

Remodelación y reparación de huesos En muchos sentidos, los huesos nuca dejan de crecer. Pequeñas cantidades de osteoblastos los remodelan a lo largo de la vida, produciendo tejido óseo y **osteoclastos:** células que descomponen los minerales óseos. Ambas funciones son importantes porque permiten que los huesos se remodelen y fortalezcan en el ejercicio y estrés. Sin la continua descomposición del viejo tejido óseo y la acumulación del nuevo, los huesos se harían quebradizos y débiles. Ambos tipos de células trabajan juntas para reparar los huesos rotos y dañados.

Algunos adultos mayores, sobre todo las mujeres, desarrollan una enfermedad llamada osteoporosis, en la que los osteoclastos descomponen el hueso mucho más rápido de lo que los osteoblastos lo reconstruyen. La osteoporosis produce huesos débiles debido a la disminución excesiva de la densidad del hueso. Las investigaciones sugieren que consumir mucho calcio y hacer ejercicios, como caminar, pueden ayudar a prevenir este grave problema.

Articulaciones

¿Qué función desempeñan las articulaciones?

El lugar donde se unen uno o más huesos se llama **articulación.** **Las articulaciones contienen tejidos conectivos que mantienen unidos los huesos. Las articulaciones permiten que los huesos se muevan sin dañarse entre sí.**

Tipos de articulaciones Algunas articulaciones, como las de los hombros, permiten un movimiento amplio. Otras, como las del cráneo completamente desarrollado, no permiten ninguno. Dependiendo de su tipo de movimiento, las articulaciones se clasifican en móviles, semimóviles o inmóviles.

▶ ***Articulaciones inmóviles*** Las articulaciones inmóviles, a menudo llamadas articulaciones fijas, no permiten ningún movimiento. Los huesos de las articulaciones inmóviles están entrelazados y crecen juntos hasta que se fusionan. Los lugares en los que se unen los huesos del cráneo son ejemplos de articulaciones inmóviles.

▶ ***Articulaciones semimóviles*** Las articulaciones semimóviles permiten algo de movimiento. A diferencia de los huesos de las articulaciones inmóviles, los de las semimóviles están separados uno de otro. Las articulaciones que están entre los dos huesos de la pierna inferior y entre las vértebras son ejemplos de articulaciones semimóviles.

▶ ***Articulaciones móviles*** Las articulaciones móviles permiten el movimiento en dos o más direcciones. Están agrupadas según las formas de las superficies de los huesos **adyacentes.** En la **ilustración 32–3** se muestran varios tipos de articulaciones móviles.

DESARROLLAR el vocabulario

VOCABULARIO ACADÉMICO
El adjetivo **adyacente** significa "que está junto" o "al lado de". Las articulaciones sólo se pueden formar en huesos adyacentes.

ILUSTRACIÓN 32–3 Articulaciones móviles Las articulaciones móviles hacen posibles las acciones. Muchas articulaciones móviles participan en los movimientos que esta gimnasta debe realizar en su rutina.

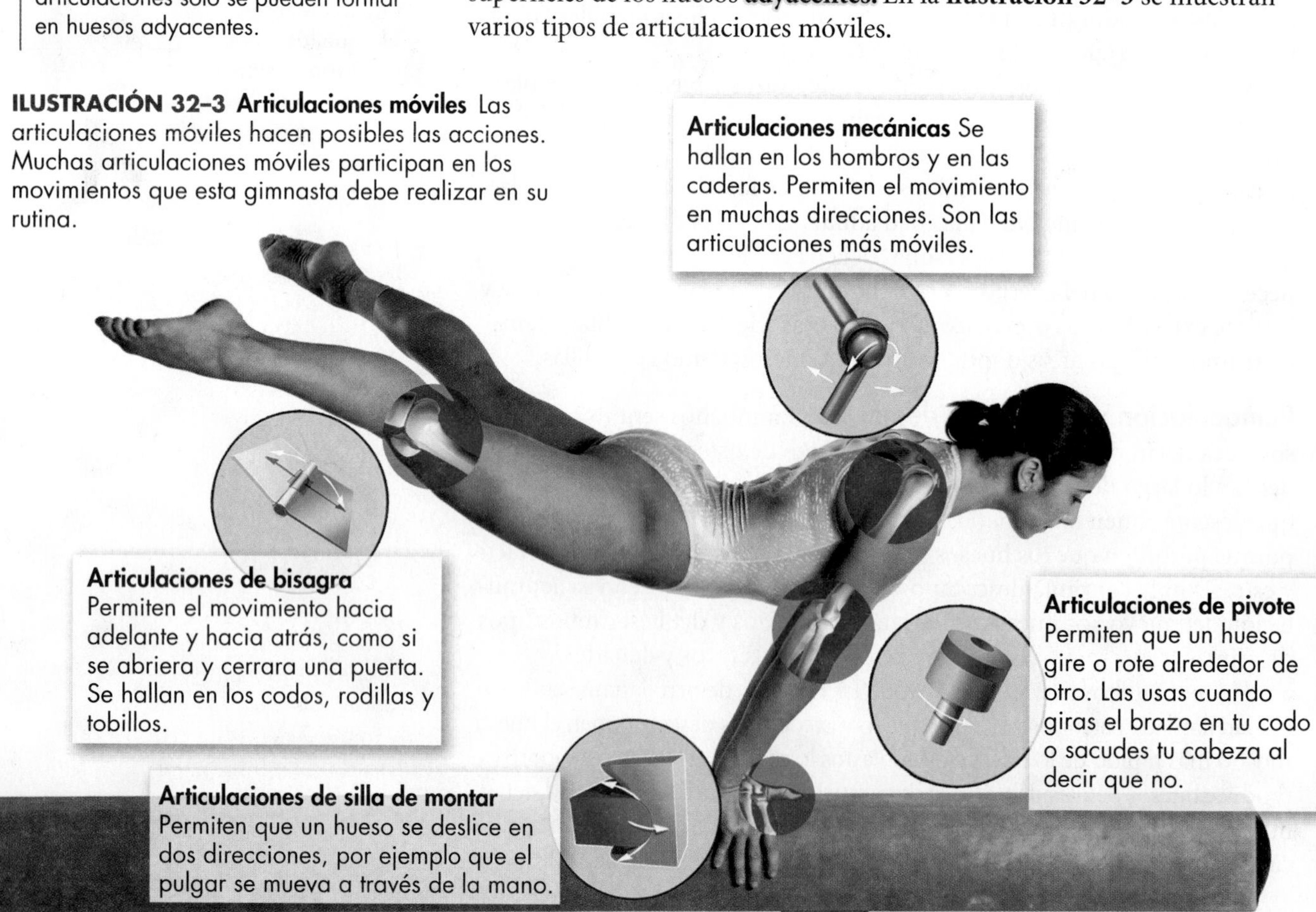

Articulaciones mecánicas Se hallan en los hombros y en las caderas. Permiten el movimiento en muchas direcciones. Son las articulaciones más móviles.
Articulaciones de bisagra Permiten el movimiento hacia adelante y hacia atrás, como si se abriera y cerrara una puerta. Se hallan en los codos, rodillas y tobillos.
Articulaciones de pivote Permiten que un hueso gire o rote alrededor de otro. Las usas cuando giras el brazo en tu codo o sacudes tu cabeza al decir que no.
Articulaciones de silla de montar Permiten que un hueso se deslice en dos direcciones, por ejemplo que el pulgar se mueva a través de la mano.

Estructura de las articulaciones En las articulaciones móviles, el cartílago cubre las superficies donde se juntan dos huesos, lo que impide que se dañen mientras se tocan. Las articulaciones también están rodeadas por una cápsula articular fibrosa que mantiene unidos los huesos mientras permite el movimiento.

La cápsula articular consta de dos capas. La externa forma bandas de tejido conectivo resistente llamadas **ligamentos,** que mantienen unidos los huesos en una articulación y están sujetos a las membranas que rodean los huesos. La capa interna de la cápsula articular, la cavidad sinovial, tiene células que producen el líquido sinovial, que permite que las superficies de los huesos conectados a la articulación se deslicen suavemente.

En algunas articulaciones móviles, como las de la rodilla que se muestran en la **ilustración 32–4,** hay pequeños sacos llenos de líquido sinovial llamados bursas, que reducen la fricción entre los huesos de la articulación y el tejido con el que entran en contacto. También actúan como diminutos amortiguadores.

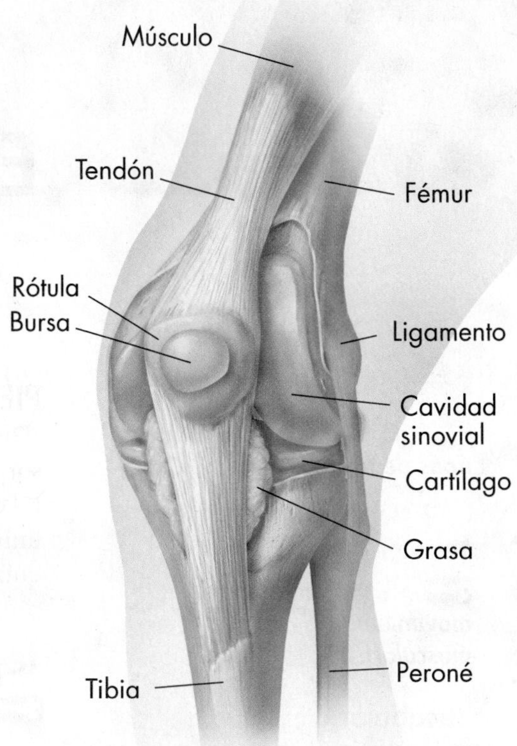

ILUSTRACIÓN 26–4 La rodilla La articulación de la rodilla está protegida por cartílago y bursas. Los ligamentos mantienen unidos los cuatro huesos que constituyen la articulación de la rodilla: el fémur, la rótula, la tibia y el peroné. **Inferir** ***¿Cómo ayudan el cartílago y las bursas a reducir la fricción?***

Lesiones en las articulaciones Una lesión común entre los atletas jóvenes es la lesión del ligamento cruzado anterior (LCA). Este ligamento está en el centro de la rodilla entre el fémur y la tibia y evita que ésta se mueva muy lejos en el movimiento. Las lesiones del LCA se dan por giros rápidos, saltos y contactos fuertes en el baloncesto y futbol. Si el LCA se daña, la rodilla se desestabiliza y queda propensa a otras lesiones.

La presión excesiva en una articulación puede producir inflamación, una respuesta en la que el exceso de líquido causa hinchazón, dolor, calor y enrojecimiento. La inflamación de una bursa se llama bursitis.

El desgaste natural que ocurre en el transcurso de los años a menudo provoca osteoartritis. Esta enfermedad se desarrolla a medida que el cartílago de las articulaciones que se usan mucho en los dedos, rodillas, caderas y columna comienza a romperse. Las articulaciones afectadas se vuelven rígidas y dolorosas a medida que los huesos desprotegidos entran en fricción entre sí.

32.1 Evaluación

Repaso de conceptos clave

1. a. Repasar Escribe las diferentes funciones del sistema esquelético.

b. Predecir Si los niveles de calcio en la sangre del cuerpo de una persona estuvieran continuamente bajos debido a una mala dieta, ¿qué efecto tendría en los huesos de la persona?

2. a. Repasar Describe la estructura de un hueso típico.

b. Inferir ¿Por qué crees que la cantidad de cartílago disminuye y la cantidad de hueso aumenta a medida que el bebé crece?

3. a. Repasar ¿Qué es una articulación?

b. Usar analogías ¿Qué tipo de articulación móvil compararías con la perilla de una puerta? Explica tu respuesta.

ESCRIBIR SOBRE LAS CIENCIAS

Escritura creativa

4. Usa recursos de la biblioteca o la Internet para aprender más sobre la osteoporosis. Luego, desarrolla una campaña de publicidad para la industria lechera que se base en la relación que existe entre el calcio y el desarrollo y mantenimiento saludable de los huesos.

BIOLOGY.com Search Lesson 32.1  GO • Lesson Assessment • Self-Test • InterActive Art

32.2 El sistema muscular

Preguntas clave

🔑 ***¿Cuáles son los principales tipos de tejido muscular?***

🔑 ***¿Cómo se contraen los músculos?***

🔑 ***¿Cómo producen el movimiento las contracciones musculares?***

Vocabulario

fibra muscular • miofibrilla • miosina • actina • sarcómero • unión neuromuscular • acetilcolina • tendón

Tomar notas

Mapa de conceptos A medida que leas, traza un mapa de conceptos que muestre las relaciones que existen entre los términos de esta sección.

PIÉNSALO ¿Qué porcentaje de tu cuerpo crees que sea de músculo? ¿Diez por ciento? ¿Tal vez quince por ciento si estás en buena forma? Por sorprendente que parezca, aproximadamente un tercio de la masa corporal de una persona es de músculo y esto es así aunque no seas un atleta universitario. ¿Qué hacen todos esos músculos? Algunas de las respuestas quizá te sorprendan.

Tejido muscular

🔑 ***¿Cuáles son los principales tipos de tejido muscular?***

A pesar de las fantasías de las películas de terror de Hollywood, un esqueleto no se puede mover por sí solo. Ese es el trabajo del sistema muscular. Lógicamente, este sistema incluye miles de diminutos músculos por todo el cuerpo que ayudan a regular la presión sanguínea y transportan el alimento a través del sistema digestivo. De hecho, los músculos impulsan todos los movimientos del cuerpo: desde un salto en el aire hasta una ligera sonrisa.

El tejido muscular se halla en todas partes del cuerpo, no sólo bajo la piel sino también en lo profundo del cuerpo. Además de estar en los lugares en los que menos lo esperas, también hay más de un tipo. 🔑 **Existen tres diferentes tipos de tejido muscular: esquelético, liso y cardíaco.** Cada tipo de músculo que se muestra en la **ilustración 32–6,** está especializado para funciones específicas en el cuerpo. El músculo esquelético a menudo se halla, como su nombre lo indica, adherido a los huesos y por lo general se controla voluntariamente. El músculo liso se halla por todo el cuerpo y normalmente no se controla voluntariamente. El músculo cardíaco constituye la mayor parte de la masa del corazón y, como el tejido liso, no es de control voluntario.

En tu cuaderno *Haz una tabla de dos columnas que describa los tres tipos de tejido muscular. Rotula la primera columna Tipo y la segunda Función.*

ILUSTRACIÓN 32–5 Los músculos en acción Los músculos esqueléticos de esta saltadora de garrocha se definen claramente mientras se impulsa hacia adelante.

Músculos esqueléticos Los músculos esqueléticos por lo general están adheridos a los huesos. Son responsables de los movimientos voluntarios, como teclear, bailar o guiñar un ojo. Cuando se observa bajo el microscopio de gran aumento, el músculo esquelético parece tener regiones alternas claras y oscuras llamadas "estriaciones". Esta es la razón por la que se dice que es estriado. Casi todos sus movimientos son controlados de manera consciente por el sistema nervioso central (el encéfalo y la médula espinal).

Las células del músculo esquelético son grandes, tienen muchos núcleos y diferentes longitudes. El músculo esquelético más corto, que mide aproximadamente 1 milímetro de largo, se halla en el oído medio. El más largo, que puede medir hasta 30 centímetros de longitud, se extiende de la cadera a la rodilla. Debido a que las células del músculo esquelético son largas y estrechas, a menudo se llaman **fibras musculares.**

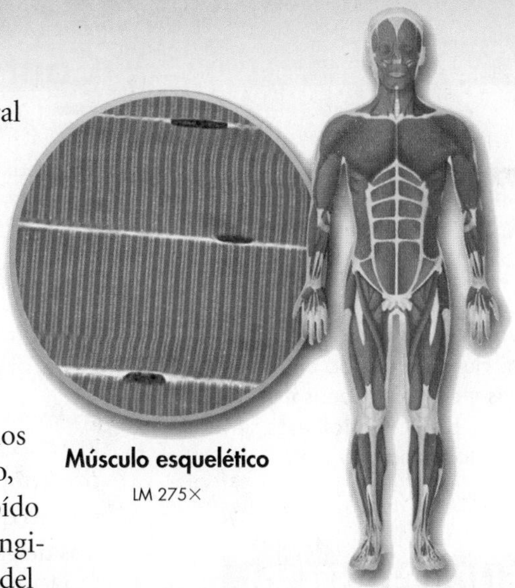

Músculo esquelético
LM 275×

Músculos lisos Las células del músculo liso se llaman así porque no tienen estriaciones y, por tanto, se ven "lisas" bajo el microscopio. Tienen forma de huso y por lo general un solo núcleo. Sus movimientos normalmente son involuntarios. Se hallan por todo el cuerpo y forman parte de las paredes de estructuras huecas, como el estómago, los vasos sanguíneos y los intestinos. Los músculos lisos transportan el alimento por tu tracto digestivo, controlan la manera que la sangre fluye a través de tu sistema circulatorio e incluso disminuyen el tamaño de las pupilas de tus ojos ante la luz brillante. Sus poderosas contracciones también son las que empujan al bebé fuera del útero de la madre durante el parto. Casi todas sus células pueden funcionar sin la estimulación directa del sistema nervioso, ya que están conectadas por uniones de hendidura que permiten que los impulsos eléctricos viajen directamente de una célula muscular a la de al lado.

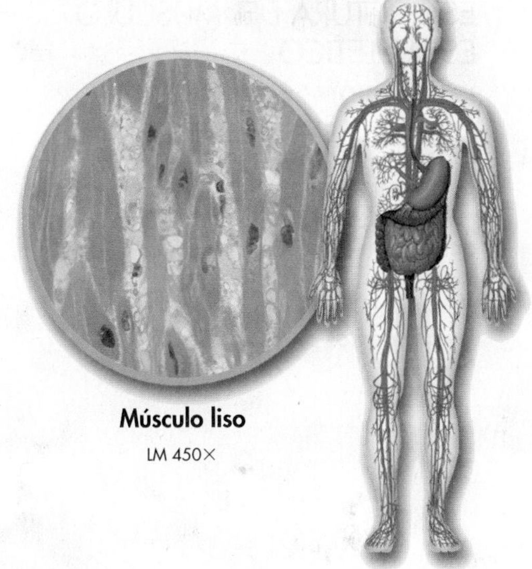

Músculo liso
LM 450×

Músculo cardíaco El músculo cardíaco se halla en un solo lugar del cuerpo: el corazón. Comparte características tanto con el músculo esquelético como con el músculo liso. Es estriado como el músculo esquelético, aunque sus células son más pequeñas y por lo general sólo tienen uno o dos núcleos. Es similar al músculo liso porque no está bajo el control directo del sistema nervioso central. Igual que las células del músculo liso, las del músculo cardíaco se pueden contraer solas y están conectadas a sus vecinas por uniones de hendidura. Aprenderás más sobre el músculo cardíaco y su papel en la función del corazón en el capítulo 33.

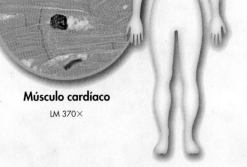

Músculo cardíaco
LM 370×

ILUSTRACIÓN 32–6 Tejido muscular Los tres tipos de tejido muscular se ven diferentes bajo el microscopio, pero todos pueden producir movimientos. Comparar y contrastar ***¿Cuál es la diferencia clave entre el control de la contracción del músculo esquelético y la del músculo liso?***

Contracción muscular

¿Cómo se contraen los músculos?

Los músculos producen movimientos al acortarse, o contraerse, de extremo a extremo. ¿Cómo generan las células tal fuerza? La respuesta se puede hallar en la manera en que interactúan dos tipos de filamentos de proteínas musculares.

DESARROLLAR el vocabulario

PREFIJOS El prefijo *mio-* en **miofibrilla** significa "músculo". La palabra se deriva de la palabra en griego para ratón. Hubo un tiempo en el que artistas y escultores pensaron que los músculos bien desarrollados se veían como ratones bajo la piel.

Estructura de las fibras musculares Las células del músculo esquelético, o fibras, están llenas de haces de filamentos de proteína unidas de manera compacta llamados **miofibrillas.** Cada miofibrilla contiene gruesos filamentos de la proteína **miosina** y filamentos delgados de la proteína **actina.** Estos filamentos están organizados en un patrón sobrepuesto que produce las bandas o estriaciones visibles con el microscopio. Los delgados filamentos de actina están unidos en las líneas Z. Dos líneas Z y los filamentos entre ellas componen el **sarcómero.** La **ilustración 32–7** muestra la estructura de una fibra muscular.

El modelo del filamento deslizante Los filamentos de miosina y actina en realidad son diminutos motores que producen fuerza. **Durante la contracción muscular, los filamentos de miosina forman puentes cruzados con los filamentos de actina. Estos puentes cruzados entonces cambian de forma, jalando a los filamentos de actina hacia el centro del sarcómero.** Como se muestra en la **ilustración 32–8,** esta acción reduce la distancia que hay entre las líneas Z, y la fibra se acorta. Después, el puente cruzado se separa de la actina y repite el ciclo al unirse a otro sitio del filamento de actina. A medida que los filamentos gruesos y delgados se deslizan uno sobre otro, la fibra se acorta. Por esto, el proceso se llama modelo del filamento deslizante de la contracción muscular.

Cuando cientos de miles de puentes cruzados de miosina repiten estas acciones, la fibra muscular se acorta con bastante fuerza. Contracciones como ésta te permiten correr, levantar pesas o incluso pasar la página de un libro. Debido a que una molécula de ATP suministra la energía necesaria para realizar una interacción entre un puente cruzado de miosina y un filamento de actina, la célula muscular necesita mucho ATP.

RESUMEN VISUAL

ESTRUCTURA DEL MÚSCULO ESQUELÉTICO

ILUSTRACIÓN 32–7 Los músculos esqueléticos están conformados de haces de fibras musculares compuestas por miofibrillas. Cada miofibrilla contiene filamentos de actina y miosina. **Interpretar material visual** ***¿En qué tipo de unidad están organizados los filamentos de actina y miosina?***

Un músculo consiste en haces de fibras musculares.
Cada fibra muscular es una célula que contiene muchas miofibrillas.
Cada miofibrilla contiene filamentos de actina y miosina.
Dos líneas Z y los filamentos que hay entre ellas componen el sarcómero.
Sarcómero
Actina
Miosina
Sarcómero
Línea Z
Línea Z

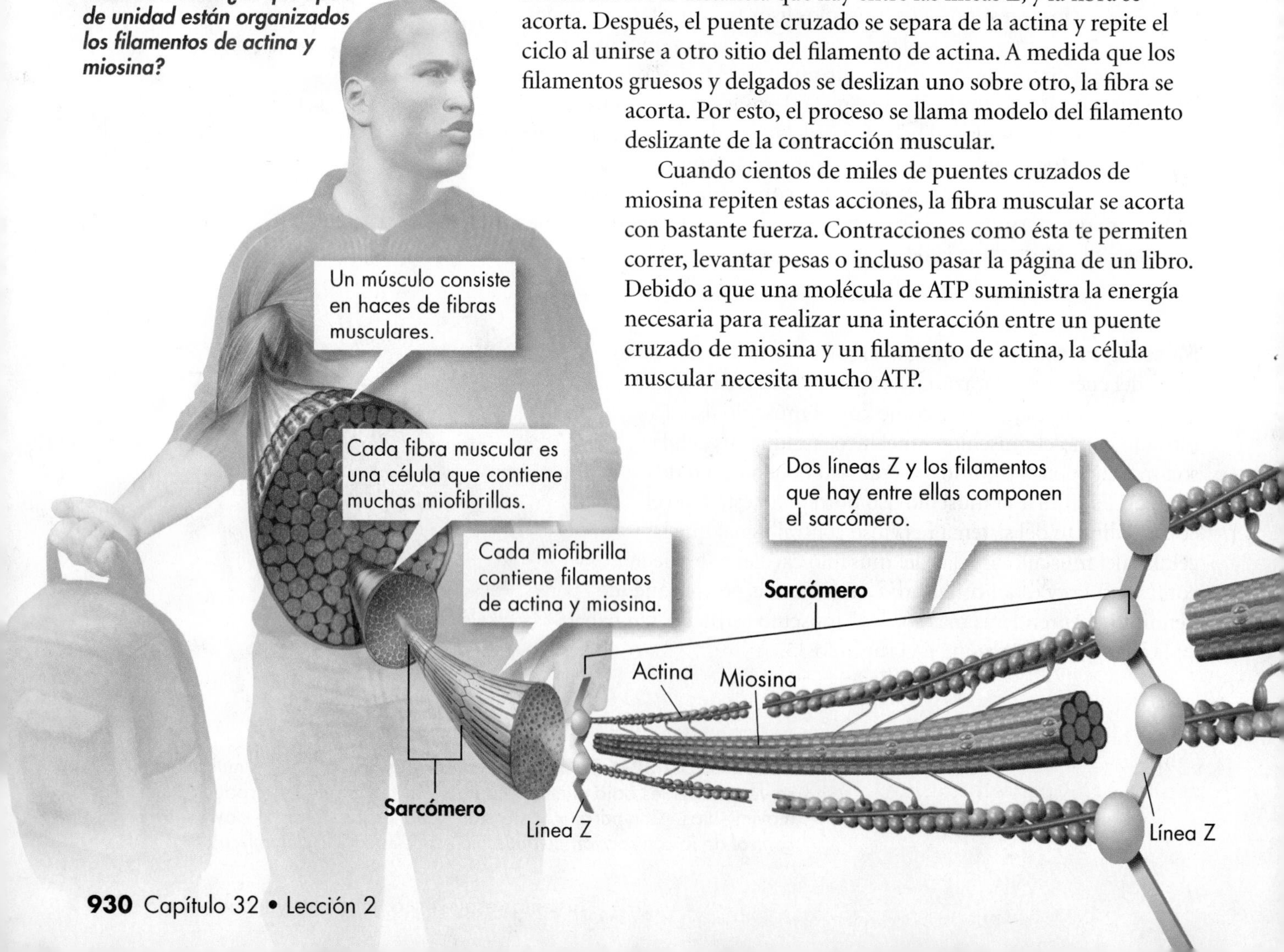

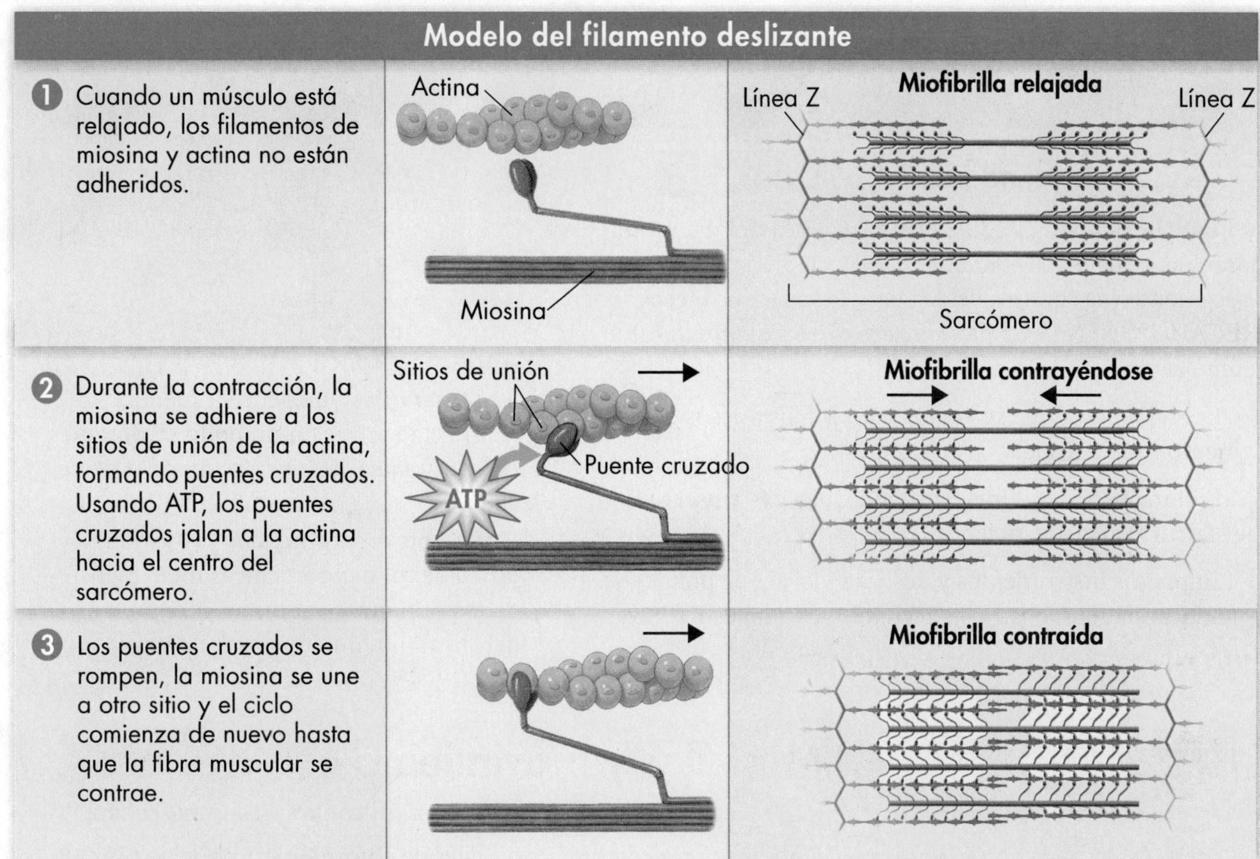

Modelo del filamento deslizante
1 Cuando un músculo está relajado, los filamentos de miosina y actina no están adheridos.
Actina
Miosina
Miofibrilla relajada
Línea Z
Línea Z
Sarcómero
2 Durante la contracción, la miosina se adhiere a los sitios de unión de la actina, formando puentes cruzados. Usando ATP, los puentes cruzados jalan a la actina hacia el centro del sarcómero.
Sitios de unión
Puente cruzado
ATP
Miofibrilla contrayéndose
3 Los puentes cruzados se rompen, la miosina se une a otro sitio y el ciclo comienza de nuevo hasta que la fibra muscular se contrae.
Miofibrilla contraída

ILUSTRACIÓN 32–8 Modelo del filamento deslizante Durante la contracción muscular, la interacción entre los filamentos de miosina y de actina provoca la contracción de la fibra muscular.

Control de la contracción muscular Los músculos esqueléticos son útiles sólo si se contraen de manera controlada. Recuerda que las neuronas motoras conectan el sistema nervioso central con las células del músculo esquelético. Los impulsos de estas neuronas motoras controlan la contracción de las fibras musculares.

Una neurona motora y la célula de un músculo esquelético se unen en una especie de sinapsis conocida como **unión neuromuscular.** Cuando una neurona motora es estimulada, sus axones terminales liberan el neurotransmisor **acetilcolina.** Las moléculas de acetilcolina (ACh) se difunden a través de la sinapsis, produciendo un impulso (acción potencial) en la membrana celular de la fibra muscular. El impulso provoca la liberación de iones de calcio (Ca^{2+}) dentro de la fibra. Estos iones afectan las proteínas reguladoras que permiten que los puentes cruzados de miosina se unan a la actina.

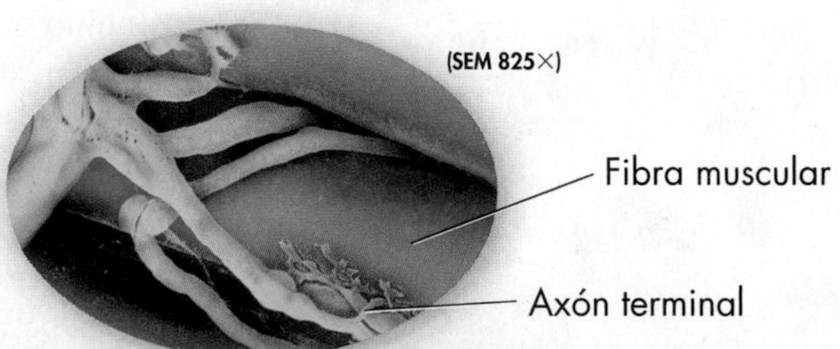

ILUSTRACIÓN 32–9 Unión neuromuscular

Una célula muscular se contrae hasta que se detiene la liberación de ACh y una enzima producida en el axón terminal destruye a la ACh restante. Luego, la célula muscular bombea Ca^{2+} de regreso al depósito, dejan de formarse puentes cruzados y la contracción termina.

¿Qué diferencia existe entre una contracción fuerte y otra débil? Cuando levantas algo liviano, como una hoja de papel, tu encéfalo sólo estimula la contracción de algunas células. Sin embargo, a medida que realizas un mayor esfuerzo, como cuando levantas tu mochila, casi todas las células musculares de tu brazo se estimulan para contraerse.

PISTA DEL MISTERIO

Los niños que padecen raquitismo pueden sufrir espasmos musculares. ¿Qué les podría faltar que provoque estos movimientos musculares descontrolados?

Actividad rápida de laboratorio

INVESTIGACIÓN DIRIGIDA

¿Qué hacen los tendones?

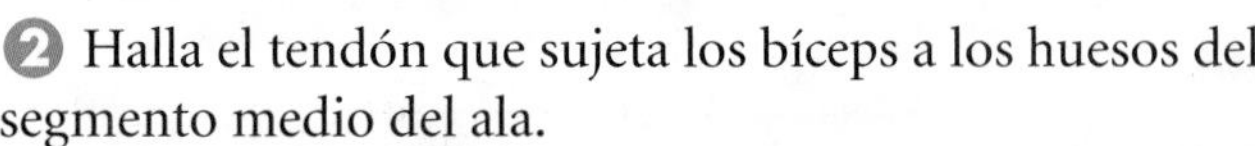

1. Ponte unos guantes y un delantal. Coloca un ala de pollo sobre una toalla de papel. Retira o corta la piel y la grasa del segmento más grande del ala para exponer los bíceps. **PRECAUCIÓN:** *No te toques el rostro con las manos durante el laboratorio.*

2. Halla el tendón que sujeta los bíceps a los huesos del segmento medio del ala.

3. Usa fórceps para jalar el tendón del bíceps y observa lo que le ocurre al ala de pollo.

4. Limpia tus instrumentos y deshazte del ala de pollo y de los guantes siguiendo las instrucciones de tu maestro. Lávate las manos.

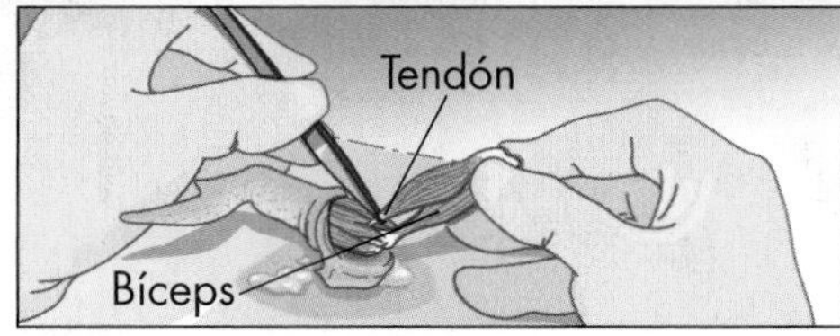

Analizar y concluir

1. Observar ¿Qué ocurrió cuando jalaste el tendón? En un pollo vivo, ¿qué estructura jalaría al tendón para mover el ala?

2. Comparar y contrastar Observa el dorso de tu mano mientras mueves los dedos. ¿En qué se parece el movimiento del ala al movimiento de tus dedos?

Músculos y movimiento

¿Cómo producen el movimiento las contracciones musculares?

Uno de los conceptos más difíciles de comprender sobre los músculos es que pueden producir fuerza al contraerse en una sola dirección. Sin embargo, por experiencia sabes que puedes usar tus músculos para empujar y también para jalar. ¿Cómo es esto posible?

Cómo interactúan los músculos y los huesos Los músculos esqueléticos están unidos a los huesos por tejidos conectivos resistentes llamados **tendones,** que están sujetos de manera que jalan los huesos y los hacen funcionar como palancas. Las articulaciones funcionan como un fulcro: el punto fijo alrededor del que se mueve una palanca. Los músculos proporcionan la fuerza para mover la palanca. Por lo general, cada articulación está rodeada por varios músculos que jalan en diferentes direcciones. **Los músculos esqueléticos generan fuerza y producen movimiento al jalar las partes corporales cuando se contraen.**

Podemos usar nuestros músculos para empujar y jalar porque la mayoría de los músculos esqueléticos trabajan en pares opuestos. Cuando un músculo del par se contrae, el otro se relaja. Los músculos del brazo superior de la **ilustración 32–10** son un ejemplo. Cuando el músculo del bíceps se contrae, la articulación del codo se dobla o flexiona. Cuando el del tríceps se contrae, la articulación del codo se abre o extiende. Un movimiento controlado requiere de ambos músculos. Sostener una raqueta de tenis o un violín requiere un equilibrio de fuerzas entre los bíceps y los tríceps.

Esta es la razón por la que el entrenamiento de los atletas y los músicos es tan difícil. El encéfalo debe aprender a trabajar los grupos de músculos opuestos de manera precisa para hacer que las articulaciones implicadas se muevan de manera exacta.

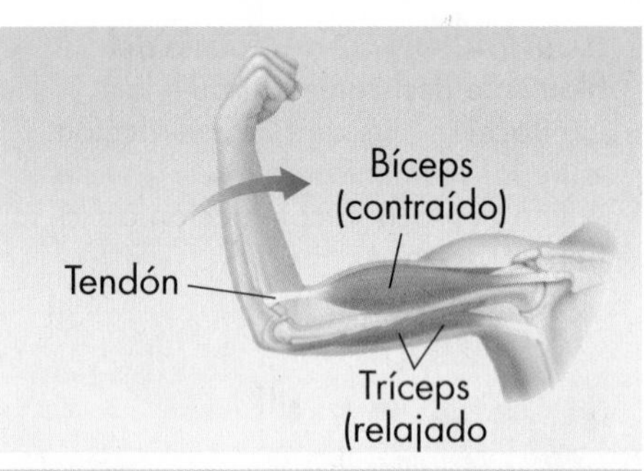

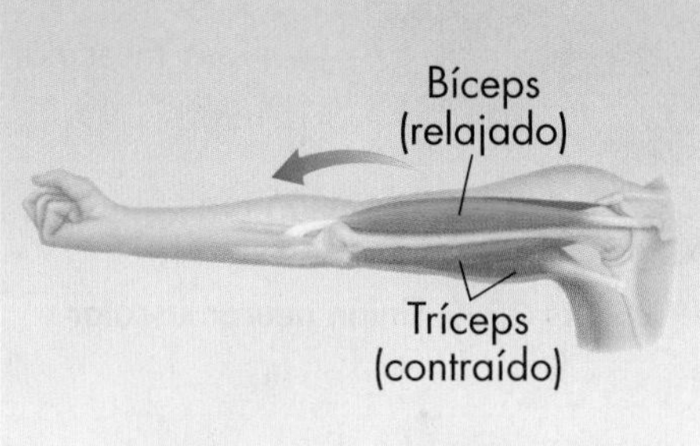

ILUSTRACIÓN 32–10 Pares de músculos opuestos Al contraerse y relajarse, los bíceps y tríceps del brazo superior te permiten doblar o enderezar el codo. **Aplica los conceptos** ***¿Qué músculo esquelético se debe contraer para que puedas enderezar el codo?***

En tu cuaderno *Explica con tus propias palabras cuál es la función de los pares opuestos en la contracción muscular.*

Tipos de fibras musculares Hay dos tipos principales de fibras musculares esqueléticas: rojas y blancas. Los tipos de fibras musculares varían en sus funciones específicas. El músculo rojo, o músculo lento, contiene muchas mitocondrias. El color oscuro del músculo rojo proviene de los pequeños vasos sanguíneos que entregan un suministro generoso de sangre y de una proteína almacenadora de oxígeno llamada mioglobina. Las abundantes mitocondrias y el generoso suministro de oxígeno permiten que estas fibras entreguen su energía por respiración aeróbica y trabajen durante largos períodos de tiempo. El músculo rojo es útil en las actividades de resistencia como las carreras de larga distancia.

El músculo blanco, o músculo rápido, se contrae con más rapidez y genera más fuerza que el músculo rojo, pero sus células contienen pocas mitocondrias y se cansan rápidamente. Las fibras blancas son útiles para actividades que requieren mucha fuerza o despliegues rápidos de velocidad, como las carreras cortas.

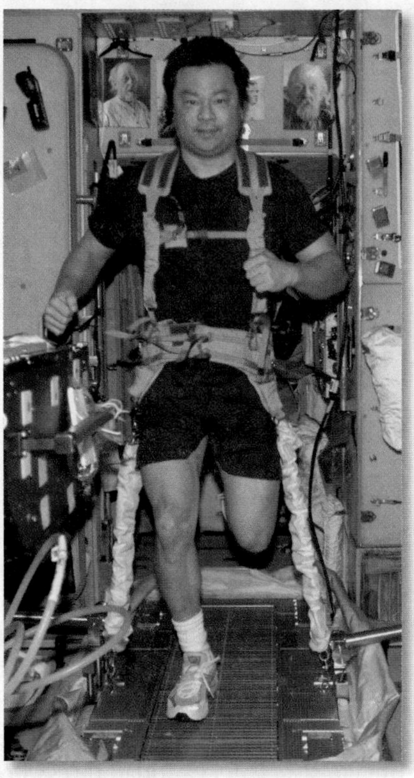

ILUSTRACIÓN 32–11 Evitar la pérdida de músculo Sin la gravedad, muchos músculos dejan de usarse. Un astronauta en el espacio puede perder hasta 5 por ciento de masa muscular en una semana. El ejercicio ayuda a mantener los músculos y también los huesos.

Ejercicio y salud El ejercicio regular es importante para mantener la fuerza y flexibilidad muscular. Los músculos que se ejercitan regularmente se mantienen firmes y aumentan en tamaño y fuerza gracias a los filamentos adicionales. Los que no se usan se debilitan y pueden reducir visiblemente su tamaño. El ejercicio regular ayuda a mantener el tono muscular en reposo: un estado de contracción parcial. El tono muscular es el responsable de mantener la espalda y las piernas derechas y la cabeza erguida, incluso cuando estás relajado.

Los ejercicios aeróbicos, como correr y nadar, exigen mucho al corazón y a los pulmones, lo que ayuda a estos sistemas a ser más eficaces. Esto, a su vez, aumenta la resistencia física, es decir, la capacidad para realizar una actividad sin fatigarse. El ejercicio regular también fortalece los huesos, haciéndolos más gruesos y fuertes y con menos probabilidad de lesionarse.

Los ejercicios de resistencia, como el levantamiento de pesas, aumentan el tamaño y la fuerza de los músculos. Con el tiempo, el entrenamiento con pesas ayuda a mantener la coordinación y la flexibilidad.

32.2 Evaluación

Repaso de conceptos clave

1. a. **Repasar** Escribe los tres tipos de tejido muscular.
   b. **Comparar y contrastar** Compara y contrasta la estructura y función de los tres tipos de tejido muscular.
2. a. **Repasar** ¿Qué estructuras componen un músculo esquelético?
   b. **Explicar** Describe cómo se contrae un músculo.
   c. **Predecir** Un tipo de gas venenoso destruye la enzima que descompone la acetilcolina. ¿Qué efecto crees que tendría este gas en el cuerpo?
3. a. **Repasar** Explica la función de los tendones en el movimiento.
   b. **Aplica los conceptos** En el entrenamiento para un evento olímpico de levantamiento de pesas, ¿qué fibras musculares se deben desarrollar?

RAZONAMIENTO VISUAL

4. Crea tu propio modelo para mostrar cómo se deslizan los filamentos de actina sobre los filamentos de miosina durante la contracción muscular. Incluye una gran cantidad de detalles.

BIOLOGY.com Search Lesson 32.2  GO • Lesson Assessment • Self-Test

La biología y la sociedad

¿Se deben realizar pruebas de esteroides entre estudiantes deportistas?

Hasta 1976, Alemania del Este nunca había ganado una medalla olímpica en natación femenil. Ese año, ganó 13 de las 14 medallas otorgadas en natación. Al final, se descubrió que las jóvenes atletas habían recibido esteroides anabólicos sin su conocimiento.

Los esteroides anabólicos son formas sintéticas de la hormona testosterona. Se desarrollaron originalmente para tratar a los hombres que no producían suficiente cantidad de esa hormona para su crecimiento y desarrollo normal. Debido a que estas drogas también facilitan que los atletas ganen masa muscular y se recuperen de las sesiones de ejercicios, a veces se usan ilegalmente para mejorar el desempeño.

A principios de este siglo, el consumo de esteroides produjo una gran controversia en el béisbol profesional. Muchos piensan ahora que el consumo de esteroides de los jugadores profesionales de béisbol no se consideró con suficiente seriedad. Los legisladores y padres argumentan que esta actitud poco estricta ha provocado que muchos atletas jóvenes piensen que el consumo de esteroides es aceptable.

Algunos estudiantes deportistas los consumen esperando mejorar sus oportunidades de participar en deportes universitarios o profesionales. Sin embargo, los esteroides no sólo son ilegales sino también peligrosos. Décadas después de haberlos tomado sin saberlo, muchas de las nadadoras de la Alemania del Este de 1976 sufren los efectos a largo plazo del consumo de esteroides, como tumores, enfermedades del hígado, problemas cardíacos, infertilidad y depresión. Otros efectos a corto plazo incluyen el desarrollo de senos en los hombres, acné y mayor probabilidad de sufrir lesiones en ligamentos y tendones.

Debido al creciente índice del consumo de esteroides, algunos estados han promulgado políticas para someter a pruebas a los estudiantes deportistas. Pero estas políticas a menudo son controversiales.

Kornelia Ender era miembro del equipo de natación de Alemania del Este en la época en que algunas nadadoras recibieron esteroides sin saberlo. En 1976, ganó cuatro medallas olímpicas.

Puntos de vista

A favor de las pruebas Los estudiantes deportistas que consumen esteroides ponen en riesgo su salud a corto y largo plazo. A pesar de que es importante educarlos sobre el riesgo de los esteroides, muchos lo ignoran y corren el riesgo. Las escuelas deben ayudar a proteger a estos deportistas. Asimismo, los que no los consumen no deben tener que competir contra los que sí lo hacen.

En contra de las pruebas Las pruebas de esteroides son más costosas que las de otras drogas, y muchas escuelas no cuentan con fondos suficientes para realizarlas. Asimismo, hay muchas maneras de falsear esas pruebas, así que esto podría ser un desperdicio de dinero. A pesar de que la Corte Suprema ha dictaminado que las pruebas de drogas en los estudiantes son constitucionales, algunas personas siguen pensando que violan sus derechos a la privacidad.

Investiga y decide

1. Evaluar Además de los puntos de vista citados aquí, ¿se te ocurren otros a favor o en contra de las pruebas de esteroides en estudiantes deportistas de secundaria?

2. Comunicar Escribe un párrafo que explique tu punto de vista sobre las pruebas para el consumo de esteroides en los estudiantes deportistas.

32.3 La piel: el sistema tegumentario

PIÉNSALO ¿Cuál es el órgano más grande de tu cuerpo? No, no son tus orejas o tu estómago, ni tus pulmones o corazón. El órgano humano más grande por mucho es la piel. Si esto te suena un poco extraño, probablemente es porque estás acostumbrado a dar por descontado que tu piel es sólo la parte externa del cuerpo, ¿cierto? Bueno, la piel desempeña muchos otros papales además de cubrir tu cuerpo.

Preguntas clave

¿Cuáles son las funciones principales del sistema tegumentario?

¿Cuáles son las estructuras del sistema tegumentario?

¿Cuál son algunos de los problemas que afectan a la piel?

Vocabulario

epidermis • queratina • melanocito • melanina • dermis • glándula sebácea • folículo capilar

Tomar notas

Vistazo al material visual Antes de leer, examina la **ilustración 32–12.** Haz una tabla de dos columnas. En la primera, escribe todas las estructuras que están rotuladas en la figura. A medida que leas, escribe la función de cada estructura en la segunda columna.

Funciones del sistema tegumentario

¿Cuáles son las funciones principales del sistema tegumentario?

El sistema tegumentario incluye la piel, el pelo y las uñas. La piel, el órgano más importante del sistema, desempeña muchas funciones diferentes, pero la más importante es la protección. **El sistema tegumentario sirve como barrera contra las infecciones y lesiones, ayuda a regular la temperatura corporal, elimina los desechos del cuerpo, recopila información y produce vitamina D.**

Protección La piel forma una barrera que bloquea la entrada de patógenos y desechos, y evita que el cuerpo se deshidrate. La piel también proporciona protección contra la radiación ultravioleta del Sol. Las uñas, que protegen las puntas de los dedos de manos y pies, también son producidas por la piel.

Regulación de la temperatura corporal La piel ayuda a regular la temperatura corporal al liberar el exceso de calor generado por el funcionamiento de las células y al mismo tiempo conserva el calor suficiente para mantener la temperatura corporal normal. El pelo también ayuda a evitar la pérdida de calor por la cabeza.

Excreción De las glándulas sudoríparas se liberan constantemente pequeñas cantidades de sudor, que contiene productos de desecho, como la urea y las sales, que deben ser excretadas del cuerpo.

Recopilación de información La piel contiene varios tipos de receptores sensoriales. Funciona como la puerta por la que entran sensaciones como la presión, el calor, el frío y el dolor del entorno externo al sistema nervioso.

Producción de vitamina D Una de las funciones más importantes de la piel es la producción de vitamina D, que es necesaria para la absorción de calcio y fósforo en el intestino delgado. La luz solar es necesaria para una de las reacciones químicas que producen la vitamina D en las células de la piel.

¿Cómo crees que conocer el efecto de la luz solar sobre la piel podría haber ayudado a los científicos a resolver el misterio del raquitismo?

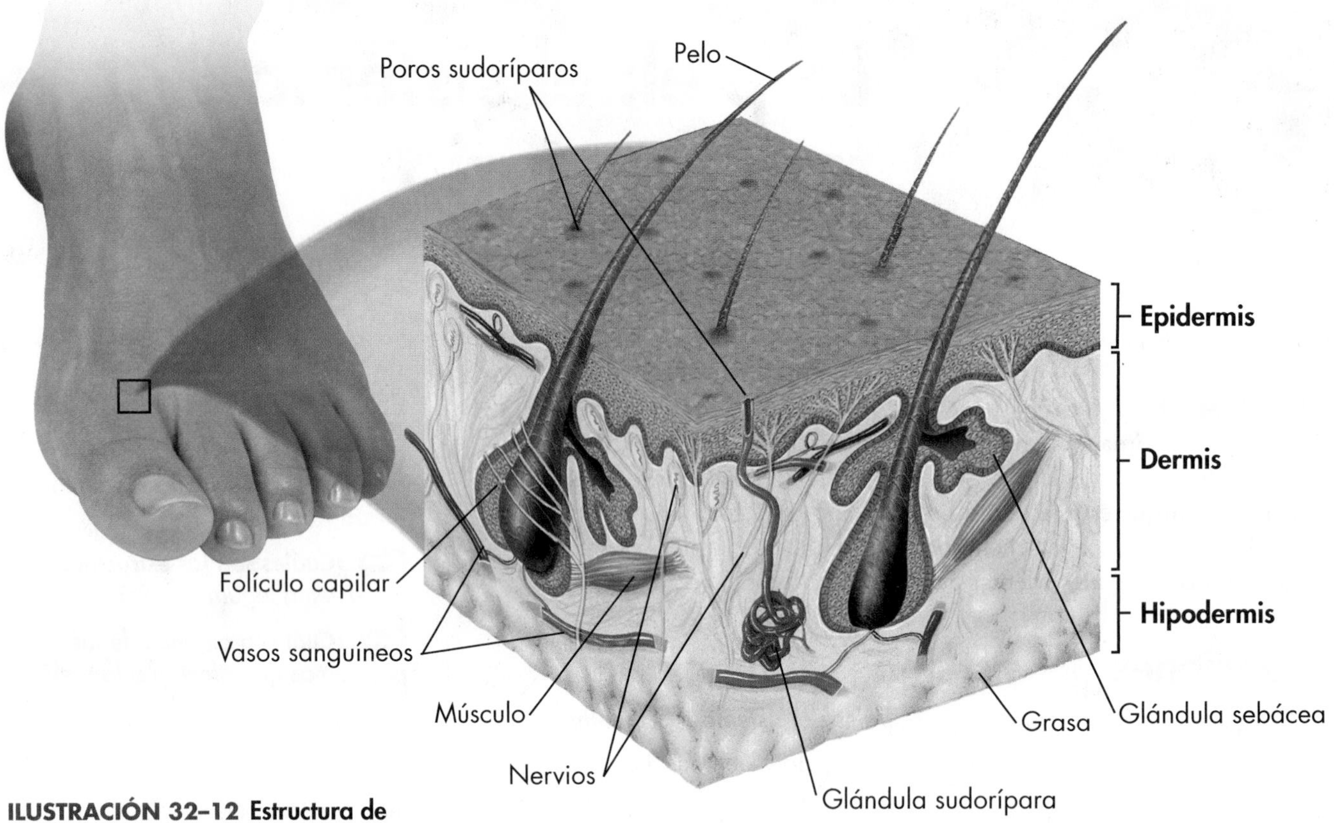

ILUSTRACIÓN 32–12 Estructura de la piel La piel tiene una capa externa llamada epidermis y una interna denominada dermis. **Inferir** ***¿Por qué crees que un ligero rasguño en la superficie de la piel no sangra?***

DESARROLLAR el vocabulario

ORIGEN DE LAS PALABRAS El prefijo *epi-* en **epidermis** se deriva de la palabra en griego que significa "en" o "sobre". *Dermis* se deriva de la palabra en griego *derma*, que significa "piel".

Estructuras del sistema tegumentario

¿Cuáles son las estructuras del sistema tegumentario?

Se requieren muchas estructuras para llevar a cabo todas las funciones que acabas de leer. **La piel y sus estructuras relacionadas: el pelo, las uñas y varios tipos de glándulas, constituyen el sistema tegumentario.** La piel está compuesta por dos capas principales: la epidermis y la dermis. Debajo de la dermis hay una capa de grasa (la hipodermis) y tejido conectivo laxo que ayuda a aislar al cuerpo. La **ilustración 32–12** muestra muchas de las estructuras que componen la piel.

Epidermis La capa externa de la piel es la **epidermis** y tiene dos capas. La capa externa, la que puedes ver, está compuesta por células muertas; la capa interna está compuesta por células vivas, incluyendo células madre. Estas células se dividen rápidamente, produciendo nuevas células epidérmicas que empujan a las células viejas a la superficie de la piel. A medida que las células más viejas se mueven hacia arriba, se van aplanando y sus organelos se desintegran. También comienzan a producir **queratina,** una proteína fibrosa y dura.

Al final, las células más viejas mueren y forman una cubierta impermeable resistente y flexible en la superficie de la piel. Esta capa externa de células muertas se muda o elimina a gran velocidad. Cada cuatro o seis semanas, una nueva capa de células muertas reemplaza la capa vieja.

La epidermis también contiene **melanocitos,** que son células que producen un pigmento café oscuro llamado **melanina,** que protege la piel al absorber los rayos ultravioleta del Sol. El color de la piel está directamente relacionado con la producción de melanina. Los melanocitos de las personas con piel más oscura producen más melanina que la que producen los de las personas con piel más clara.

Dermis La **dermis** se halla dentro de la epidermis y contiene proteínas del colágeno, vasos sanguíneos, terminaciones nerviosas, glándulas, receptores sensoriales, músculos lisos y folículos capilares. Las estructuras de la dermis interactúan con otros sistemas corporales para mantener la homeostasis al ayudar a regular la temperatura corporal. Cuando el cuerpo necesita conservar calor en un día frío, los vasos sanguíneos de la dermis se estrechan. Esto lleva la sangre al centro del cuerpo y evita que el calor se escape por la piel. En los días calurosos, los vasos sanguíneos se expanden, alejando el calor del centro del cuerpo hacia la piel.

Las glándulas sudoríparas de la dermis también regulan la temperatura. El exceso de calor se libera cuando estas glándulas transpiran, es decir, sudan. Cuando el sudor se evapora, se lleva el calor de tu cuerpo.

La piel también contiene **glándulas sebáceas,** que secretan una sustancia oleaginosa llamada sebo que se libera en la superficie de la piel. El sebo mantiene la epidermis rica en queratina flexible e impermeable. Como es ácido, mata las bacterias de la superficie de la piel.

En tu cuaderno *Explica si la epidermis, la dermis, o ambas capas participan en la protección y regulación de la temperatura.*

Pelo El componente básico del pelo y las uñas de los seres humanos es la queratina. En otros animales, la queratina forma varias estructuras, incluyendo los cuernos de los toros, las escamas de los reptiles, las plumas de las aves y las púas de los puercoespines.

El pelo cubre casi toda la superficie expuesta del cuerpo humano y realiza algunas funciones importantes. El de la cabeza protege al cuero cabelludo de la luz ultravioleta del Sol y proporciona aislamiento contra el frío. Los pelos de los orificios nasales, canales del oído externo y alrededor de los ojos (las pestañas) evitan que la suciedad y otras partículas entren en el cuerpo.

El pelo es producido por células que están en la base de los **folículos capilares,** bolsas parecidas a tubos de células epidérmicas que se extienden en la dermis. Nuevas investigaciones han revelado que los folículos capilares tienen células madre que ayudan a renovar la piel y sanar las heridas. Los pelos de la **ilustración 32–13** son grandes columnas de células que se han llenado de queratina y después han muerto. El rápido crecimiento celular en la base del folículo capilar provoca que el pelo se haga más largo. Los folículos capilares están en estrecho contacto con las glándulas sebáceas. Las secreciones oleaginosas de estas glándulas ayudan a que el pelo se mantenga suave y flexible.

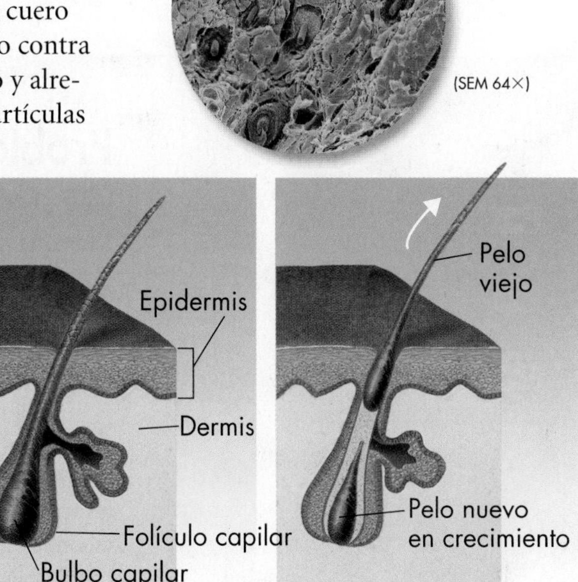

ILUSTRACIÓN 32–13 Pelo Conforme el pelo nuevo crece, empuja al viejo fuera del folículo. La micrografía muestra pelos individuales en sus folículos.

Uñas Crecen de un área de células de división rápida conocida como raíz de la uña. Esta raíz se ubica cerca de las puntas de los dedos de manos y pies. En la división celular, sus células se llenan de queratina y producen uñas duras como placas, que cubren y protegen las puntas de todos los dedos. Crecen a una velocidad promedio de 3 milímetros al mes, y las de las manos crecen tres veces más rápido que las de los pies.

El creciente índice de melanoma

En las últimas décadas, la incidencia de algunos cánceres mortales, como el de pulmón, ha disminuido en personas entre 20 y 54 años de edad. Algunas personas atribuyen esto a la disminución de las tasas de tabaquismo. En el mismo período, la incidencia del melanoma aumentó en el mismo grupo de edad. La incidencia del cáncer de pulmón y del melanoma aumenta con la edad. Pero el melanoma es cáncer más común en los adultos jóvenes.

¿Cuáles podrían ser algunas de las razones de este aumento? Pese a los esfuerzos de salud pública, muchas personas siguen considerando que la piel bronceada es señal de buena salud. Asimismo, muchas personas no usan suficiente bloqueador solar para protegerse.

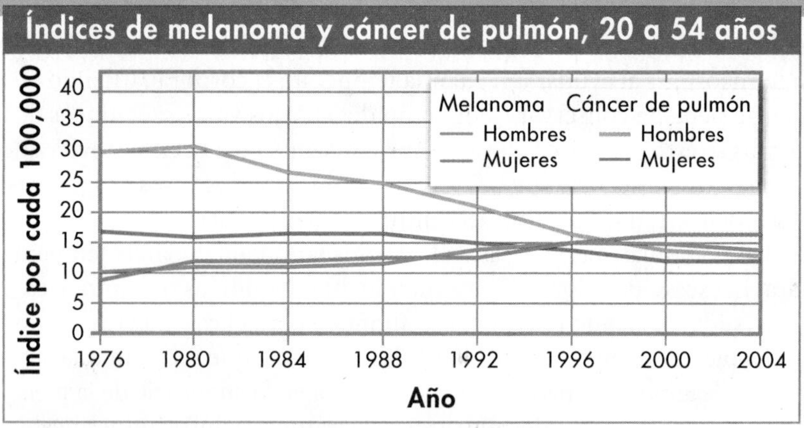

1. **Interpretar gráficas** Describe la tendencia que muestra la gráfica sobre la incidencia de cáncer de pulmón y melanoma de 1976 a 2004.

2. **Inferir** ¿En qué año el índice de melanoma sobrepasa al índice de cáncer de pulmón en los hombres? ¿Y en las mujeres?

3. **Predecir** Los datos son de un grupo de edad específico. Si observaras datos semejantes de toda la población, ¿en qué crees que se diferenciaría la gráfica? Explica tu respuesta.

Problemas de la piel

¿Cuál son algunos de los problemas que afectan a la piel?

Más que cualquier otro órgano, la piel es bombardeada constantemente por factores internos y externos que afectan su salud. **La interacción constante de la piel con el medio ambiente puede provocar problemas de diferentes grados de severidad. Estos problemas incluyen el acné, la urticaria y el cáncer de piel.**

Acné El acné se desarrolla cuando el sebo y las células de la piel muerta forman tapones en los folículos capilares. Las bacterias a menudo quedan atrapadas en el tapón, causando infecciones e inflamación. Casi el 85 por ciento de las personas experimentan algún grado de acné durante la adolescencia y la edad adulta temprana. Una hipótesis sugiere que los altos niveles de hormonas durante la pubertad aumentan la producción de sebo. Existen muchos tratamientos para el acné que no requieren receta médica. Pero si es severo puede dejar cicatrices, por lo que se debe consultar a un dermatólogo, un médico especializado en el cuidado de la piel.

Urticaria Las reacciones alérgicas a los alimentos o medicamentos a menudo se presentan como verdugones rojos llamados comúnmente urticaria. Cuando el cuerpo experimenta una reacción alérgica, puede liberar una sustancia química llamada histamina, que provoca que los pequeños vasos sanguíneos se expandan. Los vasos pueden supurar líquido en los tejidos circundantes, lo que provoca la hinchazón que conduce a la urticaria.

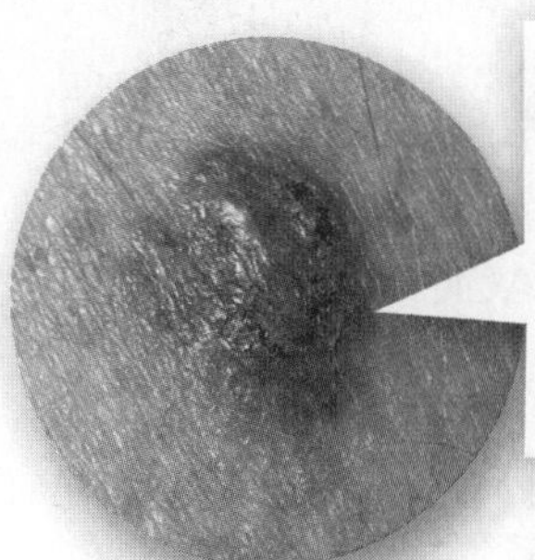

El carcinoma de las células basales y el carcinoma de las células escamosas son dos de los tipos de cáncer de piel más comunes. Ambos tipos rara vez se extienden a otras partes del cuerpo, pero se deben tratar desde el principio para evitar que causen daños en los tejidos.
Carcinoma de las células basales

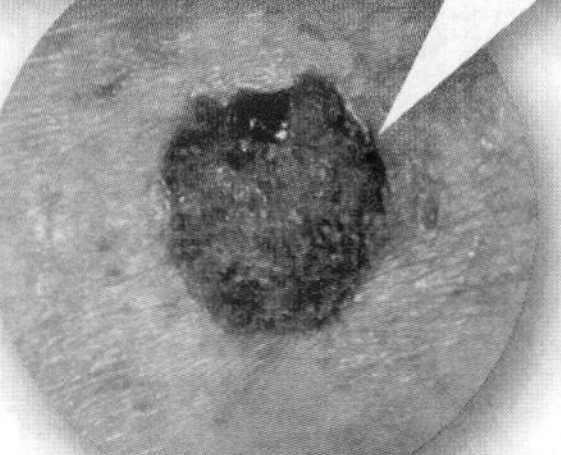

Carcinoma de las células escamosas

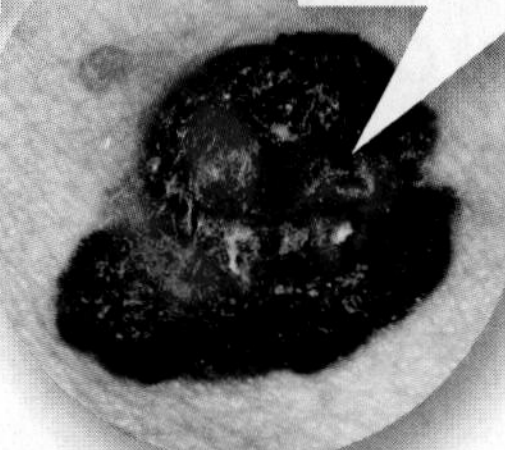

Los melanomas son cánceres que se desarrollan de los melanocitos. Sin tratamiento temprano, el cáncer se puede extender a otros órganos del cuerpo.
Melanoma

ILUSTRACIÓN 32–14 Cáncer de piel La detección temprana es importante para tratar el cáncer de piel. Las señales pueden incluir llagas que no sanan o un cambio repentino en la apariencia de un lunar. También debes ver al médico si notas un nuevo lunar que mida más de 6 mm, tiene bordes irregulares o un color raro.

Cáncer de piel La exposición excesiva a la radiación ultravioleta de la luz solar y a la radiación artificial de los salones de bronceado puede producir cáncer de piel, esto es, el crecimiento anormal de las células de la piel. La **ilustración 32–14** muestra ejemplos de los tres tipos de cáncer de piel más comunes, incluyendo el melanoma, la forma más peligrosa. Más de 60,000 personas son diagnosticadas con melanoma cada año en Estados Unidos, y 8000 mueren debido a él.

Tú te puedes proteger de esta peligrosa enfermedad al evitar broncearte en los salones, y usar sombreros, gafas de sol y ropa protectora cuando pases tiempo al aire libre. Además, siempre debes usar un bloqueador solar que proteja contra los rayos UVA y UVB y que tenga un factor de protección solar (FPS) de por lo menos 15.

En tu cuaderno *Resume los pasos que seguirías para proteger tu piel del daño del sol.*

32.3 Evaluación

Repaso de conceptos clave

1. a. **Repasar** Escribe las funciones del sistema tegumentario.
   b. **Clasificar** ¿Qué órganos y tejidos constituyen el sistema tegumentario?
2. a. **Repasar** ¿Qué estructuras se hallan en la epidermis? ¿Y en la dermis?
   b. **Aplica los conceptos** Explica dos maneras en que la piel ayuda a eliminar el exceso de calor del cuerpo.
3. a. **Repasar** ¿Cuáles son algunas maneras de reducir el riesgo de desarrollar cáncer de piel?
   b. **Establecer una secuencia** Explica los eventos que producen el acné.

Aplica la gran idea

Estructura y función

4. Compara y contrasta la estructura y función del tejido dermal de las plantas estudiadas en el capítulo 23 con las estructuras de la piel humana. *Pista:* Puedes organizar tus ideas en un diagrama de Venn.

BIOLOGY.com Search Lesson 32.3  • Self-Test • Lesson Assessment

Laboratorio de destrezas científicas

INVESTIGACIÓN DIRIGIDA

Preparación para el laboratorio: Comparar extremidades

Problema ¿Cómo se relaciona la estructura de los músculos esqueléticos y los huesos con las funciones de estas partes del cuerpo?

Materiales guantes de plástico desechables, ala de pollo, bandeja de disección desechable, tijeras de disección, fórceps, lápices de colores o marcadores

Enfoque en las destrezas Observar, inferir, comparar y contrastar

Conectar con la gran idea La estructura de tus huesos refleja las diferentes funciones de tu esqueleto. Por ejemplo, deben ser lo suficientemente fuertes para sostener tu cuerpo y proteger tus órganos internos. También deben ser rígidos para poder proporcionar un sistema de palancas en el que puedan actuar los músculos esqueléticos.

Los músculos esqueléticos tienen una estructura que les permite mover los huesos alrededor de puntos fijos llamados articulaciones. En los músculos esqueléticos, las células son largas y estrechas; razón por la que estas células también se llaman fibras musculares. Cuando las fibras musculares se contraen, jalan al hueso al que está adherido el músculo. Esta fuerza hace que el hueso se mueva en la dirección de la contracción.

En este laboratorio, observarás y compararás la estructura y función de un brazo y una pierna. También compararás el brazo con un ala de pollo.

Preguntas preliminares

a. Repasar ¿Qué movimiento permite la articulación de bisagra? ¿Qué movimiento permite la articulación de pivote? ¿Cuál de estas articulaciones se halla en tus codos y rodillas?

b. Repasar ¿Qué función desempeña el cartílago en las articulaciones de movimiento libre?

c. Explicar ¿Cómo es posible que los huesos se muevan en más de una dirección alrededor de una articulación?

d. Comparar y contrastar ¿En qué se parecen los ligamentos y los tendones? ¿En qué se diferencian?

Preguntas previas al laboratorio

1. Observar ¿Cómo observarás la estructura y función de las articulaciones de tus codos y rodillas?
2. Relacionar causa y efecto ¿Por qué es importante usar lentes y guantes desechables para examinar el ala de pollo?
3. Predecir ¿Se parecerá la disposición de los huesos y músculos del ala de pollo a la del brazo humano? ¿Por qué?

BIOLOGY.com Search Chapter 32 GO

Visita el Capítulo 32 en línea para hacer una autoevaluación del capítulo y para buscar actividades que apoyan tu aprendizaje.

Untamed Science Video Agárrate a tu asiento mientras el equipo de *Untamed Science* te lleva a la NASA para conocer los efectos de los viajes espaciales en los huesos de un astronauta.

Data Analysis Reúne y analiza datos del cáncer de piel y luego propón algunas conclusiones basadas en estos datos.

Tutor Tube Observa una analogía para aprender el modelo de filamentos deslizantes de la contracción muscular.

Art Review Repasa tu comprensión de las estructuras de la piel.

InterActive Art Observa cómo se mueven las diversas articulaciones del cuerpo.

Art in Motion Observa el proceso de la contracción muscular.

Visual Analogy ¿En qué se parece el esqueleto al armazón de una casa?

32 Guía de estudio

La gran idea Estructura y función

Los sistemas esquelético, muscular y tegumentario forman la estructura del cuerpo humano. Además, los tres realizan muchas funciones que contribuyen a la homeostasis.

32.1 El sistema esquelético

El esqueleto sostiene el cuerpo, protege los órganos internos, ayuda en el movimiento, almacena minerales y es el lugar donde se forman los glóbulos rojos.

Los huesos son una sólida red de células vivas y fibras proteicas que están rodeadas por depósitos de sales de calcio.

Las articulaciones contienen tejidos conectivos que mantienen unidos los huesos. Las articulaciones permiten que éstsos se muevan sin dañarse entre sí.

esqueleto axial (922)
esqueleto apendicular (922)
conducto de Havers (924)
médula ósea (924)
cartílago (924)
osificación (925)
osteoblasto (925)
osteocito (925)
osteoclasto (925)
articulación (926)
ligamento (927)

32.2 El sistema muscular

Existen tres diferentes tipos de tejido muscular: esquelético, liso y cardíaco.

Durante la contracción muscular, los filamentos de miosina forman puentes cruzados con los filamentos de actina. Estos puentes entonces cambian de forma, jalando a los filamentos de actina hacia el centro del sarcómero.

Los músculos esqueléticos generan fuerza y producen movimiento al jalar las partes corporales cuando se contraen.

fibra muscular (929)
miofibrilla (930)
miosina (930)
actina (930)
sarcómero (930)
unión neuromuscular (931)
acetilcolina (931)
tendón (932)

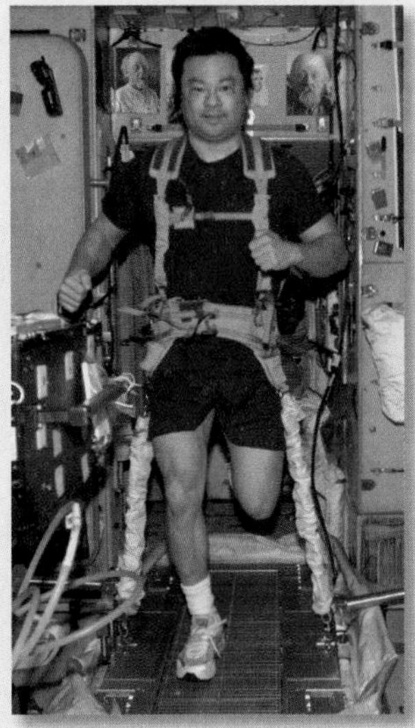

32.3 La piel: el sistema tegumentario

El sistema tegumentario sirve como barrera contra las infecciones y lesiones, ayuda a regular la temperatura corporal, elimina los desechos del cuerpo, recopila información y produce vitamina D.

La piel y sus estructuras relacionadas: el pelo, las uñas y varios tipos de glándulas, constituyen el sistema tegumentario.

La interacción constante de la piel con el medio ambiente puede provocar problemas de diferentes grados de severidad. Estos problemas incluyen el acné, la urticaria y el cáncer de piel.

epidermis (936)
queratina (936)
melanocito (936)
melanina (936)
dermis (937)
glándula sebácea (937)
folículo capilar (937)

Razonamiento visual Desarrolla un mapa de conceptos que muestre las relaciones entre los diferentes sistemas estudiados en este capítulo.

32 Evaluación

32.1 El sistema esquelético

Comprender conceptos clave

1. La red de tubos que se extiende por el hueso compacto se llama
- **a.** periostio.
- **b.** articulación.
- **c.** conducto de Havers.
- **d.** médula.

2. ¿Qué ocurre durante la osificación?
- **a.** Los huesos pierden minerales y masa.
- **b.** El cartílago es reemplazado con hueso.
- **c.** Se sintetiza la vitamina D.
- **d.** Los huesos se fracturan con mayor facilidad.

3. Los pequeños sacos de líquido sinovial que reducen la fricción entre los huesos de una articulación se llaman
- **a.** bursas.
- **b.** ligamentos.
- **c.** tendones.
- **d.** cartílagos.

4. ¿Qué tipos de tejidos se hallan en el sistema esquelético?

5. ¿Cuál es el beneficio del tejido del hueso esponjoso en los extremos de los huesos largos?

6. Dibuja el diagrama de un hueso largo y rotula sus estructuras.

7. ¿Qué tipo de articulación móvil permite la mayor variedad de movimientos?

Razonamiento crítico

8. Interpretar material visual ¿Qué muestra de hueso exhibe señales de osteoporosis, la opción *a* o la opción *b*? Explica tu respuesta.

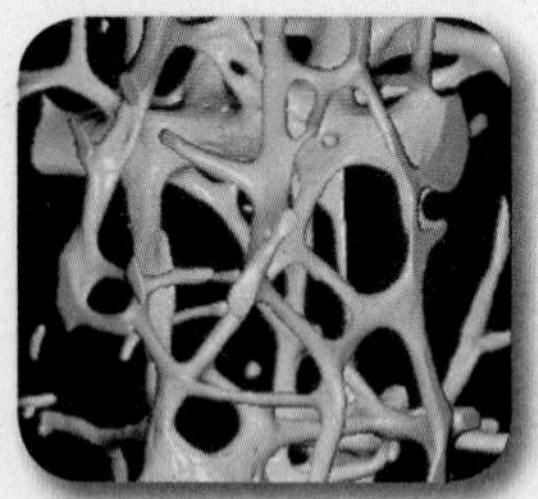

a.

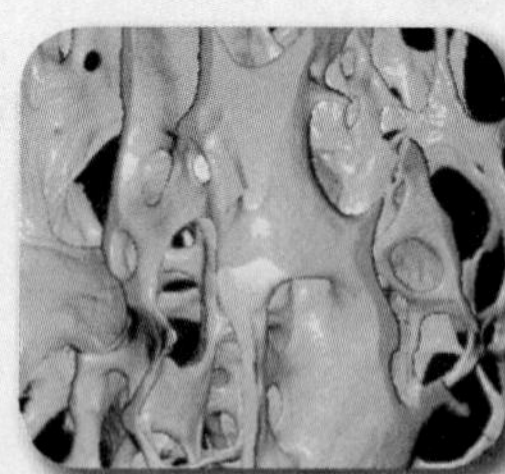

b.

9. Inferir Entre cada hueso de la columna vertebral hay discos de cartílago gomoso. ¿Qué función tienen?

10. Predecir Los vasos sanguíneos llevan oxígeno y nutrientes a todas las partes del cuerpo. Los ligamentos contienen menos vasos sanguíneos que otros tipos de tejidos. ¿Cómo podría esta situación afectar la velocidad de curación de los ligamentos lesionados? Explica.

11. Usar modelos Supón que quieres construir un brazo robótico que funcione de la misma manera que el codo humano. Describe o traza tres hechos sobre el codo que puedas usar en tu planeación.

32.2 El sistema muscular

Comprender conceptos clave

12. ¿En qué parte del cuerpo hallarías tejido muscular estriado con células relativamente pequeñas que tengan uno o dos núcleos?
- **a.** muslo
- **b.** estómago
- **c.** vasos sanguíneos
- **d.** corazón

13. Dos proteínas que participan en la contracción del músculo son
- **a.** el sarcómero y la miofibrilla.
- **b.** la actina y la miosina.
- **c.** el periostio y el cartílago.
- **d.** el ATP y la acetilcolina.

14. El punto de contacto entre una neurona motora y una célula del músculo esquelético se llama
- **a.** sitio de puente cruzado.
- **b.** unión de hendidura.
- **c.** sarcómero.
- **d.** unión neuromuscular.

15. Describe la función principal de cada uno de los tres tipos de tejido muscular.

16. Usa el modelo de los filamentos deslizantes para describir cómo funcionan los músculos esqueléticos.

17. Describe cómo afecta la liberación de acetilcolina de una neurona motora a la célula muscular.

18. Explica esta oración: "Casi todos los músculos esqueléticos trabajan en pares opuestos".

19. ¿Cuál es una diferencia entre la estructura de las fibras musculares rápidas y lentas? ¿Cómo se relaciona esta diferencia con sus funciones?

Razonamiento crítico

20. Relacionar causa y efecto Ciertas bacterias producen una toxina que impide a las neuronas motoras liberar acetilcolina. Explica por qué esto puede ser el origen de una pérdida fatal en el movimiento del músculo.

21. Aplica los conceptos A pesar de que el ejercicio puede aumentar tu fortaleza y resistencia, el ejercicio excesivo puede tener efectos adversos en tu cuerpo. Usa recursos de la biblioteca o de Internet para averiguar cuáles son estos efectos adversos. Resume tus descubrimientos en un informe breve.

32.3 La piel: el sistema tegumentario

Comprender conceptos clave

22. La capa externa de la piel se llama

- **a.** dermis.
- **b.** queratina.
- **c.** epidermis.
- **d.** melanina.

23. ¿Qué estructura libera una secreción que contribuye a la formación del acné?

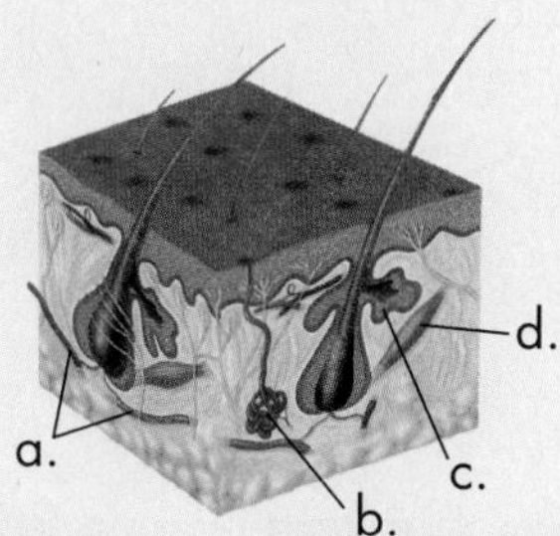

24. ¿Dónde se producen las células epidérmicas nuevas que reemplazan a las viejas células eliminadas?

- **a.** en la capa externa de la epidermis
- **b.** en la capa interna de la epidermis
- **c.** en la dermis
- **d.** en las glándulas sebáceas

25. Describe tres maneras en que el sistema tegumentario realiza la función de protección.

26. Compara las estructuras de las capas internas y externas de la piel.

27. Describe dos maneras en que la piel ayuda a mantener la homeostasis.

28. ¿Cómo crecen las uñas de manos y pies?

resuelve el MISTERIO del CAPÍTULO

DECESO DE UNA ENFERMEDAD

La búsqueda de la causa y cura del raquitismo reveló dos descubrimientos. Tanto el aceite de hígado de bacalao como la exposición a la luz ultravioleta pueden evitarlo y curarlo.

El primer descubrimiento indicaba que el aceite de hígado de bacalao contenía un nutriente implicado en la salud de los huesos. A partir de la década de 1930, muchos padres estadounidenses, incluyendo a los padres de uno de los autores de este libro de texto, daban a sus hijos dosis diarias del amargo aceite de hígado de bacalao.

El segundo descubrimiento indicaba que la exposición al sol influía en la salud de los huesos. Esto explicaba por qué los niños de climas más fríos eran más susceptibles al raquitismo. Ellos se exponían muy poco al sol durante los oscuros meses del frío invierno.

Pero los científicos todavía se preguntaban cuál era la conexión entre el aceite de hígado de bacalao y la luz ultravioleta. ¿Cómo podían ambos tratamientos producir el mismo resultado positivo?

Gracias al trabajo de muchos de ellos, ahora sabemos que la vitamina D es el nutriente que contiene el aceite de hígado de bacalao. Y, cuando se expone a la luz ultravioleta, la piel produce compuestos que se pueden convertir en vitamina D. También hemos aprendido que la vitamina D ayuda al cuerpo a absorber el calcio y el fósforo del sistema digestivo.

Los niños de hoy no tienen que tomar aceite de hígado de bacalao porque la vitamina D se agrega a la leche. El raquitismo ya es una enfermedad rara.

1. Explicar ¿Por qué los niños de las ciudades del sur tenían menos probabilidad de desarrollar raquitismo?

2. Comparar y contrastar Describe la estructura de los huesos de un niño sano comparada con los huesos de un niño que desarrolló raquitismo.

3. Conectar con la gran idea Explica cómo se relaciona la vitamina D con la estructura y función de los tres sistemas sobre los que has aprendido en este capítulo.

Razonamiento crítico

29. Inferir Un callo epidérmico es el engrosamiento de la epidermis causado por una fricción repetida. ¿Por qué las personas a menudo desarrollan callos en los pies?

30. Predecir A medida que las personas envejecen, la velocidad a la que producen células de piel nueva se desacelera, pero la velocidad a la que mudan las células de la piel no. ¿Qué efecto crees que tenga esto en la piel de una persona?

31. Relacionar causa y efecto Las personas que padecen albinismo tienen poco pigmento en la piel, pelo u ojos. El albinismo por lo general es una enfermedad genética recesiva que evita que las células produzcan una sustancia química específica. ¿Qué sustancia química crees que les falta a las personas que padecen albinismo? Explica tu respuesta.

Relacionar conceptos

Usar gráficas científicas

32. Inferir Debido a que el cartílago no aparece en los rayos X, se ve como un área clara entre la parte central y los extremos de los huesos. Examina los rayos X. ¿Qué mano pertenece a la persona más joven? Explica.

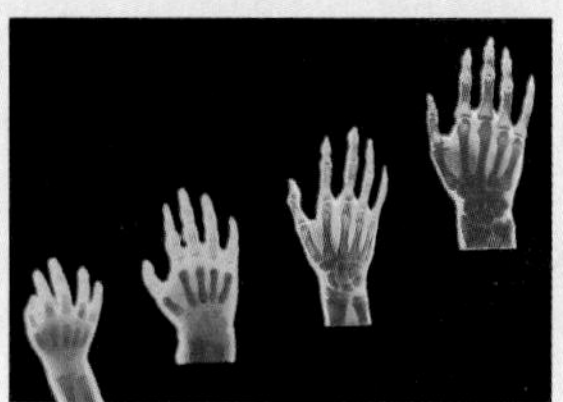

Escribir sobre las ciencias

33. Explicación Las quemaduras graves en grandes áreas de piel pueden poner en peligro la vida. Desarrolla un párrafo que explique los mayores riesgos que enfrentan estos pacientes quemados.

34. Comparar y contrastar El soporte y el movimiento son las funciones básicas de los sistemas esquelético, muscular y tegumentario. En un párrafo, compara estos tres sistemas corporales con estructuras semejantes de un edificio. Por ejemplo, ¿qué sistema corporal tiene la misma función que las vigas de un edificio? ¿Y que las paredes? ¿En qué se parecen? ¿En qué se diferencian? (*Pista:* Para comenzar, escribe una lista de las características compartidas).

35. Evalúa la gran idea Recuerda lo que aprendiste sobre los huesos de peces, anfibios, reptiles, aves y mamíferos. Compara ejemplos de partes esqueléticas específicas, como columnas vertebrales o extremidades anteriores. Relaciona los huesos con la manera en que se mueve cada animal.

Analizar datos

El índice UV (ultravioleta) es un sistema de clasificación desarrollado por la Agencia de Protección Ambiental. La meta del índice es informar al público sobre el nivel de radiación UV que se espera en un día específico. Los números más altos indican niveles más altos de radiación UV. La tabla muestra los índices de UV promedio de varias ciudades de Estados Unidos.

Valores promedio del índice UV, ubicaciones seleccionadas

Ubicaciones	Valor promedio del índice UV	
	Invierno	Verano
Anchorage, Alaska	< 1	3–4
Atlanta, Georgia	2	8
Honolulú, Hawai	6	11–12
Miami, Florida	4	10–11
Nueva York, Nueva York	1–2	6–7
Phoenix, Arizona	3	10
Portland, Oregón	1	5–6
St. Louis, Missouri	1–2	7–8

26. Interpretar datos ¿En qué ciudad una persona debe tener más cuidado al exponerse al sol?

- **a.** en Honolulú en el invierno
- **b.** en Anchorage en el verano
- **c.** en Atlanta en el invierno
- **d.** en St. Louis en el verano

37. Proponer una hipótesis Desarrolla una hipótesis que explique la relación entre la geografía y los valores promedio del índice UV.

Preparación para exámenes estandarizados

Selección múltiple

1. ¿Qué determina los diferentes colores de piel entre los individuos?
   A la cantidad de melanocitos
   B la cantidad de melanina que produce cada melanocito
   C la cantidad de queratina que hay en la piel
   D la cantidad de sebo que se produce

2. El músculo liso se halla en
   A las paredes de los vasos sanguíneos.
   B el corazón.
   C las uniones neuromusculares.
   D las articulaciones.

3. Las siguientes son funciones importantes del sistema esquelético EXCEPTO
   A proteger los órganos internos.
   B facilitar el movimiento.
   C almacenar reservas minerales.
   D regular la temperatura corporal.

4. ¿Cuál de los siguientes suministra la energía requerida para las contracciones musculares?
   A la miosina
   B el ATP
   C la acetilcolina
   D la actina

5. La resistente capa de tejido conectivo que rodea los huesos se llama
   A tendón.
   B ligamento.
   C periostio.
   D cartílago.

6. Las articulaciones que permiten que un hueso gire alrededor de otro son
   A articulaciones deslizantes.
   B articulaciones mecánicas.
   C articulaciones de bisagra.
   D articulaciones de pivote.

7. ¿Cuál de los siguientes NO se halla en el tejido de la piel?
   A queratina
   B colágeno
   C médula
   D melanina

8. ¿Cuál es la función del sebo?
   A Humedecer el pelo y la piel.
   B Dar su color a la piel.
   C Aislar al cuerpo.
   C Hacer que las uñas y el pelo sean rígidos.

Preguntas 9 y 10

A medida que las personas envejecen, el contenido mineral de sus huesos disminuye. Las personas que no producen suficiente hueso durante su adolescencia y primera etapa de su edad adulta, o que lo pierden a una velocidad más rápida de lo normal, corren el riesgo de desarrollar osteoporosis. La siguiente gráfica muestra la masa ósea típica de hombres y mujeres a lo largo de casi toda su vida.

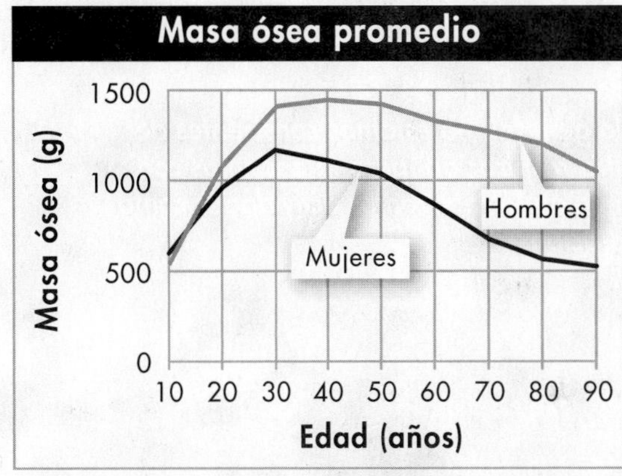

9. ¿Entre qué edades obtienen más masa ósea tanto los hombres como las mujeres a mayor velocidad?
   A entre los 10 y los 20 años
   B entre los 20 y los 30 años
   C entre los 30 y los 40 años
   D entre los 50 y los 60 años

10. Una conclusión válida que se podría sacar de esta gráfica es que, en promedio,
    A las mujeres pierden más masa ósea a medida que envejecen que los hombres.
    B los hombres pierden más masa ósea a medida que envejecen que las mujeres.
    C las mujeres y los hombres pierden la misma cantidad de masa ósea a medida que envejecen.
    D los hombres siguen obteniendo masa ósea a medida que envejecen.

Respuesta de desarrollo

11. Los médicos recomiendan que las mujeres coman alimentos ricos en calcio y hagan mucho ejercicio durante la adolescencia y la primera etapa de su edad adulta. ¿Cómo podría esto ayudar a prevenir la osteoporosis en etapas posteriores de la vida?

Si tienes dificultades con...

la pregunta	1	2	3	4	5	6	7	8	9	10	11
Ver la lección	32.3	32.2	32.1	32.2	32.1	32.1	32.3	32.3	32.1	32.1	32.1

33 Sistemas circulatorio y respiratorio

Estructura y función

P: ¿Cómo mantienen las estructuras de los sistemas respiratorio y circulatorio su estrecha relación funcional?

Por lo general, no estamos conscientes de nuestra respiración, pero la podemos controlar cuando realizamos actividades como la natación.

BIOLOGY.com Search Chapter 33 GO • Flash Cards

EN ESTE CAPÍTULO:

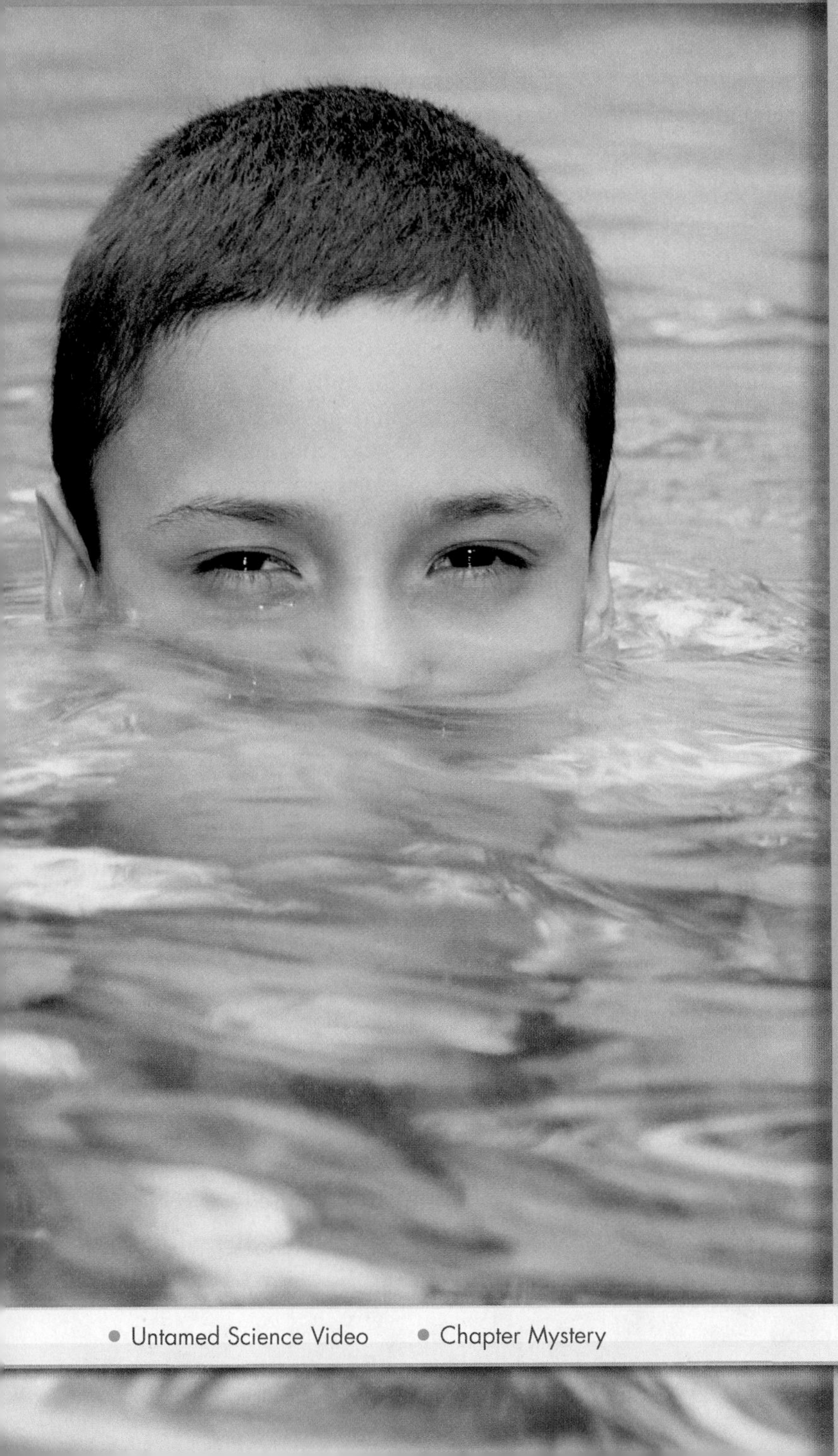

MISTERIO DEL CAPÍTULO

EN LA SANGRE

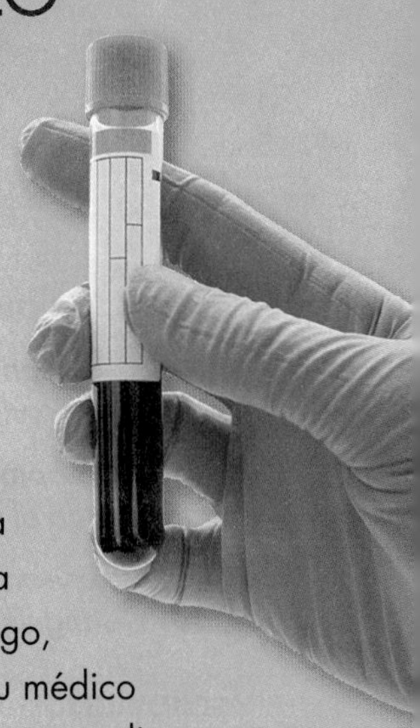

Con 60 años de edad, John se sometió a una cirugía para desviar la sangre alrededor de los vasos bloqueados de su corazón. Desde entonces, ha limitado su ingesta de grasa y se ha apegado a un programa de ejercicios. Sin embargo, hoy tiene una cita con su médico para hablar sobre un nuevo medicamento que podría desintegrar los depósitos de grasa que se están volviendo a formar en los vasos de su corazón.

Al final del pasillo, Lila, de 6 años de edad, también va a ver hoy a su médico. Sus vasos también están obstruidos por depósitos de grasa y corre peligro de sufrir un infarto, incluso a su corta edad. Ambos pacientes tienen una enfermedad genética que afecta una sustancia que transporta la sangre. ¿Cuál es esa enfermedad? ¿Por qué los afecta en edades tan diferentes? A medida que leas este capítulo, busca pistas sobre la identidad de esta enfermedad genética y la investigación que la explica. Luego, resuelve el misterio.

Continúa explorando el mundo.

Hallar la solución al misterio de la sangre sólo es el principio. Emprende un viaje de campo en video con los genios ecólogos de *Untamed Science* para ver adónde conduce este misterio.

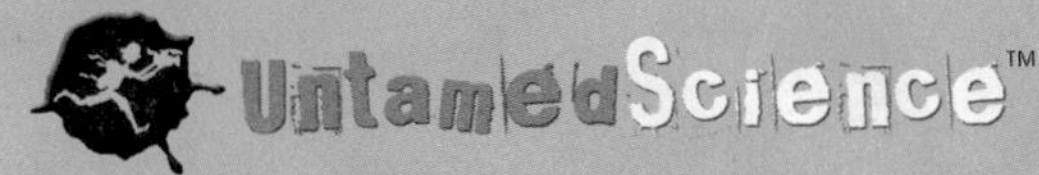

- Untamed Science Video
- Chapter Mystery

33.1 El sistema circulatorio

Preguntas clave

¿Cuáles son las funciones del sistema circulatorio?

¿Cómo bombea el corazón sangre a todo el cuerpo?

¿Cuáles son los tres tipos de vasos sanguíneos?

Vocabulario

miocardio • aurícula • ventrículo • válvula • circulación pulmonar • circulación sistémica • marcapasos • arteria • capilar • vena

Tomar notas

Vistazo al material visual Antes de leer, observa la **ilustración 33–3.** Escribe una lista de preguntas sobre ella. A medida que leas, escribe las respuestas.

PIÉNSALO "Tenía 47 años cuando un día sufrí un colapso en el trabajo. No recuerdo esos 22 minutos de mi vida. Tuve un paro cardíaco". Estas son las palabras de un hombre que sobrevivió a un infarto. Afortunadamente fue tratado rápidamente y se sometió con éxito a una cirugía cardíaca. Continuó llevando una vida bastante normal. ¡Incluso corrió en el Maratón de Boston! Pero más de un tercio de los 1.2 millones de estadounidenses que sufren infartos cada año mueren. Esta sombría prueba muestra que el corazón y el sistema circulatorio que lo activa son vitales para la vida. ¿Por qué?

Funciones del sistema circulatorio

¿Cuáles son las funciones del sistema circulatorio?

Algunos animales tienen tan pocas células que todas están en contacto directo con el medio ambiente. La difusión y el transporte activo a través de las membranas celulares les suministran el oxígeno y los nutrientes y eliminan los productos de desecho. Sin embargo, el cuerpo humano contiene millones de células que no están en contacto directo en el medio ambiente externo. Debido a esto, los seres humanos necesitan un sistema circulatorio. **El sistema circulatorio transporta oxígeno, nutrientes y otras sustancias por todo el cuerpo y elimina los desechos de los tejidos.**

Las personas que viven en las grandes ciudades enfrentan una serie de problemas semejantes a los de las células del cuerpo. Requieren alimentos y bienes que se producen en otros lados y deben deshacerse de su basura y otros desechos. Las personas deben moverse por la ciudad. ¿Cómo se satisfacen estas necesidades? Mediante el sistema de transporte de la ciudad: una red de calles, carreteras y líneas del metro o trenes que llevan los bienes a la ciudad y eliminan sus desechos. El principal sistema de transporte del cuerpo humano es un sistema circulatorio cerrado compuesto por un corazón, vasos sanguíneos y sangre.

ANALOGÍA VISUAL

SISTEMA DE TRANSPORTE URBANO

ILUSTRACIÓN 33–1 El sistema circulatorio humano es como la vialidad urbana. **Usar analogías** ***Compara las necesidades de una persona que vive en una gran ciudad con las de una célula del cuerpo.***

El corazón

¿Cómo bombea el corazón sangre a todo el cuerpo?

La mayor parte del tiempo, probablemente ni siquiera te percatas de que tu corazón está funcionando. Pero cuando haces ejercicio, puedes sentir cómo late cerca del centro de tu pecho.

Estructura del corazón Tu corazón, que es un órgano hueco aproximadamente del tamaño de un puño cerrado, está compuesto casi totalmente por músculos. Éstos comienzan a contraerse antes de nacer y dejan de hacerlo al morir. En sus paredes, dos delgadas capas de tejido epitelial y conectivo forman un sándwich alrededor de una capa muscular llamada **miocardio.** **Las potentes contracciones del miocardio bombean sangre por el sistema circulatorio.** El corazón de un adulto se contrae en promedio 72 veces por minuto, bombeando aproximadamente 70 mililitros de sangre en cada contracción.

Como muestra la **ilustración 33–2,** el corazón está dividido en cuatro cámaras. Una pared llamada tabique intraventricular separa el lado derecho del corazón del izquierdo. El tabique intraventricular impide que la sangre con poco oxígeno se mezcle con la sangre rica en oxígeno. En cada lado del tabique intraventricular hay una cámara superior y una inferior. Cada cámara superior, o **aurícula,** recibe sangre del cuerpo. Cada cámara inferior, o **ventrículo,** bombea sangre fuera del corazón.

En tu cuaderno *Una piscina olímpica contiene aproximadamente 2,000,000 de litros de agua. ¿Un corazón promedio bombea suficiente sangre en un año para llenar una piscina olímpica? Explica tu respuesta.*

DESARROLLAR el vocabulario

ORIGEN DE LAS PALABRAS La palabra *cardíaco*, el prefijo *cardio-* y el sufijo *-cardio* están basados en la palabra en griego *kardia*, que significa "corazón".

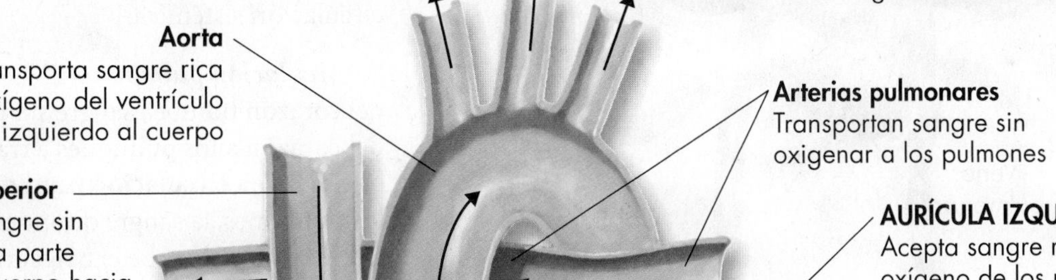
Aorta
Transporta sangre rica en oxígeno del ventrículo izquierdo al cuerpo
Arterias pulmonares
Transportan sangre sin oxigenar a los pulmones
Vena cava superior
Transporta sangre sin oxigenar de la parte superior del cuerpo hacia la aurícula derecha
AURÍCULA IZQUIERDA
Acepta sangre rica en oxígeno de los pulmones
Venas pulmonares derechas
Llevan sangre rica en oxígeno del pulmón derecho a la aurícula izquierda
Venas pulmonares izquierdas
Llevan sangre rica en oxígeno del pulmón izquierdo a la aurícula izquierda
Válvula mitral
AURÍCULA DERECHA
Acepta la sangre sin oxigenar del cuerpo
Válvula pulmonar
Válvula aórtica
VENTRÍCULO DERECHO
Bombea sangre sin oxigenar a los pulmones
VENTRÍCULO IZQUIERDO
Bombea sangre rica en oxígeno al cuerpo
Válvula tricúspide
Tabique intraventricular
Vena cava inferior
Lleva sangre sin oxigenar de la parte inferior del cuerpo a la aurícula derecha

ILUSTRACIÓN 33–2 El corazón El corazón humano tiene cuatro cámaras: la aurícula derecha, el ventrículo derecho, la aurícula izquierda y el ventrículo izquierdo. Las válvulas que se localizan entre las aurículas y los ventrículos y entre los ventrículos y los vasos que salen del corazón impiden que la sangre se regrese entre cada latido.

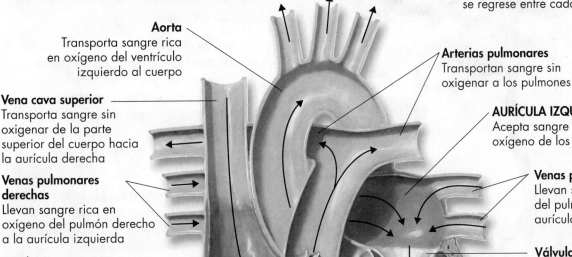

Flujo de sangre a través del corazón La sangre del cuerpo entra en el corazón por la aurícula derecha y la de los pulmones por la izquierda. Cuando las aurículas se contraen, la sangre fluye a los ventrículos. Entre las aurículas y los ventrículos hay aletas de tejido conectivo llamadas **válvulas,** que se abren cuando la sangre pasa de las aurículas a los ventrículos. Cuando los ventrículos se contraen, las válvulas se cierran, evitando que la sangre regrese a las aurículas. También hay válvulas en la salida de cada ventrículo. Este sistema de válvulas mueve a la sangre en una sola dirección, como el tráfico de un solo sentido.

El suministro de sangre del corazón El músculo cardíaco necesita un suministro constante de oxígeno y nutrientes. Sorprendentemente, el corazón recibe muy poco oxígeno y nutrientes de la sangre que bombea a través de sus cámaras. En cambio, un par de vasos sanguíneos llamados *arterias coronarias,* que se ramifican de la aorta y se extienden a través del tejido del corazón, suministran la sangre al músculo cardíaco. Las arterias coronarias y los vasos que se ramifican de ellas son relativamente estrechos, considerando las necesidades del corazón. Si se bloquean, a las células del músculo cardíaco se les agota el oxígeno y pueden comenzar a morir. Esto es lo que ocurre durante un infarto, que estudiaremos en la lección 33.2.

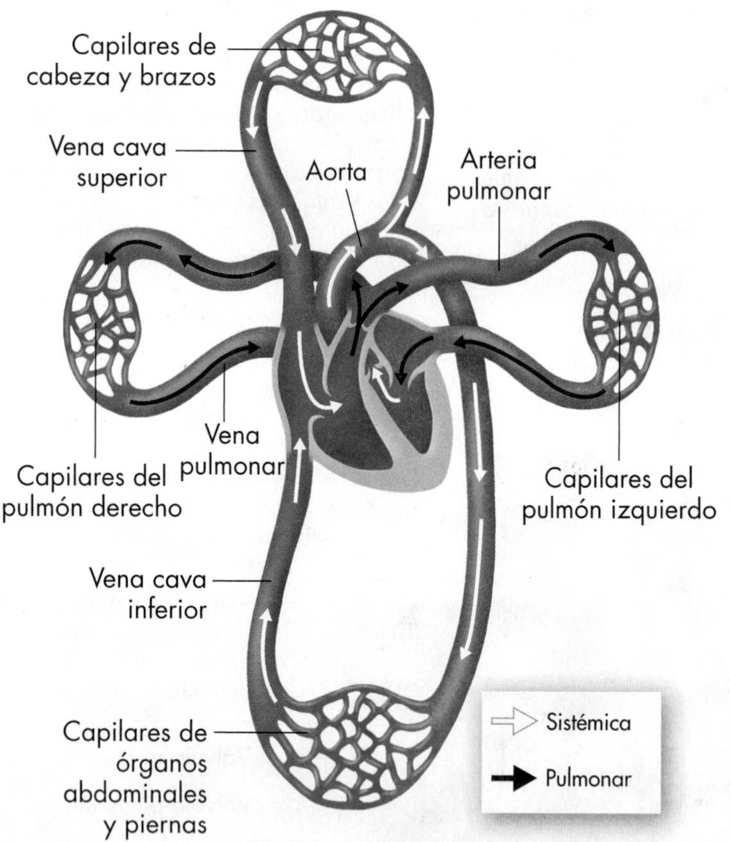

ILUSTRACIÓN 33–3 Vías circulatorias El sistema circulatorio está dividido en dos vías. La circulación pulmonar transporta la sangre entre el corazón y los pulmones. La sistémica transporta la sangre entre el corazón y el resto del cuerpo. **Observar** ***¿Qué tipo de sangre, oxigenada o sin oxigenar, sale de los pulmones y regresa al corazón?***

Circulación A pesar de que es un órgano, el corazón funciona como dos bombas. Una impulsa sangre a los pulmones, en tanto que la otra la impulsa al resto del cuerpo, como se muestra en la **ilustración 33–3.** Las dos vías de sangre a través del cuerpo se llaman circulación pulmonar y circulación sistémica.

▶ ***Circulación pulmonar*** El lado derecho del corazón bombea sangre sin oxigenar del corazón a los pulmones a través de lo que se llama **circulación pulmonar.** En los pulmones, la sangre difunde el dióxido de carbono y absorbe el oxígeno. Luego, la sangre rica en oxígeno fluye al lado izquierdo del corazón.

▶ ***Circulación sistémica*** El lado izquierdo del corazón bombea sangre rica en oxígeno al resto del cuerpo a través de lo que se llama **circulación sistémica.** Las células absorben mucho oxígeno y llenan la sangre de dióxido de carbono. Esta sangre ahora sin oxigenar regresa al lado derecho del corazón para realizar otro viaje a los pulmones y recoger oxígeno.

En tu cuaderno *Dibuja un diagrama circular que represente tanto la circulación pulmonar como la sistémica.*

Latidos Para ser una bomba eficaz, el corazón debe latir de manera ordenada y coordinada. Dos redes de fibras musculares coordinan la acción de bombeo del corazón, una en las aurículas y otra en los ventrículos. Cuando se estimula una fibra muscular de cualquier red, toda la red se contrae.

❶ **Contracción de las aurículas** Cada contracción comienza en un pequeño grupo de fibras musculares cardíacas: el nódulo sinoauricular (nódulo SA), ubicado en la aurícula derecha. El nódulo SA "marca el paso" del corazón, por eso se llama **marcapasos.** Cuando el nódulo SA se activa, un impulso eléctrico se extiende por toda la red de fibras musculares de las aurículas y éstas se contraen.

❷ **Contracción de los ventrículos** Entones, el impulso del nódulo SA es recogido por otro grupo de fibras musculares llamado nódulo auriculoventricular (nódulo AV). Aquí el impulso se retrasa durante una fracción de segundo mientras las aurículas se contraen y bombean sangre a los ventrículos. Entonces el nódulo AV produce impulsos que se extienden por los ventrículos y provocan que se contraigan, bombeando sangre fuera del corazón. Este patrón de contracción de dos pasos, primero las aurículas y luego los ventrículos, hace que el corazón sea una bomba eficaz.

Controlar el ritmo cardíaco Tu ritmo cardíaco varía dependiendo de la necesidad de tu cuerpo de absorber oxígeno y liberar dióxido de carbono. Por ejemplo, cuando haces mucho ejercicio, tu ritmo cardíaco podría aumentar hasta aproximadamente 200 latidos por minuto. El ritmo cardíaco no está controlado directamente por el sistema nervioso, pero el sistema nervioso autónomo sí influye en la actividad del nódulo SA. Los neurotransmisores liberados por el sistema nervioso simpático aumentan el ritmo cardíaco. Los liberados por el sistema nervioso parasimpático disminuyen el ritmo cardíaco.

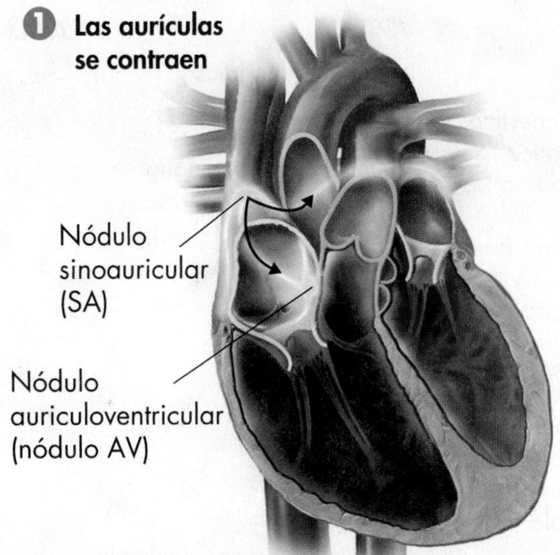

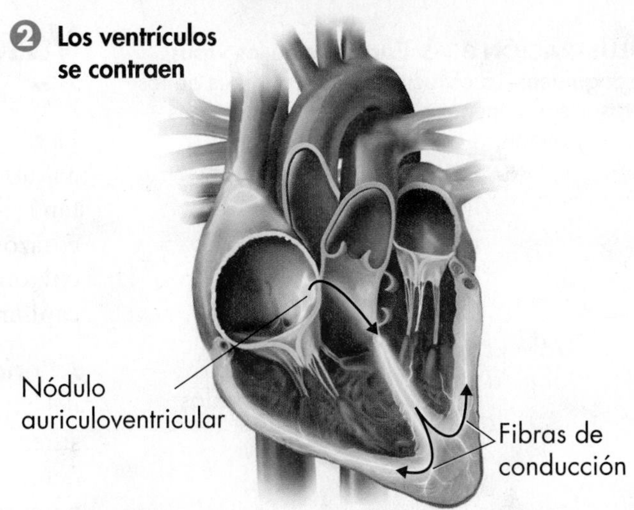

ILUSTRACIÓN 33–4 Latido El nódulo SA genera un impulso que se extiende por las aurículas, provocando que las fibras musculares se contraigan y bombeen sangre a los ventrículos. El nódulo AV recoge la señal y, después de un leve retraso, envía un impulso a través de los ventrículos, haciendo que se contraigan.

Actividad rápida de laboratorio

INVESTIGACIÓN DIRIGIDA

¿Qué factores afectan al ritmo cardíaco?

❶ Mide tu ritmo cardíaco mientras estás sentado. Halla tu pulso en una de tus muñecas usando los dos primeros dedos de tu otra mano.

❷ Cuenta el número de latidos que ocurren en 15 segundos y multiplícalos por 4. El resultado es el número de latidos por minuto.

Analizar y concluir

1. Predecir ¿Qué crees que pasaría si te levantaras? ¿Tu ritmo cardíaco disminuiría, aumentaría o permanecería igual?

2. Evaluar Prueba tu predicción levantándote y midiendo de nuevo tu ritmo cardíaco. Explica tus resultados.

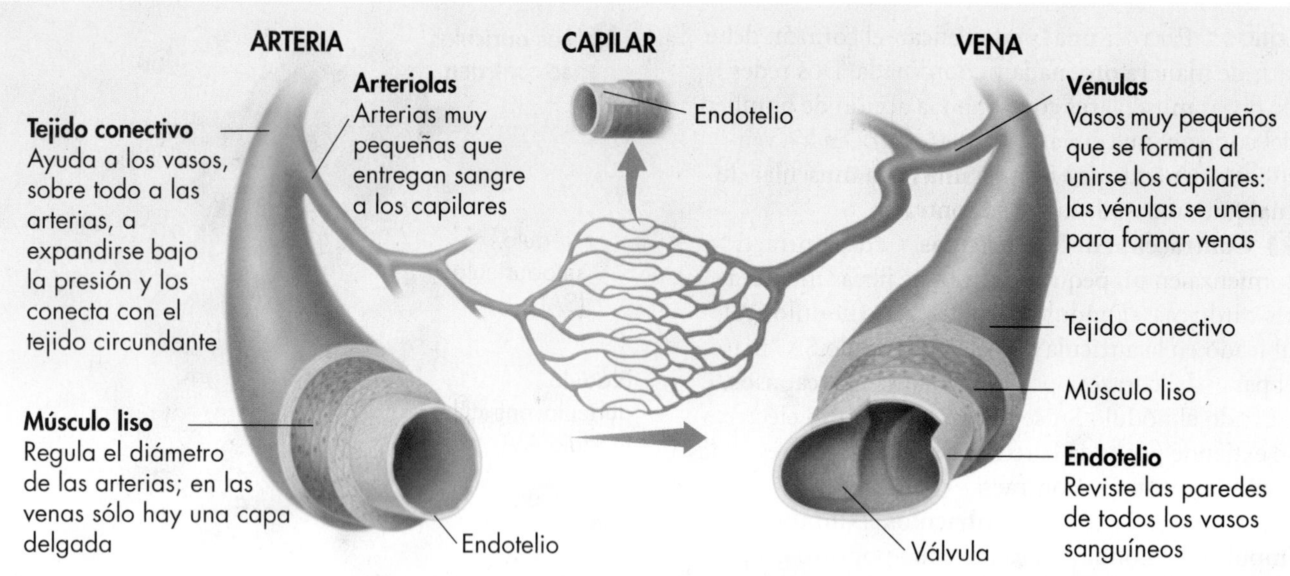
ARTERIA
CAPILAR
VENA
Tejido conectivo
Ayuda a los vasos, sobre todo a las arterias, a expandirse bajo la presión y los conecta con el tejido circundante
Arteriolas
Arterias muy pequeñas que entregan sangre a los capilares
Endotelio
Vénulas
Vasos muy pequeños que se forman al unirse los capilares: las vénulas se unen para formar venas
Tejido conectivo
Músculo liso
Regula el diámetro de las arterias; en las venas sólo hay una capa delgada
Endotelio
Músculo liso
Endotelio
Reviste las paredes de todos los vasos sanguíneos
Válvula

ILUSTRACIÓN 33–5 Estructura de los vasos sanguíneos La estructura de las paredes de los vasos sanguíneos contribuye a las funciones que realizan.

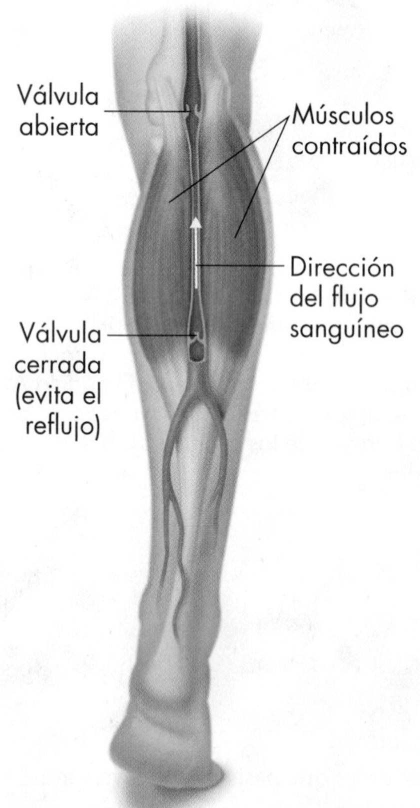
Válvula abierta
Músculos contraídos
Dirección del flujo sanguíneo
Válvula cerrada (evita el reflujo)

ILUSTRACIÓN 33–6 Flujo sanguíneo en las venas La contracción de los músculos esqueléticos ayuda a mover la sangre de las venas hacia el corazón. **Sacar conclusiones** ***¿Qué función desempeñan las válvulas de las venas grandes?***

Vasos sanguíneos

¿Cuáles son los tres tipos de vasos sanguíneos?

La sangre rica en oxígeno que sale del ventrículo izquierdo pasa a la aorta, que es el primero de una serie de vasos que transportan la sangre a través de la circulación sistémica y de regreso al corazón. **A medida que la sangre fluye por el sistema circulatorio, se mueve por tres tipos de vasos sanguíneos: arterias, capilares y venas.**

Arterias Las **arterias** son vasos grandes que transportan sangre del corazón a los tejidos corporales. Son las supercarreteras del sistema circulatorio. Excepto las arterias pulmonares, todas las demás transportan sangre rica en oxígeno. Las arterias tienen paredes gruesas y elásticas que les ayudan a soportar la potente presión que se produce cuando el corazón se contrae y bombea la sangre en ellas. La **ilustración 33–5** describe las tres capas de tejido que se hallan en las paredes arteriales: el tejido conectivo, el músculo liso y el endotelio.

Capilares Los vasos sanguíneos más pequeños son los **capilares.** Son las calles laterales y callejones del sistema circulatorio. Casi todos son tan estrechos que las células sanguíneas pasan por ellos en una sola fila. Sus paredes extremadamente delgadas permiten que el oxígeno y los nutrientes se difundan de la sangre a los tejidos y que el dióxido de carbono y otros productos de desecho pasen de los tejidos a la sangre.

Venas Después de que la sangre pasa por los capilares, regresa al corazón a través de las **venas.** La sangre a menudo debe fluir contra la gravedad a través de venas grandes de tus brazos y piernas. Muchas venas se localizan cerca y entre los músculos esqueléticos, como se muestra en la **ilustración 33–6.** Cuando te mueves, los músculos esqueléticos que se contraen aprietan las venas, empujando la sangre hacia el corazón. Muchas venas contienen válvulas. La válvula que está más lejos del corazón se cierra para asegurar que la sangre siga fluyendo en una sola dirección.

Presión sanguínea Igual que una bomba, el corazón produce presión. Cuando se contrae, produce una oleada de presión líquida en las arterias, conocida como presión sanguínea. A pesar de que ésta disminuye cuando el corazón se relaja entre los latidos, el sistema permanece bajo presión debido a la elasticidad de las paredes arteriales. Eso es bueno. Sin esa presión, la sangre dejaría de fluir por el cuerpo.

Los trabajadores del cuidado de la salud miden la presión sanguínea con un aparato llamado esfigmomanómetro, que consiste en un brazalete inflable que tiene una bomba y un contador. El brazalete se enrolla alrededor del antebrazo y se infla hasta que bloquea el flujo de sangre que corre por la arteria del brazo. A medida que se libera la presión, quien mide escucha un latido con un estetoscopio y registra el número del contador. Este número representa la presión sistólica: la fuerza que tienen las arterias cuando los ventrículos se contraen. Cuando el sonido del pulso desaparece, se registra un segundo número que representa la presión diastólica: la fuerza que tienen las arterias cuando los ventrículos se relajan. Una lectura típica de la presión sanguínea de un adolescente o adulto saludable es menor de 120/80.

El cuerpo regula la presión sanguínea de varias maneras. Los receptores sensoriales de los vasos sanguíneos detectan la presión sanguínea y envían impulsos al tallo cerebral. Cuando la presión sanguínea es alta, el sistema nervioso autónomo libera neurotransmisores que relajan a los músculos lisos de las paredes de los vasos sanguíneos. Cuando es baja, se liberan neurotransmisores que hacen que los músculos lisos de las paredes de los vasos se contraigan.

Los riñones también regulan la presión sanguínea modificando el volumen de la sangre. Activados por hormonas producidas por el corazón y otros órganos, los riñones retiran más agua de la sangre y la eliminan en la orina cuando la presión sanguínea es alta o conservan más agua cuando la presión sanguínea es baja.

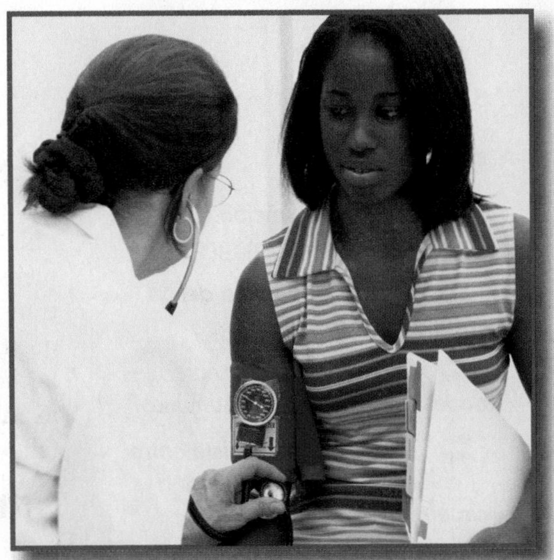

ILUSTRACIÓN 33–7 Tomar la presión sanguínea Es importante que te tomen la presión sanguínea porque si está muy alta o muy baja puede afectar gravemente a casi todos los sistemas corporales.

33.1 Evaluación

Repaso de conceptos clave

1. a. Repasar Escribe las estructuras del sistema circulatorio y explica sus funciones.

b. Aplica los conceptos ¿Por qué los seres humanos necesitan un sistema circulatorio?

2. a. Repasar Describe las dos vías de la circulación sanguínea del cuerpo.

b. Relacionar causa y efecto ¿Cómo afectaría una lesión en el nódulo sinoauricular la función del corazón?

3. a. Repasar Describe las funciones de los tres tipos de vasos sanguíneos en el sistema circulatorio.

b. Inferir Si estuvieras parado, ¿dónde sería tu presión sanguínea más alta: en tu brazo o en tu pierna? Explica tu respuesta. (*Pista:* Piensa qué zona del cuerpo está más cerca de la fuente de presión).

RAZONAMIENTO VISUAL

4. Traza la **ilustración 33–2.** Rotula las cuatro cámaras del corazón. Agrega flechas y rótulos para indicar cómo fluye la sangre por el corazón.

BIOLOGY.com Search Lesson 33.1  GO • Self-Test • Lesson Assessment

33.2 La sangre y el sistema linfático

Preguntas clave

¿Cuál es la función de los componentes de la sangre?

¿Cuál es la función del sistema linfático?

¿Cuáles son las tres enfermedades circulatorias más comunes?

¿Qué conexión existe entre el colesterol y las enfermedades circulatorias?

Vocabulario

plasma • glóbulo rojo • hemoglobina • glóbulo blanco • plaqueta • linfa • aterosclerosis

Tomar notas

Esquema Antes de leer, haz un esquema de los principales títulos de esta lección. A medida que leas, escribe las ideas principales y los detalles de apoyo de cada título.

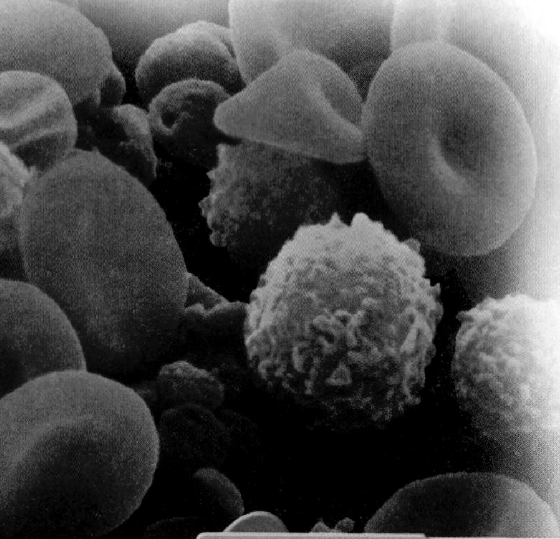

ILUSTRACIÓN 33–8 Glóbulos rojos La micrografía muestra glóbulos rojos (discos rojos), glóbulos blancos (esferas doradas) y plaquetas (fragmentos rosados). (SEM 1866×).

PIÉNSALO Cuando piensas en los tejidos corporales, probablemente imaginas algo con una forma definida, como un músculo o la piel. Pero la sangre también es un tejido, ¡sólo que está en forma líquida! Cuanto más pienses en la sangre, más te sorprenden sus diversas funciones. Además de transportar el oxígeno y combatir las enfermedades, transporta sustancias que tu cuerpo produce y fuentes de energía como azúcares y grasas. De hecho, una de las mejores maneras de juzgar la salud de una persona es, lo adivinaste, mediante un análisis de sangre. ¿Cómo realiza este extraño tejido tantas funciones esenciales?

Sangre

¿Cuál es la función de los componentes de la sangre?

Tal vez creas que la función más importante de la sangre es servir como el sistema de transporte del cuerpo. Pero sus diversos componentes también ayudan a regular la temperatura corporal, combatir infecciones y producir coágulos que minimizan la pérdida de fluidos corporales por heridas.

Plasma El cuerpo humano contiene entre 4 y 6 litros de sangre. Casi 55 por ciento del volumen total de la sangre es un fluido color paja llamado **plasma.** **Éste contiene alrededor de 90 por ciento de agua y 10 por ciento de gases disueltos, sales, nutrientes, enzimas, hormonas, productos de desecho, proteínas plasmáticas, colesterol y otros compuestos importantes.**

El agua del plasma ayuda a controlar la temperatura corporal. Las proteínas plasmáticas son de tres tipos: albúmina, globulinas y fibrinógeno. La albúmina y las globulinas transportan sustancias como ácidos grasos, hormonas y vitaminas. La albúmina también desempeña una función importante en la regulación de la presión osmótica y el volumen de la sangre. Algunas globulinas combaten las infecciones virales y bacterianas. El fibrinógeno es necesario para la coagulación de la sangre.

Glóbulos rojos Las células sanguíneas más numerosas son los **glóbulos rojos,** o eritrocitos. **Su principal función es transportar el oxígeno.** Obtienen su color carmín del hierro en la **hemoglobina,** una proteína que une el oxígeno de los pulmones y lo libera en las redes capilares a través del cuerpo. Los glóbulos rojos entonces transportan un poco de dióxido de carbono a los pulmones.

Los glóbulos rojos son discos más delgados en el centro que en sus bordes. Los producen las células de la médula ósea roja. A medida que los glóbulos rojos maduran y se llenan de hemoglobina, sus núcleos y otros organelos son expulsados a la fuerza. Los glóbulos rojos circulan durante un promedio de 120 días antes de ser destruidos en el hígado y el bazo.

Glóbulos blancos Los **glóbulos blancos,** o leucocitos, son el "ejército" del sistema circulatorio. **Protegen contra las infecciones, combaten a los parásitos y atacan a las bacterias.** El cuerpo puede aumentar drásticamente su número de glóbulos blancos activos durante una "batalla" contra invasores extraños. De hecho, un repentino aumento en los glóbulos blancos es una señal de que el cuerpo está combatiendo una infección grave. Los glóbulos blancos no están confinados a los vasos sanguíneos. Muchos glóbulos blancos pueden deslizarse por las paredes capilares para atacar a los organismos extraños.

Diferentes tipos de glóbulos blancos realizan diferentes funciones protectoras. Por ejemplo, los macrófagos engullen a los patógenos. Los linfocitos participan en la respuesta inmune. Los linfocitos B producen anticuerpos que combaten las infecciones y proporcionan inmunidad. Los linfocitos T ayudan a combatir los tumores y virus. Aprenderás más sobre los linfocitos y otros glóbulos blancos en el capítulo 35.

En una persona saludable, los glóbulos blancos son superados en número por los glóbulos rojos en una proporción de casi 1000 a 1. Igual que los glóbulos rojos, los blancos son producidos por células madre en la médula ósea. Sin embargo, a diferencia de los rojos, los blancos mantienen sus núcleos y pueden vivir durante años.

Plaquetas La pérdida de sangre puede amenazar a la vida. Por fortuna una cortada pequeña o un rasguño puede sangrar durante un rato, pero luego el sangrado se detiene. ¿Por qué? Porque la sangre se coagula. **La coagulación de la sangre es posible gracias a las proteínas plasmáticas y a los fragmentos celulares llamados plaquetas.** El citoplasma de ciertas células de la médula ósea se divide en miles de pequeños fragmentos. Estos fragmentos, cada uno encapsulado en una membrana celular, se rompen y entran en la sangre como **plaquetas.**

Cuando las plaquetas entran en contacto con los bordes de un vaso sanguíneo roto, su superficie se torna pegajosa y se coagula alrededor de la herida. Estas plaquetas liberan proteínas llamadas factores de coagulación que comienzan una serie de reacciones. La **ilustración 33–9** resume una parte del proceso de coagulación.

En tu cuaderno *Haz un diagrama de flujo que describa el proceso de coagulación de la sangre.*

ILUSTRACIÓN 33–9 Cómo se forman los coágulos sanguíneos Esta figura muestra una reacción en cadena de la formación de un coágulo. Cuando se forma el coágulo, hebras de fibrina forman una red que evita que la sangre salga del vaso dañado. **Usar analogías** ***¿En qué se parece un coágulo sanguíneo a un porche con tela metálica?***

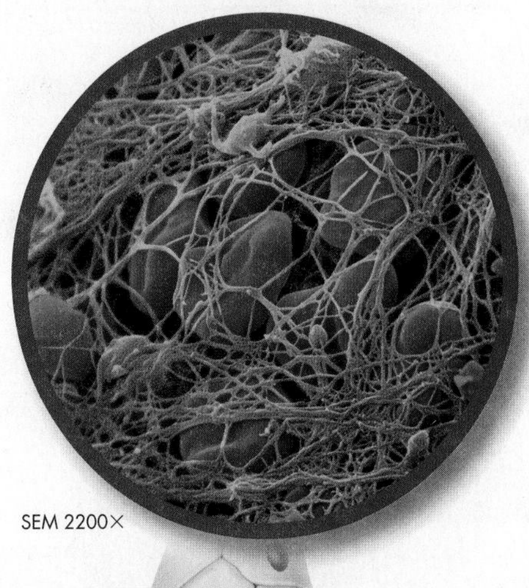

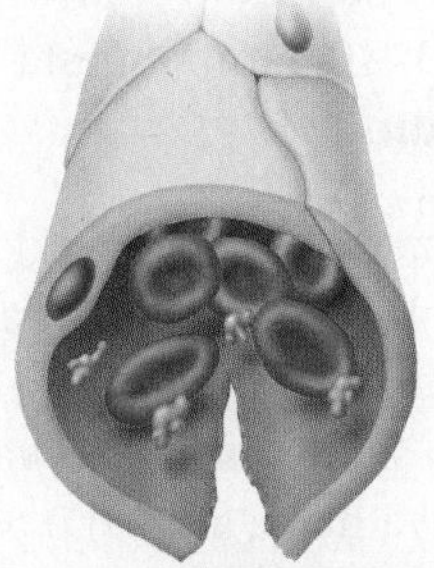

1 Las paredes capilares se rompen Un vaso sanguíneo es lesionado por un corte o rasguño.

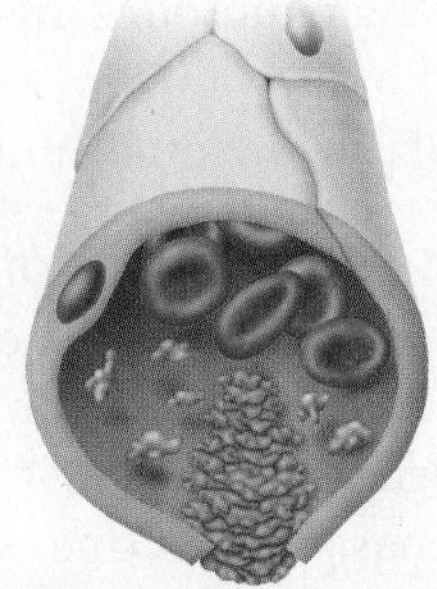

2 Las plaquetas entran en acción Las plaquetas se agrupan en el sitio y liberan el factor de coagulación tromboplastina, que activa una serie de reacciones. La tromboplastina convierte a la proteína protrombina en la enzima trombina.

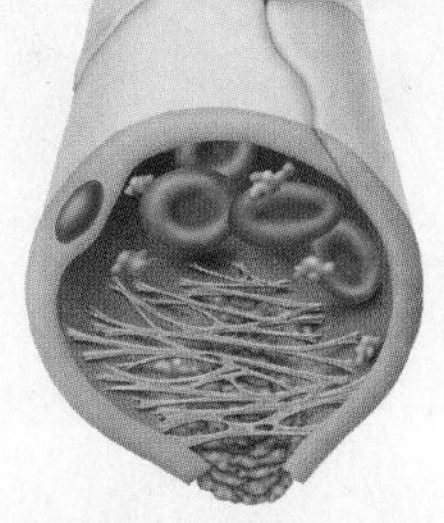

3 Se forma un coágulo La trombina convierte a la proteína plasmática soluble fibrinógeno en filamentos pegajosos insolubles de fibrina, que forman el coágulo. El coágulo sella el área dañada y evita una mayor pérdida de sangre.

Transfusiones de sangre

La primera transfusión exitosa de sangre humana se llevó a cabo en 1818. Pero muchos receptores posteriores tuvieron severas reacciones a la transfusión y algunos murieron. Hoy sabemos por qué. Heredamos uno de cuatro tipos de sangre: A, B, AB u O, que son determinados por la presencia o carencia de antígenos en nuestros glóbulos. Los antígenos son sustancias que activan una respuesta inmune. Las personas con sangre tipo A tienen antígenos A en sus células, las personas con sangre tipo B tienen antígenos B, las de tipo AB tienen tanto A como B, y las personas con sangre tipo O no tienen antígenos ni A ni B.

Las transfusiones funcionan cuando los tipos de sangre coinciden. Pero también pueden funcionar en algunos casos incluso cuando los tipos de sangre del donante y el receptor no coinciden. Usa la tabla para responder las siguientes preguntas.

Transfusiones de sangre

Tipo de sangre del donante	Tipo de sangre del receptor			
	A	B	AB	O
A	✓	x	✓	x
B	x	✓	✓	x
AB	x	x	✓	x
O	✓	✓	✓	✓

x = Transfusión fallida ✓ = Transfusión exitosa

1. Sacar conclusiones ¿Qué tipo de sangre a veces se conoce como el "donante universal"? ¿Y como el "receptor universal"?

2. Inferir En una transfusión con sangre tipos A y O, ¿importa qué tipo de sangre tiene el receptor y cuál el donante?

3. Aplica los conceptos Escribe una breve explicación de los resultados de la tabla usando información sobre los fenotipos y genotipos de los genes de grupos sanguíneos. (*Pista:* Repasa la lección 14.1 si es necesario).

El sistema linfático

¿Cuál es la función del sistema linfático?

A medida que la sangre pasa por los capilares, algunas células sanguíneas y componentes del plasma atraviesan las paredes capilares y entran en el fluido que está entre las células, transportando nutrientes, oxígeno disuelto y sales. Cada día aproximadamente 3 litros de fluido y las pequeñas partículas que contienen, salen de la sangre. Casi todo este fluido, conocido como **linfa,** se vuelve a absorber en los capilares; el resto va al sistema linfático. **El sistema linfático es una red de vasos, nódulos y órganos que recolectan la linfa que sale de los capilares, "verifica" que no contenga microorganismos y la regresa al sistema circulatorio.** El sistema linfático, mostrado en la **ilustración 33–10,** también está implicado en la absorción de nutrientes y en la inmunidad.

Función en la circulación La linfa se recolecta en un sistema de capilares linfáticos que lentamente la conducen a vasos linfáticos cada vez más grandes. El sistema linfático no tiene una bomba que mueva la linfa. En su lugar, los vasos linfáticos tienen válvulas, semejantes a las válvulas de las venas grandes, que evitan que la linfa fluya hacia atrás. La presión de los vasos linfáticos de los músculos esqueléticos circundantes ayuda a mover la linfa por el sistema hasta ductos cada vez más grandes. Estos ductos regresan la linfa a la sangre a través de aberturas en las venas subclavias justo debajo de los hombros. Cuando una herida o enfermedad bloquea los vasos linfáticos, la linfa se puede acumular en los tejidos, produciendo una hinchazón llamada edema.

Función en la absorción de nutrientes El sistema linfático también desempeña una importante función en la absorción de nutrientes. Un sistema de vasos linfáticos se extiende junto a los intestinos. Los vasos recogen las grasas y las vitaminas solubles en grasa del tracto digestivo y transportan estos nutrientes al torrente sanguíneo.

Papel en la inmunidad A lo largo de los vasos linfáticos por todo el cuerpo hay esparcidas cientos de pequeñas dilataciones en forma de frijol, llamadas nódulos linfáticos, que actúan como filtros, atrapando a los microorganismos, células cancerosas sueltas y desechos a medida que la linfa fluye por ellos. Flotas de glóbulos blancos dentro de los nódulos linfáticos envuelven o destruyen de alguna otra manera esta "basura" celular. Cuando grandes cantidades de microorganismos quedan atrapados en los nódulos linfáticos, éstos se agrandan. Las "glándulas hinchadas" que son síntomas de ciertos tipos de infecciones en realidad son nódulos linfáticos hinchados.

El timo y el bazo también desempeñan papeles importantes en las funciones inmunológicas del sistema linfático. El timo se localiza debajo del esternón. Los linfocitos T maduran en el timo antes de funcionar en el sistema inmunológico. Las funciones del bazo son similares a las de los nódulos linfáticos. Sin embargo, en lugar de linfa, la sangre fluye a través del bazo, donde es purificada de microorganismos y otros desechos. El bazo también remueve glóbulos sanguíneos viejos o dañados y almacena plaquetas.

En tu cuaderno *Compara y contrasta las funciones del sistema circulatorio con las del sistema linfático.*

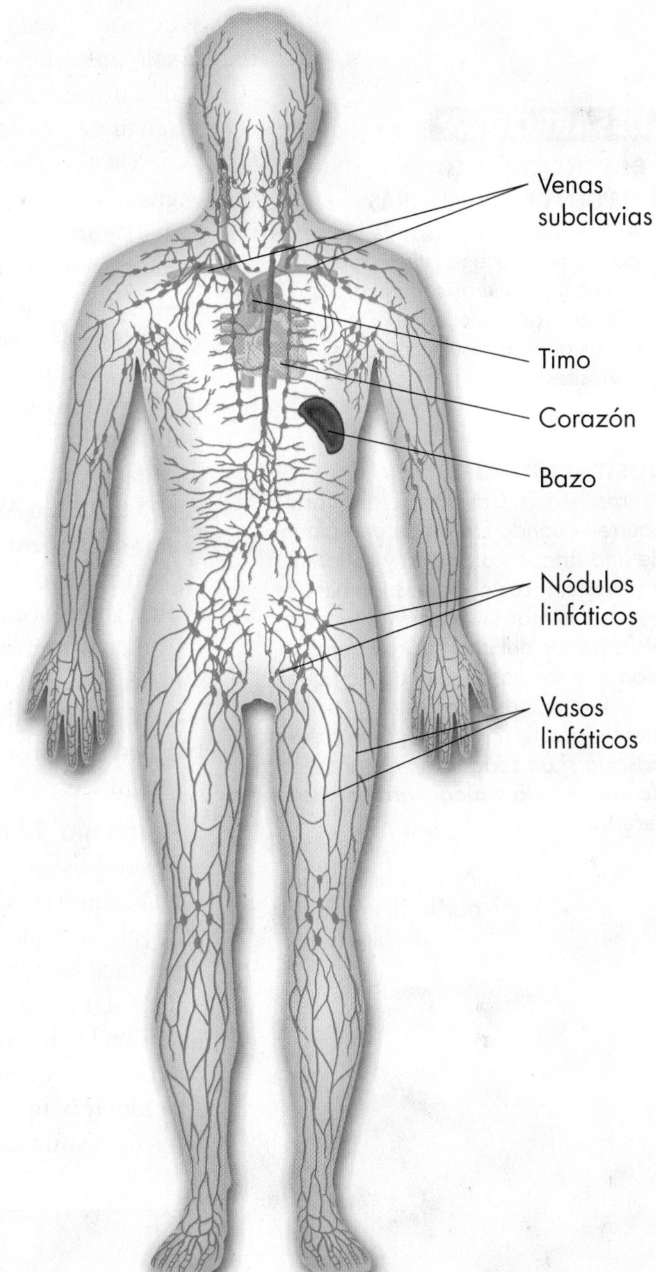

ILUSTRACIÓN 33–10 El sistema linfático El sistema linfático es una red de vasos, nódulos y órganos que reciclan los fluidos de los tejidos y desempeñan una función en la absorción de los nutrientes y en la inmunidad. **Inferir** ***¿Por qué crees que tu médico busca en tu cuello nódulos linfáticos hinchados cuando estás enfermo?***

Enfermedades del sistema circulatorio

¿Cuáles son las tres enfermedades circulatorias más comunes?

Las enfermedades del sistema circulatorio pueden progresar durante muchos años antes de ser descubiertas. A menudo la primera señal de problemas circulatorios es un suceso que afecta al corazón o al cerebro. ¿Por qué? Porque los tejidos de estos órganos vitales comienzan a morir momentos después de que se interrumpe su suministro de oxígeno. **Tres enfermedades comunes y graves del sistema circulatorio son la cardiopatía, la apoplejía y la hipertensión.** Los daños al músculo cardiaco debido a un infarto o al cerebro debido a una apoplejía pueden ser fatales. Las personas que tienen una presión arterial alta tienen mayor riesgo de padecer tanto infartos como apoplejías. La cardiopatía es la principal causa de muerte en Estados Unidos.

Cardiopatía El músculo cardíaco requiere de un suministro constante de oxígeno. Sin embargo, el corazón obtiene su suministro de sangre de sólo dos arterias coronarias y sus pequeñas ramas. Hay muchos tipos de cardiopatías, pero la más común ocurre cuando se obstruye el flujo sanguíneo en estos vasos.

Un ejemplo es la **aterosclerosis,** una enfermedad en la que depósitos de grasa llamados placas se acumulan en las paredes arteriales y al final hacen que las arterias se endurezcan. Con el tiempo, las placas a menudo se concentran en el centro de un vaso restringiendo el flujo sanguíneo al músculo cardíaco. Al final, el corazón se puede debilitar o dañar debido a la falta de oxígeno, provocando una enfermedad llamada fallo cardíaco.

Si la cubierta de una placa se rompe, se puede formar un coágulo de sangre que bloquea completamente una arteria, como se muestra en la **ilustración 33–11.** Un infarto ocurre a medida que el músculo cardíaco se daña y posiblemente muere. Los infartos también pueden dañar los nódulos SA o AV, lo que puede afectar la capacidad del corazón para latir de manera coordinada. Las arterias muy estrechadas por la aterosclerosis, el consumo de drogas como la cocaína y el tabaquismo también pueden provocar infartos.

Los síntomas del infarto incluyen náuseas; falta de aliento; dolor en el pecho; y dolor en el cuello, mandíbula o brazo izquierdo. Las personas que presentan estos síntomas necesitan ayuda médica *inmediata.* Se deben administrar medicamentos rápidamente para aumentar el flujo sanguíneo y salvar el músculo cardíaco.

Apoplejía La muerte repentina de las neuronas cuando se interrumpe su suministro de sangre se llama apoplejía. Algunas son causadas por un coágulo de sangre que bloquea un vaso sanguíneo del cerebro. Una apoplejía también puede ocurrir si un vaso sanguíneo débil se rompe y produce sangrado en el cerebro. Los síntomas de la apoplejía incluyen fuertes dolores de cabeza, aletargamiento, mareos, confusión y problemas en la vista o el habla. Los resultados varían, dependiendo de la parte del cerebro que afecten. Algunas provocan la muerte. Otras pueden producir parálisis o pérdida del habla. Un rápido tratamiento médico puede disminuir la severidad de la apoplejía.

DESARROLLAR el vocabulario

ORIGEN DE LAS PALABRAS
Aterosclerosis se deriva de las palabras en griego *athero* (papilla o pasta) y *esclerosis* (dureza). La aterosclerosis es el endurecimiento de las arterias resultado de los depósitos grasos.

ILUSTRACIÓN 33–11
Aterosclerosis Casi todos los infartos ocurren cuando se rompe una placa de una arteria coronaria y se forma un coágulo. Los coágulos también se pueden formar en vasos grandes de otras partes del cuerpo, romperse y bloquear los vasos del corazón que ya están más estrechos debido a la aterosclerosis. **Predecir** ***¿Qué crees que pasaría si un coágulo se desprendiera de una arteria y bloqueara un vaso del cerebro?***

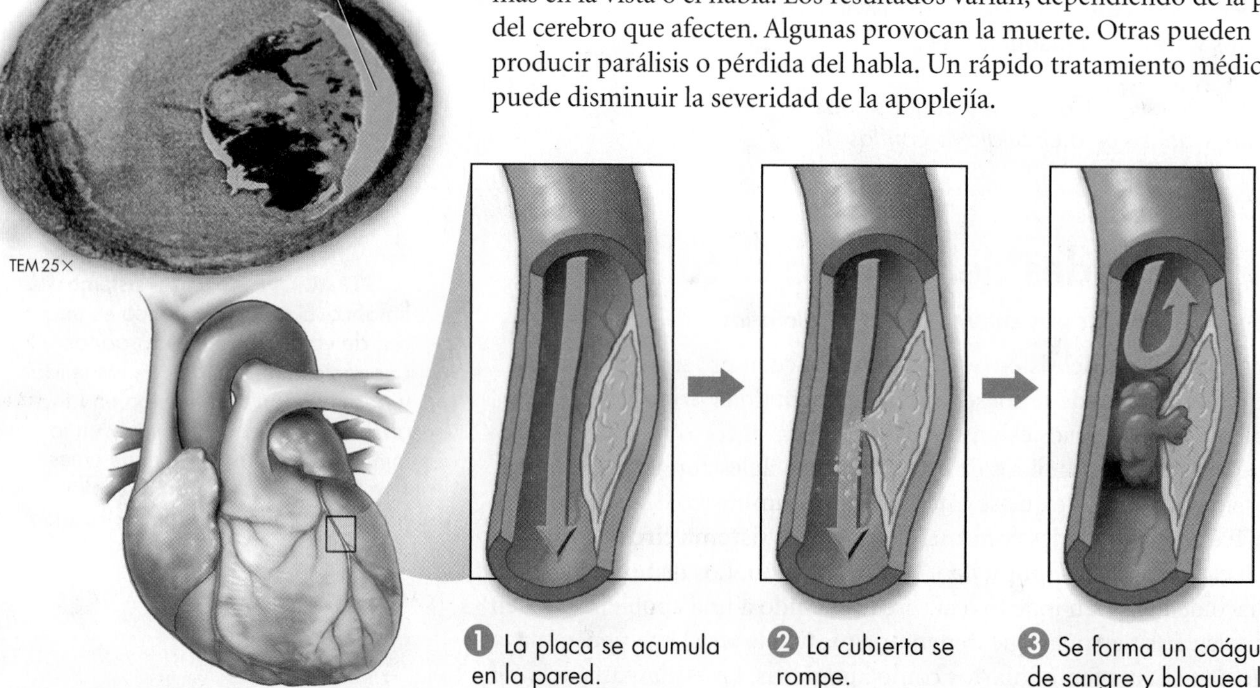

Arteria estrechada por la acumulación de placas
TEM 25×
❶ La placa se acumula en la pared.
❷ La cubierta se rompe.
❸ Se forma un coágulo de sangre y bloquea la arteria. O el coágulo se desplaza y bloquea una arteria más pequeña.

Presión arterial alta La presión arterial alta, o hipertensión, por lo general se define como una lectura de 140/90 o mayor. Debido a que a menudo no presenta síntomas, las personas pueden padecerla durante años sin saberlo. Mientras tanto, el corazón se daña mientras lucha por empujar la sangre por los vasos. La hipertensión también produce pequeños desgarres en los vasos sanguíneos, creando un marco perfecto para la aterosclerosis. De la misma manera, las arterias endurecidas que son el resultado de la aterosclerosis pueden contribuir a la presión arterial alta. La dieta, el ejercicio y los medicamentos recetados pueden ayudar a controlar la hipertensión. Si no se controla puede provocar infartos, apoplejías y daño a los riñones.

Factores de riesgo para la cardiopatía y la apoplejía

Factores de riesgo controlables	Factores de riesgo no controlables
Dieta	Edad
Ejercicio	Historia familiar
Peso	Género (los hombres sufren más infartos)
No fumar	
Alto colesterol en la sangre	
Presión arterial alta	
Diabetes	

ILUSTRACIÓN 33–12 Factores de riesgo para la cardiopatía y la apoplejía Algunos factores de riesgo para la cardiopatía se pueden controlar porque están relacionados con la conducta. Por ejemplo, las personas pueden controlar sus dietas y niveles de ejercicio y muchas pueden tomar medicamentos para controlar la diabetes. Pero otros factores de riesgo, como la edad y la historia familiar, no se pueden controlar.

Comprender las enfermedades circulatorias

¿Qué conexión existe entre el colesterol y las enfermedades circulatorias?

Las enfermedades del sistema circulatorio no tienen una única causa. La **ilustración 33–12** enumera varios factores que aumentan el riesgo de infartos y apoplejías. A pesar de que muchos factores de riesgo se pueden controlar, esto puede ser difícil. En algunos casos, los medicamentos pueden no estar accesibles o no ser eficaces. Por ejemplo, los niveles de colesterol en la sangre pueden ser difíciles de controlar. Pero los investigadores han aprendido mucho sobre esos niveles, su conexión con la aterosclerosis y cómo se puede manejar este trastorno.

¿Qué es el colesterol? El colesterol es un lípido que es parte de las membranas celulares animales. También se usa en la síntesis de algunas hormonas, la bilis y la vitamina D. El colesterol es transportado en la sangre principalmente por dos tipos de lipoproteínas: la lipoproteína de baja densidad (LDL) y la lipoproteína de alta densidad (HDL). La LDL es el transportador de colesterol que más probabilidad tiene de causar problemas en el sistema circulatorio porque se convierte en parte de la placa. La HDL, a menudo llamada colesterol bueno, por lo general transporta el exceso de colesterol desde los tejidos y arterias hasta el hígado para que el cuerpo lo elimine.

Las medidas del colesterol en la sangre de una persona en realidad son medidas de lipoproteínas. Los niveles normales de todo el colesterol en la sangre van desde 100 a 200 miligramos por decilitro (mg/dL). El nivel de LDL de una persona debe ser menor que 100 mg/dL. El nivel de HDL de un hombre debe ser mayor que 40 mg/dL y el de una mujer debe ser mayor que 50 mg/dL.

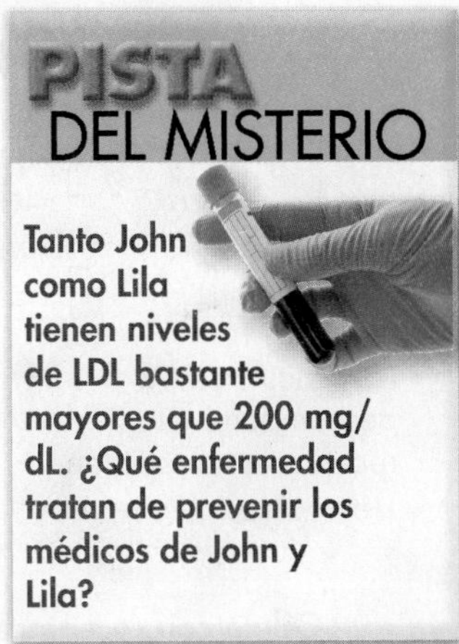

PISTA DEL MISTERIO

Tanto John como Lila tienen niveles de LDL bastante mayores que 200 mg/dL. ¿Qué enfermedad tratan de prevenir los médicos de John y Lila?

Fuentes del colesterol El hígado produce colesterol, que luego la sangre transporta a los tejidos. Los seres humanos también consumen colesterol en la carne, los huevos, los productos lácteos y los alimentos fritos, sobre todo si esos alimentos son altos en grasas saturadas o transgénicas.

Colesterol y aterosclerosis Hace muchos años, los investigadores compararon los niveles de colesterol y los índices de infartos en diferentes grupos de personas. En ciertas villas de Japón y Yugoslavia, el nivel de colesterol promedio era de 160. El índice de infartos era muy bajo: menos de cinco infartos por cada 1000 hombres en 10 años. En Finlandia, descubrieron dañinos niveles de colesterol de 265. ¡El índice de infartos era 14 veces mayor! **La investigación indica que los niveles altos de colesterol, junto con otros factores de riesgo, provocan aterosclerosis y mayor riesgo de infarto.**

¿Qué controla el nivel de colesterol en la sangre? ¿Existe algún tratamiento médico que pueda bajar el colesterol y reducir el riesgo de aterosclerosis? Estas preguntas condujeron a los investigadores Michael Brown y Joseph Goldstein a realizar estudios por los que ganaron un Premio Nobel en 1985.

Identificar al receptor LDL Brown y Goldstein descubrieron receptores LDL en la membrana celular de las células hepáticas, como se muestra en la **ilustración 33–13.** La LDL se une a estos receptores y luego es absorbida por las células. Una vez dentro, el colesterol se descompone y se almacena o se usa para producir bilis o más colesterol. Cuando los niveles de colesterol en la sangre son altos, las células hepáticas toman el colesterol de la sangre y no lo producen. Cuando los niveles de colesterol son bajos, el hígado lo produce.

En tu cuaderno *Haz un ciclo de retroalimentación para demostrar la relación que existe entre los niveles de colesterol en la sangre y las células hepáticas saludables.*

ILUSTRACIÓN 33–13 Receptores LDL Cuando los niveles de LDL en la sangre son altos, las células hepáticas con receptores de LDL normales la absorben y la usan o la almacenan. Sin embargo, las células hepáticas de algunas personas tienen receptores de LDL defectuosos. Esas células no pueden eliminar el colesterol de la sangre y no dejan de producirlo.

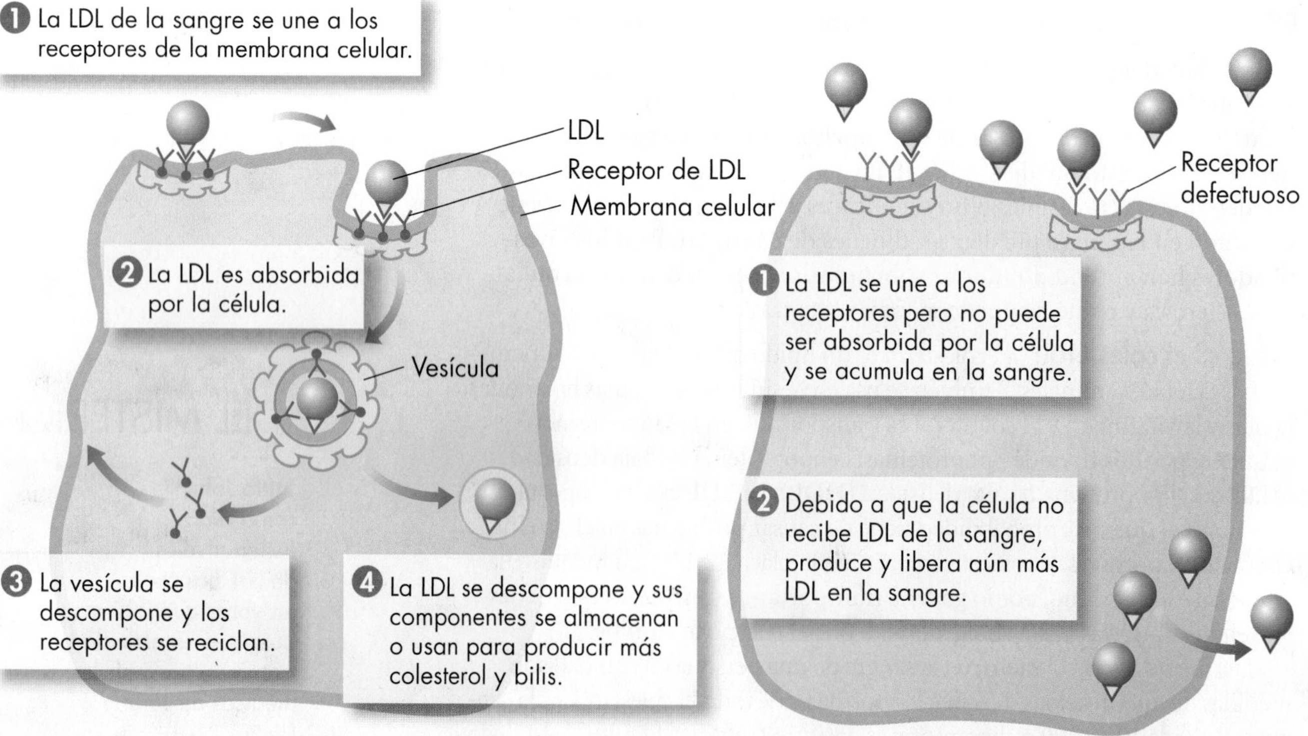

1 La LDL de la sangre se une a los receptores de la membrana celular.
LDL
Receptor de LDL
Membrana celular
2 La LDL es absorbida por la célula.
Vesícula
3 La vesícula se descompone y los receptores se reciclan.
4 La LDL se descompone y sus componentes se almacenan o usan para producir más colesterol y bilis.
Receptor defectuoso
1 La LDL se une a los receptores pero no puede ser absorbida por la célula y se acumula en la sangre.
2 Debido a que la célula no recibe LDL de la sangre, produce y libera aún más LDL en la sangre.
Célula con receptores normales de LDL
Célula con receptores defectuosos de LDL

Brown y Goldstein también descubrieron que algunas personas portan genes que producen receptores de LDL defectuosos. Esto causa dos problemas. Primero, sin receptores de LDL funcionales, las células hepáticas no pueden eliminar el colesterol de la sangre. Segundo, estas células hepáticas no reciben la señal para dejar de producir colesterol. Las personas que tienen receptores de LDL defectuosos tienen niveles de colesterol muy altos, incluso si no comen mucho colesterol o grasa.

De enfermedad genética al público ¿Comprender este defecto genético nos ayuda a entender el colesterol alto en el público en general? Brown y Goldstein descubrieron que las personas que llevan dietas altas en grasa almacenan el exceso de colesterol en sus células hepáticas. Esas células después dejan de producir receptores de LDL y de eliminar el colesterol de la sangre. El exceso de colesterol se deposita entonces en las arterias. ¡Así que una dieta alta en colesterol puede provocar síntomas parecidos a los de una enfermedad genética!

El trabajo de Brown y Goldstein condujo al desarrollo de medicamentos que pueden ayudar a las personas con colesterol alto. Por ejemplo, las estatinas obstaculizan la síntesis del colesterol en las células hepáticas. Esto estimula al hígado a producir más receptores de LDL, los cuales entonces eliminan el exceso de colesterol de la sangre.

Mantener saludable tu sistema circulatorio Es mucho más fácil evitar la cardiopatía que curarla. La prevención comienza cuando eres joven y mantienes hábitos saludables que incluyen una dieta balanceada, ejercicio regular y no fumar. Una dieta saludable puede proteger tus arterias de la aterosclerosis. El ejercicio fortalece tu corazón y ayuda a tu sistema circulatorio a trabajar eficazmente. No fumar te ayudará a proteger a tu sistema circulatorio de las muchas sustancias químicas peligrosas que contiene el humo del tabaco.

PISTA DEL MISTERIO

¿Qué defecto genético portan los dos pacientes del misterio? ¿Puedes pensar en una razón genética por la que los síntomas de Lila son mucho peores que los de John?

33.2 Evaluación

Repaso de conceptos clave

1. a. Repasar Escribe la función principal del plasma, los glóbulos rojos, los glóbulos blancos y las plaquetas.

b. Inferir La hemofilia es una enfermedad genética que se origina por una proteína defectuosa en el proceso de la coagulación. ¿Qué crees que le ocurre a una persona que tiene hemofilia si se hace un pequeño corte?

2. a. Repasar Describe la función del sistema linfático.

b. Comparar y contrastar ¿En qué se parecen las funciones de las venas y los vasos linfáticos? ¿En qué se diferencian?

3. a. Repasar ¿Cuáles son los factores de riesgo para las tres enfermedades más comunes del sistema circulatorio?

b. Proponer una hipótesis ¿Por qué crees que la aterosclerosis puede provocar hipertensión?

4. a. Repasar ¿Cuáles son los dos tipos de transportadores de colesterol que se hallan en la sangre?

b. Comparar y contrastar Explica cómo se desarrolla el colesterol alto en la sangre de alguien que padece una enfermedad genética y en alguien que lleva una dieta alta en grasa.

ESCRIBIR SOBRE LAS CIENCIAS

Escritura creativa

5. Usa recursos de la biblioteca o la Internet para investigar la conexión que existe entre la dieta y las enfermedades circulatorias. Escribe un breve comentario que se pueda usar en un programa noticioso de televisión para explicar esta conexión. (*Pista:* Prepara un diagrama de causa y efecto para organizar tus ideas).

BIOLOGY.com Search Lesson 33.2  • Self-Test • Lesson Assessment

Tecnología y BIOLOGÍA

Pruebas para la cardiopatía

El avance en las técnicas de obtención de imágenes permite a los médicos diagnosticar la cardiopatía y otros trastornos cardíacos rápidamente y sin los riesgos de procedimientos invasivos. No hay que insertar instrumentos en el cuerpo y aun así revelan el funcionamiento interno del corazón con notable precisión.

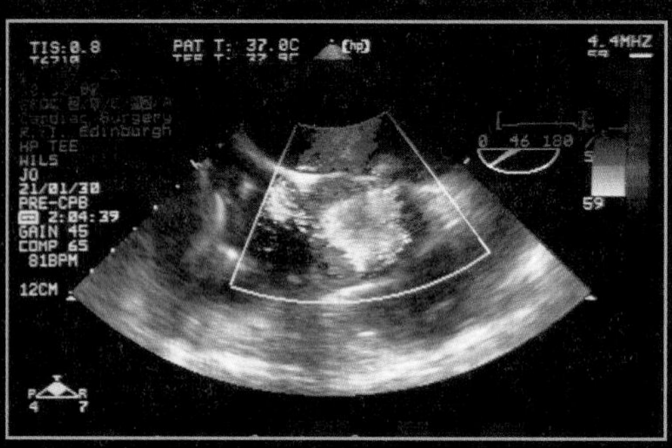

Ecocardiografía

Ondas de sonido de alta frecuencia transmitidas a través del pecho son ingresadas en una computadora que analiza los "ecos" para producir imágenes en movimiento del corazón. Esta prueba es muy segura porque no implica radiación ni tintes. Los médicos ven el corazón en acción. Puede revelar un corazón agrandado, una acción de bombeo reducida y problemas estructurales.

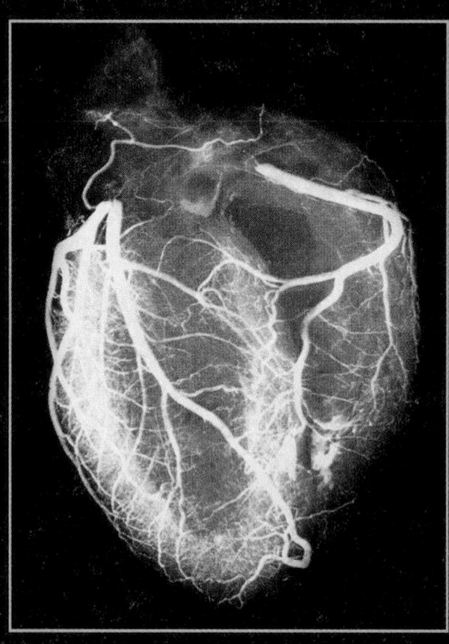

Angiografía por tomografía computarizada
Al paciente se le inyecta un tinte a base de yodo. Luego el escáner TC gira sobre el paciente y toma varios rayos X del corazón, que una computadora utiliza para formar imágenes tridimensionales. La prueba puede mostrar si los vasos sanguíneos están bloqueados o dañados. Los resultados se usan para determinar qué pruebas adicionales se requieren o como una guía para planear una cirugía.

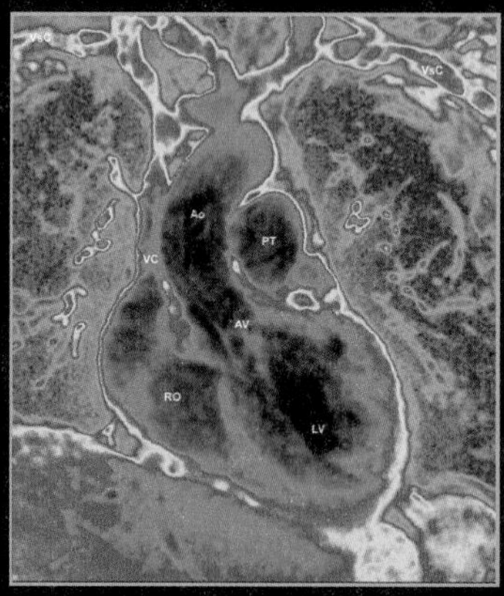

Imagen por resonancia magnética (IRM)
La IRM usa poderosos imanes para producir imágenes que son muy útiles para examinar el músculo y otros tejidos blandos. Los profesionales que analizan la IRM pueden ver la diferencia entre los tejidos saludables y los dañados. La IRM no implica radiación ni tintes de yodo. Se puede usar para evaluar los daños que los infartos, defectos de nacimiento o crecimientos anormales han producido en el músculo cardíaco.

ESCRITURA **En un párrafo, explica qué técnica probablemente se usaría para buscar una aterosclerosis avanzada en la arteria coronaria.**

33.3 El sistema respiratorio

PIÉNSALO Cuando los médicos examinan a la víctima inconsciente de un accidente, una de las primeras cosas que hacen es comprobar si respira. Esta es una manera de determinar si todavía hay una vida que salvar. ¿Por qué relacionamos tan estrechamente la respiración y la vida? Y respecto a esto, ¿por qué necesitamos respirar? Todas las células de nuestro cuerpo, sobre todo las neuronas, requieren de un suministro constante de oxígeno para la respiración celular. Sin él, muchas células mueren en cuestión de minutos. El sistema respiratorio trabaja junto con el sistema circulatorio para proporcionar oxígeno a nuestras células. Cualquier interrupción de esa función vital puede ser fatal.

Preguntas clave

¿Cuál es la función del sistema respiratorio?

¿Cómo se intercambian y transportan el oxígeno y el dióxido de carbono en el cuerpo?

¿Qué mecanismos participan en la respiración?

¿Cómo afecta el tabaquismo al sistema respiratorio?

Vocabulario

faringe
tráquea
laringe
bronquio
alveolo
diafragma

Tomar notas

Diagrama de flujo Elabora un diagrama de flujo que muestre el camino que sigue el aire por el sistema respiratorio.

Estructuras del sistema respiratorio

¿Cuál es la función del sistema respiratorio?

Para los organismos, más que para las células individuales, la *respiración* es el proceso de intercambiar gases entre el cuerpo y el medio ambiente. **El sistema respiratorio humano recoge el oxígeno del aire que inhalamos y libera el dióxido de carbono al aire que exhalamos.** Cada vez que respiramos, el aire entra en el cuerpo a través de los conductos respiratorios y llena los pulmones, donde se lleva a cabo el intercambio de gases. El sistema circulatorio conecta este intercambio de gases en los pulmones con nuestros tejidos corporales. El sistema respiratorio consiste en la nariz, la faringe, la laringe, la tráquea, los bronquios y los pulmones.

Nariz Las vías respiratorias transportan el aire a algunos de los tejidos más delicados del cuerpo. Para mantener saludable al tejido pulmonar, el aire que entra al sistema respiratorio debe ser filtrado, humedecido y calentado. Los pelos que revisten la entrada de la cavidad nasal comienzan el proceso de filtrado al atrapar a las partículas grandes. El aire entrante se calienta en la cavidad interna y los senos nasales. Estas áreas producen una mucosidad que humedece al airea y atrapa más partículas de polvo. Si alguna vez te has sonado la nariz después de pasar un tiempo en un entorno lleno de polvo, has visto cómo los pelos nasales y la mucosidad protegen a los pulmones.

En tu cuaderno *Compara y contrasta con tus propias palabras la respiración celular y la respiración a nivel organismo.*

ILUSTRACIÓN 33–14 Cilios Los cilios de la tráquea arrastran la mucosidad y las partículas atrapadas lejos de los pulmones. Inferir ***¿Qué le puede ocurrir al sistema respiratorio de una persona si los contaminantes dañan los cilios?***

DESARROLLAR el vocabulario

VARIOS SIGNIFICADOS El término **alveolo** también se aplica a una celdilla de un panal de abejas o a los huecos de las mandíbulas en que se insertan los dientes.

Faringe, laringe y tráquea El aire se mueve por la nariz hacia la cavidad que está en la parte trasera de la boca llamada **faringe,** o garganta. La faringe sirve como un pasaje tanto para el aire como para el alimento. El aire se mueve de la faringe a la **tráquea.** Cuando tragas alimentos o líquidos, un tejido en forma de aleta llamada epiglotis cubre la entrada a la tráquea, asegurando que los alimentos o los líquidos pasen al esófago.

Entre la faringe y la tráquea está la **laringe,** que contiene dos pliegues de tejido muy elástico llamados cuerdas vocales. Cuando los músculos jalan las cuerdas vocales, el aire que se mueve entre ellas hace que vibren y produzcan sonidos. Tu capacidad para hablar, gritar y cantar proviene de estos tejidos.

La mucosidad producida en la tráquea continúa atrapando las partículas inhaladas. Los cilios que revisten la tráquea arrastran la mucosidad y las partículas atrapadas lejos de los pulmones y hacia la faringe. De ahí, la mucosidad y las partículas se pueden tragar o escupir. Este proceso ayuda a mantener limpios los pulmones y a abrirlos para realizar la importante función del intercambio de gases.

Pulmones Desde la tráquea, el aire pasa a dos tubos grandes en la cavidad torácica llamados **bronquios.** Cada bronquio conduce a un pulmón. Dentro de cada pulmón, el bronquio grande se divide en bronquios más pequeños y en bronquiolos que están rodeados de músculos lisos controlados por el sistema nervioso autónomo. Cuando los músculos se contraen y relajan, regulan el tamaño de los conductos respiratorios.

Los bronquiolos siguen dividiéndose hasta llegar a una serie de callejones sin salida: millones de diminutas bolsas de aire llamadas **alveolos.** El aire que se mueve a través de estos tubos se puede comparar con un automovilista que sale de una carretera de ocho carriles y entra en una de cuatro carriles, da una vuelta en una calle de dos carriles y luego llega al estrecho callejón sin salida de un pueblo. Los alveolos están agrupados en racimos, como las uvas. Una delicada red de capilares rodea a cada alveolo.

Actividad rápida de laboratorio

INVESTIGACIÓN DIRIGIDA

¿Qué hay en el aire? 

1. Traza el contorno de un portaobjetos de microscopio en papel cuadriculado. Repítelo cuatro veces.
2. Recórtalos por el contorno y pégalos con cinta adhesiva al fondo de cinco portaobjetos.
3. Elige un lugar en el interior y otro en el exterior para colocar tus portaobjetos. En la parte trasera de cada portaobjetos, escribe tus iniciales, la fecha y dónde lo pondrás.
4. Cubre el frente de cada portaobjetos con una capa delgada de vaselina.
5. Deja los portaobjetos en las ubicaciones que elegiste por lo menos durante 24 horas.
6. Recolecta los portaobjetos, colócalos bajo un microscopio y cuenta el número de partículas que hay en diez de los cuadros de cada portaobjetos. Anota tus resultados.

Analizar y concluir

1. Observar ¿En qué portaobjetos contaste más partículas? ¿En cuál menos?

2. Sacar conclusiones ¿Te sorprendieron los resultados? ¿Por qué?

3. Aplica los conceptos ¿Qué estructuras de tu cuerpo evitan que la mayoría de estas partículas entren en tus pulmones?

RESUMEN VISUAL

EL SISTEMA RESPIRATORIO

ILUSTRACIÓN 33–15 El aire pasa por la nariz, la faringe, la laringe, la tráquea y los bronquios a los pulmones.

1 Nariz El aire entra en el cuerpo por la nariz, donde se filtra, humedece y calienta.

2 Faringe, laringe y tráquea De la nariz, el aire pasa a la faringe. Luego, pasa por la laringe que contiene a las cuerdas vocales y por la tráquea.

3 Pulmones De la tráquea, el aire pasa a los bronquios. Cada bronquio conduce a un pulmón. Los bronquios se dividen en bronquiolos, que terminan en alveolos.

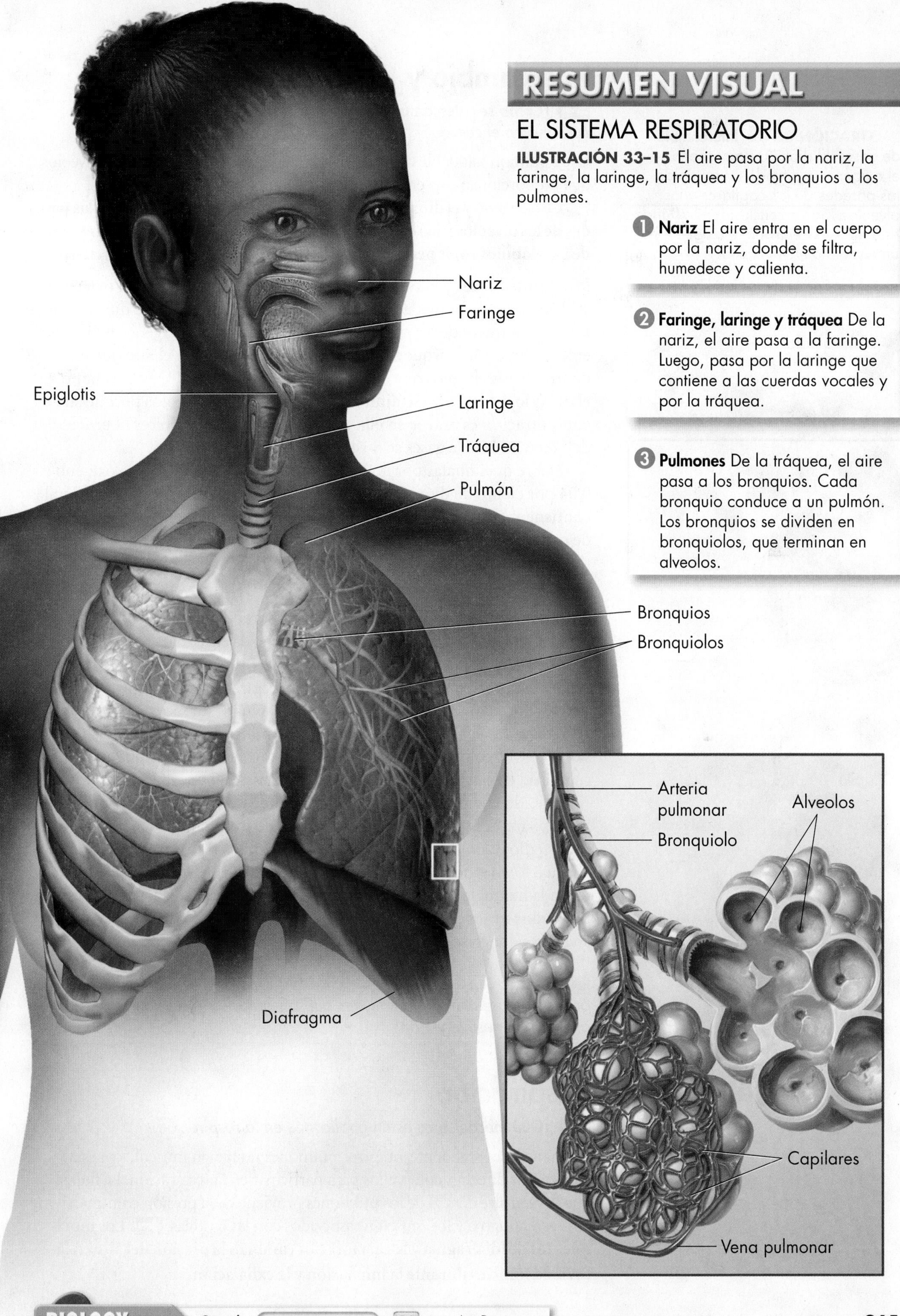

Intercambio y transporte de gases

¿Cómo se intercambian y transportan el oxígeno y el dióxido de carbono en el cuerpo?

Cada pulmón saludable contiene aproximadamente 150 millones de alveolos, que proporcionan una enorme superficie para el intercambio de gases. **El oxígeno y el dióxido de carbono se intercambian a través de las paredes de los alveolos y los capilares. Las propiedades químicas de la sangre y de los glóbulos rojos permiten un eficaz transporte de gases por el cuerpo.**

Intercambio de gases Cuando el aire entra a los alveolos, el oxígeno se disuelve en la humedad de su superficie interna y luego se difunde en la sangre a través de las delgadas paredes capilares. El oxígeno se difunde en esta dirección porque su concentración es mayor en el aire que está dentro de los alveolos que en la sangre de los capilares. Mientras tanto, el dióxido de carbono se difunde de la sangre a los alveolos porque su concentración es mayor en ella que en el aire de los alveolos. El proceso del intercambio de gases se ilustra en la **ilustración 33–16.**

El aire que inhalas por lo general contiene 21 por ciento de oxígeno y 0.04 por ciento de dióxido de carbono. El aire que exhalas por lo general contiene menos de 15 por ciento de oxígeno y 4 por ciento de dióxido de carbono. Esto significa que tus pulmones eliminan aproximadamente un cuarto del oxígeno del aire que inhalas y aumentan el contenido de dióxido de carbono del aire en un factor de 100.

Transporte La hemoglobina se une y transporta el oxígeno que se difunde de los alveolos a los capilares. También aumenta la eficacia del intercambio de gases. La difusión del oxígeno de los alveolos a los capilares es un proceso pasivo. Ese proceso se detiene cuando la concentración de oxígeno en la sangre y en los alveolos es la misma. Pero la hemoglobina se une activamente al oxígeno disuelto, eliminándolo del plasma y permitiendo que continúe la difusión de los alveolos. La hemoglobina se une con tanto oxígeno que aumenta la capacidad de carga de oxígeno en la sangre más de 60 veces.

Cuando el dióxido de carbono se difunde de los tejidos corporales a los capilares, es transportado en la sangre de tres maneras diferentes. Casi todo el dióxido de carbono entra en los glóbulos rojos y se mezcla con el agua, formando ácido carbónico. El resto se disuelve en el plasma o se une a la hemoglobina y a las proteínas plasmáticas. Estos procesos son revertidos en los pulmones, donde se libera el dióxido de carbono en los alveolos y luego se exhala.

En tu cuaderno *¿Qué le pasaría a la superficie del intercambio de gases si una enfermedad causara que las paredes que están entre los alveolos se desintegraran?*

ILUSTRACIÓN 33–16 Intercambio de gases El dióxido de carbono y el oxígeno se difunden a través de las paredes de los capilares y los alveolos. **Sacar conclusiones** ***¿Dónde está más concentrado el oxígeno: en un alveolo o en un capilar?***

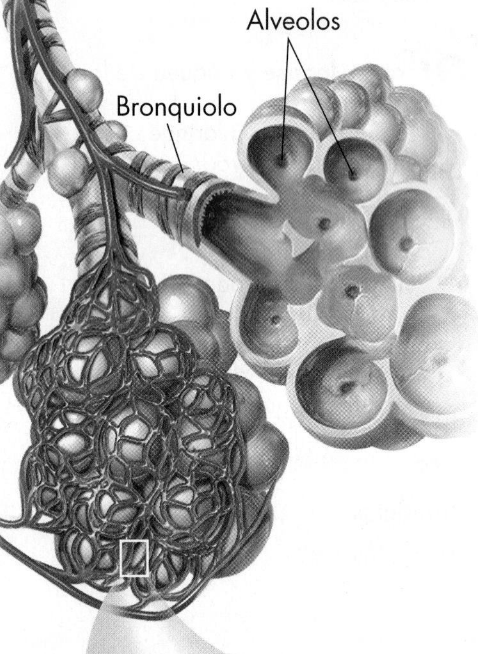

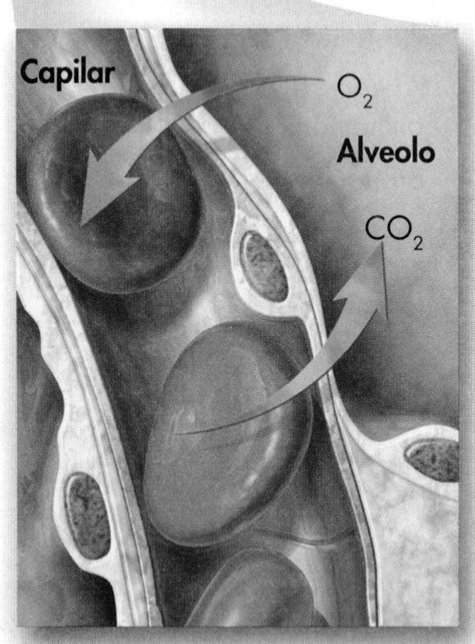

Respiración

¿Qué mecanismos están implicados en la respiración?

De manera sorprendente, nuestros pulmones no tienen músculos ni están conectados directamente a ellos para participar en la respiración. La fuerza que lleva al aire dentro de los pulmones proviene de la presión común del aire, el diafragma y los músculos asociados con las costillas. **Los movimientos del diafragma y la caja torácica cambian la presión del aire en la cavidad torácica durante la inhalación y la exhalación.**

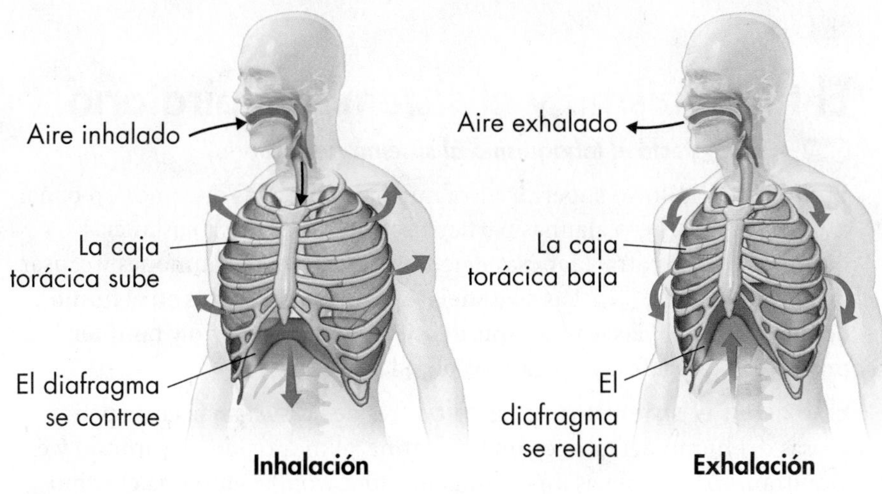

ILUSTRACIÓN 33–17
Respiración Durante la inhalación, la caja torácica sube y el diafragma se contrae, aumentando el tamaño de la cavidad torácica. Durante la exhalación, la caja torácica baja y el diafragma se relaja, disminuyendo el tamaño de la cavidad torácica. Los seres humanos tienen cierto control consciente sobre la respiración, por ejemplo cuando nadan o tocan un instrumento.

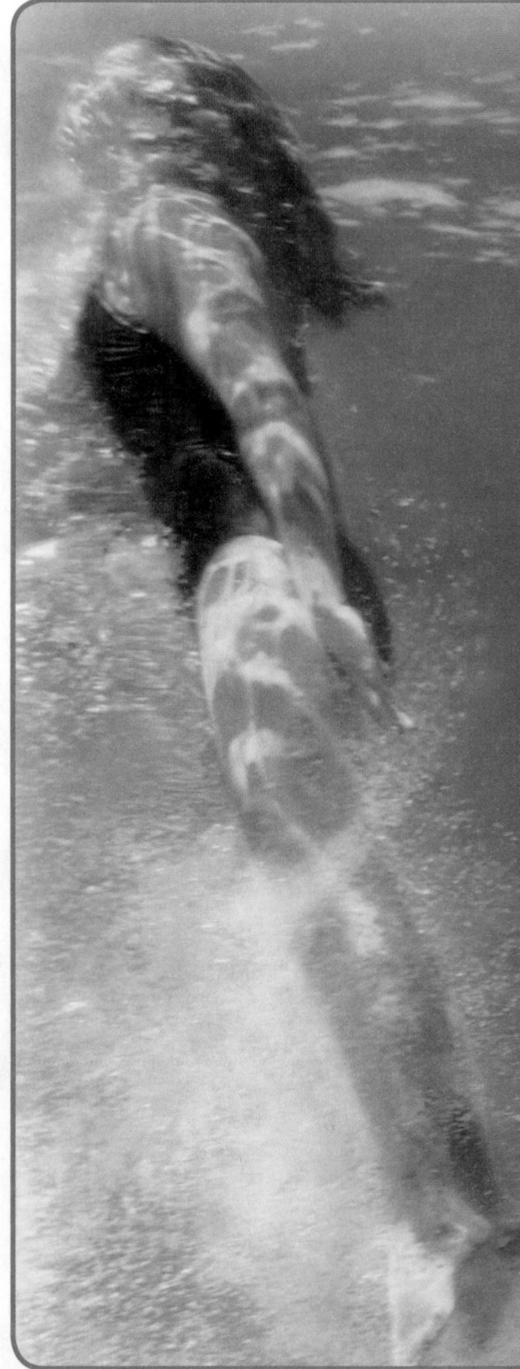

Inhalación Los pulmones están sellados en dos bolsas llamadas membranas pleurales, dentro de la cavidad torácica. En la parte inferior de la cavidad torácica hay un músculo grande en forma de cúpula conocido como **diafragma.**

Como muestra la **ilustración 33–17,** cuando inhalas, el diafragma se contrae y se aplana. Los músculos que están entre las costillas también se contraen, subiendo la caja torácica. Estas acciones aumentan el volumen de la cavidad torácica. Debido a que está bien sellada, se crea un vacío parcial dentro de la cavidad. La presión atmosférica hace el resto, llenando los pulmones a medida que el aire entra rápidamente en las vías respiratorias.

Exhalación Durante la respiración normal, la exhalación por lo general es pasiva. Tanto la caja torácica como el diafragma se relajan. Esta relajación disminuye el volumen de la cavidad torácica y hace que su presión de aire sea mayor que la presión atmosférica. El aire sale rápidamente de los pulmones. Sin embargo, para apagar una vela, hablar, cantar o gritar, necesitas más fuerza de la que proporciona la exhalación pasiva. La fuerza adicional la proporcionan los músculos que están entre las costillas y los músculos abdominales, que se contraen vigorosamente a medida que el diafragma se relaja.

Este sistema sólo funciona si la cavidad torácica está sellada. Si una herida perfora el pecho, incluso si no afecta a los pulmones directamente, el aire se puede escapar hacia la cavidad torácica y hacer imposible la respiración. Esta es una de las razones por las que las heridas en el pecho siempre son graves.

Respiración y homeostasis Tú puedes controlar tu respiración casi siempre, ya sea para inflar un globo o para tocar la trompeta. Pero esto no significa que respirar sea algo enteramente voluntario. Tu sistema nervioso tiene el control final de tus músculos respiratorios, estés consciente o no. Esta es la razón por la que las personas que se ahogan tienen agua en sus pulmones. Cuando pierden la conciencia, "respiran" agua en sus pulmones.

La respiración se inicia en el centro respiratorio en la parte del tallo cerebral llamada bulbo raquídeo. Las neuronas sensoriales en o cerca del bulbo y en algunos vasos sanguíneos grandes recaban información sobre los niveles de dióxido de carbono en el cuerpo y la envían al centro respiratorio. Cuando es estimulado, este centro envía impulsos nerviosos que hacen que el diafragma y los músculos torácicos se contraigan, llevando aire a los pulmones. Cuanto más alto es el nivel de dióxido de carbono en la sangre, más fuertes son los impulsos. Si el nivel de dióxido de carbono en la sangre llega a un punto crítico, los impulsos se hacen tan poderosos que no puedes evitar respirar.

BIOLOGY.com Search Lesson 33.3 GO • InterActive Art

El tabaquismo y el sistema respiratorio

¿Cómo afecta el tabaquismo al sistema respiratorio?

El tracto respiratorio superior filtra muchas partículas que podrían dañar a los pulmones. Pero algunas partículas y ciertos tipos de sustancias químicas pueden atravesar esas defensas, entrar en los pulmones y causar problemas graves. **Las sustancias químicas presentes en el humo del tabaco dañan las estructuras del sistema respiratorio y también producen otros efectos negativos para la salud.**

Efectos en el sistema respiratorio Tres de las sustancias más peligrosas del humo del tabaco son la nicotina, el monóxido de carbono y el alquitrán. La nicotina es un estimulante adictivo que aumenta el ritmo cardíaco y la presión arterial. El monóxido de carbono es un gas venenoso que evita que la hemoglobina se una al oxígeno, interfiriendo así con el transporte de oxígeno en la sangre. El alquitrán contiene por lo menos 60 compuestos que se sabe causan cáncer.

El humo del tabaco también paraliza los cilios de la tráquea. Con los cilios inactivos, las partículas inhaladas se pegan a las paredes del tracto respiratorio o entran a los pulmones y la mucosidad cargada de humo queda atrapada a lo largo de las vías respiratorias. La irritación de las partículas y la mucosidad acumuladas desencadena una tos, llamada tos del fumador, que intenta despejar las vías respiratorias. El tabaquismo también hace que el revestimiento del tracto respiratorio se inflame, lo que reduce la circulación del aire hacia los alveolos.

ILUSTRACIÓN 33–18 Efecto del tabaquismo en los pulmones Las sustancias químicas del humo del cigarro dañan los cilios de los pulmones. Con el tiempo, las partículas se acumulan y producen enfermedades respiratorias como la bronquitis crónica, el enfisema y el cáncer de pulmón. El daño que el tabaquismo puede causar a los pulmones se puede ver en la fotografía inferior.

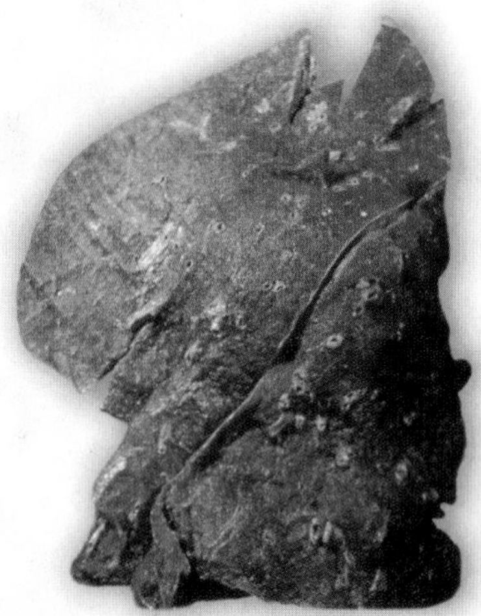

Pulmón saludable

Pulmón de un fumador

Enfermedades causadas por el tabaquismo El daño al sistema respiratorio debido al tabaquismo puede ser permanente y provocar enfermedades como la bronquitis crónica, el enfisema y el cáncer de pulmón. Sólo 30 por ciento de los fumadores masculinos llegan a los 80 años y, sin embargo, 55 por ciento de los hombres no fumadores llegan a esa edad. Es claro que fumar reduce la esperanza de vida. El efecto del tabaquismo en los pulmones se puede ver en la **ilustración 33–18.**

▶ ***Bronquitis crónica*** En la bronquitis crónica, los bronquios se inflaman y se obstruyen con mucosidad. Fumar incluso un número moderado de cigarros de manera regular puede producir bronquitis crónica. Para las personas afectadas a menudo es difícil realizar actividades sencillas como subir las escaleras. Existen tratamientos para controlar los síntomas, pero no hay una cura.

▶ ***Enfisema*** El tabaquismo a largo plazo puede provocar enfisema, que es la pérdida de elasticidad y final desintegración del tejido pulmonar. Esta enfermedad dificulta la respiración. Las personas que padecen enfisema no pueden llevar suficiente oxígeno a los tejidos corporales o deshacerse del exceso de dióxido de carbono en el cuerpo. No existe cura para el enfisema, pero se puede tratar con medicamentos.

▶ ***Cáncer de pulmón*** El cáncer de pulmón es mortal porque, cuando se detecta, por lo general ya se ha extendido a otras áreas del cuerpo. Pocas personas que son diagnosticadas con cáncer de pulmón viven más de cinco años. Aproximadamente 87 por ciento de las muertes por este tipo de cáncer se deben al tabaquismo.

Lo que causa el humo pasivo
Expone a las personas a sustancias químicas que producen cáncer como el formaldehído, el arsénico y el amoníaco
Agrava el asma
Aumenta la incidencia de infecciones en los oídos
Produce plaquetas y vasos sanguíneos dañados
Causa hasta 70,000 muertes debidas a cardiopatías cada año

ILUSTRACIÓN 33–19 Efectos del humo pasivo Los fumadores no sólo ponen en riesgo su propia salud, sino también la de los familiares y amigos que están expuestos a su humo.

Otros efectos del tabaquismo El tabaquismo también produce efectos negativos en el sistema circulatorio. Por ejemplo, aumenta la presión arterial al estrechar los vasos sanguíneos, lo que obliga al corazón a trabajar más arduamente para entregar suficiente oxígeno.

Las personas que no fuman pero que están expuestas a altos niveles de humo pasivo también corren mayores riesgos de contraer enfermedades de los sistemas respiratorio y circulatorio. Inhalar el humo de otros es muy peligroso para los niños pequeños porque sus pulmones todavía se están desarrollando. Los estudios indican que los hijos de los fumadores tienen el doble de posibilidades de desarrollar asma u otros problemas respiratorios que los hijos de los no fumadores. Las mujeres embarazadas que fuman arriesgan a sus bebés a muchas complicaciones, algunas de las cuales pueden provocar problemas para toda la vida.

Cualquiera que sea la edad del fumador y sin importar el tiempo que haya fumado, su salud mejora si deja de fumar. La nicotina es una poderosa droga muy adictiva que dificulta dejarla. Considerando los peligros médicos y la fuerte adicción, la mejor solución es no comenzar a fumar.

El médico de John le dijo que si no hubiera dejado de fumar, probablemente no hubiera vivido más de 50 años. Explica el razonamiento del médico.

33.2 Evaluación

Repaso de conceptos clave

1. a. Repasar Explica la función del sistema respiratorio.

b. Usar analogías Explica cómo una molécula de oxígeno que fluye por el sistema respiratorio es como un empleado que maneja de regreso del trabajo.

2. a. Repasar Describe el proceso de intercambio de gases en los pulmones.

b. Relacionar causa y efecto El monóxido de carbono, un gas venenoso, se une a la hemoglobina con mayor facilidad que el oxígeno. Con base en esta información, ¿por qué crees que las alarmas de monóxido de carbono en los hogares han salvado muchas vidas?

3. a. Repasar Explica el proceso respiratorio.

b. Inferir El centro respiratorio del cerebro responde al nivel de dióxido de carbono en la sangre, no al de oxígeno. ¿Qué consecuencias podría tener esto para las personas que viven en altitudes altas, donde los niveles de oxígeno son bajos?

4. a. Repasar Describe los efectos del tabaquismo en el sistema respiratorio.

b. Aplica los conceptos Las personas que padecen enfisema no pueden exhalar tanto dióxido de carbono como las personas con pulmones saludables. ¿Por qué crees que esto las deja sin aliento?

Aplica la gran idea

Estructura y función

5. Compara y contrasta la respiración humana con lo que aprendiste sobre la respiración de las aves y los peces en el capítulo 27.

BIOLOGY.com Search Lesson 33.3  • Self-Test • Lesson Assessment

Laboratorio: diseña una actividad

INVESTIGACIÓN DIRIGIDA

Preparación para el laboratorio: Las mareas y la capacidad pulmonar

Problema ¿Qué factores pueden afectar la capacidad pulmonar?

Materiales globos redondos, regla métrica, cinta métrica

Manual de laboratorio Laboratorio del Capítulo 33

Enfoque en las destrezas Medir, formar una hipótesis, diseñar un experimento, interpretar gráficas

Conectar con la gran idea Tus pulmones y tu sistema circulatorio te proporcionan el oxígeno que tus células necesitan para la respiración celular. En tus pulmones, el oxígeno se difunde del aire que inhalas a tu sangre. El dióxido de carbono, un producto de desecho de la respiración celular, se difunde de tu sangre al aire inhalado. Tus pulmones deben de tener el volumen suficiente, o capacidad, para suministrar a todas tus células el oxígeno que necesitan.

Tus pulmones no se llenan a toda su capacidad casi nunca. Pero pueden absorber más aire cuando buceas o cuando quieres cantar una frase larga sin tomar otro respiro. En este laboratorio, medirás el volumen de aire que exhalas cuando respiras normalmente y después de respirar profundamente.

Preguntas preliminares

a. **Establecer una secuencia** Escribe en orden, de fuera hacia adentro, las partes del sistema respiratorio por las que pasa el aire a medida que inhalas.

b. **Repasar** ¿Por qué el oxígeno se difunde del aire inhalado a los alvéolos de los capilares?

c. **Comparar y contrastar** ¿Qué diferencia existe entre la respiración y la respiración celular?

Preguntas previas al laboratorio

Examina el procedimiento en el manual de laboratorio.

1. **Controlar variables** ¿Qué diferencia hay entre los procedimientos de la parte A y de la parte B?
2. **Diseña un experimento** ¿Por qué debes usar globos redondos en este experimento?
3. **Predecir** ¿Qué crees que será mayor: tu capacidad vital estimada o tu capacidad vital medida? ¿Por qué?

Visita el Capítulo 33 en línea para hacer una autoevaluación del capítulo y para buscar actividades que apoyan tu aprendizaje.

Untamed Science Video Abrígate bien mientras el equipo de *Untamed Science* viaja a climas fríos para mostrarnos cómo viven algunos animales en un medio ambiente extremo.

Art in Motion Observa una animación corta que muestra el latido de un corazón así como la transmisión de impulsos de los nódulos SA y AV.

Art Review Repasa lo que has entendido de las diferentes partes del sistema respiratorio.

Interactive Art Observa una animación que muestra el proceso de la respiración y la producción del sonido.

Data Analysis Usa una electrocardiografía para diagnosticar varias enfermedades cardíacas.

Visual Analogy Compara la estructura y función del sistema circulatorio con un sistema de carreteras y caminos secundarios.

33 Guía de estudio

La gran idea Estructura y función

Las funciones de los sistemas circulatorio y respiratorio están muy relacionadas. Sin el circulatorio, no se podría transportar el oxígeno de los pulmones al resto del cuerpo. Sin el respiratorio, los poderosos músculos cardíacos no recibirían el oxígeno que necesitan para activar al sistema circulatorio.

33.1 El sistema circulatorio

El sistema circulatorio transporta oxígeno, nutrientes y otras sustancias a todo el cuerpo y elimina los desechos de los tejidos.

Las potentes contracciones del miocardio bombean sangre por el sistema circulatorio.

A medida que la sangre fluye por el sistema circulatorio, pasa por tres tipos de vasos sanguíneos: arterias, capilares y venas.

miocardio (949)
aurícula (949)
ventrículo (949)
válvula (950)
circulación pulmonar (950)
circulación sistémica (950)
marcapasos (951)
arteria (952)
capilar (952)
vena (952)

33.2 La sangre y el sistema linfático

El plasma contiene aproximadamente 90 por ciento de agua y 10 por ciento de gases disueltos, sales, nutrientes, enzimas, hormonas, productos de desecho, proteínas plasmáticas, colesterol y otros compuestos importantes.

La principal función de los glóbulos rojos es transportar el oxígeno.

Los glóbulos blancos protegen contra las infecciones, combaten los parásitos y atacan las bacterias.

La coagulación de la sangre es posible gracias a las proteínas plasmáticas y a los fragmentos celulares llamados plaquetas.

El sistema linfático es una red de vasos, nódulos y órganos que recolectan la linfa que sale de los capilares, "verifica" que no contenga microorganismos y la regresa al sistema circulatorio.

Tres enfermedades comunes y graves del sistema circulatorio son la cardiopatía, la apoplejía y la hipertensión.

La investigación indica que los niveles altos de colesterol, junto con otros factores de riesgo, provocan aterosclerosis y mayor riesgo de infarto.

plasma (954)
glóbulo rojo (954)
hemoglobina (954)
glóbulo blanco (955)
plaqueta (955)
linfa (956)
aterosclerosis (958)

33.3 El sistema respiratorio

El sistema respiratorio humano recoge el oxígeno del aire que inhalamos y libera el dióxido de carbono en el aire que exhalamos.

El oxígeno y el dióxido de carbono se intercambian por las paredes de los alvéolos y los capilares. Las propiedades químicas de la sangre y de los glóbulos rojos permiten un eficaz transporte de gases por el cuerpo.

Los movimientos del diafragma y de la caja torácica cambian la presión del aire en ésta durante la inhalación y la exhalación.

Las sustancias químicas presentes en el humo del tabaco dañan las estructuras del sistema respiratorio y también producen otros efectos negativos para la salud.

faringe (964)
tráquea (964)
laringe (964)
bronquio (964)
alvéolo (964)
diafragma (967)

Razonamiento visual

Haz una tabla de dos columnas. Rotula la primera columna Estructura y la segunda Función. Completa la tabla con las estructuras y funciones descritas en este capítulo, tanto del sistema circulatorio como del respiratorio.

33 Evaluación

33.1 El sistema circulatorio

Comprender conceptos clave

1. El sistema circulatorio incluye
   a. los pulmones, el corazón y el cerebro.
   b. los pulmones, los vasos sanguíneos y el corazón.
   c. el corazón, la sangre y los vasos sanguíneos.
   d. el corazón, las arterias y las venas.

2. Las cámaras superiores del corazón son
   a. los ventrículos.
   b. los tabiques intraventriculares.
   c. los miocardios.
   d. las aurículas.

3. La sangre que sale del corazón hacia el cuerpo pasa por un vaso sanguíneo grande llamado
   a. aorta.
   b. vena cava.
   c. vena pulmonar.
   d. arteria pulmonar.

4. Compara la circulación pulmonar con la circulación sistémica.
5. Traza el flujo de sangre a través del corazón comenzando en la aurícula derecha.
6. ¿Cuál es la función de las válvulas del corazón? ¿En qué otras estructuras se hallan las válvulas del sistema circulatorio?
7. Describe la función del marcapasos.
8. Describe la manera en que late el corazón.
9. Compara el tamaño y la estructura de las arterias, los capilares y las venas.
10. Distingue entre presión sistólica y presión diastólica.

Razonamiento crítico

11. **Diseña un experimento** Diseña un experimento que determine la cantidad de tiempo necesario para que el ritmo cardíaco de una persona regrese a un estado de descanso después del ejercicio.
12. **Sacar conclusiones** Algunas venas grandes tienen válvulas de un solo sentido, que mantienen a la sangre fluyendo en una dirección. ¿Por qué las arterias no necesitan válvulas similares?

33.2 La sangre y el sistema linfático

Comprender conceptos clave

13. Las células que protegen al cuerpo al envolver células extrañas o producir anticuerpos son
   a. los glóbulos rojos.
   b. los cilios.
   c. las plaquetas.
   d. los glóbulos blancos.

14. Los nutrientes y desechos son intercambiados con las células corporales a través de las paredes de
   a. las venas.
   b. los capilares.
   c. las arterias.
   d. las aurículas.

15. La proteína que se halla en los glóbulos rojos y que transporta al oxígeno se llama
   a. hemoglobina.
   b. fibrinógeno.
   c. protrombina.
   d. trombina.

16. El proceso mostrado abajo es posible gracias a las proteínas plasmáticas y fragmentos celulares llamados.
   a. fibrinas.
   b. trombinas.
   c. plaquetas.
   d. linfocitos.

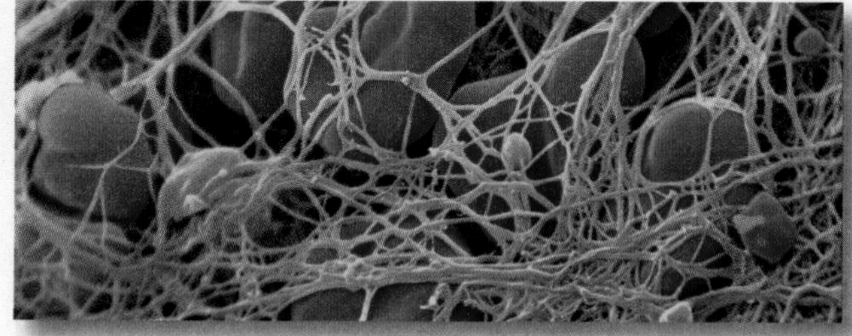

17. Describe las funciones de cada componente principal de la sangre.
18. ¿Cuáles son las funciones primarias del sistema linfático?
19. ¿Por qué la LDL se conoce como el colesterol "malo" y la HDL como el "bueno"?

Razonamiento crítico

20. **Aplica los conceptos** ¿Por qué una persona con pocos glóbulos rojos se siente cansada?
21. **Inferir** La aspirina reduce la capacidad de la sangre para formar coágulos. ¿Por qué un médico se la recetaría a una persona que ha sufrido una apoplejía?
22. **Predecir** Explica cómo la eliminación de los nódulos linfáticos de una persona podría afectar su capacidad para combatir las enfermedades.

33.3 El sistema respiratorio

Comprender conceptos clave

23. Las diminutas bolsas de aire huecas de los pulmones en las que se lleva a cabo el intercambio de gases son
a. los alvéolos. **c.** los capilares
b. los nódulos linfáticos. **d.** los bronquiolos.

24. Dos pliegues de tejido elástico conocidos como cuerdas vocales se hallan en
a. la laringe. **c.** la tráquea.
b. la faringe. **d.** los bronquios.

25. El músculo grande y plano que se mueve hacia arriba y hacia abajo y altera el volumen de la cavidad torácica es
a. la tráquea. **c.** el diafragma.
b. la epiglotis. **d.** la laringe.

26. ¿Qué parte del cerebro controla la respiración involuntaria?

27. ¿Cuáles son tres sustancias peligrosas presentes en el humo del tabaco? Describe la manera en que cada una afecta al cuerpo.

28. ¿Cómo afecta el enfisema al sistema respiratorio?

Razonamiento crítico

29. Inferir El humo del tabaco puede matar a los glóbulos blancos del tracto respiratorio, las células que mantienen limpio el sistema respiratorio al consumir los desechos. ¿Cómo crees que contribuye esto al desarrollo de la tos del fumador?

30. Analizar datos La tabla muestra la relación del flujo de sangre que pasa por algunos órganos del cuerpo humano, es decir, el porcentaje de sangre que fluye por un órgano específico. ¿A través de qué órgano(s) fluye toda la sangre? Explica el efecto que tiene el ejercicio en el flujo sanguíneo hacia los músculos esqueléticos.

Flujo sanguíneo a través de los órganos humanos

Órgano	Porcentaje total de flujo
Cerebro	14%
Corazón	5%
Riñones	22%
Hígado	13%
Pulmones	100%
Músculos esqueléticos	18%
Músculos esqueléticos durante el ejercicio	75%

resuelve el MISTERIO del CAPÍTULO

EN LA SANGRE

Tanto John como Lila padecen una enfermedad genética llamada hipercolesterolemia familiar, que es causada por un defecto genético en el cromosoma 19. John es heterocigoto a la enfermedad. A pesar de que sus células hepáticas producen una mezcla de receptores LDL normales y defectuosos, sus niveles de colesterol en la sangre eran tan altos que tuvo serios problemas de aterosclerosis a los 35 años. Casi todas las personas que padecen esta enfermedad han tenido un infarto a la edad de 60 años.

Lila es homocigota para el alelo defectuoso, una enfermedad muy rara. Sus células hepáticas no producen ningún receptor LDL funcional. Su aterosclerosis se manifestó cuando tenía sólo 4 años de edad. Los depósitos grasos se pueden ver en las córneas de sus ojos y bajo la piel cerca de sus codos y rodillas.

La investigación de este defecto genético ayudó a revelar la función de los receptores LDL de las células hepáticas en la regulación del colesterol en sangre. Los investigadores entonces aplicaron esa información a casos de colesterol alto entre el público en general. Como resultado se desarrollaron nuevos tipos de medicamentos que ayudan a que algunas personas vivan más tiempo.

1. Aplica los conceptos ¿La hipercolesterolemia familiar es una enfermedad dominante o recesiva? Explica tu respuesta.

2. Inferir Casi todos los pacientes heterocigotos pueden mantener sus niveles de LDL bajo control con medicamentos que evitan que su hígado produzca colesterol. Pero estos medicamentos por lo general no bajan los niveles de LDL en los pacientes homocigotos. ¿Por qué crees que ocurre esto?

3. Conectar con la gran idea Si una persona sabe que hay hipercolesterolemia familiar en su familia, ¿qué medidas puede tomar para vivir una vida más larga y saludable?

31. **Usar modelos** Construye un estetoscopio simple con tubos de plástico y un embudo de metal. Escucha los sonidos del aire mientras entra y sale de tus pulmones y anota una descripción. ¿Cómo cambia el sonido cuando toses?

Relacionar conceptos

Usar gráficas científicas

La siguiente gráfica se basa en las pulsaciones de dos estudiantes mientras realizan el mismo tipo de ejercicio. Los ejercicios comenzaron en el minuto 1 y terminaron en el minuto 8. Usa la gráfica para responder las preguntas 32 a 34.

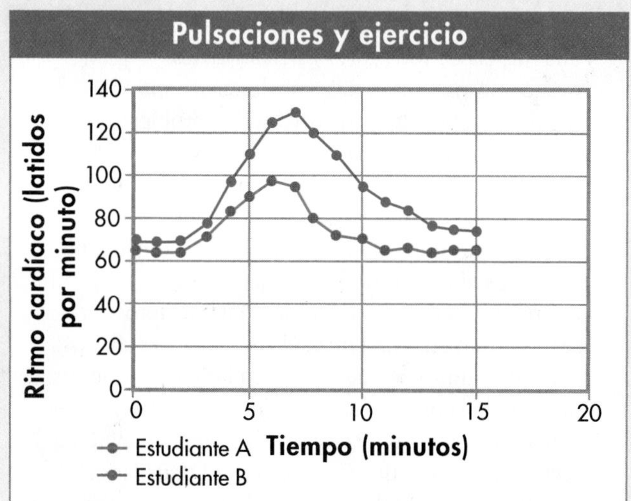

32. **Interpretar gráficas** ¿Aproximadamente en qué minuto alcanzó cada estudiante su ritmo cardíaco más alto?

33. **Sacar conclusiones** ¿Cuál de los dos estudiantes probablemente tiene una mejor condición física? ¿Qué pruebas de la gráfica apoyan tu respuesta?

34. **Predecir** ¿Qué otros cambios en los sistemas circulatorio y respiratorio esperarías que ocurrieran en el intervalo de tiempo mostrado?

Escribir sobre las ciencias

35. **Explicación** Haz una lista de las cosas que haces que afectan a tus sistemas circulatorio y respiratorio. Al terminar tu lista, marca las que son dañinas. Elige un hábito dañino y escribe un párrafo que explique cómo podrías cambiarlo o evitarlo.

36. **Evalúa** la gran idea Describe la relación que existe entre los sistemas circulatorio y respiratorio humanos. ¿Cómo afecta el funcionamiento adecuado de esos sistemas a otros sistemas corporales?

Analizar datos

La presión arterial alta es un importante factor de riesgo para los infartos en Estados Unidos. A la edad de 44 años, 25 por ciento de los estadounidenses sufren de presión arterial alta y muchos no lo saben. Usa la gráfica para responder las preguntas 37 y 38.

37. **Interpretar gráficas** ¿En qué grupo de edad comienzan las mujeres a tener una mayor incidencia de presión arterial alta que los hombres?

a. en las mujeres de entre 20 a 34 y 35 a 44 años de edad
b. en los hombres de entre 20 a 34 y 35 a 44 años de edad
c. en las mujeres de entre 55 a 64 y 65 a 74 años de edad
d. en los hombres de entre 45 a 54 y 55 a 64 años de edad

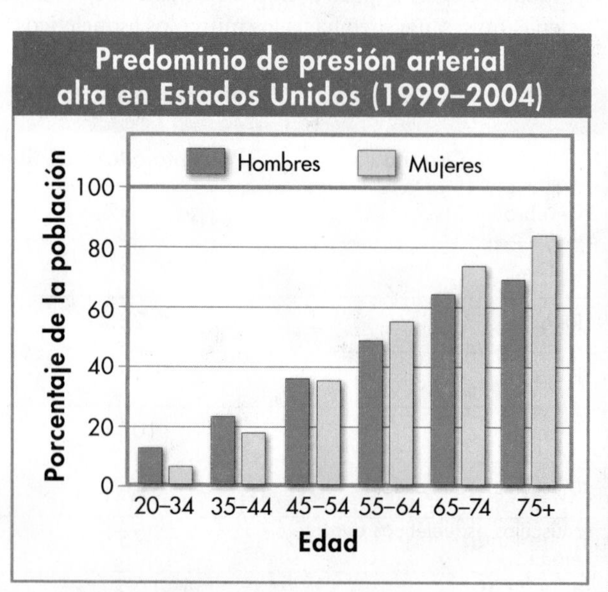

Preparación para exámenes estandarizados

Selección múltiple

1. En el corazón humano, la sangre rica en oxígeno se halla en
A la aurícula derecha y el ventrículo derecho.
B la aurícula derecha y la aurícula izquierda.
C la aurícula izquierda y el ventrículo izquierdo.
D el ventrículo derecho y el ventrículo izquierdo.

2. ¿Qué oración describe MEJOR la interacción entre los sistemas circulatorio y respiratorio que ayuda a mantener la homeostasis?
A El plasma sanguíneo transporta sales, nutrientes y proteínas a todo el cuerpo para mantenerlo saludable.
B El diafragma y la caja torácica trabajan juntos para meter y sacar el aire de los pulmones.
C Los nódulos linfáticos filtran las bacterias que podrían causar enfermedades.
D Las células sanguíneas recogen y llevan el oxígeno de los pulmones a las células corporales.

3. El latido comienza con un impulso
A del sistema nervioso.
B del nódulo sinoauricular.
C del nódulo auriculoventricular.
D de la aorta.

4. Todos los siguientes forman parte de la sangre humana EXCEPTO
A el plasma.
B la mucosidad.
C los fagocitos.
D las plaquetas.

5. La nicotina del tabaco
A no es adictiva.
B disminuye la presión arterial.
C bloquea el transporte del oxígeno.
D aumenta el ritmo cardíaco.

6. Los anticuerpos son producidos por
A los glóbulos rojos.
B las plaquetas.
C los linfocitos B.
D las hormonas.

Preguntas 7 a 10

Usa el diagrama para responder las siguientes preguntas.

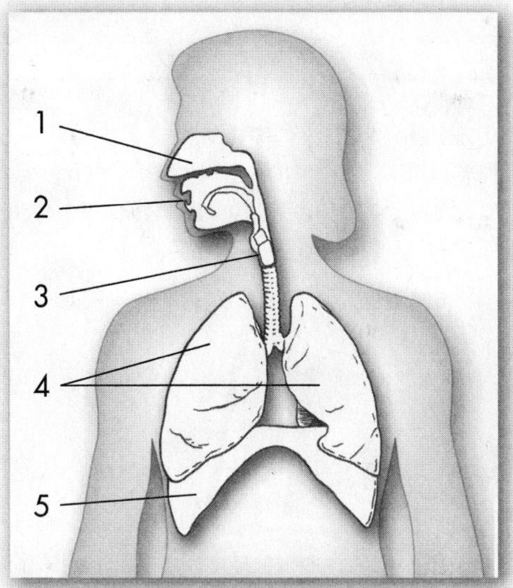

7. ¿De qué estructura es la función primaria de calentar y humedecer al aire inhalado?
A 1
B 3
C 4
D 5

8. ¿Qué estructura contiene las cuerdas vocales?
A 1
B 2
C 3
D 4

9. ¿El daño a qué estructura puede producir enfisema?
A 2
B 3
C 4
D 5

10. ¿Qué estructura contiene alvéolos?
A 2
B 3
C 4
D 5

Respuesta de desarrollo

11. Explica por qué son semejantes los factores de riesgo de la cardiopatía y la apoplejía.

Si tienes dificultades con...

la pregunta	1	2	3	4	5	6	7	8	9	10	11
Ver la lección	33.1	33.3	33.1	33.2	33.3	33.2	33.3	33.3	33.3	33.3	33.2

34 Sistemas endocrino y reproductor

La gran idea **Homeostasis**

P: ¿Cómo usa el cuerpo señales químicas para mantener la homeostasis?

BIOLOGY.com Search Chapter 34 GO • Flash Cards

EN ESTE CAPÍTULO:

- 34.1 El sistema endocrino
- 34.2 Glándulas del sistema endocrino
- 34.3 El sistema reproductor
- 34.4 Fecundación y desarrollo

El sistema endocrino de este obrero es responsable en parte del sudor en sus manos y de la agitación que probablemente experimentó en su corazón durante el primer día de trabajo.

- Untamed Science Video
- Chapter Mystery

MISTERIO DEL CAPÍTULO

FUERA DE RITMO

Lisa entrenó atletismo intensamente durante la primavera y el verano. Pero a medida que se acercaba el nuevo año escolar, no estaba satisfecha. Para que su equipo de fondo ganara el campeonato estatal, sentía que necesitaba ser más rápida. Una compañera de equipo le sugirió que perdiera algunas libras. Lisa ya había perdido peso durante el verano, pero decidió perder un poco más.

Además de sus arduas sesiones de ejercicios, Lisa dejó de tomarse un tentempié antes de las prácticas y evitó los alimentos altos en calorías. Perdió peso, pero siempre estaba cansada. También notó que no había tenido período menstrual en cuatro meses. La semana anterior al campeonato, sufrió una crisis por dolor durante la práctica. Había sufrido una fractura por presión en la parte inferior de su pierna. Su temporada había terminado.

El médico de Lisa le dijo que todos sus síntomas estaban relacionados. A medida que leas este capítulo, busca pistas para explicar por qué el exceso de ejercicio y de dieta tuvieron estos efectos en Lisa. Luego, resuelve el misterio.

Continúa explorando el mundo.
Hallar la solución del misterio de Lisa sólo es el principio. Emprende un viaje de campo en video con los genios ecólogos de *Untamed Science* para ver adónde conduce este misterio.

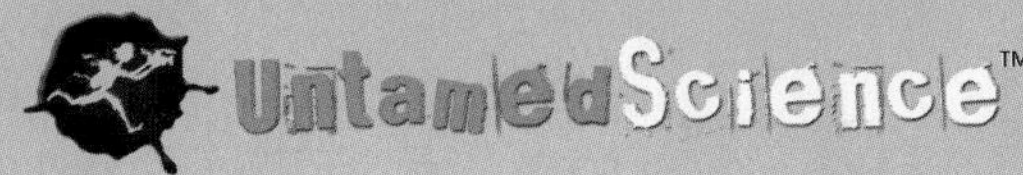

34.1 El sistema endocrino

Preguntas clave

¿Cuáles son los componentes del sistema endocrino?

¿Cómo afectan las hormonas a las células?

Vocabulario

hormona
célula destinataria
glándula exocrina
glándula endocrina
prostaglandina

Tomar notas

Tabla para comparar y contrastar A media que leas, haz una tabla para comparar los dos diferentes tipos de hormonas.

PIÉNSALO Si tuvieras que hacer llegar un mensaje solamente a uno o dos amigos, ¿qué harías? Una solución sería hacer una llamada telefónica, con lo cual harías llegar tu mensaje directamente a esos amigos mediante los cables de teléfono. ¿Pero qué harías si quisieras enviar un mensaje a miles de personas? Podrías transmitir el mensaje por radio, de modo que todos los que sintonizaran una estación particular pudieran oírlo. Al igual que tú, las células envían mensajes. Pueden hacer una llamada directa o comunicarse mediante una emisión.

Hormonas y glándulas

¿Cuáles son los componentes del sistema endocrino?

Tu sistema nervioso funciona de manera muy parecida a un teléfono. Se transmiten muchos impulsos con prontitud a través de un sistema de neuronas que parecen cables, las cuales llevan mensajes directamente de una a otra célula. Pero otro sistema, el sistema endocrino, se parece más a un radio que "emite" mensajes químicos. Estos mensajeros químicos, las **hormonas,** se liberan de una parte del cuerpo, viajan a través de la sangre y afectan a las células en otras partes del cuerpo. **El sistema endocrino está compuesto de glándulas que liberan hormonas en la sangre. Las hormonas entregan mensajes en todo el cuerpo.** De la misma manera en que una emisión de radio puede llegar a miles y hasta millones de personas en una ciudad grande, las hormonas pueden afectar casi a todas las células en el cuerpo.

Hormonas Las hormonas se fijan a receptores químicos específicos sobre las membranas plasmáticas o en el interior de las células. Las células que tienen receptores para una hormona particular se llaman **células destinatarias.** Si una célula no tiene receptores para una hormona particular, la hormona no tiene efecto sobre ella.

En general, la respuesta del cuerpo a las hormonas es más lenta y de mayor duración que la respuesta a los impulsos nerviosos. Puede tomar varios minutos, horas o días para que una hormona tenga efecto completo en las células destinatarias. Por su parte, a un impulso nervioso le puede tomar sólo una fracción de segundo llegar y afectar las células destinatarias.

Muchas funciones endocrinas dependen de los efectos de dos hormonas opuestas. Por ejemplo, la insulina provoca que el hígado convierta la glucosa sanguínea en glucógeno y lo almacene. El glucagón hace que el hígado convierta glucógeno en glucosa y la libere en la sangre. Los efectos opuestos de la insulina y el glucagón mantienen la homeostasis al conservar niveles de glucosa en la sangre dentro de un rango limitado.

Glándulas Una glándula es un órgano que produce y libera una sustancia o secreción. Las **glándulas exocrinas** liberan sus secreciones a través de estructuras que parecen tubos (llamados ductos), fuera del cuerpo o directamente en el sistema digestivo. Las glándulas exocrinas liberan sudor, lágrimas y enzimas digestivas. Las **glándulas endocrinas** liberan sus secreciones (hormonas) directamente en la sangre, que las transporta por el cuerpo. La **ilustración 34–1** muestra las principales glándulas endocrinas. Aunque no se consideran glándulas endocrinas, otras estructuras del cuerpo, como los huesos, el tejido adiposo, el corazón y el intestino delgado, también producen y liberan hormonas.

En tu cuaderno *Haz una tabla de tres columnas. Rotula las columnas como Glándula, Hormona y Función. Llena la tabla conforme avanzas en la lectura.*

PISTA DEL MISTERIO

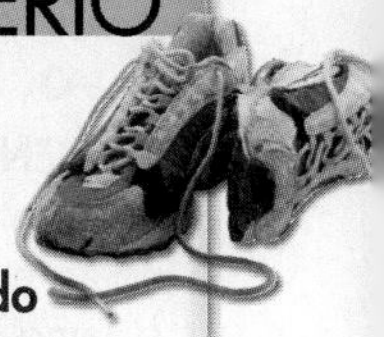

El tejido adiposo puede enviar señales al hipotálamo cuando las reservas de grasa son bajas. El porcentaje de grasa en el cuerpo de Lisa bajó de 17 a 9%. ¿Esto pudo haber afectado tales señales?

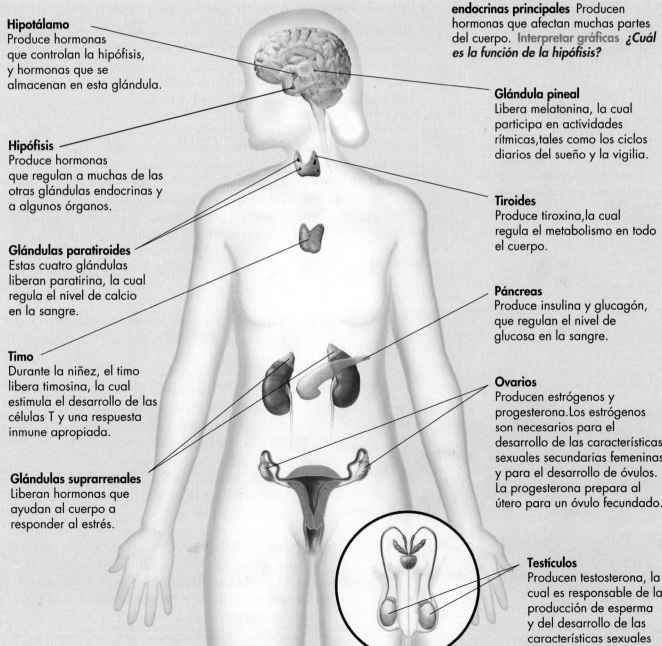

ILUSTRACIÓN 34–1 Glándulas endocrinas principales Producen hormonas que afectan muchas partes del cuerpo. **Interpretar gráficas** ***¿Cuál es la función de la hipófisis?***

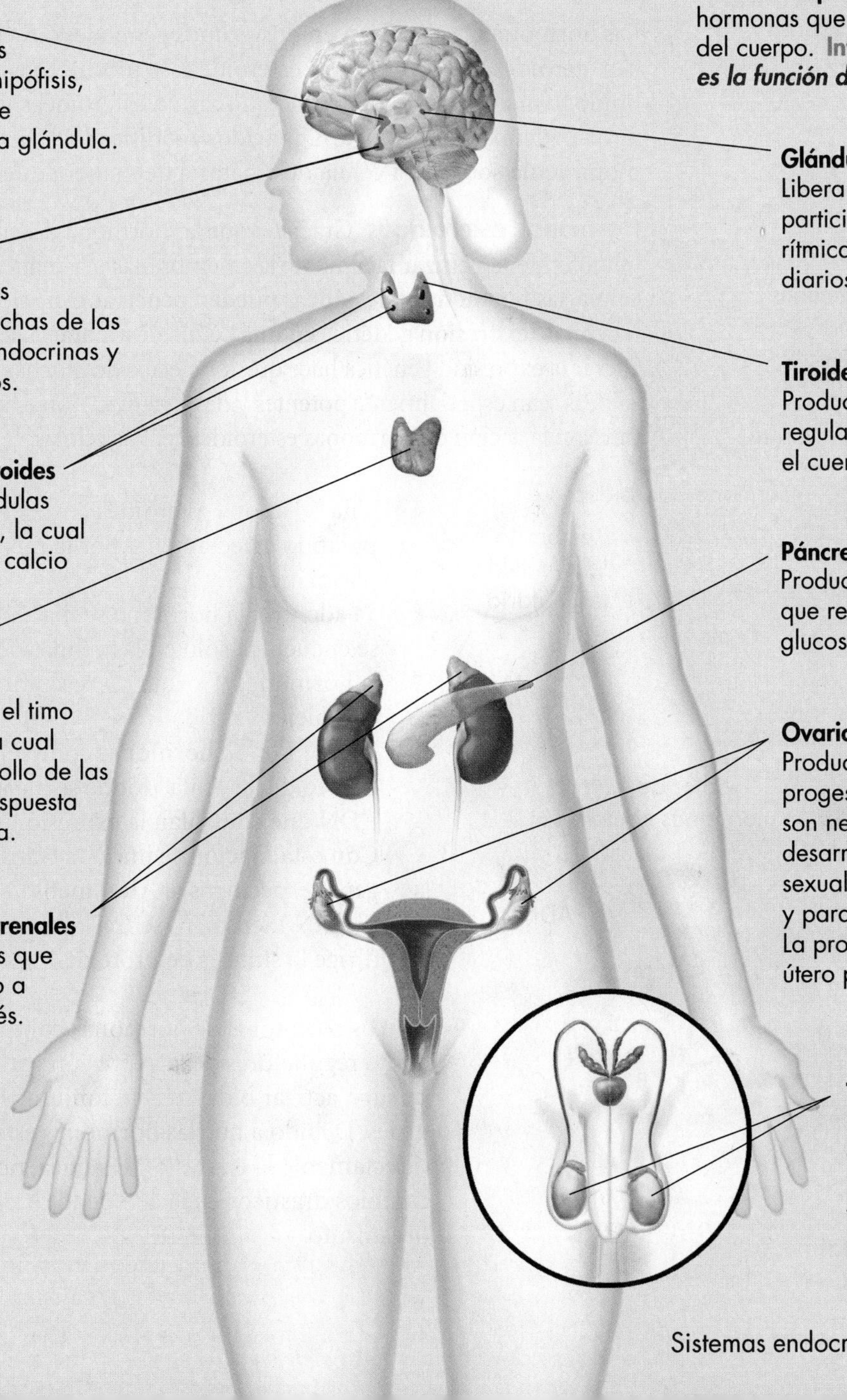

Hipotálamo
Produce hormonas que controlan la hipófisis, y hormonas que se almacenan en esta glándula.

Hipófisis
Produce hormonas que regulan a muchas de las otras glándulas endocrinas y a algunos órganos.

Glándulas paratiroides
Estas cuatro glándulas liberan paratirina, la cual regula el nivel de calcio en la sangre.

Timo
Durante la niñez, el timo libera timosina, la cual estimula el desarrollo de las células T y una respuesta inmune apropiada.

Glándulas suprarrenales
Liberan hormonas que ayudan al cuerpo a responder al estrés.

Glándula pineal
Libera melatonina, la cual participa en actividades rítmicas,tales como los ciclos diarios del sueño y la vigilia.

Tiroides
Produce tiroxina,la cual regula el metabolismo en todo el cuerpo.

Páncreas
Produce insulina y glucagón, que regulan el nivel de glucosa en la sangre.

Ovarios
Producen estrógenos y progesterona.Los estrógenos son necesarios para el desarrollo de las características sexuales secundarias femeninas y para el desarrollo de óvulos. La progesterona prepara al útero para un óvulo fecundado.

Testículos
Producen testosterona, la cual es responsable de la producción de esperma y del desarrollo de las características sexuales masculinas secundarias.

DESARROLLAR el vocabulario

ORIGEN DE LAS PALABRAS Las **prostaglandinas** obtienen este nombre de una glándula en el sistema reproductor masculino, la próstata, donde fueron descubiertas la primera vez.

Prostaglandinas Se llegó a pensar que las glándulas del sistema endocrino eran los únicos órganos que producían hormonas. Sin embargo, se ha demostrado que casi todas las células producen pequeñas cantidades de sustancias parecidas a las hormonas, llamadas **prostaglandinas.** Las prostaglandinas son ácidos grasos modificados producidos por una amplia gama de células. Generalmente afectan sólo a células y tejidos circundantes, por lo que a veces se les llama "hormonas locales".

Algunas prostaglandinas causan que algunos músculos de fibra lisa, como los del útero, los de los bronquiolos y los de los vasos sanguíneos, se contraigan. Un grupo de prostaglandinas causa la sensación de dolor durante la mayoría de los dolores de cabeza. La aspirina ayuda a controlar un dolor de cabeza, ya que inhibe la síntesis de estas prostaglandinas.

Acción hormonal

¿Cómo afectan las hormonas a las células?

Las hormonas se clasifican en dos grupos generales: las esteroideas y las no esteroideas. Las hormonas esteroideas se producen a partir de un lípido llamado colesterol. Las hormonas no esteroideas incluyen proteínas, pequeños péptidos y aminoácidos modificados. Cada tipo de hormona actúa sobre una célula destinataria de manera diferente.

Hormonas esteroideas Gracias a que las hormonas esteroideas son lípidos, pueden cruzar fácilmente las membranas plasmáticas. **Ya en la célula, las hormonas esteroideas pueden penetrar el núcleo y cambiar el patrón de expresión genética en una célula destinataria.** La habilidad para alterar la expresión genética hace que los efectos de muchas hormonas esteroideas sean especialmente potentes y de larga duración. La **ilustración 34–2** muestra la acción de hormonas esteroideas en las células.

ILUSTRACIÓN 34–2 Hormonas esteroideas Las hormonas esteroideas penetran el núcleo de una célula y cambian el patrón de la expresión genética.

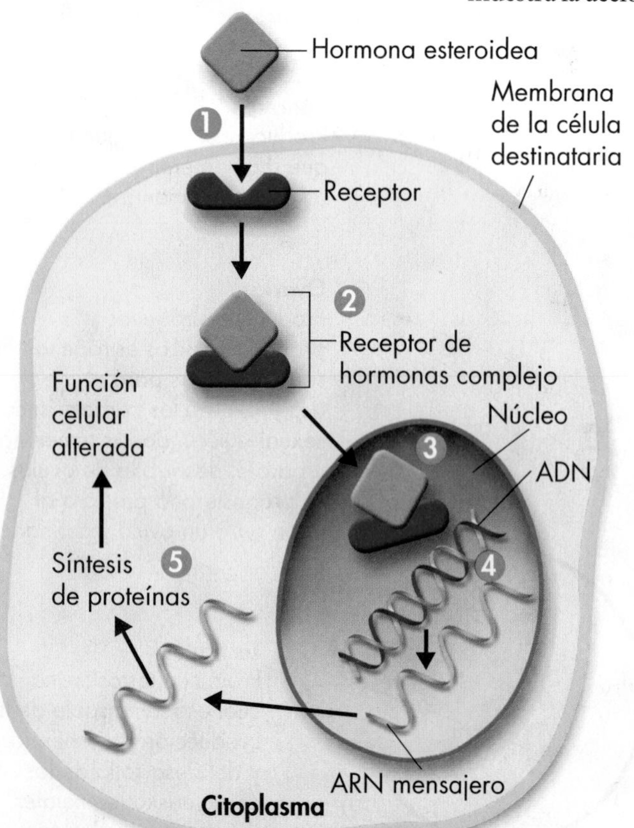

1. Una hormona esteroidea entra en una célula pasando directamente por la membrana plasmática.
2. Ya adentro, la hormona se fija a un receptor (que se encuentra sólo en las células destinatarias de la hormona) y forma un receptor de hormonas complejo.
3. El receptor de hormonas complejo entra en el núcleo de la célula, donde se fija a regiones de ADN que controlan la expresión genética.
4. Con esta fijación se inicia la transcripción de genes específicos al ARN mensajero.
5. El ARN mensajero se traslada al citoplasma y dirige la síntesis de proteína.

Los receptores de hormonas complejos trabajan como reguladores de la expresión genética, ya que pueden activar o desactivar conjuntos completos de genes. Debido a que las hormonas esteroideas afectan directamente la expresión genética, pueden producir cambios drásticos en la actividad de una célula o de un organismo.

Hormonas no esteroideas Las hormonas no esteroideas generalmente no pueden pasar a través de la membrana plasmática de sus células destinatarias. **Las hormonas no esteroideas se fijan a receptores en las membranas plasmáticas y causan la liberación de mensajeros secundarios que afectan las actividades de la célula.** La **ilustración 34–3** muestra la acción de hormonas no esteroideas en las células.

1. Una hormona no esteroidea se fija a receptores de la membrana plasmática.
2. La fijación de la hormona activa enzimas sobre la superficie interior de la membrana plasmática.
3. Estas enzimas liberan mensajeros secundarios como iones de calcio, nucleótidos y ácidos grasos para pasar el mensaje de la hormona en el interior de la célula. Un mensajero secundario común es el monofosfato de adenosina cíclico (AMPc), que se produce de trifosfato de adenosina ATP.
4. Estos mensajeros secundarios pueden activar o inhibir una amplia variedad de actividades celulares.

Las hormonas esteroideas y las no esteroideas pueden tener potentes efectos en sus células destinatarias. Por tanto, es especialmente importante entender las maneras en que el sistema endocrino regula su producción y su liberación en la sangre.

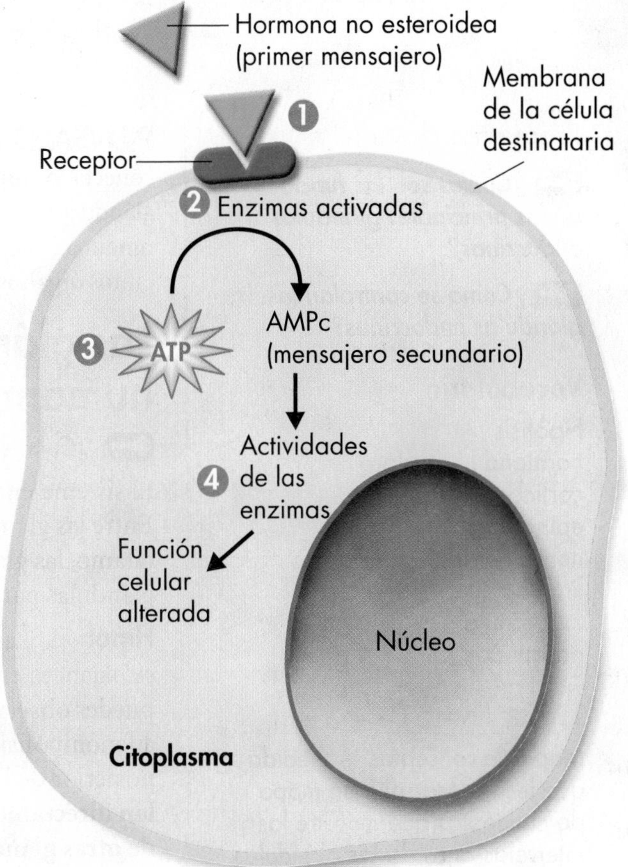

ILUSTRACIÓN 34–3 Hormonas no esteroideas Las hormonas no esteroideas se fijan a receptores en la membrana plasmática de una célula destinataria y causan la liberación de mensajeros secundarios que afectan las actividades celulares.

34.1 Evaluación

Repaso de conceptos clave

1. a. **Repasar** ¿Cuáles son los dos componentes del sistema endocrino?
   b. **Explicar** Explica la diferencia entre las glándulas endocrinas y las exocrinas.
   c. **Comparar y contrastar** ¿En qué se asemejan las hormonas y las prostaglandinas? ¿En qué son diferentes?
2. a. **Repasar** Explica cómo actúan las hormonas esteroideas en una célula.
   b. **Explicar** Explica cómo actúan las hormonas no esteroideas en una célula.
   c. **Aplica los conceptos** Usa lo que aprendiste en el Capítulo 7 acerca de cómo los materiales cruzan las membranas plasmáticas, para explicar las acciones de las hormonas esteroideas y las hormonas no esteroideas.

Aplica la gran idea

Homeostasis

3. ¿Cuáles son las ventajas de tener un sistema nervioso y un sistema endocrino?

BIOLOGY.com Search Lesson 34.1  GO • Self-Test • Lesson Assessment • Art in Motion

34.2 Glándulas del sistema endocrino

Preguntas clave

¿Cuáles son las funciones de las principales glándulas endocrinas?

¿Cómo se controlan las glándulas endocrinas?

Vocabulario

hipófisis
hormona liberadora
corticoesteroide
epinefrina
norepinefrina
tiroxina
calcitonina
paratirina

Tomar notas

Mapa de conceptos A medida que leas, desarrolla un mapa de conceptos que muestre las interrelaciones de las glándulas endocrinas humanas.

ILUSTRACIÓN 34–4 Hipófisis La hipófisis se localiza bajo el hipotálamo en el cerebro. Algunas de las hormonas que la hipófisis libera controlan a otras glándulas, mientras que otras hormonas afectan a otro tipo de tejidos.

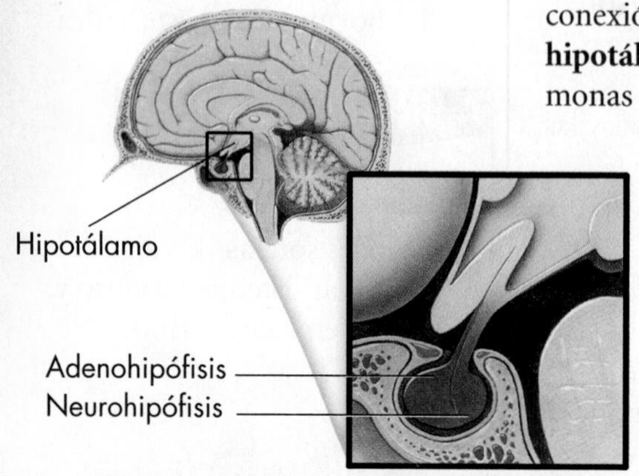

PIÉNSALO Los órganos en la mayoría de los sistemas del cuerpo están conectados unos a otros, pero eso no ocurre con el sistema endocrino. Las glándulas endocrinas están dispersas en todo el cuerpo, muchas de ellas sin ninguna conexión aparente de una con otra. ¿Cómo controla y regula el cuerpo tantos órganos separados de modo que actúen juntos como un solo sistema?

Las glándulas endocrinas de los seres humanos

¿Cuáles son las funciones de las principales glándulas endocrinas?

El sistema endocrino humano regula una amplia variedad de actividades. Entre las glándulas principales de este sistema están la hipófisis, el hipotálamo, las glándulas suprarrenales, el páncreas, la glándula tiroidea, las glándulas paratiroideas y las glándulas reproductoras.

Hipófisis La **hipófisis** es una estructura del tamaño de un frijol, que se balancea en un delgado tallo de tejido en la base del cerebro. Como puedes observar en la **ilustración 34–4,** esta glándula tiene dos partes: la adenohipófisis (lóbulo anterior de la hipófisis) y la neurohipófisis (lóbulo posterior de la hipófisis). **La hipófisis secreta hormonas que regulan directamente muchas funciones del cuerpo o controlan las acciones de otras glándulas endocrinas.**

El funcionamiento adecuado de la hipófisis es esencial. Por ejemplo, si la glándula produce demasiada somatotropina (hormona del crecimiento) durante la niñez, el cuerpo crece demasiado rápido, lo cual da como resultado una condición conocida como gigantismo hipofisario. Muy poca somatotropina durante la niñez provoca enanismo hipofisario, que puede tratarse con somatropina (hormona del crecimiento farmacéutica) producida mediante bacterias genéticamente manipuladas.

Hipotálamo El hipotálamo, que está sujeto en la neurohipófisis, es la conexión entre el sistema nervioso central y el sistema endocrino. **El hipotálamo controla las secreciones de la hipófisis.** Los niveles de hormonas y otras sustancias en la sangre, así como la información sensorial recogida por otras partes del sistema nervioso central influyen en las actividades del hipotálamo.

El hipotálamo contiene los somas o pericariones de las células neurosecretoras, cuyos axones se extienden al interior de la neurohipófisis. La vasopresina (hormona antidiurética), la cual estimula al riñón a absorber agua, y la oxitocina, que estimula las contracciones durante el parto, se producen en los somas del hipotálamo y se almacenan en los axones que entran a la neurohipófisis. Cuando los somas se estimulan, los axones en la neurohipófisis liberan estas hormonas en la sangre.

Hormonas de la adenohipófisis

Hormona	Acción
Folitropina	Estimula la producción de óvulos maduros en los ovarios, y de esperma en los testículos
Lutropina	Estimula los ovarios y los testículos; prepara al útero para la implantación del óvulo fecundado
Tirotropina	Estimula la síntesis y la liberación de tiroxina de la glándula tiroidea
Corticotropina	Estimula la liberación de algunas hormonas de la corteza suprarrenal
Somatotropina	Estimula la síntesis de proteína y el crecimiento en las células
Prolactina	Estimula la producción de leche en las madres lactantes
Melanotropina	Estimula que los melanocitos en la piel incrementen la producción del pigmento melanina

ILUSTRACIÓN 34–5 Hormonas de la adenohipófisis El hipotálamo secreta hormonas liberadoras que dan señales a la adenohipófisis para que libere sus hormonas. **Clasificar** ***¿Cuáles de estas hormonas estimulan a otras glándulas endocrinas?***

PISTA DEL MISTERIO

Un efecto del cortisol es la liberación de calcio de los huesos a la sangre, de manera que esté disponible para los músculos esqueléticos. ¿Cómo podría contribuir este efecto del cortisol en la condición de Lisa?

En contraste, el hipotálamo tiene control indirecto de la adenohipófisis. El hipotálamo produce **hormonas liberadoras,** las cuales se secretan en los vasos sanguíneos que conducen a la adenohipófisis. El hipotálamo produce una hormona liberadora específica que controla la secreción de cada hormona de la adenohipófisis. La **ilustración 34–5** enumera las hormonas que la adenohipófisis libera.

Glándulas suprarrenales Las glándulas suprarrenales son estructuras con forma de pirámide que se apoyan sobre los riñones. **Las glándulas suprarrenales liberan hormonas que ayudan al cuerpo a prepararse para lidiar con el estrés.** Como se muestra en la **ilustración 34–6,** la parte exterior de la glándula es el corteza suprarrenal y la parte interior es la médula suprarrenal.

Aproximadamente 80% de una glándula suprarrenal está formada de su corteza. La corteza suprarrenal produce más de 24 hormonas esteroideas llamadas **corticoesteroides.** Una de estas hormonas, la aldosterona, regula la presión y el volumen sanguíneos. Su liberación se estimula mediante la deshidratación, el sangrado excesivo o la deficiencia de Na^+. Otra hormona, llamada cortisol, ayuda a controlar la tasa del metabolismo de hidratos de carbono, grasas y proteínas. El cortisol se libera durante el estrés físico, como el que produce el ejercicio intenso.

Cuando se está emocionado o asustado, las hormonas liberadas de la médula suprarrenal producen la sensación de ansiedad y palpitaciones, lo que podría describirse como una respuesta de "pelea o huye". Cuando se está bajo este tipo de estrés, los impulsos del sistema nervioso simpático estimulan las células en la médula suprarrenal para que liberen grandes cantidades de **epinefrina** (conocida como adrenalina) y **norepinefrina.** Estas hormonas incrementan la frecuencia cardíaca y la presión sanguínea. También causan que las vías respiratorias se expandan, permitiendo la entrada de más oxígeno y estimulando la liberación adicional de glucosa. Si tu frecuencia cardíaca aumenta y te sudan las manos cuando tienes examen, ¡tu médula suprarrenal está funcionando!

ILUSTRACIÓN 34–6 Glándulas suprarrenales Las glándulas suprarrenales liberan hormonas que ayudan al cuerpo a manejar situaciones estresantes. La corteza y la médula suprarrenales contienen diferentes tipos de tejidos y liberan distintas hormonas.

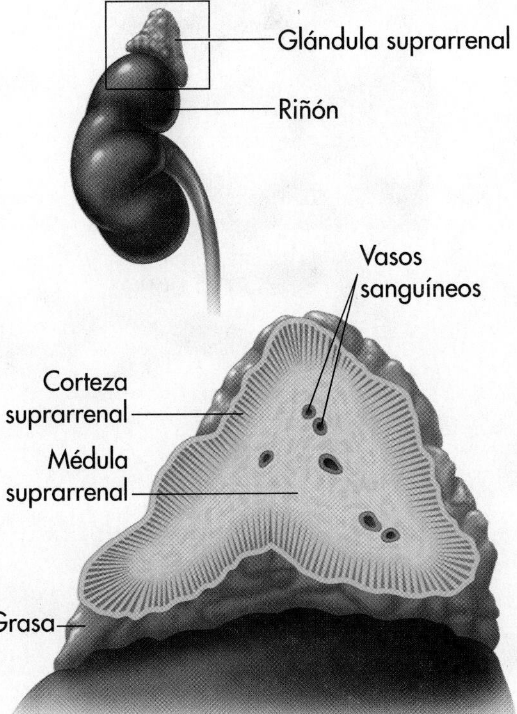

Corte transversal de la glándula suprarrenal

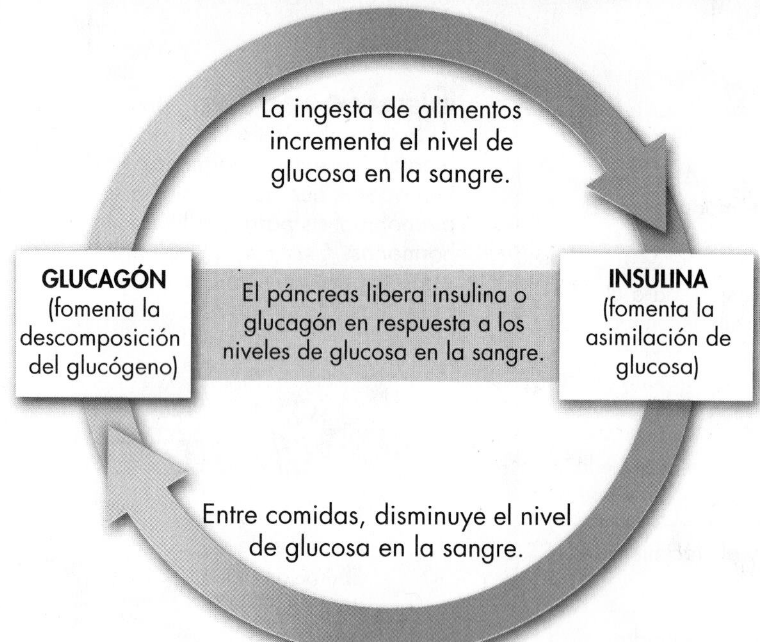
La ingesta de alimentos incrementa el nivel de glucosa en la sangre.
GLUCAGÓN (fomenta la descomposición del glucógeno)
El páncreas libera insulina o glucagón en respuesta a los niveles de glucosa en la sangre.
INSULINA (fomenta la asimilación de glucosa)
Entre comidas, disminuye el nivel de glucosa en la sangre.

ILUSTRACIÓN 34–7 Control de glucosa de la sangre La insulina y el glucagón son hormonas opuestas que garantizan que los niveles de glucosa de la sangre permanezcan en un rango normal. Inferir ***Explica por qué este ciclo de realimentación no se aplica a una persona con diabetes sin tratar.***

Páncreas El páncreas es, a la vez, una glándula exocrina y endocrina. Como glándula exocrina, libera enzimas digestivas que ayudan a descomponer los alimentos. Sin embargo, otras células en el páncreas liberan hormonas en la sangre.

La parte productora de hormonas en el páncreas consiste en conglomerados de células. Estos conglomerados, que parecen islas, se llaman islotes de Langerhans en honor a su descubridor, el anatomista alemán Paul Langerhans. Cada islote contiene células beta, las cuales secretan insulina, y células alfa, que secretan glucagón. **La insulina y el glucagón los produce el páncreas, y ayudan a mantener estable el nivel de glucosa de la sangre.**

▶ ***Regulación de la glucosa en la sangre*** Cuando se elevan los niveles de glucosa en la sangre después de que una persona come, el páncreas libera insulina. La insulina estimula a las células para que obtengan glucosa de la sangre, lo cual evita que los niveles de glucosa de la sangre se eleven demasiado rápido y garantiza que se le almacene para su uso posterior. Las principales células destinatarias de la insulina están en el hígado, los músculos esqueléticos y el tejido adiposo. El hígado y los músculos esqueléticos almacenan glucosa y glucógeno. En el tejido adiposo la glucosa se convierte en lípidos.

Una o dos horas después que una persona ha comido, cuando baja el nivel de glucosa en la sangre, el páncreas libera el glucagón. El glucógeno estimula que las células del hígado y de los músculos esqueléticos rompan el glucógeno y liberen glucosa en la sangre. El glucagón también causa que las células adiposas rompan las grasas de modo que éstas puedan convertirse en glucosa. Estas acciones ayudan a que la glucosa de la sangre suba su nivel normal. La **ilustración 34–7** resume el ciclo de retroalimentación de la insulina y el glucagón.

▶ ***Diabetes mellitus*** Cuando el cuerpo deja de producir insulina o no responde adecuadamente a ésta, se presenta una condición conocida como *diabetes mellitus.* Los niveles muy altos de glucosa en la sangre que resultan de la diabetes pueden dañar casi a todos los sistemas y células del cuerpo.

Hay dos tipos de diabetes mellitus. La diabetes tipo I es un desorden autoinmune que las personas desarrollan por lo común antes de los 15 años. El sistema inmunológico mata las células beta, de lo que resulta la poca o nula secreción de insulina. Las personas con diabetes tipo I deben seguir una dieta estricta y recibir dosis diarias de insulina para mantener controlado su nivel de glucosa en la sangre.

La diabetes tipo II se desarrolla más comúnmente en las personas después de los 40 años. Las personas con este tipo de diabetes producen cantidades de insulina normales o bajas. Sin embargo, sus células no responden adecuadamente a la hormona a causa de que la interacción entre la insulina y sus receptores es ineficiente. En sus primeras etapas, la diabetes tipo II a menudo se controla con dieta y ejercicio. Por desgracia, la incidencia de la diabetes tipo II está aumentando con rapidez en los Estados Unidos y otros países, resultado de mayor obesidad, en especial entre los jóvenes.

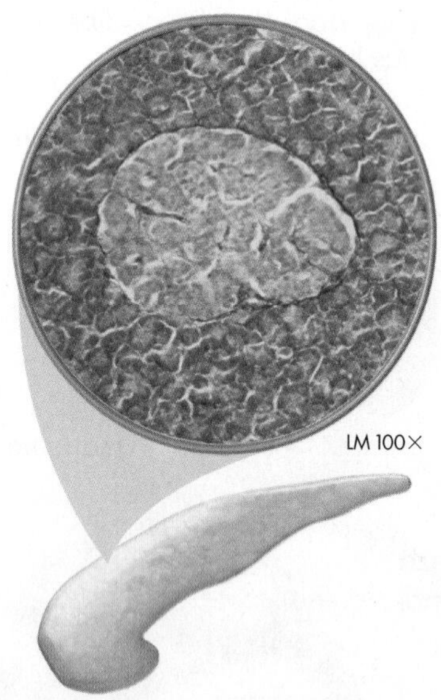
LM 100×

ILUSTRACIÓN 34–8 Células pancreáticas El conglomerado de células de color claro es un islote de Langerhans, el cual contiene células alfa y beta. En la diabetes tipo I, el sistema inmunológico de una persona mata células beta, las cuales producen insulina.

Glándulas tiroidea y paratiroideas La glándula tiroidea se localiza en la base del cuello, alrededor de la parte superior de la tráquea. **La glándula tiroidea desempeña un papel importante en la regulación del metabolismo.** Recuerda que el metabolismo es la suma de todas las reacciones químicas que ocurren en el cuerpo. La glándula tiroidea produce **tiroxina,** la hormona que incrementa la tasa metabólica de las células en todo el cuerpo. Debido a la influencia de la tiroxina, las células se vuelven más activas, usan más energía y producen más calor.

Se necesita yodo para producir tiroxina. En algunas partes del mundo donde la dieta no contiene yodo se pueden presentar severos problemas de salud. Los bajos niveles de tiroxina en niños pequeños con deficiencias de yodo producen una condición llamada cretinismo, en que ni el sistema esquelético ni el nervioso se desarrollan de manera adecuada. La deficiencia de yodo se suele evitar mediante la adición de pequeñas cantidades de yodo a la sal de mesa o a otros elementos de la comida.

Los problemas de la glándula tiroidea son un desorden bastante frecuente. Si la glándula tiroidea produce demasiada tiroxina, ocurre una condición llamada hipertiroidismo. Éste provoca nerviosismo, temperatura corporal elevada, presión sanguínea alta y pérdida de peso. Muy poca tiroxina causa una condición llamada hipotiroidismo, caracterizada por baja temperatura corporal, falta de energía y aumento de peso. Un bocio, como el de la **ilustración 34–9,** puede ser signo de hipotiroidismo.

La glándula tiroidea también produce calcitonina, una hormona que reduce los niveles de calcio en la sangre. La **calcitonina** provoca que los riñones reabsorban menos calcio del líquido filtrado, inhibe su absorción en el intestino delgado y la fomenta en los huesos. Su hormona opuesta es la paratirina, la cual se libera de las cuatro glándulas paratiroideas localizadas en la superficie posterior de la glándula tiroidea. La **paratirina** incrementa los niveles de calcio en la sangre al fomentar la liberación de calcio de los huesos, su reabsorción por los riñones y su asimilación en el sistema digestivo. Las acciones de la paratirina fomentan el funcionamiento adecuado de los nervios y de los músculos, así como una estructura ósea apropiada.

En tu cuaderno *Resume cómo se regulan los niveles de calcio en la sangre.*

Glándulas reproductoras Las gónadas (los ovarios y testículos) son las glándulas reproductoras del cuerpo. **Las gónadas sirven para dos funciones importantes: la producción de gametos y la secreción de hormonas sexuales.** En las hembras, los ovarios producen óvulos y secretan un grupo de hormonas llamadas estrógenos. En los machos, los testículos producen esperma y secretan la hormona llamada testosterona. Aprenderás más sobre las gónadas y sus hormonas en la siguiente lección.

ILUSTRACIÓN 34–9 Glándula tiroidea Un bocio es un agrandamiento de la glándula tiroidea. Puede ser el resultado de la deficiencia de yodo. Sin éste, la glándula tiroidea no puede terminar de producir tiroxina, pero su precursor continúa formándose en la glándula.

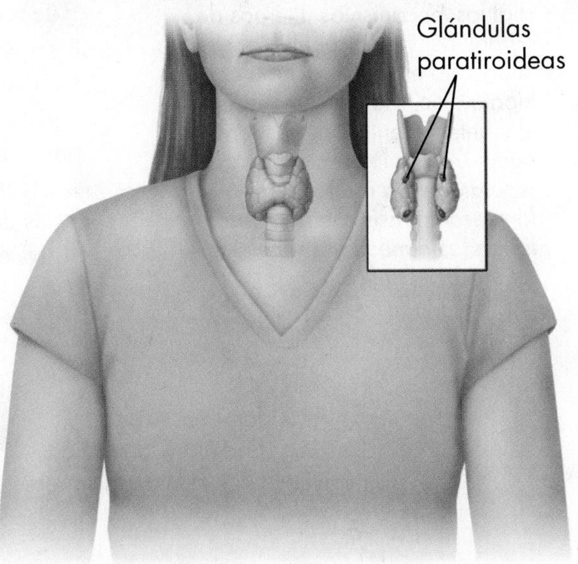

Glándula tiroidea normal

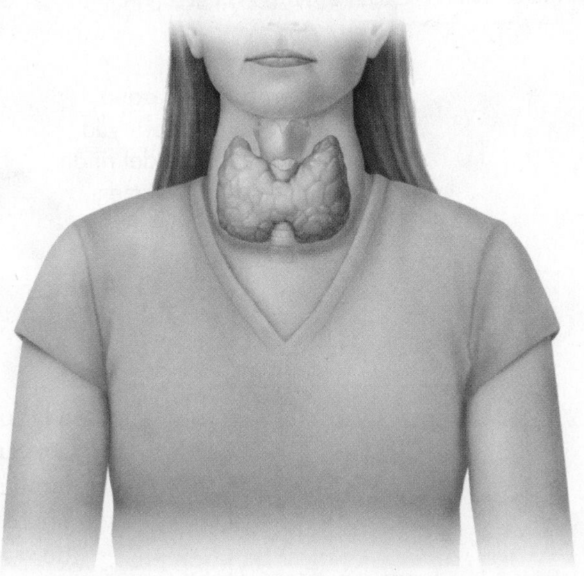

Glándula tiroidea agrandada (bocio)

Control del sistema endocrino

¿Cómo se controlan las glándulas endocrinas?

A pesar de que el sistema endocrino es uno de los principales reguladores del cuerpo, también debe ser controlado. **Como la mayoría de los sistemas del cuerpo, el endocrino se regula mediante mecanismos de reacción que funcionan para mantener la homeostasis.**

Recuerda que la inhibición de la reacción ocurre cuando un aumento en cualquier sustancia "retroalimenta" el proceso que en primer lugar produjo la sustancia. Los sistemas de calefacción y de enfriamiento de las casas, controlados mediante termostatos, son ejemplos de ciclos de retroalimentación mecánicos. Las acciones de las glándulas y las hormonas del sistema endocrino son ejemplos biológicos del mismo tipo de proceso.

ILUSTRACIÓN 34–10 Equilibro de agua Un método mediante el cual los mecanismos internos de retroalimentación regulan el sistema endocrino es la interacción del hipotálamo y la neurohipófisis en el mantenimiento del equilibrio del agua. **Aplica los conceptos** ***¿El hipotálamo da indicaciones a la neurohipófisis con hormonas liberadas o mediante señales nerviosas? Explica.***

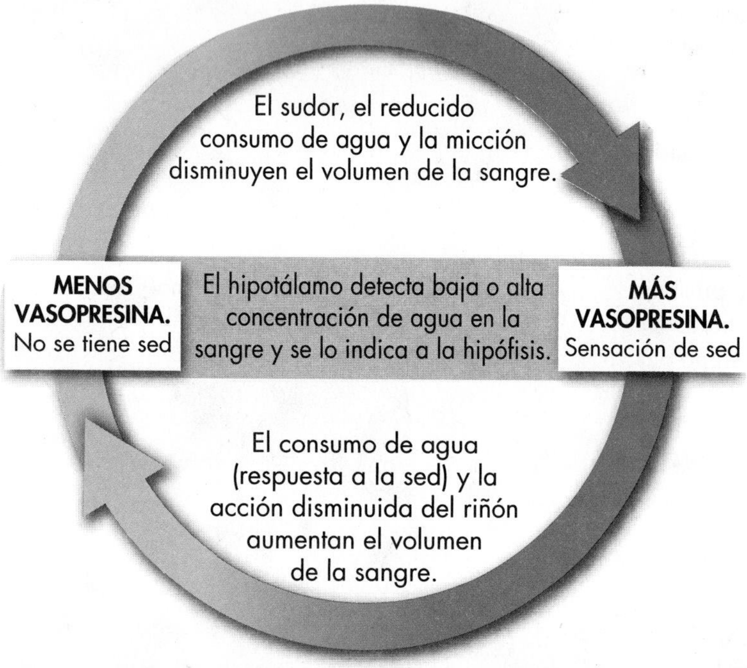

El sudor, el reducido consumo de agua y la micción disminuyen el volumen de la sangre.

MENOS VASOPRESINA. No se tiene sed

El hipotálamo detecta baja o alta concentración de agua en la sangre y se lo indica a la hipófisis.

MÁS VASOPRESINA. Sensación de sed

El consumo de agua (respuesta a la sed) y la acción disminuida del riñón aumentan el volumen de la sangre.

Mantenimiento del equilibrio de agua Los mecanismos homeostáticos regulan los niveles de una amplia variedad de materiales disueltos en la sangre y en fluidos extracelulares. Estos materiales incluyen iones de hidrógeno, minerales como sodio, potasio y calcio, y proteínas solubles como el suero de albúmina, que se encuentra en el plasma sanguíneo. La mayor parte del tiempo, los sistemas homeostáticos operan de manera tan tranquila que apenas si nos damos cuenta de su existencia. Sin embargo, eso no pasa con uno de los procesos homeostáticos más importantes, el que regula la cantidad de agua en el cuerpo. La **ilustración 34–10** muestra el mecanismo del equilibrio del agua.

Cuando practicas ejercicio intensamente, pierdes agua conforme sudas. Si esta pérdida de agua continuara, tu cuerpo pronto se deshidrataría. Por lo general eso no sucede gracias a que los mecanismos homeostáticos de tu cuerpo entran en acción.

El hipotálamo contiene células sensibles a la concentración de agua en la sangre. A medida que pierdes agua, la concentración de materiales disueltos en la sangre aumenta. El hipotálamo responde de dos maneras. Primera, indica a la neurohipófisis que libere una hormona llamada vasopresina. La sangre lleva las moléculas de vasopresina a los riñones, donde la eliminación de agua de la sangre disminuye de manera rápida. Después se experimenta una sensación de sed: señal de que deberías beber para restaurar el agua perdida.

Cuando por fin tomas la bebida, podrías ingerir un litro. La mayor parte de esa agua se absorbe rápidamente en la sangre. Este volumen de agua podría diluir la sangre al grado de perturbar el equilibrio entre la sangre y las células corporales. Grandes cantidades de agua se difundirían a través de las paredes de los vasos sanguíneos hacia los tejidos del cuerpo, y las células se hincharían con el exceso de agua.

Huelga decir que esto no pasa, pues el mecanismo homeostático que el hipotálamo controla interviene de nuevo. Cuando el contenido de agua en la sangre sube, la hipófisis libera menos vasopresina. En respuesta a los niveles bajos de vasopresina, los riñones eliminan agua de la sangre y restablecen su concentración apropiada. El sistema homeostático fija los límites superior e inferior del contenido de agua en la sangre. Un déficit de agua estimula la liberación de vasopresina y causa que los riñones la conserven; un abastecimiento excesivo de agua provoca que los riñones eliminen el exceso mediante la orina.

Control del metabolismo Otro ejemplo de cómo los mecanismos internos de retroalimentación regulan la actividad del sistema endocrino es el funcionamiento de la glándula tiroidea y su hormona principal, la tiroxina. Recuerda que la tiroxina aumenta la actividad metabólica de las células. ¿La glándula tiroidea determina por sí misma cuánta tiroxina liberar? No, la actividad de la glándula tiroidea está más bien regulada por el hipotálamo y por la adenohipófisis. Cuando el hipotálamo detecta que el nivel de tiroxina en la sangre es bajo, secreta la tiroliberina, que es la hormona liberadora de tirotropina, la cual estimula a la adenohipófisis para que secrete la tirotropina. La tirotropina estimula la liberación de tiroxina por la glándula tiroidea. Niveles altos de tiroxina en la sangre inhiben la secreción de tiroliberina y tirotropina, lo cual detiene la liberación de tiroxina adicional. Esto mantiene relativamente constante el nivel de tiroxina en la sangre.

El hipotálamo también es sensible a la temperatura. Cuando la temperatura central del cuerpo empieza a descender, incluso si el nivel de tiroxina es normal, el hipotálamo produce tiroliberina adicional. La emisión de la tiroliberina estimula la liberación de la tirotropina, que estimula la liberación de tiroxina adicional. La tiroxina aumenta el consumo de oxígeno y el metabolismo celular. El aumento de la actividad metabólica que resulta, ayuda al cuerpo a mantener su temperatura central, incluso cuando baja la temperatura exterior.

DESARROLLAR el vocabulario

PREFIJOS Los prefijos *anti-* y *ante-* se pueden confundir con facilidad. *Anti-*, como en *antidiurético*, significa "contra" u "opuesto". *Ante-*, como en *anterior*, significa "delante de" o "antes".

34.2 Evaluación

Repaso de conceptos clave

1. a. Repasar Describe el papel de cada glándula endocrina principal.

b. Explicar ¿Por qué el hipotálamo es una parte importante del sistema nervioso y del sistema endocrino?

c. Comparar y contrastar Compara los dos tipos de diabetes.

2. a. Repasar Explica cómo ayuda el sistema endocrino a mantener la homeostasis.

b. Explicar En un día caluroso, juegas futbol durante una hora y pierdes mucha agua mediante sudoración. Enumera los pasos que da tu cuerpo para recuperar la homeostasis.

c. Predecir Supón que la secreción de determinada hormona causa un aumento en la concentración de la sustancia *X* en la sangre. Una baja concentración de *X* causa que la hormona se libere. ¿Cuál es el efecto en la tasa de secreción de hormonas si una condición anormal provoca que el nivel de *X* en la sangre permanezca muy bajo?

ESCRIBIR SOBRE LAS CIENCIAS

Escritura creativa

3. Elabora un folleto en el que describas ambos tipos de diabetes. Tal vez desees incluir información sobre factores de riesgo, tratamiento y medidas preventivas. Usa imágenes de revistas o de Internet para ilustrar tu folleto.

BIOLOGY.com Search Lesson 34.2 GO • Lesson Assessment • Self-Test

34.3 El sistema reproductor

Preguntas clave

¿Qué efectos tienen los estrógenos y la testosterona en mujeres y hombres?

¿Cuáles son las funciones principales del sistema reproductor masculino?

¿Cuáles son las funciones principales del sistema reproductor femenino?

¿Cuáles son las infecciones de transmisión sexual reportadas con más frecuencia?

Vocabulario

pubertad • testículo • escroto • túbulo seminífero • epidídimo • vaso deferente • semen • ovario • ciclo menstrual • ovulación • cuerpo lúteo • menstruación • infección de transmisión sexual

Tomar notas

Esquema Antes de leer, usa los encabezados en verde y azul de esta lección para hacer un esquema. Complétalo con los subtemas conforme avanzas en la lectura.

PIÉNSALO De todos los sistemas del cuerpo, el sistema reproductor es único. Si cualquier otro dejara de funcionar, el resultado sería la muerte. Sin embargo, un individuo puede llevar una vida saludable sin reproducirse. ¿Pero hay algún otro sistema más importante para la existencia de nuestra especie? Sin el sistema reproductor no podríamos procrear a la siguiente generación, y nuestra especie llegaría a su fin. Así, en cierto sentido, éste puede ser el sistema corporal más importante.

Desarrollo sexual

¿Qué efectos tienen los estrógenos y la testosterona en mujeres y hombres?

Al principio, los embriones humanos masculino y femenino son casi idénticos en su apariencia. Luego, durante la séptima semana de desarrollo, los sistemas reproductores de embriones masculino y femenino empiezan a desarrollarse de manera diferente. El patrón masculino de desarrollo se desencadena por la producción de testosterona en las gónadas del embrión. En los embriones femeninos, la testosterona está ausente y el sistema reproductor femenino se desarrolla con la influencia de estrógenos que se producen en las gónadas del embrión.

Los estrógenos y la testosterona, que tienen potentes efectos en el cuerpo, son hormonas esteroideas que se producen sobre todo en las gónadas. Además de dar forma al desarrollo sexual del embrión, estas hormonas actúan en células y tejidos para producir muchas de las características físicas asociadas con los hombres y las mujeres. **En las mujeres, los efectos de las hormonas sexuales incluyen desarrollo de los senos y ensanchamiento de las caderas; en los hombres, crecimiento de vello facial, aumento del desarrollo muscular y engrosamiento de la voz.**

Durante la niñez, las gónadas y la corteza suprarrenal producen niveles bajos de hormonas sexuales que influyen en el desarrollo. Sin embargo, ni los testículos ni los ovarios pueden producir células reproductoras activas hasta la pubertad. La **pubertad** es un período de crecimiento rápido y de maduración sexual durante el cual el sistema reproductor llega a funcionar por completo. La edad a la que empieza la pubertad varía de manera considerable entre los individuos. En promedio ocurre entre los 9 y los 15 años, y en las mujeres empieza un año antes que en los hombres. La pubertad realmente empieza en el cerebro, cuando el hipotálamo indica a la hipófisis que produzca dos hormonas que afectan a las gónadas: la folitropina y la lutropina.

En tu cuaderno *Resume los efectos de los estrógenos en las mujeres y de la testosterona en los hombres.*

El sistema reproductor masculino

¿Cuáles son las funciones principales del sistema reproductor masculino?

La liberación de lutropina estimula a las células en los testículos a que produzcan cantidades mayores de testosterona. La testosterona causa los cambios físicos del hombre asociados con la pubertad, y junto con la folitropina estimula el desarrollo de esperma. **Cuando la pubertad termina, el sistema reproductor funciona por completo, lo que significa que el hombre puede producir y liberar esperma activo.**

La **ilustración 34–11** muestra las estructuras del sistema reproductor masculino. Justo antes del nacimiento (o a veces justo después), los órganos reproductores masculinos primarios, los **testículos,** descienden del abdomen a la bolsa externa llamada **escroto.** Los testículos permanecen en el escroto, fuera de la cavidad del cuerpo, donde la temperatura es unos grados más baja que la temperatura normal del cuerpo (37 °C). La temperatura más baja es importante para el desarrollo adecuado de esperma.

Desarrollo de esperma En cada testículo hay conglomerados de cientos de túbulos minúsculos, llamados **túbulos seminíferos,** donde el esperma se desarrolla. La **ilustración 34–11** muestra un corte transversal de un túbulo. Células diploides especializadas dentro de los túbulos sufren una meiosis y forman los núcleos haploides del esperma maduro. Recuerda que una célula haploide contiene sólo un conjunto único de cromosomas.

Después de que se produce en los túbulos seminíferos, el esperma se transporta hacia el **epidídimo,** donde madura y se almacena. Del epidídimo, parte del esperma se traslada hacia un tubo llamado **vaso deferente.** Este vaso se extiende hacia arriba, a partir del escroto, en la cavidad abdominal. Al final, el vaso deferente emerge con la uretra, el tubo que conduce hacia el exterior del cuerpo a través del pene.

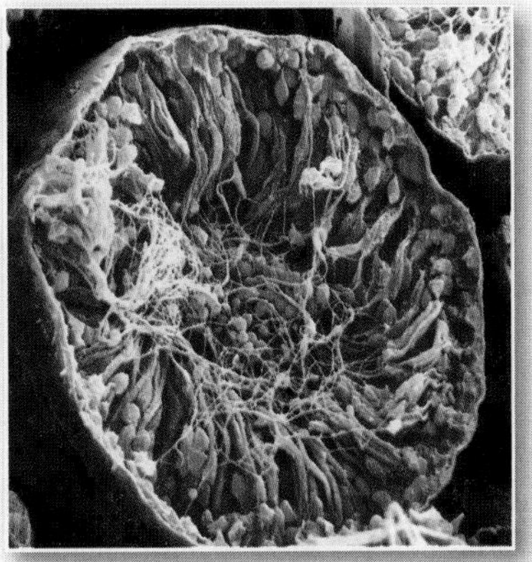

ILUSTRACIÓN 34–11 Sistema reproductor masculino Las estructuras principales de este sistema producen y transportan esperma. La micrografía muestra un corte transversal de un diminuto túbulo seminífero que contiene esperma en desarrollo (SEM 150×).

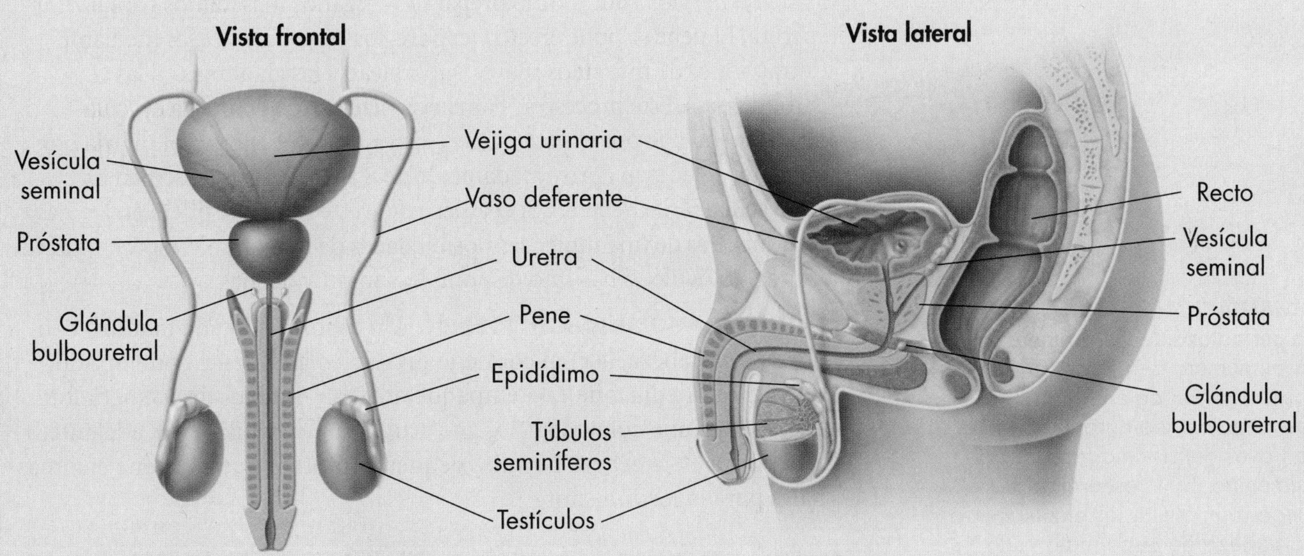

Actividad rápida de laboratorio
INVESTIGACIÓN DIRIGIDA

Trazar la formación del gameto humano

❶ Recuerda que las células en los testículos y los ovarios experimentan meiosis conforme forman gametos, es decir, espermatozoides y óvulos.

❷ Para cada letra, indica cuántos cromosomas están en las células en esa etapa, y si las células son diploides (2N) o haploides (N). Se te dan las respuestas *a.* y *e.*

Analizar y concluir

1. Interpretar material visual Para cada célula que experimenta meiosis en un hombre o en una mujer, ¿cuál es la tasa de espermatozoides que los hombres producen con respecto a óvulos que producen las mujeres?

2. Inferir ¿Qué porcentaje de espermatozoides contendrá un cromosoma Y?

En hombres

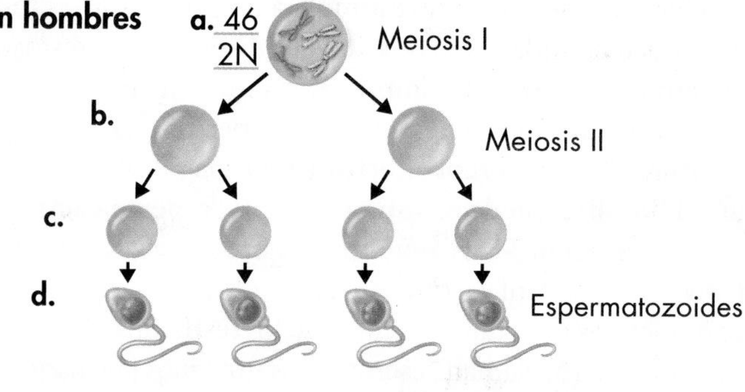

En mujeres

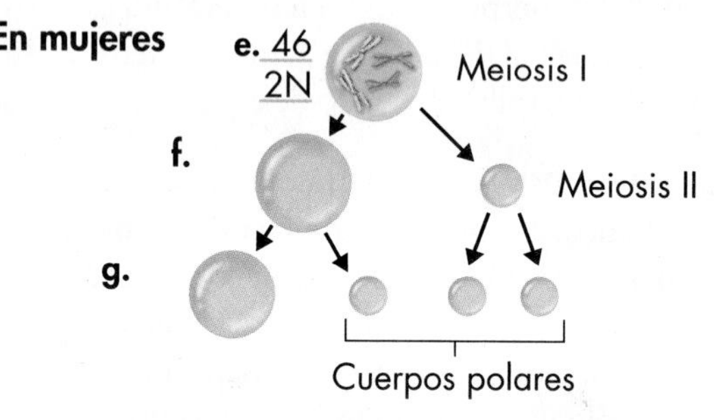

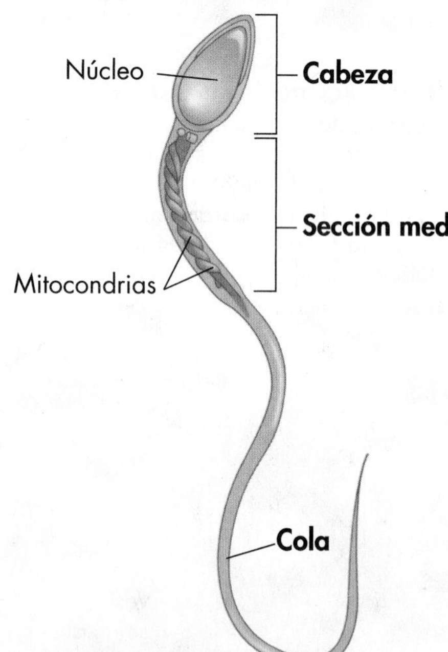

ILUSTRACIÓN 34–12
Espermatozoide Se requiere un gran número de mitocondrias para proveer de energía a un espermatozoide durante su viaje a través del sistema reproductor femenino. Si un espermatozoide llega a un óvulo, las enzimas en la cabeza del espermatozoide pueden romper la capa exterior del óvulo.

Las glándulas que rodean las vías reproductoras, incluyendo las vesículas seminales, la próstata y las glándulas bulbouretrales, producen un fluido rico en nutrientes llamado fluido seminal. Éste alimenta a los espermatozoides y los protege de la acidez de las vías reproductoras femeninas. La combinación de esperma y de fluido seminal se conoce como **semen.** El número de espermatozoides es asombroso. Hay entre 50 millones y 130 millones de espermatozoides en un mililitro de semen. ¡Eso equivale, aproximadamente, a 2.5 millones de espermatozoides por gota!

Liberación de esperma Cuando el hombre está sexualmente excitado, el sistema nervioso autónomo prepara los órganos masculinos para liberar esperma. El pene se pone erecto y expulsa los espermatozoides mediante contracciones de músculos suaves que rodean a las glándulas en las vías reproductoras. Este proceso se llama eyaculación. Dado que la eyaculación está regulada por el sistema nervioso autónomo, no es voluntaria por completo. Se liberan aproximadamente de 2 a 6 mililitros de semen en una eyaculación promedio. Si el esperma de este semen se libera en las vías reproductoras de una mujer, las posibilidades de que un solo espermatozoide fecunde un óvulo, si hay uno disponible, son muy buenas.

Estructura de un espermatozoide Un espermatozoide maduro consiste de una cabeza, la cual contiene un núcleo altamente condensado; una sección media, que está empaquetada con mitocondrias liberadoras de energía, y una cola o flagelo, que propulsa a la célula hacia adelante. En la punta de la cabeza hay una pequeña cubierta que contiene enzimas vitales para la fecundación.

En tu cuaderno *Haz un diagrama de flujo que muestre el camino del esperma a través del sistema reproductor masculino.*

El sistema reproductor femenino

¿Cuáles son las funciones principales del sistema reproductor femenino?

Los órganos reproductores primarios de la mujer son los **ovarios.** Como en los hombres, la pubertad en las mujeres empieza cuando el hipotálamo indica a la hipófisis que libere folitropina y lutropina. La folitropina provoca que las células dentro de los ovarios produzcan cantidades mayores de estrógenos y que comiencen a producir óvulos. **La función principal del sistema reproductor femenino es producir óvulos. Además, el sistema prepara el cuerpo de la mujer para alimentar a un embrión en desarrollo.**

Estructuras reproductoras de la mujer En la pubertad, cada ovario contiene hasta 400 000 folículos primarios, los cuales son conglomerados de células alrededor de un solo ovario. La función de un folículo consiste en ayudar a un ovario a madurar para que se libere en las vías reproductoras, donde un espermatozoide lo pueda fecundar. A pesar del gran número de folículos primarios, los ovarios de una mujer liberan tan sólo cerca de 400 óvulos maduros durante su vida.

Además de los ovarios, otras estructuras del sistema reproductor femenino incluyen las trompas de Falopio, el útero, el cuello del útero y la vagina. La **ilustración 34–13** muestra dónde se localizan estas estructuras.

El ciclo menstrual Por lo común, un ovario produce y libera un óvulo maduro más o menos cada 28 días. El proceso de formación y liberación del óvulo ocurre como parte del **ciclo menstrual,** una sucesión regular de eventos que incluyen a los ovarios, el endometrio y el sistema endocrino. El ciclo menstrual se regula mediante hormonas que el hipotálamo, la hipófisis y los ovarios producen; se controla por mecanismos internos de retroalimentación.

Durante el ciclo menstrual se desarrolla un óvulo dentro de un folículo y luego se libera de uno de los ovarios. El útero está preparado para recibir un óvulo fecundado. Si un óvulo no es fecundado, se desecha junto con el endometrio. Si un óvulo es fecundado, empieza el desarrollo embrionario y cesa el ciclo menstrual. El ciclo menstrual incluye la fase folicular, la ovulación, la fase lútea y la menstruación.

ILUSTRACIÓN 34–13 El sistema reproductor femenino Su función principal consiste en producir óvulos. Los ovarios son los principales órganos del sistema reproductor femenino. **Predecir** ***¿Cuál estructura es más probable que esté forrada con cilios que empujan al óvulo hacia el útero? Explica.***

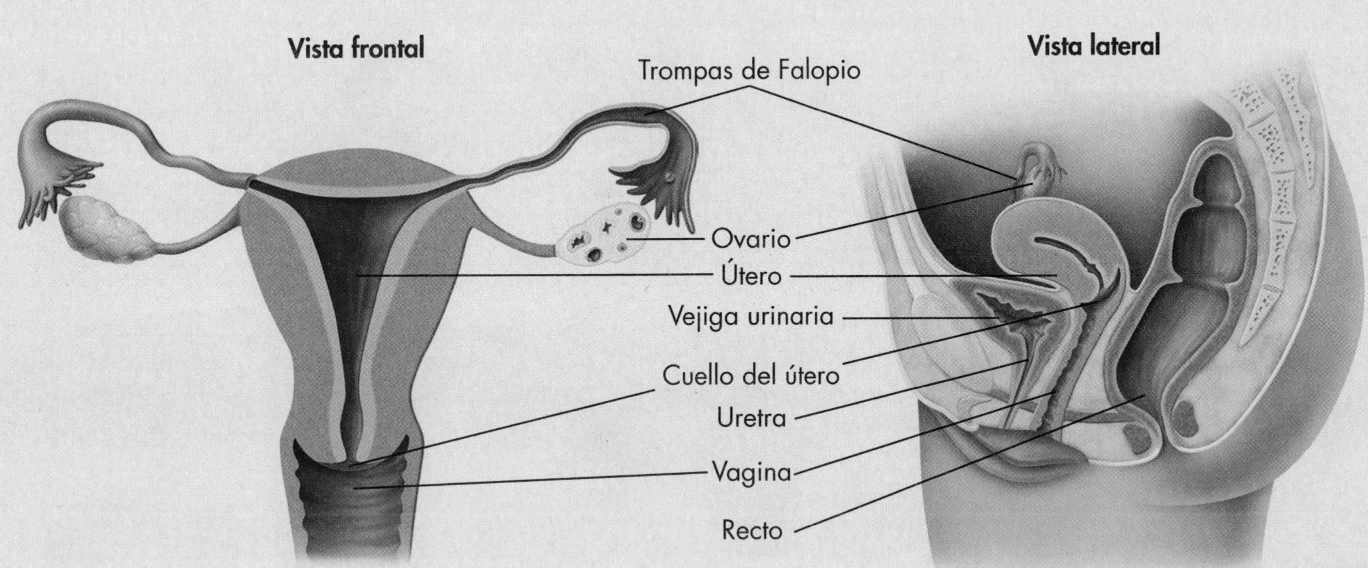

▶ ***Fase folicular*** Como se observa en la **ilustración 34–14,** en el primer día de un ciclo menstrual, los niveles de estrógeno en la sangre son bajos. El hipotálamo reacciona a los niveles bajos de estrógeno produciendo una hormona liberadora que estimula la adenohipófisis para que secrete folitropina y lutropina. Estas dos hormonas viajan a los ovarios, donde provocan que madure un folículo. Por lo general sólo se desarrolla un único folículo, pero a veces maduran dos y hasta tres durante el mismo ciclo.

Conforme se desarrolla el folículo, las células que circundan al óvulo crecen y empiezan a producir cantidades crecientes de estrógenos. Esto causa que el nivel de estrógeno en la sangre aumente de manera drástica. Altos niveles de estrógeno en la sangre causan que el hipotálamo produzca menos hormona liberadora, y la hipófisis libera menos folitropina y lutropina. Los estrógenos también causan que el endometrio engruese, preparándose para recibir un óvulo fecundado. El desarrollo de un óvulo durante esta fase toma 12 días aproximadamente.

RESUMEN VISUAL

EL CICLO MENSTRUAL

ILUSTRACIÓN 34–14 El ciclo menstrual incluye varias fases. Mira los cambios en los niveles de hormonas en la sangre, el desarrollo del folículo y los cambios en el endometrio durante el ciclo menstrual. Interpretar diagramas ***¿Durante cuál fase del ciclo menstrual están más elevados los niveles de estrógeno?***

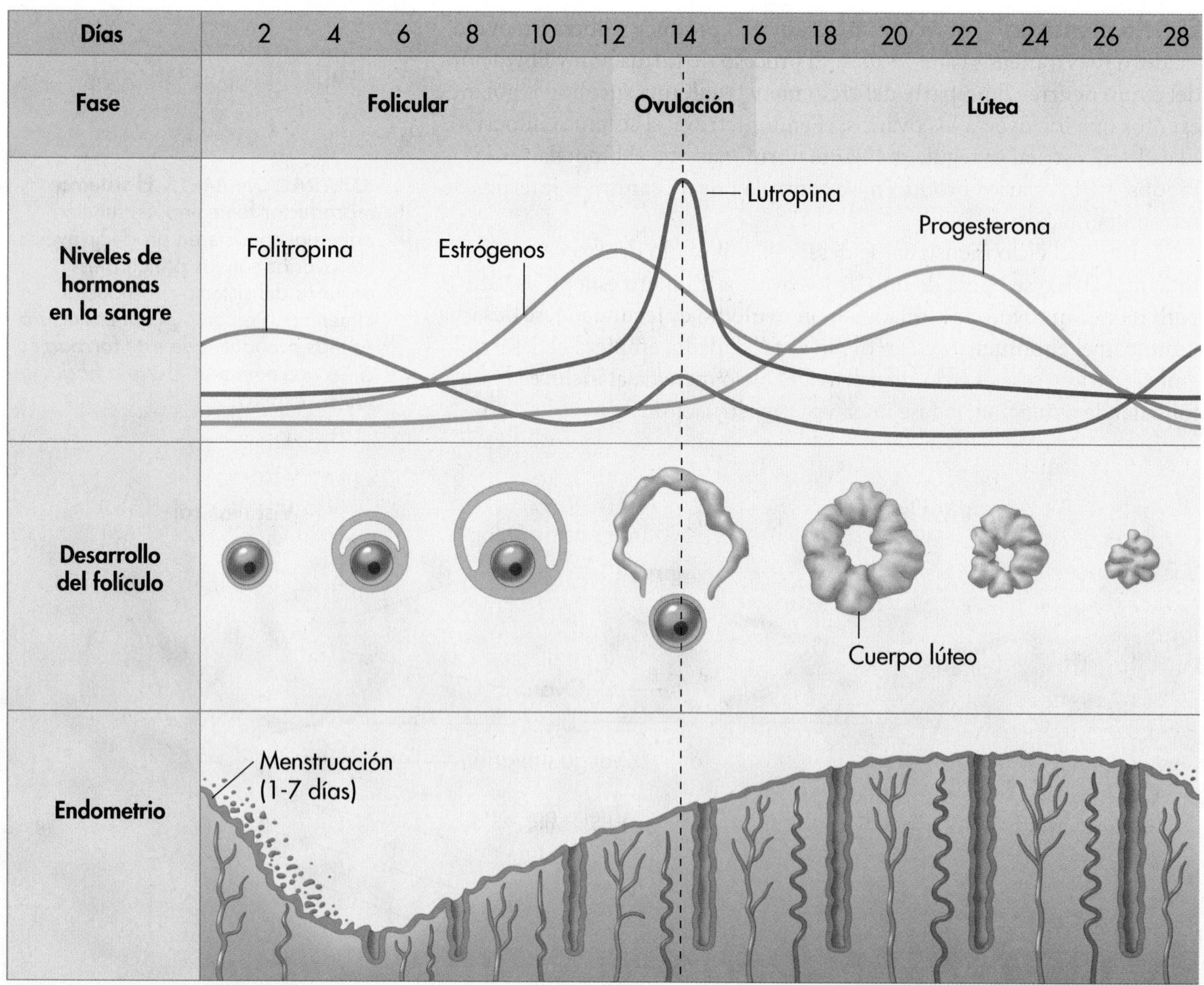

▶ ***Ovulación*** Conforme el folículo crece, libera cada vez más estrógenos. Cuando las concentraciones de estas hormonas alcanzan determinado nivel, el hipotálamo reacciona desencadenando una erupción de lutropina y de folitropina de la adenohipófisis. El aumento repentino de estas hormonas (especialmente de la lutropina) causa que el folículo se rompa. El resultado es la **ovulación** o liberación de un óvulo del ovario en una de las trompas de Falopio. Cuando se libera, el óvulo se estanca en la metafase de meiosis II y permanece de esa manera a menos que sea fecundado. Conforme el óvulo recién liberado se arrastra al interior de la trompa de Falopio, cilios microscópicos lo empujan a través de la trompa llena de fluido, hacia el útero.

▶ ***Fase lútea*** La fase lútea empieza inmediatamente después de la ovulación. Conforme el óvulo cruza la trompa de Falopio, las células del folículo roto cambian. El folículo se vuelve amarillo y ahora se le llama cuerpo lúteo (*corpus luteum,* en latín, que significa "cuerpo amarillo"). El cuerpo lúteo continúa liberando estrógenos, pero también empieza a liberar otra hormona esteroidea llamada progesterona. La progesterona también estimula el crecimiento y el desarrollo del suministro de sangre y de tejido circundante en el ya grueso endometrio. El aumento de estas hormonas una vez más inhibe la producción de folitropina y de lutropina. Así no se desarrollan folículos adicionales durante este ciclo.

A menos que ocurra la fecundación y empiece a desarrollarse un embrión, el descenso de los niveles de lutropina conduce a la degeneración del cuerpo lúteo. Caen los niveles de estrógeno, el hipotálamo envía señales de que se liberen folitropina y lutropina de la adenohipófisis, y empieza de nuevo la fase folicular.

▶ ***Menstruación*** Al comienzo de la nueva fase folicular, los bajos niveles de estrógeno también causan que el endometrio se separe de la pared uterina. Este tejido, junto con sangre y el óvulo sin fecundar se desechan a través de la vagina. Esta fase del ciclo se llama **menstruación.** La menstruación dura en promedio entre tres y siete días. Un nuevo ciclo empieza con el primer día de la menstruación.

El ciclo menstrual continúa hasta que una mujer está al final de su cuarta década de vida o al principio de la quinta, en promedio. En este momento, disminuye la producción de estrógenos y se interrumpen la ovulación y la menstruación. La interrupción permanente del ciclo menstrual se llama menopausia.

Embarazo Por supuesto, el ciclo menstrual también cesa si una mujer se embaraza. Durante los primeros dos días de la fase lútea, inmediatamente después de la ovulación, hay mayor probabilidad de que un óvulo sea fecundado. Esto es así por lo general entre 14 y 18 días después del término del último ciclo menstrual. Si un espermatozoide fecunda un óvulo, el óvulo fecundado completa la meiosis y de inmediato sufre la mitosis. Después de varias divisiones, se formará y se implantará en el endometrio una bola de células. Pocos días después de la implantación, el útero y el embrión en crecimiento liberarán hormonas que mantendrán funcionando el cuerpo lúteo durante varias semanas. Esto permite que el endometrio alimente y proteja al embrión en desarrollo y evita que empiece nuevamente el ciclo menstrual.

En tu cuaderno *Dibuja el diagrama de un ciclo para representar las fases y los días del ciclo menstrual.*

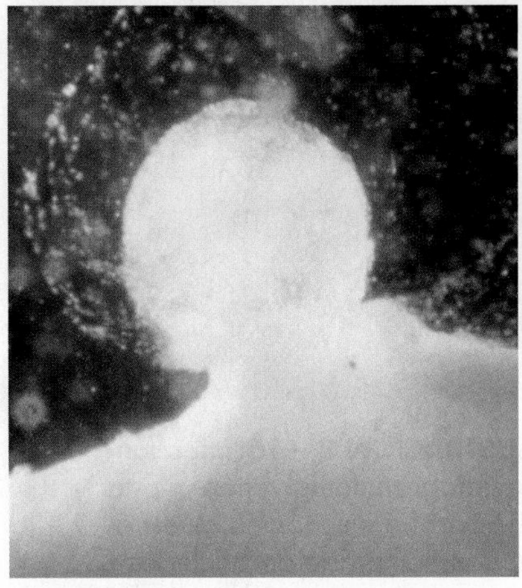

ILUSTRACIÓN 34–15 Ovulación
(LM 160×)

PISTA DEL MISTERIO

En las mujeres, las reservas bajas de grasa se asocian con niveles bajos de folitropina y lutropina. Los exámenes médicos de Lisa mostraron que su sangre tenía muy bajos niveles de estas hormonas. ¿Cómo afectaría esto a su ciclo menstrual?

DESARROLLAR el vocabulario

ORIGEN DE LAS PALABRAS La palabra **menstruación** viene de la palabra en latín *mensis,* que significa "mes".

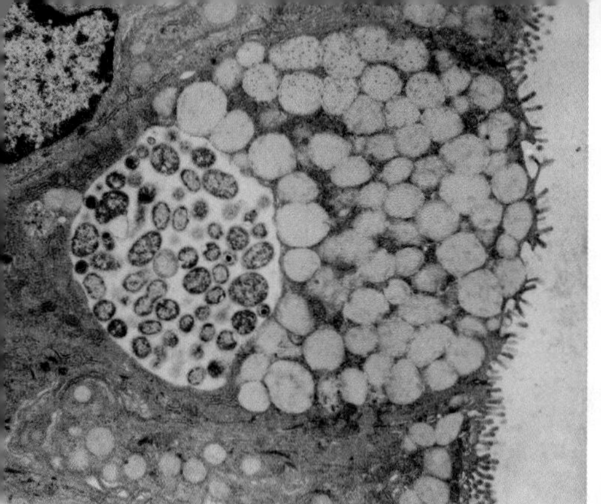

ILUSTRACIÓN 34–16 Infección de linfogranuloma venéreo Esta micrografía electrónica muestra un conglomerado de bacterias *C. trachomatis* (en verde), que crecen en el interior de una célula que secreta mucosidad en las vías reproductoras de una mujer. Las bacterias al final inundarán la célula y causarán que reviente, lo cual propagará la infección (TEM 2400×).

Enfermedades de transmisión sexual

¿Cuáles son las infecciones de transmisión sexual reportadas con más frecuencia?

Las enfermedades que se transmiten por el contacto sexual, o **infecciones de transmisión sexual** (ITS), son un serio problema de salud en los Estados Unidos. Un estudio de 2008, realizado por los Centros para el Control y la Prevención de las Enfermedades, mostró que una de cada cuatro mujeres jóvenes de entre 14 y 19 años estaban infectadas con alguna ITS.

Por desgracia, la información de salud pública acerca de las ITS no ha podido seguirle el ritmo a la tasa de infección. El nombre de la infección más reportada en Estados Unidos podría ser una palabra conocida pero no es así. **El linfogranuloma venéreo no sólo es la ITS bacteriana más común, sino la enfermedad bacteriana más reportada en el país.** Ésta daña las vías reproductoras y puede causar infertilidad. Otras ITS bacterianas son la gonorrea y la sífilis.

Los virus también pueden causar ITS. **Las ITS virales incluyen la hepatitis B, el herpes genital, las verrugas genitales y el VIH/sida.** Las infecciones virales no pueden tratarse con antibióticos.

Algunas ITS virales, como el VIH/sida, pueden ser fatales. Miles de personas mueren anualmente en Estados Unidos por esta causa. El virus que causa las verrugas genitales, el papiloma humano (VPH), es una de las causas principales del cáncer cervical en las mujeres. Se ha desarrollado una vacuna que puede prevenir algunas infecciones por VPH; para que sea eficaz, debe aplicarse antes que una mujer se infecte con el virus.

Las ITS se pueden evitar. La táctica más segura consiste en abstenerse de contacto sexual antes del matrimonio, y practicar la fidelidad. La siguiente táctica más segura es el uso de un condón de látex, pero incluso éstos no proporcionan el ciento por ciento de protección.

34.3 Evaluación

Repaso de conceptos clave

1. a. **Repasar** Explica qué ocurre durante la pubertad.

b. **Comparar y contrastar** Compara el desarrollo sexual de los embriones masculinos con el de los embriones femeninos.

2. a. **Repasar** Describe la función del sistema reproductor masculino.

b. **Establecer una secuencia** Explica cómo se desarrolla el esperma.

3. a. **Repasar** Describe las funciones del sistema reproductor femenino.

b. **Interpretar material visual** ¿Qué ocurre durante cada etapa del ciclo menstrual? (*Pista:* Mira la **ilustración 34–14.**)

4. a. **Repasar** Nombra dos ITS causadas por bacterias y dos causadas por virus.

b. **Evaluar** ¿Por qué crees que las personas jóvenes están especialmente en riesgo de adquirir ITS?

Aplica la gran idea

Base celular de la vida

5. Los espermatozoides contienen numerosas mitocondrias. Usa lo que aprendiste acerca de las mitocondrias en el capítulo 7 para explicar cómo las mitocondrias podrían influir en la actividad de los espermatozoides.

BIOLOGY.com Search Lesson 34.3  GO • Self-Test • Lesson Assessment

34.4 Fecundación y desarrollo

PIÉNSALO De todas las maravillas del mundo vivo, ¿hay algo más notable que la formación de un nuevo ser humano a partir de una única célula? En un sentido, sabemos cómo sucede esto. El embrión pasa por muchas divisiones celulares y produce los billones de células en un bebé recién nacido. Parece demasiado sencillo. ¿Pero de qué manera se acomodan a sí mismas estas células de manera tan hermosa en los tejidos y órganos del cuerpo? ¿De qué manera una célula individual "sabe" convertirse en piel embrionaria, corazón o glóbulo sanguíneo? Éstas son algunas de las preguntas más importantes en toda la biología, y apenas estamos empezando a aprender las respuestas.

Preguntas clave

¿Qué ocurre durante la fecundación y las primeras etapas del desarrollo humano?

¿Qué hechos importantes ocurren en las etapas posteriores del desarrollo humano?

Vocabulario

cigoto • blastocisto • implantación • astrulación • neurulación • placenta • feto

Tomar notas

Diagrama de flujo A medida que leas, haz un diagrama de flujo que muestre los pasos desde el óvulo fecundado hasta el bebé recién nacido.

La fecundación y el desarrollo temprano

¿Qué ocurre durante la fecundación y las primeras etapas del desarrollo humano?

La historia del desarrollo humano empieza con los gametos, que son los espermatozoides producidos en los testículos y los óvulos producidos en los ovarios. Los espermatozoides y los óvulos deben encontrarse, de manera que los dos gametos puedan fusionarse para formar una sola célula. Con esta única célula empieza el proceso de desarrollo. **La fusión de un espermatozoide y un óvulo se llama fecundación.**

Fecundación Durante el coito, cuando el pene eyacula semen en la vagina se liberan espermatozoides. Por lo general, el semen se libera justo bajo el cuello del útero, la abertura que conecta la vagina con el útero. Los espermatozoides nadan con vigor a través del útero hacia las trompas de Falopio. Cientos de millones de espermatozoides se liberan durante una eyaculación. Si hay un óvulo en una de las trompas de Falopio, son buenas las posibilidades de que sea fecundado.

El óvulo está rodeado de una capa protectora que contiene sitios de unión a los cuales se puede adherir el espermatozoide. La cabeza del espermatozoide libera entonces enzimas potentes que rompen la capa protectora del óvulo. El núcleo haploide (N) del espermatozoide entra al óvulo haploide y los cromosomas del espermatozoide y del óvulo se juntan. Una vez que se fusionan los dos núcleos haploides, se forma un solo núcleo diploide (2N), el cual contiene un único conjunto de cromosomas de cada célula progenitora. El óvulo fecundado se llama **cigoto.** En este punto, también se puede llamar embrión al ser humano en desarrollo.

ILUSTRACIÓN 34–17 Los espermatozoides encuentran al óvulo Por lo común muchos espermatozoides alcanzan un óvulo, pero sólo un espermatozoide puede tener éxito en romper y penetrar la barrera protectora del óvulo. (SEM 650×).

ILUSTRACIÓN 34–18 Ernest Everett Just Uno de los grandes pioneros de la biología celular, E. E. Just, investigó el proceso de fecundación. Descubrió que los cambios en la membrana plasmática de un óvulo evitan que el óvulo sea fecundado por más de un espermatozoide.

¿Qué impide que un óvulo sea fecundado por más de un espermatozoide? A principios del siglo XX, el biólogo celular Ernest Everett Just encontró la respuesta. El óvulo contiene una serie de gránulos justo debajo de su superficie externa. Cuando un espermatozoide penetra en el óvulo, éste reacciona liberando fuera de la célula el contenido de estos gránulos. El material en los gránulos cubre la superficie del óvulo formando una barrera que evita que otros espermatozoides se adhieran al óvulo y lo penetren.

Embriones múltiples Si se liberan dos óvulos durante el mismo ciclo menstrual y cada uno de ellos se fecunda, pueden resultar mellizos. Los mellizos no son idénticos en su apariencia e incluso pueden ser de diferente sexo a causa de que cada uno se ha formado por la fusión de un espermatozoide y de un óvulo diferentes.

A veces un cigoto único se parte y produce dos embriones genéticamente idénticos. Estos dos embriones se llaman gemelos. Los gemelos son idénticos a causa de que provienen del mismo óvulo fecundado, y siempre son del mismo sexo.

Implantación El cigoto, mientras está aún en la trompa de Falopio, empieza a sufrir una mitosis, como se muestra en la **ilustración 34–19.** Conforme crece el embrión, se forma una cavidad en el centro hasta que el embrión se convierte en una bola de células hueca conocida como **blastocisto.** Seis o siete días después de la fecundación, el blastocisto se adhiere a la pared del útero y empieza a crecer en los tejidos de la madre. Este proceso se conoce como **implantación.**

En este punto, las células en el blastocisto empiezan a especializarse. Este proceso de especialización, llamado diferenciación, da como resultado el desarrollo de los diversos tipos de tejidos en el cuerpo. Un conglomerado de células, conocido como la masa celular interna, se desarrolla en la cavidad interna del blastocisto. El cuerpo del embrión se desarrollará de estas células, mientras que las otras células del blastocisto se diferenciarán en algunos de los tejidos que soportan y protegen al embrión.

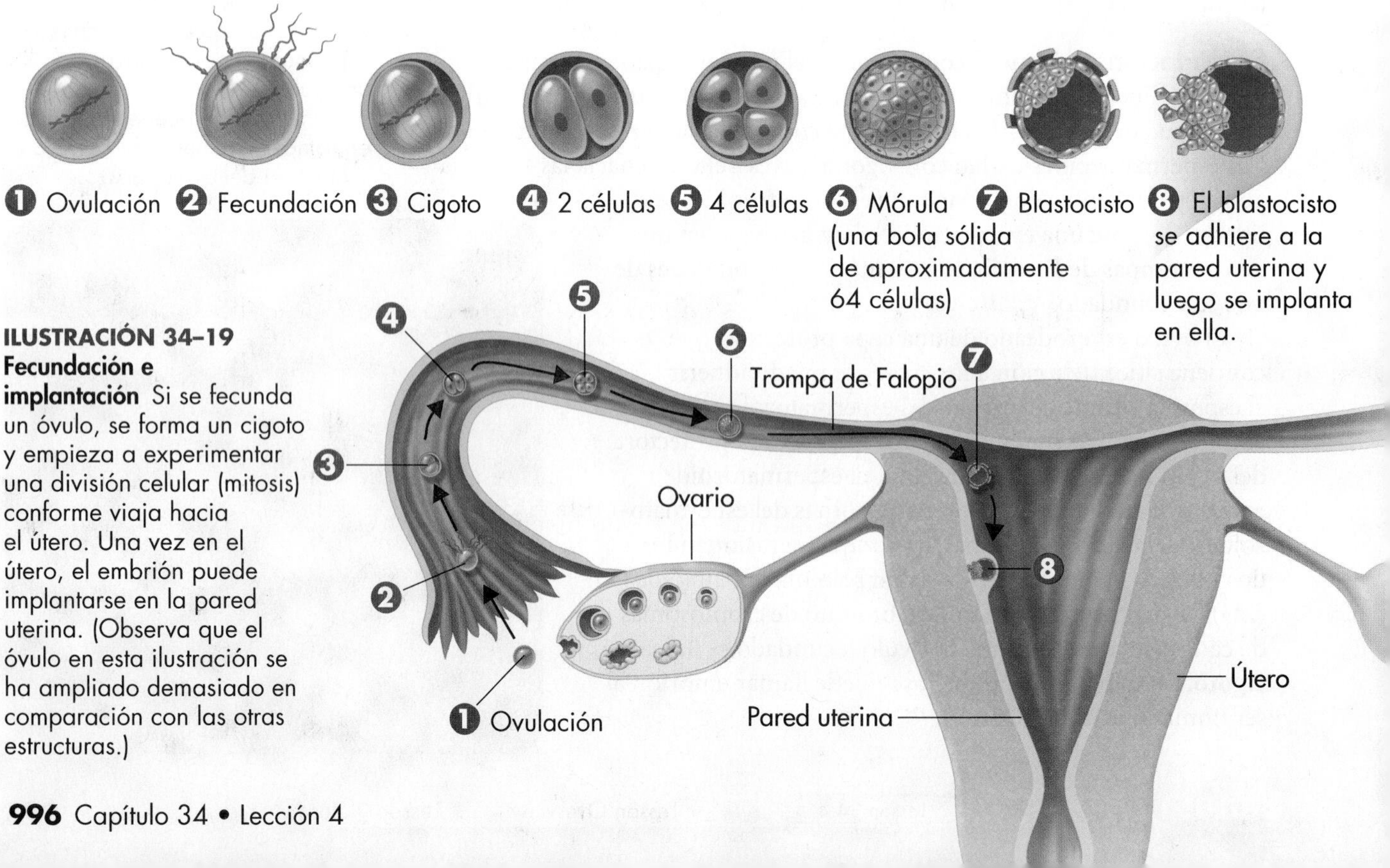

1 Ovulación
2 Fecundación
3 Cigoto
4 2 células
5 4 células
6 Mórula (una bola sólida de aproximadamente 64 células)
7 Blastocisto
8 El blastocisto se adhiere a la pared uterina y luego se implanta en ella.

Trompa de Falopio
Ovario
1 Ovulación
Pared uterina
Útero

ILUSTRACIÓN 34–19 Fecundación e implantación Si se fecunda un óvulo, se forma un cigoto y empieza a experimentar una división celular (mitosis) conforme viaja hacia el útero. Una vez en el útero, el embrión puede implantarse en la pared uterina. (Observa que el óvulo en esta ilustración se ha ampliado demasiado en comparación con las otras estructuras.)

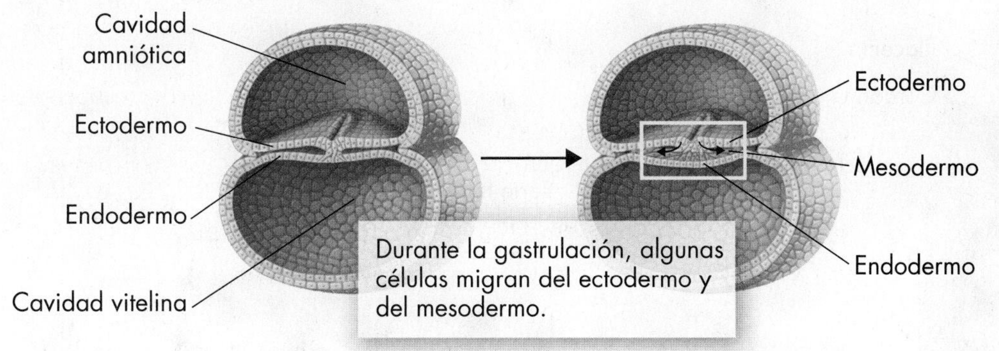

ILUSTRACIÓN 34–20
Gastrulación Esta etapa da como resultado la formación de tres capas celulares: el ectodermo, el mesodermo y el endodermo. Las tres capas forman todos los órganos y el tejidos del embrión.

Gastrulación Conforme sigue el desarrollo, el embrión experimenta una serie de cambios drásticos que producirán las estructuras clave y las capas de tejido del cuerpo. **Entre los hechos clave durante el desarrollo temprano están la gastrulación, que produce las tres capas celulares del embrión, y la neurulación, la cual conduce a la formación del sistema nervioso.** La **gastrulación** da como resultado la formación de las tres capas celulares llamadas ectodermo, mesodermo y endodermo. El ectodermo y el endodermo se forman primero. El mesodermo se produce mediante un proceso de migración celular que se muestra en la **ilustración 34–20.**

El ectodermo se desarrollará en la piel y en el sistema nervioso. Las células del mesodermo se diferencian y forman muchas de las estructuras internas del cuerpo, incluyendo huesos, músculos, glóbulos sanguíneos y gónadas. El endodermo forma los recubrimientos de los órganos del sistema digestivo, como el estómago y los intestinos, así como de los sistemas respiratorio y excretor.

Neurulación A la gastrulación le sigue otro paso importante en el desarrollo: la neurulación. La **neurulación,** mostrada en la **ilustración 34–21,** es el primer paso en el desarrollo del sistema nervioso. Poco después de que se termina la gastrulación, un bloque de tejido mesodérmico empieza a diferenciarse en el notocordio. Recuerda que todos los cordados poseen un notocordio en alguna etapa de su desarrollo. Conforme se desarrolla el notocordio, el ectodermo cerca del notocordio se vuelve más espeso y forma la lámina neural. Las orillas levantadas de la lámina neural forman los pliegues y las crestas neurales. Los pliegues neurales poco a poco se juntan y forman el tubo neural, a partir del cual se desarrollarán la médula espinal y el cerebro. Las células de la cresta neural migran a otros sitios y se convierten en varios tipos de neuronas, células de pigmento de la piel y estructuras como la mandíbula inferior.

Si el tubo neural no se cierra completamente, puede ocurrir un serio defecto de nacimiento conocido como espina bífida. Diversos estudios de investigación muestran que el ácido fólico (vitamina B_9) puede prevenir la mayoría de los casos de espina bífida. Dado que la neurulación normalmente ocurre antes de que una mujer sepa que está embarazada, el ácido fólico es un nutriente importante en la dieta de cualquier mujer.

En tu cuaderno *Explica con tus palabras qué ocurre durante la neurulación.*

ILUSTRACIÓN 34–21
Neurulación Durante la neurulación, el ectodermo experimenta cambios que conducen a la formación de un tubo neural que se convierte en el cerebro y la médula espinal. Las células de la cresta neural se convierten en diversos tipos de nervios.

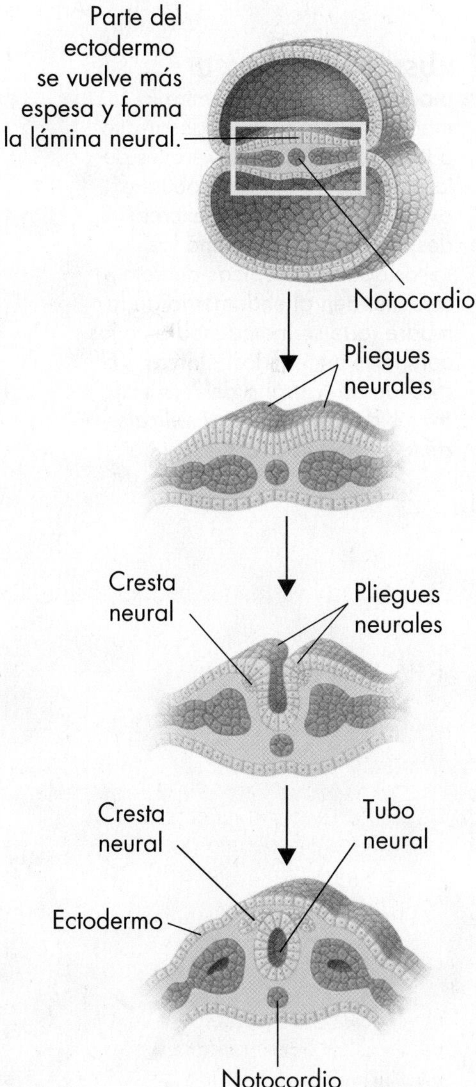

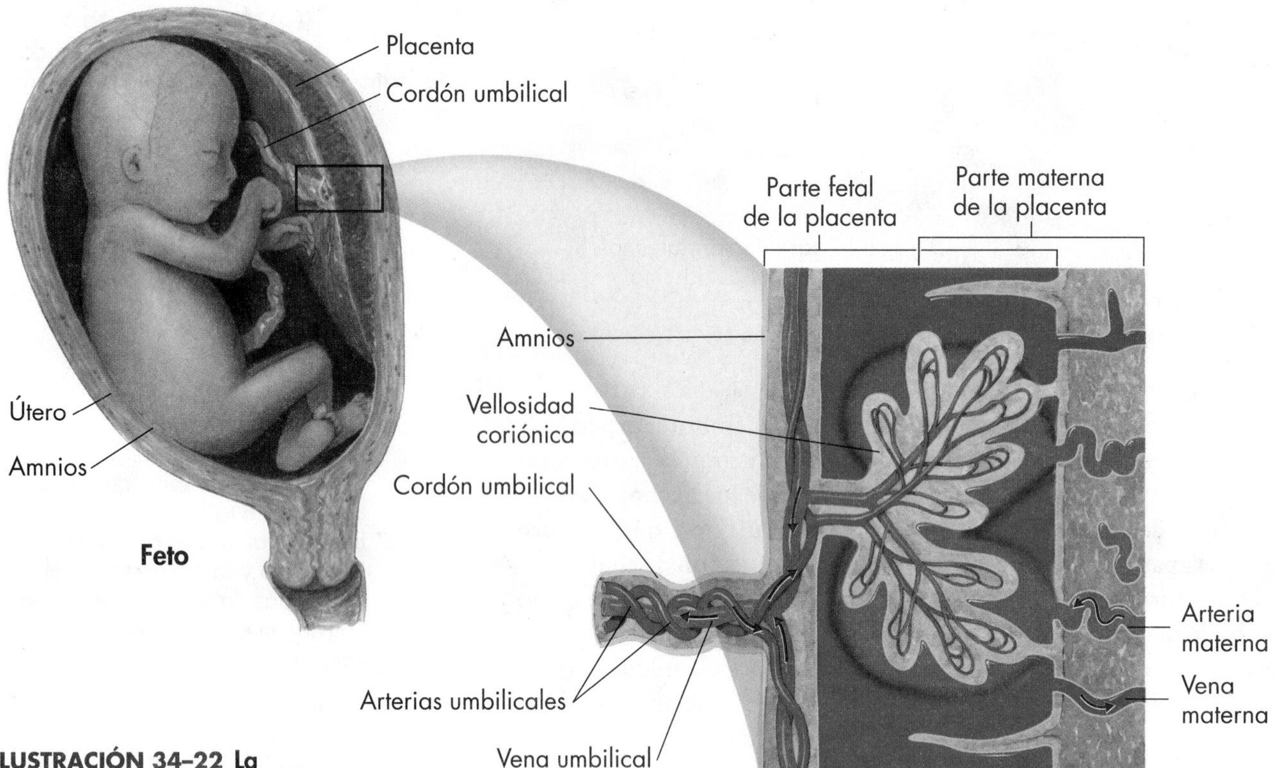

ILUSTRACIÓN 34–22 La placenta La conexión entre la madre y el embrión en desarrollo o feto es la placenta. A través de la placenta, el embrión obtiene oxígeno y nutrientes, y excreta desperdicios. Nota cómo las vellosidades coriónicas del feto se extienden al endometrio de la madre (que se indica mediante los corchetes encimados). **Inferir** ***¿El dióxido de carbono del feto viaja a través de las arterias umbilicales o de la vena umbilical?***

La placenta Conforme se desarrolla el embrión, se forman membranas especializadas para proteger y alimentar al embrión. El embrión está rodeado por el amnios, una bolsa llena de fluido amniótico que amortigua y protege al embrión en desarrollo. Otra bolsa, conocida como corion, se forma justo fuera del amnios. El corion tiene contacto directo con los tejidos uterinos. Cerca del final de la tercera semana de desarrollo, pequeñas proyecciones como dedos, llamadas vellosidades coriónicas, se forman sobre la superficie exterior del corion y se extienden al endometrio.

Las vellosidades coriónicas y el endometrio forman un órgano vital llamado **placenta.** Ésta es la conexión entre la madre y el embrión, la cual actúa como el órgano de respiración, alimentación y excreción del embrión. A través de esta delgada barrera, se difunden el oxígeno y los nutrientes de la sangre de la madre a la sangre del embrión; el dióxido de carbono y los desperdicios metabólicos pasan de la sangre del embrión a la sangre de la madre.

La sangre de la madre y la del embrión fluyen de una a otro, pero no se mezclan. El intercambio de gases y otras sustancias ocurre en las vellosidades coriónicas. En la **ilustración 34–22** se muestra una parte de la placenta. El cordón umbilical, que contiene dos arterias y una vena, conecta al embrión con la placenta.

Después de ocho semanas de desarrollo, el embrión se llama **feto.** Al final de tres meses de desarrollo, la mayoría de los órganos y tejidos principales del feto ya están formados por completo. El feto puede empezar a moverse y ya muestra signos de reflejos. El feto mide 8 cm de largo aproximadamente, y tiene una masa de casi 28 gramos.

En tu cuaderno *Explica con tus palabras el papel de la placenta en el desarrollo humano.*

Desarrollo posterior

¿Qué hechos importantes ocurren en las etapas posteriores del desarrollo humano?

Aunque la mayoría de los tejidos y los órganos del embrión ya se han formado después de tres meses de desarrollo, muchos de ellos aún no están listos para funcionar por sí mismos. En promedio, se requieren de otros seis meses de desarrollo antes de que todos estos sistemas estén preparados por completo para la vida fuera del útero.

Meses 4 a 6 **Durante los meses cuarto, quinto y sexto posteriores a la fecundación, los tejidos del feto se vuelven más complejos y especializados, y empiezan a funcionar.** El corazón del feto se vuelve lo suficientemente grande como para escucharse con un estetoscopio. El hueso sigue remplazando al cartílago que forma el esqueleto temprano. Una cubierta de pelo suave crece sobre la piel del feto. Conforme éste aumenta de tamaño, el abdomen de la madre se hincha dándole espacio. La madre empieza a sentir los movimientos del feto.

Meses 7 a 9 **Durante los últimos tres meses antes del nacimiento, los sistemas de los órganos del feto maduran, y su tamaño y su masa aumentan.** El feto se duplica en masa, y los pulmones y otros órganos sufren una serie de cambios que los preparan para la vida fuera del útero. El feto ahora puede regular la temperatura de su cuerpo. Además, el sistema nervioso central y los pulmones terminan su desarrollo. La **ilustración 34–23** muestra un embrión y un feto en diferentes etapas de desarrollo.

En promedio, toma nueve meses que un feto se desarrolle por completo. Los bebés que nacen antes de los ocho meses de desarrollo se llaman prematuros, y a menudo tienen severos problemas de respiración, resultado del incompleto desarrollo de sus pulmones.

ILUSTRACIÓN 34–23 Desarrollo humano A las siete semanas, la mayoría de los órganos de un embrión se han empezado a formar. El corazón (la estructura larga, oscura y redonda) está latiendo. A las 14 semanas, las manos, los pies y las piernas han alcanzado las proporciones del nacimiento. Los ojos, las orejas y la nariz ya están bien desarrollados. A las 20 semanas, el desarrollo muscular ha aumentado y las cejas y las uñas han crecido. Cuando el feto está al final de su desarrollo, puede vivir por sí mismo.

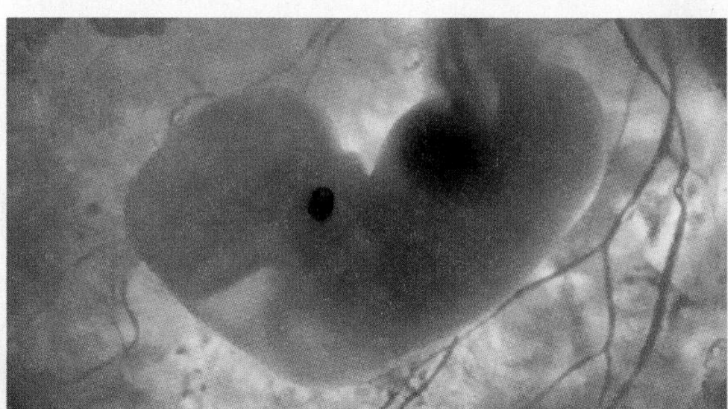
Embrión a las 7 semanas

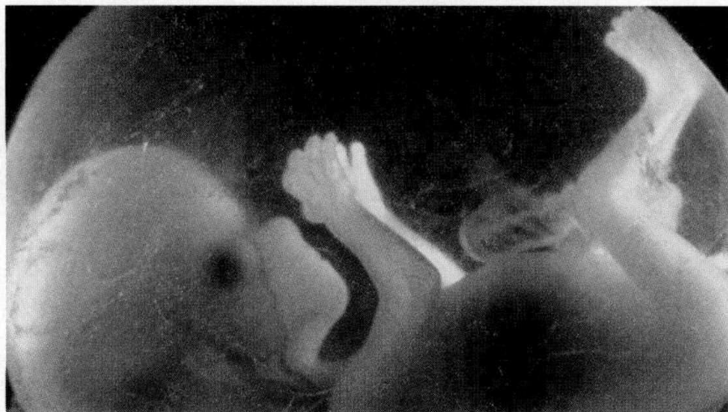
Feto a las 14 semanas

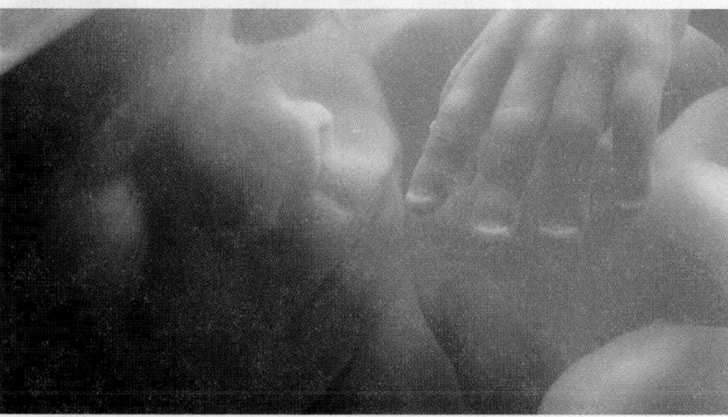
Feto a las 20 semanas

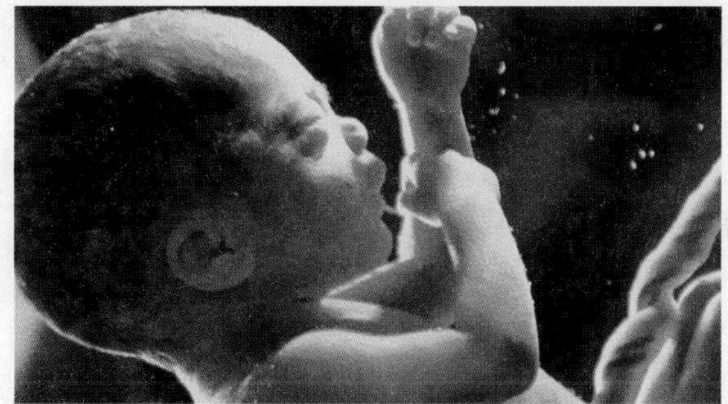
Feto al final de su desarrollo

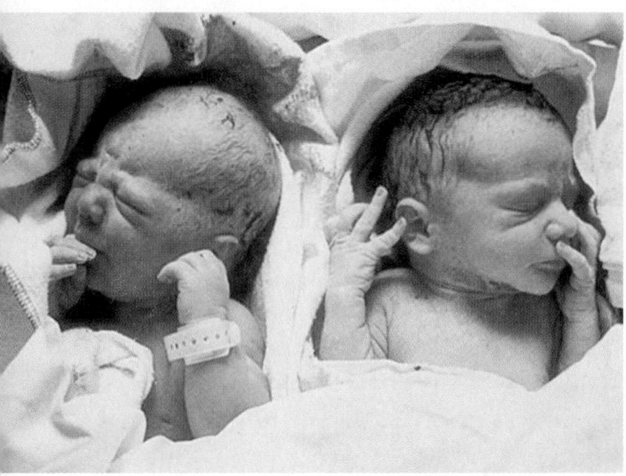

ILUSTRACIÓN 34–24 Recién nacidos Estos gemelos se adaptan a la vida fuera del útero diez minutos después de su nacimiento.

Parto Aproximadamente nueve meses después de la fecundación, el feto está listo para el nacimiento. Un conjunto complejo de factores desencadena el proceso; uno de ellos, que la neurohipófisis de la madre libera oxitocina. La oxitocina afecta a un grupo de músculos largos de movimientos involuntarios en la pared uterina. Conforme estos músculos se estimulan, empieza una serie de contracciones rítmicas llamada parto. Mientras el parto avanza, las contracciones se vuelven más frecuentes y más potentes. La abertura del cuello del útero se expande hasta que es tan grande como para que la cabeza del bebé pueda atravesarla. En cierto momento, la bolsa amniótica se rompe y el fluido que contiene sale con rapidez de la vagina. Las contracciones del útero fuerzan al bebé a que salga por la vagina, normalmente comenzando por la cabeza.

Cuando el bebé se encuentra en el mundo exterior, puede empezar a toser o a llorar, proceso mediante el cual libera fluido de los pulmones. Casi de inmediato comienza la respiración, y el suministro de sangre de la placenta empieza a secarse. Entonces se liga y se corta el cordón umbilical, dejando una pequeña parte pegada al bebé. Esta parte pronto se seca, se cae y deja sólo la cicatriz que conocemos como ombligo. En una serie final de contracciones uterinas llamadas secundinas, la placenta y la bolsa amniótica ya vacía son expulsadas del útero.

El bebé empieza ahora una existencia independiente. La mayoría de los recién nacidos son muy resistentes. De manera rápida, sus sistemas hacen el cambio para vivir fuera del útero, mediante el suministro de su propio oxígeno, la excreción de sus propios desperdicios y manteniendo su temperatura corporal.

La interacción de los sistemas reproductor y endocrino de la madre no termina con el parto. Pocas horas después del nacimiento, la prolactina estimula la producción de leche en los tejidos de los senos de la madre. Los nutrientes presentes en esa leche contienen todo lo que el bebé necesita para su desarrollo durante los primeros meses de vida.

Actividad rápida de laboratorio

INVESTIGACIÓN DIRIGIDA

Desarrollo embrionario 

1. Usa una pipeta cuentagotas para transportar varios embriones de rana en etapa temprana del agua a un portaobjetos con depresión. **PRECAUCIÓN:** *Maneja los portaobjetos de vidrio con cuidado.*

2. Observa los embriones bajo el microscopio de disección a una potencia baja. Haz un bosquejo de lo que observes.

3. Observa los portaobjetos preparados de las etapas embrionarias tempranas de una rana. Haz bosquejos de lo que observes.

Analizar y concluir

1. **Observar** Describe cualquier diferencia que hayas notado entre las células. ¿En qué etapa es visible la diferenciación celular?
2. **Observar** ¿Pudiste ver un plano distinto del cuerpo? ¿En qué etapa fue visible?
3. **Sacar conclusiones** Describe cualquier órgano que hayas visto. ¿En qué etapa se formaron órganos específicos?

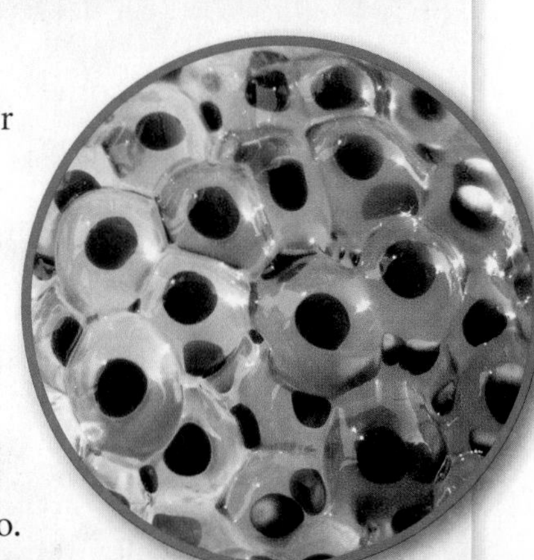

Embriones de rana

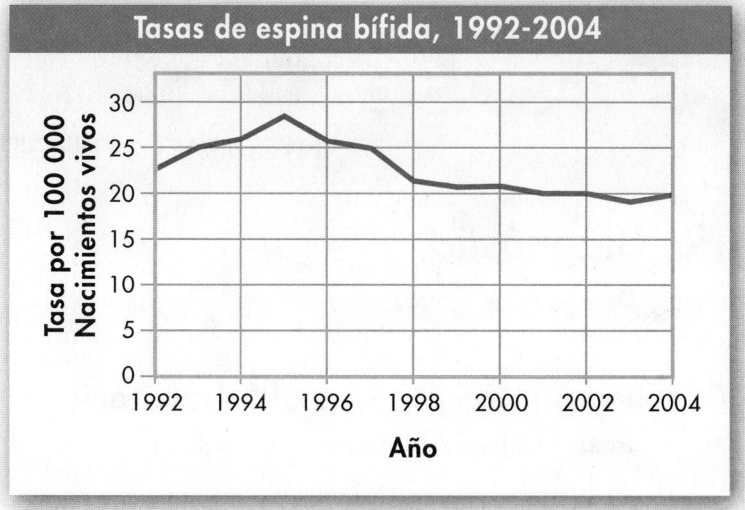

ILUSTRACIÓN 34–25 Prevención de la espina bífida En 1993, el Departamento de Salud Pública de los Estados Unidos recomendó que las mujeres consumieran 4 mg de ácido fólico al día. Entre 1996 y 1998, los fabricantes de productos de granos enriquecidos empezaron a añadir ácido fólico a sus productos. **Interpretar gráficas** ***¿Hay indicios de que el aumento en el consumo de ácido fólico tuvo algún efecto en la tasa de casos con espina bífida?***

Salud infantil y materna Aunque la placenta actúa como una barrera contra muchos agentes peligrosos o causantes de enfermedades, algunos logran atravesarla y afectar la salud del embrión. El virus que causa el VIH/sida puede infectar al feto, y el virus responsable de la rubeola (sarampión alemán) puede causar defectos de nacimiento. El alcohol puede lesionar el sistema nervioso permanentemente, y las drogas, como la heroína y la cocaína, pueden causar adicción en bebés recién nacidos. Fumar durante el embarazo puede duplicar el riesgo de bajo peso al nacer y conduce a otros severos problemas de salud. No hay sustituto del cuidado médico profesional durante el embarazo ni de la conducta responsable de la mujer embarazada para proteger la vida dentro de ella.

De 1970 a 2000, la tasa de mortalidad infantil en Estados Unidos disminuyó cerca de 65 por ciento.. Muchos factores, incluyendo que más mujeres buscaron cuidado prenatal temprano y los avances en la tecnología médica, contribuyeron a este descenso. La **ilustración 34–25** muestra cómo una iniciativa reciente de salud pública tuvo efectos en la incidencia de un serio defecto de nacimiento: la espina bífida.

34.4 Evaluación

Repaso de conceptos clave

1. a. Repasar Describe el proceso de fecundación.

b. Explicar ¿Cuál es el papel de la placenta?

c. Relacionar causa y efecto ¿De qué manera contribuyen al desarrollo humano los resultados de la gastrulación y la neurulación?

2. a. Repasar Enumera los cambios que ocurren en el feto entre los meses cuarto y sexto, y entre el séptimo y noveno.

b. Explicar ¿Qué es la oxitocina y cuál es su papel en el parto?

c. Aplica los conceptos ¿Por qué crees que los médicos recomiendan a las mujeres que eviten muchos medicamentos durante el embarazo?

ANALIZAR DATOS

Revisa la **ilustración 34–25** y responde.

3. a. Interpretar gráficas ¿En qué años hubo mayor descenso en la incidencia de espina bífida?

b. Relacionar causa y efecto ¿Qué razones explicarían tal descenso?

BIOLOGY.com Search Lesson 34.4  GO • Lesson Assessment • Self-Test

Laboratorio forense

INVESTIGACIÓN DIRIGIDA

Preparación para el laboratorio: Diagnóstico de desórdenes endocrinos

Problema ¿Puedes diagnosticar un desorden endocrino con base en los síntomas de un paciente?

Manual de laboratorio Laboratorio del Capítulo 34

Enfoque en las destrezas Analizar datos, sacar conclusiones, relacionar causa y efecto

Conectar con la gran idea Los órganos del sistema endocrino secretan hormonas en la sangre. Cada hormona desencadena una respuesta en células específicas. Casi todas las células del cuerpo están afectadas al menos por una hormona. El sistema endocrino regula procesos importantes, como el crecimiento, el metabolismo y el equilibrio del agua. Si una parte del sistema endocrino no funciona de forma adecuada, el cuerpo sale de balance. Un desequilibrio severo podría amenazar la salud y hasta la vida de una persona.

Los endocrinólogos son médicos que diagnostican y tratan desórdenes del sistema endocrino. Las pistas que utilizan para resolver sus misterios son los síntomas de un paciente y los resultados de exámenes clínicos. En esta práctica de laboratorio representarás el proceso de diagnóstico de desórdenes endocrinos.

Preguntas preliminares

a. **Repasar** ¿Por qué no cualquier hormona afecta a cualquier célula en el cuerpo?

b. **Establecer una secuencia** Usa un diagrama de flujo para describir el ciclo de retroalimentación para regular la tasa metabólica.

c. **Usar analogías** ¿En qué se asemejan las hormonas que regulan el nivel de glucosa en la sangre con los músculos que doblan y enderezan un brazo?

Preguntas previas al laboratorio

Examina el procedimiento en el manual de laboratorio.

1. **Interpretar tablas** Cuando los pacientes se quejan de fatiga, normalmente se refieren a una falta de energía o de motivación. ¿Cuál de las condiciones en la tabla de datos presentan la fatiga como un síntoma?

2. **Aplica los conceptos** ¿Por qué los médicos acostumbran usar análisis de sangre para diagnosticar desórdenes endocrinos?

3. **Inferir** ¿Por qué es importante para los médicos considerar la edad y el sexo de un paciente cuando diagnostican un desorden?

BIOLOGY.com Search Chapter 34 GO

Visita el Capítulo 34 en línea para hacer una autoevaluación del capítulo y para buscar actividades que apoyan tu aprendizaje.

Untamed Science Video El equipo de *Untamed Science* nos ayuda a entender mejor el papel que desempeña la epinefrina en la regulación de nuestra respuesta al miedo y al peligro.

Data Analysis Analiza los datos sobre los factores de riesgo y los efectos de la diabetes.

Art Review Revisa tu comprensión de las principales glándulas endocrinas.

Art in Motion Mira cómo las hormonas esteroideas y las hormonas no esteroideas actúan de manera distinta en las células.

34 Guía de estudio

La gran idea Homeostasis

Las glándulas endocrinas liberan hormonas que influyen en las acciones de células destinatarias. El hipotálamo actúa como regulador principal y tiene influencia directa o indirecta sobre muchas de las otras glándulas.

34.1 El sistema endocrino

El sistema endocrino está compuesto de glándulas que liberan hormonas en la sangre. Las hormonas entregan mensajes en todo el cuerpo.

Las hormonas esteroideas pueden cruzar fácilmente las membranas plasmáticas. Una vez que están dentro del núcleo, cambian el patrón de expresión genética en las células destinatarias.

Las hormonas no esteroideas se fijan a receptores en las membranas plasmáticas y provocan la liberación de mensajeros secundarios que afectan las actividades de la célula.

hormona (978)
célula destinataria (978)
glándula exocrina (979)
glándula endocrina (979)
prostaglandina (980)

34.2 Glándulas del sistema endocrino

La hipófisis secreta hormonas que regulan directamente muchas funciones del cuerpo y controlan las acciones de otras glándulas endocrinas.

El hipotálamo controla las secreciones de la hipófisis.

Las glándulas suprarrenales liberan hormonas que ayudan al cuerpo a prepararse para lidiar con el estrés.

La insulina y el glucagón ayudan a mantener estable el nivel de glucosa de la sangre.

La glándula tiroidea desempeña un papel importante en la regulación del metabolismo del cuerpo.

Las dos funciones de las gónadas son la producción de gametos y la secreción de hormonas sexuales.

Como la mayoría de los sistemas del cuerpo, el endocrino se regula mediante mecanismos de reacción que funcionan para mantener la homeostasis.

hipófisis (982)
hormona liberadora (983)
corticoesteroide (983)
epinefrina (983)
norepinefrina (983)
tiroxina (985)
calcitonina (985)
paratirina (985)

34.3 El sistema reproductor

En las mujeres, los efectos de las hormonas sexuales incluyen el desarrollo de los senos y el ensanchamiento de las caderas. En los hombres provocan el crecimiento de vello facial, el desarrollo muscular y el engrosamiento de la voz.

Las funciones principales del sistema reproductor masculino son la producción y la liberación de esperma.

La función principal del sistema reproductor femenino consiste en producir óvulos. El sistema también prepara el cuerpo de la mujer para alimentar a un embrión.

El linfogranuloma venéreo es la ITS bacteriana más común en Estados Unidos. Las ITS virales incluyen la hepatitis B, el herpes genital, las verrugas genitales y el VIH/sida.

pubertad (988)
testículo (989)
escroto (989)
túbulo seminífero (989)
epidídimo (989)
vaso deferente (989)
semen (990)
ovario (991)
ciclo menstrual (991)
ovulación (993)
cuerpo lúteo (993)
menstruación (993)
infección de transmisión sexual (994)

34.4 Fecundación y desarrollo

La fusión de un espermatozoide y un óvulo se llama fecundación.

La gastrulación produce las tres capas celulares del embrión. La neurulación conduce a la formación del sistema nervioso.

Durante los meses cuarto, quinto y sexto después de la fecundación, los tejidos del feto se vuelven más complejos y especializados.

Durante los últimos tres meses antes del nacimiento, los sistemas de los órganos del feto maduran, y su tamaño y su masa aumentan.

cigoto (995)
blastocisto (996)
implantación (996)
gastrulación (997)
neurulación (997)
placenta (998)
feto (998)

Razonamiento visual Haz un bosquejo de la **ilustración 34–1.** Sin hacer referencia a ella, señala el nombre de tantas glándulas endocrinas como puedas.

34 Evaluación

34.1 El sistema endocrino

Comprender conceptos clave

1. ¿Cuál de los siguientes es un mensajero químico que puede influir de forma directa en la expresión genética?
a. hormona no esteroidea
b. hormona esteroidea
c. ATP
d. AMPc

2. Lo más probable es que un ácido adiposo modificado que se libera de una célula y afecta a otras células y tejidos locales sea una
a. hormona no esteroidea.
b. hormona esteroidea.
c. prostaglandina.
d. secreción exocrina.

3. ¿Cuál es la relación entre una hormona y una célula destinataria? Da un ejemplo específico para explicar tu respuesta.

4. La acción de dos hormonas con efectos opuestos influye en muchas funciones del cuerpo. ¿Por qué son útiles tales pares de hormonas?

Razonamiento crítico

5. Usar analogías En muchas áreas durante las horas pico, las estaciones de radio transmiten reportes del tráfico. ¿En que se parecen a las hormonas los reportes de tráfico? ¿De qué manera actúan estos reportes como mecanismo de reacción para controlar el flujo del tráfico?

6. Inferir Después que una glándula secreta una hormona, el sistema circulatorio la transporta por todo el cuerpo. ¿Por qué no todas las células responden a la hormona?

34.2 Glándulas del sistema endocrino

Comprender conceptos clave

7. Las hormonas que ayudan a regular los niveles de calcio de la sangre las produce
a. la neurohipófisis.
b. el timo.
c. el páncreas.
d. la glándula paratiroidea.

8. ¿Cuál hormona influye en la tasa del metabolismo de una persona?
a. PTH
b. aldosterona
c. tiroxina
d. calcitonina

9. ¿Cómo un mecanismo de retroalimentación regula la actividad del sistema endocrino?

10. ¿De qué manera la secreción de epinefrina prepara al cuerpo para manejar emergencias?

11. ¿Qué ocurre si los niveles de glucosa en la sangre no se regulan adecuadamente?

Razonamiento crítico

12. Aplica los conceptos Se determinó que el ritmo cardiaco de un nadador aumentaba de forma significativa antes y después de una competencia. Explica por qué ocurrió esto.

13. Proponer una hipótesis Se requiere yodo para completar la producción de tiroxina. ¿Por qué crees que la glándula tiroidea crece en respuesta a la deficiencia de yodo?

34.3 El sistema reproductor

Comprender conceptos clave

14. El diagrama muestra el sistema reproductor femenino. ¿Qué estructura está señalada con la letra X?

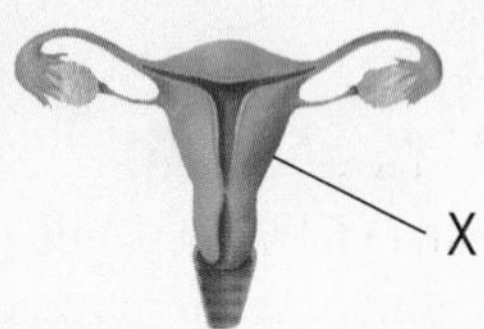

a. útero
b. trompa de Falopio
c. ovario
d. cuello del útero

15. ¿Qué estructura del sistema reproductor masculino libera esperma en la uretra?
a. epidídimo
b. vaso deferente
c. próstata
d. testículo

16. ¿Qué par de hormonas estimula a las gónadas para producir sus hormonas?

17. Enumera las características sexuales secundarias que aparecen en la pubertad de los hombres y las mujeres.

18. Traza el camino de un espermatozoide desde el testículo hasta que abandona el cuerpo.

19. Traza el camino de un óvulo no fecundado desde un folículo hasta que abandona el cuerpo.

20. Da un ejemplo de cómo funciona el ciclo menstrual mediante la retroalimentación negativa.

Razonamiento crítico

21. **Aplica los conceptos** Describe cómo cada uno de los siguientes elementos representa una adaptación que garantiza una fecundación exitosa: fluido seminal; producción y liberación de millones de espermatozoides; cilios que recubren las trompas de Falopio; flagelo del espermatozoide.
22. **Predecir** Predice los efectos que la insuficiencia de folitropina y lutropina tendría en el ciclo menstrual.

34.4 Fecundación y desarrollo

Comprender conceptos clave

23. Otro nombre para el óvulo fecundado es
    - **a.** gástrula.
    - **b.** placenta.
    - **c.** cigoto.
    - **d.** blastocisto.
24. La fecundación por lo común ocurre en
    - **a.** el útero.
    - **b.** la vagina.
    - **c.** la trompa de Falopio.
    - **d.** el ovario.
25. Después de la octava semana de desarrollo, al embrión humano se le conoce como
    - **a.** cigoto.
    - **b.** infante.
    - **c.** feto.
    - **d.** mórula.
26. Traza el desarrollo de un cigoto desde la fecundación hasta la implantación.
27. Explica la importancia de las tres capas que se forman durante la gastrulación.
28. ¿Cuál es la función de la placenta?
29. Describe lo que ocurre durante el parto.

Razonamiento crítico

30. **Aplica los conceptos** La placenta se desarrolla de tejidos que producen tanto el embrión como el útero. ¿Cómo evita la estructura de la placenta que la sangre de la madre se mezcle con la del embrión?
31. **Inferir** En ocasiones, un cigoto no se desplaza hacia el útero, sino que se adhiere a la pared de una trompa de Falopio. ¿Por qué esto podría convertirse en una muy peligrosa situación para la madre?
32. **Sacar conclusiones** Explica por qué la supresión del ciclo menstrual es importante para el éxito de un embarazo hasta su etapa terminal.

resuelve el MISTERIO del CAPÍTULO

FUERA DE RITMO

Aunque una dieta saludable y el ejercicio contribuyen a mantener un cuerpo sano, un equilibrio entre ambos factores es importante. Lisa perdió este equilibrio, y las reacciones de su sistema endocrino condujeron a un desorden conocido como tríada de la atleta femenina. La tríada consiste en:

- **Trastorno alimenticio** Durante su intento por ser una corredora más rápida, Lisa no proporcionó a su cuerpo los nutrientes ni la energía suficientes para realizar todas sus funciones.
- **Amenorrea** La ausencia de ciclos menstruales durante tres o cuatro meses se llama amenorrea. El hipotálamo de Lisa respondió a los niveles bajos de energía dejando de enviar indicaciones a la hipófisis de que liberara folitropina y lutropina. Como resultado, cesó su ciclo menstrual y los niveles de estrógeno bajaron.
- **Huesos débiles** Los huesos de Lisa perdieron más calcio de lo normal a causa de un alto nivel de cortisol y un bajo nivel de estrógeno. Esta pérdida de calcio, junto con los bajos niveles de calcio de una dieta pobre, condujeron a una debilidad en los huesos, que están en riesgo de fracturas por estrés.

Los problemas asociados con la tríada de la atleta femenina se relacionan con una nutrición inadecuada. Lisa usó más energía y nutrientes de los que consumía. La reacción de su sistema endocrino fue normal, pero tuvo efectos negativos en su salud.

1. **Relacionar causa y efecto** Explica por qué el ciclo menstrual no puede continuar sin folitropina ni lutropina.
2. **Establecer una secuencia** Haz un diagrama de flujo para describir los factores de la tríada de la atleta femenina.
3. **Inferir** ¿Por qué crees que las mujeres que han pasado por la menopausia están en riesgo de osteoporosis? (La osteoporosis es un debilitamiento de los huesos ocasionado por la pérdida de calcio.)
4. **Conectar con la gran idea** Explica los tres factores que condujeron al debilitamiento de los huesos de Lisa. En un párrafo, propón cómo puede evitar Lisa que esto vuelva a ocurrir.

Relacionar conceptos

Usar gráficas científicas

La gráfica muestra los niveles de glucosa en la sangre de dos personas durante un período de cinco horas inmediatamente después de ingerir una comida normal. Usa la gráfica para responder las preguntas 33 y 34.

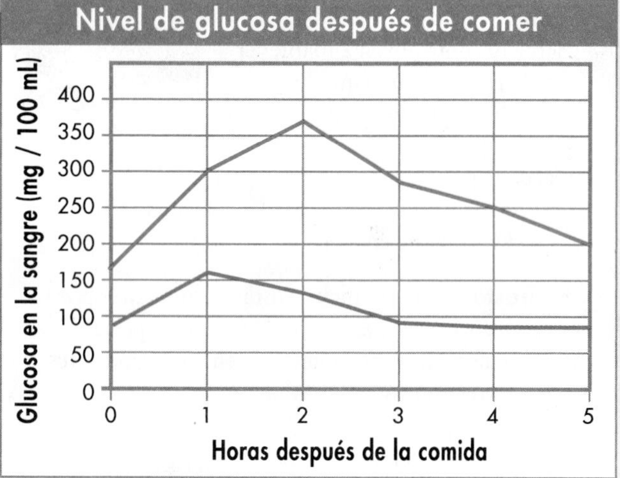

33. Interpretar gráficas ¿Cuánto tiempo tarda el nivel de glucosa de la sangre de la persona representada por la línea azul en regresar a un valor homeostático?

34. Sacar conclusiones ¿Cuál línea representa a una persona que podría tener diabetes? ¿Cuál línea representa a una persona que no tiene diabetes? Explica tus respuestas.

Escribir sobre las ciencias

35. Persuasión Los esteroides anabólicos son versiones sintéticas de la testosterona. Aunque los esteroides anabólicos tienen usos médicos importantes, su abuso puede dañar al cuerpo. Usa recursos de la biblioteca o de internet para encontrar más información acerca de los esteroides anabólicos. Luego escribe un artículo para el periódico escolar en que informes a las personas de los efectos dañinos de los esteroides. (Pista: Asegúrate de apoyar tu idea principal con detalles específicos.)

36. Evalúa la gran idea Elige una de las glándulas endocrinas y describe cómo se relaciona con un mecanismo de retroalimentación que conserva la homeostasis.

Analizar datos MATEMÁTICAS

En estas gráficas se muestra el número de nacimientos múltiples desde 1980. En la primera gráfica se muestran los nacimientos de gemelos o de mellizos. En la segunda gráfica se muestran nacimientos múltiples de tres o más bebés. Usa las gráficas para contestar las preguntas 37 y 38.

37. Interpretar gráficas ¿Cuál tasa de nacimiento mostró el mayor aumento en el porcentaje de 1980 a 2005?

a. gemelos o mellizos
b. trillizos o más
c. Se incrementaron en el mismo porcentaje.
d. Es imposible decirlo a partir de los datos.

38. Calcular ¿Como cuántas veces fue mayor el número de nacimientos de gemelos o mellizos en comparación con el número de nacimientos de trillizos o más en 1995?

a. dos veces
b. diez veces
c. quince veces
d. veinte veces

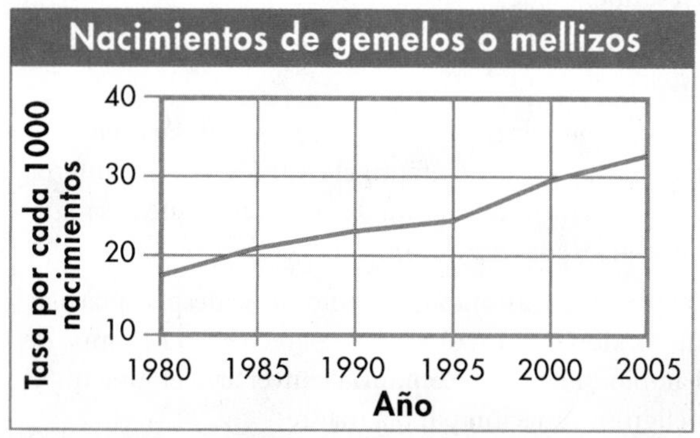

Preparación para exámenes estandarizados

Selección múltiple

1. ¿Cuál secuencia describe correctamente la ruta que sigue el esperma a través del sistema reproductor masculino?
   A vaso deferente, uretra, epidídimo
   B epidídimo, vaso deferente, uretra
   C vaso deferente, epidídimo, uretra
   D uretra, epidídimo, vaso deferente

2. Cada uno de estos términos se refiere a una etapa en el ciclo menstrual humano EXCEPTO
   A ovulación. C fase corpular.
   B fase lútea. D fase folicular.

3. ¿Cuál de las siguientes NO es una glándula endocrina?
   A hipófisis C glándula sudorípara
   B glándula paratiroidea D glándula suprarrenal

4. ¿Durante cuál etapa del desarrollo embrionario se forma el tubo neural?
   A implantación C neurulación
   B gastrulación D fecundación

5. ¿Cuál de los siguientes es un conglomerado de células alrededor del óvulo en desarrollo?
   A folículo C ovario
   B blastocisto D óvulo

6. La(s) estructura(s) en el sistema reproductor masculino que almacena(n) esperma maduro hasta que es liberado por el sistema reproductor masculino es (son)
   A el vaso deferente. C los túbulos seminíferos.
   B el pene. D el epidídimo.

7. ¿Cuál enunciado describe mejor la relación entre el hipotálamo y la hipófisis?
   A La adenohipófisis produce hormonas que son liberadas por el hipotálamo.
   B El hipotálamo produce hormonas liberadoras que fomentan la liberación de hormonas particulares de la adenohipófisis.
   C El hipotálamo produce hormonas liberadoras que fomentan la liberación de hormonas particulares de la neurohipófisis.
   D La neurohipófisis envía señales nerviosas al hipotálamo para provocar la liberación de hormonas.

Preguntas 8 a 11

El siguiente diagrama muestra el sistema endocrino de la mujer. Úsalo para responder.

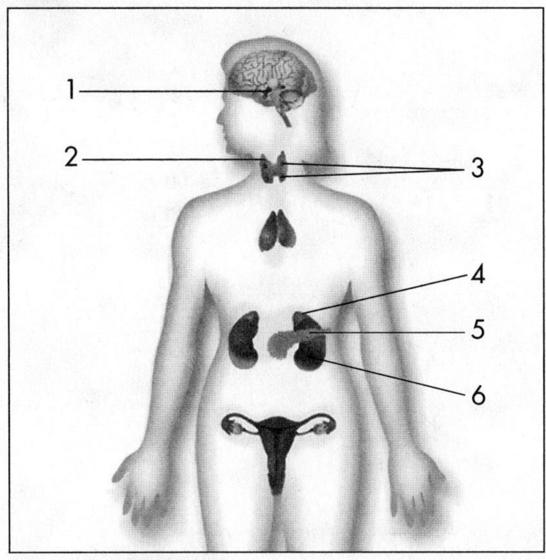

8. ¿Cuál glándula ayuda al cuerpo a prepararse para el estrés y a lidiar con él?
   A 1 C 4
   B 2 D 6

9. ¿Cuál glándula es endocrina y a la vez exocrina?
   A 2 C 4
   B 3 D 5

10. ¿Qué glándula secreta somatotropina?
   A 1 C 3
   B 2 D 5

11. ¿Cuál glándula secreta tiroxina?
   A 1 C 3
   B 2 D 4

Respuesta de desarrollo

12. En un párrafo describe la diferencia entre el origen de mellizos y gemelos.

Si tienes dificultades con...

la pregunta	1	2	3	4	5	6	7	8	9	10	11	12
Ver la lección	34.3	34.3	34.1	34.4	34.3	34.3	34.2	34.2	34.2	34.2	34.2	34.4

35 El sistema inmunológico y las enfermedades

La gran idea **Homeostasis**

P: ¿Cómo combate el cuerpo a los organismos invasores que pueden perturbar la homeostasis?

BIOLOGY.com **Search** Chapter 35 **GO** • Flash Cards

EN ESTE CAPÍTULO:

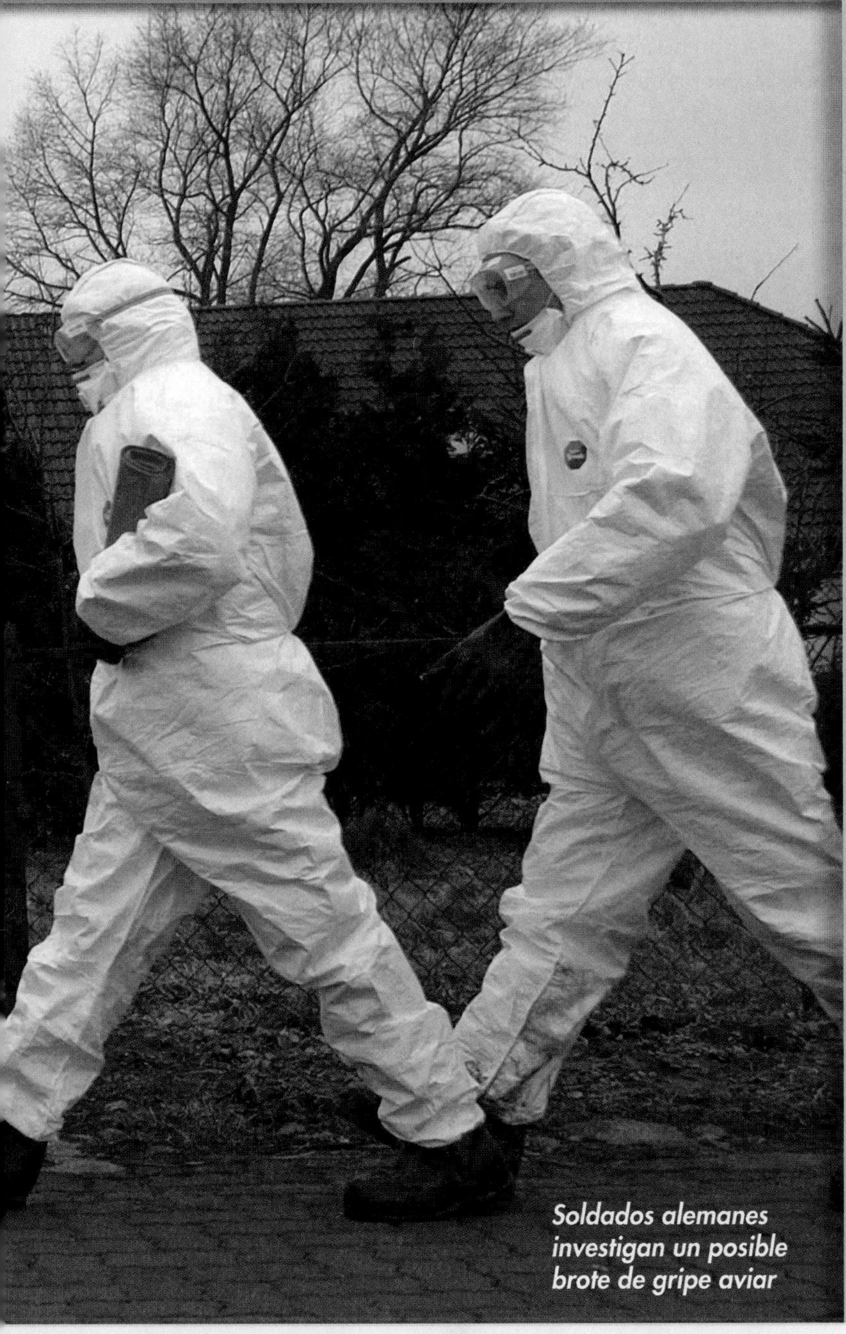

Soldados alemanes investigan un posible brote de gripe aviar

MISTERIO DEL CAPÍTULO

EN BUSCA DE LA CAUSA

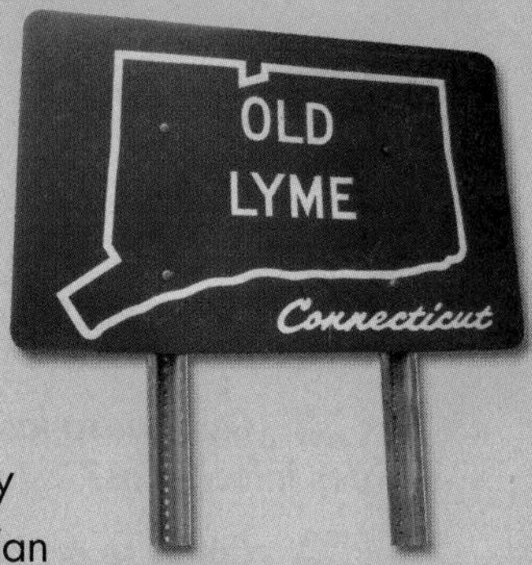

En 1975, el investigador Allen Steere enfrentaba un misterio médico. Treinta y nueve niños y varios adultos que vivían en una pequeña área de Connecticut sufrían de dolor e inflamación en las articulaciones. A primera vista, los síntomas de los niños parecían una rara forma de artritis infantil. Y los de los adultos parecían indicar artritis relacionada con la edad. Pero Steere pensó que era improbable que hubiera tantos casos de artritis infantil y relacionada con la edad en una población tan pequeña y en un período tan corto.

Steere buscó otra explicación. Todos los pacientes vivían en ciudades pequeñas y áreas rurales. Todos los síntomas habían comenzado más o menos en la misma época del año. ¿Padecerían estos pacientes alguna enfermedad infecciosa no conocida previamente?

Continúa explorando el mundo. Hallar la solución a este misterio médico sólo es el principio. Emprende un viaje de campo en video con los genios ecólogos de *Untamed Science* para ver adónde conduce este misterio.

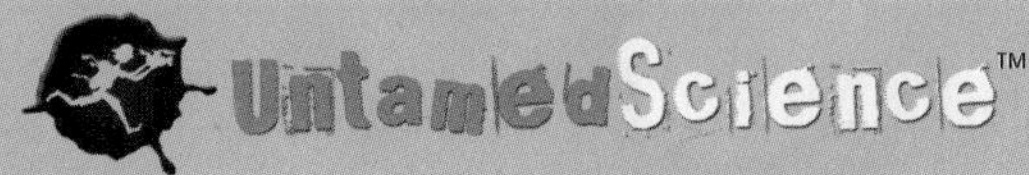

- Untamed Science Video
- Chapter Mystery

35.1 Enfermedades infecciosas

Preguntas clave

¿Qué causa las enfermedades infecciosas?

¿Cómo se propagan las enfermedades infecciosas?

Vocabulario

enfermedad infecciosa
teoría microbiana de la enfermedad
postulados de Koch
zoonosis
vector

Tomar notas

Tabla de dos columnas Usa una tabla de dos columnas para escribir las maneras en que se propagan las enfermedades y describir cada una.

PIÉNSALO Durante miles de años, las personas creyeron que las enfermedades eran causadas por maldiciones, espíritus malignos o vapores que surgían de pantanos hediondos o plantas y animales muertos. De hecho, la malaria se llama así por las palabras en italiano *mal* y *aria*, que significan "aire malo". Esto no es sorprendente porque, hasta que se inventaron los microscopios, ¡casi todas las causas de las enfermedades eran invisibles al ojo humano!

Causas de las enfermedades infecciosas

¿Qué causa las enfermedades infecciosas?

A mediados del siglo XIX, el químico francés Luis Pasteur y el bacteriólogo alemán Robert Koch establecieron una explicación científica para las enfermedades infecciosas. Mediante observaciones y experimentos, concluyeron que las **enfermedades infecciosas** ocurren cuando los microorganismos producen cambios fisiológicos que perturban las funciones normales del cuerpo. Los microorganismos eran llamados comúnmente "gérmenes", así que esta conclusión fue llamada la **teoría microbiana de la enfermedad.** Ahora eso es incorrecto, porque la palabra *germen* no tiene ningún sentido científico.

Agentes etiológicos Si la palabra *germen* no es un término científico, ¿cómo debemos describir las causas de las enfermedades infecciosas? **Las enfermedades infecciosas pueden ser causadas por virus, bacterias, hongos, "protistas" y parásitos.** Exceptuando a los parásitos, casi todos los microorganismos etiológicos se llaman patógenos. La **ilustración 35–1** proporciona más información y ejemplos de los patógenos y parásitos.

ILUSTRACIÓN 35–1 Ejemplos de agentes etiológicos Las enfermedades infecciosas son causadas por patógenos y parásitos: organismos que invaden un cuerpo y perturban sus funciones normales.

Virus
Características: son inanimados, se replican al insertar su material genético en una célula huésped y asumir el control de muchas de sus funciones
Enfermedades producidas: resfriado común, gripe, varicela, verrugas.
▼ ***Virus de la gripe*, cepa tomada de una epidemia de Beijing en 1993** (TEM 120,000×)

Bacterias
Características: descomponen los tejidos del organismo infectado para obtener alimento, o liberan toxinas que interfieren con la actividad normal del huésped
Enfermedades producidas: infecciones por estreptococos, difteria, botulismo, ántrax
▼ ***Micobacterias* que causan la tuberculosis** (SEM 10,600×)

Hongos
Características: causan infecciones en la superficie de la piel, la boca, la garganta y las uñas de manos y pies; las peligrosas pueden extenderse de los pulmones a otros órganos
Enfermedades producidas: tiña, aftas
▼ ***Trichophyton interdigitale* produce el pie de atleta** (SEM 2800×)

Postulados de Koch Mediante sus estudios con bacterias, Koch desarrolló reglas para identificar los microorganismos causantes de enfermedades específicas, llamadas los **postulados de Koch.**

1. El patógeno siempre se debe hallar en el cuerpo de un organismo enfermo y no en uno saludable.

2. El patógeno debe aislarse y cultivarse en el laboratorio en un cultivo puro.

3. Cuando se introducen los patógenos cultivados en un huésped saludable, deben producir la misma enfermedad que contagió al huésped original.

4. Se debe aislar el patógeno inyectado del segundo huésped. Debe ser idéntico al patógeno original.

Las ideas de Koch desempeñaron un papel tan vital en el desarrollo de la medicina moderna que recibió un Premio Nobel en 1905. Hoy sabemos que puede haber excepciones a estas reglas, pero siguen siendo pautas importantes para identificar las causas de nuevas enfermedades emergentes.

Simbiontes contra patógenos Algunas partes del cuerpo humano son excelentes hábitats para los microorganismos. Afortunadamente, casi todos los que aprovechan nuestra hospitalidad son simbiontes inocuos o benéficos. Las levaduras y las bacterias crecen en la boca y la garganta sin causar ningún problema. Las bacterias del intestino grueso ayudan a la digestión y producen vitaminas. De hecho, si todas nuestras células desaparecieran, los contornos de nuestro cuerpo y tracto digestivo todavía serían reconocibles: ¡como un fantasmal perfil de microorganismos!

¿Qué diferencia existe entre los microorganismos inocuos y los patógenos que causan las enfermedades? Los "chicos buenos" obtienen nutrientes, crecen y se reproducen sin trastornar las funciones normales del cuerpo. Los "chicos malos" causan problemas de varias maneras. Algunos virus y bacterias destruyen directamente las células de su huésped. Otras bacterias y parásitos unicelulares liberan venenos que matan las células del huésped o interfieren con sus funciones normales. Los gusanos parásitos pueden bloquear el flujo de la sangre a través de los vasos sanguíneos u órganos, absorber los nutrientes del huésped o trastornar otras funciones corporales.

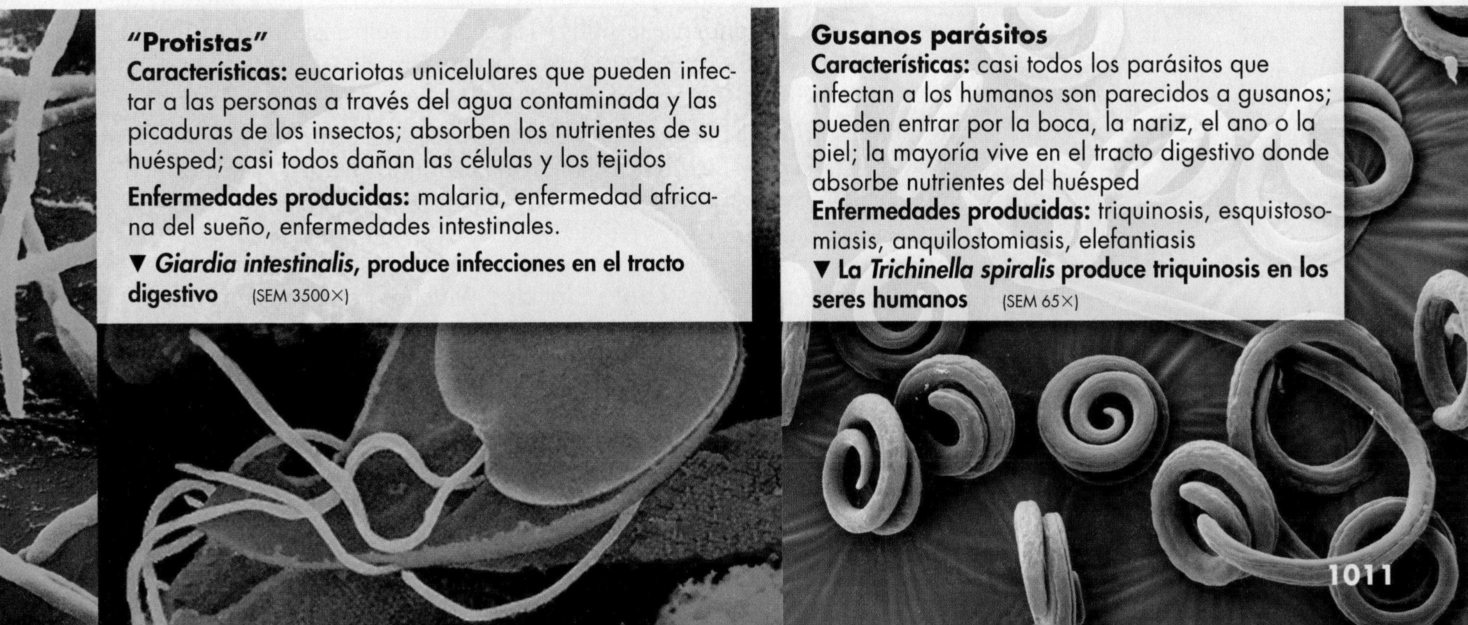

"Protistas"
Características: eucariotas unicelulares que pueden infectar a las personas a través del agua contaminada y las picaduras de los insectos; absorben los nutrientes de su huésped; casi todos dañan las células y los tejidos
Enfermedades producidas: malaria, enfermedad africana del sueño, enfermedades intestinales.
▼ ***Giardia intestinalis*, produce infecciones en el tracto digestivo** (SEM 3500×)

Gusanos parásitos
Características: casi todos los parásitos que infectan a los humanos son parecidos a gusanos; pueden entrar por la boca, la nariz, el ano o la piel; la mayoría vive en el tracto digestivo donde absorbe nutrientes del huésped
Enfermedades producidas: triquinosis, esquistosomiasis, anquilostomiasis, elefantiasis
▼ **La *Trichinella spiralis* produce triquinosis en los seres humanos** (SEM 65×)

Cómo se propagan las enfermedades

¿Cómo se propagan las enfermedades infecciosas?

Las enfermedades infecciosas se pueden propagar de varias maneras. **Algunas se propagan a través de la tos, los estornudos, el contacto físico o el intercambio de fluidos corporales. Otras mediante agua o alimentos contaminados y unas más se propagan a los seres humanos por medio de animales infectados.**

Los patógenos a menudo se propagan por los síntomas de la enfermedad, como los estornudos, la tos o la diarrea. En muchos casos, ¡estos síntomas son cambios en la conducta del huésped que ayudan a los patógenos a propagarse e infectar a nuevos huéspedes! Después de todo, si un virus infecta sólo a uno, ese virus morirá cuando el sistema inmunológico del huésped lo mate o cuando el huésped muera. Por eso, la selección natural favorece a los patógenos con adaptaciones que los ayudan a propagarse entre los huéspedes.

ILUSTRACIÓN 35–2
Estornudos Algunas enfermedades infecciosas se propagan de persona a persona por medio de los estornudos. En un estornudo se pueden liberar miles de partículas de patógenos. **Inferir** ***¿Por qué es mejor estornudar en un pañuelo que cubrir la boca con la mano?***

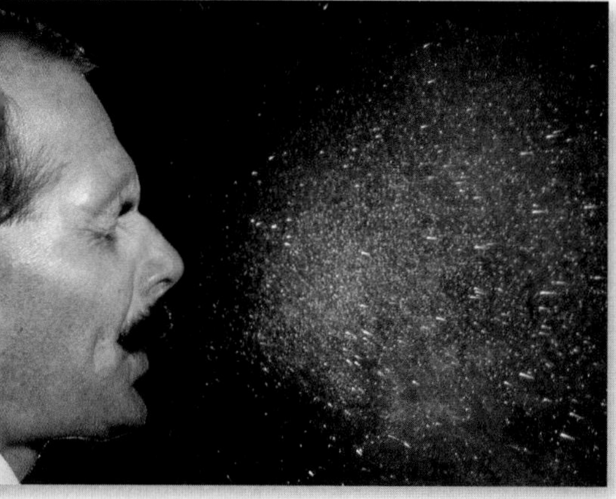

Tos, estornudos y contacto físico Muchas bacterias y virus que infectan la nariz, garganta o tracto respiratorio se propagan por el contacto indirecto. La tos y el estornudo liberan miles de diminutas gotitas que pueden ser inhaladas por otras personas. Estas gotitas también se adhieren a objetos como las perillas de las puertas. Si tocas esos objetos y después te tocas la boca o la nariz, ¡puedes transferir los patógenos a un nuevo hogar! Por tanto, la capacidad de un virus de la gripe o una bacteria de la tuberculosis de provocar que el huésped estornude o tosa es una adaptación que incrementa la transmisión del patógeno de un huésped a otro.

Otros patógenos, incluyendo los estafilococos resistentes a los medicamentos y que causan infecciones en la piel, se pueden transmitir por casi cualquier tipo de contacto cuerpo a cuerpo. También, por contacto con toallas o ciertos tipos de equipo deportivo.

Minimizar la transmisión de estas enfermedades es algo muy simple. El modo más eficaz para controlar las infecciones es lavarse bien las manos con frecuencia. Si tienes un resfriado o gripe, cubre tu boca con un pañuelo cuando tosas o estornudes y lávate las manos con regularidad.

DESARROLLAR el vocabulario

PREFIJOS El prefijo *trans*, usado en palabras como *transmisión* y *transporte*, se deriva de la palabra en latín *trans* que significa "a través" o "más allá de".

Intercambio de fluidos corporales Algunos patógenos requieren ciertos tipos de contacto directo para transmitirse de huésped a huésped. Por ejemplo, una amplia gama de enfermedades, incluyendo el herpes, la gonorrea, la sífilis y la clamidia, se transmiten por medio de la actividad sexual. Por tanto, estas enfermedades se llaman de transmisión sexual. Otras enfermedades, incluyendo ciertas formas de hepatitis, se pueden transmitir entre los consumidores de drogas inyectadas por medio de la sangre o el contacto sexual. Las enfermedades de transmisión sexual sólo se pueden prevenir evitando la actividad sexual.

Agua o alimentos contaminados Muchos patógenos que infectan el tracto digestivo se propagan a través del agua contaminada con heces de personas o de animales infectados. Los síntomas de estas enfermedades a menudo incluyen una grave diarrea. Esta es otra adaptación que ayuda a los patógenos a propagarse entre los huéspedes, sobre todo en lugares con poca higiene.

El agua contaminada puede ser consumida, o puede portar patógenos a las frutas o vegetales. Si se consumen esos alimentos sin ser lavados perfectamente, pueden provocar un contagio. En años recientes, se ha atribuido la transmisión de varios brotes de enfermedades a ensaladas verdes empacadas.

En los mariscos y las carnes crudas comúnmente están presentes varios tipos de bacterias, sobre todo en la carne molida. Si estos alimentos no se almacenan y cuecen adecuadamente, pueden provocar enfermedades.

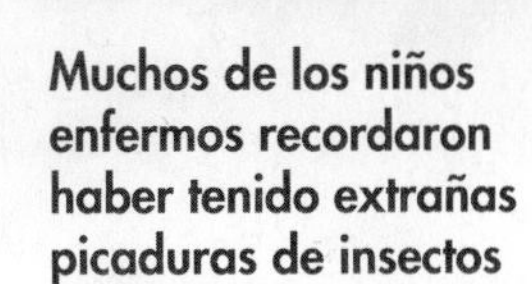

PISTA DEL MISTERIO

Muchos de los niños enfermos recordaron haber tenido extrañas picaduras de insectos durante el verano, que se convirtieron en salpullido. ¿Qué pista proporcionó esto a Steere?

Zoonosis: la conexión animal Muchas enfermedades que han sido noticia en años recientes, se desarrollan tanto en huéspedes humanos como en animales. Cualquier enfermedad que se pueda transmitir de los animales a los seres humanos se llama **zoonosis.** La enfermedad de las vacas locas, el síndrome respiratorio agudo severo (SARS), el virus del Nilo Occidental, la enfermedad de Lyme, el Ébola y la gripe aviar son zoonosis. Su transmisión puede ocurrir de varias maneras. A veces un animal transporta, o transfiere, la enfermedad zoonótica de un huésped animal a un huésped humano. Estos portadores, llamados **vectores,** transportan al patógeno, pero por lo general no están enfermos. En otros casos, el contagio puede ocurrir cuando una persona es mordida por un animal infectado, se consume su carne o se entra en contacto con sus desechos o secreciones.

ILUSTRACIÓN 35–3 Vectores Los vectores son animales que albergan un patógeno. El patógeno se puede propagar a un ser humano por medio de su mordida, o cuando una persona consume al vector.

▲ **Murciélago de la fruta que puede portar el virus del Ébola**

▲ **Mosquito que transfiere el virus del Nilo Occidental de las aves a los humanos**

35.1 Evaluación

Repaso de conceptos clave

1. a. **Repasar** Escribe los tipos de organismos que pueden causar enfermedades.
   b. **Explicar** ¿De qué maneras los patógenos pueden causar enfermedades a sus huéspedes?
   c. **Inferir** Si un investigador introdujo un supuesto patógeno en muchos huéspedes saludables, pero ninguno se enfermó, ¿qué podría indicar esto?
2. a. **Repasar** ¿De qué maneras se propagan las enfermedades infecciosas?
   b. **Explicar** ¿Cómo contribuyen los vectores a la propagación de las enfermedades?
   c. **Aplica los conceptos** ¿Por qué crees que sea una adaptación beneficiosa el que un patógeno enferme gravemente a su huésped sin matarlo? (*Pista:* Piensa en la manera en que los virus se replican.)

ESCRIBIR SOBRE LAS CIENCIAS

Descripción

3. Los animales infectados con el virus que causa la rabia, a menudo producen mucha saliva y pueden morder a otros sin ninguna provocación. En un párrafo, explica cómo estos síntomas pueden propagar el virus.

BIOLOGY.com Search Lesson 35.1  • Self-Test • Lesson Assessment

35.2 Defensas contra las infecciones

Preguntas clave

¿Cuáles son las defensas no específicas del cuerpo contra los patógenos?

¿Cuál es la función de las defensas específicas del sistema inmunológico?

¿Cuáles son las defensas específicas del cuerpo contra los patógenos?

Vocabulario

respuesta inflamatoria • histamina • interferón • fiebre • respuesta inmunológica • antígeno • anticuerpo • inmunidad humoral • inmunidad mediada por células

Tomar notas

Mapa de conceptos Haz un mapa de conceptos con los encabezados en verde y azul de la lección. A medida que leas agrega detalles.

ILUSTRACIÓN 35–4 Defensas no específicas En la pared de la tráquea, la mucosidad atrapa los granos de polen (amarillo) y los cilios los arrastran lejos de los pulmones. (SEM 500×).

PIÉNSALO Con tantos patógenos a nuestro alrededor, parece sorprendente que no estemos enfermos todo el tiempo. ¿Por qué casi siempre estamos libres de infecciones y nos recuperamos de los patógenos que nos infectan? Una razón es porque nuestro cuerpo tiene un increíblemente poderoso y adaptable conjunto de defensas que nos protegen contra una amplia gama de patógenos.

Defensas no específicas

¿Cuáles son las defensas no específicas del cuerpo contra los patógenos?

La primera defensa del cuerpo contra los patógenos es una combinación de barreras físicas y químicas. Estas barreras se llaman defensas no específicas porque actúan contra una amplia gama de patógenos. **Las defensas no específicas incluyen la piel, las lágrimas y otras secreciones, la respuesta inflamatoria, los interferones y la fiebre.**

Primera línea de defensa

La defensa no específica más generalizada es la barrera física llamada piel. Muy pocos patógenos pueden penetrar las capas de células muertas que forman la superficie de la piel.

Pero la piel no cubre todo tu cuerpo. Los patógenos podrían entrar fácilmente al cuerpo a través de la boca, nariz y ojos, si estos tejidos no estuvieran protegidos por otras defensas no específicas. Por ejemplo, la saliva, la mucosidad y las lágrimas contienen lisozima, una enzima que descompone las paredes celulares bacterianas. La mucosidad de la nariz y garganta atrapa los patógenos. Luego, los cilios los arrastran lejos de tus pulmones. Las secreciones estomacales destruyen muchos de los patógenos que tragamos.

Segunda línea de defensa

Si los patógenos entran al cuerpo, por ejemplo a través de un corte en la piel, la segunda línea de defensa entra en acción. Estos mecanismos incluyen la respuesta inflamatoria, las acciones de los interferones y la fiebre.

▶ ***Respuesta inflamatoria*** La **respuesta inflamatoria** se llama así porque provoca que las áreas infectadas se pongan rojas y duelan o se inflamen. Como se muestra en la **ilustración 35–5,** la respuesta comienza cuando los patógenos estimulan unas células llamadas células cebadas para que liberen sustancias químicas conocidas como histaminas.

Las **histaminas** aumentan el flujo de sangre y fluidos hacia el área afectada. El fluido que escapa de los vasos sanguíneos expandidos hace que el área se inflame. Los glóbulos blancos mueven la sangre de los vasos sanguíneos a los tejidos infectados. Muchos de estos glóbulos blancos son fagocitos, que envuelven y destruyen las bacterias. Toda esta actividad alrededor de la herida puede provocar un aumento en la temperatura. Por eso, una herida a veces se siente caliente.

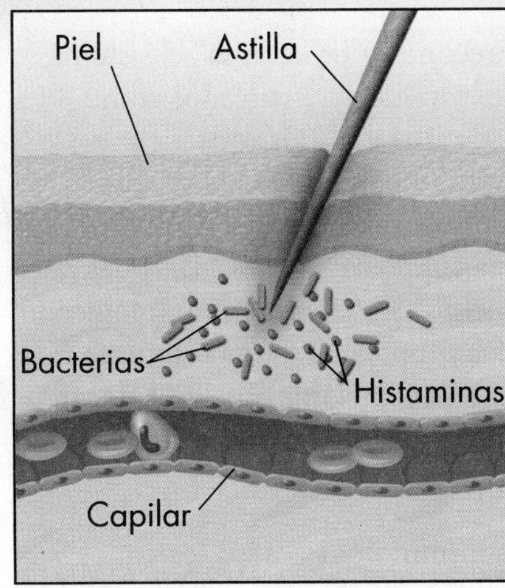

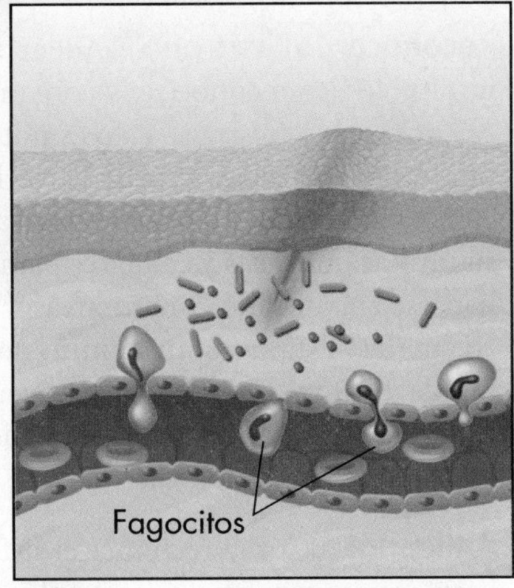

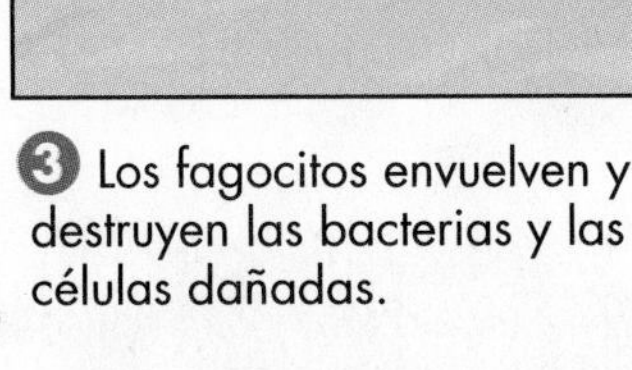

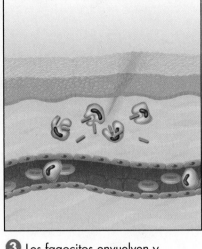

1 En respuesta a la herida y a los patógenos invasores, las células cebadas liberan histaminas, que estimulan un mayor flujo de sangre al área.

2 Los vasos sanguíneos locales se dilatan. Los fluidos salen de los capilares y producen inflamación. Los fagocitos se mueven hacia el tejido.

3 Los fagocitos envuelven y destruyen las bacterias y las células dañadas.

ILUSTRACIÓN 35–5 Respuesta inflamatoria La respuesta inflamatoria es una reacción de las defensas no específicas al daño en el tejido que se produce por una herida o infección. Cuando los patógenos entran al cuerpo, los fagocitos entran en la zona y los envuelven. **Inferir** ***¿Qué parte de la respuesta inflamatoria hace que enrojezca la zona alrededor de la herida?***

▶ ***Interferones*** Cuando los virus infectan las células del cuerpo, ciertas células huésped producen proteínas que inhiben la síntesis de las proteínas virales. Los científicos llamaron a estas proteínas **interferones** porque "interfieren" en el crecimiento viral. Al desacelerar la producción de nuevos virus, los interferones "ganan tiempo" para que las defensas inmunológicas específicas respondan y combatan la infección.

▶ ***Fiebre*** El sistema inmunológico también libera sustancias químicas que incrementan la temperatura corporal, produciendo **fiebre.** Una temperatura corporal más alta puede desacelerar o detener el crecimiento de algunos patógenos y también acelera varias partes de la respuesta inmunológica.

En tu cuaderno *Desarrolla una analogía que compare las defensas no específicas del cuerpo con el sistema de seguridad de un gran edificio.*

Defensas específicas: el sistema inmunológico

¿Cuál es la función de las defensas específicas del sistema inmunológico?

Es fácil describir la función principal de las defensas específicas del sistema inmunológico, pero es difícil explicarla. **Las defensas específicas del sistema inmunológico distinguen lo que es "propio" y lo que es "extraño" y desactivan o matan cualquier sustancia o célula extraña que entre en el cuerpo.** A diferencia de las defensas no específicas, que responden a la amenaza general de una infección, las específicas responden a un patógeno en particular.

Reconocer lo "propio" Un sistema inmunológico saludable reconoce todas las células y proteínas que pertenecen al cuerpo, y las trata como "propias". Reconoce los marcadores químicos que actúan como contraseñas secretas que dicen: "Pertenezco aquí. ¡No me ataquen!" Debido a que los genes programan las contraseñas, todos los individuos, excepto los gemelos idénticos, tienen contraseñas diferentes. Esta capacidad para reconocer lo "propio" es esencial, porque el sistema inmunológico controla las poderosas armas químicas y celulares que podrían causar problemas si se pusieran en contra de las células propias del cuerpo.

Reconocer lo "extraño" Además de reconocer lo "propio", el sistema inmunológico reconoce a los organismos y moléculas extraños como "ajenos" o "no propios". Esto es notable porque estamos rodeados de una variedad casi infinita de bacterias, virus y parásitos. Una vez que el sistema inmunológico reconoce a los invasores como "extraños", usa sus armas químicas y celulares para atacarlos. Pero hay más. Después de haberse encontrado con un invasor específico, el sistema inmunológico lo "recuerda". Esta "memoria" inmunológica proporciona una respuesta más rápida y eficaz si ese mismo patógeno, o uno semejante, vuelve a atacar. Este reconocimiento, respuesta y memoria específicos constituyen la **respuesta inmunológica.**

Antígenos ¿Cómo reconoce el sistema inmunológico a los "extraños"? Las defensas específicas inmunológicas son activadas por moléculas llamadas antígenos. Un **antígeno** es cualquier sustancia extraña que puede estimular una respuesta inmunológica. Normalmente, se localizan en las superficies externas de las bacterias, virus o parásitos. El sistema inmunológico responde a ellos aumentando el número de células que atacan a los invasores directamente o que producen proteínas llamadas anticuerpos.

El papel principal de los **anticuerpos** es marcar a los antígenos para que las células inmunológicas los destruyan. Se pueden adherir a células inmunológicas específicas o pueden flotar libremente en el plasma. El cuerpo produce hasta 10 mil millones de anticuerpos diferentes. La forma de cada tipo de anticuerpo le permite adherirse a un antígeno específico.

ILUSTRACIÓN 35–6 Linfocito B

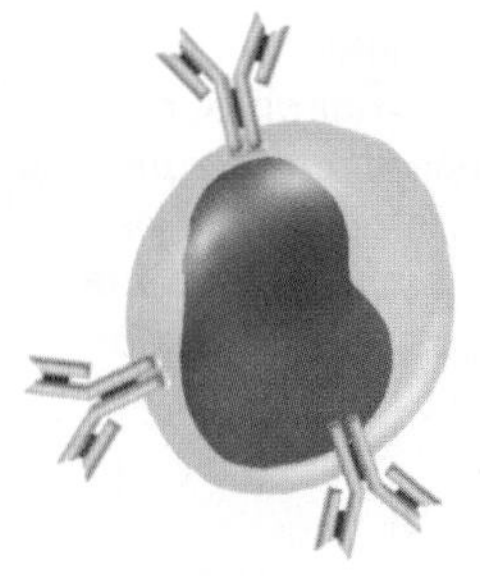

ILUSTRACIÓN 35–7 Linfocito T

Linfocitos El sistema inmunológico protege a todo el cuerpo, lo que significa que sus células deben viajar por él. Las principales células funcionales de la respuesta inmunológica son los linfocitos B (células B) y los linfocitos T (células T). Las células B se producen y maduran en la médula ósea roja. Las células T se producen en la médula ósea, pero maduran en el timo, una glándula endocrina. Cada célula B y T es capaz de reconocer a *un* antígeno específico. Los genes de la persona determinan las células específicas B y T que se producen. Cuando maduran, ambos tipos de células viajan a los nódulos linfáticos y al bazo, donde se encontrarán con los antígenos.

A pesar de que ambos tipos de células reconocen a los antígenos, trabajan de diferente manera. Las células B, con sus anticuerpos incrustados, descubren a los antígenos en los fluidos corporales. A las células T se les debe dar un antígeno de las células corporales infectadas o de las células inmunológicas que hayan encontrado antígenos.

El sistema inmunológico en acción

¿Cuáles son las defensas específicas del cuerpo contra los patógenos?

Las células B y T continuamente buscan antígenos o señales de ellos por todo el cuerpo. La respuesta inmunológica específica tiene dos formas de acción principales: la inmunidad humoral y la inmunidad mediada por células.

Inmunidad humoral La parte de la respuesta inmunológica llamada **inmunidad humoral** depende de la acción de los anticuerpos que circulan en la sangre y la linfa. Esta respuesta se activa cuando los anticuerpos incrustados en algunas células B existentes se unen a los antígenos que están en la superficie del patógeno invasor.

DESARROLLAR el vocabulario

ORIGEN DE LAS PALABRAS
La palabra *humor* se deriva de la palabra en latín para humedad. Los fluidos corporales, como la sangre, la linfa y las hormonas, a veces se llaman humores. La **inmunidad humoral** se refiere a la respuesta inmunológica que ocurre en los fluidos corporales.

¿Cómo ocurre esta unión? Como se muestra en la **ilustración 35–8**, un anticuerpo tiene una forma perecida a la letra Y, así como dos puntos idénticos de unión al antígeno. Las formas de los puntos de unión permiten que un anticuerpo reconozca al antígeno específico que tiene su forma complementaria.

Cuando un antígeno se une a un anticuerpo transportado por una célula B, las células T estimulan a la célula B para que crezcan y se dividan rápidamente. Ese crecimiento y división produce muchas células B de dos tipos: células plasmáticas y células B de memoria.

▶ ***Células plasmáticas*** Las células plasmáticas producen y liberan anticuerpos que son transportados por el torrente sanguíneo. Estos anticuerpos reconocen y se unen a los antígenos que flotan libremente o a los que están en la superficie de los patógenos. Cuando los anticuerpos se unen a los antígenos, actúan como una bandera de señales para otras partes del sistema inmunológico. Varios tipos de células y proteínas responden a esa señal atacando y destruyendo a los invasores. Algunos tipos de anticuerpos pueden inhabilitar a los invasores hasta que son destruidos.

Un adulto saludable puede producir aproximadamente 10 mil millones de tipos diferentes de anticuerpos ¡y cada uno se puede unir a un tipo diferente de antígeno! Esta diversidad en anticuerpos permite al sistema inmunológico responder a prácticamente cualquier tipo de "extraño" que entre en el cuerpo.

En tu cuaderno *Un error común es creer que el sistema inmunológico no puede combatir a los patógenos que no haya encontrado antes. En un párrafo, explica por qué esto es falso.*

▶ ***Células B de memoria*** Las células plasmáticas mueren cuando la infección desaparece. Pero algunas células B que reconocen a un antígeno específico siguen vivas. Estas células B de memoria, reaccionan rápidamente si el mismo patógeno entra de nuevo al cuerpo, produciendo rápidamente nuevas células plasmáticas para combatirlo. Esta respuesta secundaria es mucho más rápida que la primera. La memoria inmunológica ofrece inmunidad a largo plazo a ciertas enfermedades y por eso las vacunas funcionan. La **ilustración 35–11** resume las respuestas de la inmunidad humoral.

ILUSTRACIÓN 35–8 Estructura de los anticuerpos

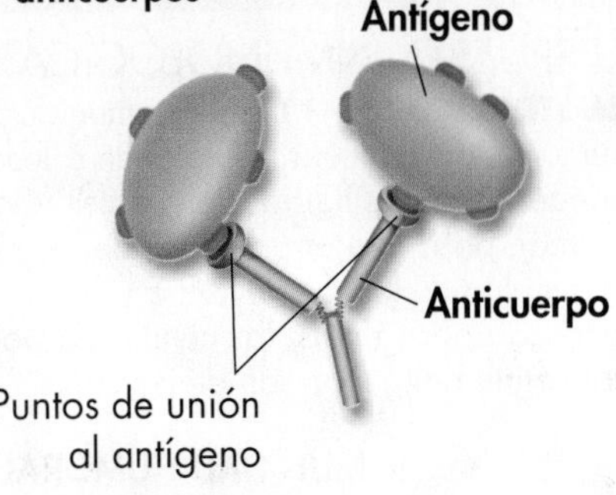

ILUSTRACIÓN 35–9 Células plasmáticas

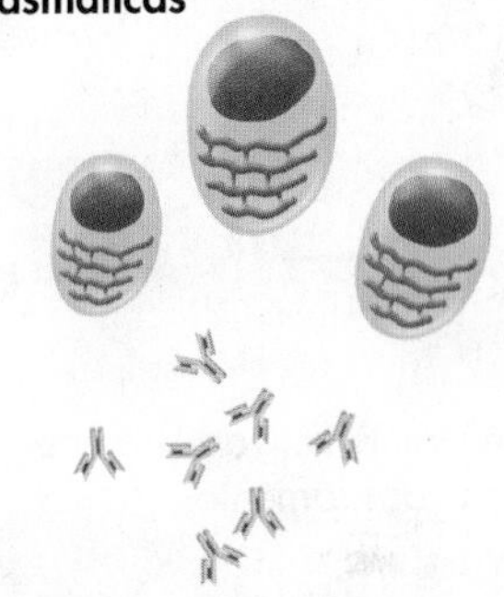

ILUSTRACIÓN 35–10 Células B de memoria

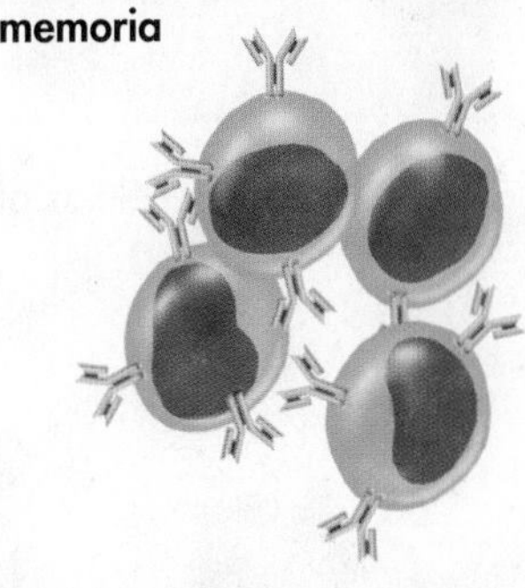

Analizar datos

La "memoria" del sistema inmunológico

La concentración de anticuerpos en la sangre de una persona revela la diferencia que existe entre la primera y la segunda respuesta inmunológica. El día 1 indica la primera exposición al antígeno A. El día 28 marca una segunda exposición al antígeno A y la primera exposición al antígeno B.

1. **Interpretar gráficas** Después de la primera exposición a un antígeno, ¿aproximadamente cuánto tiempo le toma a los anticuerpos llegar a un nivel perceptible?

2. **Inferir** ¿Qué podría explicar el significativo aumento de los anticuerpos para A que se presentan después del día 30?

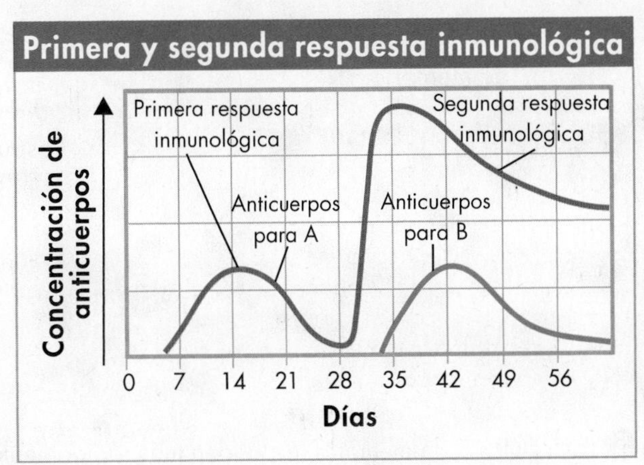

RESUMEN VISUAL

RESPUESTA INMUNOLÓGICA ESPECÍFICA

ILUSTRACIÓN 35–11 En la inmunidad humoral, los anticuerpos se unen a los antígenos de los fluidos corporales y los marcan para que otras partes del sistema inmunológico los destruyan. En la inmunidad mediada por células, las células corporales que contienen antígenos son destruidas.

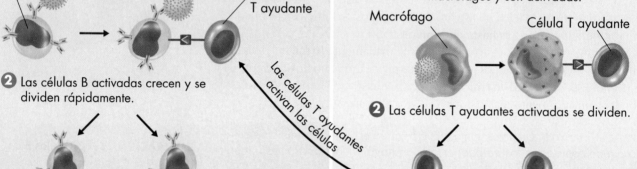

Virus invade al cuerpo

Respuesta primaria

INMUNIDAD HUMORAL

1. El antígeno se une a los anticuerpos.

Célula B

Célula T ayudante

Las células T ayudantes activan las células

2. Las células B activadas crecen y se dividen rápidamente.

3. Las células B producen células plasmáticas y células B de memoria.

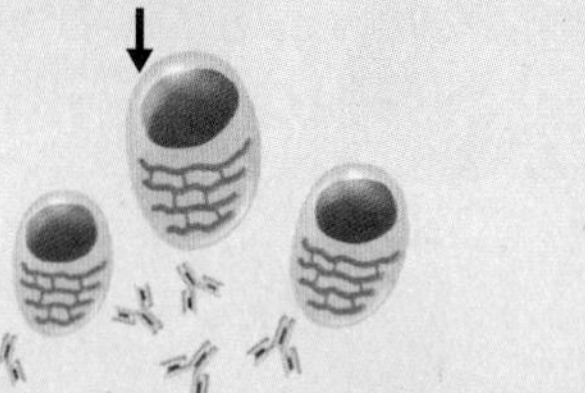

4. Las células plasmáticas liberan anticuerpos que capturan a los antígenos y los marcan para ser destruidos.

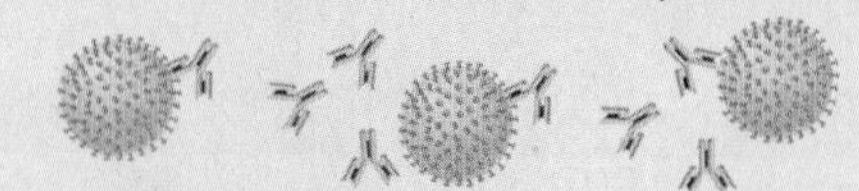

INMUNIDAD MEDIADA POR CÉLULAS

1. El macrófago consume al virus y muestra a un antígeno en su superficie. Las células T ayudantes se unen a los macrófagos y son activadas.

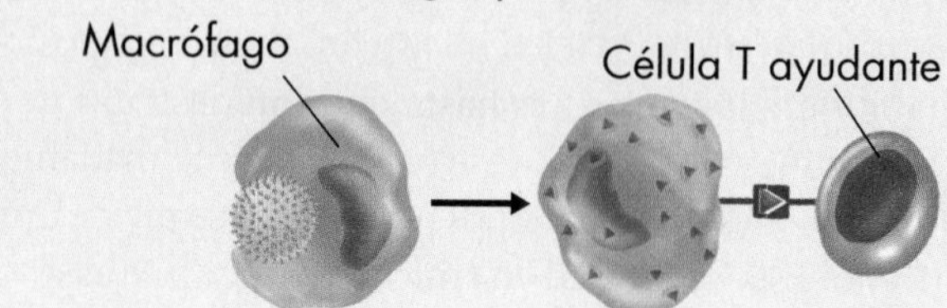

2. Las células T ayudantes activadas se dividen.

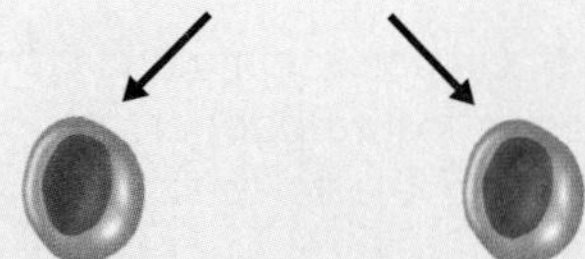

3. Las células T ayudantes activan las células B, las células T citotóxicas y producen células T de memoria.

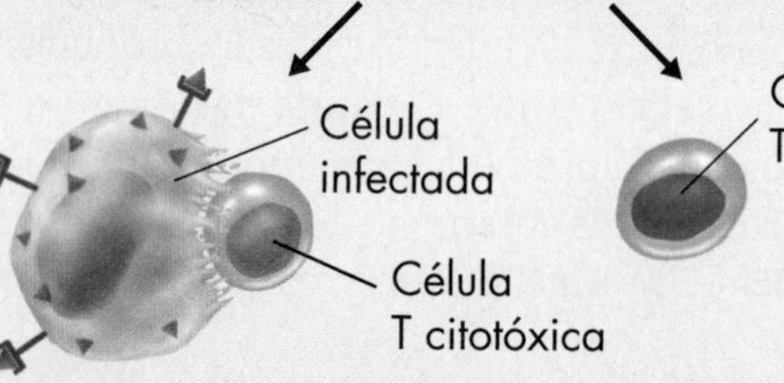

Célula T de memoria

4. Las células T citotóxicas se unen a las células corporales infectadas y las destruyen.

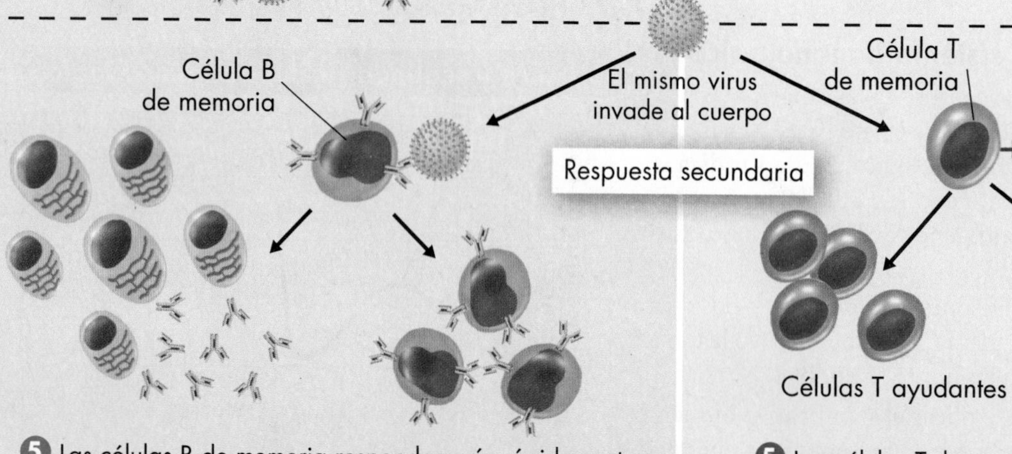

Célula T de memoria

Células T ayudantes

5. Las células B de memoria responden más rápidamente que las células B de la respuesta primaria.

5. Las células T de memoria responden más rápidamente que las células T ayudantes de la respuesta primaria.

Inmunidad mediada por células Otra parte de la respuesta inmune, que depende de la acción de los macrófagos y varios tipos de células T, se llama **inmunidad mediada por células.** Esta parte del sistema inmunológico defiende al cuerpo contra algunos virus, hongos y patógenos unicelulares que realizan su trabajo sucio dentro de las células corporales. Las células T también protegen al cuerpo de sus propias células si se hacen cancerosas.

Cuando una célula es infectada por un patógeno, o cuando un macrófago consume uno, la célula muestra una porción del antígeno en la superficie externa de su membrana. Este anexo en la membrana es una señal para las células T circulantes llamadas células T ayudantes. Las células T ayudantes activadas se dividen, luego activan las células B y las células T citotóxicas, y producen células T de memoria.

Las células T citotóxicas persiguen a las células corporales infectadas con un antígeno específico y las matan al pinchar sus membranas o iniciar la apoptosis (muerte celular programada). Las células T ayudantes de memoria permiten que el sistema inmunológico responda rápidamente si el mismo patógeno vuelve a entrar al cuerpo.

Otro tipo de células T, llamadas células T supresoras, ayudan a mantener bajo control el sistema inmunológico. Inhiben la respuesta inmunológica cuando la infección ha sido controlada. También participan en la prevención de las enfermedades autoinmunológicas.

A pesar de que las células T citotóxicas son útiles para el sistema inmunológico, dificultan la aceptación de los órganos trasplantados. Cuando se trasplanta un órgano de una persona a otra, la respuesta normal del sistema inmunológico del receptor es reconocerlo como extraño. Las células T y las proteínas dañan y destruyen el órgano trasplantado. Este proceso se conoce como rechazo. Para evitarlo, los médicos buscan un donante cuyos marcadores celulares sean casi idénticos a los marcadores celulares del receptor. Sin embargo, los receptores de órganos deben tomar medicamentos, por lo general por el resto de su vida, para inhibir la respuesta inmunológica mediada por células.

ILUSTRACIÓN 35–12 Célula T citotóxica

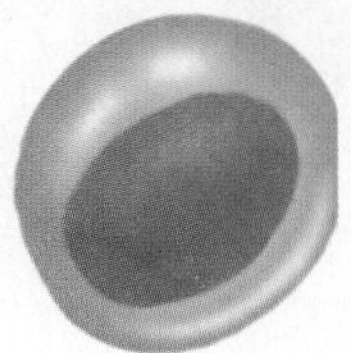

ILUSTRACIÓN 35–13 Célula T de memoria

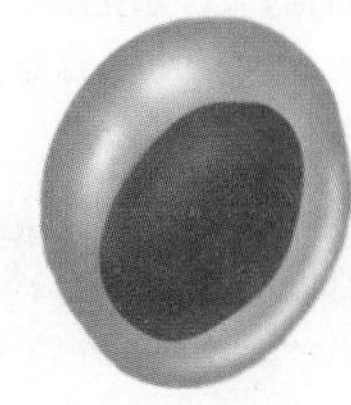

35.2 Evaluación

Repaso de conceptos clave

1. a. Repasar Escribe las defensas no específicas del cuerpo contra los patógenos.

b. Establecer una secuencia Describe los pasos de la respuesta inflamatoria.

2. a. Repasar ¿Cómo identifica el sistema inmunológico a un patógeno?

b. Comparar y contrastar ¿En qué se diferencian las funciones de las células B y las células T? ¿En qué se parecen?

3. a. Repasar ¿Cuáles son los dos principales estilos de acción de la respuesta inmunológica específica?

b. Aplica los conceptos ¿Por qué una enfermedad que destruye las células T ayudantes también pone en peligro la respuesta humoral?

RAZONAMIENTO VISUAL

RAZONAMIENTO VISUAL

4. Estas dos células T están adheridas a una célula cancerosa. ¿A qué tipo de respuesta inmunológica pertenecen?

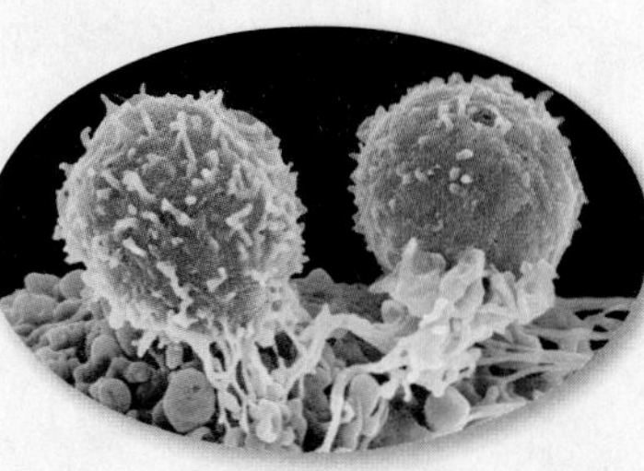

SEM 2150×

BIOLOGY.com Search Lesson 35.2  • Self-Test • Lesson Assessment

35.3 Combatir enfermedades infecciosas

Preguntas clave

¿Cómo combaten a las enfermedades las vacunas y los anticuerpos producidos externamente?

¿Cómo combaten a las enfermedades las medidas de salud pública y los medicamentos?

¿Por qué han cambiado los patrones de las enfermedades infecciosas?

Vocabulario

vacunación
inmunidad activa
inmunidad pasiva

Tomar notas

Diagrama de Venn Traza un diagrama de Venn que compare y contraste la inmunidad activa con la inmunidad pasiva.

ILUSTRACIÓN 35–14 Jenner vacuna a James Phipps

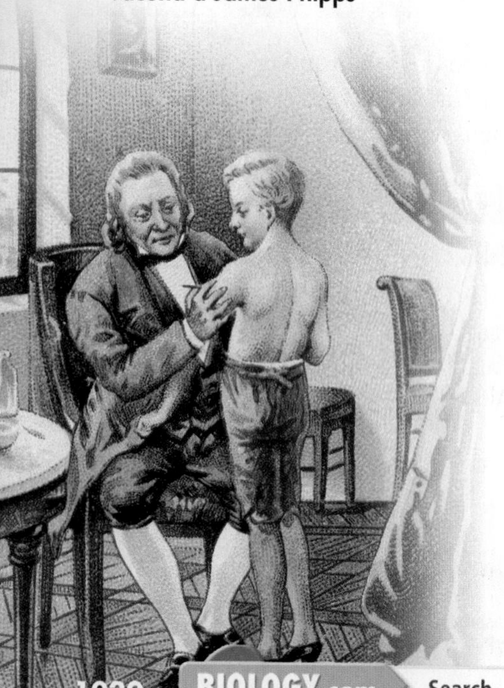

PIÉNSALO Hace más de 200 años, el médico inglés Edward Jenner notó que las ordeñadoras que contraían la viruela de vaca no desarrollaban la viruela. En esa época, la viruela era una enfermedad que mataba a muchas personas. Jenner se preguntaba si las personas podrían protegerse contra la viruela al ser infectadas deliberadamente con ella.

Inmunidad adquirida

¿Cómo combaten a las enfermedades las vacunas y los anticuerpos producidos externamente?

Jenner realizó un experimento arriesgado. Colocó el fluido de la llaga de un paciente con viruela de vaca en una pequeña cortada que infligió a un niño pequeño llamado James Phipps. Como esperaba, James desarrolló una leve viruela de vaca. Dos meses después, Jenner inyectó a James fluidos de una infección de viruela. Afortunadamente para James (¡y para Jenner!), el niño no desarrolló la viruela. Su infección de viruela de vaca lo había protegido contra la infección de viruela. Desde entonces, la inyección de una forma debilitada de un patógeno, o de uno similar pero menos peligroso, para producir inmunidad se ha conocido como **vacunación.** El término proviene de la palabra en latín *vacca,* que significa "vaca", como un recordatorio del trabajo de Jenner.

Inmunidad activa Hoy sabemos cómo funciona la vacunación. **La vacunación estimula el sistema inmunológico con un antígeno. El sistema inmunológico produce células B y T de memoria que aceleran y fortalecen la respuesta del cuerpo a la infección repetida.** Este tipo de inmunidad, llamada **inmunidad activa,** se puede desarrollar como resultado de la exposición natural a un antígeno (que combate una infección) o por la exposición deliberada al antígeno (a través de una vacuna).

Inmunidad pasiva Las enfermedades se pueden prevenir de otra manera. **Se pueden usar los anticuerpos producidos por otros individuos o animales contra un patógeno para producir una inmunidad temporal.** Si los anticuerpos producidos externamente se introducen en la sangre de una persona, el resultado es la **inmunidad pasiva.** Ésta dura sólo un corto tiempo porque el sistema inmunológico al final destruye los anticuerpos extraños.

La inmunidad pasiva también puede ocurrir de manera natural o por exposición deliberada. La inmunidad pasiva natural ocurre cuando los anticuerpos son transmitidos de una mujer embarazada al feto (a través de la placenta), o a un infante a través de la leche materna. En algunas enfermedades, los anticuerpos de los humanos o animales se pueden inyectar a un individuo. Por ejemplo, a las personas que han sido mordidas por animales rabiosos se les inyectan anticuerpos del virus de la rabia.

Actividad rápida de laboratorio

INVESTIGACIÓN DIRIGIDA

¿Cómo se propagan las enfermedades?

❶ Tu maestro puso material fluorescente en el salón de clases para simular un virus. Lleva un registro de las personas y objetos que tocas. Luego, usa una lámpara UV para comprobar los "virus" que hay en tus manos, objetos y personas que has tocado desde que entraste al salón. **PRECAUCIÓN:** *No mires directamente la luz UV.*

❷ Intercambia tus resultados con los de tus compañeros para determinar cómo el "virus" se propagó por el salón. Lávate las manos con jabón y agua tibia.

Analizar y concluir

1. **Inferir** ¿Qué puedes inferir sobre la manera en que el "virus" se propagó por el salón?
2. **Aplica los conceptos** ¿Cómo ayuda a prevenir la propagación de las enfermedades el lavarte perfectamente las manos?

Salud pública y medicamentos

¿Cómo combaten a las enfermedades las medidas de salud pública y los medicamentos?

En 1900, más de 30 por ciento de todas las muertes en Estados Unidos eran causadas por enfermedades infecciosas. En 2005, eran menos de 5 por ciento. Dos factores que contribuyeron a este cambio fueron las medidas de salud pública y el desarrollo de medicamentos.

Medidas de salud pública En las grandes concentraciones humanas la conducta, la limpieza de los suministros de agua y alimentos y las condiciones de salubridad influyen en la propagación de las enfermedades. Los servicios de salud pública brindan condiciones saludables. **Las medidas de salud pública ayudan a prevenir las enfermedades al vigilar y regular los suministros de agua y alimentos y promover la vacunación y las conductas que evitan las infecciones.** Promover la vacunación infantil y proporcionar agua potable son actividades importantes de salud pública que reducen la propagación de enfermedades que antes mataban a muchas personas.

Medicamentos No siempre es posible prevenir las enfermedades infecciosas. Los medicamentos, como antibióticos y antivirales, son otras armas contra los patógenos. **Los antibióticos pueden matar bacterias y algunos antivirales pueden desacelerar la actividad viral.**

El término *antibiótico* se refiere a un compuesto que mata las bacterias sin dañar a su huésped. En 1928, Alexander Fleming fue el primer científico en descubrir uno. Notó que un moho, el *Penicillium notatum*, parecía producir algo que inhibía el crecimiento bacteriano. Las investigaciones determinaron que ese "algo" era un compuesto que llamó penicilina. Los investigadores descubrieron cómo producir penicilina en grandes cantidades justo a tiempo para salvar a miles de soldados en la II Guerra Mundial. Desde entonces, docenas de antibióticos han salvado innumerables vidas.

Los antibióticos no causan ningún efecto en los virus. Sin embargo, se han desarrollado medicamentos antivirales para combatir ciertas infecciones virales. Estos medicamentos por lo general inhiben la capacidad de los virus para invadir a las células o para multiplicarse una vez que entran en ellas.

En tu cuaderno *¿Cómo promueve tu escuela la salud pública?*

ILUSTRACIÓN 35–15 Bomba de la calle Broad En 1854, mediante investigaciones que incluían entrevistar a los residentes y trazar mapas, el Dr. John Snow descubrió que la fuente de un brote de cólera en Londres era una bomba de agua igual a esta réplica. Este fue un importante suceso en la historia de la salud pública.

PISTA DEL MISTERIO

Si los pacientes de Steere mejoraron con antibióticos, ¿qué pista obtuvo sobre el patógeno causante de la enfermedad?

ILUSTRACIÓN 35–16 Causas de enfermedades incipientes Animales importados ilegalmente pueden propagar enfermedades incipientes. **A.** En 2003, lirones y otros roedores de África propagaron la viruela de monos a perros de la pradera de EE.UU., que después infectaron a humanos. **B.** El SARS también se propaga con el comercio de animales salvajes.

A. Lirón

B. Estudiantes con máscaras para protegerse contra enfermedades como el SARS

Enfermedades nuevas y que vuelven a surgir

¿Por qué han cambiado los patrones de las enfermedades infecciosas?

En 1980 se pensaba que los medicamentos habían vencido a las enfermedades infecciosas. La vacunación y otras medidas de salud pública habían erradicado la polio de Estados Unidos y eliminaron la viruela de manera global. Las enfermedades exóticas aún existían en los trópicos, pero los investigadores confiaban en que las epidemias pronto terminarían. Por desgracia se equivocaron.

En décadas recientes han aparecido nuevas enfermedades, como el SIDA, el SARS, el hantavirus, la viruela de los monos, el virus del Nilo Occidental, el Ébola y la influenza o "gripe" aviar. Otras enfermedades que se creían controladas resurgen y se propagan a nuevas áreas. ¿Qué ocurre?

Cambios en las interacciones con los animales **Dos de las principales razones del surgimiento de nuevas enfermedades son las continuas fusiones de los hábitats humanos y animales y el aumento en el comercio de animales exóticos.** A medida que las personas despejan nuevas áreas de tierra y los medio ambientes cambian, las personas entran en contacto con diferentes animales y patógenos. El comercio de animales exóticos, como alimento o mascotas, también representa nuevas oportunidades para que los patógenos pasen de los animales a los humanos. Se cree que la viruela de los monos y el SARS aparecieron de esta manera. Los patógenos también evolucionan para infectar a diferentes huéspedes.

Uso incorrecto de los medicamentos **El uso incorrecto de los medicamentos ha provocado el resurgimiento de enfermedades que muchas personas creían controladas.** Por ejemplo, muchas cepas de patógenos causantes de tuberculosis y malaria están desarrollando resistencia ante gran variedad de antibióticos y medicamentos. Enfermedades como el sarampión resurgen porque algunas personas no se vacunan.

35.3 Evaluación

Repaso de conceptos clave

1. **a. Repasar** Explica cómo las vacunas y los anticuerpos producidos externamente ayudan al sistema inmunológico a combatir enfermedades.
   b. Comparar y contrastar Describe las diferencias que existen entre la inmunidad activa y la pasiva.
2. **a. Repasar** ¿Cuáles son las metas de las medidas de salud pública?
   b. Relacionar causa y efecto ¿Por qué es importante distinguir si una enfermedad es causada por una bacteria o por un virus?
3. **a. Repasar** Describe dos factores importantes que contribuyen a la propagación de enfermedades que vuelven a surgir y nuevas.
   b. Inferir ¿Cómo crees que la facilidad de los viajes globales ha afectado la propagación de las enfermedades incipientes? Explica tu respuesta.

Aplica la gran idea

La ciencia como fuente de conocimientos

4. Vacunarse es mucho más seguro que contraer la enfermedad que previene la vacuna. Pero, como cualquier medicamento, pueden producir efectos secundarios. Con toda la clase, organicen un debate que trate tanto los beneficios como los riesgos de las vacunas. Los debatientes deben usar fuentes fidedignas para apoyar sus argumentos.

BIOLOGY.com Search Lesson 35.3  • Self-Test • Lesson Assessment

La biología y LA HISTORIA

Enfermedades incipientes **Debido a factores como las cambiantes interacciones con los animales y el uso incorrecto de los medicamentos, el problema de las enfermedades infecciosas está lejos de resolverse.**

1965 1971 1977 1983 1989 1995 2001 2007

1967
El Director General de Salud Pública, William H. Stewart, anuncia: "Es tiempo de acabar con las enfermedades infecciosas."

1975
La enfermedad de Lyme se documenta por primera vez en EE.UU.

1976
Aparece el primer brote de Ébola en la República Democrática del Congo.

1981
Surgen en Los Ángeles los primeros reportes de una enfermedad posteriormente identificada como SIDA.

1983
El VIH se identifica como la causa del SIDA.

1986
Los investigadores descubren en ganado de Gran Bretaña la encefalopatía espongiforme bovina (EEB), conocida comúnmente como la enfermedad de las vacas locas.

1996
El gobierno británico admite que los seres humanos pueden contraer el EEB al consumir carne infectada.

2002
Primer brote de SARS en la provincia china de Guangdong.

2003
Estados Unidos reporta su primer caso de enfermedad de las vacas locas en el estado de Washington.

El CDC reporta casos de viruela de los monos en personas que tuvieron contacto con perros de la pradera infectados.

La cepa H5N1 de influenza aviar se propaga en aves de corral de Asia.

2005
El CDC reporta que 7.8 por ciento de los casos de tuberculosis en EE.UU. son resistentes al medicamento de primera línea usado para tratarla.

2007
Catorce países reportan un total de 351 casos humanos confirmados de influenza aviar (H5N1) y 219 muertes.

ESCRITURA **En un ensayo corto, analiza por qué el Director General de Salud Pública Stewart confiaba en su anuncio de 1967. Luego analiza dos factores que hayan contribuido al regreso de las enfermedades infecciosas.**

35.4 Trastornos del sistema inmunológico

Preguntas clave

¿Qué problemas pueden causar las respuestas inmunológicas equivocadas?

¿Qué causa el SIDA y cómo se propaga?

Vocabulario

alergia
asma

Tomar notas

Esquema Antes de leer, haz un esquema de los títulos principales de la lección. A medida que leas, escribe las ideas principales y los detalles de apoyo de cada título.

ILUSTRACIÓN 35–17
Alérgenos La caspa de las mascotas, es decir, la piel muerta que los perros y gatos mudan, es un alérgeno común. (sem 40×).

PIÉNSALO Un sistema inmunológico saludable distingue con precisión lo "propio" y lo "extraño" y responde adecuadamente a los invasores del cuerpo. Pero a veces el armamento del sistema inmunológico se equivoca y ataca a sus propias células. Otras veces, queda deshabilitado por alguna enfermedad. ¿Qué ocurre en estos casos?

Cuando el sistema inmunológico reacciona en forma exagerada

¿Qué problemas pueden causar las respuestas inmunológicas equivocadas?

El sistema inmunológico de algunas personas reacciona en forma exagerada ante antígenos inocuos, como polen, partículas de polvo, mohos, caspa de mascotas y sus propias células. **Una fuerte respuesta inmunológica a los antígenos inocuos puede producir alergias, asma y enfermedades autoinmunes.**

Alergias Los antígenos que producen las reacciones alérgicas se llaman alérgenos. Cuando éstos entran al cuerpo de personas afectadas por **alergias,** desencadenan una respuesta inflamatoria que hace que las células cebadas liberen histaminas. Si esta respuesta ocurre en el sistema respiratorio, aumenta la producción de mucosidad y produce estornudos, ojos llorosos, goteo de la nariz y otras irritaciones. Los antihistamínicos ayudan a aliviar los síntomas al contrarrestar los efectos de las histaminas.

Asma Las reacciones alérgicas del sistema respiratorio pueden generar asma. El **asma** es una enfermedad crónica en la que los conductos respiratorios se estrechan, produciendo ruidos al respirar, tos y dificultando la respiración. Los ataques de asma pueden desencadenarse por infecciones respiratorias, ejercicio, estrés, ciertos medicamentos, aire frío o seco, polen, polvo, humo, contaminación, mohos o caspa de mascotas.

El asma puede ser mortal. Si el tratamiento no comienza pronto o si no se toman adecuadamente los medicamentos, puede provocar daños permanentes o destrucción del tejido pulmonar. No existe cura, pero se puede controlar. Si los ataques son causados por un alérgeno, las pruebas pueden identificar cuál está causando el problema. Los medicamentos inhalados relajan los músculos lisos que están alrededor de las vías respiratorias y alivian los síntomas.

En tu cuaderno *A veces las alergias se describen como "reacciones exageradas del sistema inmunológico". Explica qué significa esta frase.*

Alergias a alimentos

Aproximadamente cuatro por ciento de los estadounidenses padecen alergias a ciertos alimentos. Ocho alimentos constituyen el 90 por ciento de todas esas alergias: la leche, los huevos, los maníes, las nueces, el trigo, la soya, el pescado y los mariscos. A las alergias a los alimentos se les pueden atribuir aproximadamente 30,000 visitas a las salas de emergencia y entre 150 y 200 muertes al año. Casi todas las muertes se deben a alergias a los maníes. La gráfica muestra el porcentaje de niños que padecieron alergias de 1998 a 2006.

1. Analizar datos Analiza la tendencia general de las alergias por alimentos de ambos grupos de edad.

Alergias a alimentos en niños en Estados Unidos

Edad	1998–2000	2001–2003	2004–2006
0–4	3.8%	4.2%	4.6%
5–17	3.3%	3.4%	3.9%

2. Calcular ¿Qué grupo de edad muestra el mayor cambio de 1998 a 2006? ¿Cuál es el porcentaje de cambio en ambos grupos de edad? MATEMÁTICAS

3. Inferir Propón una razón por la que los niños de 4 años o menos tienen más alergias que los niños de entre 5 y 17 años.

Enfermedades autoinmunes A veces una enfermedad no reconoce lo "propio" y ataca a sus células o compuestos corporales como si fueran patógenos. **Cuando el sistema inmunológico ataca a sus propias células corporales, produce una enfermedad autoinmune.** Algunos ejemplos son la diabetes Tipo I, la artritis reumatoide y el lupus.

En la diabetes Tipo I, los anticuerpos atacan a las células productoras de insulina del páncreas. En la artritis reumatoide, atacan a los tejidos que rodean las articulaciones. En el lupus, los anticuerpos atacan a los órganos y tejidos produciendo áreas de inflamación crónica por todo el cuerpo.

Algunas enfermedades autoinmunes se pueden tratar con medicamentos que **alivian** síntomas específicos. Por ejemplo, las personas con diabetes Tipo I pueden tomar insulina. Otras enfermedades autoinmunes son tratadas con medicamentos que inhiben la respuesta inmunológica. Sin embargo, éstos también disminuyen la respuesta inmunológica normal y deben vigilarse.

DESARROLLAR el vocabulario

VOCABULARIO ACADÉMICO Aliviar es un verbo que significa "atenuar" o "mitigar". Proviene de la palabra en latín *ad* (para) y *levis* (liviano en peso).

VIH y SIDA

¿Qué causa el SIDA y cómo se propaga?

A finales de la década de 1970, los médicos comenzaron a reportar graves infecciones producidas por microorganismos que normalmente no causaban enfermedades. Personas antes saludables comenzaron a sufrir neumonía *Pneumocystis carinii*, sarcoma de Kaposi (una rara forma de cáncer de piel) e infecciones micóticas en la boca y la garganta. Debido a que estas enfermedades normalmente se prevenían con una respuesta inmunológica saludable, los médicos concluyeron que estos pacientes debían tener sistemas inmunológicos debilitados. Las enfermedades que atacan a una persona con un sistema inmunológico débil se llaman enfermedades oportunistas. Los investigadores concluyeron que estas enfermedades eran síntomas de un nuevo trastorno que llamaron síndrome de inmunodeficiencia adquirida (SIDA). Las investigaciones al final revelaron que este "síndrome" era una enfermedad infecciosa causada por un patógeno desconocido para la ciencia.

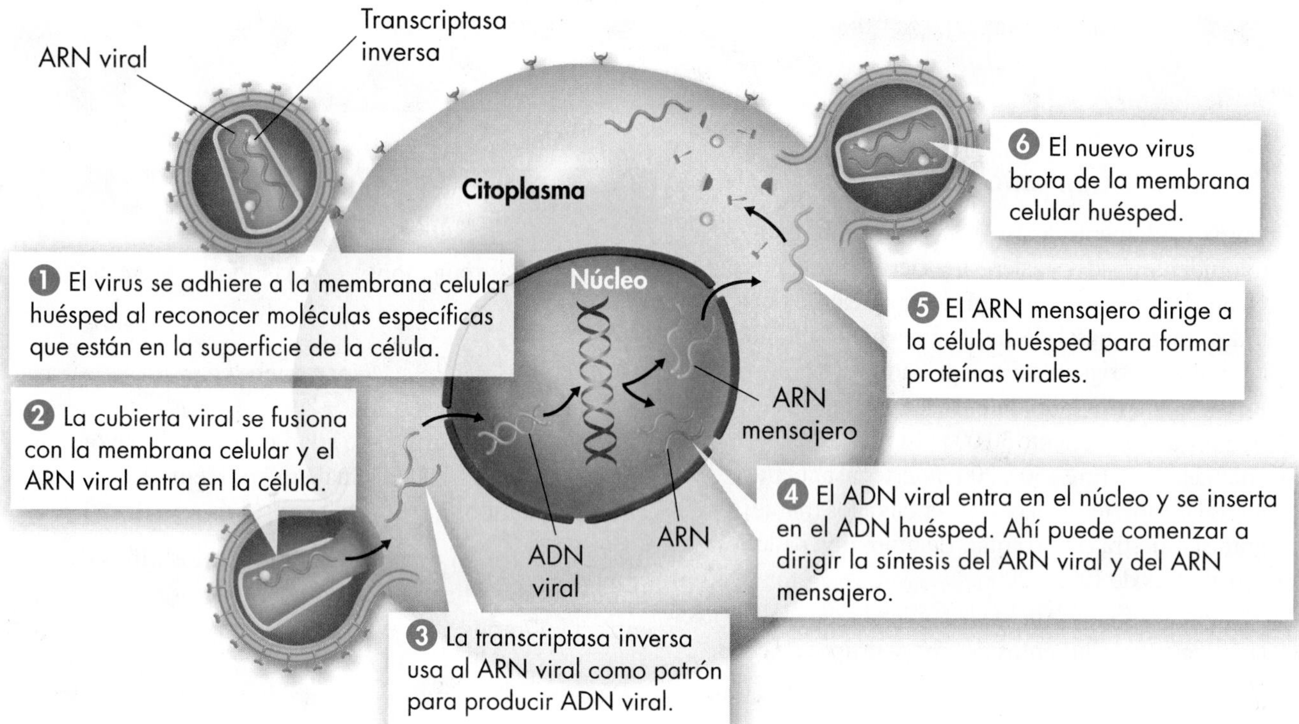

ARN viral
Transcriptasa inversa
Citoplasma
Núcleo
ARN mensajero
ADN viral
ARN
1 El virus se adhiere a la membrana celular huésped al reconocer moléculas específicas que están en la superficie de la célula.
2 La cubierta viral se fusiona con la membrana celular y el ARN viral entra en la célula.
3 La transcriptasa inversa usa al ARN viral como patrón para producir ADN viral.
4 El ADN viral entra en el núcleo y se inserta en el ADN huésped. Ahí puede comenzar a dirigir la síntesis del ARN viral y del ARN mensajero.
5 El ARN mensajero dirige a la célula huésped para formar proteínas virales.
6 El nuevo virus brota de la membrana celular huésped.

ILUSTRACIÓN 35–18 Contagio del VIH El VIH viaja por la sangre, y se une a los receptores de las células T ayudantes. Dentro de la célula, el ADN viral hace que la célula produzca muchos virus nuevos, que se liberan rápidamente en la sangre, donde infectan a más células. **Aplica los conceptos** ***¿En qué pasos son más probables los cambios en la información genética del VIH?***

VIH

En 1983, los investigadores identificaron la causa del SIDA: un virus que llamaron virus de inmunodeficiencia adquirida humana (VIH). El VIH es mortal por dos razones. Primera, puede esconderse de las defensas del sistema inmunológico. Segunda, ataca a las células clave del sistema inmunológico, dejando al cuerpo con una protección inadecuada contra otros patógenos.

El VIH es un retrovirus que porta su información genética en el ARN, no en el ADN. Cuando ataca a una célula, se une a moléculas receptoras de la membrana celular e inserta su contenido en la célula. La **ilustración 35–18** explica cómo se replica el VIH dentro de una célula huésped.

Objetivo: células T Entre los objetivos principales del VIH están las células T ayudantes: los puestos de control de la respuesta inmunológica específica. Con el tiempo, el VIH destruye cada vez más células T, incapacitando al sistema inmunológico para combatir al VIH y otros patógenos. El progreso de la infección de VIH se puede vigilar al contar las células T ayudantes. Cuantas menos haya, más avanzada está la enfermedad y más susceptible se hace el cuerpo a otras enfermedades. Cuando el conteo de células T de una persona infectada con VIH llega a aproximadamente un sexto del nivel normal, esa persona es diagnosticada con SIDA.

Transmisión del VIH El VIH es mortal, pero no se transmite con facilidad. No se transmite por la tos, el estornudo, ni por compartir ropas u otras formas de contacto casual. El VIH sólo se puede transmitir por contacto con sangre, semen, secreciones vaginales o leche materna infectados. Las cuatro principales maneras en que el VIH se transmite es por tener contacto sexual o compartir agujas con una persona infectada; entrar en contacto con sangre o productos sanguíneos infectados; o de una madre infectada a su hijo durante el embarazo, el nacimiento o la lactancia.

PISTA DEL MISTERIO

Igual que en el VIH, los análisis de sangre de los pacientes con la enfermedad misteriosa revelaron anticuerpos para la enfermedad. ¿Cuál podría ser una de las razones por las que el sistema inmunológico no puede vencer esa enfermedad?

En tu cuaderno *Haz un diagrama de flujo que muestre los pasos del contagio del VIH y el desarrollo del SIDA.*

Prevenir el contagio de VIH Tú puedes elegir conductas que reducen el riesgo de contagiarte de VIH. **La única conducta que no presenta ningún riesgo de contagio de VIH es abstenerse de realizar actividades sexuales y consumir drogas intravenosas.** En una relación monógama, como el matrimonio, la fidelidad sexual entre dos personas no infectadas presenta el menor riesgo de contagiarse de VIH. Las personas que comparten agujas para inyectarse drogas tienen un alto riesgo de contraer el VIH. Por eso, las personas que tienen sexo con drogadictos también corren mucho riesgo. Antes de 1985, el VIH se transmitió a algunas personas a través de transfusiones de sangre o productos sanguíneos infectados. Pero esos casos prácticamente han sido eliminados al analizar los suministros de sangre para detectar anticuerpos del VIH y convencer a las personas potencialmente infectadas de que no donen sangre.

ILUSTRACIÓN 35–19 Adolescentes y adultos jóvenes que viven con SIDA en Estados Unidos

¿Se puede curar el SIDA? Actualmente no existe cura para el SIDA. Un flujo constante de nuevos medicamentos hace posible la supervivencia a la infección del VIH durante años. Desafortunadamente, el VIH muta y evoluciona rápidamente. Por eso, el virus ha evolucionado en muchas cepas que son resistentes a casi todos los medicamentos usados contra ellas. Nadie ha desarrollado una vacuna que ofrezca protección.

En la actualidad, la única manera de controlar el virus es usando una combinación de costosos medicamentos que lo combaten de varias maneras. Los existentes interfieren con las enzimas que el VIH usa para insertar su ARN en las células huésped, convertirlo en ADN y luego integrar su ADN en el ADN huésped. Gracias a estos medicamentos, cada vez más personas infectadas con VIH en Estados Unidos viven con él, en vez de morir por él. Sin embargo, en muchas partes de África y Asia, estos costosos medicamentos no están disponibles.

Por desgracia, al saber que el VIH se puede tratar (aunque no curar), algunas personas tienen la falsa idea de que la infección de VIH no es grave. Esa idea es completamente equivocada.

35.4 Evaluación

Repaso de conceptos clave

1. a. **Repasar** ¿Qué ocurre durante un ataque de alergia? ¿Y en una enfermedad autoinmune?
   b. **Aplica los conceptos** Para tratar el asma, lo primero que muchos médicos hacen es pedir a los pacientes que hagan una lista de horarios y lugares en los que han experimentado ataques. ¿Por qué crees que la piden?
2. a. **Repasar** ¿Cuál es el virus que causa el SIDA? Describe cómo se propaga.
   b. **Inferir** ¿Por qué es difícil que una persona con VIH combata otras enfermedades?

ANALIZAR DATOS

Revisa la **ilustración 35–19** y responde las siguientes preguntas:

3. a. **Interpretar datos** ¿En qué porcentaje aumentaron los casos de SIDA entre las personas de 13 a 24 años de 2002 a 2006? MATEMÁTICAS
   b. **Sacar conclusiones** ¿Qué par de conclusiones podrías sacar sobre el creciente número de adolescentes y adultos jóvenes que viven con SIDA?

BIOLOGY.com Search Lesson 35.4  • Self-Test • Lesson Assessment

Laboratorio forense

INVESTIGACIÓN DIRIGIDA

Preparación para el laboratorio: Detectar la enfermedad de Lyme

Problema ¿Cómo se puede usar un análisis de sangre para detectar la enfermedad de Lyme?

Materiales pocillo, marcador permanente, papel blanco, vaso de precipitados de 400 mL, agua destilada, micropipetas, soluciones de ensayo

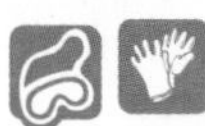

Manual de laboratorio Laboratorio del Capítulo 35

Enfoque en las destrezas Controlar variables, interpretar datos, sacar conclusiones

Conectar con la gran idea Para mantener la homeostasis, el sistema inmunológico debe defenderse contra las invasiones de los patógenos dañinos. Algunos invasores entran al cuerpo a través de las picaduras de los insectos. Por ejemplo, las diminutas garrapatas del ciervo te pueden infectar con la bacteria que causa la enfermedad de Lyme. Como precaución, debes evitar las áreas en las que las garrapatas del ciervo estén activas. Si visitas un lugar donde lo estén, usa ropa que cubra tu piel y revisa que no tengas garrapatas.

Los síntomas de la enfermedad de Lyme pueden ser muy variados, pero muchas personas desarrollan un salpullido en forma de diana alrededor de la picadura. Quienes sospechen que han sido expuestos a las bacterias que causan la enfermedad de Lyme deben consultar a un médico. Por lo regular se usan análisis de sangre para diagnosticarla. En este laboratorio, representarás una de estas pruebas.

Preguntas preliminares

a. **Repasar** ¿Qué es un antígeno?

b. **Repasar** ¿Cómo responde el sistema inmunológico a los antígenos?

c. **Explicar** ¿Por qué la presencia de anticuerpos en la sangre sugiere que una persona ha estado expuesta a un antígeno?

Preguntas previas al laboratorio

Examina el procedimiento en el manual de laboratorio.

1. **Establecer una secuencia** Usa un diagrama de flujo para mostrar el orden en el que las soluciones se agregarán al pocillo.
2. **Inferir** ¿Cuál es la ventaja de tener un control para una prueba positiva y otro para una negativa?
3. **Controlar variables** ¿Por qué debes enjuagar la micropipeta con agua destilada antes de agregar una solución diferente al pocillo?

BIOLOGY.com Search Chapter 35 GO

Visita el Capítulo 35 en línea para hacer una autoevaluación del capítulo y para buscar actividades que apoyan tu aprendizaje.

Untamed Science Video Ten cuidado con lo que tocas mientras sigues al equipo de *Untamed Science* por un viaje a través de las alergias humanas.

Data Analysis Analiza las ventajas y desventajas de un estilo de vida limpio y libre de gérmenes.

Art Review Repasa características y ejemplos de los diferentes tipos de patógenos y parásitos con esta actividad de arrastrar y colocar.

Art in Motion Observa una animación del VIH infectando a una célula.

35 Guía de estudio

La gran idea Homeostasis

El sistema inmunológico consiste en células que pueden distinguir entre las células y las proteínas que pertenecen al cuerpo y las que no. Las células inmunológicas y las sustancias químicas que las acompañan buscan y destruyen a los antígenos y patógenos que pueden causar enfermedades. Las innovaciones humanas, como las vacunas y los medicamentos, ayudan a nuestro sistema inmunológico a combatir las enfermedades.

35.1 Enfermedades infecciosas

Las enfermedades infecciosas pueden ser causadas por virus, bacterias, hongos, "protistas" y parásitos.

Algunas enfermedades se propagan por la tos, los estornudos, el contacto físico o el intercambio de fluidos corporales. Otras, mediante agua o alimentos contaminados. Sin embargo, algunas se propagan a los seres humanos por medio de animales infectados.

enfermedad infecciosa (1010)
teoría microbiana de la enfermedad (1010)
postulados de Koch (1011)
zoonosis (1013)
vector (1013)

35.2 Defensas contra las infecciones

Las defensas no específicas incluyen la piel, las lágrimas y otras secreciones, la respuesta inflamatoria, los interferones y la fiebre.

Las defensas específicas del sistema inmunológico distinguen lo que es "propio" y lo que es "extraño" y desactivan o matan cualquier sustancia o célula extraña que entra en el cuerpo.

La respuesta inmunológica específica tiene dos estilos de acción principales: la inmunidad humoral y la inmunidad mediada por células.

respuesta inflamatoria (1014)
histamina (1014)
interferón (1015)
fiebre (1015)
respuesta inmunológica (1016)
antígeno (1016)
anticuerpo (1016)
inmunidad humoral (1016)
inmunidad mediada por células (1019)

35.3 Combatir enfermedades infecciosas

La vacunación estimula al sistema inmunológico con un antígeno. Este sistema produce células B y T de memoria que aceleran y fortalecen la respuesta del cuerpo a la siguiente infección.

Los anticuerpos contra un patógeno producidos por otros individuos o animales se pueden usar para producir una inmunidad temporal.

Las medidas de salud pública ayudan a prevenir las enfermedades al vigilar y regular los suministros de agua y alimentos, y promover la vacunación y las conductas que evitan las infecciones.

Los antibióticos pueden matar las bacterias y algunos medicamentos antivirales pueden desacelerar la actividad viral.

Dos de las principales razones del surgimiento de nuevas enfermedades son las continuas fusiones de los hábitats humanos y animales y el aumento en el comercio de animales exóticos.

El uso incorrecto de los medicamentos ha provocado el resurgimiento de enfermedades que muchas personas creían controladas.

vacunación (1020)
inmunidad activa (1020)
inmunidad pasiva (1020)

35.4 Trastornos del sistema inmunológico

Una fuerte respuesta inmunológica hacia los antígenos inocuos puede producir alergias, asma y enfermedades autoinmunes.

Cuando el sistema inmunológico ataca a sus propias células, produce una enfermedad autoinmune.

En 1983, los investigadores identificaron la causa del SIDA: un virus que llamaron virus de inmunodeficiencia adquirida humana (VIH).

La única conducta que no presenta ningún riesgo de contagio de VIH es no tener actividad sexual ni consumir drogas intravenosas.

alergia (1024)
asma (1024)

Razonamiento visual

Elabora un diagrama de flujo que muestre lo que ocurre durante la respuesta inmunológica específica. (*Pista:* Consulta la **ilustración 35–11.**)

35 Evaluación

35.1 Enfermedades infecciosas

Comprender conceptos clave

1. Cualquier cambio, que no sea una lesión, que perturbe las funciones normales de los sistemas corporales de una persona es

a. una enfermedad. **c.** una toxina.
b. un patógeno. **d.** un vector.

2. Los agentes etiológicos, como los virus, bacterias y hongos, se conocen como

a. anticuerpos. **c.** patógenos.
b. antígenos. **d.** toxinas.

3. ¿Cuál es la teoría microbiana de la enfermedad?

4. ¿Qué determinan los investigadores usando los postulados de Koch?

5. Menciona cinco tipos de agentes que pueden producir enfermedades infecciosas. Da un ejemplo de una enfermedad que puede causar cada patógeno específico.

6. ¿Qué es una zoonosis?

7. ¿Cuáles son algunas de las maneras en que se puede prevenir la propagación de las enfermedades?

Razonamiento crítico

8. **Inferir** ¿Por qué es necesario el cuarto paso de los postulados de Koch para probar que una enfermedad es causada por un patógeno específico?

9. **Comparar y contrastar** ¿En qué se parecen los organismos simbióticos que viven sobre o en el cuerpo humano a los patógenos que pueden invadirlo? ¿En qué se diferencian?

35.2 Defensas contra las infecciones

Comprender conceptos clave

10. La defensa no específica más generalizada del cuerpo contra los patógenos es (son)

a. las lágrimas.
b. la mucosidad.
c. la saliva.
d. la piel.

11. La reacción de la defensa no específica al daño en el tejido causado por una lesión o infección se conoce como

a. respuesta inflamatoria.
b. inmunidad activa.
c. inmunidad mediada por células.
d. inmunidad pasiva.

12. ¿Qué son los anticuerpos? Describe su forma y función.

13. Describe las funciones de las células T ayudantes y las células T citotóxicas.

14. Distingue entre inmunidad humoral e inmunidad mediada por células.

Razonamiento crítico

15. **Inferir** Muchas personas se inquietan si tienen algo de fiebre. ¿Por qué una fiebre ligera que no dura más de unos días puede ser beneficiosa?

16. **Comparar y contrastar** ¿En qué se diferencia la respuesta secundaria a un antígeno de la primaria?

35.3 Combatir enfermedades infecciosas

Comprender conceptos clave

17. Inyectar los anticuerpos de un animal para evitar que una enfermedad ocurra en los seres humanos se llama

a. inmunidad activa.
b. inmunidad pasiva.
c. terapia antibiótica.
d. vacunación.

18. ¿Cuál es una de las metas principales de los investigadores que desarrollan antibióticos y medicamentos antivirales?

a. matar las bacterias
b. prevenir las infecciones
c. detener a los patógenos sin dañar a las células huésped
d. matar los virus

19. ¿Quién descubrió el primer antibiótico y cómo lo hizo?

20. Explica dos maneras en que la salud pública ha influido en la prevención de las enfermedades infecciosas.

21. Describe cómo se obtiene la inmunidad pasiva a una enfermedad y por qué dura sólo poco tiempo.

22. ¿Cuáles son los dos factores principales que contribuyen a las enfermedades emergentes?

Razonamiento crítico

23. **Formar una opinión** Edward Jenner desarrolló su vacuna contra la viruela en 1796. Jenner probó su teoría de que la infección con la viruela de vaca podía prevenir la viruela en un niño pequeño. ¿Crees que Jenner tenía una justificación para usar al niño como un sujeto de prueba? ¿En la actualidad se podría realizar su experimento? Apoya tu respuesta.

24. **Inferir** No siempre es fácil determinar si un paciente padece una infección bacteriana o una viral. ¿Cómo podría esto contribuir al uso incorrecto de los medicamentos?

35.4 Trastornos del sistema inmunológico

Comprender conceptos clave

25. Una fuerte respuesta del sistema inmunológico de una persona a un antígeno inocuo del medio ambiente se llama
    a. inmunidad mediada por células.
    b. alergia.
    c. respuesta inflamatoria.
    d. enfermedad autoinmune.

26. Las principales células blanco del VIH son
    a. las células productoras de insulina del páncreas.
    b. los linfocitos T.
    c. los linfocitos B.
    d. las células hepáticas.

27. Explica por qué las alergias no se clasifican como enfermedades autoinmunes.

28. Describe la acción específica del VIH que hace que una persona infectada no pueda combatir otras infecciones.

Razonamiento crítico

29. **Predecir** ¿Por qué la segunda picadura de una abeja es más peligrosa que la primera para una persona que sea alérgica a esas picaduras?

30. **Inferir** La transcriptasa inversa no es una enzima muy precisa. ¿Cómo podría esto contribuir a la rápida evolución de la resistencia a los medicamentos del VIH?

resuelve el MISTERIO del CAPÍTULO

EN BUSCA DE LA CAUSA

La enfermedad de causa desconocida fue llamada enfermedad de Lyme, por el pueblo de Lyme, Connecticut, en el que vivían muchos de los pacientes. La investigación de Steere recibió la ayuda de un investigador que aisló a una bacteria llamada *Borrelia burgdorferi* de las garrapatas del ciervo. Las garrapatas habían sido capturadas en el área en la que vivían los pacientes. Steere halló la misma bacteria en ellos. ¿Podría ésta ser la causante de la enfermedad de Lyme?

Por razones éticas, Steere no podía infectar a personas saludables con la bacteria, pero sí infectó ratones de laboratorio sanos. Ellos desarrollaron artritis y otros síntomas semejantes a los que presentaban los pacientes con la enfermedad de Lyme. Steere recuperó bacterias de los ratones enfermos y las inyectó en ratones sanos, que también desarrollaron la enfermedad.

Los investigadores ahora saben que la picadura de una garrapata de un ciervo que porta *B. burgdorferi* puede transmitir la bacteria. La *B. burgdorferi* puede "nadar" a través de los tejidos que rodean las picaduras de las garrapatas y provocar el salpullido que algunos pacientes reportaron. La bacteria después parece infectar a muchos tipos de células, incluyendo macrófagos, células nerviosas y células musculares. Algunas proteínas de la *B. burgdorferi* se parecen a las proteínas de las vainas de mielina que rodean a algunas células nerviosas. Esto puede provocar la respuesta autoinmune que causa la artritis y otros problemas que persisten después de que desaparece la infección.

1. **Explicar** ¿Qué conjunto de reglas usó Steere para determinar si la *B. burgdorferi* era el patógeno responsable de la enfermedad de Lyme?

2. **Inferir** Los pacientes con enfermedad de Lyme que se tratan rápidamente con antibióticos por lo general mejoran mucho más que los que son tratados más tarde. ¿Por qué crees que ocurre esto?

3. **Conectar con la gran idea** Los ciervos y sus garrapatas se desarrollan en áreas boscosas que vuelven a crecer después de ser despejadas y en los bordes de los bosques. ¿Cómo podría contribuir el desarrollo suburbano al aumento de la enfermedad de Lyme?

Relacionar conceptos

Usar gráficas científicas

John Snow trazó un mapa similar al siguiente para determinar la fuente del brote de cólera de Londres. Los puntos representan los lugares en que las personas murieron de cólera. Las X representan las bombas. Usa el mapa para responder las preguntas 31 y 32.

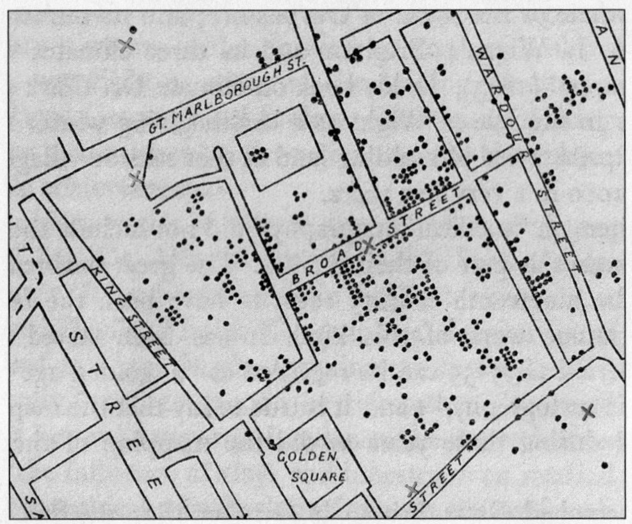

31. Inferir ¿Qué bomba crees que determinó Snow que era la fuente más probable del brote de cólera? Explica tu respuesta.

32. Aplica los conceptos ¿Crees que un mapa como éste se pueda usar para descubrir la fuente de un brote de intoxicación alimenticia? Explica tu respuesta.

Escribir sobre las ciencias

33. Explicación La capacidad de las bacterias para resistir a los antibióticos se ha convertido en un creciente problema de salud pública. Esto es debido al uso excesivo e incorrecto de los antibióticos. Supón que uno de tus amigos siempre toma antibióticos cuando está enfermo. Escríbele una carta que explique el problema de la resistencia a los antibióticos.

34. Evalúa la gran idea Explica cómo ayudó la teoría microbiana de la enfermedad a desarrollar métodos muy simples que pueden prevenir la transmisión de muchas enfermedades.

La gráfica muestra el número de casos de la polio, una enfermedad viral, en el mundo de 1980 a 2004. También muestra el porcentaje de la población mundial que fue vacunada contra ella.

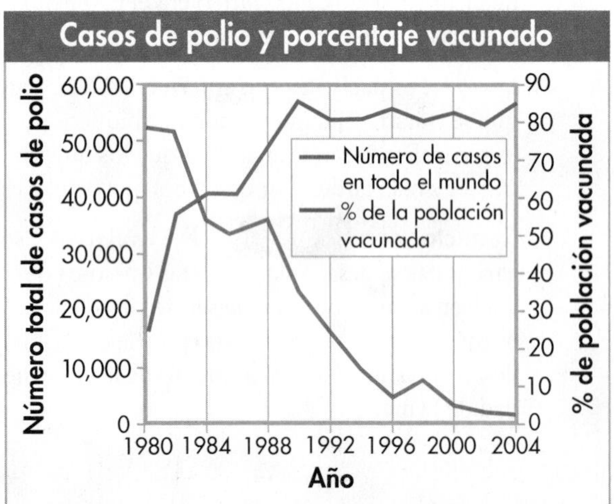

35. Interpretar gráficas ¿Durante cuál de los siguientes períodos fue mayor la disminución en el número de casos de polio en todo el mundo?

a. entre 1980 y 1982
b. entre 1984 y 1988
c. entre 1988 y 1996
d. entre 1996 y 2004

35. Sacar conclusiones ¿Cuál de las siguientes es la conclusión más razonable que se puede sacar de los datos mostrados en la gráfica?

a. A medida que el número de personas vacunadas aumenta, el número de casos de polio permanece constante.
b. A medida que el número de personas vacunadas aumenta, el número de casos de polio aumenta.
c. A medida que el número de personas vacunadas aumenta, el número de casos de polio disminuye.
d. La polio ha sido eliminada y la vacunación ya no es necesaria.

Preparación para exámenes estandarizados

Selección múltiple

1. Los siguientes evitan que los patógenos entren al cuerpo humano EXCEPTO

A los glóbulos rojos.
C la mucosidad.
B las lágrimas.
D la piel.

2. ¿Cuál de los siguientes NO es parte de la respuesta inflamatoria?

A Los glóbulos blancos llegan rápidamente a los tejidos infectados.
B Los vasos sanguíneos cercanos a la herida se contraen.
C Los fagocitos envuelven y destruyen a los patógenos.
D La herida se enrojece.

3. ¿Cuál es el papel de un vector en la propagación de una enfermedad?

A Un vector es un objeto inanimado, como la perilla de una puerta, donde se pueden acumular los patógenos.
B Un vector debe infectar a un huésped para que su ciclo de vida continúe.
C Los vectores por lo general no sufren la infección, sólo la propagan entre los huéspedes.
D Un vector es un patógeno.

4. ¿Qué tipo de linfocito produce anticuerpos que se liberan en el torrente sanguíneo?

A las células T citotóxicas
B las células T ayudantes
C los fagocitos
D las células plasmáticas

5. ¿Cuál de los siguientes NO es un glóbulo blanco?

A interferón
C célula T citotóxica
B macrófago
D linfocito

6. ¿Cuál es un ejemplo de la inmunidad pasiva que ocurre de manera natural?

A la vacunación
B la exposición a una enfermedad
C un infante que consume anticuerpos en la leche materna
D se inyectan anticuerpos de otra persona

7. ¿Cómo ayudan los medicamentos al asma?

A Los antihistamínicos contrarrestan los efectos de las histaminas.
B Inhiben el sistema inmunológico.
C Aumentan la producción de mucosidad en los pulmones.
D Relajan los músculos lisos que rodean las vías respiratorias.

Preguntas 8 y 9

Un investigador midió las concentraciones de VIH y de células T de 120 pacientes infectados con VIH durante un período de 10 años. Sus datos se resumen en la gráfica.

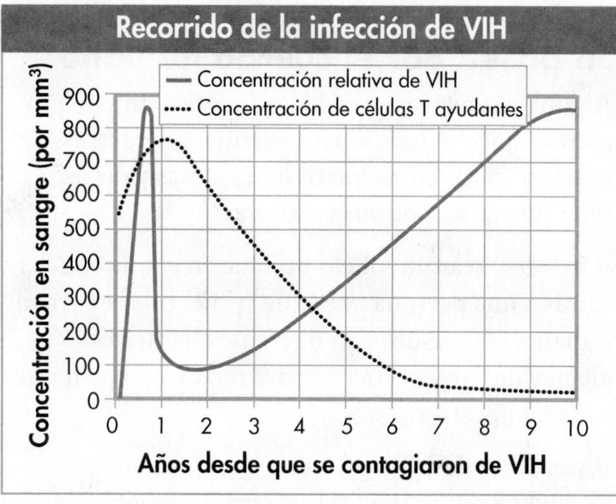

8. ¿Qué ocurrió con la concentración de VIH durante los años 2 a 9?

A Permaneció prácticamente igual y de repente aumentó.
B Permaneció prácticamente igual y de repente disminuyó.
C Aumentó de manera constante.
D Disminuyó de manera constante.

9. ¿Cuál es probablemente el responsable del cambio en la concentración de VIH durante el primer año?

A la respuesta inmunológica
B la respuesta inflamatoria
C la inmunidad pasiva
D el VIH dejó de replicarse

Respuesta de desarrollo

10. Explica por qué algunos síntomas, como toser o estornudar, son beneficiosos para el patógeno que causa la enfermedad.

Si tienes dificultades con...											
la pregunta	1	2	3	4	5	6	7	8	9	10	11
Ver la lección	33.1	33.3	33.1	33.2	33.3	33.2	33.3	33.3	33.3	33.3	33.2

Proyecto de la unidad

Un paseo por el cuerpo humano

¿Alguna vez has imaginado encogerte a un tamaño microscópico y dar un paseo dentro del cuerpo humano? ¿Qué cosas interesantes verías y oirías? ¿Qué "peligros" podrías encontrar?

Tu tarea Crear un folleto de viaje en el que convenzas a una persona para que "viaje" por el cuerpo humano. Habla sobre las diferentes "atracciones" que hay dentro del cuerpo para mostrar lo bien que comprendes sus sistemas.

Asegúrate de
- incluir por lo menos una atracción por cada sistema de órganos que estudiaste en esta unidad.
- diseñar el folleto de manera que sea claro y fácil de leer.
- ¡ser creativo!

Preguntas de reflexión

1. **Califica tu folleto usando la escala siguiente. ¿Qué puntuación obtuviste?**
2. **¿Qué hiciste bien en este proyecto?**
3. **¿Qué debes mejorar?**
4. **¿Qué "atracciones" te gustaría visitar? ¿Por qué?**
5. **Intercambia tu folleto de viaje con el de un compañero. ¿Qué atracciones incluyó?**

Escala de evaluación

Puntuación	Contenido científico	Calidad del folleto
4	El folleto revela comprensión minuciosa y excepcional de los sistemas de órganos humanos.	El folleto es claro, informativo y creativo.
3	El folleto revela comprensión sólida de los sistemas de órganos humanos.	El folleto transmite eficazmente la información sobre varias atracciones.
2	El folleto revela comprensión limitada de los sistemas de órganos humanos.	El folleto podría ser más claro y creativo. Requiere edición.
1	El folleto revela muy poca comprensión de los sistemas de órganos humanos.	El folleto no es claro y requiere bastante edición.

Guía visual:
Diversidad de los seres vivos

▲ *El Nautilus, que se encuentra en la actualidad en el océano Pacífico, es uno de los pocos representantes vivos de un grupo que alguna vez floreció en los mares antiguos 265 millones de años antes que evolucionaran los dinosaurios. Esta Guía visual te dará un vistazo de la gran variedad e historia evolutiva de la vida.*

Guía visual:
Diversidad de los seres vivos

CONTENIDO

CÓMO USAR ESTA GUÍA

Usa esta herramienta de referencia visual para explorar la clasificación y características de los organismos, sus hábitats, ecología, comportamiento y otros datos importantes. Esta guía refleja los conocimientos más recientes sobre las relaciones filogenéticas dentro de los tres dominios de la vida. La guía visual, que está dividida en seis secciones codificadas por color, comienza con un vistazo breve a los dominios Bacterias y Arqueas. Continúa con una exposición de los grupos principales de protistas, hongos y plantas. La sección final ofrece información sobre nueve filos de animales.

❶ Mira cómo se relaciona el grupo de organismos con otros en el árbol de la vida.

❷ Aprende sobre las características generales que comparten todos los miembros del grupo.

❸ Descubre a los miembros del grupo y estudia sus rasgos.

Animales

Cnidarios

CARACTERÍSTICAS CLAVE

Los cnidarios son animales acuáticos, principalmente carnívoros y los más simples que tienen tejidos especializados (piel externa y recubrimiento de la cavidad gastrovascular) y simetría corporal (radial). Sus tentáculos tienen células punzantes llamadas nematocistos que se usan en la alimentación.

Alimentación y digestión Depredadores, pican a la presa con los nematocistos. La digestión comienza en forma extracelular en la cavidad gastrovascular y es completada de manera intracelular; los materiales indigeribles dejan el cuerpo a través de una abertura única; muchos, en especial los corales constructores de arrecifes, también dependen de algas simbióticas, o zooxantelas.

Circulación No tienen sistema de transporte interno; los nutrientes por lo común se difunden a través del cuerpo.

Medusa de compases

Respiración Difusión a través de las paredes del cuerpo.

Excreción Los desechos celulares se difunden a través de las paredes del cuerpo.

Respuesta Algunas células sensoriales especializadas: células nerviosas en red nerviosa, estatocistos que ayudan a determinar arriba y abajo, manchas oculares (ocelos) hechos de células que detectan la luz.

Movimiento Pólipos estacionarios, medusas que nadan libremente; algunos, como las anémonas de mar, pueden cavar y arrastrarse muy despacio; otros se mueven usando músculos que funcionan con un esqueleto hidrostático y agua en la cavidad gastrovascular; las medusas se mueven por propulsión a chorro generada por contracciones musculares.

Reproducción La mayoría alterna entre sexual (la mayoría de las especies por fecundación externa) y asexual (los pólipos producen pólipos o medusas nuevos por gemación)

Alerta • ecológica

Simbiontes de coral

Los animales de coral que forman arrecifes dependen de algas simbióticas llamadas zooxantelas para ciertas necesidades nutricionales vitales. En muchos lugares, los corales formadores de arrecifes viven cerca del extremo superior de su zona de tolerancia de temperatura. Si la temperatura del agua se eleva demasiado, se rompe la simbiosis coral-zooxantela y los corales se vuelven blancos en lo que se llama "blanqueamiento del coral". Si los corales no recuperan pronto sus algas, se debilitan y mueren. Ésta es una razón por la que los arrecifes de coral están en grave peligro por el calentamiento global.

El color de este coral estrella es causado por las algas zooxantelas que viven dentro de él.

DSV • 32

GRUPOS DE CNIDARIOS

Hay más de 9000 especies de cnidarios.

HIDROZOOS: Hidras y sus parientes
Las hidras y sus parientes pasan la mayor parte de su tiempo como pólipos y son coloniales o solitarios. Se reproducen de manera asexual (por gemación), sexual o alternan entre ambas. Ejemplos: hidra, fragata portuguesa.

Una fragata portuguesa es en realidad una colonia de pólipos.

Medusa gigante

ESCIFOZOOS: Medusas
Las aguamalas pasan la mayor parte de su tiempo como medusas; algunas especies prescinden de la etapa de pólipos. Se reproducen en forma sexual y a veces de manera asexual por gemación. Ejemplos: medusa melena de león, medusa luna, avispa marina

ANTOZOOS: Corales y anémonas de mar
Los corales y las anémonas de mar son pólipos coloniales o solitarios sin etapa de medusa. El cuerpo central está rodeado por tentáculos. Se reproducen de manera sexual o asexual. Ejemplos: arrecifes de coral, anémonas de mar, plumas de mar, abanicos de mar

Anémona de mar

Este acalefo luminiscente (Pelagia noctiluca) es capaz de exhibir bioluminiscencia, que es la producción de luz.

DSV • 33

❹ Investiga noticias actuales y datos interesantes sobre el grupo.

❺ Mira fotografías de animales representativos de cada grupo.

EL ÁRBOL DE LA VIDA

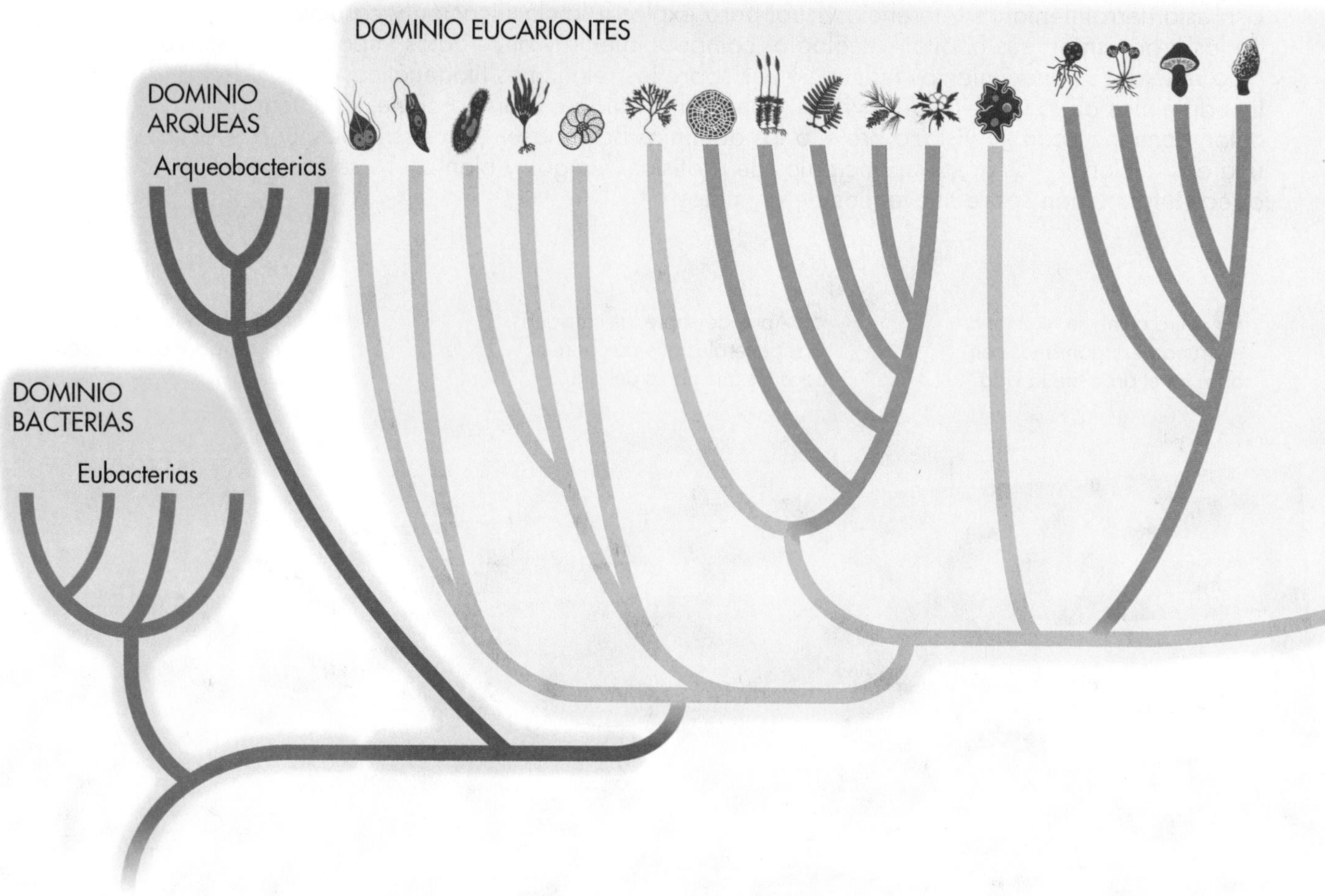

Antes de que comiences tu viaje por los reinos de los seres vivos, revisa esta gran imagen del capítulo 18. Las páginas que siguen presentan un vistazo a la increíble diversidad que caracteriza a cada una de las "ramas" que se muestran aquí.

DOMINIO BACTERIAS

Los miembros del dominio Bacterias son unicelulares y procariotas. Las bacterias son ecológicamente diversas y varían desde organismos del suelo de vida independiente hasta parásitos mortales. Este dominio corresponde al reino Eubacterias.

DOMINIO ARQUEAS

Los miembros del dominio Arqueas, que también son unicelulares y procariotas, viven en algunos de los medio ambientes más extremos que puedas imaginar, incluyendo manantiales termales volcánicos, estanques de salmuera y lodo orgánico negro totalmente desprovisto de oxígeno. El dominio Arqueas corresponde al reino Arqueobacterias.

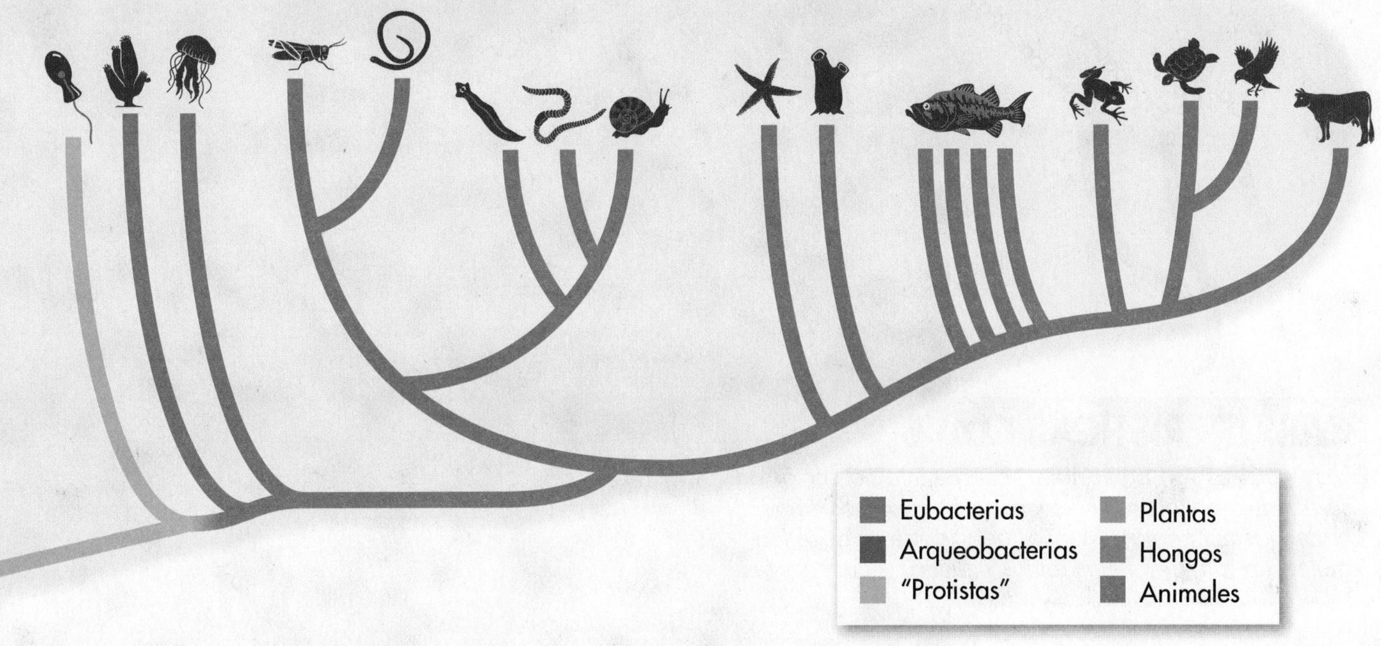

DOMINIO EUCARIONTES

El dominio Eucariontes está formado por todos los organismos que tienen células con núcleo. Está organizado en los cuatro reinos restantes del sistema de seis reinos: Protistas, Hongos, Plantas y Animales.

LOS "PROTISTAS"

Notarás que no todas las ramas del reino de los protistas están juntas en un área, como es el caso con los otros reinos. De hecho, estudios moleculares y análisis cladísticos recientes han mostrado que los "eucariotas conocidos antes como Protistas" no forman un clado único. Análisis cladísticos actuales dividen a estos organismos al menos en seis clados. Por tanto, no pueden clasificarse de manera apropiada en un solo taxón.

HONGOS

Los miembros del reino de los hongos son heterótrofos. La mayoría se alimenta de materia orgánica muerta o en descomposición. Los hongos más reconocibles, entre ellos los champiñones, son multicelulares. Algunos hongos, como las levaduras, son unicelulares.

PLANTAS

Los miembros del reino de las plantas son autótrofos que realizan fotosíntesis. Las plantas tienen paredes celulares que contienen celulosa. Las plantas no se pueden mover de un lugar a otro.

ANIMALES

Los miembros del reino animal son multicelulares y heterótrofos. Las células animales no tienen paredes celulares. La mayoría de los animales pueden desplazarse, al menos en alguna parte de su ciclo de vida.

Bacterias

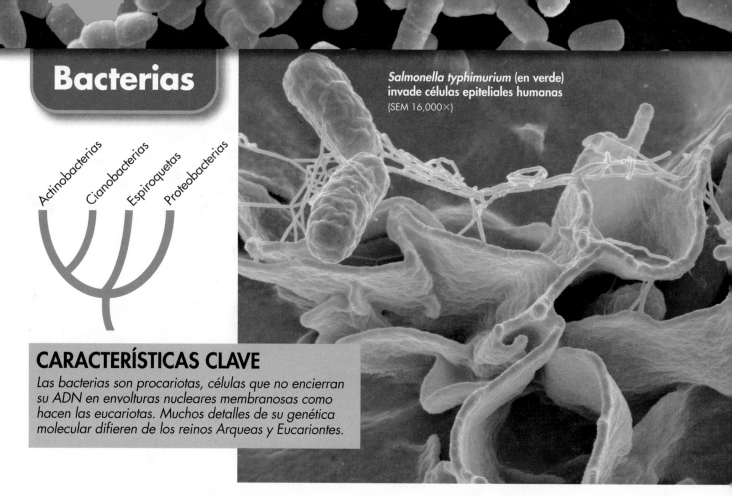

Actinobacterias
Cianobacterias
Espiroquetas
Proteobacterias

Salmonella typhimurium (en verde) invade células epiteliales humanas (SEM 16,000×)

CARACTERÍSTICAS CLAVE

Las bacterias son procariotas, células que no encierran su ADN en envolturas nucleares membranosas como hacen las eucariotas. Muchos detalles de su genética molecular difieren de los reinos Arqueas y Eucariontes.

Estructura celular Variedad de formas celulares, entre ellas la esférica, en bastón y la espiral; la mayoría tiene paredes celulares que contienen peptidoglicano. Casi ninguna posee organelos internos. Algunas presentan flagelos externos para desplazarse.

Organización genética Todos los genes esenciales están dentro de una gran doble hélice de ADN cuyos extremos se unen para formar un asa cerrada. Las asas de ADN más pequeñas (plásmidos) pueden contener genes no esenciales. Transcripción y traducción simultáneas; ausencia de intrones y de proteínas histonas.

Reproducción Por fisión binaria; no hay reproducción sexual verdadera; algunas logran recombinarse por conjugación.

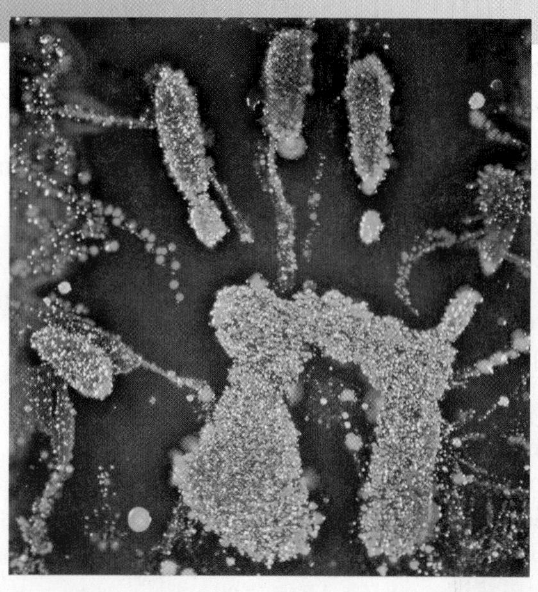

• ¿Sabías qué...?

Un mundo de bacterias

Las bacterias en su justa perspectiva

"Planeta de las bacterias" fue el título de un ensayo del finado Stephen Jay Gould. En él señalaba que la forma de vida dominante en la Tierra no son los humanos, los animales o las plantas; sino las bacterias. Fueron las primeras en aparecer y habitan en más lugares del planeta que cualquier otra forma de vida. De hecho, las bacterias componen aproximadamente 10 por ciento de nuestro peso corporal seco. En términos de biomasa e importancia para el planeta, las bacterias ciertamente dominan nuestro mundo. Ellas, no nosotros, ocupan el primer lugar.

◀ *Las colonias bacterianas que ves aquí están desarrollándose en la huella de una mano impresa en gel de agar.*

GRUPOS DE BACTERIAS

No se ha llegado a un acuerdo general en cuanto a la filogenia de las bacterias. Aquí se incluyen algunos de los principales grupos que conforman este campo.

PROTEOBACTERIAS

Este numeroso y diverso clado bacteriano incluye a *Escherichia (E. Coli)*, *Salmonella*, *Helicobacter* y *Rhizobium*, una bacteria que fija el nitrógeno del suelo.

◀ El Helicobacter pylori *tiene forma de bastón y varios flagelos que utiliza para moverse. Esta bacteria infecta el recubrimiento del estómago y provoca úlceras en algunas personas.* (TEM 7100×)

La bacteria con forma espiral que causa la sífilis es Treponema pallidum (SEM 10,000×) ▼

ESPIROQUETAS

El nombre de las espiroquetas se deriva de su peculiar forma espiral. Se mueven como un sacacorchos, girando sobre su eje impulsadas por flagelos situados en ambos extremos de la célula. La mayoría son organismos autónomos, pero algunas causan enfermedades graves como sífilis, enfermedad de Lyme y leptospirosis.

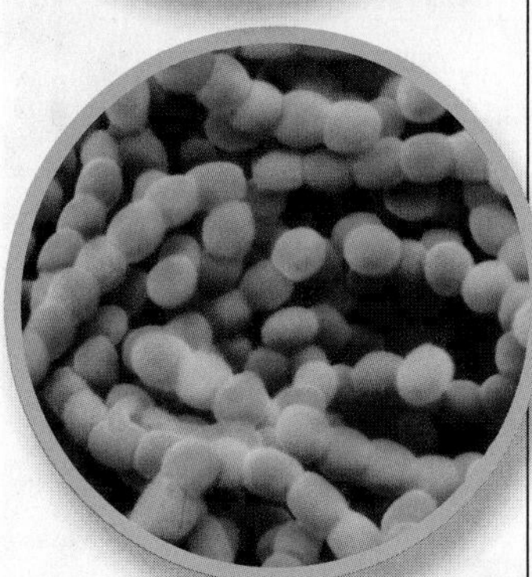

ACTINOBACTERIAS

Este grupo está integrado por muchas bacterias del suelo. Algunas forman largos filamentos. Los miembros de este grupo incluyen a *Streptomyces* y *Actinomyces*, productores naturales de muchos antibióticos como estreptomicina. Un grupo relacionado es *Firmicutes*. *Firmicutes* incluye a *Bacillus anthracis* (ántrax), *Clostridia* (tétanos y botulismo) y *Bacillus thuringensis*, que produce un poderoso insecticida utilizado

en la ingeniería genética de las plantas.

▲ *Cadenas de esporas de bacterias del suelo, género* Streptomyces (SEM 3400×)

CIANOBACTERIAS

Las cianobacterias son procariotas fotosintéticas que alguna vez recibieron el nombre de "algas azul-verdes". Son unos de los organismos más antiguos de la Tierra, pues han sido identificadas en rocas que datan de hace más de 3 mil millones de años. Podemos hallarlas en agua salada y dulce, en la tierra e incluso en la superficie de rocas húmedas. Son los únicos organismos terrestres que pueden fijar carbono y nitrógeno en condiciones aeróbicas, y esto les permite desempeñar funciones críticas en el ecosistema global, donde son fuente importante de carbono y nitrógeno.

▼ *Muchas cianobacterias se agrupan formando largos filamentos, como los que puedes ver aquí (género* Lyngbya, SEM 540×).

• En detalle

La tinción de Gram

El diagnóstico rápido de un microbiólogo

Las bacterias Gram positivas adquieren una coloración púrpura luego de aplicar la tinción, mientras que las bacterias Gram negativas se vuelven de color rosado. (LM 1000×) ▶

La tinción de Gram, desarrollada en el siglo XIX por el médico danés Hans Christian Gram, permite que los microbiólogos clasifiquen a las bacterias rápidamente en uno de dos grupos según la composición de su pared celular. Las bacterias Gram positivas carecen de una membrana en el exterior de la pared celular y absorben fácilmente la tinción. En contraste, las bacterias Gram negativas tienen una membrana exterior de lípidos y carbohidratos que les impide absorber la tinción de Gram. Hay muchas bacterias Gram negativas en el grupo de protobacterias. Por otra parte, casi todas las actinobacterias son Gram positivas.

Arqueas

CARACTERÍSTICAS CLAVE

Las arqueas son procariotas que difieren de las bacterias en tantos detalles de su estructura y metabolismo que son consideradas un dominio distinto del de las bacterias. En términos genéticos, tienen más en común con las eucariotas que con las bacterias. Sus paredes celulares no contienen peptidoglicano.

Estructura celular Células de aspecto parecido al de las bacterias; muchas tienen flagelos que difieren en estructura y composición bioquímica de los flagelos bacterianos. Los lípidos de la membrana celular también difieren de los de las bacterias. Pocos organelos internos.

Organización genética Igual que en las bacterias, todos los genes esenciales se encuentran dentro de una gran doble hélice de ADN cuyos extremos se unen para formar un asa cerrada. Las proteínas encargadas de transcripción y traducción se parecen a las de las eucariotas. También como las eucariotas, la mayoría de las especies tiene intrones y todas contienen proteínas histonas que empaquetan al ADN.

Reproducción Por fisión binaria; no hay reproducción sexual verdadera; algunas logran recombinarse por conjugación.

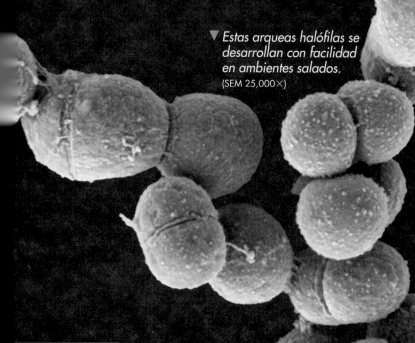

▼ *Estas arqueas halófilas se desarrollan con facilidad en ambientes salados.* (SEM 25,000×)

▲ *El volcán Solfatara, cerca de Nápoles, Italia, es hogar de muchas arqueas del género Sulfolobus.*

• ¿Sabías qué...?

¿Te parece bastante caliente?

Extremistas insuperables

Mucho antes de que hubiera deportes extremos y *reality shows*, tuvimos a las arqueas, los extremistas originales e insuperables. Cuando se les descubrió por primera vez, los biólogos acuñaron el término *extremófilas* para describirlas, pues significa literalmente "amantes de lo extremo". Y el nombre todavía es adecuado para muchas arqueas. De hecho, han demostrado ser extremadamente difíciles de reproducir en laboratorio debido a que, para desarrollarse, requieren de temperaturas extremas y condiciones químicas peligrosas. Existe una especie que sólo crece en ácido sulfúrico. Las arqueas encontradas en respiraderos marinos a gran profundidad, prosperan en temperaturas superiores a 100° centígrados, mientras que otras especies disfrutan de las gélidas aguas del Ártico.

GRUPOS DE ARQUEAS

Hasta ahora, sólo se han identificado cuatro clados principales de arqueas. Los biólogos siguen debatiendo cómo se relacionan estos clados.

CRENARCHAEOTA

Las crenarchaeotas incluyen organismos que viven en los ambientes más calurosos y más ácidos que existen. La mayoría de las especies conocidas ha sido aislada de respiraderos termales y manantiales calientes, el prefijo *cren-* significa "manantial". Algunas especies se desarrollan usando compuestos orgánicos como fuente de energía, pero otras fijan carbono del dióxido de carbono usando hidrógeno o azufre para obtener energía química.

▶ Sulfolobus archaea *prospera en ambientes ácidos y ricos en azufre, y su crecimiento óptimo ocurre a temperaturas de 80° centígrados.* (SEM 33,200×)

KORARCHAEOTA

Hace poco, los científicos descubrieron la línea korarchaeotas en Obsidian Pool, en el Parque Nacional Yellowstone y desde entonces, han identificado más especies en Islandia. Sus secuencias de ADN las distinguen de otras arqueas. De hecho, es posible que las korarchaeotas sean la línea de vida moderna menos evolucionada que se haya detectado hasta ahora en la naturaleza.

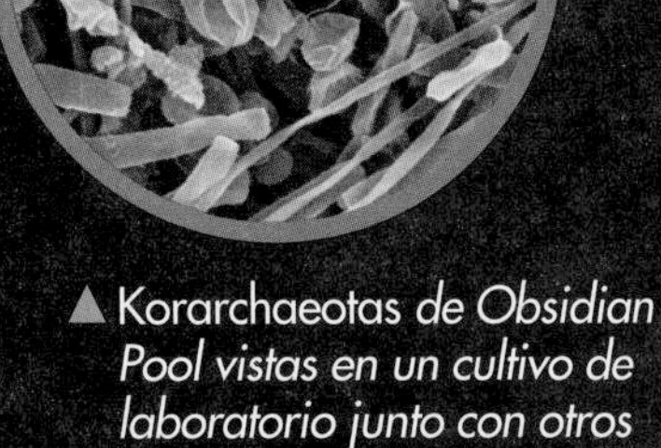

▲ Korarchaeotas *de Obsidian Pool vistas en un cultivo de laboratorio junto con otros microbios de su comunidad.* (SEM 6000×)

NANOARCHAEOTA

En el 2002 se descubrió la única especie conocida de este grupo, estaba adosada a una crenarchaeota mucho más grande. Las nanoarchaeotas se desarrollan en respiraderos calientes próximos a las regiones costeras del mar y poseen diferencias moleculares muy claras con respecto a otras arqueas. Es necesario proseguir con las investigaciones para caracterizar al grupo, pero lo que se sabe es que tienen el genoma más pequeño jamás visto en algún organismo.

▼ *Recién descubierta,* Nanoarchaeum equitans *(las células más pequeñas) puede verse aquí adosada a su huésped, el género* Ignicoccus *(las células más grandes).* (LM 2000×)

▼ Colonia de arquea *Methanosarcina* (SEM 40,000×)

EURYARCHAEOTA

Las euryarchaeotas son un grupo de arqueas muy diverso que vive en gran variedad de hábitats. El prefijo *eury-* deriva del vocablo griego que significa "amplio". Los metanógenos son un importante grupo euriarchaeota que desempeña una función importante para el ambiente. Ayudan a desintegrar compuestos orgánicos en ambientes donde hay poco oxígeno y durante este proceso liberan metano. Otro grupo, *Halobacteria*, vive en estanques salados donde la concentración de cloruro de sodio alcanza casi el punto de saturación.

Protistas

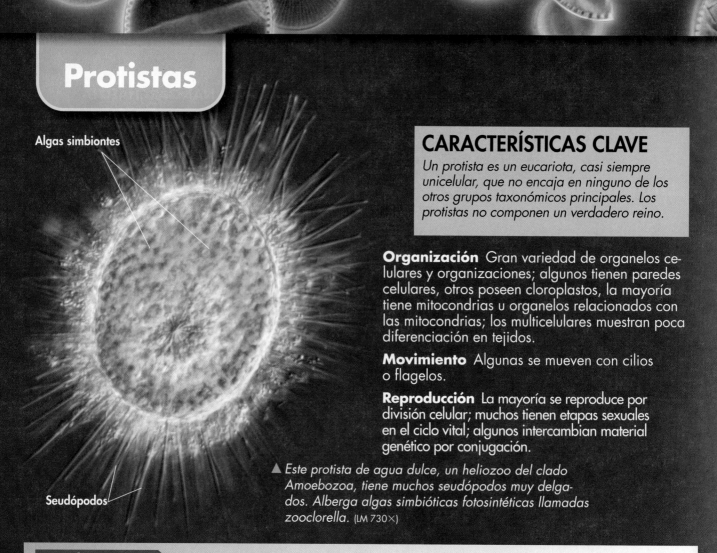

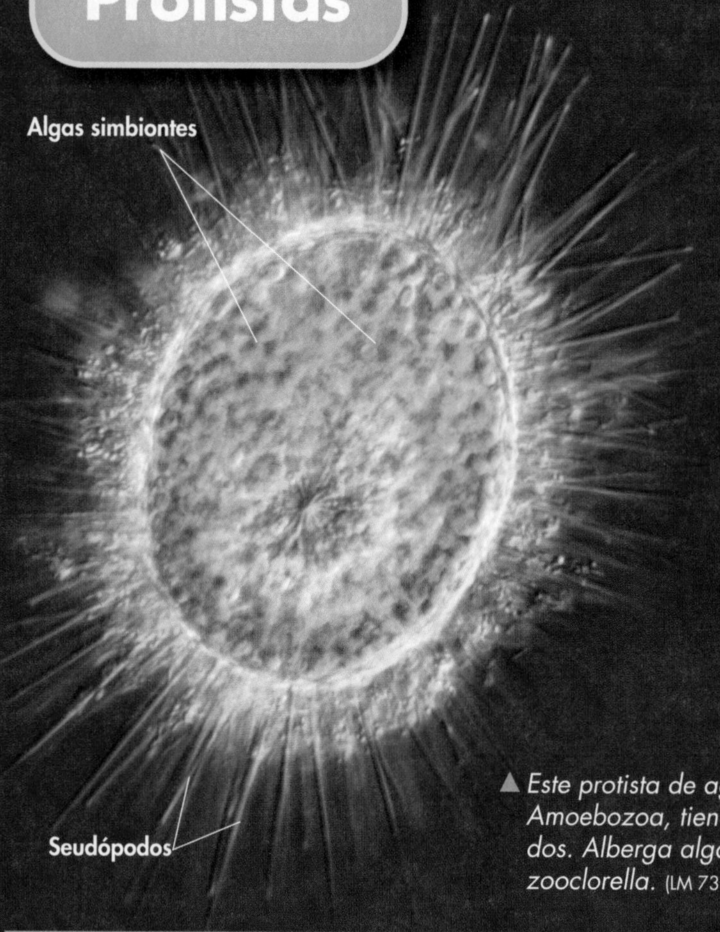

Algas simbiontes

Seudópodos

CARACTERÍSTICAS CLAVE

Un protista es un eucariota, casi siempre unicelular, que no encaja en ninguno de los otros grupos taxonómicos principales. Los protistas no componen un verdadero reino.

Organización Gran variedad de organelos celulares y organizaciones; algunos tienen paredes celulares, otros poseen cloroplastos, la mayoría tiene mitocondrias u organelos relacionados con las mitocondrias; los multicelulares muestran poca diferenciación en tejidos.

Movimiento Algunas se mueven con cilios o flagelos.

Reproducción La mayoría se reproduce por división celular; muchos tienen etapas sexuales en el ciclo vital; algunos intercambian material genético por conjugación.

▲ *Este protista de agua dulce, un heliozoo del clado Amoebozoa, tiene muchos seudópodos muy delgados. Alberga algas simbióticas fotosintéticas llamadas zooclorella.* (LM 730×)

• **¿Sabías qué...?**

El reino que no lo es

El problema para clasificar a los protistas

Por costumbre, los biólogos clasificaban a los protistas dividiéndolos en tres grupos: los parecidos a hongos, los parecidos a plantas y los parecidos a animales. Esta clasificación pareció funcionar durante algún tiempo, pero cuando estudiaron a los protistas con nuevos instrumentos de investigación, incluyendo el análisis molecular de nivel genómico, el sistema tradicional se vino abajo.

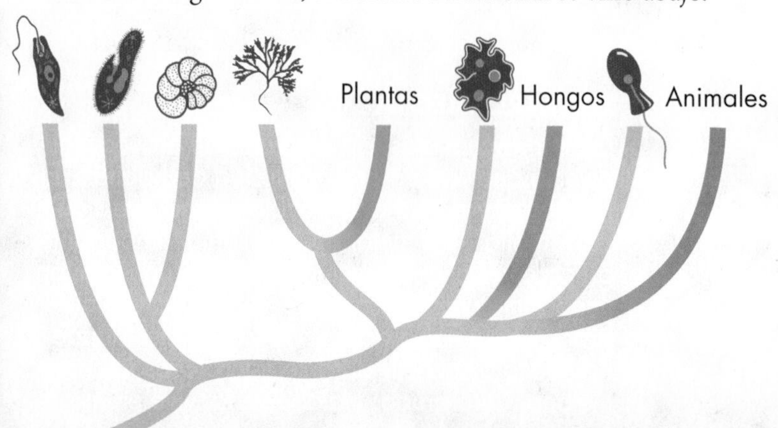

Ahora los biólogos consideran que los protistas no deben clasificarse ni siquiera como un reino. De hecho, cuando buscaron las divisiones más profundas y fundamentales de los eucariotas, los científicos hallaron que todas las divisiones se encuentran entre los mismos protistas y no entre los protistas y otros eucariotas. En su nuevo intento de clasificación, los biólogos podían simplemente usar las divisiones anteriores para definir "reinos" nuevos y más precisos, pero ese método causaría nuevos problemas; pues fusionaría dos de los reinos tradicionales (animales y hongos) y dejaría un puñado de reinos que sólo contienen organismos unicelulares. No hay una solución perfecta al problema. Por conveniencia, en este libro consideraremos a los "protistas" como un reino; pero no olvides que sus diferencias son tan grandes que no existe un solo reino que pueda contenerlos a todos.

Excavados

CARACTERÍSTICAS CLAVE

Los excavados tienen un surco alimentario característico, casi siempre sustentado por microtúbulos. La mayoría posee flagelos. Unos cuantos carecen de mitocondrias y no pueden llevar a cabo la fosforilación oxidativa, aunque poseen residuos de este organelo.

GRUPOS DE EXCAVADOS

Los excavados incluyen a una gran variedad de protistas, desde fotosintetizadores autónomos hasta algunos de los patógenos humanos más conocidos.

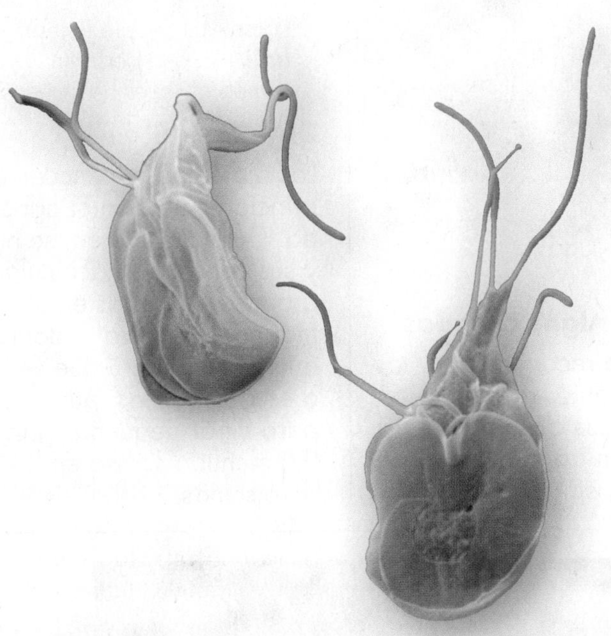

▲ *La diplomonada* Giardia *es un parásito intestinal peligroso que a menudo contamina el agua de los arroyos. Las infecciones por* Giardia *son frecuentes en animales salvajes y en mascotas, como perros y gatos.* (SEM 1800×)

DIPLOMONADAS

Estos organismos derivan su nombre del hecho de tener dos núcleos separados y distintos (del griego, diplo = doble). Es posible que el doble núcleo se deba a un antiguo acontecimiento simbiótico en el que una especie fue absorbida por otra. Las células contienen numerosos flagelos, casi siempre distribuidos alrededor del cuerpo celular. La mayoría de las especies diplomonadas son parásitas.

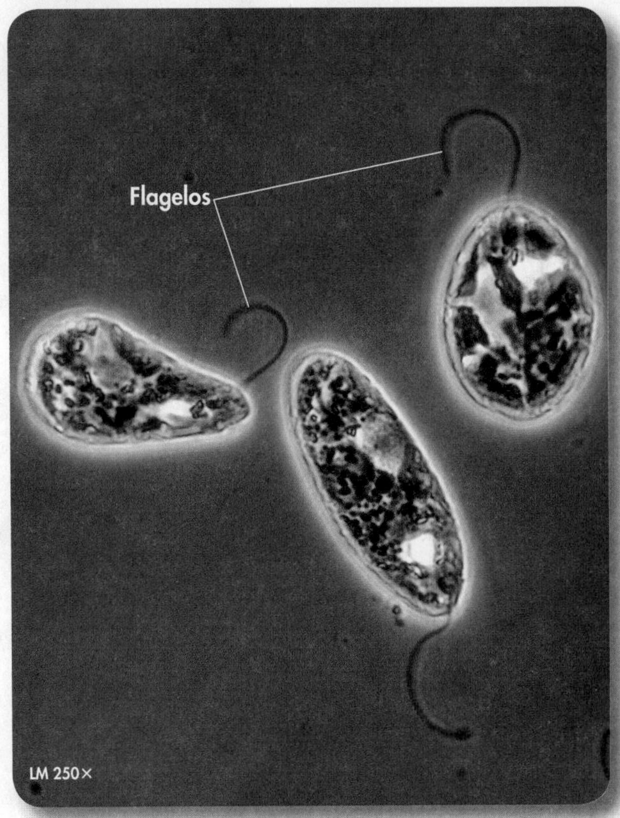

▲ Euglena gracilis *es un organismo fotosintético comúnmente hallado en lagos y estanques.*

DISCICRISTATA

Los protistas discicristata reciben su nombre de las crestas con forma de disco que se observan en sus mitocondrias. Algunas especies son fotosintéticas y autónomas, como la *Euglena*, mientras que otras son parásitos peligrosos.

▼ *Las células con forma de listón de* Trypanosoma brucei *ocasionan la enfermedad africana del sueño. Este protista parásito se transmite a los humanos a través de la mosca tsé-tsé; infecta la sangre, la linfa y el líquido espinal. Puede causar graves daños al sistema nervioso e incluso la muerte.* (SEM 6700×)

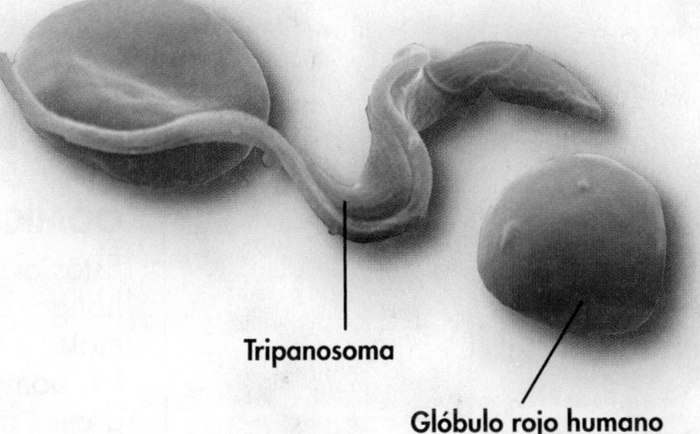

Cromoalveolados

CARACTERÍSTICAS CLAVE

Los cromoalveolados reciben su nombre de los alvéolos, vesículas aplanadas que recubren la membrana celular. El prefijo cromo, que significa "pigmento", se refiere a la prueba de que los miembros de este clado comparten un antepasado común que tenía pigmentos accesorios, los cuales utilizaba en la fotosíntesis.

GRUPOS DE CROMOALVEOLADOS

Los cromoalveolados son uno de los grupos eucariotas más grandes y diversos.

FEÓFITOS: Algas pardas

Los feófitos se encuentran principalmente en el agua salada. Son unas de las algas más abundantes y visibles. La mayoría de las especies contiene fucoxantina, un pigmento pardo-verdoso de donde deriva el nombre común de este grupo. Las algas pardas multicelulares conocidas como *kelp* gigante pueden alcanzar una longitud de hasta 60 metros.

▼ *Las algas pardas del género* Fucus *suelen encontrarse en estanques de marea y en las costas rocosas de Estados Unidos.*

▲ *Esta especie, del género* Synura, *es un alga colonial.*

CRISÓFITOS: Algas doradas

Los crisófitos se reconocen por los coloridos pigmentos accesorios que contienen sus cloroplastos. La mayoría vive en agua dulce y son organismos fotosintéticos.

SEM 280×

SEM 1000×

▲ *Las diatomeas suelen producir complejos caparazones de dióxido de silicio que persisten por mucho tiempo después de muertas.*

DIATOMEAS

Las diatomeas se encuentran principalmente en el agua salada. Cuando mueren, se hunden y sus conchas se acumulan en grandes depósitos en el fondo marino. La "tierra diatomea", que es el nombre que se le da a esos depósitos, puede usarse para filtrar pequeñas partículas y a menudo se usa en los filtros de piscinas.

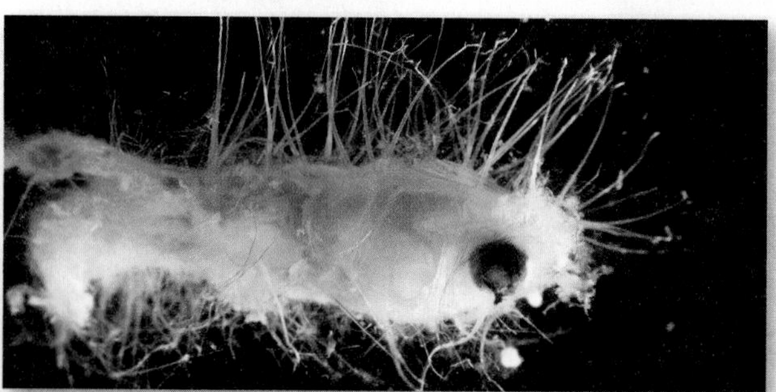

▲ *Mohos acuáticos crecen sobre un pez dorado muerto.*

OOMICETOS: Mohos acuáticos

Estos organismos no fotosintéticos suelen confundirse con los hongos. Los oomicetos suelen producir una velluda capa de materia sobre animales y plantas muertos o en descomposición. Los oomicetos son responsables de numerosas enfermedades graves que atacan las plantas, como el añublo (pulgón de la patata), la muerte repentina del roble y la enfermedad de la tinta, que infecta a los castaños americanos.

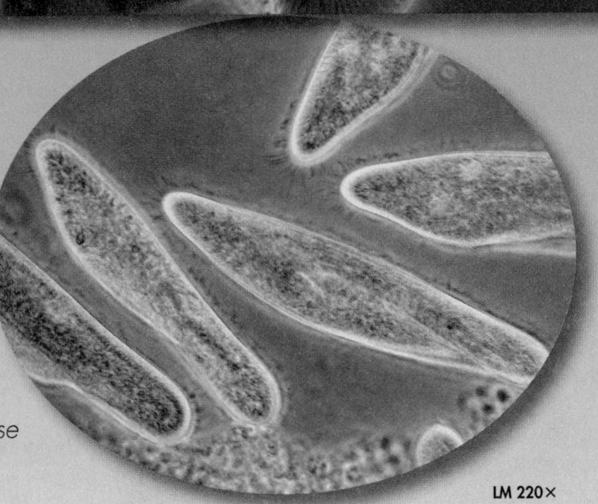

Paramecium multimicronucleatum *es el paramecio más grande que existe, con células que pueden percibirse a simple vista.*

CILIADOS

Estos organismos, muy comunes, pueden tener cientos o incluso miles de cilios cortos que se proyectan desde la superficie de la célula. Los cilios impulsan al ciliado en el agua y pueden "barrer" partículas de alimento hacia el esófago. En comparación con otros protistas, los ciliados son grandes, con células que a veces miden más de 1 mm de longitud.

DINOFLAGELADOS

Los dinoflagelados son protistas fotosintéticos que viven en agua dulce y salada. El nombre se deriva de sus dos flagelos bien diferenciados, casi siempre orientados en ángulo recto uno del otro. Más de la mitad de los dinoflagelados son fotosintéticos; los demás son heterótrofos. Muchas especies de dinoflagelados son luminiscentes y emiten luz cuando un movimiento repentino del agua los agita.

▲ *Los dos flagelos de los dinoflagelados se originan en surcos contenidos dentro de gruesas placas de celulosa que simulan una cruz, como puedes ver en esta imagen (género* Protoperidinium*).*

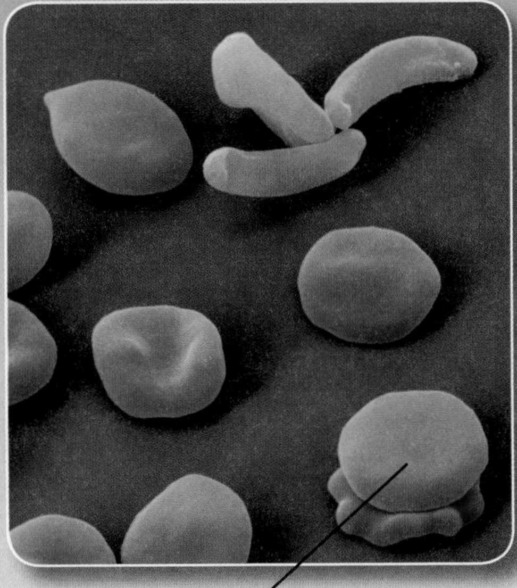

▲ *Los apicomplexa del género* Plasmodium *son parásitos que transmiten los mosquitos. Aquí puedes ver los restos de un glóbulo rojo que se reventó a causa de la reproducción de plasmodios en su interior.*

APICOMPLEXA

Los apicomplexa reciben su nombre de un singular organelo situado en un extremo de la célula y conocido como complejo apical. Esta estructura contiene vesículas con enzimas que permiten que el apicomplexa entre en otras células y se establezca allí como parásito.

Alerta • ecológica

Floraciones tóxicas

Dinoflagelados peligrosos

En años recientes, la costa este de Estados Unidos ha sufrido grandes floraciones de los dinoflagelados *Gonyaulax* y *Karenia*, pero los científicos no han podido explicar la causa. Estas floraciones se conocen como "mareas rojas". *Gonyaulax* y *Karenia* producen una toxina cuyos efectos pueden amplificarse en la cadena alimentaria cuando los crustáceos que se alimentan por filtración, como las ostras, concentran la toxina en sus tejidos. El consumo de crustáceos extraídos de aguas afectadas por la marea roja puede provocar graves enfermedades, parálisis e incluso la muerte.

▲ *Una marea roja de dinoflagelados tóxicos.*

Protistas

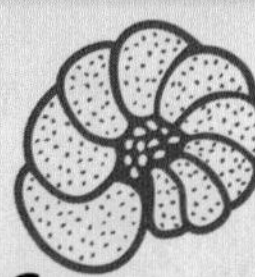

Cercozoos, foraminíferos y radiolarios

No hay una sola característica morfológica que unifique a este trío, aunque muchos tienen proyecciones citoplasmáticas llamadas seudópodos y producen caparazones de protección. La clasificación de cercozoa, foraminíferos y radiolarios en un mismo grupo se basa, casi exclusivamente, en el análisis molecular y no en su morfología.

SEM 175×

▲ *Las conchas de radiolarios están compuestas de silicio o sulfato de estroncio.*

FORAMINÍFEROS

Los foraminíferos producen conchas elaboradas y muy hermosas que difieren de una especie a otra. Los delicados seudópodos que salen por diminutos orificios de la concha les permiten atrapar alimento, como bacterias. Existen cerca de 4000 especies.

▼ Peneroplis pertusus *tiene una concha de forma espiral.*

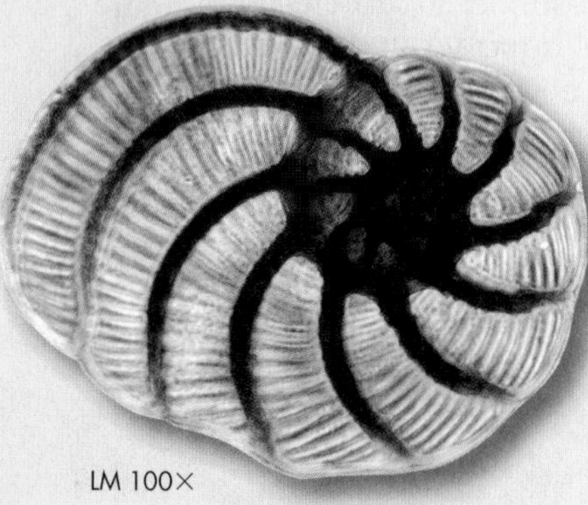

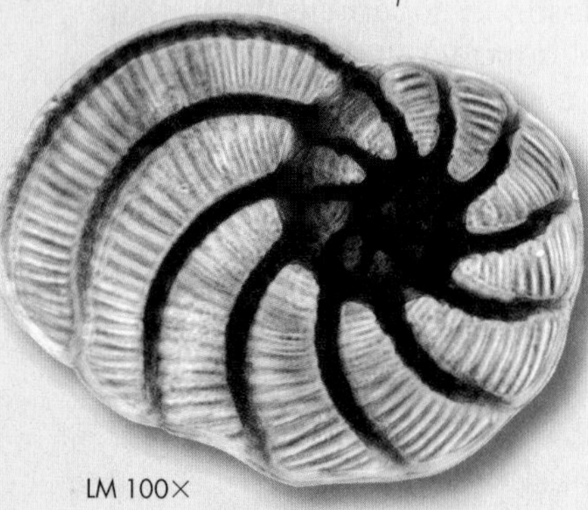

LM 100×

CERCOZOOS

Los integrantes de este clado se encuentran comúnmente en el suelo, donde se alimentan tanto de bacterias como de materia orgánica en descomposición. Muchos poseen flagelos y algunos producen escamas de silicio que protegen sus superficies.

RADIOLARIOS

Estos organismos poseen una compleja estructura, en la cual el núcleo ocupa la región interna de la célula, conocida como endoplasma. La porción exterior de la célula, llamada ectoplasma, contiene gotas de lípidos y vacuolas. En ocasiones, estos organismos forman relaciones simbióticas con algas fotosintéticas, de las cuales obtienen alimento.

• Una mirada al pasado

Fósiles foraminíferos

Revelan el clima de la antigüedad

Se han encontrado abundantes fósiles de foraminíferos en sedimentos que datan del periodo cambriano (hace 560 millones de años). Durante décadas, las compañías petroleras han aprovechado estos antiguos fósiles para ubicar sedimentos que ofrecen mayor probabilidad de obtener petróleo, pero ahora se utilizan para otros fines: medir la temperatura marina de la antigua Tierra. Los foraminíferos toman el oxígeno disuelto en el agua marina para formar el carbonato de calcio ($CaCO_3$) de sus conchas y al hacerlo, captan dos isótopos de oxígeno, ^{16}O y ^{18}O. Como el agua producida con ^{16}O es menos densa, mayor cantidad de ella se evapora hacia la atmósfera cuando el mar se calienta incrementado así la cantidad de ^{18}O que queda en el agua marina restante y en las conchas fósiles. La proporción de ^{16}O y ^{18}O en los fósiles permite que los científicos estudien la historia de la temperatura del agua de mar, como puedes ver en la gráfica de arriba.

Porcentaje de isotopos en foraminíferos y el cambio climático

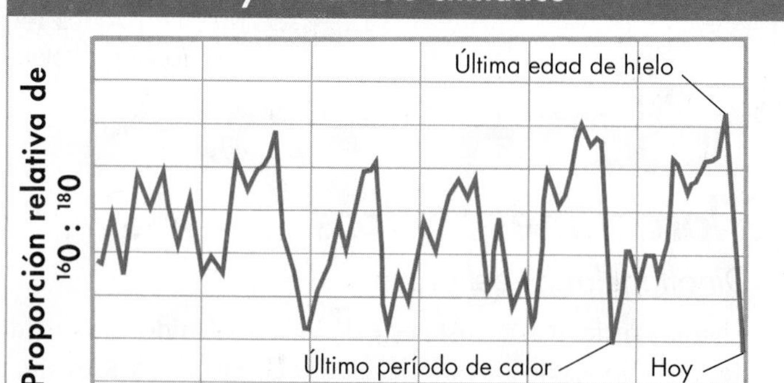

Rodofitos

▼ Las algas marinas, como este *rodofito, son en realidad protistas.*

También llamados algas rojas, estos organismos derivan su nombre (del griego, *rhodo* = rojo y *phytos* = planta) de unos pigmentos accesorios rojizos denominados ficobilinas. Estos eficaces pigmentos permiten que las algas se desarrollen en cualquier parte, desde la superficie del mar hasta profundidades de alrededor de 268 metros. La mayoría de las especies son multicelulares. Los rodofitos son el grupo hermano del reino Plantae.

Amebozoos

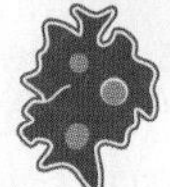

Los integrantes del grupo amebozoos son organismos con forma de amiba que se mueven mediante la ciclosis o movimiento ameboideo, usando seudópodos.

◀ *Esta amiba solitaria,* Penardia mutabilis, *posee seudópodos finos.*

◀ *Los mohos mucilaginosos viven como amibas microscópicas independientes en el suelo pero, cuando las condiciones son adecuadas, pueden agruparse en una colonia formando un cuerpo fructífero multicelular. En esta imagen, algunos de los cuerpos fructíferos han liberado esporas al reventarse.*

Coanozoos

Los coanoflagelados son un grupo muy importante del clado coanozoo. Derivan su nombre de un collar de citoplasma que envuelve su único flagelo (del griego, *choano* = collar). Muchas especies atrapan alimento dentro del collar y lo ingieren.

Los miembros del clado coanozoo pueden ser solitarios o vivir en colonias y se encuentran en los ambientes acuáticos de todo el mundo. Este clado es un grupo hermano del reino Animalia.

Hongos

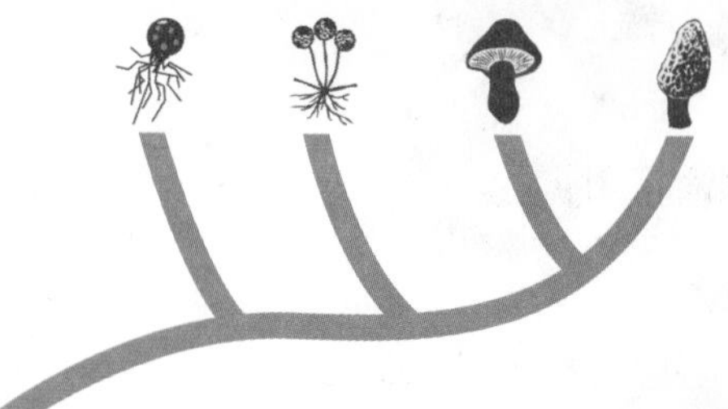

CARACTERÍSTICAS CLAVE

Los hongos son eucariotas heterótrofos con paredes celulares que contienen quitina. Antes se pensaba que los hongos eran plantas que habían perdido sus cloroplastos; pero hoy se sabe que están mucho más estrechamente emparentados con los animales que con las plantas. Se conocen más de 100,000 especies de hongos. Las diferencias de filo se basan en comparaciones de ADN, estructura celular, estructuras reproductoras y ciclos vitales.

▲ *Hongo stinkhorn (género* Dyctiophora*).*

Organización Algunos son levaduras unicelulares, pero la mayoría tiene un cuerpo multicelular llamado micelio que consiste en una o más células delgadas y ramificadas llamadas hifas.

Alimentación y digestión Obtienen alimento por digestión y absorción extracelular.

Reproducción La mayoría tiene etapas sexuales en el ciclo vital y son principalmente haploides durante su vida. La mayoría produce esporas asexuadas que se dispersan fácilmente y pueden resistir condiciones ambientales muy difíciles. También es común la reproducción asexual por gemación y división.

• En detalle

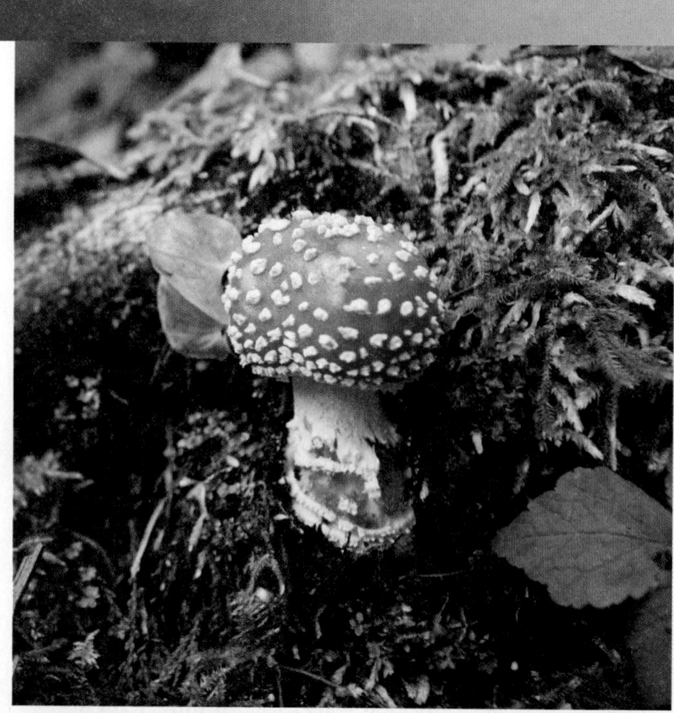

▲ *La falsa oronja (*Amanita muscaria*) es un hongo venenoso para las personas.*

¡Atención, consumidores!

Champiñones comestibles y no comestibles

Desde hace mucho, numerosos tipos de hongos se han considerado platillos especialmente exquisitos y también se han cultivado distintas especies de champiñones como alimento. Quizá hayas probado los champiñones rebanados en una pizza, disfrutado de un sofrito de champiñones *portobello*, o comido champiñones *shiitake*. Cuando están bien cocinados y preparados, los champiñones domésticos son sabrosos y nutritivos.

Las cosas cambian con los champiñones silvestres. Aunque algunos son comestibles, muchos son venenosos. Debido a que muchas especies de champiñones venenosos son casi idénticas en aspecto a las comestibles, nunca recojas o comas champiñones que encuentres en el campo. Es mejor dejar la recolección de champiñones a los expertos que pueden identificar, sin la menor duda, cada tipo que recogen. Las consecuencias de comer champiñones venenosos pueden ir desde una fuerte enfermedad hasta la muerte.

Basidiomicetos

Los basidiomicetos u hongos de bastón reciben este nombre debido al basidio. El basidio es una célula reproductora que parece bastón.

Ciclo vital Los basidiomicetos tienen lo que podría ser el ciclo vital más complejo de todos los hongos, como se muestra aquí.

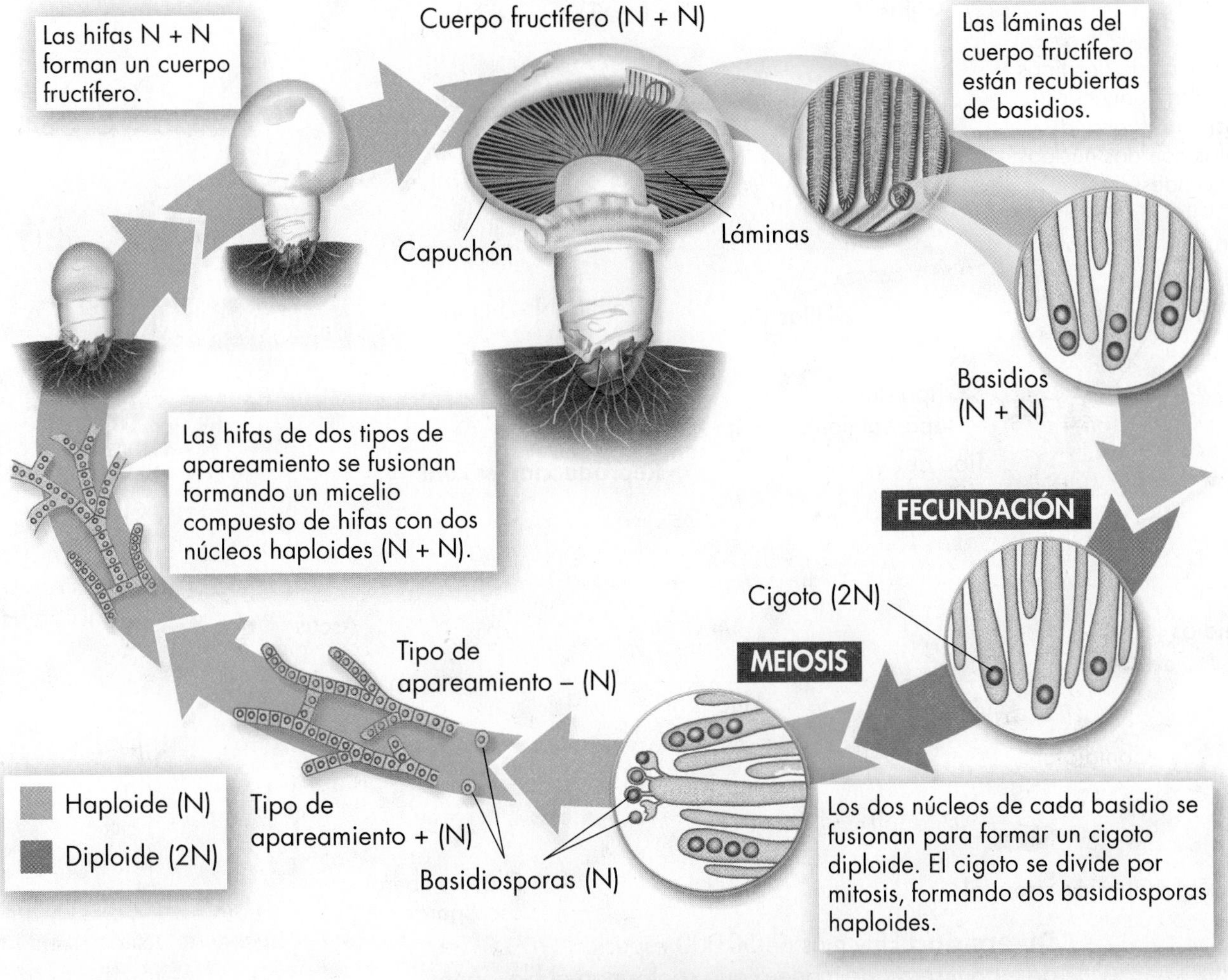

Las hifas N + N forman un cuerpo fructífero.

Cuerpo fructífero (N + N)

Capuchón

Láminas

Las láminas del cuerpo fructífero están recubiertas de basidios.

Basidios (N + N)

FECUNDACIÓN

Cigoto (2N)

MEIOSIS

Los dos núcleos de cada basidio se fusionan para formar un cigoto diploide. El cigoto se divide por mitosis, formando dos basidiosporas haploides.

Basidiosporas (N)

Tipo de apareamiento – (N)

Tipo de apareamiento + (N)

Las hifas de dos tipos de apareamiento se fusionan formando un micelio compuesto de hifas con dos núcleos haploides (N + N).

Haploide (N)

Diploide (2N)

Diversidad Se han descrito más de 26,000 especies de basidiomicetos, apenas una cuarta parte de todas las especies de hongos conocidas. Los ejemplos incluyen al *stinkhorn* y la amanita muscaria que se muestran en la página anterior, así como las setas y el bejín de la derecha.

▸ *Las setas (familia Polypore) suelen crecer en los costados de árboles muertos o que están muriendo.*

▾ *Un bejín suelta sus esporas.*

Ascomicetos

Los ascomicetos u hongos de saco reciben este nombre debido al ascus, una estructura reproductora con forma de saco que contiene las esporas.

Ciclo vital El ciclo vital de los ascomicetos incluye una fase asexual, en la cual las esporas haploides se desprenden de estructuras llamadas conidióforos, y también una etapa sexual.

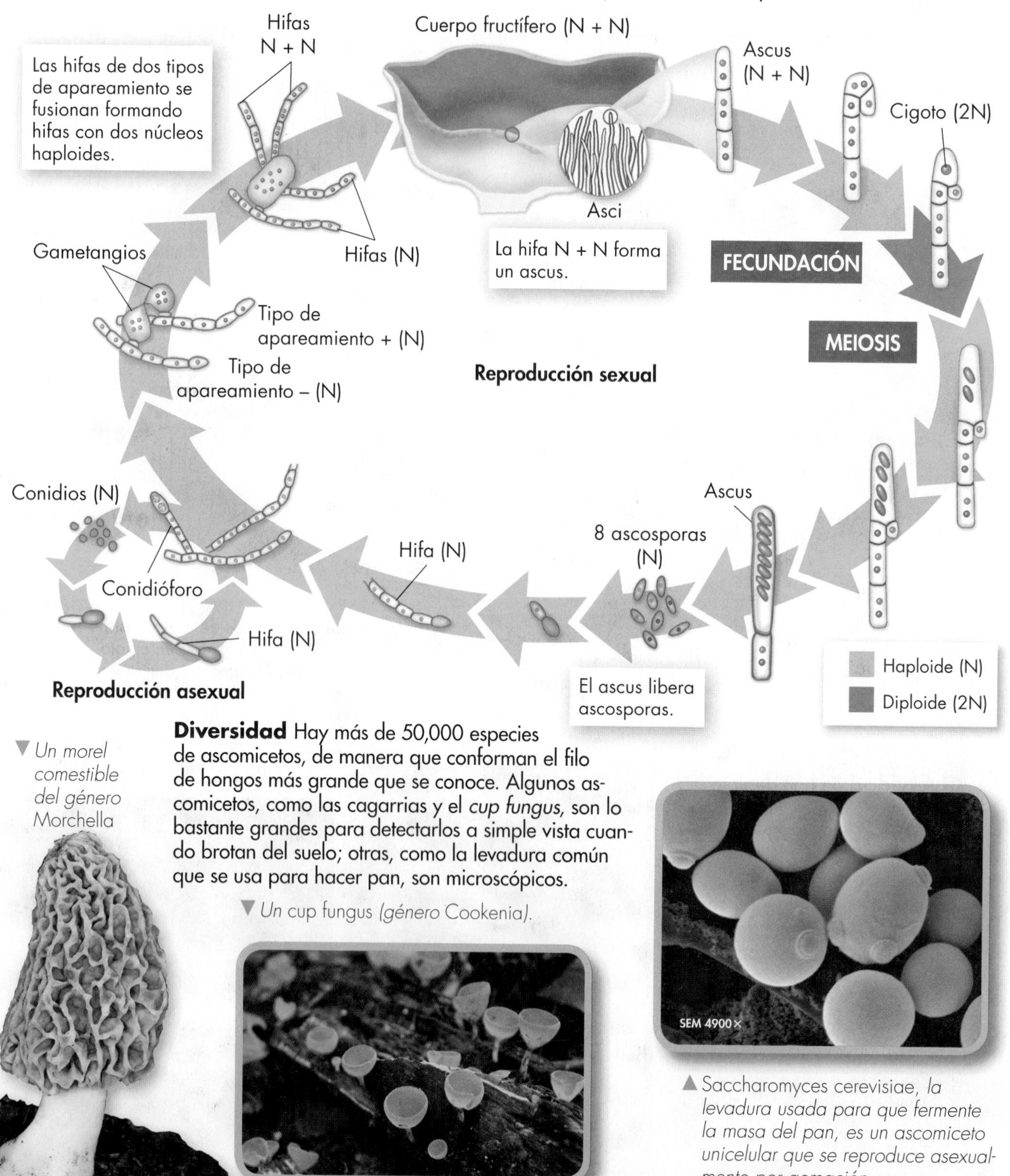

Diversidad Hay más de 50,000 especies de ascomicetos, de manera que conforman el filo de hongos más grande que se conoce. Algunos ascomicetos, como las cagarrias y el *cup fungus*, son lo bastante grandes para detectarlos a simple vista cuando brotan del suelo; otras, como la levadura común que se usa para hacer pan, son microscópicos.

▼ *Un morel comestible del género* Morchella

▼ *Un* cup fungus *(género* Cookenia*).*

▲ Saccharomyces cerevisiae, *la levadura usada para que fermente la masa del pan, es un ascomiceto unicelular que se reproduce asexualmente por gemación.*

Zigomicetos

Las hifas de zigomicetos casi siempre carecen de paredes de separación entre sus células. Los zigomicetos derivan su nombre de la etapa sexual de su ciclo reproductor que tiene que ver con una estructura llamada zigosporangio, la cual se forma entre las hifas de dos distintos tipos de apareamiento. Los glomerales, un grupo dentro del clado zigomicetos, forman micorrizas simbióticas con las raíces de las plantas.

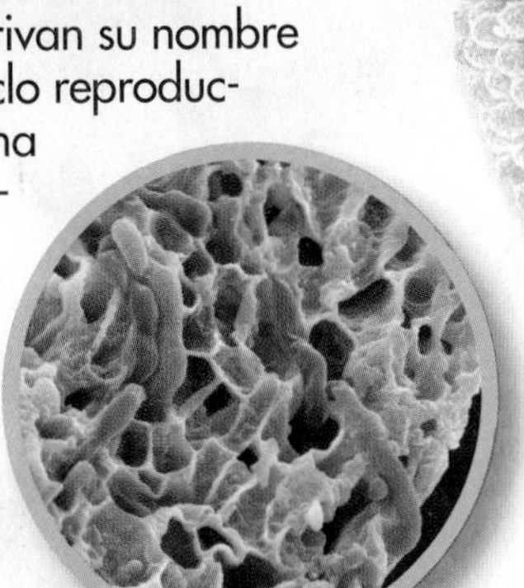

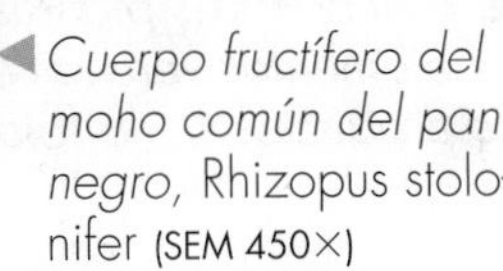

◀ *Cuerpo fructífero del moho común del pan negro,* Rhizopus stolonifer (SEM 450×)

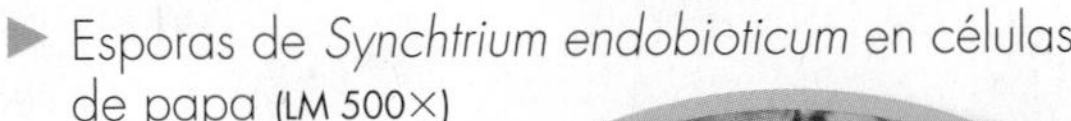

◀ *Esta micrografía muestra hongos micorrizos en simbiosis con raíces de soya. La planta de soya proporciona azúcares que nutren al hongo, mientras que el hongo proporciona agua y minerales esenciales a la planta.* (SEM 200×)

Quitridiomicetos

Los miembros de este filo viven en el agua o el suelo húmedo. Sus células reproductoras tienen flagelos, lo que los convierte en los únicos hongos conocidos que presentan una etapa de móvil en su ciclo vital. Los quitridiomicetos son especialmente hábiles para digerir celulosa, la materia que compone las paredes celulares de las plantas; incluso algunos viven en los aparatos digestivos de vacas y ciervos, y los ayudan a digerir la materia vegetal. Otros son patógenos, ciertos quitridiomicetos han sido relacionados recientemente con la decadencia de la población de ranas en todo el mundo. Se conocen alrededor de 1000 especies, muchas de ellas de reciente descubrimiento.

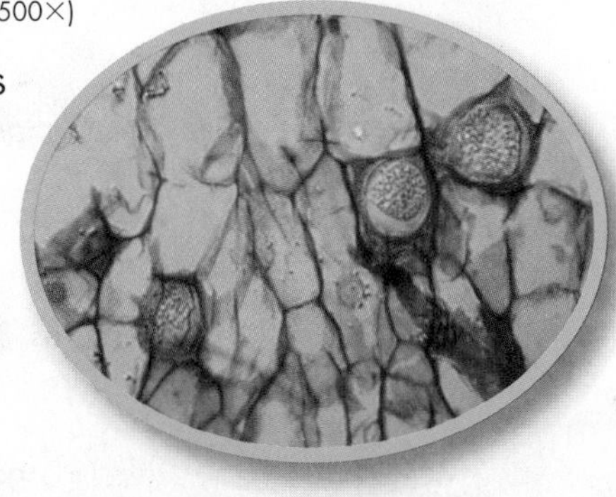

▶ Esporas de *Synchtrium endobioticum* en células de papa (LM 500×)

Alerta • ecológica

▲ *Hayas japonesas cubiertas de líquenes*

Observar los líquenes

Los líquenes como bioindicadores

Los líquenes son asociaciones mutualistas entre un hongo, casi siempre ascomiceto, y un organismo fotosintético, por lo general un alga. Los líquenes son increíblemente duraderos y se sabe que pueden sobrevivir en el vacío del espacio. Sin embargo, también son indicadores increíblemente sensibles del estado de la atmósfera. Sobre todo cuando se libera dióxido de azufre hacia la atmósfera, el gas reacciona con el agua y forma ácidos (incluido ácido sulfúrico) que contaminan la lluvia. Los líquenes sufren daños severos con la lluvia ácida, aunque la gravedad de éstos, depende del sustrato donde se desarrollan. Los líquenes desaparecen primero de la corteza de pinos y abetos, los cuales de por sí son algo ácidos. Los líquenes de los olmos, que tienen una corteza alcalina, son los últimos en desaparecer. Mediante la vigilancia estrecha de la salud de las poblaciones de líquenes de diversos árboles, los científicos pueden utilizar a estos extraordinarios organismos como monitores de baja tecnología para conocer la salud del ambiente.

Plantas

CARACTERÍSTICAS CLAVE

Las plantas son eucariotas con paredes celulares compuestas de celulosa. Las plantas llevan a cabo la fotosíntesis usando los pigmentos verdes llamados clorofila a y b, y almacenan los productos de la fotosíntesis en forma de almidón.

▶ *Un banano en floración.*

▼ *El ciclo vital típico de una planta*

Haploide (N)
Diploide (2N)
MEIOSIS
Esporas (N)
Planta gametofita (N)
Planta esporofita (2N)
Espermatozoide (N)
Óvulos (N)
FECUNDACIÓN

• En detalle

Los procariotas interiores

El origen de los cloroplastos

Los cloroplastos, que contiene su propio ADN, se encuentran en todas las plantas verdes, pero ¿de dónde vienen? En 1905, el botánico ruso Konstantin Mereschkowsky observó semejanzas entre los cloroplastos y las cianobacterias, y propuso que estos organelos se originaron debido a una relación simbiótica formada con los antepasados de las plantas modernas.

Esta hipótesis aún tiene validez en la actualidad. Nuevos estudios de ADN sugieren que todos los cloroplastos descienden de una misma procariota fotosintética estrechamente relacionada con las cianobacterias modernas.

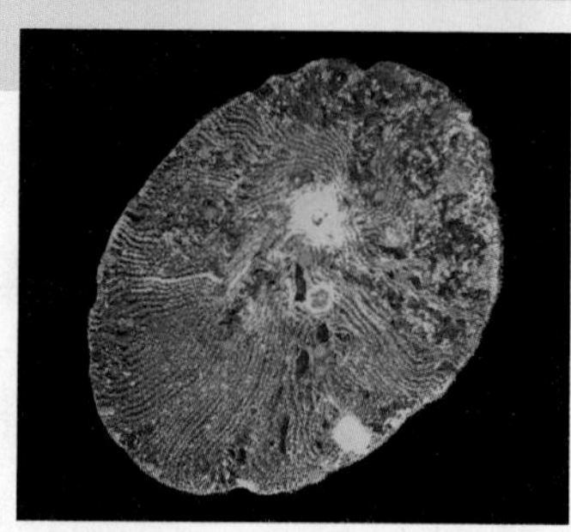

Las membranas fotosintéticas (en color verde) que puedes ver en este delgado corte de una cianobacteria, se parecen a las membranas tilacoides de los cloroplastos de la célula vegetal. (TEM 14,000×)

Algas verdes

CARACTERÍSTICAS CLAVE

Las algas verdes son plantas que no producen embriones. Todas las plantas restantes forman embriones en alguna etapa de su ciclo vital. Las algas verdes incluyen tanto especies unicelulares como multicelulares y son principalmente acuáticas.

Organización Células únicas, colonias y algunas cuantas especies verdaderamente multicelulares.

Movimiento Muchas nadan usando flagelos.

Transporte de agua El agua se difunde desde el ambiente externo.

Reproducción Asexual y sexual, con gametos y esporas; algunas especies muestran alternancia de generaciones.

▲ *Macizos de* Spirogyra, *alga verde filamentosa comúnmente llamada seda de agua o trenza de sirena.*

GRUPOS DE ALGAS VERDES

A continuación verás un perfil de los tres grupos de algas verdes más diversos.

CLORÓFITAS: Algas verdes clásicas

Estas algas suelen vivir como células únicas, como es el caso de *Chlamydomonas*, o bien en colonias, como *Volvox*. Se encuentran tanto en agua dulce como salada, y se sabe que algunas especies viven en los bancos de nieve del Ártico.

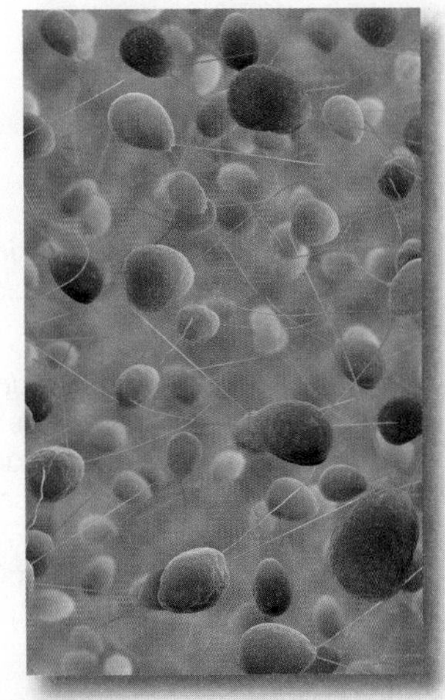

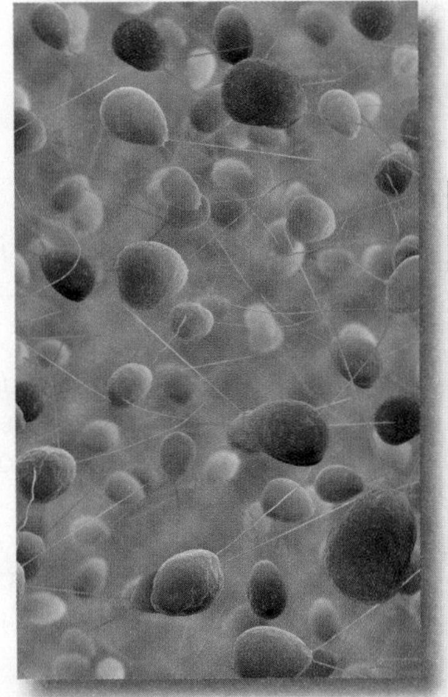

► Chlamydomonas *es un alga verde unicelular. Cada célula tiene dos flagelos que utiliza para moverse.* (SEM 3000×)

CARÓFITAS: Algas caráceas

Entre las algas verdes, las carófitas son las más estrechamente relacionadas con plantas más complejas. En general son especies de agua dulce. Sus filamentos ramificados pueden estar anclados al sustrato mediante delgados rizoides.

◄ Chara *con anteridios (estructuras productoras de espermatozoides) visibles.*

ULVOFICEAS: Lechugas marinas

Las ulvoficeas son organismos grandes compuestos de cientos o miles de células. La mayoría forma láminas verdes grandes y aplanadas y suelen recibir el nombre común de algas marinas. Sus ciclos vitales incluyen fases haploides y diploides, pero en muchas especies, como la lechuga marina común, Ulva, es difícil diferenciar entre ambas fases.

▼ *Ulva lactuca*

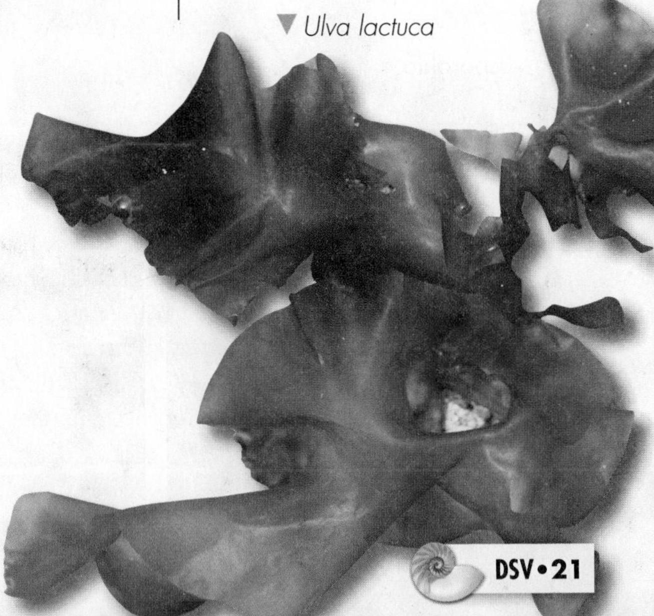

Briofitas

CARACTERÍSTICAS CLAVE

Las briofitas viven principalmente en la tierra y son plantas multicelulares que carecen de verdadero tejido vascular. Esta carencia limita su altura a unos cuantos centímetros y las obliga a vivir en suelos húmedos.

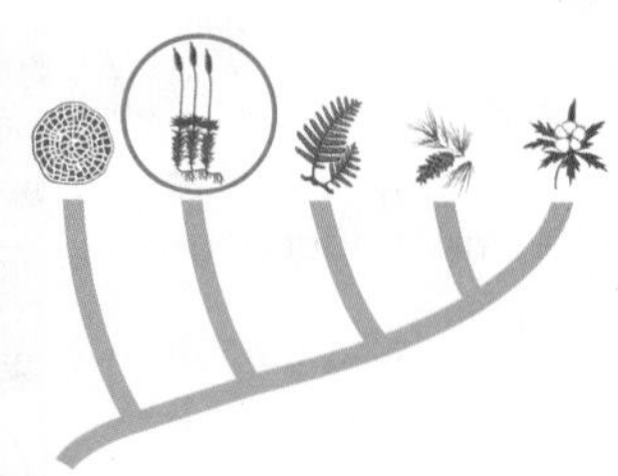

▲ *Los musgos proliferan en lugares húmedos y sombreados, como las márgenes de este arroyo de Oregon.*

Organización Tejidos complejos y especializados que incluyen capas externas protectoras y rizoides.

Movimiento Las adultas son estacionarias; los gametos masculinos nadan hasta los óvulos usando flagelos.

Transporte de agua Difusión de célula a célula; en algunos musgos, el agua fluye a través de tejidos especializados.

Reproducción Todas se reproducen sexualmente y tienen alternancia de generaciones, produciendo gametos y esporas. La mayoría también presenta reproducción asexual. La etapa de gametofito es la dominante, mientras que la etapa de esporofito depende del gametofito.

GRUPOS DE BRIOFITAS

Aunque aquí se les menciona juntos, se considera que los tres principales grupos de briofitas han evolucionado independientemente unos de otros.

MUSGOS: Briofitas clásicas

Los musgos viven en suelos húmedos sin luz directa, aunque a veces se desarrollan en los costados de los troncos de árboles.

Esporofito

Estera de gametofitos

HEPÁTICAS

Las hepáticas son plantas planas y muy parecidas a plantas con hojas que crecen en el suelo húmedo de los bosques. Los esporofitos son pequeños y crecen en la parte inferior de los gametofitos femeninos.

HORNABEQUES

Los hornabeques derivan su nombre de sus esporofitos, pequeñas estructuras verdes que semejan cuernos. Igual que las demás briofitas, los hornabeques se encuentran principalmente en áreas húmedas y con mucha sombra. Sólo se conocen unas 100 especies.

Plantas vasculares sin semilla

CARACTERÍSTICAS CLAVE

Esta división informal agrupa a todas las plantas que poseen verdadero tejido vascular pero no producen semillas. El tejido vascular es una adaptación crítica para la vida en tierra firme. Debido a que transporta agua y nutrientes a todas las estructuras de la planta, el tejido vascular permitió la evolución de raíces y plantas del tamaño de árboles; así como la expansión de las plantas hacia regiones secas de tierra firme.

Organización Tejidos complejos y especializados que incluyen raíces verdaderas, tallos y hojas.

Movimiento Las adultas son estacionarias; los gametos masculinos nadan hasta los óvulos utilizando flagelos.

Transporte de agua A través del tejido vascular.

Reproducción Alternancia de generaciones con producción de esporas, óvulos y espermatozoides nadadores; la etapa de esporofito es la dominante, pero el esporofito no depende del gametofito como sucede en las briofitas.

GRUPOS DE PLANTAS VASCULARES SIN SEMILLA

Además de las plantas de floración, estos organismos componen la colección más diversa de plantas terrestres con más de 10,000 especies conocidas.

HELECHOS

Los helechos son comunes y abundantes. Como necesitan agua estancada para reproducirse, los helechos suelen encontrarse en áreas que son húmedas por lo menos durante parte del año. La fase dominante del ciclo vital es la de esporofito. Las esporas se producen en grupos muy visibles llamados soros, en la parte dorsal de las hojas.

▼ *Polypodium vulgare*

Soros

MUSGOS DE BASTÓN

Dado que realmente no son musgos, estas plantas vasculares también reciben el nombre de licopodios. Fueron particularmente abundantes durante el período carbonífero, hace 360 a 290 millones de años, cuando alcanzaban el tamaño de grandes árboles. En la actualidad, sus restos componen la mayor parte de los depósitos de carbón que se explotan para obtener combustible.

▼ *El pequeño musgo de bastón conocido como* Licopodio *puede encontrarse en el suelo forestal de las regiones templadas de América del Norte. A simple vista, parecen diminutos pinos, pero de hecho, son pequeñas plantas sin semillas.*

EQUISETÁCEAS

Sólo se conoce un género viviente de las equisetáceas, *Equisetum*. Su nombre deriva de su parecido con las colas de los caballos. En la actualidad sólo se conocen 25 especies que viven confinadas a regiones de suelo húmedo; pero hubo una época en que las equisetáceas fueron mucho más diversas, grandes y abundantes. En la época colonial, se utilizó el sílice abrasivo que poseen muchas equisetáceas como polvo limpiador para fregar ollas y cazuelas.

▼ *Equisetum*

Gimnospermas

CARACTERÍSTICAS CLAVE

Las gimnospermas son plantas vasculares productoras de semillas, las cuales están expuestas al ambiente en vez de encontrarse envueltas en un fruto. Las semillas suelen estar en las escamas de sus piñas.

Organización Raíces, tallos y hojas verdaderos.

Movimiento Las adultas son estacionarias; los gametofitos masculinos, ubicados dentro de granos de polen, flotan en el aire o son transportados por animales hasta las estructuras femeninas, donde sueltan el espermatozoide para que alcance los óvulos.

Transporte de agua A través del tejido vascular.

Reproducción Sexual; alternancia de generaciones; la etapa de esporofito es la dominante. Los gametofitos femeninos viven dentro del esporofito progenitor. Puesto que los granos de polen transportan espermatozoides a los óvulos, no hace falta agua corriente para la fecundación.

▶ ***Algunos pinos* bristlecone (Pinus aristata) *tienen miles de años de antigüedad, como éste que crece en Nevada.***

• **¿Sabías qué...?**

Surgidas de las cenizas

La función del fuego en la germinación de semillas

Solemos pensar que los incendios forestales son desastres naturales y casi siempre es cierto. Sin embargo, algunas especies de gimnospermas están tan bien adaptadas a las condiciones áridas del oeste estadounidense que, de hecho, dependen de esos incendios para diseminar sus semillas.

El ejemplo mejor conocido es el *Pinus banksiana*, conocido en inglés como *Jack pine*. Sus piñas son muy gruesas y resistentes al calor, por eso cuando las llamas las envuelven, las semillas no sufren daño alguno; la alta temperatura del fuego ayuda a abrir la capa exterior de la piña y así las semillas pueden salir posteriormente. En consecuencia, esta variedad de pino es una de las primeras plantas que vuelve a poblar los bosques dañados por incendios.

▲ *El intenso calor de un incendio forestal abre las piñas del* Jack pine *y libera sus semillas. En esta foto se ven crecer plántulas de este pino entre los restos calcinados de árboles maduros que ardieron en un incendio forestal.*

GRUPOS DE GIMNOSPERMAS

Hay cuatro grupos principales de gimnospermas, que representan un total aproximado de 800 especies.

CONÍFERAS

Las coníferas son, con seguridad, el grupo más diverso de las gimnospermas con casi 700 especies en todo el mundo. Estas especies incluyen pinos, píceas, abetos y secoyas, todos los cuales conforman la mayor parte de los bosques templados del planeta. Las coníferas tienen enorme importancia económica; su madera se utiliza para construir residencias, fabricar papel y como fuente de calor. Los compuestos de sus resinas sirven para una gran variedad de aplicaciones industriales.

▲ *La mayoría de las coníferas conserva sus hojas durante todo el año.*

CICADÁCEAS

Las cicadáceas son hermosas plantas que parecen palmeras y poseen grandes piñas. El primer fósil de cicadáceas de que se tiene registro data del periodo triásico, hace 225 millones de años. Los grandes bosques de cicadáceas florecieron en la misma época en que los dinosaurios merodeaban la Tierra. En la actualidad sólo quedan nueve géneros de cicadáceas. Podemos encontrar cicadáceas creciendo en condiciones naturales en regiones tropicales y subtropicales como México, las Indias Occidentales, Florida y algunas partes de Asia, África y Australia.

▶ *Una palmera sagú,* Cycas resoluta

▲ *Los ginkgos suelen sembrarse en ambiente urbanos, dada su resistencia a la contaminación del aire y a su popularidad como árboles de sombra.*

GINKGOES

Los ginkgos eran comunes en la era de los dinosaurios, pero actualmente el grupo sólo incluye una especie: *Ginkgo biloba*. La especie viviente de ginkgo se parece a los fósiles de sus antepasados; de hecho, *G. biloba* puede ser una de las plantas de semilla más antiguas de nuestros días.

GNETOFITAS

En la actualidad se conocen cerca de 70 especies de gnetofitas, subdivididas en apenas tres géneros. Las escamas reproductoras de estas plantas están agrupadas en piñas.

▶ Welwitschia mirabilis, *habitante del desierto de Namibia en el suroeste de África, es una de las gnetofitas más notables. Sus enormes y gruesas hojas crecen continuamente y se extienden sobre el suelo.*

Plantas

Angiospermas

CARACTERÍSTICAS CLAVE

Las angiospermas son plantas que envuelven sus semillas en un ovario. El ovario forma parte del aparato reproductor que llamamos flor. Las semillas se producen mediante un doble proceso de fecundación, en el cual se forma un embrión diploide y un tejido endospermático triploide. Conforme las semillas maduran, los ovarios se transforman en frutos que ayudan a dispersarlas.

Organización Raíces, tallos y hojas verdaderos.

Movimiento Las adultas son estacionarias; los gametofitos masculinos, dentro de granos de polen, flotan en el aire o son transportados por animales hasta las estructuras femeninas, donde liberan espermatozoides para que alcancen los óvulos.

Transporte de agua A través del tejido vascular.

Reproducción Sexual con alternancia de generaciones; también asexual. La etapa de esporofito es la dominante. Los gametofitos femeninos viven dentro del esporofito progenitor. El polen transporta espermatozoides a los óvulos, así que no hace falta agua corriente para la fecundación.

▶ *Un murciélago magueyero poliniza un saguaro,* Carnegia gigantea, *mientras liba el néctar de sus capullos.*

• En detalle

¿Qué sucedió con las monocotiledóneas y las dicotiledóneas?

Por tradición, las plantas de floración se han dividido en dos grupos, monocotiledóneas y dicotiledóneas, dependiendo de cuántos cotiledones hay en sus embriones. Sin embargo, los estudios moleculares han demostrado que las dicotiledóneas no conforman un sólo grupo. Algunas de las plantas de floración más primitivas (como *Amborella*) son dicotiledóneas y también lo son algunas de las plantas de floración más avanzadas, mientras que las monocotiledóneas caen en medio de los dos extremos. Por ello, aunque las monocotiledóneas son un solo grupo, el término *dicotiledóneas* ha adquirido un significado taxonómico informal, aunque útil.

Amborella
Lirios acuáticos
Monocotiledóneas
Magnoliidae
Eudicotiledóneas
Angiosperma ancestral

GRUPOS DE ANGIOSPERMAS

La gran mayoría de las especies vegetales (más de 260,000) son angiospermas.

▲ *Los lirios son plantas acuáticas que producen flores y hojas, y flotan en la superficie del agua.*

NINFEÁCEAS

En la actualidad se conocen alrededor de 50 especies de lirios acuáticos y este grupo es de particular interés para los taxonomistas de plantas. Su ADN y la estructura de sus flores sugieren que, junto con *Amborella*, fue uno de los primeros grupos que se separó de la principal línea evolutiva de las plantas de floración. Puedes encontrar ejemplos de lirios acuáticos en todo el mundo.

MAGNOLIIDAE:
Magnolios y otros árboles

El género más famoso de estas plantas es *Magnolia*, la cual incluye casi 200 especies. Los laureles y los tulipaneros también pertenecen a la subclase magnoliidae. Debido a la estructura de sus flores, se creía que las magnoliidae eran tan primitivas como los lirios acuáticos. Sin embargo, los estudios genéticos apuntan a que se separaron del resto del linaje de angiospermas después que las monocotiledóneas y por consiguiente, no se cuentan entre las plantas de floración más antiguas.

▼ *El tulipanero es un árbol largo y recto cuya madera suele usarse para producir postes telefónicos. Sus flores tienen un color verdoso y parecen tulipanes.*

► *Los magnolios producen flores muy llamativas que contienen varios estambres y múltiples pistilos.*

AMBORELLA

Amborella no representa un grupo de plantas, sino una sola especie que vive únicamente en la isla de Nueva Caledonia, en el océano Pacífico Sur. Estudios de ADN revelan que *Amborella* está igualmente separada de todas las plantas de floración actuales, lo que indica que sus predecesores se apartaron de la principal línea evolutiva de las plantas de floración hace alrededor de 100 millones de años.

▲ *Las flores de* Amborella trichopoda *son más simples que las de muchas otras plantas y la especie posee varias características que la sitúan en el origen mismo de la línea evolutiva de las plantas de floración.*

GRUPOS DE ANGIOSPERMAS (CONTINUACIÓN)...

MONOCOTILEDÓNEAS

Existen alrededor de 65,000 especies de monocotiledóneas, lo que equivale a casi 20 por ciento del total de plantas de floración. Estas especies derivan su nombre del único cotiledón que se observa en su embrión, e incluyen algunas de las plantas de cultivo más importantes para la humanidad. Las monocotiledóneas de cultivo representan la gran mayoría de los alimentos producidos mediante agricultura. Esos cultivos incluyen trigo, arroz, cebada, maíz y caña de azúcar. Hay hierbas comunes que también son monocotiledóneas, como cebollas, bananos, orquídeas, cocoteros, tulipanes e irises.

▲ *Las cebollas son sólo uno de muchos ejemplos de especies de monocotiledóneas.*

▲ *Esta colina africana está salpicada de hierba silvestre de las pampas.*

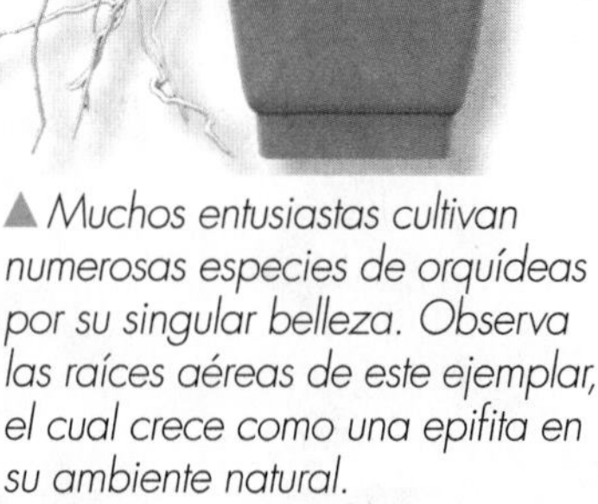

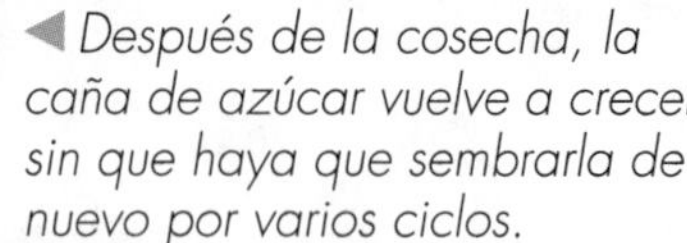

Raíces aéreas

▲ *Muchos entusiastas cultivan numerosas especies de orquídeas por su singular belleza. Observa las raíces aéreas de este ejemplar, el cual crece como una epifita en su ambiente natural.*

◀ *Después de la cosecha, la caña de azúcar vuelve a crecer sin que haya que sembrarla de nuevo por varios ciclos.*

Alerta • ecológica

Evolución conjunta: pérdida de los polinizadores

El éxito de las plantas de floración se debe, sin duda alguna, a la evolución conjunta con sus polinizadores. La abeja melífera común es el polinizador más importante, pues recoge el néctar de las flores de cientos de especies de plantas y disemina polen de planta en planta.

Por desgracia, los apicultores de todo el mundo, incluido Estados Unidos, enfrentan una grave crisis: el "trastorno de colonia dispersa". Este mal, en palabras de los apicultores, consiste en que las abejas se alejan de la colmena y jamás regresan o lo hacen sólo para debilitarse y morir. La enfermedad amenaza con afectar infinidad de cultivos importantes cuya producción de frutos y semillas depende de la actividad de las abejas. Se sospecha de un hongo o un virus que se disemina de colmena en colmena, pero hasta el momento no se conoce una causa definitiva y tampoco el tratamiento.

EUDICOTILEDÓNEAS: "DICOTILEDÓNEAS VERDADERAS"

Las eudicotiledóneas representan el 75 por ciento de todas las especies de angiospermas, su nombre significa "dicotiledóneas verdaderas" y son las plantas que suelen utilizarse como ejemplos del tallo, las hojas y la estructura floral de las dicotiledóneas. Las eudicotiledóneas poseen granos de polen distintivos con tres surcos en la superficie, y los estudios de ADN apoyan fuertemente su clasificación como grupo único. Estas plantas incluyen varios subgrupos importantes, cinco de ellos se describen aquí.

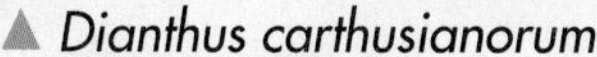

▲ *Dianthus carthusianorum*

Ranunculáceas

El subgrupo ranunculáceas deriva su nombre e incluye a los ranúnculos o botones de oro (género *Ranunculus*). El subgrupo también contiene a varias flores bien conocidas como colombinas, amapolas, agracejos y *moonseed* (género *Menispermum*).

► Colombina de las Rocosas.

Cariofilales

Es posible que los cactos sean las plantas mejor conocidas del subgrupo cariofilales. Otros miembros son los claveles, la espinaca, el ruibarbo y las plantas carnívoras como rocío de sol y sarracenia.

Saxifragales

Las plantas del taxón saxifragales incluyen a las peonías, el hamamelis, la grosella y la campanilla coral.

◄ Peonía

Rósidas

Como bien supones, la clasificación rósidas incluye a las rosas. Sin embargo, este subgrupo también abarca varios frutos populares, como naranjas, frambuesas, fresas y manzanas. Otros miembros son algunos de los árboles mejor conocidos, como álamos, sauces y arces.

▲ Naranja

Astéridas

Las cerca de 80,000 especies de astéridas incluyen a los girasoles, las azaleas, la boca de dragón, el arándano, los tomates y las papas.

▼ *Las flores de un campo de girasoles siguen el movimiento del sol en el cielo; por ello, todas están vueltas en la misma dirección.*

Animales

Leopardo de las nieves

CARACTERÍSTICAS CLAVE

Los animales son organismos pluricelulares, heterótrofos, eucariotas cuyas células carecen de paredes celulares.

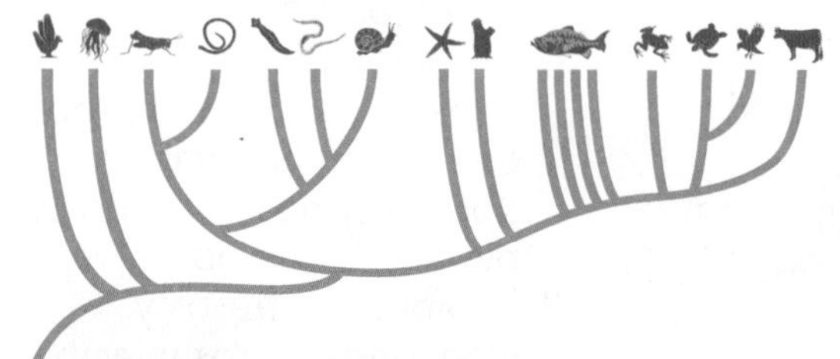

• En detalle

Un antepasado común

Estudios moleculares y análisis cladísticos recientes reconocen que el clado Choanozoa es el verdadero grupo hermano de todos los Metazoa, animales unicelulares. Choanozoa es un grupo de organismos antes llamados "protistas" y recibe su nombre por los coanoflagelados (arte y foto a la derecha), organismos coloniales unicelulares que se parecen a ciertas células de esponjas y gusanos planos. Las pruebas sugieren que los coanoflagelados vivos en la actualidad son los mejores ejemplos vivientes de la forma en que se veían los últimos antepasados comunes de los metazoos.

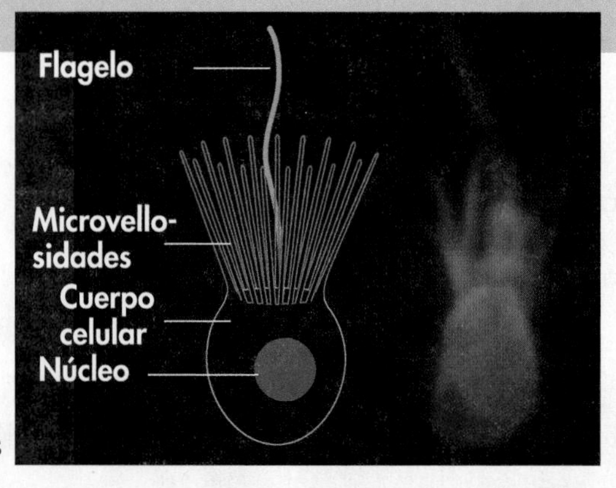

Porifera (Esponjas)

CARACTERÍSTICAS CLAVE

Las esponjas son los animales más simples. Se clasifican como animales porque son pluricelulares, heterótrofos, carecen de paredes celulares y tienen algunas células especializadas. Son acuáticos, carecen de tejidos y órganos verdaderos y tienen esqueletos internos de espongina y/o espículas de carbonato de calcio o sílice. Las esponjas no tienen simetría corporal.

Alimentación y digestión Filtradores; digestión intracelular.

Circulación Por medio del flujo de agua a través del cuerpo.

Respiración El oxígeno se difunde del agua a las células conforme el agua fluye a través del cuerpo.

Excreción Los desechos se difunden de las células al agua conforme ésta fluye a través del cuerpo.

Respuesta No tienen sistema nervioso; poca capacidad para responder a cambios ambientales.

Movimiento Los jóvenes son arrastrados por las corrientes o nadan libremente; los adultos son estacionarios.

Reproducción En su mayor parte sexual con fecundación interna; el agua que sale de la esponja dispersa los espermatozoides, los cuales fecundan los huevos dentro de la esponja o esponjas; pueden reproducirse asexualmente por gemación o produciendo gémulas.

GRUPOS DE ESPONJAS

Hay más de 5000 especies de esponjas; la mayoría son marinas. A continuación se describen tres grupos importantes.

DEMOSPONJAS: Esponjas típicas

Más de 90% de todas las especies de esponjas vivas está en este grupo, incluyendo las pocas especies de agua dulce. Tienen esqueletos hechos de espongina, una proteína flexible. Algunas especies tienen espículas de sílice. Ejemplos: esponja amarilla, esponjas de baño, esponja carnívora mediterránea, esponjas tubulares

HEXACTINÉLIDOS: Esponjas de vidrio

Las esponjas de vidrio viven en las profundidades del océano y son abundantes en especial en el Antártico. Se llaman esponjas "de vidrio" porque sus esqueletos están hechos de espículas de sílice parecidas al vidrio. Ejemplos: canasta de flores de Venus, esponja nube

◀ Esponja de vidrio

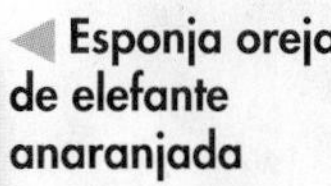

◀ Esponja oreja de elefante anaranjada

CALCÁREAS: Esponjas calcáreas

Las esponjas calcáreas viven en aguas marinas tropicales poco profundas y son las únicas esponjas con espículas de carbonato de calcio. Ejemplo: *Clathrina*

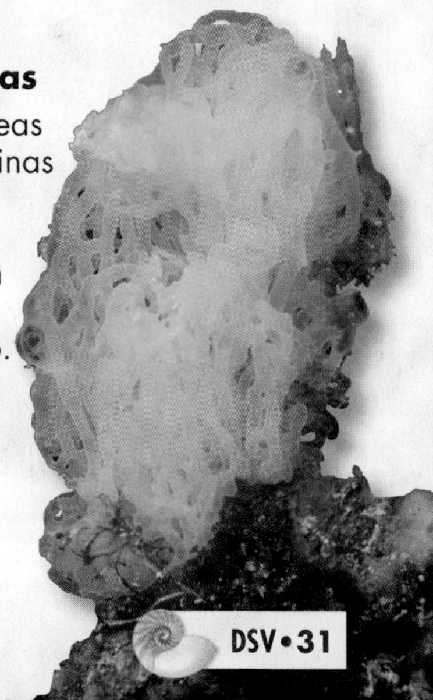

Esponja tubular amarilla ▶

Cnidarios

▲ Medusa de compases

CARACTERÍSTICAS CLAVE

Los cnidarios son animales acuáticos, principalmente carnívoros y los más simples que tienen tejidos especializados (piel externa y recubrimiento de la cavidad gastrovascular) y simetría corporal (radial). Sus tentáculos tienen células punzantes llamadas nematocistos que se usan en la alimentación.

Alimentación y digestión Depredadores, pican a la presa con los nematocistos. La digestión comienza en forma extracelular en la cavidad gastrovascular y es completada de manera intracelular; los materiales indigeribles dejan el cuerpo a través de una abertura única; muchos, en especial los corales constructores de arrecifes, también dependen de algas simbióticas, o zooxantelas.

Circulación No tienen sistema de transporte interno; los nutrientes por lo común se difunden a través del cuerpo.

Respiración Difusión a través de las paredes del cuerpo.

Excreción Los desechos celulares se difunden a través de las paredes del cuerpo.

Respuesta Algunas células sensoriales especializadas: células nerviosas en red nerviosa, estatocistos que ayudan a determinar arriba y abajo, manchas oculares (ocelos) hechos de células que detectan la luz.

Movimiento Pólipos estacionarios, medusas que nadan libremente; algunos, como las anémonas de mar, pueden cavar y arrastrarse muy despacio; otros se mueven usando músculos que funcionan con un esqueleto hidrostático y agua en la cavidad gastrovascular; las medusas se mueven por propulsión a chorro generada por contracciones musculares.

Reproducción La mayoría alterna entre sexual (la mayoría de las especies por fecundación externa) y asexual (los pólipos producen pólipos o medusas nuevos por gemación)

El color de este coral estrella es causado por las algas zooxantelas que viven dentro de él.

Alerta • ecológica

Simbiontes de coral

Los animales de coral que forman arrecifes dependen de algas simbióticas llamadas zooxantelas para ciertas necesidades nutricionales vitales. En muchos lugares, los corales formadores de arrecifes viven cerca del extremo superior de su zona de tolerancia de temperatura. Si la temperatura del agua se eleva demasiado, se rompe la simbiosis coral-zooxantela y los corales se vuelven blancos en lo que se llama "blanqueamiento del coral". Si los corales no recuperan pronto sus algas, se debilitan y mueren. Ésta es una razón por la que los arrecifes de coral están en grave peligro por el calentamiento global.

GRUPOS DE CNIDARIOS

Hay más de 9000 especies de cnidarios.

Una fragata portuguesa es en realidad una colonia de pólipos.

HIDROZOOS: Hidras y sus parientes

Las hidras y sus parientes pasan la mayor parte de su tiempo como pólipos y son coloniales o solitarios. Se reproducen de manera asexual (por gemación), sexual o alternan entre ambas. Ejemplos: hidra, fragata portuguesa.

Medusa gigante

ESCIFOZOOS: Medusas

Las aguamalas pasan la mayor parte de su tiempo como medusas; algunas especies prescinden de la etapa de pólipos. Se reproducen en forma sexual y a veces de manera asexual por gemación. Ejemplos: medusa melena de león, medusa luna, avispa marina

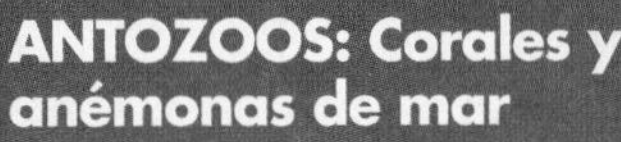

ANTOZOOS: Corales y anémonas de mar

Los corales y las anémonas de mar son pólipos coloniales o solitarios sin etapa de medusa. El cuerpo central está rodeado por tentáculos. Se reproducen de manera sexual o asexual. Ejemplos: arrecifes de coral, anémonas de mar, plumas de mar, abanicos de mar

Anémona de mar

Este acalefo luminiscente (Pelagia noctiluca) es capaz de exhibir bioluminiscencia, que es la producción de luz.

Animales

Artrópodos

CARACTERÍSTICAS CLAVE

Los artrópodos son los más diversos de todos los organismos multicelulares. Tienen cuerpos segmentados y apéndices articulados. Se sostienen mediante exoesqueletos duros hechos de quitina, los cuales mudan en forma periódica conforme crecen. Los artrópodos son protóstomos celomados con simetría bilateral.

Alerta • ecológica

Daño de los escarabajos

Es probable que sepas que algunos insectos pueden dañar gravemente las plantas de cultivo. Pero los insectos también afectan a las plantas en ambientes naturales. Un ejemplo es el escarabajo del pino de montaña, el cual está extendiendo en forma impresionante su hábitat. El calentamiento global parece estar permitiendo que el escarabajo sobreviva más al norte, y a mayores altitudes, de lo acostumbrado. La nueva infestación de escarabajos está causando un daño extenso a bosques que se encuentran a gran altitud en el norte de los Estados Unidos. La muerte de millones de acres de árboles ha producido la liberación de grandes cantidades de dióxido de carbono, un gas de invernadero, en la atmósfera. Puedes ver la clase de daño que causan los escarabajos en la foto de la derecha.

▲ *Daño del escarabajo del pino de montaña a los pinos en el Bosque Nacional White River en Colorado*

Alimentación y digestión Diversa en extremo: herbívoros, carnívoros, detritívoros, parásitos, chupadores de sangre, carroñeros, filtradores; sistema digestivo con dos aberturas; muchas especializaciones de alimentación en grupos diferentes

Circulación Sistema circulatorio abierto con corazón y arterias

Respiración Terrestres: tubos traqueales o pulmones en libro; acuáticos: branquias o branquias en libro (cangrejos herradura)

Excreción Terrestres: túbulos de Malpighi; acuáticos: difusión en el agua

Respuesta Sistema nervioso bien desarrollado con encéfalo; órganos sensoriales complejos

Movimiento Músculos unidos en forma interna a exoesqueletos articulados

Reproducción Por lo general sexual, aunque algunas especies pueden reproducirse de manera asexual bajo ciertas circunstancias; muchos experimentan metamorfosis durante el desarrollo

La mayoría de los animales, incluyendo este cangrejo terrestre, son artrópodos.

GRUPOS DE ARTRÓPODOS

El filo Arthropoda contiene más especies conocidas que cualquier otro. Los científicos han identificado más de 1,000,000 de especies de artrópodos, y algunos científicos esperan que haya millones aún por identificar. Los artrópodos se clasifican con base en el número y estructura de segmentos corporales y apéndices.

CRUSTACEA: Crustáceos

Hay especies de crustáceos en casi todos los hábitats, pero la mayoría son acuáticas y la mayor parte de éstas son marinas. Tienen dos o tres secciones corporales, dos pares de antenas y partes bucales masticatorias llamadas mandíbulas. Muchos tienen un caparazón, o "concha", que cubre parte o todo el cuerpo. Ejemplos: cangrejos, langostas, cigalas, cochinillas, pulgas de agua, percebes

▲ **Langosta**

CHELICERATA: Quelicerados

Los quelicerados vivos incluyen cangrejos herradura y arácnidos. (Sus parientes extintos incluyen trilobites y "escorpiones marinos" gigantes.) La mayoría de los quelicerados vivos son terrestres. El cuerpo está compuesto de dos partes: el cefalotórax y el abdomen. El primer par de apéndices son estructuras de alimentación especializadas llamadas quelíceros. Los quelicerados no tienen antenas.

Los cangrejos herradura en realidad están más emparentados con las arañas que con los cangrejos.

Merostomata: Cangrejos herradura

La clase Merostomata incluyó alguna vez muchas especies, pero sólo cuatro especies de cangrejo herradura sobreviven en la actualidad. Todas son marinas. Tienen cinco pares de patas para caminar y una cola larga como púa.

Arachnida: Arácnidos

La gran mayoría de los arácnidos son terrestres. Tienen cuatro pares de patas para caminar y no tienen cola. Ejemplos: arañas, garrapatas, ácaros, escorpiones, típulas

▲ **Tarántula mexicana de patas anaranjadas**

UNIRAMIA: Unirrámeos

La mayoría de los unirrámeos son terrestres, aunque algunos son acuáticos durante toda su vida o parte de ella. Tienen un par de antenas, mandíbulas y apéndices no ramificados. Los unirrámeos incluyen al menos tres cuartas partes de todas las especies de animales conocidas.

Los unirrámeos incluyen centípodos, miriápodos e insectos—más de tres cuartas partes de todas las especies de animales conocidas, incluyendo a esta libélula gónfida verde.

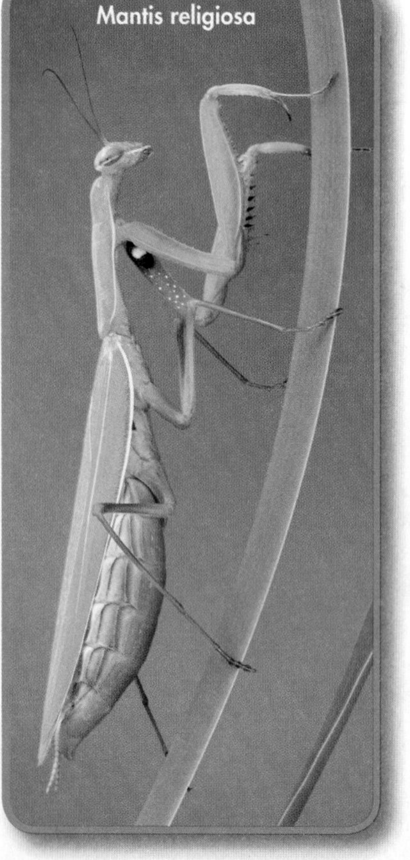

Insecta: Insectos

Hay más de 1,000,000 de especies de insectos en más de 25 órdenes. El cuerpo de un insecto se divide en tres partes: cabeza, tórax y abdomen. Los insectos tienen tres pares de patas y por lo general uno o dos pares de alas unidas al tórax. Algunos insectos experimentan una metamorfosis completa. Ejemplos: termitas, hormigas, escarabajos, libélulas, moscas, mariposas nocturnas, saltamontes

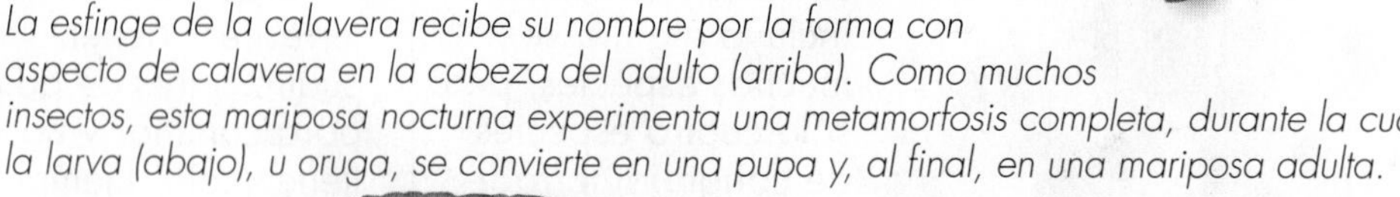

La esfinge de la calavera recibe su nombre por la forma con aspecto de calavera en la cabeza del adulto (arriba). Como muchos insectos, esta mariposa nocturna experimenta una metamorfosis completa, durante la cual la larva (abajo), u oruga, se convierte en una pupa y, al final, en una mariposa adulta.

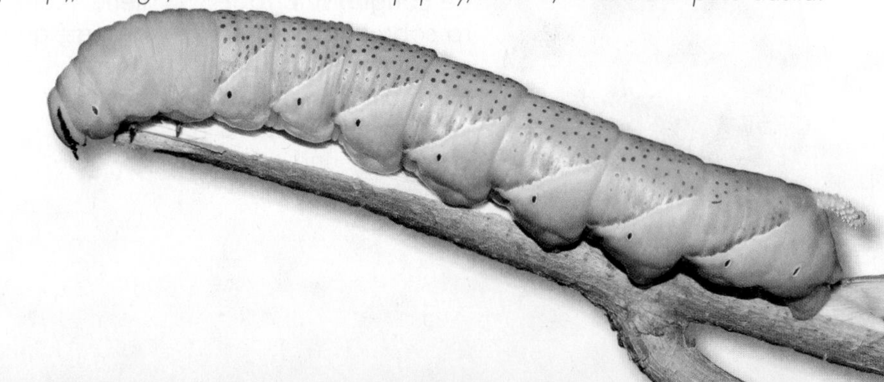

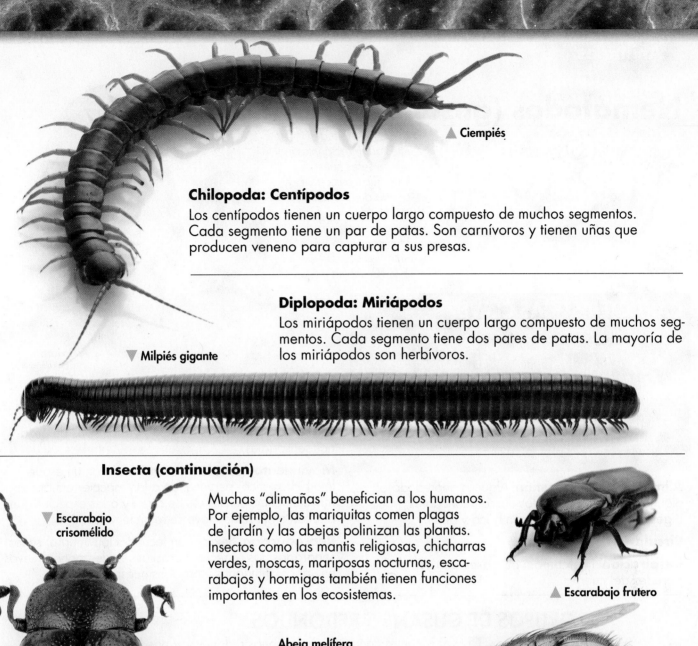

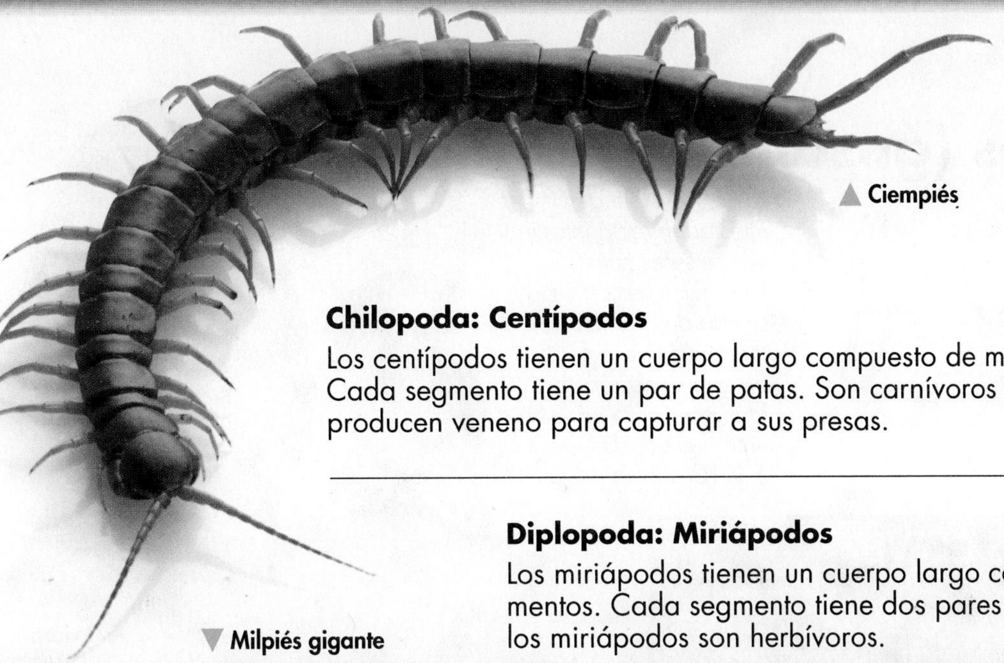

▲ Ciempiés

Chilopoda: Centípodos

Los centípodos tienen un cuerpo largo compuesto de muchos segmentos. Cada segmento tiene un par de patas. Son carnívoros y tienen uñas que producen veneno para capturar a sus presas.

Diplopoda: Miriápodos

Los miriápodos tienen un cuerpo largo compuesto de muchos segmentos. Cada segmento tiene dos pares de patas. La mayoría de los miriápodos son herbívoros.

▼ Milpiés gigante

Insecta (continuación)

▼ Escarabajo crisomélido

Muchas "alimañas" benefician a los humanos. Por ejemplo, las mariquitas comen plagas de jardín y las abejas polinizan las plantas. Insectos como las mantis religiosas, chicharras verdes, moscas, mariposas nocturnas, escarabajos y hormigas también tienen funciones importantes en los ecosistemas.

▲ Escarabajo frutero

Abeja melífera ▼

▲ Mosca califórida azul

▼ Saltamontes cornudo

▲ Mariquita

▲ Hormiga carpintera

Nemátodos (gusanos redondos)

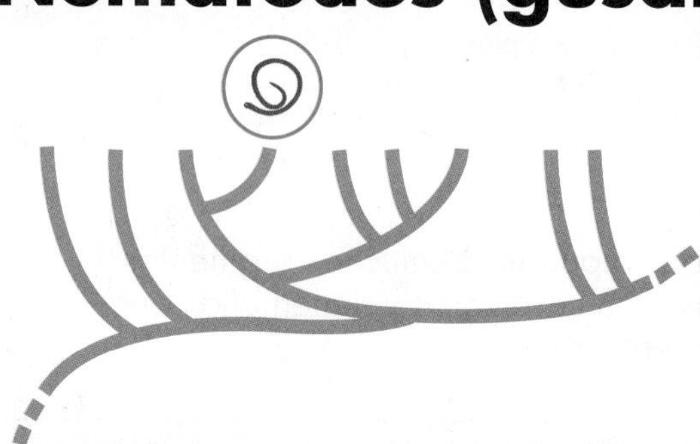

Los oxiuros pueden infestar el tracto intestinal de los seres humanos. Cualquier persona puede quedar infectada con oxiuros, pero la infección es más común en niños entre las edades de 5 y 10 años.

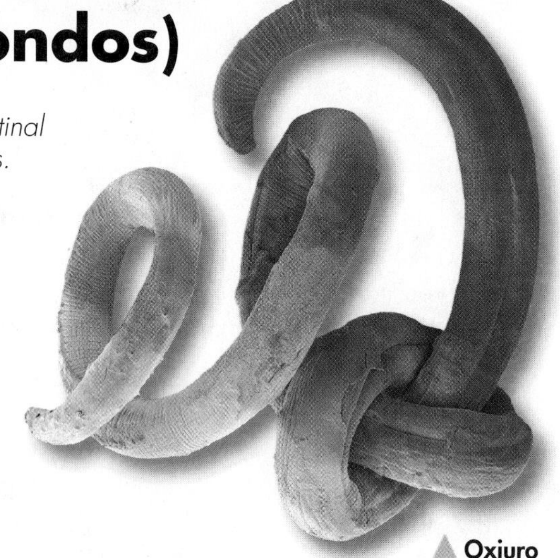

Oxiuro (SEM colorizado)

CARACTERÍSTICAS CLAVE

Los nemátodos, o gusanos redondos, son gusanos no segmentados con una cutícula exterior dura, la cual mudan conforme crecen. Esta "muda" es una razón por la que los nemátodos sean considerados ahora más emparentados con los artrópodos que con otros animales tipo gusano. Los nemátodos son los animales más simples que tienen un sistema digestivo de "sentido único" a través del cual pasa el alimento desde la boca hasta el ano. Son protóstomos y tienen un seudoceloma.

Alimentación y digestión Algunos depredadores, algunos parásitos y algunos descomponedores; tracto digestivo de sentido único con boca y ano

Circulación Por difusión

Respiración Intercambio de gases a través de las paredes del cuerpo

Excreción A través de las paredes del cuerpo

Respuesta Sistema nervioso simple consistente de varios ganglios, varios nervios y varios tipos de órganos sensoriales

Movimiento Los músculos funcionan con un esqueleto hidrostático, permitiendo a las especies acuáticas moverse como serpientes de agua y a las especies que habitan en el suelo moverse retorciéndose

Reproducción Sexual con fecundación interna; sexos separados; las especies parásitas pueden poner huevos en varios anfitriones u órganos huéspedes.

GRUPOS DE GUSANOS REDONDOS

Existen más de 15,000 especies conocidas de gusanos redondos, y puede haber medio millón de especies que aún no se han descrito. Las especies que viven en forma independiente habitan en casi todos los hábitats imaginables, incluyendo agua dulce, agua salada, manantiales termales, hielo y suelo. Las especies parásitas viven sobre o dentro de una amplia gama de organismos, incluyendo insectos, humanos y muchos animales y plantas domesticados. Ejemplos: *Ascaris lumbricoides*, anquilostomas, oxiuros, *Trichinella*, *C. elegans*

•En detalle

¿Un organismo modelo?

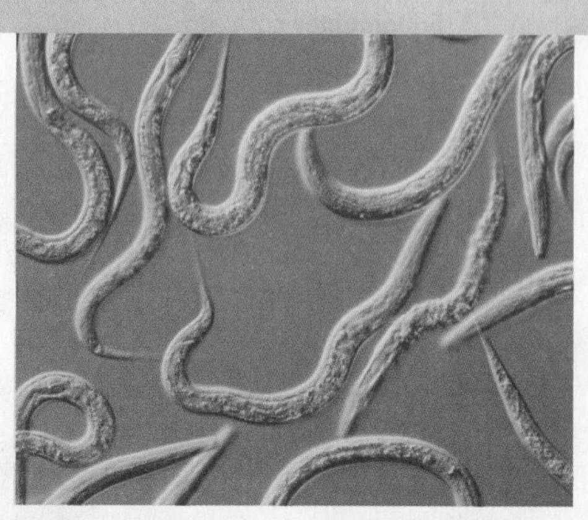

Caenorhabditis elegans es un nemátodo de tierra pequeño. Hace cincuenta años, esta especie fue seleccionada como un "organismo modelo" para el estudio de la genética y el desarrollo. Ahora podemos seguir el crecimiento y desarrollo de *C. elegans*, célula por célula, desde la fecundación hasta su estado adulto. Esta información es invaluable para la comprensión del desarrollo de otras especies, incluyendo muchos otros nemátodos que causan enfermedades graves.

◄ ***C. elegans*** (LM 64×)

Platelmintos (gusanos planos)

Algunos gusanos planos marinos tienen colores y patrones asombrosos

▲ Planaria pseudoceros azul

CARACTERÍSTICAS CLAVE

Los platelmintos son gusanos suaves con tejidos y sistemas de órganos internos. Son los animales más simples que tienen tres capas de células germinales embrionarias, simetría bilateral y cefalización. Son acelomados.

Alimentación y digestión De vida independiente: depredadores o carroñeros que chupan alimento a través de una faringe y la digieren en un sistema que tiene una abertura. Parásitos: se alimentan de sangre, líquidos tisulares o fragmentos de células del huésped, usando sistemas digestivos más simples que los que tienen las especies de vida independiente. Las tenias, las cuales absorben nutrientes del alimento que el huésped ya ha digerido, no tienen sistema digestivo.

Circulación Por difusión

Respiración Intercambio de gases por difusión

Excreción Algunos: las células flamígeras eliminan el exceso de agua y pueden eliminar desechos metabólicos como amoniaco y urea. Muchas células flamígeras están conectadas a túbulos que liberan sustancias a través de poros en la piel.

Respuesta De vida independiente: varios ganglios conectados por cordones nerviosos que corren a través del cuerpo, junto con manchas oculares y otras células sensoriales especializadas; parásitos: sistema nervioso más simple que el que tienen las formas de vida independiente.

Movimiento De vida independiente: usan cilios y células musculares.

Reproducción De vida independiente: la mayoría son hermafroditas que se reproducen sexualmente con fecundación interna; parásitos: por lo común se reproducen de manera asexual por fisión pero también con frecuencia se reproducen en forma sexual.

GRUPOS DE GUSANOS PLANOS

Los gusanos planos son un grupo sorprendentemente diverso de gusanos que incluyen más de 20,000 especies. Históricamente se han colocado en tres clases, pero ahora estos taxones no parecen ser clados verdaderos, y es probable que cambien.

TREMATODA: Duelas

La mayoría de las duelas son parásitos que infectan los órganos internos de sus huéspedes, pero algunas infectan partes externas como la piel o las branquias. El ciclo de vida por lo común implica más de un huésped u órgano. Ejemplos: *Schistosoma*, duela del hígado

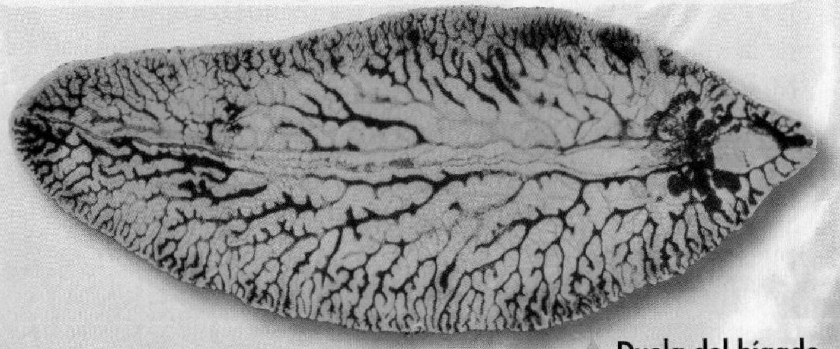

▲ Duela del hígado

TURBELLARIA: Turbelarios

Los turbelarios son depredadores y carroñeros acuáticos y terrestres de vida independiente. Muchos son especies marinas coloridas. Ejemplos: planarias, policlados

CESTODA: Tenias

Las tenias son parásitos intestinales muy largos que carecen de un sistema digestivo y absorben nutrientes en forma directa a través de sus paredes corporales. El cuerpo de la tenia está compuesto por muchas secciones repetidas (proglótidos) que contienen órganos reproductores tanto masculinos como femeninos.

Anélidos (gusanos segmentados)

CARACTERÍSTICAS CLAVE

Los anélidos son gusanos protóstomos celomados cuyos cuerpos están compuestos por segmentos separados por particiones internas. El sistema digestivo de los anélidos tiene dos aberturas.

Los gusanos empenachados, cuyas branquias en forma de plumas se parecen a las plumas del pavo real, son anélidos marinos, o poliquetos.

Alimentación y digestión Filtradores, carnívoros o parásitos; muchos obtienen alimento usando una faringe muscular, con frecuencia equipada con "dientes"; sistemas digestivos muy variados, algunos, como las lombrices, tienen tractos digestivos complejos.

Circulación Sistema circulatorio cerrado con vasos sanguíneos dorsal y ventral; el vaso dorsal bombea sangre como un corazón.

Respiración Acuáticos: branquias; terrestres: piel

Excreción Los desechos digestivos salen a través del ano; los desechos nitrogenados son eliminados por nefridios.

Respuesta El sistema nervioso incluye un encéfalo rudimentario y varios cordones nerviosos; órganos sensoriales mejor desarrollados en especies acuáticas de vida independiente.

Movimiento Esqueleto hidrostático basado en segmentos corporales sellados rodeados por músculos longitudinales y circulares; muchos anélidos tienen apéndices que les permiten moverse.

Reproducción La mayoría: sexual, algunos por medio de fecundación externa con sexos separados, pero otros son hermafroditas simultáneos que intercambian espermatozoides; la mayoría tiene una etapa larvaria trocófora.

• ¿Sabías qué...?

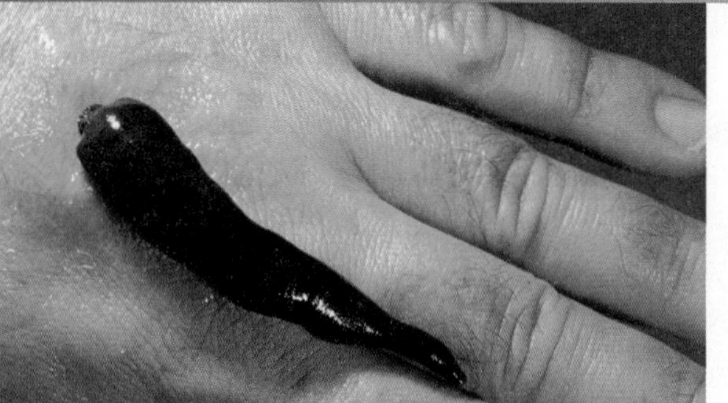

▲ *Sanguijuela* (Hirudo medicinalis) *sacando sangre de una mano*

Medicina no tan moderna

Quizá hayas escuchado que los curanderos medievales usaban sanguijuelas para eliminar el "exceso" de sangre de los pacientes y limpiar las heridas después de las cirugías. Pero, ¿sabías que las sanguijuelas, o al menos compuestos de la saliva de las sanguijuelas, tienen un lugar en la medicina moderna? La saliva de las sanguijuelas contiene la proteína hirudina, la cual impide que se coagule la sangre. Algunos cirujanos usan sanguijuelas para aliviar la presión causada por la sangre que se acumula en los tejidos después de la cirugía plástica. La hirudina también se usa para prevenir coágulos de sangre no deseados.

▼ Espirógrafo

GRUPOS DE ANÉLIDOS

Hay más de 15,000 especies de anélidos.

HIRUDINEA: Sanguijuelas

La mayoría de las sanguijuelas viven en agua dulce. Carecen de apéndices. Pueden ser carnívoras o parásitos externos que chupan sangre. Ejemplo: sanguijuela medicinal (*Hirudo medicinalis*)

POLYCHAETA: Poliquetos

Los poliquetos viven en agua salada; muchos se mueven con apéndices parecidos a remos llamados parápodos con setas parecidas a cerdas en la punta. Ejemplos: gusanos de arena, gusano de sangre, plumeros, espirógrafos

Las estructuras blancas como cerdas en los lados de este gusano de fuego son setas.

◀ Lombriz

OLIGOCHAETA: Oligoquetos

Los oligoquetos viven en el suelo o en agua dulce. Carecen de apéndices. Algunos usan setas para su movimiento pero tienen menos que los poliquetos. Ejemplos: *Tubifex*, lombrices

Moluscos

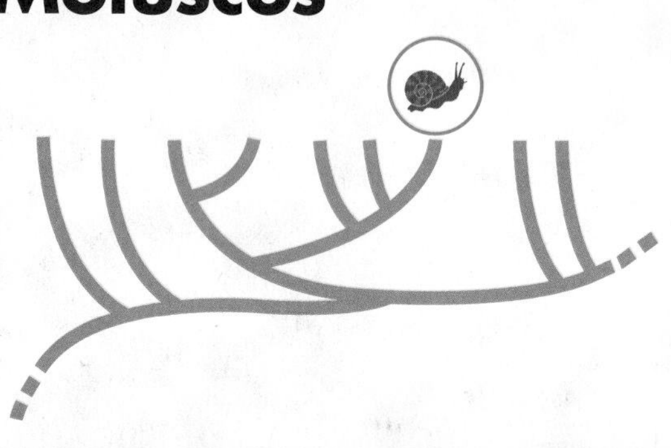

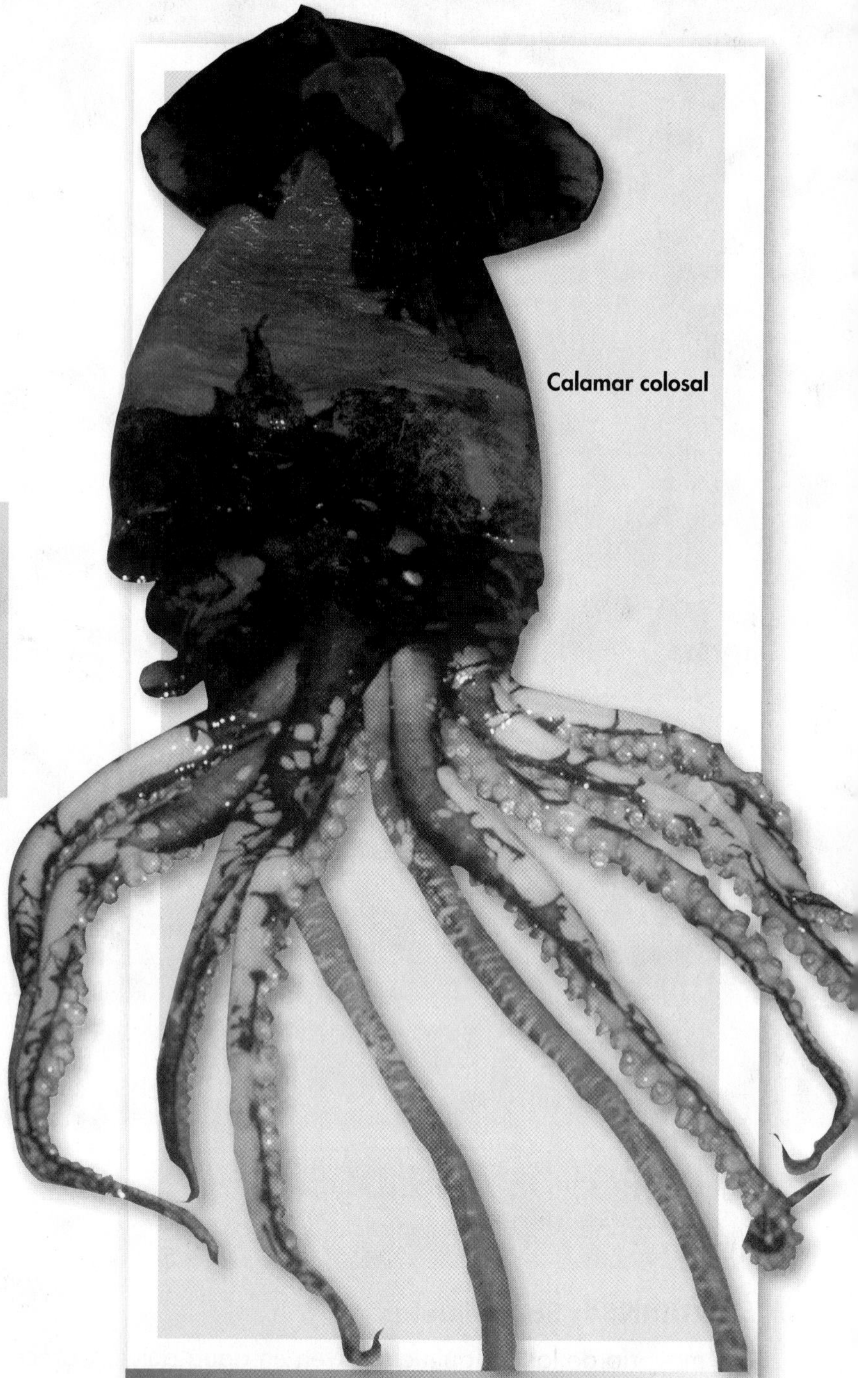

CARACTERÍSTICAS CLAVE

Los moluscos tienen cuerpos suaves que por lo común incluyen un pie muscular. Las formas corporales varían en gran medida. Muchos moluscos poseen una concha dura secretada por el manto, pero en algunos, la única estructura dura es interna. Los moluscos son protóstomos celomados con simetría bilateral.

Alimentación y digestión Sistema digestivo con dos aberturas; formas de alimentación diversas: los moluscos pueden ser herbívoros, carnívoros, filtradores, detritívoros o parásitos.

Circulación Caracoles y almejas: sistema circulatorio abierto; pulpos y calamares: sistema circulatorio cerrado.

Respiración Moluscos acuáticos: branquias dentro de la cavidad del manto; moluscos terrestres: una cavidad en el manto tipo saco cuya área superficial húmeda y grande está recubierta con vasos sanguíneos.

Excreción Las células corporales liberan amoniaco en la sangre, el cual es removido y expulsado del cuerpo por nefridios.

Respuesta La complejidad del sistema nervioso varía en gran medida; simple en extremo en las almejas, pero complejo en algunos pulpos.

Movimiento Varía en gran medida, por grupo. Algunos nunca se mueven cuando adultos, mientras otros son nadadores muy rápidos.

Reproducción Sexual; muchas especies acuáticas tienen etapa larvaria trocófora como nadadores libres.

Calamar colosal

• ¿Sabías qué...?

El calamar colosal

El calamar colosal, el más grande de todos los moluscos, tiene los ojos más grandes de cualquier animal conocido. Un espécimen de 8 metros de largo y 450 kilogramos de peso de la especie *Mesonychoteuthis hamiltoni* tenía ojos de 28 centímetros de ancho, ¡más grandes que la mayoría de los platos de mesa! El cristalino de este ojo enorme tenía el tamaño de una naranja.

GRUPOS DE MOLUSCOS

Los moluscos se han dividido tradicionalmente en varias clases basadas en características de los pies y la concha; los especialistas estiman que hay entre 50,000 y 200,000 especies de moluscos vivos en la actualidad.

Almeja gigante

BIVALVIA: Bivalvos

Los bivalvos son acuáticos. Tienen una concha articulada en dos partes y un pie en forma de cuña. La mayoría son estacionarios cuando adultos. Algunos se entierran en el lodo o en la arena; otros se pegan a las rocas. La mayoría son filtradores que usan sifones en las branquias para introducir agua que lleva alimento. Las almejas tienen sistemas circulatorios abiertos. Los bivalvos tienen los sistemas nerviosos más simples entre los moluscos. Ejemplos: almejas, ostiones, vieiras, mejillones

Caracol de jardín

GASTROPODA: Gasterópodos

Hay gasterópodos terrestres y acuáticos. La mayoría tiene una concha espiral sencilla dividida en cámaras. Usan un pie muscular amplio para moverse y tienen una región de cabeza distinta. Los caracoles y babosas se alimentan con una estructura llamada rádula que generalmente funciona como lija. Algunas especies son depredadoras cuya rádula en forma de arpón lleva veneno mortal. Tienen sistemas circulatorios abiertos. Muchas especies de gasterópodos son hermafroditas de fecundación cruzada. Ejemplos: caracoles, babosas, nudibranquios, liebres de mar

Nautilo con cámaras

CEPHALOPODA: Cefalópodos

Los cefalópodos viven en agua salada. Tienen un encéfalo y órganos sensoriales muy desarrollados. La cabeza está unida a un solo pie, el cual está dividido en tentáculos. Tienen sistemas circulatorios cerrados. Los pulpos usan mandíbulas en forma de pico para alimentarse, unos cuantos son venenosos. Los cefalópodos tienen los sistemas nerviosos más complejos entre los moluscos; los pulpos tienen comportamiento complejo y han mostrado la capacidad para aprender en escenarios de laboratorio. Ejemplos: pulpos, calamares, nautilos, sepias

Los nudibranquios, como esta especie Hypselodoris, son gasterópodos marinos sin conchas. Respiran a través de branquias (las estructuras anaranjadas) en sus lomos.

Equinodermos

CARACTERÍSTICAS CLAVE

Los equinodermos son animales marinos que tienen piel espinosa que rodea un endoesqueleto. Su sistema vascular acuífero único incluye pies ambulacrales con extremos en forma de ventosas usados para moverse y alimentarse. El sistema vascular acuífero también desempeña una función en la respiración, circulación y excreción. Los equinodermos son deuteróstomos celomados. Los adultos exhiben simetría pentarradial.

Alimentación y digestión El método varía por grupo: los equinodermos pueden ser filtradores, detritívoros, herbívoros o carnívoros.

Circulación Por medio de líquido en el celoma, un sistema rudimentario de vasos, y el sistema vascular acuífero.

Respiración El intercambio de gases es realizado por medio de la superficie de los pies ambulacrales y, en muchas especies, por branquias en la piel.

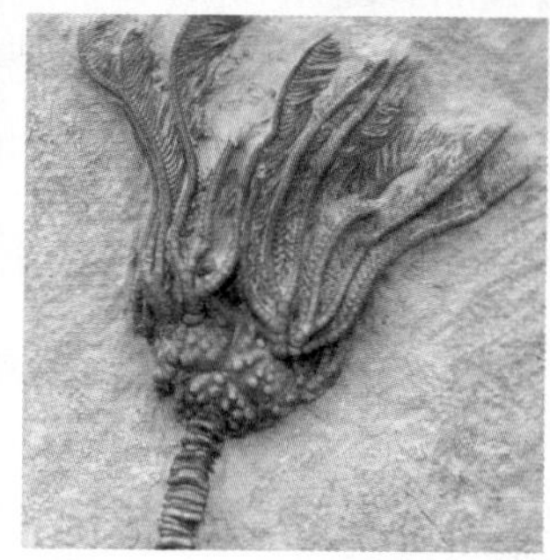

Crinoideo fósil de alrededor de 400 millones de años de antigüedad

Crinoideo moderno viviente (estrella pluma)

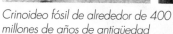

• Una mirada al pasado

Crinoideos antes y ahora

Los equinodermos tienen un registro fósil largo que se remonta hasta el periodo Cámbrico. Aunque estos animales han estado evolucionando durante millones de años, algunos crinoideos fósiles se parecen mucho a los crinoideos vivientes.

Excreción Desechos digestivos liberados a través del ano; desechos celulares nitrogenados excretados como amoniaco a través de los pies ambulacrales y las branquias en la piel.

Respuesta Sistema nervioso mínimo; el anillo nervioso está conectado a las secciones del cuerpo por nervios radiales; la mayoría tienen células sensoriales diseminadas que detectan la luz, la gravedad y las sustancias químicas secretadas por las presas.

Movimiento En la mayoría, los pies ambulacrales trabajan con el endoesqueleto para permitir la locomoción.

Reproducción Sexual, con fecundación externa; las larvas tienen simetría bilateral, a diferencia de los adultos.

Puedes ver en seguida la simetría pentarradial de esta estrella de mármol moviéndose a lo largo de un arrecife de coral.

GRUPOS DE EQUINODERMOS

Hay más de 7000 especies de equinodermos.

◀ Estrella de mar

CRINOIDEA: Crinoideos

Los crinoideos son filtradores; algunos usan pies ambulacrales a lo largo de brazos plumosos para capturar plancton. La boca y el ano están en la superficie superior del disco del cuerpo. Algunos son estacionarios cuando adultos mientras otros pueden "caminar" usando "brazos" cortos en la superficie inferior del cuerpo. Ejemplos: lirio de mar, estrella pluma

▶ Crinoideo alimentándose

ASTEROIDEA: Estrellas de mar

Las estrellas de mar son moradores del f cuyos cuerpos en forma de estrella tiene articulaciones flexibles. Son carnívoros; estómago sobresale a través de la boca los tejidos corporales de la presa y viert enzimas digestivas, entonces el estómag retrae con la presa parcialmente digeric la digestión se completa dentro del cuer Ejemplos: estrella corona de espinas, es sol de mar

▼ Cesta de mar

ECHINOIDEA: Equinoideos

Los equinoideos carecen de brazos. Su endoesqueleto es rígido y en forma de caja y está cubierto de espinas movibles. La mayoría de los equinoideos son herbívoros o detritívoros que usan una estructura de cinco partes parecida a mandíbulas para raspar algas de las rocas. Ejemplos: erizo de mar, dólar de mar, galleta de mar

▼ *Erizos alimentándose de kelp*

OPHIUROIDEA: Ofiuroideos

Los ofiuroideos tienen discos corporales pequeños, brazos acorazados largos y articulaciones flexibles. La mayoría son filtradores o detritívoros. Ejemplos: estrella reticulada, cesta de mar

▼ Pepino de mar

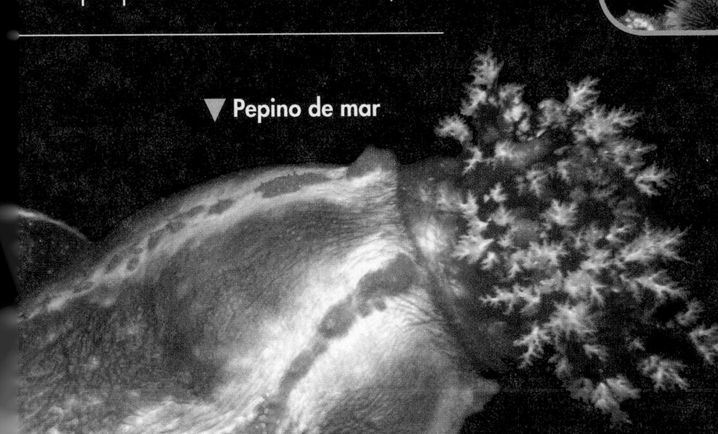

HOLOTHUROIDEA: Pepinos de mar

Los pepinos de mar tienen un cuerpo cilíndrico correoso con un endoesqueleto reducido y sin brazos. Por lo común yacen de lado y se mueve a lo largo del fondo del océano por la acción combinada de pies tubulares y músculos de la pared corporal. Estos filtradores o detritívoros usan una serie de tentáculos de alimentación retráctiles en un extremo para tomar arena y detritos, de los cuales recogen alimento.

Cordados invertebrados

Los tunicados son cordados que reciben su nombre por la cubierta colorida en forma de túnica que tienen los adultos. Cuando larvas, los tunicados tienen todas las características de los cordados, al igual que simetría bilateral, pero cuando adultos, se ven muy diferentes.

CARACTERÍSTICAS CLAVE

Los cordados invertebrados son los únicos cordados que carecen de una columna vertebral. Como otros cordados, tienen un cordón nervioso, notocordio, bolsas faríngeas y una cola en algún punto durante su desarrollo. Son deuteróstomos celomados. Los dos subfilos, tunicados y anfioxos, difieren significativamente.

Alimentación y digestión Filtradores. En la mayoría de los tunicados, el agua que lleva partículas de alimento entra a través de un sifón incurrente; el alimento es filtrado en la faringe y pasado al sistema digestivo. En los anfioxos, el moco en la faringe atrapa partículas de alimento transportadas por el agua, las cuales son llevadas luego al tracto digestivo.

Circulación Cerrada. Tunicados: el corazón bombea sangre "estrujándose" y el flujo invierte periódicamente la dirección. Anfioxos: no tienen corazón, pero los vasos sanguíneos bombean sangre a través del cuerpo en una dirección.

Respiración Tunicados: el intercambio de gases ocurre en las branquias y a lo largo de otras superficies del cuerpo. Anfioxos: a través de la faringe y las superficies corporales.

Excreción Tunicados: la mayoría a través de un sifón exhalante. Anfioxos: las células flamígeras en los nefridios liberan agua y desechos nitrogenados en el atrio y los sacan a través de una abertura llamada atrioporo.

Respuesta Ganglio cerebral, pocos órganos sensoriales especializados. Tunicados: células sensoriales dentro de y sobre los sifones y otras superficies internas ayudan a controlar la cantidad de agua que pasa a través de la faringe. Anfioxos: un par de manchas oculares detectan luz.

Movimiento Tunicados: las larvas nadan libremente, pero la mayoría son estacionarios cuando son adultos. Anfioxos: no tienen apéndices, se mueven contrayendo los músculos emparejados en cada lado del cuerpo.

Reproducción Tunicados: la mayoría sexual y hermafrodita con fecundación externa, pero algunos se reproducen por gemación; la mayoría tienen larvas tipo renacuajos que nadan libremente y se metamorfosean en adultos. Anfioxos: sexual con fecundación externa.

Alerta ecológica

Ascidia plisada asiática

Tunicados fuera de control

Quizá nunca hayas escuchado de ellos, pero las ascidias plisadas asiáticas están perturbando los ecosistemas marinos en el estado de Washington, la isla Prince Edward, Canadá y en otros lugares. Las larvas de los tunicados son transportadas en el agua de lastre de barcos cargueros y descargadas en cualquier lugar en donde los barcos llegan a puerto. Ahí, lejos de sus depredadores usuales, los tunicados crecen fuera de control, sofocando los bancos de mariscos y cubriendo barcos, muelles y equipo submarino. Los investigadores aún están tratando de averiguar cómo controlarlos.

GRUPOS DE CORDADOS INVERTEBRADOS

Hay dos grupos principales de cordados invertebrados: tunicados y anfioxos.

Dos anfioxos, Branchiostoma lanceolatum, *saliendo de la arena:*

CEPHALOCHORDATA: Anfioxos

Los anfioxos son animales parecidos a peces que tienen simetría bilateral y viven en agua salada. Son filtradores y no tienen esqueleto interno. Ejemplo: *Branchiostoma*

▼ Ascidia pastel

UROCHORDATA: Tunicados

Los tunicados son filtradores que viven en agua salada. La mayoría de los adultos tiene una cobertura exterior dura ("túnica") y no tiene simetría corporal; exhibe características de los cordados y simetría bilateral sólo durante las etapas larvarias. Muchos adultos son estacionarios; sólo algunos son nadadores libres. Ejemplos: ascidias o chorros de mar, melocotones de mar, salpas

▼ Ascidias o chorros de mar

Animales

Peces

CARACTERÍSTICAS CLAVE

La palabra pez se usa de manera informal para describir a vertebrados acuáticos que se parecen aunque pertenezcan a varios clados diferentes, porque todos están adaptados a la vida en el agua. La mayoría de los vertebrados a los que llamamos peces tienen aletas en pares, escamas y branquias.

Alimentación y digestión Varía ampliamente, tanto al interior de los grupos como entre ellos: herbívoros, carnívoros, parásitos, filtradores, detritívoros; los órganos digestivos con frecuencia incluyen mandíbulas y dientes especializados, buche, esófago, estómago, hígado, páncreas.

Circulación Sistema circulatorio cerrado de una sola pieza; corazón con dos cámaras.

Respiración Branquias; algunos tienen pulmones especializados u otras adaptaciones que les permiten obtener oxígeno del aire.

Excreción Difusión a través de membranas branquiales; riñones.

Respuesta Encéfalo con muchas partes; órganos sensoriales muy desarrollados, incluyendo sistema de línea lateral.

Movimiento Músculos en pares en cada lado de la columna vertebral; muchos tienen aletas muy maniobrables; los grupos más grandes tienen dos conjuntos de aletas en pares; algunos tienen vejigas natatorias llenas con gas que regulan la flotabilidad.

Reproducción Los métodos varían dentro y entre los grupos: fecundación externa o interna; ovíparos, ovovivíparos o vivíparos.

• Una mirada al pasado

▲ Concepción de un artista del *Materpiscis* pariendo

Viviparidad en los mares devónicos

Podrías pensar que la viviparidad es una adición reciente a la diversidad de los cordados. Prueba de nuevo. Hallazgos recientes de fósiles de peces del periodo Devónico muestran que al menos un grupo de peces ya tenía crías que nacían vivas hace 380 millones de años. Dos fósiles increíblemente bien preservados, incluyendo el del pez *Materpiscis*, muestran los restos de crías con cordones umbilicales todavía unidos a los cuerpos de su madre. Ésta es la evidencia fósil más antigua de viviparidad en vertebrados.

GRUPOS DE PECES

Los peces son el grupo más grande de vertebrados, pues incluye más de 30,000 especies. La clasificación evolutiva de estos animales todavía es un trabajo en progreso; muchos grupos tradicionales no son clados. Los "peces" en realidad representan varios clados antiguos, uno de los cuales incluye tetrápodos, o vertebrados de cuatro miembros. Los peces, como los tratamos aquí, incluyen dos grupos de peces sin mandíbulas (mixinos y lampreas), peces cartilaginosos y peces óseos.

Los "labiados", a pesar de sus caras graciosas, son reconocibles con facilidad como peces.

"PECES SIN MANDÍBULA"

Los mixinos y las lampreas forman clados separados, pero sus cuerpos comparten características comunes que los distinguen de otros peces. No tienen mandíbulas, carecen de vértebras y sus esqueletos están hechos de fibra y cartílago.

PETROMYZONTIDAE: Lampreas

Las lampreas son en su mayoría filtradores cuando larvas y parásitos cuando adultos. La cabeza de una lamprea adulta está ocupada casi por completo por un disco succionador con dientes, con una boca circular. Las lampreas adultas por lo común se pegan a peces; se sujetan a sus huéspedes usando los dientes en su disco succionador y luego raspan la piel con una lengua áspera. Luego las lampreas succionan los tejidos y líquidos corporales de sus huéspedes. Debido a que las lampreas se alimentan principalmente de sangre, son llamadas "vampiros del mar".

Boca de la lamprea

▲ Lamprea

▲ Mixino del Atlántico

MYXINOIDEA: Mixinos

Los mixinos tienen cuerpos de color gris rosáceo parecidos a gusanos y cuatro o seis tentáculos cortos alrededor de su boca. Conservan notocordios cuando adultos. Los mixinos carecen de ojos formadores de imágenes, pero tienen sensores detectores de luz dispersos en su cuerpo. Se alimentan de animales muertos y moribundos usando una lengua áspera que raspa capas de carne.

Tiburón tigre

CHONDRICHTHYES: Peces cartilaginosos

Los miembros de este clado se consideran "cartilaginosos" porque carecen de huesos verdaderos; sus esqueletos están formados por completo por cartílago. La mayoría de los peces cartilaginosos también tienen escamas duras, las cuales hacen que su piel sea tan áspera como una lija.

Holocephali: Quimeras

Las quimeras tienen una piel suave que carece de escamas. La mayoría tienen sólo unos cuantos dientes moledores en forma de lámina y una púa venenosa localizada frente a la aleta dorsal. Ejemplos: tiburón fantasma, quimera americana, quimera de ojos chicos

Pez gallo

Elasmobranchii: Tiburones y rayas

Los tiburones y las rayas son muy diversos, pero todos tienen piel cubierta con escamas parecidas a dientes conocidas como dentículos dermales. Los elasmobranquios conforman la gran mayoría de las especies de peces cartilaginosos vivos.

Los dentículos dermales en la piel del tiburón reducen la fuerza de resistencia, ayudando al tiburón a nadar más rápido. (SEM 40×)

Galeomorphi: Tiburones

La mayoría de las 350 especies o más de tiburones tienen colas grandes, curvadas y asimétricas; cuerpos en forma de torpedo y morros puntiagudos con una boca por debajo. Los tiburones depredadores, como el gran tiburón blanco, tienen muchos dientes ordenados en hileras. Conforme los dientes del frente se desgastan o se pierden, dientes nuevos los reemplazan; algunos tiburones llegan a tener hasta 20,000 dientes en su vida. Otros tiburones son filtradores, y algunas especies tienen dientes planos para machacar las conchas de moluscos y crustáceos. Ejemplos: gran tiburón blanco, tiburón ballena, tiburón martillo

Squalomorphi: Rayas

Las rayas tienen hábitos de alimentación diversos. Algunas se alimentan de invertebrados que habitan en el fondo usando sus bocas como aspiradoras potentes. Otras filtran plancton. Cuando no se alimentan o nadan, muchas rayas se cubren con una capa delgada de arena y descansan en el fondo del océano. Ejemplo: pastinaca

Tiburón martillo

Pez raya de puntos azules

OSTEICHTHYES: Peces óseos

Los esqueletos de estos vertebrados están hechos de hueso verdadero. Este clado incluye los antepasados y miembros vivos de todos los grupos de vertebrados "superiores", incluyendo los tetrápodos.

Trucha arcoiris

Actinopterygii: Peces de aletas con espinas o rayos

Casi todos los peces óseos vivientes, como estas truchas arcoiris, pertenecen a un grupo enorme llamado peces de aletas con espinas o rayos. El nombre *aleta con espinas o rayos* se refiere a los rayos óseos delgados que están conectados entre sí por una capa de piel para formar aletas.

Celacanto

Sarcopterygii: Peces de aletas lobuladas

Siete especies vivientes de peces óseos, incluyendo peces pulmonados y celacantos, se clasifican como peces de aletas lobuladas. Los peces pulmonados viven en agua dulce; los celacantos viven en agua salada. Las aletas carnosas de los peces de aletas lobuladas están sostenidas por huesos fuertes en lugar de rayos. Algunos de estos huesos son homólogos de los huesos de las extremidades de los vertebrados terrestres. Ejemplos: pez pulmonado, celacanto

Este clado incluye a los antepasados de los tetrápodos, lo cual implica que todos los tetrápodos vivientes son sarcopterigios (incluyendo a los humanos). Como resultado, el clado de los peces óseos incluye casi la mitad de todas las especies de cordados.

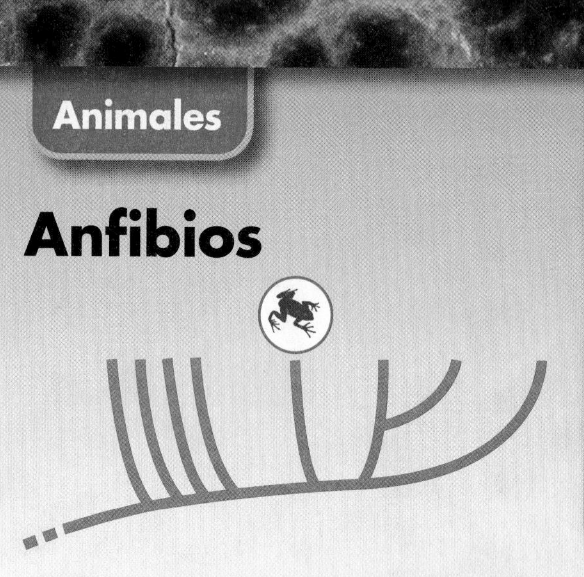

Anfibios

Rana marsupial

CARACTERÍSTICAS CLAVE

La palabra anfibio *significa "vida doble", un nombre acertado para estos vertebrados, la mayoría de los cuales vive en el agua cuando larvas y en tierra cuando adultos. La mayoría de los anfibios adultos respiran con pulmones, carecen de escamas y garras, y tienen piel húmeda que contiene glándulas mucosas.*

Alimentación y digestión Renacuajos: por lo general filtradores o herbívoros con intestinos enrollados largos para digerir material vegetal; adultos: carnívoros con intestinos más cortos para procesar la carne.

Circulación Sistema de circuito doble con corazón de tres cámaras.

Respiración Las larvas respiran a través de la piel y de branquias; la mayoría de las especies adultas tiene pulmones, aunque unas cuantas usan branquias. Las salamandras apulmonadas respiran a través del recubrimiento de su cavidad bucal y de la piel.

Excreción Riñones producen orina.

Respuesta Sistemas nervioso y sensorial bien desarrollados; los órganos incluyen una membrana nictitante protectora sobre ojos móviles, membranas timpánicas, sistema de línea lateral.

Movimiento Las larvas tienen colas; los adultos tienen miembros (excepto las cecilias); algunos tienen dedos especializados para trepar.

Reproducción La mayoría pone huevos sin cascarón que se fecundan en forma externa; la mayoría experimenta metamorfosis que los transforma de larvas de renacuajo acuáticas que respiran con branquias a adultos que habitan en la tierra, los cuales por lo general tienen pulmones y miembros.

Rana arborícola de ojos rojos

¡Las ranas están desapareciendo!

Por varias décadas, los científicos han notado que las poblaciones mundiales de anfibios han ido disminuyendo, y varias especies se han extinguido. Los científicos todavía no han señalado una causa única para este problema. Sin embargo, se está volviendo claro que los anfibios son susceptibles a una variedad de amenazas ambientales, incluyendo pérdida del hábitat, agotamiento del ozono, lluvia ácida, contaminación del agua, infecciones por hongos y depredadores acuáticos introducidos.

Para entender mejor esta disminución, biólogos de todo el mundo han enfocado sus esfuerzos y compartido información sobre las poblaciones de anfibios. Existe un programa de monitoreo de anfibios que abarca a toda América del Norte.

GRUPOS DE ANFIBIOS

Los tres órdenes de anfibios incluyen más de 6000 especies, de las cuales aproximadamente 5000 son ranas y sapos.

Salamandra común europea

URODELA: Salamandras y tritones

Las salamandras y tritones tienen cuerpos y colas largos. La mayoría tiene cuatro patas. Todos son carnívoros. Los adultos por lo general viven en bosques húmedos, donde hacen túneles bajo las rocas y troncos podridos. Algunas salamandras, como el necturo, conservan sus branquias cuando adultos y viven en el agua toda su vida. Ejemplos: salamandra tigre barrada, tritón de manchas rojas

Sapo americano

ANURA: Ranas y sapos

Las ranas y sapos adultos son anfibios sin cola que pueden saltar. Las ranas tienden a tener patas largas y dar saltos largos, mientras que los sapos tienen patas más cortas que los limitan a brincos más cortos. Por lo general, las ranas dependen más de cuerpos de agua dulce que los sapos, los cuales pueden vivir en bosques húmedos o incluso en desiertos. Ejemplos: ranas arborícolas, rana leopardo, sapo americano, sapo pata de pala

APODA: Cecilias

Los anfibios menos conocidos y más inusuales son las cecilias sin patas. Tienen tentáculos y muchas tienen escamas como las de los peces incrustadas en su piel, lo cual muestra que no todos los anfibios encajan en la definición general. Las cecilias viven en el agua o enterradas en el suelo húmedo o sedimento; se alimentan de invertebrados pequeños como las termitas. Ejemplos: anillada excavadora, cecilia de rayas amarillas

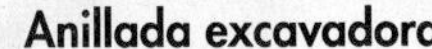

Anillada excavadora

Debido a que los huevos de los anfibios deben desarrollarse en el agua, la mayoría de los anfibios viven en climas húmedos. Algunos, como este tritón alpino, viven en laderas montañosas lluviosas y frías.

Animales

Reptiles

Los cocodrilos marinos, como esta cría, son los reptiles vivos más grandes y en ocasiones alcanzan 6 metros de largo. ¡Ésta es aproximadamente la longitud de una jirafa!

CARACTERÍSTICAS CLAVE DE LOS REPTILES

Los reptiles vivientes, clasificados tradicionalmente en la clase Reptilia, son vertebrados ectotérmicos con piel seca y escamosa, pulmones y huevos amnióticos. La clasificación evolutiva moderna reconoce ahora un clado Reptilia más grande que incluye reptiles vivientes, dinosaurios extintos y aves—los descendientes vivientes de un grupo de dinosaurios.

Alimentación y digestión Los métodos de alimentación varían por grupo; sistemas digestivos: los herbívoros tienen sistemas digestivos largos para descomponer materiales vegetales; los carnívoros pueden tragar entera a su presa.

Circulación Dos circuitos; corazón con dos aurículas y uno o dos ventrículos.

Respiración Pulmones esponjosos proporcionan una gran superficie para el intercambio de gases; pulmones operados por músculos y costillas móviles.

Excreción Riñones; la orina contiene amoniaco o ácido úrico.

Respuesta Encéfalo; sentidos bien desarrollados incluyendo, en algunas especies, detectores infrarrojos que pueden detectar presas de sangre caliente en la oscuridad.

Movimiento Miembros fuertes (excepto serpientes).

Reproducción Fecundación interna vía cloaca; huevo amniótico con cascarón coriáceo.

Alerta • ecológica

¡Llamando al doctor cocodrilo!

Podrías pensar en los caimanes sobre todo como máquinas asesinas, pero su sangre pronto podría proporcionar medicinas que pueden salvar vidas. El sistema inmunológico de un caimán funciona de manera bastante diferente al nuestro. Las proteínas de sus glóbulos blancos pueden matar a bacterias resistentes a múltiples fármacos, levaduras causantes de enfermedades e incluso VIH. De manera sorprendente, estas proteínas funcionan contra patógenos a los que estos animales nunca han sido expuestos. En la actualidad los investigadores están secuenciando los genes para estas proteínas y esperan desarrollarlas como medicinas para los humanos en el futuro cercano.

GRUPOS DE REPTILES

Existen cerca de 9000 especies de reptiles (sin incluir las aves).

SPHENODONTIA: Tuátaras

El tuátara, que sólo se encuentra en unas cuantas islas pequeñas frente a la costa de Nueva Zelanda, es el único miembro vivo de este grupo. Los tuátaras se parecen a los lagartos en ciertas formas, pero carecen de oídos externos y conservan escamas primitivas.

Tuátara

SQUAMATA: Lagartos, serpientes y parientes

Existen más de 8000 especies de lagartos y serpientes. La mayoría de los lagartos tienen patas, dedos con garras y oídos externos. Algunos lagartos han desarrollado estructuras muy especializadas, como glándulas en la mandíbula inferior que producen veneno. Las serpientes carecen de patas; han perdido ambos pares de patas a través de la evolución. Ejemplos: iguanas, serpiente falsa coral, serpiente coralillo

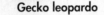

Gecko leopardo

ARCHOSAURIA: Cocodrilos; pterosaurios y dinosaurios (extintos); y aves

Este clado incluye algunos de los animales más espectaculares que hayan vivido alguna vez. Los dinosaurios y pterosaurios (reptiles voladores) extintos, cuyas radiaciones adaptativas produjeron algunos de los animales más grandes que hayan caminado sobre la Tierra o hayan volado sobre ella, son los parientes más cercanos de las aves. Los cocodrilos vivientes tienen patas cortas y hocicos largos y por lo común anchos. Son depredadores carnívoros feroces, pero las hembras son madres solícitas. Los cocodrilos sólo viven en regiones donde el clima se mantiene cálido todo el año. Las aves se expondrán por separado. Ejemplos: tipos extintos: *Tyrannosaurus, Pteranodon;* tipos vivientes: aligátores, cocodrilos, caimanes y aves (véanse páginas siguientes)

Tortuga leopardo

TESTUDINIDAE: Tortugas terrestres y marinas

Las tortugas terrestres y marinas tienen un caparazón incorporado en su esqueleto. La mayoría puede meter su cabeza y patas dentro del caparazón para su protección. En lugar de dientes, estos reptiles tienen pliegues en forma de astas que cubren sus mandíbulas equipadas con puntas afiladas parecidas a picos. Miembros fuertes pueden levantar su cuerpo del suelo cuando caminan o, en el caso de las tortugas marinas, pueden arrastrar su cuerpo a través de una playa arenosa para poner huevos. Ejemplos: tortugas mordedoras, tortugas verdes, tortuga de las Galápagos

Caimán de anteojos

Animales

Aves

En la actualidad, sólo las aves tienen plumas. Estas estructuras delicadas y hermosas entrelazadas de manera intrincada mantienen a las aves calientes y frías y le permiten volar a la mayoría.

Martín pescador común

CARACTERÍSTICAS CLAVE DE LAS AVES

Las aves, antes colocadas en una clase propia, ahora se reconocen como reptiles endotérmicos con plumas, que ponen huevos amnióticos de cascarón duro, y que descienden de los dinosaurios. Las aves tienen dos patas escamosas y miembros anteriores modificados como alas, las cuales le permiten volar a la mayoría de las especies.

Alimentación y digestión No tienen dientes; poseen picos adaptados a alimentos ampliamente variados, que incluyen insectos, semillas, frutas, néctar, peces, carne; los órganos del sistema digestivo incluyen buche, molleja, cloaca.

Circulación Dos circuitos con corazón de cuatro cámaras; separación de sangre rica en oxígeno y pobre en oxígeno.

Respiración Constante, el flujo de aire en una dirección a través de los pulmones y alvéolos incrementa la eficiencia del intercambio de gases y sostiene una tasa metabólica alta.

Excreción Los riñones eliminan desechos nitrogenados de la sangre, convirtiéndolos en ácido úrico, el cual es excretado a través de la cloaca.

Respuesta Encéfalo con lóbulos ópticos grandes y cerebelo alargado; órganos sensoriales muy evolucionados incluyendo, en algunas especies, ojos que pueden ver la luz ultravioleta.

Movimiento Esqueleto formado por huesos huecos livianos con puntales internos para mayor resistencia; músculos poderosos; la mayoría vuela.

Reproducción Fecundación interna vía cloaca; huevo amniótico con cascarón duro y quebradizo; dependiendo de la especie, las crías recién salidas del cascarón pueden ser precoces, polluelos con plumas suaves capaces de desplazarse y alimentarse por sí solos, o atriciales, polluelos de piel desnuda y totalmente dependientes de sus padres.

• Una mirada al pasado

Aves del mismo plumaje

Fósiles descubiertos recientemente en lechos de lagos en China han expandido en gran medida nuestra comprensión de la evolución de las aves. Un descubrimiento emocionante fue el de un dinosaurio de cuatro alas llamado *Microraptor gui* de hace unos 125 millones de años. *Microraptor gui*, el cual estaba relacionado con el *Tyrannosaurus rex*, tenía plumas en sus alas y en sus patas, así que algunos investigadores plantearon la hipótesis de que volaba como un biplano. Este y otros fósiles muestran que varios linajes de dinosaurios y aves antiguas desarrollaron varias clases de plumas a lo largo de millones de años.

Concepción del artista del Microraptor gui

GRUPOS DE AVES

La clasificación evolutiva de las aves vivas todavía es un trabajo en progreso, ya que técnicas y análisis diferentes producen resultados distintos. Hay alrededor de 10,000 especies. Los grupos descritos a continuación ilustran algo de la diversidad de las aves.

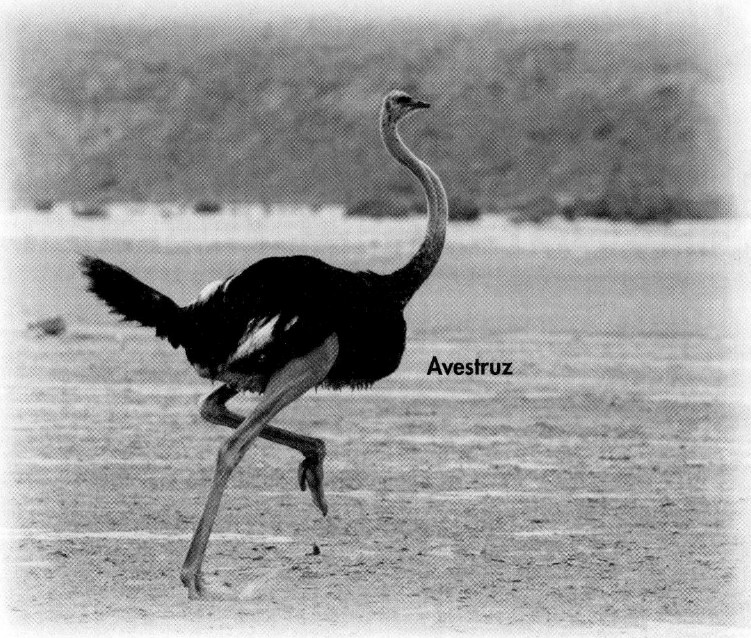
Avestruz

PALEOGNATHAE: Avestruces, emúes, kiwis y parientes

Este grupo representa una rama primitiva del árbol genealógico de las aves que está separada de todas las otras aves vivientes. Este clado incluye las aves más grandes que viven en la actualidad; los avestruces pueden tener 2.5 metros de alto y pesar 130 kilogramos; los kiwis, sin embargo, sólo son más o menos del tamaño de una gallina. Más o menos una docena de especies vivas están dispersas a lo largo del Hemisferio Sur. Todas son incapaces de volar, pero las especies más grandes pueden correr muy rápido. Por lo general comen una variedad de material vegetal, insectos y otros invertebrados pequeños. Ejemplos: avestruz, emú, kiwi marrón, ñandú grande, casuario enano

SPHENISCIDAE: Pingüinos

Estas aves incapaces de volar del Hemisferio Sur están adaptadas al frío extremo y a cazar en el agua. Aunque no pueden volar, usan sus alas como aletas cuando nadan. Los pingüinos tienen más plumas por centímetro cuadrado que cualquier otra ave; esta densidad les permite repeler el agua y conservar el calor de manera efectiva. Algunas especies forman colonias grandes. Ejemplos: pingüino emperador, pingüino de barbijo, pingüino rey

Pingüinos rey

Porrón de cabeza roja

ANATIDAE: Patos, gansos y cisnes

Estas aves pasan gran parte de su tiempo alimentándose en cuerpos de agua. Las patas palmeadas les permiten nadar con eficiencia en la superficie del agua. Sin embargo, la mayoría vuela bien y muchas especies migran miles de kilómetros entre los lugares de reproducción y los de descanso. Ejemplos: porrón de cabeza roja, ganso de Ross, cisne trompetero

Gavilán herrumbroso

FALCONIDAE Y ACCIPITRIDAE: Halcones, águilas y gavilanes

Estos depredadores feroces, con frecuencia llamados aves de rapiña, generalmente tienen picos ganchudos poderosos, envergaduras grandes y garras filosas. Las aves de rapiña tienen músculos de vuelo poderosos y una vista aguda, lo que les permite ver a la presa a distancia. Ejemplos: cernícalo común, águila real, halcón de las Galápagos

PICIDAE Y RAMPHASTIDAE: Pájaros carpinteros y tucanes

Los pájaros carpinteros son aves que habitan en árboles con dos dedos en el frente y dos en la parte posterior. (La mayoría de las aves tienen tres enfrente y uno atrás; el arreglo de dos y dos facilita subir y bajar por los troncos de los árboles.) Comúnmente, los pájaros carpinteros son carnívoros que comen insectos y sus larvas. Los tucanes, por lo general, usan sus enormes picos, con frecuencia coloridos, para comer frutas. Ejemplos: pito negro, tucán real

Pico picapinos

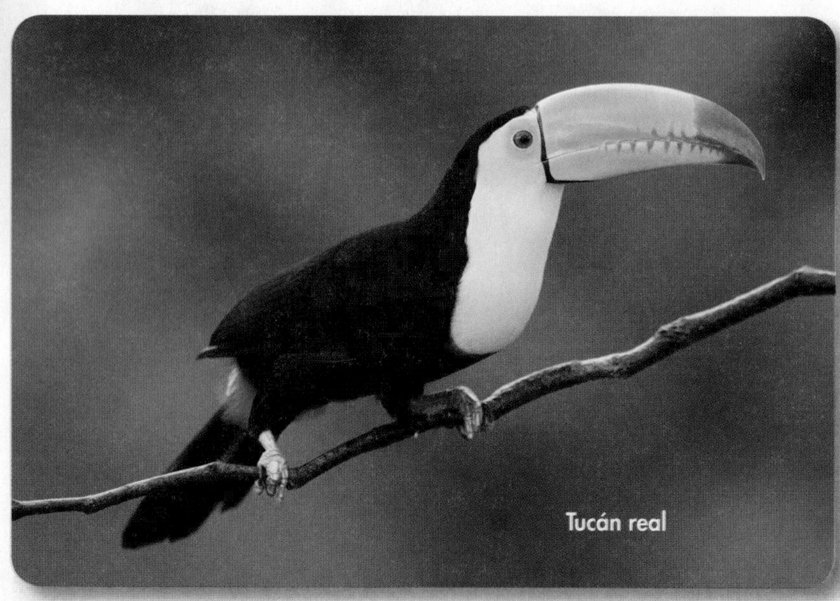

Tucán real

PASSERIFORMES: Paserinos

También llamadas aves de percha, éste es con mucho el grupo más grande y más diverso de aves, con alrededor de 5000 especies. La mayoría son aves canoras. Ejemplos: mosqueritos, sinsontes, cardenales, cuervos, carboneros y pinzones.

Chipe encapuchado

Tángara rojinegra migratoria

Picogrueso azul

Gorrión arlequín

Atrapamoscas copetón

Mamíferos

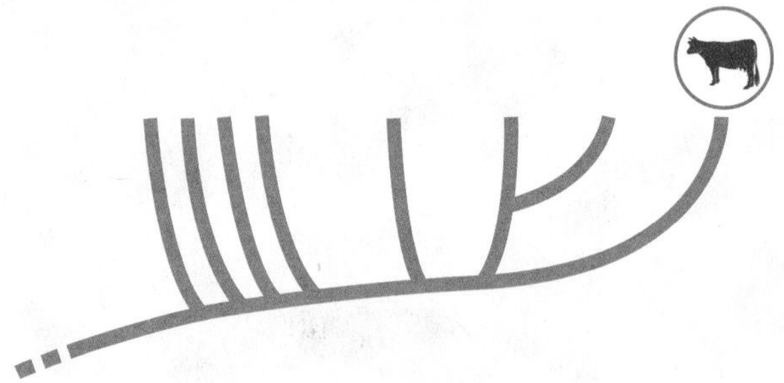

CARACTERÍSTICAS CLAVE

Los mamíferos son vertebrados endotérmicos con pelo y glándulas mamarias que producen leche para alimentar a sus crías.

Alimentación y digestión La dieta varía con el grupo; los alimentos pueden ser desde semillas, frutas y hojas hasta insectos, peces, carne e incluso sangre; los dientes, mandíbulas y órganos digestivos están adaptados a la dieta.

Circulación Dos circuitos; corazón de cuatro cámaras; separación de sangre rica en oxígeno y pobre en oxígeno.

Respiración Pulmones controlados por dos conjuntos de músculos.

Excreción Riñones muy evolucionados filtran la urea de la sangre y producen orina.

Respuesta El encéfalo más evolucionado de todos los animales; sentidos agudos.

Movimiento Columna vertebral flexible; variaciones en los huesos y músculos de las extremidades permiten una gama amplia de movimiento a los distintos grupos: desde excavar madrigueras y reptar hasta caminar, correr, saltar y volar.

Reproducción Fecundación interna; el proceso de desarrollo varía con el grupo (monotrema, marsupial, placentario).

¿Sabías qué...?

Ornitorrinco: genoma combinado al gusto

El ornitorrinco tiene una mezcla tan extraña de características de reptil y mamífero que algunos científicos pensaron que los primeros especímenes eran un engaño producido al unir partes de diferentes animales. Estudios recientes de genoma han revelado una mezcla igual de rara de genes de reptiles y mamíferos. Genes para la visión como la de los reptiles, la producción de yema de huevo y la producción de veneno vinculan al ornitorrinco con los reptiles. Genes para la producción de leche los vinculan con otros mamíferos. La evidencia proporciona confirmación de que este monotrema representa un linaje en verdad antiguo, de una época cercana al momento en que los mamíferos se ramificaron de los reptiles.

GRUPOS DE MAMÍFEROS

Los tres grupos vivientes de mamíferos son los monotremas, los marsupiales y los placentarios. Hay alrededor de 5000 especies de mamíferos, divididas por lo general en unos 26 órdenes, la mayoría de los cuales son placentarios. Sólo hay un orden de monotremas.

Este alce joven disfruta de un momento de independencia de su madre. Los mamíferos proporcionan un cuidado paternal intensivo a sus crías.

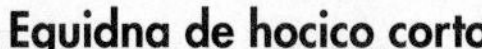

Equidna de hocico corto

MONOTREMATA: Monotremas

Los monotremas, mamíferos que ponen huevos, comparten dos características importantes con los reptiles. Primera, los sistemas digestivo, reproductor y urinario de los monotremas se abren hacia una cloaca similar a la de los reptiles. Segunda, el desarrollo de los monotremas es parecido al de los reptiles. Como un reptil, un monotrema hembra pone huevos de cascarón suave incubados fuera de su cuerpo. Los huevos eclosionan en unos diez días. Sin embargo, a diferencia de los reptiles, las crías de monotrema son alimentadas con leche de la madre, la cual lamen de poros en la superficie de su abdomen. En la actualidad sólo existen cinco especies de monotremas, todas en Australia y Nueva Guinea. Ejemplos: ornitorrinco, equidnas

MARSUPIALIA: Marsupiales

Los marsupiales paren crías vivas en una etapa extremadamente temprana de desarrollo. Un óvulo fecundado se desarrolla como un embrión dentro del tracto reproductor de la madre. Entonces el embrión "nace" en la que sería una etapa embrionaria para la mayoría de los demás mamíferos. Se arrastra por el pelaje de su madre y se sujeta a un pezón que, en la mayoría de las especies, se localiza en una bolsa llamada marsupio. El embrión pasa varios meses unido al pezón y continúa amamantándose hasta que puede sobrevivir por sí solo. Ejemplos: canguros, walabíes, wombats, zarigüeyas

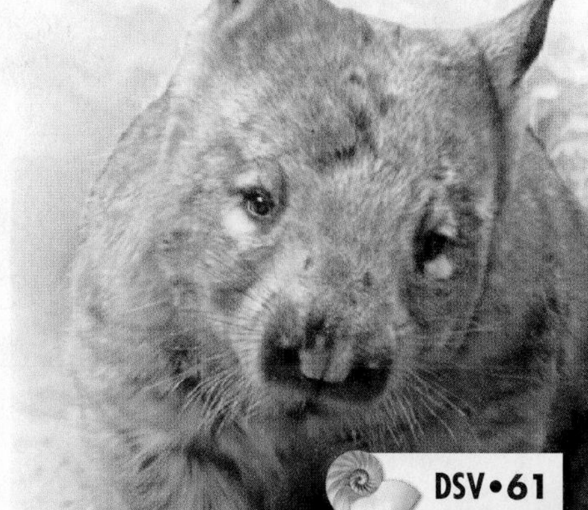

Wombat

PLACENTALIA: Mamíferos placentarios

Los mamíferos placentarios son los mamíferos con los que estás más familiarizado. Este grupo obtiene su nombre de una estructura llamada placenta, la cual se forma cuando los tejidos del embrión se unen con tejidos dentro del cuerpo de la madre. Nutrientes, gases y desechos son intercambiados entre el embrión y la madre a través de la placenta. El desarrollo puede tomar tan poco como unas cuantas semanas (ratones), o tanto como dos años (elefantes). Después de nacer, la mayoría de los mamíferos placentarios cuidan a sus crías y les proporcionan alimento amamantándolos. Ejemplos: ratones, gatos, perros, focas, ballenas, elefantes, humanos

Chiroptera: Murciélagos

Éstos son los únicos mamíferos capaces de un vuelo verdadero. Hay más de 900 especies de murciélagos. Comen principalmente insectos o frutas y néctar, aunque unas cuantas especies se alimentan de la sangre de otros vertebrados. Ejemplos: murciélagos frugívoros, miotis norteamericano, murciélago vampiro

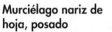

Murciélago nariz de hoja, posado

Leona atacando a un gran kudú

CARNIVORA: Carnívoros

Muchos miembros de este grupo, como los tigres y las hienas, persiguen o acechan a su presa corriendo o abalanzándose, lueg la matan con sus garras y dientes afilados. Perros, osos y otros miembros de este grupo, pueden comer plantas al igual que carn Ejemplos: perros, gatos, mofetas, focas, osos

Sirenia: Sirenios

Los sirenios son herbívoros que viven en ríos, bahías y aguas costeras cálidas dispersas a lo largo del mundo. Estos grandes mamíferos de movimiento lento llevan vidas acuáticas por completo. Ejemplos: manatíes, dugongos

Madre manatí y cría alimentándose

Madre y bebé de erizo de vientre blanco

Insectivora: Insectívoros

Estos comedores de insectos tienen hocicos largos y angostos y garras afiladas que son adecuadas para cavar. Ejemplos: musarañas, topos, erizos

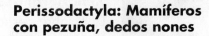

Pezuña de tapir

Perissodactyla: Mamíferos con pezuña, dedos nones

Este grupo está formado por animales con pezuñas con un número non de dedos en cada pata. Como los artiodáctilos, este grupo se compone en su mayoría por animales rumiantes grandes. Ejemplos: caballos, cebras, rinocerontes

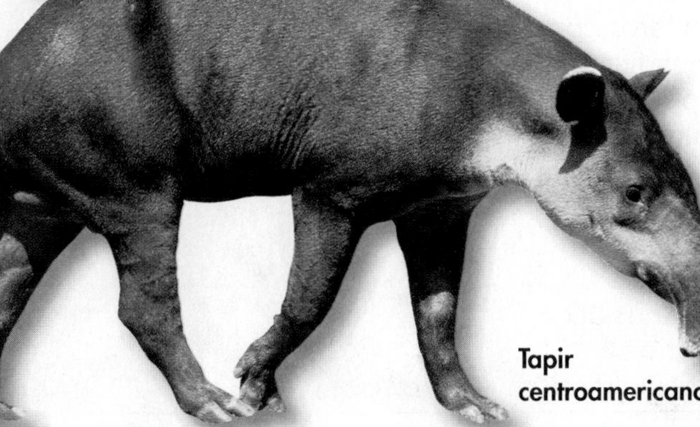

Tapir centroamericano

Artiodactyla: Mamíferos con pezuña, dedos pares

Estos mamíferos rumiantes, grandes y con pezuñas, tienen un número par de dedos en cada pata. Ejemplos: reses, ovejas, cerdos, hipopótamos

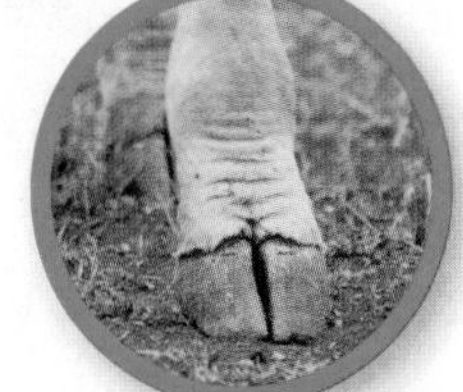

Pezuñas de jirafa

Jirafas de Angola

RODENTIA: Roedores

Los roedores tienen un solo par de dientes incisivos largos y curvos en las mandíbulas superior e inferior, usados para roer madera y otros materiales vegetales duros, Ejemplos: ratas, ardillas, puercoespines

Marmota

Cetacea: Cetáceos

Como los sirenios, los cetáceos, el grupo que incluye ballenas y delfines, están adaptados a la vida submarina, pero deben salir a la superficie para respirar. La mayoría de los cetáceos viven y se reproducen en el océano. Ejemplos: ballenas, delfines

Delfín manchado del Atlántico

Liebre europea

Lagomorpha: Conejos, liebres y pikas

Los lagomorfos son herbívoros por completo. Difieren de los roedores por tener dos pares de incisivos en la mandíbula superior. La mayoría de los lagomorfos tienen patas traseras que están adaptadas para saltar.

Tamandúa

Xenarthra: Desdentados

La palabra *desdentado* significa "sin dientes", lo cual se refiere al hecho de que algunos miembros de este grupo (perezosos y osos hormigueros) tienen dientes simples sin esmalte o no tienen dientes en absoluto. Sin embargo, los armadillos tienen más dientes que la mayoría de otros mamíferos. Ejemplos: perezosos, osos hormigueros, armadillos

Proboscidea: Elefantes

Éstos son los mamíferos con trompa. Hace algún tiempo, este grupo pasó por una radiación adaptativa extensa que produjo muchas especies, incluyendo mastodontes y mamuts, los cuales ahora están extintos. Sólo dos especies, el elefante asiático y el elefante africano, sobreviven en la actualidad.

Elefante asiático y cría

Primates: Lémures, monos, simios, humanos y parientes

Los miembros de este grupo están relacionados estrechamente con antiguos insectívoros pero tienen un cerebro muy desarrollado y comportamientos complejos.

Sifaka

Tarsero

Langur

Babuino y cría

Orangután

Gorila

Chimpancé

Apéndice A Destrezas científicas

Tablas de datos y gráficas

¿Cómo puedes dar sentido a los datos de un experimento científico? El primer paso es organizarlos. Eso puedes hacerlo en tablas de datos y gráficas para poder interpretarlos.

Tablas de datos

Has recopilado tus materiales y configurado tu experimento. Pero antes de comenzar, debes planear una manera de registrar lo que ocurre en él. Si creas una tabla de datos, puedes anotar tus observaciones y medidas de manera ordenada.

Por ejemplo, supón que un científico realizó un experimento para averiguar cuántas kilocalorías quemaron varias personas con diferentes masas corporales mientras realizaron diversas actividades durante 30 minutos. Los datos de la siguiente tabla muestran los resultados.

Observa que en esta tabla de datos la variable independiente (masa corporal) es el título de la primera columna. La variable dependiente (en el Experimento 1, el número de kilocalorías que quemaron al andar en bicicleta durante 30 minutos) es el título de la siguiente columna. Se agregaron columnas adicionales para los experimentos relacionados.

Calorías quemadas en 30 minutos

Masa corporal	Andar en bicicleta	Jugar baloncesto	Ver televisión
30 kg	60 Calorías	120 Calorías	21 Calorías
40 kg	77 Calorías	164 Calorías	27 Calorías
50 kg	95 Calorías	206 Calorías	33 Calorías
60 kg	114 Calorías	248 Calorías	38 Calorías

Gráficas de barras

Las gráficas de barras son útiles para comparar los datos de dos o más categorías definidas. En este ejemplo, se muestran las secreciones pancreáticas del intestino delgado.

Para crear una gráfica de barras, sigue estos pasos.

1. En un papel cuadriculado, traza un eje horizontal o eje *x* y uno vertical o eje *y*.
2. Escribe los nombres de las categorías (la variable independiente) a lo largo de un eje, por lo general el horizontal. Puedes colocar las categorías en el eje vertical si la forma de la gráfica se ajusta mejor a tu página. Rotúlalo.
3. Rotula el otro eje con el nombre de la variable dependiente y la unidad de medida. Luego, marca los números que cubran el rango de los valores de datos con un espaciado igual para crear una escala a lo largo de ese eje.
4. En cada categoría, traza una barra sólida en el valor adecuado. Luego, rellena el espacio desde la barra hasta el eje que representa la variable independiente. Traza todas las barras con el mismo ancho.
5. Agrega un título que describa la gráfica.

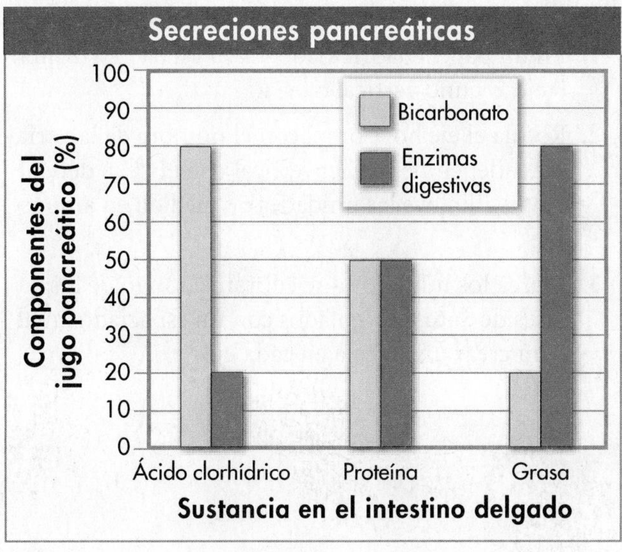

Gráficas lineales

Las gráficas lineales se usan para presentar datos que muestran cómo cambia la variable dependiente en respuesta a las manipulaciones de la variable independiente. Puedes usarlas cuando tu variable independiente sea continua, es decir, cuando haya otros puntos entre los que probaste. Por ejemplo, la siguiente gráfica muestra cómo se relaciona el crecimiento de una población bacteriana con el tiempo. Muestra que el número de bacterias se duplica aproximadamente cada 20 minutos. Las gráficas lineales son herramientas poderosas porque también te permiten calcular los valores de condiciones que no probaste en el experimento.

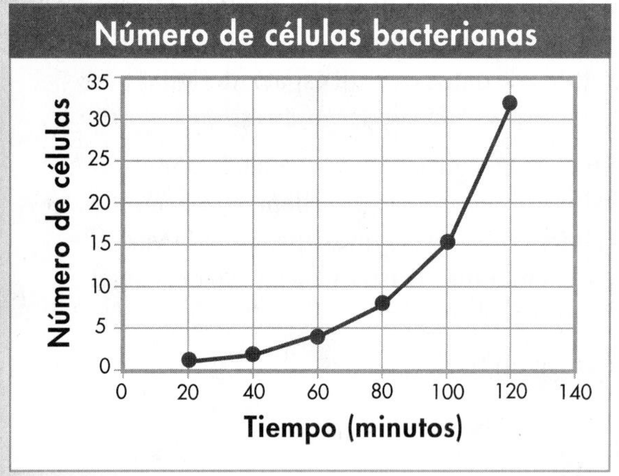

Para elaborar una gráfica lineal, sigue estos pasos.

1. En un papel cuadriculado, traza un eje horizontal o eje *x* y uno vertical o eje *y*.
2. Rotula el eje horizontal con el nombre de la variable independiente y el vertical con el de la dependiente. Incluye las unidades de medida en ambos ejes.
3. Marca los números que cubran el rango de los valores de datos recopilados con un espaciado igual para crear una escala en cada eje.
4. Traza un punto en la gráfica para el valor de cada dato. Para ello, sigue una línea vertical imaginaria que se extienda sobre el eje horizontal para un valor de la variable independiente. Luego, sigue una línea horizontal imaginaria que se extienda desde el eje vertical al valor de la variable dependiente asociada. Traza un punto donde se intersecan las dos líneas. Repite esto hasta que hayas trazado todos los valores de tus datos.
5. Conecta los puntos trazados con una línea llena. No todas las gráficas son lineales, así que tal vez descubras que es más adecuado trazar una curva para conectar los puntos.

Los datos de la gráfica de la izquierda coinciden perfectamente con una ligera curva. Pero si fueras a conectar los puntos de los datos de la siguiente gráfica, obtendrías un desorden que produciría poca información útil. En algunos casos, puede ser más útil trazar una línea que muestre la tendencia general de los puntos trazados. Este tipo de línea a menudo se llama línea de ajuste óptimo, se extiende lo más cercanamente posible a todos los puntos y te permite hacer generalizaciones o predicciones basadas en los datos. Algunos puntos estarán por debajo o por encima de la línea de ajuste óptimo.

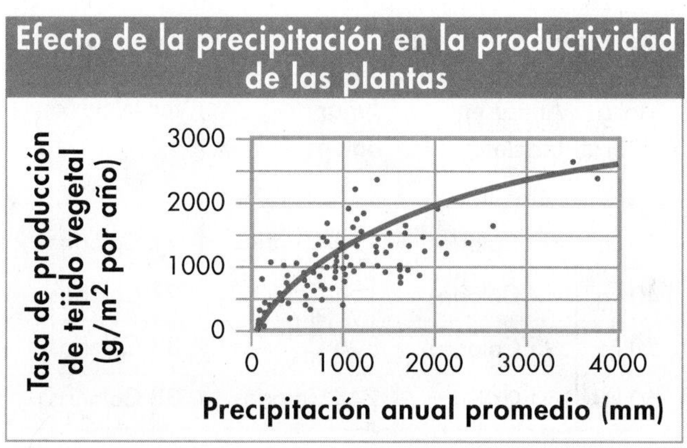

Gráficas circulares

Las gráficas circulares, o gráficas de pastel, muestran los datos como partes de un todo. Igual que las gráficas de barras, las circulares se pueden usar para mostrar datos que recaen en categorías separadas. Sin embargo, a diferencia de las gráficas de barras, las circulares sólo se pueden usar cuando tienes datos de todas las categorías que componen un grupo determinado. El círculo, o "pastel", representa el 100 por ciento del todo, en tanto que los sectores, o rebanadas, representan los porcentajes de cada categoría que compone ese grupo. El siguiente ejemplo compara los diferentes grupos sanguíneos hallados en la población estadounidense.

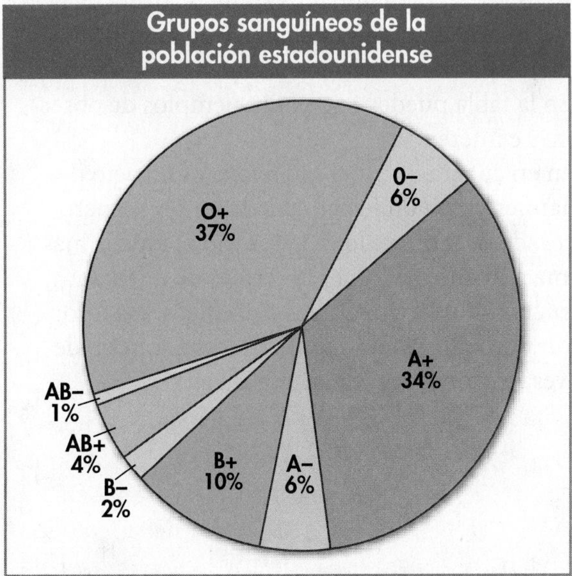

Para elaborar una gráfica circular, sigue estos pasos.

1. Traza un círculo y marca el centro. Luego, traza una línea radial del centro al borde del círculo.
2. Para determinra el tamaño de un sector de la gráfica, calcula el número de grados que corresponden al porcentaje que quieres representar. Por ejemplo, en la gráfica mostrada, B^+ constituye el 10 por ciento de todos los grupos sanguíneos; 360 grados × 0.10 = 36 grados.
3. Con un transportador fijo en el centro del círculo, mide el ángulo (en este ejemplo 36 grados) del radio existente, y traza un segundo radio en ese punto. Rotula el sector con su categoría y el porcentaje del entero que representa. Repite esto para las demás categorías, midiendo cada sector a partir del radio previo para que los sectores no se superpongan.
4. Para leerlos más fácilmente, sombrea cada sector de diferente manera.
5. Agrega un título que describa la gráfica.

Leer diagramas

En las cifras científicas que muestran el corte de una estructura, el diagrama o fotografía muestra la estructura desde un ángulo específico. Busca pistas en este libro que te ayuden a interpretar la vista que se está mostrando.

Cortes transversales

El corte transversal muestra un corte horizontal en medio de una estructura. Este ícono te ayudará a localizar los cortes transversales.

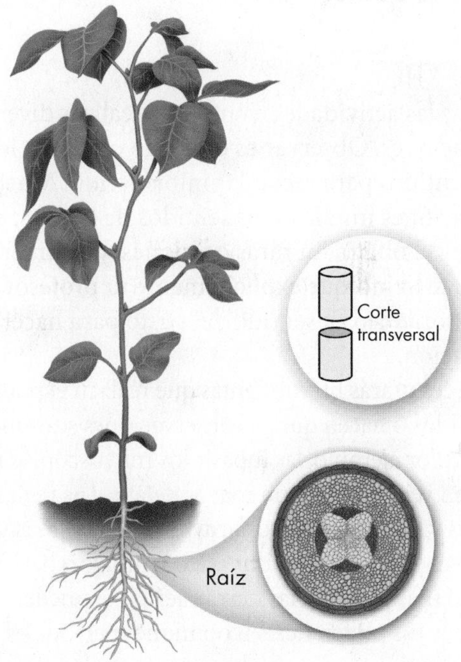

Secciones longitudinales

Una sección longitudinal muestra un corte vertical en la mitad de una estructura. Este ícono te ayudará a localizar las secciones longitudinales.

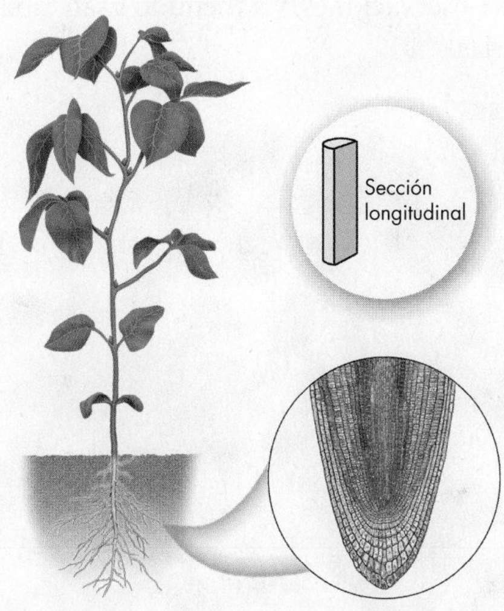

Apéndice A Destrezas científicas

Destrezas básicas del proceso científico

Durante el curso de biología, a menudo realizas actividades breves de laboratorio y experimentos largos. Estas son algunas de las destrezas que usarás.

Observar

En todas las actividades científicas, realizas diversas observaciones. Observar es usar uno o más de los cinco sentidos para recopilar información. Muchas observaciones implican los sentidos de la vista, el oído, el tacto y el olfato. En raras ocasiones, y solamente cuando te lo indique explícitamente tu profesor, usarás en el laboratorio tu sentido del gusto para hacer una observación.

A veces usarás herramientas que realzan el poder de tus sentidos o hacen que tus observaciones sean más precisas. Por ejemplo, las lupas y los microscopios te permiten ver las cosas con mayor detalle. Las reglas, las balanzas y los termómetros te ayudan a medir las variables clave. Además de realzar estos sentidos o hacer observaciones más precisas, las herramientas te pueden ayudar a eliminar tus preferencias u opiniones personales.

En ciencias, se acostumbra a registrar las observaciones en el momento en que se realizan, por lo general escribiendo o dibujando en un cuaderno. También puedes usar computadoras, cámaras digitales, cámaras de video y otras herramientas para llevar registros. Como regla, los científicos mantienen explicaciones completas de sus observaciones, y a menudo usan tablas para organizarlas.

Inferir

En ciencias, como en la vida cotidiana, las observaciones por lo general van seguidas de inferencias. Inferir es interpretar una observación o declaración basada en conocimientos previos.

Por ejemplo, supón que vas de excursión a una montaña y ves huellas como las que se ilustran a continuación. Con base en su tamaño y forma, puedes inferir que un mamífero grande pasó por ahí. Al inferir, usas tus conocimientos sobre la forma de la pata del animal. Alguien que sepa mucho más sobre mamíferos podría inferir que las huellas son de un oso. En la tabla puedes comparar ejemplos de observaciones e inferencias.

Ten en cuenta que una inferencia es un acto de razonamiento, no un hecho. Puede ser lógica pero no verdadera. A menudo es necesario recopilar más información antes de tener la certeza de que una inferencia es correcta. Para los científicos, esa información puede provenir de más observaciones o de las investigaciones realizadas por otros.

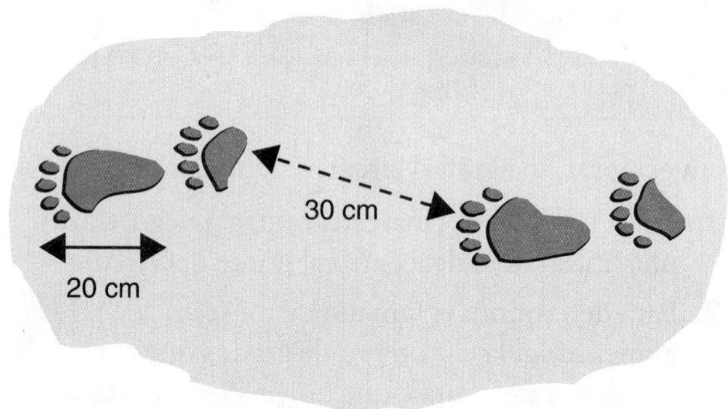

Comparación de observaciones e inferencias

Ejemplo de observaciones	Ejemplo de inferencias
Las huellas dejadas en la tierra tienen cinco dedos.	Un animal dejó las huellas.
Las huellas más grandes miden aproximadamente 20 cm de largo.	Un oso dejó las huellas.

A medida que estudias biología, haces diferentes tipos de inferencias. Por ejemplo, puedes generalizar todos los casos basándote en información de otros casos: *Todas las raíces de las plantas que he observado crecen hacia abajo, así que infiero que todas las raíces crecen hacia abajo.* Puedes determinar que un factor o suceso fue causado por otro factor o suceso: *Las bacterias murieron después de que les apliqué lejía, así que infiero que la lejía mata las bacterias.* Las predicciones pueden ser otro tipo de inferencias.

Predecir

Las personas a menudo hacen predicciones, pero sus declaraciones sobre el futuro podrían ser ya sea suposiciones o inferencias. En ciencias, una predicción es una inferencia sobre un suceso futuro basado en pruebas, experiencias o conocimientos. Por ejemplo, puedes decir: *El primer día del próximo mes será soleado.* Si tu declaración se basa en pruebas de los patrones climáticos del área, entonces tu predicción es científica. Si haces tu declaración sin considerar ninguna prueba, entonces es sólo una suposición.

Las predicciones desempeñan un importante papel en la ciencia porque proporcionan una manera de probar las ideas. Si los científicos comprenden un suceso o las propiedades de un objeto específico, deben ser capaces de hacer predicciones exactas sobre ese suceso u objeto. Algunas predicciones se pueden probar simplemente al hacer observaciones. Otras veces se necesitan experimentos cuidadosamente diseñados.

Clasificar

Si alguna vez has escuchado a las personas debatir sobre si un tomate es una fruta o un vegetal, has escuchado un argumento sobre la clasificación. Clasificar es el proceso de agrupar cosas que son parecidas según alguna idea o sistema de organización. La clasificación ocurre en todas las ramas de la ciencia, pero es muy importante en la biología debido a que los seres vivos son muy numerosos y diversos.

Tal vez hayas tenido la oportunidad de practicar la clasificación de diferentes maneras. A veces colocas objetos en grupos según un sistema establecido. Otras veces, puedes crear un sistema propio al examinar diferentes objetos e identificar sus propiedades.

La clasificación puede tener diferentes propósitos. A veces se hace sólo para mantener las cosas organizadas, por ejemplo, para facilitar la localización de los suministros del laboratorio. Sin embargo, es más frecuente que la clasificación ayude a los científicos a comprender mejor a los seres vivos y a descubrir las relaciones que existen entre ellos. Por ejemplo, una manera que tienen los biólogos de determinar cómo se relacionan los grupos de vertebrados es comparar sus huesos. Clasifican ciertas partes de un animal, como los huesos o los músculos, y luego investigan cómo trabajan juntos.

Usar modelos

Algunas ciudades no aprueban la construcción de nuevos edificios que proyecten sombras en los parques públicos. A medida que los arquitectos planean los edificios en estas ubicaciones, usan modelos que pueden mostrar dónde se proyectará la sombra de un edificio propuesto a cualquier hora del día en cualquier temporada del año. Un modelo es una representación física o mental de un objeto, proceso o suceso. En las ciencias, los modelos por lo general se hacen para ayudar a las personas a comprender los procesos y objetos naturales.

Los modelos pueden ser variados. Los modelos mentales, como las ecuaciones matemáticas, pueden representar algunos tipos de ideas o procesos. Por ejemplo, la ecuación de la superficie de una esfera puede representar el modelo de la superficie de la Tierra y permite así que los científicos determinen su tamaño. Los modelos físicos pueden hacerse de una amplia variedad de materiales; pueden ser bidimensionales (planos) o tridimensionales (con profundidad). En la biología, el dibujo de una molécula o célula es un modelo bidimensional típico. Los modelos comunes tridimensionales incluyen la representación de una molécula de ADN y el esqueleto plástico de un animal.

Los modelos físicos también se pueden hacer "a escala", lo que significa que están en proporción con el objeto real. Un objeto muy grande, como el área de un terreno que se está estudiando, se puede mostrar a 1/100 de su tamaño real. Un organismo diminuto se puede mostrar en 100 veces su tamaño.

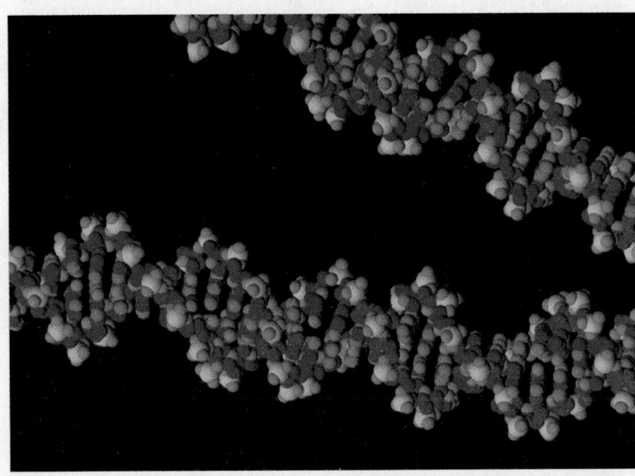

Organizar la información

Cuando estudias o quieres comunicar hechos e ideas, tal vez te sea útil organizar la información de manera visual. A continuación hay algunos organizadores gráficos que puedes usar. Observa que cada tipo de organizador es útil para tipos específicos de información.

Diagramas de flujo

Un diagrama de flujo te puede ayudar a representar el orden en el que ha ocurrido o debe ocurrir un conjunto de sucesos. Los diagramas de flujo se usan para esbozar los pasos de un procedimiento o las etapas de un proceso con un comienzo y una terminación definidos.

Para hacer uno, escribe los pasos del proceso que quieres representar y cuéntalos. Luego, dibuja el número adecuado de recuadros, comenzando en la parte superior de la página o en la parte izquierda. Escribe una breve descripción del primer suceso en el primer recuadro y luego escribe los otros pasos en cada recuadro. Relaciona con una flecha los recuadros con el siguiente suceso del proceso.

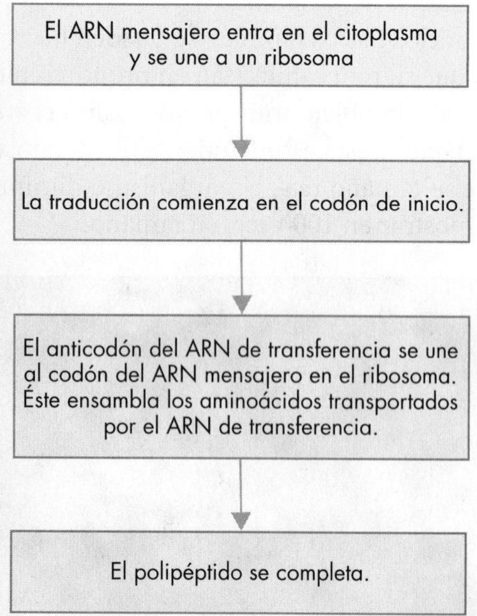

Mapas de conceptos

Los mapas de conceptos te ayudan a organizar un tema que tiene muchos subtemas. Un mapa de conceptos comienza con una idea principal y muestra cómo se puede dividir en temas específicos. Facilita la comprensión de las ideas al presentar sus relaciones de manera visual.

Para elaborar un mapa de conceptos, coloca las palabras de los conceptos (por lo general sustantivos) en óvalos y conéctalas con las palabras relacionadas. Por lo general, el concepto más general se coloca en la parte superior del mapa o en el centro. El contenido de los demás óvalos se hace más específico a medida que se aleja del concepto principal. Las palabras relacionadas, que describen el vínculo que hay entre los conceptos relacionados, se escriben sobre una línea colocada entre dos óvalos. Si sigues cualquier sucesión de conceptos y palabras relacionadas a través del mapa, deberían leerse casi como una oración.

Algunos mapas de conceptos también pueden incluir palabras relacionadas que conecten al concepto de una rama con el de otra. Algunas conexiones, llamadas conexiones interrelacionadas, muestran relaciones más complejas.

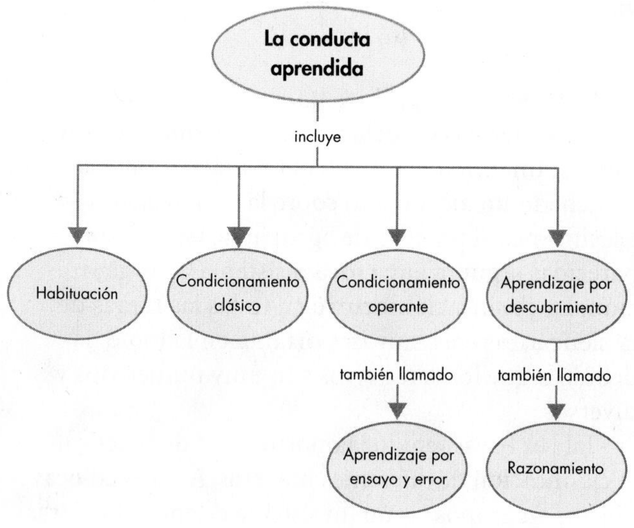

Tablas de comparar y contrastar

Las tablas de comparar y contrastar son útiles para mostrar las semejanzas y diferencias que existen entre dos o más objetos o procesos. Proporcionan un marco organizado para hacer comparaciones basadas en características específicas.

Para crear una tabla de este tipo, escribe las cosas que se van a comparar en la parte superior. Escribe una lista de las características que formarán la base de tu comparación en la columna de la izquierda. Escribe información de cada cosa para completar la tabla.

Comparación de la fermentación y la respiración celular

Característica	Fermentación	Respiración celular
Reactante inicial	Glucosa	Glucosa, oxígeno
Vías implicadas	Glicólisis, otras	Glicólisis, ciclo de Krebs, transporte de electrones
Productos finales	CO_2 y alcohol o CO_2 y ácido láctico	CO_2, H_2O
Número de moléculas de ATP producidas	2	36

Diagramas de Venn

Otra manera de mostrar las semejanzas y diferencias que hay entre las cosas es con un diagrama de Venn, que consiste en dos o más óvalos que se superponen parcialmente. Cada óvalo representa un objeto o idea particular. Las características que los objetos comparten se escriben en el área que se superpone y las diferencias o características únicas en las áreas que no se superponen.

Para crear un diagrama de Venn, dibuja dos óvalos superpuestos. Rotúlalos con los nombres de los objetos o ideas que representan. Escribe las características únicas en la parte de cada óvalo que no se superpone y las características compartidas dentro del área que se superpone.

Reino Plantas **Reino Hongos**

autótrofos
cloroplastos
paredes celulares de celulosa

eucariotas
multicelulares

heterótrofos
unicelulares
paredes celulares de quitina

Diagramas de ciclo

Los diagramas de ciclo muestran una secuencia de sucesos que es continua, o cíclica. Una secuencia continua no tiene principio ni final; en su lugar, cada suceso del proceso conduce a otro. El diagrama muestra el orden de los sucesos.

Para crear un diagrama de ciclo, escribe los sucesos del proceso y cuéntalos. Dibuja un recuadro para cada suceso y coloca los recuadros alrededor de un círculo imaginario. Escribe uno de los sucesos en un óvalo y luego dibuja una flecha hacia el siguiente óvalo, moviéndote en dirección de las manecillas del reloj. Sigue llenando los recuadros y relacionándolos con flechas hasta que todas las descripciones formen un círculo continuo.

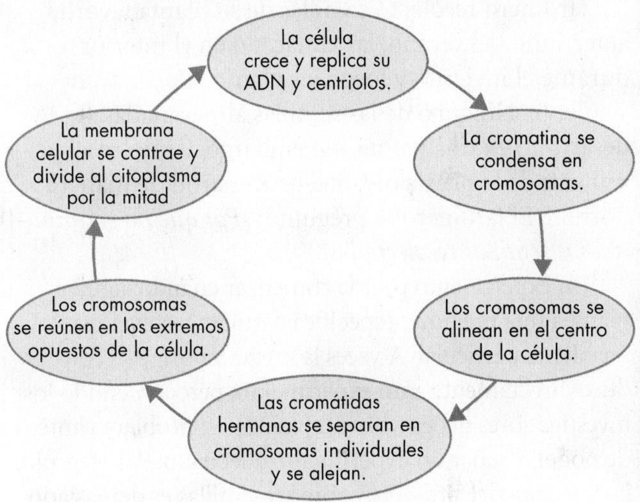
La célula crece y replica su ADN y centriolos.
La cromatina se condensa en cromosomas.
Los cromosomas se alinean en el centro de la célula.
Las cromátidas hermanas se separan en cromosomas individuales y se alejan.
Los cromosomas se reúnen en los extremos opuestos de la célula.
La membrana celular se contrae y divide al citoplasma por la mitad

Realizar un experimento

Un experimento científico es un procedimiento diseñado para probar una predicción. Algunos tienen diseños bastante simples. Otros podrían requerir de la ingeniosa resolución de un problema.

Comenzar con preguntas o problemas

Un jardinero recolectó semillas de su planta favorita al término del verano, las almacenó en el interior durante el invierno y luego las plantó la primavera siguiente. Ninguna de las semillas almacenadas se desarrolló en una planta, sin embargo, las no recolectadas de la planta original germinaron de manera normal. El jardinero se preguntó: *¿Por qué no germinaron las semillas recolectadas?*

Un experimento podría comenzar cuando alguien plantea una pregunta específica o quiere resolver un problema particular. A veces la pregunta original conduce directamente a un experimento, pero a menudo los investigadores deben volver a plantear el problema antes de poder diseñar un experimento adecuado. Por ejemplo, la pregunta del jardinero sobre las semillas es demasiado general para ser probada con un experimento, porque hay muchas respuestas posibles. Para limitar el tema, el jardinero podría pensar en preguntas relacionadas como: *¿Eran las semillas que recolecté diferentes de las que no recolecté? ¿Traté de hacerlas germinar en un suelo infértil o con luz o agua insuficientes? ¿Almacenar las semillas en el interior las arruinó de alguna manera?*

Desarrollar una hipótesis

En ciencias, una pregunta sobre un objeto o suceso se responde al desarrollar una explicación posible llamada hipótesis. La hipótesis se puede desarrollar después de una larga y pensada investigación, o le puede llegar al científico "en un instante". No importa cómo se forme una hipótesis; puede ser útil mientras conduzca a predicciones que puedan ser probadas.

El jardinero decide enfocarse en el hecho de que las semillas que no germinaron fueron almacenadas en las condiciones cálidas de una casa climatizada. Esa premisa le hizo proponer esta hipótesis: *Las semillas requieren de un período de temperaturas bajas para poder germinar.*

El siguiente paso es hacer una predicción basada en la hipótesis, como: *Si las semillas se almacenan en el interior bajo condiciones frías, germinarán de la misma manera que las semillas que están en el exterior durante el invierno.* Observa que la predicción sugiere la idea básica de un experimento.

Diseñar un experimento

Un experimento cuidadosamente diseñado puede probar una predicción de manera confiable y descartar otras posibles explicaciones. A medida que los científicos planean los procedimientos de sus experimentos, prestan especial atención a los factores que deben ser controlados.

El jardinero decidió estudiar tres grupos de semillas: (1) algunas que se dejarían en el exterior a lo largo del inverno, (2) algunas que se llevarían al interior y se mantendrían a temperatura ambiente y (3) algunas que se llevarían al interior y se mantendrían frías.

Controlar las variables

A medida que los investigadores diseñan un experimento, identifican las variables, es decir, los factores que pueden cambiar. Algunas variables comunes son la masa, el volumen, el tiempo, la temperatura, la luz y la presencia o ausencia de materiales específicos. Un experimento implica tres categorías de variables. El factor que los científicos cambian deliberadamente se llama variable independiente, que también se conoce como variable manipulada. El factor que puede cambiar debido a la variable independiente y que los científicos quieren observar se llama variable dependiente; también se conoce como variable de respuesta. Los factores que los científicos deliberadamente mantienen iguales se llaman variables controladas y permiten a los investigadores concluir que los cambios en la variable dependiente se deben exclusivamente a los cambios en la variable independiente.

Para el jardinero, la variable independiente es si las semillas fueron expuestas a condiciones frías. La variable dependiente es si las semillas germinan o no. Entre las variables que se deben controlar están si las semillas permanecen secas mientras están almacenadas, cuándo se plantan, la cantidad de agua que reciben y el tipo de suelo que se usa.

Interpretar datos

Las observaciones y medidas que se hacen en un experimento se llaman datos. Los científicos por lo general los registran de una manera ordenada. Cuando termina un experimento, el investigador analiza los datos para ver las tendencias o patrones, a menudo realizando cálculos o haciendo gráficas, para determinar si los resultados apoyan la hipótesis.

Por ejemplo, después de plantar las semillas en la primavera, el jardinero contó las que habían germinado y obtuvo estos resultados: Ninguna de las semillas que se mantuvieron a temperatura ambiente germinaron, 80 por ciento de las semillas que se mantuvieron en el congelador germinaron así como 85 por ciento de las que se dejaron en el exterior durante el invierno. La tendencia era clara: la predicción del jardinero parecía ser correcta.

Para asegurar que los resultados de un experimento son correctos, los científicos repasan sus datos críticamente y buscan posibles fuentes de error. Aquí, el *error* se refiere a las diferencias que hay entre los resultados observados y los valores verdaderos. Un error experimental puede ser el resultado de errores humanos o de problemas con los equipos. También puede ocurrir cuando el pequeño grupo de objetos estudiados no representa con precisión al grupo entero. Por ejemplo, si algunas de las semillas del jardinero hubieran estado expuestas a un herbicida, los datos podrían no haber reflejado el verdadero patrón de germinación de las semillas.

Sacar conclusiones

Si los investigadores confían en que sus datos son fidedignos, hacen una declaración final que resume sus resultados. Esa declaración, llamada conclusión, indica si los datos apoyan o refutan la hipótesis. La conclusión del jardinero fue esta: *Algunas semillas deben someterse a un período de congelamiento para germinar.* Una conclusión se considera válida si es una interpretación lógica de datos fidedignos.

Dar seguimiento a un experimento

Cuando se ha completado un experimento, a menudo le siguen uno o más sucesos. Los investigadores pueden repetir el experimento para verificar los resultados. Pueden publicarlo para que otros lo puedan evaluar y replicar sus procedimientos. Pueden comparar sus conclusiones con los descubrimientos realizados por otros científicos. Y pueden plantear nuevas preguntas que conduzcan a nuevos experimentos. Por ejemplo: *¿Las esporas de los hongos se ven afectadas por la temperatura igual que estas semillas?*

Investigar otros descubrimientos acerca de las semillas mostraría que otros tipos de plantas en zonas templadas requieren períodos de congelamiento antes de germinar. Los biólogos infieren que este patrón hace menos probable que las semillas germinen antes del invierno y aumenta así las posibilidades de que las plantas jóvenes sobrevivan.

Apéndice B Destrezas de laboratorio

El sistema métrico

El sistema de medidas estándar que usan los científicos en todo el mundo se conoce como sistema internacional de unidades y se abrevia como SI (Système International d'Unités en francés). Se basa en unidades de 10. Cada unidad es 10 veces más grande o 10 veces más pequeña que la siguiente. La tabla presenta los prefijos que se usan para nombrar a las unidades del SI más comunes.

Prefijos comunes del SI

Prefijo	Símbolo	Significado
kilo-	k	1000
hecto-	h	100
deca-	da	10
deci-	d	0.1 (un décimo)
centi-	c	0.01 (un centésimo)
milli-	m	0.001 (un milésimo)

Unidades métricas de uso común

Longitud Para medir la longitud, o distancia que hay de un punto a otro, la unidad de medida es el metro (m). Un metro es ligeramente más largo que una yarda.

Equivalencias útiles:

1 metro = 1000 milímetros (mm)
1 metro = 100 centímetros (cm)
1000 metros = 1 kilómetro (km)

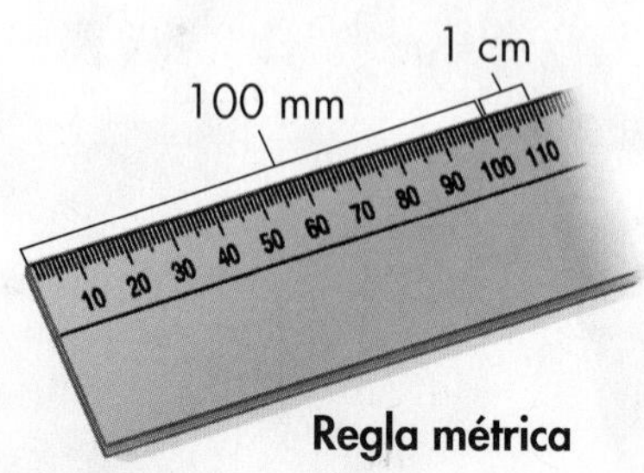

Regla métrica

Volumen Para medir el volumen de un líquido, o la cantidad de espacio que ocupa un objeto, la unidad de medida es el litro (L). Un litro es un poco más que un cuarto.

Equivalencias útiles:

1 litro = 1000 mililitros (mL)

Masa Para medir la masa, es decir, la cantidad de materia que tiene un objeto, la unidad de medida es el gramo (g). Un sujetapapeles tiene una masa de aproximadamente un gramo.

Equivalencias útiles:

1000 gramos = 1 kilogramo (kg)

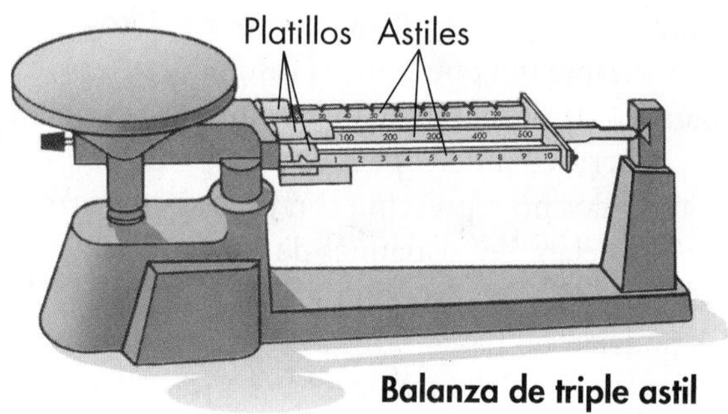

Balanza de triple astil

Temperatura Los grados son las unidades que se usan para medir lo caliente o fría que está una cosa, esto es, su temperatura. El punto de congelación del agua es de 0°C (Celsius) y su punto de ebullición es de 100°C.

Equivalencias del sistema inglés:

2.54 centímetros (cm) = 1 pulgada (pulg)
1 metro (m) = 39.37 pulgadas (pulg)
1 kilómetro (km) = 0.62 millas (mi)
1 litro (L) = 1.06 cuartos (qt)
236 mililitros (mL) = 1 taza (t)
1 kilogramo (kg) = 2.2 libras (lb)
28.3 gramos (g) = 1 onza (oz)
°C = 5/9 × (°F – 32)

Símbolos de seguridad

Estos símbolos aparecen en las actividades de laboratorio para advertirte de posibles peligros y recordarte que debes trabajar con cuidado.

Lentes de seguridad Usa siempre lentes de seguridad para protegerte los ojos en las actividades que impliquen sustancias químicas, llamas, calor, u objetos, partículas o sustancias volátiles.

Delantal de laboratorio Usa un delantal de laboratorio para proteger tus ropas y tu piel de lesiones.

Guantes plásticos Usa guantes desechables de plástico para evitar entrar en contacto con sustancias químicas u organismos que te puedan dañar. Mantén tus manos alejadas del rostro y deshazte de los guantes y sigue las instrucciones de tu profesor al terminar la actividad.

Roturas Maneja con cuidado los materiales que se pueden romper como termómetros y objetos de cristal. No toques el cristal roto.

Guantes resistentes al calor Usa un guante para horno u otra protección para tus manos cuando manejes materiales calientes. Las placas para calentar y el agua y los objetos de cristal caliente pueden causar quemaduras. Nunca toques objetos calientes con tus manos desnudas.

Calentamiento Usa abrazaderas o tenacillas para sostener los objetos calientes. No los toques con tus manos desnudas.

Objetos afilados Las tijeras, escalpelos, alfileres y cuchillos son afilados y pueden cortar o pinchar tu piel. Siempre apunta los bordes y puntas afilados lejos de ti y de los demás. Usa los instrumentos afilados sólo como se te indique.

Descargas eléctricas Evita la posibilidad de electrocutarte. Nunca uses equipos electrónicos cerca del agua o cuando el equipo o tus manos estén húmedos. Asegúrate de que los cordones estén desenredados y que nadie se pueda atorar en ellos. Desconecta el equipo cuando no lo uses.

Sustancias químicas corrosivas Este símbolo indica la presencia de un ácido u otra sustancia química corrosiva. Trata de no tocar las sustancias químicas con tu piel, ojos o ropa. No inhales los vapores. Lávate las manos cuando termines la actividad.

Veneno Evita que cualquier sustancia química venenosa entre en contacto con tu piel y no inhales sus vapores. Lávate las manos cuando termines la actividad.

Llamas Ata tu cabello y ropa y ponte lentes de seguridad antes de trabajar con fuego. Sigue las instrucciones de tu profesor para encender y extinguir las llamas.

Apagar las llamas A veces puede haber materiales inflamables. Asegúrate de que no haya llamas, chispas o fuentes expuestas de calor.

Gases Se pueden producir vapores venenosos o desagradables. Trabaja en un área ventilada, o si está disponible, con una campana para vapores. Evita inhalar directamente el vapor. Pruébalo sólo cuando te lo indique tu profesor con un movimiento suave para llevar el vapor hacia tu nariz.

Seguridad física Esta actividad implica movimientos físicos. Ten cuidado de no lastimarte a ti o a los demás. Sigue las instrucciones de tu profesor. Avísale si hay alguna razón por la que no puedas participar en la actividad

Seguridad de los animales Trata a los animales vivos con cuidado para no lastimarlos a ellos o a ti. Trabajar con partes animales o con animales conservados también requiere cuidado. Lávate las manos cuando termines la actividad.

Seguridad de las plantas Maneja las plantas como te indique tu profesor. Si eres alérgico a alguna de las que se usen en una actividad, díselo a tu profesor antes de empezar. Evita tocar las plantas venenosas y las que tienen espinas.

Eliminación Las sustancias químicas y otros materiales usados en la actividad deben ser eliminados de manera segura. Sigue las instrucciones de tu profesor.

Lavado de manos Lávate las manos perfectamente cuando termines la actividad. Usa jabón y agua tibia. Enjabona ambos lados de tus manos y entre los dedos. Enjuágate bien.

Percepción de seguridad general Tal vez veas este símbolo cuando no aplique ninguno de los símbolos antes descritos. En este caso, sigue las instrucciones específicas que te proporcionen. También podrías ver este símbolo cuando se te pide diseñar tu propio experimento. No lo comiences hasta que tu profesor haya aprobado tu plan.

Apéndice B Destrezas de laboratorio

Normas de seguridad en las ciencias

Trabajar en el laboratorio puede ser una experiencia emocionante, pero también puede ser peligroso si no se siguen siempre las reglas de seguridad adecuadas. Para prepararte para un año seguro en el laboratorio, lee las siguientes reglas de seguridad. Asegúrate de que las comprendes todas. Pide a tu profesor que te explique las que no entiendas.

Código de vestimenta

1. Muchos materiales del laboratorio pueden provocar lesiones en los ojos. Para protegerte de posibles lesiones, usa lentes de seguridad cuando trabajes con sustancias químicas, mecheros o cualquier sustancia que pueda entrar en ellos. Evita usar lentes de contacto en el laboratorio. Indica a tu profesor si tienes que usar lentes de contacto para poder ver bien y pregúntale si hay alguna precaución que debas tomar.
2. Usa un delantal o bata de laboratorio cuando trabajes con sustancias químicas o calientes.
3. Si tienes el pelo largo, átalo para evitar que entre en contacto con sustancias químicas, mecheros, velas o cualquier otro equipo del laboratorio.
4. Antes de trabajar en el laboratorio, quítate o ata cualquier artículo de ropa o joyería que pueda quedar colgando y tocar las sustancias químicas o las llamas.

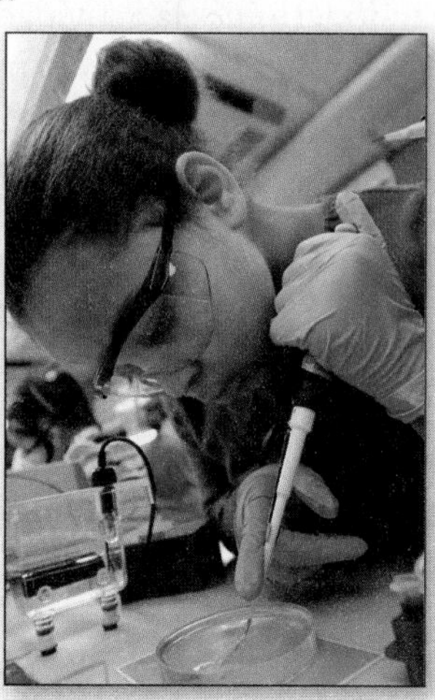

Reglas generales de seguridad y primeros auxilios

5. Lee las instrucciones de un experimento varias veces. Sigue las instrucciones exactamente como están escritas. Si tienes dudas sobre cualquier parte del experimento, pide ayuda a tu profesor.
6. Nunca realices investigaciones que tu profesor no haya autorizado. No uses ningún equipo si él no está presente en el laboratorio.
7. Nunca manejes el equipo a menos que tengas permiso específico.
8. Trata de no derramar ningún material en el laboratorio. Si esto ocurre, pregunta inmediatamente a tu profesor cuál es la manera adecuada de limpiarlo. Nunca vacíes sustancias químicas u otras sustancias en el lavabo o en el cubo de la basura.
9. Nunca comas, bebas o lleves comida dentro del laboratorio.
10. Reporta inmediatamente los accidentes a tu profesor, sin importar lo pequeños que sean.
11. Aprende qué hacer en caso de accidentes específicos, como que se te caiga ácido en tu piel o en tus ojos. (Enjuaga los ácidos de tu cuerpo con mucha agua).
12. Conoce la ubicación del equipo de primeros auxilios. Tu profesor debe administrar los primeros auxilios a una lesión. Te puede enviar con la enfermera de la escuela o llamar a un médico.
13. Debes saber dónde y cómo reportar un accidente o incendio. Averigua la ubicación del extinguidor de fuegos, la alarma de incendios y el teléfono. Reporta inmediatamente cualquier incendio a tu profesor.

Seguridad al calentar e incendios

14. Nunca uses una fuente de calor como vela o mechero sin usar lentes de seguridad.
15. Nunca calientes una sustancia química si no se te indique que lo hagas. Una sustancia química puede ser inofensiva si está fría pero peligrosa si se calienta.
16. Mantén limpia tu área de trabajo y todos los materiales alejados de las llamas. Asegúrate de que no haya recipientes de líquidos inflamables abiertos en el laboratorio cuando uses llamas.
17. Nunca toques las llamas.

18. Asegúrate de saber cómo encender un mechero Bunsen. (Tu profesor demostrará el procedimiento adecuado para encenderlo). Si te salta la llama del mechero, cierra inmediatamente el gas. No toques el mechero, podría estar caliente. ¡Nunca dejes un mechero encendido sin atender!

19. Cuando calientes un tubo de ensayo o botella, apunta la abertura lejos de ti y de los demás. Las sustancias químicas pueden salpicar o vaporizarse fuera de los tubos de ensayo.

20. Nunca calientes un recipiente cerrado. El aire, vapores u otros gases calientes que se expanden dentro pueden hacerlo estallar y herirte a ti o a los demás.

21. Nunca tomes un recipiente que se ha calentado sin primero colocar el dorso de tu mano cerca de él. Si sientes el calor, el recipiente está demasiado caliente para poder tomarlo. Usa abrazaderas o tenacillas cuando manejes recipientes calientes o guantes resistentes al calor si es necesario.

Uso seguro de sustancias químicas

22. Nunca mezcles sustancias químicas "para ver qué pasa". Podrías producir una sustancia peligrosa y posiblemente explosiva.

23. Muchas sustancias químicas son venenosas. Nunca toques, pruebes o huelas una sustancia química que no sepas con seguridad que es inofensiva. Si se te indica que huelas los gases de un experimento, mueve suavemente tu mano sobre la abertura del recipiente y dirige los gases hacia tu nariz. No inhales directamente los gases del recipiente.

24. Usa sólo las sustancias químicas necesarias para la investigación. Mantén cerradas todas las tapas cuando no uses las sustancias químicas. Avisa a tu profesor si se derrama alguna.

25. Deshazte de las sustancias químicas como te indique tu profesor. Para no contaminar, nunca vuelvas a poner las sustancias químicas en sus recipientes originales.

16. Ten mucho cuidado cuando trabajes con ácidos o bases. Vacía las sustancias químicas de un recipiente a otro sobre el lavabo, no sobre tu área de trabajo.

27. Cuando diluyas un ácido, vacíalo en el agua. Nunca vacíes el agua en el ácido.

28. Si cualquier ácido o base toca tu piel o ropa, enjuágala con agua. Avisa inmediatamente a tu profesor sobre cualquier derrame de ácidos o bases.

Uso seguro de objetos de cristal

29. Nunca calientes objetos de cristal que no estén totalmente secos. Usa una malla metálica para proteger el cristal de las llamas.

30. Ten en cuenta que no hay manera de saber si el cristal está caliente. Nunca lo tomes sin comprobar primero que no está caliente.

31. Nunca uses objetos de cristal rotos o astillados. Si alguno se rompe, avisa a tu profesor y deshazte de él en el recipiente de basura adecuado.

32. Nunca comas o bebas de objetos de cristal del laboratorio. Límpialos perfectamente antes de guardarlos.

Uso de instrumentos afilados

33. Maneja los escalpelos o las cuchillas con mucho cuidado. Nunca cortes el material hacia ti; córtalo lejos de ti.

34. Avisa inmediatamente a tu profesor si te cortas mientras estás en el laboratorio.

Trabajar con organismos vivos

35. No se debe realizar ningún experimento que cause dolores, molestias o lesiones a los animales ni en el salón de clases ni en el hogar.

36. Tu profesor te indicará cómo manejar las especies que se lleven al salón de clases. Sólo se deben usar animales si es necesario. Si el animal está inquieto, asustado, preñado, alimentándose o con sus crías se requiere un manejo especial.

37. Lávate las manos perfectamente después de manejar cualquier organismo o material, incluyendo animales o las jaulas que los contengan.

Reglas para terminar los experimentos

38. Cuando termines un experimento, limpia tu área de trabajo y vuelve a poner todo el equipo en su lugar.

39. Lávate las manos con jabón y agua tibia antes y después de cada experimento.

40. Apaga los mecheros antes de salir del laboratorio. Comprueba que la línea de gas del mechero también esté apagada.

Apéndice B Destrezas de laboratorio

Usar el microscopio

El microscopio que se usa en casi todas las clases de biología, el microscopio compuesto, contiene una combinación de lentes. La lente ocular se localiza en la parte superior del microscopio y por lo general tiene un aumento de 10×. Otras lentes, llamadas objetivos, están en la parte inferior del cabezal en el revólver giratorio. Cuando giras el revólver, puedes seleccionar el objetivo a través del cual observarás a tu espécimen.

El objetivo más corto es una lente de aumento de baja potencia, por lo general de 10×. Los más largos son de alta potencia, por lo general de 40× a 43×. El aumento está marcado en el objetivo. Para determinar el aumento total, se multiplica la potencia del aumento del ocular por la potencia del aumento del objetivo. Por ejemplo con un cabezal de 10× y un objetivo de 40×, el aumento total es de $10 \times 40 = 400\times$.

Es necesario aprender el nombre, función y ubicación de cada parte del microscopio para poder usarlo adecuadamente. Usa los siguientes procedimientos cuando trabajes con el microscopio.

1. Para transportar el microscopio, coloca una mano debajo de la base y sostiene el brazo del microscopio con la otra.
2. Colócalo con cuidado sobre la mesa del laboratorio con el brazo apuntando hacia ti. La base del microscopio debe descansar uniformemente sobre la mesa, aproximadamente a 10 cm del borde.
3. Levanta el cabezal y gira el botón de ajuste grueso hasta que el objetivo esté a aproximadamente 2 cm sobre la abertura de la platina.
4. Gira el revólver para que el objetivo de baja potencia (10×) quede alineado directamente con el cabezal. Un chasquido indica que la lente está alineada con la abertura de la platina.
5. Mira a través del ocular y enciende la lámpara o ajusta el espejo hasta que veas un círculo de luz. Este es el campo visual. Para permitir que pase por la abertura de la platina mayor o menor cantidad de luz, mueve la palanca del diafragma.
6. Coloca un portaobjetos preparado en la platina de manera que el espécimen descanse sobre el centro de la abertura. Usa los sujetadores de la platina para mantener el portaobjetos en su lugar.
7. Observa el microscopio de lado. Cuidadosamente gira el botón de ajuste grueso para bajar el cabezal hasta que el objetivo de baja potencia casi toque al portaobjetos o hasta que el cabezal ya no se pueda mover. No dejes que el objetivo toque al portaobjetos.
8. Mira a través del ocular y observa al espécimen. Si el campo visual está desenfocado, usa el botón de ajuste grueso para subir el cabezal mientras miras por el ocular. **PRECAUCIÓN:** *Para evitar dañar el portaobjetos y el objetivo, no bajes el cabezal con el botón de ajuste grueso mientras miras por el ocular.* Enfoca la imagen lo mejor que puedas con el botón de ajuste grueso. Luego, usa el botón de ajuste fino para enfocar la imagen más nítidamente. Mantén ambos ojos abiertos cuando mires un espécimen. Esto te ayudará a evitar la fatiga visual.

1. **Ocular:** Contiene una lente de aumento.
2. **Brazo:** Sostiene al cabezal.
3. **Objetivo de baja potencia:** Proporciona un aumento de 10x.
4. **Platina:** Sostiene al portaobjetos que se está observando.
5. **Abertura de la platina:** Permite que la luz pase hasta el ocular.
6. **Botón de ajuste fino:** Mueve ligeramente el cabezal para ajustar la imagen.
7. **Botón de ajuste grueso:** Mueve el cabezal para enfocar la imagen.
8. **Base:** Sostiene al microscopio.
9. **Iluminador:** Produce luz o refleja la luz hacia el ocular.
10. **Diafragma:** Regula la cantidad de luz que pasa al ocular.
11. **Sujetadores de la platina:** Mantienen al portaobjetos en su lugar.
12. **Objetivo de alta potencia:** Proporciona un aumento de 40x.
13. **Revólver:** Sostiene al objetivo y se puede girar para cambiar el aumento.
14. **Cabezal:** Mantiene la distancia adecuada entre el ocular y el objetivo.

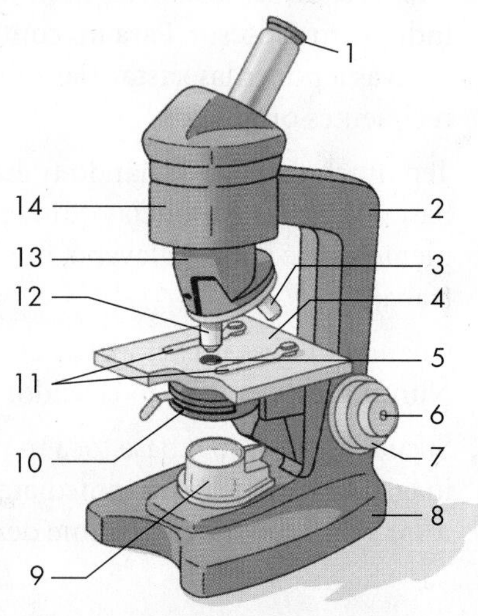

9. Ajusta la palanca del diafragma para permitir que entre la cantidad adecuada de luz.
10. Para cambiar el aumento, gira el revólver hasta que el objetivo deseado esté alineado con el cabezal y haga un chasquido que indica que está en su lugar.
11. Mira a través del ocular y usa el botón de ajuste fino para enfocar la imagen.
12. Después de usarlo, quita el portaobjetos. Vuelve a colocar en su lugar el objetivo de baja potencia y alinéalo con el cabezal. Limpia la platina del microscopio y las lentes con papel limpiador de lentes. No uses otro tipo de papel para limpiarlas porque podrían rayarlas.

Preparar un portaobjetos de montaje húmedo

1. Toma un portaobjetos para microscopio limpio y una cubierta de vidrio. Las cubiertas de vidrio son muy delgadas y permiten que el objetivo se pueda bajar muy cerca del espécimen.
2. Coloca al espécimen en medio del portaobjetos del microscopio. El espécimen debe ser lo bastante delgado para que la luz pueda pasar a través de él.
3. Usa una pipeta cuentagotas para colocar una gota de agua sobre el espécimen.

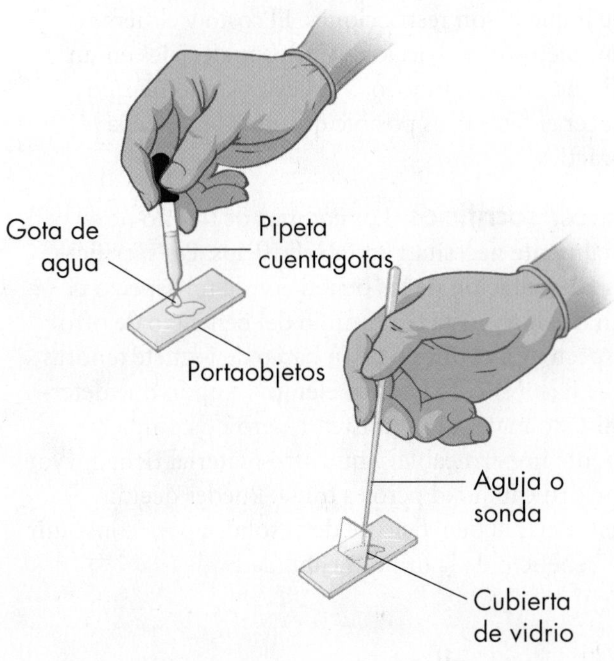

4. Baja un borde de la cubierta de vidrio de manera que toque el lado de la gota de agua en un ángulo aproximado de 45°. El agua se distribuirá uniformemente por el borde de la cubierta de vidrio. Con una aguja de disección o una sonda, baja lentamente la cubierta de vidrio sobre el espécimen y el agua como se muestra en el dibujo. Trata de no atrapar burbujas de aire bajo la cubierta de vidrio. Si hay burbujas, delicadamente golpea la superficie de la cubierta de vidrio sobre la burbuja con el borrador de un lápiz.
5. Con una toalla de papel quita el exceso de agua que haya alrededor del borde de la cubierta de vidrio. Si el espécimen se comienza a secar, agrega otra gota de agua en el borde de la cubierta de vidrio.

Técnicas de tintura

1. Toma un portaobjetos para microscopio limpio y una cubierta de vidrio.
2. Coloca el espécimen en medio del portaobjetos del microscopio.
3. Usa una pipeta cuentagotas para colocar una gota de agua sobre el espécimen. Coloca la cubierta de vidrio de manera que toque la gota de agua en un ángulo de 45°. Después de que el agua se distribuya por el borde de la cubierta de vidrio, usa una aguja de disección o sonda para bajar la cubierta de vidrio sobre el espécimen.
4. Agrega una gota de tinta sobre el borde de la cubierta de vidrio. Con fórceps, haz que una pequeña parte del papel para limpiar lentes o toalla de papel toque el borde opuesto de la cubierta de vidrio, como se muestra en el dibujo. El papel hace que el tinte se corra bajo la cubierta de vidrio y tiña las células del espécimen.

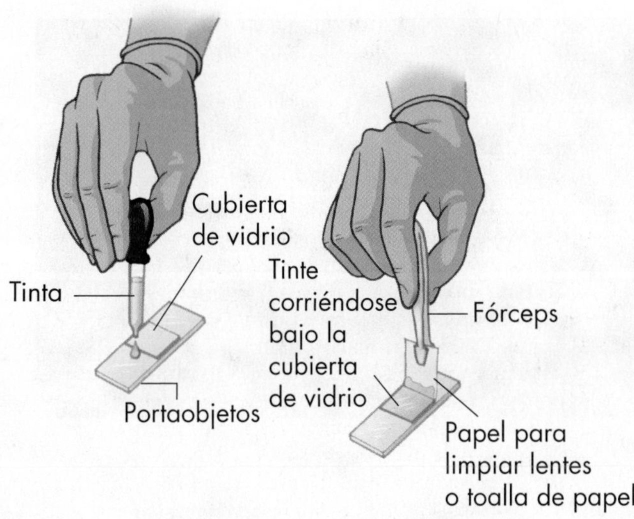

Apéndice C Tecnología y diseño

Los ingenieros son personas que usan sus conocimientos científicos y tecnológicos para resolver problemas prácticos. Para diseñar nuevos productos, los ingenieros normalmente siguen el proceso que se describe a continuación, aunque posiblemente no siguen los pasos exactamente en este orden.

Identificar la necesidad

Antes de que los ingenieros empiecen a diseñar un nuevo producto, primero deben identificar la necesidad que están tratando de satisfacer. Por ejemplo, supón que eres miembro de un equipo de diseño en una compañía que fabrica juguetes. Tu equipo ha identificado una necesidad: Un barco de juguete que sea fácil de ensamblar y que no sea caro.

Investigar el problema

A menudo los ingenieros empiezan por reunir información que les ayude a realizar su nuevo diseño. Su investigación puede incluir la búsqueda de artículos en libros, en revistas o en la Internet. También puede incluir platicar con otros ingenieros que hayan resuelto problemas semejantes. Los ingenieros también con frecuencia llevan a cabo experimentos relacionados con el producto que quieren diseñar.

Para tu barco de juguete, podrías mirar juguetes que sean semejantes al que quieres diseñar. Podrías investigar en la Internet. También podrías probar algunos materiales para determinar si funcionarían bien en un barco de juguete.

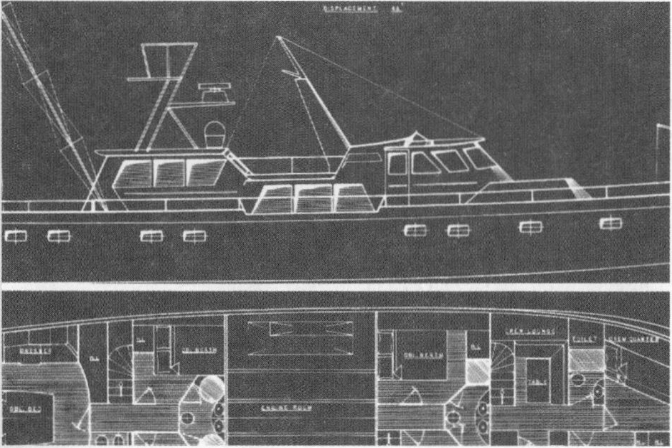

Diseñar la solución

La investigación les proporciona información a los ingenieros, la cual les ayuda a diseñar un producto. Cuando los ingenieros diseñan nuevos productos, normalmente trabajan en equipos.

Generación de ideas A menudo, los equipos de diseño llevan a cabo reuniones para hacer lluvias de ideas; en estas reuniones cualquier integrante del equipo puede contribuir con ideas. La lluvia de ideas es un proceso creativo en el que las sugerencias de un integrante del equipo pueden producir entusiasmo para que los demás integrantes también aporten ideas. Una lluvia de ideas puede conducir a nuevas maneras de abordar la resolución de un problema de diseño.

Evaluación de restricciones Durante una lluvia de ideas, un equipo de diseño con frecuencia presentará varios diseños posibles. Entonces el equipo debe evaluar cada uno.

Como parte de la evaluación, los ingenieros consideran restricciones. Las restricciones son factores que limitan o restringen el diseño de un producto. Las características físicas, tales como las propiedades de los materiales que se usarán para hacer tu barco de juguete, son restricciones. El costo y el tiempo también son restricciones. Si los materiales en un diseño cuestan mucho, o si lleva mucho tiempo hacer el diseño, es posible que no resulte nada práctico.

Hacer sacrificios Los equipos de diseño normalmente necesitan hacer sacrificios. Un sacrificio es la aceptación de los beneficios de un aspecto de un diseño a costa o a cambio del beneficio de otro aspecto. En el diseño de tu barco de juguete tendrás que hacer sacrificios. Por ejemplo, supón que determinado material es resistente pero no completamente impermeable, y que otro material tiene mayor impermeabilidad pero es frágil. Puedes decidir renunciar al beneficio de de la solidez para conseguir el beneficio de la impermeabilidad.

Construir y evaluar un prototipo

Una vez que el equipo ha elegido un plan de diseño, los ingenieros construyen un prototipo del producto. Un prototipo es un modelo de trabajo que se usa para probar un diseño. Los ingenieros evalúan el prototipo para determinar si funciona bien, si es fácil de hacer funcionar, si su uso no es peligroso y si soporta el uso repetido.

Piensa en tu barco de juguete. ¿Cómo sería el prototipo? ¿De qué materiales estaría hecho? ¿Cómo harías pruebas con él?

Resolver problemas y rediseñar

Pocos prototipos funcionan perfectamente, es por eso que se necesita hacer pruebas con ellos. Una vez que un equipo de diseño ha probado un prototipo, los integrantes analizan los resultados e identifican posibles problemas. Entonces el equipo trata de identificar y superar las debilidades del diseño. Por ejemplo, si tu barco de juguete hace agua o se tambalea, debiera volverse a diseñar para eliminar esos problemas.

Comunicar la solución

Un equipo necesita comunicar el diseño final a las personas que fabricarán el producto. Para hacerlo, los equipos pueden usar esbozos, dibujos detallados, simulaciones con computadora y descripciones escritas.

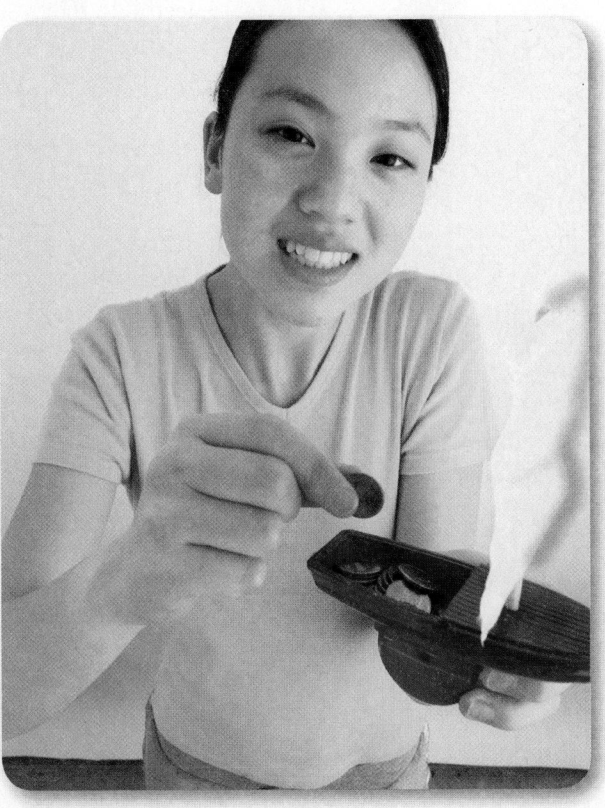

Actividad

Puedes usar el proceso de diseño de tecnología para diseñar y construir tu barco de juguete.

Investiga y estudia

1. Visita la biblioteca o conéctate mediante Internet para investigar sobre barcos de juguete.
2. Estudia cómo se puede propulsar un barco de juguete, incluyendo el viento, ligas de hule o bicarbonato sódico y vinagre.
3. Haz una lluvia de ideas sobre materiales, formas y métodos de dirección para tu barco.

Diseña y construye

4. Con base en tu investigación, diseña un barco de juguete que
   - esté hecho de materiales fácilmente disponibles
   - no tenga más de 15 cm de largo y 10 cm de ancho
   - incluya un sistema de propulsión, un timón y un área de carga
   - viaje 2 metros en línea recta mientras lleve una carga de 20 monedas de 1 centavo (pennies)
5. Esboza tu diseño y escribe un plan paso por paso para construir tu barco. Después de que tu maestro apruebe tu plan, construye el barco.

Evalúa y rediseña

6. Prueba tu barco, evalúa los resultados e identifica cualesquier problemas tecnológicos de diseño en tu barco.
7. Con base en tu evaluación, rediseña tu barco de juguete de manera que funcione mejor.
8. Como grupo, comparen los resultados de prueba para cada barco. Escojan el modelo que mejor satisfaga las necesidades de la compañía de juguetes.

Apéndice D Destrezas de matemáticas

Los científicos usan las matemáticas para organizar, analizar y presentar datos. Este apéndice te ayudará a revisar algunas de las destrezas de matemáticas básicas.

Fórmulas y ecuaciones

Las fórmulas y las ecuaciones se usan en muchas áreas de la ciencia. Tanto las fórmulas como las ecuaciones muestran las relaciones entre cantidades. Cualquier enunciado numérico que contenga por lo menos una variable y por lo menos un operador matemático se llama ecuación. Una fórmula es un tipo de ecuación en la que se establece la relación entre cantidades desconocidas representadas por variables.

Por ejemplo, Velocidad = Distancia/Tiempo es una fórmula, pues no importa qué valores se sustituyan, la velocidad siempre es igual a la distancia dividida entre el tiempo. La relación entre las variables no cambia.

Ejemplo

Sigue estos pasos para convertir una medición de temperatura de 50°F a grados Celsius.

1. Determina la fórmula que muestra la relación entre estas cantidades.
   °F = (9/5 × °C) + 32°F
2. Sustituye en la fórmula los valores que conozcas.
   50°F = (9/5 × °C) + 32°F
3. Resuelve la ecuación que resulte.
   50°F – 32°F = (9/5 × °C)
   18°F = 9/5 × °C
   18°F × 5/9 = 10°C

Aplicación de fórmulas y ecuaciones

Hay muchas aplicaciones de fórmulas en la ciencia. En el ejemplo que se describe a continuación se usa una fórmula para calcular densidad.

Ejemplo

Sigue estos pasos para calcular la densidad de un objeto que tiene una masa de 45 g y un volumen de 30 cm^3.

1. Determina la fórmula que muestra la relación entre estas cantidades.
   Densidad = Masa/Volumen
2. Sustituye en la fórmula los valores que conozcas.
   Densidad = 45 g/30 cm^3
3. Resuelve la ecuación que resulte.
   Densidad = 1.5 g/cm^3

Media, mediana y moda

La media es el promedio de los datos, o la suma de los datos dividida entre el número de datos. El número de en medio de un conjunto de datos ordenados (de menor a mayor o viceversa) se llama la mediana. La moda es el número que aparece con mayor frecuencia en un conjunto de datos.

Ejemplo

Un científico contó el número de cantos distintos emitidos por siete aves machos diferentes y recogió los datos que se muestran a continuación.

Cantos de aves machos							
Ave	A	B	C	D	E	F	G
Número de cantos	36	29	40	35	28	36	27

Para determinar la media del número de cantos, encuentra la suma de los cantos emitidos por todas las aves machos y divídela entre el número de aves machos.

$$\text{Media} = 231/7 = 33 \text{ cantos}$$

Para encontrar la mediana de cantos, ordena los datos según su orden numérico (de menor a mayor) e identifica el número que queda en medio.

27 28 29 35 36 36 40

El número que queda en medio es el 35, así que la mediana del número de cantos es 35.

La moda es el valor que aparece con mayor frecuencia. En los datos, el 36 aparece dos veces, mientras que todos los demás números aparecen sólo una vez. Por tanto, la moda es el 36.

Estimación

Una estimación es una aproximación razonable de un valor numérico. Se hacen estimaciones con base en suposiciones cuidadosas e información conocida.

Los científicos usan la estimación en biología por dos razones principales: cuando no se puede realizar un conteo exacto o un cálculo exacto, o resulta poco práctico llevarlo a cabo, y para hacer aproximaciones razonables de respuestas que se obtendrán posteriormente mediante cálculos o medición.

Un método que se usa en biología para hacer estimaciones es el muestreo. En el muestreo, el número de organismos en un área pequeña (una muestra) se multiplica para estimar el número de organismos en un área más grande.

Ejemplo

Sigue estos pasos para usar muestreo en la estimación del número total de aves en la fotografía.

1. Cuenta el número de aves en el área resaltada de la fotografía. En el área resaltada de la fotografía hay 36 aves.
2. Determina qué parte de la fotografía completa está representada por el área resaltada. En este caso, el área resaltada es 1/6 del área total.
3. Para hacer la estimación, multiplica el número de aves en la muestra del área por 6 (esto porque la fotografía completa es 6 veces el tamaño de la muestra del área). Una estimación razonable del número total de aves es 36×6, ó 216 aves.

PISTA: : Las respuestas estimadas y las calculadas raras veces son exactamente las mismas. Sin embargo, una gran diferencia entre una respuesta estimada y una calculada indicaría que puede haber algún problema con la estimación o con el cómputo.

Uso de mediciones en los cálculos

La densidad es un ejemplo de un valor que se calcula usando dos mediciones. La densidad representa la cantidad de masa en un volumen particular de una sustancia. Las unidades usadas para la densidad son gramos entre mililitros (g/mL) o gramos entre centímetros cúbicos (g/cm^3). Para calcular la densidad, se divide la masa de un objeto entre su volumen.

Ejemplo
Sigue estos pasos para calcular la densidad de un objeto.

1. Mide y anota la masa de un objeto en gramos.
2. Mide y anota el volumen de un objeto en mL o en cm^3.
3. Usa la siguiente fórmula para calcular la densidad:

Densidad = Masa/Volumen

Efectos de los errores de medición

Se usan dos medidas para calcular la densidad. Un error en la medición ya sea de la masa o del volumen conducirá a un valor incorrecto de la densidad en los cálculos.

Ejemplo
Un estudiante midió que la masa de un objeto era de 2.5 g y su volumen de 2.0 cm^3. La masa real del objeto es de 3.5 g; el volumen real es de 2.0 cm^3. ¿Cuál es el efecto del error de medición en el cálculo de la densidad?

Sigue estos pasos para determinar el efecto de un error de medición en los cálculos.

1. Usa las mediciones del estudiante para determinar la densidad.
   Densidad = Masa/Volumen
   Densidad = 2.5 g/2.0 cm^3
   Densidad = 1.25 g/cm^3
2. Usa los valores reales para determinar.
   Densidad = Masa/Volumen
   Densidad = 3.5 g/2.0 cm^3
   Densidad = 1.75 g/cm^3
3. Compara el valor calculado con el valor real.

En este caso, una medición de masa que resultó ser menor que el valor real condujo a un valor de la densidad obtenido mediante cálculos que fue menor que la densidad real.

Exactitud

La exactitud de una medición es su cercanía al valor real. Las mediciones que son exactas son cercanas al valor real.

Los dos relojes en esta página muestran una hora de 3:00. Supón, sin embargo, que estos relojes no se han modificado para que muestren la hora de ahorros de luz del día. La hora que se muestra en los relojes sería inexacta. Por otra parte, si la hora real es 3:00, estos relojes serían exactos.

Precisión

La precisión describe la exactitud de una medición. Los relojes mostrados en esta página difieren en precisión: el reloj analógico mide la hora hasta el minuto más cercano y el reloj digital mide la hora hasta el segundo más cercano. Así, el reloj digital mide la hora con mayor precisión que el reloj analógico.

Comparación de la exactitud y la precisión

Hay una diferencia entre exactitud y precisión. Las mediciones pueden ser exactas (cercanas al valor real) pero no precisas. Por otra parte, las mediciones pueden ser precisas pero no exactas. Cuando se hacen mediciones científicas, tanto la exactitud como la precisión son importantes. Las mediciones exactas y precisas resultan del uso cuidadoso de instrumentos de medida de alta calidad.

Cifras significativas

Las cifras significativas son todos los dígitos que se conocen de una medición y un dígito adicional, que es una estimación. En la figura que se muestra en esta página, se mide la longitud de la concha de una tortuga mediante una regla graduada en centímetros. La regla tiene divisiones sin números, las cuales representan milímetros. En este caso, dos dígitos se pueden determinar con exactitud: el número de centímetros y el número de milímetros. Se puede estimar un dígito adicional. Así, la medición de la concha de esta tortuga se puede registrar con tres cifras significativas como 8.80 centímetros.

Reglas para dígitos significativos
Sigue estas reglas para determinar el número de cifras significativas de un número.

Todos los números distintos de cero son significativos.

Ejemplo: 3217 tiene cuatro dígitos significativos.

Los ceros son significativos si

- Están entre dígitos distintos de cero. Ejemplo: 509
- Siguen un punto decimal y un dígito distinto de cero.
  Ejemplo: 7.00

Los ceros no son significativos si

- Siguen a dígitos distintos de cero en un número sin decimales. Ejemplo: 7000
- Preceden a dígitos distintos de cero en un número con decimales. Ejemplo: 0.0098

Cálculos con cifras significativas

Cuando se suman o se restan mediciones, la precisión del resultado está determinada por la precisión de la medida menos precisa. Es posible que se necesite redondear el resultado de modo que el número de dígitos después del punto decimal sea el mismo que el de la medición menos precisa.

Ejemplo
Sigue estos pasos para determinar el número correcto de cifras significativas de la suma de 4.51 g, 3.27 g y 6.0 g.

1. Determina cuál medición se reporta con el menor grado de precisión. En este caso, la medición menos precisa, 6.0 g, tiene un dígito después del punto decimal.
2. El resultado debe redondearse de manera que también tenga un dígito después del punto decimal. Después del redondeo, el resultado de este cálculo es 13.8 g.

Cuando se hacen multiplicaciones o divisiones con mediciones, la respuesta debe tener el mismo número de cifras significativas que la medición con el menor número de cifras significativas.

Ejemplo
Sigue estos pasos para determinar el número correcto de cifras significativas del producto de 120 m por 6. 32 m.

1. Determina el número de cifras significativas en 120 m y 6.32 m. En este caso, 120 m tiene dos cifras significativas; por su parte, la medición 6. 32 m tiene tres cifras significativas.
2. El resultado debe redondearse para que tenga solamente dos cifras significativas. Después del redondeo, el resultado de este cálculo es 760 m^2 (120 m × 6.32 m = 758.4 m^2, que se redondea a dos cifras significativas: 760 m^2).

Notación científica

En la ciencia, las mediciones con frecuencia son muy grandes o muy pequeñas. El uso de la notación científica facilita el trabajo con esos números grandes o pequeños.

El uso de la notación científica requiere una comprensión de exponentes y bases. Cuando se expresa un número en términos de una base y un exponente, la base es el número que se usa como factor. El exponente expresa cuántas veces se debe multiplicar la base por sí misma. Por ejemplo, el número 25 se puede expresar en términos de una base y un exponente de la siguiente manera:

$$25 = 5 \times 5 = 5^2.$$

En este ejemplo, el 5 es la base y el 2 es el exponente; 5^2 es una potencia. En notación científica la base siempre es el número 10. El exponente expresa cuántas veces se multiplica el número 10 por sí mismo.

Un número escrito en notación científica se expresa como el producto de dos factores: un número entre 1 y 10 y el número 10 con un exponente (potencia de base 10). Por ejemplo, el número 51,000 se puede expresar en notación científica: Para determinar el primer factor, recorre el punto decimal de modo que se obtenga un número entre 1 y 10. En este caso, tal número es 5.1. El exponente se determina contando el número de lugares que se recorre el punto decimal. El punto decimal se recorrió cuatro lugares hacia la izquierda. Así, 51,000 expresado en notación científica es 5.1×10^4.

Los números que son menores que 1 también se pueden expresar en notación científica. En el caso de números menores que 1, el punto decimal debe recorrerse hacia la derecha para obtener un número entre 1 y 10. Por ejemplo, en el número 0.000098, el punto decimal debe recorrerse cinco lugares hacia la derecha para obtener el número 9.8. Al recorrer el punto decimal hacia la derecha el exponente que resulta es negativo. Así, 0.000098 expresado en notación científica es 9.8×10^{-5}.

Cálculos con notación científica

Se pueden usar en cálculos números expresados en notación científica. Cuando se suman o se restan números expresados en notación científica, el primer factor de cada uno de estos números debe reescribirse de modo que los exponentes de sus segundos factores sean el mismo.

Ejemplo
Sigue estos pasos para sumar $(4.30 \times 10^4) + (2.1 \times 10^3)$.

1. Recorre el punto decimal en una de las expresiones entre paréntesis de modo que los exponentes sean el mismo.
   $(43.0 \times 10^3) + (2.1 \times 10^3)$
2. Suma los primeros factores de cada expresión entre paréntesis, manteniendo el mismo valor del exponente.
   $(43.0 \times 10^3) + (2.1 \times 10^3) = 45.1 \times 10^3$
3. Recorre el punto decimal de modo que el primer factor del resultado esté expresado como el producto de un número entre 1 y 10 y una potencia de base 10.
   $45.1 \times 10^3 = 4.51 \times 10^4$

Cuando se multiplican números expresados en notación científica, los exponentes se suman. Cuando se dividen números expresados en notación científica, los exponentes se restan.

Ejemplo
Usa los siguientes pasos para determinar el área de un campo rectangular que tiene una longitud de 1.5×10^3 metros y cuya anchura es de 3.2×10^2 metros.

1. Escribe las expresiones que se tienen que multiplicar.
   $(1.5 \times 10^3 \text{ m})\ (3.2 \times 10^2 \text{ m})$
2. Multiplica los primeros factores de cada expresión entre paréntesis, suma los exponentes de los segundos factores y multiplica las unidades de medición.
   $= (1.5 \times 3.2)(10^3{+}2) \text{ m} \times \text{m}$
   $= 4.8 \times 10^5 \text{ m}^2$

Análisis dimensional

A menudo los problemas y los cálculos científicos implican conversiones de unidades de medición, o cambios de una unidad a otra. El análisis dimensional es un método de conversión de unidades de medición.

Supón que estuvieras contando un montón de monedas de 1 centavo (pennies). Si el montón tuviera 197 pennies, ¿a cuántos dólares equivaldrían los pennies? Para dar la respuesta, necesitas conocer el factor de conversión entre pennies y dólares. Un factor de conversión simplemente muestra cómo se relacionan dos unidades de medición. En este caso, el factor de conversión es 100 pennies = 1 dólar. La determinación de que 197 pennies son iguales a 1.97 dólares es un ejemplo de conversión de unidades.

En el análisis dimensional, el factor de conversión normalmente se expresa como una fracción. Recuerda que dos valores en cualquier factor de conversión son iguales uno al otro. Así, los dos valores forman una fracción con el valor de 1. Estudia los ejemplos que siguen para ver cómo se puede aplicar el análisis dimensional en un problema de la vida cotidiana.

Ejemplo
Un estudiante caminó 1.5 kilómetros como parte de un programa escolar de entrenamiento físico. ¿Cuántos metros caminó el estudiante?

1. 1.5 km = <u> ? </u> m
2. 1 km = 1000 m
3. 1000 m/1 km
4. 1.5 km × 1000 m/1 km = 1500 m (se cancela "km" en dos lugares, como se muestra en la siguiente ilustración); 1.5 km = 1500 m

① 1.5 km = ? m

② 1 km = 1,000 m

③ $\frac{1{,}000 \text{ m}}{1 \text{ km}}$

④ $1.5 \cancel{\text{km}} \times \frac{1{,}000 \text{ m}}{1 \cancel{\text{km}}} = 1{,}500 \text{ m}$

1.5 km = 1,500 m

Aplicación del análisis dimensional

Hay muchas aplicaciones del análisis dimensional en la ciencia. El ejemplo a continuación muestra el uso del análisis dimensional en la conversión de unidades de medición.

Ejemplo
La adolescente promedio necesita aproximadamente 2200 kilocalorías de energía de su alimentación cada día. ¿A cuántas calorías equivale esto?

Usa los siguientes pasos para convertir kilocalorías a calorías.

1. Determina el factor de conversión que relaciona las dos unidades de medición.
   1 kilocaloría = 1000 calorías
2. Escribe el factor de conversión en la forma de una fracción.
   1000 calorías/1 kilocaloría
3. Multiplica la medición por el factor de conversión.
   2200 kilocalorías × 1000 calorías /1 kilocaloría = 2,200,000 calorías

Apéndice E La tabla periódica

Tabla periódica de los elementos

Elementos representativos

- Alcalinos
- Alcalinotérreos
- Otros metales
- Metaloides
- No metales
- Gases nobles

Elementos de transición

- Metales de transición
- Metales de transición internos

C Sólido

Br Líquido

He Gas

Tc No se encuentra en la naturaleza

14 Si Silicio * 28.086 (2 8 4)

- Número atómico
- Electrones en cada nivel de energía
- Símbolo del elemento
- Nombre del elemento
- Masa atómica promedio

*Las masas atómicas entre paréntesis son los números de masa del isótopo de mayor vida de elementos para los cuales no se puede definir una masa atómica estándar.

1 1A	2 2A	3 3B	4 4B	5 5B	6 6B	7 7B	8 8B	9 8B	10 8B	11 1B	12 2B	13 3A	14 4A	15 5A	16 6A	17 7A	18 8A
1 **H** Hidrógeno 1.0079 1																	2 **He** Helio 4.0026 2
3 **Li** Litio 6.941 2 1	4 **Be** Berilio 9.0122 2 2											5 **B** Boro 10.81 2 3	6 **C** Carbono 12.011 2 4	7 **N** Nitrógeno 14.007 2 5	8 **O** Oxígeno 15.999 2 6	9 **F** Flúor 18.998 2 7	10 **Ne** Neón 20.179 2 8
11 **Na** Sodio 22.990 2 8 1	12 **Mg** Magnesio 24.305 2 8 2											13 **Al** Aluminio 26.982 2 8 3	14 **Si** Silicio 28.086 2 8 4	15 **P** Fósforo 30.974 2 8 5	16 **S** Azufre 32.06 2 8 6	17 **Cl** Cloro 35.453 2 8 7	18 **Ar** Argón 39.948 2 8 8
19 **K** Potasio 39.098 2 8 8 1	20 **Ca** Calcio 40.08 2 8 8 2	21 **Sc** Escandio 44.956 2 8 9 2	22 **Ti** Titanio 47.90 2 8 10 2	23 **V** Vanadio 50.941 2 8 11 2	24 **Cr** Cromo 51.996 2 8 13 1	25 **Mn** Manganeso 54.938 2 8 13 2	26 **Fe** Hierro 55.847 2 8 14 2	27 **Co** Cobalto 58.933 2 8 15 2	28 **Ni** Níquel 58.71 2 8 16 2	29 **Cu** Cobre 63.546 2 8 18 1	30 **Zn** Zinc 65.38 2 8 18 2	31 **Ga** Galio 69.72 2 8 18 3	32 **Ge** Germanio 72.59 2 8 18 4	33 **As** Arsénico 74.922 2 8 18 5	34 **Se** Selenio 78.96 2 8 18 6	35 **Br** Bromo 79.904 2 8 18 7	36 **Kr** Criptón 83.80 2 8 18 8
37 **Rb** Rubidio 85.468 2 8 18 8 1	38 **Sr** Estroncio 87.62 2 8 18 8 2	39 **Y** Itrio 88.906 2 8 18 9 2	40 **Zr** Circonio 91.22 2 8 18 10 2	41 **Nb** Niobio 92.906 2 8 18 12 1	42 **Mo** Molibdeno 95.94 2 8 18 13 1	43 **Tc** Tecnecio (98) 2 8 18 14 1	44 **Ru** Rutenio 101.07 2 8 18 15 1	45 **Rh** Rodio 102.91 2 8 18 16 1	46 **Pd** Paladio 106.4 2 8 18 18	47 **Ag** Plata 107.87 2 8 18 18 1	48 **Cd** Cadmio 112.41 2 8 18 18 2	49 **In** Indio 114.82 2 8 18 18 3	50 **Sn** Estaño 118.69 2 8 18 18 4	51 **Sb** Antimonio 121.75 2 8 18 18 5	52 **Te** Teluro 127.60 2 8 18 18 6	53 **I** Yodo 126.90 2 8 18 18 7	54 **Xe** Xenón 131.30 2 8 18 18 8
55 **Cs** Cesio 132.91 2 8 18 18 8 1	56 **Ba** Bario 137.33 2 8 18 18 8 2	71 **Lu** Lutecio 174.97 2 8 18 32 9 2	72 **Hf** Hafnio 178.49 2 8 18 32 10 2	73 **Ta** Tántalo 180.95 2 8 18 32 11 2	74 **W** Volframio 183.85 2 8 18 32 12 2	75 **Re** Renio 186.21 2 8 18 32 13 2	76 **Os** Osmio 190.2 2 8 18 32 14 2	77 **Ir** Iridio 192.22 2 8 18 32 15 2	78 **Pt** Platino 195.09 2 8 18 32 17 1	79 **Au** Oro 196.97 2 8 18 32 18 1	80 **Hg** Mercurio 200.59 2 8 18 32 18 2	81 **Tl** Talio 204.37 2 8 18 32 18 3	82 **Pb** Plomo 207.2 2 8 18 32 18 4	83 **Bi** Bismuto 208.98 2 8 18 32 18 5	84 **Po** Polonio (209) 2 8 18 32 18 6	85 **At** Astato (210) 2 8 18 32 18 7	86 **Rn** Radón (222) 2 8 18 32 18 8
87 **Fr** Francio (223) 2 8 18 32 18 8 1	88 **Ra** Radio (226) 2 8 18 32 18 8 2	103 **Lr** Laurencio (262 2 8 18 32 32 9 2	104 **Rf** Rutherfordio (261) 2 8 18 32 32 10 2	105 **Db** Dubnio (262) 2 8 18 32 32 11 2	106 **Sg** Seaborgio (263) 2 8 18 32 32 12 2	107 **Bh** Bohrio (264) 2 8 18 32 32 13 2	108 **Hs** Hassio (265) 2 8 18 32 32 14 2	109 **Mt** Meitnerio (268) 2 8 18 32 32 15 2	110 **Ds** Darmstadtio (269) 2 8 18 32 32 17 1	111 **Rg** Roentgenio (272) 2 8 18 32 32 18 1	112 ***Uub** Ununbio (277) 2 8 18 32 32 18 2		114 ***Uuq** Ununcuadio				

Los elementos 104-114 son los elementos transactínidos

*Nombre no asignado oficialmente

Serie de los lantánidos

57 **La** Lantano 138.91 2 8 18 18 9 2	58 **Ce** Cerio 140.12 2 8 18 20 8 2	59 **Pr** Praseodimio 140.91 2 8 18 21 8 2	60 **Nd** Neodimio 144.24 2 8 18 22 8 2	61 **Pm** Promecio (145) 2 8 18 23 8 2	62 **Sm** Samario 150.4 2 8 18 24 8 2	63 **Eu** Europio 151.96 2 8 18 25 8 2	64 **Gd** Gadolinio 157.25 2 8 18 25 9 2	65 **Tb** Terbio 158.93 2 8 18 27 8 2	66 **Dy** Disprosio 162.50 2 8 18 28 8 2	67 **Ho** Holmio 164.93 2 8 18 29 8 2	68 **Er** Erbio 167.26 2 8 18 30 8 2	69 **Tm** Tulio 168.93 2 8 18 31 8 2	70 **Yb** Iterbio 173.04 2 8 18 32 8 2

Serie de los actínidos

89 **Ac** Actinio (227) 2 8 18 32 18 9 2	90 **Th** Torio 232.04 2 8 18 32 18 10 2	91 **Pa** Protactinio 231.04 2 8 18 32 20 9 2	92 **U** Uranio 238.03 2 8 18 32 21 9 2	93 **Np** Neptunio (237) 2 8 18 32 22 9 2	94 **Pu** Plutonio (244) 2 8 18 32 24 8 2	95 **Am** Americio (243) 2 8 18 32 25 8 2	96 **Cm** Curio (247) 2 8 18 32 25 9 2	97 **Bk** Berkelio (247) 2 8 18 32 27 8 2	98 **Cf** Californio (251) 2 8 18 32 28 8 2	99 **Es** Einstenio (252) 2 8 18 32 29 8 2	100 **Fm** Fermio (257) 2 8 18 32 30 8 2	101 **Md** Mendelevio (258) 2 8 18 32 31 8 2	102 **No** Nobelio (259) 2 8 18 32 32 8 2

Glosario

A

acetilcolina: neurotransmisor que produce un impulso en una célula muscular
acetylcholine: neurotransmitter that produces an impulse in a muscle cell (931)

ácido: compuesto que en una solución produce iones hidrógeno (H^+); una solución con un pH inferior a 7
acid: compound that forms hydrogen ions (H^+) in solution; a solution with a pH of less than 7 (44)

ácido abscísico: hormona vegetal que inhibe la división celular y, por ende, el crecimiento
abscisic acid: plant hormone that inhibits cell division and, therefore, growth (711)

ácido desoxirribonucleico (ADN): material genético que los organismos heredan de sus padres
deoxyribonucleic acid (DNA): genetic material that organisms inherit from their parents (18)

ácido nucleico: macromoléculas que contienen hidrógeno, oxígeno, nitrógeno, carbono y fósforo
nucleic acid: macromolecules containing hydrogen, oxygen, nitrogen, carbon, and phosphorus (48)

ácido ribonucleico (ARN): hebra única de ácido nucleico que contiene el azúcar ribose
ribonucleic acid (RNA): single-stranded nucleic acid that contains the sugar ribose (362)

acondicionamiento operante: tipo de aprendizaje en el cual un animal aprende a comportarse de cierta manera mediante una práctica repetida, para recibir una recompensa o evitar un castigo
operant conditioning: type of learning in which an animal learns to behave in a certain way through repeated practice, to receive a reward or avoid punishment (843)

actina: microfilamento de proteína que se halla en los músculos
actin: thin filament of protein found in muscles (930)

acuaporina: proteína que canaliza el agua en una célula
aquaporin: water channel protein in a cell (210)

acuicultura: cría de organismos acuáticos para el consumo humano
aquaculture: raising of aquatic organisms for human consumption (176)

adaptación: característica heredable que aumenta la capacidad de un organismo de sobrevivir y reproducirse en un medio ambiente
adaptation: heritable characteristic that increases an organism's ability to survive and reproduce in an environment (461)

adhesión: fuerza de atracción entre diferentes tipos de moléculas
adhesion: force of attraction between different kinds of molecules (41, 686)

ADN polimerasa: enzima fundamental involucrada en la replicación del ADN
DNA polymerase: principle enzyme involved in DNA replication (351)

ADN recombinante: ADN producido por la combinación de ADN de orígenes diferentes
recombinant DNA: DNA produced by combining DNA from different sources (424)

aeróbico: proceso que requiere oxígeno
aerobic: process that requires oxygen (252)

agresión: comportamiento amenazador que emplea un animal para ejercer control sobre otro animal
aggression: threatening behavior that one animal uses to exert dominance over another animal (848)

aislamiento conductual: forma de aislamiento reproductivo en la cual dos poblaciones desarrollan diferencias en sus rituales de cortejo o en otros comportamientos que evitan que se apareen
behavioral isolation: form of reproductive isolation in which two populations develop differences in courtship rituals or other behaviors that prevent them from breeding (495)

aislamiento geográfico: forma de aislamiento reproductivo en el cual dos poblaciones están separadas por barreras geográficas como ríos, montañas o masas de agua, dando lugar a la formación de dos subespecies distintas
geographic isolation: form of reproductive isolation in which two populations are separated by geographic barriers such as rivers, mountains, or bodies of water, leading to the formation of two separate subspecies (495)

aislamiento reproductor: separación de una especie o de una población de tal manera que ya no pueden aparearse y evolucionan hasta formar dos especies separadas
reproductive isolation: separation of a species or population so that they no longer interbreed and evolve into two separate species (494)

aislamiento temporal: forma de aislamiento reproductivo en la cual dos o más especies se reproducen en épocas diferentes
temporal isolation: form of reproductive isolation in which two or more species reproduces at different times (495)

albura: en un tallo leñoso, la capa de floema secundario que rodea al duramen; participa usualmente en el transporte de fluidos
sapwood: in a woody stem, the layer of secondary phloem that surrounds the heartwood; usually active in fluid transport (678)

alelo: cada una de las diversas formas de un gen
allele: one of a number of different forms of a gene (310)

alelos múltiples: un gen que tiene más de dos alelos
multiple alleles: a gene that has more than two alleles (320)

Glosario *(continuación)*

alergia: reacción exagerada del sistema inmune ante un antígeno
allergy: overreaction of the immune system to an antigen (1024)

alternancia de generaciones: ciclo vital con dos fases que se alternan, una fase haploide (N) y una fase diploide (2N)
alternation of generations: life cycle that has two alternating phases—a haploid (N) phase and diploid (2N) phase (608, 637)

alvéolos: pequeños sacos, ubicados en las terminaciones de los bronquiolos pulmonares, que proporcionan una superficie en la que tiene lugar el intercambio gaseoso
alveolus (pl. alveoli): one of many tiny air sacs at the end of a bronchiole in the lungs that provides surface area for gas exchange to occur (790, 964)

amilasa: enzima de la saliva que fragmenta los enlaces químicos de los almidones
amylase: enzyme in saliva that breaks the chemical bonds in starches (876)

aminoácido: compuesto que contiene un grupo amino en un extremo y un grupo carboxilo en el otro extremo
amino acid: compound with an amino group on one end and a carboxyl group on the other end (48)

anaeróbico: proceso que no requiere oxígeno
anaerobic: process that does not require oxygen (252)

anafase: fase de la mitosis en la cual los cromosomas se separan y se desplazan hacia los extremos opuestos de la célula
anaphase: phase of mitosis in which the chromosomes separate and move to opposite ends of the cell (283)

angiospermas: grupo de plantas con semillas, que están protegidas con una capa de tejido. Se conocen también como plantas que florecen
angiosperm: group of seed plants that bear their seeds within a layer of tissue that protects the seed; also called flowering plant (646)

animal de sangre fría: animal cuya temperatura corporal está determinada por la temperatura de su medio ambiente
ectotherm: animal whose body temperature is determined by the temperature of its environment (829)

antera: estructura de la flor en la cual se generan los granos de polen
anther: flower structure in which pollen grains are produced (697)

anteridio: en algunas plantas, estructura reproductora masculina que produce esperma (anterozoides)
antheridium (pl. antheridia): male reproductive structure in some plants that produces sperm (642)

antibiótico: grupo de drogas utilizadas para bloquear el desarrollo y la reproducción de organismos patógenos bacterianos
antibiotic: group of drugs used to block the growth and reproduction of bacterial pathogens (588)

anticodón: grupo de tres bases en una molécula de ARN de transferencia que son complementarias a las tres bases de un codón de ARN mensajero
anticodon: group of three bases on a tRNA molecule that are complementary to the three bases of a codon of mRNA (369)

anticuerpo: proteína que ataca directamente a los antígenos o produce proteínas que se unen a los antígenos
antibody: protein that either attacks antigens directly or produces antigen-binding proteins (1016)

antígeno: cualquier sustancia que provoca una respuesta inmune
antigen: any substance that triggers an immune response (1016)

antropoide: grupo de primates constituido por monos, simios y humanos
anthropoid: primate group made up of monkeys, apes, and humans (766)

aparato de Golgi: orgánulo de las células que modifica, clasifica y agrupa las proteínas y otras sustancias provenientes del retículo endoplasmático para almacenarlas en la célula o enviarlas fuera de la célula
Golgi apparatus: organelle in cells that modifies, sorts, and packages proteins and other materials from the endoplasmic reticulum for storage in the cell or release outside the cell (201)

apareamiento de bases: principio que establece que los enlaces en el ADN sólo pueden formarse entre adenina y timina y entre guanina y citocina
base pairing: principle that bonds in DNA can form only between adenine and thymine and between guanine and cytosine (348)

apéndice: estructura, como una pierna o una antena, que se proyecta desde la superficie corporal
appendage: structure, such as a leg or antenna that extends from the body wall (753)

apoptosis: proceso de muerte celular programada
apoptosis: process of programmed cell death (288)

aprendizaje: cambios en el comportamiento a consecuencia de la experiencia
learning: changes in behavior as a result of experience (842)

aprendizaje por discernimiento: tipo de comportamiento en el cual un animal aplica algo que ya ha aprendido a una situación nueva, sin un período de ensayo y error; también llamado razonamiento
insight learning: type of behavior in which an animal applies something it has already learned to a new situation, without a period of trial and error; also called reasoning (843)

aptitud: capacidad de un organismo para sobrevivir y reproducirse en su medio ambiente

fitness: how well an organism can survive and reproduce in its environment (461)

árbol genealógico: diagrama que muestra la presencia o ausencia de un rasgo de acuerdo con las relaciones intrafamiliares a través de varias generaciones

pedigree: chart that shows the presence or absence of a trait according to the relationships within a family across several generations (396)

arco reflejo: el receptor sensorial, la neurona sensorial, la neurona motora y el efector que participan en una respuesta rápida a un estímulo

reflex arc: the sensory receptor, sensory neuron, motor neuron, and effector that are involved in a quick response to a stimulus (907)

ARN de interferencia: introducción de un ARN de doble hebra en una célula para inhibir la expresión de genes específicos

RNA interference (RNAi): introduction of double-stranded RNA into a cell to inhibit gene expression (380)

ARN de transferencia: tipo de ARN que transporta a cada aminoácido hasta un ribosoma durante la síntesis de proteínas

transfer RNA (tRNA): type of RNA that carries each amino acid to a ribosome during protein synthesis (363)

ARN mensajero: tipo de ARN que transporta copias de las instrucciones para el ensamblaje de los aminoácidos en proteínas, desde el ADN al resto de la célula

messenger RNA (mRNA): type of RNA that carries copies of instructions for the assembly of amino acids into proteins from DNA to the rest of the cell (363)

ARN polimerasa: enzima que enlaza los nucleótidos de la cadena de ARN en crecimiento durante la transcripción, usando una secuencia de ADN como patrón o molde

RNA polymerase: enzyme that links together the growing chain of RNA nucleotides during transcription using a DNA strand as a template (364)

ARN ribosomal: tipo de ARN que se combina con proteínas para formar los ribosomas

ribosomal RNA (rRNA): type of RNA that combines with proteins to form ribosomes (363)

Arqueas: dominio formado por procariotas unicelulares cuyas paredes celulares no contienen peptidoglicano; corresponden al reino de las Arqueabacterias

Archaea: domain consisting of unicellular prokaryotes that have cell walls that do not contain peptidoglycan; corresponds to the kingdom Archeabacteria (526)

arquegonio: estructura de las plantas que produce óvulos

archegonium (pl. archegonia): structure in plants that produces egg cells (642)

arteria: vaso sanguíneo grande que transporta la sangre desde el corazón a los tejidos del cuerpo

artery: large blood vessel that carries blood away from the heart to the tissues of the body (952)

arteriosclerosis o ateroesclerosis: enfermedad en la cual se acumulan depósitos de grasa llamados placas en el interior de las paredes arteriales que, con el tiempo, causan un endurecimiento de las arterias

atherosclerosis: condition in which fatty deposits called plaque build up inside artery walls and eventually cause the arteries to stiffen (958)

articulación: sitio donde un hueso se une a otro hueso

joint: place where one bone attaches to another bone (816, 926)

asa de Henle: una sección del túbulo de nefrón responsable de conservar el agua y minimizar el volumen del material filtrado

loop of Henle: section of the nephron tubule that is responsible for conserving water and minimizing the volume of the filtrate (884)

asma: enfermedad respiratoria crónica en la cual las vías respiratorias se estrechan, provocando jadeos, tos y dificultad para respirar

asthma: chronic respiratory disease in which air passages narrow, causing wheezing, coughing, and difficulty breathing (1024)

átomo: unidad básica de la materia

atom: the basic unit of matter (34)

ATP sintasa: complejo de proteínas unidas a la membrana celular que permiten el paso de los iones de hidrógeno (H^+) a través de ella

ATP synthase: cluster of proteins that span the cell membrane and allow hydrogen ions (H^+) to pass through it (237)

aurícula: cavidad superior del corazón que recibe sangre del resto del cuerpo

atrium (pl. atria): upper chamber of the heart that receives blood from the rest of the body (792, 949)

autosoma: cromosoma que no es un cromosoma sexual; también llamado cromosoma autosómico

autosome: chromosome that is not a sex chromosome; also called autosomal chromosome (393)

autótrofo: organismo capaz de atrapar la energía de la luz solar o de las sustancias químicas y utilizarla para producir su propio alimento a partir de compuestos inorgánicos; también llamado productor

autotroph: organism that is able to capture energy from sunlight or chemicals and use it to produce its own food from inorganic compounds; also called a producer (69, 228)

auxina: sustancia reguladora producida en la punta de una planta en crecimiento que estimula el alargamiento celular y el crecimiento de raíces nuevas

auxin: regulatory substance produced in the tip of a growing plant that stimulates cell elongation and the growth of new roots (709)

axón: fibra larga que lleva los impulsos desde el cuerpo celular de una neurona

axon: long fiber that carries impulses away from the cell body of a neuron (897)

Glosario *(continuación)*

B

bacilo: procariota con forma de bastón
bacillus (pl. bacilli): rod-shaped prokaryote (582)

Bacteria: pertenece al dominio de los unicelulares procariota cuyas paredes celulares contienen peptidoglicano; corresponde al reino de las Eubacterias
Bacteria: domain of unicellular prokaryotes that have cell walls containing peptidoglycan; corresponds to the kingdom eubacteria (525)

bacteriófago: clase de virus que infecta a las bacterias
bacteriophage: kind of virus that infects bacteria (340, 575)

banda de Caspary: banda impermeable que rodea a las células endodérmicas de las plantas y participa en el transporte unidireccional de las sustancias hacia el interior del cilindro vascular de las raíces de las plantas
Casparian strip: waterproof strip that surrounds plant endodermal cells and is involved in the one-way passage of materials into the vascular cylinder in plant roots (672)

base: compuesto que en una solución produce iones hidróxido (OH^-); una solución con un pH superior a 7
base: compound that produces hydroxide ions (OH^-) in solution; solution with a pH of more than 7 (44)

bastoncillo: receptor ubicado en los ojos que es susceptible a la luz, pero que no puede distinguir el color
rod: photoreceptor in the eyes that is sensitive to light but can't distinguish color (913)

bentos: organismos que viven adheridos al fondo, o cerca del fondo, de lagos, arroyos u océanos
benthos: organisms that live attached to or near the bottom of lakes, streams, or oceans (117)

bicapa lipídica: lámina flexible de dos capas que constituye la membrana celular y forma una barrera entre la célula y su entorno
lipid bilayer: flexible double-layered sheet that makes up the cell membrane and forms a barrier between the cell and its surroundings (204)

bioacumulación: concentración creciente de sustancias perjudiciales en los organismos de los niveles tróficos más elevados de una cadena o red alimentaria
biological magnification: increasing concentration of a harmful substance in organisms at higher trophic levels in a food chain or food web (161)

biodiversidad: totalidad de los distintos organismos que se hallan en la biósfera; también denominada diversidad biológica
biodiversity: total of the variety of organisms in the biosphere; also called biological diversity (166)

biogeografía: estudio de la distribución pasada y presente de los organismos
biogeography: study of past and present distribution of organisms (465)

bioinformática: aplicación de las matemáticas y de la informática para almacenar, recuperar y analizar información biológica
bioinformatics: application of mathematics and computer science to store, retrieve, and analyze biological data (407)

biología: estudio científico de la vida
biology: scientific study of life (17)

bioma: grupo de ecosistemas que comparten climas similares y organismos típicos
biome: a group of ecosystems that share similar climates and typical organisms (65)

biomasa: cantidad total de tejido vivo dentro de un nivel trófico dado
biomass: total amount of living tissue within a given trophic level (78)

biósfera: parte de la Tierra en la cual existe vida, y que incluye el suelo, el agua y el aire o atmósfera
biosphere: part of Earth in which life exists including land, water, and air or atmosphere (21, 64)

biotecnología: proceso de manipular organismos, células o moléculas con el fin de obtener productos específicos
biotechnology: process of manipulating organisms, cells, or molecules, to produce specific products (419)

bípedo: término utilizado para referirse a la locomoción sobre dos pies
bipedal: term used to refer to two-foot locomotion (767)

blastocisto: etapa temprana del desarrollo de los mamíferos que consiste en una bola hueca formada por una capa de células
blastocyst: stage of early development in mammals that consists of a hollow ball of cells (294, 996)

blástula: esfera hueca de células que se desarrolla cuando un cigoto atraviesa una serie de divisiones celulares
blastula: hollow ball of cells that develops when a zygote undergoes a series of cell divisions (739)

bolsa faríngea: cada una de las dos estructuras situadas en la región de la garganta de los cordados
pharyngeal pouch: one of a pair of structures in the throat region of a chordate (731)

branquia: estructura tegumentaria especializada en el intercambio de los gases con el agua
gill: feathery structure specialized for the exchange of gases with water (788)

briofitas: grupo de plantas que tienen órganos reproductores especializados pero carecen de tejido vascular; incluyen a los musgos y sus congéneres
bryophyte: group of plants that have specialized reproductive organs but lack vascular tissue; includes mosses and their relatives (641)

bronquio: cada uno de los dos conductos largos ubicados en la cavidad torácica que parten desde la tráquea y llegan a los pulmones
bronchus (pl. bronchi): one of two large tubes in the chest cavity that leads from the trachea to the lungs (964)

C, Ch

cadena alimenticia: serie de pasos en un ecosistema, en que los organismos transfieren energía al alimentarse y al servir de alimento
food chain: series of steps in an ecosystem in which organisms transfer energy by eating and being eaten (73)

cadena de transporte de electrones: serie de proteínas transportadoras que llevan electrones de alta energía, durante las reacciones generadoras de ATP
electron transport chain: series of electron carrier proteins that shuttle high-energy electrons during ATP-generating reactions (236)

caducifolio: término utilizado para referirse a un tipo de árbol que pierde sus hojas cada año durante una estación en particular
deciduous: term used to refer to a type of tree that sheds its leaves during a particular season each year (112)

calcitonina: hormona producida por la tiroides que reduce los niveles de calcio en la sangre
calcitonin: hormone produced by the thyroid that reduces blood calcium levels (985)

calentamiento global: aumento del promedio de temperatura en la Tierra
global warming: increase in the average temperatures on Earth (177)

Caloría: medida de la energía térmica de los alimentos, equivalente a 1000 calorías
Calorie: measure of heat energy in food; equivalent to 1000 calories (868)

caloría: cantidad de energía necesaria para elevar la temperatura de 1 gramo de agua en 1 grado Celsius
calorie: amount of energy needed to raise the temperature of 1 gram of water by 1 degree Celsius (250)

cámbium suberoso: tejido del meristemo que produce la cubierta exterior de los tallos durante el crecimiento secundario de una planta
cork cambium: meristematic tissue that produces the outer covering of stems during secondary growth of a plant (677)

cámbium vascular: meristemo que produce tejidos vasculares y aumenta el grosor de los tallos
vascular cambium: meristem that produces vascular tissues and increases the thickness of stems (677)

canal semicircular: una de las tres estructuras ubicadas en el oído interno que controlan la posición del cuerpo en relación con la fuerza de la gravedad
semicircular canal: one of three structures in the inner ear that monitor the position of the body in relation to gravity (911)

cáncer: enfermedad en la cual algunas de las células del cuerpo pierden la capacidad de controlar su crecimiento
cancer: disorder in which some of the body's cells lose the ability to control growth (289)

capa de ozono: capa atmosférica en la cual el gas ozono se encuentra relativamente concentrado; protege a los seres vivos de la Tierra de los perjudiciales rayos ultravioletas de la luz solar
ozone layer: atmospheric layer in which ozone gas is relatively concentrated; protects life on Earth from harmful ultraviolet rays in sunlight (175)

capacidad de carga: mayor cantidad de individuos de una especie en particular que un medio ambiente específico puede mantener
carrying capacity: largest number of individuals of a particular species that a particular environment can support (135)

capilar: vaso sanguíneo más pequeño; lleva nutrientes y oxígeno a los tejidos y absorbe dióxido de carbono y productos de desecho
capillary: smallest blood vessel; brings nutrients and oxygen to the tissues and absorbs carbon dioxide and waste products (952)

capilaridad: tendencia del agua a ascender en un tubo delgado
capillary action: tendency of water to rise in a thin tube (686)

cápsida: cobertura de proteínas que rodea a un virus
capsid: protein coat surrounding a virus (575)

cápsula de Bowman: estructura en forma de taza que encierra al glomérulo; recoge los filtrados provenientes de la sangre
Bowman's capsule: cuplike structure that encases the glomerulus; collects filtrate from the blood (884)

carácter derivado: rasgo que aparece en los descendientes recientes de un linaje, pero no en sus miembros más viejos
derived character: trait that appears in recent parts of a lineage, but not in its older members (518)

cariotipo: micrografía de la totalidad del conjunto diploide de cromosomas agrupados en pares, ordenados por tamaño decreciente
karyotype: micrograph of the complete diploid set of chromosomes grouped together in pairs, arranged in order of decreasing size (392)

carnívoro: organismo que obtiene energía al comer animales
carnivore: organism that obtains energy by eating animals (71)

carpelo: parte interna de una flor que produce y alberga los gametofitos femeninos
carpel: innermost part of a flower that produces and shelters the female gametophytes (697)

carroñero: animal que consume los restos de otros animales
scavenger: animal that consumes the carcasses of other animals (71)

Glosario *(continuación)*

cartílago: tipo de tejido conectivo que sostiene al cuerpo y es más blando y flexible que el hueso
  cartilage: type of connective tissue that supports the body and is softer and more flexible than bone (757, 924)

catalizador: sustancia que acelera la velocidad de una reacción química
  catalyst: substance that speeds up the rate of a chemical reaction (52)

caudal de genes: todos los genes, incluidos todos los alelos diferentes para cada gen, que están presentes en una población en un momento dado
  gene pool: all the genes, including all the different alleles for each gene, that are present in a population at any one time (483)

cavidad gastrovascular: cámara digestiva con una sola apertura
  gastrovascular cavity: digestive chamber with a single opening (784)

cefalización: concentración de órganos sensoriales y células nerviosas en el extremo anterior de un animal
  cephalization: concentration of sense organs and nerve cells at the anterior end of an animal (740)

celoma: cavidad corporal revestida de mesodermo
  coelom: body cavity lined with mesoderm (738)

célula: unidad básica de todas las formas de vida
  cell: basic unit of all forms of life (191)

célula anexa: en las plantas, célula del floema que rodea a los vasos cribosos
  companion cell: in plants, phloem cell that surrounds sieve tube elements (666)

célula de guarda (o célula oclusiva): célula especializada de la epidermis vegetal que controla la apertura y el cierre de los estomas
  guard cell: specialized cell in the epidermis of plants that controls the opening and closing of stomata (682)

célula diana o célula blanco: célula que posee un receptor para una hormona determinada
  target cell: cell that has a receptor for a particular hormone (709, 978)

célula troncal: célula no especializada que puede originar uno o más tipos de células especializadas
  stem cell: unspecialized cell that can give rise to one or more types of specialized cells (295)

centríolo: estructura de una célula animal que contribuye a organizar la división celular
  centriole: structure in an animal cell that helps to organize cell division (199, 282)

centrómero: región de un cromosoma donde se unen las dos cromátidas hermanas
  centromere: region of a chromosome where the two sister chromatids attach (282)

cerebelo: parte del encéfalo que coordina el movimiento y controla el equilibrio
  cerebellum: part of the brain that coordinates movement and controls balance (811, 903)

cerebro: parte del encéfalo responsable de las actividades voluntarias del cuerpo; región "pensante" del encéfalo
  cerebrum: part of the brain responsible for voluntary activities of the body; "thinking" region of the brain (811, 902)

ciclina: componente de la familia de proteínas que regulan el ciclo celular de las células eucariotas
  cyclin: one of a family of proteins that regulates the cell cycle in eukaryotic cells (286)

ciclo biogeoquímico: proceso en el cual los elementos, los compuestos químicos y otras formas de materia pasan de un organismo a otro y de una parte de la biósfera a otra
  biogeochemical cycle: process in which elements, chemical compounds, and other forms of matter are passed from one organism to another and from one part of the biosphere to another (79)

ciclo celular: serie de sucesos en los cuales una célula crece, se prepara para dividirse y se divide para formar dos células hijas
  cell cycle: series of events in which a cell grows, prepares for division, and divides to form two daughter cells (280)

ciclo de Calvin: reacciones de la fotosíntesis independientes de la luz en las cuales se utiliza la energía del ATP y del NADPH para elaborar compuestos con alto contenido energético, como el azúcar
  Calvin cycle: light-independent reactions of photosynthesis in which energy from ATP and NADPH is used to build high-energy compounds such as sugar (238)

ciclo de Krebs: segunda fase de la respiración celular en la cual el ácido pirúvico se descompone en dióxido de carbono en una serie de reacciones que liberan energía
  Krebs cycle: second stage of cellular respiration in which pyruvic acid is broken down into carbon dioxide in a series of energy-extracting reactions (256)

ciclo menstrual: secuencia regular de sucesos en la cual un huevo se desarrolla y se elimina del cuerpo
  menstrual cycle: regular sequence of events in which an egg develops and is released from the body (991)

ciencia: manera organizada de reunir y analizar la información sobre el mundo natural
  science: organized way of gathering and analyzing evidence about the natural world (5)

ciencias forenses: estudio científico de las pruebas en la escena del crimen
  forensics: scientific study of crime scene evidence (433)

cigoto: huevo fertilizado
zygote: fertilized egg (325, 739, 995)

cilindro vascular: región central de una raíz que incluye a los tejidos vasculares xilema y floema
vascular cylinder: central region of a root that includes the vascular tissues—xylem and phloem (670)

cilio: pequeña prolongación parecida a un pelo que produce movimiento
cilium (pl. cilia): short hairlike projection that produces movement (607)

circulación pulmonar: recorrido de la circulación entre el corazón y los pulmones
pulmonary circulation: path of circulation between the heart and lungs (950)

circulación sistémica: recorrido de la circulación entre el corazón y el resto del cuerpo
systemic circulation: path of circulation between the heart and the rest of the body (950)

citocinesis: división del citoplasma para formar dos células hijas separadas
cytokinesis: division of the cytoplasm to form two separate daughter cells (282)

citoesqueleto: en una célula eucariota, red de filamentos proteínicos que otorga a la célula su forma y su organización interna y participa en el movimiento
cytoskeleton: network of protein filaments in a eukaryotic cell that gives the cell its shape and internal organization and is involved in movement (199)

citofaringe: hendidura a un costado de un ciliado que permite que los alimentos entren a la célula
gullet: indentation in one side of a ciliate that allows food to enter the cell (612)

citoplasma: en una célula eucariota, todo el contenido celular fuera del núcleo; en las células procariotas, todo el contenido de las células
cytoplasm: in eukaryotic cells, all cellular contents outside the nucleus; in prokaryotic cells, all of the cells' contents (196)

citoquinina: hormona vegetal que se genera en las raíces en crecimiento y en los frutos y semillas en desarrollo
cytokinin: plant hormone produced in growing roots and in developing fruits and seeds (710)

clado: rama evolutiva de un cladograma que incluye a un único ancestro y a todos sus descendientes
clade: evolutionary branch of a cladogram that includes a single ancestor and all its descendants (516)

cladograma: diagrama que representa patrones de características compartidas entre especies
cladogram: diagram depicting patterns of shared characteristics among species (517)

clase: en la clasificación, grupo de varios órdenes relacionados estrechamente
class: in classification, a group of closely related orders (514)

clima: promedio anual de las condiciones de temperatura y precipitación en un área durante un largo período de tiempo
climate: average year-to-year conditions of temperature and precipitation in an area over a long period of time (96)

clon: miembro de una población de células genéticamente idénticas producidas a partir de una célula única
clone: member of a population of genetically identical cells produced from a single cell (427)

clorofila: pigmento fundamental de las plantas y de otros organismos fotosintéticos
chlorophyll: principal pigment of plants and other photosynthetic organisms (230)

cloroplasto: orgánulo de las células de las plantas y de otros organismos que captura la energía de la luz solar y la convierte en energía química
chloroplast: organelle found in cells of plants and some other organisms that captures the energy from sunlight and converts it into chemical energy (202)

cóclea: parte del oído interno llena de fluidos; contiene las células nerviosas que detectan el sonido
cochlea: fluid-filled part of inner ear; contains nerve cells that detect sound (911)

coco: procariota de forma esférica
coccus (pl. cocci): spherical prokaryote (582)

código genético: conjunto de codones del ARN mensajero, cada uno de los cuales dirige la incorporación de un aminoácido en particular a una proteína durante la síntesis proteica
genetic code: collection of codons of mRNA, each of which directs the incorporation of a particular amino acid into a protein during protein synthesis (366)

codominancia: situación en la cual los fenotipos producidos por ambos alelos están expresados completamente
codominance: situation in which the phenotypes produced by both alleles are completely expressed (319)

codón: grupo de tres bases de nucleótidos en el RNA mensajero que especifican la incorporación de un aminoácido en particular en una proteína
codon: group of three nucleotide bases in mRNA that specify a particular amino acid to be incorporated into a protein (366)

coevolución: proceso por el cual dos especies evolucionan en respuesta a cambios mutuos en el transcurso del tiempo
coevolution: process by which two species evolve in response to changes in each other over time (551)

cofia: cubierta dura de la punta de las raíces que protege al meristemo
root cap: tough covering of the root tip that protects the meristem (670)

cohesión: atracción entre moléculas de la misma sustancia
cohesion: attraction between molecules of the same substance (41)

cola prensil: cola larga que puede enrollarse apretadamente alrededor de una rama
prehensile tail: long tail that can coil tightly enough around a branch (767)

Glosario *(continuación)*

colénquima: en las plantas, tipo de tejido fundamental que tiene paredes celulares fuertes y flexibles; contribuye a sostener las plantas más grandes
collenchyma: in plants, type of ground tissue that has strong, flexible cell walls; helps support larger plants (667)

comensalismo: relación simbiótica en la cual un organismo se beneficia y el otro ni se beneficia ni sufre daño
commensalism: symbiotic relationship in which one organism benefits and the other is neither helped nor harmed (104)

comportamiento: manera en que un organismo reacciona a los cambios que ocurren en su condición interna o en el medio ambiente externo
behavior: manner in which an organism reacts to changes in its internal condition or external environment (840)

comportamiento innato: tipo de comportamiento en el cual la conducta aparece en forma completamente funcional la primera vez que se lleva a cabo, aunque el animal no tenga ninguna experiencia previa con los estímulos a los que responde; también llamado instinto
innate behavior: type of behavior in which the behavior appears in fully functional form the first time it is performed even though the animal has had no previous experience with the stimuli to which it responds; also called instinct (841)

compuesto: sustancia formada por la combinación química de dos o más elementos en proporciones definidas
compound: substance formed by the chemical combination of two or more elements in definite proportions (36)

comunicación: traspaso de información desde un organismo a otro
communication: passing of information from one organism to another (850)

comunidad: conjunto de varias poblaciones que viven juntas en un área definida
community: assemblage of different populations that live together in a defined area (64)

condicionamiento clásico: tipo de aprendizaje que ocurre cuando un animal realiza una conexión mental entre un estímulo y algún tipo de recompensa o castigo
classical conditioning: type of learning that occurs when an animal makes a mental connection between a stimulus and some kind of reward or punishment (843)

conducto deferente: tubo que transporta el esperma desde el epidídimo a la uretra
vas deferens: tube that carries sperm from the epididymis to the urethra (989)

conducto de Havers: uno de los tubos de una red que recorre longitudinalmente el hueso compacto y contiene vasos sanguíneos y nervios
Haversian canal: one of a network of tubes running through compact bone that contains blood vessels and nerves (924)

coníferas: término utilizado para referirse a los árboles que producen conos portadores de semillas y que tienen hojas delgadas con forma de aguja
coniferous: term used to refer to trees that produce seed-bearing cones and have thin leaves shaped like needles (114)

conjugación: proceso mediante el cual los paramecios y algunos procariotas intercambian información genética
conjugation: process in which paramecia and some prokaryotes exchange genetic information (583, 608)

cono: en el ojo, receptor de luz que responde a la luz de diferentes colores, produciendo la visión a color
cone: in the eye, photoreceptor that responds to light of different colors, producing color vision (913)

consumidor: organismo que depende de otros organismos para obtener su energía y su provisión de alimentos; también llamado heterótrofo
consumer: organism that relies on other organisms for its energy and food supply; also called a heterotroph (71)

contaminante: material nocivo que puede ingresar en la biósfera a través de la tierra, el aire o el agua
pollutant: harmful material that can enter the biosphere through the land, air, or water (160)

corazón: órgano muscular hueco que bombea la sangre a todo el cuerpo
heart: hollow muscular organ that pumps blood throughout the body (791)

cordado: animal que, al menos durante una etapa de su vida, tiene un cordón nervioso hueco y dorsal, un notocordio, una cola que se prolonga más allá del ano y bolsas faríngeas
chordate: animal that has, for at least one stage of its life, a dorsal, hollow nerve cord, a notochord, a tail that extends beyond the anus, and pharyngeal pouches (731)

córnea: membrana dura y transparente del ojo a través de la cual entra la luz
cornea: tough transparent layer of the eye through which light enters (912)

cortejo: tipo de comportamiento en el cual un animal emite estímulos para atraer a un miembro del sexo opuesto
courtship: type of behavior in which an animal sends out stimuli in order to attract a member of the opposite sex (848)

corteza: tejidos que se hallan fuera del cámbium vascular, incluidos el floema, el cámbium suberoso y el corcho
bark: tissues that are found outside the vascular cambium, including the phloem, cork cambium, and cork (679)

corteza cerebral: capa externa del cerebro de un mamífero; centro del raciocinio y otros comportamientos complejos
cerebral cortex: outer layer of the cerebrum of a mammal's brain; center of thinking and other complex behaviors (902)

corteza radicular: en las plantas, región de tejido fundamental situada en el interior de la raíz a través de la cual pasan el agua y los minerales
cortex: in plants, region of ground tissue just inside the root through which water and minerals move (670)

corticosteroide o corticoide: hormona esteroídica producida por la corteza de las glándulas adrenales
corticosteroid: steroid hormone produced by the adrenal cortex (983)

cotiledón: primera hoja o primer par de hojas producidas por el embrión de una planta fanerógama
cotyledon: first leaf or first pair of leaves produced by the embryo of a seed plant (652)

crecimiento exponencial: patrón de crecimiento en el cual los individuos de una población se reproducen a una tasa constante
exponential growth: growth pattern in which the individuals in a population reproduce at a constant rate (132)

crecimiento logístico: patrón de crecimiento en el cual el desarrollo de una población se reduce y luego se detiene después de un período de crecimiento exponencial
logistic growth: growth pattern in which a population's growth slows and then stops following a period of exponential growth (135)

crecimiento primario: patrón de crecimiento que tiene lugar en las puntas y en los brotes de una planta
primary growth: pattern of growth that takes place at the tips and shoots of a plant (676)

crecimiento secundario: tipo de crecimiento de las dicotiledóneas en el cual los tallos aumentan su grosor
secondary growth: type of growth in dicots in which the stems increase in thickness (676)

cristalino: estructura del ojo que enfoca los rayos luminosos en la retina
lens: structure in the eye that focuses light rays on the retina (912)

cromátida: una de las dos partes "hermanas" idénticas de un cromosoma duplicado
chromatid: one of two identical "sister" parts of a duplicated chromosome (282)

cromatina: sustancia que se halla en los cromosomas eucarióticos y que consiste en ADN enrollado apretadamente alrededor de las histonas
chromatin: substance found in eukaryotic chromosomes that consists of DNA tightly coiled around histones (280)

cromosoma: estructura filiforme situada dentro del núcleo que contiene la información genética que se transmite de una generación a la siguiente
chromosome: threadlike structure within the nucleus that contains genetic information that is passed from one generation to the next (279)

cromosoma sexual: uno de los pares de cromosomas que determina el sexo de un individuo
sex chromosome: one of two chromosomes that determines an individual's sex (393)

cuadro de Punnett: diagrama que puede utilizarse para predecir las combinaciones de genotipos y fenotipos en un cruce genético
Punnett square: diagram that can be used to predict the genotype and phenotype combinations of a genetic cross (315)

cuerpo celular: parte más grande de una neurona típica; que contiene el núcleo y gran parte del citoplasma
cell body: largest part of a typical neuron; contains the nucleus and much of the cytoplasm (897)

cuerpo fructífero: estructura reproductora de los hongos que se desarrolla a partir del micelio
fruiting body: reproductive structure of a fungus that grows from the mycelium (619)

cuerpo lúteo: nombre dado a un folículo después de la ovulación debido a su color amarillo
corpus luteum: name given to a follicle after ovulation because of its yellow color (993)

chip de ADN: superficie de vidrio o chip de silicona que contiene miles de diferentes tipos de fragmentos de ADN de una sola cadena dispuestos en una cuadrícula. Un chip de ADN se utiliza para detectar y medir la expresión de miles de genes a la vez
DNA microarray: glass slide or silicon chip that carries thousands of different kinds of single-stranded DNA fragments arranged in a grid. A DNA microarray is used to detect and measure the expression of thousands of genes at one time (432)

D

datación radiométrica: método para determinar la edad de una muestra a partir de la cantidad de isótopo radioactivo en relación a la de isótopo no radiactivo del mismo elemento en dicha muestra
radiometric dating: method for determining the age of a sample from the amount of a radioactive isotope to the nonradioactive isotope of the same element in a sample (540)

datación relativa: método para determinar la edad de un fósil comparando su ubicación con la de los fósiles hallados en otras capas de roca
relative dating: method of determining the age of a fossil by comparing its placement with that of fossils in other rock layers (540)

datos: evidencia; información reunida a partir de observaciones
data: evidence; information gathered from observations (8)

Glosario *(continuación)*

deforestación: destrucción de los bosques
deforestation: destruction of forests (159)

demografía: estudio científico de las poblaciones humanas
demography: scientific study of human populations (143)

dendrita: prolongación del cuerpo celular de una neurona que transporta impulsos desde el medio ambiente o desde otras neuronas hacia el cuerpo celular
dendrite: extension of the cell body of a neuron that carries impulses from the environment or from other neurons toward the cell body (897)

densidad de población: número de individuos que viven por unidad de superficie
population density: number of individuals per unit area (131)

depredación: interacción en la cual un organismo (el predador) captura y come a otro organismo (la presa)
predation: interaction in which one organism (the predator) captures and feeds on another organism (the prey) (102)

dermis: capa de la piel situada debajo de la epidermis
dermis: layer of skin found beneath the epidermis (937)

desarrollo sostenible: estrategia para utilizar los recursos naturales sin agotarlos y para satisfacer las necesidades humanas sin causar daños ambientales a largo plazo
sustainable development: strategy for using natural resources without depleting them and for providing human needs without causing long-term environmental harm (157)

descomponedor: organismo que descompone y obtiene energía de la materia orgánica muerta
decomposer: organism that breaks down and obtains energy from dead organic matter (71)

desertificación: disminución de la productividad de la tierra debido al cultivo y al pastoreo excesivo, a la sequía estacional y al cambio climático
desertification: lower land productivity caused by overfarming, overgrazing, seasonal drought, and climate change (159)

desnitrificación: proceso por el cual las bacterias del suelo convierten los nitratos en gas nitrógeno
denitrification: process by which bacteria convert nitrates into nitrogen gas (84)

detritívoro: organismo que se alimenta de restos animales y vegetales y demás materia orgánica muerta
detritivore: organism that feeds on plant and animal remains and other dead matter (71)

deuteróstomos: grupo de animales en los cuales el blastoporo se convierte en ano y la boca se forma a partir del desarrollo de una segunda abertura
deuterostome: group of animals in which the blastopore becomes an anus, and the mouth is formed from the second opening that develops (739)

diafragma: músculo plano y grande ubicado en la parte inferior de la cavidad torácica que participa en la respiración
diaphragm: large flat muscle at the bottom of the chest cavity that helps with breathing (967)

dicotiledónea: angiosperma con dos cotiledones (hojas embrionarias) en su ovario
dicot: angiosperm with two seed leaves in its ovary (652)

diferenciación: proceso en el cual las células se especializan en estructura y función
differentiation: process in which cells become specialized in structure and function (293, 381)

difusión: proceso por el cual las partículas tienden a desplazarse desde un área donde están más concentradas hacia un área donde están menos concentradas
diffusion: process by which particles tend to move from an area where they are more concentrated to an area where they are less concentrated (208)

difusión facilitada: proceso de difusión en el cual las moléculas atraviesan la membrana a través de los canales de la membrana celular
facilitated diffusion: process of diffusion in which molecules pass across the membrane through cell membrane channels (209)

digestión extracelular: tipo de digestión en la cual el alimento es degradado fuera de las células dentro de un sistema digestivo y luego se absorbe
extracellular digestion: type of digestion in which food is broken down outside the cells in a digestive system and then absorbed (784)

digestión intracelular: tipo de digestión en la cual los alimentos se digieren dentro de células especializadas que pasan los nutrientes a otras células mediante difusión
intracellular digestion: type of digestion in which food is digested inside specialized cells that pass nutrients to other cells by diffusion (784)

digestión mecánica: descomposición física de grandes pedazos de comida en pedazos más pequeños
mechanical digestion: physical breakdown of large pieces of food into smaller pieces (875)

digestión química: proceso por el cual las enzimas descomponen los alimentos en moléculas pequeñas que el cuerpo puede utilizar
chemical digestion: process by which enzymes break down food into small molecules that the body can use (875)

diploide: término utilizado para referirse a una célula que contiene dos series de cromosomas homólogos
diploid: term used to refer to a cell that contains two sets of homologous chromosomes (323)

disolvente: sustancia que disuelve una solución
solvent: dissolving substance in a solution (42)

distribución independiente: uno de los principios de Mendel que establece que los genes para rasgos diferentes pueden segregarse independientemente durante la formación de los gametos
independent assortment: one of Mendel's principles that states that genes for different traits can segregate independently during the formation of gametes (317)

diversidad de ecosistemas: variedad de hábitats, comunidades y procesos ecológicos que existen en la biósfera
ecosystem diversity: variety of habitats, communities, and ecological processes in the biosphere (166)

diversidad de especies: número de especies diferentes que forman un área determinada
species diversity: number of different species that make up a particular area (166)

diversidad genética: suma de todas las distintas formas de información genética portadas por una especie en particular, o por todos los organismos de la Tierra
genetic diversity: sum total of all the different forms of genetic information carried by a particular species, or by all organisms on Earth (166)

división celular: proceso por el cual una célula se divide en dos células hijas nuevas
cell division: process by which a cell divides into two new daughter cells (276)

doble fertilización: proceso de fecundación de las angiospermas en el cual se produce, en el primer suceso el cigoto y en el segundo, el endospermo dentro de la semilla
double fertilization: process of fertilization in angiosperms in which the first event produces the zygote, and the second, the endosperm within the seed (700)

dominancia apical: fenómeno por el cual cuanto más cerca de la punta del tallo está un brote, más se inhibe su crecimiento
apical dominance: phenomenon in which the closer a bud is to the stem's tip, the more its growth is inhibited (710)

dominancia incompleta: situación en la cual un alelo no es completamente dominante sobre otro alelo
incomplete dominance: situation in which one allele is not completely dominant over another allele (319)

dominio: categoría taxonómica más amplia e inclusiva que un reino
domain: larger, more inclusive taxonomic category than a kingdom (525)

dopamina: neurotransmisor que está asociado con los centros de placer y de recompensa del cerebro
dopamine: neurotransmitter that is associated with the brain's pleasure and reward centers (904)

dosel forestal: cubierta densa formada por las copas de los árboles altos del bosque tropical
canopy: dense covering formed by the leafy tops of tall rain forest trees (112)

duramen: en un tallo leñoso, el xilema más viejo situado cerca del centro del tallo que ya no conduce agua
heartwood: in a woody stem, the older xylem near the center of the stem that no longer conducts water (678)

E

ecología: estudio científico de las interacciones entre organismos y entre los organismos y su medio ambiente
ecology: scientific study of interactions among organisms and between organisms and their environment (65)

ecosistema: todos los organismos que viven en un lugar, junto con su medio ambiente inanimado
ecosystem: all the organisms that live in a place, together with their nonliving environment (65)

ectodermo: capa embrionaria más externa; desarrolla órganos sensoriales, nervios y la capa exterior de la piel
ectoderm: outermost germ layer; produces sense organs, nerves, and outer layer of skin (738)

efecto cuello de botella: cambio en la frecuencia alélica que resulta cuando el tamaño de una población reduce drásticamente
bottleneck effect: a change in allele frequency following a dramatic reduction in the size of a population (490)

efecto fundador: cambio en las frecuencias alélicas como consecuencia de la migración de un subgrupo pequeño de una población
founder effect: change in allele frequencies as a result of the migration of a small subgroup of a population (490)

efecto invernadero: proceso mediante el cual ciertos gases (dióxido de carbono, metano y vapor de agua) atrapan la energía de la luz solar en la atmósfera terrestre en forma de calor
greenhouse effect: process in which certain gases (carbon dioxide, methane, and water vapor) trap sunlight energy in Earth's atmosphere as heat (97)

electroforesis en gel: procedimiento utilizado para separar y analizar fragmentos de ADN colocando una mezcla de fragmentos de ADN en un extremo de un gel poroso y aplicando al gel un voltaje eléctrico
gel electrophoresis: procedure used to separate and analyze DNA fragments by placing a mixture of DNA fragments at one end of a porous gel and applying an electrical voltage to the gel (404)

electrón: partícula con carga negativa; ubicada en el espacio que rodea al núcleo
electron: negatively charged particle; located in the space surrounding the nucleus (34)

elemento: sustancia pura que consiste íntegramente en un tipo de átomo
element: pure substance that consists entirely of one type of atom (35)

Glosario (continuación)

elemento vascular (o vaso): tipo de célula del xilema que forma parte de un tubo continuo a través del cual el agua puede desplazarse
vessel element: type of xylem cell that forms part of a continuous tube through which water can move (666)

embrión: una de las etapas de desarrollo de un organismo multicelular
embryo: developing stage of a multicellular organism (292)

emigración: desplazamiento de individuos fuera de un área
emigration: movement of individuals out of an area (132)

endodermis: en las plantas, un capa de tejido fundamental que envuelve completamente al cilindro vascular
endodermis: in plants, layer of ground tissue that completely encloses the vascular cylinder (670)

endodermo: capa embrionaria más interna, a partir de la cual se desarrollan los revestimientos del tracto digestivo y gran parte del sistema respiratorio
endoderm: innermost germ layer; develops into the linings of the digestive tract and much of the respiratory system (738)

endoesqueleto: esqueleto interno; sistema estructural de sostén dentro del cuerpo de un animal
endoskeleton: internal skeleton; structural support system within the body of an animal (815)

endogamia: la cría continua de individuos con características semejantes para mantener las características derivadas de un tipo de organismo
inbreeding: continued breeding of individuals with similar characteristics to maintain the derived characteristics of a kind of organism (419)

endospermo: tejido nutritivo que alimenta a una plántula a medida que crece
endosperm: food-rich tissue that nourishes a seedling as it grows (700)

endospora: estructura producida por los procariotas en condiciones desfavorables; una gruesa pared interna que encierra al ADN y a una parte del citoplasma
endospore: structure produced by prokaryotes in unfavorable conditions; a thick internal wall that encloses the DNA and a portion of the cytoplasm (583)

endotermo: animal cuya temperatura corporal se regula, al menos en parte, utilizando el calor generado dentro de su cuerpo
endotherm: animal whose body temperature is regulated, at least in part, using heat generated within its body (829)

energía de activación: energía necesaria para que comience una reacción
activation energy: energy that is needed to get a reaction started (51)

enfermedad de transmisión sexual (ETS): enfermedad que se transmite de una persona a otra por contacto sexual
sexually transmitted disease (STD): disease that is spread from person to person by sexual contact (994)

enfermedad emergente: enfermedad que aparece en una población por primera vez o una enfermedad antigua que de pronto se vuelve más difícil de controlar
emerging disease: disease that appears in the population for the first time, or an old disease that suddenly becomes harder to control (590)

enfermedad infecciosa: enfermedad causada por un microorganismo que altera las funciones normales del cuerpo
infectious disease: disease caused by a microorganism that disrupts normal body functions (1010)

enlace covalente: tipo de enlace entre átomos en el cual se comparten los electrones
covalent bond: type of bond between atoms in which the electrons are shared (37)

enlace de hidrógeno: atracción débil entre un átomo de hidrógeno y otro átomo
hydrogen bond: weak attraction between a hydrogen atom and another atom (41)

enlace iónico: enlace químico que se forma cuando uno o más electrones se transfieren de un átomo a otro
ionic bond: chemical bond formed when one or more electrons are transferred from one atom to another (37)

entrecruzamiento: proceso por el cual los cromosomas homólogos intercambian partes de sus cromátidas durante la meiosis
crossing-over: process in which homologous chromosomes exchange portions of their chromatids during meiosis (324)

envoltura de la semilla: cubierta dura que rodea y protege al embrión de la planta y evita que el contenido de la semilla se seque
seed coat: tough covering that surrounds and protects the plant embryo and keeps the contents of the seed from drying out (647)

enzima: proteína catalizadora que acelera la velocidad de reacciones biológicas específicas
enzyme: protein catalyst that speeds up the rate of specific biological reactions (52)

enzima restrictiva: enzima que corta el ADN en una secuencia de nucleótidos
restriction enzyme: enzyme that cuts DNA at a sequence of nucleotides (403)

epidermis: en las plantas, única capa de células que forma el tejido dérmico; en los seres humanos, la capa exterior de la piel
epidermis: in plants, single layer of cells that makes up dermal tissue (665); in humans, the outer layer of the skin (936)

epidídimo: órgano del sistema reproductor masculino en el cual el esperma madura y se almacena
epididymis: organ in the male reproductive system in which sperm mature and are stored (989)

epinefrina: hormona liberada por las glándulas adrenales que aumenta la frecuencia cardíaca y la presión sanguínea y prepara al cuerpo para una actividad física intensa; también llamada adrenalina
epinephrine: hormone released by the adrenal glands that increases heart rate and blood pressure and prepares the body for intense physical activity; also called adrenaline (983)

equilibrio genético: situación en la cual las frecuencias alélicas de una población se mantienen iguales
genetic equilibrium: situation in which allele frequencies in a population remain the same (491)

equilibrio interrumpido: patrón de evolución en el cual los largos períodos de estabilidad se ven interrumpidos por breves períodos de cambio más rápido
punctuated equilibrium: pattern of evolution in which long stable periods are interrupted by brief periods of more rapid change (549)

era: división principal del tiempo geológico; usualmente dividida en dos o más períodos
era: major division of geologic time; usually divided into two or more periods (543)

escala de tiempo geológico: línea cronológica utilizada para representar la historia de la Tierra
geologic time scale: timeline used to represent Earth's history (542)

escala del pH: escala con valores de 0 a 14, utilizada para medir la concentración de iones H^+ en una solución; un pH de 0 a 7 es ácido, un pH de 7 es neutro y un pH de 7 a 14 es básico
pH scale: scale with values from 0 to 14, used to measure the concentration of H^+ ions in a solution; a pH of 0 to 7 is acidic, a pH of 7 is neutral, and a pH of 7 to 14 is basic (43)

esclerénquima: tipo de tejido fundamental con células extremadamente rígidas y gruesas que lo hacen fuerte y resistente
sclerenchyma: type of ground tissue with extremely thick, rigid cell walls that make ground tissue tough and strong (667)

escroto: bolsa externa que contiene a los testículos
scrotum: external sac that houses the testes (989)

esmog: neblina marrón grisácea formada por una mezcla de compuestos químicos
smog: gray-brown haze formed by a mixture of chemicals (163)

esófago: tubo que conecta la boca con el estómago
esophagus: tube connecting the mouth to the stomach (877)

especiación: formación de una nueva especie
speciation: formation of a new species (494)

especie: grupo de organismos similares que pueden reproducirse y producir una descendencia fértil
species: a group of similar organisms that can breed and produce fertile offspring (64, 494)

especie clave: especie que habitualmente no es abundante en una comunidad y sin embargo ejerce un fuerte control sobre la estructura de esa comunidad
keystone species: single species that is not usually abundant in a community yet exerts strong control on the structure of a community (103)

especies pioneras: las primeras especies en poblar un área durante la sucesión ecológica
pioneer species: first species to populate an area during succession (107)

espirilo: procariota con forma helicoidal o espiral
spirillum (pl. spirilla): spiral or corkscrew-shaped prokaryote (582)

espora: en los procariotas, protistas y hongos, cada una de las células que, en un momento de su ciclo de vida, produce una membrana gruesa y resistente capaz de sobrevivir en condiciones desfavorables
spore: in prokaryotes, protists, and fungi, any of a variety of thick-walled life cycle stages capable of surviving unfavorable conditions (607)

esporangio: cápsula en la cual se producen las esporas haploides mediante meiosis
sporangium (pl. sporangia): spore capsule in which haploid spores are produced by meiosis (609, 642)

esporofito: planta productora de esporas; la fase diploide multicelular del ciclo vital de una planta
sporophyte: spore-producing plant; the multicellular diploid phase of a plant life cycle (637)

esqueleto apendicular: los huesos de los brazos y de las piernas junto con los huesos de la pelvis y del área de los hombros
appendicular skeleton: the bones of the arms and legs along with the bones of the pelvis and shoulder area (922)

esqueleto axial: esqueleto que sostiene al eje central del cuerpo; consiste en el cráneo, la columna vertebral y la caja torácica
axial skeleton: skeleton that supports the central axis of the body; consists of the skull, vertebral column, and the rib cage (922)

esqueleto hidrostático: esqueleto constituido por segmentos corporales llenos de fluido que trabajan con los músculos para permitir el movimiento del animal
hydrostatic skeleton: skeleton made of fluid-filled body segments that work with muscles to allow the animal to move (814)

estambre: parte masculina de una flor; contiene la antera y el filamento
stamen: male part of a flower; contains the anther and filament (697)

Glosario *(continuación)*

estigma: parte pegajosa situada en la parte superior del estilo; especializado en atrapar el polen
stigma: sticky part at the top of style; specialized to capture pollen (697)

estímulo: señal a la cual responde un organismo
stimulus (pl. stimuli): signal to which an organism responds (18, 808)

estoma: pequeña abertura en la epidermis de una planta que permite que el dióxido de carbono, el agua y el oxígeno entren y salgan de la hoja
stoma (pl. stomata): small opening in the epidermis of a plant that allows carbon dioxide, water, and oxygen to diffuse into and out of the leaf (681)

estómago: gran bolsa muscular que continúa la digestión mecánica y química de los alimentos
stomach: large muscular sac that continues the mechanical and chemical digestion of food (877)

estroma: parte fluida del cloroplasto; en el exterior de los tilacoides
stroma: fluid portion of the chloroplast; outside of the thylakoids (231)

estructura etaria: número de personas de sexo femenino y de sexo masculino de cada edad en una población
age structure: number of males and females of each age in a population (131)

estructura vestigial: estructura heredada de los ancestros que ha perdido su función original en gran parte o por completo
vestigial structure: structure that is inherited from ancestors but has lost much or all of its original function (469)

estructuras análogas: partes del cuerpo que tienen la misma función, mas no la misma estructura
analogous structures: body parts that share a common function, but not structure (469)

estructuras homólogas: estructuras que son similares en distintas especies que tienen un ancestro común
homologous structures: structures that are similar in different species of common ancestry (468)

estuario: tipo de humedal que se forma donde un río se une al océano
estuary: kind of wetland formed where a river meets the ocean (119)

etileno: hormona vegetal que estimula la maduración de los frutos
ethylene: plant hormone that stimulates fruits to ripen (711)

eucariota: organismo cuyas células contienen un núcleo
eukaryote: organism whose cells contain a nucleus (193)

***Eukarya* (eucariontes):** dominio compuesto por todos los organismos que tienen un núcleo; incluye a los protistas, las plantas, los hongos y los animales
Eukarya: domain consisting of all organisms that have a nucleus; includes protists, plants, fungi, and animals (526)

evolución: cambio en el transcurso del tiempo; el proceso por el cual los organismos actuales se derivaron de los organismos antiguos
evolution: change over time; the process by which modern organisms have descended from ancient organisms (450)

evolución convergente: proceso mediante el cual organismos no relacionados evolucionan independientemente hacia caracteres similares cuando se adaptan a ambientes parecidos
convergent evolution: process by which unrelated organisms independently evolve similarities when adapting to similar environments (551)

excreción: proceso por el cual se eliminan del cuerpo los residuos metabólicos
excretion: process by which metabolic wastes are eliminated from the body (794, 882)

exoesqueleto: esqueleto externo; cubierta externa dura que protege y sostiene el cuerpo de muchos invertebrados
exoskeleton: external skeleton; tough external covering that protects and supports the body of many invertebrates (815)

exón: secuencia expresada de ADN; codifica una porción específica de una proteína
exon: expressed sequence of DNA; codes for a protein (365)

experimento controlado: experimento en el cual sólo se cambia una variable
controlled experiment: experiment in which only one variable is changed (7)

expresión génica: proceso por el cual un gen produce su producto y el producto lleva a cabo su función
gene expression: process by which a gene produces its product and the product carries out its function (370)

extinción de fondo: extinción causada por un proceso lento y continuo de selección natural
background extinction: extinction caused by slow and steady process of natural selection (548)

extinción masiva: suceso durante el cual se extinguen muchas especies durante un período de tiempo relativamente corto
mass extinction: event during which many species become extinct during a relatively short period of time (548)

extinto: término utilizado para referirse a una especie que ha desaparecido y de la que ninguno de sus miembros está vivo
extinct: term used to refer to a species that has died out and has no living members (538)

F

factor abiótico: factor físico, o inanimado, que da forma a un ecosistema
abiotic factor: physical, or nonliving, factor that shapes an ecosystem (66)

factor biótico: cualquier parte viva del medio ambiente con la cual un organismo podría interaccionar
biotic factor: any living part of the environment with which an organism might interact (66)

factor de crecimiento: una de las proteínas del grupo de proteínas reguladoras externas que estimulan el crecimiento y la división de las células
growth factor: one of a group of external regulatory proteins that stimulate the growth and division of cells (287)

factor limitante: factor que hace disminuir el crecimiento de la población
limiting factor: factor that causes population growth to decrease (137)

factor limitante dependiente de la densidad: factor limitante que depende de la densidad de la población
density-dependent limiting factor: limiting factor that depends on population density (138)

factor limitante independiente de la densidad: factor limitante que afecta a todas las poblaciones de manera similar, sin importar la densidad de la población
density-independent limiting factor: limiting factor that affects all populations in similar ways, regardless of the population density (140)

familia: en la clasificación, grupo de géneros similares
family: in classification, group of similar genera (513)

faringe: tubo situado a continuación de la boca que sirve de conducto para que pasen el aire y los alimentos; también llamada garganta
pharynx: tube at the back of the mouth that serves as a passageway for both air and food; also called the throat (964)

fecundación: proceso de la reproducción sexual en el cual las células reproductoras masculinas y femeninas se unen para formar una célula nueva
fertilization: process in sexual reproduction in which male and female reproductive cells join to form a new cell (309)

fenotipo: características físicas de un organismo
phenotype: physical characteristics of an organism (315)

fermentación: proceso por el cual las células liberan energía en ausencia de oxígeno
fermentation: process by which cells release energy in the absence of oxygen (262)

feto: un embrión humano después de ocho semanas de desarrollo
fetus: a human embryo after eight weeks of development (998)

fibra muscular: células largas y delgadas de los músculos esqueléticos
muscle fiber: long slender skeletal muscle cells (929)

fiebre: temperatura corporal elevada que se produce como respuesta a una infección
fever: increased body temperature that occurs in response to infection (1015)

fijación de nitrógeno: el proceso por el cual el gas nitrógeno se convierte en los compuestos nitrogenados que las plantas pueden absorber y utilizar
nitrogen fixation: process of converting nitrogen gas into nitrogen compounds that plants can absorb and use (84)

filo: en la clasificación, un grupo de clases estrechamente relacionadas
phylum (pl. phyla): in classification, a group of closely related classes (514)

filogenia: historia evolutiva del linaje
phylogeny: the evolutionary history of a lineage (516)

filtración: proceso de hacer pasar un líquido o un gas a través de un filtro para quitar los residuos
filtration: process of passing a liquid or gas through a filter to remove wastes (884)

fisión binaria: tipo de reproducción asexual en la cual un organismo replica su ADN, se divide por la mitad y produce dos células hijas idénticas
binary fission: type of asexual reproduction in which an organism replicates its DNA and divides in half, producing two identical daughter cells (583)

fitoplancton: algas fotosintéticas que se hallan cerca de la superficie del océano
phytoplankton: photosynthetic algae found near the surface of the ocean (73)

flagelo: estructura utilizada por los protistas para desplazarse; produce un desplazamiento con un movimiento semejante al de una onda
flagellum (pl. flagella): structure used by protists for movement; produces movement in a wavelike motion (607)

floema: tejido vascular que transporta por toda la planta las soluciones de nutrientes e hidratos de carbono producidos en la fotosíntesis
phloem: vascular tissue that transports solutions of nutrients and carbohydrates produced by photosynthesis through the plant (643)

florecimiento de algas: aumento de la cantidad de algas y otros productores debido a una gran entrada de un nutriente limitante
algal bloom: increase in the amount of algae and other producers that results from a large input of a limiting nutrient (611)

folículo piloso: sacos tubulares de las células epidérmicas que se prolongan hacia el interior de la dermis; las células situadas en la base de los folículos pilosos, producen pelo
hair follicle: tubelike pockets of epidermal cells that extend into the dermis; cells at the base of hair follicles produce hair (937)

Glosario *(continuación)*

fósil: restos conservados o vestigios de organismos antiguos
fossil: preserved remains or traces of ancient organisms (452)

fósil guía: fósil distintivo usado para comparar las edades relativas de los fósiles
index fossil: distinctive fossil that is used to compare the relative ages of fossils (540)

fotoperiodismo: la respuesta de una planta a los tiempos relativos de luz y oscuridad
photoperiodism: a plant response to the relative lengths of light and darkness (713)

fotosíntesis: proceso empleado por las plantas y otros organismos autótrofos para atrapar la energía luminosa y utilizarla para impulsar reacciones químicas que convierten el dióxido de carbono y el agua en oxígeno e hidratos de carbono de gran contenido energético, como azúcares y almidones
photosynthesis: process used by plants and other autotrophs to capture light energy and use it to power chemical reactions that convert carbon dioxide and water into oxygen and energy-rich carbohydrates such as sugars and starches (70, 228)

fotosistema: conjunto de clorofila y proteínas que se hallan en los tilacoides
photosystem: cluster of chlorophyll and proteins found in thylakoids (235)

fototropismo: la tendencia de una planta a crecer hacia una fuente de luz
phototropism: tendency of a plant to grow toward a light source (712)

fragmentación del hábitat: la ruptura, o separación en partes, de los ecosistemas
habitat fragmentation: splitting of ecosystems into pieces (168)

frecuencia alélica: número de veces que aparece un alelo en un caudal genético, comparado con la cantidad de alelos en ese caudal para el mismo gen
allele frequency: number of times that an allele occurs in a gene pool compared with the number of alleles in that pool for the same gene (483)

fruto: estructura de las Angiospermas que contiene uno o más ovarios maduros
fruit: structure in angiosperms that contains one or more matured ovaries (651)

fuerzas de van der Waals: atracción leve que se desarrolla entre las regiones con cargas opuestas de moléculas cercanas
van der Waals force: slight attraction that develops between oppositely charged regions of nearby molecules (38)

G

gameto: célula sexual
gamete: sex cell (312)

gametofito: planta que produce gametos; fase haploide multicelular del ciclo vital de una planta
gametophyte: gamete-producing plant; multicellular haploid phase of a plant life cycle (637)

ganglio nervioso: grupo de interneuronas
ganglion (pl. ganglia): group of interneurons (810)

gastrulación: proceso de migración celular que da por resultado la formación de las tres capas celulares—el ectodermo, el mesodermo y el endodermo
gastrulation: process of cell migration that results in the formation of the three cell layers—the ectoderm, the mesoderm, and the endoderm (997)

gen: secuencia de ADN que contiene el código de una proteína y por lo tanto determina un rasgo; factor que se transmite de un progenitor a su descendencia
gene: sequence of DNA that codes for a protein and thus determines a trait; factor that is passed from parent to offspring (310)

gen homeobox: el homeobox es una secuencia de ADN de aproximadamente 130 pares de bases, presente en muchos genes homeóticos que regulan el desarrollo. Los genes que contienen esta secuencia se denominan genes homeobox y codifican los factores de transcripción, las proteínas que se adhieren al ADN y regulan la expresión de otros genes
homeobox gene: The homeobox is a DNA sequence of approximately 130 base pairs, found in many homeotic genes that regulate development. Genes containing this sequence are known as homeobox genes, and they code for transcription factors, proteins that bind to DNA, and they also regulate the expression of other genes. (382)

gen homeótico: tipo de genes reguladores que determinan la identidad de las partes y regiones del cuerpo en un embrión animal. Las mutaciones de estos genes pueden transformar una parte del cuerpo en otra
homeotic gene: a class of regulatory genes that determine the identity of body parts and regions in an animal embryo. Mutations in these genes can transform one body part into another (382)

gen Hox: grupo de genes homeóticos agrupados que determinan la identidad posicional de las partes del cuerpo de los animales. Todos los genes Hox contienen la secuencia de ADN homeobox
Hox gene: a group of homeotic genes clustered together that determine the head to tail identity of body parts in animals. All hox genes contain the homeobox DNA sequence. (382)

gen ligado al sexo: gen situado en un cromosoma sexual
sex-linked gene: gene located on a sex chromosome (395)

género: grupo de especies relacionadas estrechamente; la primera parte del nombre científico en la nomenclatura binaria
genus: group of closely related species; the first part of the scientific name in binomial nomenclature (512)

genética: estudio científico de la herencia
genetics: scientific study of heredity (308)

genoma: todo el conjunto de información genética que un organismo transporta en su ADN
genome: entire set of genetic information that an organism carries in its DNA (392)

genómica: estudio integral de los genomas, incluyendo los genes y sus funciones
genomics: study of whole genomes, including genes and their functions (407)

genotipo: composición genética de un organismo
genotype: genetic makeup of an organism (315)

geotropismo: respuesta de una planta a la fuerza de la gravedad
gravitropism: response of a plant to the force of gravity (712)

germinación: reanudación del crecimiento del embrión de la planta después de la latencia
germination: resumption of growth of the plant embryo following dormancy (706)

giberelina: hormona de las plantas que estimula el crecimiento y puede causar aumentos significativos de tamaño
giberellin: plant hormone that stimulates growth and may cause dramatic increases in size (711)

Gimnospermas: grupo de plantas fanerógamas que tienen sus semillas directamente sobre las escamas de los conos
gymnosperm: group of seed plants that bear their seeds directly on the scales of cones (646)

glándula endocrina: glándula que vierte sus secreciones (hormonas) directamente en la sangre, para ser transportadas a otras áreas del cuerpo
endocrine gland: gland that releases its secretions (hormones) directly into the blood, which transports the secretions to other areas of the body (828, 979)

glándula exocrina: glándula que vierte sus secreciones directamente a un órgano o al exterior del cuerpo a través de estructuras tubulares denominadas conductos
exocrine gland: gland that releases its secretions, through tubelike structures called ducts, directly into an organ or out of the body (979)

glándula mamaria: glándula de las hembras de los mamíferos que produce leche para alimentar a las crías
mammary gland: gland in female mammals that produces milk to nourish the young (825)

glándula pituitaria: pequeña glándula situada cerca de la base del cráneo que secreta hormonas que regulan directamente muchas funciones corporales y controla las acciones de varias otras glándulas endocrinas
pituitary gland: small gland found near the base of the skull that secretes hormones that directly regulate many body functions and controls the actions of several other endocrine glands (982)

glándula sebácea: glándula de la piel que secreta sebo (secreción oleosa)
sebaceous gland: gland in the skin that secretes sebum (oily secretion) (937)

glicólisis: primer conjunto de reacciones en la respiración celular, en las cuales una molécula de glucosa se descompone en dos moléculas de ácido pirúvico
glycolysis: first set of reactions in cellular respiration in which a molecule of glucose is broken into two molecules of pyruvic acid (254)

glóbulo blanco: tipo de célula sanguínea que protege de las infecciones, combate a los parásitos y ataca a las bacterias
white blood cell: type of blood cell that guards against infection, fights parasites, and attacks bacteria (955)

glóbulo rojo: célula sanguínea que contiene hemoglobina y transporta oxígeno
red blood cell: blood cell containing hemoglobin that carries oxygen (954)

glomérulo: pequeña red de capilares encerrados en el extremo superior del nefrón; donde tiene lugar la filtración de la sangre
glomerulus: small network of capillaries encased in the upper end of the nephron; where filtration of the blood takes place (884)

gradualismo: evolución de una especie por la acumulación gradual de pequeños cambios genéticos ocurridos en el transcurso de largos períodos de tiempo
gradualism: the evolution of a species by gradual accumulation of small genetic changes over long periods of time (549)

grano de polen: la estructura que contiene a todo el gametofito masculino en las plantas fanerógamas
pollen grain: structure that contains the entire male gametophyte in seed plants (647)

grasa: lípido; compuesto de ácidos grasos y glicerina; tipo de nutriente que protege a los órganos del cuerpo, actúa como aislante térmico y almacena energía
fat: lipid; made up of fatty acids and glycerol; type of nutrient that protects body organs, insulates the body, and stores energy (870)

grupo de control: en un experimento, grupo que está expuesto a las mismas condiciones que el grupo experimental, excepto por una variable independiente
control group: group in an experiment that is exposed to the same conditions as the experimental group except for one independent variable (7)

grupo monofilético: grupo que consiste en una especie con un único ancestro y todos sus descendientes y excluye a todos los organismos que no descienden de ese ancestro común
monophyletic group: group that consists of a single ancestral species and all its descendants and excludes any organisms that are not descended from that common ancestor (516)

Glosario *(continuación)*

H

hábitat: área donde vive un organismo, incluidos los factores bióticos y abióticos que lo afectan
  habitat: area where an organism lives, including the biotic and abiotic factors that affect it (99)

habituación: tipo de aprendizaje en el cual un animal disminuye o cancela su respuesta ante un estímulo repetido que no recompensa ni castiga al animal
  habituation: type of learning in which an animal decreases or stops its response to a repetitive stimulus that neither rewards nor harms the animal (842)

hacecillo vascular: manojo de tejidos del xilema y del floema en los tallos
  vascular bundle: clusters of xylem and phloem tissue in stems (675)

haploide: tipo de célula que posee un solo juego de cromosomas
  haploid: term used to refer to a cell that contains only a single set of genes (323)

hemoglobina: proteína de los glóbulos rojos que contiene hierro, fija el oxígeno y lo transporta al organismo
  hemoglobin: iron-containing protein in red blood cells that binds oxygen and transports it to the body (954)

herbivorismo: interacción en la cual un animal (el herbívoro) se alimenta de productores (como las plantas)
  herbivory: interaction in which one animal (the herbivore) feeds on producers (such as plants) (102)

herbívoro: organismo que obtiene energía alimentándose solo de plantas
  herbivore: organism that obtains energy by eating only plants (71)

heterocigota: que tiene dos alelos diferentes para un gen dado
  heterozygous: having two different alleles for a particular gene (314)

heterótrofo: organismo que obtiene su alimento consumiendo otros seres vivos; también llamado consumidor
  heterotroph: organism that obtains food by consuming other living things; also called a consumer (71, 228)

hibridación: técnica de cría que consiste en cruzar individuos diferentes para reunir los mejores rasgos de ambos organismos
  hybridization: breeding technique that involves crossing dissimilar individuals to bring together the best traits of both organisms (419)

híbrido: descendencia del cruce entre progenitores que tienen rasgos diferentes
  hybrid: offspring of crosses between parents with different traits (309)

hidrato de carbono: compuesto formado por átomos de carbono, hidrógeno y oxígeno; tipo de nutriente que es la fuente principal de energía para el cuerpo
  carbohydrate: compound made up of carbon, hydrogen, and oxygen atoms; type of nutrient that is the major source of energy for the body (46, 869)

hifa: uno de muchos filamentos largos y delgados que componen el cuerpo de un hongo
  hypha (pl. hyphae): one of many long, slender filaments that makes up the body of a fungus (619)

hipertónica: al comparar dos soluciones, la solución que tiene la mayor concentración de solutos
  hypertonic: when comparing two solutions, the solution with the greater concentration of solutes (210)

hipotálamo: estructura del cerebro que funciona como un centro de control para el reconocimiento y el análisis del hambre, la sed, la fatiga, el enojo y la temperatura corporal
  hypothalamus: structure of the brain that acts as a control center for recognition and analysis of hunger, thirst, fatigue, anger, and body temperature (903)

hipótesis: explicación posible para un conjunto de observaciones o respuesta posible a una pregunta científica
  hypothesis: possible explanation for a set of observations or possible answer to a scientific question (7)

hipotónica: al comparar dos soluciones, la solución que tiene la menor concentración de solutos
  hypotonic: when comparing two solutions, the solution with the lesser concentration of solutes (210)

histamina: sustancia química liberada por los mastocitos que aumenta el flujo de la sangre y los fluidos hacia el área infectada durante una respuesta inflamatoria
  histamine: chemical released by mast cells that increases the flow of blood and fluids to the infected area during an inflammatory response (1014)

homeostasis: las condiciones internas, químicas y físicas, que los organismos mantienen relativamente constantes
  homeostasis: relatively constant internal physical and chemical conditions that organisms maintain (19, 214, 865)

homínido: grupo de antropoides que incluye a los gibones, orangutanes, gorilas, chimpacés y seres humanos
  hominoid: group of anthropoids that includes gibbons, orangutans, gorillas, chimpanzees, and humans (767)

homínino: linaje hominoide que dio lugar a los seres humanos
  hominine: hominoid lineage that led to humans (767)

homocigota: que tiene dos alelos idénticos para un gen dado
  homozygous: having two identical alleles for a particular gene (314)

homólogos: término utilizado para referirse a los cromosomas en los que un juego proviene del progenitor masculino y un juego proviene del progenitor femenino
  homologous: term used to refer to chromosomes in which one set comes from the male parent and one set comes from the female parent (323)

hormona: sustancia química producida en una parte de un organismo que afecta a otra parte del mismo organismo
hormone: chemical produced in one part of an organism that affects another part of the same organism (708, 978)

hormona de la paratiroides: hormona producida por la glándula paratiroides que aumenta los niveles de calcio en la sangre
parathyroid hormone (PTH): hormone produced by parathyroid gland that increases calcium levels in the blood (985)

hormona liberadora: hormona producida por el hipotálamo que hace que la glándula pituitaria anterior secrete hormonas (983)
releasing hormone: hormone produced by the hypothalamus that makes the anterior pituitary secrete hormones (983)

huella ecológica: cantidad total de ecosistema en funcionamiento necesaria para proporcionar los recursos que utiliza una población humana y para absorber los residuos que genera esa población
ecological footprint: total amount of functioning ecosystem needed both to provide the resources a human population uses and to absorb the wastes that population generates (173)

huevo amniota: huevo formado por una cáscara y membranas que crea un ambiente protegido en el cual el embrión puede desarrollarse en un medio seco
amniotic egg: egg composed of shell and membranes that creates a protected environment in which the embryo can develop out of water (825)

humedal: ecosistema en el cual el agua cubre el suelo o está presente en la superficie durante al menos una parte del año
wetland: ecosystem in which water either covers the soil or is present at or near the surface for at least part of the year (119)

humus: material formado a partir de hojas en descomposición y otros materiales orgánicos
humus: material formed from decaying leaves and other organic matter (114)

I

implantación: proceso en el cual la blástula se adhiere a la pared del útero
implantation: process in which the blastocyst attaches to the wall of the uterus (996)

impronta: tipo de comportamiento basado en las primeras experiencias; una vez que ocurre la impronta, el comportamiento no puede cambiarse
imprinting: type of behavior based on early experience; once imprinting has occurred, the behavior cannot be changed (844)

infección lisogénica: tipo de infección en la cual un virus inserta su ADN en el ADN de la célula huésped y se replica junto con el ADN de dicha célula huésped
lysogenic infection: type of infection in which a virus embeds its DNA into the DNA of the host cell and is replicated along with the host cell's DNA (577)

infección lítica: tipo de infección en la cual un virus penetra una célula, hace copias de sí mismo y provoca la ruptura o muerte celular
lytic infection: type of infection in which a virus enters a cell, makes copies of itself, and causes the cell to burst (576)

inferencia: interpretación lógica basada en la experiencia y en conocimientos previos
inference: a logical interpretation based on prior knowledge and experience (7)

inhibición de la retroalimentación: proceso en el cual un estímulo produce una respuesta que se opone al estímulo original; también llamada retroalimentación negativa
feedback inhibition: process in which a stimulus produces a response that opposes the original stimulus; also called negative feedback (732, 865)

injerto: método de propagación utilizado para reproducir plantas sin semillas y algunas variedades de plantas leñosas que no pueden propagarse a partir de esquejes
grafting: method of propagation used to reproduce seedless plants and varieties of woody plants that cannot be propagated from cuttings (703)

inmigración: desplazamiento de individuos a un área ocupada por una población ya existente
immigration: movement of individuals into an area occupied by an existing population (132)

inmunidad activa: inmunidad que se desarrolla a consecuencia de la exposición natural o deliberada a un antígeno
active immunity: immunity that develops as a result of natural or deliberate exposure to an antigen (1020)

inmunidad celular: respuesta inmune que desde las células defiende al cuerpo contra virus, hongos y células anormales cancerígenas
cell-mediated immunity: immune response that defends the body against viruses, fungi, and abnormal cancer cells inside living cells (1019)

inmunidad humoral: inmunidad contra los antígenos presentes en los fluidos corporales, como la sangre y la linfa
humoral immunity: immunity against antigens in body fluids, such as blood and lymph (1016)

inmunidad pasiva: inmunidad transitoria que se desarrolla a consecuencia de una exposición natural o deliberada a un anticuerpo
passive immunity: temporary immunity that develops as a result of natural or deliberate exposure to an antibody (1020)

interfase: período del ciclo celular entre las divisiones celulares
  interphase: period of the cell cycle between cell divisions (281)

interferón: tipo de proteína que ayuda a las células a combatir las infecciones virales
  interferon: one of a group of proteins that help cells resist viral infection (1015)

interneurona: tipo de neurona que procesa información y la puede transmitir para estimular las neuronas
  interneuron: type of neuron that processes information and may relay information to motor neurons (809)

intestino delgado: órgano digestivo en el cual tiene lugar la mayor parte de la digestión química y la absorción de los alimentos
  small intestine: digestive organ in which most chemical digestion and absorption of food takes place (878)

intestino grueso: órgano del sistema digestivo que extrae el agua del material no digerido que pasa por él; también llamado colon
  large intestine: organ in the digestive system that removes water from the undigested material that passes through it; also called colon (881)

intrón: secuencia de ADN que no participa en la codificación de una proteína
  intron: sequence of DNA that is not involved in coding for a protein (365)

invertebrado: animal que carece de columna vertebral
  invertebrate: animal that lacks a backbone, or vertebral column (730)

ion: átomo que tiene una carga positiva o negativa
  ion: atom that has a positive or negative charge (37)

iris: parte coloreada del ojo
  iris: colored part of the eye (912)

isotónica: cuando la concentración de dos soluciones es la misma
  isotonic: when the concentration of two solutions is the same (210)

isótopo: cada una de las diferentes formas de un único elemento, que contiene la misma cantidad de protones pero cantidades distintas de neutrones
  isotope: one of several forms of a single element, which contains the same number of protons but different numbers of neutrons (35)

L

lámina foliar o limbo: parte delgada y plana de la hoja de una planta
  blade: thin, flattened part of a plant leaf (680)

laringe: órgano situado en la garganta que contiene las cuerdas vocales
  larynx: structure in the throat that contains the vocal cords (964)

larva: etapa inmadura de algunos organismos
  larva (pl. larvae): immature stage of some organisms (756)

latencia: período de tiempo durante el cual un embrión vegetal está vivo pero no crece
  dormancy: period of time during which a plant embryo is alive but not growing (706)

lenguaje: sistema de comunicación que combina sonidos, símbolos y gestos según un conjunto de reglas sobre la secuencia y el significado, como la gramática y la sintaxis
  language: system of communication that combines sounds, symbols, and gestures according to a set of rules about sequence and meaning, such as grammar and syntax (851)

ligamento: tejido conectivo resistente que mantiene unidos a los huesos en una articulación
  ligament: tough connective tissue that holds bones together in a joint (816, 927)

lignina: sustancia de las plantas vasculares que hace rígidas a las paredes celulares
  lignin: substance in vascular plants that makes cell walls rigid (666)

linfa: fluido procedente de la sangre
  lymph: fluid that is filtered out of the blood (956)

lípido: macromolécula compuesta principalmente por átomos de carbono e hidrógeno; incluye las grasas, los aceites y las ceras
  lipid: macromolecule made mostly from carbon and hydrogen atoms; includes fats, oils, and waxes (47)

liquen: asociación simbiótica entre un hongo y un organismo fotosintético
  lichen: symbiotic association between a fungus and a photosynthetic organism (623)

lisosoma: orgánulo celular que descompone los lípidos, los hidratos de carbono y las proteínas en moléculas pequeñas que pueden ser utilizadas por el resto de la célula
  lysosome: cell organelle that breaks down lipids, carbohydrates, and proteins into small molecules that can used by the rest of the cell (198)

lluvia ácida: lluvia que contiene ácido nítrico y ácido sulfúrico
  acid rain: rain containing nitric and sulfuric acids (164)

M

marcador genético: alelos que producen diferencias fenotípicas detectables, útiles en el análisis genético
genetic marker: alleles that produce detectable phenotypic differences useful in genetic analysis (425)

marcapasos: grupo pequeño de fibras musculares cardíacas que mantiene el ritmo de bombeo del corazón estableciendo la frecuencia a la que se contrae el corazón; el nodo sinusal
pacemaker: small group of cardiac muscle fibers that maintains the heart's pumping rhythm by setting the rate at which the heart contracts; the sinoatrial (SA) node (951)

matriz: compartimento más interno de la mitocondria
matrix: innermost compartment of the mitochondrion (256)

médula: en los tallos de las dicotiledóneas, las células parenquimatosas ubicadas en el interior del anillo de tejido vascular
pith: parenchyma cells inside the ring of vascular tissue in dicot stems (675)

médula ósea: tejido blando que se halla en las cavidades de los huesos
bone marrow: soft tissue found in bone cavities (924)

meiosis: proceso por el cual el número de cromosomas por célula se reduce a la mitad mediante la separación de los cromosomas homólogos de una célula diploide
meiosis: process in which the number of chromosomes per cell is cut in half through the separation of homologous chromosomes in a diploid cell (324)

melanina: pigmento marrón oscuro de la piel que contribuye a protegerla al absorber los rayos ultravioletas
melanin: dark brown pigment in the skin that helps protect the skin by absorbing ultraviolet rays (936)

melanocito: célula de la piel que produce un pigmento marrón oscuro llamado melanina
melanocyte: cell in the skin that produces a dark brown pigment called melanin (936)

membrana celular: barrera flexible y delgada que rodea a todas las células; regula lo que entra y sale de la célula
cell membrane: thin, flexible barrier that surrounds all cells; regulates what enters and leaves the cell (193)

menstruación: descarga de sangre y del huevo no fertilizado del cuerpo
menstruation: discharge of blood and the unfertilized egg from the body (993)

meristemo apical: grupo de células no especializadas que se dividen para producir un aumento en la longitud de tallos y raíces
apical meristem: group of unspecialized cells that divide to produce increased length of stems and roots (668)

meristemos: regiones de células no especializadas responsables del crecimiento continuo de una planta durante su vida
meristem: regions of unspecialized cells responsible for continuing growth throughout a plant's lifetime (667)

mesodermo: capa embrionaria media; se desarrolla para dar lugar a los músculos y gran parte de los sistemas circulatorio, reproductor y excretor
mesoderm: middle germ layer; develops into muscles, and much of the circulatory, reproductive, and excretory systems (738)

mesófilo: tejido fundamental especializado que se halla en las hojas; realiza la mayor parte de la fotosíntesis de una planta
mesophyll: specialized ground tissue found in leaves; performs most of a plant's photosynthesis (680)

mesófilo en empalizada: capa de células situada bajo la epidermis superior de una hoja
palisade mesophyll: layer of cells under the upper epidermis of a leaf (681)

mesófilo esponjoso: capa de tejido suelto situado debajo del mesófilo en empalizada de una hoja
spongy mesophyll: layer of loose tissue found beneath the palisade mesophyll in a leaf (681)

metabolismo: la combinación de reacciones químicas a través de las cuales un organismo acumula o desintegra materiales
metabolism: the combination of chemical reactions through which an organism builds up or breaks down materials (19)

metafase: fase de la mitosis en la cual los cromosomas se alinean a través del centro de la célula
metaphase: phase of mitosis in which the chromosomes line up across the center of the cell (282)

metamorfosis: proceso de cambios en la estructura y forma de una larva hasta que se convierte en adulto
metamorphosis: process of changes in shape and form of a larva into an adult (823)

mezcla: material compuesto por dos o más elementos o compuestos que están mezclados físicamente pero no están combinados químicamente
mixture: material composed of two or more elements or compounds that are physically mixed together but not chemically combined (42)

micelio: la red de filamentos muy ramificados de las hifas de un hongo
mycelium (pl. mycelia): densely branched network of the hyphae of a fungus (619)

micorriza: asociación simbiótica entre las raíces de las plantas y los hongos
mycorrhiza (pl. mycorrhizae): symbiotic association of plant roots and fungi (624)

Glosario *(continuación)*

microclima: condiciones medioambientales de un área pequeña que difieren significativamente del clima del área circundante
microclimate: environmental conditions within a small area that differs significantly from the climate of the surrounding area (96)

migración: comportamiento estacional que da por resultado el desplazamiento desde un medio ambiente a otro
migration: seasonal behavior resulting in the movement from one environment to another (847)

mineral: nutriente inorgánico que el cuerpo necesita, usualmente en pequeñas cantidades
mineral: inorganic nutrient the body needs, usually in small amounts (872)

miocardio: capa media, gruesa y musculosa del corazón
myocardium: thick middle muscle layer of the heart (949)

miofibrilla: manojos de filamentos muy apretados que se hallan dentro de las fibras de los músculos esqueléticos
myofibril: tightly packed filament bundles found within skeletal muscle fibers (930)

miosina: filamento grueso de proteína que se halla en las células de los músculos esqueléticos
myosin: thick filament of protein found in skeletal muscle cells (930)

mitocondria: orgánulo celular que convierte la energía química almacenada en los alimentos en compuestos más apropiados para que la célula los use
mitochondrion: cell organelle that converts the chemical energy stored in food into compounds that are more convenient for the cell to use (202)

mitosis: fase de la división de las células eucariotas durante la cual se divide el núcleo celular
mitosis: part of eukaryotic cell division during which the cell nucleus divides (282)

molécula: unidad más pequeña de la mayoría de los compuestos que exhibe todas las propiedades de ese compuesto
molecule: smallest unit of most compounds that displays all the properties of that compound (37)

monocotiledónea: angiosperma con un cotiledón (hoja embrionaria) en su ovario
monocot: angiosperm with one seed leaf in its ovary (652)

monocultivo: estrategia agrícola que consiste en plantar año tras año un único cultivo altamente productivo
monoculture: farming strategy of planting a single, highly productive crop year after year (155)

monómero: pequeña unidad química que forma un polímero
monomer: small chemical unit that makes up a polymer (46)

monosacárido: molécula de azúcar simple
monosaccharide: simple sugar molecule (46)

muda: proceso de desprendimiento de un exoesqueleto y el crecimiento de uno nuevo
molting: process of shedding an exoskeleton and growing a new one (815)

multipotentes: células con potencial limitado para generar muchos tipos de células diferenciadas
multipotent: cell with limited potential to develop into many types of differentiated cells (295)

mutación: cambio en el material genético de una célula
mutation: change in the genetic material of a cell (372)

mutación de corrimiento de estructura: mutación que cambia el "marco de lectura" del mensaje genético insertando o eliminando un nucleótido
frameshift mutation: mutation that shifts the "reading frame" of the genetic message by inserting or deleting a nucleotide (373)

mutación puntual: mutación genética en la cual se ha modificado un único par de bases en el ADN
point mutation: gene mutation in which a single base pair in DNA has been changed (373)

mutágeno: agentes físicos o químicos del medioambiente que interaccionan con el ADN y pueden causar una mutación
mutagen: chemical or physical agents in the environment that interact with DNA and may cause a mutation (375)

mutualismo: relación simbiótica en la cual ambas especies se benefician
mutualism: symbiotic relationship in which both species benefit from the relationship (103)

N

NAD^+ (dinucleótido de nicotinamida adenina): transportador de electrones que participa en la glucólisis
NAD^+ (nicotinamide adenine dinucleotide): electron carrier involved in glycolysis (255)

$NADP^+$ (fosfato de dinucleótido de nicotinamida adenina): molécula transportadora de electrones que transfiere electrones de alta energía desde la clorofila a otras moléculas
$NADP^+$ (nicotinamide adenine dinucleotide phosphate): carrier molecule that transfers high-energy electrons from chlorophyll to other molecules (232)

nefridio: estructura excretora de los anélidos que filtra el fluido corporal
nephridium (pl. nephridia): excretory structure of an annelid that filters body fluid (797)

nefrón: estructura filtradora de la sangre en los riñones, en la cual se filtran las impurezas, se recogen los desechos y la sangre purificada se devuelve a la circulación
nephron: blood-filtering structure in the kidneys in which impurities are filtered out, wastes are collected, and purified blood is returned to the circulation (884)

neurona: célula nerviosa; especializada en conducir mensajes a través del sistema nervioso
neuron: nerve cell; specialized for carrying messages throughout the nervous system (808)

neurona motora: tipo de célula nerviosa que lleva las instrucciones provenientes de las interneuronas a las células musculares o las glándulas
motor neuron: type of nerve cell that carries directions from interneurons to either muscle cells or glands (809)

neurona sensorial: tipo de célula nerviosa que recibe información de los receptores sensoriales y transmite señales al sistema nervioso central
sensory neuron: type of nerve cell that receives information from sensory receptors and conveys signals to central nervous system (808)

neurotransmisor: sustancia química utilizada por una neurona para transmitir un impulso a otra célula a través de una sinapsis
neurotransmitter: chemical used by a neuron to transmit an impulse across a synapse to another cell (900)

neurulación: primer paso en el desarrollo del sistema nervioso
neurulation: the first step in the development of the nervous system (997)

nicho: toda la variedad de condiciones biológicas y físicas en las que vive un organismo y la manera en la que dicho organismo utiliza esas condiciones
niche: full range of physical and biological conditions in which an organism lives and the way in which the organism uses those conditions (100)

ninfa: forma inmadura de un animal que se parece a la forma adulta, pero carece de órganos sexuales funcionales
nymph: immature form of an animal that resembles the adult form but lacks functional sexual organs (823)

nivel trófico: cada paso en una cadena o red alimenticia
trophic level: each step in a food chain or food web (77)

no disyunción: error que ocurre durante la meiosis, en el que cromosomas homólogos no logran separarse adecuadamente
nondisjunction: error in meiosis in which the homologous chromosomes fail to separate properly (401)

nomenclatura binaria: sistema de clasificación en el cual a cada especie se le asigna un nombre científico que consta de dos partes
binomial nomenclature: classification system in which each species is assigned a two-part scientific name (512)

norepinefrina o noradrenalina: hormona liberada por las glándulas adrenales que aumenta la frecuencia cardíaca y la presión sanguínea y prepara al cuerpo para realizar actividad física intensa
norepinephrine: hormone released by the adrenal glands that increases heart rate and blood pressure and prepares the body for intense physical activity (983)

notocordio: extenso bastón de apoyo que se extiende a lo largo del cuerpo de los cordados, justo por debajo del cordón nervioso
notochord: long supporting rod that runs through a chordate's body just below the nerve cord (731)

núcleo: centro de un átomo, contiene los protones y los neutrones; en las células, la estructura que contiene el material genético de la célula en forma de ADN
nucleus: the center of an atom, which contains the protons and neutrons (34); in cells, structure that contains the cell's genetic material in the form of DNA (193)

nucleótido: subunidad que constituye los ácidos nucleicos; compuesta de un azúcar de 5 carbonos, un grupo fosfato y una base nitrogenada
nucleotide: subunit of which nucleic acids are composed; made up of a 5-carbon sugar, a phosphate group, and a nitrogenous base (48)

nudo: parte de un tallo en crecimiento donde está adherida una hoja
node: part on a growing stem where a leaf is attached (675)

nutriente: sustancia química que un organismo necesita para continuar con vida
nutrient: chemical substance that an organism needs to sustain life (82)

nutriente limitante: nutriente esencial que limita la productividad de un ecosistema
limiting nutrient: single essential nutrient that limits productivity in an ecosystem (85)

observación: método de percibir y describir sucesos o procesos de manera atenta y ordenada
observation: process of noticing and describing events or processes in a careful, orderly way (6)

omnívoro: organismo que obtiene energía alimentándose de plantas y animales
omnivore: organism that obtains energy by eating both plants and animals (71)

operador: pequeña región de ADN, adyacente al promotor del operón de una procariota, que une las proteínas represoras responsables de controlar la tasa de transcripción del operón
operator: short DNA region, adjacent to the promoter of a prokaryotic operon, that binds repressor proteins responsible for controlling the rate of transcription of the operon (378)

Glosario *(continuación)*

operón: en las procariotas, grupo de genes adyacentes que comparten un operador y un promotor en común y que son transcritas a un solo ARN mensajero
operon: in prokaryotes, a group of adjacent genes that share a common operator and promoter and are transcribed into a single mRNA (377)

orden: en la clasificación, un grupo de familias relacionadas estrechamente
order: in classification, a group of closely related families (513)

órgano: grupo de tejidos que trabajan juntos para realizar funciones estrechamente relacionadas
organ: group of tissues that work together to perform closely related functions (216)

orgánulo: estructura especializada que realiza funciones celulares importantes dentro de una célula
organelle: specialized structure that performs important cellular functions within a cell (196)

osificación: proceso de formación de hueso durante el cual el cartílago es reemplazado por hueso
ossification: process of bone formation during which cartilage is replaced by bone (925)

ósmosis: difusión de agua a través de una membrana de permeabilidad selectiva
osmosis: diffusion of water through a selectively permeable membrane (210)

osteoblasto: célula ósea que secreta depósitos minerales que reemplazan al cartílago de los huesos en desarrollo
osteoblast: bone cell that secretes mineral deposits that replace the cartilage in developing bones (925)

osteocito: célula ósea que ayuda a conservar los minerales en el tejido óseo y continúa fortaleciendo al hueso en crecimiento
osteocyte: bone cell that helps maintain the minerals in bone tissue and continue to strengthen the growing bone (925)

osteoclasto: célula ósea que degrada los minerales óseos
osteoclast: bone cell that breaks down bone minerals (925)

ovario: en las plantas, la estructura que rodea a las semillas y las protege; órgano reproductor femenino fundamental en los animales; produce huevos
ovary: in plants, the structure that surrounds and protects seeds (650); in animals, the primary female reproductive organ; produces eggs (991)

ovíparo: especie animal en la cual los embriones se desarrollan en huevos fuera del cuerpo del progenitor
oviparous: species in which embryos develop in eggs outside a parent's body (822)

ovovíparo: especie animal en la cual los embriones se desarrollan dentro del cuerpo de la madre, pero dependen completamente del saco vitelino de sus huevos
ovoviparous: species in which the embryos develop within the mother's body but depend entirely on the yolk sac of their eggs (822)

ovulación: liberación de un huevo maduro desde el ovario a una de las trompas de Falopio
ovulation: the release of a mature egg from the ovary into one of the Fallopian tubes (993)

óvulo: estructura de las semillas coníferas donde se desarrollan los gametos femeninos
ovule: structure in seed cones in which the female gametophytes develop (648)

P

paleontólogo: científico que estudia los fósiles
paleontologist: scientist who studies fossils (539)

panza: cavidad del estómago de las vacas y otros rumiantes en la cual las bacterias simbióticas digieren la celulosa
rumen: stomach chamber in cows and related animals in which symbiotic bacteria digest cellulose (786)

papila gustativa: órgano sensorial que percibe los sabores
taste bud: sense organs that detect taste (910)

parasitismo: relación simbiótica en la cual un organismo vive sobre otro organismo o en su interior y lo perjudica
parasitism: symbiotic relationship in which one organism lives on or inside another organism and harms it (104)

parcialidad: preferencia especial o punto de vista que es personal en lugar de ser científico
bias: particular preference or point of view that is personal, rather than scientific (14)

pared celular: capa resistente que sirve de sostén y está situada alrededor de la membrana celular de algunas células
cell wall: strong, supporting layer around the cell membrane in some cells (203)

parénquima: tipo principal de tejido fundamental de las plantas que contiene células con paredes celulares delgadas y vacuolas centrales grandes
parenchyma: main type of ground tissue in plants that contains cells with thin cell walls and large central vacuoles (667)

patógeno: agente que causa una enfermedad
pathogen: disease-causing agent (586)

patrones de macroevolución: cambios que ocurren en la anatomía, filogenia, ecología y comportamiento de clados que abarcan a más de una especie
macroevolutionary patterns: changes in anatomy, phylogeny, ecology, and behavior that take place in clades larger than a single species (546)

pecíolo: pedúnculo delgado que une la lámina de una hoja con un tallo
petiole: thin stalk that connects the blade of a leaf to a stem (680)

pelo radicular: pelos pequeños sobre una raíz que producen una superficie extensa a través de la cual pueden penetrar el agua y los minerales
root hair: small hairs on a root that produce a large surface area through which water and minerals can enter (670)

pepsina: enzima que descompone las proteínas en fragmentos de polipéptidos más pequeños
pepsin: enzyme that breaks down proteins into smaller polypeptide fragments (877)

período: división del tiempo geológico en la que se subdividen las eras
period: division of geologic time into which eras are subdivided (543)

peristalsis: contracciones de los músculos lisos que proporcionan la fuerza que hace avanzar los alimentos a través del esófago hacia el estómago
peristalsis: contractions of smooth muscles that provide the force that moves food through the esophagus toward the stomach (877)

permagélido: capa de subsuelo congelado en forma permanente que se halla en la tundra
permafrost: layer of permanently frozen subsoil found in the tundra (115)

permeabilidad selectiva: propiedad de las membranas biológicas que permite que algunas sustancias pasen a través de ellas mientras que otras no pueden hacerlo; también llamada membrana semipermeable
selectively permeable: property of biological membranes that allows some substances to pass across it while others cannot; also called semipermeable membrane (205)

pigmento: moléculas que absorben la luz, empleadas por las plantas para recolectar la energía solar
pigment: light-absorbing molecule used by plants to gather the sun's energy (230)

pirámide ecológica: ilustración de las cantidades relativas de energía o materia contenidas dentro de cada nivel trófico en una cadena o red alimenticia dada
ecological pyramid: illustration of the relative amounts of energy or matter contained within each trophic level in a given food chain or food web (77)

pistilo: un único carpelo o varios carpelos unidos; contiene el ovario, el estilo y el estigma
pistil: single carpel or several fused carpels; contains the ovary, style, and stigma (697)

placenta: órgano especializado de los mamíferos placentarios a través del cual se intercambian los gases respiratorios, los nutrientes y los residuos entre la madre y su cría en desarrollo
placenta: specialized organ in placental mammals through which respiratory gases, nutrients, and wastes are exchanged between the mother and her developing young (822, 998)

plancton: organismos microscópicos que viven en medios ambientes acuáticos; incluye el fitoplancton y el zooplancton
plankton: microscopic organisms that live in aquatic environments; includes both phytoplankton and zooplankton (119)

planta herbácea: tipo de planta que tiene tallos blandos y no leñosos; incluye dientes de león, cinias, petunias y girasoles
herbaceous plant: type of plant that has smooth and nonwoody stems; includes dandelions, zinnias, petunias, and sunflowers (653)

planta leñosa: tipo de planta constituida fundamentalmente por células con paredes celulares gruesas que sostienen el cuerpo de la planta; en este tipo se incluyen los árboles, arbustos y vides
woody plant: type of plant made primarily of cells with thick cell walls that support the plant body; includes trees, shrubs, and vines (653)

plaqueta: fragmento celular liberado por la médula espinal que interviene en la coagulación de la sangre
platelet: cell fragment released by bone marrow that helps in blood clotting (955)

plasma: parte líquida de la sangre de color amarillento
plasma: straw-colored liquid portion of the blood (954)

plásmido: pequeña porción circular de ADN ubicada en el citoplasma de muchas bacterias
plasmid: small, circular piece of DNA located in the cytoplasm of many bacteria (424)

plasmodio: etapa de alimentación ameboide del ciclo vital de los mohos mucilaginosos
plasmodium: amoeboid feeding stage in the life cycled of a plasmodial slime mold (613)

pluripotentes: células capaces de convertirse en la mayoría de células del cuerpo, pero no en todas
pluripotent: cells that are capable of developing into most, but not all, of the body's cell types (294)

población: grupo de individuos de la misma especie que viven en la misma área
population: group of individuals of the same species that live in the same area (64)

polímero: molécula compuesta por muchos monómeros; forma macromoléculas
polymer: molecules composed of many monomers; makes up macromolecules (46)

polinización: transferencia de polen desde la estructura reproductora masculina hacia la estructura reproductora femenina
pollination: transfer of pollen from the male reproductive structure to the female reproductive structure (647)

polipéptido: cadena larga de aminoácidos que constituye las proteínas
polypeptide: long chain of amino acids that makes proteins (366)

poliploidía: condición en la cual un organismo tiene grupos adicionales de cromosomas
polyploidy: condition in which an organism has extra sets of chromosomes (376)

postulados de Koch: conjunto de pautas desarrollado por Koch que ayuda a identificar al microorganismo que causa una enfermedad específica
Koch's postulates: set of guidelines developed by Koch that helps identify the microorganism that causes a specific disease (1011)

potencial de acción: inversión de las cargas a través de la membrana de una neurona; también llamado impulso nervioso
action potential: reversal of charges across the cell membrane of a neuron; also called a nerve impulse (898)

potencial de reposo: carga eléctrica que pasa a través de la membrana celular de una neurona en reposo
resting potential: electrical charge across the cell membrane of a resting neuron (898)

presión osmótica: presión que debe aplicarse para evitar el movimiento osmótico a través de una membrana de permeabilidad selectiva
osmotic pressure: pressure that must be applied to prevent osmotic movement across a selectively permeable membrane (211)

principio de dominancia: segunda conclusión de Mendel, que establece que algunos alelos son dominantes y otros son recesivos
principle of dominance: Mendel's second conclusion, which states that some alleles are dominant and others are recessive (310)

principio de exclusión competitiva: principio que afirma que dos especies no pueden ocupar el mismo nicho en el mismo hábitat al mismo tiempo
competitive exclusion principle: principle that states that no two species can occupy the same niche in the same habitat at the same time (101)

principio de Hardy-Weinberg: principio que afirma que las frecuencias alélicas de una población permanecen constantes a menos que uno o más factores ocasionen que esas frecuencias cambien
Hardy-Weinberg principle: principle that states that allele frequencies in a population remain constant unless one or more factors cause those frequencies to change (491)

prión: partículas de proteína que causan enfermedades
prion: protein particles that cause disease (592)

probabilidad: posibilidad de que ocurra un suceso dado
probability: likelihood that a particular event will occur (313)

procariota: organismo unicelular que carece de núcleo
prokaryote: unicellular organism that lacks a nucleus (193, 580)

producto: elemento o compuesto producido por una reacción química
product: elements or compounds produced by a chemical reaction (50)

productor primario: productores originales de compuestos ricos en energía que luego son utilizados por otros organismos
primary producer: first producer of energy-rich compounds that are later used by other organisms (69)

profago: ADN del bacteriófago que está alojado en el interior del ADN del huésped bacteriano
prophage: bacteriophage DNA that is embedded in the bacterial host's DNA (577)

profase: primera y más prolongada fase de la mitosis, en la cual el material genético dentro del interior del núcleo se condensa y los cromosomas se hacen visibles
prophase: first and longest phase of mitosis in which the genetic material inside the nucleus condenses and the chromosomes become visible (282)

promotor: región específica de un gen en donde la ARN polimerasa puede unirse e iniciar la transcripción
promoter: specific region of a gene where RNA polymerase can bind and begin transcription (365)

prostaglandina: ácidos grasos modificados que son producidos por una amplia gama de células; generalmente afectan solo a las células y tejidos cercanos
prostaglandin: modified fatty acids that are produced by a wide range of cells; generally affect only nearby cells and tissues (980)

proteína: macromolécula que contiene carbono, hidrógeno, oxígeno y nitrógeno; necesaria para el crecimiento y reparación del cuerpo
protein: macromolecule that contains carbon, hydrogen, oxygen, and nitrogen; needed by the body for growth and repair (48, 870)

protóstomo: animal cuya boca se desarrolla a partir del blastoporo
protostome: an animal whose mouth is formed from the blastopore (739)

prueba de ADN: herramienta utilizada por los biólogos mediante la cual se analiza el conjunto de los fragmentos de restricción de ADN exclusivo de cada individuo; utilizada para determinar si dos muestras de material genético pertenecen a la misma persona; también llamada huella genética o análisis de ADN
DNA fingerprinting: tool used by biologists that analyzes an individual's unique collection of DNA restriction fragments; used to determine whether two samples of genetic material are from the same person (433)

pseudoceloma o falso celoma: cavidad corporal que está revestida sólo parcialmente con mesodermo
pseudocoelom: body cavity that is only partially lined with mesoderm (738)

pubertad: período de crecimiento rápido y de maduración sexual durante el cual el sistema reproductor se vuelve completamente funcional
puberty: period of rapid growth and sexual maturation during which the reproductive system becomes fully functional (988)

pulgar oponible o prensible: un pulgar que permite aferrar objetos y utilizar herramientas
opposable thumb: thumb that enables grasping objects and using tools (767)

pulmón: órgano respiratorio; lugar donde se intercambian los gases entre la sangre y el aire inhalado
lung: respiratory organ; place where gases are exchanged between the blood and inhaled air (788)

pupa: etapa de la metamorfosis completa en la cual la larva se convierte en un adulto
pupa: stage in complete metamorphosis in which the larva develops into an adult (823)

pupila: pequeña abertura en el iris que deja pasar la luz al ojo
pupil: small opening in the iris that admits light into the eye (912)

Q

queratina: proteína fibrosa y resistente que se halla en la piel
keratin: tough fibrous protein found in skin (936)

quimiosíntesis: proceso en el cual la energía química se utiliza para producir hidratos de carbono
chemosynthesis: process in which chemical energy is used to produce carbohydrates (70)

quimo: mezcla de enzimas y alimentos parcialmente digeridos
chyme: mixture of enzymes and partially-digested food (877)

quitina: hidrato de carbono complejo que forma las paredes celulares de los hongos; también se halla en los esqueletos externos de los artrópodos
chitin: complex carbohydrate that makes up the cell walls of fungi; also found in the external skeletons of arthropods (618)

R

radiación adaptativa: proceso mediante el cual una especie o grupo pequeño de especies evoluciona y da lugar a diferentes seres que viven de diversas maneras
adaptive radiation: process by which a single species or a small group of species evolves into several different forms that live in different ways (550)

rasgo: característica específica de un individuo
trait: specific characteristic of an individual (309)

rasgo de un único gen (monogénico): rasgo controlado por un gen que tiene dos alelos
single-gene trait: trait controlled by one gene that has two alleles (485)

rasgo poligénico: rasgo controlado por dos o más genes
polygenic trait: trait controlled by two or more genes (320, 486)

reabsorción: proceso por el cual el agua y las sustancias disueltas regresan a la sangre
reabsorption: process by which water and dissolved substances are taken back into the blood (884)

reacción en cadena de la polimerasa (PCR): técnica usada por los biólogos para hacer muchas copias de un gen específico
polymerase chain reaction (PCR): the technique used by biologists to make many copies of a particular gene (423)

reacción química: proceso que cambia, o transforma, un grupo de sustancias químicas en otro grupo de sustancias químicas
chemical reaction: process that changes, or transforms, one set of chemicals into another set of chemicals (50)

reacciones dependientes de la luz: en la fotosíntesis, conjunto de reacciones que emplean la energía proveniente de la luz para producir ATP y NADPH
light-dependent reactions: set of reactions in photosynthesis that use energy from light to produce ATP and NADPH (233)

reacciones independientes de la luz: en la fotosíntesis, conjunto de reacciones que no necesitan luz; la energía proveniente del ATP y del NADPH se emplea para construir compuestos con gran contenido energético, como el azúcar; también llamado ciclo de Calvin
light-independent reactions: set of reactions in photosynthesis that do not require light; energy from ATP and NADPH is used to build high-energy compounds such as sugar; also called the Calvin cycle (233)

reactante: elemento o compuesto que participa en una reacción química
reactant: elements or compounds that enter into a chemical reaction (50)

receptor: proteína específica que puede encontrarse en la membrana celular o dentro de la célula, cuya forma se corresponde con la de un mensajero molecular específico, por ejemplo una hormona
receptor: on or in a cell, a specific protein to whose shape fits that of a specific molecular messenger, such as a hormone (217, 709)

recurso: todo lo necesario para la vida, como agua, nutrientes, luz, alimento o espacio
resource: any necessity of life, such as water, nutrients, light, food, or space (100)

Glosario *(continuación)*

recurso no renovable: recurso que no se puede reponer mediante un proceso natural dentro de un período de tiempo razonable
nonrenewable resource: resource that cannot be replenished by a natural process within a reasonable amount of time (157)

recurso renovable: recurso que se puede producir o reemplazar mediante el funcionamiento saludable del ecosistema
renewable resource: resource that can be produced or replaced by healthy ecosystem functions (157)

red alimenticia: red de interacciones complejas constituida por las relaciones alimenticias entre los varios organismos de un ecosistema
food web: network of complex interactions formed by the feeding relationships among the various organisms in an ecosystem (74)

reflejo: respuesta rápida y automática a un estímulo
reflex: quick, automatic response to a stimulus (901)

reino: en la clasificación, el grupo mayor y más inclusivo
kingdom: largest and most inclusive group in classification (514)

reloj molecular: método de investigación que emplea las tasas de mutación del ADN para estimar el lapso de tiempo en que dos especies han evolucionado independientemente
molecular clock: method used by researchers that uses mutation rates in DNA to estimate the length of time that two species have been evolving independently (498)

replicación: proceso de copia de ADN previo a la división celular
replication: process of copying DNA prior to cell division (350)

reproducción asexual: proceso de reproducción que involucra a un único progenitor y da por resultado descendencia genéticamente idéntica a ese progenitor
asexual reproduction: process of reproduction involving a single parent that results in offspring that are genetically identical to the parent (19, 277)

reproducción selectiva o selección artificial: método de reproducción que sólo permite la producción de una nueva generación a aquellos organismos con características deseadas
selective breeding: method of breeding that allows only those organisms with desired characteristics to produce the next generation (418)

reproducción sexual: tipo de reproducción en la cual las células de dos progenitores se unen para formar la primera célula de un nuevo organismo
sexual reproduction: type of reproduction in which cells from two parents unite to form the first cell of a new organism (19, 277)

reproducción vegetativa: método de reproducción asexual de las plantas que permite que una única planta produzca descendencia genéticamente idéntica a sí misma
vegetative reproduction: method of asexual reproduction in plants, which enables a single plant to produce offspring that are genetically identical to itself (702)

respiración celular: proceso que libera energía al descomponer la glucosa y otras moléculas de los alimentos en presencia de oxígeno
cellular respiration: process that releases energy by breaking down glucose and other food molecules in the presence of oxygen (281)

respuesta: reacción específica a un estímulo
response: specific reaction to a stimulus (809)

respuesta inflamatoria: reacción defensiva no específica al daño causado a los tejidos por una herida o una infección
inflammatory response: nonspecific defense reaction to tissue damage caused by injury or infection (1014)

respuesta inmune: reconocimiento, respuesta y memoria específicos que tiene el cuerpo respecto al ataque de un organismo patógeno
immune response: the body's specific recognition, response, and memory to a pathogen attack (1016)

retículo endoplasmático: sistema de membranas internas de las células eucariotas; lugar donde se reúnen los componentes lipídicos de la membrana celular
endoplasmic reticulum: internal membrane system found in eukaryotic cells; place where lipid components of the cell membrane are assembled (200)

retina: membrana más interna del ojo; contiene receptores susceptibles a la luz
retina: innermost layer of the eye; contains photoreceptors (913)

retrovirus: ARN viral cuya información genética está contenida en el ARN
retrovirus: RNA virus that contains RNA as its genetic information (578)

revolución verde: el desarrollo de variedades de cultivos altamente productivos y el uso de técnicas agrícolas modernas para aumentar el rendimiento de los cultivos
green revolution: development of highly productive crop strains and use of modern agriculture techniques to increase yields of food crops (717)

ribosoma: orgánulo celular formado por ARN y proteína que se halla en el citoplasma de una célula; lugar donde se sintetizan las proteínas
ribosome: cell organelle consisting of RNA and protein found throughout the cytoplasm in a cell; the site of protein synthesis (200)

riñón: órgano excretor que separa los residuos y el exceso de agua de la sangre
kidney: an organ of excretion that separates wastes and excess water from the blood (795)

ritmo circadiano: ciclos conductuales que ocurren diariamente
circadian rhythm: behavioral cycles that occur daily (847)

S

saco embrionario: gametofito femenino dentro del óvulo de una planta que produce flores
embryo sac: female gametophyte within the ovule of a flowering plant (699)

sarcómero: unidad de contracción muscular; compuesto por dos líneas "z" y los filamentos que hay entre ellas
sarcomere: unit of muscle contraction; composed of two z-lines and the filaments between them (930)

segregación: separación de los alelos durante la formación de gametos
segregation: separation of alleles during gamete formation (312)

selección artificial: cría selectiva de plantas y animales para fomentar la ocurrencia de rasgos deseados en la progenie
artificial selection: selective breeding of plants and animals to promote the occurrence of desirable traits in offspring (458)

selección de parentesco: teoría que enuncia que ayudar a los congéneres puede mejorar la aptitud evolutiva de un individuo porque los individuos emparentados comparten una gran parte de sus genes
kin selection: theory that states that helping relatives can improve an individual's evolutionary fitness because related individuals share a large proportion of their genes (849)

selección direccional: forma de selección natural en la cual los individuos que se hallan en un extremo de la curva de distribución poseen una mayor capacidad de adaptación que los individuos que se hallan en el centro o en el otro extremo de la curva
directional selection: form of natural selection in which individuals at one end of a distribution curve have higher fitness than individuals in the middle or at the other end of the curve (489)

selección disruptiva: forma de selección natural en la cual los individuos que se hallan en los extremos superior e inferior de la curva poseen una mayor capacidad de adaptación que los individuos que se hallan cerca del centro de la curva
disruptive selection: natural selection in which individuals at the upper and lower ends of the curve have higher fitness than individuals near the middle of the curve (489)

selección estabilizadora: forma de selección natural en la cual los individuos situados cerca del centro de una curva de distribución tienen mayor aptitud que los individuos que se hallan en cualquiera de los extremos de la curva
stabilizing selection: form of natural selection in which individuals near the center of a distribution curve have higher fitness than individuals at either end of the curve (489)

selección natural: proceso por el cual los organismos más adaptados a su medioambiente sobreviven y se reproducen más exitosamente; también llamada supervivencia del más apto
natural selection: process by which organisms that are most suited to their environment survive and reproduce most successfully; also called survival of the fittest (463)

selección sexual: cuando un individuo elige a su pareja sexual atraído por sus rasgos heredables
sexual selection: when individuals select mates based on heritable traits (492)

semen: combinación de esperma y de fluido seminal
semen: the combination of sperm and seminal fluid (990)

semilla: embrión vegetal y fuente de alimento encerrada en una cubierta protectora
seed: plant embryo and a food supply encased in a protective covering (646)

seudópodo: prolongación citoplasmática transitoria utilizada por algunos protistas para moverse
pseudopod: temporary cytoplasmic projection used by some protists for movement (606)

simbiosis: relación en la cual dos especies viven en estrecha asociación
symbiosis: relationship in which two species live close together (103)

simetría bilateral: diseño corporal en el cual una línea imaginaria divide al cuerpo en dos lados, izquierdo y derecho, que son imágenes reflejas una de la otra
bilateral symmetry: body plan in which a single imaginary line can divide the body into left and right sides that are mirror images of each other (738)

simetría radial: diseño corporal en el cual cualquier número de ejes imaginarios dibujados a través del centro del cuerpo lo dividirá en mitades iguales
radial symmetry: body plan in which any number of imaginary planes drawn through the center of the body could divide it into equal halves (738)

sinapsis: punto en el cual una neurona puede transferir un impulso a otra célula
synapse: point at which a neuron can transfer an impulse to another cell (900)

sistema circulatorio abierto: tipo de sistema circulatorio en el cual la sangre, cuando fluye por el cuerpo, está solo parcialmente contenida dentro de un sistema de vasos sanguíneos
open circulatory system: type of circulatory system in which blood is only partially contained within a system of blood vessels as it travels through the body (791)

sistema circulatorio cerrado: tipo de sistema circulatorio en el cual la sangre circula completamente dentro de los vasos sanguíneos que se extienden por todo el cuerpo
closed circulatory system: type of circulatory system in which blood circulates entirely within blood vessels that extend throughout the body (792)

Glosario *(continuación)*

sistema de órganos: grupo de órganos que trabajan juntos para realizar una función específica
 organ system: group of organs that work together to perform a specific function (216)

sistema nervioso autónomo: parte del sistema nervioso periférico que regula las actividades involuntarias, o que son independientes de la conciencia; está compuesto por las subdivisiones simpática y parasimpática
 autonomic nervous system: part of the peripheral nervous system that regulates activities that are involuntary, or not under conscious control; made up of the sympathetic and parasympathetic subdivisions (908)

sistema nervioso central: incluye el cerebro y la médula espinal; procesa información y genera una respuesta que es enviada al cuerpo
 central nervous system: includes the brain and spinal cord; processes information and creates a response that it delivers to the body (896)

sistema nervioso periférico: red de nervios y células de apoyo que transporta señales hacia y desde el sistema nervioso central
 peripheral nervous system: network of nerves and supporting cells that carries signals into and out of the central nervous system (896)

sistema nervioso somático: parte del sistema nervioso periférico que conduce señales hacia y desde los músculos esqueléticos
 somatic nervous system: part of the peripheral nervous system that carries signals to and from skeletal muscles (907)

sistemática: estudio de la diversidad de la vida y de las relaciones evolutivas entre los organismos
 systematics: study of the diversity of life and the evolutionary relationships between organisms (512)

sociedad: grupo de animales de la misma especie, estrechamente relacionados, que trabajan juntos para el beneficio del grupo
 society: group of closely related animals of the same species that work together for the benefit of the group (848)

solución: tipo de mezcla en la cual todos los compuestos están distribuidos de forma homogénea
 solution: type of mixture in which all the components are evenly distributed (42)

solución amortiguadora: compuesto que evita cambios bruscos y repentinos en el pH
 buffer: compound that prevents sharp, sudden changes in pH (44)

soluto: sustancia que está disuelta en una solución
 solute: substance that is dissolved in a solution (42)

sotobosque: en un bosque tropical, la capa de vegetación que se halla bajo el dosel forestal, formada por árboles más bajos y enredaderas
 understory: layer in a rain forest found underneath the canopy formed by shorter trees and vines (112)

sucesión ecológica: serie de cambios graduales que ocurren en una comunidad después de una alteración
 ecological succession: series of gradual changes that occur in a community following a disturbance (106)

sucesión primaria: sucesión que ocurre en un área en la cual no hay rastros de la presencia de una comunidad anterior
 primary succession: succession that occurs in an area in which no trace of a previous community is present (106)

sucesión secundaria: tipo de sucesión que ocurre en un área destruida sólo parcialmente por alteraciones
 secondary succession: type of succession that occurs in an area that was only partially destroyed by disturbances (107)

suspensión: mezcla de agua y material no disuelto
 suspension: mixture of water and nondissolved material (42)

sustrato: reactante de una reacción catalizada por enzimas
 substrate: reactant of an enzyme-catalyzed reaction (52)

T

taiga: bioma con inviernos largos y fríos y pocos meses de tiempo cálido; dominado por coníferas de hojas perennes; también llamada bosque boreal
 taiga: biome with long cold winters and a few months of warm weather; dominated by coniferous evergreens; also called boreal forest (114)

tálamo: estructura cerebral que recibe mensajes de los órganos sensoriales y transmite la información a la región adecuada del cerebro para su procesamiento ulterior
 thalamus: brain structure that receives messages from the sense organs and relays the information to the proper region of the cerebrum for further processing (903)

taxón: grupo o nivel de organización en que se clasifican los organismos
 taxon (pl. taxa): group or level of organization into which organisms are classified (512)

tectónica de placas: procesos geológicos, como la deriva continental, los volcanes y los terremotos, que son consecuencia de los movimientos de las placas
 plate tectonics: geologic processes, such as continental drift, volcanoes, and earthquakes, resulting from plate movement (544)

tejido: grupo de células similares que realizan una función en particular
 tissue: group of similar cells that perform a particular function (216)

tejido conectivo: tipo de tejido que proporciona sostén al cuerpo y conecta sus partes
connective tissue: type of tissue that provides support for the body and connects its parts (863)

tejido epitelial: tipo de tejido que reviste el interior y el exterior de las superficies del cuerpo
epithelial tissue: type of tissue that lines the interior and exterior body surfaces (863)

tejido muscular: tipo de tejido que hace posibles los movimientos del cuerpo
muscle tissue: type of tissue that makes movements of the body possible (863)

tejido nervioso: tipo de tejido que transmite los impulsos nerviosos por el cuerpo
nervous tissue: type of tissue that transmits nerve impulses throughout the body (863)

tejido vascular: tejido especializado de las plantas que transporta agua y nutrientes
vascular tissue: specialized tissue in plants that carries water and nutrients (641)

telofase: fase de la mitosis en la cual los distintos cromosomas individuales comienzan a separarse y a formar hebras de cromatina
telophase: phase of mitosis in which the distinct individual chromosomes begin to spread out into a tangle of chromatin (283)

telómero: ADN repetitivo situado en el extremo de un cromosoma eucariota
telomere: repetitive DNA at the end of a eukaryotic chromosome (352)

tendencia genética: alteración al azar de la frecuencia alélica causada por una serie de acontecimientos aleatorios que hacen que un alelo se vuelva más o menos común en una población
genetic drift: random change in allele frequency caused by a series of chance occurrences that cause an allele to become more or less common in a population (490)

tendón: tejido conectivo resistente que une los músculos esqueléticos a los huesos
tendon: tough connective tissue that connects skeletal muscles to bones (816, 932)

teoría: explicación basada en pruebas que unifica una amplia gama de observaciones e hipótesis; permite que los científicos hagan predicciones exactas ante situaciones nuevas
theory: well-tested explanation that unifies a broad range of observations and hypotheses, and enables scientists to make accurate predications about new situations (13)

teoría celular: concepto fundamental de la Biología que establece que todos los seres vivos están compuestos por células; que las células son las unidades básicas estructurales y funcionales de los seres vivos; y que las células nuevas se producen a partir de células existentes
cell theory: fundamental concept of biology that states that all living things are composed of cells; that cells are the basic units of structure and function in living things; and that new cells are produced from existing cells (191)

teoría de flujo por presión: teoría que explica el método por el cual la savia del floema recorre la planta desde una "fuente" de azúcar hacia un "vertedero" de azúcar
pressure-flow hypothesis: hypothesis that explains the method by which phloem sap is transported through the plant from a sugar "source" to a sugar "sink" (687)

teoría endosimbiótica: teoría que propone que las células eucariotas se formaron a partir de una relación simbiótica entre varias células procariotas distintas
endosymbiotic theory: theory that proposes that eukaryotic cells formed from a symbiotic relationship among several different prokaryotic cells (556)

teoría microbiana de la enfermedad: idea de que las enfermedades infecciosas son causadas por microorganismos
germ theory of disease: idea that infectious diseases are caused by microorganisms (1010)

terapia genética o génica: proceso en el cual se cambia un gen para tratar una enfermedad o una afección médica. Se reemplaza un gen ausente o defectuoso con un gen de funcionamiento normal.
gene therapy: process of changing a gene to treat a medical disease or disorder. An absent or faulty gene is replaced by a normal working gene. (431)

territorio: área específica ocupada y protegida por un animal o un grupo de animales
territory: a specific area occupied and protected by an animal or group of animals (848)

testículo: órgano reproductor masculino fundamental; produce esperma
testis (pl. testes): primary male reproductive organ; produces sperm (989)

tétrada: estructura con cuatro cromátidas que se forma durante la meiosis
tetrad: structure containing four chromatids that forms during meiosis (324)

tetrápode: vertebrado con quatro miembros
tetrapod: vertebrate with four limbs (760)

tiempo: condiciones diarias de la atmósfera, entre las que se incluyen la temperatura, la precipitación y otros factores
weather: day-to-day conditions of the atmosphere, including temperature, precipitation, and other factors (96)

Glosario *(continuación)*

tigmotropismo: respuesta de una planta al tacto
thigmotropism: response of a plant to touch (712)

tilacoide: membranas fotosintéticas con forma de bolsa situadas en los cloroplastos
thylakoid: saclike photosynthetic membranes found in chloroplasts (231)

tiroxina: hormona producida por la glándula tiroides que aumenta el metabolismo de las células de todo el cuerpo
thyroxine: hormone produced by the thyroid gland, which increases the metabolic rate of cells throughout the body (985)

tolerancia: capacidad de un organismo de sobrevivir y reproducirse en circunstancias que difieren de sus condiciones óptimas
tolerance: ability of an organism to survive and reproduce under circumstances that differ from their optimal conditions (99)

totipotentes: células capaces de convertirse en cualquier tipo de célula del cuerpo (incluidas las células que forman las membranas situadas fuera del embrión y la placenta)
totipotent: cells that are able to develop into any type of cell found in the body (including the cells that make up the extraembryonic membranes and placenta) (294)

tracto digestivo: tubo que comienza en la boca y termina en el ano
digestive tract: tube that begins at the mouth and ends at the anus (784)

traducción (genética): proceso por el cual la secuencia de bases de un ARN mensajero se convierte en la secuencia de aminoácidos de una proteína
translation: process by which the sequence of bases of an mRNA is converted into the sequence of amino acids of a protein (368)

transcripción: síntesis de una molécula de ARN a partir de una secuencia de ADN
transcription: synthesis of an RNA molecule from a DNA template (364)

transformación: proceso en el cual una cepa de bacterias es transformada por uno o más genes provenientes de otra cepa de bacterias
transformation: process in which one strain of bacteria is changed by a gene or genes from another strain of bacteria (339)

transgénico: término utilizado para referirse a un organismo que contiene genes provenientes de otros organismos
transgenic: term used to refer to an organism that contains genes from other organisms (426)

transición demográfica: en una población, cambio de índices de nacimiento y mortalidad altos a índices de nacimiento y mortalidad bajos
demographic transition: change in a population from high birth and death rates to low birth and death rates (144)

transpiración: pérdida del agua de una planta a través de sus hojas
transpiration: loss of water from a plant through its leaves (681)

tráquea: tubo que conecta a la laringe con los bronquios
trachea: tube that connects the larynx to the bronchi; also called the windpipe (964)

traqueida: célula vegetal ahuecada del xilema con paredes celulares gruesas, fortalecida por la lignina
tracheid: hollow plant cell in xylem with thick cell walls strengthened by lignin (643)

traqueófita: planta vascular
tracheophyte: vascular plant (643)

trifosfato de adenosina (ATP): compuesto utilizado por las células para almacenar y liberar energía
adenosine triphosphate (ATP): compound used by cells to store and release energy (226)

trocófora: estado larvario de un molusco acuático durante el cual puede nadar libremente
trochophore: free-swimming larval stage of an aquatic mollusk (756)

tronco cerebral: estructura que conecta al cerebro con la médula espinal; incluye el bulbo raquídeo y el puente de Varolio
brain stem: structure that connects the brain and spinal cord; includes the medulla oblongata and the pons (903)

tropismo: movimiento de una planta hacia los estímulos o en dirección opuesta a ellos
tropism: movement of a plant toward or away from stimuli (712)

tubo crivoso: tubo continuo que atraviesa las células del floema vegetal, que están puestas una junto a otra
sieve tube element: continuous tube through the plant phloem cells, which are arranged end to end (666)

tubo polínico: en una planta, estructura que contiene dos núcleos espermáticos haploides
pollen tube: structure in a plant that contains two haploid sperm nuclei (648)

túbulo de Malpighi: estructura de la mayoría de los artrópodos terrestres que concentra el ácido úrico y lo incorpora a los residuos digestivos
Malpighian tubule: structure in most terrestrial arthropods that concentrates the uric acid and adds it to digestive wastes (797)

túbulo seminífero: uno de los cientos de túbulos situados en cada testículo, en los cuales se produce el esperma
seminiferous tubule: one of hundreds of tubules in each testis in which sperm develop (989)

tumor: masa de células que se dividen rápidamente y pueden dañar al tejido circundante
tumor: mass of rapidly dividing cells that can damage surrounding tissue (289)

U

umbral: nivel mínimo que debe tener un estímulo para causar un impulso
threshold: minimum level of a stimulus that is required to cause an impulse (899)

unión neuromuscular: el punto de contacto entre una neurona motora y una célula de un músculo esquelético
neuromuscular junction: the point of contact between a motor neuron and a skeletal muscle cell (931)

uréter: conducto que transporta la orina del riñón a la vejiga urinaria
ureter: tube that carries urine from a kidney to the urinary bladder (883)

uretra: conducto por donde la orina sale del cuerpo
urethra: tube through which urine leaves the body (883)

V

vacuna: preparación hecha con organismos patógenos debilitados o muertos que se utiliza para producir inmunidad a una enfermedad
vaccine: preparation of weakened or killed pathogens used to produce immunity to a disease (588)

vacunación: inyección de un patógeno debilitado o similar al original, pero menos peligroso, para producir inmunidad
vaccination: injection of a weakened, or a similar but less dangerous, pathogen to produce immunity (1020)

vacuola: orgánulo celular que almacena sustancias como agua, sales, proteínas e hidratos de carbono
vacuole: cell organelle that stores materials such as water, salts, proteins, and carbohydrates (198)

vacuola alimenticia: pequeña cavidad situada en el citoplasma de los protistas que almacena alimentos por algún tiempo
food vacuole: small cavity in the cytoplasm of a protist that temporarily stores food (612)

vaina de mielina: membrana aislante que rodea al axón de algunas neuronas
myelin sheath: insulating membrane surrounding the axon in some neurons (897)

válvula: pliegue de tejido conectivo ubicado entre una aurícula y un ventrículo, o en una vena, que impide el retroceso de la sangre
valve: flap of connective tissue located between an atrium and a ventricle, or in a vein, that prevents backflow of blood (950)

variable dependiente: variable que está siendo observada y cambia en respuesta a la variable independiente; también llamada variable de respuesta
dependent variable: variable that is observed and that changes in response to the independent variable; also called the responding variable (7)

variable independiente: en un experimento controlado, el factor que se modifica a propósito; también llamada variable manipulada
independent variable: factor in a controlled experiment that is deliberately changed; also called manipulated variable (7)

vector: animal que transmite un patógeno a un ser humano
vector: animal that transports a pathogen to a human (1013)

vejiga urinaria: órgano en forma de bolsa en el cual se almacena la orina antes de ser excretada
urinary bladder: saclike organ in which urine is stored before being excreted (883)

vellosidad: proyección en forma de dedo en el intestino delgado que contribuye a la absorción de las moléculas nutrientes
villus (pl. villi): fingerlike projection in the small intestine that aids in the absorption of nutrient molecules (880)

vena: vaso sanguíneo que transporta la sangre del cuerpo de regreso al corazón
vein: blood vessel that carries blood from the body back to the heart (952)

ventrículo: cavidad inferior del corazón que bombea la sangre fuera del corazón hacia el resto del cuerpo
ventricle: lower chamber of the heart that pumps blood out of heart to the rest of the body (792, 949)

vertebrado: animal que posee una columna vertebral
vertebrate: animal that has a backbone (731)

vida media: período de tiempo requerido para que se desintegre la mitad de los átomos radiactivos de una muestra
half life: length of time required for half of the radioactive atoms in a sample to decay (540)

virus: partícula compuesta por proteínas, ácidos nucleicos y, a veces, lípidos, que puede replicarse sólo infectando células vivas
virus: particle made of proteins, nucleic acids, and sometimes lipids that can replicate only by infecting living cells (574)

visión binocular: capacidad de fusionar las imágenes visuales provenientes de ambos ojos, lo cual proporciona una percepción profunda y una visión tridimensional del mundo
binocular vision: ability to merge visual images from both eyes, providing depth perception and a three-dimensional view of the world (765)

Glosario *(continuación)*

vitamina: molécula orgánica que ayuda a regular los procesos corporales
vitamin: organic molecule that helps regulate body processes (871)

vivíparo: animal que da a luz crías vivas que se nutren directamente dentro del cuerpo de la madre mientras se desarrollan
viviparous: animals that bear live young that are nourished directly by the mother's body as they develop (822)

xilema: tejido vascular que transporta el agua hacia arriba, desde las raíces a cada parte de una planta
xylem: vascular tissue that carries water upward from the roots to every part of a plant (643)

yema o gema: estructura de las plantas que contiene tejido del meristemo apical y puede producir nuevos tallos y hojas
bud: plant structure containing apical meristem tissue that can produce new stems and leaves (675)

Z

zona afótica: sección oscura de los océanos donde no penetra la luz solar, situada debajo de la zona fótica
aphotic zone: dark layer of the oceans below the photic zone where sunlight does not penetrate (117)

zona de conflicto ecológico: área geográfica pequeña donde cantidades importantes de hábitats y especies se hallan en peligro de extinción inmediato
ecological hot spot: small geographic area where significant numbers of habitats and species are in immediate danger of extinction (171)

zona fótica: región cerca de la superficie del mar en la que penetra la luz solar
photic zone: sunlight region near the surface of water (117)

zoonosis: enfermedad transmitida por un animal a un ser humano
zoonosis (pl. zoonoses): disease transmitted from animal to human (1013)

zooplancton: pequeños animales que flotan libremente y forman parte del plancton
zooplankton: small free-floating animals that form part of plankton (76)

Índice

A

Índice *continuación*

B

C

Índice *continuación*

Índice *continuación*

Índice *continuación*

F

G

Índice *continuación*

H

Índice *continuación*

M

N

Índice *continuación*

O

P

Índice *continuación*

Índice *continuación*

T

U

V

W

X

Y

Z

Reconocimientos

Staff Credits
Jennifer Angel, Amy C. Austin, Laura Baselice, Neil Benjamin, Peggy Bliss, Diane Braff, Daniel Clem, Glen Dixon, Alicia Franke, Julia Gecha, Ellen Granter, Anne Jones, Stephanie Keep, Beth Kun, George Lychock, Ranida Touranont McKneally, Anne McLaughlin, Rich McMahon, Laura Morgenthau, Debbie Munson, Deborah Nicholls, Michelle Reyes, Rashid Ross, Laurel Smith, Lisa Smith-Ruvalcaba, Ted Smykal, Amanda M. Watters, Berkley Wilson

Additional Credits
Bryan Cholfin, Lisa Furtado Clark, Sharon Donahue, Amy Hamel, Courtenay Kelley, Hilary L. Maybaum, Anakin S. Michele, Jan Van Aarsen, Rachel Youdelman

Bilingual Staff Credits
Vanessa Corzano, Marjorie Kirstein, Claudi Mimó, Ana Sofía Villaveces

Front Cover, Spine, and Title Page: (C) Ralph A. Clevenger/Corbis. **Back Cover:** (C) hotshotsworldwide/Fotolia;

(For credits for custom pages, refer to copyright page.) **iii** (T, B) Stew Milne; **iv** (L) Ralph A. Clevenger/Corbis; **v** (R) Ralph A. Clevenger/Corbis; **ix** (CR) ©Cathy Keifer/Shutterstock, (TL) Ralph A. Clevenger/Corbis; **x** (B) Ed Reschke/Peter Arnold/PhotoLibrary Group, Inc.; **xi** (TC) Photo Researchers, Inc.; **xii** (BL) Colin Keates/Courtesy of the Natural History Museum, London/©DK Images, (TC) Colin Keates/Natural History Museum, London/©DK Images; **xiii** (BL) Getty Images, (TCL, CL) Peter Chapwick/©DK Images, (TR) Southhampton General Hospital/Science Photo Library/Photo Researchers, Inc., (B) Steve Heap/Shutterstock; **xiv** (B) Alamy Images, (TR) iStockphoto; **xv** (TR) Corbis, (TL) Ocean/Corbis; **xix** (BL) Jim Richardson/Corbis; **xxi** (BR) Stew Milne; **xxii** (BR) Stew Milne; **1** (L) Keren Su/Corbis, (BR) Stew Milne; **2** (B) ©ClassicStock/Alamy Images; **3** (TR) Jupiter Images; **4** (T) ©ClassicStock/Alamy Images, (B) ©Suzanne Long/Alamy Images; **5** (TR) ©Helio & Van Ingen/NHPA/Photoshot; **6** (T) Michael Melford/National Geographic/Getty Images; **8** (CL) Jupiter Images, (L) Michael Melford/National Geographic/Getty Images; **10** (TL) ©ClassicStock/Alamy Images; **11** (CR) Jupiter Images, (B) Ron Chapple Stock/Photolibrary Group, Inc.; **12** (B) Dani Yeske/Peter Arnold/PhotoLibrary Group, Inc.; **14** (BL) Pascal Goetgheluck/Photo Researchers, Inc.; **15** Romeo Gocad/AFP/Getty Images; **16** (TR, TL, TCR, TCL) SuperStock; **17** (TL) ©ClassicStock/Alamy Images, (BR) Masa Ushioda/Image Quest Marine; **18** (Bkgrd) ©Martin Rugner/Pixtal/AGE Fotostock, (BL) Nigel Cattlin/Alamy Images; (Inset, BR) Cathy Keifer/Shutterstock; **19** (Inset, Upper Mr, Inset, BR) Biophoto Associates/Photo Researchers, Inc.; (BR) Custom Medical Stock Photo, (CR) Ilyashenko Oleksiy/Shutterstock, (TR) John Marshall/Corbis; **21** (TR) Jupiter Images, (B) PhotoLibrary Group, Inc.; **22** (C) ©Worldwide Picture Library/Alamy Images; **23** (Upper MR) Joseph Nettis/Photo Researchers, Inc.; (TR) Jim Richardson/Corbis, (BCR) Scott Bauer/Courtesy of USDA, Agricultural Research Service, (BR) Tek Image/Photo Researchers, Inc.; **24** (B) ©Chinafotopres-US/Sipa/NewsCom; **25** (TR) Brand X/Jupiter Images; **28** (TL) Anthony Bannister/Gallo/Corbis; **29** (TR) Jupiter Images; **32** (C) Hans Strand/Corbis; **33** (TR) ©Julian Gutt/AFP/Getty Images/NewsCom; **34** (TL) Hans Strand/Corbis; **35** (TR) ©MarcelClemens/Shutterstock; **37** (BR) ©Julian Gutt/AFP/Getty Images/NewsCom; **38** (C) ©Natural Visions/Alamy Images, (CR) Andrew Syred/Photo Researchers, Inc., (TL) Martin Harvey/Corbis; **39** (BR) ©fivespots/Shutterstock, (BL) Courtesy of Harvard-MIT Division of Health Sciences and Technology; **40** (TL) Hans Strand/Corbis; **41** (TCR) ©nature49/Shutterstock, (BC) Richard Megna/Fundamental Photographs, NYC; **42** (TL) ©Julian Gutt/AFP/Getty Images/NewsCom; **43** (CR) fanelie rosier/iStockphoto, (TCR) Milos Luzanin/iStockphoto, (TR) Nancy Louie/iStockphoto, (BCR) Noam Armonn/iStockphoto; **45** (TL) Hans Strand/Corbis; **47** (BC) ©Valentyn Volkov/Shutterstock; **50** (TL) Hans Strand/Corbis; **53** (TR) ©Julian Gutt/AFP/Getty Images/NewsCom, (CL) Thomas A. Steitz/Howard Hughes Medical Institute Yale University; **57** (TR) ©Julian Gutt/AFP/Getty Images/NewsCom; **60** (TL) Keren Su/Corbis; **61** (L) ©konmesa/Shutterstock, (BR) Stew Milne; **62** (B) Stan Osolinski/Oxford Scientific/Jupiter Images; **63** (TR) Jeff Rotman Photography; **64** (BR) ©nik wheeler/Alamy Images, (BC) Anup Shah/WILDLIFE/PhotoLibrary Group, Inc., (TL) Stan Osolinski/Oxford Scientific/Jupiter Images, (BL) Tim Graham/Getty Images; **65** (BL) Dmitri Kessel/Time Life Pictures/Getty Images, (BR) NASA Goddard Space Flight Center/Reto Stöckli (land surface, shallow water, clouds). Enhancements: Robert Simmon (ocean color, compositing, 3D globes, animation)/NASA, (BC) Planetary Visions Ltd./Photo Researchers, Inc.; **67** (TR) Jeff Rotman Photography; **68** (TL) ©Benjamin Albach Galan/Shutterstock; **69** (BR) ©Cathy Keifer/Shutterstock, (TL) Stan Osolinski/Oxford Scientific/Jupiter Images; **70** (R) ©Science Source/Photo Researchers, Inc., (BL) Vincenzo Lombardo/Photodisc/Getty Images; **71** (TCR) ©Anna Yu/Alamy Images, (BC) ©MJ Prototype/Shutterstock, (CL) Carol Farneti Foster/Oxford Scientific/PhotoLibrary Group, Inc., (TCL) Kevin Schafer/Peter Arnold/PhotoLibrary Group, Inc., (BR) Project Amazonas, Inc., (CR) Roy Toft/National Geographic Creative/Getty Images, (Bkgrd) Will & Deni McIntyre/Stone/Getty Images; **72** (CL) Jeff Rotman Photography, (T) Woodt Stock/Alamy Images; **73** (TL) Stan Osolinski/Oxford Scientific/Jupiter Images; **76** (TL) Jeff Rotman Photography; **79** (TL) Stan Osolinski/Oxford Scientific/Jupiter Images; **80** (Upper MR) NASA; (CL) Adrian Dorst/Peter Arnold/PhotoLibrary Group, Inc., (BC) Corbis/Photolibrary Group, Inc., (TCL) Francesco Ruggeri/Getty Images, (TC) Image Source/Photolibrary Group, Inc., (BL) Jim Wark/Peter Arnold/PhotoLibrary Group, Inc., (TL) Joel Sartore/Getty Images, (CC) Kalish Dimaggio/Flirt Collection/PhotoLibrary Group, Inc.; **82** (TL) ©Olga_i/Shutterstock; **84** (BL) Jeff Rotman Photography; **87** (BL) Goddard Space Flight Center, Scientific Visualization Studio/NASA, (CR) Goddard Space Flight Center, The Sea/WIFS Project and GeoEye, Scientific Visualization Studio/NASA; **91** (TR) Jeff Rotman Photography; **94** (B) ©Bryan Busovicki/Shutterstock; **95** (TR) Nature Picture Library; **96** (TL) ©Bryan Busovicki/Shutterstock, (TR) NOAA/ZUMA/Corbis; **99** (TL) ©Bryan Busovicki/Shutterstock; **100** (BL) ©Karel Gallas/Shutterstock; **102** (TCL) ©Pi-Lens/Shutterstock; **103** (BR) Hal Beral/Corbis, (TR) Nature Picture Library; **104** (TL) Mark Taylor/Nature Picture Library, (C) Todd Pusser/Nature Picture Library; **105** (B) Stan Tekiela; **106** (TL) ©Bryan Busovicki/Shutterstock; **108** (BL, BCL) Orlando Carrasquillo, El Yunque National Forest, Ecosystem Management Team; **109** (TR) ©Gary Braasch/Corbis, (CC) ©Macduff Everton/Corbis, (CR) Anthony P. Bolante/Reuters/Corbis, (BR) Hallmark Institute/PhotoLibrary Group, Inc.; **110** (TL) ©Bryan Busovicki/Shutterstock; **112** (T) Juan Carlos Muñoz/AGE Fotostock; (BL) Michele Burgess/SuperStock, (CL) Staffan Widstrand/Nature Picture Library; **113** (T) ©Danita Delimont/Alamy Images, (C) ©JL Images/Alamy; (BL) Debra Behr/Alamy Images; **114** (C) ©Radius Images/Alamy; (BL) age fotostock/SuperStock, (TL) Natural Selection Jerry Whaley/Design Pics/Corbis; **115** ©ImageState/Alamy Images; **116** (B) ©All Canada Photos/Alamy Images, (TL) Nature Picture Library; **117** (TL) ©Bryan Busovicki/Shutterstock, (BL) Corbis/SuperStock; **118** (BL) ©cappi thompson/Shutterstock, (BC) David Noton/Nature Picture Library, (CL) Nature Picture Library, (BR) Philippe Clement/Nature Picture Library; **119** (BCL) ©irishman/Shutterstock, (BL) ©Mark Hodnett/Fotolia, (BR) age fotostock/SuperStock, (BCR) Cindy Ruggieri; **121** Dante Fenolio/Photo Researchers, Inc.; **124** (BL) Anthony Bannister/Gallo Images/Corbis; **125** (TR) Nature Picture Library; **128** (B) ©FLPA/Alamy Images; **129** (TR) Geoff Dann/©DK Images; **130** (TL) ©FLPA/Alamy Images, (B) Stephen Ausmus/Courtesy of USDA, Agricultural Research Service; **131** (CR) ©Juniors Bildarchiv/Alamy Images, (BR) ©Reinhard Dirscherl/Alamy Images, (TR) SuperStock; **132** (BL) Geoff Dann/©DK Images; **133** (BR) ©Ewan Chesser/Shutterstock, (CR) SciMAT/Photo Researchers, Inc.; **134** (B) Digital Vision/Thinkstock; **136** (TR, TL, TCR, TCL) SuperStock, (CR) Wolfgang Pölzer/Alamy Images; **137** (TL) ©FLPA/Alamy Images **138** (TL) John Conrad/Corbis; **139** (T) D. Robert & Lorri Franz/Corbis, WILDLIFE/Peter Arnold Inc./PhotoLibrary Group, Inc.; **140** (BL) Geoff Dann/©DK Images, (TL) Les Stocker/PhotoLibrary Group, Inc.; **141** (TR) Xinhua Photo/Jiang Yi/©Associated Press; **142** (TL) ©FLPA/Alamy Images; **143** (CR, BR) FOTOGRAF/Still Pictures/PhotoLibrary Group, Inc.; **145** (T) image100/Photolibrary Group, Inc.; **147** (BL) ©Reinhard Dirscherl/Alamy Images, (CR) Xinhua Photo/Jiang Yi/©Associated Press; **149** (TR) Geoff Dann/©DK Images; **152** (B) NSSDC/NASA; **153** (TR) eStock Photo; **154** (BR, BC) Douglas Peebles/eStock Photo, (BL) eStock Photo, (TL) NSSDC/NASA; **155** (B) ©Elena Elisseeva/Shutterstock; **156** (B) Gary Sullivan/The Wetlands Initiative archives, (BCL) The Wetlands Initiative archives; **157** (CR) Bobby Model/Getty Images, (TR) Maurizio Borgese/Hemis/Corbis; **158** (BL) ©Associated Press, (TL) NSSDC/NASA; **159** (BR) eStock Photo; **160** (TL) Jim Richardson/Corbis; **162** (CL) Richard T. Nowitz/Corbis, (B) Sy Djibril/Panapress/MAXPPP/NewsCom; **163** (TR) Jason Lee/Reuters Media; **164** (BL) ©Petr Vopena/Shutterstock, (BCL) Adam Hart-Davis/Photo Researchers, Inc.; **166** (TL) NSSDC/NASA, (BL) Penn State University/©Associated Press; **167** (BR) Marcos G. Meider/SuperStock, (BC) Noel Hendrickson/Getty Images, (BL) Paolo Aguilar/epa/Corbis; **168** (B) Creatas/Photolibrary Group, Inc., (TL) eStock Photo; **169** (T) MARIANA BAZO/Reuters/Landov LLC; (BR) eStock Photo; **170** (BL) ©ZUMA Press/NewsCom; **171** (BR) Barbara Walton/epa/Corbis; **173** (TL) NSSDC/NASA; **175** (CL) Images by Greg Shirah, NASA Goddard Space Flight Center Scientific Visualization Studio/NASA, (BCL) Jerry Mason/Photo Researchers, Inc.; **176** (BL) Brian J. Skerry/National Geographic Image Collection, Jeffrey L. Rotman/Corbis; **177** (B) Armin Rose/Shutterstock; **178** (TR) ©Laura Romin & Larry Dalton/Alamy Images; **179** (C) Charmagne Leung/California Academy of Sciences, Special Collections, (TR) Mark Fairhurst/UPPA/Photoshot/NewsCom, (TCR) Realimage/Alamy Images; **181** (B) ©Elena Elisseeva/Shutterstock; **183** (TR) eStock Photo; **186** (TL) ©konmesa/Shutterstock; **187** (L) Clouds Hill Imaging Ltd./Corbis, (BR) Stew Milne; **188** (B) Dr. Robert Berdan; **189** (TR) Simple Stock Shots/AGE Fotostock; **190** (TL) Dr. Robert Berdan, (BL) Science & Society Picture Library; **191** (BR) Biophoto Associates/Photo Researchers, Inc., (TR) Grafissimo/iStockphoto; **192** (BC) Dr. Gopal Murti/Photo Researchers, Inc.; (TCL) ©Stevens Frederic/Sipa/NewsCom, (BL) Michael Abbey/Photo Researchers, Inc., (BR) SciMAT/Photo Researchers, Inc.; **193** (CR) Simple Stock Shots/AGE Fotostock; **195** Dr. Tanasa Osborne; **196** (TL) Dr. Robert Berdan; **198** (BL) Biophoto Associates/Photo Researchers, Inc.; (BCR) Eric Grave/Science Photo Library/Photo Researchers, Inc.; **199** (T) Dr. Torsten Wittmann/Photo Researchers, Inc., (BR) Omikron/Photo Researchers, Inc.; **202** (BC) Photo Researchers, Inc.; **204** Science Photo Library/Custom Medical Stock Photo; **208** (TL) Dr. Robert Berdan, (BL) Simple Stock Shots/AGE Fotostock, (TCR) Vince Streano/Stone/Getty Images; **213** (CR) NIBSC/Photo Researchers, Inc.; **214** (TL) Dr. Robert Berdan, (BL) Volker Steger/Christian Bardele/SPL/Photo Researchers, Inc.; **215** (BR, BL) Ed Reschke/Peter Arnold/PhotoLibrary Group, Inc.; **217** Don W. Fawcett/Photo Researchers, Inc.; **221** (TR) Alan Bailey/Rubberball/Getty Images/Photolibrary Group, Inc.; **224** (B) Perennou Nuridsany/Photo Researchers, Inc.; **225** (TR) Bridgeman Art Library; **226** (TL) Perennou Nuridsany/Photo Researchers, Inc.; **228** (TL) Bridgeman Art Library, (CR) Michael Lohmann/Glow Images; **229** Biophoto Associates/Photo Researchers, Inc., Imperial College London, James Barber, The Royal Society, (TL) The Granger Collection, New York/©The Granger Collection, NY, (BL) The Print Collector/Alamy Images; **230** (TL) Perennou Nuridsany/Photo Researchers, Inc.; **231** (B) Andy Small/GAP Photos/Getty Images; **232** (BR) Bridgeman Art Library; **235** (BR) Doable/A. Collection/amana images/Getty Images, (TL) Perennou Nuridsany/Photo Researchers, Inc.; **236** (TL) Imagewerks/Getty Images; **239** (TR) Bridgeman Art Library; **241** (T) Dorn1530/Shutterstock; **243** (CR) Imagewerks/Getty Images; **244** (BC) John T. Fowler/Alamy Images; **245** (TR) Bridgeman Art Library; **248** (B) Professor Pietro M. Motta/Photo Researchers, Inc.; **249** (TR) Kike Calvo/V&W/Image Quest Marine; **250** (TL) Professor Pietro M. Motta/Photo Researchers, Inc.; **251** (BR) Martin Jacobs/Stock Food Creative/Getty Images; **252** (BL) Kike Calvo/V&W/Image Quest Marine; **254** (TR) City of London Libraries and Guildhall Art Gallery/Heritage Image Partnership/Imagestate Media, (TL) Professor Pietro M. Motta/Photo Researchers, Inc.; **256** (TL) Kike Calvo/V&W/Image Quest Marine; **261** (CR) Photos/Jupiter Images, (TR, TL, T) SuperStock; **262** (TL) Professor Pietro M. Motta/Photo Researchers, Inc.; **264** (BL) Brand X Pictures/Photolibrary Group, Inc.; **265** (CR) Fotosonline/Alamy, (TR) Kike Calvo/V&W/Image Quest Marine; **267** (BR) Brand X Pictures/Photolibrary Group, Inc.; **269** (TR) Michael Nolan/Peter Arnold/PhotoLibrary Group, Inc.; **272** (B) Michael Abbey/Photo Researchers, Inc.; **273** (TR) Joe McDonald/Corbis; **274** (R) Art Wolfe/Photo Researchers, Inc.; (TL) Michael Abbey/Photo Researchers, Inc.; **277** (R) Ed Reschke/PhotoLibrary Group, Inc.; (CL) CNRI/Photo Researchers, Inc., (C) Oxford Scientific Films/PhotoLibrary Group, Inc.; **278** (BR, BC) Getty Images, (TL) Joe McDonald/Corbis; **279** (TL) Michael Abbey/Photo Researchers, Inc.; **283** (BR) Ed Reschke/Peter Arnold, Inc./PhotoLibrary Group, Inc.; **284** (CR) Wood/Custom Medical Stock Photo; (C) Dr. Gopal Murti/Photo Researchers, Inc., (TL) Joe McDonald/Corbis; **285** (TR, TL, TC, BR, BL, BC) Ed Reschke/Peter Arnold/PhotoLibrary Group, Inc.; **286** (TL) Michael Abbey/Photo Researchers, Inc.; **287** (TR) Joe McDonald/Corbis, (BL) Paul Aresu/Taxi/Getty Images, (BR) Scott Camazine/Photo Researchers, Inc.; **288** (Bkgrd) National Institutes of Health, (Inset) Paul Martin/Wellcome Images; (Inset) Paul Martin/Wellcome Images; **291** (TL) Dwight Smith/Shutterstock, (BR, BL) Max Planck Institute for Molecular Genetics/Max Planck Institute for Molecular Genetics, (TR) Volker Steger/Peter Arnold, Inc./Alamy Images; **292** (Inset, BR) ©John Durham/Photo Researchers, Inc., (Inset, BL) Professor Ray F. Evert/University of Wisconsin; (BR) DK Images, (BCL) Jim Haseloff/Wellcome Images, (TL) Michael Abbey/Photo Researchers, Inc.; **294** (BL) Joe McDonald/Corbis; **301** (TR) Joe McDonald/Corbis; **304** (TL) Clouds Hill Imaging Ltd./Corbis; **305** (L) BSIP LAURENT/Photo Researchers, Inc., (BR) Stew Milne; **306** (B) Biosphoto/Labat J.-M. & Rouquette F./Peter Arnold Inc/PhotoLibrary Group, Inc.; **307** (TR) blickwinkel/Alamy Images; **308** (BL) Bettman/Corbis, (TL) Biosphoto/Labat J.-M. & Rouquette F./Peter Arnold Inc/PhotoLibrary Group, Inc.; **310** (TL) blickwinkel/Alamy Images; **313** (TL) Biosphoto/Labat J.-M. & Rouquette F./Peter Arnold Inc/PhotoLibrary Group, Inc., (B) Brand X Pictures/Jupiter Images; **318** (CL) Maximilian Weinzierl/Alamy Images; **319** (TL) Biosphoto/Labat J.-M. & Rouquette F./Peter Arnold Inc/PhotoLibrary Group, Inc., (TCR, BL,) Christopher Burrows/Alamy Images; **320** (BL) blickwinkel/Alamy Images; **321** (TCR) Alvin E. Staffan/Photo Researchers, Inc., (TR) Robert Shantz/Alamy Images; **322** (TR) National Institute of Arthritis and Musculoskeletal and Skin Diseases; **323** (TL) Biosphoto/Labat J.-M. & Rouquette F./Peter Arnold Inc/PhotoLibrary Group, Inc.; **329** (TR) blickwinkel/Alamy Images; **333** (TR) blickwinkel/Alamy Images, (TL) Ryerson Clark/iStockphoto; **336** (B) Charles C. Benton/Kite Aerial Photography; **337** (BR) aliciahh/iStockphoto; **338** (TL) Charles C. Benton/Kite Aerial Photography; **340** (BL) ©Eye of Science/Photo Researchers, Inc.; **344** (BR) aliciahh/iStockphoto, (TL) Charles C. Benton/Kite Aerial Photography; **346** (TC) Erwin Chargaff; courtesy of University Archives/Columbia University in the City of New York, (TL) National Portrait Gallery, London/National Portrait Gallery, London, (TR) Oregon State University Libraries Special Collections; **347** (T) ©A. Barrington Brown/Photo Researchers, Inc., (BR) aliciahh/iStockphoto, (TR) Kenneth Eward/BioGrafx/Photo Researchers, Inc., (TCR) Wellcome Images; **349** (TC) arlindo71/iStockphoto, (CL) Biophoto Associates/Photo Researchers, Inc., (CL) GlobalP/iStockphoto, (BR) Reprinted by permission from Macmillan Publishers Ltd: Nature, February 15, 2001, Volume 409, Number 6822. Copyright ©2001/Nature Magazine; **350** (TL) Charles C. Benton/Kite Aerial Photography; **351** (TCR) aliciahh/iStockphoto, (BR) Dr. Gopal Murti/Photo Researchers, Inc.; **352** (CL) Dr. Hesed Padilla-Nash/National Cancer Institute; **355** (BL) Oregon State University Libraries Special Collections; **357** (TCR) aliciahh/iStockphoto; **360** (B) Jan Daly/Shutterstock; **361** (TR) EYE OF SCIENCE/SPL/Photo Researchers, Inc.; **362** (TL) Jan Daly/Shutterstock; **366** (TL) Jan Daly/Shutterstock; **369** (CR) MRC Lab of Molecular Biology/Wellcome Images; **370** (CL) EYE OF SCIENCE/SPL/Photo Researchers, Inc.; **372** (BR) Tony Camacho/Photo Researchers, Inc.; (BC) Bob Gibbons/Photo Researchers, Inc., (TL) Jan Daly/Shutterstock; **375** (BR) Eye of Science/Photo Researchers, Inc.; **376** (TL) travismanley/iStockphoto; **377** (BR) G. Murti/Photo Researchers, Inc., (TL) Jan Daly/Shutterstock; **379** (BR) EYE OF SCIENCE/SPL/Photo Researchers, Inc.; **381** Steve Gschmeissner/Photo Researchers, Inc.; **382** (BL) EYE OF SCIENCE/SPL/Photo Researchers, Inc.; **383** (CR) ©Randy M. Ury/Corbis, (TR) Robert Clay/Alamy Images, (TCR) WILDLIFE GmbH/Alamy Images; **387** (TR) EYE OF SCIENCE/SPL/Photo Researchers, Inc.; **390** (B) Digital Vision/Photolibrary Group, Inc.; **391** (TR) Sebastian Kaulitzki/Fotolia; **392** (BL) CNRI/Photo Researchers, Inc., (TL) Digital Vision/Photolibrary Group, Inc.; **393** (TL) Image Source/Getty Images; **394** (TL) CMCD Visual Symbols Library; **395** (TR) Sebastian Kaulitzki/Fotolia; **396** (TL) Dave King/©DK Images; **398** (TL) Digital Vision/Photolibrary Group, Inc.; **399** (BR) Sebastian Kaulitzki/Fotolia; **402** (CR) Phanie/Photo Researchers, Inc., (TR, TL, TCR, TCL) SuperStock; **403** (C) Barry Rosenthal/Getty Images, (TL) Digital Vision/Photolibrary Group, Inc.; **407** (BL) arlindo71/iStockphoto, (BC) Kenneth Eward/BioGrafx/Photo Researchers, Inc., (BCL) Photo Researchers, Inc., (BR) PR NEWSWIRE/©Associated Press, (TR) Sebastian Kaulitzki/Fotolia; **408** (TCL) Reprinted by permission from Macmillan Publishers Ltd: Nature, February 15, 2001, Volume 409, Number 6822. Copyright ©2001/Nature Magazine; **410** (TR) ©Associated Press; **411** (CR) Phanie/Photo Researchers, Inc.; **412** PHANIE/Photo Researchers, Inc.; **413** (TR) Sebastian Kaulitzki/Fotolia; **416** (B) Yonhap News/YNA/NewsCom; **417** (TR) David Parker/Photo Researchers, Inc.; **418** (B) Corbis Royalty Free/Jupiter Images, (TCR) Thinkstock/Jupiter Images, (TL) Yonhap News/YNA/NewsCom; **419** (BR) Gilbert S Grant/Photo Researchers/Getty Images; **420** (TL) Jose F. Poblete/Corbis; **421** (BR) David Parker/Photo Researchers, Inc., (TC) Photo Researchers, Inc., (TL) Yonhap News/YNA/NewsCom; **422** (TL) Wernher Krutein/Photovault; **424** (BL) Torunn Berge/Photo Researchers, Inc.; **427** (CR) PA/Files/©AP Images; **428** (B) AGStock/Alamy Images, (T)

Yonhap News/YNA/NewsCom; **429** (CR) Dr. James Murray/ University of California at Davis Department of Animal Science, (TCR) Katrina Brown/iStockphoto; **430** MIKE ALQUINTO/ EPA/NewsCom; **431** (BR) Courtesy of Mickie Gelsinger; **432** (CL) Dr. Malcolm Campbell and the GCAT Program of Davidson College.; **433** Index Stock/SuperStock; **434** (TL) David Parker/Photo Researchers, Inc.; **435** (BL, BCR) J. Craig Venter Institute; **436** (TL) Yonhap News/YNA/NewsCom; **437** (TR) Charles Smith/Corbis, (BR) David Parker/Photo Researchers, Inc.; **439** (T) GloFish, LLC; **443** (TR) David Parker/Photo Researchers, Inc.; **446** (TL) BSIP LAURENT/Photo Researchers, Inc.; **447** (L) Frans Lanting Studio/Alamy Images, (BR) Stew Milne; **448** (B) Chip Clark/Smithsonian National Museum of Natural History; **449** (TR) Chris Johns/National Geographic Image Collection; **450** (B) Chip Clark/Smithsonian National Museum of Natural History, (TCR) Science Source/Photo Researchers, Inc.; **451** (BL)/©DK Images; **452** (TCR) CarolineTolsma/Shutterstock, (BL) Chris Johns/National Geographic Image Collection, (TR) Pete Oxford Danita Delimont Photography/NewsCom; **454** (B) Andrew Bayda/ Fotolia, (T) Chip Clark/Smithsonian National Museum of Natural History; **455** (CR) Sergio Piumatti, (BCR) The Natural History Museum, London; **456** (CL) Shutterstock; **457** (TR) Snark/Art Resource, NY; **458** (TL, TC, CL) Wolsenholme, D. (fl.1862)/Down House, Kent, UK/Bridgeman Art Library; **459** (CR, BR) ©The Granger Collection, NY, (CL, C) Heritage Image Partnership/Imagestate Media; **460** (TL) Chip Clark/ Smithsonian National Museum of Natural History; **461** (TL) Barry Mansell/Nature Picture Library, (CR) Hal Beral/V&W/The Image Works, Inc., (BR) Markus Varesvuo/Nature Picture Library, (BL) Steve Kaufman/Peter Arnold/PhotoLibrary Group, Inc.; **463** (TR) Chris Johns/National Geographic Image Collection, (BR) Maria Mosolova/Photo Researchers, Inc., (BL) Photodisc/SuperStock; **464** (TL) Cambridge University Library, (BR) JacoBecker/Shutterstock; **465** (TL) Chip Clark/Smithsonian National Museum of Natural History, (BR) Chris Johns/National Geographic Image Collection; **467** (TR) J. G. M. Thewissen/The Thewissen Lab; **469** (L) Wayne Lynch/AGE Fotostock; (TC) 4nature/Peter Arnold Inc./PhotoLibrary Group, Inc., (TR) Eye of Science/Photo Researchers, Inc.; **471** (TCR) Thermal Biology Institute, (TR) Used by permission of Globe Pequot Press. From Seen and Unseen, by Kathy B. Sheehan, David J. Patterson, Brett Leigh Dicks, and Joan M. Henson, ©2005. Photo by David J. Patterson; **477** (TR) Chris Johns/National Geographic Image Collection; **480** (B) Imagebroker RF/Photolibrary Group, Inc.; **482** (TL) Imagebroker RF/Photolibrary Group, Inc., (BL) Jupiterimages/Jupiter Images; **484** (T) Brand X/SuperStock; **485** (B) Premaphotos/Alamy Images; **486** (TL) Rare Book Division or Print Collection. Miriam and Ira D. Wallach Division of Arts, Prints, and Photographs. Astor Lennox and Tilden Foundations./ New York Public Library Picture Collection; **487** (TL) Imagebroker RF/Photolibrary Group, Inc., (C) Paul Grebliunas/ Getty Images; **488** (BL) Charlie Ott/Photo Researchers, Inc.; **491** (BR) Liz Leyden/iStockphoto; **492** (TL) Ashley Cooper/Corbis; **493** (C) CDC, (TR, TL, TCR, TCL) SuperStock; **494** (TL) Imagebroker RF/Photolibrary Group, Inc.; **495** (Inset R) Thomas & Pat Leeson/Photo Researchers, Inc.; (TR) Corbis/SuperStock, (TC) Rick & Nora Bowers/Alamy Images; **498** (TL) Imagebroker RF/Photolibrary Group, Inc.; **503** (CR) Rick & Nora Bowers/ Alamy Images; **505** (BCR) James Cavallini/Custom Medical Stock Photo; **508** (B) Chip Clark/Smithsonian National Museum of Natural History; **509** (TR) Kevin Schafer/AGE Fotostock, (BR) Mark Hamblin/AGE Fotostock; **510** (TL) Chip Clark/ Smithsonian National Museum of Natural History, (BL) Corbis/ SuperStock; **511** (TR, TCR, CC, BR, BL, BCR) Matthew Ward/©DK Images, (CR) Peter Chadwick/©DK Images; **512** (BR) Hans Strand/AGE Fotostock, (TR) Mark Hamblin/AGE Fotostock, (BL) Paul Debois/AGE Fotostock; **513** (CR) Roslin, Alexander (1718-93)/Chateau de Versailles, France, Lauros/ Giraudon/Bridgeman Art Library, (TL) S-dmit/iStockphoto; **514** (TCR) Kare Telnes/Image Quest Marine, (CL) W. Perry Conway/ Corbis; **515** (CR) age fotostock/SuperStock, (C) Richard Waters/ iStockphoto; **516** (TL) Chip Clark/Smithsonian National Museum of Natural History; **518** (L) Tom Smith/Shutterstock; (BR) blickwinkel/Alamy Images, (C) Martin Harvey/Alamy Images; **521** (TR) AfriPics/Alamy Images, (CR) B.K. Wheeler/ VIREO, (BR) Chris Zwaenepoel/iStockphoto; **522** (TCL) Corbis/ SuperStock, (CR) Frank Leung/iStockphoto, (TCR) Josep Pena Llorens/iStockphoto, (TL) Kevin Schafer/AGE Fotostock, (CL) Raven Regan/Robertstock; **523** (TL) Chip Clark/Smithsonian National Museum of Natural History; **525** (BR) Science Source/ Photo Researchers, Inc.; **526** (B) Dr. Stan Erlandsen; Dr. Dennis Feely/CDC; (CL) Eye of Science/Photo Researchers, Inc.; **527** (BR) Dušan Zidar/Fotolia; **528** (TL) Shutterstock; **529** (BR) Biodiversity Institute of Ontario, (BC) Derek Dammann/ iStockphoto, (BL) Tim Zurowski/Glow Images; **533** (TCR) Kevin Schafer/AGE Fotostock, (TR) Mark Hamblin/AGE Fotostock; **536** (B) The Natural History Museum, London; **537** (TR) Marvin Dembinsky Photo Associates/Alamy Images; **538** (BR) Howard Grey/Getty Images, (BL) Lester V. Bergman/Corbis, (TL) The Natural History Museum, London; **539** (BL) ©Jason Edwards/Getty Images; **543** (CR) Marvin Dembinsky Photo Associates/Alamy Images; **545** (BR) Danita Delimont/Alamy Images; **546** (B) Francois Gohier/Photo Researchers, Inc.; (TL) The Natural History Museum, London; **548** (CL) Marvin Dembinsky Photo Associates/Alamy Images; **552** (TL) FRANS LANTING/Corbis; **553** (BL) age fotostock/SuperStock, (TL) The Natural History Museum, London; **555** (BCR) Science Photo Library/Photo Researchers, Inc.; **559** Kristi Curry Rogers; **560** (CL) Chase Studio/Photo Researchers, Inc., (TR, TC, BR, BL) Colin Keates/©DK Images, (CR) DK Images/©DK Images; **561** (BCR) Colin Keates/Natural History Museum, London/©DK Images, (TCR) Interfoto Pressebildagentur/Alamy Images, (TR) Kathie Atkinson/Oxford Scientific Films/PhotoLibrary Group, Inc., (BL) Kevin Schafer/Corbis, (BR) Laurie O'Keefe/Photo Researchers, Inc., (TL) Luis Rey/©DK Images, (CL) Publiphoto/ Photo Researchers, Inc.; **562** (TR) BrunoStock/AGE Fotostock; (CL) blickwinke/Alamy Images, (TL) Colin Keates/©DK Images, (CR) DeAgostini Picture Library/Getty Images, (CC, BC) John Cancalosi/Peter Arnold/PhotoLibrary Group, Inc., (BR) John Downs/©DK Images, (BL) Oxford Scientific/PhotoLibrary Group, Inc.; **563** (TR) Colin Keates/©DK Images, (BL) Colin Keates/Courtesy of the Natural History Museum, London/©DK Images, (CR) Corbis/Photolibrary Group, Inc., (BR) Hemis/ Alamy Images, (CL) Robin Carter/©DK Images; **567** (TR) Marvin Dembinsky Photo Associates/Alamy Images; **570** (TL) Frans Lanting Studio/Alamy Images; **571** (BR) Stew Milne, (L) Studio Eye/Corbis; **572** (B) Ted Horowitz/Corbis; **573** (TR) Peter Cade/Getty Images; **574** (TR) Norm Thomas/Photo Researchers, Inc., (BL) Peter Cade/Getty Images, (TL) Ted Horowitz/Corbis; **575** (CR) Dr. O. Bradfute/FOTOGRAF/Peter Arnold/ PhotoLibrary Group, Inc., (BR) James Cavallini/Photo Researchers, Inc., (TR) M. Wurtz/Science Photo Library/Photo Researchers, Inc.; **579** (CR) Peter Cade/Getty Images; **580** (TCR) diego cervo/iStockphoto, (TR) Steve Gschmeissner/Photo Researchers, Inc., (TL) Ted Horowitz/Corbis; **581** (BR) Brand X/ Jupiter Images, (TR) CNRI/Science Photo Library/Photo Researchers, Inc.; **582** (B) Alfred Pasieka/Photo Researchers, Inc.; (TL) Eye of Science/Photo Researchers, Inc., (TC) S. Lowry/Univ Ulster/Stone/Getty Images, (TR) Scott Camazine/Photo Researchers, Inc.; **583** (C) Dr. Linda M. Stannard, University of Cape Town/Photo Researchers, Inc.; (TR) A.B. Dowsett/Science Photo Library/Photo Researchers, Inc., (BC) Tony Freeman/ PhotoEdit, Inc.; **584** (Inset, BL) Robert Knauft/Biology Pics/ Photo Researchers, Inc.; (B) ©Dustie/Shutterstock,(CL) Steve Gschmeissner/Science Photo Library/Photo Researchers, Inc.; **585** David M Dennis/PhotoLibrary Group, Inc.; **586** (BL) Peter Cade/Getty Images, (TL) Ted Horowitz/Corbis; **587** (BR) JGI Getty Images, (TR) Juergen Berger/Science Photo Library/ Photo Researchers, Inc.; **588** (BR) Scott Camazine/Alamy Images; **589** (Inset, CL) SCIENCE PHOTO LIBRARY/ Photolibrary Group, Inc.; (T) Bettmann/Corbis, (BCR) Saturn Stills/Science Photo Library/Photo Researchers, Inc.; **590** (CL) Reuters/Corbis; **591** (CR) Southhampton General Hospital/ Science Photo Library/Photo Researchers, Inc.; **592** (CL) Peter Cade/Getty Images; **593** (CR) Michael Newman/PhotoEdit, Inc., (TR, TL, TCR, TCL) SuperStock; **596** (CR) Alfred Pasieka/ Science Photo Library/Photo Researchers, Inc., (CL) Dr. Kari Lounatmaa/Photo Researchers, Inc., (TR) Eye of Science/Science Photo Library/Photo Researchers, Inc., (TL) W. Wurtz/Science Photo Library/Photo Researchers, Inc.; **597** (TR) Peter Cade/ Getty Images; **598** Stanley Maloy/San Diego State University; **600** (B) Buiten-Beeld/Alamy Images; **601** (TR) Nigel Cattlin/ Photo Researchers, Inc.; **602** (TL) Buiten-Beeld/Alamy Images, (BL) steve bly/Alamy Images, (BR) Steve Gschmeissner/Photo Researchers, Inc.; **603** (BR) Eye of Science/Photo Researchers, Inc., (BC) M. I. Walker/Photo Researchers, Inc., (BL) Steve Gschmeissner/Photo Researchers, Inc.; **604** Arterra Picture Library/Alamy Images, (TR) Eye of Science/Photo Researchers, Inc., (TL) M. I. Walker/Photo Researchers, Inc., (TCR) Steve Gschmeissner/Photo Researchers, Inc.; **605** (TR) Andrew H. Knoll/Andrew Knoll/Harvard University; **606** (CR, C, BL) Michael Abbey/Photo Researchers, Inc.; (TL) Buiten-Beeld/ Alamy Images; **607** Nigel Cattlin/Photo Researchers, Inc.; **610** (TCR) Bob Gibbons/Photo Researchers, Inc., (TL) Buiten-Beeld/Alamy Images; **611** (Upper BR) Howard Hall/ PhotoLibrary Group, Inc., (T) jocrebbin/Shutterstock; (BR) Bill Bachman/Photo Researchers, Inc., (TCR) Carlos Villoch/ Image Quest Marine; **612** (TCL) Eric Grave/Photo Researchers, Inc.; **613** (T) Nigel Cattlin/Photo Researchers, Inc.; (BR) Dr. Fred M. Rhoades; **614** (B) David R. Frazier/Photolibrary, Inc/Photo Researchers, Inc., (BCR) Eric V. Grave/Photo Researchers, Inc., (BCL) George D. Lepp/Corbis; **615** (CR) Andrew Paul Leonard/Photo Researchers, Inc., (TR) Eye of Science/Photo Researchers, Inc., (CC) Eye of Science/Photo Researchers, Inc., (TL) John McConnico/©Associated Press; **617** (BR) Susan Meiselas/©Magnum Photos; **618** Alamy, (TL) Buiten-Beeld/ Alamy Images, (BL) Mantonature/iStockphoto; **619** Nigel Cattlin/Photo Researchers, Inc.; **621** (T) Nigel Cattlin/Photo Researchers, Inc.; **622** (BR) Emanuele Biggi/PhotoLibrary Group, Inc.; (BCL) Inga Spence/Photo Researchers, Inc., (TL) Michael P. Gadomski/Photo Researchers, Inc.; **623** (BR) Neil Hardwick/ Alamy Images; **625** Inset (R) Dr. Michael Castellano/USDA Forest Service; (TL, T) Bill Heath; **627** Michael Abbey/Photo Researchers, Inc.; **629** (T) Nigel Cattlin/Photo Researchers, Inc.; (CR) Andrew Syred/SPL/Photo Researchers, Inc.; **630** (TR) Compliments of Mycorrhizal Applications, Inc. **632** (B) Craig Tuttle/Corbis; **633** (TR) Corbis; **634** (BR) ©Digital Vision/Alamy, (TL) Craig Tuttle/Corbis; **636** (TL) Custom Medical Stock Photo; **637** (TR) Corbis; **639** (BR, BC) Chase Studio/Photo Researchers, Inc., (TL) Craig Tuttle/Corbis; **640** (BL) Perennou Nuridsany/Photo Researchers, Inc., (BC) Roland Birke/Peter Arnold Inc./PhotoLibrary Group, Inc.; **641** Steve Heap/ Shutterstock; **643** (BC)/Dr. David T. Webb, (BL) Howard Rice/ Garden Picture Library/PhotoLibrary Group, Inc.; **644** (TL) J S Sira/Garden Picture Library/PhotoLibrary Group, Inc.; **646** (TL) Craig Tuttle/Corbis; **647** (TCL) Blanche Branton/Shutterstock; (CC) ©IngridHS/Fotolia, (BR) Corbis, (TCR) Custom Medical Stock Photo, (TL) M.Gabriel/Peter Arnold Inc./PhotoLibrary Group, Inc., (TR) Manfred Kage/Peter Arnold Inc./PhotoLibrary Group, Inc., (CR) Peter Chadwick/©DK Images, (TC) Walter H. Hodge/Peter Arnold Inc./PhotoLibrary Group, Inc., (BCR) Matthew Ward/DK Images; **648** (BL) Corbis, (TL) Perennou Nuridsany/Photo Researchers, Inc.; **650** Ed Reschke/ PhotoLibrary Group, Inc.; (TL) Craig Tuttle/Corbis; **651** (BR) Getty Images, (TR) Peter Chadwick/©DK Images, (TCR) Peter Chadwick/©DK Images, (TCL) Peter Chapwick/©DK Images, (TL) Peter Chapwick/©DK Images; **652** (TL) ©David Dilcher, (BCR) Julien Grondin/iStockphoto, (BCL) Pavel Bortel/ iStockphoto, (BL) Sangtae Kim, University of Florida. Photo courtesy the Botanical Society of America./Botanical Society of America, (BR) Skip Odonnell/iStockphoto, (BC) The Garden Picture Library/Alamy Images; **653** (TR) Corbis; **655** (BR) Marya C. Roddis; **657** (BL) Perennou Nuridsany/Photo Researchers, Inc.; **659** (TR) Photo Archives of the South Tyrol Museum of Archaeology; **660** Casey Chinn Photography/Shutterstock; **662** (B) Perennou Nuridsany/Science Photo Library/Photo Researchers, Inc.; **663** (TR) Ted Mead/PhotoLibrary Group, Inc.; **664** (TL) Perennou Nuridsany/Science Photo Library/Photo Researchers, Inc., (BL) Ted Mead/PhotoLibrary Group, Inc.; **666** (CL) Ray F. Evert/University of Wisconsin; **667** (TCR, TCL, TC) Biophoto Associates/Photo Researchers, Inc., (TR) Judy Lawrence/Alamy, (BR) Ted Mead/PhotoLibrary Group, Inc.; **668** (T, B) Ray F. Evert/University of Wisconsin; **669** (BR) Derek Croucher/Alamy Images, (TL) Perennou Nuridsany/Science Photo Library/Photo Researchers, Inc., (BC) Tom Biegalski/ Shutterstock; **671** (TR) Ted Mead/PhotoLibrary Group, Inc.; **674** (B) Martine Mouchy/PhotoLibrary Group, Inc., (TL) Perennou Nuridsany/Science Photo Library/Photo Researchers, Inc.; **675** Ed Reschke/Peter Arnold/PhotoLibrary Group, Inc.; **676** (TL) Ted Mead/PhotoLibrary Group, Inc.; **678** (TL) Manfred Kage/Peter Arnold/PhotoLibrary Group, Inc.; **680** (TL) Perennou Nuridsany/Science Photo Library/Photo Researchers, Inc., (BL) Ted Mead/PhotoLibrary Group, Inc.; **682** Biophoto Associates/ Photo Researchers, Inc.; **683** (BR) ©Nigel Cattlin/Photo Researchers, Inc.; **684** (BL) Garden World Images/AGE Fotostock; (TL) David Kirkland/PhotoLibrary Group, Inc., (CR) Muriel Hazan/BIOS/Peter Arnold/PhotoLibrary Group, Inc., (TR) Peter Miller/Getty Images; **685** (TL) Perennou Nuridsany/ Science Photo Library/Photo Researchers, Inc.; **691** Ted Mead/ PhotoLibrary Group, Inc.; **694** Biophoto Associates/Photo Researchers, Inc.; **695** (TR) Martin Perez/iStockphoto; **696** (T) Biophoto Associates/Photo Researchers, Inc.; **697** (CR) ©iofoto/ Shutterstock, (BR) Brian Durell/SuperStock, (BC) James Urbach/ SuperStock, (BL) Mark Bolton/Getty Images; **700** (TR) ©yulia eniseyskaya/Fotolia, (TL) Wermter, C./Peter Arnold Inc./ PhotoLibrary Group, Inc.; **702** (CL) Ed Reschke/Peter Arnold/ PhotoLibrary Group, Inc., (BL) Michael P. Gadomski/Photo Researchers, Inc., (B) Richard Cummins/SuperStock; **703** (CR) Martin Perez/iStockphoto, (TL) National Trust Photographic Library/Stephen Robson/The Image Works, Inc., (TR) Tristan Lafranchis/Peter Arnold/PhotoLibrary Group, Inc.; **704** (T) Biophoto Associates/Photo Researchers, Inc.; (BCL) Corbis/SuperStock, (BC) Sergio33/Shutterstock, (BL) Westend61/Alamy; **705** (CL) ©S. R. Miller/Fotolia, (CR) Peter Lilja/AGE Fotostock, (C) Werner H. Muller/Peter Arnold Inc./ PhotoLibrary Group, Inc.; **706** (BL) Martin Perez/iStockphoto; **708** Biophoto Associates/Photo Researchers, Inc.; **710** (CL, CC) Walter Chandoha Photography; **711** (TR) Martin Perez/ iStockphoto; **712** Martin Shields/Photo Researchers, Inc.; **714** (TCL) ©Hallgerd/Fotolia, (TL) Mark Bolton/Corbis; **715** (T) Biophoto Associates/Photo Researchers, Inc.; (B) Keren Su/ Corbis; **716** (TL) Nicolle Rager Fuller/National Science Foundation, **717** (TR) Bill Barksdale/Corbis, (TL) Nicolle Rager Fuller/National Science Foundation; **718** (BCR) Brand X/ SuperStock, (CL) Christophe Boisvieux/Corbis, (TL) Ingram Publishing/SuperStock, (CR) Mats Tooming/iStockphoto; **719** (BR) EITAN ABRAMOVICH/Getty Images; (BCL) Brand X/ SuperStock, (CL) Purestock/SuperStock, (TC) Visual Arts Library (London)/Alamy Images; **723** (TR) Martin Perez/ iStockphoto; **726** (TL) Studio Eye/Corbis; **727** (L) Martin Harvey/Corbis, (BR) Stew Milne; **728** (B) Jeff Hunter/The Image Bank/Getty Images; **729** (TR) Kelly McGann Hebert; **730** (TL) Jeff Hunter/The Image Bank/Getty Images; **731** (BR) BIOS/Peter Arnold/PhotoLibrary Group, Inc., (TR) Kelly McGann Hebert, (BL) Ocean/Corbis; **732** (BC) ©Stubblefield Photography/ Shutterstock, (CL) Tierbild Okapia/Photo Researchers, Inc.; **735** (CR) ©Michael Fogden/Photoshot; **736** Courtesy, Dr. Scottie Yvette Henderson; **737** (TL) Jeff Hunter/The Image Bank/Getty Images, (C) Michael Durham/Nature Picture Library; **742** (BR) Kelly McGann Hebert; **743** (CR) BIO Klein & Hubert/Peter Arnold/PhotoLibrary Group, Inc., (TR) Tom Brakefield/ Stockbyte/Thinkstock; **745** (BL) ©Stubblefield Photography/ Shutterstock; **747** (TR) Kelly McGann Hebert, (BR) Peter Parks/ Image Quest Marine; **750** (B) Editions Xavier Barral; **751** (TR) National Geographic Image Collection; **752** (TL) Editions Xavier Barral, (BL) Shuhai Xiao/Virginia Tech; **753** (BCR) Chip Clark/ Smithsonian National Museum of Natural History, (TR) National Geographic Image Collection; **754** (BL) ©Kerry L. Werry/Shutterstock, (BCL) ©WaterFrame/Alamy Images; **755** (BL) ©John Anderson/Fotolia, (BCL) ©Premaphotos/Alamy Images, (TL) iStockphoto, (TCL) Kim Taylor/©DK Images; **756** (TL) ©Clarence Alford/Fotolia, (CL) Roger Steene/Image Quest Marine; **757** (TL) Editions Xavier Barral, (BR) Simon Conway Morris; **759** (BR) ©Photoshot Holdings Ltd/Alamy Images, Chip Clark/Smithsonian National Museum of Natural History; **760** (T) Enzo & Paolo Ragazzini/Corbis; **761** (TR) Anne Ryan/Polaris Images; **762** (BL) National Geographic Image Collection; **763** (T) Natural History Museum/DK Images; (CR) DeAgostini/ Getty Images; **764** (TL) ©Bruce Coleman Inc./Alamy Images; **765** (TL) Editions Xavier Barral, (BR) Profimedia/SuperStock; **768** (BL) John Reader/Photo Researchers, Inc.; **769** (CR) Photo by Craig Hartley, (TL) Sarah Leen and Rebecca Hale/National Geographic Image Collection/Courtesy of Zeresenay Alemseged; **772** (TL) SuperStock; **773** (TC, CL, BC) John Reader/Photo Researchers, Inc.; **775** (BL) Chip Clark/Smithsonian National Museum of Natural History; **777** (BL) Jany Sauvanet/Photo Researchers, Inc., (TR) National Geographic Image Collection; **780** (B) ©Robert Harding Picture Library Ltd/Alamy Images; **781** (TR) iStockphoto; **782** (TL) ©Robert Harding Picture Library Ltd/Alamy Images, (TCR) Radius Images/Photolibrary Group, Inc.; **783** (BL) Nancy Sefton/Photo Researchers, Inc.; (CL, BR) ©WaterFrame/Alamy Images, (CR) PHONE PHONE-Auteurs Danna Patricia/Peter Arnold Inc./PhotoLibrary Group, Inc.; **786** (TCL) Kim Karpeles/AGE Fotostock; **787** (TL) ©Robert Harding Picture Library Ltd/Alamy Images, (BR) Paul Nicklen/ National Geographic/Getty Images; **791** (TL) ©Robert Harding Picture Library Ltd/Alamy Images; **793** (TR) iStockphoto, (CR) Jerry Young/©DK Images; **794** (TL) ©Robert Harding Picture Library Ltd/Alamy Images, (BL) Masa Ushioda/Image Quest Marine; **795** (T) ©Oliver Smart/Alamy Images, (CR) iStockphoto; **798** (CR) ©Westend61 GmbH/Alamy; **799** (BR) Courtesy of Daniel S. Cutler; **803** (TR) iStockphoto; **806** (B) ©Papilio/Alamy Images; **807** (TR) Image Quest Marine; **808** (TL) ©Papilio/Alamy Images, (CR) Dmitry Ersler/iStockphoto; **809** (B) ©Steve Bloom Images/Alamy Images; **810** (BC) UNEP/ The Image Works, Inc.; **811** ©nialat/Fotolia; **812** (BC) ©Thierry Berrod/Photo Researchers, Inc., (BR) John F White/SuperStock, (BL) Larry West/Photo Researchers, Inc., (CL) Oxford Scientific/ PhotoLibrary Group, Inc., (CR) Roger Steene/Image Quest Marine; **813** (CR) Dale C. Spartas/Corbis; **814** (BL, BC) ©Biophoto Associates/Photo Researchers, Inc., (TL) ©Papilio/ Alamy Images; **815** (TR) ©Ishbukar Yalilfatar/Shutterstock; **816** (T) Patrick Gries/Editions Xavier Barral; **818** (TL) ©Angelika Mothrath/Fotolia, (CL) Frank Greenaway/©DK Images, (CR) Greg Lasley Nature Photography, (TR) Jerry Young/©DK Images; **819** (TL) ©Papilio/Alamy Images, (BC) ©Rick & Nora Bowers/ Alamy Images; **820** (BL) Carlos Villoch 2004/Image Quest Marine, (TL) Image Quest Marine; **821** (BR) Image Quest Marine; **822** (TR) Alamy Images; **824** (BL) ©Keren Su/China Span/Alamy Images, (TL) ©Photoshot Holdings Ltd/Alamy

Reconocimientos *cont.*

Images; **825** (BR) ©nimade/Fotolia; **826** (TL) ©idiz/Shutterstock, (C) Tom Brakefield/Corbis; **827** (T) ©Papilio/Alamy Images, (BR) Corbis; **829** (TR) ©Bruce Coleman Inc./Alamy Images, (BR) ©r-o-x-o-r/Fotolia; **830** (TL) ©Steve Byland/Fotolia; **831** (CR) David Bebber/Reuters/Corbis, (TR, TL, TCR, TCL) SuperStock; **835** (TR) Image Quest Marine; **838** (B) ©Juniors Bildarchiv/Alamy Images; **839** (TR) Ariadne Van Zandbergen/africanpictures; **840** (TL) ©Juniors Bildarchiv/Alamy Images, (BL) Ariadne Van Zandbergen/africanpictures, (TR) Polka Dot Images/SuperStock; **841** (CC) Jeff Lepore/Photo Researchers, Inc., (CL) Photo Researchers, Inc., (CR) David Davis/Shutterstock; **842** (TL) ©Steve Bloom Images/Alamy Images; **844** (TC) ©NaturePL/SuperStock, (CL) Markus Botzek/Bridge/Corbis, (T) Slawomir Jastrzebski/iStockphoto; **845** (TR) Jason Hahn Photography , TC) Operation Migration, Inc., (T) Slawomir Jastrzebski/iStockphoto; **846** (BR) ©vlad_g/Fotolia, (TR, TL, T) SuperStock; **847** (TL) ©Juniors Bildarchiv/Alamy Images; **848** (BL) Corbis/SuperStock, (TL) M Delpho/PhotoLibrary Group, Inc.; **849** (TR) Ariadne Van Zandbergen/africanpictures; **850** (TL) ©Anita P. Peppers/Fotolia; **851** (TR) ©petrock/Fotolia; **853** (CR) ©Anita P. Peppers/Fotolia, (BL) ©Steve Bloom Images/Alamy Images; **855** (TR) Ariadne Van Zandbergen/africanpictures; **858** (TL) Martin Harvey/Corbis; **859** (L) PNC/Blend Images/Corbis, (BR) Stew Milne; **860** (B) Reuters/Corbis; **861** (TR) CLS Design/Shutterstock; **862** (TCR) Dennis MacDonald/PhotoEdit, Inc., (TL) Reuters/Corbis; **863** (R) Ed Reschke/PhotoLibrary Group, Inc., (CR) Thomas Deerinck, NCMIR/Photo Researchers, Inc.; (TL) Image Source/Photolibrary Group, Inc., (TCL) Manfred Kage/PhotoLibrary Group, Inc.; **866** (CL) CLS Design/Shutterstock, (TL) Greg Ceo/Taxi/Getty Images; **867** (TR) CLS Design/Shutterstock; **868** (TCR) Jupiter Images/Pixland/Alamy, (TL) Reuters/Corbis; **869** (TR) CLS Design/Shutterstock, (BR) Corel, (BL) Gord Horne/iStockphoto, (CR) Photodisc/Getty Images; **870** (TL) Elena Schweitze/iStockphoto, (B) Emilio Ereza/Alamy, (CL) Image Source Pink/Jupiter Images; **871** (TCL) FoodPix/Jupiter Images, (CL) Maximilian Stock Ltd/photocuisine/Corbis, (BL) Potapova Valeriya/iStockphoto; **872** (TC) Diane Diederich/iStockphoto, (BC) James Steidl/iStockphoto, (CC) Leander/Alamy Images; **874** (CR) ©Associated Press, (TR, TL, TCR, TCL) SuperStock; **875** (TL) Reuters/Corbis; **877** (BR) Eye of Science/Photo Researchers, Inc.; **879** (CL) Dr. David M. Martin/Photo Researchers, Inc., (BL) Meckes/Otawa/SPL/Photo Researchers, Inc.; **881** (TR) CNRI/Photo Researchers, Inc.; **882** (TL) Reuters/Corbis, (TR) Richard Hamilton Smith/Corbis; **884** (BL) CLS Design/Shutterstock; **886** (CL) CLS Design/Shutterstock; **889** (BL) Jupiter Images/Pixland/Alamy; **891** (TR) CLS Design/Shutterstock; **894** (B) Jonathan Daniel/Getty Images; **895** (TR) As for Resolution-From the series 'Captain James Cook, Son of the Land, Master of the Sea' by Robin Brooks/Black Dog Studios/Bridgeman Art Library; **896** (TL) Jonathan Daniel/Getty Images; **897** Juergen Berger/Photo Researchers, Inc.; **898** (CL) As for Resolution-From the series 'Captain James Cook, Son of the Land, Master of the Sea' by Robin Brooks/Black Dog Studios/Bridgeman Art Library; **901** (TL) Jonathan Daniel/Getty Images; **902** (B) BSIP/Photo Researchers, Inc.; **904** (TL) MADD Canada, used with permission; **905** (BL) NIH/NIDA/National Institutes of Health; **906** (BL) Alessandro Della Bella/Keystone/Corbis, (TL) Jonathan Daniel/Getty Images; **907** (TR) As for Resolution-From the series 'Captain James Cook, Son of the Land, Master of the Sea' by Robin Brooks/Black Dog Studios/Bridgeman Art Library; **909** (BR) As for Resolution-From the series 'Captain James Cook, Son of the Land, Master of the Sea' by Robin Brooks/Black Dog Studios/Bridgeman Art Library, (TL) Jonathan Daniel/Getty Images; **910** (TL) Dr. Cecil H. Fox/Photo Researchers, Inc., (BC) Red Chopsticks/Getty Images; **911** (CR) Susumu Nishinag/Photo Researchers, Inc.; **912** (TL) Ralph C. Eagle Jr./Photo Researchers, Inc.; **915** (TCR) Alessandro Della Bella/Keystone/Corbis; **917** (TR) As for Resolution-From the series 'Captain James Cook, Son of the Land, Master of the Sea' by Robin Brooks/Black Dog Studios/Bridgeman Art Library; **920** (B) Joe McNally/Getty Images; **921** (TR) Radcliffe Institute, Harvard University/Schlesinger Library; **922** (TL) Joe McNally/Getty Images; **924** (TL) Andrew Syred/Photo Researchers, Inc.; **925** (CR) Radcliffe Institute, Harvard University/Schlesinger Library; **926** (B) Photo AltoRF/TIPS North America; **928** (BL) Jim McIsaac/Getty Images, (TL) Joe McNally/Getty Images; **929** (T) Ed Reschke/PhotoLibrary Group, Inc.; (BR) Ed Reschke/Peter Arnold/PhotoLibrary Group, Inc., (CR) Oxford Scientific Films/PhotoLibrary Group, Inc.; **931** (BCR) Don W. Fawcett/Photo Researchers, Inc., (BR) Radcliffe Institute, Harvard University/Schlesinger Library; **933** (TR) NASA; **934** (CR) Allsport UK/Getty Images, (TR, TL, TCR, TCL) SuperStock; **935** (TL) Joe McNally/Getty Images, (BR) Radcliffe Institute, Harvard University/Schlesinger Library; **936** (TL) Hemera Technologies/Thinkstock; **937** (CR) Steve Gschmeissner/Science Photo Library/Photo Researchers, Inc.; **939** (R) JAMES STEVENSON/SCIENCE PHOTO LIB/Custom Medical Stock Photo; (TL, TC) Dr. P. Marazzi/Science Photo Library/Photo Researchers, Inc.; **941** (TR) NASA, (BL) Photo AltoRF/TIPS North America; **942** (B) European Synchrotron Radiation Facility/CREATIS/Photo Researchers, Inc.; **943** (TR) Radcliffe Institute, Harvard University/Schlesinger Library; **944** (CL) Salisbury District Hospital/Science Photo Library/Photo Researchers, Inc.; **946** (B) Somos Images/Corbis; **947** (TR) iStockphoto; **948** (TL) Somos Images/Corbis; **950** (TL) iStockphoto; **953** Creatas/Jupiter Images; **954** (BL) National Cancer Institute/Science Photo Library/Photo Researchers, Inc., (TL) Somos Images/Corbis; **958** GJLP/Photo Researchers, Inc.; **959** (BR) iStockphoto, (CR) Michelaubryphoto/Fotolio; **961** (TR) iStockphoto; **962** (BR) BSIP/Photo Researchers, Inc.; (TR, CL) Science Photo Library/Photo Researchers, Inc.; **963** (TC) Bob Peterson/Upper Cut Images/Getty Images, (TL) Somos Images/Corbis; **964** (TL) ©Susumu Nishinaga/Photo Researchers, Inc.; **967** (BR) David Madison/Photodisc/Alamy; **968** Arthur Glauberman/Photo Researchers, Inc.; **969** (CR) iStockphoto, (TR) Simon Marcus/PhotoLibrary Group, Inc.; **971** (TR) National Cancer Institute/Science Photo Library/Photo Researchers, Inc.; **972** David M. Phillips/Photo Researchers, Inc.; **973** (TR) iStockphoto; **976** Michael J. Doolittle/The Image Works, Inc.; **977** (TR) iStockphoto; **978** (L) Michael J. Doolittle/The Image Works, Inc.; Alamy; **979** (TR) iStockphoto; **982** Michael J. Doolittle/The Image Works, Inc.; **983** (TR) iStockphoto; **984** Astrid & Hanns-Frieder Michler/Photo Researchers, Inc.; **988** Michael J. Doolittle/The Image Works, Inc.; **989** (CR) David H. Phillips/Photo Researchers, Inc.; **993** (TR) Claude Edelman/Photo Researchers, Inc., (CR) iStockphoto; **994** (TL) David M. Phillips/Photo Researchers, Inc.; **995** (T) Michael J. Doolittle/The Image Works, Inc.; (BR) Yorgos Nikas/Stone/Getty Images; **996** (TL) Scurlock Studio Records, Archives Center, National Museum of American History, Behring Center/National Museum of American History/Smithsonian Institution; **999** (CR) Claude Edelmann/Photo Researchers, Inc., (BL) Neil Bromhall/Photo Researchers, Inc., (CL, BR) Petit Format/Photo Researchers, Inc.; **1000** Peter Baxter/Shutterstock; (TL) Simon Puschmann/Bilderberg/Aurora; **1005** (TR) iStockphoto; **1008** (B) Thomas Haentzschel/©Associated Press; **1009** (TR) Christopher S. Wheeler; **1010** SPL/Photo Researchers, Inc.; (BR) ©Biophoto Associates/Photo Researchers, Inc., (BL) NIBSC/SPL/Photo Researchers, Inc., (TL) Thomas Haentzschel/©Associated Press; **1011** (BR) Eye of Science/Photo Researchers, Inc., (BL) SPL/Photo Researchers, Inc.; **1012** Wood/Custom Medical Stock Photo; **1013** (CR) ©Biophoto Associates/Photo Researchers, Inc., (TR) Christopher S. Wheeler, (CL) HUGH MAYNARD/Nature Picture Library; **1014** Steve Gschmeissner/Photo Researchers, Inc.; (TL) Thomas Haentzschel/©Associated Press; **1019** (BR) Photo Researchers, Inc.; **1020** (BL) Mary Evans Picture Library/Photo Researchers, Inc., (TL) Thomas Haentzschel/©Associated Press; **1021** (BR) Christopher S. Wheeler, (CR) The John Snow Archive and Research Companion/MATRIX/Michigan State University; **1022** (CL) ©Goh Chai Hin/AFP/NewsCom, (TL) Frank Greenaway/DK/Getty Images; **1023** (CL) CAMR/A.Barry Dowswtt/Photo Researchers, Inc., (TR) Kevin P. Casey/Corbis, (BC) Travel Ink/Gallo Images/Getty Images; **1024** (BL) Eric Isselée/iStockphoto, (TL) Thomas Haentzschel/©Associated Press, (BCL) Volker Steger/Photo Researchers, Inc.; **1026** (BCR) Christopher S. Wheeler; **1029** (CL) ©Biophoto Associates/Photo Researchers, Inc.; **1031** Science Source/Photo Researchers, Inc.; **1032** (CL) Royal Geographical Society, London; **1034** (TL) PNC/Blend Images/Corbis; **DOL•1** (B) 2003 James D. Watt/Image Quest Marine, (T) Harald Theissen/Photolibrary Group, Inc.; **DOL•2**(TR) 2003 James D. Watt/Image Quest Marine, (T) Harald Theissen/Photolibrary Group, Inc.; **DOL•6** (Header Bar) Scimat/Photo Researchers, Inc.; (BL) Science Pictures Ltd./Photo Researchers, Inc., (TR) Science Source/Photo Researchers, Inc.; **DOL•7** (BR) CDC; (TR) BIOMEDICAL IMAGING UNIT, SOUTHAMPTON/Photo Researchers, Inc., (CR, CC) Microfield Scientific Ltd/Photo Researchers, Inc., (TC) Science Source/Photo Researchers, Inc.; **DOL•8** (B) Eye of Science/Photo Researchers, Inc., (Header Bar) Dr. Gerhard Wanner; (TR) Stephen & Donna O'Meara/Photo Researchers, Inc.; **DOL•9** (B) Eye of Science/Photo Researchers, Inc.; (CR) Dr. Karl Stetter, University of Regensberg, (Inset CC) Dr. Gerhard Wanner; (TC) Eye of Science/Photo Researchers, Inc.; **DOL•10** (Header Bar) Scenics & Science/Alamy Images; (TL) M. I. Walker/Photo Researchers, Inc.; **DOL•11** (TR) Roland Birke/Peter Arnold Images/PhotoLibrary Group, Inc.; (CL, BR) Eye of Science/Photo Researchers, Inc.; **DOL•12** (BL) ©Daniel Clem, (C) M. I. Walker/Photo Researchers, Inc., (BR) Noble Proctor/Photo Researchers, Inc.; (TR) Steve Gschmeissner/Photo Researchers, Inc., (TCR) Susumu Nishinaga/Photo Researchers, Inc.; **DOL•13** (C) Biophoto Associates/Photo Researchers, Inc., (TR) Eye of Science/Photo Researchers, Inc.; (BR) Karen Gowlett-Holmes/PhotoLibrary Group, Inc., (TC) Michael Abbey/Photo Researchers, Inc.; **DOL•14** (L) Eric V. Grav/Photo Researchers, Inc., (R) Eye of Science/Photo Researchers, Inc.; **DOL•15** (T) Alain Le Toquin/PhotoLibrary Group, Inc., (CR) Eye of Science/Photo Researchers, Inc., (BL) M. I. Walker/Photo Researchers, Inc.; **DOL•16** (Header Bar) Biophoto Associates/Photo Researchers, Inc.; (TR) ©vilainecrevette/Shutterstock, (BL) Thomas Northcut/Thinkstock; **DOL•17** (BR) Bartomeu Borrell/PhotoLibrary Group, Inc.; (BC) Fletcher & Baylis/Photo Researchers, Inc.; **DOL•18** (BC) ©MJ Prototype/Shutterstock, (T) ©Pi-Lens/Shutterstock, (BR) Custom Medical Stock Photo, (BL) Scott Camazine/Photo Researchers, Inc.; **DOL•19** (CR) Biophoto Associates/Photo Researchers, Inc., (TL) Eye of Science/Photo Researchers, Inc.; (TR) Biophoto Associates/Photo Researchers, Inc., (BL) Shunsuke Yamamoto Photography/Thinkstock; **DOL•20** (BR) A. Barry Dowsett/Photo Researchers, Inc., (T) Creatas/Photolibrary Group, Inc., (TR) Naturfoto Honal/Corbis; **DOL•21** (C) ©Andrew Syred/Photo Researchers, Inc., (TR) Dr. Jeremy Burgess/Photo Researchers, Inc., (BR) LAURIE CAMPBELL/NHPA/Photoshot, (BL) Lee W. Wilcox; **DOL•22** (BC) ©blickwinkel/Alamy Images, (TR) Craig Tuttle/Corbis, (BR) Lee W. Wilcox, (BL) Peter Chadwick/©DK Images; **DOL•23** (BC) ©imagebroker/Alamy, (BCL) DR GARY BROWN/GardenWorld Images, (BL) L THOMAS/GardenWorld Images, (BR) Robert HENNO/Alamy Images; **DOL•24** (BR) ©All Canada Photos/Alamy Images, (BCR) Bettmann/Corbis, (TR) Rob Blakers/PhotoLibrary Group, Inc.; **DOL•25** (CR) ©Saruri/Fotolia, (CL) Alan and Linda Detrick/Photo Researchers, Inc., (BR) Gerald Hoberman/PhotoLibrary Group, Inc., (TR) Peter Chadwick/©DK Images; **DOL•26** (TR) Dr. Merlin D. Tuttle/Photo Researchers, Inc.; **DOL•27** (BR) Florida Images/Alamy Images, (BL) HUBAUT Damien/AGE Fotostock, (CR) Sangtae Kim/Botanical Society of America, (TL) xyno6/iStockphoto; **DOL•28** (CL) ©Anne Kitzman/Shutterstock, (BR) ©Dani Vincek/Shutterstock, (CR) ©margouillat photo/Shutterstock, (BL) KirsanovV/iStockphoto, (CC) Mafuta/iStockphoto, (TR) Trevor Sims/GardenWorld Images; **DOL•29** (CC) ©Laura Gangi Pond/Shutterstock, (CC) Casey Chinn Photography/Shutterstock; (B) Creatas/SuperStock, (TR) Martin Siepmann/AGE Fotostock, (CL) Michael Valdez/iStockphoto, (BCR) Stephen Hayward/©DK Images; **DOL•30** (TC) ©wyssu/Fotolia, (T) Corbis/SuperStock, (BR) Figure: Stephen Fairclough;Image, Monika Abedin/King Lab; **DOL•31** (C) Jez Tryner/Image Quest Marine, (BL) Masa Ushioda/Image Quest Marine; (BR) Daniel L. Geiger/SNAP/Alamy Images; **DOL•32** (B) Andrew J. Martinez/Photo Researchers, Inc.; (TR) ©vilainecrevette/Shutterstock; **DOL•33** (TL) Peter Parks/Image Quest Marine; (TR) ©Kippy Spilker/Shutterstock, (B) ©vilainecrevette/Shutterstock, (C) Wernher Krutein/Photovault; **DOL•34** (B) age fotostock/SuperStock, (TCR) Ed Andrieski/©Associated Press; **DOL•35** (BR) ©Eric Isselee/Shutterstock, (BL) Colin Keates/©DK Images, (T) Justine Gecewicz/iStockphoto; **DOL•36** (BL) ©Cathy Keifer/Shutterstock, (BR) ©Florian Andronache/Shutterstock, (T, Bkgrd) ©Hintau Aliaksei/Shutterstock, (CR) ©jewo55/Fotolia; **DOL•37** (BCL) ©Alex Staroseltsev/Shutterstock, (CL) ©alslutsky/Shutterstock, (BC) ©Dani Vincek/Shutterstock, (CR) ©Eric Isselee/Shutterstock, (TCR) ©fivespots/Shutterstock, (T) ©James Steidl/Shutterstock, (BR) ©Luis Louro/Alamy Images, (BL) ©Potapov Alexander/Shutterstock, (BCR) ©vladimirdavydov/Fotolia; **DOL•38** (TR) ©Steve Gschmeissner/Photo Researchers, Inc., (BL, Bkgrd) Photo Researchers, Inc.; **DOL•39** (TR) 2007 Jez Tryner/Image Quest Marine, (BL) Volker Steger/Photo Researchers, Inc.; **DOL•40** (TR) Kåre Telnes/Image Quest Marine, (BL) Leslie Newman & Andrew Flowers/Photo Researchers, Inc.; **DOL•41** (BL) ©John Anderson/Fotolia; (BR) ©Kuttelvaserova/Shutterstock, (T) Carlos Villoch, 2004/Image Quest Marine; **DOL•42** (Bkgrd) ©SuperStock/Alamy Images, (TR) 2002 Peter Herring/Image Quest Marine; **DOL•43** (B) Roger Steene/Image Quest Marine; (TL) ©Ingvars Birznieks/Shutterstock, (TR) ©SuperStock/Alamy Images, (TC) superclic/Alamy Images; **DOL•44** (B) Jeff Rotman/Nature Picture Library, (TR) Jez Tryner/Image Quest Marine; (TC) Kaj R. Svensson/Photo Researchers, Inc.; **DOL•45** (TL) Jez Tryner/Image Quest Marine, (CR) Joe Dovala/PhotoLibrary Group, Inc.; (TR) Michelle Pacitto/Shutterstock, (BL) Roger Steene/Image Quest Marine, (CL) WaterFrame/Alamy Images; **DOL•46** (BL) age fotostock/SuperStock, (TR) John A. Anderson/Shutterstock; **DOL•47** (TR) Heather Angel/Natural Visions, (TCL) Roger Steene/Image Quest Marine, (B) T.Burnett-K.Palmer/V&W/Image Quest Marine; **DOL•48** (T) James D. Watt/Image Quest Marine; (BL) Brian Choo; **DOL•49** (BR) blickwinkel/Alamy Images, (BL) Peter Batson/Image Quest Marine, (BC) REUTERS/Handout/Reuters Media; **DOL•50** (TR) Kelvin Aitken/V&W/Image Quest Marine, Mark Doherty/Shutterstock; (CL) EYE OF SCIENCE/SCIENCE PHOTO LIBRARY/Photo Researchers, Inc., (BR) Filip Nowicki/Fotolia, (TL) James D. Watt/Image Quest Marine; **DOL•51** (T) Robert Nystrom/Shutterstock, (BL) Tom McHugh/Photo Researchers, Inc.; **DOL•52** (TR) Dr. Morley Read/Shutterstock, (BL) HJFOTOS/Fotolia; **DOL•53** (C) Alessandro Mancini/Alamy Images, (TL) Fotografik/Fotolia, (BR) Juniors Bildarchiv/Glow Images, (TR) Kevin Snair/SuperStock; **DOL•54** (T) WaterFrame/Alamy Images; **DOL•55** Itinerant Lens/Shutterstock, (TR) DK Images, (C) erllre/Fotolia, (BCL) fivespots/Shutterstock, (BR) Johan_R/Shutterstock; **DOL•56** (T) BERNARD CASTELEIN/Nature Picture Library, (BR) Journal Nature/Portia Sloan/Getty Images; **DOL•57** (TL) age fotostock/SuperStock, (BCR) imagebroker/Alamy Images, (BL) kwest/Shutterstock; **DOL•58** (BR) edurivero/iStockphoto, (BL) FomaA/Fotolia, (T) Stephen Mcsweeny/Shutterstock; **DOL•59** (CC) Cal Vornberger/Alamy, (TL) Glenn Bartley/Glow Images, (CR) Martha Marks/Shutterstock, (BL) Michael G. Mill/Shutterstock, (TR) Stubblefield Photography/Shutterstock; **DOL•60** (BL) Dave Watts/Nature Picture Library, (T) Julie Lubick/Shutterstock; **DOL•61** (CL) Steven David Miller/Nature Picture Library, (BR) Timothy Craig Lubck/Shutterstock; **DOL•62** (BR) Eric Isselée/Shutterstock, (TCR) Gallo Images/Corbis, (CL) Ingo Arndt/Nature Picture Library, (BL) Liquid Productions, LLC/Shutterstock; **DOL•63** (TL) Jim Clare/Nature Picture Library, (TCL) Jupiter Images, (TCR) Mogens Trolle/Shutterstock, (B) Reinhard Dirscherl/AGE Fotostock, (TR) Sean Tilden/Alamy Images, (CC) SYLVIE BIGONI/Fotolia; **DOL•64** (TCL) Animal/Shutterstock, (CL) BlueOrange Studio/Shutterstock, (BR) Creatas/Photolibrary Group, Inc., (TCR) Elio Della Ferrera/Nature Picture Library, (TC) Karel Gallas/Shutterstock, (BL) Kjersti Joergensen/Shutterstock, (TR) Lockwood & Dattatri/Nature Picture Library, (TL) Matthijs Wetterauw/Shutterstock, (BC) Prisma/SuperStock, (CR) Stéphane Bidouze/Shutterstock; **A-04** (BL) ©Suzanne Long/Alamy Images; **A-05** (BR) Kenneth Eward/BioGrafx/Photo Researchers, Inc.; **A-12** (BL) Peter Casolino/Alamy Images; **A-16** (BL) Tanton Yachts; **A-19** (BR) Kevin Fleming/Corbis; **A-20** (BCR) Tom Pantages.